增订中国版刻综录

杨绳信　编著

陕西出版传媒集团
陕西人民出版社

图书在版编目（CIP）数据

增订中国版刻综录/杨绳信编纂．—西安：陕西人民出版社，2014

ISBN 978-7-224-11373-0

Ⅰ．①增… Ⅱ．①杨… Ⅲ．①刻本—图书目录—中国—古代 Ⅳ．①Z839.3

中国版本图书馆CIP数据核字（2014）第279529号

增订中国版刻综录

编 著 者　杨绳信
出版发行　陕西出版传媒集团　陕西人民出版社
（西安北大街147号　邮编：710003）

印　　刷　西安市建明工贸有限责任公司
开　　本　850mm×1168mm　16开　86.5印张　2插页
字　　数　1870千字
版　　次　2014年12月第1版　2014年12月第1次印刷
书　　号　ISBN 978-7-224-11373-0
定　　价　480.00元

简 介

《中国版刻综录》是记述中国古代出版家史料的工具书，由古籍整理专家周祖谟教授等作序，一九八七年由陕西人民出版社出版。出版后，受到了古籍整理领导小组李一氓等老前辈的赞赏及中华书局赵守俨、商务印书馆李思敬、李金根等专家的高度评价。先后获得一九八八年北方十五省市优秀图书奖及全国首届古籍整理优秀图书三等奖。因印数较少，市场旋即告急，日本东方书店等曾向作者求援。又因《中国地方志联合目录》、《全国中医图书联合目录》及《中国古籍善本书目》相继出版，其中有大量史料需要补充《中国版刻综录》，于是有《增订中国版刻综录》之议。二〇〇二年一月四日，全国高校古委会正式通知为《增订中国版刻综录》立项（批准编号为〇一二四）。作者费时多年终于完成这一巨著。增订本内容是增订前原书的百分之二百六十四，凡一百九十二万言。因之，可以作为研究中国出版印刷史、目录版本学及古籍编目的重要参考资料。

序 一

《中国版刻综录》成稿于一九八三年，一九八七年六月，由陕西人民出版社出版，印数只有二千，市场旋即告急，国内外朋友多有向作者求援者。但因《中国地方志联合目录》、《全国中医图书联合目录》及《中国古籍善本书目》陆续出版，各省（市、自治区）出版志也相继编纂，这些都要求《中国版刻综录》在内容上有所增补。遂有再版之议。

一九九〇年，陕西省新闻出版局邀我主编《陕西省志·出版志》古代卷及民国卷，我即着手本书的增订工作。各兄弟省（市、自治区）出版史志办的内部资料及出版史志系列丛书使我获益匪浅，可惜这些材料残缺不全，虽累经函索，亦难尽如人意。但这些材料毕竟是市面上难得的，以之增订本书，实感有幸。

印刷术是我国人民对世界文明的伟大贡献之一，它是从雕版印刷开始的，后来又有套版及活字版等新技术。雕版印刷是在整块木板上雕刻文字图像而刷印成书的。关于它的起源时间，众说纷纭。从历史文献提供的信息看，有起于东汉、东晋、南北朝、隋朝、唐朝、五代、北宋诸说；从现有实物考证，一九七四年西安柴油机械厂唐墓出土的《陀罗尼经咒》是七世纪初叶（唐初）产品。潘吉星先生在《中国科学技术史·造纸与印刷卷》中总结说：『可以将印刷术起源的时间上限定在公元五〇〇年，下限为六四〇年，这样就能将现在各家主张的起源时间上下差距由二三〇年缩小至一四〇年。在五〇〇—六四〇年间，五九〇至六四〇年这五十年间可能是导致早期印刷品出世的关键时期。这基本上相当隋朝至唐初』（见该书一九九八年，科学出版社版三〇三页）。这种说法和张秀民先生的『唐初贞观说』基本一致，受到学术界的重视。唐代印刷品传世者甚少，除敦煌遗书外，近代出土均以佛经、历书为主，应为长安、洛阳、四川出版家的杰作。被誉为版刻『黄金时代』的宋代，形成了以临安、建阳、成都为中心的浙、建、蜀三大地区和官刻、家刻、坊刻三大体系。元代继承宋代文化遗风，国祚不足百年，因而传世作品少于宋代。明清刻书事业广为普及，特别是嘉靖以后，刻书业地域之广、内容之繁都远远超过前代。套版是多色套印的雕版。清代末年，西洋石印、铅印术传入我国，版刻事业逐渐没落。但是，作为纯艺术品的板画却至今不衰。

记述活字版印刷的最早文献是宋沈括的《梦溪笔谈》，他说『庆历中（公元一〇四一—一〇四八），有布衣毕昇又为活版』，其版『若印数十、百、千本，则极为神速』，『其印为余群从所得，至今保藏』。这说明我国在十一世纪四十年代已有熟练的活字印刷术。活字印刷按制造活字的原料可分为泥活字、金属活字及木活字。毕昇用的是泥活字，他的作品未传于世，直到绍熙四年（一一九三），周必大用『胶泥』自印《玉堂杂记》二十八事，元初杨古又用泥活字印《东莱经史论说》等书。清道光中（一八二一—一八五〇），苏州人李瑶、泾县人翟金生等泥活字印本更为精美。与泥字近似的是陶字，清康熙中（一六六二—一七二二），山东人翟世琪曾『造青磁易经一部』，而泰安徐志定真合斋则用陶瓷（磁）版印张尔岐《周易说略》等。金属活字，据元王祯《农书·造活字印书法》载：『近世又有铸锡作字，以铁条贯之作行，嵌于盔内界行印书』。明清盛行铜活字，清代虽有铅活字，但大量使用铅活字则是西洋传来品。木活字印书始于南宋，清代大量使用，它省工料，使用简便，家谱、县志多用木活字刷印。如清康熙中（一六六二—一七二二）全国编修方志，甘肃天水地区康熙二十六年用木活字印县志者有秦州、清水、礼县、两当、伏羌、西和等六县（徽州于康熙二十五年用活字印），甘肃于康熙二十六年用木活字印方志者还有阶州、成县、岷川、河州、洮州等州县。抄本在印刷术发明前是图书流通的主要手段，因时代久远，传世不多。印刷术发明后，边远地区购印本不易或贫困无力购买，使抄本继续流行，佛教徒则把抄写佛经作为功德，敦煌遗书中佛经占的比重很大，而帝王将相也乐于此道，如明神宗及慈圣皇后、清代康熙皇帝、乾隆皇帝及其宠臣和珅等都有抄写的佛经传世。抄本又是一种艺术品，深受文人雅士热爱，故名家多有抄本，既抄又藏，其乐无穷。

在这一千多年的历史长河中，热心于出版印刷事业的人何止万千，他们为中华民族和人类文明作出了不可磨灭的贡献，这些事迹应该加以研究整理。本书就是这一工作的尝试之一。

增订本保持了原书的体系，只是对第一章作了一些调整，将『宋以前版刻』分为『唐代版刻』和『五代版刻』二节，并增加了『辽国版刻』一小节，其他一仍其旧。在内容上也有所充实，著录了唐代版刻十二条、五代版刻十四条、宋代版刻五百六十九条、辽国版刻十一条、金国版刻五十三条、元代版刻三百七十一条、明代版刻八千一百一十二条、清代版刻一万七千二百二十五条，宋元木活字五条、明代木活字四十一条、清代木活字四百二十一条、明代铜活字二十二条、清代铜活字八条、其他活字十一条、明代套版五十九条、清代套版五十三条，宋以前抄本九十五条、宋元抄本三十八条、明代抄本三百一十二条、清代抄本三千零三条，共计三万零四百三十六条一百九十二万言。虽比初版增加较多，但是，比起历代刻书家的实际数字还相距甚大，可谓挂一漏万，待好事者补录可也。增订本于二〇〇三年成型，后经二〇〇六年七月、二〇〇七年七月及二〇〇八年元月三次更动而定稿，二〇一三年五月我亲手操机校正，从成稿至增订校讫，费时三十载。在著录过程中，由于水平有限，加之部分参考资料错讹时有发生，因之错误之处难免，尚祈诸方赐教。

二〇一三年五月杨绳信书于西安

序 二

我国雕版印刷术的发明，对我国文化的发展贡献极大。举凡知识的开拓，人才的培养，科学技术的进步，都仰赖于书籍的广泛传布。书籍的流传跟雕版事业的开展大有关系。

雕版印书自晚唐五代刊印经史韵书开始，宋代以后刻书事业日益兴盛。官府刻书，如宋代的国子监、州学、府学、郡学、县学、军学、公使库，元代的行省、各路儒学、县学、书院，明代的内府、经厂、国子监、藩府、布政司、府学、县学、书院，清代的内府、使院、官廨、县署、书局，都传刻书籍。至于书坊和私家所刻的书籍更多于官刻。刻书地方分布之广，难以分述。古书之得以流传，文化之得以绵延赓续，不能不归功于雕板印刷。

印刷术自宋以后又有活字印刷法，包括泥活字、木活字、铜活字、锡活字、铅活字，技艺不断提高。至如明、清的套板印刷，彩色之精美，图像木板绘刻之传神，直是艺术珍品，令人赞叹！书籍之孤本未曾传刻的，藏书家又倩工精心抄录，景抄宋元旧椠，笔致不爽毫发。如祁承㸁澹生堂、钱遵王述古堂、毛晋汲古阁、鲍廷博知不足斋、黄丕烈士礼居等，都是赫赫在人耳目的。

回顾自宋代以来文士对书籍传布之热诚，对古代文化传统之爱护，懿德盛美，寄意于以教人为先务，虽费巨金，不以为过。此种精神，实令人感佩不置。书坊书肆刻书固藉以营利，但其有利于人之大，影响之远，未容小视。其中且又不乏累世以此为业，或遭困穷，蹶而复振，使前代名贤著述不致湮没无闻。后人对此，又未可与一般商贾相提并论。惟其历代不断传刻书籍，我民族光辉灿烂的文化传统才不致废坠，进而有所发展，这跟历史上长期的刻书事业有重大的直接关系。

清末叶德辉关心书林掌故，在所著《书林清话》中对往代刻书家分别记载，诚为研究版刻发展史的重要参考资料。但是清代公私刻书最多，未能编录。现在陕西长安杨绳信同志有鉴于此，即以叶书为基础，遍访国内十四处图书馆，考察各馆所藏清末以前公私所刻书籍，登录刻书的时间、地点和刻书家的名称，每家举其所刻书为例，并注出藏书地点和编目书号，以便读者考索，用意周详，为研究中国版刻史提供翔实的资料。全书有一万二千多条，可谓宏富。前后两易其稿，费时十年，锲而不舍，专心致志，这种坚韧不拔的精神，深堪钦佩。

这本书虽是为记载版刻发展的情况而作，但是我认为其用不仅如此。从宏观上看问题，这本书也是反映中国历史文化的重要参考资料。例如观看某一时代全国版刻的地点分布，从刻书的多寡和时间看社会经济发展的情况。又如看某一时代州县儒学以及书院所刻书对传布文化所起的作用，从不同的私人所刻的书来看他对某一类书籍，如文集、史传、医学、词曲等重视的倾向，与他个人从事的学术研究有何关联等等。这就要看读者如何利用了。

除此之外，这本书更是研究版本学所不可缺少的参考书。他日绳信同志有暇，能仿杨守敬所编的《留真谱》，萃集各时代所刻书的精华，或评比不同刻本的优劣，或进一步考察诸刻书家的人名事迹以为一编，也是不朽的盛事。

今适自京来西安，恰逢《中国版刻综录》将印成出版，绳信同志以原稿见示，而嘱为之序，辞不获允，谨书此以请正。

一九八六年四月十日周祖谟书于西北大学宾馆，唐温国寺之故址。

序 三

自我国发明印刷术以后，全国各地版刻事业迅速发展，相续不绝，使大量内容无比丰富的古代典籍，得以流传至今；其时代之久远、卷帙之浩繁、刻工之精良、收藏之完善，都是举世闻名的。而长期以来，我们却没有一部全面系统地反映古代版刻情况的工具书。杨绳信同志的《中国版刻综录》，正可弥补这方面的缺陷。绳信同志自一九七〇年开始，即奔走于全国数十座图书馆之间，披览资料，考核正误、研讨前人成果；积十年之功，才完成这册资料达一万二千条的综录。其用力可谓勤矣！其内容可谓富矣！

当然，由于条件的限制，肯定还有作者未能见到的刻本，这本综录也不能说是完备无缺的。但作为尝试，它已为我们了解中国古代刻版印刷史和历史上的刻书家、印刷工的情况，提供了比较丰富的资料。特别是它还附有各种古代著名刻本现在的收藏地，这就为研究工作者创造了方便。

当《中国版刻综录》问世之际，我高兴地向读者推荐这本书。并希望能有人继续这一工作，编写出如有关刻工、刻书家斋室名称，以及人物别号等方面详尽的综录来，为研究工作者提供更多的有利条件。

武伯纶于西安商业局家属楼

一九八三年五月二十二日

凡例

一、中国版刻综录是有关中国古代刻书家资料的综录，外国人及华人在国外的刻本不予收录。时间下限为清宣统三年（公元一九一一）。

二、著录资料以国内藏书为依据，实物散迭及流失国外者未予收录，作者不知者更无法收录。张秀民先生《中国印刷史》及叶德辉《书林清话》较为可靠，本书多有引用。

三、版刻内容按时代先后及斋室名称分类。按时代分为唐至元代、明代、清代三章。斋室名称除官刻外，按堂、斋、楼、阁、轩等名称分类。各条资料的名称则按其笔画的繁简及笔顺次序排列。如清同治五年（公元一八六六）资政堂刻《甘泉全集》，时代是清代，资政堂是堂，资政堂的第一个字资字是十画，这条资料就排列在第三章清代第三节堂的十画。同一斋室名称刻书较少，不能专列一节者，则并入『其他』类。以人名刻书而未用斋室名称者，均列入『人名』类。

四、套版及活字版另列一章。有关抄书家的资料，附于活字之后。

五、每条资料都分『名称』（何地、何人、何斋室刊印抄），『出版物举例』（何时在何地刻印抄何书若干卷）何人撰辑，『参考』（所刻印抄书现存何处或资料来源）等三项，资料不全者可以省略，但以名称项为主。

六、『名称』项分为三段，即冠字、室名、附字，如『成都益州佳史馆常氏』中『成都益州』是冠字，『佳史馆』是室名，『常氏』是附字。也有无冠字或附字者，如『刘传经堂』仅有冠字而无附字，清代的『淡香斋』既无冠字也无附字。为查阅方便，室名用黑体字，以示区别。笔画画数以室名第一字为准，不计冠字和附字。

七、常有不同时间或同代数人用同一斋室名称者，不同时代的按朝代分列，如宋代『万卷堂』、元代『万卷堂』、明代『万卷堂』是。同一时代数人用同一斋室名称者，用冠字加以区别，如收录清代『世德堂』，分别以『芥子园世德堂』、『朝邑世德堂』、『孙氏世德堂』、『鹿亢宗世德堂』、『延川世德堂』、『江苏世德堂』等加以区别。地名有数地相同者，冠以省别以示区别，如陕西和云南都有定边县，江西、广东和四川都有长宁县，山西、浙江、四川和安徽都有太平县，江西、河南、贵州、广西及山西都有永宁县等，县前皆冠以省别。

八、『出版物举例』项以一个时间刻印抄一种书为准，不可能收录他的全部刻书。为了保持图书的完整性，有的在同一项下得收录多种书名，如元刻六画中『庆元路儒学』项下，至正六年刻玉海及其他注考达十五种，元刻六画中『范氏岁寒堂』刻书十六种，都是一部书，不得分割，全部收录。刻书时间以绝对年代为准，如『嘉靖元年』、『光绪十年』等是，在帝王纪年前以公元纪年统一排列；绝对年代不能肯定者，以相对年代为准，如『万历』、『光绪』等是。书的卷数紧跟在书名之后，引用中国丛书综录者略去卷数。

九、『参考』项是资料来源。用带圈的数字代表图书馆的代号及参考书的名称（详见参考项代号表），代号后的数字是本书在该馆的索书号。如⑨善本是西北大学图书馆善本书第一号。参考书则注明页码。

十、每个出版家（即本书『名称』项）以每个帝王纪年出现一次为限，特殊情况得多列之。

十一、本书使用简化汉字，个别古代地名及人名则用原繁体字，如盩厔（周至）、鄠（户）县、堃（坤）、昇（升），喆（哲）等是。

参考项代号表

代号　藏书馆名称或资料来源

①《北京图书馆善本书目》北京图书馆善本部编 中华书局一九五九年版
②北京图书馆线装简编书
③北京图书馆线装书
④《西谛书目》北京图书馆编 文物出版社一九六三年版
⑤《中国丛书综录》上海图书馆编 中华书局一九五九年版
⑥《四川省图书馆馆藏古籍书目》一九五八年油印本
⑦陕西省图书馆藏书
⑧杭州大学图书馆藏书
⑨西北大学图书馆藏书
⑩《书林清话》叶德辉著 古籍出版社一九五七年版
⑪北京大学善本书
⑫华东师范大学图书馆藏书
⑬天津图书馆藏书
⑭上海图书馆藏书
⑮广东中山图书馆藏书
⑯北京师范大学图书馆藏书
⑰南京大学图书馆藏书
⑱《中国古籍善本书目》上海古籍出版社版

⑲《中国地方志联合目录》中国科学院北京天文台主编 中华书局一九八五年版
⑳《江苏图书印刷史》倪波穆纬铭主编 江苏人民出版社一九九五年版
㉑《江西历代刻书》杜信孚漆身起著 江西人民出版社一九九四年版
㉒《湖南省志·新闻出版志·出版》湖南出版社一九九一年版
㉓《明清两朝直隶书籍梓行录》杜信孚著 河北人民出版社一九九一年版
㉔《广西通志·出版志》广西人民出版社一九九九年版
㉕《辽宁省志·出版志》辽宁科学技术出版社一九九九年版
㉖《甘肃省志·新闻出版志·出版》甘肃人民出版社一九九四年版
㉗《青海出版志》青海人民出版社一九九三年版
㉘《山东省志·出版志》
㉙《江苏艺文志》（苏州卷）南京师范大学古文献整理研究所编 江苏人民出版社一九九六年版
㉚《全国中医图书联合目录》全国中医研究院图书馆编 中医古籍出版社一九九一年版
㉛《河北省志·出版志》河北人民出版社一九九六年版
㉜《敦煌石室写经题记与敦煌杂录》许国霖编 商务印书馆一九三七年版
㉝中山大学图书馆藏书
㉞《中国科学技术史·造纸与印刷卷》潘吉星著 科学出版社 一九九八年版
㉟《陕西省志·出版志》三秦出版社一九九八年版
㊱《中国印刷史》张秀民著 上海人民出版社一九八九年版

目次

第一章 唐至元代版刻……（一）
一、唐代版刻……（一）
二、五代版刻……（一）
三、宋代版刻……（二）
四、辽金版刻……（二八）
（一）辽国版刻……（二八）
（二）金国版刻……（二八）
五、元代版刻……（三〇）
第二章 明代版刻……（五〇）
一、官刻……（五〇）
二、堂……（一〇八）
三、斋……（一四六）
四、楼……（一五九）
五、阁……（一六二）
六、轩……（一六五）
七、山房……（一六八）
八、园……（一七一）
九、书屋……（一七一）
十、草堂……（一七三）
十一、书院……（一七四）
十二、室……（一七九）
十三、馆……（一七九）

十四、居……（一八五）
十五、亭……（一八七）
十六、书舍……（一八七）
十七、精舍……（一八八）
十八、书堂……（一八九）
十九、其他……（一九五）
二十、人名……（二〇三）
第三章　清代版刻……（四二二）
一、官刻……（四二二）
二、书局……（六一九）
三、堂……（六二七）
四、斋……（八一三）
五、楼……（八五六）
六、阁……（八七三）
七、轩……（八九〇）
八、山房……（九〇一）
九、园……（九一八）
十、书屋……（九二八）
十一、草堂……（九四三）
十二、书院……（九五五）
十三、馆……（九六六）
十四、室……（九七七）
十五、居……（九八二）
十六、亭……（九八五）

十七、舍……（九八七）
十八、书堂……（九九一）
十九、社……（九九二）
二十、庄……（九九三）
二十一、庐……（九九五）
二十二、其他……（九九八）
二十三、人名……（一〇二四）
第四章 活字与套版……（一一八三）
一、活字……（一一八三）
（一）木活字……（一一八三）
甲、宋元代木活字……（一一八三）
乙、明代木活字……（一一八三）
丙、清代木活字……（一一八五）
（二）铜活字……（一二〇四）
甲、明代铜活字……（一二〇四）
乙、清代铜活字……（一二〇五）
（三）其他活字……（一二〇六）
二、套板……（一二〇六）
甲、元代套板……（一二〇六）
乙、明代套板……（一二〇七）
丙、清代套板……（一二一〇）
附录 抄本……（一二一三）
甲、宋代以前抄本……（一二一三）
乙、宋元抄本……（一二一七）

丙、明代抄本……（一二一八）
丁、清代抄本……（一二三三）
后记……（一三五九）

第一章 唐至元代版刻

一、唐代版刻

上都东市大刁家 刊唐代历书（宝应元年即公元七六二年） ㉟112

王□ 刊佛说迴向轮经（有「弟子王发愿雕印」题记） ㉜十二

王玠 八六八（咸通九）年刊金刚般若波罗蜜经 今存伦敦 ㉟110

内府 六三六—六四九（贞观十—二十三）年刊长孙皇后女则十卷 ㉟112

内府 七一三—七四一（开元）年刊开元杂报 ㉟112

长安东市李家 刊新集备急灸经（咸通二年即公元八六一年前印） ㉟112

成都龙池坊卞家 唐末印咒本（中文、梵文合刻） ㊱798

释玄奘（六〇二—六六四） 刊普贤像 ㉟113

西川过家 刊金刚般若波罗蜜经 ㉜三

成都浣**花溪报国寺** 刊陀罗尼经咒 陕西历史博物馆

东都敬爱寺僧**惠礭** 八六九（咸通十）年募刊律疏 ㊱797

成都书铺**樊赏家** 唐末印历书 ㊱798

二、五代版刻

毋昭裔 九三五（后蜀明德二）年后刊初学记 唐徐坚撰 ㊱798

毋昭裔 九五三（后蜀广政十六）年刊九经 ㊱799

石敬瑭 九四〇（后晋天福五）年颁刻道德经 ㊱799

任知远 九〇九—九一三（前蜀武成二—永平三）年刊道德经广圣义 五代杜光庭撰 ㊱798

吴越释**延寿** 九三九（天福四）年左右刊弥陀经 ㊱799

青　州 九三七—九四二（后晋天福二—七）年前刊王公判事 ㊱799

释昙域 九二三（前蜀乾德五）年刊禅月诗集 五代释贯休撰 ㊱798

国子监 九三二—九五三（后唐长兴三—后周广顺三）年刊九经 ㊱798

和 凝 九五五（后周显德二）年前自刊文集 ㊱799

钱 俶 九五六（显德三）年刊宝箧印经八万四千卷 ㊱800

钱 俶 九六五（乾德三）年刊宝箧印经八万四千卷 ㊱800

钱 俶 九七四（开宝七）年刊印二十四种应现观音像二万本 ㊱800

天下兵马大元帅吴越国王**钱俶** 九七五（开宝八）年刊宝箧经八万四千卷 ⑨善0001

曹元忠 九四七—九五〇（开运四—乾祐三）年在瓜州刊金刚经及观世音菩萨像 ㉖76

三、宋代版刻（含大理国、西夏及伪齐）

一至二画

建宁书铺蔡琪纯父**一经堂** 一二〇八（嘉定元）年刊汉书一百二十卷 汉班固撰 ⑩85

九江郡斋 一一七〇（乾道六）年刊集验方五卷 ⑩67

九江郡斋 刊舆地广记三十八卷 宋欧阳忞撰 ⑱史727

九江郡斋赵善璙 自刊自警编不分卷 ⑩70

三 画

建安刘日新宅**三桂堂** 一二〇五（开禧元）年刊童溪王先生易传三十卷 宋王宗传撰 ⑱经56

鹤林**于氏家塾栖云阁** 刊春秋经传集解三十卷 晋杜预撰唐陆德明释文 ⑱经238

大余县斋 一二四二（淳祐二）年刊心经一卷 宋真德秀撰 ㉑17

大庾县斋赵时棣 一二三四（端平元）年刊真德秀政经一卷 ⑩73

大理寺 九六三（建隆四）年刊建隆刑统 ㊱800

杭州**大隐坊** 一一一八（政和八）年刊重校正朱肱南阳活人书十八卷 ⑩86

建安余氏**万卷堂** 一一八〇（淳熙七）年刊尚书精义五十卷 宋黄伦撰 ⑩45

余仁仲**万卷堂**　一一九一（绍熙二）年刊春秋公羊经传解诂十二卷　汉何休撰唐陆德明音义　⑱经255

余仁仲**万卷堂家塾**　刊礼记二十卷　汉郑玄注唐陆德明音义　⑱经190

万卷堂　刊新编近时十便良方四十卷　⑱子204

清渭何通直宅**万卷堂**　一一五五（绍兴二十五）年刊汉隽十卷　宋林越撰　⑩78

弋阳县署　刊弋阳县志　宋陈康伯纂　㉑14

上饶郡署　一一九〇—一一九四（绍熙）年刊上饶志　宋王自中修朱蕃纂　㉑7

上饶郡署　一二〇一—一二〇四（嘉泰）年刊上饶志十卷　宋孟猷纂修　㉑7

上饶县署　一二四一—一二五二（淳祐）年刊上饶县志　宋张铸纂修　㉑13

吴遇龙**上饶郡学**　一二五〇（淳祐十）年刊朱文公订正门人蔡九峰书集传六卷　宋蔡沈撰　书传问答一卷　⑱经104

广东漕司　一二二五（宝庆元）年刊新刊校定集注杜诗三十六卷　⑩63

广西漕司　一〇九六（绍圣三）年刊王叔和脈经十卷　⑩63

广西漕台　一二〇八—一二二四（嘉定）年刊淮斋杂说二卷　吴如愚著　㉔497

广德郡斋张杅　一一七六（淳熙三）年改刊史记一百三十卷　汉司马迁撰　⑩67

临安府南山慧因讲院释**义和**　一一四二（绍兴十二）年刊华严经旨归一卷　唐释法藏撰　⑱子952

四　画

丰城县署　一一四五（绍兴十五）年刊丰水志　宋胡琏修何章纂　㉑14

丰城县署　一二四四（淳祐四）年刊丰水志六卷　宋刘卿月李义山修　㉑14

杭州积善坊**王二郎**　刊妙法莲华经七卷　后秦释鸠摩罗什译　⑱子910

靖州知州**王长孺李敏**　一一〇二—一一一〇（崇宁—大观）年刊续世说十二卷　宋孔平仲撰　㉒326

王　旦　一一四三（淳祐三）年刊义丰文集一卷　宋王阮撰　⑱集342

王永从　一一三二（绍兴二）年刊安吉州思溪法宝资福禅寺大藏经五千七百四十卷　㊱152

婺州东阳胡仓**王宅桂堂**　刊三苏文粹七十卷　⑩83

王抚干宅 一一七二（乾道八）年刊颐堂先生文集五卷 宋王灼撰 ⑱集341

钱塘**王叔边** 刊前汉书一百二十卷后汉书注九十卷志注补三十卷 ⑱史47

临安棚前经坊**王念三郎** 家刊金刚般若波罗蜜经一卷 后秦释鸠摩罗什译 ⑱子892

王 涔 一二一三（嘉定六）年在赣州郡斋刊楚辞集注八卷辨证二卷 宋朱熹撰 反离骚一卷汉扬雄撰 ㉑12

王 崧 一一七八（淳熙五）年刊窦氏联珠集五卷 唐窦常等撰 ⑱集1856

王 琪 一〇五九（嘉祐四）年在苏州刊杜工部集 ㊱803

王 氏 一一九五—一二〇〇（庆元）年在临江刊清江三孔集

宋孔文仲孔武仲孔平仲撰 ㉑9

建安**王懋甫桂堂** 刊宋人选青赋笺十卷 ⑩83

天台郡斋叶笺 一二〇六（开禧二）年刊石林奏议十五卷 宋叶梦得撰 ⑩69

刘氏**天香书院** 刊监本纂图重言重意互注论语二卷 魏何晏集注 ⑱经303

赵士⿰粲彡**无为军** 一一四三（绍兴十三）年刊无为集十五卷 宋杨杰撰 ⑱集220

太医局 一二〇八—一二二四（嘉定）年刊小儿卫生总微论方二十卷 ⑩74

长沙学官 一一六五—一一八九（乾道—淳熙）年刊程氏遗书五十三卷 宋程颢程颐撰朱熹编次 ㉒328

长沙学官 一一六六（乾道二）年刊二程文集十三卷附二卷 宋程颢程颐撰胡安国编次 ㉒328

分宜县署 一二一四（嘉定七）年刊钤岗志三卷 宋谢好古纂修 ㉑13

武夷詹光祖**月崖书堂** 一二四一—一二五二（淳祐）年刊资治通鉴纲目五十九卷 宋朱熹撰 ⑩85

六峰县斋刘昌诗 一二一五（嘉定八）年自刊芦浦笔记十卷 宋刘昌诗撰 ⑩72

眉山**文中** 刊淮海先生文集二十六卷 宋秦观撰 ⑩83

方崇祖 一二四三（淳祐三）年刊佛说大乘圣无量寿决定光明王如来陀罗尼经一卷 宋释法天译 ①15034

临安府太庙前**尹家书籍铺** 刊续幽怪录四卷 唐李复言撰 ⑱子733

金华**双桂堂** 一二六一（景定二）年刊梅花喜神谱二卷 宋宋伯仁撰 ⑩87

孔宗翰 一〇八五（元丰八）年在洪州自刊阙里世系 宋孔宗翰编 ㉑5

咸阳**书隐斋** 一一九七（庆元三）年在成都刊新刊国朝二百家名贤文粹三百卷 ⑱集1687

五画

廖氏世綵堂 一二六五—一二七四（咸淳）年刊昌黎先生集四十卷外集十卷遗文一卷 唐韩愈撰 宋廖莹中校正 朱子校昌黎先生集传一卷 ⑱集116

建邑王氏**世翰堂** 一〇五七（嘉祐二）年刊史记索隐三十卷 唐司马贞撰 ⑩78

左廊司局 一一七六（淳熙三）年刊春秋经传集解三十卷 ⑩61

石处道 一一〇二（崇宁元）年刊佛顶心观世音菩萨大陀罗尼经三卷 ⑱子924

龙山书院 刊纂图互注春秋经传集解三十卷 晋杜预撰唐陆德明释文 春秋名号归一图二卷蜀冯继先撰 ⑱经239

龙山书堂 刊挥麈前录四卷后录十一卷第三录三卷馀话二卷 宋王明清撰 ⑱子649

龙舒郡斋 一一三一—一一六二（绍兴）年刊王文公文集一百卷目录二卷 宋王安石撰 ⑱集236

龙舒郡斋 一一七四—一一八九（淳熙）年刊金石录三十卷 宋赵明诚撰 ⑱史1425

龙溪书院 一二四八（淳祐八）年刊北溪集五十卷外集一卷 宋陈淳撰 ⑩74

平江府 一一四五（绍兴十五）年刊营造法式三十四卷 宋李诫撰 ⑩76

平江府学魏杞 一一七一（乾道七）年刊韦苏州集十卷拾遗一卷 唐韦应物撰 ⑱集61

平江府 一二〇四（嘉泰四）年刊嘉泰普灯录三十卷 宋释正受撰 ⑳29

东宁郡庠 一二〇一（嘉泰元）年刊龚颐正芥隐笔记一卷 ⑩72

福州**东禅等觉院** 一〇八〇—一一一二（元丰三—政和二）年刊万寿大藏六千四百三十四卷 ⑱子883

建安蔡子文**东塾之敬堂** 一〇六六（治平三）年刊击壤集十五卷 宋邵雍撰 ⑩78

南剑州雕匠**叶昌** 一一六一（绍兴三十一）年刊程俱班左诲蒙三卷 ⑩87

叶岳 一一七二（乾道八）年刊佛顶心观世音菩萨大陀罗尼经一卷 ⑱子925

叶茵 一二五七（宝祐五）年刊甫里先生集二十卷 唐陆龟蒙撰 ⑳36

福建路提举**史季温** 一二五〇（淳祐十）年刊国朝诸臣奏议一百五十卷 宋赵汝愚辑 ⑱史344

四明郡斋 一二〇〇（庆元六）年刊都官集十四卷 宋陈舜俞撰 ⑩69

禾兴郡斋 一二三九（嘉熙三）年刊押韵释疑五卷拾遗一卷 宋欧阳德隆撰 ⑱经467

白鹭洲书院 一二二四（嘉定十七）年刊汉书一百卷 汉班固撰唐颜师古集注 ⑱史35

白鹿书院 一一七九（淳熙六）年刊论孟要义 宋朱熹编 ㉑17

建安虞平斋**务本书堂**刊增刊校正王状元集注分类东坡先生诗二十五卷宋苏轼撰王十明纂集
东坡纪年录一卷 宋傅藻撰 ⑱集245

乐安县署 一一八三（淳熙十）年刊鳌溪志 宋王瑾修萧延骥纂 ㉑15

乐安县署 一二六七（咸淳三）年刊鳌溪志 宋唐元龄修萧彬纂 ㉑15

冯　檝 一一五三（绍兴二十三）年前先后印佛经大藏四十八藏小藏八百四十一卷 ㊱808

汀州宁化县学 一一四二（绍兴十二）年刊群经音辨七卷 宋贾昌朝撰 ⑩73

永丰县署 一一五八（绍兴二十八）年刊恩江志十卷 宋陈丰元纂修 ㉑16

永丰县署 一一六四（隆兴二）年刊续恩江志 宋苏升纂修 ㉑16

永州郡庠叶程 一一六五（乾道元）年刊柳柳州集三十卷外集一卷 唐柳宗元撰 ㉒14

永福县学 一二五七（宝祐五）年刊宋宰辅编年录二十卷 宋徐自明撰 ⑩73

永嘉郡斋施栻 一二一二（嘉定五）年刊止斋集五十二卷 宋陈傅良撰 ⑩69

司天监 一〇七一（熙宁四）年奉诏印售历书，并禁民间私印 ㊱804

圣寿禅院 一〇七一（熙宁四）年用大藏经板印制藏经 ㊱804

台州公库 一一八〇（淳熙七）年刊颜氏家训七卷 ⑩64

台州公使库 一一八一（淳熙八）年刊荀子二十卷 ⑩64

台州州学 一二〇八（嘉定元）年刊天台前集三卷 宋李庚撰林师箴增修 ⑩66

台州州学 一二四八（淳祐八）年刊天台后集二卷 宋林师箴撰 ⑩66

台州郡斋陆適 一二二八（绍定元）年刊老学庵笔记十卷 宋陆游撰 ⑩70

六　画

吉　水 一一九〇（绍熙元）年刊诚斋先生全集五十九卷 宋杨万里撰 ㉑15

吉　州　一二〇九（嘉定二）年刊张先生校正杨宝学易传二十卷　宋杨万里撰张敬之校　⑩76

吉　州　刊周益文忠公集二百卷　宋周必大撰　㉑11

吉州公使库　一一二二（宣和四）年刊六一居士集五十卷续刻五十卷　宋欧阳修撰　⑩64

毕万裔宅富学堂　刊李侍郎经进六朝通鉴博议十卷　宋李焘著　⑱史1512

当涂县斋沈邠　一一九四（绍熙五）年刊周渭弹冠必用集一卷　⑩72

当涂郡斋马光祖　一二一七—一二五二（嘉定十—淳祐十二）年刊四书章句集注二十八卷　宋朱熹撰　⑱经317

胡元质**当涂道院**　一一七三（乾道九）年自刊左氏摘奇十二卷　宋胡元质撰　⑩84

金华**吕氏祠堂**邱长隽　一二一五（嘉定八）年刊童蒙训二卷　宋吕本中撰　⑩75

吕乔年　一二〇四（嘉泰四）年刊东莱吕太史文集十五卷别集十六卷外集五卷宋吕祖谦撰
　丽泽论说集录十卷　宋吕祖俭辑　附录三卷附录拾遗一卷　⑱集336

朱正大　一二三三（绍定六）年刊琴史六卷　宋朱长文撰　⑳36

毗陵**朱究**　一一一一（政和元）年在吴江刊笠泽丛书四卷补遗一卷　唐陆龟蒙撰　⑳34

朱绍安　刊大方广佛华严经八十卷　唐释实叉难陀译　⑱子895

朱　思　一一九四（绍熙五）年刊吴郡乐圃朱先生遗稿十卷附录一卷　宋朱长文撰　⑳35

朱　熹　一一九〇（绍熙元）年在漳州刊四书注　㊱809

竹溪书院　一二五七（宝祐五）年刊秋崖先生小稿八十三卷　宋方岳撰　⑩74

葛氏**传榎书堂**　一一三三（绍兴三）年刊温公书仪十卷　⑩88

太平天寿寺释**延福**　一二五九（开庆元）年刊金刚般若波罗蜜经二卷　后秦释鸠摩罗什译　⑱子894

华亭县学　一二〇〇（庆元六）年刊晋二俊文集　晋陆机陆云撰　⑱集21

宋释**行拱等**　一一六〇（绍兴三十）年刊註心赋四卷　宋释延寿撰　⑱子956

全州军州学　一一八五（淳熙十二）年刊集韵十卷　⑩65

全州郡斋陈虔英　一一九九（庆元五）年刊两汉刊误补遗十卷　宋吴仁杰撰　⑩69

全州灌阳令　一一三七（绍兴七）年刊绀珠集十三卷　㉔497

全南郡庠　一一六六（乾道二）年刊孔氏六帖　宋孔传辑　㉑16

会稽郡斋 一一三一（绍兴元）年刊战国策注十卷 宋鲍彪撰 ⑩67

会稽郡斋王信 一一九一（绍熙二）年刊鲍氏国策校注十卷 宋鲍彪撰 ⑱史214

会稽郡斋 一二二三（嘉定十六）年刊唐人万首绝句一百一卷 宋洪迈撰 ⑩70

刘元起 一一九五（庆元元）年刊汉书一百卷 汉班固撰唐颜师古注 ⑱史35

建安刘元起家塾之敬室 刊后汉书一百二十卷 ⑩80

刘 甲 一二一一（嘉定四）年刊经史证类备急本草三十一卷 宋唐慎微撰 ⑱子183

长沙刘光祖 一一七四—一一九四（淳熙——绍熙）年刊顺宁文集二十卷 宋刘芮撰 ㉒328

麻沙镇水南刘仲吉宅 一一六〇（绍兴三十）年刊新唐书二百二十五卷宋欧阳修等撰 ⑩78

麻沙镇水南刘仲吉宅 一一六五—一一七三（乾道）年刊类编增广黄先生大全文集五十卷宋黄庭坚撰 ⑱集262

刘孝韪 在抚州临川刊后山居士文集 宋陈师道撰 ㉑9

建安刘叔刚 刊附释音春秋左传注疏六十卷 晋杜预注唐孔颖达疏陆德明释文 ⑱经243

刘诚甫 一二四九（淳祐九）年刊中兴以来绝妙词选十卷 宋黄昇辑 ⑱集1995

刘通判宅仰高堂刊纂图分门类题五臣注杨子法言十卷 汉扬雄撰晋李轨唐柳宗元宋宋咸吴秘司马光注 新增丽泽编次杨子事实品题一卷 宋吕祖谦辑 新刊杨子门类题目一卷 宋陈傅良辑 ⑱子41

麻沙刘将仕宅 刊皇朝文鉴一百五十卷目录三卷 宋吕祖谦辑 ⑱集1688

齐安郡学 一一四五（绍兴十五）年刊集古文韵五卷 宋夏竦撰 ⑱经432

江西计台钱佃 一一八一（淳熙八）年刊荀子二十卷 战国荀况撰杨倞注 ⑩63

江右计台 一二一一（嘉定四）年刊春秋繁露十七卷 汉董仲舒撰 ⑱经290

江东仓台 一一八〇（淳熙七）年刊洪适隶续二卷 ⑩63

江东漕院赵善湘 一二三一（绍定四）年刊卫湜礼记集说一百六十卷 ⑩63

江宁府 一〇五八（嘉祐三）年刊建康实录二十卷 唐许嵩撰 ⑳28

江西仓司 一一八〇（淳熙七）年刊陆氏续集验方 宋陆游辑 ㉑2

江西转运司 一一八五（淳熙十二）年刊本草衍义二十卷 宋寇宗奭撰 ⑱子185

江西提刑司 一二一二（嘉定五）年刊容斋随笔十六卷续笔十六卷三笔十六卷四笔十六卷五笔十卷 ⑩63

江西路 一一六五—一一七三（乾道）年刊豫章黄先生文集三十卷 宋黄庭坚撰 ㉑1

江西路 一一七四—一一八九（淳熙）年刊五朝名臣言行录 宋朱熹编 ㉑1

江西路 一一九五—一二二四（庆元—嘉定）年刊诗本义十五卷附郑氏诗谱一卷 宋欧阳修撰 ㉑1

江西路 一二〇八—一二二四（嘉定）年刊春秋繁露 汉董仲舒撰 ㉑1

尤袤**江西漕台** 一一八二（淳熙九）刊申鉴一卷 汉荀悦撰 ㉑2

江西漕台 一一八二（淳熙九）年刊吕氏家塾读诗记三十二卷 宋吕祖谦撰 ⑱经133

钱佃**江西漕司** 一一七四—一一八九（淳熙）年刊文中子十卷 隋王通撰 ㉑3

赵彦操**江西漕台** 一一八七（淳熙十四）年刊介庵居士集 宋赵彦端撰 ㉑3

江　州 一一七四—一一八九（淳熙）年刊钟鼎款识 宋薛尚功撰 ㉑5

江阴军学 一〇二九（天圣七）年刊国语韦昭注二十一卷 国语补音三卷 宋宋庠撰 ⑩64

江阴军学 一一三四（绍兴四）年刊春秋经解十五卷 宋孙觉撰 ⑳31

江南东路转运司 一一三一—一一六二（绍兴）年刊后汉书九十卷 刘宋范晔撰唐李贤注
志三十卷 晋司马彪撰梁刘昭注 ⑱史46

池州郡学张釜 一一九一（绍熙二）年刊华阳集四十卷 宋张纲撰 ⑩72

池阳郡学 一一九九（庆元五）年刊忠简先生文选九卷 宋胡铨撰 ⑩72

池阳郡斋尤袤 一一八一（淳熙八）年刊文选六十卷 梁萧统辑唐李善注 考异一卷 ⑱集1549

池阳郡斋 一一八〇（淳熙七）年刊山海经十八卷 晋郭璞传 ⑱子727

杨州州学教授汤修年 一一六六（乾道二）年刊梦溪笔谈二十六卷 宋沈括撰 ⑩65

安陆郡学 一一七六（淳熙三）年刊郧溪集二十八卷 宋郑獬撰 ⑩72

兴化军学教授蒋邕 一一六八（乾道四）年刊蔡忠惠集三十六卷 宋蔡襄撰 ⑩65

兴国军学 一二一六（嘉定九）年刊春秋经传集解三十卷 晋杜预撰 ⑱经238

许　议 一一九五—一二五二（庆元—淳祐）年刊周官总义三十卷 宋易祓撰 ㉒322

寻阳郡斋 一二〇〇（庆元六）年刊輶轩使者绝代语释别国方言十三卷 汉扬雄撰 晋郭璞注 ⑱经385

吴郡孙祐 一一三四（绍兴四）年刊吴郡图经续记三卷 宋朱长文撰 ⑳34

七 画

蜀广都费氏**进修堂** 刊资治通鉴二百九十四卷 宋司马光撰 ⑩78

苏州公使库 一〇五九（嘉祐四）年刊杜工部集二十卷 唐杜甫撰 ⑳30

苏州公使库 一〇九八（元符元）年刊吴郡图经续记三卷 宋朱长文撰 ⑩64

苏 森 一二〇七（开禧三）年重刊栾城集八十四卷 宋苏辙撰 ⑩68

旌德**李又韩** 刊陶渊明集十卷 晋陶潜撰 ⑯2707

李大有 一二一二（嘉定五）年刊吕氏乡约一卷乡仪一卷 宋吕大钧撰 ⑱子56

江陵府先锋隘**李安桧** 一二五五（宝祐三）年刊大方广佛华严经八十卷 唐释实叉难陀译 ⑱子896

李寿朋 一二二八（绍定元）年在苏州刊吴郡志五十卷 宋范成大撰 ⑳35

临安府**新喻吾氏** 刊增广太平惠民和剂局方十卷 ⑩87

严 州 一二六二（景定三）年刊景定严州续志十卷 宋钱可则修郑瑶方仁荣纂 ⑲383

严州州学 一一八六（淳熙十三）年刊唐柳先生集四十五卷外集一卷附录一卷 唐柳宗元撰 ⑩65

严州府学 一一七五（淳熙二）年刊通鉴纪事本末二百九十卷 宋袁枢撰 ⑩72

严陵郡庠 一一七五（淳熙二）年刊通鉴纪事本末四十二卷 宋袁枢撰 ⑱史189

严州郡斋 一一八七（淳熙十四）年刊新刊剑南诗稿二十卷 宋陆游撰 ⑱集355

严陵郡斋 一二二八（绍定元）年刊钜鹿东观集十卷 宋魏野撰 ⑱集196

严陵郡斋 一二五七（宝祐五）年刊通鉴纪事本末四十二卷 宋袁枢撰 ⑩71

严陵赵氏祠堂许兴裔 一二二一（嘉定十四）年刊复斋易说六卷 宋赵彦肃撰 ⑩75

常熟**严焕** 一一七三（乾道九）年在江阴刊脍炙集一卷 ⑳35

两浙东路安抚使洪适 一一六八（乾道四）年刊元氏长庆集六十卷 ⑩61

两浙东路茶盐司公使库 一一三二（绍兴二）年刊资治通鉴二百九十四卷目录三十卷宋司马光撰 ⑱史102

两浙东路茶盐司 一〇六九（熙宁二）年刊外台秘要方四十卷 唐王焘撰 ⑩61

两浙东路茶盐司 一一四六（绍兴十六）年刊事类赋三十卷 宋吴淑撰并注 ⑱子789

两浙东路茶盐司 一一九二（绍熙三）年刊礼记正义七十卷 唐孔颖达撰 ⑱经192

两浙西路转运司王珏 一一五一（绍兴二十一）年刊临川先生文集一百卷 目录二卷 宋王安石撰 ⑱集237

两浙转运司 刊大方广佛华严经疏一百二十卷 唐释澄观撰宋释净源录疏注经 ⑱子939

抚州州学 一一五二（绍兴二十二）年刊竹友集十卷 宋谢薖撰 ⑩65

抚州军学 一一七五（淳熙二）年刊谢幼槃集十卷 宋谢薖撰 ⑩65

抚州公使库 一一七七（淳熙四）年刊礼记注二十卷 汉郑玄撰 释文四卷 唐陆德明撰 ⑱经190

闽县报恩光孝观 一一一四（政和四）年刊政和万寿道藏五千四百八十一卷 ㊱806

吴兴郡庠 一一三八（绍兴八）年刊新唐书纠缪二十卷 宋吴缜撰 ⑩71

吴兴郡斋 一一七九（淳熙六）年刊魏郑公谏录五卷 唐王方庆纂 ⑩68

吴守真 九八五（雍熙二）年刊金刚般若波罗蜜经 ⑳34

吴安朝 一二七一（咸淳七）年刊印公文纸本忠文王纪事实录五卷 宋谢起岩撰 ①1294

吴坚 刘震孙 一二六七（咸淳三）年刊新编方舆胜览七十卷 宋祝穆辑 ⑱史728

仪真**沈度** 一一六六（乾道二）年在吴郡刊东莱先生诗集二十卷 宋吕本中撰 ⑳31

吴郡学舍 一二一二（嘉定五）年刊大事记十二卷通释三卷解题十二卷 宋吕祖谦撰 ⑩74

吴　革 一二六五（咸淳元）年刊周易本义十二卷易图一卷五赞一卷筮仪一卷 宋朱熹撰 ⑱经47

吴　炎 一一三四（绍兴四）年刊东莱标注老泉先生文集十二卷 宋苏洵撰吕祖谦注 ⑱集236

营道县主簿**吴致尧** 一一二四（宣和六）年自刊九疑山考古二卷 宋吴致尧撰 ㉒324

秀岩山堂 一二五六（宝祐四）年刊增修互注礼部韵略五卷 ⑩82

建安**余腾夫** 刊张文潜文集十卷 宋张耒撰 ⑪

崇川余氏 刊新纂门目五臣音注扬子法言十卷 汉扬雄撰晋李轨唐柳宗元宋宋咸吴秘司马光注 ⑱子41

庐　山 刊白氏文集 唐白居易撰 ㉑6

庐州州学 刊孝肃包公奏议集十卷 宋包拯撰 ⑩65

庐　陵 一二〇一—一二〇四（嘉泰）年刊放翁先生剑南诗稿六十七卷 宋陆游撰 ㉑11

庐陵郡库 一二五〇（淳祐十）年刊东坡集四十卷后集二十卷 宋苏轼撰 ㉑11

庐陵郡斋 一二五三（宝祐元）年刊皇宋通鉴长编纪事本末一百五十卷 宋杨仲良撰 ⑩71

汪伯彦 一一四〇（绍兴十）年刊宛陵先生文集六十卷 宋梅尧臣撰 ⑱集220

永州知州**汪檝** 一二〇八（嘉定元）年补刊唐柳先生文集三十三卷外集一卷 ㉒327

沅州公使库 一一五八（绍兴二十八）年刊续世说十二卷 宋孔平仲撰 ⑩64

沔阳郡斋 一一九六（庆元二）年刊续添是斋百一选方二十卷 宋王璆撰 ⑩68

沧州归化镇**彰教院** 一〇二四（天圣二）年刊观弥勒菩萨上生兜率天经疏二卷 唐释窥基撰 ⑱子939

杭州**沈二郎经坊** 刊妙法莲华经七卷 后秦释鸠摩罗什译 ⑱子910

沈　圻 一二一二（嘉定五）年刊范忠宣集二十卷 宋范纯仁撰 ⑩66

吴郡**沈有开** 一二〇四（嘉泰四）年刊皇朝文鉴一百五十卷 宋吕祖谦编 ⑳35

苏州**沈宗举** 一一五七（绍兴二十七）年刊翻译名义集七卷 宋释法云撰 ⑳35

永州知州**沈圻** 一二一二（嘉定五）年刊范忠宣文集二十卷奏议二卷遗文一卷 宋范纯仁撰 ㉒328

怀安郡斋 一二〇〇（庆元六）年刊唐诗纪事八十一卷 宋计有功撰 ⑩69

安吉州宝云院释**怀就** 一一三一—一一六二（绍兴）年刊法华文句记三十卷 唐释湛然撰 ⑱子940

宋守贞 九八六（雍熙三）年刊佛说北斗七星经一卷 ⑱子929

宋　氏 一一九〇—一一九四（绍熙）年在潭州刊产经 宋宋永寿撰 ㉒326

张从信 九七一—九八三（开宝四至太平兴国八）年奉命在成都刊开宝藏五千四十八卷 ㊱800

张　衍 一一一六（政和六）年刊佛说观世音经一卷 ⑱子915

张　洸 一一六一（绍兴三十一）年刊元包经传五卷 北周卫元嵩撰 元包数总义二卷宋张行成撰 ⑱子334

张　洽 一二二九（绍定二）年刊昌黎先生集考异十卷 宋朱熹撰 ⑱集115

张献之 一二二〇（嘉定十三）年在春陵郡斋刊紫崖易传十卷 宋张浚撰 ㉒323

陆时雍 一一三一—一一六二（绍兴）年刊宏辞总类四十一卷后集三十五卷三集十卷四集九卷 ㉑10

建宁府陈八郎书铺 刊贾谊新书十卷 ⑩86

陈仁玉 一二六〇（景定元）年刊赵清献公文集十六卷 宋赵抃撰 ⑱集209

睦亲坊南陈宅经籍铺 刊朱庆馀诗集一卷 唐朱庆馀撰 ⑱集150

临安府**陈宅书籍铺** 刊周贺诗集一卷 唐周贺撰 ⑱集150

临安府洪桥子南河西岸**陈宅书籍铺** 刊李丞相诗集二卷 南唐李建勋撰 ⑱集180

建安**陈彦甫家塾** 一一九六（庆元二）年刊叶賁圣宋名贤四六丛珠一百卷 ⑩80

锦谿张监税宅 一一七四（淳熙元）年刊盐铁论十卷 汉桓宽撰 ⑩79

临安府**陈解元宅** 刊王建诗集十卷 唐王建撰 ⑱集100

陈　辉 一一六一（绍兴三十一）年刊古灵先生文集二十五卷 宋陈襄撰 年谱一卷 宋陈晔撰 附录一卷 ⑱集207

临安府**陈道人书籍铺** 刊画继十卷 宋邓椿撰 五代名画补遗一卷 宋刘道醇撰 ⑱子420

辰州知州**陈彭年** 一一六四（隆兴二）年刊辰州风土记六卷 宋田渭撰 ㉒324

邵阳郡斋胡澄 一一九二（绍熙三）年刊庆湖遗老诗集九卷拾遗一卷补一卷 宋贺铸撰 ㉒328

邵阳郡斋黄沃 一一九五（庆元元）年刊知稼翁集十二卷 宋黄公度撰 ⑩68

邵武军学 一一七一（乾道七）年刊高峰文集十二卷 宋廖刚撰 ⑩65

八　画

环溪书院 一二六〇—一二六四（景定元—五）年刊新刊仁斋直指方论二十六卷小儿方论五卷医脉真经一卷伤寒类书活人总括七卷 宋杨士瀛撰 ⑱子205

武冈军学 一二二四（嘉定十七）年刊温国文正司马公文集八十卷 宋司马光撰 ⑩66

杭州开笺纸马铺钟家 刊文选注三十卷 唐吕延济刘良张铣吕向李周翰撰 ⑱集1554

杭州路 一〇六〇（嘉祐五）年刊新唐书二百五十卷 宋欧阳修撰 ⑩75

杭州路 一〇八六（元祐元）年刊资治通鉴二百九十四卷 宋司马光撰 ⑩75

杭州路 一一三九（绍兴九）年刊唐文粹一百卷 宋姚铉辑 ⑩75

王氏**取瑟堂** 刊中说注十卷 宋阮逸撰 ⑩84

吴郡**范莘** 一二〇三（嘉泰三）年刊石湖居士诗文集一百三十卷 宋范成大撰 ⑳35

择善堂 一一九四（绍熙五）年刊新入诸儒议论杜氏通典详节四十二卷图谱一卷 ⑱史1109

明　州　一一五八（绍兴二十八）年刊文选注六十卷　唐李善吕延济刘良张铣吕向李周翰撰　⑱集1555
明州公库　一一四九（绍兴十九）年刊骑省集三十卷　宋徐铉撰　⑩64
盱江郡斋　一一六四（隆兴二）年刊西塘集二十卷　宋郑侠撰　⑩67
盱江郡斋　一一九二（绍熙三）年刊历代纪年十卷　宋晁公迈撰　⑱史135
盱江郡斋黎靖德　一二七〇（咸淳六）年刊朱子语类一百四十卷　宋朱熹撰　⑩71
昆山县学　一二五一（淳祐十一）年刊玉峰志三卷续一卷　宋凌万顷边实同撰边实续　⑩73
罗大经　一二五二（淳祐十二）年自刊新刊鹤林玉露甲编六卷乙编六卷丙编六卷　宋罗大经撰　㉑20
罗田县痒　一二〇〇（庆元六）年刊离骚草木疏四卷　宋吴仁杰撰　⑱集9
国子监　九六九—九七四（开宝二—七）年刊开宝新详定本草　㊱800
国子监　九八五（雍熙二）年刊五经正义　㊱801
国子监　一〇一四（大中祥符七）年刊孟子十四卷　㊱802
国子监　一〇二五（天圣三）年刊五经七书　㊱802
国子监　一〇六五（治平二）年刊张仲景伤寒论　㊱803
国子监　一〇九六（绍圣三）年刊王叔和脉经　⑩60
国子监　一一八一（淳熙八）年奉诏印造经史子各一帙赐吴益两王府　㊱808
季仲宁　在吉州刊东坡集四十卷后集二十卷　宋苏轼撰　㉑11
京台**岳氏**　一〇四六（庆历六）年刊新雕诗品三卷　梁锺嵘撰　⑩78
径山**明月堂**　一二五三（宝祐元）年刊大慧普觉禅师年谱一卷　宋释祖咏撰　⑱子965
吉州**周少傅府**　一二〇一（嘉泰元）年刊文苑英华一千卷　宋李昉等撰　⑩82
周必大　一一九六（庆元二）年刊欧阳文忠公集一百五十三卷　宋欧阳修撰　年谱一卷
　宋胡柯撰　附录五卷　⑱集227
周必大　一二〇一—一二〇四（嘉泰元至四）年刊文苑英华一千卷　宋李昉等撰　⑱集1562
周康年　一二四四（淳祐四）年刊千眼千臂观世音菩萨陀罗尼神咒经二卷　唐释智通译　⑱子928
天梯山石窟**周惠海**　一一四〇—一一四四（西夏仁宗）年刊佛母大孔雀明王经　㉖83

杭州净戒院 刊长短经十卷 唐赵蕤撰 ⑩84

净慈寺 一二〇八—一二二四（嘉定）年刊嘉泰普灯录三十卷 宋释正受撰 ⑱子975

京 镗 一一九〇（绍熙元）年在成都郡斋刊能改斋漫录十八卷 宋吴曾撰 ⑩

吴郡郑羽 一二六二（景定三）年刊注苏东坡诗十二卷 宋施元之顾禧注 ⑳36

姑苏郑定 在嘉兴刊重校添注柳文四十五卷外集二卷 ⑩83

新罗院释法新 一〇八四（元丰七）年募刻大方广佛华严经合论一百二十卷 唐李通玄造论 唐释志宁合论 ⑱子936

泳泽书院 一二四六（淳祐六）年刊四书集注十九卷 宋朱熹撰 ⑩74

波阳县署 一二〇八—一二二四（嘉定）年刊鄱阳志三十卷 宋史定之纂修 ㉑14

安吉州宝云院 刊法华文句记三十卷 唐释湛然撰 ⑭子940 作宋刻本

宜春郡庠 一一六〇（绍兴三十）年刊唐卢肇文标集三卷 ⑩71

宜春郡斋 一二一一（嘉定四）年刊唐摭言十五卷 五代王定保撰 ㉑8

宜春郡署 一一六二（绍兴三十二）年刊宜春志十卷 宋李观民修童宗说纂 ㉑8

宜春郡署 一二二〇（嘉定十三）年刊袁州志十二卷 宋滕强恕修林护新等纂 ㉑8

宜春郡署 一二二五—一二二七（宝庆）年刊续修宜春志十卷 宋陈哲夫纂修 ㉑8

宜春郡署 一二三七—一二四〇（嘉熙）年刊续修宜春志四卷 宋郭正己纂修 ㉑8

宜春郡斋 一二一一（嘉定四）年刊唐摭言十五卷 五代王定保撰 ⑩69

宜春郡斋程公许 一二四三（淳祐三）年刊春秋分纪九十卷 宋程公说撰 ⑩70

刘氏学礼堂 一二二三（嘉定十六）年刊履斋示儿编二十三卷 宋孙奕撰 ⑩84

建宁郡斋 一二〇八—一二二四（嘉定）年刊西汉会要七十卷 宋徐天麟撰 ⑱史1115

建宁郡斋 一二二六（宝庆二）年刊东汉会要四十卷 宋徐天麟撰 ⑱史1115

建宁府建安书院 一二六五（咸淳元）年刊晦庵先生朱文公文集一百卷目录二卷续集十一卷别集十卷 宋朱熹撰 ⑱集329

建安漕司 一二一〇（嘉定三）年刊东观馀论二卷 宋黄伯思撰 ⑩62

建安漕司汤汉 一二五九（开庆元）年刊西山先生真文忠公读书记甲集三十七卷乙集十六卷丁集八卷 ⑩62
建安郡斋韩元吉 一一七五（淳熙二）年刊大戴礼记十三卷 ⑩67
建安郡斋叶时 一二二六（宝庆二）年刊类说六十卷 宋曾慥撰 ⑩70
建阳县斋 一二五二（淳祐十二）年刊晦庵先生朱文公易说二十三卷 ⑩73
建阳麻沙书坊 一一五三（绍兴二十三）年刊新雕皇宋事实类苑七十八卷 ⑩85
建阳麻沙书坊 刊论学绳尺十卷 宋魏天应编 ⑩85
建昌南城郡斋 一一九二（绍熙三）年刊历代纪年十卷 宋晁公迈撰 ㉑11
建昌军学 一一六五（乾道元）年刊演山集六十卷 宋黄裳撰黄玠裒辑 ⑩65
建昌军学南丰县主簿林宇冲 一二〇〇（庆元六）年刊乐书二百卷 宋陈旸撰 ⑩65
建康郡斋 一一四八（绍兴十八）年刊花间集十卷 后蜀赵崇祚辑 ⑱集1993
姑苏郡斋王琪 一〇五九（嘉祐四）年刊杜工部集二十卷 唐杜甫撰 ⑩66
姑孰郡斋 一一七〇（乾道六）年刊洪氏集验方五卷 宋洪遵撰 ⑱子203
胡元质**姑孰郡斋** 一一七二（乾道八）年刊两汉博闻十二卷 宋杨侃辑 ⑱史706
绍兴府 一一三九（绍兴九）年刊毛诗正义四十卷 汉毛亨传郑玄笺 唐孔颖达疏 ⑩76
绍兴府 一一六七（乾道三）年刊论衡三十卷 汉王充撰 ⑱子509
绍兴府 一二〇〇（庆元六）年刊春秋左传正义三十六卷 唐孔颖达撰 ⑱经242
绍兴府 一二〇一（嘉泰元）年刊会稽志二十卷 宋施宿撰 ⑩76
绍兴府学 一一六五—一一七三（乾道）年刊诸史提要十五卷 宋钱瑞礼撰 ⑱史692
临安进士**孟琪** 一〇三九（宝元二）年刊唐文粹一百卷 宋姚铉辑 ⑩78

九 画

岳珂相台家塾 刊九经三传 ⑩77
柳州署 一一三四（绍兴四）年刊河东先生集 宋常同李褫编 ㉔497
胡 则 一〇三三（明道二）年刊大悲心陀罗尼经一卷 ⑱子928

胡庆宗季奎　一二六五—一二七〇（咸淳元至六）年募刊佛祖统记五十四卷　宋释志磐撰　⑱子972

荆湖北路安抚使司　一一四八（绍兴十八）年刊建康实录二十卷　唐许嵩撰　⑱史27

荆湖北路茶盐司　一一七七（淳熙四）年刊汉书一百二十卷　汉班固撰唐颜师古注　㉒323

荆湖北路庾司　一〇七二（熙宁五）年刊汉书一百卷　汉班固撰唐颜师古注　㉒323

南剑州州学　一一五七（绍兴二十七）年刊唐史论断三卷　宋孙甫撰　⑩65

南剑州郡斋　一二二七（宝庆三）年刊昌黎先生文集四十卷外集十卷集传一卷遗文一卷　宋朱熹校　⑩70

南剑郡斋叶筠　一二〇五（开禧元）年刊春秋传二十卷　宋叶梦得传　⑩69

南康军　一二二二（嘉定十五）年刊仪礼经传通解续十五卷　宋黄榦撰　⑱经216

南康郡斋朱端章　一一八四（淳熙十一）年刊卫生家宝产科备要八卷　宋朱端章辑　⑱子235

南康郡斋曾集　一一九二（绍熙三）年刊陶渊明集一卷　晋陶潜撰　⑩68

南康道院　一二一七（嘉定十）年刊仪礼经传通解三十七卷　宋朱熹撰　⑱经216

临安府**荣六郎家**　一一五二（绍兴二十二）年刊抱朴子内篇二十卷　晋葛洪撰　⑱子1047

赵与𥲅　一二五七（宝祐五）年刊通鉴纪事本末四十二卷　宋袁枢撰　⑱史189

赵汝砺　一二〇五（开禧元）年刊元丰类稿　宋曾巩撰　㉑10

宋神宗**赵顼**　一〇七二（熙宁五）年令画工摹拓吴道子锺馗像镌板　㊱804

金式**赵善鐻**　一二〇一（嘉泰元）年刊帝王经世图谱十卷　宋唐仲友撰　⑱子800

括苍郡斋　一一七六（淳熙三）年刊尽言集十三卷　宋刘安世撰　⑩68

临川县署　一一七五（淳熙二）年刊临川县志　宋赵善誉纂修　㉑14

临川县署　一二一一（嘉定四）年刊临川县志　宋屠雷发纂修　㉑15

临川县署　一二六〇—一二六四（景定）年刊临川县志三十五卷　宋周彦约纂修　㉑15

临川郡斋詹大和　一一三四（绍兴四）年刊临川集一百卷　宋王安石撰　⑩67

临川郡斋　一二五六（宝祐四）年刊密斋笔记五卷　宋谢采伯撰　⑩71

临汀郡庠　一一六七（乾道三）年刊嵩山文集二十卷　宋晁说之撰　⑩71

临汀郡斋　一一九七（庆元三）年刊使辽语录一卷　宋陈襄撰　⑩68

临江军学 一二三三（绍定六）年刊朱文公校昌黎先生集四十卷 唐韩愈撰宋朱熹考异 ⑱集109

临江军学 一二三四（端平元）年刊春秋集注十一卷纲领一卷 宋张洽撰 ⑩66

临江军库 一二五五（宝祐三）年刊春秋集注十一卷纲领一卷 宋张洽撰 ⑱经268

临汝郡庠 一一六九（乾道五）年刊节孝语录一卷 宋徐积撰 ⑩72

临安府学 一一三九（绍兴九）年刊群经音辨七卷 宋贾昌朝撰 ⑩72

临安府 一一四〇（绍兴十）年刊西汉文类四十卷 宋陶叔献辑 ⑱集1648

临安府金氏 刊甲乙集十卷 晋皇甫谧撰 ⑩86

显圣寺圣寿禅院 一〇七一（熙宁四）年用大藏经板印制藏经 ㊱804

贵溪县学 一一八三（淳熙十）年刊汉隽十卷 宋林钺辑 ㉑13

释思鉴 一一三四（绍兴四）刊景德传灯录三十卷西来年表一卷 宋释道原撰 ⑱子974

思溪法宝资福禅寺 刊思溪资福藏五千七百四十卷 ⑱子884

湖州思溪圆觉禅院 一一三一—一一六二（绍兴）年刊思溪圆觉藏五千四百八十卷 ⑱子884

闽山阮仲猷种德堂 一一七六（淳熙三）年刊春秋经传集解三十卷 晋杜预撰 ⑩88

阮仲猷种德堂 刊杨氏家传方二十卷 宋杨倓撰 ⑩88

秋浦郡斋 一二〇四—一二〇五（嘉泰四至开禧元）年刊晋书一百三十卷 唐房玄龄等撰 ⑱史62

修水县署 一二〇一—一二〇四（嘉泰）年刊修水志十卷 宋徐筠纂修 ㉑13

信州公使库 一一八二（淳熙九）年刊潏水集十六卷 宋李复撰 ⑩64

泉州公使库印书局 一一八三（淳熙十）年刊司马太师温国文正公传家集八十卷 宋司马光撰 ⑩64

泉州州学 一一八一（淳熙八）年刊禹贡论二卷后论一卷山川地理图二卷 宋程大昌撰 ⑱经121

泉州军州学 一一七六（淳熙三）年刊沈忠敏公龟溪集十二卷 宋沈与求撰 ⑩65

泉州府学 一二三四（端平元）年刊心经一卷 宋真德秀撰 ⑩72

泉州郡库 一一八二（淳熙九）年刊潜虚一卷附潜虚发微论一卷 宋司马光撰 ⑩72

泉州郡斋 一二一三（嘉定六）年刊梁溪先生集一百八十卷附录六卷 宋李纲撰 ⑩70

泉南郡庠 一一六六（乾道二）年刊孔氏六帖三十卷 宋孔传辑 ⑱子787

饶州　一一六七（乾道三）年刊范忠宣集　宋范纯仁撰　㉑7

饶州　一一八六（淳熙十三）年刊古灵先生文集　宋陈襄撰　㉑7

吴兴施元之三衢**坐啸斋**　一一七二（乾道八）年刊新仪象法要三卷　宋苏颂撰　⑩79

明庆寺僧**闻恩**　一二六〇（景定元）年刊四分律删繁补阙行事钞三卷　唐释道宣撰　⑱子943

洪遵　一一七三（乾道九）年自刊翰苑群书　宋洪遵辑　⑳35

浔阳郡署　一一七六（淳熙三）年刊浔阳志十二卷　宋曹训修晁百揆纂　㉑5

浔阳郡斋　一二〇〇（庆元六）年刊方言十三卷　原题汉扬雄撰　⑩69

赵善璙**浔阳郡斋**　一二二二（嘉定十五）年刊自警编不分卷　宋赵善璙撰　㉑5

宣州军州学　一一四〇（绍兴十）年刊宛陵集六十卷附录一卷　宋梅尧臣撰　⑩64

宣州郡斋楼炤　一一五八（绍兴二十八）年刊谢宣城集五卷　齐谢朓撰（有明正德六年武功刘绍刻本）　⑩67

祝太傅宅　一二三九（嘉熙三）年刊方舆胜览前集四十三卷后集七卷续集二十卷拾遗一卷　宋祝穆撰　⑩82

眉山　一一四四（绍兴十四）年刊晋书一百卷魏书一百十四卷梁书五十六卷南齐书五十九卷北齐书五十卷周书五十卷陈书三十六卷　⑨善00058

十　画

泰和县署　一一七七（淳熙四）年刊西昌志十卷　宋陈秀实修张可速纂　㉑15

泰和县署　一二〇二（嘉泰二）年刊泰和县志十卷　宋赵汝暮修曾之谨严万全纂　㉑15

桂州　一〇九六（绍圣三）年刊脉经十卷　王叔和著　㉔497

婺州吴宅**桂堂**　刊三苏先生文粹七十卷　宋苏洵苏轼苏辙撰　⑱集1857

王宅**桂堂**　修补重印吴宅桂堂本三苏先生文粹七十卷　宋苏洵苏轼苏辙撰　⑱集1857

张杅**桐川郡斋**　一一七六（淳熙三）年刊史记集解索隐一百三十卷　刘宋裴骃唐司马贞撰　⑱史12

桐川郡斋曾槃　自刊绛帖释文二卷　宋曾槃撰　⑩71

桐江学宫　一二二八（绍定元）年刊开元天宝遗事二卷　五代王仁裕撰　⑩73

桐江郡庠　一二二八（绍定元）年刊老学庵笔记十卷续笔记二卷　宋陆游撰　⑩72

耿　秉 一一八一（淳熙八）年刊史记集解索隐正义一百三十卷 ⑳35

真州郡斋 一二一四（嘉定七）年刊农书三卷 宋陈旉撰 蚕书一卷 宋秦观撰 ⑩70

袁　州 一二四九（淳祐九）年刊昭德先生郡斋读书志四卷后志二卷附志一卷考异一卷宋晁公武撰 ㉑8

袁州军学 一二四三（淳祐三）年刊春秋分纪九十卷 宋程公说撰 ⑩66

袁州军学 萍乡主簿主管学事江泰 刊汉书一百二十卷 汉班固撰 ⑩66

莆田郡斋 一二四九（淳祐九）年刊后村居士集五十卷 宋刘克庄撰 ⑩71

临安府**盐官县** 刊通典二百卷 唐杜祐撰 ⑩77

临安府**贾官人经书铺** 刊妙法莲华经七卷 后秦释鸠摩罗什译 ⑱子910

晏知止 一〇八二（元丰五）年在苏州刊李翰林集 唐李白撰 ㊱804

杭州**晏家** 一〇四二（庆历二）年刊妙法莲华经七卷 后秦释鸠摩罗什译 ⑱子908

杭州**晏家** 一〇六八（熙宁元）年刊妙法莲华经七卷 后秦释鸠摩罗什译 ⑱子908

永州州学教授**钱重** 一一九一（绍熙二）年重刊唐柳先生文集三十二卷外集一卷 ㉒327

杭州**钱家** 一〇六三（嘉祐八）年刊妙法莲华经七卷 后秦释鸠摩罗什译 ⑱子908

积德堂 一二二九（绍定二）年刊慈溪黄氏日抄分类九十七卷 宋黄震撰 ⑱子71

秘书监赵彦若 一〇八四（元丰七）年刊算经十书 ⑱子320

徐琥 一二五七（宝祐五）年重刊皇朝通鉴纪事本末一百五十卷 宋杨仲良撰 ㉑11

馀姚县 一一三二（绍兴二）年刊资治通鉴二百九十四卷 宋司马光撰 ⑩76

杭州钱唐门里车桥南大街**郭宅□铺** 刊寒山拾得诗一卷 ⑩86

高邮军学 一一七三（乾道九）年刊淮海集四十卷后集六卷长短句三卷 宋秦观撰 ⑱集271

高邮军学谢雩 一一九二（绍熙三）年刊淮海集四十卷 宋秦观撰 ⑱集271

高安县斋 一二二一（嘉定十四）年刊范祖禹帝学八卷 ⑩73

高邮郡斋 一一三四（绍兴四）年刊春秋经解十五卷 宋孙觉撰 ⑩67

高邮郡斋汪纲 一二一〇（嘉定三）年刊农书三卷 宋陈旉撰 蚕书一卷 宋秦观撰 ⑩69

益州交子务 一〇二三（天圣元）年正式成立益州交子务刊印官办交子 ㊱802

浙右漕司　刘敏士　刊易数钩隐图三卷附遗论九事一卷　宋刘牧撰　⑩61

浙东庾司　刊桑世昌兰亭考十二卷　⑩61

浙西提刑司　一一七九（淳熙六）年刊作邑自箴十卷　宋李元弼撰　⑩61

浮梁县署　一二七〇（咸淳六）年刊浮梁县志　宋郑兴裔修　㉑13

容州州署　一一三一—一一六二（绍兴）年刊本政书十卷附比较二卷　宋林勋撰　㉔15

十一画

春陵郡库　一一七九（淳熙六）年刊河南程氏文集十卷　⑩64

春陵郡庠　一二四六（淳祐六）年刊程氏遗书二十五卷附一卷外书十二卷　宋程颢程颐撰　㉒328

春陵郡斋　一一二三（宣和五）年刊寇忠愍诗集三卷　宋寇准撰　㉒14

春陵郡斋　一二二〇（嘉定十三）年刊紫岩易传十卷　宋张浚撰　⑩70

吉州东冈刘宅**梅溪书院**　一一八七（淳熙十四）年刊卢溪先生集五十卷　宋王庭珪撰　⑩79

醴州**乾明院**　一一三七（伪齐阜昌八）年刊成唯识论了义灯钞科文三卷　⑱子944

建宁府黄三八郎书铺　一一六五（乾道元）年刊韩非子二十卷　⑩85

建安漕司黄汈　一一五三（绍兴二十三）年刊其父东观馀论不分卷　宋黄伯思撰　⑩62

闽川**黄壮猷**　一二三四—一二三六（端平）年刊诸儒鸣道集七十二卷　⑭

黄　州　一一四七（绍兴十七）年刊王黄州小畜集三十卷　宋王禹偁撰　⑱集189

莆田**黄汝嘉**　一一九九（庆元五）年刊倚松老人文集二卷　宋饶节撰　⑱集276

邵阳**黄沃**　一一九五（庆元元）年刊知稼翁集十二卷　宋黄公度撰　㉒328

黄岩县学　一一七四（淳熙元）年刊横浦心传录三卷横浦日新一卷　宋张九成撰　⑩73

黄　埒　一二三二（绍定五）年刊山谷诗注二十卷　宋黄庭坚撰任渊注　⑱集264

三山**黄唐**　一一九〇—一一九四（绍熙）年在两浙东路茶盐司刊礼记正义七十卷
汉郑玄注唐孔颖达疏　⑱经192

建安**黄善夫宗仁家塾之敬室**　一一九五（庆元元）年刊前汉书一百二十卷　唐班固撰　⑩80

建安**黄善夫家塾** 刊王状元集百家注分类东坡先生诗二十五卷 宋苏轼撰王十明纂集 东坡纪年录一卷 宋傅藻撰 ⑱集244

释梵近梵声 一一五〇（绍兴二十）年刊大方广佛华严经疏六十卷 唐释澄观撰 ⑱子937

盛如杞 一二四六（淳祐六）年重修古文苑二十一卷 宋章樵注 ⑱集1565

雩都县署 一一三四（绍兴四）年刊雩都图经 宋丘钦若纂修 ㉑16

雩都县署 一二三八（嘉熙二）年刊雩都县志 宋周颂纂修 ㉑16

常州军 一二三六（端平三）年刊古文苑二十一卷 宋章樵注 ⑱集1565

鄂州公使库 一一八七（淳熙十四）年刊花间集十卷 蜀赵崇祚辑 ⑩64

西蜀**崔氏书肆** 刊南华真经注二十卷附拾遗一卷 宋王雱撰 ⑩87

崔尚书宅 刊北礀文集十卷 宋释居简撰 ⑱集390

崇仁县署 一二一〇（嘉定三）年刊罗山志六卷诗文四卷 宋李伯醇修罗鉴纂 ㉑15

崇文院 一〇〇〇（咸平三）年刊吴志三十卷 ⑩60

崇文院 一〇二四（天圣二）年刊隋书八十五卷 ⑩60

崇文院 一〇三九（宝元二）年刊贾昌朝群经音辨七卷 ⑩60

伊赓崇阳县斋 一二六九（咸淳五）年刊乖崖先生文集十二卷 宋张咏撰 附录一卷 ⑱集188

婺州义乌酥谿蒋宅**崇知斋** 刊礼记二十卷 汉郑玄注 ⑱经190

象山书院 一一三四（绍兴四）年刊絜斋家塾书钞十二卷 宋袁燮撰 ⑩74

象山军州学 一一八六（淳熙十三）年刊摛文堂集十五卷 宋慕容彦逢撰 ㉔497

象山县学 一一八三（淳熙十）年刊汉隽十卷 宋林钺辑 ⑱史707

象州军州学 一一八六（淳熙十三）年摛文堂集十五卷附录一卷 宋慕容彦逢撰 ⑩65

章贡郡斋 一二一二（嘉定五）年刊容斋随笔十六卷续笔十六卷 宋洪迈撰 ⑱子537

淮东仓司 一二〇一—一二〇四（嘉泰）年刊注东坡先生诗四十二卷 宋施元之顾禧注 ⑱集249

淮安州学 一二六四（景定五）年刊节孝先生集三十卷附录一卷 宋徐积撰 ⑩66

淮南漕廨王大昌 一二一五（嘉定八）年刊钱文子补汉兵志一卷 ⑩63

淮南东路转运司 一二五〇（淳祐十）年刊徐积节孝先生文集三十卷 ⑩62

淮南路转运司 一一三一—一一六二（绍兴）年刊史记集解一百三十卷 刘宋裴骃撰 ⑱史9

寇宅寇约 一一一九（宣和元）年刊本草衍义二十卷 宋寇宗奭撰 ⑩78

绿斐轩 刊新增词林要韵一卷 ⑩87

十二画

汾阳博济堂 一一九五（庆元元）年刊十便良方四十卷 ⑩87

韩仲通 一一六六（乾道二）年在泉州刊孔氏六帖三十卷 宋孔传撰 故宫

葛　诱 一〇一三（大中祥符六）年刊佛说观世音经一卷 ⑱子915

吴县**葛繁** 一〇七六（熙宁九）年刊韦苏州集十卷 唐韦应物撰 ⑳34

惠州军州学 一一五一（绍兴二十一）年刊眉山唐先生文集三十卷 宋唐庚撰 ⑩65

越州读书堂 一二三〇（绍定三）年刊切韵指掌图一卷 题宋司马光撰 ⑱经463

眉山**程舍人宅** 刊东都事略一百三十卷 宋王偁撰 ⑩83

饶州德兴县银山庄溪董应梦**集古堂** 一一六〇（绍兴三十）年刊重广眉山三苏先生文集八十卷 ⑱集1857

舒州公使库 一一七六（淳熙三）年刊大易粹言十二卷 宋曾穜辑 ⑩64

舒州頖宫 一一八〇（淳熙七）年刊独断二卷 汉蔡邕撰 ⑩74

建安曾氏家塾 刊文场资用分门近思录二十卷后录十四卷 ⑩83

曾　集 一一九二（绍熙三）年刊陶渊明诗一卷杂文一卷 晋陶潜撰 ⑱集24

临安府菩提教院释**道谏** 一二一〇（嘉定三）年刊净心戒观发真钞三卷 宋释允堪撰 ⑱子954

湖北茶盐司 一一九六（庆元二）年刊汉书一百二十卷 ⑩62

湖　頖 一二四六（淳祐六）年刊论语集说十卷 宋蔡节撰 ⑱经305

湘阴县斋向文龙 一二六七（咸淳三）年刊朱子楚辞集解八卷辨证二卷后语六卷 宋朱熹撰 ㉒327

温州州学 一一三四（绍兴四）年刊大唐六典注三十卷 唐玄宗李隆基等撰李林甫等注 ⑱史1086

温陵州中和堂胡大正 一一八二（淳熙九）年刊读史管见八十卷 宋胡寅撰 ⑩76

温陵郡庠 一一六八（乾道四）年刊蔡襄忠惠集三十六卷 ⑩71

滁阳郡斋 一一七八（淳熙五）年刊汉隽十卷 宋林钺辑 ⑱史707

滁阳郡斋 一二一一（嘉定四）年刊汉隽十卷 宋林钺辑 ⑱史707

富川学宫 一二三五（端平二）年刊诗传遗说六卷 宋朱鉴辑 ⑩73

登俊斋 一一七六（淳熙三）年刊三苏文粹六十二卷 ⑩79

婺州市门巷唐宅 刊周礼十二卷 汉郑玄注 ⑱经167

婺州州学 一一四七（绍兴十七）年刊古三坟书三卷 ⑱经100

婺州州学教授沈棐 一一四七（绍兴十七）年校刊嘉祐集十六卷 宋苏洵撰 ⑩65

婺州丽泽书院 一二三〇（绍定三）年刊切韵指掌图二卷 宋司马光撰 ⑩74

婺州丽泽书院 刊新唐书略三十五卷 宋吕祖谦撰 ⑩74

婺州郡斋李衡 一一七〇（乾道六）年自刊周易义海撮要十二卷 宋李衡撰 ⑩67

婺州郡斋李埴 一二二九（绍定二）年刊童蒙训三卷 宋吕本中撰 ⑩70

婺源县署 一二六九（咸淳五）年刊星源图志 宋洪从龙修胡升纂 ㉑13

十三画

楼 氏 家刊攻媿先生文集一百二十卷目录五卷 宋楼钥撰 ⑱集342

鄞县頖宫 一二六六（咸淳二）年刊朱子读书法四卷 宋张洪辑 ⑩74

平江府碛砂延圣院 宋元间刊碛砂藏经六千三百六十二卷 ⑱子884

零陵郡庠 一一六五（乾道元）年刊唐柳先生外集一卷 唐柳宗元撰 ⑱集126

麻沙镇南斋虞千里 一一六九（乾道五）年刊王先生十七史蒙求十六卷 宋王令撰 ⑩78

建安虞氏家塾 刊老子道德经二卷 题汉河上公章句 ⑱子1003

建安虞平斋务本书堂 刊增刊校正王状元集注分类东坡先生诗二十五卷 宋苏轼撰王十朋纂集
东坡纪年录一卷 宋傅藻撰 ⑱集245

建宁府麻沙镇虞叔异宅 刊括异志十卷 宋张师正纂 ⑩82

筠阳郡斋苏诩 一一七九（淳熙六）年刊栾城集八十四卷 宋苏辙撰 ⑩68

筠阳郡斋 一二〇一（嘉泰元）年刊宝晋山林集拾遗八卷 宋米芾撰 ⑱集275

筠州郡署 一二一三（嘉定六）年刊瑞州郡县志十九卷 宋周纶修雷孝友纂 ㉑8

鲍澣之 一二一三（嘉定六）年刊孙子算经三卷 唐李淳风等注释 ⑱子320

鲍澣之 刊五曹算经五卷 唐李淳风等注释 数术记遗一卷 题汉徐岳撰北周甄鸾注 ⑱子320

詹大和 一一四〇（绍兴十）年在抚州临川郡斋刊临川集一百卷 宋王安石撰 ㉑10

严陵**詹义民** 一二一二（嘉定五）年刊欧公本末四卷 ⑩84

新安郡斋赵彦卫 一二〇六（开禧二）年自刊云麓漫钞十五卷 宋赵彦卫撰 ⑩69

新安郡斋沈有开 一二〇四（嘉泰四）年刊皇朝文鉴一百五十卷目录三卷 宋吕祖谦辑 ⑱集1688

新安郡斋汪纲 一二二四（嘉定十七）年刊吴越春秋十卷 汉赵煜撰 ⑩70

新安郡斋 一二四〇（嘉熙四）年刊礼记集说一百六十卷统说一卷 宋卫湜撰 ⑱经193

新昌县署 一二二六（宝庆二）年刊新昌图经 宋赵纶纂修 ㉑14

新建县署 一〇二三（天圣元）年刊新建图经 宋余靖纂 ㉑13

新淦县署 一二四七（淳祐七）年刊新淦志 宋高斯从纂修 ㉑16

廉台田家 一一八〇（淳熙七）年刊颜氏家训七卷 ⑩79

陆子遹**溧阳学宫** 一二二〇（嘉定十三）年刊渭南文集五十卷 宋陆游撰 ⑱集355

福州开元寺 一一一二—一一七二（政和二—乾道八）年刊毗卢大藏六千一百十七卷 ⑱子883

福州东禅等觉院 一〇八〇—一一一二（元丰三—政和二）年刊万寿大藏六千四百三十四卷 ⑱子883

福州学官 刊西山先生真文忠公读书记甲集三十七卷乙集下二十二卷丁集二卷 宋真德秀撰 ⑱子65

福州转运司 一一四七（绍兴十七）年刊太平圣惠方一百卷 ⑩62

福建漕治 刊张子语录三卷后录二卷 宋张载撰 ⑱子52

吴坚**福建漕治** 刊龟山先生语录四卷后录二卷 宋杨时撰 ⑱子56

福唐郡庠 一一六七（乾道三）刊汉书一百卷 汉班固撰唐颜师古注 后汉书注一百二十卷 ⑩71

建安江仲达**群玉堂** 刊二十先生回澜文鉴二十卷后集二十卷 宋虞祖南辑虞夔注 ⑱集1691

十四画

静江府 一一七六（淳熙三）年刊三家婚丧祭礼 ㉔497

蔡氏家塾 刊李学士新注孙尚书内简尺牍十六卷 宋孙觌撰李祖尧注 ⑱集310

梅山蔡建侯行父家塾 一一九七（庆元三）年刊陆状元集百家注资治通鉴详节一百二十卷 宋陆唐老编 ⑩80

蔡梦弼东塾望道亭 一一七一（乾道七）年刊史记集解索隐一百三十卷 刘宋裴骃唐司马贞撰 ⑱史12

蔡琪家塾 刊汉书一百卷 汉班固撰唐颜师古集注 ⑱史35

瞿源蔡道潜宅墨宝堂 一一五二（绍兴二十二）年刊管子二十四卷 ⑩78

俞翊鄱阳郡斋 一一六七（乾道三）年刊范文正公集二十卷别集四卷尺牍二卷 宋范仲淹撰 ⑩67

鄱阳郡斋会稽郡斋 一二二三（嘉定十六）年刊唐人万首绝句一百一卷 宋洪迈辑 ⑩70

鄱阳郡署 一二〇八—一二二四（嘉定）年刊饶州志二卷 宋史定之纂修 ㉑7

茶陵谭叔端 刊新刊淮南鸿烈解二十一卷 ⑩84

十五画

蕲春郡庠 一一七六（淳熙三）年刊王著作集八卷 宋王蘋撰 ⑩72

德寿殿 刊刘球隶韵十卷 ⑩61

镇江府 一一七四（淳熙元）年刊镇江志十卷 ⑳29

镇江府学 一一七五（淳熙二）年刊新定三礼图二十卷 宋聂崇义集注 ⑱经211

镇江府学教授李士忱 一二五六（宝祐四）年刊建康实录二十卷 唐许嵩撰 ⑩72

镇江府学 一二六五（咸淳元）年刊说苑二十卷 汉刘向撰 ⑱子37

潭州 刊岳麓书院记 宋张栻撰 ㉒324

潭州州学 一一八一（淳熙八）年刊新书十卷 汉贾谊撰 ⑩65

澂江郡斋 一一六七（乾道三）年刊宣和奉使高丽图经四十卷 宋徐兢撰 ⑩67

潼州转运使 一一八五（淳熙十二）年刊三国志 ⑩62

豫章郡 刊于湖居士文集四十卷 宋张孝祥撰 ㉑5

十六画

薛　旦　一二二五—一二二七（宝庆）年在抚州刊浪语集　宋薛季宣撰　㉑9

衡阳郡斋　一二一八（嘉定十一）年刊致堂读史管见三十卷　宋胡寅撰　①7479

十七画

藏书阁　一二三〇（绍定三）年刊附释文互注礼部韵略五卷韵略条式一卷　⑱经465

建安魏仲立宅　刊新唐书二百二十五卷　宋欧阳修撰　⑩82

建安魏仲举家塾　一二〇〇（庆元六）刊新刊五百家注音辩昌黎先生文集四十卷外集十卷　唐韩愈撰宋魏仲举辑注　序传碑记一卷韩文类谱一卷　宋魏仲举辑　⑱集116

魏克愚　一二五二（淳祐十二）年刊周易要义十卷仪礼要义五十卷礼记要义三十三卷　宋魏了翁撰　⑱经193

建安魏县尉宅　一一九五（庆元元）年刊尚书注疏二十卷　汉孔安国传唐孔颖达疏　故宫

魏　峻　一二四四（淳祐四）年刊张司业集八卷附录一卷　唐张籍撰　⑳36

襄阳郡斋吴琚　一一九〇（绍熙元）年刊襄阳耆旧集一卷　⑩68

十八画

鹭洲书院　刊汉书一百二十卷　汉班固撰　⑩74

二十一画以上

赣州州学张之纲　刊文选注六十卷　唐李善等撰　⑱集1555

赣州赣县　刊佛顶心观世音菩萨大陀罗尼经　㉑16

赣州郡庠陆壑　刊埤雅二十卷　宋陆佃撰　⑩72

赣郡斋　一一六一（绍兴三十一）年刊古灵先生集二十五卷年谱一卷附录一卷　宋陈襄撰陈绍夫辑　⑩67

赣州郡斋　一二一二（嘉定五）年刊容斋随笔十六卷续笔十六卷　宋洪迈撰　㉑12

衢　州　一一三一—一一六二（绍兴）年刊居士集五十卷　宋欧阳修撰　⑱集226

衢州军州学　一一七一（乾道七）年刊五代会要三十卷　宋王溥撰　⑩65

衢州州学　刊三国志六十五卷　晋陈寿撰刘宋裴松之注　⑱史55

衢州学宫 一二四四（淳祐四）年刊六帖补二十卷 宋杨伯岩撰 ⑩73

衢州郡庠赵淇 一二七三（咸淳九）年刊四书集注二十六卷 宋朱熹撰 ⑩72

衢州郡斋游钧 一二四九（淳祐九）年刊郡斋读书志二十卷 宋晁公武撰 ⑩71

瀫山郡斋 刊增广注释音辨唐柳先生集四十三卷别集二卷外集二卷附录一卷 唐柳宗元撰 ⑩67

四、辽金版刻

（一）辽国版刻

大昊天寺 刊印佛经 ㊱231

燕台**大悯忠寺** 刊新雕诸杂赞一卷 ⑱子987

印经院 刊印佛经 ㊱231

冯绍文 一〇二五（太平五）年刊妙法莲华经 后秦释鸠摩罗什译 ⑱子907

辽释**方矩等** 一〇六九（咸雍五）年刊妙法莲华经七卷 后秦释鸠摩罗什译 ⑱子908

燕京**弘法寺** 一〇七一（咸雍七）年刊释摩诃衍论通赞疏十卷通赞疏科三卷 辽释守臻撰 ⑱子951

释**行安等** 一〇七〇（咸雍六）年刊大乘本生心地观经八卷 唐释般若译 ⑱子889

燕京仰山寺前**杨家** 九九〇（统和八）年刊上生经疏科文一卷 辽释诠明撰 ⑱子939

志智和尚 一〇四四（重熙十三）年在燕都刊印藏经 ㊱803

辽比丘尼**灵志** 一〇五九（清宁五）年刊金光明最胜王经十卷 唐释义净译 ⑱子905

范阳书肆 刊印大苏小集 宋苏轼撰 ㊱233

（二）金国版刻

太原府榆次县**小冀村** 一一四九（皇统九）年刊大方广佛华严经合论 ㊱256

马祐颜寿 一一四八（皇统八）年集资刊辽藏 ㊱257

滨都道人**王一兴** 刊栖霞长春子丘神仙磻溪集三卷 金丘处机撰 ㊱261

平水书肆**王文郁** 一二二九（正大六）年刊新刊韵略 ㊱247

王　宾　一一七二（大定十二）年刊道德真经取善集　宋李霖撰　㊱251

王琉辉　刊水云集　金谭处端撰　㊱261

王　鼎　一一七二（大定十二）年在河内刊伤寒论注解十卷　宋成无忌撰　㊱255

中都**天长观**　一一八八（大定二十八）年刊奉诏勒成大金玄都宝藏六千四百五十五卷　㊱809

解州**天宁寺**　一一四九—一一七三（皇统九—大定十三）年刊金藏六千九百馀卷　⑱子884

栖霞太虚观　一二〇八（泰和八）年刊磻溪集　金丘处机撰　㊱261

平水王氏**中和轩**　一二二八（正大五）年刊道德宝章一卷　宋葛长庚撰　⑩89

平阳府　一二〇三（泰和三）年前刊春秋纂例　唐陆淳撰　㊱249

史　馆　一二〇六（泰和六）年刊魏全死节事　金孔元措撰　㊱245

沧州清池县**邢準**　一一八八（大定二十八）年刊新修絫音引证群籍玉篇三十卷　㊱249

曲沃县**吉贽吉用**　刊妙法莲华经七卷　后秦释鸠摩罗什译　⑱子911

百万和尚　一一六六（大定六）年在同州朝邑刊大般若经　㊱256

济南**毕守真**　一一九一（明昌二）年刊黄帝阴符经注　金刘处玄撰　㊱261

太原书坊**刘生**　一一六一—一一八九（大定）年刊伤寒直格　金刘完素撰　㊱255

东莱**刘长生**　一一八八（大定二十八）年募刊重阳全真集　金王嚞撰　㊱261

宁海州灵真子**朱抱一**　一一八三（大定二十三）年刊教化下手迟　㊱261

国子监博士**杨用道**　一一四四（皇统四）年刊附广肘后方　晋葛洪撰金杨用道增修　㊱255

平阳**李子文**　一一八九（大定二十九）年刊重刊增广分门类林杂说十五卷　金王朋寿撰　⑩89

李　彪　一二〇六（泰和六）年刊三昧华鲜经　㊱256

金章宗**完颜璟**　一一九七（承安二）年印无量寿经一万卷　㊱810

完颜璹　一二二四—一二三一（正大）年自刊如庵小藁五卷　㊱246

张　谦　一一九二（明昌三）年刊新刊图解校正地理新书十五卷　⑩89

书轩**陈氏**　一一八六（大定二十六）年刊铜人腧穴针灸图经五卷　宋王惟一撰　⑩89

古泽**陈氏**　一二二二（元光元）年刊杨子法言微旨　金赵秉文撰　㊱251

晋阳威德院僧**明玘** 一一六一—一一八九（大定）年刊华严经 ㊱256

明 昌 刊重校正地理新书十五卷 ⑱子352

国子监 一一五一（天德三）年后，印十七史等并刊苏东坡奏议 ㊱807

济州普照寺僧**知照** 一一八九—一一九五（大定二十九—明昌六）年在京师弘法寺印大藏二藏 ㊱809

莹然子**周至明** 一二二九（正大六）年刊阴符经注 ㊱261

潞州**法珍** 一一七八（大定十八）年印佛经一部 ㊱257

经籍所 一一三〇（天会八）年在平阳正式建立刊印经籍 ㊱806

宁晋**荆氏** 刊泰和律义篇十二篇 ㊱251

汶川**荆珍** 一二一二（崇庆元）年刊崇庆新雕改并五音集韵十五卷 金韩道昭撰 ⑱经468

南京路转运使 一一九九（承安四）年刊旧五代史 宋薛居正撰 ㊱250

碣石**赵衍** 刊李贺歌诗编四卷 ⑩90

赵 统 一一六四（大定四）年刊清凉传、广清凉传、续清凉传 ㊱256

都水监 颁印河防通议 ㊱254

亳社时雍 一一五九（正隆四）年刊道德真经全解 ㊱251

山阳城西庵**高友及妻孟常善** 刊水云集 金谭处端撰 ㊱261

平阳**姬家** 刊印四美图 ㊱247

常彦修宅 一一八五（大定二十五）年前刊两汉策要十二卷 ㊱252

晦明轩张宅 一二〇四（泰和四）年刊经史证类大观本草三十卷 ⑩90

寇昌李守忠 刊妙法莲华经嵒前记 ⑱子942

韩道昭 一二〇八（泰和八）年刊泰和五音新改并类聚四声篇十五卷 ㊱249

韩孝彦韩道明 一二〇一—一二〇八（泰和）年刊重编补添分门字苑撮要 ㊱249

济州普照寺**知照和尚** 一一八九—一一九五（大定二十九—明昌六）年印弘法藏两部 ㊱257

南京路都转运使**梁肃** 一一六九（大定九）年刊贞观政要十卷 ㊱246

嵩州福昌孙夏氏书籍铺 一二一四（贞祐二）年刊经史证类大全本草三十一卷本草衍义二十卷

宋唐慎微寇宗奭撰 ⑩90

権　场 刊印书籍 ㊱253

五、元代版刻（含蒙古）

一　画

一山书堂 一三五二（至正十二）年刊文场备用排字礼部韵注五卷 ⑩108

二　画

丁思敬 一三〇四（大德八）年刊元丰类稿五十卷 宋曾巩撰 续附一卷 ⑱集215

三　画

三山郡庠 一二九七—一三〇七（大德）年刊通志二百卷 宋郑樵撰 ⑱史22

福州路**三山郡庠** 一三二二（至治二）年重刊通志二百卷 ⑩94

杭州路馀杭**大普宁寺** 一二六九—一二八五（至元六—二十二）年刊普宁藏六千十卷 ⑱子884

建安朱氏**与耕堂** 刊续资治通鉴十八卷 宋李焘撰 ⑱史146

万玉堂 一二六八（至元五）年刊分类补注李太白诗二十五卷 宋杨齐贤集注 ⑩106

麻沙**万卷堂** 一三一四（延祐元）年刊孟子集注十四卷 宋朱熹撰 ⑩105

建安**万卷堂** 刊王状元集百家注分类东坡先生诗二十五卷附东坡纪年录一卷 宋王十朋撰 ⑩105

弋阳县学 一三〇六（大德十）年刊北史一百卷 唐李延寿撰 ①56

弋阳县署 刊弋阳县志 元张纯仁纂 ㉑25

上犹县署 一二九七—一三〇七（大德）年刊上犹县志 元黄文杰纂 ㉑27

上饶学 一三〇六（大德十）年刊北史一百卷 唐李延寿撰 ①56

广信书院 一二九九（大德三）年刊稼轩长短句十二卷 宋辛弃疾撰 ⑱集1964

广勤书堂 一三三〇（天历三）年刊新刊王氏脉经十卷 晋王叔和宋林亿等校订 ⑱子190

广勤书堂 刊集千家注分类杜工部诗二十五卷文集二卷 唐杜甫撰宋徐居仁编次黄鹤补注

年谱一卷 宋黄鹤撰 ⑱集69

广德路儒学 一二九七—一三〇七（大德）年刊南史 ㊱297

熊氏卫生堂 刊新编西方子明堂灸经八卷 ⑱子248

茶陵谭氏**小村书塾** 一三一二—一三一三（皇庆）年刊村西西翁诗集六卷文集十卷 元谭京星撰 ㉒328

四 画

丰城县署 一三一八（延祐五）年刊丰水续志六卷 元李肖翁纂 ㉑26

王氏家塾 一三六四（至正二十四）年刊古文会选十卷 元王子与辑 ⑱集1612

王 常 一三〇一（大德五）年刊王荆文公诗五十卷目录三卷 宋王安石撰李壁笺注刘辰翁评点 年谱一卷 宋詹大和撰 ⑱集238

无相禅庵 一三四一（至正元）年刊永嘉真觉大师证道歌一卷 唐释玄觉撰元释法惠注 ⑱子955

无锡州学 一三〇五（大德九）年刊白虎通德论十卷 汉班固撰 ⑱子507

无锡儒学 一三〇七（大德十一）年刊风俗通义十卷附录一卷 汉应邵撰 ⑩92

云庄书堂 刊古今事文类聚前集六十卷后集五十卷续集二十八卷别集三十二卷 宋祝穆辑 新集三十六卷外集十五卷 元富大用辑 ⑱子804

云坡家塾 刊类编层澜文选前集十卷后集十卷续集十卷别集十卷 ⑱集1612

云 谦 一三〇三（大德七）年刊校正刘向说苑二十卷 汉刘向撰 ⑱子37

太平路儒学 一三〇五（大德九）年刊汉书一百卷 汉班固撰唐颜师古注 ⑱史35

太医院 一三〇〇（大德四）年刊圣济总录二百卷 ⑩96

友于书堂 一三三九（至元五）年刊居家必用十卷 ⑱子683

吴氏**友于堂** 刊潜室陈先生木锺集十一卷 宋陈埴撰 ⑱子70

日新书院 一三四二（至正二）年刊增广事联诗学大成三十卷 ⑱子829

日新书堂 一二八一（至元十八）年刊朱文公校昌黎先生文集四十卷外集十卷遗文一卷 唐韩愈撰宋朱熹考异王伯大音释 传一卷 ⑱集110

日新书堂 一三三五（元统三）年刊广韵五卷 宋陈彭年等撰 ⑱经457

日新书堂 一三四一（至正元）年刊朱子成书十卷 元黄瑞节辑 ⑱子63

刘氏**日新书堂** 一三五二（至正十二）年刊诗传通释二十卷纲领一卷外纲领一卷
元刘瑾撰 ⑱经137

日新堂 一三四〇（至元六）年刊揭曼硕诗集三卷 元揭傒斯撰 ⑱集465

日新堂 一三四六（至正六）年刊汉唐事笺对策机要十二卷后集八卷 元朱礼撰 ⑱子830

京兆刘氏**日新堂** 刊唐诗鼓吹十卷 金元好问辑元郝天挺注 ⑱集1663

刘叔简**日新堂** 一三四八（至正八）年刊春秋胡氏传纂疏三十卷 元汪克宽撰 ⑱经273

刘氏**日新堂** 一三四〇（至元六）年刊伯生诗续编三卷 元虞集撰 题叶氏四爱堂诗一卷
元虞集吴全节等撰 ⑱集463

刘氏**日新堂** 一三五六（至正十六）年刊新增说文韵府群玉二十卷 元阴时夫辑阴中夫注 ⑱子823

高氏**日新堂** 一三六六（至正二十六）年刊太平惠民和剂局方十卷 宋陈师文等撰 指南总论
三卷 宋许洪撰 增广和剂局方图经本草药性总论一卷 ⑱子201

燕京**中书侍郎宅** 一二二九（蒙古太宗元）年自刊西游录、心经宗说 元耶律楚材撰 ㊱284

中兴路儒学 一二七九（至元十六）年刊春秋比事二十卷 宋沈棐撰 ⑩91

平水中和轩王宅 一二二八（金正大五）年刊道德宝章一卷 ⑩89

平水中和轩王宅 一三〇六（大德十）年刊新刊韵略五卷 ⑩89

平水中和轩王宅 一三三四（元统二）年刊滏水文集二十卷 金赵秉文撰 ⑩89

魏氏**仁实堂** 一三二四—一三二八（泰定）年刊资治通鉴纲目 ㊱297

释从祥 一二二四（蒙古太祖十九）年刊评唱天童觉和尚颂古从容庵录 元释行秀撰 ㊱284

分宜县署 一三三〇—一三三三（至顺）年刊钤岗新志 元赵瑗纂修 ㉑25

詹光祖**月崖书堂** 一二八七（至元二十四）年刊资治通鉴纲目五十九卷 宋朱熹撰 ⑱史116

京兆路释**文亨** 一二七〇（蒙古至元七）年刊金光明最胜王经十卷 唐释义净译 ⑱子905

邓 珍 一三四〇（后至元六）年刊金匮要略方论三卷 汉张机撰宋林亿校 ㉚92

余氏**双桂书堂** 刊广韵五卷 宋陈彭年等撰 ⑱经457

双桂书堂 一三五一（至正十一）年刊诗集传名物钞音释纂辑二十卷 元罗复撰 ⑱经156

孔 氏 一二四二（蒙古乃马贞后元）年刊孔氏祖庭广记十二卷 金孔元措撰 ⑱史578

五 画

玉山县学 一三〇六（大德十）年刊北史一百卷 唐李延寿撰 ⑩92

建安**玉融书堂** 一三五七（至正十七）年刊阴阳备用选择成书十二卷 ⑩

释**正传弥满** 刊镡津文集二十卷 宋释契嵩撰 ⑱集205

茶陵东山陈氏**古迂书院** 一二九九（大德三）年刊增补六臣注文选六十卷 唐李善等撰 ⑱集1555

茶陵东山陈仁子**古迂书院** 刊文选补遗四十卷 宋陈仁子辑 ⑩96

庐陵胡氏**古林书堂** 一二七九（至元十六）年刊增广太平惠民和剂局方十卷指南总论三卷图经本章一卷 宋陈师文许洪撰 ⑩106

胡葛节**古林书堂** 一三三九（至元五）年刊新刊补注释文黄帝内经素问十二卷 唐王冰注 宋林亿等校正孙兆改误 ⑱子176

京兆府**龙兴院** 一二五六—一二五八（蒙古宪宗六—八）年刊大方广佛华严经八十卷 唐释实叉难陀译 ⑱子897

龙昌路学 刊晋书 ㊱297

龙兴路儒学 一三二四（泰定元）年刊唐律疏议三十卷 唐长孙无忌等撰 ⑩92

平江路 一三二八—一三三〇（天历）年刊玉灵聚义五卷 元陆森撰 ⑱子362

平江路儒学 一三六五（至正二十五）年刊战国策十卷 宋鲍彪校注元吴师道补正 ⑱史215

茶陵陈仁子**东山书院** 一三〇五（大德九）年刊古迂陈氏家藏梦溪笔谈二十六卷 宋沈括撰 ⑱子524

三衢石林**叶敦** 一三四三（至正三）年刊新刊冷斋夜话十卷 宋释惠洪撰 ⑩108

丛桂堂 一三六二（至正二十二）年刊通鉴续编二十四卷 元陈桱撰 ⑩100

甘谷银川堡**令狐聪** 刊阿毗达磨集异门足论 ㉖81

建安虞平斋**务本书堂** 刊增刊校正王状元集注分类东坡先生诗二十五卷 宋王十朋注 ⑩109

建安虞氏**务本书堂** 一三二七（泰定四）年刊新编四书待问二十二卷 元肖镒撰 ⑩109

虞氏务本堂　一三四一（至正元）年刊赵子昂诗集七卷　元赵孟頫撰　⑱集440

虞氏务本堂　一三四六（至正六）年刊周易程朱传义音训十卷　宋吕祖谦音训　易图一卷　宋朱熹撰　⑱经53

乐平州　一三一四—一三二〇（延祐）年刊文献通考三百四十八卷　元马端临撰　㊱298

乐安县署　一三三八（至元四）年刊乐安县志　元夔理溥化修李肃纂　㉑26

处州路儒学**冯德秀**　一三〇三（大德七）年重修真文忠公续文章正宗二十卷　宋真德秀辑　⑱集1608

宁国路儒学　一三〇五（大德九）年刊后汉书九十卷志三十卷　刘宋范晔晋司马彪撰　⑱史48

宁国路儒学　一三二五（泰定二）年刊隶释二十七卷隶续七卷　宋洪适撰　⑩92

六　画

潘屏山**圭山书院**　一三四七（至正七）年刊集千家注分类杜工部诗二十五卷　唐杜甫撰宋徐居仁编次　年谱一卷　宋黄鹤撰　⑱集69

吉水郡庠　刊申斋刘先生文集十五卷　元刘岳申撰　㉑27

西园余氏　一三六五（至正二十五）年刊伤寒论注解十卷图解一卷　金成无己撰　⑱子194

西园精舍　一三六四（至正二十四）年刊诗苑珠丛三十卷　元仇舜臣撰　⑩102

西湖书院　一二九一（至元二十八）年由宋国子监改建而成开始刻书　㊱289

西湖书院　一三二四（泰定元）年刊文献通考三百四十八卷　元马端临撰　⑱史1111

西湖书院余谦　一三三九（至元五）年刊文献通考三百四十八卷　元马端临撰　⑩95

西湖书院　一三六三（至正二十三）年刊金陀粹编二十八卷续编三十卷　宋岳珂撰　⑩96

西湖书院　一三三五—一三六八（至元至至正）年刊国朝文类七十卷目录三卷　元苏天爵撰　⑱集1702

俞琰**存存斋**　一三四八（至正八）年自刊周易集说十卷　宋俞琰撰　⑩99

平阳张**存惠堂**　一二五三（蒙古宪宗三）年刊通鉴节要　元戈唐佐撰　㊱286

平阳张**存惠堂**　一二六四（至元元）年刊经史证类大观本草三十卷　⑩104

严氏**存耕堂**　刊和剂局方图注本草药性歌括总论四卷　⑩100

扬州路儒学　一三三九（至元五）年刊石田先生文集十五卷　元马祖常撰　附录一卷　⑱集460

姑苏**师子林** 一三四一—一三六八（至正）年刊大佛顶如来密因修证了义诸菩萨万行首楞严经十卷 唐释般剌密帝译 ⑭

郑玉**师山书院** 自刊春秋经传阙疑四十五卷 元郑玉撰 ⑩97

范氏褒贤世家家塾**岁寒堂** 一三二八—一三六八（天历至至正）年刊范文正公集二十卷别集四卷政府奏议二卷尺牍三卷 宋范仲淹撰 遗文一卷 宋范纯仁范纯粹撰 年谱一卷 宋楼钥撰 年谱补遗一卷祭文一卷诸贤赞颂论疏一卷论颂一卷诗颂一卷朝廷优崇一卷言行拾遗事录四卷鄱阳遗事录一卷遗迹一卷褒贤祠记二卷义庄规矩一卷 ⑱集199

范氏褒贤世家**岁寒堂** 一三三四（元统二）年刊范文正公政府奏议二卷 宋范仲淹撰 ⑱史357

范文英**岁寒堂** 一三四一（至正元）年刊宋范文正公尺牍三卷 宋范仲淹撰 ①8716

建安**同文堂** 一三五一（至正十一）年刊四书经疑问对八卷 元董彝撰 ⑱经327

竹坪书堂 一三四九（至正九）年刊周易程朱先生传义附录二十卷 宋董楷撰 程子上下篇易义一卷朱子图说一卷周易五赞一卷筮仪一卷 宋朱熹撰 ⑱经53

朱元祐 一三六三（至正二十三）年刊鄂国金佗稡编二十八卷续编三十卷 宋岳珂辑 ⑱史472

麻沙刘通判宅**仰高堂** 刊纂图分门类题注荀子二十卷 宋刘旦校 ⑩100

龙兴院释**行演** 一二六〇（中统元）年刊大乘本生心地观经八卷 唐释般若译 ⑱子889

广福大师**全喜祥** 刊北山录注十卷 宋释慧宝撰 注解随函二卷 宋释德珪撰 ⑱子987

云衢**会文堂** 一三〇八（至大元）年刊集千家注批点杜工部诗集二十卷文集二卷附录一卷 ⑩105

云衢**会文堂** 一三三五（元统三）年刊文场备用排字礼部韵注五卷 宋毛晃增住 ⑩105

金溪**危氏家塾** 一三三七（至元三）年刊云林集诗稿二卷 元危素撰 ㉑29

冲和书堂 刊唐诗鼓吹十卷 金元好问辑郝天挺注 ⑱集1663

书林**刘克常** 一三六七（至正二十七）年刊新笺决科古今源流至论前集十卷后集十卷续集十卷 宋林駉撰 别集十卷 宋黄履翁撰 ⑱子816

建安**刘承父** 刊续添是斋百一选方二十卷 ⑩101

刘祥卿家 一三六七（至正二十七）年刊新编孔子家语句解十卷 ⑱子22

平水**刘敏仲** 刊尚书注疏二十卷 ㊱287

建安书林**刘锦文** 一三四七（至正七）年刊诗经疑问七卷 元朱倬撰 附编一卷 元赵悳撰 ⑱经137

刘震卿 一三〇六（大德十）年刊汉书一百二十卷 汉班固撰 ⑩102

建宁路瓯宁县书市**刘衡甫** 一三四九（至正九）年刊联新事备诗学大成三十卷 元林桢撰 ⑱子829

建阳**刘氏书肆** 一三六三（至正二十三）年刊楚国文宪公雪楼程先生文集三十卷附录一卷 ⑩109

唐氏齐芳堂 刊尚书表注二卷 宋金履祥撰 ⑩100

庆元路儒学 一三二五（泰定二）年刊困学纪闻二十卷 宋王应麟撰 ⑱子611

庆元路儒学 一三四〇（至元六）年刊玉海二百卷辞学指南四卷诗考一卷诗地理考六卷汉艺文志考证十卷通鉴地理通释十四卷汉制考四卷践阼篇集解一卷周易郑康成注一卷姓氏急救篇二卷急救篇补注四卷周书王会补注一卷小学绀珠十卷六经天文篇二卷通鉴答问五卷 宋王应麟撰 ⑱子818

江北淮东道本路儒学 一三四六（至正六）年刊勤斋集八卷 元萧𣂏撰 ⑩93

江西行中书省 一三一八（延祐五）年刊陵川集三十九卷 元郝经撰 ㉑22

江西行中书省 一三二一（至治元）年刊秋涧先生全集五十卷 元王恽撰 ㉑22

江西行中书省 一三四五（至正五）年刊辽史一百六十卷 元脱脱等撰 ㉑22

江西官医提举司 一三四四（至元五）年刊世医得效方二十卷 元危亦林撰 ⑩96

江南西路 一三三九（至元五）年刊战国策十卷 汉刘向辑 ㉑23

江浙行省儒学 一三〇八（至大元）年刊六书统二十卷 元杨桓撰 ⑱经437

江浙等处行中书省 一二九九（大德三）年刊大德重校圣济总录二百卷 ⑱子203

江浙等处行中书省 一三四五（至正五）年刊金史一百三十五卷目录二卷 元脱脱等撰 ⑱史84

江浙等处儒学 一三三五（元统三）年重修宋版通典二百卷 唐杜佑撰 ⑱史1107

江浙儒学 一三六五（至正二十五）年刊礼经会元四卷 宋叶时撰 ⑩93

江浙省本路儒学 一三四八（至正八）年刊燕石集十五卷 元宋褧撰 ⑩93

池州路儒学 一三〇六（大德十）年刊三国志六十五卷 晋陈寿撰刘宋裴松之注 ⑱史56

兴文署 一二九〇（至元二十七）年刊资治通鉴二百九十四卷 宋司马光撰 ⑩91

妃仙**兴庆书堂**一三六一（至正二十一）年刊增修互注礼部韵略五卷 宋毛晃增注毛居正重增 ⑱经466

庐陵**兴贤书院** 一二八三（至元二十）年刊滹南遗老集四十五卷 元王若虚撰 ⑩94

平水**许宅** 一三〇六（大德十）年刊重修政和经史类证备用本草三十卷 ⑩98

孙存吾**如山家塾** 刊皇元风雅 元孙存吾撰 ㊱305

吴志淳**好古斋** 一三四六（至正六）年刊复古编二卷 宋张有撰 ⑱经432

盱南**孙氏** 一三六七（至正二十七）年刊详音句读明本大字毛诗四卷 ⑱经127

七 画

詹氏**进德书堂** 刊大广益会玉篇三十卷 宋陈彭年等重修 玉篇广韵指南一卷 ⑱经426

平水曹氏**进德斋** 一二九九（大德三）年刊雅尔注三卷 晋郭璞撰 ⑩99

曹氏**进德斋** 一三一〇（至大三）年刊中州集十卷 金元好问辑 ⑱集1692

杭州众安桥**杨家经坊** 刊金刚般若波罗蜜经一卷 后秦释鸠摩罗什译 ④10429

苍岩书院 一三二四（泰定元）年刊标题句解孔子家语三卷 魏王肃注 ⑩95

苏天爵 一三四九（至正九）年刊两汉诏令二十三卷 宋林虙楼昉辑 ⑱史334

孝永堂 一三〇四（大德八）年刊伤寒论注解十卷 汉张机撰金成无己注 ⑩99

李怀素 一三一九（延祐六）年刊知常先生云山集五卷 元姬志真撰 ①8731

李　璋 刊九经 ㊱295

余彦国**励贤堂** 刊新编类要图注本草四十二卷序例五卷目录一卷 ⑩100

抚州路儒学 一三四五（至正五）年刊雍虞先生道园类稿五十卷 元虞集撰 ⑱集461

吴中休休庵 一二九〇（至元二十七）年刊六祖大师法宝坛经一卷 唐释法海等辑 附一卷 ⑱子959

吴尚等 一三三四（元统二）年刊礼记纂言三十六卷 元吴澄撰 ⑱经193

吴郡庠 一三六三（至正二十三）年刊通鉴总类二十卷 宋沈枢撰 ①5123

秀岩书堂 一三六六（至正二十六）年募刊增修互注礼部韵略五卷 ⑩108
何士清 一二九六（元贞二）年刊太上感应篇八卷 宋李昌龄传郑清之赞 ⑱子1058
余 卓 刊诚斋四六发遣膏馥十卷 题宋杨万里撰周公恕辑 ⑱子801
余 谦 一三三五—一三四〇（后至元）年重刊文献通考三百四十八卷 元马端临撰 ⑱史1111
建安**余氏** 刊琼琯白玉蟾武夷集八卷 宋葛长庚撰 ①4187
西园**余氏** 一三六五（至正二十五）年刊伤寒论注解十卷图解一卷 金成无己撰 ⑱子194
龟山书院 一三三三（元统元）年刊道命录十卷 宋李心传撰 ⑩95
庐陵学官 一三〇七（大德十一）年刊东谷郑先生易翼传二卷 宋郑汝谐撰 ⑱经57
杭州书棚南经坊**沈二郎** 刊妙法莲华经七卷 后秦释鸠摩罗什译 ㊱289
杭州睦亲坊**沈八郎** 刊妙法莲华经七卷 后秦释鸠摩罗什译 ⑱子911
沈伯玉家塾 一三三九（至元五）年刊松雪斋文集十卷外集一卷 元赵孟頫撰 ⑱集439
宋德方 一二三七—一二四四（蒙古太宗九—乃马真后三）年刊太清风露经一卷题无住真人撰 ⑱子1062
池州路**张伯颜** 刊文选注六十卷 梁萧统辑唐李善注 ⑱集1549
历亭州将**张晋亨** 一二五五（蒙古宪宗五）年刊陆氏通鉴详节 ㊱297
张 氏 一三二三（至治三）年刊宋季三朝政要六卷 ⑱史155
云衢**张氏** 刊续资治通鉴前集十八卷 题宋李焘撰 后集十五卷 宋刘时举撰 ⑱史146
陈仁子 一二九七—一三〇七（大德）年刊说苑二十卷 汉刘向撰 ⑱子37
陈仁子东山书院 一三〇五（大德九）年刊古迂陈氏家藏梦溪笔谈二十六卷 宋沈括撰 ⑱子524
茶陵古迂**陈氏家塾** 刊尹文子二卷 周尹文撰 ㉒325
妃仙**陈氏书堂** 刊伤寒直格三卷后集一卷续集一卷别集一卷 原题金刘完素撰 ⑩107
建宁路官医提领**陈志** 一三四五（至正五）年刊世医得效方二十卷 元危亦林辑 ⑱子207
陈忠甫宅 一三三〇（天历三）年刊楚辞朱子集注八卷辨证二卷后语六卷 ⑩98
建阳后山报恩万寿堂**陈觉琳** 一三一五（延祐二）年刊毗卢大藏经六千一百十七卷 ⑱子884
甬东家塾 一三三五（元统三）年刊程氏读书分年日程三卷 元程端礼撰 ⑱子72

八画

熊禾**武夷书堂** 一二八九（至元二十六）年刊易学启蒙通释二卷 宋胡方平撰 ⑩100

武昌路儒学 一三一三（皇庆二）年刊大易缉说十卷 元王申子撰 ⑩92

庐陵**武溪书院** 一三二六（泰定三）年刊新编古今事文类聚前集六十卷后集五十卷续集二十八卷别集三十二卷 宋祝穆辑 新集三十六卷外集十五卷 元富大用辑 ⑱子804

杭　州 一三〇四（大德八）年刊平宋录 ㊱298

杭州路儒学 一三二四（泰定元）年刊五服图解一卷 元龚端礼撰 ⑱经219

杭州路儒学 一三四六（至正六）年刊宋史四百九十六卷 元脱脱撰 ⑩93

耶律楚材 一二三四（蒙古太宗六）年刊释氏新闻 释行秀撰 ㊱284

释苑吉祥 一二九七（大德元）年印普宁藏三十部 陕西法门寺

释苾蒭 一三一六（延祐三）年刊景德传灯录三十卷西来年表一卷 宋释道原撰 ⑱子975

沈氏尚德堂 一三六二（至正二十二）年刊四书集注十九卷 宋朱熹撰 ⑱经319

上虞咏泽书院 一三四一—一三六八（至正）年刊四书集注 宋朱熹撰 ㊱295

虞氏明复斋 一三五一（至正十一）年刊春秋诸传会通二十四卷 元李廉撰 ①7883

释明瑞 一三三五（元统三）年募刊天目中峰和尚广录三十卷 元释明本撰 ⑱子966

罗光夫 一二五五（蒙古宪宗五）年刊大方广佛华严经八十卷 唐释实叉难陀译 ⑱子896

罗祖禹 刊诗经旁注四卷 ⑱经138

罗　氏 刊魁本大字详音句读孟子二卷 ①7305

国子监 一三一六（元祐三）年刊伤寒论十卷 汉张机撰 ⑩91

金伯祥 一三五四（至正十四）年刊道园遗稿六卷 元虞集撰 ⑱集462

释念常 一三四七（至正七年）年募刊佛祖历代通载二十二卷 元释念常撰 ⑱子972

闻德坊**周家书肆** 元初刊丙子学易编一卷 宋李心传撰 ⑩109

建安**郑明德宅** 一三二八（天历元）年刊礼记集说十六卷 元陈澔撰 ⑱经194

析城郑氏家塾 一二四七（蒙古定宗二）年刊析城郑氏家塾重校三礼图集注二十卷 宋聂崇义撰 ⑱经211

建安郑氏 刊大广益会玉篇三十卷新编正误足注玉篇广韵指南一卷 ⑱经426

释宝生 一三六五（至正二十五）年募刊景德传灯录三十卷 宋释道原撰 ⑱子975

宗文书院 一三〇二（大德六）年刊经史证类大观本草三十一卷 宋唐慎微撰 本草衍义二十卷 宋寇宗奭撰 ⑱子183

建安宗文书堂郑天泽 刊太平惠民和剂局方十卷 宋陈师文等撰 指南总论三卷 宋许洪撰 ⑱子201

宗文堂 一三三〇（至顺元）年刊静修先生文集二十二卷 元刘因撰 ⑱集444

宜丰县署 一三一四—一三二〇（延祐）年刊新昌州志 元马嗣良纂修 ㉑26

刘氏学礼堂 刊新刊履斋示儿编二十三卷 宋孙奕撰 ⑱子609

汪氏诚意斋集书堂 刊增刊校正王状元集注分类东坡先生诗集三十二卷纪年录一卷 宋王十朋撰 ⑩100

建宁路官医提领 一三三九（至元五）年刊世医得效方二十卷目录一卷 ⑩96

建宁路建安书院 一三五一（至正十一）年刊蜀汉本末三卷 元赵居信撰 ⑱史143

李氏建安书堂 一三三六（至元二）年刊皇元风雅后集六卷 元孙存吾辑 ⑱集1696

詹氏建阳书院 一二九七—一三〇七（大德）年刊古今源流至论前集十卷后集十卷续集十卷 别集十卷 宋林駉撰 ⑩97

建康路儒学 一三〇五（大德九）年刊唐书二百二十五卷 宋欧阳修宋祁等撰 释音二十五卷宋董冲撰 ⑱史75

居敬书堂 一三四二（至正二）年刊周易程朱先生传义附录二十卷 宋董楷撰 程子上下篇义一卷 宋程颐撰 朱子易图说一卷周易五赞一卷筮仪一卷 宋朱熹撰董楷辑 ⑱经53

绍兴路 一二六四（至正元）年补刊论衡三十卷 汉王充撰 ㊱301

绍兴路儒学 一三〇六（大德十）年刊吴越春秋十卷 汉赵晔撰元许天祐音注 ⑱史218

经籍所 一二三六（蒙古太宗八）年设于平阳负责出版书籍 ㊱285

九 画

相台岳氏荆谿家塾 刊周易九卷略例一卷 ⑱经41

岳氏荆谿家塾　刊春秋经传集解三十卷　晋杜预撰唐陆德明释文　春秋名号归一图二卷　蜀冯继先撰　年表一卷　⑱经240

南山书院　一三六六（至正二十六）年刊广韵五卷　⑱经457

南丰县署　一三〇〇（大德四）年刊南丰郡志十五卷　元李彝修刘埙纂　㉑26

南安路　一二九七—一三〇七（大德）年刊南安郡志　元黄文杰纂　㉑24

叶辰南阜书堂　一三二〇（延祐七）年刊东坡乐府二卷　宋苏轼撰　⑱集1958

南京路转运使　一三二五（泰定二）年刊贞观政要十卷　唐吴兢撰　⑩92

南　城　一三六七（至正二十七）年刊详音句读明本大字毛诗四卷　㉑26

麻沙刘氏**南涧书堂**　刊书集传六卷　宋蔡沈撰　⑩108

虞氏南溪精舍明复斋　一三五一（至正十一）年刊春秋诸传会通二十四卷　元李廉撰　⑩98

龙山**赵氏国宝**　一三一〇（至大三）年刊中州集十卷　金元好问辑　⑩102

赵　衍　一二五六（蒙古宪宗六）年刊歌诗编四卷　唐李贺撰　⑱集101

临川路　刊金陵新志十五卷　元张铉撰　⑩93

临江路儒学　一三一四（延祐元）年刊春秋集传二十二卷　宋张洽撰　⑩92

抚州路**临汝书院**　一三〇七（大德十一）年刊通典二百卷　唐杜佑撰　⑩96

贵溪县学　一三〇六（大德十）年刊北史一百卷　唐李延寿撰　①56

贵溪县署　一三一二（皇庆元）年刊龙虎山志三卷　元元明善纂　㉑25

赵氏钟秀家塾　一三二一（至治元）年刊少微家塾点校附音通鉴节要五十六卷外纪四卷　宋江贽撰　⑱史111

种善堂　一三一六（延祐三）年刊说文解字韵谱五卷　南唐徐锴撰　⑱经407

复古堂　一三三七（后至元三）年刊李长吉歌诗四卷外集一卷　唐李贺撰　⑩100

信州路儒学　一三〇六（大德十）年刊北史一百卷　唐李延寿撰　⑱史24

平阳道参幕**段子成**　一二六一（中统二）年刊史记集解索隐一百三十卷　刘宋裴骃唐司马贞撰　⑱史12

饶州路儒学　一二九七—一三〇七（大德）年刊史记集解索隐一百三十卷　刘宋裴骃唐司马贞撰　⑱史13

饶州路儒学　一三一四—一三二〇（延祐）年刊文献通考三百四十八卷　元马端临撰　㉑24

饶州路儒学　一三四三（至正三）年刊金石例十卷　元潘昂霄撰　⑩93

燕山窦氏活剂堂 一三一一（至大四）年刊黄帝明堂针灸经一卷伤寒百证经络图九卷 元窦桂芳编 ⑩104

燕山活济堂 一三一一（至大四）年刊针灸四书九卷 ⑱子247

屏山书院 一三六〇（至正二十）年刊方是闲居士小藁二卷 宋刘学箕撰 ⑱集374

姚陈道荣 一三四六（至正六）年印妙法莲华经七卷 后秦释鸠摩罗什译 ⑱子911

十 画

秦升家塾 刊化书六卷 五代谭峭撰 ⑱子519

庐陵泰宇书堂 一三四三（至正三）年刊增修妙选群英草堂诗馀二卷（前集卷上后集卷下） ⑩107

茶陵桂山书院 刊孔丛子七卷 汉孔鲋撰 ㉒325

都　璋 一三五二（至正十二）年刊朱文公大同集十卷 宋朱熹撰陈利用辑 年谱一卷 元都璋撰 ⑱集330

顾　逖 一三六一（至正二十一）年刊通鉴续编二十四卷 明陈桱撰 ⑱史125

嘉兴路顾逢祥 一三三一（至顺二）年刊妙法莲华经七卷 后秦释鸠摩罗什译 ⑱子911

圆沙书院 一三二五（泰定二）年刊广韵五卷 宋陈彭年等撰 ⑩95

圆沙书院 一三一七（延祐四）年刊新笺决科古今源流至论前集十卷后集十卷续集十卷 宋林駉撰 别集十卷 宋黄履翁撰 ⑱子815

铅山州 一二九七—一三〇九（大德）年刊十七史 ㊱296

积庆堂 刊集千家注分类杜工部诗二十五卷 宋徐居仁编次黄鹤补注 ⑱集69

郑氏积诚堂 一三四〇（后至元六）年刊纂图增新群书类要事林广记十集二十卷 宋陈元靓辑 ⑱子815

积德书堂 一三四九（至正九）年刊周易传六卷 宋程颐撰 ①7257

徐达左 一三六一（至正二十一）年刊传道四子书八卷 ⑳44

建安陈氏馀庆堂 一三一二（皇庆元）年刊宋季三朝政要六卷 ⑱史154

陈氏馀庆堂 刊续资治通鉴十八卷 题宋李焘撰 ⑱史145

周氏留耕书堂 刊资治通鉴纲目五十九卷 宋朱熹撰 ⑱史116

陈氏留畊书堂 刊太平惠民和剂局方十卷 宋陈师文等撰 ⑱子202

建安双璧陈氏留耕堂 刊太平惠民和剂局方十卷 宋陈师文等校正 ㉚215

高仲文 一三四一（至正元）年刊文章正宗二十四卷 宋真德秀辑 ⑱集1606

高德基 一三五五（至正十五）年刊说文字原一卷 元周伯琦撰 ⑱经438

孙存吾**益友书堂** 一三四〇（至元六）年刊范德机诗集七卷 元范梈撰 ⑱集463

浦江学官 一三五〇（至正十）年刊柳待制文集二十卷标目二卷 元柳贯撰 附录一卷 ⑱集471

浙西路 一三二七（泰定四）年刊十三经 ㊱294

浙省本路儒学 一三四八（至正八）年刊燕石集十五卷 元宋褧撰 ⑩93

大明禅寺释**海岛** 一三四二（至正二）年刊天童觉和尚颂古一卷 宋释法润等辑 ①945

释海德 一三三八（后至元四）年刊慈悲道场忏法十卷 ⑱子993

浮梁县署 一三二三（至治三）年刊浮梁州志 元段廷珪修臧廷凤纂 ㉑25

读书堂 刊新刊黄帝内经素问二十四卷 唐王冰注宋林亿等校正孙兆改误 亡篇一卷 ⑱子176

俞氏**读易楼** 一三四九（至正九）年刊周易集说□□卷 宋俞琰撰 ⑱经58

十一画

蔡氏梅轩 一三四〇（至元六）年刊诗学集成押韵渊海二十卷 元严毅辑 ⑱子830

梅隐书堂 一三五二（至正十二）年刊魁本大字详音句读周易二卷 ⑱经39

梅隐书堂 一二八九（至元二十四）年刊明州本排字九经直音二卷 ⑩106

平江路天心桥南刘氏**梅溪书院** 一三〇七（大德十一）年刊校正千金翼方三十卷目录一卷 唐孙思邈撰 ⑩94

梅溪书院 一三二四（泰定元）年刊类编标注文公先生经济文衡前集二十五卷后集二十五卷 续集二十二卷 宋滕珙集 ⑱子61

梅溪书院 一三三四（元统二）年刊韵府群玉二十卷 元阴时夫辑阴中夫注 ⑱子822

建阳张氏**梅溪书院** 刊皇元风雅三十卷 元蒋易辑 ⑱集1697

曹复亨 一三三八（至元四）年刊汉泉曹文贞公诗集十卷 元曹伯启撰 后录一卷 ⑱集451

雪窗书院 刊尔雅注三卷 晋郭璞撰 ⑱经378

方回**虚谷书院** 一二九九（大德三）年刊筠溪牧潜集七类不分卷　⑩96

张存惠**晦明轩** 一二四九（蒙古定宗四）年刊重修政和经史证类备用本草三十卷 宋唐慎微撰寇宗奭衍义　⑱子183

张宅**晦明轩** 一二五三（蒙古宪宗三）年刊增节标目音注精义资治通鉴一百二十卷 宋吕祖谦辑　⑱史114

崇川书府 一三五一（至正十一）年刊春秋诸传会通二十四卷 元李廉撰　⑩100

崇仁县署 一三二九（天历二）年刊罗山志补四卷 元吴宝翁纂　㉑26

崇桂堂 一三六二（至正二十二）年刊通鉴续编　㊱298

安都郡彭寅翁**崇道精舍** 一二八八（至元二十五）年刊史记集解索隐正义一百三十卷　⑱史14

敏德书堂 一三二六（泰定三）年刊直音傍训周易句解十卷 元朱祖义撰　⑩107

敏德书堂 一三三〇（至顺元）年刊广韵五卷 宋陈彭年等撰　⑩107

敏德书堂 刊直音傍训尚书句解十三卷 元朱祖义撰　⑱经110

象山书院 一三〇六（大德十）年刊北史一百卷 唐李延寿撰　①56

休宁**商山义塾** 一三六四（至正二十四）年刊春秋师说三卷附录二卷 元赵汸撰 春秋属辞十五卷春秋左氏传补注十卷 元赵汸撰　⑱经272

杨氏**清江书堂** 一三四一—一三六八（至正）年刊通鉴纲目大全五十九卷　㊱298

平阳府**梁宅** 一二九六（元贞二）年刊论语注疏二十卷　⑩97

隆兴路儒学 一三二四（泰定元）年刊唐律疏议三十卷 唐长孙无忌等撰　㉑23

十二画

塔伦 一三四六（至正六）年刊金刚般若波罗蜜经一卷 后秦释鸠摩罗什译　⑱子892

丰城**揭恭** 一三四九（至正九）年刊春秋诸传会通二十四卷 元李廉编　⑪NC0691/4403

傅子安 一三三六（至元二）年刊楚辞集注八卷辩证二卷后语六卷 宋朱熹撰　⑱集5

集庆路儒学 一二九七—一三〇七（大德）年刊十七史　㊱297

集庆路儒学 一三三三（至顺四）年刊修词鉴衡二卷 元王构辑　⑱集1883

集庆路儒学 一三四一（至正元）年刊乐府诗集一百卷目录二卷 宋郭茂倩辑　⑱集1571

平水高昂霄尊贤堂 一三一三（皇庆二）年刊河汾诸老诗集八卷 元房祺辑 ⑩99

道一书院 一三〇六（大德十）年刊北史一百卷 唐李延寿撰 ⑩92

湖广官医提举 一三〇六（大德十）年刊风科集验名方二十八卷 ⑩96

温　州 一三一八（延祐五）年刊四书集注 宋朱熹撰 ㊱295

谢　池 一三四九（至正九）年刊晦庵先生朱文公行状二卷 ⑱史473

婺源路儒学 一三三七（后至元三）年刊论孟集注考证十卷 宋金履祥撰 ⑩92

婺郡学 一三二〇（延祐七）年刊六书故三十三卷 宋戴侗撰 ⑩93

婺源县署 一三四一—一三六八（至正）年刊星源续志 元汪幼凤纂 ㉑25

十三画

瑞州路儒学 一三三二（至顺三）年刊隋书八十五卷 唐魏徵等撰 ⑱史72

平阳司家**颐真堂** 刊御药院方十一卷 ⑩100

建安余志安**勤有书堂** 一三〇四（大德八）年刊增注太平惠民和剂局方三十卷 ⑩45

余志安**勤有书堂** 一三一〇（至大三）年刊分类补注李太白诗三十卷 唐李白撰宋杨齐贤集注 元萧元赟补注 ⑱集57

余志安**勤有书堂** 一三二八（致和元）年刊三辅黄图六卷 ⑱史1049

余志安**勤有书堂** 一三三五（元统三）年刊国朝名臣事略十五卷 元苏天爵辑 ①11874

余志安**勤有书堂** 一三四九（至正三）年刊汉书考证后汉书考证不分卷 ⑩46

余志安**勤有堂** 一三一二（皇庆元）年刊集千家注分类杜工部诗二十五卷 唐杜甫撰宋徐居仁编次黄鹤补注 年谱一卷 宋黄鹤撰 ⑱集68

余氏**勤有堂** 一三一八（延祐五）年刊书集传辑录纂注六卷又一卷朱子说书纲领辑录一卷 元董鼎撰 ①6576

余志安**勤有堂** 一三三二（至顺三）年刊故唐律疏议三十卷 唐长孙无忌等撰 纂例十二卷 元王元亮撰 ①4218

余志安**勤有堂** 一三二九（天历二）年刊四书通二十六卷 元胡炳文撰 ⑱经325

崇化余志安**勤有堂** 一三五一（至正十一）年刊唐律疏议 唐长孙无忌等撰 ⑩43

建安余氏勤有堂 刊分类补注李太白诗二十五卷 唐李白撰宋杨齐贤注元萧元赟补注 ⑱集57

余氏**勤德堂** 一三四一（至正元）年刊新刊类编历举三场文选庚集八卷辛集□卷 元刘贞辑 ⑱集1704

蓝山书院 一三〇六（大德十）年刊北史一百卷 唐李延寿撰 ⑩92

建安**虞信亨宅** 一三二一（至治元）年刊楚辞集注八卷辩证二卷后语六卷 宋朱熹撰 ⑱集5

建安詹璟 一三四九（至正九）年刊蜀汉本末三卷 元赵居信撰 ⑩101

溧阳州学溧水州学 一三四四（至正四）年刊金陵新志十五卷 元张铉纂修 ①3435

溪山道人田紫芝**溪山家塾** 一二九三（至元三十）年刊山海经十卷 ⑩101

溪山道人田紫芝**溪山家塾** 一三二一（至治元）年刊四书疑节十二卷 ⑩101

福 州 一二九七—一三〇七（大德）年刊通志二百卷 宋郑樵撰 ㊱298

福州路儒学 一三四七（至正七）年刊乐书二百卷目录二十卷 宋陈旸撰 正误一卷 宋楼钥撰 ⑱经223

十四画

建安余氏**静庵** 刊琼琯白玉蟾上清集八卷 宋葛长庚撰 ⑱集369

碧山精舍 刊湖海新闻夷坚续志前集十二卷 ⑱子742

碧湾书堂 一三三六（后至元二）年刊程朱二先生周易传义十卷 宋程颐朱熹撰 易图集录一卷
宋朱熹撰 ⑱经49

嘉禾学宫 一三一九（延祐六）年重修宋版通鉴纪事本末四十二卷 宋袁枢撰 ⑱史189

嘉兴郡学 一三四四（至正四）年刊易稗传二卷 宋林至撰 ⑩94

嘉兴路儒学 一三一一（至大四）年刊陆宣公集二十二卷 唐陆贽撰 ⑩92

嘉兴路儒学 一三二一（至治元）年刊秋涧先生大全文集一百卷 元王恽撰 ⑱集449

嘉兴路儒学 一三三八（至元四）年刊河防通议二卷 元沙克什撰 ⑩92

嘉兴路儒学 一三五四（至正十四）年刊汲冢周书十卷 晋孔晁注 ⑱史205

建安**蔡氏** 刊大广益会玉篇三十卷 梁顾野王撰唐孙强增字宋陈彭年重修 新编正误足注
玉篇广韵指南一卷 ⑱经426

管主八　一二九七—一三〇七（大德）年刊秘蜜经律论数百卷　陕西法门寺

鄱阳县署　一三三六（至元二）年刊鄱阳续志十五卷新志二十四卷　元狄师圣修吴存杨端如纂　㉑25

精一书舍陈实夫　一三一七（延祐四）年刊孔子家语三卷　⑩100

漳州路儒学　一三三五（至元元）年刊北溪先生大全文集五十卷　宋陈淳撰　⑩92

茶陵**谭绍烈**　元初在古迂书院刊韵史三百卷　元陈仁子撰　㉒323

茶陵**谭氏**　一三二〇（延祐七）年刊西翁近稿文集八卷诗集三卷　元谭景星撰　㉒328

翠岩精舍　一三一四（延祐元）年刊程朱二先生周易传义二十四卷　宋程颐朱熹撰　⑱经51

刘君佐**翠岩精舍**　一三二七（泰定四）年刊诗集传附录纂疏二十卷诗序附录纂疏一卷诗传
纲领附录纂疏一卷　元胡一桂撰　语录辑要一卷　元胡一桂辑　⑱经136

建安**翠岩精舍**　一三二八（天历元）年刊新刊河间刘守真伤寒直格三卷　金刘完素撰　⑱子196

刘君佐**翠岩精舍**　一三二九（天历二）年刊新编古赋解题前集十卷后集八卷　⑩102

翠岩精舍　一三五四（至正十四）年刊注陆宣公奏议十五卷　唐陆贽撰宋郎晔注　⑱史356

翠岩精舍　一三五六（至正十六）年刊广韵五卷　宋陈彭年撰　⑱经457

翠峰丹房　一三〇六（大德十）年刊清庵先生中和集前集三卷后集八卷　元李道纯撰　⑩102

建安**熊氏**　刊王状元集百家注分类东坡先生诗二十五卷　宋苏轼撰王十朋纂集刘辰翁批点
东坡纪年一卷　宋傅藻撰　⑱集246

十五画

释慧昌　刊新编证类图注本草四十二卷序例五卷　宋唐慎微原撰许洪校正　㉚161

释慧钦义深　一三六三（至正二十三）年刊缁门警训二卷　①967

稼轩书院　一三〇六（大德十）年刊北史一百卷　唐李延寿撰　⑩92

德星书堂　一三五一（至正十一）年刊书集传音释六卷　元邹季友撰　⑱经105

德星堂　一三五一（至正十一）年重刊明本书集传附音释六卷　元邹季友撰　⑩106

富沙碧湾吴氏**德新书堂**　一三三七（至元三）年刊四书章图纂释二十卷　⑩107

沙阳豫章书院 一三六五（至正二十五）年刊豫章罗先生文集十七卷 宋罗从彦撰 年谱一卷 元曹道振辑 ⑱集311

十六画以上

徽州路儒学 一二九七—一三〇七（大德）年刊十七史 ㊱297

魏天祐 一二八九（至元二十六）年刊资治通鉴二百九十四卷目录三十卷 宋司马光撰 ⑱史103

赣州路儒学 一二九二（至元二十九）年刊南轩易说三卷 宋张栻撰 ⑩91

第二章　明代版刻

一、官　刻

二　画

九江府署一四八八—一五〇五（弘治）年刊九江府志十四卷　明童潮纂修　㉑44

九江府　一五二七（嘉靖六）年刊九江府志十六卷　明冯曾修李汛纂　⑲482

九江府张应治　一五六七—一五七二（隆庆）年刊大学衍义补纂要　明徐栻辑　㉑44

九江府　一五七三（万历元）年刊大学衍义补纂要六卷　明徐栻辑　⑱子68

九江府　一六二四（天启四）年刊九江府志二十一卷　明陆梦龙纂修　㉑44

九江郡斋张存诚　一五四八（嘉靖二十七）年刊陶靖节集十卷　晋陶潜撰宋汤汉等笺注
总论一卷　⑱集26

三　画

三原县　一四六五—一四八七（成化）年刊重修三原志十六卷　明朱昱纂修　⑲167

三原县　一五二二—一五六六（嘉靖）年刊重修三原志十六卷　明张信纂修　⑲167

大田县　一六一一（万历三十九）年刊大田县志三十一卷图一卷　明刘维栋纂修　⑲547

大同府　一五一五（正德十）年刊大同府志十八卷　明张钦纂修　⑲83

大名府　一四四五（正统十）年刊大名府志十卷杂录补遗一卷　明赵本纂修　⑲68

大名府　一五〇六（正德元）年刊大名府志十卷　明石禄修唐锦纂　⑲68

大名府　一五五八（嘉靖三十七）年刊大名府志二十九卷　明潘仲骖纂修　⑲68

大名府　一五五一（嘉靖三十）年刊皇明疏议辑略三十七卷　明张瀚辑　⑱史345

大名府　一五八三（万历十一）年增刊大名府志二十九卷　明潘仲骖原本赵慎修续纂修　⑲68

大名府　一五九四（万历二十二）年刊三代遗书六种二十八卷　明赵标辑　㉓12

大冶县　一五四〇（嘉靖十九）年刊大冶县志七卷　明赵鼐修冷儒宗纂　⑲609

大城县　一五七三—一六二〇（万历）年刊大城县志八卷　明狄同煃修张弘文纂　⑲49

大埔县　一五五七（嘉靖三十六）年刊大埔县志九卷　明吴思立修陈尧道等纂　⑲687

大理寺　一五二七（嘉靖六）年刊横渠经学理窟五卷　宋张载撰　㉓8

大理府　一五六三（嘉靖四十二）年刊大理府志十卷　明李元阳纂　⑲843

万年县署　一五二〇（正德十五）年刊万年县志　明白绣纂修　㉑54

万安县署　一四四六（正统十一）年刊万安县志　明吴清纂修　㉑62

万安县署　一四九七（弘治十）年刊万安县志　明王汝南纂修　㉑62

万安县署　一五三六（嘉靖十五）年刊万安县志　明林相纂修　㉑62

万载县署　一四七六（成化十二）年刊万载县志　明喻淳纂修　㉑55

万载县署　一五四三（嘉靖二十二）年刊万载县志　明彭澄纂　㉑55

万载县署　一六三六（崇祯九）年刊万载县志　明韦明杰纂修　㉑55

弋阳王府　一四二五（洪熙元）年刊臞仙神奇秘谱三卷　明朱权编撰　㉑40

弋阳王府　一四三六—一四四九（正统）年刊救命索一卷　明朱权编撰　㉑40

弋阳王府　一五二二—一五六六（嘉靖）年刊胡祭酒文集三十卷　明胡俨撰　㉑40

弋阳王府　一四五一—一五七七（景泰二—万历五年）刊颐庵文选　明胡俨撰　㉑41

弋阳县署　一五二二—一五六六（嘉靖）年刊弋阳县志　明李本纂修　㉑55

弋阳县署　一五八一（万历九）年刊弋阳县志　明程有守纂修　㉑55

上元县　一五九七（万历二十五）年刊上元县志十二卷　明程三省修李登等纂　⑲311

上犹县　一五五三（嘉靖三十二）年刊上犹县志　明吴镐纂修　㉑66

上高县　一五五四（嘉靖三十三）年刊上高县志二卷　明陈廷举修郑廷俊纂　⑲495

上海　一五〇四（弘治十七）年刊上海志八卷　明郭经修唐锦纂　⑲8

上海县　一五二四（嘉靖三）年刊上海县志八卷　明郑洛书修高企纂　⑲8

上海县　一五八八（万历十六）年刊上海县志十卷　明颜洪范修张之象黄炎纂　⑲8

上虞县 一六〇六（万历三十四）年刊上虞县志二十卷首一卷 明徐待聘修马明瑞葛晓东纂 ⑲419
山东省 一五三三（嘉靖十二）年刊山东通志四十卷 明陆釴等纂修 ⑲255
山东省 一六一七（万历四十五）年刊补【嘉靖】山东通志四十卷 明陆釴等纂修 ⑲255
山东布政司 一五七〇（隆庆四）年刊薛文清公要语内篇一卷外篇一卷 明薛瑄撰谷中虚辑 ⑱子78
山东布政使司 一五三〇（嘉靖九）年刊农书三十六卷 元王桢撰 ⑱子152
山东按察司周氏 一五五二（嘉靖三十一）年刊重修政和经史证类备用本草三十卷 宋唐慎微撰 曹孝忠校 ㉚160
山西布政司 一四七五（成化十一）年刊山西通志十七卷 明李侃修胡谧纂 ⑲81
山西布政司高叔嗣 一五三六（嘉靖十五）年刊太平经国之书十一卷首一卷 宋郑伯谦撰 ②48133
山西布政司 一五六四（嘉靖四十三）年刊山西通志三十二卷 明杨宗气修周斯盛纂 ⑲81
山西布政司 一五七八（万历六）年刊史记一百西三十卷 汉司马迁撰刘宋裴骃集解唐司马贞索隐张守节正义 ⑱史15
山西布政司 一六二九（崇祯二）年刊【万历】山西通志三十卷 明李维祯纂修 ⑲81
山阴王府 一五六八（隆庆二）年刊禅宗永明集 五代释延寿撰 ㊱427
浙江山阴县 一五五一（嘉靖三十）年刊山阴县志十二卷 明许东望修张天复柳文纂 ⑲417
山西山阴县 一六二九（崇祯二）年刊山阴县志六卷 明刘以守纂修 ⑲85
山海关 一五三五（嘉靖十四）年刊山海关志八卷 明詹荣纂修 ⑲44
广平府 一五五〇（嘉靖二十九）年刊广平府志十六卷 明翁相修陈棐纂 ⑲67
广平县 一五九一（万历十九）年刊广平县志五卷 明陈鎜纂修 ⑲68
广东布政司 一五六一（嘉靖四十）年刊广东通志七十卷 明黄佐纂修 ⑲673
广东布政司 一六〇二（万历三十）年刊广东通志七十二卷 明郭棐纂修 ⑲673
广东布政使司 一五五二（嘉靖三十一）年刊大明律释义三十卷 明应槚辑 ⑱史1338
广西右江道 一五八九（万历十七）年刊月山丛谈四卷 明李文凤撰 ㉔497
广西布政司 一四六五—一四八七（成化）年刊北溪先生字义二卷附严陵讲义一卷 明陈淳撰 ㉔497

广西布政司 一五四二（嘉靖二十一）年刊宋丞相崔清献公言行录内集二卷外集三卷 ㉔497

广西布政司 一六二一—一六二七（天启）年刊二曹诗集 曹邺曹唐撰 ㉔498

广西巡按署 一六一〇（万历三十八）年刊柳河东全集 唐柳宗元撰 ㉔498

广西府江兵巡道 刊校增救急易方二卷 ⑱子217

广西按察司 一四八六（成化二十二）年刊详刑要览二卷 明吴讷撰 ㉔497

广西按察司 一五二四（嘉靖三）年刊二程全书六十二卷 宋程颢程颐撰 ㉔497

广州 一四七三（成化九）年刊广州志三十二卷 明吴中修王文凤纂 ⑲674

广州 一五二七（嘉靖六）年刊广州志七十卷 明黄佐纂修 ⑲674

沈琮广州府学 一四六一（天顺五）年刊揭文安公文粹一卷 元揭傒斯撰 ⑱集466

广昌县 一五一〇（正德五）年刊重修广昌县志 明何文渊纂 ㉑60

广昌县 一五三六（嘉靖十五）年刊广昌县志 明黄德纯纂修 ㉑60

广昌县 一六三〇（崇祯三）年刊广昌县志不分卷 明刘世治修赵文耀纂 ⑲55

广宗县 一五九八（万历二十六）年刊广宗县志八卷 明马协纂修 ⑲79

广信府 一四五六（景泰七）年刊广信先贤事实录六卷 明姚堂辑 ①10193

广信府 一四六五（成化元）年刊广信府志 明佚名纂修 ㉑44

广信府 一五二六（嘉靖五）年刊广信府志二十卷 明张士镐修江汝璧杨麟纂 ⑲486

广信府 一五七二（隆庆六）年刊大学衍义补纂要六卷 明徐栻辑 ⑱子68

广德州 一五三六（嘉靖十五）年刊广德州志十卷 明朱麟修黄绍文续纂 ⑲465

广德州 一五七三—一六二〇（万历）年刊广德州志二十卷 明李得中修李日滋徐文渊等纂 ⑲465

义乌县 一五九六（万历二十四）年刊义乌县志二十卷 明周士英修吴从周等纂 ⑲430

义乌县 一六四〇（崇祯十三）年刊义乌县志二十卷 明熊人霖纂修 ⑲430

卫辉府 一六〇九（万历三十一）年刊卫辉府志十六卷 明侯大节纂修 ⑲564

马邑县 一六〇八（万历三十六）年刊马邑县志二卷 明宋子质修王继文纂 ⑲86

马湖府 一五五五（嘉靖三十四）年刊马湖府志七卷 清余承勋纂修 ⑲769

乡宁县 一五九二（万历二十）年刊乡宁县志六卷首一卷 明焦守已纂修 ⑲111

四 画

丰 县 一五六九（隆庆三）年刊丰县志二卷 明尹梓等纂修 ⑲371

丰 县 一五七三—一六二〇（万历）年增刊丰县志二卷 明尹梓等纂修 ⑲371

丰城县 一四四五（正统十）年刊马湖志 明朱暄纂修 ㉑57

丰城县 一五六三（嘉靖四十二）年刊丰乘十卷 明李贵纂修 ⑲498

丰城县 一五九一（万历十九）年刊续丰乘 明韩文纂修 ㉑57

丰润县 一五七〇（隆庆四）年刊丰润县志十三卷 明王纳言修石邦政纂 ⑲46

开化县 一六三一（崇祯四）年刊开化县志十卷 明朱朝藩修汪庆百纂 ⑲433

开 州 一五三四（嘉靖十三）年刊开州志十卷 明孙巨鲸修王崇庆纂 ⑲576

开封府 一五八五（万历十三）年刊开封府志三十四卷 明朱睦㮮纂 ⑲558

天 长 一五五〇（嘉靖二十九）年刊皇明天长志七卷 明邵时敏修王心纂 ⑲461

天台县 一五九一（万历十九）年刊古今政本录二卷 明陈偕撰 ⑱子577

元氏县 一六四二（崇祯十五）年刊元氏县志六卷 明张慎学修 ⑲35

无为州 一五二〇（正德十五）年刊无为州志十卷 明吴臻修洪暄纂 ⑲447

无为州 一五二八（嘉靖七）年刊无为州志十卷 明吴臻原本李玻补正 ⑲447

无锡县 一四九四（弘治七）年刊重修无锡县志三十六卷 明吴凤翔修李舜明纂 ⑲335

无锡县 一五七四（万历二）年刊无锡县志二十四卷图一卷 明周邦杰修秦梁等纂 ⑲336

无锡县 一五五二（嘉靖三十一）年刊唐雅二十六卷 明张之象辑 ⑱集1669

云阳县 一五四一（嘉靖二十）年刊云阳县志二卷 明杨鸾修秦觉纂 ⑲783

云南布政司 一四五五（景泰六）年刊云南图经志书十卷 明郑顒修陈文纂 ⑲819

云南布政司 一五一〇（正德五）年刊云南志四十四卷 明周季凤纂修 ⑲819

云南布政司 一五五三（嘉靖三十二）年重刊【正德】云南志四十四卷 明周季凤纂修 ⑲819

云南布政司 一五七六（万历四）年刊【隆庆】云南通志十七卷 明邹应龙修李元阳纂 ⑲819

太仓州 一五四八（嘉靖二十七）年刊太仓州志十卷 明周士佐修张寅纂 ⑲324

太仓州 一六四二（崇祯十五）年刊太仓州志十五卷 明钱肃乐修张采纂 ⑲324

浙江太平县 一五四〇（嘉靖十九）年刊太平县志八卷 明曾才汉修叶良佩纂 ⑲426

安徽太平县 一五八〇（万历八）年刊太平县志十卷 明张廷榜修甕秉忠纂 ⑲476

山西太平县 一五九五（万历二十三）年刊太平县志八卷 明王体复纂修 ⑲110

安徽太平府 一四九七（弘治十）年刊太平府志二十卷 明钟珹纂修 ⑲463

安徽太平府 一五三一（嘉靖十）年刊太平府志十二卷 明祝銮纂修 ⑲463

广西太平府 一五七七（万历五）年刊广西太平府志三卷 明蔡迎恩修甘东阳纂 ⑲718

太医院 一四七一（成化七）年刊经验奇效良方六十九卷 明董宿原辑方贤纂集 ㉚218

太医院 一五七四（万历二）年刊补要袖珍小儿方论十卷 明徐用宣庄应祺编孟继孔校 ㉚474

南京太医院 一五九〇（万历十八）年重修薛巳本难经本义二卷 元滑寿撰 ⑱子181

太和县 一五七四（万历二）年刊太和县志七卷 明刘芥修陈瑄纂 ⑲457

南京太医院 一五九〇（万历十八）年刊难经本义二卷 元滑寿撰 ⑱子181

太原县 一五五一（嘉靖三十）年刊太原县志六卷 明高汝行纂修 ⑲82

太原县 一六二六（天启六）年刊太原县志六卷 明高汝行原本屈钟岳增修石鼎亨增纂 ⑲82

太原府 一三八七（洪武二十）年刊御制大诰续编一卷三编一卷 明太祖朱元璋撰 ⑱史1340

太原府 一五三二（嘉靖十一）年刊重刊嘉祐集十五卷 宋苏洵撰 ⑱集234

太原府 一六一二（万历四十）年刊太原府志二十六卷 明关廷访修张慎言纂 ⑲82

南京太常寺 一五九六（万历二十四）年刊皇明马政记十二卷 ⑳55

太康县 一五二四（嘉靖三）年刊太康县志十卷 明安都纂修 ⑲583

历城县 一六四〇（崇祯十三）年刊历城县志十六卷 明宋祖法修叶承宗纂 ⑲256

尤溪县 一五三〇（嘉靖九）年刊嘉靖尤溪县志七卷 明李文究修田项纂 ⑲546

尤溪县 一六三六（崇祯九）年刊尤溪县志九卷图一卷 明邓一鼒纂修 ⑲547

中牟县 一五一五（正德十）年刊中牟县志七卷 明韩思忠纂修 ⑲562
中牟县 一六二六（天启六）年刊中牟县志五卷 明段耀然修张民表纂 ⑲563
内乡县 一四八五（成化二十一）年刊内乡县志六卷 明胡匡纂修 ⑲598
内医院 一六一四（万历四十二）年刊东医宝鉴二十四卷 朝鲜许浚辑 ㉓3
内邱县 一六四二（崇祯十五）年刊内邱县志八卷 明乔中和纂修 ⑲78
内府 一三七〇（洪武三）年刊元史二百十卷目录二卷 明宋濂等撰 ⑱史85
内府 一四一五（永乐十三）年在南京刊诗传大全二十卷 ⑳53
内府 一四二三（永乐二十一）年在北京刊金刚般若波罗蜜经集注一卷 明成祖朱棣撰 ⑱子934
内府 一四二五（洪熙元）年刊天元玉历祥异赋七卷 明仁宗朱高炽撰 ⑱子344
内府 一四二六（宣德元）年刊历代臣鉴三十七卷 明宣宗朱瞻基撰 ⑱史407
内府 一四四五（正统十）年刊道藏五千三百五卷 明张宇初等编 ⑱子1028
内府 一四五六（景泰七）年刊饮膳正要三卷 元忽思慧撰 ⑱子472
内府 一四六一（天顺五）年刊大明一统志九十卷 明李贤万安等纂修 ⑱史730
内府 一四八六（成化二十二）年刊释氏源流四卷 明释宝成撰 ⑱子973
内府 一四九二（弘治五）年在北京刊大明仁孝皇后劝善书不分卷 ㉓2
内府 一五〇八（正德三）年刊历代臣鉴三十七卷 明宣宗朱瞻基撰 ⑱史407
内府 一五三〇（嘉靖九）年刊女训一卷 明兴献皇后蒋氏撰 ⑱子73
内府 一五九七（万历二十五）年刊词林摘艳十卷 明张禄辑 ①12145
内府 一六三五（崇祯八）年刊小学集注六卷 明陈选撰 ⑱子61
内黄县 一五三七（嘉靖十六）年刊内黄县志九卷 明董弦等纂修 ⑲575
内黄县 一六〇〇（万历二十八）年刊内黄县志二十六卷 明王廷谏修董复亨纂 ⑲575
长子县 一五一三（正德八）年刊长子县志二卷 明王希贤纂修 ⑲102
长乐县 一五〇三（弘治十六）年刊长乐县志八卷 明王涣修刘则和潘援纂 ⑲532
长乐县 一六四一（崇祯十四）年刊长乐县志十一卷 明夏允彝纂修 ⑲532

长宁县　一五七九（万历七）年刊长宁县志十卷　明黄源修罗应霖纂　⑲512

长沙府　一五三三（嘉靖十二）年刊长沙府志六卷　明徐一鸣纂修　⑲640

长沙府　一六三九（崇祯十二）年刊长沙府志十卷叙目一卷　明雷起龙修吴道行纂　⑲640

长垣县　一五四一（嘉靖二十）年刊【正德】长垣县志九卷　明杜纬修刘芳纂　⑲576

长洲县　一五七一（隆庆五）年刊长洲县志十四卷　明张德夫修皇甫汸纂　⑲319

长洲县　一五九八（万历二十六）年刊长洲县志十四卷艺文志十卷　明张德夫原本张凤翼补艺文志　⑲319

长洲县　一六三五（崇祯八）年补刊长洲县志十四卷艺文志十卷　明张德夫原本张凤翼补艺文志　⑲319

长泰县　一五五八（嘉靖三十七）年刊长泰县志二卷　明萧廷宣纂修　⑲540

长葛县　一五一七（正德十二）年刊长葛县志六卷　明李璇修车明理纂　⑲588

仁化县　一五九四（万历二十二）年刊仁化县志二卷　明司马暐纂修　⑲678

从化县　一六三四（崇祯七）年刊从化县志十二卷　明王至章纂修　⑲675

分宜县　一五八六（万历十四）年刊分宜县志六卷　明周宪治纂修　㉑50

丹徒县　一五一九（正德十四）年刊丹徒县志四卷　明李东修杨琬等纂　⑲340

丹徒县　一五七三—一六二〇（万历）年刊丹徒县志四卷　明何世学纂修　⑲340

丹阳县　一五六九（隆庆三）年刊丹阳县志十二卷　明马豸修丁华阳纂　⑲341

乌程县　一六三八（崇祯十一）年刊乌程县志十二卷　明刘沂春修徐守纲潘士遴纂　⑲401

凤阳府　一四八八（弘治元）年刊中都志十卷　明柳瑛纂　⑲460

凤阳府　一六二一（天启元）年刊凤阳新书八卷　明袁文新修柯仲炯等纂　⑲460

凤阳县　一五七八（万历六）年刊凤阳县志六卷　明张云翔修赵学之纂　⑲462

凤翔府　一五二一（正德十六）年刊凤翔府志八卷　明王江王正纂修　⑲184

凤翔府　一五七七（万历五）年刊重修凤翔府志五卷　明周易纂修　⑲184

凤翔府　一五七三—一六二〇（万历）年刊张子全书十五卷　宋张载撰朱熹注　⑱子51

六合县　一五五三（嘉靖三十二）年刊六合县志八卷　明董邦政修黄绍文纂　⑲313

六合县　一六一五（万历四十三）年刊六合县志八卷　明黄骅等纂修张启宗增修施所学增纂　⑲313

六安州 一五五五（嘉靖三十四）年刊六安州志三卷 明喻南岳修邵德久等纂 ⑲451
六安州 一五八四（万历十二）年刊六安州志八卷 明李懋桧纂修 ⑲451
文水县 一六二五（天启五）年刊文水县志十卷 明米世发修郑宗周纂 ⑲97
文安县 一六三一（崇祯四）年刊文安县志八卷 明纪大风等纂修 ⑲49
巴东县 一五五一（嘉靖三十）年刊巴东县志三卷 明杨培之纂修 ⑲631
巴东县 一六〇六（万历三十四）年刊巴东县志四卷 明李光前纂修 ⑲631
邓川州 一六四六（隆武二）年刊重修邓川州志十五卷 明敖浤贞修艾自修纂 ⑲844
邓　州 一五六四（嘉靖四十三）年刊邓州志十六卷 明潘庭楠纂修 ⑲597

五　画

玉山县 一四七五（成化十一）年刊玉山县志 明方中纂修 ㉑53
玉山县 一五八九（万历十七）年刊玉山县志 明钱应斗纂修 ㉑53
古田县 一六〇〇（万历二十八）年刊古田县志十四卷 明刘曰旸修陈荐夫林春华等纂 ⑲529
古田县 一六二八—一六四四（崇祯）年刊玉田识略八卷 明杨德周纂修 ⑲529
左州州署 一六二八—一六四四（崇祯）年刊家礼四训约要 明梁方图撰 ㉔498
石城县 一四八八—一五〇五（弘治）年刊云松诗略八卷 明魏偁撰 ㉑66
石城县 一六四三（崇祯十六）年刊石城县志十卷 明尚业纂修 ㉑66
石埭县 一五五六（嘉靖三十五）年刊石埭县志八卷 明黄蓥修冯光浙等纂 ⑲476
石埭县 一六〇四（万历三十二）年刊石埭县志六卷 明熊应煌等纂修 ⑲476
龙岩县 一五五八（嘉靖三十七）年刊龙岩县志二卷 明汤相莫亢纂修 ⑲541
龙南县 一五〇〇（弘治十三）年刊龙南县志五卷 明何悦马德纂修 ㉑65
龙南县 一五六七—一五七二（隆庆）年刊龙南县志 明龚有成纂修 ㉑65
龙南县 一五七七（万历五）年刊龙南县志 明王继孝修俞琳纂 ㉑65
龙泉县 一四五四（景泰五）年刊龙泉县志 明佚名纂修 ㉑62

龙游县 一六一二（万历四十）年刊龙游县志十卷首一卷 明万廷谦修曹闻礼钟相业纂 ⑲432

龙溪县 一五三五（嘉靖十四）年刊龙溪县志八卷 明刘天授修李魁李恺等纂 ⑲537

平山县 一五二二—一五六六（嘉靖）年刊平山县续录志 明仇天民纂修 ⑲35

山西平阳府 一五一五（正德十）年刊平阳府所刻医书六种 ㉚712

山西平阳府 一五一九（正德十四）年后刊平阳志 明闵槐纂修 ⑲105

山西平阳府 一五四九（嘉靖二十八）年刊艺文类聚一百卷 唐欧阳询辑 ⑱子781

山西平阳府 一六一五（万历四十三）年刊平阳府志十卷 明傅淑训修曹树声纂 ⑲105

山西平阳府 刊新刊铜人针灸经七卷新编西方子明堂灸经八卷 ⑱子248

平定州 一五九五（万历二十三）年刊平定州志 明宋沛修延论纂 ⑲94

平原县 一五九〇（万历十八）年刊平原县志二卷 明刘思诚修高知止纂 ⑲262

平凉府 一五六〇（嘉靖三十九）年刊平凉府志十三卷 明赵时春纂修 ⑲212

平湖县 一六二七（天启七）年刊平湖县志十九卷图一卷 明程楷修杨儁卿纂 ⑲393

东乡县 一五二四（嘉靖三）年刊东乡县志二卷 明秦镒修饶文璧纂 ⑲501

东乡县 一五八五（万历十三）年刊东乡县志 清诸大伦纂修 ㉑60

东安县 一六二五（天启五）年刊东安县志 明郑之城修冯泰运等纂 ⑲46

东昌府 一六〇〇（万历二十八）年刊东昌府志二十二卷 明王命爵等修王汝训等纂 ⑲301

东莞县 一四六四（天顺八）年刊重刻卢中丞东莞旧志十二卷 明卢祥纂修 ⑲686

东流县 一五七五（万历三）年刊东流县志十二卷 明陈春修汪文纂 ⑲478

卢　龙 一六一〇（万历三十八）年刊卢龙塞略二十卷首一卷 明郭造卿郭应宠纂 ⑲43

归化县 一五一六（正德十一）年刊归化县志书十卷 明杨缙纂修 ⑲544

归化县 一六一四（万历四十二）年刊归化县志十卷图一卷附一卷 明周宪章纂修 ⑲544

归　州 一五四九（嘉靖二十八）年刊归州全志二卷 明张时纂修 ⑲629

归　州 一六〇九（万历三十七）年刊归州志五卷 明张尚儒纂修 ⑲629

归德州 一五〇九（正德四）年刊唐忠臣录三卷 明郑瑄辑 ⑱史419

归德府 一五二二—一五六六（嘉靖）年刊归德志八卷 明李嵩纂修 ⑲578

叶　县 一五四二（嘉靖二十一）年刊叶县志四卷 明邵苾修牛凤纂 ⑲589

四川布政司 一六三三（崇祯六）年刊伤寒集验六卷 明陈文治辑 ⑱子199

四川省 一五一八（正德十三）年刊四川志三十七卷 明熊相纂修 ⑲737

四川省 一五四五（嘉靖二十四）年刊四川总志十六卷 明刘大谟等修王元正等纂周复俊等重编 ⑲737

四川省 一五八一（万历九）年刊四川总志三十四卷 明虞怀忠等修郭棐等纂 ⑲373

丘　县 一五七六（万历四）年刊丘县志二卷 明侯国安修杨时中纂郭爵补修 ⑲72

代　州 一五八六（万历十四）年刊代州志书二卷 明周弘禴纂修 ⑲88

代　府 一四五七—一四六四（天顺）年刊化书六卷 南唐谭峭撰 ⑩117

代　藩 一五六八（隆庆二）年刊禅宗永明集一卷 宋释延寿撰 ⑱子956

代藩朱俊栅 一五七七（万历五）年刊华严原人论一卷 唐释宗密撰 ⑱子952

代藩进德书院 一五七一（隆庆五）年刊大方广圆觉修多罗了义经略疏注二卷 唐释宗密撰 真歇了禅师颂圆觉经一卷中峰普应国师圆觉提纲偈一卷 ⑱子945

仙溪县 一四九一（弘治四）年刊仙溪志十六卷 明陈迁纂修 ⑲531

仙游县 一五三八（嘉靖十七）年刊仙游县志八卷 明林有年纂 ⑲531

仪封县 一五七五（万历三）年刊仪封县志四卷 明张卤纂修 ⑲561

仪真县 一五六七（隆庆元）年刊仪真县志十四卷 明申嘉瑞修李文陈国光等纂 ⑲352

白水县 一六〇九（万历三十七）年刊白水县志六卷 明刘梦阳纂修 ⑲181

处州府 一四八六（成化二十二）年刊处州府志十八卷首一卷 明郭忠修刘宣纂 ⑲438

处州府 一五七九（万历七）年刊栝苍彙记十五卷 明熊子臣修何镗纂 ⑲438

处州府 一六三五（崇祯八）年刊处州府志十八卷 明朱葵修王一中纂 ⑲438

乐平县 一三六八—一三九八（洪武）年刊续乐平广记十卷 明洪初纂 ㉑49

乐平县 一五一九（正德十四）年刊乐平县志 明张文应纂修 ㉑49

乐平县 一五四八（嘉靖二十七）年刊乐平县志六卷 明乔永殷纂修 ⑲91

乐平县 一六〇一（万历二十九）年刊乐平县志 明金忠士纂修 ㉑49

乐安县 一三七七（洪武十）年刊乐安县志 明黄德明纂修 ㉑60

乐安县 一四一一（永乐九）年刊乐安县志 明王明纂修 ㉑60

乐安县 一四四七（正统十二）年刊乐安县志 明成伟纂修 ㉑60

乐安县 一五一三（正德八）年刊乐安县志 明穆世杰纂修 ㉑60

乐安县 一六〇三（万历三十一）年刊乐安县志二十卷 明孟楠修蒋奇镈纂 ⑲271

乐亭县 一五九三（万历二十一）年刊乐亭志十二卷 明潘敦复纂修 ⑲45

乐亭县 一六二二（天启二）年刊乐亭志十二卷 明潘敦复纂修刘松续修 ⑲45

乐清县 一四〇三—一四二四（永乐）年刊温州府乐清县志八卷 明佚名纂 ⑲436

乐清县 一五七二（隆庆六）年刊乐清县志七卷 明胡用宾修侯一元纂 ⑲436

兰阳县 一五四五（嘉靖二十四）年刊兰阳县志十卷 明褚宦修李希程纂 ⑲561

兰溪县 一五一〇（正德五）年刊兰溪县志五卷 明王倬修章懋郑錡纂 ⑲428

兰溪县 一六〇六（万历三十四）年刊兰溪县志九卷 明程子鏊修徐鲁源纂 ⑲428

汀州府 一四九七（弘治十）年刊汀州府志十七卷附录一卷 明吴文度修杜观光纂 ⑲540

汀州府 一五二七（嘉靖六）年刊汀州府志十九卷 明邵有道纂修 ⑲540

汀州府 一六三七（崇祯十）年刊汀州府志二十四卷 明唐世涵修马上荣纂 ⑲540

汉王府 一四二六（宣德元）年前刊拟古感兴诗一卷 明汉王朱高煦撰 ㊱438

汉中府 一五四四（嘉靖二十三）年刊汉中府志十卷 明张良知纂修 ⑲197

汉阳府 一五四六（嘉靖二十五）年刊汉阳府志十卷 明刘汝松贾应春修朱衣纂 ⑲608

汉阴县 一六一八（万历四十六）年刊重修汉阴县志六卷 明张启蒙修柏可用纂 ⑲203

宁化县 一六三五（崇祯八）年刊宁化县志十卷 明张士俊修阴维标纂 ⑲545

宁　州 一五四三（嘉靖二十二）年刊宁州志十八卷 明龚暹纂修 ⑲484

宁　州 一五九五（万历二十三）年刊宁州志八卷 明方源纂修 ㉑53

宁阳县 一六〇二（万历三十）年刊宁阳县志 明李贞修王正容纂徐汝冀续修 ⑲291

宁远县 一五八七（万历十五）年刊宁远县志八卷　明邹浩纂修　⑲217

宁远县 一五九六（万历二十四）年刊宁远县志二十卷　明唐之儒修荆朝玺纂　⑲655

宁　县 一四六五—一四八七（成化）年刊宁县志四卷　明肖光甫纂修　㉑53

宁羌州 一五九七（万历二十五）年刊重修宁羌州志七卷　明卢大谟修杨堂范启东纂　⑲200

宁国郡 一六〇六（万历三十四）年刊六朝诗乘二十六卷　明梅鼎祚辑　②45956

宁国府 一五七七（万历五）年刊宁国府志二十卷图一卷　明陈俊修梅鼎祚等纂　⑲465

宁国县 一五四九（嘉靖二十八）年刊宁国县志四卷　明范镐纂修　⑲472

宁波府 一四六八（成化四）年刊宁波郡志十卷　明张瓒修杨寔纂　⑲407

宁波府 一五六〇（嘉靖三十九）年刊宁波府志四十二卷　明周希哲曾镃修张时彻等纂　⑲408

宁洋县 一六七五（永历二十九）年刊宁洋县志九卷　明金基纂修　⑲542

宁津县 一五八八（万历十六）年刊宁津县志八卷　明余镗修王良贵纂　⑲265

宁都县 一五九二（万历二十）年刊宁都县志八卷　明莫应奎王光蕴修吴天德纂　⑲512

宁　夏 一五〇一（弘治十四）年刊宁夏新志八卷　明王珣修胡汝砺纂　⑲227

宁　夏 一五四〇（嘉靖十九）年后刊宁夏新志八卷　明杨守礼修管律纂　⑲227

宁　夏 一六〇一（万历二十九）年刊宁夏志二卷　明朱栴纂　⑲227

山东**宁海州** 一五四七（嘉靖二十六）年刊宁海州志二卷　明李光先修焦希程纂　⑲284

浙江**宁海县** 一六三二（崇祯五）年刊宁海县志十二卷　明宋奎光纂修　⑲414

宁德县 一五三八（嘉靖十七）年刊宁德县志四卷　明闵文振纂修　⑲526

宁德县 一五九一（万历十九）年刊宁德县志八卷　明舒应元修陈瑄纂　⑲527

宁　藩 明初刊病机气宜保命集三卷　⑩117

宁　藩 一四〇二（建文四）年刊汉唐秘史二卷　明朱权撰　㉑35

宁　藩 一四〇三—一四二四（永乐）年刊斗南先生诗集六卷　明胡奎撰　⑱集553

宁　藩 一四〇六（永乐四）年刊天运绍统一卷　明朱权撰　㉑35

宁　藩 一四三五（宣德十）年刊大易钩玄　明朱权撰　㉑35

宁藩朱权 一四四二（正统七）年刊海琼玉蟾先生文集六卷续集二卷 宋葛长庚撰 附录一卷 ⑱集370

宁藩 一四七四（成化十）年刊松石轩诗评一卷 明朱奠培撰 ㉑36

宁藩 一五四八（嘉靖二十七）年刊匡南先生诗集四卷 明朱拱樋撰 ㉑36

宁藩 一五六九（隆庆三）年刊友雅三卷 明朱多焻辑 ㉑36

宁藩 一六一二（万历四十）年刊水经注笺四十卷 明朱谋玮撰 ㉑37

礼部 一三六八—一三九八（洪武）年刊皇明祖训一卷 明太祖朱元璋撰 ⑱史336

礼部 一五三二（嘉靖十一）年刊永乐十三年会试录一卷 ⑱史639

礼部 一五七四（万历二）年南京刊补要袖珍小儿方论十卷小儿痘疹方论二卷 ⑳54

南京礼部 一六二八（崇祯元）年刊清朝圣政不分卷 明向日亨辑 ⑱史1124

永丰县学 一三七三（洪武六）年刊居士集五十卷 宋欧阳修撰明曾鲁考异 ⑱集227

永丰县 一三七七（洪武十）年刊永丰县志 明刘清玉纂 ㉑61

永丰县 一四三六—一四四九（正统）年刊永丰县志 明黄永从纂修 ㉑61

永丰县 一五四四（嘉靖二十三）年刊永丰县志四卷 明管景纂修 ⑲489

永丰县 一五九三（万历二十一）年刊永丰县志八卷 明吴期绍纂修 ㉑61

永平府 一五〇一（弘治十四）年刊永平府志十卷 明吴杰修张廷纲吴祺纂 ⑲41

永平府 一五九九（万历二十七）年刊永平府志十卷 明徐准修涂国柱纂 ⑲41

北京永宁县 一六〇二（万历三十）年刊永宁县志六卷 明李体严修张士科纂 ⑲2

江西永宁县 一五二九（嘉靖八）年刊永宁县志 明谢元光纂修 ㉑62

江西永宁县 一六〇九（万历三十七）年刊永宁县志 明单有学纂修 ㉑62

永年县 一六五六（崇祯十三）年刊永年县志七卷 明宋祖乙修申佳胤纂 ⑲70

永州府 一三八三（洪武十六）年刊永州府志十二卷 明虞自铭修胡琏等纂 ⑲654

永州府 一四九四（弘治七）年刊永州府志十卷 明姚昺纂修 ⑲654

永州府 一五七一（隆庆五）年刊永州府志十七卷 明史朝富等纂修 ⑲654

福建永安县 一五九四（万历二十二）年刊永安县志九卷图一卷 明苏民望修萧时中纂 ⑲546

广东永安县 一五八六（万历十四）年刊永安县志二卷图一卷 明郭之藩修叶春及纂 ⑲685

永春县 一五二六（嘉靖五）年刊嘉靖永春县志九卷 明柴镳修林希元纂 ⑲535

永春县 一五七六（万历四）年刊永春县志十二卷 明许兼善修朱安期纂 ⑲535

永城县 一五四四（嘉靖二十三）年刊永城县志六卷 明郑礼纂修 ⑲580

永新县 一五七八（万历六）年刊永新县志八卷首一卷 明龚锡爵修尹台纂 ⑲507

永福县 一六一二（万历四十）年刊永福县志六卷 明唐学仁修谢肇淛等纂 ⑲531

永嘉县 一五六六（嘉靖四十五）年刊永嘉县志九卷 明程文箸修王叔杲纂 ⑲435

司礼监 一四二六（宣德元）年刊历代臣鉴三十七卷 明宣宗朱瞻基撰 ⑯196.3/463

司礼监 一四四七（正统十二）年刊五经八十二卷 ⑱经7

司礼监 一四五三（景泰四）年刊历代君鉴五十卷 明代宗朱祁钰撰 ⑯196.2/463

司礼监 一五一一（正德六）年刊大明会典一百八十卷 明徐溥等纂修 ⑱史1122

司礼监 一五二四（嘉靖三）年刊文献通考三百四十八卷 明马端临撰 ⑨善100

司礼监 一五七五（万历三）年刊洪武正韵十六卷 明乐韶凤宋濂等撰 ⑱经474

司礼监 一六二一（天启元）年刊洪武正韵十六卷 明乐韶凤宋濂等撰 洪武正韵玉键一卷 明张士佩撰 ⑱经475

台州府 一四九七（弘治十）年刊赤城新志二十三卷 明陈相修谢铎纂 ⑲423

台州府 一五六五（嘉靖四十四）年刊【弘治】赤城新志二十三卷 明陈相修谢铎纂 ⑲423

台州府 一六二六（天启六）年修刊【弘治】赤城新志二十三卷 明陈相修谢铎纂 ⑲423

辽王府 一四〇三—一四二四（永乐）年刊东垣十书十九卷 ㊱427

辽王府 一四九五（弘治八）年刊辽简王植遗稿五卷 ㊱427

辽国宝训堂 刊梁昭明太子文选五卷 梁萧统撰 ⑩120

辽藩朱宠涭 一五一九（正德十四）年刊元诗体要十四卷 明宋绪辑 ⑱集1701

辽藩朱宠瀼梅南书屋 一五三一（嘉靖十）年刊后山诗注十二卷 宋陈师道撰任渊注 ⑱集269

六画

巩　县 一五五五（嘉靖三十四）年刊巩县志八卷 明周泗修康绍第纂 ⑲563

吉水县 一五一一（正德六）年刊吉水县志十卷 明周广纂修 ㉑61

吉安府 一四六五—一四八七（成化）年刊吉安郡志 明吴节纂修 ㉑47

吉安府 一四八八—一五〇五（弘治）年刊吉安郡志 明徐辅纂修 ㉑47

吉安府 一五〇六—一五二一（正德）年刊吉安府志九十卷 明王昂纂修 ㉑47

吉安府 一五二二—一五六六（嘉靖）年刊吉安府志二十六卷 明王时槐纂修 ㉑47

吉安府 一五二二—一五六六（嘉靖）年刊吉安府志 佚名纂 ⑲504

吉安府 一五八五（万历十三）年刊吉安府志三十六卷 明余之祯纂修 ⑲504

吉　府 一四八〇（成化十六）年刊四书集注三十卷 宋朱熹撰 鲁斋许先生直说大学要略一卷 元许衡撰 ⑱经319

吉　府 一五一五（正德十）年刊新书十卷 汉贾谊撰 ⑱子30

吉　府 一五九七（万历二十五）年刊楚辞集注八卷辩证二卷后语六卷 宋朱熹撰 ⑱集7

西宁县 一五九二（万历二十）年刊西宁县志十卷 明林致礼修朱润纂 ⑲712

西安府 一五三八（嘉靖十七）年刊新编汉唐通鉴品藻三十卷 明戴璟撰 ⑱史1517

南京吏部 一五七四（万历二）年刊吏部职掌 明方九功撰 ⑳54

成安县 一六一二（万历四十）年刊成安县志五卷 明贾三策修王孙昌纂 ⑲71

成都府 一六二一（天启元）年刊成都府志五十八卷 明冯任修张世雍等纂 ⑲738

扬州府 一六〇五（万历三十三）年刊扬州府志二十七卷首一卷 明杨洵修徐銮陆君弼等纂 ⑲348

夷陵州 一四九六（弘治九）年刊夷陵州志十卷拾遗一卷 明刘允修沈宽纂 ⑲627

光化县 一五一五（正德十）年刊光化县志六卷末一卷 明曹璘纂修 ⑲637

光州儒学 一五九四（万历二十二）年刊两朝宪章录二十卷 明吴瑞登撰 ①5455

光泽王府 一五二八（嘉靖七）年刊林霁山集五卷 宋林景熙撰 ㊱428

同　州　一六二五（天启五）年刊同州志十八卷　明张一英修马朴纂　⑲173

同官县　一六一八（万历四十六）年刊同官县志十卷　明刘泽远修寇慎纂　⑲181

同官县　一六四〇（崇祯十三）年刊同官县志十卷　明刘泽远修寇慎纂孔尚标增纂　⑲181

曲沃县　一五五一（嘉靖三十）年刊曲沃县志五卷　明刘鲁生修李廷宾纂　⑲107

曲沃县　一六一二（万历四十）年刊沃史二十六卷　明赵彦复纂修　⑲107

曲阜县　一六三五（崇祯八）年刊曲阜县志六卷　明孔弘毅纂修　⑲294

歙邑朱府　一五七三—一六二〇（万历）年刊朱枫林集十卷　明朱升撰　⑱集524

休宁县　一四九一（弘治四）年刊休宁志三十八卷　明程敏政纂修　⑲470

休宁县　一五四八（嘉靖二十七）年刊休宁县志八卷　明宋国华修吴宗尧陈有守纂　⑲470

休宁县　一六〇七（万历三十五）年刊休宁县志八卷　明李乔岱纂修　⑲471

休宁县儒学　一五八九（万历十七）年刊中和遗直集十卷　⑱集1714

任　县　一五六八（隆庆二）年刊任县志八卷　明卫钧修杨来游纂　⑲77

任丘县　一五七八（万历六）年刊任丘志集八卷　明顾问纂　⑲63

伊　府　一五五二（嘉靖三十一）年刊伊府重刊周易参同契注解三卷　元陈致虚撰　⑱子1045

伊　府　刊伊府重刊清庵先生中和集前集三卷后集三卷道德会元一卷　元李道纯撰蔡志颐辑　⑱子1063

伊　藩　一五四八（嘉靖二十七）年刊四书集注二十八卷　宋朱熹撰　⑱经318

华　州　一五七二（隆庆六）年刊华州志二十四卷　明李可久修张光孝纂　⑲179

华　州　一五八〇（万历八）年补刊【隆庆】华州志二十四卷　明李可久修张光孝纂　⑲179

华州公署　刊淮海集四十卷后集六卷　宋秦观撰　⑱集272

华阳王府　一六二四（天启四）年刊诗韵释义二卷　⑱经483

华　阴　一四九六（弘治九）年刊五色线集三卷　⑱子739

华阴县　一六二一（万历四十九）年刊华阴县志九卷　明王九畴修张毓翰纂　⑲179

华亭县　一五一九（正德十六）年刊华亭县志十六卷首一卷　明聂豹修沈锡纂　⑲11

延平府　一五二五（嘉靖四）年刊延平府志二十三卷　明陈能修郑庆云辛绍佐纂　⑲544

延平府 一五八三（万历十一）年刊延平府志三十四卷 明易可久修吴必学林瑄等纂 ⑲544

延平府儒学 刊资治通鉴纲目五十九卷 宋朱熹撰 ⑱史117

延津县 一五九八（万历二十六）年刊延津县志四卷 明刘元会修李戴纂 ⑲568

邠　州 一五七三—一六二〇（万历）年刊邠州志四卷 明姚本修阎奉恩纂 ⑲169

全椒县 一六二一（泰昌元）年刊全椒县志四卷 明杨道臣纂修 ⑲462

会昌县 一四六五—一四八七（成化）年刊会昌县志 明梁潜纂修 ㉑64

会昌县 一五六七—一五七二（隆庆）年刊会昌县志 明陈宗虞纂修 ㉑64

会昌县 一五八六（万历十四）年刊会昌县志 明崔允升纂修 ㉑64

会稽县 一五七五（万历三）年刊会稽县志十六卷 明杨维新修张元忭徐渭纂 ⑲418

合　州 一五七九（万历七）年刊合州志八卷 明刘芳声修田九垓纂 ⑲776

四川合江郡斋 一五二二—一五六六（嘉靖）年刊程氏易传十二卷 宋程颐撰 ⑨091/542

合肥县 一五七三（万历元）年刊合肥县志二卷 明胡时化修魏豫之等纂 ⑲444

齐东县 一六一七（万历四十五）年刊齐东县志二十九卷 明刘希夔纂修 ⑲273

交河县 一五八八（万历十六）年刊交河县志七卷 明马中良修蒋守伦纂 ⑲62

庄浪所 一六一六（万历四十四）年刊庄浪汇记八卷 明王之采纂 ⑲209

庆王府 一四七三（成化九）年刊樗斋随笔二十卷 ㊱429

庆元县 一五七七（万历五）年刊庆元县志 明沈维龙纂修 ⑲442

庆元县 一六四二（崇祯十五）年增刊庆元县志 明沈维龙原本汪献忠增补杨芝瑞再补 ⑲442

庆云县 一五七八（万历六）年刊庆云县志十卷 明柯一泉修杨州鹤纂 ⑲266

庆阳府 一五五七（嘉靖三十六）年刊庆阳府志二十卷 明梁明翰傅学礼纂修 ⑲214

庆王府 一三九八（洪武三十一）年刊文章类选四十卷 ㊱429

庆王府 一四七三（成化九）年刊樗斋随笔二十卷 ㊱429

关中郡斋马逢乾 一五六二（嘉靖四十一）年刊马文简公集八卷 明马汝骥撰王维祯编 ⑱集649

江山县 一六二三（天启三）年刊江山县志十卷 明张凤翼修徐日蔡纂 ⑲433

江宁县 一五一九（正德十四）年刊江宁县志十卷 明王诰修刘雨纂 ⑲312

江宁县 一五九八（万历二十六）年刊江宁县志十卷 明周诗等修李登等纂 ⑲312

江西布政司 一四六八（成化四）年刊东坡全集一百十卷 宋苏轼撰 ㉑33

江西布政司 一五三四（嘉靖十三）年刊苏文忠公全集一百十一卷 宋苏轼撰 年谱一卷 宋王宗稷撰 ⑱集243

江西布政司 一五七九（万历七）年刊山谷老人刀笔二十卷 宋黄庭坚撰 ⑱集266

江西抚署 一四五〇—一四五六（景泰）年刊皇明江西诗选十卷 明韩阳辑 ㉑31

江西抚署 一五二二—一五六六（嘉靖）年刊慈湖遗书二十卷 宋杨简撰 ㉑31

江西学宫 一五二二—一五六六（嘉靖）年刊吉阳山房摘稿十卷 明何迁撰 ㉑34

江西按察使司 一四九三（弘治六）年张璁刊唐诗品汇九十卷拾遗十卷 明高棅辑 ㉑34

江西按察司 一五三四（嘉靖十三）年刊资治通鉴纲目五十九卷 宋朱熹撰 ⑱史117

江西省署 一四五九（天顺三）年刊天顺三年己卯科江西乡试录不分卷 江西省编 ㉑31

江西省署 一四七七（成化十三）年刊成化十三年江西乡试录不分卷 江西省编 ㉑31

江西省署 一四八九（弘治二）年刊弘治二年己酉科江西乡试录不分卷 江西省编 ㉑31

江西省署 一五〇七（正德二）年刊正德二年丁卯科乡试录 江西省编 ㉑32

江西省署 一五二五（嘉靖四）年刊江西通志三十七卷 明林庭棉修周广纂 ⑱史878

江西省署 一五七〇（隆庆四）年刊隆庆四年庚午科江西乡试录不分卷 江西省编 ㉑33

江西省署 一五九七（万历二十五）年刊江西省大志八卷 明王宗沐原本陆万垓增修 ⑲479

江西臬司 一五五二（嘉靖三十一）年刊军政条例续集五卷 明孙联泉撰 ㉑34

江西臬司 一五五二（嘉靖三十一）年刊军政条例续集五卷 明孙联泉撰 ⑱史1329

江华县 一五七四（万历二）年刊江华县志九卷 明杜渐修费柏纂 ⑲656

江州郡斋 一五四八（嘉靖二十七）年刊陶靖节集十卷 晋陶潜撰 宋汤汉等笺注 ④11796

江阴县 一五四七（嘉靖二十六）年刊江阴县志二十一卷 明赵锦修张衮纂 ⑲338

江阴县 一六四〇（崇祯十三）年刊江阴县志八卷 明冯士仁纂修 ⑲338

江都县 一五九九（万历二十七）年刊江都县志二十三卷 明张宁修陆君弼纂 ⑲349

江浦县 一六一八（万历四十六）年刊江浦县志十二卷 明余枢修熊师望纂 ⑲313

江浦县 一六四一（崇祯十四）年刊江浦县志十二卷 明李维樾修沈中孚纂 ⑲313

江　藩 一五二二—一五六六（嘉靖）年刊墨子十五卷 ⑱子490

汜水县 一五五四（嘉靖三十三）年刊汜水县志六卷 明萧珮纂修 ⑲557

汜水县 一五七三—一六二〇（万历）年刊汜乘 明杜汝亮修郑人文纂 ⑲558

池州府 一五一八（正德十三）年刊池州府志十二卷 明何绍正修孙溥等纂 ⑲474

池州府 一五四五（嘉靖二十四）年刊池州府志九卷 明王崇纂修 ⑲474

池州府 一六一二（万历四十）年刊池州府志十卷 明李思恭修丁绍轼等纂 ⑲475

汝王府 一五四一（嘉靖二十）年前刊秦汉文 ㊱444

汝王府 一五六八（隆庆二）年刊观音救苦经 ㊱444

汝　州 一五〇六（正德元）年刊汝州志八卷 明王雄修承天贵纂 ⑲600

汝　州 一五九六（万历二十四）年刊汝州志四卷 明方应选修张维新纂 ⑲600

汝南县 一六〇八（万历三十六）年刊汝南志二十四卷 明黄似华修李本固纂 ⑲591

汤阴县 一六三七（崇祯十）年刊汤阴县志十九卷 明沙蕴金修苏育纂 ⑲577

汤溪县 一六〇四（万历三十二）年刊汤溪县志八卷 明汪文璧修罗元龄纂 ⑲427

安义县 一五五九（嘉靖三十八）年刊安义县志 明高旸纂修 ㉑48

安仁县 一五六五（嘉靖四十四）年刊安仁县志 明肖时中纂修 ㉑50

安仁县 一五九三（万历二十一）年刊安仁县志 明佚名纂 ㉑50

安仁县 一六三六（崇祯九）年刊安仁县志 明熊兆桢纂修 ㉑50

安化县 一五四四（嘉靖二十三）年刊安化县志六卷 明陈德宁修方清纂 ⑲671

安平县 一五八九（万历十七）年刊重修安平县志 明王诉修王三馀纂 ⑲66

安吉州 一五三四（嘉靖十三）年刊安吉州志十六卷 明伍馀福纂修 ⑲404

安庆府 一四六二（天顺六）年刊直隶安庆郡志十二卷 明周翔修张湜纂 ⑲448

安庆府 一五二二（嘉靖元）年刊【正德】安庆府志三十一卷 明胡缵宗纂修 ⑲448

安远县 一六一三（万历四十一）年刊安远县志 明林有科纂修 ㉑64

安邱县 一五八九（万历十七）年刊安邱县志二十八卷 明熊元修马文炜纂 ⑲275

安邑县 一六一八（万历四十六）年刊安邑县志十卷 明耿启修曹于汴纂 ⑲112

安定县 一五九七（万历二十五）年刊新修安定县志七卷 明恽应翼修张嘉孚纂 ⑲209

安溪县 一五五二（嘉靖三十一）年刊安溪县志八卷 明汪瑀修林有年纂 ⑲536

兴王府 一五一九（正德十四）年前刊医方选要十卷 明周文采撰 ㊱442

兴化县 一五五九（嘉靖三十八）年刊兴化县志四卷 明胡顺华纂修 ⑲354

兴化县 一五九一（万历十九）年刊兴化县新志十卷 明欧阳东风修严錡纂 ⑲354

兴化府 一五〇三（弘治十六）年刊大明兴化府志五十四卷 明陈效修周瑛黄仲昭纂 ⑲529

兴化府 一五五一（嘉靖三十）年刊学政录一卷 ⑱史1094

兴化府 一五七五（万历三）年刊兴化府志二十六卷 明吕一静修康大和纂 ⑲530

兴平县 一五六七—一五七二（隆庆）年刊兴平续志一卷 ⑲164

兴宁县 一五一八（正德十三）年刊正德兴宁志四卷 明祝允明纂修 ⑲688

兴宁县 一五五二（嘉靖三十一）年刊兴宁县志三卷 明黄国奎修盛继纂 ⑲689

兴宁县 一六三七（崇祯十）年刊兴宁县志六卷 明刘熙祚修李永茂纂 ⑲689

兴安县 一五七三—一六二〇（万历）年刊兴安县志 明刘一贯邵伯梯纂修 ㉑54

兴　县 一五七七（万历五）年刊兴县志二卷 明朱学介修缑纯纂 ⑲96

兴国州 一五五四（嘉靖三十三）年刊兴国州志七卷 明唐宁修林爰民纂 ⑲618

兴国县 一四七二（成化八）年刊兴国县志 明章廷圭纂修 ㉑64

兴国县 一五〇七（正德二）年刊兴国县志 明曾选纂修 ㉑64

兴国县 一五四八（嘉靖二十七）年刊兴国县志十三卷 明卢宁纂修 ㉑64

兴国县 一六二〇（万历四十八）年刊兴国县志七卷 明蔡钟有纂修 ㉑64

许　州 一四九三（弘治六）年刊许州志二十卷 明邵宝纂修 ⑲584

许　州 一五四〇（嘉靖十九）年刊许州志八卷 明张良知纂修 ⑲584

祁门县 一六〇〇（万历二十八）年刊祁门县志四卷 明余士奇修谢存仁纂 ⑲473

祁　州 一六二八（崇祯元）年刊祁州志十卷 明郭应响纂修 ⑲58

寻甸府 一五五〇（嘉靖二十九）年刊寻甸府志二卷 明王尚用修陈梓张腾纂 ⑲827

阳武县 一五二五（嘉靖五）年刊阳武县志三卷 明吕柟纂修 ⑲568

阳武县 一五九一（万历十九）年刊阳武县志八卷 明王时泰修王东鲁纂 ⑲568

阶　州 一六一八（万历四十四）年刊阶州志二卷 明余新民修蹇逢泰纂 ⑲219

如皋县 一五六〇（嘉靖三十九）年刊重修如皋县志十卷 明谢绍祖纂修 ⑲362

如皋县 一六一八（万历四十六）年刊如皋县志十卷 明李廷材等修吕克孝等纂 ⑲362

七　画

进贤县 一四六八（成化四）年刊进贤县志 明孙贵纂修 ㉑49

进贤县 一五一一（正德六）年刊进贤县志 明谈一凤修 ㉑49

进贤县 一五六三（嘉靖四十二）年刊进贤县志八卷 明汪集修万浩纂 ⑲504

进贤县 一六二八（崇祯元）年刊进贤县志 明陈良训纂修 ㉑49

寿宁县 一六三七（崇祯十）年刊寿宁县志二卷 明冯梦龙纂修 ⑲527

寿　州 一五五〇（嘉靖二十九）年刊寿州志八卷 明栗永禄纂修 ⑲452

寿昌县 一五六一（嘉靖四十）年刊寿昌县志十二卷 明李思悦修洪一鳌纂 ⑲385

寿昌县 一五八六（万历十四）年增刊寿昌县志十二卷 明李思悦原本李世芳增修易文增纂 ⑲385

杞　县 一五四六（嘉靖二十五）年刊杞县志八卷 明蔡时雍修王显忠纂 ⑲559

杞　县 一五九九（万历二十七）年刊杞乘四十八卷 明马应龙纂修 ⑲559

邯郸县 一五七三（万历元）年刊邯郸县志八卷 明张第修张成教纂 ⑲69

芙蓉官舍 一五八九（万历十七）年刊羼提斋稿八卷 明邹迪光撰 ⑱集751

芮城县 一五六七—一五七二（隆庆）年刊芮城县志 明李斗修薛一鹗纂 ⑲115

苍梧县署　一六二五（天启五）年刊增定论语补篇四卷　梁子璠撰　㉔498

苏州府　一三七九（洪武十二）年刊苏州府志五十卷图一卷　明卢熊纂修　⑲316

苏州府　一五〇六（正德元）年刊姑苏志六十卷　明王鏊等纂　⑲317

苏州府　一五二二—一五六六（嘉靖）年刊苏州府志纂修识略六卷　明杨循吉纂　⑲317

苏州府　一六三六（崇祯九）年刊吴中水利全书二十八卷　明张国维蔡懋德纂修　①5191

苏州府学　一四三四（宣德九）年刊孝经　唐玄宗李隆基注　⑳56

苏州府学　一五二二—一五六六（嘉靖）年刊苏州府学志　明王毅祥撰　⑳56

严州府　一四六四（天顺八）年刊新雕宋朝文鉴一百五十卷目录三卷　宋吕祖谦辑　⑱集1688

严州府　一四九三（弘治六）年刊严州府志二十二卷　明李德恢纂修　⑲384

严州府　一五二二—一五六六（嘉靖）年补刊【弘治】严州府志二十二卷　明李德恢纂修　⑲384

严州府　一五七八（万历四）年刊严州府志二十五卷　明杨守仁修徐楚纂　⑲384

两广总督府　一五四二（嘉靖二十一）年刊半洲诗集七卷　㉔497

两广总督府　一五六九（隆庆三）年刊奚囊蠹余二十卷　明张翰撰　㉔497

两广总督府　一五八七（万历十五）年刊小山类稿二十卷附行略一卷　明张岳撰　㉔497

两淮都转运监使司　一五八一（万历九）年刊古今廉鉴八卷　明乔懋敬撰　⑱史410

邳　州　一五三七（嘉靖十六）年刊重修邳州志十卷　明杨辅等纂修　⑲372

辰州府　一五九七（万历二十五）年刊辰州府志八卷　明马协修吴瑞登纂　⑲660

来安县　一六二一（天启元）年刊新修来安县志十卷　明周之冕修王懋续纂　⑲461

抚州府　一五〇三（弘治十六）年刊抚州府志二十八卷　明杨渊纂修　⑲499

抚州府　一五五四（嘉靖三十三）年刊抚州府志十六卷　明黄显修陈九川徐良傅纂　⑲499

抚州府　一五七三—一六二〇（万历）年刊康斋先生文集十二卷附录一卷　明吴与弼撰　㉑46

抚州儒学　一五四九（嘉靖二十八）年刊大儒心学语录二十七卷　明王蒉辑　⑱子83

岐山县　一五九一（万历十九）年刊重修岐山县志六卷　明于邦栋修南宫纂　⑲185

吴　县　一五二九（嘉靖八）年刊吴邑志十六卷图说一卷　明杨循吉苏祐纂曹自守图说　⑲318

吴　县　一六四二（崇祯十五）年刊吴县志五十四卷首一卷　明牛若麟修王焕如纂　⑲318
吴江县　一四八八（弘治元）年刊吴江志二十二卷　明莫旦纂　⑲331
吴江县　一五六一（嘉靖四十）年刊吴江县志二十八卷首一卷　明曹一麟修徐师曾等纂　⑲332
秀水县　一五九六（万历二十四）年刊秀水县志十卷　明李培修黄洪宪等纂　⑲391
兵　部　一五六八（隆庆二）年刊大阅录二卷　明张居正霍冀等撰　⑱史1329
南京兵部　一六三八（崇祯十一）年刊昭代武功编十卷　明范景文撰　⑳55
南京兵部武库司　刊大明一统志略十六卷　明廖世昭辑　⑱史730
余干县　一三六八—一三九八（洪武）年刊余干县志　明林弼纂修　㉑55
余干县　一五二二—一五六六（嘉靖）年刊余干县志　明石简周振等纂修　㉑55
余干县　一五八一（万历九）年刊余干县志　明刘谐纂修　㉑55
含山县　一五五五（嘉靖三十四）年刊含山邑乘三卷　明牟蓁修蒋椿等纂　⑲446
含山县儒学　一五六七（隆庆元）年刊百家类纂四十卷　明沈津辑　⑱子703
邹　县　一五二五（嘉靖四）年刊邹县地理志四卷图一卷　明戴光谢秉秀纂修　⑲294
邹　县　一六一一（万历三十九）年刊邹志四卷图一卷　明胡继先纂修　⑲294
应山县　一五四〇（嘉靖十九）年刊应山县志二卷　明颜木纂　⑲611
应天府　一五一七（正德十二）年刊文公家礼仪节八卷　宋朱熹撰明邱浚注　⑳55
应天府　一五三四（嘉靖十三）年刊南畿志六十四卷　明闻人诠修陈沂纂　⑳55
应天府　一五七七（万历五）年刊应天府志三十二卷　明程嗣功修王一化纂　⑲310
应天府学　一五四三（嘉靖二十二）年刊性理大全书七十卷　明胡广等纂　⑳56
应　州　一五九九（万历二十七）年刊应州志六卷　明王有容修田蕙纂　⑲86
庐州府　一五七五（万历三）年刊庐州府志十三卷　明吴道明修杜璁等纂　⑲443
庐陵县　一三六八—一三九八（洪武）年刊庐陵县志四卷　明佚名纂修　㉑60
庐陵县　一五六二（嘉靖四十一）年刊庐陵县志六卷　明佚名纂修　㉑60
泮　州　一五六二（嘉靖四十一）年刊泮州志六卷　明水之文修李献阳纂　⑲667

沣州 一六一二（万历四十）年刊沣纪十九卷首一卷 明高尚志纂高坚续纂 ⑲667
沛县 一五四三（嘉靖二十二）年刊沛县志十卷 明王治修马伟纂 ⑲372
沛县 一五九七（万历二十五）年刊沛志二十五卷 明罗士学纂修 ⑲372
沔阳州 一五三一（嘉靖十）年刊沔阳志十八卷 明曾储修童承叙纂 ⑲625
沙县 一五四五（嘉靖二十四）年刊沙县志十卷 明叶联芳纂修 ⑲545
沂州 一六〇八（万历三十六）年刊沂州志十卷 明徐汝冀纂修 ⑲286
汾州府 一六〇九（万历三十七）年刊汾州府志十六卷 明王道一等纂修 ⑲97
沧州 一六〇三（万历三十一）年刊沧州志八卷 明李梦熊修顾震宇纂 ⑲60
汶上县 一六〇八（万历三十六）年刊汶上县志八卷 明栗可仕修王命新纂 ⑲298
沈邱县 一五三〇（嘉靖九）年刊沈邱县志五卷 明李宗元纂修 ⑲582
沈府 一六〇二（万历三十）年刊读素问钞十二卷 元滑寿编明汪机注 ⑱子178
沈藩 一五三九（嘉靖十八）年刊云仙集 明朱勋潡撰 ㊱436
沈藩朱胤栘 一五四八（嘉靖二十七）年刊圣迹图一卷 明张楷撰 ⑱史463
怀仁县 一六〇一（万历二十九）年刊怀仁县志二卷 明杨守介纂修 ⑲84
怀庆府 一五一八（正德十三）年刊怀庆府志十二卷 明何瑭纂修 ⑲569
怀庆府 一五六六（嘉靖四十五）年刊怀庆府志十三卷 明孟重修刘泾纂 ⑲570
怀庆府 一五七五（万历三）年刊文章正宗钞四卷 明胡汝嘉辑 ⑱集1609
怀远县 一五三九（嘉靖十八）年刊怀远县志二卷 明孙维礼杨钧纂修 ⑲460
怀远县 一六〇五（万历三十三）年刊怀远县志十二卷 明王存敬修孙秉阳纂 ⑲460
怀柔县 一六〇四（万历三十二）年刊怀柔县志四卷 明周仲士纂修 ⑲3
忻州 一六〇八（万历三十六）年刊忻州志四卷 明杨维岳纂修 ⑲87
即墨县 一五七九（万历七）年刊即墨志十卷 明许琎修杜为栋纂 ⑲281
灵石县 一六〇一（万历二十九）年刊灵石县志四卷 明路一麟纂修 ⑲93
灵寿县 一五七六（万历四）年刊灵寿县志十卷 明张照修王缵等纂 ⑲29

灵宝县　一五二二—一五六六（嘉靖）年刊灵宝县志二卷　明苟汝安纂修　⑲601

邵武府　一五〇五（弘治十八）年刊邵武府志二十五卷　明夏英陆勉修黄仲昭纂　⑲525

邵武府　一五四三（嘉靖二十二）年刊邵武府志十五卷　明邢址修陈让纂　⑲525

邵武府　一六一九（万历四十七）年刊邵武府志六十四卷　明韩国藩修吴起龙等纂　⑲525

邵武府　一六二三（天启三）年补刊【万历】邵武府志六十四卷　明韩国藩修吴起龙等纂　⑲525

邵武府学　一五九八（万历二十六）年刊诗家全体十四卷　明李之用辑　①9210

八　画

盂　县　一五五一（嘉靖三十）年刊盂县志十三卷　明万鉴修张淑誉纂　⑲94

青州府　一五六五（嘉靖四十四）年刊青州府志十八卷　明杜思修冯惟纳纂　⑲273

青州府　一五二二—一五六六（嘉靖）年刊皇极经世观物外篇释义四卷　明余本撰　⑱子337

青州府　一六一五（万历四十三）年刊青州府志二十卷　明王家宾修钟羽正纂　⑲273

王圻青州府　一五七九（万历七）年刊读书录十一卷续录十二卷　明薛瑄撰　薛文清公事实一卷　⑱子77

青阳县　一五九四（万历二十二）年刊青阳县志六卷　明蔡立身纂修　⑲476

青城县　一六一二（万历四十）年刊青城县志二卷　明王仪修杨梦衮纂　⑲271

青神县　一五五一（嘉靖三十）年刊青神县志七卷　明余承勋纂修　⑲772

青神县　一六〇六（万历三十四）年刊青神县志六卷　明余承勋原本余茹重修康丕显补修　⑲772

青浦县　一五九七（万历二十五）年刊青浦县志八卷　明卓钿修王圻纂　⑲15

屠隆青浦县斋　一五八〇（万历八）年刊竹箭编二卷明月篇二卷　明王稚登撰　⑱集737

奉化县　一五三五（嘉靖十四）年刊奉化县图志十二卷　明倪复纂　⑲409

奉新县　一四一七（永乐十五）年刊奉新志六卷　明赵理纂修　㉑56

奉新县　一四七〇（成化六）年刊奉新县志八卷　明谢峻修林醇纂　㉑56

奉新县　一五二五（嘉靖四）年刊奉新县志　明朱云凤纂修　㉑56

奉新县　一五八一（万历九）年刊奉新县志　明黄卷纂　㉑56

刊贾浪仙长江集七卷　唐贾岛撰　⑱集163

奉新县

武义县　一五二三（嘉靖二）年刊武义县志五卷　明黄春纂修　⑲428

武冈王府　一五三八（嘉靖十七）年后刊少鹄诗稿八卷　明保康王朱显槐撰　㊱423

武平县　一五五九（嘉靖三十八）年刊武平志六卷　明徐甫宰纂修　⑲543

武宁县　一四八七（成化二十三）年刊武宁县志八卷　明冯琦纂修　㉑52

武宁县　一五〇四（弘治十七）年刊武宁图记补　明易荣订补　㉑52

武宁县　一五六二（嘉靖四十一）年刊武宁县志六卷　明徐麟纂修　⑲485

武宁县　一五七六（万历四）年刊武宁县志六卷　明胡东阳纂修　㉑52

武宁县　一六三四（崇祯七）年刊武宁县志　明寇可教纂修　㉑52

武安县　一五四七（嘉靖二十六）年刊武安县志四卷　明唐交修陈玮纂　⑲74

武进县　一六〇五（万历三十三）年刊武进县志八卷　明晏文辉修唐鹤徵纂　⑲346

武定州　一五四八（嘉靖二十七）年刊武定州志二卷　明郑希侨修刘继先崔士伟纂　⑲266

武定州　一五八八（万历十六）年刊武定州志十五卷　明桑东阳修邢侗纂　⑲267

武定州　一六三九（崇祯十二）年刊武定州志　明王永积修刘嘉祯纂　⑲267

武城县　一五四九（嘉靖二十八）年刊武城县志十卷　明尤麒修陈露纂　⑲264

武陟县　一五七三—一六二〇（万历）年刊武陟志七卷　明秦之英修赵五臣纂　⑲569

武康县　一五五〇（嘉靖二十九）年刊武康县志八卷　明程嗣功修骆文盛纂　⑲406

林　县　一五九六（万历二十四）年刊林县志八卷　明谢思聪修郝持李若杞纂　⑲577

松江府　一五一二（正德七）年刊松江府志三十二卷　明陈威喻时修顾清纂　⑲7

松江府　一六〇三（万历三十一）年刊续文献通考二百五十四卷　明王圻撰　⑯12932

松江府　一六二一（天启元）年刊东吴水利考十卷　明王圻撰　⑱史1040

松江府　一六三〇（崇祯三）年刊松江府志五十八卷　明方岳贡修陈继儒纂　⑲7

松溪县　一五三七（嘉靖十六）年刊松溪县志十四卷　明黄金修廖芝纂　⑲523

杭州府　一四七五（成化十一）年刊杭州府志六十三卷首一卷　明陈让等修夏进正等纂　⑲378

杭州府 一五四一（嘉靖二十）年刊少保于公奏议十卷 明于谦撰 ④2840

杭州府 一五七九（万历七）年刊杭州府志一百卷 明刘伯缙修陈善等纂 ⑲378

范 县 一五三五（嘉靖十四）年刊范县志八卷 明东时泰纂修 ⑲573

枣强县 一六一六（万历四十四）年刊枣强县志四卷 明王鹤龄修陶万象纂 ⑲65

砀山县 一六三九（崇祯十二）年刊砀山县志二卷 明刘芳修汪用霖等纂 ⑲458

南京尚宝司 刊南京尚宝司志二十卷 明潘焕宿撰 ⑳55

岷王府 一五三五（嘉靖十四）年刊雪峰诗集八卷 明岷靖王朱彦汰撰 ㊱435

明肃皇太后李氏 一五七三—一六二〇（万历）年刊释迦如来成道记注解一卷 唐释道诚撰 ⑱子972

盱眙县 一五一八（正德十三）年刊盱眙县志二卷 明李天畀修陈惟渊纂 ⑲368

盱眙县 一五九五（万历二十三）年刊帝里盱眙县志十二卷 明戴任等纂修 ⑲368

昆山县 一五三八（嘉靖十七）年刊昆山县志十六卷 明杨逢春修方鹏纂 ⑲322

昌平州 一五六七（隆庆元）年刊昌平州志八卷 明崔学履纂修 ⑲2

昌乐县 一五四八（嘉靖二十七）年刊昌乐县志八卷 明朱木修高凌云纂 ⑲274

易 州 一五〇二（弘治十五）年刊易州志二十卷 明戴敏修戴铣纂 ⑲55

罗山县 一五八三（万历十一）年刊罗山县志四卷 明李弘道纂修 ⑲594

罗田县 一五四三（嘉靖二十二）年刊罗田县志八卷 明祝翊修杨鸾蔡元伟等纂 ⑲615

罗源县 一五四五（嘉靖二十四）年刊罗川志四卷 明高相纂修 ⑲528

罗源县 一六一四（万历四十二）年刊罗源县志八卷 明陈良谏纂修 ⑲528

国子监 一四六八（成化四）年在北京刊山海经十八卷 晋郭璞撰 ⑱子727

南京国子监 一四九一（弘治四）年刊朱子语略二十卷 宋杨与立辑 ⑱子63

南京国子监 一五七六—一五七七（万历四—五）年刊子彙二十四种三十四卷 明周子义编 ⑱子13

国子监 一五二九（嘉靖八）年在南京刊辽史一百十六卷 元脱脱等撰 ⑱史83

国子监 一五八六（万历十四）年在北京刊十三经注疏三百三十五卷 ⑱经10

国子监 一五九六（万历二十四）年在南京刊三国志六十五卷 晋陈寿撰刘宋裴松之注 ⑱史56

南京国子监 一六二四（天启四）年刊大学衍义补一百六十卷首一卷 明丘濬撰 ⑱子67

固安县 一五六五（嘉靖四十四）年刊固安县志九卷 明苏志皋纂修 ⑲48

固安县 一六三二（崇祯五）年刊固安县志九卷 明秦士奇修侯奉职等纂 ⑲48

固原州 一五三二（嘉靖十一）年刊固原州志二卷 明杨经纂修 ⑲229

和　州 一四四一（正统六）年刊和州志五卷 明朱沅修陈钧纂 ⑲446

和　州 一五二八（嘉靖七）年刊和州志十七卷 明易鸾纂修 ⑲446

和　州 一五七五（万历三）年刊和州志八卷 明唐诰修齐柯等纂 ⑲446

岳州府 一四八八（弘治元）年刊岳州府志十卷 明刘玑纂修 ⑲641

岳州府 一五六七—一五七二（隆庆）年刊岳州府志十八卷 明钟崇文纂修 ⑲641

郃阳县 一五四一（嘉靖二十）年刊郃阳县志二卷 明蔺世贤修魏廷揆纂 ⑲177

金山卫 一五一七（正德十二）年刊金山卫志六卷 明张奎修夏有文等纂 ⑲14

金华县 一五九八（万历二十六）年刊金华县志十卷 明胡颂纂修 ⑲427

金华府 一四八〇（成化十六）年刊金华府志二十卷 明周宗智纂修 ⑲426

金华府 一五七八（万历六）年刊金华府志三十卷 明王懋德修陆凤仪纂 ⑲427

金溪县 一四二一（永乐十九）年刊金溪县志 明姚文或纂修 ㉑57

金溪县 一五四五（嘉靖二十四）年刊金溪县志九卷 明王蓂纂修 ⑲500

周　府 一六一五（万历四十三）年刊王国典礼八卷 明朱勤美撰 ⑱史1149

周　藩 一三九〇（洪武二十三）年刊新刊袖珍方大全四卷 ㉖419

周　藩 一四〇三—一四二四（永乐）年刊普济方一百六十八卷 明朱橚撰 ⑱子210

周　藩 一四二六—一四三五（宣德）年刊诚斋牡丹梅花玉堂春百咏三卷 ㊱419

周　藩 一四三六—一四四九（正统）年刊诚斋杂剧三十一卷 明朱有墩撰 ㊱419

周　藩 一五三六（嘉靖十五）年刊纪事珠十四卷 明刘国翰撰 ⑱子840

周　藩 一五三八（嘉靖十七）年刊金丹正理大全四十二卷 ⑱子1041

周　藩 一五七〇（隆庆四）年刊中州人物志十六卷 明朱睦㮮撰 ㊱420

兖州府　一五九六（万历二十四）年刊兖州府志五十二卷　明于慎行纂修　⑲293
府江兵巡道　刊校增救急易方二卷　㉔498
郑王府　一五四九（嘉靖二十八）年刊柏斋集十一卷　明何塘撰　㊱439
郑王府　一六一〇（万历三十八）年刊图解古周髀算经一卷　明朱载堉撰　㊱439
郑　州　一五五二（嘉靖三十一）年刊郑州志六卷　明徐恕修王继洛纂　⑲556
郑　藩　一五九六（万历二十四）年刊乐律全书三十九卷　明朱载堉撰　⑱经228
单　县　一五六九（隆庆三）年刊单县志二卷　明夏维藩修周卫阳纂　⑲299
河内县　一五九七（万历二十五）年刊河内县志五卷　明卢梦麟修王所用纂　⑲570
河间府　一五四〇（嘉靖十九）年刊河间府志二十八卷　明郜相修樊深纂　⑲59
河间府　一五六八（隆庆二）年刊文章百段锦二卷　宋方颐孙辑　⑱集1880
河间府　一六一五（万历四十三）年刊河间府志十五卷　明杜应芳修陈士彦纂　⑲60
河南布政使司　一四八六（成化二十二）年刊河南总志十九卷图一卷　明胡谧纂修　⑲555
河南布政司　一五五五（嘉靖三十四）年刊河南通志四十五卷　明邹守愚修李濂纂　⑲555
河南布政司　一五二二—一五六六（嘉靖）年刊大明集礼五十三卷　明徐一夔梁寅等撰　⑯392/947
河南府　一五二二—一五六六（嘉靖）年刊阳明先生文粹十一卷　明王守仁撰宋义望辑　⑱集619
河南按察司　一五二二（嘉靖元）年刊文公先生经世大训十六卷　明余祐编　⑱子62
沾化县　一六一九（万历四十七）年刊新修沾化县志七卷　明段展修丁懋逊纂　⑲269
泸溪县　一五八三（万历十一）年刊泸溪县志五卷　明陈玉廷纂修　㉑58
泗　州　一五二八（嘉靖七）年刊泗志备遗三卷　明袁淮修侯廷训纂　⑲459
泗　州　一五九九（万历二十七）年刊帝乡纪略十一卷图一卷　明曾惟诚纂修　⑲459
泗水县　一五九六（万历二十四）年刊泗水县志十二卷　明尤应鲁修乔允修纂　⑲295
泽　州　一六一一（万历三十九）年刊泽州志十八卷　明傅淑训修郑际明等续修　⑲101
泾阳县　一五四七（嘉靖二十六）年刊泾阳县志十二卷　明连应魁修李锦纂　⑲166
泾　县　一五五二（嘉靖三十一）年刊泾县志十一卷　明丘时庸修王廷幹纂　⑲466

宝庆府 一五六七（隆庆元）年刊宝庆府志五卷 明陆柬纂修 ⑲657

宝应县 一五六九（隆庆三）年刊宝应县志十卷 明汤一贤纂修 ⑲355

宝应县 一五九四（万历二十二）年刊宝应县志十二卷 明吴敏道纂 ⑲355

定　州 一五二二（嘉靖元）年刊定州志四卷 明倪玑修刘堪纂 ⑲54

定远县 一五三五（嘉靖十四）年刊定远县志十卷 明高鹤纂修 ⑲462

定南县 一五八四（万历十二）年刊定南县志十卷 明章莹纂修 ㉑66

定海县 一五六三（嘉靖四十二）年刊定海县志十三卷 明何愈修张时彻等纂 ⑲412

定海学宫 一五八四（万历十二）年刊刻历朝捷录大成二卷 明顾充撰 ⑨9574

定襄县 一六一六（万历四十四）年刊定襄县志八卷 明安嘉士修刘绍先纂王立爱增修刘国治增纂 ⑲88

宜兴县 一五九〇（万历十八）年刊宜兴县志十卷 明陈遴玮修王升纂 ⑲346

宜城县 一五一四（正德九）年刊宜城志三卷 明朱崇学纂修 ⑲637

宜城县 一五六三（嘉靖四十二）年刊宜城县志三卷 明郝廷玺纂修 ⑲637

宜黄县 一四四七（正统十二）年刊元丰类稿五十卷 宋曾巩撰 ㉑59

宜黄县 一四八八—一五〇五（弘治）年刊宜黄县志 明画芳纂修 ㉑59

宜黄县 一五二二—一五六六（嘉靖）年刊宜黄县志考订十四卷 明黄漳纂 ⑲501

宜黄县 一五九一（万历十九）年刊宜黄县志 明王尚廉纂修 ㉑59

郓城县 一五四〇（嘉靖十九）年刊郓城志二卷 明马奇纂修 ⑲300

郓城县 一六三四（崇祯七）年刊郓城县志八卷 明米嘉穗修孙鲸纂 ⑲300

建平县 一五三一（嘉靖十）年刊建平县志九卷 明连鑛修姚文烨等纂 ⑲464

建宁县 一五四六（嘉靖二十五）年刊建宁县志七卷附录一卷 明何孟伦纂修 ⑲547

建宁府 一四八八（弘治元）年刊大学衍义补一百六十卷首一卷 明丘濬撰 ⑱子67

建宁府 一四九三（弘治六）年刊建宁府志六十卷 明贾暹等纂 ⑲520

建宁府 一五三二（嘉靖十一）年刊礼记集说三十卷 元陈澔撰 ⑱经195

建宁府 一五四一（嘉靖二十）年刊建宁府志二十一卷 明夏玉麟郝维岳等修汪佃等纂 ⑲520

建宁府 一五七三—一六二〇（万历）年刊建宁府志五十二卷 明丁继嗣陈儒修朱东光撰 ⑲521

建阳县 一三九六（洪武二十九）年刊十斋素念佛式一卷 ⑱子958

建阳县 一五〇四（弘治十七）年刊建阳县志四卷杂志三卷续集一卷 明黄璿纂修袁铦续纂 ⑲521

建阳县 一五五三（嘉靖三十二）年刊建阳县志十六卷 明冯继科等纂修 ⑲521

建阳县 一六〇一（万历二十九）年刊建阳县志八卷 明魏时应修田居中张榜纂 ⑲521

建昌县 一六一八（万历四十六）年刊建昌县志十卷 明蒲秉权修徐中素等纂 ⑲486

建昌府 一四五六（景泰七）年刊建昌郡志 明何文渊纂修 ㉑47

建昌府 一四六五—一四八七（成化）年刊三礼考注六十四卷 元吴澄考订 ㉑47

建昌府 一五一七（正德十二）年刊建昌府志十九卷 明夏良胜纂修 ⑲502

建昌府 一五六一（嘉靖四十）年刊建昌府志 明罗汝芳纂修 ㉑47

建昌府 一六一二（万历四十）年刊建昌府续志 明陆键纂修 ㉑47

建昌郡斋 刊五朝名臣言行录前集十卷后集十四卷 宋朱熹辑 ⑱史420

肃宁县 一五九九（万历二十七）年刊肃宁县志二卷 明成性纂修 ⑲61

肃　府 一四七九（成化十五）年刊静修先生集三十卷 元刘因撰 ㊱427

肃府王妃吴氏 一五六五（嘉靖四十四）年刊三官经 ㊱427

陕　西 一四三六—一四四九（正统）年刊玉机微义五十卷 明徐彦纯撰刘纯续 ㉚319

陕　州 一五八二（万历十）年刊陕州志八卷 明王承蕙纂修 ⑲604

陕西布政司 一五四二（嘉靖二十一）年刊陕西通志四十卷 明赵廷瑞修马理纂 ⑲161

陕西布政司 一五六六—一五七〇（嘉靖四十五—隆庆四）年刊十七史详节二百七十三卷 宋吕祖谦撰 ⑱史690

陕西布政司 一六一一（万历三十九）年刊陕西通志三十五卷首一卷 明李思孝修冯从吾等纂 ⑱史834

陕西布政使司 一六〇二（万历三十）年刊秦汉图记十二卷（即三辅黄图西京杂记各六卷） ⑱史1050

陕西凤翔府署 一六一八（万历四十六）年刊张子全书十五卷 宋张载撰朱熹注 ⑱子51

始兴县 一五三六（嘉靖十五）年刊始兴县志二卷 明汪庆舟修袁宗与等纂 ⑲679

绍兴府 一五一〇（正德五）年刊嘉泰会稽志二十卷 宋沈作宾修施宿等纂 ⑲416

绍兴府 一五八七（万历十五）年刊绍兴府志五十卷 明萧良榦修张元忭孙铲纂 ⑲416

经　厂 一四六一（天顺五）年刊大明一统志九十卷 明李贤万安等修 ⑱史730

经　厂 一五八七（万历十五）年刊重修政和经史证类备用本草三十卷 宋唐慎微撰曹孝忠校 ㉚161

九　画

项城县 一六〇〇（万历二十八）年刊项城县志十卷 明王钦诰纂修 ⑲583

城固县 一五六六（嘉靖四十五）年刊城固县志六卷 明杨守正修胡琏纂 ⑲198

柳州府署 一五二七（嘉靖六）年刊柳祠录 ㉔497

政和县 一四〇四（永乐二）年刊政和县志四卷 明黄裳修郭斯垕纂 ⑲523

政和县 一六〇九（万历三十七）年刊政和县志八卷 明车鸣时纂修 ⑲523

故城县 一五九四（万历二十二）年刊故城县志五卷 明周世选夏维藩纂修 ⑲67

封丘县 一六一五（万历四十三）年刊封丘县志 明张鲤修边有猷纂 ⑲565

荆门州 一五七三—一六二〇（万历）年刊荆门州志十四卷 清徐天祐纂修 ⑲622

荆州府 一五三二（嘉靖十一）年刊荆州府志十二卷图一卷 明孙存修王宠怀纂 ⑲621

荆溪县 一五四五（嘉靖二十四）年刊荆溪外纪二十六卷 明沈敕纂 ⑲347

南丰县 一四七二（成化八）年刊南丰先生元丰类稿五十一卷 宋曾巩撰 ⑱集216

南丰县 一四九四（弘治七）年刊南丰县志 明雷颐纂修 ㉑58

南丰县 一五〇六—一五二一（正德）年刊南丰县志十九卷 明符遂纂 ㉑58

南丰县 一五八六（万历十四）年刊南丰县志九卷 明王玺程三省纂修 ㉑58

南平县 一五二二（嘉靖元）年刊南平县志十七卷 明刘继善纂修 ⑲524

南宁府 一五三八（嘉靖十七）年刊南宁府志十卷 明郭楠纂修 ⑲716

南宁府署 刊传习录 ㉔498

南安府 一四五〇—一四五六（景泰）年刊南安府志 明蔡云翰纂 ㉑48

南安府 一五〇六—一五二一（正德）年刊南安府志 明何文邦纂修 ㉑48

南安府 一五三六（嘉靖十五）年刊南安府志三十五卷 明刘节纂修 ⑲514

南阳府 一四三七（正统二）年刊南阳府志十二卷 明康孔高纂修金福增修 ⑲595

南阳府 一五七七（万历五）年刊南阳府志十八卷 明李廷龙修朱之藩纂 ⑲596

南旺公署 刊治水筌蹄二卷 明万恭撰 ⑱史1038

南昌府 一三七八（洪武十一）年刊南昌府图志 明王藏纂修 ㉑43

南昌府 一四三三（宣德八）年刊南昌府志 明任肃纂修 ㉑43

南昌府 一五〇〇（弘治十三）年刊南昌府志 明祝瀚纂修 ㉑43

南昌府 一五七一（隆庆五）年刊大学衍义补纂要六卷 明徐栻辑 ⑱子68

南昌府 一五八八（万历十六）年刊新修南昌府志三十卷 明范涞修章潢纂 ⑲480

南昌府 一五七三—一六二〇（万历）年刊图书编一百二十七卷 明章潢编 ㉑43

南昌学宫何懋官 一五九一（万历十九）年刊周易说旨四卷 明罗伦撰陈禹谟辑 ⑱经65

南京僧录司 一六〇七（万历三十五）年刊金陵梵刹志五十三卷 明葛寅亮撰 ⑰K14761

南城县 一六一二（万历四十）年刊南城县志 明范涞纂修邬鸣雷续修 ㉑59

南宫县 一五五九（嘉靖三十八）年刊南宫县志五卷 明叶恒嵩修刘濂纂 ⑲76

南陵王府 一五三七（嘉靖十六）年刊西湖百咏一卷 宋董嗣杲撰 ㊱421

南海县 一六〇九（万历三十七）年刊南海县志十三卷 明刘廷元修王学曾纂 ⑲694

南海县 一六四二（崇祯十五）年刊南海县志十三卷 明朱光熙庞景忠修麦懋藻纂 ⑲694

南康县 一五五五（嘉靖三十四）年刊南康县志十三卷 明刘昭文纂修 ⑲515

南康府 一四九四（弘治七）年知府郭璞刊白鹿洞书院志 ㉑44

南康府 一五一五（正德十）年刊南康府志十卷 明陈霖纂修 ⑲485

南康郡守 一五一五（正德十）年刊史记一百三十卷 汉司马迁撰刘宋裴骃集解 ⑪NC2488/1273·12

南雄府 一五四二（嘉靖二十一）年刊南雄府志二卷 明谭大初纂修 ⑲679

南靖县 一五九九（万历二十七）年刊南靖县志十卷 明陈宗愈修王人聘蔡克恭纂 ⑲540

茶陵州 一五二五（嘉靖四）年刊茶陵州志二卷 明张治纂修 ⑲646

荣府 一五二〇（正德十五）年刊灵棋经一卷 题晋颜幼明宋何承天元陈师凯明刘基注 ⑱子359

荣府 一六一五（万历四十三）年刊四书集注十九卷 宋朱熹撰 ㊱444

荣河县 一五三八（嘉靖十七）年刊荣河县志二卷 明康镕修宋纲纂 ⑲117

赵王府 一六三六（崇祯九）年刊中丞马先生集九卷 明马卿撰 ㊱439

河北赵州 一五一五（正德十）年刊赵州志八卷 明程遵纂修 ⑲32

河北赵州 一五六七（隆庆元）年刊赵州志十卷 明蔡懋昭纂修 ⑲32

云南赵州 一五八七（万历十五）年刊赵州志四卷 明庄诚修王利宾纂 ⑲845

赵府 一五六五（嘉靖四十四）年刊居敬堂集十卷 明朱厚煜撰 ⑱集655

赵府 一五九七（万历二十五）年刊天池雪堂汇稿十八卷 明徐佩撰 ㊱438

咸阳县 一五九一（万历十九）年刊咸阳县新志二卷 明张应诏纂修 ⑲164

威县 一五五〇（嘉靖二十九）年刊威县志八卷 明胡容修王组纂 ⑲79

威县 一六二〇（万历四十八）年刊威县志八卷 明张蒙正修姜允清纂 ⑲79

临川县 一四八四（成化二十）年刊吴文正公集四十九卷外集三卷 元吴澄撰 ㉑57

临川县 一五二二—一五六六（嘉靖）年刊临川先生文集一百卷目录二卷 宋王安石撰 ㉑57

临川县 一五七五（万历三）年刊红泉逸草 明汤显祖撰 ㉑57

临江府 一五三六（嘉靖十五）年刊临江府志九卷 明徐颢修杨钧陈德文纂 ⑲496

临江府 一五七二（隆庆六）年刊临江府志十四卷 明管大勋修刘松纂 ⑲496

临汾县 一五九一（万历十九）年刊临汾县志九卷 明邢云路纂修 ⑲105

临城县 一五九七（万历二十五）年刊临城县志七卷 明程鹏搏修乔壁星等纂 ⑲77

临朐县 一五五二（嘉靖三十一）年刊临朐县志四卷 明王家士修祝文冯惟敏纂 ⑲275

临洮府 一六〇四（万历三十二）年刊临洮府志二十六卷 明唐懋德纂修 ⑲207

临桂县署 一五九〇（万历十八）年刊桂故八卷 明张鸣凤撰 ㉔498

临海县 一五三九（嘉靖十八）年刊临海志二十六卷 明刘大直修余宽金贲亨纂 ⑲424

临颍县 一五四一（嘉靖二十）年刊临颍志八卷 明卢镗纂修杜柟增纂 ⑲588

临漳县 一五〇六（正德元）年刊临漳县志十卷 明景芳纂修 ⑲73

临漳县署 一六二八—一六四四（崇祯）年刊知漳罪略九卷又刻一卷 明张尔忠撰 ⑱史1104

临潼县 一六〇八（万历三十六）年刊临潼县志四卷 明王联芳修武士望纂 ⑲172

峡江县 一五五八（嘉靖三十七）年刊峡江志九卷 明何坚纂修 ㉑63

郧阳府 一五七八（万历六）年刊郧阳府志三十一卷 明周绍稷纂修 ⑲632

贵州布政司 一四八八—一五〇五（弘治）年刊贵州图经新志十七卷 明沈庠修赵瓒纂 ⑲803

贵州布政使司 一五五五（嘉靖三十四）年刊贵州通志十二卷 明谢东山修张道等纂 ⑲803

贵州布政使司 一五九七（万历二十五）年刊贵州通志二十四卷 明王耒贤许一德纂修 ⑲803

贵州学署 刊新刊批点西汉咀华十六卷 明傅顺孙批辑 ⑯922·2107/05

贵溪县 一六一二（万历四十）年刊贵溪县志 明钱邦伟纂修 ㉑50

思南府 一五三六（嘉靖十五）年刊思南府志八卷 明钟添纂修 ⑲807

钦州 一五三九（嘉靖十八）年刊钦州志九卷 明林希元纂修 ⑲732

钦天监 一四一六（永乐十四）年刊大明永乐十五年岁次丁酉大统历一卷 ⑳54

钦天监 一四四五（正统十）年刊大明正统十一年岁次丙寅大统历 明钦天监编 ㉓6

钦天监 一四五一（景泰二）年刊大明景泰三年岁次壬申大统历 明钦天监编 ㉓6

钦天监 一四五九（天顺三）年刊大明天顺四年岁次庚辰大统历 明钦天监编 ㉓6

钦天监 一四七〇（成化六）年刊大明成化七年岁次辛卯大统历 明钦天监编 ㉓7

钦天监 一五〇一（弘治十四）年刊弘治十五年岁次壬戌大统历 明钦天监编 ㉓7

钦天监 一五〇六（正德元）年刊大明正德二年岁次丁卯大统历 明钦天监编 ㉓7

钦天监 一五二二（嘉靖元）年刊大明嘉靖元年岁次壬午大统历 明钦天监编 ㉓7

钦天监 一五七一（隆庆五）年刊大明隆庆六年岁次壬申大统历 明钦天监编 ㉓7

钦天监 一五七四（万历二）年刊大明万历三年岁次乙亥大统历 明钦天监编 ㉓7

钦天监 一六二一（天启元）年刊大明天启元年岁次辛酉大统历 明钦天监编 ㉓7

钦天监 一六二八（崇祯元）年刊大明崇祯二年岁次己巳大统历 明钦天监编 ㉓7

香山县 一五四八（嘉靖二十七）年刊香山县志八卷 明邓迁修黄佐纂 ⑲696

香河县 一六二〇（万历四十八）年刊香河县志十一卷 明沈惟炳纂修 ⑲47

重庆府 一四六五—一四八七（成化）年刊重庆府志 明江朝宗纂修 ⑲741

重庆府 一六〇六（万历三十四）年刊重庆府志八十六卷 明张文耀修邹廷彦纂 ⑲741

毛泰重庆府 一四八九（弘治二）年刊农桑撮要一卷 元鲁明善撰 ⑱子152

保宁府 一五四三（嘉靖二十二）年刊保宁府志十四卷 明杨思震纂修 ⑲784

保定县 一六一三（万历四十一）年刊保定县志九卷 清田龙修龚逢泰等纂 ⑲48

保定府 一四九四（弘治七）年刊重修保定志二十五卷 明章律修张才纂徐珪重编 ⑲50

保定府 一六〇七（万历三十五）年刊保定府志四十卷 明冯惟敏等纂修王国桢续修王政熙续纂 ⑲51

保定府 一五八二（万历十）年刊李卫公望江南一卷 ⑱子116

信丰县 一三六八—一三九八（洪武）年刊信丰县志 明康候昌纂修 ㉑63

信丰县 一四〇三—一四二四（永乐）年刊信丰县志 明王昉纂修 ㉑63

信丰县 一五二二—一五六六（嘉靖）年刊允庵先生诗集六卷 明张逵撰 ㉑63

信丰县 一五七〇（隆庆四）年刊信丰县志 明廖宪纂修 ㉑64

顺天府 一五九三（万历二十一）年刊顺天府志六卷 明沈应文谭希思等修张元芳纂 ⑲1

顺庆府 一五四三（嘉靖二十二）年刊顺庆府志八卷 明朱簠修郭睿等纂 ⑲784

顺昌县 一五二一（正德十六）年刊顺昌邑志十卷 明马性鲁纂修 ⑲524

顺德县 一五八五（万历十三）年刊顺德县志十卷 明叶初春修叶春及纂 ⑲695

顺德府 一四八八—一五〇五（弘治）年刊顺德府志十卷 明林恭纂修 ⑲74

顺德府 一五三六（嘉靖十五）年刊顺德志三十五卷 明孙锦修 ⑲74

顺德府 一五八三（万历十一）年刊顺德府志四卷 明王守诚修张四箴纂 ⑲74

泉州府 一六一二（万历四十）年刊泉州府志二十四卷 明阳思谦修黄凤翔林学曾等纂 ⑲533

饶州府 一五一一（正德六）年刊饶州府志四卷 明陈策纂修 ⑲491

饶州府　一六一五（万历四十三）年刊饶州府志四十五卷　明陈大绶纂修　㉑45

饶阳县　一六〇一（万历二十九）年刊饶阳县志三卷续志一卷　石经世纂　⑲64

胙城县　一五八一（万历九）年刊胙城县志八卷　明杨嘉言纂修　⑲568

将乐县　一五〇五（弘治十八）年刊将乐县志十四卷　明李敏纂修　⑲546

将乐县　一五八五（万历十三）年刊万历将乐县志十二卷首一卷　明黄仕祯修黄元美等纂　⑲546

洪洞县　一五九一（万历十九）年刊洪洞县志八卷　明乔因羽修晋朝臣纂　⑲109

洪雅县　一五六二（嘉靖四十一）年刊洪雅县志五卷　明束载修张可述纂　⑲771

浏阳县　一五六一（嘉靖四十）年刊浏阳县志二卷　明萧敷修刘以身纂　⑲645

济阳县　一六〇九（万历三十七）年刊济阳县志十卷　明侯加乘修邢其谏纂　⑲261

浑源州　一四九三（弘治六）年刊浑源州志五卷　明董锡修杨大雍纂　⑲85

浑源州　一六一一（万历三十九）年刊浑源州志二卷　明赵之韩修王濬初纂　⑲85

浒墅关　一五三七（嘉靖十六）年刊浒墅关志十八卷　明张裕纂　⑲319

浔州府署　一五四四（嘉靖二十三）年刊便民图纂十六卷　㉔497

宣平县　一五四六（嘉靖二十五）年刊宣平县志四卷　明萧彦修郑禧纂　⑲440

宣府镇　一五〇六—一五二一（正德）年刊宣府镇志十卷　明王崇献纂修　⑲36

宣府镇　一五六一（嘉靖四十）年刊宣府镇志四十二卷　明孙世芳修栾尚约纂　⑲36

冠　县　一五四五（嘉靖二十四）年刊冠县志五卷　明姚本纂修　⑲305

冠　县　一六〇八（万历三十六）年刊冠县志六卷　明谈自省修杜华先纂　⑲305

姚安府　一五五六（嘉靖三十五）年刊檀弓丛训二卷　明杨慎撰　⑱经205

绛　州　一五二一（正德十六）年刊绛州志七卷　明吕经李文洁修王珂纂　⑲113

绛　州　一六〇九（万历三十七）年刊绛州志八卷　明方立诚纂修　⑲113

十　画

秦王邹风皋　一五七二（隆庆六）年刊千金宝要六卷　宋郭思编　㉚213

秦府 一五〇三（弘治十六）年刊秦藩世德录三种 ⑱集1506

秦藩朱惟焯 一五三四（嘉靖十三）年刊史记集解索隐正义一百三十卷 汉司马迁原撰 ⑱史15

秦藩 一四九八（弘治十一）年刊小鸣集十卷 明朱诚泳撰 ⑱集632

秦藩 一五五〇（嘉靖二十九）年刊天原发微五卷图一卷篇目名义一卷 宋鲍云龙撰
明鲍宁辨正 问答节要一卷 明鲍宁撰 ⑱子336

泰州 一六〇四（万历三十二）年刊泰州志 明李存信修黄祐章文斗纂 ⑲356

泰州 一六四九（崇祯六）年刊泰州志十卷图一卷 明李自滋修刘万春纂 ⑲356

泰兴县 一五七三—一六二〇（万历）年刊泰兴县志四卷 明陈继畴修王穉登纂 ⑲358

泰安州 一四八八（弘治元）年刊泰安州志十卷 明胡瑄修李锦纂 ⑲288

泰安州 一六〇三（万历三十一）年刊泰安州志六卷 明任弘烈修段廷选纂 ⑲288

泰和县 一三八六（洪武十九）年刊泰和图经 明徐伯敏纂修 ㉑61

泰和县 一四九七（弘治十）年刊泰和县志十卷 明李穆纂修 ㉑61

泰和县 一五七九（万历七）年刊泰和志十卷 明唐伯元修梁庚纂 ㉑61

桂林府 一五八七（万历十五）年刊粤西奏议五卷 明吴文华撰 ⑱史368

桂林府署 一五四〇（嘉靖十九）年刊曹祠部诗集二卷 明曹邺撰 ㉔197

桂林府署 一五七二（隆庆六）年刊定轩公存稿一卷 明彭大治撰 ㉔497

郴州 一五七六（万历四）年刊郴州志二十卷 明胡汉纂修 ⑲648

桐庐县 一五二六（嘉靖五）年刊桐庐县志八卷 明屠继祖修濮溉纂 ⑲387

桐城县 一四九〇（弘治三）年刊桐城县志二卷 明陈勉修许诰等纂 ⑲449

桃源县 一五七六（万历四）年刊桃源县志二卷 明郑天佐李徵等纂修 ⑲668

都昌县 一五七九（万历七）年刊都昌县志 明陈舜咨纂修 ㉑51

都昌县 一六三三（崇祯六）年刊都昌县志十卷 明陈嗣清纂修 ㉑51

都察院 一五二二—一五六六（嘉靖）年刊三国志通俗演义二十四卷 明罗本撰 ⑭

南京都察院 一六三二（崇祯五）年刊唐策十卷 ⑳55

真阳县 一五五四（嘉靖三十三）年刊真阳县志十卷补遗一卷 明何麟纂修 ⑲592

真定府 一五四九（嘉靖二十八）年刊真定府志三十三卷 明唐臣修雷礼纂 ⑲28

真定县 一五七七（万历五）年刊真定县志八卷 明周应中修杨芳纂 ⑲28

袁州府 一四六五—一四八七（成化）年刊袁州府志九卷 明陈定纂修 ㉑45

袁州府 一五一四（正德九）年刊袁州府志十四卷 明徐琏修严嵩纂 ⑲493

袁州府 一五四三（嘉靖二十二）年刊袁州府志十卷 明陈德文纂修 ⑲493

袁州府 一五七二（隆庆六）年刊大学衍义补纂要六卷 明徐栻辑 ⑱子68

袁州府 一六二〇（万历四十八）年刊袁州府志二十卷 明黄鸣乔纂修 ㉑45

袁州府仰韩堂 一五二一（正德十六）年刊周易本义五卷图说一卷五赞一卷 宋朱熹撰 ⑱经47

莱州府 一六〇四（万历三十二）年刊莱州府志八卷 明龙文明修赵耀董基纂 ⑲280

莱芜县 一五四八（嘉靖二十七）年刊莱芜新志八卷 明陈甘雨纂修 ⑲290

获鹿县 一五五六（嘉靖三十五）年刊获鹿县志十二卷 明赵惟勤纂修 ⑲28

获嘉县 一六〇二（万历三十）年刊获嘉县志十卷 明张蕴道修陈禹谟纂 ⑲566

莘　县 一五一五（正德十）年刊莘县志十卷 明吴宗器纂修 ⑲303

莘　县 一五二二—一五六六（嘉靖）年增刊【正德】莘县志十卷 明吴宗器纂修 ⑲303

盐城县 一五八三（万历十一）年刊盐城县志十卷 明杨瑞云修夏应星纂 ⑲368

晋　府 一四七四（成化十）年刊书经章句训解十卷 明尹洪撰 ⑱经111

晋　藩 一五四二（嘉靖二十一）年刊真文忠公续文章正宗二十卷 宋真德秀辑 ⑱集1608

夏邑县 一五五一（嘉靖三十）年刊夏邑县志八卷 明郑相修黄虎臣纂 ⑲579

夏津县 一五四〇（嘉靖十九）年刊夏津县志二卷 明易时中修王琳纂 ⑲264

原武县 一五七四（万历二十二）年刊原武县志二卷 明张祥修阎邦宁纂 ⑲568

恩　县 一五三八（嘉靖十七）年刊恩县志九卷 明林永昌修张季霖纂 ⑲265

恩　县 一五九八（万历二十六）年刊恩县志六卷 明孙居相修雷金声纂 ⑲265

恩平县 一六三六（崇祯九）年刊恩平县志十一卷 明宋应昇修梁维栋纂 ⑲699

钱塘县 一六〇九（万历三十七）年刊钱塘县志十纪 明聂心汤纂修 ⑲379
铅山县 一五二五（嘉靖四）年刊铅山县志十二卷 明费寀纂修 ⑲488
铅山县 一六一八（万历四十六）年刊铅书八卷 明笪总良修柯仲炯纂 ⑲488
息　县 一五五三（嘉靖三十二）年刊息县志八卷 明邵鸣岐纂修 ⑲593
徐州府 一四九四（弘治七）年刊重修徐州志十卷 明马暾纂修 ⑲370
徐州府 一五二二—一五六六（嘉靖）年修刊徐州志十二卷 明梅守德修任子龙纂 ⑲370
徐州府 一五七七（万历五）年刊徐州志六卷 明姚应龙纂修 ⑲370
徐沟县 一六〇七（万历三十五）年刊徐沟县志二卷 明杨国桢纂修 ⑲83
馀杭县 一五七三—一六二〇（万历）年刊馀杭县志十卷 明戴日强纂修 ⑲380
馀姚县 一五四二（嘉靖二十一）年刊馀姚县志十七卷 明顾存仁修杨抚岑原道胡膏纂 ⑲413
馀姚县 一六〇一（万历二十九）年刊新修馀姚县志二十四卷 明史树德修杨文焕等纂 ⑲413
高州府 一五七三—一六二〇（万历）年刊高州府志十卷 明曹志遇等纂修 ⑲704
高阳县 一六二八—一六四四（崇祯）年刊高阳县志十四卷 明孙承宗纂修 ⑲57
高邮州 一五七二（隆庆六）年刊高邮州志十二卷 明范惟恭修王应元纂 ⑲353
高唐州 一五五三（嘉靖三十二）年刊高唐州志七卷 明金江纂修 ⑲305
高陵县 一五四一（嘉靖二十）年刊高陵县志七卷 明吕柟纂修 ⑲165
高淳县 一五六二（嘉靖四十一）年刊高淳县志四卷 明刘启东贾宗鲁等纂修 ⑲343
亳　州 一五六四（嘉靖四十三）年刊亳州志四卷 明李先芳等纂修 ⑲455
唐藩朱硕熿 一五七一（隆庆五）年刊文选六十卷 梁萧统辑唐李善注 ⑱集1551
唐藩朱芝址 一四八七（成化二十三）年刊文选六十卷 梁萧统辑唐李善注 ⑱集1550
唐藩朱弥锴 一五四七（嘉靖二十六）年刊东莱吕氏两汉精华二十八卷 宋吕祖谦撰 ㊱437
唐　藩 一五四〇（嘉靖十九）年刊忠武录五卷 明沈津辑 ⑱史465
唐　藩 一五七一（隆庆五）年刊雷氏白云楼集三卷 明雷鸣春撰 ⑱集715
朔　方 一六一七（万历四十五）年刊朔方新志五卷 明杨应聘杨寿纂修 ⑲227

益　府　一五四二（嘉靖二十一）年刊理学类编六卷　明张九韶撰　⑱子73

益　府　一六四〇（崇祯十三）年刊香谱四卷　宋陈敬撰　⑩118

益都县　一六一八（万历四十六）年刊益都县志九卷　明田仰纂修　⑲274

益　藩　一五〇一（弘治十四）年刊许氏说文解字五音韵府　宋李焘辑撰　㉑38

益　藩　一五四九（嘉靖二十八）年刊重编广韵五卷　宋陈彭年等撰明朱祐槟重编　⑱经460

益　藩　一五七三（万历元）年刊盛明十二家诗选十二卷　明朱翊鈏辑　①6368

益　藩　一六四〇（崇祯十三）年刊茶谱二十一种三十四卷　㉑39

浦江县　一五二六（嘉靖五）年刊浦江志略八卷　明毛凤韶纂修王庭兰校正　⑲430

浦江县　一六三七（崇祯十）年刊浦江县志十二卷　明吴应台修张一佳张德庆纂　⑲431

浦城县　一六〇九（万历三十七）年刊浦城县志十六卷　明黎民范修陈玄藻纂　⑲523

浙　江　一五七七（万历五）年刊大学衍义补纂要六卷　明徐栻撰　⑱子69

浙江布政司　一五三五（嘉靖十四）年刊大乐律吕元声六卷　明李文利撰李元校补　⑱经224

浙江布政司　一五七三—一六二〇（万历）年刊合刻二种医书五十八卷　明李维桢编　⑱子167

浙江按察司　一五四四（嘉靖二十三）年大唐六典三十卷　唐玄宗李隆基撰李林甫等注　⑱史1086

浙江湖州府　一五五五（嘉靖三十四）年刊文章辩体五十卷外集五卷总论一卷　明吴讷编　⑯830/439

海　州　一五七二（隆庆六）年刊海州志十卷　明陈复亨纂修　⑲373

海门县　一五三六（嘉靖十五）年刊海门县志集六卷　明吴宗元修崔桐纂　⑲361

海门县　一五七三—一六二〇（万历）年刊补【嘉靖】海门县志集六卷　明吴宗元修崔桐纂　⑲361

海丰县　一五五九（嘉靖三十八）年刊海丰县志二卷　明张炎道修李曰巽纂　⑲692

海宁县　一五五七年（嘉靖三十六）年刊海宁县志九卷首一卷　明蔡完修董穀纂　⑲395

海宁县　一六三〇（崇祯三）年刊宁志备考十二卷　明赵维寰纂　⑲396

海盐县　一六二四（天启四）年刊海盐县图经十六卷　明樊维城修胡震亨姚士粦纂　⑲394

海澄县　一六三二（崇祯五）年刊海澄县志二十卷　明梁兆阳修蔡国祯张燮等纂　⑲538

浮山县　一五三二（嘉靖十一）年刊浮山县志八卷　明许安纂修　⑲110

浮梁县 一四一九（永乐十七）年刊浮梁县志 明朱昭纂修 ㉑49
浮梁县 一五二二—一五六六（嘉靖）年刊浮县志十四卷 明汪宗明纂修 ㉑49
浮梁县 一六〇四（万历三十二）年刊浮梁县志八卷 明周起元纂修 ㉑49
宾州 一五八七（万历十五）年刊宾州志十四卷 明郭棐纂修 ⑲717
诸城县 一六〇三（万历三十一）年刊诸城县志十二卷 明王之臣修陈烨纂 ⑲276
通州 一五四九（嘉靖二十八）年刊通州志略十三卷图一卷 明杨行中纂 ⑲4
通州（南通） 一五三〇（嘉靖九）年刊通州志六卷 明钟汪修林颖等纂 ⑲359
通州（南通） 一五七八（万历六）年刊通州志八卷 明林云程修沈明臣等纂 ⑲359
通州（南通） 一六四五（弘光元）年刊州乘资四卷 明邵潜纂修 ⑲359
通许县 一五四五（嘉靖二十四）年刊通许县志二卷 明韩玉纂修 ⑲562
通渭县 一六一六（万历四十四）年刊重修通渭县志 明刘世纶修白我心纂 ⑲210

十一画

梧州府署 一一四七（嘉靖二十六）年刊东泉文集八卷 姚镆撰 ㉔497
乾州 一五二二—一五六六（嘉靖）年刊乾州志二卷 明宋廷佐纂修 ⑲170
乾州 一六三三（崇祯六）年刊乾州志二卷 明杨殿元纂修 ⑲170
郾城县 一五五四（嘉靖三十三）年刊郾城县志十一卷 明杨邦梁等纂修 ⑲585
郾城县 一六三七（崇祯十）年刊郾城县志十卷 明李振声修李豫纂 ⑲586
萍乡县 一五一八（正德十三）年刊萍乡县志 明高桂纂修 ㉑49
萍乡县 一五七九（万历七）年刊续补萍乡县志 明简继芳纂 ㉑49
萧山县 一五五七（嘉靖三十六）年刊萧山县志六卷 明林策修张烛纂魏堂续增 ⑲388
萧山县 一五八九（万历十七）年刊萧山县志六卷 明刘会修戴文明等纂 ⑲388
黄冈县 一六〇八（万历三十六）年刊黄冈县志十卷 明茅瑞徵修吕元音纂 ⑲613
黄州府 一五〇〇（弘治十三）年刊黄州府志十卷 明卢希哲纂修 ⑲613

黄陂县 一五五六（嘉靖三十五）年刊黄陂县志三卷 明李河图修俞贡纂 ⑲610

黄岩县 一五七九（万历七）年刊黄岩县志七卷 明袁应祺修牟汝忠等纂 ⑲425

营山县 一五七六（万历四）年刊营山县志八卷 清王廷稷修李彭年等纂 ⑲786

山东曹县公署 一六〇一（万历二十九）年刊字学三正四卷 明郭一经撰 ⑱经446

雩都县 一四三七（正统二）年刊雩都县志 明蒋逵纂修 ㉑63

雩都县 一五〇〇（弘治十三）年刊雩都县志 明高伯龄纂修 ㉑63

雩都县 一五四六（嘉靖二十五）年刊雩都县志二卷附外志一卷 明许来学修袁琚纂 ⑲510

雩都县 一五九四（万历二十二）年刊雩都县志 明黄应元纂修 ㉑63

堂邑县 一六一〇（万历三十八）年刊堂邑县志三卷 明王应乾纂修 ⑲302

常山县 一五八五（万历十三）年刊常山县志十五卷 明傅良言修詹莱纂 ⑲433

常州府 一四八四（成化二十）年刊重修毗陵志四十卷 明卓天锡修孙仁增修朱昱纂 ⑲345

常州府 一五一三（正德八）年刊常州府志续集八卷 明张恺纂 ⑲345

常州府 一五一八（正德十三）年刊文公家礼仪节八卷 明丘濬撰 ⑱经219

常州府 一五三七（嘉靖十六）年刊三礼集解十二卷 明李黼撰 ⑱经212

常州府 一六一八（万历四十六）年刊重修常州府志二十卷 明刘广生修唐鹤徵等纂 ⑲345

常熟县 一五〇三（弘治十六）年刊堂邑县志四卷 明杨子器修桑瑜纂 ⑲326

常熟县 一五三九（嘉靖十八）年刊常熟县志十三卷 明冯汝弼修 ⑲327

常熟县 一六〇五（万历三十三）年刊皇明常熟文献志十二卷 明管一德集 ⑲327

常德府 一五三五（嘉靖十四）年刊常德府志二十卷 明陈洪谟纂修 ⑲666

崞　县 一五六六（嘉靖四十五）年刊崞县志八卷 明尹际可修徐麟趾纂 ⑲89

略阳县 一五五二（嘉靖三十一）年刊略阳县志六卷 明李遇春纂修李东甲贾言校补 ⑲201

崇义县 一五五三（嘉靖三十二）年刊崇义县志二卷 明王廷耀修郑乔纂 ⑲516

崇仁县 一四一二（永乐十）年刊崇仁县志 明黄中纂 ㉑59

崇仁县 一四六八（成化四）年刊崇仁县志 明李祥纂修 ㉑59

崇仁县 一五三四（嘉靖十三）年刊周易本义四卷首一卷 明成矩编 ㉑59
崇仁县 一六〇二（万历三十）年刊崇仁县志 明李绍春纂修 ㉑59
崇明县 一五一三（正德八）年刊崇明县重修志十卷 明陈文修黄章纂 ⑲21
崇明县 一六〇四（万历三十二）年刊新修崇明县志十卷 明张世臣修陈宇俊等纂 ⑲21
崇 府 一四七六（成化十二）年刊贞观政要十卷 唐吴兢撰元戈直集论 ⑱史223
崇德县 一六一一（万历三十九）年刊崇德县志十二卷 明靳一派修李太冲张洪儒纂 ⑲398
崇 藩 一五四三（嘉靖二十二）年刊孝肃包公奏议集十卷 宋包拯撰 ⑱史357
铜陵县 一五六三（嘉靖四十二）年刊铜陵县志八卷 明李士元修沈梅纂 ⑲445
铜陵县 一五八七（万历十五）年刊铜陵县志十卷 明熊懋臣修何自谦纂 ⑲445
猗氏县 一六一三（万历四十一）年刊猗氏县志 明马孔昭纂修 ⑲118
馆陶县 一五七四（万历二）年刊新修馆陶县志四卷 明李仲奎修赵邦治纂 ⑲70
象山县 一五五六（嘉靖三十五）年刊象山县志十五卷 明毛德京修杨民彝周茂伯纂 ⑲410
象山县 一五七一（隆庆五）年增刊【嘉靖】象山县志十五卷 明毛德京修杨民彝周茂伯纂 ⑲410
象山县 一六〇八（万历三十六）年刊象山县志十六卷 明吴学周修陆应阳等纂 ⑲410
旌德县 一五九八（万历二十六）年刊旌德县志十卷 明苏宇庶纂修 ⑲471
商丘县 一五八三（万历十一）年刊商丘县志十卷 明吕乾健修沈鲤等纂 ⑲578
商河县 一五八六（万历十四）年刊商河县志十卷 明曾一侗修詹应阳纂 ⑲263
商城县 一五五一（嘉靖三十）年刊商城县志八卷 明万炯修张应辰纂 ⑲595
商南县 一五五二（嘉靖三十一）年刊商雒商南县集八卷 明李鸿渐修任庆云纂 ⑲183
望江县 一五九四（万历二十二）年刊望江县志八卷 明罗希益修龙子甲纂 ⑲450
济南府章丘县 一五七四（万历二）年刊农书三十六卷 元王祯撰 ⑱子152
章邱县 一五三〇（嘉靖九）年刊章邱县志四卷 明杨循吉纂修戴儒补修宋秉中补纂 ⑲291
章邱县 一五九六（万历二十四）年刊章邱县志三十四卷 明董复亨纂修 ⑲291
清丰县 一五五八（嘉靖三十七）年刊新修清丰县志十六卷 明李汝宽修晁瑮纂 ⑲575

清江县　一六四二（崇祯十五）年刊清江县志八卷　明秦镛纂修　⑲497

清苑县　一五三八（嘉靖十七）年刊清苑县志六卷　明李廷宝纂修　⑲51

河北清河县　一五五一（嘉靖三十）年刊清河县志四卷续录艺文一卷　明孟仲遴纂修　⑲78

河北清河县　一五八一（万历九）年刊清河县志十二卷　明向日红纂修　⑲78

江苏清河县　一五六五（嘉靖四十四）年刊清河县志四卷　明吴宗吉修纪士范纂　⑲365

清流县　一五四五（嘉靖二十二）年刊清流县志五卷　明陈桂芳纂修　⑲545

淇　县　一五四五（嘉靖二十四）年刊淇县志十卷　明方员刘钜纂修刘伯璋增订　⑲577

涿　州　一五一四（正德九）年刊涿州志十二卷　明刘坦修郑恢纂　⑲52

涿　州　一五五三（嘉靖三十二）年增刊【正德】涿州志十二卷　明刘坦修郑恢纂　⑲52

淛江按察司　一六一一（万历三十九）年刊敬由编十二卷　明窦子偁撰　⑱子147

淮安府　一五一八（正德十三）年刊淮安府志十六卷图一卷　明陈艮山纂　⑲363

淮安府钱之选　一五六四（嘉靖四十三）年刊前汉书抄八卷后汉书抄八卷　明王廷辑　⑱史711

淮安府　一五七三（万历元）年刊淮安府志二十卷　明郭大纶修陈文烛纂　⑲364

淮安府　一六二六（天启六）年刊淮安府志二十四卷　明宋祖舜修方尚祖纂　⑲364

淮安府　一六二八—一六四四（崇祯）年补刊【天启】淮安府志二十四卷　明宋祖舜修方尚祖纂　⑲364

淮阴公舍　一四九七（弘治十）年刊春秋左传类解二十卷地谱世系一卷　明刘绩撰　⑱经247

淮　府　一四七二（成化八）年刊文翰类选大成一百六十三卷　明冯厚李伯璵辑　⑱集1613

淮　府　一五三五（弘治十四）年增修文翰类选大成一百六十三卷　明冯厚李伯璵辑　⑱集1613

淮　府　一五四六（嘉靖二十五）年重修文翰类选大成一百六十三卷　明冯厚李伯璵辑　⑱集1613

淳安县　一五二四（嘉靖三）年刊淳安县志十七卷　明姚鸣鸾修余坤等纂　⑲385

淄川县　一五四六（嘉靖二十五）年刊淄川县志六卷　明王琮纂修　⑲257

淄川县　一六〇二（万历三十）年刊淄川县志三十七卷　明朱万春修王教纂　⑲257

宿迁县　一五七七（万历五）年刊宿迁县志八卷　明喻文伟修刘筹何仪纂　⑲367

宿　州　一四九九（弘治十二）年刊直隶凤阳府宿州志二卷　明曾显纂修　⑲457

宿　州　一五三七（嘉靖十六）年刊宿州志八卷　明余鍧纂　⑲457
宿　州　一五九六（万历二十四）年刊宿州志二十六卷　明崔维岳修汪文奎等纂　⑲458
尉氏县　一五四八（嘉靖二十七）年刊尉氏县志五卷　明曾嘉诰修汪心纂　⑲559
随　州　一五三九（嘉靖十八）年刊随志二卷　明汪德修颜木纂　⑲635
隆平县　一六二九（崇祯二）年刊隆平县志九卷　明陈所学纂修　⑲75
隆　庆　一五四九（嘉靖二十八）年刊隆庆志十卷　明谢庭桂纂苏乾续纂　⑲2
郿　县　一五七三—一六二〇（万历）年刊郿志八卷　明刘九经纂　⑲186
续谿县　一五八一（万历九）年刊续谿县志十二卷　明陈嘉策修何棠等纂　⑲472
巢　县　一五七二（隆庆六）年刊巢县志七卷　明柳应侯修陈九春纂　⑲445

十二画

博平县　一五一七（正德十二）年刊博平县志八卷　明胡瑾修葛茂邓恭纂　⑲302
博罗县　一六三一（崇祯四）年刊博罗县志七卷　明苏元起修韩日缵纂　⑲684
韩城县　一六〇七（万历三十五）年刊韩城县志八卷　明苏进修张士佩纂　⑲178
朝邑县　一五一九（正德十四）年刊朝邑县志二卷　明王道修韩邦靖纂　⑲174
朝邑县　一六一二（万历四十）年补刊【正德】朝邑县志二卷　明王道修韩邦靖纂　⑲174
朝城县　一五四〇（嘉靖十九）年刊朝城志八卷　明谢注纂　⑲304
彭泽县　一四八五（成化二十一）年刊彭泽县志　明凌杞纂修　㉑51
彭泽县　一五〇五（弘治十八）年刊彭泽县志　明王琦纂修　㉑51
彭泽县　一五八二（万历十）年刊彭泽县志九卷　明叶朝荣修戴震亨纂　⑲484
惠州府　一五五六（嘉靖三十五）年刊惠州府志十六卷　明姚良弼修杨宗甫纂　⑲683
惠州府　一五九五（万历二十三）年刊惠州府志二十一卷　明林国相程有守修杨起元纂　⑲683
惠州府学余世忠　一五四四（嘉靖二十三）年刊重校宋苏文忠公寓惠录四卷　宋苏轼撰　⑱集257
惠安县　一五三〇（嘉靖九）年刊惠安县志十三卷　明莫尚简修张岳纂　⑲534

惠安县 一六一二（万历四十）年刊惠安县续志四卷 明黄士绅等纂修 ⑲534

雄　县 一五三七（嘉靖十六）年刊雄乘二卷 明王齐纂修 ⑲56

雄　县 一五八六（万历十四）年刊雄乘二卷 明王元修等纂修 ⑲57

确山县 一五五七（嘉靖三十六）年刊确山县志二卷 明陈耀文纂修 ⑲590

揭阳县 一六三一（崇祯四）年刊揭阳县志不分卷 明冯元飚修郭之奇纂 ⑲693

辉　县 一五二七（嘉靖六）年刊辉县志十卷 明张天真纂修 ⑲567

辉　县 一五八〇（万历八）年刊辉县志八卷 明聂良杞修崔守一等纂 ⑲567

辉　县 一六二一—一六二七（天启）年刊辉县志八卷 明王廷谏纂修 ⑲567

景宁县 一五八八（万历十六）年刊景宁县志六卷 明姜师闵修赖汝霖纂 ⑲439

景　州 一五七二（隆庆六）年刊景州志六卷 明罗许修徐大祐纂 ⑲64

舒城县 一五八〇（万历八）年刊舒城县志十卷 明陈魁士纂修 ⑲453

钜野县 一五七三—一六二〇（万历）年刊钜野县志十卷 明吕鹏云修吕封齐纂 ⑲299

颍　州 一五一一（正德六）年刊颍州志六卷 明刘节纂修 ⑲454

颍　州 一五四七（嘉靖二十六）年刊颍州志二卷 明李宜春纂修 ⑲454

颍　州 一六〇五（万历三十三）年刊颍州志 明孙崇先纂修 ⑲454

鲁山县 一五五二（嘉靖三十一）年刊鲁山县志十卷 明姚卿修孙铎纂 ⑲587

鲁　藩 一五九四（万历二十二）年刊鲁府秘方四卷 明刘应泰编 ㊱424

普安州 一五四九（嘉靖二十八）年刊普安州志十卷 明高廷愉纂修 ⑲809

道　州 一五七三—一六二〇（万历）年刊道州志 明佚名纂 ⑲657

遂安县 一五七六（万历四）年刊遂安县志十卷 有余乾亨余乾贞纂 ⑲386

湖口县 一五五九（嘉靖三十八）年刊湖口县志八卷 明沈诏纂修 ㉑51

湖口县 一六三八（崇祯十一）年刊续修湖口县志八卷 明陈文德纂修 ㉑51

湖广布政司 一五七四（万历二）年刊读书录十一卷 明薛瑄撰 ⑱子77

湖广布政司 一五九一（万历十九）年刊湖广总志九十八卷 明徐学谟纂修 ⑲607

湖广布政使司 一五三三（嘉靖十二）年刊伤寒六书十卷 明陶华撰 ⑱子197

湖州府 一四九一（弘治四）年刊湖州府志二十四卷 清王珣修汪翁仪等纂 ⑲400

湖州府 一五四二（嘉靖二十一）年刊湖州府志十六卷 明张铎修浦南金纂 ⑲400

湖州府 一五七八（万历六）年刊湖州府志十四卷 明栗祁修唐枢张应雷纂 ⑲400

湘阴县 一五六五（嘉靖四十四）年刊湘阴县志二卷 明张灯纂修李廷龙续修 ⑲643

湘潭县 一五五三（嘉靖三十二）年刊湘潭县志二卷 明陈应信修胡东陵纂 ⑲644

温　县 一五七七（万历五）年刊温县志二卷 明张第纂修 ⑲566

温州府 一五〇三（弘治十六）年刊温州府志二十二卷 明邓淮修蔡芳等纂 ⑲434

温州府 一五三七（嘉靖十六）年刊温州府志八卷 明张孚敬纂修 ⑲434

温州府 一六〇五（万历三十三）年刊温州府志十八卷首一卷 明汤日昭修王光蕴等纂 ⑲434

渭南县 一五四一（嘉靖二十）年刊渭南县志十八卷 明南大吉纂修 ⑲171

渭南县 一五九〇（万历十八）年刊渭南县志十六卷 明南轩纂 ⑲171

渭南县 一六二一（天启元）年增刊【万历】渭南县志十六卷 明南轩纂南师仲增订 ⑲171

滑　县 一五五四（嘉靖三十三）年刊滑县志六卷 明张佳胤撰孙应魁增补 ⑲574

滋阳县 一五六五（嘉靖四十四）年刊滋阳县志六卷 明李之茂等纂修 ⑲293

滁　阳 一六一四（万历四十二）年刊滁阳志十四卷 明戴瑞卿等纂修 ⑲460

富平县 一五八四（万历十二）年刊富平县志十卷 明刘兑修孙丕扬纂 ⑲171

富阳县 一五二一（正德十六）年刊重修富春志七卷 明吴堂纂修 ⑲381

裕　州 一五四六（嘉靖二十五）年刊裕州志六卷 明牛孟耕纂修 ⑲596

登州府 一六二一（泰昌元）年刊登州府志十八卷 明徐应元纂修 ⑲281

登封县 一五二二—一五六六（嘉靖）年刊登封新志六卷 明侯泰王玉铉纂修 ⑲561

登封县 一五六九（隆庆三）年刊登封县志十卷图一卷 明邓南金修李明通纂 ⑲561

婺源县 一五四〇（嘉靖十九）年刊婺源县志六卷 明冯炫纂修 ⑲490

十三画

瑞州府 一五一五（正德十）年刊瑞州府志十四卷 明熊相纂修 ⑲495

瑞州府 一五七三（万历元）年刊大学衍义补纂要六卷 明徐栻辑 ⑱子69

瑞州府 一六二八（崇祯元）年刊崇祯瑞州府志二十四卷 明陶履中修徐登瀛纂 ⑲495

瑞安县 一五五五（嘉靖三十四）年刊瑞安县志十卷 明刘畿修朱绰等纂 ⑲436

瑞昌县 一五七〇（隆庆四）年刊瑞昌县志八卷 明刘储修谢顾纂 ⑲483

瑞金县 一五四三（嘉靖二十二）年刊瑞金县志八卷 明赵勋修林有年纂 ⑲512

瑞金县 一五七二（隆庆六）年刊瑞金县志 明吕若愚纂修 ㉑65

瑞金县 一六〇三（万历三十一）年刊瑞金县志十一卷 明堵奎临修钟譔纂 ⑲513

榆次县 一六〇九（万历三十七）年刊榆次县志十卷 明张鹤腾修褚鈇纂 ⑲91

鄢陵县 一五三七（嘉靖十六）年刊鄢陵县志八卷 明刘讱纂修 ⑲585

蓝田县 一五七一（隆庆五）年刊蓝田县志二卷 明李东纂修李进思续纂 ⑲172

蓟　州 一五二四（嘉靖三）年刊蓟州志十八卷 明熊相纂修 ⑲24

蓬　州 一五一八（正德十三）年刊蓬州志十卷 明吴德器修徐泰纂 ⑲786

蒲　州 一五五九（嘉靖三十八）年刊蒲州志三卷 明边像纂修 ⑲116

蒲台县 一五九一（万历十九）年刊蒲台县志十二卷 明李时芳修王尔彦纂 ⑲270

蒙城县 一五八二（万历十）年刊蒙城县志八卷 明吴一鸾纂修 ⑲456

王继贤蒙城县学 一六一一（万历三十九）年刊古蒙庄子四卷 明吴宗仪校释 ⑱子1020

楚　府 一五七一（隆庆五）年刊太玄月令经不分卷 明朱权辑 ⑱史717

楚　府 一五七八（万历六）年刊文选六十卷 梁萧统辑 ⑱集1548

楚雄府 一五六八（隆庆二）年刊楚雄府志六卷 明徐栻修张泽等纂 ⑲839

楚　藩 一四〇三（永乐元）年刊蚓窍集十卷 明管时敏撰丁鹤年评 全庵记一卷 明周子治撰 ⑱集550

楚　藩 一四四四（正统九）年刊鹤年先生诗集一卷 元丁鹤年撰 附录一卷 元吴惟善等撰 ⑱集501

楚　藩　一五一九（正德十四）年自刊正心诗集九卷　明朱荣㳕撰　⑱集655

楚　藩　一五四〇（嘉靖十九）年刊雍熙乐府二十卷　明郭勋辑　⑱集2180

楚　藩　一五八七（万历十五）年刊官省贤声录四卷　明高曰化辑　⑱史483

楚藩朱季堄　一四四一（正统六）年刊勤有诗集一卷文集一卷　明朱孟烷撰　⑱集569

郧　县　一五七三—一六二〇（万历）年刊郧县志十一卷　明刘璞修赵崡纂　⑲166

雷州府　一六一四（万历四十二）年刊雷州府志二十二卷　明欧阳保等纂修　⑲708

嵊　县　一五〇一（弘治十四）年刊嵊县志十卷　明徐恂修周山夏雷纂　⑲421

嵊　县　一五七三—一六二〇（万历）年刊嵊县志十三卷　明万民纪修周汝登纂　⑲421

睢　州　一五〇五（弘治十八）年刊睢州志九卷　明李孟旸纂修　⑲579

蜀　府　一三九四（洪武二十七）年刊自警编九卷　宋赵善璙编　⑩117

蜀　府　一四五七（天顺元）年刊增修埤雅广要四十二卷　明朱衷撰　⑱经394

蜀　府　一五六三（嘉靖四十二）年刊金丹大成集五卷　元萧廷芝撰　⑱子1057

蜀　府　一五七七（万历五）年刊重修政和经史证类备用本草三十卷　宋唐慎微撰寇宗奭衍义　⑱子184

蜀府陈瑛　一五七七（万历五）年刊重修政和经史证类备用本草三十卷　宋唐慎微撰曹孝忠校　㉚161

蜀　藩　一四七九（成化十五）年刊刘文靖公文集二十八卷　元刘因撰　⑱集444

蜀　藩　一五二八（嘉靖七）年刊自警编五卷　宋赵善璙辑　⑱子695

蜀藩朱承爚　一五四九（嘉靖二十八）年刊长春竞辰稿十三卷馀稿三卷　明朱让栩撰　⑱集655

蜀　藩　一五九三（万历二十一）年刊通鉴纲目全书一百八卷　⑱史122

蜀藩朱让栩　一五四一（嘉靖二十）年刊栾城集五十卷后集二十四卷三集十卷　宋苏辙撰　⑱集261

解　州　一五二五（嘉靖四）年刊解州志不分卷　明吕柟纂修　⑲112

靖　州　一三六八—一三九八（洪武）年刊靖州志不分卷　明唐宗元纂修　⑲662

靖江王府　一五〇八（正德三）年刊陆宣公奏议十五卷　唐陆贽撰　附录一卷　㉔497

靖江王府　一五二九（嘉靖八）年刊分类补注李太白集三十卷　㉔498

靖江县　一五七〇（隆庆四）年刊靖江县志八卷　明王叔杲修朱得之纂　⑲358

靖江藩府朱邦苧 一五二九（嘉靖八）年刊集千家注批点杜工部诗集二十卷 宋刘辰翁批点 ⑱集72

靖安县 一四九〇（弘治三）年刊靖安县志四卷 明王晟纂修 ㉑57

靖安县 一五六五（嘉靖四十四）年刊靖安县志六卷 明赵公辅修吴瑄纂 ⑲498

新化县 一五四三（嘉靖二十八）年刊新化县志十一卷 明佘杰修刘轩纂 ⑲660

新乐王府 一五五七（嘉靖三十六）年后刊绮合绣扬集 明朱载玺撰 ㊱444

广东新宁县 一五四五（嘉靖二十四）年刊新宁县志十卷 明王臣修陈元柯纂 ⑲699

湖南新宁县 一六〇六（万历三十四）年刊新宁县志八卷 明沈文系纂修 ⑲658

新会县 一六〇九（万历三十七）年刊新会县志七卷 明王命璿修黄淳纂 ⑲697

古之贤新安郡斋 一五八六（万历十四）年刊周易传义补疑十二卷 明姜宝撰 ⑱经69

新昌县 一四八五（成化二十一）年刊新昌县志 明汪道纂修 ㉑55

新昌县 一五二一（正德十六）年刊新昌县志十六卷 明李辑修莫旦纂 ⑲422

新昌县 一五六六（嘉靖四十五）年刊新昌县志 明赵文奎纂修 ㉑56

新昌县 一五七九（万历七）年刊新昌县志十三卷首一卷 明田琯纂修 ⑲422

新河县 一五六四（嘉靖四十三）年刊新河县志六卷 明蔡懋昭徐应解纂修 ⑲78

河北新城县 一六一七（万历四十五）年刊新城县志十二卷 明张栋等纂修 ⑲56

山东新城县 一六二四（天启四）年刊新城县志十四卷 明张必大修王象晋纂 ⑲272

山东新城县 一六三五（崇祯八）年刊新城县志十四卷 明王象晋原纂孙胤奇续修 ⑲272

江西新城县 一四〇三—一四二四（永乐）年刊新城县志 明朱徽纂 ㉑58

江西新城县 一五一六（正德十一）年刊新城县志十三卷 明黄文鷟纂修 ⑲503

江西新城县 一五七一（隆庆五）年刊新城县志十编 明李嘉猷纂修 ㉑58

浙江新城县 一五七六（万历四）年刊新城县志四卷 明温朝祚修方廉纂 ⑲387

新泰县 一六二一—一六二七（天启）年刊新泰县志十卷 明赵希汴修安选纂 ⑲290

新淦县 一五一二（正德七）年刊金川玉屑集六卷 明练子宁撰 ⑱集556

新淦县 一五六七（隆庆元）年刊新淦县志十二卷 明夏大功纂修 ㉑62

新淦县 一六三五（崇祯八）年刊新淦县志十二卷 明刘以仁纂修 ㉑62
新喻县 一三八二（洪武十五）年刊新喻县志 明高执中纂修 ㉑50
新喻县 一四五〇—一四五六（景泰）年刊新喻县志 明佚名纂 ㉑50
新喻县 一五〇三（弘治十六）年刊新喻县志 明郑信卿纂修 ㉑50
新蔡县 一五七九（万历七）年刊新蔡县志八卷 明史灿修刘大恩纂 ⑲591
廉州府 一六三七（崇祯十）年刊廉州府志十四卷 明张国经修郑抱素纂 ⑲733
廉州府署 刊安南图 ㉔498
慈圣宣文明肃皇太后 一五八七（万历十五）年刊大方广佛华严经八十卷 唐释实叉难陀译 ⑱子898
大方广佛华严经入不思议解脱境界普贤行愿品一卷 唐释般若译
慈圣皇太后 一五七四（万历二）年刊地藏经赞一卷 ⑱子946
慈利县 一五七三（万历元）年刊慈利县志十八卷 明陈光前纂修 ⑲669
慈溪县 一六二四（天启四）年刊慈溪县志十六卷 明李逢申修姚宗文等纂 ⑲413
溧水县 一五七九（万历七）年刊溧水县志八卷 明吴仁诠修黄汝金纂 ⑲343
溧阳县 一四九八（弘治十一）年刊溧阳县志五卷 明符观修汪淮等纂 ⑲342
滦州 一五四八（嘉靖二十七）年刊滦州志五卷 明陈士元纂修 ⑲45
滦州 一六一八（万历四十六）年刊滦志六卷 明周宇纂修 ⑲45
滨州 一五八三（万历十一）年刊滨州志四卷 明艾梅修毛似徐纂 ⑲268
福山县 一六一八（万历四十六）年刊福山县志八卷 明宋大奎修郭如泰纂 ⑲283
福宁州 一五三八（嘉靖十七）年刊福宁州志十二卷 明陈应宾修闵文振纂 ⑲526
福宁州 一五九三（万历二十一）年刊福宁州志十卷 明林子燮纂修 ⑲526
福州府 一五二〇（正德十五）年刊福州府志四十卷 明叶溥修张孟敬纂 ⑲518
福州府 一五五〇（嘉靖二十九）年刊玉髓真经三十卷 宋张洞玄撰刘允中注释 后卷二十一卷 ⑱子352
福州府 一六一三（万历四十一）年刊福州府志七十六卷 明喻政修谢肇淛纂 ⑲518
福州府 一六三八（崇祯十一）年刊三山志四十二卷 宋梁克家纂修 ⑲518

福安县　一五九七（万历二十五）年刊福安县志九卷　明陆以载等纂修　⑲527

福安县　一六三八（崇祯十一）年刊福安县志九卷首一卷　明巫三祝修陈晓梧纂　⑲527

福建布政司　一四九一（弘治四）年刊八闽通志八十七卷　明陈道修黄仲昭纂　⑲517

福建布政司　一五九三（万历二十一）年刊纪効新书十四卷　明戚继光撰　⑱子122

福建布政司　一六二九（崇祯二）年刊闽书一百五十四卷　明何乔远纂　⑲517

福建布政司督粮道　一五七五（万历三）年刊脉经十卷　晋王叔和撰宋林亿等校定　⑱子191

福建巡按吉澄　一五五九（嘉靖三十八）年刊大学衍义补一百六十卷首一卷　明丘濬撰　⑱子67

福清县　一五四七（嘉靖二十六）年刊福清县志续略十八卷　明释如一纂　⑲532

福藩朱常洵　一六一〇（万历三十八）年刊佛说金轮佛顶大威德炽盛光如来陀罗尼经一卷　⑱子922

十四画

嘉兴县　一六三七（崇祯十）年刊嘉兴县志二十四卷　明黄承昊等纂　⑲390

嘉兴府　一四九二（弘治五）年刊嘉兴府志三十二卷　明柳琰修曾春纂林光校正　⑲389

嘉兴府　一五一二（正德七）年刊嘉兴府志补十二卷　明于凤喈修邹衡纂　⑲389

嘉兴府　一五四九（嘉靖二十八）年刊嘉兴府图记二十卷　明赵瀛修赵文华纂　⑲389

嘉兴府　一六〇〇（万历二十八）年刊嘉兴府志三十二卷　明刘应钶修沈尧中纂　⑲390

嘉定县　一五五七（嘉靖三十六）年刊嘉定县志十二卷　明杨旦修浦南金纂　⑲17

嘉定县　一六〇五（万历三十三）年刊嘉定县志二十二卷　明韩浚修张应武纂　⑲17

嘉鱼县　一四六九（正统十四）年刊嘉鱼县志三卷　明莫震修孙允恭纂　⑲619

嘉善县　一五九六（万历二十四）年刊重修嘉善县志十二卷首一卷　明章士雅修盛唐纂　⑲392

磁　州　一五五三（嘉靖三十二）年刊磁州志四卷　明周文龙修孙绍等纂　⑲73

磁　州　一五八一（万历九）年刊重修磁州志八卷　明赵范修诸鏻纂　⑲73

舞阳县　一五三六（嘉靖十五）年刊舞阳志要十二卷附外志一卷　明张颖纂修　⑲588

南京僧录司　一六〇七（万历三十五）年刊金陵梵刹志五十二卷　明葛寅亮撰　⑳55

鄱阳县 一四五〇（景泰元）年刊续鄱阳志二十卷 明章凤应纂 ㉑54

鄱阳县 一五二五（嘉靖四）年刊鄱阳县志 明胡韶纂修 ㉑54

鄱阳县 一六〇九（万历三十七）年刊鄱阳县志十六卷 明潘禹谟纂修 ㉑54

漳平县 一五四九（嘉靖二十八）年刊漳平县志十卷 明朱召修曾汝桧纂 ⑲541

韶州府 一五四二（嘉靖二十一）年刊韶州府志十卷图一卷 明符锡修秦志道纂 ⑲677

漳州府 一五一三（正德八）年刊漳州府志三十四卷 明陈洪谟修周瑛纂 ⑲537

漳州府 一五七三（万历元）年刊漳州府志三十三卷 明罗青霄纂修 ⑲537

漳德府 一五二二（嘉靖元）年刊漳德府志八卷 明崔铣纂修 ⑲571

漳德府 一五八一（万历九）年刊漳德府续志三卷 明常存仁修郭朴纂 ⑲571

潍县 一五七四（万历二）年刊潍县志十卷 明刘廷锡纂修 ⑲277

肇庆府 一五八八（万历十六）年刊肇庆府志二十二卷 明郑一麟修叶春及纂 ⑲709

十五画

增城县 一五三八（嘉靖十七）年刊增城县志十九卷 明文章修张文海纂 ⑲675

蕲水县 一五四七（嘉靖二十六）年刊蕲水县志四卷 明萧璞等纂 ⑲615

蕲州 一五三六（嘉靖十五）年刊蕲州志九卷 明甘泽纂修 ⑲616

震泽县 一五〇五（弘治十八）年刊震泽编八卷 明王鏊修蔡昇纂 ⑲333

震泽县 一六一七（万历四十五）年重刊【弘治】震泽编八卷 明王鏊修蔡昇纂 ⑲333

镇江府 一五二二—一五六六（嘉靖）年刊明伦大典二十四卷 明杨一清等纂修 ⑱史1148

镇江府 一五九六（万历二十四）年刊重修镇江府志三十六卷图一卷 明王应麟修王樵等纂 ⑲340

稷山县 一六一二（万历四十）年刊稷山县志八卷 明张思恭修郑寅纂 ⑲115

儋州 一六一八（万历四十六）年刊儋州志三集 明曾邦泰等纂修 ⑲703

德州 一五二八（嘉靖七）年刊德州志三卷 明郑瀛修何洪纂 ⑲259

德州 一五七六（万历四）年刊德州志十二卷 明唐文华修 ⑲259

德化县 一五三一（嘉靖十）年刊德化县志十卷 明许仁修蒋孔炀纂 ⑲535

德庆州 一五三七（嘉靖十六）年刊德庆州志十六卷 明陆舜臣纂修 ⑲712

德兴县 一五五七（嘉靖三十六）年刊德兴县志 明许公高纂修 ㉑53

德兴县 一五九六（万历二十四）年刊德兴县志十四卷 明何镤纂修 ㉑53

德安县 一四四三（正统八）年刊德安县志四卷 明佚名纂 ㉑52

德安县 一五四九（嘉靖二十八）年刊德安县志 明蔡元伟纂修 ㉑52

德安县 一五七七（万历五）年刊德安县志 明刘钟纂修 ㉑52

德安府 一五一七（正德十二）年刊德安府志十二卷 明马龠纂修 ⑲612

德清县 一五二五（嘉靖四）年刊德清县志十卷 明郝成性修陈霆纂 ⑲405

德藩最乐轩 刊汉书白文一百卷 汉班固撰班昭续 ㊱444

滕县 一五八五（万历十三）年刊滕志八卷 明王元宾纂修 ⑲295

潮州府 一五二二—一五六六（嘉靖）年刊困知记二卷续二卷三续一卷附录一卷 明罗钦顺撰 ⑪NC111·69/6082

潮州府 一五四七（嘉靖二十六）年刊潮州府志八卷 明郭春震纂修 ⑲689

潮阳县 一五七二（隆庆六）年刊潮阳县志十五卷 明黄一龙修林大春纂 ⑲691

潼川州 一六一九（万历四十七）年刊潼川州志五十四卷 明陈时宜修张世雍等纂 ⑲749

澄城县 一五五一（嘉靖三十）年刊澄城县志二卷 明徐效贤敖佐修石道立纂 ⑲177

豫章 一五〇六—一五二一（正德）年刊徐迪功集六卷附谈艺录一卷 明徐祯卿撰 ㉑43

豫章 一五二二—一五六六（嘉靖）年刊皇明文选二十卷 明汪宗元辑 ㉑43

豫章 一五七三—一六一九（万历）年刊世说新语补二十卷 刘宋刘义庆撰 ㉑43

十六画

霍州 一五五八（嘉靖三十七）年刊霍州志八卷 明褚相修杨枢纂 ⑲110

霍邱县 一五九六（万历二十四）年刊霍邱县志十卷 明杨其善纂修 ⑲452

冀　州　一五四八（嘉靖二十七）年刊冀州志十卷　明张景达修张玺纂　⑲67
衡山县　一四八八（弘治元）年刊衡山县志六卷　明刘熙修何纪纂　⑲653
衡王府　一四八八—一五〇五（弘治）年刊篆字便于搜检四卷　㊱443
衡王府　一五五〇（嘉靖二十九）年刊摄生众妙方十一卷　明张时彻编　㉚219
衡王府　一五六九（隆庆三）年刊补摄生众妙方十一卷　明张时彻编　㉚219
衡州府　一五三六（嘉靖十五）年刊衡州府志九卷　明杨珮纂修　⑲652
衡州府　一五九三（万历二十一）年刊衡州府志十五卷　明林兆珂伍让等纂修　⑲652
衡　府　一五七〇（隆庆四）年刊四书集注十九卷　宋朱熹撰　⑱经320
衡　藩　一五四八（嘉靖二十七）年刊洪武正韵十六卷　明乐韶凤宋濂等修　⑱经473
衡　藩　一五六七（隆庆元）年刊洪武正韵十六卷　明乐韶凤宋濂等撰　⑱经473
衡　藩　一五八四（万历十二）年刊衡藩重刻胥台先生集二十卷　明袁帙撰　⑱集665
歙　县　一六二四（天启四）年刊歙志三十六卷　明戴东旻纂修　⑲469
歙　县　一六〇九（万历三十七）年刊歙志三十卷　明张涛修谢陛纂　⑲469
潞　州　一四九五（弘治八）年刊潞州志十二卷　明马暾纂修　⑲99
潞安府　一六一二（万历四十）年刊潞安府志二十卷　明周一梧等纂修　⑲99
潞城县　一六二五（天启五）年刊潞城县志八卷　明冯维贤修王溥增修　⑲103
潞　藩　一六三六（崇祯九）年刊潞藩新刻述古书法纂十卷　明朱常淓撰　⑱子410

十七画

藁城县　一五三四（嘉靖十三）年刊藁城县志十卷　明李正儒纂修　⑲31
徽州府　一五〇二（弘治十五）年刊徽州府志十二卷　明彭泽修汪舜民纂　⑲468
徽州府　一五六六（嘉靖四十五）年刊徽州府志二十二卷　明何东序修汪尚宁等纂　⑲469
徽　郡　一五六三（嘉靖四十二）年刊徽郡志八卷　明孟鹏年修郭从道纂　⑲218
徽　藩　一五五一（嘉靖三十）年刊词林摘艳十卷　明张禄辑　⑱集2180

徽藩崇古书院 一五三五（嘉靖十四）年刊锦绣万花谷前集四十卷后集四十卷续集四十卷 ⑱子803

襄王府 一五〇六—一五二一（正德）年刊佛说高王观世音经 ㊱439

襄阳县 一六一七（万历四十五）年刊襄阳县志 明李思启王业浩纂修 ⑲635

襄阳府 一四五九（天顺三）年刊重刊襄阳郡志四卷 明张恒纂修 ⑲634

襄阳府 一五一七（正德十二）年刊襄阳府志二十卷 明聂贤修曹璘纂 ⑲634

襄阳府 一五八四（万历十二）年刊襄阳府志五十一卷 吴道迩纂修 ⑲634

襄城县 一五五一（嘉靖三十）年刊襄城县志八卷 明林鸾纂修 ⑲586

襄城县 一六一八（万历四十六）年刊襄城县志八卷 明谭性教修张宁纂 ⑲586

襄陵县 一五六八（隆庆二）年刊襄陵县志十二卷 明宋之韩修吕调元纂 ⑲111

襄藩贞白书院 一五九三（万历二十一）年刊宗藩训典十二卷 明冯柯辑 ㊱440

濬　县 一五二九（嘉靖八）年刊濬县志二卷 明王璜纂修 ⑲574

濬　县 一五七三—一六二〇（万历）年刊濬县志不分卷 明李文昇纂修 ⑲574

濮　州 一五二七（嘉靖六）年刊濮州志十卷 明邓拔纂修 ⑲573

濮　州 一五八一（万历九）年刊濮州志六卷 明李先芳纂修 ⑲573

翼城县 一五四八（嘉靖二十七）年刊翼城县志六卷 明鄢桂枝修杨汝江纂 ⑲106

翼城县 一六〇八（万历三十六）年刊翼乘十二卷 明崔儒秀修史学迁纂 ⑲106

二十画以上

醴泉县 一六三八（崇祯十一）年刊醴泉县志六卷首一卷 明蒿好善纂修 ⑲168

霸　州 一五四八（嘉靖二十七）年刊霸州志九卷 明唐交等修高濬等纂 ⑲47

赣州府 一五二三（嘉靖二）年刊书经集注十卷 宋蔡沈撰 ⑱经107

赣州府 一五三六（嘉靖十五）年刊赣州府志十二卷 明康河修董天锡纂 ⑲509

赣州府清献堂 一五二二（嘉靖元）年刊埤雅二十卷 宋陆佃撰 ⑱经393

赣榆县 刊万历本赣榆县志 ⑲374

夔州府 一五一三（正德八）年刊夔州府志十二卷首一卷 明吴潜修傅汝舟纂 ⑲780

蠡县 一五三四（嘉靖十三）年刊蠡县志五卷 明李复初纂修 ⑲53

蠡县 一六四一（崇祯十四）年刊蠡县志十卷 明钱天锡纂修 ⑲54

衢州府 一五〇三（弘治十六）年刊衢州府志十五卷 明沈杰修吴夔等纂 ⑲431

衢州府 一五六三（嘉靖四十二）年刊妙绝古今不分卷 宋汤汉辑 ⑱集1610

衢州府 一六二三（天启三）年刊衢州府志十六卷 明林应翔修叶秉敬等纂 ⑲431

丁明登衢州府 一六二八—一六四四（崇祯）年刊医方集宜十卷 明丁凤撰 ⑱子220

二、堂

一画

一乐堂后泉书舍 一五七一（隆庆五）年刊食物本草四卷 明卢和撰 ⑱子186

一乐堂 刊琴谱正传六卷 明杨嘉森辑 ⑱子445

珰溪金氏**一经堂** 一五七九（万历七）年刊周礼述注六卷周礼二氏改官改文议一卷 明金瑶撰 ⑱经174

熊氏**一峰堂** 一五五三（嘉靖三十二）年刊新刊性理大全七十卷 明胡广等撰 ⑱子75

二画

二乙堂书坊 明末刊缥缃对类大全二十卷 ⑱子835

徐氏二酉堂 刊苏州府纂修识略六卷 明杨循吉纂 ㉙289

二思堂 一六二八—一六四四（崇祯）年刊闲存录四卷 明王永祚撰 ⑱子582

吴兴茅氏**十赉堂** 一五七三—一六二〇（万历）年刊十赉堂甲集诗五卷文十二卷乙集诗十七卷词一卷北闱蕡言二卷 明茅维撰 ⑱集832

人伦堂 一六一二（万历四十）年刊憨士列传不分卷 明屠本畯撰 ⑱史412

人瑞堂 一六三一（崇祯四）年刊新镌全像通俗演义隋炀帝艳史八卷四十回 题明齐东野人编 ⑱子763

金陵**九如堂** 一六二三（天启三）年印新镌批评出相韩湘子三十回 明杨尔曾撰 ⑱子778

九我堂 印牡丹亭还魂记二卷 明汤显祖撰 ⑱集2114

九恩堂 一六〇二（万历三十）年刊类方准绳八卷 明王肯堂撰 ㉚221

三 画

三元堂 刊新刻袁中郎先生批评红梅记二卷 明周朝俊撰袁宏道评 ⑱集2120

书林吴氏**三友堂** 一五八三（万历十一）年刊翰林笔削字义韵律鳌头海篇心镜二十卷 明萧良有撰 ⑱经444

姑苏承天寺**三会堂** 一五九一（万历十九）年刊大方广佛华严经八十卷 唐释实叉难陀译 ⑱子900

鲁藩**三畏堂** 一五六九（隆庆三）年刊文心雕龙十卷 梁刘勰撰 ⑱集1868

三畏堂映旭斋 明末刊文章轨范七卷 宋谢枋得辑 ⑱集1611

三美堂 明末刊粲花斋新乐府八卷 明吴炳撰 ⑱集2126

王氏**三槐堂** 一五三四（嘉靖十三）年刊性理大全书七十卷 明胡广等撰 ⑱子74

王氏**三槐堂** 一五七三—一六二〇（万历）年刊王文恪公全集三十六卷 明王鏊撰 鹃音一卷
白社诗草一卷 明王禹声撰 ⑱集599

王氏**三槐堂** 刊震泽编八卷 明蔡昇撰王鏊重修 ①3088

闽书林王祐**三槐堂** 一五九一（万历十九）年刊新锲鳌头复明眼方外科神验全书六卷 明龚廷贤辑 ⑱子235

三槐堂 明末刊镌补雷公炮制药性解六卷附四卷 明李中梓撰 ⑱子190

大业堂周文炜 一六〇三（万历三十一）年刊新刻经验积玉奇方二卷 明艾应期撰 ㉚221

金陵书林周氏**大业堂** 一五七三—一六二〇（万历）年刊新镌翰林考正历朝故事统宗十卷 明李廷机撰 ⑱子849

周如山**大业堂** 刊山海经十八卷 晋郭璞传 ⑱子727

大叶堂 一五二二—一五六六（嘉靖）年刊丹溪心法附馀二十四卷首一卷 明方广编 ㉚321

秣陵周氏**大有堂**一六〇二（万历三十）年刊皇明宝训四十卷 明吕本辑 ⑱史337

金陵书坊周近泉**大有堂** 刊刻御制新颁大明律例注释招拟折狱指南十八卷首一卷 ⑱史1346

大有堂 一六二八—一六四四（崇祯）年刊养生必要活人心诀四卷 明洪基撰 ⑱子253

京口**大成堂** 一六二二（天启二）年刊先醒斋医学广笔记三卷附一卷 明缪希雍撰丁元荐编 ㉚325

金阊**大欢堂**一六二九（崇祯二）年刊资治通鉴全书四百八卷 明陈仁锡辑 ⑤
吴门**大观堂** 刊五经疏义统宗五种十二卷附周礼二卷 明陈仁锡校 ㉙496
大来堂 一六三七（崇祯十）年刊二十一史论赞三十六卷 明沈国元撰 ⑱史696
沈国元**大来堂** 一六二一—一六二七（天启）年刊骈枝别集二十卷 明黄道周撰 ⑱集848
大来堂 一六二五（天启五）年刊史记一百三十卷 汉司马迁撰明钟惺评 ⑱史16
三衢**大酉堂** 一五六九（隆庆三）年刊重校宋窦太师疮疡经验全书十二卷 宋窦默撰窦梦龄增辑 ⑱子233
三衢**大酉堂** 刊窦氏外科全书 原题宋窦杰撰明窦梦麟增 ㉚537
大盛堂 印新刻出像增补搜神记六卷 ⑱子732
张一鸣**大隐堂** 一六三二（崇祯五）年刊徽天集二卷 明姚希孟撰 ㉙ 503
大雅堂 一五八七（万历十五）年刊性理要删八卷首一卷 明宗臣撰 ⑱子86
大雅堂 刊重刻圣贤图像不分卷 ⑱史413
孙沐万玉堂 一五二七（嘉靖六）年刊干禄字书一卷 唐颜元孙撰 ⑱经429
江苏**万寿堂** 一四五七—一四六四（天顺）年刊大明一统志九十卷 明李贤万安等纂修 ⑱史730
张氏**万卷堂** 一五四七（嘉靖二十六）年刊唐诗绝句精选四卷附刻一卷拾遗一卷 明张含辑杨慎批点 ⑱集1667
嘉禾项氏**万卷堂** 一五六六（嘉靖四十五）年刊全史论赞八十一卷 明项笃筹辑 ⑱史694
项氏**万卷堂** 一五七〇（隆庆四）年刊郑端简公奏议十四卷 明郑晓撰 ⑱史365
项氏**万卷堂** 一五八三（万历十一）年刊今献备遗四十二卷 明项笃寿撰 ⑱史431
秀水项笃寿**万卷堂** 一五八四（万历十二）年刊东观馀论二卷 宋黄伯思撰 ⑱子605
南郭**万卷堂** 一六一八（万历四十六）年刊南华经荟解三十三卷 明郭良翰撰 ⑱子1021
南郭**万卷堂** 一六三〇（崇祯三）年刊孙武子会解四卷 明郭良翰辑 ⑱子114
郭氏**万卷堂** 一六三〇（崇祯三）年刊孙武子会解四卷 明郭良翰辑 ④127
董氏**万卷堂** 刊隆平集二十卷 宋曾巩撰 ⑱史231
书林万瑞堂魏卿 一五七三—一六二〇（万历）年刊新镌十翰林评选注释名家程墨策纂二卷
论纂二卷 明李廷机等辑并评 ⑱集1734

千古堂 刊董揆仲学庸解不分卷 明董懋策撰 ⑱经338

广及堂 刊纲鉴标题四卷性理标题一卷 明汤宾尹辑汪应魁增订 ⑱史133

金陵书林唐振吾**广庆堂** 一六一五（万历四十三）年刊新刻癸丑科翰林馆课四卷 明顾秉谦辑 ⑱集1736

金陵书林**广庆堂**唐振吾 一六一七（万历四十五）年刊新刻徐玄扈先生纂辑毛诗六帖讲意四卷 明徐光启撰 ⑱经142

金陵书林唐振吾**广庆堂** 一六二七（天启七）年刊新刻乙丑科翰林馆课八卷 明杨景辰辑 ⑱集1738

唐振吾**广庆堂** 一六三一（崇祯四）年刊礼记手说十二卷 明陈鸿恩撰 ⑱经199

金陵书林唐国达**广庆堂** 刊新刻七名家合纂易经讲意千百年眼十六卷 明陈际泰等撰 ⑱经79

绣谷唐氏**广庆堂** 一六一二（万历四十）年刊张太岳文集四十卷 明张居正撰 ⑫SV46.1-11/6.428

金陵**广庆堂** 一六二一—一六二七（天启）年刊新刻壬戌科翰林馆课五卷后集五卷 明周如磐汪煇辑 新刻己未科翰林馆课二卷 明郑以伟辑 ⑱集1736

广庆堂 一六二四（天启四）年刊重订宅法全书二卷 明黄一凤撰 ⑱子348

广居堂 刊性命宗指二卷 题明乾贯山人撰 ⑱子1067

广益堂 一六二二（天启二）年刊苏氏韵辑四卷 明苏茂相撰 ⑱经481

叶氏**广勤堂** 一五〇九（宣德四）年刊选编省监新奇万宝诗山三十八卷 明叶景逵辑 ⑱子837

叶氏**广勤堂** 一五五二（嘉靖三十一）年刊新刊性理大全书七十卷 明胡广等撰 ⑱子75

书林叶材**广勤堂** 刊新刻历考纲目训解通鉴全编正集二十卷续集□卷 明魏时亨辑 ⑱史121

义伦堂 一五三〇（嘉靖九）年刊新安牌镇程氏家谱不分卷 明程景富纂修 ⑱史615

熊氏**卫生堂** 刊新刊铜人针灸经七卷 ⑩135

赵氏**小宛堂** 一六〇六（万历三十四）年刊宋洪魏公进万首唐人绝句四十卷目录四卷 宋洪迈辑赵宧光黄习远补 ⑱集1659

赵均**小宛堂** 一六三一（崇祯四）年刊说文长笺一百卷首二卷解题一卷六书长笺七卷 明赵宧光撰 ⑱经409

吴郡赵均**小宛堂** 刊玉台新咏十卷 陈徐陵辑 ⑱集1568

四画

开美堂 一六二〇（泰昌元）年刊麟经指月十二卷 明冯梦龙撰 ⑪095.17/3140

天宝堂 一五八六（万历十四）年刊黄帝内经素问注证发微九卷黄帝内经灵枢注证发微九卷附素问补遗 明马莳注 ㉚3

天德堂 一六二八—一六四四（崇祯）年刊易隐八卷首一卷 明曹九锡辑曹璿演 ⑱子363

天德堂 明末刊周礼注疏删翼三十卷 明王志长撰 ⑱经176

天德堂 明末刊新镌全像武穆精忠传八卷 明李贽评 ⑱子767

天德贤堂 刊玉机微义五十卷 明徐彦纯撰刘纯续 ㉚319

天爵堂陆氏 刊万寿仙书四卷 明罗洪先撰曹若水增辑 ㉚609

谈氏**天籁堂** 一五七三—一六二〇（万历）年刊童子鸣集六卷 明童珮撰 ⑱集736

元始堂 一六一六（万历四十四）年自刊明三元太傅商文毅公年谱四卷 明商振伦撰 ⑱史506

云起堂 一六一八（万历四十六）年刊文奇二十卷 明陈仁锡辑并评 ⑱集1630

吕炌**云影山堂** 一五五一（嘉靖三十）年刊重刊全补古文会编十二卷 明黄如金辑 ⑱集1615

浦氏**五乐堂** 一五五七（嘉靖三十六）年刊修辞指南二十卷 明浦南金编 诗学正宗十六卷 明浦南金辑 ⑱集1582

五经堂 刊校正重刊官板宋朝文鉴一百五十卷目录三卷 宋吕祖谦辑 ⑱集1689

五聚堂 一六二八—一六四四（崇祯）年刊武经开宗十卷 明黄献臣辑 ⑱子108

毛氏**五德堂** 一五九一（万历十九）年刊新刻彭氏类编杂说六卷 明彭好古辑 ⑱子849

不负堂 刊唐陆宣公集二十四卷 唐陆贽撰 ⑱集98

太和堂 明末刊医方药性合编二卷 明太医院原本清罗必炜参订 ㉚329

四明**李氏友爱堂** 刊屠纬真先生藿语一卷 明屠隆撰 ⑱子574

车书堂 刊博古图三十卷 宋王黼撰 ⑱史176

书林刘氏**日新堂** 一四六八（成化四）年刊新刊宋学士夹漈先生六经奥论六卷总论一卷 宋郑樵撰 ⑱经355

刘氏**日新堂** 一五一一（正德六）年刊奇效良方六十九卷 明董宿编方贤纂集 ㉚218

日新堂 一五〇一（弘治十四）年刊资治通鉴纲目发明五十九卷 宋朱熹撰尹起莘发明元汪克宽考异徐昭文考证王幼学集览明陈济正误冯智舒质实 ⑱史120

日新堂 一五二八（嘉靖七）年刊新刊太医院外科心法 ㉙336

中和堂 一四九五（弘治八）年刊活幼全书八卷附一卷 明钱大用撰 ㉚474

见冈堂 刊刘向新序旁註评林十卷 明黄从诫撰 ⑱子36

黄省曾**长庚堂** 一五一二（正德七）年刊唐刘义诗一卷 唐刘义撰 ⑱集105

豫章**长春堂** 一六二八—一六四四（崇祯）年刊伤寒全生集四卷 明陶华撰 ㉚68

长春堂 刊重校玉簪记二卷 明高濂撰 ⑱集2109

孙氏**仁寿堂** 一六三七（崇祯十）年刊丹台玉案六卷 明孙文胤撰 ㉚328

周氏**仁寿堂** 一五七三（万历元）年刊本草蒙筌十二卷 明陈嘉谟撰 ⑱子187

同氏**仁寿堂** 一五八三（万历十一）年刊东垣十书二十卷 金李杲编 ㉚714

金陵周氏**仁寿堂** 刊新刊官板批评正百将传十卷 宋张预辑明赵光裕评 续百将传四卷 ⑱子131

书林魏氏**仁实堂** 一四九五（弘治八）年刊性理大全书七十卷 明胡广等纂 ⑱子74

魏氏**仁实堂** 一五三二（嘉靖十一）年刊四书集注大全四十三卷 明胡广辑⑱经328

魏氏**仁实堂** 明初刊唐音十卷 元杨士弘辑 ⑱集1663

黄氏**仁和堂** 一四五八（天顺二）年刊四书集注大全四十三卷 明胡广等辑 ⑱经328

介石堂 刊缶鸣集十二卷 明高启撰 ⑱集539

南康府**六老堂** 一五二七（嘉靖六）年刊礼记集说三十卷 ⑩133

六经堂 一五七三—一六二〇（万历）年刊五经疑问六十卷 明姚舜牧撰 ⑱经26

六经堂 一六一七（万历四十五）年刊重订四书疑问十一卷 明姚舜牧撰 ⑱经334

文斗山堂 一五四九（嘉靖二十八）年刊唐雅八卷 明胡缵宗辑 ⑱集1667

文汇堂 明末刊历朝应制诗选十卷唐应试诗三卷 明吴汶吴英辑 ⑱集1593

余氏**文台堂** 一五九八（万历二十六）年刊新刊皇明诸司廉明奇判公案四卷 明余象斗撰 ⑱子758

文曲山堂　刊赵太史诗钞七卷文钞十卷　明赵贞吉撰　⑱集681

胡氏**文会堂**　一五七三—一六二〇（万历）年刊格致丛书　明胡文焕编　⑱丛224

文会堂　一五九二（万历二十）年刊云林神彀四卷　明龚廷贤撰　㉚324

邓汉文远堂　一六一七（万历四十五）年刊程氏演繁露十六卷续集六卷　宋程大昌撰　⑪087.5/2646

邓渼文远堂　一六一七（万历四十五）年刊农书三十六卷　元王祯撰　⑱子153

文秀堂　刊新刊考正全像评释西厢记四卷　元王德信关汉卿撰　⑱集2045

文秀堂　明末刊南华发覆八卷　明释性通撰　⑱子1021

文林堂　刊太平遇仙洽光三关则例一卷　⑭

文枢堂　刊老庄郭注会解九卷　明潘基庆撰　⑱子1001

金陵**文枢堂**　刊万氏家钞济世良方　⑳61

文茂堂　一六〇三（万历三十一）年刊摭古遗文二卷　明李登撰　④651

文治堂　刊花间集四卷　后蜀赵崇祚辑明汤显祖评　⑱集1994

黄氏**文始堂**　一五一九（正德十四）年刊申鉴五卷　汉荀悦撰明黄省曾注　⑱子45

文奎堂　明末刊南华发覆八卷　明释性通撰　⑱子1021

晋藩**文思堂**　刊文选六十卷　梁萧统编唐李善注　⑯830/514－012

书林**文峰堂**　一五〇一（弘治十四）年刊新刊千金风水杀法妙诀一卷　⑱子353

文萃堂　一六三三（崇祯六）年刊新镌选注名公四六云涛十卷　明钟惺辑并注陆云龙增订　③文711/766

文盛堂　明末刊东坡先生全集七十五卷　宋苏轼撰　东坡诗选十二卷　宋苏轼撰明谭元春辑
年谱一卷　宋王宗稷撰　⑱集244

文斐堂　一六〇三（万历三十一）年刊国朝七名公尺牍八卷　明屠隆辑　⑯856.1/319

文锦堂　刊新刊校正增补圆机诗韵活法全书十四卷　明王世贞增补　⑪NC5568/1142

文粹堂　刊苏米志林二种　明毛凤苞辑　②65630

文德堂　刊新刻时尚华筵趣乐谈笑酒令四卷　⑱子456

心一堂　一五八二（万历十）年刊洪武正韵十六卷　明乐韶凤宋濂等撰　洪武正韵玉键一卷

明张士佩撰 ⑱经475

心远堂 明末刊绿窗女史十四卷 题秦淮寓客编 ⑱丛329

尺木堂 一六二八—一六四四（崇祯）年自刊尺木堂学易志一卷 明马权奇撰 ⑱经80

尺木堂 刊王梅溪先生会稽三赋四卷 宋王十朋撰明南逢吉注周炳曾增注 ⑱集340

张佳胤**双柏堂** 一五五四（嘉靖三十三）年刊越绝书十五卷 汉袁康撰 ⑱史220

余氏**双桂堂** 一五二九（嘉靖八）年刊四书集注大全四十三卷 明胡广等辑 ⑱经328

双桂堂 一五七三—一六二〇（万历）年刊历代名公画谱四卷 明顾炳辑 ⑱子429

书林**双峰堂**余象斗编 一五七三—一六二〇（万历）年刊诗林正宗十八卷 ㊱385

书林余氏**双峰堂** 一五七三—一六二〇（万历）年刊仰止子详考古今名家润色诗林正宗 明余象斗辑 ①15237

金阊**书业堂** 一六三二（崇祯五）年刊橘中秘四卷 明朱晋祯辑 ⑰56－41370

书种堂 刊浦江郑氏旌义编二卷 明郑涛纂修郑楷重修 ⑱史621

郑氏**书种堂** 明末刊义门郑氏奕叶吟集三卷 明郑允宣辑 ⑱集1851

勾吴袁叔度**书种堂** 一六〇八—一六一〇（万历三十六至三十八）年刊潇碧堂集二十卷广庄一卷瓶花斋集十卷瓶史一卷解脱集四卷锦帆集四卷去吴七牍一卷 明袁宏道撰 ⑱集779

书林余氏**书瑞堂** 刊三刻太医院补注妇人良方大全二十四卷首一卷 宋陈自明撰明薛己注 ⑱子236

文氏**水嬉堂** 一六二二（天启二）年刊秣陵竹枝一卷清溪新咏一卷 明文震亨撰 ⑱集860

五　画

钱氏**玉兰堂** 一五六九（隆庆三）年刊诗韵释义五卷 明钱蓊撰 ⑱经480

南都**玉函堂**方虞升 一六三二（崇祯五）年刊诗纪一百五十六卷目录三十六卷 明冯惟讷编李秘等重订 ⑯331/771－04

江阴郁氏**玉树堂** 一五七三—一六二〇（万历）年刊谋野集十卷 明王稺登撰 ⑱集738

王振华玉桂堂 一五七三—一六二〇（万历）年刊书经讲义会编十二卷 明申时行辑 ㉙421

玉海堂 印牡丹亭还魂记二卷 明汤显祖撰 ⑱集2114

范惟一**玉雪堂** 一五六三（嘉靖四十二）年刊释名八卷 汉刘熙撰 ⑱经388

范氏**玉雪堂** 一五九〇（万历十八）年刊明诗摘钞四卷 明范惟一辑 ⑱集1705

玉镜堂 刊太玄经十卷 汉杨雄撰晋范望解赞 说玄一卷 唐王涯撰 释文一卷 ⑱子332

正义堂 一五九七（万历二十五）年刊新刻选文选二十四卷 梁萧统辑明李淳删定批点 ⑱集1558

正声堂 刊新订晋代许旌得道擒蛟铁树记二卷十五回 明邓志谟（竹溪散人）撰 ⑱子778

正雅堂 明末刊通鉴纪事本末二百三十九卷 宋袁枢撰明张溥论正 ⑱史190

书林余氏**正慎堂** 刊重刊京本万氏积善堂集验方三卷 ⑱子220

甘雨堂 一五七三—一六二〇（万历）年刊沁南稿二卷诗馀一卷 明胡汝嘉撰 ⑱集710

舒其才**石泉堂** 一五七三—一六二〇（万历）年刊新刊谐史六卷 明徐士范辑 ⑱子707

皇甫录**世业堂** 一五二〇（正德十五）年刊皇甫持正文集六卷 唐皇甫湜撰 ⑱集145

皇甫录**世业堂** 一五二六（嘉靖五）年刊韦庵集二卷 明皇甫信撰 ⑱集608

李氏**世忠堂** 刊谥忠文古廉文集十二卷 明李时勉撰 ⑱集570

王氏**世经堂** 五七七（万历五） 年刊弇州山人四部稿一百八十卷目录十二卷 明王世贞撰 ⑱集699

毛氏**世美堂** 一六二八（崇祯元）年刊杨大洪先生忠烈实录 明胡继先编 忠烈志铭一卷 ⑱史486

世美堂 一五七三—一六二〇（万历）年刊详注百家唐诗汇选三十卷 明徐克辑并注 ⑱集1672

世恩堂 一五四五（嘉靖二十四）年刊阳峰家藏集三十六卷 明张璧撰 ⑱集641

金阊**世裕堂** 一六〇〇（万历二十八）年刊新刊姓源珠玑六卷 明杨信民辑 ⑱子835

世裕堂 一六二七（天启七）年刊重刊许氏说文解字五音韵谱十二卷 宋朱熹编 ⑱经409

金阊**世裕堂** 刊海琼白玉蟾先生文集六卷续集二卷 宋葛长庚撰明朱权重编 附录一卷 ⑭

云间姚氏**世徵堂** 一五八〇（万历八）年刊重校东垣先生正脉十二卷 明王执中撰 ⑱子198

顾春**世德堂** 一五三三（嘉靖十二）年自刊六子书六十卷 明顾春编 ⑱子4

唐晟**世德堂** 一六一三（万历四十一）年刊指南录四卷指南后录四卷 宋文天祥撰 ⑱集396

金陵唐氏**世德堂** 一五七三—一六二〇（万历）年刊二经（道德、南华）旁注评林七卷 ⑱子1000

唐廷仁世德堂 一五九六（万历二十四）年刊历朝翰墨选注十四卷 明屠隆辑 ⑱集1734
唐氏**世德堂** 刊玉合记二卷 明梅鼎祚撰 ⑱集2113
金陵**世德堂** 刊石室仙机 明许谷编 ⑰K15039
唐氏**世德堂**富春堂 刊绣刻演剧 明唐富春编 ①1840
长洲皇甫录世德堂 一五二〇（正德十五）年刊博雅十卷 魏张楫撰隋曹宪音解 ㉙309
长洲皇甫录世德堂 一五二六（嘉靖五）年刊韦庵集二卷 明皇甫信撰 ㉙311
朝邑**世德堂** 一六〇八（万历三十六）年刊关学编四卷 明冯从吾撰 ⑯982.615/774
世德堂 一六二七（天启七）年刊迪吉通书四卷首一卷 明王尚果辑 ②6583
古松堂 刊中州集十卷首一卷中州乐府一卷 金元好问辑 ②12131
本立堂 一六四三（崇祯十六）年刊新镌绣像旁批详注总断广百将传二十卷 明黄道周注断 ⑱子132
本立堂 刊楚辞十七卷 周屈原等撰汉刘向编集王逸章句明冯绍祖辑评 附录一卷 ⑱集4
古林**本立堂** 明末刊云林神彀四卷 明龚廷贤编 ㉚324
刘氏**本诚堂**一五三四（嘉靖十三）年刊新刊京本分类标题大字诗学全补三十卷 元林桢辑 ⑱子829
书林刘氏**本诚堂** 刊高明选增便蒙唐诗鼓吹大全十卷 金元好问辑元郝天挺注 ⑱集1663
石经堂 一五七三—一六二〇（万历）年刊诸子汇函二十六卷 明归有光辑 ⑯120.8/868
龙光堂 一五七三—一六二〇（万历）年刊王震孟诗集初选三卷文集初选一卷 明王龙起撰 ⑱集749
古燕**平政堂**一五三一（嘉靖十）年刊良方类编四卷 明杨瑞编 ⑱子221
平露堂 一六三九（崇祯十二）年刊农政全书六十卷 明徐光启撰 ⑱子154
平露堂 一六二八—一六四四（崇祯）刊皇明经世文编五百零四卷补遗四卷 明陈子龙等辑 ⑱集1726
浙江**东山堂**徐廷器一五七九（万历七）年刊空同先生集六十三卷 明李梦阳著 ⑱集613
东吴徐氏**东雅堂** 刊昌黎先生集四十卷外集十卷遗文一卷 宋廖莹中校正 朱子校昌黎先生集传一卷 ⑱集116
四仁堂 一五六七（隆庆元）年刊新刊校正王叔和脉诀四卷 晋王叔和撰明熊宗立注解 ⑱子191
书林周氏**四仁堂** 一五六七（隆庆元）年刊新刊八十一难经四卷 明熊宗立注解张世贤图注 ⑱子181
书林**四仁堂**吴世良 刊诗经集传八卷 宋朱熹撰 ⑱经131

朱国盛**四印堂** 一六二七（天启七）年刊宋太学生陈东尽忠录八卷 明陈沂辑 ⑱史472

周静吾**四有堂** 一六一四（万历四十二）年刊锲便蒙二十四孝日记故事一卷新锲徽郡原板校正绘像注释魁字便蒙日记故事四卷 ⑱子861

四美堂 一六三三（崇祯六）年刊痘疹活幼心法全书不分卷 明聂尚恒辑 ⑱子246

金陵书林郑大经**四德堂** 一六一五（万历四十三）年刊新锲袁中郎校订旁训古事镜十二卷 明邓志谟撰袁宏道选 ⑱子860

金台刘氏**仕优堂** 一五六三（嘉靖四十二）年重刊河州志四卷 明吴祯纂修刘卓增订 ⑱史842

罗寃**代文堂** 一六三四（崇祯七）年刊文肃公圭峰罗先生文集三十七卷 明罗玘撰 附录一卷 ⑱集604

书林**仙源堂** 刊新锲温陵郑孩如先生约选古文四如编四卷 明郑维岳辑李光缙辑评 ⑱集1621

仙源堂 明末刊新镌缪当时先生周易九鼎十六卷首一卷 明缪昌期撰 ⑱经76

白松堂 刊皇明策程文选六卷 明陈仁锡辑 ⑱集1738

豫章丛桂堂 一六二三（天启三）年刊楚辞章句十七卷 汉王逸撰 ㉑129

处顺堂 刊诗人玉屑二十卷 宋魏庆之辑 ⑱集1879

建安**务本堂** 一三八八（洪武二十一）年刊周易经传集程朱解附录纂注十四卷朱子易图附录纂注一卷朱子启蒙五赞附录纂注一卷朱子筮仪附录纂注一卷 元董真卿撰 ⑱经62

尔如堂 刊苏黄风流小品十六卷 明黄嘉惠编 ⑱集1501

益藩乐善堂 一五六四（嘉靖四十三）年刊四书集注 宋朱熹撰 ⑱经305

乐愚堂 明末刊陶渊明集八卷 晋陶潜撰宋汤汉等笺注明张自烈评 总论一卷和陶诗一卷宋苏轼撰 律陶一卷 明王思任辑 律陶纂一卷 明黄槐开辑 ⑱集29

立本堂 刊史记评林一百三十卷 明凌稚隆辑李光缙增补 ⑱史19

玄白堂 一五九七（万历二十五）年刊书记洞诠一百十六卷目录十卷 明梅鼎祚辑 ⑱集1620

玄白堂 一六二三（天启三）年刊鹿裘石室集六十五卷 明梅鼎祚撰 ⑱集833

宣城梅鼎祚**玄白堂** 一五七三—一六二〇（万历）年刊江光禄集十卷集遗一卷 梁江淹撰 ⑱集35

玄易堂 一六三二（崇祯五）年刊玄易增衍天机秘钤四卷 明樊志张撰 ⑱子363

朱统鍡**玄湛堂** 一五八九（万历十七）年刊骈雅七卷 明朱谋㙔撰 ⑱经394

屠乔孙**兰晖堂** 一四〇九（万历三十七）年刊十六国春秋 魏崔鸿撰 ③史160/375.4

兰玉堂 一六二二（天启二）年刊新刻陈眉公重订通鉴集要二十八卷 明诸燮辑陈继儒订正 ⑱史129

商氏**半埜堂** 一五七三—一六二〇（万历）年刊稗海四十六种二百八十五卷续稗海二十四种一百四十一卷 明商濬编 ⑱丛204

徐守铭**宁寿堂** 一五八七（万历十五）年刊初学记三十卷 唐徐坚等辑 ⑱子786

徐氏**宁寿堂** 一六〇三（万历三十一）年刊元白长庆集三十一卷 明徐守铭编 ⑱集1441

必自堂 一六二八—一六四四（崇祯）年刊三社记二卷 明□其沧撰清李渔评 ⑱集2127

永庆堂 一五九四（万历二十二）年刊镌品隲皇明资治纪钞十卷 明陈建撰 ⑱史160

永怀堂 一六三八（崇祯十一）年刊本草原始十二卷 明李中立撰 ⑱子188

葛氏**永怀堂** 明末刊国语二十一卷 吴韦昭注宋宋庠补音明穆文熙辑评 ⑱史211

葛氏**永怀堂** 明末刊昌黎先生全集四十卷外集十卷遗文一卷 唐韩愈撰明葛鼒校 传一卷 ⑱集120

李氏**永和堂** 一五六八（隆庆二）年刊墨池编二十卷 宋朱长文辑明薛晨校注 续编三卷 ①10654

葛鼎**永思堂** 一六二八—一六四四（崇祯）年刊史记汇评一百卷 明葛鼎金蟠辑 ㉙1964

永思堂 一五五九（嘉靖三十八）年刊古庵毛先生文集十卷毗陵正学编一卷 明毛宪撰叶金辑 ④2495

安国**弘仁堂** 一五二二—一五六六（嘉靖）年刊左粹类纂十二卷 明施仁辑 ⑱子840

陈汝忠**弘锡堂** 一六〇四（万历三十二）年刊武经七书二十八卷 明何守法音注 投笔肤谈二卷 题明西湖逸士撰 ⑱子107

发祥堂 一六二八—一六四四（崇祯）年刊古文备体奇钞十二卷 明钟惺辑黄道周评 ⑱集1627

六 画

芝秀堂 刊古今注三卷 题晋崔豹撰 ⑱子604

余氏**西园堂** 刊新刊明解图像小学日记故事十卷 明虞韶辑管眗增校 ⑱子838

吴氏**西爽堂** 一五七三—一六二〇（万历）年刊大慈恩寺三藏法师传十卷 唐释慧立撰唐释彦悰笺 ⑱子980

吴氏西爽堂 一六三一（崇祯四）年刊新制诸器图说一卷 明王徵撰 ⑱子470

吴氏**西爽堂** 刊晋书一百三十卷 唐房玄龄等撰何超音义 ⑱史64

西爽堂 一六二四（天启四）年刊新镌出像点板北调万壑清音八卷 明止云居士辑 ⑱集2181

书林詹氏**西清堂** 一五七三—一六二〇（万历）年刊新锲陈先生明窗清暇心画正宗四卷 明陈三策撰 ⑱子422

有美堂 一九九六（万历二十四）年刊钱麓屏评注午末二三场卓冠词林二卷 明钱士鳌评注 ⑱集1735

书林**存仁堂**陈含初 刊新刊月峰孙先生增补音切玉鉴海篇二十卷 明孙鑛撰 ⑱经444

存仁堂陈怀轩 刊新镌国朝名公神断详情公案六卷 ⑱子758

余氏**存庆堂** 一六一一（万历三十九）年刊博闻胜览考实全书三十六卷 明江三汲辑 ⑪NC9299/3113

书林存诚堂 刊新刻魏仲雪先生批评投笔记二卷 明魏浣初撰 ㉙2824

存诚堂黄尔昭 刊新刻张天如先生增补注释启蒙会海玉堂对类四卷 ④9510

存诚堂黄裔我 刊鼎镌吴宁野汇选四民切要时制尺牍芳规四卷 明吴从先辑 ⑱子867

朱承爵**存馀堂** 一五二一（正德十六）年刊庾开府诗集四卷 北周庾信撰 ⑱集38

陈氏**存德堂** 一五一一（正德六）年刊太平惠民和剂局方十卷 宋陈师文等撰 ⑱子202

存德堂陈耀吾 一六〇一（万历二十九）年刊六订历朝捷录百家评林五卷 明顾充撰赵秉忠辑评 ⑱史1520

存德堂 一六〇一（万历二十九）年刊周易本义四卷 宋朱熹撰 ⑱经48

古吴**成裕堂** 一六四一（崇祯十四）年刊医药镜二种八卷 明王肯堂蒋仪撰蒋仪编 ⑱子170

百顺堂 明末刊槎庵诗集八卷 明来斯行撰 ⑱集803

汤氏**执中堂** 一四五〇（景泰元）年刊文公家礼会通十卷 明汤铎撰 ⑱经219

蒋一葵**尧山堂** 一五九七（万历二十五）年刊山海经释义十八卷图一卷 明王崇庆撰 ⑱子728

钱塘杨氏**夷白堂** 一六一〇（万历三十八）年刊海内奇观十卷 明杨尔曾纂 ⑪NC3045/4218

贞隐堂 明末刊中唐诗晚唐诗四十四卷 ④9035

师贞堂 一五八六（万历十四）年刊杨襄毅公本兵疏议二十四卷 明杨博撰 ⑱史366

萧少衢**师俭堂** 一六二一—一六二七（天启）年刊新编万代悬鉴古事隽七卷 明吴从先辑 ⑱子867

师俭堂萧少衢 刊鼎镌诸方家汇编皇明名公文隽八卷 明袁宏道辑丘光麟补 ⑱集1724

书林萧腾鸿**师俭堂** 刊汤海若先生批评西厢记二卷 元王德信关汉卿撰明汤显祖评 附三卷 ⑱集2044

师善堂 刊竹坡诗集二十八卷 明吴节撰王俭辑 ⑱集575

金陵王凤翔**光启堂** 一六一二（万历四十）年刊新刻临川王介甫先生文集一百卷目录二卷 宋王安石撰 ⑱集238

金陵书林王荆岑**光启堂** 一五七三—一六二〇（万历）年刊新刻七翰林纂定四书主意定本十二卷 明张以诚等撰 ⑱经337

光启堂 明末刊诗经副墨不分卷 明陈组绶撰 ⑱经146

八闽书林郑氏**光裕堂** 一五九六（万历二十四）年刊庄子通十卷 明沈一贯撰 ⑱子1019

吴继武**光裕堂** 一五八一（万历九）年刊唐陆宣公奏议二十二卷 唐陆贽撰 ⑱集98

光裕堂 一五七三—一六二〇（万历）年刊国语评苑六卷 明穆文熙辑 ⑱史211

徐氏**光碧堂** 一六二一（天启元）年刊两浙名贤录五十四卷外录八卷 明徐象梅撰 ⑱史455

周文卿**光霁堂** 明末刊新刊医林状元寿世保元十卷 明龚廷贤撰 ⑱子223

金陵周氏**光霁堂** 一五七七（万历五）年刊医学正传八卷 明虞抟编 ㉚321

周光炜**光霁堂** 刊本草原始十二卷 明李中立撰 ④10785

同人堂 刊石点头十四卷 明冯梦龙评 ⑪813. 26/1023

同德堂 刊注解伤寒论十卷 汉张机撰晋王熙编金成无己注 ㉚47

竹林堂 刊玉茗堂四种八卷 明汤显祖撰 ②61630

刘龙田**乔山堂** 一六〇〇（万历二十八）年刊新刻图注伤寒活人指掌五卷首一卷 明吴恕撰 ⑱子195

闽建书林刘孔年**乔山堂** 一六〇四（万历三十二）年刊鼎雕燕台校正天下通行书柬活套五卷 明徐会瀛辑 ⑱子852

三建书林**乔山堂** 一五九一（万历十九）年刊续文章轨范百家评注七卷 明邹守益辑王世贞注 ⑱集1615

书林**乔山堂** 一六〇一（万历二十九）年刊新锓丹溪先生医书纂要心法六卷 元朱震亨撰明卢和注 ⑱子209

乔山堂刘弼虞 刊新镌三太史评选历代名文凤采五卷 明项煜翁鸿业黄景昉辑 ⑱集1631

乔山堂 刊医方便懦三卷 原题元李杲（明之）撰 ㉚216

金阊**传万堂** 一六四二（崇祯十五）年刊颐生微论四卷 明李中梓撰 ㉚706

金阊**传万堂** 刊明医指掌十卷附诊家枢要 明皇甫中撰王肯堂补 ㉚322

传经堂 一五四七（嘉靖二十六）年刊袁永之集二十卷 明袁帙撰 ⑧

传经堂 一六二八—一六四四（崇祯）年刊漉篱集二十五卷遗集一卷 明卓发之撰 ⑱集843

袁州府**仰韩堂** 一五二一（正德十六）年刊周易本义五卷图说一卷易五赞一卷 宋朱熹撰 ⑱经47

华阳堂 一六三三（崇祯六）年刊本草单方十九卷 明缪希雍撰 ㉚222

沈氏**华萼堂** 一六二八—一六四四（崇祯）年刊历代帝王统系二卷 明夏洪基撰 ⑱史137

伊蔚堂 一五五四（嘉靖三十三）年刊全唐诗话六卷 题宋尤袤撰 ⑱集1875

自槐堂 刊杨忠愍公集六卷 明杨继盛撰 ⑱集698

全幼堂 一四六八（成化四）年刊全幼心鉴四卷 明寇平撰 ⑱子240

会文堂 一三六八（洪武元）年刊集千家注批点杜工部诗集二十卷文集二卷 唐杜甫撰宋黄鹤补注刘辰翁评点 年谱一卷附录一卷 ⑧集71

平阳吕洪**冰玉堂** 一四六五—一四八七（成化）年刊管窥外编一卷 元史伯璿撰 ⑱子73

陈所蕴**冰玉堂** 一五九四（万历二十二）年刊苏氏易解八卷 宋苏轼撰 ⑱经44

赵府**冰玉堂** 一五九六（万历二十四）年刊四溟山人全集二十四卷 明谢榛撰 ⑱集726

徐栻**壮猷堂** 一五七六（万历四）年刊自警编九卷 宋赵善璙辑 ⑱子696

绣水沈氏**亦政堂** 一五七三—一六二〇（万历）年刊亦政堂镌陈眉公家藏广秘笈四种 ⑱丛249

汪如淮**庆蕃堂** 一六四二（崇祯十五）年刊太上感应篇二卷 ⑱子1058

吴氏**问青堂** 一六二四（天启四）年刊唐刘蜕集六卷 唐刘蜕撰 ⑱集159

唐氏**问奇堂** 一六三三（崇祯六）年刊读书种子二十二卷 明唐沂撰 ⑱子714

刘安正堂 一五〇四（弘治十七）年刊新刊金文靖公前北征录一卷后北征录一卷 明金幼孜撰 ①8825

刘氏安正堂 一五一一（正德六）年刊新刊详增补注东莱先生左氏博议二十五卷 宋吕祖谦撰 ⑱经244

建邑书林**安正堂**刘莲台 一六〇八（万历三十六）年刊新刊性理大全七十卷首一卷 明胡广撰 ⑱子75

书林**安正堂**刘双松 一五九四（万历二十二）年刊劝戒图说四卷 明邹迪光辑 ⑱子75

福建书林刘朝琯**安正堂** 一五九九（万历二十七）年锲王氏秘传叔和图注释义脉诀评林捷径 ⑱子704

统宗八卷 晋王叔和撰明王文洁释评 ⑱子191

书林刘宗器**安正堂** 一六一一（万历三十九）年重修嘉靖归仁斋本新编事文类聚翰墨大全一百二十五卷 元刘应李辑 ⑱子827

安正堂 一五三二（嘉靖十一）年刊新刊医学启源三卷 金张元素撰 ⑱子205

安正堂 一五三四（嘉靖十三）年刊刘向新序十卷 汉刘向撰 ⑱子35

梁氏**安定堂** 一四三七（正统二）年刊韵府群玉二十卷 元阴时夫撰 ⑩131

安雅堂 刊还魂记传奇二卷 明汤显祖撰王思任批点 ⑱集2113

黄氏**兴正堂** 一五七三—一六二〇（万历）年刊春秋胡传三十卷 宋胡安国撰 提要一卷诸国兴废说一卷正经音训一卷 ⑱经264

建邑书林**兴正堂**黄秀宇 刊礼记集注十卷 元陈澔撰 ⑱经197

兴让堂 刊离骚经纂注一卷 明刘永澄撰 ⑫SV32.12－19/6.674

星源游氏**兴贤堂** 一五七二（隆庆六）年刊新刊书经批注分旨白文便览十卷 明游有常等辑 ⑱经112

异撰堂 一六二八—一六四四（崇祯）年刊舞雩社草一卷 明朱国佐辑 ⑱集1716

沈尧忠**阳春堂** 一五八五（万历十三）年刊保赤全书二卷 明管橓编 ㉚499

三衢叶氏**如山堂** 一五七三—一六二〇（万历）年刊新雕古今名姝香台集三卷 明瞿祐编 ⑱集568

如隐堂 刊洛阳伽蓝记五卷 北魏杨衒之撰 ⑱史1053

观文堂 一六三六（崇祯九）年刊南牖日笺七卷 明王佐撰 ⑱子584

观成堂陈君美 刊新刻草字千家诗二卷 宋谢枋得辑题明李贽书 ⑱集1579

七 画

书林詹氏**进贤堂** 一五七三—一六二〇（万历）年刊新刻精纂注释历史标题通鉴捷旨六卷 ⑱史1525

福建书林詹林所**进贤堂** 刊京本校正注释音义黄帝内经素问灵枢集注十五卷 ㉚3

祁氏**远山堂** 一六二八—一六四四（崇祯）年刊宜焚小疏五卷 明祁彪佳撰 ⑱史382

寿春堂 一五七九（万历七）年刊新刊补遗秘传痘疹全婴金镜录三卷 明翁仲仁撰陆道光参补 ⑱子245

书林郑氏**丽正堂** 刊刻金粟头陀青莲露六笺七卷 明叶华编 ⑱从261

丽泉堂 刊婴童百问十卷 明鲁伯嗣撰 ㉚473

丽锦堂 刊婴童百问十卷 明鲁伯嗣撰 ㉚473

杨文骢**志清堂** 一六三三（崇祯六）年刊音韵日月灯六十四卷 明吕维祺撰 ⑱经482

声翼堂 一六三六（崇祯九）年刊耳鸣录一卷 明许元毅撰 ⑱子714

刘氏**孝友堂** 一五七八（万历六）年刊新刊增补古今名家诗学大成二十四卷 明李攀龙辑 ⑱子841

金陵**两衡堂** 刊粲花斋新乐府八卷 明吴炳撰 ⑱集2125

苏州**酉酉堂** 一六二一（天启元）年刊续古文奇赏三十四卷 明陈仁锡选 ⑪810.08/7528a

书林**来仪堂** 明末刊秦汉文尤十二卷 明倪元璐辑 ⑱集1631

来复堂 刊三国两晋南北朝文选十二卷附辑一卷 明钱士馨陆上澜辑 ⑱集1634

来誉堂 一六三六（崇祯九）年刊梦林玄解三十四卷首一卷 晋葛洪撰宋邵雍纂辑 ⑯982/521

马氏**折桂堂** 刊精选故事黄眉十卷 明邓志谟辑 ⑱子860

俞氏**求古堂** 刊三异人文集二十三卷附录四卷 明俞允谐编 ⑱集1522

求志堂 一六二八—一六四四（崇祯）年刊潜初子集四卷 明岳元声撰 ⑱集768

邮云堂 一六二八—一六四四（崇祯）年刊资治通鉴纲目犖观四十卷首一卷 明吴震元撰 ⑱史124

泾川查氏**里仁堂** 一五六六（嘉靖四十五）年刊新刊精选阳明先生文粹六卷 明王守仁撰查铎辑 ⑱集619

秀宇堂 一五七三—一六二〇（万历）年刊春秋胡传三十卷 宋胡安国撰 提要一卷
诸国兴废说一卷正经音训一卷 ⑱经264

南昌**体仁堂** 一五四九（嘉靖二十八）年刊体仁汇编四种 明彭用光撰 ㉚715

叶氏**作德堂** 一五三三（嘉靖十二）年刊性理大全书七十卷 明胡广等撰 ⑱子74

叶天熹**作德堂**叶仪廷 刊新刻八代文宗评注八卷 明袁黄辑程子侃评刘宣化注 ⑱集1624

建邑书林叶氏**作德堂** 刊新刊经验治痘活法五卷 明程鸣元撰 ⑱子245

昆山徐元文**含经堂** 刊通鉴前编十八卷举要二卷 宋金履祥编明路进辑 首一卷 明陈桱撰 ⑱史110

希贵堂 一六〇二（万历三十）年刊续文选三十二卷 明汤绍祖辑 ⑱集1567

怀易堂 一五五〇（嘉靖二十九）年刊陶渊明集八卷 晋陶潜撰 ⑱集24

南京周氏**怀德堂** 一六一三（万历四十一）年刊焦氏说楛七卷 明焦周辑 ⑰K14940

金陵**怀德堂** 一六二八—一六四四（崇祯）年刊地理大全 明李国木辑 ⑤

快 堂 一六二六（天启六）年刊快书五十种五十卷 明闵景贤编 ⑱丛270

宏远堂 熊云滨一五九九（万历二十七）年刊精刻编集阳宅真传祕诀六卷 明李邦祥撰 ⑱子348

宏远堂 一五七九（万历七）年刊百家录粹六卷 明廉斋子辑 ①4685

武林**启秀堂** 一六二四（天启四）年刊新刻批评百将传正集十卷 续集四卷 明张预辑赵光裕评 ④2954

君山堂 诗归五十一卷 明锺惺谭元春辑 ⑱集1591

宋氏**君子堂** 一六二九（崇祯二）年刊秋士史疑四卷附秋士新诗一卷君子堂诗一卷 明宋存标撰 ⑱史1526

君子堂 刊墨妙法式论注三卷 明宋存标撰 ①1679

锡山谈氏**纯敬堂** 一五七三—一六二〇（万历）年刊女医杂言 明杨谈允贤撰 ㉚432

八 画

张氏**玩珠堂** 一五三七（嘉靖十六）年刊西昆酬唱集二卷 宋杨亿等撰 ⑱集1682

汪氏**环翠堂** 一六〇九（万历三十七）年刊坐隐先生全集三种十八卷 明汪廷讷撰 ⑱丛616

松枕堂 一六二一—一六二七（天启）年刊婴童百问十卷 明鲁伯嗣撰 ㉚473

画锦堂 刊伤寒意珠篇二卷 明韩籍琬撰 ㉚71

余昌祚**直方堂** 一六〇八（万历三十六）年刊读史随笔二卷 明余懋学撰 ⑱史1522

直敬堂 刊绍易诗集二卷附录一卷 明朱载墣撰 ⑱集725

若墅堂 明末刊中吴纪闻六卷 宋龚明之撰 ⑱史968

书林**茂德堂** 刊产宝百问五卷 题元朱震亨撰明王肯堂订正 ⑱子236

顾氏**英贤堂** 刊妙绝古今不分卷 明汤汉辑 ⑱集1610

翁良瑜**雨金堂** 一五七六（万历四）年刊归先生文集三十二卷 明归有光撰 附录一卷 ⑱集720

翁良瑜**雨金堂** 一五九〇（万历十八）年刊弇山堂别集一百卷 明王世贞撰 ①8827

雨麦堂 一六二八—一六四四（崇祯）年刊左兵十二卷 明龚鼒撰 ⑱子128

郁文堂 重修新锲全像海忠介公居官公案四卷七十一回 明李春芳撰 ⑱子758

古吴**郁郁堂** 刊医学入门七卷首一卷 明李健斋编 ㉚702

郁郁堂 明末刊忠义水浒全书一百二十回 元施耐庵撰明罗本修李贽评阅 宣和遗事一卷 ⑱子766

金阊**拥万堂** 一五七三—一六二〇（万历）年刊秘书九种六十六卷 明钟惺辑 ⑤

拥万堂 明末刊四书图史合考二十四卷 题明蔡清辑 ⑱经330

王大猷**尚义堂** 一五七七（万历五）年刊经史证类大观本草三十一卷 宋唐慎微原撰艾晟校补 ㉚160

尚义堂 一五七七（万历五）年刊重刊经史证类大全本草三十一卷 宋唐慎微撰寇宗奭衍义 ⑱子184

尚友堂 一六三二（崇祯五）年刊二刻拍案惊奇四十卷 明凌濛初撰 ⑱子754

尚古堂 刊艺文类聚一百卷 唐欧阳询辑 ⑱子782

尚敬堂 一六二六—一六四四（崇祯）年刊潜确居类书一百二十卷 明陈仁锡辑 ⑱子863

尚德堂 一六三二（崇祯五）年刊大学衍义四十三卷 宋真德秀撰 ①48106

赵府**味经堂** 一五四八（嘉靖二十七）年刊云坪集四卷 明张天瑞撰 ⑱集601

赵府**味经堂** 刊周易参同契三卷 ⑱子1044

咏兰堂 一六二九（崇祯二）年刊明文致二十卷 明蒋如奇辑 ⑱集1724

书林龚氏**明实堂** 一五一九（正德十四）年刊慈溪黄氏日抄分类九十七卷古今纪要十九卷 宋黄震撰 ⑱子71

明雅堂 一五八五（万历十三）年刊新镌赤心子汇编四民利观翰府锦囊八卷 题赤心子辑 ⑱子848

书林刘氏**明德堂** 一五三二（嘉靖十一）年刊书经大全十卷 明胡广等撰 ⑱经110

刘氏**明德堂** 一五二二（嘉靖元）年刊袖珍方四卷 明李恒编 ⑱子211

明德堂 一五一七（正德十二）年刊国语补音二卷 宋宋庠撰 ⑱史209

明德堂 一五三五（嘉靖十四）年刊卫生宝鉴二十四卷 元罗天益撰 补遗一卷 ⑱子207

忠正堂熊龙峰 一五七三—一六二〇（万历）年刊新锲杨状元汇选艺林伐山四卷 明杨慎撰 ⑱子616

忠正堂 一五七三—一六二〇（万历）年刊新刻皇明草对一卷 明李廷机撰刘国猷辑 ⑱子414

忠贞堂 一六四〇（崇祯十三）年刊古方略四十五卷续编六卷 明余懋衡辑 ⑱子125

闽建书林余熙宇**忠庆堂** 一六一一（万历三十九）年刊凤毛日记故事四卷首一卷 题明完初子辑 ⑱子861

书林龙田刘氏**忠贤堂** 一六一五（万历四十三）年刊新镌曾元赞书经发颖集注六卷 明曾楚卿撰 ⑱经114

忠贤堂 刊新刻出相点板唾红记二卷 明史槃撰 ⑱集2111

忠恕堂 一五九六（万历二十四）年刊由醇录十三种三十七卷 明沈节甫编 ⑱丛187

忠爱堂 一五七二（隆庆六）年刊学范辑览八卷 明冯桂芳辑 ⑱子571

和乐堂 刊唐杜工部律诗四卷 唐杜甫撰 ⑯844.17/243-6

竟陵谭氏**岳归堂** 明末刊刍庵订定谭子诗归十卷 明谭元春撰 ⑱集856

岳岳堂 明末刊武学备考十四卷 明郑大郁撰 ⑱史995

采山堂 一六四四（崇祯十七）年刊续刊崇祯十一年长安借树轩本文启美诗集三卷 明文震亨撰 ⑱集860

於然堂 一五三三（嘉靖十一）年刊韩氏医通二卷 明韩天爵撰 ㉚661

河抱堂 一六二八—一六四四（崇祯）年刊岳归堂未刻诗不分卷 明谭元春撰 ⑱集857

吴郡金李**泽远堂** 一五二八（嘉靖七）年刊国语解二十一卷 吴韦昭撰 ⑱史208

怡庆堂余秀峰 一五七三（万历元）年刊广嗣纪要十六卷 明万全撰 ㉚469

余良史**怡庆堂** 一五九九（万历二十七）年刊新镌翰林高太史家藏注释考古诗典珊瑚类集十六卷 明高克正辑 ⑱子851

建邑余良进**怡庆堂** 一六〇二（万历三十）年刊本草真诠二卷 明杨崇魁辑 ㉚165

余完初**怡庆堂** 一六一五（万历四十三）年刊新刻续选批评文章轨范七卷 明王守仁辑邹守益评 ⑱集1614

怡怡堂 一六四三（崇祯十六）年刊增补绣象广百将传二十卷 明陈元素撰 ⑯982.3/377

浙江叶氏**宝山堂** 一五五三（嘉靖三十二）年刊重刊校正唐荆川先生文集十二卷 明唐顺之撰 ⑱集671

叶世遇**宝山堂** 一五七一（隆庆五）年刊荆川先生精选批点语录十五卷 明唐顺之辑 ⑱子84

宝云堂 一五三二（嘉靖十一）年赵继宗刊宝峰先生文集二卷 宋赵偕撰 ⑩134

宝日堂 一六二八—一六四四（崇祯）年刊皇明通纪辑要二十四卷 明陈建撰清马晋允增订 ⑱史160

晁瑮**宝文堂** 一五五四（嘉靖三十三）年刊晁氏客语一卷晁氏儒言一卷 宋晁说之撰 ⑱子527

晁氏**宝文堂** 一五五八（嘉靖三十七）年刊昭德新编三卷 宋晁迥撰 ⑱子521

吴公宏**宝古堂** 一六〇三（万历三十一）年刊博古图三十卷 ⑩134

辽国**宝训堂** 一五五五（嘉靖三十四）年刊梁昭明太子文集五卷 梁萧统撰 ㊱428

晋府**宝贤堂** 一五六〇（嘉靖三十九）年刊臞仙肘后经二卷 明朱权撰 ⑱子377

宝命堂 一五八〇（万历八）年刊难经正义九卷 明马莳撰 ⑱子182

宝树堂 一六〇八（万历三十六）年刊何大复先生学约古文十卷 明何景明辑 ⑱集1614

宝俭堂 印明万历马元调鱼乐轩本元白长庆集一百四十一卷 明马元调编 ⑱集1441

宝勑堂 刊杨宜闲诗集六卷文集十三卷 明杨璿撰 ⑱集578

书林**宝珠堂** 刊丹桂记二卷 明徐肃颖删润陈继儒批评 ⑱集2127

宝梦堂 刊无趣老人语录一卷 无幻禅师语录二卷 明释性冲撰 ⑱子968

宝章堂 一六一四（万历四十二）年刊陈眉公先生注释日记故事一卷 明陈继儒注释 ⑯192/461

郭云鹏**宝善堂** 一五四七（嘉靖二十六）年刊欧阳先生文粹二十卷 宋欧阳修撰陈亮辑
遗粹十卷 宋欧阳修撰明郭云鹏辑 ⑱集231

宝善堂 一六一三（万历四十一）年刊大明一统文武诸司衙门官制五卷 明陶承庆校正
叶时用增补 ⑱史1091

建阳郑氏**宗文堂** 一五四七（嘉靖二十六）年刊新刊性理大全七十卷 明胡广等撰 ⑱子75

书林**宗文堂**郑望云 一五七五（万历三）年刊新刊宪台考正少微通鉴全编二十卷外纪二卷 宋江贽辑 ⑱史114

书林郑世魁**宗文堂** 一五九〇（万历十八）年刊新刊笺注决科古今源流至论前集十卷后集十
卷续集十卷 宋林駉撰 别集十卷 宋黄履翁撰 ⑱子816

郑氏**宗文堂** 一五三六（嘉靖十五）年刊百川学海二十卷 宋左圭编 ⑱丛12

书林**宗文堂** 一五二八（嘉靖七）年刊续资治通鉴纲目二十七卷 明商辂等撰张时泰广义 ⑱史122

宗文堂 一五〇六（弘治十九）年刊春秋左传三十卷 晋杜预注宋林尧叟音注 ⑱经241

宗文堂 一五〇六（正德元）年刊大学衍义补一百六十卷首一卷 明丘濬撰 ⑱子67

宗文堂 一五二九（嘉靖八）年刊皇明文衡一百卷目录二卷 明程敏政辑 ⑱集1722

书林江氏**宗德堂** 一五〇四（弘治十七）年刊新刊奇见异闻笔坡丛脞一卷 明雷燮撰 ⑱子752

熊氏宏远堂 刊史记评林一百三十卷 明凌稚隆辑明李光缙增补 ⑱史19

宜和堂 一六二八—一六四四（崇祯）年刊三苏文抄二十卷 明李贽等辑 ⑱集1858

吴郡寒山赵氏**宛委堂** 一六二八—一六四四（崇祯）年刊玉台新咏十卷 陈徐陵辑 ⑱集1568

项梦原**宛委堂** 一五七三—一六二〇（万历）年刊古今印则十一卷印旨一卷 明程远辑 ⑰56－41039

项德棻**宛委堂** 刊研北杂志二卷 元陆友撰 ⑱子556

夏氏**宛委堂** 一六二四（天启四）年刊奇姓通十四卷 明夏树芳撰 ⑱子850

学古堂 一六四二（崇祯十五）年刊明文西四卷 清韩诗辑 ⑱集1793

学会堂 刊伤寒六书 明陶华撰 ㉚68

金陵天章阁**视履堂** 一六二八（崇祯元）年刊医无闾子医贯六卷 明赵献可撰 ⑱子227

居仁堂余献可 一六一八（万历四十六）年刊新刻李袁二先生精选唐诗训解七卷首一卷 明李攀龙辑 ⑱集1670

书林张氏**居仁堂** 一五八六（万历十四）年刊新刊标题明解圣贤语论四卷首一卷 元王广谋撰 ⑱子72

赵府**居敬堂** 一五五六（嘉靖三十五）年刊资治通鉴纲目五十九卷 宋朱熹辑 ⑱史117

赵康王朱厚煜**居敬堂** 一五二二—一五六六（嘉靖）年刊补注释文黄帝内经素问十二卷
唐王冰注宋林亿等校正宋孙兆改误 遗篇一卷黄帝素问灵枢经十二卷 宋史崧音释 ⑱子174

经世堂 一六三六（崇祯九）年刊新镌注解武经十四卷 周沈应明辑注 ⑱子107

经术堂 刊冰壑先生诗集四卷 明潘亨撰 ⑱集586

经纶堂 刊寿世保元十卷 明龚廷贤撰 ㉚326

金阊**贯华堂** 一六四一（崇祯十四）年刊第五才子书施耐庵水浒传七十五卷七十回
元施耐庵撰明金人瑞删评 ⑱子766

承训堂 刊冯元成宝善编选刻二卷 明冯时可撰 ⑱集746

九 画

书林**珍萃堂**王守渠 一六〇四（万历三十二）年刊新刻异识资谐四卷续识资谐四卷 明薛朝选辑 ⑱子583

奏星堂 刊春秋四传通辞十二卷 明陈士芳撰 ⑱经282

叶益荪**春昼堂** 一六四〇（崇祯十三）年刊陶靖节集六卷 晋陶潜撰 ⑱集24

春煦堂 一六四三（崇祯十六）年刊诗经胡传十二卷 明胡绍曾撰 ⑱经146

春德堂 一四八二（成化十八）年刊医林类证集要十卷 明王玺撰 ⑱子216

吴氏**树滋堂** 一六〇六（万历三十四）年刊秦汉印统八卷 明罗王常辑 ⑱史1496

树滋堂 一六三一（崇祯四）年刊伤寒五法 明陈长卿撰 ㉚70

黄州**树德堂** 一五七三—一六二〇（万历）年刊新刊明目良方二卷 ㉚572

树德堂 刊陈眉公吴宁野精校青莲露六笺六卷 明叶华编陈继儒等校 ⑱丛261

黄灿黄炜**贲堂** 一六三七（崇祯十）年刊重编嘉祐集二十卷 宋苏洵撰 附录一卷 ⑱集235

叶氏**南山堂** 一四六二（天顺六）年刊新增说文韵府群玉二十卷 ⑩132

朱谋𬮱**南州补堂** 一六二一（天启元）年刊新语二卷 汉陆贾撰 ⑱子30

南雅堂 一五七三—一六二〇（万历）年刊六如居士全集六种二十二卷 明唐寅撰 ㉙309

沙溪邵氏**草玄堂** 一五七三—一六二〇（万历）年刊南华真经标解十卷 明邵弁撰 ⑱子1019

荣观堂 刊新编直指筭法统宗十七卷首一卷 明程大位撰 ⑱子323

荣寿堂 一五七三—一六二〇（万历）年刊笔畴二卷 明王达撰 ⑱子560

砚北堂 一六二八—一六四四（崇祯）年刊捣坚录二十四卷 明朱廷旦辑 ⑱子714

金陵书坊郑大经**奎璧堂** 一六一五—一六一八（万历四十三—四十六）年刊古今道脉四十五卷 明徐奋鹏撰 ⑱经339

金陵**奎璧堂**郑思鸣 刊鼎镌诸方家汇编皇明名公文隽八卷 明袁宏道选丘兆麟补吴从先解释万言汇评 ⑪NC5235.7/4333

衡府**厚德堂** 一五六七（隆庆元）年刊洪武正韵十六卷 明乐韶凤宋濂等撰 ⑱经474

省吾堂 一五一〇（正德五）年刊鲍明远集十卷 刘宋鲍照撰 ⑯843.51/850－8－02

昭质堂 一六二八—一六四四（崇祯）年刊樊川文集二十卷外集一卷别集一卷 唐杜牧撰 明郑鄤评 ⑱集151

贻安堂 刊巩衡心旨五卷 明黄鹄撰 ⑱子355

汪应魁**贻经堂** 一六三一（崇祯四）年刊周易传义二十四卷 宋程颐朱熹撰 上下篇义一卷 ⑱经52

毗山堂 一六二八（崇祯元）年刊孝史十二卷 明徐守纲辑 ⑱子95

虹化堂 明末刊研珠集五经总类二十二卷 明张瑄撰 ⑱经361

峚膏堂 一六三一（崇祯四）年自刊文璟清娱四十八卷 明华国才辑 ⑱集1625

张氏**星聚堂** 一五八六（万历十四）年刊盐铁论十卷 汉桓宽撰 ⑱子32

思山堂徐应瑞 一五七九（万历七）年刊空同先生集六十三卷 明李梦阳撰 ⑱集613

云间李氏**思敬堂** 一五七一（隆庆五）年刊推蓬寤语九卷馀录一卷 明李豫亨撰 ⑱子569

严氏**钤山堂** 一五四四（嘉靖二十三）年刊历官表奏十二卷 明严嵩撰 ⑱史362

吴门**种书堂** 明末刊月旦堂新镌绣像列仙传四卷 明洪应明辑 ⑱子1071

种秀堂 刊存古类函三卷 明陈组绶撰 ⑪NC9299/7922

鳌峰熊宗立**种德堂** 一四四〇（正统五）年刊类证注释小儿方诀十卷 ⑩131

鳌峰熊宗立**种德堂** 一四六四（天顺八）年刊新编妇人良方补遗大全二十四卷首一卷 宋陈自明撰明熊宗立补遗 ⑱子235

鳌峰熊宗立**种德堂** 一四六六（成化二）年刊增广太平惠民和剂局方十卷 ⑩131

建邑书林**种德堂熊冲宇** 一五七三—一六二〇（万历）年刊雅尚斋遵生八笺十九卷 明高濂撰 ⑱子685

书林**种德堂**熊冲宇 刊新镌百家评林国语天梯二十一卷 吴韦昭注明焦竑集评 ⑱史211

熊振宇**种德堂** 一六〇九（万历三十七）年刊新刻施会元辑注国朝名文英华十一卷 明施凤来辑并注 ⑱集1724

种德堂熊省南 一六〇一（万历二十九）年刊精摘古史粹语举业前茅五卷 明杨九经辑 ⑱史695

书林**种德堂**熊成冶 一五七三—一六二〇（万历）年刊鼎锲叶太史汇纂玉堂鉴纲七十二卷 明叶向高撰 ⑱史133

潭邑书林**种德堂**熊秉宸 刊新镌皇明司台历法立福通书大全 明熊宗立辑 ⑱子266

书林**种德堂**熊建山 一六二六（天启六）年刊鼎刻杨先生注释孔圣家语五卷首一卷 明杨守勤撰 ⑱子23

熊氏**种德堂** 一四六七（成化三）年刊名方类证医书大全二十四卷 明熊宗立编 ⑱子214

熊氏**种德堂** 一四七三（成化九）年刊医经小学六卷 明刘纯撰 ⑱子213

熊氏**种德堂** 一五三九（嘉靖十八）年刊魁本袖珍方大全四卷 明李恒编 ⑱子212

复礼堂 一六二五（天启五）年刊诗学权舆二十二卷 明黄溥辑 ⑱集1886

鍾祖保**复初堂** 一六二八（崇祯元）年刊西皋集存逸十卷 明鍾梁撰 ⑱集646

修敬堂 一五九五（万历二十三）年刊痘疹传心录十六卷 明朱惠明撰 ㉚500

修德堂 刊元文类七十卷目录三卷 元苏天爵辑（参见明脩德堂） ①1254

吴氏**保和堂** 一五七九（万历七）年刊休宁璜源吴氏族谱八卷 明吴烨吴应期纂修 ⑱史594

顺裕堂 一五四七（嘉靖二十六）年刊莲谷先生读易索隐六卷 明洪鼐撰 ⑱经66

泉南翰墨馀香堂 一五五八（嘉靖三十七）年刊泉南新刊古板大学小学史断二卷首一卷 宋
南宫靖一撰明晏彦文续 ⑱史1513

艺林**衍庆堂** 一六二七（天启七）年刊醒世恒言四十卷 明冯梦龙编 ⑪NC5752/3240

书林**爱庆堂** 刊艺林聚锦增补故事白眉十卷 明许以忠辑邓志谟补 ⑱子859

勉勤堂 一五四四（嘉靖二十三）年刊新校经史海篇直音十卷 ⑱经442

金陵亲仁堂 一五〇八（万历八）年刊春秋左氏经传集解三十卷 春秋名号归一图二卷
蜀冯继先撰 ⑱经241

方氏**美荫堂** 一五七三—一六二〇（万历）年刊方氏墨谱六卷 明方于鲁撰 ⑱子466

养正堂 重修唐类函二百卷目录二卷 明俞安期辑 ⑱子856

顾存仁**养吾堂** 一五五二（嘉靖三十一）年刊选诗补注八卷 元刘履撰 补遗二卷续编四卷 元刘履辑 ⑱集1559

养吾堂 刊选诗续编四卷 元刘履辑 ④1822

洁梁堂 一六四二（崇祯十五）年刊救荒策会七卷 明陈龙正辑 ⑱史1327

郭云鹏**济美堂** 刊河东先生集四十五卷外集二卷龙城录二卷 唐柳宗元撰宋廖莹中校正 附录二卷传一卷 ⑱集126

建邑书林刘亨**屏山堂** 一五七二（隆庆六）年刊外科经验精要方一卷 明张翼校 ⑱子233

郏县**退省堂** 一五四七（嘉靖二十六）年刊杜律二注四卷 元虞集赵汸撰 ⑱集76

徽州府**退思堂** 一四七九（成化十五）年刊春秋胡传三十卷 宋胡安国撰 纲领一卷提要一卷

诸国兴废说一卷列国东坡说一卷正经音训一卷 ⑱经265

姚　堂　一四五六（景泰七）年刊古廉李先生诗集十一卷　明李时勉撰 ⑱集570

癸锦堂　一五二二—一五六六（嘉靖）年刊婴童百问十卷　明鲁伯嗣撰 ㉚473

孩　堂　刊方壶外史八卷　明陆西星撰 ⑱子1065

十　画

耕野堂吴仕期　一五七七（万历五）年刊古今名喻八卷　明吴仕期辑 ④629

张世俊**素心堂**　刊张荨江先生存笥集二卷　明张铨撰　徵行录一卷　明张基辑 ⑱集664

素位堂　明末刊史记一百三十卷　汉司马迁撰明徐孚远陈子龙测议 ⑱史18

晋陵杜氏**泰初堂**　一五七三—一六二〇（万历）年刊对制谈经十五卷　明杜泾辑 ⑱子852

泰和堂　刊新镌东西晋演义十二卷五十回　明杨尔曾撰 ⑱子761

泰和堂　明末刊太医院增补青囊药性赋直解四卷 ⑱子190

桂芳堂　刊海琼玉蟾先生文集六卷续集二卷　宋葛长庚撰 ⑱集370

真诚堂　刊列女传十六卷 ⑱史404

荷薪堂　一六二八（崇祯元）年刊异鱼图赞二卷　明杨慎撰 ⑱子487

武林**起秀堂**　一六二四（天启四）年刊新刻批评百将传正集十卷　宋张预撰　续集四卷　明何乔新撰 ⑱子131

载德堂　刊武夷志略四册　明徐表然纂辑 ⑱史133

涵江**夏心堂**　一六〇〇（万历二十八）年刊林子三教正宗统论二十卷　明林兆恩撰 ③哲270/74702

振邺堂　一五七三—一六二〇（万历）年重刻黄文节山谷先生文集三十卷　宋黄庭坚著 ②47225

书林金阊**振邺堂**　刊新刻官板律例临民宝镜十卷首三卷末三卷　明苏茂相辑 ⑱史1345

山阴**致远堂**丁氏　刊会稽三赋四卷　宋王十朋著明南逢吉注尹壇补注 ②36956

致和堂　一六二八—一六四四（崇祯）年刊增订二三场群书备考四卷　明袁黄撰袁俨注沈世昌增 ⑱子850

致和堂　明末刊伤寒图歌活人指掌五卷　元吴恕撰 ㉚88

震泽王延喆恩褒四世之堂　一五二五—一五二七（嘉靖四—六）年刊史记一百三十卷 ⑱史14

积庆堂 一六〇三（万历三十一）年刊新镌通鉴节要十卷 明苏文韩辑 ⑱史130

金林**积庆堂** 一六三三（崇祯六）年刊音韵日月灯三十卷 明吕维祺撰 ⑯8201

云林**积秀堂** 一六二七（天启七）年刊后汉书九十卷志三十卷 刘宋范晔等撰明陈仁锡评 ⑱史52

积秀堂 明末刊明诗归十卷首一卷末补遗一卷 明钟惺谭元春选 ⑰56－46516 中文系

金陵书林**积贤堂**唐锦池 刊新镌徐氏家藏罗经顶门针二卷鄙言一卷简易图解一卷
明徐之镆撰 ⑱子356

陈崑泉**积堂** 一五七一（隆庆五）年刊六子全书六十卷 ⑱子6

积善堂陈崑泉 一五七六（万历四）年刊新刊京本伊洛渊源录十四卷 宋朱熹撰 ⑱史423

建邑**积善堂**陈贤 一六〇六（万历三十四）年刊太医院补遗真传医学源流肯綮大成十六卷
明龚信编余应奎补 ⑱子223

书林陈国旺**积善堂** 一六三二（崇祯五）年刊精刻张翰林重订京本排韵增广事类氏族大全
二十八卷 明陈溥订正 ⑱子825

陈奇泉**积善堂** 一五七一（隆庆五）年刊纂图互注老庄列三子二十卷 ⑩134

陈奇泉**积善堂** 一六〇九（万历三十七）年刊京本排韵增广事类氏族大全二十八卷 ⑩134

建阳书林**积善堂**陈奇泉 刊锲旁释鸡肋集六卷 明邓志谟撰 ⑱集833

脩德堂 一六三九（崇祯十二）年刊讲武全书兵占二十七卷 明唐万龄撰 ⑱子126

脩德堂 明末刊元文类七十卷目录三卷 元苏天爵辑 ⑱集1703

丰城熊尚文**爱成堂** 一六〇九（万历三十七）年刊延平先生答问一卷 宋朱熹撰 ㉑128

爱成堂 一五七三—一六二〇（万历）年刊见罗李先生南中问辨录要十卷 明朱万元辑 ⑱子87

余秀峰**馀庆堂** 一五九七（万历二十五）年刊新锓大明一统舆图广略十五卷 明沈一贯辑 ⑱史731

星源游氏**馀庆堂** 一五七三—一六二〇（万历）年刊诸家笔筹四卷 题慕鸠山人辑 ⑱子862

馀庆堂 刊蛟峰批点止斋论祖不分卷 宋陈傅良撰方逢辰批点 ⑱集337

馀清堂 明末刊古今快事二十八卷 明沈凤芳撰 ⑱子667

留畊堂周誉吾 刊周会魁校正四书大全十八卷 明胡广等辑周士显校正 ⑱经329

高晖堂 一五七三—一六二〇（万历）年刊广博物志五十卷 明董斯张撰 ⑱子859

陈氏阅帆堂 一六一五（万历四十三）年刊陈沈两先生稿二十二卷 明陈仁锡编 ⑱集1506

阅帆堂 一六二一（天启元）年刊藏书六十八卷续藏书二十七卷 明李贽撰 ㉙498

阅帆堂 一六三二（崇祯五）年刊阳山志三卷 明陆汝成撰 ⑱史1006

阊门兼善堂 一六二八—一六四四（崇祯）年刊古文备体奇钞十二卷 明钟惺辑黄道周评 ⑱集1628

资敬堂 一六四四（崇祯十七）年刊事物初略三十四卷 明吕毖撰 ⑱子620

浩然堂 刊归云集前稿二十卷 明陈士元撰 ⑱集693

容与堂 刊李卓吾先生批评忠义水浒传一百卷引首一卷 元施耐庵撰明李贽评 ⑱子765

读书堂 一六二四（天启四）年刊花间草堂合集 ⑱集1995

展卷堂 一五九六（万历二十四）年刊订正通鉴纲目前编二十五卷 明南轩撰 ⑱史121

绣贤堂 一六〇八（万历三十六）年刊文苑汇隽二十四卷 明孙丕显纂 ⑪NC9299/1916.27

绣椿堂 刊重刻南溪先生集四卷首一卷 明邓汝相撰 附录一卷 ⑱集686

绣霞堂 一六二八—一六四四（崇祯）年刊续情灯传奇二卷 清薛旦撰 ⑱集2135

陈智锡**继志堂** 一六四二（崇祯十五）年刊潛确居类书一百二十卷 明陈仁锡辑 ⑱子862

继美堂 一五二二—一五六六（嘉靖）年刊平番始末一卷 明许进撰 ⑱史267

书林陈氏**继善堂** 刊新镌徐氏家藏罗经顶门针二卷 明徐之镆撰 ⑱子356

商濬**继锦堂** 一六一九（万历四十七）年刊西湖游览志二十四卷 志馀二十六卷 明田汝成撰 ⑱史1036

十一画

鲍继文**教养堂** 一五一七（正德十二）年刊全唐诗话三卷 题宋尤袤撰 ⑱集1875

萃庆堂余泗泉 一五九〇（万历十八）年刊六经三注粹抄六卷 明许顺义辑 ⑱经28

书林余泗泉**萃庆堂** 一六一一（万历三十九）年刊宗伯集六卷 明冯琦撰 ⑱集756

书林余彰德**萃庆堂** 一五九九（万历二十七）年刊刻注释艺林聚锦故事白眉十卷 明邓志谟辑 ⑱子859

萃英堂周乐轩 一五〇五（弘治十八）年刊中书楷诀一卷 明姜立纲撰 ⑱子408

叶氏菉竹堂 一五七一（隆庆五）年刊云仙杂记十卷 题唐冯贽辑明叶恭焕校 ⑱子689

菉竹堂 一五二六（嘉靖五）年校刊卢溪先生文集五十卷 明王庭珪撰 ㉙1880

菉竹堂 刊大统皇历经世三卷 明胡献忠撰 ⑱子378

金阊茅一桂黄玉堂 一五七九（万历七）年刊唐宋八大家文钞一百四十四卷 明茅坤辑 ⑯846.8/516

卓氏雪堂 一六二六（天启六）年刊画髓玄诠五卷 明卓尔昌撰 ⑱子421

晋府虚益堂 一五三四（嘉靖十三）年刊初学记三十卷 唐徐坚等辑 ⑱子785

阊门常春堂 一五七三—一六二〇（万历）年刊陶石篑精选苏长公合作二卷 宋苏轼撰明陶望龄辑 ⑱集259

孙能正鄂韡堂 一六一三（万历四十一）年刊剡溪漫笔六卷 明孙能传撰 ⑱子580

书林崇文堂 刊新刻注释故事白眉十卷 明许以忠辑 ⑱子859

崇文堂 刊鼎镌出相点板千金记二卷 明沈采撰 ⑱集2107

广东崇正堂 一五五六（嘉靖三十五）年刊周易传义十卷 宋程颐朱熹撰 ⑱经50

建宁崇本堂 一六二八—一六四四（崇祯）年刊宋李忠定公奏议选十五卷文集选二十九卷 宋李纲撰明左光先李春熙等辑 首四卷 ⑱集294

崇雅堂 刊列子八卷 明孙矿评 音释八卷 ①5746

崇德堂 一四八八—一五〇五（弘治）年刊青囊杂纂八种八卷 明邵以正编 ⑱子162

崇德堂 刊陶靖节集八卷 晋陶潜撰 ⑱集24

符山堂 一六四三（崇祯十六）年刊音学五书三十八卷 清顾炎武撰 ⑯424.80/965－03

悠然堂 一六二八—一六四四（崇祯）年刊蘧园蝡衔录四十卷 明王建极辑 ⑱子864

张氏猗兰堂 一五五四（嘉靖三十三）年自刊盐铁论十二卷 汉桓宽撰明张之象注 ⑱子33

章庆堂 一六三一（崇祯四）年刊天马媒二卷 明刘方撰 ①15063

清风堂 一五六九（隆庆三）年刊泉河纪略七卷 明张纯撰 ⑱史1035

书林清心堂 一五八七（万历十五）年刊圣门通考十二卷年谱二卷 明包大爔撰 续考三卷 明包烜撰 ⑱史402

洪楩**清平山堂** 一五四六（嘉靖二十五）年刊新编分类夷坚志甲集五卷乙集五卷丙集五卷丁集五卷戊集五卷己集六卷庚集五卷辛集五卷壬集五卷癸集五卷 宋洪迈撰叶祖荣辑 ⑱子741

清平山堂 刊清平山堂话本二集十二种　明洪楩辑　⑱子753

清白堂杨新泉　一五八八（万历十六）年刊评林新锲翫甄洞藁文类二十卷诗集六卷　明吴国伦撰王世贞评　⑱集708

清白堂　一五六〇（嘉靖三十九）年刊中川遗藁三十三卷　明王教撰　⑱集744

清白堂　刊麒麟罽二卷　明陈与郊撰　①4118

翰林院**清闷堂**　刊四镇三关志十卷　明刘效祖等纂修　⑱史992

杨氏**清江堂**　一五一七（正德十二）年刊周易传义大全二十四卷纲领一卷朱子图说一卷　明胡广等辑　⑱经64

书林杨氏**清江堂**　一五五三（嘉靖三十二）年刊新刊参采史鉴唐书志传通俗演义八卷　明熊大木撰　⑱子763

建邑书林杨氏**清江堂**　一五七三—一六二〇（万历）年刊续编资治宋元纲目大全二十七卷　明商辂等编　⑭

清芬堂　一六二一—一六二七（天启）年刊重刻戊辰进士思泉胡先生天一山全稿三卷　胡友信撰　⑱集742

禾郡范氏**清宛堂**　一六〇四（万历三十二）年刊米襄阳志林五种十三卷　明范明泰编辑　⑪NC9112/9942.40

清畏堂　明末刊伤寒摘锦二卷　明万全撰　㉚48

彭城清省堂　印沧浪先生吟卷二卷　宋严羽撰　⑱集381

清美堂　一六二二（天启二）年刊涌幢小品三十二卷　明朱国祯辑　⑱子664

赣州府**清献堂**　一五二二（嘉靖元）年刊埤雅二十卷　⑩133

清溪堂　一六一一（万历三十九）年刊京口三山志补　⑱史1007

清福堂　一五七三—一六二〇（万历）年刊菑祲窾议一卷　明毕自严撰　⑱史1327

相州**清慎堂**　一五三六（嘉靖十五）年刊古文类选十六卷　明王三省辑　⑱集1616

渊雅堂　一六〇四（万历三十二）年刊笔玄要旨一卷　明徐渭撰诸夏评朱象衡辑补　⑱子408

惇德堂　一五七三—一六二〇（万历）年刊山林经济籍二十四卷　明屠本畯辑　⑱子706

吴郡**绿荫堂**　刊吴骚合编四卷　明张楚叔选辑张旭初删订　⑪NC5582.7/1324

十二画

范文若**博山堂**　刊花筵赚二卷　明荀鸭撰　⑤2.1699

周氏**博古堂** 一六〇三（万历三十一）年刊新刻辛丑科翰林馆课八卷 明曾朝节敖文祯辑 ⑱集1734

周氏**博古堂** 一六〇九（万历三十七）年刊世说新语三卷 刘宋刘义庆撰梁刘孝标注 ⑱子636

周时泰**博古堂** 一五七三—一六二〇（万历）年刊新刊邵翰林评选举业捷学宇宙文芒十二卷
明邵尧景评选卢效祖辑 ⑱子853

博古堂 一六〇二（万历三十）年刊皇明大政纪二十五卷 明雷礼辑 ⑱史158

博极堂 刊大雅堂订正枕中十书十卷 明李贽撰 ①10425

博雅堂 刊类编草堂诗馀四卷 明顾从敬编次韩俞臣校正 ⑱集1996

书林**联辉堂**郑纯镐 一六〇六（万历三十四）年刊鼎锲纂补标题论表策纲鉴正要精抄二十卷 明冯琦撰 ⑱史132

斯羽堂 一六二一—一六二七（天启）年刊斯羽堂评点谢在杭先生史测二卷 明谢肇淛撰 ⑱史1523

敬义堂 一五七四（万历二）年刊三子口义十五卷 宋林希逸撰张四维补 ⑱子998

敬义堂 刊庄子虞斋口义十卷 宋林希逸撰明张四维补 ⑯2023

敬义堂精一堂 一五七五（万历三）年刊显密圆通成佛心要集二卷 辽释道殿辑 ⑱子971

余氏**敬贤堂** 刊医经大旨八卷 明贺岳撰 ⑱子221

余氏**敬贤堂** 一五四一（嘉靖二十）年刊新刊纂图大字群书类要事林广记 宋陈元靓辑 ⑱子815

敬思堂新都俞元符 刊白虎通德论二卷 汉班固纂集 ⑱子508

敬思堂 一六一八（万历四十六）年刊汪子中诠六卷 明汪应蛟撰 ⑱子89

葆和堂 一五九一（万历十九）年刊新锲注选历朝捷策百家评林六卷 明杨道宾撰 新锲注选
历朝捷论百家评林六卷 明邹德溥撰 注解历朝捷表选百家评林八卷 明刘文卿编
新锲注选历科捷判百家评林一卷 明李廷机评注 ⑱子849

庄氏**森桂堂** 一六一六（万历四十四）年刊三才考略十三卷 明庄元臣辑 ⑱子856

武林**超性堂** 一六二九（崇祯二）年刊天主圣教圣人行实七卷 意大利高一志撰 ⑱子996

金阊**雅言堂** 刊如面谭二集十八卷 明钟惺辑 ⑱集1730

姚氏**紫薇堂** 一六三四（崇祯七）年刊佛法金汤徵文录十卷 明姚希孟撰 ⑱子992

武林**辉山堂** 一六四四（崇祯十七）年刊经史子集合纂类语三十二卷 明鲁重民辑 ⑱子866

晴阳堂 一五七三—一六二〇（万历）年刊沧洄集八卷 明张重华撰 ⑱集825

赐绯堂 一五七三—一六二〇（万历）年刊文选章句二十八卷 明陈与郊辑 ③文101.19/76

赐绯堂 一六二一（天启元）年刊隅园集十八卷 明陈与郊撰 ⑱集751

陈氏**赐绯堂** 一六二八（崇祯元）年刊篆诀辩释一卷 明许令典撰 ⑱经446

赐绯堂 一六二八（崇祯元）年刊卮言倪八卷 明王世贞撰陈与郊辑 ⑱集1889

赐闲堂 一六二八—一六四四（崇祯）年刊潜确居类书一百二十卷 明陈仁锡辑 ⑱子863

赐馀堂 明末刊周易揆十二卷 明钱士升撰 ⑱经76

景贤堂 一五九八（万历二十六）年刊西山先生真文忠公文集五十五卷目录二卷 宋真德秀撰 ⑱集368

景姚堂 刊杜诗单注十卷 明单复撰陈明辑 ⑱集78

鼎云堂 刊诗绎四卷 明乔时敏撰 ⑱经143

书林**鼎发堂** 刊银海精微二卷 原题唐孙思邈撰 ⑱子234

书林刘氏**遗安堂** 刊新刻太医院校正增补医方捷径二卷 ⑱子225

遗经堂 一六〇六（万历三十四）年刊新刻石函平砂玉尺经全书六卷 题元刘秉忠明刘基撰
明刘基解葬经一卷 题晋郭璞撰 ⑱子353

书林**遗德堂** 刊伤寒六书十卷 明陶华撰 ㉚68

黄淮**集义堂** 一五〇三（弘治十六）年刊石田稿三卷 明沈周撰 ⑱集606

黄氏**集义堂** 一五三八（嘉靖十七）年刊新刊性理大全七十卷 明胡广等撰 ⑱子75

黄正蕊**集义堂** 一五七三—一六二〇（万历）年刊新镌京板全补源流引蒙登龙会海对类二十卷 ⑱子836

集古堂 一五七三—一六二〇（万历）年刊四书直解二十六卷 明张居正撰 ⑱经332

集庆堂 一五二一—一五二七（天启）年刊紫原文集十二卷 明罗大纮撰 ⑱集769

书林**集贤堂**唐锦池 刊新镌徐氏家藏罗经顶门针二卷鄙言一卷简易图解一卷 明徐之镆撰 ⑱子356

集贤堂 明末刊旧唐书论二卷 唐文归□□卷 明钟惺辑并评 ⑱史1524

集德堂 刊安溪志名胜诸景诗集一卷 明倪鸿范撰 ⑱史1049

敦化堂 刊东垣十书二十卷附二卷 ⑱子161

敦化堂 明末刊笺注陶渊明集六卷 晋陶潜撰宋汤汉等笺注明张自烈评 总论一卷和陶一卷 ⑱集29
宋苏轼撰 律陶一卷 明王思任辑 敦好斋律陶纂一卷 明黄槐开辑

书林**敦睦堂**张斐 一六一二（万历四十）年刊新刻占魁高头提章诗经正文四卷首一卷 ⑱经127

余氏**尊古堂** 刊艺文类聚一百卷 唐欧阳询辑 ⑱子781

吴航书林李氏**善庆堂** 刊艺圃球琅二卷 明蒋以忠蒋以化合撰 ⑱子572

善成堂 一六三四（崇祯七）年刊新刊合并官板音义评注渊海子平五卷 宋徐升编 ②3166

善敬书堂 一四五〇—一四五六（景泰）年刊增修附注资治通鉴节要续编三十卷 明张光启订正
刘剡编辑 ⑱史125

善敬堂 一四四八（正统十三）年刊增广注释音辩唐柳先生集四十三卷别集二卷外集二卷
唐柳宗元撰宋童宗说注释张敦颐音辩潘纬音义 附录一卷 ⑱集130

建阳书林**善敬堂**王兴泉 一五八三（万历十一）年刊新刊锄云杨先生地理心法内篇一卷
外篇一卷 明杨芸撰 ⑱子355

善德堂 一六〇二（万历三十）年刊玄宗内典诸经注十一卷 明邵以正编 ⑱子1032

蔡氏**道义堂** 一五五一（嘉靖三十）年刊类编历法通书大全三十卷 元宋鲁珍通书何士泰
历法明熊宗立类编 ⑱子374

程氏**滋兰堂** 一五七六（万历四）年刊徽郡新刻名公尺牍三卷 明程大约辑 ⑱集1729

富文堂 一六二一（天启元）年刊二如亭群芳谱三十卷 明王象晋撰 ㉚203

金陵唐氏**富春堂** 一五八五（万历十三）年刊重修正言对音捷要真传琴谱大全十卷 明杨表正撰 ④183

姑苏张氏**遐寿堂** 一五八八（万历十六）年刊皇舆考十二卷 明张天复撰 ⑱史731

十三画

汉东**瑞珠堂** 一五八八（万历十六）年刊刘随州诗集十二卷 唐刘长卿撰 ⑱集52

瑞桃堂 一五七三—一六二〇（万历）年刊晋二俊文集 宋徐民瞻辑 ⑤

商濬**瑞莲堂** 一六一九（万历四十七）年刊西湖游览志二十四卷志馀二十六卷 明田汝成撰 ⑱史1036

楞严般若堂 一六〇五（万历三十三）年刊重刊北京五大部直音会韵二卷 ⑱子984

槐荫堂 一六三二（崇祯五）年印古文澜编二十卷 明王志坚辑 ⑱集1626

王氏勤有堂 一三七〇（洪武三）年刊贞观政要十卷 唐吴兢撰 ⑱史223

勤有堂 一三八二（洪武十五）年刊朱文公校昌黎先生文集四十卷外集十卷遗文一卷 唐韩愈撰宋朱熹考异王伯大音释 传一卷 ⑱集112

书林罗氏**勤有堂** 一五五四（嘉靖三十三）年刊周易本义四卷 宋朱熹撰 ⑱经47

灌塘**睦亲堂** 一六〇一（万历二十九）年刊尹讷庵先生遗稿十卷 明尹昌隆撰 ③文272. 65/16

许奇钺**畹香堂** 一六二五（天启五）年刊许文穆公全集二十卷 明许国撰 ⑱集720

畹香堂 刊城阳山志三卷 明许志古撰 ⑱史1009

嗣雅堂 刊瀛南子二卷 明张松撰 ⑱子568

书林**锡环堂** 一五七三—一六二〇（万历）年刊伤寒六书 明陶华撰 ㉚68

锦江堂 一五〇七（正德二）年刊新刊诸子汇要大全四卷 明黎尧卿辑 ⑱子699

金陵锦绣堂吴少溪 一六〇五（万历三十三）年刊四六云蒸八卷 ⑱集1727

锦绣堂晏少溪 一六〇六（万历三十四）年刊新刻杨太史评注内外品百氏名文文家镜三部稿十四卷 明杨守勤辑 ⑱集1625

新书堂 一五二八（嘉靖七）年刊外科心法七卷附外科选要 明薛己撰 ㉚537

张氏**新贤堂** 一五二二—一五六六（嘉靖）年刊新刊四明先生高明大字续资治通鉴节要二十卷 明刘剡辑蔡亨嘉校正 ⑱史126

书林**新贤堂**张闽岳 一五七三（万历元）年刊新刊玉堂周易本义四卷首一卷 宋朱熹撰 ⑱经47

书林新贤堂张闽岳 刊礼记集注十卷 元陈澔撰 ⑱经197

慎节堂 刊新刊增修笺注妙选群英草堂诗馀二卷 明钟惺辑 ⑱集1999

源远堂 明末刊青霞沈公遗集十六卷 明沈炼撰 ⑱集688

书林**源泰堂** 一五八一（万历九）年刊新刻翰林批选东莱先生左氏博议句解十二卷 宋吕祖谦撰明诸大绶辑 ⑱经245

智旭福德因缘堂 刊妙法莲华经玄义节要二卷 隋释智顗撰明释智旭节 ②63582

彙锦堂 一六二九（崇祯二）年刊五经旁训十九卷 元李恕撰 ⑱经24

十四画

静寿堂 刊古列女传七卷 汉刘问撰 续一卷 ④8953

碧玉堂 一五四二（嘉靖二十一）年刊心印绀珠经二卷 明李荣编 ㉚715

吴兴**嘉业堂** 刊局方发挥 元朱震亨撰 ㉚660

王化弘**嘉乐堂** 一五七八（万历六）年刊校刻具茨先生文集八卷诗集五卷遗稿一卷
明王立道撰 附录一卷 ⑱集683

嘉乐堂 刊九经 明秦镤订正 ⑰56－46181 中文系

金陵书坊周氏**嘉宾堂** 一五九五（万历二十三）年刊新刻古今玄屑八卷 明王家佐选评 ⑱子852

嘉宾堂 一五九〇（万历十八）年刊春秋左传释意评苑二十卷 明王锡爵辑 ⑱经248

嘉宾堂 刊新刻乙未科翰林馆课东观弘文十卷 明刘元震刘楚先合选 ⑱集1734

嘉瑞堂 刊新刻注释故事白眉十卷 明许以忠集 ⑰56－46825 中文系

袁褧**嘉趣堂** 一五三五（嘉靖十四）年刊世说新语三卷 刘宋刘义庆撰梁刘孝标注 ⑱子635

袁氏**嘉趣堂** 一五三三（嘉靖十二）年刊大戴礼记十三卷 汉戴德撰北周卢辩注 ⑱经206

袁氏**嘉趣堂** 一五五〇—一五五一（嘉靖二十九—三十）年刊金声玉振集五十一种六十二卷
明袁褧编 ⑱丛173

聚文堂张心所 一五七三—一六二〇（万历）年重修月令广义二十四卷首一卷统计一卷
附录一卷 明冯应京撰代任续 ⑨善00087

书林**聚文堂** 一六三一（崇祯四）年刊刻全像五显灵官大帝华光天王传四卷 明余象斗撰 ⑱子777

朱睦㮮**聚乐堂** 一五五七（嘉靖三十六）年刊周易集解十七卷 唐李鼎祚辑 略例一卷
魏王弼撰唐邢璹注 ⑱经42

聚乐堂 自刊经序录五卷 明朱睦㮮撰 ⑱史1419

聚庆堂徐龙池 一五七九（万历七）年刊四书人物考八卷 明薛应旂撰 ⑱经331

吴继**聚好堂** 一五七一（隆庆五）年刊墨娥小录十四卷 ⑱子685

聚顺堂 一六一一（万历三十九）年刊大司徒一川游公年谱一卷 明游悦易撰 ⑱史507

方东云**聚奎堂** 刊重刊巢氏诸病源候总论五十卷 隋巢元方撰 ⑱子200

聚锦堂 一六〇四（万历三十二）年刊外科启玄十二卷 明申拱宸撰 ㉚538

聚锦堂 一六四四（崇祯十七）年刊六科证治准绳六种 明王肯堂撰 ㉚717

云林**聚锦堂** 明末刊西湖二集三十四卷西湖秋色一百韵一卷 明周楫撰 ⑱子755

金陵**聚锦堂** 一六二二（天启二）年重修扬升菴先生批点文心雕龙十卷 梁刘勰撰明杨慎批点梅庆生音注 ⑪NC5233/7243.1

古吴**聚德堂** 一六二八—一六四四（崇祯）年刊河洛理数七卷 宋陈抟著 ②3160

冯叔吉**愿闻堂** 一五七七（万历五）年刊名世文宗二十卷外集四卷 明胡时化辑 ⑱集1622

霏野堂 一五七三—一六二〇（万历）年刊太玄经十卷 汉杨雄撰 说玄一卷 唐王涯撰 释文一卷 ⑱子332

箕裘堂 一五七三—一六二〇（万历）年刊礼经酌言四卷 明李经礼撰 ⑱经200

端始堂 刊干禄字书一卷 唐颜元孙撰 ⑱经429

端揆堂 一五七三—一六二〇（万历）年刊蒲坂杨太宰献纳稿十卷 明杨博撰 ①961

精一堂 一五七五（万历三）年刊显密圆通成佛心要集二卷 辽释道殿辑 ⑱子971

刘氏**翠岩堂** 一四三三（宣德八）年刊文公先生小学集解大成六卷 明吴讷撰 ⑱子60

刘氏翠岩堂慎思斋 一五二二（嘉靖元）年刊新刊南轩先生文集四十四卷 宋张栻撰 ①11406

十五画

醇尊堂 一五八七（万历十五）年刊批点考工记二卷图说一卷 明周梦暘辑注并评 ⑱经180

醉耕堂 一五六五（嘉靖四十四）年刊本草蒙筌十二卷 明陈嘉谟撰 ㉚163

醉畊堂 明末刊新镌顾迴澜先生历朝捷录大成原本五卷 明顾充撰钟惺评 ⑱史1521

敷文堂 刊养生四要五卷 明万全撰 ㉚608

蕴古堂 一五九九（万历二十七）年刊诗法指南二卷 明王槚辑 ⑱集1890

镇粤堂 一五九四（万历二十二）年刊古今韵分注撮要五卷 明甘雨撰陈士元注 ⑱经480

高承埏**稽古堂** 明末刊刘宾客佳话录一卷剧谈录二卷云仙散录十卷隋唐佳话三卷 唐刘禹锡撰 ⑩126

云林唐富春**德寿堂** 一六〇四（万历三十二）年刊新编古今事文类聚前集六十卷后集五十卷续集二十八卷别集三十二卷 宋祝穆辑 新集三十六卷外集十五卷 元富大用辑 遗集十五卷 元祝渊辑 ⑱子806

德寿堂 一六二八—一六四四（崇祯）年刊桐下听然二十二卷 题明夸蛾斋主人撰 ⑱子749

陈敬学**德星堂** 一五四〇（嘉靖十九）年刊万首唐人绝句一百一卷 宋洪迈辑 ⑱集1659

书林**德聚堂** 一五七三—一六二〇（万历）年刊锲旁注事类捷录十五卷 明邓志谟辑 ⑱子860

德聚堂 重修唐类函二百卷目录二卷 明俞安期纂 ⑱子856

德聚堂 一六二八—一六四四（崇祯）年刊书柬活套翰墨连环谱十二卷 明王世茂选注 ⑱子855

闽建书林**德聚堂** 刊新锓猎古词章释字训解三台对类正宗十九卷 明庚居子辑 ⑱子861

吴门**德馨堂** 一五五九（嘉靖三十八）年刊产宝百问五卷 题元朱震亨撰明王肯堂订正 ⑱子236

吴门书林**德馨堂** 刊东垣十书三十二卷 ⑱子161

范氏**遵正堂** 一三九〇（洪武二十三）年刊贞观政要十卷 唐吴兢撰 ⑱史223

澂菉堂 刊唐李长吉歌诗四卷 唐李贺撰宋吴正子笺注刘辰翁评点明张睿卿补笺 ⑱集103

澄心堂 一五六一（嘉靖四十）年刊適情录二十卷 明林应龙撰 ⑱子451

泊阳黄氏**澄心堂** 一六三六（崇祯九）年刊地理真诀四卷 明黄复初辑 ⑱子357

澄志堂 一五七三—一六二〇（万历）年刊苏长公尺牍选二卷 宋苏轼撰明钟惺评 ⑪818.1513/4453

澄清堂 一五七五（万历三）年刊两浙海防类考四卷 明刘见蒿撰 ⑱史997

鹤来堂 一六一七（万历四十五）年刊震泽编八卷 明蔡昇撰王鏊重修 ㉙277

十六画

燕贻堂 一六〇七（万历三十五）年刊天主实义二卷辩学遗牍一卷重刻二十五言一卷 意利玛窦撰 ⑯10514

瞿氏燕誉堂 一六四三（崇祯十六）年刊牧斋初学集一百十卷目录二卷 清钱谦益撰 ⑱集897

凝瑞堂 刊弄珠楼二卷 明王异撰 ⑱集2121

澹思堂 一六二八—一六四四（崇祯）年刊增订二三场群书备考四卷 明袁黄撰袁俨注 ⑱子850

澹然堂 一六二八—一六四四（崇祯）年刊遊西山记一卷遊西山诗一卷 明范愷撰 ⑱史1069

十七画

朱氏**懋德堂** 一五二九（嘉靖八）年刊集千家注批点杜工部诗集二十卷 唐杜甫撰宋黄鹤补注刘辰翁批点 年谱一卷 ⑱集72

金阊**箦玉堂** 刊明诗选十二卷 明华淑辑 ⑱集1708

吴郡沈与文**繁露堂** 一五二二—一五六六（嘉靖）年刊浮湘藁四卷山中集四卷凭几集五卷续集二卷息园存稿十四卷又九卷缓恸集一卷国宝新编一卷近言一卷 明顾璘撰 ⑱集616

沈植**繁露堂** 刊空同集二十一卷 明李梦阳撰 ⑱集613

沈氏**繁露堂** 刊锺嵘诗品三卷 梁锺嵘撰 ⑱集1869

濬发堂 明末刊陈眉公先生十集二十四卷 明陈继儒撰 ⑱丛617

金陵唐氏**翼圣堂** 一五七三—一六二〇（万历）年刊重修正文对音捷要真传琴谱大全十卷 明杨表正撰 ③艺732/766.7

十八画

鳌峰堂 刊重增释义大明律七卷 ⑱史1340

藜光堂刘钦恩 刊忠经孝经合刊四卷 ⑱丛270

藜光堂刘荣吾 一六四二（崇祯十五）年刊篆林肆考十五卷 明郑大郁撰 ⑱经447

华亭柘湖何氏**翻经堂** 一五五〇（嘉靖二十九）年刊何氏语林三十卷 明何良俊撰 ⑭

二十三画

古吴**麟瑞堂** 一六二八—一六四四（崇祯）年刊新刻按鉴编纂开辟衍绎通俗志传六卷 明周游撰王黉释 ⑭

三、斋

一至二画

武林**一初斋** 一六〇〇（万历二十八）年刊唐诗选七卷附录一卷 明李攀龙辑蒋一葵笺释 ⑱集1669

金溪王氏**一贯斋** 一六二七（天启七）年刊明便通书四卷首一卷 明王尚果纂 ⑪NC7190/1106

阳山顾氏**十友斋** 刊资暇集三卷 唐李匡乂著 ②11174

胡氏**十竹斋** 一六二八—一六四四（崇祯）年刊皇明表忠纪十卷首一卷 明钱士升撰 附录一卷 ⑱史437

胡正心**十竹斋** 一六三二（崇祯五）年自刊薛氏医案六种十七卷 明薛己撰胡正心辑 ㉙334

胡正言**十竹斋** 一六三五（崇祯八）年刊诗谭十卷续录一卷 明叶廷秀撰 ⑱集1892

胡正言**十竹斋** 明末刊四六霞肆十六卷 明何伟然辑 ⑱子863

休宁胡曰从**十竹斋** 一六三四（崇祯七）年在南京刊说文字原一卷六书正讹五卷 元周伯琦撰 明胡正言订蒙 ⑱经438

十竹斋 一六三二（崇祯五）年刊十竹斋刊袖珍本医书十三种 明胡正心（无所）编 ㉚718

三 画

陆光祖**三一斋** 一五六一（嘉靖四十）年刊五灯会元二十卷 宋释普济撰 ⑰56－47191 中文系

三乐斋 一六〇五（万历三十二）年刊外科启玄 明申拱宸撰 ㉙427

三乐斋 刊增订南九宫曲谱二十一卷附录一卷 明沈璟撰 ⑱集2185

大成斋 印四声猿四卷 明徐渭撰题澂道人评 ⑱集2050

金陵**三多斋** 刊铜人徐氏针灸合刻 明太医院参订 ㉚129

三径斋 一六二一—一六二七（天启）年刊诸子奇赏前集五十一卷后集六十卷 明陈仁锡辑评 ⑱子712

四 画

书林郑氏**云斋** 一五九七（万历二十五）年刊新锲纂集诸家全书大成断易天机六卷 明徐绍锦校正 ⑱子346

山阴张氏**不二斋** 一五七三—一六二〇（万历）年刊馆阁漫录 ⑪NC4688/8738

何汝敷**太素斋**　一六三四（崇祯七）年刊菲泉先生存稿续刻八卷　明来汝贤撰　①724

友益斋　一五八六（万历十四）年印医方考六卷脉语二卷　明吴崑撰　⑱子224

止躬斋　刊周易明洛义二卷二义二卷三义一卷　明孙慎行撰　⑱经74

书林郑氏**少斋**　一六〇三（万历三十一）年刊新镌注释万代尺牍绮縠四卷　明冯汝宗辑王大醇注释　⑱集1644

日启新斋　一六一三（万历四十一）年刊黾记四卷　明钱一本撰　⑱子91

日殖斋　一五八五（万历十三）年自刊春秋左传属事二十卷古字奇字音释一卷春秋左传注解辨误二卷辨误补遗一卷古器图一卷　明傅逊撰　⑱经247

见过斋　一五七三—一六二〇（万历）年刊俗书刊误十二卷　明焦竑撰　⑱经445

化玉斋　一六二八—一六四四（崇祯）年刊选刻小寒山诗集三十八卷　明陈函辉撰　⑱集871

双泉书斋　一五六一（嘉靖四十）年刊王氏家宝伤寒证治明条九卷　明王震撰　⑱子198

蔡善继**双瓮斋**　一六一六（万历四十四）年刊宋蔡忠惠文集三十六卷　宋蔡襄撰　宋蔡忠惠别纪十卷　⑱集204

书带斋　一六二〇（万历四十八）年刊汝南圃史十二卷　明周文华撰　⑱子479

五　画

赵吾山**玉成斋**　刊新镌古今合法将传四种十四卷　明赵光裕赵子玄撰　⑱子110

玉屑斋　一五八七（万历十五）年刊国朝名公经济文钞十卷第一续不分卷　明张文炎辑　⑱集1724

金阊叶启元**玉夏斋**　一五七三—一六二〇（万历）年刊绣梓尺牍双鱼十一卷又四卷补选捷用尺牍双鱼四卷　明陈继儒编　⑱集1644

玉夏斋　明末刊史记一百三十卷　汉司马迁撰明朱东观辑评　⑱史17

黄氏玉磬斋　一六三四（崇祯七）年刊承天纪十卷　明黄广撰　⑱子347

古处斋　一六四〇（崇祯十三）年刊国语彙评十卷　明王凤生辑　⑱史212

古处斋　刊罗纹山先生全集十八卷首一卷　明罗明祖撰　①17622

古香斋　一六二九（崇祯二）年刊水经注四十卷　北魏郦道元撰　明钟惺等评　⑪981.341/1731.5

古香斋　明末刊秦文归十卷汉文归二十卷　明钟惺辑并评张煜如编　⑱集1627

古香斋 一六三七（崇祯十）年刊天问天对解一卷 宋杨万里撰 ⑱集9

古香斋集贤堂 明末刊汉晋南北朝唐宋文归七十六卷 明钟惺辑并评 ⑱集1627

东壁斋 明末刊七书参同七卷 明李贽推释范方评次 ⑱子107

书林杨氏归仁斋 一五五九（嘉靖三十八）年刊大明一统志九十卷 明李贤万安等纂修 ⑱史730

书林归仁斋杨员寿 一五六七—一五七二（隆庆）年刊新刊古本大字合并纲鉴大成四十六卷 明唐顺之辑 ⑱史131

归仁斋杨先春 一五七八（万历六）年刊重修政和经史证类备用本草三十卷 宋唐慎微撰寇宗奭衍义曹孝忠校 ⑱子184

杨氏归仁斋 一五九三（万历二十一）年刊续资治通鉴纲目二十七卷 明商辂等撰明周礼发明 ⑱史122

汪通值**生一斋** 一五四五（嘉靖二十四）年刊注解伤寒论十卷 金成无己撰 图解运气图一卷 ⑱子194

许氏**白雪斋** 一五九五（万历二十三）年刊南华真经旁注五卷 明方虚名撰 ⑱子1020

白鹿斋 刊陶李合刻九卷 明王锡衮编 ⑱集1365

乐志斋 一六二〇（万历四十八）年刊车书楼汇辑各名公四六争奇八卷 明许以忠辑 ⑱集1728

歙岩镇**主一斋** 一五二二—一五六六（嘉靖）年刊巢氏诸病源候论五十卷 唐巢元方等撰 ㉚38

歙岩镇汪济川**主一斋** 刊重刊巢氏诸病源候总论五十卷 隋巢元方撰 ⑱子200

顾氏**玄玉斋** 一五六九（隆庆三）年刊顾伯子葬纪不分卷 明顾祖训辑 ⑱史482

玄览斋 一六〇二（万历三十）年刊花间集十二卷 后蜀赵崇祚辑 补二卷 明温博编 ⑱集1994

玄晏斋 一六三二（崇祯五）年刊南华真经本义十六卷附录八卷 周庄周撰 明陈治安注 ⑯121.33/525－383

武林汇贤斋 一六二八—一六四四（崇祯）年刊历朝经济考不分卷 明王光鲁撰 ⑱史1114

穴砚斋 一六四三（崇祯十六）年刊草窗梅花集句四卷 明童琥撰 竹浪亭集补梅花集句一卷 明洪九畴程起骏撰 ⑱集610

戴文光**必有斋** 一六二五（天启五）年自刊春秋左传标释三十卷 ㉙466

六 画

顾氏**夷白斋** 一五二二—一五六六（嘉靖）间刊顾氏文房小说 明顾元庆集 ⑤

臣古斋 一六二八—一六四四（崇祯）年刊十三经类语十四卷 明罗万藻辑鲁重民注 ⑱子866

吴勉学**师古斋** 一五九七（万历二十五）年刊性理大全七十卷 明胡广等撰 ⑱子74

师古斋吴勉学 一六〇七（万历三十五）年刊海岳山房存稿诗五卷文十五卷别稿五卷附录一卷
明郭造卿撰 ①1447

师古斋 一五七三—一六二〇（万历）年刊大佛顶如来密因修证了义诸菩萨万行首楞严经十卷 ⑱子947

同仁斋杨氏 一五九九（万历二十七）年刊新锲郑孩如先生精选史记旁训便读八卷 明郑维岳辑 ⑱集1647

书林**朱仁斋** 刊新刻浙江新编出相题评范睢绨袍记二卷 明顾觉宇撰 ⑱集2126

自娱斋 刊山林经济籍不分卷 明屠本畯辑 ⑱子706

书林余允锡**自新斋** 一五四九（嘉靖二十八）年刊新刊宪台考正纲目批点音释资治通鉴大成
二十一卷 明张谦删定蔡亨嘉校 ⑱史126

自新斋余绍崖 一五七三（万历元）年刊通鉴纂要钞狐白六卷 首一卷 明顾充纂 ⑱史130

余明吾**自新斋** 一五九一（万历十九）年刊两汉萃宝评林三卷 明焦竑辑李延机注李光缙汇评 ①3688

自新斋余泰垣 一六一〇（万历三十八）年刊重锓增补汤会元遴辑百家评林左传狐白四卷
明汤宾尹辑林世选增补 ⑱经249

书林**自新斋**余文杰 一六一五（万历四十三）年刊新刻题评名贤词话草堂诗馀六卷 明李攀龙补
遗陈继儒校正 ①15018

余氏**自新斋** 一五八六（万历十四）年刊新刻补遗标题论策指南纲鉴纂要二十卷首一卷
明余有丁辑申时行补遗 ⑱史699

顾氏**众芳书斋** 一五六九（隆庆三）年刊增编会真记四卷 明顾起经辑 ⑱子752

问奇斋 明末刊兵镜二十卷 明吴惟顺吴鸣球撰 ⑱子127

灯雨斋 明末刊两纱二卷附一卷 明来集之撰 ⑱集2050

宁波汲绠斋 一六〇八（万历三十六）年刊疹科真传 明吕坤编 ㉚501

守仁斋杨发吾 一五九六（万历二十四）年刊新锲皇明百大家总意四书正新录六卷 明郭伟撰 ⑱经336

冯绍祖**观妙斋** 一五八六（万历十四）年刊楚辞章句十七卷 汉王逸撰 附录一卷 ⑱集2

七 画

克复书斋杨氏 一五三三（嘉靖十二）年刊慈湖先生遗书二十卷 宋杨简撰 ⑱集346

克勤斋余碧泉 一五七三—一六二〇（万历）年刊文选纂注评苑二十六卷 梁萧统辑明张凤翼纂注陆弘祚辑订 ⑱集1558

书林**克勤斋**余近泉 刊克勤斋新刊古本少微先生资治通鉴节要五十卷外纪节要五卷首一卷 宋江贽撰 克勤斋新刊四明先生资治通鉴节要三十卷 明张光启撰 ⑱史112

余碧泉**克勤斋** 刊由拳集二十三卷 明屠隆撰 ⑱集758

书林**克勤斋**余明台 刊书经集注六卷 宋蔡沈撰 ⑱经106

朱养纯**花斋** 一六二五（天启五）年刊管子二十四卷 唐房玄龄注明刘绩补注张榜等评 ⑱子137

花 斋 一六二五（天启五）年刊春秋繁露十七卷 汉董仲舒撰明孙矿等评 附录一卷 ⑱经292

朱氏**花斋** 刊歇冠子三卷 明王宇评 陆子新语一卷 汉陆贾撰明徐谓评 黄帝阴符经纂注一卷 □邓道淳撰明杨起元评 公孙龙子一卷 明屠隆评 ⑱子493

苍蝶斋 刊詹詹言一卷 明王醒之撰 ⑱集830

还读斋 刊智囊全集二十八卷 明冯梦龙辑 ⑱子710

秦镤求古斋 一六四〇（崇祯十三）年刊九经五十一卷附四卷 ⑱经4

赵枢生**含玄斋** 一五七三—一六二〇（万历）年自刊含玄子十六卷附录一卷 明赵枢生撰 ㉙411

程一础**闲拙斋** 一六三一（崇祯四）年刊孝经刊误一卷 宋朱熹撰元董鼎注 引证一卷 明扬起元辑 宗旨一卷 明罗汝芳撰 ①1949

纯白斋 一五七三（万历元）年刊重刊荆川先生文集十七卷外集三卷 明唐顺之著 附录一卷 ⑱集671

八 画

环□斋 一六二八—一六四四（崇祯）年刊新镌易经玄备十五卷周易图说一卷 明江之宝撰 ⑱经80

雨花斋　刊孝经集注指南大全一卷　宋邢昺元董鼎撰　小学集註指南大全六卷　宋朱熹撰明周汝寿补注　忠经集注指南大全一卷太祖圣谕演训二卷　⑱子44

顾氏**奇字斋**　一五七三（万历元）年刊标题补注蒙求三卷　唐李翰撰宋徐子光补注明顾起纶补辑　⑱子787

顾氏**奇字斋**　一五七九（万历七）年刊皇明鸿猷录十六卷　明高岱撰　⑱史193

武陵郡顾氏**奇字斋**　一五五六（嘉靖三十五）年刊类笺唐王右丞诗集十卷　唐王维撰明顾起经注　文集四卷集外编一卷　唐王维撰明顾起经辑　年谱一卷　明顾起经撰　唐诸家同咏集一卷赠题集一卷历朝诸家评王右丞诗画钞一卷　明顾起经辑　⑱集49

奇赏斋　明末刊易经疏义统宗三卷　明陈仁锡撰　⑱经78

抱膝斋　自刊抱膝斋集三卷　明袁佂撰　㉙2285

拙　斋　刊二经古注　明程一础编（疑即程一础闲拙斋）　④10383

非力斋　刊快书小品十四卷　明罗鹤撰　①1922

尚友斋　一六二八—一六四四（崇祯）年刊历代帝王统系二卷　明夏洪基撰　⑱史138

沈氏**尚白斋**　一六〇六（万历三十四）年刊尚白斋镌陈眉公订正秘笈二十一种四十九卷　明陈继儒编　⑱从246

尚白斋　一六三二（崇祯五）年刊选择从书集要五种二十八卷　明江之栋辑　⑱子331

吴氏**尚白斋**　一六三二（崇祯五）年刊从书集要五种二十九卷　明吴公遂编　⑱从278

贮花斋　一五七三—一六二〇（万历）年刊吴姬百媚二卷　⑱子430

闽建书**林易斋**詹谅　一五七三—一六二〇（万历）年刊重刻内府原板张阁老经筵四书直解指南二十七卷　明张居正撰　⑱经333

詹氏**易斋**　一五七九（万历七）年刊易经直解二十卷　明伊在庭等撰　⑱经70

书林氏**易斋**　一五八九（万历十七）年刊战国策谭棷十卷　宋鲍彪校注元吴师道补正明张文燿集评　⑱史217

徐氏**知问斋**　一六三六（崇祯九）年刊昭代芳摹三十五卷　明徐昌治撰　⑱史161

单恂**净名斋**　一六三八（崇祯十一）年刊岳少保忠武王集一卷　宋岳飞撰明陈继儒辑　本传一卷　⑱集316

净名斋　一六三八（崇祯十一）年刊诸葛忠武侯集二卷　蜀诸葛亮撰　附录一卷　明单恂辑　⑱集18

福建书林**郑云斋** 一五九八（万历二十六）年刊新镌中书科删订字义辨疑正韵海篇十八卷首二卷末一卷 明李乔岳订义刘曰宁校阅 ⑱经481

书林**郑少斋** 一六〇五（万历三十三）年刊诸葛武侯心书四卷 题蜀诸葛亮撰 ⑱子115

书林**郑立斋** 一六〇三（万历三十一）年刊新刻汇编秦汉文选十四卷 明詹惟修辑 ⑱集1629

泊如斋 一五八八（万历十六）年刊泊如斋重修宣和博古图录三十卷 宋王黼等撰 ⑱史1448

泊如斋 印闺范四卷 明李坤撰 ⑱子705

来氏**宝印斋** 一五九六（万历二十四）年刊宣和集古印史八卷 明来行学辑 ⑱史1496

宝旭斋 刊韵略易通二卷 明兰茂撰 ⑱经477

金阊**宝鼎斋** 刊陈眉公先生订正画谱八卷 明陈丕显撰 ⑱子430

定志斋 一六〇四（万历三十二）年刊达生录二卷 明褚胤昌编 ⑱子252

汪氏**诚意斋**集书堂 刊增刊校正王状元集注分类东坡先生诗二十五卷 宋苏轼撰王十朋纂集刘辰翁批点 东坡纪年录一卷 宋傅藻撰 ⑱集247

经义斋 一五〇六—一五二一（正德）年刊古文会编 ④1842

汪氏**经义斋** 一五八二（万历十）年刊同文千字文二卷 明汪以成辑 ⑱经455

九 画

杜笏斋 刊蝴蝶梦二卷 明谢国撰 ⑱集2121

茧　斋 一六三六（崇祯九）年刊简平子集十六卷补遗一卷 明王道通撰 ⑱集864

金陵**奎壁斋** 一六三三（崇祯六）年刊忠经孝经小学十卷 ⑩138

映旭斋 刊寿养丛书十六种 明胡文焕编 ㉚610

羊城**思城斋周氏** 刊古文争奇十二卷 明陈仁锡评选郭中志汇辑 ②34010

孙大绶**秋水斋** 一五八八（万历十六）年刊茶经三卷 唐陆羽撰 外集一卷 明孙大绶辑 茶具图赞一卷 宋审安老人撰 水辨一卷 唐张又新等撰 茶谱一卷 明孙大绶校 茶谱外集一卷 明孙大绶编 ⑱子475

复古斋 一六〇一（万历二十九）年刊鹤林玉露十六卷 宋罗大经撰 补八卷 明谢天瑞补 ⑪088.15/6042

复古斋 刊诗法十卷 明谢天瑞辑 ⑱集1886

复本斋 刊新刊太医院校正痘疹医镜二卷 明龚居中编 ⑱子246

香雪斋 刊历代帝王法帖释文考异十卷 明顾从义撰吴之芳辑 ⑱子416

修慝斋 刊二十一史论赞辑要三十六卷 明彭以明辑 ②11748

信着斋 刊李氏全书二种十卷 明李贽撰汤显祖批点 ⑱丛597

剑閒斋 一六二八—一四六六（崇祯）年刊左氏兵法测要二十卷首二卷 清宋徵璧撰 ⑱经251

亮明斋 一五八六（万历十四）年刊医方考六卷 明吴崑撰 ㉚220

亮明斋 刊碁经二卷 明鲍一明辑 ⑱子451

吴趋**客傲斋** 一六〇〇（万历二十八）年刊桃叶编一卷 明钱希言撰 ⑱集830

神默斋 刊羲经易简录八卷 明陈仁锡辑 ⑪091.71/7326

十画

常熟瞿氏**耕石斋** 一六三六（崇祯九）年自刊媿林漫录不分卷 明瞿式耜撰 ㉙2835

万春**素履斋** 一五九二（万历二十）年刊万文恭公摘集十二卷 明万士和撰 ⑱集691

桂连西斋 一五一〇（正德五）年刊汉董仲舒集一卷 ⑩136

王应遴**真如斋** 一六一〇（万历三十八）年刊槎翁诗八卷 明刘崧撰 ⑱集532

真如斋 一六一一（万历三十九）年刊歇庵集十六卷 明陶望龄撰 ⑱集772

顾曲斋 一五七三—一六二〇（万历）年刊古杂剧二十卷 明王骥德辑 ⑱集2032

洪氏**剞屈斋** 一六二八—一六四四（崇祯）年刊新刊详注缙绅便览不分卷 ⑱史682

畔畔斋 一六〇二（万历三十）年刊北西厢记二卷 元王德信关汉卿撰 ⑱集2042

笔耒斋 一六四三（崇祯十六）年刊笔耒斋订定二奇缘传奇二卷 明许恒撰 ⑱集2124

豹变斋 一六二八—一六四四（崇祯）年刊增订二三场群书备考八卷 明袁黄撰袁俨注 ⑱子850

豹变斋 刊周易本义四卷图说一卷卦歌一卷筮仪一卷 宋朱熹撰 ⑱经48

周氏爱日斋 一六四二（崇祯十五）年刊古学汇纂十卷 明周时雍辑 ⑱子869

益友斋 一六四二（崇祯十五）年刊纺授堂集八卷二集十卷文集八卷 明曾异撰撰 ⑱集876

顾悟斋 一六二八—一六四四（崇祯）年刊珠玉缠头一卷 明宋珏等撰 ⑱集1716

浩然斋 一五六五（嘉靖四十四）年刊三子通义二十卷 明朱得之撰 ⑱子999

浣尘斋 一六二九（崇祯二）年刊宣和牌谱一卷 题明浣尘主人辑 ⑱子455

悟澹斋 一六二八—一六四四（崇祯）年刊天隐子遗稿十七卷 明严果撰 ⑱集736

陈氏**继志斋** 一六〇〇（万历二十八）年刊坡仙集十六卷 宋苏轼撰明李贽评辑 ⑱集256

陈氏**继志斋** 刊卓吾先生李氏丛书十二种二十四卷 明李贽撰 ⑱丛598

十一画

闽城**瑯嬛斋** 刊酉阳杂俎二十卷 唐段成式撰 ⑱子734

郑能**瑯嬛斋** 刊前唐十二家诗二十四卷 明许自昌编 ⑱集1405

萃古斋 刊诗词杂俎十二种 明毛晋辑 ②37980

吴氏**萧疏斋** 一五六七（隆庆元）年刊客越志二卷 明王穉登撰 ⑱史1067

吴氏**萧疏斋** 一五八四（万历十二）年刊虎苑二卷 明王穉登撰 ⑱子486

郭邦藩**常静斋** 一五六一（嘉靖四十）年刊文章轨范七卷 宋谢枋得辑 论学统宗二卷 明郭邦藩辑 ⑱集1611

唾乙斋 一六四三（崇祯十六）年刊广博物志增删二十卷 明董斯张辑陈一彭增删 ⑱子859

野计斋 一六一八（万历四十六）年刊集古评释西山真先生文章正宗二十四卷 明唐顺之批点 ⑱集1609

沈氏**野竹斋** 一五二二—一五六六（嘉靖）年刊何氏集二十六卷 明何景明撰 ⑱集623

吴郡沈辨之**野竹斋** 一五二二—一五六六（嘉靖）年刊诗外传十卷 汉韩婴撰 ⑱经161

崧 斋 一五七三—一六二〇（万历）年刊卓澂甫诗续集三卷 明卓明卿撰 ⑱集822

东吴**铭新斋** 一六二七（天启七）年刊满纸千金 明李自荣辑 ⑪818・1086/4029

得月斋周誉吾 刊新镌陈眉公先生批评春秋列国志传十二卷 明余邵鱼撰陈继儒评 ⑱子759

清远斋 刊选古今南北剧十卷 明徐渭辑 ⑱集2181

清响斋　一五七三—一六二〇（万历）年刊三先生逸书五卷　⑱丛262

清响斋　刊珊瑚林二卷金屑编一卷　明袁宏道撰　⑱子578

清绘斋　一五七三—一六二七（万历天启）年刊黄氏画谱八种八卷　明黄凤池辑　⑱子430

清绘斋集雅斋　一六二一（天启元）年刊古今画谱不分卷　明唐寅辑　㉙307

涵远斋　刊重广补注黄帝内经素问二十四卷　唐王冰注宋林亿等校正孙兆改误　附灵枢经十二卷　⑱子176

寄寄斋　一六二五（天启五）年刊黄太史怡春堂藏稿五卷　明黄辉撰　⑱集773

寄寄斋　刊玉茗堂文摘十一卷　明汤显祖撰　④101

十二画

酣古斋　一六四〇（崇祯十三）年刊史记一百三十卷　汉司马迁撰明邹德沛辑评　⑱史18

周藩**敬德斋**　刊南极地理一卷南极时令一卷　⑱子837

吴氏**搜玄斋**　一六三〇（崇祯三）年刊造命宗镜集十二卷　明吴国仕辑　⑱子370

高雅尚斋　一五九一（万历十九）年刊遵生八笺十九卷　明高濂编　㉚609

赏真斋　刊一言半句二卷　明严澂辑　⑱子991

建安黄师表**景晋斋**　一六二八—一六四四（崇祯）年刊史觿十七卷　明谢肇淛撰　⑭

集虚斋　一六三一（崇祯四）年刊尚书副墨六卷　明杨肇芳撰杨胤奇删补　⑱经115

集雅斋　一五七三—一六二七（万历天启）年刊黄氏画谱八种八卷　明黄凤池辑　⑱子430

詹长卿**就正斋**　一五五三（嘉靖三十二）年刊新刊古本少微先生资治通鉴节要五十卷外纪节要五卷首一卷　宋江贽撰　⑱史112

就正斋　一五五三（嘉靖三十二）年刊新刊古本四明先生续资治通鉴节要三十卷　明张光启撰　⑱史126

就正斋　一五六〇（嘉靖三十九）年刊宗先生子相文集十五卷　明宗臣撰　附录一卷　⑱集704

书林詹氏**就正斋**　刊殿阁词林记二十二卷　明廖道南撰　①12005

敦古斋　一六四三（崇祯十六）年刊群书典汇十四卷　明黄道周辑　⑱子864

敦古斋　一五七六（万历四）年刊医学入门七卷首一卷　明李健斋编　㉚702

敦古斋 明末刊易经蒙引二十四卷 明蔡清撰 ⑱经65

尊生斋 一六〇八（万历三十六）年刊古今名公百花鼓吹十五卷 明王化醇辑 ⑱集1584

盱江**游义斋** 一六一三（万历四十一）年刊苏长公小品二卷 宋苏轼撰明王纳谏辑并评 ⑱集260

富酉斋 明末刊章子留书六卷 明章世纯撰 ⑱经340

疏秀斋 一六二八—一六四四（崇祯）年刊重刻详订世史类编四十五卷首一卷 明李纯卿草创谢迁补遗王守仁覆详王世贞会纂 ⑱史131

缉柳斋 明末刊楚辞疏十九卷读楚辞语一卷楚辞杂论一卷 明陆时雍撰 屈原传一卷 汉司马迁撰 ⑱集11

十三画

蒲水斋 刊批点牡丹亭记二卷 明汤显祖撰袁宏道批 ④补435

刘氏翠岩堂**慎思斋** 一五二二（嘉靖元）年刊新刊南轩先生文集四十四卷 宋张栻撰 ⑱集360

书户刘洪**慎独斋** 一四九八（弘治十一）年刊资治通鉴纲目五十九卷首一卷 ⑱史119

刘弘毅**慎独斋** 一五一六（正德十一）年刊十七史详节二百七十四卷 宋吕祖谦辑 ⑱史690

刘弘毅**慎独斋** 一五二三（嘉靖二）年刊西汉文鉴二十一卷东汉文鉴二十卷 宋陈鉴辑 ⑱集1649

刘洪**慎独斋** 一五一六—一五一九（正德十一至十四）年刊文献通考三百四十八卷 元马端临撰 ⑱史1112

刘氏**慎独斋** 一五二一（正德十六）年影元刻备急千金要方三十卷 唐孙思邈撰宋林亿校 ㉚208

十四画

张氏**静山斋** 一五六八（隆庆二）年刊新刊性理大全七十卷 明胡广等撰 ⑱子75

书林**静斋**叶秀 刊玉机微义五十卷 明徐彦纯辑刘纯续 ⑱子213

螂麟斋 刊谭友夏钟伯敬先生批评绾春园传奇二卷 明沈嵊撰 ⑱集2122

鯍秀斋张宾宇 一六三一（崇祯四）年刊新刻宋文丞相信国公文山先生全集二十卷 宋文天祥撰 ⑱集394

书林**鯍秀斋**张起鹏 刊新镌穷乡便方二卷 ⑱子226

鯍秀斋 刊群书拾唾十二卷 明张九韶撰 ⑱子832

遯斋 刊汤司成稿一卷 明汤宾尹撰郑鄤辑 ⑱集783

敲月斋 一六四二（崇祯十五）年刊苏门啸杂剧十二卷 明傅一臣撰 ⑱集2051

吴氏**漱玉斋** 一五九〇（万历十八）年刊唐王右丞诗集六卷 唐王维撰明顾可久注 ⑱集50

十五画

吕远**墨华斋** 一六二〇（万历四十八）年刊南唐二主词一卷 南唐中宗李璟后主李煜撰 ⑱集1956

墨宝斋 一六一〇（万历三十八）年刊重证本草单方 明郑泽编方如川校 ㉚221

墨绘斋 一六三三（崇祯六）年刊名山胜槩记四十八卷图一卷附录一卷 ⑱史998

冯氏**墨憨斋** 明末刊古今笑三十六卷 明冯梦龙撰 ⑱子750

稽古斋 一六一一（万历三十九）年刊续藏书二十七卷 明李贽撰 ⑫SQ10. 1－18/6. 151a

稽古斋 印陶靖节集十卷 晋陶潜撰 附录一卷 ⑱集28

十六画

璩氏**燕石斋** 一五九四（万历二十二）年刊苏长公外纪十二卷 明王世贞辑璩之璞校补 ①4904

谈氏**燕申斋** 一五九三（万历二十一）年刊闲中漫编二卷 元吾衍撰 ⑱子556

縠采斋 一六三五（崇祯八）年刊删补唐诗选脉笺释会通评林六十卷 明周珽集注陈继儒批点 ⑱集1673

霏玉斋 刊分类补注李太白诗二十五卷 唐李白撰宋杨齐贤集注元萧士贇补注 分类编次李太白文五卷 唐李白撰 ⑱集59

霏玉斋瑞桃堂 刊重刊分类补注李诗全集二十五卷 唐李白撰宋杨齐贤集注元萧士贇补注 重刊分类编次李太白文集五卷 唐李白撰 ⑱集59

苏姑**憺怕斋** 刊大乘百法明门论解二卷 唐释窥基撰明释普泰增修 ⑱子944

十七画以上

藏密斋 一六二八—一六四四（崇祯）年刊魏氏忠孝全集三十二卷 明魏学濂辑 ⑱集1855

晋陵吴氏**籍甚斋** 一五七三—一六二〇（万历）年刊南华经标略六卷 明张位撰 ⑱子1019

四、楼

二至三画

金阊**十乘楼** 一五八九（万历十七）年刊精选诗林广记四卷 宋蔡正孙辑 ⑱集1883

金阊**十乘楼** 明末刊新镌增补标题武经七书七卷 明陈玖学订 ⑱子107

金陵抱青阁**十乘楼** 刊增补春秋左传杜林合註二十卷 晋杜预宋林尧叟撰 ⑱经242

八詠楼 一五七三—一六二〇（万历）年刊新辑人物考疑四卷 明顾充辑 ⑱子846

吴郡**八詠楼** 一六三七（崇祯十）年刊楚辞评林八卷总评一卷 宋朱熹集注明沈云翔辑评 ⑱集8

顾汝达**万玉楼** 一五五〇（嘉靖二十九）年刊南唐书三十卷 宋马令撰 ⑱史77

万卷楼周对峰 一五七三—一六二〇（万历）年刊史记萃宝评林三卷 明焦竑辑李光缙彙评 ⑱史704

金陵周曰校**万卷楼** 一五九〇（万历十八）年刊增定国朝馆课经世宏辞十五卷 明王锡爵沈一贯辑 ⑱集1733

绣谷周氏**万卷楼** 一五九九（万历二十七）年刊新刻官板举业卮言五卷首一卷 明武之望撰陆翀之等辑 ⑱集1735

周氏**万卷楼** 一五九五（万历二十三）年刊原始秘书十卷 明朱权辑 ⑱子834

万卷楼周如泉 一六二一—一六二七（天启）年刊书义会真录十九卷 明牛应元撰 ⑱经335

万卷楼周如泉 一六二八—一六四四（崇祯）年刊五福全书七卷 明龚居中撰 ⑱子253

金陵**万卷楼** 一六二八（崇祯元）年刊本草蒙筌十二卷总论一卷 明陈嘉谟撰 ㉚163

四　画

武陵**天绘楼** 刊昙花记二卷 明屠隆撰 ⑱集2112

天盖楼 刊东莱先生音注唐鉴二十四卷 宋范祖禹撰吕祖谦注 ⑰56－46855

五车楼 明末刊皇明二祖十四宗增补标题评断通纪二十七卷 明陈建陈龙可撰 ⑱史161

江氏**太一书楼** 一五九一（万历十九）年刊化书六卷 五代谭峭撰 ⑱子519

王世茂**车书楼** 一六一五（万历四十三）年刊兰嵋朱宗伯汇选当代名公鸿笔百寿类函八卷 明朱之蕃辑徐榛吴明郊注 ⑱集1715

金陵车书楼　一五七三—一六二〇（万历）年刊新刻国朝名公批点文武并用今古纾筹八卷　明朱锦施浚明辑　⑱子125

王世茂**车书楼**周时泰博古堂　一六〇三（万历三十一）年刊新刻蒐集群书纪载大千生鉴六卷　明刘维诏辑　⑱子855

尺五楼　一六二八—一六四四（崇祯）年刊尚书斎八卷　明胡廷忠撰　⑱经115

五　画

洪都**玉峰楼**　一五二七（嘉靖六）年刊诗人玉屑二十卷　宋魏庆之编　⑪811.104/2603

赣郡萧氏**古翰楼**　刊妙绝古今不分卷　宋汤汉辑　⑱集1610

白雪楼　印新订晋代许旌阳得道擒蛟铁树记二卷十五回　明邓志谟撰　⑱子778

赵鸿赐**玄对楼**　一五七〇（隆庆四）年刊无闻堂稿十七卷　明赵釴撰　附录一卷　⑱集693

出云楼　一六二七（天启七）年刊刻野鹤洪山人水云续诗选二卷　明洪载撰周民初辑　⑱集842

六　画

先月楼　一五七三—一六二〇（万历）年刊睡庵文稿初刻二卷诗稿二卷文稿二刻五卷诗稿一卷　明汤宾尹撰　⑭

会山楼　一五七三—一六二〇（万历）年刊一斋集十二种三十五卷　明陈第撰　⑱丛603

七　画

广陵程**芷楼**　明末刊悟真篇三注三卷　宋张伯端撰薛道光等注　⑱子1060

花萼楼　刊考工记通二卷　明徐昭庆辑注　⑪NC0527/2960

步月楼　一六一七（万历四十五）年刊医贯六卷　明赵献可撰　㉚28

步月楼　刊针灸甲乙经十二卷　晋皇甫谧辑　㉚128

步月楼　明末刊笺注陶渊明集六卷　宋汤汉笺注　总论一卷和陶一卷　宋苏轼撰　⑱集29

云林**听松楼**　一六二八—一六四四（崇祯）年刊陶朱公致富奇书八卷　明陈继儒辑　钟山逸叟增定　⑬430/75222

八　画

郁华楼　一六二八—一六四四（崇祯）年刊适适草一卷　明沈静专撰　⑱集843

张氏**宝纶楼**　一五七三—一六二〇（万历）年刊谕对录三十四卷敕谕录二卷　明张孚敬撰　⑬654.66/1224

吴郡宝翰楼 一五〇七（正德二）年刊孔子家语十卷 题魏王肃注 ②17904

吴门宝翰楼 印删补古今文致十卷 明刘士鏻王宇增删 ⑱集1632

学凤楼 刊医方集宜十卷 明丁凤撰 ⑱子221

九 画

带月楼 刊医学汇函十三卷首一卷 明聂尚恒撰 ㉚704

奎照楼 一五七三—一六二〇（万历）年刊疹科真传一卷 ⑱子247

映宿楼 一六〇四（万历三十二）年刊朱宗伯旁注五云笺六卷 明王尚俭辑 ⑱集1731

李铨前书楼 一六〇六（万历三十四）年刊藏说小萃十集十一种二十七卷 明李如一编 ⑱丛203

津逮楼甘氏 一六二三（天启三）年刊城守验方一卷 明刘锡玄撰 ②44702

十 画

读书楼 一六〇一（万历二十九）年刊晋唐指掌四卷 明张大龄撰 ⑱史1523

十一画

黄鹤楼 一五七三—一六二〇（万历）年刊太上黄庭内景玉经一卷外景经一卷 唐白履忠注
　黄庭内景五脏六腑图说一卷 唐胡悟撰 ⑱子1046

书林郑氏望云楼 一五七八（万历六）年刊新刊全补通鉴标题摘要二十八卷 明归有光辑 吴腾奎补 ⑱史130

夏氏清远楼 一五七三—一六二〇（万历）年刊茶董二卷 明夏树声辑 ⑱子476

夏氏清远楼 一五七三—一六二〇（万历）年刊法喜志四卷续四卷 明夏树芳撰 ⑱子979

江阴夏氏清远楼 刊冰莲集四卷 明夏树芳撰 ⑱集810

书林童思泉涵春楼 一五八一（万历九）年刊墨子六卷 ⑱子492

绿雨楼 一五七三—一六二〇（万历）年刊游梁诗集六卷 吴鐄撰 ⑱集735

十二画

葆光楼 一五九五（万历二十三）年刊秘传天禄阁寓言外史八卷 题汉黄宪撰 ⑱子512

吴趋赋湘楼 一六〇〇（万历二十八）年刊荆南诗二卷 明钱希言撰 附录一卷 ⑱集830

叶氏**赐书楼**　一六三一（崇祯四）年刊叶文庄公奏疏四十卷　明叶盛撰　⑱史360

叶重华**赐书楼**　明末刊水东日记四十卷　明叶盛撰　㉙1849

鹄举楼　一六一二（万历四十）年刊天都遊草不分卷　明汪应娄撰　⑱史1068

济南张氏南京都察院**智居楼**　一六三二（崇祯五）年刊唐策十卷　明张延登辑订　⑪817.084/1111

十三画

韵　楼　一六三一（崇祯四）年自刊茹古略集三十卷　明程良孺纂　⑱子865

慎岑楼　一五八四（万历十二）年刊新锓抱朴子内篇四卷　晋葛洪撰　①242

十四画

金陵李氏**聚奎楼**　一六一一（万历三十九）年刊新镌明诗十二家类钞八卷　明穆光胤编　⑯831.6/798

聚奎楼李潮　刊新刻明政统宗三十卷附录一卷　明涂山撰　①5743

秣陵**聚奎楼**　一五七三—一六二〇（万历）年刊谑浪四卷　明郁履行撰　⑱子709

建业书林**聚奎楼**　明末刊弹柳居精纂百将类编十卷　明李元瑛撰　⑱子132

聚奎楼　明末刊春秋繁露十七卷　汉董仲舒撰明孙矿等评　附录一卷　⑱经292

聚奎楼　刊皇明三元考十四卷科名盛事录七卷　明张弘道张凝道撰　⑱史632

新都吴继仕**熙春楼**　一六一五（万历四十三）年刊六经图六卷　宋杨甲撰毛邦翰补　⑱经355

金陵**摘星楼**　一五七三—一六二〇（万历）年刊新锲官板音释标题皇明通纪十卷　明陈建撰
续纪三卷　明卜大有撰　⑱史159

漱云楼　印杨铁崖文集五卷史义拾遗二卷　元杨维桢撰　西湖竹枝集一卷　元杨维桢辑　香奁集一卷
元王德琏撰　⑱集518

十七画以上

吕氏**藏书楼**　一五八三（万历十一）年刊玉堂外集二卷　明吕懋辑　⑱集1713

书林**藜光楼**植槐堂　明末刊李卓吾先生批评三国志一百二十回　元罗本撰明李贽评　⑱子761

五、阁

四画

开万阁 一六一四（万历四十二）年刊说庄三卷 明李腾芳撰 ⑱子1020

范氏**天一阁** 刊范氏奇书 明范钦辑 ⑱丛166

天华阁 一五六〇（嘉靖三十九）年刊宗子相先生集二十五卷 明宗臣撰 ⑱集705

天绘阁 一六二一—一六二七（天启）年刊战国策奇钞八卷 明陈仁锡辑 ⑱史702

天倪阁 一五八三（万历十一）年刊道德宝章一卷 宋葛长庚注 ⑱子1007

天章阁 一六二八—一六四四（崇祯）年刊李卓吾先生批点西厢记真本二卷 元王德信关汉卿撰明李贽评点 会真记一卷 唐元稹撰 附录五卷 ⑱集2043

天章阁 刊楚辞疏十九卷楚辞杂论一卷读楚辞语一卷 楚屈原撰明陆时雍疏 ⑯832.1/321－389

天禄阁 明末刊注释白眉故事十卷 明许以忠辑 ⑱子859

文升阁 刊仲景全书 汉张机原撰明赵开美编 ㉚42

文来阁 一六四四（弘光元）年刊春秋存俟十二卷 明余光余飏撰 ⑱经282

文林阁唐锦池 一六〇六（万历三十四）年刊刘向古列女传七卷 汉刘向传 续一卷 ⑱史403

金陵书坊唐氏**文林阁** 一六二八—一六四四（崇祯）年刊文林阁传奇十种 ⑪NC5582.7/0472

吉吴上元唐鲤耀**文林阁** 刊五种秘窍全书十七卷附一卷 明甘霖撰 ⑱子331

叶贵**文林阁** 一五八八（万历十六）年刊新刊汉诸葛武侯秘演禽书十二卷 明何勋辑 ⑱子370

文林阁 一六〇七（万历三十五）年刊皇明奏议六卷 明吴道行辑 ⑪916.0123/2632

文林阁 一六二六（天启六）年刊士商类要四卷 明程春宇辑 ⑱子866

文明阁 刊神相全编十二卷首一卷 宋陈抟撰明袁忠彻订 ⑱子368

南京**文霞阁** 一五七三—一六二〇（万历）年刊唐荆川先生稗编一百二十卷 明唐顺之编 ⑰K14996

吴兴花林东海居士茅一相**文霞阁** 一五八〇（万历八）年刊汉蔡中郎集十一卷 汉蔡邕撰 ⑱集17

五 画

金陵书坊蒋氏**石渠阁** 刊新刻太医院发刻医家必究杏苑生春八卷 明芮经辑 ⑱子225

石渠阁 明末刊石渠阁校刻庭训阅古随笔二卷 明穆文熙撰 ⑱子702

东观阁 一六二八—一六四四（崇祯）年刊历代名臣奏议三百五十卷 明黄淮杨士奇等辑 ⑱史342

冯闳阁 一六二八—一六四四（崇祯）年刊皇明奏议选十六卷备选一卷 明秦骏生辑 ⑱史346

武林**玄览阁** 一六二八—一六四四（崇祯）年刊苏门六君子文粹七十七卷 ⑭

兰石阁 一六一七（万历四十五）年刊春秋三传衷考十二卷 明施天遇辑 ⑪NC0693/0113

六 画

回天阁 刊郁洲遗稿十卷 明梁储撰 ⑱集600

延 阁 明末刊四声猿四卷 明徐渭撰 ⑱集2049

问奇阁 一六二六（天启六）年刊春秋左传杜林合注五十卷 晋杜预撰宋林尧叟撰 ⑱经242

问奇阁 一六二八—一六四四（崇祯）年刊精刻古今女史十二卷诗集八卷姓氏字里详节一卷 明赵世杰辑 ⑱集1568

毛晋**汲古阁** 一六二八—一六四四（崇祯）年刊十七史一千五百七十四卷 明毛晋辑 ⑱史2

毛氏**汲古阁** 一六二八—一六四四（崇祯）年刊宋名家词六十一种九十卷 明毛晋辑 ⑱集1943

七 画

芸香阁 刊精选故事黄眉十卷 明邓志谟辑 ⑱子859

顾汝修**芸阁** 一五七五（万历三）年刊集古印谱六卷 明王常编顾从德校 ⑱史1495

连云阁 刊易学集解二卷 ⑱经81

朱宅**快阁** 一五七〇（隆庆四）年刊燕市集二卷 明王穉登撰 ⑱集737

唐氏**快阁** 一六二一—一六二七（天启）年刊快阁藏书十种五十八卷 明唐琳编 ⑱丛274

八 画

青藜阁 明末刊精辑时兴雅谜二卷酒令二卷 明陈继儒辑 精订时兴笑话二卷 明乐然子辑 ④10127

周文革**松涛阁** 一六一九（万历四十七）年刊徐昌穀全集十六卷 明徐祯卿撰 ⑱集629

卧松阁 一六〇六（万历三十四）年刊镌出像杨家府世代忠勇演义志传八卷 明纪振伦校 ⑱子764

金陵**抱青阁**十乘楼 刊增补春秋左传杜林合注二十卷 晋杜预宋林尧叟撰 ⑱经242

鸣凤阁 刊珉海十五卷 明龚材辑 ⑱子834

沈弘正畅阁 一六一九（万历四十七）年刊小字录一卷 宋陈思辑 补六卷 明沈弘正辑 ⑱子810

沈弘正畅阁 自刊枕中草四卷 明沈弘正撰 ①2477

沈氏畅阁 一五七三—一六二七（万历天启）年刊虫天志十卷 明沈弘正撰 ⑱子486

吴郡顾凝远**诗瘦阁** 一六三五（崇祯八）年刊济北晁先生鸡肋集七十卷 宋晁补之撰 ⑱集278

九 画

是宝阁 刊北京八景诗一卷 明朱谋鍼辑 ⑱集1772

毗陵董氏**秋声阁** 一五九五（万历二十三）年刊四子全书 明董逢元辑 ⑤

董氏秋声阁 一五九五（万历二十三）年刊庄骚合刻二种七卷 明董逢元编 ⑱丛198

剑啸阁 刊剑啸阁自订西楼梦传奇二卷 清袁于令撰 ⑱集2129

十 画

挹霞阁 刊梦白先生集二卷 明赵南星撰 ⑱集753

十一画

梅墅石渠阁 明末刊山堂肆考二百二十八卷补遗十二卷 明彭大翼辑 ⑰K15006

梅墅烟萝阁 一六〇三（万历三十一）年刊本草纲目五十二卷首一卷 明李时珍撰 ㉚163

皎兮阁 刊文致不分卷 明刘士鏻辑 ⑱集1632

支氏**清旦阁** 一六二〇（万历四十八）年刊支华平先生集四十卷 明支大纶撰 附录一卷 ⑱集754

东都**清閟阁** 刊如意君传 明徐昌龄撰 ㉙397

清晖阁 明末刊王季重先生集九种九卷 明王思任撰 ⑱丛612

清森阁 一五五〇（嘉靖二十九）年刊何氏语林三十卷 明何良俊撰並注 ①9825

俞安期**翏翏阁** 一六〇七（万历三十五）年刊庄骚合刻二十卷 明俞安期辑 ⑱丛199

俞安期翏翏阁　一六〇九（万历三十七）年重修南北史续世说十卷　唐李垕撰　⑱子641

十二画

朝爽阁　刊商子二卷　明杨慎顾起元评释　①5746

姚氏**紫微阁**　一六三四（崇祯七）年刊佛法金汤征文录十卷　明姚希孟辑　㉙503

詹景凤**寒松草阁**　一五五八（嘉靖三十七）年刊宋国录流塘詹先生集三卷　宋詹初撰　附录一卷　⑱集381

媚幽阁　一六三〇（崇祯三）年刊媚幽阁文娱　明郑元勋选　⑯834.6/971－02

十四画以上

陆氏**翠娱阁**　一六二八—一六四四（崇祯）年刊翠娱阁评选明文归初集三十四卷　明陆云龙辑　⑱集1725

张懋采**横秋阁**　一六二五（天启五）年刊杨升庵先生评注先秦五子全书五卷　明张懋采编　⑱子2

黎光阁　刊鬼谷子前定书一卷　⑱子367

緜眇阁　一六〇二（万历三十）年刊先秦诸子合编十六种三十五卷　明冯梦祯编　⑱子15

緜眇阁　刊陶靖节集十卷　晋陶潜撰明何孟春注　⑱集30

霞漪阁　一五七三—一六二〇（万历）年刊小窗自纪四卷艳纪十四卷清纪五卷别纪四卷　明吴从先撰　⑱子748

沈率祖**籀阁**　一六一九（万历四十七）年刊衍极五卷　元郑杓撰刘有定释　考释一卷　明沈率祖撰　⑱子405

六、轩

四画

范氏**无蚊轩**　一六〇四（万历三十二）年刊米襄阳志林十三卷　明范明泰辑　米襄阳遗集一卷　海岳名言一卷宝章待访录一卷砚史一卷　宋米芾撰　①2881

张氏**木鴈轩**　一六〇〇（万历二十八）年刊娄上编二十一卷　⑱集1839

王廷垣**风月轩**　一六四四（崇祯十七）年刊东涪家乘二十六卷　明王汝为等撰王廷垣辑　⑱集1824

章万椿**心远轩**　一六一一（万历三十九）年刊苏长公小品二卷　宋苏轼撰明王纳谏辑并评　⑱集260

五画

玉树轩　一六四〇（崇祯十三）年刊谢耳伯先生文集十六卷诗集八卷　明谢兆申撰　⑱集844

福建**叶翠轩** 一五三四（嘉靖十三）年刊新刻京本校正增广联新事备诗学大全三十卷 元林祯编 ⑪NC9299/4948

四其轩 一五七三—一六二〇（万历）年刊唐世精华十二卷 明余伾辑 ⑱集1672

书林熊氏**东轩** 一五四七（嘉靖二十六）年刊通鉴纲目纂要便览二十六卷 ⑱史121

李良臣**东壁轩** 一六一四（万历四十二）年刊新刻分类评释草堂诗馀六卷 明李廷机评释 新刻分类评释续草堂诗馀二卷 明陈仁锡评释 ⑱集1997

集义堂黄氏乐吾**书轩** 一五九八（万历二十六）年刊新锲国朝三元品节标题纲鉴大观纂要二十卷 明焦竑辑苏濬删补李廷机校正 ⑱史133

六 画

自得轩 刊乾凿度一卷坤凿度一卷 明杨慎评点 广成子解一卷 宋苏轼撰明杨慎评点 ①5746

汪稷**好德轩** 一五七二（隆庆六）年刊蚁术诗选八卷 元邵亨贞撰 ⑱集488

观化轩 刊新镌女贞观重会玉簪记二卷 明高濂撰 ⑱集2109

七 画

芸叶轩 刊为政忠告四卷 元张养浩撰 ⑱史1100

唐仲贤**折芰轩** 一五九七（万历二十五）年刊自刊唱喁集一卷 明唐仲贤撰 ⑱集829

饭石轩 一六二八—一六四四（崇祯）年刊毛诗古音考四卷 明陈第撰 ⑱经159

书林**张畲轩** 一六〇九（万历三十七）年刊新刊翰林考正纲目批点音释少微节要通鉴大全二十卷外纪二卷 宋江贽撰唐顺之删定 续编二十卷 明黄汝良删定 ⑱史113

八 画

汪云鹏**玩虎轩** 一六〇〇（万历二十八）年刊有象列仙全传九卷 明王世贞撰汪云鹏补 ⑱子1071

汪光华**玩虎轩** 一五九七（万历二十五）年刊琵琶记三卷 元高明撰 ⑱集2104

武林郁文瑞**尚友轩** 一五九五—一五九六（万历二十三—二十四）年刊老庄合刻十卷 ⑱子999

松江马元调**鱼乐轩** 一六〇四（万历三十二）年刊元氏长庆集六十卷补遗六卷 唐元稹撰 附录一卷 ⑱集1441

马元调**鱼乐轩** 一五七三—一六二〇（万历）年刊元白长庆集一百四十一卷 明马元调编 ⑱集1441

十　画

长安借树轩　一六三八（崇祯十一）年刊文启美诗集三卷　明文震亨撰　⑱集860

痂嗜轩　一六一七（万历四十五）年刊李氏六书六卷　明李贽撰焦竑评点　⑱丛597

金陵**益轩**唐氏　一五七三—一六二〇（万历）年刊楚辞章句十七卷　汉王逸撰　附录一卷　⑱集3

唐氏**益轩**　一五八七（万历十五）年刊新刻校正增释合併麻衣先生人相编十卷　题明袁忠彻辑　⑱子369

浣月轩　一六〇六（万历三十四）年刊新镌全相蓝桥玉杵记二卷　明杨之炯撰　附录一卷　⑱集2120

十一画

萑苕轩　一六一三（万历四十一）年刊名贤诗评二十卷　明俞允文辑　⑯821/990.8

蔡氏**梅轩**　一四九四（弘治七）年刊精选东莱先生左氏传博议句解十六卷　⑩103

朱熊**梅月轩**　一四五七（天顺元）年刊读杜诗愚得十八卷　明单复撰　⑱集78

梦松轩　一六二八—一六四四（崇祯）年刊梦松轩订正纲鉴玉衡七十二卷　明刘孔敬辑　⑱史134

潘弼亮**鸾啸轩**　一六二六（天启六）年刊亘史九十三卷　明潘之恒撰　⑱子844

王执礼**清梦轩**　印栾城集五十卷后集二十四卷三集十卷应诏集十二卷　宋苏辙撰　⑱集261

涵春轩　一五六六（嘉靖四十五）年刊歙西竭田程氏本宗谱一卷　明程显爵纂修　⑱史616

绿绮轩　一六一八（万历四十六）年刊花史左编二十七卷　明王路撰　⑱子479

十二画

周氏**紫霞轩**　一五七一（隆庆五）年刊紫霞轩藏稿四卷　明周思兼撰　⑱集698

德藩**最乐轩**　刊前汉书一百卷　汉班固撰　⑱史34

十四画以上

漱玉轩　一六〇一（万历二十九）年刊胜萧曹遗笔四卷　题西吴空洞主人辑　⑱子147

叶氏**翠轩**　一五二二—一五六六（嘉靖）年刊新刊四明先生高明大字续资治通鉴节要二十卷　明刘剡辑蔡亨嘉校正　⑱史126

鹤梦轩　一六三三（崇祯六）年刊墨君题语二卷　明李日华李肇亨撰江元祚项圣谟辑　⑱子424

漱馀轩 明末刊才貌缘二卷 东山痴野撰 ①10591

霏玉轩 一六〇三（万历三十一）年刊前唐十二家诗二十四卷 明许自昌编 ⑱集1404

张萱**黛玉轩** 一六〇二（万历三十）年刊北雅三卷 明朱权撰 ⑱集2184

七、山房

二至三画

汪大节**七瑞山房** 一五七〇（隆庆四）年刊汉隽十卷 宋林钺辑 ⑱史708

九芝山房 刊五言律祖六卷 明杨慎辑 ⑱集1581

九华山房 一五八〇（万历八）年刊淮南鸿烈解二十一卷 汉刘安撰明茅一桂校订 ⑪111.235/0002.2

顾氏**大石山房** 一五三九—一五四一（嘉靖十八—二十）年刊顾氏明朝四十家小说四十种四十三卷 明顾元庆编 ⑱丛153

大来山房 一五七三—一六二〇（万历）年刊四书眼十九卷 明梁知撰 ⑱经338

海阳**万玉山房** 一六〇〇（万历二十八）年刊新镌古今名公尺牍汇编选注四卷 明王稚登选俞肇光注 ③文710/7647

徐熥**万竹山房** 一五二四（嘉靖三）年刊重校正唐文粹一百卷 宋姚铉编 ⑨善460

乔世定**小丘山房** 一五四三（嘉靖二十二）年刊孙真人备急千金要方九十三卷目录二卷 唐孙思邈撰 ⑱子200

四画

陈氏**天目山房** 一五六五（嘉靖四十四）年刊和陶小稿一卷 明陈良谟撰 ⑱集651

天益山房 刊礼记六卷 明孙月峰批冯元仲参 ⑦13399

张氏**木石山房** 一五七三（万历元）年刊六子论六卷 明朱应麒辑 ⑱子700

新安吴氏**木石山房** 一五八八（万历十六）年刊养生类要前集一卷后集一卷 明吴正伦编吴敖校 ⑱子252

少埜山房 一五五五（嘉靖三十四）年重修大家文选二十二卷 明薛甲辑 ⑱集1617

楚少鹤山房　一五七二（隆庆六）年刊文选六十卷　梁萧统辑　⑱集1548

五　画

周氏**玉柱山房**　一六二〇（万历四十八）年刊读书志十三卷　明周高起撰　⑱子710

古林山房黄遥　一五五〇（嘉靖二十九）年刊后圃黄先生存集四卷　元黄枢撰　响明斋诗文附卷一卷　明黄维天撰　⑱集522

石渠山房　刊艺文类聚一百卷　唐欧阳询辑　⑱子782

石镜山房　一六一五（万历四十三）年刊石镜山房周易说统十二卷　明张振渊撰　⑱经77

钱塘**石镜山房**　一六二六（天启六）年刊石镜山房增订周易说统二十五卷　明张振渊撰、张懋忠增补　⑱经77

李宗枢**石叠山房**　一五三六（嘉靖十五）年刊从古正文五卷字原释义一卷　明黄谏撰　⑱经440

胡氏**鸟鼠山房**　一五二二—一五六六（嘉靖）年刊愿学编二卷　明胡缵宗撰　㉖82

宁远山房　一六二四（天启四）年刊唐诗三集合编七十四卷首一卷　明沈子来辑　⑱集1671

弘觉山房　一六二四（天启四）年刊大佛顶如来密因修证了义诸菩萨万行首楞严经如说十卷　明钟惺撰　⑱子949

六　画

朱承爵**朱氏山房**　一五二一（正德十六）年刊樊川诗集四卷　唐杜牧撰　⑱集150

竹屿山房　刊竹屿山房杂部本宋氏养生部六卷　明宋诩撰　⑱子472

竹洲山房　刊青溪小草一卷补陀遊记一卷　明陆宝撰　⑱集859

竹州山房　刊悟香集□卷再来草一卷潞草一卷舲草一卷台宕游一卷明山游籍一卷　明陆宝撰　④9806

乔木山房　一六一二（万历四十）年刊刻黄帝内经素问钞七卷　元滑寿撰明汪机续注　⑱子179

七　画

蓝田**李氏山房**　一五三七（嘉靖十六）年刊丹铅馀录十三卷　明杨慎撰　⑱子616

来仪山房　刊玉茗堂批评新著续西厢升仙记二卷　明黄粹吾撰汤显祖评　⑱集2123

唐氏**听雨山房**　一五六九（隆庆三）年刊龙江集十四卷　明唐锦撰　⑱集616

张栋**张氏山房**　一五九七（万历二十五）年刊绝句辨体八卷　明杨慎辑　⑱集1581

灵水山房 一六二七（天启七）年刊易经说衷不分卷易林洞谱四卷 明陈元素吴廷俊撰 ⑱经78

八 画

范氏**卧云山房** 一六〇〇（万历二十八）年刊集古印谱十卷 明范汝桐辑 ⑱史1496

冯念祖**卧龙山房** 一五八六（万历十四）年刊吴越春秋十卷 汉赵晔撰元徐天祐音注 ⑱史219

金舆山房 一五七〇（隆庆四）年刊监懲录前编一卷后编一卷附编一卷 明殷士儋撰 ⑱子86

饲雀山房 一六二八—一六四四（崇祯）年刊野获一卷 清杨光先撰 ⑱史384

承阳山房 一六三九（崇祯十二）年刊今略书十一卷 明董基撰 ⑱子662

九 画

香谷山房 一六三八（崇祯十一）年刊汉魏别解十六卷 明黄澍叶绍泰编 ⑱丛278

十 画

无锡安国**桂坡山房** 一五三一（嘉靖十）年刊初学记三十卷 唐徐坚等撰 ⑧（参⑱子785）

桓溪山房 一五七三—一六二〇（万历）年刊碣石编二卷 明杨承鲲撰 ⑱集842

笔峒山房 刊新刻徐笔峒先生批点西厢记二卷 元王德信关汉卿撰明徐奋鹏评 ⑱集2045

徐氏山房 刊六朝声偶集七卷 明徐献忠辑 ①11232

茅氏**凌霞山房** 一五八〇（万历八）年刊花间集十卷 后蜀赵崇祚辑 补二卷 明温博辑 音释二卷 明茅一桢撰 ⑱集1994

郑氏**高石山房** 一五八二（万历十）年自刊新编目连救母劝善戏文三卷 明郑之珍撰 ⑱集2108

江夏黄氏**浮玉山房** 一五五四（嘉靖三十三）年刊唐二十六家诗二十六种五十卷 明黄贯曾编 ⑱集1419

十一画

跃剑山房 一六二八—一六四四（崇祯）年刊新刻聂久吾先生医学汇函十三卷首一卷 明聂尚恒撰 ⑱子228

鹿角山房 一六〇二（万历三十）年刊青泥莲花记十三卷 明梅鼎祚撰 ⑱子749

十四画以上

曹元亮**翠竺山房** 一六一二（万历四十）年刊唐伯虎集四卷 明唐寅撰沈思辑 外集一卷纪事一卷 ⑱集621

横云山房 一六二八—一六四四（崇祯）年刊华亭卧子说书文笺四卷 明陈子龙撰 ⑱经343

磊老山房 一五七三—一六二〇（万历）年刊毛诗鸟兽草木考二十卷 明吴雨撰 ⑱经157

鲸碧山房 刊东坡先生诗集注三十二卷 宋苏轼撰题宋王十朋纂集 ⑱集248

八、园

吴县书林**叶杏园** 一五四五（嘉靖二十四）年刊名家诗法八卷 明黄省曾撰 ㉙351

甲秀园 刊二公文集十三卷 明刘同升等选 ②34116

茅氏**芝园** 一六二八—一六四四（崇祯）年刊皇明象胥录八卷 明茅瑞徵撰 ⑱史1075

程福生**竹素园** 一五八八（万历十六）年刊茶经三卷 唐陆羽撰 又一卷 唐张又新等撰 ⑱子475

自鉏园 刊谋野丙集十卷 明王穉登撰 ⑱集738

崇阳吴氏**阳春园** 一五七三—一六二〇（万历）年自刊疆识略二十四卷 明吴楚材编 ⑪NC9299/1240

芥子园 明末刊忠义水浒传一百回 元施耐庵撰明李贽评 ⑱子765

张宿**何恬园** 一六二五（天启五）年刊何心隐先生爨桐集四卷 明梁汝元撰 ⑱集735

商山**季园** 一六〇一（万历二十九）年刊历代帝王历祚考八卷音释一卷历代绍统年表一卷历代年号考同一卷 明吴继安撰 ⑱史137

金粟园 一六一二（万历四十）年刊金粟头陀青莲露六笺六卷 明叶华撰 ⑱子708

晓 园 明末刊章质庵先生集四卷 明张敞撰 ⑱集570

赵氏**野鹿园** 一五九七（万历二十五）年刊世说新语三卷 刘宋刘义庆撰梁刘孝标注 ⑱子636

卢氏**尊水园** 一六三四（崇祯七）年刊杜诗胥钞十五卷 唐杜甫撰清卢世潅辑 赠言一卷 清卢世潅撰 大凡一卷馀论一卷 清卢世潅撰 ⑱集84

九、书屋

杨鑨**九洲书屋** 刊初学记三十卷 唐徐坚等撰 ⑱子786

三阳书屋 刊中丞马先生文集四卷诗集四卷诗馀一卷 明马卿撰 ⑱集630

云根书屋 刊须溪批点选注杜工部诗二十二卷 唐杜甫撰宋刘辰翁批点元虞集注解赵汸批评 增赵东山类选杜工部诗一卷 元赵汸辑并注 增虞伯生注杜工部诗一卷 元虞集辑并注 ⑱集74

舒用中**天香书屋** 一五七三—一六二〇（万历）年刊风教云笺四卷后集四卷续集四卷 明黄河清辑 ⑱集1730

金迁**少滨书屋** 一五五二（嘉靖三十一）年刊介山稿略二十卷 明林应麒撰 ⑱集684

见冈书屋 刊刻壬辰翰林馆课纂二十三卷 明翁正春焦竑等撰 ⑱集1736

双璧书屋 一五六五（嘉靖四十四）年刊新刊古今尺牍闻见拔尤八卷 明潘文渊辑 ⑱集1643

丘氏**石泉书屋** 一五二八（嘉靖七）年刊周易本义四卷图说一卷筮仪一卷 宋朱熹撰 ⑱经47

柴紫**白石书屋** 一五五八（嘉靖三十七）年刊书叙指南十二卷 宋任广辑 ⑱子799

窦文照**传芳书屋** 一五七七（万历五）年刊书经集注十卷 宋蔡沈撰 ⑱经107

众芳书屋 一五五八（嘉靖三十七）年刊大学衍义补摘要五卷 明顾起辑 ⑱子68

宇村书屋 一五四五（嘉靖二十四）年自刊荆溪外纪二十五卷 明沈敕辑 ①125

薛来**芙蓉泉书屋** 一五三九（嘉靖十八）年刊韩诗外传十卷 汉韩婴撰 ⑱经162

杏华书屋 一五五八（嘉靖三十七）年刊玉岩先生文集九卷 唐韩愈撰明周广撰 附录一卷 ⑱集630

沧洲书屋 刊无文漫草 明梅守德撰 ⑱集691

戴氏**松崖书屋** 一五〇三（弘治十六）年刊韩文正宗二卷 唐韩愈撰明戴鳌辑 纲目一卷 ⑱集121

许宗鲁**宜静书屋** 一五二八（嘉靖七）年刊吕氏春秋二十六卷 秦吕不韦撰汉高诱注 ⑱子497

南星书屋 一五二五（嘉靖四）年刊稽中散集十卷 ⑩129

香溪书屋 一四九八（弘治十一）年刊天心复要不分卷 明鲍泰撰 ⑱子257

潘侃**前山书屋** 一五三六（嘉靖十五）年刊山海经十八卷 晋郭璞传 ⑱子727

珥江书屋 刊辞品六卷 明杨慎撰 ⑱集2010

桐荫书屋 刊六子书六十卷 ⑱子4

梅南书屋 一五二八（嘉靖七）年刊霁山先生文集五卷 宋林景熙撰 ⑱集407

辽藩朱宠瀼**梅南书屋** 一五二九（嘉靖八）年刊东垣十书十九卷 ⑱子159

葑田书屋 一五二二—一五六六（嘉靖）年刊新刻中吴论选二卷 ⑭

沈敕**楚山书屋** 一五五五（嘉靖三十四）年刊曲洧旧闻十卷 宋朱弁撰 ⑱子534

金陵**锦江书屋** 一五七八（万历六）年刊新刊大家通用古今翰墨文宗后集八卷首二卷 明杨淙辑 ⑱集1643

溪香书屋 刊合刻周秦经书十种二十八卷 明卢之颐编 ⑱丛269

西陵**碧云书屋** 一六二九（崇祯二）年刊仙机武库八卷 明陆玄宇辑 ⑱子452

黉南书屋 一五六九（隆庆三）年刊何文定公杨休录四卷 明何光祖辑 ⑱史479

十、草堂

二弃草堂 一六二八—一六四四（崇祯）年刊午梦堂诗钞四种 明沈宜修等撰 ②10644

三径草堂朱明 一六二八（崇祯元）年刊薛氏医案十六种 明薛己辑 ㉚714

蒋氏**三径草堂** 一六三三（崇祯六）年刊韩柳全集一百四卷 明蒋之翘编 ⑱集1440

三径草堂 刊旧编南九宫谱十卷 明蒋孝辑 ⑱集2184

周国南**川上草堂** 一五四九（嘉靖二十八）年刊周恭肃公集十六卷 明周用撰 附录一卷 ⑱集623

周应愿**川上草堂** 一五九四（万历二十二）年刊周恭肃公集二十二卷 明周用撰 ⑱集623

卢氏**少谷草堂** 一五四八（嘉靖二十七）年刊左氏春秋镌二卷 明陆粲撰 ⑱经247

玉兰草堂 刊南村辍耕录三十卷 明陶宗仪撰 ⑱子558

石经草堂 一六三二（崇祯五）年刊皇极图韵一卷 明陈荩谟撰 ⑱经483

伍忠光**龙池草堂** 一五三八（嘉靖十七）年刊白氏文集七十一卷 唐白居易撰 ⑱集141

玄津草堂 一五二二—一五六六（嘉靖）年刊甲子会纪五卷 明薛应旂撰 ⑬610.296/44700

江枫草堂 明末刊历朝纪元录三卷 明丘文学撰 ⑱史137

弦歌精舍**如隐草堂** 刊虞初志八卷 ⑱子751

计氏**枕戈草堂** 一六四四（崇祯十七）年刊不共书四卷 清计东撰 ①2220

柳围草堂 一六四四（崇祯十七）年刊启祯野乘一集十六卷 清邹漪撰 ⑲593

南垌草堂 一五四二（嘉靖二十一）年补刊固始县志十卷 明张悌修葛臣纂 ⑱史439

金阊**映雪草堂** 一六二八—一六四四（崇祯）年刊潜确居类书一百二十卷 明陈仁锡辑 ⑱子862

星带草堂 刊南华经七卷首一卷 周庄周撰明潘基庆集注 ⑯2031

借绿草堂 刊图绘宝鉴八卷 元夏文彦撰 ②7361

苏献可**通津草堂** 一五三五（嘉靖十四）年刊论衡三十卷 汉王充撰 ⑱子510

沈氏家塾**梦庄草堂** 一五一三（正德八）年刊岁时节气集解一卷 明洪常撰 ①8877

雪林草堂 一六二四（天启四）的刊花镜隽声元集三卷亨集五卷利集四卷贞集四卷韵语一卷 明马嘉松辑 ⑱集1592

胡氏**清渭草堂** 一五四八（嘉靖二十七）年刊雍音四卷 明胡继宗撰（即甘肃交河任贤刻本） ⑦11333

清渭草堂 一五四六（嘉靖二十五）年刊巩郡志三十卷 明胡缵宗纂修 ⑲209

葑溪草堂 一五二二—一五六六（嘉靖）年刊韩襄毅公传一卷 明韩勋辑 ⑱史477

葑溪草堂 刊韩襄毅公家藏文集十五卷 明韩雍撰 ⑱集579

张氏**溪山草堂** 一五二二—一五六六（嘉靖）年刊杜律韵集四卷 明张三畏撰 ⑱集670

静贵草堂 一六二八—一六四四（崇祯）年刊几社壬申合稿二十卷 明杜骐征徐凤彩等辑 ①633

钱氏**翠幄草堂** 一六一三（万历四十一）年刊讨桂篇二十卷 明钱希言撰 ⑱集830

鹤州草堂 一五二二—一五六六（嘉靖）年刊保婴金镜录 明薛己注 ㉚475

鹤州草堂 刊明医杂著六卷 明王纶撰薛己注 ㉚321

十一、书院

二至三画

高登**九峰书院** 一五三六（嘉靖十五）年刊中州乐府集一卷 金元好问辑 ⑱集2005

孙昭**大梁书院** 一五四七（嘉靖三十六）年刊阳明先生文粹十一卷 明王守仁撰宋仪望辑 ⑱集619

大梁书院 一五二七（嘉靖六）年刊于肃愍公集八卷 明于谦撰 附录一卷 ⑱集574

大梁书院 一五八五（万历十三）年刊春秋列传八卷 明刘节撰 ⑱史401

大梁书院 刊文选增定二十三卷 ⑱集1566

上谷书院 刊史记选不分卷 ⑱史705

义阳书院 一五二二—一五六六（嘉靖）年刊何氏集二十六卷 明何景明撰 ⑱集624

四 画

云邱书院 一五七二（隆庆六）年刊双江聂先生文集 明聂豹撰 ㉑68

刘稳**云庄书院** 一四四四（正统九）年刊云庄刘文简公文集十二卷 题宋刘爚撰 ⑱集347

五泉书院徐卿述 一五六九（隆庆三）年刊渌江集十二卷 明徐一鸣撰 附录一卷 ⑱集649

华云**太华书院** 一五四八（嘉靖二十七）年刊韦刺史诗集十卷 唐韦应物撰 附录一卷 ⑱集63

长水书院 一五六五（嘉靖四十四）年刊太史史例一百卷 明张之象辑 ⑱史1518

长水书院 一五三九（嘉靖十八）年刊韵经五卷 明张之象撰 ⑱经478

文正书院 一五四三（嘉靖二十二）年刊范文正公年谱一卷 宋楼钥撰 ⑱史503

文靖书院 刊伊川击壤集二十卷 宋邵雍撰 ⑱集223

五 画

邗江书院 一五七三—一六二〇（万历）年刊大明律 ⑳57

楚府**正心书院** 一五一〇（正德五）年刊刘向新序十卷 汉刘向撰 ⑱子35

正心书院 一五二六（嘉靖五）年刊胡子知言六卷 宋胡宏撰 附录一卷疑义一卷 明程敏政辑 ⑱子64

楚府**正心书院** 刊大明仁孝皇后内训一卷 明仁孝皇后徐氏撰 女训一卷 明兴献皇后蒋氏撰 ⑱子73

正学书院 刊国语补音三卷 ⑩128

杨州**正谊书院** 一四八八—一五〇五（弘治）年刊铁崖文集五卷 元杨维桢撰 ⑳58

龙山书院 一五二二—一五六六（嘉靖）年刊戴兵部奏疏一卷 明戴金撰 ⑱史364

龙川书院朱彦霖 刊龙川先生文集三十卷 宋陈亮撰 ⑱集366

茶陵**东山书院** 刊文选补遗四十卷 元陈仁子辑谭绍烈纂 ②65488

东林书院 刊龟山杨文靖集三十五卷 ⑳57

白鹿洞书院 一五一五（正德十）年刊史记一百三十卷 汉司马迁撰刘宋裴骃集解 ⑱史10

白鹿书院 一五二四（嘉靖三）年刊尊道录 ㉑67

白鹿书院 一五九二（万历二十）年刊白虎洞志十二卷 明周围等纂修 ㉑67

白鹭洲书院 一五九一（万历十九）年刊白鹭洲书院志二卷 明甘雨纂 ㉑69

句吴书院 一五五二（嘉靖三十一）年刊王遵岩家居集七卷 明王慎中撰 ⑱集666

汉东书院 一五五八（嘉靖三十七）年刊诸儒讲义二卷 明章懋董遵辑 ⑱子79

苏州**礼宗书院** 一六三四（崇祯七）年刊古今类书纂要增删 明璩昆玉辑 ⑳57

圣府**永明书院** 一五二一（正德十六）年刊孔子家语八卷 明何孟春注 ⑱子22

弘道书院 一五一〇（正德五）年刊乡约一卷乡仪一卷 宋吕大钧撰 ⑱子56

六 画

西亭书院 一五五〇（嘉靖二十九）年刊李石叠集四卷 明李宗枢撰 附录一卷 ①714

张汝纲**贞义书院** 一六一五（万历四十三）年刊太师张文忠公集十九卷 明张孚敬撰 ①9126

襄藩贞白书院 一六〇二（万历三十）年刊宗藩训典十二卷 明冯柯辑 ⑱史408

同文书院 刊佩兰子文集三卷 明袁达撰 ⑱集647

后渠书院 一五三八（嘉靖十七）年刊家闲一卷 明崔汲撰 ⑱子86

关中书院 一六二三（天启三）年刊南皋邹先生会语合编二卷讲义合编二卷 明邹元标撰 ⑱子90

七 画

进德书院 一五七三（万历元）年刊佛事要略不分卷 ⑱子990

志学书院 刊二程全书 嘉靖陕西通志

芸窗书院 刊六子书六十二卷 明许宗鲁编 ⑱子3

怀玉书院 一五五八（嘉靖三十七）年刊朱子晚年定论二卷 明王守仁撰 ⑱子80

八 画

松风书院 一六四一（崇祯十四）年刊四书则六卷 明桑拱阳撰 ⑱经343

练川**明德书院** 一六〇六（万历三十四）年刊重订并音连声韵学集成十三卷重订直音篇七卷

明章黼吴道长重订 ⑱经476

忠礼书院 刊桂洲先生奏议二十卷外集一卷 明夏言撰 ⑱史364

顺德国士书院 一六一二（万历四十）年刊古论玄箸八卷 明傅振商辑 ⑱集1626

汪谅金台书院 一五一九（正德十四）年刊集千家注分类杜工部诗二十五卷文集二卷 唐杜甫撰宋徐居仁编次黄鹤补注 年谱一卷 宋黄鹤撰 ⑱集70

河汾书院 刊中说考七卷 明崔铣撰 ⑱子49

鲁藩承训书院 一五六五（嘉靖四十四）年刊抱朴子内篇二十卷外篇五十卷 晋葛洪撰 ⑱子1047

鲁藩承训书院 一五六九（隆庆三）年刊海岳灵秀集二十二卷 明朱观熰辑 ⑱集1791

九 画

新安**柳塘书院** 一五七三—一六二〇（万历）年刊新刻翰林评选注释程策会要五卷 明李廷机辑叶向高注 ⑱集1735

楚府**荣本书院** 一五四〇（嘉靖十九）年刊东莱先生古文关键二卷 宋吕祖谦撰 ⑱集1605

陆楫**俨山书院**云山书院 一五四四（嘉靖二十三）年刊古今说海一百三十五种一百四十二卷 明陆楫等编 ⑱丛167

沈藩勉学书院 一五四五（嘉靖二十四）年刊雅音会编十二卷 明康麟辑 ⑱集1667

沈藩勉学书院 一六一二（万历四十）年刊焦氏易林二卷 题汉焦延寿撰 ⑱子359

沈藩勉学书院 一六二八（崇祯元）年刊沈国勉学书院集 明朱珵尧辑 ⑤

晋府**养德书院** 一五二九（嘉靖八）年刊唐文粹一百卷 宋姚铉辑 ⑱集1653

洞易书院 五五九（嘉靖三十八）年刊唐王右丞诗集六卷 唐王维撰明顾可久注 ⑱集50

洨滨书院 五六一（嘉靖四十）年刊书经便注十卷 明蔡叆撰 ⑱经112

恒阳书院 五七八（万历六）年刊劝善录一卷 宋秦观撰 ⑱子528

十 画

桐冈书院 刊均奕集一卷 明郭凤仪撰 附录一卷 ⑱集668

十一画

梅溪书院 一五二六（嘉靖五）年刊庐溪先生文集五十卷 宋王庭珪撰 ㉑67

崇文书院 一五七三—一六二〇（万历）年刊金先生讲学纪录二卷 明佘永宁撰 ⑱子93

广东**崇正书院** 一五三七（嘉靖十六）年重修汉书一百卷 汉班固撰唐颜师古注 ⑱史36

崇正书院 一五四七（嘉靖二十六）年刊名家表选八卷 明陈垲辑 ⑰56－47016

徽藩**崇古书院** 一五三五（嘉靖十四）年刊锦绣万花谷四十卷后集四十卷续集四十卷 ⑱子803

楚府**崇本书院** 一五三七（嘉靖十六）年刊重修政和经史证类备用本草三十卷 宋唐慎微撰寇宗奭衍义 ⑱子184

崇本书院 刊適情录二十卷 明林应龙撰 ⑱子451

吉藩**崇德书院** 一五七八（万历六）年刊二十家子书二十九卷 明谢汝韶编 ⑱子10

崇德书院 一六三四（崇祯七）年刊音义评注渊海子平五卷 宋徐升撰 ⑱子368

淮南书院 一五九〇（万历十八）年刊王氏书苑十卷 明王世贞编 补益十卷 明詹景凤编
王氏画苑十卷 明王世贞编 补益四卷 明詹景凤编 ④7519

维扬书院 一五六三（嘉靖四十二）年刊四书初问八卷 明徐爌撰 ⑪NC0855/2998

十二画

敬业书院 一五五三（嘉靖三十二）年刊战国人才言行录十卷 明秦瀹辑 ⑱史402

紫阳书院 一四六七（成化三）年刊瀛奎律髓四十九卷 元方回辑 ⑱集1579

紫阳书院 一六一六（万历四十四）年刊镜古录八卷 明毛调元撰 ⑱史412

十三画以上

解梁书院 一五二六（嘉靖五）年刊横渠张子释六卷 明吕柟撰 ⑱子52

濂溪书院 一五三一（嘉靖十）年刊濂溪集三卷 宋周敦颐撰 ㉑67

鳌峰书院 刊侯鲭录八卷 ⑩128

瀛山书院 一六一三（万历四十一）年刊金粟斋先生文集十一卷 明金瑶撰 ⑱集681

籍山书院 一六〇〇（万历二十八）年刊重刊经史证类大全本草三十一卷 宋唐慎微撰 寇宗奭衍义 ⑱子185

鲁藩朱当沔**敏学书院** 一五四四（嘉靖二十三）年刊张先生校正杨宝学易传二十卷 宋杨万里撰张敬之校正 ⑱经55

十二、室

太元书室刊盐铁论十卷　汉桓宽撰　⑩140

古啸室　一六三二（崇祯五）年刊雪屋集八卷　明孙永祚撰　①9536

玄鉴室　一五九四（万历二十二）年刊毛诗郑笺纂疏补协二十卷　明屠本畯撰　诗谱一卷　汉郑玄撰　⑱经141

如禅室　刊老子道德经二卷　⑱子1002

卓氏**妙香室**　一五八〇（万历八）年刊卓氏藻林八卷　明卓明卿撰　⑱子848

蒋德盛**武林书室**　一六〇〇（万历二十八）年刊敬斋古今黈十二卷　⑩140

绍陶室　一五五八（嘉靖三十七）年刊杂剧十段锦十集十卷　明朱有燉撰　⑱集2048

茧　室　刊谭友夏批点想当然传奇二卷　明卢楠撰谭元春评　①1846

姑苏**毗耶室**管觉仙　一六二〇（泰昌）年刊东林十八高贤传一卷　⑱子978

顾氏**思玄室**　一五二五（嘉靖四）年刊王子年拾遗记十卷　题后秦王嘉撰　⑱子732

秋　室　刊玄真子三卷　唐张志和撰　①5746

江都黄氏**须弥佡琴剑室**　一五二二—一五六六（嘉靖）年刊骆宾王集二卷　唐骆宾王著　②60824

资政左室　一五七八（万历六）年刊题韵直音篇七卷　明章黼撰　①8792

长洲钱氏**悬罄室**　一五七三—一六二〇（万历）年刊吴郡图经续记三卷　宋朱长文纂修　⑲315

鹿裘石室　一五七八（万历六）年刊唐二家诗钞十二卷　明梅鼎祚编　⑱集1438

弹琴室　刊书品一卷　梁庾肩吾撰　书品后一卷　唐李嗣真撰　⑱子400

琼芝室　一六一九（万历四十七）年刊黄帝内经素问节文注释十卷　明黄俅撰　⑱子179

书林刘氏**溥济药室**　一四八一（成化十七）年刊新编医方大成十卷　元孙允贤辑　⑱子207

十三、馆

三　画

三台馆余象斗　一五七三—一六二〇（万历）年刊新刊京本春秋五霸七雄全相列国志传八卷　明余邵鱼撰　⑱子759

书林余氏**三台馆** 一五七三—一六二〇（万历）年刊韵会小补三十卷（即今古今韵会举要小补）明方日升撰 福建师大885. 3CW61

三台馆 刊刻陈眉公先生选注两汉龙骧二卷 明陈继儒辑张鼐校正 ⑱集1650

小山馆 一五七三—一六二〇（万历）年刊狮山掌录十卷 明吴之俊辑 ②65607

四 画

梅氏**天一馆** 一六一五（万历四十三）年刊管子删评六卷 明梅士享撰 ⑱子138

天台馆 一五七三—一六二〇（万历）年刊南华真经副墨八卷读南华真经杂说一卷 明陆西星撰 ⑱子1018

豫章**夫容馆** 一五七一（隆庆五）年刊楚辞章句十七卷 汉王逸撰 疑字直音补一卷 ⑱集2

吴氏**云栖馆** 一五九四（万历二十二）年刊三体宫词三卷 ⑱集1370

五车馆 一五七三—一六二〇（万历）年刊千古斯文二十八卷 明徐奋鹏辑 ⑱集1567

长松馆 一五七三—一六二〇（万历）年刊近溪罗先生一贯编四卷 明罗汝芳撰 ⑱子570

书林**长庚馆** 刊新镌李先生类纂音释捷用云笺六卷 明李光祚撰 ⑱子869

方诸馆 一六二四（天启四）年刊曲律四卷 明王骥德撰 ⑱集2188

六息馆 一六三六（崇祯九）年刊天东集四卷 明李元调撰 ⑱集791

双珠馆异人居 一五七三—一六二〇（万历）年刊太白山人漫稿四卷 明孙一元撰来鲲编 ⑱集633

五 画

潘元度**玉峰青霞馆** 刊世说新语十卷 ⑩135

吴䨲**石香馆** 一六二五（天启五）年刊唐孙樵集十卷 唐孙樵撰 ⑱集166

汉阳叶氏**平安馆** 一六〇六（万历三十七）年刊明状元图考不分卷 明顾鼎臣孙祖训撰 ⑯323. 35/962

顾氏**归鸿馆** 一五七三—一六二七（万历至天启）年刊归鸿馆杂著 明顾起元撰 ⑤

杨丽泉**四知馆** 刊婴童百问十卷 明鲁伯嗣撰 ⑱子241

书林**四知馆**杨君临 刊丹溪心法附馀二十四卷 明方广编 ㉚321

杨轸飞**四知馆** 刊三刻太医院补注妇人良方大全二十四卷 宋陈自明撰明薛己注 ⑱子236

四知馆 刊重刻补遗秘传痘诊全婴金镜录三卷 明翁仲仁撰陆道元补遗陆道光参补
重刻小儿杂症秘传便蒙捷法一卷 明陆金辑 ⑱子245

休宁梅田江氏**生生馆** 一六一七（万历四十五）年刊周易会通十二卷 明汪邦柱江柟合辑 ⑱经77

詹氏**白云馆** 一五五五（嘉靖三十四）年刊名家诗法八卷 明黄省曾辑 ⑱集1864

朱氏**玄畅新馆** 一五五七（嘉靖三十六）年刊丽泽录二十四卷 明朱多熿辑 ⑱集1713

六 画

芝兰馆 刊心经石点头一卷心经略说一卷心经谛语一卷 ⑱子936

金溪书林徐氏**西昆馆** 一六〇四（万历三十二）年刊古今搜乘二卷 明张大龄撰 ㉑128

西昆馆 一六三二（崇祯五）年刊汤睡庵先生鉴定易经翼注四卷总图一卷 明汤宾尹撰丘兆麟参订 ㉑128

厌原山馆 一五九七（万历二十五）年刊戎事类占二十一卷 元李克家撰 ⑱子343

合璧联珠馆 一五五二（嘉靖三十一）年刊唐十二家诗 明张逊业辑 ⑰59－73070－3

问龙馆 刊周礼句解六卷集注句解一卷 明陈仁锡辑 考工记一卷 ⑱经176

江籬馆 一五八八（万历十六）年刊古篆韵谱正传二卷 明吕胤基撰 ⑱经481

安国**安氏馆** 一五二三（嘉靖二）年刊颜鲁公文集十五卷补遗一卷 唐颜真卿撰 年谱一卷
宋留元刚撰 附录一卷 ⑱集52

新安潘膺祉**如韦馆** 一六一四（万历四十二）年刊砚笺四卷 宋高似孙撰 ⑱子462

戏鸿馆 刊淮海集长短句一卷 宋秦观撰 ⑱集1959

七 画

丽泽馆 刊诗家直说一卷 明谢榛撰 ⑱集1888

丽春馆 一六一七（万历四十五）年刊鼎镌刑宪校纂律例正宗法家心诀三卷 明沈鼎新撰 ⑱史1346

呈祥馆 一六二八—一六四四（崇祯）年刊治谱十卷 明佘自强撰 ⑱史1101

八 画

青藜馆 刊李卓吾先生批评玉簪记二卷 明高濂撰李贽评 ⑱集2110

闵于忱**松筠馆** 一六二〇（万历四十八）年刊孙子参同五卷 明闵于忱辑 ⑱子114

奇字馆 一五五三（嘉靖三十二）年刊玄言斋集二卷 明顾起纶撰王问辑并评 ⑱集729

方万祥**采真馆** 一六一五（万历四十三）年刊鲤湖志二卷 明方应侁柯宪世辑 ⑱史1038

陈汝元**函三馆** 一六〇二（万历三十）年刊国史经籍志六卷 明焦竑撰 ⑱史1409

陈氏**函三馆** 一六〇六（万历三十四）年自刊金莲记二卷 明陈汝元撰 ⑱集2119

九 画

峥霄馆 一六三三（崇祯六）年刊皇明十六名家小品十六种三十二卷 明陆云龙辑 ⑱集1524

修竹馆 一五七六（万历四）年刊石室秘传十卷 明王文徵等辑 ⑱子451

爰亶馆 刊陆君启先生易略三卷 明陆梦龙撰 ⑱经76

蒋奎**养正书馆** 一五五四（嘉靖三十三）年刊新刊丹溪先生心法五卷 元朱震亨撰明程充
重订 附录一卷 ⑱子208

祇洹馆 一五二二—一五六六（嘉靖）年刊小十三经十三种十六卷 明顾起经编 ⑱丛184

十 画

慎氏**耕芝馆** 一五七九（万历七）年刊慎子内篇一卷外篇一卷 明慎懋赏注 传补一卷 明慎懋赏辑 ⑱子493

吴兴凌氏**桂芝馆** 一五七七（万历五）年刊文林绮绣五种五十九卷 明凌迪知辑 ③总105/766

安国**桂坡馆** 一五三一（嘉靖十）年刊初学记三十卷 唐徐坚等辑 ⑱子785

姚江吕氏**栖真馆** 一五九〇（万历十八）年刊栖真馆集三十一卷 明屠隆撰吕胤基辑 ⑱集758

苏民怀**桐花馆** 一五七七（万历五）年刊杜律注二卷 元虞集撰 ⑱集75

起凤馆 一六一〇（万历三十八）年刊元本出相北西厢记二卷 元王德信关汉卿撰 会真记
一卷 唐王稹撰 释义一卷 ⑱集2042

徐履道**起凤馆** 刊沧溟先生集三十卷 明李攀龙撰 附录一卷 ⑱集695

陶元柱**脩群馆** 刊清异录二卷 宋陶穀撰 ⑱子690

沈松石**留春书馆** 一五七〇（隆庆四）刊秘传天录阁寓言外史八卷 题汉黄宪撰明王逢年伪托 ⑱子512

逢原谿馆 一五五一（嘉靖三十）年刊春秋集注三十卷首一卷 宋胡安国撰林尧叟音注 ⑱经267

逢谿馆 一五五一（嘉靖三十）年刊礼记集说三十卷 元陈澔撰 ⑱经195

十一画

程氏**培桂馆** 一五九九（万历二十七）年刊四书考一卷 明戴文仲撰 ⑱经337

梧梧馆 一六一八（万历四十六）年刊读书通二卷 明孙国光撰 ⑱子585

杭州徐象枟**曼山馆** 一五七三—一六二〇（万历）年刊唐荆川先生纂辑武编前六卷后六卷 明唐顺之撰 ⑱子121

徐象枟**曼山馆** 一六〇二（万历三十）年刊国史经籍志六卷 明焦竑撰 ⑱史1409

徐象枟**曼山馆** 一六二一（天启元）年刊苏长公二妙集二十二卷 宋苏轼撰 ⑱集256

俞宪**鴸鸣馆** 一五四八（嘉靖二十七）年刊西溪丛话二卷 宋姚宽撰 ①9607

梨云馆 一六二七（天启七）年刊尺牍青莲钵十二卷 明何伟然辑 ⑱集1732

梨云馆 刊梨云馆广清纪四卷 明吴从先王缘督撰 ⑱子748

象雷馆 一五七三—一六二〇（万历）年刊济阴纲目十四卷 明武之望撰 ⑱子238

清芬馆 一五七三—一六二〇（万历）年刊共赏编八卷 明钱士鳌辑 ⑱集1624

清音馆 一五八三（万历十一）年刊秦汉文钞不分卷 明冯有翼辑 ⑱集1629

清真馆 一六〇五（万历三十三）年刊汇雅前集二十卷后编二十八卷 明张萱撰 ⑱经394

清真馆 一五七三—一六二〇（万历）年刊唐摭言十五卷 五代王定保撰 ⑱子642

张萱**清真馆** 刊云笈七签一百二十二卷 宋张君房撰 ⑱子1059

绿天馆 一五七三—一六二〇（万历）年刊於陵子一卷 齐陈仲子撰 ⑱子496

十二画

蔡翰臣**琳琅馆** 一五七六（万历四）年刊千里面谭二卷 明杨慎辑 ⑱集1581

熊氏**雄飞馆** 一六二八—一六四四（崇祯）年刊英雄谱四十卷目录二卷图二卷 明熊飞辑 ⑱子767

紫芝馆 一六三五（崇祯八）年刊蓝亚中文集十八卷 明蓝近任撰 ⑱集819

书林朱桃源朱明吾**紫阳馆** 刊刻迎晖堂汇附人物事文概四书翼注讲意六卷 明王纳谏撰 ⑱经338

黄氏尊生馆 一六〇九（万历三十七）年刊阳春奏 明汪道昆许潮撰 ⑱集2039

程氏滋荪馆 一六〇八（万历三十六）年刊程氏竹谱二卷 明程大宪撰 ⑱子429

朱氏寒玉馆 一六二九（崇祯二）年刊书史会要九卷补遗一卷 明陶宗仪撰 续编一卷明朱谋垔撰 ⑱子407

登龙馆 一六三六（崇祯九）年刊古今好议论十卷 明吕一经辑 ⑱子865

十三画

瑞云馆 一六三〇（崇祯三）年刊诗经讲义鞭影六卷 明杨延麟撰 ⑪NC0454/4210.11

蒹葭馆 刊二酉园诗集十二卷续集二十三卷 明陈文烛撰 ⑱集719

蒸文馆 刊墨憨斋新定洒雪堂传奇二卷 明梅孝已撰龙子犹改订 ①574

照华馆 一六〇六（万历三十四）年刊大佛顶如来密因修证了义诸菩萨万行首楞严经十二卷 ⑱子948

刘氏**溪香馆** 刊三经晋注十七卷 明卢复编 ⑱丛269

慎馀馆 刊韦凤翔古玉环记二卷 ⑱集2127

十四画以上

聚星馆叶均宇 一六一五（万历四十三）年刊四书也足园初告六卷 明王宇撰 ⑱经338

聚星馆 一六二三（天启三）年刊读古时弋十卷 明李一阳辑 ⑱集1623

翠岩馆 刊鬼谷阴符经 周张仪注 ⑪111.195/1007

藏修馆 刊晏子春秋七卷 ⑱史461

藏脩馆 刊关尹子一卷 ⑱子1023

书林叶顺**擅香馆** 一五九七（万历二十五）年刊屠王二先生参补注解书言故事一览抄六卷 明胡继宗辑明陈玩直注 ⑱子817

雕虫馆 一六〇三（万历三十一）年刊诗所五十六卷历代名氏爵里一卷 明臧懋循辑 ⑱集1585

雕虫馆 一六一五（万历四十三）年刊元曲选一百卷图二卷附六家论曲一卷 明臧懋循辑 ③文510/763.2

吴趋**雕霞馆** 一六〇〇（万历二十八）年刊樟亭集三卷 明钱希言撰 附录一卷 ⑱集830

嶷如馆 一六二八—一六四四（崇祯）年刊乐府一卷 明周道仁撰 ①5418

瀛州馆　一六〇六（万历三十四）年刊新刻翰林考正纲目通鉴玉台青史十七卷　明汪旦辑　⑯921.26/710

瀛州馆　刊玉台纲鉴二十八卷　明刘基纂商辂续　②33325

十四、居

吴怀保**七松居**　一五八八（万历十六）年刊杜律七言注解四卷　元虞集撰　诗法家数一卷　⑱集75

木石居　明末刊木石居精校八朝偶隽七卷　明蒋一葵纂茅元铭重订　⑱集1891

金阊**五云居**　一六二八—一六四四（崇祯）年刊杜工部七言律诗分类集注二卷　明薛益集注　⑱集80

五云居　印西汉文二十卷东汉文二十卷　明张采辑　⑱集1649

友石居　一六三二（崇祯五）年刊皇明十六朝广汇纪二十八卷　明陈建撰　⑯922.602/378－84

月胁居　刊於陵子一卷　明徐渭评　①5764

陈氏**石云居**　明末刊国朝大家制义四十二卷　清陈名夏编　⑱集1526

石啸居　一六四〇（崇祯十三）年刊四书大全辩三十八卷　明张自烈撰　附录六卷　⑱经344

且　居　明末刊且居批评息宰河传奇二卷　明沈嵊撰　⑱集2122

茅氏**玄穑居**　一六二一—一六四四（天启崇祯）年刊锺山献四卷续一卷再续二卷三续二卷　明杨宛撰　⑱集863

异人居　一六一三（万历四十一）年刊太白山人漫稿四卷　明孙一元撰　⑱集633

郑氏**来爽居**　一六三〇（崇祯三）年刊隽区十卷　明郑仲夔撰　①5543

书林**近圣居**　明末刊隐秀轩集八卷　明钟惺撰　⑱集806

近圣居　刊新锓翰林校正鳌头合併古今名家诗学会海大成三十卷首一卷　⑱子853

武林**佩兰居**　一六二九（崇祯二）年刊袁中郎全集四十卷　明袁宏道撰　⑱集780

傅昌辰**版筑居**　一六三三（崇祯六）年刊彙辑舆图备考全书十八卷　明潘光祖撰　⑱史742

版筑居傅少山　明末刊古注正篇四卷　明李全中辑　⑱子714

采隐山居　一六四二（崇祯十五）年刊增定汉魏六朝别解六十二卷　明叶绍泰编　⑱从281

姑苏**卷石居**　一六四〇（崇祯十三）年刊康济谱二十五卷首序目　明潘游龙辑金俊明参评　⑧

织帘居　一六四〇（崇祯十三）年刊四书说约二十卷　明顾梦麟撰　⑱经343

织帘居 一六二八—一六四四（崇祯）年刊诗经说约二十八卷 明顾梦麟撰 ⑱经145

新安程衍道**经馀居** 一六四〇（崇祯十三）年刊外台秘要方四十卷 唐王焘撰 ⑱子201

草玄居 一六〇二（万历三十）年刊自刊新镌仙媛纪事九卷补遗一卷 明杨尔曾撰 ⑱子745

顾氏**览镇居** 一六四三（崇祯十六）年刊览镇居汇编庭闻遗述不分卷 明顾其志撰顾绍诒辑 ⑱子704

王氏**香雪居** 一六一四（万历四十二）年刊新校注古本西厢记五卷 元王德信撰明王骥德校注 ⑱集2045

浣花居 一六二一—一六二七（天启）年自刊万历三大征考三卷附东夷考略一卷东事答问一卷 明茅瑞徵撰 都督刘将军传一卷 ⑱史270

茅氏**浣花居** 一六二八—一六四四（崇祯）年刊芝园秘录初刻七种十四卷 明茅瑞徵编 ⑱丛302

茅氏**浣花居** 刊东南防守利便三卷 宋陈克吴若合撰 ⑪379.098/7540

能远居 刊春秋三发四卷 明冯士骅撰 ⑱经282

沈思**梅居** 一六〇八（万历三十六）年刊钱太史雀滩藁六卷 明钱福撰 附录一卷纪事一卷 遗事一卷 明冯时可撰 ⑱集609

沈氏**梅居** 明末刊刻莫廷韩遗稿十六卷 明莫是龙撰 ⑱集824

绳其居 一六一七（万历四十五）年刊吕新吾先生去讹斋文集十卷 明吕坤撰 ②39502

书林**敬止居** 刊相宅全书一卷 明柴复贞撰 ⑱子347

敬忍居 刊中说十卷 题隋王通撰宋阮逸注 ⑱子48

汤大节**简绿居** 刊眉公先生晚香堂小品二十四卷 明陈继儒撰 ⑱集834

静怀居 一六二八—一六四四（崇祯）年刊新刻古今类腴十八卷 题明王世懋辑 ⑱子844

醉石居 明末刊醉石居评次名山业皇明论隽不分卷皇明小论不分卷 明周钟辑评张明弼参订 ⑱集1738

醉石居 刊醉石居增删皇明论名山业不分卷 明周钟辑并评 ⑱集1738

醉绿居 一六二八—一六四四（崇祯）年刊眉公十种藏书六十二卷 明陈继儒撰 ⑱丛616

燕石居 刊秋夜月四卷 明殷启圣熊稔寰辑 ⑱集2182

马士奇**澹宁居** 一六三六（崇祯九）年刊书经直解十三卷 明张居正撰 ⑱经113

刘氏**澹然居** 一六二〇（万历四十八）年刊守官漫录五卷 明刘万春撰 ⑱子666

蟫隐居 一六〇五（万历三十三）年刊才鬼记 明梅鼎祚辑 ⑱子745

十五、亭

三癸亭 一五五六（嘉靖三十五）年刊池上编二卷 明朱曰藩撰 ⑱集694

尹耕**疗鹤亭** 一五四二（嘉靖二十一）年刊诚斋先生易传二十卷 宋杨万里撰 ①8747

依隐亭 一五六九（隆庆三）年刊友雅三卷 明朱多焞辑 ⑱集1711

依隐亭 刊曹诗二卷 魏曹植撰明朱多焞辑 ⑱集20

张氏**学钓亭** 刊新镌赤水屠先生评释谋野集四卷 明王穉登撰屠隆评释 ⑱集738

史元熙**览翠亭** 一五七九（万历七）年刊谢宣城集五卷 南齐谢朓撰 首一卷 ⑱集33

修省亭 一六四一（崇祯十四）年刊欢戒全书十二卷 明陈智锡辑 ⑱子715

毛氏**绿君亭** 一六二五（天启五）年刊苏米志林三卷 明毛晋辑 ⑱史425

毛氏**绿君亭** 一六一八（万历四十六）、一六二五（天启五）年刊屈陶合刻十六卷 明毛晋编 ⑱集1349

沈氏**碧梧亭** 刊图注王叔和脉诀四卷附方一卷 明张世贤撰 ⑱子192

沈氏**碧梧亭** 刊图注八十一难经八卷 明张世贤撰 ⑱子181

查溪**澄雪亭** 一五九七（万历二十五）年刊元丰类稿五十一卷 宋曾巩撰 ①6539

十六、书舍

金陵**三山书舍**松亭吴江 一五七七（万历五）年刊京本校正大字医学正传八卷 明虞抟撰 ⑱子218

金陵**三山书舍** 一五七七（万历五）年刊医学正传八卷 明虞天民编 ㉚321

沈伯咸**西清书舍** 一五四八（嘉靖二十七）年刊唐陆宣公集二十四卷 唐陆贽撰 ⑱集98

张含**百花书舍** 一五四三（嘉靖二十二）年刊空同诗选四卷 明李梦阳撰杨慎批选 ⑱集613

乔山书舍 一五七三—一六二〇（万历）年刊新锲家传诸症虚实辩疑示儿仙方总论十卷 ⑱子228

乔山书舍 一六〇二（万历三十）年刊新锓订正评注便读草堂诗馀七卷 明董其昌评订曾六德参释 ⑱集1997

一乐堂**后泉书舍** 一五七一（隆庆五）年刊食物本草四卷 明卢和撰 ⑱子186

童文举**吴兴书舍** 一五七七（万历五）年刊脉经十卷 晋王熙撰 ㉚105

金陵书舍蔡前溪 一五六五（嘉靖四十四）年刊古今人物志略十二卷 明何璧撰 ⑱史411

书林郑世豪**宗文书舍** 一五九〇（万历十九）年刊京本音释注解书言故事大全十二卷 明胡继宗撰 陈玩直注 ⑱子817

郑云竹**宗文书舍** 一五九八（万历二十六）年刊镌校释唐四杰文集四卷 唐王勃等撰明彭滨校释 ⑱集1673

起潜书舍 一六〇四（万历三十二）年刊精选治生要览不分卷 明黄龙吟撰 ⑱子857

清江书舍 一五四九（嘉靖二十八）年刊太医院真传小儿方全幼心鉴八卷 明寇平撰 ⑱子241

舒石泉**集贤书舍** 一五九一（万历十九）年刊新选古今类腴十八卷 题明王世懋辑 ⑱子844

武林**樵云书舍** 一五八九（万历十七）年刊新刻增补艺苑卮言十六卷 明王世贞撰 ⑱集1889

十七、精舍

大隐精舍 一五九六（万历二十四）年刊佛说观无量寿佛经疏一卷 唐释智顗撰 ⑱子939

余有堂**凤山精舍** 一五〇七（正德二）年刊论语集注十二卷 ⑩129

歙西郑村**方山精舍** 一五四八（嘉靖二十七）年刊方山子诗集二卷 明郑作撰李梦阳辑 附录一卷 ⑱集633

书林精舍 一五二四（嘉靖三）年刊西山先生真文忠公文集五十一卷目录二卷 宋真德秀撰 ⑱集369

白石精舍 一五二二—一五六六（嘉靖）年刊舆地略一卷 明蔡汝楠撰 ⑱史730

白雪精舍 一五九五（万历二十三）年新镌萧曹遗笔四卷 ⑱子147

西园精舍 一四一六（永乐十四）年刊新刊刘向先生说苑二十卷 汉刘向撰 ⑱子37

詹氏**进德精舍** 一四九二（弘治五）年刊广韵五卷 ⑩129

芸庄精舍 刊古史通略二卷 ⑭

周洞**耶山精舍** 一五三三（嘉靖十二）年刊六子书六十二卷 ⑱子3

弦歌精舍如隐草堂风桥别墅 刊虞初志八卷 ⑱子751

傅若川**建溪精舍** 一三八二（洪武十五）年刊傅与砺诗集八卷 元傅若金撰 ⑱集481

黄省曾**南星精舍** 一五二五（嘉靖四）年刊稽中散集十卷 魏稽康撰 ⑱集21

何氏**香严精舍** 一五六五（嘉靖四十四）年刊何翰林集二十八卷 明何良俊撰 ⑱集691

文从龙承天寺重云精舍 一五九四（万历二十二）年刊文翰林甫田诗选二卷 明文徵明撰 ⑱集656

凌云精舍 一五五六（嘉靖三十五）年刊性理纂要标题四卷 明程长源辑 ⑱子76

秦氏容春精舍 一五二二—一五六六（嘉靖）年刊学史十三卷 明邵宝撰 ⑭

梅隐精舍 一四三四（宣德九）年刊文公先生小学集註大成六卷 宋朱熹撰熊禾集注明刘剡校正 小学渊源一卷小学书纲领一卷小学书图檃栝纂要一卷 ⑱子60

梅隐精舍 一四九二（弘治五）年刊性理大全书七十卷 明胡广等撰 ⑱子74

崦西精舍 刊宋之问集二卷 唐宋之问撰 ⑱集42

韩山精舍 一五二二—一五六六（嘉靖）年刊紫岩文集四十八卷 明刘龙撰 ⑱集617

新安汪氏晴云精舍 一五〇六—一五二一（正德）年刊增注唐策十卷 ⑭

刘氏翠岩精舍 一四一八（永乐十六）年刊纂图新增群书类要事林广记前集二卷后集二卷续集二卷别集二卷新集二卷外集二卷 宋陈元靓辑 ⑩102

刘氏翠岩精舍 一四四四（正统九）年刊联新事备诗学大成三十卷 元林祯辑 ⑱子829

刘氏翠岩精舍 一四五四（景泰五）年刊五伦书六十二卷 明宣宗朱瞻基撰 ⑱子78

刘氏翠岩精舍 一四六九（成化五）年刊通真子补注王叔和脉诀三卷脉要祕括二卷 ⑩102

十八、书堂

一至二画

罗朝岳**一泉书堂** 一五四五（嘉靖二十四）年刊甘泉先生岳游纪行录一卷 明湛若水撰周荣朱记 ⑱史1066

三 画

与耕书堂 一三九五（洪武二十八）年刊楚国文宪公雪楼程先生文集三十卷 元程钜夫撰 年谱一卷 元程世京撰 附录一卷 ⑱集450

广成书堂 一四二五（洪熙元）年刊广韵五卷 ⑩129

广勤书堂 一三八六（洪武十九）年刊丹墀独对二十卷 元吴黼辑 ⑱子830

广勤书堂 一四〇六（永乐四）年刊春秋胡氏传三十卷 宋胡安国撰林尧叟音注 春秋名号归一图一卷 蜀冯继先撰 诸国兴废说一卷春秋二十国年表一卷 ⑱经265

叶景逵**广勤书堂** 一四四七（正统十二）年刊针灸资生经七卷目录二卷 宋王执中撰 ⑱子249

广德书堂 一四九三（弘治六）年刊标题事义明解十九史略大全十卷 元曾先之撰明梁寅辑 ⑱史692

四 画

刘氏**日新书堂** 一四七五（成化十一）年刊标题详注十九史音义明解十卷 元曾先之撰明吴忠音义 ⑱史692

刘氏**日新书堂** 一四九三（弘治六）年刊新增说文韵府群玉二十卷 元阴时夫辑阴中夫注 ⑱子823

刘氏**日新书堂** 一五〇四（弘治十七）年刊新刊通鉴一勺史意二卷 ⑱史699

日新书堂 一五〇六（正德元）年刊新刊欧阳文忠公集五十卷 宋欧阳修撰明曾鲁考异 ⑱集227

书坊刘氏日**新书堂** 一五一一（正德六）年刊太医院经验奇效良方大全六十九卷 明方贤撰 ⑱子215

日新书堂 一五六四（嘉靖四十三）年刊类编伤寒活人书括指掌图论九卷首一卷 宋李知先辑元吴恕图说 续一卷 明熊宗立撰 ⑱子195

书林魏氏**仁实书堂** 一四五〇（景泰元）年刊资治通鉴纲目集览五十九卷 元王幼学撰 ⑱史118

书林魏氏**仁实书堂** 一五〇四（弘治十七）年刊楚辞集注八卷后语六卷辩证二卷 ⑩129

仁实书堂 一五一九（正德十四）年刊纂图互注老子道德经二卷 题汉河上公章句 ⑱子1003

刘氏**文明书堂** 一五〇一（弘治十四）年刊广韵五卷 ⑩130

余氏**双桂书堂** 一四九六（弘治九）年刊周易传义大全二十四卷纲领一卷朱子图说一卷 明胡广等辑 ⑱经64

双桂书堂 一五五二（嘉靖三十一）年刊新刊性理大全七十卷 明胡广等撰 ⑱子75

五 画

玉峰书堂 一四六八（成化四）年刊全幼心鉴八卷 明寇平撰 ⑩130

玉峰书堂 一五四七（嘉靖二十六）年刊全幼心鉴四卷 明寇平撰 ㉚474

吴氏**玉融书堂** 刊事林广记外集二卷 ⑩131

刘氏**本诚书堂** 刊撮要便览本草蒙筌十二卷 明陈嘉谟撰 ⑱子187

建安虞氏**务本书堂** 一三八八（洪武二十一）年刊易传会通十四卷 元董真卿撰 ⑩110

永顺书堂 一四六五—一四八七（成化）年刊明成化说唱词话十九卷传奇一卷 ⑱集2173

六 画

余氏**西园书堂** 一五二八（嘉靖七）年刊魁本袖珍方大全四卷 明李恒撰 ⑱子212

詹氏**西清书堂** 一四九八（弘治十一）年刊增修附注资治通鉴节要续编大全三十卷 明张光启订正 ⑱史126

陈氏**存德书堂** 一五〇九（正德四）年刊新刊妇人良方补遗大全二十四卷 宋陈自明撰熊宗立补遗 ⑱子236

罗氏**竹坪书堂** 一四七三（成化九）年刊子午流注经三卷 ⑩130

罗氏**竹坪书堂** 一四九一（弘治四）年刊周易传义大全二十四卷 明胡广等辑 ⑱经64

乔山书堂刘玉田 一六〇一（万历二十九）年刊新刊地理纲目荣亲入眼福地先知四卷 明王崇德撰 ⑱子355

刘氏**庆源书堂** 一五〇一（弘治十四）年刊四书集註大全四十二卷 明胡广等辑 ⑱经328

刘氏**安正书堂** 一四九四（弘治七）年刊新增说文韵府群玉二十卷 元阴时夫辑阴中夫注 ⑱子824

书林刘宗器**安正书堂** 一五一七（正德十二）年刊类聚古今韵府续编四十卷 明包瑜辑 ⑱子824

安正书堂 一五二一（正德十六）年刊象山先生文集二十八卷外集五卷 宋陆九渊撰 ⑱集345

书林刘氏**安正书堂** 一五二三（嘉靖二）年刊诗经疏义会通二十卷纲领一卷图一卷 元朱公迁撰明王逢辑何英增释 ⑱经137

安正书堂 一五三四（嘉靖十三）年刊朱文公校昌黎先生文集四十卷外集十卷遗文一卷 唐韩愈撰宋朱熹考异王伯大音释 传一卷 ⑱集113

安正书堂 刊周易传义大全二十四卷 明胡广等撰 ⑱经64

兴正书堂 一五七一（隆庆五）年刊春秋胡传三十卷 宋胡安国撰 ⑱经264

黄氏**兴正书堂** 一五八一（万历九）年刊新刊高明大字少微先生资治通鉴节要二十卷外纪五卷首一卷 宋江贽撰 续资治通鉴节要二十卷 明张光启撰刘剡辑 ⑱史113

书林余氏**兴文书堂** 刊书经大全十卷 明胡广等辑 ⑱经110

七 画

詹氏进贤书堂 一五三八（嘉靖十七）年刊新刊东垣十书二十卷 ⑱子160

进德书堂 一三七九（洪武十二）年刊四书章图檃括总要发义二卷 元程复心撰 ⑯097. 257/793

詹氏进德书堂 一四四〇（正统五）年刊重订四书辑释四十五卷 元倪士毅撰程复心章图王元善通考明王逢通义 ⑱经326

詹氏进德书堂 一四九二（弘治五）年刊大广益会玉篇三十卷 梁顾野王撰唐孙强增字宋陈彭年等重修 玉篇广韵指南一卷 ⑱经427

寿藩书堂 一五〇八（正德三）年刊北溪先生字义详讲二卷严陵讲义一卷 宋陈淳撰 ⑱子70

书林余氏**克勤书堂** 一五〇九（正德四）年刊诗经疏义浅讲二十卷纲领一卷图一卷 元朱公迁撰明王逢辑何英增释 ⑱经137

时习书堂 抄清时乐事 ⑱子453

秀岩书堂 刊新增说文韵府群玉二十卷 元阴时夫辑阴中夫注 ⑱子824

宏远书堂 一五七七（万历五）年刊新刊精备讲意易经鲸音本义二卷 明诸大圭撰 ⑱经72

陈氏书堂 一三七三（洪武六）年刊新刊河间刘守真伤寒直格三卷 金刘完素撰 后集一卷 元镏洪撰 续集一卷 元马宗素撰 心镜一卷 金张从正撰 ⑱子196

八 画

明实书堂 一四六四（天顺八）年刊周易传义大全二十四卷纲领一卷朱子图说一卷 明胡广等撰 ⑱经64

刘氏**明德书堂** 一四九四（弘治七）年刊卫生宝鉴二十四卷补遗一卷 ⑩130

明德书堂 一五三一（嘉靖十）年刊新刊陶节庵伤寒十书十卷 明陶华撰 ⑱子197

刘氏**明德书堂** 刊广韵五卷 ⑱经458

郃阳书堂 一四六八（成化四）年刊长安志二十卷 宋宋敏求纂修 图三卷 元李好文撰 ⑱史834

宗文书堂 一五〇七（正德二）年刊新刊唐宋名贤历代確论十卷 明钱福辑 ⑱史1516

宗文书堂 一五二二（嘉靖元）年刊重刊仪礼考註十七卷 元吴澄撰 ⑱经185

书林郑世豪**宗文书堂** 一五九五（万历二十三）年刊新刊注释草堂诗馀评林六卷 题明李廷机批评翁正春校正 ⑱集1997

宗德书堂 一五一一（正德六）年刊性理群书集览大全七十卷 题玉峰道人撰 ⑱子76

汪氏**宗德书堂** 一五〇二（弘治十五）年刊增修附注资治通鉴节要续编三十卷 明张光启订正 ⑱史126

许宗鲁**宜静书堂** 一五二五（嘉靖四）年刊国语二十一卷 吴韦昭注 古文音释一卷 明王蓥撰 ⑱史210

建安书堂 一三九七（洪武三十）年刊元史节要二卷释文一卷 明张美和辑 ⑱史716

九 画

叶氏**南山书堂** 一四六二（天顺六）年刊新增说文韵府群玉二十卷 元阴时夫辑元中夫注 ⑱子823

书林熊冲宇**种德书堂** 一五七三（万历元）年刊周易四卷 ⑱经40

刘氏**闽山书堂** 一五六六（嘉靖四十五）年刊新刊地理雪心赋句解四卷 唐卜应天撰明谢志道注 新增阴阳地理消砂断法总例大全一卷 明曾万棠辑 ⑱子350

十 画

歙西鲍氏**耕读书堂** 一四六一（天顺五）年刊天原发微五卷图一卷篇目名义一卷 宋鲍云龙撰鲍宁辨正 问答节要一卷 明鲍宁辑 ⑱子336

陈氏**积善书堂** 一五七六（万历四）年刊三子口义四十二卷 宋林希逸撰 ⑱子998

陈氏**积善书堂** 刊新刊高明大字资治通鉴节要二十卷外纪五卷首一卷 宋江贽撰 ⑱史113

锡山泰汴**绣石书堂** 一五三六（嘉靖十五）年刊锦绣万花谷前集四十卷后集四十卷续集四十卷 ⑱子803

馀庆书堂 一四七二（成化八）年刊臞仙肘后神枢二卷 明朱权撰 ⑱子377

十一画

梅隐书堂 一四八九（弘治二）年刊新笺决科古今源流至论前集十卷后集十卷续集十卷 宋林駉撰 别集十卷 宋黄履翁撰 ⑱子816

崇仁书堂 一四七四（成化十）年刊春秋胡传三十卷 ⑩130

崇文书堂 一五四八（嘉靖二十七）年刊陈学士吟窗杂录五十卷 题宋陈应行辑 ⑱集1878

清江书堂 一四三一（宣德六）年刊广韵五卷 宋陈彭年等撰 ⑱经458

杨氏**清江书堂** 一四九二（弘治五）年刊新刊袖珍方四卷 明李恒撰 ⑱子211

杨氏**清江书堂** 一四九七（弘治十）年刊增修附注资治通鉴节要续编大全三十卷
明张光启订正刘剡编辑刘弘毅释义 ⑱史126

杨氏**清江书堂** 一五〇七（正德二）年刊魁本袖珍方大全四卷 明李恒编 ⑱子211

书林杨氏**清江书堂** 一五二八（嘉靖七）年刊书经大全十卷纲领一卷图一卷 明胡广等撰 ⑱经110

十二画

博雅书堂 一四〇八（永乐六）年刊联新事备诗学大成三十卷 元林桢辑 ⑱子829

敬贤书堂 一五五五（嘉靖三十四）年刊新刊翰林考正纲目点音资治通鉴节要会成二十卷
明唐顺之删定张谦厘正 ⑱史126

黄氏**集义书堂** 一五〇四（弘治十七）年刊大广益会玉篇三十卷 梁顾野王撰 玉篇广韵指南一卷 ⑱经427

黄氏**集义书堂** 一五三七（嘉靖十六）年刊新刊春窗联偶巧对类编二卷 明曾梅轩辑 ⑱子841

汪氏诚意斋**集书堂** 刊增刊校正王状元集注分类东坡先生诗二十五卷 宋王十朋纂集刘辰翁
批点 东坡纪年录一卷 宋傅藻撰 ⑱集247

罗氏**集贤书堂** 一五〇五（弘治十八）年刊魁本清囊杂纂袖珍方大全四卷 明李恒撰 ⑱子211

朱氏**尊德书堂** 一四三四（宣德九）年刊增修附注资治通鉴节要续编三十卷 明张光启订正 ⑱史125

徐氏**善得书堂** 一四六二（天顺六）年刊新增格古要论十三卷 明曹昭撰王佐增补 ⑱子684

王氏**善敬书堂** 一五〇二（弘治十五）年刊朱文公校昌黎先生文集二十卷外集一卷遗文一卷
唐韩愈撰宋朱熹考异王伯大音释 传一卷 ⑱集115

善敬书堂 一四五二（景泰三）年刊增修附注资治通鉴节要续编三十卷 明张光启订正 ⑱史125

道立书堂 一四四二（正统七）年刊唐音十一卷 元杨士弘辑 ⑱集1664

十三画以上

王氏**勤有书堂** 一三七一（洪武四）年刊新刊对相四言杂字 ⑳59

古杭勤德书堂　一三七八（洪武十一）年刊皇元风雅前集六卷后集六卷　杨辉祖算书五种七卷　⑩129

新贤书堂　一五六二（嘉靖四十一）年刊四明先生高明大字续资治通鉴二十卷　⑩131

遵正书堂　一三九二（洪武二十五）年刊增修笺注妙选群英草堂诗馀前集二卷后集二卷　宋何士信辑　⑱集1995

婺东**镛溪书堂**　一五六〇（嘉靖二十九）年刊通鉴橐钥十卷　⑪NC2465/384

磻溪书堂　一四八七（成化二十三）年刊唐音十卷　元杨士弘辑　⑱集1664

十九、其他

二　画

阎氏**二分明月庵**　一六二八—一六三六（崇祯九）年刊阎红螺说礼三十三卷　明阎有章撰　⑱经212

七松草庐　一六二八—一六四四（崇祯）年刊潜確居类书一百二十卷　明陈仁锡辑　⑱子863

三　画

三山书坊　一五六七（隆庆元）年刊新刊举业明儒论宗八卷　明薛应旂辑并评点　⑱集1733

三山道人　刊新刊全像三宝太监西洋记通俗演义二十卷一百回　明罗懋登撰　⑱子769

金台**大隆福寺**　一四七〇—一四七一（成化六至七）年刊大明成化庚寅重刊改并五音集韵十五卷　金韩道昭撰　⑰K14548

大慈恩寺　一四三〇（宣德五）年刊佛祖历代通载二十二卷　元释念常撰　⑱子972

上蓝禅寺　一五五二（嘉靖三十一）年刊经史正音切韵指南一卷　元刘鉴撰　⑱经472

山水邻　一六二八—一六四四（崇祯）年刊四大痴传奇　㉙2802

丹阳**广福寺**　一六一六（万历四十四）年刊妙法莲华经通义七卷　明释德清撰　⑱子943

吴郡俞氏**门无子**　一五七八（万历六）年刊韩子迂评二十卷　题明门无子撰　附录一卷　⑱子143

钱塘朱氏**小西库**　一六〇八（万历三十六）年刊文字会宝　明朱文治编　⑫SV35－4/6.98

小　筑　一四五一（景泰二）年刊水心文集二十九卷　宋叶适撰　②65549

飞来山人　一五六八（隆庆二）年刊居家必用事类全集十卷　⑱子684

四画

晋安芝山**开元寺** 一五九五（万历二十三）年刊大明万历已丑重刊改并五音类聚四声篇十五卷五音集韵十五卷 金韩道昭撰 经史正音切韵指南一卷 元刘鉴撰 ㉑43 新编篇韵贯珠集八卷 明释真空撰 ⑱经470

南昌**天主教堂** 一五九四（万历二十二）年刊天学实义不分卷 明利玛窦撰 ㉕50

辽宁闾山**天妃宫** 一五三二（嘉靖十一）年刊太上老君八十一化图说

天放庵 刊春秋经传集解三十卷 晋杜预撰唐陆德明释文 ⑯096.2231/244－012

天益山 明末刊孙月峰先生批评诗经四卷 明孙矿评 ⑱经140

西吴**无疑居士** 刊李卓吾先生诠次姑妄编七卷 明李贽辑 ⑱子745

云林寺 刊天目中峰和尚广录三十卷 元释明本撰 ⑱子967

云林别墅 刊元本大板释义全像音释琵琶记三卷 元高明撰 ⑱集2104

云栖寺 一六二〇（万历四十八）年刊集历代经史神明不灭证信轮迴录二卷 清释如相撰 ⑱子995

云栖寺 一六三〇（崇祯三）年募刊成唯识论订正十卷 明释广伸撰 ⑱子944

新安**五明寺** 一六二一—一六二七（天启）年刊普门和尚不像语一卷 明释惟安撰 ⑱子969

金陵张氏**少吾主人** 刊新刻李卓吾汇选见闻雅集外史类编 明李贽辑 ⑱子661

仁山书林 一五七五（万历三）年刊归先生文集三十二卷 明归有光撰 附录一卷 ⑧

径山**化城寺** 一六一七（万历四十五）年刊大乘起信论疏略二卷 唐释法藏疏 ③宗295/765

徽藩**月轩道人** 一五五一（嘉靖三十）年刊词林摘艳十卷 明张禄辑 ①12146

凤桥别墅 刊虞初志八卷 ⑱子751

文斗山堂 一五四九（嘉靖二十八）年刊唐雅八卷 明胡缵宗辑 ⑯831.4/222

金溪书林**周文明坊**一五七三—一六二〇（万历）年刊易会八卷 莫名邹德溥撰 ㉑129

双泉书斋 一五六一（嘉靖四十）年刊王氏家宝伤寒证治明条备览 明王震编 ㉚69

五画

玉几山人 一五四六（嘉靖二十五）年刊分类补注李太白诗二十五卷 唐李白撰宋杨齐贤集注

元萧士赟补注 年谱一卷 宋薛仲邕撰 ⑱集58

玉溪菩提庵 一六三一（崇祯四）年刊观音玄义记四卷观音义疏记四卷 宋释知礼撰 ⑱子943

葛洞**邗江书馆** 一五四七（嘉靖二十六）年刊马端肃公奏议十六卷 明马文升撰 ⑱史361

正心会 一六二一（天启元）年刊正心会前汉书抄二卷后汉书抄一卷 明赵南星辑 ⑱史711

石墩书塾 刊资治通鉴外纪十卷目录五卷 宋刘恕撰 ⑱史109

龙渠寺 一五七四（万历二）年刊五大部经忏直音集韵不分卷 ⑱子984

东吴书林 一五五四（嘉靖三十三）年刊方山先生文录二十二卷 明薛应旂撰 ⑱集684

江都黄埻**东壁图书府** 一五五二（嘉靖三十一）年刊唐十二家诗 明张逊业辑 ⑱集1402

北京真老党六经铺 刊混元教弘阳中华宝卷一卷 ⑱集2179

北京铁匠胡同叶铺 一五八四（万历十二）年刊新刊真楷大字全号缙绅便览一卷 ⑫490

生生道人 刊通玄百问一卷青州百问一卷 ⑱子964

瓜洲倪云经房 一六一四（万历四十二）年刊苦功悟道卷一卷 ⑱集2179

崇川陈大科**白狼书社** 一五七三—一六二〇（万历）年刊说文解字五音韵谱十二卷 宋李焘编 ⑭

六 画

秀水朱氏**亚凤巢** 刊文献通考纂二十四卷 宋马端临撰明胡震亨纂 ⑪373. 09/7107

祁门朴墅 一六二八—一六四四（崇祯）年刊石山医案八种三十二卷 明汪机撰 ⑱子163

西天竹 刊三教源流搜神大全七卷 ⑱子743

张氏**西池** 一五六九（隆庆三）年刊新刊举业总论历代君臣史学珠囊六卷 明田一儁撰 ⑱史1522

潭邑书林**岁寒友** 刊新刻徐文长公参订西厢记二卷 元王德信撰 会真记一卷 唐王稹撰
蒲东诗一卷新刻钱塘梦一卷园林午梦记一卷 ⑱集2043

竹 屿 一六二八—一六四四（崇祯）年刊雪堂韵史七十六种七十九卷 明王道焜编 ⑱丛299

朱承爵**朱氏文房** 一五二一（正德十六）年刊樊川诗集四卷 唐杜牧撰 ⑱集150

伊 庐 明末刊四书副墨不分卷 明陈组绶撰 ⑱经343

延庆寺 一五六〇（嘉靖三十九）年刊四明尊者教行录七卷 宋释宗晓辑 ⑱子980

全州湘山寺 重刊湘山事状十二卷 蒋擢撰 ㉔498

顾氏**众芳书斋** 一五六九（隆庆三）年刊增编会真记四卷 明顾玄纬辑 ①825

名山聚 一五七三—一六二〇（万历）年刊锲旁注事类捷录十五卷 明邓志谟辑 ⑱子860

七 画

玛瑙寺 刊佛说梵网经菩萨戒一卷 后秦释鸠摩罗什译 ④5616

戒坛经房 刊观世音菩萨本行经一卷 ⑱子915

杭州众安桥**杨家经坊** 一三六八—一三九八（洪武）年刊天竺灵签一卷 ⑱子364

杭州**杨家经坊** 一四七五（成化十一）年刊梵网经卢舍那佛说心地法门品菩萨戒本一卷 后秦释鸠摩罗什译 新删定四分戒本一卷 唐释道宣撰 戒坛普说法仪一卷 ⑱子920

芙蓉社 一五七三—一六二〇（万历）年刊瀫音集一卷 明于承祖撰 ⑱集832

芸窗道人 一五四四（嘉靖二十三）年刊篆法偏旁点画辩一卷 明应在止撰 ⑱经441

两钱世家 一五九七（万历二十五）年刊鼎锲李先生易经火传新讲七卷 明李京撰 ⑱经74

书林**两钱世家** 刊新锲益府藏板从姑脩禊一线天会弈通玄谱四卷 明朱常□辑 ⑱子452

何氏家塾 一五六六（嘉靖四十五）年刊何礼部集十卷 明何良傅撰 ⑱集691

冷风台 一五七三—一六二〇（万历）年刊松寥诗一卷 明程嘉燧撰 ①5258

汪氏朴墅 一六三三（崇祯六）年自刊针灸问对三卷 明汪机（石山居士）辑 ㉚130

祁门朴墅汪氏祠堂 一六三三（崇祯六）年自刻汪石山医书八种 明汪机等撰 ㉚713

杭州众安桥北**沈七郎经铺** 刊药师琉璃光如来本愿功得经一卷 唐释玄奘译 ⑱子921

京都**沈家** 明初刊妙法莲花经观世音菩萨门品一卷 后秦释鸠摩罗什译 ⑱子914

张氏家塾 一五四五（嘉靖二十四）年刊李诗选十卷 唐李白撰明张含辑杨慎批点 ⑱集59

金陵**陈龙山经坊** 一六二一—一六二七（天启）年刊大佛顶如来密因修证了义诸菩萨万行首楞严经合辙十卷 明释通润撰 ⑱子948

金陵陈尊山经坊 一六二一（天启元）年刊地藏菩萨本愿经三卷 唐释实叉难陀译 ⑱子920

清凉山**妙德禅院** 一五九〇—一五九一（万历十八—十九）年刊径山藏 ①3321

八 画

西天竺**青河发僧** 刊神僧传九卷 明成祖朱棣撰 ⑱子978

武林天主堂 明末刊三山论学纪一卷 意大利艾儒略撰 ⑱子588

武林坊 一六二一—一六二七（天启）年刊合诸名家批点诸子全书 ⑱子16

苑西客舍 一五七三—一六二〇（万历）年刊卓光禄集三卷 明卓明卿撰 ⑱集822

书林**林氏鸣沙** 一五七四（万历二）年刊新刊增订的藁易经存疑十二卷 明林希元撰 ⑱经67

林竹坡 一四八九（弘治三）年刊石屋和尚山居诗一卷 石屋和尚住嘉兴当湖福源禅寺语录一卷 元释清珙撰 ㉙2723

杭州报先寺释**明觉** 一五四六（万历二十五）年刊三藏圣教目录三卷 ③目172/72

忠贤世家 一六二八—一六四四（崇祯）年刊鼎镌李先生增补四民便用积玉全书三十二卷 明李光裕辑 ⑱子868

文氏**竺坞** 一六一四（万历四十二）年刊姑苏名贤小纪二卷 明文震孟撰 ①6475

文氏**竺坞** 一六二四（天启四）年刊道德南华二经评注合刻十二卷 明归有光辑文震孟订 ⑱子999

版筑居 一六〇〇（万历二十八）年刊广舆记二十四卷 明陆应阳撰 ⑯926.6/391

版筑居 一六三七（崇祯十）年刊来禽馆集二十八卷 明邢侗撰 ⑱集753

版筑居傅少山 刊纪効新书十八卷首一卷 明戚继光撰 ⑱子123

正阳门内巡警铺对门**金台书铺** 一五二二（嘉靖元）年刊元张伯颜文选六十卷 ⑩140

抚州**周文奎书铺** 一五六六（嘉靖四十五）年刊书法规范一卷 ⑱子408

周府庵 一六〇四（万历三十二）年刊太上老子道德经二卷 ⑱子1002

周乐轩书坊 一五六六（嘉靖四十五）年刊周易本义四卷图说一卷 宋朱熹撰 ⑱经47

庐山**法云寺** 一六二一（天启元）年刊憨山老人梦游集五卷 明释德清撰 ㉑51

法华山龙归院 一六二〇（万历四十八）年刊大乘起信论一卷 梁释真谛译 ⑱子921

法华山体庵 刊佛说目连问戒律中五百经重事经二卷 ⑱子917

泖心澄照寺 一六〇二（万历三十）年刊大佛顶如来密因修证了义诸菩萨万行首楞严经十卷 ⑱子930

金台**宗镜庵** 一五五七（嘉靖三十六）年刊通玄百问一卷青州百问一卷 ⑱子964

杭州**定慧禅寺** 一五九八（万历二十六）年刊折疑论集注二卷 元释师子撰 ⑱子989

建宁府书坊 一五二二—一五六六（嘉靖）年刊周易经传传义二十四卷 宋程颐朱熹撰 上下篇义一卷 宋程颐撰 图说一卷五赞一卷筮仪一卷 宋朱熹撰 ⑱经51

建安书市 一三八八（洪武二十一）年刊资治通鉴纲目发明五十九卷 宋尹起莘撰 ⑱史117

孟洪宇经房 刊大唐西域记十二卷 唐释玄奘译辩机撰 ⑱史1073

苏姑**承天寺**三会堂 一五九一—一六一四（万历十九—四十二）年刊大方广佛华严经八十卷 唐释实叉难陀译 华严纶贯一卷 宋释复庵撰 大方广佛华严经入不思议解脱境界普贤行愿品一卷 唐释般若译 ⑱子900

九 画

金陵**荆山书林** 一五九七（万历二十五）年刊茹草编四卷 明周履靖撰 ㉚199

金陵**荆山书林** 一五九七（万历二十五）年刊夷门广牍一百七种一百六十五卷 明周履靖编 ⑱丛199

荆南一人 一四八六（成化二十二）年刊东垣先生此事难知集二卷 元王好古撰 ⑱子207

东里董氏**茇门别墅** 一五五二（嘉靖三十一）年刊元氏长庆集六十卷外文章一卷 唐元稹撰 ⑱集135

茇芦庵 一六一四（万历四十二）年刊禅宗永嘉集二卷 唐释玄觉撰明释镇澄注 ⑱子955

查氏书林 刊伤寒明理论二卷 金成无己撰明巴应奎校 补论二卷 明巴应奎撰 ⑱子194

国子监前**赵铺** 一四九七（弘治十）年刊涧谷精选陆放翁诗集前集十卷须溪精选陆放翁诗集后集八卷别集一卷 ⑩140

昭庆寺 一六三六（崇祯九）年刊教乘法数十二卷 明释圆瀞撰 ⑱子983

幽溪讲堂 一五七三—一六二〇（万历）年刊天台山方外志三十卷 明释传灯撰 ⑱史1013

施氏秋水庵 明末刊秋水庵花影集五卷 明施绍莘撰 ⑭

宛陵**香醉庵**僧在喆 一六二八（崇祯元）年刊本草蒙筌十二卷 明陈嘉谟撰 ㉚163

金台衍法寺释觉恒 一五一六（正德十一）年刊大明正德乙亥重刊改并五音类聚四声篇十五卷 五音集韵十五卷 金韩道昭撰 新编经史正音切韵指南一卷 元刘鉴撰 新编篇韵贯珠集八卷直指玉钥匙门法一卷 明释真空撰 ⑱经469

京都**衍法寺** 一五六二（嘉靖四十一）年刊慈悲道场忏法十卷 □释觉明注 ⑱子993

衍法寺 一五九八（万历二十六）年刊经史正音切韵指南一卷 元刘鉴撰 ⑱经472

独秀主者 一四二九（宣德四）年刊佛母大孔雀明王经三卷 唐释不空译 ⑱子927

养正书馆 一五五四（嘉靖三十三）年刊新刊丹溪心法五卷 元朱震亨撰明程充校补 ⑱子208

洪都潜仙 一五二七（嘉靖六）年刊诗人玉屑二十卷 宋魏庆之辑 ⑱集1879

洗墨池 一六一〇（万历三十八）年刊薛涛诗一卷 唐薛涛撰 ⑱集99

结绿囊 一五四五（嘉靖二十五）年刊名家诗法八卷 明黄省曾编 ⑱集1863

十 画

郴州家塾何梦春 一五二八（嘉靖七）年自刊馀冬序录六十五卷 明何孟春撰 ⑱子563

阳山**顾氏家塾** 一五〇六—一五六六（正德至嘉靖）年刊顾氏明朝四十家小说 明顾元庆辑 ⑤

逍遥道人 一五二二—一五六六（嘉靖）年刊解愠编十四卷 题明乐天大笑生辑 ⑱子750

观音寺衚衕**党家** 刊佛顶心大陀罗尼经三卷 ⑱子925

金陵**徐小山书坊** 刊新刻昆山周解元精选艺圃萃盘录六卷 明周汝砺蒋以忠蒋以化辑 ㉙2784

华亭**徐氏文房** 刊六朝声偶集七卷 明徐献忠辑 ⑱集1577

徐侍溪经房 一五九三（万历二十一）年刊大佛顶如来密因修证了义诸菩萨万行首楞严经十卷 ⑱子930

金陵**徐家书坊** 刊悟真篇三注三卷 宋张伯端撰薛道光等注 ⑱子1060

杭州钱塘门里车桥南大街**郭宅纸铺** 刊寒山诗一卷 ⑩140

休邑屯溪**高昇铺** 一六二三（天启三）年刊新刻照千字文集音辨义不分卷 ⑱经455

高家经铺 刊妙法莲花经观世音菩萨普门品一卷 后秦释鸠摩罗什译 ⑱子914

文林阁**唐锦池** 一六〇六（万历三十四）年刊刘向古列女传七卷 汉刘向撰 续一卷 ⑱史403

浣竹山堂 刊浣竹山堂选注四六排沙集十七卷 明王焞辑并注 ⑱集1728

程大位**宾渠旅社** 一五九二（万历二十）年自刊新编直指算法统宗十七卷首一卷 明程大位撰 ⑱子322

读书坊 一六二一—一六二七（天启）年刊合诸名家批点诸子全书 ⑱子1024

武林**读书坊** 明末刊孔子家语注十卷 魏王肃撰 集语二卷 明何棠评 ④192

杭州玛瑙寺释**通晓** 一五七四（万历二）年刊五大部直音集韵不分卷 ⑱经480

十一画

张弘毅**著坛** 刊玉茗堂四梦八卷 明汤显祖撰 ①4121

郎璧金**堂策槛** 一六二六（天启六）年刊风俗通义十卷 汉应劭撰 ⑱子511

崔氏家塾 一五七三—一六二〇（万历）年刊崔氏六种二十三卷 明崔铣撰 ⑱丛589

崇德圆通庵释如彩 一五七五—一五八九（万历三—十七）年刊大明万历乙亥重刊改并五音类聚四声篇十五卷万历已丑重刊改併五音集韵十五卷 金韩道昭撰 新编经史正音切韵指南一卷 元刘鉴撰 新编篇韵贯珠集一卷 明释真空撰 ⑱经469

笙台 明末刊文选逸集六十四卷 明阎光世编 ⑱集1362

鹿静观 一六三九（崇祯十二）年刊北海亭诗集四卷文集四卷 明鹿化麟撰 ①10946

洪楩**清平山堂** 一五四五（嘉靖二十四）年刊唐诗纪事八十一卷 宋计有功撰 ⑱集1873

洪楩**清平山堂** 一五四六（嘉靖二十五）年刊新编分类夷坚志甲集五卷乙集五卷丙集五卷丁集五卷戊集五卷己集六卷庚集五卷辛集五卷壬集五卷癸集五卷 宋洪迈撰叶祖荣辑 ⑱子741

南京**清凉寺** 一五六九（隆庆三）年刊林泉老人评唱投子青和尚颂古空谷传声集三卷 元释义聪辑 ⑱子962

渊然道者 一三九五（洪武二十八）年刊仙传外科集验方一卷 明赵宜真撰 秘传外科方一卷仙授理伤续断方一卷 ⑱子233

径山**寂照庵** 刊径山藏六千九百五十六卷 ①3323

龙邱桐源舒伯仁**梁溪寓舍** 一五七四（万历二）年刊中兴以来绝妙好词十卷 ⑩141

十二画

武林坊**酣子幄** 刊徐幹中论纂二卷 ①5746

金阊叶敬池 一六四二（崇祯十五）年刊扶轮集十四卷 明黄传祖辑 ④1697

蒋氏家塾 一五六四（嘉靖四十三）年刊西山先生真文忠公文章正宗二十四卷续二十卷 宋真德秀辑 ⑱集1608

蒋氏家塾 一六三九（崇祯十二）年刊删补晋书一百三十卷 唐房玄龄等撰明蒋之翘删补辑评 ⑱史64

十三画

嘉兴**楞严寺** 一六〇七（万历三十五）年刊径山藏 ⑱集205

陶履中**筠阳道院** 一六二六（天启六）年刊陶文简公集十三卷功臣传草一卷 明陶望龄撰 ⑱集772

詹事讲 一五八三（万历十一）年刊撙斋先生缘督集十二卷 宋曾丰撰明曾自明辑 ①1050

王氏**新三槐** 一五四八（嘉靖二十七）年刊新刊性理大全七十卷 明胡广等撰 ⑱子75

金陵圆觉庵释**新仁** 一六二九—一六三七（崇祯二—十）年刊大明万历己丑重刊改併五音类聚四声篇十五卷五音集韵十五卷 金韩道昭撰 经史正音切韵指南一卷 元刘鉴撰 新编篇韵贯珠集八卷 明释真空撰 ⑱经470

十四画以上

管觉仙 一六二〇（万历四十八）年刊大乘起信论续疏二卷 明释通润撰 ⑱子946

书林**翠坡** 刊新刊全相万家诗法六卷 明汪彪撰汪廷祖绘图 ⑱集1892

许宗鲁王蓥**樊川别业** 一五二七（嘉靖六）年刊六子书六十二卷 明许宗鲁辑 ⑱子3

项氏**墨林山堂** 一五七五（万历三）年刊少岳诗集四卷 明项元淇撰 ⑱集728

绣谷**履素居书坊**唐鲤飞 一五九三（万历二十一）年刊新刻幼幼集四卷 明孟继孔撰 ⑱子242

翰墨林 明末刊史记评林一百三十卷 明凌稚隆辑李光缙增补 ⑱史19

书林**魏家** 明初刊世医得效方二十卷 元危亦林撰 ⑱子208

建宁城**衢泉黄店** 刊陶靖节集十卷 晋陶潜撰 ⑱集24

二十、人名

二画

泉州郡丞**丁一中** 一五七三（万历元）年刊温陵留墨四种 明朱炳如辑丁一中续 ⑱集1817

丁元荐 一五九一（万历十九）年刊楚辞二卷 楚屈原宋玉等撰 ⑱集1

丁以忠 一五二二—一五六六（嘉靖）年刊举业式程二卷 明赵继本辑 ⑱集1733

丁玄焕 一六二六（天启六）年刊论衡十卷 汉王充撰明丁玄焕评 ⑱子510

丁永成 一五五八（嘉靖三十七）年刊濂溪集六卷 宋周敦颐撰 ⑱集225

新建**丁此吕** 一五八三（万历十一）年刊拟塞下曲一卷 明万世德撰 ㉑81

丁汝昌 一六三〇（崇祯三）年刊白门草二卷 明丁肇亨撰 ⑱集789

丁汝宽 一六〇三（万历三十一）年丁吏部文选八卷 明丁奉撰 ㉙2760

丁　坊 刊庄子通义十卷 明朱得之撰 ⑱子1017

丁启浚颜继祖 一六二二（天启二）年刊蔡中惠诗集全编二卷 明蔡襄撰宋珏辑 ①18042

丁明登 一六三二（崇祯五）年补刊（天启）衢州府志十六卷 明林应翔修叶秉敬等纂 ⑲431

丁明登 刊兰阁秘方二卷附妇女胎产方 原题明古愚公撰 ㉚452

丁宾张汝霖 一六一五（万历四十三）年刊龙溪王先生全集二十二卷 明王畿撰 ⑱集680

丁　宾 刊学士林文恪公诗集六卷 明林爊撰 ⑱集701

丁　觐 一五二二—一六二〇（嘉靖至万历）年刊六家文选六十卷 梁萧统辑唐李善等注 ⑱集1555

丁孺端 一六〇四（万历三十二）年刊南湖先生文选八卷 明丁奉撰 ⑱集634

丁孺端 一六三九（崇祯十二）年刊丁吏部文选八卷 明丁奉撰 ㉙2760

江东**丁耀** 一六三七（崇祯十）年刊宫闺秘典三卷 明刘若愚撰 ⑪916.05/7246a

卜大有 刊选诗三卷外编三卷拾遗二卷 明杨慎辑朱曰藩增注 ⑱集1581

卜有徵 一五七三—一六二〇（万历）年刊灌蔬园诗集七卷文集三卷 明李本纬撰 ⑱集781

力果道人 一六三五（崇祯八）年刊沙弥十戒法并威仪一卷 ⑱子917

释**了玄** 一五六七（隆庆元）年募刊妙法莲华经解七卷 守释戒环撰 ⑱子941

释**了证** 一四一三（永乐十一）年刊梵网经卢舍那佛说心地法门品菩萨戒本一卷 后秦释鸠摩罗什译 ⑱子920

释**了童** 一五八〇（万历八）年刊肇论新疏三卷 宋释文才撰 ⑱子950

三画

于天经 一五八八（万历十六）年刊四书翼传三义七卷 明王守诚撰 ⑱经334

于中甫 一五八五（万历十三）年刊寂音尊者智证传十卷 宋释惠洪撰 灵岩宝镜三昧一卷 ⑱子980

于凤喈 一五〇二（弘治十五）年刊唐陆宣公集二十二卷 唐陆贽撰 ⑱集97

于文熙徐成楚 一五九〇（万历十八）年刊元城语录三卷 宋马永卿辑 行录一卷 ⑱子530

于文熙 一五九七（万历二十五）年刊华阳集四十卷 宋张纲撰 ⑱集302

于允中 一四九七（弘治十）年刊旌功录五卷 明于冕编 ⑱史477

于孔兼 一六〇九（万历三十七）年自刊明朝十先生语四卷 明于孔兼辑 ⑱子90

于永清 一五九三（万历二十一）年刊便民图纂十五卷 ⑱子153

于　纬 一六〇九（万历三十七）年刊读史漫录十四卷 明于慎行撰 ①9248

于　纬 一六二五（天启五）年刊穀山笔麈十八卷 明于慎行撰 ⑱子572

于　明 一四九九（弘治十二）年刊地理葬书集注一卷 题晋郭璞撰明郑谧注释 ⑱子349

于明照 一五八二（万历十）年刊尚书日记十六卷 明王樵撰 ⑱经113

于承祖 一五九九（万历二十七）年刊重修宣和博古图录三十卷 宋王黼撰 ⑨善乙1019

于　冕 一四七六（成化十二）年刊节菴存稿不分卷 明于谦撰 ⑱集574

于　湛 一五三七（嘉靖十六）年刊契翁中说录二卷 明于镒撰 ①6392

于慎行 一五九八（万历二十六）年刊册川先生集六卷 明于玭撰 ⑱集677

于慎行 一六〇四（万历三十二）年自刊穀城山馆诗集二十卷 明于慎行撰 ⑱集740

于　嘉 刊唐李长吉诗集四卷 唐李贺撰 ⑱集102

直隶真定府知府**于德昌** 一五五六（嘉靖三十五）年刊太师诚意伯刘文成公集十八卷 明刘基撰樊献科编 ⑪810.61/7244

于德昌 一五五五（嘉靖三十四）年刊泾野先生文集三十六卷 明吕柟撰 ⑱集633

于　鏊 一五二二（嘉靖元）年刊说文字原一卷 元周伯琦撰 ⑱经438

释大机 一四五二（景泰三）年刊佛果圜悟禅师击节雪窦显和尚拈古语要二卷 ⑱子963

释**大旺** 一四四八（正统十三）年刊夹注辅教编要义六卷 宋释契嵩撰 ⑱子989

金台永宁寺释**大海** 一四四三（正统八）年刊禅林宝训二卷 宋释净善辑 ⑱子957

南昌**万元吉** 一六四四（崇祯十七）年自刊墨山草堂初集 明万元吉撰 ②179

万世德 一五七三—一六二〇（万历）年刊北畿贺文宗批点论学指南二卷 ①12842

万世德 一五九四（万历二十二）年刊南北游草续一卷 明张重华撰 ⑱集825

万民华 一六一四（万历四十二）年刊（隆庆）平阳县志八卷 明朱东光修侯一元等纂 ⑲437

万邦孚 一六〇二（万历三十）年刊万氏家抄济世良方六卷 明万表辑万邦孚增补 ⑱子219

万邦孚 一五七三—一六二〇（万历）年刊玩鹿亭稿八卷 明万表撰 附录一卷 ⑱集655

万邦孚 刊玄门入道资粮一卷 明万表撰 ⑱子1064

万廷谦 一六一〇（万历三十八）年刊经世要略二十卷 明万廷言辑 ⑱史408

豫章**万全** 一五六七—一五七二（隆庆）年自刊痘疹世医心法十二卷 明万全集 ㉑72

万君甫 刊新镌名公释义全备墨庄白眉故事六卷 题砦窳子辑 ⑱子860

万尚烈 一六〇三（万历三十一）年刊新辑文洁邓先生佚稿八卷 明邓以赞撰 ⑱集743

万尚烈 一六〇九（万历三十七）年刊图书编一百二十七卷 明章潢编 ⑰K15000

万尚烈何三畏 一五七三—一六二〇（万历）年刊邓文洁公佚稿十卷 明邓以赞撰 ⑱集743

万尚烈 一六〇九（万历三十七）年刊万二愚先生遗集六卷 明万国钦撰 ⑱集766

万岳山人 一五八八（万历十六）年刊历代钟鼎彝器款识法帖二十卷 宋薛尚功撰 ①5490

万建昜 一六一一（万历三十九）年刊鹪园草二卷诗余一卷 明吴廷谟撰 ⑱集840

万政万铎 一四六二（天顺六）年刊太上说三官经序一卷 ⑱子1053

万惟檀 一六三七（崇祯十）年自刊诗余图谱二卷 明万惟檀撰 ⑱集2012

万献策萧道光 一六一九（万历四十七）年刊官箴集要二卷 明汪天锡撰 ⑱史1100

万虞恺 一五五三（嘉靖三十二）年刊舒梓溪先生集十卷 明舒芬撰 ⑱集647

万虞恺 一五四二（嘉靖二十一）年刊唐李杜诗集十六卷 明万虞恺邵勋辑 ⑱集1673

万　僖　一四七〇（万化六）年刊枕肱亭文集二十卷目录二卷　明童轩撰金章辑　附录二卷　⑱集584

及　朴　一六二三（天启三）年刊阮嗣宗集四卷　魏阮籍撰　⑱集20

释广印等　一六二五（天启五）年募刊天台四教仪集注十卷　元释蒙润撰　⑱子951

释广明等　一六二四（天启四）年刊妙法莲华经知音七卷弘传序知音一卷　明释如愚撰　⑱子942

释广通　一五六四（嘉靖四十三）年刊沙弥成范二卷　明释月心撰　⑱子954

门无子　一五七八（万历六）年刊韩子迂评二十卷　原题门无子撰　附录一卷　①9805

卫东楚　一五六六（嘉靖四十五）年刊凤林先生文集四卷　明王从善撰　⑱集664

卫承芳　一五七三—一六二〇（万历）年刊六经图六卷　宋杨甲撰毛邦翰补　⑱经355

卫拱宸　一六〇八（万历三十六）年刊百花洲集二卷京华元夕诗一卷　明邓云霄撰　⑱集790

卫　庸　一四四九（正统十四）年刊唐忠臣录三卷　明郑瑄撰　①7415

马之升　一六二七（天启七）年刊陶靖节集十卷　晋陶潜撰　总论一卷　⑱集27

马之骏　一六一三（万历四十一）年刊苏门集八卷　明高叔嗣撰　⑱集661

马之骏等　一六一四（万历四十二）年刊高文襄公集十八种四十四卷　明高拱撰　⑱丛594

马之驎　刊曹门学则四卷　明曹于汴撰　⑱集778

松江**马元调**　一六〇六（万历三十四）年刊白氏长庆集七十一卷目录二卷　唐白居易撰　⑱集142

马元调　一六三一（崇祯四）年刊梦溪笔谈二十六卷补笔谈三卷续笔谈一卷　宋沈括撰　⑱子525

马文炜　一五七四（万历二）年刊困学纂言六卷　明李栻撰　⑱子703

马龙金舜臣　一四九八（弘治十一）年刊秋涧先生大全文集一百卷　元王恽撰　附录一卷　⑱集449

故城**马师言**　一五二二—一五六六（嘉靖）年刊东田漫稿六卷　明马中锡撰　㉓18

马竹健　一五二二—一五六六（嘉靖）年刊蓬莱阁集十卷　明王云鹭辑程试等续辑　⑱集1792

故城**马伟**　一四五八（天顺二）年刊藏春诗集五卷　元刘秉忠撰　㉓18

马行健　一六〇三（万历三十一）年刊蓬莱阁集十卷　明王云鹭辑程试等续　①6372

马兆圣　一六一六（万历四十四）年自刊医林正印十卷　明马兆圣撰　⑱子227

马　纪　一五二四（嘉靖三）年刊齐民要术十卷杂说一卷　北魏贾思勰撰　⑱子151

马　金　一四八八—一五二一（弘治正德）年刊皇明开国功臣录三十一卷续编一卷　明黄金撰　⑱史429

马　金　一五〇六（正德元）年刊浮溪文粹十五卷　宋汪藻撰　附录一卷　⑱集295

真定**马政和**　一五九二（万历二十）年刊梦白先生集三卷　明赵南星撰　㉓13

马炳然　一五〇〇（弘治十三）年刊锦囊集四卷外集一卷　唐李贺撰　⑱集101

马　卿　一五二〇（正德十五）年刊西山先生真文忠公文章正宗二十四卷　宋真德秀辑　⑱集1608

马逢乾　一五六二（嘉靖四十一）年刊马文简公集八卷　明马汝骥撰　附录一卷　⑱集649

马　谅　一四五六（景泰七）年刊尔雅三卷　晋郭璞注　音释三卷　⑱经379

马　崧　一五二二—一五六六（嘉靖）年刊白沙先生诗教解十五卷　明陈献章撰湛若水辑解　⑱集582

马崇儒　一五五九（嘉靖三十八）年刊元敖氏伤寒金镜录一卷　元敖氏撰　⑱子197

马崇儒　一五六九（隆庆三）年刊摄生众妙方十一卷急求良方二卷　明张时彻辑（衡府本）　⑱子220

马维骥　一六一一（万历三十九）年刊蔡中郎文集十卷外传一卷　汉蔡邕撰　⑱集16

马　壸　一五九〇（万历十八）年刊马端肃公诗集一卷　明马文升撰　⑱集584

马震伯马震章　一六〇四（万历三十二）年刊玉华子游艺集二十六卷　明马一龙撰　⑱集701

马震章　一五七三—一六二〇（万历）年刊玉华子游艺集八卷　明马一龙撰　⑱集701

马德澍　一六二七（天启七）年刊简身箴二卷　明马维铉辑　⑱子93

马　瞰　一四九九（弘治十二）年刊后山先生集三十卷　宋陈师道撰　⑱集267

马　燮　一五九〇（万历十八）年刊马恭敏公集十卷　明马森撰　⑱集685

四　画

丰　建　一六一七（万历四十五）年刊万卷楼遗集六卷　明丰坊撰　⑱集661

丰　建　一六二七（天启七）年刊丰正元先生诗四卷　明丰越人撰　⑱集824

王一元等　刊太上道藏三洞法宝诸品经忏诰咒十卷　⑱子1055

王九之　一五三〇（嘉靖九）年刊集千家注批点补遗杜工部诗集二十卷　唐杜甫撰宋刘辰翁批点　⑱集72

肃宁**王九叙**　一六一一（万历三十九）年刊槐野先生存笋稿三十八卷　明王维桢撰　㉓16

王三聘 一五六四（嘉靖四十三）年自刊字学大全三十二卷 明王三聘辑 ⑯424.7/112.1

王士骐 一六〇八（万历三十六）年自刊晋录不分卷 明王士骐撰 ⑱集773

王士翘 一五四九（嘉靖二十八）年刊柳文四十三卷别集二卷外集二卷 唐柳宗元撰 附录一卷后录一卷 ⑱集125

王大用张珩等 一五八〇（万历八）年刊太仓考十卷 明刘斯洁撰 ⑱史1327

王大纶 一六二二（天启二）年自刊婴幼类萃三卷 明王大纶撰 ⑱子242

王大韶 一五八九（万历十七）年刊石鼓书院志二卷 明李安仁撰 ⑪330.2/4032

王万祚 一六四一（崇祯十四）年刊便产须知二卷 ⑱子237

王与胤 一六三二（崇祯五）年刊六经图六卷 宋杨甲撰 毛邦翰补 ⑱经355

王之义管士珍 一六〇八（万历三十六）年刊石经大学测义三卷 明管志道撰 ⑱经334

王之纲 一五七三（万历元）年增修学约古文三卷 明岳伦辑 ⑱集1614

王子充 一五六四（嘉靖四十三）年刊樾墩集 明陶益撰 ⑱集714

王子言 一五二二（嘉靖元）年刊伤寒琐言一卷 明陶华撰 ⑱子197

书林**王小瞻** 一六三三（崇祯六）年刊张阁老通鉴直解二十八卷首一卷 明张居正撰 ⑱史129

王元贞 一五九〇（万历十八）年刊王氏画苑十卷 明王世贞编 补益四卷 明詹景凤编 ⑱子421

王元宾 刊淮南鸿烈解二十八卷 汉刘安撰许慎高诱注 ①7531

王元敬 一五八六（万历十四）年刊黄帝内经素问注证发微九卷补遗一卷 明马莳撰 ⑱子180

王元登 刊娄子静文集六卷 明娄枢撰 醇儒传一卷 明萧守贞撰 ⑱集670

王云鹭郭文灿 一五九一（万历十九）年刊蓬莱阁集十卷 明王云鹭辑 ⑱集1792

王云鹭 一五八八（万历十六）年刊隶释二十七卷 宋洪适撰 ⑱史1428

王少山 刊新刊标题句解孔子家语三卷 元王广谋撰 孔圣庙式一卷 ⑱子22

金陵**王少塘** 刊楚辞章句十七卷 汉王逸撰 附录一卷 ⑱集3

王化贞 一六二八（崇祯元）年刊普门医品四十八卷 明王化贞编 ㉚222

王化远王烈光 一六〇一（万历二十九）年刊真如子醒言九卷 明王化隆撰 ⑱子705

王化醇 一五七三—一六二〇（万历）年自刊古今名公百花鼓吹十五卷 明王化醇编辑 ⑳71

王凤竹 一五八四（万历十二）年刊黎阳王襄敏公集四卷 明王越撰 ⑧

王凤翔 一六一五（万历四十三）年刊欧阳文忠公全集一百三十卷目录十二卷 宋欧阳修撰 附录四卷 ⑱集230

王凤翔刘文显 一六二三（天启三）年刊读史机略十卷 明何讃撰 ⑱子127

金陵书坊**王凤翔** 刊精选分注当代名公启牍琅函六卷 明许以忠辑虞邦誉注 ①2435

王凤徵 一六一一（万历三十九）年刊王椒园先生集四卷 明王纳言撰 ⑱集673

王文元 刊古乐府十卷 元左克明辑 ①5062

王文光 一五三〇（嘉靖九）年刊日本国考略一卷补遗一卷 明薛俊撰王文光增补 ⑱史1081

王文珪 一六二五（天启五）年刊维摩诘所说经无我疏十二卷 明释传灯撰 ⑱子934

王文禄 一六三一（崇祯四）年刊易经解不分卷 宋朱长文撰 ⑱经45

王文燿 一五九八（万历二十六）年刊金川玉屑集二卷首一卷 明练子宁撰 附录二卷 ⑱集557

永丰**王尹** 一四八八—一五〇五（弘治）年刊一峰先生文集十四卷 明罗伦撰 ㉑120

西粤**王以霖** 一六〇三（万历三十一）年刊考古记述注二卷首一卷附林虞斋图一卷 明林兆珂撰 ⑰K14515

书林**王双泉** 一五六九（隆庆三）年刊新刊地理统会大成 明柯佩撰 ④10124

王正意王以旂程锁 一五四九（嘉靖二十八）年刊龙江先生文集七卷 明胡膏撰 ⑱集705

王世元 一六一三（万历四十一）年刊苏隽五卷 明汤宾尹评 ⑱集1859

王世贞 一五七三—一六二〇（万历）年刊读易纂五卷首一卷 明张元蒙撰 ⑱经71

王世贞 一五六九（隆庆三）年刊杨忠愍公集三卷 明杨继盛撰 附一卷 ⑱集697

王世贞乔世良 一五七一（隆庆五）年刊乔庄简公集十卷 明乔宇撰 ⑱集603

金陵书坊**王世茂** 一六一二（万历四十）年刊中唐十二家诗集十一卷 明朱之蕃编 ⑱集1407

金溪**王世茂** 一六一九（万历四十七）年刊车书楼汇辑各公四六争奇八卷 明许以忠辑 ⑱集1728

王世烘 刊春雪笺八卷 明许以忠王焞辑 ⑱集1644

王世韬 一六〇五（万历三十三）年刊圣学宗传十八卷 明周汝登撰 ⑱史415

王世德 一六一六（万历四十四）年刊龙川先生文集二十六卷 宋陈亮撰 ⑱集366

王世懋 一五八一（万历九）年刊卓氏藻林八卷 明卓明卿撰 ㉙1568

王　术　一四九二（弘治五）年刊玉笥集不分卷　元张宪撰吴怡注杨维桢评　⑱集501

王可大　一五六一（嘉靖四十）年刊逊志斋集二十四卷　明方孝孺撰　附录一卷　⑱集559

王可大　一五八二（万历十）年刊国宪家猷五十六卷　明王可大撰　①1490

王　仪　一五四〇（嘉靖十九）年刊东塘集十卷　明毛伯温撰　⑱集636

王用宾　刊佛说梵网经二卷　后秦释鸠摩罗什译　⑱子920

王立贤　刊武经七书考注　㉙11

王立准　一六三五（崇祯八）年刊阳明先生集要十五卷　明王守仁撰施邦曜辑　年谱一卷　⑱子81

王玄枢　一六二八—一六四四（崇祯）年刊懒园漫稿五卷　明王寰洽撰　⑱集859

王永积　明末刊东坡先生诗集注三十二卷　宋苏轼撰王十朋纂集　⑱集248

金阊**王汉冲**　刊医宗必读十卷　明李中梓撰　㉚705

王永熙　刊震泽先生别集四种六卷　明王永熙编　①4390

王民顺　一六〇六（万历三十四）年刊西岳华山志一卷　金王处一撰明王民顺补　⑱史1011

王邦材　一五七三—一六二〇（万历）年刊春秋繁露求雨止雨直解不分卷　明吴廷举撰　⑱经292

王吉脩欧阳景　刊唐四家诗二十四卷　明欧阳景编　⑱集1393

王在晋　一六一三（万历四十一）年自刊海防纂要十三卷图一卷　明王在晋撰　①2363

王有霖　刊重编王文端公文集四十卷　明王直撰　⑱集569

王成章　一五二一（正德十六）年刊太师王端毅公奏议十五卷　明王恕撰　⑱史361

王百祥　一六一七（万历四十五）年刊凤池吟稿十卷　明汪广洋撰　⑱集528

王执礼顾天叙　一五七三—一六二〇（万历）年刊栾城集五十卷后集二十四卷三集十卷　宋苏辙撰　⑱集261

王贞吉　一五四四（嘉靖二十三）年刊便民图纂十六卷　⑱子153

王光祖　一五八二（万历十）年自刊感应汇徵夷坚志纂四卷　明王光祖辑　⑱子742

王光美　一六〇一（万历二十九）年刊玉介园存稿十八卷　明王叔杲撰　附录四卷行状传墓志铭一卷　⑱集717

王光猷　明末刊新镌历代名家翰墨备览六卷　明黄光辑　⑱集1644

王　同　一五五一（嘉靖三十）年刊苍谷集录十二卷　明王尚絅撰　⑱集622

王同伦　刊杜工部七言律诗　唐杜甫撰　元虞集注　⑱集75

王同祖　一五二六（嘉靖五）年刊五龙山人集十卷　㉙1886

王同道　一五六五（嘉靖四十四）年刊梦泽集十七卷　明王廷陈撰　⑱集648

王　廷　一五六三（嘉靖四十二）年刊西原先生遗书二卷　明薛蕙撰　⑱集644

九江府知府**王廷干**　一五四八（嘉靖二十七）年刊陶靖节集十卷　晋陶潜撰　附录一卷　㉑86

王廷干　一五四二（嘉靖二十一）年刊赤城夏先生集七卷补遗一卷　明夏鍭撰　附录一卷　⑱集605

王廷表　一五四七（嘉靖二十六）年刊经义模范一卷　⑱集1691

王廷相　一五一八（正德十三）年刊唐沈佺期诗集七卷　唐沈佺期撰　⑱集43

王廷相徐九皋　一五三八（嘉靖十七）年刊孟有涯集十七卷　明孟洋撰　⑱集631

王廷瑜　一六一三（万历四十一）年刊张可庵先生疏稿六卷　明张栋撰　㉙1926

王廷瞻　一五六二（嘉靖四十一）年刊梦泽集十七卷　明王廷陈撰　⑱集648

王延瞻　一五六九（隆庆三）年刊历代名臣奏议集略四十卷　明欧阳一敬魏时亮辑　⑱史342

王仲本　一三八七（洪武二十）年刊听雪蓬先生诗集七卷　明刘秩撰　附录一卷　⑱集547

王仲澄　一四八三（成化十九）年刊悟真篇三注三卷　宋张伯端撰　⑱子1060

王　延　一五七四（万历二）年自刊岳阳古集不分卷　明王延辑　①15165

王延喆　一五二五—一五二七（嘉靖四—六）年刊史记集解索隐正义一百三十卷　⑱史14

泽震**王延喆**　一五二二—一五六六（嘉靖）年刊本草单方八卷　明王鏊编　⑱子216

王壮猷　一六二八—一六四四（崇祯）年刊小学大全六卷孝经详解一卷　明陶原良注　⑱子44

王　齐　一五三七（嘉靖十六）年刊杜律演义二卷　元张性撰　⑱集78

王汝立　一五八三（万历十一）年刊稼村先生类稿十卷　元王义山撰　附录一卷　⑱集430

王汝训万世德　刊皇明疏议辑略三十七卷　明张瀚辑　⑱史345

王汝夔　一五二三（嘉靖二）年刊祕传天禄阁寓言外史八卷　题汉黄宪撰　⑱子512

王　宇　一六二六（天启六）年自刊新镌时用通式翰墨全书十二卷　明王宇辑　⑱子858

王安舜　一六二一（天启元）年刊白沙先生全集十二卷诗教解十五卷　明陈宪章撰　首一卷　⑱集582

王孙昌　一六一四（万历四十二）年刊耕心子漫稿二十二卷　明王太白撰　⑱集825

王圻刘子田　一五六八（隆庆二）年刊精选诗林广记四卷　宋蔡正孙辑　⑱集1883

王　圻　一五八四（万历十二）年刊古今考三十八卷　宋魏了翁撰元方回续　①1523

王　均　一四五〇（景泰元）年刊九章详注比类算法大全十卷乘除开方起例一卷　明吴敬撰　⑱子321

王　坊　一五一四（正德九）年刊王南郭诗集六卷　明王弼撰　⑱集600

黎川**王材**　一五五六（嘉靖三十五）年刊韩文四十卷　唐韩愈撰李汉辑　㉑109

王志远　一六〇九（万历三十七）年自刊玄亭涉笔十卷　明王志远撰　⑱子618

王来贤等　一五八五（万历十三）年刊刘河间伤寒三书二十卷　金刘完素撰　⑱子196

王　轩　一六一四（万历四十二）年刊编次陶节菴伤寒六书五卷　明陶华撰王轩编次　⑱子197

王时敏　一六一五（万历四十三）年刊王文肃公牍草十八卷　明王锡爵撰　⑱集716

王时敏　一六二二（天启二）年刊文肃王公奏草二十三卷　明王锡爵撰　⑱史369

王时敏　一六二九（崇祯二）年刊观经义疏妙宗钞证义二卷　明释广承辑　⑱子940

王　佐　一五五六（嘉靖三十五）年刊大岳太和山志十七卷　明慎旦贾如愚等撰　⑱史1016

王佐等　一五九〇（万历十八）年刊春秋测义十二卷首一卷　明章潢撰　⑱经280

王　佐　一六三三（崇祯六）年刊大乐嘉成一卷　明袁应兆撰　⑱经229

王近山龚龙川　一五七二（隆庆六）年刊秘传天禄阁寓言外史八卷　题汉黄宪撰　⑱子512

王谷祥　一五六二（嘉靖四十一）年刊野客丛书三十卷附录野老纪闻一卷　宋王楙撰王谷祥校　①5021

王言纶等　明末刊重镌心斋王先生全集六卷　明王艮撰　⑱集659

王应电　一五三九（嘉靖十八）年自刊同文备考八卷首三卷声韵会通一卷韵要粗释一卷　㉙1889

王应修　一六二八（崇祯元）年刊王文庄公集十卷　明王鸿儒撰　⑱集604

王应璧　一五二二—一五六六（嘉靖）年刊汉魏诗纪二十卷　明冯惟讷辑　⑱集1576

王应遴　一六一一（万历三十九）年刊歇菴集十六卷　明陶望龄撰　⑱集771

金陵兰亭书坊**王灿**　刊梅雪轩诗稿四卷饮酒诗一卷　明朱敬鑑撰　⑱集823

王　忬　一五二二—一五六六（嘉靖）年刊南丰先生元丰类稿五十一卷　宋曾巩撰　⑱集216

王　宏　一五四八（嘉靖二十七）年刊苑洛志乐二十卷　明韩邦奇撰　⑱经255

王　诏　一五三六（嘉靖十五）年刊稼轩长短句十二卷　宋辛弃疾撰明李濂评　⑱集1964

金陵**王良相**　刊新刻月林丘先生家传礼记摘训十卷　明丘橓撰　⑱经198

王启疆王肯堂等　一五七三—一六二〇（万历）年刊书帷别记四卷　明王樵撰　⑱经113

王　纬　一五五八（嘉靖三十七）年刊苏门集八卷　明高叔嗣撰　⑱集661

王　若　一六〇一（万历二十九）年刊幔亭集十五卷　明徐熥撰陈荐夫辑　⑱集776

王若屏　一六一一（万历三十九）年刊续藏书二十七卷　明李贽撰　⑱史32

王其玉　一五七三（万历元）年刊函史上编八十二卷下编二十一卷　明邓元锡纂　⑯921.5/372

王叔杲　一五六五（嘉靖四十四）年刊赤城夏先生集二十三卷　明夏鍭撰　⑱集606

王叔杲　一五七一（隆庆五）年自刊家礼要节一卷　明王叔杲撰　⑱经220

王叔杲　一五九〇（万历十八）年刊江心志六卷　明王光蕴撰　⑱史1057

王叔承　刊鹤林玉露十六卷　宋罗大经撰　⑱子549

王叔政　一四四八（正统十三）年刊殷强斋先生文集十卷　明殷奎撰　⑱集544

王肯堂　一六〇八（万历三十六）年刊纶扉奏稿六卷　明沈鲤撰　⑱史369

王肯堂　一六〇八（万历三十六）年刊疡医准绳六卷　明王肯堂撰　①17729

王肯堂　一六三九（崇祯十二）年刊运气略　明张三锡撰　㉚31

王尚乐　一六〇〇（万历二十八）年刊新刊孔部元法题四六参语二卷　明孔贞运撰　⑱子148

书坊**王尚乐**　刊国子先生璞山蒋公政训一卷　明蒋廷璧撰　①411

王尚修　一六〇五（万历三十三）年刊检蠹随笔十卷　明杨宗吾撰　⑱子856

王　杲　一四八五（成化二十一）年刊叠山集十六卷　宋谢枋得撰　⑱集396

王　杲　一五〇三（弘治十六）年刊保生馀录不分卷　明周府撰　⑮234

王国祚　一五七三—一六二〇（万历）年刊三录汇编不分卷　明王国祚编　③文276.453－14

王国俊　刊震泽先生长语四卷　明王鏊撰　⑱子562

王国桢　一五六一（嘉靖四十）年刊董中峰先生文选十一卷又一卷　明董玘撰唐顺之辑　⑱集625

王季通 一六〇一（万历二十九）年刊文昌化书二卷别录一卷 ⑱子1057

王 岳 一四九九（弘治十二）年刊古文苑二十一卷 宋章樵注 ⑱集1565

王法意 一四二二（永乐二十）年刊佛顶心陀罗尼经三卷 ⑱子926

书林**王宗玉** 一四八八（正统十三）年刊朱文公校昌黎先生文集四十卷外集十卷遗文一卷 宋朱熹考异王伯大音释 传一卷 ⑱集113

王宗沐 一五五三（嘉靖三十二）年刊朱子大全私抄十二卷 宋朱熹撰明王宗沐辑 ⑱子63

王学曾 一六〇八（万历三十六）年刊王槐溪先生文集五卷 明王三接撰 ⑱集703

王 询 一五五六（嘉靖三十五）年刊艺林伐山二十卷 明杨慎撰 ⑱子616

王建勳 一五六九（隆庆三）年刊精选绳尺论二卷 ⑱集1726

书林**王绍川** 一六二八—一六四四（崇祯）年刊生绿堂文集六卷随笔二卷 明杨锵撰朱之臣评 ⑱集884

王绍贞 一六二二（天启二）年刊重刻三渠先生集十六卷 明王用宾撰 附录一卷 ⑱集654

王孟达 一五九六（万历二十四）年刊重刻双溪类稿二十七卷 宋王炎撰 ⑱集344

王承诈王承之 一六一〇（万历三十八）年刊司成遗翰四卷 明王维桢撰 ⑱集685

石城**王荆岑** 一六一二（万历四十）年刊王临川集一百卷 宋王安石撰 ⑪NC5332/14

白门书林**王荆岑** 一六二七（天启七）年刊礼记思五卷 明赵遵撰 ⑯095. 317/204

王贻栻 一六二八—一六四四（崇祯）年刊倪鸿宝先生三刻十三卷 明倪元璐撰 ⑱集846

王 昇 一五〇七（正德二）年刊王文肃公集十二卷 明王僎撰 ⑱集583

王思义 一六〇三（万历三十一）年自刊香雪林集二十六卷 明王思义辑 ⑱子482

王修斋 一五五一（嘉靖三十）年刊陈海樵律诗二卷 明陈鹤撰 ⑱集669

王 俊 一四九三（弘治六）年刊虚舟集五卷 明王偁撰 ⑱集554

王追伊 一五九〇（万历十八）年刊梦泽集二十三卷 明王廷陈撰 ⑱集648

王养恬 一六〇八（万历三十六）年刊新刻旁注四六类函十二卷 明朱锦辑闵师孔注 ⑱集1727

王 洽 一六二四（天启四）年刊和靖尹先生文集十卷 宋尹焞撰明刘宗周辑 附录一卷 ⑱集313

王洛川 刊新刊大宋宣和遗事四卷 ①7584

金陵书坊**王洛川** 一五八一（万历九）年刊新刻纂集紫微斗数捷览四卷 题宋陈抟撰白玉蟾增辑 ⑱子368

王举直 一三七〇（洪武三）年刊雅颂正音五卷 明刘仔肩辑 ⑱集1704

王祖嫡 一五八五（万历十三）年刊梦占类考十二卷 明张凤翼撰 ⑱子380

王冠 一五一六（正德十一）年刊稼村先生类藁三十卷 元王义山撰 附录一卷 ⑱集430

王泰筴等 明末盱薇垣小草六卷 明王濬初撰 ⑱集771

王起宗 一六一八（万历四十六）年刊东西洋考十二卷 明张燮撰 ⑱史1075

王起隆 一六三〇（崇祯三）年刊陈庶常遗集四卷 明陈万言撰 附一卷 ⑱集819

王埙 一四六八（成化四）年刊蛟峰批点止斋论祖不分卷 宋陈傅良撰方逢辰批点 ⑱集337

王晓 刊见一诗稿不分卷 明王崇义撰 ⑱集689

王俸 一五二三（嘉靖二）年重修成化刘廷吉本埤雅二十卷 宋陆佃撰 ⑨善00043

王健 一五六〇（嘉靖三十九）年刊两溪先生遗集七卷诗余一卷 明骆文盛撰 ⑱集682

王玺 一五〇一（弘治十四）年刊选诗补注八卷 元刘履撰 补遗二卷续编四卷 元刘履辑 ⑱集1559

王准 一五二五（嘉靖四）年刊陈思王集十卷 魏曹植撰 ⑱集20

王准 一五四七（嘉靖二十六）年刊唐十子诗十四卷 明王准编 ⑱集1401

王效马祥 一五九二（万历二十）年刊因明入正理论集解一卷 明释真贵撰 ①8325

王朔 一五八八（万历十六）年刊启蒙对偶续编四卷 明孟绂撰 ⑱子842

王益荃 一五七一（隆庆五）年刊绿槐堂藁二十二卷 明王交撰 ⑱集691

王家屏 一六一二—一六一七（万历四十—四十五）年家刊王文端公诗集二卷奏疏四卷 尺牍八卷 明王家屏撰 ⑱集739

王家俊 一六二四（天启四）年刊重镌一庵王先生遗集二卷 明王栋撰 ⑱集728

王家瑞 刊唐李长吉诗集四卷 唐李贺撰 ⑱集102

新安**王骏声** 一六四〇（崇祯十三）年刊心史七卷 宋郑思肖撰 ㉙185

王继祖 一五七八（万历六）年刊纲目集略五卷 明董继祖辑 ⑱史121

王继贤蒙城县学 一六一一（万历三十九）年刊古蒙庄子四卷 明吴宗仪校释 ⑱子1020

王继廉　一六四二（崇祯十五）年刊儒行集传二卷　明黄道周辑　⑱经206

王继濂　一六〇四（万历三十二）年刊疹科一卷　①8937

王教王政　一五四三（嘉靖二十二）年刊全唐诗话六卷　原题宋尤袤撰　⑱集1875

王乾章　一五七五（万历三）年自刊皇明百家文范八卷　明王乾章辑　①12615

王梦祥　一五四三（嘉靖二十二）年刊太仓文略四卷　明陆之裘辑　⑱集1785

白鹿书院江西提学佥事**王崇庆**　一五二四（嘉靖三）年刊遵道录　㉑67

王铨　一六二九（崇祯二）年重修王考功鹦适轩诗集十卷文集四卷　明王乐善撰　附一卷　⑱集777

王象春　一六一六（万历四十四）年自刊济南百咏一卷　明王象春撰　⑱集810

王象晋　一五七三—一六二〇（万历）年自刊救荒成法一卷　明王象晋辑　⑱史1327

王象晋　一六三五（崇祯八）年刊诗馀图谱三卷　明张綖编　附少游诗馀一卷　宋秦观撰
南湖诗馀一卷　明张綖撰　⑧

王象乾　一五七三—一六二〇（万历）年刊皇明典故纪闻十八卷　明余继登辑　①5757

王惟贤　一五三二（嘉靖十一）年刊唐渔石集四卷　明唐龙撰　⑱集636

金陵**王惟俨**　一五七三—一六二〇（万历）年刊续藏书二十七卷　明李贽撰　⑪271/4044a

王惟俭　一六一一（万历三十九）年自刊文心雕龙训故十卷　明王惟俭撰　⑱集1869

王鸿渐　一五三三（嘉靖十二）年刊文庄凝斋集九卷别集二卷　明王鸿儒撰　⑱集604

王琰　一五八四（万历十二）年刊汉阳府志十卷　明刘汶松贾应春修朱衣纂王琰续修　南京图书馆

王期昇　一六四〇（崇祯十三）年刊康济谱二十五卷　明潘游龙撰　⑱史413

金陵书坊**王敬宇**　一五七三—一六二〇（万历）年刊车书楼新刻当代名公尺牍类函八卷　明许以忠辑　⑱集1731

王朝　一五五二（嘉靖三十一）年刊补明医杂著六卷　明王纶撰薛己注　㉚320

王朝用　一五二六（嘉靖五）年刊刘须溪先生记钞八卷　宋刘辰翁撰　⑱集398

王朝相　一六一三（万历四十一）年刊便产痘疹合并方书二种二卷　⑱子238

王朝贤　一五四五（嘉靖二十四）年刊退翁文集六卷　明王瀹　⑱集571

王惠　一四〇四（永乐二）年刊学范不分卷　明赵谦撰　①1486

王景勋 一六一五（万历四十三）年重修钱芹刻本浮溪文粹十五卷 宋汪藻撰 附录一卷 ⑱集296

王景象 一五七二（隆庆六）年刊歙县泽富王氏宗谱八卷 ⑱史583

王舜发 一六三九（崇祯十二）年刊崇相集十九卷 明董应举撰 ⑪310.64/4407

王舜耕 一五四六（嘉靖二十五）年刊家居医录二种四卷 明薛己撰 ㉙2762

王惺初 一六一一（万历三十九）年刊刻张太史精选古文蓝田玉四卷 明张瑞图辑 ⑱集1626

王　道 一五二一（正德十六）年刊洪范图解二卷 明韩邦奇撰 ①13962

王　道 一五六一（嘉靖四十）年刊南门仲子续集二卷 明陆之裘撰 ⑱集732

王道行 一五二二—一五六六（嘉靖）年刊庄渠先生遗书七种二十六卷 明魏校撰 ⑱丛589

王道焜等 一六二五（天启五）年刊董子春秋繁露十七卷 汉董仲舒撰明王道焜学 附录一卷 ⑱经291

王道焜赵如源 一六二五（天启五）年刊韩非子二十卷 附录一卷 ⑱子142

王道增 一五八九（万历十七）年刊月令通考 明卢翰撰 ④15167

书林**王渭** 一六二八—一六四四（崇祯）年刊皇明纪要八卷 明陈建撰 ⑱史160

王弼程应韶 一四九二（弘治五）年刊杜诗长古注解二卷 明谢省撰 ⑱集78

王登等 一六〇三（万历三十一）年刊觉空老人评唱通玄和尚问万松和尚答林泉颂般若集一卷 明释常远常化辑 ⑱子965

王　瑄 一四五九（天顺三）年印大悲心陀罗尼经一卷 ⑱子928

王献等 一五三三（嘉靖十二）年刊渼陂集十六卷 明王九思撰 ⑱集615

歙县**王献芝** 一五三九（嘉靖十八）年刊泾野先生周易说翼三卷 明吕柟撰 ⑪091.7/6045

王　蓥 一五三〇（嘉靖九）年刊淮南子二十八卷 汉刘安撰 ⑱子500

王嗣虞等 一六一四（万历四十二）年刊同文算指前编二卷 意利玛窦授明李之藻演 ⑯12336

王嗣奭 一六四二（崇祯十五）年自刊夷困文编十卷 明王嗣奭撰 ⑱集799

王锡爵 刊锲二王分类批点注释国朝名儒垂世胪言六卷 明王世贞辑明王世懋注 ⑱集1722

王　锦 一五三三（嘉靖十二）年刊秋声集十卷 元黄镇成撰 附录一卷 明危素等撰 ⑱集476

王　键 一五九〇（万历十八）年刊四六藻语二卷 明连标辑 ⑱集1602

王　溱　一五二六（嘉靖五）年刊文潞公文集四十卷　宋文彦博撰　⑱集221

王　溥　一四八八—一五〇五（弘治）年刊淮南鸿烈解二十八卷　汉刘安撰许慎高诱注　⑱子505

王　溥　一六二八—一六四四（崇祯）年补刊医学正传八卷　明虞抟撰　㉚321

金陵书坊王慎吾　刊无冤录一卷　元王与撰　⑱子145

金陵书坊王慎吾　一五八四（万历十二）年刊官常政要十一种二十一卷　⑱丛255

王慎脩　刊三遂平妖传四卷二十回　明罗本撰　⑱子777

王福徵　一五七三—一六二〇（万历）年刊王氏绿野堂遗编二卷　明王来撰　⑱集575

王　静　一四二六—一四三五（宣德）年刊效颦集三卷　明赵弼撰　⑱子743

王　標　一六二一（天启元）年刊济阴纲目五卷　明武之望撰　㉚431

王嘉诏　一六〇七（万历三十五）年刊蓟丘集四十七卷　明王嘉谟撰　⑱集770

王嘉宾　一五六九（隆庆三）年刊事物考八卷　明王三聘辑　⑱子841

王嘉宾　一五七九（万历七）年刊记纂渊海一百卷　宋潘自牧辑明陈文燧补注蔡呈奇等增补　⑱子807

王　蔡　一五一三（正德八）年刊修真秘要一卷保生心鑑一卷养生导引法一卷　⑱子251

王　鋌　一五〇五（弘治十八）年刊小学句读六卷　宋朱熹撰明陈选集注　⑱子61

王　满　一五二五（嘉靖四）年刊观世音菩萨救诸难呪一卷　⑱子926

王演畴　一六一六（万历四十四）年自刊家训类编五卷　明王演畴辑　⑱子92

王　積　一四五八（天顺二）年刊抑庵文集十三卷　明王直撰　⑱集569

王篆苏士润　一五六八（隆庆二）年刊念庵罗先生文集八卷外集十五卷别集四卷　明罗洪先撰　㉑119

王德明　一五〇五（弘治十八）年刊大儒奏议六卷　明邵宝辑　⑱史345

王德溢吴鹏　一五三九（嘉靖十八）年刊杜氏通典二百卷　唐杜祐撰　⑱史1108

王徵张问达　一六二六（天启六）年在陕西刊西儒耳目资三卷　法国金尼阁撰　释疑一卷　明王徵撰　⑱经483

江左王澍　一六一一（万历三十九）年刊重校天禄阁寓言外史八卷　汉黄宪撰　②4978

王　豫　一四四三（正统八）年刊省愆集二卷　明黄淮撰　⑱集558

王　豫　一五二二—一五六六（嘉靖）年刊南丰先生元丰类藁五十一卷　宋曾巩撰　①335

王懋元 一五三三（嘉靖十二）年刊双溪文集十七卷 宋王炎撰 ⑱集344

王懋明 一五五六（嘉靖三十五）年刊岩居稿八卷 明华察撰 ⑱集665

王懋温 一三八〇—一三八一（洪武十三至十四）年刊胡仲子集十卷 明胡翰撰 ⑱集533

王濬初徐中元 一五七三—一六二〇（万历）年刊复宿山房集四十卷 明王家屏撰 ①5786

王鏊王谔 一五一七（正德十二）年刊孙可之文集十卷 唐孙樵撰 ⑱集165

王藩臣萧如松 一六〇一（万历二十九）年刊升菴先生文集八十一卷目录四卷 明杨慎撰 ⑱集639

王　纂 一五七八（万历六）年刊张陆二先生批评战国策抄四卷 明阮宗孔删注张居正陆深评 ⑱史701

王　籥 一五七三（万历元）年刊王襄敏公集四卷 明王以旂撰 ⑱集642

王　麟 一五〇六（正德元）年刊东祀录三卷 明李东阳撰 ⑱集588

书林双溪**王氏** 刊梦海故事大全五卷 ⑱子380

王　氏 一五七三—一六二〇（万历）年刊王凤洲先生行状一卷 明王士骐撰 神道碑一卷 ⑱史482

金陵**王氏** 一五五二（嘉靖三十一）年刊龙飞纪略十四卷 明吴朴撰 ⑱史157

古项**王氏** 一六二八（崇祯元）年刊正音捃言四卷 明王荔撰王允嘉注 ⑯10059

释**开慧** 刊指月录三十二卷 明瞿汝稷撰 ⑱子979

元季恭 刊豫章罗先生文集十七卷 宋罗从彦撰 年谱一卷 元曹道振撰 ①9425

韦　兴 一五二三（嘉靖二）年刊真诰十卷 梁陶弘景撰 ⑱子1049

木懿乔 一六三八（崇祯十一）年刊云邁淡墨八卷 明木增撰 ⑱子713

支如玉钱象乾 一五九五（万历二十三）年刊章玄峰先生诗集六卷 明章美中撰 附录一卷 ⑱集701

支如金 一六二一—一六二七（天启）年刊支子述余十卷 明支大纶撰 ⑱史585

支秉中 一五七四（万历二）年自刊支氏痘疹玄机四卷方一卷 明支秉中撰 ⑱子245

区　玉 一五〇八（正德三）年刊群书考索前集六十六卷后集六十五卷续集五十六卷别集二十五卷 明章如愚编 ⑧

车　玉 一五〇一（弘治十四）年刊重刊许氏说文解字五音韵谱十二卷 宋李焘撰 ⑱经408

车应魁 一六二八—一六四四（崇祯）年刊瑞世良英五卷 明金忠辑 ⑱史413

牛斗星　明末刊四书名物考二十四卷　明陈禹谟撰钱受益牛斗星补　⑱经336

牛　斗　一五三九（嘉靖十八）年刊唐诗品汇九十卷拾遗十卷　明高棅辑　⑱集1665

牛应元　一五七三—一六二〇（万历）年刊薛荔山房藏稿十卷　明敖文祯撰　⑱集757

牛维赤　一六一八（万历四十六）年刊陈氏荷华山房诗稿二十六卷目录二卷　明陈邦瞻撰　⑱集792

毛一鹭　一六〇八（万历三十六）年刊合刻范文正公忠宣公全集二十九卷　宋范仲淹范纯仁撰　明毛一鹭辑　附录七卷　⑱集1837

毛一鹭　一六二六（天启六）年刊毛孺初先生评选即山集六卷　明沈承撰　⑱集861

毛九苞　刊范文正公集二十四卷　宋范仲淹撰　年谱一卷　宋楼钥撰　年谱补遗一卷附录一卷　④补173

毛九苞　明末刊韩魏公集三十八卷首一卷　宋韩琦撰　⑨善115

毛元仲　刊菽园杂记十五卷　明陆容撰　⑱子561

金陵**毛少池**　一五七四（万历二）年刊副墨五卷　明汪道昆撰　⑱集702

毛凤苞王象晋　一六三五（崇祯八）年刊秦张两先生诗馀合璧五卷　宋秦观明张綖撰　①13756

毛文烨　刊野记四卷　明祝允明撰　⑱子657

毛以燧　一六二四（天启四）年刊曲律四卷　明王骥德撰　④8845

毛　在　一五九〇（万历十八）年刊先进遗风二卷　明耿定向撰毛在增辑　⑱子661

毛在郑旻　一五八四（万历十二）年刊重刻唐荆川精选史记十二卷精选汉书六卷　明唐顺之辑　①8883

毛汝麒　一五六四（嘉靖四十三）年刊阳明先生年谱三卷　明钱德洪撰　⑱史507

毛　诉　一五六二（嘉靖四十一）年刊古菴毛先生文集十卷昆陵正学编一卷　明毛宪撰　⑱集641

吉水**毛伯温**　一五二二—一五六六（嘉靖）年刊菊庵集十二卷　明毛超撰　㉑119

毛　纲　一五六六（嘉靖四十五）年刊诸史将略十六卷　明刘畿撰　①10562

毛绍龄　刊医说十卷　宋张杲撰　㉚696

毛恒所　明末刊石巢传奇四种八卷　明阮大铖撰　①4139

毛　晋　明末刊杜工部诗集二十卷文集二卷　唐杜甫撰　⑱集77

毛　益　一五二七（嘉靖六）年刊周礼集注七卷　明何乔新撰　⑱经174

毛　渊　一五三四（嘉靖十三）年增刻沧洲诗集十卷续集二卷　明张泰撰　附录一卷　⑱集590

毛　谦　一五八八（万历十六）年刊唐雅同声五十卷目录二卷　明毛懋宗辑　⑱集1671

毛　赞　一四六九（成化五）年刊灵棋经不分卷　①7518

仇以才　一四九四（弘治七）年刊赤壁赋一卷　宋苏轼撰明汪道全书　①12324

仇维祯等　一六三九（崇祯十二）年刊六经图六卷　宋杨甲撰毛邦翰补　⑱经356

公　襄　一五二五（天启五）年刊浮来先生诗集十四卷　明公鼐撰　⑱集794

月窗道人　一五四五（嘉靖二十四）年刊增修诗话总龟四十八卷后集五十卷　宋阮阅辑　⑱集1871

卞　莱　一五三三（嘉靖十二）年刊白沙子八卷　明陈献章撰　⑱集581

文三畏　一五三八（嘉靖十七）年刊马东田漫稿六卷　明马中锡撰孙绪评　⑱集599

文从龙　一五九八（万历二十六）年自刊碧梧斋集一卷　明文从龙撰　⑱集830

山西文水广报寺释**文宝**等　一五二〇（正德十五）年刊天地冥阳水陆仪文三卷水陆杂文二卷　⑱子994

文承荫　一五〇六—一五二一（正德）年刊重刊文山先生别集六卷　宋文天祥撰　⑱集395

文　珊　一四五七—一四六四（天顺）年刊集杜句诗四卷　宋文天祥撰　咏文丞相诗一卷　宋张庆之撰　⑱集395

文翔凤　一六一七（万历四十五）年自刊皇极篇二十七卷　明文翔凤撰　①18096

武林人**文聚**　一六二一—一六二七（天启）年刊新镌批评出相韩相子三十回　明杨尔曾撰　⑱子778

文肇祉　一五八八（万历十六）年自刊文氏家藏诗集十八卷　明文肇祉辑　⑱集1822

亢世英　一五三五（嘉靖十四）年刊秦安志九卷　明胡缵宗纂修　⑲216

方一藻　一六二九（崇祯二）年刊历测二卷附历元布算法一卷　明魏文魁撰　⑱子267

方九功　一五七八（万历六）年刊海隅集二十二卷　明徐学谟撰　⑱集705

徽城**方九如**　刊草诀百韵歌一卷　①18043

方士骐　一六一五（万历四十三）年刊重刊横浦先生文集二十卷横浦心传录三卷横浦日新一卷　宋张九成撰　横浦先生家传一卷　施先生孟子发题一卷　⑱集320

方士骧　一六四四（崇祯十七）年刊改亭存稿十卷续稿六卷　明方凤撰　⑱集635

方万山　一六〇四（万历三十二）年刊谢叠山先生文集六卷　宋谢枋得撰　⑱集396

方义壮　一五八八（万历十六）年刊静修先生文集十卷　元刘因撰　⑱集445

方元振等　一五七三—一六二〇（万历）年刊医方考六卷　明吴崐撰　⑱子224

方　中　一四六三（天顺七）年刊蛟峰集七卷　宋方逢臣撰　山房先生遗文一卷　宋方逢振撰　蛟峰外集四卷　明方中辑　⑱集402

方中陈辉　一四八四（成化二十）年刊临川吴文正公集四十九卷道学基统一卷外集三卷　元吴澄撰　年谱一卷　明危素撰　⑱集440

方　升　刊刘须溪杜选七卷　唐杜甫撰宋刘辰翁辑　增赵东山五言类选一卷　元赵汸辑　增虞伯生七言杜选一卷　元虞集辑　⑱集74

北京国子监**方从哲**　一五九六（万历二十四）年刊晋书一百三十卷　唐房玄龄等撰　㉓4

方　文　一六三五（崇祯八）年刊连理堂重订四书存疑十四卷　明林希元撰　⑱经331

方世德　一五七五（万历三）年刊蛟峰先生文集十四卷　宋方逢辰撰　⑱集402

方　生　一六三八（崇祯十一）年刊春秋繁露十七卷　汉董仲舒撰明孙矿等评　附录一卷　⑱经292

方民悦　一五五一（嘉靖三十）年刊交黎勦平事略五卷　明欧阳必进撰　⑱史364

方　年　一六三九（崇祯十二）年自刊久德堂内集二卷外集二卷　明方年辑　⑱集1716

方　来　一六四二（崇祯十五）年刊广韵藻六卷　明方夏辑　⑱子865

方时化　一六一二（万历四十）年刊方初菴先生集十六卷　明方扬撰　⑱集743

方时化　一六二三（天启三）年刊【万历】钜野县志十卷　明吕鹏云修吕封齐纂　⑲299

方攸绩　一五八〇（万历八）年刊方简肃公文集十卷　明方良永撰　附录一卷　⑱集610

方　谷　一五八四（万历十二）年刊医林绳墨八卷　明方隅撰　㉚324

方应祥　一六一七（万历四十五）年自刊青来阁初集十卷　明方应祥撰　⑱集817

方　沆　一五九〇（万历十八）年刊希姓录五卷　明杨慎辑　⑱子839

方沆周希令　一六〇四（万历三十二）年刊重刻黄文节山谷先生文集三十卷　宋黄庭坚撰　⑱集263

方良节　一五一三（正德八）年刊宋宝章阁直学士忠惠铁庵方公文集四十五卷　宋方大琮撰　⑱集379

方君莹　一五七四（万历二）年刊汉寿亭侯志五卷　元胡琦原编　⑯982.823/460－215

方奇峋 一六三四（崇祯七）年刊新订四书直解正字全编二十六卷 明张居正撰沈鲤正字 ⑱经332

方 春 一五一八（正德十三）年刊历代涪溪胜览集一卷 明杨锐辑 ⑱史1037

方 显 一五五八（嘉靖三十七）年刊嵩阳集七卷 明刘绘撰 ⑱集685

方 选 一五一一（正德六）年刊松雪斋文集二卷 元赵孟頫撰 ⑱集440

释**方真**等 一五〇〇（弘治十三）年刊佛说观无量寿佛经一卷 刘宋释畺良耶舍译 ⑱子902

武林**方清溪** 刊新镌雅俗通用珠玑薮八卷 明西湖散人辑 ⑪NC9299/1634

方 梁 一五六七（隆庆元）年刊鲁文恪公文集十卷 明鲁铎撰 ⑱集622

方道大 一六二一（天启元）年刊医案六卷附验方一卷 明程崙撰 ⑱子229

闽建**方瑞泉** 一六〇〇（万历二十八）年刊新镌增补医方捷径三卷 明杨期卿增补 ⑱子224

方 谦 一五二六（嘉靖五）年刊秋崖先生小藁四十五卷又三十八卷 宋方岳撰 ⑱集389

方 镒 一五二二（嘉靖元）年刊黼藻文章百段锦三卷 宋方颐孙辑 ⑱集1880

西安**方氏** 一六一七（万历四十五）年刊青来阁初集十卷 明方应祥撰 ⑪NC5428/0203

歙县**方氏** 一五九二—一五九九（万历二十—二十七）年刊伤寒论条辨八卷 明方有执撰 ㉚48

文津**火坤** 一五四三（嘉靖二十二）年刊物原一卷 明罗颀撰 ⑱子837

火 钱 刊笺注唐贤三体诗法二十卷 宋周弼辑元释圆至注 ⑱集1661

火 增 一五三六（嘉靖十五）年刊甘泉先生文集内编二十八卷外编十二卷 明湛若水撰 ⑱集627

计元勋 一六二三（天启三）年刊最乐编五卷 明高昂光辑 ④3719

计朝聘 一五三七（嘉靖十六）年刊关遊稿一卷 明张守约撰 ⑱集669

计谦亨 一五七九（万历七）年刊寒山子诗集一卷 唐释寒山子撰 丰干拾得诗一卷 唐释丰干拾得撰 ⑱集55

尹应元徐学礼 一五七九（万历七）年刊王槐野先生存笥稿二十卷续集九卷 明王维桢撰 ⑱集684

尹应祥 一六二〇（万历四十八）年刊秘传天禄阁寓言外史八卷 题汉黄宪撰 ⑱子513

永新**尹祖懋** 一六〇一（万历二十九）年刊巽峰集十二卷 明尹襄撰 附录一卷 ㉑124

尹 商 一六三六（崇祯九）年刊武书大全 ㉙12

尹嗣忠 一五二〇（正德十五）年刊沧浪先生吟卷二卷 宋严羽撰 ⑱集381

蔚州尹氏 一六二八—一六四四（崇祯）年刊朔梦山人集四卷 明尹耕撰 ㉓14

巴应奎 刊伤寒明理论三卷方论一卷 金成无己撰 ㉚65

邓云台 一五七三—一六二〇（万历）年刊闲适剧谈五卷 明邓球撰 ⑱子570

邓云霄 一六〇二（万历三十）年刊空同子集六十六卷目录三卷 明李梦阳撰 附录二卷 ⑱集613

邓以诰 一六〇九（万历三十七）年自刊会心编六卷 明邓以诰辑 ①12819

邓以诰万尚烈 一五七三—一六二〇（万历）年刊新辑文洁邓先生佚稿八卷 明邓以赞撰 ⑱集743

邓世昌 刊痘疹全书十六卷 明万全撰 ⑱子244

邓　汉 一六一七（万历四十五）年刊程氏演繁露十六卷续集六卷 宋程大昌撰 ⑱子607

邓庆寀 一六二七（天启七）年刊耕隐集二卷 明邓定撰 ⑱集544

邓庆寀 一六二八（崇祯元）年刊西楼全集十八卷西楼诗选二卷 明邓原岳撰 ⑱集776

邓秀夫 刊杜工部七言律诗二卷 唐杜甫撰元虞集注 ⑱集75

邓应瑞 一六三九（崇祯十二）年刊潜学稿十九卷 明邓元锡撰 ⑱集723

邓　庠 一五一五（正德十）年自刊东溪续稿三卷别稿一卷 明邓庠撰 ⑱集598

南城邓炼 一五八九（万历十七）年刊林学士文集十六卷 明林燫撰 ㉑111

邓原岳 一六〇一（万历二十九）年在云南刊文选六十卷 梁萧统辑唐李善注 ⑱集1551

邓崇纯 一五七三—一六二〇（万历）年刊栟榈先生文集十二卷 宋邓肃撰 附录一卷 ⑱集305

邓淮高宾 一五〇一（弘治十四）年刊潜室陈先生木钟集十一卷 宋陈埴撰 ①3677

邓　琨 一五九二（万历二十）年刊月川曹先生理学证印要览二卷 明旷骥辑 ⑱子77

邓　霓 一五五八（嘉靖三十七）年刊白狼山人漫稿二卷 明卢枫撰 ⑱集731

邓　镳 一六〇六（万历三十四）年刊刻宋郑一拂先生祠录一卷 明焦竑辑 ⑱史470

孔天胤 一五四四—一五四五（嘉靖二十三—二十四）年刊资治通鉴二百九十四卷 宋司马光撰 ⑱史104

孔贞俦 一六〇二（万历三十）年刊金刚般若波罗蜜经注采不分卷 ⑱子935

孔尚豫 一六三一（崇祯四）年刊在鲁斋文集五卷 明孔贞时撰 ⑱集812

孔学易 一五八五（万历十三）年刊王阳明先生文集二卷 明王守仁撰 ⑱集619

孔承业 一五五二（嘉靖三十一）年刊阙里志十五卷 明陈镐纂修孔弘干续修 ①5614

孔隆 一五九五（万历二十三）年刊通鉴总类二十卷 宋沈枢撰 ⑯921.26/741

孔胤植 一六三三（崇祯六）年刊孔丛子三卷 汉孔鲋撰 ⑱子29

水之文 一五六三（嘉靖四十二）年刊李文山诗集三卷 唐李群玉撰 ⑱子29

五画

玉几山人 一五三六（嘉靖十五）年刊集千家注杜工部诗集二十卷文集二卷 宋黄鹤补注 附录一卷 ①9034

释正识 一六三一（崇祯四）年募刊圆觉经略释二卷 宋释善月撰 ⑱子946

甘士价 一五九三（万历二十一）年刊周易测六龙解一卷 明管志道撰 ⑱经71

甘旸 一五九六（万历二十四）年自刊集古印谱五卷 明甘旸辑（一名甘氏印集） ⑱子433

甘雨 一六一一（万历三十九）年刊田亭草二十卷 明黄凤翔撰 ⑱集739

甘胤蚪 一六二二（天启二）年刊太洋洲萧侯庙志六卷 明郭子章撰 ⑱史475

古自宠 刊诗宿二十八卷 明张一相汇辑 ⑰K15177

释本谅 一四九六（弘治九）年刊禅源诸诠集都序二卷 唐释宗密撰 ⑱子955

释本赞 一五五九（嘉靖三十八）年重修大明正德乙亥重刊改并五音类聚四声篇十五卷五音集韵十五卷 金韩道昭撰 新编经史正音切韵指南一卷 元刘鉴撰 新编篇韵贯珠集八卷直指玉钥匙门法一卷 明释真空撰 ⑱经469

左序 一五三七（嘉靖十六）年刊新刊礼记正蒙讲意三十八卷 明陈褎撰 ⑱经198

左宗郢 一六〇七（万历三十五）年刊潜学编十二卷 明邓元锡撰 ⑱集723

南城左赞 刊新刊直讲李觏先生文集三十七卷 宋李觏撰 ㉑111

石文器 一六二八—一六四四（崇祯）年自刊翠筠亭集十卷 明石文器撰 附录一卷 ⑱集813

石允珍 一五七三—一六二〇（万历）年刊月川曹夫子通书述解二卷 明曹端撰 ⑱子76

石存礼 一五一〇（正德五）年刊嘉泰会稽志二十卷 宋沈作宾施宿纂修 续志八卷 宋张淏纂修 ⑱史866

石迁高 一五四〇（嘉靖十九）年刊桂洲词一卷 明夏言撰 ⑱集1973

石应魁 一五七三—一六二〇（万历）年刊石见山集八卷 明石英中撰 ⑱集660

石 简 一五四七（嘉靖二十六）年刊丹铅摘录十三卷 明杨慎撰 ⑱子616

石 璞 一四三六—一四四九（正统）年刊虞邵庵分类杜诗注不分卷 元虞集注 ⑱集74

龙大有 一五三九（嘉靖十八）年自刊交泰录五卷 明龙大有编 ⑱史256

龙宗武 刊苍崖先生金石例十卷 元潘昂霄撰 ⑱集1909

龙宗武 一五七三—一六二〇（万历）年刊牺经臆说三卷杂说三卷 明张献翼撰 ⑱经70

泰和**龙宗武** 一五七四（万历二）年刊吴郡图经续纪三卷 宋朱常文纂修 ㉑116

龙遇奇 一六一七（万历四十五）年刊仕隐霞标四卷 明龙遇奇撰 ⑱史412

龙遇奇郭一鄂 一六一九（万历四十七）年刊邹子愿学集八卷 明邹元标撰 ①1724

龙 膺 一五八四（万历十二）年刊二酉园文集十四卷 明陈文烛撰 ⑱集719

东 棐 一五七七（万历五）年刊学圃萱苏六卷 明陈耀文撰 ⑰K14943

卢之颐 一六二六（天启六）年刊梁昭明文选二十四卷 梁萧统辑明张凤翼纂注 ⑱集1558

卢 宁 一五五七（嘉靖三十六）年刊乐典三十六卷 明黄佐撰 ⑱经226

卢尧亮 一五四七（嘉靖二十六）年刊易庵先生编注丹溪纂要四卷 元朱震亨撰明卢和注 ⑱子208

卢近思 一五八七（万历十五）年刊通鉴答问五卷 宋王应麟撰 ⑱子407

卢 奇 一五九四（万历二十二）年刊职方考镜六卷 明卢传印撰卢奇删补 ⑱史731

卢 迪 一六三九（崇祯十二）年刊荷亭文集十四卷 明卢格撰 ⑱集601

卢 信 一四六二（天顺六）年刊太史比干录三卷 明曹安辑 ⑱史460

卢祥林应麟 一三七六（洪武九）年刊书史会要九卷补遗一卷 明陶宗仪撰 ⑱子407

卢 翊 一五〇八（正德三）年刊丹溪心法类集四卷 明杨珣撰 ⑱子209

卢 渊 一四九三（弘治六）年重修金文靖公集十卷 明金幼孜撰 外集一卷 ⑱集562

卢 翰 一六二八（崇祯元）年刊二卢先生集二卷 明卢雍卢襄撰 ⑱集1852

卢嘉庆 一五五九（嘉靖三十八）年刊左舜齐诗二卷 明左国玑撰 ⑱集655

卢整吴邦 一五七六（万历四）年刊词海遗珠四卷 明劳堪辑 ⑱集1567

卢　璘　一五五八（嘉靖三十七）年刊痘科纂要一卷　明毕铉撰　⑱子245

帅廷镆　刊异林十六卷　明朱谋玮辑　①2552

归　仁　刊古园集十二卷　明卢雍撰　⑱集641

归道传　一五七四（万历二）年刊震川先生文集二十卷　明归有光撰　⑱集720

叶士美欧阳席　一五一七（正德十二）年刊范文正公年谱一卷　宋楼钥撰　⑱史503

叶大受　一六一〇（万历三十八）年在建阳刊痰火颛门四卷　明梁学孟撰　⑱子226

叶万景　一五九二（万历二十）年刊柳文二十二卷　唐柳宗元撰　⑱集126

叶天民　一五九三（万历二十一）年刊圣门人物志十二卷　明郭子章撰　④9905

叶天熹　一五九八（万历二十六）年刊翰林重考字义韵律大板海篇心镜二十卷目录一卷　明刘孔当撰　⑯424.5/883

叶天爵　一四八八—一五〇五（弘治）年刊豫章黄先生文集三十卷外集十四卷别集二十卷简尺二卷词一卷　宋黄庭坚撰　伐檀集二卷　宋黄庶撰　山谷先生年谱三十卷　宋黄㽦撰　⑱集263

闽建书林**叶见远**　刊广文字会宝不分卷　明朱文治辑　⑱集1630

叶长坤　一六〇七（万历三十五）年刊缝掖集十八卷　明谢廷谅撰　⑱集788

叶凤仪　一六二一（天启元）年刊新刻王心斋先生疏传合编二卷　明王艮撰　⑱集659

苏州**叶龙溪**　一五八八（万历十六）年刊万病回春八卷　明龚廷贤编　㉚324

阊门**叶龙溪**　一五八八（万历十六）年刊尚论编二十卷　明邹泉撰　⑪971/2726

叶永盛　一六〇〇（万历二十八）年刊徐孝廉遗稿二卷　明徐学质撰　⑱集764

叶邦荣　一五五九（嘉靖三十八）年刊楚辞集注八卷　宋朱熹撰　⑱集7

叶任宇　一五八六（万历十四）年刊新镌国朝名儒文选百家评林十二卷　明沈一贯辑　⑱集1723

叶高标　一六三二（崇祯五）年刊镌郑正吾先生痘经会成十卷　明郑大忠撰　⑱子246

书林**叶仰山**　刊游艺塾文规十卷　明袁黄撰　⑱集1890

叶仰峰　一五七三—一六二〇（万历）年刊颐生微论四卷　明李中梓撰　㉚706

叶华生　一五八九（万历十七）年刊古今医鉴十六卷　明龚信撰　㉚706

叶向高曹学佺　一六〇六（万历三十四）年刊唐黄先生文集八卷　唐黄滔撰　附录一卷　⑱集179

叶向高 一六〇九（万历三十七）年刊西塘先生文集十卷 宋郑侠撰 ⑱集277

叶 舟 一六二八（崇祯元）年刊镌钟伯敬先生秘集十五种十五卷 明钟惺辑 ⑱子711

叶会廷 一五九六（万历二十四）年刊翰林重考字义韵律大板海篇心镜二十卷
首一卷 明刘孔当重订彭应起校 ⑪NC5110/7219.40

书林**叶如春** 一六〇五（万历三十三）年刊螺冠子咏物诗三十六卷茶歌一卷酒咏一卷 明黄履靖撰 ⑱集832

书林**叶均宇** 刊皇舆考十二卷 明张天复撰 ⑱史731

叶 芳 一五九三（万历二十一）年刊述异记二卷 题梁任昉撰 ⑱子733

书林**叶近山** 一五七三—一六二〇（万历）年刊新刻七十二朝四书人物考注释四十卷 明薛应旂撰 ⑱经331

叶应祖 一六一九（万历四十七）年刊王百谷集二十一种四十二卷 明王穉登撰 ⑱丛603

叶初春 一五八七（万历十五）年刊西菴集九卷 明孙蕡撰 ⑱集542

叶良佩 一五二六（嘉靖五）年刊重选唐音大成十五卷 明邵天和辑 ⑱集1667

金阊书林**叶启元** 刊绣梓尺牍双鱼十一卷又四卷补选捷用尺牍双鱼四卷 明陈继儒辑 ⑱集1644

叶茂芝 刊汪东峰先生奏议四卷 明汪玄锡撰 ⑱史363

苏州阊门**叶昆池** 明末刊古今谭概三十六卷 明冯梦龙辑 ⑱子726

叶秉敬 一六〇五（万历三十三）年自刊韵表三十卷 明叶秉敬撰 ⑱经481

常郡**叶孟瞻** 刊宗子相先生集二十五卷 明宗臣撰 ⑪NC5428/3971

叶绍颙 一六二八—一六四四（崇祯）年刊阳明先生要书八卷 明王守仁撰陈龙正叶绍颙辑 ⑱集619

叶春芬 一五〇六—一五二一（正德）年刊玉机微义五十卷 明徐彦纯撰 ㉚319

叶荣尹学傅 一五七三—一六二〇（万历）年刊搜采历朝贤豪笔舌珠玑六卷 明叶如璧辑 ⑱集1644

书林**叶显吾** 刊重刻张阁老经筵四书直解二十七卷 明张居正撰 邹鲁指南主意不分卷 ⑱经332

闽建书林**叶贵** 锲两状元编次皇明要考六卷 明焦竑辑 附二考一卷 明张复撰 ⑱史432

金陵书坊**叶贵** 一五八四（万历十二）年刊孔圣全书 明蔡复赏辑 ④190

叶复阳 一五七三—一六二〇（万历）年刊沙南遗草十卷 明叶权撰 附录一卷 ⑱集747

叶重华赐书楼 一六三一（崇祯四）年刊叶文庄公奏疏四十卷 明叶盛撰 ⑱史360

叶　洲　刊淇筠志感吟部四卷　明叶澳撰　⑱集835

叶逢春　一五八一（万历九）年刊唐陆宣公集二十二卷　唐陆贽撰　⑱集97

叶继照　明末刊新镌通鑑集要十卷　明诸燮辑　⑱史129

叶培恕　一六三九（崇祯十二）年刊周礼注疏删翼三十卷　明王志长撰　⑱经176

叶　梗　一六〇〇（万历二十八）年刊万氏家抄痘疹诸家方论三卷附集二卷　明万邦孚辑　⑱子246

叶梦淇　一五二九（嘉靖八）年刊绿竹堂稿八卷　明叶盛撰　⑱集580

叶敬池　刊李卓吾先生批评三大家文集二十八卷　明李贽撰　⑱集1523

叶敬轩　刊苏长公合作内外篇不分卷　宋苏轼撰明郑圭辑　⑱集259

叶敬溪　刊文选纂注评林十二卷　梁萧统辑明张凤翼纂注　⑱集1557

歙邑叶棐　刊本草蒙筌十二卷　明陈嘉谟撰　㉚163

乐平叶稠　一五四〇（嘉靖十九）年刊东塘集　明毛伯温撰　㉑83

阊门叶碧山　刊如面谈十六卷　明钟惺辑　⑱集1730

叶　溥　一五一六（正德十一）年刊草木子四卷　明叶子奇撰　⑱子559

叶瑶池　刊五车韵瑞一百六十卷　明凌稚隆辑　⑱子865

金阊叶聚甫张叔籁　一六二八—一六四四（崇祯）年刊皇明历朝四书程墨同文录十五卷
明杨廷枢钱禧辑并评　⑱集1738

叶　觐　刊丹溪心法附余二十四卷首一卷　明方广辑　⑱子209

申用嘉　一五九〇（万历十八）年刊老子解二卷　明徐学谟撰　⑱子1010

申用懋等　一六一六（万历四十四）年刊赐闲堂集四十卷　明申时行撰　⑱集716

申恩科　一五七六（万历四）年刊昆山县志八卷　明周世昌纂修　⑲323

田元振　一六〇〇（万历二十八）年刊钟台先生文集十二卷　明田一俊撰　附录一卷　⑱集739

田艺蘅　一五七九（万历七）年重修古乐府十卷　元左克明辑　⑱集1572

田　玄　一六二七（天启七）年刊田子寿诗集八卷　明田九龄撰　田国华诗集一卷　明田宗文撰　⑱集841

田汝成　一五六三（嘉靖四十二）年自刊田叔禾小集十二卷　明田汝成撰　①4511

白鹿书院江西提学佥事**田汝耔**　一五一五（正德十）年刊史记集解一百三十卷　㉑67

田哑弥答室哩　一四三四（宣德九）年刊般若波罗蜜多心经一卷　唐释玄奘译　⑱子894

田　琯　一五九二（万历二十）年刊白鹿洞书院志十二卷　明周伟戴策献等撰　⑱史1063

田　琛　一四一三（永乐十一）年刊颍川郡志十七卷　明陈琏纂修　⑲584

史文楷　一六三五（崇祯八）年刊唐宋名臣笔录二卷附唐史本传一卷宋史本传一卷　明东莱辑　⑱史411

史世揆　一六〇三—一六〇六（万历三十一—三十四）年刊四书古今四体文全书集注二十九卷　明杨时乔撰　⑱史334

史记事　一六一三（万历四十）年刊合并黄离草三十卷　明郭正域撰　⑱集765

史兆麟　一六二九（崇祯二）年刊致身录一卷　明史仲彬撰　附编二卷　⑱史263

史辰伯　一六一五（万历四十三）年刊陈眉公集十七卷　明陈继儒撰　⑱集834

史　际　一五三四（嘉靖十三）年刊甘泉献纳编三卷　明湛若水撰　⑱史363

史　际　一五六九（隆庆三）年刊金陵世纪四卷　明陈沂撰　⑪338

史学迁　一六〇七（万历三十五）年刊瞿聘君全集十一种不分卷　明瞿九思撰　⑱丛605

史　诚　一四九一（弘治四）年刊袜线集五卷　明史杰撰　⑱集591

史彦实　一六〇五（万历三十三）年刊沱村先生集六卷　明史褒善撰　⑱集679

史桂芳　一五五七（嘉靖三十六）年刊勾股算术二卷　明顾应祥撰　⑱子322

史起寅　刊扬州赋一卷　宋王观撰　⑪2218

史高先　一六一八（万历四十六）年刊来禽馆集二十九卷　明邢侗撰　⑪810.69/1727

浙江布政司左布政使**史继辰**　一六〇五（万历三十三）年刊三礼编绎二十六卷　明邓元锡撰　⑱经212

闽江晋江**史朝富**　刊龙川先生文集三十卷　宋陈亮撰　⑱集366

史　简　一五九九（万历二十七）年刊皇明史惺堂先生遗稿十一卷　明史桂芳撰　⑱集712

史　潜　刊新编名贤诗法三卷　④14946

史　璧　一五二九（嘉靖八）年刊西村集八卷　明史鉴撰　附录一卷　⑱集607

冉孝隆　一四九七（弘治十）年刊涧谷精选陆放翁诗集前集十卷　宋陆游撰罗椅辑　须溪精选陆放翁诗集后集八卷　宋陆游撰刘辰翁辑　别集一卷　⑱集356

生生道人 刊林泉老人评唱投子青和尚颂古空谷传声集三卷 元释义聪辑 ⑱子963

丘子旦丘子昼 一六二八—一六四四（崇祯）年刊玉书庭全集三十二卷 明丘兆麟撰 ⑱集809

丘尔谷 一六一三（万历四十一）年刊琼台诗文会稿十二卷 明丘濬撰 ⑱集585

丘尔谷 一六二一—一六二七（天启）年刊琼台诗文会稿重编二十四卷 明丘濬撰 ⑱集585

丘兆麟 一六二八—一六四四（崇祯）年刊丁文恪公续集六卷 明丁绍轼撰 ㉑108

丘养浩 一五二四（嘉靖三）年刊居夷集三卷 明王守仁撰 ⑱集618

南城丘浙 一五八〇（万历八）年刊赐归录九卷 明詹仰庇撰 ㉑111

白以道 一五二二—一五六六（嘉靖）年刊孤竹宾谈四卷 明陈德文撰 ④10699

白世雍 一六二〇（泰昌元）年刊诗删评苑三十四卷 明李攀龙辑徐中行订 ⑱集1584

白 邠 一六〇六（万历三十四）年刊香严古溪和尚语录十二卷 续编三卷 明释明炬等辑 ⑱子968

白 坪 一五三七（嘉靖十六）年刊新笺决科古今源流至论前集十卷后集十卷续集十卷 宋林駉撰 别集十卷 宋黄履翁撰 ⑱子816

白 璧 一五五五（嘉靖三十四）年刊苑洛先生语录六卷 明韩邦奇撰 ⑱子83

白 濬 一五四六（嘉靖二十五）年刊乙己春游稿五卷 明李濂撰 ⑱集646

丛 磐 一五五〇—一五五一（嘉靖二十九—三十）年刊丛丰山奏议略六卷 明丛兰撰 ⑱史362

令狐鏓 一五六六（嘉靖四十五）年刊忠经一卷 题汉马融撰郑玄注 ⑱子44

令狐夔 一六四〇（崇祯十三）年刊家礼集要不分卷 明令狐鏓撰 ⑱经221

包 杞 一五五八（嘉靖三十七）年刊包侍御集六卷 明包节撰 ⑱集679

包柽芳 一五五九（嘉靖三十八）年刊苑诗类选三十卷 明包节辑 ⑱集1582

乐元声 刊茶经一卷 唐陆羽撰 水辨一卷 ⑱子476

乐元声 一五七三—一六二〇（万历）年刊太玄经十卷 汉扬雄撰晋范望解赞明乐元声辑 ⑱子333

乐 忠 一六二八（崇祯元）年刊钱氏小儿直诀四卷 宋钱乙撰阎忠孝辑明薛己注 ㉙337

邝廷瑞冯弋 一五〇一（弘治十四）年刊吴越春秋音注十卷补注一卷 元徐天祐撰 ⑱史218

邝 璠 一五〇三（弘治十六）年刊韦斋集十二卷 宋朱松撰 玉澜集一卷 宋朱槔撰 ⑱集305

邝　璠　一五一六（正德十一）年刊涉史随笔一卷　宋葛洪撰　⑱史1512

冯大受董其昌　一五八六（万历十四）年刊崇兰馆集二十卷　明莫如忠撰　⑱集686

冯天驭　一五二二—一五六六（嘉靖）年刊文献通考三百四十八卷首一卷　元马端临撰　⑱史1112

冯　元　一五四五（嘉靖二十四）年刊金谿县志九卷　明王蓂纂修　天一阁

冯元仲　明末刊孙月峰先生批评礼记六卷　明孙矿评　⑱经199

冯允中　一五〇一（弘治十四）年刊铁崖文集五卷　元杨维桢撰　⑱集517

冯永治　刊医说十卷　宋张杲撰　⑱子204

冯廷章　一六四三（崇祯十六）年自刊菉斐堂子史汇纂二十四卷　明冯廷章辑　⑱子866

冯时可　一五九六（万历二十四）年刊众妙仙方四卷　明冯时可编　①9378

婺源**冯时来**　一六一八（万历四十六）年刊頖宫礼乐疏十卷　明李之藻撰　⑱史1150

冯时雍　一五二二—一五六六（嘉靖）年刊黄忠宣公文集十三卷　明黄福撰　别集六卷　⑱集557

冯孚之　一六二八（崇祯元）年自刊汇刻瑞花诗集二卷　明冯孚之辑　⑱集1716

冯　孜　一四七五（成化十一）年刊李文十八卷　唐李翱撰　⑱集138

冯孜张德夫　一五七三（万历元）年刊袁文荣公文集八卷诗集八卷　明袁炜撰　⑱集686

冯　玮　一五一九（正德十四）年刊武功县志三卷　明康海纂　⑱史841

四明**冯叔吉**　一五七三—一六二〇（万历）年刊名世文宗二十卷外集十卷　明胡时化辑　⑭

冯　忠　一四九〇（弘治三）年刊诗话十卷　明杨成编　⑱集1863

冯　岳　一五四五（嘉靖二十四）年刊考证注解伤寒论十卷　明黄甲撰　⑱子194

冯绍祖　一五八六（万历十四）年刊楚辞章句十七卷　汉王逸撰　附录一卷　⑱集2

冯映銮　一六三四（崇祯七）年刊万胜真韬五卷　明冯嘉会辑　⑱子125

冯振宗　一六二二（天启二）年刊丰阳先生集十二卷　明冯皋谟撰　附录一卷　⑱集706

冯　笏　一五七四（万历二）年刊读礼日知二卷　明金淛撰　⑱经212

冯　烶　一六一一（万历三十九）年自刊至圣先师孔子刊定世家七卷　明冯烶撰　⑱史462

冯继科　刊说理会编十六卷　明李季撰　⑱子83

冯梦祯 一五八〇（万历八）年刊由拳集二十三卷 明屠隆撰 ⑱集758

冯梦龙 一六四四（弘光元）年自刊甲申纪事十三卷 明冯梦龙辑 ①2701

冯嘉年 一六二一（天启元）年刊冯少墟集二十二卷 明冯从吾撰 ①13074

冯　彬 一五三一（嘉靖十）年刊雩山先生白石樵唱六卷文集四卷 宋林景熙撰白石樵唱元章祖程注 ⑱集407

冯惟讷 一五二一（正德十六）年刊楚辞八卷 楚屈原宋玉等撰 屈原传一卷 汉司马迁撰 ⑱集1

冯惟讷 一五五九（嘉靖三十八）年自刊汉魏诗纪二十卷 明冯惟讷辑 ①9896

冯清梁相 一五四三（嘉靖二十二）年刊巇蠓集五卷 明卢柟撰 ⑱集727

冯　焕 一五四四（嘉靖二十三）年刊唐余纪传十八卷 明陈霆撰 ⑱史78

冯琦冯珣 一六〇三（万历三十一）年刊淡然轩集八卷 明余继登撰 ⑪810.69/8021

冯琦冯珣 一五八六（万历十四）年刊冯光禄诗集十卷 明冯惟讷撰 ⑱集689

冯　舒 一六四七（顺治四）年自刊怀旧集 明冯舒撰 ①10680

冯曾可 一五七三—一六二〇（万历）年刊西征集十卷冯文所诗稿三卷黔中语录一卷续语录一卷黔中程式一卷 明冯时可撰 ⑱集745

冯　愫 一六二六（天启六）年刊商子五卷 明冯觐点评 ⑱子140

冯嘉会 一六二三（天启三）年刊六书赋音义二十卷 明张士佩撰 ⑱经442

冯　翥 一五五四（嘉靖三十三）年刊图注脉诀辨真四卷 明张世贤注 ㉚107

释**玄严**玄贞等 一六四四（弘光元）年募刊润州焦山硕机圣禅师语录一卷 明释通英上绥辑 ⑱子969

兰　章 一四八九（弘治二）年刊云峰胡先生文集十四卷 元胡炳文撰明胡用光胡濬辑 附录一卷 ①2568

宁瑞鲤 一六二三（天启三）年重修河东先生集四十五卷外集二卷龙城集二卷 唐柳宗元撰 宋廖莹中校正 附录二卷传一卷 ⑱集126

京兆愍忠寺释**永海** 刊坛无德部四分律删补随机羯磨二卷 唐释道宣撰 ⑱子943

司马祉 一五八七（万历十五）年刊司马太师温国文正公传家集八十卷目录二卷 宋司马光撰 ⑱集209

司马泰 一五三七（嘉靖十六）年刊大明一统赋三卷 明莫旦撰 ⑱集595

司马鲁瞻 一五三八（嘉靖十七）年刊边华泉集八卷 明边贡撰刘天民辑 ⑱集617

司马露 一六一八（万历四十六）年刊司马温公年谱六卷 明马峦撰 ⑱史503

司马露等 一六二六（天启六）年刊家范十卷 宋司马光撰 ⑱子50

释司纶 一五七四（万历二）年刊云门志略五卷 明张元忭撰 ①392

灵隐道人**弘礼** 刊指月录三十二卷 明瞿汝稷编 ⑱子979

释弘礼 一五七三—一六二〇（万历）年刊高峰大师语录一卷 元释原妙撰 ⑱子966

弘农居士 一五八八（万历十六）年刊新刊通鑑题意便览五卷 明李廷机辑 ⑱史699

边宁 一四八三（成化十九）年刊云庄张文忠公休居自适小乐府一卷 元张养浩撰 ⑱集2167

边有猷 一五七八（万历六）年刊新编医学正传八卷 明虞抟撰 ⑱子218

边维垣 一五六七—一五七二（隆庆）年刊趋庭集六卷 明胡安撰 ⑱集693

六 画

邢让 一四六八（成化四）年刊官箴一卷 宋吕本中撰 ⑱史1098

邢邦长芦 一五七九（万历七）年刊经验痘疹方四卷 明黄廉撰 ㉚499

当涂**邢址** 一五四二（嘉靖二十一）年在福建刊心印绀珠经二卷 明李汤卿撰 ⑱子217

邢玠 一五九七（万历二十五）年刊练兵实纪九卷杂集六卷 明戚继光撰 ⑱子123

邢表 一四八八（弘治元）年刊司马法集解三卷 明阎禹锡辑 ⑱子114

邢表刘忠 一四九〇（弘治三）年刊张乖崖事文录四卷 明颜端徐瀚辑 ⑱史468

吉贽等 一六一六（万历四十四）年刊宋明两苏先生易说合删六卷 明周之谟撰 ⑱经76

吉澄 一五二二—一五六六（嘉靖）年刊周易程朱传义二十四卷 宋程颐朱熹撰 上下篇义一卷 宋程颐撰 朱子图说一卷周易五赞一卷筮仪一卷 宋朱熹撰 ⑱经52

吉澄 一五二二—一五六六（嘉靖）年在福建刊书经集传六卷 宋蔡沈撰 ⑱经106

西溟道人 一五七七（万历五）年自刊西溟诗集四卷 题明西溟道人撰 ⑱集748

释在喆 一六二八（崇祯元）年募刊本草蒙筌七卷总论一卷 明陈嘉谟撰 ⑱子187

成克巩 一六四三（崇祯十六）年刊云石堂集二十四卷 明成靖之撰 ⑱集803

成伯龙 一五九九（万历二十七）年刊管涔子九卷 明周循撰 ⑱子577

成　桂 一四九〇（弘治三）年刊沧洲诗集十卷续集二卷 明张泰撰 附录一卷 ⑱集590

成　淇 刊指月录三十二卷 明瞿汝稷撰 ⑱子979

成靖之 一六二八—一六四四（崇祯）年自刊云石堂稿二十四卷 明成靖之撰 ㉓13

毕　木 一六一八（万历四十六）年家刊黄发翁续集二卷 明毕木撰 ⑱集750

毕　玉 一四七四（成化十）年刊脉经十卷 晋王叔和撰宋林亿等校定 ⑱子190

毕自严 一六三二（崇祯五）年自刊壬辰四友二老诗赞不分卷 明毕自严辑 ⑱集1714

毕　亨 一四六五—一四八七（成化）年刊伊川击壤集二十卷集外诗一卷 宋邵雍撰 ⑱集222

毕昭蔡天祐 一五二五（嘉靖四）年刊救荒本草二卷 明朱橚撰 ①7489

毕拱辰 一六四二（崇祯十五）年刊韵略会通二卷 明兰茂撰毕拱辰删补 ⑱经477

毕效钦 一五二二—一五七二（嘉靖隆庆）年自刊五雅七十三卷 明毕效钦编 ⑱经377

毕懋康 一六一七（万历四十五）年自刊合刻浮溪鄂州二集二十一卷 明毕懋康编 ⑱集1502

毕懋谦 一五七三—一六二〇（万历）年刊十家唐诗十二卷 明毕效钦编 ⑱集1400

毕□冯从吾 一六一二（万历四十）年刊泾野先生语录二十卷 明吕柟撰廉介等辑 附录一卷 ⑱子82

临川**过绍古** 一六〇三（万历三十一）年刊浩斋过先生语录二卷 宋过源撰 ㉑106

过继美 一六〇五（万历三十三）年刊浩斋过先生语录二卷 宋过源撰 ①8902

吕　元 一五八四（万历十二）年刊汉隽十卷 宋林钺辑 ⑱史708

书林**吕太如** 一六二八—一六四四（崇祯）年刊四六鸳鸯谱十二卷新集十二卷 明阴化阳苏紫盖辑 ⑱子863

吕圣符 一六二九（崇祯二）年刊下里志六卷 明吕兆祥撰 ⑱史1046

吕邦燿 一六一八（万历四十六）年刊宋宰辅编年录二十卷 宋徐自明撰 ⑱史1090

吕邦佑 一五一〇（正德五）年刊图注八十一难经八卷 明张世贤撰 ⑱子181

宜丰**吕光洵** 一五六四（嘉靖四十三）年刊中庸辑略二卷 宋朱熹撰 ㉑95

吕光洵 一五七五（万历三）年刊尚书说七卷 宋黄度撰 ⑱经104

吕光祖等　一六三二（崇祯五）年刊宋东莱吕成公外录四卷　明戴应鳌王宗启辑　⑱史474

吕兆禧　刊东方先生集一卷　汉东方朔撰　④9020

吕克念　一五六二（嘉靖四十一）年刊江峰漫稿十二卷　明吕高撰　附湖南书院训规一卷　⑱集673

吕应菊　刊吕新吾先生闺范图说四卷　明吕坤辑　⑱子704

吕怀等　一五二九（嘉靖八）年刊甘泉先生文录类选二十一卷　明湛若水撰周孚先辑　⑱集627

吕纯如　一六二〇（万历四十八）年刊崇相集八卷存素诗稿二卷　明董应举撰　⑱集793

吕纯如　一六二二（天启二）年刊陈元凯集五卷　明陈勳撰　⑱集798

吕　坤　一六〇四（万历三十二）年刊疹科　明孔弘擢撰　㉚501

吕茂良　一六二六（天启六）年刊元包经传五卷　北周卫元嵩撰唐苏源明传李江注　元包数总义二卷　宋张行成撰　⑱子334

吕图南　一六一〇（万历三十八）年刊河东先生集四十五卷外集二卷龙城录二卷　唐柳宗元撰　宋廖莹中校正　附录二卷传一卷　⑱集127

吕知思　一五七三—一六二〇（万历）年刊四礼疑五卷　明吕坤撰　中大善18

吕知畏　一六一六（万历四十四）年刊呻吟语摘二卷　明吕坤撰　⑱子89

吕　柟　一五三八（嘉靖十七）年刊横渠先生易说三卷　宋张载撰　⑱经44

吕　昀　一五八七（万历十五）年刊泾野子内篇二十七卷　明吕柟撰王光祖辑　⑱子82

吕科等　一五六四（嘉靖四十三）年刊吕文懿公全集十二卷　明吕原撰　⑱集578

吕胤筠　一六一二（万历四十）年刊月峰先生居业次编五卷　明孙鑛撰　⑱集751

吕胤昌　一六〇二（万历三十）年刊荷华山房摘稿七卷　明陈邦瞻撰　⑱集792

吕　洪　一四六三（天顺七）年刊霁山先生文集五卷　宋林景熙撰　⑱集407

吕　洪　一四七三（成化九）年刊管窥外编一卷　元史伯璿撰　⑱子73

吕清吕桒　一五四〇（嘉靖十九）年刊吕忠穆公奏议三卷　宋吕颐浩撰　⑱史385

吕景蒙　一五三七（嘉靖十六）年刊东溪日谈录十三卷　明周琦撰　⑱子79

吕献祯吕献璠　一六三五（崇祯八）年刊痘疹幼幼全书十七卷　明吕献策撰　⑱子247

吕端甫 一五五四（嘉靖三十三）年刊东汇诗集十卷 明吕希周撰 ⑱集665

吕 镗 一四九七（弘治十）年刊东莱先生音注唐鉴二十四卷 宋范祖禹撰吕祖谦注 ⑱史1509

吕 夔 一五〇四（弘治十七）年刊唐王右丞诗刘须溪校本六卷 唐王维撰宋刘辰翁评附录一卷 ⑱集49

襄阳**吕氏** 一五五一（嘉靖三十）年刊肘后备急方八卷 晋葛洪撰梁陶弘景补金杨用道增 ㉚208

曲入绳游居敬 一五五四（嘉靖三十三）年刊皇明经济文录四十一卷 明万表辑 ⑱集1722

乔世宁 一五五二（嘉靖三十一）年刊王端毅公文集九卷 明王恕撰 ⑱集581

乔可传 一六一一（万历三十九）年刊路史四十七卷 宋罗泌纂 ⑱史201

乔因羽 一五七三—一六二〇（万历）年刊韩忠定公集四卷 明韩文撰 ⑱集594

乔因阜 一六〇九（万历三十七）年自刊远志堂集十三卷 明乔因阜撰 ⑱集740

乔 迁 一五二〇（正德十五）年刊灵棋经注解一卷 题晋颜幼明宋何承天元陈师凯明刘基撰 ⑱子358

乔迁余载仕 一五二七（嘉靖六）年重修豫章黄先生文集三十卷外集十四卷别集二十卷简尺二卷词一卷 宋黄庭坚撰 伐檀集二卷 宋黄庶撰 山谷先生年谱三十卷 ⑱集262

乔廷栋 刊守令懿范四卷 明蔡国熙辑 ⑱史409

乔时敏 一六一四（万历四十二）年刊留留青一卷 明田艺蘅撰 ⑪088.6/6044

乔时敏王应遴 一五七三—一六二〇（万历）年刊歇庵集二十卷 明陶望龄撰 附录三卷 ⑱集772

乔 佑 一五四一（嘉靖二十）年刊蒋南泠集十二卷 明蒋山卿撰 ⑱集645

乔应甲等 一六〇五（万历三十三）年刊大学衍义补一百六十卷首一卷 明丘濬撰 ⑱子67

乔承诏 一六二四（天启四）年自刊新镌献荩乔先生纲鉴汇编九十一卷首一卷 明乔承诏撰 ⑱史134

乔承慈 一五五一（嘉靖三十）年刊风雅广逸十卷 附录一卷 明冯惟纳辑 ⑱集1573

乔 胤 一六一四（万历四十二）年刊救命书一卷 明吕坤撰 ⑱子124

乔 缙 一四八三（成化十九）年刊贾长沙集十卷 汉贾谊撰 ⑱集15

乔懋敬 一五八一（万历九）年刊世说新语三卷 刘宋刘义庆撰梁刘孝标注明王世懋批点 ⑱子637

三原**乔氏** 一五五二（嘉靖三十一）年刊王端毅公文集六卷 明王恕辑 ⑪NC5428.4/1143

关中**乔氏** 一五八〇（万历八）年在洪洞刊韩忠定公集四卷 明韩文撰乔因羽编 ⑪NC5428/4504.26

朱大英 刊梁贞白先生陶隐居集二卷 梁陶弘景撰 ⑱集35

朱之楫等 刊重镌两厓集八卷 明朱廷立撰 ⑱集664

朱之蕃 一六一三—一六一四（万历四十一—四十二）年刊长啸轩近稿一卷续草一卷 明陈纯撰 ⑱集724

朱之蕃 一六二三（天启三）年刊金陵图咏一卷 明朱之蕃撰 雅游编一卷 明余孟麟朱子蕃等撰 ①1227

朱之黯 一六二四（天启四）年刊续神农本经序例三卷读神农本草经疏九卷 明缪希雍撰 ⑱子183

朱元镇 一五七三—一六二〇（万历）年刊牡丹亭还魂记二卷 明汤显祖撰 ⑭

朱曰藩 刊庾开府诗集六卷 北周庾信撰 ⑱集38

书林**朱仁斋** 刊新刻浙江新编出像题评范睢绨袍记二卷 明顾觉宇撰 ⑱集2126

朱从廉 刊明兴杂纪二卷 明陈敬则辑 ⑱史264

朱文斌 一四二八（宣德三）年刊周易参同契发挥三卷释疑一卷 宋俞琰撰 ⑱子1044

朱文治 一六〇八（万历三十六）年自刊文字会宝不分卷 明朱文治辑 ⑱集1630

朱　方 一五三七（嘉靖十六）年刊水经注所载碑目一卷舆地纪胜所载碑目一卷 明杨慎辑 ⑱史1463

朱正民 一五七五（万历三）年刊灵棋经一卷 题晋颜幼明宋何承天元陈师凯明刘基注解 ⑱子359

朱世椿 一五九九（万历二十七）年刊寒山诗集五卷 唐释寒山子撰 丰干拾得诗一卷 唐释丰干拾得撰 ⑱集56

朱本道 一四三五（宣德十）年刊清庵先生中和集前集三卷后集三卷 元李道纯撰蔡志熙辑 ⑱子1062

朱术坰 一六三三（崇祯六）年自刊汝水巾谱一卷 明朱术坰撰 ⑱子469

临川**朱东光** 一五七九（万历七）年刊中都四子集（即中立四子集） 明张登云辑 ⑤691

朱东光 一六〇三（万历三十一）年刊历代小史摘编六卷 明唐世延辑 ⑱丛196

朱用溱 一六四一（崇祯十四）年刊市隐堂诗草一卷 明朱颐娓撰 ⑱集836

朱　朴 一五五二（嘉靖三十一）年自刊西村诗集二卷补遗一卷 明朱朴撰 ⑱集657

朱　权 一四四二（正统七）年刊海琼玉蟾先生文集六卷续集二卷 宋葛长庚撰 附录一卷 ⑱集370

朱在锡 一六三〇（崇祯三）年刊性命圭旨四卷 ⑱子1066

朱有孚 一五五二（嘉靖三十一）年续刊柳文四十三卷别集二卷外集二卷 唐柳宗元撰 附录一卷 后录一卷 ⑱集125

朱有燉 一四〇三—一四四九（永乐正统）年自刊诚斋杂剧三十一卷 明朱有燉撰 ⑱集2047

朱至漶 一六一八—一六二四（万历四十六—天启四）年自刊韵谭八卷 明朱至漶撰 ①4500

朱廷立 一五二九（嘉靖八）年刊本草集要八卷 明王纶撰 ⑱子186

朱廷立 一五二二—一五六六（嘉靖）年刊五经五卷 ⑱经1

朱廷臣 一五四三（嘉靖二十二）年刊麻姑集十二卷 明陈克昌辑 ⑱集1812

进贤**朱廷声** 一五二九（嘉靖八）年刊周易经传二十四卷 宋程颐传朱熹本义 ㉑81

朱廷焕 一六三七（崇祯十）年刊增补武林旧事八卷 宋周密撰明朱廷焕增补 ⑱史977

朱廷禧 一六〇九（万历三十七）年刊文录十二卷 明王道撰 ⑱集641

弋阳王府**朱多焜** 一五四一（嘉靖二十）年刊宁藩书目一卷 ㉑40

朱 衣 刊王氏书画苑四十三种 明王世贞撰 ⑪NC6073/1755

朱 江 一六〇六（万历三十四）年刊风教云笺四卷后集四卷 明黄河清辑 ⑱集1730

朱汝贤等 一六二一—一六二七（天启）年刊续神农本草经疏十二卷 明缪希雍撰 ㉚156

朱汝贤 一六二二（天启二）年刊堪舆十一种十一卷 明李思聪编 ⑱子357

朱观熰 一五五九（嘉靖三十八）年刊金精直指一卷 ⑱子1065

朱守行 一五七二（隆庆六）年刊李诗选注十三卷 明朱谏辑注 辩疑二卷 明朱谏撰 ⑱集60

朱守宣 一五四五（嘉靖二十四）年刊李诗选注十三卷 唐李白撰明朱谏辑注 ⑱集60

朱克裕 一五四四（嘉靖二十三）年自刊射林八卷 明朱克裕撰 ⑱子568

高安**朱吾弼** 一六〇六（万历三十四）年刊类编标注朱文公先生经济文衡前集二十五卷 宋朱熹撰 ㉑98

朱应登 一五一〇（正德五）年刊鲍氏集十卷 刘宋鲍照撰 ⑱集33

朱应穀 一五八二（万历十）年刊赵元哲诗集八卷 明赵邦彦撰 ⑱集696

朱应元 一六〇二（万历三十）年刊大佛顶如来密因修证了义诸菩萨万行首楞严经十卷 题
唐释般剌密帝弥伽释伽译 ⑱子930

朱良用 一五六四（嘉靖四十三）年刊唐陆宣公集二十四卷 唐陆贽撰 ⑱集98

朱良育 刊宋之问集二卷 唐宋之问撰 ㉙305

朱启元 刊重刻会稽三赋四卷 宋王十朋撰明南逢吉注尹坛补 ①15032

朱枋 一五九九（万历二十七）年刊净土决四卷 明李贽辑 ⑱子959

朱茂时 一六二八—一六四四（崇祯）年刊重刊二十一史弹词二卷 明杨慎撰王起隆增订 ⑱集2175

朱英 一四七一—一四八〇（成化七—十六）年刊宋史四百九十六卷目录三卷 元脱脱等撰 ⑱史80

朱明 一六二八（崇祯元）年刊薛氏医书十六种七十八卷 ⑱子166

朱国祯 一六〇五（万历三十三）年自刊荆川先生右编四十卷 明唐顺之辑刘曰宁补 ⑰K14665

朱国祯 一六二二（天启二）年自刊涌幢小品三十二卷 明朱国祯撰 ⑰56－47260

朱国盛 一六一五（万历四十三）年刊仙苑编珠一卷 唐王松年撰 ⑱子1069

朱质 明末刊甓余杂集十二卷 明朱纨撰 ⑱集653

朱采 一六〇一（万历二十九）年续刊西村诗集二卷补遗一卷 明朱朴撰 ⑱集657

朱泌之 一六三九（崇祯十二）年刊古今纡筹十卷 明朱锦辑 ⑱子125

朱宗吉 一五八〇（万历八）年刊贝叶斋稿四卷遊西山记一卷戊寅山行记一卷 明李言恭撰 ⑱集822

朱肃斋 一五二六（嘉靖五）年刊素轩吟稿十一卷 明傅伦撰 ⑱集725

朱绍朱积 一四三四（宣德九）年自刊三先生诗十九卷 明朱绍朱积辑 ⑱集1704

朱承爵 一五〇三（弘治十六）年刊黄太史精华录八卷 宋黄庭坚撰任渊辑 ⑱集266

朱承爚 一五四九（嘉靖二十八）年刊长春竞辰稿十三卷馀稿三卷 明朱让栩撰 ①11212

朱茹 一五五八（嘉靖三十七）年刊李律七言颇解一卷 明王维桢撰 ⑱集61

朱荣淢 一五一九（正德十四）年自刊正心诗集九卷 ①11213

朱厚煜 一五三九（嘉靖十八）年刊御著大狩龙飞录二卷 明世宗朱厚熜撰 ⑱史268

朱拱榣 一五三七（嘉靖十六）年自刊天启圣德中兴颂一卷 明朱拱榣撰 ⑱集724

朱拱榣 一五五〇（嘉靖二十九）年自刊豫章既白诗稿七卷 明朱拱榣撰 ⑱集724

朱选 一五四一（嘉靖二十）年刊桂洲集六卷 明夏言撰 ⑱集1973

朱胤柠 一五四九（嘉靖二十八）年刊陵川宗约不分卷 明朱勋淦撰 ⑱史1369

朱炳如 一五六四（嘉靖四十三）年刊自知堂集七卷 明蔡汝楠撰 ⑱集680

朱恒敬 一六二二（天启二）年刊朱密所先生密林漫稿十卷 明朱吾弼撰 ⑱集773

朱　夏　一四七八（成化十四）年刊邓析子二卷　㉙1847

朱高炽　一四〇九（永乐七）年刊妙法莲华经七卷　后秦释鸠摩罗什译　⑱子912

朱浠桂　一五六四（嘉靖四十三）年刊枢管集一卷　明蔡汝楠撰　附录一卷　⑱集680

朱宸洪　道德性命前集二卷　明朱权撰　⑱子1009

朱宸萍　一五五三（嘉靖三十二）年刊梅花百咏诗　明朱权辑　⑤

朱宸涝　一五五三（嘉靖三十二）年刊梅花百咏三卷元冯子振明朱权等撰　⑱集1389

朱家法　一五七八（万历六）年刊朱邦宪集十五卷　明朱察卿撰　附录一卷　⑱集736

朱谊槷　一五九九（万历二十七）年刊梅雪轩诗稿四卷　明朱敬鑑撰　⑱集823

朱谊潤槷朱谊汜　一六〇四（万历三十二）年刊梅雪轩诗稿四卷饮酒诗一卷　明朱敬鑑撰　⑱集823

朱谊＊＊　一六一四（万历四十二）年刊梅雪轩诗稿四卷　明朱敬鑑撰　⑱集823

朱　琏　一五七三—一六二〇（万历）年刊皇舆考十卷　明张天复撰　⑱史730

朱梦龙　明末刊吕氏春秋二十六卷　汉高诱注　⑱子499

福藩**朱常洵**　一六一〇（万历三十八）年刊佛说金轮佛顶大威德炽盛光如来陀罗尼经一卷　⑱子922

朱崇正　一五五〇（嘉靖二十九）年刊新刊仁斋直指附遗方论二十六卷小儿附遗方论五卷
医脉真经二卷伤寒类书活人总括七卷　宋杨士瀛撰明朱崇正补遗　⑱子205

朱崇沐　一五七三—一六二〇（万历）年刊楚辞集注八卷辩证二卷后语六卷　宋朱熹撰　⑱集7

朱崇沐　一五七三—一六二〇（万历）年刊朱文公校昌黎先生文集四十卷外集十卷遗文一卷
唐韩愈撰宋朱熹考异王伯大音释　传一卷　⑱集114

朱崇沐　一六〇四（万历三十二）年刊重锓文公先生奏议十五卷　宋朱熹撰朱吾弼辑　⑱史359

朱鸿渐　一五三六（嘉靖十五）年刊西山先生真文忠公文章正宗二十四卷　宋真德秀辑　⑱集1608

朱鸿谟陈文烛等　一五八八（万历十六）年刊五经旁训十九卷　元李恕撰　⑱经23

朱谋垔　一六三三（崇祯六）年刊历代钟鼎彝器款识法帖二十卷　宋薛尚功撰　⑱史1449

朱维鉴　一四八六（成化二十二）年刊朱一斋先生文集前十卷后五卷广游文集一卷　明朱善撰　⑱集528

朱敬之　一五三五（嘉靖十四）年刊甘泉先生两都风咏四卷　明湛若水撰　⑱集627

朱朝聘 一五九〇（万历十八）年刊四史鸿裁四十卷 明穆文熙辑 ⑱史705

朱葵袁元熙 一六三七（崇祯十）年刊重刻太平惠民和剂局方十卷 宋陈师文等撰 ⑱子202

朱景元 一五六一（嘉靖四十）年刊宋历科状元录八卷 明朱希召撰 ⑱史631

江阴**朱善庆** 一四三六—一四四九（正统）年刊读杜诗愚得十八卷附杜子世系考 明单复注 ⑪NC5314.2/6424

朱颐垔等 一六一五（万历四十三）年刊书法大成八卷 明朱寿镛朱颐厓撰 ⑱子423

朱勤业 一六〇九（万历三十七）年刊落花诗一卷 明沈周李化龙等撰 ⑱集1709

朱勤炍 一五五四（嘉靖三十三）年刊遊梁集一卷 明陈全之撰 ⑱集694

朱暟 一四七〇（成化六）年刊蛟峰批点止斋论祖四卷论诀一卷 宋陈傅良撰方逢辰批点 ⑱集337

朱睦㮮梁梦龙 一五七〇（隆庆四）年刊冰川诗式十卷 明梁桥撰 ⑱集1888

朱睦㮮 一五五五（嘉靖三十四）年刊翁东涯集十七集 明翁万达撰 ⑱集665

朱锡纶 一六二一—一六二七（天启）年刊扬子法言十卷 汉扬雄撰 ⑱子43

朱慎锺 一五七五（万历三）年自刊宝善堂稿二卷 明朱慎锺撰 ①9296

朱蔚然 一六二五（天启五）年刊古文品外录十二卷 明陈继儒辑并评 ⑱集1629

朱察卿 一五五二（嘉靖三十一）年刊朱福州集六卷 明朱豹撰 ⑱集650

朱覲錬 一五三二（嘉靖十一）年刊西江诗法一卷 明朱权撰 ⑱集1885

朱熊 一四五七（天顺元）年刊读杜诗愚得十八卷 明单复撰 ①1990

朱熊 刊杜工部七言律诗二卷 唐杜甫撰元虞集注 ⑱集74

朱翰 一四八一（成化十七）年自刊樵李英华集十六卷 明朱翰辑 ⑱集1797

朱戴玺 一五六一（嘉靖四十）年刊瑟谱一卷 明朱厚烘撰 ⑱经228

朱警 一五四〇（嘉靖十九）年自刊唐百家诗一百六十七卷 明朱警编 ④12433

朱燮元朱一龙 一五七三—一六二〇（万历）年刊楚辞章句十七卷 汉王逸撰 疑字直音补一卷 ⑱集3

朱蟾 一五三六（嘉靖十五）年刊朱玉洲集八卷 明朱曜撰 ⑱集726

闽书林建邑**朱氏** 一五七三—一六二〇（万历）年刊刻迎晖堂汇附人物事文概四书翼注讲义六卷 明王纳谏撰 ④664

浔溪朱氏 一六三二（崇祯五）年刊皇明开国臣传十三卷皇明逊国臣传五卷 明朱国桢撰 ⑰K14686

歙邑朱氏 一六一六（万历四十四）年刊覆瓿集八卷 明朱同撰 ⑱集542

伍匡世 一五九四（万历二十二）年刊治痘精详大全十四卷 明何泌等撰 ⑱子247

任庆云 一五四一（嘉靖二十）年刊艺赞三卷 明酈灏辑 ⑱集1616

任佃 一五二一（正德十六）年刊漫塘刘先生文前集三十六卷 宋刘宰撰 ⑱集364

任佃 一五二四（嘉靖三）年刊唐先生集七卷 宋唐庚撰 ⑱集288

任良榦 一五二二—一五六六（嘉靖）年刊大復遗稿一卷新论一卷 明何景明撰 附录一卷 ⑱集624

任拱辰 一五四九（嘉靖二十八）年自刊金丹先天纂要八卷 明任拱辰编 ⑱子1030

任彦棐 一六〇九（万历三十七）年刊经书后语 明任瀛撰 ⑱经359

任养心 一五九〇（万历十八）年刊凤川先生文集三卷 明刘良臣撰薛一鹗评 ⑱集625

任家相 一六一四（万历四十二）年刊缮部纪略一卷 明郭尚友撰 ①4048

任辙 一五四〇（嘉靖十九）年刊史义拾遗二卷 元杨维桢撰 ⑱史1514

伦彝 一六二八—一六四四（崇祯）年刊小学集注六卷 明陈选撰 ④8733

华子虚 一六一八（万历四十六）年刊栖碧先生黄杨集三卷补遗一卷 元华幼武撰 附录一卷 ①9083

华云 一五一五（正德十）年刊泉斋简端录十二卷 明邵宝撰 ⑱经358

华五伦 一六一八（万历四十六）年刊栖碧先生黄杨集三卷补遗一卷 元华幼武撰 附录一卷 ⑱集510

华五伦 一六四一（崇祯十四）年重修栖碧先生黄杨集三卷补遗一卷 元华幼武撰 附录一卷 ①673

华允诚 一六四一（崇祯十四）年刊栖碧先生黄杨集三卷补遗一卷 元华幼武撰 ⑱集510

华从智 一五三二（嘉靖十一）年刊华氏传芳集十一卷 明华守方辑 ⑱史574

华师召 一六二二（天启二）年自刊玩世斋集十二卷 明华师召撰 ⑱集859

华叔阳 一五七五（万历三）年刊左纪十一卷 明钱应奎撰 ⑱经249

华继祥 一六一四（万历四十二）年刊虑得集四卷附录二卷 明华悰韡撰 ①5932

华珵 一五〇一（弘治十四）年刊百川学海一百种一百七十九卷 宋左圭编 ⑱丛5

华善继 一六一五（万历四十三）年刊地理玄珠二十二卷附地理阳宅玄殊四卷 明夏世隆撰 ⑱子356

华靖 一四五三（景泰四）年刊青城山人诗集八卷 明王燧撰 ⑱集565

梁溪**华滋蕃** 一六二〇（万历四十八）年刊刻孙百川先生文集十二卷 明孙楼撰 ⑱集704

华察 一五四七（嘉靖二十六）年刊濯缨亭笔记十卷 附礼记集说辩疑一卷 明戴冠撰 ⑱子564

华察 一五七二（隆庆六）年自刊华氏传芳集十一卷 明华守方辑 续集五卷 明华察辑 ⑱史574

华露 一五七三（万历元）年刊古四家选二十卷 明施观民辑 ⑱丛186

华麟祥 一五三二（嘉靖十一）年刊事类赋三十卷 宋吴淑撰并注 ⑯041/440－04

延祥等 一四五七（天顺元）年刊唐陆宣公集二十二卷 唐陆贽撰 ⑱集97

释**自正**等 一六〇〇（万历二十八）年刊禅林宝训二卷 宋释净善辑 ⑱子957

任养心 一五八二（万历十）年刊左粹类纂十二卷 明施仁撰 ㉙371

释**行明** 一四七六（成化十二）年刊略释新华严经修行次第决疑论四卷 唐李通玄撰 ⑱子937

金陵双桥**全氏** 一五五五（嘉靖三十四）年刊秦汉文八卷 明胡缵宗辑 ⑱集1615

筠郡**邬琏** 一五七二（隆庆六）年刊医学统旨八卷 明叶文龄编 ㉚321

危德朱挥 一五〇六—一五六六（正德嘉靖）年刊东洲初稿十四卷 明夏良胜撰 ⑱集636

南昌**刘一灿** 一六一八（万历四十六）年刊名医女科治验方论二卷 明薛己撰 ㉑78

刘一焜 一五九一（万历十九）年刊咸宾录八卷 明罗曰褧撰 ①2449

南昌**刘一燝** 一五七三—一六二〇（万历）年刊同姓名录十二卷 明余寅撰 ㉑78

刘士元王蓥 一五二七（嘉靖六）年刊选诗三卷 明许宗鲁辑 ⑱集1559

关中**刘士忠** 一六一五（万历四十三）年在大梁刊春秋列传八卷 明刘节重编 ⑪NC0693/7182

刘大文 一六〇〇（万历二十八）年刊选诗三卷补一卷 明顾大猷辑 ⑱集1560

刘大昌 一五六四（嘉靖四十三）年刊扬子卮言六卷 明杨慎撰 ①2567

刘大昌梁奕 一五五九（嘉靖三十八）年刊禅林钩玄七卷 明杨慎辑 ⑱子990

闽书林**刘大易** 一六〇七（万历三十五）年刊刻梅太史评释骆宾王文抄神驹四卷 唐骆宾王撰明梅之焕释 ⑱集42

建邑书林**刘大易** 刊痰火点雪四卷 明龚居中撰 ㉚418

刘大实 一五四二（嘉靖二十一）年刊四六菁华二卷 明胡松辑 ⑱集1602

刘大烈　一五七九（万历七）年刊新刊骆子集注四卷　唐骆宾王撰明陈魁士注　⑱集42

刘大谟　一五四一（嘉靖二十）年刊新刊权文公文集十卷　唐权德舆撰　⑱集145

刘　凤　一五九八（万历二十六）年刊海录碎事二十二卷　宋叶廷珪撰　⑱子799

刘万春　一六四一（崇祯十四）年自刊皇明历科会试录典要五卷　明刘万春辑　⑱史1357

刘　广　一六一九（万历四十七）年刊楚辞章句十七卷　汉王逸撰　⑱集3

刘广生　一六一八（万历四十六）年自刊文略二卷　明刘广生辑　⑱集1625

刘天和　一五三一（嘉靖十）年刊张太微诗集十二卷　明张治道撰　⑱集646

刘元卿　一五九八（万历二十六）年刊耿天台先生文集二十卷　明耿定向撰　⑱集713

刘云龙　一六一五（万历四十三）年刊昆仑奴一卷　明梅鼎祚撰　⑱集2050

南闽潭邑**刘太华**　刊新镌国朝名公神断详刑公案八卷　题明京南归正宁静子辑　⑱子758

刘曰梧徐申　一六〇六（万历三十四）年刊元史纪事本末四卷　明陈邦瞻撰臧懋循补　⑱史193

刘曰宁　一六〇九（万历三十七）年刊陆学士先生遗稿十六卷　明陆可教撰　⑪810. 69/7414

刘日升陈道亨　一五九五（万历二十三）年刊杨氏易传二十卷　宋杨简撰　⑱经54

刘文龙　明末刊藿议不分卷　明刘士龙撰　⑱集802

刘文显徐家庆　一五八三（万历十一）年刊汉魏诗乘二十卷吴诗一卷总录一卷　明梅鼎祚辑　⑱集1576

刘以节　一三七五（洪武八）年刊洪武正韵十六卷　明乐韶凤宋濂等撰　⑱经473

刘以则　一四六九（成化五）年刊重修高太史大全集十八卷　明高启撰　⑱集540

刘以焕　一五九八（万历二十六）年刊诸家隽语八卷　明穆文熙辑　⑱子702

刘双松　一五九七（万历二十五）年刊医学指南捷径六书　明徐春甫撰　㉚715

刘孔中　一六四〇（崇祯十三）年刊四素山房集十九卷皇华集一卷　明刘鸿训撰　⑱集811

刘孔当　一五七三—一六二〇（万历）年刊壬辰翰林馆课纂二十三卷　明翁正春焦竑等撰　⑱集1736

刘孔敦　一六二八（崇祯元）年刊本草蒙筌十二卷　明陈嘉谟撰　㉚163

刘世延　一五六二（嘉靖四十一）年自刊明宗集四卷　明刘世延辑　①10574

刘世龙　一五二五（嘉靖四）年刊颐菴居士集二卷　宋刘应时撰　⑱集357

刘世昌 一五七〇（隆庆四）年刊守令懿范四卷 明蔡国熙撰 ⑱史409

书林**刘龙田** 一五七三—一六二〇（万历）年刊新锲考正绘像注释古文大全 ④9219

闽建书林**刘龙田** 一六〇一（万历二十九）年刊新锓京本句解消砂经节图雪心赋五卷寻龙经诀法一卷 唐卜应天撰明谢志道注 ⑱子350

刘仕贤 一五三八（嘉靖十七）年刊分类经进近思录集解十四卷 宋叶采撰 ⑱子58

刘必逵徐象枟 一五七三—一六二〇（万历）年刊玉堂丛语八卷 明焦竑撰 ①1759

刘必逵 一六一九（万历四十七）年刊冯少墟集二十卷 明冯从吾撰 ⑱集775

刘必达 一六二五（天启五）年自刊皇明七山人诗集七卷 明刘必达辑 ⑱集1708

曹郡**刘弘济** 一五〇六（正德元）年刊玉机微义五十卷 明徐彦纯撰刘纯续 ㉚319

刘弘王玺 一四六一（天顺五）年刊苏诗摘律六卷 宋苏轼撰明刘弘集注 ⑱集256

刘弘谟 一六〇三（万历三十一）年刊观楞伽阿跋多罗宝经记四卷略科一卷 明释德清撰 ⑱子933

刘邦献 一五六一（嘉靖四十）年刊王同野集十六卷 明王樾撰 ⑱集680

山阴**刘在庭** 一六二四（天启四）年刊仰节堂集十四卷 明曹于汴撰 ⑱集778

刘　达 一五〇四（弘治十七）年刊化书六卷 五代谭峭撰 音义一卷 ⑱子519

刘　成 一六一一（万历三十九）年刊通鉴总类二十卷 宋沈枢辑 ⑱史699

刘成德 一五一八（正德十三）年自刊唐二皇甫诗集八卷 明刘成德辑 ⑱集1440

刘师鲁 一五七八（万历六）年刊西隐文稿十卷 明宋讷撰 附录一卷 ⑱集535

刘同升 刊刘大司成文集十六卷 明刘应秋撰 ⑱集764

庐陵**刘同** 一四四〇（正统五）年刊王忠文公集 明王祎撰 ㉑113

刘　乔 一五一二（正德七）年刊欧阳文忠公集一百五十三卷 宋欧阳修撰 年谱一卷 宋胡柯撰附录五卷 ⑱集228

刘廷元 刊八史纂略 明马维铭撰刘廷元校 ⑧

刘廷元 一六一五（万历四十三）年刊老庄解七卷 明陶望龄撰 ⑱子1001

刘廷吉 一四七九（成化十五）年刊埤雅二十卷 宋陆佃撰 ⑱经393

刘廷瓒 一五○二（弘治十五）年刊唐李长吉诗集四卷 唐李贺撰 ⑱集102

刘廷璋 一五○二（弘治十五）年刊王常宗集四卷补遗一卷 明王彝撰 ⑱集534

刘似山 一六○二（万历三十）年刊诗经集注八卷 宋朱熹撰 ⑱经132

刘汝弼吴惟咸等 一六○二（万历三十）年刊编年拔秀二卷 明孙森辑 ⑱子854

刘汝桂 一六一六（万历四十四）年刊固原州志二卷 明刘敏宽等纂修 ⑲229

刘汝默 一五八四（万历十二）年刊白石山人诗稿七卷 明刘崙撰 ⑱集692

刘宅民 一六一二（万历四十）年刊定园集三十六卷 明刘敏宽撰 ①11645

刘体元 一六○二（万历三十）年刊商文毅公集十卷 明商辂撰 ⑱集579

刘 宇 一四九八（弘治十一）年自刊安老怀幼书 明刘宇编 ㉚608

刘如宠 一五九六（万历二十四）年刊吕氏春秋二十六卷 汉高诱注 ⑱子498

建阳书林**刘克常** 一四二七（宣德二）年刊新笺决科古今源流至论前集十卷后集十卷续集十卷
宋林駉撰 别集十卷 宋黄履翁撰 ⑱子816

吉水**刘志孔** 一五六三（嘉靖四十二）年刊桂隐诗集四卷文集五卷 元刘诜撰 ㉑119

刘芳誉 一五九七（万历二十五）年刊春秋会异六卷 明冯时可撰 ⑱经279

刘时济 一五三六（嘉靖十五）年刊漫游稿六卷 明冯时雍撰 ⑱集663

刘 佐 一五三五（嘉靖十四）年刊醴泉县志四卷 明夹璋纂修 ⑲168

刘 伸 一六一一（万历三十九）年刊右编补十卷 明姚文蔚辑 ⑱史343

常州**刘希**一四八八— 一五○五（弘治）年刊完庵集二卷 明刘钰撰 ㉙258

刘希古 一五○七（正德二）年刊文始真经言外经旨三卷 宋陈显微撰 ⑱子1024

刘应节 一五七五（万历三）年刊新刻月林丘先生家传礼记摘训十卷 明丘橓撰 ⑱经198

北京国子监**刘应秋**杨道宾方从哲 一五九八（万历二十六）年刊隋书八十五卷 唐魏徵长孙无忌等撰 ㉓4

长洲县令**刘怀恕** 一五八二（万历十）年刊左传钞评十二卷 明穆文熙评辑 ⑪NC0717/220

刘怀恕 一五八七（万历十五）年刊逍遥园集十卷 明穆文熙撰 ⑱集718

书林**刘怀川** 一六二五（天启五）年刊文奇豹斑十二卷 明陈继儒辑 ⑱子864

刘良弼 一五七一（隆庆五）年刊乡约一卷　明尹耕撰　①8919

刘良弼 一五七三（万历元）年刊敬所王先生文集三十卷　明王宗沐撰　⑱集693

书林**刘君丽** 刊新刻太仓藏板全补合像注释大字日记故事三卷　④补311

刘君信 一六一〇（万历三十八）年刊祈神奏格四卷祀先祝文二卷　⑱子1056

刘孜 一四六四（天顺八）年刊文章辨体五十卷外集五卷总论一卷目录二卷　明吴讷辑　⑱集1612

刘玠 一五六三（嘉靖四十二）年刊念菴罗先生集十三卷　明罗洪先撰　⑱集670

刘坤 一五七三—一六二〇（万历）年刊人瑞录一卷　明林绍秦宠等辑　①1819

刘杰 一四四二（正统七）年刊王忠文公文集二十四卷　明王祎撰　附录一卷　⑱集528

刘拙 一四〇三—一四二四（永乐）年刊刘尚宾文集五卷续集四卷　明刘夏撰　⑱集526

刘尚义 一五四二（嘉靖二十一）年刊闻人氏痘疹论三卷　宋闻人规撰　⑱子243

刘尚信 一六二四（天启四）年刊曾子四卷　明李宗延辑　⑱子25

刘釪 一四七一（成化七）年刊圭斋文集十六卷　元欧阳玄撰　⑱集471

刘釪 一五五一（嘉靖三十）年刊类编历法通书大全三十卷　元宋鲁珍通书何士泰历　⑱子374

庐陵**刘岱** 一五七三—一六二〇（万历）年刊经绎十五卷　明邓元锡著　㉑114

刘泽 一五一二（正德七）年刊屏山集二十卷　宋刘子翚撰　⑱集308

刘宗文 一四五〇（景泰元）年刊高太史大全集十八卷　明高启撰　①8556

刘绍 一五一一（正德六）年刊谢朓集五卷　南齐谢朓撰　⑱集34

刘绍先 一六一四（万历四十二）年刊重修两浙鹾志十二卷　明王圻纂修　⑱史1324

刘显爵 一五七三—一六二〇（万历）年刊淮海集四十卷后集六卷长短句三卷　宋秦观撰　⑭

刘思诚 一五八九（万历十七）年刊颜鲁公文集十五卷补遗一卷　唐颜真卿撰　年谱一卷　宋留元刚撰　附录一卷　⑱集53

潭阳书林**刘钦恩** 刊新刻吴氏家传养生必要仙制药性全备食物本草四卷　明吴文炳辑　⑱子188

刘彦心 一六二九（崇祯二）年重刊【嘉靖】太仓州志十卷　明周士佐修张寅纂　⑲324

书户**刘洪** 一五二一（正德十六）年刊史记一百三十卷　汉司马迁撰　③史101.31/338.3

刘济民 一五〇二（弘治十五）年刊松陵集十卷 唐皮日休陆龟蒙撰 ⑱集1657

刘宪伯 一六三二（崇祯五）年刊谳豫勿喜录十六卷 明李日宣撰 ⑱子148

刘宪宠 一五九五（万历二十三）年刊整菴先生存稿二十卷 明罗钦顺撰 ⑱集611

刘　祐 一五六五（嘉靖四十四）年刊节孝先生文集三十卷 宋徐积撰 语录一卷事实一卷 ⑱集226

刘祖铎等 一六二六（天启六）年刊研宝斋遗稿十二卷 明刘世教撰 ⑱集799

刘　祚 一五三九（嘉靖十八）年刊山陵赋一卷 明颜木撰 ⑱集648

南丰刘冠寰 一六二一—一六二七（天启）年刊水云村泯稿三十八卷 刘埙撰 ㉑111

刘　逊 一四八四（成化二十）年刊文山先生集杜诗二卷 宋文天祥撰 附录一卷 ⑱集395

刘　逊 一五〇三（弘治十六）年刊独断二卷 汉蔡邕撰 ①3681

刘　珙 一五五九（嘉靖三十八）年刊五鹊别集二卷 明卢宁撰 ⑱集694

建邑书林刘莲台 刊重刻翰林校正资治通鉴大全二十卷 明唐顺之删定张谦厘正 ⑱史126

刘起龙 一五二五（嘉靖四）年刊颐庵居士集二卷 宋刘应时撰 ①1053

刘起宗 一五五四（喜靖三十三）年刊东川刘文简公集二十四卷 明刘春撰 ⑱集604

刘　钺 一四七〇（成化六）年刊两谿文集二十四卷 明刘球撰 ⑱集574

庐陵刘铎 一六二八—一六四四（崇祯）年刊来复斋稿十卷 明刘铎撰 ㉑115

刘倬马千乘 一五八〇（万历八）年刊琼台会稿十二卷 明丘濬撰 ⑱集585

刘效祖 一五七七（万历五）年刊严石谿诗稿六卷 明严怡撰黎尧勋辑 ⑱集728

建安刘宽裕 刊文公先生资治通鉴纲目五十九卷 宋朱熹撰尹起莘发明元汪克宽考异 ⑱史118

刘　祥 一五〇二（弘治十五）年刊史钺二十卷 明晏璧撰 ⑱史1515

刘廖 一六二九（崇祯二）年刊鹤鸣集三十五卷 明刘伯燮撰 ⑱集741

庄继先 明末校刊炮炙大法 明缪希雍撰 ㉚202

刘鸿英 刊刘子威杂俎十卷 明刘凤撰 ⑰K14952

刘　淑 一六二八—一六四四（崇祯）年刊来复斋稿十卷 明刘铎撰 附录一卷 ⑱集814

刘　维 一五八一（万历九）年刊史记一百三十卷 汉司马迁撰 ⑱史15

黄县**刘琪**　一五二二—一五六六（嘉靖）年刊五鹊别集二卷　明卢宁撰　⑭

刘　琬　一五〇四（弘治十七）年刊定庵集五卷　明张悦撰　荣寿录一卷　⑱集587

书林**刘朝爵**　刊新刻施太史评释举业古今摘粹玉圃龙渊十卷　明施凤来辑　⑱子857

建邑书林**刘雅夫**　刊重镌徽郡官板翁太史补选文公家礼八卷　明翁正春撰　⑱经221

建邑书户**刘辉**　一五二二（嘉靖元）年刊诗经大全二十卷纲领一卷图一卷　明胡广等辑　⑱经138

刘　辉　一四八六（成化二十二）年刊虎丘山志一卷　明王宾撰　总集一卷　明王宾辑　①12335

刘景韶　一五五九（嘉靖三十八）年刊三辅黄图六卷　⑱史1050

刘儁孺刘鸿英　一五七三—一六二〇（万历）年刊刘子威玄应录释教篇六卷　明刘凤撰　①638

刘储秀　一五三八（嘉靖十七）年重修古今韵会举要三十卷礼部韵略七音三十六母通考一卷　元熊忠撰　⑱经471

刘　鈗　一五二四（嘉靖三）年刊古直先生文集十六卷　明刘玥撰　附录一卷　⑱集581

刘　㑊　一四六九（成化五）年刊铁崖先生古乐府十六卷　元杨维祯撰　⑱集516

刘舜臣　明末刊新刻注释孔子家语宪四卷　明陈际注释　⑱子23

北京国子监**刘道秋**杨道宾方从哲　一五九八（万历二十六）年刊史记一百三十卷　汉司马迁撰　㉓3

刘　谦　一四四〇（正统五）年刊梅溪先生廷试策一卷奏议四卷文集二十卷后集二十九卷　宋王十朋撰　附录一卷　⑱集339

刘瑞曹山　一五二一（正德十六）年刊仪礼经传通解三十七卷　宋朱熹撰　续二十九卷　宋黄榦杨复撰　⑱经216

刘戡之　一五七三—一六二〇（万历）年刊止啼斋集一卷　明释如愚撰　⑱集832

刘锡玄　一六一七（万历四十五）年自刊颂帚居士戒草一卷　明刘锡玄撰　⑱集804

刘　貊　一四三〇（宣德五）年增修覆瓿集二十四卷　明刘基撰　⑱集527

刘　溱　一五六四（嘉靖四十三）年刊两大儒语录四卷　明王学谟辑　①8906

刘　溱　一五六六（嘉靖四十五）年刊遵岩先生文集四十一卷　明王慎中撰　⑱集666

刘　缙　一五三五（嘉靖十四）年刊定山先生集十卷　明庄昶撰　⑱集594

刘　斐　一五一四（正德九）年刊太玄本旨九卷　明叶子奇撰　⑱子334

刘　稳　一五六六（嘉靖四十五）年刊武溪集二十一卷　宋余靖撰　⑱集198

刘塾 一五三三（嘉靖十二）年刊春雨轩诗正集九卷 明刘炳撰 附集一卷 ⑱集545

刘肇麟 一六四一（崇祯十四）年刊篆林肆考十五卷 明郑大郁辑 ⑱经447

刘璋 一五〇五（弘治十八）年刊龙云先生文集三十二卷 宋刘弇撰 附录一卷 ⑱集280

刘毅 一六〇三（万历三十一）年刊龙惕书一卷 明季本等撰 ⑱集1722

刘鹤冲 一六〇〇（万历二十八）年刊重修鸡土集诗二卷文四卷 明刘乾撰 ⑱集688

刘畿 一五四九（嘉靖二十八）年刊刘文恭公诗集六卷 明刘铉撰 行实一卷 ⑱集568

刘檄 一四五〇（景泰元）年刊高太史大全集十八卷 明高启撰 ㉙236

刘懋勋 一六二二（天启二）年刊删定武库益智录二十卷 明何东序辑 ⑱子122

刘爵杭钟 一五六三（嘉靖四十二）年刊太上老君说常清静经一卷 明孙玄清注 ⑱子1053

刘翼南 一三九八（洪武三十一）年刊密庵诗藁五卷文藁五卷 明谢肃撰 ⑱集533

刘鳞长 一六三八（崇祯十一）年刊闽学宗传不分卷 明刘廷焜撰 ⑱史459

刘氏 一五七三—一六二〇（万历）年家刊刘子威集（存八种六十八卷） 明刘凤撰 ⑱丛595

金川刘氏 刊金刚般若波罗蜜经一卷 后秦释鸠摩罗什译 ⑱子885

乔山刘氏 一五七三—一六二〇（万历）年刊新刻闇然堂类纂皇明新故事六卷 明潘士藻撰 ⑱子663

书林刘氏 刊新刊勿听子俗解八十一难经后集一卷 明熊宗立撰 ⑱子182

刘氏 刊文章轨范七卷 宋谢枋得辑 ⑱集1611

刘氏 一四八〇（成化十六）年刊草窗集二卷 明刘溥撰 ⑱集586

刘氏 一五六五（嘉靖四十四）年刊本草蒙筌十二卷 明陈嘉谟撰 ㉚163

齐之鸾 一五二二—一五六六（嘉靖）年刊唐语林八卷 宋王谠撰 见古籍出版社本《唐语林》

齐宗道 一五四四（嘉靖二十三）年刊医闾先生集九卷 明贺钦撰 附录一卷 ⑱集593

庄应祯夏道南 刊奚囊蠹馀二十卷 明张瀚撰 ①1279

庄若华 一六一六（万历四十四）年刊庄击壤公诗集一卷 明庄希俊撰 附录一卷 ⑱集551

庄诚 一五九六（万历二十四）年刊太史升菴文集八十一卷目录二卷 明杨慎撰 ⑱集639

庄襗 刊礼记三十卷 ⑱经189

庄起元 一六二二（天启二）年刊阳宅祕传三书三卷 ⑱子348

庄继光 明末刊炮灸大法一卷附用药凡例一卷 明缪希雍撰 ㉚202

庄继光 一六三二（崇祯五）年重修尚书日记十六卷 明王樵撰王肯堂编 ⑱经113

延陵**庄绶光** 一六二二（天启二）年刊广笔记十五卷 明丁元荐辑 炮灸大法一卷用药凡例一卷 明缪希雍撰 ④3470

庄概吴晟 一五〇四（弘治十七）年刊欧阳行周文集十卷 唐欧阳詹撰 ⑱集105

庄毓庆 一六〇九（万历三十七）年刊圭峰卢先生集二卷 元卢琦辑 ⑱集485

庄□□ 一五九二（万历二十）年刊纪効新书十四卷 明戚继光撰 ⑱子122

庄氏 刊先醒斋医学广笔记三卷附一卷 明缪希雍撰丁元荐编 ㉚325

关世亨 一六〇七（万历三十五）年刊翰林节摘性理粹言十卷 明吕柟辑 ⑱子82

江一夔 一五九一（万历十九）年刊明诗正声六十卷 明卢纯学辑 ⑱集1707

江元禔 一六一三（万历四十一）年刊韩君平集三卷 唐韩翃撰 ⑱集92

江世资 一六〇八（万历三十六）年刊新刻仲祥吴景鸾先生解议秘诀一卷 题宋吴景鸾撰 ⑱子351

江北 一六〇五（嘉靖三十三）年刊读史愚见四卷 明赵宸撰 ⑱史1518

江志省 一五八二（万历十）年刊庚辰进士少薇许先生窗稿一卷会试墨卷一卷 明许弘纲撰唐卿评 ①15196

婺源**江应晨** 一五二三（嘉靖二）年刊秘传天禄阁寓言外史八卷 汉黄宪撰宋韩洎赞 ㉑89

江沂 一四七五（成化十一）年刊桯史十五卷 宋岳珂撰 ①8695

江学诗 一五九六（万历二十四）年刊鲁斋遗书十四卷 元许衡撰 ⑰K15070

江起鹏 一六〇四（万历三十二）年自刊近思录补十四卷 明江起鹏撰 ⑱子59

清江县儒学**江宾** 一四三三（宣德八）年刊理学类编八卷 明张九韶撰 ㉑98

江盈科 一六〇〇（万历二十八）年自刊雪涛阁集十四卷 明江盈科撰 ⑱集779

新都**江湛然** 一六一八（万历四十六）年刊少室山房全稿一百八十九卷 明胡应麟撰江湛然编 ⑱丛607

江德新江德中 一六三八（崇祯十一）年刊对问编八卷 明江应晓撰 ①15255

岭南书林**江殿卿** 一五九五（万历二十三）年刊纪効新书十八卷首一卷 明戚继光撰 ⑱子123

池白水 一六二八—一六四四（崇祯）年刊新刊谭友夏合集二十三卷 明谭元春撰张泽等评 ⑱集856

池显方 一六四一（崇祯十四）年自刊晃岩集二十二卷 明池显方撰 ⑱集855

汤开远 一六一八（万历四十六）年刊临川汤若士先生玉茗堂尺牍六卷绝句选二卷 明汤显祖撰 ⑱集767

汤日昭 一六〇六（万历三十四）年刊太史升菴遗集二十六卷 明杨慎撰 ⑱集639

汤世隆 一五八二（万历十）年刊金刚般若波罗蜜经二卷 后秦释鸠摩罗什译 ⑱子935

汤　沐 一五九四（万历二十二）年刊新刊社塾启蒙礼教类吟六卷 明柳应龙撰 ⑱子579

汤　易 一五四九（嘉靖二十八）年刊选诗三卷 明李念辑 ⑱集1582

临川**汤显祖** 一六一九（万历四十八）年刊花间集四卷 五代赵崇祚辑明汤显祖编 ㉑107

汤宾尹詹应凤等 刊大佛顶如来密因修证了义诸菩萨万行首楞严经十卷 题唐释般剌密帝弥伽释伽译 ⑱子930

汤　琛 一四七四（成化十）年刊使规一卷附使缅录一卷 明张洪撰 ㉙2731

金阊**安少云** 一五七三—一六二〇（万历）年刊古文奇赏二十二卷 明陈仁锡选评 ③文150/767.4

安如山 一五六六（嘉靖四十五）年刊老子臆二卷 明王道撰 ⑱子1009

安如石 一五四九（嘉靖二十八）年刊南丰曾先生文粹十卷 宋曾巩撰 ⑱集218

安如坤 一五九五（万历二十三）年刊武夷山志十卷附录一卷 明江维桢撰 ⑱史1018

安如磐 一五五五（嘉靖三十四）年刊念菴罗先生文集四卷 明罗洪先撰 ⑱集670

安希尧 一五六六（嘉靖四十五）年刊海上老人别集二卷 明喻时撰 ⑱集688

安茂卿 一五七三—一六二〇（万历）年刊南北史续世说十卷 唐李厚撰 ①6924

无锡**安国** 一五〇六—一五二一（正德）年刊石田诗选十卷 明沈周撰华汝德辑 ⑱集607

安国贤 一六三九（崇祯十二）年刊辕门十咏二卷 明朱成等撰 ⑱集1709

安国谟 一六三三（崇祯六）年刊韩柳全集一百四卷 明蒋之翘辑注 ⑤

安绍芳 一五七一（隆庆五）年刊纂补春秋诸名臣传十三卷 明姚咨撰 ①8844

安绍芳 一六一九（万历四十七）年自刊西林全集二十卷 明安绍芳撰 ①12534

安嘉善 一五七三（万历元）年刊斛山杨先生遗稿四卷 明杨爵撰杨采辑 ⑱集674

安　璜 一六三六（崇祯九）年刊西林纂一卷 明安绍芳辑 ⑱集1786

许子桂等 一五九八（万历二十六）年刊乐吾韩先生诗一卷 明韩贞撰 遗事一卷 ⑱集729

许天叙等　刊六书索隐五卷　明杨慎撰　⑱经441

许中麓　一三八六（洪武十九）年自刊光岳英华十五卷　明许中麓辑　①4788

许　仁　一四八四（成化二十）年刊三苏先生文集七十卷　⑱集1857

许立言　一六一一（万历三十九）年刊许文穆公集六卷　明许国撰叶向高方从哲辑　⑱集720

许邦铎　一六二八—一六四四（崇祯）年重刊汪氏医学七种　明汪机撰　⑥子79

海宁**许相卿**　一五八七（万历十五）年刊史汉方驾三十五卷　明许相卿撰　⑪910.9117/0842

许自表　一六三四（崇祯七）年刊克薪堂诗集九卷文集十三卷首一卷　明郑之玄撰　⑱集850

许自昌　一六〇二（万历三十）年刊分类补注李太白诗二十五卷　唐李白撰宋杨齐贤集注　⑱集58

许自昌　一六〇二（万历三十）年自刊李杜全集四十八卷　明许自昌编　⑱集1438

许自昌　刊太平广记五百卷目录十卷　宋李昉等辑　⑱子738

许应元　一五五七（嘉靖三十六）年刊寒村集四卷　明苏志皋撰　⑱集678

许　忠　一五二三（嘉靖二）年刊石山医案三卷　明陈桷辑　附录一卷　①13014

许国秀　一六一七（万历四十五）年刊武功县志四卷　明康海纂　⑱史841

许国诚　一六〇〇（万历二十八）年重修古今韵会举要三十卷礼部韵略七音三十六母通考一卷　元熊忠撰　⑱经471

许　岳　一五六三（嘉靖四十二）年刊岳阳风土记一卷　宋范致明撰　①18262

许　岳　一五八三（万历十一）年刊御史大夫张公定变录六卷　明许岳辑　⑱史482

许岳英王洪　一四八六（成化二十二）年刊续宋论三卷　明蒋谊撰　⑱史1516

关中**许宗鲁**　一五二八（嘉靖七）年刊吕氏春秋二十六卷　汉高诱撰　⑱子497

许宗鲁　一五二八（嘉靖七）年刊太白山人诗五卷　明孙一元撰　⑱集632

许孟仁　一四九七（弘治十）年刊道德会元二卷　元李道纯撰　⑱子1008

许钦赋　一六〇四（万历三十二）年刊白沙先生全集二十一卷　明陈献章撰　⑱集581

许泰和　一五三〇（嘉靖九）年刊鲁斋先生集六卷　元许衡撰　⑱集443

许　清　一四九二（弘治五）年刊方洲张先生文集四十卷　明张宁撰　⑱集585

许翔凤　一五一四（正德九）年刊上蔡先生语录三卷　宋谢良佐撰　⑱子56

许　顒　一四七〇（成化六）年刊圭塘小藁十三卷别集二卷续集一卷　元许有壬撰　附录一卷　⑱集474

许　僖　一六二八（崇祯元）年刊疡科选粹八卷　明陈文治撰　⑱子234

许　鶡　一五六三（嘉靖四十二）年刊龙石诗集□卷文卷□卷　明许成名撰　⑱集640

许　锵　一六二八（崇祯元）年刊宋史阐幽二卷　明许浩撰　⑱史1517

许　镛　一六四〇（崇祯十三）年刊丛青轩集六卷　明许獬撰　⑱集794

许　氏　一六三七（崇祯十）年刊丁卯集二卷　唐许浑撰明雷起剑评　⑱集153

泰和**祁子章**　刊名世文宗三十卷　明胡时化选辑陈仁锡订正　⑪NC5235/4362.72

祁司员彭哲　一四九七（弘治十）年刊新安文献志一百卷先贤事略二卷目录二卷　明程敏政辑　⑱集1788

祁理孙　一六四四（弘光元）年刊先大夫世培府君殉节述一卷　明祁理孙辑　①10464

阮元声　一六三二（崇祯五）年刊宋鲁斋王文宪公遗集十二卷　宋王柏撰　⑱集397

阮尚宾　一五九四（万历二十二）年刊海刚峰先生集六卷政事四卷　明海瑞撰　⑱集708

郢中**阳白居士**　一五八三（万历十一）年刊重刊人子须知资孝地理心学统宗三十九卷　明徐善继徐善述撰　⑯294.2/652

阴成文　一五三〇（嘉靖九）年刊医闾先生集九卷　明贺钦撰　⑱集593

阴大有　一五七三—一六二〇（万历）年刊武夷同亭诗蜕一卷　明闵龄撰　⑱集748

崇德圆通庵释**如彩**　一五七五—一五八九（万历三—十七）年刊大明万历乙亥重刊改并五音类聚四声篇十五卷万历己丑重刊改并五音集韵十五卷　金韩道昭撰　新编经史正音切韵指南一卷　元刘鉴撰　新编篇韵贯珠集一卷　明释真空撰　⑱经469

释**如岩**　一六〇五（万历三十三）年刊禅宗正脉十卷　明释如卺撰　⑱子957

明释**如卺**　一四七八（成化十四）年刊万善同归集三卷　宋释延寿撰　⑱子955

明释**如卺**　一四九九（弘治十二）年刊镡津文集二十二卷　宋释契嵩撰　⑱集205

释**如湛**等　一六一二（万历四十）年刊折疑论述注一卷续增折疑论颂诗一卷　元释洪智撰　⑱子989

释**如慧**　一五八五（万历十三）年刊大慧普觉禅师书二卷　宋释宗杲撰　⑱子964

孙一奎　一五九〇（万历十八）年刊罗子要录一卷　明罗汝芳撰　⑱子86

孙士元　一六三八（崇祯十一）年刊事编内篇八卷　明孙慎行撰　⑱史412

孙大绶　一五八五（万历十三）年刊南华真经副墨八卷读南华真经杂说一卷　明陆西星撰　⑱子1018

孙及祖　一五八五（万历十三）年刊见素集五十七卷　明林俊撰　⑪NC5428/4924

孙之益　一六一〇（万历三十八）年刊彭东泷先生遗稿四卷　明彭教撰　⑱集587

孙之獬等　一六四二（崇祯十五）年刊楞伽阿跋多罗宝经宗要四卷　明释妙登撰　⑱子934

孙文龙　刊集千家注杜工部诗集二十卷文集二卷　唐杜甫撰宋黄鹤补注　⑪811.144/7281.3

孙以宁　一四四〇（正统五）年刊蒲菴集六卷　明释来復撰　幻菴诗一卷　明释法住撰　⑱集555

孙世昌　一六一九（万历四十七）年刊武夷志略四卷　明徐表然撰　⑱史1018

孙世荣　一四六八（成化四）年刊校定详增音训周礼句解十二卷　宋朱申撰　⑱经171

孙世瑞孙世宁　一六四三（崇祯十六）年刊白谷山人诗钞二卷　明孙传庭撰　⑱集820

孙可望　一六五五（永历九）年刊金刚般若波罗蜜经一卷　后秦释鸠摩罗什译　⑱子893

孙平仲　一五九八（万历二十六）年刊汉隽十卷　宋林钺辑　⑱史708

孙弘范　一六一〇（万历三十八）年刊增修埤雅广要四十二卷　宋陆佃撰明朱衷增修孙成名重订　⑱经394

孙　耒　一五三六（嘉靖十五）年刊林泉高士孙西川诗稿一卷　明孙艾撰　⑱集657

孙成名　一六〇四（万历三十二）年刊新镌厚生训纂二卷　明周臣编　⑱子252

孙尧亮　一五二二—一五六六（嘉靖）年刊丹溪先生医书纂要二卷　元朱震亨撰明卢和注　㉚320

孙传庭　一六三八（崇祯十一）年自刊鉴劳录一卷　明孙传庭撰　①4473

孙传庭　刊句注山房集二十卷　明张凤翼撰　⑱集810

孙　旬　一五八四（万历十二）年自刊皇明疏抄七卷　明孙旬辑　⑱史346

孙如游　一六一二（万历四十）年刊方正学先生逊志斋集二十四卷外纪二卷　明方孝孺撰　⑯846.1/626

孙克弘孙友仁　刊孙文简公瀼溪草堂稿五十八卷　明孙承恩撰　①1657

孙克弘　一五七〇（隆庆四）年刊杨忠愍公集四卷　明杨继盛撰　⑱集697

孙克弘孙世鼐　一五七三—一六二〇（万历）年刊孙文简公瀼溪草堂集五十八卷　明孙承恩撰　⑱集642

孙　甫　一五一八（正德十三）年刊直讲李先生文集三十七卷　宋李觏撰　外集三卷年谱一卷门人录一卷　⑱集210

孙甫 一五三二（嘉靖十一）年刊许氏说文解字五音韵谱十二卷 宋李焘撰 ⑱经408

孙佐 一五一一（正德六）年刊唐文鉴二十一卷 明贺泰辑 ⑱集1681

孙应鳌 一五六三（嘉靖四十二）年刊西玄集十卷 明马汝骥撰 ⑱集649

孙应奎 一五三三（嘉靖十二）年刊大学衍义补摘要四卷 ⑱子68

孙应奎 一五七九（万历七）年刊栖溪稿八卷 明孙钥撰 ⑱集659

孙取益 一五五六（嘉靖三十五）年刊虚岩山人集六卷 明周诗撰 ⑱集730

孙杰 一五七三—一六二〇（万历）年刊皇明两朝疏抄十二卷 明贾三近辑 ⑱史346

孙明善 一六一二（万历四十）年刊楞伽阿跋多罗宝经四卷 明曾凤仪宗通 ⑱子933

孙昌裔 一六二一（天启元）年刊于忠肃公集十二卷 明于谦撰 附录四卷 ⑱集574

孙宗 一五五三（嘉靖三十二）年刊洞庭集五十三卷 明孙宜撰 ⑱集676

孙学古 一五五二（嘉靖三十一）年刊庸言十二卷 明黄佐撰 ①1191

孙宜孙孙顺孙 一六二八—一六四四（崇祯）年重修香国楼精选萋萱草十卷 明孙徵兰撰 ⑱集853

孙居相 一六〇七（万历三十五）年刊艺林伐山二十卷 明杨慎撰 ①6405

孙孟 一五五四（嘉靖三十三）年刊丰山集四十卷 明孙存撰 ⑱集643

孙承义 刊新镌易经家训六卷 明王纳谏撰 ①5865

孙昭 一五五六（嘉靖三十五）年刊王鹤泉集八卷 明王健撰 ⑱集687

孙科 一五七〇（隆庆四）年刊陶氏世吟草七卷 明陶铨等撰 ①12841

孙泰来孙朋来 刊医旨绪馀二卷 明孙一奎撰 ①12108

孙旱 一五二八（嘉靖七）年刊岁寒集二卷 明孙瑀撰 附录一卷 ⑱集572

孙玺 一五〇九（正德四）年刊古乐府十卷 元左克明辑 ⑱集1572

孙涛 一五五三（嘉靖三十二）年刊太上感应灵篇一卷 ⑱子1058

孙悟 一五三七（嘉靖十六）年刊蒙求续编二卷 明孙绪撰李际可注 ⑱子838

孙能正 一六一七（万历四十五）年刊谥法纂十卷 明孙能传撰 ①9471

孙继芳 一五九二（万历二十）年刊新刻大明一统志集略不分卷 明孙麟辑 ⑱史730

孙琏汤齐 一四七八（成化十四）年刊东谷遗藁十三卷 明汤胤勣撰 ⑱集586

孙隆孙孙启贤 一六二一—一六二七（天启）年刊香国楼精选䨥叠草□卷 明孙徵兰撰 ⑱集853

孙 隆 一五九五（万历二十三）年刊通鉴总类二十卷 宋沈枢辑 ①4223

孙维城 一五九〇（万历十八）年自刊韵释便览五卷 明孙维城辑 ⑱经480

孙斯亿 一五四九—一五五〇（嘉靖二十八—二十九）年刊洞庭集五十三卷 明孙宜撰 ⑱集676

孙斯传 一六〇二（万历三十）年刊洞庭渔人续集十六卷 明孙宜撰 ⑱集676

孙朝肃 一六一七（万历四十五）年刊刻孙齐之先生松韵堂集十二卷 明孙七政撰 ⑱集732

孙景康 一四四三（正统八）年刊徐仙真录五卷 明方文照撰 ⑱子1058

丰城孙梗 一五八五（万历十三）年刊钓台集二卷 明杨来辑 ㉑104

孙鹏初 一五九五（万历二十三）年刊遁言十七卷 明孙宜撰 ①1488

孙震卿 刊文选删注旁训十二卷 明冯梦祯撰 ⑱集1558

孙 爆 一六三一（崇祯四）年刊春秋四传三十八卷纲领一卷提要一卷列国东坡图说一卷 ⑱经274

孙懋机等 刊蕖塘闲草十卷 明孙铨撰 ⑱集687

孙 鼾 一五二八（嘉靖七）年刊岁寒集二卷 明孙瑀撰 附录一卷 ①1191

纪五常 刊批点孟子书二卷 题宋苏洵批点 ⑱经310

纪汝清 一六一八（万历四十六）年刊资治通鉴日抄十七卷 明吕邦耀撰 ⑱史115

七 画

杜士雅 刊明椒山杨忠愍公集四卷 明杨继盛撰 附一卷 ⑱集697

杜 构 一五六七（隆庆元）年刊唐宋四大家文抄八卷 明陆粲编 ⑱集1378

杜 诗 一五五二（嘉靖三十一）年刊鲍氏国策十卷 宋鲍彪校注 ⑱史214

杜 思 一五六五（嘉靖四十四）年刊徐幹中论二卷 汉徐幹撰 ⑱子46

杜 思 一五二二—一五六六（嘉靖）年自刊革朝遗忠录二卷附录一卷 明杜思撰 ①1114

杜 澳 一六一三（万历四十一）年刊杜诗分类五卷 明傅振商辑 ⑪811. 144/2350

杜　蕣　刊春秋四传三十八卷纲领一卷提要一卷东坡地理图说一卷春秋二十国年表一卷　⑱经274

杨一清于睿　一四九九（弘治十二）年刊孟东野诗集十卷　唐孟郊撰　⑱集136

福建建宁府知府曲梁**杨一鄂**　刊周易二十四卷　宋程颐传朱熹本义　⑪091.9/2671

杨一清　一五〇四（弘治十七）年刊司牧安骥集五卷　⑱子157

杨一桂　一五九四（万历二十二）年补修呆斋前稿十六卷存稿十卷续稿五卷　明刘定之撰　⑱集577

杨九如　一五七三—一六二〇（万历）年刊小儿推拿秘旨　明龚廷贤撰　㉚150

杨九经　刊新锲郑孩如先生精选先秦两汉旁训便读六卷　明郑维岳辑　⑱集1647

杨士开　一五四三（嘉靖二十二）年刊玉台新詠十卷　陈徐陵辑　续五卷　明郑玄抚辑　⑱集1569

泰和**杨士奇**　一四三六（正统元）年刊可闲老人集四卷　张昱撰　㉑115

杨上林　一五三八（嘉靖十七）年刊楚辞集注八卷　宋朱熹撰　⑱集6

杨之森　明末刊广成子鬻子合刻三卷　明杨之森编　⑱子489

书林**杨小闽**　刊合刻诸名家评点老庄会解十一卷　明潘基庆撰　⑱子1001

杨子龙　一五二二—一五七二（嘉靖—隆庆）年刊唐一庵杂著十二种十三卷　明唐枢撰　①8960

杨云鹤　一六三三（崇祯六）年自刊今文韵品二卷　明杨云鹤辑　⑱集1725

杨见晙　刊重刻杨复所先生家藏文集八卷续刻杨复所先生家藏文集八卷　明杨起元撰　⑱集755

杨　凤　一五一二（正德七）年刊金华正学编十卷　明赵鹤辑　⑱集1808

书林**杨文高**　刊新刊京本通俗演义全像百家公案十卷一百则　明安时遇撰　⑱子757

杨为栋　一五七三—一六二〇（万历）年刊唐骆先生文集六卷　唐骆宾王撰　⑱集41

杨　可　一五五二（嘉靖三十一）年刊钤山堂诗选四卷　明严嵩撰杨慎辑并评　⑱集626

杨　可　刊庐阳客记一卷金山杂志一卷　明杨循吉撰　①1694

杨可教等　一五五七（嘉靖三十六）年刊洪范浅解十一卷　明程宗舜撰　⑱子371

杨东眼　刊青琐荩言二卷　明杨东明撰　⑱史373

杨东野　刊梅花集咏一卷　明杨元溥撰　①14055

书林**杨归仁**　一五六一（嘉靖四十）年刊新编古今事文类聚前集六十卷后集五十卷续集二

十八卷别集三十二卷 宋祝穆辑 新集三十六卷外集十五卷 元富大用辑 ⑱子806

杨四知 一五九九（万历二十七）年刊宋苏文忠公集选三十卷 宋苏轼撰明崔邦亮辑 ⑱集258

杨仪石橡 一五〇八（正德三）年刊黎阳王太傅诗选一卷 明王越撰杨仪辑 ⑱集584

杨师孔 一六二五（天启五）年刊礼记意评四卷 明朱泰祯撰 ⑱经200

杨光训 一六〇三（万历三十一）年刊骊山集十四卷 明赵统撰 ⑱集684

杨廷枢 一六三九（崇祯十二）年刊参筹秘书十卷 明汪三益辑注 ⑱子347

杨廷采 一六〇七（万历三十五）年刊张陆二先生批评战国策抄四卷 明阮宗孔删注 ⑱史701

杨廷筠 一六〇七（万历三十五）年刊省括编二十三卷 明姚文蔚编 ⑪971.06/4204

杨　名 一五三三（嘉靖十二）年刊三贤集三卷 明杨名辑 ⑱集1616

杨守阯 一五〇五（弘治十八）年刊梅读先生存稿十卷 明杨自惩撰 附录一卷 ⑱集568

杨　芳 一六〇二（万历三十）年刊殿粤要纂四卷 明杨芳詹景凤纂修 ①553

杨　抚 一五三一（嘉靖十）年刊学约古文三卷 明岳伦辑 ⑱集1614

杨　抡 一六〇九（万历三十七）年自刊琴谱合璧二种三卷 明杨抡辑 ⑱子446

杨时乔 一五六七（隆庆元）年自刊两浙南关榷事书不分卷 明杨时乔撰 ⑱史1319

杨时乔 一五九四（万历二十二）年自刊新刻马书十四卷 明杨时乔撰 ⑱子157

杨时伟 一六一九（万历四十七）年自刊合刻忠武靖节二编二十一卷 明杨时伟编 ⑱集1363

安福**杨时祥** 一五七三—一六二〇（万历）年刊大象观二卷 明刘元卿撰 ㉑123

杨　岑 一六〇二（万历三十）年刊梦山存家诗稿八卷 明杨巍撰 ⑱集702

杨应聘黄洽中 刊医便二卷附一卷 明王三才辑 刘世赏增辑 ⑱子222

杨　宏 一五二八（嘉靖七）年刊漕运通志十卷 明谢纯撰 ⑱史1320

杨良弼 一五八三（万历十一）年刊纯阳吕真人文集八卷 唐吕嵒撰 ⑱子1051

杨君贶 一六一〇（万历三十八）年刊六书本义十二卷图一卷 明赵撝谦撰 ⑱经440

杨君贶 一六二九（崇祯二）年刊忍书一卷 元吴亮撰 ⑱子697

杨际熙 一五八二（万历十）年刊国语二十一卷 吴韦昭注宋宋庠补音 ⑱史210

杨武 一五〇六（正德元）年刊石林燕语十卷 宋叶梦得撰 ⑱子528

杨坦 一五九七（万历二十五）年刊寄闲堂稿四卷 明杨宗气撰 ⑱集732

杨茂仁 一四九九（弘治十二）年刊杨文懿公文集三十卷 明杨守陈撰 ⑱集583

杨贤 一五四八（嘉靖二十七）年刊汉蔡中郎集六卷 汉蔡邕撰 ⑱集17

书林**杨鸣凤** 刊新刊地理捷要厘正雪心赋一卷 题唐卜应天撰 ④9593

杨明盛 一六〇一（万历二十九）年自刊诗余类集四卷 明杨明盛辑 ⑱集2005

杨昌文 一六四〇（崇祯十三）年自刊三鳣堂篆韵正义五卷 明杨昌文撰 ⑱经447

杨昌祚等 一六四二（崇祯十五）年续刊梅季豹居诸集八卷居诸二集十四卷 明杨守箕撰 ⑱集825

杨秉正王民皞 一六一八（万历四十六）年刊事言要玄天集三卷地集八卷人集十四卷事集四卷物集三卷 明陈懋学辑 ⑱子858

杨金 一五五四（嘉靖三十三）年刊草堂诗馀前集二卷后集二卷 宋何士信辑 ⑱集1996

杨宗业 一五七三—一六二〇（万历）年刊道德经二卷 题唐纯阳道人注 ⑱子1006

杨宗吾 一六〇四（万历三十二）年刊异鱼图赞四卷 明杨慎撰 ⑰K14927

杨宗吾 一六〇五（万历三十三）年刊滇程记一卷 明杨慎撰 ⑱史1067

书林**杨居采** 刊红梨花记二卷 ⑱集2118

南丰**杨参** 一四七〇（成化六）年刊元丰类稿五十卷附录一卷 宋曾巩撰 ㉑110

杨经 一五六四（嘉靖四十三）年刊华阳国志十二卷 晋常璩撰 ⑱史220

杨昭亭 一六四二（崇祯十五）年刊续刻梅季豹居诸集八卷居诸二集十四卷 明梅守箕撰 ①1759

杨昶 一四七一（成化七）年刊理学类编八卷 明张九韶撰 ⑱子73

杨保 刊大復集十三卷 明何景明撰 ⑱集624

杨禹声 一六〇八（万历三十六）年刊乐府词余五卷 明黄峨撰 ⑱集2170

书林**杨帝卿** 刊新刻订补注释会海对类十九卷首一卷 ①12076

杨闻中 一六二一—一六二七（天启）年刊新刻杨端洁公文集二十卷 明杨时乔撰 ⑱集718

杨闽斋 刊重锓合并评注我朝元朝捷录二十二卷 ⑱史1521

杨美益 一五五九（嘉靖三十八）年刊刘氏二书三十卷 汉刘向撰（内有说苑二十卷新序十卷） ⑱子34

鄞县**杨美益** 一五七六（万历四）年在汾阳刊刘氏二书三十卷 明何良俊辑 ⑤

杨 宣 一六三三（崇祯六）年自刊剩草一卷 明杨宣撰 ①1778

杨祜李人龙 一五三九（嘉靖十八）年刊拟汉乐府八卷补遗一卷 明胡缵宗撰谷继宗辑解
　　邹颐贤评校 附录二卷 ⑱集635

杨 祜 刊白虎通德论二卷 汉班固撰 ①090.74/1160.2

书林**杨素卿** 一六三二（崇祯五）年刊春秋左传纲目定注三十卷 明李廷机撰 ⑱经249

书林**杨素卿** 刊天工开物三卷 明宋应星撰 ⑱史1354

杨起元牛桓 一五八二（万历十）年刊太极辨疑三卷 明孔学周撰 ⑱子88

杨 鑨 一五二二（嘉靖元）年刊龙皋文稿十九卷 明陆简撰 ⑱集592

晋陵**杨鑨九洲书屋** 一五二二—一五六六（嘉靖）年刊初学记三十卷 唐徐坚等辑 ⑱子785

杨梦衮 一六二〇（万历四十八）年自刊双清三卷 明杨梦衮撰 ①2198

杨 冕 刊白虎通德论十卷 汉班固撰 ⑱子507

杨 铨 一五二二—一五六六（嘉靖）年刊礼记集说十卷 元陈澔撰 ⑱经196

杨 綵 一五六九（隆庆三）年刊六家诗选十二卷 明杨巍编 ⑱集1398

杨维聪高叔嗣等 一五三六（嘉靖十五）年刊性理诸家解三十四卷 明杨维聪辑 ⑱子84

晋江**杨道会** 一六〇六（万历三十四）年在湖北刊本草纲目五十二卷附图二卷 明李时珍撰 ⑱子188

北京国子监**杨道宾**周如砥黄汝良 一六〇二（万历三十）年刊元史二百十卷目录二卷 明宋濂等撰 ㉓5

杨 谦 一五二七（嘉靖六）年刊孟东野诗集八卷 唐孟郊撰 ⑱集138

杨 瑞 一五七三—一六二〇（万历）年刊重刊草木子四卷 明叶子奇撰 ⑱子559

杨椿等 一五四六（嘉靖二十五）年刊韵苑考遗五卷 明陈士元撰 ⑱经479

杨龄生 明末刊明珠记二卷 明陆采撰陈继儒评 ⑱集2108

杨 煦 一五三三（嘉靖十二）年刊三苏文集七十一卷首一卷 宋苏洵苏轼苏辙撰 ⑱集1857

丰城**杨廉** 一五二二—一五六六（嘉靖）年自刊皇明理学名臣言行录三卷 明杨廉辑 ㉑100

杨慎韩宸 一五四二（嘉靖二十一）年刊广川画跋六卷 宋董逌撰 ①6866

杨 慎 一六〇九（万历三十七）年自刊杨升庵先生批点文心雕龙音注十卷 梁刘勰撰 明梅庆生音注杨慎批点 ①508

杨 椮 一五一四（正德九）年刊汝南诗话一卷 明强晟撰 ⑱集1887

杨 鄂 一六三八（崇祯十一）年刊大学衍义四十三卷 宋真德秀撰 ⑱子66

杨 肇 一五七九（万历七）年刊硕辅宝鉴要览四卷 明耿定向辑 ⑱史408

杨 璋 一五〇一（弘治十四）年刊司马温公经进稽古录二十卷 宋司马光撰 ①8012

杨震宗 一四三二（宣德七）年刊上清灵宝济度大成金书四十卷 明周思得辑 ⑱子1057

杨 德 一六一五（万历四十三）年刊弘山先生日录诗集十卷文集二卷 明杨士云撰 ⑱集650

杨德周 一六二八—一六四四（崇祯）年刊碧川文选八卷诗选八卷 明杨守阯撰 别录一卷 ⑱集600

杨德政 一五八八（万历十六）年刊杨文懿公文集二十六卷 明杨守陈撰 ⑱集583

杨 澄 一四九一（弘治四）年刊陈伯玉文集十卷 唐陈子昂撰 附录一卷 ⑱集43

武陵杨 鹤崔尔进 一五二二—一五二〇（万历）年刊唐文恪公文集十六卷 明唐文献撰 ⑱集769

杨 鹤 一五七三—一六二〇（万历）年刊楚辞集注八卷辩证二卷后语六卷 宋朱熹撰 ⑱集7

杨 鹤 一六一五（万历四十三）年刊唐诗解五十卷 明唐汝询辑 ⑱集1672

杨鹤 等一六一四（万历四十二）年刊弇州史料前集三十卷后集七十卷 明王世贞撰 ⑱史253

杨懋卿 刊产宝百问五卷 原题元朱震亨撰 ㉚451

杨 襄 一五六〇（嘉靖三十九）年刊偲庵诗集十卷文集十卷 明杨旦撰 附录一卷 ⑱集610

闽建邑书林杨璧卿 刊重刻翰林校正少微通鉴大全二十卷首一卷 宋江贽辑唐顺之删定 ⑱史114

杨 瞻 一五三八（嘉靖十七）年刊宝应县志略四卷 明宋佐闻人詮纂修 ⑲355

杨 巍 一五五〇（嘉靖二十九）年刊古乐府十卷 元左克明辑 ⑱集1572

闽建书林杨氏 一六〇六（万历三十四）年刊鼎镌燕台校板发微五星大全二卷 ⑱子370

海州杨氏 一五四五（嘉靖二十四）年刊医方集略七卷 明郭鉴撰 ㉚219

涿州杨氏 一五六七—一五七二（隆庆）年刊杨翰林集八卷 明杨淪撰 ㉓15

杨　氏　一六四三（崇祯十六）年刊宋儒杨龟山先生通纪二卷　明林兆兰蔡文琳辑　⑱史471

贡安国　一五六七（隆庆元）年刊三事忠告四卷　元张养浩撰　⑱史1099

贡修龄　一五七三—一六二〇（万历）年刊【隆庆】东阳县志十七卷　明郑准纂修　⑲429

贡靖国　刊贡文靖云林集十卷　元贡奎撰　附录一卷　①12228

贡靖国　一五七三—一六二〇（万历）刊贡理官南湖诗集二卷　元贡性之撰　⑱集509

花　屿　一六三〇（崇祯三）年刊五经约注五十二卷　明吴太冲等编　⑱经29

苏士润　一五六七（隆庆元）年刊念菴罗先生文集八卷外集十五卷别集四卷　明罗洪先撰　⑱集670

苏万民　一五七九（万历七）年刊九华山志□卷图一卷　明孙檖撰　④8947

苏天爵　一四八八—一五〇五（弘治）年刊豫章黄先生文集三十卷外集十四卷别集二十卷简尺二卷词一卷　宋黄庭坚撰　伐檀集二卷　宋黄庶撰　山谷先生年谱三十卷　⑱集263

苏　祐　一五四二（嘉靖二十一）年刊古赋辨体十卷　元祝尧辑　⑱集1602

苏　祐　一五六八（隆庆二）年刊范东文集十二卷　明刘隅撰　⑱集664

苏起雒　一六一九（万历四十七）年刊缉玉录五卷　明傅振商辑并评　⑱集1715

苏继白以道　一五四九（嘉靖二十八）年刊孤竹宾谈四卷　明陈德文撰　⑱子581

苏葵艾杰　一五〇三（弘治十六）年刊太学新编黼藻文章百段锦二卷　宋方颐孙辑　⑱集1880

苏　潢　一五九七（万历二十五）年刊内方文集五卷　明童承叙撰　⑱集652

苏　桦　一四七三（成化九）年刊武溪集二十一卷　宋徐靖撰　⑱集198

李一中　一五三四（嘉靖十三）年刊初唐诗三卷　明樊鹏辑　⑱集1668

李一公　一六二六（天启六）年刊华阳国志十二卷　晋常璩撰　⑱史221

李一阳　一五八五（万历十三）年刊春秋事义全考十六卷　明姜宝撰　⑱经278

南昌县**李一爌**　一六二一—一六二七（天启）年刊大明会典不分卷　明申时行等撰　㉑79

李人龙　一五四〇（嘉靖十九）年刊拟汉乐府八卷　明胡缵宗撰　⑰56－47700

丰城**李九畴**　一六二八—一六四四（崇祯）年刊西野遗稿十四卷　明李玑撰　㉑105

李三才　一六〇九（万历三十七）年刊重刊补订四书浅说十三卷　明陈琛撰　⑱经330

李于鸿 一五九九（万历二十七）年刊娑罗园清语一卷 明屠隆撰 ⑱子574

李士奇 一六三三（崇祯六）年刊太乙山房文集十五卷 明陈际泰撰 ①5748

李大晋 一五七五（万历三）年刊临川汤显祖红泉逸草十一卷 明汤显祖撰 ⑱集767

仁和**李之澡** 一六一八（万历四十六）年刊江湖长翁文集四十卷 宋陈造撰 ⑱集359

李之材 一五七三—一六二〇（万历）年刊六朝馀韵八卷 明王良臣辑 ⑱子857

李之祥等 一五九九（万历二十七）年刊易经全题窾会编十三卷 明容宇光撰 ⑱经75

李子启 一六二三（天启三）年刊采蓝集四卷 明周应辰撰 ①17434

李开先 一五四七（嘉靖二十六）年自刊新编林冲宝剑记二卷 明李开先撰 ⑱集2108

李开先 一五六七（隆庆元）年刊乔梦符小令一卷 元乔吉撰 ⑱集2168

李开芳 一五七三—一六二〇（万历）年刊淡然轩集八卷 明余继登撰 ㉑35

古燕**李天麟** 一五八七（万历十五）年自刊词致录十六卷 明李天麟辑 ⑱集1623

李元阳 一五二二—一五六六（嘉靖）年刊十三经注疏三百三十五卷 ⑱经10

李元阳 一五七〇（隆庆四）年刊大方广佛华严经入不思议解脱境界普贤行愿品一卷 唐释般若译 ⑱子901

李元泗 一五九一（万历十九）年刊泗州大圣明觉普照国师传一卷 宋蒋之奇撰 ⑱子980

李元弼 一六一二（万历四十）年自刊江皋小筑集二卷江皋主人附稿一卷 明李元弼辑 ⑱集1819

李云宁 一六二八—一六四四（崇祯）年刊鸡肋删三卷 明李叔元撰 ⑱集776

李云鹄 一六〇七（万历三十五）年刊唐段少卿酉阳杂俎前集二十卷续集十卷 唐段成式撰 ①3691

李少泉 一六一六（万历四十四）年刊精选故事黄眉十卷 明邓志谟辑 ⑱子859

书林**李少泉** 刊四六狐白十六卷 明瞿九思陶望龄等撰 ⑱集1726

书林**李少渠** 刊秘传天禄阁寓言外史八卷 汉黄宪撰 ①8955

李日韡 一六二四（天启四）年刊李宪副维则录四卷 明李日茂撰 ⑱集770

李中余祜 一五二四（嘉靖三）年刊二程子全书五十一卷 宋程颢程颐撰 ⑱子53

吉水**李中**余祜 一五二二—一五六六（嘉靖）年刊二程子全书五十一卷 宋程颢程颐撰 ㉑119

李长庚 一六一五（万历四十三）年刊水经注笺四十卷 汉桑钦撰后魏郦道元注明朱谋㙔笺 ⑱史1025

李长春 刊尚书注疏二十卷 题汉孔安国传唐孔颖达疏陆德明释文 ⑪092. 2/1223

李从心 明末刊古文选粹十一卷 明吉人辑 ⑱集1626

李文芝 一五三九（嘉靖十八）年刊少泉诗集四卷 明王格撰 ⑱集669

李文兖 一五三〇（嘉靖九）年刊【嘉靖】尤溪县志七卷 明李文兖田顼修纂 ⑱史928

李为之 一六三五（崇祯八）年刊小柴桑喃喃录二卷 明陶奭龄撰 ①4599

李玉铉李玉钺 一六三四（崇祯七）年刊西野李先生遗稿十四卷 明李玑撰 ⑱集681

李世芳 一五四七（嘉靖二十六）年刊边政考十二卷 明张雨撰 ⑱史993

李右谏 一六〇五（万历三十三）年刊杨氏塾训六卷 明杨兆坊撰 ⑱子702

李　东 一五一九（正德十四）年刊蓝田吕氏遗书二卷 宋吕大钧撰 ①8143

李　东 一五二三（嘉靖二）年刊己有园小稿一卷 明鲁铎撰 ⑱集622

李东光 一五三八（嘉靖十七）年刊建宁人物传四卷 明李默撰 ⑱史460

李四维 一五八七（万历十五）年刊空同集六十三卷 明李梦阳撰 ⑱集612

李生光 一六二八（崇祯元）年刊儒者八字录二卷 明李文洁撰 ⑱子84

李生文张瑀 一六二一—一六二七（天启）年刊邹子存真集十二卷方外集一卷 明邹元标撰 ⑱集759

李　乐 一六〇一（万历二十九）年自刊拳匀园小刻二卷附录一卷 明李乐撰 ①583

李　乐 一六二八—一六四四（崇祯）年刊拳匀园小刻续附录一卷 明李乐撰 ①583

李玄机丘凤 一五〇七（正德二）年刊道德经讲义十二卷 宋吕知常撰 ⑱子1007

李玄晖邓嗣德 刊新订增补夷坚志五十卷 宋洪迈评明钟惺评 ①2876

李民顺 一五八四（万历十二）年刊唐丞相曲江张先生文集十二卷 唐张九龄撰 附录一卷 ⑱集46

李弘勋 一六一八（万历四十六）年重修成化李璋刻本古穰文集三十卷 明李贤撰 ⑱集576

李　发 一五三七（嘉靖十六）年刊升菴长短句三卷续集三卷 明杨慎撰 ⑱集1972

李再白毛应启 一六一四（万历四十二）年刊新锲订注孔子家语五卷 明路一麟撰 ⑱子23

李有则 一五二二—一五六六（嘉靖）年刊律吕别书一卷 明季本撰 ⑱经226

李存中来端蒙等 一五五七（嘉靖三十六）年刊文公家礼会成八卷 明魏堂撰 ⑱经220

李存信 一六〇六（万历三十四）年刊刻汉唐宋名臣录五卷 明李廷机编 ⑱史411

李存济 一六一二（万历四十）年刊伤寒六书 明陶华撰 ㉚68

李 成 一五三二（嘉靖十一）年刊东莱先生古文关键二卷 宋吕祖谦辑 ⑱集1605

李而进 一五四五（嘉靖二十四）年刊张文献公集十二卷 唐张九龄撰 ⑱集46

李贞等 一四二四（永乐二十二）年刊徐苏传二卷 明李庭贵辑王逊之增辑 ⑱史406

李 光 一四〇五（永乐三）年刊番阳仲公李先生文集三十一卷 元李存撰 ⑱集482

南昌李光祚 一五七三—一六二〇（万历）年刊王临川集一百卷 宋王安石撰 ㉑79

李光焕 一六二九（崇祯二）年刊内科正宗 ㉚408

温陵李光缙 一六一一（万历三十九）年刊许钟斗文集五卷 明许獬撰 ⑱集794

李廷芝 一四六九（成化五）年刊荆南倡和诗集一卷附录一卷 元周砥马治撰 ⑱集1700

李廷观 一五六六（嘉靖四十五）年刊广舆图叙一卷 明桂萼撰 ⑱史741

李廷海 刊新刊性理集要八卷 明詹淮辑 ⑱子86

李廷梧 一五〇二（弘治十五）年刊新语二卷 汉陆贾撰 ①4224

李廷梁 一六二五（天启五）年刊立斋遗文五卷 明邹智撰 附录一卷 ⑱集605

李廷楫 一五七四（万历二）年刊新刊庐陵诚斋杨万里先生锦绣策不分卷 题宋杨万里撰 ⑱集354

李廷谟 一六三〇（崇祯三）年刊北西厢五卷 元王德信撰明延阁主人订正 ⑱集2046

李 迁 一五七〇（隆庆四）年刊胡祭酒集十四卷 明胡俨撰 ⑱集564

李仲僎 一五五五（嘉靖三十四）年刊牧鑑十卷 明杨昱撰 ⑱史1101

李华春 一五七四（万历二）年刊自警编九卷 宋赵善璙辑 ⑱子696

李延大 一六一三（万历四十一）年刊重修唐丞相曲江张先生文集十二卷 唐张九龄撰附 录一卷 ⑱集46

李延寿 一四八九（弘治二）年刊小儿卫生总微论方二十卷 ⑱子240

李自蕃 一六二三（天启三）年自刊练兵节要四卷 明李自蕃撰 ⑱子127

李齐芳 一五七四（万历二）年自刊李杜诗合刻十九卷 明李齐芳编 ⑱集1438

李齐芳潘应诏 一五七四（万历二）年刊李翰林分类诗八卷赋一卷 唐李白撰明李齐芳等分类 ⑱集60

李充实 一五七九（万历七）年刊新刊名世文宗三十卷 明胡时化辑 ⑱集1622

李充嗣 一五二三（嘉靖二）年刊余肃敏公奏议六卷 明余子俊撰 ⑱史361

李庆云 一五〇六—一五二一（正德）年刊拟古排宫词不分卷历代宫词一卷明杨子器撰 ㉙2763

李如桢 校刊重刊校正笠泽丛书四卷补遗诗一卷 ㉙100

李　进 一四三九（正统四）年刊武经总要前集二十二卷后集二十一卷 宋曾公亮丁度等撰
附武经总要行军须知二卷 ⑱子117

丰城李材 一五七三—一六二〇（万历）年自刊见罗李先生经正录八卷 明李材撰 ㉑105

李　克 一六〇六（万历三十四）年家刊哲匠金桴五卷 明杨慎辑 ⑱子839

李克嗣 一五〇〇（弘治十三）年刊刘随州文集十一卷外集一卷 唐刘长卿撰 ⑱集51

李　芳 刊治世正音前集十卷后集二十一卷 明欧阳潘辑 ⑱集1704

李时行 一五四二（嘉靖二十一）年刊泰泉集十卷 明黄佐撰 ⑱集653

李时渐 一五七七（万历五）年自刊三台文献录二十三卷 明李时渐辑 ⑱集1807

李时渐 刊学约古文三卷 明岳伦辑 ⑱集1614

李时馥 一五七三—一六二〇（万历）年刊读史漫录十四卷 明于慎行撰 ⑱史1522

李豸李磬 一五六四（嘉靖四十三）年刊西山先生真文忠公文章正宗二十四卷 宋真德秀辑 ⑱集1608

李迎恩 刊庄子三卷 明郭四维辑 ⑱子1016

李应遴 一六一一（万历三十九）年刊歇庵集十六卷 明陶望龄撰 ⑪810. 69/7702

李　泛 一四九〇（弘治三）年刊道一编六卷 明程敏政撰 ①8907

李　沧 一五一四（正德九）年刊易学本原启蒙意见四卷 明韩邦奇撰 ⑱经66

李诏德 一五二八（嘉靖七）年刊百战奇法 ⑱子119

李良柱 一五七九（万历七）年刊四家宫词四卷 明李良柱编 ⑱集1369

李启晋李启泰 一六〇七（万历三十五）年刊刻李谏议山庐惜阴评纂 明李廷谟撰 ①13937

虞山李枝 一六四二（崇祯十五）年刊先醒斋医学广笔记三卷附一卷 明缪希雍撰丁元荐编 ㉚325

李茂元 一五二一（正德十六）年刊象山先生文集二十八卷外集四卷 宋陆九渊撰 语录四卷

宋傅子云严松等辑 附录二卷 ①9066

李 果 一四七二（成化八）年刊事物纪原集类十卷 宋高承辑 ⑱子797

李知沂 一六三〇（崇祯三）年刊金光明经四卷 北凉释昙无讖译 ⑱子905

李金黄中 一五六一（嘉靖四十）年刊隋堂摘稿十六卷 明许应元撰 ⑱集678

李 备 一五八四（万历十三）年刊晋陵问一卷 明常志学撰 ⑱史972

李宗枢 一五三五（嘉靖十四）年刊薛西原集二卷 明薛蕙撰 ⑱集644

李定国 一六五二（永历六）年刊佛母大孔雀明王经三卷 唐释不空译 ⑱子928

李学诗 一五九二（万历二十）年刊河洛数十卷 题宋陈搏邵雍撰 ⑱子372

李 诗 一五七五（万历三）年刊清江贝先生集三卷续集一卷 明贝琼撰 ⑱集535

临川李绂 一四八八—一五〇五（弘治）年刊育斋先生诗集十七卷 明高谷撰 ㉑105

李 经 一五三二（嘉靖十一）年刊长安志二十卷 宋宋敏求纂修 元李好文撰 ⑱史835

席书李承勋 一五一五（正德十）年刊大唐六典注 唐李林甫撰 ⑱史1086

李承勋 一五二一（正德十六）年刊东山诗集二卷 明刘大夏撰 ⑱集590

李承勋 一五八八（万历十六）年刊纪效新书十四卷 明戚继光撰 ⑱子122

李 珏 一五〇九（正德四）年刊輶轩使者绝代语释别国方言十三卷 汉扬雄撰晋郭璞注 ⑱经386

李 标 一六二八—一六四四（崇祯）年刊雪花三十韵一卷 明鲍钊撰 ⑱集890

李 苘 一五七七（万历五）年刊人物志三卷 魏刘邵撰西凉刘昞注 ⑱子513

李 显 刊说文解字篆韵谱五卷 南唐徐锴撰 ⑱经407

李思孝 一六〇一（万历二十九）年刊空同集六十四卷 明李梦阳撰 ⑱集613

李思谦 一六〇三（万历三十一）年刊摭古遗文二卷 明李登撰 再增摭古遗文一卷 明姚履旋增 ⑱经442

李复阳 一五七三—一六二〇（万历）年刊见罗先生书二十卷 明李材撰 ⑱子87

李复初高凤鸣 一五三八（嘉靖十七）年刊新编博物策会十七卷 明戴璟撰 ①6495

李 信 一四九〇（弘治三）年刊道一编六卷 明程敏政辑 ⑱子79

李胤华 一六一八（万历四十六）年刊陶靖节集二卷 晋陶潜撰 ⑱集25

李庭止　一五九六（万历二十四）年刊校刻五经四书正文　明李登编　⑱经2

李洪宇　一六一三（万历四十一）年刊刻李衷一先生清源洞文集六卷　明李光缙撰　⑱集771

金陵书坊**李洪宇**　自刊诗坛合璧十六卷　明李洪宇编　⑱集1437

李　宪　一五四五（嘉靖二十四）年刊物原一卷　明罗颀撰　①5552

李　举　一五〇三（弘治十六）年刊萨天锡诗集五卷　元萨都剌撰　⑱集478

李逊之　一六四四（崇祯十七）年刊落落斋遗集十卷　明李应升撰　①10942

李　素　一五九一（万历十九）年自刊天台胜纪六卷　明李素撰　①4467

李　泰　一六三三（崇祯六）年刊诗经偶笺十三卷　明万时华撰　⑱经145

李　栻　一五七四（万历二）刊葛仙翁肘后备急方八卷　题晋葛洪撰梁陶弘景增补　⑱子199

李　栻　一五七四（万历二）年通鉴纪事本末四十二卷　宋袁枢撰　⑱史190

李　栻　一五七四（万历二）年自刊唐诗会选十卷　明李栻辑　⑱集1670

李　桢　一五九二（万历二十）年刊泾野先生文集三十八卷　明吕柟撰　⑱集633

李　祯　一五九二（万历二十）年刊陈思王集十卷　魏曹植撰　⑱集20

李桢萧大亨等　一五九九（万历二十七）年刊古隽考略六卷　明顾充辑　⑱子846

李　桐　一六二六（天启六）年自刊蒹葭什一卷　明李桐撰　⑱集861

李　荷　一五六七（隆庆元）年刊白沙先生诗教解十卷　明陈献章撰湛若水辑解　⑱集582

李逢申　一六二四（天启四）年刊重镌武经七书集注八卷　明李清撰　⑱子106

李衷一　刊许锺斗文集五卷　明许獬撰　①17276

李烨然　一六二四（天启四）年刊径山志十四卷　明宋奎光撰　⑱史1012

李烨然　一六三四（崇祯七）年刊华山经一卷　明东荫商撰并注　⑱史1012

李　通　一六一八（万历四十六）年刊乐庵先生遗书四卷　宋李衡撰　后题一卷　①2916

李　埈　一六三三（崇祯六）年刊李侍御诗略一卷　明李尚默撰　⑱集742

李　培　一五七三（万历元）年刊群玉楼稿七卷困亨别稿一卷　明李默撰　附录一卷　⑱集654

李梦阳　一五一三（正德八）年刊贾子十卷　汉贾谊撰　⑱子31

李梦阳 刊徐迪功集六卷谈艺录一卷 明徐祯卿撰 ⑱集629

李梦鲲 一五七三—一六二〇（万历）年刊大乘本生心地观经八卷 唐释般若译 ⑱子889

李袭芳 一六三六（崇祯九）年间间语一卷 明李鸿撰 ⑱子579

贵池**李崧祥** 一五三五（嘉靖十四）年刊疑狱集十卷 五代和凝等撰明张景增辑 ⑱子114

李冕 一五四三（嘉靖二十二）年刊欧阳文集五十卷 宋欧阳修撰 年谱一卷 宋胡柯撰 ⑱集226

李敏德 一五七二（隆庆六）年刊奚囊蠹馀二十卷 明张瀚撰 ⑱集683

李得春 一六二五（天启五）年刊虎谿诗选四卷 明袁懋谦撰 ⑱集794

李维桢 刊太函集一百二十卷目录六卷 明汪道昆撰 ⑱集702

李棣 一五七二（隆庆六）年刊孙子集注十三卷 汉曹操唐杜牧等撰 ⑱子113

李越 一五〇三（弘治十六）年刊敬轩薛先生文集二十四卷 明薛瑄撰 ⑱集573

李敬之李谦然 刊古源山人二论八卷 明李呈祥撰 ①8959

李超 一五七七（万历五）年刊自警编九卷 宋赵善璙辑 ⑱子696

李景先 一五一四（正德九）年刊陈虚白规中指南二卷 元陈冲素撰 ⑱子1062

李桀 一六一〇（万历三十八）年刊蒲石山房集五卷 明李愈撰 ⑱集685

李登 一六〇八（万历三十六）年自刊重刊详校篇海五卷 明李登撰 ⑱经442

李登云 一五六三（嘉靖四十二）年刊洨滨蔡先生文集十卷 明蔡叆撰 附录一卷 ⑱集675

李缉 刊周礼补亡六卷 元丘葵撰 ⑱经173

李嵊慈 一六二四（天启四）年刊宋濂溪周元公先生集十三卷 宋周敦颐撰明李嵊慈辑 ⑱集225

李嗣宗 一六一二（万历四十）年刊李长卿集二十八卷 明李鼎撰 ⑱集776

李嗣京 一六三四（崇祯七）年刊圣朝泰交录九卷 明邹德溥撰 ⑱史254

李嗣京邓承藩 一六三九（崇祯十二）年刊王允宁先生存笥稿四十二卷 明王维桢撰 附录二卷 ⑱集684

李嵩淑 一六四二（崇祯十五）年刊考工记辑注不分卷 明朱大启撰 ⑱经180

北京国子监**李腾芳** 一六〇六（万历三十四）年刊北齐书五十卷 唐李百药撰 ㉓4

安福**李瑢** 一四八八—一五〇五（弘治）年刊拙庵集四卷 明李绍撰 ㉑122

李模 一六三七（崇祯十）年刊治谱十卷 明佘自强撰 续集一卷附录一卷 ⑱史1101

李熙 一四九九（弘治十二）年刊温庭筠诗集七卷别集一卷 唐温庭筠撰 ⑱集163

李熙 一五八五（万历十三）年刊明刑哀鉴三卷 明金俸撰 ⑱子146

李熙金瓒 一五〇二（弘治十五）年刊龟山先生集十六卷 宋杨时撰 ⑱集292

李鹗翀 一五九七（万历二十五）年刊戒菴老人漫笔八卷 明李诩撰 ⑱子661

李璋 一四七四（成化十）年刊古穰文集三十卷 明李贤撰 ⑱集575

李墀 一五二〇（正德十五）年刊虚斋蔡先生四书蒙引初稿十五卷 明蔡清撰 ⑱经330

李德仁 一四九三（弘治六）年刊东安李都宪先生文集五卷 明李侃撰 ⑱集579

李德用 一五五六（嘉靖三十五）年刊小学六卷 宋朱熹撰明陈选注 ⑱子61

李徵仪王同鼎 一六一九（万历四十七）年刊皇明鸿猷录十六卷 明高岱撰 ⑱史193

李潮 一六〇七（万历三十五）年刊百代医宗十卷 明涂绅撰 ㉚221

李潮 一六二八—一六四四（崇祯）年刊古诗解二十四卷 明唐汝谔辑 ⑱集1573

金陵书坊李澄源 一六三三（崇祯六）年刊重刻增补燕居笔记十卷 明何大抡辑 ⑱子754

李畿嗣 一五七三—一六二〇（万历）年刊布衣陈先生存稿九卷 明陈真晟撰 ⑱集591

李畿嗣 一五六七—一五七二（隆庆）年刊北溪先生字义详讲二卷 宋陈淳撰 ⑱子7

李翰 一四九八（弘治十一）年刊容斋随笔十六卷续笔十六卷三笔十六卷四笔十六卷五笔十六卷 宋洪迈撰 ⑱子537

李镛 一五三〇（嘉靖九）年刊康德瞻集四卷 明康阜撰 附录一卷 ⑱集609

李赞 一五〇四（弘治十七）年刊武经总要前集二十二卷后集二十一卷 宋曾公亮丁度等撰行军须知二卷百战奇海二卷 ⑱子118

李濂 一五一八（正德十三）年刊申鉴五卷 汉荀悦撰 ⑱子45

李濂 一五四六（嘉靖二十五）年自刊汴京遗迹志二十四卷 明李谦撰 ⑱史1047

李戴 一五七三—一六二〇（万历）年刊李文定公贻安堂集十卷附录一卷 明李春芳撰 ⑪NC5428/4454

李戴 一五八八（万历十六）年刊明儒经翼七卷 明杜质撰 ⑱经360

李豫亨 一五七一（隆庆五）年自刊推篷寤语九卷 明李豫亨撰 ①1830

李檗 一五三九（嘉靖十八）年刊两山墨说十八卷 明陈霆撰 ①8957

李曙寰 一五七三—一六二〇（万历）年刊睡庵文稿初刻四卷二刻六卷三刻四卷 明汤宾尹撰 ⑱集782

李璧 一五二二（嘉靖元）年自刊琼瑰录二卷 明李璧辑 ①1239

李蘅 一六三〇（崇祯三）年自刊琐探十种十卷 明李蘅编 ⑱丛277

李瀚 一四九六（弘治九）年自刊新刊五子书二十卷 明李瀚编 ⑱子2

李瀚 一四九八（弘治十一）年刊遗山先生文集四十卷 金元好问撰 附录一卷 ⑱集422

李瀚 一五〇八（正德三）年刊庄靖先生遗集十卷 金李俊民撰 ⑱集421

李瀚刘玘 一四九六（弘治九）年刊韦苏州集十卷拾遗一卷 唐韦应物撰 ⑱集61

李瀚马舆等 一四九九（弘治十二）年刊读四书丛说八卷 元许谦撰 ⑱经324

李懿 一五五六（嘉靖三十五）年刊新刻古文选正八卷 明杨美益孙铨辑 ⑱集1618

雍丘**李氏** 一六一二（万历四十）年刊本草原始十二卷 明李中立撰 ㉚166

秦州**李氏** 刊重刻诗纪 明冯惟讷辑 ④1900

肃皇太后**李氏** 一五七三—一六二〇（万历）年刊释迦如来成道记注解一卷 唐释道诚撰 ⑱子972

汝安王妃**李氏** 一五六八（隆庆二）年刊佛说观世音菩萨救苦经一卷佛说护身咒一卷 ⑱子915

劳钺 一四五九（天顺三）年刊新刊庐陵诚斋杨万里绵绣尺一卷 宋杨万里撰 ㉑85

劳堪 一五七八（万历六）年自刊宪章类编四十二卷 明劳堪撰 ①1035

严丕式等 一五七〇（隆庆四）年刊新刊王三楚秦汉魏晋近古文选六卷 明王之纲辑 ⑱集1622

严忍公 一六二九（崇祯二）年刊水经注四十卷 北魏郦道元撰 ⑱史1021

严治 一五八七（万历十五）年刊严文靖公集十二卷 明严讷撰 ⑱集690

严肃 一五三一（嘉靖十）年刊元城先生语录三卷 宋马永卿撰 附录一卷 ①5030

严春 一四八七（成化二十三）年刊唐甫里先生文集二十卷 唐陆龟蒙撰 ⑱集167

严春 一四九四（弘治七）年刊中吴纪闻六卷 宋龚明之撰 ①3443

严宽 一五四七（嘉靖二十六）年刊西湖游览志二十四卷志馀二十六卷 明田汝成撰 ⑱史1036

严樟 一六二四（天启四）年刊於密渗提寂音尊者智证传五卷 明释法藏撰 ⑱子980

严敏 一六四四（崇祯十七）年刊楚辞章句十七卷 汉王逸撰 疑字直音补一卷 ⑱集3

严绩 刊尚书严公流芳录三卷 明闵珪辑 续一卷 清闵景贤辑 ⑱史476

严镃 一五七一（隆庆五）年刊遵岩先生文集二十五卷 明王慎中撰 ⑱集666

严嵩 一五四五（嘉靖二十四）年自刊钤山堂集三十二卷 明严嵩撰 附录一卷 ⑱集626

严嵩 一五三五（嘉靖十四）年刊云台编三卷 唐郑谷撰 ⑱集175

严澂严泽 一六〇一（万历二十九）年刊水月斋指月录三十二卷 明瞿汝稷撰 ①8988

严翼 一六二二（天启二）年刊刘氏新序说苑合集三十卷 汉刘向撰 ⑱子34

巫继咸 一五六二（嘉靖四十一）年刊考古辞宗二十卷 明况叔祺辑 ⑱子843

来方炜 一五三三（崇祯六）年刊原病集六卷 明唐椿撰 ⑱子217

来临 一六三七（崇祯十）年刊朔埜山人集六卷 明尹耕撰 ⑱集679

来复来临 一六一九（万历四十七）年刊自愉堂集十卷 明来俨然撰 ⑱集787

旷骥 一五九三（万历二十一）年刊太虚轩稿一卷 明胡直撰 ⑱集713

吴一介 一五六七（隆庆元）年刊督抚疏议十卷 明刘畿撰 ⑱史368

吴一标 一六一〇（万历三十八）年刊陈眉公先生订正丹渊集四十卷拾遗二卷 宋文同撰 石室先生年谱一卷 宋家诚之撰 附录一卷 明李应魁辑 ⑱集213

吴一璘 一六三八（崇祯十一）年刊夏桂洲先生文集十八卷 明夏言撰 年谱一卷 ⑱集650

吴九经 一五四四（嘉靖二十三）年续刊孔天胤本樊氏集十二卷 明樊鹏撰 ⑱集667

吴士良 一六〇三（万历三十一）年刊甔甀洞续稿诗部十二卷文部十五卷目录二卷 明吴国伦撰 ⑱集708

吴士遇 一五八四（万历十二）年刊吴文肃公摘稿四卷 明吴俨撰 ⑱集604

吴士睿黄立范 一五九七（万历二十五）年刊宋李梅亭先生四六标准四十卷目录四卷 宋李刘撰 ⑱集377

吴士颜 一六三八（崇祯十一）年刊治河通考十卷 明吴山撰 ⑱史1030

吴大有 一五〇四（弘治十七）年刊古贤小字录一卷 宋陈思辑 ①8287

吴大洲 一六二八（崇祯元）年募刊佛说阿弥陀经疏钞四卷 明释祩宏撰 ⑱子940

吴万化 一五八八（万历十六）年刊精选诗林广记四卷 宋蔡正孙辑 ⑱集1883

吴之京 一六二八—一六四四（崇祯）年刊吴文恪公文集三十二卷 明吴道南撰 附录一卷 ⑱集771

吴之皞等 一六二三（天启三）年刊火攻阵法四卷 明曹飞编 ⑱子133

吴之鹤 一六一五（万历四十三）年刊性命双修万神圭旨四卷 ⑱子1066

吴之鲸 一五九六（万历二十四）年刊苏长公易解八卷 宋苏轼撰 ⑱经44

金陵书坊**吴小山** 刊精选当代各名公短札字珠八卷 明许以忠辑 首一卷 明王焞辑 ⑱集1731

歙邑**吴子湛** 刊医方考六卷脉语二卷 明吴昆撰 ⑥

吴天挺 一六三八（崇祯十一）年刊诸葛忠武侯全书二十卷 明王士骐辑薛寀评 ⑱史465

吴天胤 一五九一（万历十九）年刊新刊西沱吴先生蠡遇录二卷 明吴世忠撰 附录一卷 ⑱史362

吴天禄 一五四四（嘉靖二十三）年刊龙飞纪略八卷 明吴朴撰 ①932

吴元恭 一五三八（嘉靖十七）年刊尔雅三卷 晋郭璞注 ⑱经379

吴元维 一六〇五（万历三十三）年刊宋邵康节先生伊川击壤集十卷 宋邵雍撰 ⑱集223

吴中珩 刊汤液本草三卷 明王好古撰 ①15166

吴中衍 刊活法机要 元朱震亨撰 ㉚319

吴陛之 一六二八—一六四四（崇祯）年刊存笥诗草五卷 明吴桂森撰 ⑱集819

吴长龄 刊匆所刘先生居官水镜四卷 明刘时俊撰孔贞时辑 ⑱史1103

吴仁度 一五九五（万历二十三）年刊吴疎山先生遗集五卷 明吴悌撰 ⑱集679

吴从先 一六一三（万历四十一）年刊霞漪阁校订史纲评要三十六卷 明李贽撰 ⑱史1518

吴从志 一六一六（万历四十四）年刊文选类林十八卷 宋刘攽辑 ⑱子797

吴从周 一五八五（万历十三）年刊司农俚辑四卷 明唐守钦辑 ⑱子154

吴从政 一四五一（景泰二）年刊玉机微义五十卷 明徐彦纯撰刘纯续 ⑱子212

吴凤瑞 一五六三（嘉靖四十二）年刊周礼传五卷翼传二卷图说二卷 明王应电撰 ⑱经175

永丰县令**吴凤瑞** 一五七二（隆庆六）年印双江聂先生文集十四卷 明聂豹撰聂静辑 ⑱集651

吴允中 一六〇九（万历三十七）年刊韵略易通二卷 明兰茂撰 ⑱经476

吴世良 一五五八（嘉靖三十七）年刊孔子家语八卷 明何孟春补注 ⑧

安福**吴节** 一四五五（景泰六）年刊古廉先生诗集十一卷附录一卷 明李时勉撰 ㉑121

吴可中 一六〇四（万历三十二）年刊荪堂集十卷 明吴文奎撰 ⑱集833

吴用先等 一六一一（万历三十九）年在四川刊历代史纂左编一百四十二卷 明唐顺之辑 ⑱史693

吴用光 一六〇〇（万历二十八）年刊沧溟先生集三十卷 明李攀龙撰 ⑱集695

吴玄 一六四三—一六四四（崇祯十六—十七）年刊吾徵录三卷节略五卷续一卷 吴明玄辑 率道人素草一卷 明吴玄撰 ⑱史348

吴必显王政 一四九〇（弘治三）年刊朝鲜赋一卷 明董越撰 ⑱史1079

吴邦相 一六一三（万历四十一）年刊少保于公奏议十卷 明于谦撰 附录一卷 ⑱史360

吴邦彦 一六一一（万历三十九）年刊存心堂遗集十二卷 元吴莱撰明宋濂辑 附录一卷 ⑱集469

吴邦模 刊近思录十四卷 宋朱熹吕祖谦撰 ⑱子58

吴有川 一五四六（万历二十五）年刊易经旁训三卷 元李恕撰 ⑱经61

吴有志 一六〇二（万历三十）年刊春秋传注汇约二十三卷 明吴一栻撰 ⑱经279

吴仲 刊淮南子二十八卷 汉刘安撰 ⑱子500

吴达可 一六〇二（万历三十）年刊唐荆川先生编纂诸儒语要十卷 明唐顺之辑 ⑱子84

吴达可李开芳等 一六〇三（万历三十一）年刊淡然轩集八卷 明余继登撰 ⑱集757

吴光贤程梦庚 一六二一—一六二七（天启）年刊太常怀溪吴公奏议不分卷 明吴应明撰 ⑱史347

吴同春 一五七七（万历五）年刊大象义述三卷 明王畿撰 ⑱经68

吴廷举 一四九六（弘治九）年刊白沙先生诗近稿十卷 明陈献章撰 ⑱集581

吴廷举 一五一〇（正德五）年刊大崖李先生诗集十二卷文集八卷 明李承箕撰 附录一卷 ⑱集606

吴廷翰 一五三〇（嘉靖九）年刊林泉随笔一卷 明张纶撰 ⑱子699

吴自立吴自强 一五九二（万历二十）年刊大方广圆觉修多罗了义经一卷 唐释佛陀多罗译 ⑱子946

吴自新卓明卿 一五八七（万历十五）年刊许太常归田稿十卷 明许穀撰 ⑱集682

吴汝纪 一五八五（万历十三）年刊国语解二十一卷 吴韦昭撰宋宋庠补音 ⑱史210

吴汝纪 一六〇三（万历三十一）年刊陶靖节先生集八卷 晋陶潜撰 附录二卷 ⑱集24

吴守周 一五九九（万历二十七）年刊百花诗一卷 明吴可荣撰 ⑱集830

吴守谟 一六〇七（万历三十五）年刊新刻通鉴集要二十八卷 明吴守谟辑 音释总类一卷 ⑱史130

吴安国 一五八二（万历十）年刊西汉文粹八卷 明吴尚俭辑 ⑱集1648

吴 讷 一四三四（宣德九）年刊草庐吴先生文粹五卷 元吴澄撰明吴讷辑 ⑱集441

吴 讷 一四八八（弘治元）年重修九章详注比类算法大全十卷乘除开方起例一卷 明吴敬撰 ⑱子321

吴孝标 一五九六（万历二十四）年刊松罗社草二卷 明程涓辑 ⑱集1714

吴撝谦 一六一一（万历三十九）年刊重刻康斋吴先生集选一卷 明吴与弼撰吴撝谦辑 ⑱集591

吴 时 一五七三—一六二〇（万历）年刊杨忠愍公集不分卷 明杨继盛撰 ⑱集698

吴时元 刊环碧斋稿一卷 明祝世禄撰 ⑱集774

苏姑吴时用黄周贤 一五二二—一五六六（嘉靖）年刊神秘名医界二卷 宋党永年撰 ㉚696

吴时来 一五八八（万历十六）年自刊横槎集十卷 明吴时来撰 ⑱集710

吴时亮 一六二八（崇祯元）年刊司马温公文集八十二卷 宋司马光撰 ⑱集209

吴 体 一五二二（嘉靖元）年刊脉诀刊误集解二卷 元戴起宗撰明汪机补订附录二卷 明汪机辑 ⑱子192

吴伯敬 刊退庵先生遗集二卷 宋吴渊撰 ⑱集380

吴伯禧吴可大等 明末刊吴文正公三礼考注六十四卷序录一卷纲领一卷 元吴澄撰 ⑱经211

吴位中 一六一二（万历四十）年刊龙经三卷 题唐杨筠松撰宋吴景鸾图解吴嵩集注 ⑱子350

吴近仁 一五九五（万历二十三）年刊文选十二卷 梁萧统辑 音注十二卷 ⑱集1548

新安吴怀保 一五八九（万历十七）年刊书言故事大全十二卷 宋胡继宗辑明陈玩直注 ⑱子817

吴怀保 一五八八（万历十六）年刊晏子春秋四卷 ⑱史461

吴诏相 一五八二（万历十）年刊宋特进左丞相许国公奏议四卷 宋吴潜撰 ⑱史360

吴初泉 一五六一（嘉靖四十）年刊易经正义六卷 明鄢懋卿撰 ⑱经68

吴尚恕 一五五一（嘉靖三十）年刊文选拔萃三卷 明方弘静辑 ⑱集1560

吴尚默等 一六二一（天启元）年刊丹溪手镜三卷 元朱震亨撰 ㉚319

吴尚德 一六一三（万历四十一）年自刊皇明理学汇编六卷 明吴尚德辑 ⑱子94

吴明春 刊寒山诗集一卷 唐释寒山子撰 丰干拾得诗一卷 唐释丰干拾德撰 ⑱集55

吴 岩 一五二一（正德十六）年自刊世恩录一卷 明吴岩辑 ⑱史573

吴昇之　一六二八—一六四四（崇祯）年刊存笥诗稿五卷　明吴桂森撰　①4509

吴　昂　一五二二—一五六六（嘉靖）年刊巽隐程先生文集四卷　明程本立撰　⑱集560

吴国仕　一六一七（万历四十五）年刊楚边条约一卷楚边饷一卷　明吴国仕撰　⑱史1330

南康**吴国伦**　一五五八（嘉靖三十七）年刊秦汉书疏十八卷　明徐绅辑　⑱史343

武昌**吴国伦**　一五七三—一六二〇（万历）年刊浮玉山人文集三卷书集二卷　明袁应祺撰　⑪817.69/4003

吴国俊　刊新刊地理纂要七卷　明吴天洪辑　⑱子355

吴国寅　一六〇一（万历二十九）年刊苏原先生文集二卷诗集二卷吉斋漫录二卷椟记二卷湖山小稿三卷　明吴廷翰撰　⑱集653

吴国琦　一六三二（崇祯五）年刊笔丛三十二卷续集十六卷附甲乙剩言一卷　明胡应麟撰　⑱子573

吴　炬　一四三五（宣德十）年刊临川吴文正公集一百卷　元吴澄撰　⑱集440

吴　兖　一六三六（崇祯九）年自刊家鸡集不分卷　明吴兖辑　⑱集1827

吴宗琰　一六一〇（万历三十八）年刊新镌古史要评五卷　明吴崇节撰　⑱史1518

吴　绅　一五六九（隆庆三）年刊便产须知二卷　⑱子237

吴孟祺　一五四五（嘉靖二十四）年刊对山集十九卷　明康海撰　⑱集621

吴承恩黄文德　一六〇七（万历三十五）年刊明状元图考六卷　明顾鼎臣撰　⑱史632

吴昭明　刊群书拾唾十二卷　明张九韶撰　⑱子832

吴思贤　一五五八（嘉靖三十七）年自刊文选类林十八卷　宋刘攽撰明吴思贤校　⑱子797

吴　俊　一五〇六（正德元）年刊增刊咏梅花集句二卷　明沈行撰　⑱集577

吴勉学　自刊二十子全书一百六十九卷　明吴勉学编　⑱子11

新安**吴勉学**　一五七三—一六二〇（万历）年刊巢氏诸病源候论五十卷　隋巢元方等撰　㉚28

吴　亮吴奕　一六〇〇（万历二十八）年刊赐馀堂集十四卷　明吴中行撰　⑱集743

吴　亮　一六一三（万历四十一）年自刊四不如类钞十二卷明　吴亮辑　⑱子709

吴　亮　一六二一（天启元）年自刊止园集二十四卷续集一卷　明吴亮撰　①4531

吴养春朱崇沐　一六〇五（万历三十三）年刊晦庵先生朱文公文集八十八卷目录二卷续集十

一卷别集十卷　宋朱熹撰　⑱集330

吴　奖　一五三八（嘉靖十七）年刊休宁吴田吴氏分支统谱　明吴显纂修　⑱史593

吴洵美　一五七三—一六二〇（万历）年刊二十一史论赞辑要三十六卷　明彭以明辑　⑱史696

吴觉隆等　刊大藏一览十卷　明陈实撰　⑱子986

吴　祚　刊知儒编一卷　明周梦秀撰　⑱子992

吴　綎　一四八〇（成化十六）年刊卞郎中诗集七卷　明卞荣撰　⑱集580

吴　敖　刊牧羊山人诗集　明程项撰　⑱集748

吴　泰　一四九四（弘治七）年刊康斋先生文集十三卷　明吴与弼撰　附录一卷　⑱集590

吴桂泉　一五七三（万历元）年刊止斋先生奥论八卷　宋陈傅良撰　⑱集337

吴原明　一四七五（成化十一）年刊楚辞集注八卷辩证二卷后语六卷　宋朱熹撰　⑱集6

吴倕倩　一五九五（万历二十三）年刊甔甀洞续稿　明吴国伦撰　⑰15117

金溪吴悌　一五二二—一五六六（嘉靖）年刊黄帝内经素问十二卷黄帝素问灵枢经十二卷　㉚1

吴家騆　一六三七（崇祯十）年刊黄叶庵诗草二卷　明释智舷撰　⑱集865

吴家騆　明末刊支道林集一卷　晋释支遁撰　外集一卷　明史玄辑　⑱集22

吴继安　一六〇〇（万历二十八）年刊汉隽十卷　宋林钺辑　⑱史708

吴继良　刊竹洲文集十卷　宋吴儆撰　附录一卷　⑱集326

吴继武　刊医学原理十三卷　明汪机编　㉚325

绣谷吴继宗　一五七三—一六二〇（万历）年刊刘河间伤寒三书二十卷　金刘完素撰　㉚710

吴　春　一五四九（嘉靖二十八）年刊笺注唐贤绝句三体诗法二十卷　宋周弼辑元释圆至注　⑱集1661

吴职思　一六二八—一六四四（崇祯）年刊吴文端公涣亭存稿二十八卷　明吴宗达撰　⑱集799

仁和吴梦桂　一六三三（崇祯六）年刊春秋辩义四十卷　明卓尔康撰　⑱经280

吴　逵　一五三九（嘉靖十八）年刊类博稿十卷　明岳正撰　⑱集580

吴崧　刊医学引彀一卷附录一卷附方一卷　元滑寿撰　㉚319

吴　情　一五七六（万历四）年刊大学衍义四十三卷　宋真德秀撰　⑱子66

吴惟贞　一五九四（万历二十二）年刊飞鸿亭集二十卷　明吴鹏撰　⑱集663

吴惟明　一六一四（万历四十二）年刊横浦先生文集二十卷横浦心传录三卷横浦日新一卷　宋张九成撰　横浦先生家传一卷　宋张棻撰　施先生孟子发题一卷　宋施德操撰　⑱集320

金陵**吴谏**　一五八五（万历十三）年刊黄帝素问宣明论方十五卷　金刘完素撰　㉚18

吴谏　一五八五（万历十三）年在金陵刊刘河间伤寒三书二十卷　金刘完素撰　⑱子197

吴维岳　一五三六（嘉靖十五）年刊颜子二卷　明薛应旂辑　⑱子24

吴　琰　一五五三（嘉靖三十二）年刊桃源洞集　明陈一德辑　⑱集1814

吴琯谢陛陆弼余策　一五七三—一六二〇（万历）年刊诗纪一百五十六卷目录三十六卷　明冯惟讷辑　⑱集1583

吴　琯　一五八五（万历十三）年刊唐诗纪一百七十卷目录三十四卷　明黄德水吴琯辑　⑱集1670

吴　琯　自刊增定古今逸史五十五种二百二十三卷　明吴琯编　⑱丛221

吴期炤　一五九一（万历十九）年刊刻曾西墅先生集十卷　明曾棨撰　⑱集569

吴敬吴芝　一六二四（天启四）年刊寓林集三十二卷诗六卷　明黄汝亨撰　⑱集793

吴　森　一五五七（嘉靖三十六）年刊新刊精选古今大家翰牍遗矩六卷精选国朝诸先生手翰一卷　明顾洛辑　致斋居士手翰一卷　明顾洛撰吴森辑　⑱集1643

吴　惠　一四五〇（景泰元）年补刊【宣德】桂林郡志三十二卷　明陈琏纂修吴惠增补　⑲724

吴景明　一五六一（嘉靖四十）年刊吴氏墨纪一卷　明吴楚辑　山泉吴氏小传一卷　明彭年等撰　⑱子465

吴善言　一五七六（万历四）年刊新刊名世文宗三十卷　明胡时化辑　⑱集1622

吴道行　刊宦寺考八卷　明李腾芳撰　⑱史411

吴道明　一五七三（万历元）年刊奚囊蠹馀二十卷　明张瀚撰　⑱集683

吴　缉　刊回谷先生人伦广鉴集说十卷　⑱子370

吴瑞徵　一五九六（万历二十四）年刊世说新语八卷　刘宋刘义庆撰　⑱子635

吴　楷　一五九七（万历二十五）年刊紫园草二十二卷　明曾朝节撰　⑱集755

吴献台　一六〇二（万历三十）年刊豫章诗话六卷　明郭子章撰　⑱集1889

吴献台　一六〇三（万历三十一）年刊困学纪闻二十卷　宋王应麟撰　⑱子611

吴楚材 一五八九（万历十七）年自刊强识略二十四卷 明吴楚材撰 ⑱子851

吴雷亨 一四九三（弘治六）年刊竹洲文集二十卷 宋吴儆撰 附录一卷 ⑱集326

吴嘉谟 一五八九（万历十七）年刊孔圣家语图十一卷 明吴嘉谟辑 ⑱子23

吴　熙 一六三六（崇祯九）年刊草贤堂词笺十卷蘖弦斋词笺一卷杂笺一卷 明王屋撰 雪堂词笺一卷 明钱继章撰 非水居词笺三卷 明吴熙撰 ⑱集1973

吴熙祖 一六三一（崇祯四）年刊陶菴集四卷 明归子慕撰 ⑱集782

吴　彰 一五八五（万历十三）年刊文选六十卷 梁萧统辑 ⑱集1548

吴　奭 一五〇八（正德三）年刊匏翁家藏集七十七卷补遗一卷 明吴宽撰 ⑱集597

吴德聚 一六〇一（万历二十九）年刊古奏议不分卷 明黄汝亨辑 ⑱史343

吴德聚 一六一三（万历四十一）年刊说略三十卷 明顾起元撰 ⑱子853

吴德翼 一五二二（嘉靖元）年刊巽隐程先生文集四卷 明程本立撰 ①5576

吴遵晦吴遵道 一五六二（嘉靖四十一）年刊过庭私录七卷泉亭外集一卷 明吴鼎撰 ⑱集651

吴遵之 一五五五（嘉靖三十四）年刊太保费文宪公摘稿二十卷 明费宏撰 ⑱集603

吴履谦 一五六四（嘉靖四十三）年刊晋陵集二卷 明王穉登撰 ⑱集737

吴　薪 一五八九（万历十七）年刊吴虎臣诗集二卷 明吴守淮撰 ⑱集822

吴震元等 一六二八—一六四四（崇祯）年刊陈眉公先生全集六十卷 明陈继儒撰 年谱一卷 ⑱集835

吴　禧 一五〇九（正德四）年刊药房樵唱三卷 元吴景奎撰 附录一卷 ⑱集489

书林**吴瞻之**万镇吾 一六三〇（崇祯三）年刊飞鸣园阵法答客问十二卷 明樊以屏撰 ⑱子128

吴　瀛 一五七九（万历七）年刊吴文肃公文集二十卷 宋吴儆撰 棣华杂著一卷 宋吴俯撰 附录一卷 ⑱集326

吴　瀹 一五七九（万历七）年刊湛甘泉先生文集三十五卷 明湛若水撰 ⑱集627

吴　氏 一五六九（隆庆三）年刊重刊经史海篇直音十卷 ⑱经443

员　鼐 一五〇三（弘治十六）年刊重刊会真记辩一卷 ①824

何三畏 一五九五（万历二十四）年自刊何氏芝园集二十五卷 明何三畏撰 ⑱集768

何士晋 一六一八（万历四十六）年刊文公家礼仪节八卷 明丘濬撰 ⑱经220

何上新 一六一二（万历四十）年刊白沙子全集九卷 明陈献章撰 附录一卷 ⑱集581

何子明 一五七三（万历元）年刊白沙先生全集二十一卷 明陈献章撰 ⑱集581

何子寿 一五七五（万历三）年刊刘唐岩先生文集八卷 明刘慤撰 ⑱集692

何天衢 一五二二（嘉靖元）年刊韵补五卷 宋吴棫撰 ⑱经464

何太庚 一五九〇（万历十八）年刊桂胜十六卷桂故八卷 明张鸣凤撰 ①15138

何文叔 一五九八（万历二十六）年刊苏长公集选二十二卷东坡居士艾子杂说一卷 宋苏轼撰明钱士鳌辑 ⑱集258

何允中 一五七三—一六二〇（万历）年刊竹书纪年二卷 题梁沈约注 ⑱史101

何世守 一五四七（嘉靖二十六）年刊金子有集一卷 明金大车撰 ⑱集669

何东序 一六〇三（万历三十一）年自刊佐右集诗五卷文九卷 明何东序撰 ⑱集709

何邦美 一五三七（嘉靖十六）年刊应制集四卷 明夏言撰 ⑱集650

何乔远 一六〇五（万历三十三）年刊郊居遗稿十卷 明沈懋学撰 ⑱集755

何乔远 一六三一（崇祯四）年自刊皇明文徵七十四卷 明何乔远辑 ⑱集1724

何乔新 一四七五（成化十一）年刊楚辞集注八卷辩证二卷后语六卷 宋朱熹撰 ㉑113

何　迁 一五五〇（嘉靖二十九）年刊临川先生文集一百卷目录二卷 宋王安石撰 ⑱集237

何　伦 一五八〇（万历八）年刊新刻晋江紫溪苏先生四书儿说八卷 明苏濬撰 ⑱经334

何　全 一五六六（嘉靖四十五）年家刊汉隽十卷 宋林钺辑 ⑱史708

何庆元黄元立 一六一五（万历四十三）年刊堂庑箴铭二卷 明李懋桧辑 ⑱子90

何汝成 一五七七（万历五）年刊三子口义十五卷 宋林希逸撰明张四维补 ⑱子999

何汝教 一六〇二（万历三十）年刊古乐府十卷 元左克明辑 ⑱集1572

何汝敷 一六三四（崇祯七）年刊菲泉先生存稿八卷 明来汝贤撰 ⑱集678

何应瑞贾大儒 一六三〇（崇祯三）年刊瑞芝山房集十四卷 明鲍应鳌撰 ⑱集784

何良俊 一五四七（嘉靖二十六）年刊重刻说苑新序三十卷 汉刘向撰 ⑱子34

何其贤等 一五五七（嘉靖三十六）年刊宋王荆公文集摘粹四卷 宋王安石撰明慎蒙辑 ⑱集239

何叔防 一五四一（嘉靖二十）年刊泾野先生毛诗说序六卷 明吕柟撰 ⑱经139

何孟伦 一五四五（嘉靖二十四）年刊辛稼轩词十二卷 宋辛弃疾撰明李濂评 ⑱集1965

何孟春 一五一八（正德十三）年刊陶靖节集十卷 晋陶潜撰明何孟春注 ⑱集29

何　城 一五四五（嘉靖二十四）年刊唐诗正声二十二卷 明高棅辑 ⑱集1666

何　城 一五四六（嘉靖二十五）年刊苑诗类选三十卷 明包节辑 ⑱集1582

何思虞 一六〇一（万历二十九）年刊陶靖节全集五卷 晋陶潜撰 附录一卷 ⑱集25

何　钫 一五九四（万历二十二）年刊太和正音谱十二卷 明朱权撰 ⑱集2184

何　奕 一六二五（天启五）年家刊何震川先生集二十八卷 明何洛文撰 ①1702

何养纯诸时宝等 一六一三（万历四十一）年刊宋林和靖先生诗集四卷补遗一卷省心录一卷
宋林逋撰 附录一卷 明何养纯诸时宝等辑 ⑱集192

何起鸣 一五六三（嘉靖四十二）年刊事物考八卷 明王三聘撰 ①11652

何继高 一五九二（万历二十）年刊云渊先生文选六卷 明周述学撰 ⑱集734

何望海 刊秋声集四卷 元黄镇成撰 ⑱集477

书林**何敬塘** 刊皇明三元考十四卷科名盛事录七卷 明张弘道张凝道撰 ①11785

常郡**何敬堂** 一六一二（万历四十）年刊医宗粹言十四卷 明罗周彦撰 ㉚325

何景明翟清 一五二一（正德十六）年刊汉纪三十卷 汉荀悦撰 ⑱史142

武林**何景道** 刊伤寒六书六卷 明陶华撰 ㉚68

何景暘 一五一七（正德十二）年刊汉魏诗集十四卷 明刘成德辑 ⑱集1576

何湛之 一五七三—一六二〇（万历）年刊韦苏州集十卷拾遗一卷 唐韦应物撰 ⑱集62

何　鉴 一四七一（成化七）年刊画帘绪论一卷 宋胡太初撰 ①1269

徽州府尹**何歆** 一五〇七（正德二）年刊篁墩程先生文集九十三卷拾遗一卷
明程敏政撰 ⑪NC5428. 4/2181. 1

何　歆 一五〇七（正德二）年刊篁墩程先生文集九十三卷拾遗一卷 明程敏政撰 ⑱集592

何歆罗缙 一五〇八（正德三）年刊云峰胡先生文集十卷 元胡炳文撰 ⑱集449

何　鋻 一五九六（万历二十四）年刊重修安平县志 明王诉修王馀纂 ⑲66

何稽曾何稽逊 一五七三—一六二〇（万历）年刊中寰集十一卷 明何出光撰 ⑱集766

何 镗 一五六五（嘉靖四十四）年刊古今游名山记十七卷总录三卷 明何镗撰 ①8858

何 镗 一五六一（嘉靖四十）年刊汉隽十卷 宋林钺辑 ⑱史708

何懋官 一五九一（万历十九）年刊周易说旨四卷 明罗伦撰陈禹谟辑 ⑱经65

何 鳌 一五二七（嘉靖六）年刊周礼六卷考工记一卷 汉郑玄注 ⑱经169

何 璧 一六一六（万历四十四）年刊北西厢记二卷 元王德信关汉卿撰 会真记一卷 ⑱集2042

何 氏 一五八九（万历十七）年刊喻林八十卷 明徐元太辑 ⑱子845

但贵元 一五八五（万历十三）年刊黎阳王襄敏公集四卷 明王越撰 年谱一卷 明王绍雍撰 ⑱集584

佘永宁 一六一七（万历四十五）年刊太史杨复所先生证学编四卷首一卷证学论一卷策一卷 明杨起元撰 秣陵纪闻六卷 明佘永宁等撰 ⑱集755

佘 诲 一五四三（嘉靖二十二）年刊文心雕龙十卷 梁刘勰撰 ⑱集1867

佘毅中 张誉 一五八一（万历九）年刊宸断两河大工录十卷 ①18068

佘一龙 一五九一（万历十九）年刊督抚奏议六卷 明李尚思撰 ①5797

婺源**佘一贯** 一五九二（万历二十）年刊史记要则评苑四卷 明吴默辑 ㉑90

佘元长 刊新刊官板批评正百将传十卷 宋张预撰明赵光裕评 续百将传四卷明何乔新撰赵光裕评 ⑱子131

书林**佘元长** 刊妇人大全良方二十四卷 宋陈自明撰 ㉚429

佘元焘 一六四四（崇祯十七）年刊册府元龟序论三十六卷 宋王钦若撰明王泰徵等辑 ⑱子796

书林**佘云波** 一六一七（万历四十五）年刊新镌柳庄麻衣相法四卷 ⑱子370

书林**佘少江** 刊新刻魏仲雪先生批评琵琶记二卷 元高明撰明魏浣初评 ⑱集2103

佘长庚 刊新刻注释雅俗便用折梅笺□卷 明冯梦龙辑 ⑱子858

佘文龙 一六一九（万历四十七）年自刊史异编十七卷 明佘文龙撰 ①11567

书林**佘文台** 刊新刊京本编集二十四帝通俗演义二十卷 明谢诏撰 西汉志传十卷东汉志传十卷 ⑱子760

书林**佘文台** 一六〇六（万历三十四）年刊新刊圣朝颁降新例 宋提刑无冤录十三卷 ⑱子146

佘文杰 刊刻卓吾李先生批评国朝名公书启狐白六卷 明李贽评汤宾尹辑丘兆麟注 ⑱集1729

书林**余文杰** 一六一五（万历四十三）年刊新刻题评名贤词话草堂诗余六卷 明李攀龙补遗 ⑱集1997

余心纯 一五九九（万历二十七）年自刊新刊礼经搜义二十八卷 明余心纯撰 ⑱经199

书林**余东泉** 刊新锲温陵郑孩如先生约选古文四如编四卷 明郑维岳辑李光缙辑评 ⑱集1621

书林**余仙源** 一六一二（万历四十）年刊新锓钞评校正标题皇明资治通纪十二卷 明陈建撰 ⑱史159

余仰止 一六三七（崇祯十）年刊新刻玉函全奇五气朝元斗首合节三台通书正宗首三卷 明吴图南辑 ⑱子267

闽建潭城书林**余成章** 一五九〇（万历十八）年刊新刻太医院纂集医教立命元龟七卷 明朱儒撰 ⑱子224

书林**余成章** 刊新刻全像牛郎织女传四卷 明朱名世撰 ⑱子777

书林**余光熹** 刊类集古今闲评客座清谈陶情集二卷 ④8948

余兆胤 一六一八（万历四十六）年刊史裔二十五卷 明余文龙辑 ⑱史695

新安**余时雨** 明末校刊证治要诀十二卷证治要诀类方四卷 明戴思恭撰 ㉚320

余秀峰 明末刊新锲续补注释古今名文经国大业七卷 明黄洪宪参阅李廷机校正叶向高补遗 ⑱集1621

余应兴 一六一二（万历四十）年刊魏仲雪增补李卓吾名文捷录六卷 明李贽辑魏浣初增补 ⑱集1723

潭阳书林**余应兴** 刊刻刘太史五车妙选十一卷 明刘曰宁辑 ⑱子851

余应虬**余应科** 一六二八（崇祯元）年刊刻仰止子参定正传地理统一全书十二卷首一卷 明余象斗辑 ⑱子357

书林**余应虬** 一六〇九（万历三十七）年刊新锓评林旁训薛郑二先生家藏酉阳搜古人物奇编十八卷首一卷 明薛应旂辑郑以伟注评 ⑱经332

书林**余应诏** 刊全像演义皇明英烈志传四卷 ⑱子768

余 怀 明末刊韦苏州集十卷 唐韦应物撰 ⑱集62

闽书林**余良木** 一六〇四（万历三十二）年刊新镌张状元遴辑评林秦汉狐白四卷 明张以诚辑 ⑯834.1/310

余 爌 一三八二（洪武十五）年刊强斋集十卷 明殷奎撰余爌辑 ㉙1835

余良史 明末刊新锲温陵二太史选释卯辰科二三场司南菁英六卷 明郑维岳辑 ⑱集1737

闽建书林**余泗泉** 刊秦汉六朝人文选玉六卷 明王衡辑 ⑱集1625

书林**余泗泉** 一六〇二（万历三十）年刊新刻耳谈十五卷 明王同轨撰 ⑱子746

余绍崖 一六〇四（万历三十二）年刊新镌张状元遴辑评林秦汉狐白四卷 明张以诚辑 ⑱集1625

余绍崖　刊合刻李杜二家钞评十二卷　明梅鼎祚编屠隆集评　⑱集1438

余绍禄　一六二四（天启四）年刊孝经集义一卷　明余时英撰　孝经刊误一卷　宋朱熹撰　⑱经301

余南扶　一五九〇（万历十八）年刊新刻翰林诸名公评注先秦两汉文榖五卷　明王锡爵辑　⑱集1620

书林**余宪成**　刊苏长公合作内外篇不分卷　宋苏轼撰明郑圭辑　⑱集259

书林**余恒**　明末自刊蓺林寻到源头八卷　明余恒辑　⑱子862

闽书林**余泰垣**　一五七三（万历元）年刊春秋左传纲目定注三十卷　明李廷机撰　⑱经249

乔迁**余载仕**　一五二七（嘉靖六）年重修豫章黄先生文集三十卷外集十四卷别集二十卷简尺二卷词一卷　宋黄庭坚撰　伐檀集二卷　宋黄庶撰　山谷先生年谱三十卷　宋黄䓪撰　⑱集263

余　罃　一五二二（嘉靖元）年刊椒丘文集三十四卷　明何乔新撰　外集一卷　⑱集586

书林**余继泉**余祥我　一六一五（万历四十三）年刊新刊官板地理造福玄机体用全书十九卷　明徐华盛辑　⑱子356

沄阳**余象斗**　刊历史资治纲鉴三十九卷　明袁贾赵田编纂　福建师大960.27AX14

书林**余象斗**　一六三七（崇祯十）年刊五刻理气纂要详辩三台便览通书正宗十八卷首三卷又二卷　明林维松辑　④9598

书林**余象斗**　一五九七（万历二十五）年刊新镌历世诸大名家往来翰墨分类纂注品粹十卷　明黄志清辑　⑱集1643

书林**余寅伯**　刊烹雪斋新编四民捷用注解翰墨骏五卷　明项仲昭辑　⑱子868

书林**余敬宇**　刊新刻本宁李先生详训对类　明李维桢辑　④10254

余超龙　一六四六（隆武二）年刊武溪集二十一卷　宋余靖撰　⑱集198

余　镘　一五四〇（嘉靖十九）年刊少保胡端敏公奏议十卷　明胡世宁撰　⑱史362

书林**余献可**　一五七三—一六二〇（万历）年刊新锲燕台校正天下通行文林聚宝万卷星罗三十九卷　明徐会瀛辑　⑱子852

书林**余熙宇**　一六〇九（万历三十七）年刊鼎锓四民便览柬学珠玑卷　④11764

书林**余碧泉**　一五八二（万历十）年刊文选纂注十二卷　明张凤翼撰　⑯830/514－020

书林**余彰德**　一六〇六（万历三十四）年刊新刻世史类编四十五卷首一卷　明李纯卿草创谢迁补遗王守仁覆详　①8816

余　璟　一六二八—一六四四（崇祯）年刊古今平定略八卷　清洪承畴辑　⑱子128
余懋孳　一五七三—一六二〇（万历）年刊王门宗旨十四卷　明周汝登辑　⑱子90
余懋衡　一六〇七（万历三十五）年刊邹南皋集选七卷　明邹元标撰　⑱集759
余　藻　一六二八（崇祯元）年自刊石鼓斋印鼎九卷　明佘藻撰　⑱史1497
建阳余氏　一六〇五（万历三十三）年刊了凡杂著九种十七卷　明袁黄撰　⑱丛607
芝城建邑书林余氏　刊李太史参补古今大方四书大全十八卷　明李廷机辑　⑱经335
书林余氏　一五二〇（正德十五）年刊重订成仁遗稿七卷　明舒芬编　⑱集1503
余　氏　一五三六（嘉靖十五）年刊万氏积善堂集验方　明万表撰　㉚219
余　氏　一五八五（万历十三）年刊新刻翰林类选苑诗秀句十二卷　明顾起纶辑　⑱集1706
狄期进　一六〇一（万历二十九）年自刊世说补菁华四卷　明狄期进辑　⑱子638
浙江巡抚署谷中虚　一五七〇（隆庆四）年刊重修政和经史证类备用本草三十卷　宋唐慎微撰　㉚160
谷中虚　一五六五（嘉靖四十四）年刊阳明先生则言二卷　明王守仁撰　⑱子80
谷迁乔葛如麟　一六二一（天启元）年刊少司马谷公文集二卷　明谷中虚撰　⑱集694
谷藉吉　刊西汉书钞六卷　明茅瓒辑　⑱史709
邸　荣　一五五五（嘉靖三十四）年刊般若波罗蜜多心经一卷　唐释玄奘译明释宗泐如玘注　⑱子936
邹之峄　一六〇五（万历三十三）年刊庄子郭注十卷　晋郭象注唐陆德明音义　⑱子1015
建阳邹可张　一五二二—一五六六（嘉靖）年刊新编古今事文类聚前集六十卷后集五十卷
续集二十八卷别集二十二卷　宋祝穆辑　新集三十六卷外集十五卷　元富大用撰　福建师大035DJ87
邹　旦　一四四七（正统十二）年刊南丰先生元丰类稿五十卷　宋曾巩撰　续附一卷　⑱集215
邹同光　一六〇九（万历三十七）年刊文府滑稽十二卷　明邹迪光辑　⑱集1623
邹廷济　一五四三（嘉靖二十二）年重刊成化本公安县志二卷　明魏奇修梁善纂　⑲626
莆田邹守愚　一五四四（嘉靖二十三）年刊芝园集三十六卷　明张时彻撰　⑱集662
邹迪光　一五八九（万历十七）年自刊劝戒图说不分卷太上诸仙法语补集二卷　明邹迪光辑　⑱子704
邹忠胤　一六一八（万历四十六）年刊道乡先生邹忠公文集四十卷　宋邹浩撰　外纪一卷　⑱集283

邹质士 一六三三（崇祯六）年刊龙川文集三十卷 宋陈亮撰 ⑱集366

邹翎 一五一二（正德七）年刊道乡先生邹忠公文集四十卷续集一卷 宋邹浩撰 ⑱集282

邹袠邹衮 一五七三—一六二〇（万历）年刊邹聚所先生文集六卷易教一卷
语录三卷 明邹德涵撰 外集一卷 ⑱集744

邹量 一四七〇（成化六）年刊道乡先生邹忠公文集四十卷 宋邹浩撰 ⑱集282

邹道元 一五七三—一六二〇（万历）年刊弇州山人艺苑卮言十二卷 明王世贞撰 ⑱集1889

邹道元 一六二二（天启二）年刊喻林髓二十四卷 明徐元太辑 ⑱子846

吉水邹氏 明末刊不二斋文选七卷 明张元忭撰邹元标编 ㉑120

辛志登 一五七三—一六二〇（万历）年刊魏仲子集十卷 明魏允中撰 ⑱集762

应云鹭 一五四六（嘉靖二十五）年刊临川王先生荆公文集一百卷 宋王安石撰 ⑱集237

应明德 一五五七（嘉靖三十六）年刊皇舆考十卷 明张天复撰 ⑱史730

应櫄 一五二二—一五六六（嘉靖）年刊周易传义十六卷 宋程颐朱熹撰 上下篇义一卷
宋程颐撰 朱子图说一卷卦变图一卷易五赞一卷筮仪一卷 宋朱熹撰 ⑱经50

闵一范 一五八二（万历十）年刊闵庄懿公诗集八卷 明闵珪撰 ⑱集589

闵一震等 一五七三—一六二〇（万历）年刊我寓集九卷一沤集七卷华阳编一卷 明闵龄撰 ⑱集749

闵元衢 自刊闵刻十种三十卷 明闵元衢编 ⑱丛268

闵元衢 一六一一（万历三十九）年刊见闻纪训二卷 明陈良谟撰 ①11965

闵日斯 一六二〇（万历四十八）年刊秦汉文钞六卷 明闵日斯辑 ⑯834.1/458

景德镇**闵文振** 一五三八（嘉靖十七）年刊五经蠡测六卷 明蒋悌生撰 ㉑83

闵世誉 一五七四（万历二）年刊午塘先生集七卷 明闵如霖撰 ①722

闵廷甲等 一五七三—一六二〇（万历）年刊品级考二卷 ⑱史1091

闵齐伋 一六二〇（万历四十八）年刊战国策十二卷 明闵齐伋裁注 元本目录一卷 ⑱史217

闵齐伋 一六四〇（崇祯十三）年刊刘拾遗集一卷 唐刘蜕撰 ⑱集160

闵珪 一四九二（弘治五）年刊琼台类稿七十卷 明丘濬撰 ①2298

闵朝山 刊杜工部诗选六卷 明王寅选 ⑪NC5314.2/1138

闵朝山 一五四五（嘉靖二十四）年刊李翰林诗选五卷 唐李白撰明王寅辑 ⑱集60

闵道孚等 一五七四（万历二）年刊午塘先生集十六卷 明闵如霖撰 ⑱集678

闵 闻 一五一七（正德十二）年刊四书或问三十六卷 宋朱熹撰 ⑱经323

闵遇五 明末刊南调西厢记二卷 ㉙319

景德镇**闵氏** 一五二二—一五六六（嘉靖）年刊石堂先生遗集二十二卷 宋陈普撰明闵文振辑 ㉑83

乌程**闵氏** 一六四〇（崇祯十三）年刊女科百问二卷 宋齐仲甫撰 ㉚429

汪一元 一五四〇（嘉靖十九）年刊文心雕龙十卷 明刘勰撰 ⑱集1867

汪一成 一五八二（万历十）年刊大明同文集举要五十卷 明田艺衡辑 ⑪411.1/6044

汪一鸾 一五九〇（万历十八）年刊淮南鸿烈解二十一卷 汉刘安撰高诱注 ⑱子501

汪士贤 刊汉魏六朝二十一名家集一百二十三卷 明汪士贤编 ⑱集1353

婺源**汪士贤** 一五七三—一六二〇（万历）年自刊汉魏二十二家集一百二十八卷 明汪士贤辑 ㉑91

汪士晋 一六一四（万历四十二）年刊镌昭代名公四六类编二十四卷补遗一卷 明汪时跃辑 ⑱集1728

金溪**汪万顷** 一六〇三（万历三十一）年刊皇明经世实用编三十卷 明冯应京辑 ㉑108

汪元臣 刊诗人玉屑二十卷 宋魏庆之辑 ⑱集1879

婺源**汪元兆** 一六三五（崇祯八）年刊汪子中诠六卷 明汪应蛟撰 ㉑91

汪元标 一六一八（万历四十六）年刊警语类抄八卷 明程达撰 ⑪088.6/2634

汪元禔 一六一三（万历四十一）年刊韩君平集三卷 唐韩翃撰 ⑱集92

汪元湛等 一五九六（万历二十四）年刊新镌焦太史汇选中原文献经集六卷史集六卷子集七卷文集四卷通考一卷 明焦竑辑陶望龄评朱之蕃注 ⑱集1624

汪云程 一五五一（嘉靖三十）年刊大明一统赋三卷 明莫旦撰 ㉙2229

汪文川 一五七〇（隆庆四）年刊曾思二子全书 宋汪晫辑 ⑱子25

汪文英 一六一五（万历四十三）年刊楚辞集解十五卷蒙引二卷考异一卷 明汪瑗撰大序一卷小序一卷 明汪瑗辑 ⑱集9

汪文盛　一五二二—一五六六（嘉靖）年刊汉书一百卷　汉班固撰唐颜师古注　⑱史36

汪文盛　一五二二—一五六六（嘉靖）年刊郑文十五卷郑诗十三卷　明郑善夫撰　附录二卷　⑱集631

汪公亮　刊新镌乐府争奇三卷　①2400

汪以成　一五八二（万历十）年刊大明同文集举要五十卷　明田艺蘅撰　⑱经444

汪　正　一五一三（正德八）年刊上蔡先生语录三卷　宋谢良佐撰朱熹辑　⑱子56

汪　旦　一五六二（嘉靖四十一）年刊赵清献公文集十卷　宋赵抃撰　附录一卷　⑱集209

汪仪凤　一四六〇—一四六五（天顺四—成化元）年刊新安忠烈庙神纪实十五卷
乾集一卷　元郑弘祖辑　⑱史465

汪邦锋　一六四一（崇祯十四）年刊脉诀刊误集解二卷附录二卷　元戴起宗撰朱升节抄　明汪机考订　㉚108

汪　机　一五三二（嘉靖十一）年自刊针灸问对三卷　明汪机撰　㉚130

汪权奇林古度　一六四〇（崇祯十三）年刊心史七卷　宋郑思肖撰　附录一卷　①4337

汪贞度　一六一三（万历四十一）年自刊弈志五卷　明汪贞度撰并辑　⑱子452

汪乔年　一六二五（天启五）年刊测食二卷　德国汤如望撰明周子愚卓尔康订　⑱子259

汪廷佐　一五六九（隆庆三）年刊环谷杏山二先生诗稿六卷　明汪中丘等辑　⑱集1830

修水汪廷讷　一五七三—一六二〇（万历）年自刊坐隐先生精订草堂余意二卷　明汪廷讷著　㉑87

弋阳汪伟　一五一六（正德十一）年刊近思录十四卷　宋朱熹吕祖谦撰　㉑94

汪汝谦　一六三五（崇祯八）年刊参寥子诗集十二卷　宋释道潜撰　东坡称赏道潜之诗一卷
明汪汝谦辑　秦少游集摘一卷　⑱集274

汪汝淳　一六〇九（万历三十七）年刊明初四家诗四十一卷　明陈邦瞻编　⑱集1505

汪汝淳　汪汝谦　一六一六（万历四十四）年刊南屏净慈寺志十卷　明释大壑撰　⑱史1054

汪兆龙　刊忠烈小传二卷　明盛稔辑　⑱子745

汪克用　一五五七（嘉靖三十六）年刊读律琐言三十卷附录一卷　明雷梦麟撰　⑱史1338

汪克俭　一五三七（嘉靖十六）年刊宋四子抄释二十一卷　明吕柟撰　⑱子63

汪岐昌　一六四五（弘光元）年刊愍纶录一卷　附历仕政绩一卷　⑱史487

汪时元　一五七〇（隆庆四）年刊白雪楼诗集十二卷　明李攀龙撰　⑱集695

汪作舟　一六一一（万历三十九）年刊广舆考二卷　明汪缝预撰　⑱史731

汪佃朱幸　一五三八（嘉靖十七）年刊李建州诗一卷　唐李频撰　附录一卷　⑱集161

弋阳**汪佃**　一五三七（嘉靖十六）年刊班马异同三十五卷　宋倪思撰　㉑94

汪犹龙　一六一二（万历四十）年刊儒函数类六十二卷目录四卷　明汪宗姬撰　⑱子859

汪应皋　刊杨炯集二卷　唐杨炯撰　⑱集40

汪应照　一六一九（万历四十七）年刊汪六可先生集一卷幼儿问答一卷　明汪应诗撰　⑱集840

汪应魁　一六三二（崇祯五）年刊唐宋八大家选二十四卷　明钟惺辑并评汪应魁删订　⑱集1627

汪　灿　一五一九（正德十四）年刊增注唐策十卷　⑱集1681

汪怀德　一五九九（万历二十七）年刊沈幼真太史滴露轩藏稿一卷　明沈懋孝撰　⑱集741

汪良迪　一五六九（隆庆三）年刊北游漫稿文三卷　明郑若庸撰　⑱集734

汪茂槐　一五四一（嘉靖二十）年刊西园康范诗集一卷　宋汪晫撰　实录一卷续录一卷附录外集一卷　⑱集373

汪尚赓　一五八〇（万历八）年刊管氏指蒙二卷　题魏管辂撰宋王伋注明汪尚赓补注　⑱子347

汪尚磨　一五四七（嘉靖二十六）年刊古乐府十卷　元左克明辑　⑱集1572

汪国楠　一六〇九（万历三十七）年刊宋名臣言行录前集十卷后集十四卷　宋朱熹辑　续集八卷别集十三卷外集十七卷　宋李幼武辑　⑯982. 251/828－03

汪知易　一五七五（万历三）年刊方塘汪先生文粹五卷　明汪思撰　⑱集649

汪宗元　一五五四（嘉靖三十三）年自刊皇明文选二十卷　明汪宗元辑　⑱集1722

汪宗友　一六二八—一六四四（崇祯）年刊墨巢集十六卷　明谢焜撰　①5837

汪宗尼　一五七三—一六二〇（万历）年刊国秀集三卷　唐芮挺章辑　⑱集1655

汪学海　一六一三（万历四十一）年刊松门稿八卷　明王庭谍撰　附录一卷　⑱集761

汪　城　一五一六（正德十一）年刊石谷达意稿三十四卷　明吴伯通撰　⑱集590

汪　栋　刊汪虞卿梅史一卷　明汪懋孝撰　④10700

汪　奎　一五三九（嘉靖十八）年刊易学象数举隅二卷　明汪敬撰　⑱经65

汪秋卿　一五四七（嘉靖二十六）年刊春秋集传三十卷　明杨时秀撰　①9736

古吴汪复初　一六二二（天启二）年刊明医指掌药性赋药性解合刻　明王肯堂编　㉚718

汪复初　印明万历许自昌自刊李杜全集四十八卷　明许自昌编　⑱集1439

汪修能　刊续藏书二十七卷　明李贽撰　⑱史32

汪修能　刊书牍会稿六卷　明熊廷弼撰　⑱集792

汪修能　明末刊疏稿六卷书牍五卷　明熊廷弼撰　⑱史377

汪　衍　一五〇六（正德元）年刊祁阊杂咏一卷　明汪敬撰　续一卷　明汪璪撰　⑱集576

汪　珙　一五七八（万历六）年刊类隽三十卷　明郑若庸撰　⑱子846

汪泰元　一五〇四（弘治十七）年刊太上洞玄灵宝无量度人上品妙经三卷
元始无量度人上品妙经三卷　元陈致虚撰　⑱子1052

汪　栻　一五三〇（嘉靖九）年刊浮溪文粹十五卷　宋汪藻撰　⑱集296

汪载德　一六三四（崇祯七）年刊草窗梅花集句三卷　明童琥撰　附录一卷　⑱集610

汪高科　一六一二（万历四十）年刊释文蒙求一卷　唐李翰撰　⑱子787

汪益源　一六二二（天启二）年刊楞伽阿跋多罗宝经讲录四卷附录一卷　明释乘旹撰　⑱子933

汪　谅　一五二五（嘉靖四）年刊史记一百三十卷　汉司马迁撰刘宋裴骃集解唐司马贞索隐张守节正义　①8799

汪骏声　一六三九（崇祯十二）年刊心史七卷　宋郑思肖撰　⑱集417

汪跃龙汪栋　刊汪虞卿梅史一卷　明汪懋孝撰　①16259

汪　淮　一五五九（嘉靖三十八）年刊徽郡诗八卷诗人爵里一卷　明李敏辑　⑱集1787

汪　浸　一六一七（万历四十五）年刊咙言十卷　明范涞撰　⑱子89

汪　惟　一六三三（崇祯六）年刊石山医案三卷附录一卷　明汪机撰　㉚627

汪维宽汪维信　一六二九（崇祯二）年刊宝日堂初集三十二卷　明张鼐撰　①1745

汪　循　一四九九（弘治十二）年刊儒志编一卷　宋王开祖撰　附录一卷　①8142

汪道昆　一五八五（万历十三）年刊楚辞二卷　楚屈原宋玉汉贾谊等撰　⑱集1

汪道会　一五八〇（万历八）年自刊泛舟诗一卷　明汪道会辑　⑱集1713

新安**汪滋** 一五六七（隆庆元）年刊伤寒撮要六卷 明缪存济撰 ㉚69

汪瑶光 一六三三（崇祯六）年刊太函副墨二十二卷 明汪道昆撰 年谱一卷 ⑱集702

汪璋汪珙等 一四九七（弘治十）年刊经礼补逸九卷 元汪克宽撰 附录一卷 ⑱经185

汪 稷 一五七二（隆庆六）年刊蚁术诗选八卷 元邵亨贞撰 ⑱集488

汪德元 刊秦汉文钞十二卷 明冯有翼辑 ⑯834.1/168－02

汪德和 一五九八（万历二十六）年刊畊牧山人创草二卷 明汪弘泽撰 ⑱集829

汪德敬 一五二八（嘉靖七）年刊玄玄棋经二卷 宋张拟撰 ⑱子450

汪 璨 刊方壶存稿九卷 宋汪莘撰 ⑱集378

汪 瀚 一五五七（嘉靖三十六）年刊可泉拟涯翁拟古乐府二卷 明胡缵宗撰胡统宗注 ⑱集635

汪 瀚等 一六三四（崇祯七）年刊道元一炁五卷 明曹士珩撰 ⑱子1067

汪 氏 一五五五（嘉靖三十四）年刊注陆宣公奏议十五卷 唐陆贽撰宋耶晔注 制诰十卷 ⑱史357

汪 氏 一五七三—一六二〇（万历）年刊山居杂志二十三种四十一卷 明汪士贤辑 ⑱子459

汪 氏 刊袁了凡先生释义西厢记二卷 元王德信关汉卿撰明袁黄释义 ⑱集2044

汪 □ 一六一二（万历四十）年刊诗馀画谱不分卷 ⑱子430

新安**汪氏** 一五七三—一六二七（万历—天启）年刊汉魏六朝二十一名家集一百二十三卷 明汪士贤编 ⑱集1352

沙璧杨观 一五〇二（弘治十五）年刊草窗梅花集句三卷红梅集句一卷 明童琥撰 ⑱集610

沈一中 一六一二（万历四十）年在黔南刊增刻医便二卷 明王三才辑刘世赏增辑 ⑱子222

沈九河 一六〇五（万历三十三）年刊醒后集五卷 明卢维祯撰 ⑱集741

沈九畴 一六〇〇（万历二十八）年刊丹溪心法附馀二十四卷首一卷 明方广编 ⑱子209

沈士龙胡震亨 一五七三—一六二〇（万历）年刊大唐创业起居注三卷 唐温大雅撰 ⑱史143

沈大忠 一五八四（万历十二）年刊洪武正韵高唐王篆书五卷 明乐韶凤宋濂等撰明朱厚煐书 ⑱经476

沈与文 一五二二—一五六六（嘉靖）年刊西京杂记 晋葛洪撰 ⑳65

沈之镤 一六二九（崇祯二）年自刊三经玄腊四卷 明沈之镤编 ⑱子999

沈子木 一五二二—一五六六（嘉靖）年刊初仕录一卷 明吴遵撰 ①11680

沈子木 一六〇〇（万历二十八）年刊沈忠敏公龟谿集十二卷 宋沈与求撰 ⑱集304

沈尤含沈美含 一六三〇（崇祯三）年刊雪堂文集十卷 明沈守正撰 附录一卷 ⑱集802

沈　立 一五八一（万历九）年刊石联遗稿八卷 明沈爚撰 ⑱集669

沈尧中 一五八五（万历十三）年刊保赤全书二卷 明管橓撰李时中增补 ⑱子246

沈同寅 一五八五（万历十三）年刊慈悲道场忏法十卷 ①6436

槜李**沈延铨** 一五二二（天启二）年刊学古编二卷 元吾丘衍撰明何震续 正韵篆二卷 明沈延铨撰 ⑱子433

沈　圻 一五一九（正德十四）年刊楚辞集注八卷辩证二卷后语六卷 宋朱熹撰 ⑱集6

沈孝徵 一六〇六（万历三十四）年刊四馀随笔八卷 明薛志学撰 ⑱子579

沈应魁 一五五三（嘉靖三十二）年自刊皇明名臣言行录新编三十四卷 明沈应魁辑 ⑱史431

沈应魁 一六一五（万历四十三）年刊广谐史十卷 明陈邦俊撰 ①9965

沈启南 一五八二（万历十）年刊李太白诗选六卷 唐李白撰明张含辑 ⑱集60

沈启原 一五八三（万历十一）年刊谢康乐集四卷 刘宋谢灵运撰明沈启原辑 ⑱集32

沈启原 一五七一（隆庆五）年刊外科枢要四卷 明薛己撰 ⑱子233

鹿城**沈际飞** 明末刊脉经十卷人元脈影归指图说二卷 晋王叔和撰 ⑱子191

沈　纯 一四八五（成化二十一）年刊金匮钩玄三卷 元朱震亨撰 ㉚318

沈　松 一五二七（嘉靖六）年刊书叙指南十二卷 宋任广辑 ⑱子799

沈　杰 一五〇三（弘治十六）年刊胡仲子先生信安集二卷 明胡翰撰 ⑱集534

沈宗培 一六〇六（万历三十四）年刊初学记三十二卷 唐徐坚等辑 ⑱子786

沈宠绥 一六三九（崇祯十二）年自刊度曲须知二卷絃索辨讹二卷 明沈宠绥撰 ⑱集2188

沈　性 一四五七—一四六四（天顺）年刊贡礼部玩斋集十卷拾遗一卷 元贡师泰撰 纪年录一卷 ⑱集491

沈绍祖 一五七二—一五七四（隆庆五—万历二）年刊环溪集二十六卷 明沈愷撰 ⑱集673

沈玹志 一五一五（正德十）年刊补修东里文集二十五卷 明杨士奇撰 ⑱集562

沈春泽 一六一九（万历四十七）年刊唐僧弘秀集十卷 宋李龏辑 ⑱集1660

沈春泽 一六二二（天启二）年刊隐秀轩集三十三卷 明钟惺撰 ⑱集806

沈思孝 一五八一（万历九）年刊选诗约注八卷 明冯惟纳撰 评议一卷 明冯惟纳辑 ⑱集1560
嘉善**沈科** 一五五七（嘉靖三十六）年自刊史记钞二十卷 明沈科编 ⑪NC2488/3124
沈　科 一五五七（嘉靖三十六）年自刊史记钞二十卷 明沈科辑 ⑱史703
沈　鈇 一五八七（万历十五）年刊石鼓诗一卷 ⑱史1465
沈　俊 一五〇六—一五二一（正德）年刊青阳先生文集九卷 元余阙撰 附录二卷 ⑱集484
沈　津 一五〇四（弘治十七）年刊龙筋凤髓判二卷 唐张鷟撰 ⑱子784
沈　晖 一五一七（正德十二）年刊龟山先生集三十五卷 宋杨时撰 年谱一卷 宋黄去疾撰 附录一卷 ⑱集292
沈　恩 一五二〇（正德十五）年刊岑嘉州诗四卷 唐岑参撰 ⑱集64
沈　铁 一五八七（万历十五）年刊石鼓诗一卷 ①1009
沈　鍊 明末刊小题怡赠一卷 明王思任撰 ⑱集788
沈逢春 一六二二（天启二）年刊玉台新咏十卷 陈徐陵辑 续四卷 明郑玄抚辑袁宏道评 ⑱集1570
京都**沈家** 明初刊妙法莲华经观世音菩萨普门品一卷 后秦释鸠摩罗什译 ⑱子914
沈　祯 一六〇六（万历三十四）年刊文苑豹斑十二卷 明沈思永辑 陈继儒删订 ⑱子856
沈继芳 一五二二—一五六六（嘉靖）年刊皇明诗钞十卷 明程旦辑 ⑱集1705
沈琇卿 一六二三（天启三）年刊唐荆川批选史记十二卷批选汉书四卷 明唐顺之辑 ⑱史703
沈　域 一六二一—一六二七（天启）年刊榖山笔麈十八卷 明于慎行撰 ⑱子572
沈梦斗 一五七三—一六二〇（万历）年刊玉府钩玄六卷 明沈尧中编 ⑪817.08/3445
沈　淮 一五四九（嘉靖二十八）年刊东谷赘言二卷 明敖英撰 ⑱子565
沈维藩 一五五五（嘉靖三十四）年刊读书录十卷续录十二卷 明薛瑄撰 ①8905
沈　琮 一四六〇（天顺四）年刊陈刚中诗集三卷 元陈孚撰 附录一卷 ⑱集452
沈　颉 一五〇五（弘治十八）年刊贾谊新书十卷 汉贾谊撰 ⑱子31
沈朝阳 一五九九（万历二十七）年刊皇明嘉隆两朝闻见纪十二卷 明沈越撰 ⑰K14607
沈景麟 刊韩非子二十卷 明孙矿批点 ⑱子142
沈　颋 一六四二（崇祯十五）年刊删补颐生微论四卷 明李中梓撰 ⑱子228

沈儆炌 一六〇八（万历三十六）年刊全唐诗话六卷 题宋尤袤撰 ⑱集1875

沈　榜 一五八六（万历十四）年刊文浦玄珠六卷 明穆文熙撰 ⑱集1620

沈儆炌 一六〇九（万历三十七）年刊文海披沙八卷 明谢肇淛撰 ①621

沈儆炘 一六〇九（万历三十七）年刊万氏家抄济世良方六卷 明万表辑万邦孚增补 ⑱子219

沈德先等 一六一五（万历四十三）年刊宝颜堂订正庚申外史二卷 明权衡撰 ⑱史156

沈　鎡 一五四八（嘉靖二十七）年刊妇人良方二十四卷 宋陈自明撰明薛己注 ⑱子236

绣水沈氏 一五七三—一六二一（万历）年刊尚白斋镌陈眉公家藏秘籍续函五十帙 明陈继儒辑 ⑰K1538

怀　悦 一四六一（天顺五）年自刊士林诗选二卷 明怀悦辑 ⑱集1704

宋仪望 一五五三（嘉靖三十二）年刊河东重刻阳明先生文录五卷外集九卷别录十卷 明王守仁撰 ⑱集618

宋仪望 一五七二（隆庆六）年刊阳明先生文粹十一卷 明王守仁撰宋仪望辑 ⑱集619

宋仪望 一五七五（万历三）年刊礼记集注三十卷 明徐师曾撰 ⑱经198

宋邦乂等 刊吕氏春秋二十六卷 汉高诱注 ⑱子497

宋廷训李登 一五九六（万历二十四）年刊六经正义 ⑱经3

宋廷佐 一五一八（正德十三）年刊武林旧事六卷 宋周密撰 ①7451

宋廷佐 一五二二（嘉靖元）年刊还山遗稿二卷 元杨奂撰 杨文宪公考岁略一卷 明宋廷佐撰 附录一卷 明宋廷佐辑 ⑱集442

宋廷琦 一五五一（嘉靖三十）年刊中山狼院本一卷 明王九思撰 ⑫SV53.43－14/6.21

宋廷琦 一五五一（嘉靖三十）年刊碧山诗馀二卷 明王九思撰 ⑱集1972

宋光廷 刊补注李沧溟先生文选四卷 明李攀龙撰宋祖骏等补注 ⑱集696

宋守志谢教等 一五六一（嘉靖四十）年刊历代文选十四卷 明凌支翼辑 ⑱集1618

宋阳山 一五五一（嘉靖三十）年刊明医杂著注六卷 明王纶撰薛己注 ⑱子216

宋伯华 一五七五（万历三）年刊宋祠部集六卷 明宋延年撰 ⑱集690

宋应星 一六三七（崇祯十）年自刊天工开物三卷 明宋应星撰 ⑱史1354

宋应昇 一六三八（崇祯十一）年自刊方玉堂集十六卷 明宋应昇撰 ㉑96

宋应期等 一五六五（嘉靖四十四）年刊张左华集十五卷 明张光孝撰 ⑱集733

宋良柱 一五七二（隆庆六）年刊新刊纂注释文明痘心法二卷 明舒李撰 ⑱子245

宋明德 一六〇〇（万历二十八）年自刊修养节要二卷 明宋明德撰 ⑱子252

宋　宜 一五三五（嘉靖十四）年刊抚上郡集一卷 明周金撰 ⑱集634

宋　珏 一六一八（万历四十六）年刊白云集七卷 明陈昂撰 附录一卷 ⑱集825

宋　楫 一五三九（嘉靖十八）年刊乐律纂要一卷 明季本撰 ⑱经226

宋鉴马金 一四九八（弘治十一）年刊石屏诗集十卷 宋戴复古撰 东皋子诗一卷 宋戴敏撰 ⑱集358

宋福顺等 一四一八（永乐十六）年刊龙舒增广净土文十四卷 宋王日休撰 ⑱子958

宋豫卿 一五六七（隆庆元）年刊明医二著五卷 ⑱子 216

张一鸣 一六三三（崇祯六）年刊陈太史无梦园初集三十四卷 明陈仁锡撰 ⑱集845

张一栋 一六一〇（万历三十八）年刊急救良方二卷 明张时彻辑 ⑱子220

张一卿 一五七三—一六二〇（万历）年刊白门草一卷 明张应泰撰 ⑱集780

张一通匡铎等 一五八二（万历十）年刊新刻易经详解十卷 明徐元气撰 ⑱经70

张一鲲 一五八一（万历九）年刊战国策十卷 宋鲍彪校注元吴师道补正 ⑱史216

张九逵 一五〇六（正德元）年刊印篁墩程先生文粹二十五卷 明程敏政撰程曾戴铣辑 ⑱集592

张士立 一五四三（嘉靖二十二）年刊医说十卷 宋张杲撰 ㉚696

张士佩 一五二四（嘉靖三）年刊渭南南大吉本会稽三赋一卷 宋王十鹏撰明南逢吉注 ⑪811. 35/1047

张士佩 一五八二（万历十）年刊太史升庵文集八十一卷 明杨慎撰杨有仁辑 ⑱集638

张士隆 一五一四（正德九）年刊安阳集五十卷 宋韩琦撰 别录三卷 宋王严叟撰 遗事一卷
宋强至撰 忠献韩魏王家传十卷 ⑱集198

张士镐 一五二六（嘉靖五）年刊集注太玄经六卷 宋司马光撰 说玄一卷 唐王涯撰 ⑱子333

张大忠 一五七〇（隆庆四）年刊周礼全经释原十二卷周礼通论一卷周礼传叙论一卷 明柯尚迁撰 ⑱经175

张大轮胡岳 一五三二（嘉靖十一）年刊晦庵先生朱文公文集一百卷目录二卷续集十一卷
别集十卷 宋朱熹撰 ⑱集329

张大轮 一五二七（嘉靖六）年刊重校正唐文粹一百卷 宋姚铉辑 ⑱集1653

张大纶 一五三○（嘉靖九）年刊枫山章先生文集九卷 明章懋撰 ⑱集593

张大猷张时永 一六二七（天启七）年刊张太史遗稿十卷 明张应元撰 ⑱集745

张之象 一五七九（万历七）年刊文心雕龙十卷 梁刘勰撰 ⑱集1868

张之象 一五七七（万历五）年刊史通二十卷 唐刘知几撰 ⑱史1506

张之厚 一五七三—一六二○（万历）年刊易经集注十六卷 明来知德撰 ⑱经69

张 习 一四八四（成化二十）年刊雁门集八卷 元萨都剌撰 ⑱集477

张 习 一四九一（弘治四）年刊韦苏州集十卷拾遗一卷 唐韦应物撰宋刘辰翁校注 ⑱集61

张 习 一四九六（弘治九）年刊侨吴集十二卷元郑元祐撰 附录一卷 ⑱集495

张子立 一五四五（嘉靖二十四）年刊唐诗纪事八十一卷 宋计有功撰 ⑱集1873

张天德 一六二一（天启元）年刊宦历漫纪八卷 明余寅撰 ⑱史1359

张元电 刊续观感录十二卷 明方鹏辑 ⑱史411

张元学 一五二五（嘉靖四）年刊李氏弘德集三十二卷 明李梦阳撰 ⑱集612

张元谕 一五六○（嘉靖三十九）年刊文山先生全集二十卷 宋文天祥撰 ⑱集394

张元谕 一五七○（隆庆四）年刊宋丞相文山先生全集十六卷宋文天祥撰 ㉑114

张元善 一六○六（万历三十四）年刊合并字学篇韵便览二十三卷 明徐孝编 ⑱经482

山阴**张元憬** 一五七三—一六二○（万历）年校刊周海门先生文录十二卷 明周汝登撰 ⑱集756

张云路 一五五五（嘉靖三十四）年自刊文则四卷 明张云路辑 ⑱集1619

张 木 一五三八（嘉靖十七）年刊小学史断二卷 宋南宫靖一撰 ⑱史1513

张五典 一六二○（万历四十八）年刊讲武要略十七卷首一卷附一卷 明徐九章辑 ⑱子125

金陵**张少吾** 一六一九（万历四十七）年刊车书楼汇辑旁注当代名公四六瑶函六卷首一卷 明朱锦辑 ⑱集1727

张中鸿 一五八○（万历八）年刊何文定公文集十一卷 明何瑭撰 首一卷 ⑱集622

张介宾 一六二四（天启四）年自刊类经三十二卷 明张介宾类注 图翼十一卷附翼四卷 明张介宾撰 ⑱子180

张公瑞 一五二一（正德十六）年刊孔子家语八卷 明何孟春注 ⑱子22

张　凤　刊医说钞方十卷　①12208

张凤翔　一六二三（天启三）年刊疏草四卷　明张凤翔撰　①10890

张凤墀　一六二六（天启六）年刊一舫斋诗一卷　明张渊撰　⑱集701

张凤翼张燕翼　一五七〇（隆庆四）年刊吴中人物志十三卷　明张昶撰　⑱史449

张凤翱　一五〇〇（弘治十三）年刊三元六甲二十四用太玄作用召吉奇书不分卷　元刘敬撰　⑱子375

张文介　一五八二（万历十）年自刊广列仙传七卷　明张文介辑　⑱子1069

张文柱　一五八五（万历十三）年刊批释校注世说新语补二十卷　梁刘孝标撰明何良俊增补
张文柱校注　附释名一卷　①5012

张文昭　一四八八（弘治元）年刊霏雪录不分卷　明刘绩撰　⑱子558

张文翰等　一五八五（万历十三）年刊崔氏家塾志一卷　明崔铣撰　⑱子81

张文麟黄巩　一五二〇（正德十五）年刊西山先生真文忠公文集五十五卷目录一卷　宋真德秀撰　⑱集368

张　斗　一五八八（万历十六）年刊许正吾集二十八卷　明许言时撰　⑱集723

张书绅　一五五五（嘉靖三十四）年刊碧山乐府二卷　明王九思撰　⑱集2168

太仓**张节**　一五六〇（嘉靖三十九）年刊吴兴掌故集十七卷　明徐献忠纂　⑲400

张正位　一五六三（嘉靖四十二）年刊苏门集八卷　明高叔嗣撰　⑱集661

张正岳　一六二〇（泰昌元）年刊古今名媛汇诗二十卷　明郑文昂辑　⑱集1592

张正道　一五七一（隆庆五）年刊卢次楩诗集二卷　明卢柟撰　⑱集727

张世才　一六〇三（万历三十一）年刊河岳英灵集三卷　唐殷璠辑　⑱集1655

张世用　一四八二（成化十八）年刊古文苑二十一卷　宋章樵注　⑱集1565

张世则　一五九三（万历二十一）年刊司牧安骥集八卷　①12525

张世伟等　一六二九（崇祯二）年刊丙寅北行日谱一卷　明朱祖文撰　⑱史519

张本真　一三八〇（洪武十三）年刊周易参同契发挥三卷　宋俞琰撰　释疑一卷　宋俞琰撰　⑱子1044

张可久　万历间刊新刊艺圃球琅集注四卷　明蒋以忠蒋以化撰林大桂集注　①9494

书林**张东川**　一五八四（万历十二）年刊类编草堂诗馀四卷　题明唐顺之解注田一隽辑　⑱集1996

张宁 一四七一（成化七）年刊关王事迹五卷 元胡琦撰 ⑱史464

张宁 一五九六（万历二十四）年刊梅谷庄先生文集十六卷 明庄履丰撰 ⑱集757

张永忠等 一六二五（天启五）年刊浒东先生文集十四卷 明张卤撰 ⑱集714

张弘至 一五一八（正德十三）年刊张东海先生诗集四卷文集五卷 明张弼撰 ⑱集592

张弘道 一五七三—一六二〇（万历）年刊新刻李太史秘藏王阁学汉书选要钞评二卷 明王锡爵辑李廷机评 ⑱史710

张幼学 一六一九（万历四十七）年重修山堂肆考二百四十卷 明彭大翼撰 ⑱子852

张邦教 一五三六（嘉靖十五）年重修李举刻本萨天锡诗集五卷 元萨都剌撰 ⑱集478

张成教 一五七七（万历五）年自刊张洛南文集十二卷 明张成教撰 ⑱集696

张尧德 一六〇九（万历三十七）年刊医说十卷 宋张杲撰 ㉚696

张至发 一六一五（万历四十三）年刊仪部张先生文集二卷 明张敬撰 ⑱集759

张至发 一六三七（崇祯十）年刊李少崖先生还朴心声一卷 明李汝桂撰 ⑱集826

张师龄 一六三七（崇祯十）年刊白雪斋选订乐府吴骚合编四卷衡曲麈谭一卷 明张楚叔张旭初辑 曲律一卷 明魏良辅撰 ⑱集2167

张光孝 一五五五（嘉靖四十四）年补刊华州公署本淮海集四十卷后集六卷 宋秦观撰 ⑱集272

张光启 刊新刊京传足本剪灯新话二卷 明瞿佑撰 新刊校正足本剪灯馀话二卷 明李昌祺撰 ⑱子752

张光奎 一六三〇（崇祯三）年刊张毅敏公集十卷 明张养蒙撰 附录一卷 ⑱集757

张光祖 一五四〇（嘉靖十九）年刊晦庵文钞十卷 宋朱熹撰明吴讷崔铣辑 ⑱集331

张乔相 一五五九（嘉靖三十八）年刊象山先生全集三十六卷 宋陆九渊撰 ⑱集345

张廷策 一六二〇（万历四十八）年自刊易经正解四卷 明张廷策撰 ⑱经77

张延登 一六一四（万历四十二）年刊皇明谥纪汇编二十五卷 明郭良翰撰 ⑱史1151

张延登 一六二八—一六四四（崇祯）年刊明策四卷 明冯琦黄汝良撰张延登辑 ⑱史348

张自宪 一五八九（万历十七）年重修伊蔚堂本全唐诗话六卷 题宋尤袤撰 ⑱集1875

张全恩 一五五〇（嘉靖二十九）年刊茅山志十五卷后续二卷 元刘大彬撰明江永年续 ⑱史1005

张　齐　一五二二（嘉靖元）年刊王忠文公文集二十四卷　宋王十朋撰明刘杰辑　⑱集339

张汝立　一五一七（正德十二）年刊怀麓堂诗续稿八卷文续稿十二卷补遗一卷　明李东阳撰　⑱集588

张汝舟　一四九九（弘治十二）年刊山谷老人刀笔二十卷　宋黄庭坚撰　⑱集266

张汝纲张汝纪　一六一五（万历四十三）年刊太师张文忠公集十九卷　明张孚敬撰　⑱集654

张汝贤　一五八三（万历十一）年刊殳山先生遗稿三卷　明张文宪撰　⑱集663

张汝济　一五九三（万历二十一）年刊归有园稿诗编七卷文编二十二卷　明徐学谟撰　⑱集705

张汝霖张汝懋　一六〇二（万历三十）年刊张阳和先生不二斋文选七卷　明张元忭撰邹元标辑　附一卷　⑱集743

张汝懋　一六一四（万历四十二）年刊医便二卷　明王三才等编　㉚220

张守中　一五五一（嘉靖三十）年刊王西楼先生乐府一卷　明王磐撰　⑱集2169

张守中　一五七二（隆庆六）年刊杜工部诗通十六卷　明张綎撰　⑱集78

张守为　一五六六（嘉靖四十五）年刊行吾先生摘稿二卷　明张志选撰　附录一卷　⑱史676

张守约　一五七三—一六二〇（万历）年刊史记一百三十卷　汉司马迁撰　⑱史15

张安苞　一六二八—一六四四（崇祯）年刊张宫谕集十卷　明张以诚撰　⑱集794

张如兰　一六三一（崇祯四）年自刊闲中八种十六卷　明张如兰编　⑱丛277

张　羽　一五五七（嘉靖三十六）年刊古本董解元西厢记八卷　⑱集2017

张　纪　一五三九（嘉靖十八）年刊金石古文十四卷　明杨慎辑　⑱史1432

滇南昆池**张纪**　一五三九（嘉靖十八）年刊金石古文十四卷　明杨慎辑　⑱史1432

张　进　一六〇九（万历三十七）年刊天皇至道太清玉册二卷原道一卷　明朱权撰　⑱子1064

南昌**张寿朋**　一五八八（万历十六）年刊韩非子二十卷　周韩非撰　㉑72

张　杞　一六〇五（万历三十三）年自刊新刻麟纪统一编十二卷　明张杞撰　①8777

张　杞　一五四〇（嘉靖十九）年刊石阳山人病诗一卷　明陈德文撰　⑱集676

张克文　刊元史节要十四卷　明张美和辑　⑱史716

张　芹　一五一八（正德十三）年刊唐氏三先生集三十卷　元唐元明唐桂芳唐文凤撰　附录三卷　①719

张　卤　一五八〇（万历八）年刊浒东山房批校庐陵曾氏十八史略八卷　元曾先之撰　⑱史691

张时行 一六三三（崇祯六）年刊合刻两张先生集十七卷 唐张籍宋张孝祥撰 ①260
张时昇 一六一二（万历四十）年刊晞发集五卷 宋谢翱撰 外集一卷 明张时昇辑 ⑱集405
张时彻 一五五〇（嘉靖二十九）年自刊急救良方二卷 明张时彻辑 ㉚220
张时彻 一五六三（嘉靖四十二）年刊诚斋先生易传二十卷 宋杨万里撰 ⑱经55
张时彻 一五七五（万历三）年自刊交游书翰四卷 明张时彻辑 ⑱集1728
张时泰 一四九〇（弘治三）年自刊续资治通鉴钢目广义十七卷 明张时泰撰 ⑱史122
张时雨 一六四三（崇祯十六）年刊陈克斋先生集十七卷 宋陈文蔚撰 ⑱集365
张时震 一六一三（万历四十一）年刊骆两溪集十四卷 明骆文盛撰 附录一卷 ⑱集682
张旸光 一六三九（崇祯十二）年刊十三经辑训不分卷 明郑圭辑 ⑱经361
张　位 一五八五（万历十四）年刊词林典故一卷 明张位于慎行等撰 ①10699
张希举 一五五一（嘉靖三十）年刊东所先生文集十三卷 明张诩撰 ⑱集603
张　言 一五四九（嘉靖二十八）年刊一峰先生文集十四卷 明罗伦撰 ⑱集591
张应文 一五二二—一五六六（嘉靖）年刊剑匣诗抄十卷 明盛賫汝辑 ⑱集1713
张应治 一五九四（万历二十二）年自刊玄阳堂诗稿一卷文集一卷 明张应治撰 ⑱集718
张应泰 一五九七（万历二十五）年刊刘槎翁先生诗选十二卷 明刘崧撰 ⑱集532
张应泰金士衡 一五九七（万历二十五）年刊杜律詹言二卷 明谢杰撰 ⑱集79
张应魁 一六二八—一六四四（崇祯）年刊东江疏揭塘报节钞八卷 明毛文龙撰毛承斗辑
东江客问一卷 明吴惟英撰 ⑱史275
张　沂 一五三三（嘉靖十二）年刊皇明风雅四十卷 明徐泰辑 ①9221
张良知 一五四四（嘉靖二十三）年刊泾野生生别集十二卷 明吕柟撰 ⑱集633
南昌张纬 一五四四（嘉靖二十三）年刊瀼东先生集 明湛道行撰 ㉑71
张　炜 一六〇五（万历三十三）年刊简明医要五卷补遗一卷 明顾儒撰 ㉚325
张　纲 一四七一（成化七）年刊巢睫集五卷 明曾棨撰 ⑱集569
张　玭 一五四八（嘉靖二十七）年刊武经摘要六卷 明吴相辑 ⑱子108

张　规　一四二八（宣德三）年刊永嘉先生集十二卷　明张著撰　㉙2727

平阳郡守**张松**　一五四九（嘉靖二十八）年刊艺文类聚一百卷　唐欧阳询撰　⑱子781

张其中　一六〇二（万历三十）年刊蠛蠓集五卷　明卢柟撰　⑱集727

张叔籁　一六三三（崇祯六）年刊陈太史无梦园初集十四卷　明陈仁锡撰　①11672

张叔玺　一五九四（万历二十二）年刊居来先生集六十五卷　明张佳胤撰　⑱集708

张肯堂汪宗友　一六三七（崇祯十）年刊墨巢集十六卷　明谢焜撰　⑱集888

张尚淳　一五九九（万历二十七）年刊张弘山集四卷　明张后觉撰　⑱子572

张鸣时　一六二二（天启二）年刊秘授金锁八门阵图要诀一卷空群斋集一卷　明何观撰　⑱子126

张　岫　一四八四（成化二十）年刊孝肃包公奏议集十卷　宋包拯撰　⑱史357

张　明　一五四八（嘉靖二十七）年刊唐四杰集四卷　⑱集1391

张国维　一六三九（崇祯十二）年在苏州刊心史七卷　宋郑思肖撰　⑱集417

张国玺　一五九六（万历二十四）年刊周子全书六卷　宋周敦颐撰　⑱子51

张和欧阳溥　一四六三（天顺七）年刊柳待制文集二十卷标目二卷　元柳贯撰　附录一卷　⑱集471

张秉铎　一五六九（隆庆三）年刊天马山房遗稿八卷　明朱淛撰　⑱集662

张佳胤　一五八四（万历十二）年刊天目先生集二十一卷　明徐中行撰　附录一卷　明郭造卿撰　⑱集706

张佳胤　一五六九（隆庆三）年刊奚囊蠹馀二十卷　明张瀚撰　⑱集683

张佳胤王阿杲　一五七一（隆庆五）年刊尽言集十三卷　宋刘安世撰　⑱史358

张所望　一六〇九（万历三十七）年刊乐府原十五卷　明徐献忠辑　⑱集1573

张　采宋学显等　一六三八（崇祯十一）年刊宋朱晦庵先生名臣言行录前集十卷后集十四卷
宋朱熹辑　续集八卷别集十三卷外集十七卷　宋李幼武辑　⑱史421

张京元　一六一八（万历四十六）年自刊删注楚辞不分卷　明张京元撰　⑱集10

张京元等　一六二一（天启元）年刊大明会典二百二十八卷　明申时行赵用贤等纂修　⑱史1122

张　泮　一五八九（万历十七）年刊谿田文集十一卷　明马理撰　⑱集643

张　泽　一六三三（崇祯六）年刊新刻谭友夏合集二十三卷　明谭元春撰徐汧张泽等评

旨斋诗草一卷 明张泽撰 ⑱集856

张宗载 一五八七（万历十五）年刊张居来集存杂文八卷诗二十七卷 明张佳胤撰 ⑱集708

张　定 一五五三（嘉靖三十二）年刊岩潭诗集十二卷 明王廷榦撰 ⑱集678

曲沃**张学诗** 一五七三—一六二〇（万历）年刊百病问对辨疑五卷 明张昶撰 ㉚408

张　诚 一五八四（万历十二）年刊劝忍百箴考注四卷 □释觉澂撰 ①8971

张　诚 一五八七（万历十五）年刊评史心见十二卷 明郭大有撰 ⑱史1523

张　诩 一五六〇（嘉靖三十九）年刊献子讲存二卷 明卢宁撰 ⑱子85

张居仁 一五九一（万历十九）年刊文选十二卷 梁萧统辑 ⑱集1548

张绍谦 一六四三（崇祯十六）年刊方正学先生逊志斋集二十四卷拾补一卷 明方孝孺撰

外纪一卷年谱一卷 ⑱集559

张经世等 一六一九（万历四十七）年刊重刊许氏说文解字五音韵谱十二卷 宋李焘撰 ⑱经408

张经世 一六二一—一六二七（天启）年刊思菴野录三卷 明薛敬之撰 思菴薛先生行实一卷

附录一卷 明薛楹等辑 ⑱子80

张孟贤 一五七四（万历二）年刊归元直指集四卷 明释宗本撰 ⑱子959

张　玶 一五四七（嘉靖二十六）年刊全幼心鉴八卷 明寇平撰 ⑱子240

张　垣 一六一〇（万历三十八）年刊端峰先生松菊堂集二十四卷 明孙鏊撰 ⑱集821

张钟福 刊车书楼汇辑各名公新制四六珍函六卷首一卷 明许以忠辑张一忠等注 ⑱集1728

张俊英 一六四〇（崇祯十三）年刊藏腑证治图说人镜经八卷附录二卷续录二卷 ㉚33

书林**张闽岳** 一五七三—一六二〇（万历）年刊新刊玉堂周易本义四卷首一卷 宋朱熹撰 ⑱经47

张　雋 一六三六（崇祯九）年刊近思录十四卷 宋朱熹吕祖谦撰 ⑱子58

张炳忠 一五八四（万历十二）年刊胥台先生集二十卷 明袁帙撰 ⑪NC5428/4303

张　养 一六二九（崇祯二）年刊新刊京本礼记纂言三十六卷 元吴澄撰 ⑱经194

张养正 一六一一（万历三十九）年刊玄羽外编四十六卷 明张大龄撰 ①2896

张养正 一六一一（万历三十九）年刊瞿冏卿集十四卷 明瞿汝稷撰 附一卷 ⑱集828

张养蒙 一五七三—一六二〇（万历）年刊增修【嘉靖】安吉州志八卷 明江一麟陈敬则修纂 ⑱史861

张　齐 一五二二（嘉靖元）年刊王忠文公文集二十四卷 明王祎撰 ⑱集528

张　恂 刊唐诗品汇九十卷拾遗十卷 明高棅辑张恂重订 ⑱集1666

铅山**张祜** 一五〇〇（弘治十三）年刊陶学士先生集二十卷 元陶安撰 ㉑93

张　祜 一五二四（嘉靖三）年刊杜工部七言律诗一卷 唐杜甫元虞集注 ⑱集75

张　綖 一五三九（嘉靖十八）年刊淮海集四十卷后集六卷长短句三卷 宋秦观撰 ⑱集272

张泰徵 一五九五（万历二十三）年刊条麓堂集三十四卷 明张四维撰 ⑱集710

张　泰 一四八二（成化十八）年刊孔颜孟三氏志六卷提纲一卷 明刘濬撰 ⑱史402

张起龙 一六三八（崇祯十一）年刊唐丞相曲江张先生文集十二卷 唐张九龄撰 ⑱集47

书林**张起鹏** 刊医贯六卷 明赵献可撰 ㉚28

张振先 一五八五（万历十三）年刊岳阳纪胜汇编四卷 明梅淳辑 ⑱集1814

张振之 一五六七（隆庆元）年刊玄亭闲话六卷 明周锡撰 ①475

张　铎 一五五二（嘉靖三十一）年刊胡蒙谿续集六卷 明胡侍撰 附录一卷 ⑱集649

张　臬 一五五二（嘉靖三十一）年刊中华古今注三卷 后唐马缟撰 ⑱子604

张烒如 刊淮南鸿烈解二十一卷 汉刘安撰高诱注明茅坤等评 ⑱子502

张　浦 一六三四（崇祯八）年刊庄子南华真经三卷 明谭元春评张浦参正 ㉙1586

张宽然 刊学圃藼苏六卷 明陈耀文辑 ⑱子701

张　祥 一五一四（正德九）年刊文山先生文集十七卷指南文集三卷别集一卷
文山先生遗墨一卷 宋文天祥撰 ⑱集394

张继孟 一六三八（崇祯十一）年刊军器图说不分卷 明毕懋康撰 ⑱子134

张　琏 一五〇五（弘治十八）年刊止斋先生文集五十二卷 宋陈傅良撰 附录一卷 ⑧

张　著 一五七二（隆庆六）年刊太岳太和山志八卷 明卢重华撰 ⑱史1016

张旉孟 一六一五（万历四十三）年刊古史谈苑三十六卷 明钱世扬撰 ㉙2799

张　辅 一四二九（宣德四）年刊通鉴纲目集览正误二卷 明陈济撰 ①9762

书林张辅　明末刊刻精释古今名翰六卷　明丘兆麟辑　⑱集1644

张梦锡　一五七三—一六二〇（万历）年刊青琐高议前集十卷后集十卷别集七卷　宋刘斧撰明张梦锡校　⑱子739

张崇礼王国桢　一六〇八（万历三十六）年刊古今律历考七十二卷　明邢云路撰　⑱子266

张　铨　一六一四（万历四十二）年刊薛文清公读书全录类编二十卷　明薛瑄撰　⑱子77

张　铨　一五七三—一六二〇（万历）年刊敬轩薛先生文集二十四卷　明薛瑄撰　附录二卷　⑱集573

张敏德　一五六二（嘉靖四十一）年刊新编性理三书图解九卷　明韩万钟撰　⑱子337

张象贤　一五七三—一六二〇（万历）年刊古文苑二十一卷　宋章樵注　⑱集1566

张鸿举　一六二五（天启五）年刊齐丘子六卷　五代谭峭撰　⑱子520

张　淮　一四八〇（成化十六）年刊翠屏集四卷　明张以宁撰　张氏至宝集挽诗一卷　明张瑄辑　⑱集529

张　淮　一五一五（正德十）年刊洪武正韵十六卷　明乐韶凤宋濂等撰　⑱经473

张　淳　一五八五（万历十三）年刊五岳山人尺牍十七卷　明陈文烛撰　⑱集719

张惟乔　一五九七（万历二十五）年刊竹里馆诗说五卷　明汪时元撰　⑱集1891

张唯任　一六一七（万历四十五）年刊诸儒奥论前集二卷后集二卷续集二卷别集二卷　元陈绎曾辑　⑱集1692

张惟恕　一五三三（嘉靖十二）年刊大诰武臣一卷　明太祖朱元璋撰　⑱史336

张　谐　一五八〇（万历八）年刊易菴蒲塘二翁诗稿二卷　⑱集1839

张　随　一六〇七（万历三十五）年刊普陀山志六卷　明周应宾撰　⑱史1012

张维任等　一六一七（万历四十五）年刊冯少墟集二十二卷续集一卷　明冯从吾撰　⑱集775

张维枢　一六一二（万历四十）年刊管子榷二十四卷　明朱长春撰　⑱子138

张维城　一五九四（万历二十二）年刊淮南鸿烈解二十一卷　汉刘安撰高诱注　⑱子501

张维城　一六二三（天启三）年刊徐文长逸稿二十四卷畸谱一卷　明徐渭撰　⑱集734

张维新等　一五九七（万历二十五）年刊孟云浦先生集八卷　明孟化鲤撰　附录一卷　①13740

张维翰　一六四四（崇祯十七）年刊病机部二卷　明张三锡撰　㉚38

张　琦　一五一三（正德八）年自刊白斋先生诗集九卷　明张琦撰　⑱集621

张　琦　一五二三（嘉靖二）年自刊白斋竹里诗集续三卷文略一卷　明张琦撰　⑱集621

张　琛　一五二八（嘉靖七）年刊尚论编一卷　明王达撰　⑱子698

张　萱　一六〇八（万历三十六）年刊鸠兹集十二卷　明徐时进撰　⑱集783

书林**张斐**　一六〇九（万历三十七）年刊新刊河间刘守真伤寒直格三卷　金刘完素撰　后集一卷　元刘洪辑　续集一卷　元马宗素撰　心镜一卷　金张从正撰　附集一卷　金张道辅撰　⑱子196

关西**张鼎**　刊文章轨范十卷　宋谢枋得辑　④1800

张鼎文　一五六一（嘉靖四十）年刊韩非子二十卷　⑱子141

张鼎思　一六〇三（万历三十一）年刊本草纲目五十二卷附图二卷濒湖脉学一卷　脉诀考证一卷奇经八脉考一卷　明李时珍撰　⑱子188

张景良　一六二八—一六四四（崇祯）年自刊蓬池阁遗稿诗四卷文十卷　明雷思霈撰张景良辑　⑱集797

张景旸胡韶刘玉　一五一五（正德十）年刊增广注释音辩唐柳先生集四十三卷别集二卷　外集二卷　唐柳宗元撰宋童宗说注释张敦颐音辨　⑱集130

张景华黄卿　一五二五（嘉靖四）年刊尔雅三卷　晋郭璞注　⑱经379

张景贤　一五五七（嘉靖三十六）年刊祝氏集略三十卷　明祝允明撰　⑱集615

张景贤张鉴　一五六二（嘉靖四十一）年刊西浙泉厓邵先生文集十卷诗集十卷　明邵经济撰　⑱集667

张　程　一五七六（万历四）年刊南松堂稿七卷　明张鳌山撰　⑱集643

张　程　一五八八（万历十六）年刊近代名臣言行录十卷　明徐咸撰　⑱史429

张舜元　一五三二（嘉靖十一）年刊秦汉文四卷　明胡缵宗辑　⑱集1615

张　鲁　一五四八（嘉靖二十七）年刊戴氏集十二卷　明戴冠撰　⑱集635

张普杲　一四三一（宣德六）年刊大佛顶如来密因修证了义诸菩萨万行首楞严经冥枢十卷　明释洪阔撰　⑱子948

张道明　一五八八（万历十六）年刊余忠宣公集四卷　元余阙撰　⑱集484

书林**张道辅**　刊新刻邹鲁故事五卷　⑭

张　谦　一五四八（嘉靖二十七）年刊劝忍百箴考注四卷　□释觉澄撰　①8970

张禄朱廷声等　一五二九—一五三〇（嘉靖八—九）年刊五经　⑱经8

张　禄　一五二五（嘉靖四）年自刊词林摘艳十卷　明张禄辑　①4908

张　裕　一五三七（嘉靖十六）年自刊浒墅关志十八卷　明张裕纂修　①610

张登云　一五七九（万历七）年刊吕氏春秋二十六卷　汉高诱注　⑱子498

闽抚**张瑄**　一四七四（成化十）年刊周礼集说十一卷纲领一卷　元陈友仁辑复古编一卷　宋俞庭椿撰　⑱经172

张献翼张燕翼　刊志园集三卷　明张凤翼撰　⑱集724

张　蒲　一五九六（万历二十四）年刊重锲初菴方先生书经集解十卷　明方扬撰　⑱经113

张　鹏　一五一〇（正德五）年刊皇明文衡一百卷目录二卷　明程敏政辑　⑱集1722

张鹏汪愈　一五一一（正德六）年刊静轩先生文集十五卷　明汪舜民撰　附录一卷　⑱集601

张裔轩　一六〇六（万历三十四）年刊礼记集注十卷　元陈澔撰　⑱经196

张　溥　刊南史八十卷　唐李延寿撰明张溥评点　⑱史24

张　溥　一六三二（崇祯五）年刊明辨类函六十四卷　明詹景凤撰　①11927

新建**张誉**　一五七二（隆庆六）年刊守令懿范四卷　明蔡国熙撰　①4895

张　缙　一五一四（正德九）年刊宋学士文集七十五卷　明宋濂撰　⑱集524

张　缙　一五二六（嘉靖五）年刊余肃敏公经略公牍不分卷　明余子俊撰　⑱史1358

张睿卿　一五九七（万历二十五）年刊增定太白山人漫稿八卷补遗一卷　明孙一元撰　附录一卷　⑱集632

张　鹗　一五五四（嘉靖三十三）年刊痘疹论四卷　宋闻人规撰　㉚496

张觵化　一六三三（崇祯六）年刊升恒编十二卷　明孙安国陈卓辑　⑱集1716

张　鼐　一四九七（弘治十）年刊精选古今名贤丛话诗林广记十卷后集十卷　宋蔡正孙辑　⑱集1882

张　璁　一四九三（弘治六）年刊唐诗品汇九十卷拾遗十卷　明高棅辑　⑱集1665

张　蕴　一五五二（嘉靖三十一）年刊端溪先生集八卷　明王崇庆撰　⑱集634

张豫诚　一六〇六（万历三十四）年刊靖康孤臣泣血录二卷　题宋丁特起撰　⑱史233

景德镇**张德夫**　一五七三（万历元）年刊袁文荣公文集七卷诗略二卷　明慈炜撰　㉑83

张鹤鸣　一六一七（万历四十五）年刊诗传一卷　题周端木赐撰　⑱经160

张　儒　一五一八（正德十三）年刊元城先生语录三卷　宋马永卿撰　行录一卷　明崔铣辑　①2566

张　鲲　一五三二（嘉靖十一）年刊古赋辨体　元祝尧编　㉑118

张懋华洪时蕃等　一五九六（万历二十四）年刊武林凌氏乾贞堂壁疏一卷　明凌登名撰　⑱子573

阊门书林**张懋先**　一六二八—一六四四（崇祯）年刊古今小品冰雪携不分卷　明卫泳选　⑭

张懋伦　一五八五（万历十三）年刊真诠三卷　明桑乔撰　⑱子1065

张　燮　一六二一—一六四四（天启—崇祯）年刊七十二家集三百四十六卷附录七十二卷　明张燮辑　⑱集1350

张燮曹荃　一六四〇（崇祯十三）年刊初唐四子集四十八卷　明张燮编　⑱集1391

张翼轸　一六一五（万历四十三）年刊先圣大训六卷　宋杨简撰　⑱子64

张鳌山　刊五朝名臣言行录前集十卷后集十四卷　宋朱熹辑　续集八卷别集二十六卷外集十七卷　宋李幼武辑　⑱史421

张　瓒　一四七七（成化十三）年刊河南程氏全书　宋朱熹辑　⑤

张　罍　一五〇四（弘治十七）年刊中州音韵不分卷　元周德清撰明王文璧增注　⑱集2188

张灏张洪等　一六二一—一六二七（天启）年刊太仆奏议四卷续奏议一卷　明张辅之撰　⑱史374

安阳**张氏**　一五八六（万历十四）年刊张伊嗣全集五种五卷　明张承撰　⑱丛608

东汇**张氏**　一五三一（嘉靖十）年刊新刊校正音释礼记白文六卷　⑱经189

德妃**张氏**　一五四三（嘉靖二十二）年刊药师本愿功德宝卷一卷佛说三十五佛名经一卷　⑱集2179

娄东**张氏**　刊汉魏六朝百三名家集一百十八卷　明张溥编　⑱集1356

东泉**张氏**　刊杜律虞注二卷　唐杜甫撰元虞集注　⑱集75

释**灵晟**等　一五九四（万历二十二）年刊楞伽阿跋多罗宝经玄义一卷义疏四卷　明释智旭撰　⑱子933

迟凤翔　一五六二（嘉靖四十一）年刊马学士文集八卷　明马愉撰　⑱集575

陆万垓　一五九七（万历二十五）年刊江西省大志八卷　明王宗沐纂修陆万垓增修　㉚479

陆元大　一五一九（正德十四）年刊晋二俊文集二十卷　晋陆机陆云撰陆云龙评　⑱集1390

陆云龙　一六三六（崇祯九）年刊翠娱阁评选钟伯敬先生合集文集十一卷诗集五卷　明钟惺撰　⑱集806

书林**陆少泉**　刊诗通四卷　明陆化熙撰　㉙2818

陆长庚　一六〇四（万历三十二）年刊体仁汇编四种　明彭用光撰　㉚715

陆凤台　一六四〇（崇祯十三）年刊洪武正韵十六卷　明乐韶凤宋濂等撰　⑱经475

陆允中 一六〇五（万历三十三）年刊唐诗品汇九十卷拾遗十卷 明高棅辑 ⑱集1665

陆世科 一五七三—一六二〇（万历）年刊国医宗旨四卷 明梁学孟撰 ⑱子226

金城陆师道 一五五二（嘉靖三十一）年刊六朝诗汇一百十四卷目录九卷诗评一卷 明张谦辑王宗圣增辑 ⑱集1577

陆光宅 一五七四（万历二）年刊宪章录四十七卷 明薛应旂撰 ⑰K14598

陆光祖 刊教乘法数十二卷 明释圆净撰 ⑱子983

陆延枝 一五六四（嘉靖四十三）年刊陆子馀集八卷 明陆粲撰 附录一卷 ⑱集668

陆问礼 一六三四（崇祯七）年刊阳明先生正录五卷外录九卷别录十四卷 明王守仁撰 ⑱集618

陆时寿 刊象山先生文集二十八卷 宋陆九渊撰 ⑱集345

陆　典 一六〇三（万历三十一）年刊文成先生文要四卷 明王守仁撰 ⑱集619

陆和陈复 一四六五—一四八七（成化）年刊象山先生文集二十八卷外集四卷 宋陆九渊撰 ⑱集344

陆　釴 一五三二（嘉靖十一）年刊吕氏家塾读诗记三十二卷 宋吕祖谦撰 ④11832

陆　宝 刊闲居集一卷 明姚宗文撰 ⑱集859

陆　相 一五一四（正德九）年刊新书十卷 汉贾谊撰 ⑱子30

陆　柬 一五五五（嘉靖三十四）年刊救荒本草二卷 明朱橚撰 ⑱子153

陆彦章 一六一六（万历四十四）年刊陆文定公集二十六卷 明陆树声撰 ⑱集690

陆信甫 一六二八—一六四四（崇祯）年刊计然子不分卷 明董汉策撰 ①11344

陆起龙 刊陆文裕公行远集二十四卷 明陆深撰陆起龙辑 ⑱集627

陆　钶 一五二五（嘉靖四）年刊碧川文选四卷 明杨守阯撰 ⑱集600

陆　郯 一五六六（嘉靖四十五）年刊蒹葭堂稿八卷 明陆楫撰 ⑱集730

陆　涓 刊卢仝诗集二卷集外诗一卷 唐卢仝撰 ⑱集101

陆梦祖 一六一二（万历四十）年刊渭南文集五十二卷目录二卷 宋陆游撰 ⑱集356

陆基忠 一六〇七（万历三十五）年刊唐陆宣公翰苑集二十四卷 唐陆贽撰 ⑱集99

陆基志 一五九三（万历二十一）年刊禅宗永嘉集一卷 唐释玄觉撰 永嘉真觉大师证道歌一卷 宋释彦琪注 ⑱子954

陆基志 一六二一（天启元）年刊佛说观无量寿佛经一卷 刘宋释畺良耶舍译 ⑱子902

陆渊之 一四八四（成化二十）年刊大事记续编七十七卷 明王祎撰 ⑱史125

陆　深 一五三五（嘉靖十四）年刊史通二十卷 唐刘知几撰 ⑱史1506

陆隆等 刊象山陆先生年谱一卷 宋袁燮李子愿撰 ⑱史504

陆瑞芝姑苏经坊 一六二四（天启四）年刊大佛顶如来密因修证了义诸菩萨万行首楞严经十卷 题唐释般剌密帝弥伽释伽译 ⑱子930

陆　瑄 一四五〇（景泰元）年刊新编颐光先生诗集六卷拾遗一卷文集一卷 明陆颙撰 外集二卷 ⑱集566

陆　楫 一五四六—一五五一（嘉靖二十五、三十）年刊俨山文集一百卷目录二卷外集四十卷续集十卷 明陆深撰 ⑱集627

陆　嵩 一五〇〇（弘治十三）年刊学诗管见一卷 元俞远撰 ⑱集1884

陆　稳 刊皇明近体诗抄不分卷 明谢东山辑 ⑨善00218

归安**陆稳** 一五七四（万历二）年刊痘疹全书二卷 明万全撰 ㉚498

陆德首等 一四六三（天顺七）年刊佛说寿生经一卷 ⑱子920

陆　澈 一五六〇（嘉靖三十九）年刊定斋先生诗集二卷 明王应鹏撰 ⑱集637

槜李**陆鹤** 一五七三—一六二〇（万历）年刊外科精要三卷 宋陈自明编明薛己校注 ㉚537

陆　氏 一五一九（正德十四）年刊唐五家诗六卷 ⑱集1395

陈一元 一六〇九（万历三十七）年刊冯琢庵先生北海集五十八卷 明冯琦撰 ①729

陈一龙 一五二二—一五六六（嘉靖）年刊芹山集三十四卷 明陈儒撰 ⑱集661

陈一教刘毅 刊孙宗伯集十卷 明孙继皋撰 ⑱集750

陈九仞 一五八七（万历十五）年刊银海精微二卷 题唐孙思邈撰 ⑱子234

宜兴**陈于廷** 一六一七（万历四十五）年刊石莲洞罗先生文集二十五卷 明罗洪先撰 ⑪NC5428/6132.1

阳羡**陈于廷** 一六一七（万历四十五）年刊纪录汇编一百二十三种二百二十四卷 明沈节甫编 ⑱丛187

陈于京 刊杨铁崖文集五卷史义拾遗二卷 元杨维桢撰 西湖竹枝集一卷 元杨维桢撰 香奁集一卷 王德琏撰 ⑱集517

陈士元 一五八三—一五八九（万历十一—十七）年自刊归云别集十种七十四卷外集十种

六十七卷　明陈士元撰　⑱丛595

陈大科　一五七三—一六二〇（万历）年刊初学记三十卷　唐徐坚等辑　⑱子786

陈大科　一五九六（万历二十四）年刊灵隐子六卷　唐骆宾王撰明陈魁士注　⑱集42

陈大科陈尧佐　一五九六（万历二十四）年刊丰对楼诗选四十三卷　明沈明臣撰沈九畴辑　⑱集735

陈大科　一五九六（万历二十四）年刊五经旁训十九卷　元李恕撰　⑱经24

陈大宾　一五五七（嘉靖三十六）年刊吴皋先生文集四卷　明喻时撰　⑱集688

陈与音　一五四四（嘉靖二十三）年刊婴童百问十卷　明鲁伯嗣撰　㉚473

陈与郊　一六一七（万历四十五）年自刊灵宝刀二卷　明陈与郊撰　⑱集2112

陈之遴　一六二三（天启三）年刊二酉园文集十四卷诗集十二卷续集二十三卷　明陈文烛撰　⑱集719

陈元素　一六二一（天启元）年刊文编六十四卷　明唐顺之选陈元素订补　㉙507

陈　陛　一五三三（嘉靖十二）年刊圣学格物通一百卷　明湛若水撰　⑱子81

陈　陛　一六〇六（万历三十四）年刊沧溟先生集三十卷　明李攀龙撰　附录一卷　⑱集695

吴古**陈长卿**　一五五七（嘉靖三十六）年刊古今医统大全一百卷　明徐春甫编　㉚702

吉吴**陈长卿**　一六一一（万历三十九）年刊刘氏鸿书一百八卷　明刘仲达辑汤宾尹删正　⑱子 858

吉吴**陈长卿**　一六三一（崇祯四）年刊通鉴直解二十八卷　明张居正撰高兆麟序　⑨善01011

陈仁锡　一六一五（万历四十三）年刊石田先生集十一卷　明沈周撰　⑱集606

陈仁锡　一六二六（天启六）年刊宋元通鑑一百五十七卷　明薛应旂撰陈仁锡评　⑱史127

陈仁锡　一六三四（崇祯七）年刊韩昌黎先生全集四十卷外集十卷补遗一卷　唐韩愈撰明陈仁锡评　朱子校昌黎先生集传一卷　⑱集120

陈仁锡　刊三国志六十五卷　晋陈寿撰刘宋裴松之注明陈仁锡评点　③史141.11/338.3

长洲**陈仁锡**　一六二五（天启五）年刊资治通鉴二百九十四卷　宋司马光撰元胡三省音注明陈仁锡评　通鉴释文辨误十二卷　元胡三省撰　⑱史106

陈　凤　一五三八（嘉靖十七）年刊方城均田志一卷　明吕琦辑　⑱史1316

陈凤梧　一五二一（正德十六）年刊仪礼十七卷　汉郑玄注　⑱经181

陈凤梧 一五二三（嘉靖二）年刊重修政和经史证类备用本草三十卷 宋唐慎微撰宋寇宗奭衍义 ⑱子184

陈凤梧 一五二五—一五二七（嘉靖四—六）年刊六经五十七卷 ⑱经2

陈　文 一四九一（弘治四）年刊仙溪志十六卷 明陈迁纂修 ①

陈文炀 一六四〇（崇祯十三）年刊浦舍人集六卷 明浦源撰 ⑱集552

陈文烛 一五八五（万历十三）年刊林双台先生诗选九卷 明林懋和撰陈文烛辑 ⑱集691

陈文烛 一五八七（万历十五）年刊苏山选集七卷 明陈柏撰 ①12612

陈文誉来汝贤 一五三五（嘉靖十四）年刊澹然居士文集十卷 明陈敬宗撰 ⑱集571

陈文燧等 一五八八（万历十六）年刊王文公集汇选六卷 宋王安石撰明陈文燧等辑 ⑱集239

鄱阳**陈文衡** 一五九二（万历二十）年刊居业录四卷 明胡居仁撰 ㉑93

陈心文 一五八一（万历九）年刊陈文冈先生文集二十卷 明陈棐撰陈其学校 ⑱集685

陈以跃 一五七三—一六二〇（万历）年刊苏洲文集十卷诗集四卷 明陈循撰 附录一卷 ⑱集572

陈以闻 一六一一（万历三十九）年刊怀星堂全集三十卷 明祝允明撰 ⑱集615

吴门**陈允升** 一五八四（万历十一）年刊痘疹世医心法十二卷格致要论十一卷碎金赋二卷 明万全撰 ⑱子244

陈玉陛 一六一七（万历四十五）年刊二陈先生全集二十三卷 明陈绳武辑 ⑱集1841

陈甘雨 一五五六（嘉靖三十五）年刊黎文僖公集十七卷 明黎淳撰 ⑱集587

陈世宝曾如春 一五七八（万历六）年刊斛山杨先生遗稿四卷 明杨爵撰 ⑱集674

陈世宝 一五〇六—一五二一（正德）年刊玉壶冰一卷 明都穆辑 ⑱子699

陈世宝 一五七五（万历三）年刊宋司马温国文正公家范十卷 宋司马光撰 ⑱子50

金陵**陈龙山** 一六〇二（万历三十）年刊大佛顶如来密因修证了义诸菩萨万行首楞严经十卷 题唐释般剌密帝弥伽释伽译 ⑱子930

陈龙光苏进等 一六一三（万历四十一）年刊吕氏家塾读诗记三十二卷 宋吕祖谦撰 ⑱经133

陈本深 一四三四（宣德九）年刊选诗补注八卷 元刘履撰 补遗二卷续编四卷 元刘履辑 ⑱集1559

陈仕贤 一五五八（嘉靖三十七）年刊皇明诗钞十卷目录二卷 明杨慎辑 ⑱集1705

书林**陈尔润** 一六二八—一六四四（崇祯）年刊丹台玉案六卷 明孙文胤撰 ⑱子229

书林**陈尔昭**　刊新刻张侗初先生汇编四民便用注释札柬五朵云四卷　明陈士龙注　⑱子868

陈礼锡陈智锡　一六三四（崇祯八）年刊无梦园遗集八卷家乘一卷小品一卷　明陈仁锡撰　⑱集846

陈弘祖陈绳祖　一六一三（万历四十一）年刊陈履吉采芝堂文集十六卷　明陈益祥撰　附一卷　⑱集828

陈幼学　一六〇六（万历三十四）年刊刘清惠公集十二卷　明刘麟撰　⑱集616

陈幼学　一五七三—一六二〇（万历）年自刊三方臆断五卷　明陈幼学辑　⑱史13

陈邦纶　一六二八—一六四四（崇祯）年刊湛然堂诗稿不分卷　明陈汝玚撰　⑱集825

陈邦泰　一五七三—一六二〇（万历）年刊月令广义二十四卷首一卷附录一卷　明冯应京辑戴任增释　⑱史718

陈邦范　一五九〇（万历十八）年刊蓬窗日录八卷　明陈全之撰　⑱子568

陈邦瞻王藩臣　一六〇一（万历二十九）年刊升庵先生文集八十一卷目录一卷　明杨慎撰　⑧

高安**陈邦瞻**　一六〇一（万历二十九）年刊皇王大纪八十卷　宋胡宏撰　㉑97

陈有戒　一四三八（正统三）年刊医经小学六卷附医经小学问　明刘纯撰　㉚319

陈尧仁　一五〇六—一五二一（正德）年刊虞山奏议十卷　明陈察撰　㉙2757

陈尧中　一五九六（万历二十四）年刊礼记集说三十卷　元陈澔撰　⑱经195

陈此心　一六二一（天启元）年刊诗原五卷诗说略一卷　明张彩撰　⑱经140

陈　师　一五九三（万历二十一）年自刊禅寄笔谈十卷　明陈师撰　①12074

陈师俭　一五六三（嘉靖四十二）年自刊练谿小集四卷　明陈师俭撰　⑱集733

陈光哲　一五四二（嘉靖二十一）年刊陈选传一卷　明田汝成撰　⑱史477

书林**陈乔**　刊本草歌诀雷公炮制八卷　金李杲编明李应奎补　㉚192

苏姑**陈仲宣经坊**　一五九五（万历二十三）年刊妙法莲华经七卷　后秦释鸠摩罗什译　⑱子912

陈仲麟　一六一三（万历四十一）年刊谈治录十二卷　明徐广辑　①1919

陈　华　一四四四（正统九）年刊事物纪原二十卷　宋高承辑　⑱子798

陈汝元　一五九一（万历十九）年刊可也居集五卷续一卷　明高鹤撰　⑱集707

潭城书林**陈孙安**　刊刻太古遗踪海篇集韵大全三十一卷　明邹德溥辑夏从仁补遗　⑱经444

陈孙贤　一五七三—一六二〇（万历）年刊精刻徐陈二先生评选历代名文则五卷

续选熙朝明文则一卷 明徐廙辑陈继儒评 ⑱集1630

陈志润等 一六二〇（秦昌元）年刊新刻批点金罍子上篇二十卷中篇十二卷下篇十二卷 明陈绛撰李维桢批点 ⑱子568

陈吾德 一五七六（万历四）年刊立斋先生语录一卷 明杨杰口述马森辑 ⑱子562

陈束 一五三七（嘉靖十六）年刊苏门集八卷 明高叔嗣撰 ⑱集661

书林**陈含初** 刊刻李九我先生批评破窑记二卷 明李九我评 ④10592

陈亨 一六二八—一六四四（崇祯）年刊漱石山房集十六卷 明陈一元撰 ①10941

书林**陈应翔** 刊幽怪录四卷 唐牛僧孺撰 续录一卷 唐李复言撰 ⑱子733

陈沛 一四九六（弘治九）年刊山谷内集诗注二十卷 宋黄庭坚撰任渊注 山谷外集诗注十七卷 宋黄庭坚撰史容注 山谷别集诗注二卷 宋黄庭坚撰史季温注 ⑱集265

陈启孙 一五七三—一六二〇（万历）年刊陈恭介公文集十二卷 明陈有年撰 ⑱集717

陈纲 一五一八（正德十三）年刊许白云先生文集四卷 元许谦撰 ⑱集447

陈表 一五六七（隆庆元）年自刊奚囊琐言四卷艺苑钩玄一卷 明陈表撰 ⑱集733

陈其素 一六二七（天启七）年自刊皇明经济文辑二十三卷 明陈其素撰 ①9992

书林**陈奇泉** 一五七三—一六二〇（万历）年刊洪武正韵十六卷 明乐韶凤宋濂等撰 洪武正韵玉键一卷 明张士佩撰 ⑱经475

书林**陈贤** 刊镌地理参补评林图诀全备平沙玉尺经二卷 题元刘秉忠撰明刘基注 徐之镆参补 附录一卷 ⑱子352

陈易 一四八三（成化十九）年刊新编经证事类居官一览五卷 明陈喆辑 ⑱子699

书林**陈国旺** 一六二八—一六四四（崇祯）年刊新镌全补发微历正通书大全乾集三卷 元何士泰历法明顾乃德编辑罗崇麟增补 ⑱子374

陈鈇 一五三三（嘉靖十二）年刊崔豹古今注三卷 题晋崔豹撰 ⑱子603

建阳**陈所学** 一六一〇（万历三十八）年刊痰火颛门四卷 明梁学孟撰 ㉚418

陈所学 一六一六（万历四十四）年刊新刻分类摘联四六积玉二十卷 明章斐然辑 ⑱子863

陈所学 一六四二（崇祯十五）年刊诗源辩体三十六卷后集纂要二卷 明许学夷撰 ⑱集1892

陈所学范槲 一六〇九（万历三十七）年刊千一疏二十二卷 明程涓撰 ⑱子706

陈　炜 一四七三（成化九）年刊朱子语类一百四十卷 宋黎端德辑 ⑱子62

陈性学 一五九七（万历二十五）年刊琅邪代醉编四十卷 明张鼎思辑 ⑰K1949

陈宗器 一六三九（崇祯十二）年刊太史升菴文集八十一卷 明杨慎撰 ⑱集639

陈宗夔等 一五五〇（嘉靖二十九）年刊通志略五十二卷 宋郑樵撰 ⑱史22

泰和**陈宜** 一四五八（天顺二）年刊抑庵文集十三卷 明王直撰 ㉑115

陈绍英 一六三一（崇祯四）年刊苏长公文燧不分卷 宋苏轼撰明陈绍英辑 ⑱集260

陈经国 一五六七（隆庆元）年刊海樵先生全集二十一卷 明陈鹤撰 ⑱集669

陈孟庄 一五四〇（嘉靖十九）年刊陈氏增辑宗谱 明陈雍纂修 ⑱史609

陈　珊 一五五五（嘉靖三十四）年刊欧阳文忠公全集一百三十五卷 宋欧阳修撰 ⑱集230

陈　垲 一五四七（嘉靖二十六）年刊越绝书十五卷 汉袁康撰 ⑱史219

陈　柯 一五六〇（嘉靖三十九）年刊武林旧事六卷 宋周密撰 ①11023

陈　相 一四六六（成化二）年刊许白云先生文集四卷 元许谦撰 附录一卷 ⑱集446

陈树功 一六二七（天启七）年自刊镜湖遊览志五卷 明陈树功撰 ⑱史1037

陈荣选 一五九五（万历二十三）年刊宋苏文忠公居儋录五卷 宋苏轼撰明陈荣选辑 ⑱集257

陈　奎 刊唐会元精选诸儒文要八卷 ④10023

陈　省 一五七〇（隆庆四）年刊嘉靖三十八年己未科会试同年齿录一卷 ⑱史645

陈星枢 一六三七（崇祯十）年刊省庵漫稿四卷 明陈逅撰 ⑱集651

陈　昱 一六〇六（万历三十四）年刊金罍子上篇二十卷中篇十二卷下篇十二卷 明陈绛撰 ⑱子568

陈钟秀 一五三八（嘉靖十七）年刊精选名贤词话草堂诗馀二卷 ⑱集1998

临川**陈钟盛** 一六一九（万历四十七）年自刊珍珠泉小志不分卷 明陈钟盛辑 ㉑107

陈　选 一四六五—一四八七（成化）年刊宋史道学传四卷 元脱脱等撰 ⑱史80

陈　俊 一五七五（万历三）年刊三礼纂注四十九卷 明贡汝成撰 ⑱经212

陈禹谟 一五八八（万历十六）年刊七雄策纂八卷 明穆文熙辑 ⑱史701

陈禹谟 一六〇〇（万历二十八）年刊北堂书钞一百六十卷 唐虞世南辑明陈禹谟补注 ⑱子783

陈 衎 一六三九（崇祯十二）年自刊大江集二十一卷 明陈衎撰 ⑱集864

陈 烁 一五六三（嘉靖四十二）年刊老子通义二卷 明朱得之撰 ⑱子1009

陈洪谟余载仕 一五二六（嘉靖五）年刊翰林罗圭峰先生文集十八卷续集十五卷 明罗玘撰 ⑱集604

陈洪绪陈洪绶 一六一五（万历四十三）年刊苧萝山稿六卷 明陈于朝撰 附录一卷 ⑱集839

平阳**陈宣** 一四九八（弘治十一）年刊二程全书六十五卷 明康绍宗编 ⑱子52

陈 宣 一四九四（弘治七）年刊王贤良儒志编一卷 宋王开祖撰 ⑱子50

陈 陛 一六〇八（万历三十六）年刊历下十六景十六卷 明刘敕陈陛辑 ①6485

陈素蕴 一五七三—一六二〇（万历）年刊明诗正声十八卷 明穆光胤删订 ⑱集1707

闽中书林**陈恭敬** 刊新刻增补全像音释古列女全传三卷 明陈怀轩编 ⑪李□684

陈载春 一五七三—一六二〇（万历）年刊关尹子文始真经一卷 ⑱子1024

陈 效 一五九三（万历二十一）年刊阳明先生文录五卷外集九卷别集三卷 传习录三卷传习续录二卷 明王守仁撰 ⑱集618

杨州书林**陈烜和** 一五九七（万历二十五）年刊东坡先生书传 ⑳72

陈 涓等 一六四五（弘光元）年刊大江草堂二集十八卷 明陈衎撰 ⑱集864

陈 翀 一五六四（嘉靖四十三）年刊水南集十七卷 明陈霆撰 ⑱集623

陈继儒等 一六〇九（万历三十七）年刊金刚般若波罗蜜经集解不分卷 明秦登瀛撰 ⑱子935

陈 理 一五〇二（弘治十五）年刊音点春秋左传十六卷 ⑱经237

陈梦斗 一五八九（万历十七）年刊乡射礼仪节一卷 明林烈撰 ⑱经188

陈 堂 一五五一（嘉靖三十）年刊新刊批点古文类抄十二卷 明林希元辑 ⑱集1616

陈 堂 一五七三—一六二〇（万历）年刊汉魏诗集十四卷 明刘成德辑 ⑱集1576

陈堂胡秉性 一五七七（万历五）年刊何大复先生集三十八卷 明何景明撰 附录一卷 ⑱集624

陈敏政 一四五六（景泰七）年刊重修梧溪集七卷 元王逢撰 ⑱集506

陈溟子 一六四〇（崇祯十三）年自刊周文归二十卷 明陈溟子辑 ④10137

蜀府**陈瑛** 一五七七（万历五）年刊重修政和经史证类备用本草三十卷 宋唐慎微撰寇宗奭衍义 ⑱子184

陈 琦 一五三二（嘉靖十一）年刊袖珍小儿方十卷 明徐用宣撰 ⑱子240

陈敬学德星堂 一五二二—一五六六（嘉靖）年刊万首唐人绝句一百一卷 宋洪迈撰 ⑱集1659

陈朝辅 一六四一（崇祯十四）年刊四明它山水利备览二卷 宋魏岘撰 ①8856

陈朝辅 一六三八（崇祯十一）年刊建安七子集二十八卷 明杨德周编 ⑱集1360

陈 揆 一六四三（崇祯十六）年刊陶诗衍二卷 明陈龙正辑 ⑱集30

陈遇文 一五九二（万历二十）年刊大明律附解三十卷附录一卷 ⑱史1339

陈舒陈皋等 一六三四（崇祯七）年刊赋略三十四卷绪言一卷列传一卷外篇二十卷 明陈山毓辑 ⑱集1603

陈舒等 一六二四（天启四）年刊陈靖质居士文集六卷 明陈山毓撰 ⑱集821

金陵**陈尊山**经坊 一六二一（天启元）年刊地藏菩萨本愿经三卷 唐释实叉难陀译 ⑱子920

陈 善 一五六一（嘉靖四十）年刊自警编九卷 宋赵善璙辑 ⑱子696

陈善学 一六一五（万历四十三）年刊杨铁崖先生文集十一卷铁笛清江引一卷 元杨维桢撰 ⑱集518

陈 道 一四八四（成化二十）年刊新刊京本孙武子十三篇本义三卷 明郑灵撰 ⑱子113

陈道坚等 一三八九（洪武二十二）年刊大藏一览集十卷 明陈实撰 ⑱子986

陈 渭 一五〇三（弘治十六）年重修蛟峰集七卷 宋方逢辰撰 山房先生遗文一卷
宋方逢振撰 蛟峰外集四卷 明方中辑 ⑱集401

陈登云 一五九三（万历二十一）年刊史记约言不分卷 明王锡侯辑 ⑱史704

陈 桷 一五三一（嘉靖十）年刊石山医案三卷附录一卷 明汪机撰 ㉚627

陈 楠 一五八一（万历九）年刊四子书二十三卷 清丁丙跋 ⑱子997

陈 槐 一五二一（正德十六）年刊海涵万象录四卷 明黄润玉撰 ⑱子560

陈嗣洁 一六一一（万历三十九）年刊观颐先生集二十卷 明沈桐撰 附录一卷 ⑱集714

陈锡恩 刊新刻漱六斋全集四十八卷 明何三畏撰 ⑱集768

陈 简 一五九二（万历二十）年刊文苑春秋四卷 明崔铣辑 ⑱集1615

陈嘉言范钦 一五三五（嘉靖十四）年刊王彭衙诗九卷 明王讴撰 ⑱集652

陈睿谟 一六二八—一六四四（崇祯）年刊皇明辅世编六卷 明唐鹤征撰陈睿谟评 ⑪971.6/0042

陈 察 一五二〇（正德十五）年刊学史十三卷 明邵宝撰 ⑱史1516

书林**陈璜** 刊重刻痘疹仙传妙诀三卷 明高如山撰 ⑱子243

陈墀郑铭 一五二二（嘉靖元）年重修虚舟集五卷 明王偁撰 ⑱集554

陈 蕙 一五三七（嘉靖十六）年刊广文选六十卷 明刘节辑 ⑱集1566

陈德文 一五四七（嘉靖二十六）年刊碧谿赋二卷 明区阳云撰 ⑱集620

书林**陈德宗** 刊新锲两京官板校正锦堂春晓翰林查对天下万民便览四卷 明邓仕明辑 ⑱子868

书林**陈德宗** 一六〇二（万历三十）年刊重订校正魁板句解消砂经节图地理诀要雪心赋四卷 唐卜应天撰明谢志道注 增补秘传地理寻龙经诀法一卷 ⑱子350

陈 镒 一四三九（正统四）年刊玉机微义 明徐用试撰刘纯续增 ㉙250

陈 澍 一五一〇（正德五）年刊东泉志四卷 明王宪撰 ⑱史1030

陈 澈 一六四二（崇祯十四）年自刊雪潭居医约八卷 明陈澈撰 ⑱子229

陈 鹤 一五三九（嘉靖十八）年刊朱子抄十卷 明孙应奎刘教辑 ⑱子63

陈履端 一五八六（万历十四）年刊幼幼新书四十卷拾遗一卷 宋刘昉撰明陈履端校辑 ⑱子240

陈 璘 一五〇三（弘治十六）年刊历代世谱十卷 ①6535

陈燕野 一五七二（隆庆六）年刊新刊精选医方摘要十二卷 明杨拱撰 ⑱子223

陈 壁 一五七三—一六一九（万历）年刊宋四六丛珠汇选十卷 明王明嶅黄金玺辑 ⑱子808

陈 瓛 刊成唯识论十卷 唐释玄奘译 ⑱子919

陈 璨 一四七七（成化十三）年刊沧海遗珠四卷 明沐昂辑 ⑱集1705

陈耀文 一五八三（万历十一）年自刊花草粹编十二卷 明陈耀文辑 ⑱集1999

乐府指迷一卷 宋沈义父撰

陈懋德 一六三二（崇祯五）年刊康斋先生文集十二卷 明吴与弼撰 附录一卷 ⑱集591

书林**陈耀吾** 一六〇一（万历二十九）年刊鼎锲全补音注书言故事类编 宋胡继宗辑 ⑱子817

暨阳**陈氏** 一五九七（万历二十五）年刊琅邪代醉篇四十卷 明张鼎思辑陈性学校 ⑥

吴古**陈氏** 一五八六（万历十四）年刊幼幼新书四十卷拾遗一卷 宋刘昉撰 ⑱子240

北京刑部街**陈氏** 刊大明律三十卷 明刘惟谦等撰 为政规模节要论一卷刑名启蒙心妙总集一卷 新奏准时估折钞则例一卷会定运砖运灰等项做工则例一卷 ⑱史1338

陈氏崑泉子 一五七四（万历二）年刊刻京本三间大夫楚辞辩证二卷注解后语六卷 宋朱熹撰 ⑱集7

书林**陈耀吾** 一六〇一（万历二十九）年刊鼎锲全补音注书言故事类编 宋胡继宗辑 ⑱子817

释**妙贤** 一三八〇（洪武十三）年刊藏乘法数一卷 元释西庵辑 ⑱子984

书林**邵文聘** 刊新刻古今切要士民便用书简翰苑玄英四卷 明谢君度撰 ⑱子867

邵以仁 一五九二（万历二十）年刊圣迹全图不分卷 明张楷撰 ⑯121.21/307

邵以正 一四六〇（天顺四）年自刊玄宗内典诸经注十一卷 明邵以正编 ⑱子1031

邵时敏 一五五〇（嘉靖二十九）年刊皇明天长志七卷 明邵时敏修王心纂 ㉚461

邵启南陈善道 一五三九（嘉靖十八）年刊赐号太和先生全集四卷 明邵元节撰 ⑱集657

邵宗周 一五一八（正德十三）年刊史记一百三十卷 汉司马迁撰 ⑱史13

邵 陛 一五八九（万历十七）年刊金舆山房稿十四卷 明殷士儋撰 ⑱集701

邵 祥 一四四五（正统十）年刊砥庵集五卷 明邵廉撰 附录一卷 ⑱集572

邵 铜 一四六七（成化三）年刊鸣盛集四卷 明林鸿撰 ⑱集547

邵梦麟 一五七三（万历元）年刊秋林伐山二十卷 明杨慎撰 ⑱子616

邵维祯 一六一八（万历四十六）年刊邵半江存稿四卷 明邵珪撰 ⑱集597

邵捷春 一六三二（崇祯五）年刊徐氏笔精八卷 明徐𤊹撰 ⑱子619

南丰**邵廉** 一五七一（隆庆五）年刊南丰先生元丰类稿五十卷 宋曾巩撰 续附一卷 ⑱集215

邵廉凌琯 一五七二（隆庆六）年刊晞发集六卷 宋谢翱撰 ⑱集405

邵 廉 一五七一（隆庆五）年刊陈伯玉文集十卷 唐陈子昂撰 附录一卷 ⑱集44

南丰**邵廉** 一五七三—一六二〇（万历）年刊古今原始十四卷 明赵釴撰 ㉑110

邵 澄 一六三一（崇祯四）年刊泉斋简端录十二卷 明邵宝撰 ⑱经359

邵　蕡 一五一七（正德十二）年刊六书本义十二卷图一卷　明赵撝谦撰　⑱经440

八　画

青　箱 一六〇七（万历三十五）年刊宗伯集六卷　明冯琦撰　⑱集756

武位中 一六二八（崇祯元）年刊远西奇器图说录最三卷　泰西邓玉函口授明王徵译绘
新制诸器图说一卷　明王徵撰　⑱子470

武用望等 一五七三—一六二〇（万历）年刊疑思录六卷　明冯从吾撰　⑱经335

林一材 一五九三（万历二十一）年刊家礼易简编一卷　明朱天球撰　⑱经220

林一龙林一豹 一五七六（万历四）年刊伸蒙续孟子二卷　唐林慎思撰　⑱子49

林大黼 一五八〇（万历七）年重修鹤林玉露十八卷　宋罗大经撰　⑱子549

林中梧 一六〇〇（万历二十八）年刊詹炎集三十四卷　明叶维荣撰　⑱集787

林长繁 一五〇六（正德元）年刊止斋先生文集五十二卷　宋陈傅良撰　附录一卷　⑱集337

林及祖林大黼 一五八五（万历十三）年刊见素集二十八卷奏议七卷素翁续集十二卷　明林俊撰
宸翰录三卷清朝特典五卷编年纪略一卷墓志铭一卷恤录纪事一卷云庄公画像赞一卷
自考集七卷　明林达撰　⑱集600

林文昌 明末刊遯菴骈语五卷续二卷（遯菴全集本）　明蔡复一撰　⑱集784

林元栋 一五七七（万历五）年刊畏斋存稿二卷　明林鹗撰　⑱集583

林世远 一五〇五（弘治十八）年刊震泽编八卷　明蔡昇撰王鏊重修　①18099

林古度 一六二八（崇祯元）年刊林初文先生诗选一卷　明林章撰尤盛明辑　⑱集755

林可成 一五九一（万历十九）年刊陈后冈诗集一卷文集一卷　明陈束撰林可成校疏　⑱集672

林　伋 一四七七（成化十三）年刊絅斋先生集三卷二集十卷三集十卷　明林环撰　⑱集571

林有年 一五二二（嘉靖元）年刊见素诗集十四卷　明林俊撰　⑱集600

林有声 一五九四（万历二十二）年刊新刻琼琯白先生集十二卷　宋葛长庚撰　⑱集370

林有国胡逢甲等 一六四三（崇祯十六）年刊洪范明义四卷　明黄道周撰　⑱经124

林有麟 一六一三（万历四十一）年自刊素园石谱四卷 明林有麟撰 ⑱子468

林有麟 一五七三—一六二〇（万历）年刊西湖竹枝词一卷 元杨维桢等撰 ⑱集1794

林 达 一五一九（正德十四）年刊见素诗集十四卷 明林俊撰 ⑲107

林贞耀 一五八〇（万历八）年刊世翰堂文集八卷诗集四卷 明林庭机撰 附录一卷 ⑱集683

林光祖 一五五五（嘉靖三十四）年刊新刊重订叠山谢先生文集二卷 宋谢枋得撰 ⑱集396

林 同 一四九二（弘治五）年刊北溪先生字义二卷严陵讲义一卷 宋陈淳撰 ⑱子70

林竹坡 一四八九（弘治二）年刊石屋和尚山居诗一卷 元释清珙撰 石屋和尚住嘉兴当湖福源禅寺语录一卷 明释至柔辑 石屋和尚塔铭一卷 元释元旭撰 ⑱集474

林 齐 一五〇七（正德二）年重修白沙先生全集二十卷 明陈献章撰 ⑱集581

林兆珂 一六〇〇（万历二十八）年刊林艾轩先生文抄不分卷 宋林光朝撰 ⑱集329

林兆恩 一五七一（隆庆五）年刊两汉疏略二卷惠威录二卷 省吾林公文集一卷 诗集一卷 明林富撰 ⑱史362

林进卿 一四九二（弘治五）年刊北溪先生字义二卷严陵讲义一卷 宋陈淳撰 ①3460

林克鸣 一五九一（万历十九）年刊井丹先生集三卷首一卷 明林大春撰 ⑱集708

林近龙 一五二八（嘉靖七）年刊翠渠摘稿八卷 明周瑛撰 ⑱集596

林希元 刊易经蒙引十二卷 明蔡清撰 ⑱经65

林应训 一五七一（隆庆五）年刊曲礼全经附传十二卷附外集三卷 明柯尚迁撰 ⑪094. 63/4193

林应训 一五七九（万历七）年刊曲礼全经附传十二卷外集三卷 明柯尚迁撰 ⑱经198

林 泮 一五〇三（弘治十六）年刊福城乡进士题名记一卷 ①790

林 绍 刊新刻注释骆丞集十卷 唐骆宾王撰 ⑱集41

林 俊 一四九五（弘治八）年刊两汉书疏十六卷 明周瓘辑 ①8829

林炳章 一五六六（嘉靖四十五）年刊淡轩先生诗文集十二卷补遗一卷 明林文撰 ⑱集575

林祖述 一五九一（万历十九）年刊群书归正集十卷 明林昺撰 ⑱子89

林恭章田凤仪等 一五一二（万历四十）年刊台仪辑略一卷 明许弘纲订正 ①1404

林　润　一五六九（隆庆三）年刊考亭渊源录二十四卷　明宋端仪纂薛应旂续　⑯982.1/695

林继皋　一五三二（嘉靖十一）年刊棘庭漫稿二卷　明郑威撰　⑱集667

林　符　一四八六（成化二十二）年刊祥刑要览二卷　明吴讷撰　①8154

林　符　一四九四（弘治七）年刊注陆宣公奏议十五卷　唐陆贽撰宋郎晔注　⑱史356

林维德　一五二六（嘉靖五）年刊康斋先生文集十二卷　明吴与弼撰　附录一卷　⑱集590

林朝聘黄中等　一五六〇（嘉靖三十九）年刊宗子相集八卷　明宗臣撰　⑱集704

林敦履　一五六一（嘉靖四十）年刊愧瘖集二十一卷　明林大辂撰　⑱集645

林　富　一五一九（正德十四）年刊诚意伯刘先生文集二十卷　明刘基撰　⑱集527

林瑜陈大本　一四〇〇（建文二）年刊埤雅二十卷　宋陆佃撰　⑱经392

林熙春　一五九一（万历十九）年刊龟山先生集四十二卷　宋杨时撰　⑱集292

林　慎　一六三六（崇祯九）年刊旗阳林氏三先生诗集五卷　明孙昌裔辑　⑱集1833

林　魁　一五一六（正德十一）年刊布衣陈先生存稿八卷　明陈真晟撰　⑱集591

林　薇　一五一三（正德八）年刊畏斋存藁一卷　明林鹗撰　附录五卷　⑱集583

林懋举　一五五五（嘉靖三十四）年刊保婴撮要十卷　明薛铠撰　⑱子241

杭　洵　一五二二—一五六六（嘉靖）年刊杭双溪先生诗集八卷　明杭淮撰　⑱集620

苗思顺　一五七三—一六二〇（万历）年刊点石斋周易说约　明翁汝进撰　⑱经74

苗　增　一五一九（正德十四）年刊图绘宝鉴五卷补遗一卷续补一卷　元夏文彦撰　⑱子421

苟好善　一六三二（崇祯五）年刊何大复先生学约古文十二卷　明何景明辑岳伦增定　续一卷　明韩昂撰　⑱集1614

范士楫　一六三九（崇祯十二）年刊北海亭诗集四卷文集四卷　明鹿化麟撰　⑱集854

范之熊　一六一六（万历四十四）年刊我有轩集四卷　明范之默撰　哀挽诗一卷　⑱集834

范　仑　一六〇四（万历三十二）年刊漫塘文集三十六卷　宋刘宰撰　附录一卷　⑱集364

广陵**范凤翼**　一五七三—一六二〇（万历）年刊说庄三卷　明李腾芳撰　⑪111.12704/4074

范允临　一六一三（万历四十一）年刊络纬吟十二卷　明徐媛撰　⑱集835

范允豫等　一五八五（万历十三）年刊范太仆集十四卷　明范惟一撰　⑱集690

范永銮　一五二三（嘉靖二）年刊陶靖节集十卷　晋陶潜撰明何孟春注　⑱集29

范　吉　一四九〇（弘治三）年刊贡文靖公云林诗集六卷　元贡奎撰　附录一卷　⑱集457

范廷凤范廷骏　刊仕学规范八卷　宋张镃辑明范汝梓删订　⑯192/314.3

范　庆　一五四七（嘉靖二十六）年刊阳明先生文录十七卷　明王守仁撰　语录三卷　明徐爱辑　①2690

范来贤　一五四八（嘉靖二十七）年刊思庵先生文粹十一卷　明吴讷撰　⑱集568

范应宾　刊菁阳集选五卷　明范言撰范应期集　⑱集669

范钦陈德文　一五四三（嘉靖二十二）年刊阮嗣宗集二卷　魏阮籍撰　⑱集20

范　钦　一五四三（嘉靖二十二）年刊熊士选集一卷　明熊卓撰　附录一卷　⑱集616

范　炳　一五七三—一六二〇（万历）年刊山居功课十卷　明杨东明撰　⑱集763

范济宇　一六一二（万历四十）年刊新锲宗先生子相文集十二卷　明宗臣撰　⑱集704

范　涞　一六〇三（万历三十一）年刊典籍便览八卷　明范泓辑范涞补注　⑱子844

范唯一荆文炤　一五六〇（嘉靖三十九）年刊吴兴掌故集十七卷　明徐献忠纂　①11024

范惟一　一五六三（嘉靖四十二）年刊多能鄙事十二卷　题明刘基撰　⑱子684

范惟元等　一五二二—一五六六（嘉靖）年刊范文正公集二十卷别集四卷政府奏议二卷

尺牍三卷　宋范仲淹撰　遗文一卷　宋范纯仁范纯粹撰　年谱一卷　宋楼钥撰　⑱集200

范景文姜大受　一六三八（崇祯十一）年刊赵忠毅公集二十四卷　明赵南星撰　⑱集753

范　震李文会　一五二七（嘉靖六）年刊皇明文衡一百卷目录二卷　明程敏政辑　⑱集1722

范　氏　一六〇四（万历三十二）年刊米襄阳志林　宋米芾撰明范明泰辑　⑤470

范　氏　一五九一（万历十九）年家刊天一阁集三十二卷　明范钦撰　⑱集677

茅一相　一五八〇（万历八）年自刊欣赏续编十种十卷　明茅一相编　⑱丛151

茅一桂　一五七九（万历七）年刊唐宋八大家文钞一百四十四卷　明茅坤编　⑱集1375

茅一桂　一五八〇（万历八）年刊淮南鸿烈解二十一卷　汉刘安撰高诱注　⑱子501

茅元仪　一六二七（天启七）年刊石民未出集二十卷　明茅元仪撰　①17280

茅元仪 一六一七（万历四十五）年刊嘉靖以来首辅传八卷 明王世贞撰 ⑱史438

茅元仪 一六二八（崇祯元）年自刊掌记六卷 明茅元仪撰 ⑱子667

茅元祯 一五七九（万历七）年刊玉台新咏十卷 陈徐陵辑 续五卷 明郑玄抚辑 ⑱集1569

茅文耀 一五九七（万历二十五）年刊彤管新编八卷 明张之象辑 ⑱集1584

茅师山 一六二四（天启四）年刊李文饶文集二十卷别集十卷外集四卷 唐李德裕撰明韩敬评点 ⑱集1440

茅兆海 一六二一（天启元）年刊陶石篑先生批选唐宋六家表启八卷 明陶望龄辑 ⑱集1624

茅　坤 一五八九（万历十七）年自刊汉书钞九十三卷 明茅坤辑 ⑱史709

茅　著 一六三一（崇祯四）年刊唐宋八大家文钞一百六十六卷 明茅坤编 ⑱集1376

茅　维 一六〇六（万历三十四）年刊东坡先生全集七十五卷 宋苏轼撰
年谱一卷 明王宗稷撰 ⑱集244

茅琛徵 一六三五（崇祯八）年刊鹿门先生批点汉书九十三卷 明茅坤辑并批点 ⑱史709

茅献徵 一六一五（万历四十三）年刊吴兴掌故集十七卷 明徐献忠纂 ⑲400

茅　溱 一六〇四（万历三十二）年自刊韵谱本义十卷 明茅溱辑 ⑱经481

茅　樗 一六一二（万历四十）年刊新刻增集纪验田家五行三卷 明娄元礼撰 ⑱子155

茅震东 一六二一（天启元）年刊孙子评 明王守仁批评胡宗宪参评 ㉙13

欧大任 一五六二（嘉靖四十一）年刊六艺流别二十卷 明黄佐辑 ⑱集1616

临川欧阳齐 一四二五（洪熙元）年刊欧阳修撰集八卷 宋欧阳澈撰 ㉑105

欧应昌 一六一〇（万历三十八）年自刊瑞岩山志四卷 明欧应昌撰 ①12914

欧阳铉 一六三九（崇祯十二）年刊丽崎轩诗四卷诗余一卷 明查应光撰 ⑱集794

欧阳清 一五四四（嘉靖二十三）年自刊五子书八卷 明欧阳清编 ⑱子2

欧阳照 一五七三—一六二〇（万历）年刊二十一史论赞辑要三十六卷 明彭以明辑 ⑱史696

欧阳徽柔 刊五代史记七十四卷 宋欧阳修撰徐无党注 ⑱史29

欧阳东凤 一六〇五（万历三十三）年刊掌中宇宙十四卷 明卢翰撰 ⑱子568

郁士俊 一六二八—一六四四（崇祯）年刊边事小纪四卷 明周文郁撰 ⑱史276

郑 鼎 一五三二（嘉靖十一）年刊汉隽十卷 宋林钺辑 ⑱史708

郑 鄏 一六一五（万历四十三）年刊丹铅馀录十三卷 明杨慎撰 ⑱子616

卓尔昌 一五七三—一六二〇（万历）年刊卓光禄集三卷 明卓明卿撰 ⑱集822

卓 迈 一六二二（天启二）年刊宁澹斋全集二十卷 明杨守勤撰 请恩疏稿一卷 明杨一琛撰
留芳录一卷 ⑱集799

卓 岩 一六四四（崇祯十七）年刊易蔡二卷系传二卷 明蔡鼎撰 ⑱经81

卓明卿 一五八七（万历十五）年刊许太常归田稿八卷 明许谷撰 ①1722

卓显卿 刊海录碎事二十二卷 宋叶廷珪辑 ⑱子799

卓 □ 一六二八（崇祯元）年刊成唯识论自考十卷 明释大惠撰 ⑱子944

释明玄 一五四八（嘉靖二十七）年刊禅林宝训二卷 宋释净善辑 ⑱子957

释明吾 一六一〇（万历三十八）年刊寒山诗一卷 唐释寒山子撰 丰干拾得诗一卷
唐释丰干拾得撰 ⑱集55

释明显 一五七三—一六二〇（万历）年募刊五灯会元二十卷 宋释普济撰 ⑱子976

释明觉 募刊天目中峰和尚广录三十卷 元释明本撰 ⑱子966

释明源 一五六四（嘉靖四十三）年刊天池玉芝和尚内集二卷 明释法聚撰 ⑱集660

释明得 一五六九—一五七三（隆庆三至万历元）年刊大方广佛华严经合论一百二十卷
唐李通玄造论唐释志宁合论 ⑱子937

明易山人 一五三六（嘉靖十五）年刊集千家注杜工部诗集二十卷文集二卷 唐杜甫撰
宋黄鹤补注 ⑯844.17/243－463

释明晓真源 一五七二（隆庆六）年募刊大佛顶如来密因修证了义诸菩萨万行首楞严经十卷
唐释般刺密帝弥伽释伽译 ⑱子947

释昌腹 一五五三（嘉靖三十二）年刊释氏稽古略四卷 元释觉岸撰 ⑱子973

易道暹 一六二四（天启四）年刊青来阁二集十卷 明方应祥撰 ①5678

易 巽 一五四八（嘉靖二十七）年刊清虚玄规迂谈蓝关三书三卷 ⑱子1029

罗　斡　一五一六（正德十一）年刊一峰先生文集十一卷　明罗伦撰　⑱集591

南城**罗万象**　一五七三—一六二〇（万历）年刊罗明德公文集五卷　明罗汝芳撰　㉑111

罗文殊　一五一九（正德十四）年刊尔雅翼三十二卷　宋罗愿撰　⑱经394

罗文彬罗文机　一六〇八（万历三十六）年刊东川罗先生潜心语录十卷内稿一卷
明罗侨撰　外稿一卷　①8908

罗文瑞　一六〇五（万历三十三）年刊尔雅翼三十二卷　宋罗愿撰元罗焱祖音释　⑱经394

罗　田　一五六七—一五七二（隆庆）年刊尚古类氏集十二卷　明王文翰辑　⑱子843

罗传道　一四二五（洪熙元）年刊罗鄂州小集五卷　宋罗愿撰　罗郢州遗文一卷　宋罗颂撰　⑱集327

罗汝声　一五一〇（正德五）年刊本草集要八卷　明王纶编　⑱子186

罗　纨　一五七〇（隆庆四）年刊罗德安先生文集三卷　明罗子理撰　⑱集551

罗应斗　一六一一（万历三十九）年刊豫章罗先生文集十七卷　宋罗从彦撰　年谱一卷　元曹道振撰　⑱集312

豫章**罗季瑞**　一六二一—一六二七（天启）年刊大月山人集十二卷　明罗治敬著　㉑79

罗　侨　一五〇五（弘治十八）年白沙先生全集二十卷　明陈献章撰　⑱集581

罗　朗　一六二六（天启六）年刊罗鄂州小集五卷　宋罗愿撰　罗郢州遗文一卷　宋罗颂撰　⑱集328

罗　绅　一五九二（万历二十）年刊岳纪六卷　明陈士元撰　⑱史999

罗　珊　一五一九（正德十四）年刊栟榈先生文集二十五卷　宋邓肃撰　⑱集305

丰城**罗栋**　一五七三—一六二〇（万历）年刊老子或问二卷　明龚修默撰　㉑105

泰和**罗钦顺**　一五二二—一五六六（嘉靖）年家刻整庵先生存稿二十卷　明罗钦顺撰　㉑116

吉水**罗洪先**　一五五〇（嘉靖二十九）年刊双江先生困辨录　明聂豹撰　㉑118

罗宣明　一三六九（洪武二）年刊罗鄂州小集五卷　宋罗愿撰　罗郢州遗文一卷　宋罗颂撰　⑱集327

罗珽仕　一五七三—一六二〇（万历）年刊困知记八卷　明罗钦顺著　㉑116

罗珽仕　一六二二（天启二）年刊整菴先生存稿二十卷　明罗钦顺撰　⑱集611

罗珽仕罗璇仕　一六二三（天启三）年刊罗文庄公合集　⑰K14869

罗　辂　一五二七（嘉靖六）年刊陶靖节集十卷　晋陶潜撰　明何孟春注　⑱集29

罗 鸿 一五四九（嘉靖二十八）年刊皇明名臣经济录二十卷 明陈九德辑 ⑰K1461

罗 琰 一五五二（嘉靖三十一）年刊整菴续稿十三卷铨部题奏摘要一卷
整翁义训录一卷 明罗钦顺撰 ⑱集611

罗 瑶 一五七六（万历四）年刊皇明鸿猷录十六卷 明高岱撰 ①9341

罗彝鼎 一五九二（万历二十）年刊冲虚至德真经八卷 ⑱子1024

季 木 一五三九（嘉靖十八）年刊岳麓书院石壁禹碑一卷 ⑱史1464

闽巡按**季中溪** 一五二二—一五六六（嘉靖）年刊周易兼义九卷 唐孔颖达撰 ⑥

季东鲁汤沐 一五九五（万历二十三）年刊杨道行集三十三卷 明杨于庭撰 ⑱集761

商山**季园** 一六〇一（万历二十九）年刊历代帝王历祚考八卷音释一卷
历代绍统年表一卷历代年号考同一卷 明吴继安撰 ⑱史137

季泰所 一六三〇（崇祯三）年刊孔门两弟子言诗翼六卷诗传一卷 明凌蒙初辑 ⑱经144

季 膺 一五七三—一六二〇（万历）年刊近溪子集六卷续集二卷外集一卷
附录三卷明德诗二卷语要 明罗汝芳撰 ㉑111

岳元声 刊桯史十五卷 宋岳珂撰 附录一卷 ⑱子652

岳元声岳和声等 刊玉楮诗稿八卷 宋岳珂撰 ⑱集387

金台**岳世瞻** 一四九八（弘治十一）年刊奇妙全相注释西厢记五卷 元王德信关汉卿撰
附增相钱塘梦一卷珠玉诗集一卷海翁诗集一卷 ⑱集2045

岳锺秀 一六二六（天启六）年刊类说六十卷 宋曾慥辑 ⑱子691

岳 璿 一四六二（天顺六）年刊松雪斋文集十卷外集一卷 元赵孟頫撰 行状一卷 ⑱集439

金曰镛 一五五五（嘉靖三十四）年刊春秋集传十五卷 元赵汸撰 ⑱经272

金立敬 一五七〇（隆庆四）年刊二程先生书五十一卷 宋程颢程颐撰 ⑱子54

金有华 一六〇二（万历三十）年刊经鉏堂杂志八卷 宋倪思撰 ①9472

金励朱汝鳌 一六一一（万历三十九）年刊焦氏澹园续集二十七卷 明焦竑撰 ⑱集771

金应祥 一五九八（万历二十六）年刊重校正唐文粹一百卷 宋姚铉辑 ⑱集1653

金　忠 一六二〇（万历四十八）年自刊御世仁风四卷 明金忠撰 ⑱子95

金宗润 一四六六（成化二）年刊古赋辨体十卷 元祝尧辑 ⑱集1601

金学曾张克文 一五七三（万历元）年刊洞阳子集十八卷 明万恭撰 ⑱集693

金城陆师道 一五五二（嘉靖三十一）年刊六朝诗汇一百十四卷目录九卷诗评一卷 明张谦辑 王宗圣增辑 ⑱集1577

金昭伯 一四六八（成化四）年刊金文靖公集十卷 明金幼孜撰 外集一卷 ⑱集562

金继震朱应穀 一五八九（万历十七）年刊孟龙川文集二十卷 明孟思撰 ⑱集669

金继震 一五九一（万历十九）年刊唐骆先生文集六卷 唐骆宾王撰 ⑱集41

金　鸾 一五八一（万历九）年刊重刊千家注杜诗全集二十卷文集二卷 唐杜甫撰宋黄鹤补注 刘辰翁评点 附录一卷年谱一卷 ⑱集73

金　绩 一五八二（万历十）年刊四书集注十九卷 宋朱熹撰 ⑱经320

金　衙 明末刊新镌批评出像通俗演义禅真后史十集六十回 明方汝浩撰 ⑱子762

金　溥 一六〇一（万历二十九）年刊辞赋标义十八卷 明俞王言撰 ⑱集1603

金　澜 一五五八（嘉靖三十七）年刊李杜诗选十二卷 明顾明编史秉直评释 ⑱集1438

金　镗 一六一八（万历四十六）年刊北征录三卷 明金幼孜撰 ⑱史265

金　濂 一六〇四（万历三十二）年刊帝鉴图说 明张居正等辑 ④8951

金　鳌 一五三一（嘉靖十）年刊三苏先生文粹七十卷 宋苏洵苏轼苏辙撰 ⑱集1857

周士显 一六〇六（万历三十四）年刊古今韵会举要小补三十卷 明方日升撰 ⑱经472

周与爵 一六一四（万历四十二）年自刊宋濂溪周元公先生集十卷 宋周敦颐撰周与爵辑 世系遗芳集五卷 明周与爵辑 ⑱集225

周之屏 一五六九（隆庆三）年刊欧阳南野先生文选五卷 明欧阳德撰李春芳辑 ⑱集660

周之标 自刊女中七才子兰咳集五卷 明周之标辑 ①2633

周之纲 一六一三（万历四十一）年自刊史乘纂误不分卷 明周之纲撰 ⑱史1524

周之德等 一六四一（崇祯十四）年刊金刚经句解一卷 明曹元相撰 ⑱子935

周子文 一五九七（万历二十五）年自刊秇薮谈宗六卷 明周子文撰 ⑱集1890

周子文 一五九五（万历二十三）年刊双鱼编二卷二编二卷三编二卷 明项桂芳撰 ⑱集829

周元孚 一六三五（崇祯八）年刊广文选二十四卷 明周应治辑 ⑱集1567

琴川**周木** 一四九六（弘治九）年刊五经五卷 ⑱经1

书林**周少葵** 刊新刊徽郡原板校正绘像注释魁字天梯日记故事四卷 明何胤宗辑 ⑱子861

周四达 一六二一—一六二七（天启）年刊四六逢原六卷 明曾汝鲁纂注 ③文711/773

书林**周曰校** 一五八三（万历十一）年刊卓氏藻林八卷 明卓明卿辑 ⑱子848

金陵**周曰校** 一五八九（万历十七）年刊新刊官版批评正百将传十卷 明张预撰赵光玉评 续百将传四卷 明何乔新撰赵光裕评 ⑱子131

周中度 一六四〇（崇祯十三）年刊周易传义二十四卷 宋程颐朱熹撰 周易朱子图说一卷筮仪一卷宋朱熹撰 ⑱经53

周长应 一六二二（天启二）年刊汤慈明诗集三十二卷 明汤有光撰 ⑱集843

吉水**周仁俊** 一四四六（正统十一）年刊双崖文集四卷 明周忱撰 ㉑117

周从龙等 一六一九（万历四十七）年刊大明释教汇目义门四十一卷目录四卷 标目四卷释例一卷 明释寂晓撰 ⑱子986

周凤起 一五五八（嘉靖三十七）年刊贞翁净稿十二卷 明周伦撰 附录一卷 ⑱集620

周凤等 一四八二（成化十八）年刊晦庵文钞七卷诗钞一卷 宋朱熹撰明吴讷辑 ⑱集331

周文光 刊邓定宇先生文集四卷 明邓以赞撰 ⑱集743

周文伯刘鹏 一五二六（嘉靖五）年刊已有园续稿二卷 明鲁铎撰 ⑱集622

周文明 刊易会八卷 明邹德溥撰 ⑱经72

周文炜 刊黎云馆类定袁中郎全集二十四卷 明袁宏道撰 ⑱集780

周文奎 一五六九（隆庆三）年刊书经集注十卷 宋蔡沈撰 ⑱经107

周文奎书坊 刊辛未会元定宇邓先生翰林精选古今论苑英华五卷 明邓以讚辑 ⑱集1621

周文卿 刊新镌注释出像皇明千家诗四卷 明汪万顷辑 ⑱集1707

长洲**周文萃** 一六一九（万历四十七）年刊徐昌谷全集十六卷 明徐祯卿撰 ⑪NC5428/2937.01

周文焕 刊新镌增定历朝捷录全编四卷 明顾充撰周昌年补 ⑱史1520
周文耀 刊新镌陈眉公评定小窗格言九卷 明陈继儒评定龚居中辑 ⑱子714
周孔教 一五七三—一六二〇（万历）年刊韩非子二十卷 ⑱子141
金陵**周玉堂** 一五八五（万历十三）年刊新刊凤洲王先生精选历代文宗八卷 明王世贞辑 ⑱集1618
周　正 一四八七（成化二十三）年刊联句录一卷 明李东阳辑 ⑱集1711
周世选 一五九五（万历二十三）年刊纪効新书十八卷首一卷 明戚继光撰 ⑱子123
周本正 一六一四（万历四十二）年刊世庙识馀录二十六卷 明徐学谟辑 ⑱史268
金陵**周四达** 一五七七（万历五）年刊古今医鉴十六卷 明龚信撰龚廷贤编王肯堂订 ㉚323
周令闻 一六〇〇（万历二十八）年刊阴府经一卷 明释如愚注 ⑱子1043
周玄炜 一五九二（万历二十年）年刊泾林诗文集八卷 明周复俊撰 ⑱集680
周永春 一六一三（万历四十一）年自刊殿争录六卷 明周永春辑 ⑱史378
湘潭**周圣楷** 一六二〇（万历四十八）年刊褐玉堂诗 明陶汝鼐撰 ㉒329
周对峰 一五八三（万历十一）年刊卓氏藻林八卷 明卓明卿撰 ②47437
金陵书林**周对峰** 刊新刊大字周易本义四卷图说一卷筮仪一卷 宋朱熹撰 ⑱经48
金陵**周成印** 一六〇二（万历三十）年刊万病回春八卷 明龚廷贤辑 ⑱子223
金陵**周竹潭** 一五九〇（万历十八）年刊诸子品节五十卷 明陈深辑 ⑪111.098/7537
周　伟 一五六七（隆庆元）年刊抚上郡集一卷 明周金撰 ⑱集634
周传诵 一五八三（万历十一）年刊字考启蒙十六卷 明周宇撰 ①6352
周传诵 一六一一（万历三十九）年刊认字测三卷 明周宇撰 ⑱子569
周庆胤 一六二一（天启元）年刊国宪家猷五十六卷 明王可大撰 ⑪NC9299/1114
武林**周兆斗** 一五七三—一六二〇（万历）年刊学圃萱苏六卷 明陈耀文辑 ④9923
周汝登等 一五八五（万历十三）年刊大慧普觉禅师语录三十卷 宋释宗杲撰释蕴闻辑 ⑱子965
金陵书林**周如泉** 一六二四（天启四）年刊万寿丹书 明龚居中撰 ㉚610
周如溟 一六〇六（万历三十四）年玉茗堂集选十五卷 明汤显祖撰帅机等辑 ⑱集768

周岐凤　一四二八（宣德三）年刊文髓九卷附录一卷　宋周应龙注　⑱集1610

羊城**周时泰**　一五九九（万历二十七）年刊新刊邵翰林评选举业捷学宇宙文芒十二卷　明邵景尧评选卢效祖纂辑　⑱子853

周时泰　一六〇七（万历三十五）年刊穀城山馆全集六十二卷　明于慎行撰　⑱集740

周时翰　一六二一—一六二七（天启）年刊方孟旋先生评选邮筒类隽十二卷　明方应祥辑　毛应翔注　⑱集1730

书坊**周近泉**　刊刻御制新颁大明律例注释招拟指南十八卷首一卷　①10523

书林**周近泉**　一六一一（万历三十九）年刊历朝尺牍大全十四卷　明王锡爵辑　⑱集1643

周希旦　一六一五（万历四十三）年刊象山先生全集六卷　宋陆九渊撰　⑱集346

分宁**周希令**李友梅　一六〇三（万历三十一）年刊重刻黄文节山谷先生文集三十卷外集十四卷别集二十卷　宋黄庭坚撰　⑱集263

周希孟周希夔　明末刊姑苏杂咏二卷　明周南老撰　⑱集553

周希夔　一六一八（万历四十六）年校刊姑苏杂咏合刻　29　2726

周应仪王志坚　一六二三（天启三）年刊老学庵笔记十卷　宋陆游撰　⑱子542

周应期　一六二八（崇祯元）年刊畏菴周先生文集十卷　明周旋撰　⑱集577

周应鳌　一五九〇（万历十八）年刊芻荛集六卷　明周是修撰　⑱集559

周应鳌　一六三〇（崇祯三）年刊纲常懿范十卷　明周是修撰　⑱子698

周应麐　刊袁中郎十集十六卷　明袁宏道撰周应麐编　⑱丛611

吉水**周忱**　一四四四（正统九）年刊凫藻集五卷扣弦词一卷　明高启撰　㉑117

周　诏　一五三四（嘉靖十三）年刊石鼓书院志二卷　㉒324

周启祥　一五七一（隆庆五）年刊杜释会通七卷　明周甸撰　⑱集79

周君鉴　一五八〇（万历八）年刊赵浚谷文集十卷　明赵进春撰　⑪NC5428/4865

周若年丁孟嘉　一五七八（万历六）年刊晋书一百三十卷　唐房玄龄等撰何超音义　⑱史64

书坊**周昆冈**　一五七三—一六二〇（万历）年刊刻刘太史汇选古今举业文弢注释评林四卷

明刘曰宁辑董其昌朱之藩评注 ⑱子851

周采 一五五四（嘉靖三十三）年刊春秋繁露十七卷 汉董仲舒撰 ⑱经290

周采 一五七三—一六二〇（万历）年刊安成周氏家集五卷 明周采撰 ⑱集1832

周治隆 一五八五（万历十三）年刊六子归儒集十卷 明周良金辑 ①8973

金陵书坊**周宗孔** 一五七三—一六二〇（万历）年刊皇明百大家文选十七卷 明朱国祚辑 ⑱集1724

周宗邠 一五七三—一六二〇（万历）年刊周礼笔记六卷 明冯时可撰 ⑱经175

书林**周宗颜** 一五九二（万历二十）年刊新刻精选当代台阁精华八卷 明朱国祚等辑并评 ⑱集1724

周官 一六〇四（万历三十二）年刊沈箕仲先生曲辕居集十八卷 明沈九畴撰 ⑱集756

周诗雅 一六三二（崇祯五）年自刊南北史钞不分卷 明周诗雅辑 ⑱史714

周居易 一六〇〇（万历二十八）年刊新刊合并董解元西厢记二卷明李日华辑 ⑱集2018

庐陵**周居岐** 一五三七（嘉靖十六）年刊慎言十五卷 明王廷相撰 ㉑114

周承芳 一六三二（崇祯五）年刊卫阳先生集十四卷 明周世选撰 ⑱集717

吉水**周承超** 一五六六（嘉靖四十五）年刊石溪周先生文集十二卷 明周叙撰 ㉑119

周承超等 一五九五（万历二十三）年刊石溪周先生文集八卷 明周叙撰 ⑱集573

周相毛汝麒 一五六四（嘉靖四十三）年刊阳明先生年谱三卷 明钱德洪撰 ⑱史506

周荩卿 一六〇五（万历三十三）年刊莆阳比事七卷 宋李俊甫撰 ①14812

周荣朱 一五五六（嘉靖三十五）年刊重游南岳纪行录一卷 明湛若水撰周荣朱记 ⑱史1067

金陵书林**周显宗** 一五九五（万历二十三）年刊山堂肆考宫集四十八卷商集四十八卷角集四十八卷徵集四十八卷羽集四十八卷 明彭大翼辑 ②65606

周显宗 刊陶渊明集八卷 晋陶潜撰 附录一卷 ⑱集24

书坊**周星野** 一六三九（崇祯十二）年刊楼山堂集二十五卷 明吴应箕撰 ①14985

周思得 一四三二（宣德七）年刊道德经讲义十二卷 宋吕知常撰 ⑱子1007

周复俊 一五五九（嘉靖三十八）年刊升菴七十行成稿二卷 明杨慎撰 ⑱集638

周叙 一四五〇（景泰元）年刊石溪集 ①2990

金陵书肆**周庭槐** 刊新刻增补古今医鉴八卷 明龚信辑龚廷贤续 ⑱子223

金陵书林**周前山** 一五八一（万历九）年刊古今诗韵释义五卷 ⑪811. 103/4800

周　津 一五〇二（弘治十五）年刊大学衍义四十三卷 宋真德秀撰 ⑱子66

周恂如 一四四九（正统十四）年刊劝忍百箴考注四卷 明释觉澂撰 ⑱子697

周　恪 一五六八（隆庆二）年刊王文成公全书 明王守仁撰 ⑤473

周　恪 一五七四（万历二）年刊讷谿先生诗录九卷文录十卷奏疏一卷杂录三卷尺牍四卷 明周怡撰 ⑱集688

书林**周觉正** 一六二九（崇祯二）年刊槜李曹太史评镌古今全史一览五卷 明舒弘谔辑 ⑱史696

周　祝 一五八五（万历十三）年刊肇论三卷 后秦释僧肇撰 ⑱子950

周琉李迁 一五五二（嘉靖三十一）年刊重修政和经史证类备用本草三十卷 宋唐慎微撰寇宗奭衍义 ⑱子184

周桂山 一五六一（嘉靖四十）年刊太音传习五卷 明李仁撰 ⑱子446

周桃村 一五四一（嘉靖二十）年刊韦苏州集十卷拾遗一卷 唐韦应物撰 ⑱集62

周家栋等 一六〇四（万历三十二）年刊经济类编一百卷 明冯琦辑 ⑱子847

周梁石 一四九〇（弘治三）年刊北溪先生大全文集五十卷 宋陈淳撰 外集一卷 宋陈榘辑 ⑱集361

周　寅 一四七四（成化十）年刊龙门子凝道记三卷 明宋濂撰 ⑱子1063

周维新 一六三七（崇祯十）年刊宋文纪十八卷 明梅鼎祚辑 ⑱集1651

书林**周敬吾** 刊新镌汇选辨真昆山点板乐府名词二卷 ⑱集2182

周敬松 一五七六（万历四）年刊陶靖节集十卷 晋陶潜撰宋汤汉等笺注 总论一卷 ⑱集26

周　鉴 一五八〇（万历八）年刊赵浚谷文集十卷诗集六卷 明赵时春撰 永思录一卷 ⑱集665

周道仁 一六三九（崇祯十二）年刊太白山人漫稿八卷补遗一卷 明孙一元撰 附录一卷 ⑱集633

周道英 刊新刊陈太史评选举业捷径古文争奇十二卷 明陈仁锡评郭忠志辑 ⑱集1738

吉水**周蒙** 一四七〇（成化六）年重修石溪集十一卷 明周叙撰 ⑱集572

吉水**周錞** 一四五二（景泰三）年刊东墅诗集二卷 明周述撰 ㉑117

周裔先 一五八二（万历十）年刊四书摘训二十卷 明丘橓辑 ⑱经333

周　满 一五五五（嘉靖三十四）年刊梁昭明太子文集五卷 梁萧统撰 ⑱集36

周嘉胄 一六四一（崇祯十四）年自刊香乘二十八卷 明周嘉胄辑 ①8949

周瑾 一四八一（成化十七）年刊石田清啸集 明朱翰撰 ⑱集608

周镐 一五五四（嘉靖三十三）年刊何柏斋文集八卷 明何瑭撰 ⑱集622

周履靖 一五七三—一六二〇（万历）年刊夷门广牍 ㉚200

周履靖 一五七三—一六二〇（万历）年自刊续易牙遗意 明周履靖编 ㉚200

周璞 一五四八（嘉靖二十七）年刊二程子抄释十卷 明吕柟撰 ⑱子55

周燝 一六四二（崇祯十五）年刊周季平先生青藜馆集四卷 明周如砥撰 ⑱集775

周燝周熠 一六三六（崇祯九）年刊道德经集义二卷 明周如砥撰 ⑱子1011

周懋宗 一六一八（万历四十六）年刊杨升菴辞品四卷 明杨慎撰 ⑱集2010

金陵书林**周氏** 一五七〇（隆庆四）年刊事物考八卷 明王三聘辑 ⑱子841

一川**周氏** 一五五〇（嘉靖二十九）年刊新刊性理标题辑要四卷 明何大通辑 ⑱子76

莲溪**周氏** 一五七八（万历六）年刊曹子建集十卷 魏曹植撰 疑字音释一卷 ⑱集19

金陵**周氏** 一五八一（万历九）年刊种杏仙方四卷 明龚廷贤辑 ㉚220

周氏 一六四四（崇祯十七）家刊陆子重光集十卷 宋陆九渊撰明周懋文辑 ⑱集346

释净用 一五五六（嘉靖三十五）年刊释氏源流二卷 明释宝成撰 ⑱子973

释净寿等 一五七八（万历六）年刊肇论新疏游刃三卷 宋释文才撰 ⑱子950

庞元化 一五〇二（弘治十五）年刊古直存稿四卷 明王佐撰 ⑱集603

书林**庞云衢** 一五七三—一六二〇（万历）年刊谭友夏先生评订秀野轩集十二卷 岩栖集七卷同波集五卷 明释慧秀撰 ⑱集834

庞英山 一五九九（万历二十七）年刊百可亭摘稿七卷诗集摘稿二卷 明庞尚鹏撰 ⑱集712

庞尚鹏 一五七七（万历五）年自刊军政事宜一卷 明庞尚鹏撰 ①10700

庞嵩 一五五三（嘉靖三十二）年刊测圆算术四卷 明顾应祥撰 ⑱子322

於斯行 一六一四（万历四十二）年刊智品十三卷 明樊玉冲撰於伦增补 ⑱子708

於敖 一五二九（嘉靖八）年刊意林五卷 唐马总辑 ⑱子687

郑三俊　一六〇四（万历三十二）年刊海防奏疏二卷抚畿奏疏十卷　明汪应蛟撰　⑱史371

郑士豪　一六〇三（万历三十一）年刊曹子建集十卷　魏曹植撰　⑱集19

郑大经　一五七三—一六二〇（万历）年刊古今道脉　明徐奋鹏纂　②3263

郑大经　一六二一—一六二七（天启）年刊喻子十三种秘书兵衡十三卷　明喻龙德撰　⑱子127

金陵书林**郑大经**　刊汇古萃玉五卷　明郭岱辑　⑱子855

郑之棨　一六二八—一六四四（崇祯）年刊石丈斋集四卷　明葛应秋撰　①5642

书林**郑子明**　一五七二（隆庆六）年刊新刊批释举业切要古今文则五卷　明归有光辑并评　⑱集1733

郑元化　一六三〇（崇祯三）年刊媚幽阁文娱不分卷　明郑元勳辑　⑱集1726

书林**郑云竹**　一五八八（万历十六）年刊翰林考正杜律五言赵注句解三卷
唐杜甫撰元赵汸注　⑱集76

书林**郑云林**　一六〇八（万历三十六）年刊新锲类编明解正音京板书言故事十卷　宋胡继
宗辑明陈玩直注　⑱子817

郑云蓥等　一五七五（万历三）年刊期斋吕先生集十四卷　明吕本撰　⑱集679

书林**郑云斋**　一五九八（万历二十六）年刊新镌中书科删订字义辨疑正韵海篇十八卷
首二卷末二卷　明李乔岳订义刘曰宁校阅　⑱经481

书林**郑少斋**　一六〇五（万历三十三）年刊诸葛武侯心书四卷　题蜀诸葛亮撰　⑱子115

郑文震　一六〇三（万历三十一）年刊郑侯升集四十卷　明郑明选撰　⑱集774

郑心材　一六〇〇（万历二十八）年刊端简郑公文集十二卷　明郑晓撰　⑱集662

上饶**郑以伟**　一六〇四（万历三十二）年自刊灵山藏笨庵吟六卷　明郑以伟撰　㉑88

郑以厚　一五九二（万历二十）年刊春秋左传评苑三十卷　明穆文熙辑　⑱经248

郑以祺　刊新刻辨疑正韵同文玉海二十卷　明黄道周撰　⑱经447

书林**郑世豪**　一五九一（万历十九）年刊京本音释注解书言故事大全十二卷　宋胡继宗辑
陈玩直解　⑱子817

闽建书林**郑世豪**　一五九三（万历二十一）年刊鼎镌校增评注五伦日记故事大全四卷

明吴宗札校增彭滨评注 ⑱子852

书林**郑世魁** 刊新镌京板图像音释金璧故事大成十卷 明吴国伦释 ⑱子843

郑本立 一五五七（嘉靖三十六）年刊王氏存笥稿二十卷 明王维桢撰 ⑱集684

郑东壁 一五七三—一六二〇（万历）年刊新昌县志十三卷 明田琯纂修 ⑲422

郑达黄仕达 一四五六（景泰七）年刊道园学古录五十卷 元虞集撰 ⑱集461

书林**郑立斋** 一六〇三（万历三十一）年刊新刻汇编秦汉文选十四卷 明詹惟修辑 ⑱集1629

郑玄抚 一五四〇（嘉靖十九）年刊玉台新咏十卷 陈徐陵辑 续五卷 明郑玄抚辑 ⑱集1569

郑　樸 一五九六（万历二十四）年刊博古图录考正三十卷 宋王黼撰明郑樸考正 ⑱史1448

郑　樸 一六〇二（万历三十）年刊杜工部诗八卷 唐杜甫撰明郑樸辑 附录一卷 ⑱集77

郑光琬 一五二四（嘉靖三）年刊愧斋先生文粹十卷 明陈音撰 附录一卷 ⑱集590

郑廷鹄 一五五三（嘉靖三十二）年刊琼台会稿十二卷 明丘濬撰 ⑱集585

书林**郑名相** 一六一六（万历四十四）年刊新锓评林旁训薛汤二先生家藏酉阳捃古人物奇编十八卷首一卷 明薛应旂辑汤宾尹注评 ⑱经332

郑庆云 一五二五（嘉靖四）年刊中说十卷 题隋王通撰 ⑱子48

建昌**郑汲** 一五八九（万历十七）年刊程氏医彀十六卷 明程式撰 ㉑87

郑汝璧田畴等 一五九五（万历二十三）年刊五经旁训十九卷 元李恕撰 ⑱经24

书林**郑伯刚** 刊重刊仪礼考注十七卷 元吴澄撰 ①6695

郑应龄 一五七二（隆庆六）年刊商文毅公集十一卷 明商辂撰 ⑱集579

郑宏经 一六二一（天启元）年刊重修考古图十卷 宋吕大临撰元罗更翁考订 ⑱史1445

郑　杰 一四九四（弘治七）年刊增广音注唐郢州刺史丁卯诗集二卷 唐许浑撰元祝德子订正 ⑱集153

郑国贤 一五六七（隆庆元）年刊北园蛙鸣集十二卷 明郑瓘撰 ⑱集611

郑　和 一四〇三（永乐元）年刊佛说摩利支天菩萨经一卷 唐释不空元释法天译 ⑱子929

郑　岳 一五二一（正德十六）年刊艾轩先生文集十卷 宋林光朝撰 ⑱集328

郑宗古 一五三七（嘉靖十六）年刊困知记二卷续二卷续补一卷外编一卷附录一卷 明罗钦顺撰 ①9370

郑絅 一五三一（嘉靖十）年刊沧浪先生吟卷二卷 宋严羽撰 ⑱集381

郑絅 一五五六（嘉靖三十五）年刊周易赞义十七卷 明马理撰 ⑱经66

郑奎光 一六三六（崇祯九）年刊郑少谷先生全集二十卷 明郑善夫撰 附录二卷 明邵捷春辑 ⑱集631

郑奎 一六〇二（万历三十）年刊康氏锦囊八卷 明康当世撰 ⑱子569

郑临等 一五三九（嘉靖十八）年刊重订丹溪先生心法三卷 元朱震亨撰明程充重订 ⑱子208

郑昭服 一五九一（万历十九）年刊楞伽阿跋多罗宝经四卷 刘宋释求那跋陀罗译 ⑱子888

郑钢 一四五九（天顺三）年刊运甓漫稿七卷 明李桢撰 ⑱集569

郑钢 一五三六（嘉靖十五）年刊古文集四卷 明何景明辑 ⑱集1614

郑炫 一五九一（万历十九）年刊郑山斋先生文集二十四卷 明郑岳撰 ⑱集612

郑济 一三七七（洪武十）年刊宋学士文粹十卷补遗一卷 明宋濂撰 ⑱集525

郑梓 一五五四（嘉靖三十三）年自刊明世学山五十种五十卷 明郑梓辑 ⑱丛174

郑常清 一五〇四（弘治十七）年刊化书六卷 五代谭峭撰 ①3774

书林**郑象文** 刊汇纂校正解学士诗选一卷 ①14156

书林**郑望云** 一五九三（万历二十一）年刊焦氏四书讲录十四卷 明焦竑撰 ⑱经335

郑惇典 一五七三—一六二〇（万历）年重修李文饶公文集二十卷别集十卷外集四卷 唐李德裕撰 ⑱集144

郑维新 一五二〇（正德十五）年刊读书录十卷 明薛瑄撰 ⑱子77

郑琥等 一四七五（成化十一）年刊麟溪集二十二卷别篇二卷 明郑太和辑郑玺续辑 附录二卷 ⑱集1809

郑銶 刊新刻明目良方二卷 ⑱子235

郑舜宾 一六〇一（万历二十九）年刊古乐府四卷 元左克明辑 ⑱集1572

郑普 一五三六（嘉靖十五）年刊大明一统赋三卷 明莫旦撰 ⑱集595

郑禄 一六〇〇（万历二十八）年刊明目良方二卷 ㉚572

郑锡麒 一五三八（嘉靖十七）年刊青阳先生文集六卷 元余阙撰 忠节附录二卷 明张毅辑 汪龄重辑 ⑱集484

郑煴 刊茶经三卷 唐陆羽撰 茶具图赞一卷 ④9218

郑　鼐　一五二二—一五六六（嘉靖）年刊李翰林诗范德机批选四卷　唐李白撰　元范椁批点明郑鼐辑　⑱集59

郑颙邵昕　一四四四（正统九）年刊高太史凫藻集五卷　明高启撰　⑱集538

郑履淳　一五六七（隆庆元）年刊吾学编六十九卷　明郑晓撰　①3085

郑懋洵　一五八六（万历十四）年刊鹤鸣集二十七卷　明刘伯燮撰　⑱集741

郑　璧　一六二一（天启元）年刊嘉靖大政编年纪不分卷　明黄凤翔撰　⑱史164

荥阳**郑氏**　刊新刊初学记三十卷　唐徐坚等辑　⑱子786

闽蒲**郑氏**　刊养正图解不分卷　明焦竑撰　⑱子92

单仲礼　一六〇七（万历三十五）年刊清德诒谋集不分卷　明黄文华辑　⑱集1714

单六我　一六三四（崇祯七）年刊文肃公圭峰罗先生文集三十七卷　明罗玘撰　附录一卷　明罗寰等重订　⑧

释**法济**等　一五九八（万历二十六）年刊妙法莲华经击节一卷　明释德清撰　⑱子942

释**法润**道源　一六三二（崇祯五）年刊鸡足山悉檀寺本无禅师风响集四卷　明释释禅撰　⑱集840

释**性一**　一六一四（万历四十二）年刊妙法莲华经意语一卷　明释圆澄撰　⑱子943

性理性璞　一六三四（崇祯七）年刊大方广圆觉修多罗了义经直解二卷　唐释佛陀多罗译　⑱子946

释**性月**　一五七〇—一五七八（隆庆四—万历六）年募刊佛祖历代通载二十二卷　元释念常撰　⑱子973

崇善寺释**性彻**等　一三九六（洪武二十九）年刊广清凉传三卷　宋释延一撰　⑱子977

释**性湛**　一六二八—一六四四（崇祯）年刊林泉老人评唱丹霞淳禅师颂古虚堂习听录三卷　元释慧泉辑　⑱子964

怡愉江学诗　一五九六（万历二十四）年刊鲁斋遗书十四卷　元许衡撰明怡愉辑　⑱集444

宗元豫　一六三二（崇祯五）年刊唐诗援二十卷　明李沂辑　⑱集1673

宗　书　重修宗子相集十五卷　明宗臣撰　⑱集704

宗　旦　一五五一（嘉靖三十）年刊宋东京留守宗忠简公文集六卷　宋宗泽撰⑱集291

释**宗仪**等　一五五三（嘉靖三十二）年刊归元直指集二卷附西方百咏一卷　山居百咏一卷　明释宗本撰　⑱子959

宗 臣 一五六四（嘉靖四十三）年刊沈山人诗六卷续集十卷 明沈霑撰 ⑱集660

宗 焕 一六〇五（万历三十三）年刊宗忠简公文集二卷 宋宗泽撰明张维枢辑 ⑱集292

官贤等 一五七七（万历五）年刊新刊招拟指南七卷首一卷新刊比部招拟五卷 明龚大器辑 ⑱子147

学易山人 一五六一（嘉靖四十）年刊金刚般若波罗蜜经四卷 宋杨圭集注 ⑱子934

房可壮 一六二二（天启二）年自刊房海客侍御疏三卷 明房可壮撰 ⑱史379

郎九龄 一六二七（天启七）年刊说礼约十七卷 明许兆金撰 ⑱经200

屈冲霄 一五〇六—一五二一（正德）年自刊菊梅百咏三卷 ㉙2763

新干**练子绮** 一六一一（万历三十九）年刊练公文集二卷崇祀实记一卷
手迹一卷遗事一卷 明练子宁撰 ㉑125

孟化鲤等 一五八六（万历十四）年刊孟我疆先生集八卷 明孟秋撰 ⑱集746

晋陵**孟纯礼** 刊续藏书二十七卷 明李贽撰 ⑯932.316/287

孟绍庆 一五八九（万历十七）年重修直讲李先生文集三十七卷 宋李觏撰 外集三卷
年谱一卷门人录一卷 ⑱集210

孟绍曾 一五四一（嘉靖二十）年刊崑山杂咏六卷 明王理之辑 ⑱集1781

孟绍曾 一五七〇（隆庆四）年刊昆山杂咏二十八卷 明俞允文辑 ①5054

孟称尧 一六二六（天启六）年刊贾太傅新书十卷 汉贾谊撰 ⑱子32

孟胤泰 一六二五（天启五）年刊玄真子三卷 唐张志和撰 ④9048

孟道弘 一六三七（崇祯十）年刊两理略四卷 明王徵撰 ⑱史1103

孟 楠 柴寅宾 一六一六（万历四十四）年刊经世奇谋八卷 明俞琳辑 ⑱子709

九 画

春 山 一五六六（嘉靖四十五）年刊雍熙乐府二十卷 明郭勋辑 ①4164

项守礼 一五五四（嘉靖三十三）年刊泰山志四卷 明汪子卿撰 ⑱史1010

项宗尧 一六二八—一六四四（崇祯）年刊杜门草七卷坿拟古诗十九首一卷

目录二卷　明许启洪撰　⑱集865

项　经　一五〇〇（弘治十三）年刊陶学士先生文集二十卷　明陶安撰　事迹一卷　⑱集528

项笃寿　一五六六（嘉靖四十五）年刊今言四卷　明郑晓撰　①8958

项笃寿　一五八三（万历十一）年刊国朝列卿年表一百三十九卷　明雷礼撰　⑱史681

项桂芳　一六一五（万历四十三）年自刊名公贻牍四卷　明项桂芳辑　⑱集1731

项　真　刊项氏瓶笙榭新刻皮袭美诗二卷　唐皮日休撰明项真评　⑱集167

项皋谟　一五七三—一六二〇（万历）年刊项襄毅公遗稿一卷　明项忠撰

实纪四卷年谱五卷附录一卷　⑱集579

项梦原　一五七三—一六二〇（万历）年刊古今印则十一卷印旨一卷　明程远辑　⑱史1496

项　煜　明末刊东坡先生全集七十五卷　宋苏轼撰　⑱集244

项　璁　一四七五（成化十一）年刊存复斋文集十卷　元朱德润撰　附录一卷　⑱集468

项德弘　一五七三—一六二〇（万历）年刊兰亭考十二卷附群公帖跋一卷　宋桑世昌辑　⑱子402

柯　乔　一五四九（嘉靖二十八）年刊前汉书一百二十卷　汉班固撰　⑫BQ22.1－9/2.350

柯株林　刊东冈集十卷　明柯暹撰　⑱集571

柯维熊　一五二二—一五六六（嘉靖）年刊史记一百三十卷　汉司马迁撰　⑪910.911/1773.5

柯　□　一五四三（嘉靖二十二）年刊茶经三卷　唐陆羽撰　外集一卷　⑱子475

胡大器　一五三七（嘉靖十六）年刊十四遊记一卷　明吕柟撰　⑱史1067

胡　山　自刊胡廉一抚孤井柳录不分卷　明胡山辑　⑱史476

胡之珩　明末刊周易本义启蒙翼传四卷　元胡一桂撰　⑱经60

程百二**胡之衍**　一六一五（万历四十三）年自刊程氏丛刻九种十三卷　明程百二编　⑱丛258

胡　陞等　一五四三（嘉靖二十二）年刊梅严胡先生文集十卷　宋胡次焱撰　⑱集406

胡文柱　一六三三（崇祯六）年刊顾瑞屏太史评阅韩昌黎先生集四十卷　唐韩愈撰明顾锡畴评　⑱集120

钱塘**胡文焕**　一五七三—一六二〇（万历）年刊食物本草二卷　明卢和撰　㉚196

胡文焕　自刊寿养丛书三十五种七十二卷　明胡文焕辑　⑱丛244

胡文静萧泮 一五一六（正德十一）年刊宋丞相李忠定公奏议六十九卷附录九卷 宋李纲撰 ⑱史359

胡文璧 一五一五（正德十）年刊齐东埜语二十卷 宋周密撰 ⑱子552

胡心得沈修 一五八〇（万历八）年刊卓澂甫诗集十卷 明卓明卿撰 ⑱集822

胡世定唐云客 一六三九（崇祯十二）年刊较正北西厢谱二卷 明娄梁散人撰 ⑱集2186

胡正言 刊苏米谭史广六卷 明郭化辑 ④601

胡正言 一六二八（崇祯元）年刊孙子明解八卷 明郑二阳撰 附师卦解一卷 ⑱子114

胡东皋 一五二〇（正德十五）年刊六书本义十二卷图一卷 明赵撝谦撰 ⑱经440

金陵**胡东塘** 一五八三（万历十一）年刊六子全书六十卷 ⑱子5

胡用信 一五三一（嘉靖十）年刊石川瀛洲遗集一卷文稿一卷芝田遗集一卷
芝田稿文一卷 明殷云霄撰 ⑱集630

胡民表 一五四五（嘉靖二十四）年刊淮海集四十卷后集六卷长短句三卷 宋秦观撰 ⑱集272

胡有恒胡瑞敦 一五三七（嘉靖十六）年刊史记题评一百三十卷 明杨慎李元阳辑 ①8800

胡尧元 刊楚辞集注八卷后语六卷 宋朱熹撰 ⑱集7

胡乔岱 一五九六（万历二十四）年自刊嘉谋录十八卷 明胡乔岱撰 ①12060

庐陵**胡乔岱** 一五九六（万历二十四）年自刊嘉谋录十八卷 明胡乔岱撰 ㉑114

胡廷宴 一五九九（万历二十七）年刊周文忠公文选 宋周必大撰明胡廷宴辑 ⑱集334

胡廷璨 一四五五（景泰六）年刊四时气候集解四卷 明李泰撰 ⑱史717

胡汝登 一五二〇（正德十五）年刊青阳先生文集六卷 元余阙撰 ⑱集484

胡汝诚 一五二九（嘉靖八）年刊伤寒家秘传本 明陶华撰 ⑱子197

胡　驯 一六二四（天启四）年刊重修政和经史证类备用本草三十卷 宋唐慎微撰曹孝忠校 ㉚161

胡志选 一五七三—一六二〇（万历）年刊刘氏类山十卷 明刘胤昌燕及甫编纂 ㉑78

胡志夔 一五六七（隆庆元）年刊古文类选六卷 明陈瑞辑 ⑱集1620

胡来贡 一五七五（万历三）年刊沧溟先生集三十卷 明李攀龙撰 附录一卷 ⑱集695

胡体乾 一五三五（嘉靖十四）年刊医学统旨六卷 明叶文龄撰 ⑱子217

胡明善 一五二九（嘉靖八）年刊小四书五卷 明朱昇编 ⑱丛146

胡迪 一五七〇（隆庆四）年刊蛣蜣集八卷 明郑若庸撰 ⑱集734

胡秉性 一五七六（万历四）年刊五代史记七十四卷 宋欧阳修撰徐无党注 ①8807

垫江**胡帛** 一五二二—一五六六（嘉靖）年刊文编六十四卷 明唐顺之辑 ⑱集1617

胡宗宪 一五六二（嘉靖四十一）年刊筹海图编十三卷 明郑若曾撰 ⑱史996

胡宗宪 一五四七（嘉靖三十六）年刊阳明先生文录五卷外集九卷别录十卷 明王守仁撰 ⑱集617

胡定 刊白石山人诗选后编一卷 明蔡汝楠撰杨慎辑 ⑱集680

金陵**胡承龙** 一五九二（万历二十一）年刊本草纲目五十二卷图一卷 明李时珍撰 ⑱子187

胡重器 一五一七（正德十二）年刊沧浪严先生吟卷三卷 宋严羽撰 ⑱集381

胡烶炳 一五九八（万历二十六）年刊胡象冈先生文集十卷 明胡植撰 ⑱集685

胡继升 一六一六（万历四十四）年刊重镌徐定菴先生集二十一卷花朝阁乐府一卷 明徐敷诏撰 ⑱集822

胡琏 一五三九（嘉靖十八）年刊梅严胡先生文集十卷 宋胡次焱撰 ⑱集406

胡维极 一六二四（天启四）年刊筹海图编十三卷 明胡宗宪撰 ⑱史996

胡维新戚继光 一五六七（隆庆元）年刊文苑英华一千卷 宋李昉等辑 ⑱集1562

胡维新原一魁 一五八〇（万历八）年刊骆丞文集十卷 唐骆宾王撰 ⑱集41

胡琮 一五二一（正德十六）年刊三谢诗一卷 刘宋谢灵运等撰 ⑱集1853

胡楷 一五二五（嘉靖四）年刊永康县志八卷 明吴宣济胡楷修陈泗等纂 ⑲429

胡梗 一五八五（万历十三）年刊胡庄肃公文集八卷 明胡松撰 ⑱集672

胡概 一四二八（宣德三）年刊唐陆宣公集二十二卷 唐陆贽撰 ⑱集97

胡献忠 一六一五（万历四十三）年自刊重刻校增武侯八门神书一卷 明胡献忠撰 ⑱子375

武林**胡虞潢** 一六一五（万历四十三）年刊性命圭旨四卷 明尹真人撰 ㉚619

胡虞潢 刊性命双修万神圭旨四卷 ⑱子1066

胡滨 一四四一（正统六）年刊翰林学士耐轩王先生天游杂稿十卷 明王达撰 ⑱集552

胡慥 一五六二（嘉靖四十一）年刊潜溪续编新增伤寒蕴要全书二卷 明彭用光撰 ⑱子198

南阳**胡恺** 一五六一（嘉靖四十）年刊简易普济良方六卷 明彭用光编 ⑱子219

胡 廙 一四三三（宣德八）年刊祁山事要指掌集十卷 宋周秉秀撰元梅应发续辑 ①6603

胡 韶 一五一五（正德十）年刊医林类证集要十卷 明王玺撰 ⑱子216

胡 璇 一六三九（崇祯十二）年刊治谱十卷 明佘自强撰 续集一卷 ⑱史1101

胡震亨 刊道德指归论六卷 题汉严遵撰 ④106

胡震亨沈士龙 一五七三—一六二〇（万历）年自刊秘册汇函二十四种一百四十三卷
明沈士龙胡震亨编 ⑱丛223

胡 潜 一六三三（崇祯六）年刊苏门六君子文粹七十卷 ⑱集1502

胡缵宗陆采 一五二二—一五六六（嘉靖）年刊艺文类聚一百卷 唐欧阳询辑 ⑱子781

胡缵宗 一五四一（嘉靖二十）年刊陈思王集十卷 魏曹植撰 ⑱集20

书林桐源**胡氏** 一五四九（嘉靖二十八）年刊唐会元精选批点唐宋名贤策论文粹 ①10800

钱塘**胡氏** 一五九六（万历二十四）年刊新刻格古论要五卷 明曹昭撰王佐增补 ⑱丛227

新安**胡氏** 一六三三（崇祯六）年在武林刊苏门六君子文粹七十卷 宋陈亮辑 ⑱集1502

金陵书坊东塘**胡氏** 一五七〇（隆庆四）年刊医方选要十卷 明周文采编 ㉚219

荆 聚 刊增修笺注妙选群英草堂诗馀前集二卷后集二卷 宋何士信辑 ⑱集1995

荆 聚 一五六六（嘉靖四十五）年刊雍熙乐府二十卷 明郭勋辑 ⑱集2180

郝千秋郝千石 一六一五—一六二〇（万历四十三—四十七）年刊郝氏九经解一百
七十五卷 明郝敬撰 ⑱经27

郝之璧 刊颜氏家训二卷 北齐颜之推撰 ⑱子515

郝 杰 一五六七（隆庆元）年刊经史直解六卷 明殷士儋撰 ⑱子618

郝 杰 一五七三—一六二〇（万历）年刊日本考五卷 明李言恭撰 ㉓14

郝洪范 一五七三—一六四四（万历—崇祯）年刊山草堂集二十八种一百五十三卷 明郝敬撰 ⑱丛608

郝 梁 一五二四（嘉靖三）年刊张文潜文集十三卷 宋张耒撰 ⑱集271

京山**郝氏** 刊毛诗原解三十六卷 明郝敬著 ②17376

郦　琥　一五六七（隆庆元）年自刊姑苏新刻彤管遗编前集四卷后集十卷续集三卷附集一卷别集二卷　明郦琥辑　⑱集1584

渭南**南大吉**　一五二三（嘉靖二）年刊会稽三赋一卷　宋王十朋撰明南逢吉注　⑱集340

渭南**南师仲**　一五七三—一六二〇（万历）年在华县刊槐野先生存稿三十八卷首一卷附录一卷　明王维桢撰南师仲辑　⑨善00255

南　轩　一五六五（嘉靖四十四）年刊瑞泉南伯子集二十二卷　明南大吉撰　附录一卷后纪一卷　⑱集642

南　轩　一五九二（万历二十）年家刊渭上续稿十一卷　明南轩撰　⑱集710

南居益　一六二五（天启五）年刊鳌峰集二十八卷　明徐𤊹撰　⑱集835

南宫　韩策　一五八二（万历十）年刊读易纂五卷首一卷　明张元蒙辑　⑪091.7/1114

茹天成　一五七八（万历六）年刊楚辞二卷　楚屈原宋玉等撰　屈原传一卷　汉司马迁撰　⑱集1

查一训　一六〇九（万历三十七）年刊刻毅斋查先生阐道集十卷　明查铎撰　附录一卷　⑱集723

查志隆　刊国朝列卿年表一百三十九卷　明雷礼撰　⑱史681

查应光　一六〇五（万历三十三）年刊湖山漫稿一卷　明查价撰　⑱集832

查　策　一五六七—一五七二（隆庆）年刊精刻大学衍义补摘粹十二卷　明许国辑　⑱子68

海昌**查氏**　一五七三—一六二〇（万历）年刊觉庵存稿七卷　明查秉彝撰　⑱集688

查　氏　一五七六（万历四）年刊龙溪王先生会语六卷　明王畿撰　贡安国辑　⑱子85

荣　华　一四八八（弘治元）年刊友石先生诗集五卷　明王绂撰　⑱集565

赵一中　刊秦汉文四卷　明胡缵宗辑　⑱集1615

赵士履　一六二八—一六四四（崇祯）年重修松石斋集三十卷又六卷　明赵用贤撰　⑱集745

赵子伯　一五四八（嘉靖二十七）年刊效颦集二卷　明赵弼撰　⑱子743

海虞**赵开美**　一五九九（万历二十七）年刊仲景全书二十六卷　汉张机等撰　⑱子194

赵开美　一六〇一—一六〇二（万历二十九—三十）年刊东坡杂著六种十二卷　题宋苏轼撰　⑱丛585

赵　元　一五一八（正德十三）年刊谰言长话不分卷　明曹安撰　①473

赵友琴　一五七三—一六二〇（万历）年刊阳明先生文选四卷　明王守仁撰赵友琴辑　⑱集619

赵文炳 一五九八（万历二十六）年刊实政录九卷 明吕坤撰 ①1419

赵文华 一五四三（嘉靖二十二）年刊赵宝峰先生文集二卷 元赵偕撰 ⑱集515

赵以康 一五八三（万历十一）年刊玉壶冰一卷 明都穆辑 ⑱子699

邢台**赵孔昭** 一五六八（隆庆二）年刊孝经不分卷 唐玄宗李隆基注 ㉓20

武林**赵世楷** 一六二六（天启六）年刊太玄经十卷 汉扬雄撰明赵如源辑注 说玄一卷 宋司马光撰 ⑱子333

赵世宠 一六一四（万历四十二）年刊笔丛三十二卷续集十六卷 明胡应麟撰 ⑱子575

赵世溥 一六二八—一六四四（崇祯）年刊赵文懿公文集四卷 明赵志皋撰 附录一卷 ⑱集739

赵世魁 一六二二（天启二）年刊续觳音草一卷 明余纯昭撰 附暨阳赠言一卷 ⑱集859

赵可怀 一五八九（万历十七）年在福建刊保婴撮要十卷 明薛铠撰薛己附补 29304

吴郡**赵用贤** 一五八二（万历十）年刊管子注二十四卷 唐房玄龄撰 ⑱子136

赵　汉 一五四八（嘉靖二十七）年自刊圣朝文命录不分卷 明赵汉辑 ⑱集1722

赵邦秩赵邦程 一五七四（万历二）年刊序芳园稿二卷 明赵伊撰刘子伯评点 ⑱集678

越成妥 一五七二（隆庆六）年刊燕石集五卷 明赵大祐撰 ⑱集683

赵光大 一六〇九（万历三十七）年自刊讲义手录六卷 明赵光大撰 ⑱经76

赵吁俊 一六二八（崇祯元）年刊艺海沥液五卷 明赵吁俊辑 ⑱集1892

赵　伦 一五〇三（弘治十六）年刊不自秘方一卷 题梅山逸叟辑 ⑱子211

赵守岩 一五七〇（隆庆四）年刊稽古绪论不分卷洗心亭诗馀一卷 明赵时春撰 ⑱集665

赵如源王道琨 一六二五（天启五）年刊韩非子二十卷附录一卷 ⑱子142

赵　均 一六三三（崇祯六）年刊玉台新咏十卷 陈徐陵辑 ⑱集1568

赵　均 一六二五（天启五）年自刊先考凡夫府君行实一卷 明赵均撰 ⑱史485

赵志皋 一五八九（万历十七）年自刊灵洞山房集三卷 明赵志皋辑 ⑱集1808

赵克用 一五〇三（弘治十六）年刊王状元集注东坡诗二卷 宋苏轼撰王十朋纂集 ⑱集246

赵时来 一六一七（万历四十五）年刊清适编五卷 明戴宗璠辑 ⑱子709

赵伯一 一五三七（嘉靖十六）年刊韩五泉诗四卷 明韩邦靖撰 附录二卷 ⑱集634

江阴**赵应春** 一五五六（嘉靖三十五）年重修丹溪先生纂要八卷 元朱震亨撰明卢和注
丹溪先生治法心要八卷 元朱震亨撰明盧和辑高宾校 ⑱子208

赵忻 一五五八（嘉靖三十七）年刊王氏存笥稿二十卷 明王维桢撰 ⑱集684

赵良相 一六〇九（万历三十七）年刊文公小学六卷 宋朱熹撰
小学书纲领一卷文公先生年谱一卷 ⑱子61

赵英 一四八六（成化二十二）年刊武经直解二十三卷 附录一卷 明刘寅撰 ⑱子105

赵昌龄等 一五二二—一五六六（嘉靖）年刊新刊阳明先生文录续编三卷 明王守仁撰 ⑱集618

赵釴 一五六二（嘉靖四十一）年自刊古今原始十四卷 明赵釴撰 ⑱子617

赵学 一四八八（弘治元）年刊朝野类要五卷 宋赵昇撰 ⑱子611

赵标 一六一二（万历四十）年刊宝庵集二十四卷 明顾绍芳撰 ⑱集757

赵政 一五八九（嘉靖十七）年刊摩诃般若波罗蜜多心经一卷 唐释玄奘译 ⑱子895

赵南星 一六一三（万历四十一）年自刊离骚经订注一卷 明赵南星撰 屈原传一卷 汉司马迁撰 ⑱集10

赵钦汤 一六〇三（万历三十一）年刊汉前将军关公祠志九卷 明赵钦汤焦竑辑 ⑱史1059

赵俊 一五〇九（正德四）年刊类编标注文公先生经济文衡前集二十五卷后集二十五卷
续集二十二卷 宋滕珙辑 ⑱子61

赵胤昌 一六二八（崇祯元）年刊古文隽十六卷 明赵燿辑 ⑱集1622

赵彦 一五九三（万历二十一）年刊圣门人物志十二卷 明郭子章撰 ⑱史402

赵宧光葛一龙等 一六一七（万历四十五）年刊朝鲜史略六卷 ⑱史1079

赵祖玠 刊渔庵集一卷 明赵宏撰 ⑱集727

赵晟 一六二五（天启五）年刊赵翰林经济全集四卷 明赵标撰 ⑱集771

赵健 一五九六（万历二十四）年刊赵梅峰先生语录四卷 明赵仲全撰 ⑱集736

赵悦学 一六二〇（泰昌元）年刊上医本草四卷 明赵南星撰 ⑱子188

赵琦美 一六一八（万历四十六）年刊松石斋集二十卷又六卷 明赵用贤撰 ⑱集745

赵梦麟　一五九一（万历十九）年刊文体明辨六十一卷首一卷目录六卷
附录十四卷附录目录二卷　明徐师曾辑　⑱集1619

赵　崡　一六一八（万历四十六）年自刊石墨镌华八卷　明赵崡撰　⑱史1463

赵维垣　一五五四（嘉靖三十三）年刊春秋繁露十七卷　汉董仲舒撰　①893

余干**赵琬**　一四八三（成化十九）年刊山窗馀稿一卷　明甘复撰　㉑94

赵敬山　刊四书大全四十三卷　明胡广等辑　⑱经329

赵慎修　一五八二（万历十）年刊海壑吟稿七卷文稿五卷　明赵完璧撰顾尔行王象坤批点　⑱集730

赵德仲　一五八五（万历十三）年刊赵文肃公文集二十三卷　明赵贞吉撰　⑱集681

赵鹤李玘　一五一二（正德七）年刊金华文统十三卷　明赵鹤辑　⑱集1808

赵濬初　一六三四（崇祯七）年刊司农奏议十四卷　明赵世卿撰　⑱史371

赵　曦　刊白衣观音五印心陀罗尼经一卷　⑱子928

赵　瀛　一五四七（嘉靖二十六）年刊心印绀珠经二卷　明李汤卿编　㉚702

赵　禴　一五六一（嘉靖四十）年刊半江赵先生文集十五卷　明赵宽撰　附录一卷　⑱集601

赵瓒秦钺等　一五六四（嘉靖四十三）年刊修习止观坐禅法要二卷　隋释智顗撰
天台止观统例一卷　⑱子951

赵籲俊　一六二八（崇祯元）年自刊艺海汇液五卷　明赵籲俊辑　⑱集1892

赵　氏　一五九四（万历二十二）年刊三代遗书六种二十八卷　明赵标编　⑱丛198

赵　氏　一五八三（万历十一）年在福建刊保婴撮要二十卷　明薛铠撰　㉚475

释**昭海**　一四八〇（成化十六）年募刊释迦如来成道记一卷　唐王勃撰　⑱子971

冒　鸾　一五一一（正德六）年刊泰定养生主论十六卷　元王珪撰　⑱子251

释**思宜**　一四九六（弘治九）年刊新编经史正音切韵指南一卷　元刘鉴撰　⑱经472

钟一元　一五五五（嘉靖三十四）年刊礼记日录三十卷图解一卷　明黄乾行撰　⑱经198

钟人杰　一六一四（万历四十二）年刊徐文长文集三十卷四声猿一卷　明徐渭撰袁宏道评点　⑱集734

钟人杰　一六二三（天启三）年刊战国策十卷　宋鲍彪注　⑱史215

钟允谦 一五四八（嘉靖二十七）年刊筠谿文集三十卷 明钟芳撰 ⑱集633

钟延英 一六〇八（万历三十六）年刊六祖大师法宝坛经一卷 唐释法海等辑
机缘一卷 元释宗宝辑 附录一卷 ⑱子959

钟　沂 一五六五（嘉靖四十四）年刊西山先生真文忠公文章正宗二十四卷
续二十卷 宋真德秀辑 ⑱集1608

钟如峤 一五四八（嘉靖二十七）年刊凤川子克己示儿编一卷 明刘良臣撰 ⑱子81

钟　鈜 一六三八（崇祯十一）年刊古今治平略三十三卷 明朱健撰 ⑱史1124

钟　原 刊文章辨体三十五卷外集五卷总论一卷 明吴讷辑 ⑱集1613

钟离靖 一六一八（万历四十六）年自刊桂隐轩闲集南山招隐编不分卷 明钟离靖撰 ⑱集840

钟　越 一六二九（崇祯二）年刊宋文山先生全集二十一卷 宋文天祥撰明锺惺辑并评 ⑱集395

钟崇文 一五七三（万历元）年刊岳阳楼诗集二卷 明胥文相辑 ⑱集1813

钟　锡 一五三三（嘉靖十二）年刊读史备忘八卷 明范理撰 ⑱史693

钟　惺 一六二〇（万历四十八）年刊东坡文选二十卷 宋苏轼撰 明锺惺辑并评 ⑱集259

钦懋熙 一五六六（嘉靖四十五）年刊校正病机赋三卷 明徐师曾撰 ①17650

适适子 刊古本董解元西厢记八卷 ⑱集2017

侯于赵 一五八三（万历十一）年刊礼记中说三十六卷 明马时敏撰 ⑱经199

侯东莱何思 一五六〇（嘉靖三十九）年刊皇明名臣言行录续集八卷 明徐咸辑 ⑱史430

侯加地 一六一四（万历四十二）年刊五行类应九卷 明钱春撰 ⑱子378

侯廷珮 一五九〇（万历十八）年刊御龙子集七十七卷 明范守己撰 ⑱集752

侯　秩 一五三三（嘉靖十二）年刊广文选八十二卷目录二卷 明刘节辑 ⑱集1566

侯继高 一五八九（万历十七）年刊补陀洛伽山志六卷 明屠隆撰 ⑱史1020

侯提封 一六一〇（万历三十八）年刊侯中子亦泳草四卷又草二卷又草二卷 明侯正鹄撰 ⑱集796

武林段之锦 明末刊淮海集四十卷后集六卷长短句三卷 宋秦观撰明徐渭评
诗馀一卷 宋秦观撰明邓汉章辑 ⑱集273

段　坚　一四七六（成化十二）年刊二程全书六十二卷　宋程颢程颐撰　⑱子52

书林**段君定**　一六二五（天启五）年刊琴张子萤芝集六卷　明张明弼撰　评琴张子禅栗秣二卷　明张明弼撰　①1158

段君定　明末刊古文五删五十二卷　明张溥辑　⑱集1632

段　袠　刊三山论学记一卷　泰西艾儒略撰　②1391

皇甫中　一五五六（嘉靖三十五）年自刊明医指掌图前集五卷后集五卷　明皇甫中撰　⑱子221

皇甫汸　一五六七（隆庆元）年刊白洛原遗稿八卷　明白悦撰　⑱集677

皇甫汸　一五七四（万历二）年自刊皇甫司勋集六十卷　明皇甫汸撰　⑱集675

皇甫涍　一五四〇（嘉靖十九）年刊支道林集一卷　晋释支遁撰　⑱集22

皇甫秦皇甫枢　一五五一（嘉靖三十）年刊皇甫少玄集二十六卷外集十卷　明皇甫涍撰　⑱集678

皇甫氏　一五四二（嘉靖二十一）年刊徐迪功外集二卷　明徐祯卿撰　⑱集629

新都**俞元符**　刊白虎通德论二卷　汉班固撰　⑱子508

俞文峰　一五三九（嘉靖十八）年刊司马文正公集略三十一卷诗集七卷　宋司马光撰　⑱集209

俞允文　一五六一（嘉靖四十）年自刊荆南倡和诗一卷　明俞允文等撰　㉙1909

俞允文　一五七一（隆庆五）年自刊名贤诗评二十卷　明俞允文李仲芳辑　㉙1910

俞廷谔　一六一七（万历四十五）年刊山中读书印三卷补一卷　明张鼎撰　⑱子94

俞安期　一六〇三（万历三十一）年自刊唐类函二百卷目录二卷　明俞安期辑　⑱子855

书林**俞秀山**　刊毛诗微言二十卷首一卷　明唐汝谔撰　⑱经141

俞　初　一五八六（万历十四）年刊楚辞注十卷　汉王逸撰　⑱集3

俞指南　一五七三（万历元）年自刊五经注选五卷　明俞指南辑　⑱经360

俞显谟　一六〇二（万历三十）年刊古诗类苑一百三十卷　明张之象辑俞显卿补订　⑱集1573

俞思学　一五八七（万历十五）年自刊史概十卷　明俞思学辑　⑱史1523

俞　彦　一六四一（崇祯十四）年钤印俞氏爰园印薮　明俞彦撰　①5273

俞咨益　一五六六（嘉靖四十五）年刊青霞文集六卷　明沈鍊撰　⑱集688

俞　宪　一五四八（嘉靖二十七）年刊西溪丛语二卷　⑳71

俞　宪　一五六七—一五七二（隆庆）年刊盛明百家诗　⑳71

俞朝言　一四九三（弘治六）年自刊医方集论不分卷　明俞朝言撰　⑱子215

俞赞等　一六三六（崇祯九）年刊周易露研四卷　明潘贞撰　⑱经80

独醒居士　一五七〇（隆庆四）年刊酒史六卷　明冯时化撰　附中郎觞政一卷　明袁宏道撰　⑱子478

饶仁侃　一五七二（隆庆六）年刊诗文类范十八卷　明史直臣辑　⑱集1566

书林饶仁卿　一五七四（万历二）年刊浙江余姚进士白川诸先生秘传易学讲意七卷　明诸大伦撰　⑱经71

饶养蒙　一六一〇（万历三十八）年刊重修宣和博古图录三十卷　宋王黼等撰　⑱史1448

饶景暐　一六〇三（万历三十一）年刊杨氏塾训六卷　明杨兆坊撰　⑱子702

饶景曜　一六〇五（万历三十三）年刊三礼编绎二十六卷　明邓元锡撰　⑱经212

饶　铎　一六〇〇（万历二十八）年刊新刊明目良方二卷　⑱子235

饶锦溪　一五八一（万历十）年刊新刊京本厘正总括天机星学正传二十一卷　明杨淙辑　⑱子370

施　山　一五二三（嘉靖二）年刊老泉文抄三卷　宋苏洵撰　⑱集236

施从谦等　一六二九（崇祯二）年刊桂林点易丹十六卷　明顾懋樊撰　⑱经79

施方晟　一五七三—一六二〇（万历）年刊性理纂要四卷　明施梦龙撰　⑱子88

施可大　一五七三—一六二〇（万历）年刊皇明馆课　明陈经邦辑　⑱集1733

施尔志　一六二〇（万历四十八）年刊杨升菴诗集十卷　明杨慎撰　⑱集638

施尧中　明末刊水目无住和尚南灯续焰空明集三卷　清释洪如撰　⑱子970

施尧臣　一五七七（万历五）年刊紫薇堂四子二十三卷　明陆明扬编　⑱子997

施观民　一五七二（隆庆六）年刊遵岩王先生文粹十六卷　明王慎中撰施观民辑　⑱集666

施观民　一五七四（万历二）年刊鬳斋三子口义二十一卷　宋林希逸撰　①8996

施　雨　一五四四（嘉靖二十三）年刊寓惠录四卷　宋苏轼撰　㉙2770

施笃臣　一五七二（隆庆六）年刊丹溪心法附馀二十四卷　明方广编　㉚321

施笃臣曹科　一五七二（隆庆六）年刊重修政和经史证类备用本草三十卷　宋唐慎微撰　⑱子184

施逢原 一六三九（崇祯十二）年刊批点孙子正义十三卷 明施逢原批点 ⑱子114
新镌孙子兵法衍义十三卷 明施逢原撰

施逢原施颖 一五二二（嘉靖元）年刊施信阳文集七卷 明施文显撰 ⑱集596

施　渐 一五四九（嘉靖二十八）年刊皇明名臣言行录前集十二卷后集十二卷 明徐咸辑 ⑱史430

施嘉遇王士俊 一六三四（崇祯七）年刊朝野公言一卷 ①10470

施　槃 一四九九（弘治十二）年刊新集分类通鉴不分卷 ⑱史699

闻人诠 一五三五（嘉靖十四）年刊阳明先生文录五卷外集九卷别录十卷 明王守仁撰 ⑱集617

闻　龙 一六〇〇（万历二十八）年自刊行药吟一卷 明闻龙撰 ⑱集830

闻启祥 一六二九（崇祯二）年刊李太白诗集二十二卷 唐李白撰宋严羽评点 ⑱集59

闾　东 一五五〇（嘉靖二十九）年刊阳明先生文录五卷外集九卷别录十四卷 明王守仁撰 ⑱集618

姜士昌 刊汲冢周书十卷 晋孔晁注 ⑱史206

云阳**姜大受** 一六三八（崇祯十一）年刊赵忠毅公诗文集二十四卷 明赵南星撰 ⑪NC5428/4846

姜文魁 一五一七（正德十二）年刊豫章罗先生文集十七卷 宋罗从彦撰 ⑱集312
年谱一卷 元曹道振撰

姜　召 一五八五（万历十三）年刊二程先生类语八卷 明唐伯元辑 ⑱子55

姜志衡 一六二三（天启三）年自刊先馀录八卷 明姜志衡辑 ⑱史1124

姜志濂 一六二三（天启三）年刊雪柏堂稿十卷 明姜士昌撰 ⑱集761

姜时和 一五三四（嘉靖十三）年刊文章轨范七卷 宋谢得枋辑 ⑱集1611

姜　良 一五七三—一六二〇（万历）年刊水经注笺四十卷 汉桑钦撰 ㉑78

姜奇方 一五七六（万历四）年刊宛陵先生集六十卷拾遗一卷 宋梅尧臣撰 附录一卷 ⑱集220

姜　恩 一五二六（嘉靖五）年刊监本音注国语二十卷 吴韦昭注 ⑱史209

姜道生 一六一七（万历四十五）年刊石云先生遗稿一卷江浒迂谈一卷 明孙桢撰 附一卷 ⑱集729

姜　梁 一五二八（嘉靖七）年刊程氏易传十二卷 宋程颐撰 ⑱经45

娄国安 刊千字文释义一卷 明娄芳撰 ⑱经455

洪化昭　一六三五（崇祯八）年自刊日北居独坐谈一卷　明洪化昭撰　①12792

洪有助张汝懋等　一六一四（万历四十二）年刊医便二卷附禁方一卷　明王三才辑　⑱子222

洪廷论　一五四五（嘉靖二十四）年刊秦汉魏晋文选十卷　明余震启郑玄抚辑　⑱集1618

书林**洪宇**李良臣　一五七三—一六二〇（万历）年刊图像本草药性赋定衡十三卷　明龚信编　㉚165

洪守授洪守抱　一六一八（万历四十六）年刊刻野鹤洪山人水云诗选二卷　明洪载撰
蔡阳春辑　⑱集842

明释**洪兴**　一五二三（嘉靖二）年刊龙泉集一卷　明释周鼎辑　①2978

洪启初　一六一七（万历四十五）年自刊四书翼笺九卷　明洪启初撰　⑱经339

汤阴**洪启睿**　一六〇六（万历三十四）年刊藏腑证治图说人镜经八卷　㉚33

洪　侹　一五三三（嘉靖十二）年刊尚书洪公遗芳录六卷　明洪伊洪侹等辑　⑱史478

洪　垣　一五三八（嘉靖十七）年刊东廓先生文集九卷　明邹守益撰　⑱集640

洪　钟　一四九八（弘治十一）年刊南斋先生魏文靖公摘稿十卷　明魏骥撰　附录一卷　⑱集571

洪　珠　一五三〇（嘉靖九）年刊和靖尹先生文集十卷　宋尹焞撰　附录一卷　⑱集313

洪都潜仙　一五二七（嘉靖六）年刊诗人玉屑二十卷　宋魏庆之辑　⑱集1879

洪梦锡　一六一二（万历四十）年刊许锺斗文集五卷　明许獬撰　⑱集794

洪朝选　一五六二（嘉靖四十一）年刊孔文谷诗集四卷文谷渔嬉稿二十卷　明孔天胤撰　⑱集677

洪　富　一五四二（嘉靖二十一）年刊鄂国金佗粹编二十八卷　宋岳珂撰　①8837

洪　楩　一五四七（嘉靖二十六）年刊蓉塘诗话二十卷　明姜南撰　⑱集1889

钱塘**洪楩**　一五二二—一五六六（嘉靖）年刊洪楩辑刊医药摄生类八种　明洪楩辑　㉚609

洪瞻祖　刊阴何诗集二卷　明洪瞻祖编　⑱集1364

恽应明　刊杨忠愍公集六卷　明杨继盛撰　⑱集698

恽绍龙　一六〇一（万历二十九）年刊文选纂注评林十二卷　梁萧统辑明张凤翼纂注
恽绍龙参订　⑱集1557

恽厥初　一六三二（崇祯五）年刊考槃集四卷　明恽绍芳撰恽厥初辑　⑱集697

金台衍法寺释觉恒 一五一六（正德十一）年刊新编篇韵贯珠集八卷直指玉钥匙门法一卷 明释真空撰 ⑱经470

祝以豳 一五九三（万历二十一）年刊刘随州诗集十卷 唐刘长卿撰 ⑱集50

德兴**祝世禄** 一五九五（万历二十三）年刊韵谱本义十卷 明茅溱范科撰 ㉑92

祝世廉 一六一二（万历四十）年刊祝子志怪录五卷 明祝允明撰 ⑱子743

祝廷滂 一五五五（嘉靖三十四）年刊古乐经传全书二卷 明湛若水吕怀撰 ⑱经225

祝寿武雷等 一五二〇（正德十五）年刊正蒙会稿四卷 明刘玑撰 ⑱子51

祝　泳 一五四一（嘉靖二十）年刊大明一统文武诸司衙门官制十六卷 ㉓15

祝梓寿 一六〇一（万历二十九）年刊嘉靖乙丑科进士同年乡籍一卷 ⑱史646

当涂**祝銮** 一五二二（嘉靖元）年刊渊颖吴先生集十二卷 元吴莱撰 附录一卷 ⑱集469

费元禄 一六〇七（万历三十五）年自刊甲秀园集四十七卷 明费元禄撰 ⑱集834

费邦教等 一六二三（天启三）年刊历代相业考一卷皇明军功考一卷 明沈梦熊撰 ⑱史433

费　逵 一六一二（万历四十）年刊李文山诗集三卷 唐李群玉撰 附录一卷考证一卷 ⑱集161

费　寀 一五四五（嘉靖二十四）年刊医方选要十卷 明周文采编 ㉚219

德化**费增** 一五六三（嘉靖四十二）年刊简易普济良方六卷 明彭用光辑 ㉑86

费槃等 一五二二—一五六六（嘉靖）年刊何仲默集十卷 明何景明撰 ⑱集624

费懋谦 刊费文通公集选 明费寀撰 ⑱集641

胥　焯 一五七三（万历元）年刊洞庭湖君山诗集三卷 明胥文相辑 ⑱集1813

江西布政司**姚一元** 一五二二—一五六六（嘉靖）年刊卫生易简方十二卷附录一卷 明胡濙辑 ⑱子213

姚士观沈铁 一五八二（万历十）年刊高皇帝御制文集二十卷 明太祖朱元璋撰 ⑱集523

姚士麟 刊罗昭谏江东集五卷 唐罗隐撰 ④15177

姚大受 一五七三—一六二〇（万历）年刊重校尔雅翼三十二卷 宋罗愿撰明姚大受校补 ⑱经394

姚文清陈讲 一五三六（嘉靖十五）年刊丹溪心法附馀二十四卷首一卷 明方广撰 ⑱子209

姚弘谟 一五八三（万历十一）年刊简便单方俗论二卷 明杨起撰 ㉚220

姚汝循 一五二二—一五六六（嘉靖）年刊参同契经文分节解三卷 题汉魏伯阳撰元陈致虚解 笺注分节解三卷 题汉徐景休撰元陈致虚解 三相类二卷 题汉淳于叔通撰陈致虚解 ⑱子1014

姚体信 一五五六（嘉靖三十五）年刊执斋先生选集十三卷 明刘玉撰杨慎辑并评 ⑱集616

姚良弼 一五四三（嘉靖三十二）年刊阳明先生文粹十一卷 明王守仁撰宋仪望辑 ⑱集619

姚坤 一五七三—一六二〇（万历）年自刊删定射礼直指一卷 明姚坤辑录 ㉑87

姚学心等 一六三五（崇祯八）年刊周易疏义四卷 明程汝继撰 ⑱经75

姚思仁 一六一七（万历四十五）年刊活民书三卷增补一卷 宋董煟撰元张光大增 明朱熊补遗 ⑱史1326

姚芹泉 一五三七（嘉靖十六）年刊唐诗品汇九十卷拾遗十卷 明高棅辑 ⑱集1665

姚玺 一四九〇（弘治三）年刊姚文敏公遗稿十卷 明姚夔撰 附录一卷 ⑱集579

姚堂 一四五六（景泰七）年刊古廉李先生诗集十一卷 明李时勉撰 ⑱集570

姚堦 一五五八（嘉靖三十七）年刊穀庵集选十卷 明姚绶撰 附录二卷 ⑱集589

姚堦 一五五六（嘉靖三十五）年自刊姚氏世刻十五卷 明姚堦辑 ⑱集1835

姚舜渔 一六一四（万历四十二）年刊大藏一览十卷 明陈实撰 ⑱子986

姚虞季本 一五四〇（嘉靖十九）年刊文选双字类要三卷 题宋苏易简撰 ⑱子796

姚肇 一四三三（宣德八）年刊元诗体要十四卷 明宋绪辑 ⑱集1701

姚镆 一五〇七（正德二）年刊迂斋先生标注崇古文诀三十五卷 宋楼昉辑 ⑱集1607

姚稽 一五五七（嘉靖三十六）年刊明山先生存集四卷 明姚涞撰 ⑱集660

姚潓 一五三八（嘉靖十七）年刊经礼补逸九卷 元汪克宽撰 ⑱经185

姚履旋 一五九四（万历二十二）年刊摭古遗文不分卷 明李登撰姚履旋补 ⑯423.5/288-0

姚履旋顾端祥 一五九八（万历二十六）年刊孔门传道录十六卷 明张朝瑞撰 ①8841

姚翼 一五六七—一六二〇（隆庆至万历）年自刊玩画斋杂著编八卷 明姚翼撰 ⑱集731

贺万元 一六三五（崇祯八）年刊张公亮先生评选天湖近草八卷 明邓列撰 ⑱集861

贺仲蒙 一五七三—一六二〇（万历）年刊贤奕编四卷附录二卷 明刘元卿撰 ⑱子662

贺邦泰 一五八八（万历十六）年刊春秋左氏全传白文十二卷 ⑱经237

贺应甲 一五九七（万历二十五）年刊小学新编摘略不分卷 明刘元卿辑 ⑱子88

贺沈胡缉 一四六〇（天顺四）年刊朱子大全一百卷目录二卷续集十卷别集十卷 宋朱熹撰 ⑱集330

贺 贲 刊许默斋集四卷 明许论撰 ①1663

贺 泰 一五〇五（弘治十八）年刊博物志十卷 晋张华撰周日用等注 ①6950

贺逢舜 一五八九（万历十七）年刊文苑英华摘粹十卷 明张献翼辑 ⑱集1564

贺懋忠 一六二五（天启五）年刊宋陈少阳先生文集十卷 宋陈东撰 ⑱集314

骆从宇 一六三七（崇祯十）年自刊骆太史澹然斋存稿六卷 明骆从宇撰 ⑱集800

骆先行骆中行 一六一一（万历三十九）年刊万一楼集五十六卷续集六卷外集十卷 明骆问礼撰 ⑱集720

骆骎曾 一五七三—一六二〇（万历）年刊文献通考纂二十四卷 元马端临撰明胡震亨辑 ⑱史1112

十 画

高安**敖文祯** 一五九〇（万历十八）年刊五代史记七十四卷 宋欧阳修撰 ㉑97

敖 英 一五二五（嘉靖四）年刊革朝遗忠录二卷附录一卷 明郁衮撰 ⑱史436

秦士元 一五六九（隆庆三）年刊中吴纪闻摘要录三卷 明秦复斋撰 ⑱史969

秦士奇 一六三二（崇祯五）年刊固安县志九卷 明苏志皋原本侯奉职增纂 ⑲48

秦大夔 一六〇一（万历二十九）年刊痘疹心法十二卷 明万全编 ㉚498

秦 禾 一五五六（嘉靖三十五）年刊孟东野诗集十卷 唐孟郊撰 联句一卷 ⑱集137

秦 堈 一六三六（崇祯九）年刊周易孔义三卷 明高攀龙撰 ⑱经73

秦 汶 一五四四（嘉靖二十三）年刊学史十三卷 明邵宝撰 ⑱史1516

秦 汴 一五三七（嘉靖十六）年刊事类赋三十卷 宋吴淑撰并注 ⑱子789

秦 昂 一五〇七（正德二）年在陕西刊全唐诗话三卷 题宋尤袤撰 ⑱集1875

秦学书秦秉淳 一五三八—一五六九（嘉靖十七—隆庆三）年刊秦襄毅公年谱一卷 明秦纮撰 ⑱史506

秦 绅 一五八五（万历十三）年刊新刊礼记裒言十六卷 明王圻李天植等撰 ⑱经198

秦　钺　一五二五（嘉靖四）年刊慈湖先生遗书二十卷　宋杨简撰　⑱集346
秦钺李舜臣　一五三六（嘉靖十五）年刊古今韵会举要三十卷礼部韵略七音三十六母通考一卷　元熊忠撰　①4992
秦　堣　一六一四（万历四十二）年刊唐宋诸贤绝妙词选十卷中兴以来绝妙词选十卷　宋黄昇辑　⑱集1995
秦锐等　一五二二（嘉靖元）年刊五峰遗稿二十四卷　明秦夔撰　⑱集587
秦　榛　刊容春堂前集二十卷后集十四卷续集十八卷别集九卷　明邵宝撰　⑱集602
秦　瀚　一五六〇（嘉靖三十九）年刊樗林摘稿三卷　明秦镗撰　附录一卷　⑱集632
秦镤求古斋　一六四〇（崇祯十三）年刊九经五十一卷附四卷　⑱经4
临川**桂天祥**　一五七二（隆庆六）年刊奏书疏三卷　明孙琏辑　㉑106
福建**桂绍龙**　一六三〇（崇祯三）年刊万寿丹书　明龚居中撰　㉚610
桂　载　一五四四（嘉靖二十三）年刊文襄公奏议八卷　明桂萼撰　⑱史364
耿如瑾　一六一一（万历三十九）年刊名物类考四卷　明耿随朝撰　⑱子842
耿定力　一五七三—一六二〇（万历）年刊济美堂集四卷　明吴文华撰　⑱集713
耿定力丁宾　一六〇六（万历三十四）年刊重镌心斋王先生全集六卷　王艮撰　⑱集659
耿随龙曹大咸等　一五七三—一六二〇（万历）年刊观槿续稿十卷　明吴敏道撰　⑱集747
都　温　一五六四（嘉靖四十三）年刊古太极测一卷　明徐矿撰　⑱子337
释**真可**程应衢　一六〇二（万历三十）年刊梵网经心地品菩萨戒义疏发隐五卷　明释祩宏撰　⑱子946
释**真非**　一六一四（万历四十二）年刊华严径遗草二卷　明释广询撰　⑱集838
释**真聪**　一五一八（正德十三）年刊禅宗永嘉集二卷　唐释玄觉撰宋释行靖注　⑱子954
袁大纯　一五二七（嘉靖六）年刊古今识鉴八卷　明袁忠彻辑　人象赋一卷　明袁忠彻撰　⑱子369
公安**袁中道**　一六一八（万历四十六）年自刊珂雪斋前集二十四卷外集十五卷　明袁中道撰　⑱集817
袁文纪　一四九五（弘治八）年刊友石山人遗稿一卷　元王翰撰　附录一卷　⑱集498
袁　年　一五八四（万历十二）年刊袁鲁望集十二卷　明袁尊尼撰　⑱集718

袁 旭 一四三九（正统四）年刊宛陵先生文集六十卷拾遗一卷 宋梅尧臣撰 附录一卷 ⑱集220

袁 宏 一四九七（弘治十）年刊后山诗注十二卷 宋陈师道撰任渊注 ⑱集268

袁 表 一五二〇（正德十五）年刊唐皮日休文薮十卷 唐皮日休撰 ⑱集166

袁 表 一五三九（嘉靖十八）年刊江南春词集一卷 明沈周等撰 ⑳62

袁 枢 一六四三（崇祯十六）年刊张宾王先生批评战国策抄四卷 明张榜评 ⑱史702

袁宗兴 一五三六（嘉靖十五）年刊始兴县志二卷 明汪庆舟纂修 ⑱史948

袁 经 一五〇〇（弘治十三）年刊夏忠靖公集六卷 明夏原吉撰 遗事一卷 ⑱集564

袁 奎 一五八四（万历十二）年刊白沙先生遗诗补集六卷 明陈献章撰袁奎辑 ⑱集582

袁洪愈徐栻 一五二二—一五六六（嘉靖）年刊孙文恪公集二十卷 明孙陞撰 附录夫人杨氏诗稿一卷 ⑱集681

袁 宾 一五〇五（弘治十八）年刊南海杂咏十卷 明张诩撰 ⑱集603

袁 袠 一五三四（嘉靖十三）年刊唐伯虎集二卷 明唐寅撰 ⑳62

袁尊尼 一五四七（嘉靖二十六）刊袁永之集二十卷 明袁袠撰 ⑱集664

袁 褧 一五三五（嘉靖十四）年刊楚辞集注八卷辩证二卷后语六卷 宋朱熹撰 反离骚一卷 汉扬雄撰 ⑱集6

袁 璨 一五五五（嘉靖三十四）年刊大復集三十七卷 明何景明撰 附录一卷 ⑱集624

姑苏**袁氏** 一五五〇（嘉靖二十九）年刊徐迪功集六卷谈艺录一卷 明徐祯卿撰 ⑱集629

袁 氏 一六〇五（万历三十三）年家刊袁文荣公诗略二卷 明袁炜撰 ⑱集686

袁 氏 一六三七（崇祯十）年刊太平惠民和剂局方十卷 宋陈师文等校正 ㉚216

莫与齐 一五七九（万历七）年刊宋司马温国文正公家范十卷 宋司马光撰 ⑱子50

莫后昌莫远 一六三二（崇祯五）年刊小雅堂集八卷 明莫是龙撰 ⑱集823

沙滨**莫如士** 一五五六（嘉靖三十五）年在宁固刊韩柳文一百卷 明游居敬辑 ⑱集1440

莫 抑 一五五六（嘉靖三十五）年刊历下集一卷花县集四卷 明莫叔明撰 ⑱集730

聂世润 一五八八（万历十六）年刊斛山杨先生遗稿五卷 明杨爵撰 ⑱集674

聂绍昌 一五七三—一六二〇（万历）年刊重刊嘉祐集十五卷 宋苏洵撰 ⑱集234

聂富 一五〇二（弘治十五）年刊太上老子道德经四卷 元何道全注 ⑱子1009

聂豹 一五三一（嘉靖十）年刊南轩文集节要八卷 宋张栻撰明聂豹辑 ⑱集360

聂鋐 刊遗书编一卷 宋程颢程颐撰 ⑱子55

晋淑健 刊衡门芹一卷 明辛全撰 ①6426

栗永禄冯惟讷 一五六八（隆庆二）年刊公馀漫稿五卷 明王崇古撰 ⑱集691

贾三近 一五八六（万历十四）年自刊皇明两朝疏抄二十卷 明贾三近辑 ⑰K14664

贾世祥 一五二七（嘉靖六）年刊近思录十四卷 宋朱熹吕祖谦撰 ⑱子58

贾克忠 一六二一（天启元）年刊圣学嫡派四卷 明过庭训撰 ⑱史415

贾应春 一五五六（嘉靖三十五）年刊行军须知不分卷 ⑱子119

贾咏 一五一八（正德十三）年刊庄子鬳斋释音一卷 ⑱子1017

贾定 一四八一（成化十七）年刊二妙集八卷 金段成己段克己撰 ⑱集1835

贾性 一五〇五（弘治十八）年刊群书集事渊海四十七卷 ⑱子836

贾待问等 一五七六（万历四）年刊何文定公集十一卷 明何瑭撰 ⑱集622

贾缘 一五七八（万历六）年刊坦斋刘先生文集二卷 明刘三吾撰 ⑱集529

贾毓祥 一六二五（天启五）年刊诠叙管子成书十五卷 明梅士享撰 首一卷 明梅士享辑 ⑱子138

贾奭 一四七一（成化七）年刊欧阳论范二卷 元欧阳起鸣撰 ⑱集510

顾九思 一五八五（万历十三）年刊黄淳父先生全集二十四卷 明黄姬水撰顾九思辑 ⑱集729

顾三聘顾三锡 一六〇三（万历三十一）年刊历代名公画谱四卷 明顾炳辑 ⑱子429

顾大韶 刊李温陵集二十卷 明李贽撰 ⑪810.64/4044

顾与渟 一五七三—一六二〇（万历）年刊小心斋劄记十八卷 明顾宪成撰 ⑱子90

顾与演 一六一三（万历四十一）年刊小辨斋偶存八卷 明顾允成撰 事定录三卷 ⑱集770

顾广膺 一五七三—一六二〇（万历）年刊观老庄影响论一卷 明释德清撰 ⑱子1002

顾天圻 一五七九（万历七）年刊兔园杂钞二卷 明归有光撰 ⑱子703

顾元庆　一五〇六—一五六六（正德至嘉靖）年自刊阳山顾氏文房小说四十种五十八卷　明顾元庆辑　⑱丛152

顾云程　一五八四（万历十二）年刊林间录二卷后集一卷　明释惠洪撰　①6954

顾从义　自刊历代帝王法帖释文考异十卷　明顾从义撰　⑱子416

顾从敬　一五五〇（嘉靖二十九）年刊类编草堂诗馀四卷　明顾从敬编次　⑱集1996

顾从德　一五五〇（嘉靖二十九）年影宋刊重广补注黄帝内经素问二十四卷　唐王冰注　宋林亿等校正孙兆改误　⑱子176

顾正阳　一五二二—一五六六（嘉靖）年刊东江家藏集四卷中集二十九卷后集九卷　明顾清撰　⑭

顾正谊　一六〇〇（万历二十八）年刊顾氏诗史十五卷　明唐汝询撰　①6494

顾可久等　一五三七（嘉靖十六）年刊古赋辨体十卷　元祝尧辑　⑱集1602

顾尔行　一五七三—一六二〇（万历）年刊曾確庵三种四卷　明曾省吾撰　⑱丛600

顾存仁　一五五三（嘉靖三十二）年刊选诗补注八卷续编四卷补遗二卷　元刘履注　⑧

顾存仁　一五六七（隆庆元）年自刊东白草堂集四卷　明顾存仁撰　㉙1533

顾存仁　一五七四（万历二）年自刊句馀八景一卷　㉙376

顾曲斋　一五七三—一六二〇（万历）年刊古杂剧二十卷　明王骥德辑　⑱集2032

顾名端　一六一三（万历四十一）年刊顾华阳集三卷　唐顾况撰　顾非熊诗一卷　唐顾非熊撰　⑱集95

顾名儒　一五五七（嘉靖三十六）年刊孙尚书内简尺牍编注十卷　宋孙觌撰李祖尧注　⑱集310

顾充　一六〇八（万历三十六）年自刊字义总略四卷　明顾充撰　⑱经443

顾汝达　一五五〇（嘉靖二十九）年刊南唐书三十卷　宋马令撰　⑱史77

顾汝所　一五五〇（嘉靖二十九）年刊草堂诗馀前集二卷后集二卷　宋何士信辑明武陵逸史编次

顾佖　一五一八（正德十三）年刊拟古乐府二卷　明李东阳撰谢辰等评点何孟春音注　①10387

顾言　一四三六—一四四九（正统）年刊龙溪陈先生文集五卷　明陈暀撰　附录一卷　⑱集588

顾应阳　一五二二—一五六六（嘉靖）年刊东江家藏集四十二卷　明顾清撰　附录一卷　⑱集611

顾应祥 一五五二（嘉靖三十一）年自刊唐诗类钞八卷 明顾应祥辑 ⑱集1667

顾杲等 一六三四（崇祯七）年刊佛藏经四卷 后秦释鸠摩罗什译 ⑱子917

顾知类徐宏等 一五七二（隆庆六）年刊古文类选十八卷 明郑旻辑 ⑱集1620

顾所有 一六〇〇（万历二十八）年刊谭襄敏公奏议十卷 明谭纶撰 ⑱史367

顾宗孟 一六三六（崇祯九）年刊四书直解二十七卷 明张居正撰 四书讲义合参二十七卷
明顾宗孟撰 ⑱经332

顾定芳 一五四四（嘉靖二十三）年刊医说十卷 宋张杲撰 ⑱子204

顾孟兆唐淳伯 一六〇五（万历三十三）年刊闻雁斋笔谈六卷 明张大复撰 ①9473

顾祖武 一五六二（嘉靖四十一）年自刊集古文英八卷 明顾祖武辑 ⑱集1620

顾祖美 一五八六（万历十四）年刊编注王司马百首宫词二卷 唐王建撰明顾起经注
附录唐诸家宫词一卷 唐王昌龄等撰 明顾起经注 ⑱集100

顾祖源 一五二二—一五六六（嘉靖）年刊泽秀集七卷总编一卷 明顾起纶撰明杨慎等评洪楩辑 ⑱集729

顾晋璠顾咸建 一六四〇（崇祯十三）年刊顾文康公文草十卷诗草六卷续稿六卷三集四卷
明顾鼎臣撰 首一卷 ⑱集625

顾起元 一六一八（万历四十六）年自刊懒真草堂集诗二十卷文三十卷 明顾起元撰 ⑱集789

顾起凤 一六二四（天启四）年刊说略六十卷 明顾起元撰 ⑱子853

顾起纶 一五二二—一五六六（嘉靖）年刊皇明鸿猷录十六卷 ⑳70

顾起纶 一五六七—一五七二（隆庆）年刊振秀集二卷 ⑳70

顾起纶 一五七三—一六二〇（万历）年刊历代小史 ⑳70

顾　造 一六一二（万历四十）年刊周子全书七卷 宋周敦颐撰明顾造辑 ⑱集225

顾　铎 一五二九（嘉靖八）年刊元城语录解三卷附行录解一卷 明王崇庆撰 ⑱子530

顾　宾 一六三六（崇祯九）年刊大易疏解十卷 宋苏轼撰 ⑱经44

顾悮斋 一六二八—一六四四（崇祯）年刊珠玉缠头一卷 明宋珏等撰 ⑱集1716

顾梧芳 一五八二（万历十）年刊春秋左传详节句解三十五卷 宋朱申撰 ⑱经246

顾梦羽 一五六四（嘉靖四十三）年刊汇编义勇武安王集八卷 明顾问辑 ①3057

顾循顾舒 一六二八—一六四四（崇祯）年刊顾太史文集八卷 明顾天埈撰 ⑱集776

顾 遂 一五二六（嘉靖五）年刊重校宋苏文忠公寓惠录四卷 宋苏轼撰 ⑱集257

顾 遂 一五四三（嘉靖二十二）年刊医垒元戎十二卷 元王好古撰 ⑱子206

顾 璘 一五二〇（正德十五）年刊逊志斋集二十四卷 明方孝孺撰 附录一卷 ⑱集558

顾 儒 一八〇六（万历三十四）年自刊简明医要五卷补遗一卷 明顾儒撰 ①438

顾履祥 一五六一（嘉靖四十）年刊批点唐音十五卷 元杨士弘辑明顾璘批点 ⑱集1664

顾懋光 一六二四（天启四）年刊唐张文献公曲江集十二卷 唐张九龄撰附录一卷 ⑱集47

顾懋樊 一六三一（崇祯四）年刊陆君启先生评选唐宋四大家四十四卷 明陆梦龙编 ⑱集1378

顾 氏 一五七三—一六二〇（万历）年刊淮南鸿烈解二十一卷 汉刘安撰高诱注 附录一卷 ⑱子501

夏九州等 一五七三—一六二〇（万历）年刊汪文定公集十三卷 宋汪应辰撰 附录一卷 ⑱集321

夏 云 一五七三—一六二〇（万历）年刊医宗粹言十四卷 明罗周彦撰 ㉚325

夏 伟 一六二二（天启二）年刊白鹿书院志十七卷 明李应昇撰 ⑱史1063

书林**夏庆**徐宪成 刊李翰林批点四书初问讲意八卷补一卷 明徐矿撰 ⑱经333

夏良心张鼎思 一六〇三（万历三十一）年在江西刊本草纲目五十二卷附图二卷

濒湖脉学一卷脉诀考证一卷奇经八脉考一卷 明李时珍撰 ⑱子188

夏 相 一五五二—一五五六（嘉靖三十一—三十五）年刊古今合璧事类备要前集六十九卷

后集八十一卷续集五十六卷 宋谢维新辑 别集九十四卷外集六十卷 宋虞载辑 ⑱子814

夏 昶 一四五〇（景泰元）年刊隋书八十五卷 ㉙1839

夏 浚 一五四六（嘉靖二十五）年刊汪文定公集十三卷 宋汪应辰撰 附录一卷 ⑱集321

夏 镗 一五八二（万历十）年刊医方便览四卷首一卷 明殷之屏撰 ⑱子227

夏 镗 一五八三（万历十一）年刊杜律注解二卷 明黄光昇注 ⑱集78

夏缘宗 刊西厢记考 ⑳79

东莱**原一魁** 一五八〇（万历八）年刊骆丞文集十卷 唐骆宾王撰 ⑱集41

原一魁 一五八二（万历十）年刊两京遗编十二种七十三卷 明胡维新编 ⑱丛186

原杰雷复 一四六八（成化四）年刊重修政和经史证类备用本草三十卷 宋唐慎微撰寇宗奭衍义 ⑱子183

顿克贞 一三九八（洪武三十一）年刊冥司语录一卷 ⑱子995

柴　涞 一五七三（万历元）年刊滇台行稿四卷 明徐栻撰 ⑱史368

柴寅宾 一六一七（万历四十五）年自刊四书庭训 明柴寅宾撰 ⑱经339

柴懋贤 刊中丞松洲柴公遗稿一卷 明柴经撰 ⑱集649

书林**晏少溪** 刊新刻世史类编四十五卷首一卷 明李纯卿草创谢迁补遗王守仁覆详
王世贞会纂李槃增修 ⑱史131

晏　宏 一五二二—一五六六（嘉靖）年刊资治通鉴纲目集说五十九卷前编二卷 明扶安辑晏宏校补 ⑱史121

晏良棨 一五七三—一六二〇（万历）年刊解学士全集十卷 明解缙撰 年谱二卷 ⑱集557

释圆经 一五六五（嘉靖四十四）年刊禅林宝训二卷 宋释净善辑 ⑱子957

释圆通 一五五三（嘉靖三十二）年募刊归元直指集四卷附西方百咏一卷山居百咏一卷 明释宗本撰 ⑱子959

释圆鎏 募刊佛法金汤编十六卷 明释心泰撰 ⑱子978

钱士升陈龙正 一六三二（崇祯五）年刊高子遗书十二卷 明高攀龙撰 附录一卷 明陈龙正辑 ⑱集775

钱士完 一五八九（万历十七）年刊家礼集说五卷 明冯善撰 ⑱经221

钱之选 一五六四（嘉靖四十三）年刊两汉书抄十六卷 明王廷辑 ⑱史711

钱元善 一五五四（嘉靖三十三）年刊桐谿存稿四卷 明钱如京撰 ⑱集623

钱心造 一六一一（万历三十九）年刊静观室三苏文选十六卷 明钱榖辑 ⑱集1859

钱允治 一六二〇（万历四十八）年刊食物本草七卷附日用本草三卷 明汪颖撰钱允治校订 ㉚197

钱　玉 一六一一（万历三十九）年刊吴因之易说六卷 明吴默撰 ⑱经73

钱世尧 一六一七（万历四十五）年刊武候集十六卷 蜀诸葛亮撰明钱世尧辑 ⑱集18

钱世周等 一五九〇（万历十八）年刊书经直解十三卷 明张居正撰 ⑱经112

钱古训 一四〇二（建文四）年刊刘向说苑二十卷 汉刘向撰 ⑱子37

钱龙溟 一五六九（隆庆三）年刊括庵先生诗集一卷 明钱瓒撰 ⑱集621

钱达道 一五九九（万历二十七）年刊吴越备史五卷　题宋范坰林禹撰　补遗一卷杂考一卷　明钱受徵辑　⑱史230

钱达卿王公元　刊新镌历朝捷录增定全编大成四卷　明顾充撰钟惺等补　⑱史1520

钱如京 一五〇四（弘治十七）年刊元史阐幽一卷　明许浩撰　⑱史1516

钱如京 一五二五（嘉靖四）年刊桯史十五卷　宋岳珂撰　附录一卷　⑱子652

钱　芹 一五五五（嘉靖三十四）年刊浮溪文粹十五卷　宋汪藻撰　附录一卷　⑱集296

钱　贡 一五三三（嘉靖十二）年刊石鼓文正误四卷　明陶滋撰　⑱史1465

钱　时 一六〇八（万历三十六）年刊文公家礼仪节八卷　明丘濬撰　⑱经219

钱应乾 一五八一（万历九）年刊内台钱后峰先生存真文稿六卷　明钱应扬撰　⑱集683

钱　昇 一六二五（天启五）年自刊壶天玉露四卷又一卷　明钱昇撰　①11700

钱秉忠等　一五九六（万历二十四）年刊归田漫稿二卷　明钱腾蛟撰　⑱集713

钱　岱 一五七九（万历七）年刊广舆图二卷元朱思本撰明罗洪先胡松增补　⑱史741

钱孟浚 一五〇四（弘治十七）年刊唐宋名贤历代确论一百卷　①3881

钱　复 一五七三—一六二〇（万历）年刊刻内照经抄二卷　明章钥撰章润辑　⑱子192

钱俊民 一五〇一（弘治十四）年刊周礼补亡六卷　元丘葵撰　⑱经173

钱养庶 一六二八—一六四四（崇祯）年刊竹窗随笔一卷二笔一卷三笔一卷正讹集一卷直道录一卷遗稿二卷　明释袾宏撰　⑭

钱　棻 一六二八（崇祯元）年刊魏子敬遗集八卷　明魏学洢撰　⑱集864

钱　普 一五七八（万历六）年刊意林五卷　唐马总辑　⑱子687

钱普刘士忠等　一五七九（万历七）年刊春秋列传八卷　明刘节撰　⑱史401

钱谦益 一六一九（万历四十七）年刊道馀录一卷　明姚广孝撰　㉙235

钱　楩 一五四四（嘉靖二十三）年刊大学亿二卷释疑一卷　明王道撰　⑱经314

钱蔚起 一六四〇（崇祯十三）年刊本草纲目五十二卷首一卷　明李时珍撰　㉚163

钱端晙 一六一三（万历四十一）年刊海石先生文集二十八卷目录二卷　明钱薇撰　⑱集679

钱　縠　一五七九（万历七）年自刊静观室三苏文选十六卷　明钱縠辑　㉙383
钱震泷　一六三八（崇祯十一）年刊宋刘后村先生集十二卷　宋刘克庄撰明张肯堂辑　⑱集385
钱震泷　明末刊论衡三十卷　汉王充撰　⑱子511
钱德洪　一五六〇（嘉靖三十九）年刊五代史吴越世家疑辩一卷　明马荩臣撰　⑪914.3043/7147
钱默当　一六四四（崇祯十七）年刊城守筹略五卷　明钱栴撰　⑱子128
钱燔钱焞　重修海石先生文集二十八卷附待御公奏疏一卷　明钱薇撰　⑰K15125
钱　籥　一五六七—一五七二（隆庆）年刊东畲先生家藏集十四卷　明钱琦撰　⑱集637
钱　𧟌　一五九八（万历二十六）年刊黄门集十二卷许氏贻谋四则一卷　明许相卿撰
　附录一卷品藻一卷云邨先生年谱一卷　明许闻造撰　⑱集650
释**脩积善住**　一四三一（宣德六）年刊诸佛菩萨妙相名号经呪不分卷　⑱子930
倪邦彦　一五五一（嘉靖三十）年刊盐铁论十卷　汉桓宽撰　⑱子32
倪　岳　一四六九（成化五）年刊辽海编四卷　明倪谦撰　⑱集578
倪　岳　一四九三（弘治六）年刊倪文僖公集三十二卷　明倪谦撰　⑱集578
倪思益　一五九二（万历二十）年刊群谈采馀十卷　明倪绾撰　⑱子663
倪　炳　一五七三（万历元）年刊太平御览一千卷目录十卷　宋李昉等辑　⑱子790
倪　珵　一五九一（万历十九）年刊倪云林先生诗集六卷　元倪瓒撰　附录一卷　⑱集511
倪　淑　一五五一（嘉靖三十）年刊书经集注十卷　宋蔡沈撰　⑱经107
倪　锦　一六一三（万历四十一）年刊金刚般若波罗蜜经一卷　后秦释鸠摩罗什译元释道肯集篆　⑱子894
倪　颙　一四七四（成化十）年刊鲁斋遗书六卷　元许衡撰　⑱集443
徐一槚　一五七四（万历二）年刊小儿卫生总微论方二十卷（有万历十四年徐桓重修本）　⑱子240
徐九皋王惟贤　一五三五（嘉靖十四）年刊高皇帝御制文集二十卷　明太祖朱元璋撰　⑱集523
吉安知府**徐士元**　一五二二（嘉靖元）年刊槎翁文集十八卷　明刘松撰　㉑113
徐大菹等　刊圆悟禅师评唱雪窦和尚颂古碧岩录十卷　⑱子963
徐万仞杜月章　一五九三（万历二十一）年刊淑问汇编六卷　明李天麟撰　①17459

徐万壁 一五三五（嘉靖十四）年重修天顺沈性刻本贡礼部玩斋集十卷拾遗一卷 元贡师泰撰 纪年录一卷 元朱燧撰 ⑱集491

徐与参 一六二四（天启四）年刊国朝典汇二百卷 明徐学聚撰 ⑱史1123

徐广栴 一六三二（崇祯五）年刊春秋宗旨十二卷 明周震撰 ⑱经281

金陵**徐小山**书坊 刊新刊崑山周解元精选艺圃萃盘录六卷 明周汝砺蒋以忠辑 ⑱子847

徐　元 一五八九（万历十七）年刊阵纪四卷 明何良臣撰 ⑱子122

徐元太 一六一五（万历四十三）年自刊喻林一百二十卷 明徐元太辑 ⑱子845

徐元朋等 一五八五（万历十三）年刊静观室精选国语钞评八卷 明穆文熙辑 ⑱史700

徐元嘏 一六〇八（万历三十六）年刊世庙识馀录二十六卷 明徐学谟撰 ⑪916.5/2870

高安**徐日曦** 一五七三—一六二〇（万历）年刊晋二俊文集二十卷 宋徐民瞻编 ㉑98

徐中立 刊诗经億四卷 明王道撰 ⑱经139

徐中行 一五七五（万历三）年刊脉经十卷 晋王熙撰宋林亿等校定 ㉚105

徐仁中 一六三〇（崇祯三）年刊唐文粹一百卷 宋姚铉辑 ⑱集1653

徐文炯 一五二九（嘉靖八）年刊徐文靖公谦斋集八卷 明徐溥撰 ⑱集585

书林**徐可久** 一五七三—一六二〇（万历）年刊陆象山先生集要四卷 宋陆九渊撰明聂良杞辑 ⑱集346

徐可求戴士衡 一五九三（万历二十一）年刊南垣疏稿五卷 明朱维藩撰 ⑱史372

金陵**徐龙池**徐东山 一五七五（万历三）年刊尺牍清裁六十卷补遗一卷 明王世贞辑 ⑱集1642

武林**徐龙峰** 刊新刻皇明百将列传评林四卷 明顾其言撰吴邦正评 新刻批评百将传续集四卷 明何乔新撰赵光裕评 ⑱子131

徐　禾 一五八五（万历十三）年刊史汉方驾三十五卷 明许相卿撰 ⑪NC2545/0447

金陵书坊**徐用和** 一四八四（成化二十）年刊周易参同契注解三卷 元陈致虚撰 ⑱子1045

徐必达 一六〇六（万历三十四）年刊邵子全书二十四卷 宋邵雍撰明徐必达编 ⑱丛585

徐必达 一六〇六（万历三十四）年自刊合刻周张两先生（周敦颐张载）全书二十二卷 明徐必达编 ⑱子50

徐　礼 一四七六（成化十二）年刊寿亲养老新书四卷 宋陈直元邹铉撰 ⑱子251

吉水徐弘祖 一六二八—一六四四（崇祯）年刊邹子愿学集八卷 明邹元标撰 ㉑119

徐弘泽 一六一六（万历四十四）年刊正法眼藏三卷 宋释宗杲撰 ⑱子956

徐邦佐 一六二八（崇祯元）年自刊四书经学考十卷补遗一卷 明徐邦佐撰 ⑱经342

徐执策 一五二二—一五六六（嘉靖）年刊类博稿十卷 明岳正撰 ⑱集580

徐执菴 刊续吴中故实记一卷 明黄鲁曾撰 ⑱史449

徐　尧 刊徐文靖公谦斋文录四卷 明徐溥撰 ⑱集585

徐师曾 一五五四（嘉靖三十三）年自刊小学史断四卷前编一卷续编一卷 明徐师曾撰 ㉙2247

徐　充 一五一六（正德十一）年刊律吕新书解二卷附雅乐燕乐一卷 明张敔撰 ⑱经224

徐汝良 一五九四（万历二十二）年刊诗经传旨一览四卷 明薛志学撰 ⑱经142

徐汝晋 一五九五（万历二十三）年刊道学纪言五卷补遗一卷 明周思兼撰 附录一卷 ⑱子569

三吴**徐守铭** 一五八七（万历十五）年刊初学记三十卷 唐徐坚等辑 ⑱子786

徐　安 一五九九（万历二十七）年在延安刊古今律历考七十二卷 明邢云路撰 ⑱子266

徐　兴 一五一一（正德六）年刊毅斋诗集别录一卷 宋徐侨撰 家传一卷 ⑱集363

徐时行 一五六七（隆庆元）年刊唐宋四大家文抄八卷 明陆粲编 ⑱集1378

徐时建 一六一七（万历四十五）年刊怀柏先生诗集十卷 明徐霖撰 ⑱集595

徐应亨 一六〇三（万历三十一）年自刊吴越集二卷 明徐应亨撰 ⑱集818

三衢**徐应瑞** 一六〇〇（万历二十八）年刊赤翰宝珠编十卷 明王穉登辑 ⑱集1723

徐启东 一五九二（万历二十）年自刊贻穀堂集十八卷 明徐启东辑 ⑱集1837

徐启钊徐绍淹 重修徐文靖公谦斋文录四卷 明徐溥撰 ⑱集585

徐即登张鼎忠等 一五九六（万历二十四）年刊将针纪二十四卷 明李材撰 ①8920

徐松野 一六一六（万历四十四）年刊新刻程凝之先生白莲泝集十五卷续集五卷 明程德良撰 ⑱集765

徐　杰 一四九〇（弘治三）年刊青阳先生文集九卷 元余阙撰 忠节附录二卷 明张毅辑 ⑱集483

徐　矿 一六三七（崇祯十）年刊丈荷斋南华日抄四卷 附录一卷 明徐晓辑 ⑱子1021

徐昌祚 一六〇三（万历三十一）年刊男训二十一卷女训二十卷约言一卷

明沈鲤冯琦辑徐昌祚增补　⑱子703

徐　图　一五九一（万历十九）年刊文章正论二十卷　明刘祜辑　⑱集1620

徐　炬　一五九三（万历二十一）年自刊新镌古今事物原始全书三十卷　明徐炬撰　⑱子852

徐　波　一六二七（天启七）年刊锺伯敬先生遗稿四卷　明钟惺撰　⑱集806

徐　官　一五六九（隆庆三）年自刊古今印史一卷附录一卷　明徐官撰　⑱子433

徐学谟　一五七七（万历五）年刊宋布衣诗集三卷　明宋登春撰　⑱集748

徐承祖　一六二一（天启元）年刊东滨先生诗集三卷　明徐咸撰　⑱集641

徐　咸　一五二五（嘉靖四）年刊皇明风雅四十卷诗人名氏一卷　明徐泰辑　⑱集1705

徐拱宸　一五九五（万历二十三）年刊重校刻艺林古今文法碎玉集二卷　明徐耒撰　⑱集1891

书林**徐挺**　刊三苏文百家评林十六卷　明茅坤批选　文③155/767

徐思山余南崖　刊四六徽音集四卷　明冯梦祯辑并评　后集四卷　明阎士选集并评

续集四卷徽集四卷　明汤宾尹辑并评　⑱集1727

徐秋鄂　一五八二（万历十）年刊武夷山志四卷　明劳堪撰　①1381

永新**徐衍庆**　一五二三—一五六六（嘉靖）年刊蛟峰先生文集十四卷　宋方逢辰撰方世德编　㉑124

徐养量　一六一一（万历三十九）年刊日涉编十二卷　明陈阶撰　④2909

徐　洌　一六二一（天启元）年刊张可庵先生书牍十卷　明张栋撰　⑱集757

徐　洛　一五五五（嘉靖三十四）年刊文章辨体五十卷外集五卷总论一卷　明吴讷辑　⑱集1613

徐　桓　一五八六（万历十四）年重修小儿卫生总微论方二十卷　⑱子240

书林**徐宪成**　刊镌彭会魁类编古今文髓六卷　明彭好古辑　⑱子849

徐　冠　一五二二（嘉靖元）年刊槎翁文集十八卷　明刘崧撰　⑱集532

徐祚锡　一五七二（隆庆六）年刊孔子家语十卷　题魏王肃注　⑱子21

徐　栻　一五七三（万历元）年刊胡祭酒颐庵集十二卷　明胡俨撰　⑱集564

徐致远　一六二八—一六四四（崇祯）年刊漱石山房集十六卷　明陈一元撰　⑱集797

徐振英　一六二二（天启二）年刊古文採华旁训四卷　明徐鹍辑　⑱集1619

徐振德 一五八八（万历十六）年刊宗圣谱十四卷 明邹泉撰 ①9487

徐 健 刊徐康懿公馀力稿十二卷 明徐贯撰 ⑱集587

徐卿麟 一六一四（万历四十二）年刊大涤山人诗集十三卷 明徐桂撰 ⑱集757

徐 淮 一五九九（万历二十七）年刊老子尺木会旨二卷 明涂印玄撰 ⑱子1011

徐祯卿 一五五九（嘉靖三十八）年刊汉魏诗纪二十卷 明冯惟讷辑 谈艺录一卷 明徐祯卿撰 ⑱集1576

徐梦麟张以翔等 一五七三—一六二〇（万历）年刊全史吏鉴四卷 明徐元太辑 ⑱史409

徐常吉 一五八九（万历十七）年刊六经类雅五卷 明徐常吉辑 ⑱子849

徐常吉 一五八二（万历十）年刊庄子南华真经三卷 宋林希逸口义刘辰翁点校明唐顺之释 ⑱子1017

徐 铨 一五九七（万历二十五）年刊书经讲义会编十二卷 明申时行撰 ⑱经113

徐 庸 一四五〇（景泰元）年刊高太史大全集十八卷 明高启撰徐庸辑 ㉙257

徐 琳 一五七九（万历七）年刊见闻纪训二卷 明陈良谟撰 附董汉阳碧里杂存六事一卷 明董榖撰 ⑱子744

八闽**徐博** 刊汉魏六朝百三名家集一百十八卷 明张溥编 ⑪810·082/1133

徐景凤 一六〇九（万历三十七）年刊合刻杨南峰先生全集十种二十二卷 明杨循吉撰 ⑱丛586

徐景南 一五〇六—一五二一（正德）年刊新刊姓源珠玑六卷 明杨信民撰 ⑯982.04/273

徐象枟 一六一六（万历四十四）年刊焦太史编辑国朝献徵录一百二十卷 明焦竑辑 ①9952

景陵**徐善生** 一五七三—一六二〇（万历）年刊新刻楚郢大泌山人四游集二十二卷 明李维祯撰 ⑱集740

徐 焴 一五二四（嘉靖三）年刊重校正唐文粹一百卷 宋姚铉辑 ⑱集1652

徐 鉴 一五七三—一六二〇（万历）年刊国朝列卿纪一百六十五卷 明雷礼辑 ⑱史431

剑江**徐鉴** 一六一四（万历四十二）年刊左氏始末十二卷 明唐顺之纂徐鉴评 ⑱经247

徐嵩温秀 一五三六（嘉靖十五）年刊潛溪集八卷 明宋濂撰 附录一卷 ⑱集525

徐腾芳 一六〇九（万历三十七）年刊说储八卷 明陈禹谟撰 ㉙2796

徐 𤊹 一六二六（天启六）年刊狎鸥堂草二卷 明翁绍扬撰 ⑱集844

徐缙芳 一六一四（万历四十二）年刊豫章云峤刘先生遗稿二卷 明刘曰宁撰 ⑱集773

徐 瑶 一四九五（弘治八）年刊梦溪笔谈二十六卷 宋沈括撰 ⑱子524

徐遵道 刊徐文靖公谦斋文录四卷 明徐溥撰 ⑱集585

徐肇惠 一五七三—一六二〇（万历）年刊世经堂续集十四卷 明徐阶撰 ⑱集660

徐 镕 一五九一（万历十九）年刊伤寒类证活人书二十二卷 宋朱翼中撰 ㉚64

徐尉怀 一五五七（嘉靖三十六）年刊秋仙遗谱前集八卷后集四卷 明褚克明撰 棋经一卷 ⑱子451

徐懋升 一六〇九（万历三十七）年刊留青日札三十九卷 明田艺蘅撰 ⑱子582

中山**徐氏** 一五五三（嘉靖三十二）年刊黎阳王襄敏公疏議诗文辑略二卷 明王越撰王绍思辑 ⑱集584

徐 氏 一五二二—一五六六（嘉靖）年刊三礼四十九卷 汉郑玄注 ⑱经167

徐 氏 一五七三—一六二〇（万历）年刊世经堂集二十六卷 明徐阶撰 ⑱集660

殷玉成 一六〇〇（万历二十八）年刊玉清无极总真文昌大洞仙经三卷首一卷 元卫琪注释 ⑱子1052

殷复阳 一五六五（嘉靖四十四）年刊齐云山史不分卷 明叶泓撰 ⑱集733

翁万达 一五四五（嘉靖二十四）年刊渼陂续集三卷 明王九思撰 ⑱集615

翁元泰 一六一九（万历四十七）年刊新镌增订评注批点便蒙通鉴八卷 题宋南宫靖一撰 ⑱史130

翁天霁 一五九九（万历二十七）年刊新锓抱朴子内篇四卷外篇四卷 晋葛洪撰明卢舜治评 ⑱子1049

翁少麓 一七八三（万历十一）年刊汉魏诸名家集一百二十四卷附一种八卷 ⑱集1354

南城书林**翁少麓** 一六二八（崇祯元）年刊名世文宗三十卷谈薮一卷 明胡时化辑 ⑰K15166

三衢**翁见山** 一五五六（嘉靖三十五）年刊易经补义十二卷首一卷 明徐师曾撰 ㉙2247

书林**翁见川** 一五八二（万历十）年刊新镌四书七进士讲意折衷六卷 明邹泉撰 ⑱经334

书坊**翁月溪** 刊新刻昆山周解元精选艺圃粹盘录 明周汝砺蒋以忠蒋以化辑 ④15162

书林**翁文溪** 一五七二（隆庆六）年刊批点分类诚斋先生文脍前集十二卷后集十二卷 宋杨万里撰李诚父辑 ⑱集354

书林**翁时化** 一五七七（万历五）年刊易意参疑首编二卷外编十卷 明孙从龙撰 ⑱经70

翁良枢 一五九四（万历二十二）年刊玄津宝筏三卷 明顾成宪辑 ⑱子992

昆山**翁良瑜** 一五七五（万历三）年刊归先生文集三十二卷 明归有光撰 附录一卷 ⑱集720

杭城书林**翁倚山** 刊重刻万氏家传济世良方五卷 明万表辑 万邦孚增补 ⑱子220

翁宪祥 一六一六（万历四十四）年刊思玄集十六卷 明桑悦撰徐威注 附刻一卷 ⑱集596

翁晓溪 一五五二（嘉靖三十一）年刊考古汇编经集六卷史集六卷文集六卷续集六卷 明傅钺辑 ①12107

翁鸿业 一六三七（崇祯十）年刊武经直解十二卷 明刘寅撰张居正增订 ⑱子105

翁 溥 一五五二（嘉靖三十一）年刊五经正文七卷 ⑱经1

海虞书林**翁氏** 一五八七（万历十五）年刊经传类编四卷 明徐待扬辑 ⑱子851

翁 氏 一五五三（嘉靖三十二）年刊武学经传三种三十九卷 明翁溥辑 ⑱子108

翁 氏 一五八三（万历十一）年刊通鉴要删六卷总论一卷 明宗臣孙继皋撰 ⑱史130

翁 氏 一六二二（天启二）年刊镌补雷公炮制药性解六卷 明李中梓编 ㉚167

留克全 一五二二（嘉靖元）年刊素问玄机原病式二卷 金刘完素撰 ①18074

凌一心 一六一九（万历四十七）年刊诗音辩略二卷 明杨贞一撰 ⑱经482

凌义渠 一六四一（崇祯十四）年刊春秋林氏传十二卷 明林尊宾撰 ⑱经282

凌子任 一六一四（万历四十二）年刊全唐诗话六卷 题宋尤袤撰 ⑱集1875

吴郡**凌云翼** 一五七二（隆庆六）年刊丹铅馀录十三卷 明杨慎撰 ⑱子616

凌似祖 一六二四（天启四）年旧业堂集十卷 明凌儒撰 ⑱集711

凌约言 一五五一（嘉靖三十）年刊练溪集四卷 明凌震撰 ⑱集658

凌迪知 一五七六（万历四）年刊两汉隽言十六卷 宋林钺辑 ⑧

凌登瀛 一五八六（万历十四）年自刊唐李颀诗集一卷 唐李颀撰明凌登瀛辑 ⑱集54

凌稚隆 一五七四—一五七六（万历二—四）年刊史记评林一百三十卷 明凌稚隆辑 ⑱史18

凌稚德 一五六六（嘉靖四十五）年刊凤笙阁简钞四卷 明凌约言撰 附录一卷 ⑱集692

凌瀛初 刊韩非子二十卷 明凌瀛初订注 ⑱子143

凌濛初 刊世说新语三卷 刘宋刘义庆撰梁刘孝标注 ⑱子637

庐陵**郭一鹗** 一六〇三（万历三十一）年刊陆学士先生遗稿十六卷 明陆可教撰 ㉑114

郭一鹗龙遇奇 一六一九（万历四十七）年刊邹子愿学集八卷 明邹元标撰 ⑱集759

郭于纬 一六一三（万历四十一）年刊谷山笔麈十八卷 明于慎行撰 ⑨善00142

郭士豪 刊白虎通德论二卷 汉班固撰 ⑪090.74/1160.1

郭子式 明末自刊郭子式先生校刻书三种六卷 ⑱丛275

郭子章 一五八四（万历十二）年刊衡庐精舍藏稿三十卷续稿十一卷 明胡直撰 ⑱集713

郭元禹等 刊鲲溟先生诗集四卷奏疏一卷 明郭谏臣撰 ⑱集718

郭云鹏 一五四二（嘉靖二十一）年刊曹子建集十卷 魏曹植撰 疑字音释一卷 元萧士赟补注 ⑱集19

郭文灿 一五九一（万历十九）年刊蓬莱阁集十卷 明王云鹭辑 ⑱集1792

泰和**郭孔陵** 一六〇一（万历二十九）年刊史通评释二十卷 明郭孔延撰 ㉑116

郭正域 一五九九（万历二十七）年刊韵经五卷 题梁沈约撰明杨慎转注 ⑱经478

郭　朴 一五八七（万历十五）年刊安阳集五十卷 宋韩琦撰 别录三卷 宋王岩叟辑
遗事一卷 宋强至撰 忠献韩魏王家传十卷 ⑱集199

吉水**郭达甫** 一六二八—一六四四（崇祯）年刊楚宝四十五卷总论一卷 明周圣楷辑纂 ㉑120

郭光复 一五九七（万历二十五）年自刊守扬练兵辑要一卷 明郭光复撰 ⑱子124

郭传芳 一五八六（万历十四）年刊南华经要删注释评林十卷 明陈荣选辑 ⑱子1019

永丰**郭汝霖** 一五六一（嘉靖四十）年自刊重编使琉球录二卷 明郭汝霖撰 ㉑120

郭汝霖 一五九七（万历二十五）年家刊石泉山房文集十三卷 明郭汝霖撰 ⑱集712

郭守命等 一六二八—一六四四（崇祯）年刊循夫先生集四卷 明郭廷序撰 ⑱集692

郭应宠 一六〇九（万历三十七）年刊读史漫录十四卷 明于慎行撰 ⑱史1522

郭良翰 一五七三—一六二〇（万历）年刊郭襄靖公遗集三十卷 明郭应聘撰 ⑱集706

郭若维 一六一六（万历四十四）年刊六经图六卷 宋杨甲撰毛邦翰补 ⑱经355

郭雨山 一五二八（嘉靖七）年刊重刊许氏说文解字五音韵谱十二卷 宋李焘撰 ⑱经408

旌德**郭卓然** 刊西厢记 ⑳79

郭尚友 一六一七（七历四十五）年自刊答问草一卷 ⑱集796

郭鸣琳 一六一八（万历四十六）年刊晞发集十卷 宋谢翱撰 ⑱集405

郭　绅 一四八〇（成化十六）年刊逊志斋集三十卷拾遗十卷 明方孝孺撰谢铎黄孔昭辑 ⑱集558

郭　经 一五〇四（弘治十七）年刊龙江梦馀录四卷 明唐锦撰 ①3014

郭　勋 一五一七（正德十二）年刊唐元次山文集十卷拾遗一卷 唐元结撰 ⑱集92

郭　濬 一六二六（天启六）年刊增定评注唐诗正声十二卷 明高棅辑郭濬评点 ⑱集1667

郭崇嗣邵城 一五七四（万历二）年刊何文简公文集十八卷 明何孟春撰 ⑱集614

郭惟贤汪应蛟 一五八三（万历十一）年刊白沙先生文编六卷 明陈献章撰唐伯元辑 年谱一卷 明王弘诲撰 ⑱集582

郭　琮 一五一六（正德十一）年刊祥刑要览二卷 明吴讷撰 ㉙2734

郭　棐 一五八九（万历十七）年自刊酉阳正俎十卷 明郭棐撰 ①11020

郭　韶 一五二七（嘉靖六）年刊大儒大奏议六卷 明邵宝撰 ⑱史345

郭增光 一六二七（天启七）年自刊纬弢二卷 明郭增光撰 ①12168

郭增光 一六二八（崇祯元）年刊抚梁疏稿四卷抚梁咨稿二卷 明郭增光撰 ⑱史380

南康知府**郭璞** 一四九四（弘治七）年刊白鹿洞书院志 ㉑44

莆田**郭氏** 一六一五（万历四十三）年刊周礼古本订注五卷 考工记一卷 明郭良翰辑 福建师大 414.1Du38

高一苇书坊 一五七三—一六二〇（万历）年刊镌竹浪轩珠渊十卷 明王路清辑 ⑱子709

高天锡 一五一八（正德十三）年刊梁园寓稿诗集九卷 明王翰撰 ⑱集542

高文荐 一五七〇（隆庆四）年刊真西山先生心经一卷政经一卷 宋真德秀撰 ⑱子69

高文荐 一五七八（万历六）年刊空同先生集六十三集 明李梦阳撰 ⑱集612

高　出 一六一七（万历四十五）年自刊卢隐集六卷郎潜集六卷 明高出撰 ⑱集791

高仲芳 一五二九（嘉靖八）年刊文式二卷 明曾鼎撰 ⑱集1886

高兆麟 一六三一（崇祯四）年刊通鉴直解二十五卷 明张居正撰 ⑱史129

书林**高阳生** 刊合刻名公案断法林灼见三卷首一卷 明清虚子撰 ①14879

高岐 一五五三（嘉靖三十二）年刊韵略易通二卷 明兰茂撰 ⑱经476

高应祯 一五二三（嘉靖二）年刊孔子家语八卷 明何孟春注 ⑱子22

高应冕 一五六一（嘉靖四十）年刊乐府原十五卷 明徐献忠辑 ⑱集1573

高若骈等 一六二一—一六二七（天启）年刊镜山庵集二十五卷 明高出撰 ⑱集791

高杰 一五一八（正德十三）年刊鲁斋全书七卷 元许衡撰 ⑱集443

高叔宗 刊丹溪先生纂要八卷 元朱震亨撰明卢和注
丹溪先生治法心要八卷 元朱震亨撰明卢和辑 ⑱子208

高叔嗣 一五三六（嘉靖十五）年刊太平经国之书十一卷首一卷 宋郑伯谦撰 ⑱经171

高诚 一四四五（正统十）年刊青阳先生文集九卷 元余阙撰 ①3615

高承埏 刊稽古堂订正南部新书十卷 宋钱易著 ②15904

高拱明 一六〇八（万历三十六）年刊宣和画谱二十卷 ⑱子419

高贲亨 一五二九（嘉靖八）年刊伊洛渊源录十四卷 宋朱熹撰 续录六卷 明谢铎撰 ⑱史424

高思诚 一五六五（嘉靖四十四）年刊鸿猷录十六卷 明高岱编 ⑰K14597

高宾 一五〇〇（弘治十三）年刊便产须知一卷 ⑱子237

高翀吴凤 一五五一（嘉靖三十）年刊重校鹤山先生大全文集一百十卷 宋魏了翁撰 ⑱集367

高推 一六二二（天启二）年刊新刊扶寿精方二卷 明吴旻辑 ⑱子218

高铨 一四九二（弘治五）年刊王恭毅公驳稿二卷 明王概撰 ⑱子147

高维岳 一六二〇（泰昌元）年刊皇明后军都军府署都督同知高策行状一卷谕祭本揭一卷
明高维岳等撰 ①2401

高简 一五三四（嘉靖十三）年刊春秋正传三十七卷附春秋修后鲁史旧文答门人高
简春秋正传辩疑 明湛若水撰 ⑪095.7/3441

高简卞崃 一五三三（嘉靖十二）年刊白沙子八卷 明陈献章撰 ⑱集581

高儒 刊浙江杭州新刊重校补订四书集说二十卷 明周华辑 ⑱经338

高濂 一五九一（万历十九）年自刊雅尚斋遵生八笺十九卷 明高濂撰 ①1525

高　耀等　一六四三（崇祯十六）年刊妙法莲华经七卷　后秦释鸠摩罗什译　⑱子912

京山**高氏**　一五二九（嘉靖八）年刊鸿犹录十六卷　明高岱编　⑰14597

江阴**高氏**　一五〇〇（弘治十三）年刊便产须知　明高宾等撰　㉚451

席中席和　一五四一（嘉靖二十）年刊元山文选五卷　明席书撰　⑱集611

席书李承勋　一五一五（正德十）年刊大唐六典三十卷　唐玄宗李隆基撰李林甫等注　⑱史1086

金陵书坊**唐少桥**　一五八九（万历十七）年刊类编伤寒活人书括指掌图论九卷首一卷　宋李知先辑元吴恕图说　续一卷　明熊宗立撰　⑪599.31/4082

唐文载　一五〇一（弘治十四）年刊晞发集六卷　宋谢翱撰　附录一卷　⑱集404

金陵书林**唐文鉴**　一五七三—一六二〇（万历）年刊新刻古今名儒黼藻三场百段文锦六卷　宋方颐孙辑　⑱集1880

唐允执　一六一五（万历四十三）年刊唐宗伯公文集十六卷　明唐文献撰　⑱集769

唐正之　一五六二（嘉靖四十一）年刊唐荆川先生编纂左氏始末十二卷　明唐顺之撰　⑱经247

唐世济　一六一七（万历四十五）年刊通鉴纪事本末前编十二卷　明沈朝阳撰　⑱史191

唐龙泉　一五六六（嘉靖四十五）年刊新刊精选阳明先生文粹六卷　明王守仁撰查铎辑　⑱集619

书林**唐龙泉**　一五七五（万历三）年刊新刊通鉴集要二十八卷　明诸爕辑　⑱史128

金陵**唐对溪**　一五七七（万历五）年刊校梓注释圈证蔡伯皆三卷　元高明撰明刘弘毅注　杂卷一卷　⑱集2104

唐尧臣　一五五二（嘉靖三十一）年刊拟古乐府二卷　明李东阳撰谢铎潘辰评点何孟春音注　⑱集589

唐尧臣　一五五三（嘉靖三十二）年刊墨子十五卷　⑱子490

书林**唐贞予**周如泉　一六二一—一六二七（天启）年刊新镌五福万寿丹书　明龚居中撰　④239

唐廷仁　一五七〇（隆庆四）年刊新刊子史群书论策全备摘题云龙便览四卷　明郝孔昭辑　⑱子845

金陵**唐廷仁**　一五七三（万历元）年刊春秋集注三十卷首一卷　宋胡安国撰林尧叟音注　⑱经267

唐廷仁　刊新刊赵松雪文集四卷外集一卷　元赵孟頫撰　⑱集440

唐廷仁周曰校　一五七三—一六二〇（万历）年刊镌国朝名公翰藻超奇十四卷　明徐宗夔辑　⑱集1729

金阊书林**唐廷扬**　一六二八—一六四四（崇祯）年刊云林医圣普渡慈航八卷　明龚廷贤撰　㉚327

金陵书林**唐廷瑞**　刊新刻古今名儒黼藻三场百段文锦五卷　宋方颐孙辑　⑱集1880

唐汝礼　一五七四（万历二）年刊藏甲岩稿六卷　明吴国伦撰　⑱集707

唐时英　一五五三（嘉靖三十二）年刊三辅黄图六卷　⑱史1049

唐国达　一六一二（万历四十）年刊新刻张太岳先生文集四十七卷　明张居正撰　附行实一卷　⑱集697

临川**唐季龙**　一五七三—一六二〇（万历）年刊笺释梅亭先生四六标准四十卷　宋李刘公甫著　㉑107

金陵**唐建元**　刊锺伯敬先生硃评词府灵蛇四卷　明钟惺李光祚辑　⑱集1892

唐　冑　一五三三（嘉靖十二）年刊白玉蟾海琼摘稿十卷　宋葛长庚撰　⑱集370

唐冑邵炼　一五三四（嘉靖十三）年刊宋丞相崔清献公全录十卷　明崔子璲辑　①7417

唐　珣　一四〇八（成化十六）年刊文断不分卷　明唐之淳辑　⑱集1885

书林**唐振吾**　刊新刻出相点板宵光记二卷　明徐复祚撰　⑱集2118

唐　晖　刊国语髓析二十一卷　明公鼐吕邦燿撰　⑱史212

唐　晟　一六一九（万历四十七）年刊新刻沈汉阳先生随寓诗经答七卷　明沈翘楚撰　⑱经140

书林**唐晟**　刊新刻夷坚志十卷　宋洪迈撰　⑱子741

唐　钺　一五五四（嘉靖三十三）年刊枫山章文懿公年谱二卷　明阮鹗撰　⑱史506

金陵**唐翀宇**　一六〇五（万历三十三）年刊徐氏针灸大全六卷　明徐凤编　㉚129

金陵对溪书坊**唐富春**　一五八五（万历十三）年刊重修正文对音捷要真传琴谱大全十卷
明杨表正撰　⑱子446

金陵书林对溪**唐富春**周誉吾　一五四八（嘉靖二十七）年刊妇人大全良方二十四卷　宋陈自明撰　㉚429

书肆**唐谦**　一五九八（万历二十六）年刊新刊宋国师吴景鸾祕传夹竹梅花院纂三卷　宋吴景鸾撰　①5649

唐　瑜　一四六五（万化元）年刊觉非斋文集二十八卷　明金实撰　附录一卷　⑱集567

唐瑜唐琳　一六二六（天启六）年刊焦氏易林十六卷　题汉焦延寿撰　⑱子361

金陵**唐锦池**　刊新镌武经标题正义七卷　明赵光裕注释　附马步射法棍法占法一卷　⑱子107

金陵书坊**唐锦池**唐惠畴　一六二八—一六四四（崇祯）年刊官常政要二十二种四十一卷　⑱丛256

唐韶 一四七九（成化十五）年刊香溪先生范贤良文集二十二卷 宋范浚撰 ⑱集322

绣谷履素居书坊**唐鲤飞** 一五九三（万历二十一）年刊幼幼集四卷 明孟继孔撰 ㉚476

金陵**唐鲤飞** 一六一四（万历四十四）年刊笺释梅亭先生四六标准四十卷 宋李刘撰明孙云翼笺 ⑱集377

金陵书林**唐鲤耀** 刊丹溪心法附馀二十四卷首一卷 明方广辑 ⑱子209

唐鹤徵 刊唐荆川先生续文集六卷奉使集二卷 明唐顺之撰 ⑱集671

唐 曜 一五四五（嘉靖二十四）年刊自警编九卷 宋赵善璙辑 ⑱子695

金陵**唐氏** 一六〇七（万历三十五）年刊不愧堂刻奏疏六卷 明吴道行辑 ⑱史346

金陵**唐氏** 一五六七（隆庆元）年刊新刊逊志斋文锦六卷 明方孝孺撰宗臣辑 ⑱集559

海 迈 一六〇二（万历三十）年刊备忘集十二卷 明海瑞撰 ⑱集709

释**海印** 一六二一（天启元）年刊憨山老人梦遊集五卷 明释德清撰 ⑱集827

释**海明** 一六三〇（崇祯三）年刊指月录三十二卷 明瞿汝稷撰 ⑱子979

豫章**涂山** 一六一二（万历四十）年自刊新刻明政统宗三十卷附录一卷 明涂山撰 ㉑74

吉安**涂文辅** 一六二八—一六四四（崇祯）年刊林子全集一百三十卷 明林兆恩撰 ㉑115

涂时相 一五九三（万历二十一）年刊声律发蒙五卷 元祝明潘瑛撰刘节补 ⑱子831

福建巡抚**涂泽民** 一五六七（隆庆元）年刊文苑英华一千卷 宋李昉等撰 ⑰K15186

南昌**涂宗浚** 一六一三（万历四十一）年刊图书编一百二十七卷 明章潢编 ㉑74

涂 祯 一五〇一（弘治十四）年刊盐铁论十卷 汉桓宽撰 ⑱子32

涂镜源等 一六一三（万历四十一）年刊图书编一百二十七卷 明章潢辑 ⑱子847

释**悟乘** 一六四三（崇祯十六）年募刊古庭祖师语录辑略四卷 明释善坚撰 ⑱子968

诸时宝 刊宋林和靖先生诗集四卷补遗一卷 宋林逋撰 ①7020

诸允修等 一六二五（天启五）年刊礼记意评四卷 明朱泰祯撰 ⑱经200

诸葛元声 刊大唐新语 唐刘肃撰 ④14250

诸葛清 一六二一（天启元）年自刊汉诸葛武侯全集四卷 蜀诸葛亮撰明诸葛清辑 ⑱集18

诸葛羲 一六三二（崇祯五）年自刊汉丞相忠武侯书三卷 蜀诸葛亮撰明诸葛羲辑 ⑱集18

谈恺　一五五五（嘉靖三十四）年刊孙子集注十三卷　汉曹操唐杜牧等撰　⑱子113

谈恺　一五六六（嘉靖四十五）年刊太平广记五百卷目录十卷　宋李昉等辑　⑱子737

谈脩　一五九三（万历二十一）年刊客越集一卷　明王巽撰　⑱集825

陶幼学　一五八〇（万历八）年刊庄义要删十卷　明孙应鳌撰　⑱子1018

陶师文　一五三七（嘉靖十六）年刊针灸节要三卷　明高武撰　30　130

陶重茂陶世徵　一六一一（万历三十九）年刊忠孝节义录不分卷　明陶溥等撰陶渐逵等续　⑱史573

陶珽　一六三六（崇祯九）年刊钟伯敬评公羊穀梁二传合刻二十四卷　明钟惺评　⑱经235

陶崇道　一六二四（天启四）年刊陶幼美先生集七卷　明陶允嘉撰　⑱集799

陶望龄　一六〇八（万历三十六）年刊洗心居雅言集二卷　明范杠撰　①10525

陶登　一五九九（万历二十七）年自刊陶氏世吟集五卷　明陶登辑　⑱集1844

陶谐虞茂　一五二五（嘉靖四）年刊道园学古录五十卷　元虞集撰　⑱集461

陶谐　一五三三（嘉靖十二）年刊地理枢要四卷地理馀书一卷　题明惺惺叟辑　⑱子354

陶履中　一六二七（天启七）年刊陶文简公集十三卷　明陶望龄撰　⑪810.69/7702

陶氏　一六二二（天启二）年刊扶寿精方三卷　明吴旻编　㉚219

释通一　一六〇二（万历三十）年刊指月录三十二卷　明瞿汝稷撰　⑱子979

释通泽　一五七三—一六二〇（万历）年刊雪浪集二卷　明释洪恩撰　⑱集827

杭州玛瑙寺释**通晓**　一五七四（万历二）年刊五大部直音集韵不分卷　⑱经480

释通润　一六二一（天启元）年自刊大佛顶如来密因修证了义诸菩萨万行首楞严经合辙十卷　明释通润撰　⑱子948

释通瑞　一六四一（崇祯十四）年刊周易禅解十卷　明释智旭撰　⑱经80

释通瑞通玄　刊梵室偶谈一卷　明释智旭撰　⑱子969

桑学夔　一五七三—一六二〇（万历）年刊青郊杂著一卷文韵考衷六声会编十二卷　明桑绍良辑　⑱经480

十一画

梅士劝徐昭庆　一六一五（万历四十三）年刊玄对三卷　明梅鼎祚辑　⑱子855

梅士生 一六四四（崇祯十七）年刊郁离子二卷 明刘基撰 ⑱子558

梅庆生 一六〇九（万历三十七）年刊杨升菴先生批点文心雕龙十卷 梁刘勰撰 明杨慎批点梅庆生音注 ⑱集1868

梅鼎祚 一五六七—一六二〇（隆庆万历）年刊宛谿先生沧洲摘稿二卷 沧洲近稿二卷 明梅守德撰 ⑱集691

张弘毅著坛 刊清晖阁批点玉茗堂还魂记二卷 明汤显祖撰 ⑱集2114

萧一中 一五四四（嘉靖二十三）年刊古乐府十卷 元左克明辑 ⑱集1572

萧大亨 一五九四（万历二十二）年自刊夷俗记一卷世系表一卷 明萧大亨撰 ①1297

北京国子监**萧云举**李腾芳 一六〇五（万历三十三）年刊梁书五十六卷 唐姚思廉撰 ㉓4

师俭堂**萧少衢** 一五七三—一六二〇（万历）年刊新刻李于鳞先生批评注释草堂诗馀隽四卷 明吴从先编袁宏道增订 ⑭

萧以裕 一六〇九（万历三十七）年刊寓惠录四卷 宋苏轼撰 传一卷附录一卷 ⑱集257

萧世延 一五五一（嘉靖三十）年刊白沙先生全集二十一卷 明陈献章撰 ⑱集581

萧世贤 一五二五（嘉靖四）年刊选诗补注八卷 元刘履撰 ⑱集1559

书林**萧世熙** 一五七三—一六二〇（万历）新锲侗初张先生注释孔子家语隽五卷 明张鼐撰 ⑱子23

萧世熙 刊新镌名公批评分门释类唐诗隽四卷 明李维桢注 ⑱集1670

萧　兰 一五五五（嘉靖三十四）年刊妙绝古今四卷 宋汤汉辑 ⑱集1610

萧近高 一六一〇（万历三十八）年刊友庆堂存稿十四卷 明王时槐撰 ⑱集698

北京国子监**萧良有**叶向高 一五九五（万历二十三）年刊新唐书二百二十五卷 宋欧阳修宋祁等撰 ㉓5

萧良榦 一五八七（万历十五）年刊龙溪王先生全集二十卷 明王畿撰 ⑱集680

萧　昉 一四九四（弘治七）年刊尚约居士集 明萧镃撰 ⑱集575

萧鸣凤 一五二五（嘉靖四）年刊鲁斋遗书十卷 元许衡撰 ⑱集444

书林**萧鸣盛** 刊老庄合隽六卷 明陈继儒评注 ⑱子1001

慈圣宣文明**萧皇太后** 一五八七（万历十五）年刊大方广佛华严经八十卷 唐释实叉难陀译 ⑱子898

萧梅林 一五二六（嘉靖五）年刊礼经会元四卷 宋叶时撰 ①4988

萧 基 一六二九（崇祯二）年刊春草斋诗集五卷文集六卷 明乌斯道撰
附名公赞春草集歌咏一卷 ⑱集543

萧 敏 一五〇五（弘治十八）年刊萧冰厓诗集拾遗三卷 宋萧立之撰 ⑱集403

萧 鸾 一五五七（嘉靖三十六）年自刊杏庄太音补遗三卷 明萧鸾撰 ①544

庐陵**萧惟馨** 一五二二—一五六六（嘉靖）年刊定山先生集十卷 明庄昶撰 ㉑114

萧斯馨 一五五二（嘉靖三十一）年刊梁陶贞白先生文集二卷 梁陶弘景撰明黄省曾辑 ⑱集35

书林**萧腾鸿** 刊鼎镌西厢记二卷 元王德信关汉卿撰明陈继儒评 ⑱集2044

黄一腾 一六一一（万历三十九）年刊唐荆川先生编纂诸儒语要十卷 明唐顺之辑 ⑱子81

黄 门 一五八七（万历十五）年刊尚论编二十卷 明邹泉撰 ㉙2789

黄之寀 刊晏子春秋四卷 ⑱史462

黄之寀 自刊二十子一百六十八卷 明黄之寀编 ⑱子12

黄子学 一五六二（嘉靖四十一）年刊黄潭先生读书一得四卷 明黄训撰 ①8961

黄云蛟 一六〇六（万历三十四）年刊焦氏澹园集四十九卷 明焦竑撰 ⑱集771

黄中色 一五八四（万历十二）年刊名义考十二卷 明周祈撰 ⑱子618

徽郡望云**黄长寿** 一二三〇（嘉靖九）年刊雪洲集十二卷续集二卷 明黄瓒撰黄襄编 ⑱集603

黄凤仪 一五二六（嘉靖五）年刊意林五卷 唐马总辑 ⑱子686

黄升王九叙 一六〇六（万历三十四）年刊槐野先生存笥稿三十八卷 明王维桢撰 附录一卷 ⑱集684

金溪**黄文龙** 一五五四（嘉靖三十三）年刊东石近稿三卷 明王萛撰黄文龙编 ㉑108

黄文炳 一五四二（嘉靖二十一）年刊有宋福建莆阳黄仲元四如先生文稿五卷 宋黄仲元撰 ⑱集406

黄世厚 一五七六（万历四）年刊冲虚至德真经解八卷 宋江遹撰 ⑱子1026

书林**黄正达** 刊新刻徽郡原板校正绘图注释魁字登云三注故事四卷 明龙阳子校正 ⑱子861

黄正色 一六四四（崇祯十七）年刊读易隅通二卷 明来集之撰 ⑱经79

黄正甫 一六二三（天启三）年刊新刻考订按鉴通俗演义全像三国志传二十卷 元罗本撰

附录一卷 ⑱子760

新安**黄正位** 刊云仙杂记十卷 唐冯贽撰 ④11769

书林**黄正选** 刊新刊徽郡原板绘像注释魁字登云日记故事二卷 明何胤宗校正 ⑱子861

黄正宾 一六四〇（崇祯十三）年刊宋宗忠简公集六卷 宋宗泽撰 杂录一卷始末徵一卷 ⑱集292

黄正蒙 一五八八（万历十六）年刊大鄣山人集五十三卷 明吴子玉撰 ⑱集733

黄本诚等 一四四一（正统六）年刊佛顶心大陀罗尼经三卷 ⑱子925

大余**黄节** 一五二二—一五六六（嘉靖）年刊未轩公文集十二卷附录一卷 明黄仲昭撰 ㉑127

黄申锡等 一六二四（天启四）年刊盟鸥堂集三十卷 明黄承玄撰 ⑱集769

书林**黄尔昭** 刊新刻张侗初先生汇编四民便用注释札柬五朵云四卷 明陈士龙注释 ④10364

黄卯锡 一六一一（万历三十九）年刊明诗妙绝五卷 明陆应阳辑 ⑱集1715

黄邦彦 一五八九（万历十七）年刊孙子集注十三卷 汉曹操唐杜牧等撰 ⑱子113

黄邦彦 一五八九（万历十七）年刊精选诗林广记四卷 宋蔡正孙辑 ⑱集1883

黄吉士 一六〇六（万历三十四）年刊通鉴纪事本末四十二卷 宋袁枢撰 ⑱史190

黄吉士吴中立 一六〇五（万历三十三）年刊学蔀通辨前编三卷后编三卷续编三卷终编三卷 明陈建撰 ⑱子84

吉安**黄朴** 一五七三—一六二〇（万历）年刊对问编八卷 明江应晓著 ㉑114

黄巩 一五二二（嘉靖元）年刊横渠经学理窟五卷 宋张载撰 ⑱子51

黄在中黄在素等 一五七三（万历元）年刊泰泉集六十卷 明黄佐撰 ⑱集653

黄成象 一六二二（天启二）年刊方略摘要十卷 明李承宝辑 ⑱子121

黄廷用 刊莆阳知稼翁文集十一卷词一卷 宋黄公度撰 ⑱集322

黄廷言 一五五一（嘉靖三十）年刊浮槎稿十二卷 明潘滋撰 ⑱集677

黄廷良等 一五八四（万历十二）年刊莆阳黄御史集二卷 唐黄滔撰 ⑱集179

黄廷询 一六二八—一六四四（崇祯）年刊维扬兵宪郑公棠荫纪二卷 明黄光斗辑 ⑱史1103

黄仲昭 一四九六（弘治九）年刊资治通鉴纲目五十九卷 宋朱熹撰尹起莘发明

元刘友益书法汪克宽考异徐昭文考证王幼学集览明陈济正误 ⑱史118

黄仲昭张汝舟 一四九六（弘治九）年刊经籍考七十六卷 元马端临撰 ⑱史1112

黄齐贤 一五三七（嘉靖十六）年刊叠山集十六卷 宋谢枋得撰 ⑱集396

黄齐贤张汝贤 一五八四（万历十二）年刊馀冬序录六十五卷 明何孟春撰 ⑱子563

黄兆圣 一五八八（万历十六）年刊宋包孝肃公奏议四卷 宋包拯撰 ⑱史358

黄汝亨 一五七三—一六二〇（万历）年刊东皋子集三卷 唐王绩撰 附录一卷 ⑱集39

黄汝亨朱之蕃等 一六一六（万历四十四）年刊快雪堂集六十四卷 明冯梦祯撰 ⑱集755

黄汝和 一六二一—一六二七（天启）年自刊诹择秘典二卷诹择历眼十二卷 明黄汝和撰 ㉑79

黄　阶 一五二二—一五六六（嘉靖）年刊归养录九卷 明黄阶辑 ④538

黄如桂 一五四九（嘉靖二十八）年刊东里文集二十五卷诗集三卷续编六十二卷别集五卷 明杨士奇撰 附录四卷 ⑱集562

黄志云 刊汇音释义千字文一卷 明曹邦瑾撰 ⑱经455

黄克俭 一六二三（天启三）年刊宋濂溪周元公先生集十卷 宋周敦颐撰 ⑱集225

黄克缵吴尧弼 一五九四（万历二十二）年刊西巡草一卷 明吴礼嘉撰 ⑱集762

黄克缵 一六一八（万历四十六）年刊全唐风雅十二卷 明黄克缵卫一凤辑 ⑱集1671

黄　时 一五三三（嘉靖十二）年刊学约古文二卷 明何景明辑 何大复论一卷 明何景明撰 ⑱集1614

黄时溱 一五七三—一六二〇（万历）年刊睡庵文稿二刻补四卷 明汤宾尹撰 ⑱集782

黄　佐 一五五四（嘉靖三十三）年刊皇极经世书传八卷 明黄畿撰 ⑱子336

黄作孚 一六〇八（万历三十六）年刊律吕正声六十卷 明王邦直撰 ⑱经228

黄作霖 一六〇七（万历三十五）年刊类编草堂馀诗三卷 宋何士信辑明顾从敬编次 胡桂芳重辑 ⑱集1996

黄希白 一五五五（嘉靖三十四）年刊未轩公文集十二卷 明黄仲昭撰 附录一卷 ⑱集594

黄希宪 一五六二（嘉靖四十一）年刊南丰先生元丰类藁五十一卷 宋曾巩撰 ⑱集216

黄希宪刘士瑗 一五二二—一五六六（嘉靖）年刊南丰曾先生文粹四卷 宋曾巩撰 ⑱集218

黄希宪徐节 一五六四（嘉靖四十三）年刊五经集注一百十五卷 ⑱经8
黄应元 一五八九（万历十七）年刊诗对押韵前集一卷后集一卷 明耿纯撰 ⑱经477
闽建书林**黄灿宇** 刊鼎刻京板太医院校正分类青囊药性赋三卷 明罗必炜校正 ⑱子189
黄 纹 一五〇二（弘治十五）年刊徐幹中论二卷 汉徐幹撰 ⑱子46
黄 直 一五二六（嘉靖五）年刊高东溪先生文集二卷 宋高登撰 附录一卷 ⑱集315
黄鸣乔黄鸣俊 一六三八（崇祯十一）年刊唐黄御史集八卷 唐黄滔撰 附录一卷 ⑱集179
仁寿**黄昌** 一六二五（天启五）年刊重刻伤暑全书十卷 明张鹤腾撰彭期生编 ㉚371
黄国琦 一六四二（崇祯十五）年刊册府元龟一千卷目录十卷 宋王钦若等辑 ⑱子793
黄省曾高第 一五一八（正德十三）年刊楚辞章句十七卷 汉王逸撰 ⑱集
黄省曾 一五三四（嘉靖十三）年自刊山海经水经合刻五十八卷 明黄省曾编 ⑱丛150
黄鲁曾 一五五二—一五五三（嘉靖三十一—三十二）年自刊汉唐三传十四卷 明黄鲁曾编 ⑱丛151
黄秉石 一六三一（崇祯四）年刊海忠介公文集七卷 明海瑞撰 海忠介公传二卷 明黄秉石撰 ⑱集709
建宁城衢泉**黄店** 刊陶靖节集十卷 晋陶潜撰 ⑱集24
黄 卷 一五四九（嘉靖二十八）的刊新编通鉴集要二十八卷通鉴总论一卷 明诸燮辑 ⑱史128
黄宗昌曹臣等 刊恒山游草一卷 明黄宗昌撰 和韵诗五卷 ①17427
赣县**黄学海** 一五六七—一五七二（隆庆）年刊大学衍义补纂要六卷 明徐栻编辑 ㉑126
黄学海 一六〇九（万历三十七）年刊斗南黄先生辽阳稿二卷别稿一卷 明黄正色撰 附一卷 ⑱集675
黄承玄 一六〇七（万历三十五）年刊洞麓堂集三十八卷 明尹台撰 ⑱集682
黄承玄冯晌 一六一三（万历四十一）年刊诗纪一百三十卷前集十卷附录一卷外集四卷 别集十二卷 明冯惟讷辑 ①9207
黄 标 一五四四（嘉靖二十三）年刊闻人氏痘疹论四卷 宋闻人规撰 ⑱子243
黄 钧 一三七八（洪武十一）年刊秋声集九卷 元黄镇成撰 ⑱集476
黄复初 一六三七（崇祯十）年自刊性命真诠十卷续一卷 明黄复初辑 ⑱子1067
金陵**黄复宇** 刊车书楼选刻历朝翰墨鼎彝十卷 明王世茂辑 ⑱集1644

黄　庭　一六三〇（崇祯三）年刊容台文集九卷诗集四卷　明董其昌撰　①3263

黄美中　刊凤洲笔记二十四卷后集四卷续集四卷　明王世贞撰　⑱集700

黄洪毗　一五五二（嘉靖三十一）年刊五经四书明音八卷　明王觉撰　⑱经359

黄　珙　刊新增格古要论十三卷　明曹昭撰王佐增补　⑱子684

黄泰芑　刊诗冶评注二十六卷　明黄廷鹄撰　①4744

黄起元　刊新镌古今名公尺牍汇编选注四卷　明王穉登辑俞肇光注　⑱集1643

黄起龙　一六一六（万历四十四）年刊莆阳文献十三卷列传七十五卷　明郑岳辑　①9244

黄烨然　一六四三（崇祯十六）年刊唐刘蜕集六卷　唐刘蜕撰　⑱集159

黄　宸　一五五八（嘉靖三十七）年刊人代纪要　明顾应祥撰　④8840

黄家鼎　明末刊刍庵订正诗韵辑要五卷　明李攀龙撰　⑱经479

吴郡**黄姬水**　一五四八（嘉靖二十七）年刊前汉纪三十卷　汉荀悦撰　后汉纪三十卷　晋袁宏撰　⑱史142

江都**黄埻**　一五五二（嘉靖三十一）年刊十二家唐诗二十四卷　明张逊业辑　⑱集1403

黄崇翰　一六二五（天启五）年刊莆阳知稼翁集二卷　宋黄公度撰　⑱集322

黄敏才　一五三五（嘉靖十四）年刊濂溪集六卷　宋周敦颐撰　⑱集225

黄　谏　一四五七（天顺元）年刊解学士先生集三十一卷　明解缙撰　⑱集557

黄景夔　一五二三（嘉靖二）年刊李文十八卷　唐李翱撰　⑱集138

黄　铸　一五五七（嘉靖三十六）年刊午坡文集四卷　明江以达撰　⑱集667

黄鲁曾　一五五八（嘉靖三十七）年刊两汉博闻十二卷　宋杨侃辑　⑱史707

黄鲁曾　一五五四（嘉靖三十三）年刊方脉举要三卷　宋刘开撰　⑱子191

黄象彝等　明末印楚辞述注五卷　明来钦之撰　九歌图一卷　明陈洪绶绘　⑱集11

黄　焯　刊玉机微义五十卷　明徐彦纯辑刘纯续　⑱子212

黄　禄　一五七八（万历六）年刊新校经史海篇直音五卷　⑱经443

黄　瑜　一四五七—一四六四（天顺）年刊文断不分卷　明唐之淳辑　⑱集1885

黄　瑜　刊伊洛渊源录十四卷　宋朱熹撰　⑱史423

黄槐开 一六二〇（万历四十八）年刊南唐近事一卷 宋郑文宝撰 ⑱子644

歙邑**黄鼎** 一五八四（万历十二）年刊赤水玄珠全集五种 明孙一奎撰 ㉚715

黄溥杨撝 一四五三（景泰四）年刊叠山集十六卷 宋谢枋得撰 ⑱集396

黄溥严埙 一四五七（天顺元）年刊潜溪先生集十八卷 明宋濂撰黄溥辑 附录一卷 ⑱集525

黄 溥 一四六九（成化五）年自刊诗学权舆二十二卷 明黄溥辑 ⑱集1886

黄 誉 一四六一（天顺五）年刊宋学士先生文集三十六卷 明宋濂撰 附录一卷 ⑱集524

黄嘉惠 刊董解元西厢记二卷 ⑱集2017

黄 榜 一五五四（嘉靖三十三）年刊二张诗集四卷 唐张说张九龄撰 ⑱集1391

弋阳**黄榜** 一五八九（万历十七）年刊黄少卿蜀游经略遗书十卷 明黄清著 ㉑95

黄 镀 一五五〇（嘉靖二十九）年刊新刊仁斋直指医书四种 宋杨士瀛撰 ㉚710

黄 端伯吴兆 一六三四（崇祯七）年刊罗圭峰先生文集三十卷首一卷 明罗玘撰 ⑱集605

黄 漳 一五三四（嘉靖十三）年刊涧谷精选陆放翁诗集前集十卷 宋陆游撰罗琦辑 须溪精选陆放翁诗集后集八卷 宋陆游撰刘辰翁辑 别集一卷 ⑱集356

黄馥所 一五七三—一六二〇（万历）年刊秘传眼科龙木论十卷首一卷 明葆光道人撰 ㉚572

书林**黄耀宇** 一六一四（万历四十二）年刊新镌汤睡菴先生批评历朝捷录六卷 明顾充撰汤宾伊评 ⑱史1521

黄 氏 一五七三—一六二〇（万历）年刊稗乘 明黄昌龄辑 ⑤759

吴郡**黄氏** 一五二二—一五六六（嘉靖）年刊山水二经合刻 ⑤679

黄□ 一五八八（万历十六）年刊鬼谷阴符经一卷 明张仪注 ⑱子1043

曹大章 重修空同集六十六卷目录三卷 明李梦阳撰 ⑱集613

曹子忭彭惟成等 一六一二（万历四十）年刊泰西水法六卷 泰西熊三拔撰明徐光启笔记 ①13813

曹仁孙 一六〇一（万历二十九）年刊唐诗类苑二百卷 明张之象辑 ⑰K15196

曹用晦 一五六九（隆庆三）年刊医说续编十六卷 明周恭撰 ㉚697

曹尔桢等 一六二五（天启五）年刊重修政和经史证类备用本草三十卷 宋唐慎微撰 宋寇宗奭衍义 ⑱子184

曹玄 一五五三（嘉靖三十二）年刊重刊明心宝鉴二卷 ⑱子702

曹台望曹台岳等 一六四四（崇祯十七）年刊博望山人稿二十卷 明曹履吉撰 ⑱集815

建宁府曹当勉 刊朴溪先生奏疏十卷 明潘潢撰 ⑱史365

曹来旬 一五〇七（正德二）年刊陋巷志八卷 明陈镐撰 ①2429

曹时聘许维新等 一六〇三（万历三十一）年刊续文献通考二百五十四卷 明王圻撰 ⑱史1114

曹忭 一五五七（嘉靖三十六）年刊弘正诗抄十卷 明杨□辑 ①1816

曹忭杨九泽 一五四六（嘉靖二十五）年刊桂洲诗集二十四卷 明夏言撰 ⑱集650

曹灼 一五六九（隆庆三）年刊医说续编十八卷 明周恭撰 ⑱子204

曹灼邵弁 一五六五（嘉靖四十四）年刊医学纲目四十卷 明楼英撰 ㉚702

曹奉 一六〇二（万历三十）年刊摄大乘论修释八卷 明释镇澄撰 ⑱子944

曹命 一五五六（嘉靖三十五）年刊诗话补遗三卷 明杨慎撰 ⑱集1887

曹金 一五五〇（嘉靖二十九）年刊崔东洲集二十卷 明崔桐撰 ⑱集647

曹学佺 一六三〇（崇祯三）年自刊大明一统名胜志二百零八卷 明曹学佺撰 ⑱史998

曹荃 一六三一（崇祯四）年刊邵文庄公经史全书五种二十八卷 明邵宝撰曹荃编 ⑱丛587

曹宪来 一六二〇（万历四十八）年刊陈学士先生初集三十六卷 明陈懿典撰 ⑱集776

曹祖鹤 一六〇〇（万历二十八）年刊曹太史含斋先生文集十五卷 明曹大章撰 ⑱集709

曹继儒 一五七三—一六二〇（万历）年刊月川曹先生录粹一卷 明孟化鲤辑 ⑱子77

曹逵 一五九〇（嘉靖十八）年刊律吕解注二卷 明邓文宪撰 ⑱经226

曹景 一四六八（成化四）年刊默庵诗集五卷 明曹义撰 ⑱集572

曹楷 一五九三（万历二十一）年刊刘季子书经讲意不分卷 明刘尔硕撰 ⑯093.26/388

曹嘉 一五三二（嘉靖十一）年刊空同集六十三卷 明李梦阳撰 ⑱集612

曹璜 一五九八（万历二十六）年刊小学六卷 宋朱熹撰明陈选注 ⑱子61

太仓曹氏 一六一七（嘉靖四十五）年刊世说新语三卷 刘宋刘义庆撰梁刘孝标注 ⑱子636

龚大器 一五七一（隆庆五）年刊莺谷山房藏稿诗集四卷文集三卷 明李迁撰 ⑱集691

龚之伊 一六一四（万历四十二）年刊文山诗集三卷 唐李群玉撰 附录一卷考证一卷 ⑱集161

龚元成 一五七九（万历七）年刊四友斋丛说三十八卷 明何良俊撰 ①14322

金阊书林**龚太初** 刊新镌通鉴集要十卷 明诸燮辑 ⑱史129

金陵**龚少冈** 刊新锓丹溪先生心法大全四卷 ⑱子209

龚 弘 一五一四（正德九）年刊中吴纪闻六卷 宋龚明之撰 ⑱史967

金陵书坊**龚邦录** 刊古今经世格要二十八卷 明邹泉撰 ⑱子839

龚尧惠 一五七三—一六二〇（万历）年刊白榆集二十八卷 明屠隆撰 ⑱集759

龚廷宾 一五九九（万历二十七）年自刊居家懿范八卷 明龚廷宾辑 ⑱子91

书林**龚宏源** 刊权谲秘书四种四卷 明金堡编 ⑱丛278

龚秉德 一五五八（嘉靖三十七）年刊縠原诗集八卷 明苏祐撰 ⑱集668

龚绍山 刊新镌陈眉公先生批评春秋列国志传十二卷 明余邵鱼撰陈继儒评 ⑱子759

龚 挺 一六三八（崇祯十一）年刊龚安节公野古集三卷上周文襄公书一卷 明龚诩撰 ⑱集561

龚 勉 一五八四（万历十二）年自刊尚友堂诗集十三卷 明龚勉撰 ⑱集741

龚 勉 一五九七（万历二十五）年刊太白楼集三卷 明唐祯辑 ⑱集1792

龚道立 一五九六（万历二十四）年刊梨岳诗集一卷 唐李频撰 ⑱集161

龚 雷 一五四五（嘉靖二十四）年刊陶渊明集十卷 晋陶潜撰 附录二卷 ⑱集23

龚 雷 刊杜律五七言四卷 唐杜甫撰元赵汸虞集注 ⑱集77

书林**龚舜绪** 刊车书楼选注当代名公四六天花八卷 明许以忠辑王世茂注 ⑱集1728

金陵三山街**龚碧川** 一五六八（隆庆二）年刊小学史断四卷 宋南宫靖一撰 资治通鉴总要通论一卷 元潘荣撰 ⑱史1513

龚 爟 一六〇七（万历三十五）年刊云冈选稿二十卷 明龚用卿撰 ⑱集664

盛以进 一六一二（万历四十）年刊四溟山人诗十卷诗家直说二卷 明谢榛撰盛以进辑 ⑱集726

盛时泰 一五七五（万历三）年自刊游燕杂纪二卷 明盛时泰撰 ⑱集822

盛时撰 一五六九（隆庆三）年刊名公书判清明集十四卷 明张四维辑 ⑱子146

盛 顺 一六三四（崇祯七）年刊史书十卷 明姚允明撰 ⑰56－14640

盛赉汝 一五六六（嘉靖四十五）年刊薛文清公要语内篇一卷外篇一卷 明薛瑄撰谷中虚辑 ⑱子78

盛 夔 一五一八（正德十三）年刊水经三卷 题汉桑钦撰 ⑱史1020

戚 宠 一五五九（嘉靖三十八）年刊婺贤文轨四卷 明戚雄辑 ⑱集1808

戚 贤 一五三五（嘉靖十四）年刊象山先生全集三十六卷 宋陆九渊撰明杨琇辑 ⑱集345

戚继光 一五七三—一六二〇（万历）年刊楞伽阿跋多罗宝经四卷 刘宋释求那跋陀罗译 ⑱子932

常 在 刊救荒活民补遗书三卷 宋董煟撰元张光大增明朱熊补遗 ⑱史1326

常存仁 一五八〇（万历八）年刊新刊名世文宗三十卷 明胡时化辑 ⑱集1622

释常绅 一五九二（万历二十）年募刊禅宗永嘉集二卷 唐释玄觉撰明释镇澄注 ⑱子954

野 竹 家刊诗学禁脔一卷 元范梈撰 ⑱集1883

崔士棨 一五九〇（万历十八）年刊皇明理学名臣言行录二卷 明杨廉辑 续一卷 明刘泾辑 ⑱史429

崔孔昕 一五七四（万历二）年刊六臣注文选六十卷 梁萧统辑唐李善等辑注 ⑱集1555

崔尔进 一六一五（万历四十三）年刊薛文清公全集四十卷 明薛瑄撰 附录一卷 ⑱集573

崔邦亮 一五八九（万历十七）年刊玄象山馆诗草十五卷附录一卷 明南师仲撰 ⑱集787

崔廷健 一六〇八（万历三十六）年刊笔山崔先生文集十卷 明崔涯撰 ⑱集676

崔近思 一五六八（隆庆二）年刊杨子法言十卷 汉扬雄撰明赵大纲集注 ⑱子44

崔 暠 一五〇五（弘治十八）年刊静修先生丁亥集六卷遗文六卷遗诗六卷拾遗七卷 续集三卷 元刘因撰 附录二卷 ⑱集445

崔 鼎 一五二二—一五六六（嘉靖）年刊新刊皇明名臣言行录二卷续二卷 明杨濂纂徐咸辑 ⑰K14689

崔 熿 一五三六（嘉靖十五）年刊宋丞相崔清献公言行录内集二卷外集三卷 明崔子璲辑 ⑱史474

崔 镛 一五七六（万历四）年刊续资治通鉴六十四卷 明王宗沐撰 ⑱史127

崇三居士 一五七四（万历二）年刊大慧普觉禅师书二卷 宋释宗杲撰 ⑱子964

笪总良 一六一八（万历四十六）年在铅山刊铅书八卷 明柯仲炯纂 ㉑54

会稽**商维浚** 一六一九（万历四十七）年刊徐文长三集二十九卷文长杂记二卷 明徐渭撰 ⑱集734

商　濬 一六一九（万历四十七）年刊西湖遊览志二十四卷志馀二十六卷　明田汝成撰　⑱史1036

商　濬 一五七三—一六二〇（万历）年自刊稗海四十八种二百八十八卷续二十二种一百六十一卷　明商濬编　⑱丛207

章士元 一五五四（嘉靖三十三）年刊南明纪游诗一卷　明黄中等撰　①5090

章元纶 一五二二—一五六六（嘉靖）年刊本草集要八卷　明王纶撰　⑱子186

章　达 一六一四（万历四十二）年刊五经图六卷　⑱经356

章炫然沈尤含 一六二七（天启七）年刊重订四书说丛十七卷　明沈守正撰　⑱经337

章　檗 一五四三（嘉靖二十二）年刊汲冢周书十卷　晋孔晁注　⑱史205

吴郡**章镛** 一六一三（万历四十一）年刊两晋南北史合纂四十卷　明钱岱纂　⑧

康万民 一六二〇（万历四十八）年刊馀清馆诗稿二卷　明祁光宗撰　⑱集790

康丕扬 一六〇八（万历三十六）年刊雍野李先生快独集十八卷　明李尧民撰　①10933

康丕扬 一六〇八（万历三十六）年自刊宋两名相集六十卷　明康丕扬编　⑱集1500

康丕显 刊东方先生文集三卷　汉东方朔撰　⑱集15

康应乾 一六一五（万历四十三）年刊钝庵先生文集十八卷　明刘锡撰　附录一卷　⑱集703

康国相 一六四二（崇祯十五）年刊治蕙记略一卷　明张国士等撰　①5489

康　诰 一五七二（隆庆六）年刊牧鉴士卷　明杨昱撰　⑱史1101

康　浩 一五二四（嘉靖三）年刊对山集十九卷　明康海撰　④8819

康　海 一五一九（正德十四）年自刊武功县志三卷　明康海纂修　⑱史841

阎光表 一六二六（天启六）年刊论衡三十卷　汉王充撰明刘光斗评　⑱子510

阎伯子 一六〇〇（万历二十八）年刊新刊姓源珠玑六卷　明杨信民辑　①12036

阎承光 一五六四（嘉靖四十三）年刊画永编二卷　明宋岳撰　①17675

阎　钦 一五一七（正德十二）年刊蜀丞相诸葛亮文集六卷　蜀诸葛亮撰　⑱集18

阎　铎 一四七一（成化七）年刊赵清献公文集十卷　宋赵抃撰　附录一卷　⑱集209

阎　敬 一四四七（正统十二）年刊事物纪原集类十卷　宋高承辑　⑱子797

金陵阎氏 一五九一（万历十九）年刊道书全集九十四卷 明阎鹤洲辑 ⑱子1036

萧好善 一六三二（崇祯五）年刊何大复先生学约古文十二卷 明何景明辑岳伦增订 ⑱集1614

寇光裕 一五七三—一六二〇（万历）年刊兰坡遗墨不分卷 明寇阳撰 ⑱集675

寇 阳 一五五二（嘉靖三十一）年刊涂水先生集六卷 明寇天叙撰 ⑱集636

东莱宿应麟 一五五七（嘉靖三十六）年刊少湖先生文集七卷 明徐阶撰 ⑱集660

梁义卿 一五七三—一六二〇（万历）年刊三辅黄图六卷 ⑱史1050

梁子璠 一六二五（天启五）年刊海忠介公全集十二卷 明海瑞撰 ⑱集709

梁见孟 一六一五（万历四十三）年刊孙子书三卷 明赵本学解 ⑱子114

梁台卿 一六二五（天启五）年刊牡丹亭还魂记四卷 明汤显祖撰 ⑱集2115

梁 乔 一五一三（正德八）年刊渭南文集五十二卷 宋陆游撰 ⑱集356

梁汝魁 一五五八（嘉靖三十七）年刊欧阳南野先生文集三十卷 明欧阳德撰 ⑱集660

梁 许 一五七三（万历元）年刊大明律例三十卷律例类抄一卷 ⑱史1339

梁岐泉 一五五七（嘉靖三十六）年刊寓简十卷 宋沈作喆撰 ⑱子534

梁 佐 一五五四（嘉靖三十三）年刊丹铅总录二十七卷 明杨慎撰 ①5013

梁 纲 一六一八（万历四十六）年自刊汇刻养蒙四要四种七卷 明梁纲编 ⑱丛262

梁 英 一五二六（嘉靖五）年刊卢溪先生文集五十卷 宋王庭珪撰 ⑱集307

梁 杰 一六二一—一六二七（天启）年刊文子十二卷 唐徐灵府宋朱弁杜道坚注孙矿评 ⑱子1028

梁治麟 一六一三（万历四十一）年刊保产痘症合编 明陈治道撰吴子扬编 ㉚452

梁 忠 一六二八（崇祯元）年刊钱氏小儿直诀四卷 宋钱乙撰阎孝忠辑 ⑱子240

梁承祖 刊五经图六卷 ⑱经356

梁梦龙 一五七二（隆庆六）年刊人物志注三卷 西凉刘昺撰 ①2685

梁梦龙 一五七九（万历七）年刊孙子书三卷 明赵本学解 ⑱子114

梁敛等 一五九六（万历二十四）年刊刻两汉书疏选八卷 明刘如宠辑 ⑱史344

新余梁寅 一三六八—一三九八（洪武）年自刊元史略四卷 明梁寅编 ㉑84

梁隆吉 刊国语髓析二十一卷 明公鼐吕邦燿撰 ⑱史212

真定**梁维本** 一六二八（崇祯元）年刊钱氏小儿药证直诀三卷 宋钱乙撰阎孝忠编明薛己注 ㉚475

梁源山人 一五九三（万历二十一）年自刊东坡先生遗事十二卷 明顾道洪辑 ①11300

梁鼎贤 一六二一（天启元）年刊天运绍统二卷 明朱权撰 ⑱史693

谌廷诏 一五五五（嘉靖三十四）年刊重刊瀼东漫稿四卷 明谌道行撰 ㉑72

释袾宏 一五九九（万历二十七）年刊高峰大师语录一卷 元释原妙撰 ⑱子966

屠中孚 一五七三—一六二〇（万历）年刊罗昭谏江东集五卷 唐罗隐撰 ⑱集173

屠本畯 一五六五（嘉靖四十四）年刊空同精华集三卷 明李梦阳撰丰坊辑 ⑱集614

屠本畯 一五九三（万历二十一）年刊医垒元戎十二卷 元王好古撰 ⑱子206

屠本畯 一五九八（万历二十六）年自刊情采编三十六卷目录二卷 明屠本畯辑 ⑱集1590

屠仲律 一五五二（嘉靖三十一）年刊屠渐山兰晖堂集十二卷 明屠应埈撰 ⑱集667

屠倬陈凤等 一五三七（嘉靖十六）年刊王摩诘集二卷 唐王维撰 ⑱集48

屠　隆 刊唐诗品汇九十卷拾遗十卷 明高棅辑 ⑱集1665

屠绳德 一六一五（万历四十三）年刊合刻屠氏家藏二集十二卷 ⑱集1844

南阳子**维国幽** 一五七五（万历三）年刊妙法莲华经解七卷 宋释戒环撰 ⑱子941

十二画

酣子幄 一六二五（天启五）年刊诸子连珠不分卷 题明酣子辑 ⑱集1603

斯　正 一五六六（嘉靖四十五）年刊夏东岩先生文集六卷诗集六卷 明夏尚朴撰 ⑱集641

韩士英喻智 一五一七（正德十二）年刊宋林和靖先生诗集四卷 宋林逋撰 附录一卷 ⑱集192

韩从亨 一五九一（万历十九）年刊谋野乙集十卷 明王穉登撰 ⑱集738

韩邦宪涂杰 一五七五（万历三）年刊杨盈川集十卷 唐杨炯撰明童佩辑 附录一卷 ⑱集40

韩元祐 一六〇四（万历三十二）年刊太室山人集十六卷 明韩应嵩撰 ⑱集736

韩廷伟 一五二六（嘉靖五）年刊韩忠定公墓志铭一卷 明杨一清撰 ⑱史477

韩君恩杜思 一五六六（嘉靖四十五）年刊广舆图二卷 元朱思本撰明罗洪先胡松增补 ⑱史741

韩叔阳 一五五一（嘉靖三十）年刊新刊宋学士全集三十三卷 明宋濂撰 ⑱集524

韩明李纪 一四九八（弘治十一）年刊刘随州文集十一卷外集一卷 唐刘长卿撰 ⑱集51

韩 诗 一五五四（嘉靖三十三）年刊唐诗正声二十二卷 明高棅辑 ⑱集1666

古绛**韩重** 一五〇四（弘治十七）年刊诊家枢要 元滑寿编 ㉚113

韩 俨 一四七〇（成化六）年刊晦庵先生语录类要十八卷 宋叶士龙辑 ⑱子63

韩 宸 一五二二—一五六六（嘉靖）年刊广川画跋六卷 宋董逌撰 ⑱子420

韩 敬 一六二一（天启元）年刊玉茗堂集 明汤显祖撰 ⑨善00167

韩雍陈价 一四五五（景泰六）年刊文山先生文集十七卷别集六卷 宋文天祥撰 附录三卷 ⑱集394

韩 彝 一四一七（永乐十五）年刊卫生宝鉴二十四卷 元罗天益撰 补遗一卷 ⑱子207

吴郡**韩氏** 一四一七（永乐十五）年刊卫生宝鉴二十四卷附补遗 元罗天益撰 ㉚318

安福**彭礼** 一五〇三（弘治十六）年刊彭文思公文集十二卷 明彭华撰 ㉑122

南昌**彭用光** 一五七五（万历三）年自刊体仁汇编十卷 明彭用光撰 ㉑72

彭 年 一五四五（嘉靖二十四）年刊渔石唐先生诗集八卷 明唐龙撰 ⑱集636

彭 华 一四七三（成化九）年刊焦氏易林二卷 题汉焦延寿撰 ⑱子359

彭汝谐 一五七三—一六二〇（万历）年自刊蔚庵逸草二卷 明彭汝谐撰 ㉙488

彭 杰 一五一五（正德十）年刊康斋先生文集十二卷 明吴与弼撰 附录一卷 ⑱集590

南京**彭宗孟** 一六一四（万历四十二）年刊今言四卷 明郑晓撰 ⑪916.05/8764

彭笃福 一六一二（万历四十）年刊彭文思公文集十卷 明彭华撰 附录一卷 ⑱集586

彭继美 一五七三—一六二〇（万历）年刊彭惠安公文集十一卷 明彭韶撰 ⑱集587

彭润宏 一六一一（万历三十九）年刊冲谿先生集二十二卷 明彭辂撰 ⑱集703

彭惟成彭惟直 一六〇九（万历三十七）年刊二十一史论赞辑要三十六卷 明彭以明辑 ⑱史695

彭 堣 一六三五（崇祯八）年重修丹溪心法附馀二十四卷首一卷 明方广编 ⑱子209

彭 富 刊会稽三赋注一卷 明南逢吉撰尹坛补 ①1387

彭富蔡国珍 一五八九（万历十七）年刊抚蜀奏议十三卷 明徐元太撰 ⑱史369

彭 颐 一四八二（成化十八）年刊彭文宪公集八卷 明彭时撰 ⑱集580

夏邑**彭端吾** 一六一〇（万历三十八）年刊痘疹世医心法十二卷附痘疹格致要论十一卷 明万全撰 ㉚497

南昌**彭燧** 一五九五（万历二十三）年刊尚书日记十六卷 明王樵撰 ㉑73

彭 曜 一四四二（正统七）年刊唐诗正声二十二卷 明高棅辑 ⑱集1666

彭 氏 一五七三—一六二〇（万历）年刊小儿司命 明彭光瀹撰 ㉚503

夏邑**彭氏** 一六一〇（万历三十八）年刊摄生众妙方十一卷 明张时彻编 ㉚219

葛志贞 一五二一（正德十六）年刊虚斋蔡先生文集五卷 明蔡清撰 ⑱集603

葛 钦 刊周礼补亡六卷 元丘葵撰 ⑱经173

葛逢夏 一六二八—一六四四（崇祯）年刊葛震甫诗集十七卷 明葛一龙撰 ⑱集837

葛 涧 一五二二—一五六六（嘉靖）年刊扬子折衷六卷 明湛若水撰 ⑱子81

葛道一 一六二八—一六四四（崇祯）年刊石丈斋集四卷 明葛应秋撰 ⑱集799

古吴**葛鼎** 一六三九（崇祯十二）年刊汉书一百卷 ⑰56－42756

鹿城**葛鼐** 一六三八（崇祯十一）年刊本草原始十二卷 明李中立撰 ㉚166

葛 谌 一五〇七（正德二）年刊韵语阳秋二十卷 宋葛立方撰 ⑱集1874

葛 澄 刊伤寒明理论三卷方论一卷 金成无己撰 ⑱子194

葛襄葛之垣 一六〇七（万历三十五）年刊汉隽十二卷 宋林越辑 ⑱史709

葛 璠 一五四二（嘉靖二十一）年刊白虎通德论二卷 汉班固撰 ⑱子507

葛 氏 一六三七（崇祯十）年刊史记一百三十卷 汉司马迁撰明葛鼎金蟠辑评 ⑱史18

董广曙 刊大方广佛华严经合论简要四卷 唐李通玄合论明李贽简要 ⑯223·74/288

董天胤 一六三三（崇祯六）年刊南国贤书六卷前编一卷 明张朝瑞辑许天叙增补 ⑱史633

董世彦 一五二二—一五六六（嘉靖）年刊大伾集三卷 明王璜撰 ⑱集655

董汉策 一五六八（隆庆二）年刊今文周易演义十二卷首一卷 明徐师曾撰 ⑱经69

董汉策 刊临川王先生文粹四卷 宋王安石撰明徐师曾辑 ⑱集239

董汉儒 一五三五（嘉靖十四）年刊本草权度三卷图一卷 明黄济之撰 附录一卷 ⑱子214

董汉儒 一五九六（万历二十四）年刊春秋断义不分卷 明王崇庆撰 ⑱经277

董伯起 一六一二（万历四十）年刊韦苏州集十卷 唐韦应物撰 ⑱集62

董应举 一六一〇（万历三十八）年刊三礼考注十卷序录一卷纲领一卷 元吴澄撰 ⑱经211

董君和 一五二二—一五六六（嘉靖）年刊明水陈先生文集十四卷 明陈九川撰 ⑱集646

董宜阳朱浚明 一五三七（嘉靖十六）年刊雅宜山人集十卷 明王宠撰 ⑱集658

董承诏 一六二二（天启二）年刊重订批点类辑练兵诸书十八卷 明戚继光撰董承诏辑 传略一卷 明董承昭等撰 ⑱子123

董庭 一六三〇（崇祯三）年刊容台文集九卷诗集四卷别集四卷 明董其昌撰 ⑱集772

董原道 一五七〇（隆庆四）年刊篷底浮谈十五卷 明张元谕撰 ⑱子569

董遇泰 一六〇二（万历三十）年刊今文选十二卷 明孙矿选唐鹤征等辑 ⑰K15167

董裕 一五九六（万历二十四）年刊大明通宝义一卷 明罗汝芳撰 ⑱史1322

董嗣茂 一五七三—一六二〇（万历）年刊董学士泌园集三十七卷 明董份撰

董聪 一五五六（嘉靖三十五）年刊阴明先生正录五卷外录九卷别录十四卷 明王守仁撰 董黄门稿一卷 明董道醇撰 ⑱集690 ⑱集618

董琳 刊重广水陆法施无遮大斋 宋杨谔撰释祖觉重广 ⑱子994

董鲲 一五六五（嘉靖四十四）年刊董汉阳碧里后集鸣存一卷疑存一卷杂存一卷 达存二卷 明董穀撰 ⑱集652

蒋山卿陈大壮 一五三八（嘉靖十七）年刊息园存稾十四卷又九卷 明顾璘撰 ①10532

蒋之秀等 一五七三—一六二〇（万历）年刊苍耳斋诗集十七卷 明方问孝撰 ⑱集829

蒋之翘 一六二六（天启六）年刊楚辞集注八卷辩证二卷后语八卷 宋朱熹撰明蒋之翘补辑 并评校 附览二卷总评一卷 明蒋之翘辑 ⑱集8

蒋云汉 一四九二（弘治五）年刊琼台吟稿十卷 明丘濬撰 ⑱集585

蒋文化 一五六六（嘉靖四十五）年刊何燕泉诗集四卷 明何孟春撰 ⑱集614

蒋方馨 一六一五（万历四十三）年刊镌汇附百名公帷中綮论书经讲义会编十二卷　明申时行撰申用懋等校订　⑪NC0334/5062

蒋以化 一六〇四（万历三十二）年自刊抡榆子评古一卷覆瓿语一卷　明蒋以化撰　①9493

蒋世枋 一六三二（崇祯五）年刊史义拾遗二卷元杨维桢撰　左逸一卷短长一卷　明蒋谨撰　⑱史1515

蒋世滋 一五三八（嘉靖十七）年刊五经蠡测六卷　明蒋悌生撰　⑱经358

蒋　仪 一六四一（崇祯十四）年自刊药镜四卷　明蒋仪撰　⑱子189

蒋　芝 一五三三（嘉靖十二）年刊黄诗内篇十四卷　宋黄庭坚撰　⑱集264

蒋光彦陆问礼　一六〇八（万历三十六）年刊谕对录三十四卷首一卷敕谕录二卷　明张孚敬撰　①6516

蒋兆昌等　一六三八（崇祯十一）年刊琼台诗话二卷　明蒋冕撰　⑱集1887

蒋　孝 一五五〇（嘉靖二十九）年自刊中唐十二家诗集七十八卷　明蒋孝编　⑱集1406

蒋如苹 刊杨忠愍公集三卷　明杨继盛撰　杨忠愍公行状一卷　⑱集697

蒋时机 一六二五（天启五）年刊岳石帆先生鉴定四六宙函三十卷　明李自荣辑王世茂注　⑱集1728

蒋时馨 一五九三（万历二十一）年刊文始真经言外经旨三卷　宋陈显微撰　⑱子1024

乐安**蒋旸** 一五二八（嘉靖七）年刊至大重修宣和博古图录三十卷　宋王黼等撰　⑱史1447

蒋　杰 一五九四（万历二十二）年刊白虎通德论二卷　汉班固撰　⑱子508

蒋杰柳希点　一六〇〇（万历二十八）年刊唐丞相曲江张先生文集十二卷　唐张九龄撰　附录一卷　⑱集46

蒋国祚 一六一〇（万历三十八）年刊常熟县儒学志八卷　明李维柱缪肇祖等纂修　⑱史1095

蒋春芳 一五九二（万历二十）年刊二程全书六十五卷　宋程颢程颐撰　⑱子53

蒋　奎 一五五四（嘉靖三十三）年刊新刊丹溪先生心法五卷　元朱震亨撰明程充重订　⑱子208

维杨**蒋科** 一五八六（万历十四）年刊皇明两朝疏抄二十卷　明贾三近辑　⑱史346

蒋　巢 蒋𫭟　一六三九（崇祯十二）年刊映玉堂集二十卷　明蒋煜撰　⑱集867

蒋　鐄 一六二〇（万历四十八）年自刊九疑山志八卷　明宁远知县蒋鐄纂修　㉙469

蒋　鏊 一五三五（嘉靖十四）年刊忠愍公诗集三卷文集一卷　宋寇准撰　⑱集187

释**惠生**德正　一四四〇（正统五）年刊佛说阿弥陀经一卷　元释性澄句解　⑱子940

揭富文 一五二〇（正德十五）年刊揭文安公文集 元揭傒斯撰 ⑱集465

南昌喻政 一五七三—一六二〇（万历）年自刊茶集二卷烹茶图一卷 明喻政撰 ㉑79

喻宗府 一五〇一（弘治十四）年自刊蓬莱阁诗集不分卷 明喻宗府辑 ⑱集1792

喻绳祖 一五九九（万历二十七）年刊春秋词命三卷 明王鏊辑 ⑱集1646

景姚堂 一五二二—一五六六（嘉靖）年刊杜律单注十卷 明单复撰陈明辑 ⑱集78

程于廷 一六二二（天启二）年刊霞城集二十四卷 明程诰撰 ⑱集656

程士逑 一六三七（崇祯十）年刊痘疹玄言二卷 明汪黝撰 ⑱子247

程卫道 一五四九（嘉靖二十八）年刊剪彩集二卷 明张之象撰 ⑱集727

程开祐 一六一三（万历四十一）年刊苏老泉批点孟子二卷 题宋苏洵批点 ⑱经310

程开祜 一六〇九（万历三十七）年刊盱坛真诠二卷 明曹胤儒辑 ⑱子94

程开泰项仲连 一五七三—一六二〇（万历）年刊十岳山人诗集四卷 明王寅撰 ⑱集735

程元方 一五九四（万历二十二）年刊白榆集二十八卷 明屠隆撰 ⑱集758

程元昪 一五五六（嘉靖三十五）年刊程端明公洺水集二十六卷首一卷 宋程珌撰 ⑱集365

程元亮 一五九七（万历二十五）年刊潭西楼集四卷 明程九皋撰 ⑱集749

程元梧江元气 一六二一—一六二七（天启）年刊刻金进士临场近义不分卷 明金兰撰 ⑱集854

程从约 一六二一—一六二七（天启）年刊唐诗选句十二卷 明张铨辑 ⑱集1672

程文泽 一五九三（万历二十一）年刊环碧斋稿一卷 明祝世禄撰 ⑱集774

程世鹏 一五三七（嘉靖十六）年刊石堂先生遗集二十二卷 宋陈普撰 ⑱集410

程正揆 明末刊史记一百三十卷 汉司马迁撰 ⑱史17

程本初詹继祖 一六〇五（万历三十三）年刊雪心赋翼语一卷 唐卜应天撰明吴一棣翼语 ⑱子350

程龙湖 刊邵康节先生前定锁地铃一卷 ⑱子362

程以宁 一六二九（崇祯二）年刊太上道德宝章注疏二卷 宋葛长庚注明程以宁疏 ⑱子1007

程扬 一六三九（崇祯十二）年刊汉隽十卷 宋林钺辑 ⑱史708

程光裕 一五八四（万历十二）年刊程文恭公遗稿三十二卷 明程文德撰 ⑱集670

程百二 一六一〇（万历三十八）年刊方舆胜略十八卷外夷六卷 明程百二等撰
又一卷 明唐时昇等辑 ⑱史732

程百二胡之衍 一六一五（万历四十三）年刊程氏丛刻九种十三卷 明程百二编 ⑱丛258

程达 一五九七（万历二十五）年自刊警语类抄八卷 明程达辑 ⑰K14954

程至远 一六二八（崇祯元）年刊程洛水先生集三十卷 宋程珌撰 附录一卷 ⑱集365

程汝继 一六〇九（万历三十七）年刊周易宗义十二卷 明程汝继撰 ⑱经75

程玘 一五二六（嘉靖五）年刊读素问抄九卷 明汪机注 ㉚16

广陵**程芷楼** 明末刊悟真篇三注三卷 宋张伯端撰薛道光陆墅元陈致虚注 ⑱子1060

程时化 一五六三（嘉靖四十二）年刊新安程氏统宗列派迁徒注脚纂一卷 明程项纂修 ⑱史614

建宁知府**程秀民** 一五五九（嘉靖三十八）年刊宋元通鉴全篇二十一卷 明刘剡撰 浙江省图书馆

程伯祥 一五二二—一五六六（嘉靖）年刊颜氏家训二卷 北齐颜之推撰 ⑱子514

程应魁 一五八三（万历十一）年刊太上黄庭内景玉经一卷外景玉经一卷 唐白履忠注 ⑱子1046

程良锡 一五四三（嘉靖二十二）年刊秦汉文八卷 明胡缵宗辑 ⑱集1615

程良孺 一六三一（崇祯四）年自刊茹古略集三十卷 明程良孺撰 ①11656

程启 一五〇六—一五二一（正德）年刊新安学系录十六卷 明程曈辑 ⑱史453

程启充 一五一〇（正德五）年刊南溪笔录群贤诗话前集一卷后集一卷续集一卷 ⑱集1884

程尚 一六二八—一六四四（崇祯）年刊琼縻集词选一卷 明唐世济撰 ⑱集1973

程尚勤程正己 一六二一—一六二七（天启）年刊程刺史栖霞集一卷 明程应登撰 ⑱集692

程明善 一六一九（万历四十七）年刊坡仙集十六卷 宋苏轼撰明李贽评辑 ⑱集256

程昌程种 一五二五（嘉靖四）年刊仁山遗稿一卷 明程弥寿撰 附录一卷 ⑱集550

吉安府知事海虞**程宗** 一四六二（天顺六）年刊欧阳文忠公集一百五十三卷 宋欧阳修撰
年谱一卷 宋胡柯撰 附录五卷 ⑱集228

程宗 一四六八（成化四）年刊东坡集四十卷后集二十卷奏议十五卷内制集十卷乐语一卷
外制集三卷应诏集十卷续集十二卷 宋苏轼撰 年谱一卷 宋王宗稷撰 ⑱集242

程宗猷 一六二九（崇祯二）年自刊射史八卷 明程宗猷撰 ①11057

程宗颢程宗颐 一五六七—一五七二（隆庆）年刊双柏草堂集七卷 明程良锡撰 ⑱集733

程性初 一六三七（崇祯十）年刊朱枫林先生注释小四书五卷 明朱升编 ⑱丛147

程 绍 一五九一（万历十九）年刊程右丞稿八卷 明程珤撰 ⑱集680

程 标 一六一八（万历四十六）年刊针方六集六卷 明吴崑撰 ⑱子249

程拱宸 刊明诗十二家十二卷 明李心学辑 ⑱集1706

程胤万程胤兆 程仲权先生诗集十卷文集十六卷 明程可中撰 ⑱集828

程祖兴等 一四九三（弘治六）年刊重订丹溪心法三卷 元朱震亨撰明程充重订 附录一卷 ⑱子208

程 荣 一五九二（万历二十）年刊汉魏丛书三十五种二百八卷 明程荣编 ⑱丛210

程威程曾等 一五二二—一五六六（嘉靖）年刊宋遗民录十五卷 明程敏政辑 ④8867

程禹迹 一六一四（万历四十二）年刊耕馀剩技六卷 明程宗猷撰 ①11663

程敏政 一四九七（弘治十）年刊仪礼逸经一卷传一卷 元吴澄撰 ⑱经185

程 资 一五四〇（嘉靖十九）年刊正德十二年丁丑同年增注会录一卷 ①793

程朝京 一五九七（万历二十五）年刊清源文献十八卷 明何炯辑 ⑱集1817

程 霆 一五二三（嘉靖二）年重刊埤雅二十卷 宋陆佃撰 ⑨善00044

程 煦 一五五一（嘉靖三十）年刊程氏演繁露十六卷续集六卷 宋程大昌撰 ⑱子606

休宁**程善定** 一五八二（万历十）年刊仲蔚先生集二十四卷附录一卷 明俞允文撰 ⑱集730

程善嘉 一六三九（崇祯十二）年刊尺牍类便四卷 明孙应瑞选 ③文740/773.2

程德符 刊屠先生评释谋野集四卷 明王穉登撰屠隆评释 ⑱集738

程缵洛 一五六四（嘉靖四十三）年刊闲辟录十卷 明程曈撰 ①8909

程 煦 一五五五（嘉靖三十四）年刊晞发集六卷 宋谢翱撰 ⑱集405

程维培 一六二八—一六四四（崇祯）年刊通鑑全史汇编历朝传统录八卷 明刘綦辑 ⑱史130

程通慧 一五七三—一六二〇（万历）年刊庞居士语录一卷诗二卷 唐于頔辑 ⑱子960

程 玺 一四九二（弘治五）年刊倍郭程氏敦本录二卷 明程亨纂修 ⑱史615

程道行 一六三〇（崇祯三）年刊岳阳纪胜汇编四卷 明梅淳辑 ⑱集1814

程善定 一五三一（万历十）年刊仲蔚先生集二十四卷 明俞允文撰 附录一卷 ⑱集730

玉山程福生 一五八八（万历十六）年刊茶经三卷外集一卷 唐陆羽撰 ㉑92

程 檩 一六二五（天启五）年刊松厓医径二卷 明程玠撰 ⑱子214

程 璩 一五二一（正德十六）年刊晦庵先生朱文公诗集十二卷 宋朱熹撰明程璩辑 ⑱集330

新安程氏 一五六四（嘉靖四十三）年刊徽郡新刊书经讲义不分卷 明程弘宾撰 ⑱经113

休阳程氏 一五八七（万历十五）年刊陶靖节集十卷 晋陶潜撰宋汤汉等笺注 总论一卷 ⑱集27

释智寿 一六一四（万历四十二）年刊朽庵集六卷说破浮生梦幻集一卷 明释宗林撰 ⑱集659

释智昴 一五〇〇（弘治十三）年募刊妙法莲花经解七卷 宋释戒环撰 ⑱子941

智 瑛 一六三九（崇祯十二）年刊云栖法汇 明释株宏撰 ⑰15019

傅凤翔 一五四九（嘉靖二十八）年刊体仁汇编六卷 明彭用光撰 ⑱子219

傅凤翶 一五五一（嘉靖三十）年刊刘西陂集四卷 明刘储秀撰 ⑱集645

傅光宅 一五八四（万历十二）年刊徐迪功集六卷谈艺录一卷重选徐迪功外集四卷 明徐祯卿撰 ⑱集629

傅希凖 一五二〇（正德十五）年刊荆山集二卷 明王宪辑 ⑱集1791

傅希凖 一五二四（嘉靖三）年刊士斋诗集三卷 明邹赛贞撰 ⑱集659

进贤傅应祥 一五四三（嘉靖二十二）年刊潜溪先生集十八卷 明宋濂撰 ㉑81

傅启宗 刊郑所南先生太极祭炼内法一卷祭炼议略一卷 ①7181

傅若川 一三八四（洪武十七）年刊傅与砺文集十一卷 元傅若金撰 附录一卷 ⑱集480

傅国 一六四〇（崇祯十三）年自刊云黄集八十二卷 明傅国撰 ⑱集813

傅宗孔 一六一二（万历四十）年刊臆见汇考五卷 明游日陞撰 ⑱子619

傅 练 一六四四（崇祯十七）年刊宝纶楼集六卷 明傅冠撰 ⑱集845

金陵书坊傅春溟 一五七三—一六二〇（万历）年刊精选当代各名公短札字字珠八卷首一卷 明许以忠等辑 ⑪NC5770.7/0425

傅 钥 一五二二（嘉靖元）年刊白虎通德论二卷 汉班固撰 ⑱子507

傅庭诗　明末刊傅文恪公初集八卷　明傅新德撰　⑱集774

傅振商　一六一三（万历四十一）年自刊杜诗分类五卷　唐杜甫撰明傅振商辑　⑱集79

傅梦龙　一六二〇（万历四十八）年刊车书楼汇辑皇明四六丛珠四卷　明许以忠辑王世茂等注　官制事实一卷　⑱集1728

傅淑训　一六一八（万历四十六）年刊实政录十卷　明吕坤撰　⑱史1101

傅　梅　一六一二（万历四十）年自刊嵩书二十二卷　明傅梅撰　①5480

定襄**傅新德**　刊王文端公奏疏四卷诗集二卷尺牍五卷　明王家屏撰　⑪810.69/1037

傅嘉祥高尚钰　一五七二（隆庆六）年刊文选类林十八卷　宋刘攽辑　⑱子797

傅　鹗　一五五二（嘉靖三十一）年刊石门集二卷　明梁寅撰　⑱集526

傅夏器　一五九七（万历二十五）年家刊重刻叔祖锦泉先生文集五卷　明傅夏器撰　⑱集705

傅　镇　一五四九（嘉靖二十八）年刊执斋先生文集二十卷　明刘玉撰　①1653

储良才程鸿　一五二四（嘉靖三）年刊释名八卷　汉刘熙撰　⑱经388

储昌祚储显祚　一六一四（万历四十二）年刊伊川击壤集八卷　宋邵雍撰　⑱集223

储　燿　一六一四（万历四十二）年刊柴墟文集十五卷　明储巏撰　附录一卷　⑱集602

焦希程　刊南原家藏集　明王韦撰　⑱集630

焦　竑　一六〇〇（万历二十八）年刊坡仙集十六卷　宋苏轼撰明李贽评辑　⑱集256

焦　琏　一五〇七（正德二）年印太上三元赐福赦罪解厄延生经一卷　⑱子1054

焦琏祝咏　一五四一（嘉靖二十）年刊大明一统文武诸司衙门官制十六卷　⑱史1091

焦　煜　一五三六（嘉靖十五）年刊钓台集八卷　明吴希孟辑　⑱集1809

金陵**焦氏**　一五九七（万历二十五）年刊两苏经解　明焦竑辑　⑤598

舒一泉　一五七三—一六二〇（万历）年刊尧山堂外纪一百卷　明蒋一葵撰　①4324

舒少轩　一五七八（万历六）年刊重刻全补标题音注历朝捷录四卷　明顾充撰顾宪成音释　⑱史1519

临川**舒化**　一五八五（万历十三）年刊问刑条例七卷　明舒化辑　㉑106

舒世臣　一六一二（万历四十）年刊新刊地理紫囊书八卷　明越祜撰郑复初评　⑱子356

舒石泉 刊皇明历科状元全策十二卷 ⑱集1735

舒用中 一五八四（万历十二）年刊重刻增改标题音注历朝捷录大成四卷 明顾充撰
顾宪成音释 ⑱史1520

舒一贞 一五一〇（正德五）年刊陈思王集十卷 魏曹植撰 ⑱集20

舒迁刘启东等 一五四一（嘉靖二十）年刊天游别集三卷 明王达撰 ①903

舒伯明 一五七六（万历四）年刊唐宋诸贤绝妙词选十卷中兴以来绝妙词选十卷 宋黄昇辑 ⑱集1995

舒良材 一五四六（嘉靖二十五）年刊诗外传十卷 汉韩婴撰 ⑱经162

舒其志 一六〇九（万历三十七）年刊陈伯玉文集十卷 唐陈子昂撰 附录一卷 ⑱集44

书林**舒其材** 一五九一（万历十九）年刊常郡新刻李会元先生性理书抄八卷 明李廷机辑 ⑱子91

舒承溪 一五七三—一六二〇（万历）年刊白苏斋类集二十二卷 明袁宗道撰 ⑧

舒 瑞 一五二五（嘉靖四）年重修李文十八卷 唐李翱撰 ⑱集138

舒 璪 一六二〇（万历四十八）年刊梓溪文钞内集八卷外集十卷首一卷 明舒芬撰 ⑱集647

嘗郡**舒濬溪** 明末刊诗经水月备考四卷 明薛寀撰 ⑱经145

金阊**舒瀛溪** 一六二九（崇祯二）年刊礼记鸳谱四卷 明茅大瑛辑 ⑱经200

舒瀛溪 刊历朝捷录二卷 明顾充撰 元朝捷录一卷 明汤宾尹撰 ⑱史1521

进贤**舒鏊** 一五二二—一五六六（嘉靖）年刊悔庵先生朱文公别集十卷续集十一卷 宋朱熹撰 ㉑81

三衢**舒氏** 一六〇一（万历二十九）年在四泉刊文选纂注评林十二卷 梁萧统辑
明张凤翼纂注恽绍龙参订 ⑱集1557

舒 氏 一六二八—一六四四（崇祯）年家刊双峰先生存稿六卷 宋舒邦佐撰舒日敬辑 ⑱集362

鲁重民 一六二八—一六四四（崇祯）年刊四六全书五种四十二卷 明李日华撰 ⑱丛611

山阳尹**鲁文叔** 一五八〇（万历八）年刊鸣玉堂稿十二卷 明张天复撰 ⑪NC5428/1312.1

童子山 一五七七（万历五）年刊战国策十卷 宋鲍彪校注 ⑱史215

童子儁等 刊舟枕山欣赏古文辞六卷 明郑之惠辑 ⑱集1567

书林**童文举** 刊脉经十卷 晋王叔和撰宋林亿等校定 ⑱子191

书林童忆泉 刊诗通四卷 明陆化熙撰 ⑱经143

童汉臣 一五四八（嘉靖二十七）年刊穷居集五卷 明张涞撰 ⑱集681

童汉臣 刊孔孟事迹图谱四卷 明季本撰 ①11010

童　品 一四八八—一五〇五（弘治）年刊周易古文羽义十二卷首一卷 明童品撰 ⑱经66

童恩善 一五七〇（隆庆四）年刊淳化志八卷 明罗廷绣纂修 ⑲169

吴门**童晋元** 一六四二（崇祯十五）年刊颐生微论四卷 明李中梓撰 ㉚706

金陵双泉**童氏** 刊桂翁词 明夏言撰 ⑳61

龙山**童氏** 刊文房四谱四卷 宋苏易简撰 ⑱子461

思泉**童氏** 一五七八（万历六）年刊国语二十一卷 吴韦昭注 ⑱史208

双泉**童氏** 一五六六（嘉靖四十五）年刊桂翁词六卷鸥园新曲一卷 明夏言撰 ⑱集1973

书林**童氏** 一六二一（天启元）年刊国朝名公诗选十二卷 明陈继儒辑陈元素注 ⑱集1707

山阴延福寺释**普恩**等 一五六〇（嘉靖三十九）年刊敕修百丈清规二卷 元释德辉撰 ⑱子956

普　济 刊摩诃般若波罗蜜多心经一卷 题无垢子注 ⑱子936

释**普智** 募刊大佛顶如来密因修证了义诸菩萨万行首楞严经十卷 题唐释般刺密帝弥伽释伽译 ⑱子931

释**普滋** 一六四二（崇祯十五）年刊绝馀编四卷 明释智旭撰 ①6433

曾于拱杜拯 一五二二—一五六六（嘉靖）年刊骝山先生文集八卷 明陈褒撰 ⑱集646

曾大有 一五〇七（正德二）年刊魏郑公谏录五卷 唐王方庆编 ⑱史466

曾大有 刊白氏讽谏一卷 唐白居易撰 ⑱集143

曾才汉 一五四七（嘉靖二十六）年刊全唐诗选十八卷 明李默邹守愚辑 ⑱集1668

曾文受 刊元丰类稿五十一卷 宋曾巩撰 ③文258. 35/17. 1

广昌**曾邦泰** 一六二一（天启元）年刊栋峰遗稿二卷 明曾梧撰 ㉑113

曾　佩 一五五二（嘉靖三十一）年刊宪纲事类一卷申明宪纲一卷 明王廷相等撰
风宪忠告一卷 元张养浩撰 御史箴一卷 明薛瑄集解 ⑱史1100

曾承业 一五九八（万历二十六）年刊曾志四卷首一卷末一卷 明李天植辑 ⑱史463

曾敏才 一五九七（万历二十五）年刊南丰先生元丰类稿五十一卷 宋曾巩撰 ⑱集217

曾敏贤等 刊隆平集二十卷 宋曾巩撰 ⑱史231

曾翔龙 一五六二（嘉靖四十一）年刊南丰曾文昭公曲阜集二卷 宋曾肇撰 卷首一卷 ①1327

曾熙丙 一六一八（万历四十六）年刊汉魏丛书钞四卷 明张邦翼编 ⑱丛213

曾　璠 一五八三（万历十一）年刊重刊人子须知资孝地理心学统宗三十九卷
明徐善继徐善述撰 ⑱子355

曾　樱 一六三七（崇祯十）年刊黄忠裕公文集八卷 明黄巩撰 ⑱集630

曾懋爵 一六三〇（崇祯三）年刊南丰先生元丰类稿五十一卷 宋曾巩撰 ⑱集217

庐陵**曾氏** 一五五四（嘉靖三十三）年刊庐陵曾氏家乘三十二卷 明曾孔化编 ㉑114

径山寺释**道兴**等 一五六一（嘉靖四十）年募刊五灯会元二十卷 宋释普济撰 ⑱子976

泉州开元寺释**道昉** 一六三九（崇祯十二）年刊大佛顶如来密因修证了义诸菩萨万行首楞
严玄义二卷 明释智旭撰 ⑱子949

释**道焜** 刊妙法莲华经七卷 后秦释鸠摩罗什译明释一如集注 ⑱子942

湛若水 一五三六（嘉靖十五）年刊唐丞相曲江张先生文集二十卷 唐张九龄撰 ⑱集46

温如春 一五七一（隆庆五）年刊王襄毅公集二十卷 明王邦瑞撰 附录一卷 ⑱集652

温　秀 一五四一（嘉靖二十）年刊唐音十五卷 元杨士弘辑明顾璘批点 ⑱集1664

温皐谟詹尔达 一六二四（天启四）年刊玉磬山房遗稿八卷 明王毓宗撰 ⑱集792

温　氏 一五五五（嘉靖三十四）年刊大谷诗集二卷 明温新撰 ⑱集689

游一川 一五九八（万历二十六）年刊新刻四书图要二卷 明黄耳鼎金寿祖撰 ⑱经336

游及远等 一五九七（万历二十五）年刊朱宗良集十二卷 明朱多熿撰 ⑱集822

游子建 一五七五（万历三）年刊史记钞六十四卷 明茅坤选 福建省图2. 121－11

游元泾 一六〇一（万历二十九）年刊增正诗馀图谱三卷 明张綖撰游元泾增订 ⑱集2012

游日益 一五七五（万历三）年刊青萝馆诗六卷 明徐中行撰 ⑱集706

游曰陞 一六〇〇（万历二十八）年刊博物志补二卷 明游潜撰 ⑱子731

游　朴 一五九二（万历二十）年刊孤树裒谈五卷　明李默撰　⑱子659

游仲卿 一六一七（万历四十五）年刊游参知藏山集十卷　明游朴撰　⑱集751

游　明 一四五七—一四六四（天顺）年刊史记集解索隐一百三十卷　⑱史13

游　明 一四六九（成化五）年刊批点分格类意句解论学绳尺十卷
诸先辈论行文法一卷　宋魏天应辑　⑱集1612

书林**游敬泉** 刊刻李卓吾先生批评红拂记二卷　明张凤翼撰李贽评　⑱集2110

游居敬 一五三七（嘉靖十六）年自刊韩柳文一百卷　明游居敬编　⑱集1440

游居敬吕时中 一五五八（嘉靖三十七）年刊弘治十七年山东乡试录一卷　⑱史660

谢三宾 一六三六（崇祯九）年刊古今考三十八卷　宋魏了翁撰元方回续　⑱子 610

谢士元 一四七三（成化九）年刊三礼考注六十四卷序录一卷纲领一卷　元吴澄撰　⑱经211

谢与栋 一六〇六（万历三十四）年刊焦氏笔乘六卷续集八卷　明焦竑撰　①5029

谢元良 一五二〇（正德十五）年刊岑嘉州诗八卷　唐岑参撰　⑱集63

谢天瑞 一五九九（万历二十七）年刊诗馀图谱六卷　明张綖撰　补遗六卷　明谢天瑞撰　⑱集2012

谢少南宋宜 一五三八（嘉靖十七）年刊九边图论不分卷　明许论撰　①14817

谢少南 一五五三（嘉靖三十二）年刊泾野先生五经说二十一卷　明吕柟撰　⑱经24

谢正蒙 一六一六（万历四十四）年刊曲江张文献先生文集十二卷　唐张九龄撰　附录一卷　⑱集46

谢　光 一四七四（成化十）年刊三山王养静先生集十卷　明王褒撰　⑱集554

谢廷杰 一五六二（嘉靖四十一）年刊谢文庄公集六卷　明谢一夔撰　⑱集587

谢廷杰 一五七二（隆庆六）年刊王文成公全书三十八卷　明王守仁撰　⑱集618

谢廷杰陈烈 一五七二（隆庆六）年刊太师诚意伯刘文成公集二十卷　明刘基撰　⑱集527

谢　伟 一六〇一（万历二十九）年刊鹤林玉露十六卷　宋罗大经撰　补八卷　明谢天瑞撰　①14895

晋陵**谢守廉** 一五七三—一六二〇（万历）年刊何大复先生学约古文十卷　明何景明选　⑭

谢汝仪 一五二二—一五六六（嘉靖）年刊白适诗集十三卷　明谢矩撰　⑱集542

谢应徵 一五四七（嘉靖二十六）年刊王公奏稿六卷　明王恕撰　⑱史361

谢绍讷余绍堂　刊韩山汇稿二卷　明庄诚撰　⑱集750

谢适然　一五四六（嘉靖二十五）年刊桃溪类稿六十卷　明谢铎撰　附录一卷　⑱集590

谢廷桂朱维吉　一四六九（成化五）年刊河汾诗集八卷　明薛瑄撰　⑱集573

新安吴琯**谢陛**陆弼等　一五七三—一六二〇（万历）年刊诗纪一百五十六卷目录三十六卷
　明冯惟讷辑　⑱集1583

谢　铎　一四九七（弘治十）年刊赤城集十八卷　宋林表民辑　⑱集1806

樵阳**谢颎**　一四七四（成化十）年刊养生月览二卷　宋周守忠辑　⑱子250

谢锡命　一五五二（嘉靖三十一）年刊甘泉湛子古诗选五卷　明湛若水撰谢锡命等辑　⑱集627

谢　鸾　一五五四（嘉靖三十三）年刊豫章罗先生文集十七卷　宋罗从彦撰　年谱一卷　⑱集312

谢锡命等　一五五七（嘉靖三十六）年刊同门录一卷　⑱史437

谢　襜　一五四六（嘉靖二十五）年刊谢海门窗稿一卷谢进士墨卷一卷　明谢说撰　⑱集694

谢肇淛　一五九六（万历二十四）年刊郑诗　明郑善夫撰　⑱集631

谢　氏　一五三五（嘉靖十四）年刊本草权度三卷　明黄济之撰　㉚320

十三画

靳　雷　一五八九（万历十七）年刊靳两城先生集二十卷　明靳学颜撰　⑱集685

甄　津　一五六四（嘉靖四十三）年刊念庵罗先生集十三卷　明罗洪先撰　⑱集670

甄　敬　一五六〇（嘉靖三十九）年刊诗纪一百三十卷前集十卷附录一卷外集四卷
　别集十二卷　明冯维讷辑　①7860

鄢懋卿宁宠　一五五二（嘉靖三十一）年刊文山先生全集二十八卷　宋文天祥撰　⑱集394

蓝思绍　一五八七（万历十五）年刊蓝侍御集十卷　明蓝田撰　⑱集662

蓝　鉏　一五二六（嘉靖五）年刊蓝山先生诗集六卷　明蓝仁撰　⑱集544

蓝　章　一四八九（弘治二）年刊云峰胡先生文集十四卷　元胡炳文撰明胡用光胡濬辑　⑱集448

蓝章高朝用　一五一六（正德十一）年刊八阵合变图说一卷　明蓝章龙正撰　⑱子120

蒲以怿　一六一二（万历四十）年刊新刻石室先生丹渊集四十卷拾遗二卷　宋文同撰　年谱一卷　宋家诚之撰　续编诸公书翰诗文一卷杂纪一卷　⑱集212

雷　芳　一六三二（崇祯五）年刊窥垣秘术二卷　明陈长卿撰　⑱子198

雷杏泉　一五七三—一六二〇（万历）年刊伤寒百问歌四卷　宋钱闻礼撰　㉚88

金陵书林**雷鸣**　一五二二—一五六六（嘉靖）年刊济生产宝论方二卷　明徐明善校　⑱子236

雷鸣时　一六三〇（崇祯三）年刊子华子十卷　⑱子493

雷咸亨　一六二八—一六四四（崇祯）年刊许闲居诗二卷秋诗一卷　明裴养素撰　⑪NC5248.2/1385

雷思忠　一五九二（万历二十）年刊少司徒王公重光忠勤录三卷　⑱史481

雷　逵　一五五五（嘉靖三十四）年刊孝肃奏议十卷　宋包拯撰　⑱史357

雷逵洪大滨　一五五四（嘉靖三十三）年刊余忠宣集六卷　元余阙撰　忠节附录一卷　⑱集484

虞九章　一五九一（万历十九）年刊唐骆先生文集六卷　唐骆宾王撰明虞九章等订释　⑱集41

虞守愚　一五三一（嘉靖十）年刊重刊黄文献公文集十卷　元黄溍撰　⑱集470

虞守愚　一五四二（嘉靖二十一）年刊枫山章先生文集四卷　明章懋撰　实纪一卷　⑱集593

虞德烨　一五八〇（万历八）年刊墨池编六卷　宋朱长文辑　⑱子401

新余**简公**　一五三七（嘉靖十六）年刊新笺决科古今源流至论四十卷　宋林駉黄履翁撰　㉑84

简绍芳　一五五一（嘉靖三十）年刊陶情乐府四卷续集一卷拾遗一卷　明杨慎撰　⑱集2169

简继芳　一五九六（万历二十四）年刊【嘉定】赤城志四十卷　宋齐硕等修陈耆卿纂　⑲422

解宁　一五九〇（万历十八）年募刊四家语录六卷　⑱子960

鲍　松　一五一三（正德八）年自刊李杜全集八十四卷　明鲍松编　⑱集1437

鲍　雄　一五一四（正德九）年刊蛟峰批点止斋论祖四卷论诀一卷　宋陈傅良撰方逢辰批点　⑱集337

鲍穉卿　一六〇九（万历三十七）年自刊堪舆经书十卷　明鲍穉卿辑　⑱子356

鲍懋度　一六三五（崇祯八）年刊近思录十四卷　宋朱熹吕祖谦撰　⑱子58

詹日昌　一六二八—一六四四（崇祯）年刊印可编一卷续编一卷　明詹绍治撰　⑱集843

闽建书林**詹长卿**　刊新刻诸事备用万家纂要通达便览二十卷　明王文洁辑　⑱子842

詹文中 一六〇八（万历三十六）年刊明良世翰不分卷 ⑱史476

詹斗光吴元礼 一五七八（万历六）年刊选辑诸名家评注批点苏文八卷 明詹奎光辑 ⑱集1859

闽书林**詹圣泽** 一六一〇（万历三十八）年在南京刊我朝人物今古奇编二十八卷 明薛应旂辑
郑以伟注 ⑯982.26/571

书林**詹圣泽**詹霖宇 刊新锲会元汤先生批评空同文选五卷 明李梦阳撰汤宾尹评 ⑱集614

书林**詹圣泽** 刊注释九子全书 明焦竑注释 ⑤693

书林**詹圣学** 一五八八（万历十六）年刊重刻类编草堂诗馀评林六卷 明田一儁辑李廷机评 ⑱集1997

书林**詹圣谟** 刊镌太仓王氏音释骆丞集十卷 唐骆宾王撰明王世贞注 ⑱集41

詹光陛等 一六一二（万历四十）年刊朱文公语录类要述十八卷 明范涞撰 ⑱子63

书林**詹冲泉** 刊新锲会元玉蟠袁先生真传书经翼衷演义十卷 明袁宗道撰 ⑱经114

书林**詹伯元** 刊新锓李先生类纂音释捷用云笺 明李光祚辑 ④补476

书林**詹张景** 刊新刻搜补历代皇明注解标奇风教故事六卷 明朱明世辑 ⑭

福建书林**詹林所** 刊京本校正注释音文黄帝内经素问十二卷 唐王冰注宋林亿等校正孙兆改误 ⑱子175

詹思谦 一五八八（万历十六）年刊赵清献公集十卷目录二卷 宋赵抃撰 ⑱集209

书林**詹钟瑞** 明末刊增补类编音释四民切用便读杂字四卷 明余一夔辑 ⑱子868

闽建书林**詹彦洪** 刊静观室增补史记纂六卷 明李廷机增补苏濬评 ⑱史704

詹恒忠 一六〇八（万历三十六）年刊新刻开基翰林评选历朝捷录总要四卷 明顾充撰
王家植评 ⑱史1520

詹事讲 一五八三（万历十一）年刊撙斋先生缘督集十二卷 宋曾丰撰明曾自明辑 ⑱集344

崇义**詹道坚** 刊类编伤寒活人书括指掌图论九卷首一卷 宋李知先编元吴恕图说 ㉚88

詹德象 一五九八（万历二十六）年刊詹养贞先生文集三卷 明詹事讲撰 ⑱集758

詹璥丘瑗等 一五二三（嘉靖二）年刊律吕解注二卷 明邓文宪撰 ⑱经226

潭邑**詹霖宇** 一六〇六（万历三十四）年刊新刊凤洲先生签题性理精纂约义八卷 明王世贞撰 ⑱子86

书林**詹霖宇** 一五七三—一六二〇（万历）年刊新锓施会元精选旁训皇明鸿烈集十卷

明顾起元辑施凤来等评鲁史旁训 ⑱集1724

书林詹氏 一五七三—一六二〇（万历）年刊新刊论策标题古今三十三朝史纲纪要七十二卷外纪七卷 明许国撰黄洪宪补 ⑱史132

书林冲泉**詹氏** 刊徽郡新刻国朝名公尺牍三卷 明程大约辑 ⑱集1729

金陵圆觉庵释**新仁** 一六二九—一六三七（崇祯二—十）年刊大明万历已丑重刊改并五音类聚四声篇十五卷五音集韵十五卷 金韩道昭撰 经史正音切韵指南一卷 元刘鉴撰 新编篇韵贯珠集八卷 明释真空撰 ⑱经470

慈圣皇太后 一五七四（万历二）年刊地藏经讚一卷 ⑱子946

慎　蒙 一五七六（万历四）年刊名山诸胜一览记十六卷 明慎蒙辑 ⑱史998

慎懋官 一五八四（万历十二）年刊新锓抱朴子内篇四卷外篇四卷 晋葛洪撰 ⑱子1048

慎懋赏 一五八一（万历九）年刊慎氏交谊集八卷 明慎蒙辑 ⑰K15207

窦文照 一五七八（万历六）年自刊窦子纪闻类编四卷 明窦文照撰 ①5027

窦宝泉 一五七五（万历三）年刊蠛蠓集五卷 明卢柟撰 ⑱集727

窦　铠 一五七三—一六二〇（万历）年刊洮岷文武禁约一卷 明毕自严撰 ⑱史1341

窦福玉 一四五三（景泰四）年刊佛说地狱还报经一卷 ⑱子920

应天府释**福智** 一三九五（洪武二十八）年刊观世音菩萨普门品经一卷 后秦释鸠摩罗什译 ⑱子915

释福登 一六〇〇（万历二十八）年募刊大佛顶首楞严经正脉疏十卷悬示一卷 明释真鉴撰 ⑱子948

褚　鈇 一五九六（万历二十四）年刊汇古菁华二十四卷 明张国玺刘一相辑 ⑱集1623

褚　选 一五二八（嘉靖七）年刊周礼集注七卷 明何乔新撰 ⑱经174

十四画

赫瀛王凤竹等 一五八五（万历十三）年刊黎阳王襄敏公集四卷 明王越撰 年谱一卷明王绍雍王正蒙撰 ①11628

蔡曰兰 一五八二（万历十）年刊秘传经验痘科玉函集六卷 明丁凤撰 ⑱子246

蔡文范 刊大戴礼记注十三卷 汉戴德原撰北周卢辩注 ⑱经207

蔡可行 一六〇六（万历三十四）年刊花萼堂唫稿四卷 明蔡可教蔡可贤蔡可行撰 ⑱集1850

蔡立身 一五九七（万历二十五）年刊尚书日记十六卷 明王樵撰 ⑱经113

蔡有鹍 一六〇五（万历三十三）年刊蔡氏全书十二卷首一卷 宋蔡发撰 ⑱集417

蔡扬金 一五五六（嘉靖三十五）年刊周礼句解十二卷 宋朱申撰 ⑱经171

蔡汝贤 一五八二（万历十）年刊太史升庵文集八十一卷 明杨慎撰 ①2903

蔡汝楠 一五六二（嘉靖四十一）年刊杏东先生文集十卷 明郭维藩撰 ⑱集642

蔡克廉 一五五〇（嘉靖二十九）年刊玩芳堂摘稿四卷 明王慎中撰 ⑱集666

蔡伯庸 一三九八（洪武三十一）年刊高季迪赋姑苏杂咏一卷 明高启撰 ⑱集539

蔡　武 一六二三（天启三）年刊说经劄记十卷 明蔡汝楠撰 ⑱经359

蔡国熙 一五六九（隆庆三）年刊和静先生文集三卷 宋尹焞撰 附录一卷 ⑱集313

蔡宗尧 一五五〇（嘉靖二十九）年刊孔丛子七卷 题汉孔鲋撰 ⑱子29

蔡　绅 一四九四（弘治七）年刊精选东莱先生左氏博议句解十六卷 宋吕祖谦撰 ⑱经245

蔡　经 一五三八（嘉靖十七）年刊立斋外科心法五卷 明薛己撰 ⑱子233

蔡　经 一五四四（嘉靖二十三）年刊体仁汇编六卷 明彭用光撰 ⑱子219

蔡贵易 一五八七（万历十五）年刊老庄通十四卷 明沈一贯撰 ⑱子1000

蔡锺有 一六一八（万历四十六）年刊海忠介公文集十卷 明海瑞撰 ⑱集709

金陵书林**蔡浚溪** 一五七三—一六二〇（万历）年刊纂丘琼山先生大学衍义英华十八卷 明凌遇知辑 ⑱子69

蔡望卿 一六〇二（万历三十）年刊六家文略十二卷六家始末一卷 明唐顺之蔡瀛辑 ⑱集1617

蔡　弼 一五三二（嘉靖十一）年刊事类赋注三十卷 宋吴淑撰 ①2670

蔡善继夏休生 一六二五（天启五）年刊宋贤事汇二卷 明李廷机辑 ⑱子706

书坊**蔡益所** 一六二八—一六四四（崇祯）年刊读史集四卷 明杨以任辑 ⑱史696

蔡增誉 一六〇七（万历三十五）年刊周易古今文全书论例二卷古文二卷今文九卷
易学启蒙五卷传易考二卷 明杨时乔撰 ⑰14503

娄东蔡懋德 一六四〇（崇祯十三）年刊伤寒全生集四卷 明陶华撰 ㉚68

臧尔炳 一六二一（天启元）年刊负苞堂诗选五卷文选四卷 明臧懋循撰 ⑱集762

吴兴臧氏 一五七三—一六二〇（万历）年刊元曲选 明臧懋循辑 ⑤942

裴述祖 一五九三（万历二十一）年刊大椿堂诗选二卷 明杨博撰杨俊民辑 ⑱集675

裴 瑀 一四六三（天顺七）年刊佛母大孔雀明王经三卷 唐释不空译 ⑱子927

管大勋 一五七九（万历七）年刊世说新语三卷 刘宋刘义庆撰梁刘孝标注 ⑱子636

管觉仙 一六二〇（万历四十八）年刊大乘起信论续疏二卷 明释通润撰 ⑱子946

管觉仙 一六二一（天启元）年刊庄子内篇注七卷 明释德清撰 ⑱子1021

管 稷 一五七一（万历九）年刊永嘉先生八面锋十三卷 宋陈傅良辑 ⑱子802

雒于仁 一五九八（万历二十六）年自刊代警编二卷 明雒于仁撰 ⑱子664

彰 德 一五三八（嘉靖十七）年刊文苑春秋四卷 明崔铣辑 ⑪810.08/2284

吉水**廖如春** 一五六六（嘉靖四十五）年自刊程士集四卷 明廖如春撰 ㉑119

廖希颜江濬 一五四四（嘉靖二十三）年刊晋溪本兵敷奏十四卷 明王琼撰 ⑱史361

廖直显 一五二九（嘉靖八）年刊草木子四卷 明叶子奇撰 ⑱子559

廖 铠 一五一七（正德十二）年刊史记集解索隐正义一百三十卷 ⑱史14

漆 彬 一五七六（万历四）年刊舒梓溪先生集十卷 明舒芬撰 ⑱集647

谭少嵋 一五四五（嘉靖二十四）年刊杨升庵诗五卷 明杨慎撰 ⑱集638

谭廷臣 一五九五（万历二十三）年刊荒政汇编二卷 明何淳之辑 ⑱史1327

谭 淮 一五六四（嘉靖四十三）年刊重刊通鉴集要二十八卷通鉴总论一卷 明诸燮辑 ⑱史128

谭 锴 刊南丰先生元丰类稿五十一卷 宋曾巩撰 ⑱集217

谭 耀 一五八八（万历十六）年刊廉平录六卷 明傅履礼高为表撰 ⑱史410

何景明翟清 一五二一（正德十六）年刊汉纪三十卷 汉荀悦撰明吕柟校 ⑱史142

书林**翠坡** 刊新刊全相万家诗法六卷 明汪彪撰汪廷祖绘图 ⑱集1892

熊人霖 一六四〇（崇祯十三）年刊宗忠简公文集八卷 宋宗泽撰 ㉑82

书林**熊大木** 一五四二（嘉靖二十一）年刊新刊大字分类校正日记大全九卷 明虞韶辑熊大木注 ⑱子838

熊之璋 一六四七（隆武二）年刊重刊熊勿轩先生文集四卷 宋熊禾撰 外附一卷 ⑱集409

熊开元 一六二八—一六四四（崇祯）年刊周忠毅公奏议四卷 明周宗建撰 行实一卷 ⑱史380

熊云滨 一五九四（万历二十二）年刊庄子南华经精解九卷 明陈懿典撰 ④2812

书林**熊少泉** 一五八三（万历十一）年刊辍耰述四卷 明陈全之撰 ⑱子568

书林**熊心禹** 一五九六（万历二十四）年刊新锲书经定衡讲意六卷 明雷梦麟训解林鸿儒定旨 ⑱经112

书林**熊玉屏** 刊新刻东坡禅喜集九卷 宋苏轼撰 ⑱集258

闽书林**熊成冶** 一六〇五（万历三十三）年刊新刊图注指南伤寒活人指掌四卷 元吴恕撰明吴文炳增补 ⑱子195

熊　宇 一五二〇（正德十五）年刊楚骚五卷 楚屈原撰 附录一卷 汉司马迁撰 ⑱集1

南昌**熊宇奇** 一五七三—一六二〇（万历）年刊重校尔雅翼三十二卷 宋罗愿撰 ㉑79

书林**熊冲宇** 一五七三（万历元）年刊鼎镌洪武元韵勘正补订经书切字海篇玉鉴二十卷 明武纬子补订王衡勘正 ①5002

熊　纪 一四八八—一五〇五（弘治）年刊汉隽十卷 宋林钺辑 ⑱史707

熊体忠 一五九七（万历二十五）年刊鼎锲李先生易经火传新讲七卷 明李京撰 ⑰14502

书林**熊体忠** 一六〇二（万历三十）年刊鼎锲叶太史汇纂玉堂鑑纲七十二卷 明叶向高撰 ⑱史133

建阳书林**熊体忠** 刊玉堂鉴纲七十二卷 明叶向高汇编李京订义 福建师大960.27GS71

南昌**熊杰** 一五二二—一五六六（嘉靖）年刊舒梓溪先生集十卷 明舒芬撰 ㉑72

熊明遇 一五七三—一六二〇（万历）年刊刘清惠公集十二卷 明刘麟著 ㉑82

熊尚文 一六〇九（万历三十七）年刊延平李先生答问一卷 宋朱熹撰 附录一卷 ①8903

熊　迥 一五六二（嘉靖四十一）年刊周易象旨决录七卷 明熊过撰 读周易象旨私识一卷 ①8750

丰城**熊秉元** 一五六三（嘉靖四十二）年刊读律琐言三十卷 明雷梦麟撰 ㉑100

书林**熊秉宸**等 一五七三—一六二〇（万历）年刊新著地理独启玄关罗经秘旨四卷 明徐世颜撰 ⑱子355

南昌熊宗立 一四三七（正统二）年自刊王叔和脉诀图要俗解六卷 明熊宗立编 ㉑69

南昌熊宗立 一四五八（天顺二）年自刊伤寒运气全书十卷 明熊宗立编 ㉑69

鳌峰熊宗立 一四七四（成化十）年刊新刊素问入式运气论奥三卷 宋刘温舒撰
素问运气图括定局立成一卷 明熊宗立撰 黄帝内经素问灵枢运气
音释补遗一卷 明田经校正 ⑱子178

鳌峰熊宗立 刊新刊补注释文黄帝内经素问十二卷 唐王冰注宋林亿等校正孙兆改误 ⑱子177

书林熊建山 刊新锲徽郡原板梦学全书三卷首一卷 ⑱子363

书林熊咸初 刊新刊仁斋直指附遗方论二十六卷小儿附遗方论五卷医脉真经二卷
伤寒类书活人总括七卷 宋杨士瀛撰明朱崇正补遗 ⑱子205

熊剑化徐良彦 一六〇七（万历三十五）年刊太常少卿魏水洲先生文集六卷 明魏良弼撰 ⑱集664

熊胤衡 一四二〇（泰昌元）年刊南沙先生文集八卷 明熊过撰 ⑱集672

熊　桂 一五一六（正德十一）年刊怀麓堂诗稿二十卷文稿三十卷诗后稿十卷文后稿三十卷
南行稿一卷北上录一卷讲读录一卷东祀录三卷集句录一卷集句后录一卷哭子录一卷
求退录三卷 明李东阳撰 ⑱集588

书林熊辅 刊新刊一行禅师演禽命书六卷 明喻冕辑 ⑱子369

熊相高屿 一五二〇（正德十五）年刊岑嘉州诗七卷 唐岑参撰 ⑱集64

熊　翀 一四九三（弘治六）年刊马石田文集十五卷 元马祖常撰 附录一卷 ⑱集460

熊　桴 刊陈徵士集四卷 明陈銮撰 ⑱集652

书林熊稔寰 一六一六（万历四十四）年刊屠先生评释谋野集四卷 明王穉登撰屠隆评释 ⑱集738

熊　斌 一四七〇（成化六）年刊诗学权舆二十二卷 明黄溥撰 ⑱集1886

熊　绣 一四八七（成化二十三）年刊文公感兴诗通一卷 元胡炳文撰 ⑱集330

熊　祺 一六一四（万历四十二）年刊文苑英华辩证十卷 宋彭叔夏撰 ⑱集1564

熊　爵 一五三二（嘉靖十一）年刊古赋辨体十卷 元祝尧辑 ⑱集1601

汪江熊逵 一五二二—一五六六（嘉靖）年刊傅与砺诗集四卷 元傅若金撰明傅若川辑 ㉑99

南昌**熊惠书** 一五七三—一六二〇（万历）年刊朱子易学启蒙四卷 明余懋衡撰 ㉑78

缪邦珏 一五九八（万历二十六）年刊晞发集七卷 宋谢翱撰 续录一卷附录一卷 ⑱集405

海虞**缪希雍** 一六二四（天启四）年刊脉经十卷人元脉影归指图说二卷 晋王叔和撰 ⑱子191
宋林亿等校定

缪虚白 一六三七（崇祯十）年刊从野堂存稿八卷 明缪昌期撰 ⑱集812

缪辅之 一五二二—一五六六（嘉靖）年刊南轩先生文集四十四卷 宋张栻撰 ⑱集360

十五画

释慧钦 一三七九（洪武十二）年募刊大慧普觉禅师宗门武库一卷 雪堂和尚拾遗录一卷 宋释道谦撰 ⑱子965

樊良枢 一六〇七（万历三十五）年刊浑盖通宪图说二卷首一卷 明李之藻撰 ⑱子258

樊维城 一六二三（天启三）年自刊盐邑志林四十种六十六卷 明樊维城编 ①9009

渭野**樊得仁** 一五四〇（嘉靖十九）年刊性理三解七卷 明韩邦奇撰 ⑱子82

樊献科于德昌 一五五六（嘉靖三十五）年刊太师诚意伯刘文成公集十八卷 明刘基撰 ⑱集527

暴孟奇 一五七七（万历五）年刊殷太师忠烈录十卷 明曹安撰 ①2107

暴孟奇李蓑 一五六七—一五七二（隆庆）年刊宋艺圃集二十二卷续集三卷 明李蓑辑 ①5203

释镇澄 一六〇六（万历三十四）年刊道德经集解二卷 明释镇澄撰 ⑱子1011

大兴隆寺释**慎广**等 一四六二（天顺六）年募刊古清凉传二卷 唐释慧祥撰 广清凉传三卷
宋释延一撰 续清凉传二卷 宋张商英撰 成道记一卷 唐王勃撰
补陁洛迦山传一卷 元盛熙明撰 ⑱子977

释德仪 一四一九（永乐十七）年刊妙法莲华经解七卷 宋释戒环撰 ⑱子941

释德经等 一四四〇（正统五）年刊佛说四十二章经一卷 汉释迦叶摩腾竺法兰译
佛遗教经一卷 后秦释鸠摩罗什译 永嘉真觉大师证道歌一卷 唐释玄
觉撰 禅宗决疑集一卷 元释智徹撰 ⑱子886

德妃张氏 一五四三（嘉靖二十二）年刊药师本愿功德宝卷一卷佛说三十五佛名经一卷 ⑱集2179

临川**黎公颖**　一四五三（景泰四）年刊一山文集九卷　元李继本撰　㉑105

黎民表　一五七四（万历二）年刊刘宾客文集三十卷外集十卷　唐刘禹锡撰　⑱集133

黎尧勳　一五五四（嘉靖三十三）年刊古文选要五卷　明张舜臣辑　⑱集1618

黎君华　一五八八（万历十六）年刊瑶石山人诗稿十六卷　明黎民表撰　⑱集686

黎　谅　一四四八（正统十三）年刊水心先生文集二十九卷　宋叶适撰　⑱集357

黎　谅　一四四二（正统七）年刊苏平仲文集十六卷　明苏伯衡撰　⑱集532

黎　密　一六二五（天启五）年自刊黎缜之游稿一卷　明黎密撰　椒花初颂赠言一卷　⑱集861

黎　晨　一五三六（嘉靖十五）年刊宁国府志十卷　明黎晨修李默纂　⑲465

黎　晨　一五三七（嘉靖十六）年刊谢眺集五卷　南齐谢眺撰　⑱集34

黎遵指　一六三二（崇祯五）年刊苏文忠先生寓惠全集四卷　宋苏轼撰　⑱集257

滕万里　一六一六（万历四十四）年刊神农本经会通十卷　明滕弘撰　⑱子183

滕　晖　一五一六（正德十一）年募刊湘山事状全集十二卷　⑱史1058

颜广□　刊观老庄影响论一卷　明释德清撰　①1310

颜如瑰　一五一八（正德十三）年刊颜氏家训二卷　北齐颜之推撰　⑱子514

颜胤祚　一五九六（万历二十四）年刊鲁公文集十五卷　唐颜真卿撰　⑱集53

颜继祖等　一六二二（天启二）年刊蔡忠惠诗集全编二卷　宋蔡襄撰明宋珏辑
蔡忠惠别纪补遗二卷　明徐𤊹辑宋珏增辑　⑱集205

颜欲章　一五七三—一六二〇（万历）年刊颜鲁公文集二十卷　唐颜真卿撰明颜欲章辑　⑱集54

颜禄寿　一五〇七（正德二）年刊青阳先生文集六卷　元余阙撰　附录一卷　⑱集484

颜嗣慎　一五七五（万历三）年刊颜氏家训二卷　北齐颜之推撰　⑱子515

颜懋乾　一五七四（万历二）年刊颜氏家训二卷　北齐颜之推撰　⑱子514

颜　氏　一六一五（万历四十三）年刊骆丞集注四卷　唐骆宾王撰明颜文选补注　⑱集42

潘士达　一六〇六（万历三十四）年自刊古文世编一百卷　明潘士达辑　⑱集1625

婺源**潘士藻**　一六〇四（万历三十二）年刊朴溪潘公文集九卷　明潘潢撰潘士藻辑　㉑90

潘大复 一六〇〇（万历二十八）年刊经鉏堂杂志八卷 宋倪思撰 ①15076

潘之淙等 一六二七（天启七）年刊字李四卷 明叶秉敬撰 篆体偏旁点画辨诀一卷 明潘之淙撰 ⑱经446

潘之恒 一六二〇（万历四十八）年刊黄帝内经素问二十四卷 唐王冰注 ⑱子176

潘云杰 一六〇五（万历三十三）年自刊类集试验良方二卷 明潘云杰编 ㉚221

潘云献 一五九八（万历二十六）年刊骚苑三卷 明黄省曾撰 补一卷 明张所敬撰 ⑱子840

潘文星 刊扑溪潘公文集九卷 明潘潢撰 ⑱集654

潘文楚 一五七三—一六二〇（万历）年刊赠言录一卷 明樊王家辑 ⑱史485

潘方凯 刊墨谱三卷 宋李孝美撰 ⑱子465

潘允哲 一五八二（万历十）年刊康对山先生集四十六卷 明康海撰 ⑱集621

潘允端 一五六九（隆庆三）年刊阴阳辨疑二卷阴阳辨疑论一卷 明罗青霄撰 ⑱子375

潘允端 一五七三（万历元）年刊漕抚奏疏四卷 明王宗沐撰 ⑱史367

潘旦邓杞 一五二二（嘉靖元）年刊周易本义通释十二卷辑录云峰文集易义一卷 元胡炳文撰明胡珙辑 ⑱经61

潘师鲁 一六〇六（万历三十四）年刊读易述十七卷 明潘士藻撰 ⑱经72

潘仕潘杰 刊事类赋三十卷 宋吴淑撰并注 ⑱子789

潘玄度 一六〇三（万历三十一）年刊唐世说新语十三卷 唐刘肃撰 ⑱子639

潘汝桢 一五七三—一六二〇（万历）年刊慈湖先生遗书抄六卷 宋杨简撰明杨世思辑 ⑱集347

潘光统 一五五八（嘉靖三十七）年刊明星类选十二卷 明黎民表辑 ①13553

潘时从 一六一二（万历四十）年刊书法要录四卷 明汪其澜辑 ⑱子409

潘　侃 刊韵叶考五卷 明余信撰 ⑱经477

潘庭礼潘懋英 一五七三—一六二〇（万历）年刊碧梧潘先生遗稿四卷续刻遗稿五卷读易偶见二卷外集二卷平五寨兵事始末一卷 明潘鸣时撰 附录一卷 ⑱集733

潘是仁 一六一五（万历四十三）年自刊宋元诗四十二种二百八卷 明潘是仁编 ⑱集1382

潘　选 一五一八（正德十三）年刊唐诗集注五卷 宋赵蕃韩淲辑谢枋得胡次焱注 ⑱集1662

潘 恩 刊周礼十二卷 汉郑玄注唐陆德明释文 ⑱经168

潘季训 一五八〇（万历十八）年自刊河防一览十四卷 明潘季训撰 ⑱史1038

潘 振 刊汉隶韵要五卷 明文征明撰 ⑱经440

潘惟时潘惟德 刊六臣注文选六十卷 梁萧统辑唐李善等注 ⑱集1556

潘弼亮 一六二一—一六二七（天启）年刊亘史钞九十三卷 明潘之恒辑 ⑭

婺源**潘潢** 一五四二（嘉靖二十一）年刊晦庵先生朱文公文集一百卷续集十一卷 宋朱熹撰 ㉑90

潘 梅 一五五三（嘉靖三十二）年刊删正唐诗品汇五十卷 明俞宪辑 ⑱集1666

潘 蔓 一五二二—一五六六（嘉靖）年刊楮记室十五卷 明潘埙辑 ⑱子838

潘 榛 一六〇八（万历三十六）年刊增释春秋列传五卷 明刘节撰 ⑱史401

潘 嘉 一五六一（嘉靖四十）年刊五瓠山人诗集四卷续附一卷 明宗训撰 ⑱集732

潘 璁等 一六四〇（崇祯十三）年刊韦氏诗经考定二十四卷诗经传授源流一卷
总论一卷 明韦调鼎撰 ⑱经146

潘 滋 一五三五（嘉靖十四）年刊山屋百官箴六卷 宋许月卿撰 ⑱史1099

潘膺祉 刊五杂俎十六卷 明谢肇淛撰 ⑰K15002

潘懋功 一六一五（万历四十三）年自刊百八手珠一卷 明潘懋功撰 ⑱子709

潘 儻 一五六一（嘉靖四十）年刊王氏存笥稿二十卷 明王维桢撰 ⑱集684

履谦子 一五六九（隆庆三）年刊剑侠传四卷附录一卷 ⑱子737

十六画

薛士弘 一六一四（万历四十二）年刊文清公薛先生文集二十四卷 明薛瑄撰 ⑱集573

薛 巳 一五五六（嘉靖三十五）年自刊保婴撮要二十卷 明薛铠撰薛己增补 ㉚475

薛 己 刊难经本义二卷 元滑寿撰 ⑱子181

薛孔洵 一五七五（万历三）年刊石堂先生遗集二十二卷 宋陈普撰 ⑱集410

薛邦瑞 一六二八—一六四四（崇祯）年刊西原全集十卷遗集一卷 明薛蕙撰 ⑱集644

关中**薛贞** 一六一五（万历四十三）年刊伤寒全生集四卷 明陶华撰 ㉚68

薛应旂 一五六六（嘉靖四十五）年自刊宋元通鉴一百五十七卷 明薛应旂撰 ⑱史127

薛茂杞 一六一七（万历四十五）年刊图书质疑一卷 明薛侃撰 ⑱经67

薛茂杞薛茂椮 一六一七（万历四十五）年刊研几录不分卷 明薛侃撰 ⑱子84

薛 侃 一五三七（嘉靖十六）年刊阳明先生则言二卷 明王守仁撰 ①17592

薛 诩 刊重刊湖海新闻夷坚续志后集不分卷 ①7586

薛祖学 一五二五（嘉靖四）年刊六礼纂要六卷 明侯廷训等撰 ⑱经217

薛继岩薛昌胤 一六四三（崇祯十六）年刊薛文清公从政名言一卷 明薛瑄撰 ⑱集573

薛梦雷 一五七六（万历四）年刊痘科庭训二卷 明鲁守仁撰 ⑱子245

薛 晨 一五二二—一五六六（嘉靖）年刊三辅黄图六卷 ⑱史1050

薛 蕡 一五四三（嘉靖二十二）年刊游嵩集一卷 明乔宇薛蕙撰 ①11891

金陵**薛氏** 一五五五（嘉靖三十四）年刊重刊校正唐荆川先生文集十二卷 明唐顺之撰 ⑱集671

霍与瑕 一五七六（万历四）年刊渭厓文集十卷 明霍韬撰 ⑱集643

霍韬吕柟 一五三九（嘉靖十八）年刊皇明诏制八卷 ⑱史337

冀 绮 一四八九（弘治二）年刊五色线集三卷 ⑱子739

释**默菴** 一四三七（正统二）年募刊护法论一卷 宋张商英撰 ⑱子989

穆光胤 一六〇一（万历二十九）年刊穆考功逍遥园集选二十卷 明穆文熙撰南师仲辑 ⑱集718

穆世锡 一六一四（万历四十二）年自刊食物辑要八卷 明穆世锡辑 ⑱子472

穆 相 一五二八（嘉靖七）年刊杜律七言注解二卷 唐杜甫撰元虞集注 ⑱集74

释**禧达** 明初刊佛果圜悟禅师碧岩录十卷 宋释克勤撰 ⑱子963

十七画

鞠鼎衡 刊汪氏痘书一卷 明汪若源撰 ⑱子245

戴士充 一五六〇（嘉靖三十九）年刊戴中丞遗集八卷 明戴鱀撰 附录一卷 ⑱集649

戴凤仪 一六〇四（万历三十二）年刊茶录四卷 明程用宾撰 ⑱子476

金溪**戴文宗** 一五九三（万历二十一）年自刊四六梅花四卷 明戴文宗撰 ㉑108

戴 用张僖 一四七〇（成化六）年刊诚意伯刘先生文集二十卷 明刘基撰 ⑱集527

戴 充 一五二五（嘉靖四）年刊孔孟圣迹图一卷 明谢秉秀辑 ⑱史402

戴 毂 一五七三—一六二〇（万历）年刊睡庵诗稿一卷文稿二卷 明汤宾尹撰 ⑱集782

戴相尧 一五七三—一六二〇（万历）年刊岱史十八卷 明查志隆撰 ⑱史1010

戴 金 一五二六（嘉靖五）年刊皇明政要二十卷 明娄性撰 ⑱史252

戴 洵 一五八一（万历九）年刊剡源戴先生文集三十卷 元戴表元撰 ⑱集433

戴 珊 一四七四（成化十）年刊南村辍耕录三十卷 明陶宗仪撰 ⑱子557

戴皇恩 一五八四（万历十二）年刊分门定类今古名贤尺素天海奇声九卷 ⑱子855

戴 统 一四四五（正统十）年刊九灵山房集三十卷 元戴良撰 ⑱集508

戴 铣 一四九一（弘治四）年刊宋纪受终考三卷 明程敏政撰 ⑱史232

戴鲸时 一五四五（嘉靖二十四）年刊杜工部诗二十卷文集二卷 唐杜甫撰宋黄鹤补注

附录一卷年谱一卷 ⑱集71

戴 熺 一六一四（万历四十二）年刊孝肃奏议十卷 宋包拯撰 ⑱史357

魏士军吴昌期 一四九二（弘治五）年刊梦墨稿十卷 明时季照撰 ⑱集555

魏大平魏大用 一五七七（万历五）年刊龙筋凤髓判注四卷 明刘允鹏撰 ⑱子784

魏文可 一五七九（万历七）年刊云山堂集六卷 明魏裳撰 ⑱集705

魏允孚 一五七三—一六二〇（万历）年刊边华泉集八卷集稿六卷 明边贡撰 ⑱集617

魏有本 一五四一（嘉靖二十）年刊新刊皇明名臣言行录四卷 明杨廉辑徐咸续辑 ⑱史429

魏光绪 一六三二（崇祯五）年刊国朝内阁名臣事略十六卷 明吴伯与撰 ①9953

魏妙秀 一四三二（宣德七）年刊佛顶心大陀罗尼经三卷 ⑱子925

魏时用 一五六六（嘉靖四十五）年刊皇明九边考十卷 明魏焕撰 ⑱史991

魏 祐 一四四六（正统十一）年刊易义主意五卷 明谢子方撰 ⑱经64

魏贤诩 一六三一（崇祯四）年刊石室私抄五卷 明魏文焲撰 ⑱集694

魏尚纯 一五六二（嘉靖四十一）年刊医垒元戎十二卷 元王好古撰 ⑱子206

魏希明 一五四〇（嘉靖十九）年刊六书精蕴六卷 明魏校撰 音释举要一卷 明徐官撰 ⑱经440

魏学礼 一五七五（万历三）年刊华阳馆诗集十四卷文集十二卷 明宋仪望撰 附录一卷 ⑱集703

魏　庠 一五四〇（嘉靖十九）年刊六书精蕴六卷 明魏校撰 音释一卷 明徐官撰 ㉙1876

魏养蒙徐中元等 一五七三—一六二〇（万历）年刊复宿山房集四十卷 明王家屏撰 ⑱集739

魏　挍 一五三九（嘉靖十八）年刊矫亭存稿十八卷续稿八卷 明方鹏撰 ㉙1877

魏留耘 一五五四（嘉靖三十三）年刊彤管新编八卷 明张之象辑 ⑱集1583

魏惺吾 一六一二（万历四十）年刊诸证提纲十卷 明陈文治撰 ⑱子230

魏　博 一五七九（万历七）年刊王槐野先生存笥稿二十卷续九卷 明王维桢撰 ⑪810.64/1024.1

魏　谧 一五二〇（正德十五）年刊了溪诗稿四卷 明彭泮撰陈元辑 附录一卷 ⑱集657

魏　裳 一五六三（嘉靖四十二）年刊白雪楼诗集十卷 明李攀龙撰 ⑱集695

魏　椿 刊拟古乐府二卷 明李东阳撰何孟春解谢铎潘辰评 ⑱集589

魏　铭 一四六八（成化四）年刊蒲山牧唱不分卷 明魏观撰 ⑱集530

魏　濠 一五五一（嘉靖三十）年刊海峰堂前稿十八卷 明叶良佩撰 ⑱集663

书林**魏家** 明初刊世医得效方二十卷 元危亦林编 ⑱子208

襄王妃王氏 一五二一（正德十六）年刊佛说高王观世音经一卷缘启一卷观音梦授经一卷 ⑱子916

濮阳春 一六〇七（万历三十五）年刊后梁春秋二卷 明姚士粦撰 ①2173

荆溪**蹇朝阳** 一四五七—一四六四（天顺）年刊云林诗集六卷 元倪瓒撰 附录一卷 ⑬845.77/27214

蹇　曦 一四六〇（天顺四）年刊倪云林先生诗集六卷 元倪瓒撰 附录一卷 ⑱集511

十八画

瞿式耜 一六三五（崇祯八）年刊皇明臣略纂闻十二卷 明瞿汝说辑 ①2111

瞿式耜 一六四四（崇祯十七）年刊石田先生诗钞八卷文钞一卷 明沈周撰瞿式耜辑 事略一卷 清钱谦益辑 ⑱集607

瞿汝说 一六一〇（万历三十八）年刊崇正文选十二卷 明施策辑 ④补306

瞿汝稷 刊瞿文懿公集十六卷制敕稿一卷制科集四卷 明瞿景淳撰 ⑱集692

瞿汝夔 一六〇〇（万历二十八）年刊大方广佛华严经八十卷 唐释实叉难陀译 ⑱子900

瞿函中 一六一一（万历三十九）年刊瞿冏卿集十四卷 明瞿汝稷撰 ㉙2794

第三章 清代版刻

一、官 刻

二画

京师八旗官学 一七二七（雍正五）年刊小学集注六卷 宋朱熹撰明陈选集注 ⑯125.5/828-5

九江府 一六七三（康熙十二）年刊九江府志十八卷 清江殷道修张秉铉纂 ⑲482

九江府 一八一八（嘉庆二十三）年刊九江府志三十卷首一卷 清朱棨朱浩修曹芸细纂 ⑲482

九江府 一八七四（同治十三）年刊九江府志五十四卷首一卷末一卷 清达春布修黄凤楼欧阳焘纂 ⑲483

九江府署 一六六一（顺治十八）年刊九江府志二十二卷 清胡宗仪纂修 ㉑142

九谿卫 一六八五（康熙二十四）年刊九谿卫志三卷 清袁魍修董儒修纂 ⑲665

三画

陕西三水县 一六七七（康熙十六）年刊三水县志四卷 清林逢泰修文倬天纂 ⑲169

陕西三水县 一七八五（乾隆五十）年刊三水县志十一卷 清朱廷模葛德新修孙星衍纂 ⑲169

陕西三水县 一八七二（同治十一）年刊三水县志十二卷首一卷 清姜桐冈修郭四维纂 ⑲169

广东三水县 一七一〇（康熙四十九）年刊三水县志十五卷首一卷 清郑玫纂修 ⑲695

广东三水县 一八一九（嘉庆二十四）年刊三水县志十六卷首一卷 清李友榕汪云任等修 邓云龙董思诚纂 ⑲695

三水官廨 一八八一（光绪七）年刊先正读书诀 清周永年辑 ⑦7303

三台县 一七八六（乾隆五十一）年刊三台县志八卷 清张松孙郑璇纂修 ⑲752

三台县 一八一五（嘉庆二十）年刊三台县志八卷 清沈昭兴纂修 ⑲725

三河县 一七六〇（乾隆二十五）年刊三河县志十六卷首一卷 清王大信等纂 ⑲47

三原县 一七〇五（康熙四十四）年刊三原县志七卷 清李瀛修温德嘉焦之序纂 ⑲167

三原县一七六六（乾隆三十一）年刊三原县志二十二卷首一卷 清张象魏纂修 ⑲167
三原县一八八〇（光绪六）年刊三原县新志八卷 清焦云龙修贺瑞麟纂 ⑲167
工 部一七四九（乾隆十四）年刊钦定工部则例五十卷附乘舆仪仗做法二卷 清史贻直等纂 ②48981
工 部一八一〇（嘉庆十五）年刊钦定工部军器则例六十卷 清刘权之等修宋道勋等纂 ③社340/856
工 部一八八四（光绪十）年刊工部则例一百一十六卷首一卷 清翁同龢等撰 ③社138・16/1806
下荆南道署一七四四（乾隆九）年刊大岳太和山纪略八卷 清姚世倌等纂 ②43792
大田县一六八五（康熙二十四）年刊大田县志十卷首一卷 清叶振甲纂修周卜世增修 ⑲547
大田县一七五九（乾隆二十四）年刊大田县志十二卷首一卷 清李慧修叶铭林虎榜纂 ⑲547
山西**大宁县**一六九二（康熙三十一）年刊大宁县志八卷 清刘芳永修曹续祖纂 ⑲108
山西**大宁县**一七三〇（雍正八）年刊大宁县志八卷 清杜瑾修刘源涞纂 ⑲108
山西**大宁县**一八四四（道光二十四）年刊大宁县志八卷 清杜棠修郭屏纂 ⑲108
山西**大宁县**一八八三（光绪九）年刊大宁县志八卷 清崔同绂修李华棠纂 ⑲108
四川**大宁县**一七四六（乾隆十一）年刊大宁县志四卷 清阎源清修焦懋熙纂 ⑲782
四川**大宁县**一八八五（光绪十一）年刊大宁县志八卷首一卷 清高维岳修魏远猷等纂 ⑲782
大同府一六五二（顺治九）年刊云中郡志十四卷 清胡文烨等纂修 ⑲83
大同府一七八二（乾隆四十七）年刊大同府志三十二卷首一卷 清吴辅宏修王飞藻纂文光校订 ⑲84
大同县一八三〇（道光十）年刊大同县志二十卷首一卷末一卷 清黎中辅纂修 ⑲84
大竹县一七八七（乾隆五十二）年刊大竹县志十卷 清陈士林纂修 ⑲789
大竹县一八二二（道光二）年刊大竹县志四十卷 清翟瑔修王怀孟等纂刘汉昭等续纂 ⑲790
大名府一六七二（康熙十一）年刊大名府志三十二卷 清周邦彬修部焕元纂 ⑲68
大名府一八五三（咸丰三）年刊大名府志二十二卷首一卷续志六卷末一卷 清朱煐等纂修
武蔚文续修郭程先续纂高继珩增补 ⑲68
大名县一六七六（康熙十五）年刊大名县志二十卷 清顾咸泰修王逢五纂 ⑲69
大名县一七八九（乾隆五十四）年刊大名县志四十卷首一卷 清张维祺修李棠纂 ⑲69

大兴县 一六八五（康熙二十四）年刊大兴县志六卷 清张茂节修李开泰等纂 ⑲5

大足县 一七五〇（乾隆十五）年刊大足县志十一卷 清李德纂修 ⑲775

大足县 一八一八（嘉庆二十三）年刊大足县志八卷 清张澍修李型廉等纂 ⑲775

大足县 一八三六（道光十六）年刊大足县志八卷 清张澍修李型廉等纂王松增补 ⑲775

大足县 一八七七（光绪三）年刊大足县志八卷 清王德嘉等修高云从等纂 ⑲775

大邑县 一七四九（乾隆十四）年刊大邑县志四卷 清宋载纂修 ⑲748

大邑县 一八六七（同治六）年刊大邑县志二十卷 清赵霦等纂修 ⑲748

大冶县 一六八三（康熙二十二）年刊大冶县志十二卷首一卷 清陈邦寄修胡绳祖纂 ⑲609

大冶县 一八六七（同治六）年刊大冶县志十八卷首一卷 清胡复初修黄昺杰纂 ⑲609

大冶县 一八八四（光绪十）年刊大冶县志续编七卷首一卷末一卷 清林佐修陈鳌纂 ⑲609

大定府 一八四九（道光二十九）年刊大定府志六十卷 清黄宅中修邹汉勋纂 ⑲811

大城县 一六七三（康熙十二）年刊大城县志八卷 清张象灿修马恂纂 ⑲49

大城县 一八九七（光绪二十三）年刊大城县志十二卷首一卷 清赵炳文徐国桢修刘钟英等纂 ⑲49

大荔县 一七四二（乾隆七）年刊大荔县志十六卷首一卷 清沈应俞修叶超懋纂 ⑲174

大荔县 一八五〇（道光三十）年刊大荔县志十六卷首一卷 清熊兆麟纂修 ⑲174

大荔县府 一八八八（光绪十四）年刊时疫喉症经验良方不分卷 清张善吾辑 ⑦8785

大姚县 一八四五（道光二十五）年刊大姚县志十六卷图一卷 清黎恂修刘荣黻纂 ⑲841

大埔县 一六八六（康熙二十五）年刊埔阳志六卷 清宋嗣京修蓝应裕等纂 ⑲688

大埔县 一七四四（乾隆九）年刊大埔县志十二卷 清蔺涛纂修 ⑲688

大埔县 一八〇四（嘉庆九）年刊大埔县志十八卷首一卷 清洪先寿纂修 ⑲688

大埔县 一八七六（光绪二）年刊同治大埔县志十八卷首一卷 清张鸿恩纂修 ⑲688

大通县 一六六二—一七二二（康熙）年刊唐诗快十六卷 清黄周星辑 ④14625

大通鹾廨 一九〇五（光绪三十一）年刊不慊斋漫存十二卷 清徐赓陛撰 ⑯847·8/951

大理府 一六九四（康熙三十三）年刊大理府志三十卷首一卷 清傅天祥李斯佺修黄元治等纂 ⑲843

大理府　一七四六（乾隆十一）年补刊大理府志三十卷首一卷　清傅天祥李斯佺修　⑲843

大庾县　一七四八（乾隆十三）年刊南安府大庾县志二十卷首一卷　清余光璧纂修　⑲515

大庾县　一八五一—一八六一（咸丰）年刊大庾县续志二卷　清□子潇纂　⑲515

大庾县　一八七四（同治十三）年刊大庾县志二十六卷首一卷　清陈荫昌修石景芬纂　⑲515

贵州傅氏**大梁县署**　一八七六（光绪二）年刊古音类表九卷　清傅寿彤撰　②10519

万州　一六七九（康熙十八）年刊万州志四卷　清李琰纂修　⑲703

万州　一八二八（道光八）年刊万州志十卷　清胡端书修杨士锦吴鸣清纂　⑲703

万县　一七四六（乾隆十一）年刊万县志四卷　清刘高培修赵志本纂　⑲781

万县　一八六〇（咸丰十）年刊万县志四卷　清冯卓怀纂修　⑲781

万县　一八六六（同治五）年刊增修万县志三十六卷首一卷　清王玉鲸张琴等修范泰衡等纂　⑲781

万年县　一六七三（康熙十二）年刊万年县志十卷　清王万鉴修江九逵纂　⑲493

万年县　一七二五（雍正三）年刊万年县志　清刘镐纂修　㉑162

万年县　一七五一（乾隆十六）年刊万年县志三十四卷　清李继圣修汪文彪刘文表纂　⑲493

万年县　一八二七（道光七）年刊万年县志二十二卷首一卷末一卷　清周履祥张宗裕等纂修　⑲493

万年县　一八七一（同治十）年刊万年县志十二卷首一卷　清项珂修刘馥桂等纂　⑲493

万泉县　一七〇八（康熙四十七）年刊万泉县志八卷　清瞿亮邦纂修　⑲117

万泉县　一七五八（乾隆二十三）年刊万泉县志八卷　清毕宿焘修张史笔纂　⑲117

万全县　一七四五（乾隆十）年刊万全县志十卷首一卷　清左承业纂修　⑲40

万全县　一八三四（道光十四）年刊万全县志十卷首一卷　清左承业原本施彦士续修纂　⑲40

万安县　一六七一（康熙十）年刊吉安府万安县志十二卷　清胡枢修郎星纂　⑲507

万安县　一八二四（道光四）年刊万安县志十二卷　清魏湘修张映宿纂　⑲507

万安县　一八七三（同治十二）年刊万安县志二十卷首一卷末一卷　清欧阳骏修周之镛纂　⑲507

万安县　一八七七（光绪三）年重校刊万安县志二十卷首一卷末一卷　清欧阳骏修周之镛纂　⑲507

万载县　一六八三（康熙二十二）年刊万载县志十六卷首一卷　清常维桢修汪映极等纂　⑲494

万载县 一七三三（雍正十一）年刊万载县志十六卷首一卷 清汪元采修杨言等纂 ⑲494
万载县 一八二六（道光六）年刊万载县志十四卷 清卫鹓鸣纂修 ⑲495
万载县 一八六〇（咸丰十）年刊万载县志十八卷首一卷 清陈乔枞纂修 ㉑165
万载县 一八七二（同治十一）年刊万载县志三十卷首一卷 清金第杜绍斌纂修 ⑲495
弋阳县 一六七三（康熙十二）年刊弋阳县志十卷 清陶燿纂修 ⑲488
弋阳县 一七八四（乾隆四十九）年刊弋阳县志十三卷首一卷 清左方海纂修 ⑲488
弋阳县 一八五一（咸丰元）年刊弋阳县志十四卷首一卷 清陈乔枞等纂修 ⑲488
弋阳县 一八七一（同治十）年刊弋阳县志十四卷首一卷 清俞致中修汪炳熊等纂 ⑲488
上元县 一七二一（康熙六十）年刊上元县志二十四卷 清唐开陶纂修 ⑲312
上元县 一七五一（乾隆十六）年刊上元县志二十七卷首一卷末一卷 清蓝应袭修程廷祚等纂 ⑲312
上元县 一八二四（道光四）年刊上元县志二十六卷 清武念祖修陈栻纂 ⑲312
上犹县 一六九七（康熙三十六）年刊上犹县志十卷 清章振萼纂修 ⑲515
上犹县 一七五〇（乾隆十五）年刊上犹县志十三卷 清方求义等纂修 ⑲516
上犹县 一八二一—一八五〇（道光）年刊上犹县志 清芩连乙纂修 ㉑188
上犹县 一八九三（光绪十九）年刊上犹县志十八卷首一卷 清叶滋澜修李临驯纂 ⑲516
上林县 一七〇五（康熙四十四）年刊上林县志二卷 清张邵振纂修 ⑲717
上林县 一八二〇（嘉庆二十五）年刊上林志稿十二卷 清黄金声纂修 ⑲717
上林县 一八七六（光绪二）年刊上林县志十卷首一卷末一卷 清徐衡绅修周世德纂 ⑲717
上杭县 一六八七（康熙二十六）年刊上杭县志十二卷 清蒋廷铨纂修 ⑲543
上杭县 一七五三（乾隆十八）年刊上杭县志六卷首一卷末一卷 清赵成修赵宁静纂 ⑲543
上思州 一六六二—一七二二（康熙）年刊上思州志四卷 清戴梦熊修唐灵绪纂 ⑲734
上思州 一八三四（道光十四）年刊上思州志二十卷首一卷 清陈兰滋纂修 ⑲734
上饶县 一六八四（康熙二十三）年刊新修上饶县志十二卷 清马之骦修祝雷声等纂 ⑲487
上饶县 一七八四（乾隆四十九）年刊上饶县志十三卷 清程肇丰纂修 ⑲487

上饶县 一八二六（道光六）年刊上饶县志三十二卷首一卷 清陶尧臣修周毓麟等纂 ⑲487

上饶县 一八七二（同治十一）年刊上饶县志二十六卷首一卷 清王思溥邢德裕修李树藩等纂 ⑲487

上高县 一六七三（康熙十二）年刊上高县志六卷 清刘启泰修李凌汉纂 ⑲496

上高县 一八一一（嘉庆十六）年刊上高县志十七卷首一卷末一卷 清刘炳修晏善澄纂 ⑲496

上高县 一八七〇（同治九）年刊重修上高县志十四卷首一卷末一卷 清冯兰森修陈卿云等纂 ⑲496

上海机器印书局 一八七七（光绪三）年刊淮军平捻记十二卷 清周世澄撰 ⑯922·7604/814－03

上海县 一六八三（康熙二十二）年刊上海县志十二卷 清史彩修叶映榴等纂 ⑲8

上海县 一七五〇（乾隆十五）年刊上海县志十二卷首一卷 清李文耀修谈起行叶承纂 ⑲8

上海县 一八一四（嘉庆十九）年刊上海县志二十卷首一卷 清王大同修李林松纂 ⑲9

上海文庙南园志局 一八七二（同治十一）年重刊【同治】上海县志三十二卷首一卷末一卷 清应时宝等修方宗诚等纂 ⑲9

上海道署 一八六七（同治六）年刊陆清献公莅嘉遗迹三卷 清黄维玉编 ⑯982·874/388－171

上海榷署 一八七五（光绪元）年刊冯氏清芬集 清马询辑 ⑤

上虞县 一六七一（康熙十）年刊上虞县志二十卷首一卷 清郑侨修唐徵麟等纂 ⑲420

上虞县 一八一一（嘉庆十六）年刊上虞县志十四卷首一卷 清崔鸣玉修李方湛朱文绍纂 ⑲420

上虞县 一八四八（道光二十八）年刊上虞县志刊补二十四卷 清沈奎纂王振纲续纂 ⑲420

上虞县 一八九一（光绪十七）年刊上虞县志四十八卷首一卷末一卷 清唐煦春修朱士黻纂 ⑲420

上蔡县 一六九一（康熙二十九）年刊上蔡县志十五卷 清杨廷望修张沐纂 ⑲592

山丹县 一八三五（道光十五）年刊续修山丹县志十卷 清党行义原本黄璟续修 ⑲223

山左八旗会馆 一八九六（光绪二十二）年刊僧忠亲王荡寇纪略 清牛林撰 ⑯922·76/825

山东广仁局 一九〇四（光绪三十）年刊引痘略 清邱浩川编 ㉚517

山东东路厅署 一八八二（光绪八）年刊郝氏遗书 清郝懿行撰 ⑥

山东省 一六七八（康熙十七）年刊山东通志六十四卷 清赵祥星修钱江等纂 ⑲255

山东省 一七三六（乾隆元）年刊山东通志三十六卷首一卷 清岳濬法敏修杜诏顾瀛纂 ⑲255

山东省 一八三七（道光十七）年补刊山东通志三十六卷首一卷 清岳濬法敏修杜诏顾瀛纂 ⑲255

山西省 一六八二（康熙二十一）年刊山西通志三十二卷 清穆尔赛等修刘梅温敞纂 ⑲81

山西省 一七三四（雍正十二）年刊山西通志二百三十卷 清觉罗石麟修储大文纂 ⑲81

山西省 一七八〇（乾隆四十五）年刊山西志辑要十卷首一卷 清雅德修汪本直纂 ⑲81

山西省 一八九二（光绪十八）年刊山西通志一百八十四卷首一卷 清曾国荃张煦等修王轩等纂 ⑲81

陕西山阳县 一六九四（康熙三十三）年刊山阳县初志三卷 清秦凝奎修梁淳李曰栋纂 ⑲183

陕西山阳县 一七九六（嘉庆元）年刊山阳县志十二卷 清何树滋纂修 ⑲183

江苏山阳县 一七四九（乾隆十四）年刊山阳县志二十二卷首一卷 清金秉祚修丁一焘等纂 ⑲364

江苏山阳县 一八七三（同治十二）年刊重修山阳县志二十一卷图一卷 清张兆栋孙云修 何绍基丁晏等纂 ⑲365

山阳官署 一七八五（乾隆五十）年刊云石山房小草 清曹杰撰 ②45262

山阴县 一六七一（康熙十）年刊山阴县志三十八卷 清高登先修沈麟趾单国骥等纂 ⑲417

山阴县 一八〇三（嘉庆八）年刊山阴县志三十卷首一卷 清徐元梅修朱文翰等纂 ⑲417

山海关 一六七〇（康熙九）年刊山海关志十卷 清陈天植等修余一元纂 ⑲44

归安姚觐元川东官舍 一八七六（光绪二）年刊说文解字十五卷 汉许慎撰 ⑥

川东保甲局 一八七二（同治十一）年刊蚕桑宝要四卷 清周春溶撰 ⑰11373

川东道署 一八九四（光绪二十）年刊丁亥入都纪程二卷 清黎庶昌撰 ②36756

川沙厅 一八七九（光绪五）年刊川沙厅志十四卷首一卷末一卷 清陈方瀛修俞樾等纂 ⑲13

川沙抚民厅 一八三六（道光十六）年刊川沙抚民厅志十二卷首一卷 清何士祁修姚椿周墉纂 ⑲13

广丰县 一七五五（乾隆二十）年刊广丰县志十六卷首一卷 清游法珠纂修 ⑲489

广丰县 一八二三（道光三）年刊广丰县志三十二卷首一卷 清文炳修徐奕溥纂 ⑲489

广丰县 一八七二（同治十一）年刊广丰县志十卷首一卷 清双全王麟书修顾兰生林廷杰等纂 ⑲489

广元县 一七五七（乾隆二十二）年刊四川保宁府广元县志十三卷首一卷 清张赓谟等纂修 ⑲751

广平府 一六七六（康熙十五）年刊广平府志二十卷 清沈奕琛修申涵盼纂 ⑲68

广平府 一七四五（乾隆十）年刊广平府志二十四卷 清吴榖纂修 ⑲68

广平府 一八九四（光绪二十）年刊广平府志六十三卷首一卷 清吴中彦修胡景桂纂 ⑲68

广平县 一六七六（康熙十五）年刊广平县志五卷 清夏显煜修王俞巽纂 ⑲68

广东抚署 一八五二（咸丰二）年刊颐身集五种 清叶志诜（延芳）编 ㉚613

广东水师提督署 一八三六（道光十六）年刊筹海初集四卷 清关天培撰 ⑥136

广东省 一六九七（康熙三十六）年刊广东通志三十卷 清金光祖纂修 ⑲673

广东省 一七三一（雍正九）年刊广东通志六十四卷 清郝玉麟修鲁曾煜等纂 ⑲673

广东省 一八二二（道光二）年刊广东通志三百三十四卷首一卷 清阮元修陈昌齐等纂 ⑲673

广东省 一八六四（同治三）年刊广东通志三百三十四卷首一卷 清阮元修陈昌齐等纂 ⑲673

浙江姚文田**广东学署** 一八〇四（嘉庆九）年刊说文声系十四卷 清姚文田述 ⑥

广东善后局 一八九二（光绪十八）年刊通商约章类纂三十五卷 清徐宗亮等撰 ⑯329·1/952

广东惠潮嘉道署 一八八〇（光绪六）年刊见闻辑要不分卷 清刚毅撰 ⑯382/483

广东肇罗道署 一八四五（道光二十五）年刊胎产心法三卷 清阎纯玺撰 ㉚456

广东潮阳县衙 一八〇四（嘉庆九）年刊左传补注三卷 清惠栋撰 ⑥

长白阿克当阿**广东榷署** 一八〇六（嘉庆十一）年刊艺文备览一百二十卷 ⑥

广东藩署 一八八二（光绪八）年刊御制数理精蕴四十五卷 清圣祖玄烨撰 ⑥子62

广东藩署西斋 一八七八（光绪五）年刊痘症备方 清任寿昌撰 ㉚523

广宁县 一六八七（康熙二十六）年刊广宁县志六卷 清黄金从纂修 ⑲710

广宁县 一七四九（乾隆十四）年刊广宁县志十卷 清李本洁修梁乔墺纂 ⑲710

广宁县 一八二四（道光四）年刊广宁县志十七卷 清黄思藻等纂修 ⑲710

广宁县 一八七五—一九〇八（光绪）年刊广宁县乡土志 清伍梅龚炳章编 ⑲710

广西省 一六八三（康熙二十二）年刊广西通志四十卷 清郝浴修廖必强王如辰等纂 ⑲715

广西省 一七三三（雍正十一）年刊广西通志一百二十八卷 清金鉷修钱元昌陆纶纂 ⑲715

广西省 一八〇一（嘉庆六）年刊广西通志二百七十九卷首一卷 清谢启昆修胡虔纂 ⑲715

广西省 一八九〇（光绪十六）年刊广西通志辑要十七卷首一卷 清苏宗经辑羊复礼夏敬颐增辑 ⑲715

云南广西府 一七九三（乾隆四）年刊广西府志二十六卷 清周埰修李绶等纂 ⑲837

云南广西府 一九〇五（光绪三十一）年补刊广西府志二十六卷 清周埰修李绶等纂 ⑲837

广州时务局 一八六九（同治八）年刊战国策三十三卷札记三卷 清黄丕烈札记 ㉙1105

广州府 一七五九（乾隆二十四）年刊新修广州府志六十卷首一卷 清金烈修张嗣衍沈廷芳纂 ⑲674

广州府 一八七九（光绪五）年刊广州府志一百六十三卷 清戴肇辰苏佩训修史澄李光廷纂 ⑲674

广州学署 一八九四（光绪二十）年刊毛诗复古录十二卷首一卷 ⑯094·127/435

广州郡斋 一八七九（光绪五）年刊良方便检 清彭翰孙编 ㉚274

广州倅署 一八七〇（同治九）年刊李义山诗集辑评三卷 唐李商隐撰清朱鹤龄注沈厚塽辑评 ⑯844.17/291－27

广州将军节署 一八七一（同治十）年刊芝隐室诗存七卷附存一卷续存一卷 清长善撰 ⑰427－155

广安州 一七三三（雍正十一）年刊广安州志书八卷 清曹蕴锦修李源长等纂 ⑲786

广安州 一七六九（乾隆三十四）年刊广安州志十三卷 清陆良瑜修邓时敏纂 ⑲786

广安州 一八二〇（嘉庆二十五）年刊广安州志六卷 清吴栻修刘学厚纂 ⑲787

广安州 一八六〇（咸丰十）年刊广安州志八卷 清王兆僖修廖朝翼纂 ⑲787

广安州 一八八七（光绪十三）年刊广安州志十三卷首一卷 清顾怀壬等修周克堃等纂 ⑲787

广安州学署 一八九七（光绪二十三）年在四川刊历代筹边略八十四卷 清陈麟图辑 ⑰5952－3

广灵县 一六八五（康熙二十四）年刊广灵县志十卷 清李焕斗修王五鼎纂 ⑲85

广灵县 一七五四（乾隆十九）年刊广灵县志十卷首一卷末一卷 清郭磊等纂修 ⑲85

广灵县 一八八一（光绪七）年刊广灵县补志十卷首一卷末一卷 清杨亦铭等纂修 ⑲85

江西**广昌县署** 一六五六（顺治十三）年刊新修广昌县志 清沈宾纂修 ㉑74

江西**广昌县** 一六八三（康熙二十二）年刊广昌县志六卷 清王景昇修魏宗衡纂 ⑲516

江西**广昌县** 一八六七（同治六）年刊广昌县志十卷首一卷 清曾毓璋纂修 ⑲516

河北**广昌县** 一六九一（康熙三十）年刊广昌县志八卷首一卷 清杜登春修李我郊纂 ⑲55

河北广昌县 一七六〇（乾隆二十五）年刊广昌县志八卷首一卷 清赵由仁纂修 ⑲55
河北**广昌县** 一八七五（光绪元）年刊广昌县志十四卷首一卷末一卷 清刘荣纂修 ⑲55
广宗县 一六九三（康熙三十二）年刊广宗县志十二卷 清吴存礼修乔承宠纂 ⑲79
广宗县 一八〇二（嘉庆七）年刊广宗县志十二卷附录二卷 清李师舒纂修 ⑲79
广宗县 一八七四（同治十三）年刊广宗县志十二卷 清罗观骏修李汝绍纂 ⑲79
广信府 一六八三（康熙二十二）年刊广信府志二十卷 清周骏升修孙世昌纂 ⑲486
广信府 一七三〇（雍正八）年苏祉罗克昌刊广信府志四十卷末一卷 清周錞元修马道耕纂 ⑲487
广信府 一七八三（乾隆四十八）年刊广信府志二十六卷首一卷 清连柱等纂修 ⑲487
广信府 一八七三（同治十二）年刊广信府志十二卷首一卷 清蒋继洙修李树藩周鼎元纂 ⑲487
广济县 一六六四（康熙三）年刊广济县志十八卷 清王玉铉修王临纂 ⑲617
广济县署 一九〇一（光绪二十七）年刊归州志十七卷 清黄世崇纂修 ⑪NC3185/22/88
广济县 一七九三（乾隆五十八）年刊广济县志十二卷 清黄恺修陈诗纂 ⑲617
广南府 一八二五（道光五）年刊广南府志四卷 清何愚纂修 ⑲836
广顺州 一八四六（道光二十六）年刊广顺州志十二卷首一卷末一卷 清金台修但明伦纂 ⑲816
广通县 一六九〇（康熙二十九）年刊广通县志九卷首一卷 清李铨修张维房纂 ⑲843
广德州 一六七三（康熙十二）年刊广德州志二十六卷 清高拱乾修戈标等纂 ⑲465
广德州 一七三九（乾隆四）年刊广德直隶州志三十卷 清李国相纂修 ⑲465
广德州 一八四七（道光二十七）年刊增补广德州志十六卷首一卷 清裕文纂修 ⑲465
广德州 一八八一（光绪七）年刊广德州志六十卷首一卷末一卷 清胡有诚修丁宝书等纂 ⑲465
义乌县 一六九二（康熙三十一）年刊义乌县志二十卷 清王廷曾纂修 ⑲430
义乌县 一七二七（雍正五）年刊义乌县志二十卷首一卷 清韩慧基修沈裕等纂 ⑲430
义乌县 一八〇二（嘉庆七）年刊义乌县志二十二卷首一卷 清诸自穀修程瑜李锡龄纂 ⑲430
义宁州 一八二四（道光四）年刊义宁州志三十二卷首三卷 清曾晖春修冷玉光查望洋纂 ⑲485
义宁州 一八七三（同治十二）年刊义宁州志四十卷首一卷 清王维新等修涂家杰等纂 ⑲485

义宁州署 一八九四（光绪二十）年刊宋黄文节公全集正集三十二卷续集十卷别集十九卷外集二十四卷首四卷 宋黄庭坚撰 黄青社先生伐檀集二卷 宋黄庶撰 ⑯9319

义宁州铜鼓亭 一八〇一（嘉庆六）年刊粤西金石略十五卷 清谢启昆撰 ㉑158

六濠**义冢局** 一八八七（光绪十三）年刊骨格图说 ㉚34

卫辉府 一六五九（顺治十六）年刊卫辉府志十九卷 清程启朱等修苏文枢李实秀纂 ⑲564

卫辉府 一六九五（康熙三十四）年刊卫辉府志十九卷 清胡蔚先修李芳辰纂 ⑲564

卫辉府 一七八八（乾隆五十三）年刊卫辉府志五十三卷首一卷末一卷 清德昌修徐郎斋纂 ⑲564

马龙州 一七二三（雍正元）年刊马龙州志十卷首一卷 清许日藻修杜诠纂 ⑲829

马平县 一七六四（乾隆二十九）年刊柳州府马平县志十卷首一卷 清舒启修吴光昇纂 ⑲723

马平县 一八九五（光绪二十一）年刊乾隆柳州府马平县志十卷首一卷 清舒启修吴光昇纂 ⑲723

马边厅 一八〇七（嘉庆十二）年刊马边厅志略六卷首一卷 清周斯才纂修 ⑲801

马邑县 一七〇五（康熙四十四）年刊马邑县志五卷 清秦扩修霍燝纂 ⑲87

马邑县 一八一九（嘉庆二十四）年刊康熙马邑县志五卷 清秦扩修霍燝纂 ⑲87

马陆镇 一八一五（嘉庆二十）年刊马陆里志七卷 清封导源纂 ⑲19

乡宁县 一六五〇（顺治七）年刊乡宁县志六卷首一卷 明焦守已纂修清侯世爵续修 ⑲111

乡宁县 一六七二（康熙十一）年刊乡宁县志六卷 清张联箕纂修 ⑲111

乡宁县 一七八四（乾隆四十九）年刊乡宁县志十五卷 清葛清等纂修 ⑲111

乡宁县 一八八一（光绪七）年刊续修乡宁县志十五卷 清冯安澜修崔钟淦纂 ⑲111

四　画

古黔贞丰州署 一八九三（光绪十九）年刊产科心法二卷附福幼编 清汪喆撰 ㉚460

丰　县 一六五六（顺治十三）年刊新修丰县志十卷 清阎韶修张逢宸等纂 ⑲371

丰　县 一七五九（乾隆二十四）年刊丰县志十六卷首一卷 清卢世昌纂修 ⑲371

丰　县 一八九四（光绪二十）年刊丰县志十六卷首一卷 清姚鸿杰等纂修 ⑲371

丰城县 一六六四（康熙三）年刊丰城县志十二卷 清何士锦修陆履敬等纂 ⑲498

丰城县 一七五二（乾隆十七）年刊丰城县志二十卷首一卷末一卷 清满岱修唐光云等纂 ⑲498

丰城县 一八〇八（嘉庆十三）年刊丰城县志二十三卷首一卷 清郑垲修丁猷骏等纂 ⑲498

丰城县 一八二五（道光五）年刊丰城县志二十四卷首一卷 清徐清选李培绪修毛辉凤等纂 ⑲498

丰城县 一八七三（同治十二）年刊丰城县志二十八卷首一卷 清王家杰修周文凤李庚纂 ⑲498

丰城高等小学堂 一九〇六（光绪三十二）年刊历代世系纪年编 清姚文田编 ㉑168

丰顺县 一七四六（乾隆十一）年刊丰顺县志八卷首一卷 清葛曙纂修 ⑲688

丰顺县 一八六五（同治四）年补刊【乾隆】丰顺县志八卷首一卷 清葛曙纂修 ⑲688

丰顺县 一八八四（光绪十）年刊丰顺县志八卷首一卷 清葛曙原本许普济续修吴鹏续纂 ⑲688

丰济仓 一八八二（光绪八）年刊重建丰济仓图案不分卷 清许佐廷撰 ⑯928・41028/987

丰润县 一六九二（康熙三十一）年刊丰润县志八卷 清罗景泐修曹鼎望纂 ⑲46

丰润县 一七五五（乾隆二十）年刊丰润县志八卷 清吴慎纂修 ⑲46

丰润县 一八九一（光绪十七）年刊丰润县志十二卷 清郝增祜等纂修周晋堃续纂修 ⑲46

贵州开州 一七八〇（乾隆四十五）年刊开州志四卷 清王炳文修杨炎等纂 ⑲812

河南开州 一六七三（康熙十二）年刊开州志十卷首一卷 清孙棨纂修 ⑲576

河南开州 一八〇六（嘉庆十一）年刊开州志八卷首一卷 清李符清修沈乐善纂 ⑲576

河南开州 一八八二（光绪八）年刊开州志八卷首一卷 清陈兆麟修祁德昌纂 ⑲576

开　县 一七四六（乾隆十一）年刊开县志不分卷 清胡邦盛纂修 ⑲782

开　县 一八五三（咸丰三）年刊开县志二十七卷首一卷 清朱肇奎等修陈崑等纂 ⑲782

开化县 一六五二（顺治九）年刊开化县志十卷 清朱凤台修徐世荫纂 ⑲433

开化县 一七二九（雍正七）年刊开化县志十卷首一卷 清孙锦修方严翼徐心启纂 ⑲433

开化县 一七九五（乾隆六十）年刊开化县志十二卷首一卷 清范玉衡修吴涖等纂 ⑲433

开化县 一八九八（光绪二十四）年刊开化县志十四卷首一卷 清徐名立潘绍诠修潘树棠纂 ⑲433

开化府 一七五九（乾隆二十四）年刊开化府志十卷 清汤大宾修赵震等纂 ⑲836

开化府 一八二九（道光九）年刊开化府志十卷 清何怀道周炳修万重贤纂 ⑲836

开平县 一七一五（康熙五十四）年刊开平县志二十四卷 清陈还修陈阿平纂 ⑲698

开平县 一八二三（道光三）年刊开平县志十卷 清王文骧修李科等纂 ⑲698

河南**开归道署** 一八二四（道光四）年刊千金宝要六卷 宋郭思编 ㉚213

开建县 一六九二（康熙三十一）年刊开建县志十卷 清邵龙元纂修 ⑲713

归安姚氏**开封节院** 一八一二（嘉庆十七）年刊广陵事略七卷 清姚文田辑 ⑲352

开封府 一六五九（顺治十六）年刊开封府志三十五卷 清钱绂修盛朝组纂 ⑲558

开封府 一六九五（康熙三十四）年刊开封府志四十卷 清管竭忠修张沐纂 ⑲558

开封府 一八六三（同治二）年修锓【康熙】开封府志四十卷 清管竭忠修张沐纂 ⑲558

开封府署 一八二七（道光七）年刊呻吟语六卷 明吕坤撰 ⑯192/445－2－02

开封府知府吴重熹 一八九一（光绪十七）年刊五种遗规 清陈宏谋辑 ②4696

开封郡斋 一八四二（道光二十二）年刊理学宗传二十六卷 清孙奇逢辑 ⑯125/362

开原县 一八五七（咸丰七）年刊开原县志八卷首一卷 清全禄修张式金纂 ⑲133

井陉县 一七三〇（雍正八）年刊井陉县志八卷 清钟文英纂修 ⑲33

井陉县 一八七五（光绪元）年刊续修井陉县志三十六卷 清常善修赵文濂纂 ⑲33

井研县 一七三五（雍正十三）年刊井研县志二卷 清黄光璨修 ⑲773

井研县 一七九六（嘉庆元）年刊井研县志十卷 清张宁阳等修陈献瑞胡元善纂 ⑲773

井研县 一九〇〇（光绪二十六）年刊光绪井研志四十二卷首一卷 清叶桂年等修吴嘉谟等纂 ⑲773

天门县 一七六五（乾隆三十）年刊天门县志二十四卷首一卷 清胡翼修章学诚等纂 ⑲624

天门县 一八二一（道光元）年刊天门县志三十六卷首一卷 清王希琮修张锡穀纂 ⑲625

天长县 一六七三（康熙十二）年刊天长县志四卷 清江映鲲修张振先等纂 ⑲461

天台县 一六八四（康熙二十三）年刊天台县志十五卷首一卷 清李德耀黄执中纂修 ⑲424

天台县 一八五六（咸丰六）年补刊【康熙】天台县志十五卷首一卷 清李德耀黄执中纂修 ⑲424

天全州 一八五八（咸丰八）年刊天全州志八卷首一卷 清陈松龄纂修 ⑲793

天柱县一六八三（康熙二十二）年刊天柱县志二卷 清王复宗纂修 ⑲814
天津卫一六七五（康熙十四）年刊天津卫志四卷首一卷 清薛柱斗修高必大纂 ⑲23
天津府一七三九（乾隆四）年刊天津府志四十卷 清李梅宾程凤文修吴廷华汪沆纂 ⑲23
天津府一八九九（光绪二十五）年刊重修天津府志五十四卷首一卷末一卷 清沈家本荣铨修徐宗亮蔡启盛纂 ⑲23
天津县一七三九（乾隆四）年刊天津县志二十四卷 清朱奎扬张志奇修吴廷华等纂 ⑲23
天津县一八七〇（同治九）年刊续天津县志二十卷首一卷 清吴惠元修蒋玉虹俞樾纂 ⑲23
天彭官署一九〇〇（光绪二十六）年刊颬蛊燃犀录 清燃犀道人撰 ㉚425
天镇县一七三九（乾隆四）年刊天镇县志八卷 清胡元朗纂修 ⑲84
元氏县一六四九（顺治六）年刊元氏县续志不分卷 清祖永杰修智凤翥纂 ⑲35
元氏县一七五八（乾隆二十三）年刊元氏县志八卷末一卷 清王人雄纂修 ⑲35
元氏县一八七五（光绪元）年刊元氏县志十四卷首一卷末一卷 清胡岳修赵文濂王钧如纂 ⑲35
元江府一七一二（康熙五十一）年刊元江府志二卷 清章履成纂修 ⑲831
元江州一八二六（道光六）年刊元江州志四卷 清广裕修王垲等纂 ⑲831
元城县一六七六（康熙十五）年刊元城县志六卷首一卷 清陈伟等纂修 ⑲69
元城县一八七二（同治十一）年刊续修元城县志六卷首一卷 清吴大镛修王仲牲纂 ⑲69
元谋县一六九六（康熙三十五）年刊元谋县志五卷 清莫舜鼐修彭学曾纂 ⑲840
元谋县一七八一（乾隆四十六）年刊元谋县志十四卷 清檀萃纂 ⑲840
无为州一六七三（康熙十二）年刊元为州志十六卷 清颜尧揆修杨交泰等纂 ⑲447
无为州一七四三（乾隆八）年刊无为州志二十五卷首一卷 清常廷璧修吴元桂纂 ⑲447
无为州一八〇三（嘉庆八）年刊无为州志三十六卷首一卷 清顾浩修吴元庆等纂 ⑲447
无极县一七一〇（康熙四十九）年增刊重修无极志二卷 清高必大修穆贞元纂 ⑲34
无极县一七五七（乾隆二十二）年刊无极县志十一卷末一卷 清黄可润纂修 ⑲34
无极县一八九三（光绪十九）年刊无极县续志十卷首一卷末一卷 清曹凤来纂修 ⑲34

无锡县 一六九〇（康熙二十九）年刊无锡县志四十二卷 清徐永言修严绳孙秦松龄纂 ⑲336
无锡县 一七五一（乾隆十六）年刊无锡县志四十二卷 清王镐修华希闵纂 ⑲336
无锡金匮县 一八一三（嘉庆十八）年刊无锡金匮县志四十卷首一卷 清秦瀛纂 ⑲336
无锡金匮县 一八八一（光绪七）年刊无锡金匮县志四十卷首一卷 清裴大中倪咸生修秦缃业等纂 ⑲337
无锡俟实公学堂 一九〇二（光绪二十八）年刊俟实学堂丛书 ②7416
云龙州 一七二八（雍正六）年刊云龙州志十二卷首一卷 清陈希芳修胡禹谟纂 ⑲846
云阳县 一七四六（乾隆十一）年刊云阳县志四卷 清刘士缙曹源邦修陈嘉瑯纂 ⑲783
云阳县 一八五四（咸丰四）年刊云阳县志十二卷 清江锡麒修陈崑纂 ⑲783
云和县 一六九二（康熙三十一）年刊云和县志五卷 清林汪远修柳之元等纂 ⑲442
云和县 一八六四（同治三）年刊云和县志十六卷首一卷 清伍承吉修涂冠续修王士鈖纂 ⑲442
云南县 一七六七（乾隆三十二）年刊云南县志四卷 清李世保修张圣功王在瑺纂 ⑲846
云南县 一八九〇（光绪十六）年刊云南县志十二卷 清项联晋修黄炳堃纂 ⑲846
云南财政厅 一八八六（光绪十二）年刊痧症全书三卷 清王凯编 ㉚399
云南备徵志 一八七五—一九〇八（光绪）年刊蛮书十卷 唐樊绰撰 ⑥史148
云南府 一六九六（康熙三十五）年刊云南府志二十六卷 清张毓碧修谢俨等纂 ⑲821
云南省 一六九一（康熙三十）年刊云南通志三十卷首一卷 清范承勋王继文修吴自肃丁炜纂 ⑲819
云南省 一七六三（乾隆二十八）年刊滇黔志略三十卷 清谢圣纶纂 ⑲819
云南省 一八〇八（嘉庆十三）年刊滇云纪略二卷 清张若骕纂 ⑲820
云南省 一八三五（道光十五）年刊云南通志稿二百十六卷首三卷 清阮元伊里布等修王崧李诚纂 ⑲820
云南省 一八九四（光绪二十）年刊云南通志二百四十二卷首四卷附录四十一卷 清岑毓英修陈灿纂 ⑲820
云南高等学堂 一九〇五（光绪三十一）年刊舌鉴辨正二卷 清梁玉瑜撰 ㉚125
云南通志局 一八八七（光绪十三）年刊滇系四十卷 清师范纂修 ⑲820
云梦县 一六六八（康熙七）年刊云梦县志十二卷 清陈梦舟修张奎华纂 ⑲611

云梦县一八四〇（道光二十）年刊云梦县志略十二卷首一卷末一卷　清吕锡麟修程怀璟纂　⑲611

云梦县一八八三（光绪九）年刊续云梦县志略十卷首一卷末一卷　清吴念椿修程寿昌曾广浚纂　⑲611

云霄厅一八一六（嘉庆二十一）年刊云霄厅志二十卷　清薛凝度修吴文林纂　⑲539

五台县一六八七（康熙二十六）年刊五台县志八卷首一卷　清周三进纂修　⑲89

五台县一七八〇（乾隆四十五）年刊五台县志八卷　清王秉韬纂修　⑲89

五台县一八八三（光绪九）年刊五台新志四卷首一卷　清徐继畬纂修孙汝明王步墀续修杨笃续纂　⑲89

五河县一六七二（康熙十一）年刊五河县志四卷　清李云景修伍三秀等纂　⑲459

五河县一八〇三（嘉庆八）年刊五河县志十二卷首一卷　清王启聪等修言尚炜陈瑜纂　⑲459

五河县一八九四（光绪二十）年刊重修五河县志二十卷首一卷末一卷　清赖同晏孙玉铭修俞宗诚等纂　⑲459

五寨县一七五一（乾隆十六）年刊五寨县志二卷　清秦雄褒纂修　⑲90

太仓州一八〇二（嘉庆七）年刊直隶太仓州志六十五卷　清王昶纂修　⑲324

山西**太平县**一七二五（雍正三）年刊太平县志八卷　清刘崇元修张枚等纂　⑲110

山西**太平县**一七七五（乾隆四十）年刊太平县志十卷　清张钟秀纂修　⑲111

山西**太平县**一八二五（道光五）年刊太平县志十六卷首一卷　清李炳彦修梁栖鸾纂　⑲111

山西**太平县**一八八二（光绪八）年刊太平县志十四卷首一卷　清劳文庆朱光绶修娄道南纂　⑲111

浙江**太平县**一六八三（康熙二十二）年刊太平县志八卷　清曹文珽修林槐等纂　⑲426

浙江**太平县**一八一一（嘉庆十六）年刊太平县志十八卷　清庆霖修戚学标等纂　⑲426

浙江**太平县**一八九六（光绪二十二）年刊【光绪】太平续志十八卷首一卷　清陈汝霖修王棻等纂　⑲426

四川**太平县**一八九三（光绪十九）年刊太平县志十卷首一卷　清杨汝偕等纂修　⑲788

安徽**太平县**一六八四（康熙二十三）年刊太平县志十卷　清贾有福修崔学古纂　⑲476

安徽**太平县**一七五五（乾隆二十）年刊太平县志十二卷　清彭居仁修魏子嵩纂　⑲476

安徽**太平县**一八〇九（嘉庆十四）年刊太平县志十二卷首一卷　清曹梦鹤等修孔传薪陆仁虎纂　⑲476

安徽**太平府**一六七三（康熙十二）年刊太平府志四十卷　清黄桂修郝煌等纂　⑲463

安徽**太平府** 一七五七（乾隆二十二）年刊太平府志四十四卷 清朱肇基修陆纶纂 ⑲463

广西**太平府** 一七二六（雍正四）年刊太平府志五十卷 清甘汝来纂修 ⑲718

太平院署 一八四六（道光二十六）年刊试畯堂文钞 清苏侪峤撰 ②54113

大师府 一六九〇（康熙二十九）年刊亦玉堂稿十卷 明沈鲤撰 ⑯846·5/747

京都**太医院** 一八六八（同治七）年刊备急千金要方三十卷 唐孙思邈撰宋林亿校 ㉚208

太医院 一八八一（光绪七）年刊引痘略 清邱浩川编 ㉚517

太医院 一八七五—一九〇八（光绪）年刊内经集注十八卷 清张志聪注 ⑥子84

太谷县署 一八一七（嘉庆二十二）年刊丰镐考信录八卷 清崔述撰 ②64750

太谷县 一六五五（顺治十二）年刊太谷县续志二卷 清郝应第纂修 ⑲92

太谷县 一七六五（乾隆三十）年刊太谷县志六卷 清高继允修姚孔硕涂逢豫纂 ⑲93

太谷县 一八五五（咸丰五）年刊太谷县志八卷首一卷末一卷 清章青选汪和修章嗣衡纂 ⑲93

太谷县 一八八六（光绪十二）年刊太谷县志八卷首一卷末一卷 清恩浚赵冠卿修王效尊等纂 ⑲93

太和县 一六五九（顺治十六）年刊太和县志八卷 清陈大纶修吴溢丁亮纂 ⑲457

太和县 一七五一（乾隆十六）年刊太和县志八卷 清成兆豫修吴中最洪朝元纂 ⑲457

太原县 一七三一（雍正九）年刊重修太原县志十六卷 清龚新沈继贤修高若岐等纂 ⑲82

太原县 一八二六（道光六）年刊太原县志十八卷图一卷 清贠佩兰修杨国泰纂修 ⑲83

太原县 一八八二（光绪八）年刊续太原县志二卷 清薛元剑修王效尊纂 ⑲83

太原府 一六五四（顺治十一）年刊太原府志四卷 清佚名纂 ⑲82

太原府 一七八三（乾隆四十八）年刊太原府志六十卷 清费淳沈树声纂修 ⑲82

太康县 一六九七（康熙三十六）年刊太康县志十卷 清章履成修魏观颙李涛纂 ⑲583

太康县 一七六一（乾隆二十六）年刊太康县志八卷 清武昌国修胡彦昇宋铨纂 ⑲583

太康县 一八二八（道光八）年刊太康县志八卷 清戴凤翔修高崧江綀纂修 ⑲583

太湖县 一六五三（顺治十）年刊安庆府太湖县志十卷 清李世治等纂修 ⑲451

太湖县 一六七五（康熙十四）年刊安庆府太湖县志二十二卷 清王崇曾等修阮禧等纂 ⑲451

太湖县 一七六一（乾隆二十六）年刊太湖县志二十卷首一卷末一卷 清吴易峰修徐曰明纂 ⑲451

太湖县 一八三〇（道光十）年刊太湖县志四十卷首一卷末一卷 清孙济修陈烈纂 ⑲451

历城县 一七七三（乾隆三十八）年刊历城县志五十卷首一卷 清胡德琳修李文藻等纂 ⑲256

尤溪县 一七一一（康熙五十）年刊尤溪县志十卷 清刘宗枢修刘鸿略林澍等纂 ⑲547

尤溪县 一七七六（乾隆四十一）年刊尤溪县志八卷首一卷 清焦长发修王家畚纂 ⑲547

尤溪县 一八三一（道光十一）年刊尤溪县志十卷 清章复旦蔡钟铭等纂修 ⑲547

屯留县 一六七五（康熙十四）年刊屯留县志四卷 清屠直纂修 ⑲105

屯留县 一七三〇（雍正八）年刊屯留县志四卷 清甄尔节修罗焕章等纂 ⑲105

屯留县 一八八五（光绪十一）年刊屯留县志八卷首一卷 清刘钟麟何金声修杨笃任来樸纂 ⑲105

遵义黎氏日本东京使署 一八七五—一九〇八（光绪）年刊古逸丛书 清黎庶昌辑 ⑤

日照县 一六七三（康熙十二）年刊日照县志十二卷 清杨士雄修丁旹纂 ⑲288

日照县 一八八六（光绪十二）年刊日照县志十二卷首一卷 清陈懋修张庭诗等纂 ⑲288

中卫县署 一七三八（乾隆三）年刊痘疹定论四卷 清朱玉堂编 ㉚508

中卫县 一七六一（乾隆二十六）年刊中卫县志十卷 清黄恩赐纂修 ⑲228

中卫县 一八四一（道光二十一）年刊中卫县志十卷 清郑元吉修余懋官纂 ⑲228

中卫县署 一九〇二（光绪二十八）年刊欧洲族类源流略五卷 王树楠撰 ⑯366·54/113

中江县 一七一五（康熙五十四）年刊中江县志五卷 清李维翰等修王一贞纂 ⑲754

中江县 一七八七（乾隆五十二）年刊中江县志十二卷 清张松孙修陈景韩纂 ⑲754

中江县 一八三九（道光十九）年刊中江县新志八卷首一卷 清杨霈修李福源范泰衡纂 ⑲754

中江县 一八六六（同治五）年刊中江县新志补遗续编二卷 清李星根纂 ⑲754

中牟县 一六五九（顺治十六）年刊中牟县志十卷 清吴彦芳修徐廷寿纂 ⑲563

中牟县 一六七七（康熙十四）年补刊中牟县志十五卷首一卷 清韩荩光修 ⑲563

中牟县 一七五四（乾隆十九）年刊中牟县志十一卷首一卷 清孙和相修王廷宣纂 ⑲563

中牟县 一八七〇（同治九）年刊中牟县志十二卷首一卷末一卷 清吴若烺修焦子蕃纂 ⑲563

中部县 一六九三（康熙三十二）年刊中部县志四卷 清李瑄修刘尔怡纂 ⑲197

中部县 一八〇七（嘉庆十二）年刊续修中部县志四卷首一卷 清丁瀚修张永清等纂 ⑲197

内乡县 一七一二（康熙五十一）年刊内乡县志十二卷 清宝鼎望原本张福永增修 ⑲598

内丘县 一六六八（康熙七）年刊内丘县志四卷 清汪匡鼎修 ⑲78

内江县 一六八六（康熙二十五）年刊内江县志二卷 清徐嘉霖修何思华等纂 ⑲758

内江县 一八四五（道光二十五）年刊内江县志要四卷 清王果纂 ⑲758

内江县 一八五八（咸丰八）年刊内江县志十五卷首一卷 清张揩等修刘一衡等纂黄德仁续纂 ⑲758

内江县 一八七一（同治十）年刊内江县志十五卷首一卷 清张揩原本张兆兰等续修黄觉续纂 ⑲758

内江县 一九〇五（光绪三十一）年刊内江县志十六卷 清彭泰士修曾巩昌等纂 ⑲759

内邱县 一八三二（道光十二）年刊内邱县志四卷 清汪匡鼎原本施彦士续纂修 ⑲78

内 府 一六五六（顺治十三）年刊内政辑要二卷 清世祖福临辑 ⑱子96

内 府 一七一〇（康熙四十九）年刊万寿记不分卷 清赵昌等撰 ⑱史1153

内 府 一七一二（康熙五十一）年刊佩文韵府一百六卷 清张玉书蔡升元等辑 ⑱子873

内 府 一七二三—一七三五（雍正）年刊雍正上谕儒释道三教一卷 ⑱史340

内 府 一七三四（雍正十二）年刊工程做法则例七十四卷 清允礼等撰 ②3084

内 府 一七三九（乾隆四）年刊大清太宗文皇帝圣训六卷 ⑱史340

内 府 一七四四（乾隆九）年刊大清一统志三百五十六卷 清蒋廷锡王安国等纂 ⑱史736

内 府 一八一九（嘉庆二十四）年刊御制诗三集六十四卷目录四卷 清仁宗颙琰撰 ⑱集1255

内 府 一八〇二（嘉庆七）年刊辛酉工帐纪事三十八卷首二卷 清庆桂等编 ㉗K 14821

内 府 一八二四（道光四）年刊辽金元三史语解四十六卷 清乾隆敕撰 ㉓24

内 府 一八二二（道光二）年刊养正书屋全集定本四十卷目录四卷 清宣宗旻宁撰 ⑱集1287

内 府 一八五一—一八六一（咸丰）年刊御制诗馀集十二卷目录二卷 清宣宗旻宁撰 ⑱集1287

内 府 一八六二—一八七四（同治）年御制诗集八卷文集二卷 清文宗奕詝撰 ⑱集1321

内 府 一八七五—一九〇八（光绪）年刊御制文集十卷诗集六卷 清穆宗载淳撰 ⑱集1331

内　府　一九〇九—一九一一（宣统）年刊大清宣统三年岁次辛亥七政经纬躔度时宪书一卷　⑱子319

内黄县　一七三九（乾隆四）年刊内黄县志十八卷首一卷　清李浈修黄之徵纂　⑲575

内黄县　一八九二（光绪十八）年刊内黄县志十九卷首一卷　清黄庆恩裘献功修陈熙春纂　⑲575

长山县　一七一六（康熙五十五）年刊长山县志十卷首一卷　清孙衍纂修　⑲270

长山县　一八〇一（嘉庆六）年刊长山县志十六卷首一卷　清倪企望修钟廷瑛徐果行纂　⑲270

长子县　一七〇五（康熙四十四）年刊长子县志六卷　清郭守邦修徐介增纂　⑲102

长子县　一七七八（乾隆四十三）年刊长子县志二十卷首一卷末一卷　清纪在谱修黄立世纂　⑲102

长子县　一八一六（嘉庆二十一）年刊长子县志二十一卷首一卷　清刘樾修樊兑纂　⑲102

长子县　一八八二（光绪八）年刊长子县志十二卷首一卷　清豫谦修杨笃纂　⑲102

长汀县　一七八二（乾隆四十七）年刊长汀县志二十六卷　清陈朝羲纂修　⑲542

长汀县　一八五四（咸丰四）年刊长汀县志三十三卷首一卷末一卷　清王垒乔有豫修杨澜等纂　曾炳文等续纂　⑲542

长汀县　一八七九（光绪五）年刊长汀县志三十三卷首一卷末一卷　清王垒原本谢昌霖再续修　刘国光再续纂　⑲543

广东**长乐县**　一六六三（康熙二）年刊长乐县志八卷　清孙胤光修李逢祥纂　⑲688

广东**长乐县**　一八四五（道光二十五）年刊长乐县志十卷　清侯坤元修温训等纂　⑲688

湖北**长乐县**　一八五二（咸丰二）年刊长乐县志十六卷首一卷末一卷　清李焕春修赖荣光纂　⑲629

湖北**长乐县**　一八七〇（同治九）年刊长乐县志十六卷首一卷末一卷　清李焕春原本龙兆霖等增补　⑲629

湖北**长乐县**　一八七五（光绪元）年增刊长乐县志十六卷首一卷末一卷　清李焕春原本龙兆霖续　郭敦祐再续　⑲629

福建**长乐县**　一七六三（乾隆二十八）年刊长乐县志十卷首一卷　清贺世骏修沈成国陈九鼎等纂　⑲532

福建**长乐县**　一八六九（同治八）年刊长乐县志二十卷首一卷　清彭光藻王家驹修　杨希闵黄见三等纂　⑲532

江西**长宁县**　一六七三（康熙十二）年刊长宁县志六卷　清井廒修张问行纂　⑲512

江西**长宁县** 一七四九（乾隆十四）年刊长宁县志六卷首一卷 清沈涛等修沈大中等纂 ⑲512

江西**长宁县** 一八七六（光绪二）年刊长宁县志四卷首一卷末一卷 清沈镕经黄光祥修刘丕诚等纂 ⑲512

广东**长宁县** 一七三一（雍正九）年刊长宁县志十卷 清李绍膺修吴觐光纂 ⑲675

广东**长宁县** 一七五六（乾隆二十一）年刊长宁县志十卷 清楚士元纂修 ⑲675

广东**长宁县** 一八三九（道光十九）年刊长宁县志十卷 清高炳文修冯兰纂 ⑲675

四川**长宁县** 一六八六（康熙二十五）年刊长宁县志二卷 清宗让修宁肄樟纂 ⑲767

四川**长宁县** 一八〇八（嘉庆十三）年刊长宁县志十二卷 清曹秉让修杨庚等纂 ⑲767

长年医局 一八八一（光绪七）年自刊应验简易良方 清长年医局编 ㉚274

长江水师军署 一八七二（同治十一）年刊应验简便良方 清黄翼升撰 ㉚271

长安县 一六六八（康熙七）年刊长安县志八卷 清梁禹甸纂修 ⑲163

长安县 一八一五（嘉庆二十）年刊长安县志三十六卷 清张聪贤修董曾臣纂 ⑲163

长安县 一八七三（同治十二）年补刊长安县志三十六卷 清张聪贤修董曾臣纂 ⑲163

长　安 一八八九（光绪十五）年刊外科证治全生集 清王维德撰 ㉙821

长兴县 一六七三（康熙十二）年刊长兴县志八卷 清韩应恒修金镜朱升纂 ⑲404

长兴县 一七四九（乾隆十四）年刊长兴县志十二卷首一卷 清谭肇基修吴棻等纂 ⑲404

长兴县 一八〇五（嘉庆十）年刊长兴县志二十八卷首一卷 清邢澍修钱大昕钱大昭纂 ⑲404

长兴县 一八七五（光绪元）年刊长兴县志三十二卷 清赵定邦修周学濬丁宝书纂 ⑲404

长阳县 一六七三（康熙十二）年刊长阳县志不分卷 清田恩远修石高嵩纂 ⑲629

长阳县 一八二二（道光二）年刊长阳县志七卷 清朱庭棻修彭世德彭人檀纂 ⑲629

长阳县 一八六六（同治五）年刊长阳县志七卷首一卷 清陈惟模修谭大勋纂 ⑲629

长寿县 一七一四（康熙五十三）年刊长寿县志十卷 清薛禄天修刘康成纂 ⑲741

长寿县 一八七五（光绪元）年刊重修长寿县志十卷 清张永熙修周泽溥等纂 ⑲741

吴氏**长沙节署** 一九〇〇（光绪二十六）年刊湘輶丛刻十三卷 清吴树梅撰 ②2906

长沙县 一七〇三（康熙四十二）年刊长沙县志十卷 清王克庄修朱奇政纂 ⑲640

长沙县 一七四七（乾隆十二）年刊长沙县续集十二卷 清李大本修周宣武纂 ⑲640

长沙县 一八一〇（嘉庆十五）年刊长沙县志二十八卷首一卷 清赵文在等纂修 ⑲640

长沙县 一八七一（同治十）年刊长沙县志三十六卷首一卷 清刘采邦等修张延珂袁继翰纂 ⑲640

长沙府 一五四九（顺治六）年刊长沙府志 清张宏猷修吴懋纂 ⑲640

长沙府 一六八五（康熙二十四）年刊长沙府志二十卷首一卷 清苏佳嗣修谭绍琬张应绍纂 ⑲640

长沙府 一七四七（乾隆十二）年刊长沙府志五十卷首一卷 清吕肃高修张雄图王文清纂 ⑲640

长沙府 一八九四（光绪二十）年刊湘城访古录十七卷首一卷 清陈运溶纂 ⑲640

长沙官舍 一七九五（乾隆六十）年刊独学庐初稿诗八卷文三卷读左卮言一卷汉书刊讹一卷 清石韫玉撰 ⑱集1235

长沙学使署 一八九七（光绪二十三）年刊藏书纪事诗六卷 清叶昌炽编 ⑯011－2/504－4－02

长武县 一六七七（康熙十六）年刊长武县志二卷 清张纯儒修莫琛纂 ⑲170

长武县 一七八三（乾隆四十八）年刊长武县志十二卷 清樊士锋修洪亮吉李泰交纂 ⑲170

长治县 一六七三（康熙十二）年刊长治县志八卷 清姜愃修于公胤纂 ⑲99

长治县 一八九四（光绪二十）年刊长治县志八卷首一卷 清李桢马鉴修杨笃纂 ⑲99

长垣县 一六八〇（康熙十九）年刊长垣县志八卷 明张文炫原本清宗琮增修王元烜增纂 ⑲576

长垣县 一八一〇（嘉庆十五）年刊长垣县志十六卷 清李于垣修杨元锡纂 ⑲576

长垣县 一八四九（道光二十九）年刊续修长垣县志二卷 清葛之镛陈寿昌修蒋庸郭馀裕纂 ⑲577

长垣县 一八七三（同治十二）年刊增续长垣县志二卷 清观祜费瀛修齐联芳李元鹏纂 ⑲577

长洲县 一六八四（康熙二十三）年刊长洲县志二十二卷 清祝圣培修蔡方炳归圣脉纂 ⑲319

长洲县 一七五三（乾隆十八）年刊长洲县志三十四卷首一卷 清李光祚修顾诒禄纂 ⑲319

长泰县 一六八七（康熙二十六）年刊长泰县志十卷 清王珏修叶先登吴一蜚纂 ⑲540

长泰县 一七五〇（乾隆十五）年刊长泰县志十二卷首一卷 清张懋建等修赖翰颙等纂 ⑲540

长清县 一六七二（康熙十一）年刊长清县志十四卷 清岳之岭修徐继曾纂 ⑲289

长清县 一八三五（道光十五）年刊长清县志十六卷首四卷末二卷 清舒化民等修徐德城等纂 ⑲289

长葛县 一六九一（康熙三十）年刊长葛县志八卷 清何鼎纂修 ⑲588

长葛县 一七四七（乾隆十二）年刊长葛县志十卷 清阮景咸修李秀生等纂 ⑲588

仁化县 一六八六（康熙二十五）年刊仁化县志二卷 清李梦鸾纂修 ⑲678

仁化县 一八一九（嘉庆二十四）年刊仁化县志三卷 清郑绍曾纂修 ⑲678

仁化县 一八八三（光绪九）年刊仁化县志八卷首一卷 清陈鸿修刘凤辉纂 ⑲678

仁寿县 一八〇三（嘉庆八）年刊补纂仁寿县志六卷首二卷末一卷 清姚令仪纂修李元续纂修 ⑲773

仁寿县 一八三八（道光十八）年刊仁寿县新志八卷 清马百龄修郑宗垣等纂 ⑲774

仁寿县 一八六六（同治五）年刊仁寿县志十五卷首一卷 清罗廷权等修马凡若纂 ⑲774

仁寿县 一八八一（光绪七）年刊补纂仁寿县原志六卷末一卷 清翁植杨作霖等修陈韶湘纂 ⑲774

仁邑公局 一八七九（光绪五）年刊北梦琐言二十卷 宋孙光宪撰 ②36862

仁怀厅 一八四一（道光二十一）年刊仁怀直隶厅志八卷 清陈熙晋纂修 ⑲806

仁怀厅 一九〇二（光绪二十八）年刊增修仁怀厅志八卷首一卷 清张正煃崇俊修王椿纂 ⑲806

仁和县 一六八七（康熙二十六）年刊仁和县志二十八卷 清赵世安修顾豹文邵远平纂 ⑲380

上海**仁济医馆** 一八五七（咸丰七）年刊西医略论三卷 英合信（Hobson，B）清管茂材撰 ⑥子128

什邡县 一七四八（乾隆十三）年刊什邡县志十八卷首一卷 清史进爵修朱音恬纂 ⑲745

什邡县 一八一三（嘉庆十八）年刊什邡县志五十四卷 清纪大奎修林时春等纂 ⑲745

什邡县 一八三六（道光十六）年增刊【嘉庆】什邡县志五十四卷 清纪大奎修林时春等纂 ⑲745

什邡县 一八六五（同治四）年刊续增什邡县志五十四卷 清傅华桂修王玺尊等纂 ⑲745

片善堂惜字公局 刊书经集传六卷 宋蔡沈撰 ⑱经106

化州 一六八六（康熙二十五）年刊化州志十二卷 清杨于宸纂修 ⑲706

化州 一七四八（乾隆十三）年刊化州志十卷 清杨棻纂修 ⑲706

化州 一八二七（道光七）年刊化州志十一卷首一卷 清黄锡宝纂修 ⑲706

化州 一八九〇（光绪十六）年刊化州志十二卷 清彭贻荪章毓桂修彭兴瀛等纂 ⑲706

介休县 一六九六（康熙三十五）年刊介休县志八卷 清王埴修王之舟纂 ⑲95

介休县 一七七〇（乾隆三十五）年刊介休县志十四卷 清王谋文纂修 ⑲96

介休县 一八一九（嘉庆二十四）年刊介休县志十四卷 清徐品山等修熊兆占等纂 ⑲96

从化县 一七三〇（雍正八）年刊从化县新志五卷 清郭遇熙纂修张经纶续纂 ⑲675

从化县 一九〇九（宣统元）年重刊【雍正】从化县新志五卷 清郭遇熙纂修张经纶续纂 ⑲675

分水县 一六八三（康熙二十二）年刊分水县志六卷 清李檠修王六吉等纂 ⑲387

分水县 一八四五（道光二十五）年刊分水县志十卷首一卷末一卷 清王承楷修王椿煜等纂 ⑲387

分水县 一九〇六（光绪三十二）年刊分水县志十卷首一卷末一卷 清陈常铧冯圻修臧承宣等纂 ⑲387

分宁山谷祠堂 一八七六（光绪二）年刊黄诗集注内集二十卷外集十七卷别集二卷外集补四卷别集补一卷 宋黄庭坚撰 ㉑158

分宜县 一六八三（康熙二十二）年刊分宜县志十卷 清蔡文銮修林育兰纂 ⑲494

分宜县 一七七七（乾隆四十二）年刊分宜县志二十卷首一卷 清林邦珖黄维纲修欧阳星等纂 ⑲494

分宜县 一八四九（道光二十九）年刊分宜县志三十二卷首一卷 清高梦麟纂修 ⑲494

分宜县 一八六〇（咸丰十）年刊分宜县志十八卷 清陈乔枞纂修 ㉑153

分宜县 一八七一（同治十）年刊分宜县志十卷首一卷 清李寅清夏琮鼎修严升伟等纂 ⑲494

公安县 一六七〇（康熙九）年刊公安县志书十六卷 清孙锡蕃纂修 ⑲626

公安县 一八七四（同治十三）年刊公安县志八卷首一卷 清周承弼修王慰纂 ⑲626

丹阳县 一七五〇（乾隆十五）年刊丹阳县志二十二卷 清邹廷模贺祥珠修荆泽永贺沈采纂 ⑲341

丹徒县 一六八三（康熙二十二）年刊丹徒县志十卷首一卷 清鲍天钟修程世英等纂 ⑲340

丹徒县 一八〇五（嘉庆十）年刊丹徒县志四十七卷首四卷 清贵中孚万承纪修蒋宗海等纂 ⑲340

丹徒县 一八七九（光绪五）年刊丹徒县志六十卷首四卷 清何绍章冯寿镜修吕耀斗等纂 ⑲341

丹稜县 一七六一（乾隆二十六）年刊丹稜县志十二卷首一卷 清李光泗修彭遵泗等纂 ⑲771

丹稜县 一八九二（光绪十八）年刊丹稜县志十卷首一卷 清顾汝萼修朱文瀚等纂 ⑲771

乌程县 一六八一（康熙二十）年刊乌程县志十二卷 清高必腾修沈从龙罗开骈纂 ⑲401

乌程县 一七四六（乾隆十一）年刊乌程县志十六卷 清罗愫修杭世骏纂 ⑲401

乌程县 一八八一（光绪七）年刊乌程县志三十六卷 清潘玉璿冯健修周学濬汪曰桢纂 ⑲401

凤　县 一八九二（光绪十八）年刊凤县志十卷首一卷 清朱子春修段澍霖纂 ⑲190

凤山县 一七二〇（康熙五十九）年刊凤山县志十卷 清李丕煜修陈文达李钦文纂 ⑲553

凤山县 一七六四（乾隆二十九）年刊重修凤山县志十二卷 清王瑛曾纂修 ⑲553

凤山学舍 一九〇八（光绪三十四）年刊道学渊源录一百卷 清黄嗣东辑 ⑯982. 1/167

山西**凤台县** 一七八四（乾隆四十九）年刊凤台县志二十卷首一卷 清林荔修姚学甲纂 ⑲101

山西**凤台县** 一八八二（光绪八）年刊凤台县续志四卷首一卷 清张贻琯修郭维恒等纂 ⑲101

安徽**凤台县** 一七七三（乾隆三十八）年刊凤台县志四卷 清亢愫纂修 ⑲456

安徽**凤台县** 一八一四（嘉庆十九）年刊凤台县志十二卷 清李兆洛纂修 ⑲456

凤阳县 一七七五（乾隆四十）年刊凤阳县志十六卷首一卷 清于万培纂修 ⑲463

凤阳县 一八八七（光绪十三）年刊凤阳县志十六卷首一卷 清于万培原本谢永泰续修 ⑲463

凤阳府 一六八四（康熙二十三）年刊凤阳府志四十卷 清耿继志等修汤原振等纂 ⑲460

屠立咸**凤城官廨** 一八八一（光绪七）年刊蚕桑实济二卷 ⑰11369

凤凰厅 一七五八（乾隆二十三）年刊凤凰厅志二十三卷 清潘曙修凌标纂 ⑲665

凤凰厅 一八二四（道光四）年刊凤凰厅志二十卷首一卷 清黄应培修孙均铨黄元复纂 ⑲665

凤凰厅 一八九二（光绪十八）年刊凤凰厅续志十六卷首一卷 清侯晟耿惟中修黄河清纂 ⑲666

凤翔县 一六九四（康熙三十三）年刊凤翔县志十卷 清王嘉孝修李根茂纂 ⑲184

凤翔县 一七三三（雍正十一）年刊凤翔县志十卷 清韩镛纂修 ⑲184

凤翔县 一七六七（乾隆三十二）年刊凤翔县志八卷首一卷 清罗鳌修周方炯刘震纂 ⑲184

凤翔府 一七一〇（康熙四十九）年刊重修凤翔府志五卷 清朱琦纂修 ⑲184

凤翔府 一七六一（乾隆二十六）年刊凤翔府志略三卷 清刘组曾纂修 ⑲184

六合县 一六四六（顺治三）年刊六合县志十二卷 清刘庆运修孙宗岱纂 ⑲313

六合县 一六八四（康熙二十三）年刊六合县志十二卷 清洪炜修汪铉纂 ⑲313

六合县 一七二三—一七三五（雍正）年刊六合县志十卷首一卷 清苏作睿修徐重龄纂 ⑲313

六合县 一七八五（乾隆五十）年刊六合县志六卷 清廖抡升修戴祖启纂 ⑲314

六合县 一八八四（光绪十）年刊六合县志八卷图说一卷附录一卷 清谢延庚吕宪秋修贺廷寿等纂 ⑲314

六安州 一六九九（康熙三十八）年刊六安州志二十卷 清王廷曾修陶恪等纂 ⑲452

六安州 一七二九（雍正七）年刊六安州志 清李懋仁纂修 ⑲452

六安州 一七五一（乾隆十六）年刊六安州志二十四卷 清金弘勋纂修 ⑲452

六安州 一八〇四（嘉庆九）年刊六安直隶州志三十二卷末一卷 清宋思楷纂修 ⑲452

六安州 一八七二（同治十一）年刊六安州志六十卷首一卷 清李蔚王峻修吴康霖等纂 ⑲452

六安州 一八九五（光绪二十一）年刊【同治】六安州志六十卷首一卷 清李蔚王峻修吴康霖等纂 ⑲452

文　县 一七〇二（康熙四十一）年刊文县志八卷 清江景瑞纂修 ⑲219

文　县 一七六二（乾隆二十七）年刊续修文县志不分卷 清孙岩修何浑纂 ⑲219

文　县 一八七六（光绪二）年刊文县志八卷首一卷末一卷 清长赟修刘健纂 ⑲219

文水县 一六七三（康熙十二）年刊文水县志十卷 清傅星修郑立功纂 ⑲97

文水县 一八八三（光绪九）年刊文水县志十二卷首一卷末一卷 清范启堃王炜修阴步霞纂 ⑲97

文江官廨 一八六六（同治五）年刊东林本末三卷 明吴应箕撰 ②60735

文安县 一六七三（康熙十二）年刊文安县志四卷 清崔启元修王胤芳邵秉中纂 ⑲49

北京**文昌会馆** 一八九三（光绪十九）年刊福惠全书三十二卷 清黄六鸿撰 ⑰11922

文昌县 一七一八（康熙五十七）年刊文昌县志十卷 清马日炳纂修 ⑲701

文昌县 一八五八（咸丰八）年刊文昌县志十六卷首一卷 清张霈陈起礼修林燕典纂 ⑲701

文庙乐库 一九〇七（光绪三十三）年刊新繁文庙祭谱录六卷 清周煜南辑 ⑯928·4127/819

文登县 一七二五（雍正三）年刊文登县志十卷 清王一夔修赛珠等纂 ⑲284

文登县 一八三九（道光十九）年刊文登县志十卷 清蔡培欧文修林汝谟纂 ⑲285

计岸官运总局 一九〇四（光绪三十）年刊四川盐道计岸官运盐案汇辑 计岸官运总局编 ⑰12355

户　部 一八八八（光绪十四）年刊御纂七经 ⑤

巴　州 一八三三（道光十三）年刊巴州志十卷首一卷 清朱锡穀修陈一津等纂 ⑲790

巴　州 一九一一（宣统三）年补刊【道光】巴州志十卷首一卷　清朱锡穀修陈一津等纂　㉙790

巴　县 一七六一（乾隆二十六）年刊巴县志十七卷首一卷　清王尔鉴修王世沿等纂　⑲741

巴　县 一八二〇（嘉庆二十五）年重刊【乾隆】巴县志十七卷首一卷　清王尔鉴修王世沿等纂　⑲741

巴　县 一八二二（道光二）年再刊【乾隆】巴县志十七卷首一卷　清王尔鉴修王世沿等纂　⑲741

巴　县 一八六七（同治六）年刊巴县志四卷　清霍为棻等修熊家彦等纂　⑲741

巴东县 一六八三（康熙二十二）年刊巴东县志四卷　清齐祖望纂修　⑲631

巴东县 一八六六（同治五）年刊巴东县志十六卷首一卷　清廖恩树修萧佩声纂　⑲631

巴东县 一八八〇（光绪六）年重刊【同治】巴东县志十六卷首一卷　清廖恩树修萧佩声纂　⑲631

巴陵县 一六八五（康熙二十四）年刊巴陵县志二十二卷　清赵士珩修卢传标纂　⑲642

巴陵县 一八〇四（嘉庆九）年刊巴陵县志三十卷首一卷　清陈玉垣庄绳武修唐伊盛龚立海纂　⑲642

巴陵县 一八七二（同治十一）年刊巴陵县志三十卷首一卷　清严鸣琦潘兆奎修吴敏树方功浏纂　⑲642

巴陵县 一八九一（光绪十七）年刊巴陵县志六十三卷首一卷　清姚诗德郑桂星修杜贵墀等纂　⑲642

邓　州 一六五九（顺治十六）年刊邓州志二十卷　清陈良玉修彭而述纂　⑲597

邓　州 一六九四（康熙三十三）年刊邓州志八卷　清赵德万愫修彭始超等纂　⑲597

邓　州 一七五五（乾隆二十）年刊邓州志二十四卷首一卷末一卷　清蒋光祖修姚之琅纂　⑲597

邓川州 一八二一—一八五〇（道光）年刊邓川州志六卷　清李文培修高士桂纂艾濂续纂　⑲844

宜城**劝学公所** 一九〇六（光绪三十二）年刊宜城建学题咏全录　宜城劝学公所　②65804

双流县 一七四三（乾隆八）年刊双流县志七卷　清黄锷纂修　⑲739

双流县 一八一四（嘉庆十九）年刊双流县志四卷　清汪士侃纂修　⑲739

双流县 一八七七（光绪三）年刊双流县志四卷首一卷　清彭琬等纂修　⑲739

水师新副中营 一八七七（光绪三）年刊峡江救生船志二卷图考一卷川行必要一卷
清贺缙绅撰　⑯337.554/331

五　画

玉山县 一六六二—一七二二（康熙）年刊新修玉山县志十卷　清唐世徵修郭金台纂　⑲487

玉山县一七八四（乾隆四十九）年刊玉山县志十三卷首一卷　清连柱修李宝福纂　⑲487

玉山县一八二三（道光三）年刊玉山县志三十二卷首一卷　清武次韶等纂修　⑲487

玉山县一八七三（同治十二）年刊玉山县志十卷首一卷附补遗一卷　清黄寿祺修吴华辰任廷槐纂　⑲487

玉田县一六八一（康熙二十）年刊玉田县志八卷　清王光谟修胡维翰纂　⑲43

玉田县一七五六（乾隆二十一）年刊玉田县志十卷　清谢客纂修　⑲43

玉田县一八八四（光绪十）年刊玉田县志三十卷首一卷　清夏子鎏修李昌时纂丁维续纂　⑲43

玉环厅一七三二（雍正十）年刊特开玉环志四卷　清张坦熊纂修　⑲426

玉环厅一八八〇（光绪六）年刊玉环厅志十四卷首一卷　清杜冠英胥寿荣修吕鸿焘纂　⑲426

玉蜂官舍一八九六（光绪二十二）年刊拯琴词一卷　清诸可宝撰　⑯2978

正宁县一七六三（乾隆二十八）年刊正宁县志十八卷　清折遇兰纂修　⑲214

正安州一八一八（嘉庆二十三）年刊正安州志四卷　清赵宜霈纂修　⑲805

正安州一八五八（咸丰八）年刊正安新志八卷　清朱百谷纂修　⑲806

正安州一八七七（光绪三）年刊续修正安州志十卷　清陶有容彭焯修杨德明严宗六纂　⑲806

正阳县一七九六（嘉庆元）年刊正阳县志十卷　清彭良弼修吕元灏等纂杨德容补修贺祥补纂　⑲592

正定县一八七五（光绪元）年刊正定县志四十六卷首一卷末一卷　清庆之金贾孝彰修赵文濂等纂　⑲28

正定府一七六一（乾隆二十七）年刊正定府志五十卷首一卷　清郑大进纂修　⑲28

正定府署一八五六（咸丰六）年刊雕丘杂录　清梁清远撰　⑯10699

邛　州一六九五（康熙三十四）年刊邛州志十三卷　清戚延裔修王前驱等纂　⑲747

邛　州一八一八（嘉庆二十三）年刊邛州直隶州志四十六卷首一卷　清吴巩修王来遴纂　⑲747

甘州府一七七九（乾隆四十四）年刊甘州府志十六卷首一卷　清钟赓起纂修　⑲223

甘肃省一七三六（乾隆元）年刊甘肃通志五十卷首一卷　清许容修李迪等纂　⑲207

甘肃省一九〇九（宣统元）年刊甘肃新通志一百卷首五卷　清昇允长庚修安维峻纂　⑲207

甘肃藩署一七九六—一八二〇（嘉庆）年刊钦定四言韵文　㉖78

甘肃藩署 一八一七（嘉庆二十二）年刊御制因循疲玩论清仁宗颙琰撰 ㉖78

甘肃省皋兰县署 一八七九（光绪五）年刊救荒六十策不分卷 清寄湘渔父辑 ㉖78

甘凉道署 一八八〇（光绪六）年刊引痘略 清邱浩川编 ㉖78

江苏甘泉县 一七四三（乾隆八）年刊甘泉县志二十卷首一卷 清吴鄂峙修厉鹗等纂 ⑲351

江苏甘泉县 一八一〇（嘉庆十五）年刊甘泉县续志十卷首一卷 清陈观国修李保泰纂 ⑲351

江苏甘泉县 一八八五（光绪十一）年刊增修甘泉县志二十四卷首一卷图一卷 清徐成敟等修陈浩恩等纂 ⑲352

甘棠转舍 一九〇九（光绪三十三）年刊天咫偶闻十卷 清震钧撰 ⑰02412

古义安郡署 一八八四（光绪十）年刊寿闲斋吟草八卷 清朱葵之撰 ⑯2462

古田县 一七五一（乾隆十六）年刊古田县志八卷 清辛竟可修林咸吉蓝孙璿等纂 ⑲529

古州厅 一八八八（光绪十四）年刊古州厅志十卷首一卷 清余泽春修余嵩庆陆渐鸿纂 ⑲816

周氏**古郯官署** 一八〇〇（嘉庆五）年刊验方摘要四卷附二卷 清周履端吴簪编 ㉚253

古谯官舍 一八二五（道光五）年刊亳州志四十三卷首一卷 清任寿世修刘开陈恩德纂 ⑲455

左　州 一七一〇（康熙四十九）年刊左州志二卷 清李铨纂修 ⑲719

浙江石门县 一六七七（康熙十六）年刊石门县志十二卷 清杜森修祝文彦等纂邝世培续修 ⑲398

浙江石门县 一八二一（道光元）年刊【嘉庆】石门县志二十六卷首一卷 清耿维祜修潘文辂潘蓉镜纂 ⑲398

浙江石门县 一八七九（光绪五）年刊石门县志十一卷首一卷 清余丽元等纂修 ⑲399

湖南石门县 一六八三（康熙二十二）年刊石门县志三卷 清张霖纂修 ⑲669

湖南石门县 一七〇九（康熙四十八）年补刊石门县志三卷 清张霖纂修许淍续修 ⑲670

湖南石门县 一八一八（嘉庆二十三）年刊石门县志五十五卷首一卷 清苏益馨修梅峄纂 ⑲670

湖南石门县 一八六八（同治七）年刊石门县志十四卷首一卷 清林葆元陈煊修申正飏纂 ⑲670

湖南石门县 一八八九（光绪十五）年刊石门县志六卷 清阎镇珩纂修 ⑲670

石阡府 一七六五（乾隆三十）年刊石阡府志八卷 清罗文思纂修 ⑲808

石阡府 一八七六（光绪二）年刊石阡府志八卷 清方齐寿修杨大镛纂 ⑲808

江西石城县 一六六〇（顺治十七）年刊赣石城县志十卷 清郭尧京修邓斗光等纂 ⑲514

江西石城县 一七八一（乾隆四十六）年刊石城县志八卷 清杨柏年修黄鹤雯纂 ⑲514

江西石城县 一八二四（道光四）年刊石城县志八卷图一卷 清朱一慊修许琼等纂 ⑲514

广东石城县 一七一二（康熙五十一）年刊石城县志五卷 清孙绳祖纂修 ⑲705

广东石城县 一八二〇（嘉庆二十五）年刊石城县志六卷首一卷 清张大凯纂修 ⑲705

广东石城县 一八九二（光绪十八）年刊石城县志九卷首一卷末一卷 清蒋廷桂修陈兰彬等纂 ⑲706

石泉县 一八四九（道光二十九）年刊石泉县志四卷 清舒钧纂修 ⑲204

四川石泉县 一七六八（乾隆三十三）年刊石泉县志四卷 清姜炳璋纂修 ⑲758

四川石泉县 一八三四（道光十四）年刊石泉县志十卷 清赵德林等修张沆等纂 ⑲758

石首县 一七三六（乾隆元）年刊石首县志七卷 清张坦修成师吕纂 ⑲624

石首县 一八六六（同治五）年刊石首县志八卷 清朱荣实修傅如筠纂 ⑲624

石屏州 一六七三（康熙十二）年刊石屏州志十三卷 清程封纂修 ⑲838

石屏州 一七八〇（乾隆四十五）年刊石屏州续志二卷 清吕缵先修罗元琦纂 ⑲838

石砫厅 一七七五（乾隆四十）年刊石砫厅志不分卷 清王萦绪纂修 ⑲779

石砫厅 一八四三（道光二十三）年刊补辑石砫厅新志十二卷 清王槐龄纂修 ⑲779

石砫厅 一九〇九（宣统元）年刊石砫厅乡土志九章 清谭永泰等编 ⑲779

石埭县 一六七五（康熙十四）年刊石埭县志八卷 清姚子庄修周体元纂 ⑲476

石埭县 一七四九（乾隆十四）年刊续石埭县志四卷 清石瑶灿纂修 ⑲477

石梁学署 一七九八（嘉庆三）年刊竹书纪年二卷 清张宗泰校 ④2813

石楼县 一六四四—一六六一（顺治）年刊石楼县志 清周士章纂修 ⑲98

石楼县 一七三二（雍正十）年刊石楼县志八卷首一卷 清袁学谟修秦燮等纂 ⑲98

龙　州 一八〇三（嘉庆八）年刊龙州纪略二卷 清黄誉纂修 ⑲719

龙川县 一六八八（康熙二十七）年刊龙川县志十二卷 清潘好让修陈继芳纂 ⑲685

龙川县 一七三九（乾隆四）年刊龙川县志十卷 清盛熙祚纂修 ⑲685

龙川县 一八一八（嘉庆二十三）年刊龙川县志四十卷 清胡瑃修勒殷山纂 ⑲685

湖南**龙山县** 一八一八（嘉庆二十三）年刊龙山县志十六卷首一卷 清缴继祖修洪际清纂 ⑲666

湖南**龙山县** 一八六九（同治八）年刊龙山县志略一卷 清朱克敬纂修 ⑲666

湖南**龙山县** 一八七八（光绪四）年刊龙山县志十六卷首一卷补刻一卷 清符为霖修吕懋恒纂 谢宝文续修刘沛续纂 ⑲666

河北**龙门县** 一七一二（康熙五十一）年刊龙门县志十六卷 清章焞纂修 ⑲38

广东**龙门县** 一六八七（康熙二十六）年刊龙门县志十二卷 清成王佐修乐安成纂 ⑲676

广东**龙门县** 一八五一（咸丰元）年刊龙门县志十六卷首一卷末一卷 清毓雯张经赞修张维屏等纂 ⑲676

龙安府 一八四二（道光二十二）年刊龙安府志十卷 清邓存咏等纂修 ⑲749

湘乡蒋氏**龙安郡署** 一八七五—一九〇八（光绪）年刊求实斋丛书 清蒋德钧辑 ⑤

龙阳县 一六八五（康熙二十四）年刊龙阳县志四卷 清蔡荫修陈一揆纂 ⑲667

龙阳县 一八一三（嘉庆十八）年刊龙阳县志八卷 清张在田修游凤藻陈德沛纂 ⑲667

龙阳县 一八七五（光绪元）年刊重修龙阳县志三十二卷首一卷 清黄教镕黄文桐修陈保真等纂 ⑲667

龙岩县 一六八九（康熙二十八）年刊龙岩县志十卷 清江藻修郑憬纂 ⑲541

龙岩州 一七三八（乾隆三）年刊龙岩州志十六卷首一卷 清张廷球修徐铣纂 ⑲541

龙岩州 一八三五（道光十五）年刊龙岩州志二十卷首一卷 清彭衍堂袁曦业修陈文衡等纂 ⑲541

龙南学署 一七一二（康熙五十一）年刊周易会归不分卷 清邓霁纂 ⑯092·27/372

龙南县 一七〇九（康熙四十八）年刊龙南县志十二卷 清蒋国桢修王之骥纂 ⑲513

龙南县 一七五〇（乾隆十五）年刊龙南县志二十六卷 清永禄修廖运芳等纂 ⑲513

龙南县 一八二六（道光六）年刊龙南县志八卷首一卷 清王所举石家绍修徐思谏等纂 ⑲513

龙南县 一八七六（光绪二）年刊龙南县志八卷首一卷 清孙瑞徵胡鸿泽修钟益驭纂 ⑲513

浙江**龙泉县** 一六五五（顺治十二）年刊龙泉县志十卷 清徐可先修胡世定等纂 ⑲442

浙江**龙泉县** 一七六二（乾隆二十七）年刊龙泉县志十二卷首一卷 清苏遇龙修沈光厚纂 ⑲442

浙江**龙泉县** 一八六三（同治二）年重刊【乾隆】龙泉县志十二卷首一卷 清苏遇龙修沈光厚纂 ⑲442

浙江龙泉县 一八七八（光绪四）年刊龙泉县志十三卷首一卷 清顾国诏修张世堉纂 ⑲442

江西**龙泉县** 一六八三（康熙二十二）年刊吉安府龙泉县重修县志十卷 清张扬彩修李士璜纂 ⑲506

江西**龙泉县** 一七七一（乾隆三十六）年刊龙泉县志二十卷首一卷末一卷 清杜一鸿修周壎纂 ⑲506

江西**龙泉县** 一八二四（道光四）年刊龙泉县志十八卷首一卷末一卷 清文海修高世书纂 ⑲506

江西**龙泉县** 一八七三（同治十二）年刊龙泉县志十八卷首一卷末一卷 清王肇渭修郭崇辉等纂 ⑲507

龙游县 一六八一（康熙二十）年刊龙游县志十二卷首一卷 清卢灿修余恂等纂 ⑲432

龙游县 一八八二（光绪八）年刊补【康熙】龙游县志十二卷首一卷 清卢灿修余恂等纂 ⑲432

龙溪县 一七一七（康熙五十六）年刊龙溪县志十二卷 清江国栋修陈元麟庄亨阳等纂 ⑲538

龙溪县 一七六二（乾隆二十七）年刊龙溪县志二十四卷首一卷 清吴宜燮修黄惠李畴纂 ⑲538

平山县 一六七三（康熙十二）年刊平山县志五卷 清汤聘修秦有容纂 ⑲35

平山县 一八五四（咸丰四）年刊平山县志八卷 清王涤心修郭程先纂 ⑲35

平山县 一八七六（光绪二）年刊续修平山县志六卷首一卷 清郭奇中唐世禄修鲁述文毕音纂 ⑲35

平乡县 一六七二（康熙十一）年刊平乡县志六卷 清赵弼修赵培基纂 ⑲79

平乡县 一七五一（乾隆十六）年刊平乡县志十二卷 清杨乔纂修 ⑲79

平乡县 一八六八（同治七）年刊平乡县志十二卷首一卷 清苏性纂修 ⑲79

平乐县 一七一七（康熙五十六）年刊平乐县志八卷 清黄大成纂修 ⑲726

平乐县 一八八四（光绪十）年刊平乐县志十卷 清全文炳修伍嘉猷罗正宗纂 ⑲726

平乐府 一七二六（雍正四）年刊平乐府志二十卷 清胡醇仁纂修 ⑲726

平乐府 一八〇五（嘉庆十）年刊平乐府志四十卷首一卷 清清桂等纂修 ⑲726

平乐府 一八七七（光绪三）年刊【嘉庆】平乐府志四十卷首一卷 清清桂纂修 ⑲726

平庆泾固道署 一八七六（光绪二）年刊海国图志一百卷 清魏源撰 ⑯916/803—03

平江县 一六八〇（康熙十九）年刊平江县志不分卷 清许国璠纂修 ⑲642

平江县 一七五五（乾隆二十）年刊平江县志二十五卷首一卷末一卷 清谢仲坃纂修石文成增修 ⑲643

平江县 一八一六（嘉庆二十一）年刊平江县志二十四卷首一卷末一卷 清陈增德修李如珪等纂 ⑲643

平江县 一八七四（同治十三）年刊平江县志五十五卷首二卷末一卷 清张培仁麻维绪修李元度等纂 ⑲643

平江县 一八九二（光绪十八）年重刊【同治】平江县志五十五卷首二卷末一卷 清张培仁麻维绪修李元度等纂 ⑲643

浙江**平阳县** 一六五一（顺治八）年刊平阳县志八卷 清马腾霄修陈文谟等纂 ⑲437

浙江**平阳县** 一六九四（康熙三十三）年刊平阳县志十二卷 清金以埈修吕弘诰纂 ⑲437

浙江**平阳县** 一七六〇（乾隆二十五）年刊平阳县志二十卷首一卷 清徐恕修张南英孙谦纂 ⑲437

平阳府 一七〇八（康熙四十七）年刊平阳府志三十六卷 清刘棨修孔尚任纂 ⑲105

平阳府 一七三六（乾隆元）年刊【雍正】平阳府志三十六卷 清章廷珪修范安治等纂 ⑲105

平阴县 一六七四（康熙十三）年刊【顺治】平阴县志八卷 清陈秉直修赵贯台纂 ⑲292

平阴县 一八〇八（嘉庆十三）年刊平阴县志四卷 清喻春林修朱续孜纂 ⑲293

平阴县 一八四八（道光二十八）年刊平阴县志续刻二卷 清张朴修熊衍学纂 ⑲293

平阴县 一八九五（光绪二十一）年刊平阴县志八卷首一卷 清李敬修纂修 ⑲293

宁夏**平远县** 一八七九（光绪五）年刊平远县志十卷 清陈日新纂修 ⑲229

贵州**平远州** 一七五六（乾隆二十一）年刊平远州志十六卷 清李云龙修刘再向纂 ⑲811

贵州**平远州** 一八四七（道光二十七）年刊平远州志二十卷图一卷 清徐丰玉周溶修谌厚光纂 ⑲812

贵州**平远州** 一八九〇（光绪十六）年刊平远州续志八卷首一卷 清黄绍先修申云根谌显模纂 ⑲812

广东**平远县** 一六七〇（康熙九）年刊平远县志十卷首一卷 清刘骏名纂修 ⑲687

广东**平远县** 一七三一（雍正九）年刊平远县志十卷图一卷 清刘骏名原本黄大鹏增修 ⑲687

广东**平远县** 一八〇二（嘉庆二十五）年刊平远县志五卷首一卷 清卢兆鳌修余鹏举等纂 ⑲687

平利县 一七五六（乾隆二十一）年刊平利县志四卷 清黄宽纂修 ⑲203

平利县 一八九七（光绪二十三）年刊续修平利县志十卷 清杨孝宽修李联芳等纂 ⑲203

平谷县 一六六七（康熙六）年刊平谷县志三卷 清任在陛修李柱明纂 ⑲4

平谷县 一七二八（雍正六）年刊平谷县志三卷 清任在陛修李柱明纂项景倩续修 ⑲4

平谷县 一七七七（乾隆四十二）年刊平谷县志三卷 清任在陛修李柱明纂朱克阅再续修 ⑲4

平陆县 一六七九（康熙十八）年刊平陆县志八卷 清柴应辰纂修 ⑲116

平陆县 一八八〇（光绪六）年刊平陆县续志三卷首一卷末一卷 清刘鸿逵修沈承恩纂 ⑲116

平和县 一七一九（康熙五十八）年刊平和县志十二卷首一卷 清王相修昌天锦游宗亨等纂 ⑲539

平定州 一七四九（乾隆十四）年刊平定州志八卷 清王祖庚纂修 ⑲94

平定州 一八八二（光绪八）年刊平定州志十六卷首一卷 清赖昌期张彬等纂修 ⑲94

平南县 一七五六（乾隆二十一）年刊平南县志八卷 清李仲良修王星烛纂 ⑲731

平南县 一八三五（道光十五）年刊平南县志二十二卷首一卷 清张显相修黎士华纂 ⑲731

平南县 一八八四（光绪十）年刊平南县志二十四卷首一卷 清裘彬江有灿修周寿祺纂 ⑲731

平顺县 一六九三（康熙三十二）年刊平顺县志十卷 清杜之昂修路跻垣纂 ⑲104

平度州 一六六六（康熙五）年刊平度州志十二卷 清李世昌纂修 ⑲279

平度州 一八四九（道光二十九）年刊重修平度州志二十七卷 清保忠吴慈修李图王大钥纂 ⑲279

平原县 一七四九（乾隆十四）年刊平原县志十卷首一卷 清黄怀祖修黄兆熊纂 ⑲263

平凉府 一八四七（道光二十七）年刊崆峒纪游集 清陈芝眉林桂山撰 ㉖78

平越州 一九〇二（光绪二十八）年刊平越直隶州志四十卷 清瞿鸿锡曹维祺修贺绪藩纂 ⑲817

平湖县 一六八九（康熙二十八）年刊平湖县志十卷 清朱维熊修陆棻纂 ⑲393

平湖县 一七四五（乾隆十）年刊平湖县志十卷 清高国楹修倪藻垣等纂 ⑲393

平湖县 一八〇六（嘉庆十一）年刊平湖县续志十卷附旧志补遗四卷 清路錞修张跃鳞纂 ⑲393

平湖县 一八八六（光绪十二）年刊平湖县志二十五卷首一卷末一卷 清彭润章等修叶廉锷等纂 ⑲393

平遥县 一六七三（康熙十二）年刊重修平遥县志二卷 清陈以恂修梁雉翔纂 ⑲93

平遥县 一八八二（光绪八）年刊平遥县志十二卷 清恩端修武达材王舒萼纂 ⑲93

平彝县 一七〇五（康熙四十四）年刊平彝县志十卷 清任中宜纂修 ⑲826

平彝县 一九〇八（光绪三十四）年刊平彝县志十卷 清韩再兰修李恩光纂 ⑲826

东川府 一七三五（雍正十三）年刊东川府志二卷 清崔乃镛纂修 ⑲825

东川府 一七六一（乾隆二十六）年刊东川府志二十卷首一卷 清方桂修胡蔚纂 ⑲825

东川府 一八九七（光绪二十三）年刊东川府续志四卷 清余泽春修茅紫芳纂冯誉聪续修 ⑲825

江西**东乡县** 一七一七（康熙五十六）年刊东乡县志五卷首一卷 清朱旋纂修 ⑲501

江西**东乡县** 一八〇五（嘉庆十）年刊东乡县志二十一卷首一卷末一卷 清周钟泰周轼修吴嵩梁黎中辅纂 ⑲502

江西**东乡县** 一八二三（道光三）年刊东乡县志二十一卷首一卷末一卷 清周钟泰原本吴名凤增补 ⑲502

江西**东乡县** 一八六九（同治八）年刊东乡县志十六卷首一卷末一卷 清李士棻王维新修胡业恒纂 ⑲502

四川**东乡县** 一七四一（乾隆六）年刊东乡县志二卷 清孙矿纂修 ⑲789

四川**东乡县** 一八一五（嘉庆二十）年刊东乡县志三十三卷 清徐陈谟纂修 ⑲789

四川**东乡县** 一八二一（道光元）年补刊嘉庆东乡县志三十三卷 清徐陈谟纂修 ⑲789

四川**东乡县** 一八七三（同治十二）年刊嘉庆东乡县志三十三卷 清徐陈谟纂修 ⑲789

四川**东乡县** 一九〇二（光绪二十八）年刊东乡县志十二卷首一卷 清如柏纂修 ⑲789

缪氏东仓书库 一九〇二（光绪二十八）年刊【至正】崑山郡志六卷 元杨譓纂 ⑲322

东平州 一六八〇（康熙十九）年刊东平州志六卷 清张聪张承赐修单民功纂 ⑲292

东平州 一七七一（乾隆三十六）年刊东平州志二十卷首一卷补遗一卷 清沈维基修胡彦昇纂 ⑲292

东平州 一八二五（道光五）年刊东平州志三十卷首二卷 清周云凤修唐鉴周兆棠纂 ⑲292

东平州 一八八一（光绪七）年刊东平州志二十七卷图一卷首编四卷 清左宜似等修卢崟等纂 ⑲292

东台县 一八一六（嘉庆二十一）年刊东台县志四十卷 清周古修蔡复午等纂 ⑲370

东台县 一八三〇（道光十）年补刊【嘉庆】东台县志四十卷 清周古修蔡复午等纂 ⑲370

东亚译书会 一九〇〇（光绪二十六）年刊欧罗巴通史四卷 日箕作元八等纂清胡景伊徐有成等译 ⑯940·1/844

东光县 一六九三（康熙三十二）年刊东光县志八卷 清白为玑修冯樾纂 ⑲61

东光县 一八八八（光绪十四）年刊东光县志十二卷首一卷 清周植瀛修吴浔源纂 ⑲61

河北**东安县** 一六七七（康熙十六）年刊东安县志十卷 清王士美李大章等修张墀等纂 ⑲46

河北**东安县** 一七四九（乾隆十四）年刊东安县志二十二卷 清李光昭修周琰纂 ⑲46

广东**东安县** 一六八七（康熙二十六）年刊东安县志十一卷 清袁承泰纂修 ⑲711

广东东安县 一七四〇（乾隆五）年刊东安县志四卷 清庄大中纂修 ⑲711

广东东安县 一八二五（道光五）年刊东安县志四卷 清汪兆柯纂修 ⑲711

湖南东安县 一七五二（乾隆十七）年刊东安县志八卷 清吴德润修毛世卿邓锡爵纂 ⑲657

湖南东安县 一八七五（光绪元）年刊东安县志八卷 清黄心菊修席宝田许兰阶纂 ⑲657

东阳县署 一八二四（道光四）年刊无闻集四卷附录一卷清崔述撰 ㉖2447

东阳县 一六八一（康熙二十）年刊新修东阳县志二十二卷首一卷末一卷 清胡启甲俞允撰修赵衍等纂 ⑲429

东阳县 一八二八（道光八）年刊东阳县志二十八卷首一卷 清党金衡等纂修 ⑲430

东阿县 一六六五（康熙四）年刊东阿县志十二卷 清刘沛先修王吉臣纂 ⑲306

东阿县 一八二八（道光八）年刊东阿县志略二卷 清吴怡纂 ⑲306

东瓯郡斋 一八六七（同治六）年刊潜室陈先生木钟集十一卷 宋陈埴撰 ⑯2504

东昌府 一七七七（乾隆四十二）年刊东昌府志五十卷首一卷 清胡德琳等修周永年等纂 ⑲301

东昌府 一八〇八（嘉庆十三）年刊东昌府志五十卷首三卷 清嵩山修谢香开张熙先纂 ⑲301

东明县 一六七三（康熙十二）年刊东明县志八卷 清金世德修杨日升纂 ⑲301

东明县 一七五六（乾隆二十一）年刊东明县志八卷 清储元昇纂修 ⑲301

东明县 一八三四（道光十四）年增刊【乾隆】东明县志八卷 清储元昇纂修 ⑲301

东河督署 一八九三（光绪十九）年刊白香亭诗三卷 清邓辅纶撰 ②29534

东莞县 一六八九（康熙二十八）年刊东莞县志十四卷 清郭文炳修文超灵纂 ⑲686

东莞县 一七三〇（雍正八）年刊东莞县志十四卷 清周天成修邓廷喆纂 ⑲686

东莞县 一七九八（嘉庆三）年刊东莞县续志二卷 清彭人杰范文安修黄时沛纂 ⑲686

东流县 一六五二（顺治九）年刊新修东流县志六卷 清苏弘谟等修陈淑思等纂 ⑲478

东流县 一七五八（乾隆二十三）年刊东流县志二十六卷首一卷 清蒋绶修汪思迴等纂 ⑲478

东流县 一八一八（嘉庆二十三）年刊东流县志三十卷 清吴篪修李兆洛等纂 ⑲478

东湖县 一七六三（乾隆二十八）年刊东湖县志三十卷首一卷 清林有席修严思濬林有彬纂 ⑲627

东湖县 一八〇〇（嘉庆五）年补刊【乾隆】东湖县志三十卷首一卷 清林有席修严思濬等纂 ⑲627

东湖县 一八六四（同治三）年刊续修东湖县志三十卷首一卷续补艺文一卷 清金大镛修王柏心纂 ⑲627
东路厅署 一八七九（光绪五）年刊竹书纪年校正十四卷 清郝懿行撰 ⑯921·21/748－209
北京叙郡会馆 一八八三（光绪九）年刊国朝全蜀贡举备考九卷 清孙桐生辑赵增荣重辑 ⑥史123
北流县 一七四八（乾隆十三）年刊北流县志十卷 清张允观纂修 ⑲731
北流县 一八八〇（光绪六）年刊北流县志二十四卷 清徐作梅等修李士琨等纂 ⑲731
卢氏县 一六九四（康熙三十三）年刊卢氏县志四卷 清谢廷爵修靳桂明纂 ⑲604
卢氏县 一七四七（乾隆十二）年刊重修卢氏县志十七卷首一卷 清李炘修侯肩复纂 ⑲604
卢氏县 一八九二（光绪十八）年刊重修卢氏县志十八卷首一卷 清郭光澍修李旭春纂 ⑲604
卢龙县 一六六〇（顺治十七）年刊卢龙县志六卷首一卷 清李士模修马备纂 ⑲43
卢龙县 一六八〇（康熙十九）年刊增补卢龙县志六卷首一卷 清李士模原本卫立鼎增修 ⑲43
归　州 一八一七（嘉庆二十二）年刊归州志十卷 清李炘修陆仲达纂 ⑲629
归　州 一八八二（光绪八）年刊归州志十卷首一卷 清沈云骏修刘玉森纂 ⑲629
归化县 一六九八（康熙三十七）年刊归化县志十卷 清汤传榘纂修 ⑲545
归安县 一六七三（康熙十二）年刊归安县志十卷 清姚时亮修王启允严经世等纂 ⑲401
归安县署 一八九二（光绪十八）年刊禹贡因一卷 清沈练撰 ⑯1038
归顺州 一八九九（光绪二十五）年刊归顺直隶州志六卷 清颜嗣徽纂修 ⑲735
归善县 一六七五（康熙十四）年刊归善县志二十一卷 清连国柱修龚章纂 ⑲684
归善县 一七二四（雍正二）年刊归善县志二十一卷 清孙能宽等修叶适等纂 ⑲684
归善县 一七八三（乾隆四十八）年刊归善县志十八卷首一卷 清章寿彭修陆飞纂 ⑲684
归德府 一六六〇（顺治十七）年刊归德府志十卷 清宋国荣修羊琦纂 ⑲578
归德府 一七五四（乾隆十九）年刊归德府志三十六卷首一卷 清陈锡辂永泰修查岐昌纂 ⑲578
归德府 一八九三（光绪十九）年重刊【乾隆】归德府志三十六卷首一卷 清陈锡辂永泰修查岐昌纂 ⑲578
叶　县 一六九一（康熙三十）年刊叶县志八卷首一卷 清吕柳文修牛天枢纂 ⑲589
叶　县 一七四六（乾隆十一）年刊叶县志八卷 清石其灏修程沭纂 ⑲589

叶　县 一八七二（同治十一）年刊叶县志十卷首一卷 清欧阳霖张佩训修仓景恬胡廷桢纂 ⑲589

申江榷署 一八七三（同治十二）年刊小琅玕山馆诗钞十卷 清严廷珏撰 ⑯3603

电白县 一六七三（康熙十二）年刊电白县志八卷 清郭指南纂修 ⑲707

电白县 一八二六（道光六）年刊重修电白县志二十卷末一卷 清章鸿叶廷芳修崔翼周等纂 ⑲707

电白县 一八九二（光绪十八）年刊重修电白县志三十卷首一卷 清孙铸修邵祥龄纂 ⑲707

史　馆 一六八四（康熙二十三）年刊古今通韵十二卷首一卷 清毛奇龄撰 ③字150/826

四川什邡县署 一八〇八（嘉庆十三）年刊纪慎斋先生全集正集十四种续集七种 清纪大奎撰 ⑥总60

四川什邡乐善公所 一八六二—一八七四（同治）年刊寒疫合编 清王光甸辑 ⑥

四川布政使署 一八二一—一八五〇（道光）年刊御纂性理精义十二卷 清李光地等诠释 ⑥子4

湘乡蒋氏四川龙安郡署 一八九一（光绪十七）年刊求实斋丛书十九种 清蒋德钧辑 ⑥总45

四川团练总局 一八六一（咸丰十一）年刊广西团练事宜一卷 清朱孙诒编 ②29803

四川庆符县 一八六三（同治二）年刊春秋谷梁传注疏二十卷 唐杨世勋疏 ⑥

四川武备学堂 一九〇三（光绪二十九）年刊战法学教程三卷 ⑥

四川岳池 一九〇一（光绪二十七）年刊续云南通志稿一百九十四卷首六卷 清王文韶魏文寿修 ⑲820

四川采访总局 一八九九（光绪二十五）年刊四川通省忠义总录三十一卷续录二卷 四川采访总局编吴庆坻等纂 ⑰13326

四川泸州学政署 一九〇六（光绪三十二）年刊古今法制表十六卷 清孙荣撰 ⑧

四川官印刷局 一九一〇（宣统二）年刊蜀中名胜记三十卷 明曹学佺撰 ⑥史145

四川学院衙门 一八七六（光绪二）年刊春秋左传初学读本 ⑥

四川省 一六七三（康熙十二）年刊四川总志三十六卷 清蔡毓荣等修钱受祺等纂 ⑲737

四川省 一七三三（雍正十一）年刊四川通志四十七卷首一卷 清黄廷桂等修张晋生等纂 ⑲737

四川省 一八一六（嘉庆二十一）年刊四川通志二百四卷首二十二卷 清常明等修杨芳灿等纂 ⑲737

四川省 一八三四（道光十四）年刊蜀典十二卷 清张澍纂 ⑲738

四川省 一八七六（光绪二）年刊蜀故二十七卷 清彭遵泗纂 ⑲738

四川叙府 一八六二—一八七四（同治）年刊十三经注疏 ⑥
四川叙府红杏山房 一八七五—一九〇八（光绪）年刊汉魏丛书八十六种 ⑥总37
四川剑州署 一八六四（同治三）年刊六书原始十五卷 清贺崧龄辑 ③字131·4/873
四川总督署 一八六九（同治八）年刊古文约选 清方苞选 ⑯834/626
四川总督衙门 一八六七（同治六）年刊骆公（秉章）年谱不分卷 清骆秉章自订 ⑥史110
四川督署 一九一一（宣统三）年刊历代都江堰功小传二卷 钱茂原撰王人文删订 ⑰6338
四川盐务局 一八八九（光绪十五）年刊庭训格言不分卷 清圣祖玄烨撰 ⑥子45
四川资州署 一八五七（咸丰七）年刊痘疹世医心法十二卷附痘疹格致要论十一卷 明万全撰 ㉚497
四川滇黔边计官运盐务总局 一九〇五（光绪三十一）年刊备用良方简便良方 ㉚279
四川涪州小学堂 一九〇五（光绪三十一）年刊周易本义 ⑥
四川绵竹官廨 一八七八（光绪四）年刊檀几丛书录要七种 清姚廷杰著何思钧辑 ⑥总38
四川新都修志局 一八四四（道光二十四）年刊升庵外集一百卷 明杨慎撰焦竑编 ②31209
四川新都县志局 一八七五—一九〇八（光绪）年刊杨升庵年谱一卷 清程封辑 ⑥史108
四川藩署 一八二六（道光六）年刊钦定授时通考七十八卷 清鄂尔泰张廷玉等奉敕撰 ㉑0967
四川藩署 一八六四（同治三）年刊江忠烈公遗集二卷附录一卷 清江忠源撰 ②23911
四川鹾务官舍 一八八五（光绪十一）年刊四书反身录八卷 清李颙撰 ⑥
四会县 一六七二（康熙十一）年刊四会县志二十卷 清李复修修吴国玗纂 ⑲710
四会县 一八二三（道光三）年刊四会县志十卷首一卷 清伍鼎臣修徐祖巩纂 ⑲711
四会县 一八九六（光绪二十二）年刊四会县志十编首一编末一编 清刘志喆刘德恒修吴大猷纂 ⑲711
丘　县 一六六二—一七二二（康熙）年刊丘县志八卷 清张珽修刘尔浩纂 ⑲72
代　州 一七八四（乾隆四十九）年刊直隶代州志六卷 清吴重光纂修 ⑲88
仙居县 一六八〇（康熙十九）年刊仙居县志三十卷 清郑录勋修张明焜张徽谟纂 ⑲425
仙游县 一六七八（康熙十七）年刊仙游县志四十卷 清卢学儁修郭彦俊纂 ⑲531
仙游县 一七四九（乾隆十四）年刊仙游县志三十六卷 清陈兴祚修庄大椿等纂 ⑲531

仪陇县 一八七一（同治十）年刊仪陇县志六卷 清曹绍樾胡晋熙修胡辑瑞等纂 ⑲785

仪陇县 一九〇七（光绪三十三）年重刊【同治】仪陇县志六卷 清曹绍樾胡晋熙修胡辑瑞等纂 ⑲785

仪封县 一六五九（顺治十六）年刊仪封县志八卷 清崔维雅纂修 ⑲562

仪封县 一六九一（康熙三十）年刊仪封县志四十卷首一卷 清钟定等纂修 ⑲562

仪封县 一七六四（乾隆二十九）年刊仪封县志十二卷首一卷末一卷 清纪黄中王续修宋宣纂 ⑲562

仪真县 一六九三（康熙三十二）年刊仪真县志十二卷 清马章玉纂修 ⑲352

仪徵县 一八〇八（嘉庆十三）年刊仪徵县续志十卷 清颜希源邵光钤纂修 ⑲353

仪徵县 一八五〇（道光三十）年刊重修仪徵县志五十卷首一卷 清王检心修刘文淇张安保纂 ⑲353

白水县 一六四七（顺治四）年刊白水县志二卷 清王永命纂修 ⑲181

白水县 一七五四（乾隆十九）年刊白水县志四卷首一卷 清梁善长纂修 ⑲181

白水县 一八七〇（同治九）年重刊【乾隆】白水县志四卷首一卷 清梁善长纂修 ⑲181

白河县 一八九三（光绪十九）年刊白河县志十三卷 清顾騄修王贤辅李宗麟纂 ⑲204

白榆邸舍 一八七五（光绪元）年刊当湖外志八卷续外志八卷附录一卷 清马承昭纂 ⑰

印江县 一八三七（道光十七）年刊印江县志二卷 清郑士范纂修 ⑲808

句容县 一七五〇（乾隆十五）年刊句容县志十卷首一卷末一卷 清曹袭先纂修 ⑲344

句容县 一九〇四（光绪三十）年刊续纂句容县志二十卷首一卷末一卷 清张绍棠修萧穆等纂 ⑲345

处州府 一六九〇（康熙二十九）年刊处州府志十二卷 清刘廷玑纂修 ⑲438

处州府 一七三三（雍正十一）年刊处州府志二十卷 清曹抡彬修朱肇济等纂 ⑲438

处州府 一八七七（光绪三）年刊处州府志三十卷首一卷末一卷 清潘绍诒修周荣椿等纂 ⑲438

处州府署 一八七四（同治十三）年刊括苍金石志十二卷续四卷 清李遇孙撰 ④15

乐山县 一八一二（嘉庆十七）年刊乐山县志十六卷首一卷 清龚传黻纂修 ⑲770

乐山县 一八八七（光绪十三）年补刊【嘉庆】乐山县志十六卷首一卷 清龚传黻纂修 ⑲770

山西**乐平县** 一六七二（康熙十一）年刊乐平县志八卷 清王祚永修王基昌纂 ⑲91

山西**乐平县** 一七七七（乾隆四十二）年刊乐平县志八卷 清李早荣纂修 ⑲92

江西**乐平县** 一六五九（顺治十六）年刊乐平县志十四卷 清王德明修程绍明等纂 ⑲492

江西**乐平县** 一六八一（康熙二十）年刊乐平县志十六卷首一卷 清宋良翰修杨光祚等纂 ⑲492

江西**乐平县** 一七五二（乾隆十七）年刊乐平续志四卷 清杨人杰纂 ⑲492

江西**乐平县** 一八一二（嘉庆十七）年刊乐平县志三十六卷首一卷 清索锦藻纂 ㉑151

江西**乐平县** 一八二七（道光七）年刊乐平县志十二卷首一卷末一卷 清孙尔修修黄华璧汪葆泰纂 ⑰492

乐至县 一七二八（雍正六）年刊乐至县志不分卷 清杨佐龙修舒华等纂 ⑲759

乐至县 一七八五（乾隆五十）年刊乐至县志八卷首一卷 清张松孙修雷懋德等纂 ⑲759

乐至县 一八四〇（道光二十）年刊乐至县志十六卷首一卷 清裴显忠修刘硕辅纂 ⑲759

乐至县 一八六九（同治八）年重刊【道光】乐至县志十六卷首一卷 清裴显忠修刘硕辅纂 ⑲759

乐至县 一八八三（光绪九）年刊续增乐至县志四卷首一卷 清胡书云修李星根等纂 ⑲759

乐会县 一六六九（康熙八）年刊乐会县志十一类 清林子兰修陈宗琛纂 ⑲702

山东**乐安县** 一六六七（康熙六）年刊乐安县续志二卷 清欧阳焯修李含章纂 ⑲271

山东**乐安县** 一七三三（雍正十一）年刊乐安县志二十卷 清李方膺纂修 ⑲271

江西**乐安县** 一六八四（康熙二十三）年刊乐安县志十卷 清方湛修詹相廷等纂 ⑲501

江西**乐安县** 一八七一（同治十）年刊乐安县志十一卷首一卷 清朱奎章修胡芳杏纂 ⑲501

乐昌县 一六六六（康熙五）年刊乐昌县志十卷 清李成栋修张日星纂 ⑲678

乐昌县 一八七一（同治十）年刊乐昌县志十二卷首一卷 清徐宝符等修陈其藻等纂 ⑲678

乐亭县 一七五五（乾隆二十）年刊乐亭县志十四卷首一卷 清陈金骏纂修 ⑲45

乐亭县 一八七七（光绪三）年刊乐亭县志十五卷首一卷末一卷 清蔡志修等修史梦兰纂 ⑲45

乐陵县 一六六〇（顺治十七）年刊乐陵县志八卷 清郝献明修胡岳立纂 ⑲263

乐陵县 一七六二（乾隆二十七）年刊乐陵县志八卷首一卷末一卷 清王谦益修郑成中纂 ⑲263

乐清县 一六八五（康熙二十四）年刊乐清县志八卷 清徐化民修林允楫鲍易纂 ⑲436

乐清县 一八三四（道光十四）年刊乐清县志十六卷首一卷 清刘荣玠修鲍作雨张振夔纂 ⑲436

兰 州 一六八六（康熙二十五）年刊兰州志四卷 清陈如稷纂 ⑲207

兰州府署 一七七九（乾隆四十四）年刊痘疹定论四卷 清朱玉堂撰 ㉚508

兰州府 一八三三（道光十三）年刊兰州府志十二卷首一卷 清陈士桢修涂鸿仪纂 ⑲207

兰州府 一八七四（同治十三）年刊甘肃忠义录 ㉖78

上元陈氏**兰州官署** 一七五五（乾隆二十）年刊痘疹定论四卷 清朱玉堂撰 ㉚508

兰州臬署 一八九四（光绪二十）年刊厘正按摩要求四卷 清张振鋆（筱衫）编张质等校 ㉚151

兰阳县 一六九五（康熙三十四）年刊兰阳县志十卷 清高世琦修王旦傅上襄纂 ⑲561

兰阳县 一七四四（乾隆九）年刊兰阳县续志八卷 清涂光范修王壬纂 ⑲561

兰谿县 一六七二（康熙十一）年刊兰谿县志七卷 清刘芳喆修郭若绎章允奇纂 ⑲428

兰谿县 一八〇〇（嘉庆五）年刊兰谿县志十八卷首一卷末一卷 清张许修陈凤举等纂 ⑲428

兰谿县 一八八九（光绪十五）年刊光绪兰谿县志八卷首一卷附补遗一卷 清邵秉经等修唐壬森纂 ⑲428

汀州府 一七五二（乾隆十七）年刊汀州府志四十五卷首一卷 清曾日瑛等修李绂等纂 ⑲540

汉州 一七四六（乾隆十一）年刊汉州志十四卷首一卷 清张珽修侯国栋等纂 ⑲745

汉州 一八一七（嘉庆二十二）年刊汉州志四十卷首一卷末一卷 清刘长庚修侯肇元张怀泗纂 ⑲745

汉州 一八六九（同治八）年刊续汉州志二十四卷首一卷补志一卷 清张超等修曾履中张敏行纂 ⑲746

汉川县 一七七三（乾隆三十八）年刊汉川县志五卷 清魏金榜纂修 ⑲610

汉川县 一八七三（同治十二）年刊汉川县志二十二卷首一卷 清德廉袁鸣珂修林祥瑗纂 ⑲610

汉川县 一八九五（光绪二十一）年刊汉川图记徵实六卷 清田宗汉纂修 ⑲611

汉中府 一六五六（顺治十三）年刊汉中府志六卷 清冯达道纂修 ⑲198

汉书院 一八六八（同治七）年刊朱子晚年定论不分卷 明王守仁辑 ⑯8601

汉阳官廨 一八六八（同治七）年刊忠孝录不分卷 清王庭祯辑 ⑯982·876/115

汉阳府 一六六九（康熙八）年刊汉阳府志十六卷首一卷 清陈国儒修李宁仲纂 ⑲609

汉阳府 一七四七（乾隆十二）年刊汉阳府志五十卷首一卷 清陶士偰修刘湘煃纂 ⑲609

汉阳县 一七四八（乾隆十三）年刊汉阳县志三十二卷附续志一卷 清刘嗣孔修刘湘煃纂 ⑲611

汉阳县 一八一八（嘉庆二十三）年刊汉阳县志三十六卷首一卷 清裘行恕修邵翔纂 ⑲611

汉阳县 一八六八（同治七）年刊续辑汉阳县志二十八卷 清黄式度修王柏心纂 ⑲611
汉阳县 一八八四（光绪十）年刊同治汉阳县志校不分卷 清许盛春张行简撰 ⑲612
汉阴厅 一八一八（嘉庆二十三）年刊汉阴厅志十卷首一卷 清钱鹤年修董诏纂 ⑲203
汉阴县 一六八七（康熙二十六）年刊汉阴县志六卷 清赵世震修汪泽延纂 ⑲203
汉阴县 一七七五（乾隆四十）年刊汉阴县志八卷 清郝敬修纂修 ⑲203
汉南试院 一七七七（乾隆四十二）年刊经训约编不分卷 清盛元珍撰 ⑦50
汉臯榷署 一八七七（光绪三）年刊四声切韵表不分卷 清江永撰 ⑧
宁 州 一六八七（康熙二十六）年刊宁州志五卷 清晋显卿修王星麟纂 ⑲215
江西**宁州** 一六八〇（康熙十九）年刊宁州志八卷 清班衣锦修戴云章徐淮纂 ⑲484
山西**宁乡县** 一七〇二（康熙四十一）年刊宁乡县志十卷首一卷 清吕履恒纂修 ⑲99
湖南**宁乡县** 一六八三（康熙二十二）年刊新修宁乡县志十卷 清蒋应泰修陶汝鼐纂王钱昌增修
吴嘉骥陶之典增纂 ⑲671
湖南**宁乡县** 一七四八（乾隆十三）年刊宁乡县志十卷首一卷 清李杰超修王文清纂 ⑲671
湖南**宁乡县** 一八一六（嘉庆二十一）年刊宁乡县志十二卷首一卷 清王馀英修袁名曜纂 ⑲671
湖南**宁乡县** 一八六七（同治六）年续修宁乡县志四十四卷首一卷 清郭庆飏修童秀春纂 ⑲671
宁乡学署 一八二九（道光九）年刊楚宝四十卷 明周圣楷辑 ⑰6299
宁化县 一六八四（康熙二十三）年刊宁化县志七卷 清祝文郁修李世熊纂 ⑲545
宁阳县 一七〇二（康熙四十一）年刊宁阳县志八卷首一卷 清李温皋纂修 ⑲291
宁阳县 一七四三（乾隆八）年刊宁阳县志八卷 清李梦雷修刘应荐纂 ⑲291
宁阳县 一八五二（咸丰二）年刊宁阳县志二十四卷 清陈纪勋修黄恩彤纂 ⑲291
宁阳县 一八七九（光绪五）年刊宁阳县志二十四卷 清高陞荣修黄恩彤纂 ⑲292
甘肃**宁远县** 一七〇九（康熙四十八）年刊宁远县志六卷 清冯同宪修李樟纂 ⑲217
甘肃**宁远县** 一七六二（乾隆二十七）年刊宁远县志续略八卷 清胡蒖域修于缵周纂 ⑲217
甘肃**宁远县** 一八三五（道光十五）年增刊【乾隆】宁远县志续略八卷 清胡蒖域修于缵周纂 ⑲217

湖南宁远县 一六八三（康熙二十二）年刊宁远县志六卷 清沈仁敷纂修 ⑲655

湖南宁远县 一七五四（乾隆十九）年刊宁远县志十四卷 清钟人文纂修 ⑲656

湖南宁远县 一八一一（嘉庆十六）年刊宁远县志十卷 清曾钰纂修 ⑲656

宁羌州 一八三二（道光十二）年刊续修宁羌州志四卷 清张廷槐纂修 ⑲200

宁羌州 一八八八（光绪十四）年刊宁羌州志五卷 清马毓华修郑书香曹良模纂 ⑲200

宁武试院 一八一二（嘉庆十七）年刊续尤西堂拟明史乐府 清张晋撰杨履道注 附论诗绝句 ②3429

宁武府 一七五〇（乾隆十五）年刊宁武府志十二卷首一卷 清魏元枢周景柱纂修 ⑲87

宁武府 一八五七（咸丰七）年刊续宁武府志不分卷 清常文遴阿克达春纂修 ⑲87

宁国府 一六七四（康熙十三）年刊宁国府志三十二卷首一卷 清庄泰弘等修刘尧枝等纂 ⑲466

宁国府 一七五三（乾隆十八）年刊宁国府志三十四卷 清宋敩修钱人麟等纂 ⑲466

宁国府 一八一五（嘉庆二十）年刊宁国府志三十六卷首一卷末一卷 清鲁铨钟英修
洪亮吉施晋纂 ⑲466

宁国县 一六四七（顺治四）年刊宁国县志六卷 清杨名远等修黄可缙等纂 ⑲472

宁国县 一七一三（康熙五十二）年刊宁国县志十卷 清陈养元修王为壤纂 ⑲472

宁国县 一八二五（道光五）年刊宁国县志十二卷首一卷末一卷 清梁中孚纂修 ⑲472

宁河县 一七七九（乾隆四十四）年刊宁河县志十六卷 清关廷牧修徐以观纂 ⑲25

宁河县 一八八〇（光绪六）年刊宁河县志十六卷 清丁符九修谈松林纂 ⑲25

宁波府 一七三三（雍正十一）年刊宁波府志三十六卷首一卷 清曹秉仁等修万经等纂 ⑲408

宁波府 一八四六（道光二十六）年重刊【雍正】宁波府志三十六卷首一卷 清曹秉仁等修万经等纂 ⑲408

宁陕厅 一八二九（道光九）年刊宁陕厅志四卷 清林一铭修焦世官胡官清纂 ⑲205

宁洋县 一六六二（康熙元）年刊宁洋县志八卷 清萧亮修张丰玉纂 ⑲542

宁洋县 一八七五（光绪元）年刊【同治】宁洋县志十二卷首一卷 清董钟骥修陈天枢吴正南等纂 ⑲542

宁津县 一六七四（康熙十三）年刊宁津县志稿八卷 明王良贵原本清程裕昌续纂修 ⑲265

宁津县 一九〇〇（光绪二十六）年刊宁津县志十二卷首一卷 清祝嘉庸修吴浔源纂 ⑲266

韩懿章宁都州署 一八七六（光绪二）年刊杨子书绎不分卷 明杨文彩撰魏禧参订 ⑧

宁都州 一八二四（道光四）年刊宁都直隶州志三十二卷首一卷 清黄永纶修杨锡龄等纂 ⑲512

宁都县 一七四一（乾隆六）年刊宁都县志八卷 清郑昌龄修梅廷驯纂 ⑲512

宁晋县 一六七九（康熙十八）年刊宁晋县志十卷 清万任修张坦纂 ⑲75

宁夏府 一七八〇（乾隆四十五）年刊宁夏府志二十二卷首一卷 清张金城修杨浣雨纂 ⑲227

山东**宁海州** 一六七二（康熙十一）年刊宁海州志十卷 清杨引祚等纂修 ⑲284

山东**宁海州** 一八六四（同治三）年刊重修宁海州志二十六卷 清舒孔安修王厚阶纂 ⑲284

浙江**宁海县** 一六七八（康熙十七）年刊宁海县志十二卷首一卷 清崔秉镜修华大琰纂 ⑲414

浙江**宁海县** 一九〇二（光绪二十八）年刊宁海县志二十四卷首一卷 清王瑞成程云骥修张濬等纂 ⑲414

宁陵县 一六五九（顺治十六）年刊宁陵县志十二卷 清李若星等纂修 ⑲580

宁陵县 一六九三（康熙三十二）年刊宁陵县志十二卷首一卷 清王图宁修王肇栋纂 ⑲580

宁陵县 一九一一（宣统三）年刊宁陵县志十二卷首一卷末一卷 清萧济南修吕敬直纂 ⑲580

宁德县 一七八一（乾隆四十六）年刊宁德县志十卷首一卷图一卷 清卢建其修张君宾胡家祺纂 ⑲527

礼　县 一七五六（乾隆二十一）年刊礼县志十九卷首一卷 清方嘉发纂修唐正邦补辑 ⑲217

礼　县 一八九〇（光绪十六）年刊重纂礼县新志四卷首一卷 清雷文渊修王思温纂 ⑲217

礼　府 一七三六—一七九五（乾隆）年刊漪园四种 清永恩撰 ⑤

礼　部 一七九五（乾隆六十）年刊钦定礼部则例一百九十四卷 清王杰等纂修 ②49002

礼　部 一八四四（道光二十四）年刊钦定礼部则例二百零二卷 清特登额等编 ②48198

礼部司务厅 一八八二（光绪八）年刊光绪八年壬午科十八省正副榜同年全录 清礼部撰 ⑯323.35/109

永川县 一七九五（乾隆六十）年刊永川县志九卷 清王诰修黄钧纂 ⑲775

永川县 一八四三（道光二十三）年刊永川县志十二卷 清胡筠修李埔等纂 ⑲775

永川县 一八九四（光绪二十）年刊永川县志十卷首一卷 清许曾荫等修马慎修等纂 ⑲775

永丰县 一六五六（顺治十三）年刊永丰县志 清邓秉恒纂修 ㉑177

吉安永丰县 一六七一（康熙十）年刊永丰县志二十四卷 清夏显煜修李煜纂 ⑲489

吉安永丰县 一六六二（康熙元）年刊吉安府永丰县志六卷 清邓秉恒修涂拔尤等纂 ⑲506

吉安永丰县 一八七四（同治十三）年刊永丰县志四十卷 清王建中修刘绎等纂 ⑲506

吉安永丰县署 一八二一—一八五〇（道光）年刊永丰县志六十四卷 清陈徵芝等纂修 ㉑177

广信府**永丰县** 一七〇二（康熙四十一）年刊广永丰县志二十四卷 清夏显煜原本傅而保续修 ㉑160

永平府 一六七九（康熙十八）年刊永平府志二十四卷首一卷 清路遴修宋琬纂常文魁续纂修 ⑲41

永平府 一七七四（乾隆三十九）年刊永平府志二十四卷首一卷末一卷 清李奉翰顾学潮修王金英纂 ⑲41

永北厅 一九〇四（光绪三十）年刊续修永北直隶厅志十卷首一卷 清叶如桐秦定基修刘必苏等纂 ⑲836

永北府 一七六五（乾隆三十）年刊永北府志二十八卷 清陈奇典修刘慥纂 ⑲835

永宁官廨 一八六七（同治六）年刊楼山堂遗书 清吴应箕撰 ②21142

江西**永宁县** 一六八三（康熙二十二）年刊永宁县志二卷 清陈欲达修袁有龙纂 ⑲507

江西**永宁县** 一七五〇（乾隆十五）年刊永宁县志八卷 清赖能发纂修 ⑲507

江西**永宁县** 一八二二（道光二）年刊永宁县志八卷首一卷 清孙承祖修黄节纂 ⑲507

江西**永宁县** 一八七四（同治十三）年刊永宁县志十卷首一卷 清杨辅谊修萧应乾纂 ⑲507

河南**永宁县** 一六五三（顺治十）年刊永宁县志八卷 清程万善修张鼎延锁青缙纂 ⑲604

河南**永宁县** 一六九二（康熙三十一）年刊永宁县志七卷首一卷 清佟赋伟纂修 ⑲604

河南**永宁县** 一七九〇（乾隆五十五）年刊永宁县志八卷首一卷 清张楷纂修 ⑲604

广西**永宁州** 一八八五（光绪十一）年刊永宁州志十六卷 清高日华联丰修刘汉镇纂 ⑲727

贵州**永宁州** 一八三七（道光十七）年刊永宁州志十二卷首一卷 清黄培杰纂修 ⑲813

贵州**永宁州** 一八五四（咸丰四）年刊永宁州志补遗五卷 清修武谟纂修 ⑲813

贵州**永宁州** 一八九四（光绪二十）年刊永宁州志十二卷 清沈毓兰修杨域林等纂 ⑲813

山西**永宁州** 一六五六（顺治十三）年刊永宁州志 清胡朝宾修高首标纂 ⑲96

山西**永宁州** 一七〇二（康熙四十一）年刊永宁州志八卷 清谢汝霖纂修 ⑲96

山西**永宁州** 一八八一（光绪七）年刊永宁州志三十二卷 清姚启瑞修方渊如纂 ⑲96

永年县 一六七二（康熙十一）年刊永年县志十九卷首一卷 清朱世纬纂修 ⑲70

永年县 一七五七（乾隆二十二）年刊永年县志四十四卷首一卷 清孔广棣纂修 ⑲70

永年县 一八七七（光绪三）年刊永年县志四十卷首一卷 清夏诒钰纂修 ⑲70

永州府 一六七〇（康熙九）年刊永州府志二十四卷 清刘道著修钱邦芑纂 ⑲654

永州府 一八二八（道光八）年刊永州府志十八卷首一卷 清吕恩湛修宗绩辰纂 ⑲655

永州府 一八六七（同治六）年重校刊【道光】永州府志十八卷首一卷 清吕恩湛修宗绩辰纂 ⑲655

永兴县 一七四九（乾隆十四）年刊永兴县志十二卷首一卷 清吕宣曾修黄立幹纂 ⑲648

永兴县 一八一八（嘉庆二十三）年刊永兴县志五十五卷首一卷 清刘统修曹流湛纂 ⑲648

永兴县 一八八三（光绪九）年刊永兴县志五十五卷首一卷 清吕凤藻修李献君纂 ⑲648

广西**永安州** 一八一三（嘉庆十八）年刊永安州志十八卷首一卷 清李炘纂修 ⑲729

广西**永安州** 一八九四（光绪二十）年刊永安州志四卷首一卷 清邓文渊等修吴缵周等纂 ⑲729

广东**永安县** 一六八七（康熙二十六）年刊永安县次志十七卷 清张进籙纂修 ⑲685

广东**永安县** 一八二二（道光二）年刊永安县三志五卷首一卷末一卷 清宋如楠叶廷芳修赖朝侣纂 ⑲685

福建**永安县** 一六五二（顺治九）年刊永安县志十卷 清陈廷枢修陈行忠曾省纂 ⑲546

福建**永安县** 一七三四（雍正十二）年刊永安县志十卷首一卷 清裘树荣等纂修 ⑲546

福建**永安县** 一八三三（道光十三）年刊永安县续志十卷 清孙义修陈树兰刘承美纂 ⑲546

贵州**永安协署** 一八三七（道光十七）年刊寿世编二卷 清顾奉璋编 ㉚249

永寿县 一六六八（康熙七）年刊永寿县志七卷首一卷 清张焜修赵运熙纂 ⑲171

永寿县 一七九一（乾隆五十六）年刊永寿县新志十卷首一卷 清蒋基修王开沃纂 ⑲171

永寿县 一七九六（嘉庆元）年刊永寿县志馀二卷 清蒋基纂 ⑲171

永寿县 一八八八（光绪十四）年刊永寿县重修新志十卷首一卷 清郑德枢修赵奇龄纂 ⑲171

永春县 一六八四（康熙二十三）年刊永春县志十卷 清郑功勋修宋祖墀王延聘等纂 ⑲535

永春州 一七五七（乾隆二十二）年刊永春州志三十五卷首一卷 清杜昌丁修黄任黄惠纂 ⑲535

甘肃**永昌县** 一七八五（乾隆五十）年刊永昌县志十卷 清李登瀛修南济汉纂 ⑲222

云南永昌府 一七〇二（康熙四十一）年刊永昌府志二十六卷首一卷 清罗纶修李文渊纂 ⑲834
云南永昌府 一七八五（乾隆五十）年刊永昌府志二十六卷首一卷 清宣世涛纂修 ⑲834
云南永昌府 一八二六（道光六）年刊永昌府志二十六卷首一卷 清陈廷焴纂修 ⑲834
云南永昌府 一八八五（光绪十一）年刊永昌府志六十六卷首一卷 清刘毓珂等纂修 ⑲834
永明县 一六六七（康熙六）年刊永明县志十三卷 清谭惟一修蒋士昌纂 ⑲656
永明县 一八四六（道光二十六）年刊永明县志十三卷首一卷 清王春藻纂修 ⑲657
永明县 一九〇一（光绪三十三）年刊永明县志五十卷 清万发元修周诜诒纂 ⑲657
永和县 一七一〇（康熙四十九）年刊永和县志二十四卷 清王士仪纂修 ⑲108
福建永定县 一六七二（康熙十一）年刊永定县志十卷 清潘翊清修陈钧奏纂 ⑲543
福建永定县 一七五七（乾隆二十二）年刊永定县志八卷 清伍炜修王见川纂 ⑲543
福建永定县 一八三〇（道光十）年刊永定县志三十二卷 清方履筏修巫宜福纂 ⑲543
湖南永定卫 一六八五（康熙二十四）年刊永定卫志三卷 清潘义修杨显德纂 ⑲665
湖南永定县 一八二三（道光三）年刊【嘉庆】永定县志八卷 清赵亨钤修熊国夏王师麟纂 ⑲665
湖南永定县 一八六九（同治八）年刊续修永定县志十二卷 清万修廉修张序枝纂 ⑲665
湖南永定县 一九〇七（光绪三十三）年刊永定县乡土志四卷 王树人侯昌铭编 ⑲665
永城县 一六九七（康熙三十六）年刊永城县志八卷 清周正纪修侯良弼纂 ⑲580
永城县 一九〇三（光绪二十九）年刊永城县志三十八卷首一卷 清岳廷楷修胡赞采吕永辉纂 ⑲580
湖南永顺府 一七六三（乾隆二十八）年刊永顺府志十二卷首一卷 清张天如等纂修 ⑲664
湖南永顺府 一八七三（同治十二）年刊永顺府志十二卷首一卷 清张天如原本魏式曾增修 ⑲664
永顺县 一七四五（乾隆十）年刊永顺县志四卷 清李瑾纂修王伯麟增修 ⑲664
永顺县 一八七四（同治十三）年刊永顺县志八卷首一卷末一卷 清魏式曾康赓修李龙章纂 ⑲664
永济县 一八八六（光绪十二）年刊永济县志二十四卷 清李荣和刘钟麟修张元懋纂 ⑲117
永绥厅 一七五一（乾隆十六）年刊永绥厅志四卷 清段汝霖纂修 ⑲666
永绥厅 一八六八（同治七）年刊永绥直隶厅志六卷 清周玉衡等修杨瑞珍纂 ⑲666

永康县一六九六（康熙三十七）年刊永康县志十六卷首一卷　清沈藻修朱谨等纂　⑲429
永康县一八三七（道光十七）年刊永康县志十二卷首一卷　清廖重机彭元海修潘国诏等纂　⑲429
永康县一八九二（光绪十八）年刊永康县志十六卷首一卷　清李汝为郭文翘修潘树棠等纂　⑲429
永清县一六七六（康熙十五）年刊永清县志十五卷　清万一鼒等纂修　⑲50
永清县一七七九（乾隆四十四）年刊永清县志二十五篇　清周震荣修章学诚纂　⑲50
永清县一八七五（光绪元）年刊续永清县志十四卷　清李秉钧吴钦修魏邦翰纂　⑲50
永嘉县一六八二（康熙二十一）年刊永嘉县志十四卷　清王国泰郑廷俊修林占春周天锡纂　⑲435
永新县署一六八三（康熙二十二）年刊永新县志十卷　清王运桢纂修　㉑180
永新县一七四六（乾隆十一）年刊永新县志十卷　清王翰修陈善言纂　⑲507
永新县一八七四（同治十三）年刊永新县志二十六卷首一卷　清萧玉春陈恩浩修段梦龙等纂　⑲508
永新县一八七九（光绪五）年刊永新县志稿十卷　清尹继隆纂修　⑲508
永新县署一八七九（光绪五）年刊禾川书纠缪　清尹继隆纂修　㉑180
永淳县一六六二—一七二二（康熙）年刊永淳县志十四卷　清凌森美纂修　⑲718
福建**永福县**一七四九（乾隆十四）年刊永福县志十卷　清陈焱王纲修俞荔陈云客纂　⑲531
广西**永福县**一八二八（道光八）年刊永福县志四卷　清林光棣修苏信德纂　⑲727
台州府一六八三（康熙二十二）年刊台州府志十八卷　清鲍复泰修冯甦洪若皋纂　⑲423
台州府一八〇八（嘉庆十三）年重刊【康熙】台州府志十八卷首一卷　清张联元修方景濂等纂　⑲423
台湾布政使署一八九三（光绪十九）年刊请缨日记十卷　清唐景崧撰　⑯87
台湾县一七二〇（康熙五十九）年刊台湾县志十卷　清王礼修陈文达纂　⑲552
台湾县一七五二（乾隆十七）年刊重修台湾县志十五卷　清鲁鼎梅修王必昌纂　⑲552
台湾县一八〇七（嘉庆十二）年刊续修台湾县志八卷首一卷　清薛志亮修谢金銮郑兼才纂　⑲552
台湾府一六九〇（康熙二十九）年刊台湾府纪略一卷　清林谦光纂　⑲549
台湾府一七四二（乾隆七）年刊重修福建台湾府志二十卷首一卷　清刘良璧纂修　⑲549
台湾府一八四〇（道光二十）年刊活幼心法九卷　明聂尚恒撰　㉚502

辽　州一六七三（康熙十二）年刊辽州志八卷 清杨天锡修侯继泰纂 ⑲92
辽　州一七三三（雍正十一）年刊辽州志八卷 清徐三俊修刘沄纂 ⑲92
辽　州一八九〇（光绪十六）年增刊辽州志八卷首一卷 清徐三俊原本陈栋续纂修 ⑲92

六　画

邢台县一六七二（康熙十一）年刊邢台县志十二卷 清高显修李京纂 ⑲74
邢台县一七四一（乾隆六）年刊邢台县志十八卷首一卷 清刘燕雯修 ⑲74
邢台县一八七二（同治十一）年刊【嘉庆】邢台县志十卷首一卷 清窦景燕纂修 ⑲74
邢台县一八二七（道光七）年刊【嘉庆】邢台县志十卷首一卷 清窦景燕纂修沈莲生续修 ⑲74
邢台县一九〇五（光绪三十一）年刊邢台县志八卷首一卷 清戚朝卿修周祐纂 ⑲74
戎州学署明伦堂一八八六（光绪十二）年刊叙州府节孝录十卷 清李寿萱撰 ⑰13201
耒阳县一七一六（康熙五十五）年刊耒阳县志八卷 清张应星纂修 ⑲651
耒阳县一七二五（雍正三）年增刊耒阳县志八卷 清张应星纂修徐德泰增修 ⑲651
耒阳县一八二六（道光六）年刊耒阳县志二十二卷首一卷 清常庆陈翰修郑优伍声偁纂 ⑲651
耒阳县一八八五（光绪十一）年刊耒阳县志八卷首一卷 清李师濂於学琴修宋世煦纂 ⑲651
巩　县一七八九（乾隆五十四）年刊巩县志二十卷首一卷 清李述武修张紫岘纂 ⑲564
巩昌府一六八八（康熙二十七）年刊巩昌府志二十八卷 明杨恩原本清纪元续修 ⑲209
吉　州一六七三（康熙十二）年刊吉州志二卷 清南鹏修曹执衡纂 ⑲107
吉　州一七三六（乾隆元）年刊吉州志八卷 清甘士瑛纂修 ⑲108
吉　州一八七九（光绪五）年刊吉州全志八卷 清吴葵之修裴国苞纂 ⑲108
吉水县一六七三（康熙十二）年刊吉水县志十六卷 清王雅修李振裕等纂 ⑲506
吉水县一七五六（乾隆二十一）年刊吉水县志三十六卷 清申发祥修廖恒纂 ⑲506
吉水县一八二五（道光五）年刊吉水县志三十二卷首一卷 清周树槐纂修 ⑲506
吉水县一八七五（光绪元）年刊吉水县志六十六卷首一卷 清彭际盛等修胡宗元等纂 ⑲506

吉水县志局 一八七九（光绪五）年刊吉水县志尚义录 清吉水县志局辑 ㉑176

吉安府 一六六〇（顺治十七）年刊吉安府志三十六卷 清李兴元修欧阳主生等纂 ⑲504

吉安府 一七七六（乾隆四十一）年刊吉安府志七十四卷首一卷 清卢崧修朱承煦林有席纂 ⑲504

吉安府 一八七六（光绪二）年刊吉安府志五十三卷首一卷 清定祥特克绅布修周立瀛等纂 ⑲504

吉安府学 一七九六—一八二〇（嘉庆）年刊吉安重修郡学记二卷 ㉑146

吉安府署 一八四二（道光二十二）年刊李熔经补刊吉安府志七十四卷首一卷末一卷
清卢崧修朱承煦林有席纂 ㉑146

考城县 一六九八（康熙三十七）年刊考城县志四卷 清陈德敏修王贯三纂 ⑲562

西平县 一六七〇（康熙九）年刊西平县志十卷 清沈棻纂修 ⑲590

西乡县 一六八三（康熙二十二）年刊西乡县志十卷 清史左修陈鹏程等纂 ⑲199

西乡县 一八二八（道光八）年刊西乡县志六卷 张廷槐纂修 ⑲200

广东西宁县 一六六七（康熙六）年刊西宁县志十卷 清赵震阳修钟光斗纂 ⑲712

广东西宁县 一八三〇（道光十）年刊西乡县志十二卷首一卷末一卷 清诸豫宗修周中孚纂 ⑲712

河北西宁县 一七一二（康熙五十一）年刊西宁县志八卷首一卷 清张充国纂修 ⑲39

西宁府 一七四七（乾隆十二）年刊西宁府新志四十卷 清杨应琚纂修 ⑲232

西延理苗州署 一九〇〇（光绪二十六）年刊西延轶志十卷 清程庆龄修蒋崧康元纂 广西第一图书馆

西华县 一六五九（顺治十六）年刊西华县志八卷 清左国桢修王鼎镇吴中奇纂 ⑲582

西华县 一六九七（康熙三十六）年刊西华县补志二卷 清徐树庸纂修 ⑲582

西华县 一七五四（乾隆十九）年刊西华县志十四卷首一卷 清宋恂修于大猷纂 ⑲583

西充县 一七二一（康熙六十一）年刊西充县志十二卷 清李棠等修李昭治纂 ⑲786

西充县 一八七六（光绪二）年刊西充县志十四卷图一卷 清高培榖修刘藻纂 ⑲786

西安节署 一七八二（乾隆四十七）年刊乐游联唱集二卷附苏文忠公寿宴诗一卷
官阁消寒集一卷 清毕沅等撰 ㉙1711

西安佐署 一九〇七（光绪三十三）年刊陈氏家乘十卷世系表七卷 清陈星涵纂 ㉙3345

浙江西安县一六九九（康熙三十八）年刊西安县志十二卷首一卷 明陈鹏年修徐之凯等纂 ⑲431

浙江西安县一八一一（嘉庆十六）年刊西安县志四十八卷首一卷 清姚宝煃修范崇楷等纂 ⑲432

浙江西安县一八八三（光绪九）年刊西安县新志正误三卷 清陈埙纂 ⑲432

西安郡斋一八八七（光绪十三）年刊外科症治全生集附金疮铁扇散方 清王维德编 ㉚542

李氏西安郡斋一八八六（光绪十二）年刊李氏三先生诗钞 清李怀民等撰 ⑥

西安藩署一八七四（同治十三）年刊字学举隅 清龙光甸撰 ⑦6581

西林县一七一八（康熙五十七）年刊西林县志一卷 清王维淮纂修 ⑲735

西昌县一八九六（光绪二十二）年刊西昌县志四卷 清胡薇元修郑宗瑞纂 ⑲793

西和县一七七四（乾隆三十九）年刊西和县志四卷 清邱大英纂修 ⑲218

西征粮台一八七七（光绪三）年刊幼科铁镜六卷 清夏鼎撰 ㉚478

江苏存古学堂一九〇八（光绪三十四）年刊孝经学七卷 清曹元弼撰 ⑯1202

达县一八一五（嘉庆二十）年刊达县志五十二卷 清鲁凤辉等修王廷伟等纂 ⑲788

达州一七四二（乾隆七）年刊直隶达州志四卷 清陈庆门纂修 ⑲788

成县一七五二（乾隆十七）年刊成县新志四卷 清黄泳修汪於雍等纂 ⑲219

成安县一六七三（康熙十二）年刊成安县志十二卷 清王公楷修 ⑲71

成安县一八〇二（嘉庆七）年刊成安县志十二卷 清孙培曾修宋凤翼纂 ⑲71

成都县一八一六（嘉庆二十一）年刊成都县志六卷首一卷 清王泰云等修杨芳灿续纂 ⑲739

成都县一八七三（同治十二）年刊重修成都县志十六卷首一卷 清李玉宣等修衷兴鉴等纂 ⑲739

成都中学堂一九〇八（光绪三十四）年刊春秋左氏古经说十二卷 廖平撰 ⑥

成都军署一八九七（光绪二十三）年刊女科仙方四卷 清傅山撰 ㉚434

成都自治局一九〇七（光绪三十三）年刊四川成都自治局文件录要初编 ⑰12436

成都两湖公所一八九一（光绪十七）年刊峨山图志二卷 清谭钟岳绘黄绶芙纂述 ⑥史135

成都使署一八六二—一八七四（同治）年刊望三益斋存稿诗文抄十卷附读诗一得塾课试课试艺制义试贴 ②61899

成都试院 一八七九（光绪五）年刊蜀秀集九卷 清谭宗浚编 ⑯4851

成都盐总局 一八八一（光绪七）年刊四川官运盐案类编二十八卷续编十五卷 清唐炯编 ⑰11809

陇右牛氏成都陕甘公所 一八六二—一八七四（同治）年刊三曲集二十五种 ⑥

牛树梅成都陕西公所 一八七五—一九〇八（光绪）年刊四书反身录八卷 ⑥

成都简易师范 一九〇六（光绪三十二）年刊合声简字谱音注 清吴国泰撰 ⑥

成都福建会馆 一八七五—一九〇八（光绪）年刊四川福建会馆题名录不分卷 清赵之琦等辑 ⑥

百色厅 一八八二（光绪八）年刊百色厅志八卷首一卷 清陈如金等修华本松等纂 ⑲734

夹江县 一八一三（嘉庆十八）年刊夹江县志十二卷首一卷 清王佐纂修 ⑲770

夹江县 一八八八（光绪十四）年补刊夹江县志十二卷首一卷 清王佐纂修 ⑲770

扬州府 一六六四（康熙三）年刊扬州府志二十七卷首一卷 清雷应元纂修 ⑲348

扬州府 一七三三（雍正十一）年刊扬州府志四十卷 清尹会一修程梦星等纂 ⑲349

扬州府 一八一〇（嘉庆十五）年刊重修杨州府志七十二卷首一卷 清阿克当阿修姚文田等纂 ⑲349

扬州府 一八七四（同治十三）年刊续纂扬州府志二十四卷 清方濬颐修钱振伦等纂 ⑲349

扬州府学 一八九二（光绪十八）年刊四书汇编 清詹坦辑 ⑰359—905

扬州因利局 一八九五（光绪二十一）年刊简要良方 原题雪凡道人编 ㉚277

京师扬州会馆 一八九〇（光绪十六）年刊广陵诗事十卷 清阮元撰 ⑯10004

曹寅扬州使院 一七〇六（康熙四十五）年刊隶释二十一卷 宋洪适撰清惠栋钱泳等跋 ⑱史1430

扬州使院 一八一四（嘉庆十九）年刊集韵十卷 宋丁度等奉敕撰 ⑯424.3/158·02

扬州诗局 一七〇七（康熙四十六）年刊全唐诗九百卷 清曹寅等辑 ⑰K 15192

扬州保婴局 一八九五（光绪二十一）年刊保赤须知 清雪凡道人编 ㉚487

扬州惜字局 一八三六（道光十六）年刊周易本义四卷筮仪一卷图说一卷卦歌一卷 宋朱熹撰 ④12442

毕节县 一七五八（乾隆二十三）年刊毕节县志八卷 清董朱英修路元升纂 ⑲811

毕节县 一八七九（光绪五）年刊毕节县志十卷首一卷 清陈昌言修徐廷燮纂 ⑲811

师宗州 一七一七（康熙五十六）年刊师宗州志二卷 清管棆纂修 ⑲826

师宗州 一七二九（雍正七）年刊师宗州志二卷续编一卷 清管棆原本夏治源增修 ⑲826

光　州 一六六〇（顺治十七）年刊光州志十二卷 清庄泰弘修孟俊纂 ⑲594

光　州 一六九二（康熙三十一）年刊光州志十五卷 清缪发修龚质生纂 ⑲594

光　州 一七七〇（乾隆三十五）年光州志六十八卷 清高兆煌纂修 ⑲594

光　州 一八八六（光绪十二）年刊光州志十二卷首一卷 清杨修田修马佩玖纂 ⑲594

光山县 一六五九（顺治十六）年刊光山县志十二卷 清管声骏修孟俊纂 ⑲595

光山县 一六九六（康熙三十五）年刊光山县志十卷 清杨之徐修张文炳甘琮纂 ⑲595

光山县 一七八六（乾隆五十一）年刊光山县志三十二卷首一卷 清杨殿梓修钱时雍纂 ⑲595

光化县 一八八四（光绪十）年刊光化县志八卷首一卷 清钟桐山修段映斗纂 ⑲637

光泽县 一七〇八（康熙四十七）年刊光泽县续志九卷 清马玙修龚骏声纂 ⑲526

光泽县 一七五九（乾隆二十四）年刊光泽县志三十二卷首一卷 清段梦日修魏洪纂 ⑲526

光泽县 一八四〇（道光二十）年刊重纂光泽县志三十卷首一卷 清盛朝辅等修高澎然等纂 ⑲526

光泽县 一八九七（光绪二十三）年补刊【道光】重纂光泽县志三十卷首一卷 清盛朝辅原本何秋渊续纂 ⑲526

当阳县 一六七〇（康熙九）年刊当阳县志八卷 清娄肇龙修栗引之纂 ⑲628

当阳县 一七九四（乾隆五十九）年刊当阳县志九卷首一卷 清黄仁修童峦纂 ⑲628

当阳县 一八六六（同治五）年刊当阳县志十八卷首一卷末一卷 清阮恩光修王柏心等纂 ⑲628

当阳县 一八八九（光绪十五）年刊当阳县补续志四卷首一卷 清李元才等修李葆贞纂 ⑲628

当涂县 一七〇七（康熙四十六）年刊当涂县志三十二卷 清祝元敏修彭希周纂成文运续修 ⑲464

当涂县 一七五〇（乾隆十五）年刊当涂县志三十三卷 清张海等修万橚等纂 ⑲464

江苏右城**同文公所** 一八八一（光绪七）年刊本草备要四卷 清江昂撰 ㉚170

同州府 一七四一（乾隆六）年刊同州府志二十卷首一卷 清张奎祥修李之兰张德泰纂 ⑲173

同州府 一八五二（咸丰二）年刊同州府志三十四卷首二卷 清李恩继文廉修蒋湘南纂 ⑲173

同州府 一八八一（光绪七）年刊同州府续志十六卷首一卷 清饶应祺修马先登王守恭纂 ⑲173

同官县 一七六五（乾隆三十）年刊同官县志十卷 清袁文观纂修 ⑲181

同安县 一七一三（康熙五十二）年刊同安县志十二卷首一卷 清朱奇珍修叶心朝张金友纂 ⑲520

同安县 一七六七（乾隆三十二）年刊同安县志三十卷首一卷 清吴镛修陶元藻纂 ⑲520

同安县 一七九八（嘉庆三）年刊同安县志三十卷首一卷 清吴堂修刘光鼎等纂 ⑲520

曲江县 一六七三（康熙十二）年刊新修曲江县志四卷 清周韩瑞纂修 ⑲677

曲江县 一八七五（光绪元）年刊曲江县志十六卷 清张希京修冯翼之等纂 ⑲677

曲阳县 一六七二（康熙十一）年刊曲阳县新志十一卷 清刘师峻纂修 ⑲58

曲阳县 一九〇四（光绪三十）年刊重修曲阳县志二十卷 清周斯亿温亮珠修董涛纂 ⑲59

曲沃县 一六六八（康熙七）年刊沃史二十五卷 清范印心张奇勋纂修 ⑲107

曲沃县 一七九七（嘉庆二）年刊续修曲沃县志六卷 清侯长熺修王安恭纂 ⑲107

曲沃县 一八四二（道光二十二）年刊新修曲沃县志十二卷 清张兆衡纂修 ⑲107

曲沃县 一八八〇（光绪六）年刊续修曲沃县志三十二卷 清张鸿逵茅丕熙修韩子泰纂 ⑲107

曲阜县 一六七三（康熙十二）年补刊曲阜县志六卷 明孔弘毅原本清孔胤淳续修 ⑲294

曲阜县 一七七四（乾隆三十九）年刊曲阜县志一百卷 清潘相等纂修 ⑲294

曲周县 一六五六（顺治十三）年刊曲周县志四卷 清李时茂修赵永吉纂 ⑲70

曲周县 一七四七（乾隆十二）年刊曲周县志十九卷 清劳宗发修王今远纂 ⑲70

曲周县 一八六九（同治八）年刊曲周县志二十卷 清存禄修齐自立纂 ⑲70

竹山县 一七八五（乾隆五十）年刊竹山县志二十七卷 清常丹葵修邓光仁纂 ⑲634

竹山县 一八〇五（嘉庆十）年刊竹山县志十卷 清范继昌修张士旦纂 ⑲634

竹山县 一八六五（同治四）年刊竹山县志二十九卷 清周士桢修黄子遂纂 ⑲634

竹谿县 一八二七（道光七）年刊竹谿县志十二卷首一卷 清李锦源修顾渭纂 ⑲633

竹谿县 一八六七（同治六）年刊竹谿县志十六卷首一卷 清陶寿嵩修杨兆熊纂 ⑲633

迁安县 一六七九（康熙十八）年刊迁安县志八卷 清张一谔修郭联纂 ⑲42

迁安县 一七五七（乾隆二十二）年刊迁安县志三十卷 清燕臣仁修张杰纂 ⑲42

休宁县 一六九三（康熙三十二）年刊休宁县志八卷首一卷 清廖腾煃修汪晋徵纂 ⑲471

休宁县 一八二三（道光三）年刊休宁县志二十四卷图一卷 清何应松修方崇鼎纂 ⑲471

伏羌县 一七四九（乾隆十四）年刊伏羌县志十三卷 清续相文万绍焕修巩建丰纂 ⑲218

伏羌县 一八七二（同治十一）年刊续伏羌县志六卷 清侯新严修方承宣纂 ⑲218

任　县 一六七三（康熙十二）年刊任县志十二卷 清季芷修谢元震纂 ⑲77

任丘县 一六八〇（康熙十九）年刊重修任丘县志四卷 清姚原沩修边之钥纂 ⑲63

任丘县 一七六二（乾隆二十七）年刊任丘县志十二卷首一卷 清刘统修刘炳王应鲸纂 ⑲63

任丘县 一八三七（道光十七）年刊任丘县志续编二卷 清鲍承焘修瞿光缙边士圻纂 ⑲63

伊阳县 一六五九（顺治十六）年刊伊阳县志二卷 清孙光惕修常秉彝刘象明纂 ⑲601

伊阳县 一六九四（康熙三十三）年刊伊阳县志三卷 清谢梦弼修杜李纂 ⑲601

伊阳县 一七六六（乾隆三十一）年刊伊阳县志四卷首一卷 清李璋堉修张施仁赵先第纂 ⑲601

伊阳县 一八三八（道光十八）年刊重修伊阳县志六卷首一卷末一卷 清陈道超修马九功纂 ⑲601

华　州 一六六二—一七二二（康熙）年刊续华州志四卷 清马昌奕修刘遇奇纂 ⑲179

华　州 一七八九（乾隆五十四）年刊再续华州志十二卷 清汪以诚修史萼纂 ⑲179

华　州 一八八二（光绪八）年刊三续华州志十二卷 清吴炳南修刘域纂 ⑲179

华州州署 一八八二（光绪八）年刊合刻华州志 清吴炳南辑 ⑨671.55/151

华州州署 一九〇一（光绪二十七）年刊代耕堂稾十八卷 清李嘉绩撰 怀潞园丛刊

华阳县 一八一六（嘉庆二十一）年刊华阳县志四十四卷首一卷 清吴巩董淳修潘时彤等纂 ⑲740

华阴县 一七九三（乾隆五十八）年刊华阴县志二十二卷首一卷 清陆维垣许光基修李天秀等纂 ⑲180

甘肃**华亭县** 一七九六（嘉庆元）年刊华亭县志七篇 清赵先甲纂 ⑲212

上海**华亭县** 一七九一（乾隆五十六）年刊华亭县志十六卷 清冯鼎高修王显曾等纂 ⑲11

上海**华亭县** 一八七九（光绪五）年刊重修华亭县志二十四卷首一卷末一卷 清杨开第修姚光发等纂 ⑲11

华容县 一七〇八（康熙四十七）年增刊明华容县志八卷 明李云楷修孙羽侯纂清徐元禹增补 ⑲643

华容县 一七六〇（乾隆二十五）年刊华容县志十二卷首一卷 清狄兰标修罗时暄纂 ⑲644

华容县　一八八二（光绪八）年刊华容县志十五卷首一卷　清孙炳煜龙起涛修熊绍庚刘乙燃纂　⑲644

延川县　一六六一（顺治十八）年刊延川县志一卷　清刘毂纂修　⑲195

延川县　一八三一（道光十一）年刊重修延川县志五卷首一卷　清谢长清纂修　⑲195

延长县　一七一四（康熙五十三）年刊延长县志十卷首一卷　清孙芳馨修樊钟秀纂　⑲196

延长县　一七六二（乾隆二十七）年刊延长县志十卷　清王崇礼纂修　⑲1196

延平府　一六六〇（顺治十七）年刊延平府志二十二卷首一卷　清孔自洙杜汝用等纂修　⑲544

延平府　一六七二（康熙十一）年刊延平府志二十二卷　清萧来鸾修金章邹仪周等纂　⑲544

延平府　一七六五（乾隆三十）年刊延平府志四十六卷首一卷　清傅尔泰修陶元藻纂　⑲544

延平府署　一八七九（光绪五）年刊延平李先生师弟子答问二卷　宋李侗语朱熹编　②64843

延庆州　一六五三（顺治十）年刊延庆州志九卷　清迟日豫修程光祖纂　⑲2

延庆州　一六八〇（康熙十九）年增刊延庆州志九卷续补一卷　清迟日豫修程光祖纂于嘉桢等续补　⑲2

延庆州　一七四二（乾隆七）年刊延庆州志十卷首一卷　清李钟俾修穆元肇方世熙纂　⑲3

延庆州　一八八〇（光绪六）年刊延庆州志十二卷首一卷末一卷　清张道增等修张惇德纂　⑲3

延安府　一七〇四（康熙四十三）年刊延安府志十卷首一卷　清陈天植修刘尔榉纂　⑲194

延安府　一八〇二（嘉庆七）年刊重修延安府志八十卷　清洪蕙纂修　⑲194

延安府　一八八四（光绪十）年修锓【嘉庆】重修延安府志八十卷　清洪蕙纂修　⑲194

延津县　一七〇二（康熙四十一）年刊延津县志十卷　清余心孺纂修　⑲5

行唐县　一六八〇（康熙十九）年刊行唐县新志十二卷　清王鹤修薛琇等纂　⑲29

行唐县　一七四四（乾隆九）年刊行唐县志十二卷　清张振义修王正固等纂　⑲29

邠　州　一六四九（顺治六）年刊邠州志四卷　明姚本修阎奉恩纂清苏东柱续修　⑲169

邠　州　一七八四（乾隆四十九）年刊直隶邠州志二十五卷　清王朝爵王灼修孙星衍纂　⑲169

邠州官舍　一九〇二（光绪二十八）年刊明刑管见录一卷　清穆翰撰　怀潞园丛刊

全　州　一六八九（康熙二十八）年刊全州志八卷　清黄志璋纂修　⑲725

全　州　一七六五（乾隆三十）年刊全州志十二卷首一卷末一卷　清黄德星纂修李宏渭续修　⑲725

全　州　一七九九（嘉庆四）年刊全州志十二卷首一卷末一卷　清温之诚修曹文深等纂　⑲725

全椒县　一六七三（康熙十二）年刊全椒县志十八卷　清蓝学鉴吴国对纂修　⑲462

会宁县　一八三一（道光十一）年刊会宁县志十二卷首一卷　清毕光尧纂修　⑲210

湖南**会同县**　一六七三（康熙十二）年刊会同县志八卷　清曹兴隆修唐文绚纂　⑲662

湖南**会同县**　一七五四（乾隆十九）年刊会同县志十卷首一卷　清于文骏修梁嘉瑜纂　⑲662

湖南**会同县**　一八一九（嘉庆二十四）年刊会同县志十二卷首一卷　清朱澍陈心炳修
夏昌言罗琳之纂　⑲662

湖南**会同县**　一八七六（光绪二）年刊会同县志十四卷首一卷　清孙炳煜等修黄世昌等纂　⑲662

海南**会同县**　一七七三（乾隆三十八）年刊会同县志十卷　清于煌纂修　⑲702

海南**会同县**　一八二〇（嘉庆二十五）年刊会同县志十卷　清陈述芹纂修　⑲702

会昌县　一六七五（康熙十四）年刊新修会昌县志十四卷　清王凝命修董喆纂　⑲511

会昌县　一七五〇（乾隆十五）年刊会昌县志稿三十四卷首一卷　清戴体仁修吴湘皋等纂　⑲511

会昌县　一八二六（道光六）年刊会昌县志三十二卷　清蒋启勋纂修　⑲511

会昌县　一八七二（同治十一）年刊会昌县志三十二卷首一卷　清刘长景修陈良栋王骥纂　⑲511

会典馆　一六九〇（康熙二十九）年刊大清会典　清伊桑阿等纂　③社122.8/82

会理州　一七九五（乾隆六十）年刊会理州志四卷　清曾濬哲修严尔譓纂　⑲794

会理州　一八七四（同治十三）年刊会理州志十二卷　清邓仁垣等修吴钟仑等纂　⑲794

会理州　一九〇五（光绪三十一）年刊会理州续志二卷　清蒋金生修徐昱纂　⑲794

会稽县　一六七四（康熙十三）年刊会稽县志二十八卷首一卷　清吕化龙修董钦德纂　⑲418

会稽县　一八四五（道光二十五）年刊会稽县志稿二十五卷首一卷　清王蓉坡沈黑庄纂　⑲418

合　州　一七四八（乾隆十三）年刊合州志八卷　清宋锦刘桐纂修　⑲776

合　州　一八七八（光绪四）年刊合州志十六卷首一卷　清费兆钺修程业修纂　⑲776

合水县　一七六一（乾隆二十六）年刊合水县志二卷　清陶奕曾纂修　⑲214

合水县　一八四二（道光二十二）年增刊【乾隆】合水县志二卷　清陶奕曾纂修　⑲214

合江县 一七六二（乾隆二十七）年刊合江县志八卷 清叶体仁修朱维辟纂 ⑲766
合江县 一八一二（嘉庆十七）年刊合江县志五十四卷 清秦湘修杨致道郑国楹纂 ⑲766
合江县 一八七一（同治十）年刊合江县志五十四卷首一卷 清秦湘原本罗增垣等增纂 ⑲766
合江劝工局 一九〇六（光绪三十二）年刊山蚕图说 清夏兴赓撰 ⑯638.69/583
合肥县 一六九七（康熙三十六）年刊合肥县志二十卷 清贾晖修王方岐纂 ⑲444
合肥县 一七三〇（雍正八）年刊合肥县志二十四卷首一卷 清赵良墅修田实发纂 ⑲444
合肥县 一八〇四（嘉庆九）年刊合肥县志三十六卷首一卷 清左辅纂修 ⑲444
合浦县 一七二二（康熙六十一）年刊合浦县志二十四卷 清韩三异修钮廷彩纂 ⑲734
名山县 一八九二（光绪十八）年刊名山县志十五卷 清赵懿纂修 ⑲792
旭阳官斋 一八四九（道光二十九）年刊听雨楼吟社诗钞二卷 清王培荀辑 ②37300
齐东县 一六八五（康熙二十四）年刊新修齐东县志八卷 清余为霖修郭国琦等纂 ⑲273
齐河县 一六七三（康熙十二）年刊齐河县志八卷首一卷 清蓝奋兴修王道光纂 ⑲261
齐河县 一七七四（乾隆三十九）年刊齐河县志四十卷首一卷 清马人龙等修吴徵士纂 ⑲261
齐河县 一八六六（同治五）年补刊【雍正】齐河县志十卷首一卷 清上官有仪修许琰纂 ⑲261
交河县 一六七三（康熙十二）年刊交河县志七卷 清墙鼎修黄伉纂 ⑲62
交城县 一六六九（康熙八）年刊交城县志八卷首一卷 清赵吉士修武攀龙纂 ⑲97
交城县 一八八二（光绪八）年刊交城县志十卷首一卷 清夏肇庸修许惺南纂 ⑲97
皖南洪氏**衣江官廨** 一八九四（光绪二十）年刊容斋随笔五集 宋洪迈撰 ⑥
庄　府 一七三六（乾隆元）年刊佛遗教经注一卷佛说四十二章经注 明释古灵撰 ⑯2251
庄浪县 一六六七（康熙六）年刊庄浪县志七卷 清王钟鸣修卢必培纂 ⑲213
庄浪县 一七七一（乾隆三十六）年刊庄浪县志略二十卷 清邵陸纂修 ⑲213
庆元县 一六七二（康熙十一）年刊庆元县志十卷 清程维伊修吴运光等纂 ⑲442
庆元县 一八〇一（嘉庆六）年刊庆元县志十二卷 清关学优修吴元栋纂 ⑲442
庆元县 一八三二（道光十二）年刊庆元县志十二卷图一卷 清吴纶彰修周大成等纂 ⑲442

庆元县 一八七七（光绪三）年刊庆元县志十二卷首一卷 清林步瀛史恩纬修史恩绪等纂 ⑲442

庆云县 一六七三（康熙十二）年刊庆云县志十二卷 清李居一修崔允贞纂 ⑲266

庆云县 一八〇九（嘉庆十四）年刊庆云县志十二卷首一卷末一卷 清潘国诏修崔旭纂 ⑲266

庆云县 一八五四（咸丰四）年刊庆云县志三卷首一卷末一卷 清戴絅孙崔光笏纂修 ⑲266

庆阳府 一七六一（乾隆二十六）年刊新修庆阳府志四十二卷 清赵本植纂修 ⑲214

庆远府 一七五四（乾隆十九）年刊庆远府志十卷 清李文琰修何天祥纂 ⑲720

庆远府 一八二九（道光九）年刊庆远府志二十卷首一卷 清英秀恒悟修唐仁等纂 ⑲721

庆符县 一六八六（康熙二十五）年刊四川叙州府庆符县志二卷 清丁林声修王之熊纂 ⑲768

庆符县 一八一四（嘉庆十九）年刊庆符县志五十四卷 清何应驹等修李合和等纂 ⑲769

庆符县 一八七六（光绪二）年刊庆符县志五十五卷 清孙定扬修胡锡祜等纂 ⑲769

庆都县 一六七八（康熙十七）年刊庆都县志六卷 清秦毓琦等纂 ⑲58

羊城博济医局 一八八九（光绪十五）年刊内科阐微不分卷 清林湘东译 ⑥子128

关中节署 一八八二（光绪八）年刊林杜合注春秋左传五十卷 ⑨095.12/036

米脂县 一六八一（康熙二十）年刊米脂县志八卷 清宁养气纂修 ⑲193

米脂县 一九〇七（光绪三十三）年刊米脂县志十二卷 高照煦纂高增融校订 ⑲193

江山县 一七〇一（康熙四十）年刊江山县志十卷 清朱彩修朱长吟纂 ⑲433

江山县 一七七六（乾隆四十一）年刊江山县志十六卷首一卷末一卷 清宋成绥修陆飞纂 ⑲434

江右文化社 一九一一（宣统三）年刊中皇天尊明圣经一册 ㉑133

江宁藩署 一八八二（光绪八）年刊吴学士文集九卷 清吴山尊撰梁肇煌辑 ⑦8998

江宁藩司梅启照 一八七二（同治十一）年刊捕蝗要诀 清钱炘和撰 ⑰11300/3

江宁府 一六六八（康熙七）年刊江宁府志三十四卷 清陈开虞纂修 ⑲310

江宁府 一八一一（嘉庆十六）年刊新修江宁府志五十六卷 清吕燕昭修姚鼐纂 ⑲310

江宁府 一八八〇（光绪六）年刊【同治】续纂江宁府志十五卷首一卷 清蒋启勋赵佑宸修汪士铎等纂 ⑲311

江宁县 一六八三（康熙二十二）年刊江宁县志十四卷 清佟世燕修戴本孝纂 ⑲312

江宁县 一七四八（乾隆十三）年刊江宁县新志二十六卷 清袁枚纂修 ⑲312

江宁学廨 一八九〇（光绪十六）年刊辟阴集说 清吟香馆主人编 ㉚757

江宁救生局 一八一九（嘉庆二十四）年刊普济应验良方八卷 清德轩氏编 ㉚253

江西抚署 一六五九（顺治十六）年刊本草纲目 明李时珍撰 ㉑130

江西抚署 一八四五（道光二十五）年刊扬州水道记四卷 清刘文淇撰 ㉑130

江西抚署 一八七二（同治十一）年刊小学集解六卷 宋朱熹撰清张伯行集解 ⑯125.5/828－313－02

江西藩署 一七三一（雍正九）年刊钦定诗经传说彙纂二十一卷 清王鸿绪撰 ㉑131

江西藩署 一八一四（嘉庆十九）年刊朱子原订近思录十四卷 宋朱熹撰清江永集注 ⑯2095

江西布政司 一七七〇（乾隆三十五）年刊定例汇编（存一百二十一册） ㉑131

江西学府 一八一五（嘉庆二十）年重刊宋本十三经注疏附校勘记四百十六卷 清阮元等校定 ③经21/9985

江西南昌府学 一八一五（嘉庆二十）年刊仪礼注疏十七卷附校勘记 汉郑玄注唐贾公彦疏 ⑯095.222/976－8－02

江西省 一六八三（康熙二十二）年刊江西通志五十四卷 清于成龙等修杜果等纂 ⑲479

江西省 一七三二（雍正十）年刊江西通志一百六十二卷首三卷 清谢旻等修陶成恽鹤生纂 ⑲479

江西省 一八八一（光绪七）年刊江西通志一百八十卷首五卷 清刘坤一等修赵之谦等纂 ⑲479

江西省署 一七七〇（乾隆三十五）年刊江西乡试录不分卷 ㉑131

江西省署 一八四三（道光二十三）年刊江西通志稿 清吴文熔纂修 ㉑13

江西刻经处 一九一〇（宣统二）年刊唯识二十论四卷 唐释玄奘译 ㉑132

江西按察司 一八七五—一九〇八（光绪）年刊江西政要四十册 清江西按察司辑 ㉑132

江西按察使署 一七五三—一九〇五（乾隆十八—光绪三十一）年自刊定例汇编一百五十三卷 ㉑131

江西省通志局 一八六八（同治七）年刊江西全省舆图十四卷首一卷 清曾国藩刘坤一等修 陈乔枞吴兆麟等勘绘 ㉑132

江西盐法道胡稷 一八〇二（嘉庆七）年刊尚书正义二十卷 唐孔颖达疏 ㉑132

江西臬署 一八八六（光绪十二）年刊钦定胜朝殉节诸臣录十二卷 清于敏中等奉敕纂 ㉑132

江华县 一七二九（雍正七）年刊江华县志十一卷 清郑鼎勋修蒋琛纂 ⑲656

江华县 一八七〇（同治九）年刊江华县志十二卷首一卷 清刘华邦修唐为煌等纂 ⑲656

江州官舍 一八八一（光绪七）年刊蜀輶日记四卷 清陶澍撰 ②29612

江安县署 一八二八（道光八）年刊蜀輶日记四卷 清陶澍撰 ⑥

江安县 一八一二（嘉庆十七）年刊江安县志六卷 清赵朴修郑存仁等纂 ⑲765

江安县 一八二九（道光九）年刊江安县志二卷首一卷 清高学濂纂修 ⑲765

江阳官舍 一八八七（光绪十三）年刊韦庐诗集四卷 清李秉礼撰 ⑰9145

江阴使署 一八九四（光绪二十）年刊南菁札记十四种 清溥良辑 ⑰3526

江阴学使者署 一八二一（道光元）年刊邃雅堂集十卷文集续编一卷 清姚文田撰 ⑯10518

江阴县 一六八三（康熙二十二）年刊江阴县志二十二卷 清沈清世修陈寅亮纂 ⑲338

江阴县 一七四四（乾隆九）年刊江阴县志二十四卷首一卷 清蔡澍纂修 ⑲338

江阴县 一八四〇（道光二十）年刊江阴县志二十八卷首一卷 清陈延恩修李兆洛周仲简纂 ⑲338

江阴县 一八七八（光绪四）年刊江阴县志三十卷首一卷 清卢思诚冯寿镜修李念诒夏炜如纂 ⑲388

江苏县署 一八八四（光绪十）年刊论孟书法二卷附读四书一卷 清张瑛撰 ②15998

江苏学政署 一八七五（光绪元）年刊儒门法语 清彭定求编汤金钊辑 ②24143

江苏提学署 一九〇七（光绪三十三）年刊药言剩稿四卷 清李西沤编拙修老人补 ②12175

江苏省忠义局 一八七二（同治十一）年刊昭忠录九十卷 清江苏省忠义局编 ⑰6664

江油县 一七二七（雍正五）年刊江油县志二卷 清彭址纂修 ⑲750

江油县 一八四〇（道光二十）年刊江油县志四卷首一卷 清桂星纂修 ⑲750

江油县 一九〇三（光绪二十九）年刊江油县志二十四卷 清武丕文修欧培槐等纂 ⑲750

江易官署 一九〇〇（光绪二十六）年刊敬慎堂公牍六卷 清沈秉坤撰 ⑰12827—8

上海**江南机器制造局** 刊勾股六术 清项名达撰贾步纬述 ⑯8580

江南机器制造局 一八八四（光绪十）年刊伤寒类证活人书二十二卷 宋朱翼中撰 ㉚65

江南陆师学堂 一八九九（光绪二十五）年刊江南陆师学堂武备课程 清钱德培纂辑 ⑯383/935

江南制造局 刊江南制造局所刻书计119条记载（版次） ②11428l

江南润州榷廨 一八七七（光绪三）年刊师竹轩词抄一卷 清许谨身撰 ⑯3152

江南通志局 一六八四（康熙二十三）年刊江南通志七十六卷 清于成龙等修张九徵陈焯纂 ⑲309

江津县 一七六八（乾隆三十三）年刊江津县志二十二卷 清曾受一修王家驹纂 ⑲776

江津县 一八〇四（嘉庆九）年增刊江津县志二十二卷 清曾受一原本徐鼎续修杨彦青续 ⑲777

江津县 一八七五（光绪元）年刊江津县志十二卷 清王煌修袁方城等纂 ⑲777

江都县 一七一七（康熙五十六）年刊江都县志十六卷 清李苏纂修 ⑲349

江都县 一七二九（雍正七）年刊江都县志二十卷图一卷 清陆朝玑修程梦星等纂 ⑲350

江都县 一七四三（乾隆八）年刊江都县志三十二卷 清五格黄湘纂修 ⑲350

江都县 一八一九（嘉庆二十四）年刊江都县续志十二卷首一卷 清王逢源修李保泰纂 ⑲350

江都县 一八八四（光绪十）年刊江都县续志三十卷首一卷 清谢延庚修刘寿曾纂 ⑲350

江都官署 一八五七（咸丰七）年刊傅青主女科二卷 清傅山撰 ㉚433

江夏县 一七一四（康熙五十三）年刊江夏县志五十二卷 清刘朝英纂修 ⑲619

江夏县 一七九三（乾隆五十八）年刊江夏县志十五卷首一卷 清陈元京纂修 ⑲619

江夏县 一八六九（同治八）年刊江夏县志八卷首一卷 清王庭桢修彭崧毓等 ⑲619

江浦县 一六八五（康熙二十四）年刊重修江浦县新志八卷 清郎廷泰纂修 ⑲313

江浦县 一七二六（雍正四）年刊江浦县志八卷 清项维正纂修 ⑲313

江浦县 一八九一（光绪十七）年刊江浦埤乘四十卷首一卷 清侯宗海夏锡宝纂 ⑲313

江陵县 一六五〇（顺治七）年刊江陵志馀十卷 清孔自来纂 ⑲622

江陵县 一七九四（乾隆五十九）年刊江陵县志五十八卷首一卷 清崔龙见修魏耀黄义尊纂 ⑲622

江陵县 一八〇〇（嘉庆五）年刊江陵县志刊误六卷 清刘士璋撰 ⑲622

江陵县 一八四九（道光二十九）年刊【顺治】江陵志馀十卷 清孔自来纂 ⑲622

江陵县一八九三（光绪十九）年刊江陵县志刊误六卷 清刘士璋撰 ⑲622
汲　县一六九五（康熙三十四）年刊汲县志十二卷 清佟国瑞吴干将修李中节纂 ⑲565
汲　县一七五五（乾隆二十）年刊汲县志十四卷首一卷末一卷 清徐汝瓒修杜崐纂 ⑲565
汜水县一六五八（顺治十五）年刊汜志八卷 清吴与俦修贾攀鳞纂 ⑲558
汜水县一七四四（乾隆九）年刊汜水县志二十二卷图一卷 清许勉燉修禹殿鳌纂 ⑲558
池州府一六七三（康熙十二）年刊池州府志二十二卷 清朴怀玉等纂修 ⑲475
池州府一七七九（乾隆四十四）年刊池州府志五十八卷首一卷 清张士范纂修 ⑲475
汝　州一六六三（康熙二）年刊汝州全志十二卷 清金先声纂修 ⑲600
汝　州一七四三（乾隆八）年刊汝州续志八卷 清宋名立修韩定仁屈启贤纂 ⑲600
汝　州一八四〇（道光二十）年刊汝州全志十卷首一卷 清白明义修赵林成纂 ⑲601
汝宁府一六六二（康熙元）年刊汝宁府志十六卷首一卷 清金镇修孔暹纂 ⑲591
汝宁府一七九六（嘉庆元）年刊汝宁府志三十卷首一卷 清德昌修王增纂 ⑲591
汝阳县一六六〇（顺治十七）年刊汝阳县志十卷 清纪国珍修刘元琬羊璘纂 ⑲591
汝阳县一六九〇（康熙二十九）年刊汝阳县志十卷 清邱天英修李根茂纂 ⑲591
汤阴县一六五六（顺治十三）年刊汤阳县志九卷 清晋淑召纂修 ⑲577
汤阴县一七三八（乾隆三）年刊汤阴县志十卷 清杨世达纂修 ⑲577
汤谿县一六八三（康熙二十二）年刊汤谿县志不分卷 清谭国枢等纂修 ⑲428
汤谿县一七八三（乾隆四十八）年刊汤谿县志十卷首一卷 清陈钟炅修冯宗城等纂 ⑲428
安　州一六八〇（康熙十九）年刊安州志十卷 清王朝佐修房循矱纂 ⑲53
安　县一七八九（乾隆五十四）年刊安县志四卷 清张仲芳纂修 ⑲756
安　县一八一二（嘉庆十七）年刊安县志三十卷首一卷 清杨英灿纂修 ⑲756
安　县一八六三（同治二）年刊安县志三十二卷首一卷 清杨英灿纂修余天鹏续修陈嘉绣续纂 ⑲756
安义县一六七三（康熙十二）年刊安义县志十卷 清周曰泗纂 ⑲498
安义县署一八七一（同治十）年刊安义县志十六卷首一卷末一卷 清杜林修彭斗山等纂 ㉑150

安乡县 一六八七（康熙二十六）年刊安乡县志十二卷 清王基巩纂修 ⑲668

安乡县 一七四八（乾隆十三）年刊安乡县志八卷 清张绰修曾之亨纂 ⑲668

江西安仁县 一六八三（康熙二十二）年刊安仁县志八卷 清邱象豫修吴士骥等纂 ⑲492

江西安仁县 一七五一（乾隆十六）年刊安仁县志十卷首一卷 清魏鈊修郑长瑞等纂 ⑲492

江西安仁县 一八二四（道光四）年刊安仁县志十卷首一卷 清陈天爵修赵玉蟾等纂 ⑲492

江西安仁县 一八七二（同治十一）年刊安仁县志三十六卷首一卷末一卷 清朱潼修徐彦楠刘兆杰纂 ⑲493

湖南安仁县 一八一九（嘉庆二十四）年刊安仁县志十四卷首一卷末一卷 清侯铃修欧阳厚均纂 ⑲648

湖南安仁县 一八六九（同治八）年刊安仁县志十六卷首一卷末一卷 清张景垣修张鹏侯材骥纂 ⑲648

安化县 一六六七（康熙六）年刊安化县志八卷 清王不振修周启郃纂 ⑲671

安化县 一八一一（嘉庆十六）年刊安化县志二十卷首一卷 清周文重修雷声陶澍纂 ⑲671

安化县 一八七一（同治十）年刊安化县志三十四卷首五卷末一卷 清邱育泉修何才焕纂 ⑲671

贵州安平县 一八二七（道光七）年刊安平县志十卷首一卷 清刘祖宪等纂修 ⑲813

安东县 一六九八（康熙三十七）年刊安东县志八卷 清乔弘德纂修 ⑲366

安东县 一八二七（雍正五）年刊安东县志十七卷 清余光祖修孙超宗纂 ⑲366

安东县 一八七五（光绪元）年刊安东县志十五卷首一卷 清金元烺修吴昆田等纂 ⑲367

安宁州 一七一〇（康熙四十九）年刊安宁州志六卷 清高鈖修段拱新纂 ⑲823

安宁州 一七三九（乾隆四）年刊安宁州志二十卷 清杨若椿修段昕纂 ⑲823

安宁州 一八七五—一九〇八（光绪）年刊安宁州续志五卷 清郭时郁孙凤芝修郎棨纂 ⑲823

安吉州 一六七一（康熙十）年刊安吉州志十卷 清曹封祖等纂修 ⑲404

安吉州 一七五〇（乾隆十五）年刊安吉州志十六卷首一卷 清刘蓟植修严彭年纂 ⑲404

安吉县 一八七四（同治十三）年刊安吉县志十八卷首一卷 清汪荣刘兰敏修张行孚丁宝书纂 ⑲404

安庆府 一七二一（康熙六十）年刊安庆府志三十二卷 清张楷纂修 ⑲448

安阳县署 一七九三（乾隆五十八）年刊研筏斋文集二卷研筏斋杂记一卷 清赵希璜撰 ⑱集1231

安阳县署 一七九九（嘉庆四）年刊两当轩诗钞十四卷 清黄景仁撰 ②12113

安阳县 一六九三（康熙三十二）年刊安阳县志十卷 清马国桢修唐凤翱纂 ⑲571

安阳县 一七三八（乾隆三）年刊安阳县志十二卷首一卷 清陈锡辂修朱煌纂 ⑲572

安阳县 一七九九（嘉庆四）年刊安阳县志十四卷首一卷 清赵希璜修武亿纂 ⑲572

安远县 一六五二（顺治九）年刊安远县志十卷 清丁佩纂 ⑲511

安远县 一六八三（康熙二十二）年刊安远县志十卷首一卷 清于作霖修欧阳时等纂 ⑲511

安远县 一七五一（乾隆十六）年刊安远县志八卷首一卷 清董正修刘定京等纂 ⑲511

安远县 一八二三（道光三）年刊安远县志三十二卷首一卷 清黄文燮修徐必藻纂 ⑲511

安远县 一八七二（同治十一）年刊安远县志十卷首一卷 清黄瑞图修欧阳铎纂 ⑲512

安邱县 一六六二（康熙元）年刊续安邱县志二十八卷 清任周鼎修王训纂 ⑲276

安邑县 一六七一（康熙十）年刊安邑县志十一卷 清赵增纂修 ⑲112

安邑县 一八八〇（光绪六）年刊安邑县续志六卷首一卷 清赵辅堂修张承熊纂 ⑲112

安陆县 一六六六（康熙五）年刊德安安陆郡县志二十卷 清高翱高联捷修沈会霖纂 ⑲612

安陆县 一八四三（道光二十三）年刊安陆县志四十卷首一卷 清蒋炯等纂修 ⑲613

安陆县 一八五三（咸丰三）年增刊【道光】安陆县志四十卷首一卷 清蒋炯原本李廷锡增纂 ⑲613

安陆县 一八七二（同治十一）年刊安陆县志补二卷 清陈廷钧纂 ⑲613

安陆府 一六六九（康熙八）年刊安陆府志三十六卷首一卷 清张尊德修王吉人谭篆纂 ⑲623

安岳县 一七二一（康熙六十）年刊安岳县志三卷 清郑吉士等修周于仁纂 ⑲760

安岳县 一七八六（乾隆五十一）年刊安岳县志八卷首一卷 清张松孙修朱纫兰纂 ⑲760

安岳县 一八三六（道光十六）年刊安岳县志十六卷首一卷 清濮瑗修周国颐纂 ⑲760

安岳县 一八九七（光绪二十三）年刊续修安岳县志四卷 清陈其宽修邹宗垣等纂 ⑲760

安肃县 一六七四（康熙十三）年刊安肃县志四卷 清梁舟修陈公定纂 ⑲57

安肃县 一七七八（乾隆四十三）年刊安肃县志十六卷 清张钝修史元善等纂 ⑲57

甘肃**安定县** 一六八〇（康熙十九）年刊安定县志八卷 清张尔介纂修 ⑲209

陕西**安定县** 一八四六（道光二十六）年刊安定县志八卷首一卷 清姚国龄修米毓璋纂 ⑲194

安顺府 一八五一（咸丰元）年刊安顺府志五十四卷首一卷 清常恩修邹汉勋吴寅邦纂 ⑲812

安康县 一八一五（嘉庆二十）年刊安康县志二十卷 清郑谦修王森文纂 ⑲202

安溪县 一六七三（康熙十二）年刊安溪县志十二卷 清谢宸荃修洪龙见纂 ⑲536

安溪县 一七五七（乾隆二十二）年刊安溪县志十二卷首一卷 清庄成修沈仲李畴纂 ⑲536

姚浚昌江西**安福县署** 一八六七（同治六）年刊中复堂全集 清姚莹撰 ①1550

江西**安福县** 一六七九（康熙十八）年刊安福县志六卷 清张召南修刘翼张等纂 ⑲506

江西**安福县** 一七五一（乾隆十六）年刊五夷山志七卷 ㉑178

江西**安福县** 一七八二（乾隆四十七）年刊安福县志二十二卷首一卷 清高崇基等修王基刘映璧纂 ⑲506

江西**安福县** 一八七二（同治十一）年刊安福县志十八卷首一卷末一卷 清姚濬昌修周立瀛赵廷恺等纂 ⑲506

湖南**安福县** 一八二三（道光三）年刊安福县志三十二卷首一卷末一卷 清何寅斗修潘永盛黄彝纂 ⑲668

湖南**安福县** 一八六九（同治八）年刊安福县志三十四卷首三卷 清姜大定修尹袭澍纂 ⑲668

安徽省 一八三〇（道光十）年刊安徽通志二百六十卷首六卷 清陶澍邓廷祯修李振庸韩玖纂 ⑲443

安徽省 一八七八（光绪四）年刊重修安徽通志三百五十卷补遗十卷 清吴坤修等修何绍基杨沂孙纂 ⑲443

安徽**藩署敬义斋** 一八七二（同治十一）年刊揭文安公文粹六卷 元揭傒斯撰 ①441

安徽藩署 一八七二（同治十一）年刊秦边纪略六卷 清梁份撰 ⑯927.16/102

兴　县 一七三〇（雍正八）年刊兴县志十八卷 清程云修孙鸿淦纂 ⑲96

兴　县 一七六三（乾隆二十八）年刊兴县志十八卷 清程云原本蓝山增修 ⑲96

兴　县 一八八〇（光绪六）年刊兴县续志二卷 清张启蕴修孙福昌温亮珠纂 ⑲97

兴山县 一八六五（同治四）年刊兴山县志十卷首一卷 清伍继勋修范昌棣纂 ⑲630

兴义府 一八五四（咸丰四）年刊兴义府志七十四卷首一卷 清张瑛修邹汉勋等纂 ⑲809

兴化县 一六八四（康熙二十三）年刊兴化县志十四卷 清张可立纂修 ⑲354

兴化县 一八五二（咸丰二）年刊重修兴化县志十卷 清梁园棣修郑之侨赵彦俞纂 ⑲354

兴文县 一六八六（康熙二十五）年刊兴文县志一卷 清宋让纂修 ⑲767

兴文县 一八一三（嘉庆十八）年刊兴文县志六卷 清杨迦怿余炳虎纂修 ⑲767

兴文县 一八八七（光绪十三）年刊兴文县志六卷首一卷 清江亦显郭天章修黄相尧纂 ⑲768

兴平县 一六五九（顺治十六）年刊兴平县志八卷 清徐开熙纂修 ⑲164

兴平县 一七三六（乾隆元）年刊兴平县志八卷 清胡蛟龄纂修 ⑲165

兴业县 一七八一（乾隆四十六）年刊兴业县志四卷 清王巡泰纂修 ⑲730

兴业县 一八一四（嘉庆十九）年刊续修兴业县志十卷首一卷 清苏勒通阿修彭焜基庞锡纶纂 ⑲730

湖南**兴宁县** 一六七〇（康熙九）年刊兴宁县志十三卷 清耿念劬修林春芳纂 ⑲649

湖南**兴宁县** 一七五八（乾隆二十三）年刊兴宁县志十二卷 清罗绅修张九镡等纂 ⑲649

湖南**兴宁县** 一八二一（道光元）年刊兴宁县志六卷 清张伟修孙铤纂 ⑲649

湖南**兴宁县** 一八七五（光绪元）年刊兴宁县志十八卷首一卷末一卷 清郭树馨刘锡九修
黄榜元许万松纂 ⑲649

广东**兴宁县** 一六八一（康熙二十）年刊兴宁县志八卷首一卷 清王纶部修劳清纂 ⑲689

广东**兴宁县** 一七三九（乾隆四）年刊兴宁县志十卷 清施念曾纂修 ⑲689

广东**兴宁县** 一八一一（嘉庆十六）年刊兴宁县志十二卷首一卷 清仲振履纂修 ⑲689

广东**兴宁县** 一八五六（咸丰六）年刊兴宁县志十二卷首一卷 清仲振履原本曾士梅增纂 ⑲689

兴安州 一六九五（康熙三十四）年刊兴安州志四卷 清王希舜修刘应秋纂 ⑲202

兴安府 一七八八（乾隆五十三）年刊兴安府志三十卷 清李国麒纂修 ⑲202

兴安府 一八一二（嘉庆十七）年刊续兴安府志八卷 清叶世倬纂修 ⑲202

兴安府 一八四八（道光二十八）年刊【嘉庆】续兴安府志八卷 清叶世倬纂修 ⑲202

兴安府 一八五三（咸丰三）年刊【乾隆】兴安府志三十卷 清李国麒纂修 ⑲202

江西**兴安县** 一六八三（康熙二十二）年刊兴安县志八卷 清胡裕世纂修 ⑲490

江西**兴安县** 一七八四（乾隆四十九）年刊兴安县志十二卷 清雷汾清纂修 ⑲490

江西**兴安县** 一八二四（道光四）年刊兴安县志三十二卷首一卷 清余成彪修饶元英纂 ⑲490

江西**兴安县** 一八七一（同治十）年刊兴安县志十六卷首一卷 清李宾旸修赵桂林纂 ⑲490

广西兴安县 一七八四（乾隆四十九）年刊兴安县志十二卷 清雷汾清纂修 ⑲725

广西兴安县 一八三四（道光十四）年刊兴安县志十八卷首一卷 清张运昭修蒋方正纂 ⑲725

兴国州署 一八七八（光绪四）年刊崇百药斋文集二十卷续集四十卷三集十二卷五真阁吟稿一卷
合肥学舍札记十二卷 清陆继辂撰 ㉑183

兴国县 一六八三（康熙二十二）年刊兴国县志十二卷 清黄惟桂修王鼎相纂 ⑲511

兴国县 一七五〇（乾隆十五）年刊兴国县志二十六卷首一卷 清孔兴浙修孔衍倬纂 ⑲511

兴国县 一八二四（道光四）年刊兴国县志四十六卷首一卷 清蒋叙伦修萧朗峰纂 ⑲511

兴国县 一八七二（同治十一）年刊兴国县志四十六卷首一卷 清崔国榜修金益谦蓝拔奇纂 ⑲511

兴国州 一六六五（康熙四）年刊兴国州志二卷 清杨遵修冯之图纂 ⑲618

兴国州 一七三五（雍正十三）年刊兴国州志十卷首一卷 清魏钿修颜星纂 ⑲618

兴国州 一九〇四（光绪三十）年刊续补兴国州志三卷首一卷 清贺祖蔚修刘凤纶纂 ⑲618

许州 一六五八（顺治十五）年刊许州志八卷图考一卷 清汪潜等纂修 ⑲584

许州 一六六六（康熙五）年刊许州志十五卷首一卷 清胡良弼修焦奎儒寇哲纂 ⑲584

许州 一七四五（乾隆十）年刊许州志十六卷 清甄汝舟修谈起行纂 ⑲584

许州 一八三八（道光十八）年刊许州志十六卷首一卷 清萧元吉修李尧观纂 ⑲584

祁县 一六六五（康熙四）年刊祁县志八卷 清周继芳纂 ⑲95

祁县 一七八〇（乾隆四十五）年刊祁县志十六卷 清陈时纂修 ⑲95

祁县 一八八二（光绪八）年刊祁县志十六卷 清刘发岏修李芬纂 ⑲95

祁州 一六八〇（康熙十九）年刊祁州志十卷 明郭应响原本清梅朗中增修 ⑲58

祁州 一七五六（乾隆二十一）年刊祁州志八卷 清罗以桂王楷修张万铨刁锦纂 ⑲58

祁州 一八八二（光绪八）年刊祁州续志四卷 清赵秉恒等修刘学海等纂 ⑲58

祁门县 一六五二（顺治九）年补刊明【万历】祁门县志四卷 明余士奇修谢存仁纂 ⑲473

祁门县 一六八三（康熙二十二）年刊祁门县志八卷 清姚启元修张瑗等纂 ⑲473

祁门县 一八二七（道光七）年刊祁门县志三十六卷首一卷 清王让修桂超万纂 ⑲473

祁门县 一八七三（同治十二）年刊祁门县志三十六卷首一卷 清周溶修汪韵珊纂 ⑲473

祁阳县署 一七七〇（乾隆三十五）年刊浯溪新志十四卷 清宋溶纂修 ⑲654

祁阳县署 一八九一（光绪十七）年刊菱湖沈氏丛书（即所愿学斋书钞） 清沈梦兰撰 ⑤

祁阳学署 一八二五（道光五）年刊用六集十二卷 清刁包撰 ⑯847.2/332

祁阳县 一六六九（康熙八）年刊祁阳县志十卷首一卷 清王颐纂修 ⑲654

祁阳县 一七六五（乾隆三十）年刊祁阳县志八卷 清李莳修旷敏本纂 ⑲654

祁阳县 一八一二（嘉庆十七）年刊祁阳县志二十四卷首一卷 清万在衡修甘庆增纂 ⑲654

祁阳县 一八七〇（同治九）年刊祁阳县志二十四卷首一卷 清陈玉祥修刘希关等纂 ⑲654

寻甸州 一七二〇（康熙五十九）年刊寻甸州志八卷 清李月枝纂修 ⑲828

寻甸州 一八二八（道光八）年刊寻甸州志三十卷首一卷 清孙世榕纂修 ⑲828

阳山县 一六五八（顺治十五）年刊阳山县志八卷 清熊兆师纂修 ⑲681

阳山县 一七四七（乾隆十二）年刊阳山县志二十二卷 清万光谦纂修 ⑲681

阳山县 一八二三（道光三）年刊阳山县志十五卷首一卷 清陆向荣修刘彬华纂 ⑲681

阳江县 一六八一（康熙二十）年刊阳江县志四卷 清周玉衡修陈本纂 ⑲707

阳江县 一七四六（乾隆十一）年刊阳江县志八卷 清庄大中纂修 ⑲707

阳江县 一八二二（道光二）年刊阳江县志八卷 清李沄等修区启科等纂李应均增补 ⑲707

阳曲县 一六八二（康熙二十一）年刊阳曲县志十四卷首一卷 清戴梦熊修李方蓁李方芃纂 ⑲82

阳武县 一六九〇（康熙二十九）年刊阳武县志八卷 清张慎纂修 ⑲568

阳武县 一七四五（乾隆十）年刊阳武县志十二卷 清谈諟曾修杨仲震纂 ⑲569

阳春县 一六八七（康熙二十六）年刊阳春县志十八卷 清康善述纂修 ⑲706

阳春县 一七五八（乾隆二十三）年刊阳春县志十四卷 清姜山修吕伊纂 ⑲706

阳城县 一六五九（顺治十六）年刊阳城县志十卷 清陈国珍修白象颢纂 ⑲101

阳城县 一六八七（康熙二十六）年刊阳城县志八卷 清项龙章修田六善纂 ⑲102

阳城县 一七五五（乾隆二十）年刊阳城县志十六卷 清杨善庆修田懋纂 ⑲102

阳城县 一八七四（同治十三）年刊阳城县志十八卷首一卷 清赖昌期修谭沄卢廷棻纂 ⑲102
阳朔县 一八三八（道光十八）年刊阳朔县志五卷首一卷 清吴德徵修唐作砺等纂 ⑲726
阳高县 一七二九（雍正七）年刊阳高县志六卷 清房裔兰修苏之芬纂 ⑲85
阳信县 一六八二（康熙二十一）年刊阳信县志十卷 清周虔森修张璥等纂 ⑲267
阳信县 一七五九（乾隆二十四）年刊阳信县志八卷首一卷 清王允深修沈佐清等纂 ⑲267
阳穀县 一六七三（康熙十二）年刊阳穀县志八卷首一卷 清王天璧纂修 ⑲307
阶　州 一七三六（乾隆元）年刊直隶阶州志二卷 清林忠纂毛琪麟补辑葛时政重订 ⑲219
阶　州 一八八六（光绪十二）年刊阶州直隶州续志三十三卷 清叶恩沛修吕震南纂 ⑲219
如皋县 一六八三（康熙二十二）年刊如皋县志十六卷 清卢綖修许纳陛等纂 ⑲362
如皋县 一七五〇（乾隆十五）年刊如皋县志三十二卷 清郑见龙修周植纂 ⑲362
如皋县 一八〇八（嘉庆十三）年刊如皋县志二十四卷 清杨受廷左元镇修马汝舟江大键纂 ⑲362
如皋县 一八三七（道光十七）年刊如皋县续志十二卷 清范仕义修吴铠纂 ⑲363
如皋县 一八七三（同治十二）年刊如皋县续志十六卷 清周际霖胡维藩修周顼吴开阳纂 ⑲363
观城县 一六七二（康熙十一）年刊观城县志五卷 清沈玑修张洞宸纂 ⑲304
观城县 一八三八（道光十八）年刊观城县志十卷首一卷 清孙观纂修 ⑲304

七　画

进贤县 一六七三（康熙十二）年刊进贤县志二十卷 清聂当世修陈时懋章兆瑞纂 ⑲504
进贤县 一八二三（道光三）年刊进贤县志二十五卷首一卷 清朱椐修贺熙龄等纂 ⑲504
进贤县 一八七一（同治十）年刊进贤县志二十五卷首一卷 清江璧等修胡景辰等纂 ⑲504
进贤县 一八九八（光绪二十四）年补刊进贤县志二十五卷首一卷 清江璧等修胡景辰等纂 ⑲504
远安县 一六六一（顺治十八）年刊远安县志八卷 清安可愿修曾宗孔纂 ⑲627
远安县 一八五八（咸丰八）年刊远安县志八卷 清赵广恩朱锡绶修刘子垣纂 ⑲627
远安县 一八六六（同治五）年刊远安县志八卷首一卷 清郑燡林修周葆恩纂 ⑲627

寿　州 一六五五（顺治十二）年刊寿州志五卷 清李大升修陈邦简纂 ⑲453
寿　州 一七六七（乾隆三十二）年刊寿州志十二卷首一卷末一卷 清席芑纂修 ⑲453
寿　州 一八二九（道光九）年刊寿州志三十六卷 清朱士达修汤若荀等纂 ⑲453
寿宁县 一六八六（康熙二十五）年刊寿宁县志八卷 清赵廷玑修王锡卣等纂 ⑲527
寿光官廨 一八六八（同治七）年刊诗小学三十卷补一卷 清吴树声撰 ⑯9497
寿光县 一六九八（康熙三十七）年刊寿光县志三十二卷 清刘有成修安致远纂 ⑲274
寿光县 一八〇〇（嘉庆五）年刊寿光县志二十卷 清刘翰周纂修 ⑲274
寿阳县 一六七二（康熙十一）年刊寿阳县志八卷 清吴祚昌纂修 ⑲95
寿阳县 一七七一（乾隆三十六）年刊寿阳县志十卷首一卷 清龚导江纂修 ⑲95
寿阳县 一八八二（光绪八）年刊寿阳县志十三卷首一卷 清马家鼎白昶修张嘉言祁世长纂 ⑲95
寿张县 一六六七（康熙六）年刊寿张县志八卷 清陈璜纂修 ⑲307
寿张县 一九〇〇（光绪二十六）年刊寿张县志十卷首一卷 清刘文煃修王守谦纂 ⑲307
寿昌县 一六八三（康熙二十二）年刊新修寿昌县志十二卷 清曾华盖修张可元纂 ⑲385
寿昌县 一七五四（乾隆十九）年刊寿昌县志十二卷 清钟沛修陆铭一纂 ⑲385
均　州 一六七三（康熙十二）年刊均州志四卷 清党居易纂修 ⑲633
均州志局 一八八五（光绪十一）年刊续辑均州志十六卷首一卷 清马云龙修贾洪诏纂 ⑲633
杞　县 一六九三（康熙三十二）年刊杞县志二十卷 清李继烈何彝光纂修 ⑲559
杞　县 一七四六（乾隆十一）年刊杞县志二十卷首一卷 清王之卫修潘均纂 ⑲559
杞县官廨 一八九八（光绪二十四）年刊刘文烈公全集十二卷 明刘理顺撰 ⑯846.8/886
邯郸县 一六四四—一六六一（顺治）年刊邯郸续志二卷 清韩思敬纂修 ⑲69
邯郸县 一六七三（康熙十二）年刊邯郸县志十二卷 清张慎发纂修 ⑲69
邯郸县 一七三〇（雍正八）年刊邯郸县志十二卷 清郑方坤纂修 ⑲69
邯郸县 一七五六（乾隆二十一）年刊邯郸县志十二卷首一卷 清王烔纂修 ⑲69
丽水县 一八四六（道光二十六）年刊丽水县志十四卷 清张铣纂修 ⑲439

丽水县 一八七四（同治十三）年刊丽水县志十五卷　清彭润章等纂修　⑲439

丽江府 一七四三（乾隆八）年刊丽江府志略二卷　清管学宣修万咸燕纂　⑲835

赤城县 一七四七（乾隆十二）年刊赤城县志八卷首一卷　清孟思谊修张曾炳纂　⑲37

赤城县 一八八一（光绪七）年刊【同治】赤城县续志十卷　清林牟贻等纂修　⑲37

芜湖县 一六七三（康熙十二）年刊芜湖县志十四卷补遗一卷　清马汝骁修葛天策等纂　⑲463

芜湖县 一七五四（乾隆十九）年刊芜湖县志二十四卷首一卷末一卷　清刘瓒修陆纶纂　⑲463

芜湖县 一八〇七（嘉庆十二）年刊芜湖县志二十四卷首一卷　清梁启让修陈春华纂　⑲463

芷江县 一七六〇（乾隆二十五）年刊芷江县志十二卷　清闵从隆纂修　⑲663

芷江县 一八三九（道光十九）年刊芷江县志五十九卷　清胡礼箴修黄凯纂　⑲663

芷江县 一八七〇（同治九）年刊芷江县志六十四卷首一卷　清盛庆绂吴秉慈修盛一棵纂　⑲663

芮城县 一六七二（康熙十一）年刊芮城县志四卷首一卷　清毕盛讃修王舜民纂　⑲115

芮城县 一八五九（咸丰九）年刊芮城县志十七卷　清言如泗原本丁树勋增修　⑲115

芮城县 一八八〇（光绪六）年刊芮城县续志四卷首一卷　清马丕瑶修万启钧张承熊纂　⑲116

花　县 一六八七（康熙二十六）年刊花县志四卷　清王永名修黄士龙黄虞纂　⑲674

花　县 一八六六（同治五）年刊【康熙】花县志四卷　清王永名修　⑲674

花　县 一八九〇（光绪十六）年刊【康熙】花县志四卷　清王永名修　⑲674

苍梧县 一六九七（康熙三十六）年刊苍梧县志十八卷　清刘以贵纂修　⑲728

苍梧县 一八七四（同治十三）年刊苍梧县志十八卷首一卷　清蒯光焕李百龄原修罗勋严寅恭原纂
黄玉桂续修王栋续纂　⑲728

苍溪县 一七八三（乾隆四十八）年刊苍溪县志四卷　清丁映奎纂修　⑲785

苏州府 一六九一（康熙三十）年刊苏州府志八十二卷首一卷　清宁云鹏等修沈世奕等纂　⑲317

苏州府 一七四八（乾隆十三）年刊苏州府志八十卷首一卷　清雅尔哈善等修王峻等纂　⑲317

苏州府 一八二四（道光四）年刊苏州府志一百五十卷首十卷　清宋如林罗琦修石韫玉纂　⑲317

苏州府署 一七九〇（乾隆五十五）年刊摄山志八卷首一卷　清陈毅辑　⑯928. 321/382. 6

苏州龙泉官舍 一七六三（乾隆二十八）年刊草木子二卷 明叶子奇撰 ⑥子26

苏州安节局 一八七六（光绪二）年刊产宝 清倪枝维撰 ㉚455

苏州汤晋苑局 一八六八（同治七）年刊仪礼正义四十卷 清胡培翚撰 ②16878

苏州保息局 一八六七（同治六）年刊说文解字注十五卷六书音韵表二卷 清段玉裁撰 ⑯423.133/879－04

苏州官书坊 一八九八（光绪二十四）年刊宋本十三经注疏并经典 清阮元撰 ⑤

苏城积善局 一八九七（光绪二十三）年刊白喉治法忌表抉微 清耐修子撰 ㉚598

贵筑黄彭年**苏州藩署** 一八八八（光绪十四）年刊有不为斋随笔十卷 清光聪谐撰 ⑯071/595

孝义厅 一八八三（光绪九）年刊孝义厅志十二卷首一卷 清常毓坤修李开甲等纂 ⑲184

孝义县 一七二六（雍正四）年刊孝义县志十八卷 清方士谟纂修 ⑲98

孝义县 一七七〇（乾隆三十五）年刊孝义县志二十卷 清邓必安修邓常纂 ⑲98

孝义县 一八八〇（光绪六）年刊孝义县续志二卷首一卷末一卷 清孔广熙修何之煌纂 ⑲98

孝丰县 一六七三（康熙十二）年刊孝丰县志十卷 清罗为赓修张暹李焕文纂 ⑲405

孝丰县 一八七九（光绪五）年刊孝丰县志十卷首一卷 清刘濬修潘宅仁纂 ⑲405

孝感县 一六四四—一六六一（顺治）年刊孝感县志二十二卷 清张擢士修沈宜纂 ⑲610

孝感县 一六七三（康熙十二）年刊孝感县志十六卷 清胡国佐纂修 ⑲610

孝感县 一八八二（光绪八）年刊孝感县志二十四卷续补志一卷 清朱希白修沈用增纂 ⑲610

孝感学署 一八九六（光绪二十二）年刊文选通段字会四卷 清杜宗玉撰 ③文101.6/894

严州府 一六四九（顺治六）年刊明【万历】续修严州府志二十四卷 明吕昌期修俞炳然纂 ⑲384

严州府 一七五六（乾隆二十一）年刊严州府志三十五卷首一卷 清吴士进修胡书源等纂 ⑲384

严州府 一八八三（光绪九）年增刊严州府志三十八卷首一卷 清吴士进原本吴世荣续修邹伯森等续纂 ⑲384

巫山县 一七一五（康熙五十四）年刊巫山县志不分卷 清佚名纂修 ⑲782

巫山县 一七二三—一七三五（雍正）年刊巫山县志 清佚名纂修 ⑲782

巫山县 一八九三（光绪十九）年刊巫山县志三十二卷首一卷 清连山等修李友梁等纂 ⑲782

束鹿县 一七六二（乾隆二十七）年刊束鹿县志十二卷 清李文耀修张钟秀纂 ⑲30

束鹿县 一七九九（嘉庆四）年刊束鹿县志十卷 清李符清修斐显相沈乐善纂 ⑲30

束鹿县 一八六八（同治七）年刊续修束鹿县志八卷 清宋陈寿纂修 ⑲30

两广节署 一八一九（嘉庆二十四）年刊有竹居集 清任兆麟撰 ㉙2538

涿州卢坤两广节署 一八三三（道光十三）年刊史通削繁四卷 清纪昀撰 ⑯901/893－859

两广运使署 一七一一（康熙五十）年刊景岳全书六十四卷 明张介宾撰 ㉚704

两广运使署 一八七六（光绪二）年刊鹾政备览 清方浚师编 ⑰11819

两广督署 一八三七（道光十七）年刊经验简便医方 清刘烜撰 ㉚259

两当县 一七六七（乾隆三十二）年刊两当县志四卷 清秦武域纂修 ⑲217

两当县 一八四二（道光二十二）年刊两当县新志四卷首一卷 清德俊修韩塘纂 ⑲217

两浙抚署诚本堂 一七四〇（乾隆五）年刊守禾日记六卷 清卢崇义撰 ⑯925.572/494

两浙盐驿道 一七三一（雍正九）年刊雍正西湖志四十八卷 清李卫纂 ⑦13566

两淮运署 一八七二（同治十一）年刊蔗馀偶笔附梁闻山先生评书帖及鲍觉生先生未刻诗
清方士淦撰 ⑰3426

两粤节署 一八一五（嘉庆二十）年刊石州诗话八卷 清翁元纲撰 ②34703

两湖节署 一八八三（光绪九）年刊朱子年谱四卷考异四卷附录二卷 清王懋竑编 ⑯982.952/828－113

酉阳州 一七七四（乾隆三十九）年刊酉阳州志四卷 清邵陆纂修 ⑲779

酉阳州 一八六三（同治二）年刊增修酉阳直隶州总志二十二卷首一卷末一卷 清王麟飞等修
冉崇文纂 ⑲779

邳州 一六九三（康熙三十二）年刊邳州志九卷 清孙居湜修孟安世纂 ⑲372

邳州 一七五〇（乾隆十五）年刊邳州志十卷首一卷 清邬承显修吴从信纂 ⑲372

邳州 一八一二（嘉庆十七）年刊邳州志十八卷首一卷 清丁观堂修陈燮纂 ⑲372

邳州 一八五一（咸丰元）年刊邳州志二十卷首一卷 清董用威马轶群修鲁一同纂 ⑲372

邳州 一八九五（光绪二十一）年重刊【咸丰】邳州志二十卷首一卷

清董用威马轶群修鲁一同纂 ⑲373

连江县 一七四〇（乾隆五）年刊连江县志十三卷首一卷 清戚弢言修孙发曾纂 ⑲528

连江县 一八〇五（嘉庆十）年刊连江县志十卷首一卷 清李莘修章朝栻等纂 ⑲528

连城县 一六六六（康熙五）年刊连城县志十卷首一卷末一卷 清杜士晋修谢家宝等纂 ⑲542

连城县 一七五一（乾隆十六）年刊连城县志十卷 清徐向忠修李龙官纂 ⑲542

辰溪县 一六八五（康熙二十四）年刊辰溪县志不分卷 清朱兆梓纂修 ⑲661

辰溪县 一七三一（雍正九）年刊辰溪县志八卷 清陈承虞修刘亮纂 ⑲661

辰溪县 一八二一（道光元）年刊辰溪县志四十卷首一卷末一卷 清徐会云等修刘家传等纂 ⑲661

辰州府 一六六六（康熙五）年刊辰州府志八卷 清鄢翼明纂修 ⑲660

辰州府 一七六五（乾隆三十）年刊辰州府志五十卷首一卷 清席绍葆等修谢鸣谦谢鸣盛纂 ⑲660

来凤县 一八六六（同治五）年刊来凤县志三十二卷首一卷末一卷 清李勗修何远鉴张钧纂 ⑲632

来安县 一七三五（雍正十三）年刊来安县志十二卷首一卷 清五斯琸修项世荣纂 ⑲461

来安县 一八三〇（道光十）年刊来安县志十四卷首一卷末一卷 清符鸿刘廷槐修欧阳泉戴宗炬纂 ⑲461

扶风县 一六六一（顺治十八）年刊扶风县志四卷 清刘瀚芳陈允锡修冯文可纂 ⑲186

扶风县 一七三一（雍正九）年刊扶风县志四卷 清张娄度修于开泰纂 ⑲186

扶风县 一七七九（乾隆四十四）年刊扶风县志十八卷 清熊家振修张埙纂 ⑲186

扶风县 一八一九（嘉庆二十四）年刊扶风县志十八卷首一卷 清宋世荦修王树棠等纂 ⑲186

扶沟县 一六九九（康熙三十八）年刊扶沟县志四卷 清赵如桓修杜之昂纂 ⑲581

扶沟县 一七六二（乾隆二十七）年刊扶沟县志十二卷首一卷末一卷 清七十一董丰垣修郝廷松薄玫纂 ⑲581

扶沟县 一八三三（道光十三）年刊扶沟县志十三卷 清王德瑛纂修 ⑲581

扶桑使廨 一八八六（光绪十二）年刊周易旧注十二卷 清徐鼒辑 ⑯092.27/947

抚宁县 一六七九（康熙十八）年刊抚宁县志十二卷 清刘馨修王运恒纂 ⑲44

抚宁县 一八七七（光绪三）年刊抚宁县志十六卷首一卷 清张上龢修史梦兰纂 ⑲44

抚　州 一八一四（嘉庆十九）年刊抚郡文昌桥志 清李传杰纂修 ㉑145

抚　州 一八四四（道光二十四）年刊续修文昌桥志略四卷附录一卷 清何元熙纂修 ㉑145

抚州正觉寺 一八九三（光绪十九）年刊沙弥律仪要略一卷 ㉑145

抚州府 一六八八（康熙二十七）年刊抚州府志三十五卷首一卷 清张四教修曾大升纂 ⑲499

抚州府 一七二九（雍正七）年刊抚州府志四十五卷首一卷 清罗复晋修李茹旻等纂 ⑲499

抚州府 一八七六（光绪二）年刊抚州府志八十六卷首一卷 清朱澄澜等修谢煌等纂 ⑲499

抚州府署 一七三六—一七九五（乾隆）年修刊抚州府志四十五卷首一卷 清罗复晋修李茹旻纂 ㉑145

抚州府署 一八五二（咸丰二）年元善补刊【乾隆】抚州府志四十五卷首一卷 清罗复晋修 ㉑145

连　州 一六七三（康熙十二）年刊连州志十卷 清李蕡修屈琚石光祖纂 ⑲682

连　州 一七七一（乾隆三十六）年刊连州志十二卷 清杨楚枝修吴光纂 ⑲682

连　州 一八七〇（同治九）年刊连州志十二卷 清袁泳锡觉罗祥瑞修单兴诗纂 ⑲682

连山县 一六九三（康熙三十二）年刊连山县志十卷首一卷 清刘允元修彭镗纂 ⑲682

连平州 一七三〇（雍正八）年刊连平州志十卷 清卢廷俊修颜希圣何深纂 ⑲685

岐山县 一六五七（顺治十四）年刊重修岐山县志四卷 清王毂修王业隆纂 ⑲185

岐山县 一七七九（乾隆四十四）年刊岐山县志八卷 清平世增郭履恒修蒋兆甲纂 ⑲185

岐山县 一八八四（光绪十）年刊岐山县志八卷 清胡升猷修张殿元纂 ⑲185

岐山学署 一八八八（光绪十四）年刊文庙通考六卷首一卷 清牛树梅编 ㉑4591

岑阳官舍 一七九七（嘉庆二）年刊新斠注地理志十六卷 清钱坫撰徐松校注 ⑱史42

岑溪县 一七四四（乾隆九）年刊岑溪县志四卷 清何梦瑶纂修刘廷栋续纂 ⑲720

呈贡县 一七二五（雍正三）年刊呈贡县志四卷 清朱若功修戴天赐等纂 ⑲823

呈贡县 一八八五（光绪十一）年刊呈贡县志八卷 清朱若功原本李蔚文等续纂 ⑲823

吴　县 一六九一（康熙三十）年刊吴县志六十卷首一卷 清汤斌修孙珮纂 ⑲318

吴　县 一七四五（乾隆十）年刊吴县志一百十二卷首一卷 清姜顺蛟叶长扬修施谦纂 ⑲318

吴川县 一六七二（康熙十一）年刊吴川县志四卷 清黄若香修吴士望纂 ⑲708

吴川县 一七三一（雍正九）年刊吴川县志十卷 清盛熙祚章国禄纂修 ⑲708

吴川县 一七九〇（乾隆五十五）年刊吴川县志十卷 清沈峻纂修 ⑲708

吴川县 一八二五（道光五）年刊吴川县志十卷 清李高魁叶载文修林泰雯纂 ⑲708

吴门臬署 一八七一（同治十）年刊上海县志三十二卷首一卷末一卷附补遗叙录 清应宝时等修俞樾方宗诚纂 ⑲9

吴江县 一六六四（康熙三）年刊【顺治】续吴江县志不分卷 清董尔基纂修 ⑲332

吴江县 一七四七（乾隆十二）年刊吴江县志五十八卷首一卷 清丁元正等修倪师孟沈彤纂 ⑲332

吴江县 一八七九（光绪五）年刊吴江县续志四十卷首一卷 清金福曾等修熊其英等纂 ⑲332

吴兴会馆 一八七七（光绪三）年刊藤荫杂记十二卷 清戴璐撰 ⑰2502

吴桥县 一六七三（康熙十二）年刊吴桥县志十卷 清任先觉修杨苯纂 ⑲61

吴桥官署 一八九一（光绪十七）年刊各国约章纂要六卷首一卷附录一卷 劳乃宣编 ②23365

吴桥劝学所 清嘉庆年刊 刊九河臆说 清王实坚撰 ③地721/54

吴堡县 一八四七（道光二十七）年刊吴堡县志四卷首一卷 清谭瑀纂修 ⑲193

县学文昌祠考棚公局 一八四六（道光二十六）年刊十三经客难 清龚元玠撰 ⑯11920

利川县 一八六五（同治四）年刊利川县志稿十卷首一卷 清何蕙馨修吴江纂 ⑲632

利津县 一六七三（康熙十二）年刊利津县新志十卷 清韩文焜纂修 ⑲268

利津县 一七五八（乾隆二十三）年刊利津县志续编十卷 清刘文确修刘永祚李俨纂 ⑲268

利津县 一八八三（光绪九）年刊利津县志十卷 清盛赞熙修余朝棻等纂 ⑲268

秀山县 一八九二（光绪十八）年刊秀山县志十四卷首一卷 清王寿松修李稽勋等纂 ⑲779

秀水县 一六八五（康熙二十四）年刊秀水县志十卷 清任之鼎修范正辂纂 ⑲391

攸　县 一六六〇（顺治十七）年刊攸县志六卷 清朱英炽修邓永芳刘自烨纂 ⑲646

攸　县 一六八四（康熙二十三）年刊攸县志六卷 清余三奇修刘自烶纂 ⑲646

攸　县 一七四七（乾隆十二）年刊攸县志六卷 清冯运栋修李天旭纂 ⑲646

攸　县 一八一七（嘉庆二十二）年刊攸县志五十五卷 清万在衡等修陈之驎纂 ⑲646

攸　县 一八七一（同治十）年刊攸县志五十五卷首一卷 清万在衡等修陈之驎纂王元凯续修 ⑲646

攸　县 一八九二（光绪十八）年刊【同治】攸县志五十五卷首一卷 清陈之驎原本严鸣琦续纂 ⑲646

佛坪厅 一八八三（光绪九）年刊佛坪厅志二卷首一卷 清刘熿纂修 ⑲202

邱　县 一七二八（雍正六）年刊邱县志八卷 清王辂修韩思圣纂 ⑲72

邱　县 一七八二（乾隆四十七）年刊邱县志八卷 清黄景曾修靳渊然等纂 ⑲72

兵　部 一八二四（道光四）年刊钦定中枢政考绿营四十卷八旗三十二卷附五军道里表十八卷
清明亮等纂 ③社320/865

夏燮邻阳县署 一八五四（咸丰四）年刊衡斋算学遗书合刻 清汪莱撰 ⑤

邻水县 一七〇六（康熙四十五）年刊邻水县志不分卷 清徐枝芳修冯志章等纂 ⑲789

邻水县 一七五七（乾隆二十二）年刊邻水县志四卷首一卷 清陈觐光修杨尔式甘文林纂 ⑲789

邻水县 一八二一（道光元）年刊邻水县志四卷 清廖寅李嘉祐修蒋梦兰等纂 ⑲789

余杭官署 一七八七（乾隆五十二）年刊胡忠简公经解 宋胡铨纂 ⑤

含山县 一六五一（顺治八）年刊含山县志四卷 清朱长泰修凌家瑞等纂 ⑲446

含山县 一六八四（康熙二十三）年刊含山县志三十卷 清赵灿修唐廷伯唐廷对纂 ⑲446

含山县 一七四八（乾隆十三）年刊含山县志十六卷 清梁栋修唐燀纂 ⑲4

邹　县 一六七三（康熙十二）年刊邹县志三卷 清朱承命修陈子芝纂 ⑲294

邹　县 一八九二（光绪十八）年刊邹县续志十二卷首一卷 清吴若灏修钱枱纂 ⑲295

邹平县 一六六〇（顺治十七）年刊邹平县志八卷 清徐政修马骕纂 ⑲269

邹平县 一六九五（康熙三十四）年刊邹平县志八卷 清程素期修程之芳等纂 ⑲269

邹平县 一八〇三（嘉庆八）年刊邹平县志十八卷 清李琼林修成启洸成瓘纂 ⑲269

邹平县 一八三六（道光十六）年刊邹平县志十八卷 清罗宗瀛修成瓘纂 ⑲269

狄道县 一六八八（康熙二十七）年刊狄道县志不分卷 清李观我纂修 ⑲211

狄道州 一七六三（乾隆二十八）年刊狄道州志十六卷 清呼延华国修吴镇纂 ⑲211

狄道州 一九〇九（宣统元）年刊狄道州续志十二卷首一卷 清联瑛修李镜清纂 ⑲211

应　州　一七二六（雍正四）年刊应州志十卷　清萧网修高师孔纂　⑲86
应　州　一七六九（乾隆三十四）年刊应州续志十卷首一卷　清吴炳纂修　⑲86
应　州　一八八二（光绪八）年刊应州再续志二卷　清汤学治纂修　⑲86
应山县　一六七三（康熙十二）年刊应山县志七卷图一卷　清周祐修陈联璧纂　⑲611
应山县　一八七一（同治十）年刊应山县志三十六卷首一卷末一卷　清刘宗元等修吴天锡纂　⑲611
应城县　一六七一（康熙十）年刊应城县志八卷　清樊司铎修吴元馨纂　⑲612
应城县　一七二六（雍正四）年刊应城县志十二卷　清李可寀修　⑲612
庐州卫　一七四七（乾隆十二）年刊庐州卫志六卷首一卷　清尹焕纂　⑲444
庐州府　一六九六（康熙三十五）年刊庐州府志四十七卷　清张纯修修顾梁汾纂　⑲444
庐州府　一八〇三（嘉庆八）年刊庐州府志五十四卷图一卷　清张祥云修孙星衍等纂　⑲444
庐州府　一八八五（光绪十一）年刊续修庐州府志一百卷首一卷末一卷　清黄云修林之望等纂　⑲444
庐江县　一六五六（顺治十三）年刊庐江县志十卷　清孙弘喆修王永年等纂　⑲447
庐江县　一六九八（康熙三十七）年刊庐江县志十六卷　清吴宾彦修王方岐纂　⑲447
庐江县　一七三一（雍正九）年刊庐江县志十二卷　清陈庆门修孔传诗包彬纂　⑲448
庐江县　一八〇三（嘉庆八）年刊庐江县志十五卷首一卷　清魏绍源张烘修黄金台等纂　⑲448
庐陵志局　刊巽斋文集二十七卷附录一卷　宋欧阳守道撰　㉑175
庐陵县署　一六六九（康熙八）年刊庐陵县志二十六卷　清于藻纂修　㉑175
庐陵县　一六八九（康熙二十八）年刊庐陵县志二十六卷首一卷　清陆在新等修赵殿元等纂　⑲504
庐陵县　一七八一（乾隆四十六）年刊庐陵县志四十五卷首一卷　清平观澜修钱时雍黄有恒纂　⑲505
庐陵县　一八二五（道光五）年刊庐陵县志四十八卷首一卷　清梅大鹤等修王锦芳等纂　⑲505
庐陵县　一八七三（同治十二）年刊庐陵县志五十六卷首一卷附补编一卷　清陈汝祯等修匡汝谐等纂　⑲505
庐陵县署　一八七五—一九〇八（光绪）年刊庐陵县志五十六卷首一卷末一卷　清陈汝祯修匡汝谐纂　㉑175
庐陵县署　一九一一（宣统三）年刊庐陵县志二十八卷首一卷末一卷　清王补修曾灿材纂　㉑175
沣　州　一六八四（康熙二十三）年刊续修沣志一卷　清朱士华修龚遇暹纂　⑲667

沣　州一七五〇（乾隆十五）年刊直隶沣州志林二十六卷首一卷末一卷附补编一卷　清何璘修黄宜中纂 ⑲667
沣　州一八二一（道光元）年刊沣州直隶州志二十八卷首三卷　清安佩莲修孙祚泰等纂 ⑲668
沣　州一八六九（同治八）年刊直隶沣州志二十六卷首三卷　清何玉棻修魏式曾纂 ⑲668
汧阳县一六五三（顺治十）年刊汧阳志不分卷　清王国玮纂修 ⑲187
汧阳县一七一八（康熙五十七）年刊增补汧阳志　清吴宸梧等补修 ⑲187
汧阳县一七三二（雍正十）年刊增补汧阳志　清吴宸梧等补修管旃增续 ⑲187
汧阳县一八四一（道光二十一）年刊重修汧阳县志十二卷首一卷　清罗曰璧纂修 ⑲187
汧阳县一八八七（光绪十三）年刊增续汧阳县志二卷　清焦思善修张元璧王润纂 ⑲187
沅　州一六八五（康熙二十四）年刊沅州志八卷　清杨希震修孟长醇纂 ⑲663
沅州府一七九〇（乾隆五十五）年刊沅州府志四十卷首一卷　清张官五等纂修 ⑲663
沅州府一八七三（同治十二）年刊沅州府志四十卷首一卷　清张官五等纂修吴嗣仲续修 ⑲663
沅江县一八一〇（嘉庆十五）年刊沅江县志三十卷　清唐古特修骆孔僎陶澍纂 ⑲671
沅陵县一六八五（康熙二十四）年刊沅陵县志不分卷　清傅以新纂修 ⑲661
沅陵县一八七三（同治十二）年刊沅陵县志五十卷首一卷　清守忠等修许光曙等纂 ⑲661
沅陵官舍一八八〇（光绪六）年刊退一步轩杂钞三卷续钞三卷课草一卷续一卷　清李元善撰 ②29436
沛　县一七四〇（乾隆五）年刊沛县志十卷首一卷　清李棠修田实发纂 ⑲372
沛　县一八九〇（光绪十六）年刊沛县志十六卷　清侯绍瀛纂修 ⑲372
沔　县一七一〇（康熙四十九）年刊沔县志四卷　清钱兆沆纂修 ⑲200
沔　县一八八三（光绪九）年刊沔县新志四卷　清孙铭钟罗桂铭修彭龄纂 ⑲201
沔阳州一七四〇（乾隆五）年刊沔阳州志三十卷　清禹殿鳌修方弘履纂 ⑲626
沔阳州一八九四（光绪二十）年刊沔阳州志十二卷首一卷　清葛振元修杨钜纂 ⑲626
莫增奎沔署一八六七（同治六）年刊忠武祠墓志七卷首一卷末一卷　清李复心辑 ⑯982.825/604－294－02
沙　县一七〇一（康熙四十）年刊沙县志十二卷　清林采修邓文修等纂 ⑲545
沙　县一八三四（道光十四）年刊沙县志二十卷首一卷末一卷　清孙大焜等修徐逢盛等纂 ⑲546

沙河县　一六八八（康熙二十七）年刊沙河县志八卷　清谈九乾纂修　⑲77
沙河县　一七五七（乾隆二十二）年刊沙河县志十卷首一卷末一卷　清杜灏纂修　⑲77
沙河县　一八四五（道光二十五）年刊续增沙河县志二卷　清鲁杰纂修　⑲77
沂　州　一六七四（康熙十三）年刊沂州志八卷　清邵士修尚天成等纂　⑲286
沂州府　一七六〇（乾隆二十五）年刊沂州府志三十六卷首一卷　清李希贤修潘遇莘等纂　⑲286
沂水县　一六七二（康熙十一）年刊沂水县志六卷　清黄胪登纂修　⑲287
沂水县　一八二七（道光七）年刊沂水县志十卷　清刘承谦等纂　⑲288
汾西县　一六七四（康熙十三）年刊汾西县志八卷首一卷　清蒋鸣龙修傅南宫纂　⑲106
汾西县　一八八一（光绪七）年刊汾西县志八卷首一卷　清曹宪等修周桐轩纂　⑲106
汾州府　一七七一（乾隆三十六）年刊汾州府志三十四卷首一卷　清孙和相修戴震纂　⑲97
汾阳县　一六五七（顺治十四）年刊汾阳县志四卷　清吴世英修刘文德纂　⑲97
汾阳县　一七二一（康熙六十）年刊汾阳县志八卷首一卷　清周超修邢秉诚纂　⑲98
汾阳县　一七七二（乾隆三十七）年刊汾阳县志十四卷首一卷　清李文起修戴震纂　⑲98
汾阳县　一八五一（咸丰元）年刊【道光】汾阳县志十四卷首一卷　清周贻缨修曹树縠纂　⑲98
汾阳县　一八八四（光绪十）年刊汾阳县志十四卷首一卷　清方家驹庆文修王文员纂　⑲98
沧　州　一六七四（康熙十三）年刊沧州新志十五卷　清祖泽潜修王耀祖纂　⑲60
沧　州　一七四三（乾隆八）年刊沧州志十六卷　清徐时作修胡淦等纂　⑲60
汶川县　一八〇五（嘉庆十）年刊汶志纪略四卷　清李锡书纂修　⑲795
汶上县　一七一七（康熙五十六）年刊续修汶上县志六卷　清闻元炅纂修　⑲298
汭宁学署　一八七七（光绪三）年刊醉山草堂诗集二卷　清黄仲麟撰　②30810
沈丘县　一六五八（顺治十五）年刊沈丘县志十四卷　清李芳春修李鼎玉纂　⑲582
沈丘县　一七四六（乾隆十一）年刊沈丘县志十二卷　清何源洙修鲁之璠纂　⑲582
沁　州　一六七四（康熙十三）年刊山西直隶沁州志八卷　清汪宗鲁纂修　⑲102
沁　州　一七四一（乾隆六）年刊【雍正】沁州志十卷首一卷　清叶士宽雷畅修吴正纂　⑲102

沁　州 一八八〇（光绪六）年刊沁州复续志四卷末一卷 清吴承恩纂修 ⑲103

沁水县 一六九七（康熙三十六）年刊沁水县志十卷 清赵凤诏纂修 ⑲104

沁水县 一八〇一（嘉庆六）年刊沁水县志十二卷首一卷 清徐品山修张心至纂 ⑲104

沁水县 一八八一（光绪七）年刊沁水县志十二卷首一卷 清秦丙煃修李畴纂 ⑲104

沁源县 一七三〇（雍正八）年刊沁源县志十卷首一卷 清韩瑛纂修王廷抡续纂修 ⑲103

沁源县 一八八一（光绪七）年刊沁源县续志四卷 清董馀三纂修 ⑲103

怀宁县 一六七三（康熙十二）年刊安庆府怀宁县志三十六卷 清段鼎臣等修方都泰等纂 ⑲448

怀宁县 一八二五（道光五）年刊怀宁县志二十八卷首一卷末一卷 清王毓芳赵梅修江尔维等纂 ⑲448

怀庆府 一六六〇（顺治十七）年刊怀庆府志十四卷 清彭清典修萧家芝纂 ⑲570

怀庆府 一六九五（康熙三十四）年刊怀庆府志十八卷 清刘维世修萧瑞苞乔腾凤纂 ⑲570

怀庆府 一七八九（乾隆五十四）年刊新修怀庆府志三十二卷首一卷图经一卷 清唐侍陛杜琮修洪亮吉纂 ⑲570

河南**怀庆府** 一八七四（同治十三）年刊验方新编八卷首一卷 清鲍相璈（云韶）撰 ㉚263

怀安县 一七四一（乾隆六）年刊怀安县志二十四卷 清杨大崑修钱戢曾纂 ⑲39

怀安县 一八七六（光绪二）年刊怀安县志八卷首一卷末一卷 清蔺禄修程燮奎纂 ⑲39

陕西**怀远县** 一七四七（乾隆十二）年刊怀远县志三卷 清苏其炤纂修 ⑲191

陕西**怀远县** 一八四二（道光二十二）年刊增修怀远县志四卷 清苏其炤原本何丙勋增补 ⑲191

安徽**怀远县** 一七二四（雍正二）年刊怀远县志八卷 清唐暄纂修 ⑲460

怀来县 一七一二（康熙五十一）年刊怀来县志十八卷首一卷 清许隆远纂修 ⑲38

怀来县 一八八二（光绪八）年刊怀来县志十八卷首一卷 清朱乃恭修席之瓒纂 ⑲38

怀柔县 一七二一（康熙六十）年刊怀柔县新志八卷 清吴景果纂修 ⑲3

怀集县 一七五五（乾隆二十）年刊怀集县志十卷 清顾旭明修唐廷梁纂 ⑲710

怀仁县 一八八三（光绪九）年刊怀仁县新志十二卷首一卷 清李长华修姜利仁纂 ⑲84

忻　州 一七四七（乾隆十二）年刊忻州志六卷 清周人龙原本窦谷邃增订 ⑲87

忻　州　一八八〇（光绪六）年刊忻州志四十二卷　清方戊昌修方渊如纂　⑲88

完　县　一六七三（康熙十二）年刊完县志十卷　清刘安国修王斌纂　⑲59

完　县　一七三二（雍正十）年刊完县志十卷　清朱懋德修田瑗纂　⑲59

诏安县　一六九一（康熙三十）年刊诏安县志十二卷志馀一卷　清秦炯纂修　⑲539

诏安县　一八七四（同治十三）年刊【康熙】诏安县志十二卷志馀一卷　清秦炯纂修　⑲539

良乡县　一七〇〇（康熙三十九）年刊良乡县志八卷　清杨嗣奇修李维翰等纂　⑲6

良乡县　一八八九（光绪十五）年刊良乡县志八卷　清陈嵋范履福修黄儒荃纂　⑲6

良乡县署范履福　一八九一（光绪十七）年刊空山梦二卷　清范元亨撰　②48311

即墨县　一六七二（康熙十一）年刊补刻明版纂修即墨县志二卷　清佚名纂　⑲281

即墨县　一七六四（乾隆二十九）年刊即墨县志十二卷首一卷　清尤淑孝修李元正纂　⑲281

即墨县　一八七三（同治十二）年刊即墨县志十二卷首一卷　清林溥修周翕鐄纂　⑲281

灵山县　一七三三（雍正十一）年刊灵山县志十二卷　清盛熙祚纂修　⑲733

灵山县　一七六四（乾隆二十九）年刊灵山县志十二卷　清黄元基纂修　⑲733

灵山县　一八二〇（嘉庆二十五）年刊灵山县志十三卷　清张孝诗修梁炅纂　⑲733

灵川县　一七二五（雍正三）年刊灵川县志四卷　清郑采宣陈虞昭修崔达纂　⑲724

灵川县　一七六六（乾隆三十一）年刊灵川县志四卷　清郑采宣原本杨德麟续修陈虞昭续纂　⑲724

灵石县　一六七二（康熙十一）年刊灵石县志四卷　清侯荣圭纂修　⑲93

灵石县　一八一七（嘉庆二十二）年刊灵石县志十二卷　清黄宪臣纂　⑲94

灵石县　一八七五（光绪元）年刊续修灵石县志二卷　清谢均修白星炜纂　⑲94

灵台县　一六五八（顺治十五）年刊灵台志四卷　清黄居中修杨淳纂　⑲213

灵宝县　一六五七（顺治十四）年刊灵宝县志五卷　清梁儒修李林茂纂　⑲601

灵宝县　一六九一（康熙三十）年刊灵宝县志四卷　清霍濬远纂修　⑲601

灵宝县　一七四七（乾隆十二）年刊重修灵宝县志六卷　清周庆增修敖启潜许宰纂　⑲602

灵宝县　一八七六（光绪二）年刊重修灵宝县志八卷　清周淦方胙勋修高锦荣李镜江纂　⑲602

灵邱县 一六八四(康熙二十三)年刊灵邱县志四卷 清宋起凤原本岳宏誉增订 ⑲84
灵寿县 一六八六(康熙二十五)年刊灵寿县志十卷末一卷 清陆陇其修傅维枟纂 ⑲29
灵寿县 一八七四(同治十三)年刊灵寿县志十卷末一卷 清陆陇其原本刘赓年续纂修 ⑲29
陆川县 一七五六(乾隆二十一)年刊陆川县志十八卷 清石崇先纂修 ⑲732
陆丰县 一七四五(乾隆十)年刊陆丰县志十二卷 清王之正等修沈展才等纂 ⑲693
陆凉州 一七五二(乾隆十七)年刊陆凉州志六卷 清沈生遴纂修 ⑲828
陆凉州 一八四五(道光二十五)年刊陆凉州志八卷 清缪阗修施映衮等纂 ⑲829
阿迷州 一六七三(康熙十二)年刊阿迷州志不分卷 清王民皞纂修 ⑲837
阿迷州 一七三五(雍正十三)年刊阿迷州志二十四卷 清陈权修顾琳纂 ⑲837
阿迷州 一七九六(嘉庆元)年刊阿迷州志十三卷 清张大鼎纂修 ⑲838
陇　州 一七一三(康熙五十二)年刊陇州志八卷首一卷 清罗彰彝纂修 ⑲187
陇　州 一七六六(乾隆三十一)年刊陇州续志八卷首一卷末一卷 清吴炳纂修 ⑲188
陇西县 一七三六(乾隆元)年刊陇西县志十二卷 清鲁廷琰修田吕叶纂 ⑲209
陈　州 一六六〇(顺治十七)年刊陈州志十二卷 清王士麟修何润纂 ⑲581
陈　州 一六九五(康熙三十四)年刊续修陈州志四卷 清王清彦张喆修莫尔漼纂 ⑲581
陈州府 一七四六(乾隆十一)年刊陈州府志三十卷首一卷 清崔应阶修姚之琅纂 ⑲582
陈留县 一六五九(顺治十六)年刊陈留县志十二卷 清张重润修黄正色纂 ⑲559
陈留县 一六九一(康熙三十)年刊陈留县志四十二卷首一卷 清钟定纂修 ⑲559
陈州郡斋吴氏 一八八三(光绪九)年刊历代石经略二卷 清桂馥撰 ②57440
邵武县 一八五五(咸丰五)年刊邵武县志十九卷首一卷 清李正芳修张葆森纂 ⑲525
邵武府 一六七〇(康熙九)年刊邵武府续志十卷 清汪丽日修王侯聘吴迪化纂 ⑲525
邵武府 一七七〇(乾隆三十五)年刊邵武府志二十四卷 清张凤孙等修郑念荥等纂 ⑲525
邵武府 一八九八(光绪二十四)年刊重纂邵武府志三十卷首一卷 清王琛徐兆丰修张景祁张元奇等纂 ⑲525
邵阳县 一六八四(康熙二十三)年刊邵阳县志十六卷 清张起鹍修刘应祁纂 ⑲658

邵阳县 一七六四（乾隆二十九）年刊邵阳县志四十二卷首一卷 清萧聚昆修邝永锴纂 ⑲658

邵阳县 一八二〇（嘉庆二十五）年刊邵阳县志四十九卷首一卷 清唐凤德修黄崇光等纂 ⑲658

邵阳县 一八七六（光绪二）年刊邵阳县志十卷 清诸垣修黄文琛等纂 ⑲658

鸡泽县 一六四七（顺治四）年刊鸡泽县志十卷 清吴应文纂修 ⑲72

鸡泽县 一六七三（康熙十二）年刊鸡泽县志十卷 清姜炤纂修 ⑲72

鸡泽县 一七六六（乾隆三十一）年刊鸡泽县志二十卷 清王光燮纂修王锦林增订 ⑲72

纳谿县 一八一三（嘉庆十八）年刊纳谿县志十卷 清赵炳然陈廷钰纂修 ⑲765

纳溪学堂 一九〇二（光绪二十八）年刊唱和诗钞四种六卷 清李宝元许时中撰 ②47861

八 画

环　县 一七五四（乾隆十九）年刊环县志十卷首一卷 清高观鲤纂修 ⑲214

盂　县 一七〇二（康熙四十一）年刊新修盂县志八卷 清蔡璜纂修 ⑲95

盂　县 一七八四（乾隆四十九）年刊盂县志十卷首一卷末一卷 清胡予翼马廷俊修吴森纂 ⑲95

盂　县 一八八一（光绪七）年刊盂县志二十二卷首一卷末一卷 清刘鸿逵等修刘懋功等纂 ⑲95

青　县 一六七三（康熙十二）年刊青县志四卷 清杨霞修姚景图纂 ⑲62

青　县 一八〇三（嘉庆八）年刊青县志八卷 清沈联芳修 ⑲62

青　县 一八八二（光绪八）年刊重修青县志十卷 清江贡琛修茹贷林纂 ⑲62

青门节院 一七八四（乾隆四十九）年刊苏文忠公生日设祀诗 清毕沅辑 ⑧

青田县 一六八六（康熙二十五）年刊青田县志十二卷 清张皇辅修钱喜选纂 ⑲440

青田县 一七二八（雍正六）年刊青田县志十二卷 清张皇辅原本万里续修沈渊懿续纂 ⑲440

青田县 一七七七（乾隆四十二）年刊续青田县志六卷 清吴楚椿纂修 ⑲440

青田县 一八七六（光绪二）年刊青田县志十八卷首一卷 清雷铣修王棻纂 ⑲440

青州府 一六七六（康熙十五）年刊青州府志二十卷 清崔俊修李焕章纂 ⑲273

青州府 一八五九（咸丰九）年刊青州府志六十四卷 清毛永柏修李图刘耀椿纂 ⑲273

青阳县　一六五七（顺治十四）年刊青阳县志六卷　清杨梦鲤纂修　⑲476
青阳县　一七八二（乾隆四十七）年刊青阳县志八卷　清段中律纂修　⑲476
青阳县　一八七六（光绪二）年刊青阳县志刊误补遗　清周赟纂　⑲476
青城县　一七五九（乾隆二十四）年刊青城县志十二卷　清方凤修戴文炽等纂　⑲271
青城县　一八四六（道光二十六）年增刊【乾隆】青城县志十二卷　清方凤修戴文炽等纂　⑲271
青神县　一七六四（乾隆二十九）年刊青神县志十一卷　清王承爔纂修　⑲772
青神县　一八一五（嘉庆二十）年刊青神县志五十四卷　清颜谨修谢智涵纂　⑲772
青神县　一八七七（光绪三）年刊青神县志五十四卷首一卷　清郭世棻修文笔超等纂　⑲772
青浦县　一六六九（康熙八）年刊青浦县志十卷　清魏球修诸嗣郢等纂　⑲15
青浦县　一七八八（乾隆五十三）年刊青浦县志四十卷　清孙凤鸣修王昶纂　⑲15
奉天作新印刷局　一九〇四（光绪三十）年刊白喉治法忌表抉微　清耐修子撰　㉚599
奉化县　一六六一（顺治十八）年刊重修奉化县志十六卷首一卷　清王奂孙成名修项斯勤纂　⑲409
奉化县　一六八六（康熙二十五）年刊奉化县志十四卷首一卷　清张起贵修孙懋赏刘鸿声纂　⑲409
奉化县　一七七三（乾隆三十八）年刊奉化县志十四卷首一卷　清曹膏等修陈琦等纂　⑲410
奉化县　一九〇八（光绪三十四）年刊奉化县志四十卷首一卷　清李前泮修张美翊等纂　⑲410
奉节县　一八九三（光绪十九）年刊奉节县志三十六卷首一卷　清曾秀翘修杨德坤等纂　⑲783
奉贤县　一七五八（乾隆二十三）年刊奉贤县志十卷首一卷　清李治灏等修王应奎宋禹飏纂　⑲13
奉贤县　一八七八（光绪四）年刊重修奉贤县志二十卷首一卷末一卷　清韩佩金修张文虎等纂　⑲14
奉新县　一六六二（康熙元）年刊奉新县志十四卷　清黄虞再修闵钺等纂　⑲498
奉新县　一七五〇（乾隆十五）年刊奉新县志二十八卷首一卷末一卷　清余潮修甘志道等纂　⑲498
奉新县　一八二六（道光六）年刊奉新县志十二卷首一卷　清邹山立修赵敬襄纂　⑲498
奉新县　一八七一（同治十）年刊奉新县志十六卷首一卷末一卷　清吕懋先修帅方蔚纂　⑲498
武义县　一六九八（康熙三十七）年刊新修武义县志十二卷　清江留篇纂修　⑲429
武义县　一八〇四（嘉庆九）年刊武义县志十二卷首一卷　清张营堠修周家驹等纂　⑲429

武乡县 一六九二（康熙三十一）年刊武乡县志六卷 清高鉷修宋苍霖等纂 ⑲103

武乡县 一七一六（乾隆五十五）年刊武乡县志六卷首一卷 清白鹤修史传远纂 ⑲103

武乡县 一八七九（光绪五）年刊武乡县续志四卷 清吴匡修钮增垚纂 ⑲103

武冈学署 一九〇〇（光绪二十六）年刊玉屏集十六卷 清王德基撰 ⑯847.8/120

武冈州 一六六三（康熙二）年刊武冈州志十二卷首一卷 清吴从谦修潘应斗潘应星纂 ⑲659

武冈州 一七五六（乾隆二十一）年刊武冈州志十卷首一卷 清席芬修周思仁纂 ⑲659

武冈州 一八一七（嘉庆二十二）年刊武冈州志三十卷首一卷 清许绍宗修邓显鹤纂 ⑲659

武冈州 一八七三（同治十二）年刊武冈州志五十四卷首一卷 清黄维瓒潘清修邓绎纂 ⑲659

武功县署 一七六一（乾隆二十六）年刊康对山先生文集十卷 明康海撰 ⑦5231

武功县 一六六二（康熙元）年刊武功县续志不分卷 清李绍韩修张文熙纂 ⑲189

武功县 一七三四（雍正十二）年刊【康熙】武功县重校续志三卷 清张文熙原纂康吕赐校补 ⑲189

武功县 一八八八（光绪十四）年刊武功县续志二卷 清张世英修巨国柱纂 ⑲190

武平县 一六九九（康熙三十八）年增刊武平县志十卷 清刘旷纂修赵良生续纂修 ⑲543

武宁县 一六六六（康熙五）年刊武宁县志十卷首一卷 清冯其昌修汪克淑等纂 ⑲485

武宁县 一七二五（雍正三）年刊武宁县志十卷首一卷 清冯其世修汪克淑等纂 ⑲485

武宁县 一七八二（乾隆四十七）年刊武宁县志三十卷首一卷 清梁鸣冈纂修 ⑲485

武宁县 一八二四（道光四）年刊武宁县志四十四卷首一卷 清陈云章修张绍玑等纂 ⑲485

武宁县 一八七〇（同治九）年刊武宁县志四十四卷首一卷末一卷 清何庆朝纂修 ⑲485

武宁县 一八九四（光绪二十）年刊闰榻先生集三十卷 清张望撰 ②12091

武安县 一七一一（康熙五十）年刊武安县志十八卷 清黄之孝修李喆纂 ⑲74

武安县 一七三九（乾隆四）年刊武安县志二十卷图一卷 清蒋光祖修夏兆丰纂 ⑲74

武进县 一六八四（康熙二十三）年刊武进县志四十四卷 清陈玉璂纂修 ⑲346

武进县 一七六五（乾隆三十）年刊武进县志十四卷首一卷 清王祖肃等修虞鸣球纂 ⑲346

武进县 一八四三（道光二十三）年刊武进阳湖县合志三十六卷首一卷 清孙琬王德茂修 ⑲346

李兆洛等纂 ⑲346

武进县 一八七九（光绪五）年刊武进阳湖县志三十卷首一卷 清王其淦吴康寿修汤成烈等纂 ⑲346

武邑县 一六九四（康熙三十三）年刊武邑县志六卷 清许维梃修束图南纂 ⑲66

武邑县 一八七二（同治十一）年刊武邑县志十卷首一卷 清彭美修龙文彬纂 ⑲66

武林藩署 一八六八（同治七）年刊三鱼堂剩言十二卷 清陆陇其撰 ⑯2141

武英殿 一六六六（康熙五）年刊子史精华十六卷 清吴士玉吴襄辑 ㉓22

武英殿 一七二七（雍正五）年刊子史精华一百六十卷 清吴士玉吴襄等辑 ①9839

武英殿 一七三六—一七九五（乾隆）年刊二十四史三千二百五十卷 ⑱史7

武英殿 一七五一（乾隆十六）年铜版印西清古鉴四十卷钱录十六卷 清梁诗正等纂修 ⑱史1450

武英殿 一七八五（乾隆五十）年刊钦定八旗则例十二卷 清福隆安等纂修 ⑱史1332

武英殿 一八〇二（嘉庆七）年刊钦定辛酉工赈纪事三十八卷首二卷 清庆桂等撰 ⑱史1328

武英殿 一八二四（道光四）年刊大清仁宗睿皇帝圣训一百十卷 ⑱史341

武英殿 一八五六（咸丰六）年刊大清宣宗成皇帝圣训一百三十卷 ⑱史341

武英殿 一八六一—一八七四（同治）年刊大清文宗显皇帝圣训一百十卷 ⑱史341

武英殿 一八九九（光绪五）年刊大清穆宗毅皇帝圣训一百六十卷 ⑱史342

武英殿修书处 一八二一（道光元）年刊钦定新疆识略十二卷首一卷 清徐松原撰松筠纂 ⑲238

武昌公署 一六四三（顺治五）年刊小学句读记六卷 明陈选撰清王建常记 ②32957

武昌节署 一八六一（咸丰十一）年刊读史兵略四十六卷 清胡林翼纂 ②16512

武昌节署 一八六五（同治四）年刊济世良方六卷附补遗 ㉚270

武昌节署 一八七五（光绪元）年刊皇朝兵制考略六卷 清翁同爵撰 ⑯381/983

武昌医馆 一九一〇（宣统二）年刊活幼新书决证诗赋三卷 元曾世荣辑 ②17311

武昌督粮官署 一八九七（光绪二十三）年刊岑襄勤公奏稿三十卷 清岑毓英撰 ⑯925ʼ 376/593

武昌藩署 一八七五（光绪元）年刊方学博全集 清方垌撰 ⑤

武昌府 一六八七（康熙二十六）年刊湖广武昌府志十二卷 清裴天锡修罗人龙纂 ⑲608

武昌县 一六九二（康熙十三）年刊武昌县志八卷 清熊登修孟振祖纂 ⑲620

武昌县 一七六三（乾隆二十八）年刊武昌县志十卷首一卷 清邵遐龄修谈有典纂 ⑲620

武昌县 一八八五（光绪十一）年刊武昌县志二十六卷首一卷末一卷 清钟桐山修柯逢时纂 ⑲620

武定州 一八八三（光绪九）年刊武定直隶州志六卷 清郭怀礼修孙泽春纂孟五荣笺注 ⑲840

云南**武定府** 一六八九（康熙二十八）年刊武定府志四卷 清王清贤修陈淳纂 ⑲840

山东**武定府** 一七五九（乾隆二十四）年刊武定府志三十八卷首一卷 清赫达色修庄肇奎沈中行纂 ⑲267

山东**武定府** 一八五九（咸丰九）年刊武定府志三十八卷首一卷 清李熙龄修邹恒纂 ⑲267

武城县 一六五〇（顺治七）年刊武城县志四卷 清房万达修王维明纂 ⑲264

武城县 一七五〇（乾隆十五）年刊武城县志十四卷首一卷 清骆大俊纂修 ⑲264

武城县 一八四一（道光二十一）年刊武城县志续编十四卷首一卷 清厉秀芳纂修 ⑲264

武威县衙门 一八七九（光绪五）年刊时疫白喉捷要合编 清黄炳乾编 ㉚598

武威同善公所 一八七五—一九〇八（光绪）年刊白喉治法忌表抉微 清耐修子撰 ㉚598

武宣县 一八〇八（嘉庆十三）年刊武宣县志十六卷首一卷 清高攀桂修梁士彦纂 ⑲723

武陵县 一八六三（同治二）年刊武陵县志四十八卷 清浑世临孙翘泽修陈启迈纂 ⑲667

武陟县 一六九一（康熙三十）年刊武陟县志八卷 清甘国埈修杜之丛千兆纂 ⑲569

武陟县 一八二九（道光九）年刊武陟县志三十六卷 清王荣陛修方履篯纂 ⑲569

武陟县 一八八二（光绪八）年刊【道光】武陟县志三十六卷 清王荣陛修方履篯纂 ⑲569

武清县 一六七五（康熙十四）年刊武清县志十卷 清邓钦桢修耿锡胤纂 ⑲25

武清县 一七四二（乾隆七）年刊武清县志十二卷首一卷末一卷 清吴翀修曹涵赵晃纂 ⑲25

武强县 一六六七（康熙六）年刊重修武强县志四卷 清李道光修贾振裘纂 ⑲66

武强县 一八三一（道光十一）年刊武强县志重修十二卷 清翟慎行修翟慎典纂 ⑲66

武缘县 一七四一（乾隆六）年刊武缘县志十六卷 清耿昭需纂修 ⑲716

武缘县 一八四四（道光二十四）年刊武缘县志十卷 清世纶余思诏修詹作述纂 ⑲716

武缘县 一八八七（光绪十三）年刊武缘县图经八卷 清黄君钜等纂修 ⑲716

武康县 一六七二（康熙十一）年刊武康县志八卷 清冯圣泽修骆维恭纂 ⑲406

武康县 一七四七（乾隆十二）年刊武康县志八卷 清刘守成修高植等纂 ⑲406

武康县 一八二九（道光九）年刊武康县志二十四卷首一卷 清陈殿阶吴敬羲纂 ⑲406

林　县 一六九四（康熙三十三）年刊林县志十二卷 清徐岱熊远寄修万兆龙纂 ⑲577

林　县 一八五一（咸丰元）年刊续林县志四卷首一卷 清康仲方修卫济世纂 ⑲578

枝江县 一六七〇（康熙九）年刊枝江县志十卷 清周廷桂修杨际春纂 ⑲628

枝江县 一七四〇（乾隆五）年刊枝江县志十卷 清王世爵修钟彝纂 ⑲628

枝江县 一八二八（道光八）年刊枝江县志十四卷首一卷 清谢丕绩修李辉光纂 ⑲628

枝江县 一八六六（同治五）年刊枝江县志二十卷首一卷 清查子庚修熊文澜等纂 ⑲628

松江府 一六六三（康熙二）年刊松江府志五十四卷图经一卷 明郭廷弼修周建鼎包尔赓纂 ⑲7

松江府 一八八四（光绪十）年刊松江府续志四十卷首一卷图一卷 清博润修姚明发等纂 ⑲8

松江金山县署 一八八七（光绪十三）年刊广济耆旧诗集十二卷 清夏槐辑 ②13896

松江府学明伦堂 一八一八（嘉庆二十三）年刊松江府志八十四卷首二卷图一卷 清宋如林修孙星衍莫晋纂 ⑲7

松阳县 一六五四（顺治十一）年刊松阳县志十卷 清佟庆年修胡世定纂 ⑲441

松阳县 一七六九（乾隆三十四）年刊松阳县志十二卷 清曹立身修潘茂才纂 ⑲441

松阳县 一八七五（光绪元）年刊松阳县志十二卷首一卷 清支恒椿修丁凤章等纂 ⑲441

松桃厅 一八三六（道光十六）年刊松桃厅志三十二卷 清徐鋐修萧琯纂 ⑲808

松滋县 一六九六（康熙三十五）年刊松滋县志二十四卷首一卷 清陈麟修丁楚琮纂 ⑲626

松滋县 一八六九（同治八）年刊松滋县志十二卷首一卷 清吕缙云李勖修罗有文朱美燮纂 ⑲626

松溪县 一七〇〇（康熙三十九）年刊松溪县志十卷首一卷末一卷 清潘拱辰纂修黄鉴补遗 ⑲523

松潘县 一八七三（同治十二）年刊松潘记略不分卷 清何远庆纂修 ⑲795

杭州府 一六九五（康熙三十四）年刊武林临民录四卷 清李铎撰 首一卷 ①10563

杭州府 一七八四（乾隆四十九）年刊杭州府志一百十卷首六卷 清郑沄修邵齐然等纂 ⑲378

杭州小学堂 一九〇一（光绪二十七）年刊普通学书录四卷 清黄庆澄撰 ②60920

直隶藩署 一八八八（光绪十四）年刊胎产护生篇 清李长科编 ㉚462

泰州储氏**杭州衙署** 一八二五（道光五）年刊吴储合稿 清储梦熊辑 ⑤

茂　州 一八三一（道光十一）年刊茂州志四卷首一卷 清杨迦怿等修刘辅廷纂 ⑲795

茂名县 一六九九（康熙三十八）年刊茂名县志四卷 清钱以垲纂修 ⑲705

茂名县 一七三〇（雍正八）年刊茂名县续志六卷 清虞金铭纂修 ⑲705

茂名县 一八一九（嘉庆二十四）年刊茂名县志二十一卷首一卷 清秦沅王勋臣修吴徽叙纂 ⑲705

茂名县 一八八八（光绪十四）年刊茂名县志八卷首一卷 清郑业崇修许汝韶纂 ⑲705

英山县 一六八四（康熙二十三）年刊英山县志二卷 清刘五珑纂修 ⑲617

英山县 一七五六（乾隆二十一）年刊英山县志二十六卷首一卷 清张海修姚之琅纂 ⑲617

英山县 一八四六（道光二十六）年刊英山县志二十六卷 清李文泉纂修 ⑲617

英德县 一六七三（康熙十二）年刊重修英德县志五卷 清张斗丘有璿纂修 ⑲681

英德县 一八四三（道光二十三）年刊英德县志十六卷首一卷 清黄培爃刘济宽修陆殿邦纂 ⑲681

茌平县 一六六三（康熙二）年刊茌平县志四卷 清王画一修张翕纂 ⑲302

范　县 一六七二（康熙十一）年刊范县志三卷 清霍之琯修李简身纂 ⑲573

范　县 一八〇九（嘉庆十四）年刊范县志四卷 清唐晟纂修 ⑲573

枣阳县 一八五四（咸丰四）年刊重修枣阳县志十五卷首一卷 清陈子饬修王树滋纂 ⑲636

枣阳县 一八六五（同治四）年刊枣阳县志三十卷首一卷末一卷 清张声正修史策先纂 ⑲636

枣强县 一六六七（康熙六）年增刊明【万历】枣强县志四卷 明王鹤龄修清胡梦龙增修单惺等增纂 ⑲65

枣强县 一七五二（乾隆十七）年刊枣强县志八卷首一卷末一卷 清单作哲纂修 ⑲65

枣强县 一八〇四（嘉庆九）年刊枣强县志二十卷 清任衔蕙修杨元锡纂 ⑲65

枣强县 一八七六（光绪二）年刊枣强县志补正五卷 清方宗诚纂修 ⑲65

瓯宁县 一六九三（康熙三十二）年刊瓯宁县志十三卷 清邓其文纂修 ⑲522

瓯江巡署 一八九一（光绪十七）年刊李忠武公遗书三卷 清李续宾撰 ②30034

砀山县 一七六七（乾隆三十二）年刊砀山县志十四卷 清刘王瑗纂修 ⑲458
郁林州 一七九二（乾隆五十七）年刊郁林州志十卷 清邱桂山修刘玉麟秦兆鲸纂 ⑲730
郁林州 一八九四（光绪二十）年刊郁林州志二十卷首一卷 清冯德材全文炳修文德馨牟懋圻纂 ⑲730
郏县 一六四八（顺治五）年刊郏县志八卷 清张笃行纂修 ⑲587
郏县 一六九四（康熙三十三）年刊郏县志四卷 清金世纯修仝轨纂 ⑲587
郏县 一七四二（乾隆七）年刊郏县续志一卷 清张楣修聂宪纂 ⑲587
郏县 一八五九（咸丰九）年刊郏县志十二卷 清姜篪修郭景泰纂 ⑲588
郏县 一八六五（同治四）年刊郏县志十二卷 清姜篪原本张熙瑞续修郭景泰续纂 ⑲588
招远县 一六六〇（顺治十七）年刊招远县志十二卷 清张作砺修张凤羽纂 ⑲284
招远县 一八四六（道光二十六）年刊招远县续志四卷 清陈国器边象曾修李荫路藻纂 ⑲284
岷州 一七〇二（康熙四十一）年刊岷州志二十卷 清汪元絅修田而穟纂 ⑲220
峄县 一六七三（康熙十二）年刊峄县志五卷 清田显吉修褚光镆纂 ⑲259
峄县 一七六一（乾隆二十六）年刊峄县志十卷首一卷 清忠琏纂修 ⑲259
峄县 一九〇四（光绪三十）年刊峄县志二十五卷首一卷 清王振录周凤鸣修王宝田纂 ⑲259
盱眙县 一六七二（康熙十一）年刊盱眙县志三十二卷 清朱弘祚修周洙纂 ⑲368
盱眙县 一七四七（乾隆十二）年刊盱眙县志二十四卷首一卷 清郭起元修秦懋绅徐方高纂 ⑲368
盱眙县 一八七三（同治十二）年刊盱眙县志六卷 清崔秀春方家藩修傅绍曾纂 ⑲368
盱眙县 一八九一（光绪十七）年刊盱眙县志稿十七卷首一卷 清王锡元修高延第等纂 ⑲368
岢岚州 一六七二（康熙十一）年刊岢岚州志四卷 清何显祖修 ⑲90
岢岚州 一八八四（光绪十）年刊岢岚州志十二卷 清吴光熊修史文炳纂 ⑲90
昆山县 一七五一（乾隆十六）年刊昆山新阳合志三十八卷首一卷末一卷 清张予介等修顾登等纂 ⑲323
昆山县 一八二六（道光六）年刊昆新两县志四十卷首一卷末一卷 清张鸿等修王学浩等纂 ⑲323
昆山县 一八八〇（光绪六）年刊昆新两县续修合志五十二卷首一卷末一卷 清李福沂等修汪堃朱成熙等纂 ⑲323

昆阳州 一八三九（道光十九）年刊昆阳州志十六卷 清朱庆椿纂修 ⑲824

昆阳县署 一八八四（光绪十）年刊出山草谱四卷 清汤肇熙撰 ⑯925.578/736

昆明县 一九〇一（光绪二十七）年刊昆明县志十卷 清戴絅孙纂修 ⑲821

广东**昌化县** 一六九一（康熙三十）年刊昌化县志五卷 清方岱璩之璨纂修 ⑲704

广东**昌化县** 一八九七（光绪二十三）年刊昌化县志十一卷首一卷 清李有益纂修 ⑲704

浙江**昌化县** 一六七三（康熙十二）年刊昌化县志十卷 清周颂孙修陈秉谦等纂 ⑲383

浙江**昌化县** 一七四八（乾隆十三）年刊昌化县志二十卷 清甘文蔚王元音修王守矩章起龙纂 ⑲383

浙江**昌化县** 一八二三（道光三）年刊昌化县志二十卷 清于尚龄修王兆杏纂 ⑲383

昌平州 一八九二（光绪十八）年刊昌平外志六卷 清麻兆庆纂 ⑲2

昌乐县 一六七二（康熙十一）年刊昌乐县志六卷 清贺基昌纂修 ⑲274

昌乐县 一八〇九（嘉庆十四）年刊昌乐县志三十二卷首一卷 清魏礼焯时铭修黄方远等纂 ⑲274

昌邑县 一六六一（顺治十八）年刊昌邑县志八卷 清党丕禄修李肇林纂 ⑲277

昌邑县 一六七二（康熙十一）年增刊昌邑县志八卷 清党丕禄修李肇林纂 ⑲277

昌邑县 一七四二（乾隆七）年刊昌邑县志八卷 清周来邰纂修 ⑲277

昌邑县 一九〇七（光绪三十三）年刊昌邑县续志八卷 清陈嘉楷修韩天衢纂 ⑲277

昌黎县 一六七五（康熙十四）年刊昌黎县志八卷 清王曰翼修高培纂 ⑲42

昌黎县 一八六六（同治五）年刊昌黎县志十卷 清何崧泰等修马恂何尔泰纂 ⑲42

易　州 一七四七（乾隆十二）年刊直隶易州志十八卷首一卷 清杨芊纂修张登高续纂修 ⑲56

易门县 一七一四（康熙五十三）年刊易门县志不分卷 清佚名纂 ⑲832

易门县 一七七七（乾隆四十二）年刊易门县志十二卷 清素尔方阿修董良材纂 ⑲832

易门县 一八四五（道光二十五）年刊续修易门县志十四卷首一卷 清严廷珏修严仲泽纂 ⑲832

易水县 一六四五（顺治二）年刊易水志三卷 清朱懋文等纂修 ⑲56

易水县 一六八〇（康熙十九）年刊易水续志一卷 清韩文煜纂修 ⑲56

忠　州 一八二六（道光六）年刊忠州直隶州志八卷首一卷 清吴友篪修熊履青纂 ⑲783

忠　州　一八七三（同治十二）年刊忠州直隶州志十二卷首一卷　清侯若源庆徵修柳福培纂　⑲784

忠州署　一八九四（光绪二十）年刊忠州学田章程二卷　⑰12245

罗山县　一六九一（康熙三十）年刊罗山县志八卷　清阎兴邦鲁麟纂修　⑲594

罗山县　一七四六（乾隆十一）年刊罗山县志八卷　清葛荃修李之杜谢宝树纂　⑲594

罗平州　一七一八（康熙五十七）年刊罗平州志四卷　清黄德巽修胡承灏周启先等纂　⑲828

罗次县　一七一七（康熙五十六）年刊罗次县志四卷　清王秉煌等修梅盐臣等纂　⑲840

罗次县　一八八七（光绪十三）年刊罗次县志四卷　清胡毓麒修杨钟璧等纂　⑲840

罗江县捕厅署　一八六六（同治五）年刊使琉球记六卷　清李鼎元撰　⑰6674－5

罗江县　一七四五（乾隆十）年刊直隶绵州罗江县志十四卷首一卷　清沈潜阚昌言纂修　⑲757

罗江县　一八〇二（嘉庆七）年刊罗江县志十卷　清李调元纂修　⑲757

罗江县　一八六五（同治四）年刊续修罗江县志二十四卷　清马传业修刘正慧等纂　⑲758

罗田县　一七一七（康熙五十六）年刊罗田县志八卷　清张琳修刘青震纂　⑲615

罗田县　一八七六（光绪二）年刊罗田县志八卷首一卷　清管贻葵修陈锦纂　⑲615

罗定州　一六八七（康熙二十六）年刊罗定直隶州志十卷　清刘元禄纂修　⑲711

罗定州　一七三一（雍正九）年刊罗定直隶州志六卷首一卷　清王植纂修　⑲711

罗城县　一八四四（道光二十四）年刊罗城县志四卷　清万文芳阮正惠修李化人朱家修纂　⑲721

罗源县　一七二二（康熙六十一）年刊罗源县志十卷　清王楠修林乔蕃王世臣纂　⑲528

罗源县　一八三一（道光十一）年刊新修罗源县志三十卷首一卷　清卢凤芩修林春溥纂　⑲528

国子监　一七三三（雍正十一）年刊朱子礼纂五卷　清李光地编　⑯095. 4/290

国子监　一七一三（康熙五十二）年刊韩子粹言二卷　唐韩愈撰清李光地辑　⑯844. 17/234－290

固安县　一七一四（康熙五十三）年刊固安县志八卷首一卷末一卷　清郑善述修潘昌纂　⑲49

固安县　一八五九（咸丰九）年刊固安县志八卷　清陈崇砥修陈福嘉吴三峰等纂　⑲49

固原提署　一八七五（光绪元）年刊多忠勇公勤劳录四卷　清雷正绾撰刘宝国辑　②46836

固始县　一六五九（顺治十六）年刊固始县志十卷　清包韺纂修　⑲593

固始县 一六九三（康熙三十二）年刊固始县志十二卷首一卷 清杨汝楫纂修 ⑲594

固始县 一七四五（乾隆十）年刊固始县续志十二卷 清包桂纂修 ⑲594

果亲王府 一七三三（雍正十一）年刊古文约选 清允礼选 ②48900

和　州 一六七三（康熙十二）年刊和州志三十卷 清夏玮修杨九思纂 ⑲446

和　州 一八一八（嘉庆二十三）年刊【乾隆】历阳典录三十四卷 清陈廷桂纂 ⑲446

和　州 一八三六（道光十六）年刊直隶和州志二十四卷首一卷 清善贵修张受缨纂 ⑲447

和州官舍 一八六七（同治六）年刊游定夫先生集六卷首一卷末一卷 宋游酢撰 ⑰8665－6

和平县 一七六三（乾隆二十八）年刊和平县志八卷 清曹鹏翊徐廷芳修朱超玖徐润纂 ⑲685

和平县 一八一九（嘉庆二十四）年刊和平县志八卷首一卷 清罗天桂修徐延翰纂 ⑲685

四川岳池 一九〇一（光绪二十七）年刊续云南通志稿一百九十四卷首六卷 清王文韶魏光焘修 唐炯等纂 ⑲820

岳池县 一七五六（乾隆二十一）年刊岳池县志八卷 清黄克显纂修 ⑲787

岳池县 一八五〇（道光三十）年刊岳池县志四十四卷 清白汝衡等修熊世璁纂 ⑲787

岳池县 一八七五（光绪元）年刊岳池县志二十卷首一卷 清何其泰等修吴新德纂 ⑲787

岳州府 一六八五（康熙二十四）年刊岳州府志二十八卷 清李遇时修杨柱朝纂 ⑲641

岳州府 一七四六（乾隆十一）年刊岳州府志三十卷首一卷 清黄凝道修谢仲埙纂 ⑲642

岳阳县 一六六二（康熙元）年刊岳阳县志二卷 清李子实修李梦辰纂 ⑲106

岳阳县 一七三四（雍正十二）年刊岳阳县志十卷 清赵温修常逊纂 ⑲106

阜平县 一七六五（乾隆三十）年刊阜平县志四卷首一卷 清邹尚易纂修 ⑲55

阜平县 一八七四（同治十三）年刊阜平县志四卷首一卷 清劳辅芝修张锡三纂 ⑲55

阜宁县 一八八六（光绪十二）年刊阜宁县志二十四卷首一卷 清阮本焱等修殷自芳等纂 ⑲369

阜阳县 一七五五（乾隆二十）年刊阜阳县志三十卷 清潘世仁修王麟徵纂 ⑲454

阜阳县 一八二九（道光九）年刊阜阳县志二十四卷首一卷 清刘虎文周天爵修李复庆等纂 ⑲455

阜城县 一六七二（康熙十一）年刊重修阜志二卷 清曹邦修多弘馨纂 ⑲64

阜城县 一七三五（雍正十三）年刊阜城县志二十二卷首一卷 清陆福宜修多时珍纂 ⑲64
郃阳县 一六五三（顺治十）年刊重修郃阳县志七卷 清叶子循纂修 ⑲177
郃阳县 一七六九（乾隆三十四）年刊郃阳县全志四卷 清席奉乾修孙景烈纂 ⑲177
乳源县 一六六三（康熙二）年刊乳源县志十二卷 清裘秉钫修庞玮纂 ⑲682
金　县 一六八七（康熙二十六）年刊金县志二卷 清耿喻修郭殿邦纂 ⑲208
金　县 一八四四（道光二十四）年刊金县志十三卷首一卷 清恩福修昌蕖纂 ⑲208
金山县 一七五二（乾隆十七）年刊金山县志二十卷首一卷 清常琬修焦以敬等纂 ⑲14
金山县 一八七八（光绪四）年刊金山县志三十卷首一卷 清龚宝琦崔廷镛修黄厚本等纂 ⑲14
金乡县 一六七三（康熙十二）年刊金乡县志七卷 清傅廷俊纂修 ⑲297
金乡县 一七六八（乾隆三十三）年刊金乡县志二十卷 清王天秀修孙巽纂 ⑲297
金乡县 一八六二（同治元）年刊【咸丰】金乡县志略十二卷首一卷 清李垒纂修 ⑲297
金华县 一六九五（康熙三十四）年刊金华县志十卷图一卷 清赵泰甡修张翀纂 ⑲427
金华县 一八二三（道光三）年刊金华县志十二卷首一卷 清黄金声修李林松纂 ⑲427
金华府 一六八三（康熙二十二）年刊金华府志三十卷 清张荩修沈麟趾等纂 ⑲427
金华府学 一七七三（乾隆三十八）年刊金华诗录六十卷外集六卷别集四卷 清朱琰等辑 ⑯4979
金坛县 一六八三（康熙二十二）年刊金坛县志十六卷 清郭毓秀纂修 ⑲342
金坛县 一七五〇（乾隆十五）年刊金坛县志十二卷 清杨景曾修于枋纂 ⑲343
湘乡曾氏**金陵节署** 一八六五（同治四）年刊船山遗书 清王夫之撰 ⑰1498
金陵道署 一八一三（嘉庆十八）年刊抱朴子内篇二十卷 晋葛洪撰 ②44640
金陵道署 一八七三（同治十二）年刊抱朴子七十卷 晋葛洪撰 ⑥
金陵提署 一八七〇（同治九）年刊长江图说十二卷首二卷 清马征麟等撰 ⑯982.281/491－02
承德孙氏**金陵藩署** 一八〇一（嘉庆六）年刊说文正字二卷说文原目一卷 清王瑜孙凤翼辑 ⑯1328
金陵粮储道廨 一九〇三（光绪二十九）年刊苾刍馆词集 清胡延撰 ⑯847.8/222
金陵督粮道署 一九一一（宣统三）年刊姑溪居士文集五十卷附校勘记 宋李之仪撰 ⑰427－108

金陵治城宾馆 一八七四（同治十三）年刊覆瓿集 清张文虎撰 ⑰0951

金陵治城宾馆 一八九三（光绪十九）年刊覆瓿集十一种 清张文虎撰 ⑤

金堂县 一八一一（嘉庆十六）年刊金堂县志九卷首一卷末一卷 清谢惟杰修陈一津黄烈纂 ⑲740

金堂县 一八六七（同治六）年刊续金堂县志八卷首一卷末一卷 清王树桐徐璞玉修米绘裳等纂 ⑲740

金谿县 一六八二（康熙二十一）年刊金谿县志十三卷 清王有年纂修 ⑲500

金谿县 一七五一（乾隆十六）年刊金谿县志八卷首一卷 清杨文灏修杭世馨丁健纂 ⑲500

金谿县 一八二六（道光六）年刊金谿县志二十六卷首一卷 清松安胡钊等纂修 ⑲500

金谿县 一八七〇（同治九）年刊金谿县志三十六卷首一卷末一卷 清程芳修郑浴脩等纂 ⑲500

肥乡县 一七三二（雍正十）年刊肥乡县志六卷 清王建中修宋锦纂 ⑲72

肥乡县 一八六七（同治六）年刊肥乡县志三十六卷补遗一卷 清李鹏展修赵文濂纂 ⑲72

肥城县 一六七二（康熙十一）年刊肥城县志书二卷 清尹任修尹足法纂 ⑲289

肥城县 一八一五（嘉庆二十）年刊肥城县新志十九卷首一卷 清曾冠英修李基熙纂 ⑲289

肥城县 一八九一（光绪十七）年刊肥城县志十卷首一卷 清凌绂曾修邵承照纂 ⑲289

鱼台县 一六九一（康熙三十）年刊鱼台县志十八卷 清马得祯纂修 ⑲298

鱼台县 一七六四（乾隆二十九）年刊鱼台县志十三卷首一卷末一卷 清冯振鸿纂修 ⑲298

鱼台县 一八八九（光绪十五）年刊鱼台县志四卷首一卷末一卷 清赵英祚纂修 ⑲298

於潜县 一六七三（康熙十二）年刊於潜县志八卷 清赵之珩修章国佐何尔彬纂 ⑲382

京山县 一六七三（康熙十二）年刊京山县志十卷 清吴游龙修王演卢前骥纂 ⑲623

京山县 一八八二（光绪八）年刊京山县志二十三卷首一卷 清沈星标修曾宪德等纂 ⑲624

京师医局 一九〇七（光绪三十三）年刊古今医统正脉全书 ㉚496

京师学务局 刊肺痨预防及治疗法 清朱其辉撰 ㉚420

兖州府 一六八五（康熙二十四）年刊兖州府志四十卷首一卷 清张鹏翮修叶鸣銮纂 ⑲293

兖州府 一七一九（康熙五十八）年刊兖州府志续编二十卷 清金一凤等纂修 ⑲293

兖州府 一七七〇（乾隆三十五）年刊兖州府志三十二卷首一卷图考一卷 清觉罗普尔泰修 ⑲293

育才局 一八九五（光绪二十一）年刊雅安学田录 ⑰1239

府谷县 一七八三（乾隆四十八）年刊府谷县志四卷 清郑居中麟书纂修 ⑲192

郑　州 一六九三（康熙三十二）年刊郑州志十二卷首一卷 清何锡爵修黄志清纂 ⑲556

郑　州 一七四八（乾隆十三）年刊郑州志十二卷首一卷 清张钺修毛如诜纂 ⑲556

单　县 一六五四（顺治十一）年刊单县志四卷 清徐化民纂修 ⑲299

单　县 一七一七（康熙五十六）年刊单县志十二卷首一卷 清王镛修秦寅纂 ⑲299

单　县 一七五九（乾隆二十四）年刊单县志十三卷图一卷 清觉罗普尔泰修傅尔德纂 ⑲299

沭阳县 一六七四（康熙十三）年刊沭阳县志四卷 清张奇抱修胡简敬纂 ⑲367

河　州 一七〇七（康熙四十六）年刊河州志六卷 清王全臣纂修 ⑲220

河工局 一八八一（光绪七）年刊郡城浚河徵信录五卷宁郡城河丈尺图志二卷 清宗源瀚等纂修 ②12065

河内县 一六九三（康熙三十二）年刊河内县志五卷 清李枟修萧家蕙史琏纂 ⑲570

河内县 一八二五（道光五）年刊河内县志三十六卷 清袁通修方履篯吴育纂 ⑲570

河东节署 一八八二（光绪八）年刊九河故道考一卷 清张亨嘉撰 ③地721/774

河东道署 一八四四（道光二十四）年刊缉私规册不分卷 清李百齿撰 ⑯348.3/861

河北分守道署 一八八一（光绪七）年刊龙壁山房文集八卷 清王锡振撰 ②6122

河北定县官舍 一八八六（光绪十二）年刊古筹算考释六卷 清荣乃宣考 ⑥子62

河北道署 一八八二（光绪八）年刊李文清公遗书 清李棠阶撰 ⑤

河西县 一七一二（康熙五十一）年刊河西县志六卷 清刘芳王芷纂修周天任增修 ⑲831

河西县 一七八八（乾隆五十三）年刊续修河西县志四卷 清董枢纂修 ⑲831

河曲县 一六五〇（顺治七）年刊河曲县志四卷 清马云举纂修 ⑲90

河曲县 一八三〇（道光十）年刊河曲县志四卷 清曹春晓纂修 ⑲90

河曲县 一八四三（道光二十三）年刊河曲县志採遗四卷 清黄宅中纂 ⑲90

河曲县 一八七二（同治十一）年刊河曲县志八卷 清金福增修张兆魁金钟彦纂 ⑲90

河阴县 一六九一（康熙三十）年刊河阴县志四卷 清申奇彩修毛泰徵纂 ⑲557

河库道署 一八三二（道光十二）年刊续行水金鉴一百五十六卷图一卷 清黎世序等修 俞正燮等纂 ⑰6001

河间府 一六七八（康熙十七）年刊河间府志二十二卷 清徐可先纂修 ⑲60

河间府 一七六〇（乾隆二十五）年刊河间府新志二十卷首一卷 清杜甲周嘉露修黄文莲胡天游纂 ⑲60

河间县 一六七四（康熙十三）年刊河间县志十二卷 清袁元修杨九有纂 ⑲60

河间县 一七六〇（乾隆二十五）年刊河间县志六卷 清吴山凤修黄文莲梁志恪纂 ⑲60

河南府 一六六一（顺治十八）年刊河南府志二十七卷 清朱明魁修何柏如纂 ⑲599

河南府 一六九五（康熙三十四）年刊河南府志二十八卷 清张圣业修董正纂 ⑲599

河南府 一七二八（雍正六）年刊河南府续志四卷 清张汉纂修 ⑲599

河南府 一七七九（乾隆四十四）年刊河南府志一百十六卷首四卷 清施诚修童钰裴希纯纂 ⑲599

河南省 一六六〇（顺治十七）年刊河南通志五十卷 清贾汉复修沈荃纂 ⑲555

河南省 一六九五（康熙三十四）年刊河南通志五十卷 清顾汧修张沐纂 ⑲555

河南省 一七三五（雍正十三）年刊河南通志八十卷 清田文镜等修孙灏等纂 ⑲555

河南省 一七六七（乾隆三十二）年刊续河南通志八十卷首四卷 清阿思哈嵩贵纂修 ⑲555

河南省 一八二六（道光六）年补刊【雍正】河南通志八十卷 清田文镜等修孙灏等纂 ⑲555

河南省 一八六九（同治八）年补刊【雍正】河南通志八十卷 清田文镜等修 ⑲555

河南乐善局 一八八五（光绪十一）年刊笔花医镜四卷 清江笔花撰 ㉚346

河南抚署 一八七八（光绪四）年刊温病条辨六卷首一卷 清吴瑭撰 ㉚372

河南藩库厅宋官署 一八七三（同治十二）年刊喉科指掌六卷 清张宗良撰 ㉙907

河南藩库厅官署 一八七四（同治十三）年刊痧症全书三卷 清王凯编 ㉚399

河南藩库 一八三三（同治十二）年刊回生集正编二卷续编二卷 清陈杰编 ㉚250

河南县署 一八八二（光绪八）年刊樗茧谱 清郑珍撰莫友芝注 ②60811

河南府署 一八三三（道光十三）年刊晋游日记一卷征西录一卷 清李燧撰 附使粤日记二卷 清李钧撰 ②3009

河南星使行台 一八九三（光绪十九）年刊声谱二卷声说二卷 清时庸励撰 ⑯424.9/426－6

河南粮盐道署 一八三七（道光十七）年刊转漕日记四卷 清李钧撰 ⑰6449

河南涉县署 一七九六（嘉庆元）年刊鹤泉集杜二卷续刻一卷 清戚学标撰 ⑯847.5/341－6

河津县 一六七二（康熙十一）年刊河津县志八卷 清马光远修刘梁嵩纂 ⑲114

河津县 一七八三（乾隆四十八）年刊河津县志十二卷 清黄鹤龄修张其昺纂 ⑲115

河津县 一八一五（嘉庆二十）年刊河津县志十二卷 清沈千鉴修王政牛述贤纂 ⑲115

河津县 一八六六（同治五）年刊河津县志十四卷 清汪和修王麟祥石青元纂 ⑲115

河津县 一八八〇（光绪六）年刊河津县志十四卷首一卷 清茅丕熙杨汉章修程象濂等纂 ⑲115

河神庙公所 一八七〇（同治九）年刊桑园围总志十四卷 清明之纲编 ⑯928.29/463

河朔官舍 一八二六（道光六）年刊河北采风录四卷 清王凤生辑 ⑯928.213/119

河源县 一六八九（康熙二十八）年刊河源县志八卷 清王驹纂修 ⑲684

河源县 一七四六（乾隆十一）年刊河源县志十五卷 清陈张翼修尹报逵纂 ⑲684

河源县 一八七四（同治十三）年刊河源县志十五卷 清彭君穀修赖以平等纂 ⑲684

沾化县 一八九一（光绪十七）年刊沾化县志十六卷首一卷 清联印修张会一耿翔仪纂 ⑲269

泸　州 一七〇九（康熙四十八）年刊泸州志四卷 清张士浩修董新策等纂 ⑲765

泸　州 一七五九（乾隆二十四）年刊泸州志八卷 清夏诏新纂修 ⑲765

泸　州 一八二〇（嘉庆二十五）年刊直隶泸州志十二卷 清沈昭兴修余观和等纂 ⑲765

泸　州 一八八二（光绪八）年刊直隶泸州志十二卷 清田秀栗等修华国清施泽久纂 ⑲765

泸州官舍 一八八六（光绪十二）年刊宧游纪略纂要二卷 清高廷瑶原撰刘藻纂要 ⑰12445

泸州盐局 一八八六（光绪十二）年刊唐贤三体诗句法六卷 宋周弼选元释圆至注
清何焯评高士奇辑 ⑰07979

江西**泸溪县** 一六七三（康熙十二）年刊泸溪县志十一卷首一卷末一卷 清佘履度修邓化日等纂 ⑲503

江西**泸溪县** 一七三一（雍正九）年刊泸溪县志十一卷首一卷末一卷 清李如瑶修谭先等纂 ⑲503

江西**泸溪县** 一七五一（乾隆十六）年刊泸溪县志十二卷首二卷末一卷 清朱崧修周立爰等纂 ⑲504

江西泸溪县 一八二九（道光九）年刊泸溪县志十二卷首一卷 清张澍纂修 ⑲504

江西泸溪县 一八七〇（同治九）年刊泸溪县志十四卷首一卷 清杨松兆孙毓秀修彭钟华等纂 ⑲504

湖南泸谿县 一六六七（康熙六）年刊泸谿县志八卷 清邵时英修余廷兰纂 ⑲665

湖南泸谿县 一七五五（乾隆二十）年刊泸谿县志二十四卷 清顾奎光修李涌纂 ⑲665

泗　州 一六九八（康熙三十七）年刊泗州直隶州志十八卷 清莫之翰纂修 ⑲459

泗　州 一八八八（光绪十四）年刊泗虹合志十九卷 清方瑞兰修许湘甲等纂 ⑲459

泗水县 一六六二（康熙元）年刊泗水县志十二卷 清刘桓修杜灿然纂 ⑲295

泗水县 一八九二（光绪十八）年刊泗水县志十五卷首一卷 清赵英祚修 ⑲295

泌阳县 一七一四（康熙五十三）年刊泌阳县志四卷 清程仪千修马之起纂 ⑲591

泌阳县 一八二八（道光八）年刊泌阳县志十二卷首一卷 清倪明进修栗郢纂 ⑲591

泽　州 一七〇六（康熙四十五）年刊泽州志三十卷 清陶自悦纂修 ⑲101

泽州府 一七三五（雍正十三）年刊泽州府志五十二卷 清朱樟修田嘉穀纂 ⑲101

泾　州 一七五四（乾隆十九）年刊泾州志二卷 清张延福修李瑾纂 ⑲213

泾　县 一六五六（顺治十三）年刊泾县志十二卷补遗一卷 清习全史等修王云龙等纂 ⑲467

泾　县 一七五三（乾隆十八）年刊泾县志四十五卷首一卷 清郑相如纂 ⑲467

泾　县 一八〇六（嘉庆十一）年刊泾县志三十二卷首一卷 清李德淦周鹤立修洪亮吉纂 ⑲467

泾　县 一八二五（道光五）年刊泾县续志九卷 清阮文藻修赵懋曜等纂 ⑲467

泾阳县 一六七〇（康熙九）年刊泾阳县志八卷 清王际有纂修 ⑲166

泾阳县 一七三二（雍正十）年刊泾阳县志八卷 清屠楷纂修 ⑲166

泾阳县 一七四七（乾隆十二）年刊泾阳县后志四卷 清唐秉刚修潭一豫纂 ⑲166

泾阳县 一八四二（道光二十二）年刊泾阳县志三十卷 清胡元瑛修蒋湘南纂 ⑲167

泾阳鲁桥镇 一八二一（道光元）年刊泾阳鲁桥镇志不分卷 清王介纂 ⑲167

怡　府 一七七一（乾隆三十六）年刊云汀诗钞四卷 清张宾鹤撰 ⑱集1131

怡　府 刊牡丹亭还魂记八卷 明汤显祖撰 ①4123

宝山县 一七四六（乾隆十一）年刊宝山县志十卷首一卷 清赵酉修章钥纂 ⑲19
宝丰县 一七四三（乾隆八）年刊重修宝丰县志五卷 清马格修李弘志纂 ⑲589
宝丰县 一七九七（嘉庆二）年刊宝丰县志二十四卷 清陆蓉修武亿纂 ⑲589
宝丰县 一八三七（道光十七）年刊宝丰县志十六卷首一卷 清李彷梧修耿兴宗鲍桂徵纂 ⑲589
宝庆府 一六八四（康熙二十三）年刊宝庆府志三十八卷首一卷 清梁碧海修刘应祁纂 ⑲657
宝庆府 一七六三（乾隆二十八）年刊宝庆府志八十四卷首一卷 清郑之侨纂修 ⑲657
宝庆府 一八四九（道光二十九）年刊宝庆府志一百四十三卷首二卷末三卷 清黄宅中等修郑显鹤等纂 ⑲658
宝安署斋 一六七二（康熙十一）年刊南圃行业二卷北塘漫录二卷 清高维桧撰 ⑱集983
宝应县 一六九〇（康熙二十九）年刊宝应县志二十四卷 清乔莱纂 ⑲355
宝应县 一八二三（道光三）年刊宝应图经六卷首二卷 清刘宝楠纂 ⑲355
宝鸡县 一六五七（顺治十四）年刊宝鸡县志三卷 清周煊纂修 ⑲185
宝鸡县 一六八二（康熙二十一）年刊宝鸡县志三卷 清何锡爵修吴之翰纂 ⑲185
宝鸡县 一七六四（乾隆二十九）年刊宝鸡县志十卷首一卷 清许起凤修高登科纂 ⑲185
宝坻县 一六七三（康熙十二）年刊宝坻县志八卷 清牛一象修范育蕃纂 ⑲24
宝坻县 一七四五（乾隆十）年刊宝坻县志十八卷 清洪肇楙修蔡寅斗纂 ⑲24
定　州 一六七二（康熙十一）年刊定州志十卷 清黄开运纂修 ⑲54
定　州 一七三三（雍正十一）年刊直隶定州志十卷 清王大年修魏权纂 ⑲54
定　州 一八五〇（道光三十）年刊直隶定州志二十二卷首一卷 清宝琳劳沅恩纂修 ⑲54
定　州 一八六〇（咸丰十）年刊直隶定州续志四卷 清王榕吉修张朴纂 ⑲54
定州官廨 一八六二（同治元）年刊节安堂遗诗六卷 清汪廷楷撰 ㉙1091
定兴县 一六七三（康熙十二）年刊定兴县志十卷 清张其珍修尚新民纂 ⑲52
定兴县 一七七九（乾隆四十四）年刊定兴县志十二卷 清王锡璁纂修 ⑲53
定兴县 一八九〇（光绪十六）年刊定兴县志二十六卷首一卷 清张主敬等修杨晨纂 ⑲53

定安县 一六九〇（康熙二十九）年刊定安县志四卷 清张文豹梁廷佐纂修 ⑲702

定安县 一八七八（光绪四）年刊定安县志十卷首一卷 清吴应廉修王映斗纂 ⑲702

定安县 一九一一（宣统三）年刊定安县志十卷 清宋席珍纂修 ⑲702

安徽定远县 一六六六（康熙五）年刊定远县志四卷 清徐扞修苏绍轼等纂 ⑲462

四川定远县 一八一五（嘉庆二十）年刊定远县志三十五卷 清沈远标吴人杰修何苏等纂 ⑲787

四川定远县 一八七五（光绪元）年刊定远县志六卷 清姜由範等修王镛等纂 ⑲787

云南定远县 一七〇二（康熙四十一）年刊定远县志八卷首一卷 清张彦绅修李仲伟纂 ⑲842

云南定远县 一八三五（道光十五）年刊定远县志八卷 清李德生等修李庆元等纂 ⑲842

定远西廨 一九〇六（光绪三十二）年刊慧定庵近诗四卷 清何承道撰 ⑰9608

定远厅 一八七九（光绪五）年刊定远厅志二十六卷首一卷末一卷 清余修凤纂修 ⑲201

定边县 一八二〇（嘉庆二十五）年刊定边县志十四卷首一卷 清徐观海等原纂江廷球等增纂 ⑲191

定南县 一六八三（康熙二十二）年刊定南县志十卷 清林誂孕修顾用辑纂 ⑲514

定南厅 一七七九（乾隆四十四）年刊定南厅志七卷 清朱昕修刘霖黄吉芬纂 ⑲514

定南厅 一八二五（道光五）年刊定南厅志八卷 清赖勋等修黄锡光等纂 ⑲514

定南厅 一八七二（同治十一）年刊定南厅志八卷 清王大枚杨邦栋修黄正琅等纂 ⑲514

定海县 一七一五（康熙五十四）年刊定海县志八卷 清缪燧修陈瑄等纂 ⑲415

定陶县 一六五五（顺治十二）年刊定陶县志八卷首一卷末一卷 清赵国琳修张彦士纂 ⑲301

定陶县 一七五三（乾隆十八）年刊定陶县志十卷首一卷 清雷宏宇修刘珠等纂 ⑲301

定襄县 一七一二（康熙五十一）年刊定襄县志八卷 清王时炯修牛翰垣纂 ⑲88

定襄县 一七二七（雍正五）年增刊定襄县志八卷 清王时炯原本王会隆续纂修 ⑲88

定襄县 一八八〇（光绪六）年刊定襄县补志十三卷图一卷 清郑继修等修邢澍田纂 ⑲88

宜川县 一七五三（乾隆十八）年刊宜川县志八卷首一卷末一卷 清吴炳纂修 ⑲195

宜兴县 一六八六（康熙二十五）年刊重修宜兴县志十卷图一卷 清李先荣修徐喈凤纂 ⑲347

宜兴县 一七三七（乾隆二）年增刊【康熙】重修宜兴县志十卷图一卷 清李先荣修徐喈凤纂 ⑲347

宜兴县 一七九七（嘉庆二）年刊增修宜兴县旧志十卷首一卷 清李先荣原本阮升基增修 ⑲347
宜阳县 一六九一（康熙三十）年刊宜阳县志四卷 清申明伦纂修 ⑲603
宜阳县 一七四七（乾隆十二）年刊宜阳县志四卷 清王道成周洵修汪坚纂 ⑲603
宜阳县 一八六九（同治八）年刊宜阳县志六卷 清桓伦修宋继郊纂 ⑲603
宜阳县 一八八一（光绪七）年刊宜阳县志十六卷 清谢应起修刘占卿龚文明纂 ⑲603
宜君县 一七三二（雍正十）年刊宜君县志不分卷 清查遴纂修沈华订正 ⑲197
宜君县署 一八四一（道光二十一）年刊藤华馆试帖十卷 清陈模撰 ⑦7946
宜昌府 一八六六（同治五）年刊宜昌府志十六卷首一卷 清聂光銮修王柏心雷春沼纂 ⑲627
宜春县 一六八三（康熙二十二）年刊宜春县志二十卷首一卷末一卷 清王光烈修周家祯等纂 ⑲494
宜春县 一七三四（雍正十二）年增刊宜春县志二十卷首二卷 清江为龙修李绍远纂 ㉑164
宜春县 一八二三（道光三）年刊宜春县志三十二卷首一卷末一卷 清程国观等纂修 ⑲494
宜春县 一八六〇（咸丰十）年刊宜春县志十五卷首一卷 清陈乔枞纂修 ㉑164
宜春县 一八七一（同治十）年刊宜春县志十卷首一卷 清路青云修李佩琳陈瑜纂 ⑲494
宜城县 一六八三（康熙二十二）年刊宜城县志四卷 清胡允庆修关宁尚其志纂 ⑲637
宜城县 一八六六（同治五）年刊宜城县志十卷 清程启安修张炳钟鲁裔曾纂 ⑲637
宜城县 一八八二（光绪八）年刊宜城县续志二卷 清李连骑修姚德华纂 ⑲637
宜都县 一六九七（康熙三十六）年刊宜都县志十二卷首一卷末一卷 清刘显功纂修 ⑲628
宜都县 一八五九（咸丰九）年刊【康熙】宜都县志十二卷首一卷末一卷 清刘显功纂修 ⑲628
宜都县 一八六六（同治五）年刊宜都县志四卷首一卷末一卷 清崔培元朱甘霖修龚绍仁纂 ⑲628
宜宾县 一六八六（康熙二十五）年刊四川叙州府宜宾县志六卷 清平廷鼎修樊星炜等纂 ⑲762
宜宾县 一八一二（嘉庆十七）年刊宜宾县志五十四卷首一卷 清刘元熙修李世芳等纂 ⑲763
宜宾官署 一八九二（光绪十八）年刊时疫白喉捷要 清张绍修撰 ㉚596
宜宾学署 一九〇六（光绪三十二）年刊琐言二卷 清刘廷玉撰 ⑥
宜黄县 一六六六（康熙五）年刊宜黄县志八卷 清尤稞章修欧阳斗照等纂 ⑲501

宜黄县　一八二五（道光五）年刊宜黄县志三十二卷首一卷　清札隆阿等修程卓樑等纂　⑲501

宜黄县　一八七一（同治十）年刊宜黄县志五十卷首一卷　清张兴言等修谢煌等纂　⑲501

宜章县　一六八五（康熙二十四）年刊宜章县志十卷　清鹿廷瑛修钱奇才纂　⑲650

宜章县　一七五六（乾隆二十一）年刊宜章县志十三卷　清杨文植姜顺修杨河储早纂　⑲650

宜章县　一八一五（嘉庆二十）年刊宜章县志二十四卷首一卷　清陈永图修黄本骐纂　⑲650

官书处　一八八八（光绪十四）年刊大云山房文稿初集四卷　清恽敬撰　②14539

宛平县　一六八五（康熙二十四）年刊宛平县志六卷　清王养濂修李开泰张采纂　⑲1

宛南郡署　一八六四（同治三）年刊古音类表九卷　清傅寿彤撰　⑯424.1/905

学田局　一九〇一（光绪二十七）年刊大□县学田局章程　清邹宗垣辑　⑰12246

郓城县　一七一六（康熙五十五）年刊郓城县志八卷　清张盛铭修赵肃纂　⑲300

郓城县　一八九三（光绪十九）年刊郓城县志十六卷首一卷　清毕炳炎胡建枢修李承光等纂　⑲300

房　县　一八六五（同治四）年刊房县志十二卷首一卷　清杨延烈修郁方董刘元栋纂　⑲633

房山县　一六六四（康熙三）年刊房山县志十卷　清佟有年修齐推纂　⑲5

房山县　一七七六（乾隆四十一）年刊房山县志一卷　清张世法纂修　⑲5

弥勒州　一七三九（乾隆四）年刊弥勒州志二十七卷首一卷　清秦仁王纬修伍士璐纂　⑲837

建水州　一七一五（康熙五十四）年刊建水州志十八卷首一卷末一卷　清陈肇奎修叶涞纂　⑲839

建水州　一七三一（雍正九）年刊建水州志十六卷　清祝宏修赵节等纂　⑲839

建水州　一七九三（乾隆五十八）年增刊【雍正】建水州志十六卷　清祝宏修赵节等纂　⑲839

建平县　一六九九（康熙三十八）年刊建平县志二十四卷　清茅成凤修刘震等纂　⑲464

建平县　一七三一（雍正九）年刊建平县志二十二卷首一卷　清卫廷璞纂修　⑲465

建宁府　一六九三（康熙三十二）年刊建宁府志四十八卷　清张琦修邹山蔡登龙纂　⑲521

建宁县　一六七二（康熙十一）年刊建宁县志十四卷　清周熼修陈恂纂　⑲547

建宁县　一七五九（乾隆二十四）年刊建宁县志二十八卷首一卷　清韩琮修朱霞徐时作等纂　⑲548

建安县　一七一三（康熙五十二）年刊建安县志十卷　清崔铣等修陆登选等纂　⑲521

建阳县 一七〇三（康熙四十二）年刊建阳县志八卷首一卷 清柳正芳修王维文朱炳诏等纂 ⑲521
建阳县 一八三二（道光十二）年刊建阳县志二十卷首一卷 清梁舆李再灏修江远青纂 ⑲521
建昌府 一六七三（康熙十二）年刊建昌府志二十六卷 清高天爵李丕先修黄日应等纂 ⑲502
建昌府 一七五六（乾隆二十一）年刊建昌府志一百卷首一卷 清姚文光修周宣猷等纂 ⑲502
建昌府 一八七二（同治十一）年刊建昌府志十卷首一卷 清邵子彝修鲁琪光纂 ⑲502
建昌府署 一八九六（光绪二十二）年刊资生要术不分卷 何刚德撰 ㉑146
建昌县 一六七五（康熙十四）年刊建昌县志十一卷 清李道泰修袁懋芹纂 ⑲486
建昌县 一八二一（道光元）年刊建昌县志十卷首一卷 清马璇图修郭祚炽纂 ⑲486
建昌县 一八七一（同治十）年刊建昌县志十二卷首一卷 清陈维清修闵芳言王士彬纂 ⑲486
建昌县 一九〇七（光绪三十三）年刊建昌县乡土志十二卷首一卷 清谭鸿基修吴士仁纂 ⑲486
建昌学衙 一七八三（乾隆四十八）年刊读书引十二卷 清王谟辑 ㉒53919
建始县 一八四二（道光二十二）年刊建始县志四卷 清袁景晖纂修 ⑲631
建始县 一八六六（同治五）年刊建始县志八卷首一卷 清熊启咏纂修 ⑲631
安徽建德县 一六六二（康熙元）年刊建德县志十卷 清高寅修檀光熿等纂 ⑲477
安徽建德县 一七七八（乾隆四十三）年刊建德县志八卷 清许起凤纂修 ⑲477
安徽建德县 一八二五（道光五）年刊建德县志二十卷 清陈葵修管森纂 ⑲477
浙江建德县 一六八四（康熙二十三）年刊建德县志九卷首一卷 清戚延裔修马天选等纂 ⑲384
浙江建德县 一七五四（乾隆十九）年刊建德县志十卷首一卷 清王宾修应德广等纂 ⑲384
浙江建德县 一八二八（道光八）年刊建德县志二十一卷首一卷 清周兴峄修许锦春严可均纂 ⑲385
浙江建德县 一八九二（光绪十八）年刊建德县志二十一卷首一卷 清谢仁澍吴俊修孙诒谋等纂 ⑲385
肃　州 一七三七（乾隆二）年刊重修肃州新志三十卷 清黄文炜沈青崖纂修 ⑲224
肃宁县 一六七二（康熙十一）年刊肃宁县志一卷 清王宏翼纂修 ⑲62
肃宁县 一七五六（乾隆二十一）年刊肃宁县志十卷 清尹侃范森修谈有典纂 ⑲62
陕　州 一六五八（顺治十五）年刊陕州志八卷 清吴世英修王用肃纂 ⑲604

陕　州 一七四七（乾隆十二）年刊重修直隶陕州志二十卷首一卷 清龚崧林修杨建章纂 ⑲604

陕　州 一八六七（同治六）年刊直隶陕州志二卷 清周仁寿纂修 ⑲604

陕　州 一八九一（光绪十七）年刊陕州直隶州志十五卷首一卷 清赵希曾等纂修 ⑲605

陕西省 一六六七（康熙六）年刊陕西通志三十二卷首三卷 清贾汉复修李楷纂 ⑲161

陕西省 一七三五（雍正十三）年刊陕西通志一百卷首一卷 清刘於义修沈青崖纂 ⑲161

陕西味经刊书处 一八九一（光绪十七）年刊五代史校勘札记七十四卷 清刘光蕡撰 ②1785

陕西味经售书处 一八九四（光绪二十）年刊陕甘味经书院志一卷 清刘光蕡撰 ⑯928.4015/890

陕西长安县署 一八五五（咸丰五）年刊六九轩算书 清刘衡撰 ⑤

陕西临潼县署 一八五五（咸丰五）年刊刘帘舫先生遗书六种 清刘衡撰 ⑨573.4/406

陕西蚕桑局 一八九五（光绪二十一）年刊蚕桑备要图说三卷 清杨屾撰 ⑦14654

怀宁叶氏陕西藩署 一八八三（光绪九）年刊江上小蓬莱吟舫诗存十八卷诗馀二卷 清叶坤厚撰 ②47163

陕甘公署 一八六五（同治四）年刊史外八卷 清汪有典撰 ②3321

姑孰县署 一七七六（乾隆四十一）年刊周官精义十二卷 清连斗山撰 ⑧

始兴县 一七五五（乾隆二十）年刊始兴县志十六卷 清郑炳修凌元驹纂 ⑲679

始兴县 一八一九（嘉庆二十四）年刊始兴县志十六卷 清胡勋裕修邓粹纂 ⑲680

绍兴府 一六七三（康熙十二）年刊绍兴府志五十八卷 清张三异修王嗣皋纂 ⑲416

绍兴府 一七九二（乾隆五十七）年刊绍兴府志八十卷首一卷 清李亨特修平恕徐嵩纂 ⑲417

绍兴府 一八〇三（嘉庆十三）年刊【宝庆】会稽续志八卷 宋张淏纂修 ⑲416

孟　县 一六九五（康熙三十四）年刊孟县志十二卷 清刘凡张之纪修乔腾凤毛鹃纂 ⑲569

孟　县 一七九〇（乾隆五十五）年刊孟县志十卷 清仇汝瑚修冯敏昌纂 ⑲569

孟津县 一六五九（顺治十六）年刊孟津县志四卷 清孟常裕纂修 ⑲600

孟津县 一七〇八（康熙四十七）年增刊孟津县志四卷 清孟常裕原本徐光灿增补 ⑲600

孟津县 一八一五（嘉庆二十）年刊孟津县志十二卷首一卷 清赵擢彤修宋缙纂 ⑲600

九画

项城县 一六五九（顺治十六）年刊项城县志八卷首一卷 清李芳春黄陛修束存敬纂 ⑲583
项城县 一六九〇（康熙二十九）年刊项城县志八卷首一卷 清顾芳宗修王耿言纂 ⑲583
项城县 一七四六（乾隆十一）年刊项城县志十卷首一卷 清韩仪修张延福纂 ⑲583
垣曲县 一六七二（康熙十一）年刊垣曲县志十六卷 清纪宏谟修马佐纂 ⑲114
垣曲县 一七六五（乾隆三十）年刊垣曲县志十四卷 清汤登泗纂修 ⑲114
垣曲县 一八七九（光绪五）年刊垣曲县志十四卷 清薛元钊修张于铸纂 ⑲114
城步县 一六八五（康熙二十四）年刊城步县志十卷 清王谦修杨时宪纂 ⑲659
城步县 一七八五（乾隆五十）年刊城步县志不分卷 清贾构修易文炳向宗乾纂 ⑲659
城步县 一八六七（同治六）年刊城步县志十卷 清盛镒源修戴联璧陈志升纂 ⑲659
城武县 一六七〇（康熙九）年刊城武县志五卷 清刘佐临修刘尔楫纂 ⑲299
城武县 一八三〇（道光十）年刊城武县志十四卷首一卷 清袁章华修刘士瀛纂 ⑲299
城固县 一七一七（康熙五十六）年刊城固县志十卷 清王穆纂修 ⑲199
城口厅 一八四四（道光二十四）年刊城口厅志二十卷首一卷 清刘绍文修洪锡畴纂 ⑲782
柘城县 一七〇〇（康熙三十九）年刊柘城县志四卷 清史鉴纂修 ⑲579
柘城县 一七七三（乾隆三十八）年刊柘城县志十八卷首一卷 清李志鲁纂修 ⑲579
柘城县 一八九六（光绪二十二）年刊柘城县志十卷首一卷 清元淮傅钟浚纂修 ⑲579
柏乡县 一六八〇（康熙十九）年刊柏乡县志十卷 清谢廷瑞修魏裔介纂 ⑲75
柏乡县 一七六六（乾隆三十一）年刊柏乡县志十卷首一卷 清钟赓华纂修 ⑲75
柳州府 一七六四（乾隆二十九）年刊柳州府志四十卷首一卷 清王锦修吴光昇纂 ⑲722
柳州提署 一八八三（光绪九）年刊军牍汇存四卷 清方德骥撰 ⑰5652
政和县 一七六一（乾隆二十六）年刊政和县志十卷首一卷末一卷 清谭垣纂修 ⑲523
政和县 一八三二（道光十二）年刊政和县志十一卷首一卷末一卷 清程鹏里梁承纶等修魏敬中纂 ⑲523

故城县 一六七二（康熙十一）年刊故城县志六卷 清吴友闻修柴应辰纂 ⑲67

故城县 一七二七（雍正五）年刊故城县志六卷 清蔡维义修秦永清等纂 ⑲67

故城县 一八八五（光绪十一）年刊续修故城县志十二卷首一卷 清丁灿修王堉德纂 张煐续修范翰文续纂 ⑲67

封川县 一八三五（道光十五）年刊封川县志十卷 清温恭修吴兰修纂 ⑲712

封丘县 一六五九（顺治十六）年刊封丘县志九卷首一卷 清余缙修李嵩阳纂 ⑲565

封丘县 一六八〇（康熙十九）年刊封丘县续志不分卷 清王赐魁修李会生宋作宾纂 ⑲566

荆门州 一八〇九（嘉庆十四）年刊荆门直隶州志三十六卷 清王树勋修廖士琳纂 ⑲622

荆门州 一八五九（咸丰九）年刊续补荆门直隶州志十卷 清黄昌辅修王甲曾纂 ⑲622

荆州卫 一六七三（康熙十二）年刊荆州卫志不分卷 清王斌纂修 ⑲621

荆州府 一六八五（康熙二十四）年刊荆州府志四十卷首一卷 清郭茂泰修胡在恪纂 ⑲621

荆州府 一七五七（乾隆二十二）年刊荆州府志五十八卷首一卷 清叶仰高修施廷枢纂 ⑲621

荆州府 一八八〇（光绪六）年刊荆州府志八十卷首一卷 清倪文蔚蒋铭勋修顾嘉蘅李廷鉽纂 ⑲621

荆州驻防翻译总学 一九〇六（光绪三十二）年刊满汉对照本孙吴武经 ⑯382/360－1

荆溪县 一七九七（嘉庆二）年刊新修荆溪县志四卷首一卷 清唐仲冕修宁楷纂 ⑲347

荆溪县 一八四〇（道光二十）年刊重刊续纂宜荆县志十卷首一卷 清顾名龚润森修吴德旋纂 ⑲347

荆溪县 一八八二（光绪八）年刊宜兴荆溪旧志五种 ⑲348

南川县 一七四八（乾隆十三）年刊南川县志书不分卷 清陆玉琮纂修 ⑲780

南川县 一八五一（咸丰元）年刊南川县志十二卷首一卷 清魏崧等修康作霖等纂 ⑲780

南川县 一八七六（光绪二）年刊南川县志十二卷首一卷 清黄际飞等修周厚光等纂 ⑲780

南川津捐局 一八八九（光绪十五）年刊南川公业图说十三卷 清张涛等辑 ⑥

南丰县 一六八五（康熙二十四）年刊南丰县志十六卷 清郑釴修刘凝等纂 ⑲503

南丰县 一七六五（乾隆三十）年刊南丰县志四十卷首一卷 清卢崧朱若烜修陆嘉颖闵鉴纂 ⑲503

南丰县 一八二八（道光八）年刊南丰县续志四十卷首一卷末一卷 清徐江修徐湘潭纂 ⑲503

南丰县 一八七一（同治十）年刊南丰县志四十六卷首一卷末一卷 清柏春修鲁琪光等纂 ⑲503
南平官舍 一八八七（光绪十三）年刊赵氏渊源集十卷 清赵绍祖辑 ⑰7822
南平县 一七一九（康熙五十八）年刊南平县志二十五卷 清朱夔文国绣修邹廷机翁兆行纂 ⑲524
南平县 一八一〇（嘉庆十五）年刊南平县志三十八卷首三卷末一卷 清杨桂森修应丹诏纂 ⑲524
南平县 一八六九（同治八）年补刊【嘉庆】南平县志三十八卷首三卷末一卷 清杨桂森修应丹诏纂 ⑲524
南皮县 一六七三（康熙十二）年刊南皮县志八卷首一卷 清马士琼修吴维哲等纂 ⑲63
南皮县 一八八八（光绪十四）年刊南皮县志十五卷首一卷末一卷 清殷树森修汪宝树等纂 ⑲63
南乐县 一七一一（康熙五十）年刊南乐县志十五卷 清王培宗修丘性善纂 ⑲572
南乐县 一九〇三（光绪二十九）年刊南乐县志十卷首一卷补遗一卷 清施有方陆维炘修 李云峰武勋朝纂 ⑲572
南汇县 一七三五（雍正十三）年刊分建南汇县志十六卷首一卷 清钦琏修顾成天顾昌纂 ⑲12
南汇县 一七九三（乾隆五十八）年刊南汇县新志十五卷首一卷 清胡志熊修吴省钦等纂 ⑲12
南汇县 一八七九（光绪五）年刊南汇县志二十二卷首一卷末一卷 清金福曾顾思贤修张文虎等纂 ⑲12
南宁府 一七四二（乾隆七）年刊南宁府志五十六卷 清苏士俊纂修 ⑲716
南宁府 一八四七（道光二十七）年刊南宁府志五十六卷 清苏士俊纂修何鲲增修 ⑲716
云南**南宁县** 一八五二（咸丰二）年刊南宁县志十卷首一卷 清毛玉成修张翊辰喻怀信纂 ⑲825
南召县 一七四六（乾隆十一）年刊南召县志四卷 清陈之熉修张睿曹鹏翊纂 ⑲598
南充县 一八一三（嘉庆十八）年刊南充县志八卷首一卷 清袁凤孙修陈榕等纂 ⑲785
南江县 一八二七（道光七）年刊南江县志三卷 清胡炳修彭典纂 ⑲790
南安府 一七一〇（康熙四十九）年刊南安府志二十一卷 清陈奕禧修刘文友纂迟维云续 ⑲514
南安府 一七六八（乾隆三十三）年刊南安府志二十二卷 清蒋有道朱文佩修史珥等纂 ⑲514
南安府署 一八三七（道光十七）年重刊南安府志二十二卷 清蒋有道朱文佩修史珥等纂 ㉑147
南安府署 一八五一（咸丰元）年刊南安府志 清汪报国纂修 ㉑147

南安府 一八六八（同治七）年刊南安府志三十二卷首一卷 清黄鸣珂修石景芬徐福炘纂 ⑲514

南安府 一八七五（光绪元）年刊南安府志补正十二卷首一卷 清杨錞纂修 ⑲515

南安县 一六七二（康熙十一）年刊南安县志二十卷 清刘佑修叶献论洪孟缵等纂 ⑲536

南安县署 一九〇〇（光绪二十六）年刊鼠疫约编 清吴宣崇编 ㉚404

南安州 一七〇九（康熙四十八）年刊南安州志六卷 清张伦至纂修 ⑲843

南阳讲习堂 刊学范二卷 明赵吉则编清张万选校正 ⑰K 15033

南阳府 一六五九（顺治十六）年刊南阳府志十三卷图一卷 清王维新等修刘汉客纂 ⑲596

南阳府 一六九四（康熙三十三）年刊南阳府志六卷 清朱璘纂修 ⑲596

南阳府 一八〇七（嘉庆十二）年刊南阳府志六卷图一卷 清孔传金纂修 ⑲596

南阳县 一六九三（康熙三十二）年刊南阳县志六卷首一卷 清张光祖修宋景愈徐永芝纂 ⑲596

南阳县 一九〇四（光绪三十）年刊南阳县志十二卷首一卷 清潘守廉修张嘉谋张凤冈纂 ⑲596

南昌 一七五八（乾隆二十三）年刊江城名迹四卷末一卷 清陈宏绪撰 ㉑140

南昌 一八五〇（道光三十）年刊补江城名迹记二卷 清涂兰玉撰 ㉑140

南昌 一八七五—一九〇八（光绪）年刊补江城名迹诗一卷 清杨兆崧撰 ㉑140

南昌县学 一八八八（光绪十四）年刊明儒学案六十二卷 清黄宗羲撰 ⑯126/170

南昌东湖高士祠 一七一〇（康熙四十九）年刊思贤集二卷 清徐本岱辑 ㉑140

南昌使院 一七八九（乾隆五十四）年刊两汉金石记二十二卷 清翁方纲撰 ⑱史1436

南昌使廨 一八八五（光绪十一）年刊赌棋山庄文集七卷文续二卷文又续二卷诗十四卷酒边词八卷 清谢章廷撰 ㉑142

南昌府学 一八一五（嘉庆二十）年刊十三经注疏四百十六卷附校刊记三百六十九卷 清阮元辑 ㉑141

南昌府学 一八二六（道光六）年刊周礼注疏四十二卷 汉郑玄注唐贾公彦疏陆德明音义 ㉑141

南昌府学 一八七三（同治十二）年刊仪礼注疏五十卷 汉郑玄注唐贾公彦疏 ㉑141

南城吴氏**南昌寓馆** 一七九二（乾隆五十七）年刊说文字原考略六卷 清吴照撰 ⑯11896

南昌府 一六六三（康熙二）年刊南昌郡乘五十五卷 清叶舟修陈弘绪纂 ⑲480

南昌府 一七八九（乾隆五十四）年刊南昌府志七十六卷首一卷末一卷 清陈兰森等修谢启昆纂 ⑲480

南昌府 一八七三（同治十二）年刊南昌府志六十六卷首一卷末一卷 清王之藩等修曾作舟杜防纂 ⑲480

南昌县 一七五一（乾隆十六）年刊南昌县志七十卷首一卷 清顾锡鬯修蔡正笏等纂 ⑲480

南昌县 一八二六（道光六）年刊南昌县志四十卷首一卷末一卷 清阿应麟等修彭良裔等纂 ⑲480

南昌县 一八七〇（同治九）年刊南昌县志三十六卷首一卷末一卷 清陈纪麟汪世泽修曾作舟等纂 ⑲480

南昌道署 一九一一（宣统三）年刊金陵百咏一卷 宋曾极撰 ㉑142

南河节署 一八二二（道光二）年刊千金宝要六卷 宋郭思编 ㉚213

南河高堰厅署 一八一七（嘉庆二十二）年刊两当轩诗钞十四卷悔存词钞二卷 清黄景仁撰 ⑱集1247

南和县 一六六七（康熙六）年刊南和县志八卷 清章兆蕙修周鐈纂 ⑲80

南和县 一七四九（乾隆十四）年刊南和县志十二卷首一卷 清周章焕纂修 ⑲80

南郑县 一七九四（乾隆五十九）年刊南郑县志十六卷 清王行俭纂修 ⑲198

南城县 一六七三（康熙十二）年刊南城县志十二卷 清曹养恒修萧韵等纂 ⑲502

南城县 一七五二（乾隆十七）年刊南城县志十卷首一卷 清范安治修梅廷对严洁纂 ⑲502

南城县 一八二六（道光六）年刊南城县志三十二卷首一卷 清时式敷修廖连等纂 ⑲503

南城县 一八七三（同治十二）年刊南城县志十卷首一卷 清李人镜修梅体萱纂 ⑲503

南　城 一八〇四（嘉庆九）年刊周易观象十二卷 清李光地撰 ㉑172

南　城 一八九四（光绪二十）年刊万年桥志八卷 清洪汝濂谢寄云纂修 ㉑172

南洋官报局 一九〇五（光绪三十一）年刊教务纪略四卷首一卷卷末一卷 清李刚己辑录 ⑯249.2/289－02

南宫县 一六七三（康熙十二）年刊南宫县志十二卷 清胡胤铨纂修 ⑲76

南宫县 一八三一（道光十一）年刊南宫县志十六卷 清周栻修陈柱纂 ⑲76

南宫县 一九〇四（光绪三十）年刊南宫县志十八卷 清戴世文修乔国祯等纂 ⑲76

南部县 一八四九（道光二十九）年刊南部县志三十卷首一卷 清王瑞庆等修徐畅达等纂 ⑲785

南海官署 一八八二（光绪八）年刊不自慊斋漫存九卷 清徐赓陛撰 ②4272

陈善圻南海县署　一八六八（同治七）年刊海国图志一百卷　清魏源撰　⑥史155

南海县署　一八九七（光绪二十三）年刊吟香室诗草二卷　清杨蕴辉撰　⑯6613

南海县　一六九一（康熙三十）年刊南海县志十七卷　清胡云客等纂修　⑲694

南海县　一七四一（乾隆六）年刊南海县志二十卷　清魏绾修陈张翼纂　⑲694

南海县　一八三五（道光十五）年刊南海县志四十四卷首一卷末一卷　清潘尚楫修邓士宪等纂　⑲694

南海县　一八七二（同治十一）年刊南海县志二十六卷首一卷　清郑梦玉修梁绍献李徵霨等纂　⑲694

南海县　一九一一（宣统三）年刊南海县志二十六卷末一卷　清张凤喈等修桂坫等纂　⑲694

南陵县　一六五六（顺治十三）年刊南陵县志四卷　清杨必达修秦凤仪等纂　⑲467

南陵县　一七二六（雍正四）年刊南陵县志十六卷　清宋廷佐修汪越纂　⑲467

南陵县　一八〇八（嘉庆十三）年刊南陵县志十六卷　清徐心田纂修　⑲467

南笼府　一七六四（乾隆二十九）年刊南笼府志八卷首一卷末一卷　清李其昌纂修　⑲809

南康县　一七一〇（康熙四十九）年刊南康县志十六卷　清申毓来修宋玉朗纂　⑲515

南康县　一七五三（乾隆十八）年刊南康县志十九卷　清邓兰修陈之兰纂　⑲515

南康县　一八二三（道光三）年刊南康县志二十四卷首一卷　清刘绳武修赖相栋纂　⑲515

南康县　一八七二（同治十一）年刊南康县志十四卷首一卷　清沈恩华修卢鼎峋纂　⑲515

南康县　一九〇七（光绪三十三）年刊南康乡土志不分卷　清杨宜搀纂修　⑲515

南康府　一六七三（康熙十二）年刊南康府志十二卷　清廖文英伦品卓修熊维典钱正振纂　⑲485

南康府　一八七二（同治十一）年刊南康府志二十四卷首一卷　清盛元等纂修　⑲486

南雄府　一六七五（康熙十四）年刊南雄府志八卷　清陆世楷纂修　⑲679

南雄府　一七五三（乾隆十八）年刊南雄府志十九卷　清梁弘勋等修胡定纂　⑲679

南雄州　一八二四（道光四）年刊直隶南雄州志三十四卷首一卷　清余保纯等修黄其勤纂
戴锡伦续纂　⑲679

南翔镇　一八〇七（嘉庆十二）年刊南翔镇志十二卷首一卷　清张承先纂程攸熙订正　⑲18

南靖县　一七四三（乾隆八）年刊南靖县志十卷首一卷　清姚循义修李正曜等纂　⑲540

南溪县　一六八六（康熙二十五）年刊南溪县志二卷　清王大骐纂修　⑲764
南溪县　一八一二（嘉庆十七）年刊南溪县志十卷首一卷　清胡之富修包字等纂　⑲764
南溪县　一八四〇（道光二十）年刊南溪县志十卷　清呈麟纂修　⑲764
南溪县　一八七四（同治十三）年刊南溪县志八卷　清福伦修胡元翔唐毓彤纂　⑲764
南樟县　一八一五（嘉庆二十）年刊南樟县志集钞三十五卷首一卷　清陶绍侃修胡正楷纂　⑲636
莒　州　一六七二（康熙十一）年刊莒州志二卷　清张文範修段章纂　⑲287
莒　州　一七四二（乾隆七）年刊【雍正】莒州志十五卷　清彭甲声等修陈有蓄等纂　⑲287
莒　州　一七九六（嘉庆元）年刊莒州志十六卷首一卷　清许绍锦纂修　⑲287
茶陵州　一六六五（康熙四）年刊茶陵州志二十四卷　清马崇诏修尹士朝等纂　⑲646
茶陵州　一八一六（嘉庆二十四）年刊茶陵州志二十七卷首一卷末一卷　清白谭良治邓奉时纂　⑲646
茶陵州　一八七一（同治十）年刊茶陵州志二十四卷　清福昌修谭钟麟纂　⑲646
荣　县　一七五六（乾隆二十一）年刊荣县志四卷附补遗　清黄大本纂修　⑲761
荣　县　一八一二（嘉庆十七）年刊荣县志十卷　清许源修唐张友纂　⑲761
荣　县　一八四五（道光二十五）年刊荣县志三十八卷首一卷　清王培荀等纂修　⑲761
荣　县　一八七七（光绪三）年增刊【道光】荣县志三十八卷首一卷　清王培荀等纂修　⑲761
荣成县　一八四〇（道光二十）年刊荣成县志十卷　清岳赓廷纂　⑲285
荣成县　一九〇七（光绪三十三）年刊荣成纪略　清刘应忠纂　⑲285
荣昌县　一七四六（乾隆十一）年刊荣昌县志四卷首一卷　清许元基纂修　⑲777
荣昌县　一七九七（嘉庆二）年补刊【乾隆】荣昌县志四卷首一卷　清许元基纂修　⑲777
荣昌县　一八六五（同治四）年刊荣昌县志二十二卷　清文康修廖朝翼纂　⑲777
荣昌县　一八八四（光绪十）年增刊同治荣昌县志二十二卷　清文康原本施学煌续修　⑲777
荣河县　一六七三（康熙十二）年刊荣河县志八卷　清李长庚修张殿珠纂　⑲117
荣河县　一七六九（乾隆三十四）年刊荣河县志十四卷首一卷　清杨令琢纂修　⑲117
荣河县　一八八一（光绪七）年刊荣河县志十四卷首一卷　清马鉴王希濂修寻銮炜纂　⑲118

荥阳县　一六七八（康熙十七）年刊荥阳县志八卷　清顾天挺纂修　⑲557

荥阳县　一七四七（乾隆十二）年刊荥阳县志十二卷　清李煦修李清纂　⑲557

荥泽县　一六五九（顺治十六）年刊荥泽县志八卷　清段补圣每可荐修沈士秀等纂　⑲557

荥泽县　一六九五（康熙三十四）年刊荥泽县志八卷　清王畹修贺元士纂　⑲557

荥泽县　一七四八（乾隆十三）年刊荥泽县志十四卷图一卷　清崔淇修王博李维峤纂　⑲557

荥经县　一七四五（乾隆十）年刊荥经县志九卷首一卷末一卷　清劳世沅纂修　⑲792

河北**赵州**　一六七三（康熙十二）年刊赵州志十卷　清祝万祉修阎永龄王懿纂　⑲32

河北**赵州**　一八九七（光绪二十三）年刊赵州属邑志八卷　清孙传栻纂修　⑲33

云南**赵州**　一七三六（乾隆元）年刊赵州志四卷　清程近仁修赵淳等纂　⑲845

云南**赵州**　一八三九（道光十九）年刊赵州志六卷　清陈剑镗修李其馨等纂　⑲845

赵城县　一六五九（顺治十六）年刊赵城县志八卷　清安锡祚修刘复鼎纂　⑲109

赵城县　一七六〇（乾隆二十五）年刊赵城县志二十四卷首一卷　清李升阶纂修　⑲109

赵城县　一八二七（道光七）年刊赵城县志三十七卷首一卷　清杨延亮纂修　⑲109

咸丰县　一八六五（同治四）年刊咸丰县志二十卷首一卷附图一卷　清张梓修张光杰纂　⑲632

湖北**咸宁县**　一六六五（康熙四）年刊咸宁县志十二卷　清何廷韬修王禹锡纂　⑲617

湖北**咸宁县**　一八六六（同治五）年刊咸宁县志十五卷首一卷　清陈怡等修雷以诚纂　⑲618

湖北**咸宁县**　一八八二（光绪八）年刊续辑咸宁县志八卷首一卷　清陈树楠诸可权修钱光奎余益杞纂　⑲618

陕西**咸宁县**　一六六八（康熙七）年刊咸宁县志八卷　清黄家鼎修陈大经杨生芝纂　⑲163

陕西**咸宁县**　一八一九（嘉庆二十四）年刊咸宁县志二十六卷首一卷　清高廷法沈琮修陆耀遹等纂　⑲163

咸宁官署　一七八八（乾隆五十三）年刊淮南子二十一卷　汉高诱注清庄逵吉校　⑦13620

咸阳县　一七〇五（康熙四十四）年刊咸阳志四卷　清江山秀修师从德等纂张枚增补　⑲164

咸阳县　一七五一（乾隆十六）年刊咸阳县志二十二卷首一卷　清臧应桐纂修　⑲164

咸阳县　一八三六（道光十六）年刊续修咸阳县志一卷　清陈尧书纂修　⑲164

威县 一六四六（顺治三）年刊威县续志一卷 清袁天秩修张璞纂 ⑲79

威县 一六七三（康熙十二）年刊威县志十六卷 清李之栋纂修 ⑲79

威远县 一七七五（乾隆四十）年刊威远县志八卷首一卷 清李南晖修张翼儒纂 ⑲760

威远县 一八一三（嘉庆十八）年刊威远县志六卷 清陈汝秋纂修 ⑲760

威远县 一八七七（光绪三）年刊威远县志三编四卷 清吴增辉修吴容纂 ⑲760

威远厅 一八三七（道光十七）年刊威远厅志八卷 清谢体仁纂修 ⑲833

威海卫 一七四二（乾隆七）年刊威海卫志十卷首一卷 清毕懋第修郭文大续修王兆鹏增订 ⑲285

按察司经历署 一八八一（光绪七）年刊补注洗冤录集证四卷 清李观澜补录 ⑥

垫江县 一七四六（乾隆十一）年刊垫江县志八卷 清丁涟修杨锡麟等纂 ⑲778

垫江县 一八二八（道光八）年刊垫江县志十卷 清夏梦鲤修董承熙纂 ⑲778

垫江县 一九〇〇（光绪二十六）年刊垫江县志十卷 清谢必铿修李炳灵纂 ⑲778

临县 一七一八（康熙五十七）年刊临县志八卷首一卷 清杨飞熊修崔鹤龄李思豫纂 ⑲99

临川县 一六八〇（康熙十九）年刊临川县志三十卷 清胡亦堂纂修 ⑲499

临川县 一七四〇（乾隆五）年刊临川县志四十九卷 清李廷友修李绂纂 ⑲499

临川县 一八一九（嘉庆二十四）年刊临川县续志十二卷 清秦沆纂修 ⑲500

临川县 一八二三（道光三）年刊临川县志三十二卷 清刘绳武等修纪大奎等纂 ⑲500

临川县 一八七〇（同治九）年刊临川县志五十四卷首一卷末一卷 清童范俨修陈庆龄等纂 ⑲500

临汀邑署 一七〇〇（康熙三十九）年刊池北偶谈二十六卷 清王士祯撰 ⑦13714

临江府 一六六八（康熙七）年刊临江府志十六卷 清施闰章修高咏纂 ⑲497

临江府 一八七一（同治十）年刊临江府志三十二卷首一卷 清德馨鲍孝光修陈锡麟等纂 ⑲497

临安县 一六七五（康熙十四）年刊临安县志十卷 清陆文焕纂修 ⑲382

临安县 一七五九（乾隆二十四）年刊临安县志四卷 清赵民洽修许琳纂 ⑲382

云南临安府 一七三一（雍正九）年刊临安府志二十四卷 清张无咎修夏冕纂 ⑲837

云南临安府 一七九九（嘉庆四）年刊临安府志二十卷 清江濬源修罗惠恩等纂 ⑲837

云南临安府 一八八二（光绪八）年补刊【嘉庆】临安府志二十卷 清江濬源修罗惠恩等纂 ⑲837

临邑县 一六五二（顺治九）年刊临邑县志十六卷 清陈起凤修邢琮纂 ⑲262

临邑县 一七一三（康熙五十二）年刊重修临邑县志十六卷首一卷 清唐开陶修高元贞纂 ⑲262

临邑县 一八三七（道光十七）年刊临邑县志十六卷首一卷末一卷 清沈淮纂修 ⑲262

临邑县 一八七四（同治十三）年刊临邑县志十六卷首一卷末一卷 清沈淮原本翟振庆续纂 ⑲262

临汾县 一六七三（康熙十二）年刊临汾县志九卷 明邢云路原本清林弘化续纂修 ⑲105

临汾县 一七三〇（雍正八）年刊临汾县志八卷 清徐三俊修陈献可纂 ⑲105

临汾县 一七七九（乾隆四十四）年刊临汾县志十卷首一卷末一卷 清高塘吴士淳修吕淙吴克元纂 ⑲105

临武县 一六八八（康熙二十七）年刊临武县志十六卷首一卷 清张声远修邹章周纂 ⑲650

临武县 一七五四（乾隆十九）年增刊【康熙】临武县志十六卷首一卷 清张声远修邹章周纂 ⑲650

临武县 一八一七（嘉庆二十二）年刊临武县志四十七卷首一卷 清邹景文修曹家玉纂 ⑲650

临武县 一八六七（同治六）年刊临武县志四十七卷首一卷 清邹景文原本吴洪恩续修
陈佑启章俊纯续纂 ⑲650

临城县 一六九一（康熙三十）年刊临城县志八卷 清杨宽修乔已百纂 ⑲77

临朐县 一六七二（康熙十一）年刊临朐县志书四卷 清屠寿徵修尹所遴纂 ⑲275

临朐县 一八八四（光绪十）年刊临朐县志十六卷首一卷 清姚延福修邓嘉辑蒋师辙纂 ⑲275

临洮府 一六八七（康熙二十六）年刊临洮府志二十二卷 清高锡爵修郭巍纂 ⑲207

临晋县 一六八六（康熙二十五）年刊临晋县志十卷 清齐以治修王恭先纂 ⑲118

临晋县 一七七三（乾隆三十八）年刊临晋县志八卷 清王正茂纂修 ⑲118

临晋县 一八八〇（光绪六）年刊续修临晋县志二卷 清艾绍濂吴曾荣修姚东济纂 ⑲118

临桂县 一八〇二（嘉庆七）年刊临桂县志三十二卷 清蔡呈韶金毓奇修胡虔朱依真纂 ⑲724

临桂县 一九〇五（光绪三十一）年刊临桂县志三十二卷首一卷 清吴徵鼇修黄泌曹驯纂 ⑲724

临高县 一七〇七（康熙四十六）年刊临高县志十二卷 清樊庶纂修 ⑲703

临高县 一八九二（光绪十八）年刊临高县志二十四卷 清聂缉庆张延修桂文炽等纂 ⑲703

临海县 一六八三（康熙二十二）年刊临海县志十五卷首一卷 清洪若皋纂 ⑲424
临淮县 一六七二（康熙十一）年刊临淮县志八卷 清魏宗衡修邢仕诚等纂 ⑲463
临清州 一六七三（康熙十二）年刊临清州志四卷 清于睿明修胡悉宁纂 ⑲307
临清州 一七四九（乾隆十四）年刊临清州志十二卷 清王俊修李森纂 ⑲307
临淄县 一六七二（康熙十一）年刊临淄县志十六卷 清邓性修李焕章纂 ⑲258
临湘县 一六八五（康熙二十四）年刊临湘县志八卷 清杨敬儒修杨柱朝纂 ⑲642
临湘县 一八七二（同治十一）年刊临湘县志十三卷首一卷末一卷 清恩荣等修熊兴杰欧阳恩霖纂 ⑲642
临湘县 一八九二（光绪十八）年刊【同治】临湘县志十三卷首一卷末一卷 清恩荣等修 ⑲642
临颍县 一六六〇（顺治十七）年刊临颍县志八卷 清李馥先修吴中奇纂 ⑲588
临颍县 一七四七（乾隆十二）年刊临颍县续志八卷 清刘沅修魏运嘉纂 ⑲588
临榆县 一七五六（乾隆二十一）年刊临榆县志十四卷首一卷 清钟和梅纂修 ⑲43
临榆县 一八七八（光绪四）年刊临榆县志二十四卷首一卷 清赵允祜修高锡畴纂 ⑲43
临漳县 一六九一（康熙三十）年刊临漳县志六卷首一卷 清陶颖发纂修 ⑲73
临漳县 一七三一（雍正九）年增刊临漳县志六卷首一卷 清陶颖发纂修陈大玠增修 ⑲73
临漳县 一八六〇（咸丰十）年刊临漳县志六卷 清张济纂修 ⑲73
临漳县 一八七四（同治十三）年刊临漳县志略备考四卷 清骆文光纂修 ⑲73
临漳县 一九〇四（光绪三十）年刊临漳县志十八卷首一卷 清周秉彝修周寿梓等纂 ⑲73
临潼县 一六六一（顺治十八）年刊重修临潼县志不分卷 清马良史修高翔鸾纂 ⑲172
临潼县 一七〇一（康熙四十）年刊临潼县志八卷 清赵于京纂修 ⑲172
临潼县 一七七六（乾隆四十一）年刊临潼县志九卷图一卷 清史传远纂修 ⑲172
临潼县 一八九〇（光绪十六）年刊临潼县续志二卷 清安守和修杨彦修纂 ⑲172
峡江县 一六六九（康熙八）年刊峡江县志九卷 清佟国才修边继登等纂 ⑲508
峡江县 一七六七（乾隆三十二）年刊峡江县志十四卷首一卷 清张九钺乔大椿修王金英纂 ⑲508
峡江县 一八二三（道光三）年刊峡江县志十四卷 清兆元修郭廷赓纂 ⑲508

峡江县 一八七一（同治十）年刊峡江县志十卷首一卷 清暴大儒修廖其观纂 ⑲508

昭化县 一七八五（乾隆五十）年刊昭化县志六卷首一卷 清李元纂 ⑲751

昭化县 一八四五（道光二十五）年刊重修昭化县志四十八卷 清张绍龄等纂修 ⑲751

昭文县 一七三一（雍正九）年刊昭文县志十卷首一卷 清劳必达修陈祖范等纂 ⑲328

昭文县义仓 一八四三（道光二十三）年刊外科选要六卷 清徐惪銈编瞿銮校 ㉚547

昭平县 一七六〇（乾隆二十五）年刊昭平县志八卷 清陆焞纂修 ⑲729

郧　县 一八六六（同治五）年刊郧县志十卷首一卷 清周瑞定熙修崔诰等纂 ⑲633

湖北**郧县署** 一八九三（光绪十九）年刊血症论八卷 清唐宗海撰 ㉚424

郧西县 一七七七（乾隆四十二）年刊郧西县志二十卷首一卷 清张道南纂修 ⑲634

郧西县 一八〇四（嘉庆九）年刊郧西县续志四卷首一卷 清孔继榦纂修 ⑲634

郧西县 一八六六（同治五）年刊郧西县志二十卷首一卷 清程光第修叶年菜李登鳌纂 ⑲634

郧阳府 一六八五（康熙二十四）年刊湖广郧阳府志四十二卷补一卷图一卷 清刘作霖修刘廷耀纂 ⑲632

郧阳府 一七九七（嘉庆二）年刊郧阳志十卷首一卷 清王正常修谢攀云纂 ⑲632

郧阳府 一八七〇（同治九）年刊嘉庆郧阳志补一卷 清王正常纂 ⑲632

星子县 一八七一（同治十）年刊星子县志十四卷首一卷 清蓝煦徐鸣皋修曹徵甲等纂 ⑲486

贵州省 一六七三（康熙十二）年刊贵州通志三十三卷 清曹申吉修潘驯等纂 ⑲803

贵州省 一七四一（乾隆六）年刊贵州通志四十六卷首一卷 清鄂尔泰张广泗修靖道谟杜诠纂 ⑲803

贵州省 一八四七（道光二十七）年刊黔南职方纪略九卷 清罗绕典纂 ⑲804

贵州省 一九〇七（光绪三十三）年增刊【乾隆】黔南识略三十二卷 清爱必达纂修 ⑲804

贵池县 一六五七（顺治十四）年刊贵池县志略八卷 清李愈昌修刘廷銮等纂 ⑲475

贵池县 一六九二（康熙三十一）年刊贵池县志略八卷图一卷 清李愈昌原本梁国标重辑 ⑲475

贵池县 一七四五（乾隆十）年刊贵池县志续编八卷首一卷 清谢锡伯修汪廷霖纂 ⑲475

贵池县 一八四六（道光二十六）年刊贵池县志四十四卷首一卷 清漆日榛修桂超万纂 ⑲475

海虞杨同福**贵池县署** 一八八一（光绪七）年刊海虞三陶先生集合刻 清杨沂孙辑 ⑤

贵池县杏花村 一六八五（康熙二十四）年刊杏花村志十二卷首一卷末一卷 清郎遂纂 ⑲475
贵阳府 一八四○（道光二十）年刊贵阳府志八十八卷首二卷馀编二十卷 清周作楫修萧琯邹汉勋纂 ⑲804
贵阳府 一八五二（咸丰二）年补刊【道光】贵阳府志八十八卷首二卷馀编二十卷 清周作楫修 ⑲804
贵阳学署 一九○三（光绪二十九）年刊贵州校士录 清赵惟熙辑 ⑯856.5/454
贵筑县署 一八九一（光绪十七）年刊味道集 清段桢龄撰 ②30205
贵溪县 一六七二（康熙十一）年刊贵溪县志八卷 清毕士俊修江熙龙等纂 ⑲488
贵溪县 一七八四（乾隆四十九）年刊贵溪县志十四卷首一卷 清郑高华纂修 ⑲488
贵溪县 一八二四（道光四）年刊贵溪县志三十二卷首一卷 清胡宗简修张金镕等纂 ⑲488
贵溪县 一八七一（同治十）年刊贵溪县志十卷首一卷 清杨长杰修黄联珏等纂 ⑲488
贵溪太上清宫 一七四○（乾隆五）年刊龙虎山志十六卷 清娄近垣纂 ㉑153
贵溪县警察局 一九○九（宣统元）年刊普济应验良方八卷 清德轩氏编 ㉚254
思南府 一八四一（道光二十一）年刊思南府续志十二卷 清夏修恕修萧琯何廷熙纂 ⑲808
钟祥县 一六六六（康熙五）年刊钟祥县志十卷首一卷 清程起鹏修郑茂泰纂 ⑲623
钟祥县 一七四一（乾隆六）年刊钟祥县志十卷 清高世荣修李莲纂 ⑲623
钟祥县 一八六七（同治六）年刊钟祥县志二十卷 清孙福海等纂修 ⑲623
钦　州 一七二三（雍正元）年刊钦州志十四卷 清董绍美修吴邦瑗纂 ⑲733
钦　州 一八三四（道光十四）年刊钦州志十二卷首一卷 清朱椿年等修杜以宽叶轮纂 ⑲733
钦天监 一七八八（乾隆五十三）年刊大清乾隆五十三年岁次戊申时宪书 清多罗质等纂 ⑪528.7/178
香山县 一六七三（康熙十二）年刊香山县志十卷 清申良翰修欧阳羽文纂 ⑲696
香山县 一七五○（乾隆十五）年刊香山县志八卷首一卷 清暴煜修李卓揆纂 ⑲696
香山县 一八二八（道光八）年刊香山县志八卷首一卷附录一卷 清祝淮修黄培芳纂 ⑲696
香山县 一八七九（光绪五）年刊香山县志二十二卷 清田明曜修陈沣纂 ⑲696
香河县 一六七八（康熙十七）年刊香河县志十一卷 清刘深纂修 ⑲47
重庆府 一八四三（道光二十三）年刊重庆府志九卷 清王梦庚修寇宗纂 ⑲741

重庆府 校场刊外科切要 清王锡鑫撰 ㉚547

修订法律馆 一九〇八（光绪三十四）年刊大元圣政国朝典章六十卷 ③社122.65/6511

修武县 一六九五（康熙三十四）年刊修武县志四卷 清边憬修范琥纂 ⑲570

修武县 一七五七（乾隆二十二）年刊修武县志二十卷首一卷 清吴映白修李谟纂 ⑲570

修武县 一八三九（道光十九）年刊修武县志十二卷首一卷 清冯继照修金皋袁俊纂 ⑲570

保定府祁州束鹿县 一六七一（康熙十）年刊保定府祁州束鹿县志十卷 清刘崑修陈喜纂 ⑲30

保宁府 一八二一（道光元）年刊保宁府志六十二卷 清黎学锦徐双桂等修史观等纂 ⑲784

保安州 一七一一（康熙五十）年刊保安州志十二卷图一卷 清梁永祚修张永曙纂 ⑲39

保安州 一八三五（道光十五）年刊保安州志八卷首一卷 清杨桂森纂修 ⑲39

保安州 一八七七（光绪三）年刊保安州续志四卷 清寻銮晋张毓生纂修 ⑲39

保安县 一八五六（咸丰六）年刊保安县志八卷 清彭瑞麟修武东旭纂 ⑲195

保昌县 一七五三（乾隆十八）年刊保昌县志十四卷 清陈志仪纂修 ⑲679

保定县 一六七三（康熙十二）年刊保定县志四卷首一卷 清成其范修柴经国纂 ⑲48

保定府 一六八〇（康熙十九）年刊保定府志二十九卷 清纪弘谟等修郭棻纂 ⑲51

保定府 一八八六（光绪十二）年刊保定府志七十九卷首一卷 清李培祜朱靖旬修张豫垲等纂 ⑲51

苏州保息局 一八六七（同治六）年刊说文解字注十五卷附六书音韵表一卷部目分韵一卷 清段玉裁撰 ⑧

保康县 一八六六（同治五）年刊保康县志七卷首一卷 清林让昆宋熙曾修杨世霖纂 ⑲637

保靖县 一七三一（雍正九）年刊保靖县志四卷 清王钦命修萧肇极纂 ⑲666

保靖县 一八七一（同治十）年刊保靖县志十二卷首一卷 清林继钦龚南金修袁祖绶纂 ⑲666

保德州 一七一〇（康熙四十九）年刊保德州志十二卷首一卷 清王克昌修殷梦高纂 ⑲90

保德州 一七八五（乾隆五十）年刊保德州志十二卷首一卷 清王克昌原本王秉韬续纂修 ⑲90

信丰县 一六六四（康熙三）年刊信丰县志十二卷 清杨宗昌修曹宣光纂 ⑲510

信丰县 一七五一（乾隆十六）年刊信丰县志十六卷 清游法珠修杨廷为等纂 ⑲510

信丰县 一八二四（道光四）年刊信丰县志续编十六卷 清许夔修谢肇涟张伊纂 ⑲510

信丰县 一八七〇（同治九）年刊信丰县志续编八卷 清李大观修刘杰光等纂 ⑲510

信阳州 一六六〇（顺治十七）年刊信阳州志八卷 清贾待旌修刘荪芳纂 ⑲592

信阳州 一六九〇（康熙二十九）年刊信阳州续志一卷 清陈昌言修王补之纂 ⑲593

信阳州 一七四九（乾隆十四）年刊信阳州志十二卷首一卷 清张钺修万侯纂 ⑲593

信阳县 一七五九（乾隆二十四）年刊信阳县志八卷 清王允深纂修 ⑲593

信宜县 一六七四（康熙十三）年刊信宜县志十二卷首一卷 清李棠修李麟祥纂 ⑲706

信宜县 一七五六（乾隆二十一）年刊信宜县志十三卷 清刘启江修李东绍纂 ⑲706

信宜县 一八九一（光绪十七）年刊信宜县志八卷 清梁安甸纂 ⑲706

顺义县 一七一九（康熙五十八）年刊顺义县志五卷 清黄成章修张大酉纂 ⑲4

顺天府 一八八六（光绪十二）年刊顺天府志一百三十卷附录一卷 清万青黎周家楣修
张之洞缪荃孙纂 ⑲1

顺宁府 一七二五（雍正三）年刊顺宁府志十卷首一卷 清范溥修田世容纂 ⑲833

顺宁府 一七六一（乾隆二十六）年刊顺宁府志十卷 清刘靖纂修 ⑲833

顺庆府 一六八六（康熙二十五）年刊顺庆府志十卷 清李成林修罗承顺等纂 ⑲784

顺昌县 一七〇九（康熙四十八）年刊顺昌县志六卷 清郭锳修黄宣纂 ⑲524

顺昌县 一七六五（乾隆三十）年刊顺昌县志十卷 清陈锳修吕天芹叶铭等纂 ⑲524

京都**顺济局** 一八八七（光绪十三）年刊通行章程四卷 清王汝砺辑 ⑯352.7/118

顺德府 一六五〇（乾隆十五）年刊顺德府志十六卷 清徐景曾纂修 ⑲74

顺德县 一六八七（康熙二十六）年刊顺德县志十二卷 清姚肃规修余象斗纂 ⑲695

顺德县 一七五〇（乾隆十五）年刊顺德县志十六卷 清陈志仪修胡定纂 ⑲695

顺德县 一八五六（咸丰六）年刊顺德县志三十二卷 清郭汝诚修冯奉初纂 ⑲695

顺德道署 一八五四（咸丰四）年刊医方易简新编六卷 清龚自璋黄统编 ㉚267

泉州府 一七六三（乾隆二十八）年刊泉州府志七十六卷首一卷 清怀阴布修黄任郭赓武纂 ⑲533

泉州府 一八八二（光绪八）年刊【乾隆】泉州府志七十六卷首一卷 ⑲533

禹州 一六五一（顺治八）年刊禹州志十卷 清朱裴修李嘘云纂 ⑲590

禹州 一六九三（康熙三十二）年刊禹州志十卷 清刘国儒修刘湛纂 ⑲590

禹州 一七四七（乾隆十二）年刊禹州志十四卷 清邵大业修孙广生纂 ⑲590

禹州 一八三五（道光十五）年刊禹州志二十六卷 清朱炜修姚椿洪符孙纂 ⑲590

禹州 一八七〇（同治九）年刊禹州志二十六卷增续二卷 清朱炜原本宫国勋增修杨景纯等纂 ⑲590

禹城县 一六七三（康熙十二）年刊禹城县志八卷 清王表纂修 ⑲262

禹城县 一八〇八（嘉庆十三）年刊禹城县志十二卷 清董鹏翱修牟应震纂 ⑲262

叙永厅 一六八六（康熙二十五）年刊叙永厅志二卷 清宋敏学修袁斯恭纂 ⑲766

叙永厅 一八一二（嘉庆十七）年刊直隶叙永厅志四十八卷 清周伟业修褚彦昭等纂 ⑲766

叙州府 一六八七（康熙二十六）年刊四川叙州府志二十九卷 清何源濬纂修 ⑲762

叙州府 一八九六（光绪二十二）年刊叙州府志四十三卷首一卷末一卷 清王麟祥修邱晋成等纂 ⑲762

京都**叙郡会馆** 一八八三（光绪九）年刊国朝全蜀贡举备考九卷 清孙桐生辑赵增荣重辑 ⑯4996

剑州 一七二七（雍正五）年刊剑州志二十四卷图一卷 清李梅宾修杨端纂 ⑲751

剑州 一八七三（同治十二）年刊剑州志十卷 清李溶余文焕修李榕等纂 ⑲751

剑川州 一七一三（康熙五十二）年刊剑川州志二十卷 清王世贵修张伦纂 ⑲844

弇山铎署 一八九一（光绪十七）年刊湖海楼词集二十卷 清陈维崧撰 ②61257

宜兴任光奇**弇山铎署** 一九〇〇（光绪二十六）年刊陈处士遗书 清陈贞慧撰 ⑤

独山州 一七六九（乾隆三十四）年刊独山州志十卷 清刘岱修艾茂谢庭薰纂 ⑲817

饶平县 一六八七（康熙二十六）年刊饶平县志四卷 清刘抃等纂修 ⑲691

饶平县 一八八三（光绪九）年刊饶平县志二十五卷 清刘抃原本惠登甲增修黄德容等增纂 ⑲691

饶州府 一六七二（康熙十一）年刊饶州府志四十卷首一卷 清王泽洪修吴俊等纂 ⑲491

饶州府 一八七二（同治十一）年刊饶州府志三十二卷首一卷 清锡德修石景芬等纂 ⑲491

饶阳县 一六四六（顺治三）年刊饶阳县后志六卷 清刘世祚修田敬宗等纂 ⑲64

饶阳县 一七四九（乾隆十四）年刊饶阳县志二卷首一卷末一卷 清单作哲纂修 ⑲64

肸城县 一六五九（顺治十六）年刊肸城县志四卷 清刘纯德修郭金鼎纂 ⑲568

将乐县 一七六五（乾隆三十）年刊将乐县志十六卷首一卷 清李永锡程廷栻修徐观海等纂 ⑲546

施南府 一八三四（道光十四）年刊施南府志三十卷首一卷 清王协梦修罗德昆纂 ⑲630

滋德堂施种牛痘局 一八七四（同治十三）年刊引痘条约合梓 清孙廷璜等编 ㉚522

施南府 一八七一（同治十）年刊增修施南府志三十卷首一卷 清松林周庆榕修何远鉴廖彭龄纂 ⑲630

施南府 一八八四（光绪十）年刊施南府志续编十卷 清王庭桢李谦修雷春沼尹寿衡纂 ⑲630

闻喜县 一六五三（顺治十）年刊闻喜县志七卷 清苏本眉修王体言纂 ⑲113

闻喜县 一六七二（康熙十一）年刊闻喜县志续编不分卷 清沈光瑀修杨永宁纂 ⑲113

闻喜县 一七六六（乾隆三十一）年刊闻喜县志十二卷首一卷 清李遵唐纂修 ⑲113

闻喜县 一八八〇（光绪六）年刊闻喜县志补四卷 清陈作哲修杨深秀纂 ⑲114

闽浙总督马新贻 一八六八（同治七）年刊钦定诗经传说汇纂二十一卷首二卷诗序二卷 清王鸿绪等撰 ②47879

闽浙督署 一八九四（光绪二十）年刊马端敏公奏议八卷 清马新贻撰 ②46455

闽藩署 一八九一（光绪十七）年刊培远堂手札节存三卷 清陈宏谋撰 ⑯856.2/383－02

首阳县 一八五六（道光六）年刊券心春气合编 ㉖78

总理衙门 一八六六（同治五）年刊瀛环志略十卷 清徐继畬撰 ⑯916/954－03

总务司署 一八八六（光绪十二）年刊富国养民策英杰文斯撰 ②29884

娄县 一七八八（乾隆五十三）年刊娄县志三十卷首一卷 清谢庭薰修陆锡熊纂 ⑲11

娄县 一八七九（光绪五）年刊娄县续志二十卷 清汪坤厚程其钰修张云望纂 ⑲11

娄塘镇 一八〇五（嘉庆十）年刊娄塘镇志九卷 清陈曦纂 ⑲18

养利州 一六九四（康熙三十三）年刊养利州志不分卷 清傅天宠纂汪溶日续纂 ⑲720

洪洞县 一六五九（顺治十六）年刊洪洞县续志不分卷 清赵三长修晋承柱纂 ⑲109

洪洞县 一六七三（康熙十二）年刊洪洞县续志不分卷 清邵琳修王泽溥纂 ⑲109

洪洞县 一七三〇（雍正八）年刊洪洞县志九卷 清余世堂修蔡行仁纂 ⑲109

洪雅县　一八一三（嘉庆十八）年刊洪雅县志二十五卷首一卷　清王好音修张柱等纂　⑲771

洪雅县　一八八四（光绪十）年刊洪雅县志十二卷首一卷　清郭世棻修邓敏修等纂　⑲771

洧川县　一六九二（康熙三十一）年刊洧川县志八卷　清张世绶修杨笃生纂　⑲560

洧川县　一七五五（乾隆二十）年刊洧川县志八卷　清孙和相邓正琮修何之琪纂　⑲560

洧川县　一八一八（嘉庆二十三）年刊洧川县志八卷首一卷　清何文明修李绅纂　⑲560

洮州厅　一九〇七（光绪三十三）年刊洮州厅志十八卷首一卷　清张彦笃修包永昌纂　⑲221

洵阳县　一七八三（乾隆四十八）年刊洵阳县志十四卷　清邓梦琴纂修　⑲203

洵阳县　一八七〇（同治九）年增刊【乾隆】洵阳县志十四卷　清邓梦琴纂修　⑲203

洵阳县　一九〇二（光绪二十八）年刊洵阳县志十四卷　清刘德全修姜善继等纂　⑲204

洛川县　一六六一（顺治十八）年刊洛川志二卷　清陈爌修李楷东荫商纂　⑲196

洛川县　一八〇六（嘉庆十一）年刊洛川县志二十卷首一卷　清刘毓秀修贾构纂　⑲196

洛阳县　一六五八（顺治十五）年刊洛阳县志十二卷首一卷　清武攀龙等纂修　⑲599

洛阳县　一七四五（乾隆十）年刊重修洛阳县志二十四卷图考一卷　清龚崧林修汪坚纂　⑲599

洛阳县　一八一三（嘉庆十八）年刊洛阳县志六十卷　清魏襄修陆继辂纂　⑲600

浏阳县　一七〇四（康熙四十三）年刊浏阳县志十七卷　清王珽修徐旭旦纂　⑲645

浏阳县　一七三三（雍正十一）年刊浏阳县志四卷首一卷　清陈梦文修方暨谟纂　⑲645

浏阳县　一八一九（嘉庆二十四）年刊浏阳县志四十卷首一卷　清谢希闵修王显文纂　⑲645

浏阳县　一八七三（同治十二）年刊浏阳县志二十四卷　清王汝惺等修邹焌杰等纂　⑲645

陈氏浏阳县学　一八七三（同治十二）年刊金石摘十卷　清陈善墀集　②17160

济宁州　一六七三（康熙十二）年刊济宁州志十卷　清廖有恒修杨通睿纂　⑲296

济宁州　一七七八（乾隆四十三）年刊济宁直隶州志三十四卷首一卷　清胡德琳等修周永年等纂　⑲296

济宁州　一八四一（道光二十一）年刊济宁直隶州志十卷首一卷末一卷图一卷　清徐宗幹修许瀚纂　⑲296

济宁州　一八五九（咸丰九）年刊济宁直隶州续志四卷　清卢朝安纂修　⑲296

济阳县　一六五〇（顺治七）年刊济阳县续志一卷　清解元才纂修　⑲261

济阳县 一七六五（乾隆三十）年刊济阳县志十四卷首一卷 清胡德琳修何明礼章承茂纂 ⑲261
济阳县衙 一七七三（乾隆三十八）年刊蒿庵集三卷附录一卷 清张尔岐撰 ⑯847.2/308
济南府 一六九二（康熙三十一）年刊济南府志五十四卷首一卷 清蒋焜修康梦赉纂 ⑲256
济南府 一八四〇（道光二十）年刊济南府志七十二卷首一卷 清王赠芳王镇修冷烜等纂 ⑲256
济源县 一七六七（乾隆三十六）年刊济源县志十六卷首一卷末一卷 清萧应植修沈樗庄纂 ⑲567
济源县 一八一三（嘉庆十八）年刊续济源县志十二卷 清何荇芳修刘大观纂 ⑲567
洋　县 一六九四（康熙三十三）年刊洋县志八卷首一卷 清邹溶修周忠纂 ⑲199
浑源州 一六六一（顺治十八）年刊浑源州志二卷 清张荣德纂修 ⑲85
浑源州 一七六三（乾隆二十八）年刊浑源州志十卷 清桂敬顺纂修 ⑲85
浑源州 一八八一（光绪七）年刊浑源州续志十卷 清贺澍恩修程续等纂 ⑲86
浒墅关 一六七三（康熙十二）年刊浒墅关志二十卷 清孙佩纂 ⑲319
浒墅关 一八二七（道光七）年刊浒墅关志十八卷 清凌寿祺纂 ⑲319
浔州府 一八二六（道光六）年刊浔州府志七十六卷首一卷 清孙世昌修光昭纂 ⑲730
浔州府 一八七四（同治十三）年刊浔州府志三十八卷首一卷 清魏笃修王俊臣纂 ⑲730
浔州府 一八九七（光绪二十三）年刊浔州府志五十七卷 清夏敬颐褚兴周纂修 ⑲730
浔州郡署 一八四八（道光二十八）年刊无成录 清陆我嵩撰 ②54034
浔州府学 一七五六（乾隆二十一）年刊浔州府志五十卷首一卷 清胡南藩修欧阳达纂 ①2014
举善医局 一八九九（光绪二十五）年刊柳致和堂丸散膏丹释义 清柳致和堂编 ㉚305
宣化府 一七四三（乾隆八）年刊宣化府志四十二卷首一卷 清王者辅王畹修吴廷华纂 ⑲37
宣化县 一七一一（康熙五十）年刊宣化县志三十卷 清陈坦纂修 ⑲37
宣平县 一六五六（顺治十三）年刊宣平县志十卷 清侯杲修胡世定纂 ⑲440
宣平县 一七五三（乾隆十八）年刊宣平县志十六卷首一卷 清陈加儒修祝复礼潘士仁等纂 ⑲440
宣平县 一八四〇（道光二十）年刊宣平县志十八卷首一卷 清汤金策修俞宗焕纂 ⑲440
宣平县 一八七八（光绪四）年刊宣平县志二十卷首一卷 清皮树棠纂修 ⑲440

宣城县 一六五三（顺治十）年刊宁国府宣城县志十卷 清秦宗尧王同春纂修 ⑲466
宣城县 一六八七（康熙二十六）年刊宣城县志八卷 清袁朝选修徐肇伊等纂 ⑲466
宣城县 一七三九（乾隆四）年刊宣城县志三十二卷 清吴飞九修杨廷栋等纂 ⑲466
宣城县 一八〇八（嘉庆十三）年刊宣城县志三十二卷 清陈受培修张焘纂 ⑲466
宣威州 一八四四（道光二十四）年刊宣威州志八卷 清刘沛霖修朱光鼎等纂 ⑲826
宣恩县 一八六三（同治二）年刊宣恩县志二十卷首一卷 清张金澜修蔡景星张金圻纂 ⑲631
宣恩县署 一七八六（乾隆五十一）年刊松月庐诗稿二卷 清刘树撰 ⑪811.175/7244
神木县 一八四一（道光二十一）年刊神木县志八卷附补编一卷 清王致云修张琛补 ⑲192
神乐署 一八七六（光绪二）年刊钦定各郊坛庙乐章 清张乐盛辑 ②29195
冠县 一六九八（康熙三十七）年刊冠县志八卷首一卷 清虞际昌纂修 ⑲305
冠县 一八三一（道光十一）年刊冠县志十卷 清梁永康修赵锡书纂 ⑲305
费县 一六八九（康熙二十八）年刊费县志十卷 清黄学懃纂修 ⑲287
费县 一八九六（光绪二十二）年刊费县志十六卷首一卷 清李敬修纂修 ⑲287
屏山县 一七七八（乾隆四十三）年刊屏山县志八卷首一卷 清张曾敏修陈琦纂 ⑲769
屏山县 一八〇〇（嘉庆五）年增刊【乾隆】屏山县志八卷首一卷 清张曾敏修陈琦纂 ⑲769
屏山县 一八九八（光绪二十四）年刊屏山县续志二卷首一卷 清张九章修陈藩垣等纂 ⑲769
屏南县 一七四〇（乾隆五）年刊屏南县志八卷首一卷 清沈钟纂修 ⑲529
眉州 一七一七（康熙五十六）年刊眉州属志五卷首一卷 清张汉修 ⑲772
眉州 一八一二（嘉庆十七）年刊续眉州志略不分卷 清戴三锡修王之俊等纂 ⑲772
姚州 一七一三（康熙五十二）年刊姚州志四卷首一卷 清管棆纂修 ⑲841
姚州 一七五一（乾隆十六）年增刊姚州志六卷首一卷 清管棆原本丁士可增修 ⑲841
姚州 一八三三（道光十三）年刊姚州志四卷 清李品芳额鲁礼修王恺纂 ⑲841
姚州 一八八五（光绪十一）年刊姚州志十一卷首一卷 清陆宗郑修甘雨纂 ⑲841
贺县 一八九〇（光绪十六）年刊贺县志八卷 清全文炳修苏煜坡李熙骏纂 ⑲729

绛县　一六五九（顺治十六）年刊绛县志五卷　清赵士弘修陈所性纂　⑲114

绛县　一七六五（乾隆三十）年刊绛县志十四卷　清拉昌阿修王本智纂　⑲114

绛县　一八八〇（光绪六）年刊绛县志十四卷　清刘斌修张于铸纂　⑲114

绛州　一六七〇（康熙九）年刊绛州志四卷　清刘显第修陶用曙纂　⑲113

绛州　一七六五（乾隆三十）年刊直隶绛州志二十卷图考一卷　清张成德修李友洙张我观纂　⑲113

绛州　一八七九（光绪五）年刊直隶绛州志二十卷首一卷　清李焕扬修张于铸纂　⑲113

十画

珙县　一六八六（康熙二十五）年刊珙县志一卷　清庄廷璋等纂修　⑲768

珙县　一七七三（乾隆三十八）年刊珙县志十五卷首一卷　清王聿修纂修　⑲768

珙县　一八六九（同治八）年刊珙县志十五卷首一卷　清姚廷章修邓香树纂　⑲768

监利县　一六五二（顺治九）年刊监利县志十一卷首一卷　清蔺完瑝修潘世标纂　⑲624

监利县　一八七二（同治十一）年刊监利县志十二卷首一卷　清徐兆英林瑞枝修王柏心纂　⑲624

监利县　一八九八（光绪二十四）年重刊【同治】监利县志十二卷首一卷　清徐兆英林瑞枝修王柏心纂　⑲624

秦州　一六五四（顺治十一）年刊秦州志十三卷　清宋琬等纂修　⑲215

秦州　一七六四（乾隆二十九）年刊直隶秦州新志十二卷首一卷末一卷　清费廷珍修　⑲215

秦安县　一八三八（道光十八）年刊秦安县志十四卷　清严长宦修刘德熙纂　⑲216

泰州　一七一九（康熙五十八）年刊【崇祯】泰州志十卷图一卷　明李自滋修刘万春纂　⑲356

泰州　一七二八（雍正六）年刊泰州志十卷首一卷　清褚世暄修陈九昌等纂　⑲356

泰州　一八二七（道光七）年刊泰州志三十六卷首一卷　清王有庆等修陈世镕等纂　⑲356

泰州　一八七一（同治十）年刊泰州志三十六卷　清梁桂纂修　⑲357

泰州　一九〇八（光绪三十四）年补刊【道光】泰州志三十六卷首一卷　清王有庆等修陈世镕等纂　⑲357

泰宁县 一七〇四（康熙四十三）年刊续纂泰宁县志不分卷 清甘国堉修廖寿元江孝绪纂 ⑲548

泰宁县 一七六九（乾隆三十四）年刊泰宁县志十卷 清施文焘张凤孙修许灿纂 ⑲548

泰兴县 一七一七（康熙五十五）年刊泰兴县志四卷 清宋生纂修 ⑲358

泰兴县 一八一三（嘉庆十八）年刊续修泰兴县志八卷 清张先甲等修张福谦纂 ⑲358

泰兴县 一八八六（光绪十二）年刊泰兴县志二十六卷首一卷末一卷 清杨激云修顾曾烜纂 ⑲358

泰安州 一六七一（康熙十）年补刊泰安州志四卷 明任弘烈原本邹文郁增修 ⑲288

泰安府 一七六〇（乾隆二十五）年刊泰安府志三十卷前一卷首二卷 清颜希深修成城等纂 ⑲288

泰安县 一七六〇（乾隆二十五）年刊泰安县志十四卷首一卷末一卷 清程志隆修李成鹏纂 ⑲288

泰安县 一八二八（道光八）年刊泰安县志十二卷首一卷末一卷 清徐宗幹修蒋大庆纂 ⑲288

泰和县署 一六九八（康熙三十七）年刊泰和县志十二卷 清田惟冀纂修 ㉑175

泰和县署 一七五三（乾隆十八）年刊泰和县志四十卷附录一卷 清冉棠修沈澜纂 ⑲505

泰和县署 一七五〇（乾隆十五）年刊西昌志四十卷首一卷 清杨国瓒修郭经纂 ㉑175

泰和县署 一七九六—一八二〇（嘉庆）年刊泰和志二十卷 清金棨纂修 ㉑176

泰和县 一八二四（道光四）年刊泰和县志四十八卷首一卷 清杨訒纂修 ⑲505

泰和县 一八七二（同治十一）年刊泰和县志三十卷首一卷 清宋瑛肖鹤龄修彭启瑞纂 ㉑176

泰和县 一八七八（光绪四）年补刊【同治】泰和县志三十卷首一卷 清宋瑛肖鹤龄修彭启瑞纂 ㉑176

泰顺县 一七二九（雍正七）年刊泰顺县志十卷首一卷 清朱国源修朱廷琦等纂 ⑲438

桂平县 一七六八（乾隆三十三）年刊桂平县志四卷 清吴志绾修黄国显纂 ⑲731

桂平县 一八四三（道光二十三）年刊桂平县志十六卷 清袁湛业修黄体正王维新纂 ⑲731

晋阳学署 一七九五（乾隆六十）年刊痘疹定论四卷 清朱玉堂撰 ㉚508

桂东县 一六七二（康熙十一）年刊桂东县志六卷 清田国辅修周一宽纂 ⑲649

桂东县 一七五八（乾隆二十三）年刊桂东县志十二卷 清洪钟张焕修黄体德纂 ⑲649

桂东县 一八一七（嘉庆二十二）年刊桂东县志二十卷首一卷 清林凤仪曾钰修黄性时李克钿纂 ⑲649

桂东县 一八六六（同治五）年刊桂东县志二十卷首一卷 清刘华邦修郭岐勋纂 ⑲649

桂东县 一九〇七（光绪三十三）年刊桂东县乡土志 清何闳烈编 ⑲649

桂阳县 一六七三（康熙十二）年刊桂阳县志六卷 清盛民誉修周一锦纂 ⑲649

桂阳县 一七五五（乾隆二十）年刊桂阳县志十三卷 清凌鱼黄文理修朱有斐李宗纂 ⑲649

桂阳县 一八一七（嘉庆二十二）年刊桂阳县志十卷 清常庆纂修 ⑲649

桂阳县 一八六七（同治六）年刊桂阳县志二十二卷首一卷 清钱绍文孙光燮修朱炳元何俊纂 ⑲650

桂阳州 一六八三（康熙二十二）年刊桂阳州志十四卷 清董之辅修吴为相纂 ⑲651

桂阳州 一七二九（雍正七）年刊桂阳州志十四卷 清张明叙修李琼林纂 ⑲651

桂阳州 一七六五（乾隆三十）年刊桂阳州志二十八卷首一卷 清张宏燧修卢世昌邵玘纂 ⑲651

桂阳州 一八一八（嘉庆二十三）年刊直隶桂阳州志四十三卷首一卷 清袁成烈修曹昌纂 ⑲651

桂阳州 一八六八（同治七）年刊桂阳直隶州志二十七卷首一卷 清汪敩灏修王闿运纂 ⑲651

桂林使廨 一八二七（道光七）年刊白鹤山房诗钞二十卷词钞二卷外集二卷 清叶绍本撰 ③文286.86/41

桂林官廨 一八四七（道光二十七）年刊小谷口纪事画引 清郑祖琛撰 ㉑0446

桂林署斋 一八四〇（道光二十）年刊楹联丛话十二卷续话四卷 清梁章钜辑 ⑯826/730－02

郴州 一六八五（康熙二十四）年刊郴州总志十一卷 清陈邦器修李嗣泌刘带蕙纂 ⑲648

郴州 一七七〇（乾隆三十五）年刊郴州总志三十卷首一卷末一卷 清谢仲埙杨桑阿修何全吉纂 ⑲648

郴州 一八二〇（嘉庆二十五）年刊郴州总志四十三卷首一卷末一卷 清朱偓修陈昭谋纂 ⑲648

郴州 一九〇七（光绪三十三）年刊郴州直隶州乡土志二卷 清查庆绥修谢馨槐纂 ⑲648

谭氏郴州学署 一八九九（光绪二十五）年刊味义根斋全书五种 清谭沄撰 ⑤

栖霞县 一六七二（康熙十一）年刊栖霞县志八卷 清胡璘修牟国玠纂 ⑲283

栖霞县 一七五四（乾隆十九）年刊栖霞县志十卷 清卫苌纂修 ⑲283

栖霞县 一八七九（光绪五）年刊栖霞县续志十卷首一卷 清黄丽中修于如川纂 ⑲283

桐乡县 一六七八（康熙十七）年刊桐乡县志五卷 清徐秉元修仲弘道纂 ⑲398

桐乡县 一七九九（嘉庆四）年刊桐乡县志十二卷 清李廷辉修徐志鼎等纂 ⑲398

桐乡县　一八八七（光绪十三）年刊桐乡县志二十四卷首一卷　清严辰纂　⑲398

桐庐县　一六八三（康熙二十二）年刊桐庐县志四卷　清童炜修吴文炜王佥吉纂　⑲387

桐庐县　一七五六（乾隆二十一）年刊桐庐县志十六卷　清严正身王德让修金嘉琰等纂　⑲387

桐城县　一六七三（康熙十二）年刊桐城县志八卷　清胡必选修倪传等纂　⑲449

桐城县　一八三四（道光十四）年刊续修桐城县志二十四卷首一卷　清廖大闻等修金鼎寿纂　⑲449

桐柏县　一六九四（康熙三十三）年刊续修桐柏县志四卷　清高士铎修樊翰纂　⑲598

桐柏县　一七五三（乾隆十八）年刊桐柏县志八卷首一卷　清巩敬绪修李南晖纂　⑲598

桃源县　一六八七（康熙二十六）年刊桃源县志四卷　清萧文蔚纂修　⑲367

桃源县　一七三八（乾隆三）年刊重修桃源县志十卷首一卷　清眭文焕纂修　⑲367

桃园县　一六六五（康熙四）年刊桃园县志四卷　清陈洪範罗人琮纂　⑲668

桃园县　一八二一（道光元）年刊桃园县志二十卷首一卷　清谭震修方堃文运陞纂　⑲668

桃园县　一八六九（同治八）年刊桃园县志二十卷首一卷　清罗行楷修沙明焯郭也钦纂　⑲669

桃园县　一八九二（光绪十八）年刊桃园县志十七卷首一卷末一卷　清佘良栋修刘凤苞纂　⑲669

都门河南结局　一八九〇（光绪十六）年刊外科症治全生集附金疮铁扇散方　清王维德编　㉚542

都昌县　一六八六（康熙二十五）年刊都昌县志十卷首一卷　清曾王孙修徐孟深等纂　⑲486

都昌县　一八二三（道光三）年刊都昌县志三十二卷首一卷　清曹人杰纂修　⑲486

都昌县　一八七二（同治十一）年刊都昌县志十六卷首一卷　清狄学耕修刘庭煇黄昌蕃纂　⑲486

都昌县　一八七六（光绪二）年刊都昌县志十七卷　清何庆朝等纂修　㉑155

都察院　一八九二（光绪十八）年刊钦定台规四十二卷首一卷　②46619

真阳县　一六九六（康熙三十五）年刊真阳县志八卷　清安圻修晏允恭纂　⑲592

真定县　一六四六（顺治三）年刊真定县志十四卷　清陈谦纂修　⑲28

袁州府署　一六五六（顺治十三）年刊袁州府志二十卷　清吴南岱纂修　㉑143

袁州府　一六七〇（康熙九）年刊袁州府志二十卷首一卷　清施闰章修袁继梓等纂　⑲493

袁州府　一七六〇（乾隆二十五）年刊袁州府志三十八卷首一卷　清陈廷枚修熊日华鲁鸿纂　⑲493

袁州府署 一八〇三（嘉庆八）年刊【乾隆】袁州府志三十八卷首一卷 清陈廷枚修熊日华鲁鸿纂 ㉑143
袁州府 一八六〇（咸丰十）年刊袁州府志十五卷首一卷 清陈乔枞纂修 ⑲493
袁州府 一八七四（同治十三）年刊袁州府志十卷首一卷 清骆敏修黄恩浩修萧玉铨等纂 ⑲494
泾县潘氏袁江节署 一八四八（道光二十八）年刊乾坤正气集 清姚莹等辑 ⑤
壶关县 一六八一（康熙二十）年刊壶关县志四卷 清章径纂修 ⑲100
壶关县 一七七〇（乾隆三十五）年刊壶关县志十八卷 清杨宸等修冯文止等纂 ⑲100
壶关县 一八三四（道光十四）年刊壶关县志十卷首一卷 清茹金申瑶等纂修 ⑲100
壶关县 一八八一（光绪七）年刊壶关县续志二卷 清胡燕昌修杨笃纂 ⑲100
莆田县 一七〇五（康熙四十四）年刊兴化府莆田县志三十六卷首一卷 清金皋谢修林麟焻纂 ⑲530
莱州府 一七一二（康熙五十一）年刊莱州府志十二卷 清陈谦修孔尚任刘以贵纂 ⑲280
莱州府 一七四〇（乾隆五）年刊莱州府志十六卷首一卷 清严有禧纂修 ⑲280
莱芜县 一六七三（康熙十二）年刊新修莱芜县志十卷 清钟国义等纂修 ⑲290
莱阳县 一六七八（康熙十七）年刊莱阳县志十卷 清万邦维修卫元爵等纂 ⑲284
莲花厅 一七六〇（乾隆二十五）年刊莲花厅志八卷首一卷末一卷 清李其昌纂修 ⑲508
莲花厅 一八二六（道光六）年刊莲花厅志八卷首一卷末一卷 清李其昌原本李素珠续纂 ⑲508
莲花厅 一八六五（同治四）年刊莲花厅志八卷首一卷末一卷 清李其昌原本张树萱增订 ⑲508
获鹿县 一七三六（乾隆元）年刊获鹿县志十二卷 清韩国瓒修石光玺纂 ⑲29
获鹿县 一八八一（光绪七）年刊获鹿县志十四卷首一卷末一卷 清俞锡纲修 ⑲29
获嘉县 一六八七（康熙二十六）年刊获嘉县志十卷 清冯大奇修贺振能等纂 ⑲566
获嘉县 一七五六（乾隆二十一）年刊获嘉县志十六卷首一卷 清吴乔龄修李棟纂 ⑲566
获嘉县 一八四五（道光二十五）年补刊【乾隆】获嘉县志十六卷首一卷 清吴乔龄修李棟纂 ⑲566
莘县 一六七二（康熙十一）年刊莘县志八卷 清刘维桢纂修 ⑲303
莘县 一八八七（光绪十三）年刊莘县志十卷 清张朝玮修孔广海纂 ⑲304
盐山县 一六七一（康熙十）年刊盐山县志十二卷 清朱鸾鷟修钱国寿纂 ⑲61

盐官官署 一七六六（乾隆三十一）年刊即墨黄氏诗钞 清黄簪世辑 ⑤

盐城县 一六五七（顺治十四）年修锓明【万历】盐城县志十卷 明杨瑞云修夏应星纂 ⑲368

盐城县 一七四七（乾隆十二）年刊盐城县志十六卷 清程国栋原本黄垣续修沈俨续纂 ⑲368

盐城县 一八九五（光绪二十一）年刊盐城县志十七卷首一卷 清刘崇照修陈玉树龙继栋纂 ⑲369

盐亭县 一七六三（乾隆二十八）年刊盐亭县志四卷首一卷 清董梦曾纂修 ⑲752

盐亭县 一八八二（光绪八）年刊盐亭县志续编四卷首一卷 清邢锡晋修赵宗藩等纂 ⑲752

盐源县 一八九四（光绪二十）年刊盐源县志十二卷首一卷 清辜培源等修曹永贤等纂 ⑲794

晋　州 一七〇〇（康熙三十九）年刊晋州志十卷 清郭建章原本康如琏续修刘士麟续纂 ⑲31

晋　州 一八六〇（咸丰十）年补【康熙】刊晋州志十卷 清郭建章原本康如琏续修刘士麟续纂 ⑲31

晋宁州 一七六二（乾隆二十七）年刊晋宁州志二十八卷 清毛嶅朱阳纂修 ⑲822

晋宁州 一八四三（道光二十三）年刊晋宁州志十二卷 清朱庆椿修陈金堂纂 ⑲823

晋江县 一七六五（乾隆三十）年刊晋江县志十六卷首一卷 清方鼎修朱升元纂 ⑲533

晋阳学署 一七九五（乾隆六十）年刊痘疹定论四卷 清朱玉堂撰 ㉚508

夏　县 一七〇八（康熙四十七）年刊夏县志四卷 清蒋起龙纂修 ⑲116

夏　县 一八八〇（光绪六）年刊夏县志十卷首一卷 清黄缙荣万启钧修张承熊纂 ⑲116

夏邑县 一六九七（康熙三十六）年刊夏邑县志十卷首一卷 清尚崇霓修关鳞如纂 ⑲579

夏津县 一六七三（康熙十二）年刊夏津县志六卷 清董时升纂修 ⑲264

夏津县 一七四一（乾隆六）年刊夏津县志十卷首一卷 清方学成修梁大鲲纂 ⑲264

原武县 一六六一（顺治十八）年刊原武县志二卷 清宁弘舒修裴之亮孟文升纂 ⑲568

原武县 一六九〇（康熙二十九）年刊原武县志六卷首一卷末一卷 清詹槐芬修戚一夔纂 ⑲568

原武县 一七四七（乾隆十二）年刊原武县志十卷 清吴文炘修何远纂 ⑲568

苏州振新书社 一八九一（光绪十七）年刊故唐律疏议三十卷 唐长孙无忌等撰 ⑯352/410

峨眉县 一六八五（康熙二十四）年刊峨眉县志八卷 清房星著修杨维孝纂 ⑲774

峨眉县 一七四〇（乾隆五）年刊峨眉县志十二卷 清文曙修张弘映纂 ⑲774

峨眉县 一八一三（嘉庆十八）年刊峨眉县志十卷首一卷 清王燮修张希缙张希珝纂 ⑲774
峨眉县 一九一一（宣统三）年刊峨眉县续志十卷图一卷 清李锦成修朱荣邦等纂 ⑲775
晃州厅 一八二五（道光五）年刊晃州厅志四十四卷首一卷末一卷 清俞克振修梅峄纂 ⑲663
恩　县 一七二三（雍正元）年刊恩县续志五卷 清陈学海修韩天笃纂 ⑲265
恩　县 一九〇九（宣统元）年刊重修恩县志十卷首一卷 清汪鸿孙修刘儒臣王金阶纂 ⑲265
恩平县 一六八八（康熙二十七）年刊恩平县志十一卷 明宋应昇原本清佟世男续修郑轼等续纂 ⑲699
恩平县 一七六六（乾隆三十一）年刊恩平县志十卷 清曾萼纂修 ⑲699
恩平县衙 一七七一（乾隆三十六）年刊山左明诗钞三十五卷 清宋弼辑 ②1775
恩施县 一八〇八（嘉庆十三）年刊恩施县志四卷 清朱寅赞纂 ⑲630
钱塘县 一七一八（康熙五十七）年刊钱塘县志三十六卷首一卷 清裘琏等纂 ⑲379
钱塘金衙 刊禅真后史六十回 原题清溪道人编 ②4638
铁岑县 一六七七（康熙十六）年刊铁岑县志二卷 清贾弘文修董国祥等纂 ⑲132
铅山县 一六八三（康熙二十二）年刊铅山县志八卷 清潘士瑞修詹兆泰等纂 ⑲488
铅山县 一七八四（乾隆四十九）年刊铅山县志十三卷 清阳浩然纂修 ⑲489
铅山县 一八一四（嘉庆十九）年刊铅山县志十七卷 清陶廷琡纂修 ⑲489
铅山县 一八二四（道光四）年刊铅山县志十七卷首一卷 清王之道纂修 ⑲489
铅山县 一八七三（同治十二）年刊铅山县志三十卷首一卷 清张廷珩华祝三纂 ⑲489
射洪县 一七一二（康熙五十一）年刊射洪县志十卷 清唐麟翔纂修 ⑲753
射洪县 一七八六（乾隆五十一）年刊射洪县志八卷 清张松孙修胡光琦纂 ⑲753
射洪县 一八二〇（嘉庆二十五）年刊射洪县志十八卷首一卷 清陈廷钰等修赵燮元等纂 ⑲753
射洪县 一八八四（光绪十）年刊射洪县志十八卷首一卷 清黄允钦等修罗锦城等纂 ⑲753
郫　县 一七五一（乾隆十六）年刊郫县志十卷 清李馨纂修 ⑲743
郫　县 一八一三（嘉庆十八）年刊郫县志四十四卷首一卷 清朱鼎臣等修盛大器等纂 ⑲743
郫　县 一八七〇（同治九）年刊郫县志四十四卷 清陈庆熙修高升之等纂 ⑲743

皋兰县 一七七八（乾隆四十三）年刊皋兰县志二十卷 清吴鼎新修黄建中纂 ⑲208
皋兰县 一八四七（道光二十七）年刊皋兰县续志十二卷 清秦维岳原纂张廷选等续纂 ⑲208
息　县 一六五七（顺治十四）年刊息县志十卷 清邵光胤修宣洪猷纂 ⑲593
息　县 一六九三（康熙三十二）年刊息县续志八卷 清郑振藻蒋彪修何朝宗纂 ⑲593
息　县 一七九九（嘉庆四）年刊息县志八卷首一卷 清刘光辉修任镇及纂 ⑲593
息　县 一八八〇（光绪六）年刊续修息县志不分卷 清赵辉棣修夏缙卿纂 ⑲593
徐州府 一六五四（顺治十一）年刊徐州志八卷 清余志明修李向阳纂 ⑲370
徐州府 一七二二（康熙六十一）年刊徐州志三十六卷 清姜焯纂修 ⑲371
徐州府 一七四二（乾隆七）年刊徐州府志三十卷首一卷 清石杰修王峻纂 ⑲371
徐州府 一八七四（同治十三）年刊徐州府志二十五卷 清吴世熊朱忻修刘痒方骏谟纂 ⑲371
徐州道署 一八九〇（光绪十六）年刊青囊玉尺度金针集六卷 清舒凤仪纂图段哲著说 ②6579
徐沟县 一七一二（康熙五十一）年刊徐沟县志四卷 清王嘉谟纂修 ⑲83
徐沟县 一八八一（光绪七）年刊补修徐沟县志六卷 清王勋祥修秦宪纂 ⑲83
徐闻县 一六九八（康熙三十七）年刊徐闻县志四卷 清孙挹纂修 ⑲708
徐闻县 一九一一（宣统三）年刊徐闻县志十五卷首一卷 清王辅之修骆克良等纂 ⑲708
翁源县 一六八六（康熙二十五）年刊翁源县志七卷 清刘士骐纂修 ⑲680
翁源县 一七六五（乾隆三十）年刊翁源县志八卷 清杨楚枝修郭正嘉纂 ⑲680
翁源县 一八二〇（嘉庆二十五）年刊翁源县新志十二卷首一卷末一卷 清谢崇俊等修颜尔枢纂 ⑲680
馀干县 一六六九（康熙八）年刊馀干县志十卷首一卷 清江南龄纂修 ⑲491
馀干县 一八二三（道光三）年刊馀干县志二十三卷首一卷 清李暕修洪锡光纂 ⑲491
馀杭县 一六六五（康熙四）年刊馀杭县志十卷 清宋士吉纂修 ⑲380
馀杭县 一八〇八（嘉庆十三）年刊馀杭县志四十卷 清张吉安修朱文藻纂董作栋等续纂 ⑲380
馀杭县 一九〇六（光绪三十二）年刊光绪馀杭县志稿不分卷 清褚成博纂 ⑲381
馀姚县 一六九三（康熙三十二）年刊馀姚县志二十五卷 清康如琏纂修 ⑲413

馀姚县　一七八一（乾隆四十六）年刊馀姚志四十卷　清唐若瀛修邵晋涵纂　⑲414
馀姚县　一八九九（光绪二十五）年刊馀姚县志二十七卷首一卷末一卷　清周炳麟修邵友濂孙德祖纂　⑲414
胶　州　一六七三（康熙十二）年刊胶州志八卷　清孙蕴韬修　⑲278
胶　州　一七五二（乾隆十七）年刊胶州志八卷首一卷　清周於智修刘恬纂　⑲278
胶　州　一八四五（道光二十五）年刊重修胶州志四十卷　清张同声修李图等纂　⑲278
凉　镇　一六五七（顺治十四）年刊凉镇志不分卷　清苏铣纂修　⑲221
高　县　一六八六（康熙二十五）年刊高县志二卷　清王廷谋纂修　⑲768
高　县　一七六二（乾隆二十七）年刊高县志十卷　清李鸿楷纂修　⑲768
高　县　一八一二（嘉庆十七）年刊高县志五十四卷首一卷　清卢燿修王秉刚纂　⑲768
高　县　一八六六（同治五）年刊高县志五十四卷首一卷　清敖立榜等修曾毓佐等纂　⑲768
高平县　一六五八（顺治十五）年刊高平县志十卷　清范绳祖修庞太朴纂　⑲101
高平县　一六六六（康熙五）年补刊【顺治】高平县志十卷　清范绳祖修庞太朴纂　⑲101
高平县　一七七四（乾隆三十九）年刊高平县志二十二卷末一卷　清傅德宜修戴纯纂　⑲101
高平县　一八六七（同治六）年刊高平县志八卷　清龙汝霖纂修　⑲101
高平县　一八八〇（光绪六）年刊续高平县志十六卷　清陈学富庆钟修李廷一纂　⑲101
高州府　一六七二（康熙十一）年刊高州府志十卷　清蒋应泰纂修黄云史重辑　⑲705
高州府　一七五九（乾隆二十四）年刊高州府志十六卷　清王槩纂修　⑲705
高州府　一八二七（道光七）年刊高州府志十六卷　清黄安涛海寿等修潘眉纂　⑲705
高州府　一八九〇（光绪十六）年刊高州府志五十四卷首一卷末一卷　清杨霁修陈兰彬等纂　⑲705
高安县署　一八六九（同治八）年刊知足知不足斋丛书　②36700
高安县　一六七一（康熙十）年刊高安县志十卷　清张文旦修陈九畴纂　⑲495
高安县　一七五四（乾隆十九）年刊高安县志十二卷首一卷　清聂元善纂修　⑲495
高安县　一七九六（嘉庆元）年刊高安县志十二卷首一卷　清俞圣基吴楷纂修　㉑167
高安县　一八二四（道光四）年刊高安县志二十二卷首一卷　清高以本纂修　⑲495

高安县一八七一（同治十）年刊高安县志二十八卷首一卷 清孙家铎修熊松之纂 ⑲495

高阳县一七三〇（雍正八）年刊高阳县志六卷 清严宗嘉修李其旋纂 ⑲57

高邑县一六八五（康熙二十四）年刊高邑县志三卷 清刘瑜修 ⑲32

高邑县一八〇〇（嘉庆五）年刊高邑县志十卷首一卷清陈元芳修沈云尊纂 ⑲32

高邮州一六七三（康熙十二）年刊高邮州志十卷 清孙宗彝原本李培茂增修余恭增纂 ⑲353

高邮州一七二四（雍正二）年刊高邮州志十二卷 清张德盛修王曾禄纂 ⑲353

高邮州一七八三（乾隆四十八）年刊高邮州志十二卷首一卷末一卷 清杨宜仑修贾之蓉沈之本纂 ⑲353

高邮州一八一三（嘉庆十八）年刊高邮州志十二卷首一卷 清杨宜仑修冯馨增修 ⑲353

高邮州一八四三（道光二十三）年刊续增高邮州志不分卷 清左辉春等纂修 ⑲353

高邮州一八八三（光绪九）年刊再续高邮州志八卷首一卷 清金元烺龚定瀛修 ⑲354

高苑县一六七二（康熙十一）年刊高苑县志八卷 清宋弼纂修 ⑲271

高苑县一七五八（乾隆二十三）年刊高苑县志十卷 清张耀璧纂修 ⑲271

高要县一六七三（康熙十二）年刊高要县志二十九卷 清谭桓修梁登胤纂 ⑲709

高要县一八二六（道光六）年刊高要县志二十二卷首一卷 清韩际飞修何元等纂 ⑲709

高要县一八六三（同治二）年刊续修高要县志稿二卷首一卷 清吴信臣修黄登瀛纂 ⑲710

高明县一六六九（康熙八）年刊高明县志十八卷 清鲁杰修罗守昌纂 ⑲697

高明县一八〇〇（嘉庆五）年刊高明县志十八卷 清瞿云魁修雷际泰纂 ⑲698

高明县一八二五（道光五）年刊高明县志十八卷首一卷 清祝淮修夏植亨纂 ⑲698

高明县一八九四（光绪二十）年刊高明县志十六卷首一卷 清邹兆麟蔡逢恩修梁廷栋等纂 ⑲698

高凉郡斋一八六四（同治三）年刊通斋集五卷外集一卷 清蒋超伯撰 ⑧

高唐州一六七三（康熙十二）年刊高唐州志十二卷 清刘佑纂修 ⑲305

高唐州一七四二（乾隆七）年刊高唐州续志二卷首一卷 清毕一谦修耿举贤纂 ⑲305

高唐州一八三五（道光十五）年刊高唐州志八卷首一卷末一卷 清徐宗幹修杜阡等纂 ⑲306

高唐州一九〇七（光绪三十三）年刊高唐州志八卷首一卷末一卷 清周家齐修鞠建章纂 ⑲306

高淳县 一六五六（顺治十三）年刊高淳县志十八卷 清纪圣训修林古度纂 ⑲344
高淳县 一六八三（康熙二十二）年刊高淳县志二十五卷 清李斯佺纂修 ⑲344
高淳县 一七五一（乾隆十六）年刊高淳县志二十五卷首一卷 清朱绍文纂修 ⑲344
高陵县 一七三二（雍正十）年刊高陵县志十卷序图一卷 清丁应松修樊景颜纂 ⑲165
高陵县 一七九八（嘉庆三）年重刊【嘉靖】高陵县志七卷 明吕柟纂修 ⑲165
高陵县 一八八四（光绪十）年刊高陵县续志八卷 清程维雍修白遇道纂 ⑲165
高密县 一七一〇（康熙四十九）年刊高密县志十卷 清张浩修张寅威李世溁纂 ⑲279
高密县 一七五四（乾隆十九）年刊高密县志十卷首一卷末一卷 清张乃史修钱廷熊纂 ⑲279
高密县 一八九六（光绪二十二）年刊高密县志十卷首一卷末一卷 清罗邦彦等修李勷运纂 ⑲279
亳　州 一六五六（顺治十三）年刊亳州志四卷 清刘泽溥修高搏九纂 ⑲455
亳　州 一七四〇（乾隆五）年刊亳州志十六卷 清华度修蔡必达纂 ⑲455
栾城县 一六八三（康熙二十二）年刊栾城县志四卷 清贺应旌纂 ⑲35
栾城县 一八四六（道光二十六）年刊栾城县志十卷首一卷末一卷 清桂超万李鈖修高继珩纂 ⑲35
栾城县 一八七二（同治十一）年刊栾城县志十四卷首一卷末一卷 清陈咏修张惇德纂 ⑲35
资　县 一六八六（康熙二十五）年刊资县总志八卷 清朴怀德修周壮雷纂 ⑲761
资　州 一八一五（嘉庆二十）年刊资州直隶州志三十卷首四卷 清刘炯修张怀渭等纂 ⑲761
资　州 一八六四（同治三）年刊资州直隶州志三十卷首四卷 清刘炯原本黄济等续修
王宗泗等续纂 ⑲761
资　州 一八七六（光绪二）年刊资州直隶州志三十卷首四卷 清刘炯原本罗廷权续修何衮等续纂 ⑲761
四川**资阳县** 一七六五（乾隆三十）年刊资阳县志十六卷 清张德源纂修 ⑲761
四川**资阳县** 一八一七（嘉庆二十二）年刊资阳县志八卷 清宋润等修陈凤廷等纂 ⑲761
四川**资阳县** 一八六〇（咸丰十）年刊资阳县志四十八卷首二卷 清范涞清等修何华元等纂 ⑲761
资州官廨 一八九二（光绪十八）年刊平平言四卷 清方大湜撰 ⑰3906
河南**唐县** 一六九六（康熙三十五）年刊唐县志八卷首一卷 清平鄗鼎修李璜纂 ⑲597

河南**唐县** 一七八七（乾隆五十二）年刊唐县志十卷 清黄文莲修吴泰来纂 ⑲597

河北**唐县** 一六七二（康熙十一）年刊唐县新志十八卷 清王政修张珽纂 ⑲55

河北**唐县** 一七三四（雍正十二）年刊续唐县志略十类 清王恪纂修 ⑲55

河北**唐县** 一八七八（光绪四）年刊唐县志十二卷首一卷 清陈咏修张惇德纂 ⑲55

唐山县 一六七三（康熙十二）年刊唐山县志四卷 清孙缵修张鹏翎纂 ⑲76

唐山县 一八八一（光绪七）年刊唐山县志十二卷首一卷末一卷 清苏玉修杜霭李飞鸣纂 ⑲76

阆中县 一八五一（咸丰元）年刊阆中县志八卷 清徐继镛修李惺等纂 ⑲785

朔　州 一六六〇（顺治十七）年刊朔州志六卷 清侯树屏纂修 ⑲86

朔　州 一六七三（康熙十二）年增刊朔州志六卷 清侯树屏纂修方叔裔续修 ⑲86

朔　州 一七三五（雍正十三）年刊朔州志十二卷 清汪嗣圣修 ⑲86

朔平府 一七三三（雍正十一）年刊朔平府志十二卷 清刘士铭修 ⑲86

郯城县 一六七三（康熙十二）年刊郯城县志十卷 清张三俊修冯可参纂 ⑲286

郯城县 一七六三（乾隆二十八）年刊郯城县志十二卷首一卷 清王植纂修张金城续修王恒续纂 ⑲286

郯城县 一八一〇（嘉庆十五）年刊续修郯城县志十卷 清吴堦修陆继辂纂 ⑲286

益元局 一八九九（光绪二十五）年刊今古奇观四十卷 原题抱瓮老人编 ④5804

益阳县 一七四八（乾隆十三）年刊益阳县志二十四卷首一卷 清高自位蔡如杞修曾璋等纂 ⑲670

益阳县 一八二〇（嘉庆二十五）年刊益阳县志三十五卷首一卷末一卷 清方为霖修符鸿纂 ⑲670

益阳县 一八七四（同治十三）年刊益阳县志二十五卷首一卷 清姚念杨等修赵裴哲纂 ⑲670

益都县 一六七二（康熙十一）年刊益都县志十四卷首一卷 清陈食花修钟谔等纂 ⑲274

益都县 一九〇七（光绪三十三）年刊益都县图志五十四卷首一卷 清张承燮修法伟堂等纂 ⑲274

益智书会 一八八八（光绪十四）年刊俄史辑译四卷 英阚斐迪译清徐景罗重译 ⑲948. 1/457

浦江县 一六七三（康熙十二）年刊浦江县志十二卷首一卷 清毛文埜修张一炜纂 ⑲431

浦江县 一七七九（乾隆四十四）年刊浦江县志二十卷首一卷 清薛鼎铭修胡廷槐等纂 ⑲431

浦江县 一八九六（光绪二十二）年刊浦江县志十五卷首一卷 清善广修张景青纂 ⑲431

浦江官署 一七九七（嘉庆二）年刊挹江轩防浦纪略六卷 清周士拨撰 ①994

浦城县 一六四八（顺治五）年刊浦城县志十二卷 清李葆贞修梅眉季等纂 ⑲523

浦城县 一七四三（乾隆八）年刊浦城县志十三卷 清李藩修林鸿祖德源等纂 ⑲523

浦城县 一八一一（嘉庆十六）年刊浦城县志四十卷首一卷 清黄恬修祖之望朱秉鉴纂 ⑲523

涞水县 一六七七（康熙十六）年刊涞水县志十卷首一卷 清陆宸箴纂修 ⑲52

涞水县 一七四三（乾隆八）年刊涞水县志十二卷首一卷 清王治纂修 ⑲52

涞水县 一八九五（光绪二十一）年刊涞水县志八卷首一卷末一卷 清陈杰等纂修 ⑲52

涞阳官舍 一八六七（同治六）年刊心字香馆文钞甲集二卷 清黄仲畲撰 ②44623

浙西官舍碧云仙馆 一八三三（道光十三）年刊怀荆堂诗稿四卷 清恒庆撰 ②35093

浙西鸳鸯湖 一九〇〇（光绪二十六）年刊良方集腋二卷续附一卷 清谢元庆编 ㉚260

浙江省 一六八四（康熙二十三）年刊浙江通志五十卷首一卷 清王国安等修黄宗羲等纂 ⑲375

浙江省 一七三六（乾隆元）年刊浙江通志二百八十卷首三卷 清李卫嵇曾筠等修沈翼机等纂 ⑲375

浙江节院 一八〇二（嘉庆七）年刊小沧浪笔谈四卷 清阮元撰 ⑰2545

浙江东阳县署 一八二四（道光四）年读风偶识四卷 清崔述撰 ⑥

浙江处州府署 一八七四（同治十三）年刊括苍金石志十二卷续志四卷 清李遇孙辑邹柏森校补 ⑯9175

浙江抚署 一七二七（雍正五）年刊礼记纂言三十六卷 元吴澄纂清朱轼校 ②11940

浙江抚署 一八六四（同治三）年刊钦定康济录四卷 清陆曾禹原撰倪国琏续撰 ⑯368/394－02

浙江采访忠义总局 一八七三（同治十二）年刊浙江忠义录十卷 清张景祁等纂 ⑰6641

杭州浙江学院 一八九二（光绪十八）年刊越女表微录五卷 清汪耀祖撰 ⑯982. 623/711

浙江盐局 一八七四（同治十三）年刊两浙盐法续纂备考十二卷 清杨昌浚等纂李纶全等辑 ⑰11793－4

浙江盐驿道 一七三一（雍正九）年刊西湖志四十八卷 清李卫等纂 ⑥

浙江黄氏试馆 一八九二（光绪十八）年刊军礼司马法考徵二卷 清黄以周撰 ⑥

浙江温处道署 一八七三（同治十二）年刊医方易简新编六卷 清龚自璋黄统编 ㉚268

浙江粮道 一八五四（咸丰四）年刊浙江海运全案十卷续编四卷 清椿寿等纂韩椿等续 ⑰11724

涉县 一七一四（康熙五十三）年刊涉县志十二卷 清黄泽修窦彝常纂 ⑲71

涉县 一七九九（嘉庆四）年刊涉县志八卷 清戚学标纂修 ⑲71

涉县署 一七九六—一八二〇（嘉庆）年刊戚鹤泉所著书 清戚学标撰 ⑤

涉县官署 一八〇四（嘉庆九）年刊汉学谐声二十四卷说文补考一卷说文又考一卷 清戚学标撰 ⑯5386

涉署 一八〇五（嘉庆十）年刊毛诗证读 清戚学标撰 ②17429

海州 一六六〇（顺治十七）年刊海州志十卷 清刘兆龙修赵昌祚等纂 ⑲373

海州 一六七〇（康熙九）年刊【顺治】海州志十卷 清刘兆龙修赵昌祚等纂 ⑲373

海州 一八一一（嘉庆十六）年刊海州直隶州志三十二卷首一卷 清唐仲冕修汪梅鼎等纂 ⑲373

海州 一八四五（道光二十五）年刊海州文献录十六卷 清许乔林纂 ⑲374

海门县 一六五六（顺治十三）年刊海门县志八卷 清庄泰弘修李兆星纂 ⑲362

海门县 一八三一（道光十一）年刊海门县志三卷首一卷 清丁鹿寿纂 ⑲362

海门厅 一九〇〇（光绪二十六）年刊海门厅图志二十卷首一卷 清刘文徵等修周家禄等纂 ⑲362

山东**海丰县** 一六七〇（康熙九）年刊海丰县志十二卷首一卷 清胡公著修张克家纂 ⑲268

广东**海丰县** 一七五〇（乾隆十五）年刊海丰县志十卷末一卷 清于卜熊修史本纂 ⑲692

广东**海丰县** 一八七三（同治十二）年刊海丰县志续编二卷 清蔡逢恩修林光斐纂 ⑲692

广东**海丰县** 一八七七（光绪三）年补刊【同治】海丰县志续编二卷 清蔡逢恩修林光斐纂 ⑲693

海宁州署 一八九五（光绪二十一）年刊鸦片事略二卷 清李圭撰 ②37330

海宁县 一六八三（康熙二十二）年刊海宁县志十三卷图一卷 清许三礼纂修黄承琏续纂修 ⑲396

海宁县 一七六五（乾隆三十）年刊海宁县志十二卷首一卷 清金鳌修黄簪世续修王又曾纂 ⑲396

海阳县 一七四二（乾隆七）年刊海阳县志八卷 清包桂纂修 ⑲285

海阳县 一八八〇（光绪六）年刊海阳县续志十卷首一卷 清王敬勋修李尔梅王兆腾纂 ⑲285

广东**海阳县** 一七三四（雍正十二）年刊海阳县志十二卷 清张士琏修叶适陈珏等纂 ⑲691

广东**海阳县** 一九〇〇（光绪二十六）年刊海阳县志四十六卷首一卷 清卢蔚猷修吴道镕纂 ⑲691

海昌官廨 一八九五（光绪二十一）年刊通商表四卷 清杨楷仁等辑 ⑰1726－7

海盐县 一七四八（乾隆十三）年刊海盐县续图经七卷 清王如珪修陈世倕钱元昌纂 ⑲394

海康县 一六八七（康熙二十六）年刊海康县志三卷 清郑俊修宋绍启纂 ⑲708

海康县 一八一二（嘉庆十七）年刊海康县志八卷 清刘邦柄修陈昌齐纂 ⑲709

海澄县 一六九三（康熙三十二）年刊海澄县志二十卷 清胡鼎修李基益等纂 ⑲538

海澄县 一七六二（乾隆二十七）年刊海澄县志二十四卷首一卷 清陈锳王作霖修叶廷推邓来祚纂 ⑲538

浮山县 一六七三（康熙十二）年刊浮山县志四卷 清潘廷侯修秦绍襄纂 ⑲110

浮山县 一七四五（乾隆十）年刊浮山县志三十七卷 清贾西张乾元修张华皇甫奎纂 ⑲110

浮山县 一八七四（同治十三）年刊浮山县志三十七卷 清庆钟纂修 ⑲110

浮山县 一八八〇（光绪六）年刊浮山县志三十四卷 清鹿学典等修武克明等纂 ⑲110

浮梁县 一六七三（康熙十二）年刊浮梁县志八卷首一卷 清王临元修曹鼎元等纂 ⑲481

浮梁县 一七八三（乾隆四十八）年刊浮梁县志十二卷首一卷 清程廷济修凌汝绵纂 ⑲481

浮梁县 一八三二（道光十二）年刊浮梁县志二十二卷首一卷 清乔溎修贺锡龄纂游际盛增补 ⑲482

润州榷署 一八七七（光绪三）年刊话山草堂遗集 清沈道宽撰 ⑤

浪穹县 一六九〇（康熙二十九）年刊续修浪穹县志八卷附录一卷 清赵珙纂修 ⑲844

浪穹县 一八四二（道光二十二）年刊浪穹县志十一卷 清樊肇新纂修 ⑲844

浪穹县 一九〇三（光绪二十九）年刊浪穹县志略十三卷 清周沆纂修 ⑲844

浚仪官署 一八三〇（道光十）年刊大小雅堂诗钞十卷文钞二卷 清邵堂撰 ③文86.552/37

宾　州 一八二六（道光六）年刊宾州志二十四卷 清耿省修修张鹏展纂 ⑲717

宾　州 一八八六（光绪十二）年刊宾州志二十四卷 清耿省修修杨椿增修陆生兰增纂 ⑲718

宾川州 一七二七（雍正五）年刊宾川州志十二卷 清周钺纂修 ⑲844

容　县 一八九七（光绪二十三）年刊容县志二十八卷首一卷 清易绍德王永贞修封祝唐黄玉年纂 ⑲731

容城县 一六六二—一七二二（康熙）年刊容城县志八卷 清赵士麟修李进光纂 ⑲53

容城县 一七六一（乾隆二十六）年刊容城县志八卷 清王克淳纂修 ⑲53

容城县 一八五七（咸丰七）年刊容城县志八卷 清詹作周裴福德修王振纲纂 ⑲53

容城县一八九六（光绪二十二）年刊容城县志八卷 清俞廷献曹鹏修吴思忠纂 ⑲53

诸罗县一七一七（康熙五十六）年刊诸罗县志十二卷首一卷 清周钟瑄修陈梦林李钦文纂 ⑲552

诸城县一六七三（康熙十二）年刊诸城县志十二卷 清卞颖修王劝纂 ⑲276

诸城县一七六四（乾隆二十九）年刊诸城县志四十六卷 清宫懋让修李文藻等纂 ⑲276

诸城县一八三四（道光十四）年刊诸城县续志二十三卷 清刘光斗修朱学海纂 ⑲277

诸城县一八九二（光绪十八）年刊增修诸城县续志二十二卷 清刘嘉树修苑棻池邱濬恪纂 ⑲277

诸暨县一六七二（康熙十一）年刊诸暨县志十二卷图一卷 清蔡灼修杨淙等纂 ⑲419

诸暨县一七七三（乾隆三十八）年刊诸暨县志四十四卷首一卷末一卷 清沈椿龄修 ⑲419

诸暨县一九一〇（宣统二）年刊诸暨县志六十卷首一卷 清陈遹声修蒋鸿藻纂 ⑲419

祥符县一六六一（顺治十八）年刊祥符县志六卷 清李同亨张俊哲修 ⑲558

祥符县一七三九（乾隆四）年刊祥符县志二十二卷 清张淑载修鲁曾煜纂 ⑲558

祥符县一八九八（光绪二十四）年刊祥符县志二十四卷首一卷 清沈传义俞纪瑞修黄舒昺纂 ⑲559

陵　县一六七三（康熙十二）年刊陵县志六卷 清史飏廷纂修 ⑲259

陵　县一八四六（道光二十六）年刊陵县志二十二卷首一卷 清沈淮修李图纂 ⑲260

陵　县一八七五（光绪元）年刊陵县志二十二卷首一卷 清沈淮修李图纂戴杰续纂 ⑲260

陵　县一九〇七（光绪三十三）年刊陵县乡土志一卷 清钱应显修邢宝英纂 ⑲260

陵川县一六八〇（康熙十九）年刊陵川县志八卷 清孙必振纂修 ⑲104

陵川县一七四〇（乾隆五）年刊陵川县志二十八卷 清雷正修景象元纂 ⑲104

陵川县一八八二（光绪八）年刊陵川县志三十卷首一卷 清梁寅纂 ⑲104

陵水县一六八八（康熙二十七）年刊陵水县志不分卷 清高首标纂修潘廷侯订补 ⑲704

陵水县一七九二（乾隆五十七）年刊陵水县志十卷 清瞿云魁纂修 ⑲704

桑植县一七六四（乾隆二十九）年刊桑植县志四卷首一卷 清顾奎光纂修 ⑲665

桑植县一八七二（同治十一）年刊桑植县志八卷首一卷 清周来贺修卢元勋纂 ⑲665

北京**通州**一六九七（康熙三十六）年刊通州志十二卷 清吴存礼修陆茂腾纂 ⑲5

北京通州 一七二四（雍正二）年刊通州新志九卷 清黄成章纂修 ⑲5
北京通州 一七八三（乾隆四十八）年刊通州志十卷首一卷末一卷 清高天凤修金梅纂 ⑲5
北京通州 一八七九（光绪五）年刊通州志十卷首一卷末一卷 清高建勋等修王维珍等纂 ⑲5
江苏通州 一六七四（康熙十三）年刊通州志十五卷 清王宜亨修王兆陞等纂 ⑲360
江苏通州 一七五五（乾隆二十）年刊直隶通州志二十二卷 清王继祖修夏之蓉等纂 ⑲360
江苏通州 一八二一—一八五〇（道光）年刊江南直隶通州志 清顾鸿修李琪杨廷撰纂 ⑲360
通山县 一六六五（康熙四）年刊通山县志八卷 清任钟麟修余廷誌纂 ⑲618
通江县 一八四八（道光二十八）年刊通江县志十五卷 清锡檀修陈瑞生邓範之纂 ⑲791
通江县 一八六三（同治二）年刊续通江县志四卷 清姜凤仪纂修 ⑲791
通许县 一六九三（康熙三十二）年刊通许县志十卷 清吴辙修张正王荣先纂 ⑲562
通许县 一七三〇（雍正八）年刊通许县志十卷 清王应佩修韩鼎景份纂 ⑲562
通许县 一七七〇（乾隆三十五）年刊通许县志十卷 清阮龙光修邵自祐纂 ⑲562
通奉大夫第 一九〇二（光绪二十八）年刊丛书杂文十二卷续集八卷三集六卷四集四卷
清钟琦撰 ⑯071/937
通城县 一六五二（顺治九）年刊通城县志九卷 清盛治纂修 ⑲618
通海县 一六九一（康熙三十）年刊通海县志八卷 清魏荩臣修阚祯兆纂 ⑲830
通海县 一八二六（道光六）年刊通海县志四卷 清赵自中纂修 ⑲831
通道县 一六八四（康熙二十三）年刊通道县志二卷 清殷道正纂修 ⑲663
通道县 一八一五（嘉庆二十）年刊通道县志十卷首一卷 清蔡象衡修罗临远李逢生纂 ⑲663
通渭县 一八九三（光绪十九）年刊重修通渭县新志十二卷首一卷 清高蔚霞修苟廷诚纂 ⑲210
绥宁县 一六七二（康熙十一）年刊绥宁县志五卷 清杨九鼎修周文濂纂 ⑲659
绥宁县 一七五四（乾隆十九）年刊绥宁县志二十卷 清程际泰修幸超士纂 ⑲659
绥宁县 一八六七（同治六）年刊绥宁县志四十卷首一卷 清方传质修龙凤翥纂 ⑲660
绥定郡斋 一八六五（同治四）年刊梦砚斋遗稿八卷附昭忠录一卷 清唐树义撰 ⑦8368

绥靖屯 一八二五（道光五）年刊绥靖屯志十卷首一卷 清李涵元修潘时彤纂 ⑲796

绥远旗 一九〇八（光绪三十四）年刊绥远志十卷首一卷 清贻穀修高赓恩纂 ⑲122

绥德州 一六六一（顺治十八）年刊绥德州志八卷 清王元士修郝鸿图纂 ⑲192

绥德州 一七八四（乾隆四十九）年刊绥德州直隶州志八卷 清吴忠诰修李继峤纂 ⑲192

绥德州 一九〇五（光绪三十一）年刊绥德直隶州志八卷首一卷 清孔繁朴修高维岳纂 ⑲193

十一画

理番厅 一八六八（同治七）年刊直隶理番厅志六卷首一卷 清吴羹梅修周祚峄纂 ⑲796

理藩部 一九一〇（宣统二）年刊钦定同文韵统六卷 清允禄等撰 ②10737

梧州府署 一八二六（道光六）年刊瘟疫明辨四卷末一卷 清戴天章等撰 ㉚386

梧州郡署 一八八〇（光绪六）年刊医学同源三卷 清徐延旭撰 ㉚351

浙西**梧桐乡** 一八七九（光绪五）年刊良方集腋二卷续附一卷 清谢元庆编 ㉚260

梧州府 一七七〇（乾隆三十五）年刊梧州府志二十四卷首一卷 清吴九龄修史鸣皋等纂 ⑲728

梧州府 一八七三（同治十二）年刊【乾隆】梧州府志二十四卷首一卷 清吴九龄修史鸣皋等纂 ⑲728

沙邱徐氏**梧州郡署** 一八七七（光绪三）年刊越南辑略二卷 清徐延旭撰 ⑯938·38/953

梓潼县 一七八〇（乾隆四十五）年刊梓潼县志二卷 清朱簾修杜芨纂 ⑲752

梓潼县 一八五八（咸丰八）年刊重修梓潼县志六卷 清张香海修杨曦等纂 ⑲752

聊城县 一六六三（康熙二）年刊聊城县志四卷 清何一杰纂修 ⑲301

聊城县 一九一〇（宣统二）年刊聊城县志十二卷首一卷 陈庆蕃修叶锡麟等纂 ⑲302

乾　州 一七二六（雍正四）年刊重修陕西乾州志六卷 清拜斯呼朗纂修 ⑲170

乾　州 一八九一（光绪十七）年刊乾州志稿补正一卷 清周铭旂纂 ⑲170

湖南**乾州** 一七三九（乾隆四）年刊乾州志四卷 清王玮纂修 ⑲664

湖南**乾州厅** 一八七二（同治十一）年刊乾州厅志十六卷首一卷 清蒋琦溥罗行楷修张汉槎纂 ⑲664

湖南**乾州厅** 一八七七（光绪三）年刊乾州厅志十六卷首一卷 清蒋琦溥原本张先达续纂 ⑲664

鄄城县 一六五九（顺治十六）年刊鄄城县志十卷 清荆其惇傅鸿鄰修阎举纂 ⑲586

鄄城县 一七四五（乾隆十）年刊鄄城县志十卷 清赵作霖纂修 ⑲586

菏泽县 一八八〇（光绪六）年刊菏泽县志二十卷 清凌寿柏修宋明在纂 ⑲299

萍乡县 一六八三（康熙二十二）年刊萍乡县志八卷 清尚崇年修谭诠李六谦纂 ⑲482

萍乡县 一七八四（乾隆四十九）年刊萍乡县志十二卷 清胥绳武修欧阳鹤鸣纂 ⑲482

萍乡县 一八一一（嘉庆十六）年刊萍乡县志二十卷 清陈建勋纂修 ⑲482

萍乡县 一八二三（道光三）年刊萍乡县志十六卷 清黄濬纂修 ⑲482

萍乡县署 一八六〇（咸丰十）年刊萍乡县志十一卷首一卷 清陈乔枞纂修 ㉑151

会稽顾氏**萍乡县署** 一九〇一（光绪二十七）年刊关中金石文字存逸考十二卷
附石刻法书源流考 ⑰07290－1

萍乡县署 一八七七（光绪三）年刊萍乡县志十六卷 清黄浚纂修 ㉑151

萍乡尊经堂 一八七二（同治十一）年刊萍乡县志十一卷首一卷 清锡荣王明璠纂修 ㉑152

萧县 一六五〇（顺治七）年刊萧县志十二卷 清祖永勋修许作楫等纂 ⑲458

萧县 一六八三（康熙二十二）年刊萧县志十二卷 清阎允吉修徐霭等纂 ⑲458

萧县 一八一五（嘉庆二十）年刊萧县志十八卷首一卷 清潘镕修沈学渊顾翰纂 ⑲458

萧县 一八七五（光绪元）年刊续萧县志十八卷首一卷 清顾景濂段广瀛纂修 ⑲458

萧山县 一六九三（康熙三十二）年刊萧山县志二十一卷 清刘俨修张远纂 ⑲388

萧山县 一七五一（乾隆十六）年刊萧山县志四十卷 清黄钰纂修 ⑲388

黄县 一六七三（康熙十二）年刊黄县志八卷 清李蕃修范廷凤纂 ⑲282

黄县 一七五六（乾隆二十一）年刊黄县志十二卷 清袁中立修毛贽纂 ⑲282

黄县 一八七一（同治十）年刊黄县志十四卷首一卷末一卷 清尹继美纂修 ⑲283

黄冈县 一七五九（乾隆二十四）年刊黄冈县志二十卷首一卷 清蔡韶清修胡绍鼎纂 ⑲614

黄冈县 一八四八（道光二十八）年刊黄冈县志二十四卷首一卷 清俞昌烈修刘秉忠等纂 ⑲614

黄冈县 一八八二（光绪八）年刊黄冈县志二十四卷首一卷 清戴昌言修刘恭冕纂 ⑲614

定海黄氏试馆 一八九三（光绪十九）年刊礼书通考五十卷 清黄以周撰 ⑯1248

黄平州 一八○一（嘉庆六）年刊黄平州志十二卷首一卷 清李台修王孚镛纂 ⑲815

黄平州 一八三三（道光十三）年刊黄平州志十二卷首一卷 清李台修王孚镛纂陶廷琡续修 ⑲815

黄州府 一六八五（康熙二十四）年刊黄州府志九卷 清苏良嗣修奚禄诒纂 ⑲613

黄州府 一七四九（乾隆十四）年刊黄州府志二十卷 清王勍修靖道谟纂 ⑲613

黄州府 一八八四（光绪十）年刊黄州府志四十卷首一卷 清英启修邓琛纂 ⑲613

黄安县 一六九七（康熙三十六）年刊黄安县志十二卷 刘承启修詹大衢纂 ⑲614

黄安县 一八二二（道光二）年刊黄安县志十卷首一卷 清林缙光纂修 ⑲614

黄安县 一八六九（同治八）年刊黄安县志十卷首一卷 清朱锡绶袁瓒修张家俊吴瑞委纂 ⑲614

黄安县 一八八二（光绪八）年刊黄安县志十卷首一卷 清陈瑞澜陶大夏修吴言昌王仪吉纂 ⑲614

黄陂县 一六六六（康熙五）年刊黄陂县志十五卷 清杨廷蕴纂修 ⑲610

黄陂县 一八七一（同治十）年刊黄陂县志十六卷附图一张 清刘昌绪修徐瀛纂 ⑲610

黄岩县 一六八二（康熙二十一）年刊黄岩县志八卷 清张思齐修潘文韬纂 ⑲425

黄岩县 一七七○（乾隆三十五）年刊黄岩县志十二卷 清王憕修李汪度阮培元纂 ⑲425

黄岩县 一八三八（道光十八）年重刊【乾隆】黄岩县志十二卷 清王憕修李汪度阮培元纂 ⑲425

黄岩县 一八七七（光绪三）年刊黄岩县志四十卷首一卷 清陈宝善原本王棻纂王咏霓续纂 ⑲425

黄梅县 一六六○（顺治十七）年刊黄梅县志九卷 清徐昱修萧蕴枢纂 ⑲616

黄梅县 一八七六（光绪二）年刊黄梅县志四十卷首一卷 清覃瀚元袁瓒修宛名昌余邦士纂 ⑲617

黄梅县署 一八七五—一九○八（光绪）年刊帅文毅公遗集五卷 清帅远泽撰 ⑰9501

营山县 一七四三（乾隆八）年刊营山县志四卷 清李榕纂修 ⑲786

营山县 一八七○（同治九）年刊营山县志三十卷 清翁道均修熊毓藩等纂 ⑲786

曹州 一六七四（康熙十三）年刊曹州志二十卷 清佟企圣修苏毓眉等纂 ⑲298

曹州府 一七五六（乾隆二十一）年刊曹州府志二十二卷 清周尚质修李登明谢冠纂 ⑲298

曹县 一六七三（康熙十二）年刊曹县志十八卷 清门可荣修王一较纂 ⑲300

曹　县　一八八四（光绪十）年刊曹县志十八卷首一卷　清陈嗣良修孟广来贾迺延纂　⑲300

盛京军督署　一八七八（光绪四）年刊盛京典制备考八卷首一卷　清崇厚撰　⑯393・2/583

盛京将军署　一八七八（光绪四）年刊盛京典制备考八卷首一卷　清崇厚编　②16775

雩都县　一六六二（康熙元）年刊雩都县志十四卷　清李祐之修易学实等纂　⑲510

雩都县　一七五七（乾隆二十二）年刊雩都县志十四卷　清卢振先原本段彩续纂　⑲510

雩都县　一八三〇（道光十）年刊雩都县志三十二卷　清黄濬修宋惟驹纂　⑲510

雩都县　一八七四（同治十三）年刊雩都县志十六卷首一卷　清颜寿芝王颖修何戴仁洪霖纂　⑲510

掖　县　一七五八（乾隆二十三）年刊掖县志八卷首一卷　清张思勉修于始瞻纂　⑲280

掖　县　一八〇七（嘉庆十二）年刊续掖县志四卷　清张彤修张翊纂　⑲280

掖　县　一八四三（道光二十三）年刊再续掖县志二卷　清杨祖宪修侯登岸纂　⑲281

掖　县　一八九三（光绪十九）年刊掖县全志　清魏鹏辑　⑲281

掖县儒学　一七九二（乾隆五十七）年刊涛音集八卷　清王士禄王士祯辑　①1344

堂邑县　一六四六（顺治三）年补刊堂邑县志三卷　明王应乾纂修清郭毓秀增修　⑲302

堂邑县　一六七二（康熙十一）年刊堂邑县志三卷　清张茂节纂修　⑲302

常山县　一七二三（雍正元）年刊常山县志十二卷首一卷末一卷　清孔毓玑纂修　⑲433

常山县　一八一三（嘉庆十八）年刊常山县志十二卷首一卷　清陈珄修徐始搏纂　⑲433

常山县　一八四八（道光二十八）年刊【嘉庆】常山县志十二卷首一卷　清陈珄修徐始搏纂　⑲433

常山县　一八八六（光绪十二）年刊常山县志六十八卷首一卷末一卷　清李瑞钟修朱昌泰等纂　⑲433

常宁县　一六七三（康熙十二）年刊常宁县志十三卷　清张问明修殷铭纂　⑲653

常宁县　一七三二（雍正十）年刊常宁县志二十九卷　清侯国正孙镜修段献主邓必科纂　⑲653

常宁县　一七九九（嘉庆四）年刊常宁县志三十二卷　清杨纯道等修王绅段绍章纂　⑲654

常州府　一六九五（康熙三十四）年刊常州府志三十八卷首一卷　清于琨修陈玉璂纂　⑲345

常州府　一八二〇（嘉庆二十五）年刊【成化】重修毗陵志四十卷　明卓无锡修孙仁增修朱昱纂　⑲3

常州长年医局　一八四九（道光二十九）年刊本经疏证十二卷续疏六卷序疏要八卷　清邹澍撰　㉚158

常州长年医局 一八七五—一九〇八（光绪）年刊本经疏证十二卷续疏六卷序疏要八卷 清邹澍撰 ㉚158

常德府 一六七〇（康熙九）年刊鼎修常德府志十卷 清胡向华修贺奇纂 ⑲667

常德府 一七五二（乾隆十七）年增刊【康熙】鼎修常德府志十卷 清胡向华修贺奇纂 ⑲667

常德府 一八一三（嘉庆十八）年刊常德府志四十八卷首一卷 清应先烈修陈楷礼纂 ⑲667

常熟县 一六八七（康熙二十六）年刊常熟县志二十六卷末一卷 清杨振藻等修钱陆灿等纂 ⑲327

常熟县 一七九五（乾隆六十）年刊常昭合志十二卷首一卷 清王锦杨继熊修言如泗纂 ⑲328

常熟县 一七九七（嘉庆二）年刊【乾隆】常昭合志十二卷首一卷 清王锦杨继熊修言如泗纂 ⑲328

常熟县 一八三四（道光十四）年刊琴川三志补记续八卷 清黄廷鉴纂 ⑲328

常熟刘光德局 刊九经古义十六卷 清惠栋撰 ⑦11808

崞县 一七五七（乾隆二十二）年刊崞县志八卷 清邵丰鍭顾弼修夏瀛纂 ⑲89

崞县 一八八二（光绪八）年刊续修崞县志八卷 清赵冠卿龙朝言修潘肯堂等纂 ⑲89

略阳县 一七三一（雍正九）年刊略阳县志二卷 清范昉纂修 ⑲201

略阳县 一八四六（道光二十六）年刊重修略阳县志四卷 清谭瑀修黎成德等纂 ⑲201

略阳县 一九〇四（光绪三十）年刊新续略阳县志一卷 清桂超修侯龙光纂 ⑲201

鄂藩使署 一八九六（光绪二十二）年刊医林改错二卷 清王清任撰 ㉚34

崇义县署 一七六七（乾隆三十二）年刊崇义县志 清罗洪钰纂修 ㉑188

崇义县 一八五六（咸丰六）年刊崇义县续志二卷 清汪報闰修陈世璋纂 ⑲516

崇义县 一八六七（同治六）年刊崇义县志十二卷 清汪宝树修胡友梅纂 ⑲516

崇义县 一八九五（光绪二十一）年刊崇义县志八卷续增一卷 清廖鼎璋纂修 ⑲516

崇仁县 一六四四—一六六一（顺治）年刊崇仁县志四卷 清谢胤璜修刘寿祺纂 ⑲500

崇仁县 一六七三（康熙十二）年刊增修崇仁县志四卷 清谢胤璜原本陈潜续修 ⑲500

崇仁县署 一八二一（道光元）年刊崇仁县志二十七卷 清元步颜纂修 ㉑173

崇仁县 一八七三（同治十二）年刊崇仁县志十卷首一卷附编一卷 清盛铨等修黄炳奎纂 ⑲500

崇仁县 一八九二（光绪十八）年补刊【同治】崇仁县志十卷首一卷附编一卷 ㉑173

崇宁县 一八一六（嘉庆二十一）年刊崇宁县志四卷 清刘坛等纂修 ⑲743
崇庆州 一六八六（康熙二十五）年刊崇庆州志不分卷 清吴昌荫纂修 ⑲748
崇庆州 一七二九（雍正七）年增刊【康熙】崇庆州志不分卷 清吴昌荫纂修田廷锡增修 ⑲748
崇庆州 一七八一（乾隆五十六）年刊崇庆州志四卷首一卷 清杨长森纂修 ⑲748
崇庆州 一八一三（嘉庆十八）年刊崇庆州志十卷首一卷 清丁荣表顾尧峰修卫道凝等纂 ⑲748
崇庆州 一八七七（光绪三）年刊增修崇庆州志十二卷首一卷 清沈恩培修胡麟等纂 ⑲748
崇安县 一六七〇（康熙九）年刊崇安县志八卷 清管声骏修衷光烈纂 ⑲522
崇安县 一七三三（雍正十一）年刊崇安县志八卷 清刘埥修张彬纂 ⑲522
崇安县 一八〇八（嘉庆十三）年刊崇安县志十卷 清魏大名修章朝栻纂 ⑲522
崇阳县 一六七〇（康熙九）年刊崇阳县志十卷 清高景之修汪际炱纂 ⑲620
崇阳县 一七五二（乾隆十七）年刊崇阳县志十卷 清曹学诗纂修 ⑲620
崇阳公署 一七三〇（雍正八）年刊书经要义五卷 清王建堂撰（按：此书即陕西华县华阳成己堂本） ⑦6449
崇明县 一六八四（康熙二十三）年刊崇明县志十四卷 清朱衣点修黄国彝纂 ⑲21
崇明县 一七二七（雍正五）年刊崇明县志二十卷首一卷 清张文英修沈龙翔纂 ⑲21
崇明县 一七六〇（乾隆二十五）年刊崇明县志二十卷首一卷 清赵廷健修韩彦曾等纂 ⑲21
崇明县 一八八一（光绪七）年刊崇明县志十八卷 清林达泉谭泰来修李联秀黄清宪等纂 ⑲22
崇信县 一六六〇（顺治十七）年刊崇信县志二卷 清于元煜修刘显世纂 ⑲214
冕宁县 一八五七（咸丰七）年刊冕宁县志十二卷首一卷末一卷 清李英粲修李昭纂 ⑲794
铜山县 一七四五（乾隆十）年刊铜山县志十二卷首一卷 清张宏运纂修 ⑲371
铜山县 一八三〇（道光十）年刊铜山县志二十四卷首一卷 清崔志元修金左泉等纂 ⑲371
铜山县 一九〇四（光绪三十）年刊徐州府铜山县乡土志 清袁国钧杨世桢编 ⑲371
铜仁府 一八二四（道光四）年刊铜仁府志十一卷补遗一卷 清敬文修徐如澍纂 ⑲806
铜仁府 一八九二（光绪十八）年刊铜仁府志二十卷 清余上华修喻勋胡长松纂 ⑲806
铜陵县 一六五五（顺治十二）年刊铜陵县志八卷 清刘曰义等修李士蛟等纂 ⑲445

铜陵县 一七四七（乾隆十二）年刊铜陵县志十六卷首一卷 清单履中纂修 ⑲445
铜梁县 一八三二（道光十二）年刊铜梁县志八卷首一卷 清徐瀛修白玉楷纂 ⑲775
铜梁县 一八七五（光绪元）年刊铜梁县志十六卷首一卷 清韩清桂等修陈昌等纂 ⑲776
偃师县 一六五九（顺治十六）年刊偃师县志四卷 清艾元复修蔺楠然纂 ⑲603
偃师县 一六九八（康熙三十七）年刊偃师县志四卷 清王泽长修姬之篮纂 ⑲603
偃师县 一七八九（乾隆五十四）年刊偃师县志三十卷首一卷 清汤毓倬修孙星衍武亿纂 ⑲603
猗氏县 一六七三（康熙十二）年刊猗氏县志十卷 清陈一魁修卫既齐纂 ⑲118
猗氏县 一七二九（雍正七）年刊猗氏县志八卷 清吴启元等纂宋之树续修何世勋等续纂 ⑲118
猗氏县 一七七四（乾隆三十九）年刊续猗氏志 清毛圻纂修 ⑲118
猗氏县 一八六七（同治六）年刊续猗氏县志四卷 清周之桢修崔曾颐纂 ⑲118
猗氏县 一八八〇（光绪六）年刊续猗氏县志二卷 清徐浩修潘梦龙纂 ⑲119
馆陶县 一六七五（康熙十四）年馆陶县志十二卷 清郑先民修耿愿鲁纂 ⑲70
馆陶县 一七二七（雍正五）年刊馆陶县志十二卷 清赵知希纂修 ⑲71
馆陶县 一七三六（乾隆元）年刊【雍正】馆陶县志十二卷 清赵知希纂修张兴宗增修 ⑲71
馆陶县 一八九三（光绪十九）年刊【雍正】馆陶县志十二卷 清赵知希纂修张兴宗增修 ⑲71
象州 一七六四（乾隆二十九）年刊象州志四卷 清李宏湑修蒋日莱纂 ⑲723
象山县 一六九八（康熙三十七）年刊象山县志十六卷 清胡祚远修姚廷杰纂 ⑲410
象山县 一七二九（雍正七）年刊象山县志四十二卷 清马受曾修林文懋纂 ⑲411
象山县 一七五九（乾隆二十四）年刊象山县志十二卷 清史鸣皋修姜炳章冒春荣纂 ⑲411
象山县 一八三四（道光十四）年刊象山县志二十二卷首一卷 清童立成吴锡畴修冯登府等纂 ⑲411
旌德县 一六五六（顺治十三）年刊旌德县志十卷 清王融修毛元策等纂 ⑲471
旌德县 一七五四（乾隆十九）年刊旌德县志十卷 清李瑾张洄修叶长扬纂 ⑲471
旌德县 一八〇八（嘉庆十三）年刊旌德县志十卷 清陈炳德修 ⑲471
旌德县 一八二六（道光六）年刊旌德县续志十卷 清王椿林修胡承珙纂 ⑲471

商州 一六六五（康熙四）年刊续修商志十卷首一卷 清王廷伊修李本定纂 ⑲182

商州 一七四四（乾隆九）年刊直隶商州志十四卷首一卷 清王如玖纂修 ⑲182

商州 一七五八（乾隆二十三）年刊续商州志十卷 清罗文思纂修 ⑲182

商水县 一六五九（顺治十六）年刊商水县志十一卷 清高惺修郭无锡纂 ⑲580

商水县 一七四七（乾隆十二）年刊商水县志十卷首一卷 清张崇樸修郭熙纂 ⑲580

商丘县 一七〇五（康熙四十四）年刊商丘县志二十卷首一卷 清刘德昌修叶沄纂 ⑲578

商丘县 一八八五（光绪十一）年重刊【康熙】商丘县志二十卷首一卷 清刘德昌修叶沄纂 ⑲578

商河县 一八三六（道光十六）年刊商河县志八卷首一卷 清龚廷煌等纂修 ⑲263

商南县 一七四八（乾隆十三）年刊商南县志十二卷 清罗文思纂修 ⑲184

商城县 一六五九（顺治十六）年刊商城县志十卷 清高材纂修 ⑲595

商城县 一六九〇（康熙二十九）年刊商城县志八卷 清许全学纂修 ⑲595

商成县 一八〇三（嘉庆八）年刊商城县志十四卷首一卷末一卷 清武开吉修周之騄纂 ⑲595

望江县 一六五一（顺治八）年刊新修望江县志十卷 清王世胤修龙之珠纂 ⑲450

望江县 一六七三（康熙十二）年刊望江县志十二卷 清刘天维等修龙燮纂 ⑲450

望江县 一七六八（乾隆三十三）年刊望江县志八卷 清郑交泰等修曹京等纂 ⑲450

望江县官廨 一七九六—一八二〇（嘉庆）年刊二馀堂文稿六卷续文稿六卷 清师范撰 ⑱集1216

望都县 一七七一（乾隆三十六）年刊望都县新志八卷 清陈洪书修王锡侯陈启光纂 ⑲58

望都县 一九〇四（光绪三十）年刊望都县新志十卷补遗一卷 清陈洪书原本李兆珍重订 ⑲58

章江官舍 一八七九（光绪五）年刊不可无竹居诗草四卷续草四卷 清汪世泽撰 ②465

章邱县 一六九一（康熙三十）年刊章邱县志十二卷首一卷 清钟运泰纂修 ⑲291

章邱县 一七五六（乾隆二十一）年刊章邱县志十三卷首一卷 清张万青纂修 ⑲291

章邱县 一八三三（道光十三）年刊章邱县志十六卷首一卷末一卷 清吴璋修曹楙坚纂 ⑲291

章谷屯 一八七四（同治十三）年刊章谷志略 清吴德煦纂 ⑲798

麻阳县 一六七〇（康熙九）年刊麻阳县志十卷 清陈五典纂修 ⑲663

麻阳县 一七四七（乾隆十二）年刊续麻阳县志二卷 清赵弘仪原本周谨增修施敬增纂 ⑲663

麻阳县 一八七四（同治十三）年刊新修麻阳县志十四卷首一卷 清姜钟琇等修刘士先王振玉纂 ⑲664

麻城县 一六七〇（康熙九）年刊麻城县志十卷 清屈振奇修王汝霖纂 ⑲614

麻城县 一七九五（乾隆六十）年刊麻城县志二十八卷 清黄书绅纂修章学诚裁定 ⑲615

麻城县 一八七六（光绪二）年刊麻城县志五十六卷首一卷末一卷 清郑庆华修潘颐福纂 ⑲615

鹿邑县 一六九二（康熙三十一）年刊鹿邑县志十卷首一卷 清吕士鵕修梁建纂 ⑲581

鹿邑县 一八九六（光绪二十二）年刊鹿邑县志十六卷首一卷 清于沧澜马家彦修蒋师辙纂 ⑲581

鹿城巡署 一九〇〇（光绪二十六）年刊寄庵试律剩二卷附刻一卷 清王祖光撰 ②30979

阌乡县 一六五四（顺治十一）年刊阌乡县志六卷 清张三省杨遵修杜允中纂 ⑲602

阌乡县 一七四七（乾隆十二）年刊阌乡县志十二卷首一卷 清梁溥纂修 ⑲602

阌乡县 一八九四（光绪二十）年刊阌乡县志十二卷首一卷末一卷 清刘思恕汪鼎臣修王维国王守恭纂 ⑲602

清丰县 一六七六（康熙十五）年刊清丰县志十卷首一卷 清杨熠纂修 ⑲575

清丰县 一八七一（同治十）年刊清丰县志十卷 清杨熠纂修高俊续修 ⑲575

清水县 刊查禁罂粟邪教条章一卷 ④14176

清水县 一六八七（康熙二十六）年刊清水县志十二卷 清刘俊声修张桂芳纂 ⑲216

清水县 一七九五（乾隆六十）年刊清水县志十六卷 清朱超纂修 ⑲216

山东清平县 一七一七（康熙五十六）年刊重修清平县志二卷 清王佐纂修 ⑲303

山东清平县 一七九八（嘉庆三）年刊清平县志十七卷 清万承绍修周以勋纂 ⑲303

山东清平县 一九一一（宣统三）年刊增辑清平县志十六卷首一卷 清陈钜前等修张敬承纂 ⑲303

贵州清平县 一八三八（道光十八）年刊清平县志六卷 清段荣勋修孙茂橿纂 ⑲814

贵州清平县 一八八〇（光绪六）年增刊【道光】清平县志六卷 清段荣勋修孙茂橿纂 ⑲814

减赋总局 一八六二—一八七四（同治）年刊江苏省减赋全案八卷 清郭柏荫等纂 ②48029

清江县 一七八〇（乾隆四十五）年刊清江县志三十二卷 清邓廷辑修熊为霖纂 ⑲497

清江县 一八二四（道光四）年刊清江县志二十八卷首一卷末一卷 清张湄修杨学光黄郁章纂 ⑲497

清江县 一八七〇（同治九）年刊清江县志十卷首一卷 清潘懿胡湛修朱孙诒等纂 ⑲497

清江县东斋 一八九五（光绪二十一）年刊退思堂文抄三卷 清张宿煌撰 ㉑167

清远县 一六六二（康熙元）年刊清远县志十一卷 清陈丹荩修夏云等纂 ⑲681

清远县 一七三八（乾隆三）年刊清远县志十四卷 清陈哲纂修 ⑲681

清远县 一八八〇（光绪六）年刊清远县志十六卷首一卷 清李文烜罗炜修朱润芳麦瑞芳纂 ⑲681

清苑县 一六七七（康熙十六）年刊清苑县志十二卷首一卷 清时来敏修郭棻等纂 ⑲51

清苑县 一八七三（同治十二）年刊清苑县志十八卷首一卷 清李逢源修诸崇俭纂 ⑲51

河北**清河县** 一六七八（康熙十七）年刊清河县志十八卷 清卢士杰纂修 ⑲78

河北**清河县** 一八七二（同治十一）年刊清河县志十八卷 清王镛修郭兆藩等纂 ⑲78

河北**清河县** 一八八三（光绪九）年刊清河县志四卷 清黄汝香纂修 ⑲78

江苏**清河县** 一六六二—一七二二（康熙）年刊清河县志四卷 清邹兴相修汪之藻纂 ⑲365

江苏**清河县** 一七五〇（乾隆十五）年刊清河县志十四卷 清朱元丰纂修 ⑲365

江苏**清河县** 一八五四（咸丰四）年刊清河县志二十四卷首一卷 清吴棠修鲁一同纂 ⑲366

江苏**清河县** 一八六五（同治四）年刊清河县志附编二卷 清吴棠修鲁一同纂 ⑲366

江苏清河县 一八七九（光绪五）年刊光绪丙子清河县志二十六卷 清胡裕燕修吴昆田等纂 ⑲366

清河道总署 一七四八（乾隆十三）年刊河防一览十四卷 明潘季驯撰 ⑥

清泉县 一七六三（乾隆二十八）年刊清泉县志三十六卷首一卷 清江恂修江昱纂 ⑲652

清泉县 一八六九（同治八）年刊清泉县志十卷首一卷末一卷 清王开运修张修府纂 ⑲653

清流县 一七〇二（康熙四十一）年刊清流县志十卷首一卷 清王士俊修王霖纂 ⑲545

清涧县 一六六一（顺治十八）年刊清涧县志四卷 清廖元发修白乃贞等纂 ⑲193

清涧县 一七五二（乾隆十七）年刊清涧县续志八卷 清吴其琰纂修 ⑲193

清涧县 一八二八（道光八）年刊清涧县志八卷首五卷 清钟章元修陈颂第等纂 ⑲193

清源县 一六六一（顺治十八）年刊清源县志二卷 清王灏儒纂 ⑲83

钱塘周氏**鸿宝署斋** 一八九四（光绪二十）年刊荆南萃古编 清周懋琦刘瀚辑 ⑯1741

淇　县　一六六〇（顺治十七）年刊淇县志十卷图考一卷　清王谦吉王南国修白龙躍葛汉忠纂　⑲577

淅川县　一六九〇（康熙二十九）年刊淅川县志八卷　清郭治纂修　⑲597

淅川厅　一八六一（咸丰十一）年刊淅川厅志四卷　清徐光第纂修　⑲598

淅宁保安局　一八六一（咸丰十一）年刊秘授沈氏瘄疹摘要　㉚522

涿　州　一六七七（康熙十六）年刊涿州志十二卷　清刘德弘修杨如樟纂　⑲52

涿　州　一七六五（乾隆三十）年刊涿州志二十二卷首一卷　清吴山凤纂修　⑲52

涿　州　一八七五（光绪元）年刊【同治】涿州续志十八卷　清石衡修卢端衡纂　⑲52

渑池县　一七四六（乾隆十一）年刊渑池县志三卷　清梁易简修刘元善纂　⑲602

渑池县　一八一〇（嘉庆十五）年刊渑池县志十六卷　清甘扬声修刘文运纂　⑲602

淮宁县　一七五四（乾隆十九）年刊淮宁县志十三卷首一卷　清吴溶冯奕宿修于大猷纂　⑲582

淮宁县　一八二六（道光六）年刊淮宁县志二十七卷　清永铭修赵任之吴纯夫纂　⑲582

淮北厘局　一八七四（同治十三）年刊太乙神针　清范培兰编　㉚147

淮　关　一七七八（乾隆四十三）年刊淮关统志十四卷　清尹龄阿等纂修　⑱史1319

淮扬官舍　一七二五（雍正三）年刊行水金鉴一百七十五卷首一卷　清傅泽洪撰　⑯928.28/905

淮安府　一六八五（康熙二十四）年刊淮安府志十三卷首一卷　清高成美修胡从中等纂　⑲364

淮安府　一七四八（乾隆十三）年刊淮安府志三十二卷　清卫哲治等修叶长扬等纂　⑲364

淮安府　一七七三（乾隆三十八）年刊急救方　清胡季堂编　㉚248

淮安府　一八五二（咸丰二）年重刊【乾隆】淮安府志三十二卷　清卫哲治等修叶长扬等纂　⑲364

淮安府　一八八四（光绪十）年刊淮安府志四十卷首一卷　清孙云锦修吴昆田高延第纂　⑲364

淳化县　一七八四（乾隆四十九）年刊淳化县志三十卷　清万廷树修洪亮吉纂　⑲170

淳安县　一六五八（顺治十五）年刊新修淳安县志六卷　清张一魁修谢鼎元等纂　⑲385

淳安县　一六八三（康熙二十二）年刊淳安县志二十卷　清胡就臣修陈棐纂　⑲386

淳安县　一七五六（乾隆二十一）年刊淳安县志十六卷首一卷　清刘世宁修方粲如纂　⑲386

淳安县　一八八四（光绪十）年刊淳安县志十六卷首一卷　清刘世宁原本李诗续修陈中元等续纂　⑲386

淳安县署 一八八四（光绪十）年刊集虚斋学古文 清方如撰 ⑯847.4/626·3
涪 州 一七一四（康熙五十三）年刊重庆府涪州志四卷 清董维祺修冯懋柱纂 ⑲777
涪 州 一七八五（乾隆五十）年刊涪州志十二卷 清多泽厚修陈于宣纂 ⑲777
涪 州 一八四五（道光二十五）年刊涪州志十卷 清德恩修石彦恬李树兹纂 ⑲777
涪 州 一八七〇（同治九）年刊重修涪州志十六卷首一卷 清吕绍衣等修王应元傅炳墀等纂 ⑲778
涪 州 一九〇五（光绪三十一）年刊涪乘启新三卷 清贺守典熊鸿谟编 ⑲778
涪州小学堂 一九〇五（光绪三十一）年刊涪州小学乡土地理三卷 贺守典熊鸿谟同编 ②10921
淡水厅 一八七一（同治十）年刊淡水厅志十六卷 清陈培桂等纂修 ⑲551
深 州 一六九七（康熙三十六）年刊深州志八卷 清李天培修段文华纂 ⑲65
深 州 一七三二（雍正十）年刊直隶深州志八卷 清徐绶纂修 ⑲65
深 州 一七五六（乾隆二十一）年刊直隶深州总志二十卷首一卷 清伊侃修邹云诚纂 ⑲65
深 州 一八二七（道光七）年刊深州直隶州志十卷首一卷末一卷 清张范东修李广滋纂 ⑲66
深泽县 一六六二—一七二二（康熙）年刊深泽县志十卷首一卷 清许来音纂修 ⑲33
深泽县 一七三五（雍正十三）年刊深泽县志十二卷首一卷 清赵宪修王植纂 ⑲33
深泽县 一八六二（同治元）年刊深泽县志十卷 清张衍寿修王肇晋纂 ⑲34
淄川县 一六八七（康熙二十六）年刊淄川县志八卷首一卷 清张嵋修唐梦赉纂 ⑲257
淄川县 一七四三（乾隆八）年刊淄川县志八卷首一卷 清王康修臧岳纂 ⑲257
宿 州 一七一八（康熙五十七）年刊宿州志十二卷 清董鸿图修潘仁樾纂 ⑲458
宿 州 一八二五（道光五）年刊宿州志四十二卷首一卷 清苏元璐修徐用熙纂 ⑲458
宿 州 一八八九（光绪十五）年刊宿州志三十六卷 清何庆钊修丁逊之吴振声纂 ⑲458
宿松县 一六七五（康熙十四）年刊安庆府宿松县志三十六卷 清朱维高等修黄钺等纂 ⑲450
宿松县 一八二八（道光八）年刊宿松县志二十八卷首一卷 清郑敦亮等修石葆元等纂 ⑲450
宿迁县 一六六四（康熙三）年刊宿迁县志九卷 清胡宗鼎纂修 ⑲367
宿迁县 一八一三（嘉庆十八）年刊宿迁县志六卷 清丁堂修臧鲁高纂 ⑲367

宿迁县 一八七四（同治十三）年刊宿迁县志十九卷 清李德溥修方骏谟纂 ⑲367

密　县 一六五二（顺治九）年刊密县志八卷 清李芝兰修韩继文纂 ⑲563

密　县 一六九五（康熙三十四）年刊密县志六卷 清袁良怡修李士珝纂 ⑲563

密　县 一七五三（乾隆十八）年刊密县志十二卷 清秦襄纂修史流馨续修 ⑲563

密　县 一八一七（嘉庆二十二）年刊密县志十六卷首一卷 清景纶修谢增纂 ⑲563

密云县 一六七三（康熙十二）年刊密云县志十八卷 清赵弘化纂修 ⑲3

密云县 一七二三（雍正元）年刊密云县志六卷 清薛天培修陈弘谋纂 ⑲3

密云县 一八八一（光绪七）年刊密云县志六卷首一卷 清于符九赵文粹修张鼎华周林纂 ⑲3

渠　县 一七四〇（乾隆五）年刊渠县志四卷 清云骕等纂修 ⑲790

渠　县 一八一二（嘉庆十七）年刊渠县志五十二卷 清王来遴纂修 ⑲790

渠　县 一八六四（同治三）年刊渠县志五十二卷首一卷 清何庆恩修贾振麟金传培纂 ⑲790

梁山县 一七九五（乾隆六十）年刊梁山县志不分卷 清王庆熙纂修 ⑲784

梁山县 一八〇八（嘉庆十三）年刊梁山县志十八卷首一卷 清符永培纂修 ⑲784

梁山县 一八九四（光绪二十）年刊梁山县志十卷首一卷 清朱言诗等纂修 ⑲784

尉氏县 一六五八（顺治十五）年刊尉氏县志四卷首一卷 清高桂修马羲则纂 ⑲560

尉氏县 一八三一（道光十一）年刊尉氏县志二十卷首一卷 清刘厚滋沈湗修王观潮等纂 ⑲560

随　州 一六六七（康熙六）年刊随州志四卷 清刘霦修何藩纂 ⑲635

随　州 一七九〇（乾隆五十五）年刊随州志十八卷首一卷 清张璿纂修 ⑲636

随　州 一八六九（同治八）年刊随州志三十二卷首一卷 清文龄孙文俊修史策先纂 ⑲636

隆平县 一七一二（康熙五十一）年刊【崇祯】隆平县志九卷 明陈所学纂修 ⑲75

隆平县 一七六四（乾隆二十九）年刊隆平县志十卷 清袁文焕纂修 ⑲75

隆昌官舍 一八八四（光绪十）年刊急救方录要 ㉚275

隆昌县 一六八七（康熙二十六）年刊隆昌县志二卷 清钱振龙纂修 ⑲763

隆昌县 一七六四（乾隆二十九）年刊隆昌县志十二卷 清黄文理纂修 ⑲764

隆昌县 一八二三（道光三）年刊隆昌县志四十一卷首一卷 清张聘三修耿履端纂 ⑲764

隆昌县 一八六二（同治元）年刊隆昌县志四十二卷首一卷 清魏元燮花映均修耿光祜纂 ⑲764

隆德县 一六六三（康熙二）年刊隆德县志二卷 清常星景修张炜纂 ⑲230

隆德县 一八二六（道光六）年刊隆德县续志 清黄璟纂修 ⑲230

郿　县 一七三三（雍正十一）年刊郿县志十卷首一卷 清张素修张执中纂 ⑲186

郿　县 一七七八（乾隆四十三）年刊郿县志十八卷首一卷 清李带双修张若纂 ⑲186

续谿县 一六六八（康熙七）年刊续谿县志续编四卷 清苏霍祚修曹有光等纂 ⑲472

续谿县 一七五六（乾隆二十一）年刊续谿县志十卷 清较陈锡修赵继序章瑞钟纂 ⑲472

续谿县 一八一〇（嘉庆十五）年刊续谿县志十二卷 清清恺修席存泰纂 ⑲472

绵　州 一七三六（乾隆元）年刊直隶绵州志十九卷 清屠用谦修何雄齐等纂 ⑲749

绵　州 一八一四（嘉庆十九）年刊直隶绵州志五十四卷 清李在文范绍泗修潘相等纂 ⑲750

绵　州 一八七三（同治十二）年刊直隶绵州志五十五卷 清文棨董贻清修何天祥等纂 ⑲750

绵竹县 一七〇五（康熙四十四）年刊绵竹县志五卷首一卷 清王谦言纂修 ⑲756

绵竹县 一八一三（嘉庆十八）年刊绵竹县志四十四卷 清沈瓖等纂修 ⑲756

绵竹县 一八四九（道光二十九）年刊绵竹县志四十六卷 清刘庆远修沈心如等纂 ⑲756

绵竹县 一九〇八（光绪三十四）年刊绵竹县乡土志不分卷 清田明理黄尚毅纂修 ⑲756

巢　县 一六七三（康熙十二）年刊巢县志二十卷 清于觉世修陆龙腾等纂 ⑲445

巢　县 一七三〇（雍正八）年刊巢县志二十二卷 清邹瑆纂修 ⑲445

巢　县 一八二八（道光八）年刊巢县志二十卷首一卷 清舒梦龄纂修 ⑲445

十二画

琼山县 一七〇八（康熙四十七）年刊琼山县志十卷 清王贽修关必登纂 ⑲701

琼山县 一七四七（乾隆十二）年刊琼山县志十卷 清杨宗秉纂修 ⑲701

琼山县 一八五七（咸丰七）年刊琼山县志三十卷首一卷 清李文烜修郑文彩蔡藩纂 ⑲701

琼州府一七〇六（康熙四十五）年刊琼州府志十卷 清焦映汉修贾棠纂 ⑲700

琼州府一七七四（乾隆三十九）年刊琼州府志十卷 清萧应植修陈景埙纂 ⑲700

琼州府一八四一（道光二十一）年刊琼州府志四十四卷首一卷 清明谊修张岳崧纂 ⑲700

琼州府一八九〇（光绪十六）年补刊【道光】琼州府志四十四卷首一卷 清明谊修张岳崧纂 ⑲700

琴东本衙一八四三（道光二十三）年刊外科选要六卷 清徐惪銈编瞿銮校 ㉚547

博山县一七五三（乾隆十八）年刊博山县志十卷首一卷 清富申修田士麟纂 ⑲258

博平县衙一八四六（道光二十六）年刊石笥山房全集文六卷诗十二卷 清胡天游撰 ②16877

博平县一六六四（康熙三）年刊博平县志五卷 清堵嶷修张翕纂 ⑲302

博平县一八三一（道光十一）年刊博平县志六卷 清杨祖宪修乌竹芳纂 ⑲302

博平县一九〇〇（光绪二十六）年刊博平县续志十卷 清李维诚纂修王用霖等续纂修 ⑲302

博兴县一六七三（康熙十二）年刊博兴县志八卷 清万云纂修 ⑲270

博兴县一八四〇（道光二十）年刊重修博兴县志十三卷 清周壬福修李同纂 ⑲270

博白县一八三二（道光十二）年刊博白县志十六卷首一卷末一卷 清任士谦等修朱德华等纂 ⑲732

博罗县一六八七（康熙二十六）年刊博罗县志七卷 清陶敬纂修 ⑲684

博罗县一七六三（乾隆二十八）年刊博罗县志十四卷 清陈裔虞纂修 ⑲684

博济医局一八八二（光绪八）年刊西医内科全书 美嘉士撰清孔庆高译 ⑯615. 1/186

博野县一六七六（康熙十五）年刊博野县志四卷 清王国泰修刘声纂 ⑲54

博野县一七六六（乾隆三十一）年刊博野县志八卷首一卷末一卷 清吴鳌修朱基尹启铨纂 ⑲54

韩城县一七〇三（康熙四十二）年刊韩城县续志八卷 清康行僴修康乃心纂 ⑲178

韩城县一七八四（乾隆四十九）年刊韩城县志十六卷首一卷 清傅应奎修钱坫等纂 ⑲178

韩城县一八一八（嘉庆二十三）年刊韩城县续志五卷 清冀兰泰修陆耀遹纂 ⑲178

朝邑县一七一二（康熙五十一）年刊朝邑县后志八卷 清王兆鳌修王鹏翼纂 ⑲176

朝邑县一七八〇（乾隆四十五）年刊朝邑县志十一卷首一卷 清金嘉琰朱廷模修钱坫纂 ⑲176

朝邑县一八〇二（嘉庆七）年刊明【正德】朝邑县志二卷 明王道修韩邦靖纂 ⑲174

朝城县一六七三（康熙十二）年刊朝城县志十卷　清祖植桐修赵昶纂　⑲304
朝城县一九〇六（光绪三十二）年刊朝城县乡土志一卷　清袁大启修吴玉书吴式基等纂　⑲305
彭　县一八一三（嘉庆十八）年刊彭县志四十二卷　清王钟钫纂修　⑲744
彭　县一八八〇（光绪六）年刊重修彭县志十三卷首一卷末一卷附补遗一卷　清张龙甲修吕调阳等纂　⑲745
彭山县一七五七（乾隆二十二）年刊彭山县志七卷　清张凤翥纂修　⑲773
彭山县一八一四（嘉庆十九）年刊彭山县志六卷　清史钦义等纂修　⑲773
彭水县一七一〇（康熙四十九）年刊彭水县志四卷　清陶文彬纂　⑲780
彭水县一八七五（光绪元）年刊彭水县志四卷首一卷　清庄定域修支承祜等纂　⑲780
彭泽县一六八三（康熙二十二）年刊彭泽县志十四卷首一卷　清王廷藩修潘瀚纂　⑲484
彭泽县一七五六（乾隆二十一）年刊彭泽县志十六卷　清吴会川修何炳奎纂　⑲484
彭泽县一八一九（嘉庆二十四）年刊彭泽县志十五卷首一卷　清周岩修刘繖柯翘纂　⑲484
彭泽县一八七三（同治十二）年刊彭泽县志十八卷首一卷　清赵宗耀陈文庆修欧阳焘纂　⑲484
彭泽县一八七六（光绪二）年刊彭泽县志补遗一卷　清陈友善修张经畬纂　⑲484
葭　州一八一〇（嘉庆十五）年刊葭州志二卷　清高珣修龚玉麟纂　⑲191
葭　州一八九四（光绪二十）年刊葭州志一卷　清李寿昌修任佺纂　⑲192
惠民县一七八二（乾隆四十七）年刊惠民县志十卷首一卷　清倭什布修刘长灵纂　⑲267
惠民县一八八六（光绪十二）年刊惠民县志三十卷首一卷末一卷　清沈世铨修李勗纂　⑲267
惠州府一六八八（康熙二十七）年刊惠州府志二十卷首一卷　清吕应奎等修黄挺华等纂　⑲683
惠州府一八八一（光绪七）年刊惠州府志四十五卷首一卷　清张联桂等修陈新铨等纂　⑲684
彭翰孙**惠州官署**一八七六（光绪二）年刊彭氏家集　清彭翰孙辑　㉙912
惠安县一八〇三（嘉庆八）年刊惠安县志三十六卷首一卷　清吴裕仁纂修　⑲534
惠安县一八三二（道光十二）年刊惠安县续志十二卷　清娄云纂修　⑲535
惠来县一六八七（康熙二十六）年刊惠来县志十八卷　清张秉政修张经纂　⑲692

惠来县 一七三一（雍正九）年刊惠来县志十八卷 清张玿美纂修 ⑲692

雄　县 一六七一（康熙十）年刊雄乘三卷 清姚文燮纂修 ⑲57

确山县 一七四六（乾隆十一）年刊确山县志四卷 清周之瑚修严克嶹纂 ⑲590

揭阳县 一七三一（雍正九）年刊揭阳县志八卷 清陈树芝纂修 ⑲693

揭阳县 一七七九（乾隆四十四）年刊揭阳县志八卷首一卷 清刘业勤修凌鱼纂 ⑲693

揭阳县 一八九〇（光绪十六）年刊揭阳县续志四卷首一卷 清王崧修李星煇纂 ⑲693

雅州府 一七三九（乾隆四）年刊雅州府志十六卷 清曹抡彬等修曹抡翰等纂 ⑲791

雅州府 一八一一（嘉庆十六）年补刊【乾隆】雅州府志十六卷 清曹抡彬等修曹抡翰等纂 ⑲791

雅安县署 一八三七（道光十七）年刊呻吟语六卷附录一卷 明吕坤撰 ②35700

雅安学田局 一九〇二（光绪二十八）年刊雅安忠义节孝总录 清王安民编 ⑰13233

紫阳县 一六八八（康熙二十七）年刊紫阳县新志二卷 清沈麟修刘应秋纂 ⑲204

紫阳县 一八四三（道光二十三）年刊紫阳县志八卷首一卷 清陈仅吴纯修杨家坤曹学易纂 ⑲204

紫泉官署 一八〇九（嘉庆十四）年刊西园瓣香集三卷 清王元常等撰 ⑱集1826

辉　县 一六九〇（康熙二十九）年刊辉县志十八卷 清滑彬修冀应熊纂 ⑲567

辉　县 一七五七（乾隆二十二）年刊辉县志十二卷首一卷末一卷 清文兆奭修杨喜荣王楷纂 ⑲567

辉　县 一六四一（道光二十一）年刊重刊辉县志二十卷首一卷末一卷 清周际华修戴铭纂 ⑲567

景　州 一六七二（康熙十一）年刊景州志四卷 清张一魁纂修 ⑲65

景　州 一七四五（乾隆十）年刊景州志六卷首一卷 清屈成霖纂修 ⑲65

景东厅 一八二〇（嘉庆二十五）年刊景东直隶厅志二十八卷首一卷 清罗含章纂 ⑲833

景宁县 一七三五（雍正十三）年刊景宁县志十卷 清李应机修潘可藻纂 ⑲439

景宁县 一七七八（乾隆四十三）年刊重修景宁县志十二卷首一卷 清张九华修吴嗣范纂 ⑲439

景宁县 一八七三（同治十二）年刊景宁县志十四卷首一卷末一卷 清周杰修严用光叶笃贞纂 ⑲439

景陵县 一六六八（康熙七）年刊景陵县志十二卷 清李馨修吴泰纂 ⑲624

犍为县 一七八七（乾隆五十二）年刊犍为县志十卷 清沈念兹纂修 ⑲774

犍为县 一八一六（嘉庆二十一）年刊犍为县志十卷首一卷 清王梦庚纂修 ⑲774

程乡县 一六九一（康熙三十）年刊程乡县志八卷 清刘广聪纂 ⑲686

皖江节署 一八八一（光绪七）年刊竹林女科证治四卷 清萧山竹林寺辑 ②8087

皖江藩署 一八六六（同治五）年刊存诚斋文集十四卷 清何曰愈撰 ⑯2554

皖城行营 一八六一（咸丰十一）年刊陶渊明集十卷 晋陶潜撰 ㉒24236

皖省痘局 刊引痘秘书 清邱浩川编 ㉚518

皖藩经历司 一八七一（同治十）年刊皖江同官录 ⑯323.402/869—02

粤东节署 一八七〇（同治九）年刊六观楼文集拾遗一卷 清许鸿磐撰 ②10765

粤东抚署 一八三四（道光十四）年刊祥刑要览四卷 明吴讷撰 ⑯352.73/439

铁岭杨氏**粤东粮道署** 一八四七（道光二十七）年刊大飘偶笔六卷卷首碑目一卷附铁函斋书跋四卷 清杨宾撰杨霈编 ②36148

粤东粮署 一八四九（道光二十九）年刊服气祛病图说 ㉚620

粤东善书总局 一八七五—一九〇八（光绪）年刊白喉治法忌表抉微 清耐修子撰 ㉚599

粤东督学使者署 一八〇四（嘉庆九）年刊说文声系十四卷 清姚文田撰 ⑯423.15/994

粤西武宣官廨 一八六五（同治四）年刊验方新编十六卷 清鲍云韶编 ㉚262

粤西奉议州官廨 一八八九（光绪十五）年刊昆明华氏丛刻 清华□辑 ⑤

粤西鹾署 一八七〇（同治九）年刊石龛诗二十一卷 清刘楚英撰 ⑰9342

舒城县 一七〇〇（康熙三十九）年刊舒城县志二十卷 清沈以栻修褚磬纂 ⑲453

舒城县 一七三一（雍正九）年刊舒城县志三十二卷 清陈守仁修贾彬郭维祺纂 ⑲453

舒城县 一八〇六（嘉庆十一）年刊舒城县志三十六卷 清熊载陞杜茂才修孔继序纂 ⑲453

巨野县 一七〇八（康熙四十七）年刊巨野县志十五卷首一卷 清章弘修陈克广张应平纂 ⑲300

巨野县 一八四六（道光二十六）年刊巨野县志二十四卷首一卷 清黄维翰纂修袁传裘续纂修 ⑲300

巨鹿县 一六六一（顺治十八）年刊巨鹿县志八卷 清王鼐纂修 ⑲76

巨鹿县 一七一二（康熙五十一）年增刊【顺治】巨鹿县志八卷

清王鼐纂修陈可宗续修郎鉴再续修　⑲76

巨鹿县　一八八六（光绪十二）年刊巨鹿县志十二卷首一卷　清凌燮修赫慎修夏应麟纂　⑲77

番禺县　一六八六（康熙二十五）年刊番禺县志二十卷　清孔兴琏纂修　⑲676

番禺县　一七七四（乾隆三十九）年刊番禺县志二十卷　清任果常德修檀萃凌鱼纂　⑲676

番禺县　一八〇六（嘉庆十一）年刊羊城古钞八卷首一卷　清仇池石纂　⑲676

番禺县　一八七一（同治十）年刊番禺县志五十四卷首一卷附录一卷　清李福泰修史澄何若瑶纂　⑲676

番禺县　一九一一（宣统三）年刊番禺县续志四十四卷首一卷　清梁鼎棻修丁仁长吴道镕等纂　⑲676

颍　州　一六五四（顺治十一）年刊颍州志二十卷　清王天民纂修　⑲454

颍　州　一七一六（康熙五十五）年刊重修颍州志二十卷首一卷　清张钫修王锡纂　⑲454

颍上县　一六五五（顺治十二）年刊颍上县志十四卷　清翟乃慎修马履云徐必达纂　⑲456

颍上县　一七五三（乾隆十八）年刊颍上县志十二卷　清许晋修胡其焕蔡书升纂　⑲457

颍上县　一八二六（道光六）年刊颍上县志十三卷首一卷　清刘耀椿修李同等纂　⑲457

颍上县　一八七〇（同治九）年刊颍上县志十二卷首一卷　清都宠锡等修李道章郑以庄纂　⑲457

颍州府　一七五二（乾隆十七）年刊颍州府志十卷　清王歙福纂修　⑲454

鲁山县　一六九四（康熙三十三）年刊鲁山县志八卷　清王雍修程正儒纂　⑲587

鲁山县　一七四三（乾隆八）年刊鲁山县全志九卷　清徐若阶马慧姿修傅尔英宋足发纂　⑲587

鲁山县　一七九六（嘉庆元）年刊鲁山县志二十六卷　清董作栋修武亿纂　⑲587

鲁山县　一八二一—一八五〇（道光）年刊鲁山县志　清郑銮纂修　⑲587

鲁旬官舍　一七七三（乾隆三十八）年刊羲里睡馀易编十卷　清张绶佩撰　⑯092.27/314

敦煌县　一八三一（道光十一）年刊敦煌县志七卷首一卷　清苏履吉修曾诚纂　⑲225

普安州　一七五八（乾隆二十三）年刊普安州志二十六卷　清王粤麟修曹维祺曹达纂　⑲809

普安厅　一八八九（光绪十五）年刊普安直隶厅志二十二卷　清曹昌祺等修覃梦榕等纂　⑲809

普洱府　一八四〇（道光二十）年刊普洱府志二十卷　清郑绍谦纂修　⑲832

普洱府　一八五一（咸丰元）年增刊【道光】普洱府志二十卷　清郑绍谦原本李熙龄续修　⑲832

普洱府 一九〇〇（光绪二十六）年刊普洱府志稿五十一卷首一卷 清陈宗海修陈度纂 ⑲833
普宁县 一七四五（乾隆十）年刊普宁县志十卷首一卷 清萧麟趾修梅奕绍等纂 ⑲693
尊经学舍 一八九九（光绪二十五）年刊东方兵事纪略五卷 清姚锡光撰 ⑯922.7805/99402
善化县 一六八五（康熙二十四）年刊善化县志四卷 清孙谦修赵又昂纂 ⑲641
善化县 一七四七（乾隆十二）年刊善化县志十二卷 清魏成汉修张汝润刘大正纂 ⑲641
善化县 一八一八（嘉庆二十三）年刊善化县志三十卷首一卷末一卷 清王勋修王馀英等纂 ⑲641
善化县 一八七七（光绪三）年刊善化县志三十四卷首一卷 清吴兆熙冒沅修张先抡韩炳章纂 ⑲641
道　州 一六六七（康熙六）年刊道州新志十五卷 清张大成修魏希范纂 ⑲657
道　州 一八二〇（嘉庆二十五）年刊道州志十二卷 清张元惠修黄如榖纂 ⑲657
道　州 一八七八（光绪四）年刊道州志十二卷首一卷 清李镜蓉盛赓修许清源洪廷揆纂 ⑲657
遂平县 一六五九（顺治十六）年刊遂平县志十五卷 清张鼎新修赵之珩纂 ⑲592
遂平县 一七五九（乾隆二十四）年刊遂平县志十六卷首一卷 清金忠济修祝旸魏弘谟纂 ⑲592
遂宁县 一六九〇（康熙二十九）年刊遂宁县志四卷 清张鹏翮纂修 ⑲753
遂宁县 一七四七（乾隆十二）年刊遂宁县志八卷首一卷 清田朝鼎修周彭年纂 ⑲753
遂宁县 一八七九（光绪五）年刊遂宁县志六卷首一卷 清孙海等修李星根等纂 ⑲753
遂安县 一七一六（康熙五十四）年刊遂安县志十卷 清陈学孔修章振萼纂 ⑲386
遂安县 一七六七（乾隆三十二）年刊遂安县志十卷首一卷 清邹锡畴修方引彦等纂 ⑲386
遂昌县 一七一二（康熙五十一）年刊遂昌县志十卷 清缪之弼修程定纂 ⑲441
遂昌县 一七六五（乾隆三十）年刊遂昌县志十二卷 清王憕纂修 ⑲441
遂昌县 一八三五（道光十五）年刊遂昌县志十二卷首一卷 清朱煌修郑培椿等纂 ⑲441
遂溪县 一六八七（康熙二十六）年刊遂溪县志四卷 清宋国用修洪泮洙纂 ⑲709
遂溪县 一八四九（道光二十九）年刊遂溪县志十二卷 清喻炳荣修朱德华杨翊纂 ⑲709
遂溪县 一八九五（光绪二十一）年增补刊【道光】遂溪县志十二卷 喻炳荣修 ⑲709
湖口县 一六七三（康熙十二）年刊湖口县志十卷首一卷 清范之焕修陈启禧纂 ⑲484

湖口县一七五六（乾隆二十一）年刊湖口县志十八卷首一卷 清郭承缙修曹河昆曹天瑾纂 ⑲484

湖口县一八一八（嘉庆二十三）年刊湖口县志十八卷首一卷 清宋庚李煦修洪宗训蔡孔易纂 ⑲484

湖口县一八七四（同治十三）年刊湖口县志十卷首一卷 清殷礼张兴言修周谟等纂 ⑲484

湖北水师新副中营一八七七（光绪三）年刊峡江救生船志二卷 ⑥

湖北孝感学署一八九六（光绪二十二）年刊文选通段字会四卷 清杜宗玉撰 ⑯10700

湖北抚署严树声一八六二—一八七四（同治）年刊大清一统舆图三十二卷
清邹世贻汪士铎等编 ⑥史159

湖北抚署一八八五（光绪十一）年刊香闻遗集四卷 清薛起凤撰 ㉙992

湖北学务公所一九一〇（宣统二）年刊五洲地理志略三十六卷首一卷 清王先谦撰 ⑯916/119

湖北官书处一八八六（光绪十二）年刊尔雅三卷 晋郭璞注唐陆德明音释 ②30354

湖北省一六八四（康熙二十三）年刊湖广通志八十卷图考一卷 清徐国相丁思孔修宫梦仁
姚淳焘纂 ⑲607

湖北省一七三三（雍正十一）年刊湖广通志一百二十卷首一卷 清迈柱修夏力恕纂 ⑲607

湖北省一八〇四（嘉庆九）年刊湖北通志一百卷首五卷 清吴熊光吴烜修陈诗张承宠纂 ⑲607

湖北狱局一八七一（同治十）年刊大清律例汇编便览四十卷附督捕则例二卷五军道里表
三流道里表 清何瞻等纂 ⑰12110

湖北通志局一八七五—一九〇八（光绪）年刊湖北金石志十四卷 杨守敬撰 ⑱史1484

湖北粮署一九〇二（光绪二十八）年刊谭中丞奏稿十二卷首一卷 清谭钧培撰 ②10723

湖北舆图局一八九四（光绪二十）年刊光绪湖北舆地记二十四卷 ⑯927.25/723

湖北藩署一八六五（同治四）年刊楚北水利堤防纪要二卷 清俞昌烈撰 ⑯928.225/263

湖北藩署一八七五（光绪元）年刊鄂省丁漕指掌十卷 ⑯347.9225/723

湖州府一六四九（顺治六）年刊湖州府志前编十二卷 清程量纂修 ⑲401

湖州府一七五八（乾隆二十三）年刊湖州府志四十八卷首一卷 清李堂纂修 ⑲401

湖南长沙使院一八七五—一九〇八（光绪）年刊黄尧圃年谱二卷 清江标辑 ⑥

湖南县署 一九〇一（光绪二十七）年刊行素斋杂记二卷 清李佳继昌撰 ⑰0241

湖南学院 一八九一（光绪十七）年刊校经书院志略 清张亨嘉编 ②53954

元和江氏**湖南使院** 一八七五—一九〇八（光绪）年刊灵鹣阁丛书 清江标辑 ㉙1462

湖南省 一七五七（乾隆二十二）年刊湖南通志一百七十四卷首一卷 清陈宏谋修范咸欧阳正焕纂 ⑲639

湖南省 一八二〇（嘉庆二十五）年刊湖南通志二百十九卷首三卷末六卷 清巴哈布翁元圻等修
　王煦等纂 ⑲639

湖南省 一八八五（光绪十一）年刊湖南通志二百八十八卷首八卷末十九卷 清李瀚章等修
　曾国荃等纂 ⑲639

湖南商务局 一九〇〇（光绪二十六）年刊约章分类辑要三十八卷首一卷 清蔡乃煌纂 ⑯329.21/563

湖南**邵阳县署** 刊纪效新书十八卷首一卷 明戚继光撰 ⑯383.2/341—2

湖南**粮储道署** 一八九九（光绪二十五）年刊胡文忠公政书十四卷附本传行状年谱一卷
　清胡林翼撰但湘良辑 ②29296

湘乡县 一六七三（康熙十二）年刊湘乡县志十卷 清刘履泰修刘象贤纂 ⑲647

湘乡县 一七四七（乾隆十二）年刊湘乡县志六卷 清张天如修谢天锦纂 ⑲647

湘乡县 一八一七（嘉庆二十二）年刊湘乡县志十卷首一卷 清翟声焕修朱祖恪纂 ⑲647

湘乡县 一八二五（道光五）年刊湘乡县志十卷首一卷 清胡钧朱晋麟修张承澍纂 ⑲647

湘乡县 一八七四（同治十三）年刊湘乡县志二十三卷首一卷末一卷 清齐德五王述恩修黄楷成纂 ⑲647

湘阳县志局 一八八〇（光绪六）年刊湘阳县图志三十四卷首一卷末一卷 清郭嵩焘纂修 ①

湘阴县 一六六九（康熙八）年刊鼎修湘阴县志四卷 清唐懋淳修谭绍琬纂 ⑲643

湘阴县 一七五七（乾隆二十二）年刊湘阴县志三十二卷 清陈钟理修杨茂论纂 ⑲643

湘阴县 一八二四（道光四）年刊【嘉庆】湘阴县志三十九卷首一卷末一卷 清阎肇烺修
　黄朝绶纂徐鋐校补 ⑲643

湘阴县志局 一八八〇（光绪六）年刊湘阴县图志三十四卷首一卷末一卷 清郭嵩焘等纂修 ⑲643

湘南县署 一八八七（光绪十三）年刊樗茧谱 清郑珍纂莫友芝注 ②36896

长白豫山湘南县署 一八八八（光绪十四）年刊游艺录三卷 清蒋湘南撰 ②36896

长白豫山湘南县署会心阁 一八八八（光绪十四）年刊西征述一卷后西征述一卷 清蒋湘南撰 ②37364

湘南使院 一八八一（光绪七）年刊淮南子许注异同诂四卷补遗一卷续补一卷 清陶方琦撰 ⑯2075

湘南臬署 一八八七（光绪十三）年刊时疫白喉捷要合编 清黄炳乾编 ㉚598

湘督学使署 一八九八（光绪二十四）年刊湘学报类编不分卷 清江标等编 ⑯041/719

湘潭县 一六六四（康熙三）年刊湘潭县志七卷 清郑有成修郭金台纂 ⑲644

湘潭县 一七五六（乾隆二十一）年刊湘潭县志二十五卷首一卷续集一卷 清吕正音修欧阳正焕纂 ⑲644

湘潭县 一八一八（嘉庆二十三）年刊湘潭县志四十卷 清张云璈等修周系英纂 ⑲644

湘潭县 一八八九（光绪十五）年刊湘潭县志十二卷 清陈嘉榆等修王闿运等纂 ⑲644

湿　州 一七一〇（康熙四十九）年刊湿州志二十四卷 清钱以垲纂修 ⑲108

湿　州 一八九八（光绪二十四）年刊续修湿州志四卷 清崔澄寰修王嘉会纂 ⑲108

温　县 一六五八（顺治十五）年重刊明版温县志二卷 清李若廙修吴国用纂 ⑲566

温　县 一七四六（乾隆十一）年刊温县志十六卷 清张承谟修周大律纂 ⑲566

温州府 一六八五（康熙二十四）年刊温州府志三十二卷首一卷 清汪矿修魏裔懋等纂 ⑲434

温州府 一七六二（乾隆二十七）年刊温州府志三十卷首一卷 清李琬修齐召南汪沆纂 ⑲435

温江县 一七五一（乾隆十六）年刊温江县志四卷首一卷 清冯中存修王道成等纂 ⑲742

温江县 一八一五（嘉庆二十）年刊温江县志三十六卷首一卷 清李绍祖等修徐文贲车酉纂 ⑲743

温江县 一九〇九（宣统元）年刊温江县乡土志十二卷 清曾学传纂 ⑲743

温郡济善官医局 一九〇六（光绪三十二）年刊救吞生烟良方 清陈香圃计凯臣编 ㉚280

渭南县 一六五六（顺治十三）年刊渭南县志十六卷 清尚九迁修朱可衧纂 ⑲171

渭南县 一七三二（雍正十）年刊渭南县志十五卷 清岳冠华纂修 ⑲171

渭南县 一七七八（乾隆四十三）年刊渭南志十四卷 清汪以诚纂修 ⑲171

渭南县 一八二九（道光九）年刊重辑渭南县志十八卷 清何耿绳修姚景衡纂 ⑲171

渭南县 一八九二（光绪十八）年刊新续渭南县志十二卷 清严书麐修焦联甲纂 ⑲171

渭南官舍 一八九四（光绪二十）年刊樊山时文 清樊增祥撰 ②28873
渭源县 一六八八（康熙二十七）年刊渭源县志不分卷 清张弘斌张淑孔纂修 ⑲211
滑 县 一六五四（顺治十一）年刊滑县志十卷 清王甭修赵贯台朱胤哲纂 ⑲574
滑 县 一六八六（康熙二十五）年刊滑县志十卷 清姚德闻修吕夷钟纂 ⑲574
滑 县 一七六〇（乾隆二十五）年刊滑县志十四卷首一卷 清吴乔龄纂修吕文光增修 ⑲574
滑 县 一八六七（同治六）年刊滑县志十二卷 清姚锟修徐光第纂 ⑲574
溆浦县 一六六九（康熙八）年刊溆浦县志不分卷 清荆柯纂修 ⑲661
溆浦县 一七六二（乾隆二十七）年刊溆浦县志二十卷首一卷末一卷 清陶金谐修杨鸿观纂 ⑲661
溆浦县 一八七三（同治十二）年刊溆浦县志二十四卷首一卷 清齐德五修舒其锦纂 ⑲662
滋阳县 一六七二（康熙十一）年刊滋阳县志四卷 清李潆修仲弘道等纂 ⑲293
滋阳县 一八八八（光绪十四）年刊滋阳县志十四卷 清莫炽修李兆霖等续修 ⑲293
崇川冯氏滋阳县署 一八二一（道光元）年刊金石索金索六卷石索六卷 清冯云鹏冯云鹓辑 ⑰K 15282
湄潭县 一八九九（光绪二十五）年刊湄潭县志八卷 清吴宗周修欧阳曙纂 ⑲806
滁 州 一六七三（康熙十二）年刊滁州志三十卷 清潘运暤纂 ⑲460
富川县 一七五七（乾隆二十二）年刊富川县志十二卷 清叶承立纂修 ⑲728
富川县 一八九〇（光绪十六）年刊富川县志十二卷 清顾国诰柴照修刘树贤等纂 ⑲728
富平县 一七四〇（乾隆五）年刊富平县志八卷 清乔履信纂修 ⑲172
富平县 一八九一（光绪十七）年刊富平县志稿十卷首一卷 清樊增祥等修谭麐纂 ⑲172
富民县 一七一二（康熙五十一）年刊富民县志不分卷 清彭兆逵修杨撝秀纂 ⑲822
富民县 一七三一（雍正九）年刊重修富民县志二卷 清杨体乾修陈谟纂 ⑲822
富阳县 一六七三（康熙十二）年刊富阳县志十二卷 清牛奂纂修 ⑲381
富阳县 一九〇六（光绪三十二）年刊富阳县志二十四卷首一卷 清汪文炳修蒋敬时何镕纂 ⑲381
富顺县 一六八七（康熙二十六）年刊富顺县志六卷 清钱绍隆修范潞纂 ⑲763
富顺县 一七六〇（乾隆二十五）年刊富顺县志三十卷 清熊葵向修周士诚纂 ⑲763

富顺县 一八二七（道光七）年刊富顺县志三十八卷 清张利贞修黄靖图纂 ⑲763
富顺县 一八七二（同治十一）年刊富顺县志三十八卷 清罗廷权等修吕上珍等纂 ⑲763
富顺官廨 一七七六（乾隆四十一）年刊六书音韵表五卷 清段玉裁撰 ⑱经488
禄丰县 一七一二（康熙五十一）年刊禄丰县志四卷 清刘自唐纂修 ⑲840
禄劝州 一七一九（康熙五十八）年刊禄劝州志二卷 清李廷宰修高攀云等纂 ⑲842
禄劝县 一七八〇（乾隆四十五）年刊农部琐录十四卷 清檀萃纂 ⑲842
裕州 一七一六（康熙五十五）年刊裕州志六卷 清董学礼纂修 ⑲596
裕州 一七四〇（乾隆五）年增刊裕州志六卷 清董学礼原本宋名立续修 ⑲596
登州府 一六六〇（顺治十七）年刊登州府志二十二卷 清施闰章修杨奇烈纂 ⑲282
登州府 一七四二（乾隆七）年刊续登州府志十二卷 清永泰纂修 ⑲282
登州府 一八八一（光绪七）年刊增修登州府志六十九卷首一卷 清方汝翼贾瑚修周悦让等纂 ⑲282
登封县 一六五二（顺治九）年刊登封县志七卷首一卷 清张朝瑞修焦复亨纂 ⑲561
登封县 一六九六（康熙三十五）年刊登封县志十卷 清张圣浩修焦钦宠纂 ⑲561
登封县 一七八七（乾隆五十二）年刊登封县志三十二卷 清陆继萼修洪亮吉纂 ⑲561
登封县 一八五五（咸丰五）年重刊【乾隆】登封县志三十二卷 清陆继萼修洪亮吉纂 ⑲561
婺源县 一六九四（康熙三十三）年刊婺源县志十二卷 清蒋灿纂修 ⑲490
婺源县 一七五七（乾隆二十二）年刊婺源县志三十九卷首一卷 清俞云耕修潘继善纂 ⑲490
婺源县 一八〇七（嘉庆十二）年刊婺源县志三十九卷首一卷 清赵汝为纂修 ⑲490
婺源县 一八二六（道光六）年刊婺源县志三十九卷首一卷 清黄应昀朱元理纂修 ⑲490
婺源县 一八八三（光绪九）年刊婺源县志六十四卷首一卷 清吴鹗修汪正元纂 ⑲490
婺源县署 一八五五（咸丰五）年刊防堵忠告 清潘星楼撰 ㉑159

十三画

瑞州府 一八七三（同治十二）年刊瑞州府志二十四卷首一卷 清黄廷金修熊松之等纂 ⑲495

瑞安县 一六九一（康熙三十）年刊瑞安县志十卷 清范永盛修章起鸿等纂 ⑲436
瑞安县 一七四九（乾隆十四）年刊瑞安县志十卷 清陈永清修章昱吴庆云纂 ⑲437
瑞安县 一八〇八（嘉庆十三）年刊瑞安县志十卷首一卷 清张德标修王殿金黄徵义纂 ⑲437
瑞昌县 一六七三（康熙十二）年刊瑞昌县志八卷 清江皋修周士俊等纂 ⑲483
瑞昌县 一七二六（雍正四）年刊瑞昌县志八卷 清郝之芳修万定思等纂 ⑲483
瑞昌县 一七五五（乾隆二十）年刊瑞昌县志二十二卷 清蒋有道修聂师焕纂 ⑲483
瑞金县 一六八三（康熙二十二）年刊瑞金县志十卷 清朱维高修杨长世纂 ⑲513
瑞金县 一七五三（乾隆十八）年刊瑞金县志八卷首一卷 清郭灿修黄天策杨于位纂 ⑲513
瑞金县 一八二二（道光二）年刊瑞金县志十六卷首一卷 清蒋方增纂修 ⑲513
瑞金县 一八七五（光绪元）年刊瑞金县志十六卷首一卷 清张国英修陈芳等纂 ⑲513
瑞金学舍 一八〇三（嘉庆八）年刊采馨堂诗集十二卷 清张琼撰 ⑳185
榆次县 一六八四（康熙二十三）年刊榆次县续志十四卷首一卷 清刘星修王介石纂 ⑲91
榆次县 一八八五（光绪十一）年刊榆次县续志四卷 清吴师祁张承熊修黄汝梅等纂 ⑲91
榆林府 一八四一（道光二十一）年刊榆林府志五十卷首一卷 清李熙龄纂修 ⑲190
榆林府 一八五七（咸丰七）年刊榆林府志辨讹一卷 清杨江著 ⑲190
献　县 一六七三（康熙十二）年刊献县志八卷 清刘徵廉修郑大纲纂 ⑲63
献　县 一七六一（乾隆二十六）年刊献县志二十卷图一卷表一卷 清万廷兰修戈涛纂 ⑲63
献　县 一八五七（咸丰七）年刊初续献县志四卷 清李昌祺纂修 ⑲63
鄢陵县 一六四八（顺治五）年刊鄢陵县志十卷 清孙丕承修梁之鲲纂 ⑲585
鄢陵县 一六六三（康熙二）年重刊【顺治】鄢陵县志十卷 清经起鹏修刘汉黎纂 ⑲585
鄢陵县 一七七二（乾隆三十七）年刊鄢陵县志二十一卷首一卷 清施诚纂 ⑲585
鄢陵县 一八〇八（嘉庆十三）年刊鄢陵县志十二卷首一卷 清吴堂纂修 ⑲585
鄢陵县 一八三三（道光十三）年刊鄢陵县志十八卷 清何鄂联修洪符孙纂 ⑲585
鄢陵县 一八六五（同治四）年刊鄢陵文献志四十卷补遗一卷 清苏源生纂 ⑲585

鄠陵官舍 一七八七（乾隆五十二）年刊丁辛老屋集十二卷 清王又曾撰 ③284.473/45

鄞县 一六八六（康熙二十五）年刊鄞县志二十四卷首一卷 清汪源泽修闻性道纂 ⑲408

鄞县 一七八八（乾隆五十三）年刊鄞县志三十卷首一卷 清钱维乔修钱大昕等纂 ⑲408

鄞县 一八五六（咸丰六）年刊鄞县志三十二卷首一卷 清张铣修周道遵纂 ⑲409

鄞县 一八七七（光绪三）年刊鄞县志七十五卷 清戴枚修张恕董沛等纂 ⑲409

蓝山县 一八〇六（嘉庆十一）年刊蓝山县志十六卷 清谭震修王国琳纂 ⑲656

蓝山县 一八六七（同治六）年刊蓝山县志十六卷末一卷 清胡鹗荐洪锡绶修钟範纂 ⑲656

蓝田县 一六六〇（顺治十七）年刊蓝田县志四卷首一卷 清郭显贤修杨呈藻纂 ⑲173

蓝田县 一七三〇（雍正八）年增刊【顺治】蓝田县志四卷首一卷 清李元升增修李大捷等增纂 ⑲173

蓝田县 一七九六（嘉庆元）年刊蓝田县志十六卷 清高昱修王开沃纂马学赐续修王芾续纂 ⑲173

蓝田县 一八四二（道光二十二）年刊蓝田县志十六卷 清胡元煐修蒋湘南纂 ⑲173

蓝田县 一八七五（光绪元）年刊蓝田县志十六卷 清吕懋勋修袁廷俊纂 ⑲173

蓟州 一七〇四（康熙四十三）年刊蓟州志八卷 清张朝琮修邬棠等纂 ⑲24

蓟州 一八三一（道光十一）年刊蓟州志十卷首一卷 清沈锐纂修 ⑲24

蓟州 一八五二（咸丰二）年补刊【道光】蓟州志十卷首一卷 肖沈锐纂修 ⑲24

蓬州 一八三〇（道光十）年刊蓬州志略十卷 清洪运开修王玑纂 ⑲786

蓬州 一八九七（光绪二十三）年刊蓬州志十五卷 清方旭修张礼杰等纂 ⑲786

蓬莱县 一六七三（康熙十二）年刊蓬莱县志八卷 清高岗修蔡永华纂 ⑲282

蓬莱县 一八三九（道光十九）年刊重修蓬莱县志十四卷 清王文焘修张本葛元昶纂 ⑲282

蓬莱县 一八八二（光绪八）年刊蓬莱县续志十四卷 清郑锡鸿江瑞采修王尔植等纂 ⑲282

蓬溪县 一六七二（康熙十一）年刊蓬溪县志二卷 清潘之彪纂修 ⑲754

蓬溪县 一七八六（乾隆五十一）年刊蓬溪县志八卷首一卷 清张松孙谢泰宸纂修 ⑲754

蓬溪县 一八四五（道光二十五）年刊蓬溪县志十六卷首一卷 清吴章祁等修顾士英等纂 ⑲754

蓬溪县 一八九九（光绪二十五）年刊蓬溪县续志十四卷首一卷 清周学铭修熊祥谦等纂 ⑲754

蒲县 一六七三（康熙十二）年刊蒲县新志八卷 清胡必蕃修贺友范纂 ⑲108
蒲县 一七五三（乾隆十八）年刊蒲县志十卷首一卷 清巫慧修王居正纂 ⑲109
蒲县 一八八〇（光绪六）年刊蒲县续志 清托克托欢修曹和钧罗良桂纂 ⑲109
蒲州 一六七〇（康熙九）年刊蒲州志十二卷 清侯康民修贾濙纂 ⑲116
蒲台县 一六九三（康熙三十二）年刊重修蒲台县志十卷 清严曾业修李楠纂 ⑲270
蒲台县 一七六三（乾隆二十八）年刊蒲台县志四卷首一卷 清严文典修任相纂 ⑲270
蒲台县 一八九〇（光绪十六）年刊重修蒲台县志四卷 清张朝玮修叔梓等纂 ⑲270
蒲州府 一七五四（乾隆十九）年刊蒲州府志二十四卷图一卷 清周景桂等纂修 ⑲117
蒲江县 一七八四（乾隆四十九）年刊蒲江县志四卷 清纪曾荫修黎攀桂马道亨纂 ⑲747
蒲江县 一八七八（光绪四）年刊蒲江县志五卷 清孙清士修解璜徐元善纂 ⑲747
蒲圻县 一六七三（康熙十二）年刊新修蒲圻县志十五卷 清张圻隆修龚逢烈纂 ⑲620
蒲圻县 一七三八（乾隆三）年刊重修蒲圻县志十五卷 清王云翔修李曰瑚纂 ⑲620
蒲圻县 一八三六（道光十六）年刊蒲圻县志十卷 清劳光泰修但传熺纂 ⑲621
蒲圻县 一八六六（同治五）年刊蒲圻县志八卷 清顾际熙等纂修 ⑲621
蒲城县 一六六六（康熙五）年刊蒲城志四卷 清邓永芳修李馥燕纂 ⑲180
蒲城县 一七八二（乾隆四十七）年刊蒲城县志十五卷 清张心镜修吴泰来纂 ⑲180
蒲城县 一九〇五（光绪三十一）年刊蒲城县新志十三卷首一卷 清李体仁修王学礼纂 ⑲180
蒙化府 一六九八（康熙三十七）年刊蒙化府志六卷首一卷 清蒋旭修陈金珏纂 ⑲845
蒙化厅 一七九〇（乾隆五十五）年刊续修蒙化直隶厅志六卷首一卷 清刘垲席庆年修吴蒲等纂 ⑲845
蒙自县 一七一二（康熙五十一）年刊蒙自县志四卷 清韩三异修张殿桂纂 ⑲838
蒙自县 一七九一（乾隆五十六）年刊蒙自县志六卷 清李焜纂修 ⑲838
蒙阴县 一六七二（康熙十一）年刊蒙阴县志四卷 清屈逸乘修王运昇纂 ⑲287
蒙城县 一六五二（顺治九）年刊蒙城县志十二卷 清田本沛纂修 ⑲456
蒙城县 一六七六（康熙十五）年刊蒙城县志十八卷 清赵裔昌修吴道伟等纂 ⑲456

楚雄府 一七一六（康熙五十五）年刊楚雄府志十卷首一卷 清张嘉颖修刘联声等纂 ⑲839

楚雄县 一八一八（嘉庆二十三）年刊楚雄县志十卷 清苏鸣鹤修陈璜纂 ⑲839

鄠　县 一六八二（康熙二十一）年刊鄠县志十二卷图一卷 清康如琏修康弘祥纂 ⑲166

鄠　县 一七三二（雍正十）年刊鄠县重续志五卷 清鲁一佐修周梦熊纂 ⑲166

鄠　县 一七七七（乾隆四十二）年刊鄠县新志六卷 清汪以诚修孙景烈纂 ⑲166

雷州府 一六七二（康熙十一）年刊雷州府志十卷 清吴盛藻修洪泮洙纂 ⑲708

雷州府 一八一一（嘉庆十六）年刊雷州府志二十卷首一卷 清雷学海修陈昌齐等纂 ⑲708

零陵县 一六八四（康熙二十三）年刊零陵县志十四卷 清王元弼修黄佳色等纂 ⑲655

零陵县 一八一〇（嘉庆十五）年刊零陵县志十六卷 清武占熊修刘方璿纂 ⑲655

零陵县 一八七六（光绪二）年刊零陵县志十五卷附补遗一卷 清嵇有庆徐保龄修刘沛纂 ⑲655

虞乡县 一七八九（乾隆五十四）年刊虞乡县志十二卷 清周大儒修尚云章等纂 ⑲117

虞乡县 一八八六（光绪十二）年刊虞乡县志十二卷首一卷 清崔铸善修陈鼎隆等纂 ⑲117

虞城县 一六五八（顺治十五）年刊虞城县志八卷 清史鹏修胡国器纂 ⑲580

虞城县 一七四三（乾隆八）年刊虞城县志十卷 清张元鉴蒋光祖修沈俨纂 ⑲580

虞城县 一八九五（光绪二十一）年刊虞城县志十卷 清张元鉴原本李淇增修席庆云增纂 ⑲580

嵊　县 一六七一（康熙十）年刊嵊县志十二卷 清张逢欢修袁尚衷纂 ⑲421

嵊　县 一七四二（乾隆七）年刊嵊县志十八卷首一卷末一卷 清李以琰修田实秬等纂 ⑲421

嵊　县 一八二八（道光八）年刊嵊县志十四卷首一卷末一卷 清李式圃修朱渌等纂 ⑲421

嵊　县 一八七〇（同治九）年刊嵊县志二十六卷首一卷末一卷 清严思忠陈仲麟修蔡以瑺等纂 ⑲421

睢　州 一六七七（康熙十六）年刊睢州志七卷 清程正性修汤斌纂 ⑲579

睢　州 一八九二（光绪十八）年刊续修睢州志十二卷首一卷 清王枚修徐绍廉纂 ⑲579

睢宁县 一六八三（康熙二十二）年刊睢宁县旧志十卷 清葛之莫修陈哲等纂 ⑲373

睢宁县 一八八六（光绪十二）年刊睢宁县志稿十八卷 清侯绍瀛修丁显纂 ⑲373

路南州 一七一二（康熙五十一）年刊路南州志四卷 清金廷献修李汝相纂 ⑲827

路南州 一七五七（乾隆二十二）年刊续编路南州志四卷 清史进爵修郭廷选纂 ⑲827
嵩　县 一六九二（康熙三十）年刊嵩县志十卷 清卢志逊修李滋纂 ⑲601
嵩　县 一七六七（乾隆三十二）年刊嵩县志三十卷首一卷 清康基渊纂修 ⑲601
嵩　县 一九〇六（光绪三十二）年刊嵩县乡土志 清佚名纂 ⑲601
嵩明州 一七二〇（康熙五十九）年刊嵩明州志八卷 清任洵等纂 ⑲827
嵩明州 一八八七（光绪十三）年刊续修嵩明州志八卷 清胡绪昌萧宗幹修王沂渊梁恩明纂 ⑲827
蜀西双流官廨 一八七六（光绪二）年刊亦号读书堂遗草 清彭之隽撰 ②29487
锦城节署 一八七五（光绪元）年刊归方评点史记合笔六卷 清王拯编 附评史记例意
　　刘海峰论文偶记 ②57953
锦城官廨 一八九六（光绪二十二）年刊筹济编 清杨静闲辑 ⑰12284
定远方氏**锦城柏署** 一八七七（光绪三）年刊梦园书画录二十五卷 清方浚颐编 ②17416
成都**筹经学院** 一八七七（光绪三）年刊说文解字十五卷 汉许慎撰宋徐铉等校
　　附六书音韵表二卷 清段玉裁撰 ⑯423.11/612－05
筠连县 一八七三（同治十二）年刊筠连县志十六卷 清程熙春修文尔炘等纂 ⑲769
简　州 一七九三（乾隆五十八）年刊简州志八卷 清刘如基修杨沺纂 ⑲762
简　州 一八五三（咸丰三）年刊简州志十四卷 清濮瑗修黄楑等纂 ⑲762
简　州 一八九七（光绪二十三）年刊简州续志十四卷 清易家霖修傅为霖等纂 ⑲762
腾越州 一七九〇（乾隆五十五）年刊云南腾越州志十三卷 清屠述濂纂修 ⑲835
腾越州 一八三一（道光十一）年刊【乾隆】云南腾越州志十三卷 清屠述濂纂修 ⑲835
腾越厅 一八八七（光绪十三）年刊腾越厅志稿二十卷首一卷 清陈宗海修赵端礼纂 ⑲835
颍上县署 一八四九（道光二十九）年刊小堂四种 清程沆辑 ⑤
解　州 一六七三（康熙十二）年刊解州志十卷 清陈士性修马淑援纂 ⑲112
解　州 一七六四（乾隆二十九）年刊解州全志十八卷首卷 清言如泗纂修 ⑲112
解　州 一八八一（光绪七）年刊解州志十八卷首一卷 清马丕瑶魏象乾修张承熊纂 ⑲112

靖州 一六八四（康熙二十三）年刊靖州志六卷 清祝钟贤修李大翥纂 ⑲662

靖州 一七六一（乾隆二十六）年刊靖州志十四卷首一卷末一卷 清吕宣曾修张开东纂 ⑲662

靖州 一八三七（道光十七）年刊靖州直隶州志十二卷 清魏德畹纂修隆恩续修汪尚友续纂 ⑲662

靖州 一八七九（光绪五）年刊靖州直隶州志十二卷首一卷末一卷 清吴起凤劳铭勋修唐际虞李廷森纂 ⑲662

靖边县 一六八三（康熙二十二）年刊靖边县志不分卷 清佚名纂 ⑲191

靖边县 一八九九（光绪二十五）年刊靖边志稿四卷 清丁锡奎修白翰章辛居乾纂 ⑲191

靖江县 清初刊【崇祯】靖江县志十九卷 明陈函煇修顾夔纂 ⑲359

靖江县 一六八三（康熙二十二）年刊靖江县志十八卷首一卷 清胡必蕃修金敞纂 ⑲359

靖江县 一八七九（光绪五）年刊靖江县志十六卷首一卷 清叶滋森修褚翔等纂 ⑲359

靖安县 一六九三（康熙三十二）年刊靖安县志八卷 清高克藩修舒其琯纂 ⑲499

靖安县 一七五一（乾隆十六）年刊靖安县志十卷 清朱堂纂修 ㉑169

靖安县 一八二五（道光五）年刊靖安县志十六卷首一卷末一卷 清张国钧修舒懋官纂 ⑲499

靖安县署 一八九八（光绪二十四）年刊晚学斋集 清郑由熙撰 ⑤

靖安县学 一八六八（同治七）年刊贞木篇 清聂秉成辑 ㉑169

靖远卫 一七〇九（康熙四十八）年刊重纂靖远卫志六卷首一卷 清马文麟等修李一鹏等纂 ⑲

靖远县 一七七五（乾隆四十）年刊续增靖远县志不分卷 清那礼善修李林等纂 ⑲211

靖远县 一八三三（道光十三）年刊靖远县志八卷首一卷 清陈之骥修尹世阿纂 ⑲212

新乡县 一六九三（康熙三十二）年刊新乡县续志十卷 清周毓麟李登瀛修任昌期纂 ⑲564

新乡县 一七三五（雍正十三）年刊新乡县志三十四卷 清金茂和纂修 ⑲564

新乡县 一七四七（乾隆十二）年刊新乡县志三十四卷首一卷 清赵开元修畅俊纂 ⑲564

新化县 一六六八（康熙七）年刊新化县志十二卷首一卷 清于肖龙修阳文烛等纂 ⑲660

新化县 一七五九（乾隆二十四）年刊新化县志二十七卷 清梁栋修杨持铎纂 ⑲660

新化县 一八三二（道光十二）年刊新化县志三十四卷首一卷 清林联桂纂修 ⑲660

新化县 一八七二（同治十一）年刊新化县志三十五卷首一卷末一卷 清甘启运关培钧修刘洪泽等纂 ⑲660

新田县 一六七〇（康熙九）年刊新田县志四卷 清钟运泰修沈惟彰纂 ⑲655

新田县 一八一二（嘉庆十七）年刊新田县志十卷 清张厚郿等修乐明绍等纂 ⑲655

新乐县 一六六二—一七二二（康熙）年刊新乐县志二十卷 明张正蒙修陈实纂清林华皖续修郝应第续纂 ⑲33

新乐县 一七五七（乾隆二十二）年刊新乐县志二十卷 清麻廷瓛纂修 ⑲33

新乐县 一八八五（光绪十一）年刊重修新乐县志六卷首一卷 清雷鹤鸣修赵文濂纂 ⑲33

广西**新宁州** 一八七九（光绪五）年刊新宁州志六卷首一卷 清戴焕南修张灿奎纂 ⑲718

广东**新宁县** 一六七二（康熙十一）年刊新宁县志十卷 清宁林修麦汝梓纂 ⑲699

广东**新宁县** 一七三八（乾隆三）年刊新宁县志四卷 清王暠修陈份纂 ⑲699

广东**新宁县** 一八三九（道光十九）年刊新宁县志十卷 清张深修曾钊温训纂 ⑲699

广东**新宁县** 一八九三（光绪十九）年刊新宁县志二十六卷首一卷 清何福海郑守昌修林国赓等纂 ⑲699

广东**新宁县** 一九〇九（宣统元）年刊新宁乡土地理二卷 清雷泽普编 ⑲699

四川**新宁县** 一七三七（乾隆二）年刊新宁县志四卷 清窦容邃修吴师瑗纂 ⑲789

四川**新宁县** 一八三五（道光十五）年刊新宁县志六卷 清黄位斗修孙代芳纂 ⑲789

四川**新宁县** 一八六九（同治八）年刊新宁县志八卷 清复成修周绍銮胡元翔纂 ⑲789

湖南**新宁县** 一六八五（康熙二十四）年刊新宁县志十八卷 清牟国镇修朱宏绪纂 ⑲658

湖南**新宁县** 一八二三（道光三）年刊新宁县志三十二卷首一卷 清张德尊纂修 ⑲658

湖南**新宁县** 一八九三（光绪十九）年刊新宁县志二十六卷首一卷 清张葆连修刘长佑刘坤一纂 ⑲658

新会县 一六九〇（康熙二十九）年刊新会县志十八卷首一卷 清贾雒英修薛起蛟等纂 ⑲697

新会县 一七四一（乾隆六）年刊新会县志十三卷首一卷 清王植纂修 ⑲697

新会县 一八四一（道光二十一）年刊新会县志十四卷首一卷 清林星章修黄培芳曾钊纂 ⑲697

新会县 一八七〇（同治九）年刊新会县续志十卷首一卷 清彭君穀修钟应元李星煇纂 ⑲697

新兴州 一七一五（康熙五十四）年刊新兴州志十卷 清任中宜纂修 ⑲830

新兴州 一七五〇（乾隆十五）年刊新兴州志十卷 清任中宜原本徐正恩续纂 ⑲830

新平县 一八二七（道光七）年刊新平县志八卷 清李诚罗宗琏纂修 ⑲831

新兴县 一六七二（康熙十一）年刊新兴县志二十卷 清李超纂修 ⑲711

新兴县 一七五八（乾隆二十三）年刊新兴县志三十卷 清刘芳纂修 ⑲711

广东新安县 一六八八（康熙二十七）年刊新安县志十三卷 清靳文谟修邓文蔚纂 ⑲686

广东新安县 一八一九（嘉庆二十四）年刊新安县志二十四卷首一卷 清舒懋官修王崇熙纂 ⑲686

河南新安县 一六九四（康熙三十三）年刊新安县志十七卷 清韩佑唐修李瓒纂 ⑲605

河南新安县 一七六六（乾隆三十一）年刊新安县志十四卷首一卷末一卷 清邱峩修宣曾纂 ⑲605

河北新安县 一七四三（乾隆八）年刊新安县志八卷 清高景原本孙孝棻增修张鳞甲增纂 ⑲53

新余县义学 一七五〇（乾隆十五）年刊石门集十卷首一卷末一卷 明梁寅撰 ㉑152

浙江新昌县 一六七一（康熙十）年刊新昌县志十八卷 清刘作樑修吕曾柟纂 ⑲422

江西新昌县 一六六五（康熙四）年刊新昌县志六卷 清黄运启修熊任等纂 ⑲496

江西新昌县 一七九二（乾隆五十七）年刊新昌县志二十五卷首一卷末一卷 清杨文峰徐炎修 万廷兰纂 ⑲496

江西新昌县 一八二四（道光四）年刊新昌县志二十五卷首一卷末一卷附补遗一卷续编一卷 清曾锡麟谭梦骞纂修 ⑲496

江西新建县 一六八〇（康熙十九）年刊新建县志三十卷首一卷末一卷 清杨周宪纂修 ⑲481

江西新建县 一七五〇（乾隆十五）年刊新建县志七十四卷 清邱兰标修曹秀先纂 ⑲481

江西新建县 一八二四（道光四）年刊新建县志七十四卷首一卷末一卷 清雷学淦修曹师曾纂 ⑲481

江西新建县 一八七一（同治十）年刊新建县志九十九卷首一卷末一卷 清承霈修杜友棠杨兆崧纂 ⑲481

新建县万寿宫 一七二六（雍正四）年刊逍遥山万寿宫志 清熊益华程以贵纂修 ㉑149

新建县万寿宫 一七四〇（乾隆五）年刊万寿宫志二十卷 清丁步上纂修 ㉑149

新建县万寿宫 一八七八（光绪四）年刊万寿宫通志二十二卷 清金桂馨漆逢源纂修 ㉑149

新建县万寿宫 一九一一（宣统三）年刊逍遥山万寿宫通志二十二卷 清魏志良纂修罗有壬校正 ㉑149

新郑县 一六五九（顺治十六）年刊新郑县志五卷 清冯嗣京修张光祖纂 ⑲560

新郑县 一六九四（康熙三十三）年刊新郑县志四卷 清朱廷献等纂修 ⑲560

新郑县 一七七六（乾隆四十一）年刊新郑县志三十一卷首一卷 清黄本诚纂修 ⑲560

新河县 一六七九（康熙十八）年刊新河县志十卷 清王汝翰等纂修 ⑲78

新河县 一八七六（光绪二）年刊新河县志十六卷 清赵鸿钧修沈家焕纂 ⑲78

浙江新城县 一六七三（康熙十二）年刊新城县志八卷首一卷 清张瓒修张戬袁澣纂 ⑲388

山东新城县 一六七二（康熙十一）年刊新城县续志一卷 清马孔彰纂修 ⑲272

河北新城县 一六七五（康熙十四）年刊新城县志八卷首一卷 清高基重修马之騚纂 ⑲56

河北新城县 一八三八（道光十八）年刊新城县志十八卷首一卷 清李廷棨修王振钟等纂 ⑲56

江西新城县 一六七三（康熙十二）年刊新城县志十卷 清周天德修涂景祚纂 ⑲503

江西新城县 一七五一（乾隆十六）年刊新城县志十四卷首一卷 清方懋禄修夏之翰等纂 ⑲503

江西新城县 一八二六（道光六）年刊江西新城县志十四卷 清徐江纂修 ⑲503

江西新城县 一八七一（同治十）年刊江西新城县志十二卷首一卷末一卷 清刘昌岳修邓家祺纂 ⑲503

新津县 一六八六（康熙二十五）年刊新津县志一卷 清伦可大修熊占祥纂 ⑲747

新津县 一八二九（道光九）年刊新津县志四十卷首一卷 清王梦庚原稿叶方模童宗沛纂 ⑲747

新泰县 一六五九（顺治十六）年刊新泰县志六卷 清杨继芳修牟适纂 ⑲290

新泰县 一七八四（乾隆四十九）年刊新泰县志二十卷首一卷 清江乾达修牛士瞻等纂 ⑲290

新都县 一八一六（嘉庆二十一）年刊新都县志五十四卷首一卷 清孙真儒等修李觉楹等纂 ⑲746

新都县 一八四四（道光二十四）年刊新都县志十八卷首一卷 清张奉书等修张怀洵等纂 ⑲746

新野县 一七一二（康熙五十一）年刊新野县志八卷首一卷 清武国枢纂修 ⑲597

新野县 一七五四（乾隆十九）年刊新野县志九卷首一卷 清徐金位纂修 ⑲597

新淦县 一六七三（康熙十二）年刊新淦县志十五卷 清董谦吉修李焕斗纂 ⑲508

新淦县 一八二五（道光五）年刊新淦县志三十二卷首一卷 清宋庚修陈化纂 ⑲508

新喻县 一六七三（康熙十二）年刊新喻县志十四卷 清符执桓纂修 ⑲497
新喻县 一七五〇（乾隆十五）年刊新喻县志三十卷首一卷 清暨用其纂修 ⑲497
新喻县 一八四九（道光二十九）年刊新喻县志八卷 清黄之晋纂修 ⑲497
新堡官舍 一八三三（道光十三）年刊平罗纪略八卷 清徐保宇纂 ①
新蔡县 一六五九（顺治十六）年刊新蔡县志八卷 清谭弘宪纂修 ⑲591
新蔡县 一六九一（康熙三十）年增刊新蔡县志八卷 清谭弘宪原本吕民服增修李世熀增纂 ⑲591
新蔡县 一七九五（乾隆六十）年刊新蔡县志十卷 清莫玺章修王增纂 ⑲591
新繁县 一七四三（乾隆八）年刊新繁县志十四卷首一卷 清郑方城修朱敦修等纂 ⑲746
新繁县 一八一四（嘉庆十九）年刊新繁县志四十三卷首一卷 清顾德昌等修张粹德等纂 ⑲746
新繁县 一八七三（同治十二）年刊新繁县志十六卷首一卷 清张文珍李应观修杨益豫等纂 ⑲746
鄜州 一六六六（康熙五）年刊鄜州志八卷 清顾耿臣修任于峤纂 ⑲196
鄜州 一八三三（道光十三）年刊鄜州志五卷首一卷 清吴鸣捷修谭瑀等纂 ⑲196
廉州府 一七二二（康熙六十一）年刊廉州府志十四卷 清徐成栋纂修 ⑲733
廉州府 一八三三（道光十三）年刊廉州府志二十六卷首一卷 清张堉春修陈治昌等纂 ⑲734
慈利县 一六八五（康熙二十四）年刊岳州府慈利县志四卷 清胡公威修叶琼纂 ⑲669
慈利县 一八一七（嘉庆二十二）年刊重修慈利县志八卷首一卷 清李约修皇甫如森纂 ⑲669
慈利县 一八六九（同治八）年刊续修慈利县志十四卷首一卷 清嵇有庆蒋恩澍修魏湘纂 ⑲669
慈利县 一八九六（光绪二十二）年刊慈利县志十卷首一卷 清吴恭亨纂修 ⑲669
慈谿县 一七三〇（雍正八）年刊慈谿县志十六卷 清杨正笱修冯鸿模等纂 ⑲413
满城县 一六八〇（康熙十九）年刊满城县志十卷 清裴国桢修刘之源纂 ⑲59
满城县 一七五一（乾隆十六）年刊满城县志十二卷 清张焕纂修贾永宗增修 ⑲59
溧水县 一六四四—一六六一（顺治）年刊溧水县志十卷 清闵派鲁修林古度纂 ⑲343
溧水县 一六七六（康熙十五）年刊溧水县志十一卷首一卷 清刘登科修王芝藻等纂 ⑲343
溧水县 一七七七（乾隆四十二）年刊溧水县志十六卷 清凌世御修方性存等纂 ⑲343

溧水县 一八八三（光绪九）年刊溧水县志二十二卷首一卷 清傅观光等修丁维诚纂 ⑲343

溧阳县 一六六七（康熙六）年刊溧阳县志十四卷 清徐一经纂修 ⑲342

溧阳县 一七四三（乾隆八）年刊溧阳县志十二卷首一卷 清吴学濂纂修 ⑲342

溧阳县 一八一三（嘉庆十八）年刊溧阳县志十六卷 清李景峄陈鸿寿修史炳史津纂 ⑲342

溧阳县 一八九六（光绪二十二）年重刊【嘉庆】溧阳县志十六卷 清李景峄陈鸿寿修史炳史津纂 ⑲342

源阳官署 一八八九（光绪十五）年刊玉谱类编四卷 清徐寿基编 ⑯994.6/946

滦　州 一六七九（康熙十八）年刊滦志补一卷 清马如龙修高士麟纂 ⑲45

滦　州 一八一〇（嘉庆十五）年刊滦州志八卷首一卷末一卷 清吴士鸿修孙学恒纂 ⑲45

滦　州 一八九八（光绪二十四）年刊滦州志十八卷首一卷 清杨文鼎修王大本等纂 ⑲45

滨　州 一七〇一（康熙四十）年刊滨州志八卷首一卷 清杨容盛修 ⑲268

滨　州 一八六〇（咸丰十）年刊滨州志十二卷首一卷 清李熙龄纂修 ⑲268

福山县 一六七三（康熙十二）年刊福山县志十二卷 清罗博修鹿兆甲纂 ⑲283

福山县 一七六三（乾隆二十八）年刊福山县志十二卷 清何乐善修萧劼王积熙纂 ⑲283

福宁府 一七六二（乾隆二十七）年刊福宁府志四十四卷首一卷 清李拔等纂修 ⑲526

福宁郡斋 一八六一（咸丰十一）年刊读书杂释十四卷 清徐鼒撰 ⑯071/947

福安县 一六七七（康熙十六）年刊福安县志九卷首一卷 明巫三祝原本清宋嗣炎增修李襄猷增纂 ⑲527

福安县 一七八三（乾隆四十八）年刊福安县志二十六卷首一卷 清侯谨度修陈从潮等纂 ⑲527

福安县 一八三二（道光十二）年刊续修福安县志十二卷 清刘之蔼修陈拔杨世材纂 ⑲527

福安县 一八八四（光绪十）年刊福安县志三十八卷首一卷 清张景祁修黄锦灿等纂 ⑲527

福州府 一七五四（乾隆十九）年刊福州府志七十六卷首一卷 清徐景熹修鲁曾煜施廷枢等纂 ⑲518

福建省 一六八四（康熙二十三）年刊福建通志六十四卷 清金鋐修郑开极陈轼纂 ⑲517

福建省 一七三七（乾隆二）年刊福建通志七十八卷首一卷 清郝玉麟卢焯等修谢道承刘敬与纂 ⑲517

福建学署 刊黄氏医书八种 清黄元御撰 ㉚733

福建抚署 一八七二（同治十一）年刊读书记疑十六卷 清王懋竑撰 ②35877

福建布政使署　一八七一（同治十）年刊武英殿聚珍版丛书一百三十五种　⑥

福建台湾道库　一八七九（光绪五）年刊台湾舆图　清夏献纶编　⑯026.7/348

福建盐局　一八六六（同治五）年刊福建票盐志略不分卷　⑯348.3/101

福建藩署　一八七一（同治十）年刊圣祖仁皇帝庭训格言　②28946

福清县　一六七二（康熙十一）年刊福清县志十二卷　明叶向高原本　清李传甲修　郭文祥纂　⑲532

福清县　一七四七（乾隆十二）年刊福清县志二十卷图一卷　清饶安鼎修　林昂　李修卿纂　⑲532

福鼎县　一八〇六（嘉庆十一）年刊福鼎县志八卷　清谭抡修　王锡龄　高昊纂　⑲528

缙云县　一六八四（康熙二十三）年刊缙云县志四卷　清霍维腾纂修　⑲440

缙云县　一七六七（乾隆三十二）年刊缙云县志八卷　清令孤亦岱修　沈鹿鸣纂　⑲441

缙云县　一八四九（道光二十九）年刊缙云县志十八卷首一卷　清汤成烈修　尹希伊　余伟纂　⑲441

缙云县　一八八一（光绪七）年刊缙云县志十六卷首一卷末一卷　清何乃容　葛华修　潘树棠纂　⑲441

十四画

静乐县　一七〇〇（康熙三十九）年刊静乐县志十卷　清黄图昌纂修　⑲88

静乐县　一七三〇（雍正八）年刊续静乐县志十卷　清梅廷谟修　俎夏鼎纂　⑲88

静乐县　一八六六（同治五）年刊静乐县续志二卷　清张朝玮纂修　⑲88

静宁州　一七一六（康熙五十五）年刊静宁州志十四卷首一卷　清黄廷钰　吴之珽纂修　⑲213

静宁州　一七四六（乾隆十一）年刊静宁州志八卷首一卷　清王烜纂修　⑲213

静海县　一六七三（康熙十二）年刊静海县志四卷　清阎甲胤修　马方伸纂　⑲25

静海县　一八七三（同治十二）年刊静海县志八卷　清郑士蕙纂修　⑲25

嘉禾县　一七六六（乾隆三十一）年刊嘉禾县志二十六卷　清高大成修　李光甲纂　⑲650

嘉禾县　一八一七（嘉庆二十二）年增刊嘉禾县志二十七卷　清高大成原本　张英举增修　龙翔增纂　⑲650

嘉禾县　一八六三（同治二）年刊嘉禾县志二十六卷　清高大成原本　陈国仲增修　吴绂荣增纂　⑲650

嘉兴府　一六八二（康熙二十一）年刊嘉兴府志十八卷首一卷末一卷　清袁国梓等纂修　⑲390

嘉兴府 一八〇一（嘉庆六）年刊嘉兴府志八十卷首三卷 清伊汤安修冯应榴沈启震纂 ⑲390

嘉兴府 一八四〇（道光二十）年刊嘉兴府志六十卷首三卷 清于尚龄纂修 ⑲390

嘉兴县 一六八五（康熙二十四）年刊嘉兴县志九卷 清何鋕修王庭徐发纂 ⑲390

嘉兴县 一八〇一（嘉庆六）年刊嘉兴县志三十六卷首二卷 清司能任修屠本仁纂 ⑲390

嘉兴县 一九〇八（光绪三十四）年刊嘉兴县志三十七卷首二卷末一卷 清赵惟嵛修石中玉吴受福纂 ⑲390

嘉兴郡斋 一八〇七（嘉庆十二）年刊三史拾遗五卷 清钱大昕撰 ②27307

嘉应州 一七五〇（乾隆十五）年刊嘉应州志十二卷 清王之正等纂修 ⑲687

嘉应州 一八五三（咸丰三）年刊嘉应州志增补考略四十卷首一卷 清文晟纂 ⑲687

嘉应州 一九〇一（光绪二十七）年刊嘉应州志三十二卷首一卷 清吴宗焯李庆荣修温仲和纂 ⑲687

嘉鱼县 一六七一（康熙十）年刊嘉鱼县志三卷 清李元震纂修 ⑲619

嘉鱼县 一七九〇（乾隆五十五）年刊嘉鱼县志八卷首一卷 清汪云铭修方承保张宗轼纂 ⑲619

嘉鱼县 一八六五（同治五）年刊重修嘉鱼县志十二卷 清钟传益修俞焜纂 ⑲619

四川**嘉定府** 一八〇三（嘉庆八）年刊嘉定府志四十八卷首一卷 清宋鸣琦修陈一沺纂 ⑲770

四川**嘉定府** 一八六四（同治三）年刊嘉定府志四十八卷首一卷 清文良朱庆镛等修陈尧采等纂 ⑲770

嘉定县 一六七三（康熙十二）年刊嘉定县志二十四卷 清赵昕修苏渊纂 ⑲17

嘉定县 一七四二（乾隆七）年刊嘉定县志十二卷首一卷 清程国栋等纂修 ⑲17

嘉定县 一八一〇（嘉庆十六）年刊嘉定县志二十卷首一卷 清吴桓修王初桐纂 ⑲17

嘉定县 一八八二（光绪八）年刊嘉定县志三十二卷首一卷补遗一卷 清程其珏修杨震福等纂 ⑲17

嘉祥县 一六五二（顺治九）年刊嘉祥县志六卷 明龚仲敏纂修清张太昇续修董方大续纂 ⑲297

嘉祥县 一七七八（乾隆四十三）年刊嘉祥县志四卷 清倭什布纂修 ⑲297

嘉祥县 一九〇八（光绪三十四）年刊嘉祥县志四卷首一卷 清章文华官擢午纂修 ⑲298

嘉善县 一六五〇（顺治七）年刊嘉善县志纂修启祯条款四卷 清卞爆修曹尔坊纂 ⑲392

嘉善县 一六七七（康熙十六）年刊重修嘉善县志十二卷 清杨濂郁之章纂 ⑲392

嘉善县 一七三四（雍正十二）年刊续修嘉善县志十二卷 清戈鸣岐修钱元佑沈遇黄纂 ⑲392

嘉善县 一八〇〇（嘉庆五）年刊重修嘉善县志二十卷首一卷 清万相宾纂修 ⑲392

嘉善县 一八九四（光绪二十）年刊重修嘉善县志三十六卷首一卷 清江峰青修顾福仁纂 ⑲392

蔚州 一六五九（顺治十六）年刊蔚州志二卷 清李英纂修 ⑲38

蔚州 一七四五（乾隆十）年刊蔚州志补十二卷首一卷 清杨世昌修吴廷华杨大猷纂 ⑲38

蔚州 一八七七（光绪三）年刊蔚州志二十卷首一卷 清庆之金修杨笃纂 ⑲38

蔚县 一七三九（乾隆四）年刊蔚县志三十一卷 清王育榞修李舜臣纂 ⑲38

綦江县 一八二六（道光六）年刊綦江县志十二卷首一卷 清宋灏修罗星纂 ⑲742

磁州 一七〇三（康熙四十二）年刊磁州志十八卷 清蒋擢修乐玉声纂 ⑲73

磁州 一八七四（同治十三）年刊磁州续志六卷首一卷 清程光滢纂修 ⑲73

嵋峨县 一六九八（康熙三十七）年刊嵋峨县志四卷 清陆绍闳修彭学曾纂 ⑲832

舞阳县 一六五八（顺治十五）年刊舞阳县志十四卷 清张苌修陈法禹纂 ⑲589

舞阳县 一七四五（乾隆十）年刊舞阳县志十二卷图一卷 清丁永琪修李辙纂 ⑲589

舞阳县 一八三五（道光十五）年刊舞阳县志十二卷 清王德瑛纂修 ⑲589

鄱阳县 一六八三（康熙二十二）年刊鄱阳县志十六卷 清王克生修王用佐等纂 ⑲491

鄱阳县 一七四九（乾隆十四）年刊鄱阳县志二十四卷首一卷末一卷 清黄登穀等纂修 ⑲491

鄱阳县 一八二四（道光四）年刊鄱阳县志三十二卷首一卷末一卷 清陈驤修张琼英等纂 ⑲491

鄱阳县 一八七一（同治十）年刊鄱阳县志二十四卷首一卷末一卷 清陈志培修王廷鉴等纂 ⑲491

鄱阳官廨 一八五五（咸丰五）年刊述均十卷 清夏燮撰 ㉑163

雒南县 一六六三（康熙二）年刊雒南县志八卷 清畅体元纂修 ⑲183

雒南县 一七四六（乾隆十一）年刊雒南县志十二卷 清范启源纂修薛韫订正 ⑲183

雒南县 一八六八（同治七）年刊【乾隆】雒南县志十二卷 清范启源纂修薛韫订正 ⑲183

韶州府 一六八七（康熙二十六）年刊韶州府志十八卷 清唐宗尧修秦嗣美纂 ⑲677

韶州府 一八七四（同治十三）年刊韶州府志四十卷 清额哲克等修单兴诗纂 ⑲677

彰明县 一七六三（乾隆二十八）年刊彰明志略十卷 清陈谋纂修 ⑲750

彰明县 一八七四（同治十三）年刊彰明县志五十七卷首二卷 清牛树梅原本李朝栋等增纂 ⑲750

潙江学署 一九〇一（光绪二十七）年刊蜀燹略述六卷 清余鸿观编 ⑰13328

彰化县 一八三四（道光十四）年刊彰化县志十二卷首一卷 清李廷璧修周玺纂 ⑲552

漳平县 一八三〇（道光十）年刊漳平县志十卷首一卷 清蔡世钹修林得震等纂 ⑲541

漳州府 一七一五（康熙五十四）年刊漳州府志三十四卷 清魏荔彤修蔡世远陈元麟等纂 ⑲537

漳州府 一七七六（乾隆四十一）年刊漳州府志四十六卷首一卷 清李维钰修官献瑶纂 ⑲537

漳浦县 一七〇〇（康熙三十九）年刊漳浦县志十九卷续志一卷 清陈汝咸修林登虎等纂 ⑲538

漳浦县 一八八五（光绪十一）年补刊漳浦县志十九卷续志一卷再续志二卷 清陈汝咸原本施锡卫再续纂修 ⑲538

彰德府 一六九六（康熙三十五）年刊彰德府志十八卷首一卷 清汤传楷纂修 ⑲571

彰德府 一七四〇（乾隆五）年刊彰德府志二十二卷首一卷 清刘谦陈锡辂修夏兆丰纂 ⑲571

潍　县 一六七二（康熙十一）年刊潍县志九卷 清王珍修陈调元纂 ⑲277

潍　县 一七六〇（乾隆二十五）年刊潍县志六卷首一卷末一卷 清张耀璧修王诵芬纂 ⑲277

肇庆府 一六七三（康熙十二）年刊肇庆府志三十二卷 清史树骏修区简臣纂 ⑲709

肇庆府 一七六〇（乾隆二十五）年刊肇庆府志二十八卷 清吴绳年修何梦瑶纂 ⑲709

肇庆府 一八三三（道光十三）年刊肇庆府志二十二卷首一卷 清屠英等修江藩等纂 ⑲709

肇罗道署 一八六九（同治八）年刊四持轩诗钞二卷 清方士鼐撰 ②60957

畿辅志局 一八八一（光绪七）年刊朔方备乘六十八卷首十二卷 清何秋涛撰 ⑯948.6/903

十五画

增城县 一六七三（康熙十二）年刊增城县志十四卷 清许代岳修卢弼纂 ⑲675

增城县 一七五四（乾隆十九）年刊增城县志二十卷首一卷 清管一清纂修 ⑲675

增城县 一八二〇（嘉庆二十五）年刊增城县志二十卷首一卷末一卷 清赵俊等修李宝中黄应桂纂 ⑲675

增城县 一八七一（同治十）年刊【嘉庆】增城县志二十卷首一卷末一卷 清赵俊等修李宝中等纂 ⑲675

横州 一七四六（乾隆十一）年刊横州志十二卷 清谢钟龄等修朱秀等纂 ⑲718

横州 一八九九（光绪二十五）年刊【乾隆】横州志十二卷 清谢钟龄等修朱秀等纂 ⑲718

榖城 一八六七（同治六）年刊榖城县志八卷 清承印修蒋海澄黄定镛纂 ⑲636

蕲州 一六六四（康熙三）年刊蕲州志十二卷 清王宗尧修卢纮纂 ⑲616

蕲州 一七五五（乾隆二十）年刊蕲州志二十卷首一卷 清钱鋆修周茂建纂 ⑲616

蕲州 一八五二（咸丰二）年刊蕲州志二十六卷 清潘克溥纂修 ⑲616

蕲州 一八六三（同治二）年重刊【咸丰】蕲州志二十六卷 清潘克溥纂修 ⑲616

蕲州 一八八四（光绪十）年刊蕲州志三十卷 清封蔚礽修陈廷扬纂 ⑲616

蕲水县 一六五七（顺治十四）年刊蕲水县志二十六卷首一卷 清刘佑修杨继经纂 ⑲616

蕲水县 一六八四（康熙二十三）年刊蕲水县续志四卷 清李振宗纂修 ⑲616

蕲水县 一七九四（乾隆五十九）年刊蕲水县志二十卷首一卷 清高举修徐养忠纂 ⑲616

蕲水县 一八八〇（光绪六）年刊蕲水县志二十二卷首一卷末一卷 清多祺纂修 ⑲616

震泽县 一七四六（乾隆十一）年刊震泽县志三十八卷首一卷 清陈和志修沈彤倪师孟纂 ⑲333

震泽镇 一八四四（道光二十四）年刊震泽镇志十四卷首一卷末一卷 清纪磊沈眉寿纂 ⑲335

噶玛兰厅 一八五二（咸丰二）年刊台湾府噶玛兰厅志八卷 清萨廉修陈淑均纂董正官续修李祺生续纂 ⑲551

河南**镇平县** 一六九五（康熙三十四）年刊镇平县志三卷 清张琮修崔皋宣纂 ⑲598

河南**镇平县** 一八七六（光绪二）年刊镇平县志六卷 清吴联元修王翊运纂 ⑲598

广东**镇平县** 一七八三（乾隆四十八）年刊重修镇平县志六卷 清潘承焯吴作哲修王应亨纂 ⑲687

广东**镇平县** 一八八〇（光绪六）年刊镇平县志九卷 清黄钊纂 ⑲687

镇江府 一六七四（康熙十三）年刊镇江府志五十四卷首一卷 清高德贵修张九徵等纂 ⑲340

镇江府 一七五〇（乾隆十五）年刊镇江府志五十五卷首一卷 清高龙光修朱霖纂 ⑲340

镇安府 一七五六（乾隆二十一）年刊镇安府志八卷 傅埅纂修 ⑲735

镇安府 一八九二（光绪十八）年刊镇安府志二十五卷首一卷 清羊复礼纂修 ⑲735

镇安县 一七二六（雍正四）年刊镇安县志三卷 清武维绪修任毓茂纂 ⑲183

镇远府 一七九一（乾隆五十六）年刊镇远府志二十八卷 清蔡宗建修龚传绅纂 ⑲814
镇南州 一八五三（咸丰三）年刊镇南州志六卷 清华国清修刘阶纂 ⑲840
镇南州 一八九二（光绪十八）年刊镇南州志略十一卷 清李毓兰修甘孟贤纂 ⑲840
镇洋县 一七四五（乾隆十）年刊镇洋县志十四卷首一卷末一卷 清金鸿修李鏻纂 ⑲325
镇原县 一七一五（康熙五十四）年刊镇原县志二卷 清钱志彤修张述辕纂 ⑲215
镇原县 一八〇三（嘉庆八）年刊镇原县志十卷 清陈珙繁修刘化鹏陈琚繁等纂 ⑲215
镇原县 一八四七（道光二十七）年镇原县志二十二卷首一卷 清李从图纂修 ⑲215
镇海公蓄医局 一八八九（光绪十五）年刊保生集 ㉚464
镇海县 一七五二（乾隆十七）年刊镇海县志八卷首一卷 清王梦弼邵向荣纂修 ⑲412
镇雄州 一八八七（光绪十三）年刊镇雄州志六卷 清吴光汉修宋成基纂 ⑲825
镇番县 一八二五（道光五）年刊重修镇番县志十卷首一卷 清许协修谢集成纂 ⑲221
稷山县 一六七三（康熙十二）年刊稷山县志八卷 清顾淶初纂修 ⑲115
稷山县 一七六五（乾隆三十）年刊稷山县志十卷 清韦之瑗纂修 ⑲115
稷山县 一八一五（嘉庆二十）年刊稷山县志十卷 清张应辰修王墀纂 ⑲115
稷山县 一八六五（同治四）年刊稷山县志十卷 清沈凤翔修邓嘉绅等纂 ⑲115
稷山县 一八八五（光绪十一）年刊续修稷山县志二卷 清马家鼎纂修 ⑲115
黎平府 一八四五（道光二十五）年刊黎平府志四十一卷 清刘宇昌修唐本洪纂 ⑲814
黎平府 一八九二（光绪十八）年刊黎平府志八卷首一卷 清俞渭修陈瑜纂 ⑲814
黎城县 一六八二（康熙二十一）年刊黎城县志四卷 清程大夏修李御李吉纂 ⑲100
黎城县 一八八三（光绪九）年刊黎城县续志四卷 清郑灏等修杨恩树纂 ⑲100
儋州 一七〇四（康熙四十三）年刊儋州志三卷 清韩佑纂修 ⑲703
德州 一六七三（康熙十二）年刊德州志十卷 清金祖彭修程先贞纂 ⑲259
德州 一七八八（乾隆五十三）年刊德州志十二卷首一卷 清王道亨修张庆源纂 ⑲259
德州 一八八八（光绪十四）年刊州乘馀闻一卷 清宋弼纂 ⑲259

江西**德化县** 一七八〇（乾隆四十五）年刊德化县志十六卷 清高植纂修沈锡三续修罗为孝续纂 ⑲483

江西**德化县** 一八七二（同治十一）年刊德化县志五十四卷首一卷 清陈鼒修吴彬等纂 ⑲483

福建**德化县** 一六八七（康熙二十六）年刊德化县志十六卷 清范正辂纂修 ⑲536

福建**德化县** 一七四六（乾隆十一）年刊德化县志十八卷首一卷 清鲁鼎梅修王必昌等纂 ⑲536

德平县 一六七三（康熙十二）年刊德平县志四卷 清戴王缙修刘胤德纂 ⑲260

德平县 一七七三（乾隆三十八）年刊德平县志四卷首一卷 清钱大琴纂修 ⑲260

德平县 一七九六（嘉庆元）年刊德平县志十卷首一卷 清钟大受纂修 ⑲260

德平县 一八九三（光绪十九）年刊德平县志十二卷首一卷 清凌锡祺修李敬熙纂 ⑲260

德庆州 一六七三（康熙十二）年刊德庆州志十二卷 清谭桓修梁宗典纂 ⑲712

德庆州 一七五三（乾隆十八）年刊德庆州志十八卷 清宋锦李麟洲纂修 ⑲712

德庆州 一八九九（光绪二十五）年刊德庆州志十五卷首一卷末一卷 清杨文骏修朱一新等纂 ⑲712

江西**德兴县** 一六八四（康熙二十三）年刊德兴县志十卷首一卷 清吴启新修叶友柏等纂 ⑲492

江西**德兴县** 一八二三（道光三）年刊德兴县志十二卷首一卷末一卷 清蒋启敭修余廷恺纂 ⑲492

湖北**德安府** 一六八五（康熙二十四）年刊鼎修德安府全志二十四卷 清傅鹤祥修万年观等纂 ⑲612

湖北**德安府** 一八八八（光绪十四）年刊德安府志二十卷首一卷补遗一卷 清赓音布修
刘国光李春泽纂 ⑲612

江西**德安县** 一六七六（康熙十五）年刊德安县志十卷 清姚文燕修曾可求纂马璐续修马珀续纂 ⑲483

江西**德安县** 一七五六（乾隆二十一）年刊德安县志十五卷首一卷 清曹师圣纂修 ⑲483

江西**德安县** 一八七一（同治十）年刊德安县志十五卷 清沈建勋修程景周等纂 ⑲483

德阳县 一七六二（乾隆二十七）年刊续德阳县志 清周际虞纂修 ⑲755

德阳县 一八一五（嘉庆二十）年刊德阳县志五十四卷 清吴经世修廖家骕等纂 ⑲755

德阳县 一八二五（道光五）年刊续增德阳县志十卷 清王升元修廖家骕纂 ⑲755

德阳县 一八七四（同治十三）年刊德阳县志四十四卷首一卷 清何庆恩等修刘宸枫田正训纂 ⑲755

德阳县 一九〇五（光绪三十一）年刊德阳县志续编十卷首一卷末一卷 清钮传善修李炳灵杨藻纂 ⑲755

德清县 一六七三（康熙十二）年刊德清县志十卷 清侯元棐修王振孙等纂 ⑲405
德清县 一八〇八（嘉庆十三）年刊德清县续志十卷 清周绍濂修徐养原许宗彦纂 ⑲405
腾　县 一六七三（康熙十二）年刊腾志八卷 清任玑纂修 ⑲295
腾　县 一八一六（嘉庆二十一）年刊腾县志十九卷首一卷 清高攀桂修陈钥纂 ⑲296
腾　县 一八四六（道光二十六）年刊腾县志十四卷首一卷 清王政修王庸立黄来麟纂 ⑲296
颜神镇 一六七〇（康熙九）年刊颜神镇志五卷 清叶先登修冯文显纂 ⑲258
褒城县 一八三一（道光十一）年刊褒城县志十一卷 清光朝魁纂修 ⑲198
遵义府 一八四一（道光二十一）年刊遵义府志四十八卷首一卷 清平翰等修郑珍莫友芝纂 ⑲804
遵义府 一八九二（光绪十八）年补刊【道光】遵义府志四十八卷首一卷 清莫友芝等纂 ⑲804
遵化县 一六六八（康熙七）年刊遵化志略一卷 清周体观纂 ⑲44
遵化县 一八八六（光绪十二）年刊遵化通志六十卷首一卷 清何崧泰等修史朴等纂 ⑲44
遵化州 一七九四（乾隆五十九）年刊直隶遵化州志二十卷 清傅修等纂修 ⑲44
潜山县 一六五四（顺治十一）年刊潜山县志十卷 清郑逦玄修陈夷赤等纂 ⑲451
潜山县 一六七五（康熙十四）年刊安庆府潜山县志十二卷 清周克友纂修 ⑲451
潜山县 一七八一（乾隆四十六）年刊潜山县志二十四卷首一卷 清李载阳修游端友张必刚纂 ⑲451
潜江县 一六九四（康熙三十三）年刊潜江县志二十卷首一卷 清刘焕修朱载震纂 ⑲625
潮州府 一六六一（顺治十八）年刊潮州府志十二卷 清吴颖贺宽纂修 ⑲689
潮州府 一六八四（康熙二十三）年刊潮州府志十六卷首一卷 清林杭学修杨钟岳纂 ⑲690
潮州府 一七六二（乾隆二十七）年刊潮州府志四十二卷首一卷 清周硕勋纂修 ⑲690
潮阳县 一六八七（康熙二十六）年刊潮阳县志二十卷 清臧宪祖纂修 ⑲692
潮阳县 一八一九（嘉庆二十四）年刊潮阳县志二十卷首一卷 清唐文藻纂修 ⑲692
潮阳县 一八八四（光绪十）年刊潮阳县志二十二卷首一卷 清周恒重修 ⑲692
潮阳县署 刊九经古义十六卷 清惠栋撰 ②5469
潮郡官舍 一八八五（光绪十一）年刊唐释湛然辅行记四十卷 唐释湛然撰清张心泰节录 ②3592

潭所署 一八九〇（光绪十六）年刊胎产集要三卷附幼科摘要幼科撮要 清黄惕斋编 ㉚457
潋江府 一七一九（康熙五十八）年刊潋江府志十六卷 清柳正芳修李应绶纂 ⑲829
潋江府 一八四七（道光二十七）年刊潋江府志十六卷首一卷 清李熙龄纂修 ⑲829
澳　门 一七五一（乾隆十六）年刊澳门纪略二卷首一卷末一卷 清印光任张汝霖纂 ⑲696
澳　门 一八〇〇（嘉庆五）年刊【乾隆】澳门纪略二卷首一卷末一卷 清印光任张汝霖纂 ⑲696
潼　川 一八九七（光绪二十三）年刊禅衣最要三卷 清陈开沚撰 ④3799
潼川府 一七八六（乾隆五十一）年刊潼川府志十二卷首一卷 清张松孙等纂修 ⑲749
潼川府 一八九七（光绪二十三）年刊新修潼川府志三十卷 清阿麟修王龙勋等纂 ⑲749
潼关卫 一六八五（康熙二十四）年刊潼关卫志三卷 清唐咨伯修杨端本纂 ⑲182
潼关厅 一八一七（嘉庆二十二）年刊续修潼关厅志三卷 清向淮修王森文纂 ⑲182
澄迈县 一六七二（康熙十一）年刊澄迈县志四卷 清丁斗柄修曾典学纂 ⑲703
澄迈县 一八二〇（嘉庆二十五）年刊澄迈县志十卷 清谢齐韶修李光先纂 ⑲703
澄迈县 一九〇八（光绪三十四）年刊澄迈县志十二卷首一卷 清龙朝翊修陈所能纂 ⑲703
澄江学使署 一八二一（道光元）年刊邃雅堂集十卷续编一卷 清姚文田撰 ⑱集1256
澄城县 一六四九（顺治六）年刊澄城县志二卷首一卷 明石道立原本清姚钦明增修路世美增纂 ⑲177
澄城县 一七八四（乾隆四十九）年刊澄城县志二十卷 清戴治修洪亮吉孙星衍纂 ⑲177
澄城县 一八五一（咸丰元）年刊澄城县志三十卷 清金玉麟修韩亚雄纂 ⑲178
澄海县 一六八六（康熙二十五）年刊澄海县志二十二卷首一卷 清王岱王楚书纂修 ⑲690
澄海县 一七三一（雍正九）年刊澄海县志二十四卷首一卷 清宁时文等纂修 ⑲690
澄海县 一七六四（乾隆二十九）年刊澄海县志二十九卷首一卷 清金廷烈纂修 ⑲690
澄海县 一八一五（嘉庆二十）年刊澄海县志二十六卷首一卷 清李书吉等纂修 ⑲690
鹤山县 一七五四（乾隆十九）年刊鹤山县志十二卷 清刘继纂修 ⑲698
鹤山县 一八二六（道光六）年刊鹤山县志十二卷末一卷 清徐香祖修吴应逵纂 ⑲698
鹤庆州 一八九四（光绪二十）年刊鹤庆州志三十二卷首一卷 清王宝仪修杨金和杨金铠纂 ⑲846

鹤庆府 一七一四（康熙五十三）年刊鹤庆府志二十六卷 清佟镇修李倬云邹启孟纂 ⑲845

鹤峰州 一七四一（乾隆六）年刊鹤峰州志二卷 清毛峻德纂修 ⑲631

鹤峰州 一八二二（道光二）年刊鹤峰州志十四卷首一卷 清吉钟颖修洪先焘纂 ⑲631

鹤峰州 一八六七（同治六）年刊鹤峰州志续修十四卷首一卷 清徐澍楷修雷春沼纂 ⑲631

鹤峰州 一八八五（光绪十一）年刊鹤峰州志续修十四卷首一卷 清长庚厉祥官修陈鸿渐纂 ⑲631

十六画

翰林院 一七八二（乾隆四十七）年刊全燬书目一卷抽燬书目一卷 ⑱史1412

翰林院 一八八七（光绪十三）年刊皇朝词林典故六十四卷 ⑯323.4/313－827

霍　州 一六七三（康熙十二）年刊鼎修霍州志十卷 清黄复生修黄翊圣纂 ⑲110

霍　州 一八二六（道光六）年刊直隶霍州志二十五卷首一卷 清崔允昭修李培谦纂 ⑲110

霍　州 一八八〇（光绪六）年刊续刻直隶霍州志二卷 清杨立旭修白天章纂 ⑲110

霍山县 一六六一（顺治十八）年刊霍山县志四卷 清栾元魁等修张孙振等纂 ⑲453

霍山县 一七四九（乾隆十四）年刊霍山县志四卷 清吴学山修胡元发等纂 ⑲453

霍山县 一八一六（嘉庆二十一）年刊霍山县志八卷首一卷末一卷 清潘际云修阮学溥纂 ⑲454

霍山县 一八三七（道光十七）年重刊【嘉庆】霍山县志八卷首一卷末一卷 清潘际云修阮学溥纂 ⑲454

霍邱县 一六七〇（康熙九）年刊霍邱县志十卷 清姬之篁修李瑾纂 ⑲452

霍邱县 一七五四（乾隆十九）年刊霍邱县志十二卷 清张海戴廷抡修薛观光纂 ⑲452

霍邱县 一八二五（道光五）年刊霍邱县志十二卷 清朱炳南等修李宝琮等纂 ⑲452

霑益州 一七七〇（乾隆三十五）年刊霑益州志四卷 清王秉韬纂修 ⑲828

霑益州 一八八五（光绪十一）年刊霑益州志六卷 清陈燕韩宝琛修李景贤纂 ⑲828

冀　州 一六七五（康熙十四）年刊冀州志十卷 清李显忠修耿德曙陈淳纂 ⑲67

冀　州 一七四七（乾隆十二）年刊冀州志二十卷续编一卷 清范清旷纂修 ⑲67

黔西州 一八〇三（嘉庆八）年刊黔西州志八卷首一卷 清刘永安等修徐文璧等纂 ⑲811

黔西州　一八三五（道光十五）年刊黔西州志八卷　清鲁寿崧修熊声元等纂　⑲811
黔西州　一八八四（光绪十）年刊黔西州续志六卷　清白建鋆修谌焕模等纂　⑲811
黔江县　一八五一（咸丰元）年刊黔江县志四卷首一卷　清张绍龄纂修　⑲780
黔江县　一八六四（同治三）年刊续增黔江县志一卷　清张锐堂修程尚川等纂　⑲780
黔江县　一八九四（光绪二十）年刊黔江县志五卷首一卷　清张九章修陈藩垣陶祖谦等纂　⑲780
黔阳县　一六六六（康熙五）年刊黔阳县志十卷　清张扶翼纂修　⑲660
黔阳县　一七三三（雍正十一）年刊康熙黔阳县志十卷　清张扶翼原本王光电增辑　⑲660
黔阳县　一七八九（乾隆五十四）年刊黔阳县志四十二卷首一卷　清姚文起修危元福纂　⑲661
黔阳县　一八七四（同治十三）年刊黔阳县志六十卷首一卷　清陈鸿作等修杨大诵易燮尧纂　⑲661
黔阳节署　一八七六（光绪二）年刊引痘略　清邱浩川编　㉚517
黔阳官署　一八七一（同治十）年刊保甲书辑要四卷　清徐栋原编丁日昌重校　⑰12208
湘潭黎氏**黔阳藩署**　一八七五（光绪元）年刊伤寒温疫条辨六卷　清杨璿撰　㉚387
黔南节署　一八七九（光绪五）年刊郑小谷先生全集六种　清郑献甫撰　⑥
赞皇县　一六七二（康熙十一）年刊赞皇县志九卷附录一卷　清李同清修白鹤标张文东纂　⑲34
赞皇县　一七五一（乾隆十六）年刊赞皇县志十卷首一卷末一卷　清黄岗竹纂修　⑲34
赞皇县　一八七六（光绪二）年刊续修赞皇县志二十九卷首一卷　清史赓云周晋堃修赵万泰等纂　⑲34
衡山县　一七二〇（康熙五十九）年刊衡山县志十四卷　清葛亮臣修戴晋元纂　⑲653
衡山县　一七七四（乾隆三十九）年刊衡山县志十四卷　清德贵纂修钟光序续修　⑲653
衡山县　一八二〇（嘉庆二十五）年刊衡山县志四十卷首一卷　清侯钤张富业修张孝龄等纂　⑲653
衡山县　一八二三（道光三）年刊衡山县志五十五卷首一卷　清侯钤原本续编十五卷　⑲653
衡山县　一八七五（光绪元）年刊衡山县志四十五卷首一卷　清李惟丙劳铭勋修文岳英胡伯第纂　⑲653
衡水县　一六八〇（康熙十九）年刊衡水县志六卷　清萧鸣凤修孙可宪纂　⑲64
衡水县　一七六七（乾隆三十二）年刊衡水县志十四卷　清陶淑纂修　⑲64
衡州府　一六七一（康熙十）年刊衡州府志二十三卷　清张奇勋修周士仪纂　⑲652

衡州府 一七六三（乾隆二十八）年刊衡州府志三十三卷首一卷 清饶佺修旷敏本纂 ⑲652

衡州府 一八七五（光绪元）年补刊【乾隆】衡州府志三十三卷首一卷 清饶佺修旷敏本纂 ⑲652

衡阳县 一七三四（雍正十二）年刊衡阳县志二十四卷 清杨纯修徐玑纂 ⑲652

衡阳县 一七六一（乾隆二十六）年刊衡阳县志十四卷首一卷 清陶易修李德等纂 ⑲652

衡阳县 一八二〇（嘉庆二十五）年刊衡阳县志四十卷首一卷 清阎肇烺修马倚元纂 ⑲652

衡阳县 一八七四（同治十三）年刊衡阳县志十二卷 清罗庆芗修彭玉麟等纂 ⑲652

歙　县 一六四七（顺治四）年刊歙志十四卷 清宋希肃修吴孔嘉等纂 ⑲470

歙　县 一六九〇（康熙二十九）年刊歙县志十二卷 清靳治荆修吴苑程濬纂 ⑲470

歙　县 一七六一（乾隆二十六）年刊歙县志二十卷首一卷 清张佩芳修刘大櫆纂 ⑲490

歙　县 一八二八（道光八）年刊歙县志十卷首一卷 清劳逢源修沈伯棠等纂 ⑲470

潞安府 一六五九（顺治十六）年刊潞安府志二十卷 清杨晙修李中白周再勋纂 ⑲99

潞安府 一七七〇（乾隆三十五）年刊潞安府志四十卷首一卷 清张淑渠姚学瑛等修姚学甲等纂 ⑲99

潞城县 一七〇六（康熙四十五）年刊潞城县志八卷 清张士浩修申伯纂 ⑲103

潞城县 一八八四（光绪十）年刊潞城县志四卷首一卷 清崔晓然曾云章修杨笃纂 ⑲103

十七画

藁城县 一六九八（康熙三十七）年刊蒿城县志十二卷 清赖于宣修张丙宿纂 ⑲31

藁城县 一八八一（光绪七）年刊蒿城县志续补十一卷 清朱绍穀修张毓温纂 ⑲31

盩厔县 一六八一（康熙二十）年刊盩厔县志十卷 清章泰纂修 ⑲168

盩厔县 一七四九（乾隆十四）年刊盩厔县志十五卷 清邹儒修王璋纂 ⑲168

盩厔县正堂程 刊历年纪略不分卷 清惠灵嗣编 ⑯982.872/289－138

魏　县 一六八三（康熙二十二）年刊魏县志四卷首一卷 清李尚斌修王锡命纂 ⑲71

魏　县 一七二七（雍正五）年刊魏县志四卷首一卷 清马襄修刘翔仪纂 ⑲71

繁昌县 一六七八（康熙十七）年刊繁昌县志十八卷 清梁延年修闵燮纂 ⑲468

繁昌县　一七五一（乾隆十六）年刊繁昌县志三十卷　清王熊飞纂修　⑲468

繁昌县　一八二六（道光六）年刊繁昌县志十八卷首一卷　清曹德赞原本张星焕增修　⑲468

繁峙县　一八三六（道光十六）年刊繁峙县志六卷　清吴其均纂修　⑲89

繁峙县　一八八一（光绪七）年刊繁峙县志四卷首一卷　清何才价修杨笃纂　⑲89

徽州府　一六七三（康熙十二）年刊徽州府通志二十六卷　清高晫纂修　⑲469

徽州府　一八二七（道光七）年刊徽州府志十六卷首一卷　清马步蟾纂修　⑲469

徽州府　一八〇五（嘉庆十）年刊徽志补正一卷　清邵棠纂　⑲469

徽州府署　一七三九（乾隆四）年刊朱子经济文衡类编前集二十五卷后集二十五卷续集二十二卷　宋朱熹撰　⑰2899

襄阳府　一六五二（顺治九）年刊襄阳府志三十四卷　清赵兆麟纂修　⑲635

襄阳府　一六七二（康熙十一）年刊襄阳府志八卷　清杜养性修邹毓祚纂　⑲635

襄阳府　一七六〇（乾隆二十五）年刊襄阳府志四十卷图一卷　清陈锷纂修　⑲635

襄阳府　一八八五（光绪十一）年刊襄阳府志二十六卷志馀一卷　清恩联等修王万芳等纂　⑲635

襄阳县　一八七四（同治十三）年刊襄阳县志七卷首一卷　清杨宗时修崔淦纂　⑲635

襄阳县　一九〇六（光绪三十二）年刊襄阳四略二十五卷　清吴庆焘纂修　⑲635

襄阳府署　一八二五（道光五）年刊种桑诗说附饲蚕诗　清周凯撰　②60422

襄垣县　一七〇六（康熙四十五）年刊重修襄垣县志十卷　清袁良修杨彬等纂　⑲100

襄垣县　一七八二（乾隆四十七）年刊重修襄垣县志八卷　清李廷芳修徐珏陈于廷纂　⑲100

襄垣县　一八八〇（光绪六）年刊襄垣县续志二卷　清李汝霖纂修　⑲100

襄城县　一六五一（顺治八）年刊襄城县志八卷　清佟昌年修傅廷献纂　⑲586

襄城县　一七〇七（康熙四十六）年刊襄城文献录十二卷　清刘宗泗纂　⑲586

襄城县　一七四〇（乾隆五）年刊古汜城志十卷　清刘青芝刘青莲纂　⑲586

襄陵县　一六七三（康熙十二）年刊襄陵县志八卷　清谢国杰修崔瀛纂　⑲111

襄陵县　一七三二（雍正十）年刊襄陵县志二十四卷　清赵懋本修卢秉纯纂　⑲111

襄陵县 一八八一（光绪七）年刊襄陵县志二十四卷 清钱墉修郝登云纂 ⑲111

濬县 一六七九（康熙十八）年刊濬县志四卷 清刘德新修马秉德纂 ⑲574

濬县 一八〇二（嘉庆七）年刊濬县志二十二卷首一卷末一卷 清熊秉阶修武穆淳纂 ⑲574

濬县 一八八六（光绪十二）年刊续濬县志八卷 清黄璟修李作霖乔景濂纂 ⑲574

濮州 一六七三（康熙十二）年刊濮州志六卷 清张实斗修南洙源纂 ⑲573

濮州 一七五五（乾隆二十）年刊濮州志六卷 清邵世昌修柴揆纂 ⑲573

濮州 一九〇九（宣统元）年刊濮州志八卷 清高士英修荣相鼎纂 ⑲573

濮州署 一八四七（道光二十七）年刊胎产心法三卷 清阎纯玺撰 ㉚456

翼城县 一六五七（顺治十四）年增刊翼乘十二卷 明崔儒秀修史学迁纂清胡献瑶增修上官竑增纂 ⑲106

翼城县 一六七三（康熙十二）年刊翼乘十二卷 清陈应富纂修 ⑲106

翼城县 一七三七（乾隆二）年刊翼城县志二十八卷 清李居颐纂修 ⑲106

翼城县 一八八一（光绪七）年刊翼城县志二十八卷 清王耀章龚履坦纂修 ⑲107

十八画

藤县 一八一六（嘉庆二十一）年刊藤县志十九卷首一卷 清高攀桂修陈钥纂 ⑲729

藤县 一八六七（同治六）年刊藤县志二十二卷 清边其晋修胡毓璠纂 ⑲729

黟县 一六五五（顺治十二）年刊黟县志八卷 清窦士范纂修 ⑲473

黟县 一六八三（康熙二十二）年刊黟县志四卷 清王景曾修尤何等纂 ⑲473

黟县 一七六六（乾隆三十一）年刊黟县志十二卷 清孙维龙纂修 ⑲474

黟县 一八一二（嘉庆十七）年刊黟县志十六卷首一卷 清吴甸华修程汝翼俞正燮纂 ⑲474

黟县 一八二五（道光五）年刊黟县续志 清吕子珏修詹锡龄纂 ⑲474

黟县 一八七一（同治十）年刊黟县三志十六卷首一卷末一卷 清谢永泰修程鸿诏等纂 ⑲474

璧山县 一七三六（乾隆元）年刊璧山县志二卷 清黄在中修夏璲纂 ⑲776

璧山县 一八六五（同治四）年刊璧山县志十卷首一卷末一卷 清寇用平修陈锦堂卢有徽纂 ⑲776

彝陵州 一六七一（康熙十）年刊彝陵州志八卷 清鲍孜修徐同功纂 ⑲627

十九画

酃县 一六七〇（康熙九）年刊酃县鼎修县志四卷首一卷 清李朝事修谭楚颋纂 ⑲647

酃县 一七六六（乾隆三十一）年刊酃县志二十三卷首一卷 清林愈藩修段维翰纂 ⑲647

酃县 一八七三（同治十二）年刊酃县志二十卷首一卷 清唐荣邦等修周作翰等纂 ⑲647

二十画

醴泉县 一六九九（康熙三十八）年刊醴泉县志六卷首一卷 清裘陈佩纂修 ⑲168

醴泉县 一七八四（乾隆四十九）年刊醴泉县志十四卷图一卷 清蒋骐昌修孙星衍纂 ⑲168

醴陵县 一六八五（康熙二十四）年刊新修醴陵县志六卷 清陈九畴修曹之璜纂 ⑲645

醴陵县 一七四三（乾隆八）年刊增修醴陵县志十五卷 清段一骙等修黄祖文等纂 ⑲645

醴陵县 一八一九（嘉庆二十四）年刊醴陵县志二十六卷首一卷 清黄应培修 ⑲645

醴陵县 一八七〇（同治九）年刊醴陵县志十四卷首一卷末一卷 清徐淦等修江普光等纂 ⑲645

耀州 一七六二（乾隆二十七）年刊续耀州志十一卷 清汪灏修钟麟书纂 ⑲181

耀州 一八〇二（嘉庆七）年刊耀州志十卷 清陈仕林纂修 ⑲181

耀州 一八九〇（光绪十六）年增刊【乾隆】续耀州志十一卷 清汪灏修钟麟书纂 ⑲181

酆都县 一七一〇（康熙四十九）年刊酆都县志八卷补遗一卷 清王廷献纂修朱象鼎续修 ⑲778

酆都县 一八一〇（嘉庆十五）年刊酆都县志四卷 清瞿颉纂修 ⑲778

酆都县 一八六九（同治八）年刊重修酆都县志四卷首一卷 清田秀栗徐濬镛修徐昌绪纂 ⑲778

酆都县 一八九三（光绪十九）年刊酆都县志四卷首一卷 清田秀栗原本蒋履泰增纂 ⑲779

灌县 一七八六（乾隆五十一）年刊灌县志十二卷首一卷 清孙天宁纂修 ⑲744

灌县 一八八六（光绪十二）年刊增修灌县志十四卷首一卷 清庄思恒修郑珶山纂 ⑲744

灌阳县 一七〇八（康熙四十七）年刊灌阳县志十卷 清单此藩修蒋学元陈廷藩纂 ⑲725

灌阳县 一八四四（道光二十四）年刊灌阳县志二十卷首一卷 清萧煊修范光祺纂 ⑲725

二十一画

霸　州 一六七四（康熙十三）年刊霸州志十卷 清朱廷梅修孙振宗纂 ⑲48

赣　县 一六八四（康熙二十三）年刊赣县志十六卷首一卷 清刘瀚芳修孙麟贵等纂 ⑲509

赣　县 一七五六（乾隆二十一）年刊赣县志三十四卷首一卷 清沈均安修黄世成冯渠纂 ⑲509

赣　县 一八二五（道光五）年刊赣县志三十二卷首一卷 清王维屏修周步瓖纂 ⑲509

赣　县 一八七二（同治十一）年刊赣县志五十四卷首一卷 清黄德溥崔国榜修褚景昕纂 ⑲509

赣州府 一六六〇（顺治十七）年刊赣州府志二十卷 明余文龙修谢诒纂 ㉑146

赣州府 一六八四（康熙二十三）年刊续修赣州府志二十卷 清李文献修易学实等纂 ⑲509

赣州府 一七八二（乾隆四十七）年刊赣州府志四十四卷首一卷 清朱扆等修林有席纂 ⑲509

赣州府 一八四八（道光二十八）年刊赣州府志七十八卷首一卷 清李本仁修陈观酉纂 ⑲509

赣州府 一八七三（同治十二）年刊赣州府志七十八卷首一卷 清魏瀛修鲁琪光钟音鸿等纂 ⑲509

赣榆县 一六七三（康熙十二）年刊重修赣榆县志四卷 清俞廷瑞修倪长犀纂 ⑲374

赣榆县 一七九六（嘉庆元）年刊赣榆县志四卷首一卷 清王城修周萃元纂 ⑲374

赣榆县 一八八八（光绪十四）年刊赣榆县志十八卷 清王豫熙修张謇纂 ⑲374

夔州府 一六八六（康熙二十五）年刊夔州府志十卷 清吴美秀修程溥等纂 ⑲781

夔州府 一七四六（乾隆十一）年刊夔州府志十卷 清崔邑俊修杨崇焦懋熙纂 ⑲781

夔州府 一八二七（道光七）年刊夔州府志三十六卷首一卷 清恩成修刘德铨纂 ⑲781

蠡　县 一六五一（顺治八）年刊蠡县志十卷续志四卷 明钱天锡原本清祖建明续修 ⑲54

蠡　县 一六八〇（康熙十九）年刊蠡县续志一卷 清耿文岱纂修 ⑲54

蠡　县 一八七六（光绪二）年刊蠡县志十卷 清韩志超何云诰修王其衡等纂 ⑲54

二十三画

麟游县 一六五七（顺治十四）年刊麟游县志四卷 清吴汝为修刘元泰纂 ⑲187

麟游县一七〇八（康熙四十七）年刊麟游县志五卷 清吴汝为原本范光曦续修罗魁续纂 ⑲187

麟游县一八八三（光绪九）年刊麟游县新志草十卷首一卷 清彭洵纂修 ⑲187

二十四画

衢州府一七一一（康熙五十）年刊衢州府志四十卷首一卷 清杨廷望纂修 ⑲431

衢州府一九〇六（光绪三十二）年刊衢州乡土卮言二卷 不著作者姓氏 ⑲431

二、书局

三 画

三元书局一九〇九（宣统元）年刊痢症汇参十卷 清吴道源编 ㉚396

王**三多书局**一八三二（道光十二）年刊胎产集要三卷 清黄惕斋编 ㉚457

新化**三味书局**一八九四（光绪二十）年刊十药神书注解 元葛乾孙撰清陈念祖注 ㉙210

三味书局一九〇一（光绪二十七）年刊伤寒论浅注六卷 清陈念祖集注 ㉚56

三槐书局一八九五（光绪二十一）年刊公馀医录抄 清刘庶咸编 ㉚681

大和书局一九〇九（宣统元）年刊图注难经脉诀 明张世贤撰 ㉚722

大经堂书局一七九七（嘉庆二）年刊寿世保元十卷 明龚廷贤撰 ㉚326

山左书局一八八六（光绪十二）年刊伤寒论阳明病释四卷 清陆懋修撰 ㉚80

山东书局一八七二（同治十一）年刊十三经古注 ②10946

山东书局一八九〇（光绪十六）年刊慎疾刍言 清徐大椿撰 ㉚678

上海**千顷堂书局**一八一八（嘉庆二十三）年刊伤科补要四卷 清钱秀昌撰 ㉚564

千顷堂书局一八七七（光绪三）年刊医方论四卷 清费伯雄撰 ㉚230

广业书局一八九八（光绪二十四）年刊地球韵言四卷 清张士瀛撰 ④605

江西**广业书局**一八九九（光绪二十五）年刊水田居激书二卷 清贺贻孙撰 ⑥

广东书局一八七一（同治十）年刊十三经注疏三百四十六卷 ②26256

广雅书局 一八九九（光绪二十五）年校刊钱氏小儿药证直诀三卷 宋钱乙撰 ㉚472

广州广雅书局 一八八九（光绪十五）年刊三国志辨疑三卷 清钱大昭撰 ②2590

义和书局 一九〇九（宣统元）年刊图注难经脉诀 明张世贤撰 ㉚722

四 画

云南书局 一八八〇（光绪六）年刊增订南诏野史二卷 明杨慎撰清胡蔚订正 ⑯1834 ⑤

云南官书局 一九〇二（光绪二十八）年刊酿斋训蒙杂编 清鲍东里撰 ⑤

日新书局 一九〇〇（光绪二十六）年刊榖梁春秋经传古义疏 廖平撰 ⑯1142

福建长乐书局 一八八九（光绪十五）年刊南雅堂医书全集十六种 清陈念祖撰 ㉚739

仁记书局 一九〇九（宣统元）年刊删注脉诀规正二卷 清沈镜撰 ㉚110

上海仓海山房书局 一八九九（光绪二十五）年刊绣像英雄大八义四卷五十六回续四卷四十四回 ④6092

文成书局 刊洞天奥旨十六卷（即外科秘录）附十二经络图 清陈士铎撰 ㉚541

文运书局 一八九五（光绪二十一）年注解伤寒论十卷 汉张机撰金成无已注 ㉚47

文昌书局 一八七六（光绪二）年刊说文通检十四卷首一卷末一卷 清黎永椿撰 ⑯1327

文益书局 一九〇三（光绪二十九）年刊三指禅三卷 清周学霆撰 ㉚117

文彬书局 一八九四（光绪二十）年刊三才略三卷 清蒋德钧辑 ②10886

五 画

正右书局 刊叶选医衡二卷 清叶桂编 ㉚663

福州正谊书局 一八六六（同治五）年刊正谊堂全书六十六种五百十九卷首二卷附录二卷 清张伯行编 ②14055

右文书局 一八七〇（同治九）年刊常宁县志十六卷卷首一卷 清玉山修 ㉚654

务本书局 一八六二（同治元）年刊陈修园医书十八种 清陈念祖撰 ㉚741

湖南宝庆务本书局 一八九二（光绪十八）年刊宋本十三经注疏附校勘记 清阮元辑 ㉒331

务本书局 刊本草纲目五十二卷首一卷附图二卷 明李时珍撰 ㉚165

常郡乐善堂书局 一八七九（光绪五）年刊达生编 清函斋居士撰 ㉚453

陇右乐善书局 一九〇七（光绪三十三）年刊神农本草经百种录 清徐大椿撰 ㉚157

陇右乐善书局 一九一〇（宣统二）年刊伤寒论类方 清徐大椿撰 ㉚86

湖南汉文书局 一九〇三（光绪二十九）年刊神农本草经读四卷 清陈念祖撰 ㉚157

汉文局书 一九〇四（光绪三十）年刊伤寒论浅注六卷 清陈念祖集注 ㉚56

汉文书局 一九〇九（宣统元）年刊黄氏医书八种 清黄元御撰 ㉚733

重庆圣家书局 一九〇八（光绪三十四）年刊五音集字十集 清汪朝恩纂辑 ⑯424.5/709

六画

长沙共赏书局 一八七五—一九〇八（光绪）年刊四史四百三十五卷 ㉒336

上海有正书局 刊中国名画集 ②10698

四川存古书局 一八八一（光绪七）年刊骈体文钞三十一卷 清李兆洛辑 ⑯834/294－03

成文信书局 一八九〇（光绪十六）年刊增广验方新编十八卷 清鲍相璈编张绍棠增辑 ㉚264

成都书局 一八七二（同治十一）年刊四史四百三十五卷 ⑥史丨

成都书局 一九〇〇（光绪二十六）年刊唐宋八家钞八卷 清吕留良辑 ⑯834.4/451

扬州书局 一七一三（康熙五十二）年刊绿意词一卷秋屏词续编一卷 清吴贯勉撰 ①1263

扬州书局 一八七〇（同治九）年刊两淮盐法志二十四卷首一卷 ⑯348.3/905

天津同文仁南纸书局 一八五五（咸丰五）年刊重楼玉钥二卷 清郑梅涧撰 ㉚585

同文书局 一八八七（光绪十三）年刊经训堂丛书 ⑤

杭省同善斋善书局 一八七五—一九〇八（光绪）年刊图像劝善录四卷 清朱超然辑 ④9276

珠江同馨书局 一九〇三（光绪二十九）年刊续资治通鉴二百二十卷 清毕沅编 ②14053

江西曲江书局 一八七三（同治十二）年刊礼记章句十卷礼记或问三卷 清汪烜撰 ㉑329

长沙竹素书局 一八九二（光绪十八）年刊历代地理志韵编今译二十卷 清李兆洛撰 ②48979

传忠书局 一八七四（同治十三）年刊十八家诗钞二十八卷 清曾国藩编 ②8189

传忠书局 一八八五（光绪十一）年刊庄子南华真经 周庄周撰晋郭象注 ②45376

湖南**传忠书局** 一八七六（光绪二）年刊曾文正公全集 清曾国藩撰 ⑰1563

华斋善书局 一八六五（同治四）年刊瘟疫明辨四卷末一卷 清戴天章等撰 ㉚386

江右书局 一八六二（同治元）年刊史鉴节要便读六卷首一卷 清鲍东里撰 ㉑327

江右书局 一八八〇（光绪六）年刊莲漪词二卷 清郑由熙撰 ④1140

江西书局 一八七四（同治十三）年刊武英殿聚珍版丛书五十四种一二八册 ㉑134

江西书局 一八八三（光绪九）年刊经训书院文集 清江西经训书院辑 ㉑137

敏德堂**江西书局** 一八八六（光绪十二）年刊医学六经真传附经络图 清吴霖生校录 ㉚352

江西**官书局** 一九〇四（光绪三十）年刊墨子三卷 周墨翟撰清王闿运注 ㉑138

江苏书局 一八六八（同治七）年刊说文解字注三十卷 清段玉裁撰 ⑳111

江苏书局 一八八六（光绪十二）年刊五代会要三十卷 宋王溥撰 ②14133

江南书局 一八八六（光绪十二）年刊金刚经联语一卷 清王安定辑 ②8072

江楚书局 一八七五—一九〇八（光绪）年刊江宁府七县地形考略一卷图一卷 ②48030

江楚编译书局 一九一〇（宣统二）年刊上元江宁乡土合志六卷 陈作霖编 ②65839

字林书局 一八九一（光绪十七）年刊赤水玄珠全集 明孙一奎撰 ㉚715

丹阳文星堂兴记书局 刊珍珠囊指掌补遗药性赋四卷雷公炮制药性解六卷 明李中梓等撰 ㉚167

七 画

上海**进化书局** 一八六〇（咸丰十）年刊集验简易良方四卷 清德丰编 ㉚257

苏州书局 一八八八（光绪十四）年刊国朝著述未刊书目不分卷 清郑文灼撰 ⑯1881

时还书局 一九〇九—一九一〇（宣统）年刊戴南山集十四卷补遗二卷附年谱 清戴名世撰 ⑧

时新书局 一九〇七（光绪三十三）年刊拙庵诗草一卷 清程恩培撰 ⑧

闳博书局 一九〇九（宣统元）年刊活人录 题雷真君编 ㉚413

衡阳**宏达书局** 一八九三（光绪十九）年刊四书训义三十八卷 清王夫之撰 ㉒334

启智书局 一八二八（道光八）年刊袁文笺正十六卷补注一卷 清袁枚撰石韫玉笺 ㉙1073

八 画

三馀草堂**武昌书局** 一八九一（光绪十七）年刊湖北丛书三十一种 清赵尚辅辑 ⑥总52

武昌书局 一八八三（光绪九）年刊筹济编三十二卷首一卷 清杨景仁撰 ㉙3194

直隶官书局 一九〇五（光绪三十一）年刊四书不分卷 宋朱熹集注 ⑯097.252/828-4-04

湖南宝庆**尚德书局** 一八九一（光绪十七）年刊仪礼郑注句读十七卷 清张尔歧句读 ⑥

味经官书局 清末刊汉书一百卷 汉班固等撰 ⑦

兰州**固本堂书局** 一八九七（光绪二十三）年刊舌鉴辨正二卷 清梁玉瑜撰陶保廉录 ㉚125

广东**知新书局** 一八五一—一八六一（咸丰）年刊韵史二卷 ⑥

金陵书局 一八六八（同治七）年刊五种遗规 清陈弘谋编 ⑯192.08/383-02

金陵书局 一八六九（同治八）年刊汉书一百卷 汉班固撰唐颜师古注 ⑱史39

金陵书局 一八八二（光绪八）年刊太平寰宇记二百卷目录二卷 宋乐史撰 ①81

河南官书局 一八五二（咸丰二）年刊如梦录不分卷 ⑯927.13/101-993-02

河南官书局 一八六二（同治元）年刊孟有涯集十七卷 明孟洋撰 ⑮中5736/416/537

南京**宝文书局** 一八六七（同治六）年刊考订朱子世家 清江永撰 ⑥

宝善书局 一八九四（光绪二十）年校刊本草从新六卷 清吴仪洛编 ㉚174

成都**官报书局** 一九〇五（光绪三十一）年刊傅青主男女科 清傅山撰 ㉚721

宝庆**经元书局** 一九〇八（光绪三十四）年刊灵枢素问节要浅注十二卷 清陈念祖注 ㉚9

宝庆**经世书局** 一八二一—一八五〇（道光）年刊撼龙经 后唐杨益撰 ②65738

邵州**经纶书局** 一八九一（光绪十七）年刊皇朝经世文编一百二十卷 清贺长龄辑 ⑯834.7/331

湖南**经纶元记书局** 一八九七（光绪二十三）年刊图注难经脉诀 明张世贤撰 ㉚723

经济书局 一八九八（光绪二十四）年刊格致精华录四卷附德国议院章程合盟记事本末 清张之洞撰 ⑰02493

九 画

成都**茹古书局** 一八九二（光绪十八）年刊姜氏医学丛书五种 清姜国伊辑 ㉚87

成都黄氏茹古书局 一八七五—一九〇八（光绪）年刊脉经十卷 晋王熙撰 ㉚106

茹古书局 一九〇九—一九一一（宣统）年刊弄丸心法八卷 清杨凤庭撰 ㉚339

宜丰映藜书局 刊四书义二卷 宋朱熹陆九渊撰 ㉑336

星沙明远书局 一八八五（光绪十一）年刊防海辑要十八卷卷首图说一卷 清俞昌会编 ⑰5956

湖南思贤书局 一八九八（光绪二十四）年刊元史纪事本末二十七卷 明陈邦瞻撰张溥论正 ②14121

长沙思贤书局 一八九六（光绪二十二）年刊尚书古文考实一卷 清皮锡瑞撰 ㉒332

长沙思贤书局 一九一〇（宣统二）年刊春秋繁露义证十七卷年表一卷考证一卷 清苏舆撰 ㉒334

思贤书局 一九〇九（宣统元）年刊庄子集解八卷 清王先谦撰 ⑯121.33/525-119-02

重庆信义书局 一九〇三（光绪二十九）年刊景岳新方砭四卷 清陈念祖撰 ㉚228

济南皇华馆书局 一八七一（同治十）年刊玉函山房辑佚书附目耕贴三十一卷 清马国翰辑 ②24478

济南书局 一八六二—一八七四（同治）年刊山东军兴纪略 ㉘

十画

桂林书局 一八九一（光绪十七）年刊迁江县志四卷 清颜嗣徽纂修 ⑲724

桂垣书局 一八九一（光绪十七）年刊嘉庆广西通志二百七十九卷首一卷 清吉庆谢启昆修胡虔纂 ⑲715

广西桂桓书局 一八九六（光绪二十二）年刊灵芝益寿草 清潘霨辑 ⑤

莲池书局 一八七四（同治十三）年刊治蝗书一卷 清陈崇砥撰 ㉓31

莲池书局 一八七七（光绪三）年刊蒋侑石遗书十种十六卷 清蒋曰豫撰 ㉓31

北京晋华书局 一八九五—一九〇八（光绪）年刊历代名人年谱十卷 清吴荣光撰 ⑯982.99/440-02

铁瓶里有耀书局 一八七五（光绪元）年刊外科正宗十二卷 明陈实功撰清徐大椿批 ㉚544

益元书局 一九〇二（光绪二十八）年刊国朝先正事略六十卷 清李元度撰 ⑯982.27/286-02

益元书局 一九〇九（宣统元）年刊黄氏医书八种 清黄元御撰 ㉚733

湖南益元书局 一八九四（光绪二十）年刊二十二史札记三十六卷 清赵翼撰 ⑥

浙江书局 一八八三（光绪九）年刊鄂国金陀粹编二十八卷续编三十卷 宋岳珂编 ①77

浙江官书局 一九〇四（光绪三十）年刊聂氏重编家政学 清聂其昌等编 ⑯620/981

上洋**海左书局** 一九〇五（光绪三十一）年刊重订外科正宗十二卷 明陈实功撰清张乐山重订 ㉚539

山西**浚文书局** 一八八七（光绪十三）年刊筹济编三十二卷首一卷 清杨景仁撰 ㉙3194

十一画

常州**培本堂善书局** 一八六八（同治七）年刊胎产集要三卷 清黄惕斋编 ㉚457

培本堂善书局 一八九〇（光绪十六）年刊三宝证盟宝卷 ⑯858.5/100.7

上海**著易堂书局** 一八九七（光绪二十三）年刊寿世编二卷 清顾奉璋编 ㉚250

萃珍书局 一九一〇（宣统二）年刊初学集一卷 清钱谦益撰钱曾注 ㉙2848

鄂官书局 一九〇九（宣统元）年刊述古堂集十二卷 清钱兆鹏撰 ⑧

湖北**崇文书局** 一八六九（同治八）年刊文选六十卷附考异十卷 梁萧统撰唐李善注 ②82264

湖北**崇文书局** 一八七七（光绪三）年刊崇文书局丛书三十三种 ⑰1337

崇实书局 一九〇七（光绪三十三）年刊医宗必读十卷 明李中梓撰 ㉚705

湖南**崇德书局** 一八九五（光绪二十一）年刊国朝骈体正宗十二卷 清曾澳辑 ⑯834.7/981

湖南**船山书局** 一八九〇（光绪十六）年刊皇清经解一百八十种 清阮元编 ⑤

鸿文书局 一九〇三（光绪二十九）年刊吊脚痧方论 清徐子默撰 ㉚402

鸿宝书局 一九〇三（光绪二十九）年刊十一朝东华录分类辑要二十四卷 清何良栋辑 ②21642

淮南书局 一八七三（同治十二）年刊二家宫词二卷 明毛晋辑 ㉙2876

淮南书局 一八九一（光绪十七）年刊书经集传六卷 宋蔡沈撰 ⑯093.252/562

淡雅书局 一八九四（光绪二十）年刊删注脉诀规正二卷 清沈镜撰 ㉚110

长沙**惜阴书局** 一八八八（光绪十四）年刊东西洋考十二卷 明张燮撰 ⑥史155

惜阴书局 一八九六（光绪二十二）年刊钱氏小儿药证直诀三卷 宋钱乙撰 ㉚472

维新书局 一八九四（光绪二十）年刊删注脉诀规正二卷 清沈镜撰 ㉚110

温州**维新书局古书流通处** 一八八二（光绪八）年刊【光绪】永嘉县志三十八卷首一卷

清张宝琳修孙诒让等纂 ⑲435

十二画

森记书局 一九〇八（光绪三十四）年刊温疫论二卷 明吴有性撰 ㉚384

粤东书局 一八七三（同治十二）年刊古经解汇函附小学汇函 清钟谦钧辑 ⑯09.31/937

粤东善书局 一九〇九（宣统元）年刊麻科活人全书四卷 清谢玉琼撰 ㉚511

四川**尊经书局** 一八八二（光绪八）年刊说文解字句读三十卷附补正 清王筠撰 ⑯423.135/119

成都**尊经书局** 一八八八（光绪十四）年刊蜀学编二卷 清方守道辑伍肇龄订 ⑥

京口**善化书局** 一八九〇（光绪十六）年刊养生保命录 清史立清编 ㉚614

遂宁书局 一八八四（光绪十）年刊王龙标诗集四卷 唐王昌龄撰 孟襄阳诗集二卷 唐孟浩然撰 ⑯844.13/115

湖北书局 一八九二（光绪十八）年刊慎疾刍言 清徐大椿撰 ㉚678

湖北官书局 一八九九（光绪二十五）年刊外科症治全生集 清王维德撰 ㉙821

湖南书局 一九〇二（光绪二十八）年刊湘军志十六卷 清王闿运撰 ⑯382.092/115

长沙**湖南书局** 一八七四（同治十三）年重印诗集传八卷 宋朱熹撰 ㉒332

湖南湘远书局 一八八四（光绪十）年刊目耕贴三十一卷 清马国翰辑 ⑥

湘南书局 一八九七（光绪二十三）年刊四忠遗集 清罗文谦辑 ⑯9830

富文书局 一九〇一（光绪二十七）年刊天演论二卷 英赫胥黎撰严复译 ②8071

宝庆**富记书局** 一九〇八（光绪三十四）年刊灵枢素问节要浅注十二卷 清陈念祖撰 ㉚9

宝庆**富记书局** 一九〇九（宣统元）年刊公馀医录六种 清陈念祖撰 ㉚740

十三画

宝庆**楚宝书局** 刊三指禅三卷 题梦觉道人撰 ㉒350

成都**蜀西书局** 一八九八（光绪二十四）年刊读书要略续编不分卷 清叶瀚撰 ⑥

锦江书局 一八六〇（咸丰十）年刊增广大生要旨五卷 清唐千顷撰 ㉚459

湖南**新学书局** 一九〇〇（光绪二十六）年刊西征纪程四卷 清邹代钧撰 ㉒338

宝庆**福记书局** 一九〇八（光绪三十四）年刊十药神书 元葛乾孙撰 ㉚417

上海**福瀛书局** 一八八九（光绪十五）年刊汇刻书目不分卷 清顾修编朱学勤增订王懿重订 ⑯014.8/966

弋阳**叠山书局** 一八七一（同治十）年刊弋阳三贤集十九卷 宋谢枋得等撰 ㉑328

十四画

保阳**蔚文书局** 一八九七（光绪二十三）年刊古筹算考释六卷 清劳乃宣撰 ⑯512.9/763

聚文书局 一八九八（光绪二十四）年刊医学实在易八卷 清陈念祖撰 ㉚343

聚珍书局 一八六二—一八七四（同治）年刊宋名臣言行录 ⑳118

金陵汤明林**聚珍书局** 一八九二（光绪十八）年刊笔花医镜四卷 清江笔花撰 ㉚346

成都**算学书局** 一八九九（光绪二十五）年刊务民义斋算学九种 清徐有壬撰 ⑥子62

十五画以上

安徽**敷文书局** 一八七三（同治十二）年刊汪双池先生丛书 清汪绂撰 ⑰1389

上海**墨海书局** 一八五五（咸丰五）年刊博物新编三卷 英合信撰 ⑰608－906

遵义官书局 一九〇三（光绪二十九）年刊古今人物论 明郑元直辑清叶丁曜补 ⑥

湖南**澹雅书局** 一八九五（光绪二十五）年刊史通削繁四卷 清纪昀削 ⑥

山西**濬文书局** 一八六九（同治八）年刊外科症治全生集附金疮铁扇散方 清王维德编 ㉚542

太原**濬文书局** 一八八三（光绪九）年刊验方新编十六卷 清鲍相璈编 ㉚263

瀛州书局 刊本草三家合注六卷 清郭汝骢编 ㉚158

三、堂

一画

一元堂 一八九八（光绪二十四）年刊笔算便览五卷 清纪大毕等辑 ②3634

一木堂 一六九六（康熙三十五）年刊杜工部诗说十二卷 清黄生撰（疑即一本堂本） ⑱集86

一正堂 一八三九（道光十九）年刊唐诗三百首六卷 原题蘅塘退士辑 ②36796

一本堂 一六九六（康熙三十五）年刊杜工部诗说十二卷 清黄生撰 ⑪NC5314.2/4821

一本堂 一七三四（雍正十二）年刊屈骚心印五卷 清夏大霖撰 ④14817

一本堂 一七六〇（乾隆二十五）年刊重编棠越鲍氏三族宗谱二百卷首一卷 清鲍光纯纂修 ⑱史624

一径堂 一八五四（咸丰四）年刊经验良方 清黄怀谷撰 ㉚268

一经堂 一六七七（康熙十六）年刊张氏诗纪不分卷 明张次仲撰 ⑱经144

一经堂 一八二四（道光四）年刊五山耆旧集二十卷今集初刊八卷 清杨廷撰辑 ④1798

一经堂 一八四〇（道光二十）年刊伤寒来苏集八卷 清柯琴撰 ㉚50

张氏**一经堂** 一六七四（康熙十三）年刊诗纪不分卷总论二卷 明张次仲撰 ⑱集1892

长沙李**一经堂** 一八七三（同治十二）年刊听园读左随笔二十卷 清李艺园撰 ㉒340

婺源**一经堂** 一八〇三（嘉庆八）年刊有正味斋试贴详注四卷 清吴锡麒撰吴抡注 ㉑312

婺源**一经堂** 一八三三（道光十三）年刊四书 宋朱熹集注 ㉑312

婺源**一经堂** 一八五一—一八六一（咸丰）年刊禹贡辑注不分卷 清余宗英撰 ㉑312

汪立名**一隅堂** 一七〇三（康熙四十二）年刊汗简七卷 宋郭忠恕撰 ⑧

一德堂 刊评点春秋纲目左传句读汇隽六卷 ②00313

一瓣香堂 一八九三（光绪十九）年刊白喉治法忌表抉微 清耐修子撰 ㉚598

二 画

重庆**二友堂** 刊药性赋珍珠囊二卷 金李明之撰 ㉚191

二仁堂 一八八三（光绪九）年在蛟川刊黄帝内经素问校义 清胡澍著 ②37326

二仙堂 一八八六（光绪十二）年刊增补目疾眼科 ㉚578

二多堂 刊小进宫 ②52062

广陵**二西堂** 一九〇二（光绪二十八）年刊昌黎先生诗增注证讹十一卷 清黄钺增注 ㉙795

京都**二酉堂** 一七五五（乾隆二十）年刊御制翻译四书 清高宗弘历译 ㉓32

武威张氏二酉堂 一八二一（道光元）年刊二酉堂丛书 清张澍辑 ⑤

维杨**二酉堂** 一八二二（道光二）年刊灯月缘二十回 清戴玉亭撰 ④4723

二酉堂 一七四六（乾隆十一）年刊达生编 清亟斋居士编 ㉚453

二酉堂 一八三〇（道光十）年刊秘诊济阴三卷 清周贻观编 ㉚440

二酉堂 一八六四（同治三）年刊普济应验良方八卷 清德轩氏编 ㉚254

二酉堂 一八八六（光绪十二）年刊女科仙方四卷 清傅山撰 ㉚434

二知堂 一七六六（乾隆三十一）年刊双松晚翠楼诗十卷 清庄令舆撰 ⑱集1099

二南堂 一七八五（乾隆五十）年刊伤寒论三注十七卷附伤寒医方歌诀一卷 清周扬俊撰 ㉙684

二思堂 刊幼科发挥二卷 明万全撰 ㉚474

二馀堂 一八〇四（嘉庆九）年刊金华山樵诗前集八卷后集十卷内集一卷 清师范撰

大树山堂诗抄一卷 清师箴撰 鸿洲天愚集一卷 清师道南撰 ⑱集1216

二雅堂 一六六〇（顺治十七）年刊诊家正眼二卷 明李中梓撰 ㉚114

十芝堂 一八四七（道光二十七）年刊筠石山房诗话钞 清杨霈撰 ⑯821/268

十笏堂 一七二二（康熙六十一）年刊庐山秀峰寺志八卷首一卷 清范昌治撰

漱玉亭诗集不分卷 清释超渊撰 ⑱史1057

扬州**十笏堂** 一八一一（嘉庆十六）年刊御案五经 ⑥

丁宝堂 一八七七（光绪三）年刊胎产指南七卷首一卷末一卷 清单南山撰 ㉚463

彭期**七业堂** 一七〇一（康熙四十）年刊隆平集二十卷 宋曾巩撰 ⑱史231

七业堂 一六九三（康熙三十二）年刊曾文定公全集二十卷 宋曾巩撰 ⑦14585

段氏**七叶衍祥堂** 一八一六（嘉庆二十一）年刊毛诗故训传定本三十卷 清段玉裁撰 ⑱经151

七叶衍祥堂 刊古文尚书撰异三十二卷 清段玉裁撰 ⑱经119

大兴傅以礼**七林书堂** 一八九六（光绪二十二）年刊碧血录二卷 清傅以礼辑 ㉓49

人瑞堂 刊遗愁集十四卷 清张贵胜辑 ④10255

九行堂 一七一五（康熙五十四）年刊大学章句解三卷中庸章句解八卷 清郭学淮撰 ㉙3009

桂林唐**九如堂** 一八四五（道光二十五）年刊广西通志辑要十七卷首一卷 清苏宗经原辑 羊复礼夏敬颐增辑 ㉙715

金陵**九如堂** 刊新镌批评出相韩湘子三十回 明雉衡山人编 ⑰56-44064

九如堂 一八七五—一九〇八（光绪）年刊寿世保元十卷 明龚廷贤撰 ㉚326

九如堂 刊西游灯道奇书 清汪象旭等撰 ④6239

南海邝氏**九我堂** 一八六二—一八七四（同治）年刊礼记二十卷 汉郑玄注 ⑥

郴州**九经堂** 一八七二（同治十一）年刊九仙二佛传三卷 明崔岩撰 ②89764

九经堂 一八七九（光绪五）年刊秘传眼科纂要 清黄岩撰 ㉚577

顺天**九思堂** 一八五六（咸丰六）年刊医林改错二卷 清王清任撰 ㉚34

桂林唐**九思堂** 一八五三（咸丰三）年刊妇婴至宝 清徐尚慧编 ㉚731

嘉兴**九思堂** 一八二二（道光二）年刊李氏经验广集良方四卷 清李文炳撰 ㉚247

嘉兴**九思堂** 刊六科证治准绳四十四卷 明王肯堂撰 ㉚717

嘉郡**九思堂** 一八二九（道光九）年刊产科心法二卷附福幼编 清汪朴斋撰 ㉚460

苏州**九思堂** 刊中原音韵二卷 元周德清编 ⑥

九思堂 一八三二（道光十二）年刊丹铅总录二十七卷 明杨慎撰 ②23412

九思堂 一八八〇（光绪六）年刊啸亭杂录八卷续录二卷 清昭梿撰 ⑯19674

九诰堂 一六六〇（顺治十七）年刊九诰堂诗选元气集七卷 清徐增选 ⑱集1532

九诰堂 一六六二—一七二二（康熙）年刊而庵说唐诗二十二卷首一卷 清徐增撰 ⑱集1894

胶西法氏**又敬堂** 一七五八（乾隆二十三）年刊家学堂遗书 清张谦宜撰 ⑤

又敬堂 一七五一（乾隆十六）年刊黄山年略 清法若真著法辉祖校定 ②47899

三 画

南海孔氏**三十有三万卷堂** 一八六二—一九〇八（同治至光绪）年刊古香斋袖珍十种 清高宗弘历辑 ②103984

三十有三万卷堂一八九二（光绪十八）年刊鸿爪前游日记六卷　清孔广陶著　②4598

三义堂一八二一—一八五〇（道光）年刊活人心法四卷　清刘以仁撰王锡鑫编　㉚708

三义堂一八八五（光绪十一）年刊本草备要四卷　清汪昂撰　㉚170

粤东佛山**三元堂**一八五五（咸丰五）年刊聊斋志异评注十六卷　清蒲松龄撰王士祯评吕湛恩注　⑯857.2/528－07

广州**三元堂**一八六八（同治七）年刊医林改错二卷　清王清任撰　㉚34

石阳周**三元堂**一八九五（光绪二十一）年刊易简方便医书六卷　清周茂五编　㉚269

锦州**三元堂**一八六九（同治二）年刊国朝画征录　清张庚撰　㉕11

三元堂一六六二—一七二二（康熙）年石室秘录六卷　清陈士铎撰　㉚332

三元堂一八六二（同治元）年刊素问灵枢类纂约注三卷　清汪昂撰　㉚7

金阊**三友堂**一八二二（道光二）年刊推拿广意三卷　清熊应雄编　㉚150

四川**三友堂**刊春秋备旨十二卷　清邹梧冈纂辑　⑥

三友堂一七二〇（康熙五十九）年刊钱氏小儿药证直诀三卷附钱仲阳传　宋钱乙撰　㉚472

宁波**三文堂**一八七五（光绪元）年刊新增疗疮要诀　清应遵诲编　㉚555

长沙**三让堂**一七五七（乾隆二十二）年刊仪礼章句十七卷　清吴建华辑　㉒332

长沙**三让堂**一八一二（嘉庆十七）年刊增补苏评孟子二卷附孟子年谱　宋苏洵评清赵大浣增补　㉒335

金溪**三让堂**一八六九（同治八）年刊后汉书一百三十卷　刘宋范晔撰　㉑328

金溪**三让堂**一八九一（光绪十七）年刊图注难经脉诀　明张世贤撰清沈镜删注　㉚722

三让堂一七三六—一七九五（乾隆）年刊喻氏医书三种　明俞昌撰　㉙2862

三让堂一七四〇（乾隆五）年刊本草医方合编　清汪昂编　㉚723

三让堂一七九七（嘉庆二）年刊伤寒论浅注六卷　清陈念祖集注　㉚56

三让堂一八三四（道光十四）年刊小儿推拿秘旨　明袭廷贤撰姚国桢补辑　㉚150

三让堂一八六一（咸丰十一）年刊三指禅三卷　清周学霆撰　㉚117

三让堂一八六四（同治三）年刊医林改错二卷　清王清任撰　㉚34

三让堂一八九一（光绪十七）年刊痢症汇参十卷　清吴道源撰　㉙3055

三让堂 刊全本礼记体注大全合参 清徐旦辑徐瑄补辑 ②34823

泰和郭氏**三乐堂** 一八七七（光绪三）年刊诗经正误不分卷 明郭孔太撰 ㉑330

三乐堂 一七七〇（乾隆三十五）年刊医宗必读十卷 明李中梓撰 ㉚705

三仪堂 一八八八（光绪十四）年刊脉草经络五种汇编 清汪昂撰刁凤岩编 ㉚725

三阳堂 一七五二（乾隆十七）年刊【乾隆】开泰县志四卷 清郝大成修王师泰纂 ⑲815

三秀堂 刊医理元枢 清朱音恬辑 ⑥

三近堂 一七四三（乾隆八）年刊春秋识小录初刻三书 清程廷祚撰 ⑤

三近堂 一八七〇（同治九）年刊宝产 清倪枝维撰 ㉚455

武林**三余堂** 一七四四（乾隆九）年刊痘疹正传六卷 清沈巨源编 ㉚507

浙衢**三余堂** 刊扁鹊心书三卷附神方 宋窦材撰 ㉚317

三余堂 一八二八（道光八）年刊医宗说约六卷 清蒋示吉撰 ㉚331

吴县潘氏**三松堂** 一八四〇（道光二十）年刊说文蠡笺十四卷 清潘奕隽撰 ⑯1298

三松堂 一七八一（乾隆四十六）年刊说文蠡笺十四卷 清潘奕隽撰 ㉙1016

三松堂 一七九六—一八二〇（嘉庆）年刊妇婴至宝 清徐尚慧编 ㉚731

三松堂 一八六八（同治七）年刊产孕集二卷附补遗一卷 清张曜孙撰 ㉚462

三味堂书坊浙宁主人 一八五七（咸丰七）年刊普济应验良方八卷 清德轩氏编 ㉚254

浙宁**三味堂** 刊种福堂公选良方三卷 清叶桂撰 ㉚249

浙江**三味堂** 刊临证指南医案十卷 清叶桂撰华岫云辑徐大椿评 ㉙808

湖南新化**三味堂** 一八九六（光绪二十二）年刊五礼通考二百六十二卷总目二卷首四卷 清秦蕙田辑 ㉒333

三味堂 一八九九（光绪二十五）年刊文史通义八卷校雠通义三卷 清章学诚撰 ⑯901/655－02

三和堂 一八七三（同治十二）年刊通天晓十八卷 清王绶堂编 ㉚261

三和堂 刊反唐演义传十四卷一百四十回 原题如莲居士撰 ㉙909

三径堂 一六六二—一七二二（康熙）年刊碛砂唐诗三卷 宋周弼选元释圆至注 ⑯12234

三经堂 一八一四（嘉庆十九）年刊回生集正编二卷续编二卷 清陈杰编 ㉚250

吴江殷**三省堂** 一八六六（同治五）年刊春雨楼诗集四卷文集三卷词一卷 清殷寿彭撰 ㉙2641

平望徐**三省堂** 一八〇七（嘉庆十二）年刊居易堂集二十卷 清徐枋撰潘耒编 ㉙656

三省堂 一七七五（乾隆四十）年刊续刻临症指南温热论四卷 清叶桂撰 ㉚372

三省堂 一八四一（道光二十一）年刊痧胀源流 清沈金鳌撰 ㉚400

三树堂 一七六五、一七七〇（乾隆三十、三十五）年刊国朝诗观十六卷二集六卷 清王锡侯辑 ⑱集1751

三树堂 一八五八（咸丰八）年刊崇德祠志略三 ⑥史146

三畏堂 一七五〇（乾隆十五）年刊景岳全书六十四卷 明张介宾撰 ㉚704

三畏堂 一八三一（道光十一）年刊本草原始十二卷 明李中立撰 ㉚166

三畏堂光裕堂 一六六二—一七二二（康熙）年刊武经体注大全会解七种 清马振翼辑 ㉙14

三鱼堂 一七〇二（康熙四十一）年刊四书集注大全 清陆陇其辑 ⑤

三昧堂 刊太医院增补青囊药性赋直解三卷 明罗必炜编 ㉚192

钱塘张氏**三馀堂** 一七一二（康熙五十一）年刊伤寒论直解六卷 清张锡驹注 ㉚53

杭州**三馀堂** 一八六二—一八七四（同治）年刊说文解字十五卷 汉许慎撰 ⑥

古越**三馀堂** 一八七八（光绪四）年刊绣像十美图传四十卷四十回 ④4642

绣谷**三馀堂** 一八七八（光绪四）年刊六书通十卷 清闵齐伋著毕弘述篆订 ②46361

王氏**三馀堂** 一六六二—一七二二（康熙）年刊揖山集十卷 清王撰撰 ⑱集967

三馀堂 一七五三（乾隆十八）年刊黄钟通韵二卷附琴图补遗 清都四德纂辑 ⑯781/211

三益堂 一七六七（乾隆三十二）年刊万病回春八卷 明龚廷贤编 ㉚324

三益堂 一八一一（嘉庆十六）年刊痘疹正宗二卷 清宋麟祥撰 ㉚507

三益堂 一八三七（道光十七）年刊古唐诗合解十六卷 清王尧衢注 ②31322

三益堂 一八二九（道光九）年刊赋学指南十卷 清余丙照编 ②31330

三益堂 一八七五—一九〇八（光绪）年刊芹宫新谱二卷 清郑一朋撰 ②13833

三益堂 一八七五—一九〇八（光绪）年刊寄园寄所寄十二卷 清赵吉士辑 ②31112

汉皋**三隽堂** 一八一二（嘉庆十七）年刊卫生要诀 清高士钥撰 ㉚340

三瑞堂 一七二六（雍正四）年刊尚友录二十二卷 明廖用贤编 ②62740

三瑞堂 一七九〇（乾隆五十五）年刊集古良方十二卷 清江进撰 ㉚227

三瑞堂 一八七〇（同治九）年刊鄱阳集四卷拾遗一卷 宋洪皓撰 ⑯18173

京都隆福寺**三槐堂** 一八三〇（道光十）年刊医林改错二卷 清王清任撰 ㉚34

京都**三槐树** 刊清文汇书十二卷 清李延基编 ⑯429.1/293

苏州**三槐堂** 一八三九（道光十九）年刊宁寿堂经验济急丹方二卷 清沈元龙等编 ㉚253

海上**三槐堂** 一八一九（嘉庆二十四）年刊万金备急方 明王禾佳撰 ㉚223

金阊**三槐堂** 一八〇八（嘉庆十三）年刊重订外科正宗十二卷 明陈实功撰 ㉚539

王氏**三槐堂** 一六五六（顺治十三）年刊杨维斗先生手订王文恪公家藏未刻稿二卷
明王鏊撰杨廷枢辑 ⑱集599

梁溪**三槐堂** 刊晁具茨先生诗集十五卷 宋晁冲之著 ②11065

古吴**三槐堂** 一七四三（乾隆八）年刊书经释义六卷 清李沛霖辑 ②31358

京都**三槐来鹿堂** 一八九〇（光绪十六）年刊验方新编二十四卷 清鲍云韶编 ㉚263

三槐堂 一六八二（康熙二十一）年刊医方集解三卷 清汪昂撰 ㉚224

三槐堂 一七三五（雍正十三）年刊四书大全学知录 清许泰交编 ③经818/34

三槐堂 一七三六—一七九五（乾隆）年刊李氏经验广集良方四卷 清李文炳撰 ㉚247

三槐堂 一七九四（乾隆五十九）年刊订补明医指掌十卷 明皇甫中撰邵达订补 ㉙452

三槐堂 一八〇四（嘉庆九）年刊四书经学考十卷 清谢济世原本王罕皆增辑 ②53939

姚氏**三鉴堂** 一六八九（康熙二十八）年刊西湖志八卷志馀十八卷 明田汝成撰清姚靖增删 ⑱史1037

武林**三德堂** 一八二一（道光元）年刊重订外科正宗十二卷 明陈实功撰 ㉚539

平江**三德堂** 一八五六（咸丰六）年刊见闻近录四卷 清俞樾撰 ⑯857.1/990·2

三德堂 一六九六（康熙三十五）年刊山法全书八卷首二卷 清叶泰著 ②65768

三德堂 一七九一（乾隆五十六）年刊新镌笑林广记十二卷 原题游戏主人撰 ②65326

客山**三鳣堂** 一八〇〇（嘉庆五）年刊普济应验良方八卷 清德轩氏编 ㉚253

三鱣堂 一八五〇（道光三十）年刊回春梦传奇二卷 清顾森撰 ⑦11334

陈氏**士乡堂** 一八〇五、一八〇七（嘉庆十、十二）年刊对策六卷缀文六卷 清陈鱣撰 ⑱集 1258

士乡堂 一八二四（道光四）年刊续唐书七十卷 清陈鱣撰 ⑱史 225

下学堂 一六八五（康熙二十四）年刊学统五十六卷 清熊赐履撰 ⑱史 416

大元堂 一七八四（乾隆四十九）年刊活幼心法九卷 明聂尚恒撰 ㉚501

大中堂 一八〇三（嘉庆八）年刊经余必读八卷续编八卷 清雷琳等撰 ⑯091. 31/334－02

大中堂 一八〇三（嘉庆八）年刊伤寒谱 清沈凤辉撰 ㉚77

上洋**大文堂** 一八八七（光绪十三）年刊素问灵枢类纂约注三卷 清汪昂撰 ㉚8

广东**大文堂** 一八七〇（同治九）年刊试场异闻录五种 清吕相燮辑 ②29723

湖南长沙周氏**大文堂** 一八九六（光绪二十二）年刊国朝汉学师承记八卷 清江藩纂 ⑥史 101

江西**大文堂** 一八〇三（嘉庆八）年刊资治通鉴纲目正编五十九卷 宋朱熹撰明陈仁锡评阅 ㉑312

江西**大文堂** 一八七三（同治十二）年刊资治通鉴纲目正编五十九卷前编二十五卷续编二十七卷 宋朱熹撰明陈仁锡评阅 ㉑312

江西**大文堂** 一八八〇（光绪六）年刊书经集传六卷 宋蔡沈撰 ㉑312

大文堂 一六九三（康熙三十二）年刊杜诗详注二十五卷附咏杜附录二卷首一卷 清仇兆鳌著 ②16606

大文堂 一六九一（康熙三十）年刊小儿推拿秘旨 明龚廷贤撰姚国桢补辑 ㉚150

大文堂 一六九三（康熙三十二）年刊删注脉诀规正二卷 清沈镜删注 ㉚109

大文堂 一七八八（乾隆五十三）年刊集虚斋四书口义十卷 清方棻如著 ②48197

大文堂 一八一八（嘉庆二十三）年刊冯氏锦囊秘录八种 清冯兆张撰 ㉚724

大文堂 一八四八（道光二十八）年刊十七史蒙求十六卷 宋王令撰 ③史 808/544. 2

大文堂 一八三二（道光十二）年刊三指禅三卷 清周学霆撰 ㉚117

大文堂 一八七五—一九〇八（光绪）年刊黄帝内经素问注证发微九卷黄帝内经灵枢注证发微九卷 明马仲化注 ㉚3

大节堂 一七四二（乾隆七）年刊文水李忠肃先生集六卷 明李邦华撰 附一卷 ⑱集 800

周氏**大业堂** 一六四四—一六六一（顺治）年刊精选二三场程墨分类注释学府秘宝不分卷 清吕五青辑并注 ⑱集1737

金陵**大业堂** 一六七八（康熙十七）年刊朱子四书语类五十二卷 宋朱熹撰 ⑯125.5/828-82-02

大业堂 一六六二（康熙元）年刊陋轩诗八卷 明吴嘉纪撰 ①1373

大玄堂 一七九六—一八二〇（嘉庆）年刊医宗说约六卷 清蒋示吉撰 ㉚331

武林**大有堂** 一八〇四（嘉庆九）年刊平易方四卷 清叶香侣撰 ⑥

锡山**大有堂** 一八八六（光绪十二）年刊重刻观世音菩萨本行经简集二卷 宋释普明撰 ⑯858.5/760-4-02

大成堂 一八八〇（光绪六）年刊史案二十卷 清吴裕垂著 ②16373

大成堂 一七八九（乾隆五十四）年刊罗氏会约医镜二十卷 清罗国纲编 ㉚707

大兴堂 一六六二—一七二二（康熙）年刊疮疡经验全书十二卷 宋窦杰撰清窦梦麟续增 ㉚538

大兴堂 一七九〇（乾隆五十五）年刊医宗必读十卷 明李中梓撰 ㉚705

大兴堂 一八三二（道光十二）年刊增补一夕话六卷 原题咄咄夫撰 ④6110

大兴堂 一八四三（道光二十三）年刊痘疹定论四卷 清朱玉堂撰 ㉚508

大观堂 一七〇八（康熙四十七）年刊凭山阁增辑留青新集三十卷 清陈枚辑 ⑱集1646

大观堂 一七六九（乾隆三十四）年刊玉笥山诗钞八卷 清何嘉珝撰 ⑱集1114

大观堂 刊张仲景金匮要略二十四卷 清沈明宗编注 ㉚94

大酉堂 一八二七（道光七）年刊痘疹金镜录四卷 明翁仲仁撰 ㉚499

吴郡**大来堂** 清初刊伤寒全生集四卷 明陶华撰 ㉚68

江阴**大来堂** 一八三九（道光十九）年刊正家本论 清夏敬秀撰 ②105134

大冶堂 一六六〇（顺治十七）年刊倚声初集二十卷前编四卷 清邹祗谟王士祯辑 ⑱集2002

大启堂 刊广瘟疫论四卷附佛崖验方 清戴天章撰 ㉚386

大林堂 一八六〇（咸丰十）年刊增补医方捷径二卷 明王宗显撰 ㉚222

大知堂 刊笠翁传奇十种曲二十四卷 ㉚集2130

大学堂 一九〇二（光绪二十八）年刊全注读史论略二卷 清杜诏撰 ⑰201·1-148

大经堂 刊洞天奥旨十六卷 清陈士铎撰 ㉚541

大经堂 刊江湖博览按摩修养净发须知二卷 □吴铎订 ⑱子996

大树堂 刊明常熟先贤事略十六卷 明冯复京撰 ⑱史451

武林**大顺堂** 一七八一（乾隆四十六）年刊伤寒论集注 清熊寿试编 ㉚55

大斋堂 一八〇六（嘉庆十一）年刊羊城古钞八卷首一卷 清仇池石撰 ①

大涤堂 一六六二—一七二二（康熙）年刊画谱一卷 清释道济撰 ⑱子424

大盛堂 刊孙武子救孔圣雷砲兴兵全传八卷 ⑱集2177

贵阳**大盛堂** 一八三三（道光十三）年刊史记菁华录六卷 清姚芸田撰 ⑥史4

云林**大盛堂** 刊八大家文钞 明茅坤辑 ⑤

金阊**大雅堂** 一六九一（康熙三十）年刊绘事备考八卷 清王毓贤纂 ⑪NC6108/1187

平江张岱龄**大雅堂** 一八八四（光绪十）年刊乌目山房诗存六卷 清蒋因培撰 ㉙3196

大雅堂 一七九〇（乾隆五十五）年刊洞天奥旨十六卷 清陈士铎撰 ㉚541

大雅堂 一八七五—一九〇八（光绪）年刊敏求录 ㉖81

大道堂 一八七二（同治十一）年刊医方捷径指南全书二卷 原题明王宗显编 ㉚329

大道堂 一九〇一（光绪二十七）年刊神农本草经读四卷 清陈念祖撰 ㉚157

大道堂 刊伤寒辨证四卷 清陈尧道撰 ㉚73

书林熊氏**大集堂** 刊天经或问后集不分卷 清游艺撰 ⑱子262

嘉兴**大魁堂** 一八七二（同治十一）年刊书法正传十卷 清冯武撰 ㉙2938

大魁堂 刊画禅室随笔四卷 明董其昌撰 ①18010

维扬**大德堂** 一八七四（同治十三）年刊外科正宗十二卷 明陈实功撰清徐大椿批 ㉚545

四川**大德堂** 一七五二（乾隆十七）年刊见闻录四卷 清徐岳撰 ①1236

四川**大德堂** 一八七五—一九〇八（光绪）年刊凭山阁增辑留青新集 ⑥

大德堂 一七二七（雍正五）年刊杜工部七言律诗疏解二卷 清顾施桢撰 ㉙2389

万元堂 刊痘症精言四卷 清袁句撰 ㉚513

万叶堂 一七六三（乾隆二十八）年刊书传附义二卷 清李重华撰 ⑱经117

万我堂 一七二五（雍正三）年刊慧眼山房原本古今文小品八卷 明陈天定辑并评 ⑱集1633

海邑**万育堂** 一八三〇（道光十）年刊妇科摘抄要诀 著作佚名 ㉚440

洛阳**万卷堂** 一七二八（雍正六）年刊伤寒明理论三卷方论一卷 金成无已撰 ㉚65

武林**万卷堂** 一七八〇（乾隆四十五）年刊图注八十一难经辨真四卷图注脉诀辨真四卷 明张世贤撰 ㉚711

万卷堂 一六九七（康熙三十六）年刊女史全编八卷 清朱瑞图辑 ⑱史405

万笈堂 一六四四—一六六一（顺治）年刊唐诗解五十卷 明唐汝询撰 ⑪811.1084/0030a1

万秴堂 一八九三（光绪十九）年刊笔花医镜四卷 清江笔花撰 ㉚346

兰省**万检堂** 一八九九（光绪二十五）年刊重楼玉钥二卷（即武威留清堂本） 清郑梅涧撰 ㉚585

万善堂 一八一九（嘉庆二十四）年刊愿学斋文钞十四卷 清李集著 ㉒59805

万龄堂 一八六〇（咸丰十）年刊万龄堂虔修诸门应症丸散总目 清万龄堂药店编 ㉚304

兰州**万穗堂** 一八八六（光绪十二）年刊蛱蝶集 清马步清辑 ㉖81

寸经堂 一八三一（道光十一）年刊伤寒方论辑要十六卷 清林玉友编 ㉚87

寸耕堂 一七三六—一七九五（乾隆）年刊簬村诗全集四十四卷 清邱上峰撰 ⑱集1138

寸耕堂 一八三一（道光十一）年刊本草辑要六卷 清林玉友编 ㉚176

与善堂大兴吴氏 一七九四（乾隆五十九）年刊袁氏世范三卷附集事诗鉴一卷 宋袁采著 ㉒28485

上寿堂百一堂 一六七二（康熙十一）年刊遗爱集四卷 清程瑞撰 ㉙2947

上苑堂 一八二三（道光三）年刊谈征 清外方山人撰 ⑯071/852

山艺堂 刊图注八十一难经辨真四卷图注脉诀辨真四卷 明张世贤撰 ㉚712

山东堂 一八三二（道光十二）年刊六祖大师法宝坛经 清释法海等辑 ㉒57510

武林**山寿堂** 一七一九（康熙五十八）年刊本草万方针线八卷 清蔡烈先编 ㉚302

售山**山寿堂** 一七一一（康熙五十）年刊东林列传二十四卷 清陈鼎辑 ⑰06255

吴郡**山渊堂** 一八一六（嘉庆二十一）年刊乡党图考十卷 清江永著 ㉒17122

吴郡**山渊堂** 一八二四（道光四）年刊素问灵枢类纂约注三卷 清汪昂撰 ㉚7

山渊堂 一八一七（嘉庆二十二）年刊本草从新六卷 清吴仪洛编 ㉚173

山渊堂 一八三一（道光十一）年刊说唐传征西三集十卷八十八回 ④5896

山渊堂 一八三二（道光十二）年刊医方集解三卷 清汪昂撰 ㉚224

山渊堂 一八八六（光绪十二）年重刊医方集解三卷 清汪昂撰 ㉚224

四川绵竹**千元堂** 刊易经体注四卷 清来尔纯辑 ⑥

千芝堂 一八九六（光绪二十二）年刊千芝堂药目 清千芝堂编 ㉚305

上海**千顷堂** 一八二三（道光三）年刊痧症全书三卷 清王养吾编 ㉚399

上海**千顷堂** 一八七二（同治十一）年刊六种经编 清文晟编 ㉚748

上海**千顷堂** 一八九九（光绪二十五）年刊本草诗笺十卷 清朱东樵撰 ㉚192

千顷堂 一七六二（乾隆二十七）年刊大生要旨五卷 清唐千顷（桐园）撰 ㉚458

千顷堂 一九一〇（宣统二）年刊沈氏女科辑要二卷 清沈尧封撰 ㉚436

李氏**久远堂** 一八九七（光绪二十三）年刊文溪集二十卷首一卷 宋李昂英撰 ②24542

津河**广仁堂** 一八七五—一九〇八（光绪）年刊津河广仁堂所刻书 ⑤

绥化**广仁堂** 一八八三（光绪九）年刊吕子节录四卷 清陈宏谋节录 ⑥

广仁堂 一八六一（咸丰十一）年刊校邠庐抗议二卷 清冯桂芬撰 ㉙1303

桂林贺氏**广文堂** 一八一二（嘉庆十七）年刊毓芝堂医书四种 清汪和鼎辑 ⑤

广文堂 刊辍耕录二十二卷 明陶宗仪著 ②33994

广同济堂 一八五八（咸丰八）年刊眼科良方一卷 清叶桂撰 ㉙805

广寿悟心堂 一六七八（康熙十七）年刊盐官名德录二卷 清释真照撰 ⑱子980

广志堂 一七〇八（康熙四十七）年刊儒林录十九卷 清张恒撰 ⑱史435

广易堂 一七二九（雍正七）年刊急救危症简便验方二卷 清胡其重编 ㉚244

广顺堂 一八一七（嘉庆二十二）年刊寿世保元十卷 明袭廷贤撰 ㉚326

广育堂 一八八五（光绪十一）年刊京都广育堂医药局经验方 ㉚305

广州**广济堂** 一八七六（光绪二）年刊宁坤秘籍三卷附济世论及秘传良方 清竹林寺僧撰袁光裕校 ㉚436

嘉定**广济堂** 一七九七（嘉庆二）年刊寿世编二卷 清顾奉璋撰 ㉚249

四川**广盛堂** 一八七五—一九〇八（光绪）年刊易经备旨七卷 清邹圣脉辑 ⑥

广裕堂 一七五〇（乾隆十五）年刊苏黄尺牍四卷 清黄始辑 ②34041

广善堂 一八七五—一九〇八（光绪）年刊喉症神效方 题清耐修子撰 ㉚599

广雅堂 一七七二（乾隆三十七）年刊本草求真九卷 清黄宫绣撰 ㉚175

天津**义合堂** 一八九〇（光绪十六）年刊伤寒温疫条辨六卷附温病坏症 清杨玉衡撰 ㉚388

天津**义合堂** 一八九二（光绪十八）年刊试帖举隅四卷 清刘钟英撰 ②45619

关中**义兴堂** 一八四三（道光二十三）年刊诗品注解廿四则不分卷 ⑦8646

西安桥梓口**义兴堂** 一八八八（光绪十四）年刊小四书五卷 ②7155

如皋**义林堂** 一八五七（咸丰七）年刊飞蛇全传四卷三十二回 清邹必显撰 ④5710

如皋**义林堂** 一八七二（同治十一）年刊绣象京本云合奇踪玉茗英烈全传八十回 明徐渭编 ⑯857.4/952-03

桃源县**义经堂** 一八四一（道光二十一）年刊达生保赤篇 清余二田编 ㉚452

义经堂 一八〇三（嘉庆八）年刊种痘新书十二卷 清张琰撰 ㉚510

义经堂 一八七二（同治十一）年刊慎疾刍言（即医砭）清徐大椿撰 ㉚678

义经堂 一八七二（同治十一）年刊陆氏传家诗集十七种十九卷 清陆乃谱编 ㉙3427

汉南**义盛堂** 刊诗经集注八卷 宋朱熹撰 ⑨093.12/112

义善堂 一八九一（光绪十七）年刊翻症图考 ㉚403

卫生堂 一七七七（乾隆四十二）年刊种福堂公选良方三卷 清叶桂撰 ㉚249

卫生堂 一八二〇（嘉庆二十五）年刊救急良方 ㉚256

卫生堂 一八二九（道光九）年刊种福堂公选良方三卷 清叶桂撰 ㉚249

小万柳堂 一九〇九（宣统元）年刊惜抱轩尺牍八卷 清姚鼐撰 ⑧

王氏**小山堂** 一七三六—一七九五（乾隆）年刊南园风雅二卷 清王恭撰 ㉙1668

赵氏**小山堂** 一七八六（乾隆五十一）年刊水经注释四十卷首一卷附录二卷水经注笺刊误十二卷

清赵一清撰 ①9780

杭州**小西堂** 一八七七（光绪三）年刊孝义真迹珍珠塔二十四回 ⑯857.5/419－03

浙江**小西堂** 一八八〇（光绪六）年刊药性赋珍珠囊四卷 金李东垣撰 ㉚191

赵氏**小宛堂** 一六六二—一七二二（康熙）年刊寒山赵氏三世志传不分卷 清赵元复辑 ⑱史576

小遂初堂 一八一〇（嘉庆十五）年刊三国志考证八卷附月日考旧序 清潘眉撰 ㉙2587

小樊堂 清初刊几社壬申合稿二十卷 明杜骐徵徐凤彩盛翼进辑 ⑱集1725

汪启淑**飞鸿堂** 一七四九（乾隆十四）年刊通志略五十二卷 宋郑樵撰 ①13768

飞鸿堂 一七七三（乾隆三十八）年刊撷芳集八十卷 清汪启淑辑 ⑱集1752

习是堂 一七〇一（康熙四十）年刊二十一史弹词辑注十卷 清孙德威撰 ㉙2983

习爱堂 一八六一（咸丰十一）年刊太医院增补青囊药性赋直解三卷 明罗必炜编 ㉚192

古幽**习勤堂**（古幽疑为古豳）一八八八（光绪十四）年刊急救应验良方 ㉚273

习勤堂 一八五四（咸丰四）年刊建文年谱四卷 明赵士哲撰 ⑰6553

四 画

开远堂 一八二四（道光四）年刊九生三草九卷续二卷文草三卷 明萧近高撰 ②3298

汪氏**井福堂** 一八〇一—一八〇二（嘉庆六—七）年刊静厓诗初稿十二卷后稿十二卷续稿六卷 清汪学金撰 ⑱集1230

天文堂 刊外科百效全书四卷 明龚居中编 ㉚540

天津**天心善堂** 一九〇四（光绪三十）年刊痘疹会通五卷 清曾鼎撰 ㉚515

南丰**天心善堂** 一九〇五（光绪三十一）年刊痘疹会通五卷 清曾鼎辑 ㉑335

天和堂 清初刊姓氏详注四卷 清周鲁辑 ⑱子872

天香堂 一八六四（同治三）年刊石琴诗钞十二卷 清李映棻撰 ②392

天保堂 一八二一—一八五〇（道光）年刊天保堂诸门应病药目 清天保堂主人编 ㉚304

郑氏**天游堂** 一七一一（康熙五十）年刊春秋经传阙疑四十五卷 元郑玉撰 ⑱经272

天宫堂 一八六二—一八七四（同治）年刊图注八十一难经辨真四卷图注脉诀辨真四卷 明张世贤撰 ㉚711

天随堂 一七六二（乾隆二十七）年刊读书后六卷 明王世贞撰 ⑯074/113（㉙1549）

天章堂 一八七四（同治十三）年刊胎产秘书二卷 清陈笏庵撰 ㉚461

张氏**天禄堂** 一七〇九（康熙四十八）年刊张氏医书七种二十七卷 清张璐撰 ㉙628

苏州**天禄堂** 一八四四（道光二十四）年刊活幼心法九卷 明聂尚恒撰 ㉚502

天禄堂 刊本经逢原四卷 清张璐撰 ㉚172

天瑞堂 一六六三（康熙二）年刊痘疹发微十二卷 明宋镛编 ㉚504

天福堂 一八〇七（嘉庆十二）年刊天福堂丸散目录 ㉚304

四川**天德堂** 一八四〇（道光二十）年刊直指算法统宗十二卷 明程大位撰 ⑥子61

叶**天德堂** 一九〇五（光绪三十一）年刊丸丹全集 清仁寿堂编 ㉚305

天德堂 一六七二（康熙十一）年刊杜诗论文五十六卷 清吴见思著 ②2416

天德堂 一七七七（乾隆四十二）年刊仙传痘疹奇书三卷 明高我冈撰高尧臣编 ㉚500

天德堂 一七八六（乾隆五十一）年刊新镌杨家府世代忠勇演义志传八卷 明纪振伦校 ⑯857.4/272－04

天德堂 一八六七（同治六）年刊本草纲目五十二卷首一卷 明李时珍撰 ㉚164

天德堂 一八三五（道光十五）年刊批点聊斋志异十六卷 清蒲松龄撰 ④5869

元成堂 一七四一（乾隆六）年刊种痘新书十二卷 清张琰撰 ㉚510

京都**元会堂** 一八七一（同治十）年刊历代闺媛小乐府不分卷 清许敦彝撰 ㉓34

元茂堂 一八四三（道光二十三）年刊增补痘科保赤类编 清翟良撰 ㉚504

元顺堂 刊图注难经脉诀 明张世贤撰清沈镜删注 ㉚722

元桂堂 一八六一（同治元）年刊保婴要诀 清何荣撰 ㉙3188

元桂堂 一八八一（光绪七）年刊胎产秘书 清何荣撰 ㉙3188

元盛堂 刊图形枕藏外科 ㉖81

元新堂 一八五三（咸丰三）年刊景岳全书六十四卷 明张介宾撰 ㉚704

元聚堂 一七三六—一七九五（乾隆）年刊本草医方合编 清汪昂编 ㉚723

无闷堂 一六九八（康熙三十七）年刊屈辞洗髓五卷 清徐焕龙撰 ⑱集12

云兴堂 一八九一（光绪十七）年刊左传易读六卷 清司徒修则辑注 ⑦331

云耕堂 一八八〇（光绪六）年刊临产要略 ㉚464

长白完颜氏**云荫堂** 一八四一（道光二十一）年刊黄运河口古今图说 清麟庆撰 ⑯928.282/669

河南**云荫堂** 一八二八（道光八）年刊李二曲先生全集二十一种 清李颙撰王心敬等辑 ⑥总58

云姿堂 一六六二—一七二二（康熙）年刊续补举业必读诗经四卷 清陈士楚注 ⑱经148

云雅堂 一七三五（雍正十三）年刊本草类方十卷 清年希尧编 ㉚302

云豫堂 刊孝经一卷孝经传说图解不分卷 清金汝干等辑戴莲洲绘图 ④9301

云鹤堂 一八一七（嘉庆二十二）年刊十三经札记二十二卷 清朱亦栋撰 ③经38/49

常熟黄氏**艺文堂** 一八七三（同治十二）年刊古文翼八卷 清唐德宜编 ②32522

黄氏**艺文堂** 一八七五（光绪元）年刊宋元明诗三百首一卷 清朱梓冷昌言辑 ④补278

艺文堂 一七一九（康熙五十八）年刊地理正义铅弹子砂水要诀六卷 清张凤藻著 ②65762

杨州**艺古堂** 一七三九（乾隆四）年刊玉溪生诗意八卷 唐李商隐撰清屈复注 ⑮文246.433/43/59

艺古堂 一八一六（嘉庆二十一）年刊儒林外史五十六回 清吴敬梓撰 ④5763

如皋**艺林堂书坊** 一八六五（同治四）年刊验方新编八卷首一卷 清鲍云韶编 ㉚263

艺林堂 一八七五—一九〇八（光绪）年刊黄帝内经素问注证发微九卷黄帝内经灵枢注证发微九卷 明马仲化注 ㉚3

艺海堂 一八〇四（嘉庆九）年刊天雨花三十回 清陶贞怀撰 ⑯857.5/401－03

艺海堂 一八二八（道光八）年刊书法正传十卷 清冯武撰 ㉙2938

艺海堂 一八四二（道光二十二）年刊国朝文述八卷 清王鎏辑 ⑱集1765

艺海堂 一八五一（咸丰元）年刊药性集要便览三卷 清岳昶撰 ㉚193

木存堂 一八〇七（嘉庆十二）年刊竹书纪年辨证四卷 清韩怡编 ㉚史101

木松堂 刊诗词杂俎十五种二十五卷 明毛晋辑 ㉙2877

五之堂 一八三七—一八三八（道光十七—十八）年刊研秋斋诗略一卷文略一卷笔记二卷 清刘彦矩撰 行述一卷 清刘鹓刘鷗撰 ⑱集1265

郑**五云堂** 一七七八（乾隆四十三）年刊万病回春八卷 明龚廷贤撰 ㉚324

绣谷郑**五云堂** 刊种痘新书十二卷 清张琰撰 ㉚511

丁氏**五云堂** 一八七二（同治十一）年刊毛诗故训传三十卷 汉毛亨传郑玄笺 ⑱经128

五云堂 刊新镌二度梅奇说全集六卷四十四回 原题惜阴堂主人编 ②38521

五本堂 一七七四（乾隆三十九）年刊乾隆三十九年缙绅全书四卷 ①10389

五百梅花堂 一八六七（同治六）年刊通隐堂诗存四卷 清张京度撰 ⑦11460

荣县王氏**五甫堂** 一八七一（光绪十七）年刊抱素斋集六卷 清曾省三撰 ⑰9263

五言堂 一八三七（道光十七）年刊研秋斋诗略一卷文略一卷笔记二卷 清刘彦矩撰 ⑰4229

霍山刘氏**五忠堂** 一八七四（同治十三）年刊白鹿洞本四书或问三十九卷考异一卷 宋朱熹撰 ③经815/7905˙2

五知堂 一八二六（道光六）年刊谭史志奇八卷 清姚芝纂 ②29653

五知堂 一八八八（光绪十四）年刊谭史志奇八卷 清姚彦臣撰 ⑯857.1/994

五经堂 一六七二—一六九一（康熙十一至三十）年刊晋国垂棘一卷续垂棘编六卷 二集十卷三集十卷四集九卷 明范弘嗣编 ⑪NC5235/4116

五经堂 一六六二—一七二二（康熙）年刊五经堂文集五卷 清范鄗鼎撰 ⑱集1025

五柳堂 一八一一（嘉庆十六）年刊芗圃诗草十八卷 清陶誉相撰 ⑰427－300

五柳堂 一八四二（道光二十二）年刊新选医方秘要六卷 清刘秉锦撰 ㉚261

姚氏**五桂堂** 一八九五（光绪二十一）年刊太白剑二卷 明姚康撰 ⑯921.8/994

省城第七甫**五桂堂** 刊粤讴 清招子庸辑 ②11545

粤东**五桂堂** 刊新刻清唱拗碎灵芝记四卷 ②44629

广州**五桂堂** 一八七五—一九〇八（光绪）年刊生草药性备要二卷 清何谏撰 ㉚172

五桂堂 一七二五（雍正三）年刊庐陵宋丞相信国公文忠烈公先生全集十六卷 宋文天祥撰

文忠烈公从祀原案录一卷 ⑱集395

五桂堂 一七三六—一七九五（乾隆）年刊国朝五言长律赓飏集十六卷 清张曰珣 邱先德辑并注 ⑱集1764

五桂堂 一八六四（同治三）年刊正班本附荐何文秀全套二卷 ②65321

武林**五馀堂** 一八〇三（嘉庆八）年刊周易体注二卷 清来尔绳撰 ⑧

黄氏**五绣堂** 一六九四（康熙三十三）年刊福惠全书三十二卷 清黄六鸿撰 ㉑239

五绣堂 一六六二—一七二二（康熙）年重修崇祯本册府元龟一千卷目录十卷 ③总110/524

金阊**五雅堂** 刊陶靖节集八卷 晋陶潜著 ②4760

羊城**五福堂** 一八八一（光绪七）年刊傅青主男女科两种 清傅山撰 ㉚721

成都**五福堂** 一八八七（光绪十三）年刊医理真传医法圆通合刻 清郑寿全撰 ㉚751

五福堂 一八八七（光绪十三）年刊医法圆通四卷 清郑寿全编 ㉚668

五福堂 刊灵枢素问节要浅注十二卷 清陈念祖注 ㉚9

五聚堂 一六六二—一七二二（康熙）年刊集唐自述诗二卷 明陈煌图撰 ㉙2924

武林**五德堂** 一八二三（道光三）年刊珍珠囊指掌补遗药性赋四卷 金李东垣编 ㉚166

沈氏**不殊堂** 一六五五（顺治十二）年刊广缉词隐先生增定南九宫词谱二十六卷 明沈璟撰 沈自晋重定 ⑱集2185

不惑堂 一七三六—一七九五（乾隆）年刊白云集十七卷 清张贲撰 ③文281.73/36

太山堂 一八九八（光绪二十四）年刊本草备要四卷 清汪昂撰 ㉚171

吴氏**太和堂** 一六五五（顺治十二）年刊本草纲目五十二卷首一卷 明李时珍撰 ㉚163

太和堂 一七三六—一九九五（乾隆）年刊医学纂要汤方活法 清刘渊编 ㉚337

通州**友于堂书坊** 一八七五—一九〇八（光绪）年刊临证指南医案十卷附种福堂公选良方 清叶桂撰华岫云编徐大椿评 ㉚631

重庆**友于堂** 刊四川绵竹世兴堂本来瞿唐先生易注十七卷 明来知德注 ⑥

友于堂 一七七二（乾隆三十七）年刊文选集评十五卷首一卷末一卷 清于光华编 ⑯830/514-111-03

友于堂 一八四二（道光二十二）年刊新刻古本刘成美忠节全传二十五卷 ⑯858.4/888

友于堂 一八七三（同治十二）年刊红楼梦传奇二卷 清仲云涧撰 ④11070

太邑**友文堂** 一八二七（道光七）年刊傅青主女科二卷附产后编二卷 清傅山撰 ㉚433

友文堂 清初刊艳异编十二卷 ⑱子744

友文堂 刊南雅堂医书全集（即公馀十六种） 原题 清陈念祖撰 ㉚739

友古堂杨氏 刊新刻注释孔子家语二卷 明夏允彝注释 ③哲122/707

友兰堂 一八〇五（嘉庆十）年刊读史方舆纪要历代州域形势九卷 清顾祖禹撰 ⑥史128

叶**友声堂** 一六六〇（顺治十七）年刊泺函十卷 清叶承宗撰 ④2566

友经堂 一八七三（同治十二）年刊本经疏证十二卷 清邹澍撰 ㉚158

友谊堂 一八三三（道光十三）年刊万氏家传妇人秘科 明万全撰 ㉚430

甘福**友恭堂** 一八一九（嘉庆二十四）年刊栖霞小志一卷 明盛时泰撰 ⑱史1004

蜀川蓬莱**友善堂** 一八七四（同治十三）年刊医学偶录二卷 清陈念祖撰 ㉚342

长乐**友善堂** 刊陈修园医书二十四种 清陈念祖撰 ㉚742

友善堂 一八六三（同治二）年刊七峰诗稿二卷续编一卷 清江尔维撰 ②2695

友筠堂 一七七六（乾隆四十一）年刊抚州古迹诗赋四卷 清蔡锡礼辑 ⑰08403

友聚堂 刊缀白裘不分卷续集不分卷 ④11080

少华山堂 一九〇〇（光绪二十六）年刊江上草堂前稿四卷 清李嘉绩撰 怀潞丛刊

海虞陈氏**日华堂** 一七六四（乾隆二十九）年刊陈氏丛集四种 清陈祖范撰 ⑥

日华堂 一七六四（乾隆二十九）年刊陈司业集四种十一卷 清陈祖范撰 ㉙3026

龚氏**日省堂** 刊赵太史竹冈斋九种 清赵敬衣撰龚耀南辑 ⑥总62

日思堂 一六六二—一七二二（康熙）年刊增定庐山志十五卷 清吴炜等撰 ⑱史1015

石阳周**日新堂** 一八六一（咸丰十一）年刊易简方便医书六卷 清周茂五编 ㉚269

吉安周氏**日新堂** 一八九九（光绪二十五）年刊周益国文忠公集二百卷首一卷附录五卷 宋周必大撰 ㉑291

日新堂 一八一五（嘉庆二十）年刊年华录四卷 清全祖望辑 ②11985

日新堂 刊生草药性四卷 清罗浮山释 ㉚172

中立堂 一八四四（道光二十四）年刊增订胎产心法二卷 清赵献可撰季维翰增订 ㉚457

中立堂 一八六〇（咸丰十）年刊张氏诗集合编八卷 清张畇辑 ⑰417－352

殷氏齐庄**中正堂** 一八七一（同治十）年刊孤鸿编四卷首一卷 清殷增撰 ㉙2615

齐庄**中正堂** 一九〇三（光绪二十九）年刊江震殷氏族谱七卷 清殷文谟修 ②114391

中兴堂 刊良朋汇集经验神方五卷清孙伟编 ㉚245

京都**中和堂** 一六六二—一七二二（康熙）年刊医药集览六种 辑者佚名 ㉚719

义宁**中和堂** 一八六八（同治七）年刊黄文节公全集六十五卷 宋黄庭坚撰 ㉑222

广州**中和堂** 一九〇二（光绪二十八）年刊验方备用 清黄德仁编 ㉚279

中和堂 一六六二—一七二二（康熙）年刊图注八十一难经辨真二卷 明张世贤注 ㉚22

中和堂 一七四七（乾隆十二）年刊医学心镜录十二卷 清唐见撰 ㉚338

中和堂 刊新刻三十六虎灵符神咒秘书二卷 唐袁天罡著 ②65795

中隐堂 一八六二—一八七四（同治）年刊中隐堂杂著 清方炳奎撰 ⑤

中震堂 一七六九（乾隆三十四）年刊保赤金丹四卷 清吕绍先编 ㉚482

中善堂胡定浦 一八二八（道光八）年刊普济应验良方八卷 清德轩氏编 ㉚254

见宾堂 一六六〇（顺治十七）年刊尊水园集略十二卷 清卢世潅撰 ⑯847.1/493

升尺堂 一七七六（乾隆四十一）年刊治蝗传习录一卷 清陈世元撰 ⑱子156

成都**长文堂** 一八八七（光绪十三）年刊大生要旨五卷 清唐千顷撰 ㉚458

金陵**长庆堂** 一六九一（康熙三十）年刊温疫论二卷 明吴有性撰 ㉚384

衡山**长碧堂** 一八二一（道光元）年重刊易解拾遗七卷附周易读本四卷 清周世金撰 ㉒331

仁聚堂 一八三〇（道光十）年刊医略管窥 清葛桂撰 ㉚680

朝邑王**仁义堂** 一八五七（咸丰七）年刊四书反身录 清李颙撰 ②7195

仁义堂 一八七〇（同治九）年刊太医院增补医方捷径 明太医院原本罗必炜校正 ㉚329

长兴王氏**仁寿堂** 刊长兴诗 清王修辑 ④704

金陵**仁寿堂** 一九〇〇（光绪二十六）年刊丸丹全集 清仁寿堂编 ㉚305

仁寿堂 一六六〇（顺治十七）年刊丹台玉案六卷 明孙文胤撰 ⑥

仁寿堂 一六九二（康熙三十一）年刊明礼部侍中黄文贞公忠节纪略七卷补遗一卷续集三卷 清何自遂辑 ⑱史476

仁寿堂 一八八六（光绪十二）年刊保产金丹四卷 清刘文华编 ㉚464

仁寿堂 刊阴骘文制艺不分卷 清殷寿彭撰 ㉙2640

仁和堂 一七九五（乾隆六十）年刊本草从新六卷 清吴仪洛编 ㉚173

王店**仁济堂** 一八七六（光绪二）年刊保婴易知录二卷 清吴溶堂（宁澜）撰 ㉚483

古吴**仁济堂** 刊图注脉诀辨真四卷附方一卷 明张世贤注 ㉚107

仁济堂 一八七七（光绪三）年刊梅里志十八卷 清杨谦纂李福孙补余楙续补 ⑲391

仁爵堂 一八七三（同治十二）年刊神效良方 ㉚272

介堂 一六六二—一七二二（康熙）年刊拙斋集五卷 清朱奇龄撰 ⑱集1019

介石堂 一八八九（光绪十五）年刊临证指南医案十卷附种福堂公选良方 清叶桂撰华岫云编 ㉚631

孔氏**介安堂** 一六六二—一七二二（康熙）年刊湖海集十三卷 清孔尚任撰 ⑱集1056

慈溪沈氏**介祉堂** 一八四六（道光二十六）年刊【雍正】宁波府志三十六卷首一卷 清曹秉仁等纂修万经柴世堂参订 ⑲408

介眉堂 一六八七（康熙二十六）年刊三江闸务全书二卷 清程鹤嘉辑 ⑯928.223/790

从野堂 一六六二—一七二二（康熙）年刊秦亭文集八卷 清张丹撰 ⑱集953

张海鹏**从善堂** 一八〇四—一八〇九（嘉庆九—十四）年刊太平御览一千卷目录十五卷 宋李昉等辑 ㉙3163

重庆邓**今古堂** 一八五七（咸丰七）年刊达生全集二卷 ㉚463

汪增宁**今有堂** 一七四三（乾隆八）年刊重订李义山诗集笺注三卷集外诗笺注一卷 清朱鹤龄撰 程梦星删补 年谱一卷诗话一卷 清程梦星辑 ①4692

公义堂 一八二四（道光四）年刊关帝事迹徵信论三十卷首一卷卷末一卷 清周广业崔应榴同辑 ②14320

重庆**公乐堂** 一九〇六（光绪三十二）年刊五种遗规 清陈宏谋辑 ⑥

公善堂 一八八四（光绪十）年刊西塘先生文集九卷 宋郑侠撰 ①358

风联堂 一七〇七（康熙四十六）年刊经验丹方汇编 清钱峻编 ㉚244

丹宝堂 刊新刻绣像走马春秋四卷十六回 ④5723

丹桂堂 一八五七（咸丰七）年刊评点第九才子书二荷花史 ②65212

丹桂堂 刊增补食物本草备考二卷 清何克谏撰 ㉚198

凤仪堂 一七七〇（乾隆三十五）年刊痘科类编释意三卷 明翟良撰 ㉚503

凤头斋美堂 一七七八（乾隆四十三）年刊集验新方 清亟斋居士编 ㉚245

凤自堂 一七五九（乾隆二十四）年刊惠直堂经验方四卷 清陶承熹编 ㉚244

凤晨堂 一六六二—一七二二（康熙）年刊蘧庐诗四卷词一卷 清韩纯玉撰 ⑱集967

金氏**凤翙堂** 刊渔阳山人精华录笺注十二卷补一卷续录笺注一卷 清金荣撰 年谱一卷附录一卷 ①11582

凤嬉堂 一七五五（乾隆二十）年刊三不朽图赞 明张岱著 ②36811

风嬉堂 一六六二—一七二二（康熙）年刊於越有明一代三不朽图赞一卷 明张岱撰 ⑱史456

无锡**方来堂** 一八六九（同治八）年刊绣像孝义真迹珍珠塔六卷二十四回 ④4625

无锡**方来堂** 一八八七（光绪十三）年刊绣像孝义真迹珍珠塔六卷 清方元音撰周殊士改编 ㉙1456

山阳丁氏**六艺堂** 一八五一—一八七四（咸丰—同治）年间刊颐志斋丛书 清丁晏撰 ⑤

六艺堂 一八〇五（嘉庆十）年刊采艾编翼三卷 清叶茶山编 ㉚146

六合堂 一八四一（道光二十一）年刊本草医方合编 清汪昂编 ㉚723

六印堂 一八八三（光绪九）年刊厚德堂集验方萃编四卷 清奇克唐阿编 ㉚270

六吉堂 一八八九（光绪十五）年刊胞与堂丸散谱四卷 明洪基参订 ㉚222

博野尹氏**六有堂** 一七七一（乾隆三十六）年刊偶然吟九卷 清尹嘉铨撰 ㉓69

六有堂 一七三八（乾隆三）年刊宋东京考二十卷 清周城撰 ⑯12319

新建蔡孤弦**六顺堂** 一八〇〇（嘉庆五）年刊枫江诗钞十五卷 清蔡珍焕撰 ㉑202

六顺堂 一七七七（乾隆四十二）年刊医级十卷首一卷末一卷 清董西园撰 ㉚340

六顺堂 一八四三（道光二十三）年刊痘科秘传四卷 清秦希白撰 ㉚513

六顺堂 刊集古良方十二卷 清江进编 ㉚227

六桂堂 一八六二（同治元）年刊胎产秘书二卷 清陈笏庵撰 ㉚461

六桂堂 一八九七（光绪二十三）年重刊胎产金针二卷 清陈笏庵撰 ㉚461

六莹堂 刊六莹堂集九卷 清梁佩兰著 ㉖1509

平江**六湛堂** 一八一七（嘉庆二十二）年刊参茶老人集二卷附录一卷 清释真传撰 ㉙

大兴殷氏**六瑚堂** 一八八四（光绪十）年刊王临川文集六十三卷 宋王安石撰 ㉓48

文堂 一八五八（咸丰八）年刊子不语二十四卷 清袁枚编 ②8946

济南**文大堂** 一八六二—一八七四（同治）年刊汉石例六卷 清刘宝楠撰 ⑥

文大堂 一八五六（咸丰六）年刊枕藏外科形图诸症 清胡大中撰 ㉚545

文山堂 一六六二—一七二二（康熙）年刊鼎庵诗集四卷 清程端德撰 ⑱集960

文广堂 一八六八（同治七）年刊景岳全书六十四卷 明张介宾撰 ㉚704

四川叙府罗**文元堂** 一八五一—一八六一（咸丰）年刊仪礼经传通解考订六十九卷 清梁万方考订 ⑥

杭州**文元堂** 一八七四（同治十三）年刊埋忧集十卷续集二卷 清朱翊清撰 ⑯2308

四川绵竹**文元堂** 一八七五—一九〇八（光绪）年刊书经体注六卷 清钱希祥辑 ⑥

益阳头堡**文元堂** 清末刊新镌本草医方合编六卷 清汪昂编 ㉒350

文元堂 一八七四（同治十三）年刊达生编 清亟斋居士编 ㉚453

文元堂 刊朱子全书六十六卷 清李光地等编校 ⑯125.5/290

渝城**文古堂** 一八九七（光绪二十三）年刊白喉治法忌表抉微 清耐修子撰 ㉚598

金阊**文业堂** 一六八八（康熙二十七）年刊花镜六卷 清陈扶摇撰 ㉚203

江西**文立堂** 刊百家姓考略 清王相笺注 ㉑337

广东**文汇堂** 一八二一—一八五〇（道光）年刊广东新语二十四卷 清屈大均撰 ⑥

成都**文汇堂** 一九〇四（光绪三十）年刊中外医书八种合编 清罗定昌等撰 ㉚759

成都书林**文发堂** 一八三一（道光十一）年刊寿世保元十卷 明龚廷贤撰 ㉚326

文发堂 一七三六—一七九五（乾隆）年刊三农纪二十四卷 清张宗法撰 ⑱子156

文发堂 一八二〇（嘉庆二十五）年刊医宗说约六卷 清蒋示吉撰 ㉚331

文发堂 一八三二（道光十二）年刊鉴略妥注五卷 明李延机撰 ⑦14681

文发堂 刊医贯六卷 明赵献可撰 ㉚28

潮城**文在堂** 一八八二（光绪八）年刊新订保生经验良方二卷 清亟斋居士撰 ㉚452

泾阳**刘文在堂** 一八九四（光绪二十）年刊四书凝道录十九卷 清刘绍攽撰 ⑦10164

京都**文成堂** 一八五九（咸丰九）年刊痘诊诗赋二卷 清张銮撰 ㉚514

京都**文成堂** 一九〇六（光绪三十二）年刊增广玉匣记通书二卷 ②47371

北京**文成堂** 一八九一（光绪十七）年刊本草备要四卷 清汪昂撰 ㉚170

京畿**文成堂** 一八八五（光绪十一）年刊内科摘录四卷首一卷 清文晟编 ㉚411

京江**文成堂** 一八八五（光绪十一）年刊偏方补遗七卷 清文叔来编 ㉚267

京江**文成堂** 一八七〇（同治九）年刊尔雅直音二卷 清孙侃辑 ⑧

京口**文成堂** 一八七三（同治十二）年刊六种经编 清文晟编 ㉚748

京口**文成堂** 一八八四（光绪十）年刊重广补注黄帝内经素问二十四卷 唐王冰注 ㉚2

樊川**文成堂** 一八六二（同治元）年刊本草备要四卷 清汪昂撰 ㉚170

樊川**文成堂** 一八六四（同治三）年刊瘟疫论补注二卷 明吴有性撰清郑重光补注 ㉚385

镇江**文成堂** 一八九六（光绪二十二）年刊痧症指微 清释普净撰 ㉚400

镇江**文成堂** 一八六二（同治元）年刊养蒙针度五卷 清潘栻撰 ㉙3257

桂林**蒋文成堂** 一八七九（光绪五）年刊急救应验良方 清费山寿撰 ㉙2691

维扬**文成堂** 一八五七（咸丰七）年刊大生要旨五卷 清唐千顷撰 ㉚458

崇川**文成堂** 一八六四（同治三）年刊丹魁堂自订年谱一卷附感遇录一卷 清季芝昌撰 ②13829

镇江**文成堂** 一八九三（光绪十九）年刊古诗源十四卷 清沈德潜辑 ②45375

天津**文成堂** 一八八九（光绪十五）年刊图注难经脉诀全集四种 明张世贤辑注 ②44796

文成堂 一八五三（咸丰三）年刊痘疹定论四卷 清朱玉堂编 ㉚508

文成堂 一八九一（光绪十七）年刊医林改错二卷 清王清任撰 ㉚34

文成堂 一八九八（光绪二十四）年刊痘疹经验集 清韩文博编 ㉚524

文成堂 一八六二—一八七四（同治）年刊喻氏医书三种 明喻昌撰 ㉙2863

绣谷周氏**文光堂** 刊新刻重订出像西晋志传通俗演义四卷东晋演义八卷 ⑨1096

莲溪周**文光堂** 刊太医院增补医方捷径 明太医院原本罗必炜校正 ㉚329

文光堂 一七三一（雍正九）年刊医学阶梯修事指南合刻 清张叡撰 ㉚726

文光堂 一七六八（乾隆三十三）年刊太医院增补青囊药性赋直解三卷 明罗必炜编 ㉚92

文光堂 一七七六（乾隆四十一）年刊岳武穆精忠传六卷六十八回 明邹元标编订 ⑱子768

文光堂 一八三〇（道光十）年刊国朝二十四家文钞二十四卷 清徐斐然辑 ②16853

文光堂 一八四三（道光二十三）年刊痘疹新法 清唐守璞撰 ㉚520

萍乡**文延堂** 一八六五（同治四）年刊慈幼便览 清文晟编 ㉚485

中湘**文会堂** 一八六三（同治二）年刊伤寒温疫条辨六卷附温病坏症 清杨玉衡撰 ㉚388

江西**文会堂** 一八七九（光绪五）年刊眼科良方一卷 清叶桂撰 ㉙806

潼川谭**文会堂** 一九〇四（光绪三十）年刊医录便览六卷 清刘福庆撰刘莹校订 ㉚350

京师**文会堂** 一八〇七（嘉庆十二）年刊今古地理述十八卷 清王子音撰 ㉓33

京师**文会堂** 一八九八（光绪二十四）年刊说唐全传十卷六十回 题如莲居士辑 ㉓34

京师**文会堂** 一八〇七（嘉庆十二）年刊今古地理述十八卷首三卷卷末一卷 清王子音撰 ②2919

常郡**文会堂** 刊小四书五卷 清方逢辰等撰 ②33839

文会堂 一七三六—一七九五（乾隆）年刊东周列国志二十三卷一百零八回 ②48329

文会堂 一八五一（咸丰元）年刊本草原始十二卷 明李中立撰 ㉚166

文会堂 一八二四（道光四）年刊集古良方十二卷 清江进撰 ㉚227

文庆堂 一八七二（同治十一）年刊济世养生经验集 清毛世洪编 ㉚251

文庆堂 一八〇六（嘉庆十一）年刊议叙满汉京官名次录 ②4790

文庆堂 一八八二（光绪八）年刊妇婴至宝 清徐尚慧编 ㉚731

溧阳**文华堂**一八一五（嘉庆二十）年刊重订外科正宗十二卷 明陈实功撰清张乐山重订 ㉚539

文华堂一八二七（道光七）年刊敏果斋八种六十二卷 清许乃钊辑 ㉓34

文华堂一九〇四（光绪三十）年刊对韵五七言千家诗四卷 清文华堂辑 ②34100

文华堂刊图注八十一难经辨真四卷图注脉诀辨真四卷 明张世贤撰 ㉚712

京都**文兴堂**一八八四（光绪十）年刊新编直指算法统宗十二卷首篇一卷 明程大位编 ⑯511/787

文兴堂一八八八（光绪十四）年刊四书补注附考备旨 明邓林撰 ⑯097.26/372－04

常郡**文兴堂**一八九〇（光绪十六）年刊内经知要二卷 明李中梓编注 ㉚7

大足县龙水镇萧氏**文兴堂**刊图注八十一难经辨真四卷 明张世贤注 ㉚22

桂林周**文远堂**一八七〇（同治九）年刊小蓬莱馆方抄二卷 清竹林寺僧撰 ㉚438

文远堂一八七四（同治十三）年刊痘证慈航 明欧阳调律撰清郭昆山编 ㉚516

文远堂一八九二（光绪十八）年刊保赤金鉴四卷 清穆氏编 ㉚515

文运堂刊医贯六卷 明赵献可撰 ㉚28

金陵**文村堂**一八〇七（嘉庆十二）年刊济婴撮要十七卷 清吴灿编 ㉚483

天津**文利堂**一八八四（光绪十）年刊验方汇集八卷续集四卷 清戴绪安选注 ㉚274

湖北**文秀堂**一八六六（同治五）年刊应验简便良方二卷 清孙克任编 ㉚256

文秀堂一六九一（康熙三十）年刊小儿推拿秘旨 明龚廷贤撰姚国桢补辑 ㉚150

文秀堂一六六二—一七二二（康熙）年刊医宗说约六卷 清蒋示吉撰 ㉚331

文秀堂刊四书翼注论文 清张甄陶著 ②33989

四川灌县**文芳堂**一八九〇（光绪十六）年刊医学一见能不分卷 清唐宗海撰 ⑥子82

灌邑**文芳堂**一八七五—一九〇八（光绪）年刊医学一见能 清唐宗海撰 ㉚350

溪邑**文林堂**谢氏一八一九（嘉庆二十四）年刊诗经世本古义二十八卷 明何楷撰 ⑯094.16/897－02

成都**文林堂**一九〇八（光绪三十四）年刊女四书四卷 清王相注 ⑥

文林堂一八二〇（嘉庆二十五）年刊巾箱本订补明医指掌十卷 明皇甫中撰邵达订补 ㉙452

文林堂一八三七（道光十七）年刊二希堂文集十一卷首一卷 清蔡世远撰 ⑧

文林堂 一八五〇（道光三十）年刊验方增辑二卷 清黄钤编 ㉚253

文林堂 一八九一（光绪十七）年刊本草备要四卷 清汪昂撰 ㉚170

东昌**文西堂** 一九〇六（光绪三十二）年刊针灸便用图考 清张希纯撰苏元箴编 ㉚133

扬州**文枢堂** 一八七八（光绪四）年刊增删喉科心法 清刘序鹓编潘诚增订 ㉚588

四川自流**文英堂** 一八五三（咸丰三）年刊伤寒温疫条辨六卷附温病坏症 清杨玉衡撰 ㉚388

北平**文英堂** 一八四七（道光二十七）年刊教学五书 清缪元益辑 ⑤

河北新城王氏**文英堂** 一八九二（光绪十八）年刊尔雅郭注佚存补订二十卷 清王树楠撰 ⑥

金陵**文英堂** 一八四九（道光二十九）年刊医林改错二卷 清王清任撰 ㉚3

金陵**文英堂** 一八五〇（道光三十）年刊痘疹辨证 清余国佩撰 ㉚521

金陵**文英堂** 一八八二（光绪八）年刊增补贡举考略六卷 清黄崇兰辑 ⑯323.35/168

邱**文英堂书坊** 一八五九（咸丰九）年刊潘公免灾救难宝卷三卷 ⑯855˙5 754

文英堂 一八四九（道光二十九）年刊引痘略 清邱浩川编 ㉚517

文英堂 一八八六（光绪十二）年刊聊摄丛谈六卷 清须方岳撰 ⑯857.1/955

文英堂 一八六七（同治六）年刊医贯六卷 明赵献可撰 ㉚28

文茂堂 一六六六（康熙五）年刊而庵说唐诗二十二卷首一卷 清徐增撰 ⑯821/947

文茂堂 一七三八（乾隆三）年修刊而庵说唐诗九卷 清徐增著 ②24181

武林**文苑堂** 一七七五（乾隆四十）年刊种福堂公选良方三卷附温热论续补叶氏医案一卷 清叶桂撰华岫云编 ㉙802

文苑堂 一七九三（乾隆五十八）年刊本草备要四卷 清汪昂撰 ㉚170

文苑堂 一七三六—一七九五（乾隆）年刊辨银一卷 题文苑堂主人编 ⑱子469

文苑堂 一八〇六（嘉庆十一）年刊集古良方十二卷 清江进撰 ㉚227

汉南**文昇堂** 一八九六（光绪二十二）年刊诗经总论 清何廷弼撰 ②6433

文具堂 一八六九（同治八）年刊寿世保元十卷 明龚廷贤撰 ㉚326

婺源郑氏**文和堂** 刊（新镌）改良甲子歌不分卷 清郑文和辑 ㉑337

北京**文和堂** 刊花木兰征北五卷 ④4693

京都**文和堂** 一八七五—一九〇八（光绪）年刊说唐前传十卷六十八回 原题如莲居士编 ⑨1087

文质堂 一八七五—一九〇八（光绪）年刊本草备要四卷 清汪昂撰 ㉚171

维扬**文育堂** 一八七七（光绪三）年刊伤寒舌鉴一卷 清张登撰 ㉙728

陈氏**文治堂** 清初刊明状元图考五卷 明吴承恩程一桢纂黄应澄绘图 ㉙1871

书林**文治堂** 刊千秋岁倡和词不分卷 清王晫辑 ④1809

文治堂 刊广寒香传奇二卷 清徐沁撰 ⑱集2136

北京**文宝堂** 一八七九（光绪五）年刊勉学堂针灸集成四卷 清廖润鸿撰 ㉚133

金阊**文宝堂** 刊病机汇论十八卷附印机草 清沈颋辑马俶尤怡增订 ㉙560

文宝堂 一八〇七（嘉庆十二）年刊保产全书二卷 清张坦编 ㉚462

文诚堂 刊重镌本草医方合编六卷 清汪昂辑胡宗文重订 ②8774

文诚堂 一七四七（乾隆十二）年刊辨证录十四卷附脉诀阐微 清陈士铎撰 ㉚333

郭淳章**文诚堂** 一八一七（嘉庆二十二）年刊辨证录十四卷附脉诀阐微 清陈士铎撰 ㉚333

广州**文经堂** 一八九〇（光绪十六）年刊达生编 清亟斋居士编 ㉚454

北平**文奎堂** 一九〇六（光绪三十二）年刊燕京岁时记一卷 清敦崇撰 ㉓33

金溪**文奎堂** 一八一七（嘉庆二十二）年刊礼记体注大全合参四卷 清范翔订 ㉑315

金溪**文奎堂** 一八三二（道光十二）年刊八家诗选八卷 清张熙宇撰张昶注释 ㉑315

金溪**文奎堂** 一八六五（同治四）年刊南雅堂医书全集 清陈念祖撰 ㉑315

金溪**文奎堂** 一八九二（光绪十八）年刊对联汇海十四卷 清邱日虹辑 ㉑316

俞**文奎堂** 一八八二（光绪八）年刊大生要旨五卷 清唐千顷撰 ㉚458

绍城**文奎堂** 一八八七（光绪十三）年刊秘授女科集成良方 清竹林寺僧撰 ㉚437

文奎堂 一六八五（康熙二十四）年刊小儿推拿秘诀 明于蕃撰 ㉚150

文奎堂 一八五七（咸丰七）年刊十药神书一卷 元葛乾孙撰 ㉙209

文奎堂 一八六五（同治四）年刊南雅堂医书全集 清陈念祖撰 ⑤

文奎堂 一八九四（光绪二十）年刊医方集解三卷 清汪昂撰 ㉚225

丹阳**文星堂** 一八六〇（咸丰十）年刊类证治裁八卷 清林佩琴撰 ㉚347

合州**文星堂** 一八八二（光绪八）年刊仲景存真集 清吴蓬莱辑 ㉚90

文星堂 一八〇一（嘉庆六）年刊图注八十一难经辨真四卷 明张世贤注 ㉚22

文星堂 一七九六—一八二〇（嘉庆）年刊绘图山海经广注十八卷 晋郭璞传清吴志伊注 ②66181

文星堂 清初刊新刻出像京本忠义水浒传十卷一百十五回 元施耐庵撰 ⑱子766

文星堂 一八四六（道光二十六）年刊胎产大法二卷 清程徒美编 ㉚463

文星堂 一八三六（道光十六）年刊医宗必读十卷 明李中梓撰 ㉚705

文贵堂 一八六四（同治三）年刊增广验方新编十八卷 清鲍云韶编张绍棠增辑 ㉚264

文重堂 一七四二（乾隆七）年刊万病回春八卷 明龚廷贤撰 ㉚324

文信堂 刊药性赋珍珠囊四卷 金李明之撰 ㉚191

文顺堂 刊新世鸿勋二十二回 原题蓬蒿子编 ④6039

文胜堂 刊舒氏伤寒集注十卷 清舒诏撰 ㉚54

上海**文桢堂** 一九〇四（光绪三十）年刊白喉治法忌表抉微 清耐修子撰 ㉚599

江西新建曹氏**文益堂** 一八七五—一九〇八（光绪）年刊初学晬盘二卷 清邬仁卿编 ⑥

成都**文益堂** 一八九一（光绪十七）年刊世补斋医书 清陆懋修撰 ㉚750

成都**文益堂** 刊医门法律六卷 清喻昌撰 ㉚330

北京**文益堂** 一八八四（光绪十）年刊傅青主男科二卷 清傅山撰 ㉚334

文益堂 刊重校十三经不二字 清李鸿藻等书 ②15057

上海王氏**文海堂** 一八八六（光绪十二）年刊石室秘笈兵书五函 清王廷学校 ③社305/894

文海堂 一八八六（光绪十二）年刊十三经对联大成 清王夔无编 ⑯227

文馀堂 一八四二（道光二十二）年刊幼学求源三十三卷 清程登吉撰邹圣脉增董成注 ②21625

江西**文彬堂** 刊文选六十卷 梁萧统撰唐李善注 ㉑336

云间郑**文萃堂** 一八一〇（嘉庆十五）年刊古今医彻四卷 清怀远撰 ㉚343

文萃堂 一八〇八（嘉庆十三）年刊牙牌汇集二卷 清琅槐河上渔人辑 ③艺930/857

文萃堂 一八四六（道光二十六）年刊新编直指算法统宗十二卷首篇一卷 清程大位撰 ②31363

文萃堂 一六五五（顺治十二）年刊本草汇十八卷附补遗一卷 清郭佩兰撰 ㉚169

休宁陈**文盛堂** 一八一一（嘉庆十六）年刊异授眼科 ㉚573

维扬**文盛堂** 一八一七（嘉庆二十二）年刊飞蛇全传四卷三十二回 清邹必显撰 ④5711

维扬**文盛堂** 一八四三（道光二十三）年刊温病条辨六卷首一卷 清吴瑭撰 ㉚372

文盛堂 一六九三（康熙三十二）年刊药性赋珍珠囊四卷 金李东垣撰 ㉚191

文盛堂 一七一六（康熙五十五）年刊新增说文韵府群玉二十卷 宋阴时夫编阴中夫注明王元贞校正 ⑧

文盛堂 一七六一（乾隆二十六）年刊文选六十卷 梁萧统撰唐李善注 ②45635

文盛堂 一八四四（道光二十四）年刊家藏蒙筌十六卷 清王世钟编 ㉚708

文盛堂 一八七五—一九〇八（光绪）年刊浪子叹 清梦松客撰 ㉕56

文盛堂 刊左传翼 周大璋撰 ⑦361

文焕堂 一八三一（道光十一）年刊家藏心典十六卷 清陈念祖撰 ㉚347

江西**文渊堂** 一七二四（雍正二）年刊读杜心解二十四卷 清浦起龙撰 ㉑308

江西**文渊堂** 一八二一—一八五〇（道光）年刊庄子独见不分卷 清胡文英撰 ㉑308

江西**文渊堂** 一八七八（光绪四）年刊清文典要四卷 清秋芳堂主人辑 ㉑308

文渊堂 一六八九（康熙二十八）年刊石室秘录六卷 清陈士铎撰 ㉚332

文渊堂 一八二八（道光八）年刊银海精微二卷 唐孙思邈撰 ㉚570

文渊堂 一八二八（道光八）年刊书法正传十卷 清冯武编 ⑯745/766－03

京都南**文琳堂** 一八二三（道光三）年刊辨证奇闻十卷 清陈士铎撰钱松编 ㉚334

文越堂坊 清初刊天下才子必读书十五卷 清金人瑞评编 ㉙598

全闽**文雅堂** 刊示我周行四集 清赖盛远辑 ②939

文雅堂 一六七七—一六八二（康熙十六—二十一）年刊山晓阁选明文全集二十四卷 续集八卷 清孙琮辑 ⑱集1739

文喜堂 一六六二—一七二二（康熙）年刊秦楼月二卷 清朱曤撰 二分明月集一卷 清陈素素撰 名媛题咏一卷 ⑱集2134

成都**文集堂** 一八七八（光绪四）年刊治温提要不分卷 清曹文远撰 ⑥子103

文集堂 一八八九（光绪十五）年刊治温提要附温症痧疹辨证良方告示 清曹华峰撰 ㉚376

文畬堂 一八〇六（嘉庆十一）年刊增订古文析义合编八卷 清林云铭评注 ②35207

文畬堂 一八一〇（嘉庆十五）年刊经验丹方汇编 清钱峻编 ㉚244

泾南**文道堂** 一九〇九（宣统元）年刊本草从真二卷 清颜畊塘撰 ㉚179

保阳**文富堂** 一六九四（康熙三十三）年刊本草备要四卷 清汪昂撰 ㉚170

维扬**文富堂** 一八五八（咸丰八）年刊明医指掌十卷附诊家枢要 明皇甫中撰王肯堂补 ㉚323

扬州**文富堂** 一八六四（同治三）年刊幼科铁镜六卷 清夏鼎撰 ㉚478

扬州**文富堂** 一八九五（光绪二十一）年刊瘟疫论二卷 明吴有性撰 ㉙453

南牌楼**文富堂** 一八八〇（光绪六）年刊妇婴至宝 清徐尚慧编撰 ㉚731

文富堂 一八六五（同治四）年刊本草从新六卷 清吴仪洛编 ㉚173

文富堂 一八九五（光绪二十一）年刊素问灵枢类纂约注三卷 清汪昂撰 ㉚8

文富堂 刊新刻增删二度梅奇说六卷 原题惜阴堂撰 ②104503

文禄堂 一八七五—一九〇八（光绪）年刊金石汇目分编十八卷 清吴式芬编 ⑧

文裕堂 一九一一（宣统三）年刊仲景存真集 清吴蓬莱辑 ㉚90

霞漳**文瑞堂** 一八二七（道光七）年刊双凤奇缘传八卷八十回 原题雪樵主人撰 ④5831

文瑞堂 一八三八（道光十八）年刊痘疹穷源 清宋翊臣撰 ㉚520

文瑞堂 一八六八（同治七）年刊西沤全集十卷外集八卷 清李惺著宋宝棫宋童棫同辑 ②31319

文瑞堂 一六八三（康熙二十二）年刊金匮要略注四卷 清张志聪撰 ㉚93

文筠堂 一八三四（道光十四）年刊七经掌诀 清孟超然撰 ②56071

京都**文锦堂** 一七三八（乾隆三）年刊良朋汇集经验神方五卷 清孙伟编 ㉚245

文锦堂 一六六〇（顺治十七）年刊古学鸿裁十五卷诗学鸿裁二卷 清范柽周采辑 ⑯830/531

文锦堂　一六六一（顺治十八）年刊喻氏医书三种　明喻昌撰　㉙2862

文锦堂　一七八四（乾隆四十九）年刊景岳全书六十四卷　明张介宾撰　㉚707

文锦堂　一七八五（乾隆五十）年刊悟真篇三注　清张伯端撰　㉚619

文魁堂　一八七〇（同治九）年刊医学五则　清廖云溪编　㉚744

文新堂　清初刊新镌批评出像通俗奇侠禅真逸史八集四十回　明方汝浩撰　⑱子 762

四川**文源堂**　一八七五—一九〇八（光绪）年刊温病条辨六卷　清吴瑭撰　⑥子 103

文源堂书坊　刊才子古文十七卷历朝名文九卷　清金人瑞选王之绩评注　②22141

文源堂　一八七五（光绪元）年历代名臣言行录二十四卷　清朱桓编　②7910

湖南**文蔚堂**　一八二一—一八五〇（道光）年刊棣怀堂随笔　清李象鹍撰　⑤

朱氏**文蔚堂**　一六九八（康熙三十七）年刊苏东坡诗集注三十二卷年谱一卷　宋吕祖谦编　王十朋辑注　②12132

京都**文蔚堂**　一八八二（光绪八）年刊图注八十一难经辨真四卷图注脉诀辨真四卷　明张世贤撰　㉚711

文蔚堂　一八八三（光绪九）年刊大清搢绅全书　⑮社 138/896/09

文聚堂　一八二一—一八五〇（道光）年刊三家医案合刻附医效秘传三卷温热赘言　清吴金寿撰　㉙2630

文聚堂　一八三二（道光十二）年刊三家医案合刻七卷医效秘传三卷　清吴金寿纂　附温热赘言一卷　原题寄瓢子撰　②48370

文聚堂　一八七六（光绪二）年刊删注脉诀规正二卷　清沈镜撰　㉚110

文聚堂　一八四七（道光二十七）年刊伤寒温疫条辨六卷附温病坏症　清杨玉衡撰　㉚387

文粹堂　一六六二—一七二二（康熙）年刊楚辞约注不分卷　清高秋月曹同春撰　⑱集 12

文粹堂　一七〇一（康熙四十）年刊池北偶谈二十六卷　清王士祯著　②46349

文粹堂　一七三六—一七九五（乾隆）年刊四书集注十九卷　宋朱熹撰　⑱经 321

池阳**文德堂**　一八〇九（嘉庆十四）年刊绘事雕虫十卷　清连朗撰　㉙2556

南昌**文德堂**　一七三七（乾隆二）年刊地理原本说四卷　清曹家甲撰　㉑309

厦门**文德堂**　一八五七（咸丰七）年刊引凤萧四卷　原题清枫江半云友辑　③文 634/733

厦门**文德堂** 一八六五（同治四）年刊争春园全传六卷四十八回 原题寄生氏撰 ④6086

厦门**文德堂** 一八九一（光绪十七）年刊白圭志四卷 清崔象川辑 ③文634/559.1 ⑥

遂宁**文德堂** 一八七五—一九〇八（光绪）年刊三字经不分卷

鹭门**文德堂** 一八八四（光绪十）年刊万氏医贯 明万宁撰 ㉚476

文德堂 一七三六—一七九五（乾隆）年刊地理真机全书四卷 清黎云著 ②65781

文德堂 一八一九（嘉庆二十四）年刊争春园全传四十八回 题清寄生氏撰 ⑱子776

文德堂 一八〇〇（嘉庆五）年刊万病回春八卷 明袭廷贤撰 ㉚324

北京**文澜堂** 一八九八（光绪二十四）年刊东塾读书记二十一卷 清陈澧撰 ㉓34

文翰堂 一六九四（康熙三十三）年刊秦楚之际遊记二卷 清薛熙撰屈大均评 ⑱史1069

金阊**文藻堂** 一七一一（康熙五十）年刊说储八卷二集八卷 明陈禹谟撰 ②32640

文馨堂 一八七一（同治十）年刊目经大成三卷 清黄庭镜撰 ㉚575

文耀堂 一八五七（咸丰七）年刊痘痧全书 清刘玺撰 ㉚522

无锡**方来堂** 一八六九（同治八）年刊绣像孝义真迹珍珠塔六卷二十四回 ④4625

心水堂 一六七八（康熙十七）年刊【康熙】虹县志二卷 清龚起翠纂 ⑰D654·255（2）－1673

心远堂 一七〇四（康熙四十三）年刊梧岡集十二卷 清杨昌言撰 ⑱集1054

心远堂 一八二五（道光五）年刊天花精言六卷 清袁句撰 ㉚513

心畔堂 一八七八（光绪四）年刊达生编 清亟斋居士编 ㉚453

心耕堂 一六八九（康熙二十八）年刊盛朝诗选初集十二卷二集十二卷 清顾施祯辑 ⑱集1749

心耕堂 一七三三（雍正十一）年刊杜工部诗疏解二卷 唐杜甫撰清顾施祯辑注 ⑱集88

心耕堂 一八六二（同治元）年刊引痘新法全书 清邱浩川编 ㉚517

心耕堂 一八九三（光绪十九）年刊达生编 清亟斋居士编 ㉚454

心逸堂 一七六三（乾隆二十八）年刊本朝五言近体瓣香集十六卷 清许英编注 ⑱集1764

古越**尺木堂** 一七八二（乾隆四十七）年刊伤寒全生集四卷 明陶华撰 ㉚68

尺木堂 一六八七（康熙二十六）年刊史记论文一百三十卷 清吴见思辑 ⑯921.13/437－02

尺木堂一七○七（康熙四十六）年刊痘科大全三卷 清史锡节撰 ㉚508

尺木堂一七八○（乾隆四十五）年刊史记论文一百三十卷 清吴见思评点 ⑧

尺木堂一八一一（嘉庆十六）年刊三星图传奇四集九卷 清王懋昭撰 ③文544/543

以文堂一八四二（道光二十二）年刊新订二度梅四卷 清怜香居士编 ②52871

以宁堂一六九三（康熙三十二）年刊医征五种五十三卷 清沈明宗撰 ㉚722

黄邑丁**以约堂**一八八八（光绪十四）年刊文昌孝经注 清王德瑛注 ②28913

以约堂一八八七（光绪十三）年刊胎产秘书二卷 清陈笏庵撰 ㉚461

允文堂一八八七（光绪十三）年刊牛痘新书济世 清邱浩川原本王惇甫增补 ㉚522

双与堂 刊唐音癸签三十三卷 明胡震亨编 ⑤

双节堂一七三六—一七九五（乾隆）年刊汪龙庄遗书 清汪辉祖撰 ⑰K15198

毗陵双**白燕堂**一八七四（同治十三）年刊金石续编二十一卷 清陆耀遹纂 ②6377

武进陆氏**双白燕堂**一八六九（同治八）年刊金匮心典三卷 清尤怡撰 ㉙877

双白燕堂一八七四（同治十三）年刊金石续编二十一卷 清陆耀遹撰 ⑱史1438

双和堂一九○七（光绪三十三）年刊诗经融注大全体要八卷 清高朝璎沈世楷辑 ⑯094.127/641

陆氏**双虹堂** 刊陆吴州集二卷 清陆舜撰 ⑱集1020

临川纪大奎**双桂堂**一七八八（乾隆五十三）年刊老子说约四卷 清纪大奎撰纪大娄评 ㉑254

临川纪大奎**双桂堂**一七九七（嘉庆二）年刊纪氏敬义堂家训述录一卷 清纪大奎撰 ㉑254

双桂堂一七六四（乾隆二十九）年刊温疫论二卷 明吴有性撰 ㉚384

双桂堂一八○○（嘉庆五）年刊瀛奎律髓刊误四十九卷 元方回辑清纪昀批点 ⑱集1580

双峰堂一七七○（乾隆三十五）年刊舒氏伤寒集注十卷 清舒诏撰 ㉚54

双峰堂一八六二（同治元）年刊顾华阳集 顾炳章辑 ②24156

双遂堂一八四一（道光二十一）年刊四诊集成八卷 清吕绍之编 ㉚103

书文堂一八八八（光绪十四）年刊大隋志传四十六回 明钟惺编次李贽参订 ⑯857.4/482-3-05

金阊**书业堂** 一六六二—一七二二（康熙）年刊秘传花镜六卷 清陈淏子撰 ⑱子156

金阊书业堂 一六六七(康熙六)年刊伤寒大成五种 清张璐等撰 ㉚71
金阊书业堂 一七八二(乾隆四十七)年刊芥子园画传二集四种八卷 清王概等辑 ④9312
金阊书业堂 一七九八(嘉庆三)年刊十三经注疏三百八十三卷 清毛凤苞辑 ①31728
重庆阁书业堂 一八五五(咸丰五)年刊金匮要略浅注十卷 清陈念祖撰 ㉚95
姑苏书业堂 一七六三(乾隆二十八)年刊痘疹金镜录四卷 明翁仲仁撰 ㉚499
姑苏书业堂 一八四五(道光二十五)年刊痘疹专门秘授二卷 清董继岳撰 ㉚513
吴郡书业堂 一六六二—一七二二(康熙)年刊疮疡经验全书十二卷 宋窦杰撰窦梦麟增续 ㉚538
长洲书业堂 一八一九(嘉庆二十四)年刊伤寒全生集四卷 明陶华撰 ㉚68
晋祁书业堂 一八〇二(嘉庆七)年刊良朋汇集经验神方五卷 清孙伟编 ㉚245
书业堂 一六五五(顺治十二)年刊本草汇十八卷附补遗一卷 清郭佩兰撰 ㉚169
书业堂 一六七五(康熙十四)年刊痧胀玉衡书四卷 清郭志邃撰 ㉚398
书业堂 一七三一(雍正九)年刊增补遗愁集十二卷 清张贵胜辑 ㉙534
书业堂 一七二四(雍正二)年刊女科指掌五卷 清叶困庵编 ㉚435
书业堂 一七七五(乾隆四十)年刊新评龙图神断公案十卷 明李赘评 ⑨1074
书业堂 一八〇六(嘉庆十一)年刊本草从新六卷 清吴仪洛编 ㉚173
书业堂 一八四〇(道光二十)年刊痧症全书三卷 清王凯编 ㉚399
书业堂 一九〇三(光绪二十九)年刊图注八十一难经辨真四卷图注脉诀辨真四卷 明张世贤撰 ㉚712
书业堂 一九〇九(宣统元)年刊本草医方合编 清汪昂编 ㉚724
吴郡书艺堂 一八二四(道光四)年刊素问灵枢类纂约注三卷 清汪昂撰 ㉚7
郑氏书种堂 一七一五(康熙五十四)年刊义门郑氏奕叶文集十卷 清郑应产等辑 ⑱集1851
书种堂 一八〇九(嘉庆十四)年刊形声指误一隅编二卷 清宋锦初撰 ⑯424.7/697
书香堂 一八八四(光绪十)年刊宋诗三百首六卷 ④2735

五 画

玉山讲堂 刊学庸思辨录五卷 清朱鼎谦撰 ㉙2088

成都**玉元堂** 一八九八（光绪二十四）年刊算学入门三卷 清周广询撰 ⑥子63

四川成都**玉文堂** 一八八二（光绪八）年刊蜀水考四卷 清陈登龙述朱锡穀补注 ⑥史139

玉尺堂 一六六二—一七二二（康熙）年刊医宗说约六卷 清蒋示吉撰 ㉚331

玉尺堂 刊本草从新六卷 清吴仪洛编 ㉚174

玉禾堂 刊记红集三卷词韵简一卷 清吴绮程洪辑 ⑱集2013

彭氏**玉兰堂** 一八九五（光绪二十一）年刊青城山记二卷 清彭洵撰 ⑥史135

书林**玉兰堂** 一六八二（康熙二十一）年刊易简单方五卷 清梁宪编 ㉚244

玉兰堂 一七二五（雍正三）年刊四书便抄 宋朱熹注 ②33266

威远吕仙岩**玉成堂** 一八五七（咸丰七）年刊子问二卷 清刘沅撰 ⑥子30

威远吕仙岩**玉成堂** 一八六六（同治五）年刊庄子约解四卷 清刘鸿典辑注 ⑥子14

富顺刘氏**玉成堂** 一八七二（同治十一）年刊经忏集成 清刘沅辑 ⑰3708－578

刘氏**玉成堂** 在成都刊仪礼恒解十六卷 清刘沅辑注 ⑥

玉庆堂 一八二八（道光八）年刊白雪遗音四卷 清华广生辑 ⑱集2174

成氏**玉汝堂** 一七九一（乾隆五十六）年刊玉汝堂诗二卷 清成文撰 年谱一卷 ⑱集1176

玉汝堂 一七三六—一七九五（乾隆）年在成都刊沁园居士年谱 清成一夔编 ②22033

玉谷堂 一六六二—一七二二（康熙）年刊诗乘初集十二卷 清刘然辑并评 发凡一卷 ⑱集1750

玉诏堂 刊牧斋有学集诗注十四卷 清钱谦益撰钱曾注 ②45854

玉树堂 一七五一（乾隆十六）年刊图注八十一难经辨真四卷 明张世贤撰 ⑱子181

临川汤氏**玉茗堂** 刊汤义仍先生邯郸梦二卷 明汤显祖撰 ㉑257

玉轴堂 刊药性赋珍珠囊二卷 金李明之撰 ㉚191

归朝煦**玉钥堂** 一七九六（嘉庆元）年刊震川全集三十卷别集十卷补集八卷馀集八卷先太仆评点史记例意一卷归震川先生论文章体则一卷 明归有光撰清宋钺录各家评 ⑱集723

玉壶堂 一八八四（光绪十）年刊明末弹词第一集十二卷十二回 ④4653

贵池刘氏**玉海堂** 一九〇九—一九一一（宣统）年刊草堂雅集十三卷 元顾瑛编 ②24591

玉润堂　一八六八（同治七）年刊又泉遗稿一卷　清张履泰撰　②41852
项氏**玉渊堂**　一七八一（乾隆四十六）年刊初唐四杰集四十一卷　清项家达辑　㉑306
星子项氏**玉渊堂**　一七一八（康熙五十七）年刊隶辨八卷　清顾蔼吉撰　㉑306
星子项氏**玉渊堂**　一七八一（乾隆四十六）年刊初唐四杰集四种四十一卷　清项家达辑　㉑306
吴门**玉照堂**　一八二三（道光三）年刊松崖笔记三卷　清惠栋著　②35978
玉照堂　一七三六—一九九五（康熙）年刊王艮斋诗集十卷　清王峻撰　③文84.48/44　⑥
成都**玉德堂**　一八六七（同治六）年刊史外三十二卷　清汪有典撰　⑱集1221
玉衡堂　一七八八（乾隆五十三）年刊萤窗草集八卷　清朱瑶撰　㉚249
湖南**玉麟堂**　一八〇六（嘉庆十一）年刊寿世编二卷　清顾奉璋撰　㉚701
长沙石**玉麟堂**　一九〇三（光绪二十九）年刊缠足受病考　唐成之罗绍传合编　㉚400
马**玉燕堂**　一八五九（咸丰九）年刊痧症发微二卷附张氏医通番痧经验良方　㉚455
未世堂　一七三一（雍正九）年刊产宝　清倪枝维撰　②11267
正己堂　一九〇八（光绪三十四）年刊小徒儿怨师尊　㉑294
吉水李氏谷平**正气堂**　一八六五（同治四）年刊李忠肃公集六卷　明李帮华撰　②36891
正气堂姚江黄氏　一八八七（光绪十三）年刊馀姚黄忠端公集六卷　明黄尊素著　㉚456
正文堂　一八二八（道光八）年刊胎产心法三卷　清阎纯玺撰　㉚434
成都**正古堂**　刊女科仙方四卷　清傅山撰　㉚325
正古堂　一八四三（道光二十三）年刊云林神彀四卷　明龚廷贤撰　㉚54
正古堂　一八五二（咸丰二）年刊舒氏伤寒集注十卷　清舒诏撰　㉚225
正业堂　刊医方集解三卷　清汪昂撰　②16529
王氏**正学堂**　一八八二（光绪八）年刊孔子集语补遗一卷　王仁俊著　⑪095.86/7579
西湖书院**正学堂**　一八九九（光绪二十五）年刊春秋世族谱一卷　清陈厚耀撰　②36457
正学堂　一六六二—一七二二（康熙）年刊唐人试帖四卷附唐七律选四卷　清毛奇龄评　②65730
正学堂　一七二五（雍正三）年刊阳宅要览二卷地理金丹二卷　原题弁山念道人辑

丁氏正修堂一八七五—一八〇八（光绪）年刊北郭诗帐三卷塘渔唱三卷 清丁丙撰 ③地 233.11/939

广州**正修堂**一八九一（光绪十七）年刊元和纪用经 唐王冰撰 ㉚30

苏州**正谊堂**一七一〇（康熙四十九）年刊续近思录十四卷 清张伯行解 ⑥

南翼**正谊堂**一七七四（乾隆三十九）年刊四书琳琅冰鉴五十四卷 清高其闳注释 ⑯041/641

凤翔周氏**正谊堂**一八九三（光绪十九）年刊朱子约编八卷 清郑士范辑 ⑦14687

张伯行**正谊堂**一七〇九（康熙四十八）年刊陆桴亭思辨录辑要三十五卷 清陆世仪撰张伯行重订 ㉙1618

张氏**正谊堂**一七二二（康熙六十一）年刊斯文正宗十六卷 清张伯行辑 ⑱集 1637

福州**正谊堂**一七三六—一七九五（乾隆）年刊伊洛渊源录十四卷 宋朱熹辑清张伯行订 ⑥

正谊堂一七〇七（康熙四十七）年刊薛敬轩集十卷 明薛瑄著 ②8237

正谊堂一九〇四（光绪三十）年刊选录验方新编十八卷 清鲍云韶编 ㉚265

潮州**正谊善堂**一八八六（光绪十二）年刊选录验方新编十八卷 清鲍云韶编 ㉚265

正道堂一八二〇（嘉庆二十五）年刊靖逆记六卷 清兰簃外史撰 ⑰12672

甘露凝珠堂一八七三（同治十二）年刊育英源 清石成金撰 ⑦7174

吴氏**世书堂**一六六〇（顺治十七）年刊世书堂稿二十三卷 清吴国缙撰 ⑱集 982

夏氏**世光堂**一七五三（乾隆十八）年刊惺斋新曲六种十三卷 清夏纶撰 ⑱集 2141

世守堂刊何大复先生全集三十八卷附录一卷 清何景明著 ②48522

四川绵竹**世兴堂**一八二一—一八五〇（道光）年刊四川宁远堂本来瞿唐先生易注十七卷 明来知德注 ⑥

晋陵**世寿堂**一七八一（乾隆四十六）年刊重订文选集评十五卷首一卷末一卷 清于光华编 ③文 101.19/845

世豸堂一六六二—一七二二（康熙）年刊默庵遗稿八卷 明冯舒撰 ㉙2866

世豸堂一七三六—一七九五（乾隆）年刊书法正传十卷 清冯武撰 ㉙2938

世豸堂一七二三—一七三五（雍正）年补刊默庵遗稿八卷 明冯舒撰 ⑱集 883

世易堂一七四九（乾隆十四）年刊书法正传十卷 清冯武编 ⑯745/766－05

世泽堂一六八三（康熙二十二）年自刊平闽纪十三卷 清杨捷撰 ①4648

范氏世怡堂 一七六一（乾隆二十六）年刊默镜居文集四卷 清范方撰 ⑱集963

世春堂 一七七二（乾隆三十七）年刊庄骚读本 清方人杰评辑 ⑯121.33/525－626

世荣堂 一七一六（康熙五十五）年刊南华真经旁注五卷 周庄周撰晋郭象评向秀注 ⑰03080

世荣堂 刊良朋汇集经验神方五卷 清孙伟编 ㉚245

世荣堂 刊唐诗合选笺注 清钱谦益撰 ㉙2857

世顺堂 一八六九（同治八）年刊寿世保元十卷 明龚廷贤撰 ㉚326

世顺堂 刊删注脉诀规正二卷 清沈镜撰 ㉚110

吴江沈楙真**世美堂** 一八五一（咸丰元）年刊国朝文征四十卷 清吴翌凤撰 ②35875

世美堂 一六六二—一七二二（康熙）年刊健松斋集二十四卷 清方象瑛撰 ⑱集1024

世美堂 一八六九（同治八）年刊大生要旨五卷 清唐千顷撰 ㉚458

奉新宋氏**世恩堂** 一八〇三（嘉庆八）年刊南川草堂诗钞十三卷 清宋鸣珂撰 ㉑242

陕西董氏**世恩堂** 刊春秋繁露十七卷世恩堂附刻三卷 ⑥

世恩堂 一八〇〇（嘉庆五）年刊小岘山人文集六卷诗集十卷 清泰瀛撰 ③文285.32/185

世读堂 一七六七（乾隆三十二）年刊孔子家语八卷 明何孟春注卢文弨校补 ②63081

吴江沈氏**世楷堂** 一八二一—一八五〇（道光）年刊昭代丛书共十集四百九十九种 清张潮张渐辑 ⑤

沈楙德**世楷堂** 一八四一（道光二十一）年刊蛾术编八十二卷 清王鸣盛撰沈鹤寿校并注 ④3822

李成之**世德堂** 一六四八（顺治五）年刊戒庵老人漫笔八卷 明李诩撰 ⑱子661

西昌裘琅玉声氏**世德堂** 一七一四（康熙五十三）年刊万氏妇人科三卷 明万全撰 ㉚430

芥子园**世德堂** 一七三〇（雍正八）年刊笠翁一家言全集十六卷 清李渔撰 ⑦14135

吴氏**世德堂** 一七四二（乾隆七）年刊秦汉印集不分卷 清吴好礼辑 ⑱史1497

陕西朝邑**世德堂** 一七五六（乾隆二十一）年刊关学编四卷 明冯从吾辑 ⑥

鹿氏**世德堂** 一七九一（乾隆五十六）年刊定兴鹿氏家谱十三卷 清鹿荃纂修 ⑱史607

世德堂孙氏 一八一五（嘉庆二十）年刊毛诗说三十卷 清孙焘撰 ②53829

鹿亢宗**世德堂** 一八二四（道光四）年刊北海亭集八卷外编一卷 明鹿化麟孙奇逢辑 ③文278.364/186

灵武**世德堂** 一八二八（道光八）年刊胎产心法三卷 清阎纯玺撰 ㉚456

延川金**世德堂** 一八四三（道光二十三）年刊诗经诠义十二卷 清汪烜撰 ⑦13373

江苏**世德堂** 一八六二—一八七四（同治）年刊笠翁一家言全集五种 清李渔撰 ⑥

宝善**世德堂** 一八七六（光绪二）年刊达生编 清亟斋居士编 ㉚453

无锡许**世德堂** 一八八六（光绪十二）年刊痧症指微 清释普净撰 ㉚400

宁乡**世德堂** 一九〇〇（光绪二十六）年刊伤寒来苏集八卷 清柯琴撰 ㉚50

世德堂 一六六二—一七二二（康熙）年刊伤寒六经辨证治法八卷 清沈明宗编 ㉚52

世德堂 一七四三（乾隆八）年刊伤寒论三注十七卷附伤寒医方歌诀一卷 清周扬俊编刘宏璧删补 ㉚53

世德堂 一八四三（道光二十三）年刊诗经诠义十二卷首一卷末一卷 清汪绂撰 ⑯094.127/713

世德堂 一八八二（光绪八）年刊女科百问二卷 宋齐仲甫撰 ㉚429

凤城**世馨堂** 一八三〇（道光十）年刊莲山家言七种 清陈铉辑 ②60979

世馨堂 一七一六（康熙五十五）年刊古瀛诗苑四卷 清陈珏辑 ②1186

古处堂 一七五九（乾隆二十四）年刊海虞诗苑十八卷 清王应奎编辑 ⑯9314

古讲堂 一六八八（康熙二十七）年刊东岩草堂评定唐诗鼓吹十卷 金元好问辑元郝天挺注 ⑯831.4/128

金阊**古讲堂** 一七四六（乾隆十一）年刊雷公炮制药性解六卷 明李中梓编 ㉚167

吴氏**古欢堂** 一七九三（乾隆五十八）年刊宋金元诗选六卷 清吴翌凤辑 ⑱集1600

罗氏**古怀堂** 一六七五（康熙十四）年刊名医方论四卷 清罗美评定 ⑪599.8/6080

方氏**古怀堂** 刊涂山集十二卷续集四卷再续集五卷 明方文撰 ①1457

古怀堂 一六七五（康熙十四）年刊古今名医方论四卷 清罗美编 ㉚224

唐氏**古柏堂** 一七三六—一八二〇（乾隆—嘉庆）年刊灯月闲情二十卷 清唐英撰 ⑱集2140

江西**古柏堂** 一七四六（乾隆十一）年刊辑刻琵琶亭诗二卷 清唐英辑 ㉑309

古厚堂 刊耳鸣集十四卷 明王邦畿撰 ①1318

松江**古星堂**唐氏 一八八八（光绪十四）年刊刺疔捷法一卷 清张镜撰 ㉙1324

古秋堂 一六六五（康熙四）年刊佣吹录二十卷二集二十一卷 明文德翼撰 ⑪NC9154/0421

楚蕲王氏**古香堂** 一六六九（康熙八）年刊眼科全书三卷 ㉚574

古香堂 一七九七（嘉庆二）年刊奁史一百卷拾遗一卷 清王初桐纂 ⑯041/117.6

贵州**古修堂** 一八五三（咸丰三）年刊周易属辞十二卷 清萧光远述 ⑥

古音堂 一七三二（雍正十）年刊周礼节训六卷 清黄叔琳撰 ⑱经176

古雪堂 一七三〇（雍正八）年刊外科大成四卷 清祁坤撰 ㉚540

古啸堂 一六六〇（顺治十七）年刊雪屋二集五卷 明孙永祚撰 ⑱集884

邵阳魏氏**古微堂** 一八五二（咸丰二）年刊海国图志一百卷 清魏源撰 ⑯916/805

古微堂 一八二一—一八五〇（道光）年刊圣武记十四卷 清魏源著 ②63453

古稀堂 一八三一（道光十一）年刊一切经音义二十五卷 唐释玄应撰 ⑱子981

古蕴堂 刊神农本草经疏三十卷 明缪希雍撰 ㉙2790

节爱堂 一七八二（乾隆四十七）年刊奇效丹方 清姚海园编 ㉚249

本心堂 一八七五—一九〇八（光绪）年刊修真宝传 ②37422

徽城**本立堂** 一八二〇（嘉庆二十五）年刊医方简易 ㉚256

本立堂 一六六二—一七二二（康熙）年刊地理四弹子 清张凤藻辑陈彝则订 ②31374

本立堂 一七三六—一七九五（乾隆）年刊杜诗集说二十卷 清汪浩然辑 ④14733

本立堂 一八九四（光绪二十）年刊新刊绣像永庆升平后传二十三卷一百回 原题贪梦道人撰 ②68004

本立堂 一八五二（咸丰二）年刊枕藏外科形图诸症 清胡大中撰 ㉚545

本诚堂 一六九五（康熙三十四）年刊明书一百七十一卷 清傅维鳞撰 ⑱史90

本澄堂 一六八九（康熙二十八）年刊石室秘录六卷 清陈士铎撰 ㉚332

锡山章氏**可久堂** 一八二三（道光三）年刊心眼指要 清无心道人编 ㉚576

可仪堂 一六九九（康熙三十八）年刊可仪堂一百二十名家制义一百二十卷 清俞长城辑 ⑱集1739

可仪堂 一七六八（乾隆三十三）年刊四家词选四卷 清宫国苞编 ⑱集2007

可经堂 一六四四—一六六一（顺治）年刊可经堂集十二卷 明徐石麒撰 ⑪810.69/2813

邱氏**可继堂** 一七五三（乾隆十八）年刊丘海二公文集合编清焦映汉辑 ⑤

可继堂 清初刊脉诀筌谛 清吴甡撰 ㉚110

京都**丙午堂** 一八〇七（嘉庆十二）年刊回生集正编二卷续编二卷 清陈杰编 ㉚250

石门堂 刊嵩崖尊生书十五卷 清景日昣撰 ㉚707

广州**石经堂** 一八九二（光绪十八）年刊女科证治准绳五卷 明王肯堂编 ㉚431

广州十八甫**石经堂** 刊王李蒙求笺注合刻二十二卷 宋王令撰辽李瀚撰清金三俊注辑 ②5408

石经堂 一八二二（道光二）年刊梅庵自编年谱二卷 清铁保著 ②13502

石经堂 一八九二（光绪十八）年刊幼科证治准绳九卷 明王肯堂编 ㉚476

石莲堂 一七五二（乾隆十七）年刊力本文集十三卷附时文二卷 清马荣祖撰 ⑱集1145

佛山镇**右文堂** 一八六六（同治五）年刊达生编遂生编福幼编 清亟斋居士等撰 ㉚734

右文堂 刊新刻剑啸阁批评西汉演义八卷东汉演义十九卷 明甄伟等撰钟惺评 ④5730

右经堂 一八七一（同治十）年刊再生缘全传二十卷 清陈端生撰 ⑯858.4/908

书林**龙文堂** 刊绘风亭评第七才子书琵琶记六卷释义一卷 元高明撰清毛宗岗评 ⑱集2105

龙耕堂 刊本草汇笺十卷附总略一卷芥说一卷 清顾元交撰 ④3600

龙溪堂 一七三六—一七九五（乾隆）年刊种痘全书四卷 清朱玉堂编 ㉚509

木州**龙翼堂** 刊历代史案三十卷 清吴裕垂洪亮吉同编 ⑥

东日堂 清初刊浩气吟一卷 明瞿式耜撰 附录一卷 ⑨

东皋堂 一七四三（乾隆八）年刊瑞阳阿集 明江东之撰 ⑱集816

东鲁堂 一八六三（同治二）年刊达摩宝卷 ⑯358.5/206－02

山西**东善堂** 一八二九（道光九）年刊胎产护生篇 清李长科编 ㉚462

东鹤山堂 一八六五（同治四）年刊【同治】南漳县志集钞二十六卷首一卷 清沈兆元修胡正楷纂
胡心悦增纂 ⑲636

海宁**东筠堂** 一七六八（乾隆三十三）年刊痘科扼要 清陈奇生撰 ㉚510

东溪堂 刊情史二十四卷 明冯梦龙著 ②36015

东璧堂 一七三五（雍正十三）年刊惠直堂经验方四卷 清陶承熹编 ㉚244

东璧堂 一八〇七（嘉庆十二）年刊提耳谈五卷 日当庄庵撰 ㉚679

东璧堂 一九〇二（光绪二十八）年刊寿世灵方 清熊家骥撰 ㉚253

樟树**东璧堂** 一九〇六（光绪三十二）年刊金刚经古今三注合编 清卢鹤合编熊飞翰等校 ㉑335

松江**占星堂唐氏** 一八八八（光绪十四）年刊刺疔捷法 清张镜撰 ㉚555

业文堂 一八七六（光绪二）年刊太乙神针 原题宋杜一针撰清范培兰编 ㉚148

旧名堂 一七三六—一七九五（乾隆）年刊春秋经传类求十二卷 清孙从添撰 ⑯096.227/368

旧名堂 一七五七（乾隆二十二）年刊春秋经传类求十二卷 清孙从添过临汾撰 ㉙3047

吴兴**旧言堂** 一七九八（嘉庆三）年刊四六丛话三十三卷 清孙梅辑 ②36996

丰城熊氏**旧补史堂** 一九一〇（宣统二）年刊切韵指掌图一卷 宋司马光撰 ②14335

归云堂 刊南涧词选二卷 清何采撰 ④1180

归礼堂 一八二一—一八五〇（道光）年刊世统纪年订四卷附录一卷 明徐师曾撰清陈钟英注 ②48334

目耕堂 一七三七（乾隆二）年刊王右丞集二十八卷首一卷末一卷 唐王维撰清赵殿成辑 ⑯844.13/120－197

目耕堂 一八四九（道光二十九）年刊慎斋遗书十卷 明周之干撰 ㉚323

且朴堂 一七七四（乾隆三十九）年刊蜀游诗钞六卷 清陆炳辑 ⑱集1753

四与堂 一六九四（康熙三十三）年刊大蹇内编一卷 清雨金连注 ⑱子1068

金溪**四友堂** 一八一三（嘉庆十八）年刊十三经注疏十三种 ㉑314

四为堂 一六六二—一七二二（康熙）年刊周礼集传六卷首一卷 清李文炤撰 ⑱经176

商城**四本堂** 一八二一（道光元）年刊妇科备考四卷 清何应豫撰 ㉚440

四世读书堂 一七三六—一七九五（乾隆）年刊研北诗存不分卷 清吴宗撰 ⑱集1116

四合堂 刊清文汇书十二卷 清李延基编 ⑯429.1/293－02

四安堂 一八八二（光绪八）年刊唾馀小草二卷 清夏照撰 ⑦5268

四知堂 一六六二—一七二二（康熙）年刊愚斋梅花百咏二卷 清杨德建撰 ⑱集1042

丰城杨氏**四知堂** 刊列国志辑要八卷 清杨庸辑 ⑫SQ21.54－6/7.356

宜春北关**四知堂** 一八〇七（嘉庆十二）年刊宜春北关杨氏族谱十卷首一卷 清杨锡铬等纂修 ㉑232

四和堂 一八九二（光绪十八）年刊医方捷径指南全书二卷 原题明王宗显编 ㉚329

四宝堂 一八三二（道光十二）年刊保赤摘录六卷附五运六气 清崔昌龄撰 ㉚520

四宜堂 一八九六（光绪二十二）年刊增纂世统纪年四卷 清刘子铨编 ③史103/897

浙江严可均**四录堂** 一八〇二（嘉庆七）年刊说文声类二卷 清严可均述 ⑥

四录堂 一八三八（道光十八）年刊铁桥漫稿十三卷 清严可均著 ②35614

中江黄世喆**四砚堂** 一八二七（道光七）年刊呻吟语六卷 明吕坤撰 ⑥子27

四美堂 一九〇七（光绪三十三）年刊伤寒论归真七卷 清陈焕堂编 ㉚79

金陵周氏**四留堂** 一六六二—一七二二（康熙）年刊朱子四书语类五十二卷 宋黎靖德编 ②28346

四海堂 刊药性赋珍珠囊四卷 金李明之撰 ㉚191

金陵**四教堂** 一七四九（乾隆十四）年刊小儿推拿广意三卷 清熊应雄编 ㉚150

四教堂 一七七七（乾隆四十二）年刊缀白裘十二集四十八卷 题玩花主人及钱德苍辑 ㉙943

四教堂 刊医方一盘珠十卷 清洪金鼎撰 ㉚338

四盛堂 一八四三（道光二十三）年刊食物本草会纂八卷 清沈李龙编 ㉚197

四谦堂 一八四三（道光二十三）年刊朱子不废古训说十六卷朱注引用文献考略四卷 清李中培撰 ⑯097.27/289.4

渭南县署**四槐堂** 一八九〇（光绪十六）年刊忠孝节义见闻纪略 清赵嘉肇撰 ⑦10481

四德堂 一七七三（乾隆三十八）年刊周易告蒙四卷图注三卷 清赵世迥撰 ⑱经92

张氏**生生堂** 一七四七（乾隆十二）年刊霜红龛集十二卷 清傅山撰 我诗集六卷 清傅眉撰 ⑱集916

李氏**代耕堂** 一八七五—一九〇八（光绪）年在西安刊怀潞园丛刊 清李嘉绩辑 ⑥总44

李氏**代耕堂** 一八八九（光绪十五）年刊乖崖集存六卷 宋张咏撰 ⑦8180

仙庵**务本堂** 一九〇八（光绪三十四）年刊保胎回生方 ㉚466

仙源堂 刊周易九鼎十六卷 明缪昌期纂 ⑰00467

李氏**仪一堂** 一六六二—一七二二（康熙）年刊东村集十卷 清李呈祥撰 附刊一卷 ①1614

元和陶氏**仪一堂** 一八八二（光绪八）年刊周庄镇志六卷首一卷 清陶煦纂 ⑨672.15/301/481

元何陶氏**仪一堂** 一八六四（同治三）年刊贞丰（周庄镇）诗粹五卷 清陶煦撰 ㉙2181

苏氏**仪宋堂** 一八六八（同治七）年刊逊敏录四卷 清苏惇元撰 ⑥

仪宋堂 一八四九（道光二十九）年刊四礼从宜四卷 清苏惇元撰 ②65706

汪氏**仪典堂** 一七〇三（康熙四十二）年刊读易质疑二十卷首一卷 清汪璲撰 ⑱经84

曲阜孔氏**仪郑堂** 一八一七（嘉庆二十二）年刊巽轩孔氏所著书 清孔广森撰 ⑤

白华堂 刊青岩集十二卷 清许楚撰 ⑦5378

白鹤堂 一八三四（道光十四）年刊蜀故二十七卷 清彭遵泗编 ⑰12895

彭泽刘黻**丛桂堂** 一八一六（嘉庆二十一）年刊四书正疑二十卷 清刘黻撰 ㉑217

王氏**丛桂堂** 一八九一（光绪十七）年刊桂林医鉴九卷 清王桂林补注 ㉚353

丛桂堂 一八二一（道光元）年刊丙庵诗词四种 清汪世隽撰 ②56281

上海**丛易堂** 一八九八（光绪二十四）年刊雷氏慎修堂医书三种 清雷丰辑 ⑤

绣谷周氏**令德堂** 一七九三（乾隆五十八）年刊事类赋三十卷 宋吴淑撰 ⑰02232

令德堂 一七四〇（乾隆五）年刊医方集解三卷 清汪昂撰 ㉚224

令德堂 一八一七（嘉庆二十二）年刊素问灵枢类纂约注三卷 清汪昂撰 ㉚7

令德堂 一八四七（道光二十七）年刊经书字音辨要九卷 清杨名飏撰 ⑯10278

令德堂 一八二八（道光八）年刊幼幼集成六卷 清陈复正编 ㉚481

令德堂 一八九六（光绪二十二）年刊温疫论二卷 明吴有性撰 ㉚384

浮山**用行堂** 一七五五（乾隆二十）年刊阳宅八门精义新书四卷 清赵季锡著 ②65725

用拙堂 一七三六—一七九五（乾隆）年刊绳庵内集十六卷外集八卷 清刘纶撰 ⑱集1163

郭氏**句云堂** 刊句云堂词三卷 清郭士璟撰 ①1469

武林顾氏**务本堂** 刊绣像九龙阵十六卷 清朱镜江章惟善撰 ③文640/869

武林**务本堂** 一八〇〇（嘉庆五）年刊新谱双玉燕传四卷二十四回 ④4674

武林**务本堂** 一八七〇（同治九）年刊绣象六美图三十回 ⑯857.5/652

遂宁务本堂 一七七八（乾隆四十三）年刊本草求真九卷附脉理求真三卷 清黄宫绣撰 ㉚175

遂宁务本堂 一八八七（光绪十三）年刊时方歌括二卷 清陈念祖撰 ㉚240

昆明务本堂 一七七四（乾隆三十九）年刊脉理求真三卷 清黄宫绣撰 ㉚116

昆明务本堂 一八九六（光绪二十二）年刊喉症神效方 清耐修子撰 ㉚598

荆郡务本堂 一八七八（光绪四）年刊本草求真九卷附脉理求真三卷 清黄宫绣撰 ㉚175

上海务本堂 一八八八（光绪十四）年刊详注足本金镜录 明翁仲仁撰 ㉚476

务本堂 一七六一（乾隆二十六）年刊国朝诗别裁集三十六卷 清沈德潜等编注 ㉙837

务本堂 一八二二（道光二）年刊于少保粹忠全传十卷 明孙高亮撰 ④5922

务本堂 一八四一（道光二十一）年刊四书备考十七卷首一卷 清潘克溥辑 ③经818/63

务本堂 一八五一（咸丰元）年刊保赤类编 明翟良编 ㉚476

务本堂 一八五二（咸丰二）年刊耕邨全集六种十五卷 清余潜士撰 ⑱丛686

务本堂 一八八九（光绪十五）年刊南雅堂医书全集（即公馀十六种）原题清陈念祖撰 ㉚739

务本堂 一九〇五（光绪三十一）年刊【光绪】续顺宁府志稿三十八卷 清党蒙等修周宗洛等纂 ⑲834

尔雅堂 一七二三—一七三五（雍正）年刊明练音续集十卷首一卷末一卷 清王辅铭辑 ⑱集1785

襄平蒋氏**乐三堂** 一六九六（康熙三十五）年刊两汉纪 宋王侄辑 ⑤

乐山堂 一七三一（雍正九）年刊经验良方 清曹国柱编 ㉚246

乐天堂 一八〇二（嘉庆七）年刊回生集正编二卷续编二卷 清陈杰编 ㉚250

乐只堂 一八二〇（嘉庆二十五）年刊寿世编二卷 清顾奉璋撰 ㉚249

乐只堂 一八二七（道光七）年刊集验简易良方四卷 清德丰编 ㉚257

乐伦堂 一七六八（乾隆三十三）年白衙刊医宗摘要四卷 明薛己撰黄承昊评辑 ㉙335

乐易堂 一六六二—一七二二（康熙）年刊田间集十卷 清钱澄之撰 ③文282.536/45

吴江**乐荆堂** 一七〇八（康熙四十七）年刊定例成案合镌三十卷附逃人一卷续增一卷 清孙纶撰 ㉙2418

乐叙堂 一八〇四（嘉庆九）年刊花王阁剩稿一卷 明纪坤著 ②24006

姑苏顾氏**乐真堂** 一七九〇（乾隆五十五）年刊阴阳五要奇书 明江之栋辑清顾鹤庭重辑 ⑤

京都**乐真堂** 一七九六（嘉庆元）年刊异谈可信录二十三卷 清邓晅辑 ⑯857.2/372

孙氏**乐善堂** 一八七四（同治十三）年在成都刊四书恒解十四卷 清刘沅辑 ⑥

常州**乐善堂** 一八七八（光绪四）年刊忠孝男烈奇女传四卷三十二回 ④6005

常郡**乐善堂** 一九〇三（光绪二十九）年刊太华山紫金镇两世修行刘香宝卷全集二卷 ⑯858.5/355－04

刘氏**乐善堂** 一八八三（光绪九）年刊灸法秘传 清金冶田传雷丰编 ㉚147

潮州**兰乐善堂** 一八八四（光绪十）年刊灸法心传 清徐宝谦编 ㉚147

乐善堂 一八七九（光绪五）年刊杏花宝卷 ⑯858.5/295

乐道堂 一七九七（嘉庆二）年刊伤寒六书纂要辨疑四卷 明童养学撰 ㉚70

重庆**乐聚堂** 刊医学三字经四卷 清陈念祖撰 ㉚342

乐潜堂 一八六八（同治七）年刊乐潜堂诗初集二卷首一卷二集六卷首一卷

菊潜庵剩稿三卷 清赵嶰撰 ⑯2496

四明欧**立三堂** 一八五七（咸丰七）年刊胎产指南七卷首一卷末一卷 清单南山撰 ㉚463

立文堂 一八九六（同治八）年刊归田琐记八卷 清梁章钜撰 ⑯857.1/730－02

金陵**立本堂** 刊瘟疫论二卷 明吴性撰 ㉙454

立达堂 一六九九（康熙三十八）年刊医药集览六种 著者佚名 ㉚719

立达堂 一七六七（乾隆三十二）年刊韵圃群芳八卷 清姚焜辑 ⑯423.9/994

立达堂 刊本草纲目五十二卷 明李时珍撰 ①18129

立达堂 刊徐文长四声猿二卷 明徐渭撰袁宏道评 ④11072

立命堂 刊楚江蠡史不分卷 清稽宗孟撰 ④10567

立德堂 一七七〇（乾隆三十五）年刊舒氏伤寒集注十卷 清舒诏撰 ㉚54

兰松堂 一七〇二（康熙四十一）年刊医宗承启六卷 清吴人驹撰 ㉚53

兰松堂 一八二二（道光二）年刊医宗承启六卷 清吴人驹撰 ㉚53

兰朋堂 一八三〇（道光十）年刊书义原古二卷 清张瓒昭撰 ㉙1129

兰朋堂 一八七五—一九〇八（光绪）年重修书义原古二卷 清张瓒昭撰 ㉙1129

合肥李氏**兰雪堂** 一八九五（光绪二十一）年刊皮日休文薮十卷 唐皮日休撰 ②15556

兰雪堂 一六九五（康熙三十四）年刊纪城文稿四卷 清安致远撰 ⑱集1000

兰雪堂 一六九四—一七〇一（康熙三十三—四十）年刊增定二十一史韵四卷首一卷末一卷明赵南星撰续编四卷 清仲弘道撰 ⑱史698

半吾堂 一八五〇（道光三十）年刊下河水利新编三卷 清孙应科编 ⑰1427

半积堂药室 一八六四（同治三）年刊丸散撮要 清高赤城编 ㉚304

上海沪州**汇文堂** 一九一〇（宣统二）年刊最妙眼科神方 清唐宗海编 ㉚578

四川**汇善堂** 一九〇六（光绪三十二）年刊医理大概约说 清刘源撰 ㉚351

汇源堂 一七五三（乾隆十八）年刊痘症精言四卷 清袁句撰 ㉚513

江苏黄氏**汉学堂** 自刊河图纬不分卷 清黄奭学 ⑭

宁一堂 一七四〇（乾隆五）年刊豳风广义三卷 清杨屾辑 ⑯638/270－02

吴郡**宁正堂** 一六五四（顺治十一）年刊农圃六书 清周之玙撰 ㉙586

宁寿堂 一七九八（嘉庆三）年刊济急丹方 ㉚253

宁寿堂 刊秘方集验二卷 清王梦兰撰 ㉚243

平江**宁远堂** 一九〇七（光绪三十三）年刊济世养生集便易经验集 清毛世洪编 ㉚251

四川梁山**宁远堂** 一八〇九（嘉庆十四）年刊来瞿唐先生易注十七卷 明来知德注 ⑥

顾氏**宁远堂** 清初刊唐诗英华二十二卷 清顾有孝辑 ⑱集1675

宁远堂 一六四四—一六六一（顺治）年刊唐诗英华二十二卷 清顾有孝辑 ㉙2351

宁远堂 刊理医冰鉴 姚橝撰 ㉚671

宁俭堂 一七二四（雍正二）年刊历朝咏物诗选八卷 清俞琰辑 ⑧

宁俭堂 一七六五（乾隆三十）年刊医经读四卷 清沈尧封抄订 ㉚9

宁俭堂 一八〇四（嘉庆九）年刊尚书隶古定释文八卷 清李遇孙撰 ⑱经120

宁致堂 一六九四（康熙三十三）年刊【康熙】磁州志十二卷 清任塾纂修 ⑲73

宁拙堂 一九〇〇（光绪二十六）年刊宁拙堂诗钞 司炳煃著 ②10912

周氏**宁静堂** 一六七一（康熙十）年刊林下词选十四卷 清周铭辑 ⑱集 2000

宁静堂 一八八四（光绪十）年刊物理小识十二卷 明方以智辑 ④13960

严氏**宁德堂** 刊严逸山先生文集十三卷 明严书开撰 ①1890

朱氏**宁澹堂** 一六六二—一七二二（康熙十）年刊增补武林旧事八卷 宋周密辑明朱廷焕增辑 ⑭

常熟**写经堂** 一八七〇（同治九）年刊履园丛话二十四卷 清钱泳撰 ⑯073/933

广州**写经堂** 一八七五—一九一一（光绪宣统）年刊生草药性备要二卷 清何谏撰 ㉚172

礼　堂 一七八〇（乾隆四十五）年刊尚书后案三十卷附后辨 清王鸣盛著 ②12017

礼元堂 刊传家宝八卷 清石成金辑 ④508

无锡吴氏**礼让堂** 一八九七（光绪二十三）年刊古杼秋馆遗稿三卷 清侯桢撰 ⑧

南海劳**礼安堂** 一九〇三（光绪二十九）年刊济众录二种 清劳守慎编 ㉚393

礼耕堂 刊六经图 宋杨甲撰 ③经 65/66

必盛堂 一八〇六（嘉庆十一）年刊新刻笑林广记原题游戏主人辑 ④补 377

永元堂 一八五一（咸丰元）年刊医林改错二卷 清王清任撰 ㉚34

昌图**永全堂** 一八七五—一九〇八（光绪）年刊小西唐 ㉕56

余郁生**永庆堂** 一六六二—一七二二（康熙）年刊精绣通俗全像梁武帝西来演义十卷四十回 题天花藏主人编 ⑱子 762

永兴堂 一八六一（咸丰十一）年刊新刻外百家姓 ②48658

郑**永言堂** 刊诗经集传八卷 宋朱熹集撰 ⑧

金阊夏济宇**永怀堂** 刊诗经毛传郑笺二十卷 汉毛亨传郑玄笺 ②57355

金阊**永怀堂** 刊本草原始十二卷 明李中立撰 ㉚166

永新龙文彬**永怀堂** 一八九一（光绪十七）年刊永怀堂文钞十卷 清龙文彬撰 ㉑299

永怡堂 一八五六（咸丰六）年刊针灸便用图考 清张希纯撰苏元箴编 ㉚133

南通邹氏**永诜堂** 一八七〇（同治九）年刊道乡先生文集四十卷补遗一卷附录一卷 宋邹浩撰 ⑯845. 16/842

永春堂 一七五五（乾隆二十）年刊岭南林睡庐诗选二卷 清林良铨撰罗学旦丁序贤评选 ⑯847.4/259

毛氏**永思堂** 一八四五（道光二十五）年刊毛氏世谱 清毛颐域修 ③传77.11/867

新安**永思堂** 刊胎产合璧三卷附种子心法三卷 清永思堂主人编 ㉚464

永思堂 一六九六（康熙三十五）年刊诗义翼朱八卷 清李健撰 ⑱经148

永思堂 一七〇四（康熙四十三）年刊医宗承启六卷 清吴人驹撰 ㉚53

永思堂 一七八七（乾隆五十二）年刊兰凤邵氏三修宗谱十卷 清邵恒仁修 ⑪977.5/1792

广安**永顺堂** 一七六〇（乾隆二十五）年刊四书述要旁训十九卷 清杨玉绪撰 ⑦14350

永顺堂 一八八一（光绪七）年刊本草备要六卷 清汪昂撰 ㉚170

永富堂 一八四四（道光二十四）年刊试帖青云集 清杨逢春辑 ⑦7887

永福堂 一八六二（同治元）年刊寿世保元十卷 明龚廷贤撰 ㉚326

永謍堂 一七六八（乾隆三十三）年刊周易象理浅言十卷 清张圻撰 ⑱经88

弘训堂 一六九三（康熙三十二）年刊宋四名家诗二十七卷 清周之麟柴升编 ⑱集1495

发祥堂 清初刊外科百效全书四卷 明龚居中编 ㉚540

圣化堂 一七七四（乾隆三十九）年刊曲阜县志一百卷 清潘相纂修 ⑨671.25/205/622

圣济堂 刊伤寒论注解十四卷 金成无已注 ⑥子100

献县纪氏**圣经堂** 一七七八（乾隆四十三）年刊馆课存稿四卷 清纪昀撰 ㉓77

羊城**圣经堂** 一八八七（光绪十三）年刊达生编遂生编福幼编 清亟斋居士等撰 ㉚734

圣德堂 刊英雄谱三国二十卷一百二十回水浒二十卷一百十五回 ④5867

对山堂 刊前川诗钞四卷咏梅诗钞一卷梅花三百首一卷 清程思乐撰 ④9711

幼幼堂 一八七七（光绪三）年刊痘疹不求人 清朱栋隆撰 ㉚500

丝野堂 一八二六（道光六）年刊校礼堂集五种 清凌廷堪撰 ⑰00991

六 画

会稽章氏**式训堂** 一八七八（光绪四）年在成都刊传经表不分卷 清毕沅洪亮吉编 ⑥

式好堂 一六六二—一七二二（康熙）年刊数学钥六卷 清杜知耕撰 ①12943

式好堂 一六七一（康熙十）年刊伤寒论后条辨十五卷 清程应旄撰 ㉚51

式谷堂 一七二三—一七三五（雍正）年刊药房诗稿七卷 清梁麟生撰 ⑱集1146

朴存堂 一八四三（道光二十三）年刊曲目新编一卷 清支丰宜撰 ⑱集2190

钱塘张应昌**吉心堂** 一八七一（同治十）年刊本草纲目拾遗十卷首一卷 清赵学敏编 ㉚175

苏州**吉讲堂** 一八〇四（嘉庆九）年刊珍珠囊指掌补遗药性赋四卷 明李明之编 ㉚166

吉修堂 一八五一—一八六一（咸丰）年刊周易属辞十二卷 清萧光远撰 ⑰0040

吉祐堂 一八二八（道光八）年刊濂洛关闽源流考一卷 清檀萃撰 ⑱子101

芝泉堂 一七〇九（康熙四十八）年刊菀青集十九卷 清陈至言撰 ⑱集1077

京都**老二酉堂** 一八八一（光绪七）年刊本草备要四卷 清汪昂撰 ㉚170

老二酉堂 一六六七（康熙六）年刊脉诀汇编说统经络汇编合刻 明翟良撰 ㉚718

老二酉堂 一八九七（光绪二十三）年刊诗经集传八卷 宋朱熹撰 ②34761

老三馀堂 一八〇七（嘉庆十二）年刊图注八十一难经辨真四卷 明张世贤撰 ㉚22

姑苏**老君堂** 一七六四（乾隆二十九）年刊天仙正理直论增注 明伍守阳撰伍守虚注 ㉚611

金陵**老致和堂** 一八二八（道光八）年刊食物本草会纂八卷 清沈李龙编 ㉚197

四川富顺**考隽堂** 一八八五（光绪十一）年刊八代文粹二百二十卷 清简燊陈崇哲辑 ⑯834/844

考盛堂 刊医方捷径指南全书二卷 原题明王宗显撰 ㉚329

吏隐堂 一七〇一（康熙四十）年刊【康熙】淳化县志八卷 清张如锦纂修 ⑲169

南丰曾氏**西爽堂** 一七一〇（康熙四十九）年刊元丰类稿五十卷 宋曾巩撰 ㉑272

长岭**西爽堂** 一七一〇（康熙四十九）年刊元丰类稿五十卷 宋曾巩撰 ②24477

西爽堂 一六五七（顺治十四）年刊蓼斋集四十七卷 清李雯撰 ⑰56－47212

西爽堂 一六七九（康熙十八）年刊四六纂组九卷历代官制一卷 清胡吉豫辑 ⑱集1604

朱继相**西璧堂** 一七六一（乾隆二十六）年刊东武山人集七卷 明朱公节撰 ⑱集681

汪瑞龄**西麓堂** 一六六二—一七二二（康熙）年刊象数论六卷 清黄宗羲撰 ⑱经83

扬州**有义堂** 一六七八（康熙十七）年刊痧胀玉衡书四卷 清郭志邃撰 ㉚398

有文堂 一六四五（顺治二）年刊本草汇言二十卷 明倪朱谟编 ㉚166

有文堂 一七一一（康熙五十）年刊德音堂琴谱十卷 清汪天荣撰 ⑦11696

方氏**有仁堂** 一七四九（乾隆十四）年刊方氏脉症正宗四卷 清方肇权撰 ㉚338

邓氏**有本堂** 一八三〇（道光十）年刊蠡测汇钞不分卷 清邓传安撰 ①324

有本堂 一六六二—一七二二（康熙）年刊姑山遗集三十卷昔者诗一卷 明沈寿民撰 ①1133

有本堂 一七二四（雍正二）年刊闲道录二十卷 明沈寿民辑 ⑱子95

查氏**有怀堂** 一八二〇（嘉庆二十五）年刊采芳随笔二十四卷 清查彬撰 ㉓43

查氏**有怀堂** 一八三九（道光十九）年刊湘芗漫录 清查彬撰 ㉓43

有怀堂 刊医方集解三卷 清汪昂撰 ㉚225

有余堂 一八八七（光绪十三）年刊女科仙方四卷 清傅山撰 ㉚434

有谷堂 一七八一（乾隆四十六）年刊读史论略详注一卷 清杜诏撰唐桂注 ⑱史1530

吉歙临河**有诚堂** 一七六七（乾隆三十二）年刊广舆古今钞二卷 清程晴川撰 ⑯926/788.4

有恒堂 一六六二—一七二二（康熙）年刊肃松录四卷 清谭吉璁撰 ①2215

有斐堂 一七八六（乾隆五十一）年刊晋记六十八卷首一卷 清郭伦著 ②66263

有益堂 一八七五—一九〇八（光绪）年刊三苏策论文选五卷 宋苏洵等撰清朱若旦编 ③文180/53882

有益堂 一八八一（光绪七）年刊儿女英雄传四十回 清文康撰 ㉓36

京都**有益堂** 刊医林改错二卷 清王清任撰 ㉚35

有福读书堂 一九〇二（光绪二十八）年刊霍乱论二卷 清王士雄撰 ㉚401

有德堂 刊新刻古本刘成美忠节全传二十五卷 ④4640

在兹堂 一六六三（康熙二）年刊巽川祁先生文集十六卷 明祁顺撰 附录二卷 ⑱集587

在兹堂 一八二〇（嘉庆二十五）年刊杜诗提要十四卷 清吴瞻泰撰 ㉚集90

经铿家塾**存几堂** 一九〇四（光绪三十）年刊黄氏医绪十四卷 清黄皖撰 ㉚355

书林**存仁堂**素政堂 一六七九（康熙十八）年刊启祯野乘二集八卷 清邹漪撰 ①2314

善化易**存仁堂** 一八六〇（咸丰十）年刊喉科指掌六卷 清张宗良撰 ㉚584

存仁堂 一八四〇（道光二十）年刊痘疹广金镜录三卷 清汪琥编 ㉚506

西安马**存心堂** 一九〇九（宣统元）年刊女四书四卷 清王相注 ⑦7177

存心堂 一八二五（道光五）年刊内经知要二卷 清李念莪撰 ⑦7400

存正堂 一七六六（乾隆三十一）年刊诗法辨体说二卷词学辨体式二卷 清吕德本辑 ⑯18657

存朴堂 刊张仲景金匮要略二十四卷 清沈明宗编注 ㉚94

萧山**存问堂** 一六六九（康熙八）年刊南斋先生魏文靖公摘稿十卷 明魏骥撰 ⑯846.4/802

萧山**存问堂** 一八三三（道光十三）年刊春秋滕薛杞越莒邾许七国统表六卷 清魏冀龙撰 ④补403

桂林**存远堂** 一八〇一（嘉庆六）年刊达生编 清亟斋居士编 ㉚453

黎川贤溪**存诚堂** 一八七六（光绪二）年刊畜德录四卷 清李开桂撰 ㉑270

睢阳袁氏**存诚堂** 一八二九（道光九）年刊生生理言四卷 清袁恕编 ㉚440

存诚堂 刊医方药性合编二卷 明太医院原本清罗必炜参订 ㉚329

扬州**存济堂** 一八八六（光绪十二）年刊理瀹骈文（即外治医说）清吴师机撰 ㉚154

存修堂 一八一〇（嘉庆十五）年刊金刚般若波罗蜜经直解二卷多心经直解一卷
祖师偈一卷 原题清纯阳子注 ⑯30916

太仓钱溯耆武昌**存素堂** 一八八〇（光绪六）年刊壬癸志稿二十八卷 清钱宝琛辑 ③地213.47/537

存素堂 一八八〇（光绪六）年刊钱敏肃公奏疏七卷 清钱鼎铭撰 ⑯925.376/930

存恕堂 一七五二（乾隆十七）年刊宾退录十卷 宋赵与旹著 ⑱子548

存真堂 刊文辙二卷 清程岩辑并评 ⑱集1639

嘉禾**存雅堂** 一六六二—一七二二（康熙）年刊古今名医方论四卷 清罗美编 ㉚224

存雅堂 刊瘟疫论二卷 明吴有性撰 ㉙454

达朝堂 一七四七（乾隆十二）年刊广东诗粹十二卷补编一卷 清梁善长辑 ⑱集1818

达者堂 一八〇七（嘉庆十二）年刊台山诗集十卷文集二卷 清何人鹤著 ②31181

常熟刘氏**达经堂** 一八九九（光绪二十五）年刊铸鼎余闻四卷 清姚福均撰 ㉙3294

达道堂 一八一七（嘉庆二十二）年刊目经大成三卷 清黄庭镜撰 ㉚575

达道堂 一八二四（道光四）年刊更岂有此理四卷 ②46422

浔溪**达尊堂** 一七〇七（康熙四十六）年刊疡科选粹八卷 明陈文治编 ㉚540

浔溪**达尊堂** 一七六一（乾隆二十六）年重刊疡科选粹八卷 明陈文治编 ㉚540

资州**成文堂** 一八七五—一九〇八（光绪）年刊增广贤文不分卷 ⑥

资州**成文堂** 一九〇九—一九一一（宣统）年刊龙文鞭影二卷 ⑥

胶州**成文堂** 一九〇四（光绪三十）年刊医方集解三卷 清汪昂撰 ㉚225

铜邑**成文堂** 刊景岳新方砭四卷 清陈念祖撰 ㉚228

成文堂 一八八三（光绪九）年刊四书不分卷 宋朱熹集注 ⑯10843

成文堂 一八九八（光绪二十四）年刊本草备要四卷 清汪昂撰 ㉚171

成志堂 一八〇三（嘉庆八）年刊雪村诗草六卷 清耿沄撰 ⑫SV47' 1－11/7.363

成善堂 一八九〇（光绪十六）年刊外科证治全生集 清王维德撰 ㉙821

成裕堂 一七一二（康熙五十一）年刊说文广义十二卷 清程德洽辑 ⑱经409

成裕堂 一六六二—一七二二（康熙）年刊病机汇论十八卷 清沈朗仲撰马元仪校定 ㉚409

汉皋**成媄堂** 一八八六（光绪十二）年刊女科秘要八卷 清竹林寺僧撰静光禅师考定 ㉚438

成锦堂 一八〇五（嘉庆十）年刊痘疹心法六卷 清吕希端撰 ㉚516

成德堂 一八八四（光绪十）年刊心安稳室诗集九卷词集四卷 清詹肇堂撰 ③文285.645/42

成德堂 一九一一（宣统三）年刊分类草药性 著者佚名 ㉚179

百尺堂 一六六二—一七二二（康熙）年刊历代诗选二十四卷 清鲁超辑 ⑱集1596

百尺堂 一六八一（康熙二十）年刊讹囮集十二卷 清陈介撰 ⑱子623

章氏**百可堂** 一七一七（康熙五十六）年自刊后甲集二卷 清章大来撰 ⑱集1128

汪氏**百忍堂** 一八二六（道光六）年刊雨香书屋诗稿 清汪英撰 ⑪NC5531.2/3143

山左**百研堂** 一八五四（咸丰四）年刊地理图说八卷 清杜奇英著 ②65756

上海**百思堂** 一八八五（光绪十一）年刊养蒙针度五卷 清潘栻撰 ㉙3257

百诚堂 一九〇〇（光绪二十六）年刊本草备要四卷 清汪昂撰 ㉚171

百善堂 一八七六（光绪二）年刊济世养生经验集 清毛世洪编 ㉚251

仪封扬烈堂 一八七六（光绪二）年刊正谊堂文集四十卷首一卷 清张伯行撰 ②34567

贵州安顺甘**至宝堂** 一八四四（道光二十四）年刊胎产心法三卷 清阎纯玺撰 ㉚456

至诚堂 一七五六（乾隆二十一）年刊伤寒辨证四卷 清陈尧道撰 ㉚73

至盛堂 刊小儿推拿秘旨 明龚廷贤撰 ㉚150

此心堂 一六六八（康熙七）年刊真山人前集四卷后集四卷 清李昌祚撰 ⑱集982

宝坻王氏**贞久堂** 一六九六（康熙三十五）年刊忆雪楼诗集二卷 清王焕撰 ⑱集1060

袁氏**贞节堂** 一七九四（乾隆五十九）年刊霜哺遗音一卷 清袁廷梼撰 ㉙1103

贞石堂 清初刊温宝忠先生遗稿十二卷 明温璜撰 ⑱集877

贞白堂 一六六二—一七二二（康熙）年刊证治大还 清陈治撰 ⑤

雷**贞寿堂** 一八七六（光绪二）年刊备急千金要方三十卷 唐孙思邈撰宋林亿校 ㉚209

吴永励**贞隐堂** 一六八九（康熙二十八）年刊街南文集二十卷补一卷续集七卷 清吴肃公撰 ⑱集969

胡介祉**贞曜堂** 一六八九（康熙二十八）年刊十家宫词十二卷 清倪灿辑 ⑱集1368

师古堂江氏 一九一一（宣统三）年刊家传医学入门二卷 清江秉乾撰 ㉚357

师白堂 一六六二—一七二二（康熙）年刊遁园草一卷文集一卷纪年稿一卷 清李赞元撰 ⑬840.72/40121

师礼堂 一七〇四（康熙四十三）年刊李氏族谱三卷 清李延基纂修 ⑱史593

雍邱马氏**师竹堂** 一八二八（道光八）年刊颊庐存稿五卷 清马之骦撰 ㉓54

湖南善化皮氏**师伏堂** 一八九九（光绪二十五）年刊师伏堂丛书二十二种 清皮锡瑞撰 ㉒372

肃宁刘氏**师谷堂** 一八四五（道光二十五）年刊了原文集二卷 清刘溯撰 ㉓73

无锡沈氏**师俭堂** 一七七四（乾隆三十九）年刊伤寒论纲目十六卷首二卷 清沈金鳌撰 ㉚55

无锡沈氏**师俭堂** 一七八四（乾隆四十九）年刊沈氏尊生书五种六十卷 清沈金鳌撰 ㉚733

师俭堂 一六七八（康熙十七）年刊孙文定公全集 清孙廷铨撰 ⑤

师俭堂 一七三六—一七九五（乾隆）年刊定斋诗钞不分卷 清李光国撰 ⑱集1183

师德堂 一八八七（光绪十三）年刊伤寒悬解经方歌诀十一卷 清钟文焕辑 ㉚90

席绍雯**光大堂** 一七五〇（乾隆十五）年刊竹香诗集选四卷 清席鏊撰 ㉙3052

光华堂 一八四九（道光二十九）年刊伤寒论归真七卷 清陈焕堂编 ㉚79

光华堂 一八五六（咸丰六）年刊资江舆颂四卷首一卷末一卷 清邓庭楫郭光奎编 ②30220

光明正大之堂 一七六二（乾隆二十七）年刊文苑英华选六十卷 清宫梦仁辑 ⑯830/700

苕溪**光裕堂** 一七六四（乾隆二十九）年刊达生编 清亟斋居士编 ㉚453

光裕堂 一七一四（康熙五十三）年刊国朝诗正六卷 清朱观辑并评 ⑱集1750

光裕堂 一七二三—一七三五（雍正）年刊四书翼注四十二卷首一卷 清刁包撰 ②54411

光裕堂 一八六五（同治四）年刊巴山七种 清王侃撰 ⑤

汲古阁**光霁堂** 刊文选六十卷 梁萧统撰唐李善注 ②13094

光霁堂 清初刊新刻京台公馀胜览国色天香十卷 明吴敬所辑 ⑱子754

光霁堂 一七七四（乾隆三十九）年刊四书古人典林十二卷 清江永编 ③总110/843

光霁堂 一八五八（咸丰八）年刊景岳全书六十四卷 明张介宾撰 ㉚704

光德堂 一七四三（乾隆八）年刊古文辑注二编八卷 清朱良玉编 ⑦14123

则经堂 一七三六—一七九五（乾隆）年刊隐拙斋集五十卷续集五卷 清沈廷芳撰 ⑯847.4/74

岁可堂 一八七六（光绪二）年刊竹山堂文剩一卷诗补一卷 清潘祖同撰 ㉙1378

岁寒堂 一七〇七（康熙四十六）年刊范文正公忠宣公全集七十三卷 宋范仲淹范纯仁撰 ④补173

岁寒堂 一七九六—一八二〇（嘉庆）年刊范文正公忠宣公全集七十三卷 宋范仲淹范纯仁撰 ②110058

新安**同人堂** 一八二一—一八五〇（道光）年刊希青亭集 清汪辉辑 ②30640

湖南**同人堂** 一八二四（道光四）年刊增定广舆记二十四卷 清蔡方炳增辑 ⑥

同人堂 一七九三（乾隆五十八）年刊春秋穀梁传十二卷 ⑱经257

同人堂 一七四一（乾隆六）年刊万密斋医学全书 明万全撰 ㉚715

泊镇**同元堂** 一八八四（光绪十）年刊古唐诗合解十六卷 清王尧衢注 ②34635

同元堂 一八九〇（光绪十六）年刊图注八十一难经辨真四卷图注脉诀辨真四卷 明张世贤撰 ㉚712

广陵**同文堂**　一八二六（道光六）年刊轩辕逸典十四卷　㉚514
粤东**同文堂**　一八六二（同治元）年刊唐代丛书　清陈莲塘辑　⑯2318
广州**同文堂**　一八六九（同治八）年刊伤寒论浅注六卷　清陈念祖集注　㉚56
维扬**同文堂**　刊绛雪园古方选注附得意本草　清王晋三注　㉚226
同文堂　一八〇八（嘉庆十三）年刊尚论篇四卷尚论后篇四卷　清喻昌撰　㉚49
同文堂　一八二一—一八五〇（道光）年刊四书典制类联音注三十三卷　清阎其渊辑　②31337
同文堂　一八五七（咸丰七）年刊大六壬大全十三卷　清郭载騋辑　②31637
同文堂　一八六五（同治四）年刊医方捷径指南全书二卷　原题明王宗显编　㉚329
同文堂　一八七五—一九〇八（光绪）年刊喻氏医书三种　清喻昌撰　㉚719
武林**同心堂**　一七六八（乾隆三十三）年刊寿世简便集　清林清标撰　㉚248
同心堂　一八九七（光绪二十三）年刊喉症神效方　清耐修子撰　㉚598
同仁堂　一八八九（光绪十五）年刊同仁堂药目　清乐凤鸣编　㉚303
京都**同立堂**　一八七三（同治十二）年刊居官日省录六卷　清乌尔通阿编　⑯323.42/867
同志堂　一七九二（乾隆五十七）年刊痘疹选要　清解凤羽编　㉚516
同志堂　一八四七（道光二十七）年刊三指禅三卷　清周学霆撰　㉚117
同志堂　一八六二—一九〇八（同治光绪）年刊喻氏医书三种　清喻昌撰　㉚719
同均堂　刊医贯砭二卷　清徐大椿撰　㉚664
金阊**同青堂**　一八一六（嘉庆二十一）年刊医学入门七卷首一卷　明李梴编撰　㉚702
同济堂　一八七五—一九〇八（光绪）年刊温症瘢疹辨证　清许汝楫撰　㉚392
越城**同善堂**　一八四四（道光二十四）年刊葆元录附经验良方　清萧然居士编　㉚261
皖湖**同善堂**　一八八一（光绪七）年刊妇科秘方胎产护生篇　清竹林寺僧撰李长科编　㉚437
濮川**同善堂**　一七八七（乾隆五十二）年刊保产机要　清柯集庵撰　㉚459
同善堂　一七五九（乾隆二十四）年刊瘟疫论二卷　明吴有性撰　㉚384
同善堂　一八二五（道光五）年刊幼科铁镜六卷　清夏鼎撰　㉚478

同善堂 一八三八（道光十八）年刊疫痧草辨论章一卷见象章一卷汤药章一卷 清陈耕道撰 ㉙3201

同善堂 一八六四（同治三）年刊吊脚痧方论 清徐子默撰 ㉚40

同善堂 一八八一（光绪七）年刊疫痧草辨论章一卷见象章一卷汤药章一卷 清陈耕道撰 ㉙3202

江苏**同德堂** 一七二三—一七三五（雍正）年刊左氏条贯十八卷 清曹基编 ⑥

汲古阁**同德堂** 一八四五（道光二十五）年刊六十种曲 明毛晋编 ②105351

蔡**同德堂** 一八八二（光绪八）年刊蔡同德堂丸散膏丹全录 清蔡鸿仪编 ㉚305

同德堂 一六六二—一七二二（康熙）年刊天玉经注七卷附天玉经说七卷穴法分受二卷
清黄越著 ②65752

同德堂 刊本经逢原四卷 清张璐撰 ㉚172

方回春堂 一八四八（道光二十八）年刊丸散全录 清方回春堂编 ㉚304

因本堂 一八〇二（嘉庆七）年刊龙宫遗秘 清王道亨撰 ㉚255

王氏**竹山堂** 一八四五（道光二十五）年刊老子道德经二卷 清王用之重校 ⑱子1003

竹书堂 一七三六—一七九五（乾隆）年刊乾道临安志十五卷 宋周淙纂 ⑲376

钱塘丁氏**竹书堂** 一八八一（光绪七）年刊南漳子二卷 清孙之騄著 ②36577

竹声梧影堂 一八四四（道光二十四）年刊闾邱诗集抄十卷年谱一卷 清顾嗣立撰顾达尊辑 ㉙795

陕西萧家**竹林堂** 一八七四（同治十三）年刊程松崖先生眼科应验良方 明程玠撰 ㉚571

竹林堂 一六六二—一七二二（康熙）年刊玉茗堂全集三十八卷 明汤显祖撰 ③文276. 54/12˙2

竹林堂 刊妇人大全良方二十四卷 宋陈自明撰 ㉚429

叙府**竹春堂** 一八二四（道光四）年刊石点头六卷十四回 原题天然痴叟撰 ④5943

虹口**竹荫堂** 一八一八（嘉庆二十三）年刊伤科补要四卷 清钱秀昌撰 ㉚564

竹深荷净之堂 一六六二—一七二二（康熙）年刊乔氏易俟十八卷图一卷 清乔莱撰 ⑱经84

金阊**传万堂** 一七八五（乾隆五十）年刊珍珠囊指掌补遗药性赋四卷 金李明之撰 ㉚191

传万堂 一六六二—一七二二（康熙）年刊绣虎轩尺牍八卷二集八卷三集八卷 清曹煜撰 ⑱集1040

传万堂 一七四四（乾隆九）年刊唱经堂才子书汇稿十三种 清金喟撰 ⑦14101

刘**传经堂** 一七四三（乾隆八）年刊九畹古文十卷 清刘绍攽撰 ⑦5915

刘氏**传经堂** 一八七一（同治十）年刊池阳吟草二卷 清余庾阳撰 ③文288.526/44

三原刘**传经堂** 一八八四（光绪十）年刊仪小经不分卷 清李因笃撰 ⑦296

乌程凌氏**传经堂** 刊凌氏丛刻 清凌鸣喈辑 ⑰0001

传经堂 一七一〇（康熙四十九）年刊金石续录四卷 清刘青藜撰 ⑱史1435

传经堂 一七三二（雍正十）年刊诚书十六卷 清谈金章撰 ㉚478

传经堂 一八〇〇（嘉庆五）年刊蜀水经十六卷 清李元撰 ⑱史1037

江苏**传葛堂** 一六六二—一七二二（康熙）年刊唱经堂才子书汇稿十七种 清金喟撰 ⑥

刘**任真堂** 一九〇〇（光绪二十六）年刊小楼吟稿 清谢方端撰 附香谷吟稿一卷 清刘世馨撰 ③文284.2541/44

兰州**仰西堂** 一八二四（道光四）年刊清真诗略 清张五常撰 ㉖80

江西李**仰奎堂** 一八五六（咸丰六）年刊跌打损伤回生集三卷 清胡青昆编 ㉚565

江西李氏**仰奎堂** 一八九六（光绪二十二）年刊霍乱论二卷 清王士雄撰 ㉑326

华日堂 一七〇一（康熙四十）年刊说诗乐趣类编二十卷 清伍涵芬辑 ⑱集1897

山东**华文堂** 一八二五（道光五）年刊痧症全书三卷 清王凯编 ㉚399

广州**华文堂** 一八六九（同治八）年刊郑氏四种 清郑晓如撰 ⑤

华文堂 一八七三（同治十二）年刊竹林寺女科秘授验方二卷 清竹林寺僧撰 ㉚438

华文堂 刊玉支矶四卷二十回 题清天花藏主人撰 ⑱子772

华国堂 刊医门法律六卷 清喻昌撰 ㉚330

华封堂 一七七一（乾隆三十六）年刊于氏捷韵 清于长撰 ②106850

四川荣县黄氏**华萼堂** 一七九九（光绪二十五）年自刊字原偏旁章句 清黄茂辑 ⑥

延义堂 一七五八（乾隆二十三）年刊正义先生言行略八卷 清吕文櫺撰 ③文284.5641/34

濮川**延古堂** 一七二八（雍正六）年刊读书敏求记四卷 清钱曾撰 ①2803

吉安文氏**延庆堂** 一八四五（道光二十五）年刊文山先生全集十六卷 宋文天祥撰 ㉑290

庄氏**延庆堂** 一八二四（道光四）年刊胎产心法三卷 清阎纯玺撰 ㉚456

萍乡文氏**延庆堂** 一八六五（同治四）年自刊萍乡文氏所刻医书六种（即六种经编） 清文晟编 ㉚748

文**延庆堂** 一八九〇（光绪十六） 年重刊萍乡文氏所刻医书六种（即六种经编）清文晟编 ㉚748

程氏**延庆堂** 一六六二—一七二二（康熙）年刊程氏人物志八卷 清程之康辑 ⑱史572

延庆堂丁氏 一八五四（咸丰四）年刊翠螺阁诗稿 清凌祉媛著 ②44648

延庆堂丁氏 一八五四（咸丰四）年刊舞镜集一卷 清丁丙撰 ⑯847.6/765

延庆堂 一八二八（道光八） 年刊疫疹一得二卷 清余霖撰 ㉚390

浒湾**延寿堂** 一八六一（咸丰十一）年刊得心集医案六卷 清谢星焕撰 ㉚640

延陵堂 一八五一（咸丰元）年刊辨证录十四卷附脉诀阐微 清陈士铎撰 ㉚333

延德堂 一七六三（乾隆二十八）年刊水镜集四卷 原题右髻堂道人纂 ②25267

姑苏**延禧堂** 一六六二—一七二二（康熙）年刊本草医方合编 清汪昂编 ㉚723

率川**自余堂** 一七五五（乾隆二十）年刊杂症会心录二卷 清汪蕴谷撰 ㉚339

自述堂 一八八七（光绪十三）年刊吊脚痧论白喉辨证合刊 清王裕庆等撰 ㉚598

金溪李氏**自怡堂** 一七七五（乾隆四十）年刊南诏野史二卷 明杨慎撰 ⑯922.935/271

自怡堂 一七八九（乾隆五十四）年刊礼记揭要六卷 清周蕙田辑 ⑦288

自镜堂 一六六二—一七二二（康熙）年刊裴子言医四卷 明裴一中撰 ㉚662

周向山堂 一六七七（康熙十六） 年刊医林绳墨八卷 明方隅撰 ㉚324

向山堂 一七四〇（乾隆五）年刊六经图定本 清王皓撰 ③经68/44

行素堂 刊绛雪园古方选注附得意本草 清王子接撰 ㉚226

行恕堂 一八六四（同治三） 年刊霍乱转筋医商 清胡杰人撰 ㉚402

后乐堂 一七七二（乾隆三十七）年刊真如里志四卷 清陆立纂 ⑲18

舟山堂 刊舟山堂绘像第六才子书八卷 清金人瑞评 ㉙599

全兴堂 一八二五（道光五） 年刊增补医方捷径二卷 明王宗显撰 ㉚221

遂邑双红镇**全寿堂** 一八九六（光绪二十二） 年刊理虚元鉴二卷 明汪绮石撰 ㉚418

姑苏**全茂堂**一八六六（同治五）年刊图注难经脉诀二种六卷 明张世贤图注沈镜删注 ㉚722

姑苏**全茂堂**刊删注脉诀规正二卷 清沈镜撰 ㉚110

全茂堂一八六六（同治五）年刊图注八十一难经辨真四卷图注脉诀辨真四卷 明张世贤撰 ㉚711

全茂堂一八七五（光绪元）年刊云林神彀四卷 明袭廷贤撰 ㉚324

全茂堂刊图注难经四卷 明张世贤注 ⑥子86

天津**全顺堂**刘氏一八八七（光绪十三）年刊外科心法真验指掌 清刘济川撰 ㉚548

成都**会元堂**一七六二（乾隆二十七）年刊忠雅堂全集四十三卷忠雅堂诗文集四十三卷
清蒋士铨撰 ⑦13889

成都**会元堂**一八五二（咸丰二）年刊竹林寺女科秘授验方二卷 清竹林寺僧撰 ㉚438

成都**会元堂**一八六九（同治八）年刊董方立遗书 清董佑诚撰 ⑰01515

会元堂一八七一（同治十）年刊医学五则 清廖云溪编 ㉚747

会友堂一七六五（乾隆三十）年刊璇玑遗述七卷 清揭暄撰 ⑱子262

会友堂一八三二（道光十二）年刊三指禅三卷 清周学霆撰 ㉚117

苏州**会文堂**一八一三（嘉庆十八）年刊伤寒贯珠集八卷 清尤怡编注 ㉚53

苏州**会文堂**一八七八（光绪四）年刊伤寒贯珠集八卷 清尤怡编注 ㉚54

金阊**会文堂**一八三八（道光十八）年刊珍珠囊指掌补遗药性赋四卷 金李明之撰 ㉚166

桂平**会文堂**一九〇六（光绪三十二）年刊时症良方释疑 清黎佩兰撰 ㉚378

重庆**会文堂**一九〇八（光绪三十四）年刊瘟疫合璧二卷 明吴有性撰清王嘉谟补编 ㉚391

江西**会文堂**一八七九（光绪五）年刊程松崖先生眼科应验良方 明程玠撰 ㉚571

盛京**会文堂**一九〇六（光绪三十二）年刊圣贤集略 ㉕56

潼川**会文堂**一八七六（光绪二）年刊痢疟探源 清刘莹编 ㉚396

曲阜**会文堂**一八七八（光绪四）年刊圣贤象赞不分卷 明冠详子撰 ⑯982.1/600

会文堂一八五一（咸丰元）年刊重订外科正宗十二卷 明陈实功撰张乐山重订 ㉚539

会文堂一八六七（同治六）年刊痘疹心法歌诀 清必良斋主人编 ㉚519

会成堂　一六九一（康熙三十）年刊证治汇补八卷　清李用粹撰　㉚409

会成堂　一七四三（乾隆八）年刊抱乙子幼科指掌遗稿四卷　清叶其蓁（杏林）撰　㉚480

会成堂　一八一三（嘉庆十八）年刊冯氏锦囊秘录　清冯兆张撰　⑤

会贤堂　一八八八（光绪十四）年刊注解神农本草经十卷　清汪宏编注　㉚159

会经堂　刊吾学录初编二十四卷　清吴荣光撰　⑯1624

会源堂　一七九八（嘉庆三）年刊新选商叠同游四卷　②65216

莞城**会源堂**　一八三七（道光十七）年刊新选柳陆烟容全本五卷　②54000

会德堂　一七一六（康熙五十五）年刊温疫论二卷　明吴有性撰　㉚384

合志堂　一七五五（乾隆二十）年刊高头四书　宋朱熹注　②44803

合志堂　一七九六（嘉庆元）年刊喉科指掌六卷　清张宗良撰　㉚584

合德堂　一八七五—一九〇八（光绪）年刊本草医方合编　清汪昂编　㉚724

维扬**名山堂**　刊药性赋珍珠囊二卷　金李明之撰　㉚191

北京**名德堂**　一八七三（同治十二）年刊都门纪略　清杨静亭编李静山补　⑰6180

京都**名德堂**　一八九一（光绪十七）年刊清语摘钞不分卷　⑯429.1/716

多山堂　一六九一（康熙三十）年刊篆字汇六卷　清佟世男编　⑯423.5/916

昌城黄**多文堂**　一九一一（宣统三）年刊医宗会要四卷　清湛德芬撰　㉚349

福建**多文堂**　刊丹溪心法附余二十四卷　明方广撰　㉚322

广州何**多文堂**　一九〇九—一九一一（宣统）年刊奇方备检　㉚281

多文堂　一八一〇（嘉庆十五）年刊遵生八笺十九卷　明高濂编　㉚609

多文会堂　一八九八（光绪二十四）年刊医学实在易八卷　清陈念祖撰　㉚343

多岁堂　一八三一（道光十一）年刊多岁堂古诗存八卷　清成书辑并评　⑱集1576

冰玉堂　一六六二—一七二二（康熙）年刊吉州人文纪略二十六卷　清郭景昌等辑　⑱史458

冰雪堂　一六六二—一七二二（康熙）年刊忠武志八卷　清张明翮辑　附龙岗志二卷　清罗景辑　②45606

齐有堂　一八三六（道光十六）年刊痘麻医案　清齐秉慧撰　㉚516

齐省堂 一八七四（同治十三）年刊齐省堂增订儒林外史五十六回 清吴敬梓撰 ④5760

交翠堂 一七七〇（乾隆三十五）年刊立厓诗抄七卷 清蒋业晋撰 ㉙969

交翠堂 一七九六—一八二〇（嘉庆）年刊立厓诗钞七卷 清蒋业晋撰 ③文284.4442/43

交德堂 一七三六—一七九五（乾隆）年刊山阴县仁让堰王氏族谱八卷 清王继葛等纂修 ⑱史534

衣言堂彭氏 一八一七（嘉庆二十二）年刊古赋识小录八卷 清王芑孙辑 ②1025

衣言堂 一八六六（同治五）年刊儒门法语一卷 清彭定求撰 ㉙740

亢**衣怀堂** 一八八四（光绪十五）年刊偷闲小草二卷附一卷 清亢树枏撰 ㉙1376

衣德堂 一六六二—一七二二（康熙）年刊金台集二卷 清许承宣撰 ⑱集1030

衣德堂 一七九七（嘉庆二）年刊靖海纪二卷 清施琅撰 ⑯922.7205/627

亦草堂 一八六〇（咸丰十）年刊温病条辨六卷首一卷 清吴瑭撰 ㉚372

天都黄晟**亦政堂** 一七五二（乾隆十七）年刊三古图 清黄晟辑 ⑤

江西**亦政堂** 一八一七（嘉庆二十二）年刊活幼心法九卷 明聂尚恒撰 ㉑316

常熟方**亦政堂** 一九〇八（光绪三十四）年刊舌苔歌 清方仁渊编 ㉚125

亦政堂 一七五一（乾隆十六）年刊至圣编年世纪二十四卷 清李灼黄晟辑 ⑱史501

亦政堂 一七九六—一八二〇（嘉庆）年刊医林绳墨八卷 明方隅撰 ㉚324

亦政堂 一八九〇（光绪十六）年刊竹林寺女科秘方 清竹林寺僧撰 ㉚438

庆云堂 一七八八（乾隆五十三）年刊四声切韵表一卷 清江永编 ③字150/83303

广西**庆文堂**王中行 一八八六（光绪十二）年刊眼科秘书 清月潭禅师编 ㉚577

新宁江余**庆贞堂** 一八九五（光绪二十一）年刊瘟疫明辨四卷末一卷 清戴天章撰郑奠一编 ㉚386

杭州胡**庆余堂** 一八七七（光绪三）年刊胡庆余堂丸散膏丹全集 清胡光墉编 ㉚304

义门陈**庆余堂** 刊眼科良方 原题叶桂撰 ㉚575

庆余堂 一九〇二（光绪二十八）年刊时症汇编 清黄子俊撰 ㉚378

庆余堂 一八一〇（嘉庆十五）年刊重订外科正宗十二卷 明陈实功撰张乐山重订 ㉚539

兰州**庆馀堂** 一八八六（光绪十二）年刊金城陈氏家谱 ㉖81

庆馀堂 一八三四（道光十四）年刊定山堂古文小品二卷续集一卷 清龚鼎孳撰 ②30786

庆馀堂 一八一〇（嘉庆十五）年刊易学启蒙通释二卷图一卷 宋胡方平撰 ⑱经58

江西吴氏**庆福堂** 一九一一（定统三）年刊江西省文武同官录二卷 清吴庆福编 ㉑336

问心堂 一六七二（康熙十一）年刊泰宁县志十卷 清洪济修汪应昌雷民望纂 ⑲548

问心堂 一八一三（嘉庆十八）年刊温病条辨六卷首一卷 清吴瑭撰 ㉚372

问心堂 一八四八（道光二十八）年刊同寿录四卷末一卷 清曹氏撰 ㉚248

嘉禾**问业堂** 一六五二（顺治九）年刊草圣汇辨不分卷 清白芬辑朱宗文书 ⑯746.7/869-02

问礼堂 刊述学四卷 清汪中著 ②36177

兰陵孙氏**问字堂** 一七九五（乾隆六十）年刊古文尚书十卷 宋王应麟集清孙星衍补集 ③经212/43

问吾堂 一八六三（同治二）年刊企石山房诗 清童翚撰 ②29498

问经堂 一八〇五（嘉庆十）年刊孙氏五种 清孙冯翼辑 ②46686

孙氏**问经堂** 一八〇三（嘉庆八）年刊商子五卷 清孙星衍孙冯翼校订 ①1144

汪喜孙**问经堂** 刊述学内篇三卷外篇一卷 清汪中撰 ⑱集1245

南丰李灏**问苣堂** 一七三六—一七九五（乾隆）年自刊论语疑问十卷 清李灏撰 ㉑273

杭城**并育堂** 一七三四（雍正十二）年刊孝慈备览伤寒编四卷 清汪纯粹撰 ㉚74

星沙**江夏堂** 一八七〇（同治九）年刊大生要旨五卷 清唐千顷撰 ㉚458

江源堂 刊审视瑶函六卷 明傅仁宇撰 ㉚572

汲古堂 一八七〇（同治九）年刊惠济河辑说四卷首一卷 清王儒行辑 ⑯928.28/119

江西胡氏**守正堂** 一九〇一（光绪二十七）年刊麻科活人全书四卷 清谢玉琼辑 ㉑335

胡**守正堂** 一九〇一（光绪二十七）年刊麻科活人全书四卷 清谢玉琼撰 ㉚511

吉安胡**守正堂** 一九〇二（光绪二十八）年刊易简方便医书六卷 清周茂五编 ㉚269

守朴堂 一八二一—一八五〇（道光）年刊关中两朝文钞 清李元春选 ⑦4596

守约堂 一八八〇（光绪六）年刊笔花医镜四卷 清江笔花撰 ㉚346

广东**守经堂** 一八九四（光绪二十）年刊瘰疬花柳良方录要 ㉚556

成都**守经堂** 一九〇六（光绪三十二）年刊医理大概约说 清刘源撰 ㉚351

成都**守经堂** 一八八六（光绪十二）年刊道德经解不分卷 唐吕岩注释清刘沅校 ⑥子11

守经堂 一八三三（道光十三）年刊千金寿传奇二卷 清沈筠撰 ③文544/635

守经堂 一八八九（光绪十五）年刊参校诗传说存二卷 清倪绍经等辑 ⑯094.127/919

润州包氏**守研堂** 一八四三（道光二十三）年刊黄帝内经素问注证发微九卷黄帝内经灵枢注证发微九卷 明马仲化注 ㉚3

余姚翁氏**守福堂** 一八二五（道光五）年刊困学纪闻注二十卷 宋王应麟撰清翁元圻注 ①15263

守雌堂 一六四七（顺治四）年刊坤史十六卷 题清发髡乾一撰 ⑱史405

金陵**安乐堂** 一八六七（同治六）年刊达生编 清亟斋居士编 ㉚453

安乐延年堂 一八七三（同治十二）年刊痘科扼要 清陈奇生撰 ㉚510

武威张氏**安怀堂** 一八三四（道光十四）年刊蜀典六卷 清张澍撰 ⑥史143

新会伍氏**安怀堂** 一八八四（光绪十）年刊保赤新编 清任赞撰 ㉚486

安怀堂 一七五二（乾隆十七）年刊胎产辑萃四卷 清汪家谟撰 ㉚457

安怀堂 一八一八（嘉庆二十三）年刊医经津渡四卷 清范在文撰 ㉚12

永州胡**安定堂** 一八七五（光绪元）年刊池上草堂笔记近录六卷续录六卷三录六卷 四录六卷 清梁恭辰撰 ⑯857.1/726－1

书林刘氏**安政堂** 一六九九（康熙三十八）年刊明医指掌十卷附诊家枢要 明皇甫中撰王肯堂补 ㉚322

安和堂 一七八九（乾隆五十四）年刊医铃八卷 清李舟虚撰 ㉚340

潘氏**安顺堂** 一八六九（同治八）年刊蕙西先生遗稿 清邵懿辰著 ②2476

绍兴**安越堂** 一八八二（光绪八）年刊随山宇方抄 清荔墙蹇士编校 ㉚272

山阴**安越堂**平氏 一八七五（光绪元）年刊秋水堂遗诗一卷 清朱庆萼著 ②35948

安越堂 一八七一（同治十）年刊耕烟草堂诗钞二卷 清平畴撰 ⑱集1317

成都潘氏**安雅堂** 一七九六—一八二〇（嘉庆）年刊孟子文批二卷 清潘元音撰 ⑦

安雅堂 一七八六（乾隆五十一）年刊本草原始十二卷 明李中立撰 ㉚166

安雅堂 一八一八（嘉庆二十三）年刊产科秘方 ㉚462

安雅堂 一八二一—一八五〇（道光）年刊孔孟编年 清狄子奇撰 ⑤

安愚堂 一七五九（乾隆二十四）年刊江交通集四卷 清江淹撰梁宾辑 ③文235.34/33

安愚堂 一八三三（道光十三）年刊保赤摘录六卷附五运六气 清崔昌龄撰 ㉚520

李培紫**安愚堂** 一八二五（道光五）年刊群经识小八卷 清李惇撰 ⑯1237

安澜堂 一七九九（嘉庆四）年刊治河方略十卷首一卷 清靳辅撰 ⑯644.48/175

资州**兴龙堂** 一九〇三（光绪二十九）年刊五字纲鉴不分卷女三字经不分卷 ⑥

兴让堂 一八二一（道光元）年刊秋槎杂记一卷义迹山房诗稿一卷 清刘履恂撰 ②58806

绵邑**兴发堂** 刊太乙神针 清范培兰编 ㉚148

兴发堂 一八七七（光绪三）年刊医学五则 清廖云溪编 ㉚747

兴顺堂 刊脉理求真三卷 清黄宫绣撰 ㉚116

奉新宋氏**兴恩堂** 一七九六—一八二〇（嘉庆）年刊奉新宋氏诗钞四种二十卷 清宋鸣琦辑 ㉑243

金陵**兴善堂** 一八六九（同治八）年刊保婴辑要 清朱维元编 ㉚485

婺源汪氏**兴德堂** 一八四三（道光二十三）年刊诗经诠义十二卷首一卷末一卷 清汪烜撰 ㉑225

顾芳宗**兴麟堂** 一七〇三（康熙四十二）年刊字义总略四卷 明顾充撰 ⑱经444

南阳**讲学堂** 一七〇一（康熙四十）年刊四书朱子语类钞 清张履祥吕留良校钞 ③经818/27

姑苏**讲德堂** 一八一六（嘉庆二十一）年刊增补痘诊玉髓金镜录四卷 明翁仲仁撰 ㉚499

许间堂 刊乐府英华十卷 清顾有孝辑 ⑭

吴氏**农山堂** 清初刊溧诗选初集八卷 清吴颖辑 ⑱集1786

陕西**寻乐堂** 一六六七（康熙六）年刊鹿忠节公年谱二卷附鹿侍御碑铭一卷传四种 清陈鋐编 ②57404

寻乐堂 一六九五（康熙三十四）年刊朱阳书院志五卷 清窦克勤撰 ⑱史1063

营陵**导耕堂** 一八四六（道光二十六）年刊胎产心法三卷 清阎纯玺撰 ㉚456

尽心堂 一八〇六（嘉庆十一）年刊伤科心得集 清高锦庭撰 ㉚564

仁和金氏**如心堂** 一八六六（同治五）年刊诗存四卷 清金德瑛著 ②35330

兰州**如林堂** 一八二九（道光九）年刊大生要旨 ㉖81
好友堂 一八八七（光绪十三）年刊眼科百问二卷 清王子固编 ㉚574
好古堂 一八四六（道光二十六）年刊龙胜厅志一卷 清周诚之纂 ⑲727
好生堂 一八六六（同治五）年刊遂生福幼合编 清庄在田撰 ㉚534
好善堂 一八五二（咸丰二）年刊达生编 清亟斋居士编 ㉚453
宝坻李氏**好德堂** 一七九六—一八二〇（嘉庆）年刊太上感应篇集注八卷格言二卷 清陶宁祚辑 ②33301
戏鸿堂 一七三六—一七九五（乾隆）年刊画禅室随笔四卷 明董其昌撰 ④7849
京都**观文堂** 一八七七（光绪三）年刊策学总纂大成四十六卷目录二卷 ②17028
观文堂 一六六二—一七二二（康熙）年刊绮霞词初编三卷二编二卷 清金烺撰 ⑱集1978
观心堂 一八四九（道光二十九）年刊痧喉论 清朱铁山撰袁裕增辑 ㉚602
长沙叶氏**观古堂** 一九〇三（光绪二十九）年刊秘书省续编到四库阙书目二卷 叶德辉考证 ⑯014.3/504
长沙叶氏**观古堂** 一九一一（宣统三）年刊石林遗书十二种四十一卷 宋叶梦得撰 ③总712/485
张氏涉园**观乐堂** 一七七七（乾隆四十二）年刊初白庵诗评三卷词综偶评一卷
清查慎行张载华辑 ①17162
江苏**观成堂** 刊九经白文 明秦镤订正 ⑥
观成堂 一七一三（康熙五十二）年刊病机汇论十八卷 清沈朗仲撰马元仪校定 ㉚409
观成堂 刊九经五十一卷附四卷 ⑱经6
武陟**观我堂** 一八四一（道光二十一）年刊太平图话姓氏综四卷 清任若海撰 ③传1.4/860
南城陶氏**观我堂** 一七五五（乾隆二十）年刊五庐先生遗书十二卷四书讲习录八卷 日程四卷
清陶成撰 ㉑275
观我堂 一七五七（乾隆二十二）年刊五庐遗书 清陶成撰 ⑤
观荣堂 一六九九（康熙三十八）年刊外科正宗四卷 明陈实功撰 ㉚539
观物堂 一七三二（雍正十）年刊观物堂医说四卷 清张介石撰 ㉚678
观海堂 一九〇五（光绪三十一）年刊水经注疏要删四十卷补遗一卷 清杨守敬撰 ③地710.1/86

苏姑**观承堂** 一七八四（乾隆四十九）年刊达生编 清亟斋居士编 ㉚453

无锡**孙德堂** 一八一六（嘉庆二十一）年刊解围元薮四卷 明沈之问编 ㉚560

驯雉堂 一六四九（顺治六）年刊【顺治】长兴县志十卷补遗一卷 清张慎为修金镜纂 ⑲403

南海潘氏**约礼堂** 一八八九（光绪十五）年刊大生要旨五卷 清唐千顷撰 ㉚458

纪国堂 一八五三（咸丰三）年刊种痘新书十二卷 清张琰撰 ㉚510

丞德堂 一七六七（乾隆三十二）年刊士材三书三种七卷 明李中梓撰 寿世青编二卷 清尤乘编 ㉚720

七 画

潮郡**进文堂** 一八六四（同治三）年刊胎产心法三卷 清阎纯玺撰 ㉚456

进修堂 一八九四（光绪二十）年刊辨证冰鉴十二卷 清陈士铎撰 ㉚333

远安堂 一八四八（道光二十八）年刊本草求原二十七卷附奇病症治一卷 清赵其光编 ㉚177

远安堂 一八五七（咸丰七）年刊伤寒医诀串解六卷 清陈念祖撰 ㉚77

上海**远馨堂** 一八八五（光绪十一）年刊外科证治全生集四卷 清王维德撰 ㉙821

运甓堂 一八八七（光绪十三）年刊三焦馀话二卷 清陶丙寿撰 ⑯857.2/399

寿山堂 一七三六—一七九五（乾隆）年刊香草诗一卷 清何鼎撰 ⑱集 1119

兰州道升巷**寿古堂** 一八一二（嘉庆十七）年刊淳化阁帖释文 ㉖80

寿世堂 一八一四（嘉庆十九）年刊太白山人漫稿八卷 明孙一元撰 ②248

寿世堂 一八二一—一八五〇（道光）年刊跌打大全 清邱映堂撰 ㉚564

寿生堂 一八三二（道光十二）年刊产科心法二卷附福幼编 清汪朴斋撰 ㉚460

滇南唐氏**寿考堂** 一八七七（光绪三）年刊汉魏六朝百三名家集 明张溥辑 ⑤

寿松堂孙氏 一八九四（光绪二十）年刊乾道临安志十五卷 宋周淙撰 ⑲376

周氏**寿南堂** 一七八〇（乾隆四十五）年刊安居金镜八卷 清周南吕临辑 ⑱子 349

寿南堂 一七一七（康熙五十六）年刊毗陵六逸诗钞二十四卷 清孙说编 ⑱集 1785

章氏**寿研堂** 一八五三（咸丰三）年刊黄渡镇志十卷首一卷 清章树福撰 ⑲19

寿康堂 一七〇八（康熙四十七）年刊幼幼心裁 明采埰撰 ㉚477

寿萱堂 一八三三（道光十三）年刊耆老答客问一卷 清屈轶撰 ⑱子598

寿萱堂 一八三八（道光十八）年刊济世养生经验集 清毛世洪编 ㉚251

陆氏寿椿堂 一七三五（雍正十三）年刊原本茶经三卷 唐陆羽撰 续茶经八卷附录一卷 清陆廷灿辑 ①13626

丽正堂 一七六五（乾隆三十）年刊医宗说约六卷 清蒋示吉撰 ㉚331

丽泽堂 一六六二—一七二二（康熙）年刊敬恕堂存稿不分卷 清耿介撰 ⑱集981

丽泽堂 一八四二（道光二十二）年刊珍珠囊指掌补遗药性赋四卷 金李明之撰 ㉚191

克复堂 一七二九（雍正七）年刊医经允中二十四卷 清李熙和撰 ㉚707

克复堂 一七六〇（乾隆二十五）年刊诗韵歌诀初步五卷 清倪璐撰 ⑱经487

克复堂 一八二〇（嘉庆二十五）年刊脉经十卷 晋王熙撰 ㉚106

赤文堂 一六八五（康熙二十四）年刊鼎刻柱史阁佘昆山先生懼史大书增补经书阐义六卷 清佘云祚撰 ⑱史1529

志仁堂 一八三〇（道光十）年刊史系简抄八卷史事简抄四卷 清邵大纬编 ③史800/855

成都**志古堂** 一八七一（同治十）年刊翻刻大兴朱氏本说文解字十五卷 汉许慎撰 ⑥

成都**志古堂** 一八八四（光绪十）年刊小学绀珠十卷 宋王应麟撰 ⑥

成都**志古堂** 一九一一（宣统三）年刊钱牧斋先生尺牍四卷 清钱谦益撰 ㉙2854

志古堂 一八二八（道光八）年刊片石居疡科治法辑要 清沈志裕撰 ㉚546

志宁堂 一七二三—一七九五（雍正—乾隆）年刊徐位山六种 清徐文靖撰 ⑤

志宁堂 一七四四（乾隆九）年刊管城硕记三十卷 清徐文靖撰 ⑱子624

志伊堂 刊人谱述馀四卷首一卷 清钟灵撰 ⑯192/937

陆氏**志远堂** 一七〇二（康熙四十一）年刊话山先生诗稿十二卷文稿十七卷别录七卷 清陆洽原撰 ①1381

引溪**志远堂** 一八一八（嘉庆二十三）年刊伤科补要四卷 清钱秀昌撰 ㉚564

志远堂 一八四三（道光二十三）年刊云林神彀四卷 明龚廷贤撰 ㉚325

桐城方氏**志学堂** 一八七五—一八八六（光绪元至十二）年刊柏堂遗书 清方宗诚撰 ⑰01469

志学堂 一七九五（乾隆六十）年刊韩诗内传徵四卷补遗一卷 汉韩婴撰清宋绵初辑 ⑱经 161

志学堂 一七九六—一八二〇（嘉庆）年刊谐声补逸十四卷 清宋保撰 ⑱经 416

志雅堂 一八六四（同治三）年刊本草备要四卷 清汪昂撰 ㉚170

志勤堂 一八〇二（嘉庆七）年刊寓意草 清喻昌撰 ㉚628

志德堂 一七九三（乾隆五十八）年刊全本春秋体注三十卷 清林云铭撰汤庆荪补 ⑱经 284

声和堂 一八九七（光绪二十三）年刊肄雅释词二卷 清杨琼著 ②44632

滕阳张氏**芸心堂** 一八二六（道光六）年刊古韵发明不分卷 清张耕撰 ⑯424.7/309

芸生堂 一七八一（乾隆四十六）年刊活幼心法九卷 明聂尚恒撰 ㉚501

绣谷胡宗文**芸生堂** 一七四〇（乾隆五）年刊本草医方合编三十二卷 清汪昂撰 ㉚723

芸生堂 一八〇〇（嘉庆五）年刊古今名医万方类编三十二卷 清曹绳彦编 ㉚303

芸生堂 一八七五—一九〇八（光绪）年刊黄帝内经素问注证发微九卷黄帝内经灵枢注证发微九卷 明马仲化注 ㉚3

广东**芸香堂** 一八三六（道光十六）年刊医方择要二卷 清文祥等编 ㉚258

江苏**芸香堂** 一八三七（道光十七）年刊大学衍义四十六卷大学衍义补一百六十卷 宋真德秀撰 ⑥子 25

芸经堂 一六九九（康熙三十八）年刊事类赋三十卷 宋吴淑撰 ⑯041/440—03

芸经堂 一八九三（光绪十九）年刊本经便读四卷 清黄钰编 ㉚193

芸香堂 一八二六（道光六）年刊四库全书字体辨正四卷 清黄培芳重订 ⑯1449

宜丰熊氏**芸春堂** 一八七〇（同治九）年刊莛仙吟草二卷赋草一卷试贴一卷 清熊福镛撰 ㉑240

芸晖堂 一七五二（乾隆十七）年刊荒政锁言一卷 清万维翰撰 ㉙2488

芸晖堂 一七七四（乾隆三十九）年刊律例图说正编十卷 清万维翰撰 ⑱史 1345

芸晖堂 一八五六（咸丰六）年刊脉经十卷 晋王熙撰 ㉚106

芾白堂 一六七六（康熙十五）年刊出门吟一卷 清李赞元撰 ⑱集 941

芷兰堂 一七六六（乾隆三十一）年刊古诗笺三十二卷 清王士禛辑 ②69781

花萼堂俞炯等 刊灵验良方汇编附绝妙神方 ㉚282

苍葭堂 一七三六—一七九五（乾隆）年刊宦游草一卷秋浦骊歌一卷陵阳别言一卷 清苏正学撰 ⑱集1139

古歙**芳远堂** 一八七五（光绪元）年刊喉科白腐要旨二卷 清许佐廷撰 ㉚597

芳远堂 一八七三（同治十二）年刊活幼珠玑 清许佐廷编 ㉚486

芳桂堂 一八七五（光绪元）年刊女科仙方四卷 清傅山撰 ㉚434

芳润堂 一七一〇（康熙四十九）年刊小南村集七卷二集八卷 清徐昂发选金国栋辑 ⑱集1541

安康王氏**芳棂堂** 一八〇三（嘉庆八）年刊说文拈字七卷补遗二卷 清王玉树撰 ⑯1300

芳棂堂 一八二〇（道光十）年刊经史杂记八卷 清王玉树撰 ⑯071/112

苏啸堂 一八一八（嘉庆二十三）年刊澹斋诗钞六卷首一卷 清陆廷楷撰 ㉙2530

彭城**孝友堂** 一八九二（光绪十八）年刊外科症治全生集附金疮铁扇散方 清王维德编 ㉚542

霸州**孝友堂** 一八六四（同治三）年刊读易录十八卷 清陈克绪撰 ㉓52

黎川陈大焕**孝友堂** 一八九七（光绪二十三）年刊观象居诗钞二卷 清陈兰瑞撰陈大焕辑 ㉑271

孝友堂 一七〇一（康熙四十）年刊屈子贯五卷 清张诗撰 ⑱集13

孝友堂 一七一八—一七三五（康熙五十七—雍正十三）年刊萧山水利二卷 明富玹撰
续刻一卷三刻三卷 明张文瑞等撰 ⑱史1042

孝友堂 一七四四（乾隆九）年刊六湖先生遗集十二卷 清张文瑞撰 ⑱集1149

孝友堂 一七七三（乾隆三十八）年刊幼幼心裁 明乔善来撰 ㉚477

孝友堂 一八四三（道光二十三）年刊太乙舟文集八卷 清陈用光撰 ③文286.776/33

孝友堂 一八七四（同治十三）年刊女科仙方四卷 清傅山撰 ㉚434

太原**孝宏堂** 一八七四（同治十三）年刊外科症治全生集附金疮铁扇散方 清王维德编 ㉚542

孝经堂 一七三六—一七九五（乾隆）年刊问奇一览二卷 清李书云辑 ④11586

安福周氏**孝思堂** 一八五四（咸丰四）年刊周遽庵公全集十二卷 清周汉杰撰 ㉑296

孝思堂 一七四六（乾隆十一）年刊欧阳文忠公全集一百五十三卷附录五卷年谱一卷 宋欧阳修著 ②46814

钱氏**孝素堂** 一八八〇（光绪六）年刊钱敏肃公奏疏七卷首一卷 清钱鼎铭著 ②34755

常熟沈氏**孝德堂** 一七二五（雍正三）年刊经玩 清沈淑撰 ⑤

杏光堂 一八八九（光绪十五）年刊渡人舟四卷 ⑰57－6188－6191

聂钦**杏雨山堂** 一七七五（乾隆四十）年刊孙明复先生小集一卷 宋孙复撰 附录一卷 ⑱集203

杏草堂 刊幼幼集成六卷 清陈复正编 ㉚481

潘氏**杏济堂** 一八七五—一九〇八（光绪）年刊虚劳秘韫方解 清潘世良撰 ㉚420

两义堂 一八七〇（同治九）年刊少岩赋草四卷 清夏思湄撰 ②24665

成都**两仪堂** 一八六二—一八七四（同治）年刊五经四书 ⑥

成都**两仪堂** 一八八二（光绪八）年刊女科仙方四卷 清傅山撰 ㉚434

中湘十二总**两仪堂**书坊 一七三六—一七九五（乾隆）年刊示我周行三卷 清赖盛远辑 ②103470

江西**两仪堂** 一八九二（光绪十八）年刊朱子原订近思录集注十四卷附校勘记及考订 朱子世家 清江永集注 ⑰03205

金溪**两仪堂** 一六六二—一七二二（康熙）年刊慎怡堂札记 元陈澔集说 ㉑307

金溪**两仪堂** 一七二三—一七三五（雍正）年刊五经体注 清张圣度等辑 ㉑307

金溪**两仪堂** 一七八四（乾隆四十九）年刊河洛精蕴九卷 清江永撰 ㉑307

金溪**两仪堂** 一八三四（道光十四）年刊四书集字音义辨 清万青铨校订 ㉑307

金溪**两仪堂** 一八七四（同治十三）年刊诗韵类锦十二卷 清郭化霖撰 ㉑307

金溪**两仪堂** 一八七九（光绪五）年刊诗韵集成十卷 清余照辑 ㉑307

湖南**两仪堂** 一八九一（光绪十七）年刊群经平议三十五卷 清俞樾撰 ⑥

两仪堂 一七三六（乾隆元）年刊尚论篇四卷尚论后篇四卷 明喻昌撰 ㉙2861

两仪堂 一七七四（乾隆三十九）年刊河洛精蕴九卷 清江永著 ②31382

两仪堂 一八一三（嘉庆十八）年刊痘疹定论四卷 清朱玉堂撰 ㉚508

两仪堂 一八一九（嘉庆二十四）年刊天仙正理 明伍守阳撰 ⑰02834

两仪堂 一九〇〇（光绪二十六）年刊陈修园医书二十四种 清陈念祖撰 ㉚742

两益堂 刊眼科秘旨 ㉚578

金陵**两衡堂** 一七〇八（康熙四十七）年刊明文得 清孙维祺评点 ⑯9093

两衡堂 一六四四—一六六一（顺治）年刊西楼记传奇二卷 清袁于令撰 ⑱集2129

京都**西二西堂** 一七五八（乾隆二十）年刊御制翻译四书 清高宗弘历译 ⑯097.1/427

通州**西山堂** 一八七六（光绪二）年刊图注八十一难经辨真四卷 明张世贤注 ㉚22

西山堂 一七五一（乾隆十六）年刊图注八十一难经辨真四卷图注脉诀辨真四卷 明张世贤撰 ㉚711

苕溪邵氏**西山堂** 一八二一（道光元）年刊古今说海一百三十五种一百四十二卷 明陆楫辑 ⑱丛76

西山堂 一八〇三（嘉庆八）年刊古诗源十四卷 清沈德潜选 ②8047

西酉堂 刊审视瑶函六卷 明傅仁宇撰 ㉚573

通州**酉德堂** 一八七〇（同治九）年刊喉科指掌六卷 清张宗良撰 ㉚584

郎遂**还朴堂** 一六九一（康熙三十）年刊翠微南征录十卷 宋华岳撰 卷首一卷 ①400

还读堂 一六四四—一六六一（顺治）年刊诗体明辨十卷 明徐师曾辑 ④1876

还照堂 一七三六—一七九五（乾隆）年刊紫松大师山房敝帚录四卷 清释明彰撰清释福坚辑 ⑱子970

刘氏**来凤堂** 一八四六（道光二十六）年刊金石苑三巴汉石纪存不分卷 清刘喜海辑 ⑱史1484

来助经堂 一七一八（康熙五十七）年刊生生录附急救回生方 清郑晟撰 ㉚455

顾锡祉**来贤堂** 一八〇八（嘉庆十三）年刊历代宅京记二十卷 清顾炎武撰张穆校 ⑱史735

来金堂 一八二六（道光六）年刊熙朝新语十六卷 清余金辑 ⑰02532

安康张朋翂**来鹿堂** 一八三〇（道光十）年刊远西奇器图说三卷 明王徵辑 ⑦3114

来鹿堂 一八一九（嘉庆二十四）年刊大生要旨五卷 清唐千顷撰 ㉚458

来鹿堂 一八三一（道光十一）年刊武功县志三卷首一卷 明康海纂清孙景烈评注 ⑲189

来紫堂 一八五四（咸丰四）年刊痧胀源流 清沈金鳌撰 ㉚400

来鹿堂 一八八一（光绪七）年刊太上感应篇图说八卷首一卷 清黄正元著 ②65869

来鹤堂 一八八六（光绪十二）年刊指头画说一卷 清高秉撰 ④7741

浙江诸暨郦氏**抚古堂** 一八八〇（光绪六）年刊切音捷诀 清郦珩编 ⑥

抚会堂　一八七四（同治十三）年刊三指禅三卷　清周学霆撰　㉚117

抑抑堂　一六六二—一七二二（康熙）年刊黄氏家录一卷　清黄宗羲撰　⑱史576

抑畏堂　一六六二—一七二二（康熙）年刊夏冰录三卷　清俞嶅撰　④12331

桐城方氏**抗希堂**　一六六二—一八二〇（康熙至嘉庆）年刊抗希堂十六种　清方苞撰　⑤

抗希堂　一七二八（雍正六）年刊左传义法举要不分卷　清方苞撰王兆符等传述　⑨1040

抗希堂　一七三六—一七九五（乾隆）年刊抗希堂十六种全书　清方苞著　②35717

连道清芬堂　一九〇二（光绪二十八）年刊海国舆地释名十卷　清陈士苞编　⑯916/378

崇明施氏**求己堂**　一七九六—一八五〇（嘉庆至道光）年刊求已堂八种　清施彦士撰　⑤

求仁堂　一八七二（同治十一）年在成都刊讼过斋日记六卷　清毛辉凤撰　⑦3236

求可堂　一八五〇（道光三十）年刊子平四言集腋六卷　清廖冀亨撰　③宗993/825

求志堂　一八七五（光绪元）年刊望诊遵经二卷　清汪宏撰　㉚123

求忠堂　一八八三（光绪九）年刊越南地舆图说六卷首一卷　清盛庆绂撰　⑯938.36/340

滁州李氏**求要堂**　一九〇一（光绪二十七）年刊古文辞类纂七十五卷　清姚鼐选　③文150/845.5

安徽胡氏**求是堂**　一八三七（道光十七）年刊毛诗后笺三十卷　清胡承珙撰　⑥

求野堂　一七四九（乾隆十四）年刊曲台丛稿竹素园诗草三卷日下集不分卷　清王鸣盛著　②62965

求野堂　清初刊蟛蜞集十卷　明林嵋撰　附录一卷　⑱集878

步渠堂　一八四八（道光二十八）年刊张太仆乡试硃卷　明张春撰　⑦7895

周聪**听堂**　一八八六（光绪十二）年刊漫园诗钞八卷　清周规著　②31089

听玉堂　一六八二（康熙二十一）年刊杜诗阐三十三卷　清卢元昌撰　⑯844.17/243－493

听雨堂　一八九一（光绪十七）年刊小儿书辑八卷　清承燮辑　②13547

溪上**听彝堂**　一八一一（嘉庆十六）年刊吕氏家塾读诗记三十二卷　宋吕祖谦撰　⑯094.1252/444

南汇吴氏**听彝堂**　一七九六—一八二〇（嘉庆）年刊艺海珠尘　清吴省兰辑　⑤

吟香堂　一七八九（乾隆五十四）年刊吟香堂曲谱四卷　清冯起凤撰　⑱集2187

吟香堂　刊吟香堂曲谱牡丹亭二卷　清叶启凤撰　④11461

时习堂 一七九七（嘉庆二）年刊一斋温溪丛刻 清郝玶撰 ⑤

成都**时中堂** 一八九四（光绪二十）年刊木铎集三十六卷 清慎独斋汇纂 ⑥

新安**时术堂** 一六六二—一七二二（康熙）年刊周易补义四卷 明方芬撰 ⑱经 81

时忍堂 一八八七（光绪十三）年刊妇科秘传 清王德峻编 ㉚441

财胜堂 一八九四（光绪二十）年刊全德报 韩小窗撰 ㉕56

财盛堂 刊忆真妃 清喜晓峰撰 ㉕55

硖川**利济堂** 一七六一（乾隆二十六）年刊成方切用二十六卷 清吴仪洛编 ㉚227

硖川**利济堂** 一七七一（乾隆三十六）年刊伤寒分经注十卷 明喻昌撰 ㉙2862

利济堂 刊本草备要四卷 清汪昂撰 ㉚171

永康应氏**秀芷堂** 一八六九（同治八）年刊国朝诗铎二十六卷首一卷 清张应昌辑 ⑯831. 7/311

体元堂 一八八五（光绪十一）年刊本草经疏辑要八卷 清吴世铠撰 ㉚157 ㉙3170

体仁堂 一六六二—一七二二（康熙）年刊四诊脉鉴大全九卷 清王宏翰撰 ㉚102

重庆傅氏**体心堂** 一八九八（光绪二十四）年刊咽喉脉证通论 ㉚584

体善堂 一九〇一（光绪二十七）年刊阐道篇二卷 原题明善子注 ②31359

攸宁堂 一七一五（康熙五十四）年刊病因脉治四卷 明秦昌遇撰清秦之桢编 ㉚409

佛山**近文堂** 一八五八（咸丰八）年刊镜花缘一百回 清李汝珍撰 ⑯857. 4/292－04

扬州穆**近文堂** 一八六五（同治四）年刊司命秘籍 清紫尘真人撰李守永删定 ㉚749

关东首穆**近文堂** 一八六五（同治四）年刊龙宫禁方附枕中秘要 唐孙思邈撰 ㉚230

近文堂 一八七一（同治十）年刊香屑集十八卷 清黄唐堂辑 ②16892

近圣堂 一七七六（乾隆四十一）年刊银海精微二卷 唐孙思邈撰 ㉚570

近青堂 刊遗民诗十六卷近青堂诗一卷 清卓尔堪辑 ④1651

近譬堂 一六六二—一七二二（康熙）年刊四书朱子异同条辨四十卷 清李沛霖李祯撰 ⑱经 348

义门陈**余庆堂** 刊眼科良方一卷 清叶桂撰 ㉙806

余庆堂 一七九四（乾隆五十九）年刊验方增辑二卷 清黄钤编 ㉚253

余庆堂 一八五一（咸丰元）年刊验方新编十六卷 清鲍云韶编 ㉚262

余庆堂 一八七三（同治十二）年刊援生四书 清田绵淮撰 ㉚748

余荫堂 一八八〇（光绪六）年刊三才分类粹言十九卷 清匡良杞撰 ③宗990/8946

余爱堂 一七五二（乾隆十七）年刊经验丹方汇编 清钱峻编 ㉚244

太仓陆启**余绎堂** 一九〇六（光绪三十二）年刊六因条辨三卷 清陆廷珍撰 ㉚378

昆山**含经堂** 刊通鉴前编十八卷举要二卷首一卷 宋金履祥编集 ⑰K14631

吉水**谷平正气堂** 一八六五（同治四）年刊李忠肃公集六卷 明李帮华撰 ㉑294

谷明堂 一六七二（康熙十一）年刊浔阳蹠醢六卷 清文行远撰 ⑪981.3975/0023

新繁**谷贻堂** 一八九一（光绪十七）年刊五朝文铎二十卷 清李寿萱辑 ⑯834/287.2

江西**谷诒堂** 一八一三（嘉庆十八）年刊古南余话五卷 清舒梦兰原稿黄慎言辑 ㉑314

谷贻堂 一七四〇（乾隆五）年刊冰菴诗抄八卷 清王吉武撰 ㉙1651

希古堂 一七三六—一七九五（乾隆）年刊水心文钞三卷 宋叶适撰清方婺如选 ③文258.46/584

希尧澄鉴堂 一七二八（雍正六）年刊铁网珊瑚书品十卷画品六卷 明朱存理辑 ⑱子385

希邺堂 一六六二—一七二二（康熙）年刊问山诗集十卷紫云词一卷 清丁纬撰 ⑱集1014

希贤堂 一七五七（乾隆二十二）年刊南坪诗钞十六卷 清张学举撰 ⑱集1192

张氏**希音堂** 一七三六—一七九五（乾隆）年刊唐陆宣公翰苑集二十四卷 唐陆贽撰清张佩芳注 ⑱集99

山东**希德堂** 刊眼科方书神秘便方 清胥光祖编 ㉚578

吴江徐氏**孚远堂** 一八〇五（嘉庆十）年刊黎里志十六卷首一卷 清徐达源纂 ⑨672.15/307/406

饮和堂 一八三二（道光十二）年刊憨斋诗话四卷 清马桐芳著 ②3666

饮醇堂 一六六二—一七二二（康熙）年刊新编双南记二卷 题越雪山人撰 ⑱集2154

彤锡堂 一六六二—一七二二（康熙）年刊李文襄公奏议十卷别录六卷赋役详稿一卷
棘听草十二卷 清李之芳撰 李文襄公年谱一卷 ⑱集977

迎瑞堂 一六六二—一七二二（康熙）年刊烟舫集四卷 清张衍懿撰 ⑱集1016

应云堂 一七八八（乾隆五十三）年刊四声切韵表 清江永撰 ③字150/83305.2

应世堂 一七二六（雍正四）年刊幼科汇诀直解 清魏明远撰 ㉚480

闲存堂 一七二九（雍正七）年刊棉阳学准五卷 清蓝鼎元撰 ⑯127.4/517

闲桑堂 一六四四—一六六一（顺治）年刊军徵集不分卷 明刘世鹍辑 ⑱子128

合州**闵忠堂** 刊新刻唱白时调沉香阁初集二十四回 ⑭

汤氏**沐华堂** 一八四〇（道光二十）年刊重修宝应县志二十八卷首一卷 清孟毓兰修乔载繇等纂 ⑲355

吴郡**沂咏堂** 一六六九（康熙八）年刊渔洋山人著述 清王士祯撰 ⑰057-15.3

江苏吴县**沂咏堂** 一七四八（乾隆十三）年刊渔洋山人著述三十八种附五种 清王士祯撰 ⑥

怀山堂 一六八八（康熙二十七）年刊武经七书汇解 ㉙15

怀义堂 一八七五—一九〇八（光绪）年刊庄子南华经解四卷 清宣颖撰王晖吉校 ⑥子14

怀文堂 一七一三（康熙五十二）年自刊纪游集句一卷 清徐聪撰 ⑱集1135

怀天堂 一六八六（康熙二十五）年刊金文通公集二十卷又六卷诗集六卷外集八卷 清金之俊撰 ⑱集903

怀日堂 一八〇四（嘉庆九）年刊地理真传六卷附蔓荆峪葬记 清查有新辑 ②65758

江南**怀仁堂** 一八二〇（嘉庆二十五）年刊活幼心法九卷 明聂尚恒撰 ㉚501

何**怀仁堂** 一八四五（道光二十五）年刊务中药性十八卷 清何本立撰 ㉚193

蓉江**怀古堂** 一六八七（康熙二十六）年刊五朝诗善鸣集十二卷 清陆次云辑 ⑱集1598

怀古堂 一六四八（顺治五）年刊太平山水图画一卷 清萧云从绘张万选辑 ④10228

怀古堂 一七七七（乾隆四十二）年刊寒香亭传奇四卷 清李凯填词范梧评点 ⑱集2140

思陵**怀永堂**恽氏 一八八四（光绪十）年刊包公录十卷 清芮长恤撰 ⑧

常熟**怀永堂** 一八七二（同治十一）年刊胎产集要三卷附幼科摘要 清黄惕斋编 ㉚457

怀永堂 一七七〇（乾隆三十五）年刊忠义神武灵佑关圣大帝觉世宝训图说五卷 清沈维基辑 ④10253

怀永堂 一七二〇（康熙五十九）年刊怀永堂绘像第六才子书八卷 元王德信关汉卿撰
清金人瑞评 ⑱集2046

怀永堂 一七五三（乾隆十八）年刊八代诗揆五卷补遗一卷 清陆奎勋辑 ⑱集1598

怀远堂 一六八八（康熙二十七）年刊振雅堂汇编诗最十卷 清倪匡世辑 ⑱集1749

怀远堂 一七五三（乾隆十八）年刊蝉吟集不分卷 清陈浦撰 ⑱集 973
怀晋堂 一七六九（乾隆三十四）年刊六堂诗存四卷 清万经撰 ②26432
怀涧堂 刊洛学编五卷 清汤斌撰 ⑯1718
怀涧堂 一七三八（乾隆三）年刊洛学编四卷 清汤斌辑 续编一卷 清尹会一辑 ⑱史 415
怀清堂 一八二九（道光九）年刊错中错二卷 原题瀛海勉痴子撰 ④11408
怀斯堂 一七六九（乾隆三十四）年刊国朝诗正声集七卷 清项章辑 ②63129
楚攸**怀策堂** 一七二五（雍正三）年刊赵恭毅公自治官书二十四卷首一卷 清赵申乔撰何祖柱辑 ⑱集 1753
怀善堂 一八三六（道光十六）年刊曹溪通志八卷首一卷 清释真朴撰 ⑯928. 4133/998
怀善堂 一八七五（光绪元）年刊诗韵合璧五卷 清汪慕杜原编汤文潞增编 ⑯424. 5/736－02
怀嵩堂 一六八五（康熙二十四）年刊怀嵩堂赠言四卷 清耿介辑 ⑱集 1743
吴门**怀嵩堂** 一六六二—一七二二（康熙）年刊虎丘山志十卷首一卷 清顾湄撰 ㉙3421
怀新堂 一七二八—一七二九（雍正六—七）年刊四书讲义尊闻录二十卷 清戴鉉撰 ⑱经 349
湖南毛**怀德堂** 一八二一—一八五〇（道光）年刊续验方六卷 清鲍云韶原编吴彝山编 ㉚266
京江**怀德堂** 一八六〇（咸丰十）年刊古方汇精五卷 清爱虚老人编 ㉚228
海陵**怀德堂** 一八六五（同治四）年刊本草备要四卷 清汪昂撰 ㉚170
合州**怀德堂** 一八六六（同治五）年刊仲景存真集 清吴蓬莱辑 ㉚90
古吴**怀德堂** 一七五四（乾隆十九）年刊历科廷试状元策十一卷 明焦竑编清胡任舆增订 ⑰08276
李**怀德堂** 一八七五（光绪元）年刊徵信录不分卷 清张秉直撰 ⑦6879
周氏**怀德堂** 一七四六（乾隆十一）年刊文选六十卷 梁萧统辑唐李善注 ⑱集 1553
来氏**怀德堂** 一七三六—一七九五（乾隆）年刊萧山长河来氏诗钞四卷 清来学谦辑 ⑱集 1832
江南省**怀德堂** 一七三六—一七九五（乾隆）年刊外科大成四卷 清祁坤撰 ㉚540
怀德堂 一六七二（康熙十一）年刊编年考十卷 清沈球辑 ⑱子 871
怀德堂 一七三三（雍正十一）年刊历科廷试状元策十卷总考一卷 明焦竑辑 ⑱集 1735
怀德堂 一七五二（乾隆十七）年刊经验丹方汇编 清钱峻编 ㉚244

怀德堂 一七五六（乾隆二十一）年刊赖古堂集二十四卷 清周亮工撰 ④2189

怀德堂 一八〇〇（嘉庆五）年刊续太平广记八卷 清陆寿名辑 ④12527

怀德堂 一八五一（咸丰元）年刊胎产秘书二卷 清陈笏庵撰 ㉚461

黄逻**怀澄堂** 刊左传事纬十二卷 清马骕编 ③经711.8/13

镇江**快志堂** 一八四八（道光二十八）年刊医略十三篇十三卷 清蒋宝素撰 ㉚411

快雪堂 一七七八（乾隆四十三）年刊涿州冯氏世谱四卷 清冯埏纂修 ⑱史611

完璞堂 一六六二—一七二二（康熙）年自刊复园文集六卷 清董闻京撰 ⑱集1039

赵氏**完璧堂** 一八七六（光绪二）年刊程松崖先生眼科应验良方 明程玠撰 ㉚571

广州**宋经堂** 一八九五（光绪二十一）年刊胎产全书 清戴尧撰 ㉚465

常郡**宏文堂** 一八五二（咸丰二）年刊周易本义四卷 ⑰00583

汉口**宏文堂** 一八八九（光绪十五）年刊麻科活人全书四卷 清谢玉琼撰 ㉚511

成都**宏达堂** 一八七九（光绪五）年刊艺文类聚一百卷 唐欧阳询辑 ⑱子782

宏达堂 一八七九（光绪五）年刊玉台新咏笺注十卷 陈徐陵辑清吴兆宜注程际盛删补 ㉙2381

宝庆**宏博堂** 一七三六—一八二〇（乾隆—嘉庆）年刊十三经注疏三百四十一卷 ㉒331

四川泸州**宏道堂** 刊春秋全经左传句解八卷 宋朱申注释 ⑦

兰州**宏道堂** 刊医方捷径指南全书 ㉖81

重庆**宏道堂** 一九〇六（光绪三十二）年刊古今法制表十六卷 清孙荣著 ②7934

渝城**宏道堂** 刊舒氏伤寒集注十卷附五卷 清舒诏撰 ㉚54

湖南**宏道堂** 一八七四（同治十三）年刊验方新编十六卷 清鲍云韶撰 ㉚262

宏道堂 一六九八（康熙三十七）年刊洞天奥旨十六卷 清陈士铎撰 ㉚541

宏道堂 一七九一（乾隆五十六）年刊医学心悟六卷附外科十法 清程国彭撰 ㉚336

宏道堂 一七九六—一八二〇（嘉庆）年刊文章游戏三编 清缪良撰 ③文760/858

宏道堂 一七三六—一八二〇（乾隆嘉庆）年刊寓意草一卷 明喻昌撰 ㉙2860

宏道堂 一八二一（道光元）年刊文章游戏四编八卷 ⑦40697

宏道堂 一八六〇（咸丰十）年刊医宗必读十卷 明李中梓撰 ㉚705

宏道堂 一八七一（同治十）年刊素问灵枢类纂约注三卷 清汪昂撰 ㉚7

宏道堂 一八九五（光绪二十一）年刊陈修园医书三十二种 清陈念祖撰 ㉚743

宏道堂 一九一〇（宣统二）年刊大生要旨五卷 清唐千顷撰 ㉚458

宏道堂 刊三家医案合刻附医效秘传三卷温热赘言 清吴金寿撰 ㉙2631

武昌**宏道善堂** 一九〇五（光绪三十一）年刊敬信录四卷 清徐荣编 ㉚259

宏德堂 一八三二（道光十二）年刊增订一夕话六卷 原题明咄咄夫编 ⑯041/430

证人堂 一七五〇（乾隆十五）年刊刘蕺山先生集二十四卷首一卷 明刘宗周著 ②28675

证道堂 一六九九（康熙三十八）年刊人谱正篇一卷 明刘宗周撰 ⑱子93

识砚堂 一八〇一（嘉庆六）年刊夜航船八卷 原题破额山人撰 ②8051

诒谷堂 一八二一（道光元）年刊乐安传家集五卷补遗二卷附世系里居总目一卷 清任兆麟辑 ㉙2537

张瞻淇**诒经堂** 一七四六（乾隆十一）年刊奏议四卷 明张辅之撰 ①5462

诒经堂 一八九〇（光绪十六）年刊时习编六卷 清周炳琦著周岩辑 ②34246

古歙张氏**诒清堂** 一六六一（顺治十八）年刊云谷卧馀八卷 清张学孔撰 ⑪NC9155/1311

扬州**诒清堂** 一六六二—一七二二（康熙）年刊读书论世十六卷 清吴肃公著 ②48545

诒清堂 一八一五（嘉庆二十）年刊虞邑先民传略十六卷 清陶贞一撰 ④390

诒清堂 一六六二—一七二二（康熙）年刊昭代丛书甲集五十种乙集五十种丙集五十种 清张潮编 ⑱丛370

梁氏**诒燕堂** 一六八五（康熙二十四）年刊兰汀存稿八卷 明梁有誉撰附录一卷 ⑱集706

陈胪声**诒燕堂** 一七五三（乾隆十八）年刊同安林次崖先生文集十八卷 明林希元撰 ⑱集651

补堂 一七四四（乾隆九）年刊易宪四卷 明沈泓撰 ⑱经79

补过堂 一七九〇（乾隆五十五）年刊联经四卷 清李学礼著 ②30633

补余堂 一八〇五（嘉庆十）年自刊补余堂诗钞六卷 清戴大昌撰 ㉑223

傅溪胡**补诗堂** 刊【淳熙】新安志十卷 宋罗愿纂 ①

启元堂 一八二八（道光八）年刊重订外科正宗十二卷 明陈实功撰张乐山重订 ㉚539

启元堂 一八三六（道光十六）年刊新镌异说五虎平西珍珠旗演义狄青前传十四卷一百二十回 新镌后续绣像五虎平南狄青演义六卷四十二回 ④5729

启后堂 一六七八（康熙十七）年刊学蔀通辩前编三卷后编三卷续编三卷 明陈建著 ②61453

启秀堂 刊外科大成四卷 清祁坤撰 ㉚540

启秀堂 一七七八（乾隆四十三）年刊重订文选集评十五卷首一卷末一卷 清于光华辑 ⑱集1560

启佑堂 一八四四（道光二十四）年刊海天秋色谱九卷养菊法一卷 清闵廷楷撰 ⑱子483

启英堂 一八二四（道光四）年刊玉照集二卷 清胡承祝撰 ③文140/8447

启贤堂 一七〇一（康熙四十）年自刊扬州梦传奇二卷 清岳端撰 ⑱集2137

袁氏**启承堂** 一七八五（乾隆五十）年刊天方至圣实录二十卷首一卷 清刘智辑撰 ③宗800/82707

启盛堂 刊天花藏批评平山冷燕四卷 原题明荻岸散人编 ②5086

灵兰堂 一八六五（同治四）年刊伤寒来苏集八卷 清柯琴撰 ㉚50

灵兰堂 一八七七（光绪三）年刊新刻雅调唱口平阳传金台全集十二卷六十回 ④4626

邵阳曾氏**层漪堂** 一九一一（宣统三）年刊元史考订四卷元书一百零二卷 清曾廉撰 ⑯8193

际恒堂 一七四九（乾隆十四）年刊楚风补四十八卷前编一卷末编一卷 清廖元度编 ⑱集1813

松山**陈毅堂** 一八五八（咸丰八）年刊保赤全生录二卷 清陈文杰编 ㉚516

妙叶堂 一六六二—一七二二（康熙）年刊柳塘外集四卷 宋释道璨撰 ⑱集399

吴门**妙香堂** 一八三三（道光十三）年刊金匮玉函经二注 明赵以德衍义清周扬俊补注 ㉚93

裘氏**妙贯堂** 一七〇三（康熙四十二）年自刊西江诗话十二卷 清裘君弘编 ⑱集1897

广东**纬文堂** 一八六五（同治四）年刊鹿州全集七种 清兰鼎元撰 ⑥

羊城**纬文堂** 刊伤寒论浅注六卷 清陈念祖集注 ㉚56

纬文堂 一八五〇（道光三十）年刊潜斋医书五种二十七卷 清王士雄撰 ㉚738

纬文堂 一八六四（同治三）年刊唐人说荟二十卷 清陈世熙辑 ②48934

纬萧山堂 一七〇八（康熙四十七）年刊王荆公唐百家诗选二十卷 宋王安石撰 ⑧

纯文堂 一八六七（同治六）年刊胎产心法三卷 清阎纯玺撰 ㉚456

张亦缙等**纯忠堂** 一八一九（嘉庆二十四）年刊帝鉴图说六卷 明张居正等撰 ⑱史407

香山黄氏**纯渊堂** 一九〇三（光绪二十九）年刊先三乡贤年谱 清黄佛颐撰 ⑤

纶椐堂 一七一九（康熙五十八）年刊鄮署杂钞十二卷首一卷末一卷续抄一卷 清汪为熹纂 ⑲585

八 画

青云堂 刊黄氏医书八种 清黄元御撰 ㉚733

青溪堂 一七四〇（乾隆五）年刊吴江沈氏诗录十二卷勤补书庄诗钞一卷西山公诗钞一卷织帘居士诗钞一卷 清沈祖禹辑沈彤校 ㉙3426

王氏**青箱堂** 一七九四（乾隆五十九）年刊宛平王氏族谱不分卷 清王元凤等纂修 ⑱史585

青溪接婴堂 一八七五（光绪元）年刊幼科易知录二卷 清吴溶堂撰 ㉚483

奉时堂 一七八五（乾隆五十）年刊伤寒论集注 清熊寿试编 ㉚55

奉国堂 一七四七（乾隆十二）年刊穆堂别稿五十卷 清李绂撰 ⑱集1102

奉国堂 一八三一（道光十一）年刊穆堂初稿五十卷别稿五十卷 清李绂撰 ⑯6120

奉思堂张溍 一六七二（康熙十一）年刊云隐堂文集三十卷诗集十卷 明张镜心撰 附录四卷 ①1657

奉恩堂 一七八七（乾隆五十二）年刊稽古录二十卷 宋司马光撰 ⑦13687

奉勤堂 一八三一（道光十一）年刊味经书屋诗稿十二卷 清张燮撰 ㉙3162

洞庭秦氏**林庆堂** 一八七六（光绪二）年刊钟鼎字源五卷 清汪立名撰 ⑯993. 2/712

锡山**林敬堂** 一八九三（光绪十九）年刊林氏眼科简便验方 清林士纶撰 ㉚578

松心堂 一七八〇（乾隆四十五）年刊伤寒论三注十六卷 清周扬俊编注 ㉚52

松风堂 一七四六（乾隆十一）年刊画学心法问答二卷 清布颜图撰 ⑱子427

松华堂 一七三七（乾隆二）年刊松华馆合集三十四卷 清方学成撰 ④2068

松秀堂 刊本草备要四卷 清汪昂撰 ㉚171

合州**松林堂** 一八七五—一九〇八（光绪）年刊五花洞 ②52458

松荫堂 一七二七（雍正五）年刊痧痘集解六卷 清俞天池撰 ㉚509

松荫堂 一七九二（乾隆五十七）年刊文贞公集十二卷 清张玉书撰 ③文282.734/14

松柏堂 一七二三—一七三五（雍正）年刊读杜随笔四卷 清陈訏撰 ⑱集1896

松盛堂 一八二八（道光八）年刊医宗说约六卷 清蒋士吉撰 ㉙667

姚氏**松桂读书堂** 一七四〇（乾隆五）年刊李义山诗集十六卷 唐李商隐撰清姚培谦笺注 ⑱集157

张奕枢**松桂读书堂** 一七四九（乾隆十四）年刊白石道人歌曲六卷别集一卷 宋姜夔撰 ⑱集1965

王氏**松筠堂** 一七一四（康熙五十三）年刊沧江诗选三卷 清王之醇编 ⑱集1542

松筠堂 一七三六—一七九五（乾隆）年刊生水集一卷 清王苍璧撰 生水续集一卷 清王之醇撰 ㉙2073

福清魏氏**枕江堂** 一六七一（康熙十）年刊百名家诗选八十九卷 清魏宪辑 ⑱集1746

枕江堂 一六七一（康熙十）年刊补石仓诗选不分卷 清魏宪辑 ⑱集1590

会稽董氏**取斯堂** 一九〇四（光绪三十）年刊学古斋金石丛书 清董金南辑 ⑯991.08/548

孝感屠氏**卧云堂** 一八〇八（嘉庆十三）年在江苏刊五经会纂 清屠用丰纂 ⑥

刺经堂 一六六二—一七二二（康熙）年刊唐音戊签一百一十一卷戊签馀六十二卷 明胡震亨辑 ⑰K15197

画锦堂 一七三六—一七九五（乾隆）年刊安阳集五十卷 宋韩琦撰 别录三卷 宋王岩叟撰 遗事一卷 宋强至撰 家传十卷 宋韩忠彦撰 ⑱集199

安徽**直介堂** 一九〇九—一九一一（宣统）年刊清芬录二卷 刘声木纂 ⑥

禅山**英文堂** 一六八三（康熙二十二）年刊图注八十一难经辨真四卷图注脉诀辨真四卷 明张世贤撰 ㉚711

英华堂 一六六六（康熙五）年刊银海精微二卷 唐孙思邈撰 ㉚570

英华堂 一七五一（乾隆十六）年刊清文汇书十二卷 清李延基撰 ⑥

英华堂 一八二二（道光二）年刊瘟疫明辨四卷末一卷 清戴天章撰郑奠一编 ㉚386

新建**英华堂** 一八二一（道光元）年刊痘疹定论四卷 清朱纯嘏撰 ㉑317

英秀堂 一八三二（道光十二）年刊万氏家传妇人秘科三卷 明万全撰 ㉚430

英秀堂 一七〇五（康熙四十四）年刊五子近思录发明十四卷 宋朱熹撰清施璜纂注 ⑯125/828

英德堂 一七一九（康熙五十八）年刊杜诗分类集注二十三卷 明邵宝集注 ⑪NC5314. 2/1238. 42

英德堂 一七三六—一七九五（乾隆）年刊异说征西演义全传四十回 吴门恂庄主人编 ⑭

英德堂 一八一五（嘉庆二十）年刊新齐谐二十四卷 清袁枚撰 ⑯857. 1/188—6

英德堂 一八三五（道光十五）年刊新刻重校增补圆机活法诗学全书二十四卷 新刻诗韵活法全书四卷 明王世贞辑 ⑯821/115—02

英德堂 一八六一（咸丰十一）年刊删注脉诀规正二卷 清沈镜撰 ㉚110

郑氏**述堂** 一七四四（乾隆九）年刊六经图二十四卷 清郑之侨辑 ⑯284

河南邓**述堂** 一八八六（光绪十二）年刊医学四要十八卷 清蔡乃庵编 ㉚736

岭南**述古堂** 一八七六（光绪二）年刊前汉纪三十卷 汉荀悦撰 ②37060

广东**述古堂** 一八七〇（同治九）年刊昌黎先生集四十卷遗文一卷 唐韩愈著李汉编 ⑯1513

宁郡**述古堂** 一八八〇（光绪六）年刊读风臆补二卷 明戴君思撰清陈继揆补辑 ⑧

广州**述古堂** 一八六九（同治八）年刊日知录集释三十二卷刊误二卷续刊误二卷 清黄汝成撰 ㉙2003

渝城**述古堂** 一八九五（光绪二十一）年刊仁寿镜四卷 清孟葑编 ㉚441

宾城**述古堂** 刊目经大成三卷 清黄庭镜撰 ㉚575

维扬**述古堂** 一八七二（同治十一）年刊六种经编 清文晟编 ㉚748

述古堂 一七八九（乾隆五十四）年刊古韩诗说证九卷 清宋绵初撰 ⑱经 163

述古堂 一八七七（光绪三）年刊救伤秘旨跌损妙方 清赵廷海异真道人撰 ㉚565

述圣堂 刊石室秘录六卷 清陈士铎撰 ㉚332

江西**述何堂** 一八九七（光绪二十三）年刊江西乡试中式三人卷 清龙钟洢辑 ㉑333

三原刘**述荆堂** 一八七三（同治十二）年刊瘟疫条辨摘要 清陈良佐杨玉衡等撰 ㉚389

三原刘**述荆堂** 一八七七（光绪三）年刊伊川击壤集 宋邵雍撰 ⑦5212

庐陵段**述继堂** 一八七五（光绪元）年刊眼科开光易简秘本三卷 清李文盛周元瑜合编 ㉚577

述善堂 一七二〇（康熙五十九）年刊四书会要录三十卷 清黄瑞撰 ⑱经 349

述德堂 一七五三（乾隆十八）年刊颍阳琴谱四卷 清李郊撰 ⑱子 449

其顺堂陈氏 一七一四（康熙五十三）年刊伤寒大白四卷 清秦皇士撰 ㉚73

其恕堂 一八四二（道光二十二）年刊经验良方 清张鹤书撰 ㉚261

天都**事守堂** 一七二八（雍正六）年刊痘科类编释意三卷 明翟良撰 ㉚503

聂氏**雨山堂** 一七七五（乾隆四十）年刊孙明复先生小集一卷 宋孙复撰 附录一卷 ⑱集 203

雨山堂 一八七八（光绪四）年刊泰山道里记 清聂钦著 ②64564

雨金堂 一七九六—一八二〇（嘉庆）年刊绘事琐言八卷 清迮朗撰 ①15611

瓯雅堂 一八九三（光绪十九）年刊治平通议八卷 清陈虬撰 ④373

郁文堂 一六六二—一七二二（康熙）年刊陈检讨集二十卷 清陈维崧撰 ②45496

郁文堂 一七九五（乾隆六十）年刊道德经解二卷 题纯阳帝君释义云门鲁史纂述 ⑱子 1006

郁文堂 一八〇一（嘉庆六）年刊妇人大全良方二十四卷 宋陈自明撰 ㉚429

郁文堂 一九〇〇（光绪二十六）年刊西汉演义六卷东汉演义四卷 ④5739

郁郁堂 刊忠义水浒全书一百二十回 元施耐庵撰明李贽评 宣和遗事一卷 ①18218

郁郁堂 一七一一（康熙五十）年刊易经大全二十卷 明胡广等撰 ⑯092.26/220

郁郁堂 一七二三—一七三五（雍正）年刊半窗史略四十二卷 清龙体刚辑 ③史 800/833

拥万堂 一八〇二（嘉庆七）年刊钱氏四种 清钱坫撰 ⑤

宁乡梅氏**抱冰堂** 一九〇五（光绪三十一）年刊胡文忠公年谱三卷 清梅英杰编 ㉒339

高桐熊氏**抱经堂** 一八一七（嘉庆二十二）年刊扁鹊脉书难经六卷 清熊庆笏辑注 ㉚23

抱经堂卢文弨 一七三六—一八二〇（乾隆至嘉庆）年刊抱经堂书十八种二百七十五卷 清卢文弨编 ⑱丛 397

抱经堂 一八七四（乾隆四十九）年年刊白虎通四卷附阙文一卷白虎通义考一卷补遗一卷 汉班固著 ②49060

抱璞堂 一七七二（乾隆三十七）年刊芦溪诗钞三卷 清杨震青撰 ⑱集 1225

拙修堂 一六六二—一七二二（康熙）年刊西田集四卷 清王掞撰 ⑱集 1025

拙真堂 增刊诗乘初集十二卷 清刘然辑并评 发凡一卷 ⑱集1750

钱氏**招隐堂** 一七三〇（雍正八）年刊抚云集九卷 清钱良择撰 ⑱集1054

择雅堂 一六六四（康熙三）年刊二酉汇删二十四卷 清王训撰 ⑱子872

昆山**卓观堂** 一七四九（乾隆十四）年刊学庸思辨录十四卷 清朱鼎谦撰 ㉙2088

卓观堂 一六六六（康熙五）年刊新辑仕学大乘十二卷 题犀照堂主人汇纂 ⑱史1140

许士翙**肯获堂** 一六九三（康熙三十二）年刊西园公文集八卷 明许承周撰 ①5972

尚友堂 一七二八（雍正五）年刊楚辞疏八卷 清吴世尚撰 ⑱集13

尚友堂 一八三三（道光十三）年刊齐氏医案 清齐秉慧撰 ㉚635

浒湾**尚友堂** 一八九八（光绪二十四）年刊古文关键二卷 宋吕祖谦编 ②28634

成都**尚古堂** 一八九七（光绪二十三）年刊脉学辑要三卷 日丹波元简撰 ㉚117

尚有堂 一八六七（同治六）年刊痘麻医案 清齐秉慧撰 ㉚516

尚网堂 一七三六—一七九五（乾隆）年刊巾经纂二十卷 清宋宗元撰 ③文621/846

尚论堂 一七三六—一七九五（乾隆）年刊医门法律六卷 清喻昌撰 ㉚332

尚论堂 一七二七（雍正五）年刊楚辞疏八卷 清吴世尚注释 ⑪811.31/2649

吴门**尚志堂**彭氏 一八二五（道光五）年刊历代画史汇传七十二卷附录二卷总目三卷 清彭蕴灿撰 ④7529

山东**尚志堂** 一八七〇（同治九）年刊张杨园先生集 清张履祥撰 ⑤

尚志堂 一七四一（乾隆六）年刊四书晰疑三卷 清陈鋐撰 ⑱经349

天德**尚贤堂** 刊类经三十二卷 明张介宾类注 ㉚6

尚俭堂 刊丹溪心法附余二十四卷 明方广撰 ㉚322

尚絅堂 一七三六—一七九五（乾隆）年刊网师吟草甲集二卷乙集二卷丙集二卷丁集二卷首一卷 清宋宗元撰 ⑱集1218

尚德堂 一六四四—一六六一（顺治）年刊印古学鸿裁十五卷诗学鸿裁二卷 清范柽周采辑评 ⑱集1636

尚德堂 一八六九（同治八）年刊一见知医六卷 清陈鄂撰 ㉚349

尚德堂 一八八〇（光绪六）年刊素问灵枢类纂约注三卷 清汪昂撰 ㉚8

味芹堂 一六一〇（康熙三十八）年刊明文授读六十二卷 清黄宗羲选辑 ④1872

味初堂 一七九四（乾隆五十九）年刊芸晖小阁吟草一卷 清顾蕴玉撰 ㉙1097

味初堂 一八四二（道光二十二）年刊酌雅斋文集一卷附汲雅山馆诗抄三卷 清彭希郑撰 ㉙1118

卢氏**味经堂** 一八一四（嘉庆十九）年刊西域闻见录 原题清七十一撰 ⑤

羊城**味经堂** 刊金匮要略浅注十卷 清陈念祖撰 ㉚95

金陵**味经堂** 一七九九（嘉庆四）年刊白虎通德论四卷 清庄述祖辑 ⑥

南海**味经堂**林氏 一八二一—一八五〇（道光）年刊事类统编九十三卷 ⑥总33

味经堂 一六六二—一七二二（康熙）年刊幼科铁镜六卷 清夏鼎撰 ㉚478

味经堂 一七七〇（乾隆三十五）年刊陈检讨四六二十卷 清陈维崧撰 ⑯847.2/385

味经堂 一八八七（光绪十三）年刊伤寒论三注十六卷 清周扬俊撰 ㉙684

吴县蒋氏**味清堂** 一八五〇（道光三十）年刊苔岑集初刊 清蒋棨渭辑 ⑤

吴门**鸣凤堂** 一六六二—一七二二（康熙）年刊袁了凡注释群书备考八卷 明袁黄辑 ⑰K14969

鸣凤堂 一七九六—一八二〇（嘉庆）年刊六书会原十卷首一卷 清潘肇丰撰 ③字139/853

鸣盛堂 刊奇方经验 清蒋藻熊编 ㉚255

鸣盛堂 一八一八（嘉庆二十三）年刊熙朝新语十二卷 清余金著 ②65652

鸣盛堂 一八六六（同治五）年刊燕山外史四六传奇四卷 清陈球撰 ④5744

咏春堂 一七五五（乾隆二十）年刊岭南林睡庐诗选二卷 清林良铨撰 ⑱集1196

沔阳**岵思堂** 一八五七（咸丰七）年刊疏河钯障图说 清戚宗海著 ②31340

湘阴郭氏**岵瞻堂** 一八九四（光绪二十）年刊说文经字正谊四卷 清郭庆藩撰 ㉒336

郭氏**岵瞻堂** 一八八五（光绪十一）年刊云卧山庄家训二卷 清郭昆焘著 ②16731

津郡**明文堂** 一八九四（光绪二十）年刊说文古籀疏证六卷 清庄述祖撰 ⑯1357

松江府学**明伦堂** 一八一七（嘉庆二十二）年刊【嘉庆】松江府志八十四卷首二卷图一卷 清宋如林修孙星衍莫晋纂 ⑲7

叙州府学署**明伦堂** 一八九一（光绪十七）年刊五朝文铎二十卷 清李寿萱编 ③文150/8943

明伦堂 一八六八（同治七）年刊【同治】荆门直隶州志十二卷首一卷 清恩荣修张圻纂 ⑲623

成都**明远堂** 刊周易实事十五卷首一卷 清文嗣述 ⑥

明诚堂 一八六四（同治三）年刊韵学发原不分卷 清张书田撰 ⑯424. 5/307. 2

湘潭**明经堂** 刊韩湘子卖药 ②52300

朱钥**明教堂** 一七五九（乾隆二十四）年刊元丰吴郡图经续记三卷 宋朱长文纂 ①3755

明教堂 一八二九（道光九）年刊本草诗笺十卷 清朱纶撰 ㉚192

明道堂 一八四四（道光二十四）年刊素仙简要 清奎英撰 ㉚708

明道堂 一八八三（光绪九）年刊针灸大成十卷 明杨继洲撰 ㉚131

新安汪氏**明善堂** 一七〇四（康熙四十三）年刊大广益会玉篇三十卷 梁顾野王著唐孙强增 ②65458

怡府**明善堂** 一七四二（乾隆七）年刊集千家注杜工部诗集二十卷文集二卷 宋黄鹤补注
附录一卷 ⑱集71

磁邑**明善堂** 刊七真天仙宝传四卷 ②106947

明善堂 一七二三—一七三五（雍正）年刊四书十九卷 宋朱熹撰 ③经815/79

明善堂 一七四九（乾隆十四）年刊明善堂诗集十二卷 清允祥撰 ⑪NC5531. 2/2135

明彰堂 一八一四（嘉庆十九）年刊伤寒论正误集注十卷 清谌玮编 ㉚57

绥定达县**明德善堂** 一八七〇（同治九）年刊景岳新方砭四卷 清陈念祖撰 ㉚228

明德善堂 一八七〇（同治九）年刊医学三字经四卷 清陈念祖撰 ㉚342

施氏**明德堂** 一七五七（乾隆二十二）年刊原机启微二卷附录一卷 元倪维德撰明薛己校补 ㉚571

书林会贤**明德堂** 一七三二（雍正十）年刊图注八十一难经辨真四卷图注脉诀辨真四卷
明张世贤撰 ㉚711

古鱼泉**明德堂** 一九〇〇（光绪二十六）年刊大悲神咒 唐释达摩译 ②14253

明德堂 一六六八（康熙七）年刊伤寒大成 清张璐等撰 ㉚71

明德堂 一七六六（乾隆三十一）年刊凝园读易管见十卷 清罗典撰 ⑱经91

明德堂 一八六一（咸丰十一）年刊大学臆说二卷 清苏源生撰 ③经831. 8/78

明德堂 一八六六（同治五）年刊春秋辨异集传十二卷 清赵培桂撰 ⑦354

畅心堂 刊重刻绣像说唐演义后传五十五回 题鸳湖渔叟编 ④5736

兰州**固本堂** 一八九七（光绪二十三）年刊医学问答 ㉖81

守都魏兆**凤易堂** 一六六二—一七二二（康熙）年刊宁都三魏全集五十九卷首一卷
附刻二十四卷 清魏际瑞等纂林时益辑 ㉑302

宁都易堂 一七四八（乾隆十三）年刊左传经世钞二十三卷 清魏禧辑 ㉑302

宁都易堂 一八七六（光绪二）年刊易义选参二卷 清魏际瑞等撰邱维屏评选 ㉑302

易　堂 一六六二—一七二二（康熙）年刊魏伯子文集十卷 清魏际瑞撰 卷首一卷 ①1725

武林**易安堂**王氏 一八七七（光绪三）年刊救伤秘旨跌损妙方 清赵廷海异真道人撰 ㉚565

易知堂 一八九二（光绪十八）年刊疫证治例 清朱兰台撰 ㉚392

易简堂 一六九七（康熙三十六）年刊祥刑要览四卷 清于琨辑 ⑱史1346

易简堂 一七七七（乾隆四十二）年刊广声调谱二卷 清李汝襄辑 ⑱集1903

西安贡院门**忠兴堂** 一九一一（宣统三）年刊状元诗经 ⑦4562

忠孝堂 一六六二—一七二二（康熙）年刊石斋文集八卷 清杨运昌撰 ⑱集975

忠孝堂 一八八三（光绪九）年刊双桂书院志略四卷双桂东斋志略一卷 ⑯928.4033/916

马**忠信堂** 一八九二（光绪十八）年刊二曲择要 ⑦5505

忠信堂 一七一二（康熙五十一）年刊伤寒摘锦二卷 明万全撰 ㉚48

忠信堂 一七七八（乾隆四十三）年刊片玉心书五卷 明万全撰 ㉚475

忠信堂 一八三二（道光十二）年刊熙朝新语十六卷 清余金撰 ⑯857.1/988.9

忠耿堂 一八三四（道光十四）年刊在三堂集三十卷 清程大中撰 ⑯847.4/787

忠爱堂 刊百僚金鉴十二卷 清牛天宿撰 ⑱史1102

南城曾氏**忠恕堂** 一八一四（嘉庆十九）年刊曾氏医书四种 清曾鼎撰 ㉑277

晋阳**忠恕堂** 一七九七（嘉庆二）年刊神仙济世良方 清柏鹤亭编 ㉚228

福建**忠恕堂** 刊十美图二十四集 ③文640/799

忠恕堂一七八六（乾隆五十一）年刊痘疹会通五卷 清曾鼎撰 ㉚515

忠恕堂一八一三（嘉庆十八）年刊金匮翼八卷 清尤怡编 ㉚410

忠恕堂一八七六（光绪二）年刊痘疹大成四卷 清侯功震撰 ㉚521

忠救堂一六九九（康熙三十八）年刊本草述三十二卷首一卷 清刘若金撰 ㉚169

忠清堂一八六七（同治六）年刊王抑庵集四十卷 明王直撰 ⑮中 04718/416/935.2［2］

泰和王**忠清堂**一八九九（光绪二十五）年刊典钗赎印图册 清王琨辑 ㉑292

铅山蒋士铨**忠雅堂**一六六二—一七九五（康熙乾隆）年刊清容居士行年录一卷 清蒋士铨撰 ㉑227

申右敦申沧来**迪德堂**一七一七（康熙五十六）年刊塞外吟一卷 清申大成撰 ⑱集 1093

迪德堂一八〇八（嘉庆十三）年刊痘疹后编 清张潮青撰 ㉚516

迪德堂一八九一（光绪十七）年刊中藏经三卷 原题汉华佗撰 ㉚27

沈氏**果堂**一七三六—一七九五（乾隆）年刊果堂全集六种十九卷 清沈彤撰 ⑱丛 659

栝芝南田**果育堂**一七四六（乾隆十一）年刊太师诚意伯刘文成公集二十卷 明刘基撰 ②27114

牧爱堂一六七七（康熙十六）年刊【康熙】涿州志十二卷 清刘德弘修杨如樟纂 ⑲52

新化古梅城黄氏**知足堂**一八九六（光绪二十二）年刊古琴古研斋算率八卷 清黄宗宪撰 ㉒351

知津堂一七四四（乾隆九）年刊楚辞注四卷 清奚禄诒撰 ④9146

临川李氏**知稼堂**一八三〇（道光十）年刊韦庐诗内集四卷首一卷末一卷外集四卷首一卷末一卷 清李秉礼撰 ㉑256

湖南**和义堂**周氏一七六一（乾隆二十六）年刊易解拾遗七卷附周易读本四卷 清周世金撰 ㉒331

和义堂一八一九（嘉庆二十四）年刊易解拾遗七卷周易读本四卷 清周世金撰 ⑯092.27/814

和乐堂一八四三（道光二十三）年刊兼韵音义四卷 清殷秉镛撰 ⑯10273

和序堂一七三六—一七九五（乾隆）年刊易经贯一二十二卷 清金诚撰 ⑱经 90

和采堂一七八五（乾隆五十）年刊增订本草附方二卷 ㉚302

和逊堂一八二五（道光五）年刊鸩鹑谱四卷 ④9721

高氏**和衷堂**一七四三（乾隆八）年刊仪礼郑注句读十七卷监本正误一卷石本误字一卷

清张尔岐撰 ⑱经186

和鹤堂 一六四四—一六六二（顺治）年刊诗原一集四卷二集五卷三集五卷四集四卷五集七卷 清顾大申辑 ⑱集1595

胡季堂 一七七二（乾隆三十七）年刊葆璞堂文集四卷 清胡煦撰 ⑯847.3/218

江氏**垂云堂** 一七〇四（康熙四十三）年刊才调集十卷 蜀韦縠编 ⑱集1658

垂荫堂 一八三六（道光十六）年刊河西器具图说四卷 清麟庆撰 ④14137

垂经堂 一七三六—一七九五（乾隆）年刊楼山诗集六卷 清王昶撰 ⑱集1111

长州文氏**竺坞山堂** 一七一二（康熙五十一）年刊姑苏名贤小纪二卷续记一卷 明文震孟辑清文秉续辑 ⑪NC2259/0411

秉德堂 一七一九（康熙五十八）年刊歙西金山宋村宋氏族谱十二卷 清宋德泽纂修 ⑱史592

侣山堂 一六九五（康熙三十四）年刊黄帝素问直解九卷 清高世栻注 ㉚16

陈氏**侧怀堂** 一六八二（康熙二十一）年刊问斋杜意二十卷读杜漫述一卷 清陈式撰 ⑱集88

佩古堂 一七五四（乾隆十九）年刊集虚斋学古文十二卷附离骚经解略一卷 清方楘如撰 ⑱集1100

兰州**佩兰堂** 一八二四（道光四）年刊段容思先生年谱纪略 ㉖81

佩兰堂 一七五一（乾隆十六）年刊鸳鸯帕传奇二卷 清张应楸撰 ⑱集2149

依云堂 一八三〇（道光十）年刊肘后备急方八卷 晋葛洪撰金杨用道增补 ㉚208

依仁堂 一六六二—一七二二（康熙）年刊程赋统会十八卷首一卷 清刘斯枢辑 ⑱史1318

岳生堂 一七二一（康熙六十）年刊说嵩三十二卷 清景日昣撰 ⑯928.313/466

岱渊堂 一六六二—一七二二（康熙）年刊杜诗论文五十六卷 清武见思撰潘眉评 ①17102

芜湖**金不堂** 一七八九（乾隆五十四）年刊达生编 清亟斋居士编 ㉚453

靖江**金声堂** 一八六一（咸丰十一）年刊外科正宗十二卷 明陈实功撰清徐大椿批 ㉚544

金声堂 一九〇八（光绪三十四）年刊痘疹指微 清释普净撰 ㉚525

湖南**金茂堂** 一八九〇（光绪十六）年刊孔子家语十卷 晋王肃注 ⑥

金相堂 一七八二（乾隆四十七）年刊医宗必读十卷 明李中梓撰 ㉚705

金砺堂 一八六八（同治七）年刊太璞生文钞 清傅以成撰 ⑯847.6/905

金裕堂 刊幼幼集成六卷 清陈复正编 ㉚481

金德堂 刊幼科铁镜六卷 清夏鼎撰 ㉚479

双流李氏**念劬堂** 刊诸子平议三十五卷补录五卷 清俞樾撰 ⑯120.3/990

念修堂 一七二五（雍正三）年刊古文雅正十四卷 清蔡世远评选李清植等参订 ③文150/834

姜氏**念祖堂** 一六六二—一七二二（康熙）年刊敬亭集十卷补遗一卷 清姜埰撰 附录一卷 ⑱集916

念慈堂 一七五八（乾隆二十三）年刊治河奏疏二卷 明周堪赓撰 ⑰11394

徐氏**采山堂** 一六八一（康熙二十）年刊明名臣言行录九十五卷（一作一百卷） 清徐开任撰 ㉙1978

采芝堂 一七八〇（乾隆四十五）年刊唐氏族谱十卷 清唐学珊纂修 ⑱史603

天雄姜氏**采鹿堂** 一八四五（道光二十五）年刊姜氏家集 清姜庆成辑 ⑤

王端**采韵堂** 一七三四（雍正十二）年刊西征纪略二卷 清王万祥撰 ①1256

采碧山堂 一七一八（康熙五十七）年刊【康熙】仪真县志二十二卷 清陆师纂修 ⑲353

受采堂 一六八九（康熙二十八）年刊具区志十六卷 清翁澍撰 ㉙3421

受宜堂 一七三六—一七九五（乾隆）年刊古文披金二十四卷 清纳兰常安辑 ⑱集1637

受宜堂 一八四六（道光二十六）年刊重论文斋笔录十二卷 清王端履辑 ⑯072/117

受宜堂 刊古文披金二十四卷 清常安评选 ②文150/836

受祉堂 一七三九（乾隆四）年刊新安大程村程氏支谱二卷 清程豫续辑 ⑪977.5/2617

广汉张氏**受经堂** 一八七五—一九〇八（光绪）年刊遵义唐氏同治本郑学录四卷 清郑珍撰 ⑥

江苏**受恒堂** 一七九六—一八二〇（嘉庆）年刊汉隶字源六卷 宋娄机撰 ⑦

饲经堂 一八二一（道光元）年刊桐城方氏诗集六十七卷 清方于谷辑 ④888

南昌**京山堂** 一七七二（乾隆三十七）年刊江城名迹记二卷首一卷末一卷 清陈弘绪撰万廷兰等辑 ㉑311

南湖**享书堂** 刊坦庵词曲六种九卷 清徐石麒撰 ①12454

四川藩署**育物堂** 一七八六（乾隆五十一）年刊不药良方二卷续集十卷 清王玷桂（桂舟）撰 ㉚249

常昭**育婴堂** 一八七九（光绪五）年刊保婴易知录二卷 清吴溶堂撰 ㉚483

湖北**育德堂** 一八六三（同治二）年刊医学六种十一卷 清屠道和撰 ㉚177

废闲堂 一八七二（同治十一）年刊绣像十五贯八集十六回 清马永清撰 ㉙1389

陈君仲**法古堂** 一六六二—一七二二（康熙）年刊石月川遗集三卷 清石洢撰 ⑱集1050

河涧堂 刊曹李尺牍合选二卷 清曹溶李良年撰茅复辑 ⑱集1766

河墅名山堂 一六六二—一七二二（康熙）年刊木厓续集二十四卷末四卷 清潘江撰 ⑱集962

泸州陈**泗海堂** 一八六五（同治四）年刊医方易简新编六卷 清袭自璋黄统编 ㉚268

泾县包氏**注经堂** 一八七二（同治十一）年刊安吴四种三十六卷 清包世臣撰 ②7922

泌乐堂 一六六〇（顺治十七）年刊古学鸿裁十五卷诗学鸿裁二卷 清范柽周采辑 ⑱集1636

张士俊**泽存堂** 一七〇四（康熙四十三）年刊广韵五卷 宋陈彭年等撰 ⑱经460

泽经堂 一七九七（嘉庆二）年刊说文凝锦录一卷 清万光泰撰 ⑱经410

治文堂 一七四八（乾隆十三）年刊新刻简明医彀八卷 明孙志宏编 ㉚328

王氏**治古堂** 一七一六（康熙五十五）年刊遗安堂诗集四卷 清王连瑛撰 ⑱集1020

潘**治安堂** 一八八六（光绪十二）年刊福幼编 清庄在田撰 ㉚533

治环堂 一八九四（光绪二十）年刊保婴易知录二卷 清吴溶堂撰 ㉚484

治礼堂 一七七三（乾隆三十八）年刊西湖赋不分卷 明柴绍炳撰 ④1449

性馀堂熊氏 一七九六—一八二〇（嘉庆）年刊赐墨堂家集合编 清熊宝泰辑 ⑤

怡　堂 刊袖珍本图绘宝鉴八卷 元夏文彦著 ②63465

怡云堂 一八〇八（嘉庆十三）年刊济世达生篇二卷 ㉚462

夷门常氏**怡古堂** 一八五〇（道光三十）年刊增订春秋世族源流图考六卷 清陈厚耀著 常茂徕增订 ②16613

怡兰堂 一九〇二（光绪二十八）年刊吾炙集一卷 清钱谦益编 ㉙2856

怡怡堂 一七五二（乾隆十七）年刊半庵诗稿二卷附倪城风雅二卷 清劳砺撰 ①11007

高氏**宝山堂** 一六六二—一七二二（康熙）年刊闽漳先贤列传四卷 清高维桧撰 ⑱史459

都门琉璃厂**宝仁堂** 一八七七（光绪三）年刊红楼梦偶评一卷 清张其信撰 ㉓37

宝仁堂 一六六二—一七二二（康熙）年刊温疫论二卷 明吴有性撰 ㉚384

宝仁堂 一七六九（乾隆三十四）年刊增订一夕话新集六卷 原题咄咄夫撰嗤嗤子增订 ④6034

宝仁堂 一八二五（道光五）年刊本草从新六卷 清吴仪洛编 ㉚4173

宝仁堂 一八三〇（道光十）年刊璜川吴氏经学丛书 清吴志忠等辑 ⑤

宝仁堂 一八五八（咸丰八）年刊近科全题新策法程 清刘垣之评点 ②34134

宝文堂 一七一六（康熙五十五）年刊古文析义十六卷 清林云铭评注 ⑱集 1636

宝文堂 一八八一（光绪七）年刊五方元音二卷 清樊腾凤撰 ②71090

江阴**宝文堂** 一六六二—一七二二（康熙）年刊痘疹金镜录四卷 明翁仲仁撰 ㉚499

京都**宝文堂** 一八七六（光绪二）年刊异说后唐全传三集八卷八十回 ㉓37

京都**宝文堂** 刊药性赋珍珠囊四卷 金李明之撰 ㉚191

北京**宝文堂** 刊朱买臣休妻 清汪笑侬准词 ⑤51986

江阴**宝文堂**庄书 刊素问灵枢类纂约注三卷 清汪昂撰 ㉚8

金阊**宝文堂** 一六六二—一七二二（康熙）年刊病机汇论十八卷 清沈朗仲撰马元仪校定 ㉚409

宝月堂 一六四四—一六六一（顺治）年刊樗轩草二卷古意新声一卷 清林凤仪撰 ⑱集 931

京都**宝书堂** 一八九〇（光绪十六）年刊五方元音二卷 清樊腾凤辑年希尧增补 ⑯3414

宝书堂 一八二一—一八五〇（道光）年刊山中白云词八卷 宋张炎撰 ②21991

宝书堂 一八七五—一九〇八（光绪）年刊书经集传六卷 宋蔡沈撰 ②36455

宝宁堂 一七四二（乾隆七）年刊类腋五十五卷补遗一卷 清姚培谦张卿云辑 张隆孙补遗 ②14306

宝宁堂 一八〇一（嘉庆六）年刊文公家礼仪节十卷 宋朱熹撰明邱浚辑 ③780/5792.2

宝宁堂 一八一三（嘉庆十八）年刊文选集腋六卷 清胥斌辑 ②25828

宝弘堂 一七三〇（雍正八）年刊尚书约注五卷 清高重瑛撰 ⑱经 118

宝伦堂 一七九二（乾隆五十七）年刊补汉兵志一卷 宋钱文子撰 ⑯089.74/340

浙江朱氏**宝华堂** 一八六二—一八七四（同治）年刊监本五经 ⑥

宝华堂 一七五二（乾隆十七）年刊外科正宗四卷 明陈实功撰 ㉚539

宝华堂 一八四六（道光二十六）年刊大悲咒注像 唐释伽梵达摩译 ②64904

宝全堂 一八九九（光绪二十五）年在成都刊四言杂字捷要不分卷 ⑥

东郡**宝兴堂** 一八九〇（光绪十六）年刊小五义一百二十四回 清石玉昆撰 ⑯857.4/550－1－03

江苏苏州**宝兴堂** 一八七五—一九〇八（光绪）年刊春秋左传句解六卷 清张英重订 ⑦

京江钱氏**宝兴堂** 刊幼学须知句解四卷附历代世统歌 清程允升撰 ②31377

宝兴堂 一七七六（乾隆四十一）年刊新刻杨家府世代忠勇演义志传六卷 原题秦淮墨客撰 ④6013

宝兴堂 一七七二（乾隆三十七）年刊幼科推拿秘书五卷 清骆如龙撰骆民新抄订 ㉚151

宝兴堂 一八八三（光绪九）年刊难经脉诀脉学奇经考 原题秦越人等撰 ㉚754

宝兴堂 一八八五（光绪十一）年刊本草备要四卷 清汪昂撰 ㉚170

宝庆堂 一六八四（康熙二十三）年刊凤山剩稿不分卷 清胡士梅撰胡文燿等辑 ⑱集946

京都**宝名堂** 一七七五（乾隆四十）年刊大清缙绅全书四卷中枢备览一卷 ㉓37

宝名堂 一七六三（乾隆二十八）年刊乾隆二十八年职官迁除全书不分卷 ⑱史683

宝芸堂 一六六二—一七二二（康熙）年刊江村清夏录三卷 清高士奇辑 ③艺111/823.2

宝芸堂 一七九六（嘉庆元）年刊经史考略三十卷 清张眉大撰 ②17018

宝纶堂 一七三一（雍正九）年刊岭西水陆兵纪二卷 明盛万年撰 ②47944

北京**宝林堂** 一八七五（光绪元）年刊纪效新书十八卷首一卷 明戚继光撰 ⑰12151

京都**宝林堂** 一八七五（光绪元）年刊戚大将军练兵纪效合刻 明戚继光撰 ⑤

京都**宝经堂** 刊医林改错二卷 清王清任撰 ㉚35

宝贤堂 一八五七（咸丰七）年刊卫生鸿宝六卷 清祝补斋编 ㉚261

宝贤堂 一八六三（同治二）年刊普济应验良方八卷 清德轩氏编 ㉚254

肥阳**宝荫堂** 一八六三（同治二）年刊万金至宝三卷 清尚宗康编 ㉚269

京口**宝树堂** 一八二五（道光五）年刊胎产集要三卷附幼科摘要 清黄惕斋编 ㉚457

宝树堂 一八七一（同治十）年刊锦上花四十八回 原题修日阁主人编 ④15067

宝树堂 一七三六—一七九五（乾隆）年刊宫岩诗集四卷 清李予望撰 ⑱集1148

江西宝树堂 一七五六（乾隆二十一）年刊地理捷径二卷 清陈钟珍等撰 ㉑309

庄绶甲宝研堂 一八二一—一八五〇（道光）年刊味经斋遗书 清庄存与撰 ⑤

宝珍堂 一八一二（嘉庆十七）年刊经验丹方汇编 清钱峻编 ㉚244

御儿吕氏宝诰堂 一六六二—一七二二（康熙）年刊朱子遗书 宋朱熹撰 ⑤

石门吕氏宝诰堂 一六六二—一七二二（康熙）年刊二程全书 ⑱经45

锦城宝真堂 一八七二（同治十一）年刊天方至圣实录年谱二十卷 清刘介廉撰 ②499

宝恕堂 一八四二（道光二十二）年刊大学衍义辑要六卷大学衍义补辑要十二卷 宋真德秀撰 ⑯097.4252/998-04

宝章堂 一七五六（乾隆二十一）年刊医宗必读十卷 明李中梓撰 ㉚705

福建宝章堂 刊丹溪心法附余二十四卷 明方广撰 ㉚322

吴郡宝善堂 一八五〇（道光三十）年刊临证指南医案十卷附种福堂公选良方 清叶桂撰华岫云编 ㉚631

金陵宝善堂 一八一五（嘉庆二十）年刊痘疹金镜录四卷 明翁仲仁撰 ㉚499

暨阳陈宝善堂 一八八五（光绪十一）年刊回春丹 ㉚464

京江宝善堂 一八九四（光绪二十）年刊眼科宝籍 清程洛东订 ㉚578

四川宝善堂 一八七五—一九〇八（光绪）年刊兵经百篇三卷 清揭暄撰 ⑥

湖北吴氏宝善堂 一八三三（道光十三）年刊归云别集十种 明陈士元撰 ⑰1439

湖南宝善堂 一八八七（光绪十三）年刊圣谕像解二十卷 清梁延年编 ②45957

宝善堂 一七三六—一七九五（乾隆）年刊示我周行三卷 清赖盛远辑 ②3286

宝善堂 一七四三（乾隆八）年刊松风馀韵五十卷末一卷 清姚宏绪辑 ⑱集17

宝善堂 一八五四（咸丰四）年刊本草备要四卷 清汪昂撰 ㉚170

广州谢宝善堂 一八六〇（咸丰十）年刊急救良方 清谢衡斋罗廷照编 ㉚269

宝善堂 一八六七（同治六）年刊吞烟急救方 清王六典编钟启淦增辑 ㉚270

宝廉堂 一八二一（道光元）年刊坻荷谱一卷 清杨钟宝撰 ⑱子483

詹氏宝墨堂 一六九四（康熙三十三）年刊陶诗集注四卷 清詹夔锡撰 附东坡和陶诗一卷

宋苏轼撰 ⑱集30

宝稼堂 一六六二—一七二二（康熙）年刊遥掷稿二十卷 清冯武撰 ⑱集971

鄢陵县**宝德堂** 一八九七（光绪二十三）年刊十诰灵文圣经 ②46395

宝镜堂 一六七三（康熙十二）年刊海外纪事六卷 清释大汕撰 ①1198

宝翰堂 刊古今词话八卷 清沈雄辑江尚质增辑 ㉙2359

宝翰堂 一六六二—一七二二（康熙）年刊本经逢原四卷 清张璐撰 ㉚172

宝禧堂 一六六九（康熙八）年刊得闲草 清许振光撰 ㉙609

宗陆堂 一七五四（乾隆十九）年刊【乾隆】荆门州志三十六卷 清舒成龙修李法孟陈荣杰撰 ⑲622

宗道堂 一八六五（同治四）年刊牛痘新法 清邱浩川撰 ㉚518

定安堂 一八三六（道光十六）年刊瘦石山房笔记一卷 清陆向荣撰 ②37189

宜　堂 一七〇二（康熙四十一）年刊落花倡和诗集一卷 明沈周等撰清顾嘉誉金成栋辑 ⑱集1709

海昌蒋氏**宜年堂** 一八五一（咸丰元）年刊涉闻梓旧 清蒋光煦辑 ⑤

宜禄堂 一八三五（道光十五）年刊山带阁集三十三卷附录一卷 明朱日藩撰 ③文275.955/36.2

宜禄堂 一八五一（咸丰元）年刊礼记训纂四十九卷 清朱彬撰 ⑯095.3127/828－02

郁氏**宜稼堂** 一八四四（道光二十四）年刊韵辨一隅八卷补遗一卷 清诸玉衡撰 ⑯9296

宜稼堂 一八五七（咸丰七）年刊成方辑要四卷 清邵澍编 ㉚229

李际期**宛委山堂** 一六四六（顺治三）年刊说郛一百二十卷 明陶宗仪编 ⑱丛76

商邱宋氏**宛委堂** 一七〇三（康熙四十二）年刊江左十五子诗选十五卷 清宋荦辑 ⑱集1773

宛委堂 一六九九（康熙三十八）年刊牧斋尺牍三卷 清钱谦益撰 ㉙2854

学　堂 刊大复山人诗集精华录八卷 明何景明撰清吴宁编 ③文274.745/58

岳池**学文堂** 一八八〇（光绪六）年刊本草便方二卷 清刘善述撰 ㉚178

四川重庆**学文堂** 一九〇四（光绪三十）年刊正蒙字义二卷 清正蒙公塾辑 ⑦

学文堂 一八六七（同治六）年刊验方新编十六卷 清鲍云韶编 ㉚262

学正堂 一八五五（咸丰五）年刊产科心法二卷附福幼编 清汪朴斋撰 ㉚460

学古堂 一七一〇（康熙四十九）年刊名家诗选四卷 清吴蔼编 ⑱集1750

学古堂 一八三五（道光十五）年刊毛诗传笺通释三十二卷 清马瑞辰撰 ⑯094.127/4111－064

学古堂 一九一一（宣统三）年刊冯潜斋先生年谱一卷 清劳潼撰 ⑯982.974/768－763

学余堂 一八七四（同治十三）年刊绣象锦上花全传四十八回 原题清修日阁主人撰 ⑯857.5/913

学余堂 一六六〇（顺治十七）年刊丹台玉案六卷 明孙文胤撰 ㉚328

婺源**学余堂** 一八三七（道光十七）年刊唐诗三百首 清孙洙编 ㉑322

学者堂 一七〇二（康熙四十一）年刊唐七律选四卷 清王锡周崧等辑 ⑧

太仓沈起元**学易堂** 一七三八（乾隆三）年刊白溇先生文集四卷 清沈受宏撰 ⑱集1053

陇下**学易堂** 一八〇三（嘉庆八）年刊怀麓堂全集诗稿二十卷文稿三十卷诗后稿十卷文后稿三十卷杂记十卷首一卷附年谱七卷 明李东阳著清式善纂唐仲冕增补 ②61967

金昌**学易堂** 一六五九（顺治十六）年刊唱经堂杜诗解四卷 清金人瑞撰金昌辑 ㉙585

学易堂 一六六二—一七二二（康熙）年刊白溇集十二卷 清沈受宏撰 ②54076

学诗堂 一七三六—一七九五（乾隆）年刊江湖闲吟八卷 清王道撰 ⑱集1147

学诲堂 一六九四（康熙三十三）年刊四书辩讹六卷 清汪陞撰 ⑱经348

学耕堂 一七二四（雍正二）年刊伤寒论本义十八卷首一卷末一卷 清魏荔彤撰 ㉚53

学耕堂 一七八二（乾隆四十七）年刊缀白裘新集合编十二卷 清玩花主人辑钱德苍续 ②8151

金阊**学耕堂** 一七八七（乾隆五十二）年刊重订外科正宗十二卷 明陈实功撰张乐山重订 ㉚539

吴县**学耕堂** 一八一八（嘉庆二十三）年刊船山诗草选六卷 清张问陶撰石韫玉选 ㉙1073

武林**学耕堂**刊痘科宝镜全书 清汪昂撰 ㉚506

学爱堂 一七三一（雍正九）年刊昭文县志十卷首一卷 清劳必达纂修 ⑫SR22.1－3112/7.481

广东**学海堂** 一八二九（道光九）年刊皇清经解一千四百卷 清阮元辑 ⑰00343

广州**学海堂** 一八七二（同治十一）年重刊九数通考十三卷 清屈曾发撰 ㉙3083

粤东**学海堂** 一八三四（道光十四）年刊论语异文考证十卷 清冯登府撰 ㉙2142

学海堂 一八八三（光绪九）年刊北溪先生字义二卷附录一卷 宋陈淳撰 ②37180

海宁**学渊堂** 一八一六（嘉庆二十一）年刊经验良方 清毛世洪编 ㉚251

学道堂 一八三三（道光十三）年刊经验良方 撰者佚名 ㉚258

学畲堂 刊外科百效全书四卷 明袭居中编 ㉚540

学源堂 刊新刻京台公馀胜览国色天香十卷 明吴敬所撰 ④5999

学福堂 刊重订囊秘喉书 清杨龙九撰 ㉚591

学耨堂 清初在寓楼书室刊元鹿皮子集四卷 元陈樵撰 ②40587

学耨堂 一七八八（乾隆五十三）年刊东阳历朝诗九卷 清董肇勋辑 ⑱集1808

滋阳牛氏**空山堂** 一八一八（嘉庆二十三）年刊牛空山先生全集 清牛运震撰 ⑰01441

空山堂 一七九一（乾隆五十六）年刊空山堂史记评注十二卷 清牛运震著 ②15882

空山堂 一八一八（嘉庆二十三）年刊空山堂全集 清牛运震撰 ⑤

诗业堂 一八一一（嘉庆十六）年刊明医指掌十卷附诊家枢要 明皇甫中撰王肯堂补 ㉚323

江苏张氏**诗礼堂** 一六六二—一七二二（康熙）年刊陆放翁全集 宋陆游撰 ⑥

孔氏**诗礼堂** 刊国语二十一卷 吴韦昭注 ⑱史208

诗礼堂 一七三六—一七九五（乾隆）年刊介山全书十三种 清王又朴著 ②2418

诚心堂 一八九一（光绪十七）年刊证治集解 清庞润田撰 ㉚81

湖南**诚正堂** 刊寿世编二卷 清顾奉璋编 ㉚250

诚正堂 一七四四（乾隆九）年刊保产万金 ㉚457

诚希堂 一八七一（同治十）年刊妇婴宝鉴 撰者佚名 ㉚444

诚信堂 一八六七（同治六）年刊达生编二卷附十八论一卷经验良方一卷 原题亟斋居士原编 ②48513

诚意堂 一七五六（乾隆二十一）年刊宋布衣集三卷 明宋登春撰 清平倡和诗一卷 ⑱集748

诚意堂 一八三二（道光十二）年刊七经偶记十二卷 清汪德钺撰 ③经38/535

诚意堂 一八四九（道光二十九）年刊引痘略 清邱浩川撰 ㉚517

诚德堂 刊三家医案合刻附医效秘传三卷温热赘言 清吴金寿撰 ㉙2631

诚德堂 刊三家医案合刻 清叶桂薛雪缪遵义撰吴金寿编 ㉚636

诚希堂 一八七一（同治十）年刊妇婴宝鉴 著者佚名 ㉚441

太原**诚槐堂** 一九〇七（光绪三十三）年刊内科摘录四卷首一卷 清文晟编 ㉚411

视古堂 一六六二—一七二二（康熙）年刊明十一大家集一百零四卷 清张汝瑚编 ④补 217

汉阳张氏**视履堂** 一七八六（乾隆五十一）年刊二十一史弹词注十卷 明杨慎撰 清张三异增定张仲璜注 ⑪NC5648/4298.02

视履堂 刊痘疹世医心法二十三卷 明万全编 ㉚497

弦韵堂 一七一二（康熙五十一）年刊常熟县志八卷 清章曾印章曾倬等纂修 ①968

居　堂 一七五一（乾隆十六）年刊五寨县志二卷 清秦雄褒修纂 ①

临清皮**居人堂** 一八七八（光绪四）年刊验方新编十六卷 清鲍相璈编 ㉚262

汪士汉**居仁堂** 一六六八（康熙七）年刊浮溪遗集十五卷 宋汪藻撰 附录一卷 ①370

居仁堂 一六七九（康熙十八）年刊贯虱篇一卷 清纪鉴撰 ⑱子 133

居仁堂 一七三九（乾隆四）年刊古今记林二十六卷 清汪士汉辑 ②65609

居业堂 一六六二—一七二二（康熙）年刊文章练要左传十卷 清王源编 ③文 150/8242

居业堂 一七二〇（康熙五十九）年刊四书解义七卷 清李光地撰 ⑯097.27/290

居业堂 一七四四（乾隆九）年刊重刊文章练要左传十卷 清王源编 ③文 150/8242.2

居业堂 一七三〇（雍正八）年刊文章练要孟庄合刻十卷 清王源编 ③文 150/8242.2

居安乐玩之堂 一七三六—一七九五（乾隆）年刊大历诗略六卷 清乔亿辑 ⑱集 1680

居易堂 一七三八（乾隆三）年刊楚辞新注八卷 清屈复注 ⑦13772

肃雍堂 一八四九（道光二十九）年刊三峰卢氏家志十八卷 清卢潮生纂 ③传 75.71/84

秀水沈氏**始言堂** 一八二一—一八六一（道光至咸丰）年刊沈莲溪全集 清沈濂撰 ⑤

始言堂 一八五四（咸丰四）年刊怀小编二十卷 清沈濂撰 ⑯10708

京都**始胎大堂** 一七九八（嘉庆三）年刊七克七卷 西班牙宠迪我撰 ⑯12619

参和堂 一七七八（乾隆四十三）年刊文昌通纪八卷 清周广业撰 ③文 771/236

龙潭朱氏**絅锦堂** 一六八三（康熙二十二）年刊淳化阁帖释文十卷 清朱家标校订 ②44636

绍义堂 一八四三（道光二十三）年刊苗防备览二十二卷 清严如煜撰 ⑰5969

六安州陈**绍仓堂** 一八三一（道光十一）年刊医纲提要八卷 清李宗源辑 ㉚347

吉安欧阳氏浏**绍文堂** 一七四八（乾隆十三）年刊圭斋集十五卷附录一卷 元欧阳玄撰清欧阳启迈重编 ㉑288

京都**绍衣堂** 一八八一（光绪七）年刊不药良方二卷续集十卷 清王桂舟撰 ㉚249

绍衣堂 一七五二（乾隆十七）年刊痘科温故集三卷 清唐威原撰 ㉚512

绍衣堂 一八〇四（嘉庆九）年刊不药良方 清潘志裘编 ㉚255

绍衣堂 一八七四（同治十三）年刊易知摘要类编十二卷 清富俊撰 ⑯921.8/688

王**绍定堂** 一八六二（同治元）年刊笔花医镜四卷 清江涵暾撰 ㉚345

安成**绍恩堂**刊邹太史文集八卷 明邹德溥撰 ⑧

绍裕堂 刊水浒后传八卷四十回 明陈忱撰 ⑭

绍雅堂 一八六〇（咸丰十）年刊金匮启钥三十七卷 清黄朝坊编 ㉚707

绍源堂 一八五一（咸丰元）年刊石云选秘二卷 清王上英传释彻尘选注 ㉚267

金阊**经义堂** 一七三六—一七九五（乾隆）年刊伤寒论注四卷 清柯琴撰 ㉚51

新安**经义堂** 一八一九（嘉庆二十四）年刊大生要旨五卷 清唐千顷撰 ㉚458

姑苏**经义堂** 一八二一（道光元）年刊国朝贡举考略三卷明贡举考略二卷 清黄崇兰撰 ⑯9163

经义堂 一七四一（乾隆六）年刊食鉴本草四卷 清柴裔编 ㉚198

宝庆**经元堂** 一七〇九（康熙四十八）年刊卜筮正宗十四卷 清王维德撰 ㉒352

南阳**经元堂** 一九〇八（光绪三十四）年刊七真天仙宝传二卷 ①42276

经元堂 一七二三—一七三五（雍正）年刊新纂氏族笺释八卷 清熊峻运撰 ⑪313.381/2123

经元堂 一七八七（乾隆五十二）年刊曲江书屋新订批注左传快读十八卷首一卷 清李绍崧选 ⑯096.227/244－294

经元堂 一八二一—一八五〇（道光）年刊地理辨正直解五卷 原题无心道人撰 ②65770

经元堂 一八六七（同治六）年刊辨证奇闻十五卷 清陈士铎撰 ㉚333

经元堂 一九〇一（光绪二十七）年刊湘子全传二十四回 ②65361

经文堂 一七七八（乾隆四十三）年刊本草医方合编 清汪昂撰 ㉚723

经文堂 一八八六（光绪十二）年刊喉牙口舌各科秘旨 清广东藩署编 ㉚589

经艺堂 刊医宗说约六卷 清蒋示吉撰 ㉚331

经艺堂 一八〇一（嘉庆六）年刊痘疹折衷二卷 明秦昌遇撰 ㉚504

泾阳柏森**经正堂** 一八八八（光绪十四）年刊松柏讲义十二卷 清陆陇其撰 ⑦0440

泾阳柏森**经正堂** 一八八七（光绪十三）年刊真氏大学衍义四十三卷 ⑦0440

泾阳柏惠民**经正堂** 一九〇五（光绪三十一）年刊孝经本义十八章 清刘古愚著 ⑦0480

湘乡罗氏**经世堂** 一八九六（光绪二十二）年刊明辨斋丛书前编四集 清余启钧辑 ⑰01163

经业堂 刊医贯六卷 明赵献可撰 ㉚28

镇洋毕氏**经训堂** 一七三六—一七九五（乾隆）年刊关中胜迹图志三十卷 清毕沅纂 ⑭

经训堂 一七九九（嘉庆四）年刊弇山毕公年谱一卷 清史善长撰 ㉙2546

经芝堂 刊医宗说约六卷 清蒋示吉撰 ㉙667

余馀堂 一八一八（嘉庆二十三）年刊本草原始十二卷 明李中立撰 ㉚166

经馀堂 一八四三（道光二十三）年刊针灸大成十卷 明杨继洲撰 ㉚131

经馀堂 一八二九（道光九）年刊增补万宝全书八卷 ②47217

杜氏**经纬堂** 一六六二—一七二二（康熙）年刊粤闽巡视纪略五卷附纪一卷 清杜臻撰 ①5990

经纬堂 一八九三（光绪十九）年刊大清国朝历科广东乡试武解元题名录 ②113411

宝庆**经纶堂** 一八〇四（嘉庆九）年刊道德经评注二卷 汉河上公章句明归有光批阅 ⑥子10

宝庆**经纶堂** 一八二一—一八五〇（道光）年刊相理衡真十卷 清陈钊撰 ②66353

经纶堂 一七〇四（康熙四十三）年刊万氏妇科达生合编四卷 明万全等撰 ㉚430

经纶堂 一六六二—一七二二（康熙）年刊雪心赋正解四卷附辨论三十篇 清孟浩撰 ②35394

经纶堂 一七九一（乾隆五十六）年刊医学心悟六卷附外科十法 清程国彭撰 ㉚336

经纶堂 一七九六（嘉庆元）年刊随园食单四卷 清袁枚撰 ⑯627.3/188

经纶堂 一八五〇（道光三十）年刊痘疹定论四卷 清朱玉堂编 ㉚508

经纶堂 一八五七（咸丰七）年刊图注难经脉诀 明张世贤撰清沈镜删注 ㉚722

经纶堂 一八六二—一八七四（同治）年刊喻氏医书三种 清喻昌撰 ㉚719
经纶堂 一八七九（光绪五）年刊验方新编十六卷 清鲍云韶编 ㉚262
经纶堂 刊难经经释二卷 清徐大椿撰 ㉙2457
经苑堂 一八〇八（嘉庆十三）年刊梦白新编白獭全传南词八卷 清徐品南撰 ④4616
宝庆**经国堂** 一七二五（雍正三）年刊书经体注六卷 宋蔡沈集传清万经注 ㉒332
宝庆**经国堂** 一八三六（道光十六）年刊批点春秋左传纲目句解六卷 宋朱申撰 ㉒333
南昌**经国堂** 一八二五（道光五）年刊入地眼全书十卷 宋辜託清万树华编 ㉑321
经国堂 一八六七（康熙六）年刊地理正义铅弹子砂水要诀六卷 清张凤藻撰 ②31220
经国堂 一八〇二（嘉庆七）年刊图注八十一难经辨真四卷图注脉诀辨真四卷 明张世贤撰 ㉚711
经国堂 一八三一（道光十一）年刊引痘新法全书 清邱浩川编 ㉚517
经国堂 一八八〇（光绪六）年刊南雅堂医书全集（又名公馀十六种）原题清陈念祖撰 ㉚739
经国堂 一八六四（同治三）年刊伤寒六书六卷 明陶华撰 ㉚68
崇川**经经堂** 一八七〇（同治九）年刊喉科指掌六卷 清张宗良撰 ㉚584
经济堂 一八六七（同治六）年刊神彀金丹 明袭廷贤撰 ㉚220
星沙**经济堂** 一八六六（同治五）年刊医林改错二卷 清王清任撰 ㉚34
长沙**经济堂** 一七四九（乾隆十四）年刊外科证治全生集 清王维德编 ㉚541
善化张氏**经济堂** 一八九二（光绪十八）年刊汉魏六朝百三名家集 一百十八卷 明张溥辑 ②24411
书林**经袖堂** 一七四二（乾隆七）年刊删注脉诀规正二卷 清沈镜撰 ㉚109
经笥堂 刊文章始 梁任昉著 ②44802
经鉏堂 一七六七（乾隆三十二）年刊昭代词选三十八卷 清蒋重光辑 ⑱集2007
大雷岸**经锄堂** 一八七七（光绪三）年刊古今钱略三十二卷 清倪模撰 ⑧
叶奕苞**经锄堂** 刊菉竹堂书目六卷 明叶盛撰 ㉙1850
经锄堂 一七三六—一七九五（乾隆）年刊伤寒论三注十六卷 清周扬俊撰 ㉙684
经锄堂 一八四六（道光二十六）年刊温热论 清叶桂撰 ㉚371

经微堂 刊永嘉郡记 南朝宋郑缉之撰 ③地234.31/123.2

经德堂 一七三一（雍正九）年刊字汇十二卷首一卷末一卷韵法直图一卷横图一卷 明梅膺祚撰 ②31380

经德堂 一八七九（光绪五）年刊痧症全书三卷 清王凯编 ㉚399

贯月堂 一九〇二（光绪二十八）年刊活人心法诊舌镜六卷 清刘以仁撰 ㉚125

贯华堂 刊贯堂第六才子书西厢记八卷 元王德信关汉卿撰清金人瑞批点 ⑱集2046

延晖**承庆堂** 一八九二（光绪十八）年刊刘礼部集十一卷 清刘逢禄撰 麟石文钞一卷 清刘承宠撰 ⑯2465

杭州万**承志堂** 一八八五（光绪十一）年刊万承志堂丸散全集 清万承志堂编 ㉚305

南海梁**承志堂** 一八九八（光绪二十四）年刊增订痘疹辑要四卷 清白振斯撰 ㉚515

承芳堂 一六六二—一七二二（康熙）年刊本事诗十二卷 清徐釚辑 ②3357

承芳堂 一七二三—一七三五（雍正）年刊本事诗十二卷 清徐釚辑李本宣李本宜增订 ⑱集1896

慈溪**承启堂** 一七三七（乾隆二）年刊活幼心法九卷 明聂尚恒撰 ㉚501

邗江**承启堂** 一八八〇（光绪六）年刊词学丛书 清秦恩复辑 ⑤

常熟赵氏**承启堂** 一九〇二（光绪二十八）年刊松石斋文集二十五卷诗集六卷 明赵用贤撰 ⑯846.8/204

常熟赵氏**承启堂** 一八八三（光绪九）年刊入云编四卷 清赵世钺撰 ㉙2998

赵希文**承启堂** 一八九六（光绪二十二）年刊味香居诗钞一卷 清赵贵忠撰 ㉙3074

梅瀫成**承学堂** 一七六一（乾隆二十六）年刊梅氏丛书辑要 清梅文鼎撰 ⑤

承荫堂 一八五一（咸丰元）年刊万氏妇人科三卷 明万全撰 ㉚430

承恩堂 一七九三（乾隆五十八）年刊契丹国志二十七卷 宋叶隆礼撰 ⑱史242

承恩堂 一八七九（光绪五）年刊痧症汇要四卷附痧症指微 清孙玘编 ㉚400

承宣堂 一六六二—一七二二（康熙）年刊圣谕像解二十卷 清梁延年辑 ④9281

西凉永昌**承裕堂** 一八五一（咸丰元）年刊便中集 ㉖81

承裕堂 一七九一（乾隆五十六）年刊律表三十六卷首一卷 清曾恒德撰 ⑱史1345

承树滋堂 刊医学心悟六卷附外科十法 清程国彭撰 ㉚337

棠樾鲍**承德堂** 一八四三（道光二十三）年刊保产机要 清柯集庵撰 ㉚459

歙潭滨**承德堂** 一七〇七（康熙四十六）年刊【淳熙】新安志十卷附录一卷 宋罗愿纂 ⑰D654.025－1175

承德堂 一六七六（康熙十五）年刊世说新语三卷世说新语补四卷 刘宋刘义庆撰明何良俊补 ⑰56－45962

金阊**函三堂** 一七九五（乾隆六十）年刊外科大成四卷 清祁坤撰 ㉚540

函三堂 一八一二（嘉庆十七）年刊针灸大成十卷 明杨继洲撰 ㉚131

函三堂 刊诗经集传八卷 宋朱熹撰 ⑱经132

汪氏**函雅堂** 一八八七（光绪十三）年刊师友渊源录一卷 清陈奂撰 ㉙1212

九画

常熟**珍艺堂** 一八五一（咸丰元）年刊重刻添补传家宝俚言新本三十二卷 清石成金撰 ⑯192/350.2

珍艺堂 一八五三（咸丰三）年刊第一才子书六十卷一百二十回 元罗本撰 清毛宗岗评 ④5976

春山堂 一七六三（乾隆二十八）年刊历代帝系年号考二十卷 清刘宗魏辑 ⑫愚史1679

沈氏**春及堂** 一六六二—一七二二（康熙）年刊黑蝶斋诗钞四卷 清沈岸登撰 ⑱集1057

春及堂 一七三六—一七九五（乾隆）年刊韩昌黎诗集编年笺注十二卷 清方世举考订 ②37039

德清俞氏**春在堂** 一八八五（光绪十一）年刊茶香室经说十六卷 清俞樾撰 ⑰0028

春早堂 一六六二—一七二二（康熙）年刊春早堂诗文集十二卷 清俞灏撰 ⑱集988

阎学林**春西堂** 一七四四（乾隆九）年刊潜邱劄记六卷 清阎若璩撰 ⑱子623

春回堂 一八五一（咸丰元）年刊辨证求是五卷 清邹承禧撰 ㉚348

春华堂 一八〇九（嘉庆十四）年刊增补药性雷公炮制八卷 清张光斗增补 ㉚202

春秀堂 一六六二—一七二二（康熙）年刊古文卓观十二卷首一卷 清王以诚徐东升辑 ⑱集1637

春林堂 刊医理发明八卷 清黄元吉编 ㉚347

春雨堂 一八一二（嘉庆十七）年刊小云谷文集八卷诗钞八卷 清朱照廉撰 ②15570

春明堂 刊本草纲目五十二卷首一卷 明李时珍撰 ㉚164

春和堂 一七七三（乾隆三十八）年刊医方简能录十一卷 清施我真编 ㉚248

谢氏**春草堂**一八三〇（道光十）年刊春草堂黄河远二卷 清谢坤撰 ①11188
春草堂一七三六—一七九五（乾隆）年刊人参谱四卷 清陆子章编 ㉚201
罗氏**春晖堂**一六八八（康熙二十七）年刊乌青文献十卷首一卷末一卷 清张国贞纂 复旦大学图书馆
徐氏**春晖堂**一八〇四（嘉庆九）年刊广东文献三集四十五种 清罗学朋辑 ⑯839.33/482
春晖堂一七二五（雍正三）年刊仁山先生文集四卷附录一卷 元金履祥撰 ②35599
春晖堂一七五六（乾隆二十一）年刊绛跗阁经说三种 清诸锦撰 ②1112
春藻堂一六六二—一七二二（康熙）年刊春藻堂瞻云稿六卷橐丸稿三卷一螺稿五卷 ⑤
游琴稿四卷啸庐稿四卷涤雪稿四卷 清彭开祐撰
春霭堂一九〇〇（光绪二十六）年刊约园词稿十卷 清赵起撰 ⑱集1030
长洲谢嘉孚**契兰堂**一八四八（道光二十八）年刊慎疾刍言 清徐大椿撰 ②59808
柚　堂一七八四（乾隆四十九）年刊问水漫录四卷 清盛百二辑 ㉚678
杨州江氏**柏香堂**一七四〇（乾隆五）年刊璇玑碎锦二卷 清万树撰 ⑱史1039
柏药堂刊新锓葛稚川内篇四卷外篇四卷 晋葛洪撰 ⑱集1041
吴门**柱笏堂**一六六六（康熙七）年刊凌烟阁功臣图一卷 清刘源绘 ⑯123.3/521
柳　堂一八九九（光绪二十五）年补刊惠民县志三十卷首一卷末一卷 清李世铨修李勗纂 ⑱史420
钱塘**徐树堂**一八三〇（道光十）年刊皇极经世绪言九卷首二卷 宋邵雍撰明黄粤洲注释 ⑲267
树人堂一七九六—一八二〇（嘉庆）年刊数学五书 清安清翘撰 ⑰390－225
树玉堂一七二三—一七三五（雍正）年刊二十一史弹词注十一卷 明杨慎撰清张仲璜注 ⑤
树立堂一七一二（康熙五十一）年刊二十一史弹词注十卷 明杨慎撰清张三异增定 张仲璜注 ③文640/756.2
明弹词注二卷 清张三异撰张仲璜注
南康谢氏**树经堂**一七八九（乾隆五十四）年刊山谷诗内集注二十卷外集注十七卷 ⑯857.5/272－2－02
别集注二卷外集补四卷别集补一卷 宋黄庭坚撰 年谱十四卷 ②15453
江西谢氏**树经堂**一八五二（咸丰二）年在西安刊小学考五十卷 清谢启昆编 ⑦

南康谢启昆**树经堂** 一七九五（乾隆六十）年刊树经堂咏史诗八卷 清谢启昆撰 ②1304

树经堂 一七九五（乾隆六十）年刊西魏书二十四卷 清谢启昆著 ②11207

穆士荣**树香堂** 一八一一（嘉庆十六）年刊穆参军集三卷 宋穆修撰 遗事一卷 ⑱集193

山东昌乐韩氏**树滋堂** 一七七三（乾隆三十八） 年刊尚书读记不分卷 清阎循观撰 ⑥

东山葛氏**树滋堂** 一八〇四（嘉庆九）年刊东山葛氏遗书 明葛引生撰 ⑤

树滋堂 一六六七（康熙六） 年刊伤寒五法 明陈长卿撰 ㉚70

树滋堂 一六九九（康熙三十八）年刊人谱类记不分卷 明刘宗周撰 ⑱子93

钱氏**树锦堂** 一六九〇（康熙二十九）年刊众香词六卷 清徐树敏钱岳辑 ㉙786

丹阳魏**树蕙堂** 一八七九（光绪五）年刊树蕙编 清魏祖清编 ㉚435

树慈堂 一八三六（道光十六）年刊临症医案笔记 清吴谓泉撰 ㉚638

咸阳**树德堂**李维清 一八二六（道光六）年刊仙拈集四卷 清李文炳撰 ㉚247

扬州**树德堂** 一八七八（光绪四）年刊增删喉科心法 清刘序鹓编潘诚增订 ㉚588

宁州王氏**树德堂** 一八〇〇（嘉庆五）年刊凝翠集疏草一卷尺牍一卷墓志一卷诗集一卷 文集一卷
明王元翰撰 ⑯846.8/112

刘**树德堂** 一八七五（光绪元）年刊宛雅初编八卷二编八卷三编二十四卷
明梅鼎祚编清施闰章等续编 ⑧

江西**树德堂** 一八八七（光绪十三）年刊天文算学纂要二十卷首一卷附国朝万年书二卷
推测易知四卷 清陈松撰 ㉑331

黄城柯**树德堂** 一八九九（光绪二十五）年刊医理信述 清夏子俊编 ㉚670

树德堂 一七〇二（康熙四十一） 年刊吴郡甫里志十二卷首一卷 清陈维中纂修 ⑲320

江闿**政在堂** 一六六二—一七二二（康熙）年刊江辰六文集十六卷 清江闿撰 首一卷 ⑱集1019

朱氏**政和堂** 一七五四（乾隆十九）年刊太上感应篇图说 清朱日丰重辑 ③宗520/849

政和堂 刊瘟疫论二卷 明吴有性撰 ㉙454

兰省**荆荫堂** 一八八二（光绪八） 年刊白喉万应良方 清张绍修撰 ①㉚598

南山堂 刊尺木堂纲鉴易知录九十二卷明鉴易知录十五卷 清吴乘权等撰 ②3980

南芝堂 一六九二（康熙三十一）年刊十种唐诗选 清王士祯删纂 ⑯831.4/113－2

吴氏**南陔堂** 一八三二（道光十二）年刊复社姓氏传略十卷续辑一卷首一卷 清吴山嘉撰 ㉙2590

海盐胡氏**南益堂** 一六八五（康熙二十四）年刊唐音戊签二百零一卷闰馀六十四卷 明胡震亨编 ⑪NC5570.4/4210

泾南**南海堂** 刊重订外科正宗十二卷 明陈实功撰张乐山重订 ㉚539

南雅堂 一八〇四（嘉庆九）年刊医学三字经四卷 清陈念祖撰 ㉚342

南雅堂 一八四〇（道光二十）年刊女科要旨四卷 清陈念祖撰陈元犀注 ㉚439

南雅堂 一八五六（咸丰六）年刊伤寒医诀串解六卷 清陈念祖撰 ㉚77

南雅堂 一八六六（同治五）年刊南雅堂医书全集（即公馀十六种）清陈念祖撰 ㉚739

南雅堂 一八七五（光绪元）年刊陈修园先生晚馀三书 清陈念祖撰 ㉚747

荫松堂 刊本韵一得二十卷 清龙为霖撰 ③字150/8432

荫香堂 刊药性赋珍珠囊四卷 金李明之撰 ㉚191

荫槐堂 一七九五（乾隆六十）年刊滕王阁填词四卷 原题梅花词客撰 ④11347

新安**茹古堂** 一八八〇（光绪六）年刊藕丝词四卷 清汪渊撰 ⑯2991

药善堂 一八六四（同治三）年刊外科证治全生集 清王维德撰 ㉙819

带玉堂 一六九九（康熙三十八）年刊虎溪渔叟集十八卷 清刘命清撰 ⑱集925

曹度**带存堂** 一六九六（康熙三十五）年刊文几山人集四卷 明曹臣撰 附录一卷 ①2911

带经堂 一七一〇（康熙四十九）年刊武夷山志二十八卷首一卷续二卷 清倪炜撰 ⑱史1018

京都**荣华堂** 一八八七（光绪十三） 年刊笔花医镜四卷 清江笔花撰 ㉚346

琉璃厂**荣华堂** 一八九三（光绪十九）年刊笔花医镜四卷 清江笔花撰 ㉚346

京都**荣庆堂** 一七八八（乾隆五十三）年刊大清缙绅全书四卷 ㉓38

山阴童**荣寿堂** 一八七四（同治十三）年刊集验神效方汇刻 清童光鏶编 ㉚272

荣寿堂 一七二三—一七三五（雍正）年刊张玄九诗集四卷 清张维初撰 ⑱集975

荣寿堂 一八六八（同治七）年刊陪赈散论说 清陈良佐撰 ㉚372

荣茂堂 刊医宗说约六卷 清蒋示吉撰 ㉚331

荣宝堂 一七三四（雍正十二）年刊周易本义启蒙十六卷首一卷 宋朱熹撰 ⑯092.251/828

荣晖堂 一七六三（乾隆二十八）年刊【乾隆】长治县志二十八卷首一卷末一卷 清吴九龄修蔡履豫纂 ⑲99

余**荣绶堂** 一八五四（咸丰四）年刊群方便览续编二卷 清郭懋筠编 ㉚229

京都**荣禄堂** 一九〇九—一九一一（宣统）年刊历年爵秩全览 ⑯323.402

北京坊门**荣禄堂** 一九〇七（光绪三十三）年刊都门会馆附都门客店警察庙宇 清杨静亭编 ⑥

北京**荣禄堂** 一八八七（光绪十三）年刊洗冤录详义四卷 清许梿撰 洗冤录摭遗一卷 清葛元煦撰 ㉓38

京都**荣锦堂** 一八五七（咸丰七）年刊大清中枢备览不分卷 清荣锦堂编 ㉓39

荣锦堂 一七一五（康熙五十四）年刊定例全编五十卷续刊六卷 清李珍辑 ⑱史1140

荣锦堂书坊 一七二三—一七三五（雍正）年刊雍正九年爵秩全览不分卷 ⑱史684

荣锦堂书坊 一七四五（乾隆十）年刊定例续编十二卷增补一卷 清梁懋修辑 ⑱史1140

研山堂 一七三六—一七九五（乾隆）年刊靃林山人诗集五卷 清吴文溥撰 ⑱集1248

胡氏**研究堂** 一八九一（光绪十七）年刊桃花源志略十三卷 清唐开韶修胡灼纂 ①

丹阳林氏**研经堂** 一八五一（咸丰元）年刊类证治裁八卷 清林佩琴撰 ㉚347

丹阳林晋卿**研经堂** 一八八四（光绪十）年刊类证治裁八卷 清林佩琴撰 ㉚348

耐闲堂 清初刊西楼梦二卷 ①6019

巴川**奎元堂** 刊删注脉诀规正二卷 清沈镜撰 ㉚110

奎元堂 刊瘟疫论二卷 明吴有性撰 ㉙454

京江钱氏**奎文堂** 刊幼学须知句解四卷首一卷附历代世统歌 清程元升撰黄汪若句解 ②33805

成都**奎光堂** 一八五一（咸丰元）年刊山海经十八卷 ⑥

江西**奎宿堂** 一八九七（光绪二十三）年刊江西乡试光绪丁酉正科官十三房同门姓氏录 清奎宿堂编 ㉑331

奎宿堂 一八五一（咸丰元）年刊江西闱墨 清黄英镇辑 ②10774

奎璧堂 一八二七（道光七）年刊集验良方六卷 清梁文科编 ㉚245

奎璧堂 一八七〇（同治九）年刊南雅堂医书全集（即公馀十六种） 清陈念祖撰 ㉚739

厚德堂 刊引种牛痘方书 清邱浩川编 ㉚518

昆山**咸德堂** 一七八四（乾隆四十九）年刊音韵辑要二十一卷 清王鵕撰 ⑱经488

面极堂 一七八五（乾隆五十）年刊枕藏外科形图诸症 清胡大中撰 ㉚545

拱极堂 一七六四（乾隆二十九）年刊真氏祠堂本西山先生真文忠公全集十三种 宋真德秀著明杨鹗编 ②28690

醴陵**皆不忍堂** 一八八六（光绪十二）年刊时疫白喉症真诀 清黄方国编 ㉚598

挺秀堂 一六六二—一七二二（康熙）年刊毛诗日笺六卷 清秦松龄撰 ⑱经147

纽氏**临野堂** 一七〇二（康熙四十一）年刊觚剩八卷续编四卷 清钮琇撰 ㉙2400

钱塘**临履堂** 一八四八（道光二十八）年刊宁坤秘籍三卷附济世论及秘传良方 清竹林寺僧撰袁光裕校 ㉚436

大余戴第元**览珠堂** 一七三六—一七九五（乾隆）年刊唐宋诗本七十六卷 清戴第元辑 ㉑304

省过堂 一七四五（乾隆十）年刊歧疑韵辨五卷口音辨讹一卷韵字旁通一卷 转音撮要一卷 字形汇考一卷 清杜蕙撰 ⑱经487

常熟蒋氏**省吾堂** 一七三六—一七九五（乾隆）年刊省吾堂四种 清蒋光弼辑 ⑰00397

江苏吴县蒋氏**省吾堂** 一七三六—一七九五（乾隆）年刊石经考一卷 清万斯同撰 ⑥

省非堂 一八〇一（嘉庆六）年刊满洲四礼集 清索宁安辑 ⑤

响山堂 一六六二—一七二二（康熙）年刊琴谱指法二卷 清徐常遇撰 ①15096

响怀堂 一六六二—一七二二（康熙）年刊敝帚集十卷 清吴中藩撰 ⑱集953

映秀堂 清初刊新镌全像武穆精忠传八卷 ⑱子768

映秀堂 一七二三（雍正元）年刊绘凤亭评第七才子书琵琶记六卷 清陈方平辑 ②17345

金阊**映雪堂** 一七七八（乾隆四十三）年刊本草从新六卷 清吴仪洛编 ㉚173

映雪堂 一七九三（乾隆五十八）年刊医宗必读十卷 明李中梓撰 ㉚705

映薇堂 一七九七（嘉庆二）年刊经传禘祀通考附三正异同通考三代经界通考 清崔述选 ②61737

昭质堂 一七〇四（康熙四十三）年刊唐音审体二十卷 清钱良择辑 ⑱集1677

贻令堂 一九一一（宣统三）年刊贻令堂医学三书 清黄保康撰 ㉚762

李氏**贻安堂** 一六九六（康熙三十五）年刊李氏医鉴 清李文来编 ㉚226

贻安堂 一七六二（乾隆二十七）年刊增订金壶字考十九卷 宋释适之编清田朝恒增订 ②33952

贻谷堂 一八〇四（嘉庆九）年刊集圣教序四卷续集四卷河干诗钞四卷 清马慧裕撰 ②34808

贻范堂盛氏 一八六七（同治六）年刊种福堂公选良方三卷 清叶桂撰 ㉚249

贻经堂 一七七六（乾隆四十一）年刊外科心法十卷 清唐芹州编 ㉚545

贻砚堂 一八一九（嘉庆二十四）年刊舒氏伤寒六经定法 清舒诏撰 ㉚74

贻砚堂 一八七五—一九〇八（光绪）年在成都刊宦游纪略二卷 清高廷瑶录 ⑥

秦**贻哲堂** 一八九〇（光绪十六）年刊白喉全生集 清李纪方撰 ㉚597

贻清堂 一六六二—一七二二（康熙）年刊南崖集四卷 清陶元淳撰 ㉙2986

江昉**贻清堂** 一七五四（乾隆十九）年刊何水部集二卷 梁何逊撰 ⑱集36

贻善堂 一六七六（康熙十五）年刊贻善堂四种须知 清朱本中撰 ㉚721

品文堂 一八九四（光绪二十）年刊绘图新史奇观二十二回 清蓬蒿子编 ⑯857.4/565

乐安邹**是政堂** 一八六二（同治元）年刊坡砚山房诗文稿十二卷 清邹峰贤撰 ㉑286

是政堂 一六七三（康熙十二）年刊王阳明先生全集十卷首一卷 明王守仁撰清俞嶙编 ③文274.42/182

是政堂 一七九六（嘉庆元）年刊朝邑县志二卷 明王道修韩邦靖纂清张我华校 ⑲174

星聚堂 一七四七（乾隆十二）年刊陈氏宗谱十二卷 清陈兆嵛纂修 ⑱史610

星聚堂 刊李氏经验广集良方四卷 清李文炳撰 ㉚247

贵己堂 一七〇二（康熙四十一）年刊自知录二卷 清陆毅撰 ⑱子592

贵己堂 一七三六—一七九五（乾隆）年刊北庐诗钞二卷 清陆毅撰 ㉙1653

贵文堂 一六九〇（康熙二十九）年刊陶靖节诗集四卷 晋陶潜撰清蒋熏评 东坡和陶诗一卷 律陶诗一卷 清王思任集 敦好斋律陶纂一卷 清黄槐开纂 ⑯843.2/404-1

贵文堂 一八二一（道光元）年刊新刻批评绣像后西游记四十回 题天花才子评 ④6222

贵文堂 一八六九（同治八）年刊针灸全生二卷 清萧福庵撰 ㉚133

贵文堂一八七七（光绪三）年刊引种牛痘法　清邱浩川编　㉚517

贵名堂一七九八（嘉庆三）年刊保生集要　清黄阳杰撰　㉚462

贵德堂一八七八（光绪四）年刊济世良方合编六卷附补遗四卷　清周其芬原编莹轩氏增辑　㉚262

贵德堂　刊拜针楼一卷　清王塈撰　①4160

姑苏**思义堂**一八八七（光绪十三）年刊古诗赏析二十二卷　清张玉谷撰　㉙947

思仁堂　刊温疫论二卷　明吴有性撰　㉚384

思风堂一七四八（乾隆十三）年刊榆次县志十四卷首一卷　清钱之青修张天泽纂　⑲91

毛氏**思古堂**一六六二—一七二二（康熙）年刊思古堂十五种书四十六卷　清毛先舒撰　⑱丛630

思本堂一七八三（乾隆四十八）年刊脉要图注四卷　清贺升平撰　㉚116

思永堂一六六二—一七二二（康熙）年刊同庵史汇十卷　清蒋善辑评　⑱史705

思永堂一七五二（乾隆十七）年刊同庵史汇十卷　清蒋善选评　⑪□910.9116/4480

思永堂一八三五（道光十五）年刊柏山集四卷　清郑乃宪著　②54102

思永堂一八八八（光绪十四）年刊增补大生要旨五卷　清唐千顷撰马振藩增订　㉚459

浙江**思过堂**一八二一（道光元）年刊五种遗规　清陈弘谋辑　⑥

陆氏**思过堂**一六八六（康熙二十五）年刊山阴陆氏族谱八卷　清陆求可陆志谨纂修　⑱史610

武林**思庆堂**一八九〇（光绪六）年刊碧梧轩诗草　清徐瀛撰　㉙2695

思齐堂一八三五（道光十五）年刊文昌帝君阴骘文图解四卷　清赵如升辑　⑦14841

思远堂一七三六—一七九五（乾隆）年刊黄忠节公（淳耀）年谱一卷　清陈树德编　㉙2116

思位堂一七七七（乾隆四十二）年刊新疆外藩纪略二卷　清七十一纂　⑲237

思诒堂一八〇九（嘉庆十四）年刊一品集　清费锡章著　②55767

长洲宋氏**思补堂**一七九三（乾隆五十八）年刊才调集补注十卷　清殷元勋宋邦绥撰　②1608

婺源戴葆元**思补堂**一八七八（光绪四）年刊金匮汤头歌括　清戴葆元撰　㉑225

思补堂一七〇八（康熙四十七）年刊重订马氏等音内集一卷外集一卷　清梅建撰　⑱经485

思补堂一八四三（道光二十三）年刊杨忠愍公集四卷　明杨继盛撰　②12098

思补堂一八七八（光绪四）年刊家传课读四卷 清戴心田编 ㉚351

思宜堂一八四五（道光二十五）年刊疫疠溯源 清王敬文编 ㉚387

思诚堂杜氏一八一七（嘉庆二十二）年刊撰集伤寒世验精法八卷明张吾仁撰清张于乔编 ㉚72

思诚堂一六六二—一七二一（康熙）年刊逃庵诗草十卷 清徐豫贞撰 ⑱集1085

思益堂一八八二（光绪八）年刊后汉书注补正八卷 清周寿昌撰 ⑯1507

思得堂一六六七（康熙六）年刊伤寒缵论二卷 清张璐撰 ㉚50

思敬堂一七三四（雍正十二）年刊例案全集四十三卷 清张月光辑 ⑱史1347

张氏**思勤堂**一八五一（咸丰元）年刊济世良方合编六卷附补遗四卷 清周其莱原编莹轩氏增辑 ㉚262

思源堂一八六二—一八七四（同治）年刊自流井风物名实说一卷观光记略一卷 清吴鼎立著 ②45183

古牟萧氏**思寤堂**一七三六—一七九五（乾隆）年刊四书引左汇解十卷 清萧榕年辑 ②5736

武进臧氏**拜经堂**一七九九（嘉庆四）年在南海刊拜经堂丛书七种 清臧庸辑 ⑥总60

张绳武**拜经堂**一八三六（道光十六）年刊白云山房集 清张象津撰 ⑤

查氏**种书堂**一七〇四（康熙四十三）年刊种书堂遗稿三卷题画诗二卷 清查士标撰 ①1504

彭氏**种书堂**一八九四（光绪二十）年刊灌记初稿四卷 清彭洵纂 ⑲744

吴门**种书堂**重修列仙传 题汉刘向撰 ⑱子1068

种善堂一八二九（道光九）年刊大生要旨五卷 清唐千顷撰 ㉚458

种善堂一八五九（咸丰九）年刊集验良方 清黄省斋撰 ㉚260

种福堂一七七五（乾隆四十）年刊种福堂公选良方三卷附温热论续补叶氏医案一卷 清叶桂撰华岫云编 ㉚249

种福堂一八三三（道光十三）年刊经验良方 清周桂山原编梁思湛增辑 ㉚258

种德堂一七八八（乾隆五十三）年刊保赤金鉴四卷 清穆氏撰 ㉚515

种德堂一八四三（道光二十三）年刊丹痧咽喉经验秘传 清南阳先生撰 ㉚602

种德堂刊四家宫词四卷 明林志尹辑 ④9472

秋水堂一七七四（乾隆三十九）年刊秋水堂诗中圣传奇二卷 清夏秉衡撰 ⑱集2145

复芹堂 刊小儿则二卷附小儿则古方一卷 明张介宾撰 ㉚476

武进杨氏**复初堂** 一七二三—一七九五（雍正至乾隆）年刊杨符苍七种 清杨方达撰 ⑤

江苏杨氏**复初堂** 一七五三（乾隆十八）年刊尚书通典略二卷 清杨方达撰 ⑥

复始堂 一八七五—一九〇八（光绪）年刊鹊泉山馆词一卷 清潘观保撰 ④1053

成都**复真堂** 一九〇三（光绪二十九）年刊大学直讲二卷 清易上兴注 ⑦

成都**复真堂** 一九〇九（宣统元）年刊癫狂喉症条辨 清郭传铃撰 ㉚425

香远堂 一七九三（乾隆五十八）年刊对雪亭文集十卷 清张洲撰 ⑱集 1204

朱振祺李振裕**香雪堂** 一七〇二（康熙四十一）年刊石园全集三十卷 清李元鼎撰 ①10953

笃庆堂 一七七二（乾隆三十七）年刊温疫论二卷 明吴有性撰 ㉚384

笃庆堂 一八〇一（嘉庆六）年刊易图存是二卷 清辛绍业撰 ⑱经 94

笃庆堂 一八七五—一九〇八（光绪）年刊安愚斋诗集四卷 清周锡溥著 ②31076

南皮张应举**笃志堂** 一八七一（同治十）年自刊笃志堂经解二种五卷 清张应举撰 ㉓75

笃叙堂 一七四〇（乾隆五）年刊长林吴氏支谱四卷 清吴公洋纂修 ⑱史 595

笃雅堂 一八四六（道光二十六）年刊麋园诗钞八卷 清毛国翰著 ②29805

重庆堂 一七五八（乾隆二十三）年刊石龙庵诗草六卷 明徐学诗撰 ⑱集 693

重庆堂 一八五一（咸丰元）年刊柳州医话良方 清魏之琇撰 ㉚664

重庆堂 一八八一（光绪七）年刊沈氏女科辑要二卷 清沈尧封撰 ㉚436

江阳王氏**重思堂** 一九〇〇（光绪二十六）年刊重思堂丛书 清王家枚辑 ⑯086. 21/118

重香堂 一八八四（光绪十）年刊重楼玉钥二卷 清郑梅涧撰 ㉚585

重顺堂 一八四七（道光二十七）年刊医方一盘珠全集十卷 清洪金鼎辑 ⑥

修敬堂 一八四二（道光二十二）年刊痘疹传心录十六卷 明朱惠明撰 ㉚500

修文堂 一七四七（乾隆十二）年刊六合同春 明陈继儒评 ⑥

修文堂 一八一三（嘉庆十八）年刊三辛集四卷 清王克峻编 ③

修永堂 一六六六（康熙五）年刊何大复先生诗集十二卷 明何景明撰清金镇评选 ⑧

修汲堂 一七三六—一七九五（乾隆）年刊弢甫五岳集二十卷 清桑调元撰 ⑱集1144

修汲堂 刊闽峤集二卷坐匡床热一卷 清桑调元撰 ②2618

修吉堂 一六七八（康熙十七）年刊伤寒括义必读 清刘古汝撰 ㉚73

修吉堂 一八二一—一八五〇（道光）年刊古诗微二卷 清魏源撰 ⑫SF23.7—13/7.761

修耕堂 一八二六（道光六）年刊胎产秘书三卷 元朱震亨撰 ㉚451

京都**修绠堂** 一九一一（宣统三）年刊千字文一卷 ②49560

修敬堂 一七二四（雍正二）年刊梅里志四卷首一卷 清吴存礼纂 ⑪

修敬堂 一七九四（乾隆五十九）年刊六醴斋医书十种 清程永培编 ㉚734

修敬堂 一八四二（道光二十二）年刊痘疹传心录十六卷 明朱惠明撰 ㉚500

保二堂 一六九一（康熙三十）年刊小儿推拿秘旨 明龚廷贤撰 ㉚150

华绮**保元堂** 一七六一（乾隆二十六）年刊玉台新咏十卷 陈徐陵辑清冯舒冯班评点 ③文130/369.2

保生堂 一七三九（乾隆四）年刊医贯六卷 明赵献可撰 ㉚28

保宁堂 刊伤寒六书六卷 明陶华撰 ㉚69

金陵胡**保安堂** 一八四五（道光二十五）年刊济世良方六卷 清胡士保编 ㉚262

溧阳**保赤堂** 一七八九（乾隆五十四）年刊幼科医学指南四卷 清周震撰 ㉚477

天中**保和堂** 一七四三（乾隆八）年刊撰集伤寒世验精法八卷 明张吾仁撰清张于乔编 ㉚72

保萃堂 一九一一（宣统三）年刊贻令堂医学三书 清黄保康撰 ㉚762

保素堂 刊新镌启蒙便用九章算法大全一卷 ④12104

保粹堂 一九一一（宣统三）年刊南海学正黄氏家谱节本十二卷 清黄任恒编 ⑯989.2/164

王氏**保鉴堂** 一八七四（同治十三）年刊经验良方 清王君以编 ㉚272

保康堂 一八二八（道光八）年刊经验方抄四卷 清陆言等编 ㉚258

俭壹堂 一七五二（乾隆十七）年刊先拨志始二卷 明文秉撰 ⑱史273

李大本**俭德堂** 一七五二（乾隆十七）年刊孙立庵文集一卷 清孙自务撰 ⑱集1153

贵池刘氏**信天堂** 一八九五（光绪二十一）年刊贵池刘氏信天堂汇刻医书三种 清刘含芳编 ㉚758

信元堂 一八四四（道光二十四）年刊注解伤寒论十卷 汉张机撰晋王熙编金成无己注 ㉚47

信元堂 一八〇二（嘉庆七）年刊新刻白虎通尔雅夏小正仪礼便读 清张尔歧辑 ②34272

信友堂 一八二五（道光五）年刊生生宝录二卷 清袁于江撰 ㉚462

黄**信友堂** 一八六四（同治三）年刊形神相法四卷 清廖春山撰 ②65706

信立德堂 一八七五（光绪元）年刊增广验方新编十八卷 清鲍云韶编 ㉚264

信而堂 一八九五（光绪二十一）年刊便用良方 清李耀廷撰 ㉚277

信述堂 一八八四（光绪十）年刊选录验方新编十八卷 清鲍云韶编 ㉚265

彭懋谦**信述堂** 一八七九（光绪五）年刊汉魏六朝百三名家集 明张溥辑 ⑤

陕西**信述堂** 一八七七（光绪三）年刊李二曲先生全集 ⑰02918

浙江嘉善钟氏**信美堂** 一八七六（光绪二）年刊春秋谷梁经传补注二十四卷 清李文炤详补 ⑦

信斯堂 一七二八（雍正六）年刊洪范汇成不分卷 宋蔡沈撰清刘召材续补 ⑯093.32/562

顺六堂 一七一三（康熙五十二）年刊备急类方八卷 清卢永琰撰 ㉚245

顺生堂 刊脉因证治二卷 元朱震亨撰 ㉚407

顺德堂 一六六二—一七二二（康熙）年刊庐山志十五卷 清毛德琦纂 ②16555

顺德堂 一八七三（同治十二）年重刊庐山志十卷 清毛德琦重订 ⑥

泉文堂 一八六三（同治二）年刊医学捷要四卷 清尹乐渠编 ㉚349

江苏七叶**衍祥堂** 一七九六—一八二〇（嘉庆）年刊原刻本古文尚书撰异三十二卷 清段玉裁撰 ⑥

番禺许氏**衍祥堂** 一八五六（咸丰八）年刊习是编 清屈成霖撰 ㉙3037

剑溪堂 刊诗经集传八卷 宋朱熹撰 ②48899

食旧堂 一七九五（乾隆六十）年刊梦楼诗集二十四卷 清王文治撰 孔夫子拍卖网资料 ⑱集1204

金陵**胜玉堂** 一七七六（乾隆四十一）年刊朱子通鉴纲目注义五十九卷 清王应鲸集注 ⑯921.26/828-117

刘氏**勉行堂** 一八二四（道光四）年刊四书集注十九卷 宋朱熹撰 ⑱经321

洋县岳氏**勉绍堂** 一八七九（光绪五）年刊赐葛堂文集六卷附续刻 清岳震川撰 ⑰9170

顾荣**亲仁堂** 一七二九—一七三〇（雍正七至八）年刊海粟集六卷 清顾文渊撰 ⑲562

亲仁堂 一八三九（道光十九）年刊古韵溯原八卷 清安念祖华湛恩撰 ⑯8917

青江孙氏**亲庆堂** 一七二四（雍正二）年刊青江修方案证四卷 清蓬巢子撰青江子编 ㉚630

仁寿张氏**亲睦堂** 一八七五—一九〇八（光绪）年刊张氏宗谱二卷 清张明允重修 ⑥

奕恩堂 一六九四（康熙三十三）年刊上卿奕光录三卷 清萧应晨辑萧祚锡增订 ⑱史575

闻鹤堂 一八九九（光绪二十五）年刊幼科铁镜六卷 清夏鼎撰 ㉚479

京都琉璃厂**炳蔚堂** 一八四七（道光二十七）年刊胎产心法三卷 清阎纯玺撰 ㉚456

京都**炳蔚堂** 一九〇一（光绪二十七）年重刊胎产心法三卷 清阎纯玺撰 ㉚456

炳蔚堂 一八三三（道光十三）年刊精选古今巧对汇钞 清张竹泉辑 ②45656

江右书院**前仰堂** 一八九六（光绪二十二）年刊霍乱论二卷 清王士雄撰 ㉚401

兹堂王鹤山 一六六二—一七二二（康熙）年刊逸楼四论四卷 清李中黄撰 ①1626

美延堂 一六六三（康熙二）年刊续文献通考钞三十三卷 明王圻撰 ⑯323.1/113

美闲堂 一六九二（康熙三十一）年刊顾景行诗集二卷楚游诗一卷匏园词一卷 清顾景文撰 ⑱集1008

美锦堂 一七五三（乾隆十八）年刊痘症精言四卷 清袁句撰 ㉚513

黄氏**养素堂** 一七四七（乾隆十二）年刊史通训故补二十卷 清黄叔琳撰 ⑱史1508

养元堂 一七四五（乾隆十）年刊疮疡经验全书十二卷 宋窦杰撰窦梦麟续增 ㉚538

养心堂 一八〇八（嘉庆十三）年刊治痢金丹五卷 清沈汉澄撰 ㉚396

慈溪**养正堂** 一七九五（乾隆六十）年刊宁坤秘籍三卷附济世论及秘传良方 清竹林寺僧撰袁光裕校 ㉚436

海阳程氏**养志堂** 一七一〇（康熙四十九）年刊十七史蒙求十六卷 宋王令撰 ③史808/544

养志堂赵氏 一八九九（光绪二十五）年刊小学大全五种 清尹嘉铨撰 ①7252

德州马洪庆**养知堂** 一八八八（光绪十四）年刊州乘馀闻一卷 清宋弼撰 ②55553

高廷珍**养和堂** 一七三三（雍正十一）年刊高忠宪公诗集八卷 明高攀龙著 ②26447

王芝林**养和堂** 一八四一（道光二十一）年刊重刻天游集十卷碎金一卷 明王达撰 ①485

萧山王氏**养和堂** 一八五八（咸丰八）年刊任渭长五种 清任熊绘 ⑰01328

萧山王氏**养和堂** 一八五六（咸丰六）年刊于越先贤像传赞二卷附图二卷 清王龄著 ②36953

萧山王氏**养和堂** 一八五一—一九〇八（咸丰至光绪）年刊任渭长四种 清任熊绘王龄辑 ⑤
养和堂 一八三六（道光十六）年刊卓尼记 ㉖81
养和堂 一八五八（咸丰八）年刊高士传二卷 晋皇甫谧撰 ⑦8822
养和堂 一八七五（光绪元）年刊春生妙术瘟疫论六卷 明吴有性撰 ㉚385
养和堂 刊本草求原二十七卷附奇病症治一卷 清赵其光编 ㉚177
彭泽周氏**养真堂** 一八九三（光绪十九）年刊本色山人诗稿四卷附录一卷 清周怀霁撰 ㉑217
养素堂 一七四七（乾隆十二）年刊史通训诂补二十卷 清黄叔琳撰洪烺莲校勘 ⑪NC2460/7282.41
养素堂 一七四八（乾隆十三）年刊五代诗话十二卷 清王士祯辑 ⑱集1894
洗心堂 一八九〇（光绪十六）年刊医学噎膈集成 清吴静峰撰 ㉚419
济世堂 刊眼科大全 明傅仁宇撰 ㉚572
萧城**济生堂** 一九〇五（光绪三十一）年刊麻证新书 ㉚525
双流黄氏**济忠堂** 一八七三（同治十二）年刊毛诗重言一卷 清王筠撰 ⑯094.16/120
济美堂 一六七六（康熙十五）年刊丹霞姓氏汇典二卷增补一卷 明邢参撰 ⑯982.04/129
济美堂 一七八七（乾隆五十二）年刊阳明先生集要四种十六卷 明王守仁撰施邦曜编 ⑱丛587
洋溢堂 一七二七（雍正五）年刊二王帖三卷评释三卷 宋许开辑 ⑱子402
恒文堂 刊女科要旨四卷 清陈念祖撰陈元犀注 ㉚439
恒庆堂 一九一〇（宣统二）年刊千字文一卷 ②67612
恒言堂 一八六八（同治七）年刊寿世保元十卷 明袭廷贤撰 ㉚326
恒春堂 一八四六（道光二十六）年刊四言脉诀 清倪汉梁编 ㉚110
恒勤堂 一七九六—一八二〇（嘉庆）年刊今文偶见四十八卷 清徐斐然辑评 ③文158/845
恒盛堂 一八六四（同治三）年刊医方一盘珠十卷 清洪金鼎撰 ㉚338
上洋**恒德堂** 刊新编双玉杯全传三十六卷三十六回 ④4684
南涧**恒德堂** 一七四〇（乾隆五）年刊三不朽图赞 明张岱编 ②36293
恒德堂 一七三二（雍正十）年刊古唐诗合解十六卷 清王尧衢注 ⑦8037

恒德堂 一八八一（光绪七）年刊本草从新六卷 清吴仪洛编 ㉚173

恪素堂 一六九九（康熙三十八）年刊读书杂述十卷 清李铠撰 ⑱子591

宣惠堂 一七一七（康熙五十六）年刊痘疹心法二十三卷 明万全编 ㉚497

觉后堂 一七一一（康熙五十）年刊伤寒论方法正传 清程瑗程铎编 ㉚73

语鸿堂 一八二〇（嘉庆二十五）年刊九章算术细草图说九卷 清李潢撰 ⑯511/292

诸氏说诗堂 一六九四（康熙三十三）年刊今文大篇二十卷 清诸匡鼎辑 ①1758

诵芬堂 一六九八（康熙三十七）年刊钱牧斋先生列朝诗集小传十卷 清钱谦益撰钱陆灿辑 ⑱史434

诵芬堂 一七六八（乾隆三十三）年刊虞东学诗十二卷首一卷 清顾镇撰 ⑱经151

诵芬堂 一八〇三（嘉庆八）年刊三礼陈数求义三十卷 清林乔荫撰 ③经699/847

诵芬堂 一八五一—一八六一（咸丰）年刊四家赋钞四卷 清景其浚编 ②61402

诵芬堂 一八九二（光绪十八）年刊虞东学诗十二卷诗说一卷 清顾镇撰 ⑯12290

奉新宋氏**诵梅堂** 一八三二（道光十二）年刊心铁石斋存稿三十卷附联句诗一卷 清宋鸣琦撰 ②3730

诵懿堂 一七〇一（康熙四十）年刊唐诗解二十四卷 清吴昌祺订 ⑦13888

祖述堂 一八八〇（光绪六）年刊保赤指南十卷 清邓旒撰 ㉚486

昆山徐氏**冠山堂** 一六九七（康熙三十六）年刊憺园文集三十六卷 清徐乾学撰 ⑱集1025

冠山堂 一六六二—一七二二（康熙）年刊读礼通考一百二十卷 清徐乾学撰 ㉙2036

冠山堂 一七三六—一七九五（乾隆）年刊东莱先生古文关键二卷 宋吕祖谦评蔡文子注 清徐树屏考异 ②45928

冠山堂 清初刊吴越诗选二十二卷 清朱士稚等辑 ⑱集1745

冠悔堂 一八七八（光绪四）年刊小演雅一卷续录一卷别录一卷 清杨浚撰 ⑰07697

冠朝三乐堂 一八八一（光绪七）年刊郭青螺公遗书三十五卷首一卷 明郭子章著 ②10769

昼为堂 一八一二（嘉庆十七）年刊地理辨正再辨六卷 清蒋平阶补传姚铭三续传 ②65774

昼锦堂 一七五八（乾隆二十三）年刊渔洋诗法三卷 清王士祯撰李因培重订 律诗定体一卷 清王士祯撰 赵秋谷先生声调谱近体一卷 清赵执信撰 ⑱集1895

昼锦堂 一七七二（乾隆三十七）年刊安阳集五十卷 宋韩琦撰 别录三卷 宋王岩叟撰 遗事一卷 宋强至撰 家传十卷 [18]集 198

宜黄应麟**屏山堂** 一七五一（乾隆十六）年刊屏山草堂稿十二卷首一卷 清应麟撰 [21]279

屏山堂 一七二三—一七三五（雍正）年刊问翁耿先生遗稿四卷 清耿埰撰 [18]集 1119

屏山堂 一七六六（乾隆三十一）年刊江右古文选四十卷 清应麟辑 [18]集 1811

蛟川蒋氏**退思堂** 一八九八（光绪二十四）年刊临病考证 清蒋金镛撰 [30]354

湖口张宿煌**退思堂** 一八八八（光绪十四）年刊重订梅花轩遗稿二卷 清张与姬撰 附芙蓉山房诗集一卷 清周煌翊撰 [21]217

退思堂 一七一一（康熙五十）年刊节斋公胎产医案 明王纶撰 [30]451

退思堂 一八八五（光绪十一）年刊产科心法二卷附福幼编 清汪朴斋撰 [30]460

天津徐士昌**退耕堂** 一九〇九（宣统元）年刊东三省沿革表六卷 吴廷燮撰 [23]351

叶氏**眉寿堂** 一八一〇（嘉庆十五）年刊伤寒全生集四卷 明陶华撰 [30]68

眉寿堂 一七七五（乾隆四十）年刊钱文敏公全集三十卷 清钱维城著 [2]63258

眉寿堂 一八一九（嘉庆二十四）年刊伤寒全生集四卷 明陶华撰 [30]68

眉寿堂 一八四四（道光二十四）年刊景岳全书发挥 原题清叶桂撰 [30]707

武宁张**绛雪堂** 一八八〇（光绪六）年刊脉理宗经 清张福田编 [30]118

逊志堂 一七七九（乾隆四十四）年刊序卦图说 清恽庭森著 [2]60601

十画

艳其堂 一六七八（康熙十七）年刊重证本草单方 明郑泽编方如川校编 [30]221

珠树堂 一七六七（乾隆三十二）年刊慈溪黄氏日钞分类古今纪要十九卷 宋黄震撰 [16]982. 1/166

珞本堂 刊神农本草经读四卷 清陈念祖撰 [30]157

武进费氏**耕心堂** 一八六三（同治二）年刊费氏全集 汪费伯雄撰 [5]

耕心堂 一六六二—一七二二（康熙）年刊盛朝诗选初集十二卷二集十二卷 清顾施桢撰 [29]2390

耕心堂 一八六六（同治五）年刊费伯雄先生医书二种 清费伯雄撰 ㉚749

耕本堂 一八七二（同治十一）年刊新刻时调说唱八仙缘四卷十二回 清朱梅庭撰 ④15093

南昌**耕礼堂** 一八七三（同治十二）年刊江西策学撮要八卷 北湖居士编 ㉑328

上海**耕乐堂** 一七六五（乾隆三十）年刊摘星楼治痘全书十八卷 明朱一麟撰 ㉚503

上海**耕乐堂** 一八二六（道光六）年刊摘星楼治痘全书十八卷 明朱一麟撰 ㉚503

上海**耕乐堂** 一八五四（咸丰四）年补刊摘星楼治痘全书十八卷 明朱一麟撰 ㉚503

耕乐堂 一六六二—一七二二（康熙）年刊咸陟堂文集二十五卷 清释成鹫撰 ①4632

兰州隍庙巷**耕馀堂**段家 一八三二（道光十二）年刊遂生福幼编 ㉖81

兰州隍庙巷**耕馀堂**段家 一八八四（光绪十）年刊史姓韵编十六册 ㉖81

耘雅堂 一七五四（乾隆十九）年刊四溟诗话四卷 明谢榛撰 ⑱集1888

素　堂 一七四六（乾隆十一）年刊琴旨二卷 清王坦撰 ⑱子449

素心堂 一七一五（康熙五十四）年刊唐诗贯珠六十卷 清胡以梅辑并笺释 ⑱集1677

素位堂 一六九三（康熙三十二）年刊陈检讨集二十卷 清陈维崧撰程师恭注 ②35386

素位堂 一七七四（乾隆三十九）年刊衔远楼诗稿二卷 清金廷炳撰 ⑱集1221

素位堂 一八〇九（嘉庆十四）年刊增补药性雷公炮制八卷 清张光斗增补 ㉚202

闽省**素位堂** 刊外科心法要诀十六卷 清吴谦等撰 ㉚543

素宜堂 一七二八（雍正六）年刊八代诗淘四十一卷 清张守辑 ⑱集1598

素宜堂 一八一八（嘉庆二十三）年刊地理知新录 清张受祺著 ②65763

素修堂 一七九七（嘉庆二）年刊小湖田乐府十卷 清吴蔚光撰 ⑯3616

浙江**素恭堂** 刊良方集腋二卷附续一卷 清谢元庆编 ㉚260

秦茂堂 一八五七（咸丰七）年刊活幼心法九卷 明聂尚恒撰 ㉚502

秦萱堂 刊济世养生集 清毛世洪撰 ㉚252

京都**泰山堂** 一八八四（光绪十）年刊新刻中兴大唐演义传一百回 明熊大木撰 ㉓39

京都**泰山堂** 一八八九（光绪十五）年刊图注八十一难经辨真四卷图注脉诀辨真四卷 明张世贤撰 ㉚712

泰山堂 刊新刻五毒传十二卷 ⑱集 2177

衡州何**泰安堂** 一八四五（道光二十五）年刊务中药性十八卷 清何本立撰 ㉚193

泰和堂 刊集验简易良方四卷 清德丰编 ㉚257

都春堂 一八三九（道光十九）年刊都春堂熊罴梦三卷 清吴云间撰 ㉚470

桂山堂 一六六二—一七二二（康熙）年刊太极图说论十四卷后序二卷 清王嗣槐撰 ③哲 280/824

顾氏**桂云堂** 一六四五（顺治二）年刊顾文康公文草十卷诗草六卷首一卷续编六卷
三集四卷 明顾臣鼎撰 ①17405

昆山顾氏**桂云堂** 一七三二（雍正十）年刊玉峰雍里顾氏六世诗文集 清顾登撰 ㉙2085

桂云堂 一八〇三（嘉庆八）年刊神农本草经读四卷 清陈念祖撰 ㉛157

桂云堂 刊景岳新方砭四卷 清陈念祖撰 ㉚228

巴县**桂文堂** 一八五九（咸丰九）年刊古今名医汇粹八卷 清罗美编 ㉚706

桂芸堂 刊时方歌括二卷 清陈念祖撰 ㉚240

桂林堂 一八五六（咸丰六）年刊活幼心法九卷 明聂尚恒撰 ㉚502

西安**桂荣堂** 一八七五（光绪元）年刊多忠勇公勤劳录四卷 清雷正绾辑刘宝国编 ⑦8763

桂森堂 一六六二—一七二二（康熙）年刊畏斋笔记四卷 清徐昂发撰 ②3767

岳池**桂霖堂** 刊诗经集注八卷 宋朱熹撰 ⑨093. 12/112

桂馨堂 一八七〇（同治九）年刊麻科活人全书四卷 清谢玉琼撰 ㉚511

太上清宫**栖碧堂** 一七四〇（乾隆五）年刊龙虎山志十六卷 清娄近垣撰 ⑯928. 324/480

福州郭氏**校经堂** 一八〇四（嘉庆九）年刊礼书一百五十卷 宋陈祥道撰 ⑥

校经堂 一八九三（光绪十九）年刊陈修园医书十六种 清陈念祖撰 ㉚741

酉古堂 一七七八（乾隆四十三）年刊古今医案按 清俞震编 ㉚634

崇川**酉民言堂** 一八一一（嘉庆十六）年刊露蝉吟词钞一卷续钞一卷 清唐忠冕撰 ⑯3092

江南通州**酉民言堂** 一八一一（嘉庆十六）年刊陶山诗录二十八卷前录二卷 清唐仲冕撰 ⑯847. 5/667

酉春堂 一八三〇（道光十）年刊钱志新编二十卷 清张崇懿著 ②17089

酌影堂 一七六七（乾隆三十二）年刊庐阳名胜便览六卷 清吴名鳌辑 ⑱史1045

广州**真宝堂** 一八七五（光绪元）年刊教化议五卷 ⑥

璜川吴氏**真意堂** 一八一一（嘉庆十六）年刊四书章句集注二十六卷附考四卷家塾读本句读一卷 宋朱熹集注清吴英吴至忠附考 ㉙1114

浮梁汪泩**获经堂** 一七九五（乾隆六十）年刊获经堂初稿八卷 清汪泩撰 ㉑209

浮梁汪泩**获经堂** 一七九六—一八二〇（嘉庆）年刊周易翼集解二十卷 清汪泩撰 ㉑209

津门寇氏**莼香堂** 一八三二（道光十二）年刊痧症传信方 清寇兰皋撰 ㉚400

刘嗣奇**耆英堂** 一六九五（康熙三十四）年刊蔡中郎集六卷 汉蔡邕撰 ④12341

王尚绳**恭寿堂** 一八一二（嘉庆十七）年刊祇平居士集三十卷 清王元启撰 ⑱集1176

恭寿堂 一七五七（乾隆二十二）年刊唐律酌雅七卷 清周京王鼎等辑 ⑱集1679

恭寿堂 一七九四（乾隆五十九）年刊丹徒县节孝烈女传略四卷 清冯锡宸辑 ③传30/8428

恭寿堂 一八五三（咸丰三）年刊经验良方附达生编 清陆画邨编 ㉚250

恭寿堂 一八六二（同治元）年刊伤寒论浅注六卷 清陈念祖撰 ㉚56

恭寿堂 一八六四（同治三）年刊馀冬录六十一卷 明何孟春撰 ⑯10268

恭寿堂 一八八六（光绪十二）年刊六书正讹五卷 元周伯琦编 ②27467

晋义堂 一八七五—一九〇八（光绪）年刊傅青主全集八卷 清傅山撰 ⑥子91

绵阳唐氏**晋昌堂** 一八七五—一九〇八（光绪）年刊唐氏族谱 清唐安平续修 ⑥史117

匪懈堂 一七三九（乾隆四）年刊姜西溟先生文钞四卷 清姜宸英撰 ⑱集1077

起凤堂 刊删注脉诀规正二卷 清沈镜撰 ㉚110

上海陈世杰**起秀堂** 一七一七（康熙五十六）年刊金匮玉函经八卷 汉张机撰宋林亿校 ㉚46

起秀堂 一六六二—一七二二（康熙）年影宋刊钱氏小儿药证直诀三卷 宋钱乙（仲阳）撰 ㉚472

起秀堂 一八三九（道光十九）年仿宋刊钱氏小儿药证直诀三卷附钱仲阳传 宋钱乙撰 ㉚472

载文堂 刊寓意草 清喻昌撰 ㉚629

载笔堂 一七一三（康熙五十二）年刊地理述八卷 清陈诜撰 ②6648

载道堂 清初刊传奇翻水浒记二卷 题介石逸叟撰 ⑱集2154

昆山**载德堂** 一七八四（乾隆四十九）年刊音韵辑要二十一卷 清王鵕纂 ⑯1387

载德堂 一八三八（道光十八）年刊尚书今文二十八篇解 清杨钟泰解 ②57439

顾行堂 一七三六—一八二〇（乾隆—嘉庆）年刊许氏幼科七种 清许豫和撰 ㉚482

顾行堂 一七八五（乾隆五十）年刊痘疹金镜录四卷 明翁仲仁撰 ㉚499

顾复堂 一七二三—一七三五（雍正）年刊玩剑楼诗稿八卷 清廖凤徵撰 ⑱集1090

汉口**顾善堂** 一九〇七（光绪三十三）年刊立生急要篇四卷 ㉚413

夏为堂 清初刊夏为堂人天乐传奇二卷 清黄周星撰 ⑱集2130

振玉堂 一六九九（康熙三十八）年刊外科正宗四卷 明陈实功撰 ㉚539

振古堂 一八一七（嘉庆二十二）年刊元史续编十六卷 明胡粹中撰 ⑪NC2700/4295

上海洋布公所**振华堂** 一八九三（光绪十九）年刊五种遗规 清陈宏谋撰 ⑤

古吴**振秀堂** 刊增补图像本草备要汇笺十卷 清顾元交撰 ㉚169

振贤堂 刊铜人腧穴针灸图经三卷 宋王惟一编 ㉚138

金阊**振邺堂** 一六六二—一七二二（康熙）年刊怀山园历朝名将类编八卷 清朱堪辑 ⑱子132

振邺堂 清初印古学鸿裁十五卷诗学鸿裁二卷 清范柽周采辑 ⑱集1636

钱唐汪氏**振绮堂** 一八二〇（嘉庆二十五）年刊东城杂记二卷 清厉鹗著 ②11176

钱塘汪氏**振绮堂** 一八二一—一八五〇（道光）年刊辽史拾遗补五卷 清杨复吉撰 ㉙2542

振绮堂汪氏 一八四六（道光二十六）年刊国语三君注辑存四卷国语发正二十一卷 国语明道本考异四卷 清汪远孙著 ②63151

汪氏**振绮堂** 一八七六（光绪二）年刊东轩吟社画像附记传题跋 清费升旭绘黄士洵记诸可宝传 ②15941

振绮堂 一七三六—一七九五（乾隆）年刊辽史拾遗二十四卷附纪年表一卷 清厉鹗著 ②61891

吉水湴塘杨氏**振撕堂** 一八七六（光绪二）年刊杨诚斋先生易传二十卷首一卷 宋杨万里撰 ㉑294

振鹭堂 一六六二—一七二二（康熙）年刊稗海 明商濬辑 ⑤

挹兰堂 一七七二（乾隆三十七）年刊关圣帝君全书六卷 清彭绍昇辑 ㉙1013

星沙换鹅堂 一八二八（道光八）年刊三指禅三卷 清周学霆撰 ㉚117

较经堂 一八七九（光绪五）年刊八家四六文钞九卷 清吴鼒编 ③文 158 8545.2

致丰堂 一七三六—一七九五（乾隆）年刊外科正宗十二卷 明陈实功撰 ⑥子 107

致文堂 一九〇三（光绪二十九）年刊针灸便用图考 清张希纯撰苏元箴编 ㉚133

常氏**致用堂** 一七二三（雍正元）年刊六经图说六卷 清牟钦元重编 ③经 68/37

成都**致远堂** 一八五六（咸丰六）年刊德壮果公年谱十六卷 清花沙纳纂 ②13888

大荔李**致远堂** 一八七八（光绪四）年刊傅科全书 清傅山撰 ⑦7383

大荔李**致远堂** 一八八二（光绪八）年刊温疫论二卷 明吴有性撰 ㉚384

致远堂 一七一六（康熙五十五）年刊天愚先生诗集六卷文集八卷别集四卷
诗钞八卷文钞八卷 明谢泰宗撰 附录一卷 ①1208

江西**致和堂** 一七一六（康熙五十五）年刊韵府群玉二十卷 宋阴时夫编辑 ㉑307

江西**致和堂** 一八〇三（嘉庆八）年刊道德经注解不分卷 元吴澄撰 ㉑307

书林**致和堂** 一八三〇（道光十）年刊绣像四游全传十四卷 ④6218

古吴**致和堂** 清初刊新刻出象点板时尚昆腔杂曲醉怡情八卷 原题清菰芦钓叟辑 ⑯855.608/516

金陵**致和堂** 一八〇三（嘉庆八）年刊食物本草会纂八卷 清沈李龙编 ㉚197

金陵老**致和堂** 一八二八（道光八）年重刊食物本草会纂八卷 清沈李龙编 ㉚197

致和堂 一七〇二（康熙四十一）年刊绍文堂增订古文觉斯读本十卷 清过珙评选 ②32097

致和堂 一七四六（乾隆十一）年刊词学全书 清查继超辑 ⑯833.08/295

致和堂 一七八四（乾隆四十九）年刊痘疹定论四卷 清朱玉堂撰 ㉚508

致和堂 一七九八（嘉庆三）年刊东莱博议四卷虚字注释备考六卷 宋吕祖谦撰
清张文炳评点 ⑯096.27/444

致和堂 一八五二（咸丰二）年刊引痘方书 清邱浩川撰 ㉚517

致和堂 一八六八（同治七）年刊宁坤秘籍三卷附济世论及秘传良方 清竹林寺僧撰袁光裕校 ㉚436

致和堂 一八九九（光绪二十五）年刊柳致和堂丸散膏丹释义 清柳致和堂编 ㉚305

致忠堂 一八七三（同治十二）年刊竹林寺女科秘授验方 清竹林寺僧撰 ㉚438

四川**致盛堂** 刊冯氏锦囊秘录 清冯兆张辑 ⑥

致盛堂 一七二八（雍正六）年刊济阴纲目十四卷 明武之望撰 ⑦14500

致盛堂 一七七一（乾隆三十六）年刊寿世传真八卷 清徐文弼编 ㉚620

致盛堂 一八二〇（嘉庆二十五）年刊医宗说约六卷 清蒋示吉撰 ㉚331

致盛堂 一八四三（道光二十三）年刊寿世保元十卷 明龚廷贤撰 ㉚326

致盛堂 一八七五（光绪元）年刊西域总志四卷 清七十一撰周宅仁编 ⑲237

湘阳郭氏**峪瞻堂** 一八八五（光绪十一）年刊音学五书 ㉙2009

栖霞郝氏**晒书堂** 一八一二（嘉庆十七）年刊列女传补注八卷叙录一卷校正一卷 列仙传校正本二卷列仙传赞一卷梦书一卷 清王照圆撰 ⑯982.32/893－115

山东**晒书堂** 一八一五（嘉庆二十）年刊晋宋书故一卷 清郝懿行撰 ⑥

晖吉堂 一七九二（乾隆五十七）年刊切问斋集十六卷 清陆燿撰 ⑱集1226

临川李氏**恩养堂** 一八三六（道光十六）年刊静娱室偶存稿二卷首一卷 清李宗瀚撰 ㉑256

恩养堂 一八五一—一八七四（咸丰至同治）年刊好云楼初集二十八卷二集十六卷 试律二卷四书文一卷 清李联琇撰

恩馀堂 一八七五（光绪元）年刊一粟斋文钞二卷 清易本烺著 ⑯847.6/287

武进盛氏**恩惠堂** 一八九七（光绪二十三）年刊常州先哲遗书前集四十二种后编三十一种 清盛宣怀集 ⑦40215 ⑥总50

恩锡堂 一八二六（道光六）年刊澹静斋全集 清龚景瀚撰 ⑤

吉水邹氏**特恩堂** 一七四七（乾隆十二）年刊邹忠介公全集二十卷 明邹元标撰 ㉑294

特恩堂 一七四六（乾隆十一）年刊吉水邹忠介公全集 明邹元标撰 ⑯846.5/842

积庆堂 一八一三（嘉庆十八）年刊罗洋诗集一卷文草一卷 清郭焌著 ②30214

积庆堂 一八五九（咸丰九）年刊麻疹约要 清任申彪撰 ㉚519

积庆堂 一八六九（同治八）年刊汤头歌诀 清汪昂撰 ㉚238

积庆堂 一八七八（光绪四）年刊成方集验四卷 清王贤辅编 ㉚231

积秀堂 一六六〇（顺治十七）年刊通纪会纂十卷 明钟惺撰清王汝南补 ⑱史161

积秀堂 一七〇八（康熙四十七）年刊留青新集三十卷 清陈枚选 ⑦8627

积秀堂 一七二九（雍正七）年刊十科策略笺释十卷 明刘定之撰清刘作梁注释 ③总210/737

积秀堂 一七四一（乾隆六）年刊刘静庵秘书三种 清刘一峰撰 ⑤

暨阳陈浩**积善堂** 一八八五（光绪十一）年刊眼科秘书 清月潭禅师编 ㉚577

四明**积善堂** 一八九四（光绪二十）年刊经验秘方 清杨舒和等编 ㉚276

积善堂 一七六三（乾隆二十八）年刊辨证奇闻十五卷 清陈士铎撰 ㉚333

积善堂 一八三六（道光十六）年刊普济应验良方八卷 清德轩氏编 ㉚254

积善堂 一八五一—一八六一（咸丰）年刊痘疹不求人 清朱栋隆撰 ㉚500

积善堂 一九〇一（光绪二十七）年刊辑要良方 清积善堂编 ㉚279

肇城冯**积儒堂** 一八三七（道光十七）年刊宝砚堂砚辨一卷 清何传瑶撰 ⑯679.93/903

广陵**秩斯堂** 一七〇五（康熙四十四）年刊伤寒论条辨续注十二卷 清郑重光撰 ㉚53

江都王氏**秩斯堂** 一七一六（康熙五十五）年刊伤寒论翼二卷 清柯琴撰 ㉚72

秩斯堂 一七一六（康熙五十五）年刊郑素圃先生医案五种二十三卷 清郑重光撰 ⑱子172

四川江津**秘书堂** 一八八一（光绪七）年刊说文偏旁一卷 ⑯1339

笔谏堂 一八七五—一九〇八（光绪）年刊笔谏堂全集 清柳堂撰 ⑤

笔谏堂 一九〇一（光绪二十七）年刊宰惠纪略五卷 清柳堂撰 ⑯927.12/131－282

借瓮堂 一六六二—一七二二（康熙）年刊兰湖诗选 清释愿光撰 ⑱集1091

彭懋谦**倍述堂** 一八七九（光绪五）年刊汉魏六朝百三名家集一百十八卷 明张溥辑 ㉙1587

健正堂 一八八五（光绪十一）年刊卫生鸿宝六卷 清祝补斋编 ㉚261

健余堂 一七三六—一七九五（乾隆）年刊刊海门初集九卷首一卷 清鲍皋著 ②49075

息耕堂 清初刊金华遊录注二卷附年谱一卷 清徐沁撰 ⑱史1065

长洲张氏**隽永堂** 一六九五（康熙三十四）年刊本经逢原四卷 清张璐撰 ㉚172

隽永堂 一六六六（康熙五）年刊伤寒大成五种 清张璐等撰 ㉚71

豹韦堂 刊白夤山人诗十卷 明阎尔梅撰 ①1476

赵熟典**爱日堂** 一七六〇（乾隆二十五）年刊宋王黄州小畜集三十卷 宋王禹偁撰 ⑱集189

爱日堂 一八三七（道光十七）年刊寿世编二卷 清顾奉璋撰 ㉚249

爱日堂 一八五二（咸丰二）年刊温疫论二卷 明吴有性撰 ㉚384

爱日堂 一八六二—一九〇八（同治至光绪）年刊字典考证十二卷 清奕绘撰 ⑧

吴郡顾氏依园**爱汝堂** 一六八八（康熙二十七）年刊石湖居士诗集三十四卷
宋范成大撰清顾嗣皋等重订 ③文257.537/45.2

爱吾堂 一八五〇（道光三十）年刊瓯乘拾遗二卷 清洪守一辑 ⑲435

南丰刘氏**爱余堂** 一八〇一（嘉庆六）年刊隐居通议三十一卷 元刘埙撰清刘凝辑订 ㉑273

南丰刘氏**爱余堂** 一八三〇（道光十）年刊水云村吟稿十二卷首一卷末一卷 元刘埙撰清刘凝笺注 ㉑273

广州**爱育堂** 一八八一（光绪七）年刊外治医说 清吴师机撰 ㉚154

羊城**爱育善堂** 一八八一（光绪七）年刊理瀹骈文摘要 清吴师机撰 ㉚154

戴嘉禧**爱荆堂** 一七一四（康熙五十三）年刊北溪先生字义二卷补遗一卷
严陵讲义一卷 宋陈淳撰 ⑱子71

道州**爱莲堂** 一八三九（道光十九）年刊濂溪志七卷附遗芳集一卷 清周浩纂 ㉒343

弋阳周氏**爱莲堂** 一八九〇（光绪十六）年刊新疆撮要录二卷 清七十一撰周有才辑 ⑲238

爱莲堂 一七三九（乾隆四）年刊重刻添补传家宝俚言新本初集八卷二集八卷三集八卷
四集八卷 清石成金撰 ⑯193/350

爱莲堂 一八八三（光绪九）年刊入地眼全书十卷 宋释静道撰清万树华编 ②31490

安福王氏**爱敬堂** 一七八六（乾隆五十一）年刊泸溪文集五十卷 宋王庭珪撰
竹西听雨集残稿一卷 明王尊阳撰 ㉑296

爱敬堂 一八三七（道光十七）年刊后汉书注又补一卷 清沈铭彝著 ②60500

金氏**馀庆堂** 一六八四（康熙二十三）年刊增订精忠演义说岳全传二十卷八十回 清钱彩撰 ⑱子768

馀庆堂 一七三六—一七九五（乾隆）年刊明忠观察洪云蒸紫云公文集五卷 外编一卷明洪云蒸撰 ⑱集 808

馀闲堂 一六七六（康熙十五）年刊汉魏六朝诗选八卷 清季贞辑 ⑱集 1577

留云堂 一八八七（光绪十三）年刊寄青斋遗集二卷附录云馆遗集 清徐虔复程芙亭撰 ⑧

留余堂 一六六二—一七二二（康熙）年刊却浮集四卷 清凌竹撰 ㉙2952

留余堂 一七七七（乾隆四十二）年刊周易通释六卷 清瞿铤撰 ㉙3147

留余堂 一八八〇（光绪六）年刊时症痧症喉症经验神方 ㉚392

留芝堂 一七八四（乾隆四十九）年刊诗考补二卷宋王应麟撰清胡文英增订 ⑱经 164

留馀堂 一七九三（乾隆五十八）年刊周礼读本六卷 清周樽辑 ⑱经 178

留馀堂 一八二四（道光四）年刊香湖诗钞五卷附文存一卷 清李尧文著 ②64631

留耕堂周殿一 一六六五（康熙四）年刊白菊斋订四书本义集说二十六卷 明徐养元辑 ⑱经 343

余氏**留耕堂** 一七三六—一七九五（乾隆）年刊严镇志草四卷 清余华瑞纂修 ①5967

于国华**留耕堂** 一八八九（光绪十五）年刊紫严诗选三卷补遗一卷 宋于石撰 ①414

绣谷**留耕堂** 一八七八（光绪四）年刊六书通十卷 清闵齐汲撰毕宏述篆订 ③字 131.4/817

留耕堂 一八四二（道光二十二）年刊良方集腋二卷续附一卷 清谢元庆编 ㉚260

留耕堂 一八六三（同治二）年重刊良方集腋二卷续附一卷 清谢元庆编 ㉚260

留真堂 一八一〇（嘉庆十五）年刊礼书纲目八十五卷 清江永撰 ⑰140－49

常熟寺前街**留真堂** 一八七三（同治十二）年刊慈恩玉历汇录五卷续补不分卷首图像 清俞大文增补 ㉙3288

武威**留清堂** 一八九九（光绪二十五）年刊重楼玉钥二卷 清郑梅涧撰 ㉚585

留髡堂 清初刊邛竹杖七卷 清施男撰 ⑱子 670

瓯城**凌峰堂** 一八三一（道光十一）年刊释耒集四卷 清施元孚撰 ⑧

光州**凌锦堂** 一九〇一（光绪二十七）年刊福幼编 清庄在田撰 ㉚533

衷白堂 一七七四—一七七六（乾隆三十九、四十一）年刊林蕙堂文集十二卷续集六卷亭皋诗钞四卷艺香词钞四卷 清吴绮撰 ⑱集 999

资生堂 一七三六—一七九五（乾隆）年刊食物小录二卷 清李文培撰 ④9719

资生堂 一九〇二（光绪二十八）年刊本草撮要十卷 清陈其瑞编 ㉚178

资政堂 一八六六（同治五）年刊甘泉全集 明湛若水撰 ⑤

资敬堂 一六六二—一七二二（康熙）年刊谨斋诗稿二十卷 清许志进撰 ㉚集 1073

汾阳田氏**资敬堂** 一七九六（嘉庆元）年刊尚书协异二卷 清戴祖启撰 ②61093

资善堂 一八三一（道光十一）年刊东医宝鉴二十三卷 朝许浚等撰 ㉚703

资善堂 一八八二（光绪八）年刊痘疹指南二卷 清宋麟祥撰 ㉚507

休宁汪氏**资履堂** 一七五八（乾隆二十三）年刊谷玉类编五十卷 清汪兆舒辑 ⑰0215

献县纪昀**阅微草堂** 一八〇〇（嘉庆五）年刊我法集二卷 清纪昀撰 ㉓77

烟云过眼堂 一六六二—一七二二（康熙）年刊读画录四卷印人传三卷 清周亮工撰 ④7581

宝庆**益元堂** 一七二三—一七九五（雍正—乾隆）年刊泼墨斋历代法帖十卷 清车万育撰 ㉒350

宝庆**益元堂** 一八八四（光绪十）年刊字学举隅一卷 清龙启瑞辑 ㉒336

益元堂 一八八六（光绪十二）年刊医学集成四卷 清刘仁廉撰 ㉚708

上海**益化堂**善书坊 一八五七（咸丰七）年刊格言集要 清秦雨樵撰 ㉚680

益生堂 一七二四（雍正二）年刊医学心镜录十一卷 清唐见撰 ㉙777

江西**益全堂** 一八七五—一九〇八（光绪）年刊积古斋钟鼎彝器款式十卷 清阮元撰 ㉑336

益和堂 刊金批西厢记八卷 清金人瑞撰 ㉙598

益寿堂 一八七〇（同治九）年刊兰台要旨二卷 清雪樵撰 ㉚350

益智堂 刊画图缘四卷十六回 题清步月主人订 ⑱子 772

兼山堂 一七六五（乾隆三十）年刊陈清端文集八卷纪恩录一卷 清陈瑸撰 ⑱集 1074

兼山堂 一八八四（光绪十）年刊家礼酌二卷 清孙奇逢辑 ②17425

兼山堂 刊理学宗传二十六卷 清张奇逢辑 ⑦2558

兼济堂 一七二〇（康熙五十九）年刊金匮要略方论本义二十二卷 清魏荔彤注 ㉚94

兼济堂 一七二四（雍正二）年刊伤寒论本义金匮要略方论本义合刻 清魏荔彤注 ㉚42

拳石堂 一六六二—一七二二（康熙）年刊抚苗录不分卷沿边营汛路程一卷新抚苗寨路程一卷 清鄂海编 ⑱史1360

拳石堂 一七一三（康熙五十二）年刊红苗归化恭纪诗 清达礼善辑 ②60754

张氏涉园观乐堂 一七七七（乾隆四十二）年刊初白庵诗评三卷 清查慎行撰张载华辑 词综偶评一卷 清许昂霄撰张载华辑 ⑱集1897

浥青堂 一七三六—一七九五（乾隆）年刊国朝诗选瓣香初集 清邓士锦辑 ②24104

浩然堂 一七九五（乾隆六十）年刊湖海楼全集五十一卷 清陈维崧撰 ⑱集1031

海雪堂 一六四四—一六六一（顺治）年刊峤雅二卷 明邝露撰 ⑰56－43508

梅阳**海涵堂** 一八一六（嘉庆二十一）年刊四书释地补一卷续补一卷又续补一卷三续补一卷 清阎若璩撰樊廷枚校补 ⑯097.27/459－6

福潭**润丽堂** 刊草间堂新编小史警钟四卷十六回 原题嗤嗤道人撰 ④6033

湖郡凌**润泽堂** 一八五一（咸丰元）年刊良方集要 清周鹤群编 ㉚261

郾邑**悦来堂** 一八七五（光绪元）年刊杂病捷要奇方 ㉚350

贵筑周氏**家荫堂** 一八三九（道光十九）年刊家荫堂汇刻 清周际华撰 ⑤

清江**宾兴堂** 一八九三（光绪十九）年刊清江县宾兴全集四卷 清王之藩等纂 ㉑167

金永昌**容德堂** 一七六五（乾隆三十）年刊云锦斋诗钞八卷 清沈廉撰 ⑱集1132

安福龙云**读书堂** 一七四八（乾隆十三）年刊龙云先生文集三十二卷附录一卷 宋刘弇撰 ㉑296

读书堂 一六九八（康熙三十七）年刊读书堂杜工部诗集注解二十卷文集注解二卷 唐杜甫撰清张溍评 杜工部编年诗史谱目一卷 清张溍编 ⑯844.17/243－312

读书堂 一八三二（道光十二）年刊针灸全生二卷 清萧福庵撰 ㉚133

读书堂 一八七六（光绪二）年刊蜀故二十七卷 清彭道泗编 ⑰12891

调元堂 一七六七（乾隆三十二）年刊脉学汇编三卷 清冯学震编 ㉚116

成都**祥兴堂** 一八四四（道光二十四）年刊痢疾论四卷 清孔毓礼撰 ⑥

朗润堂 一六六二—一七二二（康熙）年刊天禄识馀十卷 清高士奇撰 ②5388

雀集堂 一六六二—一七二二（康熙）年刊增订周易本义补四卷 清刘祈穀撰 ⑱经 86

娱晖堂 一六九四（康熙三十三）年刊普门医品四十八卷补遗四卷 明王化贞编清郎廷模补 ㉚222

通志堂 一六六二—一七二二（康熙）年刊通志堂经解一百四十种一千八百六十卷 清成德编 ⑱经 13

通志堂 一七三六—一七九五（乾隆）年刊仪礼十七卷 清纳兰成德校订 ②34752

重庆绕**通国堂** 一八四七（道光二十七）年刊眼科切要 清王锡鑫编 ㉚577

通国堂 刊赛金丹二卷 清蕴真子编 ㉚266

通善堂 一八五五（咸丰五）年刊鹌鹑会约附敖氏金镜录验舌法 清翁振基撰 ㉚339

桐庐袁昶芳郭里**通隐堂** 一八九八（光绪二十四）年刊说文审音十六卷 清张行孚撰 ⑯423. 15/314

通鉴堂 一八八七—一八九四（光绪十三至二十）年刊长沙胡氏丛书六种十四卷 清胡元常等著 ②17500

杭州**通德堂** 一八七五—一九〇八（光绪）年玉机微义五十卷 明徐彦纯撰刘纯续增 ㉚319

绣文堂 一八〇〇（嘉庆五）年刊救偏琐言十卷 清费启泰撰 ㉚505

绣霞堂 清初刊醉月缘传奇二卷 清薛旦撰 ⑱集 2135

昆山马氏**绥福堂** 一七五五（乾隆二十）年刊伤寒来苏集八卷 清柯琴撰 ㉚50

范氏**继志堂** 一七三一（雍正九）年刊读史备忘八卷 明范理集 ⑥

继志堂 一七九六—一八五〇（嘉庆至道光）年刊三益集 清李天锡辑 ⑤

吉安**继述堂** 一八七五（光绪元）年刊眼科开光易简秘书不分卷 ㉑330

继声堂 一六六二—一七二二（康熙）年刊陪集十三卷续陪集四卷 清方中通撰 文阁诗选一卷
清陈舜英撰 ⑱集 1015

继声堂 一六六二—一七二二（康熙）年刊数度衍二十三卷首三卷 清方中通撰 ⑱子 324

公安**继善堂** 一八八一（光绪七）年刊白苏斋集十八卷 明袁宗道撰 ③文 276. 76/189

高**继善堂** 一八七五—一九〇八（光绪）年在成都刊孙徵君年谱二卷 清孙奇逢自订 ⑥史 109

绍氏**继善堂** 刊弘道录二十五卷 明邵经邦撰清邵远平补案 ③哲 800/755

四明**继雅堂** 一八四五（道光二十五）年刊文莫书屋詹詹言二卷 清陈仅撰 ②12092

继莲堂 一八四四（道光二十四）年刊李二曲先生集录要四卷附倪氏图说二卷 清李颙撰倪元坦辑 ②34525

继溪堂 一八二九（道光九）年刊素问灵枢类纂约注三卷 清汪昂撰 ㉚7
继溪堂 一八八五（光绪十一）年刊医贯六卷 明赵献可撰 ㉚28
关中同**继德堂** 一八二三（道光三）年刊简摩集制艺五卷 清司徒修辑 ⑦8514

十一画

理 堂 一六六二—一七二二（康熙）年刊白沙子全集六卷首一卷附录一卷 明陈献章著 ②63472
广郡永邑**培元堂**杨氏 一七八八（乾隆五十三）年刊高梅亭读书丛钞 清高溏集评 ⑤
成都**培元堂** 一八八六（光绪十二）年刊临证指南医案十卷 清叶桂撰华岫云编 ㉚631
程氏**培凤堂** 一六七八（康熙十七）年刊咏庄集一卷 清程从大撰 ①5110
桂林杨**培文堂** 一八八九（光绪十五）年刊急救应验良方 清费山寿编 ㉚270
培本堂 刊延寿宝卷一卷 ④4860
汪**培芝堂** 一八二八（道光八）年刊温疫汇编十六卷 清汪期莲编 ㉚391
陈氏**培远堂** 一七三六（乾隆元）年在广西刊大学衍义辑要六卷大学衍义补辑要十三卷 清陈宏谋辑 ⑥子25
陈氏**培远堂** 一七三九（乾隆四）年在江西刊五种遗规五种 清陈宏谋辑 ⑥
陕西**培远堂** 一七六九（乾隆三十四）年刊学仕遗规八卷 清陈宏谋辑 ⑥
培远堂 一八三七（道光十七）年刊培远堂全集 清陈宏谋辑 ㉑203
培远堂 刊四书考辑要二十卷 清陈宏谋辑孙兰森编校 ⑦445
大港**培运堂** 一八七七（光绪三）年刊医源记略 清沙书壬撰 ㉚690
永新刘氏**培桂堂** 一八五三（咸丰三）年刊刘文安公文集十五卷首一卷 明刘定之撰 ㉑298
培桂堂 一六六二—一七二二（康熙）年刊怡怀集二卷 清王坛撰 ⑱集1014
培荆堂 一八〇一（嘉庆六）年刊披芸漫笔十八卷 清江绍莲辑 ⑱子879
培植堂 一八八六（光绪十二）年刊摘星楼治痘全书十八卷 明朱一麟撰 ㉚503
培德堂 一八〇四（嘉庆九）年刊素壶便录二卷 清江登云撰 ⑱子674
汪氏**梅雪堂** 一七〇四（康熙四十三）年刊粤西诗载二十五卷文载七十五卷 清汪森辑 ①1635

顾氏**职思堂** 一六六六（康熙五）年刊方舆纪要五卷 清顾祖禹撰 ①1636

刘氏**教忠堂** 一七二六（雍正四）年刊人谱一卷人谱类记二卷 清刘宗周撰 ⑯192/892－720

江苏**教忠堂** 一七三六—一七九五（乾隆）年刊沈归愚诗文全集十六种七十四卷 清沈德潜撰 ⑱集 1171

顺德黎氏**教忠堂** 一八八〇（光绪六）年刊五百四峰堂诗钞二十五卷 清黎简撰 ②21449

教忠堂 一七一三（康熙五十二）年刊韩子粹言 唐韩愈著清李光地讲授 ②48872

教忠堂 一七八四（乾隆四十九）年刊史忠正公集四卷末一卷 明史可法著清史三清辑 ②63851

教泽堂 一八四七（道光二十七）年刊三长物斋文略六卷诗略一卷附刻一卷 清黄本骥撰 ②56475

书林**乾元堂** 刊图注八十一难经辨真四卷 明张世贤注 ㉚22

上海**著易堂** 一八六三（同治二）年刊续名医类案三十六卷 清魏之琇撰 ㉚633

上海**著易堂** 一八九八（光绪二十四）年刊时病论八卷 清雷丰撰 ㉚376

松江**萃文堂** 一八一〇（嘉庆十五）年刊银海指南四卷 清顾锡撰 ㉚575

广州**萃文堂** 一八八九（光绪十五）年刊昌黎先生集四十卷 唐韩愈撰宋廖莹中校正 ⑱集 120

湖南**萃文堂** 一八九七（光绪二十三）年刊左文襄公（宗棠）年谱十卷 清罗正钧辑 ㉒339

萃文堂 一八六九（同治四）年刊补阙百家姓 清邢家鳞书 ②44602

梅园**萃华堂** 一七八〇（乾隆四十五）年刊庄子因六卷 清林云铭撰 ⑯2041

菁华堂 刊徐试可地理琢玉斧四卷 明徐之镆著清张风藻注 ②7491

金阊**萃英堂** 一七九九（嘉庆四）年刊类经三十二卷 明张介宾类注 ㉚6

衡阳艾**萃贤堂** 一八九九（光绪二十五）年刊白喉辨证 清黄维翰撰 ㉚598

吴门**萃锦堂** 清初刊新镌全像武穆精忠传八卷 ⑱子 768

南海**黄发堂** 一九一一（宣统三）年刊贻令堂医学三书 清黄保康撰 ㉚762

周氏**营道堂** 一七九一（乾隆五十六）年刊西汉儒林传经表二卷 清周廷彩撰 ①1436

基闻堂 一八〇一（嘉庆六）年刊六书通摭遗十卷 清毕星海辑 ⑯423. 14/471

基福堂 一八三六（道光十六）年刊椿影集 清冯春晖撰 ⑤

徐氏**梦生堂** 一七七八（乾隆四十三）年刊镜光缘传奇二卷 清徐爔撰 ⑱集 2149

梦生堂 一七三六—一七九五（乾隆）年刊写心杂剧十六种十六卷 清徐爔撰 ④11301

梦花堂 一七六六（乾隆三十一）年刊书经批六卷 清董懋极撰 ⑱经 118

阮氏**梦菊堂** 一八五一（咸丰元）年刊白沙先生年谱 清阮榕龄撰 ③传 60/73.04

梦墨堂 一七七〇（乾隆三十五）年刊梦墨堂稿十六卷续稿一卷 清涂锡盛撰 ⑱集 1225

滋阳丘氏**硕松堂** 一七七二（乾隆三十七）年刊楚辞韵解八卷 清丘仰文撰 ⑯832.17/321－833

硕松堂 一七六八（乾隆三十三）年刊硕松堂读易记十六卷 清丘仰文撰 ⑱经 88

瓠隐堂 一六七三（康熙十二）年刊痘症纂要三卷 清毛瑸编 ㉚506

盛德堂 一六四九（顺治六）年刊医宗必读五卷 明李中梓撰 ㉚705

盛德堂 一七一一（康熙五十）年刊脉贯九卷 清王贤撰 ㉚115

盛德堂 一七九六—一八二〇（嘉庆）年刊喉症全科紫珍集二卷 原题燕山窦氏撰朱翔宇编 ㉚586

盛德堂 刊白圭志四卷 清崔象川撰何晴川评 ③文 634/559.2

授　堂 一七九七（嘉庆二）年刊群经义证八卷 清武亿撰 ⑱经 365

偃师武氏**授堂** 一八四三（道光二十三）年刊金石一跋四卷二跋四卷三跋二卷附授堂金石文字续
跋十四卷 清武亿撰 ⑥

金陵**授经堂** 一八七〇（同治九）年刊幼科铁镜六卷 清夏鼎撰 ㉚478

武进洪氏**授经堂** 一八七八（光绪四）年刊六书转注录十卷 清洪亮吉撰 ⑦

阳湖洪氏**授经堂** 一八七七（光绪三）年刊晓读书斋杂录八卷 清洪亮吉著 ②37184

洪用勤**授经堂** 一八七五—一九〇八（光绪）年刊洪北江全集 清洪亮吉撰 ⑤

採芝堂 一七六二（乾隆二十七）年刊禹贡正义三卷 清曹尔成撰 ⑱经 123

汤氏**掬星堂** 一八九三（光绪十九）年刊汤氏宗谱十二卷 清汤志忠等纂修 ⑰6696

雪荫堂 一八二八（道光八）年刊二曲全集二十六卷 清李颙撰 恽逊庵先生遗集
清恽珠辑 ⑯847.2/289－02

雪鸿堂 刊治痧要略 清李菩编 ㉚507

古越**辅仁堂** 一八七八（光绪四）年刊绣像十美图传四十卷 ②4869

辅仁堂 一八八〇（光绪六）年刊本草备要四卷 清汪昂撰 ㉚170

虚白堂张超 一七五一（乾隆十六）年刊伤寒脉证歌二卷 清喻昌辑 ㉚89

长沙王先谦**虚受堂** 一八八二（光绪八）年刊续古文辞类纂三十四卷 清王先谦辑 ⑦4753

长沙王氏**虚受堂** 一八九四（光绪二十）年刊前汉书补注一百二十卷 清王先谦撰 ㉒337

长沙王氏**虚受堂** 一九一一（宣统三）年刊诗义标准一百一十四卷 清王锡光编 ⑯831/120.5

虚受堂 一八七二（同治十一）年刊汉铙歌释文笺正一卷 清王先谦撰 ⑧

唱经堂 一六五九（顺治十六）年刊金圣叹全集十卷 清金人瑞撰 ㉙597

陈氏**晚成堂** 一六六二—一七二二（康熙）年刊独漉堂诗集十五卷文集十五卷 清陈恭尹撰 ⑱集1011

刘云份**野香堂** 一六六二—一七二二（康熙）年刊十三唐人诗十五卷附八刘唐人诗八卷 清刘云份编 ⑱集1412

晚香堂 一八二〇（嘉庆二十五）年刊草亭文集二卷诗集四卷补遗一卷 清周篆撰 ㉙2393

晚香堂 一八九七（光绪二十三）年刊庄子南华经雪心编八卷 清李泰开刊订 ⑥

晚耕堂 一七二〇（康熙五十九）年刊五朝绝句诗选十卷 清周仪辑 ⑱集1598

天津洪天锡**晚翌堂** 一七八四（乾隆四十九）年刊补注温疫论十四卷 清洪天锡撰 ㉓51

晚翠堂 一七二一（康熙六十）年刊周礼折衷六卷 汉郑玄注清胡兴耠重订 ⑯095.122/976－81

晚翠堂 一七八四（乾隆四十九）年刊补注瘟疫论四卷 明吴有性撰清洪天锡补注 ㉚387

晚翠堂 一八五四（咸丰四）年刊温疫论二卷 明吴有性撰 ㉚384

崇义堂 一九〇一（光绪二十七）年刊活人精言二种 清席树馨编 ㉚736

古吴**崇文堂** 一六六四—一七二二（康熙）年刊新镌孙庞演义六卷二十回新编批评后七国乐田演义十八回 清徐震撰 ⑭

江宁**崇文堂** 一八七〇（同治九）年刊古文释义新编八卷 清余诚评注 ⑯834/988

江宁**崇文堂** 一八六九（同治八）年刊本草备要四卷 清汪昂撰 ㉚170

崇文堂 一七七五（乾隆四十）年刊五经楼小题拆字 清山仲甫山琏辑 ②50918

崇文堂 一八一二（嘉庆十七）年刊寿世保元十卷 明袭廷贤撰 ㉚326

崇文堂 一八四七（道光二十七）年刊丛桂堂集验良方 清丛桂堂居士编 ㉚255

崇文堂 刊水浒后传四十回 原题雁宕山樵辑憨客野云主人评 ⑦7671

淮安林**崇仁堂** 一八六五（同治四）年刊敕封天后志二卷 清林清标辑 ②6336

沈氏**崇正堂** 一六八六（康熙二十五）年刊四书正字汇十九卷 清沈渭撰 ⑱经347

粤东**崇正善堂** 一九〇三（光绪二十九）年刊痘疹心法三卷 清周贤牢撰 ㉚525

崇正善堂 一九〇三（光绪二十九）年刊小儿全科 清叶桐撰 ㉚487

义乌陈氏**崇本堂** 一九〇一（光绪二十七）年刊龙川文集三十卷首一卷附录一卷 宋陈亮著 ②63294

崇本堂 一八一三（嘉庆十八）年刊新喻钱氏分房支谱 清钱戟门等纂修 ㉑213

崇本山堂 一七五五（乾隆二十）年刊石溪史话八卷补遗四卷 清刘风起撰 ⑱史1530

崇训堂 一八七一（同治十）年刊儒门医宗总略四卷 清熊煜奎撰 ㉚350

崇让堂 一八三九（道光十九）年刊医书汇参辑成二十四卷 清蔡宗玉编 ㉚708

成都薛**崇礼堂** 一八九五（光绪二十一）年刊归方评点史记合笔六卷 清王拯辑 ⑦

崇让堂 一八五九（咸丰九）年刊尔雅一卷 ②11294

皖省陵阳**崇伦堂** 一八六七（同治六）年刊喉痧辑要一卷 清金德鉴撰 ㉚602

崇寿堂 一七七一（乾隆三十六）年刊乾隆三十六年职官迁除录不分卷 ①4866

汀城**崇英堂** 刊金匮要略浅注十卷 清陈念祖撰 ㉚95

崇岫堂 一六八七（康熙二十六）年刊庾子山集注释十六卷总释一卷附年谱一卷
北周庾信著清倪璠注 ②34926

成都**崇经堂** 一八八九（光绪十五）年刊万氏家传妇人秘科三卷 明万全撰 ㉚430

崇顺堂 一六六二—一七二二（康熙）年刊疮疡经验全书十二卷 宋窦杰撰窦梦麟续增 ㉚538

崇顺堂 一八二三（道光三）年刊图注八十一难经辨真四卷图注脉诀辨真四卷 明张世贤撰 ㉚711

崇顺堂善成堂 一八四三（道光二十三）年刊三礼约编十九卷 清汪基撰 ③经699/833

吉安山前周氏**崇恩堂** 一八七八（光绪四）年刊双崖文集四卷首一卷附一卷诗集六卷 明周忱撰 ㉑290

崇雅堂 一七三六—一七九五（乾隆）年刊权衡一书四十一卷 清王植辑 ②29756

崇雅堂 一八四二（道光二十二）年刊国朝院画录二卷 清胡敬辑 ㉒47787

崇善堂 一八五一（咸丰元）年刊成华节孝录四卷附录四种 清王煦辑 ㉒30776

崇善堂 一八八一（光绪七）年刊太上感应篇图说八卷首一卷 清黄正元著 ㉒14195

崇善堂 一九〇九（宣统元）年刊验方纂要 清彭友文编 ㉚281

林氏**崇道堂** 一六六二—一七二二（康熙）年刊岁寒堂初集五卷存稿十二卷 清林璐撰 ①1835

紫阳朱氏**崇道堂** 一六六九（康熙八）年刊五经 ⑤

四川绵竹**崇道堂** 一八二九（道光九）年刊四书 宋朱熹注 ⑦

崇锦堂 一七八三（乾隆四十八）年刊痘疹指南二卷 清宋麟祥撰 ㉚507

崇锦堂 一八二五（道光五）年刊痘疹正宗二卷 清宋麟祥撰 ㉚507

金陵**崇德堂** 一七三六—一七九五（乾隆）年刊帝京景物略八卷 明刘侗于奕正同修 ⑥

深泽王植**崇德堂** 一七四一（乾隆六）年刊四书注诠理不分卷 清王植辑 ㉓57

四川灌县**崇德堂** 一八三五（道光十五）年刊宋名臣言行录补编八卷约编八卷 清蔡伯澄补编 周田均约编 ⑥史99

昆明**崇德堂** 刊医学要诀 清张志聪撰 ㉚156

崇德堂 一七三〇（雍正八）年刊天花藏合刻七才子书四十回 ④6011

崇德堂 一七七七（乾隆四十二）年刊宋四六选二十四卷 清曹振镛编 ⑦11883

崇德堂 一八八三（光绪九）年刊内经知要二卷 明李中梓编注 ㉚6

崇德堂书坊 重刊而庵说唐诗二十二卷首一卷 清徐增撰 ㉙584

陈宗石**患立堂** 一六八八（康熙二十七）年刊湖海楼诗集八卷 清陈维崧撰 ⑱集1031

患立堂 一六九〇（康熙二十九）年刊迦陵词全集三十卷 清陈维崧撰 ④1179

锡环堂 一六四八（顺治五）年刊尚论篇四卷尚论后篇四卷 清喻昌撰 ㉚49

铭西堂 一七七三（乾隆三十八）年刊赵考古先生遗集六卷首一卷 明赵谦撰 ⑱集546

荆州田氏**移山堂** 一九〇一（光绪二十七）年刊荆州记二卷 刘宋盛宏之著 ㉒57213

移治堂 一七九三（乾隆五十八）年刊惬心集十卷附录一卷 清程烈辑 ㉒35670

敏修堂 一七八三（乾隆四十八）年刊清音小集四卷 ⑱集2183

吴县潘氏**敏德堂** 一八七八（光绪四）年刊左传事纬十二卷附小传左传字释 清马庯撰 ⑯096.27/419

潘**敏德堂** 一八七八（光绪四）年刊外科症治全生集附金疮铁扇散方 清王维德编 ㉚542

敏德堂 一八七八（光绪四）年刊医家金鉴 清陆志祖撰 ㉚412

曹氏**笺经堂** 一八九四（光绪十八）年刊司马法古注三卷 清曹元忠辑 ⑥

新郑高有闻**笼春堂** 一六六二—一七二二（康熙）年刊高文襄公集 明高拱撰 ⑤

山阳张弨**符山堂** 一六六七（康熙六）年刊音学五书 清顾炎武撰 ⑤

山阳**符山堂** 一六七〇（康熙九）年刊日知录八卷附谲觚十事一卷 清顾炎武 ㉙2001

得一堂 一七三八（乾隆三）年刊伤寒医验六卷 清卢云乘撰 ㉚74

得生堂 一八〇五（嘉庆十）年刊急救广生集十卷 清程鹏程编 ㉚153

得生堂 一八三一（道光十一）年重刊急救广生集十卷 清程鹏程编 ㉚153

得且堂 一八二八（道光八）年刊证治针经四卷 清郭诚勋编 ㉚345

得成堂 一八七五（光绪元）年刊常言道四卷十六回 原题落魄道人编 ④5817

新化邹氏**得颐堂** 一八七五（光绪元）年刊历朝二十五家诗录三十七卷 清邹湘倜辑 ⑯831/842

衔三堂 一七四五（乾隆十）年刊潜村医案二卷 清杨乘六编 ㉚631

彩笔堂 一八三〇（道光十）年刊丹桂传二卷 清江义田撰 ④11346

扬州**象贤堂** 一七四二（乾隆七）年刊胎产秘书三卷 元朱震亨撰 ㉚451

高邮赵氏**旌孝堂** 一八六二（同治元）年刊医学指归二卷 清赵术堂撰 ㉚29

旌学堂 一八六二（同治元）年刊医学指归二卷 清赵术堂编辑 ⑥

旋采堂 一六五九（顺治十六）年刊诗苑天声二十二卷 清范与良辑并评 ⑱集1594

商霖堂 一八一九（嘉庆二十四）年刊大生要旨五卷 清唐千顷撰 ㉚458

金郡**率祖堂** 一七四五（乾隆十）年刊资治通鉴前编十八卷 宋金履祥辑 ⑯921.23/303-987

林氏**望山堂** 一八七九（光绪五）年刊【同治】泰顺分疆录十二卷首一卷 清林鹗纂林用霖续纂 ⑲438

望山堂 一八五八（咸丰八）年刊说文逸字二卷附录一卷 清郑珍撰 ②17038

望柏堂　一七八六（乾隆五十一）年刊介亭诗草不分卷　清吕公路撰　⑱集 1249

望海堂　一九〇六（光绪三十二）年刊医学真传　清高世栻撰　㉚335

竟成堂　一八六九（同治八）年刊妇婴至宝　清徐尚慧编撰　㉚731

康吉堂　一八三三（道光十三）年刊南山简便方　㉚258

吴门蒋氏**庸德堂**　一七五四（乾隆十九）年刊温热暑疫全书四卷　清周扬俊编　㉚371

成都康氏**焕文堂**　一九〇二（光绪二十八）年刊廿二史札记三十六卷　清赵翼撰　⑥

焕文堂　一九〇六（光绪三十二）年刊医学真传　清高世栻撰　㉚335

焕乎堂　一七七四（乾隆三十九）年刊藏园九种曲　清蒋士铨撰　⑦14086

太原阎学林**眷西堂**　一七四四（乾隆九）年刊潜丘札记六卷　清阎若璩撰　⑯071/459

刘清堂　刊伤寒全生集四卷　明陶华撰　㉚68

永新郭氏**清分堂**　一八八六（光绪十二）年刊音学偶存初编一卷续一卷　清郭师吉撰　㉑299

清风堂　一七二五（雍正三）年刊陆稼书先生年谱定本二卷附录一卷　清吴光酉辑　⑱史 512

清风堂　一七六四（乾隆二十九）年刊四史剿说十六卷　清史珥撰　⑱史 1529

福建安溪李氏**清白堂**　一六六二—一七二二（康熙）年刊仪礼十九卷　清李光坡述注　⑦

衡湘杨氏**清白堂**　一八五八（咸丰八）年刊衡湘杨氏族谱　清杨世准修　⑰13377

清白堂　一七四六（乾隆十一）年刊濂江林氏家谱五卷　清林枝春纂修　⑱史 597

清白堂　一七六七（乾隆三十二）年刊三礼述注七十一卷　清李光坡撰　③经 699/824

清远堂　一八四〇（道光二十）年刊二十四诗品浅解　清杨廷芝著　②64303

清远堂　一八七二（同治十一）年刊吴兴科第表不分卷　清戴璐辑　⑯323.3521/213

江西任氏**清芬堂**　一六九九（康熙三十八）年刊礼记章句十卷　清任启运纂　⑦

清芬堂　一七三六—一七九五（乾隆）年刊天子肆献祼馈食礼三卷　清任启运撰　③经 520/826

清芬堂　一九〇二（光绪二十八）年刊海国舆地释名十卷　清陈士芑纂　⑥

武林吴氏**清来堂**　一八七一（同治十）年刊南史识小录十四卷北史识小录十四卷
　清沈名荪朱昆田辑张应昌补正　⑯922.3505/747

西泠**清来堂**吴氏 刊明诗综一百卷 清朱彝尊辑 ⑯831.6/834

清来堂 一八七五（光绪元）年刊文献通考详节二十四卷 清严虞惇撰 ㉙2990

高士奇**清吟堂** 一六九八（康熙三十七）年刊编珠二卷 隋杜公瞻撰 补遗二卷续编珠二卷

清高士奇辑 ⑯12261

高士奇**清吟堂** 一六九八（康熙三十七）年刊绝妙好词七卷 宋周密辑 ⑰56-45768

清吟堂 刊渊鉴类函四百五十卷 清张英等撰 ⑦4512

秀水吴源起**清畏堂** 一六八五（康熙二十四）年刊正字通十二集 明张自烈原本清廖文英辑 ⑯423.5/313

清畏堂 一六五八（顺治十五）年刊本草纲目五十二卷首一卷 明李时珍撰 ㉚163

清畏堂 一七二四（雍正二）年刊保命歌括三十五卷 明万全撰 ㉚322

清畏堂 一八八〇（光绪六）年刊海阳县续志十卷首一卷 清王敬勋修李尔梅王兆腾纂 ①

隆邑**清和堂** 一九〇九（宣统元）年刊分类草药性 著者佚名 ㉚179

许三礼**清远堂** 一六七六（康熙十五）年刊黄忠端公文略三卷诗略二卷说略一卷

明黄尊素撰 正气录一卷 ①2894

马思赞**清远堂** 一六六二—一七二二（康熙）年刊南国二家诗 清朱尔迈撰 ①1559

婺原俞氏**清荫堂** 一八九五（光绪二十一）年刊林和靖先生诗集四卷 宋林逋撰 ⑯845.13/255

清荫堂 一七三六—一七九五（乾隆）年刊秋泉居士集十七卷 清汪士鋐撰 ⑱集1077

清祜堂 一七九三（康熙五十八）年刊与我周旋集十二卷文二卷四六一卷杂体一卷

附宁武府志序一卷 清魏元枢撰 ⑱集1136

丰润魏孔煜**清祜堂** 一七九三（乾隆五十八）年刊与我周旋集十二卷代北文一卷西河文一卷

四六一卷宁武府志一卷 清魏元枢撰 年谱一卷 清魏孔煜撰 ㉓61

山阴王氏**清音堂** 一六六二—一七二二（康熙）年刊名媛诗纬初编四十二卷 清王端淑选辑 ⑰NC5570/1103

清素堂 一七九五（乾隆六十）年刊同音集八卷 清王昶许宝善辑 ⑱集1786

清素堂 一八七三（同治十二）年刊葵青居士绝诗三百纂释四卷 清石渠撰 ㉙1286

清素堂 刊锦香亭三卷 清石琰撰 ④11040

清晖堂一七四〇（乾隆五）年刊秋水集十六卷 清冯如京撰 ⑱集998

清骏堂一八一五（嘉庆二十）年刊全唐诗话六卷 宋尤袤辑清袁芳臻重校 ⑯821/190

清慎堂一七九九（嘉庆四）年刊验方摘要四卷附二卷 清周履端吴竹坪编 ㉚253

清勤堂一七三六—一七九五（乾隆）年刊矢音集十卷 清梁诗正撰 ⑱集1140

吴中徐氏**清德堂**一七七一（乾隆三十六）年刊毛诗名物图说九卷 清徐鼎撰 ㉙1042

清德堂 刊松雪斋集十卷外集一卷 元赵孟頫撰 ⑱集439

清醒堂一六八五（康熙二十四）年刊康熙吴江县志十六卷首一卷 清郭琇修屈运隆纂 ⑰D653.421－1684

清樾堂 刊中吴纪闻六卷 宋龚明之撰 ①18164

鸿文堂汪燮一七六一（乾隆二十六）年刊济世经验良方 清姚希周何大毓编 ㉚246

羊城**鸿文堂**一八六九（同治八）年刊四会守城纪略 清张作彦撰 ⑯922.7605/313

桂林**鸿文堂**一八七〇（同治九）年刊象州志四帙 清李世椿修郑献甫撰 ⑲723

山东**鸿文堂**一八七四（同治十三）年刊达生编 清亟斋居士编 ㉚453

兴化西**鸿文堂**一八六四（同治三）年刊经验喉科 清许佐廷撰 ㉚588

四川新都王**鸿文堂**一八八二（光绪八）年刊总纂升庵合集七十种 明杨慎撰 ⑥

粤东**鸿生堂**一八八七（光绪十三）年刊痘疹定论四卷 清朱玉堂撰 ㉚508

鸿远堂一七五四（乾隆十九）年刊本朝应制琳瑯集十卷首一卷 清邹一桂辑并评 ⑱集1763

贵州**鸿林堂**一八七五—一九〇八（光绪）年刊黔书二卷 清田雯编 ⑥

新淦**鸿宝堂**一八九九（光绪二十五）年刊东游纪程不分卷 清朱绶撰 ㉑334

鸿宝堂一七五四（乾隆十九）年刊异说征西演义全传六卷 原题恂庄主人撰 ㉙972

鸿述堂一八九四（光绪二十）年刊白喉丹痧述要 清凌绂曾编 ㉚600

鸿逵堂一六六二—一七二二（康熙）年刊二续表忠记八卷 清卢宜撰 ⑱史442

鸿桷堂一八一四（嘉庆十九）年刊庄子辩正六卷 清胡方著 ②48415

储掌文**淑慎堂**一七二三（雍正元）年刊在陆草堂文集六卷 清储欣撰 ⑱集1073

淑躬堂 刊新增格古要论十三卷 明曹昭撰王佐增补 ⑱子684

上虞**淮泽堂** 一八二九（道光九）年刊空桐子诗草十卷 清王煦著钱駥编 ②54005

中湘**渊海堂** 一八六九（同治八）年刊易简方便医书六卷 清周茂五编 ㉚269

渊雅堂 一八〇八（嘉庆十三）年自刊渊雅堂全集五十八卷附二卷 清王芑孙撰 ㉙1068

钱塘孙氏**渊藻堂** 一七一九（康熙五十八）年刊奇方类编二卷 清吴世昌编 ㉚246

淡宁堂 一六九一（康熙三十）年刊庸行编八卷 清史典撰 ⑦14422

淡成堂 一七三六—一七九五（乾隆）年刊洗桐轩文集九卷抱桐轩文集三卷八矢注字图说一卷 种律陈数一卷 清顾陈垿撰集 ⑱集1101

淡守堂 一七五六（乾隆二十一）年刊史略百篇二卷 清张芳传辑 ⑯921.7/309

淡和堂 一八九二（光绪十八）年刊知止斋遗编三卷 清任重光撰 光州平贼纪略一卷 清闵赅曾撰 ⑯2588

淡咸堂 一七三六—一七九五（乾隆）年刊洗桐轩文集九卷抱桐轩文集三卷 清顾陈垿撰 ㉙1671

淡雅堂 刊幼科推拿广意三卷 清熊应雄编 ㉚150

深柳堂 一六八四（康熙二十三）年刊诗经正解三十三卷 清姜文灿吴荃撰 ⑱经148

深柳堂 一八七四（同治十三）年刊慎疾刍言 清徐大椿撰 ㉚678

深柳读书堂 一七一〇（康熙四十九）年刊采风类记十卷 清张大纯撰 ⑱史970

深柳读书堂 一七四五（乾隆十）年刊林和靖诗集三卷 宋林逋撰清陈梓辑 ⑱集193

深清堂 一八二三（道光三）年刊新城县志二十四卷首一卷 清吴潚修张吉安纂 ⑲388

深清堂 一八八三（光绪九）年刊新城县志二十四卷首一卷 清吴墉修张吉安纂 常熟图书馆

武林**涵古堂** 一八三一（道光十一）年刊先醒斋医学广笔记四卷 明缪希雍撰 ㉙2791

涵古堂 一八三〇（道光十）年刊医宗己任编 清杨乘六辑 ⑤

涵宜堂 刊幼幼集成六卷 清陈复正编 ㉚481

涵和堂 刊二初斋读书记十卷 清倪思宽撰 ⑱子627

涵经堂 一七五三（乾隆十八）年刊玉剑缘传奇二卷 清李本宣撰 ⑱集2146

关中**涵育堂**金氏 一八八四（光绪十）年刊御览清真指南九卷 清马文炳撰 ⑦

毘陵**涵雅堂** 一八四二（道光二十二）年刊本草述钩元三十二卷 清刘若金撰杨时泰编 ㉚176

涵雅堂 一七九八（嘉庆三）年刊地理天玉经补注三卷附录一卷 清凌龙光撰 ②65778

惬心堂 一七三六—一七九五（乾隆）年刊遗真记六卷 清廖景文撰 题词一卷诗话一卷 ⑱集 2146

金陵**惜善堂** 一九〇九（宣统元）年刊白喉全生集 清李纪方撰 ㉚597

惕　堂 一七八五（乾隆五十）年刊大复山人诗集精华录八卷附诗话一卷 清吴宁编 ②69559

京江钱氏**惟善堂** 一七八九（乾隆五十四）年刊育正堂重订幼学须知句解四卷 清程允升撰 ②27199

金阊**惟善堂** 一七九六（嘉庆元）年刊救偏琐言十卷 清费启泰撰 ㉚505

淳朴堂 一七四八（乾隆十三）年刊挟忠烈传奇二卷 ⑱集 2160

云南**惇典堂** 一八八六（光绪十二）年刊产宝 清倪枝维撰 ㉚455

惇叙堂 一七九二（乾隆五十七）年刊欧阳文忠公全集一百五十三卷首年谱一卷末附录五卷 宋欧阳修撰胡柯编 ⑧

惇叙堂 一九〇九（宣统元）年刊（万载）钟溪晏氏族谱不分卷 ㉑238

惇裕堂 一七一七（康熙五十六）年刊四书馀说二十卷 清孙嬇撰 ⑱经 349

惇裕堂 一七七八（乾隆四十三）年刊杜诗集说二十卷末一卷 清江浩然辑 ②35439

琴城徐**寅生堂** 一八九〇（光绪十六）年刊痢门絜纲 清李荣达撰 ㉚397

寄云堂 一七〇三（康熙四十二）年刊张子晤蕉诗文选最一卷 清张人纲撰 ⑱集 944

寄梦堂 一六九五（康熙三十四）年刊寄梦堂屈子离骚论文十卷附录一卷 清郑武撰 ⑱集 12

桐城李**寄鸿堂** 一八七五—一九〇八（光绪）年刊近思录发明十四卷 明施璜注 ⑥

寄愿堂 一六六二—一七二二（康熙）年刊性理纂要八卷 清冉覲祖撰 ⑱子 99

密止堂 一七五八（乾隆二十三）年刊苍谷全集十二卷 明王尚絅撰 ⑯846. 5/116

谭旭**谋道堂** 一七四七（乾隆十二）年刊谋道续录二卷 清谭旭撰 ㉑201

绵邑**隆文堂** 一八六七（同治六）年刊重订外科正宗十二卷 明陈实功撰清张乐山重订 ㉚539

隆文堂 一六六二—一七二二（康熙）年刊石室秘录六卷 清陈士铎撰 ㉚332

隆文堂 刊黄帝内经素问吴注二十四卷 明吴崑注 ㉚16

彭士超**隆略堂** 一七二二（康熙六十一）年刊彭燕又先生文集三卷诗集一卷 清彭宾撰

彭省庐先生文集七卷诗集十卷诗馀一卷 清彭师度撰 ⑱集 922

苏州**隆溪堂** 刊伤寒论条辨八卷附录三卷 明方有执撰 ㉚48

歙县**绩学堂**洪氏 一八二一（道光元）年刊宋名臣言行录 ⑤

绩学堂 一六四四—一六六一（顺治）年刊此庵语录十卷 清胡统虞撰 ⑱子 97

绩梦堂 一六六二—一七二二（康熙）年刊杞园娱老集不分卷 清张贞撰 ④1907

续草堂 一七五五（乾隆二十）年刊诗贯十四卷首一卷 清张叙撰 ㉙1678

袁**续薪堂** 一八四六（道光二十六）年刊卫生鸿宝六卷 清祝补斋编 ㉚261

岳口李**绰裕堂** 一八八一（光绪七）年刊云中集六卷 清刘淳撰 ⑯847.5/892

严有禧**绳武堂** 一七三六（乾隆元）年刊严太仆先生集十二卷 清严虞惇撰 ⑱集 1076

严有禧**绳武堂** 一七五四（乾隆十九）年刊严白云诗集二十七卷 清严熊撰 ㉙2933

席启图**绳武堂** 一六六二—一七二二（康熙）年刊畜德录二十卷 清席启图撰 ㉙720

绳武堂 一七一六（康熙五十五）年刊黄氏家训四卷首一卷 清黄廷柏撰黄国材编 ⑯193/171

绳武堂 一七四四（乾隆九）年刊读诗质疑三十一卷 清严虞惇撰 ⑦13370

维发堂 一八七五（光绪元）年刊傅青主女科二卷附产后编 清傅山撰 ㉚433

维杨堂 一八五〇（道光三十）年刊四雪草堂重订通俗隋唐演义一百回
明罗贯中撰清褚人获重编 ⑯857.4/482－3－06

维经堂 一八四四（道光二十四）年刊本草医方合编 清汪昂编 ㉚723

维经堂 一八六〇（咸丰十）年刊半园尺牍二十五卷补遗六卷 原题清静福山人撰 ②21050

维经堂 一八六八（同治七）年刊新评龙图神断公案 ⑯857.2/658－02

维经堂 一八七七（光绪三）年刊医学入门七卷首一卷 明李健斋编撰 ㉚703

维隅堂 一七八九（乾隆五十四）年刊六书分类十二卷 清傅世垚撰 ⑦12084

余氏**维新堂** 一六六二—一七二二（康熙）年刊遂安西涧泮南余氏族谱三卷 清余之颙纂修 ⑱史 597

书林**维新堂** 清初刊新刻魏仲雪先生批点琵琶记二卷 元高明撰明魏浣初评李裔蕃注 ⑱集 2104

维新堂 一八七八（光绪四）年刊林兰香六十四回 原题清随缘下士编 ⑯857.4/257

绿玉堂 一八〇七（嘉庆十二）年刊四书字义说略二卷 清朱曾武撰 ③经818/59

绿竹堂 刊亲验简便诸方 明徐陟撰 ㉚220

绿阴堂 一七三六—一七九五（乾隆）年刊依光集七编一卷 清曹秀先撰 ⑱集1165

金阊**绿荫堂** 一六八四（康熙二十三）年刊本草纲目五十二卷首一卷 明李时珍撰 ㉚163

金阊**绿荫堂** 一七三六—一七九五（乾隆）年刊九宫谱定十二卷 ⑦104848

金阊**绿荫堂** 一七八七（乾隆五十二）年刊重订外科正宗十二卷 明陈实功撰清张乐山重订 ㉚539

金阊**绿荫堂** 一八二三（道光三）年刊珍珠囊指掌补遗药性赋四卷 金李明之编 ㉚166

苏州**绿荫堂** 一八二三（道光三）年刊药性赋珍珠囊四卷 金李明之撰 ㉚191

苏州**绿荫堂** 一八八一（光绪七）年刊素问灵枢类纂约注三卷 清汪昂撰 ㉚8

苏州**绿荫堂** 刊伤寒论贯珠集八卷 清尤怡注 ㉙878

姑苏**绿慎堂** 刊重刻绣像说唐演义后传五十五回 ⑪NC5756/0022

吴郡**绿荫堂** 一六六二—一七二二（康熙）年刊李卓吾先生批评三国志一百二十卷 明罗本撰李贽评 ⑱子761

绿荫堂 一六九〇（康熙二十九）年刊痘疹金镜录四卷 明翁仲仁撰 ㉚499

绿荫堂 一六六二—一七二二（康熙）年刊百名家词钞一百卷 清聂先曾王孙编 ⑱集1945

绿荫堂 一八〇一（嘉庆六）年刊天花精言六卷 清袁句撰 ㉚512

绿荫堂 一八五七（咸丰七）年刊新镌演禽三世相法 ②65691

绿荫堂 一八六五（同治四）年刊湖海诗文传一百一十一卷 清王昶编 ⑧

绿荫堂 刊千家诗音释二卷 ④249

苏州**绿润堂** 一八二一—一八五〇（道光）年刊三家医案合刻 清吴金寿编 ㉚636

姑苏**绿润堂** 一八八〇（光绪六）年刊珍珠囊指掌补遗药性赋四卷 金李明之编 ㉚166

绿野堂 一七五〇（乾隆十五）年刊痘科类编释意三卷 明翟良撰 ㉚503

绿慎堂 一八八一（光绪七）年刊本草备要四卷 清汪昂撰 ㉚170

苏州**绿慎堂** 一八八五（光绪十一）年刊内经知要二卷 明李中梓编注 ㉚7

金阊**绿慎堂** 刊小儿推拿广意三卷 清熊应雄编 ㉚150

姑苏**绿慎堂** 一七三八（乾隆三）年刊说唐后传五十五回 撰者佚名 ㉙908

姑苏**绿慎堂** 刊三家医案合刻附医效秘传三卷温热赘言 清吴金寿撰 ㉙2631

绿筠堂 一六六二—一七二二（康熙）年刊离骚辩 清朱冀撰 ⑰56-45814

十二画

琳琅堂 一八二二（道光二）年刊延龄纂要二卷 清罗福至编 ㉚613

琴川堂 一七〇四（康熙四十三）年刊虎丘竹枝词一卷 清顾瑶光撰 ⑱集1089

琴雅堂 一八〇四（嘉庆九）年刊小知录十二卷 清陆凤藻辑 ③总210/844

长沙罗**博文堂** 一八六八（同治七）年刊字学举隅一卷 清龙启瑞辑 ㉒336

维扬**博文堂** 刊种福堂公选良方三卷 清叶桂撰 ㉚249

嘉郡**博古堂** 一八三二（道光十二）年刊幼科推拿广意三卷 清熊应雄编 ㉚150

博古堂 一七一四（康熙五十三）年刊伤寒大白四卷 清秦皇士撰 ㉚73

博文堂 一七六一（乾隆二十六）年刊鱼水缘传奇二卷 清周书撰 ⑱集2148

博古堂 一七五三（乾隆十八）年刊病因脉治四卷 明秦昌遇撰清秦之祯编 ㉚409

博古堂 一七五二（乾隆十七）年刊秋水庵花影集五卷 明施绍莘撰 ④8846

博古堂 一七九五（乾隆六十）年刊喻氏医书三种 明喻昌撰 ㉙2862

武林杨氏**博约堂** 一九〇〇（光绪二十六）年刊杨愚斋先生全集 清杨丕复撰 ⑰01480

潞河魏氏**博济堂** 一七二八（雍正六）年刊杨氏提纲医方纂要四卷 清杨旦升编 ㉚336

博雅堂 一七六八（乾隆三十三）年刊外科正宗四卷 明陈实功撰 ㉚539

博雅堂 刊玉禾山人诗集十卷 清田实发撰 ⑱集1142

甘棠**博爱堂** 一七九六—一八二〇（嘉庆）年刊儿科醒十二卷 清芝屿樵客撰 ㉚484

植桂堂 一八〇一（咸丰六）年刊左传易读六卷 清司徒修辑 ②32908

黄氏**棣华堂** 一七一一（康熙五十）年刊蓄斋集十二卷 清黄中坚撰 ⑱集1057

上党申氏棣华堂　一八二四（道光二十四）年刊山海漫谈三卷附录二卷　明任环撰　③文275.67/186

棣鄂堂　一八五一—一八六一（咸丰）年刊毛诗传笺异义解十六卷　清沈镐撰　㉙2642

寿春棣萼堂　一八八一（光绪七）年刊四书补注备旨　明邓林撰　⑯097.26/372－05

联业堂冯烘记　一八八〇（光绪六）年刊中藏经八卷　原题汉华佗撰　㉚27

联桂堂　一七七四（乾隆三十九）年刊铁崖乐府注十卷逸编注八卷　元杨维贞著清楼卜瀍注　②47798

联益堂　一八四八（道光二十八）年刊新镌阴阳斗异说传奇四卷十六回　④6134

联萼堂　刊春晖楼四六一卷　清汪芳藻撰　⑱集1217

联墨堂　一八八七（光绪十三）年刊增补药性雷公炮制八卷　清张光斗撰　㉚202

会稽董氏斯堂　一九〇四（光绪三十）年刊古今医案按　清俞震编　㉚634

斯雅堂　一七九九（嘉庆四）年刊画石轩诗集四卷卧游随录四卷　清朱逢泰撰　㉙2518

斯馨堂　一七三六—一七九五（乾隆）年刊斯馨堂古文初集一卷诗集二卷　清刘暐泽撰　⑱集1141

胡氏敬义堂　一六七六（康熙十五）年刊甬上耆旧诗三十卷　清胡文学李邺嗣辑　⑱集1800

胡敬义堂　一八一五（嘉庆二十）年刊陈一斋全集　清陈梓撰　⑤

俞敬义堂　一八七三（同治十二）年刊咽喉秘集　清吴氏张氏合编　㉚587

敬义堂　一七一七（康熙五十六）年刊毗陵六逸诗钞二十四卷　清孙说辑　⑱集1785

敬义堂　一七三六—一七九五（乾隆）年刊胎产集要三卷　清黄惕斋编　㉚457

敬义堂　一八九四（光绪二十）年刊砥斋集十二卷　清王弘著　②31037

敬义堂　一八一四（嘉庆十九）年刊达生编　清亟斋居士编　㉚453

敬义堂　一八九四—一九〇七（光绪二十—三十三）年刊周易图说述　②681

敬艺堂　一八一六（嘉庆二十一）年刊增订四书释地补注一卷续补一卷又续补一卷三续补一卷
清阎若璩著樊廷枚校补　②16593

敬艺堂　一八二一（道光元）年刊幼科要览　清曹克安编　㉚484

敬艺堂　一八二三（道光三）年刊地理辨讹　清范日俊著　②65777

吴氏敬止堂　一九〇〇（光绪二十六）年刊鹤绿词一卷　清吕耀斗撰　⑯3132

敬日堂 一六七一（康熙十）年刊周易通十卷 清浦龙渊撰 ⑱经83

敬文堂 一七七四（乾隆三十九）年刊达生编 清亟斋居士编 ㉚453

敬文堂 一八八六（光绪十二）年刊本草备要四卷 清汪昂撰 ㉚170

金陵状元镜**敬书堂** 一八六二（同治元）年刊地理体用合编四卷 清林士恭吴颐庆同著 ②65757

敬书堂 一七九六—一八二〇（嘉庆）年刊新镌全像东西两晋演义志传十二卷五十回 明杨尔曾编 ⑭

敬书堂 一八二七（道光七）年刊集验简易良方四卷 清德丰编 ㉚257

书林**敬业堂** 一七九九（嘉庆四）年刊新镌全像东西两晋演义志传十二卷五十回 明杨尔曾编 ④5919

陕西**敬业堂** 一八八六（光绪十二）年刊诗义折中二十卷 清高宗弘历撰 ⑦215

云间**敬业堂**华氏 一七〇二（康熙四十一）年刊诗经集传八卷 宋朱熹撰 ⑧

桂林龙**敬业堂** 一八四〇（道光二十）年刊方验辑存 清龙启鹏编 ㉚259

汪氏**敬业堂** 一八二一—一八五〇（道光）年刊理学逢源十二卷 清汪绂撰 ㉑225

敬业堂 一六九五（康熙三十四）年刊学海津梁四卷 清崔学古辑 ⑯374.9/593

敬业堂 一七七二（乾隆三十七）年刊痘科类编释意三卷 明翟良撰 ㉚503

敬仪堂 一七九六—一八二〇（嘉庆）年刊四书典故辨正二十卷附录一卷 清周柄中撰 ③经818/56

分宁汪氏**敬让堂** 一八六七（同治六）年刊周易理数贯四卷补说一卷 清汪乙然撰 ㉑221

敬直堂 一七八九（乾隆五十四）年刊尚论翼 清舒诏撰 ㉚75

敬直堂 一八八四（光绪十）年刊疫疹一得二卷 清余霖撰 ㉚390

敬事堂 一七二一（康熙六十）年刊畿辅七名家诗钞四十六卷 清王企埥辑 ⑱集1772

敬事堂 一七二二（康熙六十一）年刊明诗百三十名家集钞二十四卷 清王企靖编 ⑯831.6/121

宝山朱氏**敬和堂** 一九〇〇（光绪二十六）年刊弟子规音释 李子潜撰 ⑰353-151

敬和堂 一七六五（乾隆三十）年刊易笺八卷 清陈法撰 ⑯12293

敬和堂 一八五二（道光二）年刊四书典论二十八卷 清黄希辙撰 ②18273

敬和堂 一八七五—一九〇八（光绪）年刊易笺八卷首一卷 清陈法著 ②10659

敬卒堂 一八四七（道光二十七）年刊外科正宗四卷 明陈实功撰 ㉚539

休宁汪氏**敬承堂** 一七四八（乾隆十三）年刊医学心悟六卷附外科十法 清程国彭撰 ㉚336

敬畏堂 一八三一（道光十一）年刊医纲提要八卷 清李宗源辑 ㉚347

敬修堂 一七九四（乾隆五十九）年刊折肱漫录七卷 明黄承昊撰 ㉚661

敬修堂 一八〇九（嘉庆十四）年刊天子肆献祼馈食礼四卷 清任启运撰 ②16197

敬修堂 一八八四（光绪十）年刊小蓬莱山馆方钞二卷 清马二泉编 ㉚259

陈思胪**敬胜堂** 一七二三—一七三五（雍正）年刊吕东莱先生文集二十卷 宋吕祖谦撰 清王崇炳辑 首一卷 ⑱集337

敬胜堂 一八二九（道光九）年刊胎产秘书二卷 清陈笏庵撰 ㉚461

敬馀堂 一六六二—一七二二（康熙）年刊雪邨历年诗一卷二集一卷 清王访撰 ⑱集1127

安福刘氏**敬恕堂** 一八六七（同治六）年刊莼斋文集八卷 清刘辰庆撰 ㉑297

赵延祺赵延祖**敬恕堂** 一六八三（康熙二十二）年刊赵清献公集六卷 清赵廷臣撰 附刻一卷 ①10587

吴**敬恕堂** 一七七五（乾隆四十）年刊山洋指迷原本四卷 明周景一著清俞归璞吴卿瞻同注 ②65746

敬恕堂 一七〇三（康熙四十二）年刊寿世良方八卷 清李士麟编 ㉚244

敬恕堂 一七二九（雍正七）年刊读书小记三十一卷 清范尔梅撰 ⑯091.377/532

敬象堂 一八一六（嘉庆二十一）年刊一斋杂著六卷 清陈梓撰 ⑰03443

敬跻堂 一八七五—一九〇八（光绪）年刊元朝秘史十五卷 佚名撰清沈曾植补注 ⑧

冉氏**敬简堂** 一八七〇（同治九）年刊冉氏家谱十三卷 清冉肇庭修 ⑰13448

禹门**敬慎堂** 一八八二（光绪八） 年刊女科仙方四卷 清傅山撰 ㉚434

佛山**敬慎堂** 清末刊广东贵宁堂马百良丸散膏丹药酒目录 清马百良编 ㉚306

敬慎堂 一六六二—一七二二（康熙）年刊明史列传稿二百零八卷 清王鸿绪撰 ⑪NC2720/2232

敬慎堂 一七二三（雍正元）年重修明史稿三百一十卷 清王鸿绪撰 ⑧

敬慎堂 一八三〇（道光十）年刊胎产心法三卷 清阎纯玺撰 ㉚456

敬敷堂 一八六五（同治四）年刊胎产心法三卷 清阎纯玺撰 ㉚456

敬箴堂 一七六二（乾隆二十七）年刊蕺园诗集十卷 清程晋芳撰 ⑱集1211

敬翼堂 一七七八（乾隆四十三）年刊河汾诸老诗集八卷 元房祺编 ⑯839.14/958－02

成都**敬豫堂** 一八八三（光绪九）年急救应验良方 清费山寿撰 ㉙2691

朝爽堂 一六七七（康熙十六）年刊新刻来瞿唐先生易注十五卷首一卷末一卷 明来知德撰 ⑱经70

京都**喜成堂** 一八七九（光绪五）年刊画史汇传七十二卷附录二卷 清彭蕴灿辑 ㉙1191

吉水李氏**葆元堂** 一八八六（光绪十二）年刊谷平先生文集五卷 清李中撰 ㉑294

葆素堂彭氏 一八二五（道光五）年刊一行居集四卷附一卷 清彭绍升撰 ③宗204/846.2

松江**葆素堂**许氏 一八七九（光绪五）年刊说文分韵易知录十卷 清许巽行撰 ⑯423.15/608

葆素堂 一七四五（乾隆十）年刊馀园诗钞六卷 清缪沅撰 ⑱集1102

杨潮观**葆真堂** 一七七四（乾隆三十九）年刊鄂文端公遗稿六卷 清鄂尔泰撰 ⑱集1081

顺德朱氏**葆真堂** 一八九六（光绪二十二）年刊拙庵丛稿 清朱一新撰 ⑰057－15.1

义乌朱氏**葆真堂** 一八九五（光绪二十一）年刊无邪堂答问 清朱一新著 ②12097

葆真堂 刊温疫论二卷 明吴有性撰 ㉚384

胡氏**葆璞堂** 一七三六—一七九五（乾隆）年刊周易函书约存十八卷约注十八卷别集十六卷 清胡煦撰胡季堂辑 卜法详考四卷 清胡煦撰 ⑨1075

葆璞堂 一七二八（雍正六）年刊卜法详考四卷 清胡煦撰 ⑱子363

岭南**葄古堂** 一八九六（同治八）年刊二十四史 ⑦

胡氏**蒂古堂** 一六六〇（顺治十七）年刊印存玄览四卷 明胡正言撰 ①1202

宛平马氏**萱永堂** 一七三〇（雍正八）年刊石室秘录六卷 清陈士铎辑 ②26376

萱茂堂 一八〇五（嘉庆十）年刊天花精言六卷 清袁句撰 ㉚512

江西**萱荫堂** 一七三〇（雍正八）年刊石室秘录六卷 清陈士铎辑 ㉑309

江西**萱荫堂** 一八九五（光绪二十一）年刊任氏本礼纪章句 ⑥

葵锦堂 一六四四—一六六一（顺治）年刊医门法律六卷 清喻昌撰 ㉚330

葵锦堂 一七四二（乾隆七）年刊喻氏医书三种 清喻昌撰 ㉚719

煮茗堂 一六六二—一七二二（康熙）年刊丁野鹤先生诗词稿 清丁耀亢撰 ⑤

森玉堂 一八七一（同治十）年刊衍庆编 清庄大椿撰 ㉚470

东昌**森林堂** 一八六八（同治七）年刊银海精微四卷 唐孙思邈辑清龚云林编 ②48479

徐**森荫堂** 一八三一（道光十一）年刊痘科键二卷 明朱巽撰 ㉚504

森荫堂 一八二六（道光六）年刊仁寿镜中方二卷 ㉚440

惠立堂（患立堂？）一六八七（康熙二十六）年刊康熙安平县志十卷 清陈宗石纂修 ⑰D621.235-1687

惠民堂 一七八五（乾隆五十）年刊证治要义十卷 清陈当务编 ㉚340

浙江**惠存堂** 一七九六—一八二〇（嘉庆）年刊冯氏锦囊秘录 清冯兆张辑 ⑥

成都**惠林堂** 一八五五（咸丰五）年刊杨西山失血大法 清杨风庭（西山）撰 ㉚423

成都**惠林堂** 一八七五—一九〇八（光绪）年刊性理正文 清圣祖玄烨撰 ⑥

惠迪堂 一六八八（康熙二十七）年刊救偏琐言十卷 清费启泰撰 ㉚505

殖学堂 一七〇五（康熙四十四）年刊甓湖草堂近集十卷 清吴世杰撰 ⑦13983

揽秀堂 刊泷江集诗选七卷 清林之枚著 ②54004

德州卢氏**雅雨堂** 一七五五（乾隆二十）年刊金石三例十五卷 清卢见曾编 ⑪990.8108/2168

卢氏**雅雨堂** 一七三六—一七九五（乾隆）年刊雅雨堂丛书十三种一百三十五卷 清卢见曾编 ⑱丛396

紫云堂 刊金丹就正篇 明陆西星著 ②51835

紫阳堂 一八九三（光绪十九）年刊从戎纪略不分卷 清朱洪章撰 ⑯982.877/833

紫来堂 一六六二—一七二二（康熙）年刊玉机微义五十卷 明徐彦纯撰刘纯续增 ㉚319

紫贵堂 一八五八（咸丰八）年刊新镌绣像赵太祖三下南唐被困寿州城八卷五十三回 好古主人撰 ④6047

陕西**紫薇堂** 刊三辅黄图六卷 ⑦10533

斐文堂 一八四〇（道光二十）年刊缉古算经一卷 唐王孝通著清陈杰校 ②15900

辉山堂 一六五〇（顺治七）年刊西陵十子诗选十六卷 清毛先舒辑 ⑱集1795

辉萼堂 一七八一（乾隆四十六）年刊四书引左汇解十卷 清萧榕年辑 ③经818/464

唧三堂 刊医宗已任编 清杨乘六辑 ⑤

桐城方**喻义堂** 一八八二（光绪八）年刊羊毛痧验方 清刘日订编 ㉚403

喻义堂 一七四八（乾隆十三）年刊辨证录十四卷附脉诀阐微 清陈士铎撰 ㉚333

喻义堂 一八二七（道光七）年刊集验良方六卷 清梁文科编 ㉚245

朝坂谢氏**赐书堂** 一八二七（道光七）年刊陕西志辑要六卷首一卷 清王志沂纂 ⑲161

湖南湘乡**赐书堂**易氏 一八七五—一九〇八（光绪）年刊历代名贤齿谱十二卷 清易宗涒辑 ⑥

赐书堂 一七〇五（康熙四十四）年刊礼山园诗集十卷文集八卷后集五卷续集一卷 清李来章撰 ⑱集1030

赐书堂 一七二五（雍正三）年刊齿谱九卷 清易宗涒辑 ⑱子872

赐书堂 一八〇四（嘉庆九）年刊江宁金石记八卷附江宁金石待访目二卷 清严观辑 ②35299

赐书堂 一八六七（同治六）年刊东山诗草三卷 清徐鏖撰 ㉙1236

赐礼堂 一八三五（道光十五）年刊二竹斋文集六卷 清张井撰 ⑦11340

申氏**赐闲堂** 一八四一（道光二十一）年刊申氏世谱八卷首一卷 清申祖璠等修 ②115050

赐经堂 一七五八（乾隆二十三）年刊西湖志纂十二卷末一卷 清沈德潜傅王露辑梁诗正等纂 ㉙832

婺源董氏**赐砚堂** 一八六六（同治五）年刊读书偶笔二十卷 清董桂新撰 ⑰00835

赐砚堂 一七五九（乾隆二十四）年刊西藏见闻录二卷 清萧腾麟纂 ⑲849

赐莲堂 一七〇三（康熙四十二）年刊唐诗体经六卷 清吴廷伟辑顾元标注 ⑱集1677

赐葛堂 一八七四（同治十三）年刊求在我斋全集 清陈浚撰 ⑤

奉新甘氏**赐福堂** 一七九一（乾隆五十六）年刊甘庄恪公全集十六卷 清甘汝来撰 附一卷 ⑱集1107

吴霖等**赐锦堂** 一七八七（乾隆五十二）年刊休宁厚田吴氏宗谱六卷 清吴骞纂修 ⑱史595

赐锦堂 一七三六—一七九五（乾隆）年刊同林倡和不分卷 清赵信梁诗正撰 ④补386

真定梁维枢**赐麟堂** 一六四四—一六六一（顺治）年刊玉剑尊闻十卷 清梁维枢撰 ⑱子668

最乐堂 一六六二—一七二二（康熙）年刊伤寒证治准绳增删八卷 清陆遇霖撰 ㉚74

最乐堂 一七三七（乾隆二）年刊陶靖节诗集 晋陶潜撰清蒋薰评 东坡和陶诗一卷 宋苏轼撰 律陶诗一卷 明王思任撰 敦好斋律陶纂一卷 明黄槐开撰 ④8973

雁江**景义堂** 刊问山诗集十卷文集八卷紫云词一卷 清丁灼撰王士祯选 ⑭

景云堂 一八一五（嘉庆二十）年刊达生编 清亟斋居士编 ㉚453

景文堂 一七八六（乾隆五十一）年刊三台诗话二卷 清戚学标撰 ③文318.4/56

景清堂 一八四八（道光二十八）年刊太史升庵遗集二十六卷 明杨慎撰杨金吾辑 ③文275.62/43

景福堂 一八四七（道光二十七）年刊沧溟先生集三十卷附录一卷 明李攀龙撰 ⑮中11151/416/507－2

景福堂 一八五一（咸丰元）年刊片玉山房花笺录二十卷 清孙兆溎辑 ⑰02491

隆阜**景槐堂** 一八〇六（嘉庆十一）年刊建松堂简易痘疹良方 清李文煌等撰 ㉚516

鼎元堂 一八五三（咸丰三）年刊增删喉科心法 清刘序鹓编潘诚增订 ㉚588

永新尹继美**鼎吉堂** 一八七二（同治十一）年刊诗地理考略二卷图一卷 清尹继善撰 ㉑298

永新尹氏**鼎吉堂** 一八八五（光绪十一）年刊续后汉书四十二卷首一卷例一卷音义四卷 宋萧常撰 ⑯922'2201/533－510－02

鼎雅堂 一八一四（嘉庆十九）年刊常德文徵四十八卷 清应先烈等纂 ②31258

珊城**遗安堂** 一七六〇（乾隆二十五）年刊唐宋诗醇四十七卷 清梁诗正等撰 ⑦4933

书林刘氏**遗安堂** 刊太医院增补医方捷径 明太医院原本清罗必炜校正 ㉚329

婺源单氏**遗经堂** 一六六二—一七二二（康熙）年刊道言五种 清陶素耜撰 ㉑306

婺源单氏**遗经堂** 一八二五（道光五）年刊医林纂要探源十卷 清汪绂辑 ㉑306

婺源单氏**遗经堂** 一八五三（咸丰三）年刊尹氏历代诗草二卷 清尹继隆辑 ㉑307

遗经堂 一七〇九（康熙四十八）年刊古今别肠诗选四卷 清赵式辑 ①5254

遗经堂 一七五二（乾隆十七）年刊救偏琐言十卷 清费启泰撰 ㉚505

遗经堂 一八四九（道光二十九）年刊医林纂要探源十卷 清汪绂编 ㉚227

遗清堂 一六六二—一七二二（康熙）年刊河东先生全集录六卷 唐柳宗元撰清储欣辑 ②36916

宝应**铸经堂** 一八五七（咸丰七）年刊集验良方六卷 清梁文科编 ㉚245

铸经堂杨氏 一八九四（光绪二十）年刊待鹤楼诗钞一卷零砾诗存二卷 清王怀曾王怀孟著 ②7611

章氏**锄经堂** 一七五三（乾隆十八）年刊海防经略纂要二卷 清章錀撰 ⑱史997

锄经堂 一七九六—一八二〇（嘉庆）年刊干支集锦二十四卷 清秦嘉谟辑 ③总250/853

锄经堂 一八四八（道光二十八）年刊医学从众录八卷 清陈念祖撰 ㉚344

嵇古堂 刊时方歌括二卷 清陈念祖撰 ㉚240

丰润谷应泰**筑益堂** 一六五八（顺治十五）年刊明史纪事本末八十卷 清谷应泰撰 ㉓61

筑野堂 一八九〇（光绪十六）年刊白下琐言十卷 清甘熙著 ②36115

掣鲸堂 一六六二—一七二二（康熙）年刊汉诗说十卷总说一卷 清沈用济费锡璜撰 ⑱集1647

智远堂 一八三四（道光十四）年刊牙牌参禅谱二卷 清阎智撰 ②110731

傅忠堂 一六六〇（顺治十七）年刊六书准不分卷 清冯鼎调撰 ⑯9825

集新堂 刊汤头歌诀附经络歌诀 清汪昂撰 ㉚239

朝坂**集义堂** 一七七四（乾隆三十九）年刊律吕图说九卷 清王健常撰 ⑱经230

新城**集仁堂** 一八八五（光绪十一）年刊牛痘新编 清武荣纶董玉山合编 ㉚523

云南**集文堂** 一八八二（光绪八）年刊遂生福幼合编 清庄在田撰 ㉚534

集古堂 一七八一（乾隆四十六）年刊缀白裘全集十二集四十八卷 清玩花主人辑钱德苍增辑 ⑯855.6/121

集古堂 一八六二（同治元）年刊温疫论二卷 明吴有性撰 ㉚384

集成堂 刊四书不分卷 宋朱熹集注 ⑯097.252/828－4－010

集素行堂 一八二七（道光七）年刊鱼吉方歌大全 清吕鱼吉撰 ㉚240

集庆堂 一八四三（道光二十三）年刊新编救急奇方四卷 清徐文弼编 ㉚256

集秀堂 刊乡党图考十卷 清江永著 ②34016

宁邑**集贤堂** 一八五二（咸丰二）年刊医要三书四种 清李耕春编 ㉚748

集贤堂 一七二三—一七三五（雍正）年刊古唐诗合解十六卷 清王尧衢注 ③文134/8345

集贤堂 一七九五（乾隆六十）年刊霓裳续谱八卷 清王廷绍编 ⑱集2174

集贤堂 一八六二—一八七四（同治）年刊李恕皆行略 清彭泽柳著 ②61055

集贤堂 一八三四（道光十四）年刊审病定经三卷 清张九思撰 ㉚347

黎川陈氏**集思堂** 一七六五（乾隆三十）年刊医门法律六卷 明喻昌撰 ②51808

集思堂 一七三六—一七九五（乾隆）年刊南庄类稿八卷 清黄永年撰 ⑱集1165

集思堂 一七七三（乾隆三十八）年刊喻氏医书三种 明喻昌撰 ㉙2862

羊城马氏**集益堂** 一八七五（光绪元）年刊历代地理韵编今释二十卷 清李兆洛辑 ⑥

兴化**集益堂** 一八六二（同治元）年刊普济应验良方八卷 清德轩氏编 ㉚254

集益堂 一八一六（嘉庆二十一）年刊四书经注集证大学一卷中庸一卷论语二十卷孟子七卷 清吴昌宗辑 ⑰0099

集盛堂 一七五八（乾隆二十三）年刊而庵说唐诗九卷首一卷 清徐增撰 ⑯9313

集道堂 一七七四（乾隆三十九）年刊四书古人典林十二卷 清江永编 ②29391

香山**集善堂** 一八六四（同治三）年刊医方易简新编六卷 清袭自璋黄统编 ㉚267

集善堂 一八三四（道光十四）年刊绛囊撮要五卷 清云川道人编 ㉚246

集善堂 一八六五（同治四）年刊保元瑶函八卷 原题觉化真君等撰 ⑯295.9/880

文昌宫**集裕堂** 一八三三（道光十三）年刊救生集四卷 清虚白主人编 ㉚258

集锦堂 一七六九（乾隆三十四）年刊痘症精言四卷 清袁句撰 ㉚513

集锦堂 一八二四（道光四）年重刊痘症精言四卷 清袁句撰 ㉚513

南海伍氏**粤雅堂** 一八四五（道光二十五）年刊海语三卷 明黄衷著 ②37256

循陔堂 一七八九（乾隆五十四）年刊五经旁训辨体合订二十一卷 清徐立纲辑 ③经21/845.2

腴经堂 一八一二（嘉庆十七）年刊熊襄愍公集十卷末一卷 明熊廷弼撰 ⑯846.8.856

斌升堂 一八八三（光绪九）年刊大清搢绅全书 ⑯323.402/354/1883

就闲堂 一七一四（康熙五十三）年刊墨池编二十卷 宋朱长文撰 印典八卷 清朱象贤撰 ⑯745/830

吉水解氏**敦仁堂** 一七六七（乾隆三十二）年刊解文毅公集十六卷 明解缙撰 ㉑294

敦仁堂 刊常谈丛录八卷 清李元复撰 ④4778

江宁**敦化堂** 一七九六（嘉庆元）年刊东医宝鉴二十三卷 朝鲜许浚等撰 ㉚703

金陵**敦化堂** 一八〇九（嘉庆十四）年刊春秋传三十卷 宋胡安国传 ②23984

敦化堂 一六七八（康熙十七）年刊经史辨体 清徐与乔著 ②24460

敦化堂 一七五九（乾隆二十四）年刊新增说文韵府群玉二十卷 宋阴时夫著阴中夫注 ②28512

敦化堂 一七九七（嘉庆二）年刊庄子因六卷 清林云铭撰 ⑱子1022

敦化堂 一八五六（咸丰六）年刊儒门事亲十五卷 金张从正撰 ㉚317

敦古堂 一七三六—一七九五（乾隆）年自刊敦古堂擬古杂文三卷 清李舜臣撰 ⑱集1149

西昌杨**敦本堂** 一八七六（光绪二）年刊东里文集二十五卷别集三卷 明杨士奇撰 ⑯846.4/267

吴门**敦本堂** 一八四一（道光二十一）年刊有真意斋词谱三卷词韵一卷 清钱裕撰 ㉙2653

敦本堂 一六六二—一七二二（康熙）年刊东坡养生集十二卷 清王如锡辑丘象升评 ④10187

敦本堂 一七五九（乾隆二十四）年刊诗学指南 清顾龙振辑 ⑤

敦本堂 一八四一（道光二十一）年刊周易参同契分章注解三卷 元陈致虚撰 ⑱子1045

孙星衍**敦礼堂** 一八一〇（嘉庆十五）年刊古今姓氏书辩证四十卷 宋邓名世撰 ②14546

关中马氏**敦伦堂** 一八六二—一八七四（同治）年刊马氏丛刻 清马先登辑 ⑤

敦伦堂 一八七六（光绪二）年刊勿待轩文集存稿十卷 清马先登撰 ③文288.374/38

敦行堂 一七九九（嘉庆四）年刊慈航集四卷（即三元普济方）清王勋撰 ㉚390

丹阳黄氏**敦好堂** 一八四九（道光二十九）年刊增补事类统编九十三卷首一卷 清黄葆真增辑 ②48868

成都**敦怡堂** 一八七三（同治十二）年刊周易集解十七卷 唐李鼎祚撰 ⑥

敦诗堂 一八0七（嘉庆十二）年刊廿二史纂略六卷 清郭衷恒辑 ㉙945

敦经堂 一八二九（道光九）年刊十七史蒙求十六卷 宋王令撰 ②18210

三原**敦厚堂** 一八〇九（嘉庆十四）年刊疹科类编 明武之望辑 ⑦13327

敦厚堂黄氏 一六六二—一七二二（康熙）年刊王阳明全集二十二卷首一卷 清俞嶙重编 ②26576

成都**敦厚堂** 一八八三（光绪九）年刊痢疾论四卷 清孔毓礼撰 ⑥子107

敦厚堂 一七七三（乾隆三十八）年刊痢症汇参十卷 清吴道源撰 ㉙3055

敦厚堂 一八六四（同治三）年刊伤寒论浅注六卷 清陈念祖撰 ㉚56

敦厚堂 一八八三（光绪九）年刊痢疾论四卷 清孔毓礼编 ㉚396

江苏**敦复堂** 一八二一—一八五〇（道光）年刊四书朱子本义汇参四十三卷 清王步青辑 ⑥

敦复堂 一七四五（乾隆十）年刊四书朱子本义汇参四十七卷 清王步青辑 ⑦6555

敦复堂 一七三六—一七九五（乾隆）年刊己山先生文集十卷别集四卷 清王步青撰 传一卷 ⑱集 1137

敦复堂 一八六五（同治四）年刊葑烟亭词钞四卷 清黎兆勋撰 ④1095

敦叙堂 一七四〇（乾隆五）年刊汪氏宗谱正脉四十二卷首一卷 清汪学恕修 ⑪977.5/3174

敦美堂 一七九八（嘉庆三）年刊游仙梦不分卷 清刘熙堂撰 ⑱集 2151

金南瑛**敦素堂** 一七一〇（康熙四十九）年刊沈南疑先生檇李诗系四十二卷 清沈季友辑 ⑱集 1797

峘唐徐**敦善堂** 刊徐孝穆全集六卷 陈徐陵撰清吴兆宜笺注 ⑯843.54/948－03

金湖**敦善堂** 一八四七（道光二十七）年刊验方录要七卷 ㉚255

洪氏**敦善堂** 一七九一（乾隆五十六）年刊寿山丛录二卷 清洪腾蛟著 ②64789

敦善堂 一八〇四（嘉庆九）年刊叶氏四种 清许嗣灿编 ㉚736

敦善堂 一八八〇（光绪六）年刊【光绪】昆新两县续修合志五十二卷首一卷末一卷 清金吴澜 李福沂等修 ㉙2172

敦善堂 一八九〇（光绪十六）年刊陈少阳集十卷首一卷 宋陈东著 ②24105

敦睦堂 一九〇〇（光绪二十六）年刊豫章黄祠四修主谱 清黄振声等修 ②13388

敦彝堂 一七九四（乾隆五十九）年刊云栈纪程八卷 清张邦伸撰 ⑯9032

不龙**普善堂** 一八九〇（光绪十六）年刊傅青主女科二卷附产后编二卷 清傅山撰 ㉚433

夏氏**尊堂** 一八九二（光绪十八）年刊清啸阁诗草十六卷 清夏献云撰 ㉑205

京江**尊仁堂** 一八〇四（嘉庆九）年刊古方汇精五卷 清爱虚老人编 ㉚228

尊心堂 一八八五（光绪十一）年刊霉疮证治秘鉴二卷 日橘尚贤撰 ㉚561

尊古堂 一六六七（康熙六）年刊审视瑶函六卷 明傅仁宇撰 ㉚572

尊古堂 一八八七（光绪十三）年刊瘟疫合璧二卷 明吴有性撰清王嘉谟补 ㉚391

尊乐堂 一六六二—一七二二（康熙）年刊云间吴六益前后合集二十九卷 清吴懋谦撰 ⑱集 948

尊经堂 一八六三（同治二）年刊笔花医镜四卷 清江涵暾撰 ㉚345

尊经堂 一八六四（同治三）年刊研香斋四六类腋二十四卷 ②34130

尊经堂 一八七二（同治十一）年刊【同治】萍乡县志十卷首一卷 清锡荣王明璠纂修 ⑲482

尊经堂 一九一〇（宣统二）年刊典昉十一卷 清王权撰 ⑯041/113

尊贤堂 一七〇〇（康熙三十九）年刊毛诗日笺六卷 清秦松龄撰 ⑪093.2/5042

尊闻堂 一七七〇（乾隆三十五）年刊心简斋集录六卷 清于光华编 ③总540/845

陆氏**尊道堂** 一七〇八（康熙四十七）年刊洛如诗钞 清朱彝尊辑 ⑱集1799

尊道堂 一八〇六（嘉庆十一）年刊汉口紫阳书院志略八卷 清董桂敷增订 ⑯928.425/541

尊道堂 一八七一（同治十）年刊小学或问 清尹嘉铨辑 ②34216

新建夏氏**尊德堂** 一八九二（光绪十八）年刊清啸阁诗草十六卷 清夏献云撰 ㉑205

尊德堂 一八四三（道光二十三）年刊食物本草会纂十二卷 清沈李龙编 ㉚197

尊德堂 刊士材三书三种七卷 明李中梓撰 寿世青编二卷 清尤乘编 ㉚720

三原**善堂** 一八八五（光绪十一）年刊时疫白喉捷要 清张绍修撰 ㉚596

丹徒**善化堂** 一八八三（光绪九）年刊程式编四卷 清沈应彤编沈廷飏增 ⑥

丹徒**善化堂** 一八八二（光绪八）年刊急救应验良方 清费山寿撰 ㉙2691

京口**善化堂** 一八七五—一九一一（光绪至宣统）年刊四书集注大学一卷中庸一卷
论语十卷孟子七卷 宋朱熹集注 ⑰00564

向氏**善化堂** 一九〇〇（光绪二十六）年刊二十二史感应录二卷 清彭希涑撰 ③宗970/846

善从堂 刊图注八十一难经辨真四卷图注脉诀辨真四卷 明张世贤撰 ㉚712

四川**善文堂** 刊水经注四十卷 ⑥史136

善本堂 刊医学从众录八卷 清陈念祖撰 ㉚344

善乐堂 一七二一（康熙六十）年刊音韵清浊鉴三卷 清王祚祯撰 ⑱经486

京都汤祥瑟**善成堂** 一八六六（同治五）年刊诗韵合璧 ㉓40

京都汤祥瑟**善成堂** 一八八四（光绪十）年刊诗经融注大全体要八卷 清高朝瓔撰 ㉓40

京都**善成堂** 一八六四（同治三）年刊增广验方新编十八卷 清鲍相璈编张绍棠增辑 ㉚264

京都**善成堂** 一九〇四（光绪三十）年刊二十一史弹词四卷 明杨慎撰清张三异增订 ③文640/756

金溪**善成堂** 一七九六—一八二〇（嘉庆）年刊四秘全书 清尹有本撰辑 ㉑313

金溪**善成堂** 一八六四（同治三）年刊徐灵胎十二种全书 清徐大椿撰 ㉑313

都门**善成堂** 一八七四（同治十三）年刊考证周身穴法歌 清廖润鸿撰 ㉚141

重庆**善成堂** 一八二一—一八五〇（道光）年刊四川宁远堂本来瞿唐先生易注十七卷 明来知德注 ⑥

重庆**善成堂** 一八四五（道光二十五）年刊外科正宗四卷 明陈实功撰 ㉚539

重庆**善成堂** 一八九〇（光绪十六）年刊本草备要四卷 清汪昂撰 ㉚171

巴蜀**善成堂** 一九〇七（光绪三十三）年刊灵枢素问节要浅注十二卷 清陈念祖注 ㉚9

四川**善成堂** 一八九二（光绪十八）年刊撼龙经批注校补 唐杨益著清高其倬批点荣锡勋校补 ②65735

彭树萱**善成堂** 一八六四（同治三）年刊徐灵胎十二种全集 清徐大椿撰 ⑥子79

善成堂义记 一八九八（光绪二十四）年刊伤寒论浅注六卷 清陈念祖集注 ㉚56

善成堂 一七〇九（康熙四十八）年刊卜筮正宗十四卷 清王维德辑 ②30190

善成堂 一七二三—一七三五（雍正）年刊伤寒绪论二卷 清张璐撰 ㉚71

善成堂 一七六三（乾隆二十八）年刊喻氏医书三种 清喻昌撰 ㉚719

善成堂 一七九六—一八二〇（嘉庆）年刊四秘全书 清尹有本著 ②65717

善成堂 一八四五（道光二十五）年刊外科正宗四卷 明陈实功撰 ㉚539

善成堂 一八六〇（咸丰十）年刊素问灵枢类纂约注三卷 清汪昂撰 ㉚7

善成堂 一八六七（同治六）年刊伤寒论浅注六卷 清陈念祖集注 ㉚56

善成堂 一九〇七（光绪三十三）年刊陈修园医书四十八种 清陈念祖编撰 ㉚744

黎川陈氏**善余堂** 一七九九（嘉庆四）年刊凝斋先生遗集十卷末一卷 清陈道撰 ㉑269

善余堂 清初刊万氏妇科汇要四卷 明万全撰 ㉚430

善哉堂 一八五四（咸丰四）年刊验方新编十六卷 清鲍云韶编 ㉚262

善养堂计氏 一八五五（咸丰五）年刊夔堂丛书 清计恬辑 ⑦8746

善馀堂 一八〇〇（嘉庆五）年刊凝斋先生遗集十卷末一卷 清陈道撰 ⑱集1175

道古堂 一八二〇（嘉庆二十五）年刊医级宝鉴十卷首一卷末一卷 清董西园撰 ㉚340

道生堂 一六六二—一七二二（康熙）年刊静用堂偶编十卷 清涂天相撰 ⑱子100

道生堂一七二四（雍正二）年刊静用堂续编十卷 清涂天相撰 ⑱子100

道生堂一八三〇（道光十）年刊痘科类编释意三卷 明翟良撰 ㉚503

上元程氏**道宁堂**一七三六—一七九五（乾隆）年刊易通四种 清程廷祚撰 ⑪NC0255/2113.63

道荣堂刊陈恪勤公诗集三十九卷 清陈鹏年撰 ⑱集1072

道南堂一七四九（乾隆十四）年刊医学粹精 清陈嘉璇辑 ⑤

书林**道盛堂**一七一二（康熙五十一）年刊天下名家诗观初集十二卷二集十四卷三集十三卷别集一卷 清邓汉仪评选 ⑪NC5570.8/1232

遂古堂一八一〇（嘉庆十五）年刊述记 清任兆麟辑 ㉙2537

遂安堂一七二〇（康熙五十九）年刊后村居士诗十六卷诗话二卷诗馀二卷 宋刘克庄著 ②62166

遂安堂一七二七（雍正五）年刊唐宋八家诗五十二卷 清姚培谦辑 ⑱集1366

吴江潘氏**遂初堂**一六九五（康熙三十四）年在福建刊日知录三十二卷 清顾炎武撰 ㉙2001

潘氏**遂初堂**一六六二—一七二二（康熙）年刊类音八卷 清潘耒撰 ⑱经484

潘氏**遂初堂**一七二五（雍正三）年刊类音八卷 清潘耒撰 ㉙1396

尤氏**遂初堂**一八三〇（道光十）年刊尤氏宗谱十六卷 清尤坤等重修 ②102134

遂初堂一七三二（雍正十）年刊金匮心典三卷 清尤怡集注 ㉚94

江苏**湛贻堂**一七九六—一八二〇（嘉庆）年刊瓯北全集八种 清赵翼撰 ⑥总61

湛贻堂一九七〇（乾隆五十五）年刊陔馀丛考四十三卷 清赵翼撰 ⑯071/198—02

湛贻堂一八〇〇（嘉庆五）年刊廿二史劄记三十六卷补遗一卷 清赵翼撰 ⑱史1531

湛恩堂一七〇三（康熙四十二）年刊翠岩偶集六卷 清李雍熙撰 ⑱集911

楚南**湘远堂**一八八四（光绪十）年刊玉函山房辑佚书 清马国翰辑 ⑰01364

游艺堂刊医理折衷目科二卷 清寰宇赘人等撰 ㉚576

方承保**滋元堂**一七七九（乾隆四十四）年刊犬隐楼集十六卷首一卷附录一卷 明方逢时撰清严长明编 ③文276.594/184

滋本堂一八七九（光绪五）年刊三品汇刊 清张之洞辑 ②53458

礼泉县阡东镇西门内**滋德堂** 一七七九（乾隆四十四）年刊丹桂籍四卷 明颜正注 ②7308

滋德堂 一七九五（乾隆六十）年刊香亭文稿十二卷续编一卷 清吴玉纶撰 ⑱集1207

惬心堂 一七三六—一七九五（乾隆）年刊遗真记不分卷 ②11208

寒木堂 一七一七（康熙五十六）年刊诗伦二卷 清汪薇辑 ⑫SV31－13/7.135

维扬**富文堂** 一八六五（同治四）年刊验方新编八卷首一卷 清鲍云韶编 ㉚262

富文堂 刊医方集解三卷 清汪昂撰 ㉚225

富兴堂 一九〇八（光绪三十四）年刊痢疾论四卷 清孔毓礼编 ㉚396

富春堂 一八三一（道光十一）年刊东医宝鉴二十三卷 朝许浚等撰 ㉚703

富春堂 一八七〇（同治九）年刊医方一盘珠十卷 清洪金鼎撰 ㉚338

富春堂 刊地理秘窍十卷 明甘时望著 ②65741

富荣堂 一八五七（咸丰七）年刊痘疹保赤类编释意 清凌仁轩撰 ㉚522

粤东**富桂堂** 一八五八（咸丰八）年刊信验方录附续录 清卢荫长编 ㉚255

昌江魏**谦吉堂** 一八六五（同治四）年刊医宗会要四卷 清湛德芬编 ㉚349

湘潭**谦和堂** 一八五七（咸丰七）年刊医方易简新编六卷 清袁自璋黄统编 ㉚267

揆叙**谦牧堂** 一六六二—一七二二（康熙）年自刊益戒堂文钞二卷 清揆叙撰 ⑱集1128

揆叙**谦牧堂** 一七二四（雍正二）年刊益戒堂自订诗集八卷益戒堂诗后集八卷 清揆叙撰 ⑱集1128

谦牧堂 一七七三（乾隆三十八）年刊左传选十四卷 清储欣注董南纪等辑 ②50958

谦益堂 一七三六—一七九五（乾隆）年刊温疫论二卷 明吴有性撰 ㉚384

谦益堂 一八三三（道光十三）年刊医门普渡二种六卷 明吴有性等撰 ㉚391

定州王灏**谦德堂** 一八七九（光绪五）年刊畿辅丛书 清王灏辑 ①428

北京**谦德堂** 一八七五—一九〇八（光绪）年刊元朝名臣事略十五卷 元苏天爵撰 ⑥史99

裕元堂 刊薛氏医案二十四种 明薛己等撰 ㉚713

萧山**裕文堂** 一八二一（道光元）年刊食物本草会纂八卷 清沈李龙编 ㉚197

裕文堂 一八〇七（嘉庆十二）年刊图注八十一难经辨真四卷图注脉诀辨真四卷 明张世贤撰 ㉚711

裕后堂 一八九五（光绪二十一）年刊幼科铁镜六卷 清夏鼎撰 ㉚478

裕余堂 一八一〇（嘉庆十五）年刊增订痘疹辑要四卷 清白振斯撰 ㉚515

黄县**裕庆堂** 一九〇二（光绪二十八）年刊儒教正宗附宿源心语二卷 清赵星海著 ㉒28711

临川李梦松**裕远堂** 一八〇一（嘉庆六）年刊歉夫文稿四卷诗七卷杂诗五卷册子四卷 清李梦松撰 ㉑255

吴门**裕兹堂** 补刊伤寒全生集四卷 明陶华撰 ㉚68

济南**裕和堂** 一八八一（光绪七）年刊诗韵合璧五卷附虚字韵薮一卷 清汤文潞辑 ㉒28188

裕国堂 一八五一（咸丰元）年刊精绣通俗全像梁武帝西来演义四十回 题天花藏主人编 ④5727

陈氏**裕德堂** 一七八四（乾隆四十九）年刊六艺论一卷 汉郑玄撰清陈鳣辑 ①1639

关中**裕德堂** 一八〇六（嘉庆十一）年刊恭简公志乐二十卷 明韩邦奇撰 ⑦316

裕德堂 一七五一（乾隆十六）年刊幼幼集成六卷 清陈复正编 ㉚481

裕德堂 一八一五（嘉庆二十）年刊【嘉庆】肥城县志十九卷首一卷 清曾冠英修李基熙纂 ⑪

古吴沈氏**裕麟堂** 一七一七（康熙五十六）年刊经验丹方汇编 清钱峻编 ㉚244

姑苏沈元瑞**裕麟堂** 一七二九（雍正七）年刊颐生秘旨八卷 清周垣宗撰 ㉚336

强忍堂 一八一七（嘉庆二十二）年刊壮悔堂文集十卷遗稿一卷 清侯方域撰 ⑯847.1－908－05

聂城杨**强恕堂** 一八八五（光绪十一）年刊秘传喉科要诀 清杨友仁编 ㉚590

强恕堂 一七四〇（乾隆五）年刊朱子文公传道经世言行录八卷 清舒敬亭编 ⑯982.852/828－925

强恕堂 一八一八（嘉庆二十三）年刊西域总志四卷 清七十一撰周宅仁编 ⑲237

强恕堂 一八七七（光绪三）年刊乔勤恪公全集 清乔松年撰 ⑤

陈氏**强善堂** 一六八九（康熙二十八）年刊亦山草堂遗稿六卷遗词二卷 清陈维嵋撰
崇祀乡贤录一卷花萼倡和一卷 ⑱集1006

强善堂 一七四九（乾隆十四）年刊壮悔堂文集十卷 清侯方域撰 ⑯7420

登秀堂 一八一九（嘉庆二十四）年刊听月楼全传二十回 ④5764

登善堂 一八七六（光绪二）年刊六书管见二十卷 清况祥麟撰 ⑯1378

义宁**缉香堂** 一七六五（乾隆三十）年刊宋黄文节公文集正集三十二卷外集二十四卷

别集十九卷首四卷 宋黄庭坚撰 伐檀集二卷 宋黄庶撰 ⑱集264

编录堂 一七三六—一七九五（乾隆）年刊古诗刊误十卷 清黄之纪撰 ⑱集1576

十三画

广州**瑞元堂** 一八七三（同治十二）年刊小蓬莱山馆方钞二卷 清马二泉编 ㉚259

省城西湖**瑞元堂** 一八九六（光绪二十二）年刊医验辨似二卷 清蒋希曾撰 ㉚643

昆陵谢氏**瑞云堂** 一八八六（光绪十二）年刊酌古准今十二种 清谢兰德辑 ⑰00945

瑞五堂 一八二一（道光元）年刊几希录 清瑞五堂主人编 ㉚252

潮城吴家**瑞文堂** 一八九三（光绪十九）年刊药性赋珍珠囊四卷 金李明之撰 ㉚191

瑞文堂 刊大字本反唐演义传十四卷一百四十回 原题如莲居士撰 ㉙909

瑞芝堂 一六六二—一七二二（康熙）年刊大樵山人集二十卷 清沈元抡撰 ⑱集960

南浔蒋氏**瑞松堂** 一八二二（道光二）年刊元遗山诗集笺注十四卷首一卷末一卷 金元好问撰元张德辉编清施国祁注 ⑯6055

瑞诚堂 一八六二—一八七四（同治）年刊史记测议一百三十卷 明陈子龙徐孚远撰 ⑦

张瓒**瑞榴堂** 一六七〇（康熙九）年刊罗昭谏集八卷 唐罗隐撰 ①1854

瑞榴堂 一七六二（乾隆二十七）年刊历代纪元一卷 清刘斯枢辑 ⑱史138

金阊**瑞凝堂** 一七三六—一七九五（乾隆）年刊新镌古本缘秋亭贞节全传 ④4826

瑞凝堂 一六六二（康熙元）年刊啸馀谱十一卷 明程明善辑清张汉重校 ⑪2SV23. 20－17/6. 535

瑞鹤堂 一八三九（道光十九）年刊伤寒撮要四卷 清王梦祖编 ㉚77

瑞霭堂 一八六四（同治三）年刊伤寒论集注 清熊寿试编 ㉚55

威海**椿荫堂** 一八九四（光绪二十）年刊古馀芗阁诗存二卷 清慕昌淮撰 ②1121

槐荫堂 一六八一（康熙二十）年重刊伤寒辨证广注十四卷附中寒论辨证广注三卷 清汪琥撰 ㉙672

椿荫堂 一七七八（乾隆四十三）年刊李氏经验广集良方四卷 清李文炳撰 ㉚247

槐荫堂 一八七三（同治十二）年刊外科证治全生集 清王维德撰 ㉙820

椿荫堂 一八七七（光绪三）年刊大生要旨五卷 清唐千顷撰 ㉚458

槐庆堂 一七三六—一七九五（乾隆）年刊金福记二卷 清王筠著 ②28578

槐庆堂 刊全福记二卷 清王筠著 ④11332

朝邑**槐荫堂** 一七四二（乾隆七）年刊达生编 清亟斋居士编 ㉚453

朝邑**槐荫堂** 一七九一（乾隆五十六）年刊达生编不分卷 ②7370

金陵**槐荫堂** 一九〇一（光绪二十七）年刊神效育子方 清赵冬郎撰 ㉚470

吴孟坚**楼山堂** 一六八〇（康熙十九）年刊留都见闻录一卷 明吴应箕撰 ①1816

吴氏**楼山堂** 清初刊启祯两朝剥复录十卷 明吴应箕撰 ⑱史276

颐古堂 刊寿世秘典四种八卷 清丁其誉编 ㉚720

颐生堂 刊脉因证治二卷 元朱震亨撰 ㉚407

颐贞堂 一六七一（康熙十）年刊经方衍义五卷 清史树骏编 ㉚223

虞山王氏**颐庆堂** 一七九五（乾隆六十）年刊汉书正误四卷 清王峻撰 ㉙3050

江苏**颐志堂** 一七八〇（乾隆四十五）年刊尚书后案三十卷 清王鸣盛撰 ⑥

颐志堂 一六六七（康熙六）年刊伤寒五法 明陈长卿撰 ㉚70

颐志堂 一七三六—一七九五（乾隆）年刊守坡居士诗集十二卷 清宫去矜撰 ⑱集1225

颐道堂 一八二五（道光五）年刊海运三议 清陈文述撰 ②44620

周氏**赖古堂** 一六六七（康熙六）年刊闽小纪四卷 清周亮工撰 ⑱史985

鹊印堂 一八一四（嘉庆十九）年刊外科集腋 清张景颜撰 ㉚546

桐城**斟雉堂** 一八六三（同治二）年刊桐城钱饮光先生全书 清钱澄之撰 ⑤

斟雉堂 一六九〇（康熙二十九）年刊田间诗集二十八卷文集三十卷 明钱澄之撰 ①1137

勤　堂 一八八三（光绪九）年刊六斋诗存二卷 清丁善宝撰 ③文289.532/42

杭州**勤艺堂** 一八八七（光绪三）年刊外治寿世方初编四卷 清邹存淦编 ㉚154

勤有书堂 一七九六—一八二〇（嘉庆）年刊孟晋斋集诗二十二卷词二卷 清陈章撰 ②46644

崇仁甘扬声**勤约堂** 一八三一（道光十一）年刊汉隶异同十二卷 清甘扬声撰 ㉑285

湖南**勤思堂** 一八六二—一八七四（同治）年刊孔子家语十卷 晋王肃注 ⑥子8

勤思堂 一八七九（光绪五）年刊黄帝内经素问集注九卷黄帝内经灵枢集注九卷 清张志聪撰 ㉚4

勤慎堂 一七六六（乾隆三十一）年刊伤寒经注十三卷 清程知编 ㉚51

辑庆堂 一七四三（乾隆八）年刊渠风集略七卷 清马长淑辑 ⑱集1792

新安程氏**督经堂** 一七四二（乾隆七）年刊别雅五卷 清吴玉搢辑 ⑯422.6/434

吴氏**鉴古堂** 一六七一（康熙十）年刊宋诗钞初集九十五卷 清吕留良吴之振吴尔尧编 ⑱集1491

鉴余堂 一八七四（同治十三）年刊绣像翻症 ㉚403

鉴悬堂 一八二四（道光四）年刊【道光】义宁州志三十二卷首三卷 清曾晖春修冷玉光等纂 ②37757

新建曹氏**睦华堂** 一八〇〇（嘉庆五）年刊本草纲目万方类编 清曹绳彦辑 ㉑311

睦华堂 一八〇〇（嘉庆五）年刊古今名医万方类编 清曹绳彦编 ㉚303

畹　堂 一六九五（康熙三十四）年刊二家诗六卷 清傅泽洪编 ⑱集1537

长沙李氏**畹兰堂** 一八八五（光绪十一）年刊说文逸字辨证二卷 清李桢辨 ⑦

陈守诚**嵩秀堂** 一七三六—一七九五（乾隆）年刊喻氏医书三种 清喻昌撰 ㉚719

括苍**照水堂** 一八七六（光绪二）年刊渔村记二卷 清韩锡胙编 ⑧

南里**锡玉堂** 一七六二（乾隆二十七）年刊竹素园诗钞八卷 清许廷鑅撰 ㉙863

锡环堂 一六四八（顺治五）年刊尚论篇四卷尚论后篇四卷 明喻昌撰 ㉙2861

锡环堂 一七八六（乾隆五十一）年刊种痘新书十二卷 清张琰撰 ㉚510

锡环堂 一八九四（光绪二十）年刊喻氏医书三种 清喻昌撰 ㉚719

锡纶堂 一七五九（乾隆二十四）年刊春星草堂诗六卷 清汪浚撰 ㉙937

锡类堂 刊黄氏金字谱牒 ⑱史613

锡羡堂 一八三八（道光十八）年刊寿世医窍二卷 撰者佚名 ㉚176

锡福堂 刊石川诗钞三卷 清方觐撰 ③文283.55/44

锦文堂 一八八五（光绪十一）年刊本草经疏辑要八卷 清吴世铠编 ㉚157

锦文堂 一八八七（光绪十三）年刊新刻小儿问答 ②52654

锦文堂 一九一〇（宣统二）年刊士材三书三种七卷 明李中梓撰 ㉚720

羊城**锦书堂** 一八七五—一九〇八（光绪）年刊丙午扶桑游记 清吴荫培撰 ②105947

锦树堂 一六九〇（康熙二十九）年刊众香词六卷 清徐树敏钱岳辑 ⑱集2003

锦和堂 刊张卿子伤寒论七卷 明张遂辰注 ㉚48

京都**锦春堂** 一八七五—一九〇八（光绪）年刊天水关 ①52209

姑苏**锦奎堂** 刊新增第五才子书水浒全传十卷四十五回 ④6104

锦盛堂 刊外科百效全书四卷附经验全书 明龚居中撰 ㉚540

羊城**锦福堂** 一八六七（同治六）年刊慈幼便览 清文晟编 ㉚485

解颜堂 刊情梦柝四卷二十回 题清安阳酒民撰灌菊散人评 ⑱子773

稚春堂 一八一六（嘉庆二十一）年刊双谿物产疏十五卷 清陈经撰 ⑱子156

稡经堂 一八〇〇（嘉庆五）年刊孟子时事考徵四卷 清陈宝泉撰 ⑱史501

魁文堂 刊详注七家诗选七卷 清张熙宇辑张昶注 ②5524

魁位堂 一八四三（道光二十三）年刊福济全珍 清王质斋编 ㉚747

雄州**微笑堂** 一六六六（康熙五）年刊列祖提纲录四十二卷 清释行悦辑 ㉙1600

肄雅堂 一七九六—一八二〇（嘉庆）年刊滇南明诗略十卷 清袁文典辑 ⑱集1820

遥运堂 一六七一—一六七二（康熙十至十一）年刊秋水轩倡和词二十六卷 清曹尔堪等辑 ⑱集2005

遥述堂 一六九四（康熙三十三）年刊南轩先生诗集七卷 宋张栻撰清张明翮辑 ④2088

新聚堂 刊温疫论二卷 明吴有性撰 ㉚385

武林**韵山堂**王氏 一八一九（嘉庆二十四）年刊苏文忠公诗编注集成四十六卷集成总案四十五卷诸家杂缀酌存一卷苏海识馀四卷笺诗图一卷 宋苏轼撰清王文诰辑 ⑱集255

赵氏**廓然堂** 一七一〇（康熙四十九）年刊医林绳墨八卷 明方隅撰 ㉚324

都门**慈幼堂** 一八七八（光绪四）年刊痧症全书三卷 清王凯编 ㉚399

北京**慈幼堂** 一八七八（光绪四）年刊痧书三卷 清林森传授王凯编 ㉚399

介休范氏**慈俭堂** 一七四三（乾隆八）年刊小学绀珠十卷 宋王应麟撰 ③总110/592.2

汉口无元**慈善堂** 一七四八（乾隆十三）年刊麻科活人全书四卷 清谢玉琼撰 ㉚511

慈善堂 一七九六（嘉庆元）年刊瘟症羊毛论 清随霖撰 ㉚390

江阴**源堂** 刊推拿广意三卷 清熊应雄编 ㉚150

茂州**源茂堂** 一八七五—一九〇八（光绪）年刊医门总诀不分卷 清唐永杰辑 ⑥子 82

筠源欧阳**慎五堂** 一七九六—一八二〇（嘉庆）年刊欧阳文忠公全集 宋欧阳修撰 ⑤

慎守堂 一九一一（宣统三）年刊春风草庐遗稿心白斋剩稿合刻 清钱溯耆辑 ㉙1774

古歙鲍氏**慎余堂** 一八〇五（嘉庆十）年刊黄帝内经素问注证发微黄帝内经灵枢注证发微各九卷
明马仲化注 ㉚3

慎余堂 一八三五（道光十五）年刊颐素堂诗钞八卷 清顾禄撰 ㉙1119

慎余堂 一八七七（光绪三）年刊痧喉论 清朱铁山撰袁光裕增辑 ㉚602

慎怀堂 一七六二（乾隆二十七）年刊因人私记一卷 清傅山撰 ⑱史 320

慎诒堂 刊女科百问二卷 宋齐仲甫撰 ㉚429

慎和堂 一八八二（光绪八）年刊时疫白喉捷要 清张绍修撰 ㉚596

杨氏**慎知堂** 一八八三（光绪九）年刊江城名迹记四卷补三卷附江城名迹诗二卷
清陈弘绪纂涂兰玉补 ③地 750. 24/817

浦南**慎思堂** 一八五六（咸丰六）年刊外科图说四卷 清高文晋编 ㉚546

慎思堂 一八四四（道光二十四）年刊达生编 清亟斋居士编 ㉚453

慎俭堂 一七八八（乾隆五十三）年刊倘湖樵书初编六卷二编六卷 清来集之编 ②36759

柯诚**慎修堂** 一八八七（光绪十三）年刊医法心传 清程芝田撰 ㉚669

三衢雷**慎修堂** 一八八七（光绪十三）年刊雷氏慎修堂医书三种 清雷丰等撰 ㉚756

慎修堂 一八四五（道光二十五）年刊瑶华传四十二回 清丁秉仁撰 ㉙1074

慎修堂 一八五六（咸丰六）年刊复性斋丛书 清王检心辑 ⑤

慎馀堂 一七一五（康熙五十四）年刊史记半解不分卷 清汤谐评注 ⑱史 19

慎馀堂 一八三五（道光十五）年刊离垢集五卷 清华岩著 ②35305

邵阳魏**慎微堂** 一九〇五（光绪三十一）年刊元史新编九十五卷 清魏源撰 ③史241.2/865

党金衡**慎德堂** 一八二八（道光八）年刊大字本武功县志四卷首一卷 明康海撰清孙景烈评 ⑲189

婺源**慎德堂** 一八七六（光绪二）年刊存赤存真十卷 清余含芬撰 ㉑330

慎德堂 一七三二（雍正十）年刊医学心悟六卷附外科十法 清程国彭撰 ㉚336

慎德堂 一八二五（道光五）年刊增补大生要旨五卷 清唐千顷撰马振藩增订 ㉚459

慎德堂 一八七二（同治十一）年刊广瘟疫论四卷附佛崖验方 清戴天章撰 ㉚386

慎德堂 一八七六（光绪二）年刊脉理存真三卷 清余显廷撰 ㉚118

慎德堂 刊新镌重订出像西晋志传通俗演义题评四卷新镌重订出像通俗演义东晋志传八卷 陈氏尺蠖斋评 ④5740

慎墨堂 一六七二（康熙十一）年刊诗观初集十二卷 清邓汉仪评选 ⑰56-45366

清苑郭棻**溺学堂** 一六八八（康熙二十七）年刊学源堂诗集十卷文集十九卷学源堂诗钞六卷 清郭棻撰 ㉓64

广城**福文堂** 一七五五（乾隆二十）年刊寿世保元十卷 明龚廷贤撰 ㉚326

广城**福文堂** 一八四〇（道光二十）年刊医学入门七卷首一卷 明李健斋撰 ㉚702

岭南惠阳**福文堂** 一八五七（咸丰七）年刊医学纂要六卷 清刘渊编 ㉚337

福文堂 一八三九（道光十九）年刊本草备要四卷 清汪昂撰 ㉚170

福文堂 刊异说征西演义全传六卷 原题惆庄主人撰 ㉙972

广州**福兰堂** 一八七八（光绪四）年刊郑福兰堂丸药汇集 清郑德轩编 ㉚305

福汇堂 一八二九（道光九）年刊京江七子诗钞七卷 清张学云辑 ②57401

福礼堂 一七八七（乾隆五十二）年刊周礼六卷 汉郑玄撰唐陆德明音义 ⑱经169

福兴堂 一八九四（光绪二十）年刊重刻修真因果全传二卷 ⑯858.5/916.8

北京**福润堂** 一九〇六（光绪三十二）年刊大清最新百官录 清彭汝畴编 ③社138/8963

钟楼南**福盛堂** 一九一一（宣统三）年刊中兴论略八卷 兴元撰 ⑦2430

富邑三多砦**福善堂** 一八九三（光绪十九）年刊温热经纬五卷 清王士雄撰 ㉚375

京都文光楼**福善堂** 一九〇二（光绪二十八）年刊外科明隐集附医案录汇 清何景才撰 ㉚549

福谦堂 刊镜中明传奇一卷　④11378

福锦堂 一八七八（光绪四）年刊医方一盘珠五卷 清洪金鼎撰　㉚338

福源堂 一六六二—一七二二（康熙）年刊助字辨略五 清刘淇撰　⑬802.672/72134

江昉**群雅堂** 一七三六—一七九五（乾隆）年刊醴陵集十卷 梁江淹撰　⑱集35

十四画

静一堂 一八三五（道光十五）年刊平平录一卷河洛要言一卷惕虑要言一卷 清杨芳撰　②10167

静永堂 一七六八（康熙四十七）年刊佩文斋书画谱一百卷 清孙岳颁等奉敕纂　⑯740/367

京江庄孝容**静观堂** 一八一六（嘉庆二十一）年刊何氏济生论八卷 清何镇撰　㉚332

汪氏**静远堂** 一七一五（康熙五十四）年刊翁山诗四卷 清屈大均撰　⑱集1009

静远堂 一六六二—一七二二（康熙）年刊五大家诗十三卷 清汪观辑　③文138/823

静远堂 一七三三—一七三四（雍正十一—十二）年刊清诗大雅不分卷二集不分卷 清汪观辑　⑱集1750

静远堂 一七六三（乾隆二十七）年刊诗法问津四卷 清苏一圻著　②57396

泰兴**静思堂** 一六六七（康熙六）年刊杜工部集笺注二十卷附年谱一卷诸家诗话一卷附录一卷 酬倡一卷 清钱谦益注　㉙2855

静思堂 一八二一—一八五〇（道光）年刊寿世传真八卷 清徐文弼撰　㉚620

静胜堂 一七五三（乾隆二十三）年刊文选音义八卷 清余萧客撰　⑯830/514－988

静道堂 一八四五（道光二十五）年刊胎产心法三卷 清阎纯玺撰　㉚456

蠡吾赵锻庄**静穆堂** 一八四四（道光二十四）年刊诗经传注八卷 清李恭撰　⑯094.127/287

诸城斠经堂一八九六（光绪二十二）年刊说文部首读一卷 清王筠撰　⑯1338

碧山堂 一七一八（康熙五十七）年刊仪真县志二十二卷 清陆师纂　①

碧山堂 一八二〇（嘉庆二十五）年刊郑氏诗谱考正一卷 清丁晏撰　⑯1050

顾棣**碧云堂** 一七五五（乾隆二十）年刊笠泽丛书四卷 唐陆龟蒙撰清顾楗校刊　㉙916

碧润堂 一七八五（乾隆五十）年刊一咏轩诗草二卷 清吴进撰 附录一卷　⑱集1220

碧梧堂 一七九三（乾隆五十八）年刊桂山录异八卷 清顾淦撰 ㉙1006

槛旌堂 一八一七（嘉庆二十二）年刊三蕉馀话二卷 清陶丙寿撰 ②54594

榕荫堂 一八二二（道光二）年刊四书正体校定字音 清吕世镛校定 ③经818/255.2

歌萼堂 一八三九（道光十九）年刊福幼编 清庄在田撰 ㉚533

浙江南林刘氏**嘉业堂** 一八七五—一九〇八（光绪）年刊查他山年谱 清陈敬璋撰 ⑥

吴兴刘氏**嘉业堂** 刊大谷山堂集六卷 清梦麟著 ②62951

嘉乐堂 一八七〇（同治九）年刊公馀随录四卷 清恒保撰 ③总520/8835

嘉禾堂 一七三六—一七九五（乾隆）年刊伤寒论三注十六卷 清周扬俊撰 ㉚52

嘉会堂 一六六二—一七二二（康熙）年刊三鱼堂文集十二卷外集六卷 清陆陇其撰附录一卷 ⑱集1025

嘉庆堂 一六九七（康熙三十六）年刊郑氏女科家传秘方 清郑燕山撰 ㉚434

嘉庆堂 一七六四（乾隆二十九）年刊歙西吴氏家谱四卷 清吴一楠纂修 ⑱史595

江苏**嘉孚堂** 一八五五（咸丰五）年刊巾经纂 清宋宗元撰 ②27903

嘉树堂 一六六二—一七二二（康熙）年刊【康熙】镇平县志八卷 清程梦简修黄殿楫纂 ⑲687

嘉树堂 一七七二（乾隆三十八）年刊东武山房诗集四卷 清余懋杞撰 ⑱集1103

嘉荫堂 一六六二—一七二二（康熙）年刊古雪堂诗集十六卷 清金露撰沈日瑛辑 ㉙1976

钱塘丁氏**嘉惠堂** 一八八五（光绪十一）年刊临平纪补遗四卷 清张大昌著 ②54024

慕贤堂 一六六二—一七二二（康熙）年刊太璞山人集三卷 清项琳撰 ⑱集954

蔚文堂 一七三九（康熙四）年刊疮疡经验全书十二卷 宋窦杰撰窦梦麟续增 ㉚538

蔚文堂 一七二二（康熙六十一）年刊西汉文选四卷 清储欣辑评 ⑯834.21/914

蔚文堂 一八二四（道光四）年刊瘟疫合璧二卷 明吴有性撰王嘉谟补编 ㉚391

聚元堂 一八七六（光绪二）年刊灵枢素问节要浅注十二卷 清陈念祖撰 ㉚9

重庆刘**聚贝堂** 一八五五（咸丰五）年刊金匮要略浅注十卷 清陈念祖撰 ㉚95

书林**聚升堂** 一七二一（康熙六十）年刊挹奎楼选稿十二卷 清林云铭撰 ⑱集988

成都**聚文堂** 一八五八（咸丰八）年刊随园随笔二十八卷 清袁枚撰 ⑥

顺德龙山**聚文堂** 一八六六（同治五）年刊粤东诗海一百卷补遗六卷 清温汝能编　②31686

杭州**聚文堂**书坊 一八六六（同治五）年刊杨椒山先生集四卷椒山先生自著年谱一卷 明杨继盛撰　⑯846.5/272－2

安省**聚文堂** 一八八二（光绪八）年刊山谷诗钞五卷 宋黄庭坚撰清姚鼐辑　②56755

聚文堂张心所 一六六二—一七二二（康熙）年刊立雪轩评注古文集解八卷 清程润德评注　③文 150/820

姑苏**聚文堂** 一八一〇（嘉庆十五）年刊李氏经验广集良方四卷 清李文炳撰　㉚247

聚文堂 一七五二（乾隆十七）年刊庄子独见不分卷 清胡文英撰　⑱子 1023

聚文堂 一八四九（道光二十九）年刊引痘方书 清邱浩川编　㉚517

聚文堂 一八八四（光绪十）年刊岭南即事杂咏十集　⑯856.8/593

姑苏王氏**聚古堂** 一八〇四（嘉庆九）年刊十子全书 清王子兴辑　⑤

聚古堂 刊左氏条贯十八卷 清曹基编　③经 711.8/244

聚兴堂 一七九六—一八二〇（嘉庆）年刊巾箱本施案奇闻八卷九十七回　②66026

聚孝堂 刊本草医方合编 清汪昂编　㉚724

聚秀堂 一七三二（雍正十）年刊古唐诗合解十六卷 清王尧衢注　⑦8035

聚秀堂 一八一七（嘉庆二十二）年刊仙拈集四卷 清李文炳撰　㉚247

聚秀堂 一八二五（道光五）年刊说铃 清吴震方辑　⑤

聚英堂 一七一三（康熙五十二）年刊痘疹定论四卷 清朱玉堂撰　㉚508

聚英堂 一八七〇（同治九）年刊银海精微二卷 唐孙思邈撰　㉚571

聚英堂 一八八五（光绪十一）年刊西域记八卷 清七十一纂　⑲236

江西**聚贤堂** 一七九六—一八二〇（嘉庆）年刊历代名臣言行录二十四卷 清朱桓辑　㉑316

余**聚贤堂** 刊三指禅三卷 清周学霆撰　㉚117

聚贤堂 一八六四（同治三）年刊梦幻居画学简明五卷 清郑绩撰　①15830

聚贤堂 一八二六（道光六）年刊群方便览续编二卷 清郭懋筠编　㉚229

聚昇堂 一六六二—一七二二（康熙）年刊警世怡情集四卷 清李渔辑　④5989

聚和堂 一八九五（光绪二十一）年刊金匮要略浅注十卷 清陈念祖撰 ㉚95

聚和堂 一九〇九—一九一一（宣统）年刊针灸大成十卷 明杨继洲撰 ㉚131

聚和堂 刊陈修园医书二十一种 清陈念祖撰 ㉚741

聚炎堂 一八八七（光绪十三）年刊产科心法二卷附福幼编 清汪朴斋撰 ㉚460

聚学堂 刊本草医方合编 清汪昂编 ㉚724

粤东**聚经堂** 一八二一（道光元）年刊达生编 清亟斋居士编 ㉚453

聚经堂 一八五九（咸丰九）年刊苏沈内翰良方十卷 宋苏轼沈括等编 ㉚211

聚经堂 一八六七（同治六）年刊医学精要八卷 清黄岩撰 ㉚483

聚经堂 一九〇四（光绪三十）年刊大生要旨五卷 清唐千顷撰 ㉚458

京都**聚珍堂** 一八四六（道光二十六）年刊孙子兵法四卷 周孙武撰 ㉓42

京都**聚珍堂** 一八七八（光绪四）年刊想当然耳八卷 清邹镇撰 ㉓41

京都**聚珍堂** 一八八七（光绪十三）年刊书经集传六卷 宋蔡沈撰 ⑯093.252/502－05

隆福寺**聚珍堂** 一八七六（光绪二）年刊王希廉评红楼梦一百二十回 题清东洞庭护花主人评 ㉓41

广州**聚珍堂** 一八八七（光绪十三）年刊脚气刍言 清曾超然撰 ㉚425

聚奎堂 一七二四（雍正二）年刊广治平略三十六卷补编八卷 清蔡方炳撰 ⑯041/561

聚奎堂 一七五一（乾隆十六）年刊幼幼集成六卷 清陈复正撰 ㉚481

聚奎堂 一八〇六（嘉庆十一）年刊齐氏医书四种 清齐秉慧撰 ㉚736

聚奎堂 一八二一—一八五〇（道光）年刊云林神彀四卷 明龚延贤撰 ㉚325

聚奎堂 一八五二（咸丰二）年刊伤寒辨证痘疹合编十卷 清陈尧道撰 ⑥

聚奎堂 一八五二（咸丰二）年刊痘科辨证 清陈尧道编 ㉚506

聚奎堂 一八九三（光绪十九）年刊保赤新编 清任赞撰 ㉚486

聚星堂 一七〇九（康熙四十八）年刊龙川文集三十卷 宋陈亮著 ㉖1166

聚星堂 一八一〇（嘉庆十五）年刊贞丰拟乘二卷 清章腾龙辑陈勰补辑 ④3512

聚星堂 一八七三（同治十二）年刊外科症治全生集附金疮铁扇散方 清王维德编 ㉚542

聚顺堂一七〇四（康熙四十三）年刊春秋纂要传本不分卷 清康五瑞撰 ⑱经 251

聚顺堂一七九三（乾隆五十八）年刊家礼集议 清武先慎辑 ②65915

羊城**聚陞堂**一八八三（光绪九）年刊九江儒林乡志二十一卷 清朱次琦冯栻宗纂 首都图书馆

聚益堂一八七五—一九〇八（光绪）年刊临证指南医案十卷 清叶桂撰华岫云编 ㉚631

聚盛堂一七三六—一七九五（乾隆）年刊本草医方合编 清汪昂编 ㉚723

聚盛堂一八五三（咸丰三）年刊（新编杨曾地传心法捷诀）地理一贯堪舆八卷 明唐世友编 ②65745

聚盛堂一八七五—一九〇八（光绪）年刊古文喈凤新编八卷 清汪基编 ②13948

江西**聚锦堂**一七六二（乾隆二十七）年刊（汇纂）诗法度针三十三卷首一卷 清徐文弼辑 ㉑310

三多斋**聚锦堂**一七三六—一七九五（乾隆）年刊四书左国汇纂四卷 清高其名郑师成同纂 ②34244

广州**聚锦堂**一八四四（道光二十四）年刊胎产心法三卷 清阎纯玺撰 ㉚456

聚锦堂一七二二（康熙六十一）年刊思绮堂文集十卷 清章藻功撰 ⑦11455

聚锦堂一六八八（康熙二十七）年刊救偏琐言十卷 清费启泰撰 ㉚505

聚锦堂一七九〇（乾隆五十五）年刊种痘新书十二卷 清张琰撰 ㉚510

聚锦堂一七六一（乾隆二十六）年刊古文觉斯全集八卷 清过珙评选 ③文 150/82804

聚锦堂一八八七（光绪十三）年刊新刊绣像升仙传演义八卷五十六回 原题倚云氏撰 ④5758

福州**聚新堂**刊新刻同窗梁山伯还魂重整姻缘传一卷 ④4487

聚魁堂一七二九（雍正七）年刊山房积玉 清李嘉声撰 ②11974

聚魁堂一九〇七（光绪三十三）年刊春秋配 ②52165

长沙**聚德堂**清末刊楚辞十七卷 汉王逸章句宋洪兴祖补注 ⑱集 4

粤东**聚德堂**一八九五（光绪二十一）年刊达生儿科合编 ㉚465

聚德堂一八六〇（咸丰十）年刊溺女良方文附应验神效良方 ㉚269

聚瀛堂一八〇四（嘉庆九）年刊浙西六家词 清龚翔麟辑 ⑯2360

愿好堂一六七二（康熙十一）年刊文选纂注十二卷 梁萧统撰明张凤翼纂注 ⑱集 1557

萧山**愿贤堂**一八八七（光绪三）年刊济世经验汇编八种 清丁煊辑 ②46179

愿学堂 一六九六（康熙三十五）年刊曹江集十卷 清曹恒吉撰 ⑱集1051

愿学堂 一八七一（同治十）年刊瘟疫条辨摘要 清陈良佐杨玉衡等撰 ㉚388

霁云堂 一七三六—一七九五（乾隆）年刊偕存集三卷入楚吟笺一卷 清戈守智撰 ⑱集1223

诸暨**摭古堂** 一八八〇（光绪六）年刊切音捷诀一卷幼学切音便读一卷 清郦珩辑 ⑯424.7/151

噉椒堂 一六六二（康熙元）年刊桐城左侍御疏稿一卷 左忠毅公集五卷 明左光斗撰 ⑱史380

噉椒堂 刊左忠毅公年谱一卷 明左光斗撰 ②13321

安徽婺城俞氏**镂思堂** 一八一〇（嘉庆十五）年刊礼书纲目八十五卷 清江永撰 ⑥

毓秀堂 清初刊医贯六卷 明赵献可撰 ㉚28

毓麟堂 一六七二（康熙十一）年刊本草纲目类纂必读三十六卷首二卷 清何镇撰 ㉚169

舆善堂 一八七三（同治十二）年刊神效育子方 清赵冬郎撰 ㉚470

江阴谢氏**毓芝堂** 一八八二（光绪八）年刊谢亭集 清谢舲撰 ⑤

合肥张氏**毓秀堂** 一八七五（光绪元）年刊庐阳三贤集 清张树声辑 ⑰04173

毓贤堂 刊痧胀玉衡书三卷 清郭志邃撰 ⑥

端介堂 一七二三（雍正元）年刊金文通公集二十六卷诗集六卷外集八卷 清金之俊撰 ⑱集903

粹文堂 一八八四（光绪十）年刊喉科秘钥二卷 清郑西园撰许佐廷增订 ㉚588

漱六堂 刊伤寒论浅注六卷 清陈念祖集注 ㉚56

漱艺堂 一七五五（乾隆二十）年刊姓史缀吟一卷人物考十五卷 清章履仁著 ②12147

漱艺堂 一七九七—一八〇三（嘉庆二—八）年刊选集汉印分韵二卷续集二卷 清袁日省撰谢景卿重编 ②46482

漱润堂 一七五九（乾隆二十四）年刊琉球国志略十六卷首一卷 清周煌撰 ④9290

肇经堂 一九〇八（光绪三十四）年刊东垣十书十种 ②4770

翠阴堂 一七四〇（乾隆五）年刊食鉴本草四卷 清柴裔撰 ㉚198

十五画

戎州齐氏**慧有堂** 刊痢症汇参十卷 清吴道源撰 ㉙3055

增利堂 一七八七（乾隆五十二）年刊缀白裘新集合编十二集四十八卷 清玩花主人辑钱德苍增辑 ④11564

樗全堂 一六四四—一六六一（顺治）年刊慎柔五书五卷 明释住想撰 ⑱子229

陈氏**聪训堂** 一八〇六（嘉庆十一）年刊王莘民遗稿（莘民杂著）清王廷佐撰陈师濂辑 ③文284.496/36

渭邑焦**醇敬堂** 一八四七（道光二十七）年刊关中金石记八卷 清毕沅撰、关中金石记附记一卷 清蔡汝霖撰 ⑯997.15/471－02

醇雅堂 一七九六—一八五〇（嘉庆至道光）年刊燕山外史二卷 清陈球撰 ④6107

湖州**醉六堂**吴氏 一八七〇（同治九）年刊对山记屋墨馀录十六卷 清毛祥麟撰 ⑯857.3/381

吴氏**醉六堂** 一八七九（光绪五）年刊景岳全书六十四卷 明张介宾撰 ㉚704

上海**醉六堂** 一八九二（光绪十八）年刊温热经纬五卷 清王士雄撰 ㉚375

醉六堂 一八六八（同治七）年刊胡文忠公遗集十卷首一卷 清胡林翼著 ②28366

醉六堂 一八六四（同治三）年刊本草备要四卷 清汪昂撰 ㉚170

醉六堂 一八九五（光绪二十一）年刊素问灵枢类纂约注三卷 清汪昂撰 ㉚8

贺氏**醉百堂** 一八二六（道光六）年刊方脉指迷四卷 清贺大文撰 ㉚347

醉吟堂 一八二三（道光三）年刊辨证奇闻十卷 清陈士铎撰 ㉚334

华阳**醉经堂** 一八七九（光绪五）年刊王子安集十六卷 唐王勃撰 ③文243.47/189

大梁周氏**醉耕堂** 一六五八（顺治十五）年刊伤寒六书纂要辨疑四卷 明童养学撰 ㉚70

醉耕堂 一六五七（顺治十四）年刊评论出像水浒传七十五卷七十回 元施耐庵撰清金人瑞评 ⑱子766

醉耕堂 一六六六（康熙五）年刊古学文存辨体八卷 清王昊徐与乔辑 ⑱集1636

榖诒堂 一七四〇（乾隆五）年刊冰庵诗钞八卷 清王吉武撰 ⑱集1030

敷润堂 一八一五（嘉庆二十）年刊医宗必读十卷 明李中梓撰 ㉚705

敷文堂 一七二三—一七三五（雍正）年刊片玉痘疹十三卷 明万全撰 ㉚498

敷文堂 一七四一（乾隆六）年刊万密斋书 明万全撰 ⑤

丹阳魏村**蕙堂** 一八七九（光绪五）年刊村居急救方七卷 清魏祖清编 ㉚246

蕉　堂 一八五三（咸丰三）年刊樵川四家诗 清周揆源辑 ⑤

蕴古堂余元声 一六八四（康熙二十三）年刊古今医鉴十六卷 明龚信撰龚廷贤编 ㉚323
吴门**蕴古堂** 刊伤寒六书六卷 明陶华撰 ㉚68
金陵**蕴古堂** 清初刊古今医统正脉全书 明王肯堂辑 ㉚717
东山**蕴德堂** 一七二一（康熙六十）年刊谢叠山公文集六卷 宋谢枋得著 ㉒37063
谢氏**蕴德堂** 一八〇一（嘉庆六）年刊谢叠山公外集三卷首一卷末一卷 清谢恩黻等辑 ⑱集 396
播琴堂 一七九五（乾隆六十）年刊无所用心斋琐语四卷 清金学诗撰 ⑱子 719
墨海堂 一八八一（光绪七）年刊新刻雅调唱口平阳传金台全集十二卷六十回 ④3901
绍郡**墨润堂** 一八八五（光绪十一）年刊笔花医镜四卷 清江笔花撰 ㉚346
会稽范氏**墨涧堂** 一八八七（光绪十三）年刊范氏三种 清范家相撰 ⑤
墨润堂 一八七九（光绪五）年刊【雍正】浙江通志二百八十卷首三卷 清李卫稽曾筠等修 沈翼机等撰 ⑲375
墨蕙堂 一八四五（道光二十五）年刊回生集二卷续编二卷 清陈杰编 ㉚250
镇雅堂 一八六八（同治七）年刊二树诗略五卷 清童钰撰 ㉑105404
嘉善屠氏**稽古堂** 一七八八（乾隆五十三）年刊伤寒经集解九卷首一卷 清屠人杰编 ㉚55
稽古堂 一七七五（乾隆四十）年刊苏文忠公海外集四卷 宋苏轼撰清王时宇校 年谱一卷 宋王宗稷撰 ⑱集 261
稽古堂 一八一四（嘉庆十九）年刊按鉴演义帝王御世有夏志传六卷有商志传四卷 明钟惺撰 ⑱子 759
稽古堂 一八六八（同治七）年刊神农本草经读四卷 清陈念祖撰 ㉚157
稽古堂 一九〇一（光绪二十七）年刊女科要旨四卷 清陈念祖撰 ㉚439
范氏**稼石堂** 一七二三—一七三五（雍正）年刊杜工部五言诗选直解三卷七言诗选直解二卷 年谱一卷 清范廷谋撰 ①13505
黎奎堂 刊幼幼集成六卷 清陈复正编 ㉚481
吴德堂 一八〇五（嘉庆十）年刊删注脉诀规正二卷 清沈镜删注 ㉚110

德义堂 一八五〇（道光三十）年刊注释水竹居赋 清盛观潮撰 ②38851

重庆德元堂 一八五一（咸丰元）年刊春秋左传分类赋四卷 清夏大观编 ⑥

徐氏德有邻堂 一六六二—一七二二（康熙）年刊畏斋山人诗集四卷笔记四卷文集四卷乙未亭诗集六卷 清徐昂发撰 ⑱集1078

徐氏德有邻堂 一六六二—一七二二（康熙）年刊畏垒笔记四卷 清徐昂发撰 ㉙2067

广东**德文堂** 刊增补食物本草备考二卷 清何克谏撰 ㉚198

德文堂 一八七七（光绪三）年刊验方新编八卷首一卷 清鲍云韶撰 ㉚263

书林**德让堂** 刊丹溪心法附余二十四卷 明方广编 ㉚322

德元疆恕堂 一七九六—一八二〇（嘉庆）年刊寄闲堂诗集八卷 清明德撰 东溪先生诗一卷 清富宁撰 东村先生诗一卷 清永宁撰 ⑱集1196

德成堂 一八〇六（嘉庆十一）年刊策略謏闻 清汪中著 ④4797

德华堂 一七九五（乾隆六十）年刊雪月梅十卷五十回 清陈朗撰 ④5949

德庆堂 一八七三（同治十二）年刊九数通考十三卷 清屈曾发撰 ㉙3083

德远堂 一七九七（嘉庆二）年刊书画缘书谱姓类二十卷首一卷末一卷画宗姓类十二卷首一卷末一卷 清沈辰辑 ⑱子397

德远堂 一八八一（光绪七）年刊医学揭要二卷 清高骞编 ㉚351

德邻堂 一八四九（道光二十九）年刊针灸大成十卷 明杨继洲撰 ㉚131

德荣堂义和堂 刊诗法初津三卷 明叶弘勋编 ⑰408－457

奉新枧溪**德星堂** 一七六五（乾隆三十）年刊正宗幼科四卷 清余济川辑 ㉑310

德星堂 一六九七（康熙三十六）年刊三才发秘九卷 清陈雯撰 ⑱子873

德星堂 一七六五（乾隆三十）年刊正宗幼科四卷 清余济川撰 ㉚482

德星堂 一八八二（光绪八）年刊治喉捷要 清张善吾撰 ㉚596

德星堂 一九〇四（光绪三十）年刊杨忠愍公遗训 明杨继盛著 ②30233

四川绵竹**德顺堂** 一八一一（嘉庆十六）年刊春秋左传分类赋四卷 清夏大观编 ⑥

德涧堂 一八〇四（嘉庆九）年刊钤印本云峰书屋集印谱六卷 清赵锡绶镌赵清远辑 ⑪727.7/4982

广隆**德基堂** 一七三六—一七九五（乾隆）年刊痘疹指南二卷 清宋麟祥撰 ㉚507

浙江绍兴**德裕堂** 一九〇五（光绪三十一）年刊寿世汇编五种 清祝韵梅编 ㉚751

陕西渭南**德裕堂** 一八五五（咸丰五）年刊春秋世系一卷 清陈厚耀撰 ⑥

德裕堂 一八〇四（嘉庆九）年刊后汉书补注二十四卷 清惠栋撰 ㉙900

金陵**德聚堂** 清初刊新刻出像京本忠义水浒传十卷一百十五回 元施耐庵撰 ⑱子766

金陵**德聚堂** 一六六二—一七二二（康熙）年刊新刻钟伯敬先生批评封神演义十卷一百回 明陆西星撰钟惺评 ⑱子777

桐乡冯集梧**德聚堂** 一七八八（乾隆五十三）年刊元丰九域志十卷 宋王存等撰 ③地85/5442

书林**德聚堂** 刊新刻出像玉鼎列国志十二卷一百八回 明陈继儒订正 ④6058

德聚堂 一六六一（顺治十八）年刊檇李曹太史评镌古今全史八卷首一卷 清曹勋纂辑 ②10287

德聚堂 一七九六—一八二〇（嘉庆）年刊玉溪生诗详注三卷年谱一卷诗话一卷 唐李商隐著 清冯浩注 ②6933

珠溪**德馨堂** 一六九六（康熙三十五）年刊陈定宇先生文集十七卷 元陈栎撰 ⑫SV45.6－11/57.447

眉山**德馨堂** 一八三九（道光十九）年刊通易西游正旨分章注释一百回 清张仓章撰 ⑯857.4/883－314

吴门**德馨堂** 刊四书大全 明胡广等撰 ⑤

毅明堂 一六六一（顺治十八）年刊浔阳摭醢六卷 清文行远修张经畬增纂 ①

江西**毅明堂** 一六六二—一七二二（康熙）年刊浔阳摭醢六卷 清文行远张经畬纂修 ㉑305

江西**毅明堂** 一八七三（同治十二）年刊浔阳摭醢六卷 清文行远张经畬纂修 ②1305

京江**遵仁堂** 一八三五（道光五）年刊补注黄帝内经素问二十四卷 唐王冰著 ㉑4199

遵经堂 一八八六（光绪十二）年刊医宗必读十卷 明李中梓撰 ㉚705

遵道堂 一七〇三（康熙四十二）年刊陆桴亭思辨录辑要二十二卷 清陆世仪撰张伯行重订 ㉙1618

潜研堂 刊元史氏族表三卷 清钱大昕撰 ②34797

安徽江氏**潜德堂** 一七五六（乾隆二十一）年刊乡党图考十卷 清江永撰 ⑥

潮济堂 一七一九（康熙五十八）年刊四书朱注发明十九卷 清王掞等订 ㉙1647

澄怀堂 一八二五（道光五）年刊良方汇集 清顾金寿编 ㉚257

四川广汉张氏**澄虚堂** 一八一二（嘉庆十七）年刊礼记图解六卷 清张怀浣撰 ⑥

澄辉堂 一六八九（康熙二十八）年刊古今词话八卷 清沈雄辑江尚质增辑 ⑱集 2010

年希尧**澄鉴堂** 一七二八（雍正六）年刊铁网珊瑚书品十卷画品六卷 明朱存理辑 ⑱子 385

澄鉴堂 一七三三（雍正十一）年刊古文约选 清果亲王允礼撰 ⑦11881

鹤山堂 一八五一（咸丰元）年刊人镜集五十四卷 清孟云峰辑 ③哲 820/854

鹤阴堂 一六六二—一七二二（康熙）年刊从征纪事一卷 清周昌撰 ⑱史 319

鹤寿山堂 一八一二（嘉庆十七）年刊袁文笺正十六卷补注一卷 清袁枚撰石韫玉笺 ⑱集 1171

富平张利用**履诚堂** 一八九三（光绪十九）年刊杨忠介公文集十三卷首一卷末一卷 明杨爵撰 ⑦5232

成都刘氏**豫诚堂** 一九〇八（光绪三十四）年刊书经恒解八卷 清刘沅辑 ⑥

豫诚堂 一八五一—一八六一（咸丰）年刊春秋恒解八卷 清刘沅撰 ⑦322

桐乡沈氏**豫恕堂** 一八七五—一九〇八（光绪）年刊沈谷成易学 清沈善登撰 ⑤

豫隆堂 一六六二—一七二二（康熙）年刊芸窗轶笺三卷 清徐贞龄撰 ⑱集 1090

豫簪堂 一七七二（乾隆三十七）年刊九数通考十三卷 清屈曾发撰 ㉙3083

豫簪堂 一七七六（乾隆四十一）年刊九章算术注释九卷 魏刘徽唐李淳风撰 音义一卷 宋李籍撰
海岛算经注释一卷 唐李淳风撰 ①6256

遹文堂 一七三六—一七九五（乾隆）年刊贞孝录不分卷 清汪莘宗等辑 ⑱史 495

遹修堂 一七七五（乾隆四十）年刊分韵字汇十二集附海篇 原题清坛眠道人辑 ②39986

十六画

佛山镇**翰文堂** 一八六二—一九〇八（同治光绪）年刊金匮要略浅注十卷 清陈念祖撰 ㉚95

广州**翰文堂** 一八六二—一九〇八（同治光绪）年刊审视瑶函六卷 明傅仁宇撰 ㉚572

粤东**翰文堂** 一八九八（光绪二十四）年刊医学入门七卷首一卷 明李健斋编撰 ㉚703

成都**翰文堂** 一九〇三（光绪二十九）年刊周礼政要二卷 孙诒让撰 ⑥

翰文堂 一八六二—一八七四（同治）年刊增补药性雷公炮制八卷 清张光斗撰 ㉚203

翰文堂 一八七九（光绪五）年刊驻粤八旗志二十四卷首一卷 清长善等纂 ⑯323.17/410

扬州**翰雅堂** 一八七八（光绪四）年刊喉科心法二卷 清沈善谦撰 ㉚587

潮郡**翰墨堂**书坊 一八七三（同治十三）年刊太乙神针 清松亭居士传汪川如陈士松增订 ㉚148

震泽汪氏**燕远堂** 一七八五（乾隆五十）年刊圣济总录二百卷 宋徽宗赵佶敕撰 ㉚212

书林**燕诒堂** 一六九五（康熙三十四）年刊玉堂校传如岗陈先生二经精解全编九卷 明陈懿典撰 焦竑考定 ⑰15028

燕贻堂 一七〇三（康熙四十二）年刊证治百问四卷 清刘默撰石楷校订 ㉚409

金檀**燕翼堂** 一七一九（康熙五十八）年刊清江贝先生诗集十卷文集三十卷 明贝琼撰 ①11664

仙源周氏**燕翼堂** 一八四〇（道光二十）年刊周恭节集 明周怡撰 ⑤

莺湖**燕耀堂** 一七七一（乾隆三十六）年刊钝翁类汇 清汪琬撰 ⑰01566

赠言堂 一六八八（康熙二十七）年刊文选考注前集十五卷后集十四卷 明张凤翼补注 ⑧

赠言堂 一七三三（雍正十一）年刊赠言堂遵注诗经能解指南汇编三十一卷 清叶羲印辑 ⑯094.127/504

瞜槎和真堂 一七一〇（康熙四十九）年刊万山楼诗集二十四卷 清许虬撰 ⑱集988

默堂主人 一六八一（康熙二十）年刊本草详节十二卷 清闵钺撰卢煌校正 ㉚169

镜水堂 一六八七（康熙二十六）年刊新修长沙府岳麓志八卷 清赵宁撰 ⑪981.389/9340

邹氏**镜古堂** 一八二八（道光八）年刊乍浦备志三十六卷首一卷 清邹璟纂 ⑪

梁**镜古堂** 一八六九（同治八）年刊古赋首选一卷 清梁夔谱编 ②17082

镜古堂 一七九八（嘉庆三）年刊海门文钞一卷 清李符清撰 ⑯847.4/293

镜烟堂 刊才调集二卷 蜀韦谷辑 清纪昀删正 ②24295

儒兴堂 一八六八（同治七）年刊神农本草经读四卷 清陈念祖撰 ㉚157

儒兴堂 一八八二（光绪八）年刊图注难经脉诀 明张世贤撰清沈镜删注 ㉚722

儒兴堂 刊图注八十一难经辨真四卷 明张世贤注 ㉚22

儒林堂一八九七（光绪二十三）年刊伤寒类证活人书二十二卷 宋朱肱撰 ㉚65

广东**儒雅堂**一七九九（嘉庆四）年刊庄子雪三卷 清陆树芝辑注 ⑥

广东**儒雅堂**一八七五—一九〇八（光绪）年刊六醴斋医书十种 清陈永培辑 ㉙210

广州**儒雅堂**一八九一（光绪十七）年刊肘后备急方八卷 晋葛洪撰金杨用道增广 ㉚208

儒雅堂一八八七（光绪十三）年刊痘科定论 明聂尚恒撰 ㉚502

儒缨堂 刊文选六十卷 梁萧统编唐李善等注 ⑯830/514－010

湖北**衡善堂**一八六五（同治四）年刊济世良方合编六卷补遗四卷 清周其芬编 ㉚262

衡鉴堂一九〇一（光绪二十七）年刊甘肃乡试闱墨 ③文761/8994

凝秀堂一七五二（乾隆十七）年刊兰亭志十一卷首一卷 清吴高增辑 ⑱史1048

凝和堂一六六二—一七二二（康熙）年刊翏啸文集二卷诗集十卷集唐二卷 清张叔珽撰 ⑱集1133

凝和堂一七五六（乾隆二十一）年刊湖山灵秀集十六卷 清席玕辑 ⑱集1777

凝和堂一七三六—一七九五（乾隆）年刊难经本义摘注二卷 清郭大铭摘注 ㉚23

镇洋缪朝荃**凝修堂**一八八〇（光绪六）年刊陆陈两先生诗文钞 清叶裕仁辑 ㉙1773

三多岩**凝善堂**一八八四（光绪十）年刊文昌帝君勉孝歌不分卷 清熊西山解 ⑥

威远吕仙岩**凝善堂**一八六四（同治三）年刊正讹八卷 清刘沅撰 ⑥

富顺**凝善堂**一九〇六（光绪三十二）年刊遗训存略三卷 清刘书晋等述 ⑥

萧山陆**凝瑞堂**一七七〇（乾隆三十）年刊西河合集一百十七种 清毛奇龄撰 ㉒2483

萧山陆**凝瑞堂**一七九六（嘉庆元）年刊毛西河全集四百八十九卷首一卷 清毛奇龄撰 ㉒14085

凝瑞堂一八四〇（道光二十）年刊咀华录四卷 原题清凝瑞堂主人辑 ⑯856.3/775

谢**凝禧堂**一八四八（道光二十八）年刊痧喉论 清朱铁山撰袁光裕增辑 ㉚602

吴调元**辨义堂**一六六二—一七二二（康熙）年刊寇忠愍公诗集三卷 宋寇准撰 ①11486

辨义堂一七〇八（康熙四十七）年刊西昆酬唱集二卷 宋杨亿等撰 ⑱集1682

浙江**辨志堂**一七五九—一七六一（乾隆二十四—二十六）年刊万充宗先生经学五书十九卷 清万斯大撰 ⑱经31

辨志堂 一七七二（乾隆三十七）年刊濠梁万氏宗谱内集十四卷 明万表纂修清万斯大增修 ⑱史619

辨志堂 一七九六（嘉庆元）年刊万氏经学五书不分卷 清万斯大撰 ⑯091.337/522

褒古堂 一六四八（顺治五）年刊太平山水图画一卷 清萧云从绘 ⑱子431

羲经堂 一八七二（同治十一）年刊陆氏传家集 清陆乃普辑 ⑤

澡修堂 一七〇三（康熙四十二）年刊澡修堂集十六卷 清熊赐履撰 ⑱集993

澹宁堂 一七〇四（康熙四十三）年刊增补武林旧事八卷 宋周密撰明朱廷焕增补 ⑱史977

澹成堂 一七一八（康熙五十七）年刊文章轨范七卷 宋谢枋得辑 ⑱集1611

澹成堂 一七二六（雍正四）年刊省轩考古类编十二卷 清柴绍炳纂 ⑧

澹远堂 一六九九（康熙三十八）年刊伤寒经注十三卷 清程知编 ㉚51

澹然堂 一六七三（康熙十二）年刊昌平州志二十六卷首一卷 清吴都梁修潘问奇等纂 ⑲2

懒云堂 一六六二—一七二二（康熙）年刊鳌云篇文集十六卷 清李伍渶撰 ⑱集1017

璧经堂 一八九二（光绪十八）年刊保赤新编 清任赞撰 ㉚486

璧鱼堂沃根园 一七六三（乾隆二十八）年刊东医宝鉴二十三卷 朝鲜许浚等撰 ㉚703

十七画

藏兰堂 一七六六（乾隆三十一）年刊古诗笺十四卷 清王士祯撰 ⑦13958

刘藏修堂 一八六三（同治二）年刊息影轩画谱 明崔忠顺绘 ②48213

粤东藏修堂 一八八〇（光绪六）年刊水浒全图 明杜堇绘 ②11483

藏修堂 一八七一（同治十）年刊名医类案十二卷续名医类案三十六卷 明江瓘编清魏之琇续编 ㉚633

湖南藏恕堂 一八七五—一九〇八（光绪）年刊增批四书反身录八卷 清王鸿衢批 ⑥

藏德堂 一八五〇（道光三十）年刊新刊北魏奇史闺孝烈传十二卷四十六回 清张绍贤撰 ④6137

懋德堂 一九〇五（光绪三十一）年刊眼科新新集二卷 清吴嘉祥撰 ㉚578

戴道堂 刊疮疡经验全书十二卷 宋窦杰撰窦梦麟续增 ㉚538

戴德堂 一八三八（道光十八）年刊尚书今文二十八篇解不分卷 清杨钟泰撰 ⑧

霜英堂 清初刊一笠庵汇编清忠谱传奇二卷 清李玉撰 ⑱集2133

罗**霞光堂** 一八七九（光绪五）年刊胎产秘书二卷 清陈笏庵撰 ㉚461

霞荫堂 一七九八（嘉庆三）年刊合河记闻十卷 清康基田撰 ⑯927.14/117－668

霞举堂 一六六二—一七二二（康熙）年刊檀几丛书一集五十种 清王晫编 ④14302

新安张氏**霞举堂** 一六九五（康熙三十四）年刊檀几丛书 清王晫张潮辑 ⑤

霞举堂 一六六二—一七二二（康熙）年自刊兰言集二十四卷 清王晫辑 ⑱集1743

膺德堂 一八四五（道光二十五）年刊昌黎诗集注十一卷 清顾嗣立注 ⑦13754

余氏**濡雪堂** 一七六五（乾隆三十）年刊余先生诗钞一卷 清余元甲撰 ⑱集1149

邃怀堂 一八八八（光绪十四）年刊袁氏家集 清袁镇嵩辑 ⑤

上海**翼化堂** 一八七〇（同治九）年刊真修宝卷 ⑯858.15/998－02

上海**翼化堂** 一八九二（光绪十八）年刊述古斋幼科新书 ㉚151

上海**翼化堂** 一九〇八（光绪三十四）年刊金莲仙史四卷二十四回 清潘昶撰 ④6004

上海**翼化堂** 一九〇九（宣统元）年刊观音十二圆觉经一卷 ⑯858.5/517.6

广州**翼化堂** 一八九四（光绪二十）年刊经验良方 清符伯庸编 ㉚276

金陵**翼圣堂** 一六七一（康熙十）年刊四六初徵二十卷 清李渔辑沈心友释 ⑱集1766

翼圣堂 刊闲情偶寄十六卷 清李渔撰 ⑰03429

翼经堂 一八一五（嘉庆二十）年刊景德镇陶录十卷 清蓝浦著郑廷桂补辑 ②11186

翼经堂 一八五八（咸丰八）年刊冯氏锦囊秘录八种 清冯兆张撰 ㉚724

翼善堂 一六六二—一七二二（康熙）年刊今文大篇二十卷 清诸匡鼎辑 ②102562

十八画

藜青堂 一七六〇（乾隆二十五）年刊屈子章句七卷 清刘梦鹏编 ⑯832.13/321－889

海宁**藜照堂** 一八〇二（嘉庆七）年刊杜诗集评十五卷 清刘浚集评 ⑧

瞻云堂 一八四四（道光二十四）年刊屈王两先生（屈振镛王元让）遗诗二卷 清苏景韩编 ㉙3271

汪文著**瞻芑堂** 一七一五（康熙五十四）年刊百尺梧桐阁遗稿十卷 清汪懋麟撰 ⑱集1023

馥荪堂 一八四四（道光二十四）年刊兰石山房诗抄六卷 清徐应阶撰 ㉙983

省城学院前**璧经堂** 一八七五（光绪元）年刊达生编福幼编遂生编 清亟斋居士等撰 ㉚734

广州**璧经堂** 一八七七（光绪三）年刊图注难经脉诀 明张世贤撰清沈镜删注 ㉚722

羊城**璧经堂** 一八九二（光绪十八）年刊伤寒温疫条辨六卷附温病坏症 清杨玉衡撰 ㉚388

黄昌衢**彝叙堂** 一六八二（康熙二十一）年刊雒闽源流录十九卷 清张夏撰 ①1939

十九画

浙江**藻思堂** 一八五二（咸丰二）年刊宸垣识略十六卷 清吴长元辑 ⑥

藻春堂 一八七四（同治十三）年刊妇婴至宝 清徐尚慧编撰 ㉚731

张**蘐寿堂** 一八九二（光绪十八）年刊理瀹骈文摘要 清吴师机撰 ㉚154

瓣香堂 一七六三（乾隆二十八）年刊二十一史精义八卷 清王南珍辑 ②11396

瀛经堂 一六八六（康熙二十五）年刊医宗必读十卷 明李中梓撰 ㉚705

武林**瀛津堂** 一七三七（乾隆二）年刊图注八十一难经辨真四卷 明张世贤注 ㉚22

疆善堂患立堂 一六六二—一七二二（康熙）年刊陈氏家集七种十三卷 清陈贞慧等撰 ⑱丛581

二十画

上海**馨远堂** 一八八六（光绪十二）年刊外科全生集附金疮铁扇散方 清王维德编 ㉚542

严**馨德堂** 一八四二（道光二十二）年刊医学圭指三卷 清李青渊撰 ㉚348

嘉郡严**馨德堂** 一八六九（同治八）年刊产科心法二卷 清汪朴斋撰 ㉚460

二十一画以上

鳣飞堂 刊丹溪心法五卷丹溪心法附余 元朱震亨撰明吴中衍辑校 ㉚716

懿惠堂 一八七六（光绪二）年刊伤寒论浅注六卷 清陈念祖集注 ㉚56

麟玉堂 刊回文类聚原编四卷读编十卷冠五彩璇玑及织锦故事图画一卷 宋桑世昌编 清朱象贤集 ②61873

洞庭秦氏麟庆堂 一八七六（光绪二）年刊钟鼎字源五卷 清汪立名辑 ②48233

四、斋

一画

石城陈大文**一浔斋** 一八九二（光绪十八）年刊周易浅解三卷首一卷 清陈大文撰 ㉑303

金陵**一得斋** 善书坊一八六七（同治六）年刊眼科良方 清叶桂撰 ㉚575

金陵**一得斋** 善书坊 一八九三（光绪十九）年刊乌夜啼思亲曲 清徐廷珍撰 ⑰02959

金陵**一得斋** 一八九四（光绪二十）年刊延寿宝卷一卷 ④14668

范联枝**一寒斋** 刊云间据目钞五卷 明范濂撰 ①2888

元和江氏**一溉斋** 一八七五—一九〇八（光绪）年刊溉斋算学五种 江衡撰 ㉙1453

一湾斋 一七四九（乾隆十四）年刊风雅遗音二卷 清史荣撰 ④2787

一蒂十七实斋 一八五八（咸丰八）年刊小蜗庐文存二卷 清吴其泰撰 ③文286.83/34

杨氏**乙照斋** 一八〇六（嘉庆十一）年刊四知堂文集三十六卷 清杨锡绂撰 崇祀录一卷 清杨有涵辑 ⑱集1140

乙照斋 一八四八（道光二十八）年刊渝水诗观三十二卷 清黄之晋辑 ④701

江西**乙藜斋** 一八三五（道光十五）年刊蝶花楼词钞一卷 清张湄撰 ⑯3003

南昌万氏**乙藜斋** 一八五二（咸丰二）年刊江人事四卷首一卷末一卷 清宋佚编 吴启楠订补 ③传17/8169

江西**乙藜斋** 一八六六（同治五）年刊太上感应篇图说 清黄正元辑 ㉑322

乙藜斋 一八五七（咸丰七）年刊达生编 清亟斋居士编 ㉚453

二画

长洲徐氏**二友斋** 一七二一（康熙六）年刊中山传信录六卷 清徐葆光撰 赠送诗文一卷 ⑱史1082

二百兰亭斋 一八六六（同治五）年刊虢季子白盘铭考 清吴云撰 ⑧

南京**二酉斋** 一七八七（乾隆五十二）年刊春秋内传古注辑存三卷 清严蔚辑存 ⑥

京都琉璃厂**二酉斋** 一八七九（光绪五）年刊勉学堂针灸集成四卷 清廖润鸿撰 ㉚133

北京**二酉斋** 一九〇八（光绪三十四）年刊辨证奇闻十卷 清陈士铎撰 ㉚334

十二石山斋 梁氏 一八四六（道光二十六）年刊十二石山斋诗话八卷 清梁九图撰 ③文318.6/265

上海朱氏**十不斋** 一九一〇（宣统二）年刊诗经叶音辨讹八卷 清刘维谦撰 ⑧

十竹斋 一六六二—一七二二（康熙）年刊千文六书统要二卷 清胡正言撰 ⑱经448

十步斋 刊亚谷丛书四卷 清鲍鈖撰 ⑱子594

七十二泉沤寄之斋 一八八六（光绪十二）年刊小学人谱日课编二卷 清张承燮撰 ②109176

苏洲**八杉斋** 一八八五（光绪十一）年刊太史华句八卷 明凌迪知辑 ⑥

会稽徐氏**八杉斋** 一八七五—一九〇八（光绪）年刊融经馆丛书十种 清徐友兰撰 ⑥总46

潘氏**八喜斋** 一八七〇（同治九）年在京师刊滂喜斋丛书五十四种 清潘祖荫辑 ⑥总43

吴县潘氏**八喜斋** 一八七九（光绪五）年刊小浮先生闭门集六卷船庵集十二卷船庵词一卷 清潘曾沂撰 ③文287.334/44

八喜斋 一八七七（光绪三）年刊沈四山人诗录六卷附录一卷 清沈谨学撰 ㉙1272

力田力学斋 一八九八（光绪二十四）年刊八官图诀八卷 清洪季子辑 ⑦14845

又尝斋 一七八五（乾隆五十）年刊山谷题跋三卷 宋黄庭坚撰 清温一贞录 ②104200

三 画

湖南宁乡黄氏**三长物斋** 一八四四（道光二十四）年刊集古录跋尾十卷 宋欧阳修撰 ⑰7448

三十二芙蓉斋 清初刊过岭集一卷 清龚鼎孳撰 ①1876

三夕斋 一七八三（乾隆四十八）年刊士材三书 明李仲梓撰清尤乘增辑 ㉙721

古吴**三乐斋** 一七四五（乾隆十）年刊山海经释义十八卷 晋郭璞撰明王崇义释义 ③地701.1/744

三乐斋 一七三五（雍正十三）年刊本草纲目五十二卷首一卷附图二卷 明李时珍撰 ㉚164

三乐斋 一七六七（乾隆三十二）年刊本草纲目五十二卷图二卷 明李时珍撰 ㉚164

三乐斋 刊五子性理体注八卷 清张道升仇廷桂同辑吕从律增订 ②28692

江苏**三多斋** 一七五三（乾隆十八）年刊介石堂文集十卷水鉴六卷诗集十卷 清郭起元撰 ②16343

三多斋 聚锦堂一七三六—一七九五（乾隆）年刊四书左国汇纂四卷 清高其名郑师成同纂 ②34244

三多斋 一七一四（康熙五十三）年刊人生必读书十二卷 清唐彪编 ⑯190/667

三亦斋 刊贯华堂第六才子书西厢记八卷 元王德信撰清金人瑞评 附醉心篇 ㉙598

朱杨武**三奇斋** 一六六二—一七二二（康熙）年刊本草纲目必读 清林起龙编 ㉚169

三味斋 一八三七（道光十七）年刊蒲编堂训蒙草不分卷 清路德撰 ⑦14787

三馀斋 一六四七（顺治四）年刊六朝文苑十卷 清沈志斌辑 ⑱集1635

三馀斋 一八四八（道光二十八）年刊巧搭分品 清史鉴撰 ②5785

武林**大成斋** 一七九九（嘉庆四）年刊方氏脉症正宗四卷 清方肇权撰 ㉚338

大成斋 一六四五（顺治二）年刊本草汇言二十卷 明倪朱谟编 ㉚166

大树斋 一七三六—一七九五（乾隆）年刊东庄遗集四卷 清陈黄中撰 ⑱集1199

浦城**与古斋** 一八五六（咸丰六）年在金陵刊周易传义音训十卷 宋程颐撰 ⑥

山寿斋 胡氏一八一九（嘉庆二十四）年刊校订困学纪闻集证二十卷 清阎若璩等撰万希槐辑 ⑯2165

江宁程氏**千一斋** 一八九六（光绪二十二）年刊引申义举例二卷 清程先甲撰 ③字131.9/926

上海**广皕宋斋** 一八九一（光绪十七）年刊谐铎十二卷 清沈启凤撰 ㉙1027

羊城**广百宋斋** 刊说文解字十五卷 汉许慎撰 ⑥

河南**义文斋** 一八五一（咸丰元）年刊琐事闲录二卷续编二卷 清张昀撰 ⑯857.1/309

许**义文斋** 一八六六（同治五）年刊北东园笔录初编六卷续编六卷三编六卷四编六卷 清梁恭辰撰 ⑯857.1/726

义源斋 一八七四（同治十三）年刊普济应验良方八卷 清德轩氏编 ㉚254

上院**小古墨斋** 一八八七（光绪十三）年刊赵氏渊源集十卷 清赵绍祖编 ②61460

刘氏**小苏斋** 一八九二（光绪十八）年刊复古编二卷 宋张有撰 ⑥

吴门金氏**小耕石斋** 一八七〇（同治九）年刊喉科枕秘二卷 清金德鉴编 ㉚588

金氏**小耕石斋** 一八八三（光绪九）年刊焦氏喉科枕秘二卷 清金德鉴编 ㉚588

习静斋 一八一二（嘉庆十七）年刊四书经注集证十九卷 清吴昌宗辑 ㉙949

习静斋 一八九一（光绪十七）年刊四书地理考十五卷 清王鎏撰 ③经818/642

四 画

丰松斋 一八六四（同治三）年刊徐灵胎十二种全集 清徐大椿撰 ㉚728

京都**元会斋** 一八七一（同治十）年刊历代闺媛小乐府 清许教彝撰 ⑯831/612

北京**元会斋** 一八七五—一九〇八（光绪）年刊白喉治法忌表抉微 清耐修子撰 ㉚599

元会斋 一八三九（道光十九）年刊胎产集要三卷附幼科摘要 清黄惕斋编 ㉚457

长州陆氏**开益斋** 一八五七（咸丰七）年刊杞菊居集古验方 清陆毓元编 ㉚269

井养斋 一八八八（光绪十四）年刊韡园学易图说 清潘霨辑 ②61063

秦州**天宝斋** 一八二一—一八五〇（道光）年刊介石文集 清杨于果撰 ㉖81

天禄斋 一八一一（嘉庆十六）年刊仪礼韵音二卷 清檀萃撰 ⑧

浙江**无不宜斋** 一七三六—一七九五（乾隆）年刊四书考异上下编七十二卷 清翟灏撰 ②103656

无所往斋 一八七一（同治十）年刊国地异名录不分卷 清林谦撰 ⑯10688

粤东省城**艺芳斋** 一八二七（道光七）年刊新刻批点四书读本 ⑥

艺芳斋 一八四八（道光二十八）年刊续增经验急救良方附经验百方 清一真子撰 ㉚266

苏州查氏**木渐斋** 一八八二（光绪八）年刊濂亭文集八卷遗诗二卷遗文四卷 清张裕钊撰 ⑯2365

五典斋 一八〇一（嘉庆六）年刊粤中见闻三十五卷附记一卷 清范端昂撰 ④补229

东莱翟氏**五经岁遍斋** 一八二一—一八五〇（道光）年刊五经岁遍斋校书三种二十三卷 清翟云升编 ③总636/437

星子于建邦**五柳斋** 一六六二—一七二二（康熙）年自刊洪山堂集十六卷 清于建邦撰 ㉑218

不负斋 一八二六（道光六）年刊海康陈清端公诗集十卷 清陈瑸撰丁宗洛编 年谱二卷 清丁宗洛编 ⑯6855

不远复斋 一八九一（光绪十七）年刊西亭文钞十二卷首一卷末一卷 清王原撰 ⑰427－22

不惧无闷斋 一八五四（咸丰四）年刊眉鼻随闻录八卷 清汪坤编 ②46678

不惧无闷斋 一八六六（同治五） 年刊逆党祸蜀记 清汪堃撰 ⑯922.77/759

不惧无闷斋 一八七五（光绪元） 年刊咄咄吟二卷附录一卷 清贝青乔撰 ㉙1274

太虚斋 一八〇〇（嘉庆五）年刊晋春秋传奇二卷 清蔡廷弼撰 ⑱集2151

汉中**友义斋** 一八四二（道光二十二） 年刊【道光】留坝厅志十卷 清贺仲瑊修蒋湘南纂 ⑲202

绍城**友文斋** 一七三九（乾隆四） 年刊达生编二卷 清亟斋居士撰 ㉚453

湖北郑氏**友竹斋** 一八六四（同治三） 年刊读易辑要浅释三卷 清郑本玉辑 ⑥

友益斋 刊诗经八卷 宋朱熹集撰 ⑪093.2/2540

切问斋 一七七六（乾隆四十一） 年刊山东运河备览十二卷附运河图 清姚立德修陆耀纂 ⑰12957

福山王氏**日省吾斋** 一八二一—一八五〇（道光） 年刊今古文孝经江刻 清王德瑛辑 ⑤

邵阳谢氏**中道斋** 一九一〇（宣统二） 年刊中道全书六十二卷 谢维岳撰 ㉒350

见南斋 一七六六（乾隆三十一） 年刊楚辞达一卷 清鲁笔撰 ⑱集14

见素抱朴斋 一八六六（同治五） 年刊周列士传 清顾寿桢撰 ②46193

仁心斋 一八四二（道光二十二） 年刊引经便览 清夏翼增撰 ㉚348

仁寿砚斋 一八三九（道光十九） 年刊思无邪室遗集六卷 清顾莼撰 ㉙1127

仁寿镜斋 一八八四（光绪十） 年刊天方尔雅八卷首一卷 清蓝煦译 ③字400

片玉斋 一七八七（乾隆五十二） 年刊太极韵初集不分卷 ⑯12475

维扬**从吾斋** 一八七七（光绪三） 年刊痧喉阐义 清程镜宇撰 ㉚603

从野斋 一六六二—一七二二（康熙） 年刊秦亭文集八卷 清张丹撰 ①1512

江都秦氏**月石研斋** 一八二七（道光七） 年刊吕衡州文集十卷 唐吕温撰 ②11162

月晦斋 一九〇一（光绪二十七） 年刊国朝金陵丛书十三种 清傅春官编 ②37046

凤头斋 美堂 一七七八（乾隆四十三） 年刊集验新方 清亟斋居士编 ㉚245

会稽周氏**凤皇青斋** 刊山谷题跋四卷 宋黄庭坚撰 ②36677

六艺斋 一八二九（道光九） 年刊医方择要二卷 清文祥等编 ㉚258

广州**六书斋** 一八二一（道光元）年刊【道光】阳春县志十四卷首一卷 清陆向荣等修刘彬华纂 ⑲707

海宁张氏**六有斋** 刊今水经一卷 清黄宗羲撰 ②55155

六有斋 一八〇二（嘉庆七）年刊河间试律矩四卷 清纪昀撰林昌评注 ②54088

六笥斋 一八〇四（嘉庆九）年刊六官骈萃四卷 沮张蔚辑 ③总210/847

吴门**六润斋**刘万传 一八二七（道光七）年刊见山楼遗诗抄四卷 清王铭撰 ㉙2625

苏州**六润斋** 一八八八（光绪十四）年刊临证指南医案十卷附种福堂公选良方 清叶桂撰 ㉚631

京都**文丰斋** 一八七五—一九〇八（光绪）年刊白喉治法忌表述要 清耐修子撰 ㉚599

文元斋 一九〇八（光绪三十四）年刊杭谚诗一卷 清邵懿辰撰 ⑯2566

上洋**文艺斋** 一八八〇（光绪六）年刊谈瀛录三卷 清王之春撰 ⑯212

靖江**文艺斋** 一八九七（光绪二十三）年刊救五绝诸毒良方 清朱培源撰 ㉚278

常郡**文玉斋** 一八七一（同治十）年刊痧症指微 清释普净撰 ㉚400

湖州**文光斋** 一八五五（咸丰五）年刊雪泥书屋杂志四卷 清牟庭撰 ⑧

浙湖王**文光斋** 一八九二（光绪十八）年刊产科心法二卷附福幼编 清汪朴斋撰 ㉚460

湖州王**文光斋** 一八八五（光绪十一）年刊肘后备急方八卷 晋葛洪撰 ㉚208

三邑**文华斋** 一九〇六（光绪三十二）年刊温病指南二卷 清娄杰撰 ㉚378

文会斋 一八五六（咸丰六）年刊普济应验良方八卷 清德轩氏编 ㉚254

山西**文兴斋** 葛英繁 刊傅青主女科二卷附产后编二卷 清傅山撰 ㉚434

杭城**文寿斋** 一八四七（道光二十七）年刊胎产集要三卷附幼科摘要 清黄惕斋编 ㉚457

邓**文进斋** 一八三四（道光十四）年刊泉史十六卷 清盛大士撰 ⑱史1490

济南**文芳斋** 一八九八（光绪二十四）年刊保产要旨四卷 清许廷哲撰 ㉚462

米**文茂斋** 一八六二（同治元）年刊胎产集要三卷附幼科摘要 清黄惕斋编 ㉚457

淮安**文林斋** 一八七八（光绪四）年刊达生编 清亟斋居士撰 ㉚453

四川**文林斋** 一八六九（同治八）年刊医理真传四卷 清郑寿全撰 ㉚668

北京**文采斋** 一八四〇（道光二十）年刊留云阁存稿 清彭寿山撰 ⑰1896

北京**文采斋**一八九六（光绪二十二）年刊天元病机 清兰蕤酚撰 ㉚354

京都**文采斋**一八六八（同治七）年刊盐山县志十六卷首一卷 清王福谦江毓秀修潘震乙纂 ⑲61

金陵**文宝斋**一八七二（同治十一）年刊应验简便良方 清黄翼升撰 ㉚271

文宝斋一八二一—一八五〇（道光）年刊玉珊诗集 清邱对颜撰 ③文286.742/43

北京**文奎斋**一八三九（道光十九）年刊活人息事方 原题清懿斋居士编 ㉚259

苏州西**文奎斋**一八四四（道光二十四）年刊义门先生集十二卷附录一卷 清何焯撰吴云辑 ㉙784

绍城**文星斋**一八六〇（咸丰十）年刊陪赈散论说 清陈良佐撰 ㉚372

天津**文美斋**一八六六（同治五）年刊达生编 清亟斋居士撰 ㉚453

文美斋一八八八（光绪十四）年刊书经六卷 宋蔡沈集传 ②24586

平湖**文洽斋**一八七五—一九〇八（光绪）年刊光绪己丑顺天乡试硃卷 金兆蕃撰 ②46734

汴城**文峰斋**一八四七（道光二十七）年刊修昆仑证验 题清天休子撰 ㉚620

成都黄**文舫斋**一八九二（光绪十八）年刊大学俗话五卷 清查体仁述 ⑥

文舫斋一八九二（光绪十八）年刊爻六发挥六卷 清刘春荣撰 ⑰0031

平湖**文萃斋**一八七六（光绪二）年刊钟鼎字源五卷 清汪立名撰 ⑧

文盛斋一八四五（道光二十五）年刊勿药元诠 清汪昂编 ㉚6

常郡韩**文焕斋**一八五八（咸丰八）年刊本经疏证十二卷本经续疏六卷本经序疏要八卷 清邹澍撰 ㉚158

文雅斋一八八一（光绪七）年刊汲古阁本三国志六十五卷 ②22035

北京**文瑞斋**一八二六（道光六）年刊妇科秘方 清竹林寺僧撰 ㉚436

文鉴斋刊三方合刻 ㉚261

滇南**文锦斋**一八一九（嘉庆二十四）年刊大学臆古一卷 清王定柱撰 ⑥

文锦斋一八七七（光绪三）年刊喉症类集 清王铨编 ㉚589

昆山周**文墨斋**一八七三（同治十二）年刊妇婴至宝三种 清王兆鳌辑 ⑤

昆山**文墨斋**一八八八（光绪十四）年刊妇婴至宝三种 清徐尚慧编 ㉚731

南翔**文墨斋**一八二九（道光九）年刊西沚居士集二十四卷 清王鸣盛撰 ㉙957

周文墨斋 一八七七（光绪三）年刊妇婴至宝三种 清徐尚慧编 ㉚731
文墨斋 一八六四（同治三）年刊验方新编十六卷 清鲍云韶编 ㉚262
文墨斋 一九〇〇（光绪二十六）年刊乐志簃文录四卷 清沈祥龙撰 ⑯847.8/740
琉璃厂**文德斋** 一九〇六（光绪三十二）年刊燕京岁时记一卷 清富察敦崇撰 ④338
维扬徐**文德斋** 刊引种牛痘方书 清邱浩川编 ㉚518
文德斋 一八九一（光绪十七）年刊卫生便览四卷 清江笔花撰 ㉚346
金陵省**文翰斋** 一八八七（光绪十三）年刊达生编遂生编福幼编 清亟斋居士等编 ㉚734
谢**文翰斋** 一八七六（光绪二）年刊说文外编十五卷补遗一卷 清雷浚撰 ⑯1324
新市**文翰斋** 刊杨五郎出家 ②52060
文馨斋 一八四八（道光二十八）年刊同寿录四卷末一卷附补遗 清曹氏撰 ㉚248
方容斋 一八二四（道光四）年刊验方录要七卷 ㉚255
张氏**心斋** 一六六二—一七二二（康熙）年刊友声六卷后集四卷 清张潮集 ③文713/827:2
心　斋 一七八〇（乾隆四十五）年刊友声五卷后集五卷新集五卷 清张潮辑
　尺牍偶存十一卷 清张潮撰 ⑱集1766
历下**心不竞斋** 一八五一（咸丰元）年刊石汸诗钞三十卷 清杨潜撰 ③文287.6311/44.2
心远斋 刊四家诗钞 ⑤
心松斋 一七三六—一七九五（乾隆）年自刊纪行十册十卷 清熊为霖撰 ㉑201
长洲蒋氏**心矩斋** 一八八三（光绪九）年刊心矩斋丛书七种三十三卷 清蒋凤藻辑 ②1730
苏州**心矩斋** 一八八八（光绪十四）年刊南江札记一卷 清邵晋涵撰 ⑥
心矩斋 一八六八（同治七）年刊春秋左氏传地名补注十二卷 清沈钦韩撰 ⑯6839
顺德大良**心简斋** 清末刊小儿产妇跌打杂症内外科药方 ㉚567
泾邑**双桂斋** 一八四四（道光二十四）年刊增补举贡考略明三卷清三卷 清黄崇兰辑 ⑰231－491
双虞壶斋 刊吴氏 双虞壶斋吴氏 刊双虞壶印存 清吴式芬辑 ①3222
周氏**书三味斋** 一八一三（嘉庆十八）年刊诗经世本古义二十八卷首一卷 明何楷撰 ⑱经145

毋自欺斋 冯氏 一八八九（光绪十五）年刊姜先生全集 清姜宸英撰 ⑤

水月斋 一六八六（康熙二十五）年刊续弹词二卷 清许文炳撰 ⑱集2175

水心斋 叶氏 一八〇八（嘉庆十三）年刊徐霞客游记十二卷 明徐宏祖撰 ⑦1318

五 画

玉尺斋 一七一〇（康熙四十九）年刊石屋诗钞八卷补一卷 清魏麐徵撰连青辑 ⑱集1022

玉田斋 一七六二（乾隆二十七）年刊古今诗馀醉十五卷 明潘游龙辑 ③文411/783

玉峰粲花斋 一七六五（乾隆三十）年刊澱湖漫稿二卷补编一卷 清李惇撰 ⑱集1229

未学斋 一六九二（康熙三十一）年刊古今类传四卷 清董谷士董炳文同辑 ②37282

未能信斋 一八三三（道光十三）年刊仕国弦歌录四卷 清夏宝晋撰 ②11375

北京**正文斋** 一八七五—一九〇八（光绪）年刊历代名人年谱十卷 清吴荣光撰 ⑯982.99/440－03

正文斋 一九〇二（光绪二十八）年刊明夷待访录一卷 清黄宗羲撰 ②48630

正学斋 刊石室秘录六卷 清陈士铎撰 ㉚332

甘白斋 一七九七（嘉庆二）年刊折肱编一卷 清曹镳撰 ⑱子600

古文斋 一八九一（光绪十七）年刊印邮 清赵执斋辑 ⑯731.3/198

古处斋 清初刊罗纹山先生全集十六卷 明罗明祖撰 首一卷 ⑱集869

古金石斋 一八一三（嘉庆十八）年刊素修堂诗集二十四卷后集六卷补遗一卷 明吴蔚光撰 ㉙3136

古香斋 一六六〇（顺治十七）年刊诗法火传左编十六卷 清马上巘辑马寿谷校 ⑰56－47701

古香斋 一七一〇（康熙四十九）年刊渊鉴类函四百五十卷目录四卷 清张英等纂 ②4665

古香斋 一七三六—一七九五（乾隆）年刊古香斋鉴赏袖珍史记一百三十卷 ②69849

古隐玉斋 刊诗存二卷法古堂偶集一卷 清邓汉仪颜光祚等辑 ⑱集1775

古絜斋 一九〇〇（光绪二十六）年刊资治通鉴地理今释十六卷 清吴熙载撰 ②35503

泾县赵氏**古墨斋** 一七九六—一八二〇（嘉庆道光）年刊古墨斋集 清赵绍祖撰 ⑤

泾县赵氏**古墨斋** 一八三二（道光十二）年刊泾川丛书四十五种续经川丛书六种 清赵绍祖辑 ⑤

古墨斋 一七〇六（康熙四十五）年刊新安女史徵一卷 清汪洪度撰 ⑱史454

本　斋 一八二六（道光六）年刊乡党侯正一卷 清陈榘撰 ㉙1143

管斯骏**可寿斋** 一八八六（光绪十二）年刊管刻诗学问难一卷 清陈仪撰 ②37312

东乡艾氏**可添斋** 一八四七（道光二十七）年刊诗义求经二十卷 清艾畅撰 ㉑287）

石竹斋 一八五一（咸丰元）年刊国朝南亭诗钞十二卷 清范士熊辑 ⑯839.214/537

潘氏**石经斋** 一六七八（康熙十七）年刊龙眠风雅六十四卷 清潘江辑 ⑱集1786

秦氏**石研斋** 一七八九（乾隆五十四）年刊鬼谷子注三卷 梁陶弘景撰清秦恩复校正
篇目考一卷附录一卷 清秦恩复辑 ①12222

江都秦氏**石研斋** 一八〇五（嘉庆十）年刊鬼谷子三卷附录一卷 梁陶宏景注 ②11090

江都秦氏**石研斋** 一八三〇（道光十）年刊唐人三家集 清秦恩复辑 ⑤

许氏**石契斋** 一八一七（嘉庆二十二）年刊许氏巾箱集五卷 清许兆熊撰 ①1430

石香斋 金星 一七四四（乾隆九）年刊市曲茅堂诗一卷 清黄琛撰 ⑱1189

石鼓斋 一八〇〇（嘉庆五）年刊藤阴杂记十二卷 清戴璐撰 ②37677

京都琉璃厂**龙元斋** 一八四七（道光二十七）年刊大生要旨五卷 清唐千顷撰 ㉚458

京都**龙云斋** 一八八四（光绪十）年刊孝经读本存解四卷首一卷 清赵长庚撰 ⑯098.27 198

豫省张**龙文斋** 一八五二（咸丰二）年刊竹林寺女科秘传 清竹林寺僧撰 ㉚437

北京**龙文斋** 一八七五（光绪元）年刊曾文正公事略四卷 清王定安撰 ⑥

龙文斋 一八七八（光绪四）年刊求阙斋读书录十卷 清曾国藩撰 ⑯2180

京都**龙光斋** 一八九一（光绪十七）年刊笔花医镜药要便蒙合刻 清延清编 ㉚737

东井砚斋 一八〇九（嘉庆十四）年刊澄悦堂诗集十四卷 清梁国撰 ②105581

杭州**东璧斋** 一八七八（光绪四）年刊验方新编二十四卷 清鲍云韶编 ㉚263

东璧斋 一八七三（同治十二）年刊疔疮五经辨 ㉚555

东壁斋 一八七八（光绪四）年刊吊脚痧方论 清徐子默撰 ㉚401

旧书斋 一八七二（同治十一）年刊可斋经进文存 清朱文翰撰 ③文286.963/35

旧金石斋 一八九四（光绪二十）年刊济世养生集便易经验集 清毛世洪编 ㉚251

归砚斋 刊汲冢纪年存真二卷周年表一卷 清朱右曾撰 ①1249

上海县东**目耕斋** 一八七七（光绪三）年刊景岳新方砭四卷 清陈念祖撰 ㉚228

陈氏**且朴斋** 一七〇四（康熙四十三）年刊栩园词弃稿四卷 清陈聂恒编 ①5259

且　斋 一八七七（光绪三）年刊吟林缀语 清戴文选撰 ⑯821/213

杭州**史学斋** 一九〇二（光绪二十八）年刊十九世纪外交史 日本平田久撰清张相译 ③史740/917

叩钵斋 一六九〇（康熙二十九）年刊叩钵斋纂行厨集十卷 清李之淜汪建封辑汪志瑞注释 ⑪□818/4032

四勿斋 一七九三（乾隆五十八）年刊传书楼诗稿一卷 清金顺撰 ⑱集1184

临桂王氏**四印斋** 一八八八（光绪十四）年刊四印斋所刻词二十一种附三十一家词 清王鹏运辑 ③30949

四宝斋 一八九〇（光绪十六）年刊达生编 清亟斋居士撰 ㉚454

铜山黄氏**四砚斋** 一八七一（同治十）年刊四砚堂集十四卷 清黄世哲撰 ⑰9453

四砭斋 一八四六（道光二十六）年刊国朝学案小识十四卷首一卷末一卷 清唐鉴撰 ②45320

仕学斋 一八三三（道光十三）年刊居官必览二卷 清金庸斋撰 ⑦7606

冬读书斋 一七二四（雍正二）年刊唐诗金粉十卷 清沈炳震辑 ②17369

鸠兹沈氏**乐有馀斋** 一八五〇（道光三十）年刊乐有馀斋诗草七卷试帖一卷 清沈廷贵撰 ⑰9269

广汉钟登甲**乐道斋** 一八八一（光绪七）年刊函海 清李调元辑 ⑤

锦州李氏**乐道斋** 一八八二（光绪八）年刊州县提纲四卷 宋陈襄撰 ②24373

乐素斋 一八七二（同治十一）年刊医学汇参 清林枫编 ㉚350

主静斋 一八四三（道光二十三）年刊周易本义引蒙十二卷首一卷 清姚章辑 ②30681

卬　斋 一八一一（嘉庆十六）年刊海骚六卷 清陈昙撰 ⑯3765

钦德**立本斋** 一八二一—一八五〇（道光）年刊毛诗故训传三十卷 ⑥

旌阳朱氏**立本斋** 一八二三（道光三）年刊大儒要言钞 清陶秉礼辑 ②61094

酒泉胡氏**兰石斋** 一八七九（光绪五）年刊二百三十孝图四卷 清胡文炳撰 ⑥

兰言斋 一七六八（乾隆三十三）年刊淳化秘阁法帖考正十卷附二卷 清王澍撰

淳化阁帖释文二卷 清沈宗骞校定 ⑱子417

兰雪斋 一七五三（乾隆十八）年刊陈学士文集十八卷 清陈仪撰 ⑯847.3/384

金陵清凉山**半日读书斋** 一八八九（光绪十五）年刊淡园全集 清马徵麟撰 ⑤

吴江**半松斋** 一八七五—一九〇八（光绪）年刊徐氏医学十二种 清徐大椿撰 ⑥子79

半松斋 一七三六—一七九五（乾隆）年刊徐氏医学六种 清徐大椿撰 ㉙2461

半松斋 一八二四（道光四）年刊医贯砭二卷 清徐大椿撰 ㉚664

半松斋 一八六四（同治三）年刊徐灵胎十二种全集 清徐大椿撰 ㉙2463

半学斋 一八六一（咸丰十一）年刊岳麓书院志八卷附续志三卷首一卷 清赵宁撰丁善庆续 ②29303

施添准**半砚斋** 刊草窗梅花集句三卷 明童琥撰 ⑱集610

汇贤斋 一六二六（康熙五）年刊正韵字体辨微一卷 清吴任臣撰 ⑱经484

萧山沈氏**汉读斋** 一八三八（道光十八）年刊蛾术堂集 清沈豫撰 ⑤

浦氏**宁我斋** 一七二四（雍正二）年刊读杜心解六卷首二卷 清浦起龙撰 ①13504

宁我斋 一七九〇（乾隆五十五）年刊西楼记四卷 清袁于令撰 ⑱集2129

宁拙斋 一七六七（乾隆三十二）年刊画图缘传奇二卷 题汾上谁庵撰 ⑱集2154

宁淡斋 一七一一（康熙五十）年刊谢叠山先生文集六卷 宋谢枋德撰 ⑱集396

张启蕴**永兴斋** 一八八〇（光绪六）年重刊【乾隆】兴县志十八卷 清程云原本蓝山增修 ⑲96

北平**永盛斋** 一八八二（光绪八）年刊六祖大师法宝坛经一卷 唐释法海辑 ⑯226.7/126－752

永盛斋 一八五四（咸丰四）年刊勿药元诠 清汪昂编 ㉚611

永盛斋 一八八八（光绪十四）年刊简捷良方 清金陵三鱼堂七十叟编 ㉚276

京都**永魁斋** 一七一〇（康熙四十九）年刊满汉文合璧西厢记 元王实甫编 ⑯855.6/120－02

京都**永魁斋** 一七四一（乾隆六）年刊玉堂集 ②3336

周氏**圣雨斋** 清初刊离骚草木史九卷离骚拾细一卷 清周拱辰撰 ⑱集11

圣雨斋 一八〇三（嘉庆八）年刊南华真经影史九卷 清周拱辰笺注 ⑯121.33/525－814

六　画

式文斋 刊医方捷径指南全书二卷 明王宗显编 ㉚329

粤东省城西湖街**迁斋** 一七三六—一七九五（乾隆）年刊春秋取义测十二卷 清法坤宏撰 ④653

彭县杨氏**迂拙斋** 一八八四（光绪十）年刊韵法答问一卷 清杨得春辑 ⑥

朴　斋 一八三三（道光十三）年刊袁太史时文一卷 清袁牧撰 ④2609

长洲陈黄中**朴茂斋** 一七五四（乾隆十九）年刊文道十书 清陈景云撰 ㉙824

李氏**亘古斋** 一八〇二（嘉庆七）年刊论语细解论不分卷 清李云陛撰 ㉑234

亘古斋 一八一五（嘉庆二十）年刊李厚冈集 清李荣陛撰 ⑰01474

上洋**吉乐斋** 一八六三（同治二）年刊随息居饮食谱 清王士雄撰 ㉚200

上海**吉乐斋** 一八九二（光绪十八）年刊卫生要术 清潘霨编 ㉚621

钱氏**吉金乐石斋** 一八〇七（嘉庆十二）年刊说文解学斠诠十四卷 清钱坫撰 ①12195

京都**吉润斋** 一八八一（光绪七）年刊灵丘县补志十卷 清雷棣荣严润林修陆泰元纂 ⑲84

李氏**芝省斋** 一八四〇（道光二十）年刊李氏芝省斋杂著七卷 清李遇孙撰 ①1780

共尝斋 一八二三（道光三）年刊重订缀白裘新集合编十二集 原题玩花主人辑钱德苍续 ②47421

河南固始祝庆蕃**有不为斋** 一八四五（道光二十五）年在南京刊骈雅训纂七卷 清魏茂林学 ⑥

有不为斋 一八五五（咸丰五）年刊芳草堂合课诗钞笔略二卷
　渊雅外集诗续钞笺略二卷 清王芑孙撰 ㉙1070

有不为斋 一八七九（光绪五）年刊国朝洛学文徵二卷 清李翰华辑 ①59800

有有斋 一八五一（咸丰元）年刊惕园全集 清陈庚焕撰 ⑤

有恒斋 一八四四（道光二十四）年刊历代循良能吏列传汇钞二十卷 清乔用迁编 ⑯982.31/809

武林任**有容斋** 一八九〇（光绪十六）年刊睫巢镜影 清童叶庚撰 ⑤

武林任**有容斋** 一八七六（光绪二）年刊急救应验良方 清杨昌濬撰 ㉚273

杭州**有容斋** 一八六六（同治五）年刊妇婴至宝 清徐尚慧编 ㉚731

浙江有容斋 一八七九（光绪五）年刊重楼玉钥喉科指南二卷 清郑梅涧撰 ㉚585

湖郡有鸿斋 一七八一（乾隆四十六）年刊女科经纶八卷 清董壎撰 ㉚432

湖城冯有鸿斋 一八八八（光绪十四）年刊吊脚痧方论 清徐子默撰 ㉚401

有鸿斋 一八八四（光绪十）年刊医宗己任编 清杨乘六辑 ⑤

有遗音斋 一八〇四（嘉庆九）年刊天雨花三十卷 清陶贞怀撰 ④4733

有遗音斋 一八四一（道光二十一）年重刊天雨花三十卷 清陶贞怀撰 ④15060

王有耀斋 刊义山文集六卷 唐李商隐撰清汪全泰辑 ④2426

有耀斋 一七七〇（乾隆三十五）年刊八家诗钞十六卷 清彭启丰辑 ③文138/8466

存　斋 一八七一（同治十）年刊存斋偶编 清胡宗藩辑 ②4685

陈氏存几希斋 一七八六（乾隆五十一）年刊篆刻针度八卷 清陈克恕撰 ⑱子443

存心斋 一七三二（雍正十）年刊四生谱四卷 清金文锦撰 ⑱子485

单县刘氏存古斋 一七一二（康熙五十一）年刊存古斋续晨钟集二十卷 清刘光泗刘光洙订 ⑥

存参斋 一八〇五（嘉庆十）年刊尚书汇说存参七卷首一卷 清李兆编 ⑯093.27/292

存吾春斋 一八七九（光绪五）年刊疫喉浅论二卷补遗一卷 清夏云撰 ㉚597

存客斋 一八四四（道光二十四）年刊胎产心法三卷 清阎纯玺撰 ㉚456

存惺斋 一八五一（咸丰元）年刊集验良方拔萃二卷续补一卷 清恬素氏撰 ㉚260

存素斋 一八四六（道光二十六）年刊于文定公读史漫录二十卷 明于慎行撰 ⑥

成都成文斋 一八八四（光绪十）年刊寿世锦囊 清任中彪撰 ㉚275

成兴斋 一八七九（光绪五）年刊傅青主男科二卷 清傅山撰 ㉚334

湖边程氏百二汉镜斋 一八二四（道光四）年刊百二汉镜斋秘书四种 清程芝云辑 ⑤

百本菊花斋 一八二四（道光四）年刊医学传心四卷 明缪希雍撰清孙佑补述 ㉚340

夷白斋 一八一五（嘉庆二十）年刊东冈诗剩十四卷首一卷末一卷 清周有声撰 ②30685

李氏师一斋 一八八〇（光绪六）年刊思痛记二卷 清李圭撰 ②30054

西蜀李氏师竹斋 一七八四（乾隆四十九）年刊六书故三十三卷六书通释一卷 元戴侗撰 ⑯7414

李氏**师竹斋** 一七九六—一八二〇（嘉庆）年在北京刊使琉球记六卷 清李鼎元撰 ⑥史 154

师意斋 一七三八（乾隆三）年刊秦汉印谱不分卷 清程从龙辑 ⑱史 1497

师愚斋 一八九九（光绪二十五）年刊白云山房诗馀一卷 清王彬撰 ②60793

光耀斋 一八七三（同治十二）年刊豫乘蒐小录二卷 清朱云锦撰 ⑰12871—2

当务斋 一八八〇（光绪六）年刊海国图志一百卷 清魏源撰 ⑦13507

吐根斋 刊时方妙用四卷 清陈念祖撰 ㉚341

则古斋 一八六七（同治六）年刊福幼编 清庄一夔撰 ㉚533

则古昔斋 一八六七（同治六）年刊遂生福幼合编 清庄一夔编 ㉚534

京都**同文斋** 一七六七（乾隆三十二）年刊痘科扼要 清陈奇生撰 ㉚510

同文斋 一九〇〇（光绪二十六）年刊急救经验良方 清卓炯斋编 ㉚278

同善斋 一八八六（光绪十二）年刊经验良方 ㉚275

网**旧闻斋** 一八八〇（光绪六）年刊屈子正音三卷 清方绩撰 ⑧

安省黄**竹友斋** 一八八三（光绪九）年刊教园诗谈八卷 清许丙椿撰 ②63520

皖城黄**竹友斋** 一八七四（同治十三）年刊医存 清王燕昌撰 ㉚701

竹平安斋 一八六四（同治三）年刊史馀二十卷附补录一卷 清陈尧松撰 ②34208

竹素斋 一八二七（道光七）年刊竹素斋遗稿古文三卷时文三卷诗四卷 清姚学爽撰 ②37038

四川苍溪**竹桥斋** 一八五三（咸丰三）年刊十一经旁训读本 ⑥

蜀北**竹桥斋** 一八五〇（道光三十）年刊仙方合集二卷 清贾山亭撰 ㉚267

四川苍溪**竹硚斋** 一八五三（咸丰三）年刊易纂一说晓十卷 清刘中理撰 ⑥

武林**竹简斋** 一八七八（光绪四）年十三经札记二十二卷 清朱亦栋撰 ③经 38/49.4

杭州**竹简斋** 一八七八（光绪四）年刊痘科慈航 明聂尚恒撰 ㉚502

先醒斋 一六八九（康熙二十八）年刊西山日记二卷 明丁元荐撰 ⑱子 664

金阊**传书斋** 毛上珍一八二一（道光元）年刊【道光】皖省志略四卷 清朱云锦辑 ⑲443

金阊**传书斋** 毛氏一八八一（光绪七）年刊【道光】皖省志略四卷 清朱云锦辑 ⑲443

仿古斋 一八九四（光绪二十）年刊麻科活人全书四卷 清谢玉琼撰 ㉚511

项氏**伊蔚斋** 一七八〇（乾隆四十五）年刊隶法会纂十卷 清项怀述纂 ⑫愚经614

似静斋 一八八八（光绪十四）年刊璇玑碎锦二卷 清万树撰 ②10852

延古斋 刊万寿仙书四卷 明罗洪先撰曹若水增辑 ㉚609

自然好学斋 一八二二（道光二）年刊明三十家诗选初集八卷二集八卷 清汪端辑 ⑱集1721

行素斋 一六七七（康熙十六）年刊石洞贻芳集不分卷 清郭钟儒辑 ⑱集1808

虞山后知不足斋 一八八四（光绪十）年刊澹成居文钞四卷丧礼经传约一卷 清吴卓信撰 ㉙3334

羊城**合成斋** 一八三四（道光十四）年刊古今孝子所见录十二卷 清李燕昌辑 ⑯982.36/287

羊城**合璧斋** 一八七六（光绪二）年刊大生要旨五卷 清唐千顷撰 ㉚458

吉安**会友斋** 一八七四（同治十三）年刊麻科活人全书四卷附邵氏痘科一卷 清谢玉琼撰 ㉑329

北京**会文斋** 一八五一（咸丰元）年刊医方易简新编六卷 清龚自璋黄统合编 ㉚267

北京**会文斋** 一九〇九（宣统元）年刊四铜鼓斋论画集刻 清张祥河辑 ⑤

济南**会文斋** 一八四三（道光二十三）年刊回生集正编二卷续编二卷 清陈杰编 ㉚250

会文斋 一八七五—一九〇八（光绪）年刊光绪六年庚辰科会试同年齿录不分卷 ㉙3311

汪日菼**凤夜斋** 一七七七（乾隆四十二）年刊武林旧事六卷后集四卷 宋周密撰 ①14581

次知斋 一八〇七（嘉庆十二）年刊医书汇参辑成二十四卷 清蔡宗玉编 ㉚708

武林**亦西斋** 一八二九（道光九）年刊耐冷谭十六卷 清宋咸熙撰 ⑯2864

浙江**亦西斋** 刊图注脉诀辨真四卷附方一卷 明张世贤注 ㉚107

姑苏**亦西斋** 一八六八（同治七）年刊绎史一百六十卷世系图一卷年表一卷 清马骕撰 ②31241

杭洲**亦卣斋** 一八八一（光绪七）年刊昭代名人尺牍小传二十四卷 清吴修编 ⑯982.27/441

武进赵氏**亦有生斋** 一七九一（乾隆五十六）年刊毗陵集二十卷附录一卷补遗一卷 唐独孤及撰 ②6533

南昌**亦政书斋** 一八七七（光绪三）年刊类纂古云蒸六卷 清燕毅辑 ㉑3310

通洲雷氏**亦器器斋** 刊考订竹书纪年 清雷学淇撰 ⑪NC2485/1673

庆古斋 一八四二（道光二十二）年刊活幼心法九卷 明聂尚恒撰 ㉚502

问心斋 刊小窗幽纪十二卷 明陈继儒辑 ③文762/767

汗青斋 一八三五（道光十五）年刊红楼梦传奇八卷 清陈钟麟撰 ⑱集2150

汗读斋 一八三八（道光十八）年刊蛾术堂集六种 清沈预撰 ⑰042－128.1

汗筠斋 秦氏 一七九八（嘉庆三）年刊汗筠斋丛书（即兰芬斋丛书） 清秦鉴编 ③总653/35

瓯东高**汲古斋** 一八九三（光绪十九）年刊敺蛊燃犀录 清燃犀道人辑 ㉚425

汲古斋 一八一八（嘉庆二十三）年刊三五类编二卷 清陈广衡撰 ②61031

宁波**汲绠斋** 刊伤寒补天石二卷续二卷 明戈维城撰 ㉚71

汲绠斋 一八七六（光绪二）年刊馀经必读八卷续编八卷三集四卷 清雷琳等撰 ⑯091.31/334

守朴斋 一八四八（道光二十八）年刊细云吟草二卷 清吴芳堪撰 ⑱集1283

守知斋 一八五〇（道光三十）年刊守瓻堂诗文稿六卷 清孔继宣撰 ②69726

守约斋 刊教谕语四卷 清谢金銮撰 ⑥

守墨书斋 一八七九（光绪五）年刊湖南考古略十二卷 清卢峻等纂 湖南省图书馆

喻氏**安斋** 一八八〇（光绪六）年刊新塘喻氏先代文略二卷首一卷末一卷 清喻震孟辑 ㉑205

安雅斋 一八三七（道光十七）年刊经学质疑四十卷孔子编年四卷孟子编年四卷 清狄子奇撰 ②36454

讲德斋 一八一二（嘉庆十七）年刊平妖传八卷四十回 明罗本撰龙子犹补 ②11422

讼过斋 刊范家集略六卷 清秦坊辑 ②7732

尽心斋 一八〇六（嘉庆十一）年刊疡科心得集三卷附方汇三卷景岳新方歌一卷 清高秉钧编 ㉚545

丰城万氏**防未然斋** 一八五〇（道光三十）年刊读史四集四卷 明杨以任辑 ⑯921.8/270

河内范氏**如不及斋** 一七九六—一八二〇（嘉庆）年刊春秋左传释人十二卷 清范照藜撰 ⑯1134

韩江**如不及斋** 一八六四（同治三）年刊胎产心法三卷 清阎诚斋撰 ㉚456

如皋冒氏**如不及斋** 一八八四（光绪十）年刊林下雅音集 清冒俊辑 ⑤

如不及斋 一八五一（咸丰元）年刊血症良方 清潘为缙撰 ㉚423

如过客斋 一八七九（光绪五）年刊籁典四卷 清章启勋撰 ②36958

好古斋 一八五八（咸丰八）年刊守三诗草二卷 清赵勷撰 ②60965

观后斋 一七九七（嘉庆二）年刊水田居士集五卷 清贺贻孙撰 ②54930

石埭徐氏**观自得斋** 一八九四（光绪二十）年刊清仪阁金石题识四卷 清陈其荣辑 ②36047

观自得斋 一八九四（光绪二十）年刊唐昭陵石迹考略五卷 清林侗撰 ②64815

李光暎**观妙斋** 一七二〇（康熙五十九）年刊无声诗史七卷 清姜绍书撰 ⑱子424

江阴吴氏**观略斋** 一九〇二（光绪二十八）年刊策论文的四卷 清吴鸿甲辑 ②7763

惠氏**红豆斋** 一七三六—一七九五（乾隆）年刊渔洋山人精华录训纂十卷 清王士祯撰惠栋训纂 ㉙901

吴县惠氏**红豆斋** 刊渔洋山人自撰年谱二卷 清王士祯撰惠栋补注 ⑥史109

纫香斋 一八二一—一八五〇（道光）年刊二南诗钞 清周乐撰 ③文286.65/44

七 画

南翔**寿文斋** 汤云槎 一八〇七（嘉庆十二）年刊南翔镇志十二卷首一卷 清张承先纂程攸熙订正 ⑭

武进徐氏**志学斋** 一八八七（光绪十三）年刊志学斋集 清徐寿基撰 ⑰00982

陈氏**志学斋** 一八七五—一九〇八（光绪）年刊陈氏志学斋丛刊 清□□辑 ⑤

芸业斋 一七九四（乾隆五十九）年刊耘圃诗钞十二卷 清李绳撰 ㉙933

厦门**芸成斋** 一八九一（光绪十七）年刊四书体注十九卷 清范翔撰 ⑯10828

芸香斋 一八一四（嘉庆十九）年刊喉科指掌六卷 清张宗良撰 ㉚584

武陵**芹香斋** 一七三六—一七九五（乾隆）年刊南宋杂事诗七卷 清姚祖思编 ⑧

苏　斋 一七八二（乾隆四十七）年刊苏诗补注八卷 宋苏轼撰清翁方纲注 ⑦13746

苏　斋 一八〇六（嘉庆十一）年刊咏物七言律诗偶记 清翁方纲著 ②64363

严心斋 刊朱柏庐先生媿讷集十二卷 明朱用纯撰 附录一卷 ①1696

望江倪氏**两强勉斋** 一八七七（光绪三）年刊古今钱略三十二卷首一卷末一卷 清倪模撰 ⑯993.65/919

汀洲张氏**励志斋** 刊脉经十卷 晋王熙撰 ㉚106

励志斋 一八七三（同治十）年刊鸣原堂论文二卷 清曾国藩注 ⑧

励志斋 一八九六（光绪二十二）年刊脉诀刊误集解二卷附录二卷 元戴起宗撰明朱升节抄 ㉚108

还读斋 一六五〇（顺治七）年刊西陵十子诗选十六卷 清毛先舒辑 ①1691

还读斋 一六九四（康熙三十三）年刊本草备要四卷 清汪昂撰 ㉚170

还读斋 一六六二—一七二二（康熙）年刊贻善堂四种须知 清朱本中撰 ㉚721

求无不获斋 一六六二—一七二二（康熙）年刊台湾外记十卷 清江日升撰 ⑭

陕西刘氏**求友斋** 一八八七（光绪十三）年刊梅氏筹算三卷 清梅文鼎撰 ⑦3232

王氏**求日益斋** 一八三三（道光十三）年刊癸巳类稿十五卷 清俞正燮撰 ⑦13676

吴川吴曰铁**求自立斋** 一八三七（道光十七）年刊李阁学读书杂述八卷 清李铠撰 ⑯072/294

六安徐氏**求我斋** 一八七二（同治十一）年刊理学宗传辨正十六卷 清刘廷诏撰 ⑯125/893

求我斋 一八四四（道光二十四）年刊程氏易简方论 清程履新编 ㉚225

彭城浦氏**求放心斋** 一七五二（乾隆十七）年刊史通通释二十卷附录一卷唐刘知几撰清浦起龙释 ①3305

粤东抚署**求放心斋** 一八三四（道光十四）年刊祥刑要览四卷 明吴讷撰 ㉙2734

求放心斋 一八三一（道光十一）年刊闽都记三十三卷 明王应山撰 ⑲518

湘乡蒋氏**求实斋** 一八七九（光绪十五）年刊求实斋类稿十二卷 清蒋德钧编 ㉒345

泾县潘锡恩袁江节署**求是斋** 一八四八（道光二十八）年刊乾坤正气集 清姚莹等撰 ⑯830.7/754.95

求是斋 一七四八（乾隆十三）年刊装潢志一卷 明周嘉胄撰 ⑱子470

求是斋 一八七五（光绪元）年刊七巧七分图十六卷补遗一卷 清钱芸吉撰 ③艺919/875

刘氏**求恕斋** 一九〇九（宣统元）年刊四库全书表文笺释四卷 清林鹤年笺辑 ⑦13585

南城吴氏**听雨斋** 一七八六（乾隆五十一）年刊说文偏旁考二卷 清吴照撰 ⑯1333

贵阳陈氏**听诗斋** 一八九七（光绪二十三）年刊明诗纪事一百八十七卷 清陈田辑 ⑯2905

贵阳陈氏**听诗斋** 一九一一（宣统三）年刊明诗纪事一百八十七卷 清陈田辑 ⑧

海宁蒋氏**别下斋** 刊汇刊经验方 清毛世洪等编 ㉚252

海昌蒋氏**别下斋** 一八二一—一八五〇（道光）年刊小蓬海遗诗 清翁雒撰 ③文286.53/448

私淑斋 一七一七（康熙五十六）年刊学校人物志十二卷首一卷 清董其生辑 ⑱史403

京都**秀义斋** 一八四六（道光二十六）年刊关帝觉世真经阐化编十六卷首一卷 清徐谦辑 ②65361

吴县潘氏**佞宋斋** 一八八三（光绪九）年刊藏书纪要一卷 清孙从添撰 ⑯011/365

伴花斋 一八六四（同治三）年刊都门杂咏 清杨静亭编徐永年等补 ②37227

扬州穆**近文斋** 一八四八（道光二十八）年刊女科仙方四卷 清傅山撰 ㉚434

琉璃厂**近文斋** 一八一一（嘉庆十六）年刊回生集正编二卷续编二卷 清陈杰编 ㉚250

京都琉璃厂**近文斋** 一八二九（道光九）年刊妇科秘方 清竹林寺僧撰 ㉚437

近文斋 一八二四（道光四）年刊集验良方六卷 清梁文科编年希尧辑 ㉚245

杨**近贤斋** 一八九一（光绪十七）年刊吊脚痧方论 清徐子默撰 ㉚402

南陵徐氏**余学斋** 一八七四（同治十三）年刊六朝唐赋不分卷 清马传庚选注 ⑧

金匮顾氏**犹白雪斋** 一八八八（光绪十四）年刊治蝗全法四卷 清顾彦辑 ⑰11304

劬学斋 一八六九（同治八）年刊龙泓馆诗集三卷 清丁敬撰 ⑧

成都**闲存斋** 一九一〇（宣统二）年刊利溥集 清王鸿骥辑 ⑤

间有馀斋 一八三〇（道光十）年刊娄水琴人集十集 清周煜辑 ④717

间燕斋 一八二二（道光二）年刊通鉴纲目摘议四卷 清王标撰 ②47841

叶**怀古斋** 一八九一（光绪十七）年刊且瓯歌一卷竹枝词述怀诗 清石方洛撰 ②6218

怀砚斋吕氏 一八九八（光绪二十四）年刊文选古字通补训四卷拾遗一卷 清吕锦文撰 ③文101.6/865

京都**宏文斋** 一八二三（道光三）年刊太乙神针 清范培兰编 ㉚147

维扬**宏文斋** 一八八一（光绪七）年刊沈氏女科辑要二卷 清沈尧封撰 ㉚436

宏文斋 一八三九（道光十九）年刊疫痧草辨论章一卷见象章一卷汤药章一卷 清陈耕道撰 ㉙3210

宏文斋 一八八〇（光绪六）年刊疫痧草辨论章一卷见象章一卷汤药章一卷 清陈耕道撰 ㉙3202

诒研斋 一八二二（道光二）年刊式敬编二卷 清杨景仁撰 ㉙3194

诒研斋 一八七八（光绪四）年刊筹济编三十二卷首一卷 清杨景仁撰 ㉙3194

诒晋斋 一七三六—一七九五（乾隆）年刊上书房消寒诗录一卷 清叶观国永惺等撰 ⑱集1760

浙江永康胡氏**补斋** 一八七七（光绪三）年在武昌刊监本五经 ⑥

四明黄氏**补不足斋** 一八九一（光绪十七）年刊黄氏家集初编 清黄家鼎辑 ⑤

四川林氏**补过斋** 刊论语读朱求是编二十卷 清林愈蕃辑 ⑥

金山程氏**补读书斋** 一八九三（光绪十九）年刊金山姚程三先生遗集 清程国嘉辑 ⑤

补阙斋 一八八七（光绪十三）年刊文房游戏图 ③艺919/80

邵学斋 一七五三（乾隆十八）年刊【乾隆】镇安县志十卷首一卷末一卷 清聂寿纂修 ⑲183

八画

湖郡**青云斋** 一八七六（光绪二）年刊治癫狗咬方 ㉚555

傅氏**青峰斋** 一七四二（乾隆七）年刊湘帆堂集二十六卷 明傅占衡撰 ㉑253

苏洲**青霞斋**吴学圃 一八三四（道光十四）年刊大涤山房诗钞八卷 清张吉安撰 ③文285.7431/47

松风斋 一七三六—一七九五（乾隆）年刊徐氏医书六种 清徐大椿撰 ㉚727

北京张氏**松竹斋** 一八七四（同治十三）年刊临文便览 清张仰山编 ⑥

京师**松竹斋** 一八七六（光绪二）年刊金壶精粹不分卷 清郝在田编 ⑯423.9/209

北京**松竹斋** 荣宝斋 一八九八（光绪二十四）年刊大清搢绅全书 ⑰06678

松竹斋 一八九五（咸丰九）年刊余氏五稿（即玉山连珠集） 清余希婴辑 ⑤

赵孟升**松雪斋** 一七二六（雍正四）年刊读书敏求记四卷 清钱曾撰 ⑱史1394

枕钓斋 一六九五（康熙三十四）年刊五公山人集十六卷 明王余佑撰清李兴祖编 ⑯846.8/120.9

枕经葄史斋 一八七八（光绪四）年刊弹指词三卷 清顾贞观撰 ⑯3111

济南**英华斋** 一七九六—一八二〇（嘉庆）年刊蒿庵闲话二卷 清张尔岐撰 ②46780

山东**英华斋** 一八七一（同治十）年刊笔花医镜四卷 清江涵暾（笔花）撰 ㉚345

江西**述古斋** 一八三二（道光十二）年刊三才揭要十二卷 清邓眉生辑 ㉑321

简州凤山书院李**述古斋** 一八五二（咸丰二）年刊女科仙方四卷 清傅山撰 ㉚434

述古斋 一八七九（光绪五）年刊画母联解一卷 清张藜照撰 ④3813

杨氏**述郑斋** 一八四五（道光二十五）年刊黄门奏疏二卷西台奏议一卷 清杨雍建撰 ⑱史385

雨蕉斋 一六六二—一七二二（康熙）年刊六朝选诗定论十六卷 清吴淇撰 ③文310/824

瓯雅斋 一八九三（光绪十九）年刊治平通议八卷 清陈虬撰 ⑯2433

奇晋斋 一七三六—一七九五（乾隆）年刊寓意编 明都穆撰 附笔麈一卷 明莫是龙撰 ②47697

陆烜**奇晋斋** 一七六九（乾隆三十四）年刊奇晋斋丛书十六种十九卷 清陆烜编 ⑱丛400

抱瓮斋 一七七五（乾隆四十）年刊桃花潭文徵六卷 清翟大程辑 ⑱集1789

刘氏**抱残守缺斋** 刊铁云藏印初集不分卷 清刘鹗辑 ⑱史1504

柞溪沈氏**择古斋** 一八九六（光绪二十二）年刊经验方二卷 清沈善兼编 ㉚231

江都刘**卓斋** 一八八〇（光绪六）年刊疫痧草辨论章一卷见象章一卷汤药章一卷 清陈耕道撰
附时疫白喉捷要 ㉙3202

尚友斋 一七六八（乾隆三十三）年刊说唐后传五十五回 原题姑苏如莲居士编次 ㉙908

毛氏**尚友斋** 一八四五（道光二十五）年刊西河诵芬集一卷 清毛庆善撰 ㉙1215

剡溪**尚友斋** 一八八八（光绪十四）年刊太乙神针 清范培兰编 ㉚148

湘阴左氏**尚志斋** 一九〇三（光绪二十九）年刊四书类编一百六十七卷 清左钦敏纂述 ㉒334

味义根斋 一八八九（光绪十五）年刊春秋内传古注补辑三卷 清严蔚辑 ㉙1046

四川酉阳冯氏**味无味斋** 一八七三（同治十二）年刊五经集解 清冯云樵辑 ⑥

味无味斋 一八一四（嘉庆十九）年刊春梦十三痕一卷 清许桂林撰 ②37088

味无味斋 一八四八（道光二十八）年刊药品化义十三卷 明贾所学撰 ㉚168

西安**味不争斋**（蒲城会馆）一九一一（宣统三）年刊六事箴言 清叶玉屏撰 ⑦7483

合肥张氏**味古斋** 一八八一（光绪七）年刊汪梅村先生集十二卷文外集一卷悔翁诗钞
十五卷补遗一卷诗馀五卷笔记六卷 清汪士铎撰 ⑯4880

合肥张绍棠**味古斋** 一八八五（光绪十一）年刊本草纲目拾遗十卷首一卷 清赵学敏编 ㉚175

味青斋 一九〇二（光绪二十八）年刊遥集集前编六卷后编十卷 清许贞干辑 ⑯831/610

三山林氏**味根斋** 刊伤寒真方歌括六卷 清陈念祖撰 ㉚89

味根斋 一八四七（道光二十七）年刊女才子传十卷 明徐震撰 ④6076

味根斋 一八五六（咸丰六）年刊伤寒医诀串解六卷附十药神书 清陈念祖撰 ㉚77

江苏周氏**味隽斋** 一八七六（光绪二）年刊晋略六十六卷 清周济撰 ⑯1531

徐氏**味静乱** 一八九七（光绪二十三）年刊顾亭林先生诗笺注十七卷 清顾炎武撰徐嘉辑注 ⑦13865

宁波**咏古斋** 一八九六（光绪二十二）年刊济生集六卷 清王上达撰 ㉚46

湘乡**咏史斋** 一八四七（道光二十七）年刊左氏双忠集 清左辉春辑 ⑯088/352

甘氏**咏兰斋** 一七九九（嘉庆四）年刊爱庐诗集十四卷首一卷 清甘禾撰 ㉑242

古潭余氏**明辨斋** 一八六三（同治二）年刊宋少保岳鄂王行实编年二卷 宋岳珂编 ②60882

明辨斋 刊药性赋音释 清范在文撰余苹皐音释 ㉚205

易理斋 一八二三（道光三）年刊海国闻见录二卷 清陈伦炯撰 ⑰00803

迪志斋 一八四一（道光二十一）年刊文选古字通疏证六卷 清薛传均撰 ②762

固　斋 一九〇三（光绪二十九）年刊医学摘要 清王志沂编 ㉚353

上海**知不足斋** 一八八二（光绪八）年刊福幼编 清庄一夔撰 ㉚533

安福刘**知不足斋** 一八九九（光绪二十五）年刊麻科活人全书四卷 清谢玉琼撰 ㉚511

知不足斋 一七三六—一八五〇（乾隆—道光）年刊知不足斋丛书二十八集 清鲍廷博辑
鲍志相续辑 ②7929

知白斋 吴氏 刊皇极经世考三卷附杂述 清徐文靖撰 ②15893

知白斋 一六八〇（康熙十九）年刊焦冥集二卷 清苗君稷撰 ⑱集1043

杜氏**知圣教斋** 一八三五（道光十五）年刊会稽三赋一卷 宋王十朋撰周世则史铸注 ⑱集340

知足斋 一八三九（道光十九）年刊说文解字双声叠韵谱 清邓廷桢撰 ②16001

知足之足斋 一八二六（道光六）年刊养默山房诗稿二十二卷 清谢元淮撰 ②15885

顺德龙氏**知服斋** 一八九六（光绪二十二）年刊知服斋丛书五集 清龙凤镳辑 ⑰01160

宁乡黄氏**知敬学斋** 一八四五（道光二十五）年刊三礼从今 清黄本骥撰 ㉒333

侑静斋 方氏 一六九四（康熙三十三）年刊文章缘起 明陈懋仁注清方熊补注 ②37453

沈氏**所愿学斋** 刊周礼学不分卷 清沈梦兰撰 ⑱经178

金云斋 一八六八（同治七）年刊小耕石斋医书（即金氏医书）四种 清金德鉴辑 ⑤

张氏金石寿世斋 一八四〇（道光二十）年刊国朝画徵录三卷首一卷 清张庚撰 ⑧

上海金粟斋 一九〇一（光绪二十七）年刊泰西教育史 日能势荣撰清叶瀚译 ③社839/924

陈允衡肥静斋 一六六〇（顺治十七）年刊榆溪集选不分卷补一卷 明徐世溥撰清陈允衡评 ①1746

端氏匋斋 一九〇九（宣统元）年在上海刊匋斋藏石记四十四卷 清端方辑 刊匋斋 ⑥

江苏吴氏泽古斋 一八三五（道光十五）年刊诗经申义十卷 清吴士模撰 ⑥

治心斋 一七三六—一七九五（乾隆）年在西安刊琴学练要 清王善撰 ⑦3437

治怒斋 一七九〇（乾隆五十五）年刊朱饮山千金谱二十九卷三韵易知十卷 清朱燮撰杨廷兹编 ⑯821/832

怡颜斋 一八九三（光绪十九）年刊南华真经正义 清陈寿昌撰 ⑯121.33/525－377

青州怡翰斋 一七〇一（康熙四十）年刊孙真人眼科秘诀 清马化龙传录 ㉚574

宝文斋 一八七一（同治十）年刊爱日斋集二卷随笔一卷 清锦愉撰 ②29142

宝田斋 一八三三（道光十三）年刊医门普度二种六卷 清吴有性孔毓礼撰 ㉚391

宝旭斋 一七〇九（康熙四十八）年刊武经大全标题会解七卷 清鲁经纂辑 ㉙15

宝旭斋 一七二九（雍正七）年刊痘疹庸谈广编十卷 清于名鹏撰 ㉚506

宝名斋 一八七九（光绪五）年刊勉学堂针灸集成四卷 清廖润鸿撰 ㉚133

侯氏宝岳斋 一八七八（光绪四）年刊唐张中丞巡专词录五卷首一卷末一卷 清侯庆勋辑 ㉑209

宝研斋 一七九四（乾隆五十九）年年刊一笠庵四种曲 清李玉撰 ⑤

桐城张氏宝砚斋 一八八三（光绪九）年在资中刊聪训斋语二卷 清张英撰 ⑥

宝俭斋陈氏 一七九六—一八二〇（嘉庆）年在陕西临潼刊宝俭斋集七种 清陈祁撰 ⑦5768

浙江宝晋斋 一八五〇（道光三十）年刊王氏医案二卷续编八卷附霍乱论二卷 清王士雄撰 ㉚638

武林宝晋斋 一八六九（同治八）年刊一切经音义二十五卷附华严经音义 唐释元应撰清庄炘等校 ⑧

韩氏宝铁斋 一八五五（咸丰五）年刊三节合编附五种 清韩崇辑 ⑤

宝琴斋 一八三〇（道光十）年刊小儿语一卷女小儿语一卷续小儿语一卷 明吕德胜撰吕坤续 ②71435

浙江赵宝墨斋 一八七三（同治十二）年刊痧症度针二卷 清胡凤昌编 ㉚402

武林赵氏宝墨斋 一八八〇（光绪六）年刊宝韦斋类稿六种 清李桓撰 ⑰0990

丰城余氏宝墨斋 一八九七（光绪二十三）年刊宝墨斋丛书九种 清余廷诰辑 ㉑250

张氏宝墨斋 一七七三（乾隆三十八）年刊国朝姚江诗存十二卷 清张廷枚辑 ⑱集1805

宝墨斋 一七八二（乾隆四十七）年刊栲栳山人诗集三卷 元岑安卿撰 ⑱集490

山西宝翰斋 一八九一（光绪十七）年刊喉科得一录 清董庆安撰 ㉚590

宝彝斋 一六九四（康熙三十三）年刊兰谱一卷 清翁大赉撰 ⑱子482

宛羽斋 一六八三（康熙二十二）年刊陆云士杂著 清陆次云撰 ⑤

实事求是斋 一八五一（咸丰元）年刊三礼图全谱 ③经699/9

学仁术斋 一八七二（同治十一）年刊痧喉汇言 清施猷编 ㉚602

崇川葛氏学古斋 一八七五—一九〇八（光绪）年刊学古斋金石丛书 清葛元煦辑 ⑤

京兆尹署空青水碧斋 一八六〇（咸丰十）年刊江北运程四十卷 清董恂撰 ⑯928.285/544

诗志斋 一八〇四（嘉庆九）年刊娄东诗派二十八卷 清汪学金辑 ⑱集1784

诗鼎斋 一七二二—一七三五（雍正）年刊淳化秘阁法帖考正十卷附二卷 清王澍撰 ⑱子417

视履斋 一七一二（康熙五十一）年刊万密斋医学全书十种 明万全（密斋）撰 ㉚715

温州录古斋 一八三六（道光十六）年刊乾隆丽水志稿四卷 清金学超原纂屠本仁增纂陈裳整理 ⑲439

居士敬斋 一八九三（光绪十九）年刊养生经验集 清费兰舫撰 ㉚614

程林居易斋 一六四七（顺治四）年刊玉函经三卷 唐杜光庭撰宋崔嘉彦注 ㉚112

蒲城居易斋 一七三八（乾隆三）年刊楚辞新注八卷 周屈原撰清屈复注 ⑦13772

居易斋 一六七〇（康熙九）年刊程氏续即得方 清程林撰 ㉚244

仙谭居敬斋 一八九三（光绪十九）年刊万应灵方集 清费梧编 ㉚269

居敬斋 一八三九（道光十九）年刊济世养生集便易经验集 清毛世洪编 ㉚251

居敬斋 一八九三（光绪十九）年刊济世养生集便易经验集 清毛世洪编 ㉚251

金陵隶释斋 一八七五（光绪元）年刊韩柳年谱八卷 ⑰6635

吴门经义斋胡益谦 一八〇九（嘉庆十四）年刊巢氏诸病源候论五十卷 唐巢元方等撰 ㉚38

吴郡经义斋 一八三二（道光十二）年刊金匮玉函经二注二十二卷附补方一卷十药神书一卷

明陈良仁衍义清周扬俊补注 ㉙217

上洋**经义斋** 一八六三（同治二）年重刊金匮玉函经二注二十二卷附补方一卷十药神书一卷 明陈良仁衍义清周扬俊补注 ㉙217

经义斋 一六九五（康熙三十四）年刊日知录三十二卷 清顾炎武撰 ②31228

经义斋 一八二五（道光五）年刊女世说四卷补遗一卷 清李清辑 ③文621/814

平湖朱氏**经注经斋** 一八八二（光绪八）年刊高陶堂遗集四种 清高心夔撰 ⑤

弘氏**经畬斋** 一七五八（乾隆二十三）年刊经畬斋诗钞一卷 清弘瞻撰 ①1286

经笥斋 一八一六（嘉庆二十一）年刊敬堂遗书 清辛绍业撰 ⑤

九 画

宛平贾氏**珍泰斋** 一七二三—一七三五（雍正）年刊思济堂方书 清贾邦秀撰 ㉚226

江宁**柏简斋** 一八三五（道光十五）年在杨州刊鸿雪因缘图记三集 清麟庆撰 ⑥

菇古斋 一八七〇（同治九）年刊也居山房文集八卷诗集十卷 清魏承柷撰 ②10482

荣林斋刻字铺 一八五三（咸丰三）年刊救世良方类编三卷 清詹作周编 ㉚268

北京**荣宝斋** 一八九九（光绪二十五）年刊大清搢绅全书 ⑰06679

荣宝斋 一九一〇（宣统二）年刊大清中枢备览二卷 荣宝斋编 ③社138/64

虞山**砚丰斋** 一七一四（康熙五十三）年刊玉台新咏十卷 清冯舒冯班校 ⑯831/948－03

研雨斋 一七七二（乾隆三十七）年刊仪礼汇说十七卷 清焦以恕撰 ⑱经187

杨氏**研露斋** 一七〇九（康熙四十八）年刊拜针楼一卷 清王墅撰杨天祚批点 ⑱集2145

研露斋 一六六二—一七二二（康熙）年刊屈翁山诗集八卷词一卷 清屈大均撰 ⑱集1009

研露斋 清初刊石羊生诗稿六卷 明胡应麟撰清徐肇元辑 ①1502

曲邑**奎文斋** 一八四〇（道光二十）年刊春草堂集（即春草堂丛书） 清谢坤撰 ⑤

北京**奎文斋** 一八七〇（同治九）年刊胎产心法三卷 清阎诚斋撰 ㉚456

奎文斋 一八七〇（同治九）年刊产科心法二卷附福幼编 清汪朴斋撰 ㉚460

奎光斋刻字铺 一八六三（同治二）年刊经验百方良方续录 清俞大文编 ㉚261

奎光斋 一八二七（道光七）年刊引种牛痘方书 清邱浩川编 ㉚517

奎光斋 一八七五—一九〇八（光绪）年刊各直省选拔同年明经通谱（光绪乙酉科） ②4688

金陵**奎璧斋** 刊书经集传 ⑥

持志斋 一八〇四（嘉庆九）年刊娄东诗派二十八卷 清汪学金撰 ㉙1721

省心斋 一八四九（道光二十九）年刊四书朱注十九卷 宋朱熹注 ⑥

省过斋 一八六八（同治七）年刊万应灵方七卷 ㉚269

浙江**省克斋** 一八九二（光绪十八）年刊范家集略六卷 清秦坊辑 ⑥

省能斋 一七七九（乾隆四十四）年刊说经二十六卷说庄三卷说骚一卷 清韩泰青撰 ⑯091. 337/226

映旭斋 刊文献通考三百四十八卷 元马端麟撰 ③社 121/673. 6

孙祖庚**映雪斋** 一六八三（康熙二十二）年刊异香集二卷 清王岩撰 ①1887

畏 斋 一七五五（乾隆二十）年刊天花精言六卷 清袁句撰 ㉚512

上海**思求阙斋** 一八九二（光绪十八）年刊述古斋幼科新书 清张振鋆撰 ⑤

思诚斋 一八八七（光绪十三）年刊验方选易三卷 清邹文翰编 ㉚275

湖南**思砚斋** 一六八六（康熙二十五）年刊四书反身录八卷 清李颙口授王心敬录 ⑥

吴门顾氏**思适斋** 一八〇六（嘉庆十一）年刊尔雅三卷 晋郭璞注 ㉙1133

思误斋 一八三〇（道光十）年刊刘礼部集十一卷 清刘逢禄撰 麟石文钞一卷 清刘承宠撰 ⑱集 1269

盛氏**思惠斋** 一八九七（乾隆二十三）年刊常州先哲遗书第一集四类 清盛康辑 ⑦14128

苏城李**鈊芳斋** 一九一〇（宣统二）年刊喉痧辑要 清金德鉴撰 ㉚602

拜经斋 一八一〇（嘉庆十五）年刊二十二史言行略四十二卷 清过元畋辑 ②4175

张氏**秋树根斋** 一八八四（光绪十）年刊戴东原集十二卷 清戴震撰 ⑱集 1215

复小斋 一七八八（乾隆五十三）年自刊历代赋话十四卷续历代赋话十四卷 清浦铣辑
　复小斋赋话二卷 清浦铣撰 ⑱集 1903

江西**复古斋** 一八九七（光绪二十三）年刊十三经文字偏旁考略二卷 清吴熙撰 ㉑333

复　斋 一八六二—一八七四（同治）年刊可亭诗稿六卷可亭词稿一卷 清言南金撰 ㉙3301

复初斋 一七八二（乾隆四十七）年刊七言律诗钞十八卷 清翁方纲撰 ③文130/846

查开**香雨斋** 一七六一（乾隆二十六）年刊东坡先生编年诗补注五十卷年表一卷 清查慎行撰 ①10289

江阴王氏**重思斋** 一八七五—一九〇八（光绪）年刊重思斋丛书 清王家枚辑 ⑤

修洁斋 刊销夏录六卷 清高士奇撰刘坚删订 ④7646

修济斋 一八七一（同治十）年刊异授眼科 ㉚573

保砚斋 一八五七（咸丰七）年刊鸿苞节录十卷 明屠隆撰清孙继烈编 ⑰2553

俭明简斋 一八七三（同治十二）年刊三山同声集四卷首一卷 清王凯泰辑 ②112932

湖南袁**信斋** 一七八六（乾隆五十一）年刊痘科扼要 清陈奇生撰 ㉚510

信芳斋 一六六二—一七二二（康熙）年刊王昆绳文集不分卷次刻六卷 清王源撰 ⑱集1075

信芳斋 一七三〇（雍正八）年刊文章练要 清王源编 ③文150/8242.3

雷信述斋 一八六九（同治八）年刊大云山房文稿初集四卷二集四卷补编一卷 清恽敬撰
姚觐元校注 ⑱集1233

信学斋 一六六二—一七二二（康熙）年刊易卦玩辞述二卷 清陈诜撰 ⑱经84

京都**律古斋** 一八二九（道光九）年刊妇科秘方 清竹林寺僧撰 ㉚437

剑虹斋 一七三九（乾隆四）年刊非水舟遗集二卷 清梁锡珩撰 ②61079

养一斋 一七九六—一八二〇（嘉庆）年刊春秋公羊经何氏例十卷附释例后录六卷 清刘逢禄撰 ②60450

养一斋 增刊养心斋本皇朝经解十六卷 ⑱经35

养心斋 一八一二（嘉庆十七）年刊皇朝经解三卷 ⑱经35

养素斋 一七五九（乾隆二十四）年刊国朝律赋偶笺四卷 清沈丰岐撰 ⑱集1768

洗心斋 一六八四（康熙二十三）年刊履霜集三卷 清臧达德撰 ㉚662

岭南黄**恒斋** 一八四八（道光二十八）年刊温病条辨六卷首一卷 清吴瑭撰 ㉚372

常**恒益斋** 一八二六（道光六）年刊麻疹约要 清任申彪撰 ㉚519

宣南寓斋 一八七七（光绪三）年刊滇轺纪程一卷附荷戈纪程一卷 清林则徐撰 ②65005

染翰斋 一八九〇（光绪十六）年刊廨尘莲寸集四卷附补遗 清汪渊撰 ⑯2990

黄云琦**觉非斋** 一七〇七（康熙四十六）年刊骆临海集十卷 唐骆宾王撰清赵忠补辑 ⑱集41

义州李葆恂**说剑斋** 一九〇三（光绪二十九）年刊洛阳伽蓝记五卷 后魏杨衒之撰 ⑯18186

郡学斋 一七五五（乾隆二十）年刊【乾隆】镇安县志十卷首一卷末一卷 清聂焘纂修 ⑲183

退一步斋 一八六五（同治四）年刊觉生诗续钞四卷年谱一卷 清鲍桂星撰 ②36954

湖北**退补斋** 一七九六—一八二〇（嘉庆）年刊学统五十六卷 清熊赐履编 ⑥

永康胡氏**退补斋** 一八六二—一九〇八（同治光绪）年刊金华丛书 清胡凤丹辑 ⑤

退补斋 一八七四（同治十三）年刊鹦武洲小志四卷首一卷 清胡凤丹纂 ⑲612

退学斋 一七六七（乾隆三十二）年刊女红馀览 原题退学老人撰 ⑪971.07/3748

湖南宁远**退思斋** 吴绳祖 一七九六（嘉庆元）年刊九疑山志 清樊在廷辑吴绳祖重编 ⑥史134

曾氏**退思斋** 一八九七（光绪二十三）年在宜宾刊笃素堂集钞三卷 清张英撰 ⑥

归安姚氏**咫进斋** 一八六二—一九〇八（同治—光绪）年刊咫进斋丛书四集五种 ①962

咫闻斋 一八三二（道光十二）年刊诗古考异三十二卷 清徐华岳撰 ㉙1130

汪元治**结铁网斋** 一八三二（道光十二）年刊纳兰词五卷补遗一卷 清纳兰性德撰汪元治辑 ①6510

天津**绛雪斋** 一八七六（光绪二十二）年刊节相壮游日录二卷 原题桃溪渔隐撰 ②31383

蔡氏**逊敏斋** 刊宋端明殿学士蔡忠惠公文集三十六卷 宋蔡襄撰 ⑧

逊敏斋 一七四二（乾隆七）年刊蔡文庄公集八卷艾庵密箴一卷河洛私见一卷太极图说一卷 明蔡清撰 ⑱集603

太姥山麓**蚕间斋** 一八三五（道光十五）年刊三家经文同异考二卷 清王锻聆撰 ②54554

十 画

彭蕴璨**耕砚田斋** 一八三四（道光十四）年刊蒋辛田先生流民十二图一卷奏疏一卷 清蒋伊撰 苏松财赋图一卷 清周梦颜撰 苏松田赋考三卷 清邵广宪撰 ⑱史1317

桂芳斋 一八三二（道光十二）年刊种痘新书十二卷 清张琰撰 ㉚510

校字斋 一八〇四（嘉庆九）年刊经传绎义五十卷历象图一卷 清陈炜撰 ⑯3770

酌雅斋 刊四书合讲十九卷 清翁复辑 ②30707

莫因循斋 一八七二（同治十一）年刊金刚般若波罗蜜经演说 清陆腾撰 金刚说略不分卷 清庄端撰 ⑯223.72/393

周炜**聂许斋** 一六七二（康熙十一）年刊罍庵杂述二卷 明朱朝瑛撰 ①1883

京都**晋文斋** 一八五一（咸丰元）年刊仙方却病延年法 清完颜伟编 ③艺980/834

京都**晋文斋** 一八九〇（光绪十六）年刊语珍切要录二卷 清许立升辑 ⑯192/612

维扬**晋林斋** 一九〇三（光绪二十九）年刊巍科必读 清周祖望辑 ②46135

山西**晋魁斋** 一八五〇（道光三十）年刊幼幼集成枢要经验方 清陈复正编宣礼摘录 ㉚485

栗　斋 一七八三（乾隆四十八）年刊北溪先生全集五十卷补遗一卷 宋陈淳撰 外集一卷 宋陈枈辑 北溪先生字义二卷 宋王隽撰 ⑱集361

破愚斋 一八三七（道光十七）年刊痘疹集成四卷附麻疹集成二卷 清朱楚芬编 ㉚520

洪氏**剞劂斋** 一六四四—一六六一（顺治）年刊顺治十八年缙绅册不分卷 ①10387

洪氏**剞劂斋** 一六六二—一七二二（康熙）年刊康熙缙绅册不分卷 ⑱史684

夏松竹斋 一八五九（咸丰九）年刊玉山连珠集 清余希婴辑刊 ㉙2153

太仓**振古斋** 一八二二（道光二）年刊痧症汇要四卷附痧症指微 清孙玘编 ㉚400

振古斋 清初刊林陵春传奇二卷附临春阁一卷通天台一卷 清吴伟业撰 ⑭

振华斋 一七一八（康熙五十七）年刊濡须诗志四卷二集六卷 清吴元桂辑 ⑱集1789

损　斋 一六六二—一七二二（康熙）年刊吴山鷇音四卷 清林云铭撰 ⑱集988

致一斋 一八七二（同治十一）年刊杜工部集二十卷 唐杜甫撰 ⑫SV44.143-7/4.14

京江**钱恕斋** 刊幼学须知句解四卷 清程允升撰 ②42713

铁如意斋 一八五五（咸丰五）年刊种玉堂诗集四卷词集一卷文集六卷 清张尔旦撰 ㉙3246

宛平桑氏**铁研斋** 一九〇一（光绪二十七）年刊铁研斋丛书 ②17149

甬上**铁耕斋** 一八七〇（同治九）年刊曼志堂遗稿二卷 清曹寿铭撰 ②48583

成都**铁笔斋** 一八七五—一九〇八（光绪）年刊媿林漫录二卷 明翟武粡辑 ⑥

铁笔斋 一八五一（咸丰元）年刊集验良方六卷 清梁文科编年希尧辑 ㉚245

积书斋 一八三〇（道光十）年刊兰蕙镜一卷 清屠用宁撰 ④688

扬州阮氏**积古斋** 一八〇二（嘉庆七）年刊钟鼎款识一卷 宋王厚之撰 ⑫ST33.5-20/5.21

南陵徐氏**积学斋** 刊后汉儒林传补逸一卷续一卷 清田普光撰 ②64926

秘　斋 一七三六—一七九五（乾隆）年刊六书例解一卷六书辨通五卷补一卷续补一卷 清杨锡观撰 ②109204

笔花斋 一六四四—一六六一（顺治）年刊双龙坠二卷 题新都笔花斋撰 ⑱集2154

贾氏**躬自厚斋** 一八二一—一八六一（道光—咸丰）年刊贾氏丛书甲集 清贾臻辑 ②66219

爱古香斋 刊大学古本旁注 明王守仁撰 ②56231

东武李氏**爱吾鼎斋** 一八二一—一八五〇（道光）年刊校正今文孝经 ③经831.7/442

爱吟斋 一七六七（乾隆三十二）年刊国朝松陵诗徵二十卷 清袁景辂辑 ⑱集1783

爱莲斋 一八三六（道光十六）年刊易象解四卷 明刘濂撰 ②10004

留有馀斋 一八三八（道光十八）年刊式古编五卷 清庄瑶辑 ②28582

留有馀斋 一八七五（光绪元）年在成都刊鹃碧录四卷 清陈韶湘撰 ⑥

苏州**益西斋** 一七三六—一七九五（乾隆）年刊子史精华一百六十卷 清元禄等纂 ⑥

海天旭日研斋 一九〇〇（光绪二十六）年刊水澄刘氏遗诗一卷 清刘瀚编 ②110589

浣月斋 一七六七（乾隆三十二）年刊景岳新方八阵汤头歌括 清吴宏定编 ㉚239

悔新斋 一八三八（道光十八）年刊归装辑录二卷续录一卷 清司百川辑 ②54071

悦六斋 一七五五（乾隆二十）年刊仪礼易读十七卷 清马駉编 ⑯095.227/414

苏州曹氏**朗斋** 一八九〇（光绪十六）年刊喉痧正的 清曹心怡撰 ㉚603

朗润斋 一六四四—一六六一（顺治）年刊雨蝶痕传奇二卷 题浣霞子撰 ⑱集2154

萧氏**读五千卷斋** 一八一八（嘉庆二十三）年刊经史管窥六卷 清萧昙撰 ①1973

浙西顾氏**读书斋** 一七五三（乾隆十八）年刊东莱先生古文关键二卷 宋吕祖谦编 ②17856

四川内江**读书斋** 一九〇〇（光绪二十六）年刊春秋述解十卷 清江维斗辑注 ⑥

读书商斋 一八九七（光绪二十三）年刊读诗商二十八卷 清陈保真撰 ⑧

吴门黄氏**读未见书斋** 一八〇〇（嘉庆五）年刊国语二十一卷 吴韦昭注 附校刊札记一卷 ⑨善1009

徐氏**读未见书斋** 一八二七（道光七）年刊经义未详说十二卷 清徐卓撰 ⑱经368

南海冯氏**读有用书斋** 一八七六（光绪二）年刊三唐人集三种 清冯焌光编 ②14423

成都**读我书斋** 一八八一（光绪十七）年刊西藏图考八卷 清黄沛翘辑 ⑥史148

读我书斋 一八〇五（嘉庆十）年刊赐绮堂集二十八卷续诗四卷 清詹应甲撰 ㉙1091

读我书斋 一八七六（光绪二）年刊湖南考古略十二卷 清卢峻成业襄纂 湖南省图书馆

石门顾氏**读画斋** 一八〇一（嘉庆六）年刊南宋群贤小集 宋陈起辑清顾修重辑 ⑯2976

读画斋 一八八九（光绪十五）年刊文选理学权舆八卷 清汪师韩订 附文选考异四卷
文选李注补正一卷 清孙念祖撰 ⑧

读味斋 一八三〇（道光十）年刊古今医彻四卷 清怀远撰 ㉚342

读味斋 一八四二（道光二十二）年刊文心雕龙辑注十卷 清张松孙辑 ㉙977

展谑斋 一六六二—一七二二（康熙）年刊玉马珮银筝记二卷 清路术淳撰 ⑱集2139

屐砚斋 一七三六—一七九五（乾隆）年刊清江贝先生诗集十卷文集三十卷 明贝琼撰 ⑱集535

十一画

理　斋 一六七一（康熙十）年刊大成通志十八卷 清杨庆撰 ⑦21585

培风斋 一七四一（乾隆六）年刊王石如文九卷 清王梅撰 ③文283.431/34.3

琉璃厂**梓义斋** 一八七六（光绪二）年刊保生汇编二十卷 清味琴氏撰 ㉚464

京都琉璃厂**梓文斋** 一八七九（光绪五）年刊傅青主男科二卷 清傅山撰 ㉚334

梓文斋 一八三四（道光十四）年刊疫痧草辨论章一卷见象章一卷汤药章一卷 清陈耕道撰 ㉙3201

梓文斋 一八九七（光绪二十三）年刊太乙神针 清范培兰编 ㉚148

萝延斋 一六六二—一七二二（康熙）年刊十种唐诗选 清王士祯辑 ②24361

唐氏萍斋　一六六二—一七二二（康熙）年刊萍草删存一卷　清唐祖命撰　⑱集1117

萃文斋　一八三五（道光十五）年刊异授眼科　㉚573

鄂垣**萃古斋**　一九一〇（宣统二）年刊极效神方　清陈鹤云撰　㉚281

萃宝斋　一九〇九—一九〇一（宣统）年刊新订小儿科脐风惊风合编　清鲍相敖编　㉚535

遵义唐氏**梦研斋**　一八七三（同治十二）年刊黔诗纪略三十三卷　清唐树义审例莫友芝传证　⑰08423—4

雪香斋杨会闻　一六五一（顺治八）年刊龟山先生全集四十二卷　宋杨时撰　②31341

雪浪斋　一八一五（嘉庆二十）年刊泝源问答十二卷　清沈可培撰　⑯6660

掇锦斋　一八五五（咸丰五）年刊【咸丰】长宁县志四卷首一卷末一卷　清苏霈芬等修曾撰等纂　⑲512

解**虚心斋**　一八五四（咸丰四）年刊验方新编十六卷　清鲍云韶编　㉚262

虚竹斋　刊龙龛手鉴四卷　辽释行均撰　⑱经436

虚受斋　一八六一（咸丰十一）年刊大学古本质言一卷　清刘沅撰　⑯1103

常欢喜斋　一八六七（同治六）年刊外科症治全生集附金疮铁扇散方　清王维德编　㉚541

常慊慊斋　一八九〇（光绪十六）年刊李卫公文集二十卷别集十卷外集四卷补遗一卷　唐李德裕撰　⑱集144

苏**啸斋**　一六四四—一六六一（顺治）年刊中曲山房诗集一卷　明苏宇撰　⑱集892

江宁傅氏**晦斋**　一八七五—一九〇八（光绪）年刊金陵丛刻　清傅春官辑　⑤

皖南洪氏**晦木斋**　一八七一（同治十）年刊在江宁刊隶释二十七卷隶续二十一卷　宋洪适撰　⑯994. 2/720－02

洪氏**晦木斋**　一八六二—一九一一（同治—宣统）年自刊洪氏晦木斋丛书　清洪汝奎辑　㉑230

洪氏**晦木斋**　一八八四（光绪十）年刊尔雅翼三十二卷附音释　宋释罗愿撰　⑯422. 19/482

湖北**晦木斋**　一九〇八—一九一一（宣统）年刊四洪年谱四卷　清洪汝奎编　⑥史107

武陵卢氏**略识字斋**　一七九六—一八二〇（嘉庆）年刊文献通考正续合编三十二卷首一卷　清卢宣旬编　③社121/855. 2

桐园**鄂不斋**　一九〇一（光绪二十七）年刊鄂不斋丛书　清唐赞帙撰并辑　⑤

鄂不斋　一八一七（嘉庆二十二）年刊史要七卷　清任启运辑吴兆庆注　③史808/826

成都**崇斋** 一八九八（光绪二十四）年刊行军指南不分卷 清吴少云译 ⑥

茂陵杨氏**崇木斋** 一七四七（乾隆十二）年刊知本提纲十卷 清杨屾撰朱石琪秦绍核 ⑦2636

四川**崇文斋** 一八六九（同治八）年刊医理真传四卷 清郑寿全撰 ㉚668

成都邓氏**崇文斋** 一八九四（光绪二十）年刊注解伤寒论十卷 汉张机撰金成无己注 ㉚47

崇实斋 一九〇三（光绪二十九）年刊天花乱坠八卷 原题寅平生辑 ②36521

黄氏**得一斋** 一八七四（同治十三）年刊沪游脞记不分卷 清黄懋材撰 ㉑24

豫章黄氏**得一斋** 一八七九（光绪五）年刊得一斋杂著四种 清黄楙材撰 ㉑241

苏州**得见斋**书坊 一八八〇（光绪六）年刊庶几堂今乐 清余治撰 ⑯855.7/988

姑苏**得见斋** 一八六九（同治八）年刊几希录 清瑞五堂主人编 ㉚253

姑苏**得见斋** 一八七七（光绪三）年刊妙英宝卷 ⑯858.5/993

得心斋 一八五〇（道光三十）年刊痘科扼要 清陈奇生撰 ㉚510

得心斋 刊杨园先生训子语二卷 清张履祥撰 ②53958

嘉定钱氏**得自怡斋** 一八二一—一八五〇（道光）年刊可庐著述十种叙例一卷 清钱大昭撰
既勤著述七种叙例一卷 清钱东垣撰 ⑱史1420

得补斋 一八一六（嘉庆二十一）年刊应验简便良方二卷 清孙克任编 ㉚256

欲寡过斋 一八四五（道光二十五）年刊杨州水道记四卷 清刘文淇撰 ⑰6020

盱眙吴氏**望三益斋** 一八五五（咸丰五）年刊望三益斋丛书 清吴棠辑 ⑰01349

盱眙吴氏**望三益斋** 一八六七（同治六）年在杭州刊周易传义音训八卷易学启蒙一卷
宋程颐传朱熹本义吕祖谦音训 ⑯12326

望三益斋 一八七四（同治十三）年在成都刊鹤山文钞三十二卷周礼折衷四卷 师友雅言一卷 宋魏了翁撰 ④15204

海昌陈氏**庸闲斋** 一八七六（光绪二）年刊表异录二十卷 明王志坚辑 ㉙1941

北京**清云斋** 一八七六（光绪二）年刊字类标韵六卷 清华纲撰 ⑥

清润斋 一七三六—一七九五（乾隆）年刊敦煌杂钞二卷敦煌随笔二卷 清常钧撰 ⑱史975

鄂氏**清虚斋** 一七六二（乾隆二十七）年刊咏菊百绝句一卷 清鄂忻撰 ⑱集1217

南丰汤氏清啸斋 一七四九（乾隆十四）年刊种松园集十二卷补篇一卷 清汤大坊撰　㉑272

武原张宗松清绮斋 一七四一（乾隆六）年刊王荆文公诗笺注五十卷 宋王安石撰李壁笺注　①12401

江西鸿文斋 一八四四（道光二十四）年刊普济应验良方八卷 清德轩氏编　㉚254

上海鸿宝斋 一八九〇（光绪十六）年刊验方新编二十四卷 清鲍云韶编　㉚263

渊鉴斋 一七一三（乾隆五十二）年刊朱子全书六十六卷 宋朱熹撰　⑧

叙城一洞天淡远斋 一八四〇（道光二十）年刊笔花医镜四卷 清江笔花撰　㉚345

淡志斋 一八四一（道光二十一）年刊沧江馀韵八卷闺雅一卷 清周煜撰　㉙1740

淡香斋 一八五五（咸丰五）年刊孙子十家注十三卷遗说一卷叙录一卷 宋吉天保撰　②46480

涵岩斋 一七二三—一七三五（雍正）年刊刘宾客诗集九卷 清赵鸿烈编校　⑬844. 17/72128

赵氏涵碧斋 一七二三（雍正元）年刊刘宾客诗集九卷 唐刘禹锡撰　⑱集 135

朱氏惜分阴斋 一八七六（光绪二）年刊西渡集一卷补遗一卷 宋洪炎撰　①369

大兴邵氏惜古斋 一八六六（同治五）年刊六书正讹五卷 元周伯琦编注　⑯423. 14/820

甘泉岑氏惧盈斋 一八四九（道光二十九）年刊舆地纪胜二百卷 宋王象之撰清岑建功补　⑯926. 51/119

定远惧盈斋 一八七二（同治十一）年刊旧唐书二百卷 五代刘昫等撰 校勘记六十六卷
清罗士琳等撰　⑯922. 4101/889－02

惧盈斋 一八四三—一八四六（道光二十三—二十六）年刊旧唐书二百卷 后晋刘昫等撰
逸文十二卷 清岑建功辑 校勘记六十六卷 清罗士琳等撰　⑱史 74

惟宝书斋 一八八〇（光绪六）年刊急救应验良方 清费山寿编　㉚272

永川宋氏寄斋 一八七五—一九〇八（光绪）年刊读史馀言六卷 清宋楠批点　⑪□912. 3019/0047

嘉禾寄生斋 一八五二（咸丰二）年刊四书蠡言七卷 清谭光烈撰　㉙1283

寄螺斋 一八七五（光绪元）年刊忠雅堂评选四六法海八卷 明王志坚原本清蒋士铨评选　③文 150/7643

随善斋 一八一二（嘉庆十七）年刊北溪诗集二十卷文集二卷 清王元文撰 附集一卷　⑱集 1241

绮　斋（同清绮斋）一七四一（乾隆六）年刊王荆文公诗笺注目录一卷 宋李壁撰　③文 254. 43/45

西安竹笆市西涝巷**维新斋** 刊洞主仙师白喉治家忌表抉微 原题耐修子注　②3078

绿圃斋 刊脉理求真三卷 清黄宫绣撰 ㉚116

文奎堂**绿圃斋** 一七七四（乾隆三十九）年刊本草求真九卷附脉理求真三卷 清黄宫绣撰 ㉚175

十二画

岳邑**博文斋** 一七九七（嘉庆二）年刊历代钟鼎彝器款识法帖二十卷 清薛尚功辑 ⑤

虞山刘宝成**博文斋** 一八三八（道光十八）年刊鹿樵自叙年谱二卷 清张大镛撰 ㉙3199

温州**博古斋** 一八八五（光绪十一）年刊瘟疫条辨摘要 清陈良佐等撰 ㉚388

东瓯郭**博古斋** 一九〇一（光绪二十七）年刊乐清县志十六卷首一卷 清李登云钱宝镕修陈珅纂 ⑲436

博古斋 一八六〇（咸丰十）年刊分经本草四种 清翁藻撰 ㉚176

内江**博学斋** 一八五三（咸丰三）年刊吴氏医验录 清吴楚撰 ㉚629

施氏**斯未能信斋** 一八九五（光绪二十一）年刊钱南园先生遗集五卷 清钱沣撰 ⑯847.4/933

敬一斋 一七一〇（康熙四十九）年刊杨忠愍公全集四卷 明杨继盛撰章钰重订 ②6911

敬义斋 一七九四（乾隆五十九）年刊陆稼书先生年谱二卷附录 清吴光酉重辑 ⑯9330

萧氏**敬止斋** 一八六四（同治三）年刊伤寒论注四卷 清柯琴撰 ㉚51

敬修斋 一七五三（乾隆十八）年刊经验良方二卷 清李希舜编 ㉚246

敬修斋 一八〇二（嘉庆七）年刊朱子年谱纲目十二卷 清李元禄编 ⑯1669

喜　斋 一八二九（道光九）年刊孝经义疏补九卷首一卷 清阮福撰 ⑱经302

南海叶梦龙**喜闻过斋** 一八二四（道光四）年刊唐昭陵石迹考略五卷 清林侗撰 ①1882

广州**喜闻过斋** 一八二六（道光六）年刊风俗通义二卷 汉应劭撰 ⑥

苏城**喜墨斋** 一八三九（道光十九）年刊重楼玉钥喉科指南二卷 清郑梅涧撰 ㉚585

蒉　斋 一八七九（光绪五）年刊圭庵诗录 清吴观礼撰 ⑯847.8/437

汉口**森宝斋** 一七三六—一七九五（乾隆）年刊东周列国志二十三卷一百八回 清蔡奡评点 ②11401

汉口**森宝斋** 一八八五（光绪十一）年刊外科全生集附金疮铁扇散方 清王维德编 ㉚542

湖北**森宝斋** 一八七五—一九〇八（光绪）年刊历代名臣言行录二十四卷 清朱桓辑 ⑥史98

湖南**森宝斋** 一八六二—一八七四（同治）年刊国朝先正事略六十卷 清李元度纂 ⑥史101

楚澴李氏**森宝斋** 刊陆放翁全集六种 宋陆游撰 ⑥

成都**森荣斋** 一八九六（光绪二十二）年刊张氏杂著 清张桂林撰 ⑥

紫竹斋 一七四七（乾隆十二）年刊理象解原四卷 清肫图撰 ⑱经90

辈学斋 一八三一（道光十一）年刊纪元编三卷末一卷 清李兆洛编 ⑯921.3/294－63

斐　斋 刊智囊二十八卷 明冯梦龙撰 ㉙475

广州王氏**遄有嘉斋** 一八六六（同治五）年刊归方评点史记合笔六卷 清王拯辑 ⑥史4

遄喜斋 一六六二—一七二二（康熙）年刊增订四书集注大全三十六卷 清汪份撰 ⑱经348

浙江湖州**最乐善斋** 一八八五（光绪十一）年刊禁火葬录 ⑰11626

浙省**景文斋** 一八八七（光绪十三）年刊浙江杭州府钱塘县雷峰宝卷 ⑯858.5/724.77

杭州**景文斋** 一八八一（光绪七）年刊太乙神针 清范培兰编 ㉚148

景旭斋王端木 一八七四（同治十三）年刊保鉴堂经验良方 清沈桂芬编 ㉚272

会稽徐氏**铸学斋** 一八九三（光绪十九）年刊绍兴先正遗书四集十二种 清徐友兰辑 ⑤

长沙**铸新斋** 一八九八（光绪二十四）年刊出使英法义比四国日记六卷 清薛福成撰 ⑰7314

鹄　斋胡氏 一九〇〇（光绪二十六）年刊景定严州续志十卷 宋钱可则修郑瑶方仁荣纂 ①

鹄　斋 一八二一—一八五〇（道光）年刊忏摩录 清彭兆荪撰 ②35992

鹄　斋 一八九〇（光绪十六）年刊虫荟五卷 清方旭辑 ②36513

江西**集文斋** 一八五一（咸丰元）年刊寄思斋藏稿十二卷 清辛从益撰 ⑯847.5/652

瑞安**集古斋** 一八八八（光绪十四）年刊易简方 宋王硕撰 ㉚215

集古斋 刊续英烈传五卷三十四回 原题空谷老人编 ④5953

泰州**集贤斋** 一七五三（乾隆十八）年刊倪涵初疟痢三方 清倪涵初撰 ㉚395

扬州**集贤斋** 一九〇三（光绪二十九）年刊遂生福幼合编 清庄一夔撰 ㉚535

集贤斋 一七八二（乾隆四十七）年刊新编说唱叠仇集全传十二卷 ④3908

集腋斋 一八〇四（嘉庆九）年刊百美新咏图选 清颜希源撰王翙绘图 ⑧

集蟫斋 一八八〇（光绪六）年刊集蟫斋养正新编十八卷 清杨懋春辑 ㉒31026

金溪鲁斋 一八〇六（嘉庆十三）年刊六经奥论六卷总文一卷 宋郑樵撰清蔡熙曾校 ㉑266

京都**斌魁斋** 一九〇四（光绪三十）年刊湘子传 ⑯858.4/7213

谭阳余氏**敦古斋** 刊群书典汇十四卷 明黄道周评辑 ⑰03885

杭城**尊行斋** 一七〇二（康熙四十一）年刊季汉五志十二卷 清王复礼撰 ⑪□971.24/1023

王氏**善学斋** 一六九八（康熙三十七）年刊芦中集十卷 清王摅撰 ①5302

瑞安陈氏**湫漻斋** 刊湫漻斋丛书十一种 陈准编 ④14862

游文斋 一七九六—一八二〇（嘉庆）年刊礼笺三卷 清金榜撰 ②34806

惺惺斋 一七七五（乾隆四十）年刊易经衬讲三卷 明徐标撰 ⑱经78

广东**富文斋** 一八五六（咸丰六）年刊皇清地理图 清董方立绘制 ⑥史159

广州**富文斋** 一八六六（同治五）年刊求自得之室文钞十二卷 清吴嘉宾撰 ⑯847.6/435.2

北京**富文斋** 一八七三（同治十二）年刊鞠部群英一卷 原题小游仙客编 ②4894

北京**富文斋** 一八九八（光绪二十四）年刊达生编 清亟斋居士撰 ㉚454

羊城**富文斋** 一八九〇（光绪十六）年刊日本国志四十卷首一卷 清黄遵宪辑 ⑯931/170－04

广州西湖街**富文斋** 一八三六（道光十六）年刊红叶山房诗话六卷 清姚锡范撰 ㉙3250

富文斋 一八二五（道光五）年刊恩平县志十八卷首一卷末一卷 清杨学颜石台修杨秀拔纂 ⑲700

桐庄**谦守斋** 一九〇八（光绪三十四）年刊上虞五乡水利纪实 清金鼎撰 ⑧

长白马佳氏**谦受益斋** 一八九八（光绪二十四）年刊通鉴类纂四十卷 清松椿撰 ⑯921.26/283

河南**谦豫斋** 一八二一（道光元）年刊河上易注十卷 清黎世序学 ⑥

强恕斋 一七五三（乾隆十八）年刊通鉴纲目释地纠谬三卷 清张庚撰 ②65812

强恕斋 一八九一（光绪十七）年刊日省录三卷补遗一卷 清梁文科辑 ⑯192/730

浙江**孱守斋** 一九一一（宣统三）年刊史徵内篇八卷 清张采田撰 ⑥

十三画

北京**韫宝斋** 一八五〇（道光三十）年刊道光三十年庚戌科拔贡朝考同年齿录不分卷 ①3999

槐古斋 一七三六—一七九五（乾隆）年刊尚书大全三卷附录一卷备考一卷 汉伏胜撰郑玄注 ②60571

槐柳斋 高安陈氏 一七二三（雍正元）年刊古今治统二十卷 明徐奋鹏撰 ⑱史1525

颐志斋 一八四六（道光二十六）年刊诸子粹言二卷 清丁晏撰 ②11282

蹬喜斋 一八四五（道光二十五）年刊程侍郎遗集初编十卷 清陈恩泽撰 ⑱集1268

碑砚斋 一八九三（光绪十九）年刊难产神验良方附绣阁保产良方 清姚文僖等撰 ㉚465

蛾术斋 一六八八（康熙二十七）年刊诗苑丛谈十二卷 清徐釚辑 ⑫SV23.118－12/7.393

蛾术斋 一八三八（道光十八）年刊医学集要六卷 清刘璞编 ㉚332

愚　斋 一六六二—一七二二（康熙）年刊古愚心言八卷 清彭鹏撰 ⑱集998

江右**照斋** 一八九三（光绪十九）年刊经验方汇 清熊家骥撰 ㉚277

汴省**锦文斋** 一八六〇（咸丰十）年刊竹林寺女科秘传 清竹林寺僧撰 ㉚437

杭州**简青斋** 刊林氏眼科简便验方 清林士纶撰 ㉚578

浙宁**简香斋** 一八八一（光绪七）年刊薛生白医书二种 清薛雪撰 ㉚753

微尚斋 一八六六（同治五）年刊五百四峰堂续集二卷首一卷 清黎简撰 ②21131

天都汪氏**遥青斋** 一六九七（康熙三十六）年刊天下名山记钞十六卷 清吴秋士选 ⑯928.3/441

新华斋 一八五四（咸丰四）年刊辨证录十四卷 清陈士铎撰 ㉚333

姜氏**韵石斋** 清初刊瑶琨谱二卷二笔一卷 清姜绍书撰 ⑱子468

吴县潘祖荫**滂喜斋** 一八七〇（同治九）年刊舆地碑记目四卷 宋王象之撰 ④12083

潘氏**滂喜斋** 刊士礼居藏书题跋记六卷 清黄丕烈撰潘祖荫辑 ㉙1107

滂喜斋 一八七八（光绪四）年刊蚕桑实济六卷（即蚕桑实际） ②10940

王氏**慎斋** 一七七九（乾隆四十四）年刊祈嗣真诠 明袁黄编 ㉚469

鹿门**慎业斋** 一八八七（光绪十三）年刊医门小学六卷 清赵亮采编 ㉚353

历下**慎节斋** 一八九七（光绪二十三）年刊云笙南游诗（即慎节斋诗存） ②46137

慎始基斋 一八九八（光绪二十四）年刊劝学篇二卷 清张之洞撰 ⑥

浙江**慎馀斋** 一八一〇（嘉庆十五）年刊易守四十一卷 清叶佩荪学 ⑥

北京**慎勤斋**（即清慎勤斋）一八三四（道光十四）年刊破邪详辩三卷续一卷 清黄育楩撰 ④

群玉斋 一八八五（光绪十一）年刊冠悔堂募刊医书三种 清杨浚编 ㉚748

十四画

静业斋 一七五四（乾隆十九）年刊濑园诗初集三卷后集不分卷文集二十卷谈史六卷 濑园遗集十二卷 清严首昇撰 ⑱集917

静观斋 一八三八（道光十八）年刊俟菴剩稿二卷补编一卷续编二卷 清毛琛撰 ㉙3115

静远斋 一八九六（光绪二十二）年刊痘疹心法歌诀 清必良斋主人编 ㉚519

静学斋 一八〇七（嘉庆十二）年刊咽喉脉证通论 ㉚583

静廉斋 一七七一（乾隆三十六）年刊西湖竹枝词一卷 清陈璨撰 ⑱集1225

柳**碧梧斋** 一七八〇（乾隆四十五）年刊图注八十一难经辨真四卷图注脉诀辨真四卷 附脉诀附方 明张世贤图注 ㉚711

历城尹济源**碧鲜斋** 一八三一（道光十一）年刊为政忠告（即三事忠告）三卷 元张养浩撰 ⑰12421

蓺香斋 一七八四（乾隆四十九）年刊古金录四卷 清万光煒撰 ⑱史1490

常熟姚氏**慕程斋** 一八九七（光绪二十三）年刊海虞艺文志六卷 清姚福均撰 ㉙3293

蔚　斋 一八九七（嘉庆二）年刊历代名臣言行录二十四卷 清朱桓编 ②7920

聚元斋 一八四三（道光二十三）年刊唱道真言五卷附悟真篇三注三卷 ②53910

开封朱**聚文斋** 一八八〇（光绪六）年刊眼科秘要 明程玠撰 ㉚571

河南**聚文斋** 一八七〇（同治九）年刊寿亲养老新书四卷 宋陈直撰元邹铉增补 ㉚607

河南**聚文斋** 一八九二（光绪十八）年刊太上感应篇赘言一卷功过格一卷 清于觉世撰 ②31335

京都**聚文斋** 一八九八（光绪二十四）年刊聪训斋语一卷 清张英撰 ②8256

豫汴朱**聚文斋** 一八八三（光绪九）年刊笔花医镜四卷 清江涵暾（字笔花）撰 ㉚346

聚文斋 一八六六（同治五）年刊回生集正编二卷续编二卷 清陈杰编 ㉚250

聚文斋 一八九四（光绪二十）年刊经验良方 清汪氏编 ㉚277

聚玉斋一八五一（咸丰元）年刊济世养生集便易经验集 清毛世洪编 ㉚251

广陵**聚好斋**一八三四（道光十四）年刊方南堂先生辍锻录 清方南堂撰 ②37217

罗溪**聚芳斋**一八九一（光绪十七）年刊寿世编二卷 清顾奉璋编 ㉚250

聚芳斋一八九一（光绪十七）年刊救急篇 清顾兰圃编 ㉚253

京都**聚珍斋**一八七一（同治十）年刊平定粤匪纪略十八卷附记四卷 清杜文澜撰 ②63314

聚奎斋一八三二（道光十二）年刊胎产集要三卷附幼科摘要 清黄惕斋编 ㉚457

山东**镂云斋**一九一一（宣统三）年刊增广大生要旨五卷 清唐千顷撰叶灏增订 ㉛459

镂云斋一九一一（宣统三）年刊风瘟验方 清李芝岩撰 ㉚393

北京**精华斋**一八二八（道光八）年刊汇纂功过格十二卷末一卷 ⑯192/161

方亭罗氏**粹白斋**一八五五（咸丰五）年刊医学考辨十二卷 清罗绍芳撰方问经校订 ㉚701

漱艺斋一八三四（道光十四）年刊琴川三志补记续八卷 清黄廷鉴撰 ④2849

陶**漱艺斋**一八七四（同治十三）年刊闺门必读 清潘遵祁辑 ⑤

苏州陶**漱艺斋**一八八七（光绪十三）年刊桐乡县志二十四卷首四卷 清严辰纂 ①

漱玉斋一六六二—一七二二（康熙）年刊三江闸务全书二卷 清程鹤翥撰 附汤神事实录一卷 ⑱史1042

江西**漱芳斋**一八七九（光绪五）年刊江西要览 清陈炳星编 ㉑331

杭城金洞桥**漱芳斋**一八七二（同治十一）年刊外科真诠 清邹岳撰 ㉚547

苏州**漱芳斋**一八五一（咸丰元）年刊释毛氏音四卷 清陈奂撰 ㉙1211

京都**漱润斋**一八二四（道光四）年刊治蛊新方 清路顺德编缪福照订 ㉚424

许**漱润斋**一八七五（光绪元）年刊晰微补化全书二卷 清郭太原撰 ㉚402

傅以礼**演慎斋**一八九二（光绪十八）年刊傅忠肃公文集三卷 宋傅察辑 卷首一卷 校勘记一卷 清傅以礼撰 ①366

黄**翠琅斋** 刊寿世汇编 清祝韵梅编 ㉚751

十五画

醉墨斋一七九五（乾隆六十）年刊周礼注疏删翼三十卷 明王志长撰 ⑦0276

蜀西**蕴古斋** 一八九三（光绪十九）年刊史记菁华录六卷 清姚苎田撰 ⑥史4

蕴石斋 一八八八（光绪十四）年刊蕴石斋丛书 ⑯041/949—04

蕴璞斋 一八六八（同治七）年刊产孕集二卷附补遗一卷 清张仲远撰 ㉚462

锺谦钧**镕经铸史斋** 一七三六—一七九五（乾隆）年刊仪礼集说十七卷 元敖继公集说 ⑥

稼史斋 刊五凤吟四卷二十回 原题嗤嗤道人编 ④5935

封氏**箕进斋** 一九一一（宣统三）年刊茹茶轩文集十一卷 张锡恭撰 ⑧

篆　斋 一八四二（道光二十二）年刊简便至宝 清胡其重编 ㉚246

京都琉璃厂**篆云斋** 一八四八（道光二十八）年刊同寿录四卷末一卷附补遗 清曹氏撰 ㉚248

琉璃厂**篆云斋** 一八五一（咸丰元）年刊伤寒撮要四卷 清王梦祖撰 ㉚77

京都**篆云斋** 一八六六（同治五）年刊医方易简新编六卷 清袭自璋黄统合编 ㉚268

篆云斋 一八四八（道光二十八）年刊卫生便览四卷 清江笔花撰 ㉚345

华亭封氏**箕进斋** 一九一一（宣统三）年刊旅舍备要方 宋董汲撰 ㉚212

潜　斋 一八五四（咸丰四）年刊潜斋医书五种 清王士雄撰 ㉚738

四会严氏**鹤缘斋** 一八八四（光绪十）年刊张叔未解元所藏金石文字 清严荄辑 ②61072

十六画

醒目斋 一八一四（嘉庆十九）年刊更岂有此理四卷 ②4776

樾荫斋 一六六二—一七二二（康熙）年刊新刻删补产宝全书四卷 肖汪有信撰 ㉚452

北京**翰文斋** 一九〇三（光绪二十九）年刊潘刻五种 清潘恩寿辑 ㉙1384

京都**翰文斋** 一八七〇（同治九）年刊产科心法二卷附福幼编 清汪朴斋撰 ㉚460

常郡杨**翰文斋** 一八七〇（同治九）年刊达生编遂生编福幼编 原题清亟斋居士等编 ㉚734

胡氏**翰文斋** 一八七一（同治十）年刊经验选秘六卷 清胡增彬编 ㉚271

翰文斋 一八九二（光绪十八）年刊温症痳疹辨证 清许汝楫撰 ㉚392

翰宝斋 一八八八（光绪十四）年刊产宝 清倪枝维撰 ㉚455

翰雅斋 一八八六（光绪十二）年刊妇科秘方 清竹林寺僧撰 ㉚437

京都**翰缘斋** 一八九七（光绪二十三）年刊璧合珠联集十卷 原题翰缘斋主人辑 ②46110

北平**翰藻斋** 一八六四（同治三）年刊金刚般若波罗蜜经一卷 后秦释鸠摩罗什等译 ⑯221.2/854－03

浙江**翰墨斋** 一八六七（同治六）年刊类经纂要四卷 清王廷俊增注 ⑥

邹氏**鹭宜斋** 一六五五（顺治十二）年刊诗媛八名家集八卷 清邹漪编 ⑱集1533

踵息斋 一七九五（乾隆六十）年刊苏文忠公诗合注五十卷首一卷 清冯应榴辑 ②8094

踵息斋 一八六二—一八七四（同治）年刊苏文忠公诗合注五十卷首年谱一卷 宋苏轼撰清冯应榴辑 ⑧

陈穆斋 刊验方撮要 ㉚283

三原学门**雕藻斋** 一八六六（同治五）年刊杨忠愍公家训 ⑦7485

凝馥斋 一六六二—一七二二（康熙）年刊万花台二卷 清张澜撰 ⑱集2142

湖南**澹雅斋** 一八九三（光绪十九）年刊孔子家语十卷 晋王肃注 ⑥子8

澹静斋 一七九四（乾隆五十九）年刊离骚笺二卷 清龚景瀚撰 ⑱集14

十七画

藏修斋 一八一二（嘉庆十七）年刊同音集三集 清柯振岳辑 ②12095

濠上书斋 一八七七（光绪三）年刊书目答问附犹轩语 清张之洞撰 ②4661

邃古斋 一八二一（道光元）年刊金石索不分卷 清冯云鹏冯云鹓辑 ⑧

澂清斋 一八九三（光绪十九）年刊蒙求补宋十六卷 清刘凤墀辑 ⑯428.1/893

二十画以上

成都**瀹雅斋** 一八八一（光绪七）年刊骈雅训纂十六卷 明朱谋玮撰清魏茂林训纂 ⑯422.6/832

露涤斋 一七一四（康熙五十三）年刊后汉书补逸二十一卷 清姚之骃辑 ⑱史45

懿文斋 一八九四（光绪二十）年刊钦定词馆仪式一卷 ⑯323.41/603

五、楼

二 画

十二铜楼 刊古今秘苑三十二卷 原题墨磨主人编 ②10892

吴兴陆氏**十万卷楼** 一八八一（光绪七）年刊千甓亭砖录六卷 清陆心源辑 ②17103

十乘楼 刊定山堂古文小品二卷 清龚鼎孳撰 ②60534

七千卷楼 一八九六（光绪二十二）年刊舒文靖集二卷 宋舒璘撰 校勘记三卷附录三卷事实册一卷 清徐时栋辑校 ④15273

丁氏**八千卷楼** 一八七五—一九〇八（光绪）年刊丁氏八千卷楼丛刻二十种 清丁丙辑 ②2062

八琼楼 一七五二（乾隆十七）年刊八琼楼诗集九卷 清金世昌撰 ⑯847.4/987.4

九簃楼 一六六二—一七二二（康熙）年刊林屋文稿十六卷诗稿十四卷 清宋徵舆撰 ⑱集975

三 画

常熟张大镛**万楼** 一八三三（道光十三）年刊历代地理沿革表四十七卷 清陈芳绩撰 ㉙2937

叶永茹**万卷楼** 刊杜工部诗集辑注二十卷集外诗辑注一卷文集辑注二卷年谱一卷 明朱鹤龄撰 ①4777

程氏**万卷楼** 一六六二—一七二二（康熙）年刊荥阳杂俎 清程定远辑 ⑤

绵州李氏**万卷楼** 一七三六—一七九五（乾隆）年刊函海 清李调元辑 ⑤

江苏顾氏**万卷楼** 一七四八（乾隆十五）年刊春秋大事表五十卷 清顾栋高辑华文纬等参订 ⑥

钱塘**万卷楼** 一八八三（光绪九）年刊证治汇补八卷 清李用粹撰 ⑥

万卷楼 一六九三（康熙三十二）年刊汉诗评十卷 清李因笃评 ②62471

万卷楼 一七九六（嘉庆元）年刊会篇记略十四卷 清林祖成撰 ㉚409

万卷楼 一八六九（同治八）年刊花镜六卷 清陈扶摇撰 ㉚203

万选楼 一八八六（光绪十二）年刊孤忠录二卷 清袁祖志辑 ④12667

山雨楼 一七三六—一七九五（乾隆）年刊杜诗提要十四卷 清吴瞻泰撰 ⑱集90

广春楼 一七四一（乾隆六）年刊倪云林先生诗集六卷 元倪瓒撰清倪大培增订 附录一卷 ⑱集511

邓氏**小九华山楼** 一八四四（道光二十四）年刊沅湘耆旧集前编四十卷 清邓显鹤辑 ④884

犍为张氏**小书楼** 一八一七（嘉庆二十二）年刊全蜀艺文志六十四卷六种七卷 明杨慎辑 ⑯19682

小百尺楼 一八〇六（嘉庆十一）年刊钓渭间杂脍六种七卷 清潘沼撰 ㉙2574

四 画

汪氏**开万楼** 一七六〇（乾隆二十五）年刊讱葊集古印三十二卷 清汪启淑辑 ⑱史1498

汪氏**开万楼** 刊粹掌录二卷 清汪启淑撰 ①10917

麓古**天开图画楼** 一八四二（道光二十二）年刊乌石山志九卷 清郭柏苍刘永松辑 ⑥史134

广东佛山**天宝楼** 刊新疑异说奇闻群英杰全传六卷三十四回 ④5841

佛山镇**天宝楼** 一八六二（同治元）年刊寿世保元十卷 明龚廷贤撰 ㉚327

佛山镇**天宝楼** 一八九九（光绪二十五）年刊得心集医案六卷 清谢星焕撰 ㉚640

禅山**天宝楼** 刊石室秘录六卷 清陈士铎撰 ㉚332

天宝楼 刊本草纲目五十二卷首一卷附图二卷 明李时珍撰 ㉚164

天宝楼 一八七六（光绪二）年刊增补药性雷公炮制八卷 清张光斗撰 ㉚203

上虞王氏**天香楼** 一八五三（咸丰三）年刊上虞县志刊误五卷 清沈奎原辑王振纲选辑 ⑲420

江西**天盖楼** 一六八二（康熙二十一）年刊江西五家稿 清吕留良辑 ㉑303

吕氏**天盖楼** 一六七九（康熙十八）年刊归震川先生全稿不分卷 明归有光撰清吕留良评点 ①17287

吕氏**天盖楼** 一七二五（雍正三）年刊吕晚村先生文集八卷续集四卷 清吕留良撰 附录一卷 ⑱集1006

天盖楼 一六六二—一七二二（康熙）年刊医贯六卷 明赵献可撰 ㉚28

天喜楼 一七〇二（康熙四十一）年刊紫琼瑶二卷 清张大复撰 ①9675

天赏楼 一七五四（乾隆十九）年刊天赏楼四书绎义十九卷 清王铸撰 ⑱经349

天鉴楼 一六八六（康熙二十五）年刊历代赋楷八卷首一卷 清王修玉编 ⑧

粤东省城**艺苑楼** 一八七五—一九〇八（光绪）年刊岭南杂事诗钞八卷 清陈坤撰 ⑧

吴门**五云楼** 坊书 刊临证指南医案十卷附种福堂公选良方 清叶桂撰徐大椿评 ㉚631

五云楼 一七五〇（乾隆十五）年刊疮疡经验全书十二卷 宋窦杰撰 ㉚538

五云楼 一八四九（道光二十九）年刊伤寒论归真七卷 清陈焕堂编 ㉚79

五云楼 一八六四（同治三）年刊银海指南四卷 清顾锡撰 ㉚575

五云楼 刊五云楼校正监韵分章分节四书正文 ②53600

梁溪邹氏**五车楼** 一六六二—一七二二（康熙）年间五大家诗钞 清邹漪辑 ⑤

书林**五车楼** 一六六二—一七二二（康熙）年刊内省斋文集三十二卷 清汤来贺撰 ①2083

江西**五车楼** 一八八八（光绪十四）年刊内省斋文集三十二卷 清汤来贺撰 ㉑332

浙江**五凤楼** 一六六二—一七二二（康熙）年刊增补尚友录二十二卷 明廖用贤编清张伯琮补 ⑥

广州**五经楼** 一八八四（光绪十）年刊达生编 清函斋居士撰 ㉚454

粤东**五经楼** 刊医林改错二卷 清王清任撰 ㉚34

袁氏**五砚楼** 一七九七（嘉庆二）年刊汲古阁说文订一卷 清段玉裁撰 ⑱经410

姚江黄氏**五桂楼** 一八九二（光绪十八）年刊钱氏小儿药证直诀三卷 宋钱乙撰 ㉚472

广州**太清楼** 一八九七（光绪二十三）年刊春秋公羊经何氏释例十卷公羊春秋何氏解诂笺一卷
发墨守评一卷左氏春秋考证一卷 清刘逢禄撰 ②17273

中湘留田七一楼 一八四一（道光二十一）年刊大生要旨五卷 清唐千顷撰 ㉚458

见山楼 一八八一（光绪七）年刊湛园札记四卷 清姜宸英撰 ⑯2181

介景楼 一七三七（乾隆二）年刊绛雪园古方选注附得意本草 清王子接撰 ㉚226

风笛楼 一八四五（道光二十五）年刊银汉槎传奇二卷 清李文瀚撰 ④1103

南海叶梦龙**风满楼** 一八三〇（道光十）年刊五经衷要 清李式谷辑 ⑤

风满楼 一八二八（道光八）年刊新刊康对山先生武功县志 明康海纂修 ⑲189

凤楼 一七七五（乾隆四十）年刊李诗直解六卷杜诗直解六卷 清沈寅辑朱昆补辑 ⑯831.41/746

王氏**凤梧楼** 一六六二—一七二二（康熙）年刊林屋民风十二卷见闻录一卷 清王维德撰 ①5481

六也楼 一八一九（嘉庆二十四）年刊医宗说约六卷 清蒋示吉撰 ㉚331

潮郡**文玉楼坊书** 一八五一（咸丰元）年刊女科仙方四卷 清傅山撰 ㉚434

文章大吉楼 一七九七（嘉庆二）年刊十经文字通正书十四卷 清钱坫撰 ①4780

潮州林**文在楼** 一八八二（光绪八）年刊新订保生经验良方 清郑树森编 ㉚464

潮州林**文在楼** 一九一〇（宣统二）年刊经验杂方 清刘心愧撰 ㉚281

朝城**文在楼** 清末刊海阳乡土地理教科书二卷 清钟宝善编 南京图书馆

北京**文光楼** 一八九〇（光绪十六）年刊小五义一百二十四回 清石玉昆撰 ④6040

佛山**文光楼** 一八八七（光绪十三）年刊增补食物本草备考二卷 清何克谏撰 ㉚197

文会楼 刊医方集解三卷 清江昂撰 ㉚225

文明楼 一八九五（光绪二十一）年刊蕉花园合编桃花源志九卷首一卷 清昭寅纂 ②45887

广州**文经楼** 一八五〇（道光三十）年刊粤会赋 明黄佐撰清何健笺 ②62896

扬州阮氏**文选楼** 一八〇八（嘉庆十三）年刊十三经注疏校勘记二百一十八卷附释文校勘记二十七卷 清阮元撰 ②2322

阮氏**文选楼** 一八二一—一八五〇（道光）年刊揅经室再续集六卷 清阮元撰 ⑱集1233

华阳傅氏**文选楼** 一八七五—一九〇八（光绪）年刊益雅堂丛书二十三种 清傅世珣辑 ⑥

文选楼 一八八九（光绪十五）年刊玲珑山馆丛书 清文选楼辑 ⑰1276

潮城**文海楼** 一九〇六（光绪三十二）年刊广济新编 清萧诚斋撰 ㉚355

文富楼 刊景岳全书六十四卷 明张介宾撰 ㉚704

金氏**文瑞楼** 一七二八（雍正六）年刊青邱高季迪先生凫藻集五卷 明高启撰 ①4340

上海**文瑞楼** 一八九五（光绪二十一）年刊胎产心法三卷 清阎纯玺撰 ㉚456

文翰楼 刊齐家宝要二卷 清张文嘉撰 ④14297

文翰楼 刊张卿子伤寒论七卷 明张遂辰撰 ㉚48

六也楼 一八一九（嘉庆二十四）年刊医宗说约六卷 清蒋示吉撰 ㉙666

李氏**心远楼** 一七二三（雍正元）年刊四礼合参十五卷 清李应乾辑 ⑱经218

心窗楼 一八二一—一八五〇（道光）年刊木鸡书屋文钞四卷二集六卷三集八卷诗钞六卷

清黄金台撰　⑯847.6/172－02

心窗楼　一八七一（同治十）年补刊木鸡书屋文钞初集四卷二集六卷三集八卷四集六卷
五集六卷　清黄金台撰　⑯847.6/172－02

双卷楼　一八四三（道光二十三）年刊小松石斋文集五卷诗集五卷　清赵允怀撰　㉙3245

仁和吴氏**双照楼**　一八九四（光绪二十）年刊鸳鸯宜福馆遗词一卷　清陈元鼎撰　④3264

华亭张氏**书三味楼**　一八一九（嘉庆二十四）年刊书三味楼丛书　清张应时辑　⑤

张氏**书三味楼**　一八二五（道光五）年刊绣馀小草一卷　清归湘撰　㉙298

五　画

玉书楼　一八二四（道光四）年刊石室秘录六卷　清陈士铎撰　㉚332

孔氏**玉虹楼**　一七三六—一七九五（乾隆）年刊菰中随笔不分卷　清顾炎武撰　⑱子622

孔氏**玉虹楼**　一八三九（道光十九）年刊阙里孔氏词钞五卷　清孔昭薰孔昭蒸辑　①1936

玉轴楼　一七九四（乾隆五十九）年刊文选六十卷　唐李善等六臣注　②1116

四川富顺**玉皇楼**　一八九五（光绪二十一）年刊选录验方新编十八卷　清鲍相璈编　㉚265

玉海楼　刊女科辑要二卷　清沈尧封撰　㉚436

正气楼　一七九三（乾隆五十八）年刊离骚影一卷　题楚客填词吴讴正谱　⑱集2056

胡氏**世泽楼**　一八八九（光绪十五）年刊绩溪金紫胡氏所著书目二卷　清胡培系辑　④7022

世泽楼　一八六二—一八七四（同治）年刊绩溪胡氏丛书　清胡培系辑　⑤

汪氏**古香楼**　一七〇五（康熙四十四）年刊柯庭馀习十二卷文薮一卷　清汪文柏撰　⑬840.72/31104

汪安汪定**古香楼**　刊林和靖先生诗集四卷省心录一卷　宋逋林撰　诗话一卷　⑱集193

广东省城**古香楼**　一八四四（道光二十四）年刊胎产新法三卷　清阎观察撰　㉚463

古俊楼　一七七四（乾隆三十九）年刊北海经学七录不分卷　清孔广林撰　⑯091.37/370－4

古书隐楼　一八八三（光绪九）年刊金盖山志四卷首一卷　清李宗莲辑　金盖山志略一卷
清闵苕敷撰　⑯923.323/262

叶氏**石林楼** 一八二五（道光五）年自刊石林楼诗草十五卷 清叶尚琏撰 ㉑228

石经楼 一七一一（康熙五十）年刊慈幼筏十二卷 清程云鹏辑 ㉚480

右均楼 一八四二（道光二十二）年刊产宝 清倪枝维撰 ㉚455

嘉鱼刘氏**龙江楼** 一八九一（光绪十七）年刊古文审八卷首一卷 清刘心源撰 ⑯993.2/892

龙务青云楼 一六八九（康熙二十八）年刊石室秘录六卷 清陈士铎撰 ㉚332

平远楼 一八四〇（道光二十）年刊痰火点雪四卷 明龚居中撰 ㉚418

东皋选楼 一七三六—一七九五（乾隆）年刊多集丛钞七种七卷 清程川潘思齐编 ⑱集1545

佛山**占经楼** 一九〇四（光绪三十）年刊再粤讴 清香迷子辑 ⑯858.6/808-02

白钟楼 一七六七（乾隆三十二）年刊医宗撮精 明黄承昊编 ㉚661

马氏**丛书楼** 一七三八（乾隆三）年刊困学纪闻二十卷 宋王应麟撰清阎若璩笺 ⑱子612

丛书楼 一六九八（康熙三十七）年刊困学纪闻二十卷 宋王应麟撰清阎若璩校 ⑧

丛经楼 刊春秋左传纲目杜林详注十四卷 明张岐然辑 ⑧

兰月楼 一八七五—一九〇八（光绪）年刊仁寿镜四卷 清孟葑编 ㉚441

荆溪**半日静坐之楼** 一八七七（光绪三）年刊忠义集八卷 清周之冕辑 ⑯982.8311/816.819

古虞**永锡楼** 一七九四（乾隆五十九）年刊医学要则四卷 清沈懋官撰 ㉚3337

武进李氏**圣译楼** 一九〇六（光绪三十二）年刊徐雨峰中丞勘语四卷 清徐士林撰 ②3696

弁山楼 一八〇六（嘉庆十一）年刊唐代丛书 清王文浩辑 ⑯857.084/380—117

汉川田氏**对古楼** 一九〇一（光绪二十七）年刊湖北汉水图说 清田宗汉撰 ⑥史138

禹航陈世望**对山问月楼** 一八一二（嘉庆十七）年刊古微书 明孙瑴辑 ⑤

六画

存研楼储氏 一七四四（乾隆九）年自刊存研楼文集十六卷二编二卷二集二十五卷 清储大文撰 ⑯847.4/914

存是楼 一八〇四（嘉庆九）年刊王荆公年谱考略二十五卷首三卷杂录三卷附录一卷 宋蔡上翔撰 ②13617

达观楼 一八四七（道光二十七）年刊中经纂二十卷 清宋宗元纂 ㉙926

百尺楼　一六六二—一七二二（康熙）年刊画禅室随笔四卷　明董其昌撰　④7710

百尺楼　一七三六—一七九五（乾隆）年刊增补四书左传辑要四卷　清高其名等撰　⑦6471

百尺楼　一七三七（乾隆二）年刊【乾隆】宁州志十卷　清张耀曾修陈昌言纂　⑲484

百尺楼　一八〇五（嘉庆十）年刊啸岩吟草　清王诉撰　②64787

许氏**百域楼**　一七〇二（康熙四十一）年刊群玉山房文集七卷　明许弘纲撰　①1937

屺瞻楼　一六六二—一七二二（康熙）年刊屺瞻楼集一卷诗钞一卷　清田鸣玉撰　⑱集1116

帆影楼　一六七九（康熙十八）年刊昭代诗存四卷　清席居中辑　⑱集1749

海昌羊氏**传卷楼**　一八七五—一九〇八（光绪）年在广东刊海昌丛载　清羊复礼辑　⑤

薛氏**传经楼**　一八九七（光绪二十三）年刊出使日记续刻十卷　清薛福成撰　⑥

张海鹏**传望楼**　刊重修琴川志十五卷图一卷　宋孙应时纂修鲍廉钟秀实续纂修　①3863

张氏**华雨楼**　一八八〇（光绪六）年刊水经注释四十卷首一卷附录二卷　清赵一清撰熊会贞批校　⑱史1027

会元楼　一八七四（同治十三）年刊新刻瓦岗寨演义全集五卷二十回　清梁朗川编　④5735

佛山**会元楼**　刊增补食物本草备考二卷　清何克谏撰　㉚198

宜黄张氏**齐风楼**　一八二八（道光八）年刊佩堂诗钞六卷首一卷末一卷　清张瑗撰　㉑280

庆云楼　一八二一（道光元）年刊东医宝鉴二十三卷　明许浚等撰　㉚703

庆云楼　刊寿世保元十卷　明龚廷贤撰　㉚327

胡思敬**问影楼**　一九〇八（光绪三十四）年自刊问影楼舆地丛书第一辑　胡思敬辑　㉑200

常熟顾氏**如月楼**　一六九九（康熙三十八）年刊钱牧斋先生尺牍三卷　清钱谦益撰　㉙2854

虞山顾氏**如月楼**　一六六二—一七二二（康熙）年刊归震川先生尺牍二卷　明归有光撰　②36702

如登楼　一八〇八（嘉庆十三）年刊四书揭要十九卷　清韩毓枢辑　⑦14338

邛州宁氏**观过楼**　一八九八（光绪二十四）年在成都刊刘孝廉残稿　清刘汝霖撰宁缃校　②30759

上虞**观海楼**　一八八二（光绪八）年刊说文五翼八卷　清汪煦撰　⑯1291

四明陈氏**观稼楼**　一八八五（光绪十一）年刊音学五书五种　清顾炎武撰　⑥

陆氏**红树楼**　一七七三（乾隆三十八）年刊历代名媛诗词十二卷　清陆昶辑　㉙987

蒋氏红雪楼 一七三六—一七九五（乾隆）年刊红雪楼九种曲（即清容外集） 清蒋士铨撰 ㉑227

七 画

蛟川张氏花雨楼 一八八八（光绪十四）年刊仁在堂论文各法六卷 清路德撰张寿荣辑 ②38154

四明花雨楼 一八八二（光绪八）年刊汉学商兑四卷 清方东树撰 ⑯2134

李燧苍雪楼 一六七五（康熙十四）年刊杜诗解意七言律四卷 清朱瀚撰 ⑱集87

还读楼 一八八六（光绪十二）年刊山海经十八卷 晋郭璞传清郝懿行疏 ⑦13626

来恩楼 一六六九（康熙八）年刊泰山辑瑞集二卷 清林杭学辑 ⑱集1791

云间沈氏来鹤楼 一八二八（道光八）年刊玉壶山房词选二卷 清改琦撰 ③文466/75

金阊步月楼 一八三〇（道光十）年刊周礼节训六卷 清苏叔琳撰姚培谦重订 ②28231

金阊步月楼 刊古今名医方论四卷 清罗美编 ㉚224

步月楼 一七六四（乾隆二十九）年刊元明八大家古文选 清刘肇虞选 ⑤

步月楼 一七八五（乾隆五十）年刊尚论篇四卷尚论后篇四卷 清喻昌撰 ㉚49

步月楼 一八二〇（嘉庆二十五）年刊新镌批评出相韩湘子三十回 明杨尔曾撰 ④6073

步月楼 一八五九（咸丰九）年刊水经注四十卷 ②16467

听月楼 一六五二（顺治九）年刊徽言秘旨不分卷 清尹晔辑 ⑱子447

听月楼 一七三六—一七九五（乾隆）年刊玉荷隐语二卷群珠集二卷 清费源撰 ②108944

潘氏听讽楼 一八二一—一八五〇（道光）年刊古铜印彙三卷 清潘季彤辑 ⑱史1499

听松楼 清初刊增补陶朱公致富奇书八卷 题明陈继儒辑清钟山逸叟补 ⑱子154

听雨楼 一八四九（道光二十九）年刊雪峤日记十二卷 清王培荀撰 ⑱史532

听秋楼 一七〇八（康熙四十七）年刊诗识名解十五卷 清姚炳撰 ⑪NC0468/4192

吴兴陈氏听香读书楼 刊湘管斋寓尝编六卷 清陈焯撰 ④7530

广州王氏听春雨楼 一八七九（光绪五）年刊皇朝舆地略 清六承如编 ⑥

吟经楼 一八三四（道光十四）年刊四书拾义五卷 清胡绍勋撰 ①16772

告天楼 一六六二—一七二二（康熙）年刊天中许子政学合一集 清许三礼撰 ②108272

何处楼 清初刊流楚集不分卷 ④2800

丹徒**角山楼**赵氏 一八五四（咸丰四）年刊痘疹定论 清朱玉堂撰 ㉚508

角山楼 一八五九（咸丰九）年刊增补类腋二十卷 清姚培谦张卿云撰赵克宜增 ②8150

释大汕**怀古楼** 一六九九（康熙三十八）年刊李云阳集四卷 元李祁撰 ⑱集509

怀古楼 一六六二—一七二二（康熙）年刊离六堂集十二卷海外纪事六卷首图一卷 清释大汕撰 ⑱集1047

怀谷楼 一七五七（乾隆二十二）年刊澹斋词二卷 清王璐撰 ⑱集1982

诒燕楼 一七六七（乾隆三十二）年刊国朝六家诗钞 清刘执玉辑 ⑯831.7/887

初日楼 一八七六（光绪二）年刊雷波琐记一卷 清刘文蔚撰 ④12111

迟云楼 一八七四（同治十三）年刊幽梦影 清张潮撰 ⑰2460

八 画

广城**青云楼** 一八五六（咸丰六）年刊医学入门七卷首一卷 明李健斋编 ㉚702

青云楼 一七三六—一七九五（乾隆）年刊新刻天花藏批评玉娇梨四卷 清荻岸散人撰 ③文634/486

青云楼 一八五八（咸丰八）年刊寿世保元十卷 明龚廷贤撰 ㉚326

青云楼 一八六二—一八七四（同治）年刊宋四六选二十四卷 清彭元瑞选曹振镛编 ⑯2762

枕书楼 一八〇二（嘉庆七）年刊西山柿三卷 清王显曾辑 ⑯422.9/115

木渎周氏**枕经楼** 一八一六（嘉庆二十一）年刊毛诗传三十卷诗谱一卷 汉毛亨传郑玄笺 ③经312/164.1

枕善楼 一七三六—一七九五（乾隆）年刊蔗亭梅花集句四卷 清汪麟撰 ⑱集1188

松陵连氏**枕湖楼** 一八八三（光绪九）年刊上虞县五乡水利本末二卷 清连蘅辑 ⑰11422

枕湖楼 一八八七（光绪十三）年刊上虞塘工纪略二卷续二卷 清连仲愚撰 ⑧

茂选楼 刊本草备要四卷 清汪昂撰 ㉚171

英华楼 一八二六（道光六）年刊痘疹金镜录四卷 明翁仲仁撰 ㉚499

会稽徐氏**述史楼** 一七八一（乾隆四十六）年刊十六国春秋一百卷 魏崔鸿撰 ②23582

会稽徐氏述史楼 一八九一（光绪十七）年刊渔洋山人精华录训纂十卷目录二卷年谱二卷
附录一卷训纂补十卷 清惠栋撰 ㉙901

江右**述经楼** 一九〇一（光绪二十七）年刊岁寒吟二卷诗馀一卷 清彭若梅撰 ㉑335

卢**抱经楼** 一七八七（乾隆五十二）年刊抱经阁淳化祖帖考一卷 清卢登焯撰 ⑱子 417

抱经楼 清初刊诗选初集十七卷 清姚佺辑 ⑱集 1595

抱珠楼 一八四九（道光二十九）年刊溪上诗辑十四卷续编二卷补编一卷
清尹元纬冯本怀辑 ⑯839. 23/312

卓观楼 刊寿世保元十卷 明龚廷贤撰 ㉚327

上高李氏**尚友楼** 一八六八（同治七）年刊李迈堂史论五种十一卷附文略一卷 清李祖陶撰 ㉑240

敖阳**尚友楼** 一八六八（同治七）年刊迈堂文略四卷 清李祖陶撰 ②30539

岭海楼 一八一〇（嘉庆十五）年刊香石诗话四卷 清黄培芳撰 ②62285

贮书楼 一七九二（乾隆五十七）年刊柳崖外编十六卷 清徐昆撰 ②36353

贮书楼 一七九九（嘉庆四）年刊新琵琶四卷 清张锦撰成锡田评 ⑱集 2149

典学楼 一八九六（光绪二十二）年刊春秋逸传十四卷 清傅上瀛撰 ②15975

岱宝楼 一七一五（康熙五十四）年刊长留集一卷 清刘廷玑撰孔尚任辑 ①1630

岳峙楼 一六六二—一七二二（康熙）年刊景岳全书六十四卷 明张介宾撰 ㉚704

金玉楼 一六六二—一七二二（康熙）年刊石室秘录六卷 清陈士铎撰 ㉚332

金玉楼 一八七〇（同治九）年刊素问灵枢类纂约注三卷 清汪昂撰 ㉚7

金玉楼 一八七二（同治十一）年刊地理辨正疏五卷首一卷末一卷 清张心言撰 ②65771

金石楼 一八七三（同治十二）年刊医学纂要六卷 清刘渊编 ㉚337

金惟骏渔书楼 一七三一（雍正九）年刊李长吉集四卷外集一卷 唐李贺撰明黄淳耀评点 ①4333

夜吟楼 一八三〇（道光十）年刊宛陵诗集六十卷拾遗一卷续金针诗格一卷附录补遗三卷 宋梅尧臣撰 ④13820

泷溪晓楼 一七一八（康熙五十七）年刊续刻麻姑山丹霞洞天志十七卷 明左宗郢编 清何天爵续 ⑯928. 324/352

宝华楼 一八三〇（道光十）年刊异说征西演义全传六卷四十回 原题中都逸叟原本吴门恂庄主人编次 ㉙972

宝华楼 刊银海精微四卷 唐孙思邈撰 ㉚571

宝笏楼 一七六○（乾隆二十五）年刊李长吉歌诗四卷外集一卷首一卷 唐李贺撰清王琦注 ②37264

宝笏楼 一七六七（乾隆三十二）年刊医林指月 清王琦编 ㉚726

尤云鹗**宝翰楼** 一七一○（康熙四十九）年刊南山集偶钞不分卷 清戴名世撰 ①1185

吴郡**宝翰楼** 刊庾子山全集十卷 北周庾信撰清吴兆宜笺注 ⑯843.65/673－442

宝翰楼 一六六二—一七二二（康熙）年刊张氏医书七种 清张璐张登撰 ㉙628

宝翰楼 一六八六（康熙二十五）年刊广舆记二十四卷 明陆应阳撰 ④3547

宝翰楼 一七二三—一七三五（雍正）年刊新纂氏族笺释八卷 清熊峻运撰 ⑪313.381/2123.1

宝翰楼 一七八六（乾熙五十一）年刊神相全编十二卷 宋陈抟撰明袁忠彻订 ②65698

宝翰楼 一八四○（道光二十）年刊春秋世族谱一卷 清陈厚耀撰 ④11807

宝翰楼 一八五三（咸丰三）年刊于少保萃忠全传十卷 明孙高亮撰 ③文633/63.2

学古楼 一七一二（康熙五十一）年刊师经堂集十八卷 清徐文驹撰 ⑱集1103

学古楼 刊明文选四十九卷 清徐文驹罗景淞辑 ⑯830.6/951

周亮工**诗话楼** 一六五三（顺治十）年刊沧浪吟一卷诗话一卷 宋严羽撰 ①1569

话雨楼 一八二九（道光九）年刊松陵见闻录十卷 清王鲲撰 ⑯19665

练月楼 一七五七（乾隆二十二）年刊胡澹庵先生文集三十三卷 宋胡铨撰 ①384

江苏段氏**经韵楼** 一七七六（乾隆四十一）年刊六书音韵 清段玉裁撰 ⑥

江苏经韵楼 一八○八（嘉庆十三）年刊说文解字段氏注三十卷 ⑥

经韵楼 一八二一（道光元）年刊春秋左氏古经十二卷 清段玉裁撰 ②17138

九画

带月楼 一七一二（康熙五十一）年刊行厨集十七卷 清李之彤封贡五辑 ⑦4556

带月楼 一七四九（乾隆十四）年刊外科准绳六卷 明王肯堂撰 ㉚538

带月楼 一七七五（乾隆四十）年刊增补四书人物聚考十二卷 清汪份撰 ⑧

楚鄂崔氏研露楼 一七七二（乾隆三十七）年刊云台山志八卷首一卷末一卷 清崔应阶撰 ⑯928. 321/589

浙江绍兴奎照楼 一八八五（光绪十一）年刊伤寒第一书四卷附馀二卷 清车宗辂胡宪述编 ㉚91

奎照楼 一八二九（道光九）年刊痧科全书 清太白主人撰 ㉚519

奎照楼 一八六五（同治四）年刊女科辑要八卷 清周纪常撰 ㉚440

南海曾氏面城楼 一七九六—一八五〇（嘉庆—道光）年刊面城楼丛刊 清曾钊撰 ⑤

映台楼 一八三九（道光十九）年刊婺志粹十四卷 清卢标纂 ⑲427

鄞江书林星聚楼 一八〇四（嘉庆九）年刊痰火点雪四卷 明龚居中撰 ㉚418

武进盛氏思补楼 一八九七（光绪二十三）年刊皇朝经世文续编一百二十卷 清盛康辑 ②10653

拜五经楼 一八二一—一八五〇（道光）年刊陆氏六种合刻 清陆嵩龄撰 ⑤

拜经楼吴氏 一七三六—一七九五（乾隆）年刊拜经楼丛书 ②65494

海宁吴氏拜经楼 一七九六—一八二〇（嘉庆）年刊愚谷丛书 清吴骞辑 ⑰1339

郑开基拜影楼 一七六二（乾隆二十七）年刊影园诗稿一卷文稿一卷 明郑元勋撰清郑开基辑 ①107723

香叶楼 一八二一（道光元）年刊皆大欢喜四卷 ④4664

香度楼 一六六二—一七二二（康熙）年刊琴学正声六卷 清沈琯撰 ⑱子448

平凉重光楼 一八五〇（道光三十）年刊峒鹤山房诗草 ㉖81

晁贻端待学楼 一八三七（道光十七）年刊河朔访古记三卷 清晁贻端校 ①1941

刁怀谨顺积楼 一八二一—一八七四（道光—同治）年刊用六居士所著书 清刁包撰 ⑤

脉望书楼 一七五九（乾隆二十四）年刊易见九卷首一卷启蒙二卷 清贡渭滨撰 ⑪NC0235/1833

陶濬宣稷山楼 一八八八（光绪十四）年刊陶渊明文集十卷 晋陶潜撰 ④12361

陈氏说剑楼 一八一六（嘉庆二十一）年刊求古精舍金石图初集四卷 清陈经撰 ①1970

练月楼 一七五七（乾隆二十二）年刊胡澹庵先生文集三十二卷 宋胡铨撰 ①384

山东绛云楼 一七一九（康熙五十八）年刊洪范传不分卷 清崔致远撰 ⑥

崔氏绛云楼 一七三九（乾隆四）年刊易注十二卷 清崔致远注 ⑥

绛云楼 一七四三（乾隆八）年刊易注十二卷洪范传一卷 清崔致远撰 ⑱经87

蒯光典诵芬楼 一八七六（光绪二）年刊亭林馀集 清顾炎武撰 ㉙2005

十 画

耕馀楼 刊黄氏日钞分类九十七卷附纪要二十卷 宋黄震撰 ⑧

杨佑启耘经楼 一七四一（乾隆六）年刊渔隐丛话前集六十卷后集四十卷 宋胡仔辑 ①506

桂月楼 一七八七（乾隆五十二）年刊本草医方合编 清汪昂编 ㉚723

桂华楼 一六六二—一七二二（康熙）年刊本草医方合编 清汪昂编 ㉚723

桂华楼 一七三六—一七九五（乾隆）年刊春秋五传十七卷首一卷 清张璞撰 ㉑212

萍乡李栘鄂楼 一九〇三（光绪二十九）年刊金史记事本末五十二卷首一卷末一卷清李有棠撰 ⑯096.5/310

挹奎楼 一六九七（康熙三十六）年刊楚辞灯四卷附楚怀襄二王在位事迹考一卷 清云林铭论述 ㉒36146

朱氏挹翠楼 一八五一（咸丰元）年刊四书定本辨正五卷 明胡正心撰 ③经817/844

赵氏峭帆楼 一九一〇（宣统二）年刊钜鹿东观集十卷附录一卷 宋魏野撰 ㉒61845

眠云楼 一八九一（光绪十七）年刊玉戏集一卷附壶天山馆诗略一卷 清扬绂章撰 ㉒10341

铁汉楼 一六六二—一七二二（康熙）刊论史同异全集二十卷 清王仕云撰 ⑱史1529

海虞瞿氏铁琴铜剑楼 一八一一（嘉庆十六）年刊启祯宫词合刻 清瞿绍基辑 ㉙3203

铁琴铜剑楼 一八九七（光绪二十三）年刊秋影楼诗集九卷 清汪绎撰 ㉙3019

铁琴铜剑楼 一九一〇（宣统二）年刊学古斋集四卷 明瞿俊撰 ㉙2748

积风楼 一七四九（乾隆十四）年刊诗岑二十二卷 清杨梓萧殿飏辑 ⑱集1599

秘奇楼 一六六二—一七二二（康熙）年刊秘奇楼外书二卷封禅书乐府新编四卷 清朱瑞图撰 ⑱集2142

倚香楼 一七三六—一七九五（乾隆）年刊西湖百咏一卷 清李倩茬撰 ⑱集1201

林上梓爱日楼 一七四五（乾隆十）年刊宋陈文节公诗集五卷文集十九卷首一卷末一卷 宋陈傅良撰 ⑱集338

爱泽楼 一六六二—一七二二（康熙）年刊存庵诗集六卷 清严我斯撰 ①1733

凌云楼 刊医宗宝镜四卷 清邓复旦编 ㉚341

唐凤楼 一八八五（光绪十一）年刊读碑小笺 罗振玉撰 ⑰13502

甬上徐氏烟屿楼 一八五四（咸丰四）年刊宋元四明六志九十五卷 清徐时栋编 ②12169

酒边人**倚红楼**汪氏 刊秋林琴雅四卷 清历鹗撰 ⑯3293

浩然楼 一六六二—一七二二（康熙）年刊伤寒论条辩八卷附录三卷 明方有执撰 ㉚48

沈氏**海日楼** 刊嘉禾旧志合刻三十四卷 沈曾植校 ①2079

海青楼 一七九六—一八二〇（嘉庆）年刊南华真经解六卷 清宣颖撰 ②12078

海清楼 刊图注难经脉诀 明张世贤撰 ㉚723

浴云楼 一六九三（康熙三十二）年刊海阳纪略二卷 清廖腾煃撰 ⑱史1360

涌（湧）云楼 一七八七（乾隆五十二）年刊平定州志十卷图一卷 清金明源修张佩芳等纂 ⑲94

悦亲楼 一七七九（乾隆四十四）年刊离骚草木疏辩证四卷 清祝德麟撰 ⑱集9

悦道楼 一七七三（乾隆三十八）年刊尚史七十卷 清李锴撰 ⑯3782

悦道楼 一八〇五（嘉庆十）年刊尚史七十卷 清李锴撰 ④3548

宾月楼 一八〇九（嘉庆十四）年刊经义辑韩五卷 清詹圣春辑 ④53

宋氏**读经楼** 一七九二（乾隆五十七）年刊古文尚书考二卷 清惠栋撰 ㉙897

袖珍**贮香楼** 一八二一（道光元）年刊小慧集十二卷 原题贮香主人辑 ②65647

十一画

敕书楼贺氏 一八五一—一八六一（咸丰）年刊水田居全集五种二十一卷 清贺贻孙撰 ②2325

菁华楼 刊幼幼集成六卷 清陈复正编 ㉚481

广州**萃芳楼** 一八六八（同治七）年刊医林改错二卷 清王清任撰 ㉚34

赵氏**黄楼** 一八八二（光绪八）年刊还砚斋全集 清赵新辑 ⑤

黄鹤楼 一八六七（同治六）年刊倚晴楼词馀四卷 清黄燮清撰 ⑯2980

梦花楼 一七九二（乾隆五十七）年刊耳食录十二卷 清乐钧撰 ⑧

慈溪**授经楼** 一八七五—一九一一（光绪—宣统）年刊诗缉三十六卷 宋严粲撰 ⑧

据经楼 一七三六—一七九五（乾隆）年国朝诗选十四卷 清彭廷梅等辑 ④1639

重庆晚晴楼 一八五五（咸丰五）年刊毛诗读三十卷 清王劼读 ③经318/64

李移鄂楼 一九〇三（光绪二十九）年刊纪事本末八种 ②17237

得月楼 一六六二—一七二二（康熙）年刊玉堂才调集 清于鹏举辑 ②11627

望云楼 一七三六—一七九五（乾隆）年刊在原诗集二卷 清孙谔撰 ⑱集1155

醴陵**望岳楼** 一八〇二（嘉庆七）年经学质疑四卷 清朱霈撰 ㉒335

苏州桃花坞**望炊楼**谢氏 一八八五（光绪十一）年刊灵芝益寿草二种三卷 清潘伟如编 ㉚756

苏州谢氏**望炊楼** 一八八五（光绪十一）年刊不谢方 清陆懋修撰 ㉚230

金惟骏**渔书楼** 一七三一（雍正九）年刊李长吉集四卷外集一卷 唐李贺撰明黄淳耀评点 ⑱集104

淡云楼 一八七三（同治十二）年刊瀛寰志略十卷 清徐继畬辑 ⑥史131

惜阴楼 一七三六—一七九五（乾隆）年刊十竹山房近草不分卷 清陈德声撰 ⑱集1194

临桂唐氏**涵通楼** 一八五四（咸丰四）年刊涵通楼师友文钞 清唐岳辑 ⑤

江苏姜氏**寅清楼** 一七二三—一七九五（雍正乾隆）年刊九经补注 清姜兆锡撰 ⑤

寄畅楼 刊新镌批评出相通俗奇侠禅真逸史四十回 明方汝浩撰 ⑯857.4/786－02

绮错楼 一八五一（咸丰元）年刊邝海雪集笺十二卷 明邝露撰清邝廷瑶笺 ⑯2625

十二画

莼史楼 一八四五（道光二十五）年刊夙好斋诗钞十五卷赋钞一卷试贴诗钞一卷 清扬知新撰 ②60934

归安陆氏**皕宋楼** 一八八五（光绪十一）年刊石林奏议十五卷 宋叶梦得撰清陆心源校 ⑯925.3516/504

胡廷凤**赏诗楼** 一七一六（康熙五十五）年刊咏古诗一卷 清汪薇撰 ⑱集1065

四川巴县王**晴楼** 一八六一（咸丰十一）年刊尚书后案驳正二卷 清王劼撰 ⑥

叶氏**赐书楼** 一六六二—一七二二（康熙）年刊叶文庄公全集三十卷 明叶盛撰 ⑱集580

赐锦楼 一八二七（道光七）年刊陶园文集八卷诗集二十二卷诗馀二卷 清张九钺撰 ②49079

湖北抚署**景桓楼** 一八六三（同治二）年刊皇朝中外一统舆图 清严树森等编 ⑦14390

鼎翰楼 一六九三（康熙三十二）年刊图注难经脉诀 明张世贤撰 ㉚722

鼎翰楼 一七九〇（乾隆五十五）年刊外科秘录附十二经络图 清陈士铎撰 ㉚541

陈氏遗经楼 一八二二（道光二）年在北京刊崔东壁遗书 清崔述撰 ⑥

萧山陈氏遗经楼 一八九六（光绪二十二）年刊汉书地理志校注二卷 清王绍兰撰 ⑯926.2/119

铸镕楼 一八八一（光绪七）年刊时疫白喉捷要 清张绍修撰 ㉚596

锄经楼袁氏 一七三六—一七九五（乾隆）年自刊书隐丛说十九卷 清袁栋撰 ①2917

古越集阳楼 一七三六—一八二〇（乾隆—嘉庆）年刊道贯真源 清董元真辑 ⑤

成都御风楼 一八七五—一九〇八（光绪）年刊隋书经籍志 唐长孙无忌等撰 ⑥

萧山陈氏湖海楼 一八一九（嘉庆二十四）年刊湖海楼丛书 清陈春辑 ⑰1283

江苏湖海楼陈氏 一八二一—一八五〇（道光）年刊潜夫论十卷 汉王符撰汪继培笺 ⑥

长沙张氏湘雨楼 一八九五（光绪二十一）年刊弘正四杰诗集 清张祖同辑 ⑤

湧（涌）云楼 一七九〇（乾隆五十五）年刊平定州志十卷图一卷 清金明源修张佩芳等纂 ⑲94

十三画

瑞锦楼 一八八七（光绪十三）年刊新刻绣相换空箱全传二十一卷 清曹春江撰 ④4679

楼外楼 一八〇〇（嘉庆五）年刊砚小史四卷 清朱栋撰 ①14897

裘杼楼休阳汪氏 一六七八（康熙十七）年刊词综三十八卷 清朱彝尊辑汪森增定 ③文083/833.1

暗香楼 一八九〇（光绪十六）年刊暗香楼乐府三种三卷 清郑由熙撰 ④10861

锡福楼 刊明史志三十六卷 清管干珍撰 ⑱史91

滇阳驿楼 刊草堂外集十五卷 清檀萃撰吴并山评 ⑰56－42595

叶氏溶吾楼 一八三五（道光十五）年刊温病条辩六卷首一卷 清吴瑭撰 ㉚372

福芸楼 刊本草求真九卷附脉理求真三卷 清黄宫绣撰 ㉚175

十四画

瘦吟楼 一六六二—一七二二（康熙）年刊古今词选十二卷 清沈时栋辑 ④1369

瑶翰楼 一七八六（乾隆五十一）年刊宋四六选二十四卷 清彭元瑞曹振镛辑 ⑱集1692

碧云楼 一七〇五（康熙四十四）年刊明人尺牍选四卷 清王元勋程化騄编　⑱集1732

杭城**聚文楼** 一八九四（光绪二十）年刊经验秘方 清杨舒和等撰　㉚276

聚奎楼 刊考工记图二卷 清戴震撰　②17255

聚星楼 一六八五（康熙二十四）年刊杏花邨志十二卷首一卷末一卷 清郎遂撰　⑱史789

聚星楼 一八六三（同治二）年刊傅青主女科二卷 清傅山撰　㉚433

聚鹤楼 一八六九（同治八）年刊文帝全书三十八卷附群真著述 清刘体恕辑　②66258

瞿湖第一楼 一八四五（道光二十五）年刊聂许斋诗钞六卷 清陈鸿俦撰 附古欢斋诗钞一卷 清陈鸿渐撰　②12165

沈氏**瘦吟楼** 一七一六（康熙五十五）年刊古今词选十二卷 清沈时棟辑　⑱集2001

滚雪楼 一八三三（道光十三）年刊皇极经世易知八卷首一卷 清何梦瑶撰　⑰0658

滚雪楼 一八五九（咸丰九）年刊皇极经世易知八卷首一卷 清何梦瑶撰　⑯2124

十五画

醉月楼 一八七一（同治十）年刊五凤吟四卷 原题嗤嗤道人撰　③文634/335.1

黄氏**醉经楼** 一七八九（乾隆五十四）年刊画继补遗二卷元庄肃撰　⑱子420

黄氏**醉经楼** 一八一〇（嘉庆十五）年刊英石砚山图记一卷 清黄锡蕃辑　⑱子464

醉经楼 一八一八（嘉庆二十三）年刊醉经楼经验良方 清钱树堂编　㉚256

醉经楼 一八九二（光绪十八）年刊医纲总枢五卷 清陈珍阁撰　㉚353

蝶花楼 一八三二（道光十二）年刊月鹿堂文集八卷 清张师绎撰　⑮中18865/416.226.3

蝶花楼 一八八〇（光绪六）年补刊月鹿堂文集八卷 清张师绎撰　③文277.77/35

广州**墨海楼** 刊道光恩平县志十八卷首二卷 清杨学颜修　⑮

稽古楼 一八五一—一八七四（咸丰—同治）年刊十三经注　②49321

稻香楼 一七七四（乾隆三十九）年刊玉台新咏十卷 陈徐陵辑清吴兆宜注程琰删补　㉙2381

沈氏**瘦吟楼** 一七一六（康熙五十五）年刊古今词选十二卷 清沈时栋辑　㉙2402

许氏翦雨楼一八四四（道光二十四）年自刊选青小笺十卷　清许元恺辑　⑯993.65/607

十六画以上

广州**翰文楼**一八七二（同治十一）年刊南海县志二十六卷首一卷　清郑梦玉修梁绍献等纂　①

广州**翰文楼**一八九一（光绪十七）年刊九江儒林乡志二十一卷　清朱次琦冯栻宗纂　⑲695

佛山镇**翰宝楼**一八六七（同治六）年刊黄帝素问灵枢合纂三卷　清汪昂撰　㉚7

翰宝楼一八七〇（同治九）年刊囊剩五卷首一卷末一卷　清赵古农撰　②8050

翰宝楼一八九八（光绪二十四）年刊鼠疫约编　清吴宣崇编　㉚404

翰海楼一七五五（乾隆二十）年刊订补明医指掌十卷　明皇甫中撰邵达订补　㉙452

翰海楼　刊豆棚闲话十二卷　原题艾纳居士撰　④5972

江都焦氏**雕菰楼**一七九六—一八五〇（嘉庆—道光）年刊焦氏丛书　清焦循撰　⑤

上洋汪氏**曙海楼**一八三四（道光十四）年刊产科心法二卷　清汪朴斋撰　㉚460

曙海楼一八四三（道光二十三）年刊农政全书六十卷　明徐光启撰　⑯18591

黄昌衢**藜照楼**　一六八八（康熙二十七）年刊范石湖诗集二十卷　宋范成大撰　①391

越郡**藜照楼**一七六八（乾隆三十三）年刊景岳全书　明张介宾撰　⑤

藜照楼一八五一（咸丰元）年刊瘟疫明辩四卷末一卷　清戴天章等撰　㉚386

籀经楼一九〇三（光绪二十九）年刊古籀馀论三卷　清孙诒让撰张扬校定　③古330/883

蘸波楼一七六五（乾隆三十）年刊吴楚诗钞十八卷　清李少元辑　⑱集1774

薝蔔楼一七〇二（康熙四十一）年刊法性禅院倡和诗六卷续集六卷　清周瓠辑　⑱集1758

六、阁

二　画

二老阁一六八五（康熙二十四）年刊寒村诗文选三十六卷　清郑梁撰　⑯18221

二老阁　刊湛园未定稿六卷　清姜宸英著　②35382

阮氏**七录书阁** 一七九五（乾隆六十）年刊仪礼石经校勘记四卷 清阮元撰 ①1220

七录书阁 一七九八（嘉庆三年）年刊竹坨小志五卷 清阮元杨蟠辑 ④2947

三画

万青阁 一六九九（康熙三十八）年刊【康熙】徽州府志十八卷图一卷 清卢询修赵吉士等纂 ⑲469

武进蒋氏**山带阁** 一七一三（康熙五十二）年刊楚辞六卷首一卷 清蒋骥注 ⑪811.311/77 10.7

山带阁 一七二九（雍正五）年刊山带阁注楚辞六卷首一卷馀论二卷说韵一卷 清蒋骥注 ⑫愚集5

孙氏**山渊阁** 一八九二（光绪十八）年刊春秋会义二十六卷 宋杜谔撰 ⑯148

山晓阁 一六六二—一七二二（康熙）年刊山晓阁文选十五种 清孙琮辑 ⑤

千秋阁 清初刊赋草二卷 清林凤仪撰 ⑱集931

宜黄陈偕灿**千琴阁** 一八四〇（道光二十）年刊鸥汀渔隐诗集六卷续集三卷外集一卷 清陈偕灿撰 琴韵阁诗草一卷 清沈凤撰 ㉑280

泾县包氏**小倦游阁** 一八二八（道光八）年刊毛诗礼徵十卷 清包世荣撰 ③经358/67

小琅环阁 一八九〇（光绪十六）年刊本草三家合注六卷 清郭汝骢编 ㉚158

岭南**小琅环阁** 一七三六—一七九五（乾隆）年刊兰台轨范八卷 清徐大椿撰 ㉚339

陆**小瀛山阁** 一七一四（康熙五十三）年刊陆堂诗学十二卷读诗总论一卷 清陆奎勋撰 ①3066

小瀛山阁 一七三九（乾隆四）年刊陆堂文集二十卷 清陆奎勋撰 ⑱集1111

飞春阁 一八一二（嘉庆十七）年刊绣像双珠凤 原题一叶主人撰 ④15092

飞春阁 一八七六（光绪二）年刊望堂金石文字不分卷 清杨守敬撰 ④3362

陆道淮**飞霞阁** 一七一九（康熙五十八）年刊墨井诗钞二卷画跋一卷三巴集一卷 清吴历撰 ①15900

冶城**飞霞阁** 一八七四（同治十三）年刊读史镜古录三十二卷 清潘世恩辑 ⑥

飞霞阁 一七四三（乾隆八）年刊国朝练音初集十卷首一卷末一卷 清王辅铭辑 ⑱集1785

四画

天心阁 一七九五（乾隆六十）年刊尔雅直音 清孙侃撰 ⑦488

天心阁　一八一〇（嘉庆十五）年刊尚书古文证疑四卷　清孙乔年撰　⑧

天枢阁　刊后一捧雪二卷　清胡云蛪撰　④11406

天咫阁　一六六二—一七二二（康熙）年刊青溪遗稿二十八卷　清程正揆撰　⑱集915

天绘阁　一六六二—一七二二（康熙）年刊脉抉汇编说统一卷附录二卷　明翟良撰　㉚109

天游阁　一七三六—一七九五（乾隆）年刊胡绳集诗钞三卷　明范壶贞撰　⑱集895

金阊书林**天禄阁**　一六八九（康熙二十八）年刊订正通考纂要六卷　清柴绍炳辑　⑱史1113

佛山镇**天禄阁**　一八六三（同治二）年刊达生编遂生编福幼编　清亟斋居士等编　㉚734

佛山**天禄阁**　一八七九（光绪五）年刊济人良方　㉚273

南昌戊子牌**天禄阁**　一八八九（光绪十五）年刊经络图说　清高思敬撰　㉑333

天禄阁　一八〇八（嘉庆十三）年刊长沙方歌括六卷　清陈念祖撰　㉚89

天藜阁　一六六二—一七二二（康熙）年刊瑶华集二十二卷附一卷　清蒋景祁编　②12250

天藜阁　一七三六（乾隆元）年刊王阮亭古诗选五言诗十七卷七言诗十五卷　清王士祯辑　②45603

福山王氏**天壤阁**　一八六二（同治元）年刊疑年录四卷续疑年录四卷　清钱大昕撰吴修续　②11155

福山王氏**天壤阁**　一八八〇（光绪六）年刊古今韵考四卷附切韵　清李因笃撰　⑯1430

福山王氏**天壤阁**　一八八一（光绪七）年在成都刊夏小正正义一卷　清王筠撰　⑥

云龙阁　一八三八（道光十八）年刊闹金钗四卷　④3895·

方氏**云林阁**　一六六二—一七二二（康熙）年刊白鹿山房诗集十五卷　清方中发撰　①1708

羊城**云林阁**　一八八一（光绪七）年刊医学十种　㉙1829

云林阁　一八八九（光绪十五）年刊忠雅堂评选四六说海八卷　清蒋士铨评选　⑯834/526－03

云松阁　一七一〇（康熙四十九）年刊白鹿山房诗集十五卷　清方中发撰　⑱集1017

云香阁　一八三一（道光十一）年刊亦园诗稿删存二卷　清秦昂若撰　㉙3156

云涛阁　一七一五（康熙五十四）年刊历朝应制诗钞六卷　清吴元安辑　⑯831/434

云章阁　一六六二—一七二二（康熙）年刊慎馀堂诗集四卷文集四卷　清刘遇奇撰　⑱集996

杨城南皮市武林**云蓝阁**　一八七五（光绪元）年刊外治医说　清吴师机撰　㉚153

杨氏**木山阁** 刊曝书亭集诗注二十二卷 清杨谦撰 ①4707

木天阁 一七〇〇（康熙三十九）年刊广东新语二十六卷 清屈大均撰 ⑱子590

陈其干**五百卷阁** 一八四五（道光二十五）年刊吴氏遗著五卷附录一卷 清吴凌云撰 ①1555

五松阁 一六五〇（顺治七）年刊痘疹奇衡二卷 明唐云龙撰 ㉚503

长吟阁 一七三六—一七九五（乾隆）年自刊野鸿诗的一卷 清黄子云撰 ⑱集1898

傅氏**长恩阁** 一八六九（同治八）年刊夏小正戴氏传四卷附考异 宋傅崧卿撰清傅以福考异 ⑧

锡山**月琴阁** 一八八六（光绪十二）年刊伤寒舌鉴一卷 清张登编 ㉚125

秀水朱氏**六峰阁** 一六八七（康熙二十六）年刊日下旧闻四十二卷 清朱彝尊辑 ⑯5361

查山**六浮阁**张士镌 一七〇四（康熙四十三）年重刊广韵五卷 隋陆法言撰 ⑦11767

江京**文光阁** 一八一二（嘉庆十七）年刊瘟疫明辨四卷末一卷 清戴天章撰 ㉚386

东江**文光阁** 一八二一—一八五〇（道光）年刊吴郑合编二种 清吴有性郑奠一撰 ㉚737

文兰阁 刊药性赋珍珠囊四卷 金李明之撰 ㉚191

广州**文英阁** 刊小学集解六卷 清张伯行撰 ①32968

梁溪华氏**文范阁** 一八九六（光绪二十二）年刊增订治疗汇要三卷附补遗一卷 清过铸撰 ㉚556

潮城**文林阁** 一八七四（同治十三）年刊验方新编二十四卷 清鲍相璈编 ㉚263

文明阁 一七四四（乾隆九）年刊伤寒论后条辩十五卷 清程应旄撰 ㉚51

文昌阁 一八四四（道光二十四）年刊寿世编二卷 清顾奉璋编 ㉚250

碾伯**文昌阁** 一八八〇（光绪十六）年刊救却回生 ㉖59

文征阁 一八九七（光绪二十三）年刊历朝诗约选九十二卷 清刘大魁辑 ⑯831/888

元和**文星阁** 一七八六（乾隆五十一）年刊省庵法师语录二卷西方发愿文注一卷东海若解一卷 清释实贤撰 ㉙3030

文焕阁 一八三九（道光十九）年刊七嬉二卷 原题清栖云野客编 ②38554

巴川**文渊阁** 刊医学三字经四卷 清陈念祖撰 ㉚342

江西省**文魁阁** 刊倪涵初疟痢三方 清倪涵初撰 ㉚395

粤秀山**文澜阁**一八七一（同治十）年刊经典释文三十卷 唐陆德明撰经典释文考证三十卷 清卢文弨撰 ⑯422.7/394－02

江邑**文麟阁**一九〇七（光绪三十三）年刊医方捷效 清马述远撰 ㉚280

丘迴**双清阁**一七〇三（康熙四十二）年刊王荆公唐百家诗选二十卷 宋王安石撰 ⑪811.1084/1031

双清阁一七四一（乾隆六）年刊南华经四卷 清徐廷槐钞阅 ⑥子14

京都**书华阁**一八八七（光绪十三）年刊国朝汉学师承记八卷国朝经师经义目录一卷 清江藩撰 ②47843

水天阁一七〇〇（康熙三十九）年刊广东新语二十八卷 清屈大均撰 ⑯927.33/－321

水绘阁一八八二（光绪八）年刊同人集十二卷 清昌襄辑 ⑦13956

五 画

钱塘龚氏**玉玲珑阁**一六六二—一七二二（康熙）年刊浙西六家词十一卷 清龚翔麟编 ④1203

正音阁一七六五（乾隆三十）年刊续韵补五卷 清凌万才撰 ⑱经465

归安石宗建**古欢阁**一八七五—一九〇八（光绪）年刊铁桥金石跋四卷 清严可均撰 ②13901

古欢阁一八八二（光绪八）年刊山右金石录一卷 清夏宝晋撰 ⑯997.14/－348

许氏**古均阁**一八四六（道光二十六）年刊钞币论一卷 清许楣撰 ①10902

许氏**古均阁**一八五四（咸丰四）年刊青茎诗集二卷外集二卷 清蒋夔撰 ①12485

海宁许氏**古均阁**一八九〇（光绪十六）年刊说文徐氏未详说一卷 清许溎祥辑 ⑯1280

羊城**古经阁**一八六三（同治二）年刊幼幼集成六卷 清陈复正编 ㉚481

广州**古经阁**一八八三（光绪八）年刊傅青主男女科 清傅山撰 ㉚721

广东**古经阁**一八七六（光绪二）年刊武经七书汇解七卷 清朱墉纂辑 ⑥

古经阁一八五六（咸丰六）年刊达生编遂生编福幼编 清亟斋居士等撰 ㉚734

平湖陆天锡**古香阁**一七三六—一七九五（乾隆）年刊六书正讹五卷 明胡正言订篆 ⑥

四川新都魏氏**古香阁**一八八五（光绪十一）年刊书经精义旁训四卷 清魏朝俊辑 ⑥

古香阁一八九二（光绪十八）年刊述古斋幼科新书三种 清张振鋆编撰 ㉚757

许氏古韵阁 一八二〇（嘉庆二十五）年刊笠泽丛书九卷 唐陆龟蒙撰 附考一卷 清许梿撰 ⑱集171

可经阁 一八二三（道光三）年刊新刻按鉴编纂开辟衍绎通俗志传八十回 明周游撰王黉释 ⑯857.4/819

溶州**龙门阁** 一八八四（光绪十）年刊增广大生要旨五卷 清唐千顷撰叶灏增订 ㉚459

北京**龙文阁** 一八六七（同治六）年刊增订痘疹辑要四卷 清白振斯撰 ㉚515

京都**龙威阁** 一八六五（同治四）年刊北徼汇编 清何秋涛撰 ⑤

京都琉璃厂**龙盛阁** 一八六七（同治六）年刊重刊不药良方 清余廷勋编 ㉚248

四川顺庆**东壁阁** 一八八九（光绪十五）年刊东莱左氏博义二十五卷 ⑥

夏氏**半阁** 一七七〇（乾隆三十五）年刊拾古印遗不分卷 清夏一驹辑 ⑱史1498

合山方氏**汉青阁** 一六六二—一七二二（康熙）年刊古今释疑十八卷 清方中履撰 ⑥

六 画

戴氏平山**在东阁** 一六六二—一七二二（康熙）年刊定园诗集十一卷文集一卷 清戴明说撰 ①3011

江苏**有心阁** 一八六六（同治五）年刊借抱轩全集十二种 清姚鼐撰 ⑥

涪江**扪参阁** 一九〇二（光绪二十八）年刊通鉴论三卷 宋司马光撰清吴耀光辑录 ⑥

昭文周氏**此宜阁** 一七九五（乾隆六十）年刊此宜阁增订金批西厢四卷首一卷末一卷 元王实甫撰 ⑯855.6/120－987－07

此宜阁 一七九三（乾隆五十八）年刊十国春秋一百十六卷拾遗备考补一卷 清吴仕臣撰周昂重校 ③史218/828.2

师俭阁 一七〇七（康熙四十六）年刊古文赏音十二卷 清谢有煇辑 ⑱集1638

四川**光风阁** 一八二一—一八五〇（道光）年刊宋濂洛关闽五先生言行录五卷 ⑥

重庆**同经阁** 一九〇七（光绪三十三）年刊伤寒温疫条辨六卷 清杨玉衡撰 ㉚388

四川**同参阁** 一九一一（宣统三）年刊通鉴论三卷 清伍耀光辑录 ⑥

同陞阁书坊 一七四三（乾隆八）年刊乾隆八年缙绅全书不分卷 ⑱史684

陆凌勋**传经阁** 一七〇八（康熙四十七）年刊雅坪诗稿四十卷 清陆棻撰 ⑱集1023

长白豫山湖南臬署**会心阁** 一八八八（光绪十四）年刊春晖阁杂著 清蒋湘南撰 ⑤

会心阁 一八七一（同治十）年刊痘疹大成四卷 清侯功震撰 ㉚521

名山阁 一七九二（乾隆五十七）年刊熊刘诗集 清易履泰编 ㉒11756

名山阁 一八九七（光绪二十三）年刊九峰精舍文集六卷 清林舜辅等编 ③文158/8977

冰壶阁 一七七一（乾隆三十六）年刊王篛林先生题跋十四卷 清王澍撰 ③艺123/844

江声帆影阁 一八二四（道光四）年刊浙西水利备考不分卷 清王凤生撰 ⑧

江栖阁 一六六二—一七二二（康熙）年自刊课慎堂诗集十九卷诗馀一卷文集二十卷 清李兴祖撰 ⑱集1048

毛氏汲古阁 一六九九（康熙三十八）年刊破崖居士诗稿一卷幸存稿一卷新诗稿一卷 清毛绥万撰 ⑱集1088

汲古阁 一六五六（顺治十三）年刊十七史 明毛晋辑 ㉒47106

汲古阁 一六六四（康熙三）年刊四照堂诗集十一卷文集三十五卷 清卢纮撰 ⑱集979

钱熙祚守山阁 一八二一—一八五〇（道光）年刊王氏博济方五卷 宋王衮撰 ㉚211

钱熙祚守山阁 一八五二（咸丰二）年刊重广补注黄帝内经素问二十四卷黄帝内经灵枢二十四卷 ㉚1

陆氏守先阁 一八八五（光绪十一）年刊尔雅匡名二十卷 清严元照撰 ⑧

江西观生阁 一八二三（道光三）年刊百家姓考略 清王相笺注 ㉑317

观光阁 一七六六（乾隆三十一）年刊乾隆三十一年丙戌仕籍全编不分卷 ①8070

红梅阁 一七九六—一八二〇（嘉庆）年刊孟邻堂文钞十六卷 清杨椿撰 ⑬844.74/46945

七 画

粤东芸书阁 一九〇九（宣统元）年刊古格言十二卷 清梁章钜辑 ㉒2413 1

粤东芸经阁 一八八四（光绪十）年刊傅青主男女科 清傅山撰 ㉚721

重庆芸香阁 一八九六（光绪二十二）年刊增广大生要旨五卷 清唐千顷撰叶灏增订 ㉚459

芸香阁 一八三三（道光十三）年刊不居集五十卷 清吴澄撰 ㉚419

徐氏芸晖阁 一八一八（嘉庆二十三）年刊海曲拾遗续补六卷 清金榜纂徐缙续补 ⑲361

徐氏芸晖阁 一八三〇（道光十）年刊崇川咫闻录十二卷 清徐缙杨廷撰纂 ⑲361

姑苏来青阁春记 一八五八（咸丰八）年刊伤科补要四卷 清钱秀昌撰 ㉚564

姑苏来青阁 一八八六（光绪十二）年刊眼科应验良方 明程玠撰 ㉚571

苏州**来青阁** 刊伤寒贯珠集八卷 清尤怡编注 ㉚54

来青阁云记 一八九四（光绪二十）年刊外证医案汇编四卷 清余景和撰 ㉚548

来青阁 一八八九（光绪十五）年刊女科指掌五卷 清叶困庵撰 ㉚435

广州**连元阁** 一八六五（同治四）年刊增补药性雷公炮制八卷 清张光斗撰 ㉚203

广州**连元阁** 一八八七（光绪十三）年刊增补食物本草备考二卷 清何克谏撰 ㉚197

佛山**连元阁** 一八五五（咸丰五）年刊景岳全书六十四卷 明张介宾撰 ㉚704

佛镇**连元阁** 刊伤寒论浅注六卷 清陈念祖撰 ㉚56

连云阁 刊本草纲目五十二卷首一卷附图二卷 明李时珍撰 ㉚164

步云阁 一八八五（光绪十一）年刊鸟巢禅师度白侍郎 ⑯858.5/866

步云阁 一七八四（乾隆四十九）年刊惠直堂经验方四卷 清陶东亭编 ㉚244

汝南傅氏**听松阁** 一七八九（乾隆五十四）年刊六书分类十二卷 清傅应奎重订 ⑥

听松阁 一八二九（道光九）年刊古印本不分卷 清谢脩辑 ⑱史1499

听香阁 一八四二（道光二十二）年刊种玉堂诗集四卷词集一卷文集六卷 清张尔旦撰 ㉙3246

吟阁瞿氏 一八三三（道光十三）年刊石如吟稿 清江介撰 ③文286.3711/44

吹藜阁 一六八六（康熙二十五）年刊文苑英华律赋选四卷 清钱陆灿选 ⑧

虞山张氏**旷照阁** 一八〇五（嘉庆十）年刊学津讨原 清张海明辑 ⑤

体仁阁 一七二四（雍正二）年刊五知斋琴谱五卷 清周鲁封编 ⑦14683

江右周氏**体仁阁** 一七三七（乾隆二）年刊五知斋琴谱大成八卷 清周鲁封辑 ㉑309

含英阁 一六八七（康熙二十六）年自刊含英阁诗馀三卷 清郑熙绩撰 ⑱集1976

胡氏**含晖阁** 一六六二—一七三五（康熙—雍正）年刊倦圃尺牍二卷 清曹溶撰胡泰辑 ⑱集932

含晖阁 一八二六（道光六）年刊礼书附录十二卷 清陈宝泉辑 ⑰00420

南京李光明**状元阁** 一八七五—一九〇八（光绪）年刊小学集注六卷 宋朱熹撰 ㉒24196

南京**状元阁** 一八八三（光绪九）年刊增广验方新编十八卷 清鲍相璈编 ㉚264

状元阁 一八三〇（道光十）年刊医纲提要八卷 清李宗源撰 ㉚347

镇洋陆氏**怀烟阁** 一七三六—一七九五（乾隆）年刊吴越所见书画录六卷附书画说铃一卷 作伪日奇论一卷 清陆时化撰 ㉙1698

京都**宏文阁** 一六六二—一七二二（康熙）年刊集验良方三卷 清梁文科编春生堂主人辑 ㉚245

广州**宏经阁** 一九〇一（光绪二十七）年刊时疫辨四卷 清林庆铨编 ㉚392

金陵**词源阁** 一八八七（光绪十三）年刊玉匣记六卷末一卷 ②6966

诒陶阁 一八三九（道光十九）年刊射声小谱一卷 清程定谟撰 ㉙3207

灵兰阁 一七九六（嘉庆元）年刊邯郸遗稿四卷 明赵献可撰 ㉚431

元和江氏**灵鹣阁** 一八七五—一九〇八（光绪）年刊江刻书目三种四卷 清江标辑 ㉙1463

灵兰阁 一七九六（嘉庆元）年刊邯郸遗稿四卷 明赵献可撰 ㉚431

嵇氏**层云阁** 一八一四（嘉庆十九）年刊书画传习录四卷 明王绂撰清嵇承咸注 续录一卷 梁溪书画徵一卷 清嵇承咸撰 ⑱子 383

秀水诸氏**纬跗阁** 一七五六（乾隆二十一）年刊毛诗说二卷首一卷 清诸锦撰 ③经 318/437

周心如**纷欣阁** 一八二八（道光八）年刊世说新语注三卷 梁刘孝标撰 ①4096

浙江**纷欣阁** 一八六〇（咸丰十）刊左传蒙求注一卷 清王庆麟注 ⑥

八画

环秀阁 一八一三（嘉庆十八）年刊绣像后玉晴蜓五十九卷五十九回 ④4648

鸳湖**环春阁** 刊绣像双美缘四卷十二回 ④4623

环春阁 一八三二（道光十二）年刊新刻时调唱口真本九丝绦全传三十六集一百四十四回 清郁惠嘉评 ④4630

内邑**青云阁** 刊本草三家合注六卷 清郭汝骢集注 ②781

青湘阁书坊 一八八六（光绪十二）年刊广嗣金丹三卷 清何守愚编 ㉚470

上海张氏**青霞阁** 一八八四（光绪十）年刊傅青主女科二卷附产后编二卷 清傅山编 ㉚433

松风阁 一八一四（嘉庆十九）年刊尤氏医学读书记三卷续记一卷 清尤怡撰 ㉚677

桂溪官署**松仙阁** 一八七八（光绪四）年刊天文示斯十四卷 题洞微子辑 ③宗 991/853

松韵阁 一八八五（光绪十一）年刊温热经纬五卷 清王士雄编 ㉚375

叶鈖**事天阁** 一六四九（顺治六）年刊人谱大全三卷 明刘宗周撰 ⑱子 93

事天阁 一六九〇（康熙二十九）年刊明纪编遗六卷 清叶玺辑 ⑯10442

拥青阁 一六七二（康熙十一）年刊交山平寇本末三卷 清夏骃撰陆庆臻评 ⑱史 195

常熟**抱芳阁** 一八八一（光绪七）年刊明人尺牍选四卷 清王元勋辑 ㉙2988

鲍廷爵**抱芳阁** 一八七五（光绪元）年刊宋元明诗合钞三百首二卷 清朱梓冷昌言辑 ㉙3334

抱芳阁 一八一八（嘉庆二十三）年刊伤科补要四卷 清钱秀昌撰 ㉚564

金陵**抱青阁** 一七三二（雍正十）年刊增补食物本草备考二卷 清何克谏撰 ㉚197

抱青阁 一六六二—一七二二（康熙）年刊小学集注六卷 明陈选注 ⑥子 38

抱青阁 一七三六—一七九五（乾隆）年刊古今诗话选隽二卷 清卢衍仁辑 ⑱集 1903

抱青阁 一八一九（嘉庆二十四）年刊精绣通俗全像梁武帝西来演义十四卷四十回 原题天花藏主人编 ⑰56－47796

抱青阁 一八二一（道光元）年刊卜岁恒言二卷 清吴鹄撰 ③宗 992/825

味海阁 一八七八（光绪四）年刊书目答问 清张之洞撰 ④6880

羊城**明经阁** 一八六八（同治七）年刊本草医方合编 清汪昂编 ㉚723

明经阁 刊种痘新书十二卷 清张琰撰 ㉚510

凭山阁文立堂 刊留青新集三十卷 清陈枚选 ⑦7937

凭山阁 一七〇三（康熙四十二）年刊凭山阁汇辑四六留青采珍集二十四卷 清陈枚辑 ⑯856. 4/378

金紫阁 一八〇五（嘉庆十）年刊龙山乡志十四卷首一卷 清温汝能纂 ⑲696

洪氏**卷葹阁** 一七八八（乾隆五十三）年刊乾隆府厅州县图志五十卷 清洪亮吉撰 ⑱史 740

冷然阁 一八七九（光绪五）年刊痘疹证治要略 清郑志昀撰 ㉚521

宝光阁 一六六二—一七二二（康熙）年刊幼科秘书 清孟河撰 ㉚480

宝光阁 刊本草求真九卷附脉理求真三卷 清黄宫绣撰 ㉚175

羊城**宝经阁** 一八九八（光绪二十四）年刊选录验方新编十八卷 清鲍相璈编 ㉚265

宝香阁 一七三六—一七九五（乾隆）年刊硕园诗稿三十卷 ⑬841. 72/10160

江苏元和**宝章阁** 一八七五—一九〇八（光绪）刊夏小正戴氏传四卷 宋傅崧卿撰 ⑥

焦山海西庵**诗徵阁** 一八二一（道光元）年刊江苏诗徵一百八十三卷 清王豫辑 ⑦11857

广东**经史阁** 一八八二（光绪八）年刊七十家赋钞六卷 清张惠言编 ②23572

经香阁 刊匪石子五篇 清钮树玉撰 ㉙1090

九 画

宁远杨氏**春星阁** 刊柳河东集四十三卷别集二卷外集二卷附录一卷 唐柳宗元著 ②6369

金陵翁氏**茹古阁** 一八八二（光绪八）年刊何子清先生遗文二卷附录一卷 清何忠万撰 ⑯847.8/898

翁**茹古阁** 一八八〇（光绪六）年刊开有益斋读书志六卷续志一卷金石文字记一卷 清朱绪曾撰 ①2864

胡肇智**研六阁** 一八六九（同治八）年刊仪礼释官九卷 清胡匡衷撰 ⑰142－271

研六阁 一八一六（嘉庆二十一）年刊仪礼释官九卷首一卷 清胡匡衷著 ②5865

阙里**奎文阁** 一七三六—一七九五（乾隆）年刊春秋三传合纂十二卷 清孔传铎纂印 ⑥

奎文阁 一八六七（同治六）年刊长沙县学宫志八卷 清周玉麟纂 ②29279

藕塘**奎光阁** 一七四五（乾隆十）年刊金华正学编 明赵鹤辑 ⑯839.23/202

江苏朱氏**临啸阁** 一八五一—一八六一（咸丰）年刊说文通训定声十八卷分部拣韵一卷说雅一卷古今韵准一卷 清朱骏声撰 ㉙1221

临啸阁 一八七〇（同治九）年刊说文通训定声十八卷柬韵一卷说雅一卷古今韵准一卷行述一卷 清朱骏声撰 ⑯423.15/830

临啸阁 一八八二（光绪八）年刊朱氏群书 清朱骏声撰 ㉙1224

李瀚章**省心阁** 一八六三（同治二）年刊包孝肃公奏议十卷 宋包拯撰 ②8065

省心阁 一八六六（同治五）年刊惜抱轩全集 清姚鼐撰 ⑰01451

思燕阁 一七六〇（乾隆二十五）年刊三泷诗选十卷 清陈华封彭沃辑 ①1329

单恩兰单恩鹤**拜诗阁** 一八五八（咸丰八）年刊蕉谱三卷 清单学傅撰 ㉙3219

拜诗阁 一八四九（道光二十九）年刊国朝名媛绝句大观八卷 清单学傅辑 ㉙3220

秋水阁 一六五四（顺治十一）年刊古今雁字诗选五卷 清冯如京辑 ⑱集1595

秋水阁 一七三六—一七九五（乾隆）年刊鹤归来传奇二卷 清瞿颉撰 ⑱集2150

黄氏**看山阁** 一七三八（乾隆三）年刊看山阁乐府雷峰塔二卷 清黄图珌撰 ①586

香叶阁 一八三〇（道光十）年刊再造天十六卷 清侯香叶撰 ⑯858.4/908

香叶阁 一八六九（同治八）年刊再造天十六卷十六回 清侯香叶撰 ④4614

香芸阁 一七二〇（康熙五十九）年刊新编南词定律十三卷首一卷 清吕士雄等撰 ⑱集2188

香海阁 一八九〇（光绪十六）年刊三李词不分卷 清杨文斌辑 ④1526

信芳阁 一八五八（咸丰八）年刊友声集 清王相辑 ⑤

临川李氏**侯鲭阁** 一七三六—一七九五（乾隆）年刊侯鲭集十卷 清李友棠撰 ㉑255

天津贺氏**剑阁** 一八六四（同治三）年刊六书原始十五卷 清贺崧龄辑 ⑯1383

剑光阁 刊广事类赋四十卷 清华希闵撰 ④15169

成都**诵芬阁** 一八八〇（光绪六）年刊古刻丛钞 明陶宗仪原撰清孙星衍重编 ⑥

诸氏**绛跗阁** 一七三六—一七九五（乾隆）年刊经说五卷 清诸锦撰 ⑱经31

十 画

常熟**艳芳阁** 一八九一（光绪十七）年刊幼科痘科金镜录合刻附保赤心法二卷 明翁促仁撰 ㉚499

栖凤阁 一六六二—一七二二（康熙）年刊晚唐诗钞二十六卷 清查克弘凌绍乾辑 ⑱集1678

栖香阁 一八八二（光绪八）年刊栖香阁赋稿一卷诗草二卷 清夏菊初撰 ㉙1229

吴兰修**桐花阁** 一八一四（嘉庆十九）年刊听雨楼词二卷 清孙云鹤撰 ①2657

常熟**挹芳阁** 一八九六（光绪二十二）年刊玉台新咏十卷 陈徐陵辑清吴兆宜注程际盛删补 ㉙1010

眠云阁 一七六七、一七七三、一七九一（乾隆三十二、三十八、五十六）年刊所知集
初编十二卷二编八卷三编十二卷 清陈毅辑 ⑱集1752

鸯浆阁 刊蜕疣集不分卷 清贺裳撰 ④2501

钽云阁 一七九〇（乾隆五十五）年刊说文古语考一卷附夏小正一卷 清程际盛撰 ⑧

积古阁 一七〇六（康熙四十五）年刊钝吟集二十二卷 清冯班撰 ⑦13935

成都**颂萱阁** 一八七四（同治十三）年刊新订小儿科脐风惊风合编不分卷 清鲍云韶辑 ⑥子114

苏州**留云阁** 清末刊冷庐医话五卷 清陆定圃撰 ㉚667

馀姚黄氏**留书种阁** 一八六二—一九〇八（同治—光绪）年刊留书种阁集 清黄炳垕辑 ⑤

留书种阁 一八七五（光绪元）年刊黄忠端公年谱二卷 清黄炳垕编 ②22052

孙氏**留松阁** 一六七七（康熙十六）年刊国朝名家诗馀四十卷 清孙默编 ④1366

留松阁 一六六九（康熙八）年刊二乡亭词三卷 清宋琬撰 ⑯3246

凌云阁 一六六二—一七二二（康熙）年刊本朝名媛诗钞六卷 清胡孝思等评辑 ③文138/82444

凌云阁 一七六六（乾隆三十一）年刊本朝名媛诗钞六卷 清胡孝思朱珖评辑 ②47501

瓶花阁 一八九三（光绪十九）年刊嵎阳诗说八卷 清王晓堂撰 ②6358

聊城杨氏**海源阁** 一八五一—一八六一（咸丰）年刊海源阁丛书 清杨以增辑 ⑤

浣云阁 一七四四（乾隆九）年刊雷溪草堂诗一卷 清马长海撰 ①4576

宸翰阁 一七三五（雍正十三）年刊董司寇疏草十五卷 明董裕撰 首一卷 ⑱史370

十一画

梅花阁 一八六九（同治八）年刊应验简便良方二卷 清孙克任编 ㉚256

梅墅石渠阁 一六八五（康熙二十四）年刊六臣注文选八十卷 梁萧统编唐李善等注 ②16763

梓文阁 一八九二（光绪十八）年刊鹤阳新河纪略一卷 清朱洪章撰 ⑯928·235/833

广州**菁华阁** 一九〇二（光绪二十八）年刊司马温公通鉴论三卷 宋司马光撰清伍耀光辑 ⑧

梦华阁 一七九六—一八二〇（嘉庆）年刊闺词一卷西虹渔唱一卷春柳诗一卷清蔡春雷撰 ④1087

梦香阁 刊唐宫闺诗二卷唐女校书诗一卷唐女冠诗一卷 清刘云份辑 ④1848

爽　阁 刊新镌批评出像奇侠禅真逸史八集四十回 清题溪道人编 ⑭

郑尔龄**笺经阁** 一八三四（道光十四）年刊鲒埼亭诗集十卷 清全祖望撰 ⑱集1168

啸　阁 一六四四—一六六一（顺治）年刊春江别曲集唐二卷 清施端教撰 ⑱集913

啸　阁 一六四四—一六六一（顺治）年刊啸阁集韵诗全稿八卷 清施端教辑 ⑱集1595

啸　阁 一六六二—一七二二（康熙）年刊唐诗韵汇不分卷 清施端教辑 ⑱集1674

崇云阁 刊本草纲目五十二卷首一卷附图二卷 明李时珍撰 ㉚165

永新刘氏**崇恩阁** 一七四八（乾隆十三）年刊刘文安公十科策略十卷 明刘定之撰 ㉑297

番禺沈氏**晨风阁** 一九〇九（宣统元）年刊晨风阁丛书 清沈宗畸辑 ⑰01402

京师**晨风阁** 一九一〇（宣统二）年刊石间集一卷 清蒋易撰 ③文281·4711/44

曼陀罗华阁 一八五一—一八六一（咸丰）年刊采香词二卷 清杜文澜撰 ④1090

梨云阁 一七三六（乾隆元）年刊杜溪文稿四卷 清朱书撰 白柴古文稿一卷 清朱曙撰 ①1184

清旦阁 刊支华平先生集四十卷 明支大纶撰 附录一卷 明支如曾辑 ①14005

清远阁 一七六五（乾隆三十）年刊宋稗类钞八卷 清潘永因编 ⑧

清芬阁 一八一七（嘉庆二十二）年刊尔雅三卷 晋郭璞注 ⑯422.1/630－03

清芬阁 一八二七（道光七）年刊一统志案说十六卷 清徐乾学撰 ㉙2037

钱塘瞿氏**清吟阁** 一八三八（道光十八）年刊东莱先生左氏博议二十五卷 宋吕祖谦撰 ⑯096.27/444－02

北京**清秘阁** 一八七五—一九〇八（光绪）年刊书集传 ⑤

清閟阁 一六六二—一七二二（康熙）年刊云林先生诗集十卷 元倪瓒撰 ②1216

清瘦阁 一八四七（道光二十七）年刊铜似轩诗五卷拜云阁乐府二卷 清吴震撰 ㉙3235

蔡氏**涵虚阁** 一八三八（道光十八）年刊医砭 清徐大椿撰 ㉚678

绮霞阁 一八四九（道光二十九）年刊同馆试帖鸣盛集四卷 清陈枚高远询同辑高术方注 ㉒35327

绾秀阁 一七五九（乾隆二十四）年刊韵府约编二十四卷 清邓恺辑 ⑰07815

十二画

上洋**紫文阁** 一八七九（光绪五）年刊雷公药性赋解 ㉚166

姑苏**紫文阁** 一八八〇（光绪六）年刊寿世保元十卷 明龚廷贤撰 ㉚326

紫文阁 一八八〇（光绪六）年刊素问灵枢类纂约注三卷 清汪昂撰 ㉚7

紫文阁 一八八六（光绪十二）年刊增订二论详解四卷 清刘忠辑 ②32521

赏奇阁 一八六六（同治五）年刊四书典故辨正二十卷附录一卷 清周柄中撰 ③经818/56·4

然藜阁 一七六四（乾隆二十九）年刊元诗百一钞八卷补遗一卷 清张景生等辑选 ②47326

翔暉阁 一八二七（道光七）年刊钵华馆诗钞二卷 清徐士伟撰 ㉙1258

长沙**尊经阁** 一八七一（同治十）年刊十三经注疏校勘记二百三十八卷 清阮元撰 ③经21·8/854·2

台郡**尊经阁** 一七一七（康熙五十六）年刊天台山志十八卷 清张联元辑 ③地732·3/7682

渊鉴斋**尊经阁** 刊古文渊鉴六十四卷 清徐乾学等编 ②31636

醴陵县**尊经阁** 一八四五（道光二十五）年刊文庙丁祭谱四卷 清兰钟瑞等编 ⑯393·2/517

尊经阁 一七四六（乾隆十一）年刊真志堂诗集五卷 清仝轨撰 ⑱集1056

尊经阁 一八五九（咸丰九）年刊【咸丰】济宁直隶州续志四卷 清卢朝安纂修 ⑲296

尊经阁 一八八三（光绪九）年刊竹素斋全集二十二卷 清姚学爽撰 ②16592

寒松阁 一八九八（光绪二十四）年刊疑年赓录二卷 清张鸣珂撰 ⑯1689

广州**登云阁** 一七五一（乾隆十六）年刊幼幼集成六卷 清陈复正编 ㉚481

广州**登云阁** 刊太乙照神经三卷试验百条二卷 刘学诚辑 ②65712

十三画

楞华阁 一六六二—一七二二（康熙）年刊悬榻编六卷 明徐芳撰 ①1404

槐云阁 一八七五（光绪元）年刊皇朝谥汇考五卷续一卷 清刘长华增辑 ②60844

蓬瀛阁 刊顾亭林遗书 明顾炎武撰 ①486

颐情阁 一七三六—一七九五（乾隆）年刊桃花吟一卷四色石一卷 清曹锡黼撰 ④11220

四川荣县**蜀南阁** 一八八四（光绪十）年校刊郝氏历城本尔雅郭注义疏十九卷 清郝懿行学 ⑥

虞山张氏**照旷阁** 一八〇五（嘉庆十）年刊学津讨原二十集 清张海明辑 ⑰K042－429

新城**辑古阁** 一八九二（光绪十八）年刊傅青主男女科 清傅山撰 ㉚721

筠心阁 一八〇七（嘉庆十二）年刊之慎日记五卷 清刘大可撰 ③地835/857

锦绣阁 一八二二（道光二）年刊仙拈集四卷 清李文炳撰 ㉚247

群玉阁 一八九四（光绪二十）年刊琅環獭祭十二种 ⑯040·8/598

汪承谊**谼荪阁** 一八三一（道光十一）年刊快雨堂题跋八卷 清王文治撰 ⑱子412

十四画

河北汪氏**静香阁** 刊五音集字十集 清汪朝恩纂辑 ⑥

蓼怀阁 一七六五（乾隆三十）年刊巢林笔读六卷续编一卷 清龚炜撰 ⑪818.9/0194

聚经阁 一八二一—一八五〇（道光）年刊本草三家合注六卷 清郭汝骢编 ㉚158

聚经阁 刊药性赋珍珠囊四卷 明李明之撰 ㉚191

江都凌氏**蜚云阁** 一七九六—一八五〇（嘉庆—道光）年刊蜚云阁凌氏丛书 清凌曙撰 ⑤

广东**镂云阁** 一九〇四（光绪三十）年刊广东便览 清李应珏编 ⑥史142

庆安**镂云阁** 一八九九（光绪二十五）年刊白喉瘟神方 题耐修子撰 ㉚598

镂云阁 一八九八（光绪二十四）年刊皖志便览六卷 清顾应珏纂修 ①

漱六阁 一六六二—一七二二（康熙）年刊清异录二卷 宋陶谷撰 附名句文身异录二十卷 明王志坚辑 ㉙1941

漱芳阁 一八一〇（嘉庆十五）年刊绣像风筝误八卷三十二回 ④4678

汉州张祥龄**精专阁** 一八〇五（嘉庆十）年刊四书考异上下编 清翟灏撰 ⑥

四川广汉**精专阁** 一八七五—一九〇八（光绪）年刊毛诗证读不分卷 清戚学标撰 ⑥

翠螺阁 一八九七（光绪二十三）年刊朱淑贞断肠诗集十卷后集七卷 宋朱淑贞撰清郑元佑辑 ⑧

十五画以上

醉书阁 一六六二—一七二二（康熙）年刊梁溪词选八卷 清侯文灯等撰侯晰辑 ⑱集2006

福州**醉经阁** 一八八五（光绪十一）年刊伤寒论直解六卷附伤寒附馀二卷 清张锡驹注 ㉚53

冯氏**醉经阁** 一八三七—一八三八（道光十七—十八）年刊宋元学案一百卷首一卷 清黄宗羲辑全祖望订补冯云濠王梓材校正 ⑱史415

醉经阁 一八五一（咸丰元）年刊重修宝应县志辨一卷 清刘赞勋撰 ⑲356

醉经阁 一八八四（光绪十）年刊中风论 清熊庆笏编 ㉚419

成都龙氏敷文阁 一八六二—一八七四（同治）年刊周礼疑义举要六卷 清江永撰 ⑥

敷文阁 一七九六—一八二〇（嘉庆）年刊读史方舆纪要一百三十卷舆图要览四卷 清顾祖禹撰 ②30403

敷文阁 一八七九（光绪五）年刊读史方舆纪要一百三十卷 清顾祖禹撰 ⑥史128

池阳蕴经阁 一八八八（光绪十四）年刊书目答问 清张之洞撰 ⑥

懒云阁 一六六二—一七二二（康熙）年刊鼓枻文集一卷 清丁灏撰 ⑱集972

墨香阁 一七二六（雍正四）年刊张龙湖先生文集十五卷 明张治撰 ⑦13759

澄怀阁 刊诗慰初集二十家二十四卷二集十家十一卷续集四家四卷 清陈允衡编 ⑱集1530

澄雪阁 一八九〇（光绪十六）年刊骈体文钞三十一卷 清李兆洛辑 ⑯2771

燕在阁 一七一七（康熙五十六）年刊燕在阁知新录三十二卷 清王棠汇订 ⑦13684

广东儒林阁书坊 一八七五—一九〇八（光绪）年刊金壶七墨十八卷 清黄钧宰撰 ⑨善1097

粤东儒林阁 一八八三（光绪九）年刊白门新柳词记 清许豫编 ⑦11282

杨氏激素飞清阁 一八七五—一九〇八（光绪）年刊望堂金石文字 清杨守敬撰 ⑥史184

羊城藏珍阁 一八八七（光绪十三）年刊达生编遂生编福幼编 清亟斋居士等撰 ㉚734

藏珍阁 一八六五（同治四）年刊偏方补遗七卷 清文晟编 ㉚267

藏珍阁 一八七九（光绪五）年刊喉牙口舌各科秘旨 清广东藩署编 ㉚589

翰苑阁 一八五〇（道光三十）年刊本草纲目五十二卷首一卷附图二卷 明李时珍撰 ㉚164

醒愚阁 一八一六（嘉庆二十一）年刊脉药联珠食物考合刻三种 清龙柏撰 ㉚735

凝香阁 一八三六（道光十六）年刊三家诗草合刊三卷 清秦嘉乐辑 ㉙3200

凝香阁 一八六九（同治八）年刊温病条辨六卷首一卷 清吴瑭撰 ㉚372

凝晖阁 一七九二（乾隆五十七）年刊易研八卷首一卷 清胡翘元撰 ⑱经92

藜照阁 刊古诗源十四卷 清沈德潜辑 ⑧

蟾波阁 一七九六—一八二〇（嘉庆）年刊红楼梦散套十六卷 原题荆石山民撰 ①4110

广州麟书阁 一八八九（光绪十五）年刊选录验方新编十八卷 清鲍相璈编 ㉚265

麟书阁 一九〇一（光绪二十七）年刊笔花医镜四卷 清江笔花撰 ㉚346

七、轩

一 画

一泓轩 一七七七（乾隆四十二）年刊粤中见闻 清范瑞昂撰 ④12722

杭州蒋氏**一梅轩** 一七八四（乾隆四十九）年刊古今诗话探奇二卷 清蒋鸣珂录 ⑪□811. 104/4461

万氏京口**一得轩** 一八八二（光绪八）年刊笔谏八卷 清万选撰 ⑥

二 画

萧山陈氏**二铭轩** 一七五一（乾隆十六）年在成都刊螺江日记八卷 清张文梵稿刘绍攽校 ⑥

九桂轩 一八二八（道光八）年刊小庄先生诗钞七卷 清万法周撰 ③文 285. 4261/44

三 画

四明**三乐轩** 一八九〇（光绪十六）年刊新增全图文武香球七十二回 题三乐轩主人撰 ⑯857. 5/474－02

三当轩 一七四四（乾隆九）年刊伤寒正医录十卷 清邵成平编 ㉚45

与善轩 一八九九（光绪二十五）年刊群方便览 题松下居士编 ㉚229

小东轩 一七六一（乾隆二十六）年刊松泉集六卷 清江昱撰 ⑱集 1216

长沙周氏**小对竹轩** 一八八四（光绪十）年刊汉书注校补五十六卷 清周寿昌撰 ⑯922. 2101/123－814

四 画

佛山镇**天吉轩** 一八九〇（光绪十六）年刊圣佛良方二卷 清高凉氏编 ㉚276

明州**天籁轩** 一八八五（光绪十一）年刊奇言可笑录二卷 题悟痴生撰 ④6125

天籁轩 一八三二（道光十二）年刊本事词二卷 清叶申芗撰 ③文 480/868

临川李氏**无怒轩** 一七三二（雍正十）年刊陆子学谱二十卷 清李绂编 ⑱子 100

无怒轩 一七四〇（乾隆五）年刊穆堂初稿五十卷 清李绂撰 ⑱集 1102

临川李氏**无逸轩** 一七四八（乾隆十三）年刊二水楼诗文集三十卷 清李茹旻撰 ㉑253

云外轩一七一一（康熙五十）年刊鹤亭诗存四卷诗馀一卷 清孙芝田撰 ㉙2996

云秀轩一八二八（道光八）年刊拱璧缘传奇二十四回 清陆怡安撰 ④4661

云彩轩 刊新镌时调弹词说唱双金锭全传七集 ④4697

南城曾氏**艺学轩**一八〇一（嘉庆六）年刊尔雅音图三卷 晋郭璞注清姚之麟摹绘 ⑯422·15/630－02

李氏**木犀轩**一八八六（光绪十二）年刊木犀轩丛书三十三种一百五十二卷 清李明墀编 ③总639/4551

德化李氏**木犀轩**一八七五—一九〇八（光绪）年补刊木犀轩丛书三十三种一百五十二卷 ⑤

五夫尺木轩一八四六（道光二十六）年刊武夷山志二十四卷首一卷 清董天工纂 ②28529

五松轩一六七九（康熙十八）年刊东华绝句十卷 清黄容王维翰辑 藕花庄近咏一卷清黄元冕撰
绮雪斋近咏一卷 清黄容撰 独倚楼近咏一卷 清王维翰撰 ⑱集1749

五知轩 刊字体蒙求一卷 清易本烺撰 ②17330

太极轩一八三三（道光十三）年刊救生集四卷 题虚白主人编 ㉚258

友竹轩一八六二—一八七四（同治）年刊百孝图诗传合编一卷 清黄儒望辑 ④10534

崇川**日正轩**一八七〇（同治九）年刊喉科指掌附血症良方 清张宗良潘为缙撰 ㉚585

凤啸轩一六八八（康熙二十七）年刊皇清诗选三十卷首一卷 清孙鋐辑 ⑱集1749

六吉轩一九〇五（光绪三十一）年刊中学地理中国志四卷 清王达辑 ⑰12855

六宜轩 刊瞿唐来先生易注五十卷首一末一卷 明来知德撰 ②12074

广东**文乐轩**一八九〇（光绪十六）年刊撰集伤寒世验精方八卷 明张吾仁撰清张于乔编 ㉚72

江宁翁氏**心清平轩**一八九一（光绪十七）年刊四书记闻 清管同撰 ②36175

顾氏**双桂轩**一六六二（康熙元）年刊兰皋明词汇选八卷 清胡凤瑗李蔡生顾璟芳辑 ①1087

双桐轩一七三二（雍正十）年刊白沙风雅八卷 清张达辑 ⑱集1774

双桐轩一八四〇（道光二十）年刊金陵百咏一卷 宋曾极撰 ②63098

双桧轩一八〇一（嘉庆六）年刊苏园仲诗集六卷文集二卷文集补遗一卷墓志铭一卷 清苏去疾撰 ㉙3102

书粟轩一七三三（雍正十一）年刊外科十法 清程国彭撰 ㉚541

书粟轩一七九一（乾隆五十六）年刊医学心悟六卷附外科十法 清程国彭撰 ㉚336

五 画

玉兰轩 一八七六（光绪二）年刊绣像万花楼全集六卷 ④3892

玉溪轩 一七九五（乾隆六十）年刊考槃馀事四卷 明屠隆撰 ②36401

世读轩 一七五八（乾隆二十三）年刊馀冬叙录六十五卷 ②16068

可则轩 刊可则轩近存诗稿二卷 清李珍撰 ②69799

且渔轩 刊吊谱补遗八卷 ④4122

四友轩 一八二一—一八五〇（道光）年刊绣像九美图全传十二卷 清曹春江撰 ④4705

丛芝轩 一九〇六（光绪三十二）年刊痧症燃犀照二卷 清沈金鳌撰 ㉚400

务本轩 一七五〇（乾隆十五）年刊广嗣编二卷 清方允淳撰 ㉚470

旌德吕氏**立诚轩** 一八四九（道光二十九）年刊周礼补注六卷 清吕朋飞撰 ②35597

兰言轩 一七六八（乾隆三十三）年刊淳化秘阁法帖考正十卷附二卷 清王澍撰淳化阁帖释文二卷 清沈宗骞校正 ①10423

兰玉轩 一八二二（道光二）年刊绣像凤凰图六卷三十六回 ④4689

鲍方栗**兰和松静轩** 一八二五（道光五）年刊毛诗异义四卷 清汪龙撰 ②36921

兰蕙轩 刊新刻秘本说唱一文钱全传二十八卷二十八回 ④4681

六 画

芝秀轩 一八六二（同治元）年刊天籁集一卷 清郑旭旦辑 ②43870

邱象**随西轩** 刊李长吉昌谷集句解定本四卷 唐李贺撰清姚佺笺陈愫邱象随等辨注 ④9049

西顺轩 一八八九（光绪十五）年刊遂生福幼合编 清庄一夔撰 ㉚534

吴县吴氏**有竹石轩** 一八一八（嘉庆二十三）年刊有竹石轩经句说二十二卷 清吴英撰 ⑯091·29/437

有嘉树轩 一八五八（咸丰八）年刊文献征存录十卷 清钱林撰王藻编 ④9513

四明**存存轩** 一八八五（光绪十一）年刊甲乙经 晋皇甫谧集 ⑥

资中饶氏**达古轩** 一九〇四（光绪三十）年刊文字存真二种 清饶炯撰 ⑥

百爽轩 一八七二（同治十一）年刊乐只堂人子须知韵语四卷 清何梦瑶撰 ㉚350

新昌庄氏**过客轩** 一八五四（咸丰四）年刊长恩书室丛书 清庄肇麟辑 ㉑239

桐城姚氏浮山**此藏轩** 一六六六（康熙五）年刊通雅五十二卷首三卷 明方以智撰 ⑫愚子 1053

此藏轩 一六六二—一七二二（康熙）年刊药地炮庄九卷 明方以智集 ⑥

则柯轩 一九〇六（光绪三十二）年再刊公羊春秋经传验推补证十一卷附大统春秋条例图表 清廖平撰 ②63205

竹声百影轩 一六九二（康熙三十一）年刊尧峰文钞五十卷 清汪琬撰林信辑 ⑥

竹籁轩 一八五七（咸丰七）年刊金陵癸甲记略一卷粤逆名目略附 清谢介鹤撰 ㉙1334

华韵轩 刊巾箱小品 ⑤

仿范轩 一七六七（乾隆三十二）年刊昭明文选集成六十卷 清方廷珪评点 ⑰07940

鲁氏**自适轩** 一六九二（康熙三十一）年刊琴谱析微六卷指法二卷 清鲁鼐撰 ⑱子 448

交翠轩 一九〇六（光绪三十二）年刊懒馀吟草二卷 清释圣教撰陈任旸选 ②60590

亦陶轩 一八三一（道光十一）年刊黄溪志十二卷 清钱墀纂修 ⑲334

杨氏**问竹轩** 一八六六（同治五）年刊唐陆宣公集二十二卷 唐陆贽撰 ⑯844·17/387

问竹轩 一八六九（同治八）年刊古文辞类纂七十五卷 清姚鼐纂 ②67894

问竹轩 一八九五（光绪二十一）年刊杨勇悫公奏议十六卷 清杨岳斌撰 ②15890

州历轩 一七五七（乾隆二十二）年刊济人自济经验诸方 清王梦兰撰 ㉚243

汲古轩 一八六二（同治元）年刊瘴疟指南二卷 明郑全望撰 ㉚395

守约轩 一八八一（光绪七）年刊陈太仆课孙草 清陈兆仑撰王墉注 ②61121

浙江**守拙轩** 一八九〇（光绪十六）年刊人范六卷 清蒋元辑顾广誉增定 ③哲 822/844·3

安和轩 一八五二（咸丰二）年刊日下尊闻录五卷 ④12058

观水轩 一八七八（光绪四）年自刊居家必用方 原题观水轩编 ㉚273

观象轩 刊王制管窥 清耿极撰 ②109881

尘谈轩 一八六〇（咸丰十）年刊正音切韵指掌 清莎彝尊撰 ③字 150/87704

尘谈轩 一八五三（咸丰三）年刊正音咀华 清莎彝尊撰 ②29206

红萼轩 一七一一（康熙五十）年刊幸鲁盛典四十卷 ⑯928·812/370

红萼轩 刊柳烟词四卷 清郑景会撰 词评一卷 ①1278

七 画

杕杜轩 一八五九（咸丰九）年刊躬耻斋诗文钞二十八卷首一卷 清宗稷辰撰 ⑧

杞菊轩 一七三六—一七九五（乾隆）年刊五代诗话十卷 清王士祯原编郑方坤删补 ⑮文314·8/824/844

花韵轩 一七四五（乾隆十）年刊古今姓汇二卷 清锁冯普编 ②11738

芳草轩 一八七七（光绪三）年刊八段锦坐立功图诀 清娄杰编辑 ③艺980/895

吾声轩 一八一八（嘉庆二十三）年刊绣像蕴香丸四卷二十回 原题啸霞山人撰 ②63569

来树轩 一七九六—一八五〇（嘉庆—道光）年刊修事指南 清张仲岩撰 ㉚202

来鹤轩 一八四五（道光二十五）年刊耒斋尺牍四卷 清龚萼撰 ②11283

步云轩 一八七七（光绪三）年刊袖珍本羊城竹枝词二卷 原题吟香阁主人辑 ②65805

胶州**听雨轩** 一八九一（光绪十七）年刊先儒训要十四卷续辑四卷 清张承燮辑 ②28829

胶州张氏**听雨何时轩** 一九〇一（光绪二十七）年刊东听雨堂刊书 清张承燮辑 ⑤

听真轩 一八二〇（嘉庆二十五）年刊琴谱谐声六卷 清周显祖撰 ⑱子450

湖南**听涛眺雨轩** 一八八三（光绪九）年刊石钟山志十六卷 清李成谋丁义方辑 ⑥

郭威**钊甓轩** 一七〇七（康熙四十六）年刊谢宣城集六卷 南齐谢眺撰 卷首一卷 ①254

金氏**秀实轩** 一七一八（康熙五十七）年刊本朝名媛诗馀四卷 清顾嘉容金寿人辑 ①4393

四明**伴梅轩** 一八九二（光绪十八）年刊简易医诀四卷 清周云章撰 ㉚353

杨春亭**饮雪轩** 刊海东逸史十八卷 原题翁州老民撰 ④14252

萧氏**闲馀轩** 一八九二（光绪十八）年刊春浮园文集二卷附录一卷 明萧士玮撰 ②36765

蒋氏**怀谷轩** 一七七五（乾隆四十）年刊艺苑名言八卷 清蒋澜辑 ⑱集1901

补馀轩 一八〇五（嘉庆十）年刊第八才子书白圭志四卷 清崔象川撰 ④补233

补梦轩 一八四七（道光二十七）年刊止园尺牍六卷 清钟昌言撰 ②29393

灵雀轩 一七三八（乾隆三）年刊醉高歌传奇三卷 清张雍敬撰 ⑱集2140

八　画

环碧轩 一八四〇（道光二十）年刊楹联丛话十二卷续话四卷 清梁章钜撰 ②13795

青山环漪轩 一八二八（道光八）年刊季汉书九十卷附辨异一卷 清章陶撰 ⑧

奉孝轩 一八一九（嘉庆二十四）年刊新刻清风闸四卷三十二回 ④5774

林屋之**味菜轩** 一六九一（康熙三十）年刊药品辨义三卷 明贾所学撰清尤乘订 ㉚168

松月轩 刊砥石斋二种曲 清汪柱撰 ⑤

松竹梅轩 一八七九（光绪五）年刊痘疹心法歌诀 题必良斋主人编 ㉚519

松梅轩 一八一九（嘉庆二十四）年刊圜天图说三卷续编二卷 清李明彻撰 ②34620

朱氏**画石轩** 一七九八（嘉庆三）年刊画石轩卧游随录四卷 清朱逢泰撰 ①16971

范稼轩 一六六二—一七二二（康熙）年刊汤子遗书十卷附录一卷 清汤斌撰 ⑬840·72/36103

黄灿黄炜**卧月轩** 一六五一（顺治八）年刊黄夫人卧月轩稿六卷续刻一卷 明顾若璞撰 ①11939

山阳丁氏**奇绿轩** 一九〇〇（光绪二十六）年刊丁西圃先生丛书三种十一卷 清丁显撰 ③字150·5/895

味兰轩 一八六四（同治三）年刊绣像凤凰图六卷三十六回 ④3894

江苏**味尘轩** 一八二一—一八五〇（道光）年刊建文年谱四卷 清赵士喆修 ⑥史108

味道腴轩 一八五二（咸丰二）年重刊儒门法语 清彭定编汤金钊辑要 ②28441

味道腴轩 一八六四（同治三）年刊书绅录一卷 清纪大奎编 ②28846

味道腴轩 一八九五（光绪二十一）年刊北溪字义二卷义补遗一卷严陵讲义一卷 宋陈淳撰 ⑯125·7/383

味蔗轩 一八四二（道光二十二）年刊紫荆花传奇二卷 清李文瀚撰 ④11104

崇仁谢氏**咏梅轩** 一八五〇（道光三十）年刊咏梅轩丛书三种附一种 清谢兰生撰 ㉑285

古皖**畅乐轩** 一八七四（同治十三）年刊小乔自叹 ③文579/889

杨建闻川**易鹤轩** 一七七〇（乾隆三十五）年刊虚舟题跋十卷 清王澍撰 ⑱子411

湖北刘洪烈**果育轩** 一九〇九（宣统元）年刊片玉痘疹十三卷 明万全撰 ㉚498

钓潢轩 一六六二—一七二二（康熙）年刊新刻逸田叟女仙外史大奇书一百回 清吕熊撰 ㉙2049

四川德阳知命轩 一八四八（道光二十八）年刊字学举隅 清龙启瑞黄虎痴同辑 ⑥

采鞠轩 一八〇八（嘉庆十三）年刊嘉泰会稽志二十卷 宋沈作宾修施宿撰 ①

迩复轩 一六六〇（顺治十七）年刊林县志十二卷 清王玉麟修 ⑲577

刻鹄轩 一八九九（光绪二十五）年刊毛诗补正二十五卷 清龙起涛撰 ⑯094·127/658

宜茶别画轩 一七九八（嘉庆三）年刊八代诗揆五卷补遗一卷 清陆勋撰 ②11461

宋氏学本轩 一八三八（道光十八）年刊养云楼诗钞十卷附年谱一卷 清甘立猷撰 ㉑243

诗话轩 一七五四（乾隆十九）年刊全闽诗话十二卷 清郑方坤编辑 ⑯11646

南海伍氏诗雪轩 一八四〇（道光二十）年刊粤十三家集 清伍元薇辑 ⑤

伍氏诗雪轩 一九〇〇（光绪二十六）年刊文溪集二十卷首一卷 宋李昴英撰 ⑯845·25/289

诗雪轩 校刊陈文忠公遗集十一卷 明陈子壮撰清伍元薇辑校 ⑮6335/416/278

诗境轩 一八四一（道光二十一）年刊古本大学说 清边廷英撰 ②107271

话石轩 一八一八（嘉庆二十三）年刊馀冬琐录一卷 清徐坚撰 ㉙935

九 画

春草轩 一七六三（乾隆二十八）年刊潇湘听雨录八卷 清江昱撰 ②60424

荫绿轩 一六六二—一七二二（康熙）年刊愿息斋文集不分卷 清徐喈凤撰 ⑱集991

带经轩 一七九四（乾隆五十九）年刊诚斋文集四十二卷末一卷诗集四十二卷锦绣策二卷首一卷 宋杨万里撰 ②2420

带草轩 一七八五（乾隆五十）年刊仪礼蠡测十七卷 清韦协梦撰 ⑱经187

邵氏面水层轩 一七八八（乾隆五十三）年刊尔雅正义二十卷 清邵晋涵撰 释文三卷 唐陆德明撰 ⑱经383

面水层轩 一八〇三（嘉庆八）年刊南江札记四卷 清邵晋涵撰 ⑱集1212

临野轩 一七〇〇（康熙三十九）年刊觚剩六卷 清钮琇辑 ⑦13562

施氏临霞轩 一六六二—一七二二（康熙）年刊明诗去浮四卷 清施何牧辑 ⑱集1719

四明是亦轩 一八八四（光绪十）年刊问字堂集六卷 清孙星衍撰 ⑯847.5/363－1

思齐轩 一六七四（康熙十三）年刊郭文简公文集六卷 明郭朴撰 ⑱集682

思补轩 一八三八（道光十八）年刊熙朝宰辅录 清潘世恩撰 ②60827

羊城罗**思范轩** 一八九六（光绪二十二）年刊临证类编 清罗崧骏撰 ㉚682

都林**拜石轩**冯氏一八二七（道光七）年刊受祺堂文集四卷续刻四卷 清李因笃撰 ⑯847.2/289·4

秋水轩 一七三六—一七九五（乾隆）年刊耕心堂诗钞 清滕鼎金撰 ②48569

秋杜轩 一八五一—一八七四（咸丰—同治）年刊躬耻斋诗钞十四卷首一卷文钞二十卷诗钞后编七卷 清宗稷辰撰 ①62639

郛初轩 一八五四（咸丰四）年刊巾箱本扇底新诗一卷姚磬儿传一卷 清詹应甲撰 ㉙1091

独处轩 刊好逑传 ⑪NC5756/2458

胡氏**闻妙香轩** 一八三五（道光十五）年刊弟子箴言十六卷 清胡达源撰 ⑯192/216－02

养吾轩 一八四一（道光二十一）年刊养蒙针度五卷 清潘子声编 ⑯428.1/754－7－02

退一步轩 一八一九（嘉庆二十四）年刊赐绮堂集二十八卷续诗四卷 清詹应甲撰 ㉙1091

退思轩 一八五九（咸丰九）年刊臣鉴录二十卷 清蒋伊撰 ㉙2955

胡氏**退补轩** 一八七一（同治十）年刊汉书地理志校本二卷 清汪远孙撰 ⑧

十 画

三原李氏**桐荫轩** 一八八一（光绪七）年刊吾学录 清吴荣光撰 ⑦1893

贺氏**载酒园皱水轩** 刊载酒园诗话二卷皱水轩词筌一卷 清贺裳撰 ①11720

挹秀轩 一七九二（乾隆五十七）年刊唐人说荟 原题莲塘居士辑 ⑤

积翠轩 一七五二（乾隆十七）年刊汉名臣言行录十二卷 清夏之芳辑 ⑯10697

奉天徐氏**铁如意轩** 一八九六（光绪二十二）年刊铁如意轩医书四种 清徐延祚撰 ㉚758

借绿轩 一六八九（康熙二十八）年刊借绿轩删订汤霍林先生读书谱四卷 清周清原辑 ⑱集1739

杭州**爱日轩** 一八〇六（嘉庆十一）年刊砚林诗集四卷 清丁敬撰 附北墅金先生遗集 清金淳撰 ②60699

杭州徐楙**爱日轩** 一八二八（道光八）年刊绝妙好词笺七卷附续钞一卷 宋周密辑

清查为仁厉鹗同笺余集续钞 ②36515

杭州**爱日轩**陆贞一 一八三一（道光十一）年刊晚闻居士遗集九卷首一卷 清王宗炎撰 ⑧

馀 轩 一七六五（乾隆三十）年刊瞻六堂集二卷 明罗万杰撰 ⑱集870

凌云轩 刊新编枕上晨钟小说十八回 原题鸳水独醒道人编 金台不睡居上评 ④5934

长洲叶氏**海录轩** 一七七二（乾隆三十七）年刊文选六十卷 梁萧统编唐李善等注

清何焯评点 ⑯830/514－03

海陵轩 刊西湖佳话古今遗迹十六卷首图一卷 原题清墨浪子辑 ②11306

临川李氏**容轩** 一八二〇（嘉庆二十五）年刊南园诗文钞十一卷 清李纮撰 ㉑255

读苏轩 一八三五（道光十五）年刊希有录五卷 清朱稑辑 ⑰13276

十一画

琢玉轩 一七五一（乾隆十六）年刊台海见闻录四卷 清董天工撰 ⑱史986

理董轩 一八五七（咸丰七）年刊增广金石韵府 清朱时望编纂张凤藻增订 ⑦12066

培荫轩 一八二六（道光六）年刊名法指掌新例增订四卷 清钮大炜编 ②17235

培槐轩王氏 一八六八（同治七）年刊古文近道集八卷 清王赞元辑 ②52922

梅瑞轩 一八三四（道光十四）年刊十种古逸书 清茆泮林编 ④补457

松筠堂**梦花轩** 一七三六—一七九五（乾隆）年刊松筠堂诗集四卷 清王之醇撰 ㉙2073

梦花轩 一九〇〇（光绪二十六）年刊西征日记 清汪振声撰 ④313

啸花轩 一六六二—一七二二（康熙）年刊孙庞斗志演义二十卷 题明吴门啸客述 ㉙527

车鼎丰**晚闻轩** 一七一六（康熙五十五）年刊吕子评语正编四十二卷附刻一卷首一卷馀编八卷

附刻一卷首一卷 清吕留良撰车鼎丰辑 ⑱子98

铭独轩 一八八九（光绪十五）年刊痘疹定论四卷 清朱纯嘏编 ㉚508

上元吴氏**铜鼓轩** 一八七五—一九〇八（光绪）年刊悔翁诗钞十五卷补遗一卷 清汪士铎撰 ②29191

陈氏**敏求轩** 一八四五（道光二十五）年刊春秋世族辑略二卷春秋列国辑略一卷清王文源撰 ⑯922·17/117

停云轩 一八九〇（光绪十六）年刊尺牍初桃六集 清子虚氏辑 ②38210

得树轩 一七〇六（康熙四十五）年刊苏文忠公海外集二十二卷 宋苏轼撰清樊庶注 年谱一卷 ⑱集260

昭萍**庶几轩** 一八一二（嘉庆十七）年刊痘科类编释意三卷 明翟良撰 ㉚503

庄鲁**駉望云轩** 一八三一（道光十一）年刊朱竹垞先生杜诗评本二十四卷 唐杜甫撰清朱彝尊评 ⑯844.17/243－835

清苑王轩 清初刊伤寒图歌活人指掌五卷 元吴恕撰 ㉚89

清梦轩 一八一一（嘉庆十六）年刊新编双玉杯全传 清郁惠嘉评 ④15100

金陵**清瑞轩** 一七六〇（乾隆二十五）年刊易心存古二卷 清张六图撰 ⑱经91

清谨轩 一七一九（康熙五十八）年刊安溪李文贞公解义三种 清李光地撰 ⑤

鸿雪轩 一八一五（嘉庆二十）年刊忠义集八卷 清周之冕辑 ④10507

寄绿轩 一九〇〇（光绪二十六）年刊丁氏韵学三种 清丁显撰 ⑯424·08/158

寄隐轩 一八七七（光绪三）年刊舌图辨证 清何愚等编 ㉚125

情话轩 一六六二—一七二二（康熙）年刊赖古堂尺牍新钞二选藏弆集十六卷 清周在浚等编辑 ②37280

绿云轩 一六八八（康熙二十七）年刊鹤山史抄八卷 清王佶撰 ㉙607

绿竹轩 一八三五（道光十五）年刊痘科摘要四卷 清陈启运编 ㉚520

十二画

殖荫轩 一七九〇（乾隆五十五）年刊一辐集十八卷续编十二卷 清项淳撰 ⑯847·4/161

揖月轩 一七三六—一七九五（乾隆）年刊弁江诗钞七卷 清徐锡爵撰 ⑱集1226

上海**紫云轩** 一八九二（光绪十八）年刊绣像说唱海公奇案八集 ④4757

溉堂轩 一八九一（光绪十七）年刊幼幼集成六卷 清陈复正编 ㉚481

十三画

嘉禾**瑞石轩** 一七四三（乾隆八）年刊六书辨通五卷六书例解一卷杂说一卷 清杨锡观撰 ⑪411·7/4684

椿荫轩 一八四七（道光二十七）年刊味蔗轩春灯新曲 清黄治撰 ④

蓉镜轩 一八九六（光绪二十二）年刊甲乙之间行卷五卷 清杨文勋撰 ⑯3608

江西谢氏**鉴轩** 一八六六（同治五）年刊鉴轩医书二种二十卷 清江笔花等撰 ㉚750

照天轩 一七五四（乾隆十九）年刊吉州人文纪略二十六卷 清赖良鸣纂辑 ⑪971·0524/5736

新种竹轩 一八三九（道光十九）年刊图民录四卷 清袁守定撰 ⑰02994

裛露轩 一八一〇（嘉庆十五）年刊汉诗统笺三卷 清陈本礼撰 ⑱集1648

黄梅梅氏**慎自爱轩** 一八九〇（光绪十六）年刊清芬堂丛书 清梅雨田辑 ⑤

慎时斋轩 一七二五（雍正三）年刊南邦黎献集十六卷 清鄂尔泰辑 南国清风集二卷 清鄂容鄂宓辑 ⑱集1743

南城吴照**塞翠轩** 一八〇二（嘉庆七）年刊莱香书屋诗草六卷 清吴煊撰 ㉑276

邗江陈氏**袍露轩** 一七九六—一八二〇（嘉庆）年刊协律钩玄四卷外集一卷 唐李贺撰清陈本礼笺注 ⑭

十四画

静日轩 一八四八（道光二十八）年刊堵文忠公集十卷 明堵胤锡撰 堵寅叔事实一卷 清张夏撰 ⑱集874

静远轩 一八〇三（嘉庆八）年刊烛湖集二十卷附编二卷 宋孙应时撰 ②11183

静寄轩 一八四二（道光二十二）年刊治麻新书三卷附二种 清田九如撰 ㉚520

二泉浦氏**静寄东轩** 一七三六—一七九五（乾隆）年刊桃花泉奕谱二卷 清范世勋撰 ②14249

蓺学轩 一八〇三（嘉庆八）年刊缉古算经三卷 唐王孝通批注清张淳仁细草 ⑯511/113

慕陶轩 一七三六—一七九五（乾隆）年刊龙性堂诗话 清叶矫然撰 ⑱集1894

贵池刘氏**聚学轩** 一八九五（光绪二十一）年刊金石图说 清牛运震集说 ⑥史177

浙江德清胡氏**漱六轩** 一七〇五（康熙四十四）年刊禹贡锥指二十卷 清胡渭撰 ⑥

德清胡氏**漱六轩** 一七三六—一七九五（乾隆）年刊洪范正论五卷 清胡渭撰 ⑪NC0358/4232

陆时化**翠华轩** 一七七五（乾隆四十）年刊秋涯诗稿一卷词稿一卷跋稿一卷杂文一卷 清王遵扆撰 ①3023

十五画以上

江右**醉芸轩** 一八九三（光绪十九）年刊温病条辨六卷首一卷 清吴瑭撰 ㉚372

醉墨轩 一八一二（嘉庆十七）年刊绣像云琴阁五十二卷 ④11088

醉墨轩 一八二八（道光八）年刊新编双玉杯全传三十六卷三十六回 ④4673

醉墨轩 一九〇五（光绪三十一）年刊蔡氏治证撮要 清蔡熙和撰 ㉚355
蕉雨轩 刊字孪二卷 明叶秉敬撰 ⑱经446
影翠轩 一六九〇（康熙二十九）年刊百城烟水九卷 清徐崧张大纯撰 ⑱史970
箭山铁镫轩 一六六二—一七二二（康熙）年刊学箕初稿二卷 清黄百家撰 ⑱集1049
德邻轩 一七一八（康熙五十七）年刊针灸大成十卷 明杨继洲撰 ㉚131
德邻轩 一七九七（嘉庆二）年重刊针灸大成十卷 明杨继洲撰 ㉚131
鹤树轩 一七六二（乾隆二十七）年刊华岳志十二卷首一卷 清姚远翿撰 ⑱史1012
山阴陈氏橘荫轩 一八七五—一九〇八（光绪）年刊橘荫轩全集 清陈锦撰 ⑤
橘荫轩 刊学庐自镜语一卷附续编 清陈锦撰 ⑯2131
赠云轩 一八三六（道光十六）年刊棕亭词钞七卷 清金兆燕撰 ⑯3153
归安郑氏镜蓉轩 一六八九（康熙二十八）年刊三百词谱 清郑元庆选 ⑪811·708/8710
澹宁轩 一六六二—一七二二（康熙）年刊万行草不分卷 清吴自肃撰 ⑱集1020
澹秋轩 一七一四（康熙五十三）年刊垂世芳型十三卷 清金维宁撰 ⑱史1529
黄氏擘荔轩 一八〇四（嘉庆九）年刊飞白录二卷 清陆绍曾张燕昌撰 ①1285
瀛海轩 一八七一（同治十）年刊新刻锈像后唐奇书莲子瓶演义传四卷二十三回 ④6072
藜照轩 一七三六—一七九五（乾隆）年刊礼乐通考三十卷 清胡抡撰 ⑥

八、山房

一 画

一山房 刊性命圭旨四卷 明尹真人秘授 ②65871
常郡一枝山房 一八七一（同治十）年刊楷体蒙求八卷 清刘廷玉辑 ⑯423.18/893
一枝山房 一八二二（道光二）年刊国朝古文所见集十三卷 清陈兆麟选辑 ②46324

二 画

二酉山房 一八四七（道光二十七）年刊外科证治全生集附金疮铁扇方 清王维德编 ㉚514

二酉山房 一八七八（光绪四）年刊华阳国志十二卷 晋常璩撰补三州郡县目录一卷 清廖寅撰 ①10730

陈**十钟山房** 一八七二（同治十一）年钤刊十钟山房印举不分卷 清陈介祺辑 ①3270

九十九峰山房 一九〇七（光绪三十三）年刊澹园诗钞三卷 清任谦著 ②30991

九柏山房 一七三六—一七九五（乾隆）年刊杜诗镜铨二十卷 杜工部年谱一卷 清杨伦编 ⑯3778

三 画

江西**三芝山房** 一八一二（嘉庆十七）年刊周易经义审七卷首一卷 清卢浙辑注 ㉑314

石门马氏**大酉山房** 一七九四（乾隆五十九）年刊龙威秘书 清马俊良辑 ⑤

宁郡**大酉山房** 一八八四（光绪十）年刊妙英宝卷二卷 ⑯858.5/993－0

海陵**大酉山房** 一八九六（光绪二十二）年刊本草备要四卷 清汪昂撰 ㉚171

大酉山房 一七九七（嘉庆二）年刊说文解字系传四十卷 南唐徐锴撰 ⑱经406

大林山房 一八八一（光绪七）年刊喉科大成四卷 清马渭龄撰 ㉚589

大叠山房 刊重刊校正笠泽丛书四卷补遗诗一卷 唐陆龟蒙撰 ①306

大鹤山房 一八七五—一九〇八（光绪）年刊瘦碧词二卷 郑文灼撰 ④1227

万玉山房 一六六二—一七二二（康熙）年刊金陵览古一卷 清余宾硕撰 ⑱史1044

万轴山房 一八八二（光绪八）年刊温飞卿诗集笺注九卷 唐温庭筠撰明曾益注 ⑰423－387

义竹山房 刊白苓集四卷 清戴翼子撰 ⑯2664

小仓山房 一七六二（康熙二十七）年刊随园食单 清袁枚撰 ③36842

小仓山房 一八〇八（嘉庆十三）年刊随园随笔二十八卷 清袁枚撰 ③36856

海虞顾氏**小石山房** 一七九〇（乾隆五十五）年刊十国春秋一百十四卷 清吴仕臣撰 ③史218/828

江苏顾氏**小石山房** 一八五〇（道光三十）年刊名印传真六卷 清顾湘辑 ㉙3263

琴城**小安山房** 一八六五（同治四）年刊医案偶存 清李省斋撰 ㉚640

山阴李氏**小李山房** 一八一三（嘉庆十八）年刊札朴十卷 清桂馥撰 ⑯071/251－02

京都**小酉山房** 一八七五—一九〇八（光绪）年刊同治中兴京外奏议约编八卷 清陈弢辑 ②8074

小酉山房 一六六五（康熙四）年刊济阴纲目十四卷附保生 清汪淇撰碎事十四卷 明武之望撰 ㉚431

小酉山房 一七八六（乾隆五十一）年刊隶法汇纂十卷 清项怀述撰 ⑰15250

小酉山房 一八六一（咸丰十一）年刊新编简易良方二卷 ㉚256

小积石山房 一八〇九（嘉庆十四）年刊七纬三十八卷附补遗 清赵在翰辑 ②36564

孙学颜**小濂溪山房** 一七二〇（康熙五十九）年刊吕晚村先生古文二卷 清吕留良撰 ①1241

四　画

天马山房 一六六二—一七二二（康熙）年刊鹤静堂集十九卷 清周茂源撰 ⑱集978

华阳**艺林山房** 刊益雅堂丛书二十三种 清傅世珣辑 ⑥

艺林山房 一八四六（道光二十六）年刊比雅十二卷 清洪亮吉撰 ⑧

南京**木犀山房** 一八七四（同治十三）年刊呻吟语六卷 明吕坤撰 ⑥

木墀山房 一八一〇（嘉庆十五）年刊李氏音鉴六卷 清李汝珍撰 ②37987

木墀山房 一八六八（同治七）年刊李氏音鉴六卷首一卷 清李汝珍撰 ⑯424/292

不夜山房 一八九八（光绪二十四）年刊陆地仙经 清马齐辑录 ㉚620

临川陈氏**太乙山房** 一七五四（乾隆十九）年刊中庸阐义七卷 清陈之兰撰 ㉑254

成都**友竹山房** 一八八四（光绪十）年刊增订金壶字考不分卷 清郝在田增订 ⑥

友杜山房 刊新刻指迷医碑二十卷 清蔡玉美撰 ㉚349

少白山房 一八二二（道光二）年刊空石斋诗文合刻文集三卷诗剩二卷 清汪国撰 ⑯847.4/710.42

无锡**日升山房** 一八五八（咸丰八）年刊图注八十一难经辨真四卷附脉诀附方 明张世贤撰 ㉚711

无锡**日升山房** 一八七五—一九〇八（光绪）年刊本草分经 清姚澜编 ㉚177

无锡**日升山房** 刊图注脉诀辨真四卷附方一卷 明张世贤撰 ㉚108

江苏**日升山房** 一九〇一（光绪二十七）年刊景岳新方歌一卷 清吴辰灿等纂 ㉚240

日升山房 一八五八（咸丰八）年刊本经疏证十二卷续疏六卷序疏要八卷 清邹澍撰 ㉚158

苏州**文学山房** 一八七九（光绪五）年刊仓颉篇校证三卷补遗一卷 清梁章钜撰 ⑯423.5/363—730

片石山房 一七四七（乾隆十二）年刊西邨诗草二卷耦渔词一卷 清邹天嘉撰 ⑱集1190

文奎山房 一八八九（光绪十五）年刊徐氏医书八种十八卷 清徐大椿撰 ㉚728

上海**文渊山房** 一八九一（光绪十七）年刊女科仙方四卷 清傅山撰 ㉚434

上海**文渊山房** 刊温病条辨六卷首一卷 清吴瑭撰 ㉚373

双笏山房 一七一三（康熙五十二）年刊石屋剩集二卷 清魏麐徵撰 ⑱集1022

双溪山房 一七七三（乾隆三十八）年刊黔滇志略三十卷 清谢圣纶纂 复旦大学图书馆

书成山房 一八五四（咸丰四）年刊东周列国全志一百零八回卷首一卷 明冯梦龙撰清蔡升评点 ⑨善1072

水云山房 一八二一—一八五〇（道光）年刊主一斋随笔九卷 清邓淳撰 ③总520/8643

五 画

长沙**玉尺山房** 一八八五（光绪十一）年刊谈艺珠丛 清王启原辑 ⑯1477

玉池山房 一八八三（光绪九）年刊济世养生集便易经验集 清毛世洪编 ㉚251

维杨**玉池山房** 一八七六（光绪二）年刊筮卜正宗十四卷 清王维德辑 ②30882

玉壶山房 一八一三（嘉庆十八）年刊岭南群雅初集三卷二集三卷 清刘彬华辑 ⑱集1818

玉简山房 一八七六（光绪二）年刊外科证治全生集附金疮铁扇散方 清王维德撰 ㉚542

重庆**正字山房** 一八九八（光绪二十四）年刊集字便览六卷 清嗣箫校补 ⑥

四川成都**正字山房** 一九〇一（光绪二十七）年刊中外医书八种合编 ㉚759

宁州**古瓦山房** 一八一六（嘉庆二十一）年自刊思不辱斋文集四卷诗集四卷外集三卷 清万承风撰 ㉑221

古瓦山房 一七九六—一八二〇（嘉庆）年刊山谷老人刀笔二十卷 宋黄庭坚著 ②36761

古桂山房 一八六七（同治六）年刊陈检讨集二十卷 清陈维崧撰 ⑯2668

广东汪氏**古愚山房** 一七九六—一八二〇（嘉庆）年刊古愚丛书十六种 清汪汲撰 ⑤

古愚山房 一七九四（乾隆五十九）年刊解毒编 清汪汲编 ㉚253

古愚山房 一七三六—一八二〇（乾隆至嘉庆）年刊古愚老人消夏录 清汪汲撰 ⑤

古愚山房 一七三六—一八二〇（乾隆嘉庆）年刊古愚山房方书三种 清汪汲（古愚）编 ㉚253

古愚山房 一七九六（嘉庆元）年刊汇集经验方 题五世同堂老人编 ㉚250

本壶山房 一七六八（乾隆三十三）年刊三通警策甲编二卷乙编二卷 清胡重辑 ㉒28788

石门山房 一八五五（咸丰五）年刊渔邨记传奇二卷 题妙有山人撰 ④11213

石竹山房晋陵盛氏 一八六三（同治二）年刊人范须知六卷 清盛隆辑 ㉒28113

石经山房 一八六三（同治二）年刊蔡福州外纪十卷 明徐𤊟编 ⑯982.851/561－952

石渠山房 一八一五（嘉庆二十）年刊金石缘全传八卷二十四回首一卷 ④5757

石渠山房 一八九〇（光绪十六）年刊小题正鹄三集附训蒙草一卷养正草一卷 清李元度辑 ㉒40345

石磬山房 一七五六（乾隆二十一）年刊灵璧河渠原委三卷灵璧县河防录一卷 清贡震撰 ⑱史1041

石镜山房 一六六三（康熙二）年刊宠寿堂诗集三十卷 清张竞光撰 ⑱集1003

龙眼山房叶氏 一八七八（光绪四）年在成都刊经籍跋文一卷 清陈鳣撰 ⑯011.6/384－02

平远山房 一七九八（嘉庆三）年刊天花精言六卷 清袁句撰 ㉚512

东泰山房 一八八一（光绪七）年刊新刻绣象升仙传演义五十六回 清倚云氏撰 ⑯857.4/907

上海**东璧山房** 一八八七（光绪十三）年刊新选今古奇闻二十二卷 清王寅选 ④5827

北岳山房 一九〇三（光绪二十九）年刊六典通考二百卷 清阎镇珩辑 ③社126/8945

金溪谢氏**旧学山房** 一八九八（光绪二十四）年刊谢文贞公文集四卷 清谢得溥撰谢甘盘辑 ㉑334

浒湾**旧学山房** 一九〇〇（光绪二十六）年刊医学辑要 清谢甘澍编 ㉚103

旧学山房 一八七四（同治十三）年刊咽喉秘集 清吴氏张氏合编 ㉚587

旧学山房 刊重刻刘蕺山先生人谱分编六卷 明刘宗周撰清傅超傅彩辑 ⑯192/892—905

由舟山房 一六六二—一七二二（康熙）年刊静远堂诗七卷梦香词一卷 清汪观撰 ⑱集985

白云山房虚庵 一七三六—一七九五（乾隆）年刊太上皇庭经注三卷附阴符经注 清石和阳著 ㉒65865

白虎山房 一八三七（道光十七）年刊唐诗别裁集引典备注二十卷 清沈德潜辑俞汝昌注 ㉙1249

吴中**白鹿山房** 一八一三（嘉庆十八）年刊痰火点雪四卷 明龚居中撰 ㉚418

白鹿山房 一八一六（嘉庆二十一）年刊伤寒晰疑四卷 清柯琴撰钱谅臣注 ㉚51

史氏**句俭山房** 一八二五（道光五）年刊杜诗琐证二卷 清史炳撰 ①2617

务本山房 一八六二（同治元）年刊伤寒论浅注六卷 清陈念祖撰 ㉚56
兰兰山房徐沛 一八八一（光绪七）年刊玉函经三卷 唐杜光庭撰 ㉚112
半壁山房 一七五九（乾隆二十四）年刊半壁山房诗集四卷 清董柴撰 ⑱集 1790
半壁山房 一七六〇（乾隆二十五）年刊如兰集二十卷 清董柴辑 ⑱集 1747

六 画

老扫叶山房 一七九六—一八五〇（嘉庆—道光）年刊三鱼堂文集十二卷外集六卷附录一卷 附崇祀录一卷 清陆陇其撰 ③文 282. 4431. 185
五云**吏隐山房** 一八七三（同治十二）年刊救急验方 清补拙轩编 ㉚272
列岫山房 一七九四（乾隆五十九）年刊五经文字偏旁考三卷 清蒋骐昌辑 ③字 139/8443
存桂山房 一八六二（同治元）年刊王佑之苍梧殉节梅箑题词一卷 清王敦仁编 ②10531
忠州柳氏**存愚山房** 一九〇四（光绪三十）年刊范文正公文集十卷 宋范仲淹著 ②8090
成云山房 一七三六—一七九五（乾隆）年刊周礼纂训二十卷 清李钟伦撰 ⑱经 176
百城山房 一九〇〇（光绪二十六）年刊外科正宗十二卷 明陈实功撰清徐大椿批 ㉚545
上海**扫叶山房** 一八五一（咸丰元）年刊本草医方合编 清汪昂撰 ㉚723
古吴**扫叶山房** 一八八四（光绪十）年刊临证指南医案十卷附种福堂公选良方 清叶桂撰 ㉚631
苏州**扫叶山房** 一七九三（乾隆五十八）年刊灵岩山人诗集四十卷附年谱一卷 清毕沅撰 ㉙1711
苏州**扫叶山房** 一八五五（咸丰五）年刊良方集腋二卷续附一卷 清谢元庆编 ㉚260
南沙席世臣**扫叶山房** 一七九五（乾隆六十）年刊元史类编四十二卷 清邵远平著 ②15936
席世臣**扫叶山房** 一七九九（嘉庆四）年刊钱塘遗事十卷 元刘一清撰 ①8049
扫叶山房 一七九三（乾隆五十七）年刊吴医汇讲十一卷 清唐大烈编撰 ㉙1062
扫叶山房 一八〇〇（嘉庆五）年刊泰西水法三卷 泰西熊三拔撰明徐光启记 ④456
扫叶山房 一八二一—一八五〇（道光）年刊古今名医方论四卷 清罗美编 ㉚224
扫叶山房 一八五六（咸丰六）年刊外科图说四卷 清高文晋编 ㉚547

扫叶山房　一八六九（同治八）年刊秘传花镜六卷　清陈淏子撰　④3924

扫叶山房　一八八八（光绪十四）年刊本草医方合编　清汪昂编　㉚723

扫叶山房　一八七五—一九〇八（光绪）年刊三国志演义十九卷一百二十回首一卷

明罗本著清金人瑞批毛宗岗评　②26820

竹秀山房　一八二一—一八五〇（道光）年刊地理辨正直解五卷　清张锡山著　②66348

竹秀山房　一八六二—一八七四（同治）年刊尚论篇四卷尚论后篇四卷　清喻昌撰　㉚49

竹雨山房　一七七〇（乾隆三十五）年刊宋诗略十八卷　清汪景龙姚埙辑　⑯8715

竹柏山房　一八四九（道光二十九）年刊开卷偶得十卷　清林春溥撰　⑯071/254

竹柏山房　一八三四（道光十四）年刊孔子世家补订附孟子列传纂　清林春溥著　②57399

吾氏**竹素山房**　一七三六—一七九五（乾隆）年刊学古编一卷附闲居录一卷　元吾邱衍撰　⑬931/12672

仰谢山房　一八二八（道光八）年刊宛雅合编四十卷　清梅鼎祚编辑　⑦8823

湘阴张氏**师白山房**　一八二九（道光九）年刊师白山房讲易十卷　清张学尹撰　㉒331

师白山房　一八七二（同治十一）年刊听园文存八卷　清张学尹著　②29517

师竹山房　刊礼经宫室答问二卷　清洪颐煊撰　⑯11927

光明山房　一八八四（光绪十）年刊医学集成四卷　清刘仕廉撰　㉚708

盛京**同文山房**　一八八〇（光绪六）年刊目科捷径三卷　清刘松岩撰　㉚576

会文山房　一八六三（同治二）年刊忆真妃　清喜晓峰撰　㉕55

会文山房　一八八四（光绪十）年刊姜女寻夫　㉕55

吉水曾弘**讲学山房**　一六七二（康熙十一）年刊欧阳文忠公全集一百五卷年谱一卷　宋欧阳修撰　㉑293

讲学山房　一六六二—一七二二（康熙）年刊张篑山三种　清张贞生撰　⑤

庐陵**寻乐山访**　一八六四（同治三）年刊史外八卷　清汪有典撰　㉑327

如是山房　一八七六（光绪二）年刊如是山房增订金批西厢记四卷首一卷末一卷

元王实甫撰清金人瑞评　⑯855.6/120－987－05

广东**观源山房**　一八二九（道光九）年刊文庙史典二十一卷　清莫瑞堂编　⑥

姑苏红叶山房 一八八八（光绪十四）年刊续四才子书四卷十八回 ④6030

金溪赵氏红杏山房 一八五六（咸丰六）年刊省心要编 清赵承恩辑 ㉑323

金溪赵氏红杏山房 一八七三（同治十二）年刊红杏山房诗存四卷 清项兆麟撰 ㉑324

金溪赵氏红杏山房 一八六二—一九〇八（同治—光绪）年刊赵氏藏书 清赵承恩辑 ㉑324

红杏山房 一八七四（同治十三）年刊咽喉秘集 清吴氏张氏合编 ㉚587

红杏山房 一九〇四（光绪三十）年刊眼科秘旨 ㉚578

红杏山房 一八七八（光绪四）年刊壮悔堂文集十卷四忆堂诗集六卷 清侯方域撰 ②62387

红药山房唐氏 一八五一（咸丰元）年刊泉币汇考十六卷 清唐与昆纂辑 ⑯993.65/667

红药山房 一八六一（咸丰十一）年刊选择醒迷全书六卷 清秦玉田辑 ②6585

四川逢溪钟氏红雪山房 一八九六（光绪二十二）年刊易学探源二卷易象显微十卷 清钟瑞廷释 ⑰0019

湛祖宾江西永宁红荔山房 一七九五（乾隆六十）年刊春秋正传三十八卷 明湛若水撰 ⑥

仁和王氏红蝠山房 一八九〇（光绪十六）年刊方言笺疏十三卷 汉杨雄撰清钱铎笺疏 ③字210/23.8

七 画

成都运筹山房 一八七五—一九〇八（光绪）年写刊魏武帝注孙子三卷 ⑥

东吴赤绿山房 一六六二—一七二二（康熙）年刊吴江雪二十四回 清顾石城撰 ㉙668

临潼王氏花雨山房 一八四三（道光二十三）年刊四品汇钞 清丁飞鹗辑 ⑤

两鬳山房 一八七一（同治十）年刊南漘楛语八卷 清蒋超伯撰 ⑯857.1/526

酉酉山房 刊续板桥杂记三卷 清余怀撰 雪鸿小记一卷补遗一卷 原题珠泉居士著 ②37308

还读山房 一八一〇（嘉庆十五）年刊本草述三十二卷 明刘若金撰 ④3839

吴兴姚氏扶荔山房 一八二四（道光四）年刊套印史记菁华录六卷 清姚苧田撰 ⑥

步月山房 一八八八（光绪十四）年刊古诗源十四卷 清沈德潜选 ③文130/843.4

听月山房 一八九二（光绪十八）年刊七巧书谱二卷 清严恒撰严信厚辑 ③艺910/898

听雨山房 一八七八（光绪四）年刊天中记六十卷 明陈耀文纂 ②37957

湘乡萧氏听涛山房 一七九三（乾隆五十八）年刊历代名贤列女氏姓谱一百五十七卷 清萧智汉辑 ㉒340

听涛山房 一七九四（乾隆五十九）年刊月日纪古十二卷 清萧智汉辑 ②65936

听涛山房 一八三四（道光十四）年刊新增日月纪古十二卷 清萧智汉辑 ⑰0219

吟石山房 一八三一（道光十一）年刊思补堂文集二卷 清刘昌臣著 附怡云草三卷 清刘秉彝撰 ②10511

岘嶕山房 一八六一（咸丰十一）年刊秋怀倡和诗一卷续一卷 清董文涣辑 ②61019

近溪山房 一七五五（乾隆二十）年刊萤照阁集十六卷 清车腾芳撰 ⑱集1101

饭颗山房 一七九四（乾隆五十九）年刊稗贩八卷 清曹斯栋辑 ②65624

金陵冶麓山房 一八八五（光绪十一）年刊金陵琐志五种 清陈作霖著 ②7410

谷应山房 一八七八（光绪四）年刊越谚三卷附剩语二卷 清范寅编 ⑯399.9/536

补过山房 一八七二（同治十一）年刊达生编遂生编福幼编 ㉚734

补拙山房 一八五一（咸丰元）年自刊三余杂志八卷辩诬二卷 清张定鋆撰 ㉙3234

启秀山房 一八二五（道光五）年刊学海堂集初集十六卷二集二十二卷三集二十四卷四集二十八卷 清启秀山房订 ⑯137

启秀山房 一八七八（光绪四）年刊史目表 清洪饴孙撰 ⑯016.92/720

陂影山房 一八七〇（同治九）年刊大生要旨五卷 清唐千顷撰 ㉚458

妙有山房 一七三六—一七九五（乾隆）年刊渔村记二卷 清韩锡胙撰 ⑰10353

八画

环堵山房 一八一八（嘉庆二十三）年刊黄淮安澜编二卷畏斋文集一卷 清龚元玠著 ②60468

环翠山房 一七八五（乾隆五十）年刊红梨记二卷 明徐复祚撰 ㉙2801

琴川郑氏青玉山房 一八四三（道光二十三）年刊舟车所至十八卷附十六卷 清郑光祖辑 ㉙3208

青玉山房 一八五五（咸丰五）年刊一斑录五卷附一卷杂述八卷 清郑光祖撰 ⑯072/975

松石山房 一六六二—一七二二（康熙）年刊宛鸠居诗十二卷 清吴树诚撰 ⑱集968

松涛山房 一八二七（道光七）年刊袁文笺正十六卷 清袁枚撰石韫玉笺注 ⑦8512

松筠山房 一六五六（顺治十三）年刊燕台文选初集八卷补遗一卷 清田茂遇辑 ⑱集 1764

松鹤山房 一九〇五（光绪三十一）年刊疾病补救录 清杜时彰编 ㉚614

枕经山房 刊六也曲谱初集不分卷 题怡庵主人辑 ④11337

长沙枕善山房 一八八二（光绪八）年刊湖南考古略十二卷 清卢峻等纂 湖南省图书馆

抱一山房 一八六九（同治八）年刊医理真传四卷 清郑寿全撰 ㉚668

抱珠山房 一八三七（道光十七）年刊节斋公胎产医案 明王纶撰 ㉚451

虎溪山房 刊桑志十卷首一卷 清李聿求撰 ⑱子 156

味古山房 一八二一—一八五〇（道光）年刊历代疆域表三卷 清段长基撰 ⑥

鸣野山房 一七二三—一七三五（雍正）年刊归田诗存三卷文集二卷 清鲁曾煜撰 ⑱集 1109

山阴沈氏鸣野山房 一七四四（乾隆九）年刊秋塍文钞十二卷 清鲁曾煜撰 ⑯847.4/851

岵屺山房 一八八二（光绪八）年刊四书纂言四十卷 清宋翔凤辑 ⑯6867

果克山房 一八〇一（嘉庆六）年唐仲冕刊六如居士全集七卷外集六卷制义一卷画谱三卷 明唐寅撰 ③文 274.32/185

果克山房 一八〇七（嘉庆十二）年刊岱览三十二卷附录一卷首七卷 清唐仲冕辑 ⑯4867

钓鳌山房 一七九七（嘉庆三）年刊骚坛八略二卷 清王楷苏撰 ⑯6924

汪氏欣托山房 一七八一（乾隆四十六）年刊十六国春秋一百卷 魏崔鸿撰清汪日桂重订 ⑧

金匮山房 一六六二—一七二二（康熙）年刊牧斋有学集五十一卷 清钱谦益撰 ⑱集 898

金鹅山房 一八三八（道光十八）年刊精选七律耐吟集一卷 清梅成栋辑 ②39493

金□山房 一八〇四（嘉庆九）年刊竹书穆天子传六卷 晋郭璞注 ②23899

炉雪山房 一八二二（道光二）年刊学易五种 清王甗撰 ⑤

卷石山房 一八三〇（道光十）年刊仁端录二卷 清梁嵩编 ㉚484

苏州宝华山房 一八八二（光绪八）年刊道乡公文集四十卷补遗一卷附录一卷 宋邹浩撰 ⑯18043

宝镜山房 一八九三（光绪十九）年刊瓯（驱）蛊燃犀录一卷附录一卷 题燃犀道人著 ②10513

定性山房 一七三六—一七九五（乾隆）年刊岣嵝删馀诗草一卷 清旷敏本撰 ⑱集 1165

宛委山房 一六六二—一七二二（康熙）年刊两汉文删二十四卷 清宗元豫选 ②30708

江阴**学古山房** 一八六七（同治六）年刊幼科铁镜六卷 清夏鼎撰 ㉚478

江阴**学古山房**一九〇三（光绪二十九）年刊汤头歌诀 清汪昂撰 ㉚238

长沙谷氏**学库山房**一八九五（光绪二十一）年刊春秋左传纲目句读六卷 宋朱申撰 ㉒333

学库山房 一八九六（光绪二十二）年刊汤头歌诀 清汪昂撰 ㉚238

居易山房 一八六八（同治七）年刊牧庵杂记六卷 清徐一麟撰 ⑯847.5/951

经饴山房 一八三七（道光十七）年刊保婴易知录二卷 清吴溶堂撰 ㉚483

经翼山房 一九〇四（光绪三十）年刊蝴蝶媒四卷十六回 题南岳道人编 ④6035

九画

玲珑山房 一七二九（雍正七）年刊韩柳年谱不分卷 ⑯982.99/446

南扶山房 一九〇六（光绪三十二）年刊馀斋耻言二卷 清徐祯稷撰 ⑦14778

南磵山房 一六六二—一七二二（康熙）年刊今词选三卷 清陈维崧吴本嵩等辑 ⑱集2006

彭氏**茗雪山房** 一八二六（道光六）年刊茗雪山房二种曲 清彭剑南撰 ⑤

莆田**荔隐山房** 一八九九（光绪二十五）年刊莆阳文辑五卷 清涂庆澜编 ⑧

点易山房 一八三一（道光十一）年刊抚豫宣化录四卷 清田文镜著 ②63928

湖南**思补山房** 一八六八（同治七）年刊呻吟语六卷 明吕坤撰 ⑥子27

婺源**思补山房** 一八八七（光绪十三）年刊本草纲目易知录八卷 清戴葆元编 ㉑225

拜石山房 一八一六（嘉庆二十一）年刊感证集腋二卷 清茅钟盈编 ㉚374

香雪山房 一七三六—一七九五（乾隆）年刊双仙记传奇二卷 清崔应阶撰 ⑱集2146

柘湖丁氏**种松山房** 一八〇一（嘉庆六）年刊干巷志六卷首一卷 清朱栋纂 ⑲14

秋竹山房 刊秋竹山房传奇二种二卷 ⑱集2159

秋晓山房 一七六四（乾隆二十九）年补刊稽古日钞八卷 清张方湛等撰 ⑯5410

香月山房 一八二一—一八五〇（道光）年刊柳溪先生遗诗一卷 清戴燕永著 ②57517

孙氏保铸山房 一八八五（光绪十一）年刊稽庵古印笺四卷 清孙文楷辑 ⑱史1504

食砚山房 一八三七（道光十七）年刊南陵无双谱排律 清王言著 ②54089

养拙山房 一七九五（乾隆六十）年刊太史升庵全集 明杨慎撰 ⑰01562

养拙山房 一九〇二（光绪二十八）年刊注释读史方舆纪要序二卷 清顾祖禹撰李式揆注释 ②48208

秀水陶氏**养树山房** 一八九七（光绪二十三）年刊辛卯侍行记六卷 清陶保廉撰 ⑯929/405

三衢雷慎修堂**养鹤山房** 一八八七（光绪十三）年刊雷氏慎修堂医书三种 清雷丰等撰 ㉚756

屋外山房 一八二〇（嘉庆二十五）年刊吟风阁杂剧 清杨潮观撰 ⑤

十 画

顽石山房 一八八二（光绪八）年刊千秋恨十二卷 题顽石子撰 ③文640/893

蚕尾山房 刊本事诗十二卷 清徐釚辑 ②17008

栖碧山房 一七七一（乾隆三十六）年刊参读礼志疑二卷 清汪绂著 ②17134

桐石山房 一八〇一（嘉庆六）年刊重刻绣像说唐演义六十八回 题鸳湖渔叟订 ④5893

苏州**桐石山房** 一八五一（咸丰元）年刊本草备要四卷 清汪昂撰 ㉚170

姑苏**桐石山房** 一六六二—一七二二（康熙）年刊慈幼筏十二卷 清程云鹏辑 ㉚480

金阊**桐石山房** 刊图注脉诀辨真四卷附方一卷 明张世贤注 ㉚107

桐石山房 一六九七（康熙三十六）年刊疮疡经验全书十二卷 宋窦杰撰窦梦麟续补 ㉚538

桐石山房 一八一九（嘉庆二十四）年刊伤寒全生集四卷 明陶华撰 ㉚68

桐石山房 一八四五（道光二十五）年刊万病回春八卷 明龚廷贤编 ㉚324

嘉鱼**桧荫山房** 一八七七（光绪三）年刊金忠节公文集八卷 明金声撰 ⑮中01127/416/809

上海**校经山房** 一八九一（光绪十七）年刊医方集解三卷 清汪昂撰 ㉚225

校经山房成记 一八八〇（光绪六）年刊针灸大成十卷 明杨继洲撰 ㉚131

吴县朱氏**校经山房** 一八八八（光绪十四）年刊亭林先生遗书汇辑 清顾炎武撰朱记荣辑 ⑰01447

校经山房 一八一四（嘉庆十九）年刊吴医汇讲十一卷 清唐大烈编 ㉚665

校经山房 一八八八（光绪十四）年刊本草医方合编 清汪昂编 ㉚723

壶山房 一七六八（乾隆三十三）年刊三通警策甲编三卷乙编二卷 清胡重辑 ②28788

常州**晋升山房** 一九一〇（宣统二）年刊汤头歌诀 清汪昂撰 ㉚239

常郡**晋升山房** 刊本经疏证十二卷续疏六卷序疏要八卷 清邹澍撰 ㉚158

晋升山房 一九〇四（光绪三十）年刊本草备要四卷 清汪昂撰 ㉚171

孝乌山房 一七五九（乾隆二十四）年刊白石道人诗一卷集外诗一卷诗说一卷 宋姜夔撰

诸贤酬赠诗一卷 宋杨万里等撰 ⑱集371

积翠山房 一七七八（乾隆四十三）年刊秋灯丛话十六卷 清王槭撰 ⑦12095

上海陈氏**借月山房** 一八二三（道光三）年刊泽古斋重钞 清陈璜辑 ⑤

借月山房 一九〇九（宣统元）年刊脉经十卷 晋王熙撰 ㉚106

姚江**借树山房** 一八〇三（嘉庆八）年刊鲒埼亭集三十八卷 清全祖望撰 ⑦15519

姚江**借树山房** 一八七二（同治十一）年刊鲒埼亭集三十八卷首一卷全谢山经史问答十卷

外编五十卷 清全祖望撰 ⑯847.4/984

健碧山房 刊秋屏词钞 清吴贯勉撰 ⑥

陈**爱竹山房** 一八六六（同治五）年刊伤寒说意十卷 清黄元御撰 ㉚74

成都**爱树山房** 一八二九（道光九）年刊昭烈忠武陵庙志十卷 清潘时彤辑 ⑥史146

涣古山房 一八七七（光绪三）年刊景岳新方砭四卷 清陈念祖撰 ㉚228

汉皋**悟真山房** 一八七一（同治十）年刊医案心得集二卷 清王菊泉撰 ㉚641

读雪山房 一八〇一（嘉庆六）年刊韫山堂诗集十六卷文集八卷 清管世铭撰 ⑧

读雪山房 一八三一（道光十一）年刊居业堂文集二十卷首一卷 清王源撰 ②62627

读雪山房 一八九四（光绪二十）年补刊韫山堂文集八卷诗集十六卷 清管世铭撰 ⑯847.5/845

袖海山房 一八四八（道光二十八）年刊赛金丹二卷 清蕴真子编 ㉚266

袖海山房 一八九九（光绪二十五）年刊十三峰书屋全集八卷 清李榕撰 ④3522

十一画

培桂山房 一八二一—一八五〇（道光）年刊医说简略 清杨念慈撰 ㉚697

席氏埽叶山房 一七九八（嘉庆三）年刊元诗选癸集十六卷 清顾嗣立辑席世臣补 ⑱集1701

梦华山房 一六六二—一七二二（康熙）年刊西斋集十八卷 清王仲儒撰 ①1173

梦筠山房 一八一三（嘉庆十八）年刊四书话录五卷 清艾南英着 ②57193

雩乐山房 刊文苑珠林四卷 清蒋超伯辑 ②57004

张氏琴川掬水山房 一八三七（道光十七）年刊吉祥语四卷 清张承露辑 ㉙3268

虚白山房 一六九八（康熙三十七）年刊历代诗发四十二卷 清范大士辑评 ⑱集159

潞河啖柘山房 一八八七（光绪十三）年刊四书训义三十八卷四书稗疏二卷四书考异一卷 清王夫之撰 ②28497

停琴寄笙山房 刊熙朝宰辅录二卷 清潘世恩撰 ㉙1145

望益山房 一八八一（光绪七）年刊说文管见三卷 清胡秉虔撰 ⑧

清梦山房 一七三九（乾隆）年刊潜庄删订增补紫玉记二卷 清蔡应龙撰 ⑱集2144

清隐山房 一八八四（光绪十）年刊清隐山房丛书清隐山房丛书二编 题退补主人辑 ⑰56-01320

鸿雪山房 一八八八（光绪十四）年刊医方药性赋八卷首一卷末一卷 宋崔嘉彦撰明李言闻删补 ㉚191

渔古山房 一七二一（康熙六十）年刊燕山集五卷附五行分类论 清石楷撰 ②65699

渔古山房 一七七〇（乾隆三十五）年刊陈检讨四六二十卷 清陈维崧撰 ⑱集1031

渔古山房 一八二一—一八五〇（道光）年刊神农本草经读四卷 清陈念祖撰 ㉚157

渔古山房 一八七一（同治十）年刊隶辨八卷 清顾蔼吉着 ②10585

渔古山房 一八八七（光绪十三）年刊伤寒论三注十六卷 清周扬俊编注 ㉚52

深柳山房 一八四二（道光二十二）年刊胎产拣要 清杨静山撰 ㉚463

寄砚山房 一八八八（光绪十四）年刊说文染指二卷 清吴楚撰 ⑯10506

永新徐氏绿山房 一八五三（咸丰三）年刊易引二卷 清徐鹏展撰 ㉑298

绿云山房 一八一六（嘉庆二十一）年刊永昌县志八卷 清南济汉纂 ⑲222

绿云红雨山房 一七九九（嘉庆四）年刊红楼梦传奇二卷 清仲云涧撰 ②47358

绿柳山房 一八一六（嘉庆二十一）年刊经义述闻十五卷 清王引之撰 ②23953

绿荫山房 一八三一（道光十一）年刊二十二史策案五卷首一卷 清王□撰 ②113934

绿签山房 一八二二（道光二）年刊南唐书十八卷附音释一卷宋陆游撰清汤运泰注 ②36275

十二画

棣萼山房 一八三五（道光十五）年刊禹贡示掌一卷 清尤逢辰撰 ㉙1094

古虞喜雨山房 一八七六（光绪二）年刊绣像荆钗全传六卷二十回 清黄彦光撰 ④4631

萱荫山房 一八〇八（嘉庆十三）年刊白香词谱一卷附晚翠轩词韵一卷 清舒梦兰辑 ②44543

天津煮字山房 一八九一（光绪十七）年刊五方元音二卷 清樊腾风撰年希尧增补 ②24547

洪氏揖石山房 刊杏庭摘藁一卷元洪焱祖撰 ①447

紫蟾山房 一六六二—一七二二（康熙）年自刊寒村诗文选三十六卷 清郑梁撰 ①2899

斐然山房 一八八三（光绪九）年刊国朝名人著述丛编十三种 ⑰00924

棠荫山房 一八七〇（同治九）年刊奇门法窍八卷 题孟樨氏增注 ②46375

景姚山房 一六六二—一七二二（康熙）年刊南雷文定四集四卷 明黄宗羲撰 ①1239

锄月山房 一七七八（乾隆四十三）年刊义贞记二卷 清吴恒宣撰 ⑱集 2148

集古山房 一八九一（光绪十七）年刊牛痘新书济世 清邱浩川撰王惇甫增补 ㉚522

集益山房 一八六九（同治八）年刊医方集解三卷 清汪昂撰 ㉚224

申江衷海山房 一八九四（光绪二十）年刊中西汇通医书五种 清唐宗海撰 ㉚755

道合山房 一八九二（光绪十八）年刊寿世新编三卷 题万潜斋编 ㉚277

富纪山房 一九〇〇（光绪二十六）年刊汤头歌诀 清汪昂撰 ㉚238

十三画

瑞棻山房 一八六九（同治八）年刊医方集解三卷 清汪昂撰 ㉚224

槐荫山房 一八七三（同治十二）年刊外科证治全生集附金疮铁扇方 清王维德撰 ㉚542

斟雉山房 一八〇三（嘉庆八）年刊质园诗集三十二卷 清商盘撰 ②36346

蓬莱山房 一八一二（嘉庆十七）年刊齐诗翼氏学四卷 清迮鹤寿撰 ②44654

四川蜀秀山房 一八七五—一九〇八（光绪）年刊牛痘新法不分卷 清邱熺撰 ⑥

锦树山房 一八六九（同治八）年刊贺文忠公遗集四卷末一卷 明贺逢圣撰 清王赠芳校刊 ⑮12354/416/535

筠石山房 一八四七（道光二十七）年刊大瓢偶笔八卷 清杨宾撰 ④628

筠渌山房 一八三七（道光十七）年刊西陲要略四卷 清祁韵士撰 ⑨629·6/202

上海**简玉山房** 一八八六（光绪十二）年刊岳忠武王文集八卷首一卷末一卷 宋岳飞撰 ⑯2520

腹笥山房 一八八四（光绪十）年刊事类统编九十三卷 清林意诚汇 ⑯3757

意解山房 一八八三（光绪九）年刊温疫析疑四卷 清唐戴庭撰 ㉚392

宁波**群玉山房** 一八八二（光绪八）年刊玉芝堂文集六卷 清邵齐焘撰 ⑯847·4/329

鄮城**群玉山房** 一七六二（乾隆二十七）年刊本草诗笺十卷 清朱东樵撰 ㉚192

群玉山房 一八〇四（嘉庆九）年刊小知录十二卷 清陆凤藻撰 ㉙1195

群玉山房 一八四六（道光二十六）年重刊牧斋尺牍三卷 清钱谦益撰 ㉙2854

群玉山房 一八八二（光绪八）年重刊本草诗笺十卷 清朱纶撰 ㉙865

十四画

静远山房 一八八三（光绪九）年刊痘疹定论四卷 清朱纯嘏编 ㉚508

静益山房 一八八〇（光绪六）年刊伤寒撮要四卷 清王梦祖编 ㉚77

静寄山房 刊平山冷燕六卷二十回 明荻岸山人编 ②11387

碧梧山房 刊濒湖脉学 奇经八脉考脉诀考证 明李时珍撰 ㉚113

碧梧**翠竹山房** 一七四六（乾隆十一）年刊锡穀堂诗五卷 清刘师恕撰 ⑱集1079

嘉树山房 一八八五（光绪十一）年刊小万卷斋文稿二十四卷 ②62547

吉安周氏**慕濂山房** 一九〇二（光绪二十八）年刊欧阳文忠公全集一百五十三卷首一卷附录一卷 宋欧阳修撰 ㉑291

古渝**蔚文山房** 一八四七（道光二十七）年刊眼科切要 清王锡鑫编 ㉚577

古渝**蔚文山房** 一八八二（光绪八）年刊医学切要全集三种 清王锡鑫撰 ㉚747

古渝**蔚文山房** 刊医学一统 清黄为良编王锡鑫校订 ㉚29

海城牛庄**聚友山房** 一八九三（光绪十九）年刊蝴蝶梦 清春树斋撰 ㉕56

瘦竹山房 一七九六（嘉庆元）年刊第一香笔记四卷 清朱克柔撰 ⑰K14919

瘦影山房 一八八一（光绪七）年刊徐霞客游记二十卷 明徐宏祖撰 ⑥史150

海虞戴氏**漱石山房** 一七九六—一八二〇（嘉庆）年刊十国春秋拾遗一卷备考一卷 清周昂撰 ㉙3120

安徽**漱石山房** 一八八二（光绪八）年刊新义录一百卷 清孙璧文辑 ⑥

翠竹山房 刊眼科秘旨 ㉚578

翠筠山房 一八八四（光绪十）年刊地理五诀八卷阳宅三要四卷 清张廷栋着 ②65755

翠筠山房 一八八二（光绪八）年刊息影偶录八卷 清张埏辑 ④565

金华张氏**翠微山房** 一七九六—一八五〇（嘉庆至道光）年刊翠微山房数学 清张作楠撰 ⑤

十五画

醉月山房 一八八六（光绪十二）年刊游艺录 清李佃撰 ⑤

醉墨山房 一八七四（同治十三）年刊柳塘诗钞二卷 清左世昌着 ②30348

蕉叶山房 一八二〇（嘉庆二十五）年刊藕塘诗集十四卷 清王玮庆撰 ⑯847·5/112·1

蕊石山房 一八一六（嘉庆二十一）年刊见庵锦官录八种 清李锡书撰 ⑰03468

海虞俞氏**蕴玉山房** 一八四八（道光二十八）年刊淳化秘阁法帖考正十卷 清王澍撰 ⑯746·2/118

樊桐山房 一七七三（乾隆三十八）年刊笠亭诗集 清朱琰撰 ⑪NC5531·2/2918

樊榭山房 一七四六（乾隆十一）年刊宋诗纪事一百卷 清厉鹗辑 ⑱集1899

稽古山房 一七二四（雍正二）年刊本草经解要四卷附余一卷 清姚球撰 ㉚156

篑复山房 一八七六（光绪二）年刊红楼梦偶说二卷 ④6021

澄泽山房 一七三六—一七九五（乾隆）年刊岣嵝集十卷内编六卷外编二卷 清旷敏本撰 ⑱集1165

鹤麓山房 一七九六—一八五〇（嘉庆至道光）年刊湛园札记四卷 清姜宸英撰 ⑧

十六画

四明**樵石山房** 一七二四（雍正二）年刊天下有山堂画艺 清汪之元撰 ③艺230/833

凝紫山房 一六六二—一七二三（康熙）年刊芝云堂诗稿一卷词一卷杂言一卷 清徐宾撰 ⑱集1066

濂谿山房 一六六二—一七二二（康熙）年刊唐宋四家诗选二十一卷 清俞伯岩编 ②63104

十七画以上

藏云山房 一八二八（道光八）年刊藏云山房杜律详解八卷 唐杜甫撰清石阁居士评点 ②57252

髀算山房 一八六六（同治五）年刊星算补遗六卷附胡氏宕田算稿一卷 清董毓琦撰 ②57228

藤荫山房 一八四九（道光二十九）年刊藤荫山房金石印萃 清王士英辑 ⑯731.3/113

金陵**璧月山房** 刊天地球图说附舆图尺说 清杨文会撰 ⑯523.02/271

藜乙山房 一八九〇（光绪十六）年刊医方集解二十一卷 清汪昂撰 ㉚224

常州**麟玉山房** 一八二一—一八五〇（道光）年刊本经疏证十二卷续疏六卷序疏要八卷 清邹澍撰 ㉚158

苏州**麟玉山房** 一八六七（同治六）年刊孝义真迹珍珠塔全传二十四回 ⑯857.5/419-02

福鼎王遐**春麟后山房** 一八一三（嘉庆十八）年刊韩氏三礼图说二卷 元韩信同撰 ②59768

九、园

一至二画

梁本荣**一亩园** 一七七一（乾隆三十六）年刊剑虹斋集十二卷 清梁濬撰 ⑱集1198

二亩园 一七八三（乾隆四十八）年刊水南灌叟遗稿六卷 清罗暹春撰 ③文284.584/38

星子曹氏**七松园** 一七九六（嘉庆元）年刊星湖诗集十六卷 清曹龙树撰 ㉑218

三　画

三十八树园 一八二五（道光五）年刊介石堂文钞八卷附编一卷 清林芳春撰林元英辑 ③287.7741/37

三峰园 一七八九（乾隆五十四）年刊地理薪传四卷附补编 清甘怡纂辑 ②65753

寸草园 一八一一（嘉庆十六）年刊清娱阁吟稿六卷 清鲍之蕙撰 ⑯847.5/313.8

也　园 一八〇九（嘉庆十四）年刊伊犁三种 清松筠撰 ⑤

长沙也园 一九〇三（光绪二十九）年刊半壁山水战图题咏一卷 ②29643

小　园一八三九（道光十九）年刊经园汇考　清毛应观撰　⑤

宁远**小潜园**一八六三（同治二）年刊石汸诗略十四卷　清杨潜撰　③文287.6311/44

四　画

井谷园一七三六—一七九五（乾隆）年刊西垣集二十卷次集八卷　清保培基撰　⑱集1193

天茁园一七〇七（康熙四十六）年刊柳亭诗话三十卷　清宋长白撰　⑯2887

长沙**无园**一八六七（同治六）年刊东洲草堂诗钞二十七卷附诗馀一卷　清何绍基著　②17402

长洲**无梦园**陈氏一八七五（光绪元）年重刊汇刻书目初编十卷续编三卷　清顾修编　②7970

汪氏**五世读书园**一七一三（康熙五十二）年刊二仲诗二卷　明汪道贯汪道会撰　⑱集1713

曹氏**五亩园**一七四九（乾隆十四）年刊石仓世纂三十三卷　清曹锡黻辑　⑱集1840

苏州**五亩园**一八九〇（光绪十六）年刊耻不逮斋集三卷首一卷附录一卷补遗一卷　清熊其英撰　⑯847.8/856

不疏园一七三六—一七九五（乾隆）年刊诗学女为二十六卷　清汪梧凤撰　⑱经150

不疏园一八一四（嘉庆十九）年刊毛诗周韵诵法十卷　清汪灼撰　⑱经160

太平园一六七八（康熙十七）年刊雕丘杂录　清梁清远撰　⑤

太壹园一六九六（康熙三十五）年刊嵩岳庙史十卷　清景日昣辑　⑱史1059

止　园一八二八（道光八）年刊赐绮堂集二十八卷续诗四卷　清詹应甲撰　㉙1091

止　园一八六四（同治三）年刊叠雅十三卷附双名录一卷　清史梦兰著　②16033

止　园一八七九（光绪五）年刊永平三子遗书　清史梦兰辑　㉒111807

潘氏**凤池园**一八二二（道光二）年刊玉堂鸣盛集四卷补编一卷　清潘世恩辑　㉙1147

文　园一七六六（乾隆三十一）年刊东皋诗存四十八卷诗馀二卷　清汪之珩辑　⑱集1775

卍蕉园一八〇七（嘉庆十二）年刊宝前两溪志略十二卷　清吴玉树撰　⑱史1037

闵县龚氏**双骖园**一八八三（光绪九）年刊乌石山房诗存十二卷　清龚易图撰　⑯847.8/659

文水东园一六六二—一七二二（康熙）年刊诗馀谱纂二卷　清郭巩编　④121

阮溪**水香园**一七三六—一七九五（乾隆）年刊古歙山川图一卷　清吴逸绘　①16992

五　画

华亭沈氏**古倪园**　一八一四（嘉庆十九）年覆宋刊绍熙云间志三卷　宋朱端常杨潜纂　⑥

云间沈氏**古倪园**　一七九六—一八二〇（嘉庆）年刊四妇人集　清沈绮云辑　⑤

诸氏**古桔园**　一六八七（康熙二十六）年刊今文短篇十五卷　清诸匡鼎辑　⑱集1764

古渌水园　一六九三（康熙三十二）年刊明文在一百卷　清薛熙辑　⑱集1741

可　园　一六九〇（康熙二十九）年刊王会新编一百四十五卷　清茹铉基纂辑　⑪NC3006/4683

江宁陈氏**可园**　一八七五—一九〇八（光绪）年刊金陵琐志　陈作霖撰　⑤

石林园　一八五三（咸丰三）年刊太湖竹枝词二卷　清叶承桂撰　②11685

东嘉**依绿园**　一八六九（同治八）年刊广雁荡山志二十八卷首一卷末一卷　清曾唯纂　⑰6042

北东园　一八四五（道光二十五）年刊归田琐记八卷　清梁章钜撰　⑦13705

甲秀园　一六七〇（康熙九）年刊转情集二卷　明费元禄撰　⑱集834

仪孟园　一八八七（光绪十三）年刊娠妇须知　题求在我斋主人撰　㉚464

钱培益**兰隐园**　一八四二（道光二十二）年刊货布文字考四卷说一卷　清马昂撰　⑱史1493

乐馀园　一七三八（乾隆三）年刊乐馀园百一偶存集三十二卷　清邹山撰　⑱集1061

乐馀园　刊双星图二卷　清邹山撰　⑱集2136

江都李氏**半亩园**　一八五二（咸丰二）年刊小学类编六卷　清李祖望辑　⑯9986

江都李氏**半亩园**　一八七六（光绪二）年刊小学类编九种　清李祖望编　⑥

侯氏**半亩园**　一八二四（道光四）年刊集验良方六卷　清侯宸撰　㉚257

鸠江**半亩园**　一八六五（同治四）年刊宋岳忠武王集八卷末一卷　宋岳飞著　②24332

半亩园　一六六二—一七二二（康熙）年刊中晚唐诗纪六十二卷　清龚贤编　⑱集1409

半亩园　一八二四（道光四）年刊集验良方六卷　清梁文科撰年希尧辑　㉚245

六　画

湖南长沙**芋园**　一八八七（光绪十三）年刊重楼玉钥二卷　清郑梅涧撰　㉚585

九江芋栗园一八四九（道光二十九）年刊三字经勘本一卷　清万青铨编　㉑323

九江**芋粟园**一八七一（同治十）年刊历代帝王年表图歌　清万本仪编　㉑323

芋栗园一八三三（道光十三）年刊字体辨讹一卷附录一卷　清万青铨撰　⑯10801

吏隐园一八六〇（咸丰十）年刊乐志堂文集十八卷续集二卷诗集十二卷　清谭莹撰　⑯2606

西　园一七五三（乾隆十八）年刊对峰偶存集十二卷　清邹儒撰　⑱集1153

靖安在**兹园**一七三九（乾隆四）年刊尚论篇四卷后篇四卷　清喻昌撰　㉚49

网师园一七六八（乾隆三十三）年刊识字略十卷　清宋宗元撰　⑯9994

因　园一七五二（乾隆十七）年刊饴山诗集二十卷声调谱三卷　清赵执信撰　⑱集1037

徐氏**曲波园**一六六二—一七二二（康熙）年刊曲波园传奇二种　明徐士俊撰　⑤

竹　园刊医林改错二卷　清王清任撰　㉚35

长洲许氏**竹素园**一六六二—一七二二（康熙）年刊高季迪先生大全集十八卷　明高启撰　㉙236

似　园一七五九（乾隆二十四）年刊澹宁斋集　清杨际昌撰　⑤

自钽园一八六三（同治二）年刊安静子集　清安致远撰　⑤

自灌园清初刊右佥都御史巡抚祁公传一卷　明谢晋撰　⑱史487

会芳园一七〇四（康熙四十三）年刊春秋阐微三十卷　清卢绛撰　⑱经284

长沙叶氏**郋园**一九〇三（光绪二十九）年自刊双梅景阁丛书二十一卷　清叶德辉辑　⑦11843

江苏**亦园**钱氏一八七〇（同治九）年刊千字文释义不分卷　清孙谦益撰　⑥

沈氏**亦园**一八七〇（同治九）年在成都刊孝经音训一卷　唐陆德明撰　⑥

亦　园侯文灿刊施疑雨集二卷　明王彦泓撰　⑪811.169/1003

亦　园一六八九（康熙二十八）年刊十名家词集十种十卷　清侯文灿辑　②64019

亦东园一八四七（道光二十七）年刊浪迹丛谈十一卷续谈八卷三谈六卷　清梁章钜撰　⑯073/730—02

亦集园刊石鼓文定本　清刘凝撰　⑥

七　画

曹氏**芷园**一六六二—一七二二（康熙）年刊四言史徵十二卷　清葛震撰曹荃注　⑱史1530

芥子园 一六六二—一七二二（康熙）年刊本草纲目五十二卷首一卷附图二卷 明李时珍撰 ㉚163

芥子园 一七二三—一七三五（雍正）年刊水浒传七十回 元施耐庵著清金人瑞评 ②48063

芥子园 一七四〇（乾隆五）年刊四书便钞十九卷 ②34007

芥子园 一八七二（同治十一）年刊本草纲目五十二卷首一卷附图二卷 明李时珍撰 ㉚164

古虞何氏**杏园** 一八〇九（嘉庆十四）年刊胎产秘书二卷 清陈笏庵撰 ㉚461

杏　园 清初刊雷公药性赋解 ㉚166

杏　园 一八七一（同治十）年刊大生要旨五卷 清唐千顷撰 ㉚458

吾学园 一八三一（道光十一）年刊都是春斋文集八卷附韵语一卷制义存稿二卷春洋子年谱一卷 清张佑撰 ⑦8026

诸城尹氏**来山园** 一八七五—一九〇八（光绪）年刊石鼓文汇 清尹彭寿撰 ⑯994.521/324

抑　园 一七六四（乾隆二十九）年刊明紫琅诗八卷 清陈心颖等辑 ⑱集1775

助息园 一八八八（光绪十四）年刊半是斋诗草一卷 清王六谦撰 ③文288.422/44

顺德**邱园** 一八九五（光绪二十一）年刊虚舟诗草四卷附杂录一卷 清赖学海著 ②5977

宜都杨氏**邻苏园** 一九〇一（光绪二十七）年刊晦明轩稿一卷壬癸金石跋一卷已庚金石跋一卷丁戊金石跋一卷 清杨守敬撰 ⑯847.8/272

胡介祉**谷园** 一六五四（康熙三十三）年刊钮少雅格正牡丹亭二卷 明汤显祖撰钮少雅格正 ①764

谷　园 一六六二—一七二二（康熙）年刊楚辞不分卷 清胡介祉校 ⑨善1061

董沁园 刊老子道德经注二卷 明董汉策撰 ①1839

怀山园 一六八八（康熙二十七）年刊武经七书汇解七卷首一卷末一卷 清朱墉撰 ⑨592.081/112

怀豳园 一九〇七（光绪三十三）年刊云起轩词钞一卷 清文廷式撰 ⑧

邵　园 刊鹿冈诗集四卷 清汪俊来撰 ⑱集1098

八　画

长沙杨氏**坦园** 一八八五（光绪十一）年刊眼福编初集十四卷二集十五卷三集七卷 清杨恩寿撰 ⑯743.2/269

长沙杨氏**坦园** 一八九〇（光绪十六）年刊建安七子集 清杨逢辰辑 ⑤

熊氏**松树园** 一七四五（乾隆十）年刊蕉园恬斋集七卷附恬斋说剩 清熊国均撰 ⑪817.739/2164

长沙**松桂园** 一八七〇（同治九）年刊国史提纲三卷 清胡庆宣撰 ㉒338

枣存园 一七七一（乾隆三十六）年刊白莼诗集十六卷附录一卷 清张开东撰 ②56277

海盐黄氏**拙宜园** 一八五一—一八七四（咸丰—同治）年刊倚晴楼集诗集十二卷续集四卷 清黄燮清撰 ⑯2374

秦安**非能园** 一八四四（道光二十四）年刊审严全集 ㉖81

非能园 一八二一—一八五〇（道光）年刊杨氏家集 清杨继曾辑 ⑤

刘畅园 一八七六（光绪二）年校刊胎产秘书二卷 清陈笏庵撰 ㉚461

易　园 一八九三（光绪十九）年刊倚霞宫笔录三卷 易顺鼎编 ②48274

李氏**易安园** 一七八七（乾隆五十二）年刊李氏族谱不分卷 清李瓖李嵩纂修 ⑱史593

知足**知止园** 一八六七（同治六）年刊治台必告录八卷 清丁日健辑 ⑯925.57/158

湘乡罗氏**和州园** 一九〇〇（光绪二十六）年刊听松涛斋诗钞 清成传道著 ②29572

顾氏**依园** 一六八八（康熙二十七）年刊石湖居士诗集三十四卷 宋范成大撰 ⑱集352

吴氏**依绿园** 一七四五（乾隆十）年刊七十二峰足征集八十八卷文集十五卷 清吴定璋辑 ①1694

东嘉**依绿园** 一七九〇（乾隆五十五）年刊广雁荡山志二十八卷首一卷末一卷 清曾唯著 ②28721

长沙叶氏**郎园** 一八九五（光绪二十一）年刊淮南鸿烈闲诂二卷 汉许慎注清叶德辉辑 ②60519

金谷园 一七六九（乾隆三十四）年刊他山字学二卷 清钱邦芑撰 ⑱经448

金谷园 一八六七（同治六）年刊莫如楼诗选六卷 清蒋湘培著 ②47500

羊城**金谷园** 刊医学三字经四卷 清陈念祖撰 ㉚342

端州**怡园**梁氏 一八八五（光绪十一）年刊小潜楼诗集四卷文集四卷 清袁梓贵著梁芷芳辑 ②59776

吴江沈氏**怡园** 清末刊南方草木状三卷 晋嵇含撰 ㉚203

宜　园 一八五一—一八六一（咸丰）年刊又其次斋诗集七卷 清吴世涵撰 ②3704

九　画

春草园 一七六六（乾隆三十一）年刊松源经说四卷 清孙之騄撰 ⑰0001

淮阴程昌宁**柳衣园**　一八一七（嘉庆二十二）年刊义山文集六卷　唐李商隐著　②35615

苏州**柳衣园**　一八二〇（嘉庆二十五）年刊人寿金鉴二十二卷　清程得龄辑　⑥

熊氏**树松园**　一七七四（乾隆九）年刊蕉园恬斋集七卷　清熊国均撰　⑱集1189

凌氏**带草园**　清初刊凌秋渚落叶诗不分卷　清凌一飞撰　⑱集933

拾芥园　一八四九（道光二十九）年刊小知录十二卷　清陆凤藻辑　⑯041/393

拾芥园　一八五八（咸丰八）年刊古文析义十六卷　清林云铭评注　②5374

邹达泉**拾芥园**　一八七三（同治十二）年刊邹征君遗书　清邹伯奇撰　⑤

李菱洲广东**拾芥园**　一八七四（同治十三）年刊皇舆全图　清邹伯奇制　⑥史159

广州**拾芥园**　一八九七（光绪二十三）年刊伤寒类证活人书二十二卷　宋朱肱撰　㉚65

省　园　刊帝学八卷　宋范祖禹撰　⑱子50

成都**虽园**　一八九〇（光绪十六）年刊诗缉三十六卷　宋严粲撰　⑯094.1252/428

长沙郑氏**星薮园**　一八七二（同治十一）年刊亦若是斋随笔十二卷　清郑敦曜撰　③文288.465/32

云间**复园**　一八七六（光绪二）年刊温热病指南集　清陈平伯撰　㉚373

复　园　一八一六（嘉庆二十一）年刊望云楼初集七卷二集五卷西濠渔笛谱一卷望云楼漱芳集二卷　清徐乔林撰　㉙2574

香绿园　一六九九（康熙三十八）年刊骚屑九卷　清沈无咎辑　⑱子719

牟氏**俗园**　一七九五（乾隆六十）年刊楚辞述芳二卷　清牟庭撰　⑱集14

养　园　一七七六（乾隆四十一）年刊赋学正体六卷　清鲁琢评定　⑯2813

养真园　一八四二（道光二十二）年刊孔门实纪十二卷首一卷　清邱庆善黎定攀同辑　②29882

十　画

吴趋潘氏**韡园**　一八八二（光绪八）年刊红豆树馆书画记　清孙星衍撰陈宗彝校　⑧

桂兰园　一八七三（同治十二）年刊心影集四卷　清季士麟辑　②27669

栩　园　一六八九（康熙二十八）年刊三才藻异三十三卷　清屠粹忠撰　⑯041/319

江阴季氏**栩园**　一八七五—一九〇八（光绪）年刊江阴季氏丛刻　清李纶全辑　⑤

晓园 一八六二（同治元）年刊生育辑要八卷 清张熙樵编 ㉚470

武昌柯氏息园 一八九七（光绪二十三）年刊【宝祐】寿昌乘不分卷 宋佚名纂清文廷式辑 ⑲620

柯氏息园 一九〇八（光绪三十四）年刊丹邱生集五卷附录一卷 元柯九思撰 ②3474

浯上息园 一八七六（光绪二）年刊粤西得碑记一卷 清杨翰撰 ⑱史1485

张氏涉园 一七八一（乾隆四十六）年刊晴雪雅词四卷 清许昂霄辑 ⑱集2002

涉园 一八〇二（嘉庆七）年刊山居闲谈五卷 清萧智汉纂辑萧秉信集注 ②37992

读书乐园 一七〇八（康熙四十七）年刊改亭诗集六卷文集十六卷 清计东撰 ⑰56－42840

娱园 一八七九（光绪五）年刊灵芬馆词四种七卷 清郭麟著 附纳兰词五卷 纳兰词补遗一卷 清纳兰性德撰 ②16360

十一画

阳羡万氏堆絮园 一六八七（康熙二十六）年刊词律二十卷 清万树撰 ⑰07851

周氏菊隐园 一八六五（同治四）年刊瓶城山馆诗钞十六卷 清周劼撰 ㉑217

萬园 一六六二—一七二二（康熙）年刊藏书五种 清程作舟撰 ⑤

梦园 一六六二—一七二二（康熙）年刊吴山三妇合评牡丹亭还魂记二卷 明汤显祖撰 清陈同钱宜谈则评点 或问一卷 清吴仪一撰 ①4122

啸园 一八七七（光绪三）年刊急救应验良方 清费山寿编 ㉚272

仁和葛氏啸园 一八七六—一八八三（光绪二—九）年刊啸园丛书 清葛元煦辑 ⑰01302

浙江孟氏逸园 一八二五（道光五）年刊泉布统志九卷 清孟麟撰 ⑥

寄园 一六九八（康熙三十七）年刊续表忠记八卷 清赵吉士卢宜撰 ⑱

寄园 一八九〇（光绪十六）年刊眼科撮要 ㉚578

钱塘袁氏随园 一八五四（咸丰四）年刊随园三十种 清袁枚撰 ⑰01666

随园 一七九〇（乾隆五十五）年刊小仓山房文集三十五卷诗集三十七卷续同人集十五卷 清袁枚撰 ⑯2649

十二画

潍阳棣园 一八七九（光绪五）年刊外科证治全生集附金疮铁扇方 清王维德撰 ㉚542

棣　园　一八一三（嘉庆十八）年刊小峨嵋山馆五种　清马国伟马用俊辑　⑤

江苏溧水**彭畅园**　一八〇八（嘉庆十三）年刊约台遗书四卷　清任启运撰　⑥

长沙王氏**葵园**　一九〇〇（光绪二十六）年刊汉书补注一百卷　清王先谦撰　⑦

确　园　一八七二（同治十一）年刊维周诗钞十六卷　清程之桢著　②29240

仪征吴氏**蛰园**　一八八五（光绪十一）年刊蛰园丛刻　清吴丙湘辑　⑰00897

景苏园　一八九三（光绪十九）年刊脉经十卷　晋王叔和著宋林亿编　②16048

锄经园　一八七四（同治十三）年刊外科百效全书四卷附经验全书　明龚居中撰　㉚540

莱阳初氏**渭园**　一八二〇（嘉庆二十五）年刊吉金所见录十六卷首一卷末一卷　清初尚龄辑　②17130

高邮夏氏**遂园**　一八二〇（嘉庆二十四）年刊拾雅二十卷　清夏味堂撰夏纪堂等注　⑯422.6/348-02

遂初园　一七三四（雍正十二）年刊香屑集十八卷首一卷末一卷　清黄之隽撰　⑱集1109

陕西**寓园**　一七四二（乾隆七）年刊【乾隆】河套志六卷　清陈履中纂修　⑱史961

十三画

杭州许增**榆园**　一八九〇（光绪十六）年刊唐文粹一百卷　宋姚铉辑　补遗二十六卷　清郭麟辑　⑯830.4/994-02

杭州许氏**榆园**　一九〇〇（光绪二十六）年刊明人尺牍选四卷　清王元勋撰　㉙2988

榆　园　一八八八（光绪十四）年刊串雅内编四卷　清赵学敏编　㉚247

梅缵高**颐园**　一八七四（同治十三）年刊梅氏丛书辑要　清梅文鼎撰　⑯510.8/279-02

蒨　园　一六六二—一七二二（康熙）年刊玉芝堂谈荟三十六卷　明徐应秋编　②4774

蓉　园　一九〇一（光绪二十七）年刊鼠疫约编　清吴宣崇编　㉚404

羊城筱**龙园**　一九〇〇（光绪二十六）年刊时疫辨四卷　清林庆铨撰　㉚392

孔毓圻**辟疆园**　一七〇七（康熙四十六）年刊往深斋诗集八卷　清顾彩撰　①4583

顾氏**辟疆园**　一六六一（顺治十八）年刊辟疆园宋文选三十卷　清顾宸辑　⑱集1692

顾氏**辟疆园**　一六六三（康熙二）年刊辟疆园杜诗注解五言律十二卷七言律五卷　唐杜甫撰清顾宸注　年谱一卷　⑱集85

十四画

榕　园　刊古逸诗载八卷　明麻三衡辑　③文130/7964

慕园 一七〇七（康熙四十六）年刊阐义二十二卷 清吴肃公辑 ⑯982. 1/435

徐氏蛙园 一八八九（光绪十五）年刊医方丛话八卷附一卷 清徐士銮编 ㉚231

方氏漪园 一八八一（光绪七）年刊毛诗后笺三十卷 清胡承珙撰 ⑱经 153

漳园 一八〇六（嘉庆十一）年刊海岛逸志六卷 清王大海撰 ⑱史 1075

十五画

杨州鲍氏樗园 一八〇五（嘉庆十）年刊五经四书读本 ⑤

泰和萧敷政趣园 一九〇六（光绪三十二）年刊东里全集七十八卷附录三卷 明杨士奇撰 ㉑293

萧氏趣园 一九〇五（光绪三十一）年刊陈修园医书二十一种 清陈念祖撰 ㉚741

津门徐氏蝶园 一八八九（光绪十五）年刊医方丛话八卷 清徐士銮辑 ②36799

徐氏蝶园 一八八九（光绪十五）年刊蝶访居所辑书二种 清徐士銮辑 ②11015

善化杨氏澂园 一八九一（光绪十七）年刊说文经斠十三卷补遗一卷 清杨廷瑞撰 ㉒336

履园 一八一九（嘉庆二十四）年刊梅花溪诗草四卷续草一卷 清钱泳撰 蔗轩遗稿一卷 清钱有穀撰 ⑱集 1278

十六画

长沙徐氏橘影园 一九〇五（光绪三十一）年刊脉经十卷 晋王熙撰 ㉚106

醒园 一七三六—一七九五（乾隆）年刊海峰文集八卷诗集古体五卷今体六卷 清刘大櫆撰 ⑱集 1197

广东翰墨园 一八三三（道光十三）年刊文心雕龙十卷 梁刘勰著清黄叔琳注纪昀评 ②13893

广东翰墨园 一八七四（同治十三）年刊唐王焘先生外台秘要方四十卷 唐王焘著 ②2469

广东翰墨园 一八七六（光绪二）年刊徐孝穆全集六卷 陈徐陵撰清吴兆宜笺注 ㉙2381

翰墨园 一七五一（乾隆十六）年刊幼幼集成六卷 清陈复正编 ㉚481

翰墨园 一八一二（嘉庆十七）年刊医学四要 清蔡贻绩编 ㉚736

翰墨园 一八二二（道光二）年刊内伤集要六卷 清蔡贻绩编 ㉚419

王氏壑舟园 一八三五（道光十五）年刊四书地理考十五卷 清王瑬撰 ㉙1209

憩园 一七三六—一七九五（乾隆）年刊吕祖全书三十二卷 清刘樵汇辑 ②1427

憩园 一八九五（光绪二十一）年刊禹贡图注汇纂不分卷 清郑言绍辑 ⑯093.31/976

澹园 一八八一（光绪七）年刊久诵延年十七种 题澹园主人辑 ②25503

避喧园 一八八八（光绪十四）年刊七砚斋集联一卷 ②29494

十七画以上

湘阴李氏**鞠园** 一八九一（光绪十七）年刊读礼丛钞不分卷 清李辅耀辑 ⑯2351

蒋氏**藏园** 一八一六（嘉庆二十一）年刊忠雅堂文集十二卷 清蒋士铨撰 ㉑228

薰园 一八〇〇（嘉庆五）年刊新镌彙音妙悟一卷 清黄谦撰 ⑱经488

鬯舟园 一八三一（道光十一）年刊钞币刍言 清王鎏著 ②57289

瞻园 一八四四（道光二十四）年刊潘少白文集八卷诗集五卷常语二卷 清潘谘撰 ⑧

灌蔬园 刊绣水诗钞 ①

十、书屋

一至三画

一经书屋 一八二二（道光二）年刊江行纪程一卷楚游草一卷倦游吟一卷 清范来芝撰 ⑱集1253

二铭书屋 一七九三（乾隆五十八）年刊学易随笔六卷续编四卷 清张元灏撰 ⑱经93

都会**三贤居书屋** 一八七五（光绪元）年刊秫坡先生诗集四卷文集四卷首一卷 明黎贞著 ②62707

新化**三味书屋** 一八九七（光绪二十三）年刊乾隆府厅州县图志五十卷 ⑥史130
清洪亮吉撰洪用勤校补

溆浦严氏**三鱼书屋** 一八八二（光绪八）年刊三省边防备览十四卷 清严如熤辑 ⑯18470

笠泽**三省书屋** 一八六七（同治六）年刊官幕同舟录二卷附急救人良方 清费山寿著 ②48281

笠泽**三省书屋** 一八八三（光绪九）年刊急救痧症全集二卷 清费山寿撰 ㉚403

三省书屋 一八八五（光绪十一）年刊咽喉秘集 清吴氏张氏合编 ㉚588

三馀书屋 一七三六—一七九五（乾隆）年刊晚书订疑三卷附今古文尚书授受源流 清程廷祚编 ⑧

盱南蔡氏**三馀书屋**　一八六八（同治七）年刊蔡氏九儒书　明蔡有鹍辑清蔡学苏校　㉑278

南城蔡学苏**三馀书屋**　一八七六（光绪二）年刊三馀书屋丛书　清蔡学苏辑　㉑278

万卷书屋　刊左绣三十卷首一卷　清冯李骅陆浩同辑　②3438

上池书屋　一七九七（嘉庆二）年刊水经注释地四十卷补遗二卷水道直指一卷　清张匡学撰　⑯18454

小康书屋　一八四三（道光二十三）年刊半吾堂文钞　清孙应科撰　③文286.327/344

四　画

云甡书屋　一八一五（嘉庆二十）年刊五代史记七十四卷　宋欧阳修撰清彭元瑞注　②1853

云桂书屋　一八四五（道光二十五）年刊抱树图题辞六卷鸡足山纪源一卷　清文灿辑　②29472

艺英书屋　一八二三（道光三）年刊云巢诗钞十卷　清沈璟撰　㉙2584

艺润书屋　一七七五（乾隆四十）年刊胡忠烈遗事四卷　清史珥辑　⑱史476

武进孙氏**五松书屋**　一八〇四（嘉庆九）年刊说文解字十五卷　汉许慎撰宋徐铉等校定　⑯1250

五峰书屋　一八一一（嘉庆十六）年刊林屋樵歌二卷　清沈敬庄撰　㉙1150

四十二树书屋　一八一九（嘉庆二十四）年刊兰社诗略六卷　清吴枚庵评定　㉙1034

见谿书屋　一八七八（光绪四）年刊黄氏随笔　清黄理撰　⑤

清江永泰**长春园书屋**　一九〇九（宣统元）年刊萧侯庙志八卷　清彭祖龄编　㉑336

从之书屋　一七三九（乾隆四）年刊周官塾训　清鲁鸿撰　⑰00067

秀水金氏**月香书屋**　一八一一（嘉庆十六）年刊说文字原韵表二卷　清胡重撰　⑯433.15/222

凤樵书屋　一八四九（道光二十九）年刊左传人名备考　清赵宗侃撰　③经718/864

六桐书屋　一八〇四（嘉庆九）年刊左传事纬十二卷事纬前书八卷　清马骕著　②29850

文光书屋　一八六四（同治三）年刊国朝三十五科同馆诗赋解题七卷首一卷国朝十二科同馆诗赋解题五卷首一卷　清魏茂林辑　⑯219

文昌书屋　一八八二（光绪八）年刊小学弦歌八卷　清李元度编　⑯831/286

文映书屋　一七五八（乾隆二十三）年刊熏风协奏集三卷首一卷　汉王又曾辑庄风翥注　⑯831.7/114.3

熊为霖**心松书屋** 一七八一（乾隆四十六）年自刊筮策洞虚录十六卷首一卷末一卷 清熊为霖述 ㉑201

心松书屋 一七八一（乾隆四十六）年刊南岳游草 清熊为霖著 ②60783

苏城**心炬书屋** 刊外科证治全生集附金疮铁扇方 清王维德撰 ㉚543

江西**双桂书屋** 一七五六（乾隆二十一）年刊毋质堂诗钞十卷 清黄师图撰 ㉑310

双桐书屋 刊明文钞二编 清高塘编 ⑯836.5/644

抚州饶氏**双峰书屋** 一八七五（光绪元）年刊文选六十卷 梁萧统编唐李善等注 ⑯830/514—04

新泉饶氏**双峰书屋** 一八七五（光绪元）年刊状元图考二卷 清饶玉成辑 ㉑329

双峰书屋饶氏 一八八二（光绪八）年在湖南刊说文引经考二卷 清吴玉搢撰 ⑥

五　画

玉成书屋 一八三五（道光十五）年刊南园文存一卷 清钱沣撰 ⑯2747

项梦昶**古香书屋** 一七四〇（乾隆五）年刊仇山村遗集一卷元仇远撰 附录一卷 ①

番禺陈氏**古香书屋** 一八五六（咸丰六）年刊校正朝邑志二卷 明王道修韩邦靖纂清王元启校订 ⑲175

古香书屋 一五一九（嘉庆二十四）年刊吉金所见录十六卷首一卷末一卷 清初尚龄撰 ⑫ST33.4—6/7.143

古桐书屋 一八七三（同治十二）年刊艺概六卷 清刘熙载著 ②6273

四川郫县孙氏**古棠书屋** 一八二一—一八五〇（道光）年刊杨升庵年谱 明杨慎自订清孙錤补订 ⑥史108

成都**古棠书屋** 一八七五—一九〇八（光绪）年刊商邱史记十卷 清郭善邻辑 ⑥

古槐书屋 一八二〇（嘉庆二十五）年刊医学启悟 清沈大来撰 ㉚343

古微书屋 刊益雅堂丛书 清傅世洵辑 ⑰01100

石林书屋 一八九〇（光绪十六）年刊痧症辑要 清叶霖撰 ㉚403

利津李氏**石泉书屋** 一八六二—一九〇八（同治至光绪）年刊古泉汇六十四卷首一卷 续集十五卷补遗二卷 清李佐贤编饱康同续 ③古380/8846

石麟书屋 一八七五（光绪元）年刊嘉兴府典故纂要八卷 清王惟梅纂修 ⑪

蔡氏**东山书屋** 一七四六（乾隆十一）年刊苏东坡先生上神宗皇帝书 宋苏轼撰清蔡灼注 ⑧

宜黄蓝千秋**东塘书屋**　一七五三（乾隆十八）年刊蓝户部集二十六卷　清蓝千秋撰　㉑280

由我书屋　一八一六（嘉庆二十一）年刊应验简便良方二卷　清孙克任撰　㉚256

凹墨书屋　一九〇二（光绪二十八）年刊一枝山房诗集　清姚官瞪著　②102060

宜黄黄爵滋**仙屏书屋**　一八三二（道光十二）年刊玉堂课草十二卷　清黄爵滋撰　㉑280

徐惇孝徐焞复**白华书屋**　一六九八（康熙三十七）年刊苏学士文集十六卷　宋苏舜钦撰　①10267

乐山丛桂花书屋　一九〇七（光绪三十三）年刊中西数学通解二十卷　清刘泽桢撰　⑥子六三

兰茗书屋　一七三六—一七九五（乾隆）年刊书法集要四卷　清皇甫鲲金大钟辑　⑱子412

汪氏**半松书屋**　一七五七（乾隆二十二）年刊本事诗十二卷　清徐釚辑　⑱集1896

半松书屋　一七三六—一七九五（乾隆）年刊南州草堂集三十卷首一卷续集四卷菊庄词二卷词话一卷枫江渔父图题词一卷青门集一卷　清徐釚撰　㉙2384

半松书屋　一八四八（道光二十八）年刊医砭　清徐大椿撰　㉚678

半亭书屋　一六六二—一七二二（康熙）年刊梧冈馀稿四卷文钞一卷　清金集撰　⑱集1127

汉文书屋　一九〇九（宣统元）年刊本草三家合注六卷附神农本草经百种录　清郭汝骢编　㉚158

弘文书屋　一六六二—一七二二（康熙）年刊诗林韶濩二十卷　清顾嗣立辑　⑱集1597

圣彝书屋　一八八三（光绪九）年刊定山堂诗集四十三卷诗馀四卷　清龚鼎孳著　②47319

台山书屋　一七三六—一七九五（乾隆）年刊云根石天然图书谱一卷　清齐召南撰　⑱子468

六　画

西园书屋　一六九二（康熙三十一）年刊尧峰文鈔四十卷诗鈔十卷　清汪琬撰　㉙663

西园书屋　一七五三（乾隆十八）年刊汉书评林一百卷叙例总评一卷　明凌稚隆辑评　②48290

江西**存心书屋**　一八七五（光绪元）年刊江右文鈔　明胡大鸿辑　㉑329

存济书屋　一八七六（光绪二）年刊丹痧咽喉经验秘传　清程永培撰　㉚585

戴氏**存存书屋**　刊广瘟疫论四卷附佛崖验方　清戴天章撰　㉚386

四川双流**成蹊书屋**　一八六二—一八七四（同治）年刊医理汇精　清李培郁编　⑥

百城书屋 一七三九(乾隆四)年刊休宁西门汪氏大公房挥佥公支谱九卷 清汪立正修 ⑪977.5/3101

光裕书屋 一八八九(光绪十五)年刊金匮要略浅注十卷 清陈念祖撰 ㉚95

秀水俞氏**岁寒书屋** 一七九五(乾隆六十)年刊石函集十卷 清俞显撰 ③文282.7413/44

历城周氏**竹西书屋** 一七八九(乾隆五十四)年刊贷园丛书初集 清周永年辑 ⑤

传经书屋 一七七六(乾隆四十一)年刊水道提纲二十八卷 清齐召南撰 ③

华川书屋 一八八六(光绪十二)年刊春秋左绣三十卷 清冯李骅等集解 ⑥

曾时灿**华萼书屋** 一七一八(康熙五十七)年刊白石诗集一卷词集一卷 宋姜夔撰 ①8482

亦芸书屋 一八二三(道光三)年刊绣像玉连环八卷七十六回 清朱素仙撰 ②20482

问心书屋 一八三九(道光十九)年刊医要便读汤头歌诀二卷 清胡德凝编 ㉚240

问柳书屋 一八九二(光绪十八)年刊古今志异四卷 ⑯857.2/214

问渠书屋 一八一三(嘉庆十八)年刊文选集腋六卷 清王汝上定 ⑦7932

汗莲书屋 一八八三(光绪九)年刊时病论八卷 清雷丰撰 ㉚376

寻春书屋 一八三二(道光十二)年刊坚瓠集选十二卷 清褚人获辑 ⑦8471

袁氏**寻根书屋** 一八二一(道光元)年刊袁州汉后七代集略八卷 清袁锡光辑 ㉑232

寻根书屋 刊徐鼎臣诗集四卷 宋徐铉撰 三徐事实一卷 清袁宁珍辑 ④10162

好音书屋 一七三六——一七九五(乾隆)年刊质庵文集五卷 清李滢撰 ⑱集1165

观心书屋主人 一八四五(道光二十五)年刊观心书屋经验良方 清钱峻编俞晓园补陈彦吾续补 ㉚261

红杏书屋 一八五八(咸丰八)年刊方舆纪要简览三十四卷 清顾祖禹著潘铎辑 ②30899

红杏书屋 一九〇七(光绪三十三)年医法还丹 清宋文撰 ㉚670

七 画

寿峰书屋 一七三八(乾隆三)年刊诗经叶音辩讹八卷首一卷 清刘维谦著 ②53904

京师**寿藤书屋** 一八二七(道光七)年刊经义述闻三十二卷 清王引之著 ②7985

绣谷**丽泽书屋** 一八七二(同治十一)年刊潜庵先生全集五卷 清汤斌注 ②16580

苏雪书屋 一七五七（乾隆二十二）年刊喉科指掌六卷 清张宗良撰 ㉙907

吾爱书屋 一八三三（道光十三）年刊律话三卷 清戴长庚撰 ⑱经233

两间书屋 刊元次山集十二卷 唐元结撰 ⑱集93

西山书屋 刊产科心法二卷附福幼编 清汪朴斋编 ㉚460

张氏励志书屋 一七三六—一七九五（乾隆）年刊水经注四十卷 北魏郦道元撰 ⑱史1023

听涛书屋 一七五三（乾隆十八）年刊林氏活人录汇编十四卷 清林开燧撰 ㉚410

听雪书屋 一八九三（光绪十九）年刊围炉新话二种 清杨小湄唐毅斋撰 ④6316

听彝书屋 一八八三（光绪九）年刊定山堂诗集四十三卷诗馀四卷 清龚鼎孳撰 ⑯10011

杨照藜吟香书屋 一八五〇（道光三十）年刊王氏医案二卷 清王士雄撰 ⑥子120

吟香书屋 一八五七（咸丰七）年刊新刻绣像换空箱全传二十一卷 清曹春江撰 ④4680

吟梅书屋 一八八二（光绪八）年刊训诂谐音四卷 题槐荫主人编 ⑯424.5/281

时术书屋 一七八二（乾隆四十七）年刊寸壁四书人类考 清师燧撰 ⑪096.88/2498

时来书屋 一九〇五（光绪三十一）年刊春秋析疑二十卷 清刘景伯撰 ⑰00307

困学书屋 一七五八（乾隆二十三）年刊本朝馆阁诗二十卷附录一卷续附录一卷 清阮学浩阮学濬辑 ⑱集1763

秀绿书屋 一八八五（光绪十一）年刊拔萃良方 题括素氏编 ㉚260

希诚书屋 一七八三（乾隆四十八）年刊眼科要方 清岳望撰 ㉚575

迎晓书屋 一七三六—一七九六（乾隆）年刊盛朝律楷十二卷 清姚光缙辑 ⑱集1763

迎曦书屋 一八〇六（嘉庆十一）年刊保产要旨四卷 清许廷哲撰 ㉚462

词源书屋 一七三六—一七九五（乾隆）年刊地理后五十段二卷地理透山肺腑口诀一卷 地理披肝露胆经一卷 清李德贞著 ②47291

岭南良产书屋 一八九八（光绪二十四）年刊古文眉诠七十九卷 清浦起龙辑 ⑯834/718

君玉书屋 一八五五（咸丰五）年刊周易象义集成三卷 清陈洪冠撰 ⑧

八画

环翠书屋 一七九九（嘉庆四）年刊嘉兴府典故纂要续编八卷 清王惟梅纂 嘉兴图书馆

青萝书屋 刊情邮二卷 明吴炳撰 ⑱集2126

青莲书屋 一六九二（康熙三十一）年刊春秋三十卷 宋胡安国传 ②16594

青莲书屋 刊扁鹊心书三卷附神方 宋窦材撰 ㉚317

鹅溪孙氏**青棠书屋** 一八三一（道光十一）年刊太玄集注四卷 汉扬雄撰宋司马光注 ③宗991/24603

青藜书屋 一七六〇（乾隆二十五）年刊尤太史律诗四卷 清尤侗撰 ③文282.361/43

坦端书屋 一八六〇（咸丰十）年刊刘槎翁先生诗选十二卷 明刘崧撰 ⑦5388

板桥书屋应城王氏 一八八二（光绪八）年刊江汉丛谈二卷 明陈士元纂 ②48480

松南书屋 一七一四（康熙五十三）年自刊瘗鹤铭考一卷 清汪士鋐撰 ⑱史1468

松槐书屋 一七三六—一七九五（乾隆）年刊华阳散稿二卷 清史震林撰 ①1775

松筠书屋 一七六八（乾隆三十三）年刊唐诗笺注十卷 清黄叔灿撰 ㉙3095

枕经书屋 一八八六（光绪十二）年刊济世良方合编六卷附补遗四卷 清周其芬编莹轩氏增辑 ㉚262

枕湖书屋 一八四二（道光二十二）年刊二南文集二卷 清周乐撰 ③文286.65/34

九江**枕溢书屋** 一八八九（光绪十五）年刊六朝文絜笺注十二卷 清许梿评选黎经诰笺注 ②37043

枕溪书屋 一八四七（道光二十七）年刊京口山水志十八卷首一卷末一卷 清杨棨撰 ⑯928.321/271

茂清书屋 一七六二（乾隆二十七）年刊世说新语补二十卷 宋刘义庆撰明何良俊增 清黄汝琳补订 ⑦14791

苹香书屋 一九〇八（光绪三十四）年刊纪略七卷附纪略摘钞 清邹文柏撰 ⑯041/842

武威张氏**枣华书屋** 一八三七（道光十七）年刊养素堂文集三十五卷诗集二十六卷 清张澍撰 ⑦12049

金氏**雨梅书屋** 一八七五（光绪元）年刊寿世汇编五种 清祝韵梅编 ㉚750

平湖**味三书屋** 一八九〇（光绪十六）年刊文虎大观六卷 清李夔飏辑 ③艺931/8946

上海**味兰书屋** 一八八三（光绪九）年刊伤寒大白四卷 清秦皇士撰 ㉚73

东武刘氏味经书屋一八三四（道光十四）年刊苍玉洞宋人题名 清刘喜海编 ⑪NC2100.50/7243

岫云书屋一八八二（光绪八）年刊药要便蒙新编二卷 清谈问渠编 ㉚192

旺彝书屋一八八三（光绪九）年刊龚端毅公奏疏八卷附一卷 清龚鼎等撰 ⑯925.371/659

明经书屋一七九八（嘉庆三）年刊四书摭馀说七卷 清曹之升撰 ⑱经350

畅怀书屋一八八八（光绪十四）年刊四库全书简明目录二十卷 清纪昀等撰 ⑧

知新书屋一九〇一（光绪二十七）年刊普通学歌诀七种 清张一鹏撰 ⑥

欣赏书屋 刊轩辕逸典十四卷 ㉚514

采兰书屋一七七五（乾隆四十）年刊灵岩三家诗选四卷 清黄子云等撰章日照辑 ⑱集1776

净雅书屋一八九二（光绪十八）年刊绣像双珠凤全传八十回 题一叶主人撰 ⑯857.5/916—03

京都宛邻书屋一八三〇（道光十）年刊素问释义十卷 清张琦撰 ⑥子85

阳湖张氏宛邻书屋一八二一—一八五〇（道光）年刊宛邻书屋丛书 清张琦撰 ⑤

宛邻书屋一八一五（嘉庆二十）年刊战国策释地二卷 清张琦撰 ⑧

宛邻书屋一八三一（道光十一）年刊东海记传奇二卷 清王曦撰 ㉙1763

宛陵书屋一八三二（道光十二）年刊黄氏医书八种 清黄元御撰 ㉚732

居俟书屋一八八六（光绪十二）年刊钦定春秋左传读本三十卷 ⑯12288

绍廉书屋一八六八（同治七）年刊国朝先正学规汇钞 清黄舒昺编 ⑯2101

经元书屋一九〇三（光绪二十九）看刊幼科铁镜六卷 清夏鼎撰 ㉚479

经畬书屋一八八五（光绪十一）年刊医砭 清徐大椿撰 ㉚678

南昌承启书屋一九〇二（光绪二十八）年刊白喉辨症 清王裕庆撰 ㉚598

九 画

吕氏柳塘书屋一八六七（同治六）年刊诗伦四卷 清汪薇辑 ⑯831/710

树德书屋一八八一（光绪七）年刊急救应验良方 清费山寿编 ㉚272

南荫书屋一七三六—一七九五（乾隆）年刊补瓢存稿诗四卷文一卷诗馀一卷 清韩骐撰 ㉙891

南溪书屋 刊万病回春八卷 明龚廷贤撰 ㉚324

瓯山金氏**砚云书屋** 一七七五（乾隆四十）年刊砚云甲编八种乙编八种 清金忠淳编 ②36416

查氏**砚秋书屋** 一七七二（乾隆三十七）年刊女科胎产问答要旨三卷 宋薛将仕撰 ㉚451

面城书屋 一八二五（道光五）年刊绥靖屯志略十卷首一卷 清李涵元修潘时彤纂 ①

贻经书屋 一八八八（光绪十四）年刊射书四卷首一卷 明顾煜辑 ②31390

品莲书屋 一八六四（同治三）年刊四礼翼 明吕坤撰 ⑰11597

山邑湖塘**星聚书屋** 一八三四（道光十四）年刊汇生集要三十四卷 清陈廷瑞撰 ㉚347

思诚书屋 一八二四（道光四）年刊津门诗钞三十卷 清梅成栋辑 ⑱集1773

种竹书屋 一八九四（光绪二十）年刊心史二卷 宋郑思肖撰 ②11878

种松书屋 一八二五（道光五）年刊诗经音韵谱五卷 清甄士林撰 ⑯094.16/148

秋水书屋 一八五一（咸丰元）年刊济众新编八卷 朝康命吉撰 ㉚341

香南书屋 一八九八（光绪二十四）年刊本草崇原三卷 清张志聪撰高士宗编 ㉚156

四川宜宾杜氏**俪峰书屋** 一八九六（光绪二十二）年刊象緌四十八卷 清杜大恒编 ⑥

信义书屋 一八六〇（咸丰十）年刊温病条辨六卷首一卷 清吴瑭撰 ㉚372

信义书屋 刊温病条辨六卷 清吴瑭撰 ⑥子103

上海**待鹤书屋** 一八九八（光绪二十四）年刊罗浮偫鹤山人诗草不分卷 清郑观应撰 ⑦8624

华氏**剑光书屋** 一七〇六（康熙四十五）年刊南轩先生文集四十四卷 宋张栻撰 ⑱集360

江右**养云书屋** 一八八二（光绪八）年刊周易去疑十一卷 舒弘谔撰李龙吟订正 ㉑332

江右**养云书屋** 一八七五—一九〇八（光绪）年刊经书算学天文考 清陈懋龄著 ②57479

湘阴郭氏**养知书屋** 一八七〇（同治九）年刊食笋斋遗稿二卷 清郭刚基著 ②29860

湘阴郭氏**养知书屋** 一八九八（光绪二十四）年刊郭氏佚书六种 清郭嵩焘著郭灼莹辑 ②5729 3

养浩书屋 一九〇三（光绪二十九）年刊幼科铁镜六卷 清夏鼎撰 ㉚479

养恬书屋 一八四七（道光二十七）年刊临证经验方 清张仲华编 ㉚229

养素书屋 一七四七（乾隆十二）年刊史通训故补二十卷 清黄叔琳撰 ⑯901/893－167

长沙魏氏**养翮书屋** 一八七四（同治十三）年刊史记评林一百三十卷 明凌稚隆辑 ⑯921.13/303－765

洪溪书屋 一八七七（光绪三）年刊疡科补苴 清沙书玉撰 ㉚548

洞山书屋 一八六六（同治五）年刊麻姑山志十二卷 清黄家驹编 ⑯928.324/352

十 画

桂花书屋 一六六二—一七二二（康熙）年刊嚣嚣子历镜一卷 清胡袭参方江自辑 ⑱子268

桂林书屋 一八一一（嘉庆十六）年刊三馀偶笔十五卷续笔十二卷 清左暄著 ②34844

桂香书屋 一八九三（光绪十九）年刊医学妙谛三卷 清何其伟撰 ㉚347

余姚邵氏**桂隐书屋** 一八一六（嘉庆二十一）年刊说文解字群经正字二十八卷 清邵瑛撰 ⑯1346

桐西书屋潘氏 一八七二（同治十一）年刊冬心先生题画记 清金农著 ②36844

桐阴书屋 一七五九（乾隆二十四）年刊贯华堂评选杜诗二卷 清金人瑞原评赵时揖重订 ㉙596

桐阴书屋 一八〇三（嘉庆八）年刊校正四书释地八卷孟子生卒年月考一卷 清阎若璩撰 顾问重编 ⑯097.27/459－02

蜀南薛氏**桐花书屋** 一八七九（光绪五）年修补龙氏本天下郡国利病书一百二十卷 清顾炎武撰 ㉙1996

九江万氏**莲峰书屋** 一八四九（道光二十九）年刊三字经注释不分卷 清万青铨补订 ㉑322

九江万氏**莲峰书屋** 一八五二（咸丰二）年刊周易四卷筮仪一卷附录二卷 ㉑322

莲湖书屋 一八七一（同治十）年刊四夷风土记二卷 清李文诏撰 ③地900/884

莲溪书屋 一八六七（同治六）年刊绣像十五贯十六卷 清马永清删改 ②64965

浙东**莳兰书屋** 一八八九（光绪十五）年刊简易百方附征信录 清胡志澄编 ㉚276

甘泉董氏**荻芬书屋** 一八七七（光绪三）年刊楚漕江程十六卷首一卷末一卷 清董恂辑 ⑰11716

荻芬书屋 一八五四（咸丰四）年刊楚漕江程十六卷 清曹恂辑 ⑯928.22/545

荻浦书屋 一八〇二（嘉庆七）年刊人参图说 清郑轩哉撰 ㉚201

铁肩书屋 一七一一（康熙五十）年刊东林列传二十四卷末二卷 清陈鼎撰 ⑯982.26/380

爱莲书屋 一八五五（咸丰五）年刊纲鉴择语十卷 清司徒修撰 ⑥

爱莲书屋 一八七五（光绪元）年刊达生编 清亟斋居士撰 ㉚453

留丹书屋 一八四六（道光二十六）年刊两当轩诗钞十四卷悔存词钞二卷 清黄景仁撰 ⑧

江西**留香书屋** 一八五四（咸丰四）年刊慎其余斋文集二十卷 清王赠芳撰 ㉑323

留耕书屋 一八六一（咸丰十一）年刊医原三卷 清石寿棠撰 ㉚667

郭怀书屋 一八八四（光绪十）年刊海防要览二卷 ⑯389.7/752

瓶花书屋 一八四五（道光二十五）年刊瓶花书屋医书 清包松溪等辑 ⑤

瓶花书屋 一八四六（道光二十六）年刊本草从新六卷 清吴仪洛编 ㉚173

益元书屋 一九〇九（宣统元）年刊本草三家合注六卷 清郭汝骢编 ㉚158

海隐书屋 一八四七（道光二十七）年刊伤寒杂病论 清胡嗣超编注 ㉚57

浣花书屋 一七七二（乾隆三十七）年刊越风三十卷 清商盘辑 ②47867

课花书屋 刊遵生八笺十九卷 明高濂编 ㉚609

课花书屋 刊听嘤堂选苏黄尺牍四卷 宋苏轼黄庭坚撰明黄始编 ⑱集1502

陶舫书屋 一八一五（嘉庆二十）年刊瓶庵先生遗书 清孟超然撰 ⑰01455

十一画

培杏书屋 一八二九（道光九）年刊地理辨正疏五卷首一卷末一卷 清张心言疏注 ②3428

溆浦**培根书屋** 一八七四（同治十三）年刊四书正本十七卷 清童棫订正 ㉒334

梅村书屋 一七五八（乾隆二十三）年刊庾开府哀江南赋笺注一卷 清徐树谷徐炯同辑 ②3691

欧阳鼎**梅花书屋** 一八四七（道光二十七）年刊欧阳氏遗书 清欧阳直撰 ④365

梅花书屋 一六六二—一七二二（康熙）年刊辑庵集二卷 清胡瑞远撰 ④3054

梅花书屋 一八〇七（嘉庆十二）年刊三百篇原声七卷 清夏味堂撰 ④421

梅苍书屋 一七五六（乾隆二十一）年刊【乾隆】廉州府志二十卷首一卷 清周硕勋王家宪等纂修 ⑲734

云南**梦杏书屋** 刊养蒙图说一卷 明涂时相纂 ⑱子90

潘氏**梦琴书屋** 一八九九（光绪二十五）年刊卫生保籍六卷 清庄一夔编 ㉚535

四明孙氏**崇文书屋** 一八九一（光绪十七）年刊益智编四十一卷 明孙能传辑 ⑯041/367

偁山书屋 一八三五（道光十五）年刊医门棒喝二种十三卷 清章楠撰 ㉚737

啬文书屋 一七六八（乾隆三十三）年刊琉球入学见闻录四卷 清潘相撰 ⑧

北平盛氏**望益书屋** 一八〇〇（嘉庆五）年刊阅微草堂笔记 清纪昀撰 ⑯857.2/859-02

清芬书屋 一七四〇（乾隆五）年刊古文约编残存九卷 清倪承茂辑 ㉙845

清晖书屋 一七三六—一七九五（乾隆）年刊板桥集诗钞二卷词钞一卷题画一卷家书一卷 清郑燮著 ②17045

清晖书屋 一八五〇（道光三十）年刊国朝虞阳科名录四卷首一卷 清王元钟辑 ⑯9243

清溪书屋 一八五八（咸丰八）年刊意园文录二卷 清邹昉著 ②47462

惜阴书屋 一八一四（嘉庆十九）年刊小窗遗稿 清张漪撰 ⑤

寄云书屋 一八四六（道光二十六）年刊史筌五卷 清杨铭柱撰 ⑯921.7/274

绿屏书屋 一七一〇（康熙四十九）年刊冈州遗稿六卷 清顾嗣协辑 ⑱集1819

十二画

席氏**琴川书屋** 一六六二—一七二二（康熙）年自刊唐诗百名家全集三百二十六卷 清席启寓编 ⑱集1431

琴川书屋 一八八二（光绪八）年补刊唐诗百名家全集 清席启寓辑 ⑯831.4/665

琴心书屋 一八一二（嘉庆十七）年刊韵综附韵综集字不分卷 清陈诒厚撰 ⑯7792

棣华书屋 一七一八（康熙五十七）年刊艺菊志八卷 清陆廷灿辑 ④98

棣华书屋 一七三四（雍正十二）年刊国朝诗品二十一卷 清陈以刚等辑 ⑱集1750

敬胜书屋 一八五九（咸丰九）年刊孙真人海上方 唐孙思邈撰 ㉚210

紫兰书屋 一七一五（康熙五十四）年刊唐诗排律七卷 清李钦元辑牟瀜笺注 ⑱集1678

蛟川书屋 一八六三（同治二）年刊绣像诗发缘传四卷十二回 ④3893

陕西**景槐书屋**（即景槐书院）一八八一（光绪七）年刊泾野子内篇二十七卷 明吕柟撰 ⑥子27

戢箴书屋 重刊订讹杂录十卷 清胡鸣玉著 ②36025

博山赵庄赵璧**集善书屋** 一八六八（同治七）年刊妇婴至宝 清徐尚慧编 ㉚731

御香书屋 一八七一（同治十）年刊二十一史提纲歌二卷 清李兆洛撰 ②13678

湖南**敦怀书屋** 一八八五（光绪十一）年刊国朝先正事略补编 清李元度撰 ⑥

滋桂书屋 一八五一（咸丰元）年刊遂生福幼合编 清庄一夔撰 ㉚534

十三画

羊城**瑞贤书屋** 一八九〇（光绪十六）年刊叶氏医案存真 清叶桂撰叶万青辑 ㉚637

楳华书屋 一八〇七（嘉庆十二）年刊三百篇原声七卷 清夏味堂撰 ⑱经 159

楝花书屋 一七二九（雍正七）年刊半研居题咏一卷 清王宗镠辑 ⑱集 1759

成都**槐云书屋** 一八八六（光绪十二）年刊槐云语录 清李思栋撰 ⑥

古渝**槐荫书屋** 一八七一（同治十）年刊温病条辨六卷首一卷 清吴瑭撰 ㉚372

江都龙川**槐荫书屋** 一八八〇（光绪六）年刊产科心法二卷附福幼编 清汪朴斋编 ㉚460

南城王氏**槐荫书屋** 一七八七（乾隆五十二）年刊六书辨伪辑要三卷 清王珏撰 ㉑276

金溪**槐荫书屋** 一八六三（同治二）年刊水经注笺四十卷 汉桑钦撰后魏郦道元注 ㉑327

金溪**槐荫书屋** 一八九〇（光绪十六）年刊字学举隅不分卷 清龙启瑞辑 ㉑327

金谿**槐堂书屋**陆氏 一八二三（道光三）年刊陆象山先生全集三十六卷 宋陆九渊著 ②35891

榆荫书屋 一八九〇（光绪十六）年刊字学举隅一卷 清龙启瑞编 ②7828

钱塘汪日秀**楼松书屋** 一七七八（乾隆四十三）年刊隶释二十七卷隶续二十一卷 宋洪适撰 ①2591

楚桥书屋 一八二七（道光七）年刊历朝史印十卷 清黄学圯纂吴叔元释 ⑧

嵩山书屋 一七六〇（乾隆二十五）年刊文选六十卷 梁萧统编唐李善注 ⑱集 1553

蜀红书屋 一八三五（道光十五）年刊欧阳南野文选五卷 明欧阳德撰 ⑯846. 5/423

照琴书屋 一八九五（光绪二十一）年刊家礼全集六卷 清梁杰辑 ②4810

解经书屋 一七八六（乾隆五十一）年刊松峰说疫六卷 清刘奎（松峰）撰 ㉚389

韵香书屋 一八八五（光绪十一）年刊二十二史感应录二卷绪论一卷 清彭希涑辑 ②47461

溟螺书屋 一七四六（乾隆十一）年刊【钱隆】阳江县志八卷 清庄大中纂修 ㉙915

慎余书屋　一八六八（同治七）年刊经验良方　㉚271

慎独书屋　一八九三（光绪十九）年刊咽喉秘集　清吴氏张氏合编　㉚588

湖南**群玉书屋**　一八五八（咸丰八）年刊周易象义集成三卷　清陈洪宽辑　⑧

十四画

静存书屋　一八二五（道光五）年刊是程集　清鲁九皋撰　⑤

静恒书屋　一八二三（道光三）年刊理堂文集十卷外集一卷附录一卷诗集四卷日记八卷　清韩梦周撰　⑯847.4/229

江西**碧泉书屋**　一八六九（同治八）年刊小洞山房诗草四卷　清冷采芸撰　㉑328

碧梧书屋　一七一七（康熙五十六）年刊唐诗别裁集十卷　清沈德潜陈培脉辑　⑱集1678

江陵聂定焜**慕山书屋**　一八五九（咸丰九）年刊枢言一卷续枢言一卷　清王柏心著　②15878

桂林**毓兰书屋**　一八九九（光绪二十五）年刊重刊万方类纂　清宋穆编　㉚303

毓兰堂书屋　一八九二（光绪十八）年刊训女医学　清谢元福撰　㉚353

十五画

璜川书屋　一七三九（乾隆四）年刊四书自课录三十卷　清任时懋撰　㉙861

樱西书屋　一八三二（道光十二）年刊十六国宫词二卷　清周升撰　②10021

成都**墨香书屋**　一八八五（光绪十一）年刊湘军志十六卷　清王闿运撰　⑯382.092/115—02

镇南**黎辉书屋**　一八七二（同治十一）年刊古今历验良方　清徒能言编　㉚255

黎照书屋　一八六七（同治六）年刊本草纲目五十二卷首一卷附图二卷　明李时珍撰　㉚164

德星书屋　一八七五—一九〇八（光绪）年刊脉法条辨　清刘以仁撰　㉚119

鹤阴书屋都门黄冈馆　一八一四（嘉庆十九）年刊周易引经通释十卷　清李钧简著　②34372

鹤琴书屋　一七三〇（雍正八）年刊易经释义四卷　清沈昌基盛曾撰　⑱经89

十六画

橦□书屋　一八〇三（嘉庆八）年刊神农本草经读四卷　清陈念祖撰　㉚157

江苏燕山书屋 一八四九（道光二十九）年刊郑氏爻辰补六卷首一卷 清戴棠撰 ⑥

阳湖伍氏餐英书屋 一八〇一（嘉庆六）年刊毗陵伍氏合集 清伍宇昭辑 ⑤

镜亭书屋 刊新制探骊记二卷 清徐祥元撰 ⑥

镜清书屋 一九〇九（宣统元）年刊本草三家合注六卷 清郭汝聪编 ㉚158

江苏雕龙书屋 一八六二—一八七四（同治）年刊四书经史摘证七卷 清宋继种撰 ⑥

查氏澹宜书屋 一七四〇（乾隆十五）年刊绝妙好词笺七卷 清查为仁厉鹗撰 ①2224

万县濂溪书屋 一八八四（光绪十）年刊吊脚痧方论 清徐子默撰 ㉚401

十七画

藏秀书屋 一八九一（光绪十七）年刊说文管见三卷 清胡秉虔撰 ⑯1294

古刚刘氏藏修书屋 一八七二（同治十一）年刊药症忌宜 清陈三山辑 ㉚178

广东古冈刘氏藏修书屋 一八七九（光绪五）年刊述古丛钞二十八种 清刘晚荣辑 ⑥

新会刘氏藏修书屋 一八九〇（光绪十六）年刊藏修堂丛书 清刘晚荣辑 ⑤

藏修书屋 一八三五（道光十五）年刊清秘藏二卷 明张谦德著 ②60985

藏修书屋 一八五二（咸丰二）年刊伤寒百证歌五卷 宋许叔微撰 ㉚88

十八画以上

绵竹藜照书屋 一九〇一（光绪二十七）年刊读通鉴论三十卷 ⑥

成都藜照书屋 一九〇六（光绪三十二）年刊论语语解十卷 清陈浚撰 ⑥

成都藜照书屋 刊本事方释义十卷 宋许叔微撰清叶桂释义 ㉚227

藜照书屋 一七六九（乾隆三十四）年刊士材三书 明李仲梓撰清尤乘增辑 ㉙721

藜照书屋 一八二〇（嘉庆二十五）年刊医宗说约六卷 清蒋示吉撰 ㉚331

藜照书屋 一八二三（道光三）年刊寿世保元十卷 明龚廷贤撰 ㉚326

藜照书屋 一八六二—一八七四（同治）年刊幼科铁镜六卷 清夏鼎撰 ㉚478

十九画

瀛州书屋 刊伤寒辨证四卷 清陈尧道撰 ㉚73

筠溪灌蕙书屋 一八六九（同治八）年刊药性歌八卷 清蔡恭撰 ㉚193

十一、草堂

一至二画

汪立名**一隅草堂** 一六六二—一七二二（康熙）年刊白香山诗集四十卷 唐白居易撰汪立名辑 ④14896

二弃草堂 一六八六（康熙二十五）年刊原诗四卷 清叶燮撰 ⑪811.104/4499

衢州张氏**二铭草堂** 一八七一（同治十）年刊二铭草堂金石聚十六卷 清张德容辑 ⑯991.2/314

浙江张氏**二铭草堂** 一八八一（光绪七）年刊海东金石苑四卷 清刘喜海撰 ⑥

二铭草堂 一七九六—一八二〇（嘉庆）年刊古愚丛书十七种 清汪汲著 ②16876

钱氏**十峰草堂** 一六六二—一七二二（康熙）年刊文瀫初编二十卷首一卷 清钱肃润辑 ⑱集1764

嘉兴竹田里王氏**七桥草堂** 一八五二（咸丰二）年刊竹里秦汉瓦当文存 清王福田编 ⑯996.2/112

三　画

三山草堂 一七九六—一八二〇（嘉庆）年刊双花阁词钞一卷 清钱之鼎撰 ④1389

三友草堂 一八一〇（嘉庆十五）年刊银海指南四卷 清顾锡撰 ㉚575

陆氏**三间草堂** 一八〇五（嘉庆十）年刊唐才子传十卷 元辛文房撰 考异一卷 清陆芝荣撰 ④255

三馀草堂 一八九一（光绪十七）年刊湖北丛书 清赵尚辅辑 ⑰01250

于野草堂 一六九四（康熙三十三）年刊渔洋山人诗合集十八卷 清王士禛撰 ⑱集989

工部草堂 一八九六（光绪二十二）年刊方秋崖全集文集四十五卷诗集三十八卷 宋方岳撰 ⑧

南海康氏**万木草堂** 一八九三（光绪十九）年刊广艺舟双楫六卷 康有为著 ②16586

万林草堂 一八九一（光绪十七）年刊新学伪经考十四卷 康有为著撰 ⑦13715

万卷图书草堂 一八八八（光绪十四）年刊甲子纪年表 清徐寿基编 ②48771

上村草堂 一八二五（道光五）年刊镜源遗照集二十卷 清张均辑 ⑯041/307

上湖草堂 一八七二（同治十一）年刊疏影楼词五卷 清姚燮撰 ④1061

千山草堂　一六六二—一七二二（康熙）年刊柯斋选稿二十卷　清周纶撰　⑱集1041

千秋草堂　一六八一（康熙十二）年刊不碍云山楼稿二十四卷　清周纶撰　②1607

卫生草堂　一八三一（道光十一）年刊同寿录四卷末一卷附补遗河车说　㉚248

四　画

天清草堂　一八九四（光绪二十）年刊医道还元九卷附奇症新方　清吕真撰　㉚354

五枞草堂　一八九二（光绪十八）年刊虞山三陶时文合刻　清陶嘉祥辑　㉙3338

六声草堂　一八九三（光绪十九）年刊山门新语二卷首一卷　清周赟撰　③艺710/876

宁都曾氏**六松草堂**　一六六二—一七二二（康熙）年刊过日集二十卷名媛一卷　附诗四种　清曾灿编　⑪NC5570.8/8699

吴门缪氏**双泉草堂**　一七一七（康熙五十六）年刊李太白全集三十卷　唐李白著　②36938

沈尚杰**双桂草堂**　一七四五（乾隆十）年刊读书敏求记四卷　清钱曾撰　⑱史1394

海昌陈氏**双清草堂**　一八五七（咸丰七）年刊【绍定】澉水志八卷　宋罗叔韶修常棠撰　⑲395

书带草堂　一八〇九（嘉庆十四）年刊本草经疏辑要八卷　清吴世铠编　㉚157

书带草堂　一八二八（道光八）年刊三信编三卷　清毛世洪编　㉚251

书带草堂　一八七八（光绪四）年刊全体图经　清张若泉撰　㉚35

江阴叶廷甲**水心草堂**　一七九四（乾隆五十九）年刊杨氏全书　清杨名时撰　⑤

五　画

玉勾草堂　一七八五（乾隆五十）年刊杜工部诗二十卷　唐杜甫撰　⑯844.17/243

玉勾草堂　一八七二（同治十一）年刊杜工部集二十卷　清仇兆鳌集注　④14852

石洲草堂　一七三六—一七九五（乾隆）年刊粤东金石略九卷首一卷附二卷　清翁方纲撰　④19

石洲草堂　一七七一（乾隆三十六）年刊海日堂诗集五卷　清程可则撰翁方纲评　⑱集983

龙溪草堂　刊寿世良方八卷　清徐景增编　㉚246

东山草堂　一七九六—一八二〇（嘉庆）年刊读画斋题画诗十九卷　清顾修辑　②44552

东山草堂　一八二五（道光五）年刊禘祫辨误二卷　清程廷祚撰　⑧

东园草堂 一八七一（同治十）年刊问梅轩文稿偶存五卷诗草偶存八卷 清蒋启扬著 ②30351

东柯草堂 一七四四（乾隆九）年刊重订李义山诗集笺注三卷集外诗笺注一卷诗话一卷
年谱一卷 清朱鹤龄注程梦星删补 ⑧

东原草堂 刊诗馀花钿集四卷首一卷 清宗元鼎辑 ④补114

东皋草堂 一八四五（道光二十五）年刊水利荒政合刻 题东皋居士辑 ⑤

东湖草堂 一八八二（光绪八）年刊诗鹄四编十二卷 清王维举编 ⑰08072

东漪草堂 刊东漪草堂诗历五卷 清汪颖撰 ①1390

北庄草堂 一八〇七（嘉庆十二）年刊留村诗集四卷文集一卷 清黄瑞撰 ㉙3209

北学草堂 一八九一（光绪十七）年刊葆真山人养性编 清柯怀经撰 ⑰02832

归砚草堂 一八五九（咸丰九）年刊归砚录四卷 清王士雄撰 ㉚680

归砚草堂 一八六二（同治元）年重刊归砚录四卷 清王士雄撰 ㉚680

四乐草堂 一七三六—一七九五（乾隆）年刊笑竹集十卷 清秦武域撰 薇郎集二卷 清秦知域撰 ⑱集1225

金渭**四吉草堂** 一六九九（康熙三十八）年刊人谱一卷人谱类记二卷 明刘宗周撰 ⑱子93

四吉草堂 一七六六（乾隆三十一）年刊人谱正篇一卷续编二卷人谱类记增订六卷
明刘宗周撰 ⑰56－46566

广丰**四香草堂** 一八五九（咸丰九）年刊武帝瓣香集 清鹤洞子校 ㉑326

广丰**四香草堂** 一八八九（光绪十五）年刊丰溪瓣香集四卷 清徐谦撰徐芝荪辑 ㉑327

陈氏**四觉草堂** 一八九三（光绪十九）年刊庐山诗录四卷 清陈三立撰 ㉑272

义宁陈氏**四觉草堂** 一九〇〇（光绪二十六）年刊山谷内集诗注二十卷外集诗注十七卷
别集诗注二卷 宋黄庭坚著任渊等注 ㉑0608

褚氏**四雪草堂** 一六六二—一七二二（康熙）年刊四雪草堂重编通俗隋唐演义一百回
明罗贯中撰林瀚纂辑 ⑯857.4/482－3－03

四雪草堂 一六六二—一七二二（康熙）年刊隋唐演义二十卷一百回 清褚人获撰 ⑬857.43/34282

生绿草堂 一八五二（咸丰二）年刊大生要旨五卷 清唐千顷撰 ㉚458

白田草堂 一七三六—一七九五（乾隆）年刊白田草堂存稿二十四卷 清王懋竑编 ②13254

白田草堂 刊朱子年谱四卷考异四卷附录二卷 清王懋竑编 ⑯982.952/818－113－03

桂氏印月草堂 一七七四（乾隆三十九）年刊慈水桂氏清芬集四卷 清桂发枝等辑
清芬集一卷 清桂漘撰 ⑱集1838

务本草堂 一八六一（咸丰十一）年刊晋秦游草二卷附录一卷 清蹇谔著 ②30953

古长安乐知**草堂** 一八五五（咸丰五）年刊傅青主女科二卷附产后编二卷 清傅山编 ㉚433

兰陔草堂 一七四二（乾隆七）年刊弢甫集十四卷 清桑调元撰 旌门录一卷 ⑱集1144

六画

芗林草堂 刊木皮子词 明贾凫西撰 ②110736

西阪草堂 一七四九（乾隆十四）年刊宛雅初编八卷 明梅鼎祚辑 二编八卷 清施闰章等辑
三编二十四卷 清施念曾张汝霖辑 ⑱集1788

严氏西泾草堂 一八八三（光绪九）年重刊严太仆先生集十二卷 清严虞惇撰 ㉙2991

西泾草堂 刊严文靖公年谱一卷 清严炳撰 ㉙2885

西城草堂 一七六五（乾隆三十）年刊莲香集五卷 明彭日贞辑 ⑱集1717

西雪草堂 一六九五（康熙三十四）年刊隋唐演义二十卷一百回 清褚人获重订刊行 ㉙799

在山草堂 一八七五—一九〇八（光绪）年刊隋书经籍志补 清张鹏一编 ⑦

储氏在陆草堂 一七七一（乾隆三十六）年刊云溪文集五卷 清储掌文撰潘永季任道南评 ⑱集1187

百一草堂 一七六〇（乾隆二十五）年刊百一草堂集唐初刻二卷二刻二卷三刻二卷 清柴才撰 ⑱集1155

百花万卷草堂 一八二八（道光八）年刊信芳阁家藏集 清王相编 ⑯831.7/113－2

百楼**花草堂** 一八六七（同治六）年刊通隐堂诗存四卷 清释祖观撰 ㉙1271

此君草堂 一七六〇（乾隆二十五）年刊灵璧县志略四卷首一卷 清贡震纂修 ⑲458

丁氏当归草堂 一八七一（同治十）年刊西泠五布衣遗著 清丁丙辑 ⑦4749

钱塘丁氏**当归草堂** 一八七八（光绪四）年刊当归草堂医学丛书十种 清丁丙编 ㉚752

当归草堂一七七四（乾隆三十九）年刊临江乡人诗四卷 清吴颖芳撰 ⑱集1199

竹友草堂一七三六—一七九五（乾隆）年刊文献通考节贯十卷 清周宗濂辑 ⑱史1113

竹阮草堂一八四七（道光二十七）年刊种痘奇书 清陈东岭订定 ㉚520

武林**竹梅草堂**一八七五—一九〇八（光绪）年刊急救经验良方 题竹梅居士撰 ㉚256

华西草堂一八九五（光绪二十一）年刊幼科铁镜六卷 清夏鼎撰 ㉚478

金溪李氏**自怡草堂**一七七五（乾隆四十）年刊南诏野史二卷 明杨慎撰 ㉑266

金溪李氏**自怡草堂**刊池北偶谈二十六卷 清王士禛撰 ⑰03440

吴门唐氏**向心草堂**一七九二（乾隆五十七）年刊吴医汇讲十一卷 清唐大烈编撰 ㉙1062

吴县朱氏**行素草堂**一八八六（光绪十二）年刊朱氏经学丛书初编 清朱记荣辑 ⑯2350

皀山草堂一八七六（光绪二）年刊四书典别类联音注三十三卷 清阎其渊编 ⑰2261

查弘道**亦山草堂**刊赵子常选杜律五言注三卷 唐杜甫撰元赵汸注清查弘道金集补注 ⑱集76

吴门唐氏**问心草堂**一七九二（乾隆五十七）年刊吴医汇讲十一卷 清吴大烈辑 ㉚665

孙冯翼**问经草堂**一七九六—一八二〇（嘉庆）年刊可之先生文集十卷 唐孙樵撰 ①1607

江上草堂一七三六—一七九五（乾隆）年刊江上怡云集八卷 清丁廷彦撰 ⑱集1184

仁和吴长元**池北草堂**一七三六—一七九五（乾隆）年刊清河书画舫十二卷 明张丑辑 ④7660

守则草堂一八六〇（咸丰十）年刊汇菊轩文集四卷 清周元鼎撰 ⑦5831

如此草堂一八二八（道光八）年刊涂说四卷 清缪艮撰 ④6057

七画

徐氏**花溪草堂**一七〇八（康熙四十七）年刊李义山文集笺注十卷 清徐树谷答炯撰 ①17100

湖潭黄氏**苏山草堂**一九〇四（光绪三十）年刊明儒学案六十二卷 清黄宗羲撰 ㉒348

吴兴丞署**报晖草堂**一八九五（光绪二十一）年刊子平真诠 清沈烽燔撰 ②107268

听松草堂一七三六—一七九五（乾隆）年刊寄闲诗草二卷附一卷 清杨模撰 ⑱集1149

吴山草堂刊古今词选七卷 明沈谦清毛先舒辑 兰思词钞二集二卷 清沈丰垣撰 ④1423

秀野草堂顾嗣立 一六九七（康熙三十六）年刊温飞卿诗集七卷别集一卷集外诗一卷 唐温庭筠撰 明曾益注清顾予咸补注 ㉙616

长州顾氏秀野草堂 一六六二—一七二二（康熙）年刊元诗选十卷首一卷 清顾嗣立辑 ⑯831.57/962

平湖余香草堂 一八四九（道光二十九）年刊达生保赤篇 清余二田编 ㉚452

沙村草堂 清初刊二如亭群芳谱三十卷 明王象晋撰 ㉚203

怀息草堂 一七九五（乾隆六十）年刊汉书正误四卷 清王峻撰 ⑪912.1/1023

陈氏灵峰草堂 一八九四（光绪二十）年在成都刊春秋左传杜注校勘记一卷 清黎庶昌撰 ⑥

纬萧草堂 一七〇八（康熙四十七）年刊王荆公唐百家诗选二十卷 宋王安石辑 ②49042

八画

青门草堂 一六九三（康熙三十二）年刊青门簏稿十六卷旅稿八卷剩稿八卷 清邵长蘅撰 ⑯847.2/329

青村草堂 一八一七（嘉庆二十二）年刊神效集二卷 ㉚256

绣谷胡氏松云草堂 一七四〇（乾隆五）年刊医方集解六卷 清汪昂撰 ㉚224

松风草堂 一七九六—一八二〇（嘉庆）年刊谢琴诗钞六卷 宋谢枋德撰 ④2705

松韵草堂 一八七六（光绪二）年刊金山姚氏二先生集 清张文虎辑 ⑤

卧闲草堂 一八〇三（嘉庆八）年刊儒林外史五十六回 清吴敬梓撰 ④5762

卧雪草堂 一七九六—一八二〇（嘉庆）年刊霜哺遗音六卷 清袁廷梼辑 ⑱集1745

雨花草堂 一六六〇（顺治十七）年刊唐风怀十卷论一卷 清张惣辑 翠溦庵诗存一卷 清张琪撰 ⑱集1674

雨青草堂 一六六二—一七二二（康熙）年刊秋水集十卷 清严绳孙撰 ①1315

知止草堂 刊秋笳集八卷 清吴兆骞撰 ㉙2376

黄氏依麟草堂 一六五五（顺治十二）年刊扶轮广集十四卷 清黄传祖辑 ⑱集1593

瓮云草堂 一八五二（咸丰二）年刊猫苑二卷 清黄汉辑 ⑱子486

孝感丁氏泾北草堂 一八八一（光绪七）年刊湖北诗征传略四十卷 清丁宿章编 ⑰08374

黄虞学稼草堂 一六九三（康熙三十二）年刊唐人选唐诗二十三卷 明毛晋编 ⑱集1397

嘉定程氏**陔南草堂** 一八四九（道光二十九）年刊练川名人画象四卷附二卷续编三卷 清程祖庆编 ⑯982.1/785

九 画

春水草堂 一八四五（道光二十五）年刊宋诗三百首 清许耀编 ②60788

春雨草堂 一七六八（乾隆三十三）年刊霄峥集八卷 清宫国苞辑 ⑱集1753

春星草堂 刊唐宋五家宫词 清沈之榑编 ④补260

春晖草堂 一七七七（乾隆四十二）年刊诗问二卷 清王士祯撰 ⑱集1895

春新草堂 一七九二（乾隆五十七）年刊淡香楼诗钞二卷词草一卷附淡香楼诗钞题辞一卷 续刻一卷 清葛秀英撰 ㉙1063

柳南草堂 一八〇八（嘉庆十三）年刊魏塘竹枝词不分卷 清孙燕昌撰 ⑱集1799

浙江**城西草堂** 一八七一（同治十）年刊尚书逸汤誓考六卷 清徐时栋学 ⑥

鄞县徐氏**城西草堂** 一八七二—一八七五（同治十一至光绪元）年刊烟山与楼全集 清徐时栋撰 ⑰00954

荆圃草堂 一七七四（乾隆三十九）年刊莲洋集二十卷附录一卷 清吴雯撰 年谱一卷 清翁方纲撰 ⑯847.2/436.3

南田草堂 一六九二（康熙三十一）年刊鹊亭乐府四卷 清陆楙撰 ⑱集2172

南邨草堂 一七五四（乾隆十九）刊草韵汇编二十六卷 清陶南望辑 ⑱子415

南邨草堂 一八六〇（咸丰十）年刊双梧山馆文钞二十四卷 清邓瑶著 ②29832

南州草堂 一六六二—一七二二（康熙）年刊十二州诗文初集十卷 清徐浩撰 ⑱集1088

新化邓氏**南村草堂** 一八四三（道光二十三）年刊沅湘耆旧集二百卷前编四十卷 清邓显鹤编 ⑰08350

南村草堂 一八〇四（嘉庆九）年刊养生便方 清沈石庵编 ㉚613

南钱草堂 一八八二（光绪八）年刊寄生吟草一卷 清钱家吉撰 ㉙1389

南墅草堂 一七二九（雍正七）年刊诗未二卷 清田林撰 ①1589

带星草堂 一八〇一（嘉庆六）年刊咏史百律一卷 清朱宫桂撰 ㉙3196

皆山草堂 刊祖氏遗编十卷 清祖之望辑 ⑱集1838

金阊**映雪草堂** 一七八七（乾隆五十二）年刊书经增订旁训四卷 宋蔡沈集注 ②36116

平湖孙氏**映雪草堂** 一七九九（嘉庆四）年刊汉魏二十一家易注三十三卷 清孙堂辑 ⑱经39

映雪草堂 一七八八（乾隆五十三）年刊述记 清任兆麟辑 ㉙2537

李廷钰**秋柯草堂** 一八三八（道光十八）年刊屏山全集二十卷 宋刘子翚撰 ①377

香溪草堂 一八七二（同治十一）年刊适园丛稿二十七种三十六卷 清袁学澜撰 ㉙1286

海昌蒋氏**衍芬草堂** 一八五五（咸丰五）年刊诗集传音释二十卷诗序一卷札记一卷图一卷
宋朱熹集传元许谦音释罗复纂辑 ⑯1048

江苏柳氏**胜溪草堂** 一八三五（道光十五）年刊秋树读书楼集十六卷 清史善长撰 ㉙2546

胜溪草堂 一八四七（道光二十七）年刊养余斋初集四卷二集四卷三集六卷 清柳树芳撰 ⑯847.5/282

养花草堂 一八〇二（嘉庆七）年刊虞初续志十卷 清郑澍若辑 ④4794

京师**养闲草堂** 一八四六（道光二十六）年刊产孕集二卷附补遗一卷 清张曜孙撰 ㉚462

洞泾草堂 一七八七（乾隆五十二）年刊十七史商榷一百卷 清王鸣盛撰 ③史101.15/844

长沙熊氏**洞泉草堂** 一八七一（同治十）年刊小影珠吟馆词笺一卷 清熊少牧撰 ㉒366

徐氏**洄溪草堂** 一七二七（雍正五）年刊难经经释二卷 清徐大椿撰 ㉙2456

洄溪草堂 一七六四（乾隆二十九）年刊兰台轨范八卷 清徐大椿撰 ㉚339

徐坚**浒溪草堂** 一七五九（乾隆二十四）年刊金兰集三卷 明徐达左辑 续集一卷 清徐坚辑
耕渔轩遗书一卷 明徐达左撰 ⑱集1709

浒溪草堂 一七九四（乾隆五十九）年刊絸园诗钞八卷补遗一卷 清徐坚撰 ⑱集1220

退补草堂 一八九六（光绪二十二）年刊医学辨正 清张学淳撰 ㉚29

十 画

扬州**珠湖草堂**阮亨 一七九六—一八五〇（嘉庆—道光）年刊石渠随笔 清阮元撰 ③艺711/855

耕学草堂 一七二八（雍正六）年刊缪文贞公文集二卷 明缪昌期撰 ⑱集812

耕馀草堂 一八七四（同治十三）年重刊历代画史汇传 清彭蕴灿编邱步洲重辑 ②63929

耕烟草堂 一七七五（乾隆四十）年刊七修类稿五十一卷续稿七卷 明郎瑛撰 ④9161

桐园草堂 一七三六—一七九五（乾隆）年刊阳关三叠一卷 清俞宗撰 ⑱子 449

莲溪草堂 一六六二—一七二二（康熙）年刊历朝古文选十七卷 清董汉策辑 ⑱集 1637

莘乐草堂 一六六二—一七二二（康熙）年刊传心录一卷艾陵文钞十六卷补遗一卷诗钞二卷 明雷士俊撰 ①2008

眠云草堂 一七六〇（乾隆二十五）年刊古渔诗概六卷 清陈毅撰 ⑱集 1226

借绿草堂 刊图绘宝鉴八卷 元夏文彦纂明毛大伦增补 ⑰K14906

皋鹤草堂 一六九五（康熙三十四）年刊第一奇书金瓶梅一百回 题明笑笑生撰 清张竹坡批点 ⑯857.4/846－2－14

纪氏阅微草堂 一七三六—一七九五（乾隆）年刊考工记图二卷 清戴震撰 ①3975

河间纪氏阅微草堂 一八〇〇（嘉庆五）年刊我法集二卷 清纪昀著 ②37070

烟波江上草堂 一七三六—一七九五（乾隆）年刊鹤关文剩三卷 清吴邦治撰 ⑱集 1132

宋氏浮溪草堂 一七九六—一八五〇（嘉庆—道光）年刊浮溪草堂丛书四种七十五卷 清宋翔凤辑 ①1984

浮溪草堂 一八七五—一九〇八（光绪）年刊四书古今训释 清宋翔凤撰 ⑥

悟云草堂 一八六七（同治六）年刊吊脚痧方论 清徐子默撰 ㉚401

读月草堂 一八一七（嘉庆二十二）年刊全蜀艺文志六十四卷 明杨慎编 ⑰08384

顺德简氏读书草堂 一八九七（光绪二十三）年刊朱九江先生集十卷首四卷 清朱次琦撰 ⑯3802

弱水草堂 一七三八（乾隆三）年刊楚辞新集注八卷 清屈复撰 楚怀襄二王在位事迹考一卷 清林云铭撰 末一卷 ⑱集 13

十一画

培芸草堂 一八一八（嘉庆二十三）年刊砚芝书屋诗钞五卷 清刘芝瑞撰 ㉙2607

基闻草堂 一八〇一（嘉庆六）年刊六书通摭遗 清毕星海辑 ⑧

徐氏梦生草堂 一七八九（乾隆五十四）年刊写心杂剧 清徐爔撰 ⑪812.7/2898

梦觉草堂 一八七二（同治十一）年刊水屋剩稿二卷 清张道渥撰 ③文286.7631/48

梦逋草堂 一八五七（咸丰七）年刊松陵诗征续编十四卷 清陆日爱撰 ㉙2661

奉化舒氏**雪瓯草堂** 一九〇六（光绪三十二）年刊天根诗录 清何家琪撰 ③文289.7631/47

歙县朱文翰**得谖草堂** 一九〇四（嘉庆九）年刊汉书地理志稽疑六卷 清全祖望撰 ⑱史42

瑞安孙氏**盘谷草堂** 一八五一—一八六一（咸丰）年刊礼记集解 清孙希旦著 ②6230

祭书草堂 一六六二—一七二二（康熙）年刊江止庵遗集八卷 明江天一撰 首一卷 ⑱集886

祭书草堂 一八九六（光绪二十二）年刊江止庵遗集八卷首一卷 明江天一撰 ⑯2628

率真草堂 一七七三（乾隆三十八）年刊嘤鸣集四卷首一卷末一卷 清张节辑 ⑱集1600

汪氏**康山草堂** 一七七九（乾隆四十四）年刊宋淳熙敕编古玉图谱一百卷 宋龙大渊等编 ⑯994.6/658-02

扬州**康山草堂** 一八〇四（嘉庆九）年刊新安二江先生集 清江振鸿辑 ⑤

遵义萧氏**鹿山草堂** 一八七五—一九〇八（光绪）年刊鹿山先生全集十八卷 清萧元远撰 ⑰00947

清穆草堂 一七三六—一七九五（乾隆）年刊吴氏传家集九卷末一卷 清吴我炽辑 ⑱集1828

寄生草堂 一七六七（乾隆三十二）年刊瘦石稿十卷 清黄振撰 旧雨题赠一卷 ⑱集1225

寄生草堂 一八八四（光绪十）年刊梅庄杂著 清谢济世撰 ⑤

寄愚草堂 一八八八（光绪十四）年刊喉科种福五卷 清易方编 ㉚590

十二画

棣华草堂 一八二二（道光二）年刊针灸逢源六卷 清李学川编 ㉚133

潘承松**赋闲草堂** 一七四七（乾隆十二）年刊杜诗偶评四卷 清沈德潜撰 ①9410

浙江**最宜草堂** 一六六二—一七二二（康熙）年刊表异录二十卷 明王志坚辑 ⑰036-21

高兆**遗安草堂** 一六六二—一七二二（康熙）年刊杜工部七言律诗二卷 唐杜甫元虞集注 ⑱集75

安徽**集虚草堂** 一九〇四（光绪三十）年刊周易费氏学八卷 清马其昶撰 ⑥

街南草堂 一七二二（康熙六十一）年刊明语林十四卷 清吴肃公撰 ⑫SX10.1-3/7-164

湖南**循陔草堂** 一八六六（同治五）年刊国朝先正事略六十卷 清李元度撰 ⑥

就闲草堂 一七二二（康熙六十一）年刊印典八卷 清朱象贤撰 ⑧

湖山草堂 一七二三—一七三五（雍正）年刊历代名吏录四卷 清张星徽撰 ⑱史410

湖山草堂 一七三九（乾隆四）年刊春秋四传管窥 清张星徽辑 ⑩096.7/309

湘西草堂 一六六二—一七二二（康熙）年刊船山先生诗稿二卷 清王夫子撰 ⑱集953

缘督草堂 一七九六—一八二〇（嘉庆）年刊新齐音风沦集二卷 清范埛撰 ⑱集1277

十三画

槐荫草堂黄氏 一七二三—一七三五（雍正）年刊本草类方十卷 清年希尧编 ㉚302

黄晟**槐荫草堂** 一七五三（乾隆十八）年刊水经注四十卷 北魏郦道元撰 ⑱史1023

黄晟**槐荫草堂** 一七三六—一七九五（乾隆）年刊山海经传十八卷 晋郭璞撰 ①4954

槎湖草堂 刊续耆旧一百四十卷 清全祖望辑 ①12494

顾氏**颐素草堂** 一八一八（嘉庆二十三）年刊颐素堂丛书十七种十九卷 清顾禄辑 ㉙1119

畹香草堂 一六八三（康熙二十二）年刊吴氏医验录 清吴楚（畹庵）撰 ㉚629

嵩山草堂 一六九二（康熙三十一）年刊弈编十卷 清郑秉宧撰 ⑱子452

稗畦草堂 一六六二—一七二二（康熙）年刊长生殿传奇二卷 清洪升撰 ④补640

张氏**简松草堂** 一八二一—一八五〇（道光）年刊简松草堂全集九种七十七卷 清张云璈撰 ④2680

数间草堂 刊白云诗集七卷咏梅诗一卷 清卢存心撰 ③文284.542/46

十四画

静远草堂 一八三〇（道光十）年刊补天石传奇 清周文泉撰 ⑯855.6/708

静寄草堂 一七五二（乾隆十七）年刊圌东学诗八卷 清张学林撰 ⑦13850

仁和朱氏**碧溪草堂** 一八〇一（嘉庆六）年刊两浙輶轩录四十卷 清阮元辑 ⑯839.23/375

顾氏**碧筠草堂** 刊重刊校正笠泽丛书四卷补遗诗一卷 唐陆龟蒙撰 ㉙101

王氏**墙东草堂** 一六六二—一七二二（康熙）年刊千秋岁倡和词一卷 清王晫辑 ⑱集2006

四明竺氏**毓秀草堂** 一八八四（光绪十）年刊五经旁训增订精义 清竺静甫竺子寿增订 ⑤

管峰草堂 一七三六—一七九五（乾隆）年刊楚庭偶存稿四卷 清何邵撰 ⑱集 1200

十五画

莫氏影山草堂 一八四八（道光二十八）年刊中庸集解二卷 宋石憝编 ⑥

篆秋草堂 一七七七（乾隆四十二）年刊车制考一卷 清钱坫撰 ⑱经 181

澄观草堂 一六六二—一七二二（康熙）年刊文章尚论集二十八卷 清夏一理辑 ⑱集 1637

鹤江草堂 刊南村诗稿二十四卷 清潘高撰 ④2541

十六画

南海张氏**樵山草堂** 一八七五（光绪元）年刊历代名人年谱十卷 清吴荣光著 ②34729

餐菊草堂 一六四四—一六六一（顺治）年刊南涉杂诗一卷泗上杂言一卷 清倪之煌撰 ⑱集 918

长安柏氏**澧西草堂** 一八九一（光绪十七）年刊关学编四卷 清李元春撰（版藏少墟书院） ⑦10863

懒云草堂 一八七七（光绪三）年刊茅山志十四卷道秩考一卷 清笪蟾光撰 ⑯928. 321/844

十七画以上

濠上草堂 一六六二—一七二二（康熙）年刊尚书埤传十五卷补二卷首一卷尚书考异补一卷 书经考异一卷
清朱鹤龄撰 ⑱经 116

姚氏**檗山草堂** 一八二六（道光六）年刊刘孟涂文集十卷骈体文二卷诗前集十卷后集二十二卷
附诸家评语一卷 清刘开著 ②24023

簳山草堂 一八〇三（嘉庆八）年刊陈忠裕公全集三十卷 附年谱三卷 明陈子龙撰 ⑮3938/416/278. 2

麓峰草堂 一八二一—一八五〇（道光）年刊续验方六卷 清鲍相璈原编吴彝山编
清王昶辑 ㉚266

蟾溪草堂 一六六四（康熙三）年刊易冒十卷 清程良玉撰 ⑱子 366

姚氏**蘗山草堂** 一八二六（道光六）年刊刘孟涂前集十卷后集二十二卷文集十卷骈体文二卷
清刘开撰 ⑧

蠡溪草堂 一七一三（康熙五十二）年刊鲲溟先生诗集四卷奏疏一卷 明郭谏臣撰 ⑫SV46. 1—19/6412

十二、书院

二　画

二泉书院 一八五九（咸丰九）年刊慧山记四卷附续记四卷　明邵宝撰清邵涵初续　⑧

二泉书院 一八六八（同治七）年刊慧山记四卷续编三卷　明邵宝撰释园显辑清邵涵初续　⑯923.321/481

八旗书院 一八九七（光绪二十三）年刊朱子读书法四卷　宋张洪齐臣同编　②28295

八旗经正书院 刊四书集注阐微直解　明张居正撰　⑯097.26/306—4

蜀东**几水书院** 刊古今小品八卷　清陈天定评选　②15857

三　画

三吴书院 一七四四（乾隆九）年刊古文眉诠七十九卷首一卷　清浦起龙评选程钟等汇参　③文150/842

三间书院 一六八七（康熙二十六）年刊广东文选四十卷　清屈大均辑　⑱集1820

山西**大同书院** 一八七九（光绪五）年刊呻吟语节录六卷　⑥子27

大吕书院吕民服 一六九二（康熙三十一）年刊绿波楼诗集十四卷　明张九一撰首一卷　⑱集711

大梁书院 一七四三（乾隆八）年刊尚书口义六卷　清刘怀志撰　⑱经117

大梁书院 一八〇八（嘉庆十三）年刊续夷坚志四卷　金元好问著　②36396

大程书院 一八九三（光绪十九）年刊扶沟县志十六卷首一卷　清熊灿修张文楷纂　⑲581

万松书院 一七〇二（康熙四十一）年刊圣门礼乐统二十四卷　清张行言撰　⑱史1153

四　画

郓县姜氏**天池书院** 一八七五—一九〇八（光绪）年刊中正斋丛书　清姜国伊撰　⑥

天雄书院 一七八二（乾隆四十七）年刊啸轩诗钞一卷　清顾大文撰　赓衢草一卷雕玉草一卷　清顾堃撰　⑱集1240

云门书院 一八九四（光绪二十）年刊平阴县志八卷首一卷　清李敬修纂修　㉙293

云丘书院 一七〇一（康熙四十）年刊明聂双江先生文集十四卷　明聂豹撰　⑱集651

云南**五华书院** 一八一六（嘉庆二十一）年刊石淙诗钞十五卷　明杨一清撰　⑱集598

五华书院 一八二四（道光四）年刊许郑遗书 清孔广林纂辑 ⑯091.37/370-6

五华书院 一八五一（咸丰元）年刊滇诗嗣音集二十卷补遗一卷 清黄琮辑 ⑯839.35/165

五华书院 一九〇〇（光绪二十六）年重刊明滇南诗略十卷首一卷续刻十卷 清袁文典袁文揆同纂 ②30011

长安**少墟书院** 一八八九（光绪十五）年刊近思录十四卷 宋朱熹撰 ⑦2530

中江书院 一八九八（光绪二十四）年刊劝学篇二卷 清张之洞著 ②14118

枝江县**丹阳书院** 一八五八（咸丰八）年刊程氏家塾读书分年日程三卷附纲领一卷 元程端礼编 ②15866

凤山书院 一八九五（光绪二十一）年刊简州学田章程附图式 ②34062

瑞州府**凤仪书院** 一八三九（道光十九）年刊国朝文录初编四十种 清李祖陶辑 ⑯834.7/286

凤池书院 一八八九（光绪十五）年刊春明课草不分卷 清陈翼撰 ㉙606

凤鸣书院 一八六三（同治二）年刊榆次县志十六卷首一卷末一卷 清俞世铨陶良骏修王平格王序宾纂 ⑲91

凤岩书院 一八八九（光绪十五）年刊恭城县志四卷 清陶蹲修常静仁陆履中纂 ⑲726

文峰书院 一八七三（同治十二）年刊迁安县志十八卷首一卷末一卷 清韩耀光修史梦兰纂 ⑲42

深州**文瑞书院** 一九〇〇（光绪二十六）年刊深州风土记二十二卷附表五卷 清吴汝纶纂修 ⑲66

文靖书院 刊一笠庵北词广正谱十八卷附南戏北词正谬一卷 清李玉撰朱实慈撰 ①4170

文溪书院 一八七三（同治十二）年刊江山县志十二卷首一卷末一卷 清王彬孙晋梓修 ⑨672.35/305

五 画

玉山书院 一九〇〇（光绪二十六）年刊玉山朱氏遗书 清诸可宝辑 ⑤

玉屏书院 一八三八（道光十八）年刊厦门志十六卷 清周凯等纂修 ⑨673.15/201/2

正义书院 一八三六（道光十六）年刊容城三贤文集 清张斐然等辑 ⑥

福州**正谊书院** 一七〇八（康熙四十七）年刊朱子语类辑略八卷 清张伯行辑 ⑥子24

福州**正谊书院** 一八六二—一八七四（同治）年刊正谊堂全书 清张伯行辑杨浚重辑 ⑤

正谊书院 一八七一—（同治十）年刊重纂福建通志二百七十八卷首七卷 清孙尔准修陈寿祺纂 ⑲517

甘州书院 一八七六（光绪二）年刊甘肃州院义学章程 ㉖79

石阳书院 一八八七（光绪十三）年刊庐陵诗存十二卷 清胡友梅辑 ㉑195

石洞书院 一七九一（乾隆五十六）年刊饶双峰议义十五卷双峰注释遗文一卷 宋饶鲁撰 ㉑191

龙云书院 一八五〇（道光三十）年刊龙云书院志一卷 清韩觐等纂修 ㉑193

龙江书院 一六六二—一七二二（康熙）年刊魏贞庵遗书 清魏裔介撰 ⑤

龙江书院 刊兼济堂文集选二十卷 清魏裔介撰 ⑯847.2/804

龙安书院 一八九二（光绪十八）年刊十三峰书院文稿一卷诗稿二卷附书札四卷 批牍二卷 清李榕撰 ③文287.441/189

常州**龙城书院** 一七九一（乾隆五十六）年刊经典释文三十卷 唐陆德明撰 经典释文考证三十卷 清卢文弨撰 ⑯422.7/394

平遥书院 一八六三（同治二）年刊广西团练事宜一卷 清朱孙诒编 ②64253

东山书院 一七五五（乾隆二十）年刊水心文集二十九卷 宋叶适撰 ⑧

东山书院 一八七二（同治十一）年刊馀干县志二十卷首一卷末一卷 清区作霖冯兰森修曾福善等纂 ⑲492

无锡**东林书院** 一八七六（光绪二）年刊高子遗书十二卷附录一卷 明高攀龙撰 ⑰056－332

东雍书院 一八八五（光绪十一）年刊水壑先生全书 清鄗成撰 ⑤

代山书院 一八八二（光绪八）年刊代州志十二卷首一卷 清俞廉三修杨笃纂 ⑲88

仙提书院 一八二一—一八五〇（道光）年刊山丹王丕美善行征诗集 ㉖79

龙山**白岩书院** 一八九四（光绪二十）年刊颜氏学记十卷 清戴望述 ⑰03099

白鹿书院 一七一八（康熙五十七）年刊白鹿书院志十九卷 清毛德琦撰 ㉑190

白鹿书院 一八七一（同治十）年刊白鹿书院志十九卷 清毛德琦撰 ㉑190

白鹿书院 一八八三（光绪九）年重刊毛德琦白鹿书院志十九卷 ㉑190

曾弘**白鹭书院** 一六七三（康熙十二）年刊欧阳文忠公居士集一百五卷 宋欧阳修撰 年谱一卷 ⑱集230

白鹭书院 一八七三（同治十二）年刊黄县志稿五卷 清尹继美修王棠王渐鸿纂 ⑨671.25405/048

白鹭洲书院 一七三六—一七九五（乾隆）年刊草木疏校正二卷 清赵佑撰 ④3647

白鹭洲书院 一八三五（道光十五）年刊迈堂文略一卷 清李祖陶辑 ㉑191

白鹭洲书院 一八七一（同治十）年刊白鹭洲书院志八卷首一卷 清刘绎等纂修 ㉑191

冯翊书院 一八八五（光绪十一）年刊大荔县续志十二卷首一卷 清周铭旂修李志复纂 ⑲174

兰山书院 一七三八—一七四一（乾隆三—六）年刊钦定四书 ㉖79

兰山书院 一七九〇（乾隆五十五）年刊铁堂诗草二卷 清许珌撰 ⑱集 937

汉南书院 一八六八（同治七）年刊大生要旨五卷 清唐千顷撰 ㉚458

弘运书院吕崇烈 一六六三（康熙二）年刊仰节堂集十四卷 明曹于汴撰 ⑱集 778

弘道书院 一八五六（咸丰六）年刊济阴纲目十四卷附保生碎事十四卷 明武之望撰 ㉚431

六 画

芝山书院 一八七七（光绪三）年刊漳州府志五十卷首一卷 清沈定均续修吴联薰增纂 ⑲537

朝邑**西河书院** 一八三〇（道光十）年刊西河古文录八卷 清李元春撰 ⑦7956

列雅书院 一六九四（康熙三十三）年刊文章缘起 梁任昉著明陈懋仁注清方熊补注 ②37453

四川**存惺书院** 一八五〇（道光三十）年刊儒门法语不分卷 清彭定求原编汤金钊辑要 ⑥

百泉书院 一八三五（道光十五）年刊辉县志二十卷首一卷末一卷 清周际华修戴铭纂 ⑲567

同川书院 一八七一（乾隆四十六）年刊仪礼大要二卷 清任兆麟撰 ㉙2536

建阳**同文书院** 刊李长吉诗集二卷 唐李贺著清姚文燮释 ②62191

建阳**同文书院** 一六六六（康熙五）年刊昌谷集四卷外集一卷 唐李贺撰清姚文燮注 ⑱集 104

传经书院 一八七九（光绪五）年刊潜江县志二十卷首一卷 清刘焕修朱戴震纂 续志二十卷首一卷 清史改谟修郭士元等纂 ⑲625

华原书院 一八五一（咸丰元）年刊咸丰朝邑县志三卷 清李元春纂 ⑲176

荣县**旭川书院** 一九〇一（光绪二十七）年刊筹蜀篇二卷 清黄英撰 ⑯323.07/167

羊城书院 一八六八（同治七）年刊下学庵算书 清项名达撰 ⑯517/161

关中书院 一八三二（道光十二）年刊二十一史弹词注十二卷 清张仲璜注 ⑦8416

关中书院 一八八七（光绪十三）年刊训士一卷 ⑦3122

江汉书院 一八一九（嘉庆二十四）年刊湖北金石存佚考二十二卷 清陈诗撰 ⑱史1483

安业书院 一八四七（道光二十七）年刊镇安学治录不分卷 清徐昆撰 ⑯323.42/950

安定书院 一七四五（乾隆十）年刊尹太夫人年谱 清尹会一编 ②47574

合肥蒯氏**安道书院** 一八七〇（同治九）年刊桴亭先生文钞六卷 清陆世仪著 ②60838

合肥蒯德模**安道书院** 一八七六（光绪二）年刊陆陈两先生诗文钞 清叶裕仁辑 ⑤

兴贤书院 一八七二（同治十一）年刊德兴县志十卷首一卷末一卷 清孟庆云修杨重雅等纂 ⑲492

牟平书院 一八六四（同治三）年刊重修宁海州志二十六卷 清舒孔安王厚阶纂 ①

七 画

进修书院 一七三六（乾隆元）年刊路史四十七卷 宋罗泌撰 ⑯921.5/482

永川万氏**两仪书院** 一八八三（光绪九）年刊温疫汇编十六卷 清汪期莲编 ㉚391

两湖书院 一八九八（光绪二十四）年刊两湖书院课程二卷附一卷 ⑯512/150

两湖书院 一九〇一（光绪二十七）年刊江楚会奏变法摺三卷 清刘坤一张之洞撰 ③史548.9/752

长沙**求贤书院** 一八九七（光绪二十三）年刊时务通考八十二卷 清陈骧辑 ㉒344

应元书院 一八七二（同治十一）年刊朱子语类一百四十卷 宋朱熹撰黎德靖编 ⑧

庐峰书院 一七三二（雍正十）年刊蔡氏九儒书九卷首一卷 明蔡有鹍辑 ⑰K56－02900

庐峰书院 一八八七（光绪十三）年重刊蔡氏九儒书九卷首一卷 明蔡有鹍辑 ㉑6845

怀玉书院 一七七五（乾隆四十）年刊怀玉山志八卷首一卷末一卷 清朱承煦撰 ⑱史1014

宏州书院 一八七五（光绪元）年刊西宁县新志十卷首一卷 清韩志超王兰芬修杨笃纂 ⑲39

宏道书院 一八四六（道光二十六）年刊惜阴轩丛书 清李锡龄辑 ⑤

陇南书院 一八八九（光绪十五）年刊重纂秦州直隶州新志二十四卷首一卷 清余泽春修王权任其昌纂 ⑲215

八 画

松高书院 一八三六（道光十六）年刊松桃直隶厅志三十二卷 清徐鋐修萧琯纂 ⑲808

述古书院 一八二三（道光三）年刊麻科活人全书四卷 清谢玉琼撰 ㉚511

南山欧阳书院 一八一四（嘉庆十九）年刊风水一书七卷 清欧阳纯辑 ②65764

郁州书院 一八三六（道光十六）年刊云台新志十八卷首一卷末一卷 清谢元淮修许乔林纂 ⑲374

尚志书院 一八六二—一八七四（同治）年刊十三经读本 ㉘

陕甘味经书院 一八九一（光绪十七）年刊五代史七十四卷 宋欧阳修撰徐无党注 ②33593

味经书院 一八七三（同治十二）年刊周易述义 清傅恒等撰 ⑯092.27/904

岭南书院 刊【道光】武缘县志十卷 清余思诏等修詹作述纂 ⑲716

南城盱江书院 一八九三（光绪十九）年重刊盱江先生全集三十七卷 宋李觏撰 ㉑194

昌黎书院 一七九六（嘉庆元）年刊文标集二卷外录一卷 唐卢肇撰 ③文246.54/36

长沙岳麓书院 一八七三（同治十二）年刊岳麓书院志八卷续志四卷首一卷末一卷 清赵宁纂修 ㉒340

迭山书院 一九〇六（光绪三十二）年刊尉山堂稿十四卷 清万斛泉撰 ⑰9533

河东书院 一八九一（光绪十七）年刊机声镫影图题咏 清龚嘉俊等著 ②4660

泺源书院 一七三六—一七九五（乾隆）年刊诗说二种三卷 清宋弼撰 ⑱集1901

泾川书院 一八三七（道光十七）年刊研六室文钞十卷 清胡培翚撰 ㉖79

学山书院 一八八一（光绪七）年刊高淳县志二十八卷首一卷 清杨福鼎修陈嘉谋纂 ⑲344

学古书院 一八七九（光绪五）年刊原献文录四卷附录一卷诗录三卷原故文录一卷 补遗一卷原故诗录一卷 清贺瑞麟辑 ⑯839.15/331

学海书院 一八八二（光绪八）年刊宝山县志十四卷首一卷 清梁蒲贵吴康寿修朱延射潘履祥纂 ⑲19

诗山书院 一八九七（光绪二十三）年刊郭山庙志八卷 清戴凤仪纂 ⑯928.429/213

郎江书院 一八六七（同治六）年刊武陵县志三十二卷首一卷 清欧阳烈等修杨丕复纂 ⑲667

居敬书院 一八八四（光绪十）年刊曹县志十八卷首一卷 清陈嗣良修孟广来贾迺延纂 ⑲300

经心书院 一九〇三（光绪二十九）年自刊舆地学课程 ⑯926/861

经正书院 一八八八（光绪十四）年重刊文昌帝君孝经 清黄正元等注 ②44557

九 画

长沙城南书院 一八二五（道光五）年刊城南书院志 清余正焕纂修 ㉒340

南浦书院 一九〇〇（光绪二十六）刊续修浦城县志四十二卷首一卷 清翁天祜吕渭英修翁昭泰纂 ⑲523

江阴南菁书院 一八八八（光绪十四）年刊南菁书院丛书 清王先谦缪荃孙辑 ⑰01346

郧山书院 一八七〇（同治九）年刊郧阳志八卷首一卷 清吴葆仪修王严恭纂 ⑲632

贵阳贵山书院 一八六二—一八七四（同治）年刊相台五经 ⑥

钟灵书院 一八九四（光绪二十）年刊利川县志十四卷首一卷 清黄仁崇纂修 ⑲632

安福复真书院 一六九一（康熙三十）年刊复真书院志十卷 清王吉修 ㉑189

江西信江书院 一八六七（同治六）刊信江书院志十卷 清钟世桢撰 ㉑193

信江书院 一八八六（光绪十二）年刊澄园医类初集 ㉚81

浏阳狮山书院 一八七八（光绪四）年刊伊洛渊源录十七卷 宋朱熹撰 ㉒348

娄东书院 一七五四（乾隆十九）年刊海塘纪略四卷 清宋楚望撰 ⑱史1043

宣文书院 一八九三（光绪十九）年刊郓城县志十六卷首一卷 清毕炳炎胡建枢修李承光等纂 ⑲300

退翁书院 一八一四（嘉庆十四）年刊诗品三卷 梁钟嵘撰 ⑯2898

姚江书院 一七九四（乾隆五十九）年刊姚江书院志略二卷 ⑰12133

十 画

泰山书院 一七九六—一八二〇（嘉庆）年刊岱览 ㉘

四川梁山桂香书院 一八七五—一九〇八（光绪）年刊来瞿唐先生年谱不分卷 明古之贤等编 ⑥史108

伪水校经书院 一八九二（光绪十八）年刊无咎诗草二卷 清易清照撰 ②46053

真源书院 一七五三（乾隆十八）年刊鹿邑县志十二卷卷首一卷 清许菼纂修 ⑲581

莲花书院 一七四五（乾隆十）年刊小学六卷 宋朱熹撰明陈选注 ③哲822/57974

莲池书院 一八七五（光绪元）年刊医学三书合刻 清陶慰农辑 ㉚752

皋兰书院 一七三六—一七九五（乾隆）年刊皋兰课业诗赋编 清盛元珍辑 ㉖79

般阳书院 一七六九（乾隆三十四）年刊补汉兵志一卷 宋钱文子撰 ⑱史1328

爱山书院 一八七四（同治十三）年刊湖州府志九十六卷首一卷 清宗源翰郭式昌修周学濬陆心源撰 ⑲401

鸳湖书院 一八七八（光绪四）年刊嘉兴府志八十八卷首三卷 清许瑶光修吴仰贤纂 ⑲390

凌云书院 一八八五（光绪十一）年刊桂溪耆旧集十二卷 清李炳灵编 ②31254

唐氏书院 一八五六（咸丰六）年刊木钟台全集 明唐枢撰 ⑤

浯江书院 一八八二（光绪八）年刊金门志十六卷 清周凯修林豪续纂 ⑲536

海门书院 一八六七（同治七）年刊三廉赠别录 清刘定康等撰 ③社140/887

海阳书院 一八九六（光绪二十二）年刊滦州志十八卷首一卷 清杨文鼎修王大本等纂 ⑲45

十一画

梗阳书院 一八八一（光绪七）年刊清源乡志十八卷首一卷 清王勋祥修王效尊纂 ⑲83

梅邨书院 刊李长吉昌谷集句解定本四卷 唐李贺撰清姚佺笺陈愫丘象随辨注 ④4691

梅溪书院 一八七六（光绪二）年刊宋王忠文公全集四十卷 宋王十明撰 ⑯845.22/113

梯云书院 一八二一—一八五〇（道光）年刊梯云书院志六卷 清梯云书院纂修 ㉑195

乾州王氏**乾阳书院** 一八七五（光绪元）年刊大学或问不分卷 宋朱熹撰 ⑦453

乾阳书院 一八八四（光绪十）年刊乾州志稿十四卷首一卷 清周铭旂纂修 ⑲170

萧江书院 一八七〇（同治九）年刊团练事宜不分卷 清朱孙诒编 ㉑193

萧江书院 一八七九（光绪五）年刊杨忠节公遗集八卷首一卷 明杨廷麟撰 ㉑193

黄华书院 一七五二（乾隆十七）年刊林县志十卷首一卷末一卷 清杨潮观纂修 ⑲577

万县**盛山书院** 一八七二（同治十一）年刊小桃溪馆文钞四卷 清陈昆撰 ⑰9403

平江**爽溪书院** 一八七一（同治十）年刊赋学正鹄十卷 清李元度撰 ㉒366

崔城书院 一八九二（光绪十八）年刊【康熙】堂邑县志二十卷 清卢承琰修刘淇纂 ⑲302

崇义书院 一六六二—一七二二【康熙】年刊山海经广注十八卷图五卷杂述一卷 清吴任臣著 ②35691

崇正书院 一八七五（光绪元）年刊宁远县志八卷 清张大煦修欧阳泽闿纂 ⑲656

崇阳书院 一八八三（光绪九）年刊医林集要寻源 清詹善言编 ㉚352

袁浦**崇实书院** 一八六七（同治六）年刊示朴斋骈体文六卷 清钱振伦撰 ③文289.577/33

崇实书院 一八八三（光绪九）年刊五台新志四卷首一卷 清孙汝明修杨笃纂 ⑨671.45/243/406

宁波**崇实书院** 一八八八（光绪十四）年刊全校水经注四十卷补遗一卷附录二卷 汉桑钦撰后魏郦道元注清全祖望校 ⑯928.28/151－08

姑苏**崇德书院** 一八二四（道光四）年刊良朋汇集经验神方五卷 清孙伟编 ㉚245

苏州**崇德书院** 一八七七（光绪三）年刊校订女四书笺注四卷 清王相笺注 ⑯192/113

崇德书院 一七三六—一七九五（乾隆）年刊续刻临证指南温热论四卷 清叶桂撰 ㉚372

崇德书院 一八三三（道光十三）年刊针灸大成十卷 明杨继洲撰 ㉚131

崇德书院 一八八一（光绪七）年刊金匮心典三卷 清尤怡集注 ㉙877

衡阳**船山书院** 一八七五—一九〇八（光绪）年刊东洲毛诗授义二十二卷首一卷 清龙廷弼撰 ㉒332

鸿凤书院 一八八五（光绪十一）年刊丹阳县志三十六卷首一卷 清刘诰等修徐锡麟等纂 ⑲341

慈利**渔浦书院** 一八九〇（光绪十六）年刊元丰类稿五十一卷 宋曾巩撰 ②12766

张树勋**绿野书院** 一八一四（嘉庆十九）年刊武功县志三卷首一卷 明康海撰清孙景烈评注 ⑲188

十二画

敬胜书院 一八七六（光绪二）年刊永平府志七十二卷首一卷末一卷 清游智开修史梦兰纂 ⑲41

雁峰书院 一八七九（光绪五）年刊重编琼台会稿诗文集二十四卷 明邱濬著 ②24133

扬州朱端**紫阳书院** 一六九八（康熙三十七）年刊文嘻堂诗集三卷 明朱苪煌撰 ①4653

紫阳书院 一六六五（康熙四）年刊铁桥志书二卷 明梁于涘扶纲辑 ⑱史990

紫阳书院 一七三五（雍正十三）年刊茗洲吴氏家典八卷 清吴翟撰 ⑱史629

紫阳书院 一七五九（乾隆二十四）年刊唐宋八家精选层级集读本四卷 清吴炜编 ②16733

苏州**紫阳书院** 一八八三（光绪九）年刊诗韵析五卷首一卷末一卷 清汪烜著 ②34261

河北**柴泉书院** 一八九五（光绪二十一）年刊续修新城县志十卷 清张丙嘉修王锷纂 ⑲56

广西**柴泉书院** 一八九四（光绪二十）年刊贵县志八卷 清王仁钟修梁吉祥纂 ⑲732

景贤书院 一八六二—一八七四（同治）年刊唐律赋钞不分卷 清潘遵祈辑 ㉙1301

景槐书院 一八八一（光绪七）年刊泾野子内篇二十七卷 明吕柟撰 ⑦14241

铅山**鹅湖书院** 一七四三（乾隆八）年刊六经图十二卷 清郑之侨撰 ㉑190

铅山**鹅湖书院** 一八四四（道光二十四）年刊燕巢心经 清闵苕敷撰 ㉑190

成都**尊经书院** 一八六二—一八七四（同治）年刊经典释文三十卷 唐陆德明撰 ②65592

成都**尊经书院** 一八八六（光绪十二）年刊楚词释十一卷 汉王逸章句 ⑯832.1/115.2

四川**尊经书院** 一八八八（光绪十四）年刊北学编四卷 清魏一鳌辑尹会一续 ⑥

湘川书院 一八二五（道光五）年刊郧芸文集五卷 清李腾华著 ②10661

富川书院 一八八九（光绪十五）年刊兴国州志三十六卷首一卷 清吴大训等修陈光亨纂 刘凤纶王凤池续纂 ⑲618

十三画

瑞山书院 一八九八（光绪二十四）年刊聚星堂馀草 清陈在德撰 ⑰9591

瑞溪书院 一八二四（道光四）年刊瑞溪书院志一卷 清赵敬襄修涂月抄辑 ㉑191

蒲阳书院 一八八二（光绪八）年刊应城志十四卷首一卷 清罗缃陈豪修王承禧纂 ⑲612

嵩山书院 一七三六—一七九五（乾隆）年刊镜烟堂十种二十九卷 清纪昀撰 ⑱丛400

成都 **锦江书院** 一八五八（咸丰八）年刊锦江书院纪略 清李承熙编 ⑰11564

锦江书院 一八三二（道光十二）年刊日知录三十二卷日知录之馀四卷 清顾炎武撰 ⑯11904

山西**解州书院** 一八八八（光绪十四）年刊有诸己斋格言丛书 清阎敬铭辑 ⑤

新安书院 一六六二—一七二二（康熙）年刊语馀漫录十九卷 清汪燧撰 附集不分卷 ⑱集1012

禊湖书院 一八九九（光绪二十五）年刊黎里志十六卷首一卷 清徐达源纂 黎里续志十六卷

首一卷 清蔡丙圻撰 ⑲334
叠山书院 一八七一（同治十）年刊檀弓解一卷 宋谢枋得批点 ㉑193
叠山书院 一九〇六（光绪三十二）年刊万青轩斛泉先生年谱 清张鼎元编钱同寿校订 ⑰6672

十四画

蔚文书院 一八七七（光绪三）年刊海盐县志二十二卷首一卷末一卷 清王彬修徐用仪纂 ⑲394
藁山书院 一八七〇（同治九）年刊乐平县志十卷首一卷 清梅毓翰等修汪元祥陈谟纂 ⑲492
许州 **聚星书院** 一八七三（同治十二）年刊三颂考 清张承华编 ③经378/877
熙湖书院 一八七二（同治十一）年刊太湖县志四十六卷首一卷末一卷 清符兆鹏修赵继元纂 ⑲451
番禺 **端溪书院** 一八九九（光绪二十五）年刊端溪丛书 梁鼎芬等辑 ⑤
潋江书院 一八一五（嘉庆二十）年刊持志编五卷 清杨念先辑 ㉑191
漳江书院 一八九九（光绪二十五）年刊鸿旅山庄集诗四卷文七卷外集三卷 清郭世嵚撰 ⑰庚237.4－7113
江阴 **暨阳书院** 一八四〇（道光二十）年刊齐物论斋文集六卷 清董士锡撰 ⑰9289

十五画

临潼 **横渠书院** 一七八七（乾隆五十二）年刊秦汉瓦当文字一卷 清程敦撰 ⑦12054
临潼 **横渠书院** 一八八三（光绪九）年刊四书札记 清王巡泰撰 ⑦10106
德润书院 一八九九（光绪二十五）年刊慈溪县志五十六卷附录一卷 清杨泰亨冯可镛纂 ⑲413
澜阳书院 一八七五（光绪元）年刊吴桥县志十二卷 清倪昌燮修冯庆杨纂 ⑲61
豫章书院 一七二五（雍正三）年刊豫章书院四书讲习录十二卷 清陶成撰 ㉑190
豫章书院 一七六五（乾隆三十）年刊璇玑遗述六卷 清揭暄撰 ㉑190
豫章书院 一八八八（光绪十四）年刊豫章书院大题文钞不分卷 清张昌龄辑 ㉑190

十六画

衡山书院 一九〇〇（光绪二十六）年刊衡山九老诗文稿四卷 清黎墉等撰 ㉒365

鲲池书院 一八七九（光绪五）年刊同治镇海县志四十卷 清于万川修刘凤章纂俞越审订 ⑲412

汉川 **甑山书院** 一八九二（光绪十八）年刊楚天樵话二卷 清张清标著 ②37821

潞河书院 一七三六—一七九五（乾隆）年刊孝经精义一卷后录一卷或问一卷原孝一卷馀论一卷 清张叙撰 ⑱经302

濂溪书院 一六六二—一七二二（康熙）年刊姑苏杂咏一卷 明高启撰 ㉙238

永州 **濂溪书院** 一七七六（乾隆四十一）年刊周易疑参四卷 清孙占鳌撰 ㉒331

十七画以上

擢英书院 一八八八（光绪十四）年刊竹岩集十八卷补遗一卷附录一卷 明柯潜著柯维骐编 ②24014

侯官郑氏 **鳌峰书院** 一六九二（康熙三十一）年刊石斋先生经传九种 明黄道周清郑开极订 ⑰甲908-6310

玉山**瀛山书院** 一九〇〇（光绪二十六）年刊玉山朱氏遗书 清朱可宝辑 ㉙238

玉山**瀛山书院** 刊瀛山书院志一卷 ㉑195

瀛州书院 一八七三（同治十二）年刊新喻县志十六卷首一卷 清文聚奎祥安修吴增逵纂 ⑲497

瀼溪书院 一八七一（同治十）年刊瑞昌县志十卷卷首一卷 清姚暹修冯士杰刘士藻纂 ⑲484

麟山书院 一八八二（光绪八）年刊蕲州志三十卷 清封蔚礽修陈廷杨纂 ⑲616

麟溪书院 一八六四（同治三）年刊恩施县志十二卷首一卷 清多寿修罗凌汉纂 ⑲630

十三、馆

甲、仙馆

朱氏**九芝仙馆** 一八二九（道光九）年刊江城旧事十六卷 清朱桼撰 ㉑246

仪徵阮氏**小琅环仙馆** 一七九六—一八二〇（嘉庆）年刊山左金石志二十四卷 清毕沅阮元同著 ②14058

阮福**小琅环仙馆** 一八二五（道光五）年刊读书敏求记四卷 ㉙2942

云泉仙馆 一九〇六（光绪三十二）年刊济众录二种 清劳守慎编

云鹤仙馆 一八五一—一八六一（咸丰）年刊徐烈妇诗钞一卷 清吴宗爱撰 ㉚393

同心栀子图读法一卷 清应莹撰 ④2593

吴氏**贮春仙馆** 一八三一（道光十一）年刊三家医案合刻附医效秘传三卷 清吴金寿编 ㉚636

钱塘陈氏**种榆仙馆** 一八〇一（嘉庆六）年刊两浙輶轩录四十卷 清阮元辑 ⑯839.23/375

种榆仙馆 一八七五—一九〇八（光绪）年刊冬心先生杂著 清金农著 ②36137

留合仙馆 一八六八（同治七）年刊引痘略 清邱浩川编 ㉚517

广州 **海山仙馆** 一八四九（道光二十九）年刊验方新编十六卷 清鲍相璈编 ㉚262

岭南潘氏**海山仙馆** 一八五一—一八六一（咸丰）年刊佩文韵府一百六卷
附韵府拾遗一百六卷 清张玉书等编 ②14030

海山仙馆 一八四八（道光二十八）年刊历验单方 清余廷勋编 ㉚266

海山仙馆 一八六二（同治元）年刊验方新编十六卷 清鲍相璈编 ㉚262

海山仙馆 一八七五—一九〇八（光绪）年刊揭曼硕诗三卷 元揭傒斯著 ②2440

海水仙馆 刊明夷待访录 清黄宗羲撰 ⑥

海棠仙馆 一九〇五（光绪三十一）年刊焚馀草二卷 清宋伯鲁撰 ⑯925.378/637

番禺 **海珊仙馆** 一八四三（道光二十三）年刊水雷图说不分卷 清潘仕成编 ⑥

扬州阮氏**琅环仙馆** 一七九六—一八二〇（嘉庆）年刊诂经精舍文集十四卷续集八卷三集七卷
四集十六卷五集八卷六集十二卷七集十二卷八集十二卷 清阮元等辑 ④2434

琅环仙馆 一七九六—一八二〇（嘉庆）年刊文选楼诗存五卷 清阮元著 ②47821

仪徵阮氏**琅环仙馆** 一八二一—一八五〇（道光）年刊雷塘庵主弟子记八卷 清张鉴撰
阮常生等续编 ⑯982.975/314

梦梅仙馆 一九〇〇（光绪二十六）年刊粤游小识七卷 清张心泰撰 ④470

梦梅仙馆 一九〇九（宣统元）年刊无一是斋丛钞 清张心泰撰 ⑰01052

羊城 **崇兰仙馆** 一八九七（光绪二十三）年刊春秋决事比一卷 清龚自珍著 ②17495

秀水孙氏**望云仙馆** 一八七八（光绪四）年刊檇李遗书 清孙福清辑 ⑤

江都秦氏**琳琅仙馆** 一八一二（嘉庆十七）年刊月令粹编二十四卷图说一卷 清秦嘉谟编 ②339

紫荑仙馆 刊幼幼集成六卷 清陈复正编 ㉚481

紫霞仙馆 一八二三（道光三）年刊禹贡水道考异南条五卷北条五卷 清方坤撰 ⑯093.31/626

湘霞仙馆 一八九六（光绪二十二）年刊小谷山房杂记四卷 清张光裕撰 ⑯074/310

筱云仙馆 刊活人一术初编 清孙德钟编 ㉚259

碧城仙馆 一八四一（道光二十一）年刊玉天仙梵三卷 题碧城外史撰 ②11439

漱琴仙馆 刊可也简庐笔记一卷 清高骧云撰 ②39305

漱霞仙馆 一八八七（光绪十三）年刊璇玑碎锦二卷 清万树撰 ⑯856.7/522

乙、山馆

大亭山馆 一八八〇（光绪六）年刊玉馀尺牍附编八卷 清庄士敏撰 ②33010

大梅山馆 一八五四（咸丰四）年刊复庄骈俪文榷八卷 清姚燮撰 ⑯847.5/994.6

慈溪童氏**大鄮山馆** 一八七五—一九〇八（光绪）年刊鲒埼亭诗集十卷 清全祖望撰 ⑧

小环山馆 一八八三（光绪九）年刊王临川全集一百卷 宋王安石撰 ③文254.43/189

小玲珑山馆 一七二九（雍正七）年重刊韩柳二先生年谱八卷 宋吕大防等撰 ⑰56－47715

小眉山馆 刊盘珠集胎产症治三卷 清施雯等撰 ㉚457

小胥山馆 一八〇四（嘉庆九）年刊得配本草十卷 清严洁等撰 ㉚175

小琅环山馆 一八五一（咸丰元）年刊虞初新志二十卷 清张潮辑 ④4665

浙江陆氏**小蓬莱山馆** 一八〇一（嘉庆六）年刊蔡氏明堂月令章句 清陆尧春撰 ⑥

云麓山馆 一九〇一（光绪二十七）年刊尚书句解考正不分卷 清徐天璋撰 ⑯093.27/946

不其山馆 一九〇七（光绪三十三）年刊烂柯山志十三卷 清郑求禧辑 ⑯928.328/976

长沙**书堂山馆** 一八八三（光绪九）年刊楚辞十七卷 楚屈原撰汉王逸章句宋洪兴祖补注 ⑯832.1/119－03

水环山馆 一八八三（光绪九）年刊王临川全集一百卷目录二卷 宋王安石撰 ①346

沈氏**古华山馆** 一八九〇（光绪十六）年刊石鼓文定本十卷石鼓文地名考一卷 清沈梧撰 ⑯994.521/741

石芝山馆 一八三七（道光十七）年刊佩文韵溯原不分卷 清刘家镇编 ⑯424.5/892

冬青山馆 一七八四（乾隆四十九）年刊榕园词韵 清吴宁撰 ⑯9816

芋香山馆 一八六四（同治三）年刊李文恭公遗书奏议二十二卷诗集八卷文集十六卷
清李星沅著 ②29753

新化**西畬山馆** 一九〇〇（光绪二十六）年刊二十二史札记三十六卷补遗一卷 清赵翼撰 ⑯921.7/199－03

庆丛山馆 一七八九（乾隆五十四）年刊释名疏证八卷补遗一卷续释名一卷 清江声撰 ㉙951

许间山馆 一八八〇（光绪六）年刊池上草堂笔记全集五十二卷 清梁恭辰撰 ⑧

红藤**碧树山馆** 一九〇一（光绪二十七）年刊张文忠公全集四十六卷附录二卷 明张居正著 ②10916

听云山馆 一八四二（道光二十二）年刊毛诗辨韵五卷 清赵似祖撰赵星海订 ⑯094.16/204

冶城山馆 一八一五（嘉庆二十）年刊孔子集语十七卷 清孙星衍著 ②36504

冶城山馆 一八八七（光绪十三）年刊宋六十一家词选 清冯煦辑 ⑯2860

侯官郭柏苍**沁泉山馆** 一八八六（光绪十二）年刊闽中十子诗集 明袁表马荧选辑 ⑤

镇洋毕氏**灵岩山馆** 一七八一（乾隆四十六）年刊山海经十八卷附篇目考一卷 晋郭璞传
清毕沅校正 ②60757

镇洋毕氏**灵岩山馆** 一七八四（乾隆四十九）年刊经训堂丛书 清毕沅撰 ⑥总39

迟云山馆 一八六〇（咸丰十）年刊淮海秋笳集 清李肇增辑 ⑤

德清傅氏**味腴山馆** 一八七四（同治十三）年刊字学三种 清傅云龙辑 ⑤

吴县**金兰碧螺山馆** 一八六六（同治五）年刊说文新附考六卷说文续考一卷 清钮树玉撰 ⑯423.17/926－02

浙江鄞县郭氏**金峨山馆** 一八八二（光绪八）年刊说文统释自序不分卷 清钱大昭撰 ⑥

蜀中**怡山馆** 一八三三（道光十三）年校刊脉经十卷 晋王熙撰 ㉚106

终南山馆 一八五一（咸丰元）年刊国朝文录 清李祖陶辑 ⑤

四川宜宾周氏**玲珑山馆** 一八八九（光绪十五）年刊古微书十种 明孙珏撰 ⑥

四川绥定**玲珑山馆** 一八七五—一九〇八（光绪）年刊粤雅堂丛书本国朝汉学师承记八卷 清江藩纂 ⑥

柏香山馆 一八七七（光绪三）年刊保赤全书二卷 明管橓编 ㉚500

南屏山馆 一八九二（光绪十八）年刊随槎录三卷 清罗镇嵩辑 ②30957

南雁山馆 一八七三（同治十二）年刊安楚堂诗钞九卷 清熊绍庚著 ②30618

修梅山馆 一八二五（道光五）年刊逸周书补注二十二卷首一卷末一卷 清陈逢衡补注 ⑧

洞庭山馆 一八二五（道光五）年刊医论附经验要方 清姜鐄撰 ㉚666

栖鹤山馆 一八七〇（同治九）年刊仙佛真传二卷 清潘露撰 ㉙1366

致曲山馆 一八五〇（道光三十）年刊三国志旁证三十卷 清梁章钜撰 ⑯3813

射雕山馆 一八六四（同治三）年刊培远堂手札节存三卷 清陈宏谋撰 ⑯2470

海隅山馆 一九〇八（光绪三十四）年刊乡党图考补证六卷附礼记不分卷 清王渐鸿撰 ⑯1220

王氏浴凫山馆 一七七二（乾隆三十七）年刊越风三十卷 清商盘辑王大治编 ②36357

琅玕山馆 一八五六（咸丰六）年刊西湖小史四卷十六回 题江氏撰 ④6111

南京野城山馆 一八一五（嘉庆二十）年刊尚书今古文注疏三十卷 清孙星衍撰 ⑥

萧山胡氏寄虹山馆 一八九一（光绪十七）年刊管子地员篇注四卷 清王绍兰撰 ⑯3731

琼笏山馆 一八八〇（光绪六）年刊玉台秋二卷 清黄燮清撰 ③文544/893

严江萼溪山馆 一九〇七（光绪三十三）年刊喉症指南四卷 原题 清寄湘渔父编 ㉚590

萼溪山馆 一八八六（光绪十二）年刊达生保赤编四卷 清寄湘渔父编 ㉚464

宗氏越岘山馆 一八五一（咸丰元）年刊躬耻斋文钞二十卷后编六卷诗钞十四卷诗后编七卷 四书体味录 清宗稷辰著 ②45210

紫薇山馆 一八二七（道光七）年刊浙西六家诗钞 清吴应和马洵选 ⑤

紫薇山馆 一八八二（光绪八）年刊说文答问疏证六卷 清薛传均撰 ⑯1347

微云山馆 一八四四（道光二十四）年刊薛箖吟馆钞存一卷奉使朝鲜驿程日记一卷 清柏葰撰 ⑯2577

金兰碧螺山馆 一八二一—一八五〇（道光）年刊段氏说文注订八卷 清钮树玉撰 ㉙1089

江苏碧螺山馆 一八六六（同治五）年刊段氏说文注订八卷 清钮树玉撰 ⑥

丙、馆

丁溪新馆 一八七九（光绪五）年刊日下联吟集八卷 清简宗杰冯呈霖选宜垕编订 ⑯2760

阮氏八砖吟馆一七九六—一八二〇（嘉庆）年刊八砖吟馆刻烛集二卷 清阮元辑 ⑱集1761

九仙灵台馆一六六四（康熙三）年刊衡岳志八卷 清朱衮修 ⑪□981.363/2500

兰省山陕会馆一八六五（同治四）年刊千金至宝 ㉖83

山陕会馆一八〇八（嘉庆十三）年刊养生揽要十三卷 清孟曰寅编 ㉚613

朱瀚小沧溟馆一八二一—一八六一（道光—咸丰）年刊小沧溟馆集五集三十八卷 清朱轼撰 ㉑247

严氏小延绿馆一八七四（同治十三）年刊介堂诗集八卷 清严寅撰 ㉙1169

小停云馆一八〇四（嘉庆九）年刊二馀堂丛书 清师范辑 ⑤

杭县郑氏小琳琅馆一八五七（咸丰七）年刊浪迹三谈六卷 清梁章钜著 ②37340

小蓬莱馆一八七六（光绪二）年刊绣像四游合传 题清小蓬莱馆辑 ⑤

飞云馆一八八三（光绪九）年刊赋汇题注八卷 清王晓岩辑 ⑯221

舒氏天香馆一七九六—一八二〇（嘉庆）年刊白香词谱 清舒梦兰选 ㉑251

天香馆一八一二（嘉庆十七）年刊桂花塔二卷 清左潢撰 ④11028

云影池馆一六五九（顺治十六）年刊续刻洪山人水云草二卷 明洪载撰张应恩辑 ⑱集842

木犀香馆一八五〇（道光三十）年刊求古录礼说十六卷 清金鹗撰 ⑯095.4/987－03

沔阳陆氏木犀香馆一八五一（咸丰元）年刊江氏韵书三种七卷 清江永撰 ③字150.5/833

汉口中亚印书馆一八七二（同治十一）年刊痧喉证治汇言 清施猷编 ㉚602

文芸馆一六六二—一七二二（康熙）年刊濑中集十四卷当楼集二卷桂枝集□卷 清毛奇龄撰 ⑱集1037

方来馆一六六一（顺治十八）年刊方来馆合选古今传奇万锦清音四卷 题明玉茗堂主人辑 ⑱集2100

心精微馆一八五三（咸丰三）年刊皛翁亭诗集二卷 清唐寿萼撰 ㉙2636

福慧双修馆一九一一（宣统三）年刊周氏医学丛书三集三十二种 清周学海辑 ⑥

双铁蕉馆郑炎禧一八七四（同治十三）年刊六一山房诗集十卷 清董沛撰 ③文288.54/42

吴县蒋氏双唐碑馆一八八三（光绪九）年刊王子安集注二十卷首一卷末一卷 唐王勃撰清蒋清翊注 ⑯844.113/113－526

高安邹氏**玉鸡苗馆** 一八七五—一九〇八（光绪）年刊玉鸡苗馆丛书 清邹凌瀚辑 ⑤

玉玲珑馆 一八八四（光绪十）年刊儒酸福传奇二卷 清魏熙元撰 ④1228

玉清瑶怨馆 一九〇一（光绪二十七）年刊巴黎茶花女遗事 法国小仲马撰清林纾译 ⑧

邹氏**玉溪苗馆** 一八七五—一九〇八（光绪）年刊玉溪苗馆丛书七种 清邹凌瀚辑 ㉑247

南城曾燠**邗上题襟馆** 一七三六—一七九五（乾隆）年刊国朝江右八家诗选八卷 清曾燠辑 ㉑276

平津馆 一八〇六（嘉庆十一）年刊竹书纪年二卷 梁沈约注 ⑯921.21-748-02

满州**东湖行馆** 一八五七（咸丰七）年刊白香亭诗存一卷 清邓辅纶撰 ②4493

成都廖氏**四益馆** 一八七五—一九〇八（光绪）年刊两戴记章句凡例不分卷 清廖平撰 ⑥

鄂垣**务急书馆** 一八九八（光绪二十四）年刊地球韵言四卷 清张士瀛撰 ⑯916/307-02

乐意吟馆 一八八六（光绪十二）年刊品芳录六卷 清徐寿基撰 ⑯635.4/946

迈宋书馆 一八八六（光绪十二）年刊西清古鉴四十卷 清梁诗正等编 ⑰K15283-4

计氏**延龄馆** 一八五六（咸丰六）年刊燮堂丛书 清计恬辑 ⑦8747

扬州寓馆 一八四九（道光二十九）年刊九烟先生遗集六卷 明周星撰 ⑯846./816

冰丝馆 一七八五（乾隆五十）年刊玉茗堂还魂记二卷 明汤显祖撰 ①4124

观文会馆 一七六七（乾隆三十二）年刊天花藏合刻七才子书 题清天花藏主人辑 ⑥

红豆树馆 一八三九（道光十九）年刊国朝畿辅诗传六十卷 清陶梁辑 ⑯5623

红香馆 一八三一（道光十一）年刊国朝闺秀正始集二十卷附录补遗二卷 清完颜恽珠辑 ⑯831.7/687

红蕉馆 一八三一（道光十一）年刊梦恬书屋诗钞四卷附桃花缘传奇一卷 清徐朝彝撰 ㉙1264

纫蓝书馆 一八九八（光绪二十四）年刊东塾读书记二十五卷 清陈沣撰 ⑦13728

杉直槐清馆 一八七二（同治十一）年刊平斋文集三十二卷拾遗一卷附录一卷附校勘记一卷 宋洪咨夔撰 ②1439

杉直槐清馆 一八八〇（光绪六）年刊续轩渠集十卷补遗一卷 元洪希文撰 ①435

杉直槐清之馆 一八七五（光绪元）年刊洪氏集验方五卷 宋洪遵撰 ㉚214

李赓芸稻香吟馆 一八〇七（嘉庆十二）年刊考史拾遗十卷 清钱大昕撰 ⑥史199

王著芥子园塄馆 一七〇一（康熙四十）年刊青在堂梅谱二卷竹谱二卷 ①5111

兴义县**两湖会馆** 刊医方易简新编六卷 清龚自璋黄统合编 ㉚268

江西**听香馆** 一八八三（光绪九）年刊王临川全集一百卷目录二卷 宋王安石撰 ㉑332

听虚馆 一九〇三（光绪二十九）年刊白喉秘方 ㉚600

吹香吟馆 一八一三（嘉庆十八）年刊香雨诗草三卷诗馀一卷附删馀吟一卷
散花诗馀一卷 清凌荣沈珠撰 ㉙2136

吴兴会馆 一八七七（光绪三）年刊藤阴杂记十二卷 清戴璐撰 ⑯927.11/101

金陵**冶城宾馆** 一八七四（同治十三）年刊舒艺室随笔六卷续笔一卷馀笔三卷
舒艺室杂著甲编二卷乙编二卷 清张文虎撰 ⑯071/311－213

沤果梦馆曼陀罗阁 一八五一—一八七四（咸丰—同治）年刊萍绿词三卷续编一卷 清丁至和撰 ⑯3275

徐氏**怀新馆** 一七五二（乾隆十七）年刊西京职官印录二卷 清徐坚纂 ㉙934

灵蕤馆 一八八〇（光绪六）年刊天愚山人诗集十二卷文集十六卷 明谢泰宗撰 ③文278.232/189

潼川**青云书馆** 一八七五—一九〇八（光绪）年刊医门真钵不分卷 清紫来生撰 ⑥

青莲华馆 一八二一—一八五〇（道光）年刊三因极一病症方论十八卷 宋陈方撰 ⑥

青琅玕馆 一八三四（道光十四）年刊据梧斋诗集六卷文集八卷 清程穆衡撰 ⑱集1170

武昌医学馆 一八七五—一九〇八（光绪）年刊武昌医学馆丛书八种 ㉚760

咏花馆 一八八九（光绪十五）年刊南唐二主词一卷 清朱景行辑 ④1313

成都益州**佳史馆**常氏 一八七五—一九〇八（光绪）年刊华阳国志十二卷 ⑥

南城李之鼎**宜秋馆** 清末刊少嵓赋草四卷 清李之赓笺注 ㉑279

黄氏**试馆** 一八八六（光绪十二）年刊汉魏石经考三卷 清刘传莹撰 ⑱经371

经正书馆 一八八八（光绪十四）年刊文昌帝帝君孝经 清黄正元等注 ②44557

春簪花馆 一八九二（光绪十八）年刊白喉治法忌表抉微 原题清耐修子撰 ㉚598

秋声馆 一八三〇（道光十）年刊聊斋续编八卷 清柳春浦撰 ④5992

待贤馆 刊银海精微二卷 唐孙思邈撰 ㉚571

恬古吟馆 一八二一—一八五〇（道光）年刊长春草堂遗诗选一卷 清施之勋撰 ㉙1763

耕烟馆 一七六八（乾隆三十三）年刊拙正园诗馀三卷 清徐灿撰 ⑯3024

桐华馆 刊东观汉记二十四卷 ①13774

桐阴馆 一八八一（光绪七）年刊三国画像二卷 清潘锦绘 ④9407

盍簪行馆 一九〇六（光绪三十二）年刊西域舆地三种汇刻 清徐崇立辑 ⑤

晓风杨柳馆 一八九一（光绪十七）年刊辨症良方四卷 清蒋杏桥编 ㉚230

蒋氏**铁华馆** 一八八三（光绪九）年刊新序十卷 汉刘向撰 ②36552

琴川方氏**倚云吟馆** 一八九八（光绪二十四）年刊王旭高临床医案四卷 清王泰林撰方仁渊编 ㉚643

高州会馆 一八九七（光绪二十三）年刊鼠疫约编 清吴宣崇编郑奋扬参订 ㉚404

资益馆 一七六四（乾隆二十九）年刊弱水集二十二卷 清屈复撰 ⑯847.4/321

资益馆 一八二一—一八五〇（道光）年刊游艺录二卷别录一卷 清蒋湘南撰 ⑧

兰州**浙江会馆** 一八四四（道光二十四）年刊妇婴至宝 清徐尚慧编 ㉚731

宾兴馆 一八七七（光绪三）年刊续修江陵县志六十五卷首一卷 清蒯正昌吴耀斗修
胡九皋刘长谦纂 ⑲622

涢英馆 一八七九（光绪五）年刊篱角闲吟二卷 清徐睿周撰 ⑯2993

贵阳陈氏**悟兰吟馆** 一八八六（光绪十二）年刊亲属记二卷 清郑珍著陈矩补 ②37662

盛氏**课花别馆** 一八六三（同治二）年刊字云巢全集三十七卷 清盛大漠撰 ㉑219

仁和高氏**陵苕馆** 一八四二（道光二十二）年刊小蓬莱阁金石文字 清黄易辑 ⑥

何元锡**梦华馆** 一八〇五（嘉庆十）年刊竹汀先生日记钞三卷 清钱大昕撰何元锡辑 ①2520

湘南**晚香馆** 一九〇三（光绪二十九）年刊绍先集 清张敬效辑 ⑰13277

鄂不馆 一八〇四（嘉庆九）年刊竹书穆天子传六卷 晋郭璞注清洪颐暄校 ⑧

崇实馆 一八六四（同治三）年刊万国公法四卷 清何师孟等译 ①4013

曼陀馆 一八七七（光绪三）年刊昙云阁诗集八卷附录一卷外集一卷词钞一卷
音匏随笔一卷 清曹楙坚撰 ㉙1170

曼陀罗华馆 一八六一（咸丰十一）年刊梦窗词四卷补遗一卷 宋吴文英撰 ⑧
银花藤馆 一八一九（嘉庆二十四）年刊禹贡分笺七卷 清方溶撰 ⑱经123
停云馆 一七三六—一七九五（乾隆）年刊东皋诗存四十八卷诗馀四卷 清汪之珩辑 ②61046
广州**惜分阴馆** 一八八三（光绪九）年刊春明梦馀录七十卷 清孙承泽撰 ⑯922.605/362
番禺潘氏**扈篱馆** 一九〇七（光绪三十三）年刊算术驾说十一卷 清潘应祺纂 ⑯512.1/754
随山馆 一八八三（光绪九）年刊四家奏议合钞 清汪□辑 ⑰1049
随月馆 一八九二（光绪十八）年刊咽喉脉证通论 ㉚584
琅環别馆 一八二四（道光四）年刊庐山小志二十四卷首一卷 清蔡瀛撰 ⑯928.324/562
琅環别馆 一八七四（同治十三）年刊豫章闺秀诗钞 清蔡寿祺选辑鲁世保编 ⑩839.24/556
浔阳**嫏嬛别馆** 一八四四（道光二十四）年刊国朝闺阁诗钞 清蔡殿齐辑 ㉑317
浔阳**嫏嬛别馆** 一八七七（光绪三）年刊策学总纂大全四十六卷 清蔡寿祺撰 ㉑320
长沙**嫏嬛馆** 一八八三（光绪九）年刊玉函山房辑佚书 清马国翰辑 ⑰1049
俞钟诒**琳琅新馆** 一八八四（光绪十）年刊琳琅新馆汇刻诗四种 清俞钟诒辑 ㉙3333
扬州**棉花馆** 一九〇二（光绪二十八）年刊白喉瘟神方 清耐修子撰 ㉚599
棣华馆 一八四二（道光二十二）年刊疫痧草三卷 清陈耕道撰 ㉚601
雁红馆 一八五三（咸丰三）年刊巾箱本诗纫六卷 清黄钊辑 ②54124
紫藤花馆 一九〇二（光绪二十八）年刊五洲述略四卷 清肖应椿辑 ⑯916/511
王氏**棠荫馆** 一八三三（道光十三）年刊二十二子全书 清王纕堂辑 ⑤
粤东新馆 一八九六（光绪二十二）年刊三洲日记八卷 清张荫桓撰 ⑯8701
上海徐寒**木春华馆** 一八四〇（道光二十）年刊寓意录四卷 清缪日藻撰徐渭仁辑 ④7728
寒香馆 一六六八（康熙七）年刊河防疏略二十卷 清朱之锡撰 ⑱史384
会稽陶氏**寒梅馆** 一八八九（光绪十五）年刊曝书亭集十八卷附录一卷 清朱彝尊著 ②34636
江宁陈氏**瑞华馆** 一九〇四（光绪三十）年刊金陵通传四十五卷补遗四卷 金陵通纪十卷国朝金陵通纪四卷 ⑯927.21/103－3843

槐花吟馆王氏 一八七〇（同治九）年刊槜李谱一卷 清王逢辰撰 ④9784

敦邱王氏**鹊华馆** 一八三一（道光十一）年刊鹊华馆三种 清王称辑 ⑤

鹊华馆 一八九一（光绪十七）年刊匡山丛话五卷 清王晓堂辑 ②66362

南海吴氏**筠清馆** 一八四二（道光二十二）年刊筠清馆金文五卷 清吴荣光撰 ㉚757

池阳周氏**福慧双修馆** 一九一一（宣统三）年刊周氏医学丛书三十二种 清周学海撰辑 ⑪990.81/2699

碧声吟馆 一八八五（光绪十一）年刊灵娲石传奇 清许善长著 ②62704

巴陵方氏**碧灵珑馆** 一八六七（同治六）年刊禹贡说二卷 清魏源撰 ⑯3557

巴陵方氏**碧琳琅馆** 一八八一（光绪七）年刊三宋人集 清方功惠辑 ⑯2339

巴陵方氏**碧琳琅馆** 一八八三（光绪九）年刊六朝文絜四卷 清许梿辑 ③文153.4/864

翠微社馆 一八九七（光绪二十三）年刊福幼编 清庄一夔撰 ㉚533

戈氏**翠薇花馆** 一八二一（道光元）年刊词林正韵三卷发凡一卷 清戈载撰 ㉙1212

蕴兰吟馆 一八七三（同治十二）年刊明三十家诗选初集八卷二集八卷 清汪端辑 ⑯831.6/712

撷芝馆 一八六七（同治六）年刊明僮小录一卷续录一卷 清徐不钓徒著殿春生续 ⑧

墨海书馆 一八五五（咸丰五）年刊博物新编首集二集三集 英合信撰 ②37683

邻水廖氏**题襟馆** 一八一四（嘉庆十九）年刊华阳国志十二卷晋常璩撰 补华阳国志三州郡县目录一卷 清廖寅撰 ⑯922.927/596

嘉兴**稻香吟馆** 一八〇七（嘉庆十二）年刊诸史拾遗五卷三史拾遗五卷 清钱大昕著 ⑯921.5/929

徐氏**融经馆** 一八八七（光绪十三）年刊理瀹骈文摘要 清马师机撰 ㉚154

徐褱新馆 一七五四（乾隆十九）年刊西京职官印录二卷印笺说一卷 清徐坚辑 ①3220

澹波馆 一八三〇（道光十）年自刊越中金石志十卷 清杜春生编 ⑥史184

藕花馆 一八二五（道光五）年刊文章游戏初编八卷 清缪艮编 ③文760/85306

蘼芜吟馆 一八八二（光绪八）年刊长离阁集一卷 清王采薇著 ②11758

十四、室

一　画

一经书室　一八二五（道光五）年刊海日堂集七卷补遗一卷　清程可则撰　⑯847.2/786

二　画

十瓣同心兰室　刊备急灸法一卷附骑竹马灸法备急药方　宋张公涣著李耆年编　②11160

三　画

新化**三味书室**　一八九七（光绪二十三）年刊水经注四十卷　②11133

于然室　一八六二—一九〇八（同治—光绪）年刊苏沈内翰良方十卷　宋苏轼沈括撰　㉚211

南陵徐乃昌**小檀栾室**　一九〇五（光绪三十一）年刊乐府新编阳春白雪前集五卷后集五卷　元杨朝英选　②11332

小檀栾室　一九〇九（宣统元）年刊闺秀词钞十六卷　清徐乃昌编　⑧

飞鸿延年室　一八八八（光绪十四）年刊篆学丛书二十八种　清顾湘撰　⑥

四　画

苏州**开智书室**　一九〇二（光绪二十八）年刊日本国志序论一卷　清黄遵宪撰　④308

天倪清室　一八七四（同治十三）年刊记事珠十卷　清张以谦著王刚重订　②34576

艺兰室　一八六八（同治七）年刊大生要旨五卷　清唐千顷撰　㉚458

周氏**五经从横室**　一八七五—一九〇八（光绪）年刊先秦鉢印拓存一卷　清周銮诒辑　⑱史1504

长生书室　一八九三（光绪十九）年刊文史通义八卷　清章学诚撰　⑰05043

月圆人寿室　一九〇四（光绪三十）年刊金山志二十卷首一卷　清周伯义陈任旸撰　⑯928.321/820

六君子室　一八三三（道光十三）年刊敬仪堂经进文稿一卷诗稿一卷诗存一卷　清觉罗桂芳著　②36088

南海吴氏粤雅堂**文字欢娱室**　一八二一—一八七四（道光—同治）年刊岑南遗书　清伍元薇伍崇曜辑　⑤

河北新城王氏**文莫室**　一八九〇（光绪十六）年刊广雅补疏四卷　清王树楠撰　⑥

资阳**文莫室**　一八九二（光绪十八）年刊尔雅郭注佚存补订二十卷　清王树楠撰　⑯422.12/113

文莫室 一八七六（光绪二）年刊医药家振六卷 清王铨撰 ㉚351

李氏**兰室** 一八四六（道光二十六）年刊子仙文钞二卷诗钞八卷拜玉词二卷 清李福撰 ㉙1189

莲平范氏**双鱼室** 一八七五—一九〇八（光绪）年刊元人选元诗五种 清范囧辑 ②34887

五 画

新筑**玉堂书室** 一六六一（顺治十八）年刊伤寒六书纂要辨疑四卷 明童养学撰 ㉚70

古经室 一八八八（光绪十四）年刊霍乱论二卷 清王士雄撰 ㉚401

古香室 一七三六—一八二〇（乾隆—嘉庆）年刊伤寒来苏集八卷 清柯琴撰 ㉚50

古啸室 一六六〇（顺治十七）年刊雪屋二集五卷 明孙永祚撰 ①11584

古虞石室 一八三八（道光十八）年刊履园丛话二十四卷 清钱泳撰 ⑰02506

石　室 一七六三（乾隆二十八）年刊蜀碧四卷 清彭遵泗撰 ⑯1594

衡阳马氏**汇江书室** 一七九六—一八二〇（嘉庆）年刊春秋世论五卷 清王夫之撰 ㉒333

陶氏**汉孳室** 一八八一（光绪七）年刊淮南许注异同诂四卷补遗一卷续补一卷 清陶方琦撰 ①1593

永禅室 一八九〇（光绪十六）年刊一得集三卷 清释心禅著 ②57285

六 画

钱塘许氏**吉华室** 一八八四（光绪十）年重刊两般秋雨庵随笔八卷 清梁绍壬著 ②8162

沔阳李氏**夷香室** 一八九七（光绪二十三）年刊明夷待访录 清黄宗羲撰 ⑥

元和江氏**师郑室** 一八八二（光绪八）年刊留沤唫馆词存一卷 清沈鋆著 ②57244

四明**林延春室** 一八八七（光绪十三）年刊霍乱论二卷 清王士雄撰 ㉚401

众宝室 一八八四（光绪十）年刊怪疾奇方 清汪汲编 ㉚254

北京傅氏**红馀籀室** 一八八五（光绪十一）年刊西陵赶程录 清傅云龙撰 ⑥

乌程李氏**红馀籀室** 一八八五（光绪十一）年刊说文古语考补正二卷 清傅云龙撰 ⑯1279

七 画

酉阳室 一六五四（顺治十一）年刊名文小品冰雪携二刻六卷 清卫泳辑 ①2201

含经室 一八八八（光绪十四）年刊霍乱论二卷 清王士雄撰 ㉚401

怀荃室刊 一沤吟馆选集 清陈照撰 ⑥

妙莲室 一八四八（道光二十八）年刊大藏一览十卷 明陈实编 ⑯220/383

八　画

述欧之室 一八九四（光绪二十）年刊欧阳书考十二卷首一卷末一卷 清袁继翰撰 ⑯8733

通县李氏**瓯钵罗室** 一九一〇（宣统二）年刊王奉常书画题跋二卷 清王时敏撰 ③艺123/824

和天倪室 一八八一（光绪七）年刊傅青主男科二卷 清傅山撰 ㉚334

委羽石室 一八七〇（同治九）年重刊委羽山志六卷续志六卷 明胡昌贤修辑清王维翰续 ②12136

始诵经室 一八八六（光绪十二）年刊步姜词二卷 清胡元仪撰 ⑧

湖南宝庆**经元书室** 一九〇八（光绪三十四）年刊喉科急证 ㉚592

经元书室 一九〇五（光绪三十一）年刊尚论篇四卷尚论后篇四卷 清喻昌撰 ㉚49

经元书室 一九〇九（宣统元）年刊验方新编十六卷 清鲍相璈编 ㉚263

经微室 一八八八（光绪十四）年刊古籀拾遗三卷政和礼器文字考一卷 清孙诒让撰 ⑯314.1734

九　画

曹培廉城书室 一七一三（康熙五十二）年刊赵文敏公松雪斋全集十卷外集一卷续集一卷 元赵孟頫撰 附录一卷 ⑱集439

曹炳曾城书室 一七二二（康熙六十一）年刊海叟诗集四卷集外诗一卷 明袁凯撰 附录一卷 ⑱集549

南芝室 一六六二—一七二二（康熙）年刊十种唐诗选唐贤三昧集 清王士祯辑 ②17862

茶熟香温室 一八九四（光绪二十）年刊述学内篇三卷补遗一卷外篇一卷别录一卷 清汪中撰 ⑯2546

幽香书室 刊婆媳归阴游地狱 ②51989

香火因缘室 一八六〇（咸丰十）年刊蝶阶外史四卷 清陶梁著 ②36562

嘉善钟氏**信美室** 一八七六（光绪二）年刊春秋谷梁经传补注二十四卷首一卷末一卷 清钟文烝撰 ⑯096.427/536

周之琦**剑南室** 一八二三（道光三）年刊北泾草堂集五卷外集三卷 清陈栋撰 ①5592

哀无极室 一八六八（同治七）年刊可约录三卷 清张敦让辑 ③哲821/857

山阳李氏**闻妙香室** 一八一九（嘉庆二十四）年刊金石存十五卷 清吴玉搢纂 ②36323

山阴李氏**闻妙香室** 一八二四（道光四）年刊栖香阁词二卷 清顾文婉撰 ⑯3193

山阴李氏**闻妙香室** 一八二一—一八五〇（道光）年刊致用丛书 清李宗昉辑 ⑤

闻诸室 一八三六（道光十六）年刊说文类解四卷辨韵简明二卷六书辨正一卷 清陆炯编 ⑯423.134/392

娄东时氏**养正室** 一八八四（光绪十）年刊疡科捷径三卷补遗一卷 清时世瑞撰 ㉚546

洞天石室 一八六一（咸丰十一）年刊鱼凫汇刻三种 题鱼凫居士辑 ⑰00929

武进董康**诵芬室** 一八九七（光绪二十三）年校刊铁琴铜剑楼藏书目录二十四卷 清瞿镛撰 ㉙3248

毗陵董氏**诵芬室** 一九一一（宣统三）年刊新编五代史平话八卷 ②1875

十画

湘乡刘氏**耕云读月室** 一八八四（光绪十）年刊史记评林一百三十卷 明凌稚隆撰 ⑥史三

潍县刘氏**素心琴室** 一八九〇（光绪十六）年刊说文韵谱校五卷 清王筠撰 ⑯423.15/119

番禺桂**阿石室** 一七九六（嘉庆元）年刊杜诗偶评四卷 清沈德潜撰 ⑯811.144/3423.1

余恩鸿**栓清凤室** 一八九五（光绪二十一）年刊妇学 清钱保瑭编 ㉚442

湘水校经室 一八九九（光绪二十五）年刊汉律辑证六卷 清杜贵墀撰 ⑧

江西**莘野书室** 一八一六（嘉庆二十一）年刊孝经或问一卷 清汪烜撰 ㉑315

贵池刘氏**铁如意室** 一八九七（光绪二十三）年刊东三省沿革表六卷 清吴廷燮编 ⑰5809

浦城祝氏**留香室** 一八一一（嘉庆十六）年刊春秋四传私考二卷 明徐浦撰 ⑯096.5/952

浦城祝**昌泰留香室** 一七九六—一八二〇（嘉庆）年刊浦城遗书 清祝昌泰等辑 ⑤

十一画

菜香室 刊补后汉书艺文志四卷 清侯康撰 ⑦

梦饮**流霞之室** 一八五五（咸丰五）年刊字画指南初集一卷 原题古牛山樵著 ②7736

虚白室 一七四九（乾隆十四）年刊伤寒溯源集十卷 清钱潢撰 ㉚53

笺经室 一八九四（光绪二十）年刊司马法古注三卷附音一卷 周司马穰苴撰清曹元忠辑 ⑧

停云室 一六八六（康熙二十五）年刊新定宗北归音六卷 清王正祥撰 ①4941

甬上陈氏**得古欢室** 一八七六（光绪二）年刊纫斋画剩 清陈允升著 ②36039

海宁钱保塘**清风室** 一八九五（光绪二十一）年刊小学庵遗书四卷 清钱馥撰 ③文284.592/34

十二画

敬慎医室 刊温疫论二卷 明吴有性撰 ㉚385

江阴金氏**粟香室** 一八七五—一九一一（光绪—宣统）年刊江荫丛书 金武祥辑 ⑤

紫云室 一八八二（光绪八）年刊南北朝四六文钞二卷 清彭兆荪编 ⑧

江西**景莱书室** 一八六八（同治七）年刊文山先生全集二十卷首一卷 宋文天祥撰 ㉑328

楚醴**景莱书室** 一八六八（同治七）年刊史忠正公集四卷首一卷末一卷 明史可法撰 ②20452

集芙蓉室 一八一一（嘉庆十六）年刊韫玉楼集四卷词一卷 清屈秉筠撰 ㉙3190

富记书室 一九〇七（光绪三十三）年刊温病条辨六卷首一卷清吴瑭撰 ㉚372

董肇勋**寓楼书室** 一六六二—一七二二（康熙）年刊鹿皮子集四卷 元陈樵撰 ①450

谟觞石室 一六八四（康熙二十三）年刊岱宗纪略三卷 清张泰来撰 ①4757

谟觞石室 一六六二—一七二二（康熙）年刊云浦文选三卷 清张泰来撰 ⑱史1011

谟觞室 一八八一（光绪七）年刊潜研堂答问十二卷 清钱大昕撰 ⑧

十三画

暖红室 一九〇九—一九一一（宣统）年刊批点燕子笺二卷 明阮大铖著 ②11314

畹兰室 一八八五（光绪十一）年刊说文逸字辨证二卷 清李桢撰 ⑯1320

蜀江书室 一八三五（道光十五）年刊欧阳南野先生文选五卷 明欧阳德撰清李春芳选 ⑧

山阳周氏**微尚室** 一九〇四（光绪三十）年刊本草思辨录四卷 清周岩著 ②62228

福元书室 一八五六（咸丰六）年刊三元喜宴诗二卷 ②41998

十四画

箧剑囊琴之室 一八七五（光绪元）年刊同治中兴京外奏议约编八卷 清陈弢编 ⑯925.376/377

章景祥**翠竹书室** 一八八四（光绪十）年刊宋忠肃陈了斋四明尊尧集十一卷 宋陈瓘撰 ①103

十五画

蕉心室 一八八五（光绪十一）年刊说文解字十五卷 汉许慎撰宋徐铉等校定 ②14229

姚氏**墨林如意室** 一八三七（道光十七）年刊古铜印选不分卷 清姚观光辑 ⑱史1499

十七画

藏兰室 一七六六（乾隆三十一）年刊古诗笺五言诗十七卷七言诗歌行抄十五卷 清闻人倓撰 ⑰56-45456

十五、居

彭氏**二林居** 一七八三（乾隆四十八）年自刊净士圣贤录九卷 清彭际清撰 ⑯226.8/185

十研居 一七五八（乾隆二十三）年刊眺秋楼诗八卷 清高岑撰 ⑪811.175/0022a

叶氏**又次居** 一八一八（嘉庆二十三）年刊白湖诗稿八卷文稿八卷 叶燕撰 ③文285.83/185

黄氏**士礼居** 一八〇〇（嘉庆五）年刊汲古阁珍藏秘本书目一卷 清毛扆藏并撰 ⑱史1388

士礼居 一八二三（道光三）年刊宗风师法真传五卷 清黄时王元辰撰 ⑱集1545

会稽董氏**山隐居** 一九〇四（光绪三十）年刊亭林文集六卷亭林馀集一卷 清顾炎武撰 ㉙2005

齐氏**天空海阔居** 一八八〇（光绪六）年刊三晋见闻录一卷 清齐翀撰齐学裘编 ③地140/938

天空海阔之居 一八七一（同治十）年刊见闻随笔二十六卷 清齐学裘著 ②37319

华阳徐氏**元尚居** 一八八三（光绪九）年刊石经汇函十种四十五卷 清徐道宗等编 ③经921/895

成都**元尚居** 一八七五—一九〇八（光绪）年重刊徐星伯新疆赋一卷 清徐松撰 ⑥

云中居 一七二二（康熙六十一）年刊四书述朱大全四十卷 清周亦鲁辑 ⑱经348

木石居 一八四七（道光二十七）年刊胎产心法三卷 清阎纯玺撰 ㉚456

五柳居 一七九六—一八二〇（嘉庆）年刊太玄经集注十卷 汉扬雄撰 ⑧

邹氏**从雅居** 一八六二—一八七四（同治）年刊初唐四杰文集 ⑤

双泉居 清初刊海错图赞一卷 清陈元登撰 ⑱子 487

柳州杨氏**双悟居** 一七八八（乾隆五十三）年刊柳河东集四十五卷外集五卷附录一卷
唐柳宗元著 ②7958

平西**水竹居** 一七三一（雍正九）年刊何文肃椒丘先生策府群玉文集三卷 明何乔新著 ②66008

水竹居 一七七二（乾隆三十七）年刊雷峰塔传奇四卷 清方成培撰 ⑱集 2149

沈区**古慧居** 一六七六（康熙十五）年刊耿岩文选十卷龙山会语一卷齐安会语一卷
武原会语一卷 清沈珩撰 ①1508

石船居 一八七五—一九〇八（光绪）年刊石船居古今体诗剩稿十六卷 清李超琼撰 ③文 289. 447/44

王氏**旧香居** 一八二八（道光八）年刊古官制考四卷 清王保仁撰 ㉙1761

王氏**旧香居** 一八七四（同治十三）年刊夏小正戴氏传训解四卷考异一卷通论一卷
清王宝仁撰 ㉙1761

王氏**旧香居** 一八八三（光绪九）年刊行年纪略一卷 清王宝仁自撰 ㉙1761

白云居 一八七八（光绪四）年刊玉峰寄隐图诗文录三卷首一卷 清管柏辑 ③文 140/0664

邹氏**从雅居** 一八七三（同治十二）年刊初唐四杰文集 ⑯830. 4/161

施氏**吉贝居** 一八一二（嘉庆十七）年刊金源札记二卷序例一卷 清施国祁撰 ①3980

存心居 一八五六（咸丰六）年刊胎产心法三卷 清阎纯玺撰 ㉚456

冶山竹居 一九〇一（光绪二十七）年刊卫生二要 清竹居主人撰 ㉚614

安乐居 一六九八（康熙三十七）年刊苏老泉先生全集二十卷 宋苏洵撰 ⑦13745

求善居 一六六二—一七二二（康熙）年刊理学正宗十五卷 清窦克勤辑 ⑥

江氏**近市居** 一七三六—一七九五（乾隆）年刊尚书集注音疏十二卷末一卷外编一卷
清江声撰 ⑬622. 375/31147

维扬**识小居** 一八八五（光绪十一）年刊说文揭原二卷 清张行孚撰 ⑧

纬云居 一六六二—一七二二（康熙）年刊玉湖楼第三种传奇明翠湖亭四卷 清裘琏撰 ⑭

枕流居 一七三六（乾隆元）年刊韵学骊珠二卷 清沈乘麟辑 ⑫SV53. 29—19/7. 128

英萃居 清初刊金批西厢记六卷 清金人瑞批 ㉙598

钮氏非石居 一八〇一（嘉庆六）年刊说文新附考六卷说文续考一卷 清钮树玉撰 ㉙1088

钮氏非石居 一八二三（道光三）年刊段氏说文注订八卷 清钮树玉撰 ⑱经412

南岳幽居 刊平原吟稿一卷 清余怀撰 ⑱集947

思补居 一九〇七（光绪三十三）年刊产宝 清倪枝维撰 ㉚455

香绿居 一六九二（康熙三十一）年自刊春秋管见四卷春秋年谱一卷 清瞿世寿撰 ㉙2987

秋水藕花居 一七二三—一七三五（雍正）年刊淳化秘阁法帖考正十卷附二卷 清王澍撰 ①17053

洒雪居 一七〇六（康熙四十五）年刊苧萝集二卷 清赵弘基辑 ⑱集1805

浑脱居 一六六二—一七二二（康熙）年刊永年申氏遗书八种 清申居郧辑 ②34209

浔溪吉贝居 一八一二（嘉庆十七）年刊金源札记二卷 清施国祁撰 ⑧

退一居 一八四五（道光二十五）年刊赤董遗稿六卷 清叶元阶著 ②12001

陟慕居 一八三五（道光十五）年刊吾学录初编二十四卷 清吴荣光撰 ④4321

裘氏绛云居 一六六二—一七二二（康熙）年刊明翠湖亭四韵事四卷 清裘琏撰 ①1534

钱广居 一六五〇（顺治七）年刊选刻钓台集五卷 清钱广居潘焕寅辑 ④1984

幽兰卷寓居 一七六四（乾隆二十九）年刊江左十子诗抄二十卷 清王鸣盛辑 ㉙958

王氏铁立居 一六八四（康熙二十三）年原刊评注才子古文二十六卷 清金人瑞王之绩评注 ㉙598

严氏涧松居 一六六二—一七二二（康熙）年刊南虞小草二卷词一卷 明严焞撰 南游草一卷 清严德扆撰 ㉙2997

浣月居 一七一二（康熙五十一）年刊葶园诗集二卷 清汪埙撰 ⑱集1138

理董居 一八四二（道光二十二）年刊说文声读表七卷 清苗夔撰 ⑯1303

宁陵绳其居 一八二六（道光六）年刊吕新吾先生文集十卷 明吕坤撰 ⑯846. 8/445

葵青居 一八六八（同治七）年刊传砚堂诗录八卷 清张鸿基著 ②42466

集古居 一八一三（嘉庆十八）年刊新订晋代许旌阳得道擒蛟全传八卷十五回 明邓志谟撰 ④5814

遥集居 一六六二—一七七二（康熙）年刊杨仲子小宛集不分卷 清杨无咎撰魏允枏等评 ⑱集 1015
聚贤居 一八九九（嘉庆十四）年刊新史奇观演义全传二十二回 原题清蓬蒿子编 ⑯857.4/565－02
漱芳居 刊漱芳居文钞八卷二集八卷 清赵青藜撰 ⑱集 1165
樵云居 一八五〇（道光三十）年刊相理衡真十卷首一卷 清陈钊著 ②65704
麓樵居 一六六二—一七二二（康熙）年刊复庵删诗旧集八卷 清孙锡藩撰 ⑱集 1000

十六、亭

吴氏**一草亭** 一六九〇（康熙二十九）年刊一草亭读史漫笔二卷 清吴孟坚撰 ①1205
柯崇朴**小幔亭** 一六八五（康熙二十四）年刊绝妙好词七卷 宋周密辑 ①1726
巴州**飞鸾亭** 一八五〇（道光三十）年刊医方辨难大成二百七卷 ㉚708
丰草亭 一七四八（乾隆十三）年刊乐府传声不分卷 清徐大椿撰 ⑱集 2188
见山亭 一六七五（康熙十四）年刊见山亭古今词选三卷 清陆次云章眪辑 ⑱集 2001
凤池亭 一八二五（道光五）年刊试律大观三十二卷 题竹屏居士辑 ②31367
书兰亭 一七四九（乾隆十四）年刊戚林八音合订八卷 清蔡士泮陈他原辑晋安汇辑 ⑯9817
玉照亭 一七四〇（乾隆五）年刊尊道堂诗钞八卷别集六卷 清王材任撰 ㉙3022
甘雨亭 一八二一—一八五〇（道光）年刊宋孙莘老先生年谱一卷 清茆泮林撰 ⑱史 503
古趣亭 一七七四（乾隆三十九）年刊诗瀋二十卷 清范家相撰 ⑱经 151
古趣亭 一八一〇（嘉庆十五）年刊三家诗拾遗十卷首附三家诗源流一卷
末附夏小正辑注四卷 清范家相辑 ②36501
半山亭高密单氏 一八一六（嘉庆二十一）年刊周易介五卷 清单维辑 ②35296
半草亭 一七四八（乾隆十三）年刊乐府传声一卷 清徐大椿撰 ㉙2461
寿阳祁氏**汉砖亭** 一八五一（咸丰元）年刊苗氏说文四种 清苗夔撰 ⑯18027
吴兴费氏**屺亭** 一八三〇（道光十）年刊痘疹会通五卷 清曾鼎撰 ㉚515
字香亭 一七一九（康熙五十八）年刊吴氏四种 ⑤

字香亭 一六六二—一七二二（康熙）年刊字香亭梅花百咏一卷 清吴立撰 ④9694

秀叶亭 刊关尹子文始经三卷 宋陈显微注 ⑥

怀云亭 一六六二—一七二二（康熙）年刊不遮山阁诗钞前集六卷后集十卷
洪崖词二卷 清沈潮初撰 ⑬841.72/34144

补史亭 一七八八（乾隆五十三）年刊道古堂外集 清杭世骏撰 ⑤

青柯亭 一七六五（乾隆三十）年刊聊斋志异十六卷 清蒲松龄撰王士桢评 ⑫SX10.2-11/7.608

杨表臣**知白亭** 一六九三（康熙三十二）年刊野趣有声画二卷 元杨公远撰 ⑱集431

古堇水氏**供石亭** 一八一六（嘉庆二十一）年刊群书辨疑十二卷 清万斯同纂 ⑪NC9155/4427

采山亭 一七〇四（康熙四十三）年刊中晚唐诗叩弹集十二卷续集三卷
清杜诏杜庭珠合编 ⑪811.1084/4407

狎鸥亭 一八二六（道光六）年刊国朝岭海诗钞二十四卷 清凌扬藻辑 ②64316

归安郑氏**鱼计亭** 一七〇二（康熙四十一）年刊石柱记五卷 唐颜真卿撰
清朱彝尊补郑元庆笺释 ⑯927.28/131-679

阙里**砚宽亭** 一八八七（光绪十三）年刊圣门礼乐志 清孔庆辅孔尚任纂 ⑰12259-60

俊逸亭 一七三八（乾隆三）年刊茶山老人遗集二卷 元沈贞撰清王藻姚世钰等辑
附录一卷 ⑱集515

养云亭 一七五二（乾隆十七）年刊咏归亭诗钞八卷 清李果撰 ⑱集1152

穿柳亭 一七七八（乾隆四十三）年刊珊瑚鞭传奇二卷 清胡业宏撰 ①4153

浙江李氏**校经亭** 一八一六（嘉庆二十一）年刊说文辨字正俗八卷 清李富孙撰 ⑯423.134/292

挹汉亭 一八〇一（嘉庆六）年刊白河县志十四卷 清严一青纂修 ⑲204

靳氏**凌云亭** 一七七〇（乾隆三十五）年刊吴诗集览二十卷补注二十卷 清靳荣藩撰 谈薮二卷
清靳荣藩辑 ①3960

凌云亭 一七七五（乾隆四十）年刊吴诗集览二十卷补注二十卷 清吴伟业撰靳荣藩注
吴诗谈薮二卷拾遗一卷 清靳荣藩辑 ⑱集921

绣烟亭 一六六三（康熙二）年刊刘简斋祖孙遗集二十一卷 清刘荣嗣刘佑撰刘佑辑 ⑱集1850

胡氏梦川亭 一六八〇（康熙十九）年刊临川文献二十五卷 清胡亦堂辑 ⑱集1812

广西**铜鼓亭** 一八〇一（嘉庆六）年刊粤西金石略十五卷 清谢启昆撰 ⑰7321

齐山**悠然亭** 一六八一（康熙二十）年刊蓉川集四卷入夏录三卷 明齐之鸾撰赠言一卷附录一卷 ①1851

梦绯亭 一七五八（乾隆二十三）年刊灌园馀事八卷悼往诗一卷 清崔谟撰 问花楼遗稿三卷 清许权撰 ⑱集1173

啸月亭 一七八四（乾隆四十九）年刊崇本山堂文集十二卷 清徐时作撰 ⑱集1140

深秀亭 一六六二—一七二二（康熙）年刊深秀亭诗集二十一卷 清潘钟麟撰 ⑱集1083

寒香亭 一七五三（乾隆十八）年刊学庸说文十二卷 清李凯撰 ⑱经316

曹楝亭 一八四七（道光二十七）年刊集韵考证十卷 清方成珪撰 ⑯424.3/626

聚　亭 一七四九（乾隆十四）年刊莲洋集 清吴雯著 ②47180

寿阳祁氏**饅飢亭** 一八四四（道光二十四）年刊顾亭林年谱附阎潜丘年谱 清张穆编 ②34685

祁氏**饅飢亭** 一八四七（道光二十七）年刊阎潜丘先生年谱一卷 清张穆撰 ⑱史512

曝书亭 一六八六（康熙二十五）年自刊腾笑集八卷 清朱彝尊撰 ①2523

曝书亭 一七五五（乾隆二十）年刊经义考三百卷目录二卷 清朱彝尊撰 ⑯090.2/834－03

十七、舍

甲、精舍

无住精舍 一八七七（光绪三）年刊麓台题画稿一卷 清王原祁著 ②60716

友蟫精舍 刊海录二卷 清谢清高撰 ⑥

月河精舍 一八八六（光绪十二）年刊唐尚书省郎官石柱题名考二十六卷 清劳格赵钺撰 ⑯12982

劳丹铅精舍 一八四二（道光二十二）年刊唐折冲府考四卷 清劳经原撰劳格补 ①5775

长沙**古荷花池精舍** 一八七四（同治十三）年刊白芙堂算学丛书二十三种 清吴嘉善撰

丁取忠校补 ②102513

陈石经精舍 一八二三（道光三）年刊石经残字一卷 清陈宗彝辑 ①11724

泰州**龙树精舍** 一八九三（光绪十九）年刊正定王氏家传六卷后记一卷 清王耕心撰 ②38407

新化邓氏**邵州东山精舍** 一八五〇（道光三十）年刊广韵五卷 宋陈彭年等撰 ⑯424.3/378－03

白岩精舍 一九〇三（光绪二十九）年刊万县西南山石刻记 清况周仪撰 ⑥

华阳精舍 一八三八（道光十八）年刊容山教事录一卷 清张履撰 ㉙2640

荣成孙氏**问经精舍** 一八七五—一九〇八（光绪）年刊孙氏山渊阁丛刻 清孙葆田辑 ⑤

蜀西廖氏**闲云精舍** 一八八四（光绪十）年刊任氏述记四卷 清任兆麟撰 ⑰03271

始康廖氏**闲云精舍** 一八九七（光绪二十三）年刊疆域形势序二卷 ⑥

成都龚氏**怀馨精舍** 一八九七（光绪二十三）年刊字林考逸八卷 清任大椿撰 ⑥

弘农潜修精舍 一九〇四（光绪三十）年刊尚书古文辨惑二十二卷目录二卷 清张谐之撰 ⑯1023

灵溪精舍 一八九四（光绪二十）年刊常山贞石志二十四卷 清沈涛著 ②16820

松溪精舍 一八四三（道光二十三）年刊续冈州遗稿八卷 清言良钰撰 ㉙3259

岷阳精舍 一九一一（宣统三）年刊陶情乐府四卷 明杨慎撰 ⑯2704

金泉精舍 一九〇八（光绪三十四）年刊公羊方言疏笺不分卷 清淳于鸿恩撰 ⑯096.36/750

江都秦氏**享帚精舍** 一七三六—一七九五（乾隆）年刊古研斋四种 清秦恩复辑 ⑤

江都秦氏**享帚精舍** 一八一一（嘉庆十六）年刊精选名儒草堂诗馀三卷 元凤林书院辑 ②37360

江西**拜经精舍** 一八九二（光绪十八）年刊四书经史摘证七卷 清宋继穜辑 ㉑333

吴郡潘氏**香禅精舍** 一八八四（光绪十）年刊四家诗词合刻 清潘钟瑞辑 ⑤

朱陵**洞天精舍** 一八八〇（光绪六）年刊重修南岳志二十六卷 清李元度重修 ⑥史135

染香精舍 一八四〇（道光二十）年刊江先生诗古文词遗集七卷 清江沅撰 ③文286.3412/33

浮溪精舍 一八五三（咸丰三）年刊过庭录十六卷 清宋翔凤撰 ㉙1180

梧冈精舍 一七六三（乾隆二十八）年刊叶梧叟先生集十八卷 清叶应震撰 首一卷末一卷 ⑱集931

广州钟谦钧**菊坡精舍** 一八七一（同治十）年刊易纬八种 ⑥

广州**菊坡精舍** 一八七三（同治十二）年刊通志堂经解 清纳兰成德辑 ⑰00342

广州**菊坡精舍** 一八七六（光绪二）年刊礼书一百五十卷 宋陈解道撰 ⑯392/377

金陵**盋山精舍** 一八八三（光绪九）年刊盋山志八卷 清顾云纂 ②16683

爽溪精舍 一八八〇（光绪六）年刊天岳山馆文钞四十卷 清李元度撰 ⑯3739

崇雅精舍 一八九七（光绪二十三）年刊六书类纂九卷 清吴锦章撰 ③字131.4/878

朱航**鹿山精舍** 一八三四（道光十四）年刊锦江脞记十五卷 清朱航撰 ㉑243

绵竹杨氏**清泉精舍** 一八七九（光绪五）年刊蜀水考四卷 清陈登龙述朱锡榖补注 ⑥史139

长沙**遐龄精舍** 一八八三（光绪九）年刊本草医方合编 清汪昂撰 ㉚723

檀河精舍 刊寒支集初集十卷二集六卷 明李世熊撰 ⑪810.6/4024

霞城精舍 一八七八（光绪四）年刊水道提纲二十八卷 清齐召南撰 ②3265

长沙**燮和精舍** 一八三二（道光十二）年刊伤寒悬解十四卷首一卷末一卷 清黄元御撰 ㉚75

长沙**燮和精舍** 一八六〇（咸丰十）年刊黄氏医书八种 清黄元御撰 ㉚732

乙、讲舍

衡阳**东洲讲舍** 一九〇一（光绪二十七）年刊尔雅王氏集解十九卷 清王闿运撰 ㉒335

定海黄氏**浙江南菁讲舍** 一八九六（光绪二十二）年刊经训比义三卷 清黄以周述 ⑥

湖南**思贤讲舍** 一八七七（光绪三）年刊思辨录疑义不分卷 清刘蓉撰 ⑯2140

思贤讲舍 一八九一（光绪十七）年刊盐铁论十卷 汉桓宽撰 校勘小识一卷 清王先谦撰 ⑱子33

平江苏氏**思贤讲舍** 一八九二（光绪十八）年刊晏子春秋七卷 清苏舆校注 ⑯121.81/467

遵义**湘川讲舍** 一八五二（咸丰二）年刊影山草堂六种 清莫友芝撰 ②36706

丙、舍

一镫书舍 一八四六（道光二十六）年刊齐侯罍通释二卷 清陈庆镛撰 ⑧

江宁**三山客舍** 一八六六（同治五）年刊郘亭诗钞六卷遗诗八卷 清莫友芝撰 ⑰9492

海昌**义方南舍** 一八七三（同治十二）年刊医砭 清徐大椿撰 ㉚678

汪艺芸书舍 一八一九（嘉庆二十四）年刊昭德先生郡斋读书志二十卷 宋晁公武撰 ①2835

长沙旅舍 一八四六（道光二十六）年刊红楼梦传奇八卷 清陈钟麟著 ②17459

凤山学舍 一九〇八（光绪三十四）年刊刘椒云先生遗书 清刘传莹撰 ⑯847.5/893.8

邵州**劝学书舍** 一九〇一（光绪二十七）年刊东塾读书记十五卷 清陈沣撰 ⑯071/383－05

宝庆**劝学书舍** 一九〇四（光绪三十）年刊医门初学万金一统要诀十卷 明太医院原本罗必炜参订 ㉚329

甘棠转舍 一九〇七（光绪三十三）年刊天咫偶闻十卷 曼殊震钧撰 ⑯11757

兰若书舍 一七四二（乾隆七）年刊书法集要 清皇甫崐金大钟合辑 ⑪739.101/66－52

闲存小舍 一八八九（光绪十五）年刊蘧庵文钞 清柳商贤撰 ⑯6821

陈氏**邵阳横舍** 一八五六（咸丰六）年刊江忠烈公遗集一卷 清江忠源撰 ③文287.342/43

南昌柳荫书舍 一八七七（光绪三）年刊经韵集字析解二卷附编一卷 清彭良敞集注 ㉑330

南山书舍 一九〇四（光绪三十）年刊凿石浦志六卷 清郭寿谖辑 ②30592

柴湾村舍 一七三六—一七九五（乾隆）年刊石榴记四卷 清黄振撰 ③文544/447

积善书舍 一八八二（光绪八）年刊眼科秘方 清程正通撰 ㉚572

鸳江榷舍 一八八五（光绪十一）年刊日本杂事诗二卷 清黄遵宪著 ②36149

宝庆**祥隆书舍** 一九〇四（光绪三十）年刊医门初学万金一统要诀十卷 明太医院原本罗必炜参订 ㉚329

望龙学舍 一八九五（光绪二十一）年刊庸庵海外文编四卷 清薛福成撰 ⑯6863

桐庐袁氏**渐西村舍** 刊相雨书一卷 唐黄子发著 ②15916

渐西村舍 一八九六（光绪二十二）年刊严州图经三卷 宋杨公亮修刘文富撰 ②48033

江阴柳氏**惜余小舍** 一八七五—一九〇八（光绪）年刊柳选四家医案 清柳宝诒辑 ㉚644

惜阴书舍 一八四〇（道光二十）年刊靖节先生集十卷首一卷 晋陶潜撰清陶澍集注 年谱考异二卷 ⑱集31

韩江寓舍 一八〇六（嘉庆十一）年刊小谟觞馆诗集八卷诗馀一卷文集四卷文续集二卷 清彭兆荪撰 ⑱集1282

鹅溪村舍 一八三七（道光十七）年刊道园全集文集四十四卷 元虞集撰 ⑯5753/415/782

颍上学舍 一八四五（道光二十五）年刊苎城三子诗合存 清高崇瑞辑 ⑤

江宁严氏**蒲卢学舍** 一七七五（乾隆四十）年刊元和郡县补志九卷 清严观辑 ③地84/858

宝庆勤学书舍 一九〇四（光绪三十）年刊医方药性赋八卷首一卷末一卷 宋崔嘉彦撰明李言闻删补 ㉚191

绵竹墨池书舍 一八八〇（光绪六）年刊古文尚书十卷 汉马融郑玄注宋王应麟撰集清孙星衍补集 ⑯1035

青浦王氏塾南书舍 一七九六—一八二〇（嘉庆）年刊春融堂集 清王昶撰 ⑤

蠖屈舍 一八五〇（道光三十）年刊妇人病论三卷 清叟卓堂撰 ㉚440

十八、书堂

嘉善曹氏二六书堂 一七四〇（乾隆五）年刊宋百家诗存二十卷 清曹庭栋辑 ⑱集 1495

程哲七略书堂 一七一三（康熙五十二）年刊罗鄂州小集六卷 宋罗愿撰 罗郢州遗文一卷 宋罗颂撰 ⑱集 328

七略书堂 一六六二—一七二二（康熙）年刊带经堂集九十二卷 清王士祯撰 ⑬847.3/10143

万木书堂 一八九七（光绪二十三）年刊定庵文集三卷续集四卷文集补五卷文集补编四卷 清龚自珍撰 ⑯847.5/650

北京文贵书堂 一八六四（同治三）年刊验方新编十六卷 清鲍相璈编 ㉚262

铜山龙溪书堂 一八九二（光绪十八）年刊景贤录前后编四卷 清林有仁撰 ⑰03065

东阜书堂 一八五五（咸丰五）年刊历代甲子纪元表一卷 清董醇辑 ②17164

善化经济书堂 刊徐孝穆全集六卷 陈徐陵撰清吴兆宜笺注 ⑯843.54/948

南湖亭书堂 刊坦庵词曲六种九卷 明徐石麒撰 ⑱集 2051

昭明读书堂 一九一一（宣统三）年刊招隐山志十二卷首一卷 缪潜撰 ⑯928.321/860

思古书堂 一八六二—一八七四（同治）年刊夏小正笺疏四卷 清马徵麟撰 ④648

遵义黎氏复元积德书堂 一八八三（光绪九）年刊周易程传六卷 宋程颐传 周易系辞精义二卷 宋吕祖谦编 ⑰00791

查氏铜鼓书堂 一七九九（嘉庆四）年刊铜鼓书堂藏印不分卷 清查礼辑 ⑱史 1499

北平盛时彦望益书堂 一八〇〇（嘉庆五）年刊阅微草堂笔记五种二十四卷 清纪昀撰 ㉓43

疎雨书堂 一七四一（乾隆六）年刊南垞诗稿六卷 清马位撰 ⑱集 1200

叠翠书堂 一七四五（乾隆十）年刊南阳乐传奇二卷 清夏纶撰 ⑱集2141

项道晖**群玉书堂** 一七二四（雍正二）年刊何水部集二卷 梁何逊撰 ⑱集36

项絪**群玉书堂** 一七一四（康熙五十三）年刊山海经传十八卷 晋郭璞撰 ①7878

项絪**群玉书堂** 一七二五（雍正三）年刊绝妙好词七卷 宋周密辑 ①1464

濯秀书堂 一七八九（乾隆五十四）年刊孟子辨似不分卷 清关涵撰 ⑱经313

十九、社

瑞安**广明书社** 一八七五—一九〇八（光绪）年刊周书斠补四卷 清孙诒让著 ②63812

天津**引善社** 一八九二（光绪十八）年刊眼科应验良方 明程玠撰 ㉚571

湖南宝庆**劝学书社** 一八九六（光绪二十二）年刊国朝汉学师承记八卷 清江藩纂 ⑥

闽中**同人书社** 一七一一（康熙五十）年刊遵岩先生文集四十二卷 明王慎中撰 ⑯18196

传盛社 一六九〇（康熙二十九）年刊偶更堂文集二卷诗稿二卷 清徐作肃撰 ①1146

会文学社 一九〇二（光绪二十八）年刊二十四史分类辑要十二卷 清沈桐生辑 ⑯105

时务学社 一八九七（光绪二十三）年刊弢园文录外编十卷 清王韬撰 ⑯847.6/113.2

南洋**医学社** 一九〇七（光绪三十三）年刊中西医学群书十种 清陈侠君辑 ㉚760

天津**济生社** 一八九六（光绪二十二）年刊林文忠公戒烟断瘾经验良方 ㉚277

莲根诗社 一八一三（嘉庆十八）年刊天香全集 清舒梦兰撰 ⑤

振风学社 一九一〇（宣统二）年刊田间文集三十卷 清钱澄之撰 年谱一卷 清钱撝禄编 ⑧

苏州**振新书社** 一八九七（光绪二十三）年刊江刻书目三种 清江标辑 ⑧

粤东**润身社** 一八九四（光绪二十）年刊寒温条辨治疫汇编 清杨玉衡撰 ㉚392

集成书社 一九〇八（光绪三十四）年刊达生编 清亟斋居士撰 ㉚454

四川**合州普通书社** 一九〇五（光绪三十一）年刊经学读本 清张一鹏撰 ⑥

长沙湖南**作民译社** 一九〇四（光绪三十）年刊极东外交感慨史 清觉海浮鸥译 ㉒338

重庆**熙南书社** 一九〇九（宣统元）年刊分类草药性 ㉚179

赞化文社 一九〇八（光绪三十四）年刊中西医学劝读十二种 清冯步蟾辑 ㉚761

赞文化社 一九〇八（光绪三十四）年刊扁鹊心书三卷附神方 宋窦材撰 ㉚317

二十、庄

岭南**九经书庄** 一八八二（光绪八）年刊知不足斋丛书三十集 ⑥

三泖渔庄 一七三六—一七九五（乾隆）年刊琴画楼词钞二十五卷 清王昶编 ②35436

三泖渔庄 一七九六—一八二〇（嘉庆）年刊国朝词综四十八卷 清王昶撰 ⑦4947

常州**日新书庄** 一八七五—一九〇八（光绪）年刊十二段锦易筋经义 清潘霨编 ㉚621

文成书庄 刊柳氏家藏三元总录三卷 明柳玺辑 ②44082

玉屏山庄 一八七五—一九〇八（光绪）年刊大戴礼记审议二卷 清叶大庄撰 ③经691.8/94

本径庄 一八七一（同治十）年刊应验简便良方二卷 清孙克任编 ㉚256

四雨庄 刊碧箫词 清张埙撰 ④1033

半耕山庄 一八六三（同治二）年刊易理三种初稿一卷 清孙霁帆著 ②30710

吴门南园陈氏**扫叶山庄** 一八二一—一八六一（道光—咸丰）年刊陈氏毛诗五种 清陈奂撰 ⑤

扫叶山庄 一八六二—一九〇八（同治—光绪）年刊医经原旨六卷 清薛雪撰 ⑲854

扫叶村庄 一七三六—一七九五（乾隆）年刊斫桂山房诗存六卷抱珠轩诗存六卷一瓢斋诗存六卷一瓢斋诗话一卷 清薛雪撰 ⑱集1152

薛氏**扫叶庄** 一七五四（乾隆十九）年刊医经原旨六卷 清薛雪撰 ⑱子181

埽叶庄 一七三六—一七九五（乾隆）年刊唐人小律花雨集二卷续集一卷 清薛雪辑 ⑱集1679

姑苏**扫叶永记书庄** 刊图注八十一难经辨真四卷图注脉经辨真四卷 明张世贤撰 ㉚712

南京**李光明庄** 一七七八（乾隆四十三）年刊瘟疫明辨四卷末一卷 清戴天章撰郑奠一编 ㉚386

南京**李光明庄** 一八六二—一八七四（同治）年刊胎产护生篇 清李长科编 ㉚462

李光明庄 一八九七（光绪二十三）年刊雷公药性赋解 金李明之编 ㉚167

江南城聚宝门秦状元巷**李光明庄** 刊古文观止十二卷 清吴楚材吴调侯同选 ②8142

嘉定唐氏**竹瑛山庄** 一七七八（乾隆四十三）年刊人参考 清唐秉钧撰 ㉚201

四明**汲绠书庄** 一八八七（光绪十三）年刊霍乱论二卷 清王士雄撰 ㉚401

平定张氏**阳泉山庄** 一八五〇（道光三十）年刊年谱三种新乐府四卷夷坚志四卷 金元好问撰 ⑰8614

杏林山庄 一八九六（光绪二十二）年刊续谰语一卷 ④8312

状元第庄 一八八二（光绪八）年刊逯南轩谢蓬乔先生医书二种 清谢蓬乔辑 ㉚753

真州**诒谷山庄** 刊神授保产经验简便良方 ㉚466

潘氏**松鳞庄** 一八六九（同治八）年刊大阜潘氏支谱二十四卷 ③传73.91/88

范氏**义庄** 一七〇七（康熙四十六）年刊二范集 ㉙117

汤明林书庄 一九〇三（光绪二十九）年刊妇婴至宝三种 清徐尚慧编 ㉚732

宝庆**和记书庄** 一八四六（道光二十六）年刊增补足本圣武记十四卷 清魏源撰 ㉒338

常郡**宛委山庄** 一八七五（光绪元）年刊注解伤寒论十卷 汉张机撰 ㉚47

郭氏**学种花庄** 刊茨村吟史新乐府二卷附录一卷 清胡介祉撰 ⑱集1055

学褥庄 刊小学正义六卷 清陈鑨撰 ③哲822/579877

吴门南国**扫叶山庄**陈氏 一八四七（道光二十七）年刊诗毛氏传疏三十卷释毛诗音四卷
毛诗说一卷毛诗传义类一卷郑氏笺考证一卷 清陈奂撰 ⑯1069

逍遣庄 一八〇七（嘉庆十二）年刊二树诗集四卷 清童钰撰 ⑱集1223

荔庄 一八七九（光绪五）年刊长春道教源流八卷 清陈铭珪撰 ⑧

荔枝庄 刊南海新声五卷 明欧著撰 ⑱集545

李砚庄 一八三二（道光十二）年刊温疫论二卷 明吴有性撰 ㉚384

吴文炳**香雪山庄** 一八五五（咸丰五）年刊泉币图说六卷 清吴文炳吴鸾撰 ⑱史1491

独秀山庄 一八二一—一九〇八（道光至光绪）年刊求志居全集 清陈世镕撰 ⑤

养云山庄 一八九三（光绪十九）年刊峄桐集二十卷 清刘诚撰 ⑦13950

洞庭东山郑氏**桃源山庄** 一七一五（康熙五十四）年刊东莱先生诗律武库十五卷 宋品祖谦著 ②36080

程氏**资敬堂义庄** 一八五三（咸丰三）年刊程氏支谱不分卷 清程植义纂 ㉙1289

菊　庄 一六六二—一七二二（康熙）年自刊南州草堂集三十卷首一卷续集四卷菊庄诗二卷词话一卷 徐釚撰 枫江渔父图题词一卷青门集一卷 清徐釚辑 ①1748

石门吴氏**黄叶庄** 一七四三（乾隆八）年刊仁端录痘疹玄珠五卷 明徐谦编 ㉚504

吴宝芝**黄叶村庄** 一七一二（康熙五十一）年刊瀛奎律髓四十九卷 元方回辑 纪言一卷 吴宝芝撰 ⑯029

绿渔庄 一八二六（道光六）年刊杉山遗集五卷附一卷 清陈基撰 ㉙1173

莺湖**琴鹤山庄** 一八〇五（嘉庆十）年刊友砚斋剩稿二卷 清顾涛撰 ②107432

凿翠山庄 一八〇〇（嘉庆五）年刊小尔雅疏八卷 清王煦撰 ⑯1417

曾氏**义庄** 一八九四（光绪二十）年刊习是堂集二卷自叙年谱一卷 清曾倬撰 ㉙2989

游艺山庄 一八八四（光绪十）年刊津门杂记三卷 清张焘撰 ⑯927.11/201－307

孱守山庄仪征吴氏 一八八五（光绪十一）年刊传砚斋丛书 ㉙3294

富记书庄 一八七〇（同治九）年刊痘疹精详十卷 清周冠编 ㉚516

简　庄 一七九五（乾隆六十）年刊论语古训十卷 清陈鳣撰 ⑱经306

崇宁罗氏**静远山庄** 一八九二（光绪十八）年刊罗锦堂先生家传一卷附趋庭纪闻 ⑰76617

镇海刘氏**墨庄** 一八一一（嘉庆十六）年刊严氏诗缉补义八卷 清刘灿撰 ⑯10282

吴县**潘丰豫庄** 一八三四（道光十四）年刊潘丰豫庄本书 清潘曾沂辑 ⑰11530

二十一、庐

三借庐 一八九六（光绪二十二）年刊万国近政考略十六卷 清邹弢撰 ⑯910/842－02

平湖朱氏**小云庐** 一八五七（咸丰七）年刊小云庐晚学文稿八卷 清朱壬林撰 ②3397

小草庐 一七三六—一七九五（乾隆）年刊春秋战国集义五十八卷首一卷末一卷 清吴凤来撰 ⑯096.5/441

双红袖海庐 一九〇二（光绪二十八）年刊鼠疫约编 清吴宣崇编 ㉚404

闽双笏庐 一八六六（同治五）年刊花月痕全书五十二回 清魏秀仁撰 ⑯857.4/806

闽双笏庐 一八八八（光绪十四）年刊花月痕全书十六卷五十二回 清魏秀仁撰 ④612

邗上寓庐 一八八三（光绪九）刊说文发疑六卷 清张行孚撰 ⑯423.135/314

归吾庐 一八九一（光绪十七）年刊唐中丞文集二卷诗集一卷 清唐训方撰 ⑯8320

长洲张氏**仪许庐** 一八八三（光绪九）年刊许学丛书 清张炳翔辑 ⑯423.08/312

乐吾庐 一七七一（乾隆三十六）年刊指头画说 清高秉撰 ①2216

乐是庐 一七七九（乾隆四十四）年刊词林纪事二十二卷 清张宗橚撰 乐府指迷一卷 宋张炎撰 词旨一卷 宋陆韶撰 词韵考略一卷 清许昂霄撰 ⑱集2011

黄氏**西溪草庐** 一八三四（道光十四）年刊日知录集释三十二卷刊误二卷续刊误二卷 清顾炎武撰黄汝成集释 ⑰56-45455

过云庐 一八四一（道光二十一）年刊钓翁诗钞一卷续钞一卷 清单学傅撰 ㉙3219

会稽施氏**许郑学庐** 一八九七（光绪二十三）年刊朔方备乘札记 清李文田著 ②48331

听松庐 一八三七（道光十七）年刊桂游日记三卷 清张维屏撰 ⑯10691

湘西李氏**怀翼草庐** 一八九一（光绪十七）年刊读礼丛钞 清李辅耀辑 ⑰140-108.14

青门寓庐 一八八九（光绪十五）年刊汧阳述古编三卷 清李嘉绩纂 ⑨671.55173/151

青门寓庐 一八九八（光绪二十四）年刊洋县志八卷 清张鹏翼纂修 ⑲199

味经庐 一八九六（光绪二十二）年刊洨民丛稿 清孙传凤著 ②11227

虞山张廷桂**卷葹草庐** 一八一四（嘉庆十九）年刊闻涛轩诗稿二卷 清张朝绩撰 ㉙3043

卷葹草庐 一八八六（光绪十二）年刊西湖纪游一卷 清张仁美撰 ㉙3077

居业庐 一八一八（嘉庆二十三）年刊韵雅六卷古迹诗钞一卷 清吴采撰 ⑯10224

省吾庐 一七九五（乾隆六十）年刊孟子四考四卷 清周广业撰 ⑯4882

贻安庐 一七四三（乾隆八）年刊天益山堂遗集十卷续刻一卷 明冯元仲撰 ⑰56-42782

思美庐 一六六二—一七二二（康熙）年刊左传分国纂例十六卷 清卢元昌评 ②15918

钱氏**钝研庐** 一八五七（咸丰七）年刊左传札记七卷石经札记补遗一卷 清钱绮撰 ①642

香祖庐 一七九四（乾隆五十九）年刊妥先类纂十八卷 清毛济美编 ②65779

适存庐 一八八五（光绪十一）年刊经词衍释十卷补遗一卷 清吕昌莹撰 ⑧

重古庐何氏 一八八七（光绪十三）年刊救迷良方附一枝轩经验方 清何其伟编 ㉚267

徐达源重雪草庐　一八〇〇（嘉庆五）年刊诚斋诗集十六卷　清徐达源撰　㉙2579

修竹庐　一七六二（乾隆二十七）年刊望古集六卷　清汪有典撰　⑱集1185

修竹庐　一八二九（道光九）年刊成方辑要四卷　清邵澍编　㉚229

陈光彝**独抱庐**　一八二七（道光七）年刊资治通鉴刊本识误三卷　清张敦仁撰　⑱史108

神　庐　刊赵文敏公松雪斋全集十卷外集一卷续集一卷　元赵孟頫著　②47656

格　庐　一七九六—一八二〇（嘉庆）年刊亡友遗诗　清李诒经王宁延同辑　③文138/8543

吴县冯氏**校邠庐**　一八七六（光绪二）年刊显志堂稿十二卷　清冯桂芬撰　⑯847.6/767

倚山庐　一八七九（光绪五）年刊胎产症治录　清单南山撰丁逢壬编　㉚462

爱日草庐　一八〇〇（嘉庆五）年刊尚书大传四卷　汉郑玄注　补遗一卷续补遗一卷　清卢文弨辑
考异一卷　清卢文弨撰　⑱经125

爱日精庐　一八一六（嘉庆二十一）年刊广释名二卷　清张金吾撰　㉙3229

爱日精庐　一八二六（道光六）年刊两汉五经博士考三卷　清张金吾撰　㉙3230

爱竹庐　一八九八（光绪二十四）年刊爱竹庐诗钞二卷　清郭文澜著　附曲园拟墨一卷
拟赋一卷　清俞樾撰　②60728

爱吾庐　一八一六（嘉庆二十一）年刊萸江古文存四卷　清陶必铨著泰瀛评　②30218

番禺陶氏**爱庐**　一八九〇（光绪十六）年刊蔡中郎集十卷外集四卷　汉蔡邕撰　末一卷外纪一卷　⑯842.2/564－03

海上庐　一七七四（乾隆三十九）年刊迂斋学古编四卷　清法坤宏撰　⑱集1174

旌孝庐　一八七一（同治十）年刊孝友图说一卷　④9375

匏　庐　一八四五（道光二十五）年刊东萝遗稿三卷　清陆损之撰　⑱集1285

独山莫氏**铜井寄庐**　一八九五（光绪二十一）年刊周易虞氏略例一卷　清李锐撰　㉙1140

望云草庐　刊金匮悬解二十卷　清黄元御撰　㉚95

渐学庐　一八六二—一九〇八（同治至光绪）年刊西藏纪述一卷　清张海撰　①

长沙寄庐　一八七九（光绪五）年刊增补宋元学案一百卷　清黄宗羲撰王梓材补　⑥

甬北寄庐　一八八八（光绪十四）年刊壹是纪始二十二卷补遗一卷　清魏崧撰　⑯2313

辉棣旧庐 一八九二（光绪十八）年刊产科心法二卷附福幼编 清汪朴斋编 ㉚460

孙溪朱氏**槐庐** 一七三六—一七九五（乾隆）年刊医贯砭二卷 清徐大椿撰 ㉚664

吴县朱氏**槐庐** 一八八六（光绪十二）年刊补寰宇访碑录五卷失编一卷刊误一卷 清赵之谦 ②48121

吴县孙氏**槐庐** 一八八四（光绪十）年刊外科证治全生集附金疮铁扇方 清王维德撰 ㉚542

江左书林**槐庐** 一八八九（光绪十五）年刊兰台轨范八卷 清徐大椿撰 ㉚339

沧州叶氏**蜗角尖庐** 一八五一（咸丰元）年刊续山东考古录三十二卷首一卷 清叶圭绶撰 ⑯927.12/-065

归安崔氏**觯庐** 一九一〇（宣统二）年刊史记探源八卷 崔适撰 ⑯921.13/303-589

蹑云庐 一九〇九（宣统元）年刊汤头歌诀 清汪昂撰 ㉚239

二十二、其 他

一至二画

一枝巢 一八二一（道光元）年刊淮上酬唱集 清盛大士辑 ②61062

一枝巢 一八七九（光绪五）年刊京口山水志 清杨棨撰 ⑥史一三五

灌县**二王庙** 一七三七（乾隆二）年刊灌江定考 清王来通编 ⑥史一三九

灌县**二王庙** 一八〇二（嘉庆七）年刊灌江考 清王来通编 ⑥史一三九

成都**二仙庵** 一九〇六（光绪三十二）年刊重刊道藏辑要 清彭定求辑阎永和增 ⑥子二一七

二乐堂塾 一八四八（道光二十八）年刊月山遗书 ⑤

长沙**二酉堂书店** 一七四〇（乾隆五）年刊新镌本草医方合编六卷 清汪昂编 ㉒350

扬郡**二郎庙惜字局** 一八三六（道光十六）年刊诗经集传八卷 宋朱熹撰 ⑱经132

十千诗坞 一七〇三（康熙四十二）年刊晚唐诗钞二十六卷 清查克弘凌治乾选 ⑯831.419/295

七曲会 一八三二（道光十二）年刊黄氏医书八种 清黄元御撰 ㉚732

七曲会 一八六一（咸丰十一）年刊伤寒悬解十四卷首一卷末一卷 清黄元御撰 ㉚75

七曲会 一九〇三（光绪二十九）年刊医理真传四卷 清郑寿全撰 ㉚668

崇寿**七塔寺**　一八九二（光绪十八）　扑刊大方广佛华严经八十卷　唐释实叉难陀译　②61857

广安**九宝宫**　一八四六（道光二十六）　年刊说疫全书十五卷　清刘奎等撰　㉚390

九皇宫　一八四六（道光二十六）　年刊痧胀玉衡书四卷　靖郭志邃撰　㉚398

三画

三义公　一八五九（咸丰九）　年刊活人心法四卷　清刘以仁撰王锡鑫编　㉚708

三义公　一八七五—一九〇八（光绪）　年刊寿世医鉴三卷　清王锡鑫撰　㉚348

杭州**三元集**　一八五九（咸丰九）　年刊汇刊经验方十二种　清毛世洪等编　㉚252

三让信记　刊幼科铁镜六卷　清夏鼎撰　㉚478

眉州**三苏祠**　一八三二（道光十二）　年刊三苏全集　清任长庆等辑　⑰07934

吉林**三利泉记**　一八九六（光绪二十二）　刊求嗣指源　清永福氏撰　㉚470

三贤祠　一八四八（道光二十八）　年刊皇朝儒行所知录六卷首一卷　清范台撰　⑯1727

浙宁**三味仁记**　一八八三（光绪九）　年刊景岳全书六十四卷　明张介宾撰　㉚704

三星砦　一八七七（光绪三）　年刊伤寒指掌四卷　清吴贞撰　㉚76

常熟**三峰寺**　一八九一（光绪十七）　年刊医林改错二卷　清王清任撰　㉚34

三让睦记　刊本草纲目五十二卷首一卷附图二卷　明李时珍撰　㉚165

星子**于氏坊**　一八〇一（嘉庆六）　年刊尔雅音释四卷　晋郭璞注清于朝梧辑　㉑311

龙虎山**大上清宫**　一七四〇（乾隆五）　年刊龙虎山志十六卷　清娄近垣纂　⑰6062

双流**大生德号**　一八六二—一八七四（同治）　年刊医学集成　清刘士廉辑　⑥

成都**大成会**　一八八六（光绪十二）　年刊历代史论二卷　明顾充撰　⑥

昭庆**大字经房**　刊校正重刻慈悲道声忏法一卷　④5636

大具隆　刊石室秘录六卷　清陈士铎撰　㉚332

大悲坛　一六八四（康熙二十三）　年刊敕建弘慈广济寺新志三卷　清释湛佑撰　⑯928.4111/722

上海**大魁桢记**　一八七〇（同治九）　年刊伤寒舌鉴　清张登编　㉚124

大魁桢记 一八五六（咸丰六）年刊外科图说四卷 清高文晋编 ㉚546

上洋**大魁桢记** 一八七八（光绪四）年刊验方新编十六卷 清鲍相璈编 ㉚262

万松禅林 一六六二—一七二二（康熙）年刊五莲山志五卷 清释海霆撰 ②38774

寸碧山堂 一七六七（乾隆三十二）刊梅会诗选十二卷二集十六卷三集四卷附刻一卷 清李集辑 ①5695

上洋正堂书坊 一八七〇（同治九）年刊达生编 清亟斋居士撰 ㉚453

上海海鹤楼书庄 一八九五（光绪二十一）年刊竹林女科四卷 清竹林寺僧撰 ㉚437

山西城北岳庙巷 一八八〇（光绪六）年刊白喉辑要 清张绍修撰 ㉚597

山阴后马村 一八二三（道光三）年刊女科辑要八卷 清周纪常撰 ㉚440

苏州贝氏**千墨庵** 一八二七（道光七）年刊吉云室日钞十卷 清贝省三辑 ⑯127.6/477

千墨庵 一八二〇（嘉庆二十五）年刊七姬咏林三卷 清贝墉辑 ①1945

南昌**广文书店** 刊类字蒙求不分卷 原题师竹斋主人重订 ㉑337

广东羊城状元坊 一八八五（光绪十一）年刊妇科秘书 清陈起等撰 ㉚441

广州**惠济仓** 清末刊伤寒贯珠集八卷 清尤怡编注 ㉚53

上海**广学会** 一九一〇（宣统二）年刊医方汇编四卷 清刘廷桢撰 ㉚232

北平**广通寺** 一七八八（乾隆五十三）年刊宝王三昧念佛直指不分卷 明释妙叶集 ⑯226.6/993

青海**广惠寺印经院** 一七三六—一七九五（乾隆）年刊摄类学·正言库 清敏珠尔·赤列伦珠撰 ㉗118

也安乐窝 一八九五（光绪二十一）年刊藏谷山房诗集十四卷文存二卷 清龚坤撰 ㉒29106

小云谷 一七九六—一八二〇（嘉庆）年刊五音韵谱 清朱照廉撰 ②109957

倪继宗**小云林** 一七二一（康熙六十）年刊续姚江逸诗十二卷 清倪继宗辑 ⑱集1805

曹氏**小石仓** 一八六八（同治七）年刊春秋钻燧四卷 清曹金籀撰 ⑯1162

仁和曹氏**小石仓** 一八六二—一八七四（同治）年刊石屋文字 清曹金籀撰 ⑰01463

小安乐窝 一八九七（光绪二十三）年刊医易一理 清邵同珍编 ㉚36

小沤巢 一八七五—一九〇八（光绪）年刊校正元亲征录 清何秋涛撰 ③史248/69.3

小林栖 一七三六—一七九五（乾隆）年刊乞食图二卷 清钱维乔撰 ④11016

小放下庵 一九〇六（光绪三十二）年刊半塘定稿二卷剩稿一卷 清王鹏运撰 ②23355

顾之逵**小读书堆** 一七九六（嘉庆元）年刊古列女传七卷 汉刘向撰 续一卷考证一卷
清顾广圻撰 ⑱史403

小绿天 一八二九（道光九）年刊尤氏喉科秘书附喉科方 清尤乘撰 ㉚584

小瀛州 一八七六（光绪二）年刊新刊八仙出处东游记二卷四十五回 明吴元泰撰 ④5805

陆氏**小郁林** 一七四六（乾隆十一）年刊春秋左传杜注三十卷首一卷 清姚培谦撰陈浩圈点 ⑱经252

安定**马氏家塾** 一八五七（咸丰七）年刊日损益斋诗文全集 清马疏撰 ㉖83

西安钟楼南顺城巷**马杂货铺** 一八八五（光绪十一）年刊四书反身录 清李颙撰李因笃校 ⑨121.21/151

济宁州**马家药材店** 一七二四（雍正二）年刊太和堂寿世方书 清车旭氏编 ㉚303

四画

王友士刻字局 一八七〇（同治九）年刊增广验方新编十八卷 清鲍相璈编张绍棠增辑 ㉚264

临桂**王氏家塾** 一八八八（光绪十四）年刊四印斋所刻词 清王鹏运辑 ⑯833.08/119

王氏家塾 一七〇二（康熙四十一）年刊历仕录一卷 明王之垣撰 ⑱史483

王彩霞书坊 一八三一（道光十一）年刊急救广生集十卷 清程鹏程编 ㉚153

王涌年书坊 一八二六（道光六）年刊桐鹤堂膏丹丸散集录 清胡桐鹤堂撰 ㉚304

王德三隆禄记刻字老店 一八七四（同治十三）年刊增广大生要旨五卷 清唐千顷撰叶灏增订 ㉚459

万邑**天上宫** 一九〇〇（光绪二十六）年刊天上宫志二卷 清赖作楫辑 ②29145

常州**天宁寺** 一九一一（宣统三）年刊妙法莲华经八卷 后秦释鸠摩罗什译 ⑯221.3/456－846

天宝店 一九〇〇（光绪二十六）年刊增广大生要旨五卷 清唐千顷撰叶灏增订 ㉚459

河南省城**天宁堂药店** 刊天宁堂虔修诸门应症丸散总目 清天宁堂药店编 ㉚307

羊城状元坊**天玉钮店** 一九〇一（光绪二十七）年刊保赤新编二卷 清任赞纂 ②48711

江宁**天籁堂书店** 一八一六（嘉庆二十一）年刊翁仲仁先生痘科金镜赋 明翁仲仁撰 ㉚499

天童弘法禅寺 一八九四（光绪十一）年刊天童密云禅师语录二十二卷 清释道忞编 ⑰0829

天德门 一八四〇（道光二十）年刊痘科切要 清王锡鑫撰 ㉚520

元亨书访 一八七八（光绪四）年刊十七史蒙求十六卷 宋王令撰 ②72038

苏州元妙观 一八五一—一八六一（咸丰）年刊江南铁泪图新编 题寄云山人编 ③史287.9/874

无止境 一八四〇（道光二十）年刊证因方论集要四卷 清汪汝麟编 ㉚347

遵义无全美 一九〇七（光绪三十三）年刊外科证治全书五卷末一卷 清许克昌毕法合编 ㉚546

云自在龛 一八九一（光绪十七）年刊三水小牍二卷逸文一卷 唐皇甫枚撰 附吴兴记一卷 宋山谦之撰 呈兴山墟名一卷 晋张元之撰 ②4708

云栖寺 一六九九（康熙三十八）年刊异方便净土传灯归元镜三祖实录二卷附录一卷 明释智达撰 ⑱集2126

云路场武庙 一八八〇（光绪六）年刊辨证治瘟速效二卷 清刘奎撰 ㉚372

艺兰圃 一七五〇（乾隆十五）年刊太湖备考十六卷首一卷 清金友理撰 ②11669

五湖草庐 一八八四（光绪十）年刊俄国疆界风俗志 ⑤

五福宫 一八四七（道光二十七）年刊奇方纂要 清王锡鑫撰 ㉚229

不波书舫 一八四七（道光二十七）年刊冯程合稿 清程锡金辑 ⑤

友文会 一八七六（光绪二）年刊金匮要略浅注十卷 清陈念祖撰 ㉚95

少华山堂 一九〇〇（光绪二十六）年刊江上草堂前稿四卷 清李嘉绩撰 ②10062

日岩别墅 一九〇三（光绪二十九）年刊温热经纬五卷 清王士雄编 ㉚375

日　庵 一六六二—一七二二（康熙）年刊藕湾诗集 清张仁熙撰 ⑱集934

中江讲院 一八九三（光绪十九）年刊经籍举要不分卷 清龙启瑞编 ⑯016.079/685

中湘玫德书房 刊医方易简新编六卷 清龚自璋黄统合编 ㉚268

内邑公司 一八七〇（同治九）年刊伤寒论集注六卷 清张志聪撰高世栻纂注 ㉚52

内邑文庙公板局 刊本草三家合注六卷 清郭汝骢编 ㉚158

牛建邑杏家寺 一八七四（同治十三）年刊胎产集要三卷 清黄惕斋撰 ㉚457

苏城毛上珍刻字铺 一九〇一（光绪二十七）年刊喉痧辑要一卷 清金德鉴撰 ㉙1308

长沙刻经处 一八七六（光绪二）年刊般若波罗蜜多心经注解一卷 明释宗泐撰 ⑯221.2/676－684

长柄壶庐园叟 一八三八（道光十八）年刊验所验附回生丹方法 ㉚440

仁记书庄 一九〇九（宣统元）年刊医林改错二卷 清王清任撰 ㉚35

仁寿考棚 一八三九（道光十九）年刊虞文靖公道园全集诗十六卷文六十卷 元虞集撰 ⑮中3655/415/782－2

扬州**片善堂惜字公局** 一八三六（道光十六）年刊周易本义四卷筮仪一卷图说一卷 卦歌一卷 宋朱熹撰 ⑱经49

化城寺 一九〇〇（光绪二十六）年刊九华山志十卷首一卷末一卷 清谢维喈修周赟纂 ①7333

月山居士 一九〇九（宣统元）年刊麻症集成四卷 清朱载扬撰 ㉚523

遂昌徐氏**丹泉书塾** 一八七六（光绪二）年刊遂昌山人杂著二卷 元郑元祐撰 ②15902

丹霞别传寺 一七三三（雍正十一）年刊丹霞山志十卷 清陈世英撰清释古如增补 ⑱史1019

乌衣巷 清初刊丽句亭评点鸳鸯棒乐府二卷 明范文若撰 ⑱集2122

六一头陀心悟 一八九五（光绪二十一）年刊平山堂图志十卷首一卷 清赵之璧纂 ⑯928.44/202

六安学舍 一八四一（道光二十一）年刊旧香居文稿十卷笔镜二卷重编千字文一卷 清王宝仁撰 ㉙1762

成都**六益文化会** 一八八三（光绪九）年刊外科证治全生集附金疮铁扇方 清王维德编 ㉚542

文在兹善书坊 一九〇五（光绪三十一）年刊忠孝勇烈奇女传四卷三十二回 ④5967

花镇街**文昌宫** 一八六六（同治五）年刊群方便览续编二卷 清郭懋筠编 ㉚229

文昌宫 一八九〇（光绪十六）年刊救急奇方 ㉚276

西蜀**文殊院** 一八四二（道光二十二）年刊汇集金鉴二卷 清释本圆编 ㉚26

成都**文殊院** 一九〇一（光绪二十七）年刊楞严经指掌疏十卷事义八卷 清释道理撰 ⑰03658

文钰书坊 一九〇二（光绪二十八）年刊治急改良易简录 清宓宪百撰 ㉚355

青州**文德友刻字处** 一八六〇（咸丰十）年刊二十四孝鼓词 ⑩858.4/100

心松别墅 一七八一（乾隆四十六）年刊筮策洞虚录十六卷末一卷 清熊为霖撰 ⑱经92

引箫声院 一八四五（道光二十五）年刊绛雪楼剩墨一卷 清王青琴撰 ㉙3215

宝庆**劝学书社** 一九〇四（光绪三十）年刊四言举要 宋崔嘉彦撰明李言闻删补 ㉚108

广东羊城**双门底** 刊伤寒论浅注六卷 清陈念祖集注 ㉚56

晋祁**书业成** 一七九四（乾隆五十九）年刊针灸大成十卷 明杨继洲撰 ㉚130

古吴**书业巽记** 一八〇五（嘉庆十）年刊本草类方十卷 清年希尧编 ㉚302

晋祁**书业德记** 一八四七（道光二十七）年刊医林改错二卷 靖王清任撰 ②3436

书业德记 一八七〇（同治九）年刊万病回春八卷 明龚廷贤撰 ㉚324

书业德 一九〇四（光绪三十）年刊算学集要略解四卷 黄锡纯编 ②31124

陆锺辉**水云渔屋** 一七三一（雍正九）年刊重刊校正笠泽丛书四卷补遗诗一卷 唐陆龟蒙撰 ①12184

江都陆氏**水云渔屋** 一七三六—一七九五（乾隆）年刊姜白石诗词合集三种 宋姜夔撰 ②64914

冒氏**水绘庵** 一六六二—一七二二（康熙）年刊同人集十二卷 清冒襄辑 ⑱集1742

水绘庵 一八九六（光绪二十二）年刊五周先生集 冒广生辑 ②56542

五画

玉山讲堂 刊学庸思辨录十四卷 清朱鼎谦撰 ㉙2088

华山**玉泉院** 一八三一（道光十一）年刊华岳志八卷 清李榕纂 ⑨683.15/151

玉燕书巢马氏 一八七四（同治十三）年刊六朝唐赋读本（即选注六朝唐赋） 清马传庚选注 ⑯2822

赣郡**甘菊篸** 一八七二（同治十一）年刊六合纪事四卷 清周长森撰 ⑯922.77/816

古香林 一八三六（道光十六）年刊九僧诗一卷 ③文135/59.3

青海**古德寺印经院** 刊贡布云旦文集 清贡布云旦撰古德寺辑 ㉗120

成都**节孝总祠** 一八九一（光绪十七）年刊全蜀节孝录四卷 清罗定昌辑 ⑥

况氏**本家承恩坊** 一七六四（乾隆二十九）年刊明况太守龙冈公治苏政绩全集十六卷续集十二卷 明况锺撰况延秀辑 ⑯982.864/735

左集文刻字铺 一八七五（光绪元）年刊急救应验良方 清费山寿编 ㉚272

石帆花屋 一八八八（光绪十四）年刊情田词三卷 清邵瑸撰 ⑯3141

海丰吴氏**石莲庵** 一九〇九（宣统元）年刊九金人集一百五十六卷札记二卷附录二卷 年谱四卷 清吴重熹编 ③文116.3/899

苏州**石塔里** 一八二五（道光五）年写刊颐素堂诗钞六卷 清顾禄撰 ㉙119

吴氏**石菴** 一九一〇（宣统二）年重刊慈济方 明释景隆撰 ㉙251

东乡吴氏**石溪舫** 一八四三（道光二十三）年刊香苏山馆全集十六种 清吴嵩梁撰 ㉑287

东山墅 一八五四（咸丰四）年刊普济应验良方八卷 清德轩氏编 ㉚254

缪氏**东仓书库** 一九〇二（光绪二十八）年刊崑山郡志六卷 元杨譓纂 ⑲322

东仓书库 一八七五—一九〇八（光绪）年刊小谟觞馆全集八种附录四卷 清彭兆荪撰 ②16041

渝城**东华观** 一八六六（同治五）年刊长沙药解四卷 清黄元御撰 ㉚173

吉林**东兴印书馆** 一八九六（光绪二十二）年刊拾慧集 清何德藻编 ㉚758

东鹤山堂 一八六五（同治四）年刊嘉庆南漳县志集钞三十五卷首一卷 清陶绍侃修胡正楷纂 ①

北京叔记刻书铺 一八三九（道光十九）年刊胎产集要三卷 清黄惕斋编 ㉚457

归牧庵 刊西畇寓目编十六卷 清陈蹲编 ⑪730.133/7548

青海黄南**叶什姜寺** 一七三六—一七九五（乾隆）年刊般若十万颂 清阿旺根登达哇智华辑 ㉗113

四川学院 一八七六（光绪二）年刊十一经初学读本 清万延兰编 ⑥

粤东省城**四寺** 一八一七（嘉庆二十二）年刊教款捷要 清马伯良纂 ⑯253/418

四知家塾 一八二二（道光二）年刊六必酒经三卷 清杨万树撰 ④9718

仙城药洲 一八九八（光绪二十四）年刊说剑堂集不分卷 潘飞声撰 ⑧

甘肃白云观 一八三三（道光十三）年刊妇科秘方 清竹林寺僧撰 ㉚437

刘氏京师**白云观** 一八八二（光绪八）刊万全玉匣记 ③宗991/999.08

白云观 一八五四（咸丰四）年刊槐轩要语一卷 清刘沅撰 ②28875

白松岩 一八四六（道光二十六）年刊云台二十八将图一卷 清张士保绘 ⑱史419

白雪苏屋 一七九五（乾隆六十）年刊清素堂诗集九卷词一卷 清石钧撰 ㉙1067

白溪草庐 一六六二—一七二二（康熙）年刊燃犀集十卷 清王醇业撰 ②65886

冬至会 刊幼幼集成六卷 清陈复正编 ㉚481

四川**乐善公所** 一八六三（同治二）年刊寒疫合编四卷 清王光甸编 ㉚391

冯圣昌刻字店 一九〇八（光绪三十四）年在嘉兴刊急救仙方 ㉚280

兰城同大冒靛行 一八九〇（光绪十六）年刊达生保婴汇编 清亟斋居士撰 ㉚455

半九书塾 一八二八（道光八）年刊禹贡郑注释二卷 清焦循撰 ⑯093.31/917

礼贤会 一八八六（光绪十二）年刊大德国学校论略 德花之安撰 ②108493

弘仁会 刊伤寒来苏集八卷 清柯琴撰 ㉚50

皮足山人 一八一一（嘉庆十六）年刊目科正宗十六卷首一卷末一卷 清邓学礼撰 ㉚575

成都**圣寿寺** 一八六二—一八七四（同治）年刊五种遗规 清陈宏谋辑 ⑨826/377

六 画

吉安县**青原宫** 一六六九（康熙八）年刊青原山志略十三卷首一卷末一卷 清释大然纂编 ㉑175

镇江**老仁和** 一八七九（光绪五）年刊保产良方 清孙奎台编 ㉚464

洛阳**西华禅院** 一八七六（光绪二）年刊洛阳伽蓝记五卷 后魏杨衒之撰 ⑧

西岩讲院 一九〇三（光绪二十九）年刊万邑西南山石刻记二卷附录一卷 清况周仪录 ⑰06997

西昌**三官会** 一八五五（咸丰五）年刊胎产心法三卷 清阎纯玺撰 ㉚456

西河别墅叶氏 一八七八（光绪四）年刊山中学诗记五卷 清徐时栋撰 ⑯094.127/949

西　巢 一七七〇（乾隆三十五）年刊全唐近体诗钞五卷 清沈裳锦辑 ⑱集1680

西溪别墅 一七九二（乾隆五十七）年刊虎阜志十卷首一卷 清陆肇域任兆麟纂 ㉙1045

嘉定黄氏**西溪草庐** 一八三八（道光十八）年刊袖海楼杂著四种十二卷 清黄汝成撰 ④13800

沈大成**有华书塾** 一七六五（乾隆三十）年刊南楼吟稿二卷 清徐叹玉撰 ①1563

维扬**有德堂书坊** 刊新刻古本刘成美忠节全传二十五卷 ④4640

百华盦 一八二三（道光三）年刊子仙诗钞八卷文钞二卷拜玉词二卷 清李福撰 ⑱集1268

扬州**同善分社** 刊大学古本质言一卷宋刘沅撰 ⑰161－578

扬州藏经院 一九〇五（光绪三十一）提刊方广大庄严经 唐释地婆可罗译 ⑰361.12－06

扬州藏经禅院 一八八一（光绪七）年刊文昌帝君阴骘文广义节录三卷 清周梦颜撰 ⑯279/816－3

扬州藏经禅院 一九一一（宣统三）年刊唯识开蒙二卷 元释云嵾辑 ⑯226.29/333

清江**光裕书林** 一七七二（乾隆三十七）年刊环溪草堂文集四卷 清聂焘撰 ㉑311

吕氏家塾 一七〇四（康熙四十三）年刊晚邨先生八家古文精选八卷 清吕留良辑吕葆中批点 ⑱集1636

朝邑**同义文会** 一八八四（光绪十）年刊桐阁先生文钞十二卷 清李元春撰 ⑦8423

同升阁书坊 一七四八（乾隆十三）年刊缙绅全书不分卷 ①2299

同文公会 一九〇七（光绪三十三）年刊伤寒温疫条辨六卷附温病坏症 清杨璿撰 ㉚388

四川**成都同文公会** 一九〇九（宣统元）年刊伤寒来苏集八卷 清柯琴撰 ⑥子100

同文会 一九〇九（宣统元）年刊伤寒论翼二卷 清柯琴撰 ㉚72

武进**臧氏同述观** 一七三六—一八二〇（乾隆—嘉庆）年刊拜经堂丛书 清臧琳臧庸撰 ⑤

竹　林 一八三二（道光十二）年刊咫闻录十二卷 原题慵讷居士撰 ②35219

皖江**竹溪主人** 一八七二（同治十一）年刊外科真诠 清邹岳撰 ㉚547

任有容斋刻字铺 一八七四（同治十三）年刊孝悌图说 ④9339

佛山**华文局** 一八八五（光绪十一）年刊乐只堂人子须知韵语四卷 清何梦瑶撰 ㉚350

延清崇文坊 一八九四（光绪二十）年刊笔花医镜四卷 清江笔花撰 ㉚346

江苏**自然庵** 一七九五（乾隆六十）年刊扬州画舫录十八卷 清李斗撰 ⑥

维扬**众香庵** 一八九八（光绪二十四）年刊牧牛图颂净修指要合刊 ②64701

多文会 一八九八（光绪二十四）年刊伤寒论浅注六卷 清陈念祖集注 ㉚56

成都**多文会** 一八九九（光绪二十五）年刊霍乱转筋论不分卷 清王士雄撰 ⑥子105

刘博文书铺 一八三九（道光十九）年刊胎产集要三卷 清黄惕斋编 ㉚457

陕西韩城**刘氏家塾** 一八七六（光绪二）刊刘氏家塾四书解 清刘豫师撰 ⑥

刘氏家塾 一六七五（康熙十四）年刊安丘刘氏族谱十一卷 清刘正学纂修 ⑱史623

镇江**刘庆和刻字店** 一八〇四（嘉庆九）年刊疫痧草辨论章一卷见象章一卷

汤药章一卷 清陈耕道撰 ㉙3201

叙州樊氏**汗青簃** 一八八一（光绪七）年刊颜氏家训二卷 北齐颜之推撰 ⑥子43

宜宾**汗青簃** 一八八二（光绪八）年刊家塾蒙求五卷 清康基洲纂辑 ⑥子40

江公专祠 一八四四（道光二十四）年刊伤寒指掌四卷 清吴贞撰 ㉚76

上洋**江左书林** 一八四三（道光二十三）年刊神相汇编四卷续集一卷 清高鼎玉辑 ②65705

江左书林 一八六八（同治七）年刊佩文斋广群芳谱一百卷 清汪灏等撰 ②23854

江左书林 一八七九（光绪五）年刊国朝八家四六文钞 清吴鼒辑 ⑯834.7/435

江左书林 刊第九才子书平鬼传四卷十回 清刘璋撰樵云山人编 ④5734

上洋**江左书林昌记** 一八八八（光绪十四）年刊医宗说约六卷 清蒋示吉撰 ㉙667

江北刻经处 一八九〇（光绪十六）年刊高僧传二集四十卷 唐释道宣撰 ②45156

宁城**汲绠书庄** 一八七五（光绪元）年刊济世神针 清应其南撰 ㉚149

汤氏祠堂 一八七〇（同治九）年刊汤文正公全集 清汤斌撰 ⑰01427

忏花庵宋泽元 一八八〇（光绪六）年刊读书纪数略五十四卷 清宫梦仁纂 ⑦3307

守砚庵戴氏 一六六二—一七二二（康熙）年自刊馀生诗稿十卷不尽诗稿一卷 清戴本孝撰 ①1814

百氏**守意龛** 一八〇六（嘉庆十一）年刊适园诗录 清阿林保撰 ②44613

兴化四圣观 一八八八（光绪十四）年刊霍乱辨证 清江曲春赵履鳌撰 ㉚403

兰州**访古阁刘法帖铺** 一八一二（嘉庆十七）年刊淳化阁帖释文 ㉖80

王氏**寻孔颜乐处** 一八〇〇（嘉庆五）年刊十三经拾遗十六卷附唐石经考正 清王朝璩撰 ⑯9302

如皋刻经处 一八七一（同治十）年刊金刚般若波罗蜜经破空论一卷金刚般若波罗蜜经观心释不分卷
明释智旭际明撰 ⑯223.72/854-3

如皋刻经处 一八八六（光绪十二）年刊放光般若波罗蜜经三十卷 晋释无罗义共竺叔兰译 ②61336

龚氏**羽陵别墅** 一八四〇（道光二十）年刊定庵续集己亥杂诗一卷 清龚自珍撰 ②17317

金陵**孙忠愍祠** 一八〇一（嘉庆六）年刊景定建康志五十卷 宋马光祖撰周应合纂 ⑨672.15/103

七画

浙江**玛瑙寺** 一八七九（光绪五）年刊竹林产科 清竹林寺僧撰梦知居士校 ㉚460

杭州**玛瑙经房** 一八七五（光绪元）年刊五祖黄梅宝卷二卷 ⑯858.5/100

苏州**玛瑙经房** 一八九九（光绪二十五）年刊妙法莲华经七卷 后秦释鸠摩罗什译 ②61370

苏城**玛瑙经房** 一九〇九（宣统元）年刊目莲三世宝卷三卷 ⑯858.5/475

西湖**玛瑙经房** 一八七六（光绪二）年刊雪山宝卷全集 ②37380

玛瑙南房 一八七七（光绪三）年刊浙江温州府平阳县白梅村七世修行玉英宝卷 ⑯858.5/724.18

志强学会 一八九八（光绪二十四）年刊海外文编四卷 清薛福成撰 ⑰10669

芙蓉舫 一七〇二（康熙四十一）年刊岁寒咏物词一卷 清王一元撰 ⑱集1978

石氏**花韵庵** 一七九六—一八二〇（嘉庆）年刊花间九奏（即花间乐府）清石韫玉撰 ㉙1074

李氏**花聚庵** 一六八九（康熙二十八）年刊花聚庵诗集二卷 清李可汧撰 ①5730

玉树**苏尔莽多贡寺印经院** 刊丹增南达文集 清苏尔莽多贡寺辑 ㉗118

苏州交通益记图书馆 一八九一（光绪十七）年刊妇婴三书十八卷 清沈金鳌撰 ㉚436

苏城酉山刻书店 一八六七（同治六）年刊应验良方 题觉庵山人编 ㉚270

苏城丽记刻字铺 一八七二（同治十一）年刊烂喉丹痧辑要 清金德鉴撰 ㉚602

渭南严氏**孝义家塾** 在成都刊贲园诗钞五卷 清严遨撰 ⑦13319

柑市**李公馆** 一八九五（光绪二十一）年刊广生集要 清郭念祖撰 ㉚465

还读书坊 清初重修西楼记二卷 清袁于令撰 ㉙565

任氏**来青书塾** 一七八八（乾隆五十三）年刊尸子三卷 周尸佼撰清惠栋辑任兆麟补遗 ⑧

常郡**护国庵** 一八一九（嘉庆二十四）年刊道书十二种 清刘一明撰 ⑯230.8/886

湖南常德府**护国庵** 一八一九（嘉庆二十四）年刊西游原旨一百回 清刘一明撰 ⑯857.4/883－886

报功祠 一六五六（顺治十三）年刊河防一览榷十二卷 明潘离驯撰潘大复榷 ⑰14771

古虞**求无过生** 一八二四（道光四）年校刊眼科良方 清叶桂撰 ㉚575

困学闇 一七〇四（康熙四十三）年刊唐文吕选十三卷 清吕留良编董采评点 ⑱集 1441

瑞安利济医院 一八九二（光绪十八）刊利济元经 清陈虬撰 ㉚758

鸠江戎幄 一八六五（同治四）年刊悔馀庵集五种 清何栻撰 ②8259

广州亨记印务局 一八九四（光绪二十）年刊医道还元九卷附奇症新方 清吕真撰 ㉚354

沧浪水屋 一六六二—一七二二（康熙）年刊刊赢隐初集八卷二集八卷三集三卷珠尘集二卷 清李国宋撰 严庵稿一卷 清李瀚撰 ⑱集 1065

汾西洞 一六四四—一六六一（顺治）年刊西山阁笔一卷 清李生光撰 ⑱集 908

严荣沧浪吟榭 一八一四（嘉庆十九）年刊梅村诗集笺注十八卷附墓表行伏 清吴伟业撰吴翌凤注 ㉙1035

瑞安孙氏诒善祠塾 一八六二—一九〇八（同治—光绪）年刊永嘉丛书 清孙衣言撰 ⑰01605

黄邑张家沟村 一九〇二（光绪二十八）扑刊白喉治法忌表抉微 题耐修子撰 ㉚599

方氏即石仓 一六六二—一七二二（康熙）年刊和杜哀吟一卷 清方迈撰 ⑱集 1074

吴兴陆氏家塾 一八九一（光绪十七）年刊穰梨馆过眼录四十卷续录十六卷 清陆心源撰 ⑯18122

陆地舟 一六五二（顺治九）年刊医灯续焰二十一卷 宋崔嘉彦撰清潘楫增注 ㉚109

蕲州陈氏家塾 一八〇一（嘉庆六）年刊竹书纪年集注二卷 清陈诗撰 ⑯18168

汉口陈明德书店 一八七五（光绪元）年刊小蓬莱馆方抄二卷 清竹林寺僧撰 ㉚438

余姚邵氏家塾 一七八八（乾隆五十三）年刊尔雅正义二十卷 清邵晋涵撰 ⑯1213

长州叶氏纳书楹 一七九二（乾隆五十七）年刊纳书楹曲谱正集四卷续集四卷补遗四卷外集二卷四梦曲谱八卷 清叶堂撰 ⑯853.2/504

八　画

玩堂书铺 一八四二（道光二十二）年刊汇集金鉴二卷 清释本圆撰 ㉚260

青溪旧屋 一八三八（道光十八）年刊左传旧疏考正八卷 清刘文琪撰 ②981

青箱塾 一八五九（咸丰九）年刊有正味斋骈体文笺二十四卷 清吴锡麟撰王广业注 ②3499

青霞洞天 刊广列仙传七卷 明张文介辑 附王昙阳列仙传一卷 明王世贞撰 ②34189

表忠观 一七九四（乾隆五十九）年刊金涂铜塔考 清钱泳录 ②6445

武昌质学会 一八九七（光绪二十三）年刊质学丛书 清武昌质学会辑 ⑰03151

林屋绣 一六九一（康熙三十）年刊博物知本 清尤乘撰 ㉙721

玉树**相古寺** 刊入行论大疏 明巴卧·邹拉程瓦撰 ㉗120

松花屋 一六六二—一七二二（康熙）年刊唐人万首绝句选七卷 清王士祯辑 ⑱集1676

吴镇**松花庵** 一七九二（乾隆五十七）年自刊松花庵诗草 清吴镇撰 ㉖82

枫溪别墅 一七九六—一八五〇（嘉庆—道光）年刊史林测义三十八卷 明计大受撰 ⑧

姑苏**杭线会馆** 一八四六（道光二十六）年刊产科秘要二卷附达生编方 清周复初编 ㉚463

杭省刻经处 一八七〇（同治九）年刊肇论三卷宝藏论一卷 后秦释僧肇撰 ⑯2272

会稽董氏**取斯家塾** 一九〇六（光绪三十二）年刊董氏丛书 清董金鉴辑 ⑰1385

直　房 一八六一（咸丰十一）年刊内阁汉票签中书舍人题名一卷续编一卷 ⑱史683

北京**拈花寺** 一九一〇（宣统二）年刊地藏菩萨本愿经开蒙三卷首一卷 清释品琎撰 ②26433

青海**拉加寺印经院** 一七九六—一八二〇（嘉庆）年刊辩了不了义七论七释 ㉗118

龙溪孙氏**味古书** 一八四〇（道光二十）年刊小石帆亭著录六卷 清翁方纲撰 ②38522

无锡秦氏**味经窝** 一七五三（乾隆十八）年刊五礼通考二百六十二卷总目二卷首四卷 清秦蕙田辑 ⑯095/102

橝拓山**岫云寺** 一八六二（同治元）年刊瑜伽焰口施食起止规范一卷 ④3713

卓尼寺 一七二三—一七三五（雍正）年刊宗喀巴全集 ㉖178

卓尼寺 一七五三—一七七二（乾隆十八—三十七）年刊丹珠尔二百九卷 ㉖178

峄县义塾 一九〇四（光绪三十）年刊峄县志二十五卷首一卷 清王振录周凤鸣修王宝田撰 ①

明月池 一八九五（光绪二十一）年刊育婴堂志四卷（即桃源育婴堂志） 清余良栋纂 ②46596

贮月山窗 一七六四（乾隆二十九）年刊律赋凤楼集四卷 清吴纯辑 ⑱集1768

昆庐殿 一八八五（光绪十一）年刊玉泉寺志七卷首一卷 清释亮山纂 ⑯928.4125/226

屈氏**忠义祠堂** 一八八三（光绪九）年刊临海屈氏世谱十九卷 清屈轶撰 ㉙3195

陕西沔县忠武祠 一八二一—一八五〇（道光）年刊忠武祠墓志七卷 清李复心辑 ⑥

陕西沔县忠武祠 一八六六（同治五）年刊忠武侯祠墓志七卷 原题虚白道人撰 ⑨794.68/499

震泽任氏忠敏家塾 一七三六—一七九五（乾隆）年刊心斋十种 清任兆麟撰 ㉙2537

四川什邡县**罗汉寺** 一七八七（乾隆五十二）年刊乾明院阿罗汉图录一卷 ④3639

和悦洲醉墨庄 一九〇六（光绪三十二）年刊敦得斋文集八卷 清陈世恩撰 ⑯847.6/378

和硕庄亲王 一七四九（乾隆十四）年刊弦索调时剧新谱二卷 清汤斯质撰朱廷镠等补订 ㉙893

金天观 一八〇二（嘉庆七）年刊修身正印 题孙真人撰 ㉖83

金孝柏学圃 一八一一（嘉庆十六）年刊四书改错二十二卷 清毛奇龄撰 ⑱经347

金陵安道库 一八九五（光绪二十一）年刊急救异痧奇方 清觉因道人编陈念祖评 ㉚399

金陵佛经流通处 一九一一（宣统三）年刊首楞严经要解不分卷 宋释戒环撰 ⑯223.78/955-55-129

金陵刻经处 一八七五—一九〇八（光绪）年刊释摩诃衍论十卷 后秦释筏提摩多译 ②17292

孙氏**金陵祠屋** 一八一〇（嘉庆十五）年刊孙氏祠堂书目内编四卷外编三卷 清孙星衍藏并撰 ⑱史1402

金梁外史 一八四六（道光二十六）年刊馀水词一卷 清纳兰性德撰 ①6511

金紫家祠胡氏 一八一八（嘉庆二十三）年在绩溪刊孔子编年五卷 宋胡仔撰 ②58804

受古书店 一八二八（道光八）年刊焦理堂事略一卷附记一卷诗品一卷 清焦廷琥述 ②36465

京都**范家刻字铺** 一八六八（同治七）年刊产科四十三症 清傅山撰杨溪编 ㉚452

京都**清真寺** 一八八一（光绪七）年刊清真释疑补辑不分卷 清金天柱撰 ⑯250.2/987

育婴堂 一九〇二（光绪二十八）年刊良婴堂总录 ⑰11638

垫江**育婴堂** 一九〇〇（光绪二十六）年刊垫江育婴堂总录 ⑰12287

单氏宗祠 一七七九（乾隆四十四）年刊高密单氏家乘世谱三卷 ⑱史613

虞山张氏**卷葹草庐** 一八一四（嘉庆十九）年刊南张三集 清张廷桂辑 ⑤

河口**莲堂书坊** 一八七七（光绪三）年刊大生要旨五卷 清唐千顷撰 ㉚458

注韩居 一七九六（嘉庆元）年刊景岳新方诗括注解四卷首一卷 清陈念祖注 ㉚240

泾里宗祠 一八七七（光绪三）年刊顾端文公遗书明顾宪成撰 ⑤

安徽泾县乡贤祠 一八六九（同治八）年刊洪庐江祀典徵实二卷 清章世溶辑 ⑥

宝华顺 一八七五（光绪元）年刊针灸大成十卷 明杨继洲撰 ㉚131

宝柚庵 一八八四（光绪十）年刊秦汉瓦当图一卷 清毕沅辑录 ㉙1709

广州冯氏宝萃坊 一八六四（同治三）年刊皇朝舆地略 清六承如编 ⑥史131

学耕别墅 一八四六（道光二十六）年刊达观楼集二十四卷 明邹维琏撰 ⑯中9467/416/329

空青洞天 一八七五—一九〇八（光绪）年刊吕祖年谱海山奇遇仙迹七卷 原题火西月编 ②10897

怀宁汪氏诚意堂家塾 一八三二（道光十二）年刊七经偶记十二卷 清汪德钺撰臧庸编 ③经38/535

肃斋家塾 一七八八（乾隆五十三）年刊仪礼经注疏正讹十七卷 清金曰追撰 ⑱经187

宁都谢庭绶绂园书塾 一八四五（道光二十五）年刊宁都三魏全集 清林时益辑 ㉑303

经纶元记 一八九七（光绪二十三）年刊医学初学万金一统要诀十卷 明太医院原本罗心炜参订 ㉚329

沙市经翰墨刻字店 一八九七（光绪二十三）年刊白喉治法忌表抉微 题耐修子撰 ㉚598

承文书坊 一八七五—一九〇八（光绪）年刊针灸大成十卷 明杨继源撰 ㉚131

靖安承恩坊 一七六四（乾隆二十九）年刊况太守龙岗公治苏政绩全集十六卷 首一卷续一卷末一卷 明况钟撰 ㉑310

九 画

秦安胡氏家塾 一七八四（乾隆五十四）年刊胡静庵语钞 清胡釴撰 ㉖83

荆州驻防翻译总学 一九〇六（光绪三十二）年刊孙吴武经四卷 ㉙17

山右荆如棠 一七七〇（乾隆三十五）年刊明辩录 清陈法撰 ②10560

南曲旧业 一七六二（乾隆二十七）年刊带经堂诗话三十卷首一卷 清王士祯撰张宗柟辑 ⑱集1895

咸阳南华宫 刊伤寒论浅注六卷 清陈念祖集注 ㉚56

南阳讲习堂 一六六二—一七二二（康熙）年刊吕晚村先生文集八卷附录一卷续集四卷 清吕留良撰 ②40360

绵邑南轩祠 一八五四（咸丰四）年刊宋张宣公诗文集论孟解合刻 宋张栻撰 ⑰01694

南城谢映庐崇祠 一八七七（光绪三）年刊寓意草注释四卷 清喻昌撰谢甘树注释 ②1172

强氏南皋草庐 一八九一（光绪十七）年刊天真阁集三十二卷 清孙原湘撰 ⑰34949

南湖书塾 一七七五（乾隆四十）年刊贡尚书玩斋集十卷 元贡师泰撰 首一卷 ⑱集492

南墅 一七九九（嘉庆四）年刊台州外书二十卷 清戚学标纂 ②57444

姚氏**草草巢** 一七六二（乾隆二十七）年刊砚北偶钞 清姚培谦张景星辑 ⑤

荣昌城东岳庙 一八九〇（光绪十六）年刊治瘟提要速效合编 清曹华峰撰 ㉚392

荣锦堂书坊 一七四五（乾隆十）年刊乾隆十年满汉爵秩新本不分卷 ①10388

京都**荣锦书坊** 刊汉名臣传三十二卷 清国史馆编 ②45236

赵氏祠堂 一九〇八（光绪三十四）年刊阳谷殉难事实一卷 清赵文龙撰 ㉙1288

扬州**砖桥刻经处** 刊摩诃般若波罗密经三十卷 后秦释鸠摩罗什译 ②61371

大兴王氏**砚缘庵** 一八五六（咸丰六）年刊砚缘集录 清王寿迈辑 ⑤

平湖孙氏**映雪萃堂** 一八九九（嘉庆四）年自刊汉魏二十一家易注十五卷 清孙堂辑 ⑥

杭州**昭庆寺经房** 一八六八（同治七）年刊往生集三卷附录一卷 明释袾宏辑 ②14336

杭州**昭庆寺慧空经房** 一八八四（光绪十）年刊圆觉经直解二卷 唐释佛陀多罗译 明释德清解 ⑯223.74/942

成都**昭觉寺** 一七七九（乾隆四十四）年刊昆尼日用要切 请读体集 ⑰3696

成都**昭觉寺** 一八九六（光绪二十二）年刊重修昭觉寺志八卷 清罗用霖修 ⑥史146

瑞安孙氏**贻善祠** 一八七九（光绪五）年刊集韵考证十卷 清方成珪学 ⑥

郢雪书林 一六八二（康熙二十一）年刊明六名家集 清张汝瑚选辑 ⑩834.6/312

种松书塾 一八四〇（道光二十）年刊冬集纪程一卷附诗一卷 清周广业撰 ④518

种香别业 一八七六（光绪二）年刊咽喉秘集 清吴氏张氏合编 ㉚587

种香别业 一八七六（光绪二）年刊验方新编十六卷 清鲍云韶编 ㉚262

芗江郑圭海**种香别业** 一八八一（光绪七）年刊北溪先生全集 宋陈淳撰 ⑤

郜云鹄 一八七五（光绪元）年刊春秋集古传注 清郜坦撰 ⑯1145

看梅花所 一八三一（道光十一）年刊谦斋文录八卷 明徐溥撰 ⑯846.5/952

南海邹氏香草书屋 一八七四（同治十三）年刊邹征君遗书 清邹伯奇撰 ⑯510. 8/842

顾氏香雪巢 一七四八（乾隆十三）年进横山志略六卷 清顾嘉誉撰 ①5268

重庆信义局 一九〇五（光绪三十一）年刊十药神书注解 元葛乾孙撰清陈念祖注 ㉙210

泉唐遁谷樵者 一八七五（光绪元）年刊时疫白喉证论 清黄炳乾撰 ㉚597

京都衍法寺 一七八四（乾隆四十九）年刊净土津梁十三种附三种 后秦释鸠摩罗什译 ②17484

汪廷栋闻梅旧塾 一八九二（光绪十八）年刊衡斋算学遗书合刻十六卷 清汪莱撰 ⑯089. 7/710. 4

养云喰榭 一八二四（道光四）年刊激书二卷 清贺贻孙撰 ②16730

养拙山屋 一七九五（乾隆六十）年刊太史升庵全集八十一卷 明杨慎撰 ⑯18013

京都养真仙苑 一九一〇（宣统二）年刊忠孝勇烈奇女传三十二回 ⑯857. 4/354. 7

洞庭庙 一八八二（光绪八）年刊洞庭上下石矶图说 清任鹗撰 ⑰12964

绵邑洗墨池 一八四九（道光二十九）年刊张宣公全集 宋张栻撰 ⑤

泾川查氏济阳家塾 一七六〇（乾隆二十五）年刊毅斋查先生阐道集十卷 明查铎撰 ⑯846. 5/295

津门医学会 一九〇七（光绪三十三）年刊脉因证治二卷 元朱霍亨撰 ㉚407

杨氏恰好处 一七六四（乾隆二十九）年刊吟风阁四卷谱二卷 清杨潮观撰 ①4109

琴川宣兰艺圃 一六六八（康熙七）年刊痘科约囊五卷 清黄序撰 ㉚506

湘阴神鼎山 一六九三（康熙三十二）年刊神鼎志略一卷补遗一卷 清释元揆撰 ②31067

湖南退省庵 一八七五—一九〇八（光绪）年刊彭刚直公行状 清王闿运撰 ⑥史105

青海结古寺印经院 刊佛学概论 元萨迦班智达撰 ㉗119

十 画

耕苗主人 一八二一（道光元）年刊广嗣五种备要 清王实颖撰 ㉚470

泰伯庙东院 一八九七（光绪二十三）年刊梅里志八卷 清吴熙纂修 ⑨672. 35/119/561

泰伯庙西院 一八六九（同治八）年刊梅里志四卷首一卷 清韩存礼纂 南京图书馆

栖云山自在窝 一七九九—一八二〇（嘉庆四—二十五）年刊道德经要义三卷 清刘一明撰 ㉖83

汪垕**桐阴书塾** 刊困学纪闻二十卷 宋王应麟撰清何焯评阎若璩笺 ①9391

顺德龙山乡**桃盛京果店** 一八九二（光绪十八）年刊喉证指南四卷 题寄湘渔父编 ㉚590

校经庼 一八一四（嘉庆十九）年刊曝书亭集词注七卷 清朱彝尊撰李富孙注 ⑱集1977

都门越祠 一八八五（光绪十一）年刊越中先贤祠目 清李慈铭撰 ⑯928.429/289

福建浦城**真氏祠堂** 一七三九（乾隆四）年刊读书记四十卷 宋真德秀撰 ⑥子25

荻溪云怡坛 一九〇二（光绪二十八）年刊时疫白喉捷要 清张绍修撰 ㉚596

夏琼寺印经院 一六六二—一七二二（康熙）年刊殊胜究竟一乘宝性论注疏 元曲杰·端殊仁钦撰 ㉗113

夏琼寺印经院 一七三六—一七九五（乾隆）年刊具舍论 清夏琼寺编 ㉗118

夏琼寺印经院 刊现观庄严论 清夏琼寺编 ㉗119

恩晖堂塾 一八五三（咸丰三）年刊禹贡锥指节要不分卷 清汪彦石撰 ①1023

江右**铁柱宫** 一八七八（光绪四）年刊逍遥山万寿宫志二十二卷首一卷 清金桂馨漆逢源等辑 ⑯928.41021/937

积玉会 刊医门法律六卷 清喻昌撰 ㉚330

积书岩 一七〇七（康熙四十六）年刊禹贡谱二卷 清王澍金询撰 ⑪092.45/1034

积书岩 一七八四（乾隆四十九）刊弹指词二卷 清顾贞观撰 ②57319

黄氏**借竹宦** 一八七五—一九〇八（光绪）年刊广雅疏证补正不分卷 清王念孙撰 ⑧

萧山来氏**倘湖小筑** 一六五二（顺治九）刊来子谈经十八卷 明来集之撰 ⑱经30

倘湖小筑 一六七五（康熙十四）年刊倘湖诗二卷 明来集之撰 ①597

遂昌**徐氏家塾** 一八七八（光绪四）年刊丹泉海岛录四卷 清徐景福撰 ②2058

广陵**般若庵** 一七三三（雍正十一）年刊冬心先生集四卷冬心斋砚铭一卷 清金农撰 ④2683

馀 庵 一六八一（康熙二十）年自刊燕山草堂集五卷 清陈僖撰 ⑱集1003

留香书塾 一八二二（道光二）年刊红楼梦赋一卷 清沈谦撰 ④6022

夔州**郭氏家塾** 一八七四（同治十三）刊大学衍义四十三卷 宋真德秀撰 ⑯097.4252/998

高等学堂 一九〇三（光绪二十九）年刊日游汇编 缪荃孙撰 ⑰1556

武进庄氏**脊令舫**　一八三七（道光十七）年刊珍艺宧遗书　清庄述祖撰　⑰01438

资中天上宫　一八五一（咸丰元）年刊增广大生要旨五卷　清唐千顷撰叶灏增订　㉚459

资州文昌宫　一八四九（道光二十九）年刊资中孝义录　⑰13232

刘氏**唐石簃**　一八九九（光绪二十五）年刊贵池二妙集五十一卷　清刘世珩编　②10820

瓶花书屋　一八四八（道光二十八）年刊瘟疫论二卷　明吴有性撰　㉙453

益阳救婴局　一八八一（光绪七）年刊赛金丹二卷　题蕴真子编　㉚266

上海**益智书会**　一八九五（光绪二十一）年刊植物图说四卷　英傅兰雅撰　⑰11184

浙宁江东**崇寿经房**　一九〇二（光绪二十八）年刊首楞严经义海三十卷　宋释子璇
义疏仁岳集解　⑯223.78/955－357

浙江湖墅长盛纸行　一八三九（道光十九）年刊潜斋医书三种　清王士雄撰（其中霍乱论四卷）　㉚738

浙杭湖墅长胜纸行　一八三九（道光十九）年刊霍乱论二卷　清王士雄撰　㉚400

徐氏**海棠书巢**　一八一一（嘉庆十六）年刊休宁碎事十二卷　清徐卓撰　⑲471

海藏寺　一七一七（康熙五十六）年刊罗浮山志会编二十二卷首一卷　清宋广业纂辑　⑯928.333/695

粤东省**润身社**　一八八一（光绪七）年刊痘疹金镜录四卷　明翁仲仁撰　㉚499

山阴杜氏**浣花宗塾**　一八二一（道光元）年刊会稽掇英总集二十卷附札记　宋孔延之撰　②62961

读书松桂林　一六六二—一七二二（康熙）年刊离骚节解一卷离骚本韵一卷离骚正音一卷
离骚节指一卷　清张德纯撰　⑱集13

读书坊　清初重修明珠记二卷　明陆采撰　㉙366

溧水**陶可坊**　一六六二—一七二二（康熙）年刊石鼓文钞二卷　清许容撰　②7947

通济庵　一八六七（同治六）年刊通隐堂诗存四卷梵隐堂诗存十卷　清释祖观撰　㉙1271

十一画

泾川朱氏**梅村家塾**　一八七五（光绪元）年刊文选集释二十四卷　清朱珔撰　⑯830/514－827

琴溪**梅村家塾**　一八九一（光绪十七）年刊医述　清程文囿撰　⑤

吴门郭氏**梅花屿** 一六六六（康熙五）年刊本草汇十八卷附补遗一卷 清郭佩兰撰 ㉚169

梅花屿 刊本草汇十八卷 清郭佩兰辑 ④3687

湖州丁氏**梅花草庵** 一八七二（同治十一）年刊石刻钩本 清丁穆威辑 ③古430/855

梅花庵 一八二一—一八五〇（道光）年刊海烈妇传奇 原题徐不乡后人撰 ④11257

梅苍书屋 一七五六（乾隆二十一）年刊廉州府志二十卷首一卷 清周硕勋修王家宪编 ⑲734

梓潼会 刊金匮要略浅注十卷 清陈念祖撰 ㉚95

蒋文勋**梅花庵** 一八三三（道光十三）年刊梅花庵二香琴谱十卷首一卷 清蒋文勋撰 ㉙1288

著花庵 一八二七（道光七）年刊李绣子全书 清李黼平撰 ⑤

天津**萃文魁** 一八九二（光绪十八）年刊增补二论典故最豁集四卷 清刘珍辑 ②30435

黄氏宗祠 一八七一（同治十）年刊忠节纪略八卷 清柯自遂辑 ⑯982.861/167－239

黄氏家塾 一八五八（咸丰八）年刊两当轩全集二十卷 清黄景仁撰 考异二卷
清黄志述撰 附录六卷 ⑱集1247

金阊**黄金屋** 一七九六—一八二〇（嘉庆）年刊世无匹传奇四卷十六回 原题清娥川主人撰 ㉙687

梦红豆村 一九〇〇（光绪二十六）年刊纪元同异考略 清黄大华辑 ②45185

梦鹤华堂 一七五二（乾隆十七）年刊莲洋集十二卷补遗一卷 清吴雯撰 ②35870

常熟刻经处 一八八四（光绪十）年刊十住经三卷 后秦释鸠摩罗什佛陀耶舍同译 ②59782

钱国祥**跃龙云窟** 一九〇七（光绪三十三）年刊共赏集一卷二集一卷 清钱辰辑钱国祥注 ㉙1295

湖北武昌**鄂渚** 一八九八（光绪二十四）年刊本草便读 清张秉成编 ㉚194

崇兴会 一八八〇（光绪六）年刊医学五则 清廖云溪撰 ⑤

汉口**崇兴堂书坊** 刊卖花记全本一卷破肚记全本一卷李彦贵卖水全本一卷 ④4750

崇寿经房 一八七五—一九〇八（光绪）年刊庞公宝卷 ⑯858.5/672

叙郡**崇报寺** 一八七五（光绪元）年刊琴仙观察胡公筹饷散勇纪实 清萧芬编 ⑰12825

文光**敏记书店**一八八〇（光绪六）年刊诗韵合璧五卷附虚字韵薮一卷 清汤祥瑟编许时庚重编 ⑧

上海**盘记丝号**一八九一（光绪十七）年刊七十四种疗疮图说 清叶氏撰 ㉚555

望贤家塾一七九六（嘉庆元）年刊弁服释例八卷 清任大椿撰 ⑯1098

竟城书坊一八六五（同治四）年刊增订批点四书读本十卷 宋朱熹集注 ②35572

合河**康氏家塾**一八二一—一八五〇（道光）年刊古文辞类纂七十四卷 清姚鼐辑 ⑱集1639

合河**康氏家塾** 刊骈体文钞三十一卷 清李兆洛辑 ⑱集1605

华阴杨氏**清白别墅**一八三一（道光十一）年刊华岳志八卷附一卷 清李榕撰 ⑨638.15/151

清江县石城寺一八五九（咸丰九）年刊石城寺诗抄一卷 清释达慧辑 ㉑167

清江县礼乐局一九〇七（光绪三十三）年刊丁祭舞谱一卷 ㉑168

清江县慧力寺一八九五（光绪二十一）年刊慧力寺志六卷首一卷 清赵汝明修李钦盘肖守性纂 ㉑167

四川资中骆氏**清明纪念会**一九〇八（光绪三十四）年刊四音辨要 清骆成骧辑 ⑥

清喜龛 刊寸灰词 清桑灵直撰 ②111334

顾氏**清馨榭**一八九二（光绪十八）年刊孝经一卷 ⑰00633

鸿润书林一八九七（光绪二十三）年刊汤头歌诀 清江昂撰 ㉚238

淠西别墅一八〇四（嘉庆九）年刊诗画书三品 清杨景曾辑 ⑤

渔隐小舍一八九三（光绪十九）年刊片石居疡科治法辑要 清沈志裕撰 ㉚546

惜字宫一八四八（道光二十八）年刊吕祖汇集三十四卷附录十四卷 清陶煦等编 ⑯238/401

寄瓯闲舫一八〇三（嘉庆八）年刊广虞初新志四十卷 清黄承增辑 续志十卷 清郑澍若辑 ④4793

皺均尻 刊佩文韵溯源五卷 清刘家镇撰 ⑧

青海**龙务寺印经院**一七三六—一七九五（乾隆）年刊罗桑隆柔嘉措文集 ㉗119

绿云冈一八七二（同治十一）年刊黄帝内经素问详注直解全集九卷 清高士亿撰 ㉚17

绿云洞天一八七五（光绪元）年刊医谈传真四卷 清陈定泰撰 ㉚29

奉新帅氏**绿窗**一八七五—一九〇八（光绪）年刊帅氏清芬集 清帅之宪辑 ㉑243

绿满窗一六六二—一七二二（康熙）年刊玉台新咏十卷 清朱存孝辑 ③文134/8294

绿杉野屋 刊补注瘟疫论四卷 明吴有性撰清洪天锡补注 ㉚387

十二画

塔尔寺印经院 一八二一—一八五〇（道光）年刊宗喀巴作品拾零 ㉗116

塔尔寺印经院 一八七五—一九〇八（光绪）年刊阿拉善·丹达尔全集 ㉗115

塔尔寺印经院 一八二一—一九一一（道光—宣统）年刊释教宝藏 龙树撰 ㉗121

塔尔寺医明学院 刊夏达巴诺们汉文集 清夏达巴撰 ㉗120

塔秀寺 刊堪秀·曲群嘉措文集 ㉗120

朱氏**椒华吟舫** 一七七三（乾隆三十八）年刊说文解字十五卷 汉许慎撰 ①4306

汝阳**联吟簃** 一八九五（光绪二十一）年刊寿世汇编 清祝韵梅辑 ⑤

高城**联经号** 一八九二（光绪十八）年刊高凉耆旧遗集 清吴宣崇辑 ⑤

葆素家塾 一七九三（乾隆五十八）年刊海山存稿二十卷 清周煌撰 ⑱集 1169

河庄**蒋氏宗祠** 一八八三（光绪九）年刊外科证治全生集附金疮铁扇方 清王维德编 ㉚542

福省东街**森宝刻字铺** 一八六五（同治四）年刊胎产秘书二卷 清陈笏庵撰 ㉚461

粤东**惠济仓** 刊温病条辨六卷首一卷 清吴瑭撰 ㉚372

紫霞洲祠堂 一八六〇（咸丰十）年刊朱子集一百四卷目录二卷 宋朱熹撰 ⑯125.5/828

南城曾氏**赏雨茅屋** 一八〇四（嘉庆九）年刊江西诗徵九十四卷 清曾燠辑 ③文 17.4/181

江西**喻正庵** 一六九一（康熙三十）年刊备急千金方三十卷 唐孙思邈撰 ㉚209

景贤书塾 一八八九（光绪十五）年刊汉阳县识十卷首一卷 清濮文昶修张行简纂 ⑲612

程记书坊 一九〇八（光绪三十四）年刊青楼遗恨 ㉕56

岷阳孙氏**鹅溪村** 一八三七（道光十七）年刊古棠书屋丛书 清孙澎辑 ⑰0166

普照寺 一七一三（康熙五十二）年刊石堂集十卷 清释元玉撰 ⑱集 1008

善文魁 刊论语十卷 宋朱熹注 ②46114

京都琉璃厂**善成东记** 刊银海精微二卷 唐孙思邈撰 ㉚571

四川**善成裕记** 一九〇四（光绪三十）年刊苏沈良方八卷 宋苏轼沈括撰 ⑥子 90

善果寺 一七九五（乾隆六十）年刊大乘起信论裂网疏 清释智旭撰 ②44180

湖城义塾 一八七五—一九〇八（光绪）年刊湖州丛书十二种 清陆心源辑 ④12638

湖南大学堂 一九〇二（光绪二十八）年刊文献通考纪要二卷 宋马端临原撰 ⑰12403

临川游氏家塾 一八八六（光绪十二）年刊半舫诗存八卷骈体文存一卷赋存一卷 清游馨撰 ㉑257

谢文靖公祠堂 一八六七（同治六）年刊谢康乐集四卷 刘宋谢灵运撰 ⑱集32

谢映庐公祠 一八七七（光绪三）年刊寓意草注释 清喻昌撰谢甘澍编 ㉚641

裕德坊 一八一三（嘉庆十八）年刊新镌时调弹词说唱福寿双金锭七集五十卷 清陈遇乾撰 ④3900

裕德局 一八九四（光绪二十）年刊本草医方合编 清汪昂编 ㉚723

巽　记 一八一七（嘉庆二十二）年刊素问灵枢类纂约注三卷 清汪昂撰 ㉚7

金阊巽记书坊 一七三二（雍正十）年刊痘学真传八卷 清叶大椿撰 ㉚509

十三画

姚氏瑞隐窝 清初刊亦园全集六卷 明姚孙棐撰 ⑱集908

民和塘尔垣寺 一六六二—一七二二（康熙）年刊大般若经 清霍尔嘉·罗桑森格辑 ㉗118

吴县槐庐丛 一八八六（光绪十二）年刊江忠烈公遗集 清江忠源撰 ②67198

吴县朱氏槐庐家塾 一七九九（嘉庆四）年刊平津馆丛书 清孙星衍辑 ⑤

吴县朱氏槐庐家塾 一八七五—一九〇八（光绪）年刊槐庐丛书 清朱记荣辑 ㉙1417

榆中栖云山 一八一七（嘉庆二十二）年刊眼科启蒙四卷 题悟元山人撰刘一明编 ㉚576

周氏楼林 一六四九（顺治六）年刊同书四卷 清周亮工辑 ⑱子716

叶氏楙华庵 一八四九（道光二十九）年刊石林词一卷 宋叶梦得撰清叶廷琯校正 补遗一卷 清叶廷琯辑 ①746

蓬瀛一经 一七九二（乾隆五十七）年刊春秋世本图谱一卷 清陈厚耀撰 ⑱经285

蒲月寂照庵 一六八四（康熙二十三）年刊紫柏尊者别集四卷附录一卷 明释真可撰 ㉙2263

蒲易书林 一六六二—一七二二（康熙）年刊涑水编五卷 清翟凤翥撰 ⑱集973

蓉圃氏 一八一六（嘉庆二十二）年刊同寿录四卷末一卷附补遗河车说 清曹氏撰 ㉚248

浙江许梿𥐻经书塾 一八二五（道光五）年刊字鉴五卷 元李文仲撰 ⑱经438

粲花别墅 一六八六（康熙二十五）年刊拥双艳三种 清万树撰 ⑤

武林童氏**睫巢** 一八八五（光绪十一）年刊益智字图 原题瑶华仙史撰 ②47409

睡香庵 一六六二—一七二二（康熙）年刊直木堂诗集七卷 清释本昼撰 ⑱集963

长白瓜尔佳氏**嵩昆书农** 刊物理小识十二卷 清方以智集 ⑰607－15

曲阜孔氏**微波榭** 一七三六—一七九五（乾隆）年刊微波榭丛书十四种 清孔继涵编 ②65657

新华古籍 一八七四（同治十三）年刊医理真传四卷 清郑寿全撰 ㉚668

武昌吕氏**新悔庵** 一九〇四（光绪三十）年刊张杨园先生全集二十一种 清张履祥撰 ⑥

四川**新繁节孝祠** 一八六一（咸丰十一）年刊新繁书孝录六卷 ⑥

大名成氏京师**慈云寺** 一七〇七（康熙四十六）年刊古夫于亭稿二卷 清王士祯撰林佶辑 ②47288

群　簃 一八九二（光绪十八）年刊钱氏小儿药证直诀三卷 宋钱乙撰 ㉚472

十四画

静寄东轩家塾 一九〇一（光绪二十七）年刊酿蜜集四卷 清浦起龙撰 ②48554

浏阳**㬹田家塾** 一八三八（道光十八）年刊律音彙考八卷 清邱之稑撰 ㉒334

刘氏**嘉荫□** 一八三八（道光十八）年刊宝刻类编八卷 ①9268

蔚　庵 一六六六（康熙五）年刊蔚庵嫁衣集八卷 清叶鸣鸾撰 ⑱集961

聚文书坊 一八八三（光绪九）年刊月令粹编二十四卷图说一卷 清秦嘉谟编 ⑯309

京都**聚珍堂书坊** 一八八〇（光绪六）年刊诗集传八卷 宋朱熹撰 ②35611

鲷寄别业 一六六八（康熙七）年刊尺牍新语广编二十四卷 清汪淇吴雯合编 ⑪818.1087

箬华庵 一八二七（道光七）年刊毛诗细义二十四卷 清李黼平撰 ③经618

端方**宝华盦** 一九〇八—一九〇九（光绪三十四—宣统元）年刊东坡集四十卷后集二十卷奏议十五卷内制集十卷乐语一卷外制集三卷应诏集十卷续集十二卷 宋苏轼撰 ⑱集243

杨氏**潄石山房** 一七七三（乾隆三十八）年刊公羊穀梁传合鈔四卷 清杨廷桂评 ⑥

江苏漾葭老屋 刊鹤徵录八卷首一卷后录十二卷 清李集纂李富孙续 ②5037

肇文学校 一九〇九（宣统元）年刊奉贤乡土地理不分卷 裴晃编 ⑲14

十五画

杭州昭庆寺慧空经房 一八七七（光绪三）年刊大佛顶首楞严经园通疏 明释惟则会解传灯疏 ②63710

宜黄黄氏蕉荫小梘 一八四〇（道光二十）年刊逊敏堂丛书 ①

宜黄黄秩模蕉荫小梘 一八五三（咸丰三）年自刊国朝闺秀诗柳絮集五十卷

补遗一卷续编二卷 清黄秩模辑 ㉑284

蔬香别墅 一九〇一（光绪二十七）年刊杨中丞遗稿 清杨健撰 ⑰5695

磊思巢 一八六六（同治五）年刊三盛诗鈔 清盛研家辑 ⑤

青海噶藏寺印经院 刊弥勒五论 清噶藏寺辑 ㉗119

镇江清真寺 一九〇二（光绪二十八）年刊西来宗谱 马启荣撰 ⑰369－352

德庆寺印经院 一七三六—一七九五（乾隆）年刊赛赤·罗桑丹贝尼玛全集 ㉗113

鹤寿山堂 一八一二（嘉庆十七）年刊袁文笺正十六卷补注一卷 清袁枚撰石韫笺 ⑯847.5 188－28

京都**豫章别业** 一八八二（光绪八）年刊谢叠山先生评注四种合刻 宋谢枋得撰 ⑤

十六画

翰墨林 一八五四（咸丰四）年刊所至录五卷 清卢戊原等辑 ④9342

燕台 一六六二—一七二二（康熙）年刊詅痴梦草十二卷 清余心孺撰 ⑱集1063

燕海吟坛 一八五五（咸丰五）年刊燕子笺弹词四卷十八回 清澹园氏撰 ⑫sx11.51－16 7.682

辨志书塾 一八四一（道光二十一）年刊皇朝舆地略一卷皇朝内府舆地图一卷皇朝舆地韵编一卷 清六承如辑 ④补335

邵州**濂溪讲院** 一八五一（咸丰元）年刊诗集传八卷 宋朱熹撰 ㉒332

邵州**濂溪讲院** 一八五八（咸丰八）年刊求在我斋文存八卷 清成毅撰 ②29515

懒云窝 一八二一—一八五〇（道光）年刊水竹山房初稿三卷 清陈丽川撰 ③文286.7431 38

懒云窝 一八六三（同治二）年刊未弱冠集八卷 清觉罗廷奭撰 ③文288.659 47

十七画

藏古图书馆 一九一一（宣统三）年刊唐人三家集 清秦恩复集 ⑯1991

广陵藏经禅院 一八九四（光绪二十）年刊净土十要十卷 明释智旭编清成时注 ②14192

扬州藏经院 一九〇〇（光绪二十六）年刊省菴法师语录二卷遗书一卷 清释实贤撰彭际清重订 ②14166

扬州**藏经孙氏禅院** 一八九七（光绪二十三）年刊法海观澜五卷 清释智旭辑 ②14194

许樋**擘经书塾** 一八二五（道光五）年刊字鉴五卷 元李文仲撰 ㉙207

十八画

婺东**藕塘贤祠** 一七三二（雍正十）年刊金华徵献略二十卷 清王崇炳撰 ⑯982.623 116

藤花书舫 一八〇二—一八〇三（嘉庆七—八）年刊兰桂仙传奇二卷 清左潢撰程秉铨评 曲谱二卷 清沈起凤撰 ⑱集2150

满州**额勒布藤花榭** 一八〇七（嘉庆十二）年刊说文解字十五卷 汉许慎转 ⑥

藤花榭 一七三六—一七九五（乾隆）年刊谐铎十二卷 清沈起凤撰 ㉙1027

瞻园外史 一八〇三（嘉庆八）年刊月满楼文集十五卷诗集四十一卷别集七卷 清顾宗泰撰钱本礼等编 ㉙1023

十九画

瑞安孙氏**籀庼** 一九〇〇（光绪二十六）年刊周书斠补四卷 清孙诒让撰 ⑯922.151365

浙江孙氏**籀庼簃** 一九〇五（光绪三十一）年刊名原二卷 清孙诒让撰 ⑥

欧阳棨**瀛塘别墅** 一八四八（道光二十八）年刊庐陵周益国文忠公集 宋周必大撰 ⑤

吉安欧阳**瀛塘别墅** 一八三四（道光十四）年刊毛诗本义十六卷 宋欧阳修撰 ㉑289

二十三、人名

二画

丁世浚 一六六〇（顺治十七）年刊尊拙堂文集十二卷 明丁元荐撰 ①5717

丁丙 一八九七（光绪二十三）年自刊武林往哲遗著 清丁丙辑 ①409

浙江丁立诚 一八九三（光绪十九）年刊清仪阁题跋 清张廷济撰魏锡曾编 ⑥

丁弘鲁曾煜 一七二四（雍正二）年刊山阴县志三十八卷 清高登先修沈麟趾单国骥等纂 ⑲417

丁尧臣 一八八一（光绪七）年自刊集选奇效简便良方四卷 清丁尧臣编 ㉚274

丁光煦 一八四一（道光二十一）年刊经遗堂全集二十六卷 清韦佩金撰 ⑱集 1228

丁体常 一八七五—一九〇八（光绪）年刊丁文诚公遗集 清丁宝桢撰 ⑤

新建**丁亨** 一八七五（光绪元）年自刊未毁草不分卷 清丁亨撰 ㉑205

丁　炜 一六八八（康熙二十七）年刊词苑丛谈十二卷 清徐釚撰 ⑱集 2010

丁宝桢 一八七九（光绪五）年在成都刊尚书古今文注疏三十卷 清孙星衍撰 ⑥

丁　恂 一七二三（雍正元）年刊南湖先生文选补编一卷 ①9512

丁桂芳 一七二三—一七三五（雍正）年刊雪庵诗存二卷 清丁嗣澂撰 ①15493

丁惠深 一八八三（光绪九）年重刊乾隆马巷厅志十八卷首一卷 清万友正纂修 ⑲520

丁策定 一七〇四（康熙四十三）年刊香湖草堂集五卷 清丁裔沆撰 ⑱集 1045

丁　澄 一七八七（乾隆五十二）年刊陶适斋先生诗稿二卷 清陶金谐撰 ⑱集 1175

丁　燿 清初刊宫闺秘典三卷 明刘若愚撰 ⑱史 273

丁耀亢 一六五八（顺治十五）年刊崇雅堂集十五卷 明钟羽正撰 附录一卷 ⑱集 762

山阳**丁氏** 一八五七（咸丰七）年刊尚书馀论 清丁晏著 ②5133

钱塘**丁氏** 一八六二（同治二）年刊当归草堂丛书 清丁申丁丙辑 ⑰1165

钱塘**丁氏** 一八九五（光绪二十一）年刊庚辛泣杭录十六卷 清丁申撰 ⑯922. 77/158

吴兴**丁氏** 一八六八（同治七）年刊傅青主女科二卷附产后编二卷 清傅山撰 ㉚433

苕溪**丁氏** 一八八〇（光绪六）年刊月河精舍丛钞 清丁宝书辑 ⑰1310

归安**丁氏** 一八七八—一八八六（光绪四至十二）年刊月河精舍丛钞五种四十七卷 清丁宝书编 ③总 639/524

新建**丁氏** 一八八七（光绪十三）年家刊五溪丁氏世美集八卷 清丁南溪辑 ㉑205

平远**丁氏** 一八九三（光绪十九）年刊丁忠诚公奏稿二十六卷 ⑯925. 378/158

卜文记 一八九二（光绪十八）年刊仁寿镜四卷 清孟葑编 ㉚441

刁承祖 一七三二（雍正十）年刊易酌十四卷 清刁包撰 ⑱经

三　画

于大梃 一七四二（乾隆七）年刊午亭山人第二集三卷 清陈廷敬撰 ⑱集 993

于　心 一七六八（乾隆三十三）年刊张湘琴诗稿二卷 清张兰撰吴俊辑 ㉙1054

于栋如 一六八七（康熙二十六）年刊黔阳县志十卷 清张扶翼纂修 ⑲660

于　准 一七〇七（康熙四十六）年刊于清端公政书八卷续集一卷外集一卷首编一卷 清于成龙撰 ⑯847.2/111

于继先 一七二一（康熙六十）年刊忠肃公和梅花百咏一卷 明于谦撰 ⑱集 574

于熙学 一七一七（康熙五十六）年刊二十四泉草堂集十二卷 清王苹撰 ⑱集 1100

淮北**士民公** 一八四〇（道光二十）年刊陶文毅公全书六十四卷首一卷末一卷 清陶澍撰 ⑯1932O

随州**万文洙** 一八五〇（道光三十）年刊万氏女科三卷 明万全撰 ㉚430

万世标 刊皆非集二卷 明万达甫撰 一枝轩吟草一卷 明万邦孚撰 ⑱集 736

南昌**万世霖** 一八七八（光绪四）年刊静存斋赋二卷 清万立钧撰万世霜辑 ㉑198

万　达 刊保命歌括三十五卷 明万全撰 ㉚322

万廷兰 一七九五（乾隆六十）年自刊南昌文考二十卷 清万廷兰编 ㉑196

南昌**万廷兰** 一七九三（乾隆五十八）年刊太平寰宇记二百卷 宋乐史撰 ⑰260－698

南昌**万廷兰** 一八〇三（嘉庆八）年刊太平寰宇记二百卷 宋乐史撰 ㉑197

万　经 一七一五（康熙五十四）年刊历代纪元汇考五卷 清万斯同撰万经补 ⑱史 138

宜兴**万树** 一六八七（康熙二十六）年刊史记论文一百三十卷 清吴见思撰 ⑥

万　福 一七三六—一七九五（乾隆）年万充宗先生经学五书 清万斯大撰 ⑤

万　璜 一七五六（乾隆二十一）年刊草庐吴文正公全集四十九卷首一卷道学基统一卷外集三卷 元吴澄撰 ⑯945.74/440

南昌**万氏** 一八二三（道光三）年家刊孺庐全集十四卷 清万承苍撰 ㉑198

南昌**万氏** 一八七九（光绪五）年家刊计树园诗存十一种 清万廷兰撰 ㉑198

上官司惠 一七四三（乾隆八）年刊晚笑堂画传不分卷 清上官周绘 ㉝73

广信立德 一八八〇（光绪六）年刊傅青主女科二卷附产后编二卷 清傅山撰 ㉚433

门可荣 一六八三（康熙二十二）年刊广德州志二十六卷 清高拱乾修戈标等纂 ⑲465

虞山**卫峻天** 一八〇七（嘉庆十二）年自刊蜃楼志二十四回 ㉙3194

山左齐河祝阿**马一贞** 一八四三（道光二十三）年校刊易筋经二卷 ㉚620

马之骦 一六五二（顺治九）年自刊古调堂初集六卷 清马之骦撰 ㉓71

马曰璐 一七五八（乾隆二十三）年刊沙河逸老小稿六卷 清马曰琯撰 ⑱集1186

昆山**马中骅** 一七五五（乾隆二十）年刊伤寒论翼二卷 清柯琴撰 ㉚72

马文植 一八八四（光绪十）年刊外科证治全生集附金疮铁扇方 清王维德编 ㉚542

开州**马允刚** 一八七五—一九〇八（光绪）年刊息存室吟稿初集二卷续集二卷 清徐杭撰 ⑦5667

马兆辰 一六六二—一七二二（康熙）年自刊卧云楼琴谱八卷指法二卷 清马兆辰撰 ①17408

马如龙佟毓秀等 一六八七（康熙二十六）年刊周易图说述四卷首一卷 清王弘撰撰 ⑱经85

马如龙 一八六四（同治三）年刊真诠要录二卷 清王岱舆撰 ⑯252/119

马志光 一七〇六（康熙四十五）年刊产鉴三卷 明王化贞撰 ㉚451

马纬云 一六六二—一七二二（康熙）年刊旧雨集七卷 清马维翰辑 ⑱集1750

马林宝 一七二四（雍正二）年刊种墨斋诗集二卷 清伊麟撰 ⑱集1086

马鸣镰 一六六二（康熙元）年刊玉匣记二卷 ③宗991/99

马佩玖 一八六九（同治八）年刊七经楼文钞 清蒋湘南撰 ③文286.435/188

马思赞 一七〇〇（康熙三十九）年刊宋戴剡源文钞四卷 元戴表元撰 ⑱集435

马　容 一六八九（康熙二十八）年刊马太史匡庵文集十二卷诗前集六卷诗集六卷 清马世俊撰 砚畴集诗四卷文二卷 清马宥撰 谷含集六卷 清马容撰 ⑱集996

马符录 自刊西樵志六卷 清马符录撰 ㉝114

马逸姿 一七一二（康熙五十一）年刊康对山先生集四十五卷首一卷 明康海撰 ⑱集621

马　骐 一七〇四（康熙四十三）年刊前明河南道监察御史诚所公文集八卷 明马经纶撰 ⑱集774

绵山**马巽志** 一七八五（乾隆五十）年刊绣阁宝生书 明钱养庶编 ㉚452

马　锦 一八〇四（嘉庆九）年刊尚书隶古定释文八卷 清李遇孙撰 ①1910

马新始 一八六八（同治七）年刊钦定诗经传说汇纂二十一卷首一卷诗序二卷 ⑯094.127/118－02

山东**马新祐** 一八七五—一九〇八（光绪）年自刊马端敏公年谱 清马新祐编 ⑥史111

马鼎梅 一八一二（嘉庆十七）年刊桐城马太仆奏略二卷 明马孟贞撰 ⑰5641－2

聊城**马镇** 一八九五（光绪二十一）年刊退思斋诗集六卷 清吴中彦撰 ㉙1451

马德音 一八三七（道光十七）年刊小蓬莱馆方抄二卷 清竹林寺僧撰 ㉚438

会稽**马氏** 一八四五（道光二十五）年刊痧症发微二卷 ㉚400

桐城**马氏** 一九一一（宣统三）年刊桐城耆相传十二卷 马其昶撰 ⑰6330

万邑**卫永丰** 一八七〇（同治九）年刊伤寒温疫条辨六卷附温病坏症 清杨栗山撰 ㉚388

卫贞元 一六四四—一六六一（顺治）年刊梅中丞遗稿八卷 明梅之焕撰 西州泪一卷 ⑱集800

虞山**卫峻天** 一八〇七（嘉庆十二）年自刊蜃楼志二十四回 清卫峻天撰 ㉙3194

四　画

丰延泰 一七九八（嘉庆三）年刊灵州志迹四卷 清杨芳灿修郭楷纂 ⑲228

王九龄 一七〇一（康熙四十）年自刊莼香堂诗稿八卷 清王九龄撰 ⑱集1061

王士祯 一六六二（康熙元）年自刊阮亭诗选十七卷 清王士祯撰 ⑱集989

王士雄 一八五〇（道光三十）年刊沈氏女科辑要二卷 清沈尧封撰 ㉚436

王大有 一八四三（道光二十三）年刊平三角和较术二卷弧三角和较术二卷 清项名达撰 ⑱子328

王大治 一七七二（乾隆三十七）年刊越风初编十五卷二编十五卷 清商盘辑 ⑱集1804

王大经 一八七五（光绪元）年在武昌刊方学博全集二十八卷附录二卷 清方坰撰 ③文286.5411/189

王与敕等 一六五二（顺治九）年刊赐闲堂集四卷 明王象晋撰 ⑱集801

王之佐 一八三三（道光十三）自刊绘水集三卷 清王之佐辑 ㉙2637

王天壁 一六七三（康熙十二）年刊天耳堂文集四卷 明王杰撰 ①4445

王元臣 一六八三（康熙二十二）年刊【康熙】会稽县志二十八卷 清王元臣修董钦德金炯纂 ⑲418

王元晋 一六六二（康熙元）年刊馀廉堂集八卷 明吴履中撰 ⑱集854

王元弼 一六八一（康熙二十）年自刊慎馀堂诗集五卷 清王元弼撰 ⑱集1043

王无咎 一六五八（顺治十五）年刊拟山园文选集三十二卷 清王铎撰 ⑱集904

定兴**王太岳** 一七三六—一七九五（乾隆）年自刊泾渠志一卷 清王太岳撰 ㉓65

王友士刻字局 一八七〇（同治九）年刊增广验方新编十八卷 清鲍云韶编张绍棠增辑 ㉚264

王少南 一八八六（光绪十二）年刊志远堂文集十卷四大观楼诗钞九卷 清邹锺撰 ⑯847.8/842

王曰高 一六六九（康熙八）年自刊槐轩诗集十卷 清王曰高撰 ⑱集988

王日藻 一六六二—一七二二（康熙）年刊彻剩八编 清刘思敬辑 ⑯074/889

王介臣 一八五一（咸丰元）年刊雪鸿堂诗蒐逸三卷 明谢三秀撰 附录一卷 ⑱集831

王从龙 一七二四（雍正二）年刊本草经解要四卷附馀一卷 清姚球撰 ㉚156

王公行 一七〇一（康熙四十）年刊资治通鉴纲目五十九卷 宋朱熹撰 ⑯921.26/828

婺源**王凤生** 一八二六（道光六）年自刊宋州从政录一卷 清王凤生撰 ㉑224

王文正 刊三千字文一卷 ②43802

王文昭 一七五一（乾隆十六）年刊中岩文介先生文集六卷 清宋振麟撰 ⑱集1000

王文诰 一七九四（乾隆五十九）年刊陶庵梦忆八卷 明张岱撰 ⑱子669

王文斋 一八七五—一九〇八（光绪）年刊喉痧辑要 清金德鉴撰 ㉚602

王允明 一六六六（康熙五）年刊孟津诗十九卷 清王铎王鑨撰 续一卷 清王无咎王天黍撰 ①11903

王允猷 一九〇七（光绪三十三）年刊郭明经遗集四卷 清郭志正撰 ⑯847.8/631

王世纪 一六九三（康熙三十二）年刊素心集不分卷 清孙鋐辑 ①1651

王世睿 一七三六（乾隆元）年自刊进藏纪程一卷 清王世睿撰 ①4952

王东庵 一七九〇（乾隆五十五）年自刊治痘宝册二卷 清王东庵撰 ㉚515

王用臣 一八九二（光绪十八）年自刊斯陶说林十二卷 清王用臣撰 ㉓58

苏州**王兰坡** 一八四七（道光二十七）年刊秘传烂喉痧治法经验 清顾仪卿撰 ㉚602

王永言 一八八七（光绪十三）年刊云翁自订年谱 清王楚堂撰 ②22477

山东**王驭超** 一八一八（嘉庆二十三）年自刊海岱史略一百四十卷 清王驭超编 ⑥

王邦采 一七二二（康熙六十一）年自刊屈子 清王邦采辑 ⑯832.13/119－2

王　玑 一六八三（康熙二十二）年刊四照堂文集五卷诗集二卷 明王猷定撰 ㉑195

王协梦 一八三一（道光十一）年刊吴汉槎集六卷 清吴兆骞撰 ㉙2376

王芝珍 一六六六（康熙五）年自刊筹时要略三集六卷首一卷 清王芝珍辑 ⑱史351

王芑孙 一八〇五（嘉庆十）年刊汪子二录二卷录后一卷三录三卷 清汪缙撰 ㉙962

王扬宗等 刊王无瑕先生诗集五卷文集三卷 明王无瑕撰 ⑱集888

王同春白胤谦 一六六二（康熙元）年刊容安斋稣谭十卷 明白胤昌撰 ①1713

王先谦 一九〇〇（光绪二十六）年刊丹溪全书 ㉚107

大兴**王廷诏** 一七九九（嘉庆四）年自刊澹香斋咏史诗不分卷 清王廷诏撰 ㉓46

王廷曾 一七六一（乾隆二十六）年刊宋宗忠简公集八卷 宋宗泽撰 ④1616

王廷瑚 一七六八（乾隆三十三）年自刊苏松太山川考一卷 清王廷瑚撰 ⑱史1005

王廷瑮 一六九一（康熙三十）年刊慎斋诗存八卷 清王典撰 敬义堂赠言一卷 ①2632

王兆鳌 一七一二（康熙五十一）年刊正德朝邑县志二卷 明王道修韩邦靖纂 ⑲174

王全臣 一七一二（康熙五十一）年刊大清渠录二卷 清王全臣撰并辑 ⑱史1029

王企埥 一七二一（康熙六十）年刊丛碧山房诗钞六卷 清庞垲撰 ⑱集1036

雄县**王企靖** 一七一六（康熙五十五）年自刊四家诗钞二十卷 清王企靖辑 ㉓71

王汝骧 一七二四（雍正二）年刊竹啸轩诗抄十八卷 清沈德潜撰 ㉙833

王进祖 一八一一（嘉庆十六）年增刊孝感县志二十四卷 清梁凤翔修李湘等纂 ⑲610

长沙**王运长** 一八九五（光绪二十一）年刊江刻书目三种 清江标辑 ⑥

王克广 一八〇一（嘉庆六）年自刊救急应验良方 清王克广撰 ㉚254

王克昌 一七〇七（康熙四十六）年刊王文靖公集二十四卷 清王熙撰 年谱一卷附一卷 ⑱集977

王孝箴 一八九六（光绪二十二）年自刊王筱泉年谱不分卷 清王孝箴撰 ㉓58

王　辰 一六四九（顺治六）年自刊笔忏不分卷 清王辰撰 ⑱子992

王来通 一七四三（乾隆八）年刊灌江备考 清王廷珏辑李先立编 ②29199

王来通 一七九六—一八二〇（嘉庆）年刊灌江备考一卷 清王廷珏辑

灌江定考 清王来通辑 ⑯928. 227/114

王作舟 一六八四（康熙二十三）年补刊全椒县志十八卷 清蓝学鉴吴国对纂修 ⑲462

王　言 一八八二（光绪八）年自刊金石萃编补略二卷 清王言撰 ⑯5551

王沛憻 一七二一（康熙六十）年自刊什一录四卷 清王沛憻撰 ①4706

王初桐 一七九八（嘉庆三）年自刊猫乘八卷 清王初桐辑 ⑱子486

王良穀 一七四七（乾隆十二）年刊硕石诗稿三十卷 清王昊撰 ㉙1047

云间**王陈梁** 一七七七（乾隆四十二）年刊类证普济本事方十卷 宋许叔微撰 ㉚213

王　枟 一七〇四（康熙四十三）年刊补刊震川先生集八卷 明归有光撰 ⑱集723

王　松 一八三六（道光十六）年补刊嘉庆大足县志八卷 清张澍修李型廉等纂 ⑲775

王若鳌 一七二一（康熙六十）年刊杜诗顾注辑要五言律十二卷 清顾宸撰龙科宝辑 ⑱集85

王茂源 一八一一（嘉庆十六）年刊乾隆南丰县志四十卷首一卷 清卢崧朱若烜修陆嘉颖闵鉴纂 ⑲503

王茂源 一八八八（光绪十四）年刊外科证治全生集附金疮铁扇方 清王维德编 ㉚542

王　英 一六九四（康熙三十三）年刊西楼诗集一卷乐府一卷 明王磐撰 ④8854

章豫**王奇云** 一八〇七（嘉庆十二）年刊遵生集要六种 清杨润校订 ㉚735

王尚珏 一八〇〇（嘉庆五）年刊读韩记疑十卷首一卷 清王元启撰 ⑱集124

王　鸣 一七五三（乾隆十八）年刊练江诗钞八卷 清程之鵕撰 ⑱集1150

王鸣盛 一七六五（乾隆三十）年自刊西庄始存稿三十九卷附录一卷 清王鸣盛撰 ①1132

王明道 一六六〇（顺治十七）年刊【万历】常山县志十五卷 明傅良言修詹莱纂 ⑲433

王明福 一七二八（雍正六）年刊闻川怀古诗一卷 明蒋之翘撰 ⑱集894

王明德 一八七六（康熙十五）年自刊读律佩觿八卷 清王明德辑 ⑥

王凯泰 一八七七（同治十一）年刊读书记疑十六卷 清王懋竑撰 ⑯6641

永丰**王典等** 一八四二（道光二十二）年刊睦堂先生文集六十卷 清徐湘潭撰王典等编 ㉑295

沧州**王国均** 一八四六（道光二十六）年自刊国朝沧州诗钞十二卷 清王国均辑 ㉓72

沧州**王国均** 一八五八（咸丰八）年刊兰根草舍诗钞二卷客旋草一卷 清王国均撰 ㉓72

王国祉 一六九三（康熙三十二）年自刊掉谱合参不分卷 清王国祉撰 ①1745

王国宾 一八四八（道光二十八）年刊宝应图经六卷首二卷 清刘宝楠纂 ⑲355

王　岱 一六七九（康熙十八）年刊太原王二弥先生存稿十卷 明王邵撰 附一卷 ⑱集868

王命岳 一六八四（康熙二十三）年家刊耻躬堂文集二十卷 清王命岳撰 ⑱集984

上海**王宗寿** 一八七七（光绪三）年刊喉症全科紫珍集二卷 清朱翔宇编 ㉚586

丰城**王宗诚** 一七九六—一八二〇（嘉庆）年自刊王文僖公行述不分卷 清王宗诚撰 ㉑249

王宗敏 一七五九（乾隆二十四）年刊慕蓼王先生槫全集八卷 明王畿撰 ⑱集792

正定**王定柱** 一八二六（道光六）年自刊从政馀谈一卷 清王定柱撰 ㉓56

王建常 一八六八（同治七）年自刊小学句读记六卷首一卷 ⑤

王　居 一七一七（康熙五十六）年刊磊园留草二卷续一卷 清王道直撰 ⑱集963

王居安 一六六二—一七二二（康熙）年刊新刻天佣子全集六卷 明艾南英撰 ⑱集855

王　绅 一六七八（康熙十七）年刊四书叩心说录七卷 明王逢元撰 ⑱经339

遵义新庙**王承谟** 一八九〇（光绪十六）年自刊大生集成五卷 清王承谟撰 ㉚465

王　玲 一七四五（乾隆十）年增补永年县志十九卷首一卷 清朱世纬纂修 ⑲70

王　相 一八五三（咸丰三）年刊王子若摹刻砚史手牍一卷 清王曰申撰钱吾钺辑 ㉙1761

黎川**王树枏** 清末民初刊陶庐丛刻 清王树枏辑 ㉑271

王映堂 一七二六（雍正四）年刊四诊抉微八卷附管窥附馀一卷 清林之翰撰 ㉚102

王思训刘旂锡 一七二〇（康熙五十九）年刊浮云草一卷 清释行珠撰 ①1434

王彦侗 一八五一—一八六一（咸丰）年刊说文句读三十卷句读补正三十卷 清王筠撰 ⑱经418

江宁府**王奕章**　一七〇〇（康熙三十九）年刊南齐书五十九卷　梁萧子显撰　⑯922. 35201/508－02

王　庭　一六八三（康熙二十二）年自刊秋闲词一卷　清王庭撰　①1817

王闻远　一六六二—一七二二（康熙）年刊潜书四卷　清唐甄撰　⑱子590

王恺伯　一七五八（乾隆二十三）年刊桔巢小稿四卷　清王世琛撰　⑱集1104

王　恪　一七三六—一七九五（乾隆）年刊了庵诗集二十卷文集十五卷　清王岱撰　②39250

王祖武　一七三六—一七九五（乾隆）年刊居易堂诗集五卷　清王曾翼撰　⑱集1205

王祖畲　一七四〇（乾隆五）年刊醉爱居印赏二卷　清王睿章辑徐逵照考订　④4150

王祖肃　一七三六—一七九五（乾隆）年刊渔洋山人诗问二卷　清王士桢撰郎廷槐辑　④补648

王　昶　一八〇二（嘉庆七）年自刊国朝词综四十八卷　清王昶辑　①9937

临桂**王珽**　一七〇二（康熙四十一）年普门医品四十八卷补遗四卷　明王化贞编清郎廷模补　㉚222

新淦**王泰甡**　一八三九（道光十九）年自刊知稼轩诗六卷　清王泰甡撰　㉑299

王　桔　一六七一（康熙十）年刊息轩草二集二卷　清王樛撰　⑱集970

蓟州**王晋之**　一八九六（光绪二十二）年自刊山居琐言一卷　清王晋之撰　㉓53

王晋夫　一八五二（咸丰二）年自刊医方易简集九卷附遂生福幼合编　清王晋夫编王鹏寿续编　㉚268

王致望　一八五五（咸丰五）年刊盛朝诗萃十二卷　清王鲲辑　㉙2558

王恩沛王恩泰　一八五七（咸丰七）年刊高邮王氏家集十九卷　①1618

王　鑨　一六五三（顺治十）年自刊红药坛五言律五卷七言律五卷五言绝句一卷七言绝句一卷
拟牡丹亭二卷双蝶梦二卷　清王鑨撰　附牡丹亭一卷　明汤显祖撰　⑱集908

王　钺　一七〇一（康熙四十）年自刊世德堂集四卷水西纪略一卷　清王钺撰　①1558

王颀等　一六六二—一七二二（康熙）年刊王王屋遗稿二卷　明王戽撰　⑱集869

陕西长安**王逢吉**　一八三八（道光十八）年刊四音释义　清郑长庚辑　⑨802. 44/629

王　浩　一八四一（道光二十一）年同瞜城裘孟居刊外科证治全生集　清王维德撰　㉙819

王家相　一八三八（道光十八）年家刊王艺斋先生奏疏稿一卷　清王家相撰　㉙3179

王祖源　一八八四（光绪十）年刊天壤阁丛书　①308

王展六 一七二九（雍正七）年刊【康熙】华容县志八卷 明李云楷修清徐元禹增补 ⑲643

王继善 一八三四（道光十四）年刊审音鉴古录不分卷 ⑱集2183

王　培 一六六二—一七二二（康熙）年刊宋布衣集二卷 明宋登春撰 ⑱集748

王培荀 一八四五（道光二十五）年自刊乡园忆旧六卷 清王培荀撰 ⑯073/113

王培桢 一八六八（同治七）年刊备急千金要方三十卷 唐孙思邈撰宋林亿校 ㉚209

王　梓 一六九六（康熙三十五）年刊汉诗音注十卷 清李因笃撰 ⑱集1647

高阳**王棻** 一八二四（道光四）年自刊吾溪诗钞一卷诗存一卷二集诗一卷诗删一卷诗剩一卷吾溪杂著四卷 清王棻撰 ㉓72

王盛勋 一七三九（乾隆四）年刊尊道堂诗钞八卷别集六卷 清王材任撰 ①17173

王捷南 一八一三（嘉庆十八）年刊五经异义疏证三卷 清陈寿祺撰 ⑨1043

婺源**王祺** 一七一八（康熙五十七）年刊双溪集二十七卷 宋王炎辑 ㉑223

王衮锡王图锡 清初刊王季重先生自叙年谱一卷 明王思任撰 ①4623

王涿崖 一七八二（乾隆四十七）年刊扁鹊心书三卷附神方 宋窦材撰 ㉚317

上海**王维鋆** 一八八六（光绪十二）年刊湘烟小录不分卷 清陈裴之编 ⑯2527

嘉郡秀水县**王绵文** 一八〇四（嘉庆九）年刊产科心法二卷附福幼编 清汪喆撰 ㉚460

王　综 一八九八（光绪二十四）年刊锡山景物略十卷 清王永积辑 ⑥

王　琳 一八五九（咸丰九）年刊普济应验良方八卷 清德轩氏编 ㉚254

王　琦 一七六七（乾隆三十二）年刊医林指月丛书 ㉚156

王琴溪 刊拔萃良方二卷续补一卷 清括素氏编 ㉚260

陕西城固**王喆** 一八六九（同治八）年刊尔雅蒙求二卷 清李拔式录 ⑨802.11/151

王敬之 一八三四（道光十四）年刊丁亥诗钞一卷 清王念孙撰 ①1611

王朝琹 一八〇〇（嘉庆五）年自刊十三经拾遗十六卷 清王朝琹撰 ㉑229

王雁臣 一八七九（光绪五）年在婺源刻理瀹骈文 清吴师机撰 ㉚153

王赐魁 一六八四（康熙二十三）年刊滁州志三十卷 清潘运暤纂 ⑲460

娄东王景元 一七四六（乾隆十一）年刊小山诗初稿二卷续稿四卷 清王时翔撰　③文283.4431/44

王鼎起 一六五八（顺治十五）年刊谑庵文饭小品五卷 明王思任撰　①2439

王赓恭等 一六五九（顺治十六）年刊王忠端公文集十一卷 明王家彦撰　⑱集850

王　善 一七四四（乾隆九）年自刊治心斋琴学练要五卷 清王善撰　⑱子449

金溪王谟 一七九八（嘉庆三）年刊汉魏遗书钞 清王谟辑　㉑261

王　谟 一七九一（乾隆五十六）年刊三辅黄图六卷补遗一卷 清毕沅撰　⑱史1050

王　谦 一七〇一（康熙四十）年刊肥乡政略四卷 清范大士撰　①14957

王锡祺 一八八八（光绪十四）年刊荼馀客话二十二卷 清阮葵生撰　上海中华　年铅印本

萧山王锡龄 一八五八（咸丰八）年刊高士传三卷 晋皇甫谧撰清任熊画像　⑥

王鹏运 一八九五（光绪二十一）年自刊味梨集一卷 清王鹏运撰　⑯3062

王亶望 刊论语集解义疏十卷 魏何晏集解梁皇侃义疏　⑱经304

王　猷 一七五二（乾隆十七）年刊乐平续志四卷 清杨人杰纂　科学院图书馆

萍乡王墉 一七九六—一八二〇（嘉庆）年自刊绎鹊吟草 清王墉撰　㉑211

王嘉祥 一八二〇（嘉庆二十五）年刊渊雅堂全集五十八卷附录二卷 清王芑孙撰　㉙1068

王　熙 一六六二—一七二二（康熙）年刊青箱堂诗集三十三卷文集十二卷 清王崇简撰　㉓45

王　睿 一七二六（雍正四）年自刊墙东诗录十八卷 清王睿编　⑱集1824

黄冈王毓藻 一八九四（光绪二十）年在广州刊上古三代秦汉三国六朝文 清严可均辑　②14136

王僧保 一八四九（道光二十九）年自刊秋莲子词前稿一卷后稿二卷 清王僧保撰　⑱集1986

王肇晋 一八九四（光绪二十）年自刊论语经正录二十卷 清王肇晋撰　㉓57

王增寿 一八八一（光绪七）年刊理瀹骈文二十膏良方 清吴师机撰　㉚154

长州王鋆 一八七九（光绪五）年校刊刺疔捷法 清张镜撰　㉚555

王震亨 一六四四—一六六一（顺治）年刊龙坞集五十五卷 明王时济撰　⑱集765

王箴舆 一七二六（雍正四）年刊张抱初先生印正稿六卷 明张信民撰　⑱子95

王德淇 一七一八（康熙五十七）年刊双溪集十二卷 宋王炎撰　⑱集344

王德森 一八五三（咸丰三）年自刊市隐庐医学杂著 清王德森撰 ㉚667

王德森 一九一一（宣统三）年自刊市隐庐医学杂著一卷 清王德森撰 ㉙2191

王 澍 一六六二—一七二二（康熙）年刊蛩鸣录一卷 清李子金撰 ⑱集965

王薛岐 一六六二—一七二二（康熙）年刊研谿先生诗集七卷 清惠周惕撰 ㉝311

王 霖 一六八一（康熙二十）年刊陆密庵文集二十卷录馀二卷诗集十二集 清陆求可撰 ⑱集984

吉安**王赠芳** 一八三五（道光十五）年自刊书学汇编四种 清王赠芳撰 ㉑289

王镛王鑨 一六五三（顺治十）年刊拟山园选集八十一卷 清王铎撰 ①2040

王 镠 一七三八（乾隆三）年刊郝文忠公陵川文集三十九卷 元郝经撰 附录一卷 ⑱集428

王 鲲 一八三五（道光十五）年自刊话雨楼碑贴目录四卷 清王鲲撰 ①1204

王懋讷 一七二六（雍正四）年刊楼邨诗集二十五卷 清王式丹撰 ⑱集1094

王鎏等 一八四一（道光二十一）年刊碑版文广例十卷 清王芑孙撰 ⑱集1910

定州**王灏** 一八七五—一八〇八（光绪）年刊郑学汇函九种三十一卷 汉郑玄撰 ㉓70

王懿棨 一八七九（光绪五）年刊篋斋传古别录 清陈介祺撰 ⑥

新城**王氏** 一六九五（康熙三十四）年家刊五公山人集十六卷 清王馀佑撰 ㉓71

吴东**王氏** 一七八〇（乾隆四十五）年刊尚书后案三十卷附后辨一卷 清王鸣盛撰 ㉙956

高阳**王氏** 一七八七（乾隆五十二）年家刊松露堂诗稿四卷补遗一卷 清王筠撰 ㉓72

金溪**王氏** 一七九二（乾隆五十七）年刊增订汉魏丛书 明何镗辑清王谟重编 ⑰1155

高邮**王氏** 一七九六（嘉庆元）年刊广雅疏证十卷 清王念孙撰 ⑯422.5/307－120

武宁**王氏** 一八〇七（嘉庆十二）年家刊今古地理述十八卷首一卷末一卷 清王子音撰 ㉑219

婺源**王氏** 一八一〇（嘉庆十五）年家刊双佩斋文集四卷骈文一卷诗集八卷 清王友亮撰 ㉑224

四川仪陇**王氏** 一八二一—一八五〇（道光）年刊新订春秋左传折衷八卷 清王之槐辑 ⑥

高邮**王氏** 一八二一—一八五〇（道光）年自刊王氏四种 清王念孙王引之撰 ⑥

高邮**王氏** 一八二一—一八五〇（道光）年刊小言集六种 清王敬之撰 ②48796

南城**王氏** 一八五〇（道光三十）年家刊大戴礼记解诂十三卷目录一卷 清王聘珍撰 ㉑277

安邱王氏 一八六五（同治四）年刊说文解字句读三十卷 清王筠辑 ⑰7515－6

武昌王氏 一八七九（光绪五）年在沈阳刊狄云行馆偶刊一卷 清王家璧撰 ②7633

福山王氏 一八六二—一九〇八（同治—光绪）年刊天壤阁丛书 清王懿荣辑 ㉚787

江苏福山王氏 一八七九（光绪五）年刊天壤阁丛书十七种 清王祖源辑 ⑤

太原王氏 一八八〇（光绪六）年刊十七史商榷一百卷 清王鸣盛撰 ②21426

上海王氏 一八八一（光绪七）年刊扁鹊心书三卷附神方 宋窦材撰 ㉚317

长沙王氏 一八八二（光绪八）年刊续古文辞类纂三十四卷 清王先谦辑 ⑯834/119

牟山王氏 一八八二（光绪八）年刊鄂宰四种 清王筠撰 ⑰1580

平湖王氏 一八八五（光绪十一）年刊哀生阁初稿四卷续稿三卷 清王大经撰 ⑯847.6/114

弢园王氏 一八八六（光绪十二）年刊普法战争二十卷 清张宗良口述王韬辑 ⑯382.094/115－02

崇仁王氏 一八八七（光绪十三）年家刊补园诗钞十八卷 清王谦撰 ㉑286

婺源王氏 一八八九（光绪十五）年家刊带经园稿不分卷 清王曜桂撰 ㉑226

深泽王氏 一八九二（光绪十八）年刊斯陶说林十二卷 清王用臣撰 ⑯857.1/119

安福王氏 一八九三（光绪十九）年刊贞石山房奏议四卷 清王邦玺撰 ㉑297

吴县王氏 一八九六（光绪二十二）年刊格致古微六卷 清王以俊辑 ⑯041－119

正定王氏 一九〇三（光绪二十九）年刊贾子次诂六卷 清王耕心撰 ⑯122.1/150－119

万邑王氏 刊外科切要 清王锡鑫撰 ㉚547

王　氏 一六八一（康熙二十）年家刊王五屋遗稿二卷 清王五屋撰 ㉙607

开　泰 一七六二（乾隆二十七）年刊华阳国志十二卷 晋常璩撰 ⑱史221

元　善 一八五二（咸丰二）年补刊【雍正】抚州府志四十五卷 清罗复晋修李如旻等纂 ⑲499

滇中五塘山人 一八九六（光绪二十二）年刊陶诗汇注四卷首一卷末一卷 晋陶潜撰 清吴瞻泰辑 ⑯843.2/404－437

尤　侗 一七〇〇（康熙三十九）年刊梁溪遗稿诗钞一卷文钞一卷 宋尤袤撰清朱彝尊辑 ①4336

尤　珍 一七一四（康熙五十三）年自刊沧湄诗稿三十卷补遗三卷别稿二卷

文稿六卷介峰扎记四卷 清尤珍撰 ⑱集1062

车万育 一六八九（康熙二十八）年自刊怀园集杜诗八卷集李诗八卷 清车万育辑 ①10962

车持谦 一八三九（道光十九）年刊顾亭林先生年谱附著述目录 清顾衍生撰 ㉙2048

上元**车氏** 一八三〇（道光十）年刊舆地碑记目四卷 王象之撰 序录一卷 清顾广圻撰 ㉙1133

零陵叶向时 一八二〇（嘉庆二十五）年自刊孝经证要八卷 清叶向时撰 ㉒334

贝本恒 一七五三（乾隆十八）年刊洞霄宫志五卷 清闻人儒撰 ⑱史1055

牛世显 一七八二（乾隆四十七）年刊建宁县志二十八卷首一卷 清韩琮修朱霞等纂 ⑲548

牛问仁 一七八三（乾隆四十八）年刊商水县志十卷首一卷 清张崇朴修郭熙纂 ⑲581

陇石**牛树梅** 一八六六（同治五）年刊李二曲先生全集 清李颙撰 ⑤

牛映奎 一八二四（道光四）年增刊【嘉庆】六安直隶州志三十二卷末一卷 清宋思楷纂修 ⑲452

牛昶煦 一八八五（光绪十一）年刊迁安县志十八卷首一卷末一卷 清韩耀光修韩玉成史梦兰纂 ⑲42

苏州**毛上珍** 一八七二（同治十一）年刊经验百方良方续录 清汪氏俞大文编 ㉚262

毛上珍 一八七六（光绪二）年刊丹桂良方二卷 清黄翼升编 ㉚271

毛庆善 一八四三（道光二十三）年刊西河悼逝集不分卷 清毛庆善辑 ㉙1215

苏州**毛丽川** 一八二一—一八五〇（道光）年刊蜀游日记 清黄勤业撰 ⑥史152

毛表陆贻典 一六六一（顺治十八）年刊寄巢诗二卷 明释道源撰 ㉙1593

毛坤周永年 一七九〇（乾隆五十五）年刊元张文忠公归田类稿二十卷 元张养吾撰 附录一卷 ①422

毛昇林学本 清初刊杨诚斋先生天问天对解一卷 宋杨万里撰 ⑱集9

书林**毛恒所** 清初刊顾与治诗八卷 清顾梦游撰 ⑪811.171/3143

毛 晋 一六五八（顺治十五）年刊般若波罗蜜多心经略疏小钞二卷 清钱谦益辑 ⑱子936

毛振翧 一七四四（乾隆九）年自刊半野居士焚馀集 清毛振翧撰 ⑯8003

毛宸宋怀金 一六六二—一七二二（康熙）年刊西陂类稿五十卷 清宋荦撰 ①17401

毛焕文 一八二三（道光三）年刊医宗辑要十卷 清张楷撰 ㉚345

丰城**毛隆辅** 一八八三（光绪九）年在眉州刊讼过斋日记六卷 清毛辉凤撰 ⑥

毛综等　刊毛襄懋先生文集八卷东塘诗集十卷奏议二十卷别集十卷　明毛伯温撰　⑱集636

丰城**毛辉凤**　一八八三（光绪九）年自刊讼过斋日记六卷　清毛辉凤撰　㉑250

毛　谟　一八一七（嘉庆二十二）年自刊韵字略二卷　清毛谟撰　⑱经450

毛瑞士　一六九二（康熙三十一）年刊华琯山房诗集四卷　清董讷撰　①1528

毛　褒等　一六六〇（顺治十七）年刊憨山老人梦游集四十卷　明释德清撰　⑱集827

毛褒毛表毛扆等　清初刊金刚般若波罗密多经颂论疏记会钞八卷附二卷　清钱谦益辑　⑱子935

仇兆鳌等　一六七八（康熙十七）年刊增订易经存疑约稿十二卷　明林希元撰　⑱经67

乌　震　一六六二—一七二三（康熙）年刊春草斋文集选六卷诗集选一卷　明乌斯道撰　⑱集543

卞永誉　一六八二（康熙二十一）年自刊古堂书画汇考六十卷目录三卷　清卞永誉辑　①12200

六十七　一七四七（乾隆十二）年自刊使署闲情四卷　清六十七辑　⑱集1818

萍乡**文凤诰**　一八二八（道光八）年刊五代史记注七十四卷　宋欧阳修撰　㉑211

文有试　一七七二（乾隆三十七）年增刊行唐县新志十六卷　清吴高增纂修　⑲29

文会益　刊本草纲目五十二卷首一卷　明李时珍撰　㉚165

文　昭　一六六二—一七三五（康熙雍正）年自刊紫幢轩诗三十二卷　清文昭撰　④2916

文钰书坊　一九〇二（光绪二十八）年刊治急改良易简录　清宓宪百撰　㉚355

萍乡**文晟**　一八四七（道光二十七）年刊考辩随笔二卷　清黄定宜撰　④2916

贵州安顺府知府**文海**　一八九一（光绪十七）年补刊安顺府志五十四卷首一卷　清常恩修邹汉勋吴寅邦纂　⑲812

文　然　一六六二—一七二二（康熙）年刊甫田集三十六卷　明文徵明撰　⑰K15087

黄邑**文裕成**　一八九〇（光绪十六）年刊新刻三元传六卷　④4610

文德永　一八八一（光绪七）年刊针灸大成十卷　明杨继洲撰　㉚131

固安**文藻翔**　一八九七（光绪二十三）年自刊律吕新书浅释一卷　清文藻翔撰　㉓62

萍乡**文氏**　一七九六—一八二〇（嘉庆）年刊四塞纪略赋　清文守元撰　㉑211

长白**文氏**　一八三八（道光十八）年家刊百一三方解三卷　清文通撰　㉚87

黔南**文氏**　一八八五（光绪十一）年在四川泸县刊周易或问六卷　清文天骏撰　⑥

方功惠 一八八〇（光绪六）年刊三宋人集四十八卷 ①416

安徽**方东树** 一八六八（同治七）年自刊仪卫轩文集六种 清方东树撰 ⑥

方观承 一七三六—一七九五（乾隆）年刊方望溪先生经说四种 清方苞撰 ⑤

方兆仪等 一六五四（顺治十一）年刊冯秋水先生评定存雅堂遗稿十三卷补刊一卷 宋方凤撰 ⑱集413

方克猷 一九〇六（光绪三十二）年自刊方子壮数学 清方克猷撰 ⑯516/626

方良卿 一八六九（同治八）年刊时疫白喉捷要 清张绍修撰 ㉚596

方秉哲 一八一八（嘉庆二十三）年刊三代两汉遗书 清任兆麟撰 ㉙2537

安徽**方宗诚** 一八八六（光绪十二）年自刊柏堂遗书二十九种 清方宗诚辑 ⑨089.78/027

方显策 一六五八（顺治十五）年刊方蛟峰先生文集八卷 宋方逢辰方逢振撰 ①407

方起泰胡国辅 一七九四（乾隆五十九）年刊礼笺三卷 清金榜撰 ①1927

定远**方浚师** 一八七六（光绪二）年刊乐书二百卷 宋陈旸撰 ⑯781/380

方敦吉 一八八九（光绪十五）年在济南刊记过斋藏书 清方潜撰 ⑤

仪徵**方嶟** 一七三六—一七九五（乾隆）年刊文木山房集四卷 清吴敬梓撰 ⑪810.79/2644

桐城**方氏** 一七五五（乾隆二十）年刊述本堂诗集 清方式济撰 清华大学图书馆

桐城**方氏** 一八〇九（嘉庆十四）年重刊述本堂诗集 清方式济撰 ⑪

桐城**方氏** 一八七八（光绪四）年刊数度衍二十三卷首一卷 清方中通撰 ⑯511/626

武宁**方氏**书坊 一八二四（道光四）年刊读诗释物二十一卷 清方瑛辑 ㉑321

巴陵**方氏** 一八八四（光绪十）年刊碧琳琅馆丛书 清方功惠辑 ⑰甲800-7153

陆州**方氏** 一八九〇（光绪十六）年刊虫荟五卷 清方旭编 ⑰1189

东阳长衢**方氏** 一九〇〇（光绪二十六）年刊麻疹汇要 清吕新甫编 ㉚525

襄城**计光炘** 一八五四（咸丰四）年刊脉法须知三卷 清钱经纶撰 ㉚118

计　瑸 一七四八（乾隆十三）年刊改亭诗集六卷文集十六卷 清计东撰 ⑱集994

尹会一 一七四五（乾隆十）年自刊尹太夫人年谱一卷 清尹会一撰 ①6437

永新**尹继隆** 一八五四（咸丰四）年自刊暂留轩诗钞八卷 清尹继隆撰 ㉑298

博野尹嘉铨 一七五一（乾隆十六）年刊健余文集十卷尺牍四卷奏议十卷 清尹会一撰 ㉓68

于都**尹氏** 一七二三—一七三五（雍正）年家刊步堂全集 清尹元贡撰 ㉑300

博野**尹氏** 一七三八（乾隆三）年刊博陵尹氏家谱不分卷 清尹会一撰 ㉓69

永新**尹氏**一八五三（咸丰三）年家刊尹氏历代诗钞二卷 清尹抡等辑 ㉑298

允 礼 一七三五（雍正十三）年自刊奉使纪行诗二卷 清允礼撰 ①1141

允 禄 一七四六（乾隆十一）年刊新定九宫大成南北宫词谱八十一卷闰一卷总目三卷 清周祥钰邹金生等撰 ①4385

无锡**邓元鏸** 在华阴县斋刊留春草堂诗钞七卷 清伊秉绶撰 ⑦

邓仁堃 一八三五（道光十五）年增刊綦江县志十二卷首一卷 清宋灏修罗星纂 ⑲742

邓廷桢 一八二三（道光三）年刊林屋诗集九卷 清邓旭撰 ⑯集976

江陵**邓传馨** 一八四二（道光二十二）年刊补注瘟疫论四卷 明吴有性撰清洪天锡补注 ㉚387

慈利**邓寿民** 一八八九（光绪十五）年刊石门县志六卷 清阎镇行纂修 湖南省图书馆

豫章**邓灿堂** 一八八六（光绪十二）年刊医家四要四卷 清程曦等撰 ㉚352

南城**邓应琚** 一六五七（顺治十四）年补刊函史一百二卷 明邓元锡撰 ㉑275

邓明玑 一七〇一（康熙四十）年刊一鹤庵诗五卷 清郭元釪撰 ①1375

邓明镜等 一七五三（乾隆十八）年刊漱玉斋文集三卷 明邓云霄撰 ⑱集791

新化**邓显鹤** 一八四二（道光二十二）年在长沙刊船山遗书 清王夫之撰 ⑤

栾城**邓祥麟** 一八二五（道光五）年自刊六影词六卷 清邓祥麟撰 ㉓58

湘阴**邓湘皋** 一八二九（道光九）年刊楚宝四十卷 明周圣楷辑 ⑥

南城**邓毓贤** 一七五三（乾隆十八）年刊函史一百二卷 明邓元锡撰 ㉑275

清江**邓氏**一七六八（乾隆三十三）年家刊车村遗稿二卷 清邓嵩寿撰 ㉑248

南城**邓氏** 一八〇五（嘉庆十）年家刊目科正宗十六卷首一卷末一卷 清邓学礼撰 ㉚575

新化**邓氏** 一八四三（道光二十三）年刊沅湘耆旧集二百卷前编四十卷 清邓显鹤辑 ⑯839. 26/372

浮梁**邓氏** 一八五五（咸丰五）年家刊邓厚庵先生语录摘要十四卷 清邓逢光撰 ㉑209

江陵**邓氏** 一九〇七（光绪三十三）年刊方书三种 题古愚老人编 ㉚232

孔广培 一八七〇（同治九）年增刊浑源州志十卷 清桂敬顺纂修 ⑲85

孔广棨 一七三七（乾隆二）年刊孔子集语二卷 清薛据辑 ④195

孔广廉 一七九四（乾隆五十九）年刊大戴礼记补注十三卷序录一卷 清孔广森撰 ⑱经208

孔兴爆 一六八七（康熙二十六）年增刊重修英德县志五卷 清张斗丘有璿纂修 ⑲681

孔传镛 一七四三（乾隆八）年刊远秀堂集八卷 清孔毓埏撰 ①1712

孔宪增 一八〇二（嘉庆七）年刊埽垢山房诗钞十二卷 清黄文旸撰 ⑱集1244

孔继中 一八六八（同治七）年增刊【道光】修武县志十二卷首一卷 清冯继照修袁俊等纂 ⑲571

孔继汾 一七六四（乾隆二十九）年刊尔雅三卷 晋郭璞注唐陆德明音义 ⑱经380

孔继涵 一七三六—一七九五（乾隆）年刊国语补音三卷 宋宋庠撰 ⑱史210

孔　鹏 一七一七（康熙五十六）年补刊兴安县志八卷 清胡裕世纂修 ⑲490

孔毓圻孔毓埏 刊孔丛子三卷 原题汉孔鲋撰 ①2403

孔繁灏 一八四〇（道光二十）年刊达生编 原题亟斋居士编 ㉚453

孔　氏 一七三六—一七九五（乾隆）年刊孟子赵注十四卷 汉赵岐撰 音义二卷 ⑱经309

嵩明瑶玲山何有庵释**书见** 一六六九（康熙八）年募刊韵略易通不分卷 明释本悟撰 ⑱经478

水嘉谷 一八九二（光绪十八）年刊四明水氏留硕稿前后编 清水宝璐辑 ②12081

蜀西天山**水氏** 一八五七（咸丰七）年刊瘟疫条辨摘要 清陈良佐等撰 ㉚388

五　画

奉新**甘之伋** 一八〇四（嘉庆九）年自刊荆香斋诗草四卷 清甘之伋撰 ㉑242

崇仁**甘启华** 一八三二（道光十二）年自刊焚馀小草一卷 清甘启华撰 ㉑285

奉新**甘怡** 一七四一（乾隆六）年自刊地理薪传四卷 清甘怡纂辑 ㉑241

丰城**甘绂** 一七四六（乾隆十一）年自刊四书类典赋二十四卷 清甘绂撰 ㉑249

甘　福 一八二一（道光元）年刊剿贼图记一卷 明元默撰 ④10552

江宁**甘瑞祥** 一七九六—一八二〇（嘉庆）年刊隶辨八卷 清顾蔼吉辑 ⑥

奉新**甘氏** 一七九一（乾隆五十六）年家刊甘庄恪公全集十卷 清甘汝来撰 ㉑242

莺湖**世翰林** 一八七六（光绪二）年家刊齐庄中正堂集试贴八卷制义十二卷律赋六卷 清殷兆镛撰 ②3393

艾为珖 一六九九（康熙三十八）年刊新刻天佣子全集十卷 明艾南英撰 ①3202

古 焘 一八八〇（光绪六）年刊石窟一徵九卷 清黄钊撰 ①1195

左宗棠 一八七三（同治十二）年刊慈云阁诗钞 清左考威撰 ⑯831.7/813

厉学潮 一八八三（光绪九）年刊白华山人集 清厉志撰 ⑤

义宁**石成瑛** 一八三八（道光十八）年自刊三味斋诗初稿四卷 清石成瑛撰 ㉑221

石观保 一七三六—一七九五（乾隆）年刊白山氓铸陶一卷 清石永宁撰 ①1904

南城**石迴澜** 一七三七（乾隆二）年自刊翠筠亭集十卷 明石文器撰 ㉑275

石惟慎 一六六三（康熙二）年刊彭禹峰先生文集二十六卷 清彭而述撰 ⑱集916

石维崑 一六五七（顺治十四）年刊蓼斋集四十七卷后集五卷 清李雯撰 ⑱集919

石 梁 一八〇八（嘉庆十三）年补刊安肃县志十六卷 清张钝修史元善等纂 ⑲57

乐平**石景芬** 一八七一（同治十）年自刊诵清阁集四卷 清石景芬撰 ㉑210

石 楷 一六六六（康熙五）年刊伤寒五法 明陈长卿撰 ㉚70

毘陵**石震** 一六四四—一六六一（顺治）年刊慎柔五书五卷 明胡慎柔撰 ㉚418

石 键 一七一七（康熙五十六）年刊徂徕石先生全集二十卷 宋石介撰 ①17105

石 氏 清初刊翠筠亭集十三卷补遗一卷 明石文器撰 ⑱集813

吴县**石氏** 一八一二（嘉庆十七）年刊袁文笺证十六卷补注一卷 清袁枚撰石韫玉笺 ㉙1073

乐平**石氏** 一八八一（光绪七）年家刊诵芬阁诗钞四卷 清石景芬撰 ㉑210

成都**龙万育** 一八二一—一八五〇（道光）年刊群经补义五卷 清江永撰 ⑥

三邑**龙万顺** 一八五一（咸丰元）年刊喉症全科紫珍集二卷 清朱翔宇编 ㉚586

湖南攸县**龙汝霖** 一八七七（光绪三）年刊敦艺斋遗书 清邹汉勋撰龙汝霖等辑 ⑤

永新**龙体刚** 一七二五（雍正四）年自刊半窗史略四十二卷 清龙体刚撰 ㉑297

龙鸣镗 一七二三—一七三五（雍正）年重刊半窗史略四十二卷 清龙体刚辑 ⑱史698

龙游勤辅坛 一九〇〇（光绪二十六）年自刊勤辅坛鸾书方药集 ㉚278

顺德**龙裕光** 一九〇〇（光绪二十六）年刊增广大生要旨五卷 清唐千顷撰叶灏增订 ㉚459

天津**龙震** 一六七一（康熙十）年自刊玉红堂集十六卷后集二卷龙氏家谱一卷 清龙震撰 ㉓50

成都**龙氏** 一八三〇（道光十）年校刊天下郡国利病书一百二十卷 清顾炎武撰 ㉙1996

龙　氏 一八八四（光绪十）年刊小学钩沈十九卷 清任大椿辑 ⑱经397

顺德**龙氏** 一八九二（光绪十八）年刊双溪醉隐集六卷 元耶律铸撰 ⑱集446

永新**龙氏** 一八九九（光绪二十五）年家刊毛诗补正二十五卷 清龙起涛撰 ㉑299

平　远 清初刊柳潭遗集六卷 明王自超撰 ①1823

太仓**东陵氏** 一八三三（道光十三）年刊娄东杂著 清邵廷烈撰 ㉙1751

卢见曾 一七五五（乾隆二十）年刊金石三例十五卷 元潘昂霄明王行黄宗羲撰 ①6504

卢文弨 一七三六—一七九五（乾隆）年刊輶轩使者绝代语释别国方言十三卷 汉扬雄撰 ⑱经386

卢旬宣 一八一五（嘉庆二十）年刊大云山房文稿初集四卷 清恽敬撰 ⑱集1232

卢孝馀 一六六〇（顺治十七）年刊尊水园集略十二卷补遗一卷 清卢世㴶撰 附一卷 清王永吉撰 ⑱集901

卢应龙 一六六二（康熙元）年刊泗水县志十二卷 清刘桓修杜灿然撰 ⑲295

卢　询 一七一三（康熙五十二）年刊求雨法一卷止雨法一卷 ①5647

卢承琰 一七一一（康熙五十）年刊助字辨略五卷 清刘淇撰 ⑱经395

卢思诚 一八八三（光绪九）年自刊症治备览二卷 清卢思诚编 ㉚231

卢衍仁等 一七七九（乾隆四十四）年刊孙石台先生遗集二卷 明孙扬撰 附录二卷 ⑱集725

卢　高 清初刊帝京景物略八卷 明刘侗于奕正撰 ⑱史963

江西吉安府知府**卢崧** 一七七五（乾隆四十）年刊三朝圣训一卷附刻一卷 ⑪NC1736/1410

卢朝安 一八五九（咸丰九）年刊济宁直隶州志十卷首一卷末一卷图一卷 清徐宗幹修许瀚纂 ⑲296

卢锡晋 一七一二（康熙五十一）年自刊尚志馆文述九卷 清卢锡晋撰 ⑱集1070

卢　氏 一七五二（乾隆十七）年刊感旧集十六卷 清王士祯选卢见曾补传 ㉝244

涿县**卢氏**一八二二—一八五〇（道光）年家刊卢敏肃公年谱不分卷 清卢端黼编 ㉓66

武宁**卢氏**一八八六（光绪十二）年刊文献通考正续合编三十二卷首一卷 清卢宣旬撰 ㉑220

归兆丰一八六九（同治八）年刊疏野堂集十卷 清归令瑜撰 ㉙3254

归兆丰一八八七（光绪十三）年刊归宫詹集四卷 清归允肃撰 ㉙2980

归庄归玠一六七五（康熙十四）年刊震川先生集三十卷别集十卷 明归有光撰 附录一卷 ①3956

叶长高一八八八（光绪十四）年刊观象庐丛书 清吕调阳撰 ⑤

鹭门**叶文澜**一八七二（同治十一）年刊医学汇参 清林枫编 ㉚350

叶方蔚一六八〇（康熙十九）年刊水东日记四十卷 明叶盛撰 ③文621/748

叶方霭一六五六（顺治十三）年刊葵园集一卷 清呼谷撰 ⑱集941

叶申芗一八三四（道光十四）年自刊闽词钞四卷 清叶申芗辑 ⑱集2002

金陵**叶永茹**一六五九（顺治十六）年刊重订李义山诗集笺注三卷集外诗笺注一卷 清朱鹤龄撰 ㉙2323

叶圭书一八五一—一八六一（咸丰）年自刊沧粟庵诗钞二卷 清叶圭书撰 ㉓72

叶光复一八四九（道光二十九）年刊石林词一卷 宋叶梦德撰 ㉙146

叶廷琯一八四四（道光二十四）年刊石林居士建康集八卷补遗一卷 宋叶梦得撰 ③文256.445/342

叶廷琯一八六六（同治五）年刊半行庵诗存稿八卷附录一卷 清贝青乔撰 ㉙1275

吉水叶**向荣**一八〇六（嘉庆十一）年自刊啸庐诗钞八卷 清叶向荣撰 ㉑294

叶运鹏一八五六（咸丰六）年刊石林居士建康集八卷补遗一卷 宋叶梦得撰 石林先生两镇建康纪年略一卷 清叶廷琯撰 ①14605

叶志诜一八四八（道光二十八）年刊钟鼎款识一卷 宋王厚之辑 ④4173

叶孝培等一八四四（道光二十四）年刊石林诗话三卷拾遗一卷补一卷附录一卷 宋叶梦德撰 ㉙1246

叶沄 刊历代统系表略三卷历代官制考略二卷 清叶沄辑 ⑯6711

叶昌炽一九〇九（宣统元）年自刊语石十卷 清叶昌炽撰 ⑱史1472

叶建封一七四一（乾隆六）年刊碧山草堂诗钞二卷 清叶元澍撰 ⑱集1047

叶树枚一八〇八（嘉庆十三）年自刊改吟斋诗四卷 清叶树枚撰 ⑱集1283

叶树枚一八三四（道光十四）年自刊改吟斋烬馀什十一卷 清叶树枚撰 ⑱集1283

叶映榴 一六六二—一七二二（康熙）年刊寒碧山斋诗集五卷 清叶之淇撰 ⑱集941

叶　钟 一八四五（道光二十五）年刊避暑录话二卷 宋叶梦德撰 ⑱子529

叶衍兰 一八九六（光绪二十二）年刊返生香一卷 明叶小鸾撰 附疏香阁附集一卷窈闻一卷 续窈闻一卷 清叶绍袁撰 ②36555

叶恒椿 一七五八（乾隆二十三）年刊午梦堂集九卷 明叶绍袁辑 ⑱集1848

叶　蓝 一八〇〇（嘉庆五）年刊春秋世族谱一卷 清陈厚耀撰 ⑯6553

宁郡**叶廉谔** 一八七三（同治十二）年刊保婴易知录二卷 清吴溶堂撰 ㉚483

叶德辉 一九一一（宣统三）年自刊观古堂丛书 清叶德辉辑 ①372

叶瞻泉 清初刊芑山文集三十一卷 明张志烈撰 ①5975

上海**叶氏** 一七四三（乾隆八）年刊幼科指掌四卷 清叶其蓁（杏林）撰 ㉚480

粤东汉阳**叶氏** 一八五〇（道光三十）年刊咽喉脉证通论 ㉚583

汉阳**叶氏** 一八五四（咸丰四）年刊信验方录附续录 清卢荫长编 ㉚255

鹤皋**叶氏** 刊温病条辨六卷首一卷 清吴瑭撰 ㉚373

叶　氏 一八三六（道光十六）年家刊叶氏医案存真附马氏祁氏王氏医案 清叶桂撰叶万青编 ㉚637

永年**申氏** 一六六二—一七二二（康熙）年家刊聪山集三卷 清申涵光撰 ㉓80

田士昭等 一七〇七（康熙四十六）年刊钟台先生文集十二卷 明田一儁撰 附录一卷 ⑱集739

田少华 一六九九（康熙三十八）年刊受祺堂诗三十五卷 清李因笃撰 ⑱集1031

田文镜 一七二三—一七三五（雍正）年自刊总督两河宣化录四卷总督河南 山东宣化录四卷 清田文镜撰 ⑱史389

田秀栗 一八七二（同治十一）年刊济荒必备三卷 清陈仅辑 ④9670

汉川**田宗汉** 一八八八（光绪十四）年自刊医寄伏阴论二卷 清田宗汉撰 ㉚403

田　巘 校刊尚书涉传四卷 清戴祖启撰 ㉝8

田　氏 一八八五（光绪十一）年刊卫生便览四卷 清江笔花撰 ㉚346

汉川**田氏** 一九〇二（光绪二十八）年刊痰饮治效方二卷 清田宗汉撰 ㉚424

史开基 一七四六（乾隆十一）年刊西村集八卷首一卷 明史鉴撰 ①1928

史吉云张瀛暹 一八三七（道光十七）年刊说文答问疏证六卷 清薛传均撰 ⑱经417

史在相 一六六九（康熙八）年刊致身录一卷附编一卷 明史仲彬撰史册注 ④3736

史兆霖 一八五六（咸丰六）年刊史文正公集四卷首一卷末一卷 明史可法撰清史山辑 ⑧

鄱阳**史珥** 一七七五（乾隆四十）年自刊胡忠烈（闰）遗事四卷 清史珥辑 ㉑229

乐亭**史梦兰** 一八六三（同治二）年自刊叠雅三十卷 清史梦兰撰 ㉓60

乐亭**史梦兰** 一八八四（光绪十）年自刊异号类编二十卷 清史梦兰撰 ㉓60

史梦蛟 一八〇四（嘉庆九）年刊鲒埼亭集三十八卷 清全祖望撰 ⑱集1166

史策先 一八六五（同治四）年自刊梦馀偶钞四卷 清史策先撰 ⑯074/455

史鉴宗姚自弘 一六六一（顺治十八）年刊薙簏吟（即羔湖诗选）十卷 清姚文燮撰 ④2804

唐邑**史氏** 一八八四（光绪十）年刊外科证治全生集附金疮铁扇方 清王维德编 ㉚542

宜兴**史氏** 一八九四（光绪二十）年刊福幼编 清庄一夔撰 ㉚533

冉瑞桐郭肇林 一八八三（光绪九）年刊【同治】珙县志十五卷首一卷 清姚廷章修邓香树纂 ⑲768

丘迈等 一六九六（康熙三十五）年刊节孝先生集三十卷事实一卷语录一卷
碑记传赞一卷 宋徐积撰 ⑱集226

丘如升 一六九四（康熙三十三）年刊天涯诗钞四卷读史一卷诗馀钞一卷 清蒋楛撰 ⑱集1004

丘　迥 一六九六（康熙三十五）年刊南斋诗集不分卷 清丘象升撰 附录一卷 ①1726

丘迩求宋荦 一七〇三（康熙四十二）年刊王荆公唐百家诗选二十卷 宋王安石辑 ①10367

丘浩川 一八二三（道光三）年自刊引痘题咏 清丘浩川编 ㉚518

丘象升 一六八三（康熙二十二）年刊古调堂集不分卷 明张养重撰 ⑱集959

丘　璋 一七二一（康熙六十）年刊浪陶集诗钞一卷 清金人望撰 ⑱集1058

闽漳**丘氏** 一八九九（光绪二十五）年刊五百石洞天挥尘十二卷 清丘炜萲编 ⑯8209

余干**白云章** 一八六九（同治八）年自刊红藕花庄诗草六卷 清白云章撰 ㉑231

自从瀛 一八四一（道光二十一）年刊本草再新十二卷 清叶小峰撰 ㉚177

白钟麟 一七六八（乾隆三十三）年刊医宗撮精折肱漫录合刊 明黄承昊编 ㉚718

白胤谦王同春 一六六二（康熙元）年刊容安斋穌谭十卷 明白胤昌撰 ⑱子582

宜黄**白氏** 一八三二（道光十二）年家刊刑名一得二卷 清白如珍撰 ㉑280

成都**白氏** 一八九六（光绪二十二）年刊乐阳祠白氏族谱八卷首一卷 清白登顺等纂修 ⑰1433

江苏武进**包良训** 一八四二（道光二十二）年刊宋名臣言行录前集十卷后集十四卷续集八卷
别集十三卷外集八卷 宋朱熹撰明张采评阅 ⑥

包　诚 一八七二（同治十一）年刊安吴四种 清包世臣撰 ⑤

泾县**包慎言** 一八四八（道光二十八）年刊汉书地理志补注一百三卷 清吴卓信撰 ㉙3165

白下**包瑚** 一八〇五（嘉庆十）年刊仙传痘疹奇书三卷 明高我冈撰高尧臣编 ㉚500

丹徒**包氏** 一八四二（道光二十二）年刊【嘉定】镇江志二十二卷首一卷 宋卢宪纂 ⑲339

临川**乐钧** 一八一七（嘉庆二十二）年自刊青芝山馆诗集二十二卷 清乐钧撰 ㉑255

乐　氏 一七六四（乾隆二十九）年刊同仁堂药目 清乐凤鸣编 ㉚303

冯士履 一七九六—一八二〇（嘉庆）年刊小罗浮草堂诗集四十卷 清冯敏昌撰 ③文285.29/44

冯子材 一八九五（光绪二十一）年自刊军牍集要十二卷 清冯子材撰 ⑯925.378/768

冯廷楷 一七四三（乾隆八）年刊天益山堂遗集十卷续刻一卷 明冯元仲撰 ⑱集862

黎川**冯行** 一七五六（乾隆二十一）年自刊黎川文载 清冯行辑 ㉑268

冯如京 一六五五（顺治十二）年刊观心约一卷 明邹森撰 ⑱子567

冯　甦 一六九一（康熙三十）年刊王太初先生五岳游草十二卷 明王士性撰 ⑱史1067

冯　武 一七〇四（康熙四十三）年刊二冯先生评阅才调集十卷 清冯舒冯班评点 ㉙2867

冯卓怀 一八七五（光绪元）年刊胎产秘书二卷 清陈笏庵撰 ㉚461

吴县**冯桂芬** 一八六四（同治三）年自刊说文解字韵谱十卷 清冯桂芬撰 ㉙1303

吴山吕祖殿**冯圆安** 一八九一（光绪十七）年刊太上八十一化图说 ⑰3493

冯　席 一六九四（康熙三十三）年刊古瑞室集一卷 清冯继祖撰 ⑱史511

粤东**冯继善** 一九〇五（光绪三十一）年刊温病条辨六卷首一卷 清吴瑭撰 ㉚372

冯焌光　一八七五—一八七六（光绪元至二）年刊三唐人集三十七卷　①319

知三水县事**冯朝桢**　一八七九（光绪五）年刊稀痘良方　⑦7348

戈阳**冯喜赓**　一八三六（道光十六）年刊椿影集六卷　清冯春晖撰　㉑232

常熟**冯舒**　一六四七（顺治四）年自刊怀旧集二卷　清冯舒撰　㉙2866

冯集梧　一七八四（乾隆四十九）年刊【元丰】九域志十卷　宋王存等纂修清冯集梧校订　①4315

冯集桐　一七九六—一八二〇（嘉庆）年刊续资治通鉴二百二十卷目录三十卷　清毕沅　㉙1707

冯焯　一八八一（光绪七）年补刊重修安徽通志三百五十卷补遗十卷　清吴坤修等修何绍基等纂　⑲443

冯登府　一八二九（道光九）年自刊拜竹诗堪诗存二卷钓船笛谱一卷　清冯登府撰　①2658

冯誉驄　一九〇五（光绪三十一）年补刊【道光】广南府志四卷　清何愚纂修李熙龄续修　⑲836

冯缙陶舫　一八一六（嘉庆二十一）年刊汉魏碑刻记存一卷　清谢道承撰　①1277

冯德培　一七三三（雍正十一）年刊冯舍人遗诗六卷　清冯廷櫆撰　⑪Nc5531. 2/3214. 1

九江**冯氏**　一七六七（乾隆三十二）年刊脉学汇编三卷　清冯学震辑　㉑214

崇川**冯氏**　一八二一（道光元）年刊金石索十二卷　清冯云鹏冯云鹓辑　⑯991. 3/768

顺德**冯氏**　一八八八（光绪十四）年刊翠琅玕馆丛书　清冯姚年辑　⑰1350

冯　氏　一六六二—一七二二（康熙）年刊六书准不分卷　清冯鼎调撰　⑥

冯　氏　一八八六（光绪十二）年刊急救时症经验良方　清俞成甫撰　㉚402

广平**宁尔讲**　一六八〇（康熙十九）年自刊宜园近草七卷　清宁尔讲撰　㉓80

宁养气　一六七八（康熙十七）年刊新泰县志六卷　清杨继芳修牟適纂　⑲290

宁都**宁氏**　一八二五（道光五）年家刊介圃诗钞七卷　清宁元龑撰　㉑303

潼川**永义和**　一八九七（光绪二十三）年刊裨农最要三卷　清陈开沚撰　⑯638/378

永　寿　一七二八（雍正六）年刊宝颖堂诗集一卷　清马翼赞撰　⑱集1135

万邑**永征祥**　一八三七（道光十七）年刊一草亭眼科全集　清文永周编　㉚576

永　珊　一七八八（乾隆五十三）年刊地藏菩萨本愿经三卷　唐释实叉难陀译　④5637

永　城　一七五八（乾隆二十三）年刊紫琼岩诗钞三卷续刻一卷　清允禧撰　①1170

司徒文膏 一七四九（乾隆十四）年刊郑板桥集诗抄三卷词抄一卷 清郑燮撰 ㉝313

弘　昼 一七四六（乾隆十一）年自刊稽古斋全集八卷 清弘昼撰 ①1242

弘　晙 一八八四（光绪十）年刊痘疹正宗二卷 清宋麟祥撰 ㉚507

弘　瞻 一七六二（乾隆二十七）年自刊鸣盛集二卷 清弘瞻撰 ①1307

善化皮氏 一八九九（光绪二十五）年刊发墨守疏证一卷箴膏肓疏证一卷释废疾疏证一卷 清皮锡瑞撰 ②15962

任丘边中宝 一七七五（乾隆四十）年自刊竹岩诗草二卷 清边中宝撰 ㉓76

任丘边廷英 一八三六（道光十六）年自刊周易通义十六卷 清边廷英撰 ㉓76

任丘边连宝 一七七一（乾隆三十六）年自刊随园诗草八卷 清边连宝撰 ㉓76

任丘边浴礼 一八六一（咸丰十一）年自刊健修堂诗集二十二卷 清边浴礼撰 ㉓75

任丘边氏 一七七五（乾隆四十）年家刊渔山诗草二卷 清边汝元撰 ㉓75

六　画

巩敬绪 一七五四（乾隆十九）年在甘谷刊朱圉山人集 清巩建丰撰李南晖编次 ㉖83

存存氏 一八九二（光绪十八）年刊胎产心法三卷 清阎纯玺撰 ㉚456

烟台**成文信** 刊新刻隋唐传六卷二十二回 ④4656

成文信 一八八六（光绪十二）年刊本草从新六卷 清吴仪洛编 ㉚174

成文昭 一七〇七（康熙四十六）年刊古夫于亭稿二卷 清王士禛撰 ⑱集989

成永健 一七一五（康熙五十四）年增刊日照县志十二卷 清杨士雄修丁旹纂 ⑲288

古越扫闲居士 一八九三（光绪十九）年刊余注伤寒论翼 清柯琴撰余景和注能静居士评 ㉚79

毕丰增等 刊黄发翁全集四卷戏笔一卷 明毕木撰首一卷末一卷 ⑱集750

毕　沅 一七八一（乾隆四十六）年自刊关中金石记八卷 清毕沅撰 ⑨125.14/151

毕际有 一六六〇（顺治十七）年刊石隐园藏稿八卷 明毕自严撰 ⑱集778

豫章过念良 一八八八（光绪十四）年刊新增脉诀图象 清黄鉴定撰 ㉚111

过　氏　一九〇一（光绪二十七）年家刊过氏医案　清过铸撰　㉚643

陕西韩城**师长怡**　刊瘟疫条辩摘要　清陈良左晰义杨栗山条辩吕田集录　㉚389

师　范　一八〇六（嘉庆十一）年自刊雷音十二卷　清师范辑　⑱集1787

吕无鄙　一七〇三（康熙四十二）年刊晚村先生家训真迹五卷　清吕留良撰　⑱子98

吕廷章　一七二五（雍正三）年刊朱柏庐先生媿讷集十二卷　清朱用纯撰　附载一卷　⑱集970

吕兆璜等　一六六三（康熙二）年刊孝经大全二十八卷首一卷或问三卷　明吕维祺撰　⑱经301

吕兆璜吕兆琳等　一六六三（康熙二）年刊明德先生文集二十六卷制艺二卷　明吕维祺撰　⑱集813

吕儁孙　一八五九（咸丰九）年刊东莱诗集二十卷　宋吕本中撰　①383

吕待用　一八〇九（嘉庆十四）年刊呻吟语节录六卷　明吕坤撰　⑱子89

吕宣曾　一七五〇（乾隆十五）年刊冶古堂文集五卷　清吕履恒撰　⑱集1074

吕宪曾吕宣曾　一七二五（雍正三）年刊梦月岩诗集二十卷诗馀一卷　清吕履恒撰　⑱集1074

吕葆中　一六八六（康熙二十五）年刊始学斋远游草四卷后远游草一卷　清董采撰　⑱集1051

吕慎多　一六七四（康熙十三）年刊吕新吾先生去伪斋文集十卷　明吕坤撰　⑱集754

成都**吕德生**　一八九九（光绪二十五）年刊蕲春纪略　清罗缃撰　⑰13763

彭门**吕氏**　一八八八（光绪十四）年刊观象庐丛书　清吕调阳撰　⑰1124

吕　氏　一七三六—一七九五（乾隆）年刊力园诗草十卷集古诗一卷　清吕法曾撰　⑱集1108

吕　氏　一八七六（光绪二）年刊眼科易秘四卷　清吕熊飞撰　㉚578

西蜀衲衣人**竹禅**　一八七五（光绪元）年自刊游戏三昧印谱四种　清释竹禅撰　②30919

乔廷槐　一八七七（光绪三）年在江西刊纬攈十二种　清乔松年辑　⑥

襄陵**乔氏**　一八八〇（光绪六）年刊瘟疫论补注二卷　明吴有性撰清郑重光补注　㉚385

广宁**年希尧**　一七一七（康熙五十六）年刊一草亭眼科全书　明邓苑撰　㉚573

广宁**年希尧**　一七二四（雍正二）年自刊经验四种　清年希尧编　㉚726

年羹尧　一七二三（雍正元）年刊唐陆宣公集二十二卷　唐陆贽撰　⑱集98

朱一是　一六五七（顺治十四）年自刊为可堂初集十六卷　清朱一是撰　①1187

朱人龙 一七一九（康熙五十八）年刊少师朱襄毅公督蜀疏草十二卷 明朱燮元撰 ⑪916. 8123/2591

朱三恪 一八六八（同治七）年刊恩施县志十二卷首一卷 清多寿修罗凌汉纂 ⑲630

朱日荃张燕孙 一六八八（康熙二十七）年刊夏为堂别集九种十卷 明黄周星撰 ⑱丛623

朱从延 一六六二—一七二二（康熙）年刊苏东坡诗集注三十二卷 题宋王十朋集注 ④13994

朱文堂 刊产宝百问五卷 元朱震亨撰明王肯堂增订 ㉚451

江阴**朱文震** 刊古今医统正脉全书 明王肯堂辑 ㉚717

朱以增 一八八三（光绪九）年刊仰萧楼文集一卷国朝经学名儒记一卷 清张星鉴撰 ⑯7419

朱　玉 一七二八（雍正六）年刊韦斋集十二卷 宋朱松撰 卷首一卷玉澜集一卷 宋朱槔撰 ⑱集306

朱丕戭 一七〇七（康熙四十六）年刊静惕堂词一卷 清曹溶撰 ⑱集1974

朱记荣 一八八七（光绪十三）年刊李氏易解賸义三卷 清李富孙辑 ⑱经95

余姚**朱兰** 一八六六（同治五）年刊春秋左氏传贾服注辑述二十卷 清李贻德撰 ⑯096. 227/291

吴县**朱记荣** 一八七五—一九〇八（光绪）年汇刊孙溪朱氏金石丛书十六种一百五十四卷 清朱记荣辑 ㉙1417

朱永辉 一六九四（康熙三十三）年刊杨忠愍公集四卷 明杨继盛撰清朱永辉辑 ⑱集698

朱　芾 一七二六（雍正四）年刊查吟集四卷 清朱维熊撰 ①1345

朱谷昌 一八三四（道光十四）年刊尺云轩文集二卷续编一卷诗集四卷秋窗叠韵诗一卷尺牍一卷 清朱实发撰 ⑯847. 5/833. 7－02

朱青选 一八〇九（嘉庆十四）年增刊【乾隆】五寨县志二卷 清秦雄褒纂修朱青选增修 ⑲90

朱茂时 一六五〇（顺治七）年刊杜诗通四十卷 明胡震亨撰 ⑱集79

朱茂初 刊调运斋诗文随刻十一卷 清钱陆灿撰 ⑱集935

朱昌辰 一七一〇（康熙四十九）年刊韦斋集十二卷 宋朱松撰 玉澜集一卷 宋朱槔撰 蜀中草一卷 清朱昇撰 ⑱集306

朱昌绪 一六九五（康熙三十四）年补刊湖广武昌府志十二卷 清裴天锡修罗人龙纂 ⑲608

朱岳寿 一七一二（康熙五十一）年刊吴郡乐圃朱先生馀稿十卷补遗一卷 宋朱长文撰 附编一卷 ①360

朱亨桧 刊古山文钞十卷 清李祥赓撰 ②45500

朱宝林 一八六○（咸丰十）年刊【康熙】晋州志十卷 清郭建章原本康如琏续修刘士麟续纂 ⑲31

朱承烈 一八八六（光绪十二）年刊【嘉庆】同安县志三十卷首一卷 清吴堂修刘光鼎等纂 ⑲520

武林**朱勋** 一八五○（道光三十）年刊急用要方 清黄梦菊编 ㉚266

朱钟勋 一七四○（乾隆五）年刊握灵本草十卷序例一卷补遗一卷 清王翰臣编 ㉚170

高安**朱奕** 一八一四（嘉庆十九）年刊占毕丛谈六卷 清袁守定撰 ㉑246

朱　奕 一七五一（乾隆十六）年刊认真子集三卷 明朱英撰 附录三卷 ⑱集580

朱祖谋 一九一一（宣统三）年刊东坡乐府三卷 宋苏轼撰清朱祖谋编年 ④1300

朱　轼 一七一九（康熙五十八）年刊颜氏家训二卷 北齐颜之推撰 ⑱子515

朱　晓 刊朱杜谿先生集七卷诗稿三卷又一卷游历一卷 清朱书撰 ⑱集1097

高安**朱聆** 一八七一（同治十）年刊朱文端公文集四卷补编四卷年谱一卷 清朱轼撰朱聆辑 ㉑247

朱铭石 自刊纲目万方全书十三卷 清朱铭石编 ㉚30

朱绪曾 一八四八（道光二十八）年刊【乾隆】海宁州志十六卷首一卷 清战效曾修高瀛洲纂 ⑲396

朱　琪 一七三五（雍正十三）年自刊东谿诗草三卷 清朱琪撰 ⑱集114

朱韫珍 一八九八（光绪二十四）年刊启秀轩诗钞二卷 清刘之莱撰 ㉓46

朱嵩龄 一七四一（乾隆六）年刊鹤洲残稿一卷词一卷 清朱彝爵撰 ⑱集1046

侯官**朱锡谷** 一八三三（道光十三）年在四川泸州刊北溪字义二卷 宋陈淳撰 ⑥

朱锡庚 一八一五（嘉庆二十）年刊笥河文集六卷诗集二十卷 清朱筠撰 ㉓46

朱锡旂 一六七一（康熙十）年刊周易本义四卷图说一卷卦歌一卷筮仪一卷 宋朱熹撰 ⑱经49

朱锦昌 一七五九（乾隆二十四）年刊浣桐诗钞六卷 清朱一蜚撰 ①1453

朱锦琮 一八三六（道光十六）年自刊治经堂集二十卷外集四卷 清朱锦琮撰 ⑯18216

朱　筠 一七七三（乾隆三十八）年刊说文解字十五卷 汉许慎撰 ㉝34

朱魁鳌 一六八○（康熙十九）年刊唐山县志四卷 清孙缵修张鹏翎纂 ⑲76

朱　缙 一八○三（嘉庆八）年刊听月楼诗钞一卷 清朱文娟撰 ㉙1092

浙江**朱熙** 一八九四（光绪二十）年刊经脉图考四卷 清陈惠畴撰 ㉚141

朱愿愚**朱愿为** 一六四四—一七二二（顺治—康熙）年刊为可堂初集四十二卷史论十卷外集二卷集选十卷梅里词三卷 明朱一是撰 ①5717

朱增惠春坪 一七七四（乾隆三十九）年刊幼科释谜六卷 清沈金鳌编 ㉚482

朱稻孙 一七一四（康熙五十三）年刊曝书亭集八十卷 清朱彝尊撰 ⑱集1033

朱德燧 一八四〇（道光二十）年刊贵阳府志八十八卷首二卷 ⑲804

朱潮远 一六六六（康熙五）年自刊四本堂座右编二十四卷二集二十四卷馀编二十卷 清周作楫修萧琯邹汉勋纂 ⑯192/833

朱　衡 一八九七（光绪二十三）年刊朱文端公藏书十三种 清朱轼撰 ⑤

朱　霞 一七二二（康熙六十一）年自刊樵川二家诗四卷宋宋严羽元黄镇成撰清朱霞辑 ①494

朱彝尊 一六八九（康熙二十八）年刊十家宫词十二卷 ③文135/599

朱雝模 一七三六（乾隆元）年自刊三农外集诗草四卷 清朱雝模撰 ⑱集1116

朱麟应 一七四四（乾隆九）年自刊积业斋诗稿一卷 清朱麟应撰 ①1432

朱麟徵 一七三六—一七九五（乾隆）年刊毛诗名物略四卷 清朱桓纂 ③经358/49

高安古唐**朱氏** 一六六二—一七九五（康熙—乾隆）年刊朱文端公藏书十三种 清朱轼撰 ㉑245

高安古唐**朱氏** 一七三一（雍正九）年刊驳吕留良四书讲义不分卷 清朱轼等撰 ㉑246

高安古唐**朱氏** 一八八五（光绪十一）年刊古欢斋文录四卷 清朱聆撰 ㉑247

山阴**朱氏** 一七二九（雍正七）年刊灵验良方汇编四卷附胎产要诀二卷 清沈铭三撰田间来增辑 ㉚246

金溪**朱氏** 一八一一（嘉庆十六）年家刊红叶山房古文一卷 清朱嗣韩撰 ㉑266

贵州正安州**朱氏** 一八五一—一八六一（咸丰）年刊太学坊表八卷 清朱百谷述 ⑥

宝应**朱氏** 一八六五（同治四）年刊春雨楼丛书 清朱士端撰 ⑰1409

古唐**朱氏** 一八七一（同治十）年刊朱文端公年谱 清朱舲撰 ②13501

吴县**朱氏** 一八八四（光绪十）年家刊国朝未刻遗书志略一卷 清朱记荣撰 ㉙1416

吴县**朱氏** 一八八七（光绪十三）年刊槐庐丛书初编 清朱记荣辑 ⑰1307

泾县**朱氏**　一八九四（光绪二十）年刊豫章丛书　清陶福履辑　⑰1234

大兴**朱氏**　一八九八（光绪二十四）年刊启秀轩诗钞二卷　清刘之策撰　⑯847.8/891.9

瑶江**朱氏**　一九〇〇（光绪二十六）年刊三家曲　清朱静辑　⑯953/827

仁和**朱氏**　一九〇五（光绪三十一）年刊结一庐朱氏剩馀丛书　清朱学勤辑　⑰1175

安福**伍兆鳌**　一八九八（光绪二十四）年自刊展峰诗草六卷　清伍兆鳌撰　㉑297

南海**伍崇曜**　一八五三（咸丰三）年刊胜饮编十八卷　清郎廷极撰　②24239

伍濬祥　一八六三（同治二）年刊【道光】綦江县志十二卷首一卷　清宋灏修罗星撰　⑲742

南海**伍氏**　一八三一（道光十一）年刊岭南遗书　清伍元薇辑　⑰1370

仲　湘　自刊留爪集　清仲湘辑　㉙2639

仲　氏　一九一〇（宣统二）年刊治痧要略　清欧阳调律撰　㉚402

钱塘**任九思**　一八九五（光绪二十一）年刊小庾词存三卷　清叶申芗撰　⑯3077

任大椿　一七八七（乾隆五十二）年刊相台书塾刊正九经三传沿革例一卷　清焦循校并跋　⑱经357

任　玑　刊古诗肆及六卷唐诗肆及十八卷　清任玑辑　⑯2776

任　璿　一六九四（康熙三十三）年刊登州府志二十二卷　清施闰章修杨奇烈纂　⑲282

震泽**任氏**　一七八八（乾隆五十三）年刊心斋十种　清任兆麟撰　⑰1488

伊齿阿　一七七二（乾隆三十七）年刊九江关征收船税则例不分卷　清谢旻撰　⑯348.7/619

华天章　一六六二—一七二二（康熙）年刊山响斋别集饮骚十卷　清贺宽撰　①4411

金匮**华希闵**　一七六三（乾隆二十八）年刊千金翼方三十卷　唐孙思邈撰宋林亿校　㉚209

华希闵　一七〇七（康熙四十六）年刊遗山先生文集四十卷　金元好问撰　附录一卷　⑱集422

华希闵　一七四二（乾隆七）年刊高子全书　明高攀龙撰　⑤

华宏源　一七九六（嘉庆元）年刊栖碧先生黄杨集三卷补遗一卷　元华幼武撰　附录一卷　⑱集510

萧山**华莲峰**　一八七七（光绪三）年刊颐身集　清叶志诜编　㉚613

锡山**华绮**　一六六二—一七二二（康熙）年刊玉台新咏十卷　陈徐陵辑清冯舒冯班校　⑧

华　绮　一七六一（乾隆二十六）年刊箧衍集十二卷　清陈维崧辑　⑯831.7/384

天津**华鼎元** 一八八六（光绪十二）年自刊津门征献诗八卷 清华鼎元辑 ㉓50

溧阳**华聚玉** 一七八九（乾隆五十四）年刊幼科医学指南四卷 清周震撰 ㉚477

平陵**华聚玉** 一八八〇（光绪六）年刊动忍集二卷 清杨从相纂 ⑯074/274

华氏 一八六四（同治三）年家刊鉴歃书屋遗草二卷 清华良显撰 ⑱集1330

金匮**华氏** 一八八五（光绪十一）年刊学算笔谈十二卷 清华蘅芳撰 ⑯510. 7/502-02

延君寿 一八〇七（嘉庆十二）年刊艳雪堂诗集四卷 清张溍撰 ⑱集1276

延楷 一八六七（同治六）年刊乾隆汀州府志四十五卷首一卷 清曾日瑛等修李绂等纂 ⑲540

延福 一七三六—一七九五（乾隆）年刊梦堂诗稿十五卷 清英廉撰 ⑱集1145

全士潮 刊大清律例四十七卷 清刘统勋依兰泰纂修 督捕则例二卷三流道里表不分卷 ⑱史1342

全尚柬 一七四三（乾隆八）年刊练音集补四卷首一卷附一卷外一卷
明翟校辑清王辅铭补辑 ①1892

广州**邬氏** 一九〇九（宣统元）年刊吉祥录不分卷 清邬宝珍辑 ⑯092. 8/897

色超 一七四一（乾隆六）年补刊雍正宁波府志三十六卷首一卷 清曹秉仁等修万经等纂 ⑲408

冰龛 一九一一（宣统三）年刊惊风辨误三篇 清冯汝玖辑 ⑯613. 7/772

刘人选 一八三五（道光十五）年刊六河图说一卷 汪黄士杰撰 ⑱史1038

刘士锡 一七一五（康熙五十四）年刊芮城刘氏家传不分卷 明刘良臣撰清刘士锡续辑 ⑱史574

刘中从 清初刊邸中杂记一卷 明刘永澄撰 ①2218

刘中柱 一六六二—一七二二（康熙）年刊家塾绪言二卷 明刘永澄撰 ⑱子580

书林**刘公生** 一六六二—一七二二（康熙）年刊证治汇补八卷 清李用粹撰 ㉚409

萍乡**刘凤诰** 一八二八（道光八）年自刊五代史记注七十四卷
宋欧阳修撰清彭元瑞注刘凤诰辑 ㉑211

刘文淇等 一八五一（咸丰元）年刊戴静斋先生遗书二卷 清戴清撰 ⑱经35

江宁**刘文楷** 刊洞萧楼诗纪二十四卷 清宋翔凤撰 ㉙1180

刘玉璋 一八九八（光绪二十四）年刊【乾隆】福清县志二十卷图一卷

清饶安鼎等修林昂李修卿纂 ⑲532

大兴**刘玉瓒** 一六六四（康熙三）年自刊临川文选六种 清刘玉瓒辑 ㉑252

刘世选 刊刘文安公呆斋先生策略十卷 明刘定之撰 年谱一卷 ⑱集578

贵池**刘世珩** 一九〇三（光绪二十九）年刊聚学轩丛书 ⑥

刘永树 一七九五（乾隆六十）年刊陈观察遗事一卷 清郑杰辑 墓志一卷 唐黄璞撰 ⑱史467

刘永镇 一八八七（光绪十三）年在成都刊读诗钞说四卷 清张澍撰 ⑥

常熟**刘光德** 刊周易本义辨证五卷 ⑥

刘同庆 一六九六（康熙三十五）年刊虎溪渔叟集十八卷 明刘命清撰 ①5728

刘廷玑 一七一五（康熙五十四）年自刊在园杂志四卷 清刘廷玑撰 ①2456

刘行秉等 一七二七（雍正五）年刊读书日记六卷补编二卷 清刘源渌撰 ⑱子98

刘合辉 一六四八（顺治五）年刊群仙要语纂集一卷 元董汉醇辑 ⑱子1063

镇江**刘庆和刻字店** 一八五九（咸丰九）年刊疫痧草三卷 清陈耕道撰 ㉚601

刘兆麒 一六七二（康熙十一）年自刊总制浙闽疏草四卷 清刘兆麒撰 ①2316

刘汝贤 一八八一（光绪七）年刊乾隆江都县志三十二卷 清五格黄湘纂修 ⑲350

刘汝锡 一八九三（光绪十九）年自刊许松滨先生全集 清许锡祺撰刘汝锡辑 ⑤

刘　址 一六八〇（康熙十九）年刊南皮县志八卷首一卷 清马士琼修吴维哲等纂 ⑲63

桂林**刘芸浦**等 一八七六（光绪二）年刊异授眼科 ㉚573

丰城**刘芳** 一八四六（道光二十六）年刊逍遥山万寿宫志二十卷 清丁步上原纂郭懋隆补纂 ㉑249

刘芳永 一六九〇（康熙二十九）年刊良辰乐事不分卷 明刘效祖撰 ⑱集2171

刘　坚 一七四一（乾隆六）年自刊修洁斋闲笔八卷 清刘坚辑 ①1684

刘　佑 一六六二（康熙元）年刊简斋先生诗选十一卷文选四卷 明刘荣嗣撰 ⑱集814

刘沁区 一六九九（康熙三十八）年刊唐刘随州全集三卷 唐刘长卿撰 ⑱集52

南丰**刘良骥** 一八五一—一八六一（咸丰）年刊刘廉舫行述不分卷 清刘瑢刘良骥撰 ㉑274

朝邑**刘际清** 一八三五（道光十五）年刊青照堂丛书 清李元春辑 ⑨082.6/151

刘 纮 一六五七（顺治十四）年刊濑园诗初集三卷后集不分卷 文集二十卷谈史六卷 清严首昇撰 ⑱集917

刘青震 一七一〇（康熙四十九）年刊高阳山人文集十二卷补遗一卷 清刘青黎撰 ⑱集1100

阜山**刘奇珍** 一八四一（道光二十一）年刊麻科活人全书四卷 清谢玉琼撰 ㉚511

刘明诏等 一七四八（乾隆十三）年刊龙云先生文集三十二卷宋刘弇撰 附录一卷 ⑱集280

刘昇之 一八七五（光绪元）年在陕西刊开知录十四卷 清张秉直撰 ⑥

刘国光 一八八二（光绪八）年刊康熙衢州府志四十卷首一卷 清杨廷望纂修 ⑲431

许 治 一七六六（乾隆三十一）年刊【乾隆】长州县志三十四卷首一卷 清李光祚修顾诒禄等纂 ㉙940

赣县**刘宗魏** 一八六三（乾隆二十八）年自刊历代帝系年号考二十卷 清刘宗魏辑 ㉑300

刘宝楠 一八六六（同治五）年自刊论语正义二十四卷 清刘宝楠撰 ⑥

曲江**刘学礼** 一八三六（道光十六）年刊漕豁通志八卷首一卷 清马元等纂 ⑰6124

刘诚意 一七三一（雍正九）年刊仙传痘疹奇书三卷 明高我冈撰高尧臣编 ㉚500

永丰**刘绎** 一八六九（同治八）年自刊存吾春斋诗文钞二十五卷 清刘绎撰 ㉑295

刘厚基 一八七五（光绪元）年刊虚字阐义三卷 清谢鼎卿撰 ⑰7685

刘映菁 一八七三（同治十二）年刊养蒙书十种 清贺瑞麟辑 ⑯428.1/758

施邑**刘钟甫** 一六六二—一七二二（康熙）年刊诫书十六卷附诫书痘疹三卷 清谈金章撰 ㉚478

刘 俨 一六七三（康熙十二）年刊萧山县志二十一卷 清邹勷修蔡时敏蔡含生纂 ⑲388

刘修元 刊绘图度世金绳三卷十五回 题天花藏举编清刘修元校订 ⑱子779

贵池**刘信堂** 一八九五（光绪二十一）年刊幼科铁镜六卷 清夏鼎撰 ㉚478

刘济川 一八八七（光绪十三）年自刊外科心法真验指掌 清刘济川撰 ㉚548

刘祖宪 一八二七（道光七）年自刊橡茧图说二卷 清刘祖宪撰 ⑱子156

刘祖曾 一七四五（乾隆十）年刊司马文正公集八十卷目录二卷首一卷 宋司马光撰 ④13935

刘 莱 一八六八（同治七）年刊胎产秘书二卷 清陈笏庵撰 ㉚461

刘赞苏尔诒等 一七六七（乾隆三十二）年刊吴徵君莲洋诗钞不分卷 清吴雯撰 ⑱集1049

湖北**刘奎光** 一八六〇（咸丰十）年刊周易传义合订十二卷 清朱轼撰 ⑥

刘旂锡王思训 一七二〇（康熙五十九）年刊浮云草一卷 清释行珠撰 ⑱集1127

刘家善 一八九三（光绪十九）年刊馆陶县志十二卷 清赵和希原本张兴宗增修 ⑨671.25/315

豫章**刘继礼** 一八六七（同治六）年刊异授眼科 ㉚573

刘继增 一八九四（光绪二十）年刊樵歌三卷 宋朱敦儒撰 ④1554

任丘刘理 一七六六（乾隆三十一）年自刊四书顺义集解十九卷 清刘理撰 ㉓76

刘虚白 一八六八（同治七）年刊轩辕逸典十四卷 ㉚514

刘翊宸 一八八三（光绪九）年刊明堂阴阳夏小正经传考释十卷 清庄述祖撰 ⑯1091

刘鸿年 一八九八（光绪二十四）年刊马忠节父子合集 清刘尚文辑 ⑤

眉州**刘鸿典** 一八六七（同治六）年刊西沤全集 清李惺撰 ⑤

刘　棫 一八八九（光绪十五）年刊【同治】营山县志三十卷 清翁道均修熊毓藩等纂 ⑲786

刘葆初 一七八五（乾隆五十）年刊孙丰年先生幼科三种 清孙丰年撰 ㉚482

南丰**刘斯眉** 一八三〇（道光十）年刊宋名臣言行录 ⑤

刘晰公 一七二六（雍正四）年刊李义山诗一卷 唐李商隐撰清陆昆曾解 ⑱集156

安徽宣城**刘景韩** 一八九四（光绪二十）年刊戊笈谈兵九卷 清汪绂录 ⑥

刘　鼎 一六八三（康熙二十二）年刊于山奏牍七卷诗词合选一卷 清于成龙撰 ⑱集949

上党**刘鼎新** 一八八八（光绪十四）年刊揣摩有得集 清张朝震撰 ㉚231

武强**刘谦** 一七三三—一七三五（雍正）年自刊廉平堂文集四卷 清刘谦撰 ㉓79

南海**刘聘璧** 一八四三（道光二十三）年刊沈氏尊生书 清沈金鳌撰 ㉚733

刘　勤 一七三六—一七九五（乾隆）年刊幼幼集成六卷 清陈复正编 ㉚481

刘嗣美 一六四四—一六六一（顺治）年刊蔡中郎文集十卷外传一卷 汉蔡邕撰 ⑱集16

刘锡之 一八八二（光绪八）年刊乡约一卷塞语一卷 明尹耕撰 ⑯382/324

书林**刘锡公** 一七〇〇（康熙三十九）年刊铜人腧穴针灸图经三卷 宋王惟一编 ㉚138

刘　靖 一七五四（乾隆十九）年自刊片刻馀闲集二卷 清刘靖撰 ①1182

吴趋**刘煃** 刊归帆图附探梅图 清潘奕隽撰 ㉙1017

南丰**刘煜** 一九一〇（宣统二）年刊谢程山全书八种十二卷 清谢文洊撰 ㉑275

刘　榛 一六九〇（康熙二十九）年刊亦玉堂稿十卷 明沈鲤撰 ⑱集718

山东潍县**刘嘉禾** 一八九〇（光绪十六）年刊说文韵谱校五卷 清王筠学 ⑥

刘熙载 一八七七（光绪三）年自刊昨非集四卷 清刘熙载撰 ⑯2362

刘愿人 一六六七（康熙六）年刊甘露园短书十一卷 明陈汝锜撰 ⑪NC9154/1938

刘增宽 一七三六—一七九五（乾隆）年刊蔚园先生诗集八卷 清刘宗霈撰 ⑱集1188

刘　镇 一七二一（康熙六十）年刊广惠编二卷轺车杂录二卷 清朱轼辑 ⑱史1328

文安**刘德昌** 一七〇三（康熙四十二）年自刊经起堂诗集十卷鹤亭词二卷 清刘德昌撰 ㉓62

刘履芬 一八七二（同治十一）年刊邓析子二卷校文一卷 清谭仪撰 ①4784

宝应**刘赞勋** 一八三八（道光十八）年刊清芬集十卷 清刘宝楠辑 ②16365

邗江**刘耀奎** 一八二六（道光六）年刊轩辕逸典十四卷 ㉚514

颍川**刘氏** 一六七八（康熙十七）年刊七颂堂诗集四集 清刘体仁撰 ⑯847.2/889

襄城**刘氏** 一七三九（乾隆四）年刊襄城文献录十二卷 清刘宗泗辑 ⑰5894

大余**刘氏** 一七四八（乾隆十三）年家刊宝制堂录二卷 明刘节撰刘斯来辑 ㉑304

水西**刘氏** 一七五〇（乾隆十五）年刊新喻三刘文集六卷首一卷 ⑱集1850

宜黄**刘氏** 一七五九（乾隆二十四）年家刊杜诗句解二卷 清刘肇虞撰 ㉑280

安成**刘氏** 一七七〇、一七七三（乾隆三十五、三十八）年刊两谿文集二十四卷 明刘球撰 ⑱集574

陕西朝邑**刘氏** 一八三五（道光十五）年刊清照堂丛书三编 清李元春详编刘学宠等汇梓 ⑥总四二

善化**刘氏** 一八四七（道光二十七）年刊医痘金丹二卷 清曹珣编 ㉚520

新建**刘氏** 一八二一—一八五〇（道光）年家刊湘畹诗钞五卷 清刘芬撰 ㉑203

新昌**刘氏** 一八五五（咸丰五）年刊引痘略 清邱浩川编 ㉚517

大城**刘氏** 一八六一（咸丰十一）年家刊三十二兰亭室诗存八卷续刻二卷再续刻二卷 清刘溎年撰 ㉓62

桐城**刘氏** 一八七四（同治十三）年刊海峰文集八卷 清刘大櫆撰 ②7999

汉川**刘氏** 一八九二（光绪十八）年刊惊风辨症必读书 清庄一夔撰 ㉚535

新宇**刘氏** 一八九五（光绪二十一）年刊幼科铁镜六卷 清夏鼎撰 ㉚478

高安**刘氏** 一八九七（光绪二十三）年家刊三刘家集 宋刘元高辑 ㉑248

南丰**刘氏** 一九〇〇（光绪二十六）年刊白喉治法要言 清刘昌祁编 ㉚600

刘 氏 一七八六（乾隆五十一）年家刊刘忠宣公年谱二卷 明刘世节撰 宣召录一卷 ⑱史506

打箭铲粮府**刘氏** 一九〇二（光绪二十八）年刊咽喉脉证通论 ㉚584

三台**刘氏** 一九〇四（光绪三十）年刊医录便览六卷 清刘福庆撰刘莹校订 ㉚350

四川双流**刘氏** 一九〇五（光绪三十一）年在成都刊书经恒解六卷 清刘沅辑 ⑥

贵池**刘氏** 一九〇三（光绪二十九）年刊聚学轩丛书 清刘世珩辑 ⑰1306

齐学裘 一八四三（道光二十三）年自刊双溪草堂全集二十卷 清齐学裘撰 ㉑225

齐学裘 一八二一—一八五〇（道光）年刊雨峰全集 清齐翀撰 ㉑225

婺源**齐氏** 一八七六（光绪二）年家刊梅麓诗钞十八卷 清齐彦槐撰 ㉑225

庄 炘 一七八六（乾隆五十一）年刊一切经音义二十五卷 唐释玄应撰 ⑱子981

庄逵吉 一七八八（乾隆五十三）年刊淮南子注 汉许慎高诱撰 ④80

庄清佐 一七〇二（康熙四十一）年刊定山先生集十卷 明庄昶撰 ⑱集594

江西新昌**庄氏** 一八五四（咸丰四）年刊长恩书室丛书二十种 清庄肇麟校 ⑥总44

阳湖**庄氏** 一八八二（光绪八）年刊味经斋遗书 清庄存与撰 ⑰1436

江阴**庄氏** 刊胎产合璧三卷附种子心法三卷 题永思堂主人编 ㉚464

庆 氏 一八二六（道光六）年在金华刊痧胀名考 清钱松撰 ㉚400

清江**关耀南** 一八八六（光绪十二）年自刊澄园医类十五卷 清关耀南辑 ㉑249

河口**米氏** 一八七七（光绪三）年刊大生要旨五卷 清唐千顷撰 ㉚458

婺源**江人镜** 一八九四（光绪二十）年自刊知白斋诗钞五卷 清江人镜撰 ㉑226

江之升 一八四五（道光二十五）年刊时干草一卷 清江文虎撰 ㉙3119

婺源**江之纪** 一八一二（嘉庆十七）年家刊白圭堂诗钞四卷 清江之纪撰 ㉑224

江元文 一八四一（道光二十一）年刊碑版文广例十卷 清王芑孙辑 ⑰7217

新宁**江忠浚** 一八六五（同治四）年刊牧令书二十三卷 清徐栋辑 ⑰530.7－393

江 绅 一七一八（康熙五十七）年刊元芝馆诗集四卷 明江禹蓂撰 ⑱集749

江 标 一八九五（光绪二十一）年自刊宋元名家词十五种十六卷 清江标编 ①520

江 相 一七〇六（康熙四十五）年刊耕馀居士诗集 清郑世元撰 ①1705

江 恂 一七八六（乾隆五十一）年刊苹州渔笛谱二卷 宋周密撰 ①2006

江起泰 一七九二（乾隆五十七）年刊读书随笔 清江永撰 ⑤

江逢源等 一六九七（康熙三十六）年刊青峰先生存稿八卷 明江柏撰 ⑱集68

婺源**江氏** 一八九三（光绪十九）年重刊白圭堂诗钞六卷续六卷 清江之纪撰 ㉑226

汤士超 一七五一（乾隆十六）年刊归愚诗抄四卷 清沈德潜撰 ㉙834

汤用中 一八四九（道光二十九）年刊本经疏证十二卷续疏六卷续疏要八卷 清邹澍撰 ㉚158

汤用中 一八六九（同治八）年自刊翼駉稗编八卷 清汤用中撰 ⑯857.2/736

汤传榘 一七〇五（康熙四十四）年自刊四书明儒大全精义三十八卷 清汤传榘辑 ⑱经348

汤学基等 一七四六（乾隆十一）年刊怀清堂集二十卷 清汤右曾撰 首一卷 ⑱集1066

汤贻汾 一八一四（嘉庆十九）年刊画筌析览二卷 清汤贻汾撰 ①16976

汤斯祚 一七五七（乾隆二十二）年自刊亦庐诗三十卷 清汤斯祚撰 ⑱集1155

汤 斌 一六六〇（顺治十七）年重刊【天启】赣州府志二十卷 明余文龙修谢韶纂 ⑲509

汤鼎烜 一九〇五（光绪三十一）年校刊麻疹全书四卷 元滑寿撰 ㉚496

南丰**汤氏** 一六六二—一七二二（康熙）年家刊内省斋文集八卷 清汤来贺撰 ㉑272

临川**汤氏** 一八七四（同治十三）年家刊布帆无恙草三卷附忍冬小草一卷 清汤储璠撰 ㉑256

临川**汤氏** 一八八三（光绪九）年家刊长秋馆咏史诗钞四卷 清汤储璠撰 ㉑257

汤 氏 一八三〇（道光十）年家刊绿满树斋诗钞三卷词钞一卷 清汤锦撰 ㉙3250

安庆澜 一八四五（道光二十五）年刊湖北金石诗一卷 清严观撰 ⑱史1483

安洪德 一七三六—一七九五（乾隆）年刊【康熙】绵竹县志五卷首一卷 清王谦言纂修陈箕永增补 ⑲756

安　萁 一六六二—一七二二（康熙）刊玉硊集四卷寿圹碑辞一卷吴江旅啸一卷　清安致远撰　④2508

星沙安濂 一八八八（光绪十四）年自刊泄痢全生十二卷　清安濂撰　㉚397

安　氏 一八八五（光绪十一）年刊夏时考六卷　清安吉撰　⑯095.3232/704

绍城许广记 一八八八（光绪十四）年刊几希录　清瑞五堂主人编　㉚252

许之理 一七二二（康熙六十一）年刊舟车经验良方二卷　清谢汉编　㉚245

许仁沐 一八九八（光绪二十四）年刊【嘉靖】海宁县志九卷首一卷　明蔡完修董谷纂　⑲395

许毕生 一七一二（康熙五十一）年刊伤寒论证辨二卷　清郑重光编　㉚73

许自期 一六九二（康熙三十一）年自刊容庵文集二卷　明孙爽撰　⑱集891

闽中许作屏 一七三六—一七九五（乾隆）年刊周礼疑义举要八卷礼记训义择言八卷　清江永撰　②48372

许岩光 一六六二（康熙元）年刊书巢笺注杜工部七言律诗四卷　唐杜甫撰清陈醇儒集注　⑱集86

许秉衡 一六七一（康熙十）年刊协忠录三卷　清许南金增订　①5735

许金策 一九〇三（光绪二十九）年刊【同治】雩都县志十六卷首一卷　清王颖等修何戴仁洪霖纂　⑲510

许　治 一七六六（乾隆三十一）年刊长洲县志三十四卷首一卷　清李光祚修顾诒禄等纂　⑲319

绍城许显记 一八八七（光绪十三）年刊达生编　清亟斋居士编　㉚454

许钟德 一七五六（乾隆二十一）年刊丁卯集笺注八卷　唐许浑撰清许培荣笺注　⑱集153

许　炳 一七三八（乾隆三）年刊【雍正】慈溪县志十六卷　清杨正笱修冯鸿模等纂　⑲413

奉新许振祎 一八九七（光绪二十三）年自刊贻炜集五卷侍香集一卷　清许振祎辑　㉑244

海昌许颂鼎 一八九四（光绪二十）年刊【正德】武功县志四卷首一卷　明康海撰清孙景烈评注　⑲189

苏城许浩 一八六八（同治七）年刊绛囊撮要五卷　题云川道人编　㉚246

许　梿 一八二〇（嘉庆二十五）年刊笠泽丛书九卷　唐陆龟蒙撰　附考一卷　清许梿撰　④12371

许　梿 一八四三（道光二十三）年自刊刑部比照加减成案续编三十二卷　清许梿撰　①1841

许　梿 一八五八（咸丰八）年刊古均阁宝刻录不分卷　清许梿撰　⑱史1471

许涵度 一九〇八（光绪三十四）年刊三朝北盟会编二百五十卷　宋徐梦莘撰　①46

许景澄 一八九六（光绪二十二）年自刊西北边界图地名译汉考证二卷 清许景澄撰 ⑯928.15/610

许嘉德 一八七九（光绪五）年刊文选笔记八卷 清许巽行撰 ③文101.19/844

许 增 一八七九（光绪五）年刊灵芬馆词七卷 清郭麟撰 ④1424

许豫村 一八七二（同治十一）年刊痘疹金镜录四卷 明翁仲仁撰 ㉚499

许賫莾 一八八一（光绪七）年刊普济应验良方八卷 清德轩氏编 ㉚254

许 瀚 一八四三（道光二十三）年刊孟子音义二卷 宋孙奭撰 ⑱经310

古歙**许氏** 一七〇六（康熙四十五）年刊素圃医案四卷 清郑重光撰 ㉚630

仁和**许氏** 一八二七（道光七）年刊咽喉脉证通论 ㉚583

仁和**许氏** 一八七七（光绪三）年刊碧声吟馆丛书 清许善长辑 ⑰1606

钱塘**许氏** 一八五九（咸丰九）年刊宦海指南不分卷 清许乃普辑 ⑯323.42/614.7

绍武**许氏** 一八八〇（光绪六）年刊急救应验良方 清费山寿编 ㉚272

奉新**许氏** 一八九五（光绪二十一）年刊医抄类编幼科 清翁藻编 ㉚484

许 氏 一七五六（乾隆二十一）年家刊小丁卯集摘本一卷 清许在璞撰 ㉙3084

祁尔诚 一八三一（道光十一）年刊傅青主女科二卷附产后编二卷 清傅山撰 ㉚433

祁国臣 一六八六（康熙二十五）年刊苏州织造局志十二卷 清孙佩辑 ㉙768

祁寯藻 一八三九（道光十九）年刊说文解字系传四十卷 南唐徐锴撰 校勘记三卷 清承培元等撰 ⑱经406

那彦成 一七九九（嘉庆四）年刊阿文成公（阿桂）行状 清王昶撰 ⑪NC2278/1133

阮 元 一八〇七（嘉庆十二）年自刊揅经室文集十八卷 清阮元撰 ⑱集1238

阮 元 一八四二（道光二十二）年自刊文选楼丛书三十二种四百八十卷 清阮元辑 ③总636/44

安福**阮文藻** 一八三一（道光十一）年自刊听松涛馆诗钞十一卷 清阮文藻撰 ㉑296

阮 岘 一六九四（康熙三十三）年刊玉茗堂全集四十六卷 明汤显祖撰 ⑱集767

阮 亨 一八〇八（嘉庆十三）年刊琅嬛仙馆诗略八卷 清阮元撰 ⑱集1233

安福**阮复祖** 一八二四（道光四）年自刊梦蛟山人诗集五卷 清阮复祖撰 ㉑296

扬州**阮常生** 一七九六—一八二〇（嘉庆）年刊刘端临先生遗书 清刘台拱撰 ⑤

安福**阮氏** 一八八二（光绪八）年家刊听松涛馆文钞二十八卷 清阮文藻撰 ㉑297

释如实 一六八九（康熙二十八）年刊为霖和尚泉州开元语录一卷 清释道霈撰 ⑱子970

牟房 一八四三（道光二十三）年自刊雪泥书屋遗书目录一卷补遗一卷 清牟房辑 ⑱史1421

牟钦元 一七一五（康熙五十四）年自刊唐诗排律七卷 清牟钦元辑 ⑯12253

牟庭 一七九六—一八二〇（嘉庆）年自刊雪泥书屋全书二种二卷 清牟庭撰 ⑱丛670

孙义 一八三三（道光十三）年补刊【雍正】永安县志十卷首一卷 清裘树荣等纂修 ⑲546

孙之杲 一八二一—一八五〇（道光）年刊三影阁丛书 清张云璈撰 ⑤

孙之澇 一六五五（顺治十二）年刊高阳集二十卷 明孙承宗撰 ⑱集799

孙弓安 一七〇〇（康熙三十九）年刊河防一览纂要五卷 清陈于豫撰 南河志书纂要一卷 ⑱史1030

孙云斋 一八六八（同治七）年刊小耕石斋医书四种 清金德鉴撰 ㉙1307

孙用桢 一六六二—一七二二（康熙）年刊得闲人集二卷 清孙望雅撰 ⑱集949

孙用祯 一六九九（康熙三十八）年刊夏峰先生集十四卷 清孙奇逢撰 ⑱集901

孙兰圃 一八五七（咸丰七）年刊汇刊经验方 清毛世洪等编 ㉚252

孙光祀家 一六九六（康熙三十五）年刊胆馀轩集八卷 清孙光祀撰 ⑱集984

孙光炀 一六七〇（康熙九）年刊熊峰先生诗集七卷文集三卷 明石珤撰 ⑱集605

孙同元 一八〇二（嘉庆七）年自刊读书脞录续编四卷 清孙同元撰 ①1932

孙廷璋 一八四八（道光二十八）年刊复庄诗问三十四卷 清姚燮撰 ⑱集1296

孙兆庆 一八七八（光绪四）年刊先正读书诀 清周永丰辑 ⑰3379

孙衣言 一八七三（同治十二）年刊永嘉诗人祠堂丛刻 ①364

孙均 一八二五（道光五）年刊小谟觞馆诗集注八卷文集注四卷诗馀注一卷诗馀附录注一卷诗续集注二卷文续集注二卷 清彭兆荪撰孙元培孙长熙注 ⑱集1283

孙志祖 一七九九（嘉庆四）年自刊读书脞录七卷 清孙志祖撰 ①1932

孙孝桢 一六八四（康熙二十三）年刊孙宇台集四十卷 明孙治撰 ⑱集953

孙诒让 一九〇五（光绪三十一）年自刊名原二卷 清孙诒让撰 ⑯423．135/365

泰和孙明 一八四五（道光二十五）年刊金元明八大家文选五十二卷 清李祖陶评选 ㉑291

天津孙昌 一八五九（咸丰九）年刊温病条辩六卷首一卷 清吴瑭撰 ㉚372

孙国宾 一六六二—一七二二（康熙）年刊盘山盘谷寺拙庵朴禅师尺牍一卷 清释智朴撰 ⑱集1039

孙秉宪等 一七六一（乾隆二十六）年刊既耕堂诗集二卷 清秦嘉铨撰 ㉙608

孙宝璐 一七〇〇（康熙三十九）年刊四明水氏留硕稿 清水嘉谷辑 ⑰56－0813

孙承泽 一六六三（康熙二）年自刊五经翼二十卷 清孙承泽撰 ⑱经362

孙星衍 一七八八（乾隆五十三）年自刊晏子春秋七卷音义一卷 清孙星衍撰 ⑥

孙星衍 一八一三（嘉庆十八）年刊抱朴子内篇二十卷外篇五十卷 晋葛洪撰 ⑱子1047

会稽孙思恭 一八九三（光绪十九）年刊余注伤寒论翼 清柯琴撰余景和注 ㉚79

孙思敬 一八九九（光绪二十五）年刊虞山十八景画册 清李德撰 ㉙3341

孙恩高 一八六五（同治四）年刊测海集六卷 清彭绍升撰 ㉙1014

孙涛 一七七四（乾隆三十九）年刊全唐诗话八卷 宋尤袤辑清孙涛续辑 ⑯8890

孙维则 一八七二（同治十一）年刊偶仙诗钞四卷 清祝怀真撰 ㉙1318

河东孙维周 一七四九（乾隆十四）年刊产科秘书十二卷 清杨恢基编 ㉚455

孙琰 一七三三（雍正十一）年刊砚山斋集一卷 清孙承泽撰 ⑱子97

孙堮 一七四九（乾隆十四）年刊醉耕轩诗钞不分卷 清雷鐄撰 ⑱集1127

孙敦穆 一八八二（光绪八）年刊留垣疏草一卷 明徐宪卿撰 ㉙1581

孙说 一七一八（康熙五十七）年刊苔窗拾稿一卷诗余一卷 清吴永和撰 ⑱集1093

孙溪逸士 一八七五—一九〇八（光绪）年刊医学实在易八卷 清陈念祖撰 ㉚343

孙嘉淦 一六六二—一七二二（康熙）年校刊大学衍义四十三卷 宋真德秀撰 ㉝131

孙毓汉 一八七二（同治十一）年刊延厘堂集 清孙玉庭撰 ⑤

孙觐光 一七八九（乾隆五十四）年补刊【康熙】江宁府志三十四卷 清陈开虞纂修 ⑲310

嘉兴孙震孚葛松年 一八八五（光绪十一）年刊笔花医镜四卷 清江笔花撰 ㉚346

孙熹 一八七一（同治十）年刊好深湛思室诗存二十二卷 清孙义钧撰 ㉙1214

孙濩孙 一七三三（雍正十一）年自刊华国编唐赋选二卷 清孙濩孙辑 ⑱集1678
北平**孙氏** 一六五四（顺治十一）年刊畿辅人物志二十卷 清孙承泽撰 ㉓42
容城**孙氏** 一六四四—一六六一（顺治）年家刊得闲人集二卷 明孙望雅撰 ㉓66
兰陵**孙氏** 一六六二（康熙元）年家刊书经近指六卷 明孙奇逢撰 ㉓66
承德**孙氏** 一七九四（乾隆五十九）年刊问字堂集六卷 清孙星衍撰 ⑱集1233
兰陵**孙氏** 一八〇二（嘉庆七）年刊问经堂丛书 清孙冯翼辑 ⑰1298
任城**孙氏** 一八〇七（嘉庆十二）年自刊平津馆丛书 清孙星衍辑 ⑰3197
临安**孙氏** 一八七一（同治十）年刊一松斋集八卷 清孙扩图撰 ②45151
瑞安**孙氏** 一八九三（光绪十九）年刊菱湖镇志四十四卷首一卷 清孙志熊纂 ⑲402
会稽**孙氏** 一九〇二（光绪二十八）年刊九旗古义述一卷 清孙诒让撰 ⑯1114
益都**孙氏** 一九〇〇（光绪二十六）年刊外证医案汇编四卷 清余景和撰 ㉚548
孙氏 校刊痘科类编释意三卷 明翟良撰 ㉚503
纪 元 一六五九（顺治十六）年刊唐诗类苑选三十四卷 清戴明说等辑 ⑱集1674
纪树棨 一八〇二（嘉庆七）年刊景城纪氏家谱十八卷 清纪昀纂修 ⑱史602
献县**纪树馨** 一八一二（嘉庆十七）年刊纪文达公遗集三十二卷 清纪昀撰 ④14326
纪迈宜 一七六一（乾隆二十六）年刊俪奇轩文集四卷 明纪克扬撰 ⑱集888
献县**纪荫田** 一八二一（道光元）年自刊痴说八卷 清纪荫田撰 ㉓77
泰州**纪恒庆** 一八六三（同治二）年刊温病条辨六卷首一卷 清吴瑭撰 ㉚372
文安**纪氏** 一七三六—一七九五（乾隆）年刊俭通堂诗馀一卷 清纪迈宜撰 ㉓63
江西**纪氏** 一七九八（嘉庆三）年在四川什邡刊双桂堂易说二种 清纪大奎撰 ⑥
临川**纪氏** 一八五二（咸丰二）年家刊六壬类聚四卷 清纪大奎辑 ㉑256
海陵**纪氏** 一八六四（同治三）年刊温病条辨六卷首一卷 清吴瑭撰 ㉚372

七 画

玛星阿 一七六一（乾隆二十六）年刊【正德】武功县志三卷首一卷 明康海纂清孙景烈评注 ⑲188

秀山**杜文澜** 一八六六（同治五）年刊曼陀罗华阁丛书 ㉚437

杜世祺 一六七六（康熙十五）年自刊云间杜氏诗选七卷 清杜世祺辑 ⑱集1830

杜 甲 一七四五（乾隆十）年刊睫巢后集三卷 清李锴撰 ①1902

杜 堮 一八二九（道光九）年补刊湄湖吟十一卷听松轩遗文一卷 清杜溪撰 ⑱集976

巴陵**杜氏** 一八七五—一九〇五（光绪元—三十一）年刊桐华阁丛书 清杜贵墀撰 ⑰01207

杨于蕃 一六八五（康熙二十四）年刊漳平县志九卷首一卷 清查继纯修蒋振芳杨新日纂 ⑲541

新安**杨士祺**程嘉宾 一七二二（康熙六十一）年校刊万氏妇人科三卷 明万全撰 ㉚430

杨大晟 一七一六（康熙五十五）年刊素赏楼稿八卷破涕吟一卷 清陈皖永撰 ⑱集1093

杨万清 一九〇〇（光绪二十六）年刊急救应验良方 清费山寿编 ㉚272

杨云服 一七三九（乾隆四）年刊朱子经济文衡类编前集二十五卷后集二十五卷 续集二十二卷 宋朱熹撰 ⑪11.56/7914

杨友敬 一六六二—一七二二（康熙）年刊天籁集二卷摭遗一卷 元白朴撰 ⑱集1971

杨日升杨日鼎 一六七四（康熙十三）年刊榴馆初函集选十卷 明杨思本撰 ①1842

瑞金**杨以俨** 一七一二（康熙五十一）年自刊强恕斋文钞四卷 清杨以俨撰 ㉑303

杨以增胡珽 一八五六（咸丰六）年刊尔雅郭注义疏二十卷 清郝懿行撰 ⑱经384

杨世沅 一九〇〇（光绪二十六）年重刊【乾隆】句容县志十卷首一卷末一卷 清曹袭先纂修 ⑲344

杨世猷 一八九六（光绪二十二）年刊移芝室文集读本十三卷思旧集一卷诗集读本三卷 清杨彝珍撰 ⑯847.8/274

杨令闻 一六五一（顺治八）年刊龟山先生集四十二卷 宋杨时撰 ⑱集293

杨必达 一六五七（顺治十四）年补刊经史证类大观本草三十一卷 宋唐慎微撰 ㉚160

清江**杨有澹** 一八〇六（嘉庆十一）年刊四知堂文集三十六卷 清杨锡绂撰 ㉑248

杨成章 一八五八（咸丰八）年刊瘟疫论类编五卷 明吴有性撰清刘奎评 ㉚389

杨同福 一八八一（光绪七）年在贵池自刊海虞三陶先生集合刻 清杨同福辑 ㉙3286

杨仲兴 一七六八（乾隆三十三）年刊文章正宗复刻三十卷续十二卷 宋真德秀辑 ⑯834/998

杨汝康 一八一一（嘉庆十六）年刊尸子二卷 周尸佼撰清任继培辑 ⑧

杨守敬 一九〇一（光绪二十七）年自刊晦明轩稿一卷 杨守敬撰 ⑱集1332

杨运昌 一八一八（嘉庆二十三）年刊丹桂籍十二卷 明颜正辑清赵松一重辑 ②18699

杨　坊 一八五〇（道光三十）年刊云庵遗稿二卷 清顾森撰 ④12115

海盐**杨志梁** 一七七五（乾隆四十）年刊校正朝邑志一卷 明王道修韩邦靖纂清王元启校订 ⑲175

杨芳灿 一八〇四（嘉庆九）年刊捧月楼词二卷 清袁通撰 ⑱集1982

黎川**杨希闵** 一八五三（咸丰三）年自刊桃溪杨氏先德录二卷 清杨希闵撰 ㉑269

黎川**杨希闵** 一八六八（同治七）年自刊备遗录一卷 清杨希闵撰 ㉑269

黎川**杨希闵** 一八七八（光绪四）年自刊豫章先贤九家年谱十五卷 清杨希闵辑 ㉑270

杨希滐 一八三六（道光十六）年自刊教子编三卷 沮杨希滐撰 ㉙3222

柏乡**杨宏声** 一七六六（乾隆三十一）年自刊春秋困学录十二卷 清杨宏声撰 ㉓81

句容**杨启葆** 一八六〇（咸丰十）年刊喉症全科紫珍集二卷 清朱翔宇编 ㉚586

杨　棆 一六九一（康熙三十）年刊古城文集六卷 明张吉撰 ⑱集601

杨卓廉 一八八九（光绪十五）年刊【康熙】平和县志十二卷首一卷 清王相修昌天锦等纂 ⑲539

山西灵石**杨尚文** 一八四八（道光二十八）年校刊连筠簃丛书十二种 清杨尚文辑 ⑥总四二

杨昌浚 一八七〇（同治九）年刊钦定春秋传说汇纂三十八卷首二卷 清圣祖玄烨撰 ⑯096.5/113－02

杨昌龄等 一六七五（康熙十四）年刊礼记说义纂订二十四卷 明杨梧撰 ⑱经200

杨昌龄张贲孙等 清初刊尊拙斋诗集四卷 清龚鼎孳撰 ⑱集930

慈水**杨采青** 一八六二—一九〇八（同治—光绪）年刊医经原旨六卷 清薛雪撰 ㉙855

杨学瑚 一六七八（康熙十七）年修补东里文集二十五卷 明杨士奇撰 ⑰K15092

杨　建 一七六四（乾隆二十九）年刊王箬林先生题跋四十三卷竹云题跋四卷虚舟题跋十卷
又三卷 清王澍撰 ①13263

杨迦怿 一八一八（嘉庆二十三）年刊峋嵝鉴撮四卷 清旷敏本编 ⑯921.26/463

杨绍武 一六五一（顺治八）年刊杨忠介公集十三卷 明杨爵撰 附录五卷 ⑱集674

杨春茂 一六五七（顺治十四）年重刊【万历】甘镇志六卷 明佚名纂 ⑲223

昆明杨勋 一八六二（同治元）年刊张杨园全集六卷 清张履祥撰李文耕辑 ⑥

清江**杨钟琛** 一八八五（光绪十一）年刊寿世汇编 清祝韵梅辑 ⑤

南昌**杨垕** 一七四八（乾隆七）年自刊东湖竹枝词一卷 清杨垕撰 ㉑196

杨彦青 一八〇四（嘉庆九）年刊乾隆江津县志二十二卷 清曾受一修王家驹纂 ⑥

杨炳坤 一八八五（光绪十一）年自刊中议公自订年谱八卷附吹芦小草一卷 清杨炳坤撰 ②13658

杨炳锃 一八五三（咸丰三）年刊邓川州志十六卷首一卷末一卷 清钮方图修侯允钦纂 ⑲844

杨 袒 一六八四（康熙二十三）年自刊珠官初政录二卷谳书录一卷 清杨袒撰 ①1802

杨素蕴 一六八九（康熙二十八）年刊谷口山房诗集三十二卷文集六卷 清李念慈撰 ⑱集991

杨恩澍 一八六八（同治七）年刊古文近道集二卷 清王赞元辑 时文近道集二卷 清王赞元辑 ③文150/884

历城**杨润** 一七九九（嘉庆四）年刊遵生集要六种 清杨润校刊 ㉚735

温陵**杨浚** 一八八四（光绪十）年刊四生合编 题清亟斋居士等撰（福州群玉斋） ㉚452

富平**杨浚** 一八二〇—一八五〇（道光）年重刊明纪弹词注二卷 清张三异撰杨仲璜注 ⑨1084

杨继芳 一六六三（康熙二）年自刊颐中堂集十卷二集八卷 清杨继芳撰 ⑱集967

杨铭伍浚祥 一八六三（同治二）年刊【道光】綦江县志十二卷首一卷 清宋灏修罗星纂 ⑲742

江苏阳湖**杨葆彝** 一八八四（光绪十）年在武林自刊大亭山馆丛书十七种 清杨葆彝校刊 ⑥总四五

杨斐菉 一六六二—一七二二（康熙）年刊天方典礼择要解二十卷后编一卷 清刘智撰 ⑱子996

杨鲁生 一八一九（嘉庆二十四）年刊孟邻堂文钞十六卷 清杨椿撰 ⑱集1108

金陵**杨瑞民** 一六七五（康熙十四）年刊大题观略 清吕留良评选 ㉝28

杨 煦 一八三二（道光十二）年刊正字略不分卷 清王筠撰 ⑯421.7/120-02

清江**杨锡绂** 一七六一（乾隆二十六）年自刊节妇传十六卷 清杨锡绂撰 ㉑248

杨蔚本 一八七三（同治十二）年刊刘松斋先生传 清刘炽昌汇撰 ⑯1627

杨聪福 一六七三（康熙十二）年刊杨忠愍公集四卷 明杨继盛撰 ⑱集698

辽宁**杨霈** 一八四〇（道光二十）年在重庆校刊字鉴五卷 元李文仲撰 ⑥

杨墨林 一八四八（道光二十八）年刊癸巳存稿十五卷 清俞正燮撰 ①2940

杨墨林 一八五〇—一八五二（道光三十—咸丰二）年刊说文解字义证五十卷 清桂馥撰 ⑱经411

善化**杨激云** 一八九二（光绪十八）年刊【咸丰】邳州志二十卷首一卷 清董用威等修鲁一同纂 ⑲372

茂陵**杨氏** 一七四二（乾隆七）年刊豳风广义三卷 清杨屾编辑 ⑥子七五

清江**杨氏** 一七九四（乾隆五十九）年家刊远香亭诗钞四卷 清杨有涵撰 ㉑248

吉水湴塘**杨氏** 一七九五（乾隆六十）年刊诚斋集一百三十卷 宋杨万里撰 ㉑294

金匮**杨氏** 一七九九（嘉庆四）年刊荆圃倡和集诗十卷词六卷 清杨芳灿辑 ②31115

清江**杨氏** 一八三一（道光十一）年家刊传研堂诗存八卷 清杨懋珩撰 ㉑248

山西灵石**杨氏** 一八四八（道光二十八）年刊连筠簃丛书 清杨尚文辑 ⑥总四二

黎川**杨氏** 一八五一（咸丰元）年家刊惜味斋存稿十四卷 清杨炳撰 ㉑269

聊城**杨氏** 一八五二—一八五三（咸丰二—三）年刊海源阁丛书 清杨以增辑 ⑰01279

江西新城**杨氏** 一八五三（咸丰三）年刊桃溪杨氏先德录二卷 清杨希闵辑 ②47552

毘陵**杨氏** 一八六五（同治四）年刊产孕集二卷附遗一卷 清张曜孙撰 ㉚462

新淦**杨氏** 一八六八（同治八）年刊备遗录一卷 明张芹辑 诏狱惨言一卷 明燕客撰 ㉑299

长沙**杨氏** 一八七五（光绪元）年刊杨氏六种曲 清杨恩寿撰 ⑯855.608/269

新城**杨氏** 一八七八（光绪四）年刊四朝先贤六家年谱 清杨希闵编 ⑰6361

金溪**杨氏** 一八七九（光绪五）年家刊耐轩文初钞十卷首一卷 清杨士达编 ㉑267

南昌**杨氏** 一八八〇（光绪六）年家刊弃剑草庐存稿四卷 清杨梦龙撰 ㉑199

阳湖**杨氏** 一八八〇—一八八八（光绪六—十四）年刊大亭山馆丛书 清杨葆彝辑 ⑰01242

容城县白塔村**杨氏** 一九〇七（光绪三十三）年刊杨忠愍公全集四卷 明杨继盛撰 ⑯846.5/274-4

常熟**杨氏** 一八七五—一九〇八（光绪）年刊兰馨堂诗存二卷 清杨希钰撰 ㉙3244

杨　氏 一七〇七（康熙四十六）年刊杨龟山先生集四十二卷 宋杨时撰 首一卷 ⑱集293

花庭间客 一八一六（嘉庆二十一）年自刊桃花扇传奇后序详注四卷 清吴穆撰花庭间客辑注 ㉝317

芥　舟 一六九三（康熙三十二）年刊洪范明义四卷 明黄道周辑 ㉝8

释**苍霞** 一七一八（康熙五十七）年刊云岭志六卷 清释普职苍霞撰 ①1571

苏天禄 一七七五（乾隆四十）年刊文昌帝君化书二卷 ㉗57

苏廷玉 一八四三（道光二十三）年刊苏许公文集十二卷首一卷垅上记一卷 唐苏颋撰 ⑯12731

苏廷魁 一八七〇（同治九）年刊汤文正公全集 清汤斌撰 ⑤

苏时学 一八六七（同治六）年自刊墨子刊误二卷 清苏时学撰 ①1227

苏完铭岳 一八三三（道光十三）年自刊妙香馆咏物全韵一卷 清苏完铭岳撰 ①1938

蜀东**苏国梁** 清末自刊金匮方解 清苏国梁撰 ㉚100

苏祉罗克昌 一七三〇（雍正八）年补刊【康熙】广信府志四十卷末一卷 清周鐔元修马道畊纂 ⑲487

关中**苏遇龙** 一七六四（乾隆二十九）年刊木讷斋文集五卷附录一卷 元王毅撰 ③文269.46/37

苏遇龙 一七六二（乾隆二十七）年刊草木子四卷 明叶子奇撰 ⑯126.1/504

昭文**苏氏** 一八五四（咸丰四）年刊小有山房诗钞二卷 清苏榛撰 ㉙3211

乾溪**苏宅** 一八九一（光绪十七）年刊邵氏痘科 ㉚522

李士荣 一七九四（乾隆五十九）年刊兰雪山人覆瓿稿二卷末一卷 清程镜撰 ⑱集1251

李士荣 一八二三（道光三）年刊西沚居士集二十四卷 清王鸣盛撰 ⑱集1181

李大本 一七五二（乾隆十七）年刊花后山房文集一卷 清孙自务撰 ⑪817.739/1221

李大伦 一七四三（乾隆八）年刊抱乙子幼科指掌遗稿四卷 清叶杏林编 ㉚480

李之韡等 一六四四—一六六一（顺治）年刊中山集锦江十六疏一卷 清郝浴撰 ⑱史385

李天植 一七〇三（康熙四十二）年刊学庸顺文九卷当湖陆稼书先生师弟子答问一卷 清李实辑 ⑱经316

李天馥毛际可 一六七七（康熙十六）年刊心远堂诗集十二卷 清李霨撰 ⑱集974

李元振 一八九七（光绪二十三）年刊瓯钵罗室书画过目考四卷附录一卷 清李玉棻撰 ⑯741/246

李长祚 一七〇一（康熙四十）年刊崇质堂集二十卷 明李万实撰 附录一卷 ⑱集694

山西平阳**李月桂** 一六五七（顺治十四）年刊针灸大全十卷 清杨继洲撰 ㉚131

山西平阳**李月桂** 一六八〇（康熙十九）年重刊针灸大全十卷 清杨继洲撰 ㉚131

李文炜 一七二一（康熙六十）年自刊杜律通解四卷 清李文炜撰 ⑱集88

李文炳 一七六三（乾隆二十八）年刊李驾部集二卷续编诗集一卷续编文集一卷

青霞漫稿一卷 明李时行撰 ⑱集691

李文韩 清初刊陶渊明集十卷 晋陶潜撰宋汤汉等笺注 ⑱集28

李文藻 一七八九（乾隆五十四）年刊贷园丛书初集 清周永年辑 ⑤

李为淦 一七〇八（康熙四十七）年刊守汴日志不分卷 明李光壂撰 ⑱史286

李心耕 一七九〇（乾隆五十五）年辑刊蠹馀草一卷 清李心敬撰 ㉙3058

平阳**李东璧** 一六八〇（康熙十九）年刊伤寒辨证广注十四卷

附中寒论辨证广注三卷 清汪琥撰 ㉙671

李以烜 一八四〇（道光二十）年刊榕园全集 清李彦章撰 ⑤

蔚州**李予望** 一七七〇（乾隆三十五）年自刊宫岩诗集四卷 清李予望撰 ㉓59

李孔文 一六四四—一六六一（顺治）年刊李延平先生文集五卷 宋李侗撰 ⑱集328

蓟州**李孔昭** 一七〇九（康熙四十八）年自刊秋蟿吟一卷 清李孔昭撰 ㉓53

李玉棻 一九〇九（宣统元）年刊王奉常书画题跋二卷 清王时敏撰 ④7688

武威**李玉楷** 一九〇六（光绪三十二）年刊续通鉴记事本末 清李铭汉撰 ㉖83

李正旺 一九一一（宣统三）年刊麻姑菩萨宝卷 ⑯858.5/527－02

李世垣 一七五四（乾隆十九）年刊西圃丛辨三十二卷 清田同之撰 ⑱子624

平阳**李东璧** 一六八〇（康熙十九）年刊伤寒辨证广注十四卷附中寒论辨证广注三卷 清汪琥撰 ㉙671

李业修 一八四三（道光二十三）年刊【乾隆】浦江县志二十卷首一卷 清薛鼎铭修胡廷槐等纂 ⑲431

李仙李等 一六九六（康熙三十五）年刊凝玉堂诗三卷 清李卓撰 ⑱集1001

湘阴**李幼梅** 一八九六（光绪二十二）年刊眼科秘书 清月潭禅师编 ㉚577

李式圃 一八二八（道光八）年重刊【嘉定】剡录十卷 宋史安之修高似孙纂 ⑲421

李　圭 一八八七（光绪十三）年自刊金陵兵事汇略四卷 清李圭撰 ㉑271

黎川**李在增** 一八九三（光绪十九）年自刊新城县宏溪同善庄东隅哲祠先正事略五卷 清李在增辑 ⑯922.77/287—9

李成经 一七八七（乾隆五十二）年自刊方城遗献六卷 清李成经辑 ⑱集1807

李师白 一七二二（康熙六十一）年补刊【崇祯】历城县志十六卷 明宋祖法修叶承宗纂 ⑲256

李光地 一七〇八（康熙四十七）年刊昌黎先生集考异十卷 宋朱熹撰 ①13509

李光座 一六五九（顺治十六）年刊禹峰先生著定读史外篇八卷 清彭而述撰 ⑯921.8/185

李光庭 一八四八（道光二十八）年自刊经史喻言八卷 清李光庭辑 ⑯079.7/290

李光映 一七二〇（康熙五十九）年刊无声诗史七卷 明姜绍书撰 ①17073

李光映 一七二三—一七三五（雍正）年刊观妙斋藏金石文字考略六卷 ⑥

临川**李光墺** 一七四七（乾隆十二）年刊穆堂别稿五十卷 清李绂撰 ㉑253

临川**李同曾**李同镛 刊少芝山房遗稿二卷 清李培谦撰 ㉑257

李廷荣 一六八三（康熙二十二）年刊铁岭县志二卷 清贾弘文修董国祥等纂 ①

绣江**李廷棨** 一八八九（光绪十五）年刊玉函山房全集 清马国翰撰 ⑤

四会**李延芳** 一八六六（同治五）年刊大生要旨五卷 清唐千顷撰 ㉚

李兆甲 一八三〇（道光十）年在临洮刊李槐堂传 ㉖83

李仲章 一六六一（顺治十八）年刊耻庐近集二卷 清熊文举撰 ①1646

李兆洛 一八三六（道光十六）年刊抱经堂诗钞七卷 清卢文弨撰 ⑱集1176

桂林**李兆海** 一八八四（光绪十）年刊急救应验良方 ㉚275

李会元 一八六〇（咸丰十）年刊笔花医镜四卷 清江笔花撰 ㉚345

天津**李庆辰** 一八九二（光绪十八）年自刊醉茶志怪四卷 清李庆辰撰 ㉓50

李守先 一七九八（嘉庆三）年自刊针灸易学二卷 清李守先撰 ㉚132

临川**李安民** 一七四三（乾隆八）年刊五种遗规二十二卷 清陈弘谋撰 ㉑253

李兴祖 一六八〇（康熙十九）年增刊康熙庆云县志十二卷 清李居一修崔允贞纂 ⑲266

李　纪 一七六三（乾隆二十八）年增刊靖安县志十卷首一卷 清朱堂修舒友亮纂 ⑲499

李　芸 一八八五（光绪十一）年刊痧痘集解六卷 清俞天池集解 ㉚509

宛平**李芳英**时春氏 一七二一（康熙六十）年刊痘疹指南 清宋麟祥撰 ㉚507

李来泰 一六四四—一六六一（顺治）年刊巳吾集十四卷 明陈际泰撰 ①1917

书林**李秀芝** 一六六二—一七二二（康熙）年刊伤寒尚论篇全书 清徐彬编 ㉚50

顺德**李伯华** 一八八七（光绪十三）年刊喉症全科紫珍集二卷 清朱翔宇编 ㉚586

李希禹 一六七八（康熙十七）年刊诗韵释略五卷 明梁应圻撰 ⑱经483

李　沄 一八二二（道光二）年刊汉唐事笺十二卷后集八卷 元朱礼撰 ⑱子830

李识蒙吴煌 一七五七（乾隆二十二）年刊汉州志十四卷首一卷 清张珽修侯国栋等纂 ⑲745

李启纳 一八六七（同治六）年自刊票法利用仁术不分卷 ⑯341/294

李际期 一六四六（顺治三）年刊说郛十二种 元陶宗仪辑 ㉚782

李青林 刊医学从众录八卷 清陈念祖撰 ㉚344

李青房 一七六七（乾隆三十二）年刊原李耳载二卷 明李中馥撰 ⑱子584

维扬**李松寿** 一八七六（光绪二）年刊痧痘集解六卷 清俞天池集解 ㉚509

李若昌 一八六四（同治三）年自刊盼云轩画传四卷 清李若昌绘 闲窗论画一卷 清李若昌撰 ①16206

丰城**李雨亭** 一八九三（光绪十九）年刊痲科活人全书四卷 清谢玉琼撰 ㉑250

南湖**李味静** 一八九四（光绪二十）年刊时疫白喉捷要 清张绍修撰 ㉚596

李明农 一八四四（道光二十四）年自刊怡卿诗钞二卷 清李明农撰 ㉓42

临川**李秉礼** 一七九一（乾隆五十六）年自刊韦庐初集一卷续集一卷 清李秉礼撰 ㉑255

南丰**李牧臣**等 一八一九（嘉庆二十四）年刊虞亭诗集五卷补遗一卷 清揭垂佩撰 ㉑275

李　佺 一七二七（雍正五）年增刊【康熙】长清县志十四卷 清岳之岭修徐继曾纂 ⑲288

兴国**李炜** 一八四八（道光二十八）年刊保甲书四卷 清徐栋撰 ⑰12212

李宝曾 一八一二（嘉庆十七）年增刊嘉庆江津县志二十二卷 清曾受一修王家驹纂李宝曾续修 ⑲777

李宗昉 一八二一—一八五〇（道光）年自刊闻妙香室诗十二卷词一卷 文十九卷经进集五卷黔记四卷 清李宗昉撰 ⑱集1260

李宗城 一八四六—一八四七（道光二十六—二十七）年刊花屿读书堂诗钞八卷 文钞二卷词二卷 清李福撰 ⑱集1268

李宗嵋 一八九一（光绪十七）年刊徐骑省集三十卷补遗一卷 宋徐铉撰 札记一卷 清朱孔彰撰 ⑱集184

临川**李宗瀚** 一八二二（道光二）年自刊杉湖酬唱诗略二卷 清李宗瀚撰 ㉑255

李　泓　一六九四（康熙三十三）年增刊道州新志十五卷　清张大成修魏希范纂　⑲657

临川**李绂**　一七三五（雍正十三）年自刊朱子晚年全论八卷　清李绂编　㉑253

李组江　一七一五（康熙五十四）年刊墨池璅录四卷　明杨慎撰　⑱子407

山东巡抚**李树德**　刊康熙字典四十二卷　清凌绍雯等纂修　⑰0418

李砚庄　一八三二（道光十二）年刊瘟疫论二卷　明吴有性撰　㉙453

李咸若　一八七〇（同治九）年增刊道光南部县志三十卷首一卷　清王瑞庆等修徐畅达等纂　⑲785

李钟伦　刊观象台图　比南怀仁撰　⑯6858

李钟份　一七二五（雍正三）年刊皋轩文编十卷　清李光坡撰　⑱集1092

李钟峨　一七一九（康熙五十八）年刊雪鸿堂文集十八卷　清李蕃撰　又四卷　清李钟壁撰
又二卷　清李钟峨撰　④2819

李钟麟　一七〇二（康熙四十一）年刊棘听草十二卷赋役详稿一卷　清李之芳撰　⑱史1346

李彦章　一八三六（道光十六）年刊复初斋文集三十五卷　清翁方纲撰　①3961

李养亨　一七五六（乾隆二十一）年刊青云洞遗书　清谢丕振撰　⑤

古吴**李祖堂**　一八八二（光绪八）年刊四书纂言四十卷　清宋翔凤辑　㉙1178

吉水**李振裕**　一六八七（康熙二十六）年刊玉海二百卷　宋王应麟撰　㉑294

李振裕　一六八五（康熙二十四）年自刊群雅集四卷　清李振裕辑　⑱集1773

李振霆　一八九〇（光绪十六）年刊痧疹辑要四卷　清叶霖撰　㉚524

李振爨　一八六九（同治八）年刊一乘决疑论　清彭际清撰　⑥

李峨峰　一七五六（乾隆二十一）年补刊福州府志七十六卷首一卷　清徐景熹修施廷枢等纂　⑲519

李秘园　自刊字学七种二卷　清李秘园撰　⑥

李　铎　一六九四（康熙三十三）年刊杭州府志四十卷图一卷　清马如龙修杨鼒等纂　⑲378

四川**李调元**　一八二一—一八五〇（道光）年自刊童山自记不分卷　清李调元编　⑥

李调元　一七八二（乾隆四十七）年刊五国故事二卷　傅增湘校并跋　⑱史226

李调元　一七九六—一八二〇（嘉庆）年在成都刊升庵经说十四卷　明杨慎撰　⑥

李绣虎 清末刊绘真记四十卷 清陆寿铭撰朱素仙挍李绣虎凡例 ㉙1787

滇南**李培荣** 一八八六（光绪十二）年刊西藏图考八卷首一卷 清黄沛翘撰 ⑲851

李培紫 一八二五（道光五）年在江苏刊群经识小八卷 清李惇撰 ⑥

李盛枝 一六五一（顺治八）年刊【万历】顺德府志四卷 明王守诚修清李盛枝重订 ⑲74

李清植 一七三六（乾隆元）年刊李文贞公全集 清李光地撰 ⑤

李清植魏君璧 一七二八（雍正六）年刊诗所八卷 清李光地注 ㉝12

李鸿铭 一八八八（光绪十四）年刊【乾隆】续修台湾府志二十六卷首一卷 清余文仪修 ⑲549

合肥**李鸿章** 一八七〇（同治九）年刊李氏五种 清李兆洛撰 ⑤

李绳远 一六九七（康熙三十六）年刊澄远堂三世诗存八卷 ①2956

李维迪 一八二九（道光九）年刊榕村全书 清李光地撰 ⑤

李维钧 一七二五（雍正三）年刊静惕堂诗集四十四卷 清曹溶撰 ⑱集931

李琯朗 一七五三（乾隆十八）年刊文溪集二十卷首一卷末一卷 宋李昂英撰 ③文259.464/36

李葆元等 一七五七（乾隆二十二）年刊二水楼文集二十卷诗集十八卷 清李茹旻撰 首一卷 ⑱集1107

李朝夔 一八二五（道光五）年刊函海 清李调元编 ㉚786

四川绵州**李鼎元** 一七八四（乾隆四十九）年在北京刊六书故三十三卷 宋戴侗撰 ⑥

李鼎元 一七九六—一八二〇（嘉庆）年自刊师竹斋集十四卷 清李鼎元撰 ⑱集1228

李赓芸 一八〇三、一八〇七（嘉庆八、十二）年刊孱守斋所编年谱五种五卷 清钱大昕撰 ⑱史500

李　湘 一六九二（康熙三十一）年刊知还堂集四卷 清李芳蕴撰徐雪航辑 ①1505

李滋然 一九〇八（光绪三十四）年刊尔雅旧注考证二卷 清李曾白撰李滋然补 ⑯422.12/294

蠡吾**李塨** 一六六二—一七二二（康熙）年刊春秋毛氏传三十六卷 清毛奇龄撰 ㉓67

李　塨 一六六二—一七二二（康熙）年刊西河合集 清毛奇龄撰 ⑤

李嗣卿汤湘南 一八四八（道光二十八）年刊续增备要方 题铁瓢老人编 ㉚266

李锦成 一九一一（宣统三）年补刊【嘉庆】峨眉县志十卷首一卷 清王燮修张希缙等纂 ⑲775

静海**李煌** 一八一四（嘉庆十九）年刊近月亭诗稿四卷 清纪玘文撰 ㉓54

婺源李滨 一八八七（光绪十三）年刊六朝事迹编类十四卷 宋张敦颐撰 ㉑225

吴县**李嘉时** 一八七一（同治十）年在河南补刊针灸逢源六卷 清李学川编 ㉚133

李雒才 一八九四（光绪二十）年在湖南刊颜氏学记十卷 清戴望述 ⑥

李嶟瑞 一六八九（康熙二十八）年自刊后圃编年稿十六卷 清李嶟瑞撰 ①10959

李镕经 一八四二（道光二十二）年刊【乾隆】吉安府志七十四卷首一卷 清卢崧修 朱承煦林有席纂 ⑲504

李德舜 一六六〇（顺治十七）年刊九大家诗选十二卷 清陈莢李昂枝辑并评 ⑱集1720

李潮偕 一六九六（康熙三十五）年刊秋锦山房集十卷 清李良年撰 ⑱集1016

李　驎 一七〇〇（康熙三十九）年自刊虬峰文集二十卷首一卷 清李驎撰 ①1134

李辙等 一七三五（雍正十三）年刊莲龛集十六卷 清李来泰撰 ⑱集980

李赞元 一六六〇（顺治十七）年刊杨忠烈公文集六卷 明杨涟撰 ⑱集804

李　爵 一六六八（康熙七）年刊李文敏公遗集定本二卷 明李国□撰 附录一卷 ⑱集813

李瀚章 一八六三（同治二）年刊包孝肃公奏议十卷 宋包拯著 ②8065

李缵唐 刊傅青主女科二卷附产后编二卷 清傅山撰 ㉚434

李夔龙 一六九八（康熙三十七）年刊西归日札一卷待庵日札一卷 清王弘撰撰李夔龙评 ⑱集965

周至**李氏** 一六七三（康熙十二）年刊冯少墟集 明冯从吾撰 ⑤

临川**李氏** 一七三一（雍正九）年家刊鋆云篇文集十五卷 清李伍渶撰 ㉑253

崇仁**李氏** 一七四一（乾隆六）年家刊笺释四六标准四十卷 清李列撰孙云翼笺 ㉑284

雩都**李氏** 一七六九（乾隆三十四）年家刊篆园诗集六卷 清李睿撰 ㉑300

任丘**李氏** 一八〇一（嘉庆六）年刊嘉树山房诗文集二十六卷 清李中简撰 ㉓76

奕城**李氏** 一七九六—一八二〇（嘉庆）年刊杏琼斋诗集六卷 清李廷仪撰 ㉓58

宝坻**李氏** 一八四一（道光二十一）年家刊春熙堂诗集二卷 清李光里撰 ㉓54

淮南**李氏** 一八五五（咸丰五）年刊金汤借箸十二筹十二卷 明李盘撰 ⑯382/294

铅山**李氏** 一八五六（咸丰六）年家刊漱琴山庄诗钞八卷 清李照梅撰 ㉑228

宝坻**李氏**一八五九（咸丰九）年刊吉金志存一卷 清李光庭辑 ⑯993.3/290

敖阳**李氏**一八六八（同治七）年刊国朝文录续编 清李祖陶辑 ⑯834.7/286-9

合肥**李氏**一八七一（同治十）年刊纪元编三卷末一卷 清李兆洛撰 ⑯921.3/294-02

陕西朝邑**李氏**一八七一（同治十）年刊河滨遗书十种 清李楷撰李元春辑 ⑥

番禺**李氏**一八七四（同治十三）年刊守约篇 清李光廷辑 ⑰024-153

利津**李氏**一八六二—一八七四（同治）年刊石泉书屋全集 清李佐贤撰 ④764

莲塘**李氏**一八八五（光绪十一）年刊瀛海论三卷 清荷笠者撰 ㉑199

澴川**李氏**一八八六（光绪十二）年刊傅青主女科二卷附产后编二卷 清傅山撰 ㉚433

上犹**李氏**一八八九（光绪十五）年家刊散樗书屋诗存六卷诗馀一卷 清李临川撰 ㉑304

李氏家塾一八八九（光绪十五）年刊伤寒瘟疫条辨眉批 清杨栗山撰李盛卿批校 ㉚388

章邱**李氏**一八八九（光绪十五）年刊玉函山房辑佚书 清马国翰辑 ⑰甲810-7471

德化**李氏**一八八三—一八九一（光绪九—十七）年刊木犀轩丛书 清李盛铎辑 ⑰01086

湘阴**李氏**一八九〇（光绪十六）年刊国朝耆献类征初编四百八十四卷国朝贤媛类征初编十二卷 清李桓编 ⑯982.27/291

古罗**李氏**一八九二（光绪十八）年刊自得庐刊书 清李钠辑 ⑰042-152

长沙**李氏**一八八九（光绪十九）年刊艺苑零珠六卷附经史总论 清李象梓辑 ⑯041/293

潞河**李氏**一八八六—一九〇二（光绪十二—二十八）年刊怀潞园丛刊 清李嘉绩辑 ⑰01017

南城**李氏**一八九六（光绪二十二）年刊我箴释证十五卷 清李庚乾撰 ㉑279

南昌**李氏**一八九六（光绪二十二）年刊霍乱论二卷 清王士雄撰 ㉑199

沔阳**李氏**一八九七—一八九八（光绪二十三—二十四）年刊铁香室丛刻 清李世勋辑 ⑰01180

上海**李氏**一八九九（光绪二十五）年刊不药良方 清潘志裘编 ㉚255

清江**李氏**一九〇〇（光绪二十六）年刊慎终录四卷首一卷末一卷 清傅铨辉辑 ㉑249

大兴**李氏**一九〇一（光绪二十七）年刊奏议辑览初编十六卷附一卷 清李宗棠辑 ⑯625.378/292

丹徒**李氏**一九〇二（光绪二十八）年刊辽史地理志考五卷 清李慎儒撰 ⑯6658

成都**李氏** 一九〇二（光绪二十八）年在西安刊怀潞园丛刊 清李嘉绩辑 ⑥总四四

合肥**李氏** 一九〇四—一九〇六（光绪三十—三十二）年刊集虚草堂丛书 清李国松辑 ⑰01252

武威**李氏** 一九〇六（光绪三十二）年刊续通鉴纪事本末一百十卷 清李铭汉编 ⑯921.4/294

腾越**李氏** 一九一〇（宣统二）年刊明雷石庵尚书胡二峰侍郎遗集合刻 清李根源辑 ⑰04161

李　氏 一六六六（康熙五）年刊脉诀汇辨十卷 清李期叔撰 ㉚109

李　氏 一七二三—一七三五（雍正）年刊群玉楼稿八卷 明李默撰 ⑱集654

李　氏 一七六三（乾隆二十八）年刊李驾部集前集二卷后集一卷 明李时行撰 ㉝296

劳乃宣 一九〇七（光绪三十三）年自刊简字全谱不分卷 ⑯421.8/763

劳之辨 一七〇一（康熙四十）年自刊静观堂诗集三十卷 清劳之辨撰 ①1194

桐乡**劳氏** 一九一〇（宣统二）年刊新刑律修正案汇录 劳乃宣编 ⑰12114

嘉兴**严子合** 一八六〇（咸丰十）年刊吊脚痧方论 清徐子默撰 ㉚401

严心斋 一七二五（雍正三）年刊朱柏庐先生愧讷集十二卷 清朱用纯撰 ㉙2026

严有俊 一七三二（雍正十）年刊象山先生年谱三卷 宋李子愿撰 ⑱史504

严有禧 一七五四（乾隆十九）年刊严白云诗集二十七卷 清严熊撰 ⑱集970

严我斯严允斯 一六七七（康熙十六）年刊嗜退庵语存十卷 明严有穀撰 ⑱子717

分宜**严秉章** 一八〇六（嘉庆十一）年刊钤山堂集四十卷 明严嵩撰 ㉑214

渭南**严岳莲** 一九〇八（光绪三十四）年刊关中金石记八卷 清毕沅撰 关中金石附记一卷 清蔡汝霖撰 ⑯991.2/471

长州沧浪吟榭**严荣** 一八〇五（嘉庆十）年刊唐诗选六卷补遗一卷首一卷 清吴翌凤辑 ㉙1033

严　修 一八九五（光绪二十一）年刊先正读书诀一卷 清周永年辑 ④14985

严保庸 一八三九（道光十九）年自刊珊影杂识三卷 清严保庸撰 ①4111

严焕基 一八二八（道光八）年刊江月草堂集一卷 清顾敬撰 ㉙3240

严裕庄 一九一一（宣统三）年在金城刊寒温条辨摘要 清陈良佐等撰 ㉚389

桐乡**严锡康** 一八八一（光绪七）年刊宦游纪略二卷 清高廷瑶撰 ⑰03895

宛平**严氏** 一八〇二（嘉庆七）年刊唐石经校文十卷附说文声类二卷 清严可均著 ②8095

溆浦**严氏** 一八二二（道光二）年刊三省边防备览十四卷 清严如熤辑 ⑥

古燕兰**严氏** 一八二九（道光九）年刊妇科秘方胎产护生篇 清竹林寺僧撰李长科编 ㉚437

渭南**严氏** 一九〇九（宣统元）年刊伤寒论浅注金匮要略浅注方论合编 清陈念祖注 ㉚43

束文仙 刊轩辕逸典十四卷 ㉚514

励宗万 一七三八（乾隆三）年刊双清阁诗稿八卷 清励廷仪撰 ①1452

安徽**连斗山** 一七七五（乾隆四十）年自刊周易辨画四十卷 清连斗山撰 ⑥

永新**旷成春** 一八八〇（光绪六）年刊忠孝堂文集四卷 清旷成春撰 ㉑299

吴一璜 一七三六—一七九五（乾隆）年增刊【康熙】绵竹县志五卷首一卷 清王谦言纂修 ⑲756

吴三桂 一六七八（康熙十七）年在云南刊本草通玄二卷 明李中梓撰 ㉚169

吴之玠 一七一〇（康熙四十九）年刊韵切指归二卷佚集五卷 清吴遐龄撰 附录一卷 ⑱经485

吴之铨 清初刊吴文恪公文集三十二卷佚集五卷 明吴道南撰 附录一卷 ⑱集771

吴天祐 刊四书经注集证十九卷 清吴昌宗辑 ㉙949

吴元复 清初刊安危注四卷 明吴甡撰 ㉝74

吴元度 一六八四（康熙二十三）年刊吴氏医验录 清吴楚撰 ㉚629

吴元炳 一七三九（乾隆四）年刊南陔堂遗集二卷补逸一卷 清吴承励撰 梅谷题照录一卷
松窗徽异录一卷 ⑱集1045

吴元莱 一六八三（康熙二十二）年刊苑洛志乐十三卷 明韩邦奇撰 ⑱经225

吴　云 一八五六（咸丰六）年自刊二百兰亭斋收藏金石记不分卷 清吴云撰 ⑱史1441

吴中立 一七〇四（康熙四十三）年刊本事诗十二卷 清徐釚辑 ⑱集1896

长白**吴化善** 刊良朋汇集经验神方五卷 清孙伟编 ㉚245

吴六鳌 一七七八（乾隆四十三）年刊【万历】富平县志十卷 明刘兑修孙丕杨纂 ⑲171

南昌**吴允谦**等 一六六六（康熙五）年刊雪堂先生诗选四卷 清王猷定撰吴允谦等校 ㉑195

吴玉生 一七五二（乾隆十七）年刊桑雪芗先生文集四卷 清桑豸撰 ⑱集954

古闽**吴玉田** 一八六二（同治元）年刊妇科秘方 清竹林寺僧撰 ㉚437

福州**吴玉田** 一八七三（同治十二）年刊苏庵诗馀五卷 清唐埙撰 ④1278

吴世泽 一八八二（光绪八）年补刊【道光】紫阳县志八卷首一卷 清吴纯等修杨家坤曹学易纂 ⑲204

吴兰修 一八三二（道光十二）年刊缉古算经考注二卷 清李潢撰 ⑱子 326

吴记荣 一八七五—一九〇八（光绪）年刊环宇访碑录刊误一卷 清罗振玉撰 ㉝122

吴式芬 刊文则二卷 宋陈骙撰 ②43108

吴协恭 一八五一（咸丰元）年自刊养真馆百篇草一卷 清吴协恭撰 ㉙3289

金溪**吴廷相** 一七三六—一七九五（乾隆）年刊金溪四吴集五十七卷 清吴廷相编 ㉑257

会稽**吴汝辑** 一九〇七（光绪三十三）年刊船山师友记十七卷首一卷 清罗正钧撰 ⑯982. 272/82

古越**吴兴祚** 一六八九（康熙二十八）年刊贻善堂四种须知 清朱本中撰 ㉚721

吴寿昌 一七九〇（乾隆五十五）年自刊虚白斋存稿十卷馆课诗一卷馆课赋一卷 清吴寿昌撰 ⑱集 1211

吴佑孙 一八九一（光绪十七）年重刊诗经申义十卷 清吴士模撰 ⑯094. 127/435. 2

吴　沂 一八八六（光绪十二）年增刊【同治】平乡县志十二卷首一卷 清苏性纂修 ⑲79

南昌**吴启枏** 一八五二（咸丰二）年刊江人事四卷 清章于今撰 ㉑199

徽溪**吴启鹏** 一六九〇（康熙二十九）年重刊文选类林十八卷 宋刘攽辑 ⑥

吴若准 一八三三（道光十三）年刊洛阳伽蓝记五卷 北魏杨衒之撰 集证一卷 清吴若准撰 ①13175

吴　杰 一八三一（道光十一）年刊忠正德文集十卷 宋赵鼎撰 ④15267

吴坤修 一八六六（同治五）年在皖城藩署刊南华经解三十三卷 清宣颖撰 ⑱子 1022

吴坤修 一八六二—一八七四（同治）年自刊半亩园丛书 清吴坤修辑 ㉑203

吴　昌 一七二六（雍正四）年刊天瓢文钞一卷 清吴凤翔撰 ⑱集 963

吴宝芝 一七一三（康熙五十二）年刊瀛奎律髓四十九卷 元方回撰 ⑧

吴宝钧 一八九〇（光绪十六）年刊产科心法二卷 清汪喆撰 ㉚460

吴宗渭 一六八五（康熙二十四）年刊桐引楼诗三十卷 清黄云撰 ①1829

吴孟举 一七一二（康熙五十一）年刊瀛奎律髓四十九卷 元方回撰 ④15224

吴荫培 一九〇〇（光绪二十六）年刊养寿庐遗集十卷 清吴恩熙撰 ㉙1380

吴省兰 一七九六—一八二〇（嘉庆）年刊圭塘欸乃集一卷 元许有壬等撰 ⑱集1696

吴思庆 一八八一（光绪七）年重刊【嘉庆】顺昌县志十卷 清许庭梧修谢钟瑾纂陆嗣渊等增修 ⑲524

吴钟骏 一八四六（道光二十六）年刊戴简恪公遗集八卷 清戴敦元撰 ⑱集1237

吴重康 一七二三—一七三五（雍正）年刊静悱集十卷 明吴之甲撰 附录一卷 ①5640

吴重康 一七三九（乾隆四）年重刊静悱集十卷 明吴之甲撰 附录一卷 ⑮集807

山东**吴重憙** 一八九五（光绪二十一）年刊开封本攈古录金文三卷 清吴式芬辑 ⑥

吴重熹 一九一〇（宣统二）年自刊海丰吴氏文存四卷 清吴重熹辑 ⑯834.7/441

吴　修 一八一三（嘉庆十八）年自刊续疑年录四卷 清吴修编 ㉝73

吴炳南 一八八二（光绪八）年刊合刻华州志 ⑨671.55/151－151

吴炽昌 一八七五—一八七六（光绪元—二）年自刊客窗闲话八卷续八卷 清吴炽昌撰 ⑯857.1/440.7

吴恒宣 一七七二（乾隆三十七）年刊云台山志八卷首一卷末一卷 清崔应阶辑 ⑱史1008

吴晋涛 一六九九（康熙三十八）年刊柳塘诗集十二卷 清吴祖修撰 ①1857

吴振臣 一七二六（雍正四）年增刊秋笳集八卷 清吴兆骞撰 ⑱集994

吴振棫 一八六三（同治二）年刊小罗浮山馆诗钞十五卷 清吴升撰 ③文286.861/44

吴乘时 一八〇二（嘉庆七）年刊【乾隆】桂阳县志十三卷 清凌鱼黄文理修朱有斐李宗纂 ⑲649

吴　航 一八六九（同治八）年刊读书举要二卷 清杨希闵撰 ④6950

吴逢盛 一八五〇（道光三十）年刊井迁文集七卷诗集六卷 清吴直撰 ⑯847.4/436

吴调元 一七〇八（康熙四十七）年刊林和靖先生诗集四卷省心录一卷 宋林逋撰 诗话一卷 ⑱集192

吴堉等 一八四一（道光二十一）年刊路文贞公集一卷 明路振飞撰 吴堉辑 ㉙524

吴曹直 一六九〇（康熙二十九）年刊在陆草堂文不分卷 清储欣撰 ①1601

江南**吴康古** 一八四四（道光二十四）年刊傅青主女科二卷附产后编二卷 清傅山撰 ㉚433

吴翌凤 一八〇二（嘉庆七）年自刊与稽斋丛稿十八卷 清吴翌凤撰 ㉙1032

吴绮程洪 一六八六（康熙二十五）年自刊记红集三卷词韵简一卷 清吴绮程洪辑 ⑱集2013

吴联薰　一八七九（光绪五）年增刊【乾隆】龙溪县志二十四卷首一卷　清吴宜燮修黄惠等纂　⑲538

南丰**吴森**　一七九三（乾隆五十八）年自刊筠澜诗草十二卷补编一卷又一卷　清吴森撰　㉑273

吴　森　一八七三（同治十二）年重刊【乾隆】仙游县志五十三卷首一卷　清胡启植修叶和侃纂　⑲531

吴　趋　摹刊归帆图附探梅图　清潘奕隽绘　㉙1017

香山**吴辉模**　一八八三（光绪九）年刊增订医方易简十卷　清龚自璋编吴辉模增订　㉚268

四川总督**吴棠**　一八三八（道光十八）年刊钦定诗经传说汇纂二十一卷首二卷清王鸿绪等纂　⑰130－15

吴　尌　一九一一（宣统三）年刊姑溪居士文集五十卷后集二十卷　宋李之仪撰　校勘记一卷清**吴尌撰**　附录一卷　①361

吴　煦　一八六八（同治七）年刊定庵文集三卷续集四卷　清龚自珍撰　①4713

南城**吴照**　一七八六（乾隆五十一）年自刊说文偏旁考二卷　清吴照辑　㉑276

吴锡祺　一八三三（道光十三）年刊累瓦编初编十卷二编十二卷　明吴安国撰　④3715

吴腾**吴栋元**　清初刊甑甄洞稿五十四卷目录二卷　明吴国伦撰　⑱集708

吴源起　一六七一（康熙十）年增刊【顺治】洛阳县志十二卷首一卷　清武攀龙等纂修　⑲599

吴蔚光　一七七四（乾隆三十九）年自刊执虚诗钞二卷词钞一卷　清吴蔚光撰　㉙3136

吴蔚光　一七九六（嘉庆元）年自刊小湖田乐府十卷　清吴蔚光撰　㉙3137

吴毓昌　一六五五（顺治十二）年刊本草纲目五十二卷首一卷图三卷　明李时珍撰　①15947

吴毓梅　一八三三（道光十三）年刊归云别集十种七十四卷　明陈士元撰　④13816

吴　鼒　一八一六（嘉庆二十一）年刊晏子春秋八卷　清王念孙校　⑱史461

吴　镇　一七九二（乾隆五十七）年刊兰山课业凤骚补编　清周樽辑　⑯9266

杭州**吴镜沆**　一八九三（光绪十九）年刊陈安道先生年谱二卷　清陈溥撰　⑯982.971/377

吴　爵　一七八二（乾隆四十七）年刊胎产集要三卷附幼科摘要　清黄惕斋编　㉚457

吴瞻泰　一七〇二（康熙四十一）年刊北黟山人诗十卷　清吴苑撰　附录一卷　①1656

金陵**吴耀年**　一八七四（同治十三）年刊石头记评赞　清王希廉撰　㉙1290

石门**吴氏**　一七〇五—一七一二（康熙四十四—五十一）年刊说铃　清吴振方辑　⑰01510

崇仁吴氏 一七五五（乾隆二十）年家刊书经纂言四卷 元吴澄撰 ㉑284

临川吴氏 一七五六（乾隆二十一）年刊草庐吴文正公全集三十五卷 元吴澄撰 ㉑254

南城吴氏 一七八六（乾隆五十一）年刊南朝史精语十卷 宋洪迈摘选 ⑰02567

南城吴氏 一八六一（咸丰十一）年刊人谱一卷附人谱类记二卷 明刘宗周撰 ㉑277

吴潘吴氏 一七八九（乾隆五十四）年校刊幼科指南四卷 清周震撰 ㉚477

璜川吴氏 一八一〇（嘉庆十五）年自刊经学丛书十四种 清吴至忠辑 ㉙1208

平江吴氏 一八二一（道光元）年刊养生经验合集二卷 清毛世洪编王松泉等增订 ㉚251

新建吴氏 一八二八（道光八）年家刊玉镇山房近体胜（剩？）稿不分卷 清吴一嵩撰 ㉑202

东乡吴氏 一八五三（咸丰三）年家刊芳紫草堂文钞三卷 清吴士杭撰 ㉑287

钱塘吴氏 一八五五（咸丰五）年刊吴氏一家稿 清吴清鹏辑 ⑯830. 7/440

甘泉吴氏 一八五一—一八六一（咸丰）年刊白茆草堂诗钞四卷 清吴康撰 ②40884

新建吴氏 一八六二—一八七四（同治）年刊半亩园丛书 清吴坤修辑 ⑰00920

茗溪吴氏 一八八〇（光绪六）年刊义门读书记五十八卷 清蒋维钧辑 ㉙783

江阴吴氏 一八八五（光绪十一）年刊医学求是三十一种 清吴达撰 ㉚752

钱塘吴氏 一八八五（光绪十一）年刊三元普济方 清王勋撰 ㉚390

江夏吴氏 一八八八（光绪十四）年刊五代史记纂误续补六卷 清吴光耀撰 ⑯922. 4201/423－438

永丰吴氏 一八九三（光绪十九）年家刊松荫轩诗草三卷 清吴赞邦撰 ㉑296

桐城吴氏 一九〇三—一九〇四（光绪二十九—三十）年刊桐城吴先生全书 清吴汝纶撰 ⑰01470

吴　氏 一七七三（乾隆三十八）年家刊女科切要八卷 清吴道源撰 ㉚436

岑振祖 一七八九（乾隆五十四）年刊栲栳山人诗集三卷 元岑安卿撰 ①454

秀　琨 一八二二（道光二）年刊西厢记不分卷 元王德信撰 ⑱集 2046

乐平何元炳 一八七〇（同治九）年自刊焦桐别墅诗草四卷 清何元炳撰 ㉑210

何云旭 一八八二（光绪八）年刊何宫赞遗书 清何若瑶撰 ⑤

何令范 一六五九（顺治十六）年重修明刊潜斋先生文集十一卷目录二卷 宋何梦桂撰 ⑱集 406

何廷椿 一八三九（道光十九）年刊通易西游正旨分章注释十卷一百回 清张含章撰 ④5923

何应璧 一六六二—一七二二（康熙）年刊万病回春八卷 明龚廷贤编 ㉚324

何启培 一八九三（光绪十九）年刊潜斋先生文集十卷 宋何梦桂撰 ④15207

何　青 一七九五（乾隆六十）年自刊国朝峡山寺留题诗合刻二卷 清何青辑 ⑱集1819

何其介 一八四三（道光二十三）年刊小罗浮馆诗六卷杂曲一卷 清赵对澂撰 ⑯3127

何其伟 一八八七（光绪十三）年自刊一枝轩经验方 清何其伟编 ㉚267

金溪**何承禧** 一七九五（乾隆六十）年刊南溪诗钞六卷 清何飞熊撰 ㉑266

永丰**何帮彦** 一八七三（同治十三）年自刊司直诗存六卷 清何帮彦撰 ㉑295

何树堂 一八八二（光绪八）年刊大麻疯症经验奇方 ㉚561

何咸宜 一八六三（同治二）年刊陶渊明文集十卷 晋陶潜撰 ④12363

何钟昭 刊觉思毳十卷 清何文廌撰何垣本辑 ⑱集966

何 絜程世英 一六六七（康熙六）年刊遡园文集四卷 清贾开宗撰 ⑱集906

何硕卿 一六六二—一七二二（康熙）年刊顾端文公年谱二卷谱前一卷
谱后一卷 明顾与沐记略清顾枢辑 ⑱史508

何源濬何三台等 一六九四（康熙三十三）年刊文肃公文集三十四卷 明何乔新撰 外集一卷 ⑱集586

何　榛 一八三九（道光十九）年刊质疑删存三卷 清张宗泰撰 ⑯60

何熙绩何耿绳 一六〇七（嘉庆十二）年刊方雪斋诗集十二卷 清何道生撰 ⑱集1233

雍邱**何氏** 一六六二—一七二二（康熙）年家刊菱溪诗集四卷 清何彝光撰 ㉓54

南海**何氏** 一七五七（乾隆二十二）年刊乐只堂医书汇函 清何梦瑶撰 ㉚733

扶沟**何氏** 一七六四（乾隆二十九）年刊中寰集十一卷 明何出光撰 ⑱集766

金陵**何氏** 一八二八（道光八）年家刊南溪诗文偶存四卷 清何飞熊撰 ㉑267

南陵**何氏** 一八三九（道光十九）年刊聊斋志异十六卷 清蒲松龄撰何垠注释 ⑯857.2/528-05

何　氏 一七九七（嘉庆二）年刊寿世编二卷 清顾奉璋编 ㉚249

何　氏 一八七五—一九〇八（光绪）年刊外科明隐集附医案录汇 清何景才撰 ㉚549

广顺**但氏** 一八四二（道光二十二）年刊聊斋志异新评十六卷 清蒲松龄撰 但明伦评 ⑯857.2/528－912－02

蒲圻**但氏** 一八九一（光绪十七）年刊霍乱论二卷 清王士雄撰 ㉚401

佟世集 一七〇一（康熙四十）年刊与梅堂遗集十二卷耳书一卷鲊话一卷 清佟世思撰 ①5318

佟国维 一七〇二（康熙四十一）年刊周易四卷 宋程颐撰 ㉝3

佟国器 一六五五（顺治十二）年刊西峰字说三十三卷 明曹学佺撰 ⑱子579

沈阳**佟国翼** 一六九七（康熙三十六）年刊救产全书 清谢文详撰 ㉚452

佟赋伟 一七二〇（康熙五十九）年刊佟氏宗谱八卷 清佟赋纂修 ⑱史597

释**彻润** 一六六二—一七二二（康熙）年刊韵略易通不分卷 明释本悟撰 ⑱经478

余士朴 一六九二（康熙三十一）年刊中郇遗稿二卷 清余思复撰 ⑱集944

余文仪 一七七五（乾隆四十）年刊消夏录二卷 清黄任撰 ⑱子594

婺源**余龙光** 一八三七（道光十七）年自刊晚闻堂集 明余绍祉撰清余龙光辑 ㉑224

余思训 一八六六（同治五）年刊【嘉庆】归州志十卷 清李炘修陆仲达纂 ⑲629

余　闻 一六七三（康熙十二）年刊大雅堂藏书八种九卷 明李贽撰 ⑱丛599

余　宣 一八六四（同治三）年自刊菱溪诗话 ⑯12416

宜黄**余树屏** 一八六九（同治八）年刊松下童子遗草一卷 清余树藩撰 ㉑284

余　集 一八〇九（嘉庆十四）年刊志雅堂杂钞二卷 宋周密撰 ⑱子553

余缙家 一六九九（康熙三十八）年刊大观堂文集二十二卷 清余缙撰 首一卷 ⑱集981

余聚贤 一八五八（咸丰八）年刊方症联珠 清汪昂撰萧缵绪编 ㉚239

湖南长沙**余肇钧** 一八六二—一八七四（同治）年刊姜司冠年谱不分卷 清姜晟自订 ⑥史109

余　澍 一八八五（光绪十一）年在杨州刊说文揭原二卷 清张行孚撰 ⑯328

奉新**余氏** 一七九六—一八二〇（嘉庆）年家刊石园文稿三卷附六种九卷 清余成教撰 ㉑243

乐平**余氏** 一八四四（道光二十四）年家刊立城轩录十三卷 清余日孜撰 ㉑209

长沙**余氏** 一八六七（同治六）年刊明辨斋丛书 清余肇钧辑 ⑰0179

无锡余氏 一八六九（同治八）年刊得一录十六卷附劫海迴澜启 清余治撰 ⑰11639

新安余氏 一八七五（光绪元）年自刊白岳庵经验良方 清余啸松编 ㉚273

黎川余氏 一九〇三（光绪二十九）年家刊渔郎诗集三卷首一卷 清余光令撰 ㉑271

婺源余氏 一八五二（咸丰二）年家刊庸言四卷 清余元选撰 ㉑225

婺源余氏 一八七五—一九〇八（光绪）年家刊黼山房君年谱一卷 清余香祖余定鼎编 ㉑226

安福邹仁任 一九〇四（光绪三十）年刊东廓邹先生遗稿十三卷 明邹守益撰 ㉑297

邹兰生 一九〇五（光绪三十一）年刊全蜀艺文志六十四卷 明杨慎辑 ④4996

邹式金 一六六一（顺治十八）年自刊杂剧三集三十四种三十四卷 清邹式金编 ①1838

邹式金 一六七四（康熙十三）年刊绥寇纪略十二卷 清吴伟业撰 ⑱史194

邹持雅 一七三三（雍正十一）年刊小四书五卷 明朱升辑清陆陇其补 ⑯428.1/834

安福邹钟 一八八六（光绪十二）年自刊志远堂文集四卷 清邹钟撰 ㉑297

邹福保 一九一〇（宣统二）年刊日知录之馀四卷 清顾炎武撰 ⑯071/965－1

宜黄邹氏 一七三〇（雍正八）年刊偶园集诗八卷文一卷 清邹礼撰 ㉑280

宜黄邹氏 一七三九（乾隆四）年刊乐余园百一偶存三十二卷 清邹山撰邹文昇编 ㉑279

分宜邹氏 一八二一（道光元）年家刊晓江文钞不分卷 清邹梦莲撰 ㉑214

南丰邹氏 一八二一—一八五〇（道光）年家刊十二树梅花书屋丛著五种 清邹均撰 ㉑274

宜丰邹氏 一八五九（咸丰九）年家刊宦游小草三卷 清邹大成撰 ㉑240

南海邹氏 一八七三（同治十二）年刊邹征君遗书 清邹伯奇撰 ⑰01555

丹徒邹氏 一八九五（光绪二十一）年刊吊脚痧方论 清徐子默撰 ㉚402

窦城邹氏 一八九五（光绪二十一）年刊辨证治瘟速效二卷 清刘奎撰 ㉚372

新化邹氏 一九〇二（光绪二十八）年刊寒疫论 清邹汉璜撰 ㉚391

言有章 一八九七（光绪二十三）年刊言子文学录三卷首一卷末一卷 清言如泗撰 ㉙3087

言良鑫 一八八四（光绪十）年刊孟晋斋诗集四卷首一卷 清言朝标撰 ㉙3166

万载辛桂云 一八五〇（道光三十）年刊思补过斋遗稿六卷 清辛师云撰 ㉑236

万载**辛桂云**等 一八五一（咸丰元）年刊寄思斋藏稿十四卷 清辛从益撰 ㉑236

辛桂云 刊公孙龙子一卷 周公孙龙撰清辛从益注 ③哲139/844

万载**辛桂雩** 一八五〇（道光三十）年刊公孙龙子注一卷 清辛从益撰 ㉑236

万载**辛氏**一八〇三（嘉庆八）年家刊最秀园稿不分卷 清辛炳乔撰 ㉑235

应苍璧 一七一一（康熙五十）年刊应潜斋文集不分卷 明应撝谦撰 ⑱集946

永康**应宝时** 一八六九（同治八）年刊近思录校勘记一卷 清王炳燮撰 ㉙1353

应宝时 刊龙川文集三十卷补遗一卷 宋陈亮撰 附录二卷札记一卷 ④2442

闵以栋 一六四六（顺治三）年补刊【万历】广德州志二十卷 明李得中修徐文渊等纂 ⑲465

闵 华 一七五二（乾隆十七）年自刊澄秋阁集四卷二集四卷三集四卷 清闵华撰 ⑱集1191

奉新**闵钺** 一六八三（康熙二十二）年自刊本草详节十二卷 ㉑241

汪三省 一六九三（康熙三十二）年刊汪仁峰先生文集二十九卷 明汪循撰 外集四卷 ⑱集615

汪士汉 一六六八（康熙七）年刊白虎通二卷 汉班固撰 ⑱子508

汪士钟 一八二八（道光八）年覆宋刊鸡峰普济方三十卷 宋张锐撰 ㉚214

汪士锋 一八六二（同治元）年自刊水经注图一卷附录一卷 ⑯928. 28/151－708

汪士慎 一七四四（乾隆九）年自刊巢林集七卷 ①2650

汪大本 一七八〇（乾隆四十五）年刊豫章先生遗文十二卷 宋黄庭坚撰 ⑱集264

钱塘**汪大钧** 一八九六（光绪二十二）年刊道古堂外集 清杭世骏撰 ⑤

汪大润 一六九四（康熙三十三）年刊支提寺志六卷 明陈希拯等撰清释照微增补 ①680

昆山**汪中鹏** 一七二四（雍正二）年补刊昆山名宦传一卷 明张大复撰 ㉙1931

会稽乌程**汪日祯** 一八七七（光绪三）年刊叶氏眼科 清叶桂撰 ㉚575

汪文柏 一七〇一（康熙四十）年自刊柯庭文薮不分卷 ①1670

汪文蓍 一六六二—一七二二（康熙）年刊贯道堂文集四卷 清费锡璜撰 ⑱集1118

汪立名 一七〇三（康熙四十二）年刊中州名贤文表三十卷 明刘昌辑 ㉙262

汪必昌 一八一六（嘉庆二十一）年自刊伤寒三说辨 清汪必昌撰 ㉚78

汪廷元 自刊广陵医案摘录 清汪廷元撰 ㉚642

江都**汪廷机** 一七九八（嘉庆三）年刊四书经注集证十九卷 清吴昌宗撰 ㉙949

汪廷珍 一八一七（嘉庆二十二）年刊小学钩沈十九卷 清任大椿辑 ①3016

汪廷璋 一七三八（乾隆三）年刊方贞观诗集六卷 清方贞观撰 ⑱集 1135

汪汝禄 一六七八（康熙十七）年刊董文敏公画禅室随笔四卷 明董其昌撰清汪汝禄辑 ⑱子 386

汪汝瑮 一七八四（乾隆四十九）年刊御览书苑菁华二十卷 宋陈思著 ②28812

安徽旌德**汪守成** 一八二一—一八五〇（道光）年刊周易姚氏学 清姚配中撰 ⑥

武宁**汪轫** 一七七七（乾隆四十二）年自刊鱼亭诗选二卷 清汪轫撰 ㉑219

汪　沅 一八二三（道光三）年刊汪子文录十卷 清汪缙撰 ㉙962

汪　沄 一七一六（康熙五十五）年刊桐野诗集一卷 清周起渭撰 ①1435

汪启淑 一七五二（乾隆十七）年钤印汉铜印丛八卷 清汪启淑辑 ⑱史 1497

汪启淑 一七八九（乾隆五十四）年自刊飞鸿堂印人传八卷 清汪启淑撰 ①4679

汪和鼎 一八一二（嘉庆十七）年刊保婴易知录二卷 清吴溶堂撰 ㉚483

汪佩锷 一七三六—一七九五（乾隆）年校刊慈谿黄氏日抄分类九十七卷 宋黄震撰 ㉝132

婺源**汪宗海** 一七七三（乾隆三十八）年自刊星源汪烈女诗文合集 清汪宗海辑 ㉑223

汪宗豫 一六七九（康熙十八）年刊石酉集八卷 明汪子佑撰 附崇礼堂诗一卷 明汪伯荐撰 ①5971

汪绍成 一八一四（嘉庆十九）年影宋刊九经三传沿革例一卷 宋岳珂撰 ③经 21.8/587

汪孟鋗 一七五六（乾隆二十一）年刊柘坡居士集十二卷 清万光泰撰 ①1445

汪承霈 一七三六—一七九五（乾隆）年刊松泉诗集二十六卷文集二十二卷 清汪由敦撰 ⑱集 1137

汪　栋 一七三一（雍正九）年刊方壶先生集四卷 宋汪莘撰 ⑱集 379

汪　荃 一七一五（康熙五十四）年刊百尺梧桐阁集八卷 清汪懋麟撰 ⑱集 1023

汪星阶 一八五六（咸丰六）年刊良方集腋合璧 清谢元庆编 ㉚260

汪钧泽 一八九三（光绪十九）年重刊【康熙】宁陵县志十二卷首一卷 清王图宁修王肇栋纂 ⑲580

汪亮采 一七二三（雍正元）年刊司马氏书仪十卷 宋司马光撰 ①10

汪彦博 一八〇五（嘉庆十）年刊井福堂文稿十卷 清汪学金撰 ⑱集1230

新安**汪洪度** 一七〇四（康熙四十三）年刊新安二布衣诗 清王士祯选 ⑤

汪荻洲 一七七八（乾隆四十三）年刊金薤琳琅二十卷 明都穆撰 补遗一卷 清宋振誉撰 ①5175

山阴**汪能肃** 一八三五（道光十五）年刊【正德】朝邑县志二卷 明王道修韩邦靖纂 ⑲174

汪　绣 一七五八（乾隆二十三）年刊鸣盛集四卷 清弘瞻撰 ⑪NC5531.2/1366

汪梧凤 一七六〇（乾隆二十五）年刊屈原赋注七卷通释二卷 清戴震撰 音义三卷 清汪梧凤撰 ⑱集14

汪梓琴等 一七〇五（康熙四十四）年刊渔阳山人评选研村集五卷 清汪沅撰 鹿门近体诗一卷 清汪柯玥撰 ⑱集1082

汪商彝 一八二一—一八五〇（道光）年刊温疫汇编十六卷 清汪期莲编 ㉚391

汪　琬 一六七〇（康熙九）年自刊说铃一卷 ㉙662

吴郡萧家巷**汪琥** 一六八〇（康熙十九）年自刊伤寒辨证广注十四卷 附中寒论辨证广注三卷 清汪琥撰 ㉙671

汪　琥 一七四三（乾隆八）年刊澹虙堂遗稿四卷补遗一卷 清汪栋撰 ⑱集1159

汪　森 一七〇七（康熙四十六）年自刊华及堂视昔编六卷 清汪森辑 ①1719

汪喜孙 一八二三（道光三）年刊述学内篇三卷外篇一卷补遗一卷别录一卷 清汪中撰 ①920

汪　氏紫峰 一七五〇（乾隆十五）年刊瘟疫明辨四卷末一卷 清戴天章撰郑奠一编 ㉚386

汪辉祖 一七六七（乾隆三十二）年自刊双节诗文初集二卷 清汪辉祖辑 ⑱集1744

汪　璐 一七四三（乾隆八）年刊谦谷集六卷 清汪筠撰 ①1474

汪懋麟 一六七八（康熙十七）年自刊百尺梧桐阁集诗十六卷文三卷 清汪懋麟撰 ⑱集1023

北京**汪曜奎** 一八四八（道光二十八）年刊良方集腋二卷续附一卷 清谢元庆撰 ㉙1266

北京**汪曜奎** 一九〇二（光绪二十八）年重刊良方集腋二卷续附一卷 清谢元庆编 ㉚260

汪瀹南 一六四四—一六六一（顺治）年刊南校草一卷 清陈昌言撰 ⑱集930

汪　灏 一七六二（乾隆二十七）年刊【嘉靖】耀州志十一卷 明李廷宝修乔世宁纂 ⑲180

新安**汪氏** 一六六九（康熙八）年刊秘书二十一种九十四卷 清汪士汉辑 ⑱丛369

新安**汪氏** 一六九八（康熙三十七）年刊古今彝语十六卷 明汪应蛟辑 ⑯921.7/412

南丰**汪氏** 一七四四（乾隆九）年家刊困学录四卷 宋汪瑶撰 ㉑272

仁和**汪氏** 一七八一（乾隆四十六）年刊十六国春秋一百卷 后魏崔鸿撰 清汪日桂重订 ⑯922.3301/390－04

旌德**汪氏** 一八三四（道光十四）年刊遂生福幼合编 清庄一夔撰 ㉚534

婺源**汪氏** 一八三九（道光十九）年家刊敬修堂稿不分卷 清汪青萍撰 ㉑224

钱塘**汪氏** 一八六二（同治元）年刊竹林寺女科秘方 清竹林寺僧撰 ㉚438

乌程**汪氏** 一八七八（光绪四）年刊荔墙丛刻 清汪日桢辑 ⑰01286

信征**汪氏** 一八八五（光绪十一）年刊十二砚斋四种 清汪鋆辑录 ⑰0156

乐平**汪氏** 一九〇五（光绪三十一）年家刊茗吟阁拾存稿附馀生事记 清汪翰芳撰 ㉑210

钱唐**汪氏** 一八九四（光绪二十）年在长沙刊丛睦汪氏遗书 清汪篁辑 ⑰1378

上元**汪氏** 一九〇一（光绪二十七）年刊惊风辨症必读书 清庄一夔编 ㉚535

汪　氏 一八二二（道光二）年刊济世养生经验集 清毛世洪编 ㉚251

永嘉**沙氏** 一八八八（光绪十四）年刊洞仙词六卷 清陈星涵撰 ㉙334

沈士尊汪士鋐 一六九三（康熙三十二）年刊霁山先生诗文集五卷 宋林景熙撰 附录一卷 ⑱集407

沈大成 一七六九（乾隆三十四）年刊痘疹定论四卷 清朱纯嘏编 ㉚508

沈云尊 一七六七（乾隆三十二）年刊蔼春斋初稿澹海集八卷 清宋调元撰 ⑱集1219

沈日暎 一七〇四（康熙四十三）年刊古雪堂诗集十六卷 清金露撰 ⑱集911

沈凤仪 刊清真教考一卷 清沈懋中辑 ⑱子996

沈心友 一六九四（康熙三十三）年刊戴咏楼重镌朱批孟子二卷 宋苏洵批 ⑯097.625/554－03

沈　业 一七〇七（康熙四十六）年刊怀谢轩遗咏不分卷 明释弘坚撰 ⑱集877

沈申祐 一八八六（光绪十二）年刊兼山堂集 清沈梅撰 ⑤

会稽**沈礼意** 一八一二（嘉庆十七）年刊脉经十卷 晋王熙撰 ㉚106

沈圣昭沈圣晖 一六七六（康熙十五）年刊东江集钞九卷别集五卷 清沈谦撰 附录一卷 ⑱集956

仁和**沈廷芳** 一七三六—一七九五（乾隆）年刊三经小疏 清沈彤撰 ⑪090. 2/3472

沈迁等 一七二九（雍正七）年刊沈端悫公文集一卷颍水集一卷阛斋诗集一卷
天鉴堂集八卷附一卷 清沈近思撰 ⑱集 1078

沈 华 一七三四（雍正十二）年刊【正德】武功县志三卷 明康海纂 ⑲188

沈兆沄 一八五七（咸丰七）年刊蓬窗随录十四卷附录二卷续录二卷 清沈兆沄辑 ⑯834. 7/746

天津**沈兆赢** 一八三一（道光十一）年刊欣遇斋诗集十六卷 清沈峻撰 ㉓50

天津**沈兆瀛** 一八五二（咸丰二）年自刊织帘书屋诗钞十二卷 清沈兆瀛撰 ㉓50

沈守义 一七二三—一七三五（雍正）年刊吴江水考增辑七卷 明曹一麟修徐师曾沈启纂 ㉙2243

沈守义 一七四一（乾隆六）年刊南船纪四卷 明沈启撰 ⑱史 1352

吴兴**沈寿嵩** 一八五八（咸丰八）年刊昭陵碑考十二卷 清孙三锡撰 ⑥

沈 彤 一七五〇（乾隆十五）年自刊周官禄田考三卷 清沈彤撰 ①10882

沈青崖 一七三三（雍正十一）年刊蕙庵遗集三卷 明沈擎撰 附录一卷 ①1394

四川**沈鸣珮** 一八五五（咸丰五）年刊易理正旨十卷 清沈鸣佩注 ⑥

沈炘如 一七一一（康熙五十）年刊牧斋诗钞不分卷 清钱谦益撰沈炘如辑 ①9931

沈宗约 一八四七（道光二十七）年刊敬亭文稿八卷敬亭自订年谱二卷 清沈起元撰 ㉙1675

沈宗良 一七五二（乾隆十七）年刊【乾隆】屏南县志八卷首一卷 清沈钟纂修 ⑲529

沈宗畸 一九〇九（宣统元）年刊邕州小集一卷 宋陶弼撰 ⑱集 212

金阊**沈定宇** 一六五八（顺治十五）年刊鼓吹新编十四卷 清程棅施諲合选 ⑪811. 108/2642

沈 标 一六四九（顺治六）年重修度曲须知二卷 明沈宠绥撰 ㉙2290

沈树兰等 一七〇四（康熙四十三）年刊苧庄集一卷 明沈章撰 ⑱集 892

吴江**沈树德** 一八四一（道光二十一）年刊蛾术编八十二卷 清王鸣盛撰 ⑯071/115

槜李**沈峙亭** 一七三六—一七九五（乾隆）年刊胎产集要三卷附幼科摘要 清黄惕斋编 ㉚457

沈奕董 一七五二—一七五四（乾隆十七至十九）年刊白华庄藏稿钞文集十六卷诗集六卷 清沈寓撰 ⑱集 1018

沈祖燕 一九〇八（光绪三十四）年自刊案事编不分卷 ⑯355. 8/745

沈眉寿 一八二三（道光三）年刊宋著作王先生文集四卷 宋王苹撰 ㉙2205

沈柱臣 一七五七（乾隆二十二）年刊赐砚斋诗存四卷首一卷 清沈涵撰 ⑱集1029

沈桂芬 一八六七（同治六）年刊吴江沈氏诗录十二卷勤补书庄诗钞一卷酉山公诗钞一卷织帘居士诗钞一卷 清沈祖禹等辑 ㉙3426

沈起元 一七五九（乾隆二十四）年刊竹素园诗抄八卷 清许廷鑅撰沈起元订 ㉙863

沈振家 一七五四（乾隆十九）年刊青霞沈公遗集十六卷 明沈鍊撰 ⑱集688

沈曾植 一九一〇（宣统二）年刊陵阳先生诗四卷 宋韩驹撰 ⑱集307

沈寅清 一七〇〇（康熙三十九）年刊西溪先生文集十卷 清沈嘉客撰 ⑱集902

沈翠龄 一八五一（咸丰元）年刊国朝文徵四十卷 清吴翌凤辑 ㉙1033

沈德潜 一七六一（乾隆二十六）年刊青嵝遗稿二卷 清盛锦撰沈德潜评 ㉙888

沈懋发 一七八三（乾隆四十八）年刊南陵无双谱一卷 清金古良撰 ④9343

沈楙德 一八四六（道光二十六）年刊国朝古文汇钞初集一百七十六卷二集一百卷 清朱珔辑 ㉙2606

沈耀勋 一九一一（宣统三）年刊苕溪集五十五卷 宋刘一止撰 ①373

吴兴**沈氏** 一六六一（顺治十八）年刊本草洞诠二十卷 清沈穆撰 ㉚169

吴江**沈氏** 一七三六—一七九五（乾隆）年刊果堂全集六种 清沈彤撰 ㉙2448

新繁**沈氏** 一八一一（嘉庆十六）年刊瘟疫条辨摘要 清陈良佐等撰 ㉚388

菱湖**沈氏** 一七九六—一八二〇（嘉庆）年刊五省沟洫图说 清沈梦兰撰 ②48828

石埭**沈氏** 一八六二（同治元）年刊槐卿遗稿六卷附录一卷 清沈衍庆撰 ②7156

吴江**沈氏** 一八六九（同治八）年刊大生要旨五卷 清唐千顷撰 ㉚458

平陵**沈氏** 一八九七（光绪二十三）年刊广蚕桑说 清沈练撰 ⑯638/747—8

番禺**沈氏** 一九〇九（宣统元）年刊晨风阁丛书二十二种 清沈宗畸辑 ⑥总四六

沈　氏 一七二二（康熙六十一）年家刊水西谏疏二卷 明沈汉撰 宏所谏疏一卷 明沈珣撰 ⑱史365

宋之璠 一六八三（康熙二十二）年刊【顺治】新泰县志六卷 清杨继芳修牟适纂 ⑲290

金陵**宋仁甫** 一八四九（道光二十九）年刊重广补注黄帝内经素问二十四卷内经灵枢十二卷 唐王冰注宋林亿等校正 ㉚2

宋世荦　一八一七（嘉庆二十二）年刊台州丛书　①393

宋　钺吴立坚　一九二九（道光九）年刊青山集三十卷附录一卷　宋郭祥正撰　①357

宋光祚　一八六八（同治七）年刊瘟疫条辨摘要　清陈良佐等撰　㉚389

宋兆淇　一八七八（光绪四）年自刊南病别鉴　清宋兆淇编　㉚376

宋　庆　一八八一（光绪七）年刊草庐经略十二卷　明□□撰　⑯382/519

宋杨光　一八一六（嘉庆二十一）年刊大云山房文稿二集四卷　清恽敬撰　⑱集123

奉新**宋鸣璜**　一七九一（乾隆五十六）年刊味雪楼诗草一卷别稿一卷　清宋鸣琼撰　㉑242

宋　炘　刊古今药石一卷　明宋纁撰　⑱子700

宋宗元　一七五六（乾隆二十一）年刊易贯十四卷首二卷　清张叙撰　⑱经88

书林**宋诚甫**　一六六二—一七二二（康熙）年刊伤寒尚论篇全书　清徐彬编　㉚50

宋　荦　一六九九（康熙三十八）年刊注东坡先生诗四十二卷　宋苏轼撰施元之顾禧注　㉙155

宋　荦丘迥　一七〇四（康熙四十三）年刊王荆公唐百家诗选二十卷　宋王安石辑　⑱集1659

浙江杭县**宋咸熙**　一八〇二（嘉庆七）年自刊吕氏古易音训二卷　清宋咸熙辑　⑥

宋思仁　一七七六（乾隆四十一）年自刊广舆吟稿六卷　清宋思仁撰　⑯847.4/693

宋恒芳　一九〇一（光绪二十七）年补刊【嘉庆】会同县志十卷　清陈述芹纂修　⑲702

奉新**宋家蒸**　一八八二（光绪八）年自刊述闻斋诗草二卷蜀游纪程草二卷　清宋家蒸撰　㉑244

宋景濂　一七五二（乾隆十七）年刊龙湫集五卷　明李天植撰　附刊一卷　清宋景关辑　明史弹词一卷　清宋景濂撰　①1541

宋翔凤　一八二九（道光九）年自刊洞箫诗一卷　清宋翔凤撰　①4392

宋徵璧　一六五二（顺治九）年自刊抱真堂诗稿八卷　清宋徵璧撰　⑱集944

宋耀庭　一八三八（道光十八）年刊疫痧草辩论章一卷见象章一卷汤药章一卷　清陈耕道撰　㉙3201

商丘**宋氏**　一六九四（康熙三十三）年刊国朝三家文钞　清宋荦许汝霖辑　⑯824.7/908

吴县**宋氏**　一七七七（乾隆四十二）年刊传经堂法帖四卷　清宋思敬撰　㉙991

临海**宋氏**　一七九六—一八二〇（嘉庆）年刊台州丛书　清宋世荦辑　⑰01379

于都**宋氏**　一八三七（道光七）年家刊雩都三宋先生诗文集十二卷　清宋昌图撰　㉑300

临海**宋氏** 一八三四（道光十四）年刊滇考二卷 清马甦编 云南省图书馆

山阴**宋氏** 一八八七（光绪十三）年刊忏华庵丛书 清宋泽元辑 ⑰01352

溧阳**宋氏** 一八八七（光绪十三）年刊水流云在馆奏议二卷 清宋晋撰 ⑯1853

宋　氏 一七七一（乾隆三十六）年家刊痘糠辑要四卷 清宋邦和撰 ㉚514

补过氏 一八九三（光绪十九）年刊惊疳吐泻医书 清钱松柏撰 ㉚535

启元松 刊种痘新书十二卷 清张琰撰 ㉚511

启　寿 一八九二（光绪十八）年刊吴川县志十卷首一卷 清毛昌善修陈兰彬纂 ⑲708

张人崧 一七四一（乾隆六）年刊青要山房诗选十二卷 清吕谦恒撰 ⑱集1103

四川梁山**张力廷** 一八五一（咸丰元）年刊来子日录六卷 明来知德撰 ⑥

张士俊 一六六二—一七二二（康熙）年刊泽存堂五种 ①7337

怀阳**张大昭** 一八二〇（嘉庆二十五）年刊胎产心法三卷 清阎纯玺撰 ㉚456

张大镛 一八三一（道光十一）年刊琴川三志补记十卷 清黄廷鉴撰 ㉙3159

张大镛 一八三三（道光十三）年自刊自怡悦斋书画录三十卷 ㉙3199

三韩**张万言** 一六九四（康熙三十三）年在琼州府刊痘疹心法二十三卷 明万全编 ㉚497

沙溪**张万选** 一七六三（乾隆二十八）年刊资生集 清董熿编 ㉚248

南皮**张之洞** 一八九三（光绪十九）年刊薛子条贯篇十三卷 清薛瑄撰 ㉓74

大兴**张之浚** 一七三六—一七九五（乾隆）年自刊天山瞻华集四卷 清张之浚撰 ㉓47

张习孔 一六六一（顺治十八）年自刊云谷卧馀二十卷续八卷 清张习孔撰 ①2885

张天绶 一六八〇（康熙十九）年增刊重修无极志二卷 清高必大修穆贞元纂 ⑲34

张元昇等 一六九四（康熙三十三）年刊忠谏静思张公遗集十卷 明张选撰 侍御静生张公遗集二卷 明张缵曾撰 ⑱集675

张元振 刊镜香园毛声山评第七才子书十二卷首一卷 元高明撰清毛宗岗评 ⑱集2105

咸宁**张云翼** 一六九四（康熙三十三）年刊奏疏六卷 清张勇撰 ⑱史387

张云骧 一八八三（光绪九）年自刊芙蓉碣传奇二卷 清张云骧撰 ①4161

南皮张太复 一八一一（嘉庆十六）年自刊因树山房诗钞二卷晋游草一卷 清张太复撰 ㉓75

张文治 一八九〇（光绪十六）年补刊【道光】龙岩州志二十卷首一卷 清彭衍堂等修陈文衡纂 ⑲541

张文宝 一八三八（道光十八）年刊诸史问论十五卷 清李元春撰 ⑦14605

张文炳 刊道德经注四卷 元吴澄述 ⑥子一一

嘉善**张心渊** 一八四三（道光二十三）年刊经验方抄四卷 清陆言等编 ㉚258

张以增 刊瘟疫论二卷 明吴有性撰 ㉙454

张未山刘景堂 一八一〇（嘉庆十五）年刊衡斋算学七卷 清汪莱撰 ①16477

张世英 一八八七（光绪十三）年刊【正德】武功县志三卷首一卷 明康海撰清孙景烈评注 ⑲188

张世浣 一八一一（嘉庆十六）年刊笙雅堂全集 清张九镡撰 ⑤

张世纬 张世绩张世纲 一七三五（雍正十三）年刊唐丞相曲江张文献公集十二卷千秋金鉴录五卷 唐张九龄撰 附录一卷 ⑱集47

张世绶 一六九四（康熙三十三）年刊张东海全集八卷 明张弼撰 附录不分卷万里志二卷明张弘至撰 ⑱集593

张四科 一七五九（乾隆二十四）年自刊宝贤堂集四卷首一卷末一卷 清张四科撰 ⑱集1218

张尔炽 一八五七（咸丰七）年刊脉经十卷 晋王熙撰 ㉚106

张　礼 一七一七（康熙五十六）年刊西湖梦寻五卷 明张岱撰 ①4580

张必录 刊医方辨难大成二百七卷 ㉚708

张永锡 一六四四—一六六一（顺治）年刊七录斋诗稿三卷 明张溥撰 ㉙1586

张邦瑜 一八四七（道光二十七）年刊金匮要略集解三卷 清周孝垓辑 ㉙1136

上虞**张权** 一八七七（光绪三）年重刊【道光】连山绥瑶厅志八卷 清姚柬之纂 ⑲682

张成孙等 一六六二—一七二二（康熙）年刊东郊草堂集钞九卷 清张壇撰 ⑱集998

张达言 一八七四（同治十三）年刊匪石山人遗诗一卷 清纽树田撰 ㉙1090

张廷济 一八三九（道光十九）年自刊桂馨堂集三卷 清张廷济撰 ①12600

张廷宷 一七七七（乾隆四十二）年刊缘筠轩诗四卷 清张元撰 ⑱集1140

历下**张廷璧** 一七一〇（康熙四十九）年校刊瘟疫辨症 清马印麟编 ㉚385

历下**张廷璧** 一七三四（雍正十二）年刊预防痘疮论 清马印麟编 ㉚509

张　贞 一七〇九（康熙四十八）年自刊渠丘耳梦录四卷　清张贞撰　⑱子726

张师右 一八五四（咸丰四）年刊庐山新乐府二卷　清张师右张师古撰　㉓43

张师亮 一八六八（同治七）年刊澄怀园语四卷　清张廷玉撰　⑯192/313.1

张自烈 清初刊河邨文集四卷　明戴重撰　⑱集887

海阳**张汝英** 一八三八（道光十八）年刊活幼心法九卷　明聂尚恒撰　㉚502

张守约等 一七五三（乾隆十八）年刊秋水斋诗十五卷　清张映斗撰　⑱集1143

张安淳 一六五五（顺治十二）年重修梅花草堂笔谈十四卷　明张大复撰　㉙1932

成都**张兴龙** 一九一一（宣统三）年刊弄丸心法八卷　清杨凤庭撰　㉚339

张兴淳等 一六九〇（康熙二十九）年刊松阿诗集略选四卷　清释常岫撰　⑱集1045

张祁度 一六九五（康熙三十四）年刊纫兰阁诗集十四卷　明方孟式撰　①5724

镇海**张寿荣** 一八八三（光绪九）年刊八史经籍志日本□□辑　⑤

张　远 一六八五（康熙二十四）年自刊无闷堂集不分卷　清张远撰　①1822

张远览 一七五二（乾隆十七）年刊寒石先生文集三卷　明理暚和撰　①1490

张志聪 一六七三（康熙十二）年刊伤寒论纲目九卷附一卷附伤寒论白文　清张志聪撰　㉚51

张　芳 一六五九（顺治十六）年刊禹峰先生文集二十四卷　清彭而述撰张缙彦夏嘉端评　⑱集915

益州**张吾瑾** 一六六二（康熙元）年刊藏腑证治图说人镜经八卷附录二卷续录二卷　㉚33

张伯魁 一七四九（乾隆十四）年刊射山诗选　清陆嘉淑撰　⑱集956

张希明等 刊王居士天籁集三种　清王尊贤撰张希明等辑　㉙797

云间**张应时** 一七三六—一七九五（乾隆）年刊喉科指掌六卷　清张宗良撰　㉚584

张应时 一八二〇（嘉庆二十五）年刊白石道人歌曲四卷歌曲别集一卷　宋姜夔撰　④14708

张怀德 一七一五（康熙五十四）年刊达生编　清亟斋居士撰　㉚453

安康**张补三** 一八八〇（光绪六）年重刊稀痘良方　⑦7348

张君弼 一六八六（康熙二十五）年增刊安庆府怀宁县志三十六卷　清段鼎臣等修方都泰等纂　⑲448

张纯修 一六九一（康熙三十）年刊饮水诗集二卷词集三卷　清纳兰性德撰　①6509

广东顺德**张青选**一八一七（嘉庆二十二）年在浙江海宁刊尔雅音义三卷 唐陆德明音义　⑥

张　坦一六九一（康熙三十）年刊南游杂诗一卷 清张坦撰　㉓42

张坦麟一七二七（雍正五）年刊廿一史弹词注十卷 明杨慎撰 明纪弹词注一卷 清张三异撰　⑱集2175

张松孙一七六六（乾隆三十一）年刊研露楼琴谱四卷首一卷 清崔应阶撰　⑱子449

张若迁一七六四（乾隆二十九）年刊浮春阁诗集三卷 清沈景运撰　⑱集1219

张茂生一七〇〇（康熙三十九）年刊泊水斋文钞三卷 明张慎言撰　⑱集807

张　范一八〇三（嘉庆八）年增刊【乾隆】攸县志六卷 清冯运栋修李天旭纂　⑲646

张其锦一八一一（嘉庆十六）年刊燕乐考原六卷 清凌廷堪撰　⑱经233

张其曜一八八〇（光绪六）年刊【乾隆】福宁府志四十四卷首一卷 清李拔等纂修　⑲526

张鸣皋一六八四（康熙二十三）年刊重刊横浦先生文集十四卷 宋张九成撰 横浦生生家传一卷无垢公遗迹一卷 清张鸣皋辑　⑱集321

知延平府**张国正**一八八三（光绪九）年刊杨龟山先生集四十二卷首一卷 宋杨时撰　⑰08687

张秉忠一七七五（乾隆四十）年刊文昌帝君化书二卷　㉑57

张金吾一八二七（道光七）年家刊爱日精庐藏书志三十六卷续藏书志四卷 清张金吾撰　㉙3230

武原**张宗松**一七四一（乾隆六）年刊王荆文公诗五十卷 宋王安石撰清李壁笺注　⑧

张定鋆一八七二（同治十一）年自刊补拙山房诗集十卷 清张定鋆撰　㉙3234

张学林一七五六（乾隆二十一）年修刊重修直隶陕州志二十卷首一卷 清龚崧林修杨建章纂　⑲604

张学海一九〇一（光绪二十七）年刊泰西寓言一卷　④156

婺源**张学痴**一八九二（光绪十八）年自刊蚺城约议不分卷 清张学痴辑　㉑226

张绍文一八八〇（光绪六）年刊澄怀主人自订年谱 清张廷玉撰　⑯982.974/312－02

张绍祖一八六七（同治六）年刊瘟疫明辨四卷末一卷 清戴天章撰郑奠一编　㉚386

黔省**张荣兴**一八七五—一九〇八（光绪）年刊急救应验良方　㉚280

广东南海**张荫桓**一八七五（光绪元）年刊历代名人年谱十卷 清张荣光撰　⑥史一〇七

张昭麟一七五四（乾隆十九）年刊岘泉集六卷 明张宇初撰　⑱集544

清河张显周 一八六九（同治八）年刊清河六先生诗选 清徐申锡补辑 ⑤

张保增等 一七九七—一八二〇（嘉庆）年刊扪腹斋诗钞四卷 清张宗松撰 ⑱集1157

张闻升 清初刊宋史纪事本末一百九卷 明冯琦撰陈邦瞻补张溥论证 ⑱史193

邓州**张炳义** 一八八七—一八八九（光绪十三—十五）年刊伤寒类证解惑四卷 清张泰恒撰 ㉚89

泾阳**张恂** 清初刊唐诗品汇九十卷拾遗十卷 明高棅撰张恂重订 ⑨善00320

张祖仁 一八四五（道光二十五）年刊白圭榭古文遗稿一卷 清张璐撰 ㉙3276

张祖年 一七〇七（康熙四十六）年自刊道驿集四卷 清张祖年撰 ⑱集1090

山东滕县**张耕** 一八二三（道光三）年自刊古韵发明 清张耕撰 ⑥

张埙 一七八六（乾隆五十一）年自刊竹叶庵文集三十三卷 清张埙撰 ①1520

张晋康 一七五二（乾隆十七）年刊诗外传十卷 汉韩婴撰 ⑱经162

大兴**张烈** 一六六二—一七二二（康熙）年自刊读易日钞三卷 清张烈撰 ㉓46

张振德许鲤跃 一八〇二（嘉庆七）年刊淮西小草一卷 清铁保撰 ①17316

张峨峰 一八七七（光绪三）年补刊【道光】荣县志三十八卷首一卷 清王培荀纂修 ⑲761

张晓如 一八九二（光绪十八）年刊唐丞相曲江张文献公集十二卷附录一卷千秋金鉴录五卷 唐张九龄撰 ⑯2709

江宁**张钺** 一九〇九（宣统元）年刊白喉全生集 清李纪方撰 ㉚597

张卿云 一七三六—一七九五（乾隆）年刊赋清草堂诗钞六卷 清张棠撰 ⑱集1078

张海鹏 一八〇七（嘉庆十二）年刊钝吟杂录十卷 清冯班撰 ⑯072/766

书林**张海鹏** 一八〇八（嘉庆十三）年刊救荒野谱二卷 明王磐撰姚可成补 ㉚199

张海鹏 刊宝祐重修琴川志十五卷图一卷 宋孙应时纂修鲍廉钟秀实续修 ⑲326

广州**张润波** 一八五三（咸丰三）年刊医林改错二卷 清王清任撰 ㉚34

张家栻 一八二一—一八五〇（道光）年刊六知亭集二卷 清张九钺撰 ③文544/676

钱塘**张焘** 一八八四（光绪十）年自刊津门杂记三卷 清张焘辑 ⑥

张荃 一八七五—一九〇八（光绪）年刊令词初集二卷 清顾贞观纳兰成德辑 ④1368

张梦高 一八三六（道光十六）年刊绣像芙蓉洞全传十卷 清陈遇乾撰 陈士奇评俞秀山校 ㉙1198

张符骧 一六九五（康熙三十四）年刊天傭子集二十卷 明艾南英撰清张符骧评 首一卷末一卷 ⑱集856

张象魏 一七六五（乾隆三十）年刊诗说汇五卷 清张象魏辑 ⑯821/313

张鸿辰 一八八七（光绪十三）年刊玉可庵词存 清徐琪撰 ②107236

常熟**张瑛** 一九〇二（光绪二十八）年家刊知退斋稿七卷古文补刊一卷 清张瑛撰 ㉙3500

张朝乐 一七九一（乾隆五十六）年刊两汉策要十二卷 宋陶叔献辑 ⑱集1648

江西巡抚**张朝璘** 一六五九（顺治十六）年补刊本草纲目 明李时珍撰 ㉑130

张朝麟 一六五七（顺治十四）年刊本草纲目五十二卷首一卷图二卷 明李时珍撰 ㉚163

张　彭 一六九四（康熙三十三）年增刊康熙光泽县志八卷附一卷 清金鸣凤修陈南贤纂 ⑲525

张景贤 一八六三（同治二）年重刊最乐编六卷 明高道淳辑 ②7740

磁州**张筏** 一八四二（道光二十二）年刊读书堂杜工部诗集注解二十卷文集注解二卷 清张溍注 ㉓80

阳城**张敦仁** 一七九六—一八二〇（嘉庆）年刊重刻仪礼注疏五十卷 汉郑玄注
唐贾公彦疏 ⑬531.1/10880

张敦仁 一八六一（咸丰十一）年在抚州刊礼记注三十卷 汉郑玄注 ⑨1022

三原**张普** 一九〇二（光绪二十八）年刊人谱类记二卷 清刘宗周撰 ①2655

陕西三原**张普** 一九〇五（光绪三十一）年刊清麓答问四卷 清贺瑞麟手笔 ⑥

张曾缓 一八五七（咸丰七）年刊戒押班谕 ⑯925.576/129

张道淙 一七二三（雍正元）年刊觌庵诗钞六卷 清陆贻典撰 ⑱集949

张温如 一六五八（顺治十五）年刊本草纲目五十二卷首一卷图二卷 明李时珍撰 ㉚163

武昌**张裕钊** 一八七六（光绪二）年刊史记一百三十卷 明归有光评点 ③史101.32/757

都门甘泉**张瑞征** 一八五八（咸丰八）年刊胎产心法三卷 清阎纯玺撰 ㉚456

洛阳**张楠** 一八二四（道光四）年刊痘疹捷要二卷 清刘文雅编 ㉚519

张　鉴 一八三九—一八四六（道光十九—二十六）年自刊冬青馆甲集六卷乙集八卷 清张鉴撰 ⑱集1286

张鹏飞 刊兵镜备考十三卷孙子集注一卷兵镜或问二卷 清邓廷罗辑 ⑯382.2/372

陕西**张鹏翂** 一八三〇（道光十）年刊三省边防备览十四卷 清严如熤辑 ⑥

张　溍 一六七二（康熙十一）年刊云隐堂文集三十卷诗集十卷 明张镜心撰 ⑱集852

张　慎 一八〇六（嘉庆十一）年刊涉园题咏一卷 清张惟赤辑 永安湖秋泛诗一卷 清张慎辑 ⑱集1799

张慎仪 一八九〇（光绪十六）年自刊续方言拾遗二卷 清张慎仪撰 ⑯425.8/311

磁州**张榕端** 一六八九（康熙三十七）年刊读书堂杜工部诗集注解二十卷文集注解二卷 清张潜注 ㉓80

张燕昌 一七七一（乾隆三十六）年自刊金石契不分卷 清张燕昌撰 ⑱史1436

张觐玉 刊胎产集要三卷附幼科摘要幼科撮要 清黄惕斋编 ㉚457

永丰**张德升** 一八七〇（同治九）年自刊娱性斋诗钞六卷 清张德升撰 ㉑296

张　潮 一六六二—一七二二（康熙）年刊三家诗八卷 魏曹植晋陶潜刘宋谢灵运撰 ⑪811.108/5544

张潜光 一七一一（康熙五十）年刊朱文公游艺至论 宋朱熹撰明余佑辑 ⑪810.04/2540

张　霖 一七一〇（康熙四十九）年刊三吴采风类记十卷 清张大纯撰 ㉙717

磁州**张镜心** 一六六七（康熙六）年自刊易经增注十卷考一卷 明张镜心撰 ㉓81

张　穆 一七九六—一八二〇（嘉庆）年刊元遗山集 金元好问撰 ②20682

张　儒 一七四〇（乾隆五）年刊持忠集二卷 明张瑶撰 ⑱集854

景州**张衡** 一六八三（康熙二十二）年自刊听云阁雷琴篇十卷 清张衡撰 ㉓78

张懋诚刘澡 一七一〇（康熙四十九）年增刊康熙安庆府怀宁县志三十六卷 清段鼎臣等修 方都泰等纂 ⑲448

张　瓒 一六七〇（康熙九）年刊罗昭谏集八卷 唐罗隐撰 ④12690

张　霨 一七一〇（康熙四十九）年自刊香圃诗抄四卷 清张霨撰 ㉙768

张瀛暹 一八三七（道光十七）年刊说文答问疏证六卷 清薛传均撰 ⑯1348

张懿实 一六七六（康熙十五）年刊陶庵文集七卷附录一卷诗集八卷附录一卷 谷帘学吟一卷 明黄淳耀撰 ⑰56－42805

张　夔 一七九〇（乾隆五十五）年刊蔚园文钞四卷 明张大受撰 ㉙2838

彭泽**张氏** 一七三四（雍正十二）年家刊张药房遗稿 清张天栋撰 ㉑217

金溪张氏 一七四七（乾隆十二）年家刊半古楼集三卷 清张映斗撰 ㉑257

秀水张氏 一七五〇（乾隆十五）年刊通鉴纲目释补注六卷 清张庚撰 ⑰05070

吴中张氏 一七七二（乾隆三十七）年刊古诗赏析二十二卷 清张玉谷撰 ㉙947

虞山张氏 一八一二（嘉庆十七）年刊借月山房汇抄 清张海鹏辑 ㉚786

武威张氏 一八二一（道光元）年在陕西刊二酉堂丛书二十一种 清张澍辑注 ⑥总40

番禺张氏 一八二一—一八五〇（道光）年刊国朝诗人徵略六十卷二编六十四卷 清张维屏撰 ⑯988. 8/314

汉镇张氏 一八六〇（咸丰十）年刊晰微补化全书二卷 清郭太原撰 ㉚402

宜黄张氏 一八六七（同治六）年刊扫苔山馆诗钞二卷 清张士琉撰 ㉑284

武宁张氏 一八七三（同治十二）年家刊镜真山房诗钞六卷 清张凤翥撰 ㉑220

四川遂宁张氏 一八八二（光绪八）年刊遂宁张文端公全集五种 清张鹏翮撰 ⑥

蛟川张氏 一八八三（光绪九）年刊花雨楼丛钞 清张寿荣辑 ⑰01274

吉安张氏 一八八三（光绪九）年刊古今韵汇举要三十卷 ㉑290

邗上张氏 一八八九（光绪十五）年刊述古斋幼科新书三种 清张振鋆编撰 ㉚756

邗上张氏 一八八九（光绪十五）年刊厘正按摩要术四卷 清张振鋆编韩广宏校 ㉚151

上饶张氏 一八九一（光绪十七）年家刊烬馀诗草四卷 清张景渠撰 ㉑223

南皮张氏 一八九三（光绪十九）年在广州刊薛子条贯篇十三卷续篇十三卷 清薛瑄撰 ⑰02907

毗陵张氏 一八九六（光绪二十二）年刊本草新读本 清张秉成编 ㉚194

天津张氏 一八九七（光绪二十三）年刊敬恕斋遗稿二卷 清张梦九著 ②7634

湖口张氏 一八九八（光绪二十四）年刊退思堂丛书 清张宿煌撰 ⑰01188

新都张氏 一九〇八（光绪三十四）年刊赵李合璧八卷 清赵廷儒李玉峰撰 ㉚348

江都张氏 一八七五—一九〇八（光绪）年刊延秋吟馆集 清张联桂撰 ⑰00961

汉州张氏 一九〇九（宣统元）年刊汉州张氏祠族谱二十三卷首一卷 清张树荣等修 ⑰13401

张　氏 一七一四（康熙五十三）年刊群经音辨七卷 宋贾昌朝撰 ㉝30

张　氏 一八七六（光绪二）年刊产宝家传二卷 清倪东溟撰 ㉚457

张　氏 一九〇九（宣统元）年家刊张氏医参 清张节撰 ㉚761

迟日豫 一六五八（顺治十五）年重修明崇祯本南齐文纪十卷 明梅鼎祚辑 ①5210

陆大业 一七〇二（康熙四十一）年刊晞发集十卷遗集二卷补一卷 宋谢翱撰 天地间集一卷 宋谢翱辑 冬青树引注一卷登西台痛哭记注一卷 明张丁撰 ①13514

陆云锦 一八〇三（嘉庆八）年自刊芝庵杂记四卷 清陆云锦撰 ⑱子 720

陆公鏐 一六九九（康熙三十八）年刊大学讲义困勉录三十七卷 清陆陇其撰 ⑱子 99

陆心源 一八七六（光绪二）年刊史载之方二卷 宋史载之编 ㉚212

陆地舟 一六五二（顺治九）年刊医灯续焰二十一卷 宋崔嘉彦原撰清潘楫增注 ㉚109

陆地舟 一六八四（康熙二十四）年刊未信编六卷 清潘杓灿撰 ②103498

仁和**陆贞一** 一八一七（嘉庆二十二）年刊频罗庵遗集 清梁同书撰 ⑤

陆廷粲 一七〇〇（康熙三十九）年刊王徵士集四卷 明王彝撰清陆廷粲辑 附录一卷 ①2953

陆寿朋 一八八七（光绪十三）年刊巡城琐记 清陆毅撰 ⑰03893

陆　奎 一八四五（道光二十五）年刊拜云阁乐府二卷 清吴震撰 ㉙3235

陆贻典 一六五九（顺治十六）年刊唐诗鼓吹注解十卷 元郝天挺明廖文炳撰 ①904

陆贻格 一七一〇（康熙四十九）年刊青缃堂诗六卷 清陆淹撰 ①1156

陆钟辉 一七六一（乾隆二十六）年自刊放鸭亭小稿一卷环溪词一卷 清陆钟辉撰 ①1419

浙江平湖**陆炯** 一八三六（道光十六）年自刊说文类解四卷 清陆炯撰 ⑥

陆凌勋 一六六二—一七二二（康熙）年刊雅坪文稿十卷首一卷 清陆棻撰 ⑱集 1023

陆　烜 一七三六—一七九五（乾隆）年刊奇晋斋丛书北窗炙輠录二卷 宋施德操撰 ①14647

陆润庠 一八九七（光绪二十三）年刊元史遗文补证三十卷 清洪钧撰 ㉙1414

平湖**陆氏** 一七三六—一七九五（乾隆）年刊梅谷丛书十种 清陆子章编 ㉚201

归安**陆氏** 一八七九—一八八二（光绪五—八）年刊十万卷楼丛书初编十六种二编二十种 三编十四种 清陆心源编 ②112012

湖州**陆氏** 一八八三（光绪九）年刊秋室集十卷 清杨凤苞撰 ⑱集 1275

常熟**陆氏** 一八九四（光绪二十）年刊济世养生集 清毛世洪编 ㉚252

阿　泰 一六九二（康熙三十一）年刊樵贵谷诗四卷 清吴麟撰 ①4592

陈一津 一八九四（光绪二十）年刊慎思录四卷 清李南晖撰 ⑥

陈一夔 一六九六（康熙三十五）年刊挹奎楼选稿十二卷 清林云铭撰 ⑱集988

陈士矿 一六九九（康熙三十八）年刊岁时小令四卷 清陶越撰 ⑱史718

陈士珂 一八一八（嘉庆二十三）年自刊韩诗外传疏证十卷 清陈士珂撰 ⑱经163

长洲**陈士泰** 一七一〇（康熙四十九）年刊紫阳方先生瀛奎律髓四十九卷 元方回辑 ①3969

陈元铸 一九〇七（光绪三十三）年补刊光绪增修甘泉县志二十四卷首一卷图一卷 清徐成敟等修陈浩恩等纂 ⑲352

陈长卿 清初刊薛氏医案二十四种 明薛己等撰 ㉚713

山左**陈介谋** 一八七三（同治十二）年刊外科证治全生集附金疮铁扇方 清王维德编 ㉚542

陈文芳 一七八三（乾隆四十八）年刊北溪先生全集 宋陈淳撰 ⑤

陈文鸣坊 一八九〇（光绪十六）年刊胎产集要三卷附幼科摘要 清黄惕斋编 ㉚457

弋阳**陈文典** 一八二三（道光三）年自刊陈文正公家乘四卷 清陈文典撰 ㉑232

陈文显 一八八七（光绪十三）年增刊光绪宁阳县志二十四卷 清高陞荣修黄恩彤纂 ⑲292

陈文紘 一七九三（乾隆五十八）年刊妙一斋医学正印种子编二卷 明岳甫嘉撰 ㉚469

福州**陈文鸿** 一八八四（光绪十）年刊增订验方别录 清郑奋扬编徐友成增订 ㉚275

武昌**陈文魁** 一八六〇（咸丰十）年刊太乙神针方 清范培兰编 ㉚147

陈文煜 一七三七（乾隆二）年刊文选补遗四十卷 元陈仁子辑 ③文102/597.2

陈允锡 一六九四（康熙三十三）年自刊史纬三百三十卷 清陈允锡删修 ⑯3582

陈世泰 一六六二—一七二二（康熙）年刊虞州集十六卷续集二卷 清陈奕禧撰 ⑱集1056

陈本淳 一七九八（嘉庆三）年刊响琴斋诗集六卷诗馀二卷 清陈声和撰 ㉙3186

陈龙正 一六八九（康熙二十八）年家刊高子遗书十二卷 明高攀龙撰 附录一卷 明陈龙正辑 ⑱集775

陈尔锡 一九一〇（宣统二）年刊剑闲斋师门答问 清陈瀚问郭嵩焘答 ⑰03420

仁和**陈立方** 刊名医类案十二卷 明江民莹撰 ㉚627

陈兰芝 一七八五（乾隆五十）年自刊鲁蜀文献二卷 清陈兰芝辑 ⑱集1791

陈　訏 一六九三（康熙三十二）年刊宋东坡诗选一卷 宋苏轼撰清陈訏辑 ⑱集260

靖安双溪**陈永楙** 一八九一（光绪十七）年刊况靖安集八卷 明况钟撰清陈永楙辑 ㉑251

陈邦怀 一六六二—一七二二（康熙）年刊泊斋集三卷 清释元尹撰 ⑱集1127

陈尧策 一七一五（康熙五十四）年刊柳下堂集文四卷诗四卷 清郑廉撰 ⑱集1057

陈师晋 一七四四（乾隆九）年刊玉照亭诗钞二十卷 清陈大章撰 ⑱集1068

陈师曾 一七二二（康熙六十一）年刊昭德先生郡斋读书志四卷后志二卷 宋晁公武撰
附志一卷考异一卷 宋赵希弁撰 ⑱史1381

湖北**陈光诏** 一八一八（嘉庆二十三）年刊孔子家语疏证十卷 清陈士珂辑 ⑥

黎川**陈同恩** 一八七八（光绪四）年刊凝斋先生遗集十卷末一卷 清陈道撰 ㉑270

福建侯官**陈乔枞** 一八六二—一八七四（同治）年自刊今文尚书经说考三十四卷 清陈乔枞纂 ⑥

陈守中 一八九〇（光绪十六）年校补寿阳县志十三卷首一卷 清马家鼎白昶修张嘉言祈世长纂 ⑲95

黎川**陈守诚** 一七三六—一七九五（乾隆）年刊喻氏医书三种 清喻昌撰 ㉙2863

陈进增 一七三一（雍正九）年刊阳山草堂诗集十卷 清陈炳撰 ⑱集1054

高安**陈远新** 一七四九（乾隆十四）年自刊屈子说志六卷末一卷 清陈远新撰 ㉑246

陈苌吴晋涛 一六九一（康熙三十）年刊柳塘诗集十二卷 清吴祖修撰 ㉙2387

黎川**陈伯常** 一七三六—一七九五（乾隆）年刊喻氏医书三种 清喻昌撰 ㉚719

陈宏谋 一七三六—一七九五（乾隆）年刊司马文正公传家集八十卷目录二卷 宋司马光撰
年谱一卷附录一卷 清陈弘谋辑 ⑱集209

陈　玫 一六八七（康熙二十六）年刊陈士业先生全集十六卷 清陈弘绪撰 ⑱集907

陈　玲 一八六二—一八七四（同治）年刊篔墅说书十卷 清陈震撰 ㉓63

九江**陈奉兹** 一七九五（乾隆六十）年自刊敦拙堂诗集十三卷 清陈奉兹撰 ㉑215

陈　松 一八八七（光绪十三）年自刊天文算学纂要二十卷首一卷附国朝万年书二卷
推测易知四卷 清陈松著 ②31062

山阴松溪氏**陈杰**一八四〇（道光二十）年刊陪赈散方论 清陈良佐撰 ㉚259

陈其昌一八九六（光绪二十二）年刊嘉庆太平县志十八卷首一卷 清庆霖修戚学标纂 ①

陈其宽一八九六（光绪二十二）年刊温病撮要 清曹华峰编 ㉚376

番禺**陈昌治**一八七三（同治十二）年刊说文解字十五卷 汉许慎撰宋徐铉等校定 说文通检十四卷末一卷 清黎承椿辑 说文校字记一卷 清陈昌浩撰 ⑱经403

陈光国一七六四（乾隆二十九）年刊上方山志五卷首一卷末一卷 明释自如吴仁敔撰 ⑱史1004

陈国珍一六六四（康熙三）年刊宋景濂先生未刻集不分卷 明宋濂撰 ①14092

陈法祖一七二三—一七三五（雍正）年刊中晚唐人七言绝句不分卷 ④14810

鸳水**陈诞敷**一六六四（康熙三）年刊医镜四卷 明王肯堂撰张暎垣编蒋仪校 ㉚328

陈　珑一八一二（嘉庆十七）年刊清逸山房画媵六卷 清魏容撰 ⑱集1277

萧山**陈春**一八一九（嘉庆二十四）年自刊湖海楼丛书十三种 清陈春辑 ⑥总四一

陈　栋一八〇一（嘉庆六）年自刊紫霞巾传奇二卷 清陈栋撰 ⑱集2153

陈树芝一七六二（乾隆二十七）年刊道荣堂文集六卷沧州近诗十卷 清陈鹏年撰 ⑯1917

陈厚耀一七二五（雍正三）年自刊春秋世族谱一卷 清陈厚耀撰 ⑱经285

陈　奎一七七二（乾隆三十七）年刊舟师绳墨一卷 清林君陞撰 ⑱子129

陈南贤一六八三（康熙二十二）年刊光泽县志八卷附一卷 清金鸣凤修陈南贤纂 ⑲525

陈映奎一九一〇（宣统二）年刊粤岳草堂诗话二卷 清黄培芳撰 ⑯2899

陈思燏一八六五（同治四）年补刊【乾隆】温州府志三十卷首一卷 清李琬修齐召南等纂 ⑲435

陈钟祥一八四五（道光二十五）年刊南轩文集四十四卷 宋张栻撰 ⑱集360

陈奕禧一七〇七（康熙四十六）年自刊春蔼堂续集十八卷 清陈奕禧撰 ①1306

陈济生一六五九（顺治十六）年自刊启祯两朝遗诗初集十卷 清陈济生辑 ㉙634

陈宪冲一六五七（顺治十四）年刊濑园诗初集三卷后集不分卷文集二十二卷 明严首升撰 ①4642

暨阳**陈诰**一八八五（光绪十一）年刊异授眼科 明邓苑等撰 ㉚574

陈桂舫一八四六（道光二十六）年刊饮水词一卷 清纳兰成德撰 ⑯3161

陈恭尹程翔 一六八九（康熙二十八）年刊海日堂集七卷 清程可则撰 ⑱集983

陈起荣 一八七六（光绪二）年刊南北朝文钞二卷 清彭兆荪辑 ⑯834.34/185

陈预 一八一七（嘉庆二十二）年刊陶庐杂录六卷 清法式善撰 ⑱子674

浙江**陈继聪** 一八八二（光绪八）年自刊忠义纪闻录三十卷 清陈继聪撰 ⑥

陈彩钟 一八四四（道光二十四）年刊天台治略十卷 清戴兆佳撰 ⑯925.572/213

天都**陈维坤** 一六六七（康熙六）年刊伤寒五法 明陈长卿撰 ㉚70

陈鼎 一六九八（康熙三十七）年自刊留溪外传十八卷 清陈鼎撰 ⑱史414

江苏江阴**陈鼎** 自刊东林列传二十四卷 清陈鼎撰 ⑥

陈遇赞 一八八八（光绪十四）年补刊【嘉庆】夹江县志十二卷首一卷 清王佐纂修 ⑲770

书林**陈道生** 刊东坡养生集十二卷 清王如锡编 ㉚612

陈锡霈 一八八七（光绪十三）年刊急救应验良方 ㉚273

陈彙义 一七八一（乾隆四十六）年重刊【康熙】漳平县志九卷首一卷 清查继纯修蒋振芳杨新日纂 ⑲541

陈嘉基 一六六二—一七二二（康熙）年刊陈定宇先生文集十六卷别集一卷 元陈栎撰 ⑱集456

松江**陈熙** 一八一五（嘉庆二十）年刊医林绳墨八卷 明方隅撰 ㉚324

清苑**陈僖** 一六八一（康熙二十）年自刊燕山草堂集四卷 清陈僖撰 ㉓64

陈肇镛 一八六七（同治六）年刊【乾隆】河南府志一百十六卷首四卷 清施诚修童钰等纂 ⑲599

陈震龙 一六七〇（康熙九）年刊淇园编四卷 明陈道潜撰 ⑱集562

陈璋 一七〇五（康熙四十四）年刊杨大年先生武夷新集二十卷 宋杨亿撰 ⑱集191

安州**陈德华** 一七三六—一七九五（乾隆）年自刊葛城诗稿不分卷 清陈德华撰 ㉓67

陈毅 一九〇〇（光绪二十六）年刊虚受堂文集十六卷诗存十七卷书札二卷 清王先谦撰 ⑯18189

陈履中陈履平 一七四九（乾隆十四）年刊壮悔堂文集十卷 清侯方域撰 ⑱集950

石屏**陈履和** 一八二六（道光六）年刊崔东壁先生遗书 清崔述撰 ⑰01482

扬州书林**陈履恒** 一八七五—一九〇八（光绪）年刊十五家年谱丛书 清杨希闵撰 ⑤

陈履端 一七二一（康熙六十）年刊湖海楼诗稿十二卷 清陈维崧撰李仙原选 ⑰56-42597

陈 璞 一八七〇（同治九）年刊昌黎先生集四十卷遗文一卷 唐韩愈撰 ①283

陈 霨 一七八二（乾隆四十七）年刊兰陔四六四卷 清郑王臣撰 ⑱集1218

陈 氏 一六八三（康熙二十二）年刊杜工部七言律诗五卷 唐杜甫撰清陈之壎注 ㉝256

新建**陈氏** 一六八七（康熙二十六）年刊陈士业先生全集十六卷 明陈宏绪撰 ㉑201

石城**陈氏** 一六九三（康熙三十二）年刊寿世内镜图说八卷续录二卷附录二卷 战国扁鹊撰 ㉚34

临川**陈氏** 一六九六（康熙三十五）年家刊四书读十卷 清陈大士撰 ㉑253

建昌**陈氏** 一七六三（乾隆二十八）年刊喻嘉言五种十七卷 清喻昌撰 ㉑310

山阴**陈氏** 一七九〇（乾隆五十五）年家刊洞天奥旨十六卷附十二经络图 清陈士铎撰 ㉚541

秀水**陈氏** 一七九二（乾隆五十七）年刊紫藤书屋丛刻六种十四卷 清陈□编 ⑱丛412

蕲州**陈氏** 一八〇一（嘉庆六）年刊竹书纪年集注二卷 清陈涛集注 ⑰220－296

临川**陈氏** 一八〇九（嘉庆十四）年家刊邻璧斋诗集八卷古文八卷 清陈奎撰 ㉑255

三山**陈氏** 一七九六—一八二〇（嘉庆至道光）年刊左海全集 清陈寿祺陈乔纵撰 ⑰01377

福州**陈氏** 一八二三（道光三）年刊左海经辨二卷 清陈寿祺撰 ⑯091.377/377

铅山**陈氏** 一八二三（道光三）年家刊瘦松柏斋初集八卷别集二卷外集一卷 试帖体一卷律赋一卷 清陈文瑞撰 ㉑228

黎川**陈氏** 一八四三（道光二十三）年家刊太乙舟文集八卷附观象居诗钞二卷 清陈用光撰 ㉑269

吴门**陈氏** 一八四七（道光二十七）年家刊毛诗传义类一卷 清陈奂撰 ㉙1211

番禺**陈氏** 一八五一—一八七四（咸丰至同治）年刊番禺陈氏东塾丛书 清陈澧撰 ⑰01018

山阴**陈氏** 一八六八（同治七）年刊天花精言六卷 清袁句撰 ㉚513

平江**陈氏** 一八七一（同治十）年刊晰微补化全书二卷 清郭太原撰 ㉚402

祁西**陈氏** 一八七三（同治十二）年刊管见医案 清陈鸿猷撰 ㉚641

宜丰**陈氏** 一八八五（光绪十一）年刊南崖诗集十二卷 清陈承然撰 ㉑240

武林**陈氏** 一八八五（光绪十一）年刊玉狮堂传奇十种 清陈烺撰 ⑯855.608/383－1

萧山**陈氏** 一八九六（光绪二十二）年刊理虚元鉴二卷 明汪绮石撰 ㉚418

宛平陈氏 一八九七（光绪二十三）年刊幼科易知录二卷 清吴溶堂撰 ㉚484

湘西陈氏 一九〇〇（光绪二十六）年刊麓山精舍丛书 清陈运溶辑 ⑰01152

贵阳陈氏 一八七五—一九〇八（光绪）年刊灵峰草堂集十四种 清陈炬集 ⑥

绵竹陈氏 一八七五—一九〇八（光绪）年刊朱子语类日钞五卷 清陈澧辑钞 ⑥

江宁陈氏 一八七五—一九〇八（光绪）年刊金陵琐志五种十卷 清陈作霖编 ①

波阳陈氏 刊家计有馀斋文稿一卷 清陈方海撰 ㉑231

义宁陈氏 刊家卧柳山房吟草 清陈世璜撰 ㉑222

陈　氏 一七八五（乾隆五十）年刊岭南风雅三卷 清陈兰芝辑 ㉝247

邵仁泓安乐居 一六九八（康熙三十七）年刊苏老泉先生全集二十卷 宋苏洵撰 附录二卷 ④15199

大兴**邵自佑** 一七六七（乾隆三十二）年自刊葵露诗钞四卷 清邵自佑撰 ㉓47

邵廷烈 一八四三（道光二十三）年校刊七省沿海全图一卷 清周北堂绘 ㉙1750

邵远平 一六八五（康熙二十四）年刊弘艺录三十二卷首艺苑玄几一卷 明邵经邦撰 ⑰K1518

大兴**邵位名** 一八五〇（道光三十）年自刊斗南吟草四卷 清邵位名撰 ㉓47

大兴**邵承熙** 一八八九（光绪十五）年自刊东篱纂要十卷 清邵承熙撰 ㉓47

邵养定邵养贞 一六六九（康熙八）年刊宋邵康节先生伊川击壤集十卷 宋邵雍撰 ⑱集223

大兴**邵绶名** 一八六五（同治四）年在江苏刊六书正讹五卷 元周伯琦编注 ⑥

吴门**邵景尧** 一八七五—一九〇八（光绪）年在安庆刊瘟毒病论 清邵登瀛编 ㉚387

仁和**邵氏** 一六八八（康熙二十七）年刊弘简录二百五十四卷 明邵经邦撰 ⑯1617

大兴**邵氏** 一八〇八（嘉庆十三）年家刊谦受堂集十五卷 清邵大业撰 ㉓47

太仓**邵氏** 一八三三（道光十三）年刊娄东杂著 清邵廷烈辑 ⑰01390

吴门**邵氏** 一八七九（光绪五）年刊女科歌诀六卷附经验方 清邵登瀛编 ㉚440

仁和**邵氏** 一九一一（宣统三）年刊四库简明目录标注二十卷补四卷附录一卷附录补一卷 ⑥
清邵懿辰辑 ⑯5653

纳兰性德 一六六二—一七二二（康熙）年刊通志堂经解

纳兰常安 一七三五（雍正十三）年自刊受宜堂集四十卷 清纳兰常安撰 ①1294

纳兰常安 一七四〇（乾隆五）年自刊班馀剪烛集十四卷 清纳兰常安撰 ①2062

纳兰常安 一七四六（乾隆十一）年自刊受宜堂宦游笔记四十六卷 清纳兰常安撰 ①2907

八 画

燕南**青阳山人冠五氏** 一八九八（光绪二十四）年刊圆觉真经 原题浩然著 ②47546

岐山**武文炳** 一八八一（光绪七）年刊箴铭辑要类编四卷 清寇守信撰 ⑦3401

下浣**武林居士** 一八六八（同治七）年刊经验百方良方续录 清汪氏俞大文编 ㉚261

渭南**武鸿模** 一八五一（咸丰元）年刊思庵野录三卷 清薛敬之撰 ⑦5268

武隆阿 一八一五（嘉庆二十）年刊吕子节录四卷补遗二卷 明吕坤撰清陈弘谋评辑 ⑯192/445－03

武穆淳 一七三六—一八二〇（乾隆—嘉庆）年刊授堂遗书 清武亿撰 ⑤

武 氏 一六六二—一七二二（康熙）年家刊五岳诗集四卷槐柳记略一卷二酉诗草四卷 明武图功撰 ⑱集801

林云铭 一六八八（康熙二十七）年自刊庄子因六卷 清林云铭撰 ⑱子1022

林世懋 一八四四（道光二十四）年刊修本堂丛书 清林伯桐撰 ⑤

分宜**林有席** 一八二六（道光六）年自刊平园杂著内编十四卷 清林有席撰 ㉑214

林则徐 刊天中记六十卷 明陈耀文纂屠隆校 ③总110/76754

林 任 一七〇六（康熙四十五）年刊笑门诗集二十五卷 清戚玾撰 ⑱集999

林庆贻 一八七一（同治十）年刊【弘治】大明兴化府志五十四卷 明陈效修周瑛黄仲昭纂 ⑲529

林 兴 一七〇六（康熙四十五）年刊林登川遗集二十三卷 明林唐臣撰 ①12648

林 佶 一六九三（康熙三十二）年写刊尧峰文钞四十卷诗钞十卷 清汪琬撰 ⑱集984

林 佶 一七四四（乾隆九）年家刊朴学斋诗稿十卷文稿一卷 清林佶撰 ⑱集1104

林洪九 一七五五（乾隆二十）年刊神明镜二卷 清王南珍辑 ㉝116

林屋绣 一六九一（康熙三十）年刊博物知本 清尢乘编 ㉚722

林起龙 一六六二—一七二二（康熙）年刊铜人名堂之图四幅 明赵文炳绘 ㉚139

林骏元林茂光 一八九一（光绪十七）年刊【咸丰】冕宁县志十二卷首一卷末一卷 清李英粲修李昭纂 ⑲794

龙溪**林维源** 一八七九（光绪五）年刊古今文字通释十四卷 清吕世宜撰 ③字139/875

得江**林植棠** 一八六七（同治六）年刊程松崖先生眼科应验良方 明程玠撰 ㉚571

林嘉澍余上富 一八七六（光绪二）年增刊【同治】大邑县志二十卷 清赵霦等纂修 ⑲748

贺州**林肇元** 一八七九（光绪五）年刊外科证治全生集附金疮铁扇方 清王维德撰 ㉚542

林蕙堂 一六八九（康熙二十八）年刊唐近体诗永十四卷首一卷 清吴绮辑 ⑱集1675

林德垓 一七七六（乾隆四十一）年增刊虹孙鉴三卷 清朱从延编 ⑰K14930

番禺**林氏** 一八四四（道光二十四）年刊修本堂丛书 清林伯桐辑 ⑰01368

闵中**林氏** 一八四六（道光二十六）年刊遂生福幼合编 清庄一夔撰 ㉚534

福州**林氏** 一八五一（咸丰元）年刊谢鹰楼诗话二十四卷 清林昌彝撰 ⑯12264

闵中**林氏** 一八五五（咸丰五）年刊竹柏山房十五种 清林春溥撰 ⑰01376

侯官**林氏** 一八六九（同治八）年在广州刊海天琴思续录八卷 清林昌彝辑 ⑰04155

福州**林氏** 一八七一（同治十）年刊医学汇参 清林枫编 ㉚350

三山**林氏** 一八七六（光绪二）年刊畿辅水利议 清林则徐撰 ⑰11286

杭宾仁 一七九〇—一七九二（乾隆五十五—五十七）年刊道古堂文集四十六卷 清杭世骏撰 ⑤

仁和**杭氏** 一七九二（乾隆五十七）年刊杭大宗七种丛书 清杭世骏撰 ⑰01113

苗士寅苗士容 一六五五（顺治十二）年刊大中丞苗晋候先生文集八卷抚郧杂录一卷 解鞍小录一卷筑樊文钞一卷错铸文钞一卷巡襄约言一卷 清苗胙土撰 ①2312

天雄**苗其祥** 一八八四（光绪十）年刊眼科百问二卷 清王子固编 ㉚574

苗　蕃 一六六五（康熙四）年自刊瀑音三卷 清苗蕃撰 ①5727

英　和 一七九一（乾隆五十六）年刊乐贤堂诗钞三卷 清德保撰 ⑱集1170

范文焕 一七四二（乾隆七）年刊范香溪先生文集二十二卷 宋范浚撰 范蒙斋先生遗文一卷 宋范端臣撰范杨溪先生遗文一卷 宋范端杲撰 ⑱集323

范正辂 一六八七（康熙二十六）年刊上谕解义二卷 ⑱史339

范世清 一七七五（乾隆四十）年自刊鸡肋集二卷 清范世清撰 ⑱集1240

范弘遇 一六六二—一七二二（康熙）年刊范忠贞公集十卷 清范承谟撰 ⑱集981

范廷瑚 一七一四（康熙五十三）年刊元音统韵二十八卷 明陈荩谟撰 ⑱经483

范全仁 一七三四（雍正十二）年刊昌晚集三卷范密居诗馀一卷 清范邃撰 ⑱集1147

范时崇 一七〇九（康熙四十八）年刊刘荟亭诗选六卷 清刘可书撰 ⑱集1042

范其铸高基增 一六八三（康熙二十二）年刊山阴县志三十八卷 清高登先修沈麟趾单国骥等纂 ⑲417

新建**范金镛** 一九〇六（光绪三十二）年自刊心香室诗钞四卷 附诗馀一卷 清范金镛撰 ㉑207

范差民 一六五四（顺治十一）年刊柳待制文集二十卷元柳贯撰 附录一卷 ①443

浙江**范祖述** 自刊杭俗遗风 清范祖述撰 ⑥

范毓秀范绳祖等 一七〇一（康熙四十）年刊范文忠公初集十二卷 明范景文撰 年谱一卷 清王孙锡撰 ⑱集812

乌程**范氏** 一八三〇—一八四四（道光十至二十四）年刊范白舫所刊书十九种四十一卷 清范锴编 ⑱丛448

吴山**范氏** 一八四五（道光二十五）年刊小灵兰馆家乘 清范玉琨撰 ⑰11443

欧阳士豹等 一六四九（顺治六）年刊华阳馆草不分卷 明欧阳奎撰 ⑱集890

彭泽**欧阳云** 一八七六（光绪二）年自刊亦吾庐诗草八卷 清欧阳云撰 ㉑217

吉安**欧阳世和** 一七三六—一七九五（乾隆）年刊文忠集一百五十三卷 宋欧阳修撰 ㉑289

欧阳利见 一八八三（光绪九）年刊平山堂图志十卷首一卷 清赵之壁撰 ②27654

泽彭**欧阳述** 一九〇三（光绪二十九）年自刊浩山诗钞不分卷 清欧阳述撰 ㉑217

吉安**欧阳慎**欧阳杰 一八二三（道光三）年自刊双寿赠言三卷 清欧阳慎欧阳杰等编 ㉑289

欧阳衡 一八一九（嘉庆二十四）年刊欧阳文忠公全集一百五十三卷 宋欧阳修撰 首一卷附录五卷 ①343

欧阳徽柔 一七四六（乾隆十一）年刊五代史记七十四卷 宋欧阳修撰徐无党注 ⑯922.4201/423

钧源**欧阳氏** 一八三四（道光十四）年刊毛诗本义十五卷郑氏诗谱补亡一卷 宋欧阳修撰 ⑯094.125/423

吉安**欧阳氏** 一八四八（道光二十八）年家刊三寿赠言四卷 清欧阳惇三辑 ㉑290

欧　苏 一七九四（乾隆五十九）年自刊霭楼逸志六卷 清欧苏撰 ⑯857.1/422

郁松年 一八四〇（道光二十）年刊宜稼堂丛书 ①424

锡山**奇氏** 一七八四（乾隆四十九）年在安徽刊沈氏尊生书 清沈金鳌撰 ㉚733

盱眙阖邑绅民 一六七四（康熙十三）年刊都梁政纪四卷 题盱眙阖邑绅民辑 ⑪NC2278/6676

易　剑 一八九五（光绪二十一）年补刊【道光】辉县志二十卷首一卷末一卷 清周际华修戴铭纂 ⑲567

易祖焘 一七五五（乾隆二十）年刊周礼总义六卷 宋易祓撰 ⑱经171

于都**易氏** 一六九六（康熙三十五）年家刊犀崖文集二十六卷 清易学实撰 ㉑300

京山**易氏** 一八六九（同治八）年刊字辨政篆十六卷 清易本烺撰 ⑰07635

罗大春 一八八七（光绪十三）年在河南柯城刊增订批点四书集注 ⑥

罗才论 一八四七（道光二十七）年刊武夷山志二十四卷 清董天工编 ⑥史133

罗天绪等 一六六二—一七二二（康熙）年刊最古园二编十八卷 清罗人综撰 ⑥

南城**罗从绳** 一七七三（乾隆三十八）年自刊癯樵诗钞六卷首一卷 清罗从绳撰 ㉑275

杭城**罗文显** 一八五九（咸丰九）年刊串雅内编四卷 清赵学敏编 ㉚247

顺德**罗叶祥** 一八五六（咸丰六）年刊医方易简新编六卷 清龚自璋黄统编 ㉚267

新建**罗安** 一八〇二（嘉庆七）年自刊水耘诗稿十三卷 清罗安撰 ㉑202

新会**罗芬浦** 一八八二（光绪八）年刊傅青主男女科 清傅山撰 ㉚721

罗良嵩 一八二一—一八五〇（道光）年刊武夷山志 清董天工撰 ④补479

益阳**罗怡顺** 一八七三（同治十二）年刊胎产心法三卷 清阎纯玺撰 ㉚456

罗　度 一八八四（光绪十）年刊产宝 清倪枝维撰 ㉚455

罗美才 一六九〇（康熙二十九）年刊罗圭峰先生文集三十卷 明罗玘撰清罗美才辑 ㉑275

安化**罗绕典** 一八二一—一八五〇（道光）年在贵州刊黔南识略三十二卷 清爱必达撰 ⑥史144

罗　哲 刊觉非集十卷 明罗亨信撰 ⑱集570

襄平**罗氏** 一七一二（康熙五十一）年刊卧龙岗志二卷 清罗景辑 ⑥

吉安**罗氏** 一七三六（乾隆元）年家刊路史国名记八卷 宋罗泌撰 ㉑288

吉安**罗氏** 一八三三（道光十三）年家刊敬业录十卷 清罗玉藻编 ㉑289

吉安**罗氏** 家刊涧谷遗稿六卷 宋罗椅撰 ㉑291

吉水**罗氏** 一七八三（乾隆四十八）年家刊水南灌叟遗集六卷 清罗暹春撰 ㉑294

铜梁**罗氏** 一八四〇（道光二十）年刊生生宝录二卷 清袁于江撰 ㉚462

宜黄**罗氏** 一八七一（同治十）年家刊问渠东轩诗 清罗鸿熙撰 ㉑284

泰和**罗氏** 一八八一（光绪七）年刊罗水玉先生文集四卷末一卷 明罗璟撰清罗冠仕编 ㉑292

瑞金**罗氏** 一八八一（光绪七）年家刊尊闻居士集八卷遗稿一卷 清罗有高撰 ㉑303

上虞**罗氏** 一九一〇（宣统二）年刊玉简斋丛书一集十四种二集八种 清罗振玉辑 ⑰01216

释**果得** 一六九六（康熙三十五）年刊牧云和尚四悉书十四卷 清释通门撰 ⑱子970

和　宁 一七九二（乾隆五十七）年刊西藏志 不著撰人姓氏 ①849

和　珅 一七九五（乾隆六十）年影宋刊附释音礼记注疏六十三卷 汉郑玄注唐孔颖达疏 唐陆德明音义 ⑱经193

太仓**季锡畴** 一八三二（道光十二）年刊艺庵遗诗一卷 清黄彦撰 ㉙3174

岳士景 一七四四（乾隆九）年刊岳鄂王金陀粹编二十卷首一卷续编二卷 宋岳珂编 ⑯982.8521/884.884

岳先福 一七九四（乾隆五十九）年刊兰雪堂诗文集十三卷 清岳礼撰 ⑱集1187

岳　端 一六九六（康熙三十五）年自刊玉池生稿十卷 清岳端撰 ①5250

金一凤 一六九四（康熙三十三）年刊晦园二集二卷 清李为观撰 ⑱集1026

金凤沼 一八二七（道光七）年刊列代建元表十卷建元类聚考二卷 清钱东垣撰 ①1454

萧山**金石文** 一八五五（咸丰五）年刊卫生便览四卷 清江笔花撰 ㉚345

吴县**金兰** 一八七三（同治十二）年自刊三布衣诗存 清金兰编 ㉙1214

金兆燕 一七三六—一七九五（乾隆）年在杨州刊儒林外史 清吴敬梓撰 ⑥

金　农 一七六〇（乾隆二十五）年自刊冬心先生自度曲一卷 清金农撰 ⑱集1980

仁和**金肖农** 一八六八（同治七）年刊经验百方良方续录 清汪氏俞大文编 ㉚261

金吴澜 一八八三（光绪九）年刊憺园集三十六卷 清徐乾学撰 ㉙2038

金尚柬 一七四三（乾隆八）年刊练音集补四卷首一卷附卷一卷

外卷一卷 明翟校辑清王辅铭补辑 ⑱集1785

金　律 一七三二（雍正十）年刊白云先生许文懿公传集四卷 元许谦撰 ①637

金　律 刊论语集注考证十卷 宋金履祥撰 ⑯1168

金　勇 一八一九（嘉庆二十四）年刊唐文粹补遗二十六卷 清郭麐辑 ⑱集1654

金起鳞方瑛 一六七三（康熙十二）年刊知畏堂文存十二卷诗存四卷 明张采撰 ①5716

金惟骙程宗傅 一七三六（乾隆元）年刊杕左堂集诗六卷词四卷 清孙致弥撰 ⑱集1068

金献金望 一六五五（顺治十二）年刊耦耕堂集诗三卷文二卷 明程嘉燧撰
松圆诗老小传一卷 清钱谦益撰 ⑱集857

金德瑛 一七六八（乾隆三十三）年家刊诗存四卷 清金德瑛撰 ⑱集1164

吴江**金氏** 一六六六（康熙五）年刊息斋集十卷疏草五卷 清金之俊撰 ㉙2308

吴门**金氏** 一七〇五（康熙四十四）年刊安胎保产全书 明钱养庶编 ㉚452

永福**金氏** 一七九八（嘉庆三）年刊说岳全传八十回 清钱彩撰金丰增订 ⑯857.4/935-06

休宁**金氏** 一八〇八（嘉庆十三）年刊泰山志二十卷 清金棨撰 ⑯928.312/987

同川**金氏** 一八一七（嘉庆二十二）年刊务滋堂集七种四十四卷（即金氏四杰集） ㉙3427

江阴**金氏** 一八七五—一九一一（光绪至宣统）年刊粟香室丛书 金武祥编 ④12626

金　氏 一七九三（乾隆五十八）年刊杂证准绳八卷 明王肯堂撰 ㉚408

鱼凫居士 一八六一（咸丰十一）年刊梅庵先生筹蜀记一卷惠蜀书二卷 清蔡寿祺撰
汉安征信录一卷 清徐灼撰 ⑯922.7805/556

周于仁 一六五三（顺治十）年刊渡海舆记一卷 ①1770

周士仪 一六七八（康熙十七）年自刊史贯十二卷 明周士仪撰 ①1622

书林**周千秋** 一六六二—一七二二（康熙）年刊槐下新编雅说集十九种十九卷 清魏裔介编 ⑱丛352

周之镛 一八六七（同治六）年补刊【道光】信丰县志续编十六卷 清许夔修谢肇涟张伊纂 ⑲510

周之镛 一八七八（光绪四）年补刊【同治】泰和县志三十卷首一卷 清宋瑛等修彭启瑞等纂 ⑲505

周开锡陈思燏 一八六五（同治四）年刊【乾隆】温州府志三十卷首一卷 清李琬修齐召南汪沆纂 ⑲435

汝南**周天健**　一七〇一（乾隆四十）年在广东刊六书分类十二卷　清傅世尧辑　⑥

周天鳞　一九〇一（光绪二十七）年自刊水流云在馆百哀诗钞一卷词钞一卷附挽联　清周天麟撰　⑯7504

周元文　一六六二—一七二二（康熙）年刊延平答问二卷　宋朱熹编　⑥

周长年　一六八六（康熙二十五）年刊绣像文昌化书四卷　④10479

周以持　一七四七（乾隆十二）年刊周右序先生四书节解十四卷　清周振业撰　⑱经 349

周以恒　一八五七（咸丰七）年刊遂生福幼合编　清庄一夔撰　㉚534

四川营山**周玉衡**　一八八四（光绪十）年在成都刊五音集字十集　清汪朝恩纂辑　⑥

周永年　一七九〇（乾隆五十五）年刊元张文忠公归田类稿二十卷　元张养浩撰　④14827

周在延　一七二五（雍正三）年刊因树屋书影十卷　清周亮工撰　⑥

周在浚周在延　一六七二（康熙十一）年自刊栎园府君行述一卷　清周在浚周在延等撰　①1573

周在浚　一六七五（康熙十四）年刊赖古堂集二十四卷　清周亮工撰　附录一卷　⑱集 933

周光镛　一七八六（乾隆五十一）年刊墨花馆遗稿一卷　清周埏撰　㉙574

金溪**周行谨**　一八六一（咸丰十一）年重刊鱼凫汇刻三种四卷　原题鱼凫居士编　②30022

周庆增　一七四八（乾隆十三）年刊八厓集七卷　明周廷用撰　⑱集 643

江苏吴县木渎镇**周孝垓**　一八一八（嘉庆二十三）年刊周易集解十卷　唐李鼎祚撰　⑥

周孝埙　一八一六（嘉庆二十一）年刊青嵝续集二卷　清盛锦撰　㉙888

监利**周鸣霞**　一八〇七（嘉庆十二）年在成都刊乾坤正气录八卷　清周懋勷辑　⑥

宁乡**周含万**　一八四七（道光二十七）年刊今韵三辨八卷　清孙同元编　⑯1424

宁都**周郁文**　一八七七（光绪三）年刊欧迹集二十一卷　清蔡受撰　㉑303

安徽贵池**周明亮**　一八七六（光绪二）年刊脉镜须知二卷　清梅江村撰刘汉卿编　㉚118

周　昂　一七九九（嘉庆四）年刊十国春秋拾遗一卷备考一卷　清周昂校　㉙3120

周　忠　一八七六（光绪二）年刊【乾隆】定陶县志十卷首一卷　清雷宏宇修刘珠等纂　⑲301

甫里**周秉鉴**　一八〇一（嘉庆六）年刊竹素园古文不分卷　清徐廷燦撰　㉙863

周金绅　一七五三（乾隆十八）年刊新宁县志四卷　清窦容邃修吴师瑗纂　⑲789

周金然 一六九三（康熙三十二）年刊春秋词命三卷 明王鏊辑 ⑱集1646

周炜 一六七二（康熙十一）年刊罍庵杂述二卷 明朱朝瑛撰 ⑱子96

凤翔**周宗剑** 一八八〇（光绪六）年刊许鲁斋先生年谱一卷 清郑士范编 ②13871

杭城**周宗隆** 一八五四（咸丰四）年刊妇科秘方 清竹林寺僧撰 ㉚437

皖南建德**周学海** 一八九八（光绪二十四）年刊幼科要略二卷 清叶桂撰周学海注 ㉚487

周学濂 一八四五（道光二十五）年刊礼耕堂丛说一卷史论五答一卷吉贝居暇唱一卷 清施国祁撰 ⑯089.07/627

周诚殷锡纯 一八七一（同治十）年刊羊毛瘟疫新论 清刘文范撰 ㉚392

金陵**周品渔** 一七八〇（乾隆四十五）年刊宜麟策 明张介宾撰 ㉚469

安邱**周昺潢** 一八三三（道光十三）年刊正字略一卷 清王筠撰 ③字139/844

周亮工等 一六四五（顺治二）年刊王王屋文集三卷诗集一卷 明王玕撰清周亮工等评 ⑱集869

周亮工 一六四四—一六六一（顺治）年刊原圃集一卷塞庵诗一续一卷二续一卷 张民表先生诗三续一卷 明张民表撰 ⑱集782

周亮工 一六六七（康熙六）年刊萏询录 清刘思敬撰 ①2584

周亮节 一八六七（同治六）年校刊银海精微二卷 原题唐孙思邈撰 ㉚570

金溪**周亮登** 校刊寿世保元十卷 清龚延贤编 ㉑267

周彦高泽履 一八一八（嘉庆二十三）年刊鄱阳诗集十二卷补遗一卷 宋彭汝砺撰 ①340

周祖佑 一九〇九（宣统元）年刊简易医诀四卷 清周云章撰 ㉚353

周恭寿 一八九二（光绪十八）年刊求志堂存藁汇编 清周济撰 ⑤

周原溥 一七五六（乾隆二十一）年重修梁溪马氏三世遗集十五卷 ①1889

周康禄 一九〇〇（光绪二十六）年刊臣鉴录二十卷 清蒋伊撰 ㉙2955

周维庆 一七二一（康熙六十）年刊刘鳌石先生文集十二卷 清刘坊撰 ⑱集1088

周 曾 一六七九（康熙十八）年刊晴鹤堂诗钞十六卷 清周体观撰 ⑱集978

麻城**周畹兰** 一八一四（嘉庆十九）年刊忠武志十卷 清张鹏翮辑 ②28649

周腾虎 一九〇五（光绪三十一）年自刊餐芍华馆遗文三卷随笔二卷 清周腾虎撰 ⑯847.6/820

周嘉猷韩岱云等 一七八一（乾隆四十六）年刊孟子赵氏注十四卷 汉赵岐撰 音义二卷 ⑱经308

周　樽 一七八〇（乾隆四十五）年补刊镇海县志八卷首一卷 清王梦弼纂修郃向荣订正 ⑲412

遵化**周氏** 一七一八（康熙五十七）年刊晴鹤堂诗钞十卷 清周体观撰 ㉓60

燕山**周氏** 一七三七（乾隆二）年家刊五知斋琴谱八卷 清周鲁封撰 ㉓5

奉新**周氏** 一八〇一（嘉庆六）年家刊诗考异字笺馀十四卷 清周邵莲撰 ㉑242

麻城**周氏** 一八一四（嘉庆十九）年刊忠武志十卷 清张鹏翮编周畹兰增 ⑯982.31/313－02

昆山**周氏** 一八二九（道光九）年刊苏松财赋考图说不分卷 清周梦颜撰 ⑯348.2/814

金溪**周氏** 一八〇一（嘉庆六）年家刊岸东草堂集四卷清周景崧撰 ㉑266

金溪**周氏** 一八八五（光绪十一）年家刊水竹主人诗钞十一卷 清周之楷撰 绣馀小草一卷 清杨霞撰 ㉑267

义宁**周氏** 一八九一（光绪十七）年刊坡山小学史断四卷 宋南宫靖一撰明晏彦文续撰 ㉑222

皖南建德**周氏** 一八九八（光绪二十四）年刊三消论 金刘完素撰清周学海注 ㉚425

释**净斯** 一六五九（顺治十六）年刊云门显圣寺志十六卷 清赵甸撰 ⑱史1056

乌程**庞玉澂** 一八八三（光绪九）年刊古今医案按 清俞震编 ㉚634

吴江**庞佑清** 一八一三（嘉庆十八）年刊毛诗稽古编三十卷附考一卷 清陈启源撰 ⑰00507

庞　垲 一七〇五（康熙四十四）年刊白云村文集四卷 清李澄中撰 ⑱集1036

常熟**庞氏** 一八七八（光绪四）年家刊文庙祀典考五十卷首一卷 清庞钟璐撰 ㉙3297

郑之梅 刊郑静庵先生诗集五卷文集五卷蓉渚别集一卷醒世格言一卷 清郑日奎撰 ⑱集995

郑子兰 一八八六（光绪十二）年刊鹊泉山馆集八卷 清潘观保撰 ㉙1367

晋安**郑开极** 一六八四（康熙二十三）年刊石斋先生经传九种五十五卷 明黄道周撰 ⑰01069

郑开基 一七六二（乾隆二十七）年刊影园瑶华集三卷 明郑元勋辑 ⑱集1774

郑元庆 一六八九（康熙二十八）年自刊三百词谱六卷 清郑元庆辑 ⑱集2014

郑曰愚 一六六二—一七二二（康熙）年刊西野诗草一卷二刻一卷 清胡必奇撰 ⑱集1107

郑　风 一七〇七（康熙四十六）年刊双云堂文稿六卷诗稿六卷 清范光阳撰 行述一卷 ①1678

郑世成 一六九七（康熙三十六）年刊郑忠愍公北山文集三十卷 宋郑刚中撰 首一卷末四卷 ⑱集320

郑尔龄 一八三四（道光十四）年刊鲒琦亭诗集十卷 清全祖望撰 ①15009

郑 汉 刊新镌草字唐诗一卷 清樊新书 ④9062

郑乔林 刊太医院增补医方捷径 明罗必玮校正 ㉚329

郑 行 一九〇〇（光绪二十六）年刊郑氏痞科保赤金丹四卷 清郑玉琼撰 ㉚512

郑时达 一七二二（康熙六十一）年刊勾漏集五卷咏史诗一卷 明郑学醇撰 ⑱集742

郑时达 一七五三（乾隆十八）年刊郑氏易谱十二卷 明郑旒撰 ⑱经81

郑 玟 一七〇九（康熙四十八）年刊南湖集八卷 清郑磊撰 ⑱集1056

郑柿里 一七九九（嘉庆四）年刊诊家索隐二卷 清罗浩编 ㉚117

郑 杰 一七八〇（乾隆四十五）年刊石塔碑刻记一卷 清林乔荫撰 附考一卷 龚景瀚撰 ⑱史1485

郑 杰 一七九八（嘉庆三）年刊红雨楼题跋二卷 明徐渤撰清郑杰辑 ①2361

遵义郑知同 一八五八（咸丰八）年写刊说文解字二卷 清郑珍注 ⑥

郑 性 一六六二—一七二二（康熙）年刊书带草堂诗选十二卷文选二卷 清郑溱撰 ⑱集925

郑 性 一七三六—一七九五（乾隆）年刊黄梨洲先生南雷文约四卷 清黄宗羲撰 ⑱集924

郑定远 一六九八（康熙三十七）年刊琉球图说一卷 明郑若曾撰 ㉙1893

郑学庐 一八九七（光绪二十三）年刊元秘史山川地名考十二卷 清施世杰撰 ②2950

郑学曾任国钧 一八二七（道光七）年刊松石斋书画琐言 清唐琏撰 ㉖83

郑 勋 一七九八（嘉庆三）年刊野云居诗稿二卷文稿一卷 清郑竺撰 ①14018

郑 重 一六九四（康熙三十三）年刊二曲集二十六卷 清李颙撰 ⑯847.2/289-04

郑衍祖等 一六六三（康熙二）年刊郑少谷先生全集二十五卷 明郑善夫撰 ⑱集631

郑起泓 一六九三（康熙三十二）年刊筹海图编十三卷 明郑若曾撰 ①12802

郑起泓郑定远 一六六二—一七二二（康熙）年刊江南经略八卷 明郑若曾撰 ①12023

郑兼才 一八二一（道光元）年补刊【嘉庆】续修台湾县志八卷首一卷 清薛志亮修郑兼才等纂 ⑲552

郑惟焱郑载飏 一六八二（康熙二十一）年刊空斋遗集十二卷古质疑一卷春秋质疑一卷唐宋节录一卷 明郑赓唐撰 ①5976

郑惟鞠　一七〇二（康熙四十一）年刊石柱记笺释五卷小谷记小谷口读书记雅集唱和三种　清郑元庆撰　②6645

郑善述　一七一一（康熙五十）年刊玉蝉庵散编七卷　明郑邦祥撰　⑱集844

郑　滨　一七六八（乾隆三十三）年刊郑长公确园集四卷　清郑蕃撰　⑱集983

枣强**郑端**　一六六二—一七二二（康熙）年自刊孙子汇征四卷　清郑端撰　㉓78

晋安**郑肇**　一六九三（康熙三十二）年刊石斋先生经传九种　明黄道周撰　⑤

郑　燮　一七四二（乾隆七）年写刊随猎诗草一卷　清允禧撰　⑱集1201

郑　璧　一七〇八（康熙四十七）年刊金华贤达传十二卷　明郑柏撰　⑱史457

昆山**郑氏**　一六六二—一七二二（康熙）年刊筹海图编十三卷　明郑若曾撰　㉝95

遵化**郑氏**　一八一四（嘉庆十九）年刊青衣词不分卷　清郑成基撰　㉓60

合川**郑氏**　一九〇四（光绪三十）年刊广生要旨八卷　清王谭编　㉚465

易水**单氏**　一八〇二（嘉庆七）年家刊镂冰室诗钞六卷　清单钰撰　㉓70

法辉祖　一七五八—一七五九（乾隆二十三—二十四）年刊家学堂遗书十四卷　清张谦宜撰　⑱集1898

宝庆祥隆　刊种痘新书十二卷　清张琰撰　㉚511

宗文灿　一六六二—一七二二（康熙）年刊宋宗忠简公全集十一卷　宋宗泽撰　⑱集292

宗廷辅　一八七五—一九〇八（光绪）年自刊诗家标目四卷补遗一卷　㉙3298

宗　培　一八九〇（光绪十六）年刊陆子全书　清陆陇其撰　⑤

宗舜年　清末刊投笔集一卷　清钱谦益撰　⑱集900

宗源翰　一八七七（光绪三）年自刊颐情馆闻过集十二卷　⑯925.578/684

海虞**宗氏**　一八八二（光绪八）年刊今吾庐诗钞一卷　清宗汝刚撰　㉙3330

宗　氏　一八九七（光绪二十三）年刊东莱先生左氏博议集要八卷　清宗廷辅辑　㉙3298

蒲州**宜兴**　一八〇二（嘉庆七）年在北京自刊清文朴汇八卷　清宜兴撰　⑥

大兴**官彤绅**　一八五五（咸丰五）年刊傅青主女科二卷附产后编二卷　清傅山撰　㉚433

释实懿　一七七二（乾隆三十七）年刊梅花百咏一卷　元冯子振释明本撰　梅花百咏一卷　元释明本撰　⑱集1695

郎廷槐　一七〇九（康熙四十八）年刊半处士诗集二卷　清马惟敏撰　⑱集1053

清释弥高 一六八八（康熙二十七）年募刊韬光纪游初编二卷 清释弥高辑 ①1738

屈兆鳌 一八九一（光绪十七）年刊享帚集钞一卷外集钞一卷 生目老答客问一卷 清屈轶撰 ㉙3195

屈承千 一八七九（光绪五）年刊修立斋遗稿一卷 清张承霓撰 ㉙3282

屈承发 一八七二（同治十一）年刊九数通考十三卷 清屈曾发撰 ㉙3083

屈　培 一七〇〇（康熙三十九）年增刊【康熙】吴江县志十六卷首一卷 清郭琇修屈运隆纂 ⑲332

屈曾发 一七三六—一七九五（乾隆）年刊屈肖岩自订年谱一卷 清屈成霖撰 ㉙3037

书林**练国旺** 刊增补药性雷公炮制八卷 清张光斗撰 ㉚203

经元升 一六八八（康熙二十七）年刊石室秘录六卷 清陈士铎撰 ㉚332

经元升 刊觉世名言 清李渔撰 ④6146

经纶森宝 刊医林改错二卷 清王清任撰 ㉚34

孟昌祚 一六九四（康熙三十三）年自刊首阳录一卷 清孟昌祚撰 ⑱史1012

承　绶 一八七〇（同治九）年补刊【道光】南部县志三十卷首一卷 清王瑞庆等修徐畅达等纂 ⑲785

九　画

西湖**春崖氏** 一七九五（乾隆六十）年刊女科秘录 清范和尚撰 ㉚439

项天瑞 一八九四（光绪二十）年增刊同寿录四卷末一卷附补遗河车说 清曹氏撰 ㉚248

项怀述 一七八六（乾隆五十一）年自刊隶法纂汇十卷 清项怀述编 ⑥

项晋蕃 一八九二（光绪十八）年刊同寿录四卷末一卷附补遗河车说 清曹氏撰 ㉚248

项　氏 一七八一（乾隆四十六）年刊初唐四杰集 清项家达辑 ⑯803.4/161－02

古歙**项氏** 一七九六—一八二〇（嘉庆）年刊一幅集续编十二卷 清项淳著 ②47210

钱塘**项氏** 一八八七（光绪十三）年刊下学庵算术三种 清项名达撰 ⑯517/161－2

柯　炌 一六六九（康熙八）年刊宛陵集六十卷 宋梅尧臣撰 附录一卷 ⑱集220

武昌**柯逢时** 一九〇四（光绪三十）年刊经史证类大观本草三十一卷 宋唐慎微撰艾晟校补 ㉚160

武昌医馆**柯逢时** 一九一〇（宣统二）年刊本草衍义二十卷 宋寇宗奭撰 ㉚161

柯道鳞 一八四二（道光二十二）年刊陈伯玉文集三卷诗集二卷 唐陈子昂撰 附录一卷
④15247

柯　潮 一七三三（雍正十一）年刊竹岩集十八卷补遗一卷续补遗一卷 明柯潜撰
⑱集 583

武昌**柯氏** 一九〇四（光绪三十）年刊经史证类大观本草三十卷 宋唐慎微撰 札记二卷 清柯逢时撰
⑯614. 1/667－02

江都**柏华绅** 一八九五（光绪二十一）年刊睡香花室词一卷秋碧词一卷同心室词一卷
亿佩居词一卷 清潘曾绶撰
⑯3156

柳甡春 一八八二（光绪八）年刊觉非庵笔记八卷 清顾坤撰
㉙1015

柳廷芳 一八二六（道光六）年刊王阳明先生全集十六卷 明王守仁撰清陶浔霍批评
王贻乐编
③文 274. 42/186

丹徒**柳氏** 一八五二（咸丰二）年刊说文引经考异十六卷 清柳荣宗撰
⑰0760

胡二乐 一七二一（康熙六十）年刊石田先生集十卷 明沈周撰
⑪811. 164/3477

云间**胡元成**周武功 一六八一（康熙二十）年刊希贤录十卷 清魏裔介撰
⑯192/804

吉安**胡友梅** 一八七三（同治十二）年刊蓼虫集二卷 清胡友兰撰
㉑290

胡介祉 一六九四（康熙三十三）年刊纽少雅格正牡丹亭二卷 明汤显祖撰
㉙554

胡文英 一七八六（乾隆五十一）年自刊屈骚指掌四卷 清胡文英撰
⑱集 14

胡文学 一六六三（康熙二）年自刊疏稿一卷 清胡文学撰
①2302

知县**胡书云** 一八六九（同治八）年补刊【道光】乐至县志十六卷首一卷 清裴显志修刘硕辅纂
⑰

胡正言 一六五七（顺治十四）年刊篆书正四卷 清戴明说纂马呜肖编
⑯423. 5/213

胡光国 一八九四（光绪二十）年自刊白下愚园集八卷首一卷 清胡光国辑
⑯831. 7/219

胡廷干 一九〇六（光绪三十二）年在南昌刊胡文敬公全集十五卷 明胡居仁撰
㉑200

大兴**胡兆龙** 一六九四（康熙三十三）年自刊息游堂诗集十卷 清胡兆龙撰
㉓48

胡亦常 一七七二（乾隆三十七）年刊春秋左传补注六卷 清惠栋撰
⑱经 251

胡兴顺 刊齐氏医案 清齐秉慧撰
㉚635

胡克家 一八一六（嘉庆二十一）年影元刊资治通鉴二百九十四卷 宋司马光撰元胡三省音注
⑱史 105

建昌**胡时雨** 一六六二（康熙元）年刊奉新县志十四卷 清黄虞再修闵钺纂
⑲498

新建**胡秀万** 一八三五（道光十五）年刊观获堂文集 清胡国滨撰 ㉑203

胡林秀 一八三四（道光十四）年刊峨眉山志十二卷 清蒋超撰 ⑯928.327/526

益阳**胡林翼** 一八六一（咸丰十一）年刊水经注图及附录一卷 清汪士铎学 ⑥

胡　范 一六九八（康熙三十七）年刊杨椒山先生集四卷 明杨继盛撰 ⑱集698

胡鸣泰 一八五二（咸丰二）年刊石笥山房文集六卷补遗一卷诗集十卷诗馀一卷诗集补遗二卷续补遗二卷 清胡天游撰 ③文287.473/14

胡鸣禧 一七五五（乾隆二十）年刊蔼庄文钞不分卷 清史凤辉撰 ⑱集1143

吉水**胡宗元** 一八七四（同治十三）年刊论撰合编不分卷 清胡宗元撰 ㉑294

胡绍中 一七八九（乾隆五十四）年刊黄梅县志十二卷 清薛乘时修沈元寅撰 ⑲617

胡绍棻 一七三九（乾隆四）年刊洪范正论五卷 清胡渭撰 ①10979

胡承珙 一八三三（道光十三）年刊求是堂诗集二十二卷诗馀一卷 清胡承珙撰 ⑱集1263

大兴**胡相端** 一八一五（嘉庆二十）年自刊抱月楼小律二卷 清胡相端撰 ㉓48

绣水**胡树槐** 一七四八（乾隆十三）年刊新刻简明医彀八卷 明孙志宏编 ㉚327

胡思真 一八九八（光绪二十四）年刊达摩宝卷 ⑯858.5/206

胡钟骏 一八八八（光绪十四）年刊玉环厅志十四卷首一卷 清杜冠英胥寿荣修吕鸿焘纂 ⑲426

胡恒升 一七〇三（康熙四十二）年刊欲焚草四卷 明胡忻撰 ①1777

胡客本 一八四八（道光二十八）年刊明况太守龙冈公治苏政绩全集十六卷附补遗 明况钟撰 ⑯982.864/735-02

客城**胡彧** 一六七四（康熙十三）年自刊烟月堂家集八卷 明胡彧辑 ㉓66

胡　虔 一七九三（乾隆五十八）年刊钦定四库全书附存目录十卷 清胡虔辑 ⑱史1377

胡积城 一八三一（道光十一）年刊云峰胡先生文集十卷 元胡炳文撰 ⑱集449

胡　濬 一六八五（康熙二十四）年刊【天启】封川县志二十二卷 明方尚祖纂修清胡濬校订 ⑲712

胡　略 一七二四（雍正二）年刊万密斋医学全书 ㉚430

胡　鉴 一八八一（光绪七）年在广州刊沧浪诗话注五卷 宋严羽撰清胡鉴注 ⑯6842

胡　煦 一七七二（乾隆三十七）年家刊葆璞堂诗集四卷文集四卷　清胡煦撰　⑱集1105

江西盐法道**胡稷** 一八〇二（嘉庆七）年刊尚书正义　⑥

桂林**胡德琳** 一七七三（乾隆三十八）年刊蒿庵集三卷　清张尔岐撰　附录一卷　⑱集933

大兴**胡薇元** 一八八八（光绪十四）年自刊玉津阁文略九卷　清胡薇元撰　㉓48

贵州**胡霖** 一八五一（咸丰元）年刊眼科六要一卷附方一卷　清陈国笃撰　㉚577

高安**胡赞实** 一八九四（光绪二十）年刊瘟疫明辨四卷末一卷　清喻昌撰　㉑248

高安**胡赞虞** 一八九四（光绪二十）年刊瘟疫明辨四卷末一卷　清戴天章撰郑奠一编　㉚386

胡燏棻 一八八八（光绪十四）年刊说文段注订补十四卷　清王绍兰撰　⑯423.133/879－120

胡　鳌 一八四九（道光二十九）年刊眼科神应方附经验百方　㉚577

胡麟兆 一六九三（康熙三十二）年刊兼山集四卷　明杨廷麟撰　⑱集868

秣陵**胡氏** 一七六七（乾隆三十二）年刊枕藏外科图　清胡琭编　㉚545

婺源**胡氏** 一八一〇（嘉庆十五）年家刊日知笔记　清胡光琦撰　㉑223

婺源**胡氏** 一八二〇（嘉庆二十五）年家刊龙尾山房诗存六卷　清胡永焕撰　㉑224

吉安历原**胡氏** 一八三三（道光十三）年刊胡澹庵先生文集三十二卷补遗一卷　宋胡铨撰　㉑289

余姚**胡氏** 一八四二（道光二十二）年刊养生经验合集二卷　清毛世洪编王松泉增订　㉚251

峡江**胡氏** 一八六〇（咸丰十）年家刊修月山房诗集十八卷　清胡嵩年撰　㉑300

永康**胡氏** 一八七〇（同治九）年刊六朝四家集　清胡凤丹辑　⑯831.3/222

吉水上栎**胡氏** 一八七五—一九〇八（光绪）年家刊吉水上栎胡氏六世同居录一卷
附录一卷　清曾伯鹏等辑　㉑295

兴国**胡氏** 一八八七（光绪十三）年家刊肃藻遗书四卷　清胡发琅撰　㉑301

建德**胡氏** 一八九八（光绪二十四）年刊刻鹄斋丛书　清胡念修辑　⑰01294

安义**胡氏** 一九一一（宣统三）年家刊求一是斋诗词初稿三卷　胡以谨撰　㉑208

胡　氏 一六八七（康熙二十六）年刊唐音戊签二百一卷　明胡震亨编　㉝236

胡　氏 一七〇四（康熙四十三）年家刊愧林吟稿二卷　清胡彧撰　⑱集1089

封　岳 刊详校元本西厢记二卷 元王德信撰 ④10676

郝联薇 一八六五（同治四）年刊尔雅郭注义疏二十卷 清郝懿行撰 ⑱经384

郝联徽 一八六六（同治五）年在历城刊尔雅郭注义疏十九卷 清郝懿行学 ⑥

郝　锦 一六五六（顺治十三）年自刊九公山房诗稿二十二卷目录二卷 清郝锦撰 ⑱集932

定州**郝氏** 一六六二—一七二二（康熙）年刊中山诗钞四卷文钞四卷中山史论二卷
中山奏议四卷西封事一卷 清郝浴撰 ㉓69

查元偁 一八三八（道光十八）年刊说文字通十四卷说文经典异字释一卷 清高翔麟撰 ⑯423.135/440

查为仁查学礼 一七四一（乾隆六）年自刊沽上题襟集八卷 清查为仁查学礼辑 ①1687

查　礼 一七四七（乾隆十二）年自刊芯题上方二山纪游集一卷 清查礼撰 ⑱集1222

查廷璋 一七〇八（康熙四十七）年刊靳史三十卷 明查应光辑 ⑱子710

查　淳 一七八八（乾隆五十三）年刊铜鼓书堂遗稿三十二卷 清查礼撰 ⑱集1222

查景璠 一七三三（雍正十一）年刊尺一堂诗钞七卷 清王彭泽撰 ⑱集1117

查慎行 一七一三（康熙五十二）年刊秋影楼诗集九卷 清汪绎撰 ⑱集1078

婺源**查氏** 一八三六（道光十六）年家刊梅花百咏遗稿 清查昌朗撰 ㉚460

荣　恩 一八七〇（同治九）年刊产科心法二卷附福幼编 清汪朴斋撰 ㉑224

荣　禄 一八八一（光绪七）年刊幽梦续影一卷 清朱锡绶撰 ④528

满州**荣誉** 一八三〇—一八三二（道光十—十二）年刊得月簃丛书初刻十种次刻十种 清荣誉辑 ⑰01318

长白**荣氏** 一七八四（乾隆四十九）年刊保赤金鉴四卷 清穆氏编 ㉚515

赵之垣 一七二三—一七三五（雍正）年刊先襄忠公奏疏存稿八卷 清赵良栋撰 ⑱史387

赵之谦 一八六四（同治三）年自刊补寰宇访碑录五卷失编一卷 清赵之谦撰 ①1813

浙江**赵之谦** 一八八一（光绪七）年刊读史举正八卷 清张增撰 ⑥

赵开心吴伟业等 清初刊阆园山人四部稿不分卷 明李明睿撰 ⑱集852

赵开泰 一八七〇（同治九）年自刊增补牛痘三要 清赵开泰编 ㉚522

赵元信 一八四七（道光二十七）年刊兰坡诗钞四卷 清郑抡逵撰 ㉙3238

赵元益 一八一二（嘉庆十七）年刊国朝诗选十卷补六卷外编一卷 清吴翌凤撰 ㉙1034

赵元益 一八八九（光绪十五）年刊草莽私乘一卷 明陶宗仪辑 ①80

赵云生 一八二一—一八五〇（道光）年刊医略稿六十七卷 清蒋宝素撰李元福参订 ㉚411

婺东**赵月航** 一八五八（咸丰八）年刊治疹全书三卷附外编补遗 ㉚522

赵世溥 一六五〇（顺治七）年刊内阁奏题稿十卷首一卷 明赵志皋撰 ⑱史370

奉新**赵仪吉** 一八二〇（嘉庆二十五）年刊春秋笺体三十卷 清赵仪吉辑 ㉑242

赵尔巽 一九〇五（光绪三十一）年刊弢园词一卷 清史念祖撰 ⑯3163

赵弘灿 赵之垣 一七一五—一七一六（康熙五十四—五十五）年刊万寿盛典初集一百二十卷 清王原祁等纂修 ㉙1649

赵弘信 一七六一（乾隆二十六）年刊宋宗忠简公集八卷 宋宗泽撰 ⑱集292

赵吉士 一六五八（顺治十五）年刊三国志注钞八卷 刘宋裴松之注明钟惺选批 ⑥

赵吉士 一六八一（康熙二十）年刊赵徵君东山先生存稿七卷 元赵汸撰 附录一卷 ①472

益都**赵执信** 一七〇六（康熙四十五）年刊钝吟全集二十一卷 清冯班撰钱谦益编 ⑪810.72/3111

赵光荣 一七一三（康熙五十二）年刊采饮集十卷 清蓝涟撰 ①1410

赵廷璜 一八九〇（光绪十六）年刊赵文恪公遗集二卷 清赵光撰 ⑯982.975/201

赵汝毅 一八三四（道光十四）年刊伤寒悬解十四卷首一卷末一卷 清黄元御撰 ㉚75

赵　崙 一六八六（康熙二十五）年刊尚书体要六卷 清钱肃润撰 ⑱经117

临潼**赵伯**一 刊五泉诗集四卷 明韩邦靖撰 ①5250

赵怀玉 一七八四（乾隆四十九）年刊钦定四库全书简明目录二十卷 清纪昀等撰 ⑱史1377

赵怀玉 一八二〇（嘉庆二十五）年刊【咸淳】重修毗陵志三十卷 宋史能之纂 ⑲345

赵青黎 一七三六—一七九五（乾隆）年自刊漱芳居诗钞三十二卷 清赵青黎撰 ⑥

赵林山 一七七七（乾隆四十三）年刊续莲诗草二卷 清释贤岩撰 ㉙2113

丰润**赵国华** 一八九五（光绪二十一）年自刊青草堂集十二卷二集十六卷
三集十六卷补遗七卷 清赵国华撰 ㉓61

赵季莹 一八四三（道光二十三）年刊涂说四卷 清赵季莹撰 ⑯857.1/204

赵侗敩 一七一七（康熙五十六）年刊晋之诗钞三卷 清龚策撰 复园诗钞八卷 清龚士荐撰 ⑱集923

赵侗敩 一七三七（乾隆二）年刊赵裘萼公剩稿三卷 清赵熊诏撰 ④14505

赵治琛 一九一一（宣统三）年刊峭帆楼丛书 ①326

赵宗建 一八五六（咸丰六）年刊小松石斋文集五卷诗集五卷 清赵允怀撰 ㉙3245

赵宗藩赵宗建 一八三八（道光十八）年刊常熟县虞山三峰清凉禅寺志二卷首一卷 清赵允怀赵奎昌撰 ⑱史1052

赵承恩 一八六三（同治二）年刊重刻西沱吴先生蠢迂录十五卷附二卷 明吴世忠撰 ⑰5615

赵　昱 一七二一（康熙六十）年刊梵夹集八卷 清沈名荪撰 ①696

赵　钫 一八五五（咸丰五）年刊嘉荫簃论泉截句二卷 清刘喜海撰 ⑥

赵亮彩 一八一三（嘉庆十八）年刊金匮翼八卷 清尤怡编 ㉚410

赵炳麟 一九一一（宣统三）年自刊柏岩弹奸疏稿不分卷 清赵炳麟撰 ⑯6910

婺源**赵莲城** 一八九二（光绪十八）年自刊豹隐堂集八卷 清赵莲城撰 ㉑226

赵恩佑 一八七五—一九〇八（光绪）年在成都刊松冠山人自订年谱不分卷 清赵崇庆订 ⑥史110

赵骏烈 一七三〇（雍正八）年刊后山先生集二十四卷 宋陈师道撰 ⑱集267

赵继抃赵景彻 一六六二—一七二二（康熙）年刊万青阁自订全集八卷 清赵吉士撰 ⑱集983

赵培桂 一八六九（同治八）年刊不药良方 清赵月亭编 ㉚271

城固**赵培桂** 刊重刊不药良方 清余廷勋编 ㉚248

赵　崡 一八三六（道光十六）年自刊飞鸿阁琴意二卷 清赵崡撰 ⑯2985

太仓**赵崇庆** 刊池上草堂笔记近录六卷续录六卷三录六卷四录六卷 清梁恭辰撰 ⑰02970

山东海阳**赵铭彝** 一八〇九（嘉庆十四）年刊春秋比二卷 清郝懿行辑 ⑥

赵铭彝 一八二七（道光七）年刊郝氏春秋二种十四卷 清郝懿行撰 ⑱经236

赵鸿烈 一七二三—一七三五（雍正）年刊刘宾客诗集 唐刘禹锡撰 ④14320

长安**赵舒翘** 一八九四（光绪二十）年刊戊茇谈兵十卷 清汪绂撰 ⑰566

长安**赵舒翘** 一八九六（光绪二十二）年在浙江刊双池遗书八种 清汪绂撰 ⑥

钱塘**赵善才** 刊霍乱论二卷 清王士雄撰 ㉚401

赵辑宁 一七七二（乾隆三十七）年刊紫岩于先生诗选三卷 宋于石撰 ⑯24

雍邱**赵锡彤** 一八四八（道光二十八）年刊语珍切要附慈幼编达生编 清许立陞编 ㉚463

赵滨彦 一八八二（光绪八）年刊赵忠节公遗墨 清赵景贤撰 温次言先生语录 清温汝超撰 ⑯847.6/200

江都**赵熙和** 一八六二—一八七四（同治）年校刊凤台祗谒笔记 清董恂撰 ⑥

赵熟典 一七三六—一七九五（乾隆）年刊爱琴馆集二卷补诗一卷 清陈允衡撰 ⑱集987

南昌**赵氏** 一七四三（乾隆八）年刊嘉遁堂遗稿二卷 清赵汝颜撰 ㉑195

仁和**赵氏** 一七八七（乾隆五十二）年刊清献堂全编 清赵佑撰 ⑰00985

东潜**赵氏** 一七九四（乾隆五十九）年刊水经注四十卷刊误十二卷 汉桑钦撰北魏郦道元注清赵一清注 ⑰56-48175

新阳**赵氏** 一八六二—一八七四（同治）年刊国朝诗选十卷补六卷外编一卷 清吴翌凤撰 ㉙1034

会稽**赵氏** 一八八〇（光绪六）年刊仰视千七百二十九鹤斋丛书 清赵之谦辑 ⑰01282

泾县**赵氏** 一八七六（光绪二）年刊金石文钞八卷续钞二卷 清赵绍祖辑 ⑯991.2/205-02

福州**赵氏** 一八八二（光绪八）年刊还砚斋全集 清赵新撰 ⑰00907

赵　氏 一七三六—一七九五（乾隆）年刊王右丞集二十八卷 唐王维撰清赵殿成笺注 ⑥

星　涵 一八九二（光绪十八）年刊急救医方撮要 清周祖升编 ㉚277

如皋**冒氏** 一九〇〇—一九一一（光绪二十六—宣统三）年刊如皋冒氏丛书 清冒广生辑 ⑰01634

贵　蒸 一八七五（光绪元）年刊【同治】怀集县志十卷 清孙汝霖赵准修曾浤仁纂 ⑲710

吴江**贵氏** 一八七四（同治十三）年在开封刊慎疾刍言 清徐大椿撰 ㉚678

钟观濂 一八七一（同治十）年刊【道光】沙县志二十卷首一卷末一卷 清王庚等修陈名世等纂 ⑲546

钟体志 一八八九（光绪十五）年刊新喻梁石门先生集十卷 明梁寅撰首一卷 ⑱集526

钟良骏 一八七六（光绪二）年刊天下山河两戒考十四卷 清徐文靖撰 ⑥

钟承铭 一八三四（道光十四）年刊笔花医镜四卷 清江笔花撰 ㉚345

钟　琦 一八九七（光绪二十三）年自刊皇朝琐屑录四十四卷 清锺琦辑 ⑯323.17/937

钟谦钧 一八七五—一九〇八（光绪）年刊新定三礼图二十卷 宋聂崇义集注 ⑱经211

钟登甲 一八八一（光绪七）年刊靖康传信录三卷 宋李纲撰 ⑱史234

安远**钟氏** 一七〇一（康熙四十）年家刊石湖草堂诗集六卷 清钟元铉撰 ㉑302

海昌**钟氏** 一八六八（同治七）年刊胎产集要三卷附幼科摘要 清黄惕斋编 ㉚457

海宁**钟氏** 刊针灸择日编集备急灸法 ㉚130

钮大炜 一八二四（道光四）年在广西刊名法指掌新例增订四卷 ⑥

钮树玉 一八二三（道光三）年自刊段氏说文注订八卷 ㉙1089

钮斯来 一六九九（康熙三十八）年刊五浮山人诗集不分卷 明钮仲玉撰 ⑱集729

侯方岳等 一六五五（顺治十二）年刊侯太史遂园诗集十二卷 明侯恪撰 ⑱集819

侯可大 一七三三（雍正十一）年增补【康熙】永年县志十九卷首一卷 清朱世纬纂修 ⑲70

侯邦典 一八八二（光绪八）年刊关帝事迹徵信编三十卷首一卷末一卷 清周广生崔应榴撰 ⑯982.823/460－818

侯绍岐 一六六〇（顺治十七）年刊金沙魏公将军壮烈志二卷 ⑱史479

侯瑞隆 一八二一—一八五〇（道光）年刊国朝湖州诗续录十六卷 清郑佶编 ⑧

段　昕 一七一〇（康熙四十九）年自刊皆山堂诗草十卷 清段昕撰 ①1570

段洁然 一七〇五（康熙四十四）年刊东雍士女志一卷 明黄希声撰 ①2417

金坛**段氏** 一七三六—一八五〇（乾隆至道光）年刊经韵楼丛书八种九十九卷 清段玉裁撰 ④14197

鄚邑**皇甫廷俊** 一八三〇（道光十）年刊产鉴三卷 明王化贞撰 ㉚451

释律然 一七四九（乾隆十四）年自刊息影斋诗钞三卷 清律然撰 ①9568

永宁**叙蓬溪** 一八五四（咸丰四）年在西安刊二曲集二十六卷 清李颙撰 ⑦3910

俞大缙 清初刊近花楼纂释分类合法百将全传二卷 清陈裕辑 ⑱子132

俞王爵 一六八七（康熙二十六）年刊芑山先生文集二十四卷 明张自烈撰 ⑱集888

成都官署**俞文绍** 一八五四（咸丰四）年刊验方新编十六卷 清鲍云韶编 ㉚262

俞世寅 一七八九（乾隆五十四）年刊瓻剩诗钞不分卷 清宋梅撰 ⑱集1249

俞　兰 一六六二—一七二二（康熙）年刊白石诗钞一卷词钞一卷 宋姜夔撰 ⑱集370

俞秀山 一八七九（光绪五）年刊陶渊明文集十卷 晋陶潜撰 ④12362

俞钟诒 一八七五—一九〇八（光绪）年辑刊琳琅新馆汇刻诗四种 清俞钟诒辑 ㉙2900

俞卿 一七〇六（康熙四十五）年刊周易象义合参十二卷首一卷 清吴德信辑 ⑱经86

俞蕙俞荪 一六九九（康熙三十八）年刊自娱集十卷诗馀一卷 明俞琬纶撰 ①1413

俞嶙 一六七三（康熙十二）年刊王阳明先生全集二十二卷 明王守仁撰清俞嶙辑 首一卷 ⑱集620

德清**俞氏** 一八八二（光绪八）年刊春在堂全书 清俞樾撰 ⑰01080

常熟**俞氏** 一八九八（光绪二十四）年刊四书论一卷 清王伊撰 ㉙3326

饶向荣 一八一一（嘉庆十六）年刊金石三例十五卷 清卢见曾编 ⑱集1908

广昌**饶氏** 一八二七（道光七）年家刊研露斋文钞三卷诗钞八卷 清饶学曙撰 ㉑288

东湖**饶氏** 一八七九（光绪五）年刊历代舆地沿革险要图 清杨守敬饶敦秩撰 ㉑199

进贤**饶氏** 家刊菊庄集 清饶宇朴撰 ㉑209

施廷灿 一七六五（乾隆三十）年刊永嘉县志二十六卷首一卷 清崔锡修齐召南等纂施廷灿校订 ⑲435

施廷翰 一七二六（雍正四）年刊南堂诗钞十二卷诗赋一卷 清施世纶撰 ①1552

施企曾 一七三六—一七九五（乾隆）年续刊施愚山先生全集九十六卷 清施闰章撰 ⑱集978

施闰章沈希孟等 一六六二（康熙元）年刊顾与治诗八卷 清顾梦游撰 ⑱集909

施氏明德 一七五七（乾隆二十二）年刊原机启微二卷附录一卷 元倪维德撰 ㉙208

施学煌 一八八三（光绪九）年增刊【同治】荣昌县志二十二卷 清文康修廖朝翼纂施学煌续修 ⑲776

四川**施荣泰** 一八九四（光绪二十）年刊证治针经 清郭诚勋辑 ⑥

大兴**施禹泉** 一八四六（道光二十六）年刊苏沈内翰良方十卷 宋苏轼沈括等编 ㉚211

施继常 一八二五（道光五）年刊肘后备急方八卷 晋葛洪撰梁陶弘景补 ㉚208

施敬等 一六六二—一七二二（康熙）年刊南雷诗历四卷 清黄宗羲撰 ⑱集924

施锡卫 一八八五（光绪十一）年刊漳浦县志十九卷续一卷再续二卷 清陈汝咸原本施锡卫再续 ⑲538

施端教 一六六六（康熙五）年自刊赋镜录四卷 清施端教纂辑 ⑥

施霞九 一九〇〇（光绪二十六）年刊瘟疫明辨四卷末一卷 清戴天章撰郑奠一编 ㉚386

萧山羲木**施氏** 一八一一（嘉庆十六）年刊寿世编二卷 清顾奉璋编 ㉚249

皋兰**彦秉情** 一八一二（嘉庆十七）年自刊皋兰彦氏家谱 ㉖83

闻子绍 一七二九（雍正七）年刊东浦草堂诗二卷 清顾成天撰 ⑱集1141

闻维堉 一八七二（同治十一）年刊淮南杂识四卷 清闻益撰 ⑯071/456

姜安节**姜实节** 一六八〇（康熙十九）年自刊姜贞毅先生挽章不分卷 清姜安节姜实节辑 ①4641

姜观光**姜斗光** 一七四七（乾隆十二）年刊韵石斋笔谈二卷 明姜绍书撰 ①1795

姜希辙 清初刊周易古文钞四卷 明刘宗周撰 ⑱经75

南昌**姜应门** 一八六四（同治三）年刊章圃文蜕八卷首一卷末一卷 清姜曾撰 ㉑199

姜承烈 一六八九（康熙二十八）年自刊乐志堂文钞四卷 清姜承烈撰 ①4567

天津**姜城** 一八四六（道光二十六）年自刊忆存斋诗稿六卷文稿一卷 清姜城撰 ㉓51

姜修仁唐世起 一六八五（康熙二十四）年刊湘潭县志七卷 清郑有成修郭金台纂 ⑲64

如皋**姜氏** 一七八八（乾隆五十三）年刊明郝太仆褒忠录六卷首一卷末一卷 清姜念熊撰 ⑯982.868/209－759

西安**姜氏** 一八七一（同治十）年刊达生编 清亟斋居士编 ㉚453

南昌**娄谦** 一八三〇（道光十）年自刊北埜闲钞四卷 清娄谦撰 ㉑199

洪士桂 一七一九（康熙五十八）年刊杜少陵先生分类诗注二十卷 明邵宝集注 ㉙436

洪良猷 一九〇二（光绪二十八）年刊禹贡汇解六卷 清洪兆云辑 ⑥

洪 坤 一八四〇（道光二十）年刊太鹤山人集十三卷 清端木国瑚撰 ⑯847.5/662

洪若皋 一六八八（康熙二十七）年自刊南沙文集八卷 清洪若皋撰 ⑱集984

洪 莹 一八〇二（嘉庆七）年刊元和姓纂十卷 唐林宝撰清孙星衍洪莹校补 ⑱子787

洪振玉等 一七三六—一七九五（乾隆）年自刊因树楼赠言文一卷诗五卷诗馀一卷 清洪振玉等辑 ⑱集1743

屈溪**洪振珂** 一七五二（乾隆十七）年重刊毛晋本词苑英华九种四十五卷 ㉙2878

洪悦生 一六八〇（康熙十九）年刊嗜退庵语存十卷 清严有谷撰 ㉝178

洪惟善 一八七三（同治十二）年刊【嘉庆】武阶备志二十二卷 清吴鹏翱纂 ⑲219

洪 琮 一六七三（康熙十二）年刊冯少墟集二十二卷续集四卷 明冯从吾撰 ⑱集775

洪锡谦 一八〇四（嘉庆十九）年刊太常遗草一卷附录一卷 明洪文衡撰 ③史547.6/267

洪肇楙 一七四一（乾隆六）年刊睫巢集六卷 清李锴撰 ①1901

洪　璋　一八五七（咸丰七）年刊【嘉庆】南充县志八卷首一卷　清袁凤孙修陈榕等纂　⑲785

余干洪氏　一八六九（同治八）年家刊企鹤轩诗钞四卷　清洪锡光撰　㉑231

洪　氏　一八七五（光绪元）年刊说文解字十五卷　汉许慎撰　⑱经404

江苏武进**恽祖翼**　一八八一（光绪七）年刊续说文杂识不分卷　清许棫撰　⑥

阳湖**恽氏**　一八六三（同治二）年重刊大云山房言事二卷续刻一卷　清恽敬著　②47153

平江**宣氏**　一八四〇（道光二十）年刊幼幼集成枢要经验方附种痘万全要法　清陈复正编宣礼摘录　㉚485

宫本昂　一八八二（光绪八）年刊幽风广义三卷　清杨屾辑　㉚434

淮南**宫思晋**　一八三五（道光十五）年自刊女科仙方四卷　清傅山撰宫思晋校订　⑯638/270－03

宫梦仁　一七〇一（康熙四十）年刊春雨草堂全集三十四卷别集三十卷宦稿五卷　清宫伟镠撰　⑱集938

大兴**宫氏**　一七九六—一八二〇（嘉庆）家年刊自怡斋吟稿四卷　清宫懋斌撰　㉓47

觉罗恒保　一六六二—一七二二（康熙）年刊毓麟芝室玉髓摘要　明彭端吾编　㉚498

明珠妻**觉罗氏**　一六八二（康熙二十一）年刊千手千眼观世音菩萨广大圆满无碍大悲心忏一卷　清释智旭撰　⑱子994

虎邱山寺住持释**祖昼**　一七三六—一七九五（乾隆）年刊重修虎邱山志二十四卷　清顾诒禄重辑　⑥

祝文郁　一六八四（康熙二十三）年刊宁化县志七卷　清祝文郁修李世熊纂　⑲545

祝韵梅　一八六七（同治六）年自刊寿世汇编五种　清祝韵梅编　㉚750

元和**祝氏**　一八七四（同治十三）年刊野记四卷　明祝允明撰　⑯922.605/106

震泽**费山寿**　一八八四—一八八五（光绪十—十一）年辑刊喉科秘集　清吴氏张氏合编　㉚588

费延厘　一八六二—一八七四（同治）年刊慎疾刍言　清徐大椿撰　㉚678

费　梧　一八九三（光绪十九）年刊济世养生集便易经验集　清毛世洪编　㉚251

退省氏　一八九四（光绪二十）年刊寿世保元四言药歌　明龚廷贤编　㉚191

姚士暨　一六六二—一七二二（康熙）年刊姚端恪公文集十八卷诗集十二卷外集十八卷　清姚文然撰末一卷　⑱集944

姚文起　一八二四（道光四）年刊狎鸥轩剩稿十卷　清姚齐宋撰　㉙3148

姚文然姚文燮　一六六六（康熙五）年刊易蠹二卷　清方鲲撰　⑱经86

姚文燮　一六六二（康熙元）年刊田间集十卷　清钱澄之撰　⑱集934

姚玉林　一八三七（道光十七）年刊狎鸥轩集四卷　清姚齐宋撰　㉙3148

姚训恭　一九〇二（光绪二十八）年自刊霍乱新论　清姚训恭撰　㉚404

姚廷谦　一七二二（康熙六十一）年自刊元诗自携七言律诗十六卷七言绝句五卷　清姚廷谦辑　⑯831.57/994

姚仲芝　一七二四（雍正二）年刊蠹窗诗集十四卷　清张令仪撰　⑱集1123

姚自弘史鉴宗　一六六一（顺治十八）年刊薤篦吟十卷　清姚文燮撰　⑱集995

嘉兴**姚宝□**　一九〇一（光绪二十七）年刊异授眼科　明邓苑等撰　㉚574

姚孟起　一八八一（光绪七）年钩刊陆研北临砖塔铭不分卷　清姚孟起辑　㉙1440

姚　莹　一八三六（道光十六）年刊援鹑堂笔记五十卷　清姚范撰　援鹑堂笔记刊误一卷　清方东树撰　⑯071/994

姚培谦　一七六四（乾隆二十九）年自刊陶谢诗集十三卷　清姚培谦编　①4028

姚　湘　一七七八（乾隆四十三）年刊卧雪草堂诗钞二卷　清姚惟迈撰　⑱集1240

姚虞卿　一八九三（光绪十九）年刊竹叶亭杂记八卷　清姚元之撰　①4021

泾阳**姚锡三**　一八五六（咸丰六）年刊济阴纲目十四卷附保生碎事十四卷　明武之望撰　㉚431

姚　福　一八四七（道光二十七）年辑刊墨花仙馆遗稿一卷　清屈颂满撰　㉙3244

邵阳**姚氏**　一八六一（咸丰十一）年刊麻科活人全书四卷　清谢玉琼撰　㉚511

益邑**姚氏**　一八八〇（光绪六）年刊赛金丹二卷　清蕴真子编　㉚266

归安**姚氏**　一八八一（光绪七）年刊晋石厂丛书　清姚慰祖辑　⑰01150

姚　氏　一八四〇（道光二十）年刊本草分经　清姚澜编　㉚177

贺万来　刊景瞻论草不分卷　明贺仲轼撰　⑱集809

贺克绳　一八八二（光绪八）年刊耐庵奏议存稿十二卷公牍四卷诗存三卷文存六卷　清贺长齿撰　⑯925.375/331

永新**贺贻孙**　一六七七（康熙十六）年自刊水田居文集五卷　清贺贻孙撰　㉑297

贺蕙贺蓉贺荃 一八五二（咸丰二）年刊王绿友先生著书四种四卷 清王筠撰 ①11139

浏阳**贺氏** 一八六七（同治六）年刊有真意斋诗稿六卷香奁二十四卷咏一卷 清贺祥麟著 ②29283

平江**贺氏** 一八七五（光绪元）年刊遂生福幼合编 清庄一夔撰 ㉚534

武强**贺氏** 一八九七（光绪二十三）年刊苏沈内翰良方 宋苏轼沈括撰 ㉚211

骆孝先 一八八一（光绪七）年刊重楼玉钥二卷 清郑梅涧撰 ㉚585

十 画

敖册贤 一八八三（光绪九）年补刊【同治】荣昌县志二十二卷 清文康修廖朝翼纂施学煌续修 ⑲777

秦世祯 一六五六（顺治十三）年自刊抚浙疏草七卷署督疏草一卷抚浙檄草二卷抚浙移牍一卷 清秦世祯撰 ⑱史386

嘉定**秦立** 一七二七（雍正五）年刊谷帘先生遗书 明黄渊耀撰 ⑤

秦恩复 一八〇三（嘉庆八）年刊列子八卷 唐卢重元注 列子卢注考证一卷 清秦恩复撰 ⑱子1026

秦维岩 一八一〇（嘉庆十五）年刊国朝画后续集一卷 清王光晟撰 ①15606

嘉定**秦鉴** 一七九八（嘉庆三）年刊周礼军赋说四卷 清王鸣盛撰 ㉙956

秦　蕡 一七九二（乾隆五十七）年刊封氏闻见记十卷 唐封演撰 ①2557

秦　瀛 一七九九（嘉庆四）年刊苍岘山人集五卷附微云集一卷 清秦松龄撰 ⑱集985

临川**桂中行** 一八九三（光绪十九）年刊徐州二遗民集 冯煦辑 ⑯839.21/769/8028

桂嵩庆 一八八二（光绪八）年校刊外科证治全生集附金疮铁扇方 清王维德撰 ㉚542

临川**桂氏** 一八六九（同治八）年刊产宝 清倪枝维撰 ㉚455

临川**桂氏** 一八八二（光绪八）年刊外科证治全生集附金疮铁扇方 清王维德撰 ㉚542

都肇斌 一七五八（乾隆二十三）年刊铁网珊瑚二十卷 明都穆撰 ⑯743.2/211

袁曰琏等 一七五八（乾隆二十三）年刊向北堂集十八卷 清傅涵撰 ⑱集1155

分宜**袁玉麟** 一九〇〇（光绪二十六）年刊卢状元文标集二卷 清卢肇撰 ㉑214

袁廷梼 一八〇二（嘉庆七）年自刊渔隐录一卷 清袁廷梼辑 ①6231

袁质甫 一八四九（道光二十九）年刊太乙神针方 清范培兰编 ㉚147

袁定远 一七〇七（康熙四十六）年增刊顺庆府志十卷 清李成林修罗承顺等纂 ⑲784

袁祖惠 一八三一（道光十一）年刊三家词 清袁通辑 ⑤

袁　昶 一八七五—一九〇八（光绪）年刊湛然居士文集十四卷 元耶律楚材撰 ⑱集426

丰城**袁铭泰** 一八八六（光绪十二）年刊文献通考正续合编三十二卷 清卢宣旬撰 ㉑250

袁　筠 一七九七（嘉庆二）年校刊【乾隆】蒙自县志六卷 清李焜纂修 ⑲838

丰城**袁氏** 一八一四（嘉庆十九）年刊说云诗钞六卷 清袁守定著 ②4898

丰城**袁氏** 一八八六（光绪十二）年刊占毕丛谈六卷附录一卷 清袁守定撰 ⑯072/193

京口**袁氏** 一八九七（光绪二十三）年刊串雅内编四卷 清赵学敏编 ㉚247

桐庐**袁氏** 一八七五—一九〇八（光绪）年刊渐西村舍丛刻 清袁昶辑 ⑰01304

莱锡瑞 一八〇八（嘉庆十三）年刊痧疹点雪红炉 清江白仙撰 ㉚503

莫文泉 一八八四（光绪十）年自刊经方例释三卷附录一卷 清莫文泉撰 ㉚231

莫晋莫阶 一八二一（道光元）年刊明儒学案六十二卷师说一卷 明黄宗羲撰 ⑱史434

莫　晋 一八二二（道光二）年刊王龙谿先生全集二十卷 明王畿撰 ⑱集680

莫祥芝 一八八二（光绪八）年刊乖崖先生文集十二卷 宋张咏撰 附录一卷 ⑱集188

安定**莫氏** 一八二九（道光九）年刊朝邑县志二卷 明王道修韩邦靖纂 ⑯

独山**莫氏** 一八六一—一八七四（同治）年刊影山草堂六种 清莫与俦莫友芝撰 ⑰01074

月河**莫氏** 一八七九（光绪五）年刊研经言四卷 清莫文泉撰 ㉚667

清江**聂秉诚** 一八六八（同治七）年自刊取友篇附吾师录 清聂秉诚编 ㉑249

衡山**聂氏** 一九〇一（光绪二十七）年刊难产神验良方附绣阁保产良方 清姚文倩等撰 ㉚465

栗山痴叟 一八六八（同治七）年自刊医学便览七种 题栗山痴叟编 ㉚751

贾　朴 一六九三（康熙三十二）年刊明儒学案六十二卷师说一卷 清黄宗羲撰 ⑱史434

贾洪信 一八二九（道光九）年刊溯园全集 清贾开宗撰 ⑤

故城**贾棠** 一七〇七（康熙四十六）年刊沙溪集二十三卷 明孙绪撰 ㉓79

瀛海贾棠 一六六二—一七二二（康熙）年刊景岳全书六十四卷 明张介宾撰 ㉚704

载铨 一八四八（道光二十八）年自刊行有恒堂初集二卷 清载铨撰 ⑱集1317

载锐 一八四九（道光二十九）年刊诒晋斋集八卷后集一卷随笔一卷 清永瑆撰 ①1959

顾一棠 一八三二（道光十二）年刊晏如斋古文简钞三卷诗钞三卷 清顾应期撰 ⑱集1246

顾之逵顾广圻 一七九六（嘉庆元）年刊烈女传考证一卷 清顾广圻撰 ㉝72

顾天斋 一七三六—一七九五（乾隆）年刊朱止泉先生文集八卷 清朱泽沄撰 ⑱集1120

顾贞观 一六七〇（康熙九）年刊西畴日抄二卷 明顾枢撰 ⑱子95

顾元凯 一八四八（道光二十八）年在广西刊秀野草堂诗集六十六卷 清顾嗣立撰 年谱一卷 ㉙796

顾兆芝 一七九六—一八五〇（嘉庆—道光）年刊研渔庄文集二卷诗集二卷 清顾汝敬撰 ㉙2513

顾兆熊 一八四六（道光二十六）年刊金阊黄门祠志八卷 清顾禄等辑 ㉙1119

顾诒禄 一七二五—一七二九（雍正三—七）年刊匠门书屋文集三十卷 清张大受撰 ㉙940

顾松龄 一七一七（康熙五十六）年刊元丰类稿五十三卷 宋曾巩撰 ②26371

顾炎武 一六七〇（康熙九）年自刊日知录八卷谲觚十事一卷 清顾炎武撰 ①2524

顾绍诒 一六七一（康熙十）年刊顾大司马筹陕存牍类抄二卷 明顾其志撰 ⑱史1359

顾树德 刊止观文集 清黄钟撰 ㉙2106

顾　荣 一七二九—一七三〇（雍正七—八）年刊海粟集六卷 清顾文渊撰 ⑱集1051

顾奎光 一七五一（乾隆十六）年自刊元诗选六卷补遗一卷 清顾奎光辑 ⑱集1702

吴郡**顾复** 一八六八（同治七）年刊四圣心源十卷 清黄元御撰 ㉚29

顾　修 一七九九（嘉庆四）年刊隐居通议三十一卷 元刘埙撰 ①181

顾炳章 一八六二（同治元）年刊顾华阳集三卷补遗一卷 唐顾况著 ②24156

大兴顾汧 一七一二（康熙五十一）年自刊凤池阁诗集八卷文集一卷 清顾汧撰 ㉓48

顾　栻 刊埤雅二十卷 宋陆佃撰 ⑯422.6/393

顾　翃 一八〇八（嘉庆十三）年自刊樊桐山馆倡和集不分卷 清顾翃辑 ⑱集2008

顾恩来 一八七二（同治十一）年刊说文部首韵语 清黄寿凤编 ⑧

武林顾海洲 一八九〇（光绪十六）年刊妇科秘方 清竹林寺僧撰 ㉚437

顾家相 一八八六（光绪十二）年刊玉笥山房要集四卷文附一卷 清顾廷纶撰 ⑯847.5/965

顾　彬 一七四四（乾隆九）年家刊古照堂诗钞一卷词钞一卷 清顾彬撰 ㉙3028

顾鸿升 一八七七（光绪三）年刊平湖顾氏遗书四种四十九卷札记一卷补遗一卷 清顾广誉撰 ②20822

顾维顺 一八四六（道光二十六）年刊乾隆唐墅志三卷 清倪赐纂 南京博物院

顾　棫 一七〇〇（康熙三十九）年写刊埤雅二十卷 宋陆佃撰 ㉝33

顾晶顾森 一六七一（康熙十）年刊炳烛斋稿不分卷随笔一卷 明顾大韶撰 ⑱9524

顾景夔等 一七二二（康熙六十一）年刊东岩诗稿一卷 清顾崧龄撰 ⑱集1129

顾　鼎 一六九一（康熙三十）年刊王仪部先生笺释三十卷首一卷末一卷 明王肯堂撰 清顾鼎重编 ①12881

顾　湄 一六六〇（顺治十七）年刊太仓十子诗选十卷 清吴佛业选 ㉙1612

顾湄等 一六六八（康熙七）年刊梅村集四十卷目录二卷 清吴伟业撰 ⑱集920

顾　禄 一八四二（道光二十二）年自刊桐桥倚棹录十二卷 清顾禄撰 ㉙1118

顾嗣立 一七一〇（康熙四十九）年刊楞伽山人诗集八卷 清顾嗣协撰 ㉙789

顾嗣协 一六八八（康熙二十七）年刊石湖居士诗集三十四卷 宋范成大撰 ㉙790

顾　镒 一八四八（道光二十八）年刊归实斋遗集十卷首一卷末一卷 清刘泳之撰 ⑱集1317

顾振生 一八七〇（同治九）年刊思亭诗抄八卷文抄二卷赋抄二卷 清顾坤撰 ㉙1015

顾錢如 一八六六（同治五）年刊掖垣题稿三卷 明顾九思撰 ㉙410

顾缵诒 顾绍诒 一六七一（康熙十）年刊筹陕存牍类抄二卷 明顾其志撰 ㉙409

桐州顾氏 一七九九（嘉庆四）年刊读画斋丛书八集 清顾修辑 ⑰01123

桐川顾氏 一七九六—一八二〇（嘉庆）年刊刘涓子鬼遗方五卷刘宋刘涓子传 南齐龚庆宣编 ㉚536

长洲顾氏 一八二六（道光六）年刊古今圣贤图考三种 清顾沅辑 ②7264

海虞顾氏 一八四〇（道光二十）年刊篆学琐著 清顾湘辑 ⑯421.4/765

虞山顾氏 一八七四（同治十三）年刊小石山房丛书四十一种五十八卷 清顾湘辑 ③总638/23

元和**顾氏** 一八八九（光绪十五）年刊养心堂诗钞三卷 清顾济乾撰 附事状一卷 ㉙1334

浙省**顾宅** 一八九〇（光绪十六）年刊竹林寺女科秘传 清竹林寺僧撰 ㉚437

夏之中 一六五三（顺治十）年刊吴吏部文集十二卷 明吴本泰撰 ⑱集 872

九江**夏心葵** 一八五一（咸丰元）年自刊锄月山房诗钞十卷 清夏心葵撰 ㉑215

安徽当涂**夏炘** 一八六二（同治元）年自刊景紫堂全书 清夏炘撰 ⑥

夏祚焕 一六八〇（康熙十九）年增刊新安县志八卷 清高景纂修 ⑲53

夏惟修 一六七九（康熙十八）年自刊三教经四卷 清夏惟修编 ⑱丛 370

新建**夏敬新** 一九一〇（宣统二）年校刊乡诗摭谭十卷 清杨希闵撰 ㉑207

云南**夏晴葑** 一七九五（乾隆六十）年刊竹林寺女科秘传 清竹林寺僧撰 ㉚437

夏献云 一八七七（光绪三）年自刊屈贾文合编 清夏献云编 ⑯834/348

夏燮 一八六三（同治二）年刊先拨志始二卷 明文秉撰 ⑱史 273

铅山**夏氏** 一八八二（光绪八）年家刊四安堂诗钞二卷 清夏照撰 ㉑228

富阳**夏氏** 一八九八（光绪二十四）年刊资治通鉴后编一百八十四卷 清徐乾学撰 ⑯921.23/303－947

富阳**夏氏** 一八七五—一九〇八（光绪）年刊资治通鉴后编一百八十四卷 清徐乾学等纂 ㉙2036

西安**党氏** 一八五九（咸丰九）年刊杂疫证治二卷 清刘一明编 ㉚390

晏方琦 一八八四（光绪十三）年刊晏彤甫大中丞程记三种 清晏端书撰 ⑤

晏棻 一八七四（同治十三）年增刊隆昌县志四十二卷首一卷 清魏元燮花映均修耿光祜撰 ⑲764

上高**晏棣** 一八二八（道光八）年刊述园遗稿四卷 清晏善澄撰 ㉑240

新喻**晏氏** 一七四二（乾隆七）年刊楚蒙山房集六种 清晏斯盛撰 ㉑213

新喻**晏氏** 一八四一（道光二十一）年家刊楚蒙山房集六卷 清晏斯盛撰 ㉑213

释圆微 一七一八（康熙五十七）年自刊拾遗编一卷 清释圆微撰 ⑱集 1127

特通阿 一八〇六（嘉庆十一）年补刊【乾隆】漳州府志四十六卷首一卷 清李维钰修官献瑶纂 ⑲537

钱人龙 一七六七（乾隆三十二）年刊竹云题跋四卷 清王澍撰 ①8184

钱士谧 一六八六（康熙二十五）年刊文选六十卷 梁萧统辑唐李善等注 ⑯830/514－015

钱广居 一六五〇（顺治七）年刊选刻钓台集五卷 清钱广居潘焕寅辑 ⑱集 1810

钱曰祥 一八四四（道光二十四）年刊凤仙花谱一卷 清钱泳撰 ⑱子 484

钱师璟 一八四四（道光二十四）年刊三国志辨疑三卷 清钱大昭撰 ⑱史 60

钱汝駜 一七一八（康熙五十七）年自刊洛西平寇纪略一卷附刻一卷 清钱汝駜撰 ①1302

钱守璞 一八六九（同治八）年自刊绣佛楼诗稿二卷 清钱守璞撰 ㉙3309

钱志澄 一八八五（光绪十一）年刊甘泉乡人稿二十四卷馀稿二卷 清钱奉吉撰 年谱一卷 清钱应溥编 ⑯5620

钱应溥 一八六二—一八七四（同治）年刊甘泉乡人稿二十一卷附曝书杂记三卷 清钱泰吉撰 ③文 286. 534/188

钱 坫 一七九六（嘉庆元）年自刊十六长乐堂古器款识考四卷 清钱坫撰 ⑱史 1450

太医院使**钱松** 自刊辨证奇闻十卷 清陈士铎撰钱松编 ㉚334

钱国祥 一八五七（咸丰七）年刊共赏集一卷二集二卷 清李可久撰 ㉙1295

钱 佳 一七三九（乾隆四）年刊赐馀堂集十卷 明钱士升撰 年谱一卷 明许重熙撰 ⑱集 814

钱炘和 一八五四（咸丰四）年自刊海运纪事诗钞 清钱炘和编 ⑯831. 7/933

钱肃润 一六八六（康熙二十五）年刊钱子存笥稿不分卷 明钱尔登撰 ⑱子 96

钱保塘 一八八二（光绪八）年刊清风室丛书 ①463

钱济世 刊四圣一心录六卷 明钱一本撰 ⑱经 73

知县**钱涛** 一八五八（咸丰八）年重校刊【道光】垫江县志十卷 清夏梦鲤修董永熙纂 ⑲778

钱继登 一六六七（康熙六）年自刊壑专堂集十四卷 清钱继登撰 ①5974

江苏金山**钱培名** 一八七八（光绪四）年自刊小万卷楼丛书十七种 清钱培名辑 ⑥总 43

钱培杰等 一八五二（咸丰二）年刊重广补注黄帝内经素问二十四卷 唐王冰注 ⑱子 176

江苏**钱崧甫** 一八三〇（道光十）年刊活幼心法九卷 明聂尚恒撰 ㉚502

钱鼎铭 一八六二—一九〇八（同治至光绪）年刊钱颐寿中丞全集 清钱宝琛撰 ⑤

琴川**钱湄** 一八四六（道光二十六）年自刊寿潜堂诗集八卷 清钱湄撰 ㉙3264

钱　曾 影宋刊韩非子二十卷 ①7496

钱禄泰 辑刊虞山七家试律钞 清彦缃辑 ㉙3234

钱嘉枣 一八三五（道光十五）年刊南园文存不分卷 清钱沣撰 ⑱集 1212

钱肇修 一七〇一（康熙四十）年刊【顺治】洛阳县志十二卷首一卷 清武攀龙等纂修 ⑲599

钱镜湖 一八一九（嘉庆二十四）年刊脏腑正伏侧人明堂图四幅 ㉚141

钱憩南 一八〇二（嘉庆七）年刊伤寒谱 清沈凤辉撰 ㉚77

钱彝甫 一八八〇（光绪六）年刊衎石斋记事稿十卷续稿十卷刻楮集四卷旅逸小稿二卷 清钱仪吉撰 ⑯3783

广东钱氏 一八〇四（嘉庆九）年自刊敬修堂药说附敬修堂二集 清钱澍田撰 ㉚304

清江钱氏 一八〇八（嘉庆十三）年家刊寄圃诗稿二十五卷 清钱时雍撰 ㉑248

金山钱氏 一八四三（道光二十三）年刊指海十二集 清钱熙祚辑 ⑰01262

嘉兴钱氏 一八五一（咸丰元）年刊经苑 清钱仪吉辑 ⑰00351

嘉定钱氏 一八五一（咸丰元）年刊【至正】昆山郡志六卷 元孛罗贴木尔修杨譓纂 ⑲322

金陵钱氏 一八六九（同治八）年刊切问斋文钞三十卷 清陆耀撰 ㉙2501

金山钱氏 一八四三（道光二十三）年刊指海十二集 清钱熙祚辑 ⑰1262

太仓钱氏 一八八〇（光绪六）年在武昌刊钱颐寿中丞全集续编 ⑨652.77/694

吴兴钱氏 一八八八（光绪十四）年刊中外交涉类要表一卷光绪通商综核表一卷 清钱恂撰 ⑯328.2902/633

吴门钱氏 一八二〇（嘉庆二十五）年刊吴门补乘十卷首一卷续编一卷 清钱思元纂钱士锜补辑 ⑲317

钱　氏 一八一〇（嘉庆十五）年家刊吴越钱氏传芳集一卷 清钱泳辑 ⑱集 1852

倪安世 一七七二（乾隆三十七）年刊倪文贞公文集二十卷诗集二卷奏疏十二卷讲编四卷 明倪元璐撰 首一卷 ⑱集 847

倪继宗 一七一〇（康熙四十九）年刊倪小野先生全集八卷 明倪宗正撰 ⑱集 627

桂林倪鸿 一八七一（同治十）年刊白石道人四种 宋姜夔撰 ⑤

华亭倪氏 一八八五（光绪十一）年刊读易楼合刻十种 清倪元坦撰 ⑰00887

徐乃昌 一八九〇（光绪十六）年刊说文徐氏新补附考证一卷 清钱大昭撰 ⑯1314

徐士业 刊百家姓考略二卷 ④248

徐士恺 一八九四（光绪二十）年刊多暇录二卷 清程庭鹭撰 ⑱子726

天津徐士銮 刊耄学斋晬语不分卷 清杨光仪撰 ㉓51

徐大有 一八六八（同治七）年刊随轩金石文字不分卷 清徐渭仁辑 ⑯991.2/952

徐子静 一八八三（光绪九）年重刊诗毛氏传疏三十卷 清陈奂撰 ⑯094.127/384

徐天柱等 一七六一（乾隆二十六）年刊南陔堂诗集十二卷 清徐以升撰 ⑱集1136

苏城徐元圃 一八五四（咸丰四）年刊玉淦词一卷 清潘曾玮撰 ⑯3155

吴郡徐元圃 一八九三（光绪十九）年刊震泽县志三十八卷首一卷 清陈知志修倪师孟等纂 ⑲333

徐元霖 一八七五—一九〇八（光绪）年刊过云庐画论一卷 清范玑撰 ㉙3289

徐文清 一九〇〇（光绪二十六）年自刊清瘦阁读画十八种 清徐文清辑 ⑯747.08/951

徐世垓 一七五九（乾隆二十四）年家刊澹园纪年诗集四卷 清徐訚撰徐世垓辑 ⑱集1129

归安徐存泰 一八九六（光绪二十二）年刊福幼编 清庄一夔撰 ㉚533

徐达源 一八〇九（嘉庆十四）年自刊涧上草堂记略一卷 清徐达源辑 ①1514

徐旭旦 一七〇七（康熙四十四）年自刊世经堂初集三十卷 清徐旭旦撰 ①1309

徐　赤 一七二七（雍正五）年自刊伤寒论集注十卷附外篇四卷 清徐赤集注 ㉚53

徐志莘 一七三九（乾隆四）年刊修吉堂遗稿二卷 清徐元正撰 ⑱集1028

徐　釚 一六七二（康熙十一）年刊香严斋词一卷 清龚鼎孳撰 词话一卷 ⑱集1974

徐希勉 一八八八（光绪四十）年刊永嘉闻见录二卷 清孙同元撰 ③地234.31/936

永丰徐启运 一八六四（同治三）年自刊云岩采药山人诗草五卷 清徐启运撰 ㉑295

粤东徐青垲 一八八二（光绪八）年刊增订痘疹辑要四卷 清白振斯撰 ㉚515

徐　岭 一七五一（乾隆十六）年刊南通州五山全志二十卷 清刘名芳撰 ⑯928.321/893

徐昆亭 刊专治时疫白喉□痧经验良方 清张绍修撰 ㉚597

徐育临 一七三九（乾隆四）年刊西塞杂著二卷 清徐聚伦撰 ⑱集1108

徐怡卿 一八六六（同治五）年刊石成金官绅约一卷十反说一卷 清石天基撰 ⑯323.42/350

徐宝善 一八三五（道光十五）年刊新译大方广佛华严经音义二卷 唐释慧苑撰 ⑱子982

江苏南通**徐宗干** 一八五五（咸丰五）年自刊斯未信斋文编六种 清徐宗干撰 ⑥总62

徐宗旸 一八六二—一八七四（同治）年刊诗古考异三十二卷 清徐华岳撰 ㉙1130

桐城**徐宗亮** 一八七九（光绪五）年刊惜抱轩遗书 清姚鼐撰 ⑤总59

徐宗铭 一八〇一（嘉庆六）年刊回生集正编二卷续编二卷 清陈杰编 ㉚250

金阊**徐参微** 刊春秋三书 明张博撰 ⑰00338

息舫主人**徐柱** 一七七四（乾隆三十九）年刊息舫合刻不分卷 清张士俊撰 ㉙775

会稽**徐树兰** 一八八五（光绪十一）年刊内科简效方 清王士雄撰 ㉚411

徐叙模 一八七二（同治十一）年补刊【嘉庆】南平县志三十八卷首三卷末一卷 清杨桂森修应丹诏纂 ⑲524

徐兹德 一八九一（光绪十七）年自刊兹德堂药目 清徐兹德编 ㉚305

徐桂臣 一六五一（顺治八）年刊可经堂集七卷 明徐石麒撰 ⑱集849

钱塘**徐校** 一八八七（光绪十三）年刊徐香粟诗稿一卷 清徐大亨撰 ㉙3269

徐起岩 一七四一（乾隆六）年刊【康熙】龙游县志十二卷首一卷 清卢灿修余恂等纂 ⑲432

徐致愉 一八九一（光绪十七）年刊【乾隆】新泰县志二十卷首一卷 清江乾达修牛士瞻等纂 ⑲290

徐继畬 一八四八（道光二十八）年刊敦艮斋遗书 清徐润第撰 ⑤

徐　球 一八一三—一八一七（嘉庆十八—二十二）年刊柯家山馆遗诗六卷词三卷 清严元照撰 ⑱集1280

徐乾学 一六九四（康熙三十三）年自刊遂园禊饮集三卷 清徐乾学辑 ①2556

徐　基 一七一〇（康熙四十九）年自刊景苏阁集句四卷 清徐基撰 ⑱集1090

徐常遇 一六八六（康熙二十五）年自刊澄鉴堂琴谱不分卷 清徐常遇辑 ⑱子448

桐城**徐椒岑** 一八七六（光绪二）年刊陶渊明集十卷 晋陶潜撰 ⑯2708

松江**徐朝俊** 一七九六—一八二〇（嘉庆）年自刊高厚蒙求四集 清徐朝俊撰 ⑥

徐斐然 刊瘟疫论二卷 明吴有性撰 ㉙454

徐　鼎 一八〇四（嘉庆九）年补刊【乾隆】江津县志二十二卷 清曾受一修王爱驹纂 ⑥

徐敦穆 一八九八（光绪二十四）年刊蜕学翁遗集 清徐元润撰 ㉙1760

徐道鸣等 一七三六—一七九五（乾隆）年刊新安徐氏宗谱十八卷 清徐景京等纂修 ⑱史605

徐渭仁 一八四一（道光二十一）年刊来斋金石刻考略三卷 清林侗撰 ⑱史1434

广丰**徐谦** 一八一一（嘉庆十六）年自刊悟雪楼诗集初集六卷二集六卷 清徐谦撰 ㉑227

徐锦 一八二一（道光元）年刊伤寒补亡论二十卷 宋郭雍撰 ㉚66

徐源清 一八八九（光绪十五）年自刊医方丛话 清徐源清撰 ㉚669

徐榦 一八七五—一九〇八（光绪）年刊西昆酬唱集二卷 宋杨亿等撰 ⑱集1682

同安**徐管城** 刊新镌批评绣像玉娇梨三才子小传二十回 清张匀撰 ④5766

徐震耀 一八七三（同治十二）年补刊【乾隆】延平府志四十六卷首一卷 清傅尔泰修陶元藻纂 ⑲544

徐德怀 一八七八（光绪四）年刊【康熙】城固县志十卷 清王穆纂修 ⑲199

徐懋 一八二八（道光八）年刊绝妙好词笺七卷 宋周密编清查为仁厉鹗笺 ⑥

徐缵功 一七一三（康熙五十二）年增刊蓬溪县志二卷 清潘之彪纂修 ⑲754

吴江**徐氏** 一七三六（乾隆元）年刊神农本草经百种录 清徐大椿撰 ㉚156

瓜泾**徐氏** 一七五二（乾隆十七）年家刊伤寒论集注十卷附外篇四卷 清徐赤集注 ㉚53

吴江**徐氏** 一八〇九（嘉庆十四）年刊瓶隐偶抄不分卷 清徐达源撰 ㉙2580

丰城**徐氏** 一八四一（道光二十一）年家刊憩园诗草 清徐嘉言撰 ㉑249

上海**徐氏** 一八七〇（同治九）年刊春晖堂丛书十二种 清徐渭仁辑徐允临续辑 ⑰甲800-7782

当涂**徐氏** 一八七六（光绪二）年补刊徐位山先生六种 清徐文靖撰 ⑰01429

义宁**徐氏** 一八七八（光绪四）年家刊苗疆闻见录一卷 清徐家榦撰 ㉑222

义宁**徐氏** 一八八六（光绪十二）年家刊六一山房稿二卷 清徐心如撰 ㉑222

邵武**徐氏** 一八八一（光绪七）年刊樵川二家诗 清徐干辑 ⑯839.31/947

会稽**徐氏** 一八八二（光绪八）年刊会稽徐氏述史楼丛书 清徐维则辑 ⑰01169

越州**徐氏** 一八八五（光绪十一）年刊四科简效方四卷 清王士雄编 ㉚259

六合**徐氏** 一八八七（光绪十三）年在金陵刊小腆纪传六十五卷 清徐鼒撰 补遗

清承礼撰 ⑯922.6903/947－02

岳邑徐氏 一八八九（光绪十五）年刊济世达生撮要 清李泽身撰 ㉚464

南陵徐氏 一八九六（光绪二十二）年刊小檀栾室汇刻闺秀词 清徐乃昌辑 ⑯833/948－2846

南昌徐氏 一八九八（光绪二十四）年刊四书精义正宗 清徐璇辑 ㉑199

清江徐氏 一九〇八（光绪三十四）年家刊养源山房诗钞西冷集六卷东湖集一卷

附录一卷 清徐士霖撰 ㉑249

枫江**徐氏** 一八七五—一九〇八（光绪）年刊劲节楼图记五卷 清徐德原撰 ㉙1459

石埭**徐氏** 一八七五—一九〇八（光绪）年刊观自得斋丛书二十四种别集六种 清徐士恺编 ②15028

番禺**徐氏** 一八七五—一九〇八（光绪）年在梧州刊学寿堂丛书十二种 清徐绍桢辑校 ⑥

南陵**徐氏** 一九一一（宣统三）年刊怀豳杂俎 清徐乃昌辑 ⑰01082

殷兆镛 一八八三（光绪九）年刊江震殷氏族谱 清殷兆镛殷云鹗同辑 ㉙2684

殷观国 一六五六（顺治十三）年刊医藏目录一卷附秘传疹子心法一卷 明殷仲春撰 ⑱子 254

殷李尧 一八九九（光绪二十五）年刊香泾仙吏遗集一卷 清殷再巡撰 ㉙3041

殷作霖 一六八〇（康熙十九）年刊【万历】顺德府志四卷 明王守诚修清李盛枝重订 ⑲74

殷树森 一八八九（光绪十五）年刊香泾仙吏遗集一卷 清殷再巡撰 ㉙304

吴江**翁广平** 一八三八（道光十八）年刊补疑年录四卷 清钱椒撰 ⑯1688

常熟**翁之廉** 一九〇〇（光绪二十六）年刊默庵遗稿八卷 清冯舒撰 ㉙2866

翁方纲 一七八二（乾隆四十七）年刊苏诗补注八卷 宋苏轼撰清翁方纲补注 志道集一卷 宋顾禧撰 ⑱集 254

翁方纲 一八〇五（嘉庆十）年刊王文简公五七言诗钞三十二卷 清王士禛辑 ⑱集 1596

翁心存 一八四七（道光二十七）年刊潜虚文钞四卷 清翁咸封撰 ⑱集 1232

翁同龢 一八六二（同治元）年家刊翁文端公行述一卷年谱一卷 清翁同书翁同爵翁同龢撰 ㉙3311

翁叔元 一六七三（康熙十二）年刊末庵初集文稿四卷诗稿四卷 清曹禾撰 ①1583

翁曾源 一八三一（道光十一）年刊水心镜六卷 ①18015

翁 澍 一六六九（康熙八）年自刊江南春词 清翁澍辑 ㉙658

翁　禧　一七二二（康熙六十一）年刊秋林琴雅四卷　清厉鹗撰　①5257
大兴翁氏　一七三六—一七九五（乾隆）年刊苏斋丛书　清翁方纲撰　⑰01079
常熟翁氏　一八七七（光绪三）年刊知止斋诗集十六卷　清翁心存撰　㉙3243
常熟翁氏　一八九六（光绪二十二）年刊曝书亭词拾遗三卷附志异一卷　清朱彝尊撰　㉙3342
钱江奚士恂　一七〇八（康熙四十七）年刊秋声阁尺牍二卷　清奚学孔撰　⑪818.172/2071
昭文奚氏　一八六六（同治五）年家刊闲远楼遗草二卷　清奚湘撰　㉙3251
凌凤翔　清初校刊翁山诗外十八卷　明屈大均撰　㉝305
凌苏生　一八八二（光绪八）年自刊临症辨似　清凌苏生撰　㉚103
凌福昌　一八七八（光绪四）年刊凌忠介公奏疏六卷　明凌义渠撰　⑯925.368/765
凌　德　一八八一（光绪七）年刊产宝　清倪枝维撰　㉚455
吴江凌氏　一八七四（同治十三）年刊松陵文录二十四卷　清凌淦辑　⑯18935
凌　氏　一八八一（光绪七）年刊经效产宝四卷　唐昝殷撰　㉚450
屏巴郭三超　一八四七（道光二十七）年刊温疫论二卷　明吴有性撰　㉚384
永丰郭仪霄　一八四九（道光二十九）年自刊诵芬堂诗钞十卷二集六卷三集六卷四集四卷五集四卷　清郭仪霄撰　㉑295
郭汝骢　一八二三（道光三）年刊惜抱先生尺牍八卷　清姚鼐撰陈用光辑　⑱集1208
郭传璞　一八八二（光绪八）年刊说文统释自序一卷　清钱大昭撰　⑱经413
郭炎生　一八九二（光绪十八）年刊养知书屋诗集十五卷　清郭嵩焘撰　⑯847.8/634
郭带淮　一七三六—一七九五（乾隆）年刊咫闻集四卷　清郭为崃撰　⑥
郭威剑　一七〇七（康熙四十六）年刊谢宣城集六卷首一卷　刘宋谢朓撰清郭威剑辑　⑯843.52/619-03
郭钟岳　一八八一（光绪七）年校刊傅青主男科二卷　清傅山撰　㉚334
郭琇杨振藻　一六八五（康熙二十四）年刊双泉堂文集四十二卷　清缪彤撰　①1540
即墨郭琇　一六八九（康熙二十八）年刊伤寒兼证析义　清张倬撰　㉚72
郭　鸾　一七一三（康熙五十二）年刊鲲溟先生诗集四卷奏疏一卷　明郭谏臣撰　①4763

郭道生 一七一六（康熙五十五）年刊兖州府曹县志十八卷 清朱琦修蓝庚生纂 ⑲300

郭鹏年 一六八五（康熙二十四）年刊石村诗集三卷文集三卷 明郭金台撰 ⑱集894

资邑**郭慎行** 一八九八（光绪二十四）年刊欧阳氏遗书不分卷 清欧阳直撰 ⑯922. 6805/423

郭　毓 一七五三（乾隆十八）年刊越中三子诗三卷 清郭毓辑 ⑱集1804

郭肇林 一八八三（光绪九）年增刊【同治】珙县志十五卷首一卷 清姚廷章修邓香树纂 ⑲768

郭钱如 一八六六（同治五）年刊掖垣题稿三卷 明顾九思撰 ㉙410

郭　藻 一八八八（光绪十四）年补刊【道光】辉县志二十卷首一卷末一卷 清周际华修戴铭纂 ⑲567

浦田**郭氏** 一八六二—一八七四（同治）年刊浦田郭氏丛刻 清郭尚先郭钱龄撰 ⑰01468

吉安**郭氏** 一八七八（光绪四）年家刊抱遗经轩诗钞二卷四书文稿二卷 清郭俨撰 ㉑290

侯官**郭氏** 一八八六（光绪十二）年刊闽中十才子诗 明袁表马荧辑 ⑯839. 31/187

湘潭**郭氏** 一八八七（光绪十三）年刊平法寓言十卷 题与樵山客撰 ㉚709

高士奇 一六八七（康熙二十六）年刊信天巢遗稿一卷 宋高翥撰清高士奇辑 林湖遗稿一卷 宋高鹏飞撰 江邨遗稿一卷 宋高选高迈等撰清高士奇辑 ⑱集364

高元质 一七六三（乾隆二十八）年刊南阜山人诗集类稿七卷 清高凤翰撰 ⑱集1154

高永名 一七七九（乾隆四十四）年刊蕴真轩诗钞二卷 清蔡琬撰 ⑱集1194

高有闻 一六六二—一七二二（康熙）年刊高文襄公文集四卷 明高拱撰 ⑥

高廷珍 一七三三（雍正十一）年刊高忠宪公诗集八卷 明高攀龙撰 ②26447

福建**高行笃** 一八八三（光绪九）年在江苏刊说文发疑七卷 清张行孚述 ⑥

高孝本 一六九四（康熙三十三）年刊高户部诗一卷 清高以永撰 ⑱集1028

高杏庄 一八六二（同治元）年刊幼科释谜六卷 清沈金鳌编 ㉚482

高励昌 一六六四（康熙三）年刊古处堂集四卷 清高尔俨撰 ⑱集942

高　玥 一七一一（康熙五十）年刊性影集八卷 清王时宪撰 ⑱集1103

高弥高 一六五七（顺治十四）年刊丁酉重刊肃镇志四卷 明李应魁撰 ⑲224

高贻荣等 一七七九（乾隆四十四）年刊栖云阁文集十五卷 清高珩撰 附录一卷 ⑱集938

高钦 一七一九（康熙五十八）年刊红雪轩稿六卷 清高景芳撰 ⑯524

高恒 一七五九（乾隆二十四）年刊固哉草亭文集二卷补遗一卷诗集四卷 清高斌撰 ①1631

高恪等 一七四〇（乾隆五）年刊味和堂诗集六卷 清高其倬撰 ⑱集1075

高莫及 一七三六—一七九五（乾隆）年刊矩庵诗质十二卷 清高一麟撰 嵩麓诗一卷 ⑱集1047

高晋 一七三八（乾隆三）年刊积翠轩诗集二卷 清高述明撰 ⑱集1128

高轼**高辑** 一六八四—一七〇五（康熙二十三—四十四）年刊郢雪斋纂稿前集二卷后集四卷 清高熊徵撰 ⑱集1001

清苑**高鐈** 一六五一（顺治八）年刊渊颖集四卷 清高鐈撰 ㉓64

高鸿 一八三七（道光十七）年刊宝砚堂砚辨一卷 清何传瑶撰 ⑱子464

高维桧 一六七一（康熙十）年刊木天遗草二十八卷 明高克正撰 附录一卷 ⑱集778

高斌 一七四〇（乾隆五）年自刊固哉草亭诗一卷 清高斌撰 ①1321

高斌张师载 一七五二（乾隆十七）年刊朱止泉先生朱子圣学考略十卷 清朱泽沄撰 ⑥

高棨 一八一九（嘉庆二十四）年刊衔蝉小录八卷 清孙荪意撰 ①5350

金湘门**高慕韩** 一八三〇（道光十）年刊傅青主女科二卷附产后编二卷 清傅山撰 ㉚433

高毓彤 一九〇八（光绪三十四）年刊女小学四卷 清戴礼编 ⑯192/212

高熊徵 一七〇四（康熙四十三）年刊南台遗疏不分卷 清何元英撰 ⑱史385

高檠 一六六三（康熙二）年刊练中丞金川集二卷 明练子宁撰 遗事录一卷 ①11944

高攀桂 一六九六（康熙三十五）年刊桐城县志八卷 清胡必选原本王凝命增修 ⑲449

渤海**高氏** 一八二八（道光八）年刊松筠阁钞异十二卷 清高承勋撰 ⑯857.2/642

邦都**高氏** 一八三九（道光十九）年刊增广大生要旨五卷 清唐千顷撰叶灏增订 ㉚459

万年**高氏** 一八八八（光绪十四）年家刊高才女遗诗一卷附刻一卷 清高淑宜撰 ㉑229

湖南**高氏** 一九〇六（光绪三十二）年刊达生保赤三卷 清黄兴德刘峰泰合编 ㉚465

吴门**席永恂** 一六九八（康熙三十七）年刊三鱼堂四书大全三十六卷 清陆陇其撰 ③经818/244

唐才常 一八九八（光绪二十四）年自刊觉颠冥斋内言不分卷 ⑯070/667

唐正邦 一七五六（乾隆二十一）年刊礼县志十九卷首一卷 清方嘉发纂修唐正邦补辑 ⑲217

唐世起 一六八五（康熙二十四）年刊湘潭县志七卷 清郑有成修郭金台纂 ⑲644

常宁**唐训方** 一八七〇（同治九）年刊湖南阳秋十六卷 清王万澍纂 续十三卷 清王国枚纂 ①

唐执玉 一七一三（康熙五十二）年刊苇间诗集五卷 清姜宸英撰 ⑱集1076

唐传鉎 一七二九（雍正七）年刊宋王忠文公文集五十卷 宋王十朋撰 ⑱集339

长沙**唐仲冕** 一八〇一（嘉庆六）年刊六如居士全集 明唐寅撰 ⑤

衡州**唐步瀛** 一九〇一（光绪二十七）年刊卫生便览四卷 清江笔花撰 ㉚346

唐　英 一七七二（乾隆三十七）年家刊陶人心语六卷 清唐英撰 ㉝314

太仓**唐受祺** 一九〇〇（光绪二十六）年在京师刊陆桴亭先生遗书 清陆世仪撰 ⑰01420

合肥**唐定奎** 一八七四（同治十三）年在彭城刊【正德】武功朝邑县志 明康海纂 ⑲188

唐彦槐 自刊蓬溪风雅集四卷 清唐彦槐胡开泰等撰 ㉙2180

云林**唐积秀** 刊痘科类编释意三卷 明翟良撰 ㉚503

贵州**唐鄂生** 一八六五（同治四）年在四川绥定刊郑学录四卷 清郑珍撰 ⑥

唐　黉 一七七六（乾隆四十一）年自刊外科选要二卷 清唐黉（芹州）编 ㉚545

上海**唐氏** 一八九一（光绪十七）年刊大生要旨五卷 清唐千顷撰 ㉚458

成山**唐氏** 一八九六（光绪二十二）年刊白喉治法忌表抉微 题耐修子撰 ㉚598

唐　氏 一七一二（康熙五十一）年刊荆川文集十八卷 明唐顺之撰 ㉝293

唐　氏 一八九〇（光绪十六）年刊血症论八卷 清唐宗海撰 ㉚424

浦鉴庭 一八八五（光绪十一）年刊徽疮秘录 明陈司成撰 ㉚560

浦　氏 一八七四（同治十三）年刊说文解字十五卷 汉许慎撰 ⑱经404

金匮**浦氏** 一九〇二（光绪二十八）年刊历朝词综 ⑯833/834-117

海廷芳 一六六六（康熙五）年刊海忠介先生备忘集十二卷 明海瑞撰王元士补遗 ⑰k15119

涂见春 一七〇六（康熙四十五）年刊涂子一杯水五卷 明涂伯昌撰 ⑱集870

黎川**涂以辀** 一八一一（嘉庆十六）年自刊新城五家诗五卷 清涂以辀辑 ㉑269

涂庆澜 一八九九（光绪二十五）年自刊莆阳文辑五卷 清涂庆澜辑 ⑯839.31/756

涂定中 一八七七（光绪三）年刊训俗外编一卷 清黄云鹄撰 ④559

黎川**涂氏** 一七七八（乾隆四十三）年家刊东里类稿八卷附诗一卷 清涂瑞撰 ㉑268

黎川**涂氏** 一八二四（道光四）年刊养春斋诗钞二卷 清涂以辀撰 ㉑269

奉新**涂氏** 一八二九（道光九）年刊音学秘书四卷 清涂谦撰 ㉑243

义宁**涂氏** 一八七六（光绪二）年家刊弥山诗草 清涂家杰撰 ㉑222

悟子公 一六八三（康熙二十二）年刊子游眼三藏取经解忏理六卷 清释牟庵编 ⑯220.7/857

释容寰 一八七四（同治十三）年刊卫生集二卷 清华梧栖编 ㉚613

历城**诸振瀚** 一八八四（光绪十）年刊良方合璧 ㉚275

诸璧发 一七一七（康熙五十六）年刊说诗堂集二十卷 清诸匡鼎撰 ⑱集1083

新建**谈氏** 一八三五（道光十五）年家刊听彝训斋剩稿三卷 清谈嵘撰 ㉑203

陶士铨 一七一二（康熙五十一）年刊欣然堂集十卷 清陶孚尹撰 ⑱集1016

黄冈**陶子鳞** 一九〇六（光绪三十二）年刊李翰林集三十卷 唐李白撰 ②8166

陶 庐 一八八九（光绪十五）年刊紫泥日记一卷 清黄彭年撰 ④93

陶 溶 一六八四（康熙二十三）年刊坐秋轩集十五卷 清陶铸撰 ⑱集948

新建**陶福祖** 一八八一（光绪七）年自刊四子诗录四卷 清勒深之等撰陶福祖辑 ㉑205

陶福祥 一八八五（光绪十一）年刊后山先生集二十四卷 宋陈师道撰 ⑱集268

新建**陶福履** 一八九三—一八九五（光绪十九—二十一）年自刊豫章丛书三集二十六种 清陶福履辑 ㉑206

新建**陶氏** 一八一六（嘉庆二十一）年刊冬官旁求二卷 清辛绍业撰 ㉑202

丹徒**陶氏** 一九〇八（光绪三十四）年刊京口掌故丛编 清陶骏保辑 ⑰01640

桑调元 一七五八（乾隆二十三）年刊香草斋诗钞六卷 清黄任撰 ⑱集1098

长白**继恒** 一八九八（光绪二十四）年刊保产要旨四卷 清许廷哲撰 ㉚462

释继祖 一七四〇（乾隆五）年募刊偏行堂集四十九卷目录二卷续集十六卷 清释今释撰 ⑱集942

十一画

梅启照 一八七九（光绪五）年刊南湖志考一卷南湖事略一卷　⑯928.223/384

梅　青 一六九三（康熙三十二）年自刊瞿山诗略三十三卷　清梅青撰　①1350

梅枝凤 一六八七（康熙二十六）年重刊宛陵先生集六十卷拾遗一卷附录一卷　宋梅尧臣撰　⑰56－47711

梅雨田 一八八八（光绪十四）年刊本草分经　清姚澜编　㉚177

梅珏成 一七三六—一七九五（乾隆）年刊续学堂诗钞四卷文钞六卷　清梅文鼎撰　①1565

汉上**梅春华** 一八三八（道光十八）年刊喻选古方试验四卷　清喻昌编　㉚302

梅钟澍 一八三八—一八四〇（道光十八—二十）年募刊悟芗亭画稿二卷六法管见一卷　清刘愔绘　⑱子432

四明**梅峰道人** 一八四七（道光二十七）年刊同寿录四卷末一卷附补遗河车说　清曹氏撰　㉚248

南昌**梅氏** 一八七三（同治十二）年刊学疆恕斋笔算十卷　清梅启照辑　㉑199

南昌**梅氏** 一八八一（光绪七）年刊学疆恕斋笔算续编五卷　清梅启照辑　㉑199

梓橦会 一八九六（光绪二十二）年刊神农本草经读四卷　清陈念祖撰　㉚157

新建**勒氏** 一八六五（同治四）年家刊太素斋词二卷　清勒方琦撰　㉑204

新建**勒氏** 一九〇五（光绪三十一）年家刊梦馀草不分卷　清勒元使撰　㉑207

吉安**萧正发** 一七三九（乾隆四）年自刊翼艺典略十卷　清萧正发撰　㉑288

萧作梅 刊春浮园集　明萧士玮撰　⑤

萧伯升 一六五七（顺治十四）年刊春浮园诗集一卷文集二卷偶录二卷　明肃士玮撰　附录一卷　⑱集854

萧伯升 一六七三（康熙十二）年刊正固先生诗集一卷文集一卷　明萧岐撰　坦行先生自志一卷　⑱集545

萧国琛 一八四七（道光二十七）年刊先拔志始三卷　清文秉撰　㉙602

衡阳**萧定荣** 一八六二（同治元）年募刊增删喉科心法　清刘序鹓编　㉚588

萧振三 一八九五（光绪二十一）年刊悟性穷原　题涵谷子著　②45285

吉安**萧晓亭** 一八三六（道光十六）年自刊疯门全书二卷　清萧晓亭撰　㉑290

高安**萧浚兰** 一八六八（同治七）年刊持雅堂全集 清尚镕撰 ⑰009700

萧惟豫 一七一一（康熙五十）年自刊但吟草八卷恭纪诗一卷 清萧惟豫撰 ⑱集988

萧 雯 一六五四（顺治十一）年刊秋声集四卷 元黄镇成撰 ①10672

萧锡珀 一七五九（乾隆二十四）年刊西藏见闻录二卷 清萧腾麟撰 ①1401

萧 震 清初刊重刻轩岐救正论六卷 明萧京撰 ⑱子229

萧 穆 一八九九（光绪二十五）年刊海峰先生诗集十卷 清刘大櫆撰 原刻本札记 清萧穆撰 ⑯847.4/888

汉阳**萧氏** 一八二六（道光六）年刊医学汇海三十六卷 清孙德润撰 ㉚708

新建**萧氏** 一八八四（光绪十）年家刊史鉴年表汇编十四卷 清萧承笏撰 ㉑205

湘潭**萧氏** 一八八六（光绪十二）年刊桑榆夕照录四卷 清萧震万撰 ⑯071/508

萨龙光 一八〇七（嘉庆十二）年刊雁门集十四卷附录一卷 元萨都剌撰清萨龙光编注 ⑯845.74/516－3
雁门集倡和录一卷雁门集别录一卷 清萨龙光辑

黄大镛 一八〇三（嘉庆八）年刊枕藏外科形图诸说 清胡璟编 ㉚545

黄之正 一六五五（顺治十二）年刊白沙子全集九卷 明陈献章撰 附录一卷 ⑱集582

黄之翰 一六六二—一七二二（康熙）年刊旅堂诗选六卷 清胡介撰黄之翰辑 ⑱集947

黄子云 一七四七（乾隆十二）年自刊长吟阁诗集十卷 清黄子云撰 ㉙2087

黄曰瑚 一七二一（康熙六十）年刊瑯琊念庵王先生什一录四卷 清王沛憻撰 ⑱集1066

信丰**黄世成** 一七四七（乾隆十二）年自刊平庵诗集十二卷 清黄世成撰 ㉑301

四川中江**黄世哲** 一八五七（咸丰七）年刊史外三十二卷 清汪有典撰 ⑥

黄丕烈 一七九六—一八二〇（嘉庆）年刊元史艺文志四卷 清钱大昕撰 ⑱史86

黄必庆 一八五一（咸丰元）年刊梦陔堂全集 清黄承吉撰 ⑤

黄吉川 刊名法指掌新纂四卷 ⑥

黄贞麟 一六七三（康熙十二）年刊盐山县志十二卷 清朱鸾鷟修钱国寿纂 ⑲61

黄兆森 一七一六（康熙五十五）年自刊唐堂乐府五种六卷 清黄兆森撰 ①4949

吴江**黄兆桎** 一八八七（光绪十三）年重刊平望志十八卷首一卷 清翁广平纂 ⑲335

黄男僖　一八八五（光绪十一）年重刊留村文集四卷　清黄瑞撰　㉙3209

黄体端　一七七四（乾隆三十九）年自刊验方汇集四卷　清黄体端编　㉚248

桂东**黄体端**　一七七五（乾隆四十）年刊痘疹辑要三卷　清刘鼎何梦瑶撰　㉚514

黄怀玉　一六八二（康熙二十一）年刊绮石斋遗诗一卷　明黄枢撰　⑱集844

黄迟庵　一七四七（乾隆十二）年刊伤寒辨证录十四卷附脉诀阐微　清陈士铎撰　㉚333

黄承吉　一八四二（道光二十二）年刊义府二卷　清黄生撰　⑱子622

黄若金　一七〇四（康熙四十三）年刊宋儒文肃公黄勉斋先生文集四十卷　宋黄榦撰　⑱集361

北平**黄叔琳**　一七四五（乾隆十）年刊夏小正一卷　汉戴德传宋金履祥注清张尔岐辑黄叔琳增辑　②12205

黄　岩　一七三九（乾隆四）年刊会篇记略十四卷　清林祖成撰　㉚409

黄昌衢　一六八二（康熙二十一）年刊雒闽源流录十七卷　清张夏纂　⑪111.6/1110

黄国华　一八八一（光绪七）年刊稽庵诗集十卷　清梅植之撰　⑯6548

黄周星　一六五六（顺治十三）年自刊夏为堂诗略刻十一卷　清黄周星撰　⑱集925

晋江**黄宗汉**　一八五四（咸丰四）年刊五经补纲　清伊乐尧辑　⑤

黄绍七　一七五九（乾隆二十四）年补刊赤城县志八卷首一卷　清孟思谊修张曾炳纂　①

清江**黄绍仁**　一八四五（道光二十五）年自刊根心寄草一卷杂俎一卷　清黄绍仁撰　㉑249

临川**黄绍裘**　一七七〇（乾隆三十五）年自刊梅林集二卷　清黄绍裘撰　㉑254

黄　珍　一六九七（康熙三十六）年刊潘默成公文集八卷　宋潘良贵撰清曹定远辑　①4885

浙江仁和**黄春渠**　一七八五（乾隆五十）年刊礼经会元四卷　宋叶时撰清许元淮辑　⑥

金溪**黄春魁**　一八六二（同治元）年刊孝烈合稿一卷遗草一卷簪花遗草一卷　清黄帘珠朱淑凤撰　㉑267

黄树藩　一八八五（光绪十一）年刊定海厅志三十卷首一卷　清史致驯修陈重威黄以周纂　⑲415

黄星源等　一七五一（乾隆十六）年刊香雪居诗草一卷　清黄文彪撰　⑱集1154

黄　钟　一七四二（乾隆七）年刊怀清堂集二十卷　清汤右曾撰　⑱集1066

黄　钟　一八〇六（嘉庆十一）年刊元史氏族表三卷　清钱大昕撰　③史241.14/855.2

黄　炳　一七〇二（康熙四十一）年刊黄氏攟残集七卷附六卷　明黄宗羲编　①2939

渝郡东华观**黄济** 一八六六（同治五）年刊伤寒悬解十四卷首一卷末一卷 清黄元御撰 ㉚75

黄觉等 一七一〇（康熙四十九）年刊和敬堂全集四十四卷 清黄晋良撰 ⑱集946

黄　祐 一七三九（乾隆四）年刊瑶光阁集十二卷 明黄端伯撰清黄祐辑 ①1059

吉安**黄祖络** 一八七五—一九〇八（光绪）年刊绳其武斋自纂年谱不分卷 清黄赞汤自编 ㉑291

黄　泰 一八二〇（嘉庆二十五）年自刊学山楼诗钞六卷 清黄泰撰 ㉙3168

黄　泰 一八二一—一八五〇（道光）年辑刊大痴道人集一卷 元黄公望撰 ㉙2722

黄起东 一八三九（道光十九）年刊普济应验良方八卷 清德轩氏编 ㉚254

黄晓峰 一七四九（乾隆十四）年刊经验四种 ㉚245

元都**黄晟** 一七四三（乾隆八）年刊隶辨八卷 清顾蔼吉著 ②34494

新安**黄晟** 一七五三（乾隆十八）年校刊水经注四十卷 ⑥史136

黄　钺 一七一一（康熙五十）年刊黄文肃公集二十一卷 宋黄干撰 ④13755

鄞县**黄家鼎** 一八九三（光绪十九）年补刊乾隆马巷厅志十八卷首一卷 清万友正纂修 ⑲520

黄家遴 一六八三（康熙二十二）年刊饶州府志四十卷首一卷 清王泽洪修吴俊等纂 ⑲491

吴江**黄容** 一七〇二（康熙四十一）年刊诗存合钞三卷 清释观树等撰黄容选 ㉙2364

黄逵卿 一六八二（康熙二十一）年刊乐典三十六卷 明黄佐撰 ⑱经226

黄　铣 一八〇七（嘉庆十二）年刊顺庆府志十卷 清李成林修罗承顺等纂 ⑲784

黄惟质 一六六二—一七二二（康熙）年刊新刻增订释义经书便用通考杂字二卷外一卷
清徐三省辑黄惟质增订 ⑱子876

黄隆恩 一七六〇（乾隆二十五）年刊黄吾野先生诗集五卷 明黄克晦撰 ⑱集735

黄维瓒 一八七四（同治十三）年增刊直隶沣州志二十六卷首三卷 清何玉棻修魏式曾纂 ⑲668

黄葆谦 一八九四（光绪二十）年自刊艺兰一卷兰谱一卷 清黄葆谦撰 ⑱子482

临川**黄景清** 一九〇一（光绪二十七）年刊史馀二十卷 清陈克松撰 ⑥

黄　鼎 刊医旨绪馀二卷 明孙一奎撰 ㉚28

黄　登 一七〇〇（康熙三十九）年自刊岭南五朝诗选三十七卷 清黄登辑 ①1398

黄　楷　一六八一（康熙二十）年刊湛甘泉先生文集三十二卷　明湛若水撰　⑱集627

黄锡庆　刊安陆集一卷补遗一卷　宋张先撰清汪潮生辑　①1972

黄　僖　一八八五（光绪十一）年刊留村文集四卷　清黄瑞撰　㉙3209

黄　僎　一六七四（康熙十三）年刊黄山志四十九卷首一卷　清程弘志等撰　⑱史1008

黄　奭　一八四三（道光二十三）年刊高密遗书十九卷　汉郑玄撰清黄奭辑　⑱经22

黄　奭　一八九三（光绪十九）年刻汉学堂丛书子史钩沉　㉚155

黄徵肃　一七八七（乾隆五十二）年刊大俞山房集十二卷　清黄璋撰　⑱集1204

苏州**黄鹤**　一八二三（道光三）年刊吴门治验录　清顾金寿撰　㉚636

黄鹤龄　一七九五（乾隆六十）年家刊伤寒活人指掌补注辨疑三卷　明童养学编　㉚70

黄　巘　一七〇二（康熙四十一）年刊四牧斋诗集一卷　清黄华撰　⑱集1058

吉安**黄赞汤**　一八六六（同治五）年刊惧庵遗集不分卷　明黄震象撰　㉑290

黄　膺　一八八四（光绪十）年刊学案小识十四卷首一卷末一卷　清唐鉴撰　⑰3276

六安**黄氏**　一六五三（顺治十）年刊管窥辑要八十卷　清黄鼎辑　⑯291/167

黄　氏　一六八二（康熙二十一）年刊泰泉集六十卷　明黄佐撰　㉝291

临川**黄氏**　一七二三（雍正元）年家刊半芜园集十五卷　清黄石麟撰　㉑253

天都**黄氏**　一七五三（乾隆十八）年刊考古图十卷　宋吕大防撰　㉝120

广昌**黄氏**　一七五五（乾隆二十）年家刊黄静山四种　清黄永年撰　㉑288

信丰**黄氏**　一七八〇（乾隆四十五）年家刊石畦集二十七卷　清黄文澍撰　㉑301

吴县**黄氏**　一八一八（嘉庆二十三）年刊士礼居黄氏丛书　清黄丕烈辑　㉚786

金溪**黄氏**　一八四七（道光二十七）年家刊玉井草庐诗钞二卷　清黄元丙撰　㉑267

古滕**黄氏**　一八五一（咸丰元）年刊眼科秘书　清月潭禅师编　㉚577

安邑**黄氏**长邑陈氏　一八五四（咸丰四）年合刊广瘟疫论四卷附佛崖验方　清戴天章撰　㉚386

金溪**黄氏**　一八五六（咸丰六）年家刊莱香书屋诗钞四卷　清黄麟撰　㉑267

顺德**黄氏**　一八五九（咸丰九）年刊伤寒悬解十四卷首一卷末一卷　清黄元御撰　㉚75

余姚黄氏 一八七〇—一八七八（同治九—光绪四）年刊留书种阁集 清黄炳垕撰 ⑰01416

宜黄黄氏 一八七二（同治十一）年刊行军臆说三卷 清黄秩冲撰 ㉑284

黎川黄氏 一八七四（同治十三）年家刊自知斋诗集十卷 清黄长森撰 ㉑270

蕲川黄氏 一八八一（光绪七）年刊粥谱附广粥谱 清黄云鹄编 ㉚201

蜀南黄氏 一八八二（光绪八）年刊九数通考十三卷 清屈曾发撰 ㉙3083

当涂黄氏 一八八三（光绪九）年刊竹林女科四卷 清竹林寺僧撰 ㉚437

安化黄氏 一八八七（光绪十三）年刊仪孟园所刻医书二种 清黄惺溪等撰 ㉚756

姚江黄氏 一八九五（光绪二十一）年刊五桂楼书目四卷 清黄澄量编 ⑯015.87/170

吉安黄氏 一九〇四（光绪三十）年刊大乘起信论科注 清桂伯华辑 ㉑291

平江黄氏 一九〇八（光绪三十四）年刊中医精粹二卷 清黄崇忠撰 ㉚356

南海黄氏 一九一一（宣统三）年刊霄鹏先生遗著 清黄保康撰 ⑰057-410.5

宜黄黄氏 一九一一（宣统三）年家刊韵兰女史诗钞 清黄韵兰撰 ㉑284

黄　氏 一八四七（道光二十七）年刊三长物斋丛书 清黄本骥辑 ⑰01281

黄　氏 一九一一（宣统三）年家刊陈修园方歌吴鞠通方歌 清黄保康撰黄任恒校注 ㉚242

甘泉黄氏 刊汉学堂丛书二百十五种 清黄奭辑刘咸炘批点 ⑥总41

曹三才 一七〇四（康熙四十三）年刊浪吟二卷 明曹履泰撰 ⑱集854

曹丰吉 一七〇七（康熙四十六）年刊观澜堂文集八卷诗集九卷 清曹章撰 ⑱集1114

曹文澜 一七九六—一八二〇（嘉庆）年刊醉芗仙馆诗钞二卷外编一卷 清黄金台撰 ㉙3235

曹申吉 一六七二（康熙十一）年刊珂雪二集一卷 清曹贞吉撰 ①1486

曹　禾 一八五二（咸丰二）年自刊双梧书屋医书四种 清曹禾撰 ㉚748

曹圣臣 一六八八（康熙二十七）年自刊曹氏墨林二卷 清曹圣臣撰 ④3659

曹同春 一六八九（康熙二十八）年刊庄子释意三卷 清高秋月撰 ⑱子1022

曹秀先 一七六六（乾隆三十一）年自刊省耕诗图一卷 清曹秀先撰 ⑱集1165

曹岱华 一七五四（乾隆十九）年刊石仓诗稿三十三卷 明曹学佺撰 ⑱

曹肩吾 一六九三（康熙三十二）年刊曹司马集六卷 清曹烨撰 曹孝廉文稿一卷 明曹应鹤撰 ①1433

曹栋亭 一六六二—一七二二（康熙）年在杨州刊隶续二十一卷 宋洪迈撰 ⑥

曹　鈖 一六六九（康熙八）年刊养正图解二卷 明焦竑撰 ⑱子92

曹庭栋 一七七三（乾隆三十八）年自刊老老恒言五卷 清曹庭栋撰 ①6025

曹振镛 一七七六（乾隆四十一）年刊宋四六选二十四卷 清彭元瑞曹振镛辑 ⑱集1692

曹祯骥 一六四五（顺治二）年刊诸祖道影传赞三卷 明释元贤撰 ㉝196

曹基豳 一七五八（乾隆二十三）年刊梅绕庄笺注唐诗七言律六卷 清赵臣瑗辑 ④12653

曹　寅 一七一一（康熙五十）年刊周易本义十二卷易图一卷五赞一卷筮仪一卷 宋朱熹撰 ⑱经47

曹耀湘傅忠书 一八七九（光绪五）年刊陶靖节集八卷 宋汤汉等笺注 ④14732

曹　镳 一八〇六（嘉庆十一）年自刊甘白斋诗二卷 清曹镳撰 ⑱集1273

新建**曹氏** 一七五八（乾隆二十三）年家刊绎堂存稿十卷首一卷 清曹茂先撰 ㉑202

长沙**曹氏** 一八八七（光绪十三）年刊广瘟疫论四卷附佛崖验方 清戴天章撰 ㉚386

金溪**曹氏** 一八八九（光绪十五）年刊达生编二卷附福幼编一卷 原题清亟斋居士辑 ㉑267

东吴**曹氏** 一八九三（光绪十九）年刊笺经室丛书 清曹元忠辑 ⑰042－420

吴县**曹氏** 一九〇一（光绪二十七）年刊蒙鞑备录校注 宋孟珙撰清曹元忠校注 ⑰已257－4901a

曹　氏 一九一〇（宣统二）年家刊复庵公牍四卷 曹允源撰 ㉙1457

南昌**龚元玠** 一七六三（乾隆二十八）年自刊畏斋文集四卷 清龚元玠撰 ㉑196

龚圣锡 一七〇三（康熙四十二）年刊春秋左传五十卷 唐陆德明音义 ㉙77

龚自珍 一八二七（道光七）年自刊定盦文集一卷馀集一卷 清龚自珍撰 ⑱集1290

龚　贤 刊中晚唐诗 ④10813

南昌**龚轼** 一八一二（嘉庆十七）年自刊和骖鸾集三卷 清龚轼撰 ㉑197

南昌**龚轼** 一八三八（道光十八）年自刊怀旧百一诗八卷 清龚轼撰 ㉑197

龚　灏 一八四〇（道光二十）年家刊苇江诗钞二卷补遗一卷 清龚灏撰 附苇江公挽诗一卷 ㉙3174

金陵**龚氏** 一六六二—一七二二（康熙）年刊七政台历八卷 ⑱子268

金陵**龚氏** 一七九五（乾隆六十）年刊听秋轩诗集四卷 清骆绮兰撰 ⑱集1253

武宁**盛乐** 一七三六—一八二〇（乾隆嘉庆）年家刊留雪怀人诗一卷 清盛乐撰 ㉑219

盛远汪森 一七〇九（康熙四十八）年刊冬关诗钞六卷补遗一卷 清释通复撰 ⑱集958

盛昱 一八七四（同治十三）年刊芸香馆遗诗二卷 清那逊兰保撰 ⑥

盛宣怀 一八九六（光绪二十二）年刊常州先哲遗书 清盛宣怀辑 ①378

盛赓 一八八〇（光绪六）年补刊【乾隆】安乡县志八卷 清张焯修曾之亨纂 ⑲668

嘉兴**盛新甫** 一八二三（道光三）年刊古今名医汇粹八卷 清罗美编 ㉚706

盛德容 一六六八（康熙七）年刊西崑发微三卷 清吴乔撰 ⑱集156

武宁**盛氏** 一八八三（光绪九）年刊组美园文集六卷 清盛赞韵撰 ㉑220

武进**盛氏** 一八九九（光绪二十五）年刊常州先哲遗书 清盛宣怀辑 ⑰01387

交河**常青岳** 一六七四（康熙十三）年刊来山堂文钞一卷诗钞八卷 清程可式撰 ㉓73

交河**常青岳** 一七五八（乾隆二十三）年自刊晚菘堂吟稿十卷 清常青岳撰 ㉓73

常氏 一八三一（道光十一）年刊普济应验良方八卷 清德轩氏编 ㉚254

冀州**常氏** 一八四七（道光二十七）年刊大生要旨五卷 清唐千顷撰 ㉚458

鄂弥达 一七三七（乾隆二）年刊周易传义合订十二卷 清朱轼撰 ⑥

鄂洛顺 一七四九（乾隆十四）年刊晓亭诗钞四卷 清塞尔赫撰 鹤鸣集一卷 清伊都礼撰 ⑱集1148

献县**崔士元** 一八四四（道光二十四）年自刊雪庐诗钞二卷 清崔士元撰 ㉓77

崔华 一六八八（康熙二十七）年刊梁山来知德先生易经集注十六卷 明来知德撰 ⑱经69

平山**崔岱齐** 一六九〇（康熙二十九）年自刊坐啸轩诗集不分卷 清崔岱齐撰 ㉓59

崔锟士等 一七三六—一七九五（乾隆）年刊匊芳园诗钞八卷 清何梦瑶撰 ⑱集1142

海云**崔氏** 一八五四（咸丰四）年刊庆云县志三卷首一卷末一卷 清崔旭纂戴絅孙续纂崔光笏订正 ⑲266

崔氏 一八八二（光绪八）年补刊波罗外纪八卷 清崔弼辑 ㉝111

铭岳 一八三三（道光十三）年自刊妙香馆咏物全韵一卷 清铭岳撰 ⑱集1295

铭惪 一八三一（道光十一）年刊叠山谢先生文章轨范七卷 宋谢枋得辑 ⑱集1611

铭鼎臣 一八七五（光绪元）年刊九梅村诗集二集二十卷 清魏燮均撰 ②93022

苏州**笪锦和** 一九一○（宣统二）年刊保婴要言八卷 清夏鼎撰王德森编 ㉚488

宜**黄符氏** 一八六二（同治元）年家刊卓山草堂诗钞二十卷诗外篇四卷 清符兆纶撰 ㉑284

商德协 一六五七（顺治十四）年刊商文毅公集六卷 明商辂撰 ⑱集579

章小同 一八七七（光绪三）年在贵阳刊章氏遗书 清章学诚撰 ⑰01651

章文先 一七五三（乾隆十八）年刊章介庵文集十一卷 明昌衮撰 ⑱集662

章文苌 一八九六（光绪二十二）年刊求可堂诗钞一卷 清程天焘撰 ㉙3320

章文然 一七四一（乾隆六）年刊红崖草堂诗集十二卷 清万邦荣撰 ⑱集1112

任丘**章汉** 一七○一（康熙四十）年自刊贮月轩诗六卷 清章汉撰 ㉓76

章廷标等 一七一八（康熙五十七）年刊见山亭诗集二卷 清章昞撰 ⑱集1014

章华绂 一八三三（道光十三）年刊章氏遗书 清章学诚撰 ⑤

南丰**章庆** 一八一六（嘉庆二十一）年自刊对语四种 清章庆辑 ㉑274

章寿康 一八七二（同治十一）年刊绝妙好词笺七卷 清查为仁厉鹗撰 续钞一卷 清余集辑 ①4796

章炳麟 一八七五（光绪元）年自刊小学答问一卷 清章炳麟撰 ③字100/924

湖南善化**章恭斌** 一八七五—一九○八（光绪）年重刊福山王氏说文逸字二卷 清郑珍记 ⑥

章倬标 一八七○（同治九）年刊【乾隆】泉州府志七十六卷首一卷 清怀荫布修黄任郭赓武纂 ⑲533

章震福 一九一一（宣统三）年刊苕溪集五十五卷 宋刘一止撰 ④15274

章　濂 一八五九（咸丰九）年增刊【嘉庆】桂东县志二十卷首一卷 清林凤仪等修黄性时等纂 ⑲649

会稽**章氏** 一八七八（光绪四）年在成都刊式训堂丛书二集 清章寿康辑 ⑥总44

会稽**章氏** 一八七五—一九○八（光绪）年在成都刊章刻八种 清章寿康辑 ⑥总44

铜陵**章氏** 一八九○（光绪十六）年刊读通鉴纲目札记二十卷 清章邦元撰 ⑯921.26/655

武陵**章氏** 一九○○（光绪二十六）年刊不知医必要四卷 清梁廉夫撰 ㉚231

吉安**麻氏** 一八八九（光绪十五）年家刊亲亲馀事十二卷 清麻敬业撰 ㉑290

康绍镛 一八二二（道光元）年刊七十家赋钞六卷 清张惠言辑 ④13832

康基田 一七七五（乾隆四十）年增刊潮州府志四十二卷首一卷 清周硕勋纂修 ⑲690

秦州**康氏** 一八六一（咸丰十一）年刊三国志补义十三卷 清康发祥撰 ②2081

鹿廷瑄 一六八〇（康熙十九）年增刊吴桥县志十卷 清任先觉修杨萃纂 ⑲61

鹿传霖 一八九六（光绪二十二）年刊张淮阳集二卷 元张弘范撰 ①421

颍川**鹿氏** 一七一二（康熙五十一）年刊一草亭眼科全书 明邓苑撰 ㉚573

定兴**鹿氏** 一八六二—一八七四（同治）年家刊简堂行述一卷 清鹿传霖撰 ㉓65

阎尧熙 一七二〇（康熙五十九）年增刊藁城县志十二卷 清赖于宣修张丙宿纂 ⑲31

阎茂溶 一七三六—一七九五（乾隆）年刊诗义记讲四卷 清杨名时述夏宗澜记 ⑱经148

蔚州**阎氏** 一七五八（乾隆二十三）年家刊九宫山人诗选四卷 清阎介年撰 ㉓59

蠡吾阎氏 一七三六—一七九五（乾隆）年家刊芸晖堂诗集六卷续集一卷 清阎中宽撰 ㉓68

寄沤氏 一八五九（咸丰九）年刊集验良方拔萃二卷续补一卷 题括素氏编 ㉚260

广福寺释**寂中** 一六六四（康熙三）年刊妙法莲华经大窾七卷 明释通润撰 ⑱子943

梁允桓 一六六二—一七二二（康熙）年刊袚园集文四卷诗四卷词一卷 清梁清远撰 ⑱集973

梁允章 一七一三（康熙五十二）年刊啸云楼诗集四卷 清梁清宽撰 ⑱集973

梁允植 一六七三（康熙十二）年刊棠村词一卷 清梁清标撰 词话一卷 ①1877

南海**梁世征** 一八七三（同治十二）年刊痘疹金镜录四卷 明翁仲仁撰 ㉚499

梁本荣 一七七一（乾隆三十六）年刊剑虹斋集十二卷 清梁濬撰 ⑥

梁守文 一九〇七（光绪三十三）年刊六书辨一卷 清徐绍桢撰 ⑯1381

梁观保等 一七七一（乾隆三十六）年刊怡情集二卷 清梁御撰 ⑱集1222

梁承云等 一七九六—一八二〇（嘉庆）年刊敬思堂集六卷奏御诗集四卷诗集六卷 清梁国治撰 ⑱集1174

梁思炽 一七六五（乾隆三十）年刊怀古堂偶存文稿四卷 清宋在诗撰 ⑪817.739/3040

梁　濬 一七三九（乾隆四）年刊非水舟遗集二卷 清梁锡珩撰 ⑱集1130

真定**梁清远** 一六七八（康熙十七）年自刊雕丘杂录十八种十八卷 清梁清远撰 ㉓55

梁　寅 一八八〇（光绪六）年刊续后汉书九十卷 元郝经撰 ⑯922.220/533－209

临川**梁道奂**　一八〇〇（嘉庆五）年自刊雪鸿诗草七卷　清梁道奂撰　㉑255

三原**梁氏**　一六七八（康熙十七）年刊诗韵释略五卷　清梁应圻订　⑯424.5/730

钱塘**梁氏**　一八〇〇（嘉庆五）年刊清白士集　清梁玉绳撰　⑰0145

顺德**梁氏**　一八三〇（道光十）年刊藤花亭十种　清梁廷楠撰　⑰01019

福州**梁氏**　一八七五（光绪元）年刊二思堂丛书　清梁章钜撰　⑰01394

永丰**梁氏**　一八七九（光绪五）年家刊翼堂诗草四卷　清梁维翰撰　㉑296

泰和**梁氏**　一八七九（光绪五）年家刊三华集五卷附豫章书院唱和诗　清梁机撰　㉑291

屠　秉　一八二五（道光五）年刊是程堂倡和投赠集　清屠倬撰　⑤

屠孟昭　一八一三（嘉庆十八）年刊幼学堂诗稿十七卷文稿八卷　清沈钦韩撰　㉙1168

隋昆铁　一七〇三（康熙四十二）年刊孙真人眼科秘诀　清王万化编　㉚574

十二画

韩作栋　一六八五（康熙二十四）年刊广东舆图十二卷　清蒋伊韩作栋撰　①772

武威韩奉先**韩振先**　一八四〇（道光二十）年刊武威韩氏忠节录　㉖83

韩宗蕃　一七三八（乾隆三）年刊韩忠定公集四卷　明韩文撰　⑱集594

锦川**韩逢庥**　一六八〇（康熙十九）年刊孟东野集二卷　唐孟郊撰　⑪811.145/1707

韩　尌　一八二〇（嘉庆二十五）年刊篆学测解二十九卷声韵表一卷　明韩洽撰　①2304

淮南**韩氏**　一八八八（光绪十四）年刊急救异痧奇方　清陈念祖评　㉚399

南昌**彭元瑞**　一七九九（嘉庆四）年自刊恩馀堂全集三十八卷　清彭元瑞撰　㉑197

彭元瑞　刊御选全韵诗　清高宗弘历选　⑰k15194

济南**彭以竺**　一八四三（道光二十三）年刊守边辑要不分卷　清璧昌撰　⑯332/320

彭玉雯　一八三七（道光十七）年自刊易堂九子文钞　清彭玉雯辑　㉑198

南昌**彭玉雯**　一八五二（咸丰二）年自刊覆瓿馀草二卷　清彭玉雯撰　㉑198

南昌**彭邦畴**　一八二七（道光七）年刊恩馀堂辑稿四卷　清彭元瑞撰　㉑199

长沙**彭吉孝**　一八九七（光绪二十三）年刊湖南舆图说　清左学吕彭清玮重编　⑥

彭　年　一八三〇（道光十）年刊全唐诗九百卷目录十二卷　清曹寅彭定求等辑　⑱集1675

彭兆荪　一八〇六（嘉庆十一）年自刊小谟觞馆集十八卷　清彭兆荪撰　㉝316

成都**彭汝琮**　一八六八（同治七）年刊黄氏医书八种　清黄元御撰　㉚732

彭远氏　一八八四（光绪十）年刊小蓬莱馆方钞二卷　清竹林寺僧撰　㉚438

彭志桢　一六六六（康熙五）年刊彭氏二文合集　明彭笃福辑　⑤

彭　軏　一七一一（康熙五十）年自刊四书讲义持衡十五卷　清彭軏撰　⑱经347

彭定求　一六六七（康熙六）年刊俟后编六卷补录一卷　明王敬臣撰

仁孝先生事略一卷　清彭定求辑　⑱子576

乐平**彭定澜**　一八六五（同治四）年自刊共家方道指南九卷　清彭定澜撰　㉑210

彭始抟　一七〇九（康熙四十八）年刊宋学士全集三十二卷　明宋濂撰　附录一卷　⑱集525

彭绍升　一七九五（乾隆六十）年刊芝庭先生集十八卷　清彭启丰撰　⑱集1139

彭树萱　一八六二—一八七四（同治）年刊伤寒论类方　清徐大椿编　㉚86

彭思眷　一七二六（雍正四）年刊张龙湖先生文集十五卷　明张治撰　⑱集653

石阳**彭家麟**　一八七七（光绪三）年刊李二曲先生全集　清李颙撰　⑤

浙江**彭泰士**　一九〇一（光绪二十七）年刊儒门法语不分卷　清彭定求原编汤金钊辑要　⑥

彭教谦　一七九一（乾隆五十六）年刊瘟疫论二卷　明吴有性撰　㉙453

彭联升　一八六九（同治八）年刊麻科活人全书四卷　清谢玉琼撰　㉚511

彭　期　一六九三（康熙三十二）年刊曾文定公全集二十卷　宋曾巩撰　首一卷末一卷　⑱集218

彭景曾　一七四三（乾隆八）年刊松桂堂全集三十七卷　清彭孙遹撰　⑱集995

彭锡保　一八八三（光绪九）年刊酌雅斋文集一卷级雅山馆诗钞三卷　清彭希郑撰　⑯4865

彭骞曾　刊茗斋百花诗二卷　明彭孙贻撰　⑱集945

彭慰高　一八七〇（同治九）年刊明贤蒙正录二卷　清彭定求撰　㉙739

宜春**彭肇**　一八二三（道光三）年刊麻科活人全书四卷　清谢玉琼撰　㉚511

长沙彭蕴章 一八四八（道光二十八）年补刊石斋先生经传九种 明黄道周撰 ⑤

彭 鳌 一八七二（同治十一）年补刊【乾隆】晋江县志十六卷首一卷 清方鼎修朱升元纂 ⑲533

长沙彭氏 一七七五（乾隆四十）年刊居士传五十六卷 清彭际清撰 一林居唱和诗一卷 体仁要术一卷 清彭绍升等撰 ⑯228.9/836

南城彭氏 一八一〇（嘉庆十五）年家刊渔澜山人集四卷 清彭鳌撰 ㉑277

安福彭氏 一八三三（道光十三）年家刊痴翁杂草十二卷外编一卷 清彭景休撰 ㉑296

龙溪村彭氏 一八五一（咸丰元）年刊麻科活人全书四卷 清谢玉琼撰 ㉚511

江夏彭氏 一八六八（同治七）年刊伤寒说意十卷 清黄元御撰 ㉚74

长州彭氏 一八八一（光绪七）年刊姚江释毁录一卷密证录一卷 清彭定求撰 不谖录一卷 清彭绍升撰 ⑯2093

新建彭氏 一八九八（光绪二十四）年家刊漱六山房遗稿八卷 清彭润芳撰 ㉑207

善化葛之镛 一八六一（咸丰十一）年刊无医方便二卷 清刘征纪刘征桂合编 ㉚230

葛 芝 一六七〇（康熙九）年自刊卧龙山人集十四卷 清葛芝撰 ⑱集946

葛英繁 一八四三（道光二十三）年刊阳曲县志十六卷 清李培谦华典修郑起昌等纂 ⑲82

葛其仁 一八三九（道光十九）年自刊小尔雅疏证五卷 清葛其仁撰 ⑱经385

葛鸣阳 一七八一（乾隆四十六）年刊复古编二卷 宋张有撰 校正一卷 清葛鸣阳撰 ⑱经433

仁和葛氏 一八八三（光绪九）年刊啸园丛书 清葛元煦辑 ㉚788

董上贲 一七六二（乾隆二十七）年刊痘疹专门秘授二卷 清董维岳撰 ㉚513

董元亮 一九〇一（光绪二十七）年刊秦川焚馀草六卷补遗一卷首一卷附刻一卷 清董平章撰 ⑯847.5/542

董元起 一六八六（康熙二十五）年刊微泉阁文集十六卷诗集十四卷 清董文骥撰 ⑱集979

董礼用等 一七〇五（康熙四十四）年刊关夫子志二卷 清张鹏翮辑 ⑱史464

董 耒 一六八九（康熙二十八）年刊宝云诗集七卷 清释南潜撰 ⑱集955

董 讷 一六八九（康熙二十八）年自刊两江疏草二十卷 清董讷撰 ①5331

董秉纯 一七六六（乾隆三十一）年刊鲒埼亭集三十八卷经史问答十卷 清全祖望撰 ⑱集1167

董贻清 一八六九（同治八）年在成都刊董方立遗书 清董祐诚撰 ⑤

乐平**董思盘** 一八七〇（同治九）年家刊家珍集文抄不分卷 清董思盘撰 ㉑210

杨州**董秋甫** 一八七九（光绪五）年刊医学汇海三十六卷 清孙德润撰 ㉚708

董　铎 一六八四（康熙二十三）年刊开化县志十卷 清吉祥修汪尔敬姚夔纂 ⑲433

董祥鸣 一八八六（光绪十二）年刊祠山志十卷 清周秉秀编 ⑰6120

董基诚 一八三〇（道光十）年刊董方立算书五卷 清董祐诚著 ②30458

董　璋 一七〇三（康熙四十二）年刊春树楼遗诗二卷 清董一甲撰 ⑱集1007

董　樵 一六八九（康熙二十八）年刊宝云诗集七卷 清释南潜撰 ⑱集955

鄞邑**董氏** 一八四五（道光二十五）年刊吊脚痧方论 清徐子默撰 ㉚401

甘棠**董氏** 一八五五（咸丰五）年刊甘棠小志四卷首一卷末一卷 清董醇纂 ①

甘泉**董氏** 一八六〇（咸丰十）年在北京刊江北运程四十卷首一卷 清董恂辑 ⑰11717－20

蒋士铨 一七七二（乾隆三十七）年刊倪文贞公奏疏十二卷 明倪元璐撰 ⑱史381

蒋于湄等 一七一〇（康熙四十九）年刊无他技堂遗稿十六卷 明蒋臣撰 ⑱集891

蒋开泰 一六六二—一七二二（康熙）年刊东舍集二卷 清蒋景祁撰 ⑱集1050

京东**蒋正贵** 一九一一（宣统三）年刊吕祖度何仙姑因果宝卷二卷 ⑯858.5/449

江苏常熟**蒋光弼** 一七九六—一八二〇（嘉庆）年刊九经古义十六卷 清惠栋撰 ⑥

蒋光煦 刊来青阁遗稿二卷 清蒋楷撰 ⑱集1286

蒋光煜 一八六〇（咸丰十）年刊外科正宗十二卷 明陈实功撰清徐大椿评 ①12912

蒋同祥 刊南唐书合刻四十九卷 ①41

蒋先庚 一六六四（康熙三）年刊治平略增定全书二十二卷 清朱健朱徽撰蒋先庚重订 ⑯323.1/835

蒋廷芳 一七五〇（乾隆十五）年刊【康熙】光泽县志八卷附一卷 清余鸣凤修陈南贤纂张彭增订 ⑲525

蒋汝霖 一八七四（同治十三）年刊牡丹百咏一卷 清蒋廷锡撰 ④9762

铅山**蒋志章** 一八七〇（同治九）年刊忠雅堂诗集十二卷 清蒋士铨撰 ㉑229

蒋时机 一六六〇（顺治十七）年刊石渠阁校刻庭训百家评注文章轨范七卷 宋谢枋得辑 ⑱集1611

蒋际清 一八四五（道光二十五）年刊趋庭小稿一卷 清蒋璘撰 ㉙3187

蒋陈锡 一六六二—一七二二（康熙）年刊万世玉衡录四卷 清蒋伊撰 ⑥

蒋国祥 一七二〇（康熙五十九）年刊庐山纪事十二卷 明桑乔撰 ⑱史1015

蒋泽沅 一八六九（同治八）年重刊康熙宁化县志七卷 清祝文郁修李世熊纂 ⑨673.15305/151

青县**蒋绍宗** 一八〇六（嘉庆十一）年自刊读诗知炳二卷 清蒋绍宗撰 ㉓74

吴门**蒋重光** 一七五九（乾隆二十四）年刊国朝诗别裁集三十六卷 清沈德潜等选编 ㉙837

蒋　泰 一七三六—一七九五（乾隆）年刊东村遗集三卷自注年谱一卷 清蒋珩撰 ⑱集1087

蒋铭勋 一八八二（光绪八）年刊归庵文稿八卷 清叶裕仁撰 ⑯847.5/504-6

蒋继娟 一八一〇（嘉庆十五）年刊牡丹百咏一卷 清蒋廷锡撰 ㉙3016

皖城**蒋朝栋** 一八一四（嘉庆十九）年刊回生集正编二卷续编二卷 清陈杰编 ㉚250

蒋景祁 一六九七（康熙三十六）年刊七言诗歌行钞十五卷 清王士禛辑 ⑱集1596

蒋　棨 一七三六—一七九五（乾隆）年刊王艮斋诗集十卷文集四卷 清王峻撰 ⑱集1137

蒋锡礽 一八七九（光绪五）年刊全上古三代秦汉三国晋南北朝文编目一百三卷 清蒋壑撰 ⑱集1640

蒋嘉珍 一八一九（嘉庆二十四）年刊尚书地理今释一卷 清蒋廷锡撰 ㉙3014

常熟**蒋氏** 一八一七（嘉庆二十二）年刊秦篆残字跋一卷 清蒋因培撰 ㉙3196

湘阴**蒋氏** 一八四七（道光二十七）年刊三长物斋丛书 汪黄本骥辑 ⑨082.6/521

江都**蒋氏** 一八六七（同治六）年刊榕堂续录四卷 清蒋超伯撰 ⑯071/526

长洲**蒋氏** 一八八三—一八八四（光绪九—十）年刊铁华馆丛书 清蒋凤藻辑 ⑰1190

湘乡**蒋氏** 一八九一（光绪十七）年刊求实斋丛书十五种 清蒋德钧编 ①14835

蒋　氏 一八二一—一八五〇（道光）年刊曝书杂记二卷 清钱泰吉撰 ⑱史1421

蒋　氏 一八五七（咸丰七）年刊兰台轨范八卷 清徐大椿撰 ㉚339

覃怀董春 一八七四（同治十三）年刊伤寒点精二卷 清孟承意撰 ㉚55

惠廷魁 一八八〇（光绪六）年刊新刻【康熙】齐东县志八卷图一卷 清余为霖修郭国琦等纂 ⑲273

释超志 刊古南澹翁老人懒斋遗稿四卷 清释通门撰 ⑱集909

释超拔 清初刊羽王先生集三卷西迁注一卷桂胜集一卷桂故集一卷 明张鸣凤撰 ⑱集712

释超曙 一六六二—一七二二（康熙）年刊天井寺志略六卷 清释通新撰 ⑱史1056

广昌**揭氏** 一八五九（咸丰九）年家刊揭子战书十七卷兵经百篇三卷 清揭暄撰 ㉑288

揆 叙 一六九三（康熙三十二）年刊东江诗钞十二卷 清唐孙华撰 ①1531

程大军程光珠 一七一五（康熙五十四）年刊青溪遗稿二十八卷 清程正揆撰 ①1343

嘉善**程文荣** 一八二一—一八六一（道光—咸丰）年自刊南村贴考不分卷 清程文荣辑 ⑪NC6138/2109.45

新安**程正棨** 一八二八（道光八）年刊檀几丛书录要 清何思钧辑 ⑰01656

程世勋 一八〇五（嘉庆十）年刊说文引经考十九卷 清程际盛撰 ⑱经411

程丕缵 一八二九（道光九）年刊苏松财赋考图说一卷 清周梦颜辑 ④10532

程 仕 一六八三（康熙二十二）年刊宋元诗会一百卷 清陈焯撰 ⑱集1595

程永培 一七九四（乾隆五十九）年刊金镜内台方议十二卷 明许宏撰 ㉚86

扬州**程邦瑞** 一八〇七（嘉庆十二）年刊存素堂文集四卷 清法式善撰 ⑥

程光钜 一七三八（乾隆三）年刊笔记二卷附录一卷 清程大纯撰 ⑱子100

知龙溪县事**程廷耀** 一八七〇（同治九）年刊重修南溪书院志四卷首一卷 清杨毓健纂修 ⑰271.44—556

程志隆 一七六〇（乾隆二十五）年刊尺木楼诗集四卷 清程世绳撰 ⑱集1109

程应旄 一六六九（康熙八）年序刊医读七卷 明汪机撰 ㉚321

宜黄**程卓标** 一八七七（光绪三）年自刊黔阳从军纪略不分卷 清程卓标撰 ㉑284

程 岫 一六八四（康熙二十三）年刊陋轩诗六卷 清吴嘉纪撰 ⑱集952

程岭梅 一八三〇（道光十）年刊借秋亭诗草五卷补遗一卷吴猷百绝一卷 清蔡云撰 ①14677

滇西**程罗氏** 一八一七（嘉庆二十二）年刊新编救急奇方四卷 清徐文弼编 ㉚256

程 牧 一六八四（康熙二十三）年刊载云舫集十卷 清闵奕仕撰 ⑱集1044

程定远 一六九九（康熙三十八）年自刊莪阳杂俎八种十一卷 清程定远编 ①2315

程祖诰 一八三二（道光十二）年刊希蕴庐遗稿一卷 清刘椿撰 ㉙3246

婺源程烈光 一八四二（道光二十二）年自刊芸辉堂文集二卷 清程烈光撰 ㉑224

程振甲 一八〇九（嘉庆十四）年【乾隆】西陲总统事略十二卷 清汪廷楷原辑祁韵士等编 ⑲238

程　崟 一七〇五（康熙四十四）年刊陶诗汇注四卷首一卷末一卷 清吴瞻泰辑 论陶一卷 清吴崧撰 ⑱集31

程　崟 一七三〇（雍正八）年刊韩笔酌蠡三十卷 清卢轩撰 ⑱集121

程　崟 一七四六（乾隆十一）年刊望溪集不分卷 清方苞撰 ⑱集1100

婺源**程绩** 一八一〇（嘉庆十五）年刊尊德性斋集三卷 宋程洵撰 ㉑224

三山**程赓六** 一七一六（康熙五十五）年刊产鉴三卷 明王化贞撰 ㉚451

程瑞初 一七一三（康熙五十二）年刊张子远先生爨下语二卷 明张复撰 ⑱子584

婺源**程慊** 一九〇九（宣统元）年刊尊德性斋集三卷 宋程洵撰 ㉑226

程履丰 一八七八（光绪四）年刊戒烟全法 清陈恭敏编 ㉚273

程赞咏 一八二一（道光元）年刊说文引经考二卷补遗一卷 清程际盛吴玉搢撰 ㉙1009

程　镳 一七〇六（康熙四十五）年自刊蟾宫操传奇二卷 清程镳撰 ⑱集2134

波阳**程氏** 一七〇〇（康熙三十九）年家刊星槎先生遗集六卷 清程作舟撰 ㉑229

歙州**程氏** 一七四七（乾隆十二）年刊伤寒论翼二卷 清柯琴撰 ㉚72

婺源**程氏** 一八三二（道光十二）年家刊书巢诗草四卷 清程学金撰 ㉑224

婺源**程氏** 一八四九（道光二十九）年家刊墨贻堂试体诗四卷 清程祖训撰 ㉑225

宁乡**程氏** 一九〇一（光绪二十七）年刊十发庵丛书 清程霖寿程颂万撰 ⑰01236

婺源**程氏** 一九〇八（光绪三十四）年家刊小蓬莱山人年谱一卷 清程组自订 ㉑226

程　氏 一六九七（康熙三十六）年刊武溪集二十卷 宋余靖撰 ⑱集198

傅王露等 一七三四（雍正十二）年刊西湖志四十八卷 清李卫修傅王露等撰 ㉞84

傅云龙 一八八九（光绪十五）年影刊新修本草二十卷 唐苏敬等撰 ㉚160

傅为霖 一六七一（康熙十）年自刊绿绮堂旸谷集诗集十五卷文集五卷别集六卷 清傅为霖撰 ①1832

大兴**傅以礼** 一八八二（光绪八）年刊揅经室经进书录四卷 清阮元撰 ㉓49

华阳**傅世洵** 一八八一（光绪七）年校刊说文经字考 清陈寿祺撰 ⑥

傅而保 一六九九（康熙三十八）年刊夏东岩先生文集十四卷 明夏尚朴撰 首一卷 ⑱集642

贵筑**傅寿彤** 一八七一（同治十）年刊胎产秘书二卷 清陈笏庵撰 ㉚461

傅应奎 一七一六（乾隆五十五）年刊爱鼎堂遗集前集十卷后集二十卷首一卷 明傅振商撰 ⑱集804

傅培梅 一八六八（同治七）年刊古文摭逸八卷 清傅以成辑 ⑯834/905

傅　敏 一六四五（顺治二）年刊佚笈姑存十卷 明王若之撰 ⑱集883

灵寿**傅维枟** 一七二六（雍正四）年自刊燕川渔唱诗集二卷 清傅维枟撰 ㉓56

傅鸞祥 一六四六（顺治三）年刊爱鼎堂全集选三十卷 明傅振商撰杨廷鉴辑 ⑱集804

录寿**傅燮诇** 一六六二—一七二二（康熙）年刊明书一百七十卷 清傅维鳞撰 ㉒56

临川**傅氏** 一七六〇（乾隆二十五）年家刊向北堂集十八卷 清傅涵撰 ㉑254

进贤**傅氏** 一八五一（咸丰元）年家刊傅忠毅公全集八卷首一卷 清傅宏烈撰 ㉑208

德清**傅氏** 一八八九（光绪十五）年刊纂喜芦丛书四种 清傅云龙编 ④补107

巴蜀**傅氏** 刊喉科指掌九卷 清张宗良撰 ㉚584

储大文 一七四四（乾隆九）年自刊存研楼文集十六卷 清储大文撰 ⑥

储右文 一七〇二（康熙四十一）年刊储遁庵文集十二卷 清储方庆撰 ①1629

储启隽等 一七八三（乾隆四十八）年刊缄石斋诗稿四卷 清储秘书撰 ⑱集1206

储掌文 一七二三（雍正元）年刊在陆草堂文集六卷 清储欣撰 ⑥

皖垣利 一九〇四（光绪三十）年刊温病条辨证方歌括 清钱文骥撰 ㉚378

舒　诏 一七六〇（乾隆二十五）年自刊舒氏伤寒集注十卷附五卷 清舒诏撰 ㉚54

武宁**舒畅之** 一八一九（嘉庆二十四）年刊毅堂文稿二卷 清黄晖吉撰 ㉑219

长白**舒惠** 一八九五（光绪二十一）年刊荆州万城堤志二十卷首一卷末一卷附续志九卷首一卷末一卷 清倪文蔚纂舒惠续 ⑰1414

大兴**舒氏** 一八一六（嘉庆二十一）年家刊瓶水斋诗集十六卷 清舒位撰 ㉓49

南昌**舒氏** 一七一五（康熙五十四）年家刊我贵轩诗草二卷 清舒寄远撰 ㉑195

靖安舒氏 一七三一（雍正九）年家刊双峰存稿六卷 宋舒邦佐撰 ㉑251

靖安舒氏 一八四九（道光二十九）年家刊双峰猥稿九卷首一卷末一卷 宋舒邦佐撰 ㉑251

靖安舒氏 一八六四（同治三）年家刊宝研堂集四卷附崇祀乡贤录一卷 清舒化民撰 ㉑251

靖安舒氏 一八七八（光绪四）年刊度针篇 清纪昀评选 ㉑251

进贤舒氏 家刊舒氏医论六种附录一种 清舒诏撰 ㉑209

鲁人龙 一六四四—一六六一（顺治）年刊青莱续史十八卷 清朱里撰 ⑱史1528

黎川鲁仕骥 一七八二（乾隆四十七）年自刊山木居士外集四卷 清鲁仕骥撰 ㉑268

鲁铨 一八〇七（嘉庆十二）年刊陶渊明文集十卷 晋陶潜撰 ④12364

会稽鲁超 一七一〇（康熙四十九）年刊景岳全书六十四卷 明张介宾撰 ㉚704

鲁葵鲁蕡 一八五一—一八六一（咸丰）年刊通甫类稿四卷 清鲁一同撰 ⑱集1298

黎川鲁鼎梅 一七六三（乾隆二十八）年刊四书通义二十九卷 明鲁论撰 ㉑268

鲁曾煜 一七二四（雍正二）年刊【康熙】山阴县志三十八卷 清高登先修沈麟趾等纂 ⑲417

鲁嘉祥 一八三一（道光十一）年刊鲁山木先生文集十二卷外集二卷 清鲁九皋撰
鱼宾之文钞一卷 清鲁嘉祥续撰 鲁习之文钞一卷 清鲁嗣光撰 ⑯10580

黎川鲁氏 一七八八（乾隆五十三）年家刊厚畬初稿四卷 清鲁鸿撰 ㉑268

黎川鲁氏 一七九七（嘉庆二）年家刊山木居士外集四卷 清鲁仕骥撰 附志铭行状一卷 ㉑268

京江鲁氏 一八二四（道光四）年刊古经解钩沉三十卷 清余萧客撰 ㉙974

金阊童晋之 一六七一（康熙十）年刊愚庵小集十五卷 清朱鹤龄撰 ㉙2324

金阊童涌泉 一六七六（康熙十五）年刊虎丘山志十卷首一卷 清顾湄撰 ⑯928.321/965

吉安曾文典 一七八七（乾隆五十二）年刊四书订正讲说三十八卷 清曾文典撰 ㉑289

曾弘周日灿 一六五七（顺治十四）年刊唐丞相曲江张先生文集十二卷 唐张九龄撰 附录一卷 ⑱集47

南城曾廷枚 一七八七（乾隆五十二）年自刊香墅漫钞四卷 清曾廷枚撰 ㉑276

曾安世 一七〇六（康熙四十五）年刊清风堂文集二十三卷 清曾王孙撰 ⑱集991

曾时灿 一七一八（康熙五十七）年刊白石诗集一卷词集一卷 宋姜夔撰 诸家评论一卷 ⑱集370

长沙**曾郁文** 一八三二（道光十二）年刊医门普度四种 ㉚391

曾　俨 一七二二（康熙六十一）年刊曾文昭公集四卷 宋曾肇撰 ①341

曾符升 一七四五（乾隆十）年补刊【康熙】芦山县志二卷 清杨廷琚刘时远修竹全仁等纂 ⑲792

曾寅光 一八六四（同治三）年增刊道光重修昭化县志四十八卷 清张绍龄修马玉琅纂 ⑲751

临川**曾祺** 一八六〇（咸丰十）年刊潜园剩稿五种六卷 清曾锡华撰 ㉑256

南昌**曾煜** 一七九九（嘉庆四）年刊和陶诗一卷 清舒梦兰撰 ㉑197

南城**曾燠** 一七九三（乾隆五十八）年自刊邗上题襟集 清曾燠辑 ㉑276

南城**曾燠** 一八〇六（嘉庆十一）年刊香墅漫钞四卷续四卷又续四卷 清曾廷枚辑 ㉑277

南城**曾燠** 一八二三（道光三）年自刊赏雨茅屋诗集二十二卷外集一卷 清曾燠撰 ㉑277

南城**曾氏** 一七八八（乾隆五十三）年刊香墅漫钞四卷 清曾廷枚辑 ⑰03425

盱江**曾氏** 一八二四（道光四）年刊续金山志二十卷 清曾燠纂 ⑯928.321/981

虞山**曾氏** 一八七一（同治十）年刊明瑟山庄诗六卷附杂著题辞前载墓表行述 清曾熙文撰 ㉙3269

吉安**曾氏** 一九一一（宣统三）年家刊姜庐诗钞十二卷 清曾炎权撰 ㉑291

释道宗 一六七一（康熙十）年刊毗尼日用录一卷 明释性祇撰 ⑱子954

释道隆 一六七六（康熙十五）年刊九峰灵药和尚语录三卷 清释慧宗撰 ⑱子970

释道霈 一六七一（康熙十）年刊缁林尺牍不分卷 清释道古辑 ⑱集1766

温存厚 一八八六（光绪十二）年自刊温病浅说附温氏医案急惊治验 清温存厚撰 ㉚377

温汝适 一八一七（嘉庆二十二）年自刊曲江集考证二卷张曲江年谱一卷 清温汝适编 ⑯844.13/313－738

温汝能 一八〇五（嘉庆十）年刊陈岩野先生全集四卷 明陈邦彦撰 ④13974

渝州温氏 一八八六（光绪十二）年刊温氏医书三种 清温存厚撰 ㉚756

温　氏 一八九七（光绪二十三）年刊女科仙方四卷 清傅山撰宫思晋校订 ㉚434

游智开 一八七七（光绪三）年刊乐亭县志十五卷首一卷末一卷 清蔡志修等修史梦兰纂 ⑲45

安浦**游氏** 一八二五（道光五）年刊简便良方八卷 清游光斗编 ㉚257

乐安游氏 一八四二（道光二十二）年家刊守墨山房遗稿四卷附防御纂要一卷 清游闳撰 ㉑286

吉安游氏 一八六八（同治七）年家刊笃志堂古文存稿二卷 清游楫撰 ㉑290

武林**富元熙** 一八四五（道光二十五）年刊国语发正二十一卷国语三君注辑存四卷

清汪远孙编 ⑯922.177/579－708

谢山居士 一八六九（同治八）年自刊粤氛纪事十三卷 清谢山居士辑 ⑯6701

苏州**谢文翰** 一八九一（光绪十七）年刊彭刚直公奏稿八卷诗集八卷 清彭玉麟撰 ⑯847.8/185

陕西安康**谢玉珩** 一八二四（道光四）年刊说文测议七卷 清董诏撰 ⑯10499

陕西朝邑县**谢正原** 一八二八（道光八）年刊韩苑洛全集二种 明韩邦奇辑 ⑥

南城**谢甘棠** 一八八二（光绪八）年刊罗豫章先生集十一卷 宋罗从彦撰 ㉑279

谢世箕 一六五〇（顺治七）年刊金石录三十卷 宋赵明诚撰 ⑱史1426

南丰**谢本量** 一七五一（乾隆十六）年自刊退庵诗钞一卷酒囊闽游草一卷续草一卷 清谢本量撰 ㉑272

崇仁**谢兰生** 一八四六（道光二十六）年刊龟巢藁十卷补遗一卷 元谢应芳撰 ①465

谢芝田 一八二四（道光四）年刊习是编 清屈成霖撰 ㉙3037

谢廷聘 一六七七（康熙十六）年刊江北七子诗选七卷 清程封李以笃辑 ⑱集1748

崇仁**谢希昉** 一八六八（同治七）年刊类证治裁八卷 清林佩琴撰 ㉚347

种香山人**谢希祯** 一八六〇（咸丰十）年自刊梦草亭医书三种 清谢希祯编 ㉚749

苏州**谢希曾** 刊二十二史言行略四十二卷 清过元畋撰 ㉙1043

谢启昆 一七九七（嘉庆二）年刊钦定胜朝殉节诸臣录十二卷首一卷 清傅以礼批校 ⑱史444

南丰**谢鸣盛** 一七八七（乾隆五十二）年自刊范金诗话二卷 清谢鸣盛撰 ㉑273

谢鸣銮 一七八六（乾隆五十一）年续刊雪庄文集六卷续编四卷 清邓作梅撰 ⑱集1220

南丰**谢昌贤** 一八五〇（道光三十）年刊谢程山全书五十五卷附三卷 清谢文洊撰 ㉑274

潞河**谢金声** 一八四六（道光二十六）年刊春脚集四卷 清孟文瑞编 ㉚262

谢钟和 一六六七（康熙六）年刊东山志十九卷 明谢敏行撰 ①5969

谢绍佐 一八九九（光绪二十五）年刊鹤峰州志续修十四卷首一卷 清长庚厉祥官修陈鸿渐纂 ⑲631

珍溪**谢庭绶** 一八四五（道光二十五）年刊宁都三魏全集 清林时益辑 ⑯830.7/801

谢 斋 刊午梦堂八卷 明叶绍袁辑 ⑱集1848

吴县**谢家树** 一八七七（光绪三）年刊程竹溪先生（程仁恩）年谱不分卷 清严宝枝撰 ㉙1420

谢家福 一八九三（光绪十九）年刊食古斋文录一卷诗录四卷诗馀一卷 清柳以蕃撰 ㉙2687

宜黄**谢章华** 一八五一（咸丰元）年自刊纫秋山馆偶存四卷 清谢章华撰 ㉑281

谢敦源 一七七〇（乾隆三十五）年刊抱膝居存稿二卷 明谢与思撰 ⑱集762

谢 墉 一七八六（乾隆五十一）年刊荀子注二十卷 唐杨倞撰清谢墉辑补 校勘补遗一卷
清谢墉撰 ①6218

谢 镛 一八九二（光绪十八）年刊谢程山全书 清谢文存撰 ⑤

谢 璟 一九一〇（宣统二）年刊东山志十卷 清谢起龙撰 嘉兴图书馆

谢 爔 一八九九（光绪二十五）年刊费县志十六卷图一卷 清李敬纂修 ⑲287

新建**谢氏** 一七五七（乾隆二十二）年刊谢文庄公文集六卷 明谢一夔撰 ㉑202

南丰**谢氏** 一七八九（乾隆二十九）年家刊程山三世诗四卷 清谢文洊等撰 ㉑272

宜黄**谢氏** 一八四四（道光二十四）年刊约书十二卷 清谢阶树撰 ㉑281

连平**谢氏** 一八四六（道光二十六）年刊仙传痘疹奇书三卷 明高我冈撰高尧臣编 ㉚500

荣邑**谢氏** 一八五七（咸丰七）年刊痢疾论四卷 清孔毓礼编 ㉚395

弋阳**谢氏** 一八六〇（咸丰十）年家刊谢叠山先生文集五卷外集四卷首一卷
诗传注疏三卷 宋谢枋得撰 ㉑232

崇仁**谢氏** 一八六一（咸丰十一）年刊吴康斋先生集十二卷首一卷 明吴与弼撰 ㉑286

崇仁**谢氏** 一八六一（咸丰十一）年刊验方新编十六卷 清鲍云韶编 ㉚262

南城**谢氏** 一八七四（同治十三）年刊游麻姑山歌一卷 清谢甘澍撰 ㉑279

弋阳横溪**谢氏** 一九〇〇（光绪二十六）年刊谢叠山先生文集五卷外集四卷首一卷
诗传注疏三卷 宋谢枋得撰 ㉑232

桃隖**谢氏** 刊良方集腋二卷续附一卷 清谢元庆编 ㉚260

裕　瑞 一八〇二—一八一二（嘉庆七—十七）年自刊思元斋全集七卷 清裕瑞撰 ⑱集1281

强兆统 一六八六（康熙二十五）年增刊电白县志八卷 清郭指南纂修 ⑲707

强望泰 一八六二（同治元）年刊强忠烈公遗墨题辞四卷 清黄邦彦编 ⑰13786

缉溪老渔 一八九四（光绪二十）年刊倪涵初疟痢三方 清倪涵初撰 ㉚395

十三画

瑞　联 一八八七（光绪十三）年自刊宗室贡举备考不分卷 清瑞联辑 ⑯323.35/122

赖亨侯 一七五四（乾隆十九）年刊雪峰志十卷 明徐㶿纂 ⑪236/2894

吉安**赖良鸣** 一六六二—一七二二（康熙）年自刊吉州人文记略二十六卷 清赖良鸣撰 ㉑288

会昌**赖氏** 一七一七（康熙五十六）年家刊友声集文集二卷诗集五卷 清赖鲲升撰 ㉑301

赖　氏 一八六二—一八七四（同治）年在湖州刊说文部首韵语一卷释一卷 清黄寿凤撰 ㉙1240

靳治荆 一六八八（康熙二十七）年刊南雷文定十一卷后集四卷 清黄宗羲撰 附录一卷 ⑱集924

靳治豫 一七二三—一七三五（雍正）年刊靳文襄公奏疏八卷 清靳辅撰 ⑱史387

川北蓬溪羽人**彭教谦** 一七九一（乾隆五十六）年刊温疫论二卷 明吴有性撰 ㉚384

蒸　阳 一九〇〇（光绪二十六）年刊王湘绮先生文集八卷 王闿运撰 ③文291.54/33.2

楚士元 一七五六（乾隆二十一）年刊雍正长宁县志十卷 清李绍膺修吴觐光纂存处

楚兴国李炜 一八四八（道光二十八）年刊牧令书二十三卷保甲书四卷 清徐栋辑 ⑯323.42/947－8

雷　丰 一八八五（光绪十一）年校刊医法心传 清程芝田撰 ㉚669

雷以诚 一八五二（咸丰二）年刊【乾隆】盛京通志四十八卷首一卷 清宋筠等修魏枢等纂 ⑲128

通州**雷学淇** 一八二九（道光九）年刊古经服纬三卷 清雷鐏撰 ㉓44

雷　鋐 一七五三（乾隆十八）年刊杨园张先生年谱一卷 清姚夏撰 ⑱史510

雷　浚 一八八七（光绪十三）年自刊韵府钩沈五卷 清雷浚撰 ⑯424.5/334

雷鋐郑肇奎等 一七五二（乾隆十七）年刊刘蕺山先生遗集二十四卷 明刘宗周撰 年谱二卷 ⑱集795

吴县**雷氏** 一八八四（光绪十）年刊雷刻八种 清雷浚撰 ㉙1320

铅山雷氏 一八八六（光绪十二）年家刊可青山馆诗存二卷 清雷维翰撰 ㉑228

曌城裘孟居 一八四一（道光二十一）年刊外科证治全生集附金疮铁扇方 清王维德编 ㉚541

裘 奏 一七〇九（康熙四十八）年刊竹斋先生诗集四卷 宋裘万顷撰 ①1295

新建裘氏 一八〇二（嘉庆七）年家刊裘文达公文集六卷补遗一卷诗十八卷奏议一卷 清裘曰修撰 ㉑202

新建裘氏 一八七二（同治十一）年家刊裘文达公文集六卷续稿二卷
二集二卷三集一卷 清裘曰修撰 ㉑205

绍兴裘氏 一八八三（光绪九）年刊医方简易六卷 清王清源撰 ㉚231

金坛虞氏 一六九九（康熙三十八）年刊女科证治准绳五卷 明王肯堂编 ㉚431

释照晟 一七一四（康熙五十三）年刊懒庵毕奇居士别传录八卷 清毕奇撰 ⑱子981

锡 廉 一九〇二（光绪二十八）年自刊八旗爵秩俸禄考 清锡廉撰 ⑯323.43/936

鲍方槼 一八二五（道光五）年刊毛诗异义四卷诗谱一卷 清汪龙撰 ④补249

鲍以文 一七七九（乾隆四十四）年刊明刻本列女传十六卷 明汪□增辑仇英补图 ⑰K4708

鲍廷博郑竺 一七六〇—一七六一（乾隆二十五—二十六）年刊庚子销夏记八卷 清孙承泽撰 ⑱子390

鲍廷博 一七三六—一八二〇（乾隆嘉庆）年刊阙史二卷 唐高彦休撰 ⑱子736

鲍询等 一七三八（乾隆三）年刊东湖弄珠楼志六卷 清张云锦辑 ⑱史1048

鲍 珍 一七二三—一七九五（雍正—乾隆）年自刊道腴堂集十种六十五卷 清鲍珍撰 ①1139

鲍桂星 一七九六（嘉庆元）年刊紫石泉山房文集十二卷附录一卷 清吴定著 ②59809

歙县鲍崇城 一七九六—一八二〇（嘉庆）年刊太平御览一千卷总目一卷目录十五卷
宋李昉等撰 ③总110/514

歙县鲍康 一八七三（同治十二）年自刊观古阁丛刻十种 清鲍康撰 ⑥

鲍鼎铨 一六六八（康熙七）年自刊心远堂诗八卷 清鲍鼎铨撰 ①18122

长塘鲍氏 一七三六—一八五〇（乾隆—道光）年刊知不足斋丛书 清鲍廷博辑鲍志祖续辑 ⑤

常熟鲍氏 一八七五—一九〇八（光绪）年刊后知不足斋丛书 清包廷爵辑 ㉙3334

詹振甲 辑刊三生堂稿 ㉙1123

痴道人一八八〇（光绪六）年刊疔毒良方　㉚555

永丰阙氏一八七七（光绪三）年家刊阙素冈自如草十四卷　清阙逢撰　附双节吟一卷　㉑296

窦　纾一七四〇（乾隆五）年刊柘城窦氏乘十卷　清窦克勤纂修窦容邃续修　⑱史627

窦容庄窦容邃一七〇九（康熙四十八）年刊敬恕堂文集纪年十卷纪事略一卷　清耿介撰　⑱集981

福　申一八二六（道光六）年自刊清异编珠二卷　清福申撰　⑯423.9/104.4

福珠隆阿一八二五（道光五）年刊武备辑要续编十卷　清许乃钊编辑　②2567

福　增一八四五（道光二十五）年刊分水县志十卷首一卷末一卷　清王承楷福增修王椿煜纂　浙江省图书馆

十四画

榕西逸客一八〇一（嘉庆六）年自刊紫霞巾传奇二卷　题榕西逸客撰　①4157

蔡士英　清初刊重刊嘉祐集十五卷　宋苏洵撰　⑱集235

蔡方炳一六八八（康熙二十七）年刊晦庵先生朱文公全集一百卷续集五卷别集七卷宋朱熹撰　④15213

蔡似洵　清初刊刻黄石斋蒋八公两先生手批萤芝全集三十二卷　明张明弼撰　⑱集874

蔡名烜一七二四（雍正二）年刊梅里志四卷　清吴存礼撰　①2061

新建**蔡寿祺**一八七五—一九〇八（光绪）年刊豫章闺秀诗钞　㉑207

蔡希邠一八九三（光绪十九）年刊寓真轩诗钞十二卷　清蔡希邠撰　㉑206

蔡含灵一六六〇（顺治十七）年刊洨滨蔡先生文集十二卷　明蔡霦撰　⑱集675

蔡　灼一七四七（乾隆十二）年刊宋孙仲益内简尺牍十卷　宋孙觌著李祖尧编注　②12154

蔡尚才一七五一（乾隆十六）年刊蔡恭靖公遗稿十卷　明蔡国珍撰　⑱集713

蔡学苏一八六八（同治七）年刊蔡氏九儒书　明蔡有鹍辑　⑯088/558

蔡学苏一八八九（光绪十五）年刊郑大司农蔡中郎年谱合表　清林春溥撰　⑯982.99/254

蔡照初一八五四（咸丰四）年刊列仙酒牌一卷　清任熊绘　④10518

蔡毓荣一六七三（康熙十二）年刊大还阁琴谱六卷溪琴况一卷
万峰阁指法閟笺一卷　清徐上瀛撰　㉙1591

玉山蔡氏 一八一一（嘉庆十六）年家刊味蕉小寮集五种 清蔡世钞撰 ㉑226

盱南上塘蔡氏 一八七六（光绪二）年刊三馀书屋丛书八种 清蔡学苏辑 ⑰01295

九江蔡氏 一八八七（光绪十三）年家刊集陶诗三卷 清蔡泽宾撰 ㉑215

新建蔡氏 一八九一（光绪十七）年家刊支机石传奇 清蔡荣莲撰 ㉑206

新建蔡氏 一八九五（光绪二十一）年刊罗念庵先生文录补遗二卷 明罗钦顺撰 ㉑207

新建蔡氏 家刊耕雪诗钞初集一卷二集一卷 清蔡纭撰 ㉑208

臧祚巩 一七三六—一七九五（乾隆）年刊鸿雪斋诗钞一卷 清臧琮撰 ⑱集1100

臧　庸 一八〇五（嘉庆十）年自刊孝节录六卷 清臧庸辑 ①1610

裴正文 一八〇五（嘉庆十）年刊裴氏世谱十二卷 清翟凤翥纂修 ⑱史621

曲沃裴氏 一八五九（咸丰九）年刊瘟疫条辨摘要 清陈良佐等撰 ㉚389

蜩　寄 一六六八（康熙七）年刊尺牍新语广编十四卷 清汪淇笺评 ②42031

浙江台州黄邑管作鼎 一八七五—一九〇八（光绪）年刊沈氏麻科不分卷 清赵开泰辑 ⑥

瘳文英 一六六二—一七二二（康熙）年在连阳刊正字通十二卷首一卷 清张自烈廖文英同辑 ②32078

廖方达 一六八二（康熙二十）年刊怀麓堂全集一百卷 明李东阳撰 ⑱集588

廖寿丰 一九〇一（光绪二十七）年刊路史节读十卷 宋罗泌撰清廖文锦节订 ⑯921.5/482.670

奉新廖积性 一八四九（道光二十九）年刊脉经十卷 晋王熙撰 ㉚106

廖　理 一七三九（乾隆四）年自刊东山草堂集六卷 清潘安礼撰廖理注 ⑱集1163

廖腾煃 一七一一（康熙五十）年校刊盛京通志三十二卷 清董秉忠等修孙成等纂 ⑲128

吉水廖氏 一七五四（乾隆十九）年家刊寻乐斋集十四卷 清廖道稷撰 ㉑294

奉新廖氏 一八一五（嘉庆二十）年刊牧园诗钞八卷 清廖驹龙撰 ㉑242

奉新廖氏 一八二五（道光五）年重刊牧园文钞四卷 清廖驹龙撰 ㉑242

四川井研廖氏 一九〇六（光绪三十二）年在成都刊公羊春秋经传验推补证十一卷 廖平证 ⑥

谭钟麟 一八八〇（光绪六）年刊所安遗集一卷元陈泰撰 附录一卷 ①445

宜黄谭氏 一八一九（嘉庆二十四）年刊谭襄敏公遗集三卷首一卷末一卷 明谭纶撰 ㉑280

谭　氏 一七九六—一八二〇（嘉庆）年刊回生集正编二卷续集二卷 清陈杰编连自华批校 ㉚250

南丰**谭氏** 一八七四（同治十三）年刊知退斋诗四卷 清谭光祥撰 ㉑275

浙江仁和**谭氏** 一八八九（光绪十五）年刊半厂丛书十一种 清谭献辑 ⑥总四三 ⑲14

暨用其 一七五〇（乾隆十五）年刊新喻梁石门先生集十卷 元梁寅撰 卷首一卷 ①476

山东掖县**翟云升** 一八三八（道光十八）年自刊隶篇十五卷续十五卷再续十五卷 清翟云升纂 ⑥

翟　灏 一七五二（乾隆十七）年自刊无不宜斋未定稿四卷 清翟灏撰 ①4709

东莱**翟氏** 一八四八（道光二十八）年刊五经岁编斋校书三种 清翟云升撰 ⑰0874

熊人霖 一六四七（顺治四）年刊熊子四书绎十二卷 明熊人霖撰 ㉑208

熊文举 一六五五（顺治十二）年刊雪堂先生集选十四卷 清熊文举撰清钱谦益辑 ⑱集921

熊立品 一七七七（乾隆四十二）年自刊治疫全书六卷 清熊立品编 ㉚387

熊　光 一七八五（乾隆五十一）年补刊熊学士诗文集三卷 清熊伯龙撰 ⑱集977

熊仲龙 一六六四（康熙三）年刊用六集十二卷 清刁包撰 ⑱集913

宜丰**熊道南** 一八七三（同治十二）年自刊熊公轼年谱二卷 清熊道南辑 ㉑240

新建**熊氏** 一六四四—一六六一（顺治）年刊雪堂文集二十八卷 清熊文举撰 ㉑201

新建**熊氏** 一七二四（雍正二）年刊氏族笺释八卷 清熊峻运撰 ㉑201

安义**熊氏** 一七四八（乾隆十三）年家刊西山竹枝词一百首 清熊荣撰 ㉑208

进贤**熊氏** 一七五〇（乾隆十五）年家刊文直行书文十七卷诗十三卷 明熊壇石撰 ㉑208

西昌**熊氏** 一七七七（乾隆四十二）年刊瘟疫传症汇编二十卷 清熊立品编 ㉚387

高安**熊氏** 一七九六（嘉庆元）年家刊熊太史诗赋稿六卷 清熊定飞撰 ㉑246

安义**熊氏** 一八〇二（嘉庆七）年家刊谭诗管见一卷 清熊荣撰 ㉑208

潜山**熊氏** 一七九六—一八二〇（嘉庆）年刊藕颐类稿二十卷 清熊宝泰著 ②46769

缪日芑 一七一七（康熙五十六）年刊李太白文集三十卷 唐李白撰 ①8383

缪彤 周肇等 一六七九（康熙十八）年刊漂阳宋柴雪先生载石堂遗稿全集四卷 清宋之绳撰 ⑱集937

缪　彤　一六六二—一七二二（康熙）年刊缪西垣先生文集十一卷　明缪国维撰　附录一卷　⑱集 798

缪朝荃　一九〇六（光绪三十二）年刊小谟觞馆全集　清彭兆荪撰　㉙1739

四川成都**缪景宣**　一八二一—一八五〇（道光）年刊兼韵音义四卷　清殷秉镛撰　⑥

芜湖**缪氏**　一八六六（同治五）年刊庚癸元音二种　清缪阗撰　⑯781/760－6

江阴**缪氏**　一八九九（光绪二十五）年刊云自在龛丛书五集　清缪荃孙辑　⑰01153

江阴**缪氏**　一九一〇（宣统二）年刊藕香零拾　清缪荃孙辑　⑰01613

太仓**缪氏**　一九〇三（光绪二十九）年刊东仓书库丛刻初编　清缪朝荃辑　⑰01324

太仓**缪氏**　一九〇九（宣统元）年刊汇刻太仓旧志五种　⑪

十五画

释**慧明**　一七八〇（乾隆四十五）年刊泸州方山志二卷　清释慧安撰　⑥

嘿含春　一八〇〇（嘉庆五）年刊三异录八卷　题感春子辑　③文 623/8534

黎延祖　一六九四（康熙三十三）年刊番禺黎氏存诗汇选二十一卷　清陈恭尹辑　①1193

黎致远　一七二四（雍正二）年刊托素斋诗集四卷文集六卷　清黎士弘撰　行述一卷　清刘元慧撰　⑱集 987

贵川**黎培**　一八七八（光绪四）年刊经脉图考四卷　清陈惠畴撰　㉚141

黎庶昌　一八八四（光绪十）年刊琱玉集十五卷　⑱子 638

黎翼之　一六八六（康熙二十五）年刊重刻秫坡先生诗集四卷　明黎贞撰　首一卷　⑱集 544

临川**黎氏**　一八七九（光绪五）年家刊黑家轩遗稿二卷　清黎树培撰　㉑257

遵义**黎氏**　刊拙尊园丛稿六种　清黎庶昌撰　⑰01695

德　丰　一八二三（道光三）年补刊【乾隆】丰县志十六卷首一卷　清卢世昌纂修　⑲371

德　记　一八四七（道光二十七）年刊天花八阵编三卷　清王伯伟撰　㉚520

长白**德怀庭**　一八二七（道光七）年自刊外科集验简易良方四卷首一卷　清德怀庭辑　②46236

颜崇椝　一八〇二（嘉庆七）年刊颜鲁公文集十五卷补遗一卷　唐颜真卿撰年谱一卷　宋留元刚撰　⑱集 53

颜　敏　一六六五（康熙四）年刊三辅黄图六卷　⑱史 1050

摩索贡布　一七二一—一七三一（康熙六十—雍正九）年刊大藏经甘珠尔一百零八卷　清坎仁波钦·罗桑旦贝坚参整理　㉖177

潘文凤　一八七二（同治十一）年重校补刊南平县志二十八卷首三卷末一卷　清杨桂森修　应丹诏纂　福建省图书馆

潘文凤　一八七九（光绪五）年补刊【乾隆】兴化府莆田县志三十六卷首一卷　清汪大经　王恒等修廖必琦等纂　⑲530

潘文熙　一七五七（乾隆二十二）年刊潘中丞文集四卷　清潘宗洛撰　⑱集1070

潘仪凤　一八五四（咸丰四）年刊功甫小集十一卷　清潘曾沂撰　㉙1242

潘仪凤　一八六三（同治二）年刊潘文恭公自订年谱一卷　清潘世恩撰　㉙1145

潘永臣　一六六九（康熙八）年刊性命双修万神圭旨四卷　①4875

潘　耒　一六九三（康熙三十二）年刊松陵文献十五卷　清潘柽章撰　⑱史452

虞山**潘任**　一八九四（光绪二十）年自刊希郑堂丛书七种　潘任撰　⑥

潘　江　一六七八（康熙十七）年自刊龙眼凤雅六十四卷　清潘江辑　①1874

奉新**潘松**　一七六〇（乾隆二十五）年自刊问竹堂诗法十卷首一卷末一卷　清潘松撰　㉑242

湖城**潘尚文**　一七七八（乾隆四十三）年刊医学要则四卷　清沈懋官撰　㉚337

潘尚仁　一七二二（康熙六十一）年刊寒玉居集二卷碎金集二卷　清闵南仲撰潘尚仁辑　⑱集968

潘尚仁　一七二六（雍正四）年刊沧洲先生诗钞十卷补遗一卷　清陈鹏年撰　⑱集1072

奉新**潘松**　一七六〇（乾隆二十五）年自刊问竹堂诗法十卷首一卷末一卷　清潘松撰　㉑242

潘绍诠　一八九八（光绪二十四）年刊开化县志十四卷首一卷　清徐名立潘绍诠修潘树棠纂　⑲433

潘衍桐　一八九一（光绪十七）年自刊缉雅堂诗话二卷　清潘衍桐撰　⑯2875

吴县**潘祖荫**　一八八二（光绪八）年刊士礼居藏书题跋记六卷　清黄丕烈撰　③目17/864

潘砺襄　一八三九（道光十九）年刊【嘉庆】攸县志五十五卷　清万在衡等修陈之驎纂　⑲646

耀年**潘骏德**　一八八〇（光绪六）年刊啸亭杂录八卷续录二卷　清昭梿撰　⑱子676

武林**潘煦**　一八八一（光绪七）年刊医灯集焰二卷　清严燮撰　㉚349

潘遵祁 一八六八（同治七）年刊居易金针二卷 清潘奕隽撰 ㉙1017

潘遵祁 一八八〇（光绪六）年刊不远复斋遗书六种十七卷 清潘世璜撰辑 ㉙1117

吴县**潘霨** 一八九二（光绪十八）年刊校邠庐抗议二卷 清冯桂芬撰 ④560

南城**潘氏** 一八四〇（道光二十）年家刊东山草堂集九卷 清潘安礼撰 ㉑277

番禺**潘氏** 一八二一—一八六一（道光至咸丰）年刊海山仙馆丛书 清潘仕成辑 ㉚787

吴门**潘氏** 一八五四（咸丰四）年刊伤寒寻源三集 清吕震名撰 ㉚79

山阳**潘氏** 一八七二（同治十一）年刊养一斋集二十六卷札记九卷 清潘德舆撰 ⑯847.5/754

长洲**潘氏** 一八八四（光绪十）年刊香禅精舍集 清潘锺瑞撰 ⑰01362

吴县**潘氏** 一八七五—一九〇八（光绪）年刊功顺堂丛书 清潘祖荫辑 ⑰01311

潘 氏 一八四九（道光二十九）年刊傅青主女科二卷附产后编二卷 清傅山撰 ㉚433

额伦特 一七一六（康熙五十五）年刊丰川全集正编二十五卷外编三卷续编二十二卷 清王心敬撰 ⑱集1135

十六画

四川江津**薛汝祯** 一八七六（光绪二）年刊临文便览 清张仰山编 ⑥

薛所蕴 一六五九（顺治十六）年自刊澹友轩文集十六卷 清薛所蕴撰 ⑱集910

薛敦俭 一七三三（雍正十一）年刊文清公薛先生文集二十四卷 明薛瑄撰张鼎编校 ③文273.64/183

浙江嘉兴**薛锦昌** 一八七九（光绪五）年刊良方集腋二卷续附一卷 清谢元庆编 ㉚260

薛 熙 一六八二（康熙二十一）年刊含星集四卷 清王誉昌撰 ⑱集1014

薛 氏 一七一三（康熙五十二）年刊薛文清公年谱一卷 明杨鹤杨嗣昌撰 ⑱史505

无锡**薛氏** 一八八九（光绪十五）年刊天一阁见存书目四卷首一卷末一卷 清薛福成编 ⑯7992

南昌**燕氏** 一八六一（咸丰十一）年家刊心得琐言三卷 清燕毅撰 ㉑199

霍有光**霍世光** 一七六八（乾隆三十三）年刊霍勉斋集二十二卷 明霍与瑕撰 ⑱集715

镜雪子 一八八六（光绪十二）年刊急救应验良方 ㉚273

穆礼贤 一七三六—一七九五（乾隆）年刊帘钩倡和诗不分卷 清吴锡麟等撰 ①1731

穆瑞钊 一八五一—一八六一（咸丰）年刊增广大生要旨五卷 清唐千顷撰叶灏增订 ㉚459

衡 龄 一八一一（嘉庆十六）年刊【雍正】山西通志二百三十卷 清觉罗石麟修储大文纂 ⑲81

十七画

鞠履厚 一七三六—一七九五（乾隆）年校刊徐迪功集六卷谈艺录一卷 明徐祯卿撰 ㉙321

戴子来 一六五九（顺治十六）年刊中州诗选一卷 明程嘉燧辑 ⑱集1694

赣县**戴云官** 一八二三（道光三）年自刊培花小园诗钞十三卷 清戴云官撰 ㉑300

戴有光等 一七三六—一七九五（乾隆）年刊寤砚斋集二卷 清戴晟撰 ⑱集1115

戴全德 一七九八（嘉庆三）年自刊浔阳诗稿一卷词稿一卷辋川乐事一卷新调思春一卷 清戴全德撰 ⑱集1246

戴许光 一六九四（康熙三十三）年刊文章轨范七卷 宋谢枋得辑 ⑱集1611

戴 俊 一七三一（雍正九）年刊养馀月令三十卷 明戴羲辑 ⑱史718

戴 锐 一八四八（道光二十八）年刊诒晋斋集八卷后集一卷随笔一卷 清永瑆撰 ⑯847.4/651

戴 氏 一六八〇（康熙十九）年刊滇考二卷 清冯甦撰 ㉝113

丹徒**戴氏** 一八六七（同治六）年刊学仕录十六卷 清戴肇辰辑 ⑰11897

吴郡**魏玉麟** 一七八二（乾隆四十七）年刊明堂图四幅 元滑寿撰明吴昆校 ㉚139

济阳县知县**魏礼灼** 一七九三（乾隆五十八）年刊钦定康济录十四卷 ⑦10628

邵陵**魏光焘** 一八八三（光绪九）年在甘肃刊杨忠愍公集四卷 明杨继盛撰 ⑰426-556

魏 坤 一六九五（康熙三十四）年自刊倚晴阁诗钞七卷 清魏坤辑 ①10963

魏茂颖 一七四一（乾隆六）年刊竹窗杂咏四卷 清魏德求撰 ⑱集1149

嵊县**魏其臣** 一八九五（光绪二十一）年刊外科医镜 清张正撰 ㉚555

柏乡**魏念庭** 一七二三（雍正元）年刊梅勿庵历算全书二十九种 清梅文鼎撰魏荔彤编 ⑥

蔚州**魏学诚** 一七〇八（康熙四十七）年刊寒松堂庸言一卷 清魏象枢撰 ㉓59

魏学渠 一六七二（康熙十一）年刊楚辞笺注四卷 明李陈玉撰 ⑱集11

魏荔彤 一六六二—一七三五（康熙—雍正）年自刊怀舫集四十一卷 清魏荔彤撰 ①1840

魏象枢 一六四八（顺治五）年刊瓠园诗集十一卷 清岳映斗撰 ⑱集945

魏瑞昌 一七一五（康熙五十四）年刊新刻摄生总论十二卷 明张时御编 ㉚220

魏锡祚 一七一九（康熙五十八）年刊【崇祯】泰州志十卷图一卷 明李自滋修刘万春纂 ⑲356

柏乡**魏裔介** 一六八一（康熙二十）年自刊希贤录十卷 清魏裔介撰 ㉓82

魏裔鲁等 一六四四—一六六一（顺治）年刊史綮不分卷 清魏柏祥撰 ⑱史1527

魏　煜 一八一〇（嘉庆十六）年刊寒松老人年谱不分卷 清魏象枢口授魏学诚等编 ⑯982.972/807

魏　勷等 一七〇〇（康熙三十九）年刊兼济堂诗集八卷文集二十四卷 清魏裔介撰 ⑱集9

宁都**魏氏** 一八七六（光绪二）年刊易义选参二卷 清魏禧等撰 ⑯092.27/804

钱塘**魏氏** 一八八六（光绪十二）年刊崔公入药镜注解 题混然子注 ㉚614

广昌**魏氏** 家刊焚馀草十二卷 清魏应桂撰 ㉑288

金陵**濮氏** 一八九七（光绪二十三）年刊雷公炮制药性解六卷 明李中梓编钱允治订补 ㉚167

十八画

山东**瞿云升** 一八二一—一八五〇（道光）年自刊五经岁编斋校书三种 清瞿云升编 ⑥

瞿青垂 一八〇二（嘉庆七）年序刻学古斋集四卷 明瞿俊撰 ㉙2748

瞿树镐 一八五九（咸丰九）年刊古泉山馆诗集八卷 清瞿中溶撰 ②36352

瞿树镐 一八七四（同治十三）年刊集古官印考十七卷集古虎符鱼符考一卷 清瞿中溶撰 ⑱史1500

瞿缉曾 一七六一（乾隆二十六）年增刊【雍正】江油县志二卷 清彭阯纂修 ⑲750

瞿銮等 一八四三（道光二十三）年刊外科选要六卷 清徐德銈辑 ㉙3246

第四章 活字与套版

一、活字

（一）木活字

甲、宋元木活字

范 择 南宋初印范祖禹帝学

马称德 一三二二（元至治二）年印大学衍义四十三卷 宋真德秀撰 ㉞387

王 祯 一二九七—一三〇七（元大德）年在安徽印【大德】旌德县志 元王祯纂修 ㊱675

管主八 一二九七—一三〇七（元大德）年印华严经 ㊱674

维吾尔文木活字 一三〇〇（元大德四）年曾印书 ⑦敦煌

乙、明代木活字

董传教三馀斋 一五七四（万历二）年印诗史十卷 明董传性辑 ⑱集1585

云南布政使司 一五七一（隆庆五）年印黔南类编八卷附公文批详二卷 明陈善撰 ㊱681

五川精舍 印王岐公宫词一卷 宋王珪撰 ⑱集207

东湖书院 印续古文会编五卷 明钱璠辑 ⑱集1616

包大炯 一五七三（万历元）年印越吟 明包大炯撰 ㊱680

包大炯 一五六七—一五七二（隆庆）年印东阳庐氏家乘 ㊱680

毕 氏 印随州集 ㊱681

福建**朱仁儆** 一五七六（万历四）年印新刻史纲历代君断六卷 明李备撰 ㊱681

朱应登 一五一〇（正德五）年印鲍参军集 ㊱681

任 镗 一五七一（隆庆五）年印黔南类编八卷 明陈善撰 ①557

润州问经堂 印包孝肃公奏议十卷序目一卷 宋包拯撰 ⑳87

顾氏芸阁 一五七三（万历元）年印松筹堂集十二卷 明杨循吉撰 ⑱集602

李　登 一五九七（万历二十五）年印冶城真寓存稿八卷 明李登撰 ㊱680

吴郡**严氏** 一五七五（万历三）年刊春秋国华 明严讷撰 ㊱680

昆山**吴大有** 印小字录不分卷 宋陈思撰 ⑳87

何玄之 一五七〇（隆庆四）年印海叟集四卷 明袁凯撰 ⑱集549

张佳胤 万历初印东巡杂咏 明张佳胤撰 ㊱680

张　溥 印百三家集 ⑳87

陈　沐 一五二一（正德十六）年印对床夜话 ㊱681

福州**林氏** 一六二七（天启七）年印福建鹾政全书 ㊱681

茅元仪 一六二一（天启元）年印武备志二百四十卷 ㊱680

念初堂 印函史下编二十一卷 明邓元锡撰 ⑱史31

建宁府 印史记 汉司马迁撰 ㊱680

胡　旻 一五一八（正德十三）年印庄子鬳斋口义 ㊱680

虞山**荣荆堂** 一五六九（隆庆三）年印慈黄氏日钞三十一卷 ㊱680

常熟**赵用贤** 印十子书 ⑳87

太仓**赵枢生** 印含玄先生集 ⑳87

赵颐光 一五九四（万历二十二）年印含玄斋遗编四卷别编四卷 明赵枢生撰 附录一卷 ⑱集749

种松书屋 印蒙求集注 ㊱681

夏　氏 印使琉球录 明夏子阳王士贞编 ㊱681

倪　灿 一五七三（万历元）年印太平御览一千卷 ⑥

嘉定**徐兆稷** 一五七三—一六二〇（万历）年印世庙识馀录二十六卷 明徐学谟撰 ㊱413

益　藩 一五七四（万历二）年印辨惑编四卷附录一卷 元谢应芳撰 续篇七卷附一卷 明顾亮撰 ㉑38

桑大协一五七四（万历二）年印思玄集十六卷 明桑悦撰　①1431

黄美中一五六九（隆庆三）年印风洲笔记二十四卷 明王世贞撰　①2989

崧　斋一五八六（万历十四）年印唐诗类苑一百卷 明卓明卿辑　①5778

长洲**韩氏**一五六九（隆庆三）年印曹子建集　㊱680

蜀　府一五四一（嘉靖二十）年印栾城集五十卷后集二十四卷三集十卷 宋苏辙撰　⑩

福建书坊**詹佛美**印招摇池馆集十卷 明詹莱撰　⑱集701

碧云馆一四八八—一五〇五（弘治）年印鹖冠子三卷宋陆佃注　⑱子494

薛　已一五二八（嘉靖七）年印立斋外科发挥　㊱681

云间**潘恩**印玄览堂诗钞四卷　⑳87

丙、清代木活字

一至三画

旌德姚氏**一经庐**一八二一—一八五〇（道光）年印一经庐丛书五种二十三卷 清姚配中撰　⑱丛685

一得斋一八九八（光绪二十四）年印普济良方八卷 清钱康荣编　㉚278

丁祖荫一八九八（光绪二十四）年印【乾隆】常昭合志十二卷首一卷 清王锦杨继熊修言如泗等纂　⑲328

七录斋一七九三（乾隆五十八）年印茶馀客话十二卷 清阮葵生撰戴璐辑　⑱子596

江西**三槐堂**一七九九（嘉庆四）年印新吴王氏宗谱二卷 清王斐文等纂修　㉑242

江西**三槐堂**一八四一（道光二十一）年印新吴王氏宗谱二卷 清王宇锦等纂修　㉑243

江西**三槐堂**一八七六（光绪二）年印小库村王氏族谱　㉑212

江西**三槐堂**一九一一（宣统三）年印新吴王氏宗谱四卷 清王文耀等纂修　㉑245

桐城**大有堂书局**印刘海峰文集　⑥

上高县一八二七（道光七）年印重修上高县志十二卷首一卷末一卷 清林元英纂修　⑲496

上海办理商约行辕一九〇一（光绪二十七）年印庚子海外纪事四卷 清吕海寰撰　⑯922.7805/450

广济县一八七二（同治十一）年印广济县志十六卷首一卷 清刘宗元朱荣实修　⑲617

常熟曾氏义庄 一八九四（光绪二十）年印习是堂文集二卷附自序年谱 清曾倬著 ②48413

朱氏**小云谷** 一八一二（嘉庆十七）年印名帖纪闻一卷 清朱照廉撰 ⑱子417

巴州习艺所 一九〇九—一九一一（宣统）年印巴州已酉学务报告书 ⑰12238

四 画

贵溪姚氏**丰园书屋** 印所性轩遗稿 清姚步瀛撰 ⑪NC5531/4123

王芝林 一八四一（道光二十一）年印重刻天游集十卷 明王达撰 ④2247

王念祖 一八九六（光绪二十二）年印锡金识小录十二卷 清黄卬纂 ⑲336

王崧辰 一八八〇（光绪六）年印【嘉庆】馀杭县志四十卷 清张吉安修朱文藻纂 ⑲381

王魏胜 一八三八（道光十八）年印【万历】仙居县志十二卷 明顾震宇等纂修 ⑲424

弢园**王氏** 一八八五（光绪十一）年印珊瑚舌雕谈初笔八卷 清许起撰 ④4768

江西**天水堂** 一八六二（同治二）年印严氏族谱八卷首一卷 清严禅科纂修 ㉑236

江西**天水堂** 一九〇六（光绪三十二）年印严氏主牌谱二卷 清严奕佑纂修 ㉑238

天柱县 一九〇三（光绪二十九）年印天柱县志八卷首一卷 清林佩纶等修杨树琪等纂 ⑲814

天南遁窟 一八七八（光绪四）年印重订西青散记八卷附西青文略 清史震林著 ②11398

会稽董氏**云瑞楼** 一八八七（光绪十三）年印琳琅秘室丛书 清胡珽辑董金鉴校 ⑤

无锡**艺文斋** 一八〇七（嘉庆十二）年印己未词科录十二卷首一卷 ⑰56－47543

无锡**艺文斋** 一九〇六（光绪三十二）年印锡金乡土地理二卷 清侯鸿鉴编 ⑲337

桂嵩庆**木樨山房** 一八六七（同治六）年印棠阴比事一卷 宋桂万荣撰 ⑱子144

五叶堂 一八七八（光绪四）年印大讹三修宗谱十五卷首一卷 清释碧昙等纂修 ⑰02831

桐城姚**五桂堂** 一八九五（光绪二十一）年印太白剑二卷 清姚康撰 ③史900/815

太平可园林氏 一九〇六（光绪三十二）年印九老诗存一卷文存附录一卷诗文存补遗一卷 清林丙恭辑 ②21471

太平府 一九〇三（光绪二十九）年印【康熙】太平府志四十卷 清黄桂修郝煌等纂 ⑲463

友顺堂 印后乐集二十卷 宋卫泾撰 ⑪NC5366/2231.1

善化刘氏**中山堂** 一九〇四（光绪三十）年印田坪刘氏族谱十九卷首五卷 清刘以兰等修 ⑰13397

江阴**中西实学书馆** 一九〇三（光绪二十九）年印增注东洋诗史三卷 题濯足扶桑客撰 ⑯931.1/724

内　府 一八〇九（嘉庆十四）年印畿辅安澜志五十六卷 清王履泰纂 ⑰K14751

长宁县 一九〇一（光绪二十七）年刊长宁县志十六卷首一卷 清徐清来修刘凤翥等纂 ⑲512

长发堂 一八六八（同治七）年印毛氏宗谱七卷 清毛荣文等修 ②14788

长发堂 一八九一（光绪十七）年印毛氏宗谱七卷 清毛大昌等修 ②14788

孟氏**仁义堂** 一八二八（道光八）年印孟氏族谱 清孟禄赐等修 ⑰6699

仁寿堂 一八一八（嘉庆二十三）年印兴兰谱略一卷 清张光照纂 ⑪NC8140/139

公慎堂 一七三六—一七九五（乾隆）年刊题奏事件不分卷 ⑱史351

凤台县 一八九二（光绪十八）年印凤台县志二十五卷首一卷 清李师沆石成之修周尔仪等纂 ⑲456

凤阳府 一九〇八（光绪三十四）年印凤阳府志二十一卷 清冯煦修魏家骅等纂张德霈续纂 ⑲460

江西**凤来堂** 一八七七（光绪三）年印万载北门巢氏族谱十卷首一卷末一卷 清巢员琇纂修 ㉑237

四明**文则楼陈氏** 一八八五（光绪十一）年印诗诵五卷 清陈仅著 ②46090

无锡**文苑阁** 一九〇五（光绪三十一）年印苹香书屋全集 清邹文伯撰 ⑤

梁溪**文苑阁** 一九〇八（光绪三十四）年印锡金乡土地理二卷 清候鸿鉴编 ⑲337

江苏苏州**文学山房** 一八一六（嘉庆二十一）年印历代寿考名臣录不分卷 清洪梧等辑 ⑥

文学山房 一八二一—一八五〇（道光）年印铁函斋书跋四卷 清杨宾撰 ㉙761

苏州**文学山房** 一八六二—一八七四（同治）印书林杨觯二卷 清方东树撰 ⑥

苏州**文学山房** 一九一一（宣统三）年印国朝书画家笔录四卷 窦镇著 ②7349

江西**文保堂** 一八九七（光绪二十三）年印严溪周氏宗谱六卷 清周机等纂修 ㉑233

江西**文献堂** 一七四三（乾隆八）年印万载张氏六支谱八卷 清张子琼等纂修 ㉑234

上海**文富楼** 一八六九（同治八）年印江南北大营纪事本末二卷 ③史287.9/8846

心田局 一八六八（同治七）年印通山县志八卷首一卷 清罗登瀛胡昌铭修乐纯青等纂 ⑲618

汉南**允贞学社** 一八七五—一九〇八（光绪）年印宁羌州乡土志二卷 清陈芑芬修黎彩彰纂 ⑲200

以吾书院 一八八六（光绪十二）年印以吾书院志一卷 清汪敷德纂修 ㉑195

黄岩王氏**双砚斋** 一八六九（同治八）年印彤奁双璧 清王维翰辑 ⑥

京都书华阁 一八八七（光绪十三）年印国朝汉学师承记八卷国朝宋学渊源记二卷 清江藩撰 ⑯079.97/719－03

水利工程局 一八八九（光绪十五）年印续纂江苏水利全案正编四十卷首一卷附编十二卷 清李庆云等纂 ⑰11403

五　画

江西**玉成堂** 一九〇五（光绪三十一）年印谭溪邱氏族谱二十二卷末一卷 清邱韦昌等纂修 ㉑238

正谊山房 一九〇一（光绪二十七）年印桑梓见闻录三卷 清刘鉴撰 ⑧

甘自斋 一八三一（道光十一）年印信今录十卷 清曹镳纂， ⑲365

江苏**甘泉县** 一七四三（乾隆八）年印甘泉县志二十卷首一卷 清吴鹗峙等修厉鹗等纂 ⑲351

江苏**甘泉县** 一八八一（光绪七）年印增修甘泉县志二十四卷首一卷图一卷 清徐成敟等修陈浩恩等纂 ⑲352

金陵**甘氏谱局** 印时贤题咏卞氏牡丹诗一卷首一卷 ⑱集1763

世泽楼 一八八一（光绪七）年印教士迩言三卷 清胡培系著 ②57409

世瑞堂 一八七〇（同治九）年印锡金考乘十四卷首一卷 清周有壬纂 ⑲336

江西**世德堂** 一八五一—一八六一（咸丰）年印敖西李氏族谱 ㉑236

江西**世德堂** 一八六五（同治四）年印城南邓远斋公支谱四卷 清邓长龄等纂修 ㉑243

古槐山房 印荆驼逸史 题陈湖逸士辑 ⑯922.605/383

邵阳魏氏**古微堂** 一八四九（道光二十九）年印海国图志六十卷 清魏源撰 ⑯916/805－04

江西**本源堂** 印平原帅氏支谱四卷 清帅益诰等纂修 ㉑245

管氏**可寿斋** 一八八五（光绪十一）年印三借庐赘谭二卷 清邹弢撰 ⑰2392

石笥山房 一八三〇（道光十）年印春秋夏正二卷 清胡天游撰 ⑧

四川龙万育敷文阁 一八〇九（嘉庆十四）年印天下郡国利病书 清顾炎武撰 ⑥史130

京都龙威阁 一八七六（光绪四）年印小腆纪年附考二十卷 清徐鼒撰 ③史268/875.2

江西平原堂 一七三六—一七九五（乾隆）年印帅氏族谱不分卷 清奉新帅氏合族纂修 ㉑242

江西平原堂 一八七七（光绪三）年印万载大北门常氏族谱 清常德寿等纂修 ㉑237

东乡县 清末印东乡县乡土志不分卷 吴煇汉编 ⑲502

曹氏东善堂 一八九五（光绪二十一）年印铁庄文集八卷疏快轩诗二卷诗馀一卷 清陆楣撰 ⑯846.4/387

东善堂 一八九六（光绪二十二）年印王氏宗谱十四卷首一卷 清王礼陶等纂修 ②11417

汀州东壁轩活字印书局 印托素斋文集 黎士弘撰 ⑥

叶元垲 一八二四（道光四）年印苇间诗集五卷 清姜宸英撰唐执玉编 ⑯847.2/759

江阴叶氏 一八八三（光绪九）年印光绪杨舍堡城志稿十四卷首一卷 清叶长龄纂叶钟敏重辑 ⑲339

仙居县 一八九四（光绪二十）年印仙居志二十四卷首一卷 清王寿颐潘纪恩修王棻李仲昭纂 ⑲425

黄秩模仙屏书屋 一八四七（道光二十七）年印广卓异记二十卷 宋乐史撰 ⑱史406

白芙堂 一八六三（同治二）年印读易初稿八卷 清丁叙忠撰 ④412

白鹿书院 一七九五（乾隆六十）年印白鹿书院志十九卷 清毛德琦撰 ㉑190

白鹿山房 一八一二（嘉庆十七）年印中吴纪闻六卷 宋龚明之撰 ⑯927.21/301－659－02

白鹿山房 印纬略十二卷 宋高似孙著 ⑱子607

萍乡令贻堂 一九〇二（光绪十八）年印萍乡南门叶氏族谱八卷首一卷 清叶润芳等纂修 ㉑212

兰雪斋 一七九六—一八二〇（嘉庆）年印昙花一现集二卷 清胡璠兴撰辑 ④3511

都城琉璃厂半松居士 印明季南略十八卷明季北略二十四卷 清计六奇编 ⑯3753

毗陵汇珍楼 一八八一（光绪七）年印第一奇书野叟曝言二十卷首一卷 清夏敬渠撰 ⑫SX10.47－11/7.370

汉石楼主人 一九〇三（光绪二十九）年印慈溪黄氏日钞分类读史二卷 宋黄震撰 ⑥

周氏宁寿堂 一八七七（光绪三）年印越城周氏支谱不分卷 清周以均周锡嘉纂修 ⑱史598

永思堂 一七五八（乾隆二十三）年印重刻罗一峰先生文集十卷 明罗伦撰 ③

六画

耒阳县 一九〇六（光绪三十二）年印耒阳县乡土志二卷 清刘奎编 ⑲651

江西**西河堂** 一八八二（光绪八）年印万载兴仁林氏支谱 清林道衍等纂修 ㉑237

江西**百忍堂** 一八三八（道光十八）年印宜春东隅张氏族谱二卷首一卷 ㉑233

西溪草堂 一八九一（光绪十七）年印听雨小楼词稿二卷 清杨英灿撰 ④1292

江苏**存古学堂** 一九〇八（光绪三十四）年印经学文钞十五卷 清梁鼎芬曹元弼辑 ⑯2829

毗陵杨氏**迈园** 一八六五（同治四）年印产孕集二篇 清张曜孙著 ②60427

秀州王氏**百华万卷草堂** 一八三一（道光十一）年印五代会要三十卷 宋王溥撰 ②20901

扬州府学 一九〇三（光绪二十九）年印邗江钟毓不分卷 清詹坦撰 ⑯10056

至德堂 一八七二（同治十一）年印石塔吴氏宗谱六卷 清吴亨年等纂 ②115099

禹航**师俭堂** 一七九〇（乾隆五十五）年印重镌苏紫溪先生易经儿说八卷 明苏濬撰 ⑱经72

同文馆 一八八〇（光绪六）年印算学课艺四卷 清席淦贵荣编 ⑯510/665－02

江苏常州**曲水书局** 一八七三（同治十二）年印易经诠义十五卷 清汪绂撰 ⑰110－90

朱世翰 印云松巢诗集五卷 元朱希晦撰 ⑱集514

朱陶性 一八一〇（嘉庆十五）年印伤寒贯珠集八卷 清尤怡编注 ㉚53

湖南**伍氏** 一七三六—一七九五（乾隆）年印伍氏宗谱 清伍步月等修 ⑥史121

苏州**会文堂** 一七九六—一八二〇（嘉庆）年印伤寒论贯珠集八卷 清尤怡注 ⑥子101

会宗堂 一七三六—一七九五（乾隆）年印来氏家藏冠山逸韵五言五卷七言五卷补遗一卷 清来畹兰辑 ④3526

会宗堂 一九〇〇（光绪二十六）年印来氏家藏冠山逸韵续集十卷 清来鸿瑨辑 ④3526

多文堂 一八六九（同治八）年印保靖志稿辑要四卷 清罗经畲纂修 ⑲666

刘培芬 一八七一（同治十）年印钱神志七卷 清李世熊撰 ⑯993.65/287

江西**充裕堂** 一八二一（道光元）年印朱氏弋阳支谱一卷 清弋阳朱氏合族纂修 ㉑232

江西关西堂 一八四二（稿光二十二）年印宜春杨氏重修族谱不分卷 清杨如伯等纂修 ㉑233

江西书局 一八七五—一九〇八（光绪）年印毛诗补笔 清王闿运撰 ⑥

江西画局 一八六二—一八七四（同治）年聚珍版印浩然斋雅谈三卷 宋周密撰 ⑱集1881

江南制造局 一八九四（光绪二十）年印各国交涉公法论十六卷校勘记一卷清俞世爵笔述钱国祥校译 ㉙1407

江南高等学校 一九〇七（光绪三十三）年印孝经集注一卷 清潘任撰 ㉙3351

江夏堂 一九〇八（光绪三十四）年印六滩黄氏支谱十七卷 清黄明瓒修 ②11432

蒲圻周氏**汝南堂** 一八六七（同治六）年印周氏宗谱六卷 清周明阳等纂修 ⑰6703

江西**汝南堂** 一八三三（道光十三）年印袁都蓝祠主譜二卷 清蓝充苑等纂修 ㉑232

江西**汝南堂** 一八一一（嘉庆十六）年印万载东隅袁氏族谱二卷首一卷末一卷 清袁国奉纂修 ㉑235

江西**汝南堂** 一八六〇（咸丰十）年印万载东隅袁氏族谱二卷首一卷 清袁奠周纂修 ㉑236

寓江宁旌阳**汤炳南** 一八七四（同治十三）年印困学斋杂录 元鲜于枢撰 ⑥

守政书局 一九一〇（宣统二）年印鲁公文集十五卷 唐颜真卿撰 ⑰08549

安义县 一八七一（同治十）年印安义县志十六卷首一卷末一卷 清杜林修彭斗山熊宝善纂 ⑲498

安乐堂 一八六六（同治五）年印山阴天乐邵氏宗谱 清邵延春等撰 ②115410

梁氏**安定堂** 一八八九（光绪十五）年印梁氏族谱九卷首一卷 清梁昌复等纂修 ⑰13373

兴平县 一九〇七（光绪三十三）年印兴平县乡土志六卷 张元际编 ⑲165

兴国县 一八六二—一八七四（同治）年印潋水志林二十六卷 清张尚瑗纂修 ⑲511

福建宁化**阳维新** 一八七一（同治十）年印钱神志七卷 清李世熊撰 ⑥

阳湖学署 一八八七（光绪十三）年印尺云轩诗集四卷文集二卷续编一卷尺牍一卷 清朱实发撰 ⑥

七 画

寿　州 一八八九（光绪十五）年印寿州志三十六卷首一卷末一卷 清曾道唯等修葛荫南等纂 ⑲453

寿经堂 印陈同甫集三十卷 宋陈亮撰 ⑱集366

董占魁**克念堂** 一八二〇（嘉庆二十五）年印元懒翁诗集二卷元董寿民撰 ⑱集453

芸　阁 一六六二—一七二二（康熙）年印观复庵诗稿一卷 清金崇谦撰 ⑭

苏州书局 一八六九（同治八）年印儒林外史 ①

江西**孝义堂** 一八〇一（嘉庆六）年印万载锦衣坊陈氏族谱不分卷 清陈邦桥等纂修 ㉑234

孝感里（浙江萧山）一八一九（嘉庆二十四）年印孝感里志十二卷 清张廉纂 ⑲389

严钟瑞 一八八三（光绪九）年印严文靖公（严讷）年谱一卷 清严炳撰 ㉙2885

慈溪**严氏** 一八九三（光绪十九）年印陕卫治略十卷 清严作霖撰 ⑯982.878/428

两湖书院 印地球韵言四卷 清张士瀛撰 ⑯916/307-02

求无不获斋 一六六二—一七二二（康熙）年印台湾外记三十卷 清江日升撰 ⑰K15214

时还书屋 印海峰先生文十卷诗六卷 清刘大魁撰徐宗亮编 ⑯847.4/888-952

吴门节署 一八八〇（光绪六）年印沈文肃公政书七卷首一卷 清沈葆桢著 ②62741

盱眙**吴增仅** 一八九六（光绪二十二）年自印三国郡县表八卷 清吴增仅撰 ⑯926.23/435

璜川**吴氏** 一八一一（嘉庆十六）年印真意堂丛书三种十三卷 清吴志忠编 ⑱丛415

嘉善**吴氏** 一八八九（光绪十五）年印十三经旧学加商二卷 清吴修祜撰 ⑰00540

秀野轩 一八五〇（道光三十）年印南山全集十六卷 清戴名世撰 ⑯10663

信芳阁 印五代会要三十卷 宋王溥撰 ⑱史1119

余　振 一八〇五（嘉庆十）年印万一楼集五十六卷续集六卷外集十卷 明骆问礼撰 ⑱集720

庐江县 一八六八（同治七）年印【嘉庆】庐江县志十五卷首一卷 清魏绍源等修黄金台等纂 ⑲448

庐江县 一八八五（光绪十一）年印庐江县志十六卷首一卷 清卢钰俞燮奎纂 ⑲448

江西**庐江堂** 一八二一（道光元）年印万载何氏族谱八卷首一卷 清何廷夔等纂修 ㉑235

江西**庐江堂** 一八六七（同治六）年印万载何氏祠牌谱不分卷 清何钧纂辑 ㉑236

江西**庐江堂** 一九〇五（光绪三十一）年印万载何氏族谱 清何亦洪纂修 ㉑238

汪守成 一八二一—一八五〇（道光）年印一经庐丛书 清姚配中撰 ⑤

汪时涟 一八三二（道光十二）年在长汀印七经偶记 清汪德钺撰 ⑤

萍乡**沛国堂** 一八九四（光绪二十）年印萍北氏族族谱三卷 清朱照萱等纂修 ㉑212

会稽沈懋发 印广瘟疫论四卷 清戴天章撰 ㉚386

怀宁县 清末印怀宁县志五十卷 清马征麐等纂 ⑲449

怀远县 一八一九（嘉庆二十四）年印怀远县志二十八卷 清孙让修李兆洛纂 ⑲460

怀烟阁 一八七九（光绪五）年印吴越所见书画录六卷书画说铃一卷作伪日奇论一卷 清陆时化 ②11903

余姚宋氏 一八〇八（嘉庆十三）年庸庵集十四卷 元宋禧撰清傅增湘校并跋 ⑱集520

金绳武评花仙馆 一八五七（咸丰七）年印花草稡编二十四卷 明陈耀文辑 乐府指迷一卷 宋沈义父撰 ⑱集1999

张　滏 一七七五（乾隆四十）年印金陵琐事四卷 明周晖辑 ⑱史967

张藻文 一九〇一（光绪二十七）年印文贞公集十二卷年谱一卷 ⑰8921

昭文张氏 一八二七（道光七）年印爱日精庐藏书志三十六卷续志四卷 清张金吾编 ②6372

吴县灵芬阁徐氏 一八八七（光绪十三）年印爱日精庐藏书志三十六卷续志四卷 清张金吾编 ㉙3230

江西陇西堂 一八二七（道光七）年印万载李氏续修族谱二十一卷 清李呈芳等纂修 ㉑235

江西陇西堂 一八七九（光绪五）年印山村董氏续修族谱不分卷 ㉑237

陈希敬 一七四一（乾隆六）年印拙存堂文初集八卷 清蒋衡撰 ⑱集1132

陈　唐 一七二五（雍正三）年印后山居士诗集六卷逸诗五卷 宋陈师道撰 ⑱集268

昆山陈景川刻字局 一七九六—一八二〇（嘉庆）年印淞南志十四卷 陈元模辑 ⑲20

石埭陈氏 一九〇七（光绪三十二）年印敦复斋文集八卷 清陈世恩著 ②7153

八　画

青阳县 一八九一（光绪十七）年印青阳县志十二卷图一卷 清华椿等修周赟纂 ⑲476

青峰书屋 一七二二（康熙六十一）年印湘帆堂集二十六卷 清傅占衡撰 ⑱集919

邹氏青藜书屋 一七六〇（乾隆二十五）年印尤太史律诗四卷 清尤侗撰 ⑱集1035

奉化县 一八七五—一九〇八（光绪）年印【乾隆】奉化县志十四卷首一卷 清曹膏等修陈琦等纂 ⑲410

奉节县 一七四五（乾隆十）年印奉节县志四卷 清郑王选修王良弼杨崇纂 ⑲783

江西**奉思堂** 一八四三（道光二十三）年印清江东里黄氏族谱十四卷 清黄振载等纂修 ㉑248

武进县 一八八六（光绪十二）年印【道光】武进阳湖县合志三十六卷首一卷 清王德茂等修李兆洛等纂 ⑲346

武冈州 一九〇八（光绪三十四）年印武冈州乡土志 清张德昌编 ⑲659

武阳县 一八八八（光绪十四）年印武阳志馀十二卷首一卷 清庄毓鋐陆鼎翰纂修 ⑲346

武英殿 一七三六—一七九五（乾隆）年印武英殿聚珍版全书一百三十八种二千四百十六卷 ⑱丛390

武英殿 一七九六—一八二〇（嘉庆）年印钦定平苗纪略五十二卷首四卷 清鄂辉等撰 ⑱史198

武英殿 一七九六（嘉庆元）年印千叟宴诗三十四卷首二卷 清高宗弘历等撰 ⑱集1762

会稽**董氏取斯堂** 一八八八（光绪十四）年印宝纶堂集十卷拾遗一卷 清陈洪绶撰 ⑯847.1/383

董氏取斯家塾 一八八八（光绪十四）年印宝纶堂集 明陈洪绶撰 ④14296

会稽**董氏取斯家塾** 印蛮书十卷 唐樊绰撰 ⑰5846

英山县 一八七〇（同治九）年印重修英山县志十卷首一卷 清徐玉珂修王熙勋纂 ⑲617

江西**范阳堂** 一八二五（道光五）年印宜春集西卢氏族谱二卷 清卢丙章等纂修 ㉑232

江西**范阳堂** 一八六三（同治二）年印邹氏族谱十二卷首一卷 清邹光繁纂修 ㉑244

长沙**述古书局** 一八九九（光绪二十五）年印郑氏彤园医书 清郑玉坛撰 ⑤

述古堂 印二冯先生评阅才调集十卷 清冯舒冯班批阅 ㉙2867

杨州**述古斋** 一八八五（光绪十一）年印容甫先生遗诗五卷补遗一卷 清汪中撰 ⑰9119

萍乡**扳本堂** 一九〇八（光绪三十四）年印萍北石源李氏家谱九卷末一卷 清李炳荪等纂修 ㉑212

抱兰轩 一八〇三（嘉庆八）年印琅环集四卷琅环天文集四卷 清陈太初撰 ⑱子720

味尘轩 一八四九（道光二十九）年印建文年谱四卷附年谱后事 明赵士哲撰 ⑯18343

味菜庐 印读书后八卷 明王世贞撰 ⑯2621

易安书屋 一七九五（乾隆六十）年印竹素园诗选二卷 清许廷鑅撰 ㉙863

易安书屋 一七九六—一八二〇（嘉庆）年印甫里逸诗二卷甫里倡酬集一卷逸文一卷闻见集一卷诗文选一卷 清周秉鉴辑 ①667

江西**忠孝堂** 一九〇二（光绪二十八）年印袁郡学前林氏族谱十六卷首二卷 清林杏宴等纂修 ㉑233

江西忠武堂 一八八五（光绪十一）年印田背李氏族谱　清李舒菜纂修　㉑237

江西忠武堂 印西平李氏族谱　㉑238

义宁忠实堂 一八八一（光绪七）年印邱氏祠志不分卷　清邱必金等纂修　㉑222

和　州 一九〇一（光绪二十七）年印直隶和州志四十卷首一卷补遗一卷　清朱大绅修高照纂　⑲447

和林格尔厅 一八五二（咸丰二）年印和林格尔厅志四卷　清德龄纂修　⑲125

常熟制心猿室 一八九八（光绪二十四）年印古今经世策论举隅八卷首一卷末一卷　清邵恒照辑　㉙3349

征信局 一八九二（光绪十八）年印山右同官录不分卷　⑯323.402/583

金坛县 一八八五（光绪十一）年印金坛县志十六卷首一卷　清汪国凤等纂　⑲343

金吴澜 一八八七（光绪十三）年印武进李申耆先生年谱五卷武进李申耆先生小德录一卷　清蒋彤编　⑯5006

金国锡 一九〇五（光绪三十一）年印浦江县志十五卷首一卷　清善广修张景青纂　⑲431

金陵书局 一八六八（同治七）年印两汉刊误补遗十卷　宋吴仁杰撰　⑰05231

周　炳 一九〇三（光绪二十九）年印【康熙】太平府志四十卷　清黄桂修　⑲463

江西周瑶琳 一八九五（光绪二十一）年印万载龙氏族谱三十九卷首二卷末四卷　清龙友松等纂修　㉑237

周德堂 一九〇五（光绪三十一）年印王氏宗谱六卷　清王正常等编辑　㉑15272

於潜县 一八一二（嘉庆十七）年印於潜县志十六卷首一卷末一卷　清蒋光弼修张燮纂　⑲382

修水河南堂 一八七〇（同治九）年印邱氏重修族谱二十四卷　清邱西源纂修　㉑222

宝应县 一八五一（咸丰元）年印重修宝应县志辨一卷　清刘赞勋撰　⑲356

江西宝树堂 一七九六—一八二〇（嘉庆）年印万载潭溪谢氏族谱　㉑235

萍乡宝树堂 一八七二（同治十一）年印萍乡灌树下谢氏族谱四卷首一卷　清谢席轩等纂　㉑212

韩氏宝铁斋 一九〇二（光绪二十八）年印洽隐园文钞四卷　清韩是升著　②53956

宜兴县 一八六九（同治八）年印增修【嘉庆】宜兴县旧志十卷首一卷末一卷　清李先荣原本阮升基增修　⑲347

金陵宜春阁 一九〇一（光绪二十七）年印也依诗草十卷　清王庆善撰　③文289.4632/45

宜黄官廨 一八七三（同治十二）年印明通鉴九十卷首一卷目录二十卷前编四卷

附编六卷 清夏燮撰 ⑯922.602/348/1/03

朱诒谷堂诗书味长轩 一八九九（光绪二十五）年印官圩修防汇述初编四卷续编五卷三编六卷四编七卷述馀八卷补编一卷 ②30632

弢园 一八八五（光绪十一）年印珊瑚舌雕谈初笔八卷 清许起撰王韬校 ㉙1372

绍远堂 一八三五（道光十五）年印方元英先生诗集十二卷 唐方干撰 历朝名贤赠诗一卷 ⑱集160

绍香书屋 一八八八（光绪十四）年印纪瑞堂诗草一卷 清黄宗泽著 ②20682

经畬书塾 一八六九（同治八）年印砚北笔存 清丁宏海撰 ⑰8942

九 画

赵西文 一八八三（光绪九）年印云海诗集一卷 清赵廷珂撰 ㉙3006

江西**树德堂** 一八四七（道光二十七）年印城南邓氏四修族谱十卷首一卷 清邓钰等纂修 ㉑243

荆溪县 一八六九（同治八）年印【嘉庆】新修荆溪县志四卷首一卷 清唐仲冕修宁楷纂 ⑲347

江西**南阳堂** 一八〇一（嘉庆六）年印韩氏族谱 ㉑234

江西**南阳堂** 一八二五（道光五）年印邓氏家谱 清邓俊瑚等纂修 ㉑235

江西**南阳堂** 一八六八（同治七）年印袁郡韩祠主谱三卷 清韩文蔚等纂修 ㉑233

江西**南阳堂** 一八七六（光绪二）年印韩焕先祠主谱四卷 清韩毓淇等纂修 ㉑233

邓氏**南阳堂** 一九一〇（宣统二）年印邓氏族谱三十五卷首一卷末一卷 邓笃琴等修 ⑰3989

湖州汪亮采**南陔草堂** 一七二五（雍正三）年印唐眉山诗集十卷文集十四卷 宋唐庚撰 ①365

南陵县 一八九九（光绪二十五）年印南陵小志四卷首一卷 清宗能徵纂 ⑲468

荫爱堂 一八七四（同治十三）年印重修江家桥族谱十五卷首一卷末一卷 ㉑14976

带草堂郑氏 一八八九（光绪十五）年印良方辑要 清郑仙根编 ㉚276

江西**荣阳堂** 一八七一（同治十）年印万载湖源潘氏族谱三卷 清潘亮高等纂修 ㉑236

奎文斋 一八九〇（光绪十六）年印义宁州节孝录 胡济宽等编 ⑰13162

持敬堂 一八八四（光绪十）年印山阴安昌徐氏宗谱 清徐澍咸等撰 ③传75.36/89

临安县一八八五（光绪十一）年印【乾隆】临安县志四卷 清赵民洽修许琳纂 ⑲382

临安县一九一〇（宣统二）年印临安县志八卷首一卷末一卷 清彭循尧修董运昌等纂 ⑲382

临啸书屋 印能改斋漫录十八卷 宋吴曾撰 ①162

映南轩一七七二（乾隆三十七）年印明夏赤城先生文集二十三卷 明夏鍭撰 ⑱集606

品石山房一八三九（道光十九）年印崇正丛书十种十八卷 清叶腾骧编 ⑱丛450

冒溶一八五九（咸丰九）年印同人集十二卷 清冒襄辑 ⑱集1742

贵池县一八八三（光绪九）年印贵池县志四十四卷首一卷 清陆延龄修桂连衡等纂 ⑲475

江西**思孝堂**一八七九（光绪五）年印万邑钟祠牌谱不分卷 清钟华青等纂修 ㉑237

思补楼一八七四（同治十三）年印梧溪集七卷补遗一卷 元王逢撰 ①468

武进盛氏**思补楼**一八七六（光绪二）年印资治通鉴补二百九十四卷 明严衍撰 ⑯6115

思南府署一九〇八（光绪三十四）年印味蔬诗话四卷 清余云焕著 ②53907

福建**种德堂**一八五〇（道光三十）年印五经读本 ⑥

万载**种德堂**一七九七（嘉庆二）年印高村李氏谱（东房） 清李荣院等纂修 ㉑234

江西**笃庆祠**一八九八（光绪二十四）年印李氏族谱二十七卷 清万载陇西李培坤等纂修 ㉑238

江西**重林堂**一八七五（光绪元）年印宜春溪塘下易氏宗谱 ㉑233

秀水王氏**信芳阁**一八三〇（道光十）年印国初十大家诗钞 清王相辑 ⑰08081

萍乡**追述堂**一八七九（光绪五）年印萍乡曾氏祠册一卷 清曾元善等纂修 ㉑212

凤山**叙伦堂**一八五四（咸丰四）年印大塘明经胡氏已伯三派支谱八卷首二卷末一卷 清胡文暄等撰 ②114622

养真堂一八七一（同治十）年印孙武子十三篇注释六卷 明赵建郁解吴企健增订 ㉙11

洞梵阁一八四五（道光二十五）年印玉枢经𬤊二十四卷首一卷末一卷 清姚福庄注 ③宗520/865

阳湖蒋氏**洗心玩易之室**一八四二（道光二十二）年印丹棱文钞四卷 清蒋彤撰 ⑪NC5531.4/4472

甘煦**津逮楼**一八五〇（道光三十）年印帝里明代人文略二十二卷附后一卷 清路鸿休撰 ①671

宣城县一八八八（光绪十四）年印宣城县志四十卷首一卷 清李应泰等修章绶纂 ⑲466

江西祢祭堂 一九〇六（光绪三十二）年印高村李氏和房祠主册六卷 清李世缨等纂修 ㉑238

退思主人 一八七九（光绪五）年印忠烈侠义传一百二十回 清石玉昆撰 ⑯857.4/350

姚 灼 印太白剑二卷 明姚康撰 ⑱史1527

十 画

泾里徐氏耕学草堂 一八一二（嘉庆十七）年印人岳萃编四卷 清徐昭基纂 ⑪NC2259/2924

吴趋汪氏耕荫庄 一九一〇（宣统二）年印吴趋汪氏支谱十集二十一卷 清汪体椿等修 ⑰13424

慈水耕馀楼 一八八五（光绪十一）年印验方新编二十四卷 清鲍相璈编 ㉚263

桂阳县 一九〇八（光绪三十四）年印桂阳县乡土志 清胡祖复编 ⑲650

吴步瀛桂芬斋 一八三〇（道光十）年印瓻甀洞稿五十四卷目录二卷 明吴国伦著 ②28708

郴 州 一八九三（光绪十九）年印郴州总志四十三卷首一卷末一卷 清朱偓修陈照谋纂 ⑲648

耿鹤举 一七〇六（康熙四十五）年印世笃堂稿六卷 明耿如杞撰 外集一卷 风云亭稿二卷 明耿明撰 外集一卷 ⑱集815

江西晋阳堂 一八三六（道光十六）年印万载唐氏族谱七卷首一卷 清唐萁等纂修 ㉑235

江西晋阳堂 一八八三（光绪九）年印万载唐氏续修族谱十一卷首一卷 清唐景皋等纂修 ㉑237

顾师轼 一八七〇（同治九）年印即山文钞二卷诗钞一卷 明沈承撰 ㉙1588

六安晁氏 一八三一（道光十一）年印学海类编八百十四卷 清曹溶编陶樾增订 ⑱丛353

倚云吟馆 一八九八（光绪二十四）年印王氏医案四卷 清王旭高撰 ㉑0488

白门倦游阁 一八四六（道光二十六）年印安吴四种 清包世臣撰 ⑤

钱塘徐氏 印国史经籍志六卷 明焦竑辑 ㉑6037

海虞张氏爱日精庐 一八一九（嘉庆二十四）年印续资治通鉴长编五百二十卷 宋李焘撰 ⑪NC2465/4443

江西爱莲塾 一八九七（光绪二十三）年印万载黄茅周氏义门录一卷 清周金华辑 ㉑237

亳 州 一八九四（光绪二十）年印亳州志二十卷首一卷 清钟泰宗能徵纂修 ⑲455

资敬堂 一九〇五（光绪三十一）年印程氏支谱四卷 清程为烜等纂 ㉙1366

唐　济 一八九〇（光绪十六）年印遂安县志十卷首一卷 清邹锡畴修方引彦等纂 ⑲386

湖南衡阳**唐氏宗祠** 一八六二—一八七四（同治）年印衡山治平唐氏五修族谱 清唐清思编 ⑥史117

无锡**唐氏** 一九〇八（光绪三十四）年印筹办秦湘淮义赈征信录二卷 唐锡晋辑 ⑰11639

奉化赵氏**剡曲草堂** 一九〇二（光绪二十八）年印剡源乡志二十四卷首一卷 清赵霈涛纂 ⑲410

长州黄氏**流芳阁** 一八八八（光绪十四）年印璞斋集五卷 清诸可宝著 ②36900

悦止斋 一八八八（光绪十四）年印小鸥波馆画识三卷画寄一卷 清潘曾莹撰 ㉙1296

万载县**宾兴堂** 一八八一（光绪七）年印万载宾兴堂册二卷 清郭赓平等纂修 ㉑165

上高县**宾兴堂** 一八九七（光绪十三）年印上高宾兴堂志四卷 清江召棠纂修 ㉑166

江西**课最堂** 一八三九（道光十九）年印黄氏祠谱不分卷 清黄宏标等纂修 ㉑235

江西**课最堂** 一八八三（光绪九）年印万载黄氏重修祠谱不分卷 清黄文凤等纂修 ㉑237

通山县 一八九七（光绪二十三）年印通山县志三卷 清乐振玉纂 ⑲618

通城县 一八六七（同治六）年印通城县志二十四卷首一卷补遗一卷 清郑炎修胡洪鼎等纂 ⑲619

十一画

陈氏**培远堂** 印天章汇录不分卷 清陈弘谋辑 ④9543

培槐堂 一八六六（同治五）年印王氏宗谱二十卷 清王樾等纂修 ②114287

教忠堂 一七八四（乾隆四十九）年印史忠正公集四卷 明史可法撰 首一卷末一卷 ⑱集866

程伟元**萃文书屋** 一七九二（乾隆五十七）年印红楼梦一百二十回 清曹霑高鹗撰 ⑱子775

江西**黄秩模** 一八二一—一八六一（道光咸丰）年印逊敏堂丛书 清黄秩模辑 ㉑281

定海**黄氏** 一八四四（道光二十四）年印论语后案二十卷 清黄式三撰 ⑯097.327/164

宜黄**黄氏** 一八四八（道光二十八）年印逊敏堂丛书 清黄秩模辑 ⑰0148

晋江**龚氏** 一八七四（同治十三）年活字印籀经堂集十四卷补遗二卷 清陈庆镛撰 ⑱集1292

基福堂 一八三六（道光十六）年印冯旭林先生年谱一卷行述一卷 清王心照编 ②13876

北京**救世堂** 一九〇五（光绪三十一）年印燕京开教略三卷 清樊国梁编辑 ⑯249.2/284

常州府 一八八六（光绪十二）年印【康熙】常州府志三十八卷首一卷 清王琷修 ⑲345

常昭排印局 印通鉴论 ⑥

常熟县 一八九八（光绪二十四）年印琴川三志补记十卷续八卷 清黄廷鉴纂 ⑲328

常熟县 一九〇四（光绪三十）年印常昭合志稿四十八卷首一卷末一卷 清郑钟等修庞鸿文等纂 ⑲329

江西**崇本堂** 一九〇五（光绪三十一）年印新喻马坡钱氏重修族谱四卷首一卷 清钱国瑞等纂修 ㉑24

崇阳县 一八六六（同治五）年印崇阳县志十二卷首一卷 清高佐廷修傅燮鼎纂 ⑲620

谢衮**康乐官署** 一七八三（乾隆四十八）年印绍兴十八年戊辰科题名录一卷附录一卷 ⑱史637

鹿溪书屋 一九〇四（光绪三十）年印虞邑赋二卷 题鹿花溪主人撰 ④3516

顺德张氏**清芬阁** 一八二七（道光七）年印一统志案说十六卷 清顾炎武原辑徐乾学纂 ⑰12857

江西**清河堂** 一八六九（同治八）年印万载云峰张氏族谱十卷首一卷末一卷 清张士幹等纂修 ㉑236

江西**清河堂** 一九〇九（宣统元）年印万载云峰张氏族谱十三卷首一卷末一卷 清张逢都等纂修 ㉑238

清泉县劝学所 一九〇九（宣统元）年印光绪清泉县乡土志二卷 清廖世英鲁藩等修谢价人杨维岳纂 ⑲653

清流县 一八二九（道光九）年印清流县志十卷 清乔有豫修雷可升伍嘉猷等纂 ⑲545

淡香斋 一八五五（咸丰五）年印孙子十家注十三卷 ⑥子54

惜心书屋 一八三五（道光十五）年印绛囊撮要五卷 题云川道人编 ㉚246

江西**惇叙堂** 一八二四（道光四）年印婺源仁里明经胡氏族谱八卷首一卷 清董桂敷等纂修 ㉑224

江西**惇叙堂** 一八八一（光绪七）年印敖阳严氏四门族谱 ㉑237

寄庑 一八九七（光绪二十三）年印医悟十二卷 清马冠群撰 ㉚353

嫏嬛阁 一八九八（光绪二十四）年印桐城方望溪先生十四种全书 清方苞撰 ⑰01397

维风堂 一八二一—一八五〇（道光）年印养一斋文集二十卷补遗一卷诗集八卷 清李兆洛撰 ②65049

十二画

联腋书院 一七四六（乾隆十一）年印陆宣公奏议四卷 唐陆贽撰 ⑱史357

万载**敬德堂** 一八〇〇（嘉庆五）年印湖溪李氏支谱二卷 清李成菊等纂修 ㉑234

朝宗书堂 一八六八（同治七）年印日知录集释三十二卷刊误二卷续刊误二卷 清黄汝成撰 ㉙2003

江西彭城堂 一八四三（道光二十三）年印袁郡刘氏族谱二十七卷 清刘士槐等纂修 ㉑233

江西彭城堂 一九〇三（光绪二十九）年印万载龙田刘氏族谱 ㉑238

葛芾堂等 一八八〇（光绪六）年印蟋室老人文集二十二卷奏议一卷涉史随笔一卷 宋葛洪撰 ⑱集364

葛攀之 一八四七（道光二十七）年印名山藏二十八卷 清葛筠撰 ⑱集1030

董金鉴 一八八八（光绪十四）年印琳琅秘室丛书 ①462

山东雅鉴斋 一八三四（道光十四）年刊印天下郡国利病书一百二十卷 清顾炎武撰 ②30362

暂 园 印楼山堂集二十六卷 明吴应箕撰 ⑱集886

婺源县 一九〇八（光绪三十四）年印婺源乡土志七章 清董钟琪汪廷璋编 ⑲491

婺源紫阳书院 一七一六（康熙五十五）年印婺源山水游记二卷 清周鸿撰 ①2946

朱氏紫阳堂 一八二一—一八五〇（道光）年印金兰朱氏续谱 ⑥史116

蛟龙塘 一八五四（咸丰四）年印史氏宗谱七卷 清史大盛等编修 ②114561

景山书屋 一八八八（光绪十四）年印孙文定公南游记一卷 清孙嘉淦撰 ④280

集珍斋 一八七三（同治十二）年印两当轩集二十卷附录六卷 清黄景仁撰 考异二卷 清黄志述撰 ⑥

集益斋 一八六八（同治七）年印晋陵先贤小传二卷 清欧阳东风编 ⑰6567

舒城县 一九〇七（光绪三十三）年印续修舒城县志五十卷首一卷末一卷 清吕林钟等修赵凤诏等纂 ⑲453

江西鲁国堂 一八六二（同治元）年印袁郡曾氏族谱四十三卷首二卷末一卷 清曾挺森等纂修 ㉑233

萍乡敦厚堂 一八七九（光绪五）年印戴氏族谱八卷首一卷 清戴畴等纂修 ㉑212

江西敦叙堂 一八六二—一八七四（同治）年印上高东溪李氏合谱 ㉑247

江阴缪氏敦睦堂 一八九〇（光绪十六）年印申浦缪氏族谱二十卷首一卷末一卷 清缪焕章撰 ⑰13374

曾 钊 一八三三（道光十三）年印四书逸笺六卷 清程大中撰 ⑱经350

江西道南堂 一八四九（道光二十九）年印宜春北关杨氏宗谱八卷首一卷 清杨锡彪等纂修 ㉑233

江西道南堂 一九〇六（光绪三十二）年印宜春北关五甲杨氏支谱八卷首一卷 清杨淑田等纂修 ㉑233

锡山尤氏遂初堂 一八八七（光绪十三）年印忍草庵志四卷 清刘继增纂 ⑯928.41021/893

温州郡庠 一八七六（光绪二）年东瓯金石志十卷 清戴咸弼撰 ⑱史1483

滁州 一八九六（光绪二十二）年印滁州志十卷首一卷末一卷 清熊祖诒纂修 ⑲460

滁州 一九〇九（宣统元）年印滁州志十卷首一卷末一卷 清熊祖诒纂修 ⑲461

浣江**教学半斋** 一八二八（道光八）年印四明谈助四十六卷首一卷 清徐兆昺著 ②12164

江西**温元堂** 一九〇七（光绪三十三）年印袁郡古氏族谱七卷首一卷 清古学杰等纂修 ㉑233

江西**富春堂** 一九〇〇（光绪二十六）年印万载田心孙氏族谱八卷 清孙宸恩等纂修 ㉑238

十三画

毗陵谢氏**瑞云堂** 一八七五—一九〇八（光绪）年印圣学源流续编三卷 清谢兰生著 ②54075

陶氏**嵩阳书屋** 一八二一—一八五〇（道光）年印药性集要便览三卷 清岳昶撰 ㉚193

鹏南书屋 一九〇八（光绪三十四）年印枕葄斋诗经问答十四卷 清胡嗣运撰 ⑯5002

江西**颖川堂** 一八七一（同治十）年印万载兴江钟氏支谱八卷首一卷 清钟佑祥等纂修 ㉑236

鲍泰圻 一八二八（道光八）年印伤寒类书活人总括七卷 宋杨士瀛撰 ⑱子195

江西**雍睦堂** 一八八〇（光绪六）年印潭溪刘氏宗谱 清刘焕等纂修 ㉑244

靖江县 一八五七（咸丰七）年印靖江县志稿十六卷 清于作新修潘泉纂 ⑲359

靖安县 一八七〇（同治九）年印道光靖安县续志二卷 清祁启萼修舒化民纂 ⑲499

新昌县 一八七二（同治十一）年印新昌县志三十二卷首一卷末一卷 清朱庆萼等纂修 ⑲496

新淦县 一八七三（同治十二）年印新淦县志十卷首一卷 清王肇赐修陈锡麟纂 ⑲508

慈余堂 一八二一（道光元）年印治痧全编二卷 清郭右陶撰高亭午编 ㉚401

溧阳县 一八九九（光绪二十五）年印溧阳县续志十六卷末一卷 清朱畯等修冯煦等纂 ⑲342

合肥李氏**慎余堂** 一九一一（宣统三）年印大观亭志六卷首一卷末一卷 清李国模辑 ⑯928.44/289

慎德堂 一八二一—一八五〇（道光）年印月泉吟社二卷 宋吴渭编 ②106421

于氏**福谦堂** 一八八〇（光绪六）年印于氏族谱 清于嘉树修于景章等纂 ⑰13370

群玉斋 一八六九（同治八）年印儒林外史五十六回 清吴敬梓撰 ⑱子774

十四画

榕城嘉鱼堂　一七八八（乾隆五十三）年印洴澼百金方十四卷　题惠农酒民编　㉚250

京都隆福寺**聚珍堂**　一八七六（光绪二）年印绣像红楼梦　⑥

聚珍堂　一八七六（光绪二）年印红楼梦一百二十回　清曹雪芹高鹗撰　论赞一卷　清徐瀛撰　总解一卷　清王希廉撰　题词一卷　清周绮撰　问答一卷　清王希廉撰　㉙1290

聚珍堂　一八八〇（光绪六）　年印儿女英雄传评话四十回卷首一回　清文康撰　⑤5821

北京**聚珍堂**　一八八一（光绪七）年印极乐世界传奇八卷　题观剧道人原稿试香女史参评　⑯855.6/517

聚珍阁　一八八二（光绪八）年印全蜀登科记附历科解元　题天池外史编　⑰13335

聚星堂　一八九九（光绪二十五）年印天台治略十卷　清戴兆佳撰　⑰12016

珠江**瘳氏**　一八八八（光绪十四）年印珠江廖氏族谱二卷　清廖金策等纂　⑰13422

瘦竹山房　一八一九（嘉庆二十四）年印杜诗说肤四卷　清万俊撰　⑱集91

瘦影山房　一八八一（光绪七）年印徐霞客游记十卷外编一卷补编一卷　明徐宏祖著　②62748

粹芬阁　一八二一—一八五〇（道光）年印一统志案说十六卷　清顾炎武纂　⑬0664

江西**谯国堂**　一八九九（光绪二十五）年印万载白良敖氏族谱　清敖焕章纂修　㉑238

十五画

安徽**敷文书局**　一八七一（同治十）年印大清律例根原一百二十四卷　清崇纶编　⑰12123

江西**墨庄堂**　一八三八（道光十八）年印万载双江刘氏重修族谱　㉑235

江西**墨庄堂**　一九〇九（宣统元）年印万载双江刘氏三房房谱　清刘师敬纂修　㉑238

墨花斋　一八四五（道光二十五）年印前明忠义别传三十二卷　清汪有典撰　④12661

上海**墨海书馆**　一八五一—一八六一（咸丰）年印大美联邦志略二卷　美裨治文著　②16863

篁韵草堂　一八六〇（咸丰十）年印菊谭诗钞八卷　清沙增龄撰　⑰4235

江西**德星堂**　一八三四（道光十四）年印陈氏族谱　清陈方铆等纂修　㉑235

江西**德星堂**　一八九九（光绪二十五）年印万载镜山陈氏族谱　清陈龙鳞等纂修　㉑238

江西德昌祠 一八七三（同治十二）年印潭溪李氏丁册祠记二十三卷 清李清华等纂修 ㉑244

潘春晖 一八〇四（嘉庆九）年印天台治略十卷 清戴兆佳撰 ⑱史1361

十六画以上

薛子瑜 一八四九（道光二十九）年印大清一统志三百五十六卷 清蒋廷锡王安国等纂修 ⑱史736

澄源江氏燕诒堂 一八四八（道光二十八）年印澄源江氏宗谱六卷 清江荣等修 ⑰6703

霍山县 一九〇五（光绪三十一）年刊霍山县志十五卷首一卷 清秦达章修何国佑程秉祺纂 ⑲454

霍邱县 一八七〇（同治九）年印霍邱县志十六卷首一卷 清陆鼎敩王寅清等纂修 ⑲452

衡河草堂 一七六〇（乾隆二十五）年印唐诗向荣集三卷 清陶元藻评选 ⑯831.4/398

江西濂溪堂 一八三〇（道光十）年印宜邑周氏族谱二卷首一卷末一卷 清周人兴等纂修 ㉑232

江西濂溪堂 一八七七（光绪三）年印万载银山周氏族谱 清周光笏等纂修 ㉑237

藏修斋 一八一二（嘉庆十七）年印同音集三卷 清柯振岳辑 ⑯831.7/239

戴璐 一七七七（乾隆四十二）年印茶馀客话十二卷 清阮葵生撰戴璐选 ⑯857.1/375.4－02

徽州府 一八六二—一八七四（同治）年印徽州府志辨证一卷 清黄崇惺纂 ⑲469

湖南湘阴李黼堂 一八六五（同治四）年印浮邱子十二卷 清汤鹏撰 ⑥

麟桂 一八五三（咸丰三）年印水陆攻守战略秘书七种三十七卷 ⑱子112

（二）铜活字

甲、明代铜活字

五川精舍 印王岐公宫词一卷 宋王珪撰 ㊱694

五云溪馆 印玉台新咏十卷 陈徐陵辑 ⑱集1569

华坚兰雪堂 一五一五（正德十）年印艺文类聚一百卷 唐欧阳询辑 ⑱子781

芝城 一五五一（嘉靖三十）年印通书类聚克择大全 ㊱694

华珵 一五〇二（弘治十五）年印渭南文集五十卷 宋陆游撰 ⑱子355

锡山华燧**会通馆** 一四九二（弘治五）年印锦绣万花谷四十卷后集四十卷续集四十卷 ⑱子 803

会通馆 一五〇六（正德元）年印会通馆印正文苑英华辩证十卷 ㊱693

安　国 一五二一（正德十六）年印正德东光县志六卷 ㊱693

安　国 一五二四（嘉靖三）年印吴中水利通志十七卷 ㊱693

安国**安氏馆** 一五二二—一五六六（嘉靖）年铜活字印颜鲁公年谱一卷 宋留元刚撰 ⑱史 503

安国**安氏馆** 印古今合璧事类备要前集六十九卷后集八十一卷续集五十六卷 宋谢维新辑 ⑱子 814

吴郡**孙凤** 一五〇二（洪治十五）年印阴何诗 ㊱692

丽泽堂 印璧水群英待问会元 宋刘达可撰 ⑳93

祁东**李氏** 铜活字印王状元标目唐文类十二卷 题宋王十朋辑 ⑱集 1681

吴　梦 一五七二（隆庆六）年铜活字印国朝文纂五十卷 明张士瀹辑 ⑱集 1722

建业张氏 印开元天宝遗事二卷 ㊱694

金兰馆 一五〇三（弘治十六）年印石湖居士集三十四卷 宋范成大辑 ㊱693

周　堂 一五七四（万历二）年印太平御览一千卷目录十五卷 宋李昉等辑 ⑱子 790

建阳饶氏 一五七四（万历二）年印太平御览一千卷 ㊱694

贾　咏 一五一八（正德十三）年印庄子鬳斋口义十卷 宋林希逸撰 释音一卷（贾咏刻本） ①5850

浙江庆元学教谕琼台**韩袭芳** 一五一七（正德十二）年印诸葛孔明心书一卷 ⑱子 115

福建**游榕** 一五七三（万历元）年印文体明辨六十一卷首一卷目录六卷附录一卷 明徐师曾纂 ⑨善 160

乙、清代铜活字

上海国学**扶轮社** 一九〇九（宣统元）年印炳烛斋文集初刻一卷续刻一卷 明顾大韶撰 ㉙2821

内　府 一六六二—一七二二（康熙）年印御制数理精蕴上编五卷下编四十卷表八卷
清圣祖玄烨编 ⑨善 00212

内　府 一七二六（雍正四）年印钦定古今图书集成一万卷目录四十卷
清蒋廷锡陈梦雷等辑 ㊱826

内　府 一七五一（乾隆十六）年印西清古鉴四十卷附钱录十六卷 清梁诗正等编 ⑰56－44922

迈宋书馆 一八八八（光绪十四）年印西清古鉴四十卷附钱录十六卷 清梁诗正等纂辑 ①10707

吹黎阁 一六八六（康熙二十五）年印文苑英华律赋选四卷 清钱陆灿辑 ①1076

北京**都宝堂** 一八八一（光绪七）年印书经六卷 宋蔡沈集传 ②1458

候官林春祺**福田书海** 印音论三卷诗本音十卷 清顾炎武撰 ⑱经 484

（三）其他活字

周必大 一一九三（绍熙四）年泥活字印玉堂杂记 宋周必大撰 ㊱670

杨　古 元初泥活字印东莱经史论说 ㊱672

安徽泾县**翟金生** 一八四四（道光二十四）年泥活字印泥版试印初编十一卷 清翟金生撰 ⑱集 1319

翟金生 一八四六（道光二十六）年泥活字印仙屏书屋初集诗录十六卷后录二卷 清黄爵滋撰 ⑱集 1289

翟家祥 一八五七（咸丰七）年泥活字印泾川水东翟氏宗谱不分卷 明翟台纂修翟金生重辑 ⑱史 621

吴郡**李瑶** 一八三二（道光十二）年泥活字印校补金石例四种十七卷 清李瑶编 ⑱集 1908

泰安徐志定**真合斋** 一七一九（康熙五十八）年磁版印周易说略八卷 清张尔岐撰 ⑱经 83

泰山徐志定**真合斋** 磁活字印蒿庵闲话二卷 清张尔岐撰 ㊱825

宜黄**黄爵滋** 一八四七（道光二十七）年泥活字印广卓异记二十卷 宋乐史撰 ㉑280

翟世琪 一六六七（康熙六）年造青磁易经一部 ㉞419

慈水冯氏**辨斋** 一八八五（光绪十一）年锡活字印雪樵经解三十卷附录三卷 清冯世瀛辑 ⑰0068

二、套板

甲、元代套版

中兴路**资福寺** 一三四一（至正元）年印金刚般若波罗蜜经 ㊱326

乙、明代套板

一至二画

一贯斋 一六二一（天启元）年印一贯斋辑刻三元选择丹书三卷 明王尚果撰 ①10566

胡氏十竹斋 一六四四（崇祯十七）年印十竹斋笺谱初集四卷 明胡正言辑 ⑱子431

胡氏十竹斋 一六二八—一六四四（崇祯）年印十竹斋书画谱八卷 明胡正言辑 ⑱子431

三至四画

万卷楼 三色套印四朋居硃订四书圣贤心诀十九卷字画辨疑一卷句辨一卷 明周文德撰 ⑱经342

凌氏**凤笙阁** 朱墨套印选赋六卷 梁萧统辑明郭正域评点 名人世次爵里一卷 ⑱集1560

方淑如 一六二三（天启三）年套印武侯兵要七种十六卷 题蜀诸葛亮撰明郭子章批 ⑱子116

五至六画

金陵**世德堂** 印石室仙机五卷 明许谷编著 ②102300

光启堂 明末朱墨套印新刻顾隣初先生批点四书大文五卷 明顾起元批点 ⑱经336

庆云馆 印左传文苑八卷 明张鼐评选陈继儒注 ②34019

七 画

苏之轼 一六二二（天启二）年自印奕薮四卷棋经注一卷 明苏之轼撰 ⑱子452

闵一栻 一六二一（天启元）年印唐诗艳逸品四卷 明杨肇祉辑 ⑱集1437

闵于忱 朱墨套印文选后集五卷 梁萧统辑明郭正域评 ⑱集1560

闵元衢 一六二一（天启元）年朱墨套印文致不分卷 明刘士鏻辑闵无颇闵昭明集评 ⑱集1632

闵尔容 三色印苏文六卷 宋苏轼撰明茅坤等评 ⑱集259

吴兴**闵迈德** 一五七三—一六二〇（万历）年印尺牍隽言十二卷 明陈臣忠辑 ⑱集1643

闵光瑜 一六二一（天启元）印邯郸梦三卷 明汤显祖撰 枕中记一卷 唐李泌撰 ⑱集2116

闵齐伋 一六一六（万历四十四）年印考工记二卷 清郭正域批点 ⑱经180

闵齐伋 一六二一（天启元）年印春秋公羊裁注十二卷考一卷 明闵齐伋撰 ⑱经256

闵齐华 一六二一（天启元）年印九会元集九卷 明吴默汤宾尹等撰 ①11616

闵齐伋 一六三三（崇祯六）年三色套印草韵辨体五卷 明郭谌辑 ⑱子414

闵暎璧 印草堂诗馀五卷 明杨慎评点 ⑱集1996

闵振业 一六二〇（泰昌元）年朱墨套印史记钞九十一卷 明茅坤辑 ⑱史703

闵振业闵振声 三色套印诗归五十一卷 明钟惺谭元春辑 ⑱集1591

闵绳初 印刘子文心雕龙二卷 梁刘勰撰明杨慎等批点 注二卷 清梅庆生注 ①9235

书林周鸣岐**启新斋** 一六二五（天启五）年三色套印丘方二太史硃订秘笥易经讲意纲目集注四卷 明李光祚辑 周易本义不分卷 ⑱经77

八至九画

闵于忱**松筠馆** 一六二〇（万历四十八）年印孙子参同五卷 明闵于忱辑 ①子114

闵于忱**松筠馆** 朱墨套印枕函小史五种四卷 明闵于忱编 ⑱丛268

茅　映 印牡丹亭四卷 明汤显祖撰茅映臧懋循评 ⑱集2115

茅震东 一六二一（天启元）年朱墨套印新镌武经七书七卷 明王守仁批评胡宗宪参评 ⑱子106

茅　氏 一六二一（天启元）年套印武备全书七种十二卷 ⑱子109

版筑居 一六二一—一六二七（天启）年印毛诗振雅六卷 明张元芳魏浣初撰 ④补338

周文耀 一六二五（天启五）年朱墨套印新刻硃批注释草堂诗馀评林四卷 明李廷机评注 ⑱集1997

周公辅 一六二三（天启三）年自刊套印古今青楼集选四卷 明周公辅辑 ⑱集1592

书林**郑大经** 一六二六（天启六）年朱墨套印诗经秘旨八卷 明陈遂卿撰 ⑱经144

郑氏**奎璧堂** 一六二七（天启七）年朱墨套印尚书秘旨六卷 题宋蔡沈撰 精镌尚书笥中利试题旨秘诀不分卷 明陈台撰 ⑱经115

施大猷 朱墨套印唐诗选七卷 明李攀龙辑 汇释七卷 明蒋一葵撰 诗韵辑要五卷 明王穉登辑 附录一卷 ⑱集1669

十　画

栖梧轩 一七八三（乾隆四十八）年朱墨套印词镜三卷 清查继超辑 ⑱集2014

凌玄洲　朱墨套印红拂记四卷　明张凤翼撰汤显祖评　⑱集 2110

凌弘宪　一六二一（天启元）年朱墨套印会稽三赋四卷　宋王十朋撰明南逢吉注尹坛补注陶望龄评　⑱集 340

凌延喜　印琵琶记四卷附录一卷　元高明撰明凌蒙初校评　①12418

凌汝亨　印管子二十四卷　明朱长春赵用贤等评　①2949

凌杜若　朱墨套印诗经四卷小序一卷　明钟惺评点　⑱经 142

凌杜若　朱墨套印周礼二十卷　明陈深批点　⑱经 174

凌启康　一六二〇（万历四十八）年三色印苏长公合作八卷补二卷　宋苏轼撰明郑圭辑　附录一卷　⑱集 259

凌性德　一六二一（天启元）年印曹子建集十卷　魏曹植撰明李梦阳王世贞等评　⑱集 19

凌泓宪　印李于鳞唐诗广选七卷　明李攀龙辑　⑯831.4/287

凌南荣　朱墨套印陶靖节集八卷　晋陶潜撰明凌濛初辑评　附录一卷总论一卷　⑱集 28

凌稚隆　一五七四—一五七六（万历二—四）年印史记评林一百三十卷　明凌稚隆辑　①9329

凌毓枬　一六二〇（万历四十八）年印吕氏春秋二十六卷　原题宋陆游评明凌稚隆批　①2891

吴兴**凌毓枬**　印楚辞十七卷附录一卷　汉王逸叙次明陈深批点　⑱集 4

凌澄初　印晏子春秋六卷　④2915

吴兴**凌濛初**　一六二一（天启元）年印东坡禅喜集十四卷　宋苏轼撰明冯梦祯拟点凌濛初辑　⑱集 258

凌濛初　印李长吉歌诗四卷外诗集一卷　唐李贺撰宋刘辰翁评　⑱集 103

唐建元　印锺伯敬先生硃评词府灵蛇四卷　明锺惺李光祚辑　①6401

十一画以上

黄立极　朱墨套印礼经约述三十卷　明陈有元撰　⑱经 200

程氏**滋兰堂**　一五七三—一六二〇（万历）年印程氏墨苑十四卷　明程大约撰　人文爵里九卷　⑱子 466

金陵**瑞云馆**张少吾　一六二三（天启三）年印群龙馆手授四书主意鞭影二十卷　明刘凤翱撰　②33028

凌氏**盟鸥馆**　一五七五（万历三）年刊朱墨套印李于鳞唐诗广选七卷　明李攀龙辑凌瑞森凌南荣辑评　⑱集 1670

聚奎楼 明末套印诸子纲目类编八卷附昭代子快一卷 明李元珍辑 ⑱子 714

丙、清代套板

一至三画

二友堂 一八七三（同治十二）年印小题正鹄三集 清李元度辑 ②29704

京都**二酉堂** 一八七九（光绪五）年印诹吉便览宝镜图 ②65889

四画

内府 一六六二—一七二二（康熙）年印曲谱十二卷首一卷末一卷 清王奕清等撰 ①4172

内府 一七三六—一七九五（乾隆）年印新定九宫大成南北调宫谱八十一卷目录三卷 清周祥钰等编 ③文 562/846

文美斋 一九一一（宣统三）年印百花诗笺谱 清张兆祥绘 ②7311

允禄 一七四六（乾隆十一）年朱墨套印新定九宫大成南北宫词谱八十一卷闰一卷 总目三卷 清周祥钰邹金生等辑 ⑱集 2188

五画

书业堂 一七九六—一八二〇（嘉庆）年印纪晓岚诗注释四卷 清纪昀著郭斌注 ②24248

古香斋 印古文澜鉴六十四卷 清徐乾学辑 ⑨1065

长州**龙柏** 一八一〇（嘉庆十五）年在广东印韵府萃音十二卷 清龙柏纂 ⑥

南海**冯焌光** 一八七七（光绪三）年印六朝文挈四卷 清许梿评选 ⑰08299

六至七画

此宜阁 印西厢记四卷首一卷末一卷 元王实甫撰 ⑮中 14854/415/935.2

守意龛 一八〇五（嘉庆十）年印南游记一卷 清孙嘉淦著 ②36703

观海堂 一九〇五（光绪三十一）年印水经注图四十卷补一卷 杨守敬撰 ③地 710.1/8608

如是山房 一八七六（光绪二）年套印如是山房增订金批西厢记四卷首一卷末一卷 ㉙599

岳端**红兰室** 一六九九（康熙三十八）年印寒瘦集一卷 唐孟郊贾岛撰清岳端辑评 ①5251

芸叶庵 一八三四（道光十四）年印五家评本杜工部集二十卷首一卷 清卢坤编　⑯844.17/243－02

芥子园 一六六二—一七二二（康熙）年印芥子园画传三集二种四卷 清王概等辑　④9314

芥子园 一八一七（嘉庆二十二）年印十竹斋书画谱八种 清胡正言辑　②28285

芥子园甥馆 一七〇一（康熙四十）年印芥子园画传二集八卷 清王概等辑　④9313

李光明庄 印七家诗选七卷 清张熙宇辑　②7806

李　渔 一六七九（康熙十八）年印芥子园画传五卷 清王概辑评　①15941

两广节署 一八三三（道光十三）年印文心雕龙十卷 梁刘勰撰清黄叔琳注　②1868

步月山房 一八五一—一八六一（咸丰）年印四六法海八卷 明王志坚撰　⑦4722

听雨斋 一七八八（乾隆五十三）年印楚辞集注八卷周屈原著宋朱熹集注　②17366

元和邱氏 一八七九（光绪五）年印十竹斋书画谱八种 清胡正言辑　①32037

怀古堂 一七〇三（康熙四十二）年三色套印怀古堂初集不分卷
清刘国英撰陶元淳张泰来等评　⑱集1046

八至九画

羊城青云楼 一八六九（同治八）年印聊斋志异新评 清蒲松龄撰　④5835

武英殿 一七一三（康熙五十二）年印御选唐诗三十二卷目录三卷 清圣祖玄烨御选
吴廷桢等纂注　⑯831？.4/716

林栖梧 一七八三（乾隆四十八）年印词镜平仄图谱 清赖以邠撰　⑯823.1/132

渤海松筠阁 一八一〇（嘉庆十五）年套印韵府萃音十二卷 清龙柏撰　㉙746

径香阁 一八六五（同治四）年印天文地舆图 清李兆洛撰　②43528

亨金宝石斋 一八二五（道光五）年印六朝文絜四卷 清许梿评选　⑯834.34/608－04

苏州经锄堂 一八九八（光绪二十四）年套印临证指南医案十卷 清叶桂撰华岫云辑徐大椿评　㉙807

胡　荣 一六六二—一七二二（康熙）年自刊三色套印容安诗草十卷 清胡荣撰陈遇麒洪昇等评　⑱集1114

十画至十一画

古吴校经山房 一八八四（光绪十）年套印临证指南医案十卷 清叶桂撰华岫云辑徐大椿评　㉙807

长州叶氏**海录轩** 一七七二（乾隆三十七）年印文选六十卷 唐李善注清何焯评点 ②68253

读有用书斋 一八七七（光绪三）年印六朝文絜四卷 清许梿评选 ⑯2770

深柳**读书堂** 一八八四（光绪十）年印忠雅堂评选四六法海八卷 清蒋士铨评选 ②47982

梓州郡署 一七八五（乾隆五十）年套印离骚节解一卷附离骚本韵离骚正音离骚节指 清张德纯撰 ㉙798

十二画

蒋立昂 一八五一（咸丰元）年印忠雅堂评选四六法海八卷 清蒋士铨评选 ⑰08331

汉口**森宝斋** 一八五四（咸丰四）年印东周列国志二十三卷一百八回 清蔡升评点 ⑫SX10. 47－8/7. 654

景行书屋 一八四八（道光二十八）年彩色套印金鱼图谱不分卷题句曲山农撰 ⑱子487

湖北官书处 一八九五（光绪二十一）年谢叠山先生文章轨范七卷 宋谢枋得评选 ②23915

十三画以上

赖古堂 一六六二—一七二二（康熙）年印广金石韵府五卷 清林尚葵辑 ④665

慎诒堂 一七九六（嘉庆元）年印苏评孟子二卷 宋苏洵批 ⑯097. 67/554

巴郡方氏**碧琳琅馆** 一八七九（光绪五）年印王孟诗评九卷 宁刘辰翁评 ⑤

薛凤祚 一六五七（顺治十四）年自印车书图考一卷 清薛凤祚撰 ①1771

樵石山房 印天下有山堂画艺二卷 清汪之元撰 ①16814

粤东**翰墨园** 一八七六（光绪二）年印杜工部诗集二十卷首一卷 唐杜甫撰清王士祯等评 ⑰08521

膺德堂 一八三六（道光十六）年朱墨套印昌黎先生诗集注十一卷年谱一卷 清顾嗣立撰年谱并补注 ㉙795

麈谈轩 一八五三（咸丰三）年印正音咀华三卷续编一卷正音再华一卷 ③字150/877.2

麈谈轩 一八六七（同治六）年印红楼梦摘华一卷 清莎彝尊撰 ③字150/877.2

藏　园 一八五一（咸丰元）年印忠雅堂评选四六法海八卷 明王志坚辑清蒋士铨评选 ②35115

附录 抄本

甲、宋代以前抄本

卜天寿 七一〇（唐景龙四）年写论语不分卷 汉郑玄注 ⑱经303

马处幽 写无上秘要（珍字二十号） ㉜二十

书手**马幸员** 写劝戒文（鸟字十号） ㉜一九

马抱一 写无上秘要（珍学二十号） ㉜二十

王　孔 写金光明最胜王经（裳字十八号） ㉜九

王法律 写散华梵（周字九十二号） ㉜十九

王保昌 写佛说佛名经（菜字八十三号） ㉜七

王海润 写劝戒文（位字六十八号） ㉜十九

王　瀚 写妙法莲华经（果字六十七号） ㉜四

元□集 永安三年七月二十三日写仁王护国般若波罗蜜经（殷字四十六号） ㉜二

比丘**无滞** 写大般若波罗蜜多经（字字八十六号） ㉜一

邓　英 写佛说无量寿宗要经（成字三十九号等） ㉜十五

邓保住 写劝戒文（位字六十八号） ㉜十九

田广谈 写佛说无量寿宗要经（地字九十八号等） ㉜十四

敦煌镇官经生**令狐礼太** 五一四（北魏宣武帝元恪延昌三）年抄华严经卷十六卷 ㉖88

令狐陀咒 写大般涅槃经及法华经等（为字五十七号） ㉜七

令狐晏儿 写佛说无量寿宗要经（成字二十五号等） ㉜十四

经生**令狐世康** 写金刚般若波罗蜜经（羽字四十六号） ㉜二

汜　子 写金光明最胜王经（腾字七十号） ㉜八

汜子升 写佛说无量寿宗要经（盈字六十三号等） ㉜十四

汜玄策 写妙法莲华经（河字五十七号） ㉜四
玄　法 写佛说阿弥陀经（芥字三十五号） ㉜六
永寿寺 癸卯年十月十日写佛说大乘稻芉经（海字五号） ㉜七
吕日兴 写佛说无量寿宗要经（吕字四十五号等） ㉜十四
吕　智 写七阶礼佛（字字八十号） ㉜十八
延　行 写散华梵（周字九十号） ㉜十九
敦煌镇官经生**刘广周** 五一二（北魏宣武帝元恪延昌元）年抄诚实论卷十四 ㉖88
安　颙 写大般若波罗蜜多经（淡字三十三号等） ㉜一
阴　性 写金光明最胜王经（鳞字八十八号） ㉜九
杨愿受 写目连救母变文（盈七十六号） ㉜十九
优婆夷李 写金刚般若波罗蜜经（云字三十六号） ㉜二
李　义 写大般若波罗蜜多经（辰字三十九号等） ㉜一
李加兴 写佛说无量寿宗要经（馀字四十三号） ㉜十四
吴荷奴 写佛说八阳神咒经（字字十号） ㉜十四
吴其仁 六五一（永徽二）年写大般涅槃经四十卷 北凉释昙无谶译 ⑱子903
李　晅 写金光明最胜王经（致字二十八号等） ㉜八
李　曙 写佛说无量寿宗要经（皇字九十一号等） ㉜十五
志　殷 写七阶礼佛（昆字九十六号） ㉜十八
利　济 写四分律删补随机羯磨（辰字四十六号） ㉜十七
伯　明 写大般若波罗蜜多经（菜字二十九号） ㉜一
宋良昇 写佛说无量寿宗要经（宙字二十九号等） ㉜十四
宋金昇 写佛说无量寿宗要经（官字七十一号） ㉜十四
张力没 写佛说无量寿宗要经（冬字五十八号等） ㉜十四
张　贞 写佛说无量寿宗要经（成字六十七号） ㉜十五

张兴国 写佛说无量寿宗要经（师字九号等） ㉜十五

张良友 写大宝积经（日字四十一号等） ㉜五

敦煌镇经生**张阿胜** 五一四（北魏宣武帝元恪延昌三）年抄大方等陀罗尼经卷一 ㉖88

敦煌镇经生**张显昌** 五一三（北魏宣武帝元恪延昌二）年抄大楼炭经卷七 ㉖88

张信达 写佛说无量寿宗要经（陶字十号） ㉜十六

张庭休 写金刚般若波罗蜜经（珍字八十四号） ㉜二

张涓子 写佛说无量寿宗要经（收字二十号等） ㉜十四

张　球 写大佛顶如来密因修证了义诸菩萨万行首楞严经（潜字百号） ㉜十三

张略没 写佛说无量寿宗要经（字字三十一号） ㉜十四

妙　福 写佛说阎罗王授记劝修七斋功德经（字字四十五号） ㉜十

张　曜 写大般若波罗蜜多经（露字五十八号等） ㉜一

张　瀛 写佛说无量寿宗要经（黄字三号等） ㉜十四

沙门**灵进** 写观世音经（海字六十一号） ㉜五

武保瑞 写妙法莲华经（菜字十九号） ㉜四

比丘**明照** 写瑜伽师地论（菜子二十五号） ㉜十七

昙　贞 写大般若波罗蜜多经（出字九号等） ㉜一

昙　枚 写涅槃经义记（雨字九十号等） ㉜十七

释国诠 六四八（贞观二十二）年写善见律 南齐释僧伽跋陀罗译 ⑱子917

法　江 写释氏杂文稿（字字五十九号） ㉜十九

法　荣 写戒律名数节钞（冬字九十二号） ㉜十八

法　鸾 写佛说无量寿经（霜字二十八号） ㉜五

宗　福 写佛说阿弥陀经（芥字三十五号） ㉜六

孟郎子 写佛说无量寿宗要经（调字二十号等） ㉜十五

洪　建 写四分律删补随机羯磨（淡字九十一号） ㉜十七

恒　安 写金光明最胜王经（裳字十八号） ㉜九

祇　难 七四六（唐天宝五）年写妙法莲华经（羽字四十七号） ㉜四

比丘尼**莲花心** 写维摩诘所说经（收字五十二号） ㉜八

索绍员 写妙法莲华经（官字三十一号） ㉜五

贾伏生 写佛说无量寿经（鳞字三十九号） ㉜六

唐文英 写观世音经（冈字八十四号） ㉜五

高　弼 写摩诃般若波罗蜜经（辰字四十号） ㉜二

唐　开 写佛说无量寿宗要经（海字十八号等） ㉜十五

谈　□ 写大般若波罗蜜多经（暑字十七号） ㉜一

谈　阐 写戒律名数节钞（河字八号） ㉜十八

敦煌镇官经生**曹发寿** 五一一（北魏宣武帝元恪永平四）年抄诚实论卷十四 ㉖88

惟　真 写四分律戒本疏（雨字四十七号） ㉜十七

琼　许 五三七（北魏大统三）年正月十九日写维摩经义记（辰字三十二号） ㉜十七

程自平 写妙法莲华经（致字七十三号） ㉜四

智　照 写大般若波罗蜜多经（张字三十二号等） ㉜一

道　宗 写昙无德律杂羯磨节本（调字四十三号） ㉜十六

道　京 写维摩诘所说经（秋字二十号） ㉜八

道　普 写大般若波罗蜜多经（露字八十三号等） ㉜一

道　琳 写佛说诸经杂缘喻因由记（腾字二十九号） ㉜十八

道　斌 写金光明最胜王经（月字八十九号等） ㉜八

解晟子 写佛说无量寿宗要经（重字二十一号等） ㉜十五

慈　音 写般若波罗蜜多心经（文字二十八号） ㉜三

比丘**福记** 写大般若波罗蜜多经（阳字九十六号） ㉜一

僧福惠 写般若波罗蜜多心经（海字七十七号） ㉜四

裴文达 写佛说无量寿宗要经（李字九十八号等） ㉜十五

翟安德 五二二（正光三）年正月八日写大般涅槃经（陶字七十号） ㉜七

慧　昌 七〇一（大足元）年三月十五日写妙法莲华经（羽字三十一号） ㉜四

乙、宋元抄本

内　府 一一八六（淳熙十三）年抄洪范政鉴十二卷 宋仁宗赵祯撰 ⑱子371

宋代**内府** 抄仙源类谱 宋史浩等纂修 ⑱史579

公　诏 一〇四三（庆历三）年写大悲陀罗尼经一卷 唐释不空译 ⑱子928

司天监秦孝先等 一〇七八（元丰元）年抄景祐乾象新书三十卷 宋杨维德等撰 ①8692

司马光 抄（稿本）资治通鉴残稿一卷 ⑱史102

朱　熹 抄（稿本）周易本义十二卷 宋朱熹撰 ⑱经46

安守廉 一〇六八（熙宁元）年写佛说温室洗浴众生经一卷 汉释安世高译 ⑱子917

曲沃县**许日新** 写大方广圆觉修多罗了义经二卷 唐释佛陀多罗译 ⑱子920

敦煌乡书手**李福延** 九六八（乾德六）年抄十二时 ㉖88

吴　拱 一〇六八（熙宁元）年写金粟山广惠禅院大藏 ⑱子890

张　亢 写法苑珠林一百二十卷 唐释道世撰 ⑱子970

张即之 一二四八（淳祐八）年写金刚般若波罗蜜经一卷 后秦释鸠摩罗什译 ⑱子892

张即之 一二五六（宝祐四）年写佛遗教经一卷 ⑱子904

张即之 写太上洞玄灵宝无量度人上品妙经一卷 ⑱子1051

陈　欢 一〇三五（景祐二）年写一切如来心秘密全身舍利宝箧印陀罗尼经一卷 唐释不空译 ⑱子924

陈思戬 一〇四三（庆历三）年写般若波罗蜜多心经一卷 唐释玄奘译 ⑱子894

释灵素 一〇一五（大中祥符八）年写妙法莲华经七卷 后秦释鸠摩罗什译 ⑱子907

知　白 一〇四三（庆历三）年写大悲陀罗尼经一卷 唐释不空译 ⑱子928

释宗密 一〇九九（元符二）年写妙法莲华经譬喻合文 ⑱子942

袁德纯 一一五四（绍兴二十四）年抄妙法莲华经七卷 后秦释鸠摩罗什译 ⑱子911

黄　融 一一三四（绍兴四）年写佛顶心陀罗尼经三卷 ⑱子925

释虚白 一〇四三（庆历三）年写佛顶尊胜陀罗尼经一卷 ⑱子922

葛长庚 写华阳隐居真诰一卷 梁陶弘景撰 ⑱子1049

大理国释**道常** 一〇五二（保安八）年写金光明最胜王经疏一卷 ⑱子940

大理国释**照明** 一一三六（保天八）年写诸佛菩萨金刚等启请仪轨一卷 ⑱子954

圣寿院释**奉能**等 一〇四一（重熙十）年写法华经手记 ⑱子941

宝宫寺 一一一二（天庆二）年写发菩提心戒本一卷 ⑱子953

应州**宝宫寺** 写菩萨十无尽戒仪一卷 ⑱子953

释**琼煦** 一〇三五（重熙四）年泥金写大方广佛花严经八十卷 唐释实叉难陀译 ⑱子895

释**世殊** 泥金写大佛顶如来密因修证了义诸菩萨万行首楞严经十卷 唐释般刺密帝译 ⑱子931

释**如照** 一二八五（至元二十二）年血书妙法莲华经七卷 后秦释鸠摩罗什译 ⑱子911

吴　拱 一〇六八（熙宁元）年抄金粟山广惠禅院大藏 ⑱子890

吴　镇 写般若波罗蜜多心经一卷 唐释玄奘译 ⑱子894

赵孟頫 一三一六（延祐三）年写老子道德经二卷 ⑱子1002

俞　桢 一三四五（至正五）年抄存悔斋诗一卷 元龚璛撰 补遗一卷 明朱存理辑稿本 ⑱集445

释**惠月** 一二九一（至元二十八）年金银写大方广佛华严经八十卷 唐释实叉难陀译 ⑱子897

释**善继** 一三六五（至正二十五）年血书大方广佛华严经八十卷 唐释叉难陀译 ⑱子897

释**福裕** 泥金写大方广佛华严经八十卷 唐释实叉难陀译 ⑱子897

丙、明代抄本

二　画

二酉堂 抄醯鸡瓮集天文释义不分卷 明李泰撰 ⑱子257

十　洲 抄画墁录一卷 宋张舜民撰 ⑱子 647

杨氏**七桧山房** 一五五八（嘉靖三十七）年抄珩璜新论一卷 宋孔平仲撰 ①6903

又玄斋秦四麟 抄唐诗极玄二卷 唐姚合辑 ⑱集 1656

三　画

三吾官舍 抄奉天靖难记四卷 ⑱史 264

大德堂 抄开元占经一百二十卷目录二卷 唐翟昙悉达撰 ⑱子 341

万卷楼 一五二二—一五六六（嘉靖）年抄洁古珍珠囊 金张元素撰 ㉚162

杨氏**万卷楼** 抄穆天子传注六卷 晋郭璞撰清冯舒校跋 ①3525

万卷楼 抄大明太祖高皇帝实录不分卷 明胡广等纂修 ⑱史 169

山水源头 抄华阳国志十二卷 晋常璩撰 ①8026

山泉书舍 抄鸿庆居士文集四十二卷 宋孙觌撰 ⑱集 310

千顷斋 抄林居漫录汇辑不分卷 明伍袁萃撰 ⑱子 575

小酉堂 抄读书记 ①10657

长乐谢氏**小草斋** 一六〇九（万历三十七）年抄王黄州小畜集三十卷 宋王禹偁撰谢肇淛跋 ①6648

长乐谢氏**小草斋** 抄小草斋集十一卷鸟衣集一卷 明谢肇淛撰杨用霖陈祖谦跋 ①1225

马宏道 一六二一—一六二七（天启）年抄杨铁崖先生全集十卷 元杨维桢撰 ⑱集 518

四　画

王　臣 一五四七（嘉靖二十六）年抄李群玉诗集三卷后集五卷 唐李群玉撰 ⑱集 161

王在镐 抄（稿本） 王在镐近稿七种 明王在镐撰 ⑱丛 624

王良栋 一五三五（嘉靖十四）年抄云溪友议十二卷 唐范摅撰 ⑱子 641

王宠王阳 一五三一（嘉靖十）年抄圣宋贤四六全珠一百卷 宋叶蕡辑 ㉙357

王　宠 写庄子内篇不分卷 ⑱子 1012

王祖嫡 抄（稿本）王司业杂著三种三卷 明王祖嫡撰 ⑱丛 605

王　焯　抄友石山人遗稿一卷　元王翰撰　⑱集498

王普巍　一四五五（景泰六）年泥金写大方广圆觉修多罗了义经二卷　唐释佛陀多罗译　⑱子920

王象春　抄王柏峰诗稿一不分卷　明王之猷撰　⑱集759

王穉登　抄玉笈金箱不分卷　⑱子1066

惠王选侍王氏　一六四〇（崇祯十三）年抄元始天尊说药王救八十一难真经一卷　⑱子1054

王　□　一六二四（天启四）年抄春渚纪闻十卷　宋何薳撰　⑱子531

范氏**天一阁**　抄道德真经取善集十二卷　宋李霖撰　⑱子1008

范氏**天一阁**　抄类聚名贤乐府群玉五卷　元胡存善辑　⑱集2166

绩溪**天王寺**　抄俗曲不分卷　⑱集2173

天全口番招讨使　一六一二（万历四十）年抄天全东岳殿功德牌　⑥史181

元应会　一五七四（万历二）年抄溧阳路总管水镜元公诗集一卷　元元淮撰　⑱集491

木　增　一六一五（万历四十三）年泥金写妙法莲华经七卷　后秦释鸠摩罗什译　⑱子912

五湖书屋　抄薛吏部诗六卷　明薛蕙撰　①4399

内　府　一五六二（嘉靖四十一）年抄永乐大典二万二千八百七十七卷凡例目录六十卷　①

内　府　一六一五（万历四十三）年抄九天应元雷声普化天尊玉枢宝经二卷　⑱子1053

见独山房　抄幻迹自警一卷　明殷迈撰　⑱史482

仁化县　一五五七（嘉靖三十六）年蓝丝栏抄仁化县志五卷　明胡居安纂修　⑲678

文元发　一五五五（嘉靖三十四）年抄文山先生指南录一卷后录三卷　宋文天祥撰明文元发跋　⑱集396

文元发　一五七五（万历三）年抄孝经一卷　题汉孔安国传　⑱经300

文始堂　抄瓜庐诗一卷　宋薛师石撰　附录一卷　清何焯跋　⑱集365

文始堂　抄北户录注三卷　唐崔龟图撰　①7445

文漪堂　抄徐孝穆集七卷　陈徐陵撰清吴骞题跋　⑱集37

文　嘉　抄文太史甫田集　明文徵明撰文元发跋　⑱集655

文震孟　一六二〇（泰昌元）年写金刚般若波罗蜜经一卷　后秦释鸠摩罗什译　⑱子893

邓　祥　一四二六—一四三五（宣德）年金银写大方广佛华严经八十卷　唐释实叉难陀译　⑱子 899

邓　祥　一四三六—一四四九（正统）年金银写大方广佛华严经入不思议解脱境界普贤行愿品一卷　唐释般若译　⑱子 899

邓智玄　一四三七（正统二）年金银写大方广佛华严经八十卷　唐释实叉难陀译　⑱子 898

释书弘　一六二二（天启二）年血书大方广佛华严经八十卷　唐释实叉陀译　华严纶贯一卷　宋释复庵撰　大方广佛华严经入不思议解脱境界普贤行愿品一卷　唐释般若译　⑱子 901

水竹居　抄张玉田词二卷　宋张炎撰　⑱集 1969

水筠山房　抄立斋闲录四卷　明宋端仪撰　⑱子 657

五　画

正气堂　抄孔子家语考次不分卷　明刘宗周撰　⑱子 23

释正脉　抄六祖大师法宝坛经一卷　唐释法海等辑　⑱子 959

会稽钮氏世学楼　抄太平御览一千卷　宋李昉等辑　⑱子 790

钮氏世学楼　抄说郛一百卷　明陶宗仪辑　⑱丛 19

世　福　一六四六（隆武二）年泥金写妙法莲华经七卷　后秦释鸠摩罗什译　⑱子 913

石村书屋　抄宋元明三十三家词五十三卷　④8777

石城书屋　抄新刊古今岁时杂咏四十六卷目录二卷　宋蒲积中辑　①748

龙川精舍　抄刘子十卷　北齐刘画撰　⑱子 514

平阳县　一五七一（隆庆五）年抄平阳县志八卷　明朱东光修侯一元等纂　⑲437

平　庵　抄李元宾文集五卷附一卷　唐李观撰　⑱集 106

东莞县　一六三九（崇祯十二）年抄东莞县志八卷　明张二果修曾起莘纂　⑲686

东壁楼　抄相山居士词一卷　宋王之道撰　⑱集 1962

叶伯寅　一五三八（嘉靖十七）年家抄东观馀论二卷　宋黄伯思撰明叶伯寅叶国华跋　⑱子 605

叶国华　抄法帖刊误二卷　宋黄伯思撰　⑱子 415

叶宗林　一六三七（崇祯十）年抄经典释文三十卷　唐陆德明撰　㉙80

叶　奕 一六三〇（崇祯三）年抄李群玉诗集三卷后集五卷 唐李群玉撰清叶奕校跋 ⑱集161

叶　奕 抄唐张处士诗集六卷 唐张祐撰 ⑱集150

叶恭焕 一五六七（隆庆元）年抄负喧野录二卷 宋陈槱撰 ⑱子682

田大受 一六三三（崇祯六）年抄老子道德经二卷 ⑱子1002

史臣纪 一五二二—一五六六（嘉靖）年抄贞白先生陶隐居文集一卷 梁陶弘景撰 传记一卷 ⑱集36

四知堂居士 一六四四（崇祯十七）年抄迦附集一卷 明黎遂球撰 ①1104

仕学轩 抄唐诗类编 ⑱集1674

白华楼 抄户部题稿一卷 明梁材李廷相等撰 ⑱史347

白雀山房 抄尚书考异不分卷 明梅鷟撰 ⑱经111

吴氏**丛书堂** 抄说郛一百卷 明陶宗仪编 ⑱丛49

吴氏**丛书堂** 抄录释二十七卷 宋洪适撰 ⑱史1428

吴氏**丛书堂** 抄石湖居士文集三十四卷 宋范成大撰 ⑱集351

冯仲昭 一六二七（天启七）年抄蜀梼杌一卷 宋张唐英撰 ⑱史227

冯知十 抄六朝事迹编类二卷 宋张敦颐撰 ①3442

冯彦渊 家抄唐风集三卷 唐杜荀鹤撰清冯武校并跋 ⑱集176

冯　班 一六二九（崇祯二）年抄玉台新咏十卷 陈徐陵辑

白莲集十卷风骚旨格一卷 唐释齐已撰 ⑱集1569

冯　班 明末家抄白莲集十卷风骚旨格一卷 唐释齐已撰 ⑱集178

冯梦祯 抄战国策节本不分卷 明冯文昌跋 ⑱史213

冯　舒 一六四五（弘光元）年抄汗简七卷 宋郭忠恕撰 ⑱经430

冯　舒 抄重刊校正笠泽丛书四卷补遗诗一卷 唐陆龟蒙撰 清吴志忠校 云烟过眼录一卷 宋周密撰 ⑱420

玄白堂 抄大明实录十二卷 ⑱史168

秦氏玄**览中枢** 抄乌台诗案一卷 ⑯763

穴研斋 抄茅亭客话十卷 宋黄休复撰 ⑱子740

穴研斋 抄战国策三十三卷 汉高诱注宋姚宏校正 ⑱史213

穴砚斋 抄何博士备论一卷宋何去非撰 鸡肋编一卷 宋庄绰撰 ⑱子120

六 画

邢 参 抄述异记二卷 题梁任昉撰 ⑱子733

叶氏**朴学斋** 一六三九（崇祯十二）年抄精选名儒草堂诗馀三卷 题凤林书院辑清叶万跋 ⑱集1998

芝兰书室 抄邵北虞先生遗文不分卷 明邵圭洁撰 ⑱集709

芝兰室 抄诗集传不分卷 宋朱熹撰 ⑱经131

安氏**西林书屋** 抄北游记一卷西游记事一卷东游记一卷 明安国撰附赠言三卷 ⑱史1067

汪氏**西麓堂** 抄潜口西山汪氏流芳世谱十卷 明汪文斌纂修 ⑱史590

在兹阁 抄崔鸿十六国春秋略不分卷 ⑱史223

有嘉堂 抄类说五十卷 宋曾慥辑 ⑱子692

存诚书馆 抄道德真经注四卷 宋苏辙撰 ⑱子1007

百顺堂 抄洞天清录一卷 宋赵希鹄撰 ⑱子681

百麓洞 抄杂抄五种五卷 ⑱丛347

执中堂 抄四书归一集不分卷 ⑱经345

执虚堂 抄六岳登临志六卷 明龚黄撰 ⑱史999

师山书院 抄春秋经传阙疑四十五卷 元郑玉撰 ⑱经272

光泽堂 抄济北晁先生鸡肋集七十卷目录二卷 宋晁补之撰 ⑱集278

竹书堂 红格抄骈志二十卷 明陈禹谟辑 ㉙2795

朱 衣 抄隶释二十七卷 宋洪适撰明盛时泰跋清何焯校跋 ⑱史1428

明神宗**朱翊钧** 一六〇八（万历三十六）年泥金写佛说眼明经一卷 ⑱子929

朱斯达 一六三九（崇祯十二）年抄诗经不分卷 ①11684

朱 燧 抄至治之音三卷 ⑱集1704

延津县 抄延津志一卷 明张宗仁纂修 ⑲568

庄　重 一六〇八（万历三十六）年抄武经总要前集二十卷后集二十卷 宋曾公亮丁度等撰 ⑱子118

毛氏**汲古阁** 抄诚斋集一百三十三卷 宋杨万里撰清顾麐士校并题款 ⑱集353

安希范 写（手稿）安希范游记一卷 明安希范撰清缪荃孙等跋 ⑱史1068

安雅斋 一六二八（崇祯元）年抄秋林伐山十一卷 明杨慎撰 ⑱子616

兴济县 一五二二—一五六六（嘉靖）年抄兴济县志二卷 明萧蕃修郑孝纂 ⑲62

许　初 一五五一（嘉靖三十）年抄汉书艺文志一卷 汉班固撰 ⑱史42

阮普兴 一四三六（正统元）年泥金写慈悲水忏法三卷 唐释知玄撰 ⑱子994

释如佑 一六二〇（万历四十八）年写大般涅槃经四十卷 昙无谶译 ⑱子903

释如佑 一六二八（崇祯元）年写大方广佛华严经八十卷 唐释实叉难陀译 华严纶贯一卷 宋释复庵撰 ⑱子901

释**如学** 一五七三—一六二〇（万历）年泥金写大方广佛华严经八十卷 唐释实叉难陀译 复庵和尚华严纶贯一卷 宋释复庵撰 ⑱子900

孙石甫 抄耦耕堂存稿诗三卷文二卷 明程嘉燧撰 ①10399

孙江**陆贻典** 一六四一（崇祯十四）年抄古文苑九卷 清陆贻典顾广圻校并跋 ⑱集1565

孙明志 一六三三（崇祯六）年抄博异志一卷 题谷神子撰 ⑱子735

孙明志 一六四〇（崇祯十三）年抄甘泽谣一卷 唐袁郊撰 附录一卷 ⑱子736

红豆庵 一五六七（隆庆元）年抄大明穆宗庄皇帝实录七十卷 明张居正等撰 ⑪NC2277/6234.17

七　画

祁氏**远山堂** 明末抄辛巳越中荒纪一卷附辛巳岁救荒小议一卷 明祁彪佳撰 ⑱史279

祁氏**远山堂** 抄里中入都尺牍不分卷 明祁彪佳撰 都门入里尺牍不分卷 明祁彪佳撰 里中越言不分卷 远山堂尺牍不分卷 题明远山堂主人撰 ①10454

杜　枚 一六二六（天启六）年泥金写金刚般若波罗蜜经一卷 后秦释鸠摩罗什译 ⑱子893

杨伯仁　一六三一（崇祯四）年抄沈下贤文集十二卷　唐沈亚之撰　⑱集147

杨鹤泉　一五八七（万历十五）年抄本草纂要九卷　明方穀撰　⑱子187

弘农**杨氏抄说郛**一百卷　明陶宗仪编　⑱丛49

志雅斋　一五〇九（正德四）年抄续墨客挥犀十卷　宋彭乘撰　⑱子522

苍雪庵　抄南迁录一卷　题金张师颜撰　⑱史247

李存济　一六一三（万历四十一）年抄痘疹秘传四卷　明陶华撰　㉚501

李宗之　抄松关偶钞二卷　明李宗之撰　①10830

邢氏**来禽馆**　抄青溪暇笔二卷　明姚福撰　①9392

连阳精舍　一五五二（嘉靖三十一）年抄莲堂诗话二卷　元祝诚撰　⑱集1884

吴　迁　一三九五（洪武二十八）年抄金匮要略方三卷　汉张机撰晋王叔和辑　⑱子199

吴　宽　一四六五（成化元）年抄山海经十八卷　晋郭璞传　⑱子727

吴　宽　抄吴文定公手钞明太祖文不分卷　明太祖朱元璋撰　⑱集524

伯　仁　抄抱朴子内篇二十卷　晋葛洪撰　⑥

陆氏**迎翠轩**　抄抱朴子内篇二十卷　晋葛洪撰　⑱子1047

汪明孝　一五九四（万历二十二）年抄重修膳茔便览一卷　明汪永恩等纂修　⑱史629

新都**汪稷**　抄蚁术词选四卷　元邵亨贞撰　⑪811.75/1702

沈一贯　一五九七（万历二十五）年抄新编颜子五卷　元李纯仁辑　⑱子24

沈竹东　抄古器款识二卷　明许翰跋　⑱史1448

沈　度　一四〇六（永乐四）年泥金写太上三光注龄资福延寿妙经一卷太上说南斗六司延寿度人妙经一卷太上灵宝天尊说延寿妙经一卷太上老君说五斗金章受生妙经一卷太上老君说常清静妙经一卷太上灵宝补谢天地八阳妙经一卷　⑱子1052

沈　烨　一六三〇（崇祯三）年刊棊经一卷　宋张拟撰　⑱子450

完　氏　一六二八—一六四四（崇祯）写大方广佛华严经八十卷　唐释实叉难陀译　⑱子898

张　习　抄东原集七卷　明杜琼撰　㉙253

张　春 写嘉靖丁未科进士序齿录一卷 清祁骏佳跋 ⑱史644

陆　治 一五六四（嘉靖四十三）年抄孔子家语十卷 题魏王肃注 ⑱子22

陆嘉颖 一六三四（崇祯七）年抄南迁录一卷 题金张师颜撰 ⑱史247

陈文华 一六〇九（万历三十七）年泥金写妙法莲华经七卷 后秦释鸠摩罗什译 ⑱子912

陈寿祺 一五八二（万历十）年抄闽大记五十五卷 明王应山纂王毓德编次 福建省图书馆

甬东书屋 抄春秋本义三十卷 元程端学撰 ⑱经271

纯白斋 抄曲洧旧闻十卷 宋朱弁撰 ①13437

纯白斋 抄南迁录一卷 题金张师颜撰 ⑱史247

八　画

范氏**卧云山房** 抄昭德先生郡斋读书志二十卷 宋晁公武撰 ⑱史1382

范氏**卧云山房** 金石录三十卷 宋赵明诚撰 ⑱史1425

四明范氏**卧云山房** 抄医方抄 ㉚223

卧云楼 抄宣和书谱二十卷宣和画谱二十卷 周星诒跋 ①6126

范大澈 家抄史记摘丽不分卷 明范大澈辑 ⑱史703

范光日 抄道书杂抄不分卷 ⑱子1065

范凉靡 一四〇四（永乐二）年抄具茨晁先生诗集一卷 宋晁冲之撰 ⑱集278

弇　室 明末抄山房随笔一卷 元蒋子正撰 ⑱子655

王氏**郁冈斋** 抄三朝北盟会编二百五十卷 宋徐梦莘撰 ⑱史149

依山堂 抄印书二卷 明朱闻撰赵宧光删 ⑱子436

金　浩 一六〇五（万历三十三）年家抄地字阄书不分卷 ⑱史629

汝南**周子** 一五五八（嘉靖三十七）年抄脉诀秘旨 宋崔嘉彦撰 ㉚108

周曰东 一五五七（嘉靖三十六）年抄国秀集一卷 唐芮挺章辑 ⑱集1655

周浩若 抄闲闲老人滏水文集二十卷 金赵秉文撰 ⑱集419

郑应鸣 一六二八—一六四四（崇祯）年抄郑氏宗谱不分卷 ⑱史622

郑崇健 一五六七（隆庆元）年抄郑氏族谱不分卷 明郑先觉郑晦纂修 ⑱史622

郑　潇 一六四二（崇祯十五）年抄鉴赏小品二十二种二十二卷 清郑潇编 ⑱丛348

怡颜堂 乌丝栏抄三山翰林院典籍高漫土木天清气诗集不分卷 明高柄撰 ⑧

张氏宝日堂 抄宝日堂杂抄不分卷 明张鼐辑 ⑱史254

三山陈氏居敬堂 抄西园闻见录一百零七卷 明张萱辑 ⑪NC2721/1341

始丰山房 抄六壬云开观月经一卷 ⑱子365

练湖书院 抄水经注四十卷 北魏郦道元撰 ⑱史1022

九　画

柘城县 一五五四（嘉靖三十三）抄柘城县志十卷 明寿濂纂修 ⑲579

柳　佥 一五二九（嘉靖八）年抄白莲集十卷风骚旨格一卷 唐释齐己撰 ⑱集178

柳　佥 一五三六（嘉靖十五）年抄五代史补五卷 宋陶岳撰明柳佥跋 ⑱史224

柳　佥 抄贞居先生诗集四卷词编一卷 元张雨撰 ⑱集494

南云阁 抄大明英宗睿皇帝实录三百六十一卷 明孙继宗陈文等纂修 ⑱史173

南溪书屋 抄皇明献实四十卷 明袁袠撰 ⑱史430

姚氏茶梦斋 抄续高士传十卷 明皇甫涍撰 ⑱史406

姚咨茶梦斋 抄角力记一卷 题唐调露子撰 ⑱子455

姚咨茶梦斋 一五四一（嘉靖二十）年抄南唐书三十卷宋马令撰明姚咨跋 ⑱史78

荥阳县 抄嘉靖荥阳县志二卷 ⑲556

赵用光 一五七二（隆庆六）年抄北辕集一卷 明欧大任撰 ①11964

赵　均 抄唐御览诗一卷 唐令狐楚辑 ⑱集1655

赵　林 一六一一（万历三十九）年泥金写高上玉皇本行集经三卷 ⑱子1052

赵琦美 一六一一（万历三十九）年抄梁溪先生文集五十卷 宋李纲撰 年谱一卷谥议行状一卷

明谢兆申校 ⑫SV45. 6 – 11/5. 151

赵琦美 一六二一（天启元）年抄张光弼诗集七卷 元张昱撰清黄丕烈校跋 ⑱集 521

钟羽正 一六三一（崇祯四）年抄水经注不分卷 北魏郦道元撰 ⑱史 1024

俞　弁 一五一七（正德十二）年抄岁寒堂诗话一卷 宋张戒撰 ⑱集 1874

俞　弁 一五二七（嘉靖六）年家抄彭文宪公笔记一卷 明彭时撰 ⑱子 560

俞　洪 一五一五（正德十）年抄括异志十卷 宋张师正撰 ⑱子 738

洛诵轩 抄晋书抄八卷 ⑱史 713

觉空子 一六三四（崇祯七）年抄先醒斋笔记一卷 明缪希雍撰丁元荐辑 ⑱子 227

祝允明 抄夷坚丁志三卷 宋洪迈撰 ⑱子 741

退翁书院 一五〇六（正德元）年抄诗品三卷 梁锺嵘撰清黄丕烈跋 ⑱集 1870

姚希孟 一六二九（崇祯二）年序抄横溪录八卷 明徐鸣时纂 ⑫SR22. 1—3111/D6. 393

姚　咨 一五四三（嘉靖二十二）年抄稽神录六卷拾遗一卷 宋徐铉撰明姚咨校跋清黄丕烈跋 ⑱子 740

姚　咨 一五六九（隆庆三）年抄续玄怪录四卷 唐李复言撰 ⑱子 731

姚　绶 抄斗南老人诗集四卷 明胡奎撰 ⑱集 553

十　画

耕心堂 抄戴剡源先生文集二十六卷 元戴表元撰 ⑱集 434

素履斋 抄宾退录十卷 宋赵与旹撰 ⑱子 547

秦四麟 一五八六（万历十四）年抄玉照新志五卷 宋王明清撰 ⑱子 650

桂筠书院 抄杂抄不分卷 ④9963

桐音书屋 抄北齐书校正四卷 题愿学斋主人撰 ④10307

袁　表 一五四八（嘉靖二十七）年家抄席上辅谈二卷 宋俞琰撰 ⑱子 1062

袁茂兰 一六三四（崇祯七）年抄柳庄集一卷 明袁珙撰 ⑱集 567

顾　愿 一五八七（万历十五）年抄郑制府诗一卷 明郑洛撰 ⑱集 714

顾德育 一五六七（隆庆元）年抄吴中旧事一卷 元陆仁友撰清徐康跋 ⑱史969

挹爽楼 抄学半斋集不分卷 明陈禹谟撰 ①9523

钱谦益 一六三四（崇祯七）年抄鹿门集二卷 唐唐彦谦撰 ①7014

钱　穀 一五六一（嘉靖四十）年抄游志续编一卷 明陶宗仪辑清黄丕烈跋 ⑱史1066

钱　穀 一五六四（嘉靖四十三）年抄南唐书十八卷 宋陆游撰 音释一卷 元戚光撰 ⑱史78

徐氏**铁砚斋** 抄古今集论字学新书七卷 元刘惟志辑 ⑱子406

徐玄佐 一五七九（万历七）年抄书苑菁华二十卷 宋陈思辑清黄丕烈跋 ⑱子405

徐树丕 抄南有堂诗集十卷 明王稚登撰 ①6166

徐　梁 一五二八（嘉靖七）年抄渔隐丛话前集六十卷后集四十卷 宋胡仔辑 ⑱集1876

徐　渭 一五七七（万历五）年写金刚般若波罗蜜经一卷 后秦释鸠摩罗什译 ⑱子892

徐　𤊹 一六三三（崇祯六）年家抄闻一斋诗稿不分卷 明郑赐撰徐𤊹跋 ⑱集557

徐　𤊹 抄少谷山房杂著不分卷 明郑善夫撰 附录一卷 ⑱集631

徐　𤊹 一六二四（天启四）年刊下雉纂一卷 明马欻撰 ⑱史982

翁源县 乌丝栏抄广东韶州府翁源县志不分卷 明李孔明纂 ⑲680

高　奭 写（稿本）艳雪斋丛书八种十一卷 明高奭编 ⑱丛276

古涿百川**高氏** 一五四七（嘉靖二十六）年抄吹剑录一卷 宋俞文豹撰 ⑱子551

唐宇肩 抄五言千字文一卷 梁周兴嗣撰明徐士俊辑 ⑱经454

唐　诗 一五四二（嘉靖二十一）年抄纬略十二卷 宋高似孙撰明唐诗跋 ⑱子607

涉　县 抄【嘉靖】涉县志一卷 明佚名纂 ⑲71

悟言堂 抄李商隐诗集三卷 唐李商隐撰 ⑱集153

谈剑山居 抄景祐太乙福应经十卷 ①12136

秦汴**绣石书堂** 一五三九（嘉靖十八）年抄大明太祖高皇帝御制周颠仙人传一卷明太祖朱元璋撰 ⑱史476

秦氏**绣石书堂** 抄国初事迹一卷 明刘辰撰 ⑱史261

吴氏**绣谷亭** 抄类博稿十卷 明岳正撰 附录二卷 ①1218

十一画

新都程氏**萃见堂** 抄星官笔记不分卷 明程廷策撰 ⑱子258

萃清斋 抄骊珠随笔十卷 明杨仪辑 ⑱集1616

黄白山房 抄王文肃公文稿不分卷 明王锡爵撰 ⑱集716

黄来鹤 一六三一（崇祯四）年抄小青焚馀稿一卷 题明冯小青撰 小青传一卷 ⑱集896

黄居中 抄王觉斯初集不分卷 清王铎撰 ⑬847.1/10186

黄　浩 抄春秋左传释附二十七卷 明黄洪宪撰 ⑱经248

黄德乘 一六四四（崇祯十七）年写佛说大阿弥陀经二卷 吴释支谦译 ⑱子887

曹氏书仓 明末抄白莲集十卷风骚旨格一卷 唐释齐已撰 ⑱集178

梦鹿堂 抄刘质夫先生春秋通义十二卷 宋刘绚撰 ⑱经260

雪晴斋 抄履斋示儿编二十三卷 宋孙奕撰 ⑱子609

释**唯实** 一四三六（正统元）年泥金写妙法莲华经七卷 后秦释鸠摩罗什译 ⑱子912

沈辨之**野竹斋** 抄纯全集四卷 宋韩拙撰 ⑱子419

沈辨之**野竹斋** 抄画鉴一卷 元汤垕撰 清黄丕烈校跋 ⑱子420

崇道堂 抄至正集八十一卷 元许有壬撰 ⑱集475

释**崇鉴** 一三八七（洪武二十）年写大方广佛华严经入不可思议普贤解脱境界依普贤行愿略礼忏念诵仪一卷 明释惠开辑 ⑱子939

悠然斋 抄翠屏诗集一卷后集一卷文集三卷 明张以宁撰 ①8552

清虚馆 抄观象玩占四十八卷拾遗一卷 唐李淳风撰 ⑱子341

清谨轩 抄竹书纪年不分卷 题梁沈约注 ⑱史101

祁氏**淡生堂** 抄周益公文集二百卷 宋周必大撰 年谱一卷 宋周纶撰 附录五卷 ⑱集332

祁氏**淡生堂** 抄金石录三十卷 宋赵明诚撰 ⑱史1425

岳氏**绿萝堂** 一六四〇（崇祯十三）年抄新编翰苑新书前集七十卷后集三十二卷续集四十二卷

别集十二卷 ⑱子 820

绿筠堂 抄野记四卷 明祝允明撰 ⑱子 658

十二画

椒山书院 抄天原发微十八卷 宋鲍云龙撰 ⑱子 336

韩　锡 一六二一—一六二七（天启）年抄韩氏丛抄七种十六卷 明韩锡跋 ⑱丛 275

韩　锡 一六二五（天启五）年韩诗外传节钞二卷 汉韩婴撰明韩锡辑 薛子一卷 明薛瑄撰
歌谱一卷 ⑱经 163

葛　会 一五四八（嘉靖二十七）年抄梅涧诗话三卷 宋韦居安撰 ⑱集 1881

无锡秦氏**雁里草堂** 抄广川书跋十卷 ⑱子 402

紫芝堂 抄龙川骈语不分卷 明孟思撰 ①14097

紫薇轩 抄魏晋六朝文选三卷皇明文一卷 ⑱集 1635

上海陆氏**紫薇堂** 一五七三—一六二〇（万历）年抄南唐书十八卷附音释 宋陆游撰元戚光音释 ⑱史 78

棐几斋 一五二二—一五六六（嘉靖）年抄法苑珠林述意二卷 明周天球辑 ⑱子 971

叶氏**赐书楼** 抄昼上人集十卷 唐释皎然撰明叶绰焕跋 ⑱集 95

程　远 抄牧羊山人诗集四卷 明程项撰 ⑱集 748

程鹏先 一六〇八（万历三十六）年抄程氏庆源家乘要抄不分卷 ⑱史 616

集芳书舍 抄选诗补遗二卷 明唐尧官辑 ⑱集 1584

释善信 一五七三—一六二〇（万历） 血书大般涅槃经四十卷 北凉释昙无谶译 ⑱子 904

释道具 一六二四（天启四）年写大方广佛华严经八十卷 唐释实叉难陀译 华严纶贯一卷
宋释复庵撰 大方广佛教华严经入不思议解脱境界普贤行愿品一卷 唐释般若译 ⑱子 901

湖东精舍 抄遂初堂书目一卷 宋尤袤藏并撰 ⑱史 1382

湖东精舍 抄三朝北盟会编二百五十卷 宋徐梦莘撰 ⑱史 149

湖阴居士 一五五三（嘉靖三十二）年抄九家诗九卷 ⑱集 1505

谢　恒　一六二七（天启七）年抄文心雕龙十卷 梁刘勰撰清冯舒校并跋　①7159

谢　恒　一六三二（崇祯五）年抄金石录三十卷 宋赵明诚撰清叶奕等题跋　⑱史 1425

十三画

瑞香楼　抄大明太宗文皇帝实录不分卷 明张辅杨士奇等纂修　⑱史 171

睢　州　抄【弘治】睢州志九卷 明李孟旸纂修　⑲579

嗣雅堂　抄唐书二百卷 后晋刘昫等撰　⑱史 74

嗣雅堂　抄圣济经解义十卷 宋吴禔撰　⑱子 203

愚忠堂　抄华阳国志十二卷 晋常璩撰　⑱史 221

数卷斋　抄契丹国史二十七卷 宋叶隆礼撰　⑱史 242

慈圣太后　一五九一（万历十九）年写金刚般若波罗蜜经一卷 后秦释鸠摩罗什译　⑱子 893

叠翠山房　抄皇明献实三十九卷 明袁帙撰　①2030

十四画

碧潭道人　一四七八（成化十四）年抄资度早朝科一卷资度午朝科一卷资度晚朝科一卷　⑱子 1055

嘉定州　一五七三—一六二〇（万历）年抄嘉定州志八卷 明李采修范醇敬纂　⑲770

聚好楼　抄唐诗选玄集不分卷 明万表辑　①12096

聚星轩　一五七三—一六二〇（万历）年抄滑乘补不分卷 明佚名纂　⑲574

滹南书舍　抄说郛一百卷 明陶宗仪编　⑱丛 75

疑闲堂　抄南北史纂不分卷　⑱史 714

翠筠轩　一五六七（隆庆元）年抄蜀鉴十卷 宋郭允蹈撰　⑱史 191

十五画

释慧根　一六二六—一六三六（天启六—崇祯九）年写大方广佛华严经八十卷 唐释实叉难陀译
华严纶贯一卷 宋释复庵撰 大方广佛华严经入不分思议解脱境界普贤行愿品一卷
唐释般若译　⑱子 901

横野洲草堂 抄墨池编二十卷 宋朱长文辑薛晨校注 ⑱子401

樱宁斋 抄盐铁论十卷 汉桓宽撰 ⑱子32

樊川别业 抄太平经国之书十一卷 宋郑伯谦撰 ⑱经171

黎 仪 一五四七（嘉靖二十六）年抄草堂诗馀别录一卷 明张綖辑 ⑱集2010

潼川州 一五二二—一五六六（嘉靖）年抄潼川志十卷 明陈讲等纂修 ⑲749

鹤泉书舍 抄鹤泉集不分卷 明王健撰 ⑱集687

十六画

祁氏**澹生堂**远山堂 抄万历大政类编不分卷 ⑱史1124

澹然斋 抄周易玩辞十六卷 宋项安世撰 ⑱经54

十七画

沈氏**藏书室** 抄野记四卷 明祝允明撰 ⑱子658

屠氏**霞爽阁** 抄三史统不分卷 明屠本畯撰 ⑱史402

丁、清代抄本

一画

一角山楼主人 抄今水经一卷表一卷 清黄宗羲辑 ⑱史1029

华亭沈氏**一砚斋** 抄唐贤三昧集十二卷 清王士祯辑 ⑰56－46498

一箫一剑馆 抄小眠斋读书日札四卷 清汪沆撰 ③目17/8533

二画

郑氏**二老阁** 抄慈溪郑氏诗辑残稿不分卷 ①14017

二老阁 抄历代钟鼎彝器款识二十卷 宋薛尚功撰 ⑱史1449

吴云**二百兰亭斋** 抄乘槎笔记一卷 清斌椿撰吴云批校 ⑱史1076

二如居 抄澄怀录二卷 宋周密辑 ⑱子697

赵氏二金蝀堂 一八六六（同治五）年抄大誓答问一卷 清龚自珍撰 ⑱经124

二树斋 抄朱西村诗集一卷诗馀一卷 明朱朴撰 ⑱集657

二砚窝 抄奇零草二卷 明张煌言撰 ⑱集878

二馀轩 抄天下郡国利病书一百二十卷 清顾炎武撰 ⑱史733

吴氏**十二金符斋** 抄窸斋所藏封泥目一卷 清吴大徵藏并撰陈介祺校跋 ⑱史1505

王氏**十万卷楼** 一八〇一（嘉庆六）年抄竹居诗集一卷 明王珙撰王端履校跋 ①5415

王氏**十万卷楼** 抄章学诚全集五种十八卷 清张学诚撰 ⑱丛660

王氏**十万卷楼** 抄绍陶录二卷 宋王质撰 ⑱史465

十经书屋 抄四部日抄不分卷 题清周延龄辑 ⑱子873

沈氏**十经斋** 抄十经斋金石文跋尾一卷 清沈涛撰 ⑱史1471

沈氏**十经斋** 抄书斋夜话四卷 宋俞琰撰 ⑱子552

丁士涵 家抄长元乡贤小志二卷 清蒋希贤撰清丁士涵校 ⑱史450

丁士涵 写（手稿）说文读若考一卷 清丁士涵撰 ㉚经423

丁芝亭 一八八五（光绪十一）年抄大医马氏小儿脉诊科 ㉚486

丁同方 一九〇四（光绪三十）年抄仁民爱物斋手藏碑目并考证十卷 清丁绍基撰缪荃孙丁国钧跋 ⑱史1474

丁寿昌 写（手稿）丁氏丛稿十卷 清丁寿昌撰 ⑱经37

丁寿昌丁寿恒 一八四二、一八七一（道光二十二、同治十）年抄宛丘先生文集四十二卷

柯山乐府一卷 宋张耒撰 ⑱集270

丁忠达 抄伤寒证治明条八卷 清马中骅撰 ㉚72

丁秉衡 清末家抄信摭一卷 清章学诚撰 ⑱子627

丁　晏 写（手稿）颐志斋文稿二卷诗稿一卷杂钞二卷 清丁晏撰 ⑱集1289

丁晏等 一八二一—一八五〇（道光）年抄张力臣先生遗集不分卷 清张弨撰 ⑱集968

丁　晏 一八五四（咸丰四）年抄孙子兵法一卷 ⑱子112

丁履恒 写（手稿）谐声类编四卷 清丁履恒撰王念孙校 ⑱经489

傅氏七林书堂 一八九七（光绪二十三）年抄文馆词林一千卷 唐许敬宗等辑 叙录一卷 ⑱集1561

丁氏**八千卷楼** 一八八七（光绪十三）年抄浙江荐举博学鸿词试帖不分卷 清严遂成等撰 ⑱集1772

丁氏**八千卷楼** 抄御制纪非录一卷 明太祖朱元璋撰 ⑱史1340

刁戴高 一七五二（乾隆十七）年抄毛诗古音考四卷读诗拙言一卷 明陈第撰 ⑱经159

又次斋 抄宋元十家词十二卷 清汪曰桢编并校 ⑱集1930

酒泉**了育龄斋** 抄妇科冰鉴八卷 清柴得华撰 ㉚436

三 画

三十六砚斋 一七三六—一七九五（乾隆）年抄问山亭主人遗诗一卷续一卷补一卷 明王象春撰清王士祯删选 ⑱集810

三十六砚居 抄李诗集遗四卷 清李克若辑 ⑱集1829

三山斋 一八七五—一九〇八（光绪）年抄刘铭传列传一卷 清程先甲撰 ⑱史499

三千客斋 抄厦门港纪事不分卷 清窦振彪撰姚衡跋 ⑱史986

陈氏**三百书舍** 一八三四（道光十四）年抄淮南鸿烈解二十一卷 汉刘安撰汉高诱注 ⑱子502

萧山陆香圃**三间草堂** 抄徐骑省文集三十卷 宋徐铉撰 附录一卷 ⑱集184

陆芝荣**三间草堂** 抄传是楼书目六卷 清徐乾学藏 ⑱史1398

陆香圃**三间草堂** 抄三间草堂集录一百三十二卷 ⑱集1387

三河县 一六六二—一七二二（康熙）年抄三河县志二卷 清陈伯嘉纂修 ⑲47

邱氏**三省斋** 抄唐开元占经一百二十卷 唐瞿昙悉达撰 ⑱子342

三省堂 抄鲁斋先生集六卷 元许衡撰清唐翰题跋 ⑱集443

三 保 一七八二（乾隆四十七）年抄御制北调宫词乐谱四卷御制南调宫词乐谱四卷 ①10821

三馀书屋 抄辽史拾遗二十四卷 清厉鹗撰 ⑱史83

三惜斋 抄隙光亭杂识六卷 清揆叙撰 ⑱子593

三宿斋 一七三六—一七九五（乾隆）年抄东庄遗集四卷 清陈黄中撰 ⑱集1199

三槐堂小阳月 一九〇四（光绪三十）年抄女科锦囊 清刘渭川撰 ㉚442

于巨澍 抄南冈诗草十六卷 清于豹文撰 ⑱集1180

于书佃 一八一八（嘉庆二十三）年抄旅食贤己录六卷 清张中峰撰 ⑱子675

于秋溟 抄鹿皮子陈先生文集四卷 元陈樵撰 ⑱集496

于敏中 一七五二（乾隆十七）年抄历代帝王统系纪年不分卷 ⑱史138

于敏中 写（手稿）于文襄公手札不分卷 清于敏中撰 ⑱集1169

黄氏**士礼居** 一八一五（嘉庆二十）年抄存寸堂书目不分卷 清黄丕烈校跋 ⑱史1408

黄氏**士礼居** 一八二四（道光四）年抄李群玉诗集三卷后集五卷 唐李群玉撰 碧云集三卷
唐李中撰 清黄丕烈跋 ⑱集160

大邑县 清末抄大邑县乡土志 清绍曾修 查体仁纂 ⑲748

大冶县 一六七三（康熙十二）年抄大冶县志九卷 清胡绳祖纂 ⑲609

大姚县 一七一四（康熙五十三）年抄大姚县志书不分卷 清陆应几纂修 ⑲841

大通县 清末抄採录大通县乘佚稿 ⑲232

万光泰 抄（手稿）万柘坡遗著八种九卷 清万光泰撰 ⑱丛652

万竹楼 抄全芳备祖乐府六卷 宋陈景沂辑 清朱和羲增订 ⑱集2003

郑氏**万华楼** 抄刘仲脩集二卷 明刘永之撰 ⑱集526

万花楼 抄续笔精二卷 明徐𤊹撰 ⑱子619

万 县 一八六二—一八九四（同治）年抄万县志採访事实不分卷 清张焜编 ⑲781

万卷楼 抄望溪先生文补遗一卷 清方苞撰 ⑱集1101

万 泰 一六八四（康熙二十三）年抄同异录二卷 明陆深撰 ⑱子700

方氏**万善花室** 抄海东金石文字不分卷 清冯登府等跋 ⑱史1486

上犹县 一六八三（康熙二十二）年抄上犹县志不分卷 清陈延缙纂修 ⑲515

上犹县 一八二三（道光三）年抄上犹县志三十一卷 清欧阳辑瑞纂修 ⑲516

上虞县 一八五四（咸丰四）年抄上虞县志备稿 清王振纲纂 ⑲420

山丹县 清末抄山丹县志十八卷首一卷 ⑲223

山东省 一六六二—一七二二（康熙）年抄至元齐乘六卷附释音一卷 元于钦纂于潜释音 ⑲255

山西省 一九一一（宣统三）年抄山西乡土志 清秋航编 ⑲82

山晖草堂 清初抄武林旧事十卷 宋周密撰清曹炎校并录陆贻典跋 ⑱史977

贝氏**千墨庵** 一八一一（嘉庆十六）年抄师子林纪胜集二卷 明释道恂辑贝墉跋赵光照题款 ⑱史1062

贝氏**千墨庵** 抄冬心先生诗续集二卷补遗一卷续补遗一卷三体诗一卷
甲戌近诗一卷 清金农撰 ⑱集1186

徐釚**个虹亭** 清初抄梦粱录二十卷 宋吴自牧撰 ⑱史975

广平县 一九〇六（光绪三十二）年抄广平县乡土志五卷 清曾恺章等编 ⑲68

广宁县 一六六二—一七二二（康熙）年抄广宁县志八卷 清项蕙修范勋纂 ⑲137

云南**广西府** 一七一四（康熙五十三）年抄纂修广西府志十三卷 清赵弘任纂修 ⑲837

广州府 一六七三（康熙十二）年抄新修广州府志五十四卷 清汪永瑞修纂 ⑲674

广南府 一八四六（道光二十六）年抄广南府志略四卷 清单光国纂修 ⑲836

广雅书局 抄郑堂读书记七十一卷 清周中孚撰 ⑱史1404

广雅书局 一八七五—一九〇八（光绪）年抄资治通鉴纪事本末补不分卷 清王延年撰 ⑱史191

义竹斋 一七三六—一七九五（乾隆）年抄小忽雷传奇二卷 请顾彩孔尚任撰 ⑱集2137

钱氏**也是园** 清初抄相台书塾刊正九经三传沿革例一卷 ⑱经356

小万卷室 一八二一—一八五〇（道光）年抄天南纪事二卷 清胡钦华撰 ②9899

濮康安**小山书屋** 抄归来草一卷 清孙旸撰 ㉙2936

赵氏**小山堂** 抄金石录三十卷 宋赵明诚撰清丁丙跋 ⑱史1427

小云谷 抄至元嘉禾志三十二卷 元单庆徐硕纂修 ⑱084

小方壶斋 抄春秋传说从长十二卷 清阮芝生撰 ⑱经287

顾氏**小石山房** 抄野老漫录一卷 ⑱史290

叶氏**小有堂** 清初抄桂轩诗集一卷 明谢常撰清黄丕烈跋 ①11558

小苏斋 抄听莺居文抄三十卷 清翁广平撰 ⑱集1306

小李山房 抄钱唐遗事十卷 元刘一清撰 ⑬625.204/72113

马氏**小玲珑山馆** 抄杜清献公集十九卷首一卷 宋杜范撰 ⑱集373

胡氏**小重山馆** 抄小品类聚十二卷 题鲜照斋主人辑 ⑱子880

小倦游阁 抄小倦游阁集 清包世臣撰 ⑯847.5/840

小倦游阁 抄杨听胪遗书一卷 清杨传第撰 ⑪NC5531.4/4228

元和顾氏**小读书堆** 一七九六（嘉庆元）年影抄古列女传考证一卷补勘一卷 清顾广圻撰 ㉙1133

小黄厓山房 抄虞山妖乱志三卷 清冯舒撰 ㉞44

海宁张氏**小清仪阁** 一九〇六（光绪三十二）年抄修川志馀二卷 清钟兆彬纂 ⑲395

张光第**小清仪阁** 抄明党祸始末记二卷 清吴骞校订 熹朝奄党祸国录一卷 题江右遗民撰 ⑱史276

小隐山庄 抄白湖诗稿八卷文稿八卷时文一卷 清叶燕撰 ⑱集1258

小辋川 抄夷白斋稿三十五卷 外集一卷 元陈基撰 ⑱集519

何氏**小蓬莱仙馆** 抄汉碑跋不分卷 清魏源撰 ⑱史1472

张氏**小嫏嬛福地** 抄大宋宝祐四年丙辰岁会天万年具注历一卷 宋荆执礼撰 ⑱子271

习静斋 抄小蓬莱阁金石文字不分卷 清黄易辑 ⑱史1470

马曰璐 一七三〇（雍正八）年抄水经注摘钞不分卷 北魏郦道元撰清马曰璐辑 ⑱史1025

马玉堂 一八一二（嘉庆十七）年抄烟雨楼志四卷 清朱稻孙撰胡重校 ⑱史1048

马龙州 一六六二—一七二二（康熙）年抄马龙州志书不分卷 清佚名纂 ⑲829

马诇之 一八八六（光绪十二）年抄伤寒论注四卷 清柯琴撰 ㉚51

马思赞 一七〇三（康熙四十二）年家抄天下同文前甲集五十卷 元周南瑞辑 ⑱集1703

马思赞 家抄北山小集四十卷 宋程俱撰 ⑱集301

马耆府 一九〇八（光绪三十四）年抄马耆府乡土志 清张铣编 ⑲247

马泰荣 一八一七（嘉庆二十二）年抄钦定国史贰臣表传二十卷逆臣传四卷 清傅以礼校跋 ⑱史98

马泰荣 一八三〇（道光十）年抄心逸道人吟稿二卷 明吴宗汉撰 ①13224

马常沛 一六九三—一六九四（康熙三十二至三十三）年抄近思续录十四卷 清刘源渌辑 ⑱子59

四画

赵氏丰草斋 一六六二—一七二二（康熙）年抄诗馀神髓不分卷 题云山卧客选 ④3464

王乃昭 一六六二（康熙元）年抄钓矶立谈一卷 清王乃昭跋 ①8034

王士禛 写（手稿）王文简公诗文残稿一卷说部残稿一卷 清王士禛撰 ⑱集989

王大亮 一七三六—一七九五（乾隆）年家抄太白山志二卷 清张埙撰 ㉙976

王子接 抄话雨斋稿三十二卷 清杨汝谐撰 ⑱集1253

王开治 抄唐宋元诸家钞不分卷 ㉝220

王友亮 抄公是集五十四卷 宋刘敞撰 ⑱集211

王仁俊 抄玉函山房辑佚书续编二百六十九种二百七十四卷补编一百三十八种一百三十八卷 十三经汉注四十种四十卷经籍佚文一百十六种一百二十一卷 清王仁俊编 ⑱丛546

清浦**王氏家塾** 抄桐华吟馆诗稿六卷 清杨揆撰 ⑱集1248

王文谟等 清初抄王闻修先生河渚集 明王志坚撰 ⑱集806

广陵**王文藻** 抄喉科集腋 清沈青芝撰 ㉚590

王允丰 一八三五（道光十五）年抄然脂集二卷 清王士禄撰 ⑱集986

王本敬 一八二六（道光六）年抄疑龙经三卷 题唐杨筠松撰 ㉝190

王立礼 一七六二（乾隆二十七）年抄邓云遗稿一卷鸣蛩草一卷 清朱林撰 ⑱集1202

王芑孙 写（手稿）独学庐诗稿一卷惕甫未定稿四卷 清王芑孙撰 ⑱集1234

王存一 清初抄书法钩玄一卷 元苏霖撰 阁帖评语一卷翰林要诀一卷 ⑱子407

王先谦 写（手稿）后汉书旁证不分卷 清王先谦撰 ⑱史54

王廷楷 一八三二（道光十二）年抄枕翠楼诗续集一卷 清王湘撰王廷楷赵允怀跋 ⑱集1202

王仲翔 一八四一（道光二十一）年抄司空表圣文集十卷 唐司空图撰 ⑱集172

王自超 抄妙远堂诗三集一卷闽游草一卷 ①2068

王庆长 抄槐江笔记八卷 清吴熊光撰 ⑱子 674

王庆谋 抄随轩诗存二卷续存二卷 清徐渭仁撰 ⑱集 1313

王兆骐 一八九七（光绪二十三）年抄学易五种十四卷 清王献撰 ⑪091. 308/1021

王兆鸣 写（手稿）听叶山房诗钞九卷 清王兆鸣撰 ⑱集 1192

王汝玉 写（手稿）梵麓山房丛稿不分卷续稿一卷再续稿一卷 清王汝玉撰 ⑱集 1316

王安伯 抄吴枚庵怀旧集四卷 作者姓氏摘录一卷 清吴翌凤辑 ㉙1033

王如尊 一七四七（乾隆十二）年抄东医宝鉴二十三卷 朝许浚等撰 ㉚703

王志超 一八一六（嘉庆二十一）年抄适暮稿一卷 明王克笃撰 ⑱集 2171

王杏林 清末抄陈莘田外科临证医案续集 清陈莘田撰 ㉚548

王伯恭 抄古诗选十八种 清孙星衍辑 ②27237

王　兑 一七二九（雍正七）年抄师竹堂集三十七卷 明王祖嫡撰 ①1718

王　灼 写（手稿）晴翠山楼诗钞二卷 清王灼撰 ⑱集 1274

王宏俊 一七六八（乾隆三十三）年自抄敦行录 清王宏俊辑 ①156 – 42933

王诒寿 写（手稿）缦雅堂诗稿二卷戊辰词一卷迦云词一卷 清王诒寿撰 ⑱集 1337

王良谷 一七〇三（康熙四十二）年抄硕园诗稿三十五卷词稿一卷 清王昊撰 ①10724

王际华 一七六四（乾隆二十九）年写维摩诘所说经三卷 后秦释鸠摩罗什译 ⑱子 890

王际华等 一七四九（乾隆十四）年写古香斋鉴赏校正昭明文选六十卷 梁萧统辑 ⑱集 1554

王　杰等 一七三六—一七九五（乾隆）年泥金写菩萨璎珞经二十卷 后秦释竺佛念译 ⑱子 889

王叔藩 一八八五（光绪十一）年抄二家宫词二卷 明毛晋辑 ㉙2876

王国宾 一八四八（道光二十八）年刊宝应图经六卷首二卷 清刘宝楠纂 ⑲355

王国维 一九〇八（光绪三十四）年抄南唐二主词一卷 南唐中主李璟后主李煜撰 ⑱集 1957

王图炳 一七三六—一七九五（乾隆）年写大方广佛华严经八十卷 唐释实叉难陀译 ⑱子 899

王宗炎 一七八四（乾隆四十九）年抄靖康孤臣泣血录一卷 题宋丁特起撰 ⑱史 233

王宗炎 一八〇六—一八〇八（嘉庆十一—十三）年抄秋涧先生大全集一百卷

元王恽撰 附录一卷 ⑱集449

王定柱 一七九六（嘉庆元）年抄稗记一卷 清梁彬撰 ⑱子596

王闻远 家抄吴都文粹十卷 宋郑虎臣辑清王闻远校并跋 ①770

王闿运 写（手稿）仪礼演十七卷 清王闿运撰王代舆跋 ⑱经185

王祖畬 一八九五—一九〇八（光绪）年抄娄东耆旧传八卷 清程穆衡撰王祖畬跋 ⑱史453

王祖畬 家抄陶诗辑传二卷 清程穆衡撰 苏氏和陶诗一卷 宋苏轼撰清程穆衡注 ⑱集31

王振声 抄律十二卷音义一卷 宋孙奭撰清王振声校跋 ⑱史1336

王晋元 一九〇六（光绪三十二）年抄娄东耆旧传九卷 清程穆衡撰 ⑱史453

王家璧 抄郢雪初编一卷 清龚黄辑 ⑱集1747

王 堉 一八四二（道光二十二）年抄酌中志略二十三卷 明刘若愚撰 ⑱史272

王 棻 一八九一（光绪十七）年抄王静学先生文集三卷 明王叔英撰 首一卷末一卷 ⑱集558

王 棻 抄遊志续编一卷 明陶宗仪辑清葛咏裳校 ⑱史1066

王雪舫 抄肇域记六卷 清顾炎武撰韩应陛跋 ⑱史734

蛟川**王鸿钧** 一八九五（光绪二十一）年抄伤寒指掌四卷 清吴贞撰 ㉚76

王鸿溪 一七六三（乾隆二十八）年抄复真子刘先生脉法 宋刘开撰 ㉚112

王萱龄 一八一九（嘉庆二十四）年家抄新编四元玉鉴三卷 元朱世杰撰 ⑱子321

王萱龄 一八二七（道光七）年抄测圆算术四卷弧矢算术一卷附录一卷 明顾应祥撰 ⑱子322

泰州**王联三** 一八三〇（道光十）年抄旃檀保产万全经 清冯兆张撰 ㉚452

王曾祥 抄白石道人诗集一卷补遗一卷诗说一卷歌曲六卷歌词别集一卷 宋姜夔撰 ⑱集372

王 韬 写（手稿）弢园未刻诗稿一卷弢园杂录一卷 清王韬撰 ⑱集1337

王献若 一六八九（康熙二十八）年抄一种情传奇二卷 明沈璟撰 ⑱集2117

王嗣贤 一七五五（乾隆二十）年抄童蒙训三卷 宋吕本中撰 ⑱子57

王锡祺 抄（稿本）小方壶斋丛书二百五十九种二百五十九卷 清王锡祺编 ⑱丛513

王 筠 一八二八（道光八）年写史记校二卷 清王筠撰 ⑱史20

临桂王鹏远 一九〇〇（光绪二十六）年抄西事珥八卷 明魏濬撰 ⑪NC3020. 7/2136

王　煜 抄（稿本）三味斋存稿四种五卷 清王煜撰 ⑱丛689

王嘉怡 抄读通鉴论二十卷 清王夫之撰 ⑱史1528

王嘉恺 抄周易内传六卷发例一卷 清王夫之撰 ⑱经82

王端履 一七九六（嘉庆元）年抄玉楮集八卷 宋岳珂撰 ⑱集388

王端履 抄百川书志二十卷 明高儒藏并撰清丁丙跋 ⑱史1385

王　觐 一七〇四（康熙四十三）年抄朝鲜史略六卷 清王觐跋 ⑱史1079

王德森 一八五二（咸丰二）年抄十一草一卷 清周同谷撰 ⑱集957

王　澍 一七二四（雍正二）年篆文写阴符经一卷 清王澍唐翰题跋 ⑱子1043

王　霖 一八九一（光绪十七）年抄顾西畴方案 清顾西畴撰 ㉚634

王霖子 一九〇六（光绪三十二）年抄桐花寮方案 清魏仲淘撰 ㉚645

王　镛 抄楚辞五卷后语一卷 宋朱熹集注 ⑱集8

王懿荣等 一八七四（同治十三）年抄延煦堂金文拓本目一卷 清潘祖荫撰并校跋 ⑱史1456

王　氏 家抄笠云山房诗集十五卷 清王权撰 ⑱集1304

王　氏 一六六二—一七二二（康熙）年家抄鄞县王氏家集不分卷 明王应鹏等撰 ㊱181

汪氏**开万楼** 抄太平寰宇记二百卷目录二卷 宋乐史撰 ⑱史724

开平县 一六六二—一七二二（康熙）年抄开平县志十三卷 清薛璧修甄芭纂 ⑲698

开平县 一九〇九（宣统元）年抄开平县乡土志 清张启琛编 ⑲699

开　州 一九〇八（光绪三十四）年抄开州新编辑乡土志不分卷 佚名编 ⑲576

顾谦**开泰堂** 清初抄謏闻随笔不分卷 清张怡撰 ⑱子670

开原县 一六六二—一七二二（康熙）年抄开原县志二卷 清刘起凡修周志焕纂 ⑲133

开原县 一八七五—一九〇八（光绪）年抄开原县志 清保清修罗宝书纂 ⑲133

天一阁 抄【嘉靖】偃游县志八卷 明林有年纂 ⑲531

天中山人 一七三三（雍正十一）年抄青门诗集十一卷 清邵陵撰 附集一卷 ㉙2981

天长县 一八六九（同治八）年抄天长县纂辑志稿不分卷 清江景桂等纂 ⑲461

刘氏**天尺楼** 抄辽左见闻录一卷 清王一元撰 ⑱史966

天台阁 清初抄烟语不分卷 清郑凤超撰 ⑱史1071

天全堂 抄韵徵十五卷 清安吉撰安念祖校补并跋 ⑱经488

赵氏**天放楼** 抄畿辅碑目二卷待访目二卷 清樊彬撰 ⑱史1476

天河县 一八二六（道光六）年抄天河县志二卷 清林光棣纂修 ⑲721

天喜楼 一七〇二（康熙四十一）年抄紫琼瑶二卷 清张大复撰 ⑱集2138

天禄阁 抄广陵琼花志三卷 明马骈撰 ⑰14925

无为斋 一八六八（同治七）年抄北海耆旧传十一卷 清张昭潜辑 ③传20.12/897

无近名斋 抄官梅集一卷 清邓汉仪撰 ⑱集949

无涯有涯斋 抄黔记四卷 清李宗昉撰黎庶昌跋 ⑱史990

云大山馆 抄二臣传十二卷 清国史馆纂修 ㊱36

云木山馆 抄国朝奏疏四十八卷 清朱枟辑 ⑱史351

林氏**云左山房** 抄使粤奏稿二卷两广奏稿二卷 清林则徐撰 ⑱史393

云龙州 一八七五—一九〇八（光绪）年抄云龙州志不分卷 清胡程章纂修 ⑲846

云在楼 抄古书世学六卷 明丰坊撰清冯登府跋 ⑱经112

缪氏**云自在龕** 抄江南野史十卷附录一叶 宋龙衮撰清缪荃孙校 ⑱史229

云　州 一六六二—一七二二（康熙）年抄云州志五卷首一卷 清蒋轂修 ⑲834

云阳县 清末抄云阳县乡土志二卷 清武丕文甘桂森编 ⑲783

云谷山堂 抄王公四六话二卷 宋王銍撰 ⑱集1872

云谷山房 抄沧海遗珠四卷 明沐昂辑 ⑱集1705

云怀书屋 抄传是楼书目不分卷 清徐乾学藏 ⑱史1397

缪氏**云轮阁** 清末抄圣朝新政要略十卷 缪荃孙校 ⑱史166

云轮阁 抄桐华吟馆诗稿二卷词稿二卷 清杨揆撰 ⑱集1248

云南县 一七一六（康熙五十五）年抄云南县志不分卷 清伍青莲纂修 ⑲846

云南布政使司 抄铜政便览八卷 ⑱史1355

云翰楼 抄地理表二十四册 ⑥

艺古堂 抄六十四卦经解 清朱骏声集注 ③经118/6975

缪氏**艺风堂** 一九〇八（光绪三十四）年抄宋金元明人词十七种二十八卷 清缪荃孙校 ⑱集1922

缪氏**艺风堂** 抄艺风堂金石文字续目三卷 清缪荃孙撰并校补 ⑱史1475

缪氏**艺风堂** 抄东国史略六卷 清缪荃孙校 ⑱史1079

汪氏**艺芸书舍** 抄咸淳遗事二卷 ⑱史241

艺林堂 抄南运纪要八卷 ⑱史1326

长州顾氏**艺海楼** 抄大唐类要一百六十卷 唐虞世南辑清莫友芝丁日昌跋 ⑱子784

顾氏**艺海楼** 抄钱仲文集十卷 唐钱起撰 ⑱集65

顾氏**艺海楼** 一八二一—一八五〇（道光）年抄石初集十卷 元周霆震撰 ⑱集506

李盛铎**木犀轩** 抄钱谱一卷 清龚齐行辑 ㉙2888

五山圣瞻 抄李义山诗集三卷 唐李商隐撰 ⑱集154

叶氏**五百经幢馆** 一八七五—一九〇九（光绪）年抄兰庭集一卷 明谢晋撰 ⑱集566

叶氏**五百经幢馆** 清末抄中兴纲目十卷 清徐树丕撰 ⑱史135

叶氏**五百经幢馆** 抄丹崖集八卷 明唐肃撰 附录一卷 ⑱集533

不味斋 抄名世述三卷 清王川撰 ⑱史414

不不通阁 抄三朝北盟会编二百五十卷 宋徐梦莘撰 ⑱史150

忻氏**不暇懒斋** 抄石经阁集外文二卷 清冯登府撰忻宝华辑 ⑱集1272

太仓州 一八七五—一九〇八（光绪）年抄太仓直隶州志四十卷 清佚名纂 ⑲325

太平县 一七九五（乾隆六十）年抄太平县志二卷 清钟莲纂修 ⑲788

贝氏**友汉居** 抄徐公文集三十卷 宋徐铉撰清墉贝校 ⑱集184

尤贞起 一六六二—一七七二（康熙）年抄绀珠集十三卷 ⑱子690

陆氏切问斋 抄大学合抄六卷 清陆燿撰 ⑱经315

少　尹 一八五九（咸丰九）年抄串雅内编四卷串雅外编四卷 清赵学敏辑 ㉚247

中江县 抄中江县志六卷 清陈此和修戴文奎纂 ⑲754

中部县 一八七五—一九〇八（光绪）年抄中部县乡土志一卷 清佚名编 ⑲197

内　府 一六四四—一六六一（顺治）年抄大清顺治八年岁次辛卯时宪历一卷 ⑱子280

内　府 一六六二—一七二二（康熙）年朱墨抄大清康熙十一年岁次壬子时宪历一卷 ⑱子283

内　府 一七二三—一七三五（雍正）年抄大清雍正二年岁次甲辰时宪历一卷 ⑱子292

内　府 一七三六—一七九五（乾隆）年抄大清乾隆五十六年中星更录一卷 ⑱子298

内　府 一七九六—一八二〇（嘉庆）年抄大清会典事例 清福载等纂修 ⑱史1126

内　府 一八二一—一八五〇（道光）年抄钦定宗人府则例三十一卷 ⑱史1127

内　府 一八五一—一八六一（咸丰）年抄大清咸丰二年岁次壬子时宪书一卷 ⑱子307

内　府 一八七〇（同治九）年抄钦定宫中现行则例四卷 ⑱史1128

内　府 一八七九（光绪五）年抄钦定宫中现行则例四卷 ⑱史1128

内　府 一九〇九（宣统元）年抄钦定宗人府则例三十一卷 ⑱史1127

毛一丰 写（手稿）易用五卷 清毛一丰撰汪福辰等跋 ⑱经96

毛文光 抄五代春秋二卷 宋尹洙撰 五代纪略一卷 清毛文光辑 ⑱史143

毛庆蕃 一八七五—一九〇八（光绪）年抄王茂荫奏稿不分卷 清王茂荫撰 ⑱史394

毛　怀 抄杨子日记一卷 清杨宾撰 ⑱史524

毛际盛 一七八五（乾隆五十）年抄韵补五卷 宋吴棫撰 ⑱经464

毛　表 清初家抄丁卯续集二卷再续一卷 ⑱集152

毛岳生 一八三七（道光十七）年抄元儒考略四卷 明冯从吾撰清丁丙跋 ⑱史427

毛绥寿 抄脉经辑要一卷首图一卷 清张三锡辑 ⑱子193

升平署 一八七三（同治十二）年抄风云会一卷 清李玉撰 ⑱集2133

长山县 一七〇四（康熙四十三）年抄长山县志八卷 清陈宪祖纂修 ⑲270

长汀县 一六八六（康熙二十五）年抄长汀县志不分卷 清潘世嘉纂修 ⑲542

长阳县 抄【乾隆】长阳县志六卷 清李拔纂修 ⑲629

长寿县 一八六二—一八七四（同治）年抄长寿县志 清佚名纂 ⑲741

长寿县 一八二一—一八五〇（道光）年抄长寿县志五卷 清李彬然纂 ⑲741

长春厅 一八七五—一九〇八（光绪）年抄长春厅志 清佚名纂 ⑲142

大兴傅氏**长恩阁** 抄长恩阁丛书十四种十九卷 清傅以礼编并校 ⑱丛506

傅氏**长恩阁** 一八七七（光绪三）年抄明史纪事本末补遗六卷 ⑱史194

傅氏**长恩阁** 抄永历皇帝实录二十五卷 清王夫之撰周星诒跋 ⑱史181

戴氏**长留阁** 一八六九（同治八）年抄行朝录十一卷 明黄宗羲撰 卷末一卷 明陆世仪撰 ①4821

曹垂灿**片玉斋** 抄大唐类要一百六十卷 唐虞世南辑 ⑱子784

化　州 一八九三（光绪十九）年抄罗江外纪不分卷 清黄鹤仪撰 ⑲706

海虞周氏**仇书楼** 一九〇四（光绪三十）年抄齐乘六卷 元于钦撰 释音一卷 元于潜撰 南京图书馆

从吾所好山房 抄稗云琴谱不分卷 清曹锜撰 ⑱子450

劳氏**丹铅精舍** 一八五一（咸丰元）年抄大元海运记二卷 元赵世延揭傒斯等纂修清胡敬辑 ⑱史1320

劳氏**丹铅精舍** 抄温公琐语一卷 清劳权校 ①2163

丹徒县 一九〇九—一九一一（宣统）年抄丹徒县志续志十卷 陈祺寿纂修 ⑲341

乌什厅 一九〇八（光绪三十四）年抄新疆乌什直隶厅乡土志 ⑲250

乌石红雨山房 抄三十六湖草堂诗集四卷 清李必恒撰 ⑱集1083

凤　县 一八二六（道光六）年抄凤县志不分卷 清陈韶纂 ⑲190

六一山房 一八七五（光绪元）年抄雪交亭集十二卷 明高宇泰撰 ⑱史442

六一山房 抄四明诗萃三十卷 清袁钧辑 ⑲230

六尺楼 抄塔影园集不分卷 清顾苓撰 ㉙689

六川书屋 抄清河书画舫十二卷 明张丑撰 ㉙1944

邵氏**六行堂** 抄何义门选诗不分卷 清何焯辑邵泰跋 ①10872

六安州 一六八〇（康熙十九）年抄重修六安州志十卷 清王所善修韩献等纂 ⑲451

六君子斋 抄钱币考摘要六卷 ⑱史1495

文廷式 一八七五—一九〇八（光绪）年家抄永乐大典广字韵三卷 明解缙等辑 ⑱子834

文廷式 抄（稿本）道希先生手稿十三种 清文廷式撰 ⑱丛701

文珍楼 抄求古录一卷 清顾炎武撰徐渭仁校跋 ⑱史1434

阮氏**文选楼** 抄苏东坡先生万言书注一卷 宋苏轼撰清蔡焯注阮元跋 ⑱史358

文选阁 抄杨盈川集十三卷 唐杨炯撰 ⑱集40

文信企 一八八八（光绪十四）年自抄易象详解二卷 清文信企撰 ⑥

桐乡金氏**文瑞楼** 抄钱塘遗事十卷 元刘一清撰 ⑱史241

桐乡金氏**文瑞楼** 抄周益文忠公集二百卷 宋周必大撰 年谱一卷 宋周纶撰 附录五卷 ⑱集333

方一峰 一七三六—一七九五（乾隆）年抄金壶记三卷 宋释適之撰 ⑱子404

方山公 抄脉诀引方论证 清王丙撰 ㉚110

徽歙**方义堂** 一八五九（咸丰九）年抄伤科要略 日吉利禅师撰 ㉚565

方甘白 抄离骚草木疏四卷 宋吴仁杰撰 ⑱集9

方宗诚 抄（稿本）方柏堂手稿四种十六卷 清方宗诚撰 ⑱丛695

方　绚 抄（稿本）方氏丛钞十种十八卷 清方绚编 ⑱丛512

方略馆 抄钦定石峰堡纪略二十卷 ⑱史197

户　部 一八四八（道光二十八）年抄户部海运新案十卷 ⑱史1321

户　部 一八五二（咸丰二）年抄海运续案六卷 ⑱史1322

上虞罗氏**心井盦** 抄明太学经籍志不分卷 ⑨善363

心太平室 抄则原公遗稿不分卷 清高式青撰 ⑱集1077

江德量**心太平盦** 一七三六—一七九五（乾隆）年抄香山诗钞不分卷 唐白居易撰 ⑱集143

蒋氏**心矩斋** 抄保越录一卷 清傅以礼校跋 ⑱史252

尹嘉铨 一七六五（乾隆三十）年抄圭田记一卷 清尹嘉铨撰 ⑱史495

巴陵县 一八七五—一九〇八（光绪）年抄巴陵乡土志二卷 清佚名编 ⑲642

巴楚州 一九〇八（光绪三十四）年抄巴楚州乡土志 清张璪光编 ⑲252

邓华熙 抄邓和简公手录奏议一卷 清邓华熙辑 ㉝179

邓学洙 抄宫闺组韵二卷 清陈圳撰 ⑱集1282

邓　珩 一八〇九（嘉庆十四）年抄张氏医案不分卷 清张省斋撰 ⑱子231

双云堂 清初抄国史唯疑十二卷 明黄景昉撰 ⑱史255

双韭山房 抄续甬上耆旧诗不分卷 清全祖望辑 ⑱集1800

双桂轩 抄昆陵人品记十卷 明毛宪撰吴亮增补 ⑱史452

双桐书屋 抄纤言不分卷 清陆圻撰 ⑱史289

双流县 清末抄双流县乡土志 清佚名编 ⑲739

双梧书室 一八五三（咸丰三）年抄濒湖脉学 明李时珍撰 ㉚113

龚氏**双瑹亭** 抄循化厅志稿八卷 清龚景翰纂 ⑲233

吴氏**双照楼** 一八七五—一九〇八（光绪）年抄西麓继周集一卷 宋陈允平撰 ⑱集1968

吴氏**双照楼** 一九〇九（宣统元）年抄西麓继周集一卷 宋陈允平撰 ⑱集1968

王氏**双溪草堂** 抄少宰王公奏议四卷 清王茂荫撰 ⑱史394

孔广林 一七七二（乾隆三十七）年抄周官经六卷 ⑱经167

孔广陶 抄（稿本）孔少唐存稿五种五卷 清孔广陶撰 ⑱丛706）

孔广森 一七七七（乾隆四十二）年抄缉古算经一卷 唐王孝通撰并注 ⑱子32

孔继昌 抄岭海楼诗钞四卷 清黄培芳撰 ⑱集1276

孔继涵 一七七六（乾隆四十一）年家抄郑学五种五卷 汉郑玄撰 ⑱经18

书带草堂 抄射山诗馀一卷 明陆钰撰 ⑱集1973

周氏**书钞阁** 抄国朝稗乘三种三卷 清丁绍仪编周星誉周星诒跋 ①731

书钞阁 一八七一（同治十）年抄东林同难录一卷 明杨坤等辑 列传一卷 清缪敬持辑周星诒校跋 ⑱史438

汉阳周氏**书种楼** 抄文庄集三十六卷 宋夏竦撰 ㉝267

书巢居士 抄宋六一先生文钞不分卷 宋欧阳修撰明归有光辑 ⑱集 231

书福楼 抄明末忠烈纪实二十卷 清徐秉义撰 ⑱史 443

毋自欺室 抄国朝孝子传九卷 ⑱史 417

水云居 一六六六（康熙五）年抄医方 清旦如氏录 ㉚243

瑞安项霁**水仙亭** 一八二一—一八五〇（道光）年抄河南集三卷 宋穆修撰 遗事一卷 ⑱集 195

项氏**水仙亭** 抄谏垣奏议不分卷 明李维樾撰 ⑱史 381

水城厅 一八七五—一九〇八（光绪）年抄水城厅采访册十卷 清陈昌言纂 ⑲818

五画

玉山草堂 一七二七（雍正五）年抄张可菴先生往来书牍不分卷 清顾郊麟辑 ⑱集 1729

玉门县 一八二六（道光六）年抄【乾隆】玉门县志一卷 清佚名纂 ⑲224

玉尺山房赵锦 一八四四（道光二十四）年抄乾隆山阳县志二十二卷首一卷 清金秉祚修丁一焘等纂 ⑲36

玉芝斋 抄五局传奇十卷 明邓志谟撰 ⑱2124

法氏**玉延秋馆** 抄朋旧及见录不分卷 清法式善辑 ①14870

吴氏**玉连环室** 抄选钱斋笔记十五卷续记三卷 清吴钧撰 ⑭

玉连环室 抄钱录十二卷 清张端木撰 ⑱史 1489

龚氏**玉玲珑阁** 一六六二—一七二二（康熙）年抄陆右丞蹈海录一卷 明丁元吉辑 清龚翔麟丁丙跋 ⑱史 475

龚翔麟**玉玲珑阁** 抄职官分纪五十卷 宋孙逢吉辑 ⑱子 801

玉楝读易楼 一七九四（乾隆五十九）年抄彭城集四十卷 宋刘攽撰 清玉楝批校并跋 ⑱集 212

巴陵方氏**玉荀山房** 抄三朝北盟会编二百五十卷 宋徐梦莘撰 ③224/575.2

顾氏**玉筍山房** 抄振绮堂书目不分卷 清汪远孙藏 ⑱史 1405

玉筍山房 抄小书巢诗课偶存注略四卷 清陆以庄撰杨筠注 ⑱集 1256

玉晖堂 抄玉晖堂诗鈔不分卷 清赵湛撰 ⑱集 957

孙诒让玉海楼 一八七五—一九〇八（光绪）年抄干常侍易注疏证一卷
集证一卷 清方成珪撰孙诒让批跋 ⑱经42

孙氏**玉海楼** 抄钦定四库全书简明目录二十卷 清纪昀等撰孙诒让校跋 ⑱史1377

玉牒馆 抄太宗文皇帝支谱 ⑪977.1/4302

玉蕊花窗 抄庚癸纪略二卷 题清倦圃野老撰 ⑱史329

正气堂 抄古学经辑注八卷 清刘士林撰 ①10458

丁氏**正修堂** 抄姚叔器先生集一卷 元姚琏撰 ⑱集521

张氏**正谊堂** 抄伊洛渊源续录二十卷 清张伯行撰 ⑱史424

正谊堂 抄张杨园先生文集不分卷 清张履祥撰 ⑱集927

甘肃布**政使司** 抄物料价值则例八卷 清陈宏谋等辑 ⑱史1366

甘泉县 一七六五（乾隆三十）年抄甘泉县志八卷 清汪永聪纂修 ⑲194

甘泉县 一九〇九—一九一一（宣统）年抄甘泉县乡土志一卷 清佚名编 ⑲194

吴氏**甘遯邨居** 一九〇九（宣统元）年抄片玉集十卷 宋周邦彦撰王国维校并跋 ⑱集1960

世瑞堂 抄龙沙剑传奇二卷 清程煐撰 ⑱集2151

艾述之 一八五三（咸丰三）年抄学孔精舍诗钞二卷 明孙应鳌撰清艾茂辑 ⑱集710

赵氏**古欢仙馆** 抄桂苑笔耕集二十卷 朝鲜崔致远撰 ⑱集173

吴氏**古欢堂** 一七七八（乾隆四十三）年抄熙宁长安志二十卷图三卷 宋宋敏求纂元李好文绘 ⑲162

吴氏**古欢堂** 一七七九（乾隆四十四）年抄刘左史文集四卷 宋刘安节撰清吴翌凤校跋 ①2745

田雯**古欢堂** 一六六二—一七二二（康熙）年抄咸淳临安志一百卷 宋潜说友纂修 ⑲378

许氏**古均阁** 抄读说文证疑一卷 清陈诗庭撰 ⑱经413

曹氏**古林** 抄王梅边集一卷 宋王炎午撰清黄丕烈跋校 ①11554

项氏**古香书屋** 抄满汉名臣传八十卷 ⑫愚史625

古泉草堂 抄海塘录二十六卷首二卷 清翟均廉撰 ⑱史1043

古炤堂 抄鄱阳刘彦昺诗集九卷 明刘炳撰 ⑱集545

古藤书屋 抄缙云志馀一卷 著者佚名 ⑲441

古藤书屋 抄【成化】重修毗陵志四十卷 明卓天锡修孙仁增修朱昱纂 ⑲345

左　桢 一六四六（顺治三）年抄白云集十卷 明陈昂撰 ⑱集 826

厉　鹗 一七三三（雍正十一）年家抄梅磵诗话三卷 宋韦居安撰 ⑱集 1881

石　介 一八七〇（同治九）年抄历代词话十二卷首一卷蔗农词话二卷 清石林凤撰 ⑱集 2012

真州**石生氏** 一八七〇（同治九）年抄伤寒海底眼二卷 明何渊撰 ㉚71

石竹斋 一七九六—一八二〇（嘉庆）年抄萃芳集九卷 清高斗魁等撰 ㉚435

石村书屋 抄绀珠集十三卷 ⑱子 690

秦氏石研斋 抄江东秦氏遗书四种七卷 ⑱丛 583

秦氏**石研斋** 一八一七（嘉庆二十二）抄打马图一卷 宋李清照撰清秦恩复跋 ⑱子 454

石泉县 一六八七（康熙二十六）年抄石泉县志不分卷 清潘瑞奇修张峻蹟纂 ⑲204

石首县 一六七二（康熙十一）年抄石首县志四卷 清卫胤嘉修王章纂 ⑲624

吴氏**石莲盦** 清末抄归来草堂尺牍一卷 清吴晋锡吴兆骞撰 ⑱集 1766

石韫璧米山房 一八〇一（嘉庆六）年抄沧浪诗话二卷 宋严羽撰明毛晋订 ㉝334

龙安府 一七三六—一七九五（乾隆）年抄龙安府志一卷 清佚名纂 ⑲749

龙池山房 抄昭德先生郡斋读书志二十卷 宋晁公武撰 ⑱史 1382

龙尾山农 一七九〇（乾隆五十五）年抄鲒埼亭集三十八卷 清全祖望撰 全谢山先生年谱一卷 ⑱集 1166

龙泉县 一六六二—一七二二（康熙）年抄龙泉县志草 清张其文纂修 ⑲805

打箭厅 清末抄【光绪】打箭厅志二卷 清刘廷恕纂 ⑲797

平山县 清末抄平山县乡土志 清方汝霖编 ⑲36

平乐府 一六六二—一七二二（康熙）年抄平乐府志不分卷 清郑长青纂修 ⑲726

叶氏**平安馆** 抄天元歌一卷 清蒋平阶撰 三元运气说一卷 题元幕讲禅师撰 ⑱子 358

平阳县 一八四〇（道光二十）年抄平阳县志辨误校正补遗 清杨诗纂 ⑲437

平步青 抄（稿本）安越堂残稿十一种十七卷 清平步青撰 ⑱丛 690

平岚书屋 抄蒲溪吟社三家诗钞四卷 ⑱集1790

平利县 清末抄平利县乡土志不分卷 清佚名编 ⑲203

平和县 一六六二—一七二二（康熙）年抄平和县志九卷首一卷 清金镛修游瀛洲纂 ⑲539

平度县 一九〇八（光绪三十四）年抄平度县乡土志 清张世卿编 ⑲280

孙氏**平津馆** 一八〇八（嘉庆十三）年影宋抄说文解字十五卷 汉许慎撰 ⑱经399

孙氏**平津馆** 影宋抄故唐律疏议三十卷 唐长孙无忌等撰清孙星衍校 ⑱史1336

平　庵 清初抄东都略一百三十卷 宋王偁撰 ⑱史81

平溪卫 一六六二—一七二二（康熙）年抄平溪卫志书不分卷 清郑逢元纂修 ⑲807

东山楼 抄峡川诗钞二十卷 清曹宗载辑 ⑱集1797

祁氏**东书堂** 清初抄远山堂诗集十卷 明祁彪佳撰 ⑱集851

祁氏**东书堂** 抄藏书楼诗稿一卷寓山诗稿一卷 明祁理孙撰 ①10477

何氏**东洲草堂** 一八五一—一八六一（咸丰）年抄翁诗录腴三卷 清翁方纲撰何绍基辑 ⑱集1179

道州何氏**东洲草堂** 抄阮元列传 清何绍基撰 ⑱史497

东埜轩 抄柳南续笔四卷 清王应奎撰 ⑱子672

东皋荷夫 一七三一（雍正九）年抄尊生镜二卷 ㉚612

东啸轩郁礼 一七六六（乾隆三十一）年抄降帖平六卷 宋姜夔撰清郁礼校跋 ①12182

陈氏**东塾** 抄两汉纪字句异同考一卷 清蒋国祚撰陈澧批校 ⑱史142

卢友炬 一八七五—一九〇八（光绪）年抄月船居士诗稿四卷 清卢镐撰 ⑬847.7/21280

卢文弨 一七七六（乾隆四十一）年抄刘随州文集十一卷 唐刘长卿撰 ⑱集51

卢文弨 抄国史经籍志六卷 明焦竑撰 ⑱史1410

卢抱经 一七七七（乾隆四十二）年抄吴郡乐圃朱先生馀稿十卷附编一卷 宋朱长文撰 ㉙130

卢秋海 一七一五（康熙五十四）年抄乐府原十五卷 明徐献忠辑 ⑱集1573

古董**卢氏** 一七三六—一七九五（乾隆）年抄秦边纪略五卷 清梁份撰 ⑱史995

赵氏**旧山楼** 一八八八（光绪十四）年抄思菴先生文粹二卷 明吴讷撰 ⑱集569

赵氏旧山楼 抄藏说小萃十集十一种二十七卷 明李如一编 ⑱丛204

归咏轩 抄青燐屑二卷 明应喜臣撰 ⑱史287

江乡**归氏** 抄北户录三卷 唐段公路撰 ⑱史987

赵殿成**目耕堂** 抄王右丞集十六卷 唐王维撰清赵殿成笺注 ⑱集50

周氏**目耕楼** 一七九六—一八二〇（嘉庆）年抄湛谘议集一卷 晋湛方生撰清周世敬辑附录一卷 ⑱集31

且懒斋 抄滇遊纪乱一卷滇遊过险诗一卷 明倪钜撰 ⑱史269

叶　万 清初抄契丹国志二十七卷 宋叶隆礼撰 ⑱史243

叶仁祖 一六五八（顺治十五）年抄因话录六卷 唐赵璘撰 ⑱子518

叶申芗 一八三八（道光十八）年抄六十名家词选 清叶申芗选校 ㉝324

叶尔安 写（手稿）病馀诗草一卷 清叶尔安撰张吉梁跋 ⑱集1319

叶百川 一八三一（道光十一）年抄博物要览十六卷 清谷应泰撰 ⑯991.9/924

叶廷琯 一八三五（道光十五）年家抄州县提纲四卷 清叶廷琯校跋 ⑱史1098

叶廷琯 一八五五（咸丰五）年抄旧闻证误四卷 宋李心传撰 ⑱史1514

叶廷琯 一八六五（同治四）年抄湖变纪略一卷 清姚宗诚撰叶廷琯跋 ⑱史329

叶名沣 一八二一—一八五〇（道光）年抄何义门校说文一卷 清何焯撰 惠定宇校说文一卷 清惠栋撰 ⑭

叶孝庆 一七七六（乾隆四十一）年抄砚北方案不分卷 清吴蒙撰 ⑱子231

叶志诜 一八一三（嘉庆十八）年家抄张端木钱录十二卷 清张端木撰叶志诜跋 ⑱史1489

叶启祥 一七五四（乾隆十九）年抄蓬蜗录十卷 明卢熊撰 ⑱集543

叶昌炽 一八九六（光绪二十二）年抄逃虚子诗集十卷续集一卷 明姚广孝撰 ⑱集563

叶城县 一八七五—一九〇八（光绪）年抄叶城县乡土志 清佚名编 ⑲252

叶树莲 一六六二—一七二二（康熙）年抄石林居士建康集八卷 宋叶梦得撰 ⑱集298

叶树廉 抄大金国志四十卷 题宋宇文懋昭撰清顾广圻跋 ⑱史244

叶畊云 一八一二（嘉庆十七）年抄叶学山先生诗稿十卷 清叶舒颖撰 ⑱集1001

叶時畴 一六六〇（顺治十七）年抄汪水云诗抄一卷 宋汪元量撰 附录一卷 叶万跋 ①1076

叶道芬 抄山静居诗论一卷书论一卷 清方薰撰 ⑱子597

叶裕仁 抄遵岩先生文钞不分卷 明王慎中撰 ⑱集666

叶楚樵 一七八四（乾隆四十九）年抄金台医话 清俞廷举撰 ㉚664

叶熙锟 一八八三（光绪九）年抄医案辑录十二卷 清叶昶撰 ㉝150

汉阳**叶氏** 抄饴菴遗箸一卷 清徐养原撰 ⑱经233

汉南**叶氏** 抄金石文七卷 明徐献忠辑清奚世荣跋 ⑱史1432

叶　氏 清初抄东国史略六卷 ⑱史1079

叶　氏 抄拜经堂文集五卷 清臧庸撰叶名沣辑 ⑱集1278

田　文 一六六二—一七二二（康熙）年抄咸淳临安志一百卷 宋潜说友纂 ⑲378

田玉泉 抄亭林诗集五卷 清顾炎武撰 ⑱集939

田　叓 抄经鉏堂杂志八卷 宋倪思撰 ⑱子544

田思绂 一九〇五（光绪三十一）年抄侣山堂类辨二卷 清张志聪撰 ㉚662

史宝安 抄忠愍公诗二卷 宋寇准撰 ⑱集187

史　诠 一八二一—一八五〇（道光）年抄压线集不分卷 明冯登府撰 ⑱集1271

史　诠 写（手稿）尔雅异文考四卷 清史诠撰高夔跋 ⑱经684

史　馆 抄怀庆守城日志一卷附录一卷 清余福渭撰 ⑱史545

四勿斋 抄临平记三卷 明沈谦撰 ⑱史979

吴氏**四古堂** 抄靖康纪闻一卷 题宋丁特起撰 拾遗一卷 清吴允嘉校丁丙跋 ⑱史233

四库全书纂修馆 一七三六—一七九五（乾隆）年抄钦定四库全书总目二百卷
清纪昀等撰 ⑱史1376

杨氏**四知堂** 抄金石录三十卷 宋赵明诚撰 ⑱史1427

四宝斋 抄小山词一卷 宋晏几道撰 ⑱集1958

杨氏四经**四史斋** 抄绿绮轩诗钞一卷文钞一卷 清舒焘撰 ①5832

张氏**仪鄦庐** 抄淮南许注异同诂四卷 清陶方琦撰 ⑱子506

白山庆宁 一七九〇（乾隆五十五）年抄谦斋诗集 清何溥撰 ⑪NC5531. 2/2234

白石山馆 抄秋舫诗钞一卷 清陈沆撰 ⑱集 1271

白华楼 抄三朝北盟会编二百五十卷 宋徐梦莘撰 ⑱史 150

白冠瀛 一八九六（光绪二十二）年抄白启南日记不分卷 清白恩佑撰 ⑱史 543

马氏**丛书楼** 抄定倾论一卷 宋王庶撰清彭元瑞校跋 ⑱史 1369

丛书楼 抄近思录集说十四卷 清黄奭撰 ①2351

丛竹山房 抄磨砖集不分卷 清伍轼临撰 ⑱集 1191

董氏**丛碧庐** 抄方叔渊遗稿一卷 元方澜撰 ⑱集 445

朱氏**丛碧簃** 一九〇九（宣统元）年抄桐冈存稿八卷 清张远览撰 ⑱集 1240

蒋氏**印山楼** 抄梧园文集不分卷 清吴农祥撰丁丙跋 ⑱集 1012

印鸿纬 一七七七（乾隆四十二）年抄天下金石志不分卷 明于奕正撰 ⑱史 1433

印溪草堂 抄东维子集十六卷 元杨维桢撰清金俊明校 ⑱集 517

古黟**务本堂** 一九〇三（光绪二十九）年抄咽喉秘授 清邢建明撰 ㉚591

乐山堂 抄历代史正二卷 明饶汝梧撰 ⑱史 695

乐会县 抄康熙乐会县志四卷 清程秉慥纂修 ⑲702

乐安县 一六六二—一七二二（康熙）年抄乐安县志八卷 清郭肇基纂修 ⑲501

乐闲子 一七一一（康熙五十）年抄痘疹仁端录八卷 明徐谦撰 ⑱子 244

王德森**市隐庐** 抄石帆轩诗集十一卷 清徐骏撰 ㉙2076

李宗莲**立本堂** 抄庄简集十六卷 宋李光撰 附录一卷 清李宗莲辑 ⑱集 297

立雪旧庐 抄华夷译语十卷 ⑱经 455

冯文轩 一八七五（光绪元）年抄针灸穴法 ㉚142

冯式棻 抄陶氏琴谱一卷 明陶鸿逵辑 ⑱子 447

冯会昌 一九〇四（光绪三十）年抄脉诀杂录 ㉚111

冯汝九 一九一〇（宣统二）年抄本草二十四品 清陆懋修集 ㉚178

冯　武　抄牧斋有学集五十卷　清钱谦益撰　⑱集897

冯　班　清初抄文心雕龙十卷　梁刘勰撰清冯班跋并录明钱允治题识　⑱集1868

冯　舒　一六四八（顺治五）年抄潜夫论十卷　汉王符撰清冯舒校并跋　⑱子45

冯登府　写（手稿）三家诗异文疏证六卷补遗三卷　清冯登府撰　⑱经165

冯登府　写（稿本）石经阁丛书七种　清冯登府编　⑱丛415

圣祖**玄烨**　一七一五（康熙五十四）年写金刚般若波罗蜜经一卷　后秦释鸠摩罗什译　⑱子893

兰石道人　一八二六（道光六）年抄人海记二卷　清查慎行撰　③总520/8242

兰碧斋　抄百宋一廛赋　清顾广圻撰黄丕烈注　⑰56－40322

半亩天居　一七九六—一八二〇（嘉庆）年抄东宫备览六卷　宋陈模撰　⑧

李氏**半亩园**　抄锲不舍斋文集不分卷　清李祖望撰　①10868

仁和邵氏**半岩庐**　抄嘉禾志三十二卷　元徐硕撰　⑪981.7810/2811.1

汉石经室　抄说文集释不分卷　清于鬯沈毓庆撰　⑱经425

汉阴厅　一九一一（宣统三）年抄汉阴厅续志访稿四卷　清严承志纂　⑲203

宁古塔　一八九一（光绪十七）年抄宁古塔地方乡土志　清佚名编　⑲157

云南**宁州**　一六九五（康熙三十四）年抄宁州郡志二卷　清严敬原本马世俊增修　⑲830

云南**宁州**　一八七五—一九〇八（光绪）年抄宁州志不分卷　清卢厚山纂修　⑲830

宁寿堂　抄晋阳外史十六卷　⑱集2177

宁远州　一六六二—一七二二（康熙）年抄宁远州志八卷　清冯昌奕等修范勋纂　⑲138

宁远州　一九〇八（光绪三十四）年抄宁远州乡土志　清马鸿阶编　⑲138

宁灵厅　清末抄【光绪】宁灵厅志草不分卷　清佚名纂　⑲87

宁武守禦所　一六六二—一七二二（康熙）年抄宁武守禦所志不分卷　清王镐纂修　⑲229

宁波府　一六六二—一七二二（康熙）年抄宁波府志三十三卷　清李廷机修姚宗京等纂　⑲408

宁津县　清末抄宁津县乡土志　⑲266

宁埜堂　抄庚子消夏记八卷　清孙承泽撰　附元破临安所得故宋书画一卷　⑱子390

宁淡书屋 抄禅悦内外合集十卷 清祁骏佳撰 ⑱集914

礼县 一六八七（康熙二十六）年抄礼县新志不分卷 清王揄善纂修 ⑲216

礼县 一七二八（雍正六）年抄礼县志不分卷 清董兴国纂修 ⑲216

永宁县（今叙永县） 清末抄永宁县乡土志不分卷 ⑲767

永吉县 一八七五—一九〇八（光绪）年抄永吉县乡土志不分卷 清打牲乌拉总管衙门编 ⑲143

永言斋 清初抄庄忠甫杂著二十八种七十卷 明庄元臣撰 ⑱丛614

永春堂 一七五〇（乾隆十五）年抄笛曲簿一卷 ⑱集2186

永善县 一八七五—一九〇八（光绪）年抄【嘉庆】永善县志略二卷首一卷 清查枢纂修 ⑲824

永理 一七九六—一八二〇（嘉庆）年写御制盛京颂一卷 清仁宗颙琰撰 ⑱集1256

永嘉县 抄【咸丰】永丰县志摘抄 清王景澄纂 ⑲435

永瑢 一七三六—一七九五（乾隆）年泥金写大圣文殊师利菩萨赞佛法身礼经一卷 唐释不空译 ⑱子902

永瑢 一七九七（嘉庆二）年抄兰语集十五卷 ①1067

永璇 一七三六—一七九五（乾隆）年抄帝学八卷 宋范祖禹撰 ⑱子50

永璥 一七四四（乾隆九）年抄钦训堂文存二卷 清弘晋撰 ①1799

司务厅正稿股 抄奏档簿不分卷 清耆英等撰 ⑱史356

司昌龄 抄毕坚毅先生四州文献四卷 清司昌龄节录 ⑪981.3964/1762

高宗**弘历** 一七六八（乾隆三十三）年菩提叶写般若波罗蜜多心经一卷 唐释玄奘译 ⑱子895

高宗**弘历** 写绘（手稿）生香乐意不分卷 清高宗弘历撰 ⑱子432

弘昨 一七三六—一七九五（乾隆）年泥金写佛说阿弥陀经一卷 后秦释鸠摩罗什译 ⑱子903

皮山县 一九〇八（光绪三十四）年抄皮山县乡土志 ⑲253

边浴礼 一八三九（道光十九）年抄阳春白雪八卷外集一卷 宋赵闻礼辑 ⑱10974

李氏**圣泽楼** 抄日知所无斋诗草 题三山澂道人撰 ⑰K15153

台拱厅 抄【乾隆】台拱厅志略三卷 清赵舆恺修陈佑纂 ⑲816

辽阳州 清末抄辽阳州志 清佚名纂 ⑲130

辽源州 清末抄辽源州乡土志 清赵炳南编 ⑲148

六 画

邢祖恪 一八四九（道光二十九）年抄聊斋文集四卷 清蒲松龄撰 ⑱集1050

张氏**式训堂** 一八四二（道光二十二）年抄安邱新志乘韦二十八卷 清马世珍纂修张柏行增订 ⑲276

式训堂 抄渠邱耳梦续录 清张柏恒辑 ④14984

式诂堂 抄山海题襟集 清钱国祥等撰 ③140/89554

迂松阁 抄漂阳路总管水镜元公诗集一卷 元元淮撰 ①7106

朴学斋林佶 抄月泉吟社一卷 宋吴渭辑 ⑱集1685

叶氏**朴学斋** 抄吕和叔文集十卷 唐吕温撰 ⑱集139

吉邻斋 抄唐宋诗词九卷 ⑱集1367

吉林省 一八七五—一九〇八（光绪）年精抄吉林通志一百十六卷首一卷 清长顺等修李桂林等纂 ⑲141

吉晖阁 一九〇七（光绪三十三）年抄信义志六卷 清徐升初陈至言等纂 ⑲324

吉晖堂 一九〇七（光绪三十三）年抄昆新乡土地理志 清顾国珍编 苏州图书馆

吉祥云室 抄朱止泉先生河道合意编一卷 清朱泽沄撰姚椿校 ⑱史1032

杨氏**吉祥止止室**入 抄夷艘寇记二卷 ⑱史324

芋香山馆 抄新嵯备要十卷 ⑱史1326

芝　庭 一八三二（道光十二）年抄伤寒舌鉴 清张登编 ㉚124

荽楂书室 清初抄台湾外志五十卷一百回 清江日昇撰 ⑱子770

吏部考功司 抄考工司保奖成案 ⑰K14671

西丰县 一九〇九—一九一一（宣统）年抄西丰县乡土志不分卷 清陈正源编 ⑲134

西古画楼 抄墨缘汇观四卷 清安岐辑 ⑱子392

西　邨 清初抄故明工科给事中范公奏折一卷 明范淑泰撰 ⑱史383

西充县 清末抄西充县乡土志 清李琪章编 ⑲786

浙江西安县 一八二一—一八五〇（道光）年抄西安县新志正误三卷 清陈埙纂 ⑲432

吉林西安县 清末抄西安县乡土志 清金正元等编 ⑲148

蒙古西灵阿 一八〇八（嘉庆十三）年抄书法手眼 ⑪NC6129/5726

宋氏西陂草堂 清初抄侨吴集十二卷 元郑元祐撰 附录一卷 ⑱集494

西昌县 抄【乾隆】西昌县志不分卷 清佚名编 ⑲793

西昌县 抄【道光】西昌县志略二卷首一卷 清徐连纂修 ⑲793

西和县 一六八七（康熙二十六）年抄西河县志不分卷 清王殿元纂修 ⑲218

西郊草堂 抄雍正平望镇志四卷首一卷 清王藻等纂 ⑲335

陈氏西畇草堂 抄采石瓜洲毙亮记一卷 宋蹇驹撰 ⑱史240

蒋氏西圃 抄道园学古录五十卷 元虞集撰 ⑱集462

释在观 一七九二（乾隆五十七）年抄使金录一卷 宋程卓撰清朱上林跋 ⑱史241

有不为斋 一八七四（同治十三）年抄玉楸药解八卷 清黄元御撰 ㉚173

有竹堂 抄归潜志十四卷 元刘祁撰 ⑱子654

有竹斋 抄重刊书法雅言一卷 明项穆撰 ⑱子409

有真意斋 抄一亭考古杂记一卷 清毛庆臻撰 ⑱子676

有庵老人 一八四九（道光二十九）年抄医林神宝书 题清有庵老人录 ㉚411

存古山房 抄绍兴十八年同年小录一卷附录一卷 ⑱史637

沈氏存吾春室 一八三三（道光十三）年抄平定瑶匪述略二卷 清周存义撰 ⑱史198

存诚堂 一八五八（咸丰八）年抄二度梅宝卷 ⑯858.5/100.1

存济堂张氏 抄行医宝鉴 ⑦7427

法氏存素堂 抄宋元人诗集八十二种二百七十卷 清法式善编 ⑱集1384

释达受 一八四〇（道光二十）年抄龙舒增广净土文十二卷 宋王日休撰 ⑱子958

成县 一六八七（康熙二十六）年抄成县志不分卷 清杨注纂修 ⑲219

成都府 抄【康熙】四川成都府志三十五卷 清佟世雍修何如伟等纂 ⑲738

成蓉镜 抄（稿本）成氏遗书七种十五卷 清成蓉镜撰 ⑱丛704

丁氏百兰山馆 抄抚吴公牍五十卷 清丁日昌撰 ⑱史1364

扬州府 一八〇一（嘉庆六）年抄扬州府图经八卷 清阮元修江藩焦循纂 ⑲349

夹江县 抄【康熙】夹江县志六卷 清李大成修田樟等纂 ⑲770

毕节县 抄【同治】毕节县志稿二十卷首一卷 清王正玺扎拉棻修周范纂 ⑲811

毕书石碑坊市馆 一九〇四（光绪三十一）年抄伤寒歌括 清遂夫等编 ㉚90

毕盛鉴 一七一八（康熙五十七）年抄司徒恩遇日纪二卷 明毕自严撰 ⑱史519

毕裕曾 一八三〇（道光十）年抄仓颉篇三卷 清孙星衍辑 ⑱经398

毕裕曾 抄纬候佚文不分卷 清毕裕曾辑 ⑱经375

扫叶山房 抄宋人小集二十卷 ⑱集1444

袁氏贞节堂 一八二五（道光五）年抄北山小集四十卷 宋程俱撰 ①4271

袁廷**梼贞节堂** 抄【元丰】吴郡图经续记三卷 宋朱长文撰 ㉙129

袁氏**贞节堂** 抄钦定天禄琳琅书目十卷 清于敏中等撰 ⑱史1378

姚氏**师石山房** 抄大元至元法宝勘同总录十卷 元庆吉祥等撰 ①10838

邹氏**师竹友兰室** 一八七九（光绪五）年抄修川小志不分卷 清邹存淦撰 ①4584

师竹斋 抄俞渐川集四卷 清俞汝言撰 ⑱集943

沈煦孙**师米斋** 抄疏园集一卷樵话庵集一卷且留集一卷诗馀一卷 清邵陵撰 ㉙2981

陈氏**师简堂** 抄宋人小集六十卷 ⑱集1445

丁氏**当归草堂** 抄楼居杂著一卷野航文稿一卷诗馀一卷 明朱存理撰 附录一卷 ⑱集609

吐鲁番厅 清末抄新疆吐鲁番厅乡土志 清曾炳熿编 ⑲245

吴氏讲习堂**吕无咎** 抄鸿庆居士文集四十二卷 宋孙觌撰 ⑱集310

吕无党 抄金石录三十卷 宋赵明诚撰清吕无党校张元济跋 ⑱史1427

吕无隐 一七一〇（康熙四十九）年抄乖崖先生文集十二卷 宋张咏撰 附录一卷 ⑱集188

吕无隐吕无尽等 抄松隐文集四十卷 宋曹勋撰 ⑱集298

吕兆璜 一六六三（康熙二）年抄吕明德先生年谱四卷 清施化远等撰 ⑱史509

吕留良 抄东莱先生诗集二十卷 宋吕本中撰 ⑱集318

同文堂 抄高昌馆杂字一卷回回馆杂字一卷 ⑱经456

曲江县 一八七五—一九一一（光绪—宣统）年抄曲江乡土志 清梁朝俊黄文蔚编 ⑲677

曲阜县 一八七五—一九〇八（光绪）年抄曲阜县乡土志 清佚名编 ⑲294

竹山县 一六八二（康熙二十一）年抄竹山县志不分卷 清贾待聘纂修 ⑲634

竹友草堂主人 一七五七（乾隆二十二）年抄伤寒明理论三卷方论一卷 金成无己撰 ㉚65

丁氏**竹书堂** 一八七五—一九〇八（光绪）年抄辽东行部志一卷 金王寂撰清丁丙跋 ⑱史1065

竹因书坞 抄古文尚书考二卷 清惠栋撰李文藻校跋 ⑱经118

竹声共雨山房 抄隶释二十七卷 宋洪适撰清周星诒跋 ⑱史1429

竹林书塾 抄艺林汇谱一卷 清翁方纲撰沈铭彝补 ⑱史416

竹泉庄 抄草窗梅花集句四卷 明童琥撰 竹浪亭集补梅花集句一卷 明洪九畴程起骏撰 ①10600

吴氏**竹素山房** 抄卢忠肃彭节愍家书合钞二卷 明卢象昇彭期生撰清吴昂驹辑 ⑱集1732

鄂氏**竹虚斋** 一七三六—一七九五（乾隆）年抄（稿本）唐音存雅十卷 清鄂弼选 ⑱集1679

赵氏**竹崦盦** 抄朱卧菴藏书画目一卷 清朱之赤藏并撰 ⑱子389

钱谦贞**竹深堂** 抄李君虞词集二卷 唐李益撰 ⑱集96

竹清山房 一八二一—一八五〇（道光）年抄史阁部遗集不分卷补篇一卷 明史可法撰 ⑱集867

赵氏**竹影庵** 一七六七（乾隆三十二）年闲居录一卷元吾衍撰 ⑱子556

竹谿县 一六九一（康熙三十）年抄竹谿县志不分卷 清徐京陛纂修 ⑲633

乔载繇 一八七二（同治十一）年抄因话录六卷 唐赵璘撰 ①13722

迁安县 一六六二—一七二二（康熙）年抄迁安县志二卷 清王永命纂修 ⑲42

朱士彦 抄按闽奏议三卷 清朱克简撰 ⑱史384

朱士端 一八一九（道光九）年抄輶轩使者绝代语释别国方言十三卷 汉扬雄撰晋郭璞注 ⑱经387

朱士瑞 写（手稿）齐鲁韩三家诗释十六卷 清朱士瑞撰 ⑱经165

朱大韶 抄（稿本） 实事求是之斋丛著四种五十卷 清朱大韶撰 ⑱丛684

朱元吕 抄尔雅旧注三卷 清陈鳣辑 ⑱经383

朱云亭 一八九三（光绪十九）年抄天仙宝卷 ③文579.4/091

朱文琥 一七九二（乾隆五十七）年抄剪愁吟一卷 清姚棲霞撰陈寿熊跋 ⑱集1254

朱文藻 一七七一（乾隆三十六）年抄频迦偶吟六卷 清张世荦撰 ①5956

朱文懋 一八九六（光绪二十二）年抄东坡先生志林五卷 宋苏轼撰 ⑱子525

朱为弼 抄（稿本） 朱茮堂家藏稿十一种十三卷 清朱为弼撰 ⑱丛668

朱凤崖 一六七三（康熙十二）年抄足奔百怪一卷 唐李淳风撰 ⑱子380

朱邦衡 一七七三（乾隆三十八）年家抄述古堂书目不分卷宋版目一卷 清钱曾藏并撰朱邦衡校 ⑱史1392

朱邦衡 一八一一（嘉庆十六）年抄大唐开元礼一百五十卷 唐肃嵩等撰 ⑱史1142

朱芳衡 抄鸳鸯湖擢歌四卷续一卷 ①1627

朱　纲 一七〇一（康熙四十）年抄梅村诗钞不分卷 清吴伟业撰 ⑱集920

朱昌颐 一八四六（道光二十六）年抄出围城记不分卷 清杨棨撰 ⑱史324

朱　型 一七七一（乾隆三十六）年抄玉窗遗稿一卷 清葛宜撰 ⑱集1012

朱美缪 一八二六（道光六）年抄春华秋实之斋诗集五卷诗馀一卷试帖诗一卷 清朱文珮撰 ⑱集1258

朱庭干 一八五七（咸丰七）年抄未之思轩诗草拾遗一卷 清朱锡庚撰 ①2620

朱桂模 一八七九（光绪五）年抄蔡中郎集举正十卷 清罗以智撰 ⑱集18

朱振图 一七三六—一七九五（乾隆）年抄宋人绝句一卷 清王士祯辑 ⑱集1685

朱振祖 一七四一（乾隆六）年抄干禄字书一卷 唐颜元孙撰 ⑱经429

朱铁门 抄敬业堂诗钞二卷 清查慎行撰 ⑱集1095

朱　琦 一七二二（康熙六十一）年抄朝鲜赋一卷 明董越撰 ⑱史1080

朱隐洪 一八〇〇（嘉庆五）年抄吴氏医验录 清吴楚撰 ㉚629

朱绪曾 一八二一—一八五〇（道光）年抄曹子建集十卷 魏曹植撰 ⑱集20

朱绪曾 抄熬波图二卷 元陈椿撰清刘喜海跋 ⑱史1323

朱　琬 抄十笏草堂诗集一卷 清王士禄撰 ⑱集986

昆明**朱景阳** 一七六三（乾隆二十八）年抄滇南本草图说十二卷 题明和光道人撰守一子述 ㉚162

朱照吾 一八七〇（同治九）年抄喉科秘诀 清黄真人撰 ㉚589

朱瑞琛 一七三九（乾隆四）年抄金锁记不分卷 明叶宪祖撰 ⑱集2118

朱　畹 抄晴川集一卷 清冯廷櫆撰 ⑱集1062

朱锡庚 一七八七（乾隆五十二）年抄文史通义不分卷 清章学诚撰朱锡庚等跋 ⑱史1531

朱锡藩 一八四四（道光二十四）年抄适我集二十卷 清朱世绣撰 ⑱集1106

朱德昭 一七九〇（乾隆五十五）年抄嘉兴锣鼓一卷 ⑱子449

朱　濂 抄（稿本）藤溪丛书 清朱濂撰 ⑱丛683

朱鹤龄 写（手稿）禹贡长笺十二卷 清朱鹤龄撰 ⑱经123

朱懋清 一八七七（光绪三）年辑抄张忠烈公文集二卷奇零草四卷附一卷 明张煌言撰 ⑱集879

朱彝尊 一七〇八（康熙四十七）年家抄春秋传注三十六卷提纲一卷 清严启隆撰 ⑱经284

朱彝尊 抄石刻铺叙二卷 宋曾宏父撰清朱彝尊丁杰许瀚跋 ⑱史1458

朱　瀚 抄（稿本）南询先生寒香集 清朱瀚撰 ⑱丛677

传砚斋 抄欧阳四门文集十卷 唐欧阳詹撰 附录一卷 ⑱集106

传砚斋 抄淳熙三山志四十二卷 宋梁克家纂修 ⑲518

昆山徐氏**传是楼** 抄归潜志十四卷 元刘祁撰 ⑱子654

张海鹏**传望楼** 抄【宝祐】重修琴川志十五卷图一卷 宋孙应时原纂鲍廉增补元卢镇续修 ⑲326

休宁县 一七二三—一七三五（雍正）年抄休宁孚潭志四卷 清许显祖纂 ⑲471

优羌县 一六八七（康熙二十六）年抄伏羌县志一卷 清汪文煜纂修 ⑲217

武陵**仲子文房** 抄宋陈少阳先生尽忠录八卷 明陈沂辑 ⑱史472

任以治 一八〇五（嘉庆十）年家抄淳化帖释文十卷 明黄道周撰 ⑱子417

任兆麟 一七九二（乾隆五十七）年抄文泉子集八卷 唐刘蜕撰 ⑱集160

任道镕 抄（稿本）寄鸥馆集五种 清任道镕撰 ⑱丛695

伦仙馆 抄桐花书屋诗草不分卷 清何秉棠撰 ①1065

伊蒿学庐 抄尔雅新义二十卷 宋陆佃撰 ⑱经382

延庆卫 一七三六—一七九五（乾隆）年抄延庆卫志略一卷 清李士宣修周硕勋纂 ⑲3

傅氏**华延年室** 一八七五—一九〇八（光绪）年抄所知录三卷附录一卷琴江杂记一卷 清钱澄之撰傅以礼校跋 ⑱史293

华学泉 写（手稿）仪礼丧服考一卷丧服或问一卷附戴记丧礼或问一卷 清华学泉撰 ⑱经188

华垒氏**邢祖愉** 一八七九（光绪五）年抄石天基传家宝摘录四卷 ㉚681

华亭县 抄【顺治】华亭县志二卷 清武全文佟希尧修马魁选纂 ⑲212

华 氏 一八三九（道光十九）年抄揭曼硕诗集三卷 元偈傒斯撰 ⑱集465

自适斋 抄沈嘉则诗选四卷 明沈明臣撰 ⑱集735

自省斋 一八九三（光绪十九）年抄温隐居海上仙方 宋温大明撰 ㉚215

海宁陈氏**向山阁** 抄翠微南征录十一卷 宋华岳撰 ⑱集376

董氏**行馀学舍** 抄刘蕺山弟子考不分卷 ⑱史444

行唐县 一八六二—一八七四（同治）年抄续修行唐县新志八卷首一卷末一卷 清崔苓瑞纂修 ⑲29

全唐文纂修馆 一七九六—一八二〇（嘉庆）年抄宋会要不分卷 宋陈骙京镗等纂修清徐松辑 ⑱史1119

全唐文纂修馆 抄河南志不分卷 宋宋敏求纂修徐松张穆校 ⑲599

会理州 一七三六—一七九五（乾隆）年抄会理州志不分卷 清佚名纂 ⑲794

会理州 清末抄会理州乡土志 ⑲794

合肥县 一六六二—一七二二（康熙）年抄合肥县志十三卷 清朱弦等纂修 ⑲444

合肥县 一八七五—一九〇八（光绪）年抄合肥县志不分卷 清佚名纂 ⑲445

合浦县 一六八六（康熙二十五）年抄合浦县志十四卷 清张辅修林如堯纂 ⑲734

黄氏**次欧山馆** 抄阳春草堂稿不分卷西行稿不分卷 明邱集撰 ⑱集747

次欧山馆 抄唐石经考异十三卷 清钱大昕撰 ⑱经372

冰丝馆 抄月令汇纂六卷 ⑱史719

冰蕸阁 抄六十家名贤小集七十八卷 宋陈起编 ⑱集1466

刘人熙 抄（稿本）蔚庐所著书十六种 清刘人熙撰 ⑱丛697

刘之垣 一七六七（乾隆三十二）年抄海石堂集钞一卷 清刘伍宽撰 ⑱集1150

刘凤岐 一七三六—一七九五（乾隆）年抄湛然居士文集十四卷 元耶律楚材撰 ⑱集425

刘凤仪 一八七五—一九〇八（光绪）年抄盘谷集五卷 明刘荐撰 ⑧

刘心源 写（手稿）古文审不分卷 清刘心源撰 ⑱经453

刘权之 一七三六—一七九五（乾隆）年写御制文津阁记一卷诗一卷 清高宗弘历撰 ⑱集1163

刘权之 一七九六—一八二〇（嘉庆）年写御制嗣统述圣诗四卷 清仁宗颙琰撰 ⑱集1255

刘有忠 抄秘传妇科 明周震撰 ㉚432

刘传莹 一八四七（道光二十七）年抄汉节疏证四十卷 清沈钦韩撰刘传莹跋 ⑱史44

味经书屋**刘如海** 一八三一（道光十一）年抄武周刊定众经目录十四卷伪经目录一卷 唐释明佺等撰 ⑱子985

刘克绶 一七九五（乾隆六十）年抄镜菴诗稿四卷 清刘翼明撰 ⑱集918

刘位坦 一八二〇（嘉庆二十五）年家抄历代帝王法帖释文十卷 宋刘次庄撰 ⑱子415

刘位坦 一八四四（道光二十四）年抄研山斋杂记四卷 清孙炯撰 ⑱子686

刘　沣 一八一五（嘉庆二十）年抄石菴诗钞不分卷 清刘墉撰 ⑱集1176

刘良驹 一八五一（咸丰元）年抄六九轩算书六种八卷 清刘衡撰 ⑱子328

刘松龄 一八九六（光绪二十二）年抄异授喉科 ㉚591

刘宝楠 写（手稿）易古训一卷 清刘宝楠撰 ⑱经96

刘统勋 一七三六—一七九五（乾隆）年泥金写入法界体性经一卷 隋释阇那崛多译 ⑱子889

刘培元 一八六五（同治四）年抄书影目录一卷 清刘培元编 ㊱118

刘恭冕 写（手稿）毛郑薪传不分卷 清刘恭冕撰 ⑱经155

刘铨福 一八五四（咸丰四）年抄金石萃编补目三卷元碑存目一卷 清黄本骥撰刘铨福跋 ⑱史1443

刘鸾翔 抄四圣心源十卷 清黄元御撰 ㉚29

刘喜海 一八二四（道光四）年家抄长春真人西游记二卷 元李志常撰 附录一卷 清刘喜海跋 ⑱史1065

武林**刘葆麟** 一八九三（光绪十九）年抄吴歈百绝一卷 清蔡云撰并辑 ㉙1116

刘　雯 一八二五（道光五）年抄钱录十二卷 清张端木撰刘喜海校注金凤沼校并跋 ⑱史1489

刘湝年 一八八四（光绪十）年抄红薇翠竹词一卷拾遗一卷仲轩词一卷
红薇翠竹词笺注自记一卷 清焦循撰 ⑱集1984

刘　墉 抄天位德元不分卷 清黄易跋 ⑱史138

刘履芬 一八五一—一八六一（咸丰）年抄墨史三卷 元陆友撰 ⑱子465

刘履芬 一八六九（同治八）年抄汲古阁珍藏祕本书目一卷 清毛扆藏并撰刘履芬跋 ⑱史1389

刘履芬 一八七九（光绪五）年抄悔菴学文八卷 清严元照撰 ⑱集1279

刘耀椿 一八〇七（嘉庆十二）年抄近思续录十四卷 清刘源渌辑 ⑱子59

齐图南 一七三一（雍正九）年抄琼台拙文稿一卷 清齐召南撰 ⑱集1164

衣德楼 抄杲堂文钞四卷 清李邺嗣撰李厚建校 ⑱集964

赵氏**亦有生斋** 抄增广圣宋高僧诗选前集一卷后集三卷续集一卷 宋陈起辑 ⑱集1683

赵氏**亦龙亦蠖之居** 抄集帖目三卷 清惠兆壬撰 ⑱子413

庄河厅 清末抄庄河厅志 ⑲135

庄怡孙庄钟济 抄双松晚翠楼诗二十卷 清庄令舆撰 ⑱集1099

庄鼎彝 抄（稿本）两汉地志沿革表不分卷 清庄鼎彝撰 ⑱史55

庆阳府 一六六〇（顺治十七）年抄庆阳府志十四卷 清杨藻凤纂修 ⑲214

廉氏**庆馀堂** 抄廉琴舫侍郎奏稿不分卷 清廉兆纶撰 ⑱史395

问心斋 抄易经切解八卷 清杨诜撰杨四知跋 ⑱经89

浙江**问梅居**士 一七八六（乾隆五十一）年抄伤寒类证活人书二十二卷 宋朱肱撰 ㉚64

江日濬 抄周易粹义四卷 清薛雪撰 ⑱经90

江仁葆 抄论语雅言二十卷 清董增龄撰 ⑱经307

江北厅 清末抄江北厅乡土志不分卷 清佚名纂 ⑲742

江宁府 一六八三（康熙二十二）年抄江宁府志四十卷 清于成龙纂修 ⑲310

江 沅 抄大方广圆觉修多罗了义经略疏一卷 唐释宗密撰清龚自珍跋 ⑱子945

江 标 抄乐圃馀稿十卷 宋朱长文撰 附录一卷 ⑱集280

江津县 一八七五—一九〇八（光绪）年抄江津县乡土志四卷 ⑲777

江陵县 一六六四（康熙三）年抄江陵县志 清佚名纂 ⑲622

江夏县 一六八三（康熙二十二）年抄江夏县志四卷 清马仲骏纂修 ⑲619

江 湑 一七三九（乾隆四）年抄明诗综诗话不分卷 清朱彝尊辑 ⑱集1720

江德量心太平龛 一七三六—一七九五（乾隆）年抄香山诗钞不分卷 唐白居易撰 ⑱集143

毛氏**汲古阁** 抄宋书棚本十家宫词十二卷 ①12282

徐氏**汲脩斋** 抄汲脩斋丛书十六种十八卷 清徐光济编 ⑱丛513

傅氏**池生春草轩** 一八五三（咸丰三）年抄声调前谱一卷后谱一卷续谱一卷 清赵执信撰 ⑱集1897

汤成彦 抄（稿本）汤秋史遗著十四种二十二卷 清汤成彦撰 ⑱丛677

汤成烈 抄（稿本）古藤书屋杂著九种二十八卷附二种五卷 清汤成烈撰 ⑱丛681

汤 滏 一七五五（乾隆二十）年抄三才实义天集二十卷 清周于漆撰 ⑱子261

忏 庵 抄穿山小识二卷补遗一卷 清邵廷烈纂 苏州文化馆

钱氏**守山阁** 抄续谈助五卷 宋晁伯宇辑 ⑱子694

守朴斋 一八五〇（道光三十）年蓝格写细云吟草二卷续草一卷诗馀一卷 ㉙1116

守约堂 抄守约堂诗稿十五卷 清谢阶树撰 ⑱集1264

吴氏**守经堂** 抄三朝北盟会编二百五十卷 宋徐梦莘撰 ⑱史150

安广县 清末抄安广县乡土志不分卷 ⑲150

安乐斋 抄心灯录 原题清湛愚老人撰 ⑰K360.1－942

安邱县 一八七五—一九〇八（光绪）年抄安邱县乡土志十六卷 清马思齐修马步元纂 ⑲276

安阳县 清末抄安阳县乡土志不分卷 李元桢编 ⑲572

安念祖 抄韵徵十六卷 清安吉撰 ⑱经488

安定堂 抄梁氏支谱不分卷 ⑱史605

陕西安定县 一七三〇（雍正八）年抄安定县志不分卷 清吴瑛修王鸿荐纂 ⑲194

甘肃安定县 一九〇五（光绪三十一）年抄安定县乡土志不分卷 清王辅堂编 ⑲210

安南县 一九〇九—一九一一（宣统）年抄安南乡土志三编 清易辅上编 ⑲810

安越堂 抄淳则斋文存二卷 清洪齮孙撰 ⑱集1300

安塞县 一六四四—一六六一（顺治）年抄安塞县志十卷 清郭指南纂 ⑲194

安　璿 抄烟馀草一卷 明安广譽撰 ⑱集885

兴化县 一八四四（道光二十四）年抄【正统】福建兴化县志八卷 明周华纂修 ⑲530

兴文县 一七三六—一七九五（乾隆）抄兴文县志不分卷 清佚名纂 ⑲767

兴京厅 清末抄兴京厅乡土志四卷 清孙长青修刘熙春纂 ⑲131

吕氏讲习堂 抄三孔先生清江文集三十卷 宋孔文仲孔武仲孔平仲撰 ⑱集1822

许玉瑑 抄（稿本）诗契斋十种三十八卷 清许玉瑑撰王炳燮等跋 ⑱丛704

许永镐 抄窦氏联珠集五卷 唐窦常等撰清黄丕烈跋 ①11236

许尧勋 一七二五（雍正三）年抄墨林快事十二卷 明安世凤撰 ⑱子685

许廷诰 一八二九（道光九）年家抄弃瓢集四卷 清许山撰 ⑱集957

许进益 一六六二—一七二二（康熙）年抄绣馀集四卷 清孙淑撰 ⑱集947

许辰焕 一八五一—一八六一（咸丰）年抄笠泽丛书四卷 唐陆龟蒙撰 补遗诗一卷 ⑱集170

许克勤 一八八七（光绪十三）年抄说文韵谱校五卷 清王筠撰 ⑱经419

许　我 一七六三（乾隆二十八）年抄也是园藏书目十卷 清钱曾藏并撰许我校跋翁心存跋 ⑱史1393

许治顽 一八九五—一九〇八（光绪）年抄三指禅三卷 清周学霆撰 ㉚117

许　灿 抄采山堂遗文二卷 清周篔撰祝廷锡抄补并跋 ⑱集966

许承栋 清末抄外科秘传良方 ㉚549

许昭文 一九一一（宣统三）年抄新刊素问入式运气论奥三卷 清刘温舒撰 ㉚31

许昂霄 抄敬业堂诗集五十四卷补遗一卷饮波词一卷附录一卷 清查慎行撰 ⑱集1095

许庭坚 一七八五（乾隆五十）年抄危太朴集续补不分卷 明危素撰 ①1529

许 钿 一七六七（乾隆三十二）年抄内经博议四卷 清罗美撰 ⑱子181

许家瑞 一八八三（光绪九）年抄昨梦录 清赵士春撰 ㉙2871

许 梿 一八三三（道光十三）年抄说文解字考异十五卷 清姚文田严可均撰 ⑱经414

许鸿磐 一七九四（乾隆五十九）年抄读史前钞甲本不分卷 清许鸿磐批 ⑱史698

许鸿磐 一八二四（道光四）年抄韩子文钞不分卷 唐韩愈撰清许鸿磐辑 ⑱集125

许 焞 家抄说部新书三十二种四十六卷 清许焞编徐仁沐丁丙跋 ⑱丛396

许嘉猷 一八〇一（嘉庆六）年抄李笠翁尺牍一卷 清李渔撰 ⑱集927

许 增 一八八六（光绪十二）年抄湘烟小录三卷 清陈裴之辑许增跋 ⑱史499

许 德 抄经验良方 ㉚283

许 璠 一六六二—一七二二（康熙）年抄周篔谷先生诗文钞不分卷 清周篔撰 ⑱集966

许 瀚 一八二九（道光九）年抄陈石甫师述一卷 清陈奂撰许瀚校并跋 ⑱史496

许 瀚 一八三四（道光十四）年抄说文校本录存一卷 ⑱史496

五音韵谱校本录存一卷 清许瀚王筠校并跋 ⑱经425

许 夔 写（稿本）国朝闺秀香咳集十卷附录一卷 清许夔辑 ⑱集1754

唐氏讽字室 抄讽字室诗集一卷 清唐仁寿撰 附录一卷 清唐嘉登跋 ①2616

祁文翰 一七四五（乾隆十）年抄外科大成四卷 清祁坤撰 ㉚540

祁瑞符 一八七四（同治十三）年抄延煦堂金文拓本目一卷 清潘祖荫撰并校跋 ⑱史1456

祁嶲藻 抄蓉菴诗钞一卷海棠巢唫稿一卷 清叶雷生撰 ⑱集958

寻乐轩 抄何求老人残稿七卷 清吕留良撰 ①10850

查氏**寻洛斋** 抄汇选质亡集不分卷 清吕留良辑并评 ⑱集1767

淮安**阮氏** 一七九六—一八五〇（嘉庆—道光）年刊六有轩集八卷 清任瑗撰阮钟瑗辑 ⑱集1194

阮 福 抄【淳祐】玉峰志三卷续志一卷 宋凌万顷边实纂 ⑲322

阳城县 清末抄续阳城县志不分卷 清郭学谦纂修 ⑲102

阳信县 一八六二—一八七四（同治）年抄信邑志稿八卷 原题峻皆氏纂 ⑲267

阳信县 一八七五—一九〇八（光绪）年抄阳信县乡土志二卷 清陈汝玉编 ⑲268

阳穀县 一七一六（康熙五十五）年抄阳穀县志八卷首一卷 清王时来修杭云龙纂 ⑲307

阶　州 一六八七（康熙二十六）年抄阶州志不分卷 清祖肇庆纂修 ⑲219

好古堂 抄史统一百四十六卷 清郑郊辑 ⑱史697

好古敏求斋 抄千顷堂书目三十二卷 清黄虞稷撰 ⑱史1411

好学为福斋 抄中兴礼书三百卷中兴礼书续编八十卷 清徐松辑 ⑱史1145

好音书屋 抄【至元】齐乘六卷 元于钦撰 释音一卷 元于潜撰 ⑪

观我生斋 抄帝京景物略不分卷 明刘侗于奕正撰（绛云楼书目不分卷 清陈景云注） ⑱史963

观妙山房 一八七四（同治十三）年抄汝南军务纪略不分卷 题清郑季子撰 ⑱史1335

观城县 一八七五—一九〇八（光绪）年抄观城县乡土志一卷 清佚名编 ⑲304

观耕斋岳封 一八二九（道光九）年抄掖垣疏草九卷 明翁宪祥撰 ⑲485

杨氏观海堂 抄观海堂书目不分卷 杨守敬藏并撰 ⑱史1408

观稼楼 抄三朝北盟会编二百五十卷 宋徐梦莘撰 ⑱史151

孙文川 一八七一（同治十）年家抄南京五城察院职掌志二卷 明施沛撰 ⑱史1093

孙文丹 抄南池集不分卷 清沈廷芳辑 ⑱集1792

孙师善 一八三九（道光十九）年抄喉症全书 ㉚587

孙传凤 抄字诂一卷 清黄生撰 ⑱经395

孙衣言 写（手稿）孙衣言诗文稿不分卷 清孙衣言撰 ⑱集1305

孙诒让 家抄叶文定公年谱不分卷 清叶嘉棆撰孙诒让批校 ⑱史505

孙启葆 抄墨泉先生遗稿一卷 清郑勉撰 ⑱集1263

孙灵琳 一八四〇（道光二十）年抄增广圣宋高僧诗选前集一卷 宋陈起辑 ⑱集1683

孙明志 一六四七（顺治四）年抄大唐传载一卷 清孙明志校跋 ⑱子640

孙国仁 抄（稿本）矼愚堂丛书十二种二十七卷 清孙国仁撰 ⑱丛694

孙承泽 一六六一（顺治十八）年抄吴渊颖先生文集四卷 元吴莱撰清孙承泽辑 ⑱集469

孙星衍 一七九六—一八二〇（嘉庆）年家抄张衡大象赋一卷 隋李播撰唐苗为注 ⑱子255

孙星衍 抄文献通考参补二十六卷 清叶溍发撰叶德辉跋 ⑱史1114

孙星海 抄（稿本）广复古编二十卷 清孙星海撰 ⑱经451

孙胜雨 抄炳烛斋随笔一卷 明顾大韶撰 ①1218

孙　鲁 一六五〇—一六五一（顺治七—八）年写大方广佛华严经八十卷 唐释实叉难陀译 ⑱子899

孙福清 一八七五—一九〇八（光绪）年抄禹平杂著二种 清魏坤撰 ④284

孙锵鸣 一八六二—一八七四（同治）年家抄玉介园存稿 明王叔杲撰 ⑱集717

孙锵鸣 抄集韵考正十卷 清方成珪撰 ⑱经462

孙锵鸣 家抄诗经渔樵野说不分卷 明夏大辉撰 ⑱经146

孙德谦 写（手稿）金史艺文略六卷 清孙德谦撰 ⑱史85

孙德谦 抄彭绩秋士先生遗集一卷 清彭绩撰 ⑱集1239

孙　潜 一六六七（康熙六）年抄五代会要三十卷 宋王溥撰清孙潜跋何焯校跋 ⑱史1118

杨沂**孙氏** 一八七七（光绪三）年抄类证普济本事方十卷 宋许叔微撰 ㉚213

惠氏**红豆斋** 一六六二—一七二二（康熙）年抄读杜诗寄庐小笺三卷 清钱谦益笺 ㉝256

惠氏**红豆斋** 抄砚溪先生遗稿二卷 清惠周惕撰 ①1218

红杏山房 抄谱定红香传不分卷 题云卧山人撰 ⑱集2155

红杏书屋 抄读左随笔不分卷 清顾鉴撰 ⑱经251

马氏**红药山房** 抄宛丘先生文集七十六卷 宋张耒撰 ⑱集269

红药山房 抄青琐高议前集十卷后集十卷别集七卷 宋刘斧撰 ⑱子739

高氏**红荔山馆** 抄续东轩遗文不分卷 清高均儒撰 ⑱集1325

孔氏**红榈书屋** 抄诸蕃志二卷 宋赵汝适撰孙继涵校跋 ⑱史1073

孔氏**红萼书屋** 抄安怀堂文集二卷申椒二集一卷红萼词二集一卷 清孔传铎撰 ⑱集1133

级芳茝 抄观物草庐焚馀稿不分卷 清潘柽章撰 ㉙2365

纪　昀 一七三六—一七九五（乾隆）年写钦定四库全书简明目录不分卷 清纪昀等撰 ⑱史1376

纪容舒 写（手稿）孙氏唐韵考五卷补遗一卷 清纪容舒撰 ⑱经486

纪容舒 一七四四（乾隆九）年抄花王阁剩稿一卷 明纪坤撰 ⑱集843

河间纪氏 抄玉台新咏考异十卷 清纪容舒撰 ⑱集1570

缪氏纫兰庵 一八七九（光绪五）年抄覆瓿丛谈二卷 清吴曾英撰缪朝荃辑并校跋 ⑱史744

七　画

麦　斋 清初抄鲍溶诗集六卷集外诗一卷 唐鲍溶撰清何焯校 ⑱集147

远山楼 一七二三（雍正元）年抄崇祯宫词二卷 清王誉昌撰 ⑱集1014

钱氏远绎堂 抄吴越钱氏凤林派宗谱不分卷 清钱经一纂修 ⑱史624

归氏寿与读书室 抄归玄恭文钞七卷 明归庄撰 ①10849

孔氏寿云簃 抄养吾斋集三十二卷 元刘将孙撰 ⑱集445

寿光县 清末抄寿光县乡土志不分卷 ⑲274

寿张县 一九〇七（光绪三十三）年抄寿张县乡土志一卷 清崔光煦修孙育德纂 ⑲307

孙氏寿松堂 抄妇人集一卷 清陈维崧撰 补一卷 清冒丹书撰孙峻跋 ⑱史405

成寿康堂 一九〇二（光绪二十八）年抄总药释名录 清成汝渊撰 ㉚205

王氏寿椿堂 抄剡源戴先生文集三十卷补遗一卷 元戴表元撰 ⑱集433

杜甲补堂 一七三六—一七九五（乾隆）年抄杜藕山房丛书十种二十七卷 清杜钧编 ⑱丛401

杜葆恬 家抄南史识小录十四卷北史识小录十四卷 清沈名荪朱昆田辑张应昌补正 ⑱史714

杞菊轩 抄全闽诗话十二卷 清郑方坤辑 ⑱集1898

吴郡志云居 一九一〇（宣统二）年抄外科活人定本四卷 明龚居中撰 ㉚540

志古堂 抄辞坛类谱三十三卷 ⑱子876

释志慧 抄经验女科方 ㉚443

芸香书屋 一八七〇（同治九）年抄历代丛书总目 ⑰K14829

芸晖堂 一六二二（康熙六十一）年抄千祥记传奇二卷 题无心子撰 ⑱集 2127

芸晖堂 一七五〇（乾隆十五）年抄类证普济本事方十卷 宋许叔微撰 ㉚213

杨凤苞 抄亡友五君传不分卷 明沈自駉撰 附录一卷 清章懐跋 ⑱史 444

杨式谷 一八三七（道光十七）年抄字体便览二卷 清陆丹叔撰 ⑯423. 5/699

杨同朝 抄兰馨堂诗存二卷 清杨希钰撰 ㉙3244

杨廷璋 一七六七（乾隆三十二）年菩提叶写般若波罗蜜多心经一卷 唐释玄奘译 ⑱子 895

杨名宁 抄徐霞客遊记不分卷 明徐弘祖撰 ⑱史 1068

杨兆瑛 抄笔玄要旨一卷 明徐渭撰 笔道通会二卷 明朱象衡等撰 ⑱子 408

杨志鸿 一七九一（乾隆五十六）年抄曲品三卷 明吕天成撰 ⑱集 2190

杨岐昌 一七二三—一七三五（雍正）年抄杜诗评点十八卷附杜诗遗珠二卷 清张雍敬评 ⑪811. 144/1124

杨沂孙 家抄徽郡御寇案牍不分卷 清杨沂孙辑 ⑱史 1363

杨 坦 一八一一（嘉庆十六）年抄从西纪略一卷 清范昭逵撰 ⑱史 321

新安**杨绍桂** 一八九八（光绪二十四）年抄医学课读十卷 清梁绍基编 ㉚354

杨秋室 抄亡友五君传不分卷 明沈自駉撰 附录一卷 ㉙2298

杨复吉 一八一八（嘉庆二十三）年抄龟巢诗文钞二卷 元谢应芳撰 ⑱集 505

杨复吉 抄（稿本）昭代丛书新编五十种五十卷续编五十种五十卷广编四十五种四十五卷
增编五十种五十卷别编五十种五十卷 清杨复吉辑 ⑱丛 377

杨俊生 一七〇七（康熙四十六）年抄琥珀匙传奇二卷 明叶稚斐撰 ⑱集 2135

卓尼九世土司**杨朝梁** 一六五八（顺治十五）年用金粉抄八千颂一部 ㉖177

杨葆光 一八七三—一八七四（同治十二—十三）年抄汉书校记不分卷 清何焯撰 ⑱史 43

杨联禄 一八四四（道光二十四）年抄靖逆记六卷 清兰簃外史撰 ⑯922. 7505/518 – 02

杨象济 一八五四（咸丰四）年抄天一遗书不分卷 清陈潢撰杨象济跋 ⑱史 1031

侯官**杨氏** 抄冠悔堂丛书 清杨浚编 ⑱丛 479

芷兰之室 抄弁阳老人词一卷 宋周密撰 ⑱集 1968

花马池 清末抄【光绪】花马池志迹二卷 ⑲229

花　县 一九〇七（光绪三十三）年抄花县乡土志不分卷 清利璋编 ⑲675

花桥水阁 抄吴越纪馀五卷附杂咏一卷 明钱贵撰 ⑱史219

张氏**花影轩** 抄字孪四卷 明叶秉敬撰 篆体偏旁点画辨诀一卷 明潘之淙撰 ⑱经446

芬书屋 抄借秋山居诗钞八卷 清汪大经撰 ④2301

高世异**苍茫斋** 抄麟台故事五卷 宋程俱撰清高世异录明钱谷及清黄丕烈跋 ⑱史1087

苍桧阁 抄王鳌永奏疏不分卷诗稿一卷 清王鳌永撰 ⑱史384

芳杜轩 一七八三（乾隆四十八）年刊春秋世族谱一卷附录一卷 清孔广栻撰 ⑱经287

苏玉林 一八二一—一八五〇（道光）年抄粤西志辑要十三卷 清苏宗经辑 ⑲715

苏州府 一八六二—一八七四（同治）年抄苏州府志一百五十卷首三卷 清李铭皖等修冯桂芬纂 ⑲317

王闻远**孝慈堂** 一六九九（康熙三十八）年抄说学斋稿不分卷 明危素撰 ①2748

王氏**孝慈堂** 抄翰林杨仲弘诗八卷 元杨载撰 ⑱集463

孝慈堂 抄国朝名臣事略十五卷 元苏天爵辑清朱锡庚跋 ⑱史427

杏花春雨山庄 抄魏忠节公札稿不分卷 明魏大中撰 ⑱集815

杏林书屋 抄内经挈领增删集注二十二卷 清罗美撰 ⑱子180

杏雨书斋 抄东晋南北朝舆地表八卷首一卷末一卷 清徐文范撰 ⑭

鄞西**杏春氏** 一八八六（光绪十二）年抄瘈狗伤考 日原昌克撰 ㉚554

缪氏**杏香庐** 抄商司马政绩纪略一卷 清顾师轼辑缪朝荃参订 ⑱史1105

李一徵 抄金石录补二十七卷 清叶奕苞撰吴骞校 ⑱史1435

李云桂 抄虞山李氏琴谱一卷指法一卷 清李世则辑 ⑱子450

李长荣 抄钱縠视成不分卷 清苍筤居士撰 ⑱史1318

顺德**李文田** 一八八九（光绪十五）年抄四镇三关志十卷 明王之弼刘效祖撰 ⑪981.61/7203

李文田 一八九五（光绪二十一）年家抄各省咨查禁燬书籍目录不分卷 清李文田校跋 ⑱史1412

李文藻 一七六九（乾隆三十四）年抄洪文惠公年谱一卷 清钱大昕撰李文藻校跋 ⑱史1431

李文藻 家抄经考五卷 清戴震撰 ⑱经364

李玉棻 写（手稿） 庚辛寓赏编一卷 清李玉棻撰 ⑱子400

李可大 一七四八（乾隆十三）年抄袁浦暇笔四卷 清唐彪撰 ⑱子594

李平仲 一七三六—一七九五（乾隆）年抄盘洲文集八卷 宋洪适撰 ⑱集349

李冬涵 抄（稿本） 济宁李氏礶墨亭丛书六十四种二百九卷 清李冬涵编 ⑱丛507

成都**李兆松** 抄相台诗经七卷 ⑥

李兆洛 一八三三（道光十三）年家抄秘书省续编到四库阙书二卷 清李兆洛丁申丁丙跋 ⑱史1373

李兆勖 写（手稿） 毛诗笺疏辨异三十卷毛诗总辨不分卷 清李兆勖撰 ⑱经155

李　芬 抄豫章罗先生文集十七卷 宋罗从彦撰年谱一卷 元曹道振撰 ⑱集312

李应机 抄（稿本） 圃隐类编二十二种六十三卷 清李应机撰 ⑱丛649

李汪度 一七九六—一八二〇（嘉庆）年写佛说八吉祥经一卷 梁释僧伽婆罗译 ⑱子921

李京尹 抄古泉丛话三卷又一卷 清戴熙撰 ⑱史1492

李　绂 抄（稿本） 穆堂别稿不分卷 清李绂撰 ⑥

李复亨 抄东里一廛文集一卷 清吴士坚撰 ㉙2515

李　鈵 抄唐七律诗钞四卷 清曹毓德撰徐兆玮题记 ㉙3111

李陵云 一七九六—一八二〇（嘉庆）年抄本草单方八卷 明王鏊编 ㉚219

李盛铎 一九〇四（光绪三十）年抄鼓枻稿六卷补遗一卷 明虞堪撰 ⑱集547

李盛鋐 一八八四（光绪十）年抄忆书六卷 清焦循撰 ①11848

武清**李崇德** 一九〇三（光绪二十八）年抄天元玉历详异赋不分卷 明仁宗朱高炽撰 ⑧

李淡霞 一七九六—一八二〇（嘉庆）年抄东华录记不分卷 清蒋良骐撰
内苑三海等处略记一卷诸王监国略记一卷 ⑱史167

李流芳 写（手稿） 檀园题画诗跋一卷 清李流芳撰 ⑱子423

李鸿裔 写（手稿） 金石书画杂记不分卷 清李鸿裔撰 ⑱子399

李琼山 一八三六（道光十六）年抄太乙神针 清范培兰撰 ㉚147

李朝栋 写（手稿）栖筠存草一卷 清李朝栋撰 ⑱集1187

李遇孙 抄思绮堂文集不分卷 清章藻功撰 ⑱集1098

李赓芸 抄六书说一卷 清江声撰 ⑱经450

李慈铭 一八七八（光绪四）年抄仪礼汉读考一卷 清段玉裁撰 ⑱经177

李慈铭 抄（稿本）越缦堂杂著十二种十二卷 清李慈铭撰 ⑱丛698

李福臧 写（手稿）周易学古编十二卷首一卷经传总说二卷 清李福臧撰 ⑱经98

李嘉绩 一八六八（同治七）年抄味蔗轩诗钞四卷 清顾畟世撰 ⑱集1314

李　锴 写（手稿）含中集五卷 清李锴撰 ⑱集1185

李璋煜 一八二二（道光二）年抄宾退录十卷 宋赵舆旹撰 ⑱子548

李　臧 写（手稿）禹贡述略六卷首一卷 清李臧撰 ⑱经124

李　逢 一八二二（道光二）年抄重订中晚唐诗主客图说二卷 清李怀民撰 ⑱集1903

李鹤俦 抄使金录一卷 宋程卓撰 清吴翌凤跋 ⑱史241

李谿亭 一七九四（乾隆五十九）年抄古文尚书考二卷 清惠栋撰邵晋涵跋 ⑱经118

李癯叟 抄真迹日录三卷清河秘箧书画表一卷南阳法书表一卷名画表一卷法书名画见闻表一卷 明张丑撰 清秘藏一卷 明张应文撰 ⑱子387

吾爱庐蔡氏 一八四七（道光二十七）年抄伤寒五法 明陈长卿撰 ㉚70

吾德宁 一七九八（嘉庆三）年抄汲古阁珍藏秘本书目一卷 清毛扆藏并撰孙毓修跋 ⑱史1389

劳　权 一八三九（道光十九）年抄安禄山事迹三卷 唐姚汝能撰清劳权校跋 ⑱史467

劳　权 一八四四（道光二十四）年家抄五代名画补遗一卷 宋刘道醇撰 ⑱子418

劳　权 一八五五（咸丰五）年家抄东城拾遗一卷 清陈光熙撰劳权校 ⑱史978

劳　权 一八五六（咸丰六）年抄片玉集十卷 宋周邦彦撰 ⑱集1960

劳　权 抄典雅词十种十卷 清劳权校并跋 ⑱集1938

劳　格 一八四二（道光二十二）年抄司空表圣文集十卷 唐司空图撰 ⑱集172

劳　格 一八五五（咸丰五）年家抄遊志续编一卷 明陶宗仪辑清劳格校跋 ⑱史1066

劳　格　抄礼耕堂丛说一卷　清施国祁撰　①2703

严元照　一七九二（乾隆五十七）年抄仪礼要义五十卷　宋魏了翁撰　⑱经 184

严元照　写（手稿）悔庵学文八卷　清严元照撰　⑱集 1279

严可均　写（手稿）尔雅一切注音十卷　清严可均撰　⑱经 384

严可均　一八〇二（嘉庆七）年抄子书六种十二卷　⑱子 18

严钟瑞　一八六九（同治八）年抄严文靖公集十二卷　明严讷撰祭章挽辞二卷　清严钟瑞辑　⑱集 690

渭南严渭春　一八六二—一八七四（同治）年抄肇域志　清顾炎武撰许寿祺校　⑥史 130

严　熊　写大佛顶如来密因修正了义诸菩萨万行首楞严经十卷　题唐释般刺密帝弥伽释伽译　⑱子 931

巫山县　一九〇六（光绪三十二）年抄巫山县乡土志三卷　清周宪斌编　⑲783

吴氏两罍轩　抄桂门初稿十卷续稿三卷　清陈鹤撰　⑱集 1256

两当县　一六八七（康熙二十六）年抄两当县志一卷　清武国栋纂修　⑲217

励宗万　一七三六—一七九五（乾隆）年写大方广圆觉修多罗了义经一卷　唐释佛陀多罗译　⑱子 919

来安县　抄来安县乡土志一卷　清万琅修余培森纂　⑲462

来宪伊　一八五三（咸丰三）年抄天官图不分卷　明张汝璧撰　⑱子 259

扶风官署　抄扶风县乡土志四卷　清谭绍裘撰　⑲186

抚边屯　抄抚边屯乡土志不分卷　清刘文增周汝梅编　⑲796

抚边屯　清末抄抚边屯志略草案不分卷　清刘文增编　⑲796

抄陋居　抄湛然居士文集十四卷　元耶律楚材撰　⑱集 425

连山县　一八七五—一九〇八（光绪）年抄连山乡土志　清虞泽润编　⑲685

连平州　抄连平州乡土志一卷　清谢锡善编　⑲682

连自华　抄杂病论辑逸　清汪宗沂编　㉚99

连筠簃　一八二一—一八五〇（道光）年抄永乐大典目录六十卷
韵总歌括一卷韵总四卷　明解缙等辑　⑧

黄氏求古居　一八一二（嘉庆十七）年抄求古居宋本书目一卷　清黄丕烈藏并撰

黄丕烈校并跋吴梅校 ⑱史1403

求志斋 一八五九（咸丰九）年抄李侍郎经进六朝通鉴博议十卷 宋李焘撰 ⑱史1512

蒋维培**求是斋** 抄淳祐玉峰志三卷 宋凌万顷边实纂修 咸淳续志一卷 宋边实纂修 ①12081

汪氏**求是斋** 一七三六—一七九五（乾隆）年抄武林石刻记一卷 清丁敬撰丁传吴寿旸跋 ⑱史1482

步翔藻 抄文山集杜诗不分卷 宋文天祥撰 ⑱集395

孚远县 一九〇七（光绪三十三）年抄孚远县乡土志 清佚名编 ⑲244

听云山馆 抄双白燕堂酬应俪体文集五卷 清陆耀遹撰 ⑱集1284

王景洵**听秋声馆** 抄澹成居文钞不分卷 清吴卓信撰 ⑱集1275

听濑山房 抄南渟诗稿不分卷 清钱九韶撰 ⑱集1252

听　彝 一八八三（光绪九）年抄震泽编八卷 明蔡昇撰 ㊱83

时　兰 写（手稿） 经义管窥十卷 清时兰撰 ⑱经367

吟雪山房 抄小草庐从谈不分卷 清吴邦达撰 ①14701

时宝柱 一七六二（乾隆二十七）年抄世德堂杂著一卷 清时山汉撰 ⑱集1135

蒋氏**别下斋** 一八二一—一八五〇（道光）年抄宋九家词九卷 清许光清跋 ⑱集1938

蒋氏**别下斋** 一八四一（道光二十一）年抄两汉诏令二十三卷 宋林虙楼昉辑清许光清校跋 ⑱史334

别有轩 抄酌中志六卷 明刘若愚撰 ⑱史271

萧山朱**别宥斋** 抄明文案目录不分卷 ④补581

呈贡县 一七一六（康熙五十五）年抄呈贡县志二卷 清夏琎纂修 ⑲823

吴大澂 一八六九（同治八）年抄通鉴纲目前编辨误一卷 清万斛泉撰吴湖帆跋 ⑱史121

吴大澂 抄唐善业泥造像拓本题咏一卷 清刘喜海等撰 ⑱史1444

吴元润 一七五九（乾隆二十四）年抄寒山堂金石林时地考一卷部目一卷 明赵昀撰

叶氏菉竹堂碑目六卷 清许瀚跋 ⑱史1433

吴　云 写（手稿） 二百兰亭斋鉴藏书画录一卷 清吴云撰 ⑱子399

吴长元 一七八四（乾隆四十九）年抄双溪醉隐集六卷 元耶律铸撰吴长元校跋 ⑱集446

吴允嘉　一七二〇（康熙五十九）年家抄志雅堂杂钞一卷　宋周密撰　⑱子553

吴允嘉　一六六二—一七二二（康熙）年抄沈氏三先生文集六十一卷　清吴允嘉校补　⑱集1831　㉝268

吴允嘉　一七三六—一七九五（乾隆）年抄蔡忠惠诗集全编四卷　宋蔡襄撰　㉙322

昆山**吴以淳**　一八四〇（道光二十）年抄淳祐玉峰志三卷　宋凌万顷撰

吴玉抱　一七二五（雍正三）年抄绍兴内府古器评二卷　宋张抡撰　⑱子467

吴弘性　一七三〇（雍正八）年抄西斋集十五卷　清吴暻撰　⑱集1067

吴任臣　抄五代会要三十卷　宋王溥撰　⑱史1118

吴　宇　一七八二（乾隆四十七）年抄星象全图一卷　清黄泌撰　⑱子262

吴兴宗　抄客槎先生小学遗说二卷　清吴凌云撰　⑱经451

吴寿旸　抄阳羡摩厓纪略一卷　清吴骞撰　⑱史1478

吴寿旸　抄（稿本）后汉书注校不分卷　清吴寿旸撰　⑱史54

吴松岩　抄晋三家集合钞三卷　⑱集1390

吴卓信　一七八七（乾隆五十二）年抄密证录一卷姚江释毁录一卷　清彭定求撰吴卓信批跋　⑱子670

吴卓信　一七三六—一七九五（乾隆）年【宝祐】抄重修琴川志十五卷图一卷　宋孙应时原纂鲍廉增补元卢镇续修　⑲326

吴昂驹　一七九二（乾隆五十七）年抄陪猎笔记三卷　清查慎行撰吴昂驹校吴骞等跋　⑱史524

吴学庭　抄（稿本）峄尉公遗书三种四卷　清吴学庭撰　⑱丛685

吴绍书　一七六四（乾隆二十九）年抄太和县禦寇始末二卷　明吴世济撰　⑱史285

吴　城　一七六四（乾隆二十九）年抄䂬溪诗话十卷　宋黄彻撰　⑱集1874

吴　城　抄句曲外史贞居先生诗集七卷　元张雨撰　⑱集494

吴　城　家抄文苑英华辨证十卷　宋彭叔夏撰清吴城校并跋　⑱集1564

吴荣光　一八三三（道光十三）年写观世音菩萨大悲心陀罗尼神咒一卷　⑱子926

吴复亨　抄东里一廛文集一卷　清吴士坚撰　㉙2515

吴重意　一七八四（乾隆四十九）年抄庭训录一卷　清沈珩撰　⑱子591

吴重憙　一八六二—一八七四（同治）年抄诸城刘氏金文拓本释不分卷　清刘喜海藏　⑱史1454

吴禹敷 一七八六（乾隆五十一）年抄钱塘遗事十卷 元刘一清撰 ⑱史242

黔阳**吴宪章** 抄易经 ⑰00576

吴继宽 一七九四（乾隆五十九）年抄续夷坚志前集一卷后集一卷 题金元好问撰 ⑱子742

吴 梅 抄袁令昭自订西楼记剑啸一卷 清袁紟撰 ①4143

吴 梅 抄红梅阁书目不分卷 清刘履芬藏 ⑱史1406

吴惠叔 抄才调集笺注十卷 蜀韦縠辑清吴兆宜注 ⑱集1658

海洋**吴振氏** 一八〇五（嘉庆十）年抄人参考 清唐秉钧撰 ㉚201

吴翊隆 抄注解伤寒论十卷 汉张机撰晋王熙编金成无己注 ㉚48

吴望岁 抄素修堂遗文四卷 清吴蔚光撰 ㉙3136

吴清如 抄汉事会最人物志三卷 清惠栋撰吴超潜跋 ㉙900

吴清鹏 写（手稿）笏庵诗钞不分卷读通鉴纲目一卷 清吴清鹏撰 ⑱集1270

吴翌凤 一七七八（乾隆四十三）年抄石刻铺叙二卷 宋曾宏父撰清吴翌凤跋 ⑱史1458

吴翌凤 一八一五（嘉庆二十）年抄南唐近事三卷 宋郑文宝撰 ⑱子644

吴翌凤 一八二五（道光五）年抄安南志略三卷 元黎崱撰 ⑱史1080

吴翌凤 写（手稿）与稽斋丛稿十六卷曼香词四卷 清吴翌凤撰李详等跋 ⑱集1246

吴堡县 一八七五—一九〇八（光绪）年抄吴堡县乡土志一卷 清佚名编 ⑲193

吴景澄吴望岁 抄伊江笔录二卷莳溪杂录二卷另录一卷重入春明杂录一卷 清吴熊光撰 ⑱子673

吴 焯 抄墓铭举例四卷 明王行撰 ⑱集1910

吴 锦 一八一五（嘉庆二十）年抄易经易解三卷 ⑱经94

吴慈培 一九一〇（宣统二）年抄常建诗三卷 唐常建撰清吴慈培校并跋 ⑱集48

吴 骞 一七八〇（乾隆四十五）年家抄云麓漫抄十五卷 宋赵彦卫撰 ⑱子544

吴 骞 写（手稿）清祕录一卷续录一卷 清吴骞撰 ⑱子393

吴嘉泰 一八二〇（嘉庆二十五）年抄观妙居日记不分卷 清李锐撰吴嘉泰等跋 ⑱史529

吴澄之 一八一五（嘉庆二十）年抄茅亭客话十卷 宋黄休复撰清吴嘉泰校跋 ⑱子740

吴燕兰 抄（稿本） 吴氏囊书囊甲编九种十三卷乙编十种十卷丙编十一种附一种十五卷 清吴燕兰编　⑱丛570

吴德濂 一八八〇（光绪六）年抄癸巳馀稿一卷 清俞正燮撰　⑱子632

吴　霦 一七七一（乾隆三十六）年抄西斋集十卷 清吴暻撰　⑱集1067

璜川**吴氏** 抄新刊权文公文集十卷 唐权德舆撰　⑱集145

鲍氏**困学斋** 一七五六（乾隆二十一）年抄相台书塾刊正九经三传沿革例一卷 清鲍廷博校跋　⑱经356

秀　亭 一八二五（道光五）年抄絃索十三套琵琶谱四卷　⑱子450

秀珊特达 一八九一（光绪十七）年抄眼科渊源二卷 清瑞子珍撰　㉚578

何元锡 家抄史詠诗集二卷 宋徐钧撰　⑱集416

何庆宁 一七九〇（乾隆五十五）年抄谦斋诗集不分卷 清何溥撰　⑱集1110

何绍基 写（手稿）东洲草堂丛稿不分卷 清何绍基撰　⑱集1296

何绍基 抄构山使蜀日记一卷 清积善撰　⑱史526

何孟达 一九〇八（光绪三十四）年抄小山堂藏书目录备览　㉑09674

何树崙 一八五一（咸丰元）年抄雪交亭集十二卷 明高宇泰撰清何树崙跋　⑱史442

何钟锡 抄铁牛翁遗稿一卷 宋何景福撰　⑱集411

长洲**何钜** 抄三因极一病证方论十八卷 宋陈言撰　㉚214

何　堂 一七二八（雍正六）年影宋抄啸堂集古录二卷 宋王俅撰清河堂跋　⑱史1447

何　堂 一七二三（雍正元）年家抄石刻铺叙二卷 宋曾宏父撰清何堂跋　⑱史1458

何　煌 一七〇三（康熙四十二）年抄闲闲老人滏水文集二十卷 金赵秉文撰 附录一卷
清何焯何煌校跋　①3591

何　煌 抄宾退录十卷 宋赵与旹撰　⑱子548

沙滘**何氏** 抄天山草堂存稿六卷 明何维柏撰　⑱集685

梁溪**佐经堂** 抄方舆要览四卷　⑫SR10－4/7.52

佛坪厅 一九〇八（光绪三十四）年抄佛坪厅乡土志一卷 清佚名编　⑲202

伽师县 一九〇八（光绪三十四）年抄伽师县乡土志 清高生岳编　⑲251

近蓬草堂 抄深省堂诗不分卷 清万斯备撰 ⑲195

邻水县 清末抄【光绪】邻水县续志四卷 清郑杰修邱锡章纂 ⑲789

杨氏邻苏园 抄邻苏园藏书目一卷 杨守敬藏并撰杨守敬跋 ⑱史1408

余兆灏 一七五一（乾隆十六）年抄春秋补传二卷 清周维械撰 ⑱经286

余　集 抄归愚诗钞不分卷 清沈德潜撰 ⑱集1172

朱氏含香堂 一八八七（光绪十三）年抄韩诗外传校议不分卷 清许瀚撰 ⑱经164

全氏含清书屋 抄绍陶录二卷 宋王质撰 ⑱史465

希言斋 抄诗品三卷 梁钟嵘撰 ⑱集1870

狄　城 一八三九（道光十九）年抄常熟县福山镇大慈教寺志一卷 清许廷诰撰 ⑱史1052

狄道县 抄【康熙】狄道县志不分卷 清李观我纂修 ⑲211

杨氏饮雪轩 一八八三（光绪九）年抄海东逸史十八卷 题翁洲老民撰清杨泰亨校注并跋 ⑱史296

邹一桂 一七三六—一七九五（乾隆）年写绘观世音菩萨大悲心陀罗尼神咒一卷 ⑱子926

邹为桂 一六九一（康熙三十）年抄王于一先生遗稿不分卷 清王猷定撰 ⑱集908

邹存淦 写（手稿）田家占候集览一卷 清邹存淦辑 ⑱子157

邹存淦 一八九〇（光绪十六）年抄国朝先正事略补编二卷 清李元度撰邹存淦校 ⑱史447

邹鸣皋 一八〇二（嘉庆七）年抄【至正】昆山郡志六卷 元杨谌纂 ⑲322

邹思勋 抄春穀集一卷 清邹元斗撰 ㉙3000

邹祖荫 抄新编算学启蒙三卷总括一卷 元朱世杰撰 ⑱子321

应绍光 一九〇六（光绪三十二）年抄修川小志（长安镇志）二卷 清邹存淦撰 ⑲397

鱼元傅**闲止楼** 抄古虞文录二卷续录一卷古虞文章表录一卷 明杨仪辑 ⑱集1782

库车州 一九〇八（光绪三十四）年抄库车直隶州乡土志 清佚名编 ⑲249

庐州府 一六七四（康熙十三）年抄【康熙】庐州府志十卷 清胡献珍修朱弦等纂 ⑲444

汪士鋐 一七一二（康熙五十一）年抄离骚经一卷 楚屈原撰清王澍跋邵松年跋 ⑱集1

汪之珩 抄宝刻丛编二十卷 宋陈思辑清朱锡庚跋 ⑱史1459

汪曰桢 写（手稿）二十四史月日考 清曰祯撰 ⑱史92

汪文柏 抄袁海叟在野集八卷 明袁凯撰清汪文柏跋 ⑱集550

汪石琹 一八九四（光绪二十）年抄舒氏伤寒集注十卷附五卷 清舒诏撰 ㉚54

汪由敦 一七一九（康熙五十八）年抄春秋名号归一图二卷 蜀冯继先撰 ⑱经260

汪由敦 一七三六—一七九五（乾隆）年篆文写般若波罗蜜多心经一卷 唐释玄奘译 ⑱子895

汪　昉 抄沈石田先生集不分卷 明沈周撰 ⑱集607

汪宗沂 抄（稿本）汪仲伊所著书十二种 清汪宗沂撰 ⑱丛704

汪绎辰 抄苦瓜和尚画语录一卷 清释道济撰 大涤子题画诗跋一卷 清汪绎辰辑 ⑱子424

汪顺诒 抄（稿本）窳翁丛稿三种 清汪顺诒撰 ⑱丛705

汪　洵 抄卜易选抄五集 清黄震辑 ㉝188

汪显文 一九〇六（光绪三十二）年抄医学玄枢推拿秘诀 ㉚152

汪宽佩 抄医验录 原题清叶桂撰 ㉚637

汪家相 抄帝祖万年金鉴录三卷 明汪循撰 ⑱子80

汪景龙 一七六三（乾隆二十八）年抄尤氏遂初堂书目一卷 宋尤袤藏并撰清汪景龙跋 ⑱史1383

汪道圻 一七五六（乾隆二十一）年抄汪氏统宗谱一卷 ⑱史591

汪锡蕃 抄淮南子校勘记一卷 清汪文台撰 清汪文台撰 ⑱子505

汪锡嘏 一八八六（光绪十二）年抄分经药性赋 清潘宗元撰 ㉚193

汪蔼吉 一八六〇（咸丰十）年抄山村遗稿四卷杂著一卷 元仇远撰清韩应阶跋 ⑱集441

汪　骧 抄西厢记不分卷 元王德信关汉卿撰 ⑱集2047

沅江县 抄【康熙】沅江县志十卷 清顾智纂修 ⑲671

沔阳州 一六七三（康熙十二）年抄沔阳州志二十卷 清王之佐修王浩冲纂 ⑲626

沙雅县 一九〇八（光绪三十四）年抄沙雅县乡土志 清张绍伯编 ⑲250

汴谿草堂 抄书画题跋记十卷续记十二卷补一卷 明郁逢庆辑 ⑱子388

沈大本 写（手稿）礼记日钞三十六卷 清沈大本辑 ⑱经204

沈大宁 一八二一—一八五〇（道光）年抄唐碑帖跋四卷 明周锡珪撰清金兰臣校 ⑱史1464

沈大成 一七四九（乾隆十四）年抄通志四略十四卷 宋郑樵撰 ⑯921.14/972－1－742

沈云飞 一八二五（道光五）年抄尤氏喉科秘书附喉科方 清尤乘撰 ㉚584

沈仁甫 一六四四—一六六一（顺治）年抄鲛鮹记二卷 明沈鲸撰 ⑱集2118

沈　凤 一七八〇（乾隆四十五）年抄长吟阁诗集十卷 清黄子云撰 ⑱集1158

沈可培 写（手稿）史记天官书星度释略六卷 清沈可培撰 ⑱史20

沈光宁 抄丰对楼文集六卷 明沈明臣撰 ⑱集735

沈廷芳 一七五八（乾隆二十三）年写唐诗韶音五卷 清沈廷芳辑 ⑱集1679

沈廷珏 一八三〇（道光十）年抄石门碑醳一卷 清王森文撰 补一卷 清蒋光煦撰秦更年跋 ⑱史1482

沈仲梅 一七七五（乾隆四十）年抄诚书十六卷附诚书痘疹三卷 清谈金章撰 ㉚478

沈　彤 抄尚书古文疏证五卷 清阎若璩撰 ⑱经117

沈闰生 一七二四（雍正二）年抄正昭阳二卷 ⑲659

沈　初 一七三六—一七九五（乾隆）泥金写佛说普门品经一卷 晋释竺法护译 ⑱子888

沈叔埏 一七三六—一七九五（乾隆）年抄一百二十名家制义题辞一卷 清俞长城撰 ⑱集1739

沈叔埏 一七八二（乾隆四十七）年家抄宝刻类编八卷 清沈叔埏校跋 ⑱史1461

沈国生 一七二三—一七三五（雍正）年抄窃符记二卷 明张凤翼撰 ㉙404

沈国钧 一七四〇（乾隆五）年抄丁芝田诗草一卷兰皋诗钞一卷 清丁鹤撰 ⑱集1148

沈宗敬 一七二三（雍正元）年写佛说轮王七宝经不分卷 宋释施护译 ⑱子916

沈　经 一七九六—一八二〇（嘉庆）年抄敬亭公年谱一卷 清沈起元撰 ⑱史513

沈　树 写（手稿）生绿山房诗二卷 清沈树撰 ⑱集1277

沈树镛 一八五九（咸丰九）年抄赐砚斋题画偶录一卷 清戴熙撰 ⑱子428

沈树镛 抄内阁小志一卷 清叶凤毛撰 ⑱史1096

沈　钟 抄（稿本）毘陵沈氏杂著十一种十五卷 清沈钟撰 ⑱丛645

沈钦韩 写（手稿）汉书疏证二十一卷后汉书疏证二十三卷 清沈钦韩撰 ⑱史43

沈复灿 一八一〇（嘉庆十五）年抄会稽怀古诗一卷 明唐之淳戴冠撰 ⑱集1709

沈复灿 一八二四（道光四）年抄盘谷集五卷 明刘廌撰 ⑱集566

沈复灿 一八三一（道光十一）年抄文氏族谱续集不分卷 清文含纂修陆士衡等跋 ⑱史582

沈复粲 抄三垣笔记三卷 清李清撰沈复粲校 ⑱史281

沈复粲 写（手稿）鸣野山房书画记三卷 清沈复粲撰 ⑱子397

沈炳垣 一八一五（嘉庆二十）年家影明抄韵补五卷 宋吴棫撰 ⑱经464

沈炳垣 写（手稿）毛诗正字考不分卷 清沈炳垣撰 ⑱经154

沈炳震 抄柯石庵先生遗诗一卷 清柯煜撰 ⑱集1136

沈阆崑 写（手稿）田间诗学补注四卷 清沈阆崑撰 ⑱经155

沈钱青 一七七一（乾隆三十六）年抄绛云楼书目不分卷 清钱谦益藏并撰陈景云注 ⑱史1389

锦城**沈清臣丐人** 一八六〇（咸丰十）年抄体生集 清庄在田等撰 ㉚470

沈维恭 抄鲁斋先生集六卷首一卷 元许衡撰 ⑱集443

沈 琛 抄易律神解不分卷 清沈光邦撰 ⑱经232

沈景修 写（手稿）蒙庐杂著一卷井花馆论书一卷 清沈景修撰 ⑱集1328

沈曾植 抄（稿本）海日楼丛稿二十二种 沈曾植撰 ⑱丛699

沈善登 家抄礼记熊皇昇同一卷 清沈垚撰沈善登跋 ⑱经205

沈 镃 一八一八（嘉庆二十三）年抄芦中秋瑟谱二卷 清倪稻孙撰 ⑱集1984

沈毓荪 抄松麈斋诗稿一卷 清毛元勳撰 ⑱集1314

沈德潜 一七三六—一七九五（乾隆）年写沈归愚诗文稿一卷 北上草一卷近草一卷 清沈德潜撰 ⑱集1171

沈 潮 写（手稿）尔雅笺释六卷 清沈潮撰 ⑱经384

沈澄鉴 一七八〇（乾隆四十五）年抄诗经异文别说存什十四卷 清凌树屏撰 ⑱经150

怀仁县 清末抄怀仁县乡土志 清景霖编 ⑲131

徐氏**怀古山舍** 抄词选不分卷 清徐荣辑 ⑱集2005

朱承鉽**怀朴斋**　抄榕城纪闻一卷　题清海外散人撰　⑱史290

李氏**怀岷精舍**　抄宝郑斋杂录一卷　清李宗莲撰　⑱子723

怀烟阁楼　一七七七（乾隆四十二）年抄所见书画录六卷　清陆时化撰　⑦13608

怀璞斋　一八三八（道光十八）年抄适园杂著一卷　明陆树声撰　⑱集690

完　县　一九〇六（光绪三十二）年抄完县乡土志　清朱运昌编　⑲59

宋齐璧　抄睢州逸德轩田簣山先生评选史记六卷　清田兰芳撰　⑱史705

宋茂初　抄老子道德经二卷　魏王弼注　⑱子1005

宋宾王　一七二一（康熙六十）年家抄曾王二翰林存稿十卷　明陈琏编　⑱集1522

宋宾王　一七二八（雍正六）年抄龟巢稿十五卷　元谢应芳撰　附录一卷　宋宾王校跋　⑱集505

宋振譽　一七四一（乾隆六）年抄金薤琳琅二十卷　明都穆撰　补遗一卷　清宋振譽撰　⑱史1462

宋　琬　清初抄香奁集一卷韩内翰别集一卷　唐韩偓撰　⑱集175

商丘**宋氏**　抄陂门山人集八卷　明冯惟健撰　⑱集677

曾氏**诂训堂**　抄太宗皇帝实录八十卷　宋钱若水等纂修清曾钊等跋　⑱史167

评花馆　抄寇难纪略一卷附诗一卷　⑱史329

张氏**诒经堂**　抄左氏摘奇十二卷　宋胡元质撰清丁丙跋　㉙153

补不足斋　抄鲒埼亭诗集十卷　清全祖望撰　⑱集1168

补萝书屋　抄仪礼要义五十卷　宋魏了翁撰　⑪094.57/2718

杜甲**补堂**　一七三六—一七九五（乾隆）年抄杜藕山房丛书十种二十七卷　清杜钧辑　⑱丛401

补　堂　抄姜西溟文钞四卷　清姜宸英撰　⑱集1077

丁氏**初园**　抄补拙山房诗集十卷　清张定鋆撰订丁祖荫校跋　㉙3234

良乡县　一六六二—一七二二（康熙）年抄良乡县志八卷　清李庆祖修张璟纂　⑲6

启贤堂　抄鹌鹑论一卷　题清笏堂氏撰　⑱子485

张士元　一七三六—一七九五（乾隆）年抄归震川先生文钞二卷　明归有光撰　⑱集723

张万青　一七九七（嘉庆二）年抄九门锤谱一卷解法一卷套法一卷三才刀法谱一卷　清成德撰　⑱子132

张与权 写（手稿）战国策释地二卷 清张与权撰 ⑱史217

张与龄 一七九六（嘉庆元）年抄颜习斋先生四书正误六卷 清颜元撰 ⑱经346

张元辂 家抄正韵篆字校六卷 明沈延铨撰 ⑱子433

张元龄 抄宝闲斋藏书目四卷 清张仁美藏张元龄跋 ⑱史1400

张云璈 写（手稿）简松草堂文稿一卷 清张云璈撰 ⑱集1213

张云瞻徐瓒 抄咸淳临安志一百卷 宋潜说友纂 ⑲378

张少甫 一八九八（光绪二十四）年抄医源总论 ㉚690

安邱**张心臣** 抄安邱新志二十八卷 清马世珍纂修张柏桓纂增订 山东省图书馆

张书勳 一七七〇（乾隆三十五）年写文选六十卷 梁萧统辑唐李善注 ⑱集1554

张尔旦 写（手稿）种玉堂集二卷 清张尔旦撰 ⑱集1313

张尔耆 一八五六（咸丰六）年抄酉阳舌琐一卷 明唐汝询撰 ⑱子726

张台文 一八八六（光绪十二）年抄国朝闺秀香咳集二卷 清许夔臣辑 ⑰56－45089

张成干 一八二三（道光三）年抄蒙斋文钞十卷 清张观澜撰 ㉙2080

张师诚 一七九六—一八二〇（嘉庆）年写味馀书室恭和诗八卷 清仁宗颙琰撰 ⑱集1254

张廷济 写（手稿）清仪阁杂稿不分卷 清张廷济撰 ⑱子629

张问陶 抄白居易新乐府一卷 唐白居易撰 ⑱集143

海宁**张光第** 一九〇六（光绪三十二）年抄宁志余闻八卷 清周广业撰 浙江图书馆

张　讷 抄绛云楼书目不分卷 清钱谦益藏张讷录清吴翌凤跋清李璋煜跋 ⑱史1390

华亭**张声驰** 抄医学举要六卷 清徐镛撰 ㉚412

张芸轩 一八五一—一八六一（咸丰）年抄印机草（马氏医案） 清马俶撰 ㉚630

张步萱 一八〇三（嘉庆八）年抄素赏楼稿八卷破涕吟一卷 清陈皖永撰 ⑱集1093

张　秀 一六四九（顺治六）年抄钱起诗集不分卷 唐钱起撰 ⑱集66

张作楠 抄（稿本）翠微山房丛书 清张作楠编 ⑱丛575

吴县**张伯伦** 抄【正德】练川图记二卷 明陈渊修都穆纂 ⑲17

张　位 抄桂林风土记一卷 唐莫休符撰 ⑱史988

张位吴翌凤 抄河南先生文集二十七卷 宋尹洙撰 附录一卷 清吴翌凤校跋 ⑱集201

张希杰 抄本朝名家诗钞小传不分卷 清郑方坤撰 ㉝77

张若霭 一七三六—一七九五（乾隆）年写佛说无量寿经二卷 魏释康僧铠译 ⑱子888

张鸣珂 写（手稿）惜道味斋扎记一卷 清张鸣珂撰 ⑱经452

张鸣珂 一八五一—一八六一（咸丰）年抄烟霞万古楼诗录六卷 清王昙撰 ⑱集1239

张鸣珂 一八七四（同治十三）年抄望溪先生文不分卷 清方苞撰 ⑱集1101

张佩纶 抄（稿本）涧于杂稿十四种 清张佩纶撰并辑 ⑱丛691

张金吾诒经堂 抄三礼疑义一百六十六卷 清吴廷华撰 ⑱子212

张宗橚 抄唐人诗选不分卷 清张宗橚张载华辑 ⑱集1679

张绍仁 一八一〇（嘉庆十五）年抄砚笺四卷 宋高似孙撰 ⑱子462

张承纶 一七六七（乾隆三十二）年抄诗本音十卷 清顾炎武撰 ⑱经159

张承霓 一八五四（咸丰四）年抄敬斋古今黈十二卷补录一卷 元李治撰 ⑱子554

张承纶 抄泫志拾遗 清司昌龄纂修 ①1765

张　栋 抄养正图解不分卷 明焦竑撰 ⑱子92

张思廷张思延 抄何求集五卷 清张曾禔撰 ①4798

张炳翔 一八八一（光绪七）年家影元抄夹注辅教编三卷 宋释契嵩撰 ⑱子988

张　宪 一七七〇（乾隆三十五）年抄佛遗教经解一卷八大人觉经略解一卷 清智旭撰 ㉙572

张祖继 一八六八（同治七）年抄折中历法十三卷 明朱仲福撰 ⑪528.4/2523

张桔泉 一八九〇（光绪十六）年抄温热论一卷 清叶桂撰张楠辑 ㉚371

张　鉴 写（手稿）蝇须馆丛话五十二卷 清张鉴撰 ⑱子599

张　预 抄苏亭诗话六卷 清张道撰 ⑱集1906

张　预 抄（稿本）崇兰堂遗稿八种二十四卷 清张预撰张佩纶题款 ⑱丛700

阳湖**张琦** 一八三二（道光十二）年抄伤寒悬解十四卷首一卷末一卷 清黄元御撰 ㉚75

张彬容 一九〇六（光绪三十二）年抄南皮县乡土志二卷 清章师程王遂善编 天津图书馆

张 深 抄牧斋有学集十二卷 清钱谦益撰 ⑱集899

张深仙 一七〇一（康熙四十）年抄春灯谜传奇二卷 明阮大铖撰 ⑱集2125

张维彬 一八八〇（光绪六）年抄碌云纪事不分卷 清张中孚撰张维彬批校 ⑱史332

张惠言 写（手稿）张皋闻先生遗稿一卷 清张惠言撰 ⑱集1257

张雄喜 一九一一（宣统三）年抄痉痫中风秘要 兰升撰 ㉚397

张 策 一七六三（乾隆二十八）年家抄老子道德经二卷 魏王弼注 ⑱子1004

张敦仁 一八〇六（嘉庆十一）年抄仪礼要义五十卷 宋魏了翁撰 ①909

张敦培 一七九八（嘉庆三）年抄虞山先哲传记一卷 明王梦鼎辑 ⑱史451

张 道 抄（稿本）渔浦草堂遗稿十九种五十卷 清张道撰 ⑱丛694

张谦宜 一六六二—一七二二（康熙）年抄妙山精舍集 清吕留良撰 ⑬847.2/60673

张蓉镜 一八二七（道光七）年家抄北山小集四十卷 宋程俱撰 ⑱集301

张蓉镜 家影元抄运使复斋郭公言行录一卷 元徐东撰 敏行录一卷 清缪荃孙跋 ⑱史475

张 照 一七二九（雍正七）年写金刚般若波罗蜜经一卷 后秦释鸠摩罗什译 ⑱子893

张 照 一七四四（乾隆九）年写般若波罗蜜多心经一卷 唐释玄奘译 ⑱子894

张 錞 一九〇九（宣统元）年抄枣林集五卷 清谈迁撰朱克勤跋 ⑱集904

张慧华程覃叔 抄晁具茨先生诗集十五卷 宋晁冲之撰 ⑱集279

张德荣 一七八五（乾隆五十）年抄【咸淳】重修毗陵志三十卷 宋史能之纂修 ⑲345

张德荣 一七三六—一七九五（乾隆）年抄淳熙三山志四十二卷 宋梁克家纂修 ⑲518

张德荣 抄圣宋遵尧录七卷别录一卷 宋罗从彦撰 ⑱史232

张 澍 抄（稿本）张介侯所著书三种三卷 清张澍撰 ⑱丛667

张履祥 一八二七（道光七）年抄稽瑞录一卷 唐刘赓辑 ①6914

张 燮 抄骈体探珠不分卷 ⑱集1605

张 翼 一六六〇（顺治十七）年抄孟东野集十卷 唐孟郊撰 ⑱集137

泾阳张氏 抄丘文庄公集十卷 明丘濬撰清焦映汉选贾棠编 ⑪NC5428/7163
琴川**张氏** 抄张来仪先生文集一卷 明张羽撰 ⑱集542
张　氏 一七二七（雍正五）年抄医学指津 清张震编 ㉚336
灵山县 抄【康熙】灵山县志四卷 清林长存修王启辅纂 ⑲733
灵邱县 抄【顺治】灵邱县志四卷 清宋起凤纂修 ⑲84
灵　州 清末抄【光绪】灵州志四卷 清杨芳灿修 ⑲229
徐氏**灵芬阁** 一九〇八（光绪三十四）年抄邵亭知见传本书目十六卷 清莫友芝编 ⑰56—44413
灵溪精舍 抄黄帝内经太素注三十卷 隋杨上善撰 ⑱子177
灵璧县 一六八〇（康熙十九）年抄【康熙】灵璧县志八卷外纪一卷 清吴嵩等修汪之章纂 ⑲458
丁氏**迟云楼** 抄遗山先生新乐府五卷 金元好问撰 ⑱集1970
迟云楼 抄游志续编一卷 明陶宗仪辑 ⑱子1066
迟云楼 抄内阁藏书目录八卷 明张萱等撰 ⑱史1374
嘉定许氏**迟日草堂** 一八七九（光绪五）年抄潜壶集六卷 清许自俊撰 ⑪NC5531/0424
陆大成 抄彭茗斋诗六卷 清彭孙贻撰 ⑱集946
陆时化 一七七二（乾隆三十七）年抄江村消夏录三卷 清高士奇辑 ⑱子391
陆润庠 一八八四（光绪十）年抄针灸甲乙经十二卷 晋皇甫谧撰清陆润庠校 ⑱子248
陆　垲 一八〇二（嘉庆七）年抄医彻四卷 清怀远撰 ⑱子231
陆贻典 一六六一（顺治十八）年影宋抄张司业诗集三卷 唐张籍撰 ⑲624
陆贻典 一六七四（康熙十三）年抄新刊元本蔡伯喈琵琶记二卷 元高明撰 ⑱集2102
陆思训 一七七三（乾隆三十八）年抄沙头里志诗文徵二卷 清曹炜辑 ⑱集1784
陆香圃三间草堂 抄申斋刘先生文集十五卷 元刘岳申撰 ⑱集455
陆起凤 一九〇五（光绪三十一）年抄痘疹传心录十六卷 明朱惠明撰 ㉚500
陆恩黼 一八四五（道光二十五）年抄武功县志三卷首一卷 明康海撰清孙景烈评注 ⑲188
陆恩黼 抄武进县志八卷 明宴文辉修唐鹤徵纂 ⑲346

陆家振 一八九六（光绪二十二）年抄集帖目三卷 清惠兆壬撰 ⑱子413

太仓陆骏 抄金川纪略二卷 清程穆衡撰 ⑪917.4282/2622

陆　湛 一七八五（乾隆五十）年抄吴都文粹十卷 清郑虎臣辑 ⑱集1778

陆　滋 一七六四（乾隆二十九）年抄诗类编三十六卷 清陆琦辑 ⑱集1600

陆锡熊 一七三六—一七九五（乾隆）年写御制文渊阁记一卷 清高宗弘历撰 ⑱集1163

陆锡熊 家抄玉笥集十卷 元张宪撰清陆锡熊丁丙跋 ⑱集500

陆　漻 一六六二—一七二二（康熙）年家抄蜕庵诗四卷 元张翥撰清黄丕烈校跋 ⑱集486

陆增祥 一八五一（咸丰五）年抄安阳金石录目一卷 清武亿撰 ⑱史1481

陆增祥 写（手稿）八琼室文稿不分卷 清陆增祥撰 ⑱集1305

陆　穆 一七七五（乾隆四十）年抄会稽陆忠烈公自著年谱二卷 明陆梦龙撰 ⑱史508

陆懋修 一八六二—一八七四（同治）年抄新刊素问入式运气论奥三卷 宋刘温舒撰 ㉚31

陆懋修 抄（稿本）陆九芝先生遗稿七种 清陆懋修撰 ⑱丛693

陆黼思 一八二一—一八五〇（道光）年抄溆水志八卷 宋罗叔韶修常棠纂 ⑲394

陆　氏 抄偃山尺牍不分卷 明陆深撰 ⑱集628

陇西县 一六六二—一七二二（康熙）年抄陇西县志不分卷 清周继述纂修 ⑲209

陇　州 一九〇六（光绪三十二）年抄陇州乡土志十五章 唐松森修丁全斌纂 ⑲188

陈元龙 一六六二—一七二二（康熙）年泥金写大佛顶如来密因修正了义诸菩萨万行首楞严经十卷 题唐释般刺密帝弥伽释伽译 ⑱子931

陈元龙 一七三六—一七九五（乾隆）年写大方便佛报恩经七卷 ⑱子918

陈元禧 一八七九（光绪五）年抄遂初楼杂录一卷 清陈寿祺撰 ⑱子629

陈介祺 一八七一（同治十）年家抄周毛公㬍鼎铭释文一卷 清徐同柏陈介祺撰 ⑱史1454

海盐**陈方瀛** 一八七二（同治十一）年抄端石拟三卷附藜阁十砚铭一卷 清陈龄撰 ⑪991.36/7528

陈　立 写（手稿）公羊义疏十一卷 清陈立撰戴望跋 ⑱257

陈世昶 一七一二（康熙五十一）年抄梧冈文正续两集合编九卷 明陈尧撰清陈世昶辑 ⑱集683

陈　劢　抄水经注重校本四十卷　清全祖望撰　⑱史1026

陈邦彦　一七三六—一七九五（乾隆）年写佛说无量寿经二卷　魏释康僧鎧译　⑱子888

陈庆镛　抄阳羡名陶录二卷续一卷　清吴骞撰　⑱子469

陈孝泳　一七三六—一七九五（乾隆）年泥金写文殊师利所说摩诃般若波罗蜜经一卷
梁释曼陀罗仙译　⑱子891

陈冏夫　抄明人手简序录三卷　清范永祺撰　④1951

陈作楫　一七三八（乾隆三）年抄鸣秋集二卷　明赵迪撰　⑱集567

陈作霖　一八六七（同治六）年抄肇域志　清顾炎武撰　⑱史734

陈希龄　抄（稿本）陈氏天文算学丛书十五种二十三卷　清陈希龄撰　⑱子264

陈　奂　家抄管子二十四卷　唐房玄龄注清陈奂校跋并录黄丕烈题识　⑱子136

陈　沣　写（手稿）说山一卷　清陈沣撰　⑱史999

陈　沆　一八二二（道光二）年抄孟子年谱一卷年谱考一卷　清魏源撰　⑱史501

陈　沆　写（手稿）简学斋诗一卷　清陈沆撰魏源龚自珍等跋　⑱集1270

陈迪州　一八五一（咸丰元）年抄微尘敝帚二集九卷　清陈沂震撰　㉙2433

陈　泩　一七八四（乾隆四十九）年抄北梁吟稿一卷剩稿一卷南楼遗稿不分卷　清陈顾口撰　⑱集1174

陈　绅　抄芑山先生文集十九卷　明张自烈撰　⑱集888

陈　珍　一八三六（道光十六）年抄拙修书屋文稿五卷诗稿一卷　清陈谟撰　⑱集1003

陈钟英　抄（稿本）归礼堂三种四卷　清陈钟英撰　⑱丛686

陈　钧　一八三〇（道光十）年抄小築迩言八卷徐公经济录一卷　明徐标撰清丁瑶泉增辑　⑱集854

陈奕禧　抄海宁查嗣基暨配丁太君墓志铭一卷　清沈珩撰陈奕禧跋　⑱史490

陈庭梦　一八四八（道光二十八）年抄伤寒真方歌括六卷　清陈念祖撰　㉚89

陈晋泰　一八九七（光绪二十三）年抄杂证总诀二卷（即杂症歌诀）清何其伟撰　㉚344

陈　倬　写（手稿）今韵正义十卷　清陈倬撰　⑱经491

元和陈倬　一八六五（同治四）年抄公羊逸礼考证一卷　清陈奂撰　⑪095.27/7527

吉林**奉化县** 清末抄奉化县乡土志不分卷 清陈嘉言编 ⑲147

武昌府 一六八三（康熙二十二）年抄武昌府志十六卷 清杜毓秀纂修 ⑲608

武城县 清末抄【光绪】武城乡土志略一卷 清萨承钰修苏再薰纂 ⑲264

林 元 一七三三（雍正十一）年抄猗觉寮杂记二卷 宋朱翌撰 ⑱子532

林则徐 写（手稿）侯官林文忠公遗稿不分卷 清林则徐撰 ⑱集1267

林茂春 抄（稿本）后汉书考证一卷 清林茂春传 ⑱史54

林 佶 抄韩文选钞不分卷 唐韩愈撰 ⑱集121

林春溥 抄（稿本）竹柏山房稿十种四十二卷 清林春溥撰 ⑱丛668

林 勋 一七三六—一七九五（乾隆）年抄程氏即得方二卷 清程林撰 ㉚243

林 钟 一八一五（嘉庆二十）年抄医宗说约小儿科节抄 清蒋示吉撰 ㉚478

林 氏 一八二一—一八五〇（道光）年抄三礼通释二百三十卷三礼图五十卷 清林昌彝撰 ⑱经214

松竹轩 一八一二（嘉庆十七）年抄欧阳文醇读本一卷 宋欧阳修撰 ⑱集232

郭氏**松南书庐** 抄五经岁遍斋许学三书十四卷 清翟云升撰 ⑱经417

松南书舍 抄画史会要五卷 明朱谋垔撰 ⑱子424

松桂草堂 抄读礼志疑六卷 清陆陇其撰 ⑱经212

松滋县 一六七〇（康熙九）年抄松滋县志二卷 清屈超乘修李抡元纂 ⑲626

松潘厅 抄【嘉庆】松潘直隶厅志四卷 清温承恭纂修 ⑲794

杭世骏 抄杜工部集十八卷 唐杜甫撰 ⑱集89

怀宁方氏**枕经堂** 抄朱鲁存先生遗集八卷 清朱道文撰 ⑪NC5531. 4/2930

方朔**枕经堂** 抄历代纪年汇抄五种五卷 ⑱史140

枕经阁 抄周易解故一卷 清丁晏撰 ⑱经96

沈氏**枕碧楼** 一九〇九（宣统元）年抄【嘉泰】吴兴志二十卷 宋谈钥纂修 ⑲399

卧月楼 抄中庸合注定本一卷 清翁同书莫友芝跋 ⑱经315

袁氏**卧雪楼** 抄通历十五卷 唐马总撰宋孙光宪续 ⑱史102

卧游轩 抄唐诗偶评六卷附唐诗人小传一卷 清杨逢春撰 ⑱集1899

茂名县 一六六二—一七二二（康熙）年抄茂名县志四卷 清周振声修周承权纂 ⑲705

茂　州 一七九四（乾隆五十九）年抄茂州志八卷 清丁映奎纂修 ⑲795

苹花水阁 抄怀旧集二卷 明冯舒辑 ⑲578

苴屏山房 抄闽中书画录十四卷 清黄锡蕃辑杨浚跋 ⑱子393

英山县 一六八〇（康熙十九）年抄英山县通志十三卷 清刘五龙纂修 ⑲617

英吉沙尔厅 一九〇七（光绪三十三）年抄英吉沙尔厅乡土志一卷 清黎丙元编 ⑲252

胡氏**苓野堂** 一六六二—一七二二（康熙）年抄安定胡氏世谱十八卷首一卷 清胡忠勋纂修 ⑱史601

范希仁 抄钱海石先生诗集七卷 明钱薇撰 ①2206

范若霖 一八九二（光绪十八）年抄隆庆仪真县志十四卷 明申嘉瑞修李文陈国光纂 ⑲352

范明山 一八七二（同治十一）年抄卫生要求一卷 清潘蔚撰 ㉙1329

范　寅 抄（稿本）扁舟子丛稿七种八卷 清范寅撰 ⑱丛693

范湖草堂刘履芬 一八六九（同治八）年抄封氏闻见记十卷 唐封演撰 ①14607

钱氏**述古堂** 清初抄昭德先生郡斋读书志五卷后志二卷 宋晁公武撰清丁丙跋 ⑱史1381

钱氏**述古堂** 抄钱遵王述古堂藏书目录十卷 清钱曾撰 ㉙2941

述旧斋 抄霁山先生集五卷首一卷拾遗一卷 宋林景熙撰清孙诒让校 ⑱集407

述郑斋 抄培林堂书目不分卷 清徐秉义藏 ⑱史1398

述郑斋 抄十七史经说十二卷 清张金吾撰 ㉙3229

述德堂 抄五代史补五卷 宋陶岳撰 五代史阙文一卷 宋王禹偁撰清陈彭寿校 ⑱史225

钱氏**述祖德堂** 抄写经楼金石目不分卷 清钱泳撰章钰跋 ⑱史1437

欧阳正焕等 一七四七（乾隆十二）年写校正昭明文选六十卷 梁萧统辑唐李善注 ⑱集1554

王氏**郁冈斋** 抄礼纬含文嘉三卷 ⑱子371

郁　礼 一七六六（乾隆三十一）年抄绛帖平六卷 宋姜夔撰 ⑱子415

奇台县 清末抄奇台县乡土志一卷 清杨方炽编 ⑲244

郑志潮 一八二〇（嘉庆二十五）年抄宝鉴斋录存所藏宋牧仲存劄十卷 清牢犖撰 ⑱集1016

拥万堂 抄苕溪集五十五卷目录三卷 宋刘一止撰 ⑱集302

朱氏**拥百庐** 一九〇一（光绪二十七）年抄至元嘉禾志三十二卷 元单庆修徐硕纂 首都图书馆

抱山堂 抄淳熙三山志四十二卷 宋梁克家纂修 ⑲518

抱经斋 抄大小晏词四卷 ⑱集1935

卢氏**抱经堂** 一七七七（乾隆四十二）年抄德隅斋画品一卷 宋李廌撰清卢文弨校并跋 ⑱子419

卢氏**抱经楼** 抄春秋纂言十二卷总例一卷 元吴澄撰 ⑱经271

沈氏**抱经楼** 抄宋季三朝政要六卷 ⑱史155

抱经楼 抄吕衡州文集十卷 唐吕温撰 ⑱集139

马其昶**抱润轩** 一八七八（光绪四）年抄英夷入寇记二卷 清马其昶校跋 ⑱史324

拙逸堂 抄元人才调集十四卷 ⑱集1699

轮台县 一九〇八（光绪三十四）年抄轮台县乡土志 清顾桂芳编 ⑲248

赵氏**非昔轩** 抄凤墅法帖释文八卷 清姚晏撰清赵宗建校并跋 ⑱子416

卓　颖 一八八八（光绪十四）年抄罗太无口授三法 元朱震亨撰 ㉚318

陶介亭贤奕书楼 抄四书博徵一百二十卷 清陶及申撰 ⑱经345

陶氏贤奕书楼 抄陶氏贤奕书楼丛书二十七种一百二十三卷 清陶介亭编 ⑱丛580

毛氏**尚友斋** 一八四七（道光二十七）年抄晚学集七卷未谷诗集一卷 清桂馥撰 ⑲448

尚友馆 抄翰苑群书十三卷 宋洪遵辑 ⑱史1088

尚志堂 抄国初群雄事略十二卷 清钱谦益撰 ⑱史261

尚卿居 抄斜川集六卷 宋苏过撰 ⑱集290

味无味斋 抄艾轩先生文集十卷 宋林光朝撰 ⑱集329

味书轩 抄友石山人遗稿一卷 元王翰撰 ⑱集498

味书室 抄刘宾客文集三十卷外集十卷 唐刘禹锡撰清郑江校 ⑱集133

刘氏**味经书屋**刘如海 一八三〇（道光十）年抄书目类编不分卷 清刘喜海辑 ⑱史1372

刘氏**味经书屋**刘雯 一八二七（道光七）年抄御书楼书目一卷 ⑱史1379

味经书屋 一八六二—一九〇八（同治—光绪）年抄剿平陕甘回匪汇编四卷 清林寿图撰 ⑧

味经斋 抄春秋左传键二十四卷 清葛维镛撰 ⑱经253

钱天树**味梦轩** 抄北游诗不分卷 元释梵琦撰 ⑱集519

沈氏**鸣野山房** 一八四一（道光二十一）年抄题跋二卷 明毛晋撰清沈复粲校跋 ⑱史1388

沈氏**鸣野山房** 抄大金集礼四十卷 ⑱史1146

鸣野山房 抄周益公全集二百八卷 宋周必大撰 ⑱集334

岫岩县 一八五一—一八六一（咸丰）年抄岫岩志略十卷首一卷 清台隆阿修李翰颖纂 ⑲135

岫岩州 一八七五—一九〇八（光绪）年抄岫岩州乡土志不分卷 清贺简编 ⑲136

黄氏**岭海楼** 抄广三百首诗选一卷 清黄培芳辑 ⑱集1601

岷　州 清末抄岷州续志采访初稿 清陈如平纂修 ⑲220

岷州卫 一六八七（康熙二十六）年抄岷州卫志不分卷 清佚名纂修 ⑲220

峄　县 一九〇四（光绪三十）年抄峄县乡土志不分卷 清周凤鸣编 ⑲259

明江厅 一九〇九—一九一一（宣统）年抄明江厅乡土志 清佚名编 ⑲719

吕氏**明农草堂** 抄梧溪集七卷 元王逢撰 ⑱集506

明霞楼 抄符台外集二卷 明袁忠彻撰 ⑱集576

昆山县 一六六二—一七二二（康熙）年抄昆山县志二十卷 清杭允景纂修 ⑲323

昆阳州 一七一六（康熙五十五）年抄昆阳州志十二卷首一卷 清王克刚修王枚纂 ⑲824

昌吉县 一九〇八（光绪三十四）年抄昌吉县呼图壁乡土志 清佚名编 ⑲244

昌吉县 清末抄昌吉县乡土图志 ⑲244

昌图府 清末抄昌图府乡土志 清查富机编 ⑲132

昇平署 抄九九大庆五十二卷 ⑱集2060

周秉鉴**易安书屋** 一七三六—一七九五（乾隆）年抄织楚集一卷馀稿一卷 清毕朗撰 ⑱集930

忠　州 抄【乾隆】忠州志十四卷 清佚名纂 ⑲783

忠实堂 一八八六（光绪十二）年抄医学气运治谱二卷 清邱大成编 ㉚32

火氏**忠勇堂** 抄火氏家谱一卷 清火舜文纂修火继贤增补 ⑱史582

罗文彬 抄惠氏读说文记十五卷 清惠栋撰 ⑱经409

罗以智 一八五〇（道光三十）年抄日下题襟合集不分卷 清朱文藻辑 ⑱集1744

罗平州 一六九一（康熙三十）年抄罗平州志不分卷 清杨于鼎修张端纂 ⑲828

罗田县 一六六五（康熙四）年抄罗田县志八卷 清蔡容远纂修 ⑲615

罗江县 清末抄罗江县乡土志 清佚名编 ⑲758

罗振玉 写（手稿）明太学经籍志 清罗振玉撰并批 ⑨

罗桑草 一六六二—一七二二（康熙）年用猩红和墨抄甘珠尔 ㉖177

国史馆 抄倭仁列传一卷 ⑱史498

固安县 抄【康熙】固安县志九卷 清吴孟桂等纂修 ⑲48

固安县 清末抄固安县乡土志 ⑲49

果亲王府 抄春和堂史记读本四卷 ⑱史705

和平县 一六六二—一七二二（康熙）年抄和平县志八卷 清唐开先纂修韩师愈续修龚以时续纂 ⑲685

和平县 一八七五—一九〇八（光绪）年抄和平县乡土志 清佚名编 ⑲685

和 珅 一七三六—一七九五（乾隆）年写佛说无量寿经二卷 魏释康僧铠译 ⑱子888

和阗州 一九〇八（光绪三十四）年抄和阗直隶州乡土志 清谢维兴编 ⑲252

和阗州 清末抄和阗直隶州乡土志 清易荣鼎编 ⑲252

鲍氏**知不足斋** 一七六三（乾隆二十八）年抄南宋院画录八卷 清厉鹗撰鲍廷博校并跋 ⑱子425

鲍氏**知不足斋** 一八一二（嘉庆十七）年抄棠阴比事二卷 宋桂万荣撰清鲍廷博校并跋 ⑱子144

鲍氏**知不足斋** 抄南濠居士文跋四卷 明都穆撰清鲍廷博校跋劳权跋 ⑱史1409

王氏**知不足斋** 一七九六—一八五〇（嘉庆—道光）年抄袁宏后汉纪补证三十卷 清王绍兰撰 ⑧

知白斋 抄则堂先生文集六卷 宋家铉翁撰 ⑱集411

彭元瑞**知圣道斋** 一七七九（乾隆四十四）年抄庆湖遗老诗集九卷拾遗一卷后集补遗一卷

宋贺铸撰清彭元瑞校并跋 ⑱集286

彭氏知圣道斋 抄求古录一卷 清顾炎武撰彭元瑞校跋 ⑱史1434

杜氏**知圣教斋** 抄春秋三传辨疑二十卷 元程端学撰 ⑱经271

萧山王氏**知足知不足馆** 写（稿本） 萧山王氏十万卷楼辑佚七种 清王绍兰辑 ⑱丛412

尤氏**知服斋** 抄钱仲文集十卷 唐钱起撰 ⑬841.416/83147

季锡畴 一八二四（道光四）年抄王烟客先生家训一卷 清王时敏撰 ⑱子98

佳山堂 抄黄石斋集不分卷 明黄道周撰 ⑱集848

迮鹤寿 抄迮卐川遗诗一卷 清迮朗撰 ⑱集1109

依北书屋 抄欧阳文忠公书简不分卷 宋欧阳修撰清石竹居士辑 ⑱集232

邹氏**依样画葫芦山馆** 一八二一—一八五〇（道光）年抄绘事晬编 清邹钟灵辑 ㉙1548

汪氏郎亭 一八八五（光绪十一）年抄师友渊源记一卷 清陈奂撰汪鸣銮校管礼耕跋 ⑱史446

阜康县 清末抄阜康县乡土志 ⑲244

岳昭炜 一八四〇（道光二十）年抄岳氏载志录不分卷 清岳昭垲辑 ⑱史572

孔氏**岳雪楼** 一八七二（同治十一）年抄楚辞灯四卷 清林云铭撰 ⑱集12

孔氏**岳雪楼** 一八七五—一九〇八（光绪）年抄太仓稊米集七十卷 宋周紫芝撰 ⑱集324

孔氏**岳雪楼** 抄政和五礼新仪二百二十卷 宋郑居中等撰 政和御制冠礼十卷 ⑱史1145

孔广陶**岳雪楼** 抄圣宋名贤五百家播芳大全文粹一百一十卷 宋魏齐贤叶棻辑 ⑱集1690

南海孔氏**岳楼** 抄滇略十卷 明谢肇淛纂 ⑲819

金上震 抄括囊稿一卷 明文洪撰 ⑱集595

吴县**金亿** 一八六一（咸丰十一）年抄拔萃良方录要 清裕德堂树护室合编 ㉚260

金子逸 一八八〇（光绪六）年抄普济应验良方八卷 清德轩氏辑 ㉚254

金石录十卷人家 抄振绮堂书目四卷 清汪远孙藏 ⑱史1405

金吉祥龠 抄芝省斋碑录不分卷 清李遇孙撰 ⑱史1473

吴氏**金竹山房** 抄史记考证六卷 清张照杭世骏等撰 ⑱史19

金应澍 抄笃慎堂烬馀诗稿八卷 清金谔撰 ⑱集1308

金 县 清末抄【光绪】金县新志 ⑲208

金奉尧 写（手稿）春秋氏族汇考四卷 清金奉尧撰 ⑱经288

金 侃 一六八七（康熙二十六）年抄刘文靖公文集二十八卷 元刘因撰清金侃跋 ⑱集444

金绍纶 一七八〇（乾隆四十五）年抄戴东原方言校本签注一卷 清丁杰撰 ⑱经387

金俊明 抄国史经籍志六卷 明焦竑撰清唐翰题跋 ⑱史1410

金俊明 一六六四（康熙三）年抄石墨镌华八卷 明赵崡撰清金俊明跋 ⑱史1464

金梔僊馆 抄永宪录六卷首一卷 清萧奭撰 ⑱史167

金堂县 一七五一（乾隆十六）年抄金堂县志略不分卷 清张南煐纂修 ⑲740

金堂县 清末抄金堂县乡土志四卷 刘肇烈编 ⑲740

金粟堂 抄异语十九卷 清钱坫撰 ⑱经450

金粟庵行者 一八八四（光绪十）年抄三指禅三卷 清周学霆撰 ㉚117

金蓉镜 抄（稿本）潜庐六种 清金蓉镜撰 ⑱丛700

左氏念宛斋 一七三六—一七九五（乾隆）年抄观象玩占五十卷 题唐李淳风撰 ⑱子341

受益草庐 抄嘉靖新安志补八卷 明方信纂 ⑲469

鱼元傅 一七二八（雍正六）年抄庚申外史二卷 明权衡撰清鱼元傅跋曹炎校 ⑱史252

鱼元傅 一七三六（乾隆二）年抄古钱目一卷 清龚齐行撰 ⑱史1488

鱼元傅 写（手稿）看梅纪游草一卷 清鱼元傅撰 ⑱集1199

周广业 写（手稿）读易杂记不分卷 清周广业撰 ⑱经93

周广业 一七八六（乾隆五十一）年抄相台书塾刊正九经三传沿革例一卷 ⑱经357

周文业 家抄子略四卷目一卷 宋高似孙撰清周广业校 ⑱史1384

周文鼎 一七九〇（乾隆五十五）年抄读易参解二十四卷 清徐淑撰 ⑱经84

周文鼎 一八〇一（嘉庆六）年抄金石录补三卷 清叶奕苞撰盛麟补赵宗建跋 ⑱史1435

周心如 一八二五（道光五）年抄酌中志馀不分卷 ⑱史273

周书仓 抄吴郡乐圃朱先生馀稿十卷 宋朱长文撰 附编一卷 ㉙130

周世敬 抄小通津山房诗稿一卷文稿一卷 清周锡瓒撰 群公投赠诗文一卷 ⑱集1246

周左季 抄串雅外编四卷 清赵学敏辑 ㉚247

周龙飞 一八八六（光绪十二）年抄外科良方 ㉚555

周乐清 抄（稿本）静远草堂初稿七种十一卷 清周乐清撰 ⑱丛663

周永年 抄吴郡乐圃朱先生馀稿十卷补遗一卷 宋朱长文撰 附录一卷 清李文藻校并跋 ⑱集280

周寿昌 抄（稿本）后汉书注补正八卷 清周寿昌撰 ⑱史54

周泽彦 一七九九（嘉庆四）年抄周氏医方集解论六卷 清周世教撰 ㉚228

周学濂 一八四八（道光二十八）年抄草木疏校正二卷 清赵佑撰 ⑱经158

周荣起 一六六三（康熙二）年抄衍极五卷 元刘构撰刘有定释 ⑱子405

周星诒 一八六六（同治五）年抄唐秦隐君诗集一卷 唐秦系撰清周星诒跋并录毛扆校 ⑱集96

周悦让 写（手稿）经通二十六卷 清周悦让撰 ⑱经369

周家禄 抄（稿本）寿恺堂九种 清周家禄撰 ⑱丛703

周铭鼎 一八三九（道光十九）年刊壶口辨一卷 清吴骞撰 ⑱史1035

周锡瓒 抄陶渊明集十卷 晋陶潜撰 ①11367

周　煌 一七三六—一七九五（乾隆）年写御制平定两金川告成太学碑文一卷 清高宗弘历撰 ⑱集1162

周福清 一八七五—一九〇八（光绪）年抄集义轩詠史诗钞六十卷 清罗惇衍撰 ⑱集1295

周嘉猷 一七三六—一七九五（乾隆）年抄文苑英华辨证十卷 宋彭叔夏撰 ⑱集1564

周　镇 一八五七（咸丰七）年抄文选举正不分卷 清陈景云撰翁同书跋 ⑱集1560

周德宣 一六八五（康熙二十四）年抄事物考辨六十三卷 明周象明撰 ⑱子623

周赞鸿 抄尤氏医学读书记 清尤怡撰 ㉚677

周懋琦 一八七三（同治十二）年抄春秋长历十卷 清陈厚耀撰 ⑱经285

净心道人 一七五三（乾隆十八）年抄寒山子诗集一卷 唐释寒山子撰 丰干拾得诗一卷 ⑱集56

享帚轩 抄八十一家文碧不分卷 清赵之谦辑 ⑱集1742

沈氏变风堂 一七二四（雍正二）年抄后西游记不分卷 ⑱集2160

庞可庐 一八七五—一九〇八（光绪）年抄惕斋见闻录一卷 清苏瀜撰 ①5459

庞香荪 一八六四（同治三）年抄鲍溶诗集六卷集外诗一卷补遗一卷 唐鲍溶撰刘履芬校跋 ⑱集147

郑小邑 抄冬心先生杂著不分卷 清金农撰 ⑱子425

郑文烺 抄郑玄列传一卷 刘宋范晔撰清郑文焯校补并跋 ⑱史464

郑文焯 一八七五—一九〇八（光绪）年抄汲古阁珍藏秘本书目一卷 清毛扆藏并撰郑文焯跋 ⑱史1389

郑文焯 写（手稿）大鹤山人诗稿不分卷 清郑文焯撰 ⑱集1342

郑乔迁 一八一八（嘉庆二十三）年抄四明近体乐府十四卷 清袁钧辑 附一卷 ⑱集2002

郑乔迁 一八二一—一八五〇（道光）年抄蒲褐山房诗话一卷 清王昶撰 ⑱集1902

郑传绪 抄围炉诗话六卷 清吴乔撰 ⑱集1893

侯官**郑杰** 一七三六—一七九五（乾隆）年抄【正德】朝邑县志二卷 明韩邦靖纂 ⑲175

郑 杲 写（手稿）郑东甫文稿一卷 清郑杲撰 ⑱集1343

郑知同 一八五一—一八六一（咸丰）年抄（稿本）郑伯更杂著二种二卷 清郑知同撰 ⑱丛687

郑 珍 抄春秋三传异同考一卷 清吴陈琰撰 ⑱经286

郑 勋 抄野云居诗稿二卷 清郑竺撰 ⑱集1244

郑 祏 抄剡川诗钞不分卷 清舒顺方董彦琦辑 ⑱集1803

郑 祐 抄南雷文钞不分卷 清黄宗羲撰 ⑱集925

郑 照 一八二一—一八五〇（道光）年抄乔阪先生遗诗一卷 ⑱集1246

闽县**郑氏** 一九〇四（光绪三十）年抄【嘉庆】龙州纪略二卷 清黄誉纂修 ⑲719

法律馆 一九〇七（光绪三十三）年抄大元圣政国朝典章六十卷新集至治条例不分卷
清沈家本跋 ⑱史1121

河 州 一六八七（康熙二十六）年抄河州志 清张瓒纂修 ⑲220

河 州 清末抄河州采访事迹八卷 清张庭武纂 ⑲220

河池州 一九〇七（光绪三十三）年抄河池州志二十卷 清李佑元辑纂 ⑲721

河阳县 一七一七（康熙五十六）年抄澂江府附郭河阳县志二十卷 清李丕垣修李应绶纂 ⑲830

河阴县 一八七五—一九〇八（光绪）年抄河阴县志稿十六卷 清苏鹏翥纂 ⑲557

泸 州 抄康熙泸州志十二卷 清王帝臣纂修 ⑲765

泗 州 一六七三（康熙十二）年抄泗州通志三十卷 清李德燿修 ⑲459

泗 州 一七八八（乾隆五十三）年抄泗州志十一卷 清叶兰纂修 ⑲459

郑氏**注韩居** 抄百粤风土记不分卷 明谢肇淛撰 ⑱史989

泾 州 清末抄泾州採访新志 清杨丙荣纂 ⑲213

徐氏**治朴学斋** 抄金石录三十卷 宋赵明诚撰清徐松校跋 ⑱史1427

怡安氏 一八九四（光绪二十）年抄怡庵喉科治效方 清胡藏庭传 ⑳590

怡怡草堂 抄湖北金石诗一卷 清严观撰 ⑱史1483

怡养斋 抄有涯文集二卷 清徐仁师撰 ⑱集1085

怡素堂 抄青宫乐调三卷 明李文察撰 ⑱经227

宝元室 抄【正德】朝邑县志七篇 明王道修韩邦靖纂 ⑲175

宝米斋 抄唐大诏令集一百三十卷 宋宋敏求辑 ⑱史336

宝米斋 抄宝刻丛编二十卷 宋陈思辑 ⑱史1459

叶名沣**宝芸斋** 抄襄阳守城录一卷 宋赵万年撰 ⑱史241

宝芸斋 抄南烬纪闻一卷 题宋辛弃疾撰 窃愤录一卷续录一卷 清王献唐批校并录徐乾学批校 ⑱史237

宝砚斋 抄兰亭居士日记不分卷 清唐烱撰 ⑱史552

宝闲斋 抄南迁录一卷 题金张师颜撰 ⑱史247

宝恩堂 抄虞山集十二卷 明瞿式耜撰瞿昌文辑 ⑱集816

韩氏**宝铁斋** 抄西畇寓目编不分卷 清陈墫辑 ⑱子397

宝善堂 抄牧羊记二卷 ⑱集2159

宝籍堂 一八〇五（嘉庆十）年抄南翔宝籍堂外科秘本 ⑳546

蒋氏**宝彝堂** 抄中兴礼书三百卷中兴礼书续编八十卷 清徐松辑沈炳垣跋 ⑱史1146

宝云书屋 抄清太祖朝史料一卷 ⑱史318

宗人府 清末抄清宗室袭爵谱不分卷 ⑥

宗文斋 抄康熙乐会县志四卷卷首一卷 清程秉慥纂修 ⑨673.35511/561

宗源瀚 家抄北征日记三卷 清宗源瀚撰 ⑱史556

陕西**定边县** 清末抄定边县乡土志三卷 清吴命新修贺廷瑞纂 ⑲845

云南**定边县** 一七一三（康熙五十二）年抄定边县志不分卷 清杨书纂修 ⑲191

定安县 一六六二—一七二二（康熙）年抄定安县志八卷 清张文豹梁廷佐纂修 ⑲702

定安县 一九〇九—一九一一（宣统）年抄定安县乡土地理志 清莫家桐编 ⑲702

四川**定远县** 抄【道光】续修定远县志二卷 清张嗣鸿纂修 ⑲787

四川**定远县** 清末抄定远县乡土志二卷 清何承道修李树春纂 ⑲788

定南县 抄【顺治】定南县志略六卷 清祝添寿纂修 ⑲514

定瞻厅 一八七五—一九〇八（光绪）年抄定瞻厅志略 清张继纂 ⑲798

宜良县 一七一六（康熙五十五）年抄新修宜良县志十卷 清黄澍纂修 ⑲829

宜君县 一六四四—一六六一（顺治）年抄宜君县志不分卷 清佚名纂 ⑲197

宜秋馆 抄文庄集三十六卷 宋夏竦撰 ⑱集196

吴氏**宜铭金室** 抄筠清馆石文辑存不分卷 清吴荣光撰 ⑱史1471

郁氏**宜稼堂** 一八四二（道光二十二）年抄陆生口谱五卷 清陆圻辑 ⑱子871

郁氏**宜稼堂** 抄剿平三省邪匪方略三百五十二卷续编三十六卷首六卷 清庆桂等撰 ⑱史198

学有用斋 抄天禄琳琅书目十卷后编二十卷 清于敏中编彭元瑞续编 ③目325/72-2

学源堂 抄镇虔奏疏二卷 清胡有陞撰 ⑱史386

诗竹草堂 抄砚思集四卷 清田同之撰 ⑱集1112

法氏**诗龛** 抄诗龛声闻集□卷续编□卷 清法式善辑 ⑱集1744

诚楪堂 一八八二（光绪八）年抄硖川续志二十卷 清王德浩纂曹宗载重订 ⑲398

话石轩 一八一八（嘉庆二十三）年抄徐冬琐录一卷 清徐坚撰 ⑱史496

话兰室 抄闽鹾外纪不分卷 清戴赓飏撰 ⑱史1326

郓城县 一八九三（光绪十九）年抄郓城县乡土志 清毕炳炎编 ⑲300

房　县 一七八八（乾隆五十三）年抄房县志钞三十三类 清王魁儒纂修 ⑲633

弥勒州 一七一六（康熙五十五）年抄弥勒州志十二卷 清吴永绪纂修 ⑲837

弥渡官署 一八二六（道光六）年抄南诏野史续增不分卷 清熊观国撰 ⑱史204

王氏**弢园** 抄甫里寇难纪略一卷野烟录一卷 清杨引传撰 ⑱史328

居易堂 抄居易堂抄脉书 ㉚119

居俟斋 抄五代史记纂误三卷 宋吴缜撰 ⑱史31

陈氏**居敬堂** 抄乐书二百卷 宋陈旸撰 ⑱经224

屈大均 一六六二—一七二二（康熙）年抄香奁集不分卷 ⑱集175

屈　钦 一六五六（顺治十三）年抄春音集不分卷 明屈冲霄撰 ⑱集725

陔华吟馆翁心存 一八四〇（道光二十）年抄火龙神器阵法一卷 题明焦玉撰 ⑱子133

翁氏**陔华唫馆** 一八四八（道光二十八）年抄也是园藏书目十卷 清钱曾藏并撰翁心存校跋 ⑱史1393

驾日轩 抄东林书院志二十二卷 清高廷珍等编 ②4897

绍衣堂 抄濠川足徵录二十八卷 明罗斗罗所蕴罗大章辑 ①5959

经井斋 一七六六（乾隆三十一）年抄龙龛手鉴四卷 辽释行均撰 ⑱经436

青浦王氏**经训堂** 抄老子道德经四卷 题汉河上公注 ⑱子1004

独山莫氏**经香阁** 抄钜鹿东观集十卷 宋魏野撰 ⑱集197

经鉏堂 抄后村居士集五十卷目录二卷 宋刘克庄撰 ①4696

经鉏堂 抄汉书地理志补注一百三卷 清吴卓信撰 ⑱史42

经锄堂 抄温隐居海上仙方 宋温大明撰 ㉚215

孟作霖 一八九二（光绪十八）年抄幼科折衷总括秘传真本 ㉚487

孟　埙 一八九一（光绪十七）年抄诊脉弁言 ㉚119

徐氏**孟晋斋** 抄埤仓辑本二卷 魏张揖撰清陶方琦等辑 考异一卷附广苍辑文一卷 ⑱经390

孟超然 一七六一（乾隆二十六）年抄静志居诗话偶钞一卷 清朱彝尊撰 ⑱集1896

九　画

马氏**玲珑山馆** 抄石门集七卷 明梁寅撰 ⑱集526

春　林 抄麻疯秘诀症 ㉚561

项世英 一七九六（嘉庆元）年抄集篆古文韵海五卷 宋杜从古撰 ⑱经434

城口厅 抄【乾隆】城口厅志 清佚名纂 ⑲782

城步县 一九〇六（光绪三十二）年抄城步县乡土志五卷 清张汉渠程起凤编 ⑲659

城固县 一八七五—一九〇八（光绪）年抄城固县乡土志一卷 清佚名纂 ⑲199

柯劭忞 一八八三（光绪九）年抄经考六卷 清戴震撰 ⑱经365

柯逢时 一九〇〇（光绪二十六）年抄律十二卷音义一卷 宋孙奭撰 附校刊律音义札记一卷 清丁国钧撰并校 ⑱史1336

柘**柳草堂** 抄樵香小记二卷 清何琇撰 ⑱子625

吴江**柳兆薰** 一八八四（光绪十）年抄武功县志三卷首一卷 明康海纂清孙景烈评注 ⑲189

柳州府 抄【乾隆】柳州府志略四卷 清刘祖曾纂修 ⑲722

柳宝庆 抄评选环溪草堂医案三卷 清王泰林撰柳宝诒选编 ㉚643

南海李长荣**柳堂** 抄钱谷视成 题清苍筤居士撰 ㉝96

树宪草堂 抄天下郡国利病书一百二十卷 清顾炎武撰 ⑱史732

树骏堂 抄南烬纪闻一卷 题宋辛弃疾撰 窃愤录一卷续录一卷阿计替传一卷 ⑱史237

树萱堂 一七三六—一八二〇（乾嘉）年乌丝栏抄天下郡国利病书一百二十卷 清顾炎武撰 ㉙1996

袁昶**树滋堂** 一八四一（道光二十一）年抄季汉书六十卷 明谢陛撰 ㉝52

树德堂 抄脉法的要汤散征奇合刻 明闾丘煜编 ㉚718

政和县 一七二三—一七三五（雍正）年抄政和县志四卷 清佚名纂 ⑲523

政和堂 一八一四（嘉庆十九）年抄订补明医指掌十卷 明皇甫中撰邵达订补 ㉙452

胡二乐 一七二一（康熙六十）年抄石田先生集十卷 明沈周撰 ⑱集607

胡义赞等 一八七四（同治十三）年抄延煦堂金文拓本目一卷 清潘祖荫撰并校跋 ⑱史1456

胡子安 一九〇二（光绪二十八）年抄不分得已二卷 清杨光先撰 ㉝179

胡凤苞 一七七六（乾隆四十一）年抄默记一卷 宋王铚撰 ⑱子649

胡玉缙 一八九八（光绪二十四）年抄元史地名考五卷 清李文田撰 ⑱史87

胡可大 抄徽钦遗事六卷 清胡可大跋 ⑱史239

胡念修 一九〇四（光绪三十）年抄四库全书简明目录标注二十卷 清邵懿辰撰缪荃孙批校 胡念修跋 ⑱史1377

胡宗元 一七三六—一七九五（乾隆）年抄象台首末七卷 宋胡知柔辑清胡宗元重订 ⑱史475

胡 倚 一八一二（嘉庆十七）年抄周易像象述四卷 明吴桂森撰 ⑱经77

胡俊生 一六六二—一七二二（康熙）年抄耻庵先生遗稿不分卷 明胡超撰 ⑱集597

胡家彝 写（手稿）格物要览三十卷 清胡家彝辑 ⑱子875

胡 彬 一七一三（康熙五十二）年抄史记二十二卷 汉司马迁撰明钟惺评 ⑱史16

胡葵园 一八六九（同治八）年抄癸巳存稿未刻文一卷 清俞正燮撰 ①10866

胡嗣超 抄（稿本）海隐书屋四种五卷 清胡嗣超撰 ⑱丛689

胡蕉窗 抄国榷不分卷 明谈迁撰 ⑱史162

封仲可 抄鹤侣堂文存稿一卷 清孙勷撰 ⑱集1065

荆门州 一六六五（康熙四）年抄荆门州志 ⑲622

杜氏**荆花屋** 抄近事会元五卷 宋李上交撰 ⑱子522

荆蛮逸民 一六六二—一七二二（康熙）年抄明季野史四种八卷 ⑱史316

南川县 清末抄南川县乡土志不分卷 ⑲780

南书房 一八六二（同治元）年抄治平宝鉴二十卷 清张之万等撰 ⑱史1532

南宁府 抄【康熙】南宁府全志不分卷 清金先声纂修 ⑲716

南阳村 抄河东柳仲涂先生文集十六卷 宋柳开撰 ⑱集185

南阳讲习堂吕无隐 一七一一（康熙五十）年抄后村居士集五十卷目录二卷 宋刘克庄撰 ⑱490

南江县 一七五一（乾隆十六）年抄南江县志略不分卷 清闻肇堭纂修 ⑲790

南安府 抄【康熙】南安府志十五卷 清李世昌纂修 ⑲514

南枝堂 抄石田翁客座新闻十一卷 明沈周撰 ⑱子656

南和县 清末抄南和县乡土志二卷 ⑲80

南郑县 清末抄南郑乡土志一卷 清佚名编 ⑲198

南　府 一七七一（乾隆三十六）年抄升平雅颂一卷 ⑱集2071

南宫县 清末抄南宫县乡土志 ⑲76

南部县 清末抄南部县乡土志 清王道履编 ⑲786

南崖堂 抄双清仙馆诗鈔四卷诗馀一卷 清周绮撰 ㉙1319

南渟书屋 抄南渟诗谱五卷 清钱九同辑 ⑪811.103/8347

南裓草堂 一八五五（咸丰五）年抄双芙阁吟稿二卷 清姚畹真撰 ⑱集1316

南溪县 清末抄南溪县乡土志不分卷 清佚名编 ⑲764

南溪渔子 一八五七（咸丰七）年抄红术轩紫泥法定本一卷 清汪镐京撰 ⑱子444

徐氏**茧园** 绿格抄苏州府学乡贤名宦神任录 清徐坚撰 ㉙934

茧谿老人 一七二七（雍正五）年抄始丰前后稿六卷 明徐一夔撰 ⑱集537

叶氏**荫玉阁** 抄以耕堂词钞一卷 清李大观撰 ⑱集1980

翁氏**茹古阁** 一八八三（光绪九）年抄小石帆亭五言诗续钞八卷首一卷 清翁方纲辑 ⑱集1599

蒋氏**茹古精舍** 抄续墨客挥犀十卷 宋彭乘撰 ⑱子523

蒋维基**茹古精舍** 抄醉翁谈录八卷 宋金盈之撰 ①12256

茹实斋 抄祝子遗书六卷 明祝渊撰 ⑱集873

荔波县 抄【咸丰】荔波县志稿 清郑珍纂修 ⑲817

荔波县 抄【光绪】荔波县志十一卷 清苏忠廷修李肇同董成烈纂 ⑲817

荔浦县 抄【康熙】荔浦县志四卷 清许之豫纂修 ⑲727

查人倬 抄敬修堂钓业不分卷 清查继佐撰 ⑱集910

查昌绅 一七五七（乾隆二十二）年抄荣古堂集 清查嗣珣撰 ⑱集1097

查　昇 一六六二—一七二二（康熙）年抄觉罗柯尔昆传一卷 清李来章撰 ⑱史489

查　景 一七三六—一七九五（乾隆）年抄东山外纪二卷 清周骧刘振麟辑 ㉝80

查慎行 一六六二—一七二二（康熙）年家抄天台林公辅先生文集不分卷 明林右撰 ⑱集560

查慎行 一七一〇（康熙四十九）年写金刚般若波罗蜜经一卷 后秦鸠摩罗什译 ⑱子893

查慎行 抄傅与砺诗集八卷 元傅若金撰清查慎行校跋 ⑱集481

宋氏**荣光楼** 清初抄诸儒鸣道七十二卷 清宋筠校 ⑱子57

赵之玉 一七九九（嘉庆四）年抄元郭天锡手书日记真迹不分卷 元郭畀撰 ⑱史517

星凤阁**赵之玉** 抄诚斋诗话一卷 宋杨万里撰 ⑱集1877

赵之谦 写（手稿）悲庵札记不分卷 清赵之谦撰 ⑱子602

赵之谦 一八六九（同治八）年家抄小学盦遗稿不分卷 清钱馥撰赵之谦校并跋 ⑱集1251

赵子琴 一八六二—一八七四（同治）年抄脉望馆书目 明赵琦美藏 ⑬018.8682/49818

赵文炌 一七六五（乾隆三十）年写大智度论一百卷 后秦释鸠摩罗什译 ⑱子918

赵允怀 抄琴川志注草十二卷首一卷续志草十卷补二卷 清陈揆纂赵允怀跋 ⑲328

赵同钧 一八五一—一八六一（咸丰）年抄经史正音切韵指南一卷 元刘鉴撰 ⑱经472

赵廷玉 一九〇七（光绪三十三）年抄伤寒明理论三卷方论一卷 金成无己撰 ㉚65

赵廷华 一七三三（雍正十一）年抄外科 ㉚541

赵仲举 一九〇五（光绪三十一）年抄旧山楼日记一卷 清赵宗建撰 ㉙3304

赵仲谦 抄伤寒证治明条八卷 明马中骅撰 ㉚72

赵　州 清末抄赵州乡土志 ⑲33

赵齐婴 一八六〇（咸丰十）年抄皇朝外藩图三卷 ⑱史1077

赵克忠 一八九七（光绪二十三）年抄仙传乌金丸方 ㉚442

赵秉冲 写佛说八吉祥经一卷 梁释僧伽波罗译 佛说十吉祥经一卷佛说贤者五福德经一卷 ⑱子885

赵庚甫　一八五〇（道光三十）年抄安道公年谱二卷　清陈溥撰清叶裕仁跋　⑱史510

赵　怡　抄昌黎诗集不分卷　唐韩愈撰清郑珍批点　⑱集125

赵宗建　写（手稿）旧山楼诗录一卷　清赵宗建撰宗廷辅等校　⑱集1337

赵宗德　一八五一—一八六一（咸丰）年抄【宝祐】重修琴川志十五卷图一卷
宋孙应时原纂鲍廉增修元卢镇续修　⑲326

赵烈文　一八六八（同治七）年抄投笔集一卷　清钱谦益撰　㉙2851

赵涧楠　一八三四（道光十四）年抄大方广佛华严经音义四卷　唐释慧苑撰清汪曰桢校跋　⑱子982

赵曾爱　一七八〇（乾隆四十五）年抄保闲堂集二十六卷　明赵士春撰　⑱集873

赵辑宁　一七七二（乾隆三十七）年抄紫岩于先生诗选三卷　宋于石撰　⑱集414

赵辑宁　一八一七（嘉庆二十二）年抄蜀梼杌二卷　宋张唐英撰　⑱史228

赵觐雅　抄我侬说诗二十二卷说原三卷　清贾赤夫苏静涵文鲁斋辑　⑱集1899

赵曦明　一七三六—一七九五（乾隆）年抄澄江诗选前集三十七卷后集五卷续集二卷
明邱维贤辑　江阴诗粹不分卷续选不分卷　清陈芝英辑　⑱集1786

赵麟趾　一八二六（道光六）年抄红楼佳话不分卷　清周宜撰　⑱集2151

赵　氏　抄瓶水斋杂俎一卷　清舒位撰　㉙1124

张氏**研古楼**　抄苏平仲文集十二卷　明苏伯衡撰　⑱集533

研古楼　抄崇祯五十宰相传一卷　清曹溶撰丁丙跋　⑱史440

李氏**研录山房**　抄张说之文集三十卷补遗一卷　唐张说撰　⑱集46

周氏**研经楼**　一八八九（光绪十五）年抄灌园漫笔七卷　清王初桐撰周大辅跋　⑱子480

吉氏**研经堂**　抄忠惠集十卷　宋翟汝文撰　附录一卷　⑱集297

研经楼　抄姑溪居士文集五十卷后集二十卷　宋李之仪撰　⑱集282

砖坪县　清末抄【宣统】砖坪县志不分卷　佚名纂　⑲205

面水层轩　抄旧五代史考异五卷　清邵晋涵撰　⑱史28

曾氏**面城楼**　抄大元圣政国朝典章六十卷新集至治条例不分卷　⑱史1121

曾氏面城楼 抄中兴礼书三百卷中兴礼书续编八十卷 清徐松辑曾钊校 ⑱史1145

拱辰堂 一八一九（嘉庆二十四）年抄仲景伤寒论注解 明方有执原撰清北园主人删定 ㉚48

括斋王氏 抄王柱石先生文集四卷 明王之栋撰 ③文276.467/44

拾穗山房 抄簪花轩诗钞一卷 清郑咏谢撰 ⑱集1253

临武县 一六八二（康熙二十一）年抄临武县志一卷 清张声远修邹章周纂 ⑲650

临淄县 清末抄临淄县乡土志一卷 清边凤岐修于子春纂 ⑲258

哈国平 一八三二（道光十二）年抄小学二卷 宋朱熹撰 ③哲822/57

哈密厅 抄【道光】哈密志五十一卷 清钟方纂 ⑲245

哈密厅 一九〇九（宣统元）年抄哈密直隶厅乡土志 清刘润通编 ⑲245

映雪斋 抄西湖览胜诗志 ④9630

昭梿 写（手稿）蕙荪堂集一卷 清昭梿撰 ⑱集1285

昫山堂 抄贾太傅新书十卷 汉贾谊撰 ⑱子32

贻仁堂 一八九一（光绪十七）年抄养生秘旨 ㉚614

畊冰寄庐 抄味外轩诗辑不分卷 清余怀撰 ⑱集947

徐氏虹亭 抄三垣笔记二卷附述二卷补遗一卷附录一卷 清李清撰 ⑱史282

徐氏虹隐楼 一九〇八（光绪三十四）年抄【宝祐】重修琴川志十五卷图一卷 宋孙应时原纂元卢镇续纂修清徐兆玮校跋 ⑲328

徐兆玮虹隐楼 一九一〇（宣统二）年抄青门诗集十二卷附集一卷 清邵陵撰 ㉙2981

郧县 一六八三（康熙二十二）年抄郧县志略不分卷 清侯世忠纂修 ⑲633

郧县学署 一八八二（光绪八）年抄四书古今异义二十卷附录二卷 清陈元吉汇纂 ⑪NC0856/7914

郧西县 一六八一（康熙二十）年抄郧西县志十二卷 清冯泰运纂修 ⑲634

是亦轩 抄玉湖楼传奇第六种女昆仑二卷 清裘琏撰 ⑱集2139

赵氏星凤阁 一七三六—一八二〇（乾隆嘉庆）年抄唐宋元三朝名贤小集四十九卷 清赵箕编 ⑱集1379

赵氏星凤阁 一七八三（乾隆四十八）年抄江隣几杂志二卷补一卷 宋江休复撰 ⑱子521

星凤阁赵之玉 抄困学斋杂录一卷 元鲜于枢撰清赵之玉校周星诒跋 ⑱子 554

星溪书屋 抄咸淳临安志一百卷 宋潜说友纂 ⑲378

贵　徵 一八一三（嘉庆十八）年抄五代会要三十卷 宋王溥撰清贵徵跋 ⑱史 1119

顾莼**思无邪室** 抄光福志十二卷首一卷 清徐傅编 ⑲320

李氏**思永堂** 抄小蓬莱阁画鉴一卷 清李修易撰 ⑱子 428

思竹山房 抄骈字分笺二卷 清程际盛辑 ⑱子 879

思诒堂 抄【嘉定】镇江志二十二卷首一卷 宋卢宪纂 ⑲339

思读误书室 抄曝书亭词拾遗一卷 清朱彝尊翁之润辑 ⑱集 1977

思敬室 抄思敬室稿本偶存一卷 清徐凤衔撰 ㉝169

拜城县 一九〇八（光绪三十四）年抄拜城县乡土志 ⑲249

吴氏**拜经楼** 一七三六—一七九五（乾隆）年抄南唐书十八卷 宋陆游撰
音释一卷 元戚光撰清吴骞校跋 ⑱史 78

吴氏**拜经楼** 一八一二（嘉庆十七）年抄观复堂藏书总目一卷分目一卷拜经楼分拨总记一卷
清吴骞藏并撰跋 ⑱史 1401

吴氏**拜经楼** 抄拜经楼丛抄二十二种二十五卷 清吴骞编并跋 ⑱丛 403

钟幼傭 一八六五（同治四）年抄栽盆节日一卷 清李桂撰 盆玩琐言一卷 清李南支撰 ⑱子 481

钦天监 一六六二—一七二二（康熙）年朱墨抄大清康熙二十一年岁次壬戌月五星凌
犯时宪历一卷 ⑱子 285

钦天监 一七二三—一七三五（雍正）年朱墨抄大清雍正五年岁次丁未时宪历一卷 ⑱子 293

钦天监 一七三六—一七九五（乾隆）年朱墨抄大清乾隆七年岁次壬戌时宪书一卷 ⑱子 295

钦天监 一七九六—一八二〇（嘉庆）年朱墨抄大清嘉庆十二年岁次丁卯五月星相距时宪书一卷 ⑱子 301

钦天监 一八二一—一八五〇（道光）年朱墨抄大清道光二年岁次壬午月五星相距时宪书一卷 ⑱子 303

钦天监 一八五一—一八六一（咸丰）年朱墨抄大清咸丰九年岁次己未时宪书一卷 ⑱子 308

钦天监 一八六二—一八七四（同治）年朱墨抄大清同治四年岁次乙丑月五星相距时宪书一卷 ⑱子 310

钦天监 一八七五—一九〇八（光绪）年朱墨抄大清光绪三年岁次丁丑时宪书一卷 ⑱子312

钦天监 一九〇九—一九一一（宣统）年朱墨抄大清宣统二年岁次庚戌月五星相距时宪书一卷 ⑱子319

钮文鳌 一八五四（咸丰四）年抄本草明览十一卷 ㉚177

钮柟生 一八五二（咸丰二）年抄乾隆四十八年癸卯科乡试齿录一卷 清翁同书跋 ⑱史634

钮惟善 一八七八（光绪四）年抄说文解字校录十五卷 清纽树玉撰 ⑱经413

种竹书屋 一八九三（光绪十九）年抄代数阐微衍草一卷 清张鼎祐撰 ⑱子330

种杏居 一七九六—一八二〇（嘉庆）年抄顾西畴方案 清顾西畴撰 ㉚634

辽西葛氏**种松堂** 抄唐诗玉林三十七卷别集七卷古诗玉林十卷 清葛震选 ⑭

周氏**种松书屋** 抄冬集纪程一卷附诗一卷 清周广业撰 ⑱史526

种松书屋 抄靖康传信录不分卷 宋李纲撰 ⑱史234

周氏**种松书塾** 抄读相台五经随笔四卷续笔一卷宋石经记略一卷 清周广业撰 ⑱经366

周氏**种松书塾** 抄目治偶抄四卷 清周广业撰 ⑱史1414

秋水山房 抄云峰集一卷 ⑲683

秋声馆 抄国朝女史诗合钞九卷 ⑱集1547

戴氏**秋树山房** 抄辽小史一卷金小史一卷 明杨循吉撰清罗振常校跋 ⑱史244

复 县 清末抄复县乡土志 ⑲135

董懋遴**看云山房** 一八二二（道光二）年抄墨阳集不分卷 清董剑锷撰 ⑱集965

看云忆弟居 抄皇明肃皇外史四十六卷 明范守己撰 ⑱史165

看云草堂 抄北征小草十二卷 明张泰阶撰 ⑱集819

香云书屋 抄全浙诗话三十卷 清陶元藻辑 ⑱集1900

潘钟瑞**香禅精舍** 一八七五—一九〇八（光绪）年抄侧翅集一卷 清查慎行撰 ⑱集1096

陶氏**笃素好斋** 抄徐公文集三十卷 宋徐铉撰 ⑱集184

王氏**重论文斋** 抄高峰先生文集七卷 宋廖刚撰 ⑱集327

重远斋 抄冬青树引重注一卷 题渔人注 ㊱194

重荫堂 一八二一—一八五〇（道光）年抄睿忠亲王多尔衮传不分卷 清端思撰 ⑱史488

施氏**修五凤楼** 抄元儒学案四卷 清黄宗羲撰黄百家辑全祖望续修 ⑱史428

修仁县 一八二一—一八五〇（道光）年抄修仁县志十卷 清林光棣纂修 ⑲727

修史庐 一八七五—一九〇八（光绪）年抄凤山县采访册十卷 清卢德嘉汇纂 ⑲553

修半庐书屋 抄【康熙】高邑县志三卷 清刘瑜修 ⑲32

修竹书室 抄章子留书六卷留书四卷 明章世纯撰 ⑱经341

修竹斋 一八八八（光绪十四）年抄【乾隆】郃阳记略六卷 清许秉简纂 ⑲177

保安县 一六六一（顺治十八）年抄保安县志七卷 清张嗣贤修王政新纂 ⑲195

保昌县 抄【康熙】保昌县志八卷 清张进贤纂修 ⑲679

保　县 抄【乾隆】保县志八卷 清陈克绳纂修 ⑲796

信义堂 抄钦定剿捕临清逆匪纪略十卷 清舒赫德等撰临清寇略一卷 清俞蛟撰 ⑱史197

程氏**信古堂** 抄金石丛吟不分卷 清程庾广辑 ⑱集175

信宜县 抄【康熙】信宜县志十二卷 清周偶修方日定钟煌纂 ⑲706

长洲**俟见心** 抄国朝七绝大观集不分卷五绝大观集一卷 清单学傅辑徐兆玮题记 ㉙3220

俟命室 一八五三（咸丰三）年抄报恩猿不分卷 清沈起凤撰 ⑱集2150

顺天府 一六六二—一七二二（康熙）年抄顺天府志八卷 清张吉午纂修 ⑲1

顺宁府 一七〇〇（康熙三十九）年抄顺宁府志三卷 清董永艾纂修 ⑲833

段朝端 一八六六（同治五）年家抄鷃笑斋诗集三卷 清陈台孙撰 补遗一卷 清段朝端辑 ⑱集927

禹祥年 抄禹氏鎗谱秘传一卷 ⑱子132

钱氏**衎石斋** 抄韫玩集十卷 清钱仪吉辑 ⑱集1754

潘氏**须静斋** 一八一五（嘉庆二十）年抄毛氏故训传三十卷 清段玉裁撰 ⑱经152

俞正燮 抄（稿本）清颂堂丛书十四种十六卷 清俞正燮撰 ⑱丛681

俞忠孙 抄硕薖集不分卷吾园遗草一卷 清王雨谦撰 ⑱集922

俞　晋 一七三六—一七九五（乾隆）年抄保生祕钥四卷 清俞汝翼撰 ⑱子231

俞　樾 抄（稿本）俞荫甫先生遗稿九种四十一卷 清俞樾撰 ⑱丛680
刘氏食旧德斋 抄论语正义校记一卷 清孙诒让汪宗沂撰 ⑱经308
食蹠轩 抄柳州文选二卷 唐柳宗元撰清许鸿磐辑并批点 ⑱集132
独清仙馆 抄韫玉楼集诗四卷词钞一卷 清屈秉筠撰 ⑱集1277
饶平县 一六八七（康熙二十六）年抄饶平县志四卷 清刘抃等纂修 ⑲691
周氏勉熹堂 抄庄氏史案本末二卷 清傅以礼辑周星诒跋 ⑱史318
施礼耕 一七三五（雍正十三）年抄金石文七卷 明徐献忠辑 ⑱史1432
奕　赓 抄（稿本）佳梦轩丛著十一种二十一卷 清奕赓撰 ⑱丛1689
音德讷 一八五五（咸丰五）年抄钦定仪象考成续编星图步天歌 清宣宗旻宁敕撰 ⑯523.025/716
闻人倓 抄【康熙】补辑松江府志 清鲁超修林子卿纂 ⑲7
姜虬绿 一七四四（乾隆九）年抄白石公诗词合集四卷 宋姜夔撰 ⑱集371
姜国翰 抄（稿本）会稽姜氏家集九种九卷 清姜国翰编 ⑱丛581
姜琴舫 一九〇三（光绪二十九）年抄沈虚明先生痘疹全集二卷 清沈虚明撰 ㉚525
姜　渭 一八六一（咸丰十一）年抄范玺卿诗集一卷补遗一卷 明范凤翼撰 ①4346
慈溪姜氏 抄东林史料丛钞十一种十一卷 清江宸英编 ⑱丛387
娄　左 一八三二（道光十二）年抄建文年谱三卷附甲申秋杪山僧问答一卷 明赵士喆撰 ⑱史505
养一斋 抄仪礼丧服表不分卷 清蒋彤撰 ⑱经189
洪启宇 写（手稿）古文字彙六卷 清洪启宇撰 ⑱经450
洪亮吉 写（手稿）更生斋诗 清洪亮吉撰 ⑱集1235
洪济煊 抄半船集一卷 清侯嘉缙撰 ⑱集1149
洪祚永 抄支百集四卷首一卷末一卷 清洪祚永纂修 ⑱史576
洪振安 一八一四（嘉庆十九）年影宋抄盘洲文集八十卷 宋洪适撰清洪振安跋 ⑱集348
洗桐斋 抄云麓漫抄四卷 宋赵彦卫撰 ⑱子544
洮州卫 一六八七（康熙二十六）年抄洮州卫志不分卷 清吴垚纂修 ⑲221

洮州卫 一七五一（乾隆十六）年抄洮州卫志一卷 清佚名纂 ⑲221

洵阳县 抄【雍正】洵阳县志六卷 清叶时汭纂修 ⑲203

洛川县 一九〇七（光绪三十三）年抄洛川县乡土志一卷 清姜瑞庭编 ⑲197

洛邨居士 一八〇二（嘉庆七）年抄金山卫志六卷 明张奎修夏有文等纂 ⑲14

洛浦县 一九〇八（光绪三十四）年抄洛浦县乡土志 清杨丕灼编 ⑲252

洪雅县 抄【康熙】洪雅县志四卷 清吴一蜚纂修 ⑲771

锡恒远斋 一八九四（光绪二十）年抄四库全书简明目录标注二十卷 清邵懿辰撰 ⑱史1377

锡恒远斋 抄内阁藏书目录八卷 明张萱等撰 ⑱史1374

常熟王氏恬古堂 抄【崇祯】常熟县志十五卷 明龚立本纂 ⑲327

罗氏恬养斋 一八五一—一八六一（咸丰）年抄大元海运记二卷 元赵世延等纂修清胡敬辑
罗以智校跋丁丙跋 ⑱史1320

罗氏恬养斋 一八五一（咸丰元）年抄大唐类要一百六十卷 唐虞世南纂清管庆祺录严可均校 ⑱子784

瞿氏恬裕斋 一八二三（道光三）年抄【宝祐】重修琴川志十五卷图一卷 宋孙应时纂修
鲍廉增补元卢镇续修 ⑲326

瞿氏恬裕斋 一八五六（咸丰六）年抄袁氏通鉴纪事本末撮要八卷 宋蔡文子辑 ⑱史784

武进恽怀英 清中期抄唐鉴十二卷 宋范祖禹撰 ㊱59

恨不读书斋 抄文选纪闻三十卷 清余萧客撰 ⑱集1561

恨不读书堂 抄【崇祯】泰州志十卷图一卷 明李自滋修刘万春纂修 ⑲356

宣化县 一九〇七（光绪三十三）年抄宣化县乡土志 清谢恺编 ⑲37

宣威州 清末抄【光绪】宣威州志补四卷 ⑲826

宫　显 抄养一斋集 清潘德舆撰何家琪等跋 ⑱集1292

宫　藻 一八八六（光绪十二）年自抄医学真传 清宫藻编 ㉚45

柒甚丹寿之室 抄庚申北略一卷 ⑱史325

觉罗雯照 一七〇五（康熙四十四）年抄北极紫庭祕诀不分卷 ⑱子1068

董氏诵芬室 抄南词十三种十六卷 ⑱集1918

祝秉纲 一八九七（光绪二十三）年手摹元经世大典地理图 ㉝105

冠山堂 抄毛诗指说一卷 唐成伯瑜撰 ⑱经129

冠　县 抄【光绪】冠县志十卷 清韩光鼎修陈书五纂 ⑲305

冠　县 清末抄冠县乡土志二卷 ⑲305

杨氏冠悔堂 一八六九（同治八）年抄直隶水田简要事宜一卷 ⑱史1039

杨浚冠悔堂 抄释骚一卷 明何乔远撰 ⑱集10

费仲子 抄青邱诗集撷华八卷 明高启撰 ⑱集541

费廷熙 一八八七（光绪十三）年抄吴江费氏族谱十卷首一卷末一卷 清费登墀撰费廷熙补 ㉙2558

费　寅 家抄石经阁文集续编八卷 清冯登府撰 ⑱集1272

屏南县 一九〇八（光绪三十四）年抄屏南县志十卷 清江若幹修黄学波纂 ⑲529

退　轩 一七九七（嘉庆二）年抄吴梅村先生诗集十二卷诗馀一卷诗话一卷 清吴伟业撰
杨学沆补注 ⑪NC5506.2/2122

退学斋 抄说文释例二卷 清江沅撰 ㉙1138

姚氏咫进斋 抄大唐类要一百六十卷 唐虞世南辑 ⑱子784

姚元之 一八二一（道光元）年家抄勾股形内容三事和校不分卷 清伯启撰姚元之跋 ⑱子327

姚凤翰 一八三一（道光十一）年抄巢鹊楼吟稿不分卷 明姚应龙撰清姚凤翰跋 ⑲166

姚文枏 一八八八（光绪十四）年家抄日本国志十卷 姚文栋撰姚文枏跋 ⑱史1082

姚东升 抄（稿本）惜阴居丛著十七卷附录一卷 清姚东升撰 ⑱丛678

姚振宗 抄（稿本）师石山房丛书四十三种八十三卷 清姚振宗编 ⑱丛568

姚　淳 一八一八（嘉庆二十三）年抄痘汇六捷二卷 清喻念祖编 ㉚514

姚　椿 一八〇九（嘉庆十）年抄燕几图一卷 宋黄伯思撰 ⑱子469

姚　椿 一八四三（道光二十三）年抄直隶水田简要事宜一卷 清姚椿校 ⑱史1039

姚　椿 写（手稿）武备类钞一卷 清姚椿辑 ⑱子129

姚觐元 写（手稿）说文校疑不分卷 清姚觐元撰 ⑱经 422

姚 燮 写（手稿）夏小正求是四卷 清姚燮撰 ⑱经 210

姚 氏 一八二一—一八七四（道光—咸丰）年抄白蒲镇志十卷 清姚鹏春纂 ⑲363

王氏柔桥隐居 抄赤城论谏录十卷 明黄孔昭谢铎辑清王棻校 ⑱史 345

骆大镕白焜白桂贞 一八二一—二二（道光元—二）年抄四元玉鉴细草不分卷 清罗士琳撰王萱铃跋 ①11710

朱氏结一庐 抄敬乡录十四卷 元吴师道撰 ⑱史 456

十 画

素心书屋 抄南沙枕秘四种五卷 题清素心室主人编 ⑱史 318

素位堂晋昌氏 抄痘疮要诀全书 ㉚526

秦大士 一七三六—一七九五（乾隆）年抄纯良祠碑记一卷 清杨锡绂撰 ⑱史 495

秦 州 一六八七（康熙二十六）年抄秦州志 清赵世德纂修 ⑲215

秦纯真 一八一四（嘉庆十九）年抄渔庄录三卷 宋范纯仁辑 ⑯540. 99/537

秦纶锡 抄入蜀记四卷 宋陆游撰清柳清源校跋 ⑱史 1065

秦恩复 一七八五（乾隆五十）年抄欧阳行周文集十卷补遗一卷 唐欧阳詹撰 ⑱集 106

秦恩复 写（手稿）秦敦夫笔录二卷 清秦恩夫撰 ⑱子 598

桂云堂 抄弘治昆山县志十四卷 明吴祺修顾潜纂 ①616

桂中行 一八七四（同治十三）年抄复古编二卷 宋张有撰 校正一卷 清葛鸣阳撰 附录一卷 ⑱经 433

桂文灿 抄（稿本）南海桂子白先生遗稿十一种三十一卷 清桂文灿撰 ⑱丛 682

桂 坫 一八九八（光绪二十四）年写中外政俗异同考二卷 清桂坫撰 ⑱史 1141

桂林府 一六六二—一七二二（康熙）年抄桂林府志不分卷 清程可则纂修 ⑲724

桂柏学舍 一八四六（道光二十六）年抄古今长者录八卷 明黄文炤撰 ③传 10/7646

桂 馥 一七八三（乾隆四十八）年家抄草木疏校正 清赵佑撰桂馥校并跋 ⑱经 158

桂 氏 抄桂皓庭丛稿 清桂文灿撰 ⑱丛 682

栖霞山房 抄长沙药解四卷 清黄元御撰 ㉚173
桐华仙馆 抄敷奏以言一卷 清袁甲三等撰 ⑱史354
汪氏桃花潭 抄红豆庄杂录不分卷 题清钱谦益辑 ⑱子870
校经堂 抄淮南万毕术一卷 清沈小垣辑 ⑱子507
高兆栟榈馆 一六九七（康熙三十六）年抄后山诗注十二卷 宋陈师道撰任渊注 ⑱集269
酌雅轩 抄太平寰宇记二百卷目录二卷 宋乐史撰 ⑱史724
都察院 一八九〇（光绪十六）年抄台规四十二卷 清延煦等撰 ⑱史1157
周氏鄀公钟室 抄蠹斋先生铅刀编三十二卷 宋周孚撰清周大辅批校 ⑱集343
田氏鬲津草堂 抄三体摭韵不分卷 题清王士禛辑 ⑱子875
嵩阳真觉禅院 一六九四（康熙三十三）年写大方广佛华严经八十卷 唐释实叉难陀译 ⑱子899
袁　昶 写（手稿）袁忠节公乙未草一卷丁酉草一卷 清袁昶撰 ⑱集1341
袁　棠 用灵芬馆纸抄杨诚斋集六十八卷 宋杨万里撰 ⑱集354
袁廷梼 抄唐石经考异十三卷 清钱大昕撰 ⑱经372
袁毓馨 一八二四（道光四）年家抄庭闻录二卷 清刘健撰傅以礼校跋 ⑱史319
壶元主人 抄传是楼书目八卷宋元版书目一卷 清徐乾学藏 ㉝124
壶峰草堂 抄德楞泰奏稿不分卷 清德楞泰撰 ⑱史393
鲁氏壶隐居 抄萧山丛书十一种十六卷 清鲁燮光编 ⑱丛573
莱州府 抄万历莱州府志八卷 明龙文明修董基等纂 ⑲280
莲勺庐 抄一合相传奇二卷 清邱园撰 ㉙2918
莫友芝 写影山草堂书目不分卷 清莫友芝藏并撰 ⑱史1405
莫友芝 一八三五（道光十五）年家抄复古编二卷 宋张有撰 校正一卷 清葛鸣阳撰 附录一卷 ⑱经433
莫珠姝 抄影山草堂学吟稿三卷郘亭外集一卷 清莫友芝撰 ⑱集1294
莫绳孙 一八八五（光绪十一）年家抄西洋杂志八卷 清黎庶昌撰莫绳孙跋 ⑱史1076
莫　氏 一八五四（咸丰四）年抄郘亭杂文燹馀录一卷 清莫友芝撰并跋 ⑱集1294

莎车府 一九〇八（光绪三十四）年抄莎车府乡土志 清甘曜湘编 ⑲251

莎车府 一九〇九（宣统元）年抄莎车府志 清佚名纂 ⑲251

盐茶厅 抄【乾隆】盐茶厅志备遗 清朱亨衍修刘统纂 ⑲229

盐亭县 一七五二（乾隆十七）年抄盐亭县志书不分卷 清胡华训纂修 ⑲752

盐亭县 清末抄盐亭县乡土志 清佚名编 ⑲752

盐源县 一七三六—一七九五（乾隆）年抄盐源县志不分卷 清佚名纂 ⑲794

姚氏**晋石厂** 抄宋元旧本书经眼录三卷附录二卷 清莫友芝撰 ⑱史1415

晋宁州 一七一六（康熙五十五）年抄晋宁州志五卷 清杜绍先纂修 ⑲822

晋　州 一六六二—一七二二（康熙）年抄晋州志十卷 清郭建章修关永清纂 ⑲31

祁氏**起元社** 清初抄远山堂文稿一卷 明祁彪佳撰 ⑱集851

顾广圻 一七八七（乾隆五十二）年抄五代史阙文一卷 宋王禹偁撰 五代史补五卷 宋陶岳撰 ⑱史225

顾广圻 一七九七（嘉庆二）年抄和靖先生诗集 宋林逋撰 ①1163

顾广圻 一八二八（道光八）年家抄宝刻丛编二十卷 宋陈思辑清顾广圻校跋 ⑱史1460

顾文彬 抄辛丑销夏记五卷 清吴荣光撰 ⑱子397

顾正音 一七二八（雍正六）年抄文源宗海四卷 明陶望龄辑董其昌评 ⑱子851

顾式玉 一七〇〇（康熙三十九）年刊居业录四卷 明胡居仁撰 ⑱子79

顾汝修等 一七五一（乾隆十六）年写圣驾南巡恭纪诗四卷 清顾汝修等撰 ⑱集1744

顾观光 抄（稿本）武陵山人遗书二十六种二十六卷副本六种六卷 清顾观光撰 ⑱丛692

顾　青 抄高太史凫藻集五卷扣舷集一卷 明高启撰 ⑱集539

顾肯堂 抄【元丰】吴郡图经续记三卷 宋朱长文纂修 ⑲315

顾莼等 抄明季郡国利病全书一百二十卷 清顾炎武撰傅增湘跋 ⑱史733

顾夏珍 一六六二—一七二二（康熙）年抄玉川子诗集二卷集外诗一卷 唐卢仝撰 ⑱集101

顾维顺 一八二二（道光二）年抄唐墅志三卷 清倪赐纂 ⑲329

顾景星 抄（稿本）黄公说字十二卷清顾景星撰 ⑱经448

顾肇声 家抄乐府雅词三卷拾遗二卷 宋曾慥辑 ⑱集2003

顾　翰 写（手稿）拜石山房近稿一卷 清顾翰撰 ⑱集1268

顾　蘅 抄（稿本）湘皋老人六说六卷 清顾蘅撰 ⑱丛705

善耕**顾氏文房** 抄东国史略六卷 清黄丕烈校跋 ⑱史1079

海虞**顾氏** 抄孙渊如先生年谱二卷 清张绍南撰 ⑱史514

顾　氏 一八八五（光绪十一）年抄吉林公牍不分卷 清顾肇熙撰 ⑱史1365

顾　氏 一九〇三（光绪二十九）年抄伤寒秘要 清顾时田编 ㉚81

汾溪夏镐 一八九一（光绪十七）年抄伤科诸方 ㉚565

振贤堂 一八二二（道光二）年抄素问六气玄珠密语十七卷 唐王冰撰 ㉚30

汪氏**振绮堂** 一七九六—一八二〇（嘉庆）年抄吹豳录五十卷 清吴颖芳撰 ⑱经233

汪氏**振绮堂** 抄水经注释四十卷首一卷 附录二卷水经注笺刊误十二卷 清赵一清撰丁丙跋 ⑱史1027

振藻堂 抄艺苑遗编不分卷 ⑱集1598

挹芬楼 一八二八（道光八）年抄庆远府志二十卷首一卷 清英秀等修唐仁等纂 ⑪NC3237/043

致和堂 一八一四（嘉庆十九）年抄明医指掌十卷 明皇甫中撰王肯堂补 ㉚323

柴国琏 一七五九（乾隆二十四）年刊怪症奇方 明李楼编 ㉚223

裔德堂柴氏 一七三六—一七九五（乾隆）年抄类方五卷 清柴国琏辑 ㉚253

监泉书室 抄急就篇一卷 汉史游撰唐颜师古注 ⑱经399

眠云精舍 抄棲里景物略十二卷 清张之鼐撰 ⑱史979

恩安县 一九一一（宣统三）年抄恩安县志六卷 清汪炳谦纂修 ⑲824

恩阳州 一八八八（光绪十四）年抄恩阳州志不分卷 清佚名纂 ⑲735

比丘**圆鼎** 一七二三（雍正元）年抄南来堂诗集四卷 明释读彻撰 ⑱集881

钱大昕 抄【景定】建康志五十卷 宋马光祖修周应合纂 ⑲310

钱大昭 抄（稿本）后汉书补注表八卷 清钱大昭撰 ⑱史53

钱仪吉 抄（稿本）衎石斋随笔不分卷杂记不分卷 ⑱集1264

钱百熙 抄北行日记一卷 清陆以湉撰 附岑南游日记一卷 ⑱史564

钱廷烛 一七九六（嘉庆元）年抄曝书亭诗笺三卷 清朱彝尊撰 ⑱集1034

钱兆鹏 写（手稿）周史二百七十九卷 清钱兆鹏撰 ⑱史34

钱汝诚 一七三六—一七九五（乾隆）年写铨衡便览二卷 清钱汝诚辑 ⑱史1096

钱志澂 抄敬业堂近体诗选不分卷 清查慎行撰 ⑱集1095

钱希庞 抄入川吟草不分卷 清钱履和撰 ⑱集1273

钱 枚 一六六二—一七二二（康熙）年抄吴都文粹十卷 宋郑虎臣辑黄丕烈校并跋 ⑱集1777

钱枚方蔚 一七二一（康熙六十）年抄秋崖先生小稿三十八卷 宋方岳撰 ⑱集389

钱 泳 写（手稿）俦游纪胜不分卷 清钱泳撰 ⑱史1069

钱 泳 家抄隶释钞一卷 宋洪适撰清钱泳辑钱泳校 ⑱史1429

钱 绎 一七九六（嘉庆元）年抄声类不分卷 清钱大昕撰 ⑱经395

钱泰吉 一八二〇（嘉庆二十五）年家抄吟箫偶存二卷 清钱樟撰 ⑱集1083

钱泰吉 写（手稿）闲心静居校书笔记二卷 清钱泰吉撰 ⑱史20

钱 钺 一七五九（乾隆二十四）年抄华允诚奏稿一卷 明华允诚撰 ⑱史381

钱濬恭 一七三六—一七九五（乾隆）年抄穉山先生残集二卷 明吴钟峦撰 ⑱集870

钱 曾 一六六〇（顺治十七）年抄皇甫持正文集六卷 唐皇甫湜撰清钱曾校并跋 ⑱集145

钱 曾 清初抄北边备对一卷 宋程大昌撰 ⑱史991

钱谦益 抄金刚般若波罗蜜多经颂论疏记会钞 ㉙2973

钱谦益 一六六一（顺治十八）年家抄真诰二十卷 梁陶弘景撰 ⑱子1049

陈氏**铁石轩** 抄操风琐录四卷 清刘家谋撰 ⑭

铁叶庵 抄归太仆文钞不分卷 明归有光撰 ⑱经491

铁如意斋 抄班马字类补遗五卷 宋李曾伯撰清王振声校并跋 ⑱经436

张氏**铁画楼** 抄奉使日记不分卷 清张荫桓撰 ⑱史558

铁岑县 一六六二—一七二二（康熙）年抄铁岑县志二卷 清贾弘文修董国祥等纂 ⑲132

瞿氏铁琴铜剑楼 抄大元海运记二卷 元赵世延揭傒斯修清胡敬辑 ①00395

李氏积书岩 抄闲闲老人滏水文集二十卷 金赵秉文撰清李芝绶校并跋 ⑱集420

南陵徐乃昌**积学斋** 一八七五—一九〇八（光绪）年抄函青阁金石记四卷 清杨铎撰 ⑪911/4686

刘氏**积善堂** 一七九七—一八二〇（嘉庆）年抄伶官曲谱不分卷 ⑱集2187

笑读居 抄李杲堂文钞不分卷 清李邺嗣撰 ⑱集964

潘氏**笏盦** 一八七五—一九〇八（光绪）年抄辽金正史纲目三十卷 清杨陆荣撰潘志万校跋 ⑱史156

造办处 一八七五—一九〇八（光绪）年抄清造办处奏章不分卷 ⑱史355

翁氏**借一瓻馆** 抄黄太史精华录八卷 宋黄庭坚撰任渊辑 ⑱集266

李氏**借书堂** 抄乾道临安志十五卷 宋周淙纂 ⑲376

陆恩黻**借抄居** 一八二一—一八五〇（道光）年抄武功县志三卷首一卷 明康海纂清孙景烈评注 ⑲189

脩竹吾庐 抄澹远堂遗集不分卷 清查昇撰 ⑱集1066

倪承宽 一七三六—一七九五（乾隆）年写能断金刚般若波罗蜜多经一卷 清高宗弘历
释章嘉胡图克图译 ⑱子895

倪恩福 抄祕书省续编到四库阙书二卷 叶德辉批校 ⑱史1373

倪象占 抄群书疑辨六卷 清万斯同撰 ⑱子623

倪嘉谦 一七四四（乾隆九）年抄【顺治】安塞县志十卷 清李暲修郭指南纂 ⑲194

檇李曹氏**倦圃** 抄大雅集八卷 元赖良辑杨维祯评 ⑱集1699

曹氏**倦圃** 清初抄名相赞五卷 明尹直撰 ⑱史408

射洪县 清末抄射洪县乡土志 清孙世奎编 ⑲753

息 园 一八六二（同治元）年抄方山艺文志不分卷 ⑱集1790

息耕堂 抄水笺四卷补三卷 清徐沁撰蔡元培跋 ⑱史1070

四川新繁龙藏寺释**徒楷** 一八五一—一八六一（咸丰）年抄蜀僧记 清释含澈编 ⑥

徐乃昌 抄万宜楼善本书目一卷 清汪鸣銮藏 ⑱史1408

徐子瑜 抄松心笔记一卷 清缪遵义撰徐康跋 ⑱子231

徐友兰 抄后汉书补逸二十一卷 清姚之骃辑 ①10769

徐长哲 一八五七（咸丰七）年抄秋惠轩吟草四卷 清徐秉鉴撰 ⑪811.178/2828

徐 从 家抄伴梅诗选四卷 清徐思谦撰 ㉝318

徐公望 一七八五（乾隆五十）年抄幼科便论 清岳如厚撰 ㉚483

徐文止 一七四七（乾隆十二）年抄全唐诗话六卷 题宋尤袤撰 ⑱集1875

徐同柏 一八一五（嘉庆二十）年抄吴侃叔吉金跋不分卷 清吴东发撰 ⑱史1451

徐 州 一六八三（康熙二十二）年抄续徐州志八卷 清臧兴祖修吴之元等纂 ⑲371

徐 行 抄三因极一病证方论十八卷 宋陈言撰 ㉚214

徐兆玮 一九〇二（光绪二十八）年抄蜗隐庐诗钞二卷 清江贡撰 ㉙3345

徐兆玮 抄庐江三集（之七）清徐兆玮跋 ㉙2890

徐兆祥 一八五一—一八六一（咸丰）年抄月令纂不分卷 清王珏撰 ⑱史718

徐时栋 抄南征集十卷 明钱肃乐撰 ⑱集874

徐 釚 一六九四（康熙三十三）年抄补苏老泉先生全集十六卷 宋苏洵撰 附录一卷 ①7665

徐 釚 清初家抄名迹录六卷附录一卷 明朱珪撰清丁丙跋 ⑱史1462

徐应占 一七二七（雍正五）年抄百衲居士铁围山丛谭六卷 宋蔡绦撰 ⑱子533

徐 松 写（手稿）唐两京考二卷 清徐松撰 ⑱史1048

徐 松 家抄大唐郊祀录十卷 唐王泾撰 ⑱史1143

徐 枋 清初抄桐庵文集一卷 清郑敷教撰 ⑱集906

徐承庆 写（手稿）说文解字注匡谬不分卷 清徐承庆撰 ⑱经413

徐 校 巢寄先生遗文二卷 清赵同翮撰 ⑱集1210

徐受麇 抄医学权舆 明孙笙撰洪楩编 ㉚323

徐宗亮 抄（稿本）徐椒芩先生杂著六种十八卷 清徐宗亮撰 ⑱丛703

徐孟球 一八三〇（道光十）年抄紫岩诗选三卷 宋于石撰 附录一卷 ⑱集414

徐春和 一七八五（乾隆五十）年抄勾股割圜记三卷 清戴震撰 勾股割圜记三卷 清戴震撰

梁思孝注 附考一卷 清徐春和撰 ⑱子326
徐春和 抄更漏中星考一卷附梅文鼎传一卷 ⑱子263
徐养原 抄（稿本） 檀园字说一卷外篇一卷 清徐养原撰 ⑱经451
徐闻县 抄【康熙】 徐闻县志不分卷 清吴平纂 ⑲708
徐　眉 一八二七（道光七）年抄宿花庵诗草一卷映阁诗草一卷 清熊湄撰 ㉙671
徐继畬退思书屋 抄（稿本） 两汉幽并凉三州今地考略 清徐继畬撰 ⑱史55
徐　康 抄水经注碑录一卷 清伊秉绶辑 ⑱史1471
徐鸿钧 写（手稿） 治诗偶得不分卷 清徐鸿钧撰 ⑱经155
徐朝俊 抄诗经辅注五卷 明徐凤彩撰 ⑱经146
徐暎玉 抄谈龙录一卷 清赵执信撰封文权跋 ⑱集1896
徐最初 抄徐霞客遊记不分卷 明徐弘祖撰清钱樾批校并跋 ⑱史1068
徐　鼎 一八二七（道光七） 年抄宿花龛诗草一卷映阁诗草一卷 清熊湄撰 ⑱集1003
徐　椿 抄朱柏庐先生大学讲义一卷中庸讲义二卷 清朱用纯撰 ⑱经316
徐椿信 一八五六（咸丰六） 年抄杨园先生未刻稿十二卷 清张履祥撰陈敬璋辑 ⑱集927
殷成幹 写庄子不分卷 ⑱子1013
颂　鲁 一六六二—一七二二（康熙） 年抄【淳祐】 玉峰志三卷续志一卷 宋凌万顷边实纂 ⑲322
翁方纲 抄（稿本） 苏斋遗稿十一种十五卷 清翁方纲撰 ⑱丛651
翁心存 一八一一（嘉庆十六） 年影抄冯知十影宋抄本玉台新咏十卷 陈徐陵辑 ⑱集1569
翁心存 一八四九（道光二十九） 年家抄毛诗要义二十卷谱序要义一卷 清魏了翁撰 ⑱经136
翁心存 抄（稿本） 知止斋遗集二十二种不分卷 清翁心存撰 ⑱丛675
翁同书 一八三五（道光十五） 年抄蓼野年谱一卷 清翁长庸撰翁心存跋 ⑱史511
翁同书 一八六〇（咸丰十） 年抄孙子一卷 ⑱子112
翁同龢 一八九八（光绪二十四） 年抄两汉石续六卷 清温忠翰撰翁同龢跋 ⑱史1466
翁同龢 一九〇一（光绪二十七） 年家抄许红桥先生文集一卷 清许朝撰翁同龢跋 ⑱集1172

翁同龢 抄（稿本）瓶庐丛稿二十六种 清翁同龢辑 ⑱丛 688

翁同爵 一八三八（道光十八）年抄西岩集一卷 宋翁卷撰翁心存跋 ⑱集 365

翁汝明 抄读书敏求记四卷 清钱曾撰翁心存校 ⑱史 1396

翁树培 一七八八（乾隆五十三）年抄宣德鼎彝谱八卷 明吴中吕震撰 ⑱子 467

翁炳翁掞 一六九一（康熙三十）年抄绍陶录二卷 宋王质撰翁栻校并跋 ⑱史 465

翁　栻 一六八六（康熙二十五）年抄江月松风集十二卷补一卷 元钱惟善撰清翁栻校并跋 ⑱集 504

翁韵兰 一八六四（同治三）年抄杨东里先生题跋一卷 明杨士奇撰 题画诗一卷 清季锡畴辑 ⑱集 563

翁曾源 一八六一（咸丰十一）年抄今水经一卷 清黄宗羲撰翁同书跋翁曾源校跋 ⑱史 1029

翁斌孙 一八七五—一九〇八（光绪）年抄穆天子传注六卷 晋郭璞撰 ⑱子 729

爱日轩 抄南烬纪闻一卷 题宋辛弃疾撰 窃愤录一卷续录一卷 清丁丙跋 ⑱史 238

爱日堂 抄四部类稿六十四卷 清陆云庆辑 ⑱子 872

张氏**爱日精庐** 一八二六（道光六）年抄金文最一百二十卷 清张金吾辑 ⑱集 1694

张氏**爱日精庐** 抄遊志续编一卷 明陶宗仪辑清赵宗建校跋 ⑱史 1066

爱古堂 抄广雅疏义二十卷 清钱大昭撰 ⑱经 390

爱吾庐吾进 一七八四（乾隆四十九）年抄洞天清禄一卷 宋赵希鹄撰清吾进跋 ①6129

李氏**爱吾鼎斋** 一八二七（道光七）年抄宋陈少阳先生尽忠录二卷 明陈沂辑 ①5154

李氏**爱吾鼎斋** 抄借书园书目五卷 清周永年藏并撰 ⑱史 1401

爱莲书屋 抄闽海关常税则例二卷 ⑱史 1320

爱莲斋 一八三六（道光十六）年抄易象解四卷 明刘濂撰 ⑱经 67

爱新觉罗丰烈 一八四二（道光二十二）年抄天文秘旨五卷 ⑱子 264

奚松如 一八八五（光绪十一）年抄[illegible]疹必读 清魏士芬集 ㉚521

馀庆县 一八七五—一九〇八（光绪）年抄馀庆县志不分卷 清汤鉴盘纂 ⑲805

胶　州 清末抄胶州直隶州乡土志六卷 清佚名纂 ⑲278

留坝厅 清末抄留坝厅乡土志不分卷 清王懋照修吴从周编 ⑲202

杨氏留坨 一八七五—一九〇八（光绪）年抄五言多师集八卷 五言诗馀师集囗卷七言诗馀师集七卷 清翁方纲辑 ⑱集1752

朱之赤**留耕堂** 一六八七（康熙二十六）年抄闲闲老人滏水文集二十卷 金赵秉文撰 附录一卷 ⑱集420

留耕堂 一九〇五（光绪三十一）年抄金燮堂方案 清金燮堂撰王霖编 ㉚280

留雅堂 清初抄河洛真数三卷易卦释义五卷 题宋陈抟撰 ⑱子361

凌尔铨 一七七〇（乾隆三十五）年抄碧筠馆诗稿四卷补遗一卷 明凌立撰 附录一卷 ⑱集710

凌周文 一七八四（乾隆四十九）年抄青丘诗钞五卷 明高启撰 补遗一卷 ⑱集541

凌　霞 一八六八（同治七年）抄采兰簃文集不分卷 清杨凤苞撰 ⑱集1275

凌　霞 一八七五—一九〇八（光绪）年抄杨大瓢杂文一卷 清杨宾撰 ⑱集1059

凌　霞 抄金石史二卷 明郭宗昌撰 ⑱史1432

凌　曙 抄蜚英阁丛稿三种三卷 清凌曙撰 ⑱丛685

郭子文 一八五五（咸丰五）年抄蜜蜂记宝卷二卷 ⑯858.5/701

郭文俊 清末抄薛一瓢先生论 清薛雪编 ㉚664

郭似壎 一九〇〇（光绪二十六）年抄隐吾草堂诗稿二卷静寄斋诗稿一卷 清郭照撰 ⑱集1345

郭　超 抄韦苏州集十卷 唐韦应物撰 ⑱集63

郭　墀 抄茶村文集三卷诗集一卷变雅堂诗集一卷 清杜濬撰 附录一卷 ⑱集928

郭　篯祖郭诒祖 抄选寒江集三卷寒喜集二卷 明陈函辉撰清郭协寅跋 ⑱集871

郭　麟 一八一六（嘉庆二十一）年家抄河南尹先生文集二十七卷 宋尹洙撰 附录一卷 ⑱集202

郭　麟 一八五〇（道光三十）年抄经笥堂文钞二卷 清雷鋐撰 ⑱集1194

高士奇 一六六二—一七二二（康熙）年写诗品辑要三卷 ⑱子875

高世泰 抄五朝法传录不分卷 ⑱史255

高邑县 抄【乾隆】高邑县志八卷 清江启澄修林鸿瑛纂 ⑲32

高苑县 一九〇六（光绪三十二）年抄高苑县乡土志一卷 清王传钵编 ⑲271

高鸿裁 一八九二（光绪十八）年抄萍州可谈三卷 宋朱彧撰 ⑱子533

高德馨 清末抄补注黄帝内经素问校记二十四卷黄帝内经灵枢校记十二卷 清丁士涵撰 ⑱子 180

高曦驭 一七一六（康熙五十五）年写金刚般若波罗蜜经一卷 后秦释鸠摩罗什译 ⑱子

席 淏 抄金华黄先生文集四十三卷 元黄溍撰 ⑱集 470

席永华 清初抄焚馀集三卷 清瞿有仲撰 ⑱集 942

唐仁寿 一八七二（同治十一）年家抄乐章集一卷 宋柳永撰清张文虎校订 ⑱集 1957

唐棉村 一八五二（咸丰二）年抄张仲景注解伤寒百证歌五卷 宋许叔微撰 ⑱子 196

纪氏阅微草堂 抄意林语要五卷 唐马總辑 ⑱子 688

悔堂老人 抄（稿本）悔堂手鈔二十种三十五卷 原题悔堂老人编 ⑱丛 509

徐氏烟屿楼 一八三九（道光十九）年抄敬止录四十卷 明高宇泰撰清徐时栋辑並校跋 ①5684

烟屿楼 抄沈文恭公年谱一卷 清沈泰藩撰 ⑱史 507

缪氏烟画东堂 抄今乐府二卷 清吴炎潘柽章撰 ⑱集 1745

吴氏瓶华斋 一六六二—一七二二（康熙）年抄绣谷杂钞七种七卷 清吴焯编 ⑱丛 388

瓶花斋 抄阴晋陵集一卷（即阴常侍集）陈阴铿撰 ⑭

剡藻堂 抄周易阐理四卷 清戴虞皋撰冯桂芬跋 ⑱经 86

剡籐居 抄古今韵考四卷 清李因笃撰 ⑱经 484

益阳县 一八七五—一九〇八（光绪）年抄益阳县乡土志 清吴美堂编 ⑲670

浦 泰 一七二六（雍正四）年抄韦斋集十二卷 宋朱松撰 玉澜集一卷 宋朱槔撰 ⑱集 306

袁氏浙西村舍 一八九二（光绪十八）年抄朱子周易参同契考异一卷 宋朱熹撰清袁昶批校 ⑱子 1044

张氏涉园 一七四五（乾隆十）年抄归潜志十四卷 元刘祁撰 ⑱子 654

陶氏涉园 一九〇七（光绪三十三）年影抄唐十子诗十四卷 明王準编 ⑱集 1402

山东海丰县 清末抄海丰县乡土志不分卷 ⑲268

海阳县 抄【康熙】海阳县志五卷首一卷 清金一凤纂修 ⑲691

海阳县 抄海阳县乡土志 清翁辉东黄人雄编 ⑲691

海城县 清末抄海城县乡土志 清金衔海张文藻编 ⑲131

海盐县 一六七三（康熙十二）年抄海盐县志补遗 清张素仁修彭孙贻童申祉纂 ⑲394

浣花室杨桂 一八二一—一八五〇（道光）年抄何元长先生医案 清何元长撰 ㉚636

浣花室主人 抄立斋医案疏四卷 清钱临疏孙本瑜编 ㉚634

杨氏海源阁 一八五一—一八六一（咸丰）年抄震川先生评选欧阳文忠公文钞不分卷宋欧阳修撰 ⑱集231

杨氏海源阁 抄宋存书室宋元秘本书目四卷 清杨绍和藏并撰 ⑱史1407

宽甸县 清末抄奉天凤凰直隶厅宽甸县分志 清金萃康纂修 ⑲136

容与室 抄吴诗补注二十卷 清吴伟业靳荣藩补注 吴诗谈薮二卷附拾遗 清靳荣潘订 ⑧

诸　榛 抄寒读偶编不分卷 清顾诒禄撰 ⑱子592

读古楼 抄河东先生集十五卷 宋柳开撰 附行状一卷 宋张景撰 ⑱集186

读史精舍 抄述古堂书目十卷 清钱曾藏并撰佚名录吴翌凤批注并跋 ⑱史1392

读有用书楼 抄伤寒尚论辨似 清高学山撰 ㉚80

读我书室 抄应潜斋先生文集不分卷 清应撝谦撰 ⑱集946

读奇书斋 抄黑鞑事略一卷 宋彭大雅撰徐霆疏证清曹元忠校跋 ⑱史249

汪氏屐砚斋 抄述古堂书目不分卷 清钱曾藏并撰 ⑱史1392

陶元藻 抄桐阴小牍一卷 清吴骞辑 ⑱集1752

陶方琦 写（手稿）淮南许高注二家异同考二卷 清陶方琦撰 ⑱子506

陶思培 写（手稿）画友录六卷 清陶思培辑 ⑱子428

陶濬宣 一八七一（同治十）年抄今体诗类钞一卷 ⑱集1601

陶濬宣 写（手稿）稷山文存二卷杂文一卷 清陶濬宣撰 ⑱集1333

陶濬宣 一八七五—一九〇八（光绪）年抄古逸丛书目一卷 清黎庶昌撰孙诒让校跋 ⑱史1372

陶继尧 抄春谷集一卷 清邹元斗撰 ㉙3000

陶绪翰 一七八一（乾隆四十六）年抄春明退朝录三卷 宋宋敏求撰 ⑱子525

陶敬信 一七三六—一七九五（乾隆）年抄周礼正义六卷 清陶敬信撰 ⑱经177

陶然斋 抄三河纪要 清曹子道撰 ⑱史1032

吴氏陶嘉书屋 抄天下金石志十五卷 明于奕正撰清吴式芬校跋 ⑱史 1433

吴兴陶氏 抄乐全先生文集四十卷 宋张方平撰 行状一卷 宋王巩撰 ⑱集 232

仁和许氏**娱园** 抄娱园藏画记 清许增编 ⑪NC6139/0448

恕　庵 一八八六（光绪十二）年抄时病论八卷 清雷丰撰 ㉚376

通艺阁 抄五茸志逸录存一卷 明吴履震撰清王友光批 ⑱史 972

纳兰氏**通志堂** 一六六二—一七二二（康熙）年抄东莱先生吕氏读诗记三十二卷 宋吕祖谦撰 ⑱经 134

通志堂 抄春秋左氏传事类始末五卷附录一卷 宋章冲撰 ⑱史 192

钱氏**通经楼** 一七六九（乾隆三十四）年抄元和郡县图志四十卷 唐李吉甫纂修 ①8074

通海县 一九〇九—一九一一（宣统）年抄通海县乡土志合篇三卷 徐振声编 ⑲831

通渭县 抄【乾隆】通谓县志十卷首一卷 清何大璋修张志达纂 ⑲210

通渭县 抄【光绪】续修通渭县志 清邢国弼修卢敏纂 ⑲211

赵氏**能静居** 一八八四（光绪十）年抄石经考一卷 清李兆洛撰 ⑱经 371

赵烈文**能静居** 抄长春真人西游记二卷 元李志常撰 ⑱史 1065

钱塘吴氏**绣谷亭** 抄新刊权文公文集十卷补遗一卷 唐权德舆撰 ⑱集 145

绣佛斋 抄皎然集十卷 唐释皎然撰 ⑱集 95

吴氏**绣谷亭** 抄大明刑法志二卷 清姜宸英撰 ⑱史 1342

绥阳县 抄【乾隆】绥阳县志八卷 清陈世盛修傅维澍纂 ⑲805

绥定县 清末抄绥定县乡土志二卷 清萧然奎编 ⑲247

十一画

琅环仙馆 抄宝晋英光集八卷补遗一卷 宋米芾撰 ⑱集 275

琅环馆 抄句曲外史集三卷集外诗一卷补遗三卷 元张雨撰 附录一卷诸家题识一卷 ⑱集 494

培根斋 抄培根斋日记 ⑩

梧荫书舍 抄同里先哲志一卷 明吴骥撰 续二卷 清张梦易撰 ⑱史 452

梅华庐 一八七六（光绪二）年抄何氏心传 清何炫撰 ㉚419

梅花阁 清初抄攻媿先生文集一百二十卷 宋楼钥撰 ⑱集342

梅益徵 一七九六—一八二〇（嘉庆）年抄钱录十二卷 清张端木撰 ⑱史1489

梅鏊散人 一七〇二（康熙四十一）年抄天启宫词百咏二卷 明陈悰撰 ⑱集894

梭　亭 抄列朝诗集小传十卷 清钱谦益撰钱陆灿辑 ㉙2844

乾峰精舍 抄续告君录一卷 清王守恭辑 ⑱史345

郭氏**壶天阁** 抄剪灯集十四卷后集六卷 清郭凤诏辑 ⑱集1641

徐氏**菊庄** 抄丰草亭诗一卷 清徐釚辑 ⑱集1743

钱氏**萃古斋** 抄建炎以来朝野杂记甲集二十卷乙集二十卷 宋李心传撰清钱时霁跋 ⑱史1120

萃古斋 抄皇朝编年备要三十卷 宋陈均撰 ⑱史147

萧江声 一七一五（康熙五十四）年抄南唐二主词一卷 南唐中主李璟后主李煜撰 ⑱集1956

萧　穆 一八六九（同治八）年抄周存斋遗文一卷 清周卜政撰 ⑱集1207

萧　穆 一八八九（光绪十五）年抄南雷集外文一卷 清黄宗羲撰 ⑱集925

萧　穆 写（手稿）敬孚文稿不分卷 清萧穆撰 ⑱集1346

黄大中 抄朱氏训蒙书门六卷 清朱日濬撰 ⑱经117

黄太琏 一八一四（嘉庆十九）年抄起死回生跌打损伤秘授 ㉚564

黄丕烈 一七九四（乾隆五十九）年家抄菰中随笔三卷 清顾炎武撰 ⑱子622

黄冈县 一六七三（康熙十二）年抄黄冈县志六卷 清董元俊修孙锡藩纂 ⑲614

黄以恭 写（手稿）爱经居经说不分卷 清黄以恭撰 ⑱经370

黄　芝 一八二〇（嘉庆二十五）年抄惠直堂经验方四卷 清陶承熹辑 ㉚244

黄廷鉴 一七九九（嘉庆四）年抄潜研堂金石文跋尾一卷 清钱大昕撰 ⑱史1436

黄廷鉴 一八三〇（道光十）年抄李师师外传一卷附录一卷 ①11505

黄安涛 写（手稿）真有益斋抄书四种四卷 清黄安涛编王献唐校跋 ⑱丛415

黄欢郎 一八〇四（嘉庆九）年抄善权寺古今文录十卷 明释方策辑 ①14198

黄寿南 一九〇六（光绪三十二）年抄杏林笔谈二卷 日古林长乔撰 ㉚663
黄寿南 抄伤寒直解辨证歌附四明心法 清薛公望撰 ㉚90
黄 杓 一七六六（乾隆三十一）年抄识遗十卷 宋罗璧撰 ⑱子614
黄 沄 一七三六—一七九五（乾隆）年抄咸淳临安志一百卷 宋潜说友纂 ⑲378
黄 坦 一六六二—一七二二（康熙）年抄巡按湖广疏稿不分卷 明黄宗昌撰 ⑱史382
黄叔涛 抄跖驰录不分卷 清钱辰撰 ⑱史328
黄国瑾 抄禅幄集一卷诛吕始末一卷 宋赵万年撰 ⑱集369
黄宗昊 一七五一（乾隆十六）年抄所知录不分卷 清钱澄之撰 ⑱史293
黄承吉 一八二一—一八五〇（道光）年家抄梦陔堂诗集五十卷文说十一卷文集十卷 清黄承吉撰 ⑱集1263
黄炳垕 一八八九（光绪十五）年易学象数论六卷 清黄宗羲撰 ㊱6
黄档房 抄宗室王公章京世袭爵秩册不分卷 ⑱史682
黄振堃 抄流寇志十六卷 清彭孙贻撰 ⑱史285
黄 钺 一八〇五（嘉庆十）年抄沛甘赓喜一卷 清仁宗颙琰等撰 ⑱集1762
黄 钺 抄御制题月令辑要不分卷 清高宗弘历撰 ⑱史719
黄彭年 一八八二（光绪八）年家抄洪范政鉴十二卷 宋仁宗赵祯撰 ⑱子371
黄森焱 抄朱氏训蒙易门七卷首一卷 清朱日濬撰 ⑱经82
黄锡蕃 写（手稿）黄椒昇遗书三种二十卷 清黄锡蕃撰 ⑱丛687
黄福三 一七三六—一七九五（乾隆）年抄何吉阳诗集五卷 明何迁撰 ⑱集692
曹仁伯 抄尚论篇四卷尚论后篇四卷 清喻昌撰 ㉚49
曹文埴等 一七七一（乾隆三十六）年泥金写大宝积经一百二十卷 唐释菩提流志译 ⑱子887
曹志仁 一七〇六（康熙四十五）年抄铁网珊瑚书品十卷画品六卷 明朱存理辑清王闻远校并跋 ⑱子384
曹松岩 一七八三（乾隆四十八）年抄南烬纪闻一卷 题宋辛弃疾撰 ⑪□915.2601/4927.1
曹 县 一九〇七（光绪三十三）年抄曹县乡土志一卷 清裴景煦编 ⑲301

曹　炎　一七五三（乾隆十八）年抄对床夜话五卷　宋范晞文撰清曹炎跋　⑱集1881
常熟**曹炎**　抄重修琴川志十五卷图一卷　宋孙应时原纂鲍廉增补元卢镇续修　⑲326
曹砚史　抄山谷老人刀笔二十卷　宋黄庭坚撰　⑱集266
曹振镛写（手稿）　曹文正公诗集一卷　清曹振镛撰　⑱集1230
曹　琰　抄栟榈先生文集二十五卷　宋邓肃撰　⑱集305
曹　琰　抄国史经籍志六卷　明焦竑撰　⑱史1410
曹　溶　抄金兰续集一卷　清徐坚撰丁丙跋　㉙934
何氏**梦华馆**　抄易纬稽览图二卷　汉郑玄注清劳权丁丙跋　⑱经100
梦花轩　一八六〇（咸丰十）年抄春雪亭诗话一卷　清徐熊飞撰　⑱集1904
梦梨雨斋　抄拟明史乐府一卷　清尤侗撰　⑱集1035
匏系斋　一八七五—一九〇八（光绪）年抄慈湖先生遗书二十卷　宋杨简撰　⑱集347
龚自珍写（手稿）甲乙篇一卷　清龚自珍撰陈介祺评　⑱子601
龚　橙写（手稿）说文解字理董不分卷　清龚橙撰　⑱经422
龚　橙　抄径山藏目不分卷　⑱子986
盛　昱　抄大宋宝祐四年丙辰岁会天万年具注历一卷　宋荆执礼撰　⑱子271
盛端卿　一七二〇（康熙五十九）年抄双珠记二卷　明沈鲸撰　⑱集2118
戚学标　抄（稿本）古语遗录七种八卷　清戚学标撰　⑱丛661
戚瀛江　抄衎石斋集不分卷　清钱仪吉撰　⑱集1264
谢氏**授经图屋**　一七九六—一八二〇（嘉庆）年抄资暇集三卷　唐李匡乂撰　⑱子604
掖　县　一九〇八（光绪三十四）年抄掖县乡土志二卷　清吕昱编　⑲281
堂邑县　一八七五—一九〇八（光绪）年抄堂邑县乡土志二卷　清佚名编　⑲302
释常岫　写大方广圆觉修多罗了义经一卷　唐释佛陀多罗译　⑱子919
唫梅书屋　抄诗古音三卷　清杨峒撰徐恕校　⑱经159
张希杰**嵴湖铸雪斋**　一七三六—一七九五（乾隆）年抄中吴纪闻六卷　宋龚明之撰　⑱史969

崞县 一九〇八（光绪三十四）年抄崞县乡土志 清章同编 ⑲89

洪氏晦木斋 抄春秋说三十卷 宋洪咨夔撰 ⑱经270

晚山堂 抄袁中郎诗集二卷 明袁宏道撰 ⑬81.67/4073

晚香堂 一七四四（乾隆九）年抄吴氏医方类编 清吴杖仙撰 ㉚246

晚啸草堂 一八七五—一九〇八（光绪）年抄支道林集二卷 晋释支遁撰 ㉝249

晚晴轩陈氏 一八六五（同治四）年抄王无功文集五卷 唐王绩撰 ⑱集40

陈氏晚晴轩 抄洞天福地岳渎名山记一卷 前蜀杜光庭撰 ⑱子1058

晚翠轩 抄酌中志略二十三卷 明刘若愚撰 ⑱史272

略阳县 一八七五—一九〇八（光绪）年抄略阳乡土志三卷 清佚名编 ⑲201

崔荣达 一九〇七（光绪三十三）年抄【嘉庆】江川县志二十九卷 清张维翰纂修葛炜增修 ⑲832

崇义县 抄【康熙】崇义县志不分卷 清王璧纂修 ⑲516

崇本堂 清初抄甲乙事案二卷 明文秉撰 ⑱史290

崇宁县 清末抄崇宁县乡土志 清佚名编 ⑲744

崇信县 清末抄崇信县採访乡土志一卷 ⑲214

勗初斋 抄录鬼簿二卷 元钟嗣成撰续编一卷 ⑱集2190

冕宁县 抄【乾隆】冕宁县志 清杨丽中纂修 ⑲794

冕宁县 抄【道光】冕宁县志不分卷 清书纶修王至权等纂 ⑲794

铜梁县 一九〇五（光绪三十一）年抄铜梁县乡土志三卷 清夏云程编 ⑲776

笺坡书屋 抄周易蓍诗一卷 清钟煜撰 ⑱经92

曹氏笺经室 抄艺芸书舍宋元本书目二卷 清汪士钟藏曹元忠校跋 ⑱史1403

符之恒 抄柴氏四隐集六卷 宋柴望等撰 ⑱集1835

笠龛堂 抄洗冤汇编一卷 清郎廷栋辑 ⑱子145

悠然斋 一六八〇（康熙十九）年抄产宝百问方论 清薛仲甫撰 ㉚452

悠然斋 抄巢云诗集八卷 明裴邦奇撰 ⑱集749

得真堂 抄胶西高氏世德录十一卷 清高凤翰高敬业等纂修 ⑱史603

盘山厅 抄盘山厅乡土志不分卷 清柴朴编 ⑲134

盘山厅 一九〇九—一九一一（宣统）年抄盘山厅志 清杨绍宗纂修 ⑲134

虞山周氏鸽峰草堂 一八七五—一九〇八（光绪）年抄桐江集四卷续集四十八卷 元方回撰清周左季校 ⑱集431

周氏鸽峰草堂 抄闽行日记一卷续记一卷 清周棨撰 ④10260

周氏鸽峰草堂 影抄汲古阁本重修琴川志十五卷图一卷 宋孙时原纂鲍廉增补元卢镇续 ⑲326

奉化吴氏瓻醁楼 一八九七（光绪二十三）年抄奉化县忠义乡志二十卷首一卷 清吴文江纂 吉林大学图书馆

承龄觞蝶精舍 抄大小雅堂五七言古今体诗歌行钞不分卷 清王士祯辑 ⑱集1596

逸堂 一八三三（道光十三）年抄香奁诗一卷 清吴蔚光孙原湘撰 ㉙3137

卢氏裛经楼 抄旧五代史一百五十卷目录二卷 宋薛居正等撰清邵晋涵等辑缪荃孙校 ⑱史28

商河县 清末抄商河县乡土志四卷 清王止廉修梁玉成纂 ⑲264

商南县 一八七五—一九〇八（光绪）年抄商南乡土志 ⑲184

吴氏望三益斋 抄四史馀论四卷 清丁晏撰 ⑱史1532

章介人 抄筹兵药言一卷 明曹飞撰 ⑱子127

章　弘 一七〇二（康熙四十一）年抄【万历】钜野县志十卷 明吕鹏云修吕封齐纂 ⑲299

章同寿 一八八三（光绪九）年抄双梧书屋医学读书志二卷 清曹禾撰 ⑱子254

章寿康 一八九七（光绪二十三）年抄张来仪先生文集不分卷 明张羽撰 ㉙222

章寿康 一九〇三（光绪二十九）年抄振绮堂书目不分卷 清汪远孙藏章寿康校跋 ⑱史1405

章炳麟 写（手稿）左传读不分卷左传读续编不分卷 章炳麟撰 ⑱经54

章馀庆 抄补寰宇访碑录五卷失编一卷 清赵之谦撰章寿康跋 ⑱史1476

章　溥 写（手稿）绿净山庄诗十卷 清章溥撰 ⑱集1298

康仁寿 一八七二（同治十一）年抄乐章集一卷 宋柳永撰清张文虎校康仁寿校跋 ⑱集1957

康观涛 一八三五（道光十五）年朱墨两色抄铁板数不分卷 宋邵雍撰 ㉝189

康雪香 一八八五（光绪十一）年抄医学提要二卷 清陈文灏编 ㉚411

鹿传霖 抄鹿忠节公认真草十五卷 明鹿善继撰清鹿传霖辑 ⑱丛618

鹿英山房 一八四六（道光二十六）年抄鹿英山房喉科秘传 清罗泾川传 ㉚587

盖平县 抄【康熙】盖平县志二卷 清骆云纂修 ⑲134

盖平县 抄盖平县乡土志二卷 清张国珍编 ⑲134

清丰县 一九〇五（光绪三十一）年抄清丰县乡土志二卷 清吴鸿基修刘元俊纂 ⑲575

鲍氏清风万卷堂 抄陈刚中诗集三卷 元陈孚撰 附录一卷 清鲍廷博校 ⑱集452

清引亭 抄注疏辩正三卷 清徐发撰 ⑱经362

清水县 一六八七（康熙二十六）年抄清水县志十二卷 清刘俊声修张桂芳纂 ⑲216

张氏清仪阁 一七九六—一八二〇（嘉庆）年抄复初斋文一卷 清翁方纲撰张延济辑并跋 ⑭

清白草庐 抄皇朝编年备要三十卷 宋陈均撰 ⑱史147

清江县 抄【乾隆】清江志八卷 清胡章纂修 ⑲815

清远书楼 抄周易读本四卷 清凌荼撰 ⑱经97

清芬书屋 抄集纬十二卷 清殷元正辑陆明睿增订 ⑱经373

瞿氏清吟阁 一八二九（道光九）年碑录二卷附一卷金石杂录一卷 清朱文藻辑 ⑱史1470

瞿氏清吟阁 抄辽小史一卷金小史八卷 明杨循吉撰 ㉙288

清吟阁 抄弘光实录钞四卷 清黄宗羲撰傅以礼校跋 ⑱史181

清和堂 一九一〇（宣统二）年集抄诊法丛抄 ㉚102

清河郡 抄古今词选十二卷 清沈时棟辑 ⑱集2001

清浪卫 抄【康熙】清浪卫志略不分卷 ⑲814

清梭亭 抄列朝诗集小传十卷 清钱谦益撰钱陆灿辑 ㉙2844

清缃楼 抄潮州府金石略不分卷 清陈宝瑛撰 ①1934

清谨轩 清初抄越绝书不分卷 汉袁康撰 ⑱史220

鸿庆堂 抄全谢山先生鲒埼亭集十六卷外集五十卷 清全祖望撰 ⑱集1168

袁氏**渐西邨舍** 一八七五—一九〇八（光绪）年抄津沪京各路密报军情不分卷 ⑱史1365

袁氏**渐西村舍** 抄越南舆地略一卷 ⑱史1081

丁氏**淑照堂** 抄虞山丛刊 ㉙2866

渊古楼 抄国寿录四卷便记一卷 清查继佐撰 ⑱史441

渊点堂 抄金匮要略广注三卷 清李珥臣注 ㉚93

淡　园 一八九五（光绪二十一）年抄汉诏令九卷 ⑱史335

淄川县 一八七五—一九〇八（光绪）年抄淄川县乡土志二卷 清王敬铸编 ⑲258

惜阴主人 一八五五（咸丰五）年抄玉鸳鸯全传六卷 ⑯858.4/121－02

惜阴堂 抄尧封胜稿一卷 清陈岠撰 ⑱集1183

何氏**惜道味斋** 抄乾初先生文集十八卷诗集十二卷别集十九卷 清陈确撰 首一卷 ⑱集914

赵氏**寄云楼** 抄经锄堂诗集十卷 清叶奕苞撰 ㉙2032

梁同书 一七五五（乾隆二十）年抄文选二十四卷 梁萧统辑清何树华录何焯批校 ⑱集1549

梁同书 写（手稿）碑版异文录一卷 清梁同书撰翁同龢跋 ⑱经450

梁怀兴 一八二一（道光元）年抄隨园诗话摘艳一卷 清袁枚撰 ⑱集1900

梁国治等 一七五四（乾隆十九）年抄古香斋鉴赏校正昭明文选六十卷 梁萧统辑唐李善注 ⑱集1554

梁诗正 一七三六—一七九五（乾隆）年写大方广圆觉修多罗了义经二卷 唐释佛陀多罗译 ⑱子920

梁溪桔庵 一九〇〇（光绪二十六）年抄疡科指南医案 清王乐亭李耀南合撰 ㉚548

隆昌县 清末抄隆昌县乡土志 清胡用霖曾昭潜编 ⑲764

隐　庵 抄启祯两朝常熟实录补编一卷 清薛维岩撰 ⑱史277

刘氏**皺均居** 抄官韵考异一卷 清吴省钦撰 ⑱经488

婼羌县 一九〇九（宣统元）年抄婼羌县乡土志图 清瑞山编 ⑲248

魏氏**绩语堂** 抄复初斋外集 清翁方纲撰 ⑪NC5531.4/8202.2

绳心堂 抄仰观资谨三垣二十八宿诸星精约纂录一卷仰观资谨日月精约纂录一卷 ⑱子261

绵绛书屋 抄樊子一卷 唐樊宗师撰清胡世安辑 ⑱集146

绵 恩 一七三六—一七九五（乾隆）年写御制拟白居易新乐府不分卷 清高宗弘历撰 ⑱集1162

绿云书屋 抄诗词随抄四卷 清张开第辑 ⑱集1599

绿竹堂 抄【元丰】吴郡图经续记三卷 宋朱长文纂修 ⑲315

陈权**绿字山房** 一八〇九（嘉庆十四）年刊陶陶轩诗稿十二卷 清史荣撰 ⑱集1195

绿荫书屋 抄古今姓氏类编八卷 清穆克德起辑 ⑱子880

绿雪堂 抄读史摘要十卷 清王公治辑 ⑱史414

绿斐轩 抄琅琊漫抄一卷 明文林撰 ⑱子562

巢 文 一七六一（乾隆二十六）年抄唐诗从绳 ⑯831.4/667

十二画

瑛 宝 抄兰易二卷 题宋鹿亭翁撰 ㉝161

胡氏**琳琅祕室** 一八五六（咸丰六）年抄岁时广记四十卷首一卷末一卷 宋陈元靓撰清胡珽校跋 ⑱史711

琼山县 抄【康熙】琼山县志十二卷 清潘廷侯修吴南杰纂 ⑲701

博山县 抄【乾隆】博山志稿不分卷 清洪銮纂修 ⑲258

博古堂 抄宣德彝器谱三卷 明吕棠等撰 宣炉杂记一卷 ⑱子467

博平县 清末抄博平县乡土志一卷 清姚先浚编 ⑲302

博白县 一七三六—一七九五（乾隆）年抄博白县志十卷 清程镳纂修 ⑲732

博览堂 抄【乾隆】回疆志四卷首一卷 清苏尔德纂 ⑲235

博施堂 一八一八（嘉庆二十三）年抄伤科汇纂十三卷首一卷 清胡廷光编 ㉚564

棱香馆 一八九一（光绪十七）年抄歌方集论四卷附人身谱一卷 清祝源撰 ㉚241

朱氏**椒花唫舫** 抄章氏遗著不分卷导窥集不分卷 清章学诚撰 ①4974

林氏**棣华山馆** 抄操风琐录四卷 清刘家谋撰 ⑱经491

棣华馆 一八二三（道光三）年抄甲申后亡臣表一卷 清彭孙贻撰 ⑱史441

敬乡楼 抄【道光】瓯乘补二十卷 清黄汉纂 ⑲435

查氏**敬业堂** 抄聊以备忘四卷 题清查慎行撰 ⑱子718

敬乐堂 一八三六（道光十六）年抄莫氏抄录验方五种 清莫琇辑 ㉚259

敬慎堂 抄明史列传稿一百六十二卷 清王鸿绪撰 ⑱史91

韩永庆 一八七三（同治十二）年抄词辨二卷附介存斋论词杂著一卷 清周济撰 ⑱集2011

韩应陛 写（手稿）读有用书斋杂著二卷 清韩应陛撰 ⑱集1304

韩应陛 一八三九（道光十九）年抄章子一卷 明张世纯撰 ⑱子95

韩应陛 一八六〇（咸丰十）年抄月泉吟社一卷 宋吴渭辑 ⑱集1685

韩　松 一七六七（乾隆三十二）年抄延陵处士集三十二卷附录一卷 清吴骐撰韩松订 ⑱集955

韩　其 抄礼记解十九卷 明韩治撰 ⑱经199

韩城县 一八七五—一九〇八（光绪）年抄韩城县乡土志一卷 清张瑞机编 ⑲178

朝邑县 一九〇六（光绪三十二）年抄朝邑县乡土志一卷 清朱续馨编 ⑲176

朝城县 一八七五—一九〇八（光绪）年抄朝城县志略一卷 清李煜纂修 ⑲304

彭元瑞 一七九五（乾隆六十）年抄御制说经文不分卷 ⑱经362

彭元瑞 抄宋四家律选五卷 清彭元瑞编 ⑱集1499

归安**彭文瑞** 一八七一（同治十）年抄吴兴旧闻补四卷 清张铨撰 ④369

彭允升 抄郑氏诗集二卷 ⑱集1851

彭如暐 抄殉难忠臣录一卷逆贼奸臣录一卷客舍偶闻一卷 清彭孙贻撰 ⑱史285

彭启丰 一七三六—一七九五（乾隆）年写佛说大乘圣无量寿决定光明王如来陀罗尼经一卷 宋释法天译 ⑱子922

彭定求 抄冲虚至道长春刘真人语录一卷 明邵以正辑 ⑱子1058

彭树葵 一七三六—一七九五（乾隆）年抄佛说大乘无量寿庄严经三卷 宋释法贤译 ⑱子888

彭　暐 一七七三（乾隆三十八）年抄客舍偶闻一卷 清彭孙贻撰 ⑱子668

葛祚增 一七九八（嘉庆三）年抄野鸿诗的一卷 清黄子云撰 ⑱集1898

葛继常 一八三〇（道光十）年抄海昌胜览二十卷 清周春撰 ①6023

董元宿 抄（稿本）隶椒不分卷 清董元宿撰 ⑱经449

福州**董执谊** 抄螺州志四卷 明陈润纂白花洲渔增修 ⑲519

董兆元 一七六〇（乾隆二十五）年抄石刻铺叙二卷 宋曾宏父撰 ⑱史1458

董孙符 一六九七（康熙三十六）年抄春酒堂诗五卷 清周容撰 ⑱集954

董志义 一七二九（雍正七）年抄大树公自志年谱一卷 清董用栋撰 ⑱史512

董诰 一七三六—一七九五（乾隆）年泥金写入法界体性经一卷 隋释阇那崛多译 ⑱子889

董诰 写养正图解二卷 明焦竑撰 图赞一卷 清高宗弘历撰 ⑱子92

董说 一六五二（顺治九）年抄石湖居士集三十四卷 宋范成大撰 ⑱集351

董朝柱 一六八五（康熙四十八）年抄天启吴兴备志三十二卷 明董斯张纂 ⑲400

董潮 一七五三（乾隆十八）年抄六经奥论六卷总论一卷 题宋郑樵撰 ⑱经355

葆素书屋 抄圣祖北征行在述略三卷北征述略释地三卷 清王□撰 ⑱史320

鄠县 一八七五—一九〇八（光绪）年抄鄠县乡土志三卷 ⑲166

胡氏**葆璞堂** 抄周易函书三十八卷首十二卷别集三卷 清胡煦撰 ⑱经87

蒋中达 抄精奇雅调金孔雀十五卷 ⑱集2178

蒋光煦 写（手稿）别下斋书画录不分卷 清蒋光煦辑管庭芬跋 ⑱子399

蒋肖鳍 抄复初斋诗稿不分卷 清翁方纲撰钱载评 ⑱集1179

蒋玢 清初家抄元谢宗可咏物诗一卷 元谢宗可撰明蒋玢校补 ⑱集495

蒋杲 一七一〇（康熙四十九）年抄谢宣城诗集五卷 南齐谢朓撰 ⑱集34

蒋学镛 抄续甬上耆旧诗一百四十卷 清全祖望辑 ⑱集1801

常熟**蒋候** 一七四四（乾隆九）年抄晚闻集六卷 清沈卓撰 补遗一卷 清蒋侯辑 ①4349

蒋继轼 一七二〇（康熙五十九）年抄王黄州小畜集三十卷 宋王禹偁撰清翁同书校并跋 ⑱集189

蒋继轼 一七二四（雍正二）年抄圭塘小稿十三卷别集二卷续集一卷 元许有壬撰 附录一卷 ⑱集474

吴郡**蒋濂** 一八九七（光绪二十三）年抄伤科秘诀 ㉚565

蒋锡礽 一八八八（光绪十四）年家抄蓼红闲馆诗稿二卷 清许旦复撰 ⑱集 1308

蒋锡礽 抄玉鉴堂诗存一卷 清汪曰桢撰 ①12381

蒋 溥 一七六〇（乾隆二十五）年写四十二章经一卷 汉释迦叶等译 ⑱子 916

蒋 溶 一八七〇（同治九）年抄本草述录八卷 清刘若金撰张琦节录 ㉚176

蒂古堂 抄徐迪公集六卷谈艺录一卷 明徐祯卿撰 ⑱集 629

森秀林 一八八〇（光绪六）年抄安亭茅氏世传女科 明茅友芝撰 ㉚430

惠士奇 写（手稿）大学说一卷 清惠士奇撰钱大昕校段玉裁跋 ⑱经 315

惠 栋 写（手稿）九经古义九卷 清惠栋撰 ⑱经 363

惠我琴书室 一九〇一（光绪二十七）年抄六书故检字不分卷 题清杏书氏撰 ⑯10284

超卢居士 一七七四（乾隆三十九）年抄洗心篇 清徐文弼编王世芳校订 ㉚620

超然阁 抄双红丝传奇二卷 ⑱集 2163

确潜草堂 抄白田集二卷 清王岩撰 ⑱集 915

陆氏皕宋楼 抄吴郡陆氏藏书目录不分卷 清陆心源藏 ⑱史 1407

揽秀轩 抄匊庵文选不分卷诗选不分卷 清李象坤撰韩秋岩辑 ⑱集 1039

雅安县 一八九九（光绪二十五）年抄雅安县志稿 清唐校中修余良选纂 ⑲791

蛰 庐 抄习是堂文集一卷附自叙年谱一卷 清曾倬撰 ㉙2989

陕西紫阳县 清末抄紫阳县乡土志一卷 ⑲204

喻怀信 抄（稿本）且园三种二十六卷 清喻怀信撰 ⑱丛 705

谢氏赌棋山庄 一八九六（光绪二十二）年抄樾亭杂纂一卷 清林乔荫撰谢章铤辑 ⑱子 720

谢氏赌棋山庄 抄四库全书辑永乐大典本书目一卷 清孙冯翼辑 ⑱史 1378

赐书堂 抄元典章奉使类纂一卷 ⑱史 1121

景东厅 抄【乾隆】景东直隶厅志四卷 清吴兰孙纂修 ⑲833

景东府 一七三二（雍正十）年抄景东府志五卷首一卷 清徐树闳修张问政等纂 ⑲833

景福楼 抄敬斋礼说不分卷 清蔡德晋撰 ⑱经 213

鼎文书屋 一八二四（道光四）年抄治法汇八卷 明张三锡撰王肯堂校 ㉚325

黑龙江县 抄【嘉庆】黑龙江外纪八卷 清西清纂 ⑲151

陈氏遗经楼 抄汉书地理志校注二卷 清王绍兰撰 ⑱史42

遗香楼 抄奇零草二卷补遗一卷 明张煌言撰 ⑱集878

会稽徐氏**铸学斋** 一八七五—一九〇八（光绪）年抄汉孳室遗著七种七卷 清陶方琦撰 ⑱丛697

锄月花农 一八五五（咸丰五）年抄古方汇精五卷 题爱虚老人编 ㉚228

锄月种梅室 抄【至正】昆山郡志六卷 元杨譓撰 ⑲322

嵇　璜 一七三六—一七九五（乾隆）年写佛说希有校量功德经一卷 隋释阇那崛多译 ⑱子890

程以恬 抄诗古音二卷 清杨峒撰程以恬跋 ⑱经159

程自淳 一七〇五（康熙四十四）年抄事类赋三十卷 宋吴淑撰并注 ⑱子790

程宗伊 抄拜经楼诗话续编二卷 清吴骞撰程宗伊校 ⑱集1901

程庭鹭 写（手稿）蒻龛画麈二卷 清程庭鹭撰 ⑱子428

程景伊 一七三六—一七九五（乾隆）年泥金写大乘方广总持经一卷 隋释毗尼多流支译 ⑱子916

程德洽 抄（稿本）篆韵统编五十五卷 清程德洽撰 ⑱经449

程穆衡 一七二三—一七三五（雍正）年家抄复社纪略二卷附年表一卷 清陆世仪撰 ⑱史276

程穆衡 写（手稿）考定檀弓二卷 清程穆衡撰 ⑱经205

程　氏 抄明辽府左长史程节愍公贞白遗稿十卷 明程通撰 ⑱集557

鹅溪菊轩氏 一九〇五（光绪三十一）年抄内经摘要 清费伯雄撰 ㉚10

巢氏剩馥居 一九〇六（光绪三十）年抄赖氏脉案 清赖元福撰 ㉚645

傅　山 清初抄佩觿三卷 宋郭忠恕撰清傅山跋 ⑱经431

傅以礼 写（手稿）东池茅亭札记不分卷 清傅以礼撰 ⑱集1338

傅以礼 家抄和珅查抄始末不分卷 清傅以礼校 ⑱史322

傅青儒 一八六九（同治八）年抄有万熹斋丛抄二种四卷 清傅以礼编 ⑱丛505

傅锦涛 一八二二（道光二）年抄五马先生纪年一卷 清傅迪吉撰 ⑱史511

集义堂 一八七八（光绪四）年抄三鼎甲 ③文579.4/073

集贤堂 一七一六（康熙五十五）年抄钓鱼船二卷 清张大复撰 ㉙674

焦廷琥 抄李笠翁词一卷 清李渔撰 ⑱集1974

天津**焦祐瀛** 一八六二—一八七四（同治）年抄平书订十四卷 清李塨撰 ③社103/834

焦 循 写（手稿）里堂文稿不分卷里堂书跋二卷 清焦循撰 ⑱集1262

焦 氏 抄诸子节录六种六卷 清焦循校并跋 ⑱子19

循陔书室 抄说文引经异文集证五卷 清吴种撰 ⑱经424

舒城县 一六七三（康熙十二）年抄舒城县志不分卷 清张文炳等纂修 ⑲453

畲经书屋 抄严氏诗缉三十六卷 宋严粲撰 ⑱经135

鲁九皋 一七六九（乾隆三十四）年家抄雪亭梦语一卷 清魏一鳌撰 ⑱子588

然松书屋 抄赐砚堂丛书未刻稿四十六种五十二卷 清顾沅编 ⑱丛445

然黎阁 抄三馀堂日抄二卷日记不分卷 清陆陇其撰 ⑱子718

斌业斋 一六六二—一七二二（康熙）年抄张秋志十二卷 清林芃修 ⑲306

释就堂 抄铁网珊瑚书品八卷画品六卷 明朱存理撰 ⑱子385

敦仁堂 抄幸存录三卷 明夏允彝撰 续幸存录二卷大哀赋一卷 明夏完淳撰 ⑱史281

叶氏**敦凤好斋** 抄订讹类编六卷续补二卷 清杭世骏撰 ⑱子624

敦诗书阁 抄三朝北盟会编二百五十卷 宋徐梦莘撰 ⑱史150

叶氏**敦宿好斋** 抄鸣惊集纂儿科痘疹全书十二卷 清沈复撰 ⑱子247

敦煌县 一七三六—一七九五（乾隆）年抄敦煌县志不分卷 清佚名纂 ⑲225

童赓年 抄慈谿童拓叟遗著十三种二十一卷 清童赓年撰 ⑱丛701

曾曰瑛 写（手稿）草书考不分卷 清曾曰瑛撰 ⑱子415

张蓉镜**曾吟轩** 抄河南穆公集三卷 宋穆修撰 遗事一卷 ⑱集194

曾明章 一九〇〇（光绪二十六）年抄黄摄六诗选二卷 清黄翼圣撰 ⑱集906

曾 铧 一八七四（同治十三）年抄太乙神针 清范培兰撰 ㉚147

善耕顾氏文房 抄东国史略六卷 清黄丕烈校并跋 ⑱史 1079

羡 榕 一八七五—一九〇八（光绪）年抄茅亭客话 宋黄休复撰 ⑨善 235

杭福烺**道古堂** 一七三六—一七九五（乾隆）年抄补史亭剩稿六种十九卷 清杭世骏撰 ⑱丛 651

马氏**道古楼** 抄咸淳临安志一百卷 宋潜说友纂 ⑲378

淇 园 抄学蔀通辨前编三卷后编三卷续编三卷终编三卷 明陈建撰 ⑱子 85

湖西草堂 抄楼居杂著一卷野航先生遗诗一卷 明朱存理撰 附录一卷 ⑱集 609

温悦堂 一八九四（光绪二十）年抄四川金堂南华宫目科 ㉚578

温宿县 一九〇八（光绪三十四）年抄温宿县乡土志一卷 清潘宗岳编 ⑲249

温德瑞 抄孔文谷集十六卷续集四卷 明孔天胤撰 ③275. 476/18

渭源县 抄【康熙】渭源县志不分卷 清张弘斌张淑孔纂修 ⑲211

溲闻斋 抄人海记二卷 清查慎行撰 ③总 520/8242. 2

渟川书屋 抄柴氏四隐集二卷 宋柴望撰 ⑱集 401

渟溪渔隐 一八二一—一八五〇（道光）年抄孑遗录一卷 清戴名世撰 ㉞44

滋阳县 一九〇六（光绪三十二）年抄滋阳县乡土志四卷 清周元英编 ⑲294

湄潭县 抄【康熙】湄潭县志三卷 清杨玉柱纂修 ⑲806

张氏**寒松阁** 抄说文解字注匡谬十五卷 清徐承庆撰 ⑱经 413

陶氏**寒梅馆** 一八七五—一九〇八（光绪）年抄百宋一廛书录一卷 清黄丕烈撰姚振宗辑
陶方琦陶濬宣校跋 ⑱史 1403

富川县 清末抄富川县乡土志 清熊起渭编 ⑲729

富寿奴 一七三六—一七九五（乾隆）年抄瑟园诗草一卷 清富鸿基撰 ⑱集 988

谢甫泰 一七三二（雍正十）年抄吴都文粹十卷 宋郑虎文辑清谢甫泰跋 ㉙180

谢宝树 一八〇〇（嘉庆五）年抄主客图一卷 唐张为撰清纪昀辑 ⑱集 1870

谢章铤 抄抑快轩文集三十卷 清高澍然撰 ⑱集 1262

谢浦泰 一七二九（雍正七）年抄张右史文集六十卷补遗七卷 宋张耒撰 ①17108

谢　墉　一七三六—一七九五（乾隆）年抄御制万寿山五百罗汉堂记一卷　清高宗弘历撰　①5307

谦牧堂　抄揭曼硕诗集三卷　元揭傒斯撰　⑪811.159

卢氏**裕后堂**　抄证治理会十卷　清叶应昌撰　㉚357

上海**强健**　一七五九（乾隆二十四）年抄伤寒直指十六卷　汉张机撰晋王熙编金成无己注　㉚66

遐寄斋　抄顺斋先生闲居丛稿二十六卷　元蒲道源撰　附录一卷　⑱集473

遐憩山房　抄商子四卷　清孙星衍校　②11076

姚氏**孱守斋**　抄苍崖先生金石例十卷　元潘昂霄撰清姚宗甲校并跋　⑱集1909

疏勒府　一九〇八（光绪三十四）年抄疏勒府乡土志　清蒋光陞编　⑲251

婺川县　抄【光绪】婺川县备志不分卷　⑲806

十三画

瑞竹堂　抄三因极一病证方论十八卷　宋陈言撰　㉚214

葛氏**瑞宜堂**　一七三一（雍正九）年抄翠屏山传奇二卷　明沈自晋撰　⑱集2120

瑞鹤山房　一八六二—一八七四（同治）年抄戏曲四十六种　⑪812.08/2564

段氏**椿花阁**　一八六一（咸丰十一）年抄淮城日记一卷　清张无民撰　⑱史283

楳花唫馆　一八四九（道光二十九）年抄董白乡全集三十四卷　清董元宪撰　⑱集1311

槐荫堂　抄霞外诗集十卷　元马臻撰　⑱集455

槎湖草堂　抄续耆旧一百四十卷　清全前望辑　⑱集1721

叶氏**楙花龕**　抄通隐堂诗存四卷　清张京度撰　⑱集1309

丁氏**颐志斋**　抄四史馀论四卷　清丁晏撰　⑱史1531

颐性室主人　抄净明堂神功妙济诸方　清丁义等撰　㉚283

宗氏**颐情馆**　抄颐情馆书画跋一卷　清宗源瀚撰　⑱子399

赖鸿赞　一九一一（宣统三）年抄中医学堂讲义　清汪则明撰　㉚357

靳嘉璧　一七一一（康熙五十）年抄重录南九宫曲谱三卷　⑱集2185

勤志馆　抄三朝北盟会编二百五十卷　宋徐梦莘撰　⑱史151

蓬莱氏　抄溪南吴氏家藏本跌打方药　㉚566

蓬梗斋　琼州杂事诗不分卷　清程秉钊撰　⑱集1343

蒲台县　清末抄蒲台县乡土志不分卷　清佚名编　⑲270

蒲江县　一九〇八（光绪三十四）年抄蒲江县乡土志二卷　清佚名编　⑲747

蒲犁厅　一九〇七（光绪三十三）年抄蒲犁厅乡土志　清江文波编　⑲251

蒙城县　抄【同治】蒙城县志十卷　清李炳涛修石廷枢纂　⑲456

感峰楼　抄重刊校正笠泽丛书四卷补遗一卷续补遗一卷　唐陆龟蒙撰　⑱集170

鄠　县　一八七五—一九〇八（光绪）年抄鄠县乡土志三卷　⑲166

雷恺雷恪　一九〇九（宣统元）年抄郑成功传二卷　清郑亦邹撰　郑成功逸事一卷　⑱史488

雷　浚　一八六三（同治二）年抄娱亲雅言六卷　清严元照撰　⑱子629

摛书轩　清初抄中兴馆阁续录十卷　⑱史1089

感峰楼　抄重刊校正笠泽丛书四卷补遗诗一卷　㉙101

汪氏**摛藻堂**　抄石屋禅师山居诗集六卷　元释清珙撰　㉙2723

裘曰修　一七六六（乾隆三十一）年写述恩赋一卷　清裘曰修撰　⑱集1171

休宁汪氏**裘杼楼**　一六六二—一七二二（康熙）年抄荆南倡和集一卷　元马治周砥撰　㉙240

汪氏**裘杼楼**　抄唐先生文集七卷　宋唐庚撰　⑱468

许氏**鉴止水斋**　抄明末忠烈纪实二十卷　清徐秉义撰　⑱史443

罨画溪别业　抄庆湖遗老诗集九卷拾遗一卷后集补遗一卷　宋贺铸撰　⑱集286

路　德　抄（稿本）路润生先生文稿一卷　清路德撰　⑱集1265

照旷阁　抄十七史经说十二卷　清张金吾辑　⑱经367

武进屠**照曙堂**　一八〇一（嘉庆六）年抄慎斋遗书十卷　明周之干撰　㉚323

锡　珍　抄（稿本）锡席卿先生遗稿十六种　清锡珍撰　⑱丛690

锡类堂　清初抄韵略四卷韵钥一卷　明徐尔宁撰　⑱经483

锡恒远斋 抄内阁藏书目录八卷 明张萱等撰 ⑱史1374

锡善堂 一六六二—一七二二（康熙）年刊何陋居集一卷甦庵集二卷 清方拱乾撰 ⑱集906

锦西厅 一九一一（宣统三）年抄锦西厅乡土志 清于凌霄等编 ⑲138

锦州府 抄【康熙】锦州府志十卷 清刘源溥孙成修范勋纂 ⑲136

锦州府 清末抄锦州府乡土志不分卷 清朱孝威编 ⑲137

锦　县 抄【康熙】锦县志八卷 清王奕曾修范勋等纂 ⑲137

筠石山房 抄柳边纪略三卷塞外草一卷 清杨宾撰李文田批校 ⑱史966

筠连县 抄【康熙】筠连县志不分卷 清丁林声纂修 ⑲769

筠连县 抄【乾隆】筠连县志四卷 清佚名纂 ⑲769

筱轩氏 一八九九（光绪二十五）年抄妇科总括 ㉚442

孔氏微波榭 一七七六（乾隆四十一）年抄雪山集十二卷 宋王质撰清孔继涵跋 ⑱集334

愈愚斋 一八四一（道光二十一）年抄陶渊明集十卷 晋陶潜撰 南村辍耕录所载陶氏二谱一卷 ⑱集24

谭氏愈愚斋三汲堂 抄曲谱不分卷 ⑨善00149

鲍正言 一八〇九（嘉庆十四）抄紫岩于先生诗选三卷 宋于石撰 ⑱集414

鲍廷博 一七六六（乾隆三十一）年抄建炎以来朝野杂记甲集二十卷 宋李心传撰清鲍廷博周星诒校并跋 ⑱史1120

鲍　康 一八三九（道光十九）年抄洞天清禄集一卷 宋赵希鹄撰 ⑱子682

恒德堂主人詹泰 一八七五—一九〇八（光绪）年抄徐氏二十四剂方经络歌诀 明徐春甫撰 ㉚220

靖乐轩 抄甲申朝事小纪八卷二编八卷三编八卷四编八卷五编八卷 题清抱阳生辑 ⑱史284

靖安县 清末抄宣统奉天省靖安县志不分卷 清朱佩兰纂修 ⑲149

靖远县 抄【道光】续修靖远县志 清李怀庚修严湘等纂 ⑲212

云南新平县 一七一二（康熙五十一）年抄新平县志四卷 清张云翮修舒鹏翮等纂 ⑲831

云南新平县 清末抄新平乡土志一卷 马太元编 ⑲832

新疆新平县 清末抄新平县乡土志 清周芳煦编 ⑲248

新宁县 清末抄新宁县乡土志 清佚名编 ⑲789

新兴县 抄新兴县乡土志 清顾云龙编 ⑲711

新河县 抄【道光】新河县志十卷 清卫绪涣修左毓铎纂 ⑲78

新城县 清末抄【宣统】新城县后志六卷 清佚名纂 ⑲272

新都县 一七五二（乾隆十七）年抄成都府新都县志书不分卷 清杨绵祚纂修 ⑲746

韵绿山房 抄揭文安公集六卷 元揭傒斯撰 ⑱集464

鄣 斋 抄清仪阁题跋七卷 清张廷济撰 ⑱史1438

裛爽楼 抄韩文钞不分卷 唐韩愈撰清翁同龢跋并录何焯李光地批校 ⑱集125

裛露轩 抄行在阳秋二卷 明刘湘客撰 ⑱史293

陈氏阙慎室 抄安禄山事迹三卷 唐姚汝能撰清陈毅批校 ⑱史467

数奇生 一八七五—一九〇八（光绪）年抄庚子荓蜂录三卷 ⑱史333

慈荫堂 抄天学阐微十卷 清王家弼撰 ⑱子263

滦 州 一六六二—一七二二（康熙）年抄滦志八卷 清孙宗元修刘元烇等纂 ⑲45

潘氏滂喜斋 抄长物志十二卷 明文震亨撰 ⑱子686

滨 州 清末抄滨州乡土志一卷 清吴建勋编 ⑲268

海宁陈氏慎初堂 抄文山先生全集二十卷 宋文天祥撰 ②22202

慎 莽 一七六五（乾隆二十）年抄烧炉新语一卷 吴融撰 ⑱史1354

慎道书屋 抄泼墨轩诗集一卷 清戴鉴撰许瀚跋 ⑱集1307

窦光鼐 一七三六—一七九五（乾隆）年写御制拟白居易新乐府不分卷 清高宗弘历撰 ⑱集1162

福 申 一八一五（嘉庆二十）年抄掌录二卷 题明绣云居士撰 ⑱子711

十四画

瑶草山房 一七二五（雍正三）年抄天象玄机八卷 明姚广孝撰 ⑱子257

静乐堂 一八一五（嘉庆二十）年抄外经微言 清陈士铎撰 ㉚662

静学斋 抄城南草堂方案二卷 ㉚648

静得楼 抄顺治本海昌外志八卷 明谈迁纂 ⑲396

碧虚斋 抄高邮四家诗钞四卷 ⑱集1774

方功惠**碧琳琅馆** 抄丘邦士文集十七卷 清丘维屏撰 ⑱集943

方氏**碧琳琅馆** 抄金石品二卷 清李调元撰 ⑱史1437

席氏**酿华草堂** 清初抄五经文字三卷 唐张参撰 ⑱经630

刘氏**嘉业堂** 抄平津馆金石萃编二十卷补编一卷 清严可均撰 ⑱史1438

嘉会堂 一八〇四（嘉庆九）年抄友林乙稿一卷 宋史弥宁撰 ⑱集378

刘氏**嘉荫堂** 一八四八（道光二十八）年抄新编古今姓氏遥华韵甲集十卷乙集十卷丙集十一卷丁集十卷戊集十一卷己集八卷庚集十卷辛集十卷壬集八卷癸集十卷 元洪景脩辑 清刘喜海跋 ⑱子828

刘氏**嘉荫簃** 一八二〇（嘉庆二十五）年抄绛云楼书目五卷 清钱谦益藏并撰 ⑱史1391

刘氏**嘉荫簃** 一八四八（道光二十八）年抄百川书志二十卷 明高儒藏并撰 清刘喜海跋 ⑱史1385

刘氏**嘉荫簃** 一八五五（咸丰五）年抄古泉苑目录一卷 清刘喜海撰 ⑱史1491

丁氏**嘉惠堂** 抄群书会元截江网三十五卷 ⑱子809

蔡锡崑 一八七五—一九〇八（光绪）年抄浙江乡试科名录不分卷 清黄廷绶等辑 ⑱史636

聚英斋 抄鹤泉集不分卷 明王健撰 ⑱集687

聚斯堂 一六六二—一七二二（康熙）年抄黄氏家谱不分卷墓图一卷 清黄之伟黄始上纂修 ⑱史612

愿读书室 抄校正元亲征录一卷 清何秋涛校正方恮校 ⑱史251

臧镛堂 一七九七（嘉庆二）年抄六艺论一卷 汉郑玄撰清臧琳辑臧镛堂补辑 ⑱经353

嵋峨县 一八六〇（咸丰十）年抄嵋峨县志二十九卷 原题思槐堂主人续增纂 ⑲832

蜨园 抄惕斋遗书四卷 明吴易撰 ⑱集878

长州章氏**算鹤量鲸室** 一八七五—一九〇八（光绪）年抄小松圆阁诗录八卷 清程庭鹭撰 ②6710

章氏**算鹤量鲸室** 抄四库全书简明目录标注二十卷 清邵懿辰撰章钰录孙诒让等补注 ⑱史1377

管元耀 一九一一（宣统三）年抄渟溪老屋题画诗不分卷 清管庭芬撰管元耀辑并跋 ⑱集1325

管庆祺 一八四七（道光二十七）年抄论语竢质三卷 清江声撰 ⑱经306

管庆祺 一八五三（咸丰三）年抄商子五卷 清管庆祺跋并录严可均等批校 ⑱子140

管庭棻 写（手稿）花近楼丛书七十七种九十七卷补遗十九种二十三卷
附存八种九卷 清管庭芬编

管庭芬 一八二〇（嘉庆二十五）年抄皇朝钦定书目录一卷 ⑱丛453

管庭芬 一八四三（道光二十三）年抄清绮斋藏书目四卷 清张宗松藏管庭芬跋 ⑱史1380

管庭芬 一八五二（咸丰二）年抄书湖州庄氏史狱一卷 清翁广平撰 ⑱史1401

管庭芬 一八六五（同治四）年抄别下斋书画录七卷补阙一卷 清蒋光煦辑 南屏行箧录 ⑱史318
残本一卷 清释达受辑 ⑱子399

雒容县 一八一五（嘉庆二十）年抄乾隆雒容县志十八卷 清林大宏纂修 ⑲722

全氏鲒埼亭 抄侯庵李先生文集三十一卷 元李存撰 ①5983

彰武县 清末抄彰武县乡土志 清唐宗源编 ⑲136

彰武县 清末抄宣统彰武县志不分卷 清赵炳燊纂修 ⑲136

彰明县 清末抄彰明县乡土志二卷 清杨光炯编 ⑲751

精河厅 一九〇八（光绪三十四）年抄精河厅乡土志 清曹凌汉编 ⑲246

漱六轩 抄明季著述书籍不分卷 清陆元辅撰 ⑱史1411

漱六草堂 抄杏庭摘稿一卷 元洪焱祖撰 ⑱集479

漱玉生 一九〇二（光绪二十八）年抄脉理会参三卷 清余之儁撰 ㉚116

漱石山房 一八四七（道光二十七）年抄晋宁州志十二卷 清朱庆椿修陈金堂纂 ⑨823

漱石山房 抄本堂集九十四卷 宋陈著撰 ⑱集397

宋氏漫堂 一六六二—一七二二（康熙）年抄杜工部诗钞二卷 唐杜甫撰清宋荦辑 ⑱集87

宋氏漫堂 抄天一阁书目不分卷 明范钦藏 ⑱史1385

宋氏漫堂 抄漫堂年谱四卷 清宋荦撰 ⑱史512

谭天成 一八二二（道光二）年抄谷园集文一卷诗一卷 明杨彝撰 ⑲534

谭心田 一八〇二（嘉庆七）年抄咽喉险症丛编 ㉚586

谭　仪 抄尚书记九卷 清庄述祖撰 ⑱经119

谭吉璁 抄光岳英华十五卷 明许中丽辑 ⑱集1580

谭扬仲 一六八七（康熙二十六）年抄穆参军集三卷 宋穆修撰 遗事一卷 清朱之赤跋 ⑱集193

谭学敏 一八〇〇（嘉庆五）年抄宋遗民录不分卷 明程敏政辑 广宋遗民录不分卷 明李长科辑 ⑱史425

谭宫桥 抄文正王公遗事一卷 宋王素撰清吴翌凤校跋 ⑱史468

翠薇山房 一八九七（光绪二十三）年抄杨园张先生年谱四卷 清崔德华崔以学辑费寅校跋 ⑱史510

缪曰藻 一七三二（雍正十）年抄续书谱一卷 宋姜夔撰 ⑱子400

缪荃孙 抄（稿本）艺风堂杂著三种 清缪荃孙撰 ⑱丛697

缪荃孙 一九一〇（宣统二）年家抄倚松老人诗集二卷 宋饶节撰 ⑱集277

缪　麟 一八一七（嘉庆二十二）年抄东林同难录一卷 明杨坤等辑 列传一卷附录一卷 清缪敬持辑 ⑱史438

十五画

醉竹轩 抄黄梨洲先生遗书三种三卷 清黄宗羲撰 ⑱丛627

醉沤居 一八二八（道光八）年抄五茸志逸随笔八卷 明吴履震撰 ⑱史971

醉经书屋 抄儒林宗派十六卷 清万斯同撰 ⑱史416

冯氏醉经阁 抄梅山续稿十七卷杂文一卷长短句一卷 宋姜特立撰 ⑱集364

黄氏醉经楼 一七八六（乾隆五十一）年抄【元丰】吴郡图经续记三卷 宋朱长文纂修 ①2750

醉经楼 抄楚汉馀谈一卷 明高岱撰 ⑱史222

敷文阁 抄政和五礼新仪二百二十卷目录六卷 宋郑居中等撰 ⑱史1145

蕉隐轩 抄鲒埼亭集三十八卷外编五十卷 清全祖望撰 ⑱集1167

樊明徵 写金陵景物图诗不分卷 清吴敬梓撰 ⑱集1159

樊　彬 一八六二（同治元）年抄忍辱庵诗稿二卷 清查慎行撰 ①1807

樊　彬　一八六五（同治四）年抄黄小松先生嵩麓访碑记一卷　清黄易撰　⑱史1471
樊景瑞　一七〇七（康熙四十六）年抄本堂陈先生文集九十四卷　宋陈著撰　附录一卷　樊景瑞辑　⑱集397
震无咎斋　抄周易要义十卷尚书要义二十卷序说一卷　宋魏了翁撰清魏心存校并跋　①3793
撷英书屋　抄玉台新咏校正十卷　清纪昀撰　⑱集1570
播琴山馆　抄张修撰遗集八卷　明张洪撰　附录一卷　清赵宗建丁祖荫校　①2498
蝶仙书屋　抄东城杂记二卷　清厉鹗撰　⑥史141
蝶　园　抄惕斋遗书四卷　明吴易撰　㉙2301
独山莫氏**影山草堂**　一八四三（道光二十三）年抄一切经音义二十五卷　唐释玄应撰　⑫SH22.94－1
墨林如意室　抄辑卢氏礼记解诂　汉卢植撰清臧镛堂辑　⑨善1037
镇西厅　一九〇八（光绪三十四）年抄创修镇西乡土志四卷　清阎绪昌修高耀南纂　⑲247
镇原县　清末抄镇原县乡土志一卷　清宋运贡修王炳枢焦国理等纂　⑲215
镇番县　清末抄镇番县志十卷首一卷　⑲222
陈揆**稽瑞楼**　一八二一—一八五〇（道光）年抄肇域记六卷　清顾炎武撰　㉙1995
陈氏**稽瑞楼**　抄唐太宗李卫公问对三卷　⑱子116
黎班生　一八七五—一九〇八（光绪）年抄货布文字考四卷　清马昂撰　⑨793.4/356
黎　蘭　写（手稿）黎二樵未刻稿一卷　清黎蘭撰　⑱集1247
德化县　抄【康熙】德化县志不分卷　清宁维邦纂修　⑲483
德平县　清末抄德平县乡土志　⑲261
德　州　清末抄德州志略　清钱祝祺纂修　⑲259
德安府　一六六二—一七二二（康熙）年抄鼎修德安府全志二十四卷　清傅鹤祥修万年观等纂　⑲612
德阳县　清末抄德阳县乡土志　清佚名编　⑲755
德良氏　一八五〇（道光三十）年抄李氏医案　清抱灵居士撰　㉚639
德　保　一七五四（乾隆十九）年抄丁香亭诗选六卷　清如松撰　⑱集1226
德　堂　抄寿养丛书选抄三种　明胡文焕原编　㉚716

徵草轩 抄砚北杂录十六卷札记一卷 清黄叔琳撰 ①13248

滕逸湖 抄江皐过眼录一卷 清沈维裕跋 ⑱子398

颜士钦 一八五一（咸丰元）年抄三历撮要一卷 ①5218

褒城县 抄【乾隆】褒城县志四卷 清萧兴会修欧阳文学纂 ⑲198

遵化州 一六六二—一七二二（康熙）年抄遵化州志十二卷 清郑侨生修叶向昇等纂 ⑲44

潜江县 一六七一（康熙十）年抄潜江县志 清王又旦修朱士尊向大观纂 ⑲625

潜江县 一八七五—一九〇八（光绪）年抄潜江县志稿不分卷 清佚名纂 ⑲625

钱氏潜研堂 抄中兴馆阁录十卷 宋陈骙撰 续录十卷 清黄丕烈校杨守敬余嘉锡等跋 ⑱史1088

潘观保 写（手稿）十三经异文考义三十卷 清潘观保撰 ⑱经369

潘志万 抄寒山志一卷 清赵元复辑 ⑱史1006

潘芷洲 一八七一（同治十）年抄客座赘语十卷 明顾起元撰 ⑱子665

潘拙生 抄潜夫杂著稿一卷 清潘道根撰 ⑱集1311

潘承祜 一八七五（光绪元）年抄夏小正集解一卷 清单恩兰撰潘承祜跋 ㉙3273

潘贻谷 一八五七（咸丰七）年抄衎石斋诗集二十四卷 清钱仪吉撰並校跋 ①4714

潘钟瑞 一八七五（光绪元）年抄潘敷九自订年谱一卷 清潘兆鼎撰 续一卷 清潘钟瑞撰 ⑱史512

潘钟瑞 抄魏忠节公自撰年谱一卷 明魏大中撰清潘钟瑞校 ⑱史508

潘秋明 一八三七（道光十七）年抄天文不分卷 ⑯520/130

潘祖荫 家抄论孟集注附考二卷 清丁晏撰 ⑱经314

潘康保 抄补疑年录四卷 清钱椒撰 ⑱史418

潘道根 一八四六（道光二十六）年抄尽忠实录一卷 清张立平撰 ⑱史442

潘道根 一八五一（咸丰元）年抄簳山何氏方案不分卷 清何元长撰 ⑱子231

潘道根 抄建元类聚考二卷历代建元表一卷 清钱东垣撰 ⑱史139

潘道根 潘守拙 抄草庐吴先生文粹五卷 元吴澄撰 ⑱集441

潘德舆 抄（稿本）养一斋全集八种五十八卷 清潘德舆撰 ⑱丛683

潼关县 一九〇八（光绪三十四）年抄潼关乡土志稿一卷 清潼关采访局辑 ⑲182

鹤沙鹿溪傅颜庄 一八七五—一九〇八（光绪）年抄王应震要诀附程绍南医案 清王应震撰 ㉚642

鹤洲鸳渚之间 抄石初集十卷 元周霆震撰 附录一卷 ⑱集506

豫恕堂 抄说文校议议三十卷 清严章福撰谭献校 ⑱经423

十六画

翰林院 一七三六—一七九五（乾隆）年抄旧五代史一百五十卷目录二卷 宋薛居正等撰 ⑱史27

薛允昇 写（手稿）服制备考不分卷 清薛允昇撰 ⑱经189

薛世熹 一七三六—一七九五（乾隆）年抄西原全集十二卷 明薛蕙撰清薛世熹辑 ⑱集644

薛　寿 一九〇七（光绪三十三）年抄小学鉤沈十九卷 清任大椿辑 ⑱经397

薛学孟 一八〇三（嘉庆八）年抄名医汇论 清朱端生编 ㉚665

薛福成 抄（稿本）薛叔耘遗著十六种 清薛福成撰 ⑱丛696

薛福成 家抄求阙斋奏疏不分卷 清曾国藩撰 ⑱史395

薩嘉曦 一九〇一（光绪二十七）年抄白华楼诗钞笺注五卷 清薩玉衡撰清萨大年笺注 ⑱集1233

燕山堂 抄桃花扇传奇二卷 清孔尚任撰 ⑱集2137

陈敬璋**餐霞轩** 一七九八（嘉庆三）年抄乾初先生文集十八卷
诗集十二卷别集十九卷 清陈确撰陈敬璋辑 ⑱集914

餐霞轩 抄乾初先生遗集四卷 明陈确撰 ①16723

黔西州 抄【乾隆】黔西州志八卷首一卷 清冯光宿纂修 ⑲811

黔江县 清末抄黔江县乡土志不分卷 ⑲780

歙　县 抄【同治】歙县採访册不分卷 清曹光洛编 ⑲470

凝香居 抄李介立诗稿十二卷 清李寄撰 ⑱集1005

辨志书塾 抄李五峰文集不分卷 元李孝光撰清孙衣言孙诒让校 ⑱集487

辨志书塾 抄熊襄愍公军中书移不分卷 明熊廷弼撰 ⑱史1359

高氏辨蟫居 一八九三（光绪十九）年抄重新校正集注附音资治通鉴外纪四卷 宋刘恕撰 ⑱史110

高氏辨蟫居 抄齐鲁遗书十八种三十六卷 ⑱丛571

磨墨亭 抄东郊问耕录三卷 明钱继登撰 ⑱子665

澡玄阁 抄事类提要不分卷 ⑱子790

澹宁堂 抄西域闻见录八卷首一卷 原题椿园纂 南京图书馆

澹宁斋 抄古今全史一览四卷 明舒弘谔撰清李渔续黄中道删订罗振常跋 ⑱史135

澹香书屋 抄殿座门联不分卷 ⑱子721

十七画

祁氏藏书楼 清初抄诗经不分卷 ⑱经128

藏脩书屋 抄法事汇抄不分卷 ⑱史1364

懋功厅 一八七五—一九〇八（光绪）年抄懋功厅乡土志不分卷 兴元编 ⑲796

懋功屯 清末抄懋功屯志不分卷 兴元编 ⑲796

懋功屯 清末抄懋功屯乡土志略不分卷 ⑲796

戴文灿 一八三一（道光十一）年抄竹镇纪略二卷 清李敬撰 ①1574

戴书常 一八九六（光绪二十二）年抄沈氏药性赋 ㉚194

戴光曾 一八一二（嘉庆十七）年抄柴氏四隐集二卷秋堂集补遗一卷 宋柴望撰 ⑱集401

戴光曾 抄酌中志略二十三卷 明刘若愚撰 ⑱史272

戴范云 一七三一（雍正九）年抄玉山名胜外集二卷 元顾瑛辑 ①12642

戴　望 抄投笔诗集一卷 清钱谦益撰 ⑱集900

戴　熙 抄（稿本） 戴醇士著述九种不分卷附录二种二卷 清戴熙撰 ⑱丛676

戴　震 写（手稿） 声韵考四卷 清戴震撰 ⑱经487

戴　氏 一八六二—一八七四（同治）年抄戴简恪公遗集八卷 清戴敦元撰 ⑱集1237

魏锡曾 一八六二（同治元）年抄定庵龚先生集外文不分卷 清龚自珍撰 ⑱集1291

魏锡曾写（手稿）绩语堂藏名人手札目一卷 清魏锡曾藏并辑 ⑱子413

魏锡曾 抄碑录二卷附一卷金石杂录一卷 清朱文藻辑魏锡曾校 ⑱史1470

魏　源 一八二四（道光四）年家抄杜诗选钞十三卷 清魏源辑 ⑱集92

魏　源写（手稿）清夜斋诗稿一卷古微堂遗稿一卷 清魏源撰 ⑱集1304

徽州府 一六八三（康熙二十二）年抄徽州府通志续编八卷 清林国柱纂修 ⑲469

甘肃**徽州** 一六八六（康熙二十五）年抄徽州志不分卷 清邓天栋纂修 ⑲219

濯来亭 抄远游篇十二卷 明周婴撰 ①17403

黄锡蕃**擘荔轩** 一八一〇（嘉庆十五）年抄疑年录四卷 清钱大昕撰 ⑱史418

十八画

缪氏**藕香簃** 清末抄内阁藏书目录八卷 明张萱等撰清缪荃孙校 ⑱史1374

孔氏**藤吾馆** 抄藤吾馆诗钞一卷 清孔广栻撰 ⑱集1231

章氏**藤花吟馆** 抄穆天子传注疏六卷首一卷末一卷 晋郭璞注清檀萃疏 ⑱子729

孔氏**藤梧馆** 抄明成祖本纪一卷 ⑱史87

淩氏**癖好堂** 抄河阳金石记三卷 清冯敏昌撰 ⑱史1481

癖研庐 抄赏心集不分卷 清程南嵋辑并评 ⑱集1640

彝铭堂 一八四〇（道光二十）年抄仙传神针 ㉚148

十九画以上

曝腹轩 一八九三（光绪十九）年抄中西汇通医书五种 清唐宗海撰 ㉚755

灌阳县 一九〇七（光绪三十三）年抄灌阳县志十二卷 清萧煊原本翁绶祺续纂 ⑲726

露香阁 抄麟经钩玄不分卷 清陆漻撰 ⑱经284

王氏**麟后山房** 一七九六—一八二〇（嘉庆）年抄翰林集四卷附录一卷 香奁集三卷附录一卷 唐韩偓撰 ⑱集176

三稿二校讫，然犹有未尽之者，待三校正之。难矣哉。敦堂书于拙轩之木讷斋。二〇〇七年十一月二十日。

三稿三校讫，吾亲手操机正之，亦未尽然。

敦堂书于拙轩之木讷斋。二〇一三年五月十一日。

时年八十又二。

后　记

《增订中国版刻综录》是二〇〇三年成型的。当时，中华书局索稿在即，我于十月奉送至京。接着，我用原始资料核对书稿，越十又六月，于二〇〇五年三月校讫，并撰写了增订中国版刻综录序，李宝贤女士据此重新拼制了书稿版面。在此期间，中华书局责编于二〇〇四年十二月二十六日来函称：在中华书局出版的希望越来越渺茫。既然不急于出版，遂决心对书稿进一步加工，这次调整的重点是资料来源部分。原稿的资料来源引用北京图书馆、陕西省图书馆和西北大学图书馆居多，为方便读者查阅，则更换以《中国古籍善本书目》、《中国地方志联合目录》和《全国中医图书联合目录》等书本目录为主，还填补《四川省图书馆馆藏古籍书目》中的具体索书号。这项工作又费时一年四月，于二〇〇六年七月二十七日毕工。校对资料来源时，发现收藏同一部图书的数家图书馆，著录内容往往互不一致；甚至有讹误现象，于是再对书稿进行逐条核对，费时一年，二〇〇七年七月十五日校讫，这算是第三次易稿了，此后，虽有加工，但变动不大，直至二〇〇八年元旦最后定稿。

现在，理应对增订过程中一些具体事务做一说明

一、关于增订数量与内容

增订的数量如左：

章　节	原著录数	现著录数	增订数
第一章　唐至元代版刻	六三三	一〇三〇	三九七
一、二、唐五代版刻	二	二六	二四
三、宋代版刻	三五二	五六九	二一七
四（一）辽国版刻		一一	一一
四（二）金国版刻	八	五三	四五
五、元代版刻	二七一	三七一	一〇〇
第二章　明代版刻	二九三九	八一一二	五一七三
一、官刻	一三三	一三三一	一一九八
二、堂	三四三	七九六	四五三

章节	原著录数	现著录数	增订数
三、斋	一0五	二三〇	一二五
四、楼	三四	七一	三七
五、阁	三六	七〇	三四
六、轩	一七	四三	二六
七、山房	二三	五二	二九
八、园	六	一三	七
九、书屋	一三	三〇	一七
十、草堂	一六	三一	一五
十一、书院	三七	八四	四七
十二、室	一二	一八	六
十三、馆	四六	一〇一	五五
十四、居	一九	四三	二四
十五、亭	六	一二	六
十六、书舍	五	一五	一〇
十七、精舍	一三	二六	一三
十八、书堂	四三	九六	五三
十九、其他	六九	一六七	九八
二十、人名	一九六三	四八八三	二九二〇
第三章　清代版刻	六八九八	一七二二五	一〇三二七
一、官刻	四六六	四五八二	四一一六
二、书局	九六	一八〇	八四
三、堂	一八九一	四二四七	二三五六
四、斋	五六四	九七三	四〇九

章节	原著录数	现著录数	增订数
五、楼	三三三	三九〇	五七
六、阁	二一一	三五四	一四三
七、轩	一六九	二四九	八〇
八、山房	二一五	三六四	一四九
九、园	一三二	二一二	八〇
十、书屋	一八一	三一〇	一二九
十一、草堂	一四一	二四〇	九九
十二、馆	一五八	二三九	八一
仙馆	二四	三二	八
山馆	四六	五七	一一
馆	九〇	一三四	四四
十三、室	七八	一〇三	二五
十四、居	三八	六一	二三
十五、亭	二九	四八	一九
十六、舍	五七	七七	二〇
精舍	三二	四〇	八
讲舍	四	六	二
舍	二一	三一	一0
十七、书堂	一三	二〇	七
十八、社	一一	一九	八
十九、庄	二九	五六	二七
二十、庐	三六	五九	二三
二十一、其他	四二二	五七二	一五〇

章节	原著录数	现著录数	增订数
二十二人名	一四六八	三六四七	二一七九
第四章　活字与套版	一〇七八	四〇六九	二九九一
一、活字	二六四	五〇八	二四四
（一）木活字	二三一	四六七	二三六
甲、元代木活字	二	五	三
乙、明代木活字	一七	四一	二四
丙、清代木活字	二一二	四二一	二〇九
（二）铜活字	二六	三〇	四
甲、明代铜活字	一八	二二	四
乙、清代铜活字	八	八	
（三）其他活字	七	一一	四
二、套版	七七	一一三	三六
甲、元代套版		一	一
乙、明代套版	三四	五九	二五
丙、清代套版	四三	五三	一〇
附录、抄本	七三七	三四四八	二七一一
甲、宋代前抄本		九五	九五
乙、宋元抄本	七	三八	三一
丙、明代抄本	一二六	三一二	一八六
丁、清代抄本	六〇四	三〇〇三	二三九九
合计	一一五四八	三〇四三六	一八八八八

从右表可以看出，增订本是原书著录条数的百分之二百六十四。其中增订较多的是：㈠、官刻，明代官刻是原著录百分之一千，

即原书的十倍，清代官刻是原著录百分之九百八十三，亦近十倍，二者合计净增五三一四条。增多的原因是收录了地方志。地方志都是地方政府主持编纂印刷的，大多不署刻书堂号，过去未曾收录，增订本予以增收。其增收以《中国地方志联合目录》为主：明代官刻中著录《中国古籍善本书目》资料一八七条，占百分之一十四，著录其他资料二七二条，占百分之二十，而著录《中国地方志联合目录》者八七二条，占百分之六十五点五；清代官刻著录中国古籍善本书目资料三四条仅占百分之零点七，著录其他资料五八一条，占百分之一十二点七，而著录中国地方志联合目录者三九六七条，占百分之八十六点六。㈡抄本，原著录未收写本、手稿等，增订本则予以增录，计宋以前抄本九五条，清代抄本增收二三九九条。宋以前抄本是根据许国霖先生敦煌石室写经题记与敦煌杂录著录的，这些资料是许先生在登记被斯坦因和伯希和等人劫馀的敦煌宝藏时披露于世的，实物现藏国家图书馆，被劫持的则多此二倍，已流失国外。宋、元虽较唐、五代为晚，因文献供社会浏览，没有莫高窟那样密封条件，所以传本数量极少。清代距今约百年，故数量较多。㈢以人名刻书者增录较多，计明清二代达五〇九九条。左列官刻、抄本、人名三项共增录一三一二四条，占增录数百分之六十九。

二、各家著录的分歧

同一部书而各家著录相异者甚多，其原因是著录角度不同。如《重修政和经史证类备用本草》三十卷，宋唐慎微撰宋寇宗奭衍义。这部书在《中国古籍善本书目》子部一八四页著录有『明嘉靖三十一年周琉、李迁刻本』，《全国中医图书联合目录》同此，而南京大学图书馆等则著录有『明嘉靖三十一年山东按察司……』刻本，还有著录『明嘉靖三十一年山东按察司周氏刻本』者。其实，这些著录都反映着明嘉靖三十一年山东按察司周琉、李迁二人主持刻了这部书。再如明邵宝撰学史十三卷，《中国古籍善本书目》史部一五一六页著录为『明嘉靖二十三年秦汶刻本』，秦氏书斋名『容春精舍』，因而也有著录『……秦氏容春精舍刻本』或『……容春精舍秦氏刻本』者，这些都不矛盾。

然而亦有著录讹误者，某馆藏书有：『五马先生纪年，清五马先生撰，四川省图书馆据所藏清道光二年（一八二二）孙锦涛转抄简州傅迪吉石公抄本复制，一九八一，一册，线装，起自明崇祯丁丑（一六三七）至清康熙壬申年（一六九二）』。我据此把此书作为清道光二年孙锦涛抄本拟增收书中，后为弄清五马先生名姓而查阅《四川省图书馆馆藏古籍书目》，该书史部一一一页有『五马先生纪年二卷，一册，清五马先生，清抄本』之载，也未说明问题。《中国古籍善本书目》出版后，该书史部五一一页载『五马先生纪年一卷，清傅迪吉撰，清道光二年傅锦涛抄本』。这就纠正了这部书著录作者项和版本项的错误。既然差距如此之大，我就到该馆查阅这部转抄本。该书卷端傅迪吉几字已赫然在目，著者项不言自明。关于抄书人，卷末一行字有云『道光二年十一月晦日元孙锦涛抄于贾家埸之萧家湾』。原来编目者把『元孙』一截为二，就变成『孙锦涛抄』了，他不懂『元孙』即『玄孙』这个避讳常识，遂将傅迪吉之玄孙改傅姓孙了。这种讹误为数不多，但纠正费事。排版错字及繁体字改简化字的错字就比较普遍。如『乾县』之讹为『干县』、『蓝田县』之讹为『兰田县』、繁体字『岩』讹为『山』下『严』等。字音相近易被误者如天启四年『武林起秀堂』与『启秀堂』、明人『方时骐』与『方士骐』、『槐阴堂』与『槐荫堂』等。字形相近易被误者如明嘉靖十八年之『季本』与『季木』、明『自槐堂』与『自愧堂』、明嘉靖『结绿囊』与『结缘囊』、『马竹健』与『马行健』等。因原书不易看到，只好对照查阅工具书，致使核对工作非常费事，如二〇〇六年六月二日、六日、二十日、二十五日、七月三日一天只能核对十几条，有时顺利，一天也有核对百十条者。

三、工作的进程及变动

编纂工作的十八年大体上经历了三个阶段。二十世纪的最后十年，我单枪匹马进行此项工作。二〇〇二年立项后，我与刘曼丽同志作了分工，我负责正文的编纂，她负责制定索引，参与资料工作的还有杨晰、刘璐等，可谓集中精力进行突击。书成型后得不到出版社的要领，索引就未进行。但正文的校正、增订工作并未停止，好在我于二〇〇三年辞去教学督导员一职，遂专操此业。这段时间，参与工作者有杨晰和杨晓雅，他们付出了辛勤的劳动，除校正原文的一些谬误外，还给初成型的稿本增订了一七二三条。对这些同志，我由衷地感谢他们。陕西省出版局原史志办主任张国凡、王新民及支旭仲同志对此书亦尽力支持，仅表感谢。

杨绳信 二〇〇八年元月二十八日

于西大之拙斋